GROSSWÖRTERBUCH

SPANISCH

SPANISCH – DEUTSCH
DEUTSCH – SPANISCH

Sonderausgabe

2000 Trautwein Wörterbuch-Edition
Genehmigte Sonderausgabe

Einbandgestaltung: Inga Koch

ISBN 3-8174-5343-4
5153431

Mehr Infos im Internet unter www.compactverlag.de

Inhaltsverzeichnis

Hinweise für den Benutzer

In diesem Wörterbuch wird dem Benutzer mit über 120.000 aktuellen Übersetzungen zu rund 100.000 Stichwörtern, Anwendungsbeispielen und Redewendungen der schnelle Zugriff auf einen umfassenden Grund- und Fachwortschatz der modernen Hoch- und Umgangssprache ermöglicht.

Aufbau eines Eintrages
Die fett gedruckten Stichwörter sind streng alphabetisch geordnet: Getrennt geschriebene und durch Bindestrich getrennte Stichwörter werden dabei behandelt, als würden sie zusammengeschrieben.

Die Buchstaben ä, ö, ü, á, à, â usw. werden wie a, o, u, a usw. alphabetisiert; ß wird wie ss eingeordnet.

Einige Stichwörter werden durch zusätzliche Informationen in Klammern genauer bestimmt (z.B. Angabe der Endung der Femininform). Diese Klammerergänzungen werden bei der Alphabetisierung jedoch nicht berücksichtigt.

Innerhalb eines Stichworteintrages wird das fett gedruckte Stichwort nicht wiederholt, sondern durch eine Tilde (~) ersetzt, es sei denn, es steht in einer Form, die eine andere Schreibweise nach sich zieht. Im Eintrag *amor* würde zum Beispiel statt *amores* einfach *~s* stehen, bei *Buch* wäre *Bücher* ausgeschrieben. Diese Ausnahme bezieht sich auch auf die Großschreibung eines sonst kleingeschriebenen Wortes (z.B. am Satzanfang einer Wendung). Die Tilde bezieht sich nie auf eventuelle Klammerergänzungen im Stichwort.

Die einzelnen Übersetzungen eines Stichwortes sind nach Wortart und Häufigkeit geordnet. Bedeutungsgleiche Übersetzungen werden durch Komma voneinander getrennt. Nicht bedeutungsgleiche Übersetzungen werden entsprechend der Häufigkeit ihrer Verwendung durchnummeriert und mit Strichpunkt abgetrennt.

Sind Auslassungszeichen (...) direkt an ein Wort angehängt (z.B. bei Präfixen), bedeutet dies, dass das Wort als Teil einer Zusammensetzung wiedergegeben wird.

Beispiel:
federal [fede'raːl] *adj* föderal, Bundes...
Neben der Übersetzung *föderal* sind auch Wortzusammensetzungen mit *Bundes...* möglich (z.B. *Bundesbank*).

Lautschrift
Der Stichwortangabe folgt jeweils in eckigen Klammern die dazugehörige Aussprache. Die Lautschrift richtet sich nach der international gebräuchlichen Phonetik. Eine Übersicht über die Lautschriftzeichen befindet sich auf Seite VIII. Nur die deutschen Ausspracheangaben enthalten vor der zu betonenden Silbe ein Betonungszeichen ('); die spanischen Wörter werden fast immer auf der letzten Silbe betont.

Steht in einem Eintrag eine zusätzliche Lautschriftangabe, bedeutet dies, dass alle folgenden Bedeutungen entsprechend dieser Phonetikangabe ausgesprochen werden.

Wortart
Nach Stichwort und Lautschrift wird die Wortart des fett gedruckten Stichwortes in abgekürzter Form angegeben. Sie ist kursiv gedruckt. Die Abkürzungen werden auf Seite VII erläutert. Gibt es für ein Stichwort mehrere Bedeutungen mit unterschiedlichen Wortarten, so werden diese durch Strichpunkt voneinander getrennt aufgeführt.

Hat ein Stichwort sowohl eine maskuline als auch eine feminine Form oder werden für ein Wort zwei unterschiedliche Genera gleich häufig verwendet, so stehen die entsprechenden Angaben kursiv hinter dem betreffenden Wort.

Alle unregelmäßigen Verben sind mit der Abkürzung *v irr* gekennzeichnet. Die unregelmäßigen Formen der Verben beider Sprachen werden im Anhang (Seiten 1108–1111 sowie 1120–1123) aufgeführt. Aufgelistet werden ausschließlich die Formen des Stammverbs (für die Formen zu *retener* kann man unter *tener* nachschlagen, die Formen zu *mitkommen* stehen bei *kommen*).

Gliederung der Stichwörter
Abkürzungen, die einer Erläuterung oder mehrerer Übersetzungen bedürfen (z.B. CD-ROM), werden als Stichwörter aufgeführt – andere gängige Abkürzungen befinden sich im Anhang auf den Seiten 1124–1127.

Homographen (Wörter, die gleich lauten, aber eine unterschiedliche Herkunft oder Bedeutung haben) werden mit hochgestellten Zahlen gekennzeichnet.

Um einen raschen Zugriff auf das gesuchte Wort zu ermöglichen, steht jedes Stichwort als eigener Eintrag. *nachdem* und *nachher* stehen zum Beispiel nicht zusammen mit *nach* in einem Abschnitt, sondern sind selbstständige Stichwörter.

Bei spanischen und deutschen Substantiven, deren feminine Form ohne Wortstammveränderung und durch bloßes Anhängen einer Endung gebildet wird, steht die Endung der femininen Form jeweils in Klammern (z.B. *profesor(a), Lehrer(in)*). Bei unregelmäßiger Bildung der Femininform (z.B. *Bauer/Bäuerin*) und bei Bildung der Femininform durch „Austausch" der Maskulinendung (z.B. *actor/actrice, Zeuge/Zeugin*) erhält das feminine Substantiv meist einen eigenen Eintrag.

Bei substantivierten Adjektiven (z.B. *Jugendliche(r)*) und erstarrten Partizipien (z.B. *Geliebte(r)*) wird ebenfalls sowohl die Maskulin- als auch die Femininform angegeben. Sie werden wie Adjektive dekliniert: *ein Jugendlicher, eine Jugendliche; mit einem Geliebten, mit einer Geliebten* usw.

Adjektive werden stets nur in der männlichen Form angegeben. Bei spanischen Adjektiven, die im Singular maskulin eine zweite Form besitzen (z.B. *ninguno* und *ningún*), befindet sich bei dieser ein entsprechender Verweis. Spanische Adverbien, die regelmäßig von einem Adjektiv abgeleitet werden, werden nicht als einzelne Einträge aufgeführt, es sei denn, die adverbiale Bedeutung unterscheidet sich von der adjektivischen. Die Bildung der spanischen Adverbien kann im Anhang nachgelesen werden.

Redewendungen
Die zahlreichen Wendungen und sprichwörtlichen Redensarten sind dem bedeutungstragenden Wort der Wendung – in der Regel dem Substantiv – zugeordnet.

Anhang
Die Kurzgrammatiken im Anhang ermöglichen es auch Anfängern, den vorhandenen Wortschatz stilsicher anzuwenden. So findet der Benutzer schnell eine Antwort auf jedes grundlegende grammatische Problem.

Abkürzungsverzeichnis

adj	Adjektiv
adv	Adverb
AGR	Landwirtschaft
ANAT	Anatomie
ARCH	Architektur
art	Artikel
ART	Kunst
ASTR	Astronomie
BIO	Biologie
BOT	Botanik
CHEM	Chemie
CINE	Film
ECO	Wirtschaft
etw	etwas
f	weiblich
fam	umgangssprachlich
fig	bildlich
FIN	Finanzwelt
FOTO	Fotografie
GAST	Gastronomie
GEO	Geografie
GEOL	Geologie
GRAMM	Grammatik
HIST	Geschichte
INFORM	Informatik
interj	Interjektion
interr	interrogativ
irr	unregelmäßig
jdm	jemandem
jdn	jemanden
jds	jemandes
jmd	jemand
JUR	Recht
konj	Konjunktion
LING	Linguistik
LIT	Literatur
m	männlich
MATH	Mathematik
MED	Medizin
MET	Metallurgie
METEO	Meteorologie
MIL	Militär
MIN	Bergbau/ Mineralogie
MUS	Musik
n	Neutrum
NAUT	Schifffahrt
num	Zahlwort
PHIL	Philosophie
PHYS	Physik
pl	Plural
POL	Politik
pref	Präfix
prep	Präposition
pron	Pronomen
PSYCH	Psychologie
rel	Relativ
REL	Religion
SPORT	Sport
sup	Superlativ
TECH	Technik
TEL	Kommunikationswesen
THEAT	Theater
v	Verb
ZOOL	Zoologie

Lautschrift

Konsonanten

Ball	b	boca
	ƀ	abuscar
Nichte	ç	
dort	d	dinero
	đ	nudo
fliehen, vor	f	fiesta
geben	g	ganar
	g̣	lugar
holen	h	
Journalist	ʒ	
jeder, Million	j	yerno
Kamm, Chor	k	caso
Lob	l	lengua
	ʎ	desarrollo
Maus	m	mayo
nehmen	n	nada
	ɲ	sueño
angeln, links	ŋ	banco
Post	p	punto
Rand	r	pero
	rr	torre
besser, Ruß	s	mesa
schwierig	ʃ	
treten, Pfad	t	toro
weben, Vase	v	
	w	huevo
Nacht	x	jefe
Hose	z	fantasma
	θ	civil, zumo
	ð	gozne

Vokale

blass	a	dama
Bahn, Saal	aː	
egal	e	meter
Weh, See	eː	
hätte, fett	ɛ	meter
Säge	ɛː	
Menge	ə	
ist	ɪ	
Vitamin	i	niño
Liebe	iː	
	ĭ	vaina
Moral	o	poco
Boot, Ton	oː	
von	ɔ	orden
ökonomisch	ø	
Öl	øː	
völlig	œ	
Zunge	u	uno
Zug	uː	
	ŭ	deuda
Stück	y	
Typ	yː	

Nasale

Orange	ɑ̃
annoncieren	ɔ̃
Cousin	ɛ̃

Diphthonge und Konsonantengruppen

beißen	aɪ	
Auge	au	
läuten, Heu	ɔy	
	tʃ	leche

Nur bei Fremdwörtern aus dem Englischen

Server	ɾː
online	ɒ
Homepage	əʊ

Spanisch – Deutsch

A

a [a] *prep 1. (dirección, lugar, distancia)* auf, nach; *~ 15 km de Munich* 15 km von München entfernt; *Voy ~ Munich.* Ich fahre nach München. *2. (temporal)* um, am; *~ las dos* um zwei Uhr; *al dia siguiente* am folgenden Tag; *3. (modal) ~ gusto* gern, gemütlich; *~ escala* nach Maßstab; *~ caballo* zu Pferd; *~ la antigua* altmodisch; *~ simple vista* mit bloßem Auge; *~ prueba de ladrones* einbruchsicher; *~ ruegos de su amigo* auf Bitten seines Freundes; *~ disgusto* ungern; *~ la fuerza* gewaltsam; *~ pie* zu Fuß; *4. (destinación, causa) ~ su favor* zu seinen Gunsten; *5. (precio)* zu; *~ 100 pesetas* zu 100 Peseten; *¿A qué precio?* Zu welchem Preis? *6. (elíptico) paso ~ paso* Schritt für Schritt; *¡A su salud!* Auf Ihre Gesundheit! *¡A que no lo sabes!* Wetten, dass du es nicht weißt! *7. ~ alguien* jemandem, jemanden/etwas; *He visto ~ tu hermano.* Ich habe deinen Bruder gesehen. *He dado el libro ~ tu hermano.* Ich habe das Buch deinem Bruder gegeben. *respetar ~ alguien* jdn ehren; *amar ~ alguien* jdn lieben; *dar ~ alguien* jdm geben; *enseñar ~ alguien* jdn unterrichen, jdn lehren; *jugar ~ algo* etw spielen; *8. (parte de una conjunción) ~ pesar de* trotz

abacería [aƀaθe'ria] *f* Kramladen *m*

abacero [aƀa'θero] *m* Krämer *m*

abad(esa) [a'ƀađ/aƀa'đesa] *m/f REL* Abt/Äbtissin *m/f*

abadejo [aƀa'đɛxo] *m ZOOL* Kabeljau *m*

abadía [aƀa'đia] *f REL* Abtei *f*

abajadero [aƀaxa'đero] *m* Abhang *m*

abajamiento [aƀaxa'mĭɛnto] *m* Erniedrigung *f*, Lageveränderung (nach unten) *f*

abajar [aƀa'xar] *v* herunternehmen, herablassen, heruntersenken, herunterbringen

abajo [a'ƀaxo] *adv* herunter, hinunter, hinab; *venirse ~* einstürzen; *~ con* nieder mit; *de arriba ~* von oben nach unten; *más ~* weiter unten; *echar ~* zerstören, niederreißen

abalanzar [aƀalan'θar] *v* stoßen, schleudern

abaldonar [aƀaldo'nar] *v* schmähen, herabsetzen

abalear [aƀale'ar] *v* schwingen

abalsamar [aƀalsa'mar] *v* einbalsamieren

abaluartar [aƀaluar'tar] *v* mit Bollwerken versehen

aballar [aƀa'ʎar] *v* lockern, anfahren

aballestar [aƀaʎes'tar] *v NAUT* schleudern, schleppen, treideln, anholen

abancalar [aƀanka'lar] *v* terrassieren, abtreppen

abanderado [aƀande'rađo] *adj MIL* Fahnenträger *m*, Fähnrich *m*

abanderamiento [aƀandera'mĭɛnto] *m MIL* Anführen einer Sache *n*, Vorreiterrolle *f*

abanderizar [aƀanderi'θar] *v MIL* führen, in feindliche Gruppen spalten

abandonado [aƀando'nađo] *adj 1.* verlassen; *2. (descuidado)* verwahrlost; *la casa abandonada* das verwahrloste Haus *n*

abandonar [aƀando'nar] *v 1.* verlassen; *2. (dejar, dejar de)* aufgeben; *~ un proyecto* ein Projekt aufgeben; *3. (desocupar)* räumen

abandono [aƀan'dono] *m 1.* Aufgabe *f*; *2. (desalojo)* Räumung *f*

abanicar [aƀani'kar] *v 1.* fächeln; *2. (fam)* ohrfeigen

abanico [aƀa'niko] *m* Fächer *m*, Pfauenschwanz *m*, Kaminschirm *m*

abaniquero [aƀani'kero] *adj* Fächermacher *m*, Fächerverkäufer *m*

abano [aƀa'no] *m* Fächer *m*, Fliegenwedel *m*, Ventilator *m*

abaratamiento [aƀarata'mĭento] *m* Verbilligung *f*

abaratar [aƀara'tar] *v* verbilligen; *(precios)* herabsetzen

abarcable [aƀar'kable] *adj* umfassbar, umspannbar

abarcar [aƀar'kar] *v* einschließen, umfassen; *~ con la vista* überblicken; *Quien mucho abarca, poco aprieta.* Wer sich zu viel vornimmt, schafft wenig.

abarquillar [aƀarki'ʎar] *v* biegen

abarrar [aƀa'rrar] *v* schleudern, werfen

abarrotar [aƀarro'tar] *v 1. (llenar una tienda con mercancías)* auffüllen; *2. (llenar un espacio con cosas)* füllen; *~ de* voll stopfen mit

abarrote [aƀa'rrote] *m/pl tienda de ~s (LA)* Geschäft *n*, Lebensmittelgeschäft *n*

abarrotero [aƀarro'tero] *m* Händler *m*, Lebensmittelhändler *m*

abastecer [aƀaste'θer] *v irr 1.* beliefern; *2. (alimentar)* verpflegen; *Esta tienda la abastecen con alimentos.* Dieses Geschäft wird mit Lebensmitteln beliefert. *3. (mantener)* versorgen

abastecimiento [aƀasteθi'mĭento] *m 1.* Zufuhr *f,* Zulieferung *f; 2. (alimentación)* Verpflegung *f; 3. (mantenimiento)* Versorgung *f*

abasto [a'ƀasto] *m 1. (provisión)* Versorgung *f; adj 2. no dar ~* nicht schaffen

abate [aƀate] *m (clérigo)* Abbé *m,* Weltgeistlicher *m*

abatido [aƀa'tiđo] *adj 1.* geknickt, niedergeschlagen; *2. (apocado)* kleinlaut

abatimiento [aƀati'mĭento] *m* Niedergeschlagenheit *f*

abatir [aƀa'tir] *v 1. (derribar)* niederreißen, einreißen, umwerfen; *2. (fig: perder el ánimo)* entmutigen, den Mut nehmen; *Tu mal comportamiento me ha abatido.* Dein schlechtes Benehmen hat mich entmutigt. *¡No te dejes abatir por los golpes de la vida!* Lass dich von Schicksalsschlägen nicht entmutigen! *3. (inclinar algo)* neigen, beugen, schwenken; *4. (trazar) MATH* zeichnen, ziehen, anlegen; *~ una paralela* eine Parallele ziehen *f; ~ una perpendicular* ein Lot fällen *n; 5. (fig: humillar)* beschämen, erniedrigen, demütigen; *Hemos abatido completamente al enemigo.* Wir haben den Feind völlig erniedrigt.

abatirse [aƀa'tirse] *v 1. (fig: perder el ánimo)* mutlos werden, den Mut verlieren; *2. (bajar un ave o un avión)* niederstoßen, herabstoßen; *El halcón se abatió sobre nuestras cabezas.* Der Falke stieß auf unsere Köpfe herab.

abdicación [aƀđika'θĭon] *f POL* Abdankung *f*

abdicar [aƀđi'kar] *v 1. POL* abdanken; *2. (desistir, ceder)* abdanken, verzichten

abdomen [aƀ'đomen] *m ANAT* Unterleib *m*

abdominal [aƀđomi'nal] *adj* Bauch..., Unterleibs...

abducción [aƀduk'θĭɔn] *f 1. (rapto)* Wegnehmen *n,* Entfernen *n,* Abduktion *f,* Wegbewegung *f; 2. (~ de órganos)* Herausnehmen (von Organen) *n*

abductor [aƀdug'tɔr] *m ANAT* Abziehmuskel *m,* Heranzieher *m*

abecé [aƀe'θe] *m 1. (abecedario)* Alphabet *n,* Abc *n,* Fibel *f; 2. (rudimentos de una ciencia)* Abc *n; El ~ de la matemática.* Das Abc der Mathematik.

abedul [aƀe'đul] *m (árbol) BOT* Birke *f; madera de ~* Birkenholz *n*

abeja [a'ƀɛxa] *f ZOOL* Biene *f*

abejar [aƀe'xar] *m 1. (colmenar)* Bienenstock *m,* Bienenstand *m; 2. (especie de uva)* Traube (fig) *f*

abejear [aƀexe'ar] *v (revolar como las abejas)* schwirren, herumwimmeln

abejón [aƀɛ'xɔn] *m 1. ZOOL* Hummel *f; 2. (zangón)* Drohne *f*

abejorro [aƀɛ'xɔrrɔ] *m 1. ZOOL* Hummel *f; 2. ~ sanjuanero* Maikäfer *m*

abellacado [aƀeʎa'kađo] *adj* gaunerhaft, gerissen, spitzbübisch

abellacar [aƀeʎa'kar] *v (envilecer)* herabwürdigen

abemolar [aƀemɔ'lar] *v 1. (suavizar la voz)* sanfter sprechen; *2. (bemolar)* in b-Moll setzen

aberración [aƀɛrra'θĭɔn] *f 1. ASTR* Aberration *f; 2. (fig)* Verwirrung *f; 3. (algo que se aparta de lo normal)* Abart *f; Este libro considera las tendencias actuales en X como una ~ del marxismo.* Dieses Buch beurteilt die aktuellen Strömungen in X als eine Abart des Marxismus.

aberrante [aƀɛ'rrante] *adj* aberrant

aberrar [aƀɛ'rrar] *v (desviarse)* abweichen

abertal [aƀɛr'tal] *adj* rissig, zerspalten

abertura [aƀɛr'tura] *f 1.* Öffnung *f,* Schlitz *m; 2. (inauguración)* Eröffnung *f; 3. (grieta en la tierra)* Öffnung *f,* Riss *m,* Erdspalte *f*

abetal [aƀe'tal] *m* Tannenwald *m*

abeto [a'ƀeto] *m 1. BOT* Tanne *f; 2. ~ falso* Fichte *f*

abetunado [aƀetu'nađo] *adj (parecido al betún)* rabenschwarz, tiefschwarz; *un hombre ~* ein Mann mit rabenschwarzem Charakter

abetunar [aƀetu'nar] *v* teeren, mit Bitumen tränken, eincremen (Schuhe)

abiertamente [aƀĭɛrta'mente] *adv (francamente)* offen, frei, offenherzig

abierto [a'ƀĭɛrto] *adj 1.* offen, geöffnet; *~ al público* der Öffentlichkeit zugänglich; *¿A partir de cuándo está ~?* Ab wann ist geöffnet? *2. (paisaje)* frei; *3. (fig: persona)* offenherzig, aufgeschlossen; *4. universidad abierta* offene Universität *f; 5. carta abierta* offener Brief *m; 6. sistema ~ INFORM* offenes System *n; 7. mercado ~ ECO* freier Markt *m; 8. mente abierta* freidenkend; *9. (fig) con los brazos ~s* mit offenen Armen; *Te recibimos con los brazos ~s.* Wir empfangen dich mit offenen Armen.

abigarrado [aƀiga'rrađo] *adj (mal combinado)* verworren, falsch kombiniert
abigarramiento [aƀigarra'mĭɛnto] *m (conjunto abigarrado)* Unordnung *f*, Verwirrung *f*, Buntheit *f*
abigeato [aƀixe'ato] *m (robo de ganado)* Viehraub *m*
abigeo [a'ƀigeo] *m* Viehdieb *m*
abigotado [aƀigo'tađo] *adj (bigotudo)* schnurrbärtig
abisal [aƀi'sal] *adj* abgrundtief, Tiefsee...
abisinio [aƀi'sinĭo] *adj GEO* abessinisch
abismal [aƀiz'mal] *adj* tief, abgründig
abismarse [aƀiz'marse] *v 1. (hundirse en un abismo)* sich in einen Abgrund stürzen; *2. (fig: hundirse en algo)* sich hineinstürzen, sich vertiefen; *Me abismé en mis pensamientos.* Ich vertiefte mich in meine Gedanken. *Lotte se abismó en el dolor.* Lotte versenkte sich in den Schmerz.
abismático [aƀiz'matiko] *adj (insondable)* abgrundtief
abismo [a'ƀizmo] *m* Tiefe *f*, Abgrund *m*, Kluft *f*
abjuración [aƀxura'θĭɔn] *f* Abschwörung *f*, Widerruf *m*
abjurar [aƀxu'rar] *v* abschwören
ablación [aƀla'θĭɔn] *f 1. (extirpación) MED* Wegnahme *f*, operative Entfernung *f*; *2. GEOL* Abtragung *f*
ablandabrevas [aƀlanđa'ƀreƀas] *m (fam)* Nichtsnutz *m*
ablandador [aƀlanđa'đɔr] *adj* Enthärter *m*
ablandamiento [aƀlanđa'mĭɛnto] *m* Aufweichung *f*, Verweichlichung *f*
ablandar [aƀlan'dar] *v 1.* erweichen, enthärten; *2. (fig: mitigar la cólera de alguien)* beschwichtigen, besänftigen, beruhigen; *He ablandado al jefe con halagos.* Ich habe den Chef mit Schmeicheleien besänftigt.
ablativo [aƀla'tiƀo] *m GRAMM* Ablativ *m*
ablución [aƀlu'θĭɔn] *f (purificación con agua) REL* rituelle Waschung *f*, Ablution *f*
abnegación [aƀnega'θĭɔn] *f* Opferbereitschaft *f*
abnegado [aƀne'gađo] *adj* uneigennützig
abnegar [aƀne'gar] *v* entsagen, verzichten
abobado [aƀo'ƀađo] *m* dumm, einfältig, verblödet
abocado [aƀo'kađo] *adj 1. estar ~ a* nahe vor etw stehen; *Estamos ~s al destastre.* Wir stehen vor einer Katastrophe. *2. vino ~ GAST* süffiger Wein
abocar [aƀo'kar] *v* mit dem Mund ergreifen, mit der Schnauze aufnehmen, mit dem Maul packen
abocetar [aƀoθe'tar] *v* skizzieren
abochornado [aƀotʃor'nađo] *adj (avergonzado)* beschämt
abochornar [aƀotʃor'nar] *v* erhitzen, versengen
abochornarse [aƀotʃor'narse] *v (avergonzarse) ~ de/por* sich schämen, tief erröten (fig)
abofetear [aƀofete'ar] *v ~ a alguien* jdn ohrfeigen
abogacía [aƀoga'θia] *f* Anwaltschaft *f*, Anwaltsberuf *m*
abogada [aƀo'gađa] *f 1. JUR* Rechtsanwältin *f*, Anwältin *f*; *2. ~ defensora* Verteidigerin *f*
abogadesco [aƀoga'đesko] *adj* Advokaten...
abogado [aƀo'gađo] *m 1. JUR* Rechtsanwalt *m*, Anwalt *m*; *2. ~ defensor* Verteidiger *m*
abogar [aƀo'gar] *v 1. (interceder) JUR* plädieren für; *2. (defender)* verfechten, eintreten für; *~ por su postura* seinen Standpunkt vertreten; *3. (favorecer)* befürworten; *El alcalde abogó por la mejora del transporte público.* Der Bürgermeister befürwortete den Ausbau der öffentlichen Verkehrsmittel.
abolengo [aƀo'leŋgo] *m* Abstammung *f*, Herkunft *f*
abolición [aƀoli'θĭɔn] *f* Abschaffung *f*
abolir [aƀo'lir] *v irr* abschaffen; *~ una ley* ein Gesetz abschaffen
abolsado [aƀolsa'đo] *adj (con forma de bolsa)* bauschig
abollado [aƀo'ʎađo] *adj (desanimado)* lustlos, öde
abolladura [aƀoʎa'đura] *f TECH* Beule *f*
abollar [aƀo'ʎar] *v 1. ~ con un martillo* verbeulen; *2. (adornar)* treiben (Metall), bosseln
abombado [aƀom'ƀađo] *adj (atolondrado)* leichtfertig, unbesonnen
abombar [aƀom'ƀar] *v 1.* wölben, ausbauchen, aufblähen; *2. (fig: aturdir)* betäuben
abombarse [aƀom'ƀarse] *v* verderben, schlecht werden
abominable [aƀomi'naƀle] *adj* abscheulich
abominación [aƀomina'θĭɔn] *f 1.* Gräuel *m*; *2.* Abscheu *f*
abominar [aƀomi'nar] *v 1.* verwünschen, verfluchen; *2. (aborrecer)* verabscheuen; *Mi*

padre abomina el jazz. Mein Vater verabscheut Jazz.

abonable [aƀo'naƀle] *adj* zahlbar, fällig (Wechsel)

abonado [aƀo'nađo] *m* Bezieher *m,* Abonnent *m*

abonador [aƀona'đor] *m* Bürge *m*

abonamiento [aƀona'mĭento] *m* Bürgschaft *f*

abonar [aƀo'nar] *v 1.* bezahlen, begleichen, einzahlen; *~ en cuenta* gutschreiben; *2. AGR* düngen

abono [a'ƀono] *m 1.* Gutschrift *f,* Vergütung *f; 2. AGR* Dünger *m; 3. tarjeta de ~* Dauerkarte *f,* Zeitkarte *f; ~ mensual* Monatskarte *f*

abordable [aƀɔr'đaƀle] *adj* erschwinglich, zugänglich

abordaje [abɔr'đaxe] *m NAUT* Entern *n,* Zusammenstoß *m*

abordar [aƀɔr'đar] *v 1. NAUT* entern; *2. (fig) ~ a alguien* jdn ansprechen; *3. ~ un tema* ein Thema anschneiden; *4. (subir a un medio de transporte) (LA)* einsteigen, besteigen; *Los pasajeros se preparan para ~ el avión.* Die Passagiere machen sich bereit, an Bord des Flugzeugs zu gehen.

abordo [aƀɔr'đo] *m (abordaje) NAUT* Entern *n,* Zusammenstoß *m*

aborigen [aƀo'rixen] *adj 1.* einheimisch; *m/f 2.* Ureinwohner(in) *m/f*

aborrecer [aƀɔrre'θɛr] *v irr* verabscheuen, langweilen, auf die Nerven gehen

aborrecible [aƀɔrre'θiƀle] *adj* verabscheuenswürdig, abscheulich

aborrecido [aƀɔrre'θiđo] *adj (aburrido)* gelangweilt

aborrecimiento [aƀɔrreθi'mĭɛnto] *m* Abscheu *f,* Hass *m,* Abneigung *f*

abortar [aƀɔr'tar] *v 1. MED* abtreiben; *2. ~ un plan* einen Plan vereiteln; *3. (producir algo monstruoso)(fig)* eine Missgeburt hervorbringen

abortivo [aƀɔr'tiƀo] *adj MED* abtreibend, vorzeitig geboren

aborto [a'ƀɔrto] *m 1. MED* Fehlgeburt *f; 2. (~ provocado)* Abtreibung *f,* Schwangerschaftsunterbrechung *f,* Schwangerschaftsabbruch *m; 3. (fig: producto monstruoso)* Missgeburt *f; Esa filosofía me parece un ~ intelectual.* Diese Philosophie scheint mir eine geistige Missgeburt zu sein.

abotagamiento [aƀotaga'mĭento] *m* Schwellung *f,* Geschwulst *f*

abotagarse [aƀota'garse] *v 1.* anschwellen; *2. (fig)* abstumpfen, stumpf werden

abotonar [aƀoto'nar] *v* zuknöpfen

abovedar [aƀoƀe'đar] *v 1. ARCH* wölben, überwölben; *2. (dar forma de bóveda)* überwölben, wölben

aboyar [aƀo'jar] *v NAUT* aufbojen

abra ['aƀra] *f (bahía) GEO* Bai *f,* Bucht *f*

abrasador [aƀrasa'dɔr] *adj* sengend, verzehrend

abrasar [aƀra'sar] *v 1. (destruir con fuego)* anzünden, verbrennen; *El fuego abrasó todo el campo.* Das Feuer verbrannte das ganze Feld. *2. (estar muy caliente)* brennen (Sonne), heiß sein; *La tortilla abrasa, todavía no la podemos comer.* Das Omelette ist sehr heiß, wir können es noch nicht essen. *3. (producir un dolor ardiente)* einen stechenden Schmerz verursachen, höllisch wehtun; *Estoy con una sed que me abrasa.* Ich komme um vor Durst.

abrasión [aƀra'siɔn] *f 1. MED* Ausschabung *f; 2. (desgaste por fricción)* Abrieb *m,* Abnutzung *f,* Verschleiß *m*

abrazar [aƀra'θar] *v 1.* umarmen; *~ fuertemente a alguien* jdn fest an sich drücken; *2. (fig: incluir)* umfassen; *Mis conocimientos no abrazan esa disciplina.* Mein Wissen umfasst dieses Lehrfach nicht. *3. (fig: admitir)* zulassen, dulden; *Tienes que abrazar esa posibilidad.* Du musst diese Möglichkeit zulassen.

abrazo [a'ƀraθo] *m* Umarmung *f; dar un ~ a alguien* jdn umarmen

abrecartas [aƀre'kartas] *m* Brieföffner *m*

ábrego ['aƀrego] *m GEO* Süd(west)wind *m*

abrelatas [aƀre'latas] *m GAST* Büchsenöffner *m,* Dosenöffner *m*

abrenuncio [aƀre'nunθio] *m* (fam) Gott bewahre!

abrevadero [aƀreƀa'đero] *m AGR* Tränke *f,* Viehtränke *f*

abrevar [aƀre'ƀar] *v AGR* tränken

abreviación [aƀreƀia'θĭɔn] *f 1. (resumen)* Kurzfassung *f; 2. (acortamiento)* Abkürzung *f,* Kurzform *f*

abreviado [aƀre'ƀĭađo] *adj* kurz, abgekürzt

abreviar [aƀre'ƀĭar] *v 1. (resumir)* zusammenfassen; *2. (acortar)* verkürzen, abkürzen

abreviatura [aƀreƀia'tura] *f* Abkürzung *f*

abribonado [aƀriƀo'nađo] *adj* verlumpt

abridor [aƀri'đɔr] *m* Öffner *m*

abrigaño [aƀri'gaɲo] *m* Wetterdach *n,* (fig) Zuflucht *f*

abrigar [aƀri'ɡar] *v 1. (proteger del clima)* schützen; *2. (cubrir con ropas)* zudecken, bedecken; *¡Abriga al niño!* Decke das Kind zu! *3. (fig: proteger)* beschützen; *4. ~ una intención* eine Absicht hegen; *~ planes* Pläne schmieden *m/pl*

abrigarse [aƀri'ɡarse] *v (cubrirse con ropas)* sich warm anziehen, sich zudecken; *¡Abrígate bien!* Zieh dich warm an!

abrigo [a'ƀriɡo] *m 1.* Mantel *m; ~ de piel* Pelzmantel *m; 2. (cobijo)* Unterschlupf *m,* Obdach *n; 3. al ~ de* geschützt durch, im Schutz von

abril [a'ƀril] *m 1.* April *m; m/pl 2. ~es (fig: juventud)* Jugend *f,* Jugendjahre *f/pl; El abril de la vida.* Der Frühling des Lebens.

abrir [a'ƀrir] *v irr 1.* öffnen, aufmachen; *~ el grifo* den Wasserhahn aufdrehen; *2. (con una llave)* aufschließen; *No logro ~ la puerta.* Ich bekomme die Tür nicht auf. *3. (fig: un negocio, una conferencia)* eröffnen; *4. (una cuenta bancaria) FIN* eröffnen; *5. (a la fuerza)* aufbrechen; *Me han abierto el coche.* Mein Wagen ist aufgebrochen worden. *6. (destapando, tirando)* aufziehen, aufklappen; *7. ~ las piernas* die Beine spreizen; *~ los brazos* die Arme ausbreiten; *~ las alas* die Flügel ausbreiten; *~ una navaja* ein Taschenmesser aufklappen; *8. (fig: comenzar las actividades)* eröffnen, einweihen; *~ la universidad* eine Universität einweihen; *~ el teatro* ein Theater eröffnen; *9. ~ una competencia* einen Wettbewerb ausschreiben; *~ un concurso* eine Versammlung eröffnen; *10. ~ un documento INFORM* ein Dokument öffnen, eine Datei öffnen; *11. ~ paso* einen Durchgang schaffen; *~ camino* einen Weg bahnen; *12. (fig) ~ los ojos* die Augen öffnen; *13. (fig) en un ~ y cerrar de ojos* in einem Augenblick, im Nu; *La desgracia sucedió en un ~ y cerrar de ojos.* Das Unglück geschah im Bruchteil einer Sekunde. *14. ~ fuego* das Feuer eröffnen

abrirse [aƀrir'se] *v irr 1.* sich öffnen, aufgehen; *~ paso* sich einen Weg bahnen; *~ paso duramente* sich durchboxen; *2. (capullos)* aufblühen; *3. (fig: confiar en otra persona)* sich öffnen, sich anvertrauen; *No puedo abrirme completamente ante tí.* Ich kann mich dir nicht völlig anvertrauen.

abrochar [aƀro'tʃar] *v (ropa)* zuknöpfen, zuschnallen, zuhaken

abrocharse [aƀro'tʃarse] *v* sich anschnallen; *~ el cinturón de seguridad* den Sicherheitsgurt anlegen

abrogación [abroɡa'θĭɔn] *f* Abschaffung *f,* Außerkraftsetzung *f,* Widerruf *m*

abrogar [aƀro'ɡar] *v (abolir)* abschaffen, aufheben, widerrufen

abrumador [aƀruma'đɔr] *adj* drückend, bedrückend

abrumar [aƀru'mar] *v* belasten

abrupto [a'ƀrupto] *adj 1.* abrupt; *2. (brusco)* schroff

abrutado [aƀru'tađo] *adj (bruto)* viehisch, liederlich, brutal

absceso [aƀs'θeso] *m MED* Abszess *m*

abscisa [aƀs'θisa] *f MATH* Abszisse *f*

abscisión [aƀsθi'θĭɔn] *f MED* Herauslösung *f,* Ablösung *f*

ábside ['aƀsiđe] *m ARCH* Apsis *f*

absolución [aƀsolu'θĭɔn] *f 1. JUR* Freispruch *m; 2. REL* Absolution *f*

absolutamente [aƀsoluta'mente] *adv* absolut, durchaus; *~ nada* gar nichts

absolutismo [aƀsolu'tizmo] *m HIST* Absolutismus *m*

absoluto [aƀso'luto] *adj 1.* absolut, uneingeschränkt; *2. en ~* entschieden; *3. (puro, sin mezcla) CHEM* rein, unvermischt; *4. (construcción independiente) GRAMM* absolut; *ablativo ~* absoluter Ablativ *m; genitivo ~* absoluter Genitiv *m; 5. valor ~ MATH* absoluter Wert; *6. mayoría absoluta* absolute Mehrheit; *7. dirección absoluta INFORM* absolute Adresse *f; 8. música absoluta MUS* absolute Musik *f; 9. humedad absoluta METEO* absolute Feuchtigkeit; *temperatura absoluta* absolute Temperatur *f; cero ~* absoluter Nullpunkt *m*

absolver [aƀsɔl'ƀɛr] *v irr 1. JUR* freisprechen; *2. REL* lossprechen

absorber [aƀsɔr'ƀɛr] *v* absorbieren, aufsaugen, einsaugen

absorción [aƀsɔr'θĭɔn] *f 1.* Absorbierung *f; 2. ECO* Absorption *f*

absorto [aƀ'sɔrto] *adj 1.* versunken, vertieft; *2. (pasmado)* verblüfft

absorvente [aƀsɔr'ƀente] *adj 1.* aufsaugend, absorbierend; *2. (fig)* anstrengend; *Mi trabajo es muy ~.* Meine Arbeit ist sehr anstrengend.

abstemio [aƀs'temĭo] *adj 1.* abstinent; *m 2.* Abstinenzler *m*

abstención [aƀsten'θĭɔn] *f* Abstinenz *f,* Enthaltung *f; ~ de voto* Stimmenthaltung *f*

abstenerse [aƀste'nɛrse] *v irr 1.* sich enthalten, verzichten; *Me abstengo de tomar alcohol porque tengo que conducir.* Ich trinke

keinen Alkohol, weil ich fahren muss. *2. ~ de votar* sich der Stimme enthalten
abstinencia [aƀsti'nenθĭa] *f* Abstinenz *f,* Enthaltsamkeit *f*
abstinente [aƀsti'nente] *adj* enthaltsam
abstracción [aƀstrak'θĭɔn] *f 1.* Abstraktion *f,* Abstrahieren *n; 2. (caracter abstracto)* Abstrahierung *f,* Abstraktion *f; No puedo comprender estas ~es.* Ich kann diese Abstrahierungen nicht verstehen. *La ~ es una forma de comprender la complejidad.* Die Abstraktion ist eine Methode, die Komplexität zu begreifen. *3. (algo que solo existe en la mente)* Hirngespinst *n; No sé como puedes creer en tales ~es.* Ich weiß nicht, wie du an solche Hirngespinste glauben kannst. *4. (composición abstracta en el arte) ART* Abstraktion *f,* abstraktes Werk *n; No me gustan las ~es de Kandinsky.* Kandinskys abstrakte Werke gefallen mir nicht.
abstracto [aƀs'trakto] *adj 1.* abstrakt; *2. arte ~ ART* abstrakte Kunst; *expresionismo ~* abstrakter Expressionismus *m; 3. en ~* abstrakt genommen
abstraer [aƀstra'er] *v 1. irr ~ un objeto* abstrahieren, entziehen, abziehen; *2. (prescindir de)* absehen; *Si nos abstraemos de ...* Wenn wir von ... absehen; *Abstrayendonos de ...* Abgesehen von ...
abstraerse [aƀstra'ɛrse] *v irr (separarse de lo sensible)* abgelenkt werden, zerstreut sein
abstraído [aƀstra'iđo] *adj* gedankenversunken
abstruso [aƀs'truso] *adj (de difícil comprensión)* unverständlich, verworren, kompliziert
absurdidad [aƀsurđi'đađ] *f* Unsinn *m,* Absurdität *f*
absurdo [aƀ'surđo] *adj 1.* sinnlos, absurd, unsinnig; *una idea absurda* eine absurde Idee *f; m 2.* Unsinn *m,* Absurdität *f,* Sinnlosigkeit *f*
abubilla [aƀu'ƀiʎa] *f ZOO* Wiedehopf *m*
abuchear [aƀutʃe'ar] *v* buhen, auspfeifen
abucheo [aƀu'tʃeo] *m* Buhruf *m,* Pfeifkonzert *n*
abuela [a'ƀwela] *f* Großmutter *f,* Oma *f*
abuelo [a'ƀwelo] *m 1.* Großvater *m,* Opa *m; 2. ~s pl* Großeltern *pl; ~s maternos/~s paternos* Großeltern mütterlicherseits/Großeltern väterlicherseits *pl*
abulia [abu'lia] *f (apatía)* Willenlosigkeit *f,* Willensschwäche *f*
abúlico [a'ƀuliko] *adj* willenlos, willensschwach
abultado [aƀul'tađo] *adj* massig, dick
abultar [aƀul'tar] *v 1.* vergrößern; *2. (fig: exagerar)* übertreiben; *3. (ocupar mucho espacio)* auftragen
abundancia [aƀun'danθĭa] *f 1. ~ de* Überfluss an *m; 2. en ~* im Übermaß, in Hülle und Fülle
abundante [aƀun'dante] *adj* ausgiebig, reichlich
abundar [aƀun'đar] *v 1.* reichlich vorhanden sein; *2.* anschließen; *Abundo en tu opinión.* Ich schließe mich deiner Meinung an.
abur [a'bur] *interj ¡Abur! (fam)* Leb wohl!
aburguesado [aƀurge'sađo] *adj* spießig
aburrido [aƀu'rriđo] *adj* langweilig, öde
aburrimiento [aƀurri'mĭento] *m 1.* Langeweile *f; 2.* Langeweile *f,* Verdruss *m,* Überdruss *m; ¡Qué ~!* Wie langweilig!
aburrir [aƀu'rrir] *v* anöden
aburrirse [aƀu'rrirse] *v* sich langweilen; *¿No te aburres de hacer siempre lo mismo?* Langweilt es dich nicht, immer dasselbe zu tun?
abusar [aƀu'sar] *v 1. ~ de* missbrauchen; *2. ~ de (violar)* vergewaltigen; *3. (tomar una ventaja indebida)* missbrauchen, ausnützen; *Has abusado de mi amistad.* Du hast meine Freundschaft ausgenützt.
abusivo [aƀusi'bo] *adj* missbräuchlich, unnütz
abuso [a'ƀuso] *m 1.* Missbrauch *m; ~ de la bebida* Alkoholmissbrauch *m; 2. (extralimitación)* Übergriff *m; 3. (exceso)* Exzess *m*
abyección [aƀjek'θĭɔn] *f 1. (bajeza)* Niederträchtigkeit *f,* Verworfenheit *f; 2. (humillación)* Demütigung *f,* Erniedrigung *f*
abyecto [aƀ'jekto] *adj* verkommen, niederträchtig
acá [a'ka] *adv 1. (aquí)* hier, da; *2. (por aquí)* herbei; *3.* hier, hierher; *¿De cuándo acá?* Seit wann?
acabado [aka'bađo] *adj 1.* fertig, vollendet; *2. (fig: destruido)* erledigt; *¡El presidente está ~!* Der Präsident ist am Ende! *3. (fig: sin fuerzas)* erschöpft, kraftlos; *4. ~ de pintar* frisch gestrichen
acaballadero [akaƀaʎa'đero] *m* Gestüt *n*
acaballar [akaƀa'ʎar] *v ZOOL* decken
acabamiento [akaƀa'mĭento] *m* Vollendung *f,* Beendigung *f*
acabar [aka'ƀar] *v 1. (terminar)* beenden, erledigen, vollenden; *¿Ya has acabado tu tra-*

bajo? Bist du mit deiner Arbeit fertig? *2. ~ de hacer algo* soeben etw getan haben; *Acabo de llegar.* Ich bin gerade angekommen. *3. ~ con algo* etw vertilgen, etw vernichten; *El niño acaba con la paciencia de su padre.* Das Kind bringt seinen Vater zur Verzweiflung. *4. ~ en algo* in etw enden; *La fiesta acabó en un caos.* Das Fest endete im Chaos. *5. ~ por hacer algo* schließlich etw tun; *Acabé por ir.* Schließlich ging ich. *6. (fig: destruir)* erledigen, zerstören; *Las intrigas han acabado con el presidente.* Die Intrigen haben den Präsidenten erledigt. *Esa mujer acabó conmigo.* Diese Frau hat mich ruiniert. *7. (dejar sin fuerzas)* erschöpfen, Kräfte rauben; *La enfermedad me ha acabado.* Die Krankheit hat mir alle Kraft geraubt. *¡Ese trabajo te acaba!* Diese Arbeit macht dich fertig! *8. (fig: matar, rematar)* töten, umbringen; *9. (consumir completamente)* austrinken, aufessen; *¡Acaba ese vino y vámonos!* Trink den Wein aus und lass uns gehen!

acabarse [aka'ƀarse] *v 1.* ausgehen, enden; *¡Se acabó!* Schluss jetzt! *2. (consumir por completo)* ganz aufessen, austrinken

acacia [a'kaθĭa] *f BOT* Akazie *f*

academia [aka'đemĭa] *f 1.* Akademie *f,* Privatlehranstalt *f; 2. (asociación de sabios)* Akademie *f*

académico [aka'đemiko] *adj 1.* akademisch; *titulo ~* akademischer Titel *m; 2.* akademisch

acaecedero [akaeθe'đero] *adj* zufällig, wahrscheinlich, möglich

acaecer [akae'θer] *v irr (producirse un hecho)* vorkommen, sich ereignen, geschehen

acaecimiento [akaeθi'mĭento] *m* Vorkommnis *n,* Ereignis *n*

acalambrarse [akalam'ƀrarse] *v* einen Krampf bekommen

acalenturarse [akalentu'rarse] *v (tener calentura)* sich erhitzen, warm werden

acalorado [akalo'rađo] *adj 1. (con calor)* erwärmt, erhitzt; *2. (fig: enfadado)* hitzig, verärgert, gereizt

acalorarse [akalo'rarse] *v 1.* in Wut geraten; *No te acalores por su causa, no vale la pena.* Ereifere dich nicht seinetwegen, es lohnt sich nicht. *2. (entrar en calor)* warm werden, sich erhitzen

acaloro [aka'loro] *m 1. (acaloramiento)* Erhitzung *f,* Erwärmung *f; 2. (fig: disgusto)* Aufwallung *f*

acallar [aka'ʎar] *v 1. (hacer callar)* zum Schweigen bringen; *2. (fig: apaciguar)* beruhigen, besänftigen, beschwichtigen; *El maestro ha acallado mis dudas.* Der Meister hat meine Zweifel zerstreut.

acampador [akampa'đor] *m* Camper *m*

acampar [akam'par] *v 1.* zelten, campen; *¿Podemos ~ aquí?* Können wir hier zelten? *2. MIL* kampieren

acampsia [a'kampsĭa] *f MED* Gelenksteifheit *f*

acanalado [akana'lađo] *adj 1. (algo que pasa por canales)* kanalisiert; *2. (algo que tiene forma larga)* kanalförmig

acanallado [akana'ʎađo] *adj* gemein, pöbelhaft, ordinär

acantear [akan'tear] *v (tirar piedras a alguien)* jdn steinigen

acantilado [akanti'lađo] *m 1.* Steilküste *f; adj 2.* abschüssig, steil

acantilar [akanti'lar] *v* steil abfallen

acantonamiento [akantona'mĭento] *m MIL* Belegung *f*

acantonarse [akanto'narse] *v MIL* Quartier beziehen

acaparador(a) [akapara'đɔr/akapara'đora] *m/f* Aufkäufer(in) *m/f*

acaparar [akapa'rar] *v 1.* hamstern, aufkaufen; *2. (fig: apropiarse de)* an sich reißen, für sich allein in Anspruch nehmen; *~ la palabra* keinen zu Wort kommen lassen

acapillar [akapi'ʎar] *v (atrapar)* fangen, erwischen

acaracolado [akarako'lađo] *adj (pelos)* lockig

acaramelado [akarame'lađo] *adj GAST* kandiert

acariciar [akari'θĭar] *v 1.* streicheln, hätscheln, liebkosen; *2. ~ una idea* eine Idee hegen *f*

ácaro ['akaro] *m ZOOL* Milbe *f*

acarrear [akarrɛ'ar] *v 1.* transportieren, befördern; *(ocasionar algo malo)* Schaden verursachen; *Su accidente le acarreó mucha tristeza.* Ihr Unfall machte ihn/sie sehr traurig. *2. (sumar en otra columna) MATH* übertragen

acarreo [aka'rreo] *m 1.* Beförderung *f,* Anlieferung *f; 2. MATH* Übertrag *m*

acartonado [akarto'nađo] *adj* kartonartig, eingeschrumpft, mager (fig)

acaso [a'kaso] *adv 1.* vielleicht, etwa; *2. por si ~* falls; *m 3. (azar)* Zufall *m; No debemos dejar esa decisión al ~.* Wir dürfen diese

Entscheidung nicht dem Zufall überlassen. *4. por ~* zufällig
acatamiento [akata'mĭento] *m* Hochachtung *f*, Achtung *f*, Ehrfurcht *f*
acatar [aka'tar] *v* ehren, verehren
acatarrado [akata'rrađo] *adj* erkältet, verschnupft
acatarrarse [akata'rrarse] *v* sich erkälten, sich einen Schnupfen holen
acato [a'kato] *m* Ehrfurcht *f*, Hochachtung *f*
acaudalado [akawđa'lađo] *adj* begütert
acaudillar [akaudi'ʎar] *v* anführen, befehligen
acceder [agθe'đɛr] *v 1. (consentir en)* nachgeben, zustimmen; *~ a* entsprechen, einwilligen in; *Accedo a ir contigo.* Ich willige ein, mit dir zu gehen. *2. (ceder)* einwilligen, zustimmen; *Después de una larga discusión, mi tío accedió a darme el dinero.* Nach einer langen Diskussion willigte mein Onkel ein, mir das Geld zu geben. *3. (llegar a un lugar)* Zugang haben, gelangen; *No tengo forma de ~ a tu casa.* Ich habe keine Möglichkeit, in dein Haus hineinzukommen. *4. (llegar a un cargo)* erreichen; *Mi tío ha accedido a la presidencia de esa empresa.* Mein Onkel hat den Vorsitz in diesem Unternehmen erlangt.
accesibilidad [agθesiƀili'đađ] *f* Zugang *m*, Zugänglichkeit *f*
accesible [akθe'siƀle] *adj 1.* zugänglich; *2. (fig: precio)* erschwinglich
acceso [ak'θeso] *m 1.* Zugang *m*, Anfahrt *f*, Auffahrt *f*; *2. INFORM* Zugriff *m*; *3. MED* Anfall *m*
accesorios [akθe'sorĭos] *m/pl 1.* Accessoires *pl*; *2. TECH* Zubehörteile *pl*, Armaturen *pl*
accidencia [agθi'đenθĭa] *f* Zufälligkeit *f*
accidentado [akθiđen'tađo] *adj 1. (terreno, pais)* holperig; *2. (persona)* verunglückt; *m 3.* Verunglückter *m*
accidental [akθiđen'tal] *adj 1.* zufällig; *2. (inesencial)* zufällig, unwesentlich, unwichtig
accidente [akθi'đente] *m* Unfall *m*, Unglück *n*; *~ de trabajo* Betriebsunfall *m*; *~ de tráfico* Verkehrsunfall *m*; *Tuve un ~.* Ich hatte einen Unfall.
acción [ak'θĭɔn] *f 1.* Handlung *f*, Aktion *f*; *~ heroica* Heldentat *f*; *2. (operación)* Tätigkeit *f*, Operation *f*; *3. FIN* Aktie *f*; *4. (efecto)* Wirkung *f*; *radio de ~* Wirkungsbereich *m*; *~ recíproca* Wechselwirkung *f*; *5. (secuencia de eventos en una novela) LIT* Handlungsablauf *m*, Handlung *f*; *¿Dónde comienza la ~ de esa novela?* Wo beginnt die Handlung dieses Romans? *6. (actividad)* Aktion *f*, Tätigkeit *f*, Tat *f*; *Quiero un poco más de ~ en mi vida.* Ich möchte etwas mehr Trubel in meinem Leben. *7. (actividad emocionante y exitante)* Aufregung *f*, Spannung *f*, Action *f*; *Esta noche quiero tener un poco de ~.* Heute Nacht brauche ich ein bisschen Action. *Practico boxeo porque me gusta la ~.* Ich boxe, weil ich gerne Action habe. *8. una película de ~* ein Actionfilm *m*; *Me gustan solo las películas de ~.* Mir gefallen nur Actionfilme.
accionamiento [akθĭona'mĭento] *m 1. TECH* Antrieb *m*; *2. (puesta en marcha)* Betätigung *f*
accionar [akθĭo'nar] *v 1.* bewegen, treiben; *2. TECH* betätigen, schalten; *¡En caso de peligro ~ la palanca!* Bei Gefahr den Hebel betätigen!
accionista [akθĭo'nista] *m/f FIN* Aktionär(in) *m/f*
acechar [aθe'tʃar] *v* lauern, spähen
acecho [a'θetʃo] *m* Lauer *f*; *estar al ~* auf der Lauer liegen
acedar [aθe'đar] *v 1. (agriar)* säuern, verwelken; *2. ~ a alguien (desazonar)* jdn verbittern, jdn verdrießen; *Tu carta le acedó mucho.* Dein Brief verdross ihn sehr.
acedía [aθe'đia] *f 1. ZOOL* Scholle *f*; *2. MED* Sodbrennen *n*
aceitar [aθɛĭ'tar] *v* ölen
aceite [a'θɛĭte] *m 1.* Öl *n*; *~ de hígado* Lebertran *m*; *2. ~ comestible GAST* Speiseöl *n*; *~ de mesa* Salatöl *n*; *~ de oliva* Olivenöl *n*; *~ vegetal* Pflanzenöl *n*; *¡Aceite y vinagre, por favor!* Essig und Öl, bitte! *3. ~ para motores* Motoröl *n*; *Mi coche pierde ~.* Mein Wagen verliert Öl.
aceitoso [aθɛĭ'toso] *adj (oleoso)* ölig
aceituna [aθɛĭ'tuna] *f BOT* Olive *f*
aceitunero [aθeitu'nero] *m 1. (persona)* Olivenpflücker *m*, Olivenhändler *m*; *2. (lugar)* Olivenkammer *f*
aceituno [aθei'tuno] *m* Olivenbaum *m*
aceleración [aθelera'θĭɔn] *f* Beschleunigung *f*
acelerado [aθele'rađo] *adj movimiento ~ PHYS* Beschleunigung *f*; *movimiento uniformemente ~* geradlinige Beschleunigung *f*
acelerador [aθelera'đɔr] *m 1.* Gaspedal *n*; *2. ~ de partículas PHYS* Teilchenbeschleu-

niger *m*, Beschleuniger *m*; *Un ciclotrón es un ~ de partículas.* Ein Zyklotron ist ein Teilchenbeschleuniger. *~ lineal de partículas* Partikellinearbeschleuniger *m*
acelerar [aθele'rar] *v 1.* beschleunigen; *2. (fig: dar celeridad)* beschleunigen, vorantreiben; *Me gustaría ~ los preparativos del viaje.* Ich würde die Reisevorbereitungen gerne vorantreiben.
acelga [a'θɛlga] *f BOT* Mangold *m*
acémila [a'θemila] *f ZOOL* Saumtier *n*, Lasttier *n*
acendrado [aθen'đrađo] *adj (sin defecto)* geläutert, makellos
acendrar [aθen'drar] *v 1. ~ los metales* Metall reinigen; *2. (fig: perfeccionar)* zur Vollendung bringen, vervollkommnen, perfektionieren
acento [a'θento] *m 1. (dejo)* Akzent *m*; *2. GRAMM* Betonung *f*, Akzent *m*; *3. (signo que indica mayor intensidad) GRAMM* Akzent *m*; *4. (modulación de la voz)* Betonung *f*, Tonfall *m*; *Mi hermana habla con un ~ muy dulce.* Meine Schwester hat einen sehr weichen Tonfall.
acentuación [aθentwa'θĭɔn] *f GRAMM* Betonung *f*, Tonfall *m*
acentuar [aθcn'twar] *v* akzentuieren, betonen, hervorheben
acentuarse [aθen'twarse] *v (fig: aumentar en intensidad)* sich verschärfen, deutlicher zutage treten, sich verstärken
acepción [aθep'θĭɔn] *f (sentido de una palabra)* Einzelbedeutung *f*; *¿Cuántas ~es tiene esa palabra?* Wie viele Bedeutungen hat dieses Wort?
aceptabilidad [aθeptađili'đađ] *f* Annehmbarkeit *f*
aceptable [aθep'tađle] *adj 1. (digno de ser aceptado, satisfactorio)* annehmbar, akzeptabel, willkommen; *Los términos del contrato me parecen ~s.* Die Vertragsfristen erscheinen mir annehmbar. *2. (pasable, tolerable)* annehmbar, erträglich
aceptación [aθɛpta'θĭɔn] *f 1.* Annahme *f*; *2. (reconocimiento)* Akzeptanz *f*; *3. ECO* Akzept *n*
aceptado [aθep'tađo] *adj 1. (usual)* üblich, anerkannt, verbreitet; *2. (establecido)* anerkannt, üblich; *Esos procedimientos comerciales no son ~s aquí.* Diese Handelspraktiken sind hier nicht üblich.
aceptar [aθɛp'tar] *v 1.* annehmen, akzeptieren, eingehen; *Esto no lo puedo ~.* Das kann ich nicht annehmen. *No lo acepto.* Ich nehme es nicht an. *2. (consentir)* zulassen; *3. (decir que sí)* annehmen, billigen; *Acepto tus condiciones.* Ich nehme deine Bedingungen an. *¡Acepto!* Angenommen! *4. (recibir con tolerancia o resignación* akzeptieren, anerkennen; *5. (mirar favorablemente)* akzeptieren, aufnehmen, annehmen; *Te agradezco mucho que me aceptes.* Ich danke dir sehr für die Aufnahme.
acequia [a'θekĭa] *f 1.* Wassergraben *m*, Bewässerungsgraben *m*; *2. (arroyo)* Gosse *f*, Rinnstein *m*
acera [a'θera] *f 1.* Bürgersteig *m*, Gehweg *m*, Trottoir *n*; *2. (fila de casas a ambos lados)* Häuserreihe *f*
acerado [aθe'rađo] *adj 1. (de acero)* stählern, gestählt, stahlhart; *2. (fig: algo muy fuerte)* schneidend, hart
acerar [aθe'rar] *v (conferir las propiedades del acero) TECH* verstählen
acerarse [aθe'rarse] *v (fig: fortalecerse)* hart werden, verhärten
acerbo [a'θɛrđo] *adj 1. (áspero al gusto)* herb; *2. sufrimiento ~* grausam
acerca [a'θɛrka] *prep ~ de (fig: con referencia a)* über, hinsichtlich
acercamiento [aθɛrka'mĭento] *m* Annäherung *f*; *~ de los pueblos* Völkerverständigung *f*
acercar [aθɛr'kar] *v (poner más cerca)* näher bringen, nähern
acercarse [aθɛr'karse] *v* sich nähern, herankommen; *~ sigilosamente* sich anschleichen, sich heranschleichen, sich anpirschen
acería [aθe'ria] *f (fábrica de fundición de aceros)* Stahlwerk *n*, Stahlhütte *f*
acero [a'θero] *m 1. MET* Stahl *m*; *2. ~ inoxidable* Edelstahl *m*; *3. (fig) de ~* aus Stahl, stählern, stahlhart; *Tienes una voluntad de ~.* Du hast einen eisernen Willen.
acérrimo [a'θɛrrimo] *adj (muy fuerte)* entschieden, hartnäckig
acertado [aθɛr'tađo] *adj (adecuado)* treffend, zutreffend, angemessen
acertar [aθɛr'tar] *v irr 1.* erraten; *2. (hacer blanco, dar en)* das Ziel treffen; *3. (hacer algo de forma correcta)* richtig handeln, das Richtige tun; *Has acertado al aceptar ese trabajo.* Du hast das Richtige getan, als du diese Arbeit angenommen hast. *4. (hallar la forma adecuada)* finden, treffen; *Has acertado con la solución del problema.* Du hast genau die Lösung des Problems gefunden.

acertijo [aθɛr'tixo] *m* Rätsel *n*
acervo [a'θerƀo] *m* *1. (trigo, legumbres)* Haufen *m,* Stapel *m; 2. el ~ cultural* Kulturgut *n; 3. (bienes de una colectividad)* Kulturerbe *n*
acético [aθɛ'tiko] *adj CHEM* essigsauer, Essig...
acetilo [aθe'tilo] *m CHEM* Acetyl *n*
acetona [aθe'tona] *f CHEM* Aceton *n*
acetre [a'θetre] *m* Schöpfeimer *m*
aciago [aθi'ago] *adj (nefasto)* unheilvoll, unglückbringend
acíbar [a'θiƀar] *m 1. (planta) BOT* Aloe *f; 2. (fig: pena)* Unannehmlichkeit *f,* Bitterkeit *f*
aciberar [aθiƀe'rar] *v (triturar)* zermahlen, pulverisieren
acicalado [aθika'lađo] *adj* adrett, nett, geschniegelt
acicalamiento [aθikala'mĭento] *m* Schleifen *n,* Politur *f*
acicalar [aθika'lar] *v 1. (dar un retoque)* etw überarbeiten; *2. (fig: arreglar a una persona)* herausputzen, schniegeln
acicalarse [aθika'larse] *v (arreglarse con exagero)* sich herausputzen
acicate [aθi'kate] *m* Ansporn *m,* Antrieb *m*
acicatear [aθika'tear] *v (incitar)* antreiben, anspornen; *Te agradezco que me hayas acicateado a la acción.* Ich bin dir dankbar, dass du mich dazu angespornt hast.
acidez [aθi'đeθ] *f 1.* Säure *f; 2. ~ estomacal MED* Sodbrennen *n; 3. CHEM* Säuregehalt *m*
acidia [a'θiđia] *f (pereza)* Trägheit *f,* Faulheit *f*
ácido ['aθiđo] *adj 1.* sauer; *2. (seco)* herb; *m 3. CHEM* Säure *f; ~ carbónico* Kohlensäure *f; ~ clorhídrico* Salzsäure *f; ~ graso* Fettsäure *f; ~ sulfhídrico* Schwefelsäure *f; 4. lluvia ácida BIO* saurer Regen; *m 5. (fam: LSD u otros halucinógenos)* Acid, LSD, Halluzinogen
acidosis [aθi'đosis] *f MED* Acidose *f,* Säurevergiftung *f*
acidular [aθiđu'lar] *v CHEM* ansäuern
acierto [a'θĭɛrto] *m 1.* Treffgenauigkeit *f; 2. (éxito)* Erfolg *m; 3. (buen juicio)* Klugheit *f,* Geschicklichkeit *f; hacer algo con ~* etw geschickt tun
aclamación [aklama'θĭɔn] *f* Beifallsrufen *n,* Zuruf *m*
aclamar [akla'mar] *v 1.* bejubeln; *2. (dar la bienvenida con entusiasmo)* zujubeln; *El público aclamó al director.* Das Publikum jubelte dem Regisseur zu.
aclaración [aklara'θĭɔn] *f 1.* Aufklärung *f,* Erklärung *f,* Klarstellung *f; 2. (explicación)* Aufschluss *m*
aclarar [akla'rar] *v 1. (explicar)* erklären, erläutern, klarstellen; *2. (un malentendido)* klären; *No me puedo ~ lo sucedido.* Ich kann mir das Geschehene nicht erklären. *No me aclaro.* Ich kenne mich nicht aus. *3. (hacer la voz más clara)* klären, aufhellen, heller machen; *~ la voz* sich räuspern; *4. (despejarse el cielo)* aufklaren, hell werden; *El cielo no ha aclarado todavía.* Der Himmel ist noch nicht hell geworden. *5. (hacerse de día)* hell werden, tagen; *No ha aclarado aún.* Es ist noch nicht hell geworden.
aclararse [akla'rarse] *v 1. (hacerse comprensible una situación)* klar werden, deutlich werden; *Todo se ha aclarado ahora.* Jetzt hat sich alles geklärt. *2. (purificarse un líquido turbio)* klar werden; *El agua no se ha aclarado todavía.* Das Wasser ist noch nicht klar geworden.
aclaratorio [aklara'torĭo] *adj* klärend, aufklärend, erläuternd
aclimatación [aklimata'θĭɔn] *f* Eingewöhnung *f,* Akklimatisierung *f*
aclimatar [aklima'tar] *v (acostumbrar a otro clima)* akklimatisieren
aclimatarse [aklima'tarse] *v* sich anpassen, sich akklimatisieren
aclínico [a'kliniko] *adj MED* aklinisch
acmé ['akmɛ] *f (en una enfermedad) MED* Höhepunkt *m,* Akme *f*
acné [ak'ne] *m MED* Akne *f*
acobardamiento [akoƀarđa'mĭɛnto] *m* Einschüchterung *f*
acobardar [akoƀar'đar] *v* einschüchtern
acocear [akoθe'ar] *v 1. (caballo)* mit den Hinterfüßen treten; *2. (fig: insultar)* jdn beschimpfen
acocharse [ako'tʃarse] *v (agacharse)* sich kauern
acodado [ako'đađo] *adj (con forma de codo)* geknickt, gebogen; *tubo ~* gebogenes Rohr
acodalamiento [akođala'mĭɛnto] *m ARCH* Abstützung *f*
acodar [ako'đar] *v AGR* absenken; *1. (dar forma de codo)* abknicken; *2. ~ plantas* absenken
acodo [a'kođo] *m BOT* Ableger *m*
acogedor [akɔxe'đor] *adj 1.* wohnlich, gemütlich; *Aquí es ~.* Hier ist es gemütlich. *2. (amable)* liebenswürdig

acoger [akɔ'xɛr] *v 1.* aufnehmen, empfangen; *2. (aprobar)* gutheißen; *2. (dar refugio a alguien en su casa)* aufnehmen, Zuflucht bieten, Schutz geben
acogerse [ako'xɛrse] *adj 1. (refugiarse en)* Schutz suchen, sich flüchten; *v 2. (fig: refugiarse en un subterfugio)* sich auf etw berufen; *Me acojo a la primera enmienda de la constitución.* Ich berufe mich auf den ersten Artikel der Verfassung.
acogida [akɔ'xiđa] *f* Aufnahme *f,* Empfang *m*
acogido [akɔ'xiđo] *m 1.* Insasse *m; adj 2. ser bien ~* gut ankommen
acogimiento [akoxi'mĭɛnto] *m* Aufnahme *f,* Empfang *m*
acojinar [akoxi'nar] *v (acolchar)* polstern, steppen
acojonado [akoxo'nađo] *adj (acobardado)* ängstlich
acolchado [akɔl'tʃađo] *m* Füllung *f,* Polster *n,* Polsterung *f*
acolchar [akɔl'tʃar] *v* polstern
acólito [a'kɔlito] *m 1. REL* Messdiener *m; 2. (fig: persona que depende de otra)* Akoluth *m,* Ministrant *m,* Mitläufer *m;*
acolmillado [akɔlmi'ʎatđo] *adj (dientes)* mit Hauern versehen
acomedido [akome'điđo] *adj (atento)(LA)* gefällig, dienstbeflissen, zuvorkommend
acomedirse [akome'đirse] *adj irr (LA)* gefällig sein
acometedor [akomete'đɔr] *adj 1. (resuelto)* angriffslustig, entschlossen; *2. (agresivo)* aggressiv, angriffslustig
acometer [akome'tɛr] *v 1. (hostilmente)* angreifen, anfallen, sich stürzen auf; *2. (fig: iniciar) ~ algo* mit etw anfangen, etw beginnen, sich stürzen auf etw; *3. (dar bruscamente un estado físico)* anfallen, sich stürzen auf; *Me acometió el sueño.* Der Schlaf überkam mich.
acometida [akome'tiđa] *f 1.* Angriff *m; 2.* Anfall *m; 3. TECH* Anschluss *m*
acometimiento [akometi'mĭɛnto] *m* Angriff *m,* Inangriffnahme *f*
acometividad [akometibi'đađ] *f (agresividad)* Streitlust *f,* Angriffslust *f*
acomodable [akomo'đaɓle] *adj* anpassungsfähig
acomodación [akomođa'θĭɔn] *f* Anpassung *f*
acomodadizo [akomođa'điθo] *adj* anpassungsfähig
acomodado [akomo'đađo] *adj 1.* begütert, wohlhabend, reich; *2. (establecido)* gutbürgerlich
acomodador [akomođa'đɔr] *m (persona que trabaja en un cine)* Platzanweiser *m*
acomodar [akomo'đar] *v 1.* unterbringen; *2. (fig: conciliar)* einordnen, anpassen; *3. (fig: ajustar algo) (LA)* regeln, einstellen; *¿Puedes ~ la imagen del televisor, por favor?* Kannst du bitte das Fernsehbild einstellen?
acomodarse [akomo'đarse] *v 1.* sich anpassen, sich einfügen; *2. (ponerse cómodo)* es sich bequem machen
acomodo [ako'mođo] *m (ocupación)* Anstellung *f,* Stelle *f*
acompañado [akɔmpa'ɲađo] *adj (que no está sólo)* begleitet
acompañamiento [akɔmpaɲa'mĭento] *m 1.* Begleitung *f,* Anschluss *m,* Geleit *n; 2. MUS* Orchesterbegleitung *f*
acompañante [akɔmpa'ɲante] *m/f* Beifahrer(in) *m/f,* Begleiter(in) *m/f*
acompañar [akɔmpa'ɲar] *v 1. ~ a alguien* jdn begleiten, jdm Gesellschaft leisten; *2. (adjuntar)* anfügen; *3. (asistir)* beistehen; *~ a alguien a casa* jdn heimbringen; *4. (participar en los sentimientos)* Anteil nehmen; *¡Te acompaño en la pena!* Herzliches Beileid! *5. (realizar un acompañamiento) MUS* begleiten; *Mi padre va a acompañarme con el piano.* Mein Vater wird mich auf dem Klavier begleiten.
acompasadamente [akompasađa'mɛnte] *adv (fig)* langsam, im Takt; *Juan habla ~, le puedo comprender muy bien.* Juan spricht langsam, ich kann ihn gut verstehen.
acompasado [akompa'sađo] *adj* gemessen, langsam
acompasar [akompa'sar] *v 1.(acomodar algo)* etw justieren, etw ordnen; *2. (fig: adecuar)* etw anpassen
acomplejado [akomple'xađo] *m* jmd mit einem Komplex *m*
acomplejar [akomple'xar] *v* jdm Komplexe verursachen
acomunarse [akomu'narse] *v* sich verbünden
aconchar [akon'tʃar] *v* anlehnen, stemmen
acondicionado [akonđiθio'nađo] *adj* beschaffen
acondicionador [akonđiθiona'đɔr] *m (aparato)* Klimaanlage *f*
acondicionamiento [akonđiθĭona'mĭento] *m* Aufbereitung *f,* Zubereitung *f*

acondicionar [akonđiθĭo'nar] *v* zubereiten, herrichten, aufbereiten
acongojar [akongo'xar] *v (oprimir)* bedrücken, bekümmern
aconsejable [akonsɛ'xaƀle] *adj* ratsam, empfehlenswert
aconsejado [akonse'xađo] *adj (prudente)* vorsichtig
aconsejador [akonsexa'đɔr] *adj* Berater..., Ratgeber...
aconsejar [akonsɛ'xar] *v ~ alguien* jdm raten, jdn beraten, jdm anraten
aconsonantar [akonsonan'tar] *v (palabras)* in Reime bringen, reimen
acontecedero [akonteθe'đero] *adj* was sich ereignen kann
acontecer [akonte'θɛr] *v irr* geschehen, sich ereignen
acontecimiento [akontɛθi'mĭento] *m 1.* Ereignis *n,* Begebenheit *f,* Vorfall *m; 2. (hecho importante)* Begebenheit *f,* Ereignis *n,* Geschehnis *n; El primer viaje tripulado a la luna fué un verdadero ~.* Der erste bemannte Flug zum Mond war wahrhaftig ein Ereignis.
acopiar [akopi'ar] *v 1. (almacenar)* anhäufen, ansammeln; *2. (fig: juntar, reunir)* vereinen, verbinden, anhäufen; *~ fuerzas* vereinte Kräfte *f/pl*
acopio [a'kopĭo] *m hacer ~ de fuerzas* alle Kraft zusammennehmen *f*
acoplado [ako'plađo] *adj dos módulos ~s TECH* zwei gekoppelte Elemente
acoplamiento [akopla'mĭento] *m 1. ~ en una estación espacial TECH* Ankoppeln an eine Raumstation *n; 2. ~ de dos animales AGR* Paarung von zwei Tieren *f*
acoplar [ako'plar] *v 1.* kuppeln; *2. (ajustar unas cosas con otras) TECH* verbinden, zusammenfügen, kuppeln; *~ dos sistemas* zwei Systeme verbinden *n/pl ~ máquinas* zwei Maschinen koppeln *f/pl*
acoplarse [ako'plarse] *v 1.* sich paaren; *2. (fig: entenderse muy bien 2 personas)* sich lieb gewinnen, sich zusammentun
acoquinar [akoki'nar] *v ~ a alguien* jdn einschüchtern
acoquinarse [akoki'narse] *v (amedrentarse)* sich einschüchtern lassen
acorazado [akora'θađo] *adj 1. (fig: fortalecido)* gepanzert; *2. (barco de guerra) NAUT* Panzerkreuzer *m*
acorazar [akora'θar] *v (blindar)* panzern
acorazarse [akora'θarse] *v (escudarse)* sich wappnen
acordada [akor'đađa] *f JUR* Vereinbarung *f*
acordar [akɔr'dar] *v irr 1.* beschließen, entscheiden; *2. (ponerse de acuerdo)* vereinbaren
acordarse [akɔr'đarse] *v irr ~ de algo* sich an etw erinnern, einer Sache gedenken; *No me acuerdo de lo que pasó ayer.* Ich erinnere mich nicht an das, was gestern Nacht passierte.
acorde [a'kɔrđe] *adj 1.* einig, einmütig; *m 2.* Einklang *m; 3. MUS* Akkord *m*
acordeón [akɔrđe'ɔn] *m MUS* Akkordeon *n,* Ziehharmonika *f*
acordeonista [akɔrđeo'nista] *m/f (persona)* Akkordeonspieler *m*
acordonado [akɔrđo'nađo] *adj MIL* abgeriegelt, abgesperrt
acordonamiento [akɔrđona'mĭento] *m MIL* Abriegelung *f,* Absperrung *f*
acordonar [akɔrđo'nar] *v 1.* verschnüren, einschnüren; *2. (personas, edificios) MIL* einschließen, umzingeln, umstellen
acores [a'kores] *m/pl (erupción) MED* Flechtenausschlag *m*
acornear [akɔr'near] *v irr (cornear)* mit den Hörnern stoßen
acorralar [akɔrra'lar] *v 1.* einpferchen; *2. (fig: poner en un aprieto)* in die Enge treiben, einschüchtern; *3. (fig: encerrarlo a uno)* einkreisen, umzingeln
acortamiento [akɔrta'mĭento] *m 1.* Abkürzung *f; 2. (reducción)* Verkürzung *f*
acortar [akɔr'tar] *v 1.* abkürzen, verkürzen; *2. ~ la curva* die Kurve schneiden
acosador [akosa'đɔr] *adj* aufdringlich, hartnäckig
acosamiento [akosa'mĭento] *m* Verfolgung *f,* Anfeindung *f*
acosar [ako'sar] *v* bedrängen; *~ a alguien con preguntas* jdn mit Fragen überhäufen
acoso [a'koso] *m (acosamiento)* Verfolgung *f,* Anfeindung *f,* Hetze *f*
acostada [akosta'đa] *f (dormida)* Rast *f*
acostado [akosta'đo] *adj* liegend; *estar ~* im Bett liegen
acostamiento [akosta'mĭento] *m* Niederlegen *n*
acostar [akos'tar] *v irr 1. (hacer que alguien se tienda)* zu Bett bringen; *¡Acuesta a los niños!* Bring die Kinder ins Bett! *2. (inclinar, poner de costado)* neigen, kippen
acostumbradamente [akɔstumbrađa'mente] *adv* gewöhnlich, gewohntermaßen

acostumbrado [akɔstum'brađo] *adj 1.* üblich, gewohnheitsmäßig; *2. ~ a* gewöhnt an
acostumbrar [akɔstum'ƀrar] *v 1. (hacer adoptar una costumbre)* gewöhnen; *2. (soler hacer algo)* gewohnt sein, pflegen; *No acostumbro hablar con extraños.* Ich bin es nicht gewöhnt, mit Fremden zu sprechen.
acostumbrarse [akɔstum'brarse] *v 1.* sich einleben; *2. ~ a* sich gewöhnen an
acotación [akota'θĭɔn] *f 1.* Abgrenzung *f,* Einfriedung *f; 2. (nota marginal)* Randbemerkung *f*
acotamiento [akota'mĭento] *m* Abgrenzung *f*
acotar [ako'tar] *v 1.* eingrenzen, abstecken; *2.* mit Randbemerkungen versehen
acotiledóneo [akotile'đoneo] *adj BIO* Nacktsamer *m*
acotillo [akoti'ʎo] *m (martillo)* Schmiedehammer *m,* Zuschlaghammer *m*
acre ['akre] *m 1. (medida)* Acker *m,* Morgen *m; adj 2. (algo áspero)* rau, schroff; *3. (fig: agresivo)* unliebenswürdig
acrecencia [akre'θenθia] *f (bienes adquiridos)* Zuwachs *m,* Vermehrung *f*
acrecentamiento [akreθenta'mĭento] *m* Zunahme *f*
acrecentar [akreθen'tar] *v irr 1.* vermehren; *2. (aumentar)* vergrößern
acrecentarse [akreθen'tarse] *v irr* zunehmen
acrecer [akre'θer] *v (acrecentar)* vermehren
acreditado [akređi'tađo] *adj* anerkannt, angesehen, renommiert
acreditar [akređi'tar] *v 1. ECO* akkreditieren, gutschreiben; *2. (dar fama, dar crédito)* ausweisen, bestätigen; *3. (hacer digno de crédito)* Ehre machen, Ansehen verleihen; *Ese comportamiento no te acredita mucho ante tus jefes.* Dieses Verhalten lässt dich vor deinen Chefs in keinem guten Licht erscheinen.
acreditativo [akređita'tiƀo] *m* Beleg *m,* Nachweis *m*
acreedor(a) [akree'đɔr/akre'đora] *m/f ECO* Gläubiger(in) *m/f*
acrianzado [akrian'θađo] *adj (bien educado)* wohlerzogen
acrianzar [akrian'θar] *v (educar)* erziehen, aufziehen
acribillar [akriƀi'ʎar] *v 1. (hacer muchos agujeros)* durchlöchern; *2. (fig: molestar)* jdn bedrängen, jdn quälen; *3. (producir muchas heridas)* durchlöchern, durchsieben; *Los mosquitos me acribillaron anoche.* Die Mücken haben mich letzte Nacht völlig zerstochen.
acriminación [akrimina'θĭɔn] *f* Klage *f,* Anklage *f,* Beschuldigung *f*
acriminar [akrimi'nar] *v* anklagen, beschuldigen
acrimonia [akri'monia] *f 1. (fig: carácter)* Bitterkeit *f; 2. (aspereza)* Schroffheit *f*
acrisolar [akriso'lar] *v* läutern
acristalar [akrista'lar] *v* verglasen
acrobacia [akro'ƀaθĭa] *f* Akrobatik *f*
acróbata [a'kroƀata] *m/f* Akrobat(in) *m/f*
acrobático [akro'ƀatico] *adj* akrobatisch
acrofobia [akro'foƀia] *f MED* Akrophobie *f*
acromatóptico [akroma'tɔptiko] *adj* farbenblind
acta ['akta] *f/el 1.* Akte *f; ~ de interrogatorio* Vernehmungsprotokoll *n; 2. JUR* Urkunde *f; ~ de donación* Schenkungsurkunde *f; ~ de matrimonio* Trauschein *m,* Heiratsurkunde *f; 3. levantar ~ JUR* protokollieren, beurkunden
actinómetro [akti'nɔmetro] *m (instrumento)* Aktinometer *n,* Strahlenmesser *m,* Belichtungsmesser *m*
actitud [akti'tuđ] *f 1.* Haltung *f; 2. (fig)* Einstellung *f; 3. (opinión)* Meinung *f*
activación [aktiƀa'θĭɔn] *f* Aktivierung *f*
activamente [ak'tiƀamente] *adv 1.* eifrig; *2. (enérgicamente)* tatkräftig
activar [akti'ƀar] *v 1.* aktivieren, starten, vorantreiben; *2. ECO* ankurbeln, anheizen; *3. (estimular)* anregen, beleben; *4. (hacer radioactivo) PHYS* aktivieren
actividad [aktiƀi'đađ] *f 1.* Tätigkeit *f,* Beschäftigung *f; 2. ~ comercial ECO* Gewerbe *n; 3. (relativo a la laboriosidad)* Betriebsamkeit *f; 4. (relativo a la eficiencia)* Wirksamkeit *f; ~ secundaria* Nebenbeschäftigung *f; 5. (estado activo de algo)* Aktivität *f; ~ volcánica* vulkanische Aktivität *f; ~ sísmica* seismische Aktivität *f*
activista [akti'ƀista] *m/f (de un grupo o de un partido)* Aktivist *m*
activo [ak'tiƀo] *adj 1.* aktiv, tätig, fleißig; *2. (eficiente)* wirksam; *m 3. ECO* Aktiva *pl,* Guthaben *n*
acto ['akto] *m 1.* Handlung *f,* Tat *f; 2. ~ sexual* Beischlaf *m; 3. (ceremonia)* öffentliche Feierlichkeit *f; 4. JUR* Akt *m; 5. THEAT* Akt *m; ~ criminal* kriminelle Handlung *f; ~ conmemorativo* Gedenkfeier *f; ~ oficial* feier-

licher Staatsakt *m; 6. (el proceso de hacer algo)* Tat *f,* Handlung *f,* Werk *n; el ~ de pensar* der Denkvorgang *m; 7. (una presentación en un espectáculo)* Akt *m,* Aufzug *m; un ~ de acrobacia* ein akrobatischer Akt *m; 8. en el ~* sofort, auf der Stelle, unverzüglich; *¡Quiero que vengas en el acto!* Du sollst sofort herkommen! *9. hacer ~ de presencia* kurz anwesend sein, sich blicken lassen, vorbeischauen; *10. ~ de contrición REL* Reueakt *m*

actor [ak'tɔr] *m THEAT* Schauspieler *m,* Darsteller *m*

actriz [ak'triθ] *f THEAT* Schauspielerin *f,* Darstellerin *f*

actuación [aktwa'θĭɔn] *f 1. THEAT* Auftreten *n; 2. (actividad)* Tätigkeit *f; 3. JUR* Verhandlung *f*

actual [ak'twal] *adj* aktuell, gegenwärtig, zeitgemäß

actualidad [aktwali'đađ] *f* Gegenwart *f; en la ~* heutzutage

actualización [aktualiθa'θĭɔn] *f 1.* Aktualisierung *f,* Erneuerung *f; 2. (nuevos componentes de un programa) INFORM* Aktualisierung *f; Una actualización instala los nuevos componentes de un paquete.* Eine Aktualisierung installiert die neuen Komponenten eines Paketes.

actualizar [aktwali'θar] *v* aktualisieren, modernisieren

actualmente [aktwal'mente] *adv* heutzutage

actuar [ak'twar] *v 1.* handeln, verfahren, vorgehen; *2. (tener efecto algo que se ingiere)* wirken; *3. (portarse uno de cierta forma)* sich benehmen, sich verhalten; *¿Por qué actuas siempre de la misma forma?* Warum benimmst du dich immer so? *4. (representar un papel en el cine)* auftreten, darstellen, spielen; *¿Quiénes actuan en esa película?* Wer spielt in dem Film mit? *5. (fig: fingir, representar un papel)* vorgeben, spielen

actuarial [aktwa'rĭal] *adj JUR* aktuariell

actuario [aktw'ario] *m (funcionario judicial) JUR* Protokollführer *m,* Urkundsbeamte(r) *m*

acuarela [akwa'rela] *f 1. (pintura)* Wasserfarbe *f; 2. ART* Aquarell *n*

acuarelista [akware'lista] *m/f ART* Aquarellmaler(in) *m/f*

acuarelístico [akware'listiko] *adj ART* aquarellistisch

acuario [a'kwarĭo] *m 1.* Aquarium *n; 2. ASTR* Wassermann *m*

acuartelamiento [akwartela'mĭɛnto] *m (alojamiento)* Einquartierung *f,* Kasernierung *f*

acuartelar [akwarte'lar] *v 1. (alojar) MIL* einquartieren, kasernieren; *2. (mantener a la tropa en cuarteles) MIL* kasernieren, einquartieren

acuático [akw'atiko] *adj* im Wasser lebend, Wasser...

acuchillar [akutʃi'ʎar] *v* niederstechen, erstechen, mit einem Messer verwunden *n*

acucia [a'kuθia] *f 1. (prisa)* Eifer *m, 2. (deseo)* Begierde *f*

acuciamiento [akuθĭa'mĭento] *m* Antrieb *m*

acuciar [aku'θĭar] *v* antreiben, anstacheln

acuciosidad [akuθĭosi'đađ] *f* Eile *f,* Begierde *f*

acuclillarse [akukli'ʎarse] *v* kauern

acudir [aku'đir] *v 1.* hinzueilen, herbeieilen; *Los bomberos acudieron al accidente del tráfico.* Die Feuerwehr eilte zum Verkehrsunfall. *2. (recurrir a alguien)* sich wenden; *En caso de emergencia siempre puedo ~ a mi padre.* Im Notfall kann ich mich immer an meinen Vater wenden. *3. (ir con frecuencia a alguna parte)* oft aufsuchen; *No suelo ~ al teatro.* Ich pflege nicht oft ins Theater zu gehen. *4. (recurrir a algo)* greifen zu, sich bedienen; *5. (presentarse a un lugar)* sich einfinden, einstellen; *No pude ~ a la cita.* Ich konnte mich nicht am verabredeten Ort einfinden.

acueducto [akwe'đukto] *m (construcción)* Aquädukt *m*

ácueo ['akweo] *adj* wässrig

acuerdado [akwɛr'đađo] *adj* ausgerichtet, aufgestellt

acuerdo [a'kwɛrđo] *m 1.* Vereinbarung *f,* Einigung *f,* Abkommen *n; ~ comercial* Handelsabkommen *n; ~ monetario ECO* Währungsabkommen *f; ~ de desarme MIL* Abrüstungsabkommen *n; 2. JUR* Geschäft *n,* Vergleich *m; 3. ponerse de ~* sich einigen, abmachen, absprechen; *estar de ~ con alguien* jdm zustimmen, mit jdm übereinstimmen

acuidad [akwi'đađ] *f (sentidos)* Schärfe (der Sinne) *f*

acuífero [akw'ifero] *adj GEO* wasserführend

acuitar [akwi'tar] *v (afligir)* betrüben

acular [aku'lar] *v (fam)* jdn in die Enge treiben

acumulable [akumu'lable] *adj* anhäufbar, anfügbar

acumulación [akumula'θĭɔn] *f* *1.* Anhäufung *f,* Häufung *f;* *2.* *INFORM* Abspeicherung *f*
acumulador [akumula'đor] *m* *TECH* Akku *m*
acumular [akumu'lar] *v* *1.* horten, anhäufen; *2.* *INFORM* abspeichern
acumularse [akumu'larse] *v* *1.* *(amontonarse)* sich häufen; *2.* *(concentrarse)* sich verdichten
acunar [aku'nar] *v* wiegen
acuñación [akuɲa'θĭɔn] *f* Prägung *f*
acuñado [aku'dađo] *adj* eingekeilt
acuñar [aku'ɲar] *v* *1.* *(monedas)* prägen; *2.* *(fig: palabras)* prägen; *3.* *TECH* verkeilen
acuoso [a'kwoso] *adj* saftig, wässrig
acupuntura [akupun'tura] *f* *MED* Akupunktur *f*
acurrucarse [akurru'karse] *v* sich ducken, sich niederbücken
acusable [aku'sađle] *adj* anklagbar, sträflich
acusación [akusa'θĭɔn] *f* *1.* Anschuldigung *f;* *2.* *JUR* Anklage *f*
acusada [aku'sađa] *f* *JUR* Angeklagte *f*
acusado [aku'sađo] *adj* *1.* *JUR* angeklagt; *m* *2.* *JUR* Angeklagter *m*
acusador [akusa'đor] *m* *JUR* Ankläger *m*
acusar [aku'sar] *v* *1.* beschuldigen; *2.* *JUR* anklagen, belasten; *3.* *~ de* anschuldigen, bezichtigen; *4.* *(delatar a alguien)* anzeigen, denunzieren; *Te voy a ~ con tu madre.* Ich werde dich bei deiner Mutter verraten. *5.* *(manifestar, expresar)* anzeigen, verraten
acusativo [akusa'tiđo] *m* *GRAMM* Akkusativ *m*
acusatoria [akusa'torĭa] *f* *JUR* Anklageschrift *f*
acuse [a'kuse] *m* *(denuncia)* Beschuldigung *f,* Anklage *f,* Anzeige *f*
acusón [aku'sɔn] *adj* *1.* anklägerisch; *m* *2.* *(fam: soplón)* Petzer *m*
acústica [a'kustika] *f* Akustik *f*
acústico [ak'ustiko] *adj* akustisch
acutángulo [aku'tangulo] *m* *(triángulo)* *MATH* spitzwinkliges Dreieck *n*
achacar [atʃa'kar] *v* *(acusar a alguien)* jdm etw zuschreiben, Schuld zuschieben
achacoso [atʃa'koso] *adj* kränklich, anfällig; *estar ~* kränkeln, anfällig sein
achaparrado [atʃapa'rrađo] *adj* untersetzt, breit, niedrig
achaque [a'tʃake] *m* *1.* *(en la salud)* Kränklichkeit *f,* Unpässlichkeit *f,* Gebrechen *n;* *2.* *(menstruación)* (fam) Menstrua-tion *f;* *3.* *(fig: defecto)* Kränklichkeit *f,* Unpässlichkeit *f,* Anfall *m;* *¡Estoy harta de tus ~s!* Ich habe genug von deinen Anfällen! *m* *4.* *(fig: pretexto)* Vorwand *m,* Ausrede *f;* *¡No me vengas con tus ~s!* Komm mir nicht mit deinen Ausreden!
achaques [a'tʃakes] *m/pl* *MED* Beschwerden *pl*
achatamiento [atʃata'mĭɛnto] *m* Abflachung *f*
achatar [atʃa'tar] *v* abflachen
achicamiento [atʃika'mĭento] *m* Verkleinerung *f*
achicar [atʃi'kar] *v* verkleinern; *1.* *(disminuir)* verkleinern; *2.* *(acobardar a alguien)* jdn einschüchtern, jdn demütigen
achicharradero [atʃitʃarra'đero] *m* Brutkasten *m,* Brutofen *m*
achicharrar [atʃitʃa'rrar] *v* *1.* *(freír algo hasta quemarlo)* rösten; *2.* *(fig: calentar demasiado)* überhitzen, verbrennen; *Este sol nos va a ~.* Die Sonne wird uns rösten.
achicoria [atʃi'korĭa] *f* *1.* *BOT* Zichorie *f;* *2.* *GAST* Malzkaffee *m*
achispado [atʃis'pađo] *adj* angeheitert, benebelt, beschwipst
achocadura [atʃoĭa'đura] *f* Hiebwunde *f,* Verletzung mit einem Stück Holz *f*
achocar [atʃo'kar] *v irr* *1.* *(herir a alguien)* jdn verletzen; *2.* *~ a alguien contra algo* jmd gegen etw werfen
achuchar [atʃu'tʃar] *v* *1.* *(incitar)* aufhetzen, reizen; *2.* *(estrujar fuertemente)* zerquetschen, erdrücken; *¡No me achuches, eso me duele!* Drück nicht so, das tut mir weh! Su vida sigue todavía muy achuchada. Er führt weiterhin ein gehetztes Leben. *3.* *~ a alguien contra algo* jdn auf etw hetzen
achulado [atʃu'lađo] *adj* spaßhaft, geckenhaft
ad ['ađ] *pref* *(junto a)* mit, zusammen mit, bei
adagial [ađaxi'al] *adj* sprichwörtlich
adagio [a'đaxio] *m* *1.* *(frase hecha)* Sprichwort *n;* *2.* *(composición musical)* *MUS* Adagio *n*
adalid [ađa'liđ] *m* Vorkämpfer *m*
adamado [ađa'mađo] *adj* *1.* *(afeminado)* verweiblicht, feminisiert; *2.* *(elegante)* damenhaft
adán [a'đan] *m* *1.* *(de la Biblia)* Adam *m;* *2.* *ser un ~* liederlicher Kerl *m,* abgerissener Kerl *m*

adaptabilidad [ađaptaƀili'đađ] *f* Anpassungsfähigkeit *f*
adaptable [adap'taƀle] *adj* anpassungsfähig
adaptación [ađapta'θĭɔn] *f* Anpassung *f*
adaptador [ađapta'đor] *m TECH* Adapter *m*
adaptar [ađap'tar] *v* anpassen
adaptarse [ađap'tarse] *v* sich anpassen; *~ a algo* sich an etw anpassen
adarvar [ađar'ƀar] *v (asombrar)* staunen
adarve [a'đarƀe] *m 1. (muro)* Mauer *f,* Wehrgang (vor Festungsanlagen) *m; 2. (protección)* Festungsanlage *f*
adatar [ađa'tar] *v (datar)* datieren, buchen, gutschreiben
addenda [ađen'đa] *m (añadido)* Zusatz *m,* Nachtrag *m*
adecentar [ađɛθen'tar] *v (poner en orden)* herrichten, zurechtmachen
adecuación [ađekwa'θĭɔn] *f* Angemessenheit *f*
adecuadamente [ađekwađa'mente] *adv* angemessen, sachgemäß
adecuado [ađe'kwađo] *adj 1.* zweckmäßig, sachgemäß, angemessen; *2. ~ para* geeignet für
adecuar [ađe'kwar] *v* anpassen
adecuarse [ađe'kwarse] *v (ser apropiado para)* sich anpassen; *~ a* sich anpassen an
adefesio [ađɛ'fɛsio] *m 1. (extravagancia)* Unsinn *m,* Albernheit *f; 2. (persona)* Spottfigur *f*
adelantado [ađelan'tađo] *adj 1.* fortgeschritten; *2. por ~* im Voraus; *Tengo que pagar el auto por ~.* Ich muss das Auto im Voraus zahlen.
adelantamiento [ađelanta'mĭento] *m 1.* Vorrücken *n,* Aufschwung *m; 2. (fig: mejora)* Fortschritt *m*
adelantamiento [ađelanta'mĭento] *m 1.* Vorrücken *n,* Aufschwung *m; 2. (fig: mejora)* Fortschritt *m*
adelantar [ađelan'tar] *v 1.* überholen, vorangehen; *2. (anticipar)* vorverlegen; *3. SPORT* überrunden; *4. (fig: mejorar)* vorankommen, Fortschritte machen; *5. (señalar el reloj otra hora)* vorgehen; *Mi reloj adelanta cinco minutos.* Meine Uhr geht fünf Minuten vor. *6. (fig: progresar)* vorankommen
adelantarse [ađelan'tarse] *v 1.* vorausgehen; *2. (anticiparse) ~ a alguien* jdm zuvorkommen, jdm vorgreifen
adelante [ađe'lante] *adv 1.* hervor, vorn, vorne; *más ~* später, weiter vorne; *interj 2. ¡Adelante!* Los!/Herein! *3. de ahora en ~* von jetzt an
adelanto [ađe'lanto] *m 1.* Vorschuss *m; 2. (progreso)* Fortschritt *m*
adelgazamiento [ađelgaθa'mĭɛnto] *m* Abmagerung *f,* Verjüngung *f*
adelgazar [ađelga'θar] *v* abnehmen, abmagern
ademán [ađe'man] *m* Gebärde *f,* Geste *f,* Handbewegung *f*
ademánes [ađe'man] *m/pl (modales)* Manieren *f/pl*
además [ađe'mas] *konj* außerdem, ferner, zusätzlich, zudem
adentrarse [ađen'trarse] *v* hineingehen, eindringen
adentro [a'đentro] *adv 1.* drinnen, herein; *2. hacia ~* hinein
adepto [a'đepto] *m (partidario)* Adept *m,* Anhänger *m,* Eingeweihter/Eingeweihte *m/f*
aderezamiento [ađereθa'mĭento] *m* Zubereitung *f,* Ausrüstung *f*
aderezar [ađere'θar] *v* anmachen, würzen
aderezo [ađe'reθo] *m 1.* Würze *f; 2. (juego de joyas)* Schmuck *m,* Garnitur *f*
adestrar [ađes'trar] *v irr (adiestrar)* dressieren, abrichten
adeudar [ađew'đar] *v* schulden
adeudo [a'đewđo] *m ECO* Abbuchung *f*
adherencia [ađɛ'renθia] *f 1. (cohesión)* Zusammenhängen *n,* Anhaften *n; 2. (fig: enlace)* Anhänglichkeit *f*
adherente [ađɛ'rente] *adj 1. (pegado)* anhaftend, anklebend; *m 2. (complemento)* Anhängsel *n,* Anhänger *m*
adherir [ađe'rir] *v irr* kleben
adherirse [ađe'rirse] *v irr ~ a* sich anschließen, beitreten; *~ a la opinión* sich der Meinung anschließen
adhesión [ađe'sĭɔn] *f* Verbundenheit *f*
adhesividad [ađesiƀi'đađ] *f* Anhänglichkeit *f,* Anhaftung *f,* Haftvermögen *n*
adhesivo [ađe'siƀo] *m (pegajoso)* anhaftend, haftend
adiamantado [ađĭaman'tađo] *adj* diamantartig
adiar [ađi'ar] *v (fecha)* anberaumen (Tag)
adicción [ađik'θĭɔn] *f 1. MED* Sucht *f; 2. (fig: dependencia de algo)* Drogenabhängigkeit *f,* Sucht *f; ~ al trabajo* Arbeitssucht *f*
adición [ađi'θĭɔn] *f 1.* Zusatz *m,* Zugabe *f; 2. MATH* Addition *f,* Summe *f; 3. (fig: depen-*

dencia de algo) Drogenabhängigkeit *f,* Sucht *f;* ~ *al trabajo* Arbeitssucht *f*
adicional [ađiθĭɔ'nal] *adj* weiter, zusätzlich
adicionar [ađiθĭɔ'nar] *v 1.* hinzufügen; *2. MATH* addieren, zusammenrechnen
adicta [a'đikta] *f MED* Süchtige *f*
adicto [a'đikto] *adj 1. MED* süchtig; *m 2. MED* Süchtiger *m; 3. (muy apegado a alguien)* zugetan, ergeben
adiestrador [ađĭestra'đɔr] *m 1.* Unterweiser *m; adj 2. (instructor, domador)* Dompteur *m,* Tierbändiger *m*
adiestramiento [ađĭestra'mĭento] *m 1.* Einarbeitung *f; 2. (de animales)* Dressur *f*
adiestrar [ađĭes'trar] *v 1. (animales)* dressieren, abrichten; *2. (instruir)* anleiten, schulen, unterweisen; *Me han adiestrado para pilotar aviones de combate.* Ich wurde ausgebildet, Kampfflugzeuge zu fliegen.
adiestrarse [ađĭes'trarse] *v* ~ *en* sich einarbeiten
adinerado [ađine'rađo] *adj* betucht, vermögend, wohlhabend
adiós [a'đĭɔs] *interj ¡Adiós!* Auf Wiedersehen!
adiposidad [ađiposi'đađ] *f* Fettleibigkeit
adiposo [ađi'poso] *adj 1. tejido* ~ fetthaltig, Fett... *2. (con exceso de grasa)* fetthaltig, mit Fettpolstern versehen
aditamento [ađita'mento] *m 1.* Zusatz *m; 2. (añadidura)* Zugabe *f*
aditivo [ađi'tiƀo] *adj 1. (añadido)* zusätzlich, Zusatz...; *m 2. (sustancia que se añade a otras) CHEM* Zusatz *m,* Beimengung *f; La cerveza de Baviera no tiene ~s químicos.* Das bayrische Bier enthält keine chemischen Zusätze.
adivina [ađi'ƀina] *f* Wahrsagerin *f*
adivinación [ađiƀina'θĭɔn] *f* Wahrsagerei *f*
adivinanza [ađiƀi'nanθa] *f* Rätsel *n*
adivinar [ađiƀi'nar] *v 1.* raten, erraten; *2.* ~ *el futuro* wahrsagen
adivino [ađi'ƀino] *m* Wahrsager *m,* Hellseher *m*
adjetivo [ađxe'tiƀo] *m GRAMM* Adjektiv *n*
adjudicación [ađxuđika'θĭɔn] *f* Vergabe *f*
adjudicador [ađjuđika'đɔr] *adj* verteilend
adjudicar [ađxuđi'kar] *v* vergeben
adjudicarse [ađxuđi'karse] *v (fig: obtener, ganar)* sich aneignen, sich anmaßen, gewinnen; *El equipo francés se adjudicó la copa mundial.* Die französiche Mannschaft gewann den Weltcup.
adjuntar [ađxun'tar] *v* beifügen, anfügen
adjunto [ađ'xunto] *adv* anbei, beiliegend
adminículo [ađmi'nikulo] *m* Hilfsmittel *n,* Behelf *m*
administración [ađministra'θĭɔn] *f 1. POL* Behörde *f,* Verwaltung *f;* ~ *central* Hauptverwaltung *f;* ~ *municipal* Stadtverwaltung *f; mala* ~ Misswirtschaft *f; 2. (gobierno)* Regierung *f; 3. (organización de los negocios) FIN* Verwaltung *f;* ~ *de empresas* Unternehmensführung *f; Mi madre estudió ~ de empresas.* Meine Mutter hat Betriebswirtschaft studiert. *4. (dispensación de los sacramentos)* Spendung *f,* Salbung *f,* Ölung *f; la ~ de los santos óleos* die Letzte Ölung *f*
administrador(a) [ađministra'đɔr(a)] *m/f 1.* Verwalter(in) *m/f; 2. (gerente)* Geschäftsführer(in) *m/f*
administrar [ađminis'trar] *v 1.* bewirtschaften, verwalten; *2. (medicamentos) MED* verabreichen; *3. (dispensar justicia) JUR* Recht sprechen; *4. (dispensar los sacramentos) REL* spenden
administrativo [ađministra'tiƀo] *adj derecho* ~ Verwaltungsrecht *n*
admirable [ađmi'raƀle] *adj* wunderbar, bewundernswert, bewunderungswürdig
admiración [ađmira'θĭɔn] *f 1.* Verehrung *f,* Bewunderung *f; 2. (sorpresa)* Staunen *n; 3. signo de ~ GRAMM* Ausrufezeichen *n*
admirador(a) [ađmira'đɔr/ađmira'đora] *m/f* Verehrer(in) *m/f*
admirar [ađmi'rar] *v* bewundern, verehren
admirarse [ađmi'rarse] *v* staunen, erstaunen
admirativo [ađmira'tiƀo] *adj* bewundernd; *miradas admirativas* bewundernde Blicke
admisibilidad [ađmisiƀili'đađ] *f* Zulässigkeit *f*
admisible [ađmi'siƀle] *adj* zulässig
admisión [ađmi'sĭɔn] *f 1.* Aufnahme *f;* ~ *de emergencia/~ de urgencia MED* Notaufnahme *f; 2. (acceso)* Zugang *m,* Zutritt *m;* ~ *prohibida* Zutritt verboten
admitir [ađmi'tir] *v 1.* bekennen, zugeben, eingestehen; *2. (una ley)* verabschieden; *3. (permitir la entrada)* zulassen; *No se admiten menores de edad.* Kein Einlass für Jugendliche. *4.* ~ *en una universidad* an einer Universität zulassen; ~ *en un club* in einen Club aufnehmen

admonición [ađmoni'θĭɔn] *f* Verwarnung *f*
ADN [a đe ene] *m (ácido desoxiribonucleico) BIO* DNS *f*
adobar [ađo'ƀar] *v 1. (aderezar)* anrichten, einlegen; *2. (guisar)* zubereiten; *3. (fig: amañar)* in Ordnung bringen
adobo [a'đoƀo] *m 1. (vianda)* Schmorfleisch *n; 2. (condimento)* Beize *f; 3. (arreglo)* Schminke *f,* Ausbesserung *f*
adocenado [ađoθe'nađo] *adj (vulgar)* alltäglich, mittelmäßig
adocenar [ađoθe'nar] *v 1. (agrupar por docenas)* nach Dutzenden ordnen; *2. (contarlo a uno entre el vulgo)* gering schätzen
adoctrinar [ađoktri'nar] *v 1. (enseñar)* belehren, unterweisen; *2. (imbuir en un cuerpo de dogmas)* indoktrinieren
adolecer [ađole'θer] *v irr 1. (padecer)* leiden, krank werden; *Adolecí y no pude trabajar.* Ich wurde krank und konnte nicht arbeiten. *2. (padecer de algún defecto)* erkranken, leiden, kranken
adolecerse [ađole'θerse] *v* Mitleid haben
adolescencia [ađoles'θɛnθia] *f (pubertad)* Backfischalter *n,* Teenagerzeit *f*
adolescente [ađoles'θente] *m/f* Jüngling *m,* Heranwachsende(r) *m/f,* Teenager *m*
adolorido [ađolo'riđo] *adj* schmerzend, traurig, klagend
adónde [a'đɔnde] *adv (interrogativo)* wohin; *¿Adónde va este autobús?* Wohin fährt dieser Autobus?
adonde [a'đɔnde] *adv (relativo)* wohin; *Voy ~ tu quieras.* Ich gehe, wohin du willst.
adondequiera [ađonđe'kĭera] *adv* wohin auch immer, wo auch immer; *Adondequiera que mi hermano va, es respetado.* Mein Bruder wird respektiert, wo auch immer er hinkommt.
adopción [ađɔp'θĭɔn] *f* Adoption *f*
adoptado [ađɔp'tađo] *adj* angenommen
adoptar [ađɔp'tar] *v 1.* adoptieren; *2. (medidas)* ergreifen; *3. (tomar algo como propio)* annehmen; *~ costumbres extranjeras* fremde Gewohnheiten annehmen *f/pl; ~ otra forma de hablar* eine andere Sprechweise annehmen *f; ~ el punto de vista de otra persona* den Standpunkt einer anderen Person übernehmen *m; 4. (escoger formalmente)* adoptieren, akzeptieren, annehmen; *~ un candidato* einen Bewerber annehmen *m; 5. (aprobar)* annehmen, akzeptieren; *~ una resolución* einen Beschluss akzeptieren *m*
adoptivo [ađɔp'tiƀo] *adj 1. (persona adoptada)* Adoptivkind *n; hijo ~* Adoptivsohn *m; 2. (persona que adopta)* Adoptiv... *padre ~* Adoptivvater *m; 3. (lo que uno hace suyo)* Wahl... *patria adoptiva* Wahlheimat *f; lengua adoptiva* Wahlsprache *f*
adoquín [ađo'kin] *m* Pflasterstein *m*
adoquinado [ađoki'nađo] *m* Pflaster *n*
adoquinar [ađoki'nar] *v* pflastern
adorable [ađo'raƀle] *adj* göttlich, anbetungswürdig, herrlich
adoración [ađora'θĭɔn] *f* Anbetung *f,* Verehrung *f*
adorada [ađo'rađa] *f* Angebetete *f*
adorado [ađo'rađo] *m* Angebeteter *m*
adorador(a) [ađora'đɔr/ađora'đora] *m/f* Verehrer(in) *m/f; ~(a) del sol* Sonnenanbeter(in) *m/f*
adorar [ađo'rar] *v* anbeten, anhimmeln, verehren
adormecer [ađɔrme'θɛr] *v irr 1. (producir sueño)* einschläfern; *2. (fig: acallar)* beruhigen, beschwichtigen, lindern; *~ el dolor del alma* seelische Schmerzen stillen; *~ las pasiones* die Leidenschaften beruhigen; *~ el sufrimiento* das Leid lindern *n; 3. (fig: calmar)* stillen, lindern; *~ el dolor físico* körperliche Schmerzen stillen
adormecerse [ađɔrme'θɛrse] *v irr 1. (empezar a quedarse dormido)* einschlafen; *2. (fig: embrutecerse, atontarse)* abstumpfen, schlapp werden
adormecimiento [ađɔrmeθi'mĭento] *m* Benommenheit *f,* Schläfrigkeit *f*
adormidera [ađɔrmi'đera] *f BOT* Mohn *m*
adormitado [ađɔrmi'tađo] *adj* schlaftrunken, schläfrig
adornar [ađɔr'nar] *v* schmücken, ausschmücken, verzieren
adorno [a'đɔrno] *m 1.* Zierde *f,* Dekor *m; 2. (ornamento)* Schmuck *m,* Ornament *n,* Verzierung *f; 3. de ~* Schmuck..., Zier...
adosar [ađo'sar] *v 1. ~ a* anbauen an; *2. ~ contra* anlehnen an
adquirible [ađki'riƀle] *adj* erwerbbar; erwerbbar, käuflich
adquiridor [ađkiri'đɔr] *adj* Erwerber *m*
adquirir [ađki'rir] *v irr* erwerben, kaufen, ankaufen, anschaffen
adquisición [ađkisi'θĭɔn] *f 1.* Ankauf *m,* Kauf *m,* Anschaffung *f,* Besorgung *f; 2. ECO* Erwerb *m*
adquisitivo [ađkisi'tiƀo] *adj* Erwerbs..., Kauf...

adrede [a'đređe] *adv* mit Absicht, absichtlich; *Se que has hecho eso.* Ich weiß, dass du das mit Absicht getan hast.
adrenalina [ađrena'lina] *f BIO* Adrenalin *n*
Adriático [ađri'atico] *m GEO* Adria *f*
adrolla [ađ'rɔʎa] *f (engaño)* Betrug *m,* Übervorteilung *f*
adscribir [ađskri'bir] *v* zuschreiben; *No puedo adscribirte esas cualidades.* Diese Eigenschaften kann ich dir nicht zuschreiben.
aduana [a'đwana] *f* Zoll *m; sujeto a ~* zollpflichtig
aduanar [ađwa'nar] *v* verzollen
aduanero [ađwa'nero] *m* Grenzbeamter *m,* Zollbeamter *m*
aducción [ađug'θĭɔn] *f BIO* Anziehung *f*
aducir [ađu'θir] *v irr (alegar)* hinzufügen, anführen
aductor [ađuk'tɔr] *adj músculo ~ BIO* Anziehmuskel *m*
adueñarse [ađwe'ɲarse] *v ~ de algo* sich etw aneignen
adulación [ađula'θĭɔn] *f* Lobhudelei *f,* Schmeichelei *f*
adulador(a) [ađula'đɔr/ađula'đɔra] *adj 1.* schmeichlerisch; *2. (fam)* schleimig, schmierig; *m/f 3.* Schmeichler(in)
adular [ađu'lar] *v* schmeicheln
adulteración [ađultera'θĭɔn] *f 1.* Verfälschung *f; ~ de alimentos* Lebensmittelverfälschung *f; 2. (de vino)* Panschen *n*
adulterador [ađultera'đɔr] *adj 1.* verfälschend; *m 2.* Fälscher *m*
adulterar [ađulte'rar] *v (el vino)* panschen; verfälschen
adulterio [ađul'terĭo] *m* Ehebruch *m*
adúltero [a'đultero] *adj 1. (infiel)* ehebrecherisch; *2. (fig: corrompido)* verbrecherisch (Mensch), verdorben (Mensch)
adulto [a'đulto] *m 1.* Erwachsener *m; adj 2. persona adulta* erwachsen; *animal ~* ausgewachsenes Tier *n*
adulzar [ađul'θar] *v 1. (metal)* weich machen, geschmeidig machen; *2. (endulzar)* süßen, versüßen
adustez [ađus'teθ] *f* Barschheit *f*
adusto [a'đusto] *adj* finster
advenedizo [ađbene'điθo] *m 1.* Emporkömmling *m; 2. (extranjero, forastero)* Fremdling *m*
advenimiento [ađbeni'mĭento] *m (llegada)* Ankunft *f; ~ de Cristo* die Ankunft Christi *f*
advenir [ađbe'nir] *v* vorkommen, sich zutragen
adventismo [ađben'tizmo] *m REL* Sekte *f*
adventista [ađben'tista] *m/f (partidario)* Adventist (Religionsgemeinschaft) *m*
adverbial [ađber'bĭal] *adj locución ~ GRAMM* adverbialer Ausdruck *m*
adverbializar [ađberbĭali'θar] *v GRAMM* adverbialisieren
adverbio [ađ'bɛrbĭo] *m GRAMM* Adverb *n*
adversario [ađbɛr'sarĭo] *m* Gegner *m,* Gegenspieler *m,* Widersacher *m*
adversidad [ađbɛr'siđađ] *f* Missgeschick *n*
adverso [ađ'bɛrso] *adj 1. (enemigo)* widrig, feindlich; *el destino ~* das widrige Schicksal *n; 2. (contrario)* gegenteilig
advertencia [ađbɛr'tenθĭa] *f 1.* Warnung *f,* Mahnung *f; 2. (aviso, soplo)* Wink *m*
advertido [ađbɛr'tiđo] *adj (endurecido por la experiencia)* erfahren, klug, wissend
advertir [ađbɛr'tir] *v irr 1.* mahnen, warnen; *2. (darse cuenta de algo, observar)* bemerken, feststellen; *He advertido un error en los cálculos.* Mir ist ein Fehler in den Berechnungen aufgefallen.
adviento [ađ'bĭento] *m* Advent *m*
adyacente [ađja'θente] *adj 1. (situado al lado)* angrenzend, anliegend; *el edificio ~* das angrenzende Gebäude *n; la calle ~* die angrenzende Straße *f; 2. ángulo ~ MATH* Nebenwinkel *m*
aéreo [a'ɛreo] *adj 1. (de aire)* Luft..., luftförmig; *2. (relativo al aire)* Luft... *fuerza aérea* Luftwaffe *f; ataque ~* Luftangriff *m*
aeriforme [aɛri'fɔrme] *adj (aire) CHEM* luftförmig, luftähnlich
aeróbico [aɛ'robiko] *adj ejercicio ~ SPORT* Aerobicübung *f*
aerobús [aɛro'bus] *m TECH* Airbus *m*
aerodinámica [aɛrođi'namika] *f PHYS* Aerodynamik *f*
aerodinámico [aɛrođi'namiko] *adj 1.* stromlinienförmig, windschnittig; *2. PHYS* aerodynamisch
aeródromo [aɛ'rođromo] *m* Flugplatz *m*
aerofotografía [aɛrofotogra'fia] *f FOTO* Luftbildfotografie *f*
aerómetro [aɛ'rometro] *m TECH* Aerometer *n*
aeromodelismo [aɛromođe'lizmo] *m TECH* Flugmodellbau *m*
aeromoza [aɛro'moθa] *f (LA)* Stewardess *f*

aeronáutica [aɛro'nawtika] *f* Luftfahrt *f*, Aeronautik *f*
aeronave [aɛro'naƀe] *f* Luftschiff *n*
aeroplano [aɛro'plano] *m (avión)* Flugzeug *n*
aeropuerto [aɛropwɛrto] *m* Flughafen *m; ¡Al ~, por favor!* Zum Flughafen, bitte!
aerosol [aɛro'sol] *m CHEM* Aerosol *n*, Spray *n*
aerostático [aɛros'tatiko] *adj globo ~* Luftballon *m*
aerovía [aɛro'ƀia] *f (ruta)* Flugroute *f*
afabilidad [afaƀili'đađ] *f* Leutseligkeit *f*, Freundlichkeit *f*
afable [a'faƀle] *adj 1.* liebenswürdig, umgänglich, zugänglich; *2. ~ con* leutselig zu
afamado [afa'mađo] *adj* berühmt
afamar [afa'mar] *v ~ a alguien* jdn berühmt machen
afamarse [afa'marse] *v* Berühmtheit erlangen, berühmt werden, sich brüsten
afán [a'fan] *m 1.* Gier *f*, Eifer *m; ~ de* Gier nach; *~ de aventuras* Abenteuerlust *f; ~ de censuras* Nörgelei *f; ~ de creador* Schaffensdrang *m; ~ de placer* Vergnügungssucht *f; 2. (pena)* Mühe *f*, Sorge *f*
afanar [afa'nar] *v 1. (trabajar con afán)* abrackern, schuften; *2. (fam: robar)* stibitzen
afanarse [afa'narse] *v* sich abhetzen, sich abmühen, sich plagen; *Lucia se afana mucho con su trabajo.* Lucia gibt sich bei ihrer Arbeit sehr viel Mühe.
afasia [a'fasĭa] *f MED* Aphasie *f*
afásico [a'fasiko] *adj MED* aphasisch
afeamiento [afea'ĭento] *m* Verunstaltung *f*
afear [afe'ar] *v 1. (deformar, deslucir)* verunstalten, verschandeln; *2. (censurar a alguien)* tadeln, jdm sein Verhalten vorhalten; *Le afeó su mala conducta.* Er warf ihm sein schlechtes Benehmen vor.
afección [afɛk'θĭɔn] *f 1. MED* Leiden *n; 2. (inclinación)* Zuneigung *f*
afectación [afekta'θĭɔn] *f (falta de naturalidad)* Getue *n*, Geziertheit *f*, Unnatürlichkeit *f*
afectado [afɛk'tađo] *adj 1.* betroffen, beteiligt; *2. (amanerado)* affektiert, zimperlich; *3. (fingido)* unnatürlich, geziert, gespielt; *indignación afectada* gespielte Empörung *f; m 4.* Beteiligter *m*
afectar [afɛk'tar] *v 1.* betreffen; *2. (repercutir)* auswirken; *3. (fingir)* vortäuschen, vorspielen, vorgeben; *~ compasión* Leidenschaft vortäuschen *f; ~ cariño* Zärtlichkeit vorgeben *f; 4. (causar una reacción en alguien)* berühren, betreffen, nahe gehen; *Tu indiferencia me ha afectado mucho.* Deine Gleichgültigkeit ist mir sehr nahe gegangen. *5. (perjudicar)* befallen, angreifen; *6. (modificar, alterar)* beeinflussen, verändern; *El dióxido de carbono ha afectado la atmósfera.* Das Kohlendioxid hat die Atmosphäre verändert. *7. (infectar o atacar) MED* befallen
afectividad [afektiƀi'đađ] *f 1.* Affektivität *f; 2. (los fenómenos afectivos) PSYCH* Gefühlswelt *f*, Gemütserregbarkeit *f*
afectivo [afek'tiƀo] *adj 1. (emotivo)* empfindsam, sensibel, gefühlsbetont; *2. (perteneciente a la afectividad) PYSCH* empfindsam, sensibel; *desorden ~* Gefühlsverwirrung *f*
afecto [a'fɛkto] *m 1.* Zuneigung *f*, Anhänglichkeit *f; 2. (pasión)* Affekt *m*
afectuosidad [afektwosi'đađ] *f* Herzlichkeit *f*, Zärtlichkeit *f*
afectuoso [afɛk'twoso] *adj* zärtlich, liebevoll, herzlich
afeitado [afɛĭ'tađo] *m* Rasur *f*
afeitadora [afɛĭta'đora] *f máquina ~* Rasierapparat *m; Mi máquina ~ se rompió durante el viaje.* Mein Rasierapparat ist während der Reise kaputtgegangen.
afeitarse [afɛĭ'tarse] *v* sich rasieren
afeite [a'fɛite] *m (aderezo)* Putz *m*, Schönheitsmittel *n*, Schminke *f*
afeminado [afemi'nađo] *adj* weibisch, weichlich
afeminar [afemi'nar] *v* verweichlichen; *Me parece que esas costumbres afeminan a los hombres.* Mir scheint, diese Bräuche verweichlichen die Männer.
afer [a'fer] *m* Affäre *f*, Skandal *m*
aferente [afe'rente] *adj ANAT* zuführend
aferrado [afe'rrađo] *adj* hartnäckig, halsstarrig
aferramiento [aferra'mĭento] *m* Hartnäckigkeit *f*, Verbissenheit *f*, Halsstarrigkeit *f*
aferrar [afe'rrar] *v 1. (coger fuertemente)* festhalten, verankern; *2. ~ las velas NAUT* bergen (Segel)
aferrarse [afe'rrarse] *v 1. (agarrarse fuertemente)* versteifen, festhalten; *~ a algo* sich auf etwas versteifen; *2. (fig: asirse obstinadamente a algo)* sich klammern, sich festhalten; *~ a una esperanza* sich an einer Hoffnung festhalten *f*
afestonado [afesto'nađo] *adj* ausgeschmückt, umrandet

Afganistán [afganis'tan] *m GEO* Afghanistan *n*
afgano [af'gano] *adj* afghanisch
afianzamiento [afĭanθa'mĭento] *m irr* Stütze *f,* Sicherheit *f*
afianzar [afĭan'θar] *v 1. (dar garantía)* bürgen; *2. (asegurar con clavos)* befestigen, sichern; *He afianzado el estante.* Ich habe das Regal befestigt.
afianzarse [afĭan'θarse] *v* sich stützen, sich sichern
afiche [a'fitʃe] *m* Plakat *n*
afición [afi'θĭɔn] *f 1.* Zuwendung *f; (inclinación, afecto)* Zuneigung *f,* Steckenpferd *n,* Anhänger *m; sentir ~ por algo* Zuneigung für etw empfinden; *tener ~ a algo* etw sehr gerne tun; *2. (ocupación favorita)* Liebhaberei *f; 3. (el conjunto de los aficionados)* Anhängerschaft *f*
aficionada [afiθĭo'nađa] *f* Anhängerin *f*
aficionado [afiθĭo'nađo] *adj 1.* dilettantisch; *2. (afecto)* zugetan; *m 3.* Amateur *m; 4. (de toros)* Anhänger *m,* Fan *m; 5. (a algo)* Liebhaber *m; ~ a las faldas* Schürzenjäger *m; ~ a las artes* Kunstliebhaber *m; ~ a la buena cocina* Feinschmecker *m*
aficionar [afiθĭo'nar] *v ~ a alguien* bei jdm Interesse für etw wecken
aficionarse [afiθĭo'narse] *v ~ a algo* sich begeistern für etw, sich gewöhnen an etw, etw gern tun; *~ al deporte* gerne Sport treiben *m*
afiebrado [afĭe'ƀrađo] *adj (con fiebre)* fiebrig; *No puedo salir porque estoy ~.* Ich kann nicht ausgehen, weil ich Fieber habe.
afilado [afi'lađo] *adj* scharf, spitz; *~ como un cuchillo* messerscharf
afilador [afila'đɔr] *m* Scherenschleifer *m*
afilalápices [afila'lapiθes] *m* Bleistiftspitzer *m*
afilar [afi'lar] *v* schärfen, schleifen, spitzen
afiliación [afilĭa'θĭɔn] *f* Beitritt *m,* Mitgliedschaft *f*
afiliado [afi'lĭađo] *adj 1.* zugehörig, angeschlossen; *Usted no está ~.* Sie sind kein Mitglied. *m 2. (miembro)* Mitglied *n; Esta es una fiesta solo para ~s.* Das ist eine Feier nur für Mitglieder.
afiliar [afi'lĭar] *v ~ a ...* aufnehmen in
afiliarse [afi'lĭarse] *v* beitreten
afín [a'fin] *adj 1. (vecino, cercano)* angrenzend; *un terreno ~* ein angrenzendes Gebiet *n; una calle ~* eine angrenzende Straße *f; 2. (que tiene semejanza)* ähnlich; *almas afines* verwandte Seelen *f/pl; sensibilidad ~* Seelenverwandtschaft *f; m 3. (pariente)* verwandt; *adj 4. geometría ~ MATH* affine Geometrie *f*
afinación [afina'θĭɔn] *f 1. (ajustar exactamente una frecuencia) MUS* Stimmen *n; 2. (perfeccionar)* Verfeinerung *f*
afinador [afina'đɔr] *m 1. ~ de pianos MUS* Klavierstimmer *m; 2. (herramienta para afinar instrumentos) MUS* Stimmschlüssel *m*
afinar [afi'nar] *v 1. (perfeccionar)* einstellen, verfeinern; *~ la puntería* sich einschießen; *2. (ajustar la frecuencia) MUS* stimmen; *Antes de empezar a tocar es necesario ~ los instrumentos.* Bevor man mit dem Spielen beginnt, muss man die Instrumente stimmen.
afinidad [afini'đađ] *f 1. (relación natural o fundamental)* Verwandschaft *f,* Verbindung *f; Hay una gran ~ entre las artes.* Zwischen den Künsten gibt es enge Verbindungen. *2. (parentesco por el matrimonio)* Verwandtschaft *f; 3. (atracción espiritual entre dos)* Verbindung *f; 4. CHEM* Affinität *f*
afirmación [afirma'θĭɔn] *f 1.* Behauptung *f; 2. (constatación)* Bestätigung *f,* Bejahung *f; ~ de la vida* Lebensbejahung *f; 3. (dar firmeza a algo)* Bestärkung *f*
afirmador [afirma'đɔr] *adj* bestätigend, bejahend
afirmar [afir'mar] *v 1.* behaupten; *Él afirma que tiene razón.* Er behauptet, dass er Recht habe. *2. (fig: asegurar)* beteuern, bejahen, bekräftigen; *~ bajo juramento JUR* beschwören; *3. (dar firmeza a algo)* bestärken, festigen
afirmarse [afir'marse] *v* sich durchsetzen, sich festigen
afirmativa [afirma'tiƀa] *f* Bejahung *f,* Zusage *f*
afirmativo [afirma'tiƀo] *adj* bejahend, bestätigend
aflato [a'flato] *m 1. (viento)* Hauch *m,* Wind *m; 2. (fig: inspiración)* Eingebung *f*
aflicción [aflik'θĭɔn] *f 1.* Trauer *f,* Trübsal *f; 2. (plaga)* Heimsuchung *f*
aflictivo [aflik'tiƀo] *adj* betrübend, betrüblich
afligido [afli'xiđo] *adj* traurig, trübselig, vergrämt
afligir [afli'xir] *v* bedrücken, bekümmern
afligirse [afli'xirse] *v* sich grämen, nahe gehen; *~ por* trauern um
aflojamiento [afloxa'mĭento] *m* Lockerung *f,* Nachlassen *n*

aflojar [aflɔ'xar] *v* nachlassen, auflockern, abflauen, lockern
aflojarse [aflɔ'xarse] *v* nachgeben, sich lockern, locker werden
aflorado [aflo'rađo] *adj (primoroso)* blühend
aflorar [aflo'rar] *v 1. (surgir)* zutage treten, hervorkommen; *2. (harina)* verfeinern (Mehl)
afluencia [a'flwenθĭa] *f* Andrang *m,* Zustrom *m,* Zulauf *m*
afluente [a'flwente] *m* Nebenfluss *m*
afluir [aflu'ir] *v 1. (río)* herbeiströmen, einmünden, zufließen; *2. (calle)* einmünden
aflujo [a'fluxo] *m MED* Andrang (Blut) *m,* Zufluss *m*
afondar [afon'đar] *v* versenken, versinken, untergehen
afondarse [afon'đarse] *v* untergehen, versinken (Schiff)
afonía [afo'nia] *f (ronquera)* starke Heiserkeit *f,* Stimmlosigkeit *f*
afónico [a'foniko] *adj* stockheiser, stimmlos
aforar [afo'rar] *v irr TECH* eichen
aforismo [afo'rizmo] *m* Aphorismus *m*
aforística [afo'ristika] *f* Redeweise *f*
aforístico [afo'ristiko] *adj* aphoristisch
afortunadamente [afɔrtunađa'mente] *adj* erfreulicherweise, glücklicherweise
afortunado [afɔrtu'nađo] *adj* erfolgreich, glücklich
afrecho [a'fretʃo] *m BOT* Kleie *f*
afrenta [a'frenta] *f 1. (deshonra)* Schimpf *m,* Beleidigung *f; 2. (vergüenza)* Schmach *f*
afrentar [afren'tar] *v 1. (ofender)* beschimpfen, schmähen; *Tus padres me han afrentado.* Deine Eltern haben mich beschimpft. *2. (humillar)* demütigen
afrentoso [afren'toso] *adj* schändlich, schimpflich
Africa ['afrika] *f/el GEO* Afrika *n; ~ del sur* Südafrika *n*
africana [afri'kana] *f* Afrikanerin *f*
africano [afri'kano] *adj 1.* afrikanisch; *m 2.* Afrikaner *m*
afrodisíaco [afrođi'sĭako] *m 1.* Aphrodisiakum *n; adj 2.* aphrodisierend
afrontar [afrɔn'tar] *v 1.* gegenüberstehen, gegenüberstellen; *~ un peligro* einer Gefahr ins Auge sehen; *(desafiar)* trotzen, sich entgegenstellen; *2. (encarar algo)* stellen
afrutado [afru'tađo] *adj* fruchtig
afuera [a'fwera] *adv 1. (local)* außerhalb, draußen, auswärts; *2. (dirección)* hinaus; *f 3. ~s pl* Stadtrand *m,* Randgebiet *n; ¿Está muy en las ~s?* Liegt das weit außerhalb?
agachada [aga'tʃađa] *f 1.* Niederbücken *n; 2. (fig: treta)* List *f,* Kniff *m*
agachar [aga'tʃar] *v* beugen, ducken; *~ la cabeza* den Kopf beugen *m*
agacharse [aga'tʃarse] *v* sich bücken, sich ducken
agalla [a'gaʎa] *f 1. ZOOL* Kieme *f; 2. (fig) tener ~s* Mumm haben *m*
ágape ['agape] *m (banquete)* Agape *f,* Liebesmahl *n*
agarradera [agarra'đera] *f (LA)* Henkel *m,* Griff *m*
agarradero [agarra'đero] *m 1.* Henkel *m,* Griff *m; 2. (fig: asidero, amparo)* Halt *m; Desde que mi padre murió me quedé sin agarradero.* Seit mein Vater gestorben ist, habe ich keinen Halt mehr.
agarrado [aga'rrađo] *adj (avaro)* knauserig, geizig
agarrar [aga'rrar] *v 1.* anfassen, erfassen, ergreifen; *2. ~ al vuelo* auffangen; *3. (con fuerza)* packen; *4. (tomar algo)* ergreifen, packen, nehmen; *~ un vaso* ein Glas nehmen *n; 5. (contraer una enfermedad)* erwischen, aufschnappen; *He agarrado la gripe.* Mich hat die Grippe erwischt. *6. (dominarle a uno el sueño)* überwältigen; *El sueño me agarró y no pude terminar el trabajo.* Der Schlaf überwältigte mich und ich konnte die Arbeit nicht beenden. *f 7. (asaltarle a uno un contratiempo)* erwischen; *La huelga de pilotos me agarró en Londres.* Der Pilotenstreik erwischte mich in London. *v 8. (obtener lo que se quiere)* erreichen, bekommen; *No he podido ~ ese trabajo.* Ich konnte diesen Job nicht bekommen. *9. (tomar un transporte público) (LA)* nehmen; *~ el metro* die U-Bahn nehmen *f; ~ el avión* das Flugzeug nehmen *n; 10. ~ a uno desprevenido* jdn überraschen, jdn überrumpeln; *Tu visita me agarró desprevenido.* Dein Besuch hat mich überrumpelt. *~ por sorpresa* jdn überraschen
agarrarse [aga'rrarse] *v 1. ~ de algo* sich an etw festhalten; *2. (fig: afirmarse una enfermedad)* sich festsetzen; *La bronquitis se me ha agarrado.* Die Bronchitis hat mich richtig erwischt. (fam)
agarrotar [agrro'tar] *v* fest zusammenbinden, zusammendrücken
agarrotarse [agarro'tarse] *v* steif werden
agasajado [agasa'xađo] *m 1.* willkommener Gast *m; adj 2.* willkommen, bewirtet

agasajador [agasaxa'đɔr] *m 1.* Person, die jdn herzlich willkommen heißt *f; adj 2.* gastlich

agasajar [agasa'xar] *v 1.* gut bewirten; *2. (dar regalos)* reichlich beschenken

agasajo [aga'saxo] *m 1.* Bewirtung *f; 2. (regalo)* Geschenk *n*

ágata ['agata] *m MIN* Achat *m*

agavanza [aga'ƀanθa] *f BOT* Hagebutte *f*

agazaparse [agaθa'parse] *v* sich klein machen, sich ducken

agencia [a'xenθĭa] *f 1.* Agentur *f,* Firma *f,* Vermittlung *f; ~ comercial* Handelsvertretung *f; ~ matrimonial* Heiratsvermittlung *f; ~ de noticias* Nachrichtenagentur *f; ~ de colocación* Arbeitsvermittlung *f; ~ de publicidad* Werbeagentur *f; ~ de transportes* Spedition *f; ~ de viajes* Reisebüro *n; 2. (sucursal de una empresa)* Vertretung *f,* Niederlassung *f*

agenciarse [axen'θĭarse] *v* sich beschaffen, sich verschaffen, sich besorgen

agenda [a'xenda] *f 1.* Terminkalender *m; 2. (orden del día)* Tagesordnung *f; 3. (librito de notas)* Notizbuch *n*

agente [a'xente] *m/f 1.* Agent(in) *m/f,* Makler(in) *m/f; ~ de cambio y bolsa FIN* Börsenmakler(in) *m/f; ~ de la propiedad* Immobilienmakler(in) *m/f; ~ de seguros* Versicherungsagent(in) *m/f; 2. ~ ejecutivo JUR* Gerichtsvollzieher *m; 3. ~ de policía* Polizist(in) *m/f; ~ de tráfico* Verkehrspolizist(in) *m/f; ~ de transportes* Spediteur(in) *m/f; 4. ~ secreto POL* Geheimagent *m; m 5. ~ patógeno MED* Erreger *m,* Keim *m; 6. (fuerza natural que actúa)* Kraft *f,* Gewalt *f*

agigantado [axigan'tađo] *adj* riesenhaft, riesig

agigantar [axigan'tar] *v* riesengroß machen

ágil ['axil] *adj 1.* behände, flink, gewandt; *2. (móvil)* beweglich; *3. (fig: versátil)* wendig, flott

agilidad [axili'đađ] *f* Behändigkeit *f*

agilizar [axili'θar] *v* erleichtern, beschleunigen; *~ un trámite* einen Dienstweg beschleunigen *m*

agio ['axio] *m FIN* Agio *n*

agiotaje [axio'taxe] *f* Aufgeld *n,* Agiotage *f*

agiotista [axio'tista] *m/f* Börsenspieler *m,* Spekulant *m*

agitación [axita'θĭɔn] *f 1.* heftige Bewegung *f,* Hektik *f; 2. POL* Unruhe *f,* Agitation *f*

agitado [axi'tađo] *adj* hektisch, bewegt

agitador [axita'đɔr] *m 1.* Rührer *m,* Rührvorrichtung *f,* Rüttler *m; 2. POL* Agitator *m,* Unruhestifter *m*

agitar [axi'tar] *v 1.* schütteln, rütteln, umrühren; *2. ~ los animos contra alguien* gegen jdn hetzen; *3. (fig)* beunruhigen, aufregen

agitarse [axi'tarse] *v 1.* sich bewegen, zappeln; *2. (fig)* sich aufregen, sich beunruhigen

aglomeración [aglomera'θĭɔn] *f 1.* Anhäufung *f; 2. (muchedumbre)* Menschenmenge *f; 3. ~ urbana* Ballungsgebiet *n*

aglomerado [aglome'rađo] *m ~ de carbón* Brikett *n*

aglomerar [aglome'rar] *v* anhäufen, aufhäufen

aglomerarse [aglome'rarse] *v* sich zusammenballen, sich ansammeln

agnación [agna'θĭɔn] *f JUR* Verwandtschaft *f,* Blutsverwandtschaft *f,* Seitenverwandtschaft *f*

agnosticismo [agnosti'θizmo] *m REL* Agnostizismus *m*

agnóstico [ag'nostiko] *m REL* Agnostiker *m*

agobiado [ago'ƀĭađo] *adj* krumm, gebeugt

agobiador [agobĭa'dɔr] *adj* drückend, bedrückend, mühsam, schwer

agobiar [agoƀi'ar] *v 1. (doblar)* beugen, krümmen; *2. (oprimir)* unterdrücken, fertig machen; *Los problemas de su trabajo le agobian.* Seine Arbeitsprobleme machen ihn fertig. *3. (fig: deprimir, abatir)* bedrücken, niederdrücken, belasten

agobio [a'goƀĭo] *m* Mühsal *f*

agolpamiento [agɔlpa'mĭento] *m* Auflauf *m,* Gedränge *n*

agonía [ago'nia] *f 1.* Todeskampf *m; 2. (fig: una pena muy intensa)* Todesangst *f,* Angst *f; 3. (fig: deseo muy intenso)* starker Wunsch *m*

agonista [ago'nista] *m (luchador)* Kämpfer *m*

agonizar [agoni'θar] *m 1. (estar en la agonía)* im Sterben liegen; *Mi abuela está agonizando.* Meine Großmutter liegt im Sterben. *v 2. (fig: estar acabandose algo)* zu Ende gehen, sich dem Ende zuneigen; *3. (fig: sufrir mucho por algo)* leiden

agorafobia [agora'foƀĭa] *f MED* Agoraphobie *f,* Platzangst *f,* Klaustrophobie *f*

agorar [ago'rar] *v irr* wahrsagen

agorero [ago'rero] *m (adivinador)* Wahrsager *m,* Unglücksvogel *m*
agostar [agos'tar] *v* versengen
agostarse [agos'tarse] *v (marchitarse)* verdorren; *Las flores se han agostado por el excesivo calor.* Die Blumen sind von der übermäßigen Hitze verdorrt.
agosto [a'gɔsto] *m 1.* August *m; 2. hacer uno su ~* seine Schäfchen ins Trockene bringen
agotado [ago'tađo] *adj 1. (cansado)* erschöpft; *2. (acabado, vendido por completo)* ausverkauft, vergriffen
agotador [agota'đor] *adj* anstrengend, zermürbend
agotamiento [agota'mĭento] *m 1.* Erschöpfung *f; 2. TECH* Ermüdung *f; 3. (el acto de consumir una cosa)* Erschöpfung *f; el ~ de los recursos naturales* die Erschöpfung der natürlichen Ressourcen
agotar [ago'tar] *v 1.* erschöpfen; *2. ~ todas sus fuerzas* sich verausgaben; *3. ~ posibilidades* Möglichkeiten erschöpfen; *4. (consumir completamente)* erschöpfen, ausschöpfen
agraciado [agra'θĭađo] *adj 1. (muy apuesto)* begünstigt; *2. (dotado de gracia)* anmutig; *3. (bien parecido)* gut aussehend
agradable [agra'đaƀle] *adj 1.* angenehm, nett, gemütlich; *2. (persona)* charmant, freundlich, nett
agradar [agra'đar] *v* ansprechen, zusagen, gefallen, behagen
agradecer [agrađe'θɛr] *v irr 1.* danken; *~ algo a alguien* sich bei jdm für etw bedanken; *2. (fig: deber algo a alguien)* danken, verdanken; *Le agradezco a mi profesor que me haya alertado de ese peligro.* Ich verdanke es meinem Lehrer, dass er mich auf diese Gefahr aufmerksam gemacht hat.
agradecido [agrađe'θiđo] *adj* dankbar, erkenntlich
agradecimiento [agrađeθi'mĭento] *m* Dankbarkeit *f,* Danksagung *f*
agrado [a'građo] *m* Wohlgefallen *n; ser del ~ de alguien* jdm zusagen
agrandamiento [agranđa'mĭento] *m* Vergrößerung *f*
agrandar [agran'dar] *v* vergrößern, erweitern
agrario [a'grarĭo] *adj* landwirtschaftlich
agravación [agraƀa'θĭɔn] *f* Verschärfung *f,* Verschlimmerung *f*
agravante [agra'ƀante] *adj* gravierend, erschwerend
agravar [agra'ƀar] *v* verschärfen, verschlechtern, verschlimmern
agravarse [agra'ƀarse] *v* sich zuspitzen, sich verschlimmern
agraviar [agra'ƀĭar] *v* beleidigen, beschimpfen
agravio [a'graƀĭo] *m 1.* Kränkung *f; 2. (daño) JUR* Beschwerde *f*
agredir [agre'đir] *v irr* angreifen, überfallen
agregación [agrega'θĭɔn] *f* Hinzufügung *f*
agregado [agre'gađo] *m 1.* Zusatz *m; 2. (funcionario)* Attaché *m*
agregar [agre'gar] *v* anfügen, beifügen, beilegen; *~ a* hinzufügen zu; *~ ordenadamente* zuordnen; *~ en* einfügen in
agremiar [agre'mĭar] *v* sich zusammenschließen
agresión [agre'sĭɔn] *f 1.* Aggression *f; 2. MIL* Angriff *m*
agresividad [agresiƀi'đađ] *f* Aggressivität *f*
agresivo [agre'siƀo] *adj* aggressiv, ausfallend, angriffslustig; *~ al medio ambiente* umweltschädlich
agresor [agre'sɔr] *m MIL* Angreifer *m*
agreste [a'greste] *adj* rustikal
agriarse [a'grĭarse] *v 1. (ponerse agrio)* sauer werden; *La fruta se ha agriado.* Die Frucht ist sauer geworden. *2. (fig: hacerse áspera una cosa)* sauer werden, bitter werden
agrícola [a'grikola] *adj* landwirtschaftlich
agricultor [agrikul'tɔr] *m* Landwirt *m*
agricultura [agrikul'tura] *f* Landwirtschaft *f,* Ackerbau *m*
agridulce [agri'đulθe] *adj* süßsauer
agrietado [agrĭe'tađo] *adj* rissig
agrietamiento [agrĭeta'mĭento] *m* Riss *m,* Spalte *f*
agrio ['agrĭo] *adj 1.* sauer; *La leche está agria.* Die Milch ist sauer. *2. (fig: desabrido)* spröde; *hablar en tono ~* mit spröder Stimme sprechen *f*
agronomía [agrono'mia] *f* Landwirtschaftskunde *f,* Agronomie *f*
agrupación [agrupa'θĭɔn] *f (reunión)* Ansammlung *f*
agrupar [agru'par] *v* gruppieren, ansammeln
agua ['agwa] *f 1.* Wasser *n; ¡Hombre al ~!* Mann über Bord! *~ mineral* Mineralwasser *n; ~ del grifo* Leitungswasser *n; ~ salada/~ de mar* Salzwasser *n; ~ dulce* Süßwasser *n; ~*

potable Trinkwasser *n; ¿Es ~ potable?* Ist das Trinkwasser? *~ de manantial* Quellwasser *n; ~ industrial* Brauchwasser *n; ~ de condensación* Kondenswasser *n; ~ del radiador* Kühlwasser *n; ~ bendita REL* Weihwasser *n; 2. ~s pl* Gewässer *n; ~s bajas (de la costa)* Watt *n; ~s continentales/~s interiores* Binnengewässer *pl; ~s residuales* Abwasser *n; 3. ~ de Colonia* Kölnischwasser *n; 4. ~s arriba* stromaufwärts; *~s abajo* stromabwärts; *Esa ciudad queda ~s abajo.* Diese Stadt liegt stromabwärts. *5. estar con el ~ hasta el cuello* das Wasser bis zum Hals stehen haben; *6. hacer ~ NAUT* lecken, ein Leck haben; *¡El bote está haciendo ~!* Das Boot hat ein Leck! *7. hacer ~s* zur Toilette gehen *f,* pinkeln (fam), Wasser lassen *n; ¿Dónde puedo hacer aguas?* Wo kann ich Wasser lassen? *8. se le hace ~ la boca (fam)* das Wasser läuft ihm im Munde zusammen *n; 9. claro como el ~* sonnenklar; *El asunto me parece claro como el ~.* Die Sache erscheint mir sonnenklar. *10. ~s menores* Urin *m; ~s mayores* Stuhl, Stuhlgang *m; 11. ~ pesada PHYS* schweres Wasser

aguacate [agwa'kate] *m BOT* Avocadobaum *m,* Avocado *f*

aguacero [agwa'θero] *m* Regenguss *m,* Platzregen *m*

aguador [agwa'đɔr] *m* Wasserträger *m,* Wasserverkäufer *m*

aguafiestas [agwa'fĭestas] *m/f* Spielverderber(in) *m/f*

aguafuerte [agwa'fwεrte] *m grabado al ~ ART* Radierung *f*

aguamanos [agua'manos] *m 1. (agua)* Wasser zum Händewaschen *n; 2. (recipiente)* Waschbecken *n*

aguamarina [agwama'rina] *f* Aquamarin *m*

aguanieve [agua'niεƀe] *f (lluvia)* Schneewasser *n*

aguantable [agwan'taƀle] *adj* erträglich

aguantar [agwan'tar] *v* aushalten, ertragen, erdulden

aguantarse [agwan'tarse] *v* sich beherrschen; *~ de algo* sich etw verkneifen

aguante [a'gwante] *m 1. (paciencia)* Ausdauer *f,* Geduld *f; Hay que tener mucho ~.* Man muss viel Geduld haben. *2. (capacidad para soportar pesos)* Traglast *f,* Fassungsvermögen *n*

aguar [a'gwar] *v 1.* verwässern; *2. (fig)* panschen, verlängern

aguardar [agwar'dar] *v* harren, warten

aguardentería [aguarđente'ria] *f (tienda)* Schnapsladen *m,* Schnapsbar *f*

aguardiente [agwar'đĭente] *m 1.* Schnaps *m,* Branntwein *m,* Spirituosen *pl; 2. ~ de caña* Zuckerrohrbranntwein *m*

aguarrás [agwa'rras] *m* Terpentin *n,* Terpentinöl *n*

aguazal [agwa'θal] *m* Wasserlache *f,* Pfütze *f*

agudamente [aguđa'mente] *adv* gellend, schrill

agudeza [agu'đeθa] *f 1. (calidad de afilado)* Schärfe *f; 2. (fig: intensidad del dolor)* Schärfe *f,* Intensität *f; 3. (fig: ingenio, perspicacia)* Scharfsinn *m,* Verstandesschärfe *f; Siempre he admirado tu ~.* Ich habe immer deinen Scharfsinn bewundert. *4. (fig: dicho ingenioso)* geistreicher Ausspruch *m; 5. (fig: intensidad de los sentidos)* Sinnesschärfe *f*

agudización [aguđiθa'θĭɔn] *f* Verschärfung *f*

agudizar [aguđi'θar] *v* verschärfen

agudizarse [aguđi'θarse] *v 1. (tomar caracter agudo una enfermedad)* schlimmer werden; *La enfermedad de mi abuela se ha agudizado.* Die Krankheit meiner Großmutter ist schlimmer geworden. *2. (fig: hacerse más grave)* sich verschärfen, sich zuspitzen; *Mis problemas económicos se han agudizado.* Meine finanziellen Probleme haben sich verschärft.

agudo [a'guđo] *adj 1.* akut; *dolores ~s* akute Schmerzen *pl; 2. (fig)* hell, grell; *3. (estridente)* schrill, gellend; *voz aguda* schrille Stimme *f; 4. (afilado)* spitz, scharf; *5. (fig: ingenioso)* geistreich, scharfsinnig, scharf; *6. (fig: sentidos muy perceptivos)* scharf; *vista aguda* scharfe Sehkraft *f; oído ~* scharfe Hörkraft *f; 7. (sonido de frecuencia alta)* hoch; *El sonido del flautín es muy ~.* Der Klang der Pikkoloflöte ist sehr hoch. *8. palabra aguda GRAMM* endbetontes Wort

agüero [a'guero] *m (predicción)* Vorzeichen *n,* Vorbedeutung *f; Ser ave de mal~* ein Unglücksrabe sein

aguerrido [age'rriđo] *adj* abgehärtet

aguijón [agi'xɔn] *m 1. ZOOL* Stachel *m; m 2. (fig: estímulo)* Antrieb *m,* Ansporn *m*

aguijonear [agixone'ar] *v 1.* aufstacheln; *2. (fig: incitar, estimular)* anspornen, anstacheln; *~ a la acción* zu einer Tat anspornen *f*

águila ['agila] *f/el 1. ZOOL* Adler *m; 2. ~ ratonera* Bussard *m; 3. tener ojos de ~*

Adleraugen haben; *tener vista de ~* einen Adlerblick haben *m*
aguilucho [agi'lutʃo] *m ZOOL* Jungadler *m*
aguinaldo [agi'nalđo] *m* Weihnachtsgeschenk *n*, Neujahrsgeschenk *n*
aguja [a'guxa] *f 1.* Nadel *f*; *~ de coser* Nähnadel *f*; *Necesito aguja e hilo.* Ich brauche Nadel und Faden. *2. (de reloj)* Uhrzeiger *m*; *3. ~ de marear* Steuerkompass; *4. buscar una ~ en un pajar* eine Nadel in einem Heuhaufen suchen
agujerear [aguxere'ar] *v* bohren, lochen, durchlöchern
agujero [agu'xero] *m 1.* Loch *n*; *~ de la capa de ozono* Ozonloch *n*; *2. ~ negro PHYS* schwarzes Loch
agujetas [agu'xetas] *f/pl* Muskelkater *m*
agusanarse [agusa'narse] *v (llenarse algo de gusanos)* wurmstichig werden, madig werden
agustiniano [agustini'ano] *adj (agustino)* augustinisch, Augustiner...
aguzado [agu'θađo] *adj (puntiagudo)* spitz, spitzig
aguzanieves [aguθa'nĭeƀes] *m ZOOL* Bachstelze *f*
aguzar [a'guθar] *v 1.* spitzen, schleifen; *2. ~ el oído (fig)* die Ohren spitzen
ah ['a] *interj ¡Ah!* Ah!
aherrojamiento [aerroxa'mĭento] *m* Fesseln *n*, Anketten *n*
aherrojar [aerro'xar] *v 1. (poner grilletes)* anketten; *2. (fig: oprimir, manter bajo un yugo)* unterdrücken, knebeln; *Esos colonos nos han aherrojado desde hace siglos.* Diese Kolonisten haben uns jahrhundertelang unterdrückt.
aherrumbrar [aerrum'ƀrar] *v (oxidarse)* rosten, rostig werden, einrosten
ahí [a'i] *adv 1.* da, dort; *2. por ~* dort, dortherum
ahijado [ai'xađo] *m* Patenkind *n*, Adoptivkind *n*
ahijar [ai'xar] *v (tomar como propio un hijo ajeno)* adoptieren, an Kindes statt annehmen
ahilar [ai'lar] *v* in Reihe aufstellen, ordnen
ahilarse [ai'larse] *v 1. (adelgazarse)* dünn werden, abmagern; *2. (desmayarse)* schwach werden, ohnmächtig werden
ahínco [a'inko] *m* Eifer *m*, Nachdruck *m*
ahíto [a'ito] *adj* angeekelt, überdrüssig
ahogado [ao'gađo] *m 1. (persona que ha muerto por ahogamiento)* Ertrunkener *m*, Erstickter *m*; *adj 2. (fig: sitio poco espacioso)* eng; *¡Qué ~ es tu cuarto!* Wie eng dein Zimmer ist! *3. (fig) verse ~* sich in schwieriger (finanzieller) Lage befinden *f*; *Estoy ~ de deudas.* Die Schulden erdrücken mich.
ahogar [ao'gar] *v 1.* erdrücken, würgen; *2. (sofocar el fuego)* löschen, auslöschen; *3. (fig: reprimir)* ersticken, unterdrücken; *~ un grito* einen Schrei unterdrücken *m*; *~ las pasiones* die Leidenschaften ersticken *f/pl*; *4. (fig: fatigar)* quälen, ermüden; *Me ahogas con tus exigencias.* Du quälst mich mit deinen Forderungen. *5. (impregnar en un líquido)* tränken; *6. (fam) ~ las penas en alcohol* die Sorgen im Alkohol ertränken
ahogarse [ao'garse] *v 1.* ersticken; *2. (en agua)* ertrinken
ahogo [a'ogo] *m 1.* Atemnot, Erstickung; *2. (fig)* Beklemmung *f*, Bedrängnis *f*
ahondamiento [aɔnđa'mĭento] *m 1. (acción de hacer más hondo algo)* Vertiefen *n*, Aushöhlen *n*, Ausgraben *n*; *el ~ de una zanja* das Ausheben einer Grube *n*; *2. (fig: profundizar algo)* Vertiefung *f*; *Me ocupo con el ~ de mis conocimientos de matemática.* Ich bemühe mich darum, meine Mathematikkenntnisse zu vertiefen.
ahondar [aɔn'dar] *v 1.* vertiefen; *2. (fig)* vertiefen; *~ los conocimientos en alguna disciplina* die Kenntnisse in einem Wissensbereich vertiefen
ahora [a'ɔra] *adv 1.* jetzt, nun; *a partir de ~* von nun an, künftig; *~ mismo* augenblicklich, sofort; *2. por ~* einstweilen, vorläufig; *3. de ~ en adelante* von nun an; *desde ~* von nun an; *konj 4. ~ bien* also, demnach
ahorcamiento [aɔrka'mĭento] *m* Hängen *n*
ahorcar [aɔr'kar] *v 1.* aufhängen, henken; *2. (fig: oprimir)* umbringen
ahorcarse [aɔr'karse] *v* sich aufhängen, sich erhängen
ahorita [aɔ'rita] *adv (LA)* sofort
ahorrador(a) [aɔrra'đɔr/aɔrra'đora] *m/f* Sparer(in) *m/f*
ahorramiento [aɔrra'mĭento] *m* Sparsamkeit *f*, Ersparnis *f*
ahorrar [aɔ'rrar] *v* sparen, einsparen
ahorrarse [aɔ'rrarse] *v (fig: evitarse una molestia)* sich sparen; *Puedo ahorrarme ese contratiempo.* Diese Unannehmlichkeiten kann ich mir sparen.
ahorrativo [aɔrra'tiƀo] *adj 1.* sparsam; *2. (agarrado)* geizig

ahorro [a'ɔrro] *m* Ersparnis *f*; ~ *de tiempo* Zeitersparnis *f*
ahuecado [awe'kađo] *adj* *1.* hohl, ausgehöhlt; *2.* *(fig: engreído, vano)* stolz, eingebildet
ahuecar [aue'kar] *v* *1.* *(vaciar)* aushöhlen; *2.* *(fig: envanecerse)* (fam) sich aus dem Staub machen; *3.* *(fig: engolar la voz)* mit tiefer Stimme sprechen, lauter sprechen
ahuesado [awe'sađo] *adj* knochenfarben, knochenhart
ahumado [au'mađo] *adj* getönt; *cristales ~s* getönte Scheiben *f/pl*; *lentes ~s* getönte Brillengläser *n/pl*
ahumar [au'mar] *v* *1.* räuchern; *2.* *(ennegrecer con humo)* schwärzen, räuchern
ahuyentar [aujen'tar] *v* *1.* fortjagen, verjagen, verscheuchen; *2.* *(fig: desterrar las pasiones)* bezähmen
airado [aĭ'rađo] *adj* zornig, jähzornig, aufbrausend; *vida airada* liederlicher Lebenswandel
airamiento [aira'mĭento] *m* Zorn *m*, Erzürnen *n*
airar [ai'rar] *v* *(producir ira)* erbosen, erzürnen
airarse [ai'rarse] *v* *(encolerizarse)* aufbrausen, zornig werden
airbus ['aĭrƀus] *m* *TECH* Airbus *m*
aire ['aĭre] *m* *1.* Luft *f*; *2.* ~ *caliente* Warmluft *f*; ~ *frío* Kaltluft *f*; *3.* ~ *acondicionado* Klimaanlage *f*; *4.* ~ *comprimido TECH* Druckluft *f*; *5.* ~ *de escape/~ de salida TECH* Abluft *f*; *6.* *(fig: parecido)* Gestalt *f*, Aussehen *n*, Anmut *f*; ~ *de familia* Familienähnlichkeit; *Tienes aires de artista.* Du siehst aus wie ein Künstler. *7.* *(una canción)* Lied *n*, Weise *f*; *un ~ popular* Volksweise *f*; *un ~ de marineros* Seemannslied *n*; *8.* *(fig: afectación de superioridad)* Überlegenheitsgetue (fam) *n*; *¡Ese hombre tiene unos ~s!* Dieser Mann spielt sich vielleicht auf! *9.* *al ~ libre* an der frischen Luft, im Freien, unter freiem Himmel; *Me gusta la vida al ~ libre.* Mir gefällt das Leben an der frischen Luft. *10.* *disparar al ~* in die Luft schießen; *11.* *hacer castillos en el ~* Luftschlösser bauen; *v* *12.* *vivir del ~* von Luft leben; *m* *13.* *tomar el ~* Luft schnappen, frische Luft schöpfen *f*; *¡Voy a tomar el ~!* Ich werde etwas Luft schnappen! *14.* *frenos de ~ comprimido TECH* Druckluftbremse *f*; *15.* *rifle de ~* Luftgewehr *n*; *16.* *en el ~* in der Luft, in der Schwebe (fig); *17.* *estar al ~ TEL* auf Sendung sein; *ir al ~* auf Sendung gehen *f*; *¡En veinte segundos estaremos al ~!* In zwanzig Sekunden sind wir auf Sendung! *18.* *corriente de ~* Luftströmung *f*
aireación [airea'θĭɔn] *f* Lüftung *f*
airear [aĭre'ar] *v* lüften
airearse [ai'rearse] *v* *1.* *(refrescarse)* frische Luft schnappen, sich erfrischen; *2.* *(recibir corrientes de aire)* Zugluft bekommen, sich erkälten
aireo [aĭ'reo] *m* Lüftung *f*
airoso [aĭ'roso] *adj* graziös; *(fig: haber hecho algo bien)* würdevoll, glänzend, elegant; *salir ~ de alguna cosa* eine Sache würdevoll bestehen; *Salí ~ de los exámenes.* Ich habe die Prüfungen glänzend bestanden.
aislado [aĭz'lađo] *adj* vereinzelt
aislador [aisla'đɔr] *m* *1.* *(que intercepta el calor) TECH* Isolator *m*, Isoliermittel *n*; *adj* *2.* Isolier...
aislamiento [aĭzla'mĭento] *m* *1.* Isolation *f*, Isolierung *f*, Vereinsamung *f*; *2.* ~ *celular JUR* Einzelhaft *f*; *3.* ~ *térmico TECH* Wärmedämmung *f*
aislante [ais'lante] *adj* Isolier...
aislar [aĭz'lar] *v* *1.* absondern, isolieren; *2.* *(separar por medio de aisladores) PHYS* isolieren; *3.* *(separar a los que están enfermos)* absondern, isolieren, vereinzeln; *4.* *(fig: segregar, discriminar)* vereinsamen, diskriminieren; *Queremos ~ a ese chico de nuestro grupo.* Wir wollen diesen Jungen aus unserer Gruppe nehmen. *5.* *(obtener en estado puro) CHEM* isolieren, trennen, absondern; ~ *el oro* das Gold isolieren *n*
aislarse [aĭz'larse] *v* sich zurückziehen, sich absondern
ajá [a'xa] *interj* *¡Ajá!* Ja, ja!/Richtig so!/Nur zu!
ajado [a'xađo] *adj* welk
ajar [a'xar] *v* knittern, zerknittern, verwelken
ajarse [a'xarse] *v* welken
ajedrecista [axeđre'θista] *m/f* (gewandter) Schachspieler *m*
ajedrez [axe'dreθ] *m* *1.* Schach *n*; *jugar al ~* Schach spielen; *¿Juega usted al ~?* Spielen Sie Schach? *2.* *tablero de ~* Schach *n*, Schachbrett *n*; *pieza de ~* Schachfigur *f*
ajenjo [a'xenxo] *m* *1.* *BOT* Absinth *m*, Wermut *m*; *2.* *(licor hecho con ajenjo) GAST* Wermutwein *m*, Absinth *m*
ajeno [a'xeno] *adj* *1.* fremd; ~ *a la vida real* lebensfremd; ~ *al mundo* weltfremd; *2.* *(indiferente)* ~ *a* unbeteiligt an; *3.* *(que pertenece*

a otro) zu einem anderen gehörend; *No me gusta apropiarme de las ideas ajenas.* Es gefällt mir nicht, mir fremde Ideen anzueignen. *4. (de otra condición)* fremd, verschieden, nicht zugehörig

ajetrear [axe'trear] *v (fatigar a alguien con trabajos)* sich schinden, hart arbeiten, schuften (fam)

ajetrearse [axetre'arse] *v* sich abmühen, sich abstrampeln, sich plagen

ajetreo [axe'treo] *m* Hektik *f*

ají [a'xi] *m (pimentón)* Ajipflanze *f*, Pfefferstrauch *m*, Ajipfeffer *m*

ajillo [a'xiʎo] *m al ~ GAST* in Knoblauch gebraten

ajo ['axo] *m 1. BOT* Knoblauch *m; ¿Tiene ~ la comida?* Ist Knoblauch im Essen? *2. estar en el ~* Mitwisser sein, seine Finger im Spiel haben

ajonjolí [axonxo'li] *m BOT* Sesam *m*

ajuar [a'xwar] *m 1. ~ de novia* Aussteuer *f; 2. ~ para bebé* Babywäsche *f*

ajustable [axus'taƀle] *adj* einstellbar, verstellbar

ajustado [axus'tađo] *adj 1.* angemessen, passend, ordentlich; *2. (apretado)* eng bemessen, knapp; *Esta camisa me queda muy ajustada.* Dieses Hemd sitzt sehr eng.

ajustador [axusta'đɔr] *m* Maschinenschlosser *m*, Monteur *m*

ajustar [axus'tar] *v 1.* angleichen, einstellen, justieren; *2. TECH* verstellen, montieren, anlehnen

ajustarse [axus'tarse] *v (fig: adaptarse a)* angleichen, anpassen, einfügen

ajuste [a'xuste] *m 1.* Angleichung *f; 2. (fig) ~ de cuentas* Abrechnung *f; 3. JUR* Abfindung *f; hacer un ~ con alguien JUR* jdn abfinden, jdn entschädigen

ajusticiamiento [axustiθĭa'mĭento] *m* Hinrichtung *f*

ajusticiar [axusti'θĭar] *v 1. (ejecutar al reo)* hinrichten; *2. (fig)* lynchen

al [al] *prep (= a + el) ~ escribir* beim Schreiben; *darle el periódico ~ señor* dem Herrn die Zeitung geben

ala ['ala] *f/el 1. ZOOL* Flügel *m; interj ¡Hala!* Los!/Vorwärts! *f/el 2. (fig: de partido, de edificio)* Flügel *m; 3. ~ de un sombrero* Hutkrempe *f; 4. ~ de un avión* Flugzeugflügel *m; 5. (fig) volar uno con sus propias ~s* selbstständig werden, flügge sein

alabador [alaƀa'đɔr] *adj* preisend, verherrlichend, lobend

alabamiento [alaƀa'mĭento] *m* Lobpreis *m*, Verherrlichung *f*, Lob *n*

alabanza [ala'ƀanθa] *f 1.* Lob *n; 2. ~ propia* Selbstlob *n; 3. ser digno de ~s* Lob verdienen

alabar [ala'ƀar] *v* loben, preisen, rühmen

alabarse [ala'ƀarse] *v (jactarse)* sich etwas einbilden auf, angeben

alabastro [ala'ƀastro] *m MIN* Alabaster *m*

alacena [ala'θena] *f* Wandschrank *m*, Speisekammer *f*, Küchenschrank *m*

alacrán [ala'kran] *m ZOOL* Skorpion *m*

alacridad [alakri'đađ] *f* Lebhaftigkeit *f*, Aufgewecktheit *f*, Unternehmungslust *f*

alambicado [alamƀi'kađo] *adj 1. (fig: perspicaz)* kärglich, spitzfindig, geziert; *2. (fig: complejo)* ausgeklügelt, vielschichtig

alambicar [alamƀi'kar] *v 1. (destilar en un alambique)* destillieren; *2. (fig: analizar algo detenidamente)* austüfteln, ausfeilen

alambique [alam'ƀike] *m* Destillierkolben *m*

alambrado [alam'ƀrađo] *m* Drahtgeflecht *n*, Drahtzaun *m*

alambrar [alam'ƀrar] *v* mit Draht umzäunen

alambre [a'lambre] *m* Draht *m; ~ de púas* Stacheldraht *m*

alambrista [alam'brista] *m/f (LA)* Seiltänzer(in) *m/f*

alameda [ala'međa] *f BOT* Pappelallee *f*, Pappelwäldchen *n*

álamo ['alamo] *m BOT* Pappel *f*

alarde [a'larđe] *m 1.* Paradepferd *n; 2. (presunción)* Protzerei *f; hacer ~ de algo* mit etw prahlen

alardear [alarđe'ar] *v* prahlen, angeben, protzen (fam)

alargado [alar'ɡađo] *adj* länglich

alargador [alarɡa'đɔr] *adj* streckend, in die Länge ziehend

alargamiento [alarɡa'mĭento] *m* Dehnung *f*, Verlängerung *f*

alargar [alar'ɡar] *v 1.* verlängern, dehnen; *2. (prolongar)* verlängern, ausdehnen; *~ una reunión* eine Versammlung in die Länge ziehen *f; ~ una cita* ein Treffen ausdehnen *n; 3. (dar largas, diferir)* verzögern, aufschieben; *4. (dar algo a alguien)* reichen, weiterreichen; *Alárgame el libro por favor.* Reich mir bitte das Buch. *5. (aumentar la cantidad)* strecken, erweitern; *~ el salario* den Lohn erhöhen *m*

alarido [ala'riđo] *m (bramido)* Geschrei *n*, Geheul *n*

alarma [a'larma] *f 1.* Alarm *m,* Notruf *m; ~ de incendio* Feueralarm *m; ~ de smog* Smogalarm *m; ~ en caso de catástrofe* Katastrophenalarm *m; ~ aérea MIL* Fliegeralarm *m; 2. (un dispositivo que advierte)* Alarm *m,* Wecker *m; La ~ acaba de sonar.* Der Wecker hörte auf zu klingeln. *3. (el sonido de ese dispositivo)* Notruf *m,* Alarmsignal *n; ¿No escuchas la ~?* Hörst du das Alarmsignal nicht?

alarmante [alar'mante] *adj* Besorgnis erregend, beunruhigend

alarmar [alar'mar] *v* beunruhigen, alarmieren

alarmarse [alar'marse] *v* sich beunruhigen

alba ['alƀa] *f/el* Morgendämmerung *f*

albacea [alƀa'θea] *m JUR* Testamentsvollstrecker *m*

albahaca [alƀa'aka] *f BOT* Basilikum *m*

albanés [alƀa'nes] *adj GEO* albanisch

Albania [al'ƀanĭa] *f GEO* Albanien *n*

albañal [alƀa'ɲal] *m* Gosse *f*

albañil [alƀa'ɲil] *m* Bauarbeiter *m,* Maurer *m*

albarán [alƀa'ran] *m* Lieferschein *m,* Empfangsbestätigung *f*

albarazo [alƀara'θo] *m (herpe)* Flechte *f*

albarda [al'ƀarđa] *f (albardela)* Saumsattel *m,* Speckschnitte *f,* Dummkopf *m; albarda sobre ~* doppelt gemoppelt (fam)

albaricoque [alƀari'koke] *m BOT* Aprikose *f*

albatros [al'batros] *m ZOOL* Albatros *m*

albazano [alƀa'θano] *adj* dunkelbraun

albear [alƀe'ar] *v (blanquear)* weißen, mit weißer Farbe versehen

albedrío [alƀe'đrio] *m 1. (voluntad)* Wille; *libre ~* freier Wille *m; 2. (capricho)* freies Ermessen *n,* Willkür *f*

alberca [al'ƀɛrka] *f (deposito de agua)* Zisterne *f,* Wasserbehälter *m*

albergar [alƀɛr'gar] *v 1. (hospedar a alguien)* beherbergen, aufnehmen; *2. (fig: tener)* bei sich haben, mit sich führen

albergue [al'ƀɛrge] *m* Bleibe *f,* Herberge *f; ~ juvenil* Jugendherberge *f*

albino [al'ƀino] *adj 1. (blanquecino)* weißlich; *2. BOT* albino

albóndiga [al'ƀɔndiga] *f GAST* Fleischbällchen *n,* Frikadelle *f*

albor [al'ƀɔr] *m 1. (luz del alba)* Morgendämmerung *f,* Weiß *n; 2. (fig: el comienzo de algo)* Beginn *m; los ~es del siglo* zu Beginn des Jahrhunderts *m; 3. los ~es de la vida* Kindheitsjahre *f*

alborada [alƀo'rađa] *f (el alba)* Morgengrauen *n,* Tagesanbruch *m*

alborear [alƀore'ar] *v (por la mañana)* dämmern

albornoz [alƀɔr'nɔθ] *m* Bademantel *m*

alborotar [alƀoro'tar] *v 1.* toben, tollen; *2. (sublevar)* aufwiegeln, randalieren

alboroto [alƀo'roto] *m* Krawall *m,* Radau *m*

alborozar [alƀoro'θar] *v* mit Freude erfüllen, aufheitern

alborozo [alƀo'roθo] *m (euforia)* Freude *f,* Entzücken *n,* Jubel *m*

álbum ['alƀum] *m 1.* Album *n; ~ fotográfico/~ de fotografías* Fotoalbum *n; 2. (libro genealógico)* Stammbuch *n*

albúmina [al'ƀumina] *f BIO* Eiweißstoff *m*

albur [al'ƀur] *m correr el ~* sich einem Risiko aussetzen, einen Verlust wagen

alcachofa [alka'tʃofa] *f BOT* Artischocke *f*

alcahueta [alka'weta] *f* Kupplerin *f*

alcahuete [alka'wete] *m 1. (proxeneta)* Zuhälter *m,* Kuppler *m; 2. (fig: persona que encubre)* Hehler *m*

alcahuetear [alkawete'ar] *v 1.* kuppeln, verkuppeln; *2. (fig: encubrir hechos reprobables)* verschleiern, decken

alcahuetería [alkawete'ria] *f 1.* Kuppelei *f; 2. (fig: encubrir)* Hehlerei *f,* Kuppelei *f*

alcaíno [alka'ino] *adj GEO* aus Alcalá stammend

alcalde [al'kalde] *m* Bürgermeister *m; primer ~* Oberbürgermeister *m*

alcaldesa [alkal'đesa] *f (mujer que trabaja como alcalde)* Bürgermeisterin *f*

alcaldía [alkal'đia] *f* bürgermeisterlicher Amtsbezirk *m,* Kanzlei *f*

álcali ['alkali] *m CHEM* Alkali *n,* Laugensalz *n*

alcalino [alka'lino] *adj CHEM* alkalisch

alcalización [alkaliθa'θĭɔn] *f CHEM* Alkalisieren *n*

alcaloideo [alkaloi'đeo] *adj CHEM* alkalin, alkalisch reagierend

alcamonías [alkamo'nias] *f/pl 1. (semillas)* Gewürzkörner *n/pl 2. (fig: chismes)* Klatschereien *f/pl*

alcance [al'kanθe] *m 1.* Reichweite *f,* Tragweite *f; al ~ de* erreichbar; *~ de emisión* Sendebereich *m; ~ de la vista* Sichtweite *f; 2. (distancia máxima de tiro)* Bereich *m,*

Zielbereich *m; el ~ de un misil* der Zielbereich einer Rakete *m; el ~ de un rifle* die Schussweite eines Gewehrs *f; 3. (fig: capacidad)* Reichweite *f; Este libro está fuera de tu ~.* Dieses Buch übersteigt dein Fassungsvermögen. *4. (fig: que está dentro de lo posible)* Möglichkeiten *f; Ese auto está fuera de mi ~. (es demasiado caro)* Dieses Auto übersteigt meine (finanziellen) Möglichkeiten. *5. dar ~ a alguien* jdn einholen

alcancía [alkan'θia] *f* Sammelbüchse *f,* Sparbüchse *f*

alcándara [al'kanđara] *f (percha)* Vogelstange *f,* Garderobenhalter *m*

alcanfor [alkan'fɔr] *m (sustancia)* Kampfer *m*

alcantarilla [alkanta'riʎa] *f 1.* Abwasserkanal *m; 2. (tapada)* Gosse *f*

alcantarillado [alkantari'ʎađo] *m* Kanalisation *f,* Kanalsystem *n,* Abzugsrinne *f*

alcantarillar [alkantari'ʎar] *v* kanalisieren, entwässern

alcanzable [alkan'θaƀle] *adj* zugänglich, erreichbar

alcanzado [alkan'θađo] *adj 1.* bedürftig, verschuldet; *2. (fig: necesitado)* beschränkt, nötig haben

alcanzar [alkan'θar] *v 1.* reichen; *El azucár que tengo en casa alcanza para una torta.* Der Zucker, den ich zu Hause habe, reicht für eine Torte. *2. (conseguir)* erlangen, erreichen, herankommen; *~ el quorum* Beschlussfähigkeit erreichen; *3. ~ la cifra de* sich belaufen auf; *4. (dar alcance)* einholen; *Si corres tan rápido no te alcanzaré nunca.* Wenn du so schnell läufst, werde ich dich niemals einholen. *5. (ser capaz de tomar o tocar algo)* begreifen, greifen; *6. (fig: igualarse)* erreichen; *Nunca alcanzaré el nivel de tus conocimientos científicos.* Nie werde ich den Stand deiner wissenschaftlichen Kenntnisse erreichen. *7. (con un arma)* treffen; *8. (tocar una cosa)* greifen, treffen; *La bala me alcanzó en la pierna.* Die Kugel traf mich im Bein. *9. (fig: tener poder para hacer algo)* ausreichen

alcaparra [alka'parra] *f BOT* Kaper *f*

alcaparrón [alkapa'rrɔn] *m (fruto de la alcaparra)* Kaper *f,* große Kaper *f*

alcayata [alka'jata] *f (escarpia)* Wandhaken *m,* Kleiderhaken *m*

alcázar [al'kaθar] *m 1. (fortaleza)* Festung *f; 2. NAUT* Alkazar *m,* maurischer Palast *m*

alce ['alθe] *m ZOOL* Elch *m*

alcista [al'θista] *adj* steigend

alcoba [al'koƀa] *f* Schlafzimmer *n*

alcohol [alko'ɔl] *m 1.* Alkohol *m; sin ~* alkoholfrei; *2. CHEM* Spiritus *m; ~ para quemar* Brennspiritus *m*

alcoholero [alko'lero] *m 1. (fábrica de alcohol)* Erzeuger von Alkohol *m,* Verkäufer von Alkohol *m; 2. (vasija que contiene alcohol)* Gefäß zur Aufbewahrung von Alkohol *n*

alcohólico [alko'ɔliko] *adj 1.* alkoholisch; *m 2.* Alkoholiker *m*

alcoholímetro [alkoo'limetro] *m CHEM* Alkoholmesser *m*

alcoholismo [alkoo'lizmo] *m MED* Trunksucht *f,* Alkoholismus *m*

alcor [al'kor] *m (altozano)* Hügel *m,* Anhöhe *f*

alcorán [alko'ran] *m (corán)* Koran *m*

alcornoque [alkor'noke] *m 1. BOT* Korkeiche *f; 2. (fig: tonto, ignorante)* Holzkopf *m,* Ignorant *m,* Einfaltspinsel *m*

alcotana [alko'tana] *f (herramienta)* Doppelspitzhammer (Maurer) *m*

alcucero [alku'θero] *adj (fig: goloso)* naschhaft

alcurnia [al'kurnĭa] *adj* Abstammung *f,* Geschlecht *n,* Sippschaft *f*

alcuza [al'kuθa] *f (aceitera)* Ölkrug *m*

aldaba [al'đaƀa] *f* Riegel *m,* Türklopfer *m*

aldabilla [alđa'ƀiʎa] *f* Riegel *m,* Verschluss *m*

aldea [al'dea] *f* Dorf *n*

aldeano [alđe'ano] *m 1.* Dorf... *adj 2.* ländlich, bäurisch, grob

aldebarán [alđeƀa'ran] *ASTR* Stierauge *n*

aldehído [alde'iđo] *m CHEM* Aldehyd *m; ~ acético* Acetaldehyd *n; ~ fórmico* Formaldehyd *n*

aldeorrio [alde'orrĭo] *m* kleines Nest *n,* verkommenes Dorf *n*

aleación [alea'θĭɔn] *f MET* Legierung *f*

alear [ale'ar] *v 1. (mover las alas)* die Flügel schwingen, flattern; *2. (fusionar)* legieren

aleatorio [alea'torĭo] *adj 1. (relativo al azar)* vom Zufall abhängig *m; 2. memoria de acceso ~ INFORM* Arbeitsspeicher *m,* RAM *n; 3. música aleatoria MUS* aleatorische Musik *f*

aleccionador [alegθĭona'đɔr] *adj* lehrreich

aleccionar [alɛkθĭɔ'nar] *v* unterweisen

aledaño [ale'đaɲo] *adj (cercano)* angrenzend, in der Nähe liegend

alegar [ale'ɡar] *v* ~ *en/como* zu Gunsten jds anführen, plädieren
alegato [ale'ɡato] *m* *(defensa)* *JUR* Plädoyer *n,* Verteidigungsschrift *f*
alegoría [aleɡo'ria] *f* *1.* *(representación)* Allegorie *f;* *2.* *(obra literaria)* Gleichnis *n*
alegórico [ale'ɡɔriko] *adj* allegorisch
alegrar [ale'ɡrar] *v* *1.* erfreuen, erheitern; *2.* *(fig: hermosear algo)* verschönern, verzieren; ~ *una habitación* eine Wohnung verschönern *f*
alegrarse [ale'ɡrarse] *v* sich freuen; *Me alegro de su vuelta.* Ich freue mich über seine Rückkehr.
alegre [a'leɡre] *adj* *1.* froh, lustig, heiter; *2.* *(bebido)* beschwipst, angeheitert
alegreto [ale'ɡreto] *m* *MUS* Allegretto *n*
alegría [ale'ɡria] *f* *1.* Freude *f,* Jubel *m;* ~ *anticipada/~ prematura* Vorfreude *f;* ~ *de vivir* Lebensfreude *f;* *2.* *(vivacidad)* Munterkeit *f*
alegro [a'leɡro] *m* *MUS* Allegro *n*
alejado [alɛ'xađo] *adj* *1.* weit, abgelegen; *prep* *2.* ~ *de* fern von
alejamiento [alexa'mĭento] *m* Rückzug *m,* Entfernung *f*
alejandrino [alɛxan'đrino] *m* *LIT* Alexandriner *n*
alejar [alɛ'xar] *v* wegbringen
alejarse [alɛ'xarse] *v* sich entfernen, sich absetzen; *La enfermera no se alejó ni un momento del enfermo.* Die Krankenschwester wich keinen Moment von der Seite des Kranken.
alelamiento [alela'mĭento] *m* Verdummung *f,* Verblüffung *f*
alelar [ale'lar] *v* verdutzen, verblöden
alelarse [ale'larse] *v* *(ponerse bobo)* verdummen, verblöden
aleluya [ale'luja] *interj* *¡Aleluya!* Halleluja!
alemán [ale'man] *adj* *1.* deutsch; *de habla alemana* deutschsprachig; ~ *antiguo* altdeutsch; *m* *2.* *(persona)* Deutscher *m;* *Soy ~.* Ich bin Deutscher. *3.* *(idioma)* Deutsch *n,* deutsche Sprache *f;* ~ *culto* Hochdeutsch *n*
alemana [ale'mana] *f* Deutsche *f*
Alemania [ale'manĭa] *f* *GEO* Deutschland *n*
alentada [alen'tađa] *f* Atemzug *m*
alentado [alen'tađo] *adj* *(valeroso)* stolz, tapfer, mutig
alentador [alenta'đɔr] *adj* *1.* erfreulich; *2.* *(animador)* ermutigend
alentar [alen'tar] *v irr* *1.* ermutigen, anfeuern; *2.* *(respirar)* atmen
alerce [a'lɛrθe] *m* *BOT* Lärche *f*
alergia [a'lɛrxia] *f* *MED* Allergie *f;* *Tengo ~ al polen.* Ich habe eine Allergie gegen Pollen.
alérgico [a'lɛrxiko] *adj* *1.* *MED* allergisch; ~ *a algo* auf etw allergisch; *Soy ~ a la carne de cerdo.* Ich bin gegen Schweinefleisch allergisch. *m* *2.* *MED* Allergiker *m*
alero [a'lero] *m* *(de un tejado)* Überdachung *f*
alerta [a'lɛrta] *adj* *1.* aufmerksam, wachsam; *2.* *(advertencia de un peligro)* Wachsamkeit *f,* Alarmbereitschaft *f;* *estado de ~* in Alarmbereitschaft sein *f;* *3.* *(condición de expectativa)* auf der Hut sein; *estar ~* wachsam sein; *estar en ~* die Augen offen halten *n/pl*
alertar [alɛr'tar] *v* *1.* alarmieren; *2.* wachsam sein
aleta [a'leta] *f* *1.* *(de buzo)* Schwimmflosse *f;* *2.* *(de no nadador)* Schwimmflügel *m;* *3.* *(de edificio)* *ARCH* Flügel *m;* *4.* *ZOOL* Flosse *f*
aletargamiento [aletarɡa'mĭento] *m* Lethargie *f,* Willenlosigkeit *f*
aletargar [aletar'ɡar] *v* einschläfern, verweichlichen
aletargarse [aletar'ɡarse] *v* erschlaffen
aletazo [ale'taθo] *m* Flügelschlag *m*
aletear [ale'tear] *v* flattern
aleteo [ale'teo] *m* *1.* *(movimiento de las alas)* Flügelschlagen *n,* Flossenbewegung *f,* Zappeln mit den Armen *n;* *2.* *(fig: palpitación del corazón)* Herzflattern *n*
alevosía [aleƀo'sia] *f* *1.* Heimtücke *f;* *2.* *(perfidia)* Heimtücke *f,* Treulosigkeit *f,* Anschlag *m;* *3.* *con ~ JUR* (mit) Vorbedacht *m*
alevoso [ale'ƀoso] *adj* heimtückisch
alfabético [alfa'ƀetiko] *adj* *por orden ~* alphabetisch geordnet
alfabeto [alfa'ƀeto] *m* Alphabet *n*
alfaguara [alfa'ɡwara] *f* reichhaltige Quelle *f*
alfalfa [alfalfa] *f* *BOT* Luzerne *f,* Schneckenklee *m*
alfanje [al'fanxe] *m* Schwertfisch *m,* Krummsäbel *m*
alfanumérico [alfanu'meriko] *adj* *(que usa letras y números)* *INFORM* alphanumerisch, Dezimalziffern und Buchstaben enthaltend
alfarería [alfare'ria] *f* Töpferhandwerk *n*
alfarero [alfa'rero] *m* Töpfer *m*

alféizar [al'fɛĭθar] *m* Fensterbrett *n*
alférez [al'fɛreθ] *m MIL* Leutnant *m*
alfil [al'fil] *m (pieza del ajedrez)* Läufer im Schachspiel *m*
alfiler [alfi'lɛr] *m* Anstecknadel *f,* Stecknadel *f*
alfombra [al'fɔmbra] *f* Teppich *m; ~ persa* Perser *m; ~ corta/~ pequeña* Brücke *f; ~ continua* Läufer *m*
alfombrado [alfɔm'brađo] *m (LA)* Teppichboden *m*
alfombrar [alfom'ƀrar] *v* mit Teppichen auslegen
alforja [al'forxa] *f* Reisesack *m,* Jagdbeutel *m,* Proviant *m*
alga ['alga] *f/el BOT* Alge *f; ~ marina* Tang *m*
algarabía [algara'ƀia] *f 1. (griterío)* Gezeter *n,* Gekreische *n; 2. (fig: lenguaje incompresible)* Kauderwelsch *m,* unverständlicher Wirrwarr *m*
algarroba [alga'rroƀa] *f BOT* Johannisbrot *n*
algarrobo [alga'rroƀo] *m BOT* Johannisbrotbaum *m*
álgebra ['alxeƀra] *m MATH* Algebra *f*
álgido ['alxiđo] *adj* eisig, nordisch
algo ['algo] *pron 1.* etwas; *adv 2.* etwas, ein wenig, ein bisschen; *~ lento* etw langsam; *~ es ~* besser als gar nichts; *¿Quieres ~?* Möchtest du etw? *3. por ~* aus gutem Grund
algodón [algo'đɔn] *m 1.* Baumwolle *f; 2. (artículo higiénico)* Watte *f*
algodonal [algođo'nal] *m AGR* Baumwollfeld *n,* Baumwollpflanze *f*
algodonar [algođo'nar] *v* wattieren, mit Baumwolle füttern
algodonoso [alzođo'noso] *adj* wollig
algoritmia [algo'ritmia] *f* Rechnen mit Zahlen *n*
algorítmico [algo'ritmiko] *adj INFORM* algorithmisch
algoritmo [algo'ritmo] *m INFORM* Algorithmus *m*
alguacil [algwa'θil] *m 1.* Gerichtsdiener *m,* Büttel *m; 2. JUR* Gerichtsvollzieher *m*
alguien ['algĭen] *pron 1.* jemand, irgendwer; *¿Hay ~ aquí?* Ist hier jemand? *m 2. (persona que tiene importancia)* jemand; *Quiero ser ~ en la vida.* Ich will jemand werden im Leben.
algún [al'gun] *(véase „alguno")*
alguna [al'guna] *adj* irgendeine; *~ vez* gelegentlich
alguno [al'guno] *adj 1.* irgendein, mancher; *algún día* eines Tages; *pron 2.* jemand/etwas; *adj 3. (bastante)* mancher, jemand; *Quiero ser una persona de alguna importancia.* Ich will eine Person von einiger Bedeutung sein.
alhaja [a'laxa] *f 1.* Kleinod *n; 2. ~s pl* Schmuck *m; 3. (fig: persona muy valiosa)* Goldstück *n,* Juwel *n,* Prachtexemplar *n; ¿Qué te parece la alhaja de mi sobrino?* Wie gefällt dir mein Prachtexemplar von Neffe?
aliado [a'lĭađo] *m 1.* Verbündeter *m; 2. ~s pl POL* Alliierte *pl*
alianza [a'lĭanθa] *f 1.* Allianz *f,* Vereinigung *f; 2. POL* Bund *m,* Bündnis *n,* Vereinigung *f; ~ secreta* Geheimbund *m; 3. (anillo de boda)* Ehering *m*
aliarse [a'lĭarse] *v ~ con* sich verbünden mit
alias ['alĭas] *m 1.* Spitzname *m; adv 2.* alias
alicaído [alika'iđo] *adj 1. (fam: débil)* kraftlos, schwach, heruntergekommen; *2. (fig: triste)* mutlos, traurig
alicates [ali'kates] *m/pl* Kneifzange *f,* Zange *f; ~ para cortar alambre* Drahtzange *f*
aliciente [ali'θĭente] *m 1.* Anreiz *m,* Ansporn *m; 2. (atractivo)* Lockmittel *n,* Köder *m*
alienación [alĭena'θĭɔn] *f* Entfremdung *f*
alienado [alĭe'nađo] *adj MED* geistesgestört
alienante [alĭe'nante] *adj* entfremdend, entäußernd
alienígena [alĭe'nixena] *m 1. (extranjero)* Fremder *m; 2. (extraterrestre)* Außerirdischer *m*
alienígeno [alĭe'nixeno] *adj* fremd, außerirdisch
aliento [a'lĭento] *m 1. (respiración)* Atem *m,* Hauch *m,* Puste *f; mal ~* übler Mundgeruch *m; sin ~* atemlos; *2. (fig)* Anfeuerung *f*
aligeramiento [alixera'mĭento] *m 1. (acción de hacer menos pesado)* Erleichterung *f; 2. (abreviación)* Minderung *f,* Erlass *m; ~ de una condena* Straferlass *m; 3. (fig: moderación de algo)* Verminderung *f*
aligerante [alixe'rante] *adj* entlastend
aligerar [alixe'rar] *v 1.* mäßigen, entlasten; *2. (abreviar, acortar)* kürzen, erleichtern; *3. (fig: moderar)* lindern
alijo [a'lixo] *m (contrabando)* Löschen *n,* Leichterung *f; un ~ de droga* eine Schmuggelladung Drogen

alimaña [ali'maɲa] *f 1. (animal perjudicial)* Schädling *m; 2. (fig: persona perjudicial)* Schmarotzer *m*
alimentación [alimenta'θĭɔn] *f 1.* Verpflegung *f,* Ernährung *f,* Kost *f; 2. fuente de ~ eléctrica TECH* Quelle der elektrischen Zuleitung
alimentar [alimen'tar] *v 1.* ernähren, verköstigen, verpflegen; *~ con* füttern mit, speisen mit; *2. (fig: fomentar)* anheizen, nähren; *~ el odio* den Hass nähren *m; 3. (fig: suministrar datos) INFORM* speisen, einspeisen; *~ una computadora con datos* einen Computer mit Daten füttern
alimento [ali'mento] *m 1.* Nahrung *f,* Speise *f; 2. (producto)* Ernährung *f; 3. ~s pl (sustento)* Alimente *pl; 4. ~s pl (comestibles)* Lebensmittel *pl,* Nahrungsmittel *pl; ~s congelados* Tiefkühlkost *f*
alineación [alinea'θĭɔn] *f SPORT* Aufstellung *f*
alineado [aline'ađo] *adj 1.* aufgereiht, aufgestellt; *2. no ~ POL* blockfrei
alinear [aline'ar] *v* aufstellen, begradigen
aliñar [ali'ɲar] *v* würzen
aliño [a'liɲo] *m 1.* Würze *f; adj 2. (acción de aliñar) GAST* Zier..., Schmuck...
alisar [ali'sar] *v 1.* ebnen, glätten; *2. TECH* abschleifen, polieren; *~ con esmeril* abschmiergeln; *3. (arreglar el cabello)* glätten, kämmen, glatt streichen
aliso [a'liso] *m BOT* Erle *f*
alistar [alis'tar] *v (LA)* herrichten
alistarse [alis'tarse] *v* anheuern, sich einschreiben
aliviado [ali'ƀĭađo] *adj* erleichtert
aliviante [ali'ƀĭante] *adj* entlastend
aliviar [ali'ƀĭar] *v* mildern, abmildern, erleichtern, lindern
alivio [a'liƀĭo] *m* Erleichterung *f,* Linderung *f*
alma ['alma] *f 1.* Seele *f; 2. (fig)* Gemüt *n; 3. MED* Psyche *f; 4. (persona)* Person *f; En ese pueblo hay 2.000 almas.* In diesem Dorf wohnen 2.000 Personen. *5. ~ del purgatorio REL* Seele *f,* Geist *m; f 6. (pieza de madera en los violines) MUS* Stimme an der Violine *f; 7. (fig) como ~ que lleva el diablo* wie von Furien gehetzt *f; 8. con toda el ~* mit ganzem Herzen *n; Te amo con toda el ~.* Ich liebe dich von ganzem Herzen. *9. (fig) en el ~* aus tiefstem Herzen *n,* sehr; *La muerte de tu amigo me duele en el ~.* Der Tod deines Freundes tut mir sehr leid. *10. (fig) no tener uno ~* ohne Mitgefühl sein *n,* grausam sein; *11. (fig) llegarle a uno algo al ~* berühren, rühren; *Tus palabras me llegan al ~.* Deine Worte berühren mich tief.
almacén [alma'θen] *m 1.* Speicher *m,* Magazin *n,* Warenlager *n; El ~ está vacío porque no hicieron el pedido a tiempo.* Das Lager ist leer, weil keine rechtzeitige Bestellung erfolgte. *2. (negocio de productos alimenticios)* Lebensmittelgeschäft *n; 3. ECO* Lager *n*
almacenaje [almaθe'naxe] *m ECO* Lagerung *f*
almacenamiento [almaθena'mĭento] *m* Lagerung *f; ~ definitivo* Endlagerung *f*
almacenar [almaθe'nar] *v 1.* einlagern, speichern; *~ en otro lugar* verlagern; *2. ECO* lagern
almadía [alma'dia] *f* Floß *n*
almanaque [alma'nake] *m* Almanach *m*
almeja [al'mexa] *f ZOOL* Muschel *f*
almena [al'mena] *f ARCH* Mauerzinne *f*
almendra [al'mendra] *f BOT* Mandel *f*
almendro [al'menđro] *m BOT* Mandelbaum *m*
almíbar [al'miƀar] *m dulce de ~ GAST* Obst, in Zucker eingelegt *n*
almibarado [almiƀa'rađo] *adj GAST* süßlich, gezuckert
almibarar [almiƀa'rar] *v 1. GAST* in Zucker einlegen; *2. (fig: endulzar algo)* jdn bauchpinseln, schönreden, Honig um den Bart schmieren
almidón [almi'đɔn] *m 1.* Stärke *f; 2. GAST* Stärkemehl *n*
almidonar [alminđo'nar] *v* stärken
alminar [almi'nar] *m ARCH* Minarett *n*
almirantazgo [almiran'taθgo] *m MIL* Admiralität *f*
almirante [almi'rante] *m MIL* Admiral *m*
almizcle [al'miθkle] *m* Moschus *m*
almohada [almo'ađa] *f 1.* Kopfkissen *n,* Kissen *n; 2. (fig) consultar algo con la ~* etwas überschlafen
almohadazo [almoa'đaθo] *m* großes Kissen *m*
almohadilla [almoa'điʎa] *f ~ eléctrica* Heizkissen *n*
almohadón [almoa'đɔn] *m* Kissen *n*
almohaza [almo'aθa] *f (instrumento para limpiar caballos)* Striegel *m*
almohazar [almoa'θar] *v* striegeln
almoneda [almo'neđa] *(subasta pública)* Versteigerung *f,* Ausverkauf *m*

almorrana [almo'rrana] *f (hemorroides) MED* Hämorrhoiden *n/pl*
almorzar [almɔr'θar] *v irr* zu Mittag essen
almuerzo [al'mwɛrθo] *m* Mittagessen *n*
aló [a'lo] *interj ¡Aló! (LA)* Hallo!
alocado [alo'kađo] *adj 1. (fig: poco juicioso)* unüberlegt, planlos, voreilig, unbesonnen; *2. (fig: demente)* verrückt, senil
alocución [aloku'θĭɔn] *f* Rede *f,* Ansprache *f*
áloe ['aloe] *m BOT* Aloe *f,* Aloesaft *m*
alojamiento [alɔxa'mĭento] *m* Unterkunft *f,* Quartier *n; ~ y desayuno* Übernachtung mit Frühstück; *Estamos buscando un ~.* Wir suchen eine Unterkunft. *~ provisional* Notunterkunft *f*
alojarse [alo'xarse] *v 1. (vivir en)* einziehen, sich niederlassen; *2. (colocarse algo dentro de otra cosa)* einnisten
alojarse [alɔ'xarse] *v ~ en* unterkommen bei, absteigen in
alomohadillado [almoađi'ʎađo] *m* Kissen *n*
alondra [a'lɔndra] *f ZOOL* Lerche *f*
alopatía [alopa'tia] *f MED* Allopathie *f*
alotropía [alotro'pia] *f irr CHEM* Allotropie *f*
alotrópico [alo'tropiko] *adj CHEM* allotrop
alpaca [al'paka] *f ZOOL* Alpaka *n*
alpargata [alpar'gata] *f* Stoffschuh *m,* Hanfschuh *m,* Turnschuh *m*
Alpes ['alpes] *m/pl GEO* Alpen *pl*
alpestre [al'pestre] *adj* Alpen..., alpin
alpinismo [alpi'nizmo] *m (en los Alpes)* Bergsteigen *n*
alpinista [alpi'nista] *m/f* Bergsteiger(in) *m/f*
alpino [al'pino] *adj* alpin
alpiste [al'piste] *m* Vogelfutter *n,* Kanariengras *n*
alquilable [alki'laƀle] *adj* (zu) vermieten
alquilador [alkila'đɔr] *m* Vermieter *m,* Verpächter *m*
alquilador(a) [alkila'đɔr/alkila'đora] *m/f* Vermieter(in) *m/f*
alquilamiento [alkila'mĭento] *m* Miete *f*
alquilar [alki'lar] *v 1.* mieten; *¿Puedo ~ un coche?* Kann ich ein Auto mieten? *2. (dar para ~)* vermieten; *¿Alquila usted habitaciones?* Vermieten Sie Zimmer?
alquiler [alki'lɛr] *m 1. (importe a pagar)* Miete *f; tomar en ~* mieten; *2. negocio de ~* Vermietung *f; ~ de coches* Autovermietung *f*
alquimista [alki'mista] *m* Alchimist *m*
alquitrán [alki'tran] *m* Teer *m*
alquitranar [alkitra'nar] *v* teeren
alrededor [alrrеđe'đɔr] *adv 1.* ringsherum, rundherum; *2. ~ de* um, darum, umher; *prep 3. ~ de* gegen, um; *m 4. ~es pl (periferia)* Umgebung *f,* Randgebiet *n,* Gegend *f; 5. ~es pl (comarca)* Gegend *f; 6. (cerca de, aproximadamente)* ungefähr, circa, ringsherum, um... herum; *La película dura alrededor de dos horas.* Der Film dauert etwa zwei Stunden.
alta ['alta] *f/el (despido)* Entlassung *f; dar de ~/dar el ~* einen Kranken gesundschreiben
altanería [altane'ria] *f* Hochmut *m,* Überheblichkeit *f*
altanero [alta'nero] *adj* gönnerhaft, hochmütig
altar [al'tar] *m REL* Altar *m; ~ nupcial* Traualtar *m*
altavoz [alta'ƀɔθ] *m* Lautsprecher *m*
alterable [alte'raƀle] *adj* veränderlich
alteración [altera'θĭɔn] *f 1.* Abänderung *f,* Veränderung *f; 2. (alboroto)* Wechsel *m,* Veränderung *f,* Fälschung *f*
alterar [alte'rar] *v 1. (excitar)* aufregen; *2. (cambiar)* umändern, verändern
alterarse [alte'rarse] *v* sich aufregen
altercado [altɛr'kađo] *m 1.* Krach *m,* Gezanke *n,* Zank *m; tener un ~ con* aneinander geraten mit; *2. (de palabras)* Wortwechsel *m*
alternación [altɛrna'θĭɔn] *f ~ de generaciones* Generationswechsel *m*
alternador [alterna'đɔr] *m (máquina que genera corriente alterna) TECH* Wechselstromgenerator *m*
alternancia [alter'nanθĭa] *f* Wechsel *m,* Abwechslung *f*
alternar [alter'nar] *v (tener trato con otras personas)* mit jemandem verkehren, Umgang haben
alternarse [altɛr'narse] *v* sich abwechseln, ablösen
alternativa [altɛrna'tiƀa] *f 1.* Alternative *f; 2. no queda otra ~ que ...* es bleibt keine andere Wahl als ...
alternativo [altɛrna'tiƀo] *adj 1.* alternativ; *2. (fig: que es menos convencional)* alternativ; *sociedad alternativa* Alternativgesellschaft *f; tecnología alternativa* alternative Technologien *f/pl; medicina alternativa* alternative Medizin *f; energía alternativa* alternative Energiequellen *f/pl*

alterno [al'tɛrno] *adj 1.* abwechselnd; *2. corriente alterna TECH* Wechselstrom *m; 3. ángulos alternos MATH* Wechselwinkel *m*
alteza [al'teθa] *f* Hoheit *f*
altibajo [alti'ƀaxo] *m 1. (irregularidad del terreno)* Unebenheiten *f/pl,* Unregelmäßigkeiten *f/pl; m/pl 2. (fig) los ~s de la vida* die Wechselfälle des Lebens *m/pl*
altímetro [al'timetro] *m TECH* Höhenmessgerät *n*
altiplanicie [altipla'niθi̯e] *f* Hochebene *f,* Hochfläche *f*
altiplano [alti'plano] *m* Hochebene *f*
altisonante [altiso'nante] *adj* hochtrabend
altitud [alti'tuđ] *f* Höhe *f*
altivo [al'tiƀo] *adj (orgulloso)* stolz, überheblich, hochmütig, selbstbewusst
alto ['alto] *adj 1. (grande)* hoch, groß; *en lo ~ de las montañas* hoch in den Bergen; *2. (sonido)* laut; *m 3.* Halt *m; interj 4. ¡Alto!* Halt! *¡Alto, sino disparo!* Halt, sonst schieße ich!
altoparlante [altopar'lante] *m (LA)* Lautsprecher *m*
altruismo [altru'izmo] *m* Aufopferungsbereitschaft *f,* Hilfsbereitschaft *f*
altura [al'tura] *f* Höhe *f,* Anhöhe *f; estar a la ~ de alguien* jdm gewachsen sein; *~ de vuelo* Flughöhe *f*
alucinación [aluθina'θi̯ɔn] *f* Halluzination *f,* Sinnestäuschung *f,* Trugbild *n*
alucinar [aluθi'nar] *v 1.* halluzinieren; *2. (engañar)* blenden, täuschen; *3. (fig)* erstaunen
alucinógeno [aluθi'noxeno] *m MED* Halluzinogen *n*
alud [a'luđ] *m 1.* Lawine *f; 2. (fig: gran cantidad de algo)* Menge *f,* Lawine *f,* Flut *f*
aludir [alu'đir] *v 1.* andeuten, einflechten; *2. (hacer referencia a)* anspielen (auf), hinweisen
alumbrado [alum'brađo] *m* Beleuchtung *f; ~ de techo* Deckenbeleuchtung *f; ~ público* Straßenbeleuchtung *f*
alumbramiento [alumbra'mi̯ento] *m 1. (luz)* Beleuchtung *f; 2. (parto) MED* Entbindung *f*
alumbrar [alum'brar] *v 1.* beleuchten, erleuchten, leuchten; *2. (fig)* erleuchten; *3. (acompañar con luz a otro)* leuchten, erleuchten, erhellen; *Yo te alumbro la salida.* Ich leuchte dir zum Ausgang. *4. (dar a luz)* zur Welt bringen, entbinden
aluminio [alu'mini̯o] *m CHEM* Aluminium *n*
alumna [a'lumna] *f* Schülerin *f*
alumno [a'lumno] *m* Schüler *m; ~ oyente* Gasthörer *m*
alusión [alu'si̯ɔn] *f* Andeutung *f,* Anspielung *f; por ~* andeutungsweise
alusivo [alu'siƀo] *adj* hinweisend (auf), anspielend (auf)
aluvión [alu'ƀi̯ɔn] *m 1. (gran cantidad de agua)* Überschwemmung *f,* Wasserflut *f; 2. (fig: gran cantidad de gente)* Menschenmenge, Menschenflut
alveolar [alƀeo'lar] *adj 1. ANAT* zellenförmig; *2. articulación ~ GRAMM* alveolarer Laut, Zahnlaut
alvéolo [al'ƀeolo] *m 1. BIO* Zelle *f,* Grübchen *n,* Alveole *f; 2. ~ pulmonar ANAT* Lungenendbläschen *n*
alza ['alθa] *f/el 1.* Anstieg *m,* Steigerung *f; 2. (fig)* Aufstieg *m; 3. (parte de los rifles y ametralladoras* Schussregler *m; El ~ se usa para apuntar.* Der Schussregler dient zum Zielen. *4. en ~ ECO* Preissteigerung *f*
alzacuello [alθa'kweʎo] *m* Halsbinde *f*
alzamiento [alθa'mi̯ento] *m POL* Erhebung *f,* Aufstand *m*
alzaprima [alθa'prima] *f TECH* Brecheisen *n*
alzar [al'θar] *v 1.* heben, aufheben; *2. (precio, sonido, sentimiento)* steigen; *3. (fig)* erhöhen, erheben, anheben; *~ la vista* aufblicken; *¡Alzad las copas!* Erhebt die Gläser!
alzarse [al'θarse] *v* steigen, ragen
allá [a'ʎa] *adv 1.* dort; *2. (adverbio de tiempo)* damals, einst; *Allá en otros tiempos ...* Einst in anderen Zeiten ... *Allá en mi juventud ...* Damals in meiner Jugend ... *m 3. el más ~* Jenseits *n*
allanamiento [aʎana'mi̯ento] *m ~ de morada JUR* Hausfriedensbruch *m*
allanar [aʎa'nar] *v 1. (aplanar algo)* einebnen; *La máquina va a ~ el terreno.* Die Maschine wird das Gelände einebnen. *2. (rellenar para que quede plano)* planieren, glätten; *3. (fig: vencer contratiempos)* überwinden, überstehen, bestehen *4. (irrumpir la policía con una orden)* stürmen; *Anoche la policía allanó ese local.* Letzte Nacht stürmte die Polizei dieses Lokal. *5. (entrar sin permiso en una casa)* eindringen, einbrechen; *6. (fig: apaciguar, calmar)* beruhigen, besiegen; *He podido allanar mis dudas.* Ich konnte meine Zweifel besänftigen.

allanarse [aʎa'narse] *v (conformarse)* sich fügen, sich ergeben
allegado [aʎe'gađo] *adj 1. (próximo)* benachbart, dicht anliegend; *m 2. (pariente o amigo muy cercano)* Verwandter *m,* enger Freund *m*
allegarse [aʎe'garse] *v (adherirse a una forma de pensar)* sich anschließen, sich nähern; *Me he allegado a esa política.* Ich habe mich dieser Politik angeschlossen.
allí [a'ʎi] *adv* dort; *por ~* dadurch, dorthin
ama ['ama] *f/el 1.* Herrin *f,* Besitzerin *f; ~ de casa* Hausfrau *f,* Hausherrin *f; ~ de llaves* Haushälterin *f; 2. (dueña)* Eigentümerin *f,* Besitzerin *f*
amabilidad [amađili'đađ] *f* Gefälligkeit *f,* Freundlichkeit *f,* Liebenswürdigkeit *f*
amable [a'mađle] *adj* freundlich, liebenswürdig, gefällig; *poco ~* unfreundlich, unhöflich; *Es usted muy ~.* Sie sind sehr freundlich.
amado [a'mađo] *adj ~ apasionadamente* heiß geliebt
amadrinamiento [amađrina'mĭento] *m* Patenschaft *f*
amaestrado [amaes'trađo] *adj* schlau, erfahren, bewandert
amaestramiento [amaestra'mĭento] *m* Dressur *f*
amaestrar [amaes'trar] *v* abrichten, dressieren
amagar [ama'gar] *v* bevorstehen, drohen
amago [a'mago] *m* Drohgebärde *f,* Drohung *f,* Anzeichen *n,* Vorbote *m*
amainar [amaĭ'nar] *v* abflauen
amalgama [amal'gama] *f MED 1.* Amalgam *n; 2. (fig: mezcla de cosas distintas)* Gemisch *n,* Mischung *f; una ~ de ideas* ein Ideengemisch *n; una ~ de estilos artísticos* eine Mischung aus verschiedenen künstlerischen Stilrichtungen
amalgamar [amalga'mar] *v 1. (combinar con el mercurio)* mit Quecksilber vermischen, amalgamieren; *2. (fig: unir cosas distintas)* verquicken, vermischen
amamantamiento [amamanta'mĭento] *m* Säugen *n,* Stillen *n*
amamantar [amaman'tar] *v* stillen
amañar [ama'ɲar] *v 1.* Geschick haben; *2. (la balanza, la factura)* fälschen
amañarse [ama'ɲarse] *v (acomodarse)* sich gewöhnen, sich einfügen
amanecer [amane'θɛr] *m 1.* Morgengrauen *n,* Tagesanbruch *m; v irr 2.* dämmern; *3.* tagen, Tag werden, in der Morgendämmerung eintreffen; *Amanecí en la casa de un amigo.* Ich kam bei Tagesanbruch im Haus eines Freundes an. *m 4. (fig: empezar)* Beginn *m,* Anbruch *m; El ~ del amor* der Beginn der Liebe *m*
amanecida [amane'θiđa] *f* Morgengrauen *n,* Morgenfrühe *f*
amanerado [amane'rađo] *adj* affig, geziert
amaneramiento [amanera'mĭento] *m* Affektiertheit *f,* Geziertheit *f*
amansar [aman'sar] *v 1.* zähmen; *2. (calmar)* beruhigen
amante [a'mante] *m/f 1.* Geliebte(r) *m/f,* Liebhaber(in) *m/f; adj 2.~ de la libertad* freiheitsliebend; *3.~ del orden* ordnungsliebend, ordentlich
amapola [ama'pola] *f BOT* Klatschmohn *m*
amar [a'mar] *v* lieben, lieb haben; *~ al prójimo* den Nächsten lieben
amargado [amar'gađo] *adj* verbittert
amargar [amar'gar] *v 1. (dar sabor amargo)* vergällen, verbittern; *2. (fig: causar amargura)* Verdruss bereiten, jdm Kummer zufügen; *Esa chica me ha amargado la vida.* Dieses Mädchen hat mir das Leben schwer gemacht.
amargo [a'margo] *adj 1.* bitter; *2. (fig: algo desagradable)* bitter, hart; *palabras amargas* bittere Worte *n/pl*
amargura [amar'gura] *f 1.* Bitterkeit *f; 2. (fig)* Verbitterung *f*
amariconado [amariko'nađo] *adj (afeminado)* schwul
amarilis [ama'rilis] *f BOT* Amaryllis *f*
amarillear [amariʎe'ar] *v* vergilben
amarillo [ama'riʎo] *adj 1.* gelb; *2. fiebre amarilla* Gelbfieber
amarrar [ama'rrar] *v 1. (atar)* vertäuen, festschnallen, festbinden; *2. (fig: unir de alguna manera)* binden
amartillar [amarti'ʎar] *v (preparar el percutor para disparar)* spannen; *~ una escopeta* den Hahn eines Gewehrs spannen
amasadero [amasa'đero] *m* Trog *m*
amasar [ama'sar] *v 1.* kneten; *2. (fig: acumular)* anhäufen, sammeln, zusammentragen; *~ una fortuna* ein Vermögen anhäufen *n*
amasijo [ama'sixo] *m 1. (masa para hacer pan)* Teig *m,* Masse *f,* Knetmasse *f; 2. (fig: mezcla)* Gemisch *n*
amatista [ama'tista] *f MIN* Amethyst *m*

amatorio [ama'torĭo] *adj* erotisch
amazona [ama'θona] *f (mujer que monta a caballo)* Reiterin *f*
Amazonas [ama'θonas] *m GEO* Amazonas *m*
amazónico [ama'θoniko] *adj GEO* zu den Amazonen gehörig
ambages [am'ƀaxes] *m/pl (fig: rodeo)* Umschweife *m/pl; ¡Dígalo sin ambages!* Sag es geradeheraus!
ámbar ['ambar] *m MIN* Bernstein *m*
ambas ['ambas] *adj 1.* beide; *de ~s partes* beiderseitig; *pron 2.* beide
ambición [amƀi'θĭɔn] *f (deseo de algo grande)* Ehrgeiz *m,* Streben *n,* Eifer *m*
ambicionar [ambiθĭo'nar] *v* erstreben
ambicioso [ambi'θĭoso] *adj 1.* ehrgeizig; *2. (fig: de gran alcance)* anspruchsvoll, weitreichend; *un proyecto ~* ein hochfliegendes Projekt *n*
ambidextro [amƀi'đegstro] *adj* mit beiden Händen gleich geschickt
ambientación [amƀĭenta'θĭɔn] *f 1.* Anpassung *f,* Gewöhnung *f; 2.* Umweltgestaltung *f*
ambiental [amƀĭen'tal] *adj* Umwelt...
ambiente [am'bĭente] *m 1.* umgebende Luft *f,* Atmosphäre *f; medio ~* Umwelt *f; ~ en la empresa* Betriebsklima *n; ~ cargado* Gewitterstimmung *f; 2. (fig)* Umgebung *f,* Atmosphäre *f; 3. un apartamento de dos ~s pl (LA)* eine Zwei-Zimmer-Wohnung *f*
ambigüedad [amƀigwe'đađ] *f* Doppelsinn *m,* Zweideutigkeit *f*
ambiguo [am'bigwo] *adj* doppeldeutig, mehrdeutig, doppelzüngig
ámbito ['ambito] *m 1.* Sachgebiet *n; 2. (marco)* Sphäre *f,* Rahmen *m*
ambivalencia [amƀiƀa'lenθĭa] *f* Doppelwertigkeit *f,* Zwiespältigkeit *f,* Ambivalenz *f*
ambivalente [amƀiƀa'lente] *adj (que tiene dos valores distintos)* zwiespältig
ambos ['ambɔs] *adj 1.* beide; *pron 2.* beide; *de ~* beiderlei
ambulancia [ambu'lanθĭa] *f MED* Krankenwagen *m,* Rettungswagen *m; ¡Llame enseguida a una ~!* Rufen Sie schnell einen Krankenwagen!
ambulante [ambu'lante] *adj 1.* ambulant, umherziehend; *vendedor ~* Straßenverkäufer *m; 2. MED* ambulant
ambulatorio [ambula'torĭo] *m 1. MED* Ambulanz *f; adj 2. MED* ambulant
ameba [a'meƀa] *f BIO* Amöbe *f*
amedrentado [amedren'tađo] *adj* verängstigt
amedrentar [amedren'tar] *v (atemorizar)* erschrecken, einschüchtern
amén [a'men] *m 1.* Amen *n; adv 2. (además)* außer, neben, außerdem; *Amén de las dificulades mencionadas ...* Außer der erwähnten Schwierigkeiten ...
amenaza [ame'naθa] *f* Androhung *f,* Bedrohung *f,* Drohung *f; ~ de muerte* Morddrohung *f; ~ de tormenta* Gewitterstimmung *f; ~ de epidemia* Seuchengefahr *f*
amenazador [amenaθa'đɔr] *adj* bedrohlich
amenazar [amena'θar] *v 1.* bedrohen; *¡Me ha amenazado!* Er hat mich bedroht! *~ con algo* mit etw drohen; *~ a alguien con algo* jdm etw androhen; *2. (ser posible que una cosa ocurra)* drohen, bedrohen; *Amenaza lluvia.* Es droht zu regnen.
amenguamiento [amengwa'mĭento] *m* Beeinträchtigung *f*
amenguar [amen'gwar] *v* beeinträchtigen, mindern, entehren
amenidad [ameni'đađ] *f* Anmut *f,* Annehmlichkeit *f,* Grazie *f*
amenizar [ameni'θar] *v 1. (hacer ameno algo)* verschönern, angenehm gestalten; *He hecho más amena mi habitación.* Ich habe meine Wohnung annehmlicher eingerichtet. *2. (fig)* zieren, schmücken
ameno [a'meno] *adj* lauschig; *un lugar ~* ein lauschiges Plätzchen *n; una conversación amena* ein angenehmes Gespräch *n*
América [a'merika] *f GEO* Amerika *n; ~ del Sur* Südamerika *n; ~ del Norte* Nordamerika *n; ~ Central* Mittelamerika *n; ~ Latina* Lateinamerika *n*
americana [ameri'kana] *f* Jackett *n*
americanista [amerika'nista] *m* Amerikaforscher *m*
americanizar [amerikani'θar] *v* amerikanisieren
americano [ameri'kano] *adj 1.* amerikanisch; *m 2. (de Norteamérica)* Amerikaner *m*
ameritar [ameri'tar] *v (ser digno de ...)* wert sein, verdienen; *Esos síntomas no ameritan un tratamiento.* Diese Symptome benötigen keine Behandlung.
ametralladora [ametraʎa'đora] *f* Maschinengewehr *n*
amétrope [a'metrope] *adj MED* fehlsichtig
amianto [a'mĭanto] *m MIN* Asbest *m*

amiga [a'miga] *f* Freundin *f*
amigabilidad [amigaƀili'đađ] *f* Freundschaftssinn *m*
amigable [ami'gaƀle] *adj 1. (amistoso)* freundschaftlich; *2. (fig: que no es hostil)* wohlgesonnen, freundlich; *una interfaz de usuario ~* eine bedienerfreundliche Benutzeroberfläche *f*
amigarse [ami'garse] *v (hacer amistad)* sich anfreunden
amígdala [a'migđala] *f ANAT* Mandel *f*
amigdalitis [amigđa'litis] *f MED* Mandelentzündung *f*
amigo [a'migo] *m 1.* Freund *m; el ~ íntimo* der gute Freund *m; círculo de ~s* Freundeskreis *m; hacerse ~ de alguien* sich mit jdm befreunden, sich mit jdm anfreunden; *~ de los animales* Tierfreund *m; 2. (fig: aficionado)* Liebhaber *m; ~ de la alta cocina* Liebhaber der feinen Küche *m; ~ de las musas* Liebhaber der schönen Künste *m; 3. (fig: partidario de, inclinado a)* Freund *m; No soy muy ~ de fiestas.* Ich bin kein Freund von Partys.
amilanado [amila'nađo] *adj (pusilánime)* verzagt, eingeschüchtert
amilanar [amila'nar] *v 1. (atemorizar)* einschüchtern, erschrecken; *2. (fig: desanimar)* in Furcht versetzen, entmutigen; *No me dejo ~ por nadie.* Ich lasse mich von niemandem entmutigen.
aminoración [aminora'θĭɔn] *f* Minderung *f*
aminorar [amino'rar] *v* verringern, vermindern, mindern
amistad [amis'tađ] *f 1.* Freundschaft *f; trabar ~ con alguien* jdn kennen lernen, sich mit jdm anfreunden; *Esas no son buenas ~es para ti.* Das ist kein guter Umgang für dich. *2. círculo de ~es* Freundeskreis *m*
amistarse [amis'tarse] *v 1. (trabar amistad)* sich anfreunden; *2. (reconciliarse, volver a ser amigos)* sich versöhnen
amistoso [amis'toso] *adj* gütlich, freundschaftlich
amnesia [am'nesia] *f MED* Amnesie *f,* Gedächtnisschwund *m*
amnistía [amnis'tia] *f 1. POL* Amnestie *f; 2. JUR* Straferlass *m*
amnistiar [amnis'tĭar] *v (dar amnistía)* amnestieren, begnadigen
amo ['amo] *m 1. (dueño)* Eigentümer *m,* Besitzer *m; 2. ~ de casa* Hausmann *m; 3. (fig) el ~ del cotarro* das grosse Wort führen
amoblado [amɔ'ƀlađo] *adj (LA)* möbliert
amoblar [amɔ'blar] *v irr 1.* ausstatten; *2. (LA)* möblieren
amodorrado [amođo'rrađo] *adj* verschlafen
amodorramiento [amođorra'mĭento] *m* Benommenheit *f,* Schlaftrunkenheit *f*
amojonamiento [amoxona'mĭento] *m* Vermarkung *f*
amojonar [amoxo'nar] *v* abgrenzen, vermarken
amolador [amola'đɔr] *m* Scherenschleifer *m*
amolar [amo'lar] *v irr 1.* schleifen; *2. (fig)* auf die Nerven gehen
amoldable [amol'đaƀle] *adj* anpassungsfähig, formbar
amoldamiento [amolđa'mĭento] *m 1. (adoptar a un molde)* Angleichung *f; 2. (fig: adaptación)* Anpassung *f*
amoldar [amol'dar] *v 1.* formen; *2. (fig: adaptar)* angleichen, anpassen
amoldarse [amol'đarse] *v 1. (adaptarse a un molde)* sich anpassen; *2. (fig: adaptarse)* sich einfügen
amonestación [amonesta'θĭɔn] *f 1.* Ermahnung *f,* Verwarnung *f; 2. correr las amonestaciones* das Aufgebot bestellen
amonestador [amonesta'đɔr] *m* Mahner *m,* Warner *m*
amonestar [amones'tar] *v* ermahnen, verwarnen, abmahnen; *~ a alguien (fam)* jdn anschnauzen
amoníaco [amo'niako] *m CHEM* Ammoniak *n*
amontonamiento [amɔntona'mĭento] *m* Anhäufung *f*
amontonar [amɔnto'nar] *v* anhäufen, stapeln, türmen
amontonarse [amɔnto'narse] *v* sich häufen
amor [a'mɔr] *m 1.* Liebe *f; mi ~* mein Schatz; *sin ~* lieblos; *por ~ a alguien* jdm zuliebe; *falta de ~* Lieblosigkeit *f; ~ al prójimo* Nächstenliebe *f; 2. ~es pl* Liebschaft *f; ~es prohibidos* verbotene Liebe *f; mal de ~es* Liebeskummer *m; 3. (fig) por ~ al arte* aus Liebe zur Kunst; *4. (fig) ~ propio* Eigenliebe *f,* Stolz *m; 5. ~ platónico* platonische Liebe *f; 6. una relación ~-odio* eine Hassliebe *f; 7. nido ~* Nestwärme *f; 8. por el ~ de Dios* um Gottes willen; *¡Por el ~ de Dios!* Um Himmels willen! *9. hacer el ~* Liebe machen

amoral [amo'ral] *adj* amoralisch, verwerflich
amoralidad [amorali'đađ] *f* Sittenlosigkeit *f,* Verwerflichkeit *f*
amordazamiento [amɔrđaθa'mĭento] *m* Knebelung *f*
amordazar [amɔrđa'θar] *v 1. (poner una mordaza)* knebeln; *2. (fig: imperdir que alguien se exprese* mundtot machen, zum Schweigen bringen
amorfo [a'mɔrfo] *adj* formlos, amorph
amorío [amo'rio] *m 1.* Affäre *f; 2. ~s pl* Liebschaft *f*
amoroso [amo'roso] *adj* lieb, liebevoll
amortecido [amɔrte'θiđo] *adj* ohnmächtig, verschreckt
amortiguación [amɔrtigwa'θĭɔn] *f TECH* Dämpfung *f*
amortiguador [amɔrtigwa'đor] *m 1. TECH* Stoßdämpfer *m; 2. ~ de sonidos* Schalldämpfer *m*
amortiguar [amɔrti'gwar] *v 1. (hacer menos intenso)* abschwächen, abtöten; *~ un impacto* einen Aufprall dämpfen; *2. (fig: atenuar las consecuencias)* mildern, abklingen
amortización [amɔrtiθa'θĭɔn] *f 1. ECO* Abschreibung *f,* Absetzung *f; 2. (de deudas) ECO* Tilgung *f,* Begleichung *f*
amortizar [amɔrti'θar] *v 1. ECO* absetzen, abschreiben; *2. (de deudas) ECO* begleichen, tilgen
amotinado [amoti'nađo] *adj 1. una guarnición amotinada* eine aufrührerische Garnison *f; una tripulación amotinada* eine aufrührerische Besatzung *f; m 2.* Meuterer *m,* Aufständischer *m,* Aufwiegler *m*
amotinador [amotina'đɔr] *adj* aufwieglerisch, meuternd
amotinamiento [amotina'mĭento] *m* Meuterei *f*
amotinar [amoti'nar] *v* aufwiegeln
amotinarse [amoti'narse] *v* meutern
amovible [amo'ƀiƀle] *adj* austauschbar, absetzbar, widerruflich, ersetzbar
amparable [ampa'raƀle] *adj* verteidigbar, zu verteidigen
amparar [ampa'rar] *v* schützen
amparo [ampa'ro] *m 1.* Schutz *m; 2. un recurso de ~ JUR* Verteidigung *f,* gerichtliche Beschlagnahme *f*
amperaje [ampe'raxe] *adj PHYS* Amperezahl *f,* Stromstärke *f*
amperímetro [ampe'rimetro] *m PHYS* Strommesser *m*
amperio [am'perĭo] *m TECH* Ampere *n*
ampliable [am'plĭaƀle] *adj* erweiterungsfähig
ampliación [amplĭa'θĭɔn] *f 1.* Verbreiterung *f,* Vergrößerung *f; 2. ~ de estudios* Weiterbildung *f*
ampliador [amplĭa'đɔr] *adj* vergrößernd
ampliamente [amplĭa'mente] *adv* weitläufig
ampliar [am'plĭar] *v* vergrößern, erweitern, verbreitern
amplificación [amplifika'θĭɔn] *f 1.* Erweiterung *f,* Verstärkung *f; 2. FOTO* Vergrößerung *f*
amplificador [amplifika'đɔr] *m (de sonido) TECH* Verstärker *m*
amplificar [amplifi'kar] *v 1. ~ el sonido* den Laut verstärken; *adj 2. ~ una foto* ein Foto vergrößern
amplificativo [amplifika'tiƀo] *adj* vergrößernd, erweiternd, verstärkend, ausführend
amplio ['amplĭo] *adj 1.* ausführlich, breit, geräumig; *2. (fig)* umfassend, umfangreich, weitläufig
amplitud [ampli'tuđ] *f 1.* Breite *f; 2. ~ de miras* Weitblick *m*
ampolla [am'poʎa] *f 1.* Brandblase *f,* Blase *f; Tengo ~s en los pies.* Ich habe Blasen an den Füßen. *2. ~ inyectable MED* Ampulle *f*
ampuloso [ampu'loso] *adj (fig: afectado)* gewichtig, hochtrabend, ausladend, hochgestochen, schwülstig; *estilo ~* hochtrabender Stil *m*
amputación [amputa'θĭɔn] *f MED* Amputation *f*
amputar [ampu'tar] *v MED* amputieren
amuchachado [amutʃa'tʃađo] *adj* knabenhaft
amueblado [amwe'ƀlađo] *adj* möbliert
amueblar [amwe'ƀlar] *v* möblieren
amuleto [amu'leto] *m* Amulett *n; ~ de la suerte* Glücksbringer *m*
amunicionar [amuniθĭo'nar] *v MIL* mit Munition ausstatten
amurallado [amura'ʎađo] *adj* eingemauert, von Mauern umgeben
amurallar [amura'ʎar] *v* einmauern
anabaptista [anaƀap'tista] *m 1. REL* Wiedertäufer *m; adj 2. REL* wiedergetauft
anabólico [ana'ƀoliko] *adj BIO* anabolisch
anabolismo [anaƀo'lizmo] *m BIO* Anabolismus *m,* Stoffaufbau *m*

anabolizante [anaƀoli'θante] *m MED* Anabolikum *n*
anacoreta [anako'reta] *m* Einsiedler *m*
anacorético [anako'retiko] *adj* einsiedlerisch, zurückgezogen
anacrónico [ana'kroniko] *adj* anachronistisch, der Zeit gegenläufig, unzeitgemäß
anacronismo [anakro'nizmo] *m* Anachronismus *m*
anafiláctico [anafi'laktiko] *adj paro ~ MED* anaphylaktisch
anáfora [a'nafora] *f GRAMM* Anapher *f*
anafórico [ana'foriko] *adj GRAMM* anaphorisch
anafrodisia [anafrođi'sia] *f PYSCH* Frigidität *f,* Anaphrodisie *f*
anal [a'nal] *adj ANAT* anal
analéptico [ana'leptiko] *adj MED* analeptisch
analfabeto [analfa'ƀeto] *m 1.* Analphabet *m; adj 2. (fig:)* ungebildet
analgesia [anal'xesia] *f MED* Analgesie, Analgie, Schmerzunempfindlichkeit
analgésico [anal'xesiko] *adj* schmerzlindernd
análisis [a'nalisis] *m 1.* Analyse *f,* Studie *f; 2. ~ de mercado ECO* Marktforschung *f; 3. ~ de sangre MED* Blutprobe; *4. ~ sintáctico GRAMM* Satzanalyse *f; 5. (primera etapa de la programación) INFORM* Auswertung *f; Las etapas del desarrollo del software son: ~, diseño y codificación.* Die Etappen der Softwareentwicklung sind: Auswertung, Entwurf und Kodifikation. *6. ~ matemático MATH* mathematische Analyse *f; 7. (psicoanálisis) PSYCH* Psychoanalyse *f*
analista [ana'lista] *m 1. (persona que hace análisis)* Analytiker *m; 2. (informático que hace el análisis) INFORM* Systemanalytiker *m*
analítico [ana'litiko] *adj 1.* analytisch, zergliedernd; *2. geometría analítica MATH* analytische Geometrie; *3. lengua analítica LIN* analytische Sprache
analizador [analiθa'đɔr] *m 1. (programa que analiza) INFORM* Analyser *m; 2. (persona que analiza)* Analytiker *m; adj 3.* analysierend
analizar [anali'θar] *v 1.* analysieren; *2. INFORM* abtasten
analogía [analɔ'xia] *f* Analogie *f,* Übereinstimmung *f*
analógico [ana'lɔxiko] *adj 1. INFORM* analog; *2. convertidor ~digital INFORM* Konverter analog-digital; *computador ~* analoger Computer *m; 3. transmisión analógica TEL* analoge Übertragung
analogismo [analo'xizmo] *m* Analogieschluss *m*
análogo [a'nalogo] *adj* analog, übereinstimmend; *ser ~* übereinstimmen
anamnesia [anamne'sia] *f MED* Anamnese *f*
ananá *(véase „ananás")*
ananás [ana'nas] *f 1. (fruta)* Ananas *f; 2. (planta) BOT* Ananaspflanze *f*
anaquel [ana'kɛl] *m* Regal *n*
anaranjado [anaran'xađo] *m 1. (uno de los colores del espectro)* ins Orangegelb spielend; *adj 2.* orangefarben
anarquía [anar'kia] *f 1. POL* Anarchie *f; 2. (fig: caos)* Durcheinander *n,* Chaos *n*
anárquico [a'narkiko] *adj 1. POL* anarchisch; *2. (fig: desordenado, caótico)* wirr, ungeordnet, chaotisch; *Llevas una vida anárquica.* Du führst ein chaotisches Leben.
anarquismo [anar'kizmo] *m POL* Anarchismus *m,* Unordnung *f*
anarquista [anar'kista] *m/f POL* Anarchist(in) *m/f*
anastomosis [anasto'mosis] *f* Anastomose *f*
anástrofe [a'nastrofe] *f (inversión en el orden de las palabras) GRAMM* Anastrophe *f,* Wortverkehrung *f*
anatema [ana'tema] *m 1. (maldición de la iglesia) REL* Kirchenbann *m; 2. (fig: maldición)* Verdammung *f*
anatematizar [anatemati'θar] *v 1. (maldecir) REL* mit dem Kirchenbann belegen; *2. (fig: condenar)* verdammen
anatomía [anato'mia] *f MED* Anatomie *f*
anatómico [ana'tomiko] *adj* anatomisch
anca ['anka] *f* Hinterteil *n,* Hinterbacken *f/pl*
ancestral [anθes'tral] *adj* uralt, von den Ahnen stammend
ancestro [an'θestro] *m (antepasado)* Ahnherr *m,* Vorfahr *m*
ancho ['antʃo] *adj 1.* breit, weit; *estar a sus anchas* sich wohlfühlen; *m 2.* Breite *f,* Weite *f*
anchoa [an'tʃoa] *f ZOOL* Sardelle *f*
anchura [an'tʃura] *f 1.* Weite *f; 2. ~ de banda TECH* Bandbreite *f*
anciana [an'θĭana] *f* alte Frau *f,* Greisin *f*
ancianidad [anθĭani'đađ] *f (senectud)* Altersjahre *n/pl*

anciano [an'θĭano] *m 1.* alter Mann *m,* Greis *m; asilo de ~s* Altenheim *n; adj 2.* betagt
ancla ['aŋkla] *f/el* Anker *m; echar ~s* ankern, vor Anker gehen
anclaje [an'klaxe] *m NAUT* Ankern *n,* Ankerplatz *m*
anclar ['aŋklar] *v* ankern
áncora ['ankora] *f NAUT* Anker *m*
andaderas [anđa'đeras] *f (aparato para los bebés)* Laufkorb *m,* Laufstall *m*
Andalucía [anđalu'θia] *f GEO* Andalusien *n*
andalucismo [anđalu'θizmo] *m 1.* Liebe zu Andalusien *f; 2. GRAMM* andalusische Redewendung *f*
andaluz [anđa'luθ] *m GEO* Andalusier *m*
andamiaje [anda'mĭaxe] *m* Baugerüst *n*
andamio [an'damĭo] *m* Gerüst *n*
andanada [anđa'nađa] *f 1. (descarga de todas las baterías) MIL* Serie *f,* Breitseite *f,* Salve *f; 2. (fig: una avalancha de reprensiones)* heftiger Verweis *m*
andante [an'đante] *m MUS* Andante *n*
andanza [an'đanθa] *f* Geschick *n,* Schicksal *n,* Reise *f*
andar [an'dar] *v irr 1.* gehen, laufen; *~ de acá para allá* herumgehen; *~ sobre seguro* sichergehen; *¿Cómo andas?* Wie geht es dir? *2. (funcionar una máquina)* funktionieren, gehen; *Este reloj no anda bien.* Diese Uhr funktioniert nicht richtig. *3. ~ tras algo* hinter etw her sein; *4. ~ tras alguien* hinter jdm her sein; *m/pl 5. (la forma de caminar)* Gangart *f,* Vorgehensweise *f; Ahora tiene los andares de H.* Jetzt hat er die gleiche Vorgehensweise wie H.
andariego [anđa'rĭego] *adj* leichtfüßig, wanderlustig, umherstreifend
andarríos [amda'rrios] *m ZOOL* Bachstelze *f*
andarse [an'dar] *v irr ~ a* sich beschäftigen mit; *~ por las ramas* ausschweifen
andén [an'den] *m* Bahnsteig *m; En el ~ cinco sale el tren para Madrid.* Am Bahnsteig fünf fährt der Zug nach Madrid ab.
andinismo [anđi'nizmo] *adj SPORT* Bergsport *m*
andino [an'đino] *m 1. GEO* Anden...; *adj irr 2. GEO* aus den Anden stammend
andrajo [an'draxo] *m 1.* Lumpen *m; 2. (fig: persona despreciada)* Lump *m,* Penner *m*
andrajoso [andra'xoso] *adj* schäbig, zerlumpt
andrógino [an'đroxino] *m 1. (hermafrodita) BIO* Zwitter *m; adj 2. BIO* androgyn; zweigeschlechtlich, Zwitter...
androide [an'đroiđe] *m (robot con forma humana)* Android *m*
anécdota [a'nekđota] *f* Anekdote *f*
anecdotario [anekđo'tarĭo] *m* Sammlung von Anekdoten *f*
anecdótico [anek'đotiko] *adj* anekdotenhaft
anegable [ane'gaƀle] *adj* sinkbar
anegación [anega'θĭɔn] *f* Überschwemmung *f,* Ertränken *n*
anegar [ane'gar] *v (inundar)* senken, ertränken, belästigen
anélidos [a'neliđos] *m/pl ZOOL* Ringelwürmer *m/pl*
anemia [a'nemĭa] *f 1. MED* Anämie *f; 2. ~ perniciosa MED* perniziöse Anämie *f*
anémico [a'nemiko] *adj MED* blutarm
anemómetro [ane'mometro] *m MET* Windmesser *m*
anémona [ane'mona] *f BOT* Anemone *f*
anemoscopio [anemos'kopĭo] *m MET* Windgeschwindigkeitsmesser *m,* Anemoskop *n*
anencefalia [ananθe'falĭa] *f (ausencia congénita de cerebro) MED* Anenzephalie *f*
anestesia [anes'tesĭa] *f MED* Anästhesie *f,* Betäubung *f,* Narkose *f; ~ local* Lokalanästhesie *f; ~ general* Vollnarkose *f*
anestesiar [aneste'sĭar] *v MED* betäuben
anestésico [anes'tesiko] *m MED* Betäubungsmittel *n*
anestesista [aneste'sista] *m/f MED* Anästhesist(in) *m/f*
aneurisma [aneu'rizma] *m MED* Aneurysma *n,* Krampfader *f*
anexar [ane'gsar] *v* einverleiben, annektieren
anexión [anɛk'sĭɔn] *f 1.* Aneignung *f; 2. POL* Annexion *f,* Anschluss *m*
anexionar [anɛksĭo'nar] *v POL* annektieren
anexo [a'nɛkso] *m 1.* Anhang *m; 2. (al edificio)* Anbau *m; adv 3.* anbei
anfetamina [anfeta'mina] *f MED* Amphetamine *n/pl*
anfibio [an'fiƀĭo] *m BIO* Lurch *m,* Amphibie *f*
anfiteatro [amfite'atro] *m 1. THEAT* Amphitheater *n; 2. (piso) THEAT* Rang *m*
anfitrión [amfi'trĭɔn] *m* Gastgeber *m*
anfitriona [amfi'trĭona] *f* Gastgeberin *f*

anfractuosidad [anfraktwosi'đađ] *f* Krümmung *f,* Biegung *f,* Unebenheit *f*
anfractuoso [anfrac'twoso] *adj* krumm, gebogen, holprig
ángel ['aŋxel] *m* Engel *m; ~ custodio/~ de la guarda* Schutzengel *m*
angelical [anxeli'kal] *adj 1. REL* engelhaft; *2. (fig: hermoso e inocente como un angel* engelsgleich
angélico [an'xeliko] *adj* rein, unschuldig, engelhaft
ángelus ['anxelus] *m REL* Angelus *n*
angina [aŋ'xina] *f MED* Angina *f*
angiografía [anxĭogra'fia] *f (radiografía de los vasos sanguíneos) MED* Angiographie *f*
angiograma [anxĭo'grama] *m (radiografía hecha con angiografía) MED* Angiogramm *n,* Röntgenaufnahme *f*
angiosarcoma [anxiosar'koma] *m (tipo de tumor maligno) MED* Angiosarkom *n*
anglicanismo [anglika'nizmo] *m REL* anglikanischer Glaube *m*
anglicano [angli'kano] *m 1. REL* Anglikaner *m; adj 2. REL* anglikanisch
anglicismo [angli'θizmo] *m 1. (inclinación por lo inglés)* Vorliebe für das Englische *n; 2. GRAMM* englische Wortwendung *f,* Anglizismus *m*
anglicista [angli'θista] *m* Anglist *m*
anglófilo [an'glofilo] *m* Englandfreund *m*
anglosajón [aŋglosa'xɔn] *adj 1.* angelsächsisch; *m 2.* Angelsachse *m*
angostar [angos'tar] *v* (sich) verengen
angosto [aŋ'gɔsto] *adj* eng, schmal
angostura [angos'tura] *f* Verengung *f,* Schlucht *f,* Meerenge *f*
anguila [aŋ'gila] *f ZOOL* Aal *m*
angular [aŋgu'lar] *adj 1.* eckig, winklig; *2. (medido por un ángulo) MATH* winklig; *aceleración ~* Winkelbeschleunigung *f; velocidad ~* Winkelgeschwindigkeit *f*
ángulo ['aŋgulo] *m 1. MATH* Winkel *m; 2. (fig) ~ visual* Blickwinkel *m*
anguloso [angu'loso] *adj* winklig, kantig, eckig
angustia [aŋ'gustĭa] *f* Angst *f; ~ existencial* Existenzangst *f; ~ mortal* Todesangst *f*
angustiado [aŋgus'tĭađo] *adj* angsterfüllt
angustiar [aŋgus'tĭar] *v* ängstigen
angustioso [angus'tĭoso] *adj* beklemmend, angstvoll
anhelar [ane'lar] *v 1.* wünschen; *~ algo* etw anstreben; *~ la llegada de alguien* jdn herbeisehnen; *2. (recordar) ~ algo* sich nach etw sehnen
anhelo [a'nelo] *m* Wunsch *m,* Verlangen *n,* Sehnsucht *f; ~ de libertad* Freiheitsdrang *m*
anheloso [ane'loso] *adj* sehnsuchtsvoll
anhídrido [a'niđriđo] *m ~ carbónico CHEM* Kohlendioxid *n*
anidar [ani'đar] *v* nisten
anilla [a'niʎa] *f SPORT* Turnring *m*
anillo [a'niʎo] *m 1.* Ring *m; ~ de boda* Ehering *m,* Trauring *m; ~ de sello* Siegelring *m; 2. ~ de empaquetadura TECH* Dichtungsring *m*
ánima ['anima] *f* Seele *f*
animación [anima'θĭɔn] *f 1. (revivir)* Belebung *f; 2. (aplauso)* Anfeuerung *f; 3. (en el cine) CINE* Animation *f; técnicas de ~ por computadora* Computeranimationstechniken *f/pl; 4. (fig: muchas personas)* große Menschenmenge *f,* lebhafter Verkehr *m; Hay mucha ~ en las calles.* Es ist viel los auf den Straßen. *5. (fig: alegría)* Stimmung *f,* Lebhaftigkeit *f; Me encanta la ~ de esta fiesta.* Mir gefällt die Stimmung auf dieser Party. *6. CINE* Animation *f; ~ por ordenador* Computeranimation
animadamente [animađa'mente] *adv* angeregt
animado [ani'mađo] *adj 1.* angeregt, belebt, rege; *2. dibujos ~s CINE* Zeichentrickbilder *n/pl; 3. (movido por ...)* belebt, beseelt, angeregt; *~ de intenciones perversas* von perversen Absichten getrieben *f/pl; 4. dibujos ~s CINE* Trickfilmanimation *f*
animador(a) [anima'đɔr/anima'đora] *m/f* Animateur(in) *m/f*
animadversión [animađber'sĭɔn] *f (enemiga)* Abneigung *f,* Abscheu *m,* Widerwille *m; sentir ~ hacia alguien* Abscheu gegen jdn fühlen *m*
animal [ani'mal] *m 1.* Tier *n; ~ de peluche* Plüschtier *n; 2. ~ dañino ZOOL* Schädling *m; ~ doméstico* Haustier *n; ~ de rapiña* Raubtier *n; adj 3.* animalisch; *4. (fig: persona ignorante y brutal)* Grobian *m,* Holzkopf *m,* Ignorant *m*
animalada [anima'lađa] *f (fam: tontería)* dumme Handlung *f,* roher Streich *m*
animar [ani'mar] *v 1. (alentar)* animieren, anfeuern, ermutigen; *2. (revivir)* beleben, beseelen; *3. (el estado de ánimo)* aufheitern; *4. (dar vida)* beleben, beseelen
animarse [ani'marse] *v (atreverse)* Mut zusammennehmen, sich aufraffen; *¡Anímate*

a hablarle a esa chica! Nimm deinen Mut zusammen und sprich dieses Mädchen (endlich) an!
anímico [a'nimiko] *adj* seelisch
ánimo ['animo] *m 1.* Gemüt *n; Tiene el ~ por los suelos.* Er ist am Boden zerstört. *2. (vigor)* Mut *m,* Wille *m; Estoy estudiando con mucho ~.* Ich lerne mit viel Energie. *3. (intención)* Absicht *f; 4. ¡~!* Nur Mut!/Auf, auf!
animosidad [animosi'đađ] *f (animadversión)* Abneigung *f,* Abscheu *m,* Animosität *f; sentir ~ hacia alguien* jdm gegenüber Abneigung fühlen
animoso [ani'moso] *adj (que tiene ánimo)* tapfer, tatkräftig, mutig
aniñado [ani'ɲađo] *adj* kindisch
aniñarse [ani'ɲarse] *v* sich kindisch benehmen, sich albern verhalten
aniquilacionismo [anikilaθĭo'nizmo] *m REL* Nihilismus *m*
aniquilador [aniki'lađɔr] *adj* vernichtend, zerstörerisch
aniquilamiento [anikila'mĭento] *m* Vernichtung *f*
aniquilar [aniki'lar] *v* vernichten, zerstören, zunichte machen
anís [a'nis] *m BOT* Anis *m*
anisete [ani'sete] *m GAST* Anislikör *m*
aniversario [aniƀɛr'sarĭo] *m* Jahrestag *m,* Jubiläum *n; Es nuestro ~ de boda.* Es ist unser Hochzeitstag.
ano ['ano] *m ANAT* After *m*
anoche [a'notʃe] *adv* gestern Abend
anochecer [anotʃɛ'θer] *m 1.* Abenddämmerung *f; v irr 2.* dämmern
anódico [a'nođiko] *adj PHYS* anodisch
anodino [ano'đino] *adj 1. (para calmar el dolor) MED* schmerzlindernd; *2. (fig: sin gracia)* geistlos, einfältig; *una persona de físico ~* eine Person von einfältiger Erscheinung; *3. (fig: inofensivo)* nichts sagend
ánodo ['anođo] *m PHYS* Anode *f*
anófeles [a'nofeles] *m ZOOL* Malariamücke *f*
anomalía [anoma'lia] *f* Abnormität *f,* Anomalie *f*
anómalo [a'nomalo] *adj* abnorm, anormal
anonadación [anonađa'θĭɔn] *f* Zerknirschung *f,* Zerstörung *f*
anonadar [anona'đar] *v 1. (reducir a la nada)* ausrotten, vernichten; *2. (fig: descorazonar, abatir)* demütigen, entmutigen
anonimato [anoni'mato] *m* Anonymität *f*
anonimia [ano'nimĭa] *f* Anonymität *f*
anónimo [a'nɔnimo] *adj 1.* anonym; *2. sociedad anónima ECO* anonyme Gesellschaft *f; m 3. (escrito sin nombre del autor)* Ungenannter *m; una carta anónima* ein anonymer Brief *m; un libro ~* ein anonym veröffentlichtes Buch *n; adj 4. (que carece de individualidad)* ungenannt, unbekannt, anonym, zurückgezogen; *Desde hace años llevo una vida anónima.* Seit Jahren führe ich ein zurückgezogenes Leben.
anopluros [ano'pluro] *m/pl ZOOL* Anoplura *f,* Läuse *f/pl*
anorak [ano'rak] *m* Anorak *m,* Daunenjacke *f*
anorexia [ano'regska] *f MED* Anorexie *f,* Appetitlosigkeit *f; ~ nerviosa* nervöse Anorexie *f*
anormal [anɔr'mal] *adj 1.* abartig, abnorm, anomal; *2. (persona de desarrollo deficiente)* anormaler Mensch *m,* Mensch, der sich regelwidrig verhält *m*
anormalidad [anɔrmali'đađ] *f MED* Abnormität *f*
anotación [anota'θĭɔn] *f 1.* Vermerk *m; 2. (fig: pedido)* Vormerkung *f; 3. (en el acta)* Aktennotiz *f*
anotar [ano'tar] *v 1.* aufschreiben, aufzeichnen, notieren; *Anote esto, por favor.* Schreiben Sie das bitte auf. *2. (observar)* vermerken; *3. (reservar)* vormerken
anquilosar [anquilo'sar] *v 1. MED* versteifen, starr werden; *2. (fig)* lähmen
ansia ['ansĭa] *m 1. (ansiedad, inquietud)* Angst *f,* Begierde *f,* Unruhe *f; El ~ de saber arruino mi vida.* Die Wissensbegierde hat mein Leben ruiniert. *2. (deseo, anhelo vehemente)* Begierde *f,* Sehnsucht *f*
ansiar [an'sĭar] *v* sehnen
ansiedad [ansĭe'đađ] *f 1.* Beklemmung *f,* innere Unruhe *f,* Betrübnis *f; 2. (estado de aprehensión mental) MED* Unruhe *f,* Angst *f,* Ängstlichkeit *f*
ansioso [an'sĭoso] *adj* sehnsuchtsvoll, gespannt
antagónico [anta'goniko] *adj* entgegengesetzt
antagonismo [antago'nizmo] *m 1. (oposición)* Antagonismus *m,* Gegenwirken *n; ~ de ideas* Ideengegensatz *m; ~ de formas de pensar* antagonistische Denkweisen *f/pl; 2. (hostilidad)* Streit *m,* Gegnerschaft *f; ~ de dos partidos políticos* Gegnerschaft zweier politischer Parteien; *~ de dos rivales* Widerstreit zweier Rivalen

antagonista [antago'nista] *m/f 1.* Gegenspieler(in) *m/f,* Gegner(in) *m/f,* Widersacher(in) *m/f; m 2. ANAT* Antagonist *m; 3. (droga que actúa contra otra) MED* Gegenmittel *n*
antaño [an'taɲo] *adv* einst
Antártida [an'tartiđa] *m GEO* Südpol *m,* Antarktis *f*
ante[1] ['ante] *prep 1.* vor, eher als; *2. (en vista de)* angesichts; *adv 3. ~ todo* hauptsächlich, zunächst, vorab
ante[2] ['ante] *m* Wildleder *n*
anteayer [antea'jer] *adv* vorgestern
antebrazo [ante'ƀraθo] *m ANAT* Unterarm *m*
antecama [ante'kama] *f* Bettvorleger *m*
antecámara [ante'kamara] *f* Vorzimmer *n,* Vorhalle *f*
antecedente [anteθe'đente] *m 1.* Präzedenzfall *m; 2. ~ penal JUR* Vorstrafe *f; 3. (ascendiente)* Vorfahr *m; 4. GRAMM* Beziehungswort *n*
antecesor [anteθe'sɔr] *m* Vorfahr *m,* Vorgänger *m*
antedatar [anteđa'tar] *v* rückdatieren
antedespacho [antedes'patʃo] *m* Vorzimmer *n*
antediluviano [anteđilu'ƀĭano] *adj* vorsintflutlich
antefechar [antefe'tʃar] *v* vordatieren
anteguerra [ante'gɛrra] *f HIST* Vorkriegszeit *f*
antelación [antela'θĭɔn] *f* Vorwegnahme *f*
antena [an'tena] *f 1. TECH* Antenne *f; ~ parabólica* Parabolantenne *f; 2. ZOOL* Fühler *m*
antenoche [ante'notʃe] *adv* am Spätnachmittag
anteojera [anteɔ'xera] *f* Scheuklappen *pl*
anteojos [ante'ɔjos] *m/pl 1.* Fernrohr *n; 2. (lentes)* Brille *f*
antepasado [antepa'sađo] *m 1.* Ahne *m,* Vorfahr *m; 2. ~s pl* Urahnen *pl*
antepecho [ante'petʃo] *m ~ de la ventana* Fensterbrett *n,* Fensterbank *f*
antepenúltimo [antepe'nultimo] *adj* drittletzt(er)
anteponer [antepo'ner] *v irr (preferir)* voranstellen, vorziehen, voransetzen
anteproyecto [antepro'jekto] *m* Vorentwurf *m,* Planung *f*
anterior [ante'rĭɔr] *adj 1. (temporal)* früher, vorhergehend, vorig; *2. (local)* vordere(r,s)
anterioridad [anterĭori'đađ] *f con ~* vorzeitig
anteriormente [anterĭɔr'mente] *adv* eher, früher
antes ['antes] *adv 1.* vorher, eher, früher; *Quisiera salir un día ~.* Ich möchte einen Tag früher abreisen. *konj 2. ~ de que* bevor, ehe
antesala [ante'sala] *f 1.* Vorzimmer *n; 2. (fig) hacer ~* im Vorzimmer warten *n*
antialcohólico [antialko'oliko] *m* Antialkoholiker *m*
antiartístico [antiar'tistiko] *adj* kunstfeindlich
antiatómico [antia'tomiko] *adj refugio ~* Atomschutzbunker *m*
antiautoritario [antiaŭtori'tarĭo] *adj* antiautoritär
antibacteriano [antiƀakte'rĭano] *adj MED* antibakteriell
antibalas [anti'ƀalas] *adj* kugelsicher
antibiótico [anti'ƀĭɔtiko] *m MED* Antibiotikum *n*
anticanceroso [antikanθe'roso] *adj MED* krebsverhütend
anticapitalista [antikapita'lista] *adj ECO* antikapitalistisch
anticarro [anti'karro] *adj misil ~ MIL* Panzerabwehr... *mina ~* Panzerabwehrmine *f*
anticipación [antiθipa'θĭɔn] *f* Vorwegnahme *f,* Vorgreifen *n,* Vorschuss *m,* Antizipation *f*
anticipado [antiθi'pađo] *adj* vorzeitig, frühzeitig
anticipador [antiθipa'đɔr] *adj* vorwegnehmend, vorgreifend
anticipamiento [antiθipa'mĭento] *m* Vorausnahme *f,* Vorwegnahme *f,* Vorschuss *m*
anticipante [antiθi'pante] *adj* vorwegnehmend, vorgreifend
anticipar [antiθi'par] *v 1.* vorwegnehmen; *2. (dinero)* auslegen; *3. (fecha)* vorverlegen
anticiparse [antiθi'parse] *v 1. (adelantarse a otra persona)* zuvorkommen, vorgreifen, vorauseilen; *Quería comprar esa casa pero alguien se me anticipó.* Ich wollte dieses Haus kaufen, doch jmd ist mir zuvorgekommen. *2. (suceder antes de lo previsto)* vorzeitig kommen, sich beeilen; *El invierno se anticipó este año.* Der Winter kam dieses Jahr verfrüht.
anticipo [anti'θipo] *m 1. (del sueldo)* Vorschuss *m; 2. (anticipación)* Vorgreifen *n,* Vorschuss *m,* Vorauseilen *n; Llegué con ~.* Ich kam zu früh.

anticlerical [antikleri'kal] *adj* antiklerikal
anticlericalismo [antiklerika'lizmo] *m* Antiklerikalismus *m*
anticlimax [anti'klimags] *m* Antiklimax *f*
anticolonialismo [antikolonia'lizmo] *m* Antikolonialismus *m*
anticolonialista [antikolonĭa'lista] *adj 1.* antikolonistisch; *m 2.* Antikolonialist *m*
anticomunista [antikomu'nista] *adj 1. POL* antikommunistisch; *m 2. POL* Antikommunist *m*
anticonceptivo [antikɔnθɛƀ'tiƀo] *m 1. MED* Verhütungsmittel *n; adj 2. MED* empfängnisverhütend
anticonformismo [antikɔnfor'mizmo] *m* Nonkonformismus *m*
anticonformista [antikɔnfor'mista] *m 1.* Nonkonformist *m; adj 2.* nonkonformistisch
anticongelante [antikɔŋxe'lante] *m* Frostschutz *m*
anticonstitucional [antkɔnstituθĭo'nal] *adj* verfassungswidrig
anticorrosivo [antikorro'siƀo] *m* Rostschutzmittel *n*
anticristiano [antikris'tĭano] *adj* christenfeindlich
anticristo [anti'kristo] *m REL* Antichrist *m*, Satan *m*
anticuado [anti'kwađo] *adj* altmodisch, unmodern, veraltet; *ser ~* überholt sein
anticuario [anti'kuarĭo] *m* Antiquitätenhändler *m*
anticuerpo [anti'kwerpo] *m 1. BIO* Antikörper *m; 2. ~s pl MED* Abwehrstoffe *pl*
antidemocrático [antidemo'kratiko] *adj* antidemokratisch
antidepresivo [antiđepre'siƀo] *m 1. MED* Antidepressivum *n; adj 2. MED* gegen Depressionen wirksam
antideslizante [antiđezli'θante] *adj* griffig
antídoto [an'tiđoto] *m 1.* Gegenmittel *n; 2. MED* Gegengift *n*
antieconómico [antieko'nomiko] *adj ECO* ökonomiefeindlich
antiemético [antie'metiko] *adj 1. (contra el vómito) MED* gegen Brechreiz wirkend; *m 2. MED* Antimetikum *n*
antiestético [anties'tetiko] *adj* unästhetisch, unschön
antifaz [anti'faθ] *m* Gesichtsmaske *f*, Schleier *m*
antifederal [antifeđe'ral] *adj POL* antiföderalistisch
antífona [an'tifona] *f MUS* Antiphonie *f*, Wechselgesang *m*
antigas [anti'gas] *adj máscara ~* Gasmaske *f*
antígeno [an'tixeno] *m BIO* Antigen *n*, artfremder Eiweißstoff *m*
antigravedad [antigraƀe'đađ] *f* gegen die Anziehungskraft
antigualla [anti'gwaʎa] *f* Schmöker *m*, alte Klamotten *m/pl*
antiguamente [an'tigwamente] *adv* ehemals, einst
antigubernamental [antiguƀernamen'tal] *adj* regierungsfeindlich
antigüedad [antigwe'đađ] *f 1. HIST* Antike *f; 2. ~es pl* Antiquitäten *pl; 3. (tiempo que uno ha trabajado)* Dienstalter *n; La duración de las vacaciones se calcula según la ~.* Die Urlaubszeit richtet sich nach dem Dienstalter.
antiguo [an'tigwo] *adj 1.* altertümlich, alt, antik; *2. (anterior)* ehemalig
antihéroe [anti'eroe] *m LIT* Antiheld *m; Los personajes de Beckett son famosos ~s.* Die Figuren Becketts sind berühmte Antihelden.
antihigiénico [antii'xĭeniko] *adj* unhygienisch
antihistamínico [antiista'miniko] *m 1. MED* Antihistaminikum *n; adj 2. MED* antihistaminisch
antihumanitario [antiumani'tarĭo] *adj* wider die Humanität, der Menschlichkeit entgegengesetzt
antihumano [antiu'mano] *adj* unmenschlich, inhuman
antiimperialista [antiimperĭa'lista] *adj POL* antiimperialistisch
antiinflacionario [antiinflaθĭo'narĭo] *adj medidas antiinflacionarias ECO* Maßnahmen gegen die Inflation *f/pl*
antiinflamatorio [antiinflama'torĭo] *adj 1. una crema antiinflamatoria MED* entzündungshemmende Salbe *f; m 2. MED* Entzündungshemmer *m*
antijurídico [antixu'riđiko] *adj JUR* rechtswidrig
antilogaritmo [antiloga'ritmo] *m MATH* Antilogarithmus *m*
antilogía [antilo'xia] *f* Unlogik *f*, Widerspruch *m*
antilógico [anti'loxiko] *adj* widersprüchlich, unlogisch
antílope [an'tilope] *m ZOOL* Antilope *f*

antillano [anti'ʎano] *adj 1. GEO* aus den Antillen; *m 2. GEO* Bewohner der Antillen *m*

antimateria [antima'teri̯a] *f PHYS* Antimaterie *f*

antimicrobiano [antimikro'ƀi̯ano] *adj MED* gegen Mikroben wirkend

antimilitarista [antimilita'rista] *m 1.* Antimilitarist *m; adj 2.* antimilitärisch eingestellt

antimisil [antimi'sil] *m MIL* Raketenabwehr *f*

antimonárquico [antimo'narkiko] *m 1. POL* Monarchiefeind *m; adj 2. POL* monarchiefeindlich

antinacional [antinaθi̯o'nal] *adj* antinationalistisch

antinatural [antinatu'ral] *adj* widernatürlich, der Natur entgegenlaufend, unnatürlich

antineurálgico [antineu'ralxiko] *adj MED* antineuralgisch

antineutrón [antineu'trɔn] *m PHYS* Antineutron *n*

antinomia [anti'nomi̯a] *f* Antinomie *f,* unlösbarer Widerspruch *m*

antinómico [anti'nomiko] *adj* widersprüchlich, antinomisch

antioxidante [antioksi'đante] *m* Rostschutzmittel *n*

antiparlamentario [antiparlamen'tari̯o] *adj POL* antiparlamentarisch

antiparlamentarismo [antiparlamenta'rizmo] *m POL* Antiparlamentarismus *m*

antipartícula [antipar'tikula] *f PHYS* Antipartikel *n,* Antiteilchen *n*

antipasto [anti'pasto] *m (un aperitivo) GAST* Antipasto *n,* Vorspeise *f*

antipatía [antipa'tia] *f* Abneigung *f,* Antipathie *f*

antipático [anti'patiko] *adj* unbeliebt, unsympathisch

antipatriótico [antipa'tri̯otiko] *adj POL* unpatriotisch

antipersona [antiper'sona] *adj mina ~ MIL* Tretmine *f*

antípoda [an'tipođa] *f 1.* Antipode *m; Mi madre vive en las antípodas.* Meine Mutter lebt auf der anderen Seite der Erdkugel. *m 2. (fig: algo completamente opuesto)* Gegenteil *n,* Widerpart *m; Su forma de pensar está en las antípodas de la mía.* Seine Art zu denken ist der meinen entgegengesetzt.

antiprogresista [antiprogre'sista] *adj 1.* unprogressiv, gegen den Fortschritt; *m 2.* Antiprogressist *m,* Konservativer *m*

antiprotón [antipro'tɔn] *m PHYS* Antiproton *n*

antiracista [antira'θista] *adj POL* gegen den Rassismus, rassismusfeindlich

antirrábico [anti'rraƀiko] *adj MED* gegen die Tollwut wirkend

antirradar [antirra'đar] *adj MIL* nicht sichtbar über Radar

antirreglamentario [antirreglamen'tari̯o] *adj* vorschriftswidrig, regelwidrig, verboten

antirreligioso [antirreli'xi̯oso] *adj* antireligiös, religionsfeindlich

antirrepublicano [antirrepuƀli'kano] *adj 1. POL* antirepublikanisch, republikfeindlich; *m 2. POL* Antirepublikaner *m,* Republikfeind *m*

antirreumático [antirreu'matiko] *adj 1. MED* antirheumatisch; *m 2. MED* Antirheumatikum *n*

antirrevolucionario [antirreƀoluθi̯o'nari̯o] *adj POL* gegenrevolutionär

antirrobo [anti'rrɔƀo] *adj* einbruchsicher

antisemita [antise'mita] *adj 1.* antisemitisch; *m 2.* Antisemit *m*

antisemítico [antise'mitiko] *adj* antisemitisch

antisemitismo [antisemi'tizmo] *m* Antisemitismus *m*

antisepsia [anti'sepsi̯a] *f MED* Antiseptik *f,* Abtötung der Krankheitserreger *f*

antiséptico [anti'septiko] *m 1. (contrarrestra la infección) MED* Antiseptikum *n,* keimtötendes Mittel *n; adj 2. MED* antiseptisch

antisocial [antiso'θi̯al] *m 1. (un criminal)* Asozialer *m; adj 2.* asozial, unsozial

antisubmarino [antisubma'rino] *adj MIL* die U-Boot-Abwehr betreffend

antiterrorista [antiterro'rista] *adj* antiterroristisch

antítesis [an'titesis] *f 1. (una tesis opuesta a otra) PHIL* Gegenbehauptung *f; 2. (lo directamente opuesto)* Gegensatz *m; El mal es la antítesis del bien.* Das Böse ist der Gegensatz des Guten. *3. (oposición)* Widerspruch *m; Hay una antítesis entre tus deseos y tus acciones.* Es gibt einen Widerspruch zwischen deinen Wünschen und deinen Aktionen. *4. (figura retórica) LIT* Antithese *f*

antitetánico [antite'tanico] *adj MED* gegen den Wundstarrkrampf wirkend, antitetanisch

antitético [anti'tetiko] *adj* antithetisch, gegensätzlich

antitóxico [anti'togθiko] *adj ANT* antitoxisch, entgiftend
antitoxina [antito'gθina] *f BIO* Antitoxin *n*
antitranspirante [antitranspi'rante] *adj (sustancia que detiene la transpiración)* Antitranspirant
antiviral [antiƀi'ral] *adj MED* antiviral, gegen Viren wirksam
antivirus [anti'ƀirus] *m 1. (sustancia que se opone a los virus) BIO* Viruzid *n,* antivirales Mittel *n; 2. (programa que detecta y destruye virus INFORM* Virensuchprogramm *n; Los antivirus deben actualizarse constantemente.* Die Virensuchprogramme müssen ständig aktualisiert werden.
antojadizo [antoxa'điθo] *adj* willkürlich, launisch
antojarse [anto'xarse] *v 1. (hacer lo que a uno le place)* ich habe Lust zu, mich gelüstet nach, mir steht der Sinn nach; *2. (parecer)* scheinen, den Anschein haben; *Se me antoja que todo ha sido un engaño.* Mir scheint, das alles war ein Betrug.
antojos [an'tɔxos] *m/pl* Gelüst *n*
antología [antolo'xia] *f LIT* Anthologie *f,* Auswahl von Gedichten *f,* Auswahl von Prosatexten *f*
antonimia [anto'nimĭa] *f GRAMM* Antonymie *f,* Gegenüberstellung von gegensätzlichen Worten *f*
antónimo [an'tonimo] *m* Gegenteil *n,* Antonym *n*
antorcha [an'tɔrtʃa] *f* Fackel *f*
antozoo [anto'θoo] *m/pl ZOOL* Anthozoon *n,* Blumentier *n*
antracita [antra'θita] *f MIN* Anthrazit *m*
ántrax ['antrags] *m MED* Karbunkel *n*
antro ['antro] *m 1. (cueva)* Höhle *f; 2. (fig: guarida de malvivientes)* Abgrund *m*
antropiteco [antropi'teko] *m ZOOL* Höhlenaffe *m*
antropocentrismo [antropoθen'trizmo] *m PHIL* Anthropozentrismus *m*
antropofagia [antropo'faxia] *f* Anthropophagie *f,* Kannibalismus *m*
antropófago [antro'pofago] *m* Kannibale *m*
antropoide [antro'poide] *adj* anthropoid, menschenähnlich
antropología [antropolo'xia] *f* Anthropologie *f*
antropológico [antropo'loxiko] *adj* anthropologisch
antropólogo [antro'pologo] *m* Anthropologe *m*
antroposofía [antroposo'fia] *f PHIL* Anthroposophie *f*
antropósofo [antro'posofo] *m PHIL* Anthroposoph *m*
anual [a'nwal] *adj* jährlich, alljährlich
anualidad [anuali'đađ] *f 1.* jährliche Wiederkehr *f; 2. (importe anual)* Jahreseinkommen *n*
anuario [a'nwarĭo] *m* Jahrbuch *n; ~ de comercio e industria* Branchenverzeichnis *n*
anudar [anu'đar] *v* knoten, knüpfen, verknoten
anuencia [a'nwenθĭa] *f* Zustimmung *f,* Anklang *m,* Erlaubnis *f,* Zunicken *n*
anuente [a'nwente] *adj* zustimmend, billigend, willfährig
anulación [anula'θĭɔn] *f 1.* Annullierung *f,* Storno *m; ~ de la inscripción* Abmeldung *f; 2. (de un pedido)* Abbestellung *f,* Storno *m*
anular¹ [anu'lar] *v* annullieren, abbestellen, stornieren; *~ la invitación* ausladen; *~ un pedido* eine Bestellung stornieren; *Por favor, anule esto.* Bitte stornieren Sie das.
anular² [anu'lar] *m ANAT* Ringfinger *m*
anulativo [anula'tiƀo] *adj* annullierend, aufhebend, für nichtig erklärend
anunciación [anunθĭa'θĭɔn] *f 1.* Ankündigung *f; 2. (a María santisima) REL* Verkündigung *f*
anunciante [anun'θĭante] *m 1.* Anzeige *f; adj 2.* ankündigend, anmeldend, inserierend
anunciar [anun'θĭar] *v 1.* melden, ansagen, ankündigen; *2. (publicar)* annoncieren, anzeigen
anuncio [a'nunθĭo] *m 1. (de información)* Ankündigung *f,* Ansage *f,* Bekanntgabe *f; sin ~* unangemeldet; *~ televisivo* Fernsehdurchsage *f,* Fernsehreklame *f; 2. (de publicación)* Annonce *f,* Anzeige *f,* Inserat *n; poner un ~* annoncieren, inserieren; *~ de defunción* Todesanzeige *f; 3. ECO* Werbung *f,* Aushang *m; ~ luminoso* Leuchtreklame *f*
anverso [an'ƀerso] *m* Vorderseite *f,* Bildseite *f*
anzuelo [an'θwelo] *m 1.* Angelhaken *m; 2. (fig: algo que atrae)* Köder *m; morder el ~* anbeißen; *tragarse el ~* den Köder schlucken *m*
añadido [aɲa'điđo] *m* Zusatz *m,* Angefügtes *n*
añadidura [aɲađi'đura] *f* Zugabe *f,* Beigabe *f,* Zusatz *m; por ~* zusätzlich

añadir [aɲa'đir] *v 1.* beifügen, zufügen, hinzufügen, dazutun; *2. (anexar)* anfügen; *3. (a la mezcla)* beimischen; *4. (agrandar)* vergrößern

añagaza [aɲa'gaθa] *f (fig: un truco para atraer)* Lockvogel *m,* Köder *m; No sé como pude dejarme engañar por esa ~.* Ich weiß nicht, wie ich mich von diesem Lockvogel täuschen lassen konnte.

añejamiento [aɲexa'mĭento] *m* Lagerung *f,* Ablagerung *f*

añejar [aɲe'xar] *v* lagern

añejo [a'ɲexo] *adj 1. vino ~* alter Wein, zu lange gelagerter Wein; *2. (fig: que no tiene actualidad)* überholt, veraltet, abgestanden; *una sabiduría añeja* eine überkommene Weisheit *f*

añil [a'ɲil] *m BOT* Indigopflanze *f*

año ['aɲo] *m 1.* Jahr *n,* Jahrgang *m; ¿Cuántos ~s tienes?* Wie alt bist du? *Año Nuevo* Neujahr *n; ~ anterior/ ~ pasado* Vorjahr *n; ~ bisiesto* Schaltjahr *n; ~ civil* Kalenderjahr *n; ~ de nacimiento* Geburtsjahr *n; ~ de referencia* Vergleichsjahr *n; ~ escolar* Schuljahr *n; 2. ~ luz ASTR* Jahr *n*

añoranza [aɲo'ranθa] *f 1.* Sehnsucht *f; 2. (por la familia, por la tierra natal)* Heimweh *n*

añorar [aɲo'rar] *v ~ a alguien* sich nach jdm sehnen

añicos [a'ɲikos] *adj hacer ~ una cosa* etw in Stücke reißen, kurz und klein hauen

aorta [a'ɔrta] *f ANAT* Aorta *f,* Hauptschlagader *f*

aórtico [a'ortiko] *adj ANAT* Pulsader..., Aorta...

aovar [ao'ƀar] *v BIO* laichen, Eier legen

apabullar [apaƀu'ʎar] *v 1. (fam: aplastar)* zusammendrücken, plattdrücken; *2. (fig: reducir al silencio)* mundtot machen, zum Schweigen bringen; *¡No te dejes apabullar por tu hermano!* Lass dich nicht von deinem Bruder mundtot machen.

apacentadero [apaθenta'đero] *m* Weideplatz *m*

apacentador [apaθenta'đɔr] *adj* hütend, unterweisend

apacentar [apaθen'tar] *v irr 1. (dar pasto al ganado)* weiden, hüten; *2. (fig: satisfacer los deseos)* erfüllen, befriedigen, stillen; *~ la lujuria* die Wollust befriedigen *f*

apacibilidad [apaθiƀili'đađ] *f* Milde *f*

apacible [apa'θiƀle] *adj* leise, mild

apaciguador [apaθigwa'đɔr] *adj* besänftigend, beschwichtigend

apaciguamiento [apaθigwa'mĭento] *m* Beruhigung *f*

apaciguar [apaθi'gwar] *v 1.* besänftigen; *2. (poner en paz)* Frieden stiftend; *~ una población insurrecta* ein aufrührerisches Volk befrieden; *~ la ira de alguien* jds Zorn beschwichtigen

apadrinamiento [apađrina'mĭento] *m* Patenschaft *f*

apadrinar [apađri'nar] *v 1. (ser el padrino de alguien)* die Patenschaft übernehmen; *2. (fig: patrocinar, proteger a alguien)* beistehen, unterstützen, begleiten

apagable [apa'gaƀle] *adj* stillbar, löschbar

apagadizo [apaga'điθo] *adj* leicht zu löschen, leicht zu stillen

apagado [apa'gađo] *adj 1. (que no está encendido)* gelöscht, ausgemacht; *2. (fig: de color poco vivo)* erloschen, welk; *3. (sosegado)* besänftigt, beruhigt

apagamiento [apaga'mĭento] *m* Löschen *n,* Auslöschen *n*

apagar [apa'gar] *v 1.* abschalten, ausmachen, ausschalten; *~ de un soplo* auspusten, ausblasen; *~ todas las luces* verdunkeln, abdunkeln; *2. (incendio)* löschen; *3. (fig)* auslöschen

apagarse [apa'garse] *v* ausgehen, erlöschen; *Se ha apagado el fuego.* Das Feuer ist ausgegangen.

apaisado [apai'sađo] *adj* im Querformat

apalabrar [apala'ƀrar] *v* besprechen, verabreden, absprechen

apaleamiento [apalea'mĭento] *m* Prügeln *n,* Schlagen *n*

apalear [apale'ar] *v* verprügeln

apantallar [apanta'ʎar] *v* abschirmen

apañado [apa'ɲađo] *adj 1. (parecido al paño)* tuchartig; *2. (fig: hábil, astuto)* geschickt, gewandt, flink; *3. (que tiene recursos)* brauchbar, passend

aparador [apara'đɔr] *m 1.* Büfett *n; 2. (escaparate de las tiendas)* Schaufenster *n*

aparato [apa'rato] *m 1.* Apparat *m,* Gerät *n,* Vorrichtung *f; ~ de reproducción de discos compactos* CD-Player *m; ~ de uso múltiple* Mehrzweckgerät *n; ~ doméstico* Haushaltsgerät *n; ~ de radio TECH* Funkgerät *n; ~ gimnástico SPORT* Turngerät *n; 2. (pompa)* Prunk *m,* Luxus *m,* Pomp *m,* Pracht *f; 3. (grupo de órganos con una función) BIO* Apparat *m*

aparatoso [apara'toso] *adj* prunkvoll, übertrieben, pompös

aparcamiento [aparka'mĭento] *m* Parkplatz *m; ¿Está vigilado el ~?* Ist der Parkplatz bewacht?
aparcar [apar'kar] *v* parken; *¿Dónde puedo ~?* Wo kann ich parken? *¿Se puede ~ aquí?* Darf man hier parken?
apareamiento [aparea'mĭento] *m* Paarung *f*
aparear [apare'ar] *v* paaren
aparecer [apare'θɛr] *v irr 1.* erscheinen, zum Vorschein kommen, auftreten; *2. (fig: surgir)* aufkommen; *Aparece una nueva moda.* Eine neue Mode kommt auf.
aparecerse [apare'θɛrse] *v irr (inesperadamente)* hineinplatzen, auftauchen
aparecido [apare'θiđo] *m (fantasma)* Erscheinung *f,* Gespenst *n*
aparejo [apa'rexo] *m 1. (las velas de un barco) NAUT* Segelwerk *n; 2. (sistema de poleas)* Flaschenzug *m*
aparentar [aparen'tar] *v* vorspiegeln, vortäuschen, vorgeben
aparente [apa'rente] *adj* offenkundig
aparición [apari'θĭɔn] *f 1.* Aufkommen *n,* Auftritt *m; 2. (una manifestación sobrenatural)* Erscheinung *f,* Vision *f,* Gespenst *n*
apariencia [apa'rĭenθĭa] *f 1.* Anschein *m,* Erscheinung *f; 2. (probabilidad, verosimilitud)* Möglichkeit *f,* Wahrscheinlichkeit *f,* Anschein *m; No hay ~ de que eso sea así.* Es hat nicht den Anschein, dass dies so wäre. *3. en ~* dem Anschein nach; *4. salvar las ~s* den Schein wahren, sein Gesicht wahren
apartadero [aparta'đero] *m* Weideplatz *m,* Ausweichstelle *f*
apartadizo [aparta'điθo] *m* Nebenraum *m*
apartado [apar'tađo] *adj 1.* entfernt, abgelegen, separat; *m 2. ~ de correos* Postfach *n,* Schließfach *n; 3.* Absatz *m,* Paragraph *m*
apartamento [aparta'mento] *m* Wohnung *f,* Appartement *n; ~ de vacaciones* Ferienwohnung *f*
apartamiento [aparta'mĭento] *m (acción de apartarse)* Trennung *f,* Entfernung *f*
apartar [apar'tar] *v 1.* wegbringen, beseitigen, entfernen; *2. (fig: disuadir a alguien de algo)* abbringen, lossprechen; *~ a alguien de las drogas* jdn von den Drogen abbringen *f/pl; ~ a alguien del buen camino* jdn vom rechten Weg abbringen *m*
apartarse [apar'tarse] *v* sich abwenden, sich absondern, abweichen
aparte [a'parte] *adv 1.* extra, abseits, separat; *~ de* abgesehen von; *~ de ello* obendrein; *2. THEAT* Beiseitesprechen *n; 3.* Absatz *m; adj 4. (distinto)* unterschiedlich, verschieden, anders; *Ése es un caso ~.* Dies ist ein anderer Fall.
apasionado [apasĭo'nađo] *adj* heißblütig, leidenschaftlich, stürmisch
apasionamiento [apasĭona'mĭento] *m* leidenschaftliche Anteilnahme *f,* Liebe *f*
apasionante [apasĭo'nante] *adj* aufwühlend, erregend
apasionar [apasĭo'nar] *v 1. ~ a alguien* jdn begeistern; *2. (causar alguna pasión)* anreizen, erregen, für sich einnehmen; *3. (afligir)* Mitleid erregen, Leid tun
apasionarse [apasĭo'narse] *v* sich begeistern
apatía [apa'tia] *f 1.* Apathie *f; 2. (falta de vigor)* Apathie *f,* Stumpfsinn *m,* Teilnahmslosigkeit *f; 3. (dejadez)* Schlaffheit *f,* Nachlässigkeit *f,* Gleichgültigkeit *f*
apático [a'patiko] *adj* apathisch, willenlos, stumpf
apátrida [a'patriđa] *adj* heimatlos, staatenlos
apechugar [apetʃu'gar] *v (fig: aceptar algo)* aushalten, widerstehen, erdulden; *~ con todo* sich in alles fügen
apedazar [apeđa'θar] *v (remendar)* flicken, verbessern, zusammenstückeln
apedreamiento [apeđrea'mĭento] *m* Steinigung *f*
apegado [ape'gađo] *adj* anhänglich
apegarse [ape'garse] *v ~ a* Zuneigung zu etw/jdm fassen
apego [a'pego] *m* Anhänglichkeit *f*
apelable [ape'laƀle] *adj* anfechtbar, diskussionswürdig, berufungsfähig
apelación [apela'θĭɔn] *f 1. JUR* Berufung *f; 2. ~ al crédito ECO* Kreditaufnahme *f; 3. juez de ~ JUR* Berufungsrichter *m; sala de ~* Berufungssaal *m; recurso de ~* Berufung *f; 4. (fam) sin ~* rettungslos, hoffnungslos
apelado [ape'lađo] *m JUR* Berufungsbeklagter *m*
apelante [ape'lante] *m JUR* Berufungskläger *m*
apelar [ape'lar] *v ~ a/ante/contra* vor etw appellieren, gegen etw appellieren
apelmazado [apelma'θađo] *adj (amazacotado)* kompakt, fest, plump
apelmazarse [apelma'θarse] *v* dicht werden, sich zusammenklumpen
apelotonar [apeloto'nar] *v* zusammenballen

apellidarse [apeʎi'darse] *v (tener tal o cual apellido)* heißen
apellido [ape'ʎiđo] *m* Nachname *m,* Familienname *m,* Zuname *m; del mismo ~* gleichnamig; *~ de soltera* Mädchenname *m*
apenar [ape'nar] *v* bekümmern
apenarse [ape'narse] *v (LA) (sentir vergüenza)* sich schämen
apenas [a'penas] *adv 1. (penosamente)* kaum, mit Mühe, knapp; *Apenas puedo pagar el alquiler de mi casa.* Ich kann kaum die Miete für mein Haus aufbringen. *2. (luego que)* sobald; *Llámame ~ llegues a casa.* Ruf mich an, sobald du zu Hause bist.
apéndice [a'pendiθe] *m 1.* Anhang *m,* Nachtrag *m; 2. ANAT* Blinddarm *m*
apendicitis [apendi'θitis] *f MED* Blinddarmentzündung *f*
apendicular [apenđiku'lar] *adj BIO* appendikulär
apercibimiento [aperθiƀi'mĭento] *m 1. (darse cuenta)* Wahrnehmung *f,* Beobachtung *f,* Vorbereitung *f,* Erinnerung *f; 2. JUR* Mahnung *f,* Aufforderung *f*
apercibir [aperθi'ƀir] *v 1. (disponer lo necesario para algo)* ausrüsten, bereitstellen; *2. (amonestar)* ermahnen, warnen; *3. (darse cuenta de algo)* wahrnehmen, gewahr werden; *4. JUR* verwarnen
aperitivo [aperi'tiƀo] *m 1.* Aperitif *m; 2. (entremés)* Vorspeise *f; adj 3.* appetitanregend
apersonamiento [apersona'mĭento] *m (hacer acto de presencia) JUR* persönliches Erscheinen *n*
apertura [apɛr'tura] *f 1.* Öffnung *f; 2. (de un local, de un establecimiento)* Eröffnung *f; 3. ECO* Erschließung *f; 4. ~ de la quiebra JUR* Konkurseröffnung *f; 5. (las primeras jugadas en el ajedrez)* Eröffnungszug *m*
apesadumbrado [apesađum'brađo] *adj* kummervoll
apesadumbrar [apesađum'ƀrar] *v (afligir)* bekümmern, schwere Sorgen bereiten
apesadumbrarse [apesađum'ƀrarse] *v* sich bekümmern, sich sorgen, betrübt sein
apestar [apes'tar] *v 1.* stinken; *Aquí apesta.* Hier stinkt es. *2. (causar la peste)* verpesten; *3. (fig: causar hastío)* verderben, zum Himmel stinken; *Este asunto apesta.* Diese Angelegenheit stinkt zum Himmel.
apestoso [apes'toso] *adj* übel riechend
apetecedor [apeteθe'đɔr] *adj* appetitanregend, einladend, verführerisch
apetecer [apete'θɛr] *v (tener ganas de algo)* begehren, wünschen, Appetit haben auf
apetecible [apete'θiƀle] *adv* schmackhaft
apetencia [ape'tenθĭa] *f (apetito)* Appetit *m,* Verlangen *n*
apetito [ape'tito] *m 1.* Appetit *m; falta de ~* Appetitlosigkeit *f; 2. (fig: lo que estímula el deseo)* Gelüst *n,* Appetit *m*
apetitoso [apeti'toso] *adj* schmackhaft
ápex ['apeɣs] *m ASTR* Apex *m,* Spitze *f*
apiadarse [apĭa'đarse] *v ~ de* sich erbarmen; *¡Oh Dios, apiádate de mí!* Oh Gott, erbarme dich meiner!
ápice ['apiθe] *m 1. (extremo de algo)* Gipfel *m,* Spitze *f; 2. (fig: una parte muy pequeña)* Geringfügigkeit *f,* Kleinigkeit *f; ¡No has crecido ni un ápice!* Du bist kein bisschen gewachsen!
apicultor(a) [apikul'tɔr/apikul'tora] *m/f* Imker(in) *m/f*
apicultura [apikul'tura] *f AGR* Imkerei *f,* Bienenzüchterei *f*
apilamiento [apila'mĭento] *m* Anhäufung *f*
apilar [api'lar] *v* anhäufen, stapeln, türmen, auftürmen; *~ de nuevo* umschichten
apiñamiento [apiɲa'mĭento] *m (amontonamiento)* Menschengewühl *n,* Gedränge *n*
apiñar [api'ɲar] *v (amontonar)* eng zusammendrängen
apiñarse [api'ɲarse] *v* sich drängen
apio ['apĭo] *m BOT* Sellerie *m*
apisonadora [apisona'đora] *f TECH* Straßenwalze *f*
apisonar [apiso'nar] *v* einstampfen, einrammen, festtreten
aplacador [aplaka'đɔr] *adj* besänftigend, beschwichtigend, lindernd
aplacar [apla'kar] *v* besänftigen
aplacarse [apla'karse] *v 1. (tormenta)* abebben; *2. (calmarse)* sich beruhigen
aplanamiento [aplana'mĭento] *m* Einebnen *n,* Planieren *n*
aplanar [apla'nar] *v* ebnen, glätten, planieren
aplastante [aplas'tante] *adj* überwältigend
aplastar [aplas'tar] *v 1.* zerdrücken, quetschen; *2. (fig: sofocar)* erdrücken; *3. (fig: vencer aparatosamente)* zerquetschen, zertreten; *adj 4. (fig: apabullar)* erdrücken
aplaudir [aplaw'đir] *v 1.* klatschen, applaudieren; *2. (fig: celebrar una acción de otro)* loben, Beifall spenden, applaudieren

aplauso [a'plawso] *m* Beifall *m,* Applaus *m; dar ~* applaudieren
aplazamiento [aplaθa'mĭento] *m* Aufschub *m,* Verlegung *f*
aplazar [apla'θar] *v 1.* verschieben; *~ hasta* vertagen bis; *~ para* verlegen auf; *2. ECO* stunden
aplicabilidad [aplikaƀili'đađ] *f* Nutzbarkeit *f,* Anwendbarkeit *f*
aplicación [aplika'θĭɔn] *f 1.* Verwendung *f; 2. (asiduidad)* Fleiß *m,* Lerneifer *m; 3. (en la moda)* Applikation *f; 4. un programa de ~ INFORM* Applikationsprogramm *n*
aplicado [apli'kađo] *adj 1.* fleißig, emsig; *2. (al arte, a la ciencia)* angewandt
aplicar [apli'kar] *v 1. (utilizar)* verwenden; *2. (sobre una superficie)* auftragen; *3. MED* anlegen
aplomo [a'plomo] *m (circuspección)* sicheres Auftreten *n,* Umsicht *f,* Taktgefühl *n*
apnea [ap'nea] *f MED* Apnoe *f,* Atemnot *f*
apocado [apo'kađo] *adj* kleinlaut, kleinmütig
Apocalipsis [apoka'lipsis] *m REL* Apokalypse *f*
apocalíptico [apoka'liptiko] *adj 1. (relativo al Apocalipsis) REL* apokalyptisch; *2. (fig: terrible)* schrecklich, Furcht erregend
apocar [apo'kar] *v (fig: humillar a alguien)* demütigen, erniedrigen
apócope [a'pokope] *m GRAMM* Apokope *f,* Verkürzung am Wortende *f*
apócrifo [a'pokrifo] *adj 1.* apokryph, heimlich, unecht; *2. textos/escritos ~s* apokryphe Texte
apodar [apo'đar] *v* mit einem Spitznamen taufen
apoderado [apođe'rađo] *m 1.* Bevollmächtigter *m; 2. ~ especial JUR* Handlungsbevollmächtigter *m; 3. ~ general ECO* Prokurist *m*
apoderamiento [apođera'mĭento] *m JUR* Bevollmächtigung *f*
apoderar [apođe'rar] *v JUR* bevollmächtigen
apodo [a'podo] *m* Spitzname *m*
apófisis [a'pofisis] *f ANAT* Apophyse *f,* Knochenfortsatz *m*
apogeo [apɔ'xeo] *m* Glanzzeit *f*
apolillamiento [apoliʎa'mĭento] *m* Holzwurmfraß *m*
apolillar [apoli'ʎar] *v* anfressen
apolíneo [apo'lineo] *adj* apollinisch, harmonisch, ausgeglichen
apolítico [apo'litiko] *adj* apolitisch, unpolitisch
apologético [apolo'xetiko] *adj* apologetisch, rechtfertigend
apología [apolo'xia] *f* Apologie *f,* Verteidigungsrede *f*
apologizar [apoloxi'θar] *v* verteidigen, in Schutz nehmen, entschuldigen
apólogo [a'pɔlogo] *m* Gleichnis *n*
apoltronamiento [apoltrona'mĭento] *m* Faulenzen *n,* Bummeln *n*
apoltronarse [apoltro'narse] *v* faulenzen, bequem werden, verlottern
apoplejía [apople'xia] *f MED* Apoplexie *f,* Schlaganfall *m*
apoplético [apo'pletiko] *adj MED* apoplektisch, zu Schlaganfällen neigend
aporía [apo'ria] *f* Ratlosigkeit *f*
aporrear [apo'rrear] *v 1. (dar golpes con un palo)* prügeln, schlagen; *2. (fig: dar golpes)* (mit Argumenten) schlagen
aporreo [apo'rreo] *m* Prügelei *f,* Schlagen *n*
aportación [aporta'θĭɔn] *f* Beitrag *m,* Anteil *m,* Beteiligung *f*
aportar [apɔr'tar] *v 1. (proporcionar)* einbringen, dazugeben, veranlassen; *~ dinero para los pobres* Geld für die Armen stiften; *~ una idea en un proyecto* eine Idee in ein Projekt einbringen; *2. (fig: contribuir)* beitragen, beisteuern
aporte [a'pɔrte] *m (contribución)* Beitrag *m*
aposentamiento [aposenta'mĭento] *m* Quartier *n,* Herberge *f*
aposentar [aposen'tar] *v (dar posada, dar hospedaje)* Quartier bereit stellen, beherbergen
aposentarse [aposen'tarse] *v (morar, tomar casa)* sich einquartieren
aposento [apo'sento] *m (posada)* Raum *m,* Wohnung *f,* Gemach *n*
aposición [aposi'θĭɔn] *f GRAMM* Apposition *f,* Ergänzung *f*
apositivo [aposi'tiƀo] *adj GRAMM* appositiv, ergänzend
apósito [a'pɔsito] *m MED* Verband *m*
aposta [a'posta] *adv (adrede, intencionalmente)* absichtlich, willentlich; *Se que hiciste eso ~.* Ich weiß, dass du das absichtlich gemacht hast.
apostar [apɔs'tar] *v irr 1. ~ por* tippen auf; *2. ~ que* wetten, dass; *3.* postieren, aufstellen; *~ guardias en una puerta* Wachen an einer Tür postieren

apostasía [aposta'sia] *f* Apostasie *f,* Abtrünnigkeit *f*
apóstata [a'postata] *m* Apostat *m,* Abtrünniger *m*
apostatar [apɔsta'tar] *v* abschwören
apóstol [a'postol] *m 1. REL* Apostel *m,* Abgesandter Jesu *m,* Verkünder der christlichen Lehre *m; 2. (fig: propagador de una doctrina)* Sendbote *m,* Verkünder *m*
apostolado [aposto'lađo] *m REL* Apostolat *n,* Apostelamt *n*
apóstrofe [a'postrofe] *m (figura retórica) LIT* Apostrophe *f,* Anrede *f,* Schmährede *f; El ministro lanzó apóstrofes a todos los presentes.* Der Minister überschüttetet alle Anwesenden mit Schmähreden.
apóstrofo [a'postrofo] *m (signo ortográfico) GRAMM* Apostroph *m*
apostura [apos'tura] *f (buena disposición de alguien)* Anstand *m,* gefällige Erscheinung *f*
apotema [apo'tema] *m MATH* Mittelsenkrechte *f*
apoyacabezas [apojaka'ƀeθas] *m* Kopfstütze *f*
apoyar [apo'jar] *v 1. ~ en* aufstützen auf; *~ el codo en la mesa* den Ellbogen auf den Tisch aufstützen; *2. (fig: ayudar, asistir)* unterstützen, beistehen
apoyarse [apo'jarse] *v ~ en* sich lehnen an
apoyo [a'pojo] *m* Unterstützung *f,* Beistand *m,* Rückhalt *m*
apreciable [apre'θĭaƀle] *adj* beachtlich, achtbar, nenneswert
apreciación [apreθĭa'θĭɔn] *f* Bestimmung *f,* Schätzung *f*
apreciado [apre'θĭađo] *adj* angesehen, geachtet, geschätzt
apreciador [apreθĭa'đɔr] *m* Schätzer *m*
apreciar [apre'θĭar] *v 1.* berechnen, honorieren, bewerten; *2. (una persona)* schätzen, achten, mögen
apreciativo [apreθĭa'tiƀo] *adj* schätzend, bestimmend
aprecio [a'preθĭo] *m 1.* Schätzung *f,* Wertschätzung *f; 2. ~ de si mismo* Selbstachtung *f; 3. (estimación y afecto)* Hochschätzung *f,* Würdigung *f*
aprehender [apreen'đɛr] *v* fassen, greifen, begreifen
aprehensión [apreen'sĭɔn] *f 1.* Festnahme *f,* Vorurteil *n*
aprehensivo [apreen'siƀo] *adj* aufmerksam, ängstlich
apremiar [apre'mĭar] *v 1.* mahnen; *2. (presionar)* bedrängen; *3. (dar prisa a alguien)* drängeln, drücken
apremio [a'premĭo] *m* Dringlichkeit *f*
aprender [apren'dɛr] *v 1.* lernen; *2. (memorizar algo)* lernen, im Gedächtnis behalten
aprenderse [apren'derse] *v ~ de memoria* auswendig lernen
aprendiz [apren'diθ] *m/f* Lehrling *m,* Auszubildende(r) *m/f*
aprendizaje [aprendi'θaxe] *m 1.* Lehre *f; 2. (proceso de aprender cualquier cosa)* Lernprozess *m,* Lehrzeit *f*
aprensión [apren'sĭɔn] *f 1. (recelo)* Befürchtung *f,* Besorgnis *f,* Furcht *f; 2. (miramiento)* Rücksichtnahme *f,* Schonung *f*
aprensivo [apren'siƀo] *adj* schwierig, heikel, misstrauisch
apresar [apre'sar] *v* gefangen nehmen
aprestarse [apres'tarse] *v ~ a* sich anschicken
apresurado [apresu'rađo] *adj* voreilig
apresuramiento [apresura'mĭento] *m* Beschleunigung *f,* Hast *f*
apresurarse [apresu'rarse] *v* hetzen, sich beeilen
apretado [apre'tađo] *adj 1.* beengt, dicht gedrängt; *2. (atrapado)* eingekeilt
apretar [apre'tar] *v irr 1.* drücken, klemmen; *~ hacia abajo* herunterdrücken; *Apriete el botón para llamar la azafata.* Drücken Sie auf den Knopf, um die Stewardess zu rufen. *2. ~ el tornillo TECH* die Schraube anziehen; *3. (acosar)* drücken, pressen, bedrängen; *4. (fig: afligir)* in die Enge treiben, zusetzen
apretón [apre'tɔn] *m ~ de manos* Händedruck *m*
apretujarse [apretu'xarse] *v* sich drängeln
apretura [apre'tura] *f 1.* Gedränge *n; 2. (fig)* Bedrängnis *f,* Not *f*
aprieto [a'prĭeto] *m 1.* Gedränge *n; 2. (fig)* Bedrängnis *f*
apriorismo [aprĭo'rizmo] *m* Apriorismus *m,* Erkenntnis a priori *f*
aprisa [a'prisa] *adv* schnell, hastig
aprisionar [aprisĭo'nar] *v 1. (meter en prisión)* verhaften; *2. (fig: sujetar fuertemente)* festklemmen
aprobación [aproƀa'θĭɔn] *f 1.* Zustimmung *f,* Billigung *f; 2. (fig)* Anerkennung *f,* Beifall *m; 3. (de una ley) JUR* Verabschiedung *f*

aprobador [aproƀa'đɔr] *adj* Beifall spendend
aprobar [apro'ƀar] *v irr 1. (consentir)* bejahen, billigen, gutheißen; *2. (aceptar)* anerkennen, annehmen; *3. ~ un examen* eine Prüfung bestehen
aprobatorio [aproƀa'torĭo] *adj* anerkennend
aprontamiento [apronta'mĭento] *m* Bereitstellung *f*, Lieferung *f*
aprontar [apron'tar] *v (prevenir)* vorbeugen, zuvorkommen
apropiable [apro'pĭaƀle] *adj* anpassungsfähig
apropiado [apro'pĭađo] *adj* passend, angemessen, adäquat; *~ para* geeignet für; *ser ~* passen
apropiar [apro'pĭar] *v (adueñarse de algo)* anpassen, aneignen
aprovechable [aproƀe'tʃaƀle] *adj* brauchbar, nutzbar
aprovechado [aproƀe'tʃađo] *m 1. (persona que saca ventaja de todo)* aufgeweckte Person *f*; *adj 2. (aplicado)* geschickt, findig
aprovechamiento [aproƀetʃa'mĭento] *m 1.* Ausnutzung *f*, Verwertung *f*; *2. ~ de la capacidad ECO* Kapazitätsauslastung *f*
aprovechar [aproƀe'tʃar] *v 1.* gebrauchen, ausnützen, nutzen, verwerten; *2. ¡Qué aproveche!* Guten Appetit!
aprovecharse [aproƀe'tʃarse] *v ~ de* ausnützen; *~ de algo* sich etw zunutze machen; *~ de alguien* jdn ausnützen
aprovechón [aproƀe'tʃɔn] *m (el/la que se aprovecha de algo)* Trittbrettfahrer(in) *m/f*
aprovisionamiento [aprɔƀisĭɔna'mĭento] *m* Versorgung *f*, Zufuhr *f*
aprovisionar [aprɔƀisĭɔ'nar] *v ~ de* versorgen mit
aproximación [aprɔksima'θĭɔn] *f* Annäherung *f*
aproximadamente [aprɔksi'mađamente] *adv* circa, etwa, ungefähr; *~ una semana* etwa eine Woche
aproximado [aprɔksi'mađo] *adj* rund, grob, annährend
aproximar [aproɡsi'mar] *v* annähern, näher bringen
aproximativo [aprɔksima'tiƀo] *adj* überschlägig
aptitud [apti'tuđ] *f* Eignung *f*, Tüchtigkeit *f*
apto ['apto] *adj 1. ~ para* fähig zu, geeignet für; *~ para el trabajo* erwerbsfähig; *2. ~ para menores JUR* jugendfrei; *~ para prestar declaración* vernehmungsfähig
apud [a'puđ] *adj ~ acta JUR* aktenkundig
apuesta [a'pwesta] *f* Wette *f*, Einsatz *m*
apuesto [a'pwesto] *adj* sauber, geschmückt
apuntación [apunta'θĭɔn] *f* Anvisieren *n*, Zielen *n*
apuntador [apunta'đɔr] *adj 1.* zielend; *m 2. (puntero, pointer) INFORM* Pointer *m*; *3. (el que apunta a los actores) THEAT* Souffleur *m*;
apuntalar [apunta'lar] *v* stützen
apuntamiento [apunta'mĭento] *m 1.* Zielen *n*; *2. (fig)* Andeutung *f*; *3. JUR* Aktenauszug *m*
apuntar [apun'tar] *v 1.* notieren, aufschreiben, vormerken, vermerken; *¡Apúnteme, por favor!* Merken Sie mich bitte vor! *2. ~ hacia* zielen auf; *3. (fig) ~ a* deuten auf; *4. ~ una basta* abstecken
apunte [a'punte] *m 1.* Notiz *f*, Vermerk *m*; *2. (dibujo)* Aufzeichnung *f*
apuñalar [apuɲa'lar] *v* niederstechen
apurado [apu'rađo] *adj (pobre)* arm, mittellos, bedürftig; verlegen, erschöpft
apurar [apu'rar] *v 1. (fig: dar prisa)* zur Eile drängen; *2. (fig: afligir)* bedrängen, belästigen, bedrücken; *3. (consumir completamente)* aufbrauchen, zur Gänze erschöpfen
apurarse [apu'rarse] *v (LA)* sich beeilen, sich abhetzen
apuro [a'puro] *m 1.* Eile *f*, Bedrängnis *f*; *2. (fig: situación)* Zwickmühle *f*, Klemme *f*
aquel [a'kɛl] *pron* jener/jenes; *Aquel coche es mío.* Jenes Auto gehört mir.
aquelarre [ake'larre] *m* Lärm *m*, Krach *m*
aquélla [a'keʎa] *pron* diejenige; *Aquélla es la que quiero.* Sie ist es, die ich mag.
aquella [a'keʎa] *pron* jene
aquello [a'keʎo] *pron* jenes
aquí [a'ki] *adv* da, hier; *de ~* hiesig
aquietar [akĭe'tar] *v* beruhigen
árabe ['araƀe] *m 1. GEO* Araber *m*; *adj 2. GEO* arabisch
arabesco [ara'ƀesko] *m 1. ART* Schnörkel *m*; *adj 2. GEO* arabisch
Arabia [ara'ƀĭa] *f GEO* Arabien *n*; *~ Saudita* Saudi-Arabien *n*
arábico [a'raƀiko] *adj GEO* arabisch
arabización [araƀiθa'θĭɔn] *f* Arabisierung *f*
arada [a'rađa] *adj (la acción de arar) AGR* Pflügen *n*, Ackern *n*

arado [a'rađo] *m AGR* Pflug *m*
aragonés [arago'nes] *m 1. GEO* Aragonese *m; adj 2. GEO* aragonesisch
arancel [aran'θɛl] *m* Zolltarif *m,* Zoll *m*
arándano [a'raŋdano] *m BOT* Heidelbeere *f; ~ encarnado* Preiselbeere *f*
arandela [aran'đela] *f* Metallring *m,* Lamelle *f,* Tischlampe *f*
araña [a'raɲa] *f 1. ZOOL* Spinne *f; 2. (candelabro de cristal que colgante)* Armkronleuchter *m*
arañar [ara'ɲar] *v* kratzen
arañazo [ara'ɲaθo] *m* Schramme *f,* Kratzer *m*
arar [a'rar] *v AGR* pflügen
araucaria [arau'karĭa] *f* Andentanne *f*
arbitrable [arƀi'traƀle] *adj* willkürlich, eigenmächtig, unberechtigt
arbitraje [arƀi'traxe] *f (peritaje)* Schiedsspruch *m,* Schiedsverfahren *n*
arbitral [arƀi'tral] *adj* schiedsgerichtlich
arbitramiento [arƀitra'mĭento] *m JUR* Schiedsspruch *m*
arbitrar [arƀi'trar] *v 1. (hacer que se cumplan las reglas) SPORT* einen Schiedsspruch fällen; *2. (juzgar) JUR* schlichten, Schiedsspruch fällen, beurteilen
arbitrariedad [arƀitrarĭe'đađ] *f* Willkür *f*
arbitrario [arƀi'trarĭo] *adj* eigenmächtig, eigenwillig, willkürlich
arbitrio [ar'ƀitrĭo] *m 1. (facultad para decidir libremente)* freier Wille *m,* Entscheidungsfreiheit *f,* Ermessen *n; 2. (la decisión de un arbitraje)* Schiedsspruch *m*
arbitrista [arƀi'trista] *m* Börsenspekulant *m*
árbitro ['arƀitro] *m SPORT* Schiedsrichter *m,* Kampfrichter *m*
árbol ['arƀɔl] *m 1. BOT* Baum *m; ~ de mayo* Maibaum *m; ~ de Navidad* Weihnachtsbaum *m,* Christbaum *m; ~ genealógico* Stammbaum *m; ~ frondoso* Laubbaum *m; ~ frutal* Obstbaum *m; 2. TECH* Welle *f; 3. (estructura de datos) INFORM* Pfad *m,* Baum *m,* Struktur *f; ~ binario* binäre Struktur *f*
arbolado [arƀo'lađo] *m* Baumbestand *m,* Bewaldung *f*
arborícola [arƀo'rikola] *adj* Baum...
arbusto [ar'ƀusto] *m* Strauch *m,* Busch *m*
arca ['arka] *f/el* Truhe *f; ~ congeladora* Tiefkühltruhe *f*
arcada [ar'kađa] *f 1. ARCH* Bogengang *m,* Säulengang *m; 2. (movimiento del estómago)* Aufstoßen *n,* Brechreiz *m*
arcaico [ar'kaiko] *adj 1. (primitivo)* simpel, primitiv; *2. (anterior a la época clásica) HIST* archaisch; *3. (anticuado, obsoleto)* altertümlich, frühzeitlich
arcaismo [arka'izmo] *m (giro, frase anticuada) GRAMM* Archaismus *m*
arcángel [ar'kanxel] *m REL* Erzengel *m*
arcano [ar'kano] *m* Arkanum *n,* Geheimmittel *n,* Geheimnis *n*
arce ['arθe] *m BOT* Ahorn *m*
archiconocido [artʃikono'θiđo] *adj* altbekannt
archimillonario [artʃimiʎo'narĭo] *adj* betucht, steinreich
archipiélago [artʃi'pĭelago] *m* Inselgruppe *f,* Archipel *m*
archivador [artʃi'ƀađɔr] *m* Ordner *m*
archivar [artʃi'ƀar] *v (las actas)* ablegen, archivieren
archivo [ar'tʃiƀo] *m 1.* Archiv *n,* Datei *f; 2. (en una computadora) INFORM* Datei *f; ~ de texto* Textdatei *f; ~ de sistema* Systemdatei *f; ~ fuente* Quelldatei *f; ~ comprimido* komprimierte Datei *f; ~ de procesamiento por lotes*
arcilla [ar'θiʎa] *f GEOL* Ton *m*
arco ['arko] *m 1.* Bogen *m; ~ iris* Regenbogen *m; 2. ARCH* Bogen *m,* Gewölbebogen *m,* Brückenbogen *m; ~ del triunfo* Triumphbogen *m*
arder [ar'đɛr] *v 1.* brennen, lodern; *2. (fig: estar agitado por la pasión)* in Flammen stehen, brennen, glühen; *Ardo de impaciencia.* Ich glühe vor Ungeduld.
ardid [ar'điđ] *m* Masche *f*
ardiente [ar'điente] *adj 1.* glühend; *2. (fig)* heißblütig, inbrünstig
ardilla [ar'điʎa] *f ZOOL* Eichhörnchen *n*
ardor [ar'đɔr] *m 1.* Glut *f,* Hitze *f; 2. (fig)* Inbrunst *f,* Eifer *m*
ardoroso [arđo'roso] *adj* brennend, glühend
arduo ['arđwo] *adj* schwer
área ['area] *f/el 1.* Gelände *n,* Raum *m,* Gebiet *n; 2. ~ de no fumar* Nichtraucherzone *f; 3. ~ de penalty/~ de castigo SPORT* Strafraum *m; 4. ~ de aprovechamiento* Einzugsgebiet *n; 5. ~s verdes* Grünanlage *f; 6. ~ de cultivos AGR* Anbaufläche *f; 7. (superficie en un perímetro) MATH* Fläche *f*
arena [a'rena] *f 1.* Sand *m; 2. (corrida de toros) SPORT* Arena *f*
arenal [are'nal] *m* Sandfläche *f*
arenífero [are'nifero] *adj* sandig
arenoso [are'noso] *adj* sandig

arenque [a'reŋke] *m ZOOL* Hering *m*
arete [a'rete] *m* Ohrring *m*
argamasa [arga'masa] *f* Mörtel *m*
Argel [ar'xel] *m GEO* Algier *n*
Argelia [ar'xelĭa] *f GEO* Algerien *n*
argelino [arxe'lino] *adj 1.* algerisch; *m 2.* Algerier *m*
argénteo [ar'xenteo] *adj* versilbert, silbern
Argentina [arxen'tina] *f GEO* Argentinien *n*
argentino [arxen'tino] *adj 1.* argentinisch; *2. (voz)* glockenhell; *3. (de plata)* silbern; *m 4.* Argentinier *m*
argucia [ar'guθĭa] *f* Arglist *f*, Spitzfindigkeit *f*
argüir [argu'ir] *v irr (objetar, argumentar)* beweisen, folgern, anführen
argumentación [argumenta'θĭpn] *f* Argumentation *f*, Beweisführung *f*
argumentar [argumen'tar] *v (argüir)* argumentieren, begründen, folgern
argumento [argu'mento] *m 1.* Argument *n*, Handlung *f*; *2. (parámetro de una función) INFORM* Argument *n*
aria ['arĭa] *f MUS* Arie *f*
aridez [ari'đeθ] *f* Dürre *f*
árido ['ariđo] *adj 1.* kahl; *2. (seco)* trocken
Aries ['arĭes] *1. (signo zodiacal)* Widder *m*; *2. (constelación) ASTR* Aries *m*
ario ['arĭo] *adj 1. HIST* arisch; *m 2. HIST* Arier *m*
arisco [a'risko] *adj (poco amable)* barsch, widerborstig
aristocracia [aristo'kratθĭa] *f* Aristokratie *f*
aristócrata [aris'tokrata] *m/f* Adlige(r) *m/f*, Aristokrat(in) *m/f*
aristocrático [aristo'kratiko] *adj* aristokratisch, erlesen
aristotelismo [aristote'lizmo] *m PHIL* Aristotelismus *m*
aritmética [arit'metika] *f* Arithmetik *f*
aritmético [arit'metiko] *adj MATH* arithmetisch
arlequín [arle'kin] *m 1. (personaje de la comedia italiana) ART* Harlekin *m*; *2. (persona disfrazada de arlequín)* Clown *m*; *3. (fig: persona bufonesca)* Hanswurst *m*
arma ['arma] *f/el 1.* Waffe *f*; *~ atómica/~ nuclear* Atomwaffe *f*; *~ de fuego* Schusswaffe *f*; *2. (blasón)* Wappen *n*; *3. (fig) ~ de dos filos* zweischneidiges Schwert *n*; *4. rendir las ~ MIL* die Waffen niederlegen *f/pl*; *5. alzarse en ~s* zu den Waffen greifen *f/pl*, sich empören; *6. (fig) pasar por las ~s* standrechtlich erschießen; *7. (fig) de ~s tomar* streitsüchtiger Mensch *m*, energische Person *f*
armada [ar'mađa] *f NAUT* Kriegsflotte *f*
armadillo [arma'điʎo] *m ZOOL* Armadill *n*, Gürteltier *n*
armado [ar'mađo] *adj 1. (con armas)* bewaffnet; *2. (con una estructura interna)* organisiert; *cemento ~* Stahlbeton *m*
armador [arm'ađɔr] *m* Reeder *m*
armadura [arma'đura] *f 1. MIL* Panzerung *f*; *2. HIST* Rüstung *f*; *3. MUS* Vorzeichnung *f*
armamento [arma'mento] *m 1.* Ausrüstung *f*; *2. MIL* Bewaffnung *f*; *3. HIST* Rüstung *f*
armar [ar'mar] *v 1.* bewaffnen; *2. (fig)* aufstellen; *3. (montar, ensamblar)* ausrüsten, ausstatten; *~ una máquina* eine Maschine ausstatten *f*; *~ un rompecabezas* Kopfzerbrechen bereiten *n*; *4. (fig: causar)* verursachen, veranstalten; *¿Por qué armas tanto escándalo?* Warum veranstaltest du so einen Zirkus?
armario [ar'marĭo] *m* Schrank *m*; *~ de cocina* Küchenschrank *m*; *~ para libros* Bücherschrank *m*; *~ de ropa* Kleiderschrank *m*
armarse [ar'marse] *v ~ de* sich wappnen mit
armatoste [arma'toste] *m* wuchtiges Möbel *n*, überflüssiges Gerät *n*
armazón [arma'θɔn] *f* Gerüst *n*, Rahmen *m*
Armenia [ar'menĭa] *f GEO* Armenien *n*
armería [arme'rĭa] *f 1. (tienda de armas)* Waffengeschäft *n*; *2. (el arte de fabricar armas)* Waffenhandwerk *n*, Waffenschmiede *f*
armero [ar'mero] *m 1. (fabricante o vendedor de armas)* Waffenproduzent *m*, Waffenschmied *m*; *2. (estante para armas)* Waffenständer *m*
armiño [ar'miɲo] *m ZOOL* Hermelin *n*
armisticio [armis'tiθĭo] *m* Waffenstillstand *m*
armonía [armo'nia] *f* Harmonie *f*; *estar en ~* harmonieren; *en ~* einträchtig
armónica [ar'monika] *f MUS* Mundharmonika *f*
armónico [ar'moniko] *adj* harmonisch
armonio [ar'monĭo] *m MUS* Harmonium *n*
armonioso [armoni'oso] *adj 1. (melodioso)* harmonisch, wohlklingend; *2. (de buena proporción)* ausgeglichen, aufeinander abgestimmt, wohlproportioniert

armonizado [armoni'θađo] *adj* eingespielt
armonizar [armoni'θar] *v 1.* harmonisieren; *2. (componer la armonia para una melodia) MUS* harmonisieren, in Übereinstimmung bringen
ARN [a erre ene] *m (ácido ribonucleico) BIO* RNS
árnica ['arnika] *f BOT* Arnika *f*
aro ['aro] *m* Reif *m,* Ring *m,* Bügel *m*
aroma [a'roma] *m* Duft *m,* Aroma *n,* Wohlgeruch *m*
aromar [aro'mar] *v* aromatisieren, würzen
aromático [aro'matiko] *adj* aromatisch
aromatizar [aromati'θar] *v* aromatisieren, würzen, Geschmack verleihen
arpa ['arpa] *f/el MUS* Harfe *f*
arpegio [ar'pexĭo] *m MUS* Arpeggio *n*
arpón [ar'pɔn] *m* Harpune *f*
arquear [ar'kear] *v (dar forma de arco)* wölben, sich runden, sich spannen, biegen
arqueología [arkeolo'xia] *f* Archäologie *f*
arqueológico [arkeo'loxiko] *adj* archäologisch
arqueólogo [arke'ologo] *m* Archäologe *m*
arquero [ar'kero] *m (LA) SPORT* Torwart *m*
arquetipo [arke'tipo] *m (modelo)* Archetyp *m,* Urbild *n*
arquitecta [arki'tɛkta] *f* Architektin *f*
arquitecto [arki'tɛkto] *m* Architekt *m; ~ de interiores* Innenarchitekt *m*
arquitectónico [arkitek'toniko] *adj* architektonisch
arquitectura [arkitɛk'tura] *f 1.* Architektur *f; 2. (fig: estructura)* Architektur *f,* Bauweise *f,* Bauart *f,* Struktur *f*
arrabal [arra'ƀal] *m* Vorstadt *f,* Vorort *m*
arrabalero [arraƀa'lero] *adj 1. (fig: chabacano, vulgar)* vulgär, plump, geschmacklos; *2. (de las afueras)* vorstädtisch
arraigar [arraĭ'gar] *v 1.* wurzeln; *2. (hacerse firme una costumbre)* verwurzeln, zur Gewohnheit werden
arraigarse [arrai'garse] *v (establecerse en un lugar)* Wurzeln schlagen, sich einrichten
arrancada [arran'kađa] *f* ruckartiges, schnelles Anfahren *n,* Sprinten *n*
arrancador [arraŋka'đɔr] *m TECH* Anlasser *m*
arrancar [arraŋ'kar] *v 1.* herausreißen, losreißen; *~ una hoja* ein Blatt abreißen; *~ de repente* ausbrechen, herausbrechen; *~ una confesión* ein Geständnis erzwingen; *~ de raíz* entwurzeln; *2. TECH* Motor anlassen, anspringen, starten
arranque [a'rraŋke] *m 1.* Anlauf *m; 2. (dispositivo para poner en marcha) TECH* Anfahren *n,* Anlaufen *n,* Start *m*
arrasamiento [arrasa'mĭento] *m* Schleifen *n,* Ebnen *n*
arrasar [arra'sar] *v 1. (arruinar, destruir)* dem Erdboden gleichmachen, zerstören; *El huracán arrasó todos los pueblos de la costa.* Der Orkan machte alle Küstendörfer dem Erdboden gleich. *2. (allanar)* einebnen, gleichmachen, planieren
arrastrado [arras'trađo] *adj (fig: miserable, descachalandrado)* armselig, kümmerlich
arrastramiento [arrastra'mĭento] *m* Armseligkeit *f,* Herunterkommen *n*
arrastrar [arras'trar] *v 1.* ziehen, nachziehen; *2. (fuertemente)* zerren; *~ a alguien* jdn schleifen; *3. (fig: convencer)* überzeugen, überreden
arrastrarse [arras'trarse] *v* kriechen
arrastre [a'rrastre] *m (arrastrar)* Zugkraft *f,* Fortreißen *n*
arrear [a'rrear] *v 1. (estimular al ganado)* treiben, führen, befördern; *2. (fig: apremiar, incitar)* motivieren, antreiben, anregen
arrebatadizo [arrɛƀata'điθo] *adj* unbesonnen, unüberlegt, übereilt
arrebatador [arrɛƀata'đɔr] *adj* hinreißend, mitreißend
arrebatamiento [arrɛbata'mĭento] *m* Ungestüm *n,* Verzücken *n*
arrebatar [arrɛƀa'tar] *v 1.* entreißen; *2. (fig: extasiar)* in Ekstase versetzen, hinreißen
arrebato [arrɛ'ƀato] *m* Anwandlung *f,* Erregung *f*
arrebujarse [arreƀu'xarse] *v* sich einmummeln
arrechucho [arrɛ'tʃutʃo] *m* Wutanfall *m,* Koller *m*
arreciar [arrɛ'θĭar] *v (hacerse algo más violento)* zunehmen, erstarken
arrecife [arrɛ'θife] *m* Riff *n*
arredramiento [arrɛđra'mĭento] *m* Einschüchterung *f*
arredrar [arrɛ'đrar] *v 1. (apartar)* entfernen, absondern, trennen; *2. (fig: atemorizar, apabullar)* erschrecken
arreglar [arrɛ'glar] *v 1. (poner orden)* aufräumen, ordnen; *2. (disponer)* einrichten, richten; *3. (reparar)* reparieren, kitten;

¿Puede usted ~ esto? Können Sie das reparieren? *4. (preparar)* vorbereiten, bereitstellen; *5. (mejorar)* ausbessern, bereinigen, zurechtmachen; *6. (fig)* arrangieren; *7. (adaptar) MUS* ausgleichen, einrichten; *8. (ponerse de acuerdo)* sich einigen, regeln
arreglarse [arrɛ'glarse] *v 1.* sich schön machen; *~ el pelo* sich frisieren; *2. ~ con algo* mit etw zurechtkommen; *3. ~ con alguien JUR* sich mit jdm vergleichen
arreglo [a'rrɛglo] *m 1.* Anordnung *f; 2. (acuerdo)* Absprache *f,* Arrangement *n,* Übereinkommen *n; 3. (mejora)* Instandsetzung *f,* Ausgleich *m; 4. (disposición)* Einrichtung *f; 5. ECO* Akkord *m,* Abfindung *f,* Geschäft *n; 6. JUR* Vergleich *m; 7. (matriz) MATH* Regel *f; 8. (estructura de datos) INFORM* Array *n,* Matrix *f*
arrellanarse [arrɛʎa'narse] *v* sich breit machen
arremangarse [arrɛmaŋ'garse] *v 1.* sich aufraffen; *2. ~ la camisa* sich die Hemdsärmel hochkrempeln
arremeter [arrɛme'tɛr] *v (atacar impetuosamente)* angreifen, attakieren
arremetida [arrɛme'tiđa] *f* Ansturm *m*
arremolinarse [arrɛmoli'narse] *v* sich zusammendrängen, zusammenlaufen
arrendable [arrɛn'đađle] *adj* vermietbar
arrendador(a) [arrɛnda'đɔr/arrɛnda'đora] *m/f 1.* Verpächter(in) *m/f; 2. (LA)* Vermieter(in) *m/f*
arrendamiento [arrɛnda'mĭento] *m* Pacht *f; tomar en ~* pachten
arrendar [arrɛn'dar] *v irr 1. (LA)* mieten; *2. (las áreas de cultivo)* pachten, verpachten
arrendatario [arrɛnda'tarĭo] *m 1.* Mieter *m; 2. (de las áreas de cultivo)* Pächter *m*
arrepentido [arrɛpen'tiđo] *adj* reumütig
arrepentimiento [arrɛpenti'mĭento] *m* Reue *f*
arrestar [arrɛs'tar] *v* verhaften, festnehmen
arresto [a'rrɛsto] *m 1.* Arrest *m; ~ domiciliario* Hausarrest *m,* Stubenarrest *m; 2. JUR* Verhaftung *f,* Arrest *m; ~ menor* Haftstrafe *f; ~ precautorio* Schutzhaft *f; m 3. (audacia, coraje)* Mut *m,* Tapferkeit *f*
arriate [a'rrĭate] *m* Blumenbeet *n*
arriba [a'rriđa] *adv 1.* oben; *~ mencionado* oben genannt; *2. hacia ~* hinauf, empor; *3. más ~* oberhalb; *4. (más de)* mehr, länger, weiter
arribada [arri'đađa] *f* Landung *f*
arribar [arri'đar] *v 1.* landen; *2. (llegar por tierra a cualquier parte)* ankommen, landen; *El tren procedente de Madrid arribará a las cinco.* Der Zug aus Madrid wird um fünf Uhr ankommen.
arribista [arri'đista] *m* Emporkömmling *m*
arribo [a'rriđo] *m* Ankunft *f*
arriendo [a'rrĭendo] *m* Vermietung *f*
arriesgado [arrĭes'gađo] *adj* halsbrecherisch, lebensgefährlich, riskant
arriesgar [arrĭes'gar] *v* riskieren, wagen, gefährden
arrimar [arri'mar] *v 1. (poner una cosa junto a otra)* anlehnen, annähern; *2. (fig: dar)* anbringen, geben; *~ un puñetazo* einen Faustschlag landen *m*
arrimarse [arri'marse] *v 1. (juntarse con otros)* sich nähern, sich lehnen (an), sich zusammentun; *~ a un grupo* sich mit einer Gruppe zusammentun *f; 2. (acogerse a la protección de alguien)* sich anlehnen
arrinconar [arrinko'nar] *v 1. (poner una cosa en un rincón)* in eine Ecke stellen; *2. (fig: abandonar una actividad)* aufgeben, übergehen; *He arrinconado la música.* Ich habe die Musik aufgegeben. *3. (fig)* in die Ecke drängen
arritmia [a'rritmĭa] *f MED* Arrhythmie *f,* unregelmäßiger Herzschlag *m*
arroba [a'rrođa] *f (25 libras)* Arroba *f,* 11,502 kg
arrobamiento [arrođa'mĭento] *m* Erstaunen *n,* Verzückung *f*
arrobar [arro'đar] *v (embelesar)* bezaubern, entzücken
arrodillarse [arrɔđi'ʎarse] *v* knien, sich niederknien
arrogancia [arrɔ'ganθĭa] *f* Anmaßung *f,* Arroganz *f,* Überheblichkeit *f*
arrogante [arrɔ'gante] *adj 1.* anmaßend, arrogant, hochnäsig; *2. (valeroso)* arrogant, reich, mächtig; *3. (gallardo)* stolz, tapfer
arrogarse [arro'garse] *v (atribuirse)* sich aneignen, an sich reißen; *Me arrogo el derecho de ...* Ich nehme mir das Recht, ... *n*
arrojado [arrɔ'xađo] *adj* unerschrocken, wagemutig
arrojar [arrɔ'xar] *v 1.* herauswerfen, schleudern, hinunterwerfen; *2. (dar como resultado)* ergeben; *La suma arroja como resultado ...* Das Ergebnis der Summe ist ...
arrojarse [arrɔ'xarse] *v 1.* abspringen; *2. (fig)* sich erkühnen, sich erdreisten, sich stürzen auf

arrojo [a'rrɔxo] *m* Mut *m*
arrollador [arrɔ'ʎađɔr] *adj* überwältigend
arrollar [arrɔ'ʎar] *v 1.* aufwickeln, zusammenrollen; *2. (fig)* sich hinwegsetzen über; *3. (atropellar)* überfahren
arrostrar [arrɔs'trar] *v 1. (hacer cara valerosamente al peligro)* einer Gefahr ins Auge sehen, trotzen; *2. (tolerar cosas desagradables)* standhalten, aushalten, trotzen
arrostrarse [arrɔs'trarse] *v* sich wagen, den Mut aufbringen
arroyo [a'rrɔjo] *m 1.* Bach *m; 2. (acequia)* Rinnstein *m; 3. (fig)* Gosse *f*
arroyuelo [arrɔ'jwelo] *m* Rinnsal *n*
arroz [a'rrɔθ] *m BOT* Reis *m*
arruga [a'rruga] *f* Falte *f,* Runzel *f*
arrugable [arru'gaƀle] *adj* faltbar
arrugado [arru'gađo] *adj* runzelig
arrugar [arru'gar] *v* runzeln, verknittern, zerknittern
arruinado [arrwi'nađo] *adj* heruntergekommen, ruiniert
arruinamiento [arruina'mĭento] *m* Ruin *m*
arruinar [arrwi'nar] *v 1.* ruinieren; *2. (fig: destruir, dañar)* ruinieren, zerstören
arruinarse [arrwi'narse] *v 1.* untergehen, zerfallen; *2. ECO* abwirtschaften
arrullar [arru'ʎar] *v (fig: adormecer con arrullos)* einlullen, bestricken, einschläfern
arrullo [a'rruʎo] *m* Wiegenlied *n,* Wiegen *n*
arrumaco [arru'mako] *m (fam)* Gekose *n,* Geschmuse *n*
arrumbar [arrum'bar] *v 1.* peilen; *2. (fig: relegar a una persona)* ausrangieren, außen vor lassen, aufgeben
arsenal [arse'nal] *m MIL* Arsenal *n*
arsénico [ar'seniko] *m CHEM* Arsen *n*
arte ['arte] *m 1.* Kunst *f; ~ culinario* Kochkunst *f; ~ de persuadir* Überredungskunst *f; 2. una obra de ~ ART* Kunstwerk *n; f 3. ~s plásticas pl ART* bildende Künste *pl; 4. malas ~s* niederträchtige Mittel; *5. no tener ~ ni parte* nichts zu schaffen haben mit; *6. por ~ de magia* durch Hexerei, durch Zauberei, wie durch ein Wunder; *por ~ del diablo* dabei hatte der Teufel seine Hand im Spiel
artefacto [arte'fakto] *m 1.* Apparat *m; 2. ~ explosivo* Sprengsatz *m*
artería [arte'ria] *f (astucia)* Hinterlist *f,* Verschlagenheit *f*
arteria [ar'terĭa] *f ANAT* Arterie *f,* Schlagader *f; ~ carótida* Halsschlagader *f; ~ radial* Pulsader *f; ~ de tráfico* Verkehrsader *f*
arterial [arte'rĭal] *adj ANAT* arteriell
arterioesclerosis [arterĭɔskle'rosis] *f MED* Arterienverkalkung *f,* Arteriosklerose *f*
artero [ar'tero] *adj (astuto, mañoso)* arglistig, verschlagen, schlau
artesa [ar'tesa] *f* Kübel *m,* Trog *m*
artesana [arte'sana] *f* Handwerkerin *f*
artesanado [artesa'nađo] *m* Handwerkerstand *m*
artesanal [artesa'nal] *adj* handwerklich; *feria ~* Handwerksmesse *f*
artesanía [artesa'nia] *f* Kunsthandwerk *n,* Kunstgewerbe *n,* Handwerk *n*
artesano [arte'sano] *m* Handwerker *m*
ártico ['artiko] *m GEO* Arktis *f,* Nordpol *m*
articulación [artikula'θĭɔn] *f 1. ANAT* Gelenk *n; 2. TECH* Gelenk *n; 3. (pronunciación clara)* Aussprache *f; Tu articulación no es correcta.* Deine Aussprache ist nicht richtig. *4. (movimiento de los órganos al hablar) GRAMM* Artikulation *f,* Lautbildung *f; ~ fricativa* Reibelaut *m; ~ vibrante* Vibrant *m*
articulado [artiku'lađo] *adj* gelenkig, gegliedert, beweglich
articular [artiku'lar] *v 1. (unir)* einfügen, vereinen; *2. (pronunciar claramente)* artikulieren, laut aussprechen
artículo [ar'tikulo] *m 1. GRAMM* Artikel *m; 2. (de redacción)* Beitrag *m,* Zeitungsartikel *m; 3. ECO* Artikel *m; ~ burlón/~ humorístico* Scherzartikel *m; ~ de deporte* Sportartikel *m; ~ de lujo* Luxusartikel *m; ~ invendible* Ladenhüter *m; ~ de importación* Importartikel *m; 4. JUR* Artikel *m,* Paragraph *m; ~ relativo al aborto* Abtreibungsparagraph *m; 5. ~s pl* Waren *pl,* Artikel *pl; ~s de escritorio* Bürobedarf *m,* Schreibwaren *pl; ~s de ferretería* Eisenwaren *pl; ~s de piel* Lederwaren *pl; ~s de punto* Strickwaren *pl; ~s de tocador* Toilettenartikel *pl*
artífice [ar'tifiθe] *m 1. (artista)* Künstler *m; 2. (fig: autor)* Autor *m*
artificial [artifi'θĭal] *adj* künstlich, gekünstelt
artificio [arti'fiθĭo] *m 1.* Kunsthandwerk *n; 2. (artefacto)* Kunststück *n*
artificiosidad [artifiθĭosi'đađ] *f* Kunstfertigkeit *f*
artificioso [artifi'θĭoso] *adj 1. (hecho con artificio)* kunstvoll, mit Kunstfertigkeit; *2. (fig: disimulado, falso)* gekünstelt, affektiert, geziert
artilugio [arti'luxĭo] *m (artefacto artificioso)* künstliches Machwerk *n*

artillería [artiʎe'ria] *f MIL* Artillerie *f*
artillero [arti'ʎero] *m (que sirve en la artillería) MIL* Artillerist *m*
artimaña [arti'maɲa] *f* Trick *m,* Masche *f*
artista [ar'tista] *m/f 1.* Künstler(in) *m/f; ~ callejero* Gaukler *m,* Straßenkünstler *m; 2. ~ de cabaret THEAT* Kabarettist(in) *m/f; 3. (de circo)* Artist(in) *m/f*
artístico [ar'tistiko] *adj* künstlerisch, stilvoll
artritis [ar'tritis] *m MED* Arthritis *f*
arveja [ar'ƀexa] *f (LA)* Erbse *f*
arzobispado [arθoƀis'pađo] *m REL* Erzbistum *n*
arzobispo [arθo'ƀispo] *m REL* Erzbischof *m*
as [as] *m 1. (carta)* Ass *n; 2. (fig: campeón)* Meister *m,* Ass *n*
asa ['asa] *f/el* Handgriff *m,* Henkel *m*
asado [a'sađo] *m 1.* Braten *m; adj 2.* gebraten
asador [asa'đɔr] *m* Grill *m*
asaduras [asa'duras] *f/pl GAST* Innereien *pl*
asalariado [asala'rĭađo] *m* Erwerbstätiger *m,* Lohnempfänger *m*
asaltar [asal'tar] *v 1.* überfallen, bestürmen; *~ a alguien* jdn anfallen, jdn überfallen; *2. (fig: sobrevenir algo)* überkommen, überfallen; *Me asaltaron los remordimientos.* Mich haben Gewissensbisse befallen.
asalto [a'salto] *m* Überfall *m,* Raubüberfall *m*
asamblea [asam'blea] *f 1.* Sitzung *f,* Versammlung *f; ~ general* Hauptversammlung *f; 2. ~ general del partido POL* Parteitag *m; ~ plenaria* Vollversammlung *f*
asar [a'sar] *v* braten; *~ a la parrilla* rösten, grillen; *~ a punto GAST* durchbraten
asarse [a'sarse] *v (fig: sentir muchísimo calor)* schmoren, vor Hitze kochen; *~ vivo* vor Hitze vergehen *f*
asbesto [az'ƀesto] *m* Asbest *m*
ascendencia [asθen'đenθĭa] *f* Abstammung *f,* Vorfahren *m/pl*
ascendente [asθen'dente] *adj* steigend
ascender [asθen'dɛr] *v irr* aufsteigen, hinaufsteigen, steigen
ascendiente [asθen'đĭente] *m 1. (antecesor, ancestro)* Vorfahr *m,* Ahne *m,* Blutsverwandter *m; 2. (influencia)* Einfluss *m*
ascensión [asθen'sĭɔn] *f* Aufstieg *m,* Anstieg *m; Ascensión del Señor REL* Christi Himmelfahrt *f*
ascensional [asθensĭo'nal] *adj* aufsteigend
ascenso [as'θenso] *m 1.* Aufstieg *m; 2. (de puesto) ECO* Beförderung *f*
ascensor [asθen'sɔr] *m* Fahrstuhl *m,* Lift *m,* Aufzug *m*
ascensorista [asθenso'rista] *m* Fahrstuhlführer *m*
asceta [as'θeta] *m* Asket *m*
ascético [as'θetiko] *adj* asketisch
ascetismo [asθe'tizmo] *m* Askese *f*
asco ['asko] *m 1.* Abscheu *m,* Ekel *m; tomar ~ a* sich ekeln vor; *sentir ~* sich ekeln; *¡Qué ~!* Pfui Teufel! *2. estar hecho un ~* wie ein Ferkel daherkommen, dreckig sein; *3. hacer ~s a algo* etw widerlich finden, sich zieren, etw zu tun; *No tengo razón para hacerle ~s a ese trabajo.* Ich habe eigentlich nicht das Recht, diese Arbeit widerlich zu finden. *4. ser algo un ~* widerlich sein, abstoßend sein
ascua ['askwa] *f 1.* Glut *f; 2. estar en ~s* auf glühenden Kohlen sitzen
aseado [ase'ađo] *adj 1. (bien cuidado)* gepflegt, adrett; *2. (persona)* sauber, reinlich
asechanza [ase'tʃanθa] *f* Hinterlist *f,* Falle *f*
asechar [ase'tʃar] *v* jdm nachstellen
asediar [ase'dĭar] *v 1.* belagern; *~ con preguntas a alguien* jdm mit Fragen zusetzen; *2. (molestar)* belästigen
asegurado [asegu'rađo] *m 1.* Versicherungsnehmer *m; adj 2.* versichert
aseguramiento [asegura'mĭento] *m 1.* Sicherung *f; 2. (fig: afirmación)* Versprechung *f,* Behauptung *f,* Bestätigung *f*
asegurar [asegu'rar] *v 1. (un coche, la casa)* versichern; *Estoy asegurado.* Ich bin versichert. *2. (fig: afirmar)* behaupten, zusichern, beteuern, versichern; *3. (poner a salvo)* absichern, sicherstellen; *4. (fijar)* festhalten, halten; *5. (contra)* sichern; *6. INFORM* abspeichern
asegurarse [asegu'rarse] *v 1.* sich absichern; *2. (fig)* sich vergewissern, sich versichern
asemejar [asemɛ'xar] *v ~ a alguien* jdm gleichen; *Cuando habla asemeja a la madre.* Wenn sie spricht, ähnelt sie der Mutter.
asendereado [asenđe'reađo] *adj (fig: agobiado por adversidades)* erfahren, gewitzt
asenderear [asenđe'rear] *v (fig: molestar con propuestas)* plagen, mit Ratschlägen belästigen

asentamiento [asenti'mĭento] *m* Siedlung *f*, Ansiedlung *f*
asentar [asen'tar] *v irr 1.* setzen, stellen, aufbauen; *2. (inscribir)* eintragen, buchen; *3. (vestido)* passen, gut stehen
asentimiento [asenti'mĭento] *m* Zustimmung *f*
asentir [asen'tir] *v irr* beipflichten; *(con la cabeza)* nicken
aseo [a'seo] *m* Sauberkeit *f*, Ordnung *f*
asepsia [a'sepsĭa] *f MED* Asepsis *f*, Keimfreiheit *f*
aséptico [a'septiko] *adj MED* aseptisch, keimfrei
asequible [ase'kiƀle] *adj* erreichbar, erschwinglich
aserción [asɛr'θĭɔn] *f 1. (acto de afirmar)* Aussage *f*, Behauptung *f*, Vorschlag *m*; *2. (proposición afirmativa)* Bestätigung *f*
aserradero [asɛrra'đero] *m* Sägewerk *n*
aserrar [asɛ'rrar] *v irr* sägen
aserrín [asɛ'rrin] *m* Sägemehl *n*
asertivo [asɛr'tiƀo] *adj* bejahend
aserto [a'sɛrto] *m (afirmación)* Bestätigung *f*
asesinar [asesi'nar] *v* ermorden
asesinato [asesi'nato] *m* Mord *m*, Ermordung *f*; *~ con robo* Raubmord *m*
asesino [ase'sino] *m 1.* Mörder *m*, Attentäter *m*; *adj 2.* mörderisch
asesor(a) [ase'sɔr/ase'sora] *m/f* Berater(in) *m/f*; *~ fiscal* Steuerberater *m*
asesoramiento [asesora'mĭento] *m* Beratung *f*; *~ de empresa* Unternehmensberatung *f*
asesorar [aseso'rar] *v* beraten
asesoría [aseso'ria] *f 1. (oficina del asesor)* Amt *n*, Amt des Gerichtsbeisitzers *n*; *2. (trabajo de asesor)* Beiratstätigkeit *f*
aseveración [aseƀera'θĭɔn] *f* Behauptung *f*, Versicherung *f*, Bestätigung *f*
aseverar [aseƀe'rar] *v (afirmar)* bestätigen, behaupten
asexual [aseg'swal] *adj BIO* asexuell, ungeschlechtlich
asfaltar [asfal'tar] *v (cubrir con asfalto)* asphaltieren
asfalto [as'falto] *m* Asphalt *m*
asfixiante [asfik'sĭante] *adj* stickig
asfixiar [asfig'sĭar] *v* ersticken
así [a'si] *adv 1.* so, dadurch; *¡Así lo espero!* Hoffentlich! *¡Está bien ~!* Stimmt so! *konj 2. ~ que* so; *3. ~ pues* somit; *4. ~ como* sowie; *5. ~ como ~* ohne weiteres, sowieso
Asia ['asĭa] *f/el GEO* Asien *n*
asiático [a'sĭatiko] *adj GEO* asiatisch
asidero [asi'đero] *m 1.* Griff *m*, Handgriff *m*; *2. (fig)* Anhaltspunkt *m*
asiduidad [asiđwi'đađ] *f (frecuencia)* Regelmäßigkeit *f*, Stetigkeit *f*
asiduo [a'siđwo] *adj* stetig, regelmäßig, pünktlich
asiento [a'sĭento] *m 1.* Sitz *m*, Sitzplatz *m*; *tomar ~* sich hinsetzen/Platz nehmen; *Quisiera un ~.* Ich möchte einen Sitzplatz. *~ trasero* Rücksitz *m*; *~ del acompañante/~ del copiloto* Beifahrersitz *m*; *2. (puesto)* Posten *m*; *3. ECO* Eintragung *f*, Buchung *f*; *4. (fig: permanencia)* Dauer *f*, Beständigkeit *f*, Regelmäßigkeit *f*; *5. (poso de un líquido)* Bodensatz *m*
asignación [asigna'θĭɔn] *f* Zuweisung *f*
asignar [asig'nar] *v* zuweisen
asignatura [asigna'tura] *f* Fach *n*, Lehrfach *n*; *~ voluntaria* Wahlfach *n*; *~ obligatoria* Pflichtfach *n*; *~ secundaria* Nebenfach *n*
asilado [asi'lađo] *m* Asylant *m*
asilo [a'silo] *m 1. (político)* Asyl *n*; *2. (casa)* Hort *m*, Pflegeheim *n*; *~ de ancianos* Altersheim *n*; *~ nocturno* Obdachlosenasyl *n*, Nachtasyl *n*; *~ para animales* Tierheim *n*
asimetría [asime'tria] *f* Asymmetrie *f*
asimétrico [asi'metriko] *adj* asymmetrisch, unregelmäßig
asimilación [asimila'θĭɔn] *f* Assimilation *f*, Angleichung *f*
asimilar [asimi'lar] *v 1.* angleichen, gleichstellen; *2. (comprender)* geistig verarbeiten, erfassen, begreifen
asimismo [asi'mizmo] *adv* ebenfalls, auch, zugleich
asir [a'sir] *v irr* anfassen, greifen, ergreifen, packen
asistencia [asis'tenθĭa] *f 1. (cuidado)* Pflege *f*, Hilfe *f*; *2. (presencia)* Anwesenheit *f*, Besuch *m*; *3. (ayuda)* Hilfe *f*, Aushilfe *f*, Beihilfe *f*, Beistand *m*; *~ al parto* Geburtshilfe *f*; *~ social* Sozialhilfe *f*; *~ técnica* Service *m*, Kundendienst *m*; *~ a las urnas POL* Wahlbeteiligung *f*
asistente [asis'tente] *m/f (ayudante)* Gehilfe/Gehilfin *m/f*, Assistent(in) *m/f*, Helfer(in) *m/f*; *~ durante el plazo de prueba* Bewährungshelfer(in) *m/f*
asistir [asis'tir] *v 1. MED* behandeln; *2. (ayudar)* aushelfen, beistehen; *¡Dios nos asista!* Gott steh uns bei! *3. ~ a (dar cuida-*

dos) pflegen; *4. (presencia)* ~ *a* besuchen; *5.* ~ *en el parto MED* entbinden
asma ['azma] *f/el MED* Asthma *n*
asno ['azno] *m 1.* Esel *m; 2. (fig: persona poco inteligente)* Esel *m,* Schwachkopf *m*
asociación [asoθĭa'θĭɔn] *f 1. (grupo)* Verein *m,* Verband *m,* Zusammenschluss *m;* ~ *central* Spitzenverband *m;* ~ *deportiva* Sportverein *m; 2. (fig: relación)* Zusammenhang *m,* Kombination *f,* Verknüpfung *f*
asociado [aso'θĭađo] *m ECO* Sozius *m,* Teilhaber *m*
asocial [aso'θĭal] *adj* asozial
asociar [aso'θĭar] *v* angliedern, verknüpfen, kombinieren; ~ *algo con* etw assoziieren mit, etw verbinden mit
asociarse [aso'θĭarse] *v* sich zusammenschließen; ~ *con* sich anschließen an
asolamiento [asola'mĭento] *m* Verwüstung *f*
asolar [aso'lar] *v irr* verwüsten, zunichte machen
asombrarse [asɔm'brarse] *v* ~ *con/~de* sich wundern über, erstaunt sein über
asombro [a'sɔmbro] *m* Staunen *n,* Verwunderung *f*
asombroso [asɔm'broso] *adj* erstaunlich, verblüffend
asomo [a'somo] *m 1. (acción de asomarse)* Sichtbarmachung *f; 2. (indicio de alguna cosa)* Anschein *m,* Anzeichen *n; 3. ni por* ~ nicht die Spur, nicht im Entferntesten
asonada [aso'nađa] *f (reunión para conseguir un fin)* Auflauf *m,* Zusammenlaufen *n*
aspavientos [aspa'ƀĭentos] *m/pl (fam)* Faxen *pl,* Gezeter *n,* Theater *n*
aspecto [as'pɛkto] *m* Aussehen *n,* Erscheinung *f;* ~ *físico* Gestalt *f*
aspereza [aspe'reθa] *f* Unebenheit *f,* Rauigkeit *f*
áspero ['aspero] *adj 1.* rau; *2. (seco)* trocken; *3. (bronco)* barsch, rau; *4. (rudo, vulgar)* derb; *5. (superficie)* holperig, stachelig
aspirador [aspira'đɔr] *m* Staubsauger *m*
aspirante [aspi'rante] *m/f* Anwärter(in) *m/f,* Bewerber(in) *m/f*
aspirar [aspi'rar] *v 1. (respirar)* einatmen; *2. (el polvo)* saugen, absaugen; *3. TECH* ansaugen; *4. (ambicionar)* ~ *a* sich bewerben um, anstreben, erstreben; *5. (tratar de logar)* ~ *a algo* nach etw trachten.
asquear [aske'ar] *v* anekeln
asqueroso [aske'roso] *adj (fig)* abscheulich, widerlich, Ekel erregend
aster [as'tɛr] *m BOT* Aster *f*
asterisco [aste'risko] *m GRAMM* Asteriskus *m,* Sternchen *n*
asterisco [aste'risko] *m* Sternzeichen *n*
asteroide [aste'roiđe] *m ASTR* Asteroid *m,* kleiner Planet *m*
astilla [as'tiʎa] *f* Span *m,* Splitter *m*
astilleros [asti'ʎeros] *m/pl* Werft *f*
astro ['astro] *m* Stern *m,* Gestirn *n*
astrología [astrolɔ'xia] *f* Astrologie *f*
astrológico [astro'loxiko] *adj* astrologisch
astronauta [astro'nawta] *m/f* Astronaut(in) *m/f,* Raumfahrer(in) *m/f*
astronáutica [astro'nawtika] *f* Raumfahrt *f*
astronomía [astrono'mia] *f* Astronomie *f*
astucia [as'tuθĭa] *f* List *f,* Schläue *f,* Überlistung *f*
astutamente [astuta'mente] *adv* listig, pfiffig, raffiniert
astuto [as'tuto] *adj* schlau, listig, pfiffig
asumir [asu'mir] *v 1.* ~ *la defensa* verteidigen; *2.* ~ *un cargo* eine Stelle übernehmen
Asunción [asun'θĭɔn] *f REL* Mariä Himmelfahrt *f*
asunto [a'sunto] *m* Affäre *f,* Angelegenheit *f,* Betreff *m,* Sache *f*
asustadizo [asusta'đi0o] *adj* ängstlich
asustar [asus'tar] *v* erschrecken, ängstigen, verjagen
asustarse [asus'tarse] *v* sich ängstigen, sich erschrecken
atacar [ata'kar] *v 1.* angreifen; ~ *sorpresivamente* überfallen; *2. (fig)* bekämpfen; *3. (en público)* anprangern
atadura [ata'đura] *f* Bindung *f*
atajo [a'taxo] *m* Abkürzung *f; tomar un* ~ den Weg abschneiden; *¿Hay un ~?* Gibt es eine Abkürzung?
atañer [ata'ɲɛr] *v irr* anbelangen
ataque [a'take] *m 1.* Angriff *m,* Attacke *f;* ~ *sorpresivo* Überfall *m; 2. MED* Anfall *m;* ~ *cardíaco* Herzanfall *m;* ~ *cerebral* Gehirnschlag *m;* ~ *de apoplejía* Schlaganfall *m; 3.* ~ *de cólera* Wutausbruch *m;* ~ *de rabia* Tobsuchtsanfall *m; 4. MIL* Angriff *m;* ~ *aéreo* Luftangriff *m,* Bombenangriff *m*
atar [a'tar] *v* anbinden, zubinden, schnüren
atascado [atas'kađo] *adj 1.* verstopft; *2. (fig)* verklemmt
atascarse [atas'karse] *v 1.* stecken bleiben; *2. (fig: al hablar)* sich verhaspeln
atasco [a'tasko] *m* Stau *m*

ataúd [ata'uđ] *m* Sarg *m*
ateísmo [ate'izmo] *m* Atheismus *m*
atención [aten'θĭɔn] *f 1.* Achtsamkeit *f,* Achtung *f,* Aufmerksamkeit *f; poner ~* aufpassen; *sin ~* unachtsam, unaufmerksam; *sin llamar la ~* unauffällig; *falta de ~* Unachtsamkeit *f; interj 2. ¡Atención!* Achtung!
atender [aten'đɛr] *v irr 1. MED* behandeln; *2. (cuidar) ~ a* sorgen, pflegen, betreuen; *3. (escuchar) ~ a* hören, beachten; *4. (servir) ~ a alguien* jdm dienen, jdn bedienen; *5. (despachar) ~ a* abfertigen, versorgen
atenerse [ate'nɛrse] *v irr ~ a algo* sich an etw halten, etw einhalten
atentado [aten'tađo] *m 1.* Attentat *n; ~ con bombas* Bombenattentat *n; 2. POL* Anschlag *m*
atento [a'tento] *adj 1.* aufmerksam, wachsam, achtsam; *2. (cortés)* höflich, zuvorkommend, gefällig
atenuar [ate'nwar] *v* mildern
atenuarse [ate'nwarse] *v MED* abklingen
ateo [a'teo] *adj* gottlos
aterrado [atɛ'rrađo] *adj* entsetzt
aterrizaje [atɛrri'θaxe] *m* Landung *f; ~ con avería/~ con daños* Bruchlandung *f*
aterrizar [atɛrri'θar] *v (avión)* landen
atesorar [ateso'rar] *v (dinero)* horten, anhäufen
atestado [ates'tađo] *m* Attest *n,* Zeugnis *n*
ático ['atiko] *m* Dachgeschoss *n*
atildado [atil'dađo] *adj* adrett
Atlántico [at'lantiko] *m GEO* Atlantik *m*
atlas ['atlas] *m* Atlas *m*
atleta [at'leta] *m/f* Athlet(in) *m/f,* Kämpfer(in) *m/f,* Wettkämpfer(in) *m/f*
atlético [at'letiko] *adj* athletisch, sportlich
atletismo [atle'tizmo] *m SPORT* Leichtathletik *f*
atmósfera [at'mɔsfera] *f PHYS* Atmosphäre *f*
atómico [a'tomiko] *adj* atomar
átomo ['atomo] *m PHYS* Atom *n*
atónito [a'tɔnito] *adj* fassungslos, sprachlos, verdutzt
atormentar [atɔrmen'tar] *v* peinigen, quälen, foltern
atormentarse [atɔrmen'tarse] *v* sich abquälen
atornillar [atɔrni'ʎar] *v* schrauben
atosigar [atosi'gar] *v* bedrängen, hetzen; *~ alguien a preguntas* jdn mit Fragen löchern
atracar [atra'kar] *v 1. NAUT* anlegen, festmachen; *¿Dónde atraca el barco?* Wo legt das Schiff an? *2. (atacar)* überfallen; *Me han atracado.* Ich bin überfallen worden.
atracción [atrak'θĭɔn] *f 1.* Anziehung *f,* Reiz *m; ~ terrestre* Erdanziehungskraft *f; 2. (de clientes) ECO* Abwerbung *f; 3. (turística)* Sehenswürdigkeit *f*
atraco [a'trako] *m* Überfall *m,* Raubüberfall *m; ~ bancario* Banküberfall *m*
atractivo [atrak'tiƀo] *m 1.* Charme *m,* Liebreiz *m,* Zauber *m; sin ~* reizlos; *adj 2.* charmant, attraktiv; *3. lleno de ~s* reizvoll
atraer [atra'ɛr] *v irr 1.* anlocken, anziehen; *2. ~ a alguien* jdn für sich gewinnen
atragantarse [atragan'tarse] *v* verschlucken
atrapar [atra'par] *v* erwischen, abfangen
atrás [a'tras] *adv 1.* hinten, zurück, rückwärts; *tres años ~* vor drei Jahren; *2. (detrás)* dahinter; *3. por ~* hintenherum
atrasado [atra'sađo] *adj* rückständig, überfällig; *ir ~ (reloj)* nachgehen
atrasarse [atra'sarse] *v* verspäten
atravesar [atraƀe'sar] *v irr* passieren, durchqueren, überqueren, überschreiten
atreverse [atre'ƀɛrse] *v* wagen; *~ a algo* sich etw trauen
atrevido [atre'ƀiđo] *adj* frech, gewagt
atributo [atri'ƀuto] *m 1.* Eigenschaft *f,* Kennzeichen *n,* Merkmal *n; 2. (de un sujeto) GRAMM* Attribut *n; 3. (de un archivo) INFORM* Dateierweiterung *f,* Erweiterung *f*
atrocidad [atroθi'đađ] *f* Grausamkeit *f*
atropellar [atrope'ʎar] *v* überfahren
atroz [a'trɔθ] *adj* grausam, grauenhaft
atuendo [a'twendo] *m* Aufzug *m,* Kleidung *f,* Erscheinen *n*
atún [a'tun] *m ZOOL* Thunfisch *m*
aturdido [atur'điđo] *adj* gedankenlos, kopflos, verstört
audacia [aŭ'đaθĭa] *f* Vermessenheit *f*
audaz [aŭ'đaθ] *adj* kühn, wagemutig
audible [aŭ'điƀle] *adj* hörbar, vernehmbar
audición [aŭđi'θĭɔn] *f JUR* Anhörung *f*
audiencia [aŭ'đĭenθĭa] *f 1. JUR* Anhörung *f; 2. (juzgado) JUR* Gericht *n; ~ provincial* Landgericht *m*
audífono [aŭ'đifono] *m 1. MED* Hörgerät *n; 2. (LA)* Kopfhörer *m*
audiovisual [aŭđĭoƀi'swal] *adj* audiovisuell
auditor [aŭđi'tɔr] *m ECO* Wirtschaftsprüfer *m,* Rechnungsprüfer *m*
auge ['aŭxe] *m ECO* Aufschwung *m*
augurar [aŭgu'rar] *v* voraussagen

augurio [aŭ'gurĭo] *m* Omen *n,* Vorzeichen *n,* Vorbedeutung *f*
aula ['aŭla] *f/el 1.* Aula *f; 2. (salón)* Klasse *f; ~ universitaria* Hörsaal *m*
aullar [aŭ'ʎar] *v (perro)* kläffen, jaulen
aumentar [aŭmen'tar] *v 1. (agrandar, multiplicar)* vermehren, verstärken, vergrößern; *2. (fig: subir)* anheben, heraufsetzen, steigern; *3. ECO* erhöhen; *4. (poniendo un líquido)* verlängern, strecken; *5. (de peso)* zunehmen
aumento [aŭ'mento] *m 1.* Anstieg *m,* Steigerung *f,* Zunahme *f; ir en ~* überhand nehmen; *~ de familia* Familienzuwachs *m; 2. (fig: multiplicación)* Vermehrung *f; 3. ECO* Zuwachs *m; 4. (fig: subida) ECO* Erhöhung *f; ~ de precios ECO* Preiserhöhung *f; ~ salarial* Lohnerhöhung *f; ~ de sueldo* Gehaltserhöhung *f*
aún [a'un] *konj* noch
aunar [aŭ'nar] *v* zusammenfassen
aunque ['aŭŋke] *konj* obwohl, trotzdem, obschon
auricular [aŭriku'lar] *m 1. TEL* Hörer *m,* Hörmuschel *f; 2. ~es pl* Kopfhörer *m*
auscultar [aŭskul'tar] *v MED* abhorchen
ausencia [aŭ'senθĭa] *f 1.* Abwesenheit *f; 2. (carencia)* Mangel *m*
ausentarse [aŭsen'tarse] *v* fernbleiben
ausente [aŭ'sente] *adj 1.* abwesend; *2. (fig)* geistesabwesend
austeridad [aŭsteri'đađ] *f 1.* Strenge *f; 2. (rigor)* Stärke *f; 3. (seriedad)* Ernst *m*
austero [aŭs'tero] *adj 1. (severo)* streng; *2. (serio)* ernst; *3. (escueto)* schmucklos
Australia [aŭs'tralĭa] *f GEO* Australien *n*
australiano [aŭstra'lĭano] *adj 1.* australisch; *m 2.* Australier *m*
Austria ['aŭstrĭa] *f GEO* Österreich *n*
austríaco [aŭs'triako] *adj 1.* österreichisch; *m 2.* Österreicher *m*
autenticidad [aŭtenti'θiđađ] *f* Echtheit *f,* Authentizität *f*
auténtico [aŭ'tentiko] *adj* echt, authentisch, rein
autentificar [aŭtentifi'kar] *v JUR* beurkunden
autoadhesivo [aŭtoađe'siƀo] *m 1.* Aufkleber *m; adj 2.* selbstklebend
autobús [aŭto'ƀus] *m* Bus *m,* Omnibus *m*
autocar [aŭto'kar] *m* Reisebus *m*
autocaravana [aŭtokara'ƀana] *m* Wohnmobil *n*
autocontrol [aŭtokon'trol] *m* Haltung *f,* Selbstbeherrschung *f*
autocracia [aŭto'kraθĭa] *f POL* Alleinherrschaft *f*
autodeterminación [aŭtođetermina'θĭɔn] *f* Selbstbestimmung *f*
autodidacta [aŭtođi'đakta] *m/f* Autodidakt(in) *m/f*
autodominio [aŭtođo'minĭo] *m* Selbstbeherrschung *f*
autódromo [aŭ'tođromo] *m* Rennbahn *f*
autoescuela [aŭtoes'kwela] *f* Fahrschule *f*
autofinanciación [aŭtofinanθĭa'θĭɔn] *f ECO* Eigenfinanzierung *f*
autógeno [aŭ'tɔxeno] *adj* autogen
autogol [aŭto'gol] *m SPORT* Eigentor *n*
autógrafo [aŭ'tografo] *m* Autogramm *n*
autómata [aŭ'tomata] *m* Roboter *m*
automática [aŭto'matika] *f ~ de bebidas* Getränkeautomat *m*
automático [aŭto'matiko] *adj* automatisch; *totalmente ~* vollautomatisch
automóvil [aŭto'moƀil] *m* Auto *n,* Kraftfahrzeug *n,* Personenkraftwagen *m,* Wagen *m*
automovilista [aŭtomoƀi'lista] *m/f* Autofahrer(in) *m/f,* Kraftfahrer(in) *m/f*
autonomía [aŭtono'mia] *f* Selbstständigkeit *f,* Autonomie *f*
autónomo [aŭ'tonomo] *adj 1.* autonom; *2. (libre profesión)* freiberuflich
autopista [aŭto'pista] *f* Autobahn *f*
autopsia [aŭ'tɔpsĭa] *f MED* Autopsie *f*
autor(a) [aŭ'tɔr/aŭ'tora] *m/f 1. (escritor(a))* Autor(in) *m/f,* Urheber(in) *m/f,* Verfasser(in) *m/f; 2. (causante)* Täter(in) *m/f,* Verursacher(in) *m/f; ~ del atentado* Attentäter *m; 3. (donante)* Stifter(in) *m/f*
autoridad [aŭtori'đađ] *f 1.* Amt *n,* Behörde *f; ~ pública* Obrigkeit *f; ~ de extranjería* Auslandsbehörde *f; ~ inspectora* Aufsichtsbehörde *f; ~ judicial* Justizbehörde *f; 2. (validez)* Geltung *f,* Ansehen *n*
autoritario [aŭtori'tarĭo] *adj* gebieterisch, herrisch, selbstherrlich
autorización [aŭtoriθa'θĭɔn] *f 1.* Berechtigung *f,* Ermächtigung *f; 2. (permiso)* Erlaubnis *f,* Befugnis *f,* Genehmigung *f; 3. JUR* Bevollmächtigung *f*
autorizado [aŭtori'θađo] *adj* zulässig, befugt, berechtigt; *~ para recibir* empfangsberechtigt; *~ para firmar* unterschriftsberechtigt; *no ~* unbefugt
autorizar [aŭtori'θar] *v 1. (permitir)* erlauben, zulassen, gestatten; *2. JUR* ermächtigen, berechtigen, zulassen

autoservicio [aŭtɔsɛr'ƀiθĭo] *m* Selbstbedienung *f; tienda de ~* Selbstbedienungsladen *m*
autovía [aŭto'ƀia] *f* Schnellstraße *f*
auxiliador(a) [aŭksilĭa'đɔr/aŭksilĭa'đora] *m/f* Helfer(in) *m/f*
auxiliar [aŭksi'lĭar] *m 1.* Gehilfe *m; 2. ~ de enfermería MED* Pfleger *m; médico* Sprechstundenhilfe *f*
auxilio [aŭ'ksilĭo] *m 1.* Abhilfe *f,* Hilfe *f; 2. ~ en carretera TECH* Pannenhilfe *f; 3. primeros ~s pl MED* erste Hilfe *f*
avalancha [aƀa'lantʃa] *f* Lawine *f*
avanzado [aƀan'θađo] *adj* fortgeschritten, fortschrittlich, hochgradig
avanzar [aƀan'θar] *v* fortschreiten, vorankommen, vordringen
avaricia [aƀa'riθĭa] *f* Geiz *m*
avaro [a'ƀaro] *m 1.* Geizkragen *m; adj 2.* geizig
ave ['aƀe] *f/el 1. ZOOL* Vogel *m; ~ rapaz* Raubvogel *m; 2. ~s de corral pl* Geflügel *n*
avellana [aƀe'ʎana] *f BOT* Haselnuss *f*
avena [a'ƀena] *f BOT* Hafer *m*
avenida [aƀe'niđa] *f* Allee *f*
aventura [aƀen'tura] *f* Abenteuer *n; a la ~* aufs Geratewohl
aventurado [aƀentu'rađo] *adj* riskant, waghalsig
aventurar [aƀentu'rar] *v* wagen
aventurero [aƀentu'rero] *m 1.* Abenteurer *m; adj 2.* abenteuerlich, abenteuerlustig
avería [aƀe'ria] *f 1.* Panne *f,* Defekt *m; Tengo una ~.* Ich habe eine Panne. *2. (del motor) TECH* Motorschaden *m; ~ de máquinas* Maschinenschaden *m*
averiado [aƀe'rĭađo] *adj (defectuoso)* defekt, beschädigt
averiguación [aƀerigwa'θĭɔn] *f* Recherche *f,* Ermittlung *f*
averiguar [aƀeri'gwar] *v* ermitteln, recherchieren; *~ el secreto* dahinter kommen
averno [a'ƀerno] *(infierno)* Hölle *f*
aversión [aƀɛr'sĭɔn] *f* Widerwille *m,* Abneigung *f,* Aversion *f*
avestruz [aƀes'truθ] *m ZOOL* Strauß *m*
aviación [aƀĭa'θĭɔn] *f 1.* Flugwesen *n,* Luftfahrt *f; 2. ~ militar MIL* Luftwaffe *f*
aviador [aƀĭa'đɔr] *m* Flieger *m*
avidez [aƀi'đeθ] *f* Gier *f*
ávido ['aƀiđo] *adj ~ de* gierig auf
avión [a'ƀĭɔn] *m* Flugzeug *n; ~ de reacción* Düsenflugzeug *n; ~ comercial* Verkehrsflugzeug *n; ~ de caza MIL* Jagdflugzeug *n*
avisar [aƀi'sar] *v 1.* ansagen, benachrichtigen; *2. ~ a alguien* jdn verständigen; *¡Avise a la policía!* Verständigen Sie die Polizei! *3. ~ con la luz intermitente TECH* blinken
aviso [a'ƀiso] *m 1.* Verständigung *f,* Anmeldung *f,* Ansage *f; sin ~* fristlos; *sin previo ~* unangemeldet, unerwartet; *2. (publicación)* Annonce *f; ~ de defunción (LA)* Todesanzeige *f; 3. (advertencia)* Warnung *f*
avispa [a'ƀispa] *f ZOOL* Wespe *f*
avispón [aƀis'pɔn] *m ZOOL* Hornisse *f*
avitaminosis [aƀitami'nosis] *f MED* Avitaminose *f,* Vitaminmangelkrankheit *f*
avituallamiento [abitwaʎa'mĭento] *m* Nachschub *m*
avivar [aƀi'ƀar] *v* anfeuern, ermuntern
axila [a'ksila] *f ANAT* Achselhöhle *f*
ay [aĭ] *interj ¡Ay!* Au! *¡Ay de mí!* Wehe mir!
ayer [a'jɛr] *adv* gestern; *~ al mediodía* gestern Mittag
ayuda [a'juđa] *f 1.* Hilfe *f,* Mithilfe *f,* Beistand *m; Necesito tu ~.* Ich brauche deine Hilfe. *2. ~ financiera FIN* Zuschuss *m; 3. (persona)* Gehilfe/Gehilfin *m/f*
ayudante [aju'đante] *m/f* Assistent(in) *m/f,* Gehilfe/Gehilfin *m/f*
ayudar [aju'đar] *v* helfen, aushelfen, beistehen; *dispuesto a ~ a alguien* jdm behilflich sein; *¿Puede usted ~me?* Können Sie mir helfen?
ayunar [aju'nar] *v* fasten
ayunas [a'junas] *adv en ~* nüchtern
ayuntamiento [ajunta'mĭento] *m 1.* Rathaus *n; 2. (municipalidad)* Stadtrat *m*
azada [a'θađa] *f* Hacke *f,* Haue *f*
azadón [aθa'đɔn] *m* Hacke *f*
azadonar [aθađo'nar] *v* hacken
azafata [aθa'fata] *f* Stewardess *f*
azar [a'θar] *m* Zufall *m; por ~* zufällig
azaroso [aθa'roso] *adj* gefährlich, unsicher, waghalsig
Azores [a'θores] *f/pl (las islas) GEO* Azoren *pl*
azotar [aθo'tar] *v* peitschen, auspeitschen
azotea [aθo'tea] *f* Dachterrasse *f*
azteca [aθ'teka] *m 1. HIST* Azteke *m; adj 2. HIST* aztekisch
azúcar [a'θukar] *m 1. GAST* Zucker *m; ~ cande* Kandiszucker *m; ~ en polvo* Puderzucker *m; 2. caña de ~ BOT* Zuckerrohr *n*
azucarar [aθuka'rar] *v* zuckern
azufre [a'θufre] *m CHEM* Schwefel *m*
azul [a'θul] *adj* blau; *~ claro* hellblau
azulejo [aθu'lɛxo] *m* Kachel *f,* Fliese *f*

B

baba ['baƀa] *f (saliva)* Geifer *m,* Schleim *m,* Sabbern *n; Caérsele a uno la ~.* mit offenem Mund gaffen. *Seguro que ha planteado esto con mala ~. (fig)* Das hat er sicherlich in ganz schlechter/böser Absicht vorgeschlagen.

babador [baƀa'đɔr] *m (babero)* Lätzchen *n*

babear [ba'ƀear] *v (botar baba)* geifern

babélico [ba'ƀeliko] *adj (fig: ininteligible)* wirr, unverständlich, undurchdringlich

babero [ba'ƀero] *m* Lätzchen *n*

Babia ['baƀĭa] *m estar en ~ (fig)* geistesabwesend sein

babilónico [baƀi'loniko] *adj (fig: fastuoso)* prunkvoll, hochtrabend

babor [ba'ƀɔr] *m NAUT* Backbord *n*

babucha [ba'ƀutʃa] *f* Babusche *f,* Stoffpantoffel *m*

bacalao [baka'lao] *m 1. ZOOL* Dorsch *m,* Kabeljau *m; 2. (fam)* Techno-Musik *f*

bacanal [baka'nal] *f (orgía)* Bacchanal *n,* wüstes Gelage *n,* Orgie *f*

bacía [ba'θia] *f (vasija para la espuma)* Becken *n*

bacilar [baθi'lar] *adj BIO* Bazillen...

bacilo [ba'θilo] *m BIO* Bazillus *m*

bacinete [baθi'nete] *m 1. (en una armadura)* Sturmhaube *f; 2. (el soldado)* Sturmhaubenträger *m*

bacteria [bak'terĭa] *f* Bakterie *f*

bacteriano [bakte'rĭano] *adj BIO* bakteriell

bactericida [bakteri'θiđa] *m (microbicida)* Bakterizid *n*

bacteriología [bakterĭolo'xia] *f BIO* Bakteriologie *f*

bacteriológico [bakterĭo'logiko] *adj BIO* bakteriologisch

bacteriólogo [bakte'rĭologo] *m BIO* Bakteriologe *m*

báculo ['bakulo] *m* Stab *m,* Stecken *m*

bache ['batʃe] *m 1.* Schlagloch *n; 2.* Senkung *f; 3.* Tiefpunkt *m*

bachiller [batʃi'ʎer] *m* Abiturient *m*

bachillerarse [batʃiʎe'rarse] *v* Abitur machen *n*

bachillerato [batʃiʎe'rato] *m* Abitur *n*

badajo [ba'đaxo] *m* Glockenschwengel *m*

badulaque [bađu'lake] *m (fig: persona tonta)* Blödmann *m,* Pfuscher *m*

bafle ['bafle] *m (altavoces)* Lautsprecher *m*

bagaje [ba'gaxe] *m 1. (equipaje) MIL* Gepäck *n; 2. (fig: conocimiento)* geistiges Rüstzeug *n; Le falta un poco de ~ para asumir esta posición.* Ihm fehlt wohl das geistige Rüstzeug, um diese Position einzunehmen.

bagatela [baga'tela] *f* Bagatelle *f*

bagatelizar [bagateli'θar] *v* bagatellisieren

bahía [baia] *f* Bucht *f,* Meerbusen *m*

bailador(a) [baĭla'đɔr/baĭla'đora] *m/f* Tänzer(in) *m/f*

bailar [baĭ'lar] *v 1. (persona)* tanzen; *2. (cosa)* wackeln; *La mesa baila.* Der Tisch wackelt.

bailarín [baĭla'rin] *m THEAT* Tänzer *m; ~ de ballet* Balletttänzer *m*

bailarina [baĭla'rina] *f THEAT* Tänzerin *f; primera ~* Primaballerina *f*

baile ['baĭle] *m 1.* Tanz *m; ~ de claqué* Stepptanz *m; ~s latinoamericanos pl* lateinamerikanische Tänze *pl; 2. (fiesta)* Ball *m; ~ de carnaval* Faschingsball *m*

bailotear [bailo'tear] *v* hüpfen

baja ['baxa] *f 1.* Abfall *m,* Rückgang *m; 2. ~ del cambio FIN* Abschlag *m; 3. ~ presión TECH* Niederdruck *m; 4. METEO* Unterdruck *m; 5. estar en ~ ECO* abflauen

bajada [ba'xađa] *f 1. (descenso)* Absenkung *f,* Abstieg *m; 2. (salida)* Ausstieg *m; 3. SPORT* Abfahrt *f*

bajar [ba'xar] *v 1.* sinken, herabsteigen, absteigen; *2. (del coche, del tren, del autobús)* aussteigen; *3. ~ de peso* abnehmen; *4. hacer ~ ECO* drücken; *5. ~ la marea* abebben; *6. ~ la vista/~ los ojos* die Augen niederschlagen; *7. ~ velas* zurückstecken; *8. (fig: disminuir)* nachlassen, dämpfen, sinken; *9. ~ algo* etw herabnehmen, etw senken

bajel [ba'xel] *m NAUT* Schiff *n*

bajelero [baxe'lero] *m NAUT* Seemann *m*

bajeza [ba'xeθa] *f* Gemeinheit *f,* Niedertracht *f*

bajo ['baxo] *adj 1. (poco)* gering, niedrig; *~ en calorías* kalorienarm; *~ en nicotina* nikotinarm; *2. (inferior)* untere(r,s), tief, nieder; *marea baja* Ebbe *f; prep 3.* unter; *diez grados ~ cero* minus zehn Grad; *m 4. MUS* Bass *m*

bajón [ba'xɔn] *m 1. (disminución)* Niedergang *m,* Abnahme *f; 2. (instrumento) MUS* Fagott *n,* Bassflöte *f*

bajuno [ba'xuno] *adj* niedrig, gemein, fies
bala ['bala] *f MIL* Kugel *f*; *a prueba de ~s* kugelsicher
balada [ba'lađa] *f LIT* Ballade *f*
baladí [bala'đi] *adj (banal, insignificante)* unbedeutend, wertlos, gering
baladrón [bala'đrɔn] *m* Wichtigtuer *m*, Großmaul *n*
baladronear [balađro'near] *v* angeben, großmäulig auftreten
balance [ba'lanθe] *m 1.* Balance *f*; *2. ECO* Geschäftsabschluss *m*; *~ anual* Abschlussbilanz *f*, Jahresabschluss *m*; *3. (de una empresa) FIN* Bilanz *f*
balancear [balanθe'ar] *v 1.* wiegen, schaukeln; *2. (mantener el equilibrio)* balancieren; *3. (fig: vacilar)* zögern, zaudern
balanceo [balan'θeo] *m* Schwanken *n*, Pendeln *n*
balanza [ba'lanθa] *f 1.* Waage *f*, Waagschale *f*; *2. ECO* Bilanz *f*; *~ de comercio exterior ECO* Außenhandelsbilanz *f*
balar [ba'lar] *v* meckern
balaustrada [balaws'trađa] *f* Balustrade *f*
balbuceo [balƀu'θeo] *m 1. (tartamudeo)* Stammeln *n*, Gestammel *n*; *2. (fig: inicios de un suceso)* Anfang *m*, Initialphase *f*
balbucir [balƀu'θir] *v irr* lallen, stammeln, stottern
balcón [bal'kɔn] *m* Balkon *m*
balda ['balđa] *f (estante)* Fach *n*, Schrankbrett *n*
baldadura [balđa'đura] *f (cansancio físico)* Lähmung *f*, Erschöpfung *f*
baldar [bal'đar] *v (tullir)* lähmen
baldazos [bal'đaθos] *adj a ~* eimerweise
balde ['balde] *m 1. (LA)* Eimer *m*; *2. de ~* unentgeltlich, gratis; *Recibí este libro de ~.* Ich bekam dieses Buch umsonst. *3. en ~* vergeblich, umsonst; *He trabajado en ~.* Ich habe vergeblich gearbeitet.
baldío [bal'đio] *adj 1. terreno ~* unangebaut, brachliegend; *2. (vano)* zwecklos, umsonst; *esfuerzos ~s* zwecklose Anstrengungen
baldón [bal'đɔn] *m (borrón, estigma)* Schandfleck *m*, Schimpf *m*, Schande *f*
baldonar [baldo'nar] *v* beschimpfen, öffentlich beleidigen
baldosa [bal'dosa] *f* Platte *f*, Fliese *f*
baldosado [baldo'sađo] *m* Fliesenboden *m*
baldosín [baldo'sin] *m* Fliese *f*, Kachel *f*
balear [ba'lear] *v (LA)* schießen, anschießen, erschießen; *La policía baleo al ladrón.* Die Polizei schoss auf den Dieb.
baleárico [ba'leariko] *adj GEO* balearisch
balido [ba'liđo] *m* Meckern *n*, Blöken *n*
balística [ba'listika] *f MIL* Ballistik *f*
baliza [ba'liθa] *f (señal para los barcos) NAUT* Boje *f*, Leuchtfeuer *n*
balizaje [bali'θaxe] *m (sistema de balizas) NAUT* Betonnung *f*
balizar [bali'θar] *v NAUT* betonnen, Bojen setzen
balneario [balne'arĭo] *m* Badeort *m*, Kurort *m*; *¿Hay aqui un ~ termal?* Gibt es hier ein Thermalbad?
balneoterapia [balneote'rapĭa] *f MED* Balneotherapie *f*, Heilbädertherapie *f*
balompié [balɔm'pĭe] *m SPORT* Fußballspiel *n*
balón [ba'lɔn] *m 1. (pelota)* Ball *m*; *2. (fútbol) SPORT* Fußball *m*
baloncesto [balɔn'θesto] *m SPORT* Basketball *m*
balonmano [balɔn'mano] *m SPORT* Handball *m*
balonvolea [balonƀo'lea] *m (Volleyball)* Volleyball *m*
balsa ['balsa] *f* Floß *n*
balsámico [bal'samiko] *adj* balsamisch
bálsamo ['balsamo] *m* Balsam *m*
báltico ['baltiko] *adj* baltisch
baluarte [ba'luarte] *m 1. (bastión) MIL* Bastion *f*, Bollwerk *n*; *2. (fig: defensa)* Schutzwall *m*, Verteidigungswall *m*
ballena [ba'ʎena] *f ZOOL* Wal *m*; *~ azul* Blauwal *m*
ballenero [baʎe'nero] *adj barco ~* Walfischfänger *m*
ballesta [ba'ʎesta] *f* Armbrust *f*, Wurfmaschine *f*
ballestero [baʎes'tero] *m* Bogenschütze *m*
ballestilla [baʎes'tiʎa] *f* Wurfangel *f*
ballet [ba'ʎɛt] *m THEAT* Ballett *n*
bambalear [bamba'lear] *v (bambolear)* wackeln, schwanken
bambolear [bambole'ar] *v* pendeln
bamboleo [bambo'leo] *m* Schwanken *n*, Schaukeln *n*
bambolla [bam'ƀoʎa] *f (fachada)* Pomp *m*, Fassade *f*; *Su vida es una ~, pues vive lleno de deudas.* Sein Leben ist eine Fassade, denn er hat nur Schulden.
bambú [bam'bu] *m BOT* Bambus *m*

banal [ba'nal] *adj* banal, hausbacken, platt
banalidad [banali'đađ] *f* Banalität *f*
banalizar [banali'θar] *v* banalisieren, platt darstellen
banana [ba'nana] *f* *BOT* Banane *f*
bananal [bana'nal] *m* Bananenplantage *f*
bananero [bana'nero] *m* *BOT* Bananenstaude *f*
banca ['baŋka] *f* *FIN* Bankwesen *n*
bancada [ban'kađa] *f* *1. (asiento)* Ruderbank *f*, ...bank *f*; *2. (mesa)* Werkbank *f*, Werktisch *m*
bancal [baŋ'kal] *m* Beet *n*
bancario [baŋ'karĭo] *adj* Bank...
bancarrota [baŋka'rrɔta] *f* Pleite *f*, Bankrott *m*
banco ['baŋko] *m* *1.* Sitzbank *f*; *2. FIN* Bank *f*, Geldinstitut *n*; *Banco federal alemán* Bundesbank *f*; *Banco mundial* Weltbank *f*; *3. ~ de arena NAUT* Sandbank *f*; *4. (de peces) ZOOL* Schwarm *m*; *5. ~ emisor ECO* Notenbank *f*; *6. ~ de datos INFORM* Datenbank *f*
banda ['banda] *f* *1. (grupo)* Bande *f*; *2. MUS* Band *f*; *~ de música* Musikkapelle *f*; *3. (tira)* Streifen *m*; *~ de guía* Leitplanke *f*
bandazo [ban'daθo] *m* *1. (movimiento brusco)* abruptes Kippen *n*; *2. (fig: cambios bruscos)* abrupter Wechsel *m*, abrupte Änderung *f*
bandeja [ban'dexa] *f* Platte *f*, Tablett *n*; *~ del horno* Backblech *n*
bandera [ban'dera] *f* Fahne *f*, Flagge *f*
banderilla [bande'riʎa] *f* *(en la tauromaquia)* Banderilla *f*
banderillear [banderi'ʎar] *v* Stier mit Pfeilen reizen
banderillero [banderi'ʎero] *m* Banderillero *m*
banderola [bande'rola] *f* *(bandera pequeña)* Fähnchen *n*
bandido [ban'điđo] *m* Bandit *m*, Gauner *m*, Verbrecher *m*
bando ['bando] *m* *(facción, partido)* Partei *f*
bandolero [bando'lero] *m* Bandit *m*
bandolín [bando'lin] *m* *MUS* Mandoline *f*
bandolinista [bandoli'nista] *m* Mandolinenspieler *m*
bandullo [ban'đuʎo] *m* *(tripas)* Eingeweide *n/pl*, Innereien *f/pl*
banjo ['banxo] *m* *MUS* Banjo *n*
banquero [baŋ'kero] *m* *FIN* Bankier *m*
banqueta [baŋ'keta] *f* *~ del bar* Barhocker *m*
banquete [baŋ'kete] *m* Bankett *n*, Festessen *n*
banquetear [baŋkete'ar] *v* *(opulento)* tafeln
banquetearse [baŋkete'arse] *v* schlemmen
banquillo [baŋ'kiʎo] *m* *1.* Bank *f*; *2. ~ del acusado* Anklagebank *f*
bañador [bađa'đɔr] *m* *(traje para bañarse)* Badehose *f*, Badeanzug *m*
bañar [ba'ɲar] *v* *1. ~ de, con oro* überziehen, glasieren; *2. (mar, río, lago)* baden, bespülen, umspülen
bañarse [ba'ɲarse] *v* baden
bañera [ba'ɲera] *f* Badewanne *f*; *La ~ está atascada.* Die Badewanne ist verstopft.
bañero [ba'ɲero] *m* Bademeister *m*
bañista [ba'ɲista] *m/f* Badegast *m*, Badender/Badende *m/f*
baño ['baɲo] *m* *1.* Bad *n*; *cuarto de ~* Badezimmer *n*; *2. ~ de espuma* Schaumbad *n*; *~ de fango/~ de lodo* Moorbad *n*; *3. ~ público* Badeanstalt *f*; *~ termal* Thermalbad *n*; *4. (servicio)* Toilette *f*; *ir al ~ (LA)* auf die Toilette gehen; *5. ~ de la torta GAST* Tortenguss *m*, Tortenglasur *m*
baobab [bao'ƀaƀ] *m* *BOT* Affenbrotbaum *m*
baptisterio [baptis'terĭo] *m* *(pila bautismal) REL* Taufbecken *n*
baquelita [bake'lita] *f* *CHEM* Bakelit *n*
baqueta [ba'keta] *f* *(varilla)* Rute *f*, Gerte *f*
baquetear [bakete'ar] *v* *(molestar)* plagen, quälen
baqueteo [bake'teo] *m* Quälerei *f*
baquiano [ba'kĭano] *m* *(guía para viajar en el campo)* Führer *m*
báquico ['bakiko] *adj* bacchisch, Wein...
bar [bar] *m* Kneipe *f*, Bar *f*
baracuda [bara'kuđa] *f* *ZOOL* Barrakuda *m*
barahúnda [bara'unda] *f* Lärm *m*, Krach *m*, Tumult *m*
baraja [ba'raxa] *f* Spielkarten *f/pl*
baranda [ba'randa] *f* Brüstung *f*, Geländer *n*
barandilla [baran'diʎa] *f* *1.* Treppengeländer *n*; *2. ~ de la escalera pl* Balustrade *f*
barata [ba'rata] *f* *1. (cambio)* Tausch *m*; *2. (venta a bajo precio) (LA)* Ausverkauf *f*, Schlussverkauf *f*; *Compré estos libros en una ~.* Ich habe diese Bücher in einem Ausverkauf erstanden.

baratear [barate'ar] *v (saldar)* unter Preis verkaufen, verramschen, verschleudern; *En esta tienda baratean todo en verano.* In diesem Laden verkaufen sie im Sommer alles unter Preis.
baratería [barate'ria] *f* Dutzendware *f*
baratija [bara'tixa] *f 1.* Kleinigkeit *f; 2. ~s pl* Kram *m,* Nippes *m*
baratillo [bara'tiʎo] *m* Trödelware *f*
baratísimo [bara'tisimo] *adj* spottbillig
barato [ba'rato] *adj* billig, preiswert, preisgünstig
baratura [bara'tura] *f* Billigkeit *f*
barba ['barƀa] *f* Bart *m*
barbacana [barƀa'kana] *f (tronera)* Brustwehr *f,* Schießscharte *f*
barbacoa [barƀakoa] *f GAST* Barbecue *n*
barbado [bar'ƀađo] *adj* bärtig
barbárico [bar'ƀariko] *adj* barbarisch
barbaridad [barƀari'đađ] *f 1.* Barbarei *f,* Ungeheuerlichkeit *f; 2. (fig: necedad)* Gemeinheit *f,* Grausamkeit *f; ¡Siempre diciendo ~es!* Immer sagst du solche Gemeinheiten! *3. (fam: una gran cantidad)* große Menge *f; Debo una ~ de dinero.* Ich habe einen Haufen Schulden.
barbarie [bar'ƀarĭe] *f 1. (falta de cultura)* Rohheit *f,* Ungebildetheit *f; 2. (fig: crueldad extrema)* Grausamkeit *f*
barbarismo [barƀa'rizmo] *m GRAMM* Sprachwidrigkeit *f,* grober sprachlicher Fehler *m*
barbarizante [barƀari'θante] *adj* verrohend
barbarizar [barƀari'θar] *v 1. (hacer bárbaro algo)* etw verrohen lassen, etw entstellen; *2. (cometer barbarismos) GRAMM* Unsinn sprechen
bárbaro ['barƀaro] *m 1.* Barbar *m; adj 2.* barbarisch
barbear [barƀe'ar] *v* rasieren
barbechar [barbe'tʃar] *v AGR* brachen
barbecho [bar'betʃo] *m AGR* Brachfeld *n*
barbería [barƀe'ria] *f* Friseurgeschäft *n,* Barbierladen *m*
barbero [bar'ƀero] *m (peluquero)* Barbier *m,* Bader *m,* Herrenfriseur *m*
barbián [bar'ƀĭan] *adj* mutig, tapfer, geschickt
barbilla [bar'ƀiʎa] *f ANAT* Kinn *n*
barbitúrico [barƀi'turiko] *m CHEM* Barbiturat *n*
barbo ['barƀo] *m ZOOL* Barbe *f*
barbón [bar'ƀɔn] *m* bärtiger Mann *m*
barbotar [barƀo'tar] *v* in den Bart murmeln
barbotear [barƀo'tear] *v* vor sich hin murmeln
barbudo [bar'ƀuđo] *adj* bärtig
barbulla [bar'ƀuʎa] *f (fam: barullo)* Stimmengewirr *n,* Lärm *m,* Krach *m*
barbullar [barbu'ʎar] *v (fam: balbucir)* durcheinander schreien, lärmen, brummeln
barbullón [barƀu'ʎɔn] *adj* nuschelnd
barca ['barka] *f* Boot *n,* Kahn *m*
barcada [bar'kađa] *f 1. (carga de una barca) NAUT* Bootsladung *f; 2. (viaje de una barca) NAUT* Bootsfahrt *f,* Kanufahrt *f*
barcaje [bar'kaxe] *m NAUT* Fährgeld *n,* Frachttransport *m*
barcaza [bar'kaθa] *f 1. (lancha para descargar) NAUT* Barkasse *f; 2. ~ de desembarco MIL* Landungsschiff *n*
barcia ['barθĭa] *f AGR* Siebabfall *m*
barco ['barko] *m* Schiff *n; ¿Qué ~ va al Caribe?* Welches Schiff fährt in die Karibik? *¿Cuándo zarpa el ~ ?* Wann legt das Schiff ab? *¿Dónde atraca el ~ ?* Wo legt das Schiff an? *~ de vapor* Dampfer *m; ~ naufragado* Schiffswrack *n; ~ pesquero* Fischerboot *n*
bardaguera [barđa'gera] *f BOT* Korbweide *f*
bardaje [bar'đaxe] *m (sodomita)* Sodomit *m*
bardo ['barđo] *m (fig: poeta)* Barde *m,* Dichter *m*
bario ['barĭo] *m CHEM* Barium *n*
barita [ba'rita] *f CHEM* Baryt *n*
baritel [bari'tel] *m* Göpel *m*
barítono [ba'ritono] *m MUS* Bariton *m*
barkeeper [bar'kiːpɛr] *m* Barkeeper *m*
barloventear [barloƀen'tear] *v 1. (navegar en la dirección del viento) NAUT* lavieren, kreuzen; *2. (fig: vagabundear)* streunen, vagabundieren
barman ['barman] *m* Barkeeper *m*
barniz [bar'niθ] *m 1.* Lack *m; 2. (fig: capa superficial)* Glasur *f,* Patina *f*
barnizado [barni'θađo] *m* Lackierung *f*
barnizador [barniθa'đɔr] *m* Anstreicher *m,* Maler *m,* Lackierer *m*
barnizar [barni'θar] *v* lackieren
barómetro [ba'rometro] *m TECH* Barometer *n*
barón [ba'rɔn] *m* Baron *m*
baronesa [baronesa] *f* Baronin *f*
baroscopio [baos'kopĭo] *m METEO* Baroskop *n*

barquelar [bar'kelar] *v NAUT* übersetzen (Boot), überführen
barquero [bar'kero] *m* Fährmann *m*
barquía [bar'kia] *f NAUT* Fischerboot *n*
barquillo [bar'kiʎo] *m 1. (LA)* Eistüte *f*, Waffel *f*; *2. GAST* Waffel *f*
barra ['barra] *f 1. JUR* Schranke *f*; *2. GAST* Theke *f*; *3. (bastón)* Stab *m*; *~ combustible TECH* Brennstab *m*; *4. hacer ~ (LA)* anfeuern
barraca [ba'rraka] *f 1.* Verschlag *m*, Baracke *f*; *2. ~ de tiro al blanco* Schießbude *f*
barracón [barra'kɔn] *m (barraca)* Schießbude *f*, Schaubude (Kirmes) *f*
barragana [barra'gana] *f* Konkubine *f*
barraganería [barragane'ria] *f* Konkubinat *n*, wilde Ehe *f*
barranco [ba'rraŋko] *m* Klamm *f*, Schlucht *f*
barrancoso [barraŋ'koso] *adj* schluchtenreich
barranquera [barraŋ'kera] *f* Steilhang *m*, Schlucht *f*, Klamm *f*
barrar [ba'rrar] *v* mit Lehm verschmieren
barrear [ba'rrear] *v* zusperren, verrammeln
barredera [barre'đera] *f (máquina para barrer las calles)* Absperrung *f*, Barriere *f*
barredor [barre'đɔr] *m* Feger *m*
barredura [barre'đura] *f* Fegen *n*, Auskehren *n*
barrena [ba'rrɛna] *f* Bohrer *m*
barrenadora [barrɛna'đora] *f TECH* Bohrmaschine *f*
barrenar [barre'nar] *v 1. (taladrar)* anbohren, ausbohren, durchbohren; *2. ~ leyes* (Gesetze) missachten
barreno [ba'rrɛno] *m TECH* Bohrer *m*
barrer [ba'rrɛr] *v* fegen, kehren
barrera [ba'rrɛra] *f 1.* Absperrung *f*, Barriere *f*, Sperre *f*; *sin ~s* uneingeschränkt; *2. ~ de ferrocarril* Eisenbahnschranke *f*; *~ de luz* Lichtschranke *f*; *~ del sonido* Schallmauer *f*; *3. (barra) JUR* Schranke *f*
barreta [barre'ta] *f 1. ~ de chocolate* Riegel (Schokolade) *m*; *2. (remiendo)* Unterfütterung *f*
barretear [barre'tear] *v* sichern
barriada [ba'rrĭađa] *f* Stadtviertel *n*, Viertel *n*
barrial [ba'rrĭal] *m (barrizal) (LA)* Lehmboden *m*
barricada [barri'kađa] *f* Barrikade *f*
barriga [ba'rriga] *f* Bauch *m*, Wanst *m*
barrigón [barri'gɔn] *adj* beleibt, dickbäuchig
barrigudo [barri'gurđo] *adj* bauchig
barril [ba'rril] *m* Tonne *f*, Fass *n*; *~ de cerveza* Bierfass *n*
barrilete [barri'lete] *m 1. (pieza giratoria en los revólveres)* Trommel *f*; *2. MUS* Mundstückaufsatz *m*
barrio ['barrĭo] *m 1.* Viertel *n*, Stadtviertel *n*; *~ periférico* Vorort *m*, Vorstadt *f*; *~s pobres pl* Elendsviertel *n*; *~ portuario* Hafenviertel *n*; *~ residencial* Wohnviertel *n*; *2. irse al otro ~ (fam)* abkratzen; *3. (fam) el otro ~* das Jenseits *n*
barrizal [barri'θal] *m* Lehmboden *m*
barro ['barrɔ] *m 1.* Schlamm *m*, Kot *m*, Lehm *m*; *2. (granito en el rostro)* Pickel *m*
barroco ['barrɔko] *adj ART* barock
barroquismo [barro'kizmo] *m ART* Barock *n*
barroso [ba'rrɔso] *adj 1. (enlodado)* lehmig, schlammig; *2. rostro ~* lehmfarben, bräunlich
bartolillo [barto'liʎo] *m GAST* Pastete *f*
bártulos ['bartulos] *m/pl 1. (enseres)* Besitzungen *f/pl*; *2. (fig) liar los ~* seine Koffer packen
barullero [baru'ʎero] *adj* hetzend, intrigierend
barullo [ba'ruʎo] *m (confusión)* Wirrwarr *m*, Durcheinander *n*
barzonear [barθo'near] *v* bummeln, trödeln
basalto [ƀa'salto] *m MIN* Basalt *m*
basamento [basa'mento] *m ARCH* Unterbau *m*, Grundlage *f*
basar [ba'sar] *v ~ en* zugrunde liegen, stützen
basarse [ba'sarse] *v ~ en* basieren auf, beruhen auf, zurückgehen auf
basca ['baska] *f 1. (náusea)* Übelkeit *f*, Brechreiz *m*; *2. (fig: arrebato)* Wutanfall *m*; *3. (de un perro)* Tollwut *f*
bascosidad [baskosi'đađ] *f (porquería)* Unrat *m*, Schmutz *m*, Ekelhaftigkeit *f*
báscula ['baskula] *f* Waage *f*
bascular [basku'lar] *v* kippen, neigen, schwingen
base ['base] *f 1.* Boden *m*, Grundfläche *f*; *2. (fig)* Basis *f*, Grundlage *f*, Unterlage *f*; *tomar como ~* zugrunde legen; *3. ~ de datos INFORM* Datenbank *f*; *4. CHEM* Base *f*
baselácea [base'laθea] *f/pl BOT* Baselazeen *f/pl*

basicidad [basiθi'đađ] *f* *CHEM* Basizität *f*
básico ['basiko] *adj* *1.* fundamental, grundlegend; *2. CHEM* basisch
basidio [ba'siđĭo] *m* *BOT* Basidium *n*
basílica [ba'silika] *f* *(iglesia principal) REL* Basilika *f*
basiliense [basi'lĭense] *adj* *(de Basilea) GEO* aus Basel stammend
basquear [bas'kear] *v* Übelkeit spüren
bastante [bas'tante] *adv* *1.* genug, ziemlich; *~ grande* ziemlich groß; *adj 2. (suficiente)* ausreichend, hinlänglich; *Es ~, gracias.* Danke, es reicht.
bastar [bas'tar] *v* genügen, ausreichen, langen; *¡Basta!* Aufhören!/Hör damit auf!
bastardear [bastar'đear] *v* *(degenerar)* degenerieren, entarten
bastardeo [bastar'đeo] *m* Kreuzung *f*
bastardía [bastar'đia] *f* *1.* uneheliche Geburt *f*; *2.* Gemeinheit *f*
bastardo [bas'tarđo] *m* Bastard *m*
bastidor [basti'đɔr] *m* *1. (de ventana)* Fensterrahmen *m*; *2. TECH* Chassis *n*; *3. THEAT* Kulisse *f*, Bühnenkulisse *f*; *entre ~es* hinter den Kulissen
bastilla [bas'tiʎa] *f* Saum *m*
bastimento [basti'mento] *m* Fahrzeug *n*
bastión [bas'tĭɔn] *m* Bastion *f*, Bollwerk *n*
basto ['basto] *adj* *1. (grosero)* grob, roh, ungeschliffen; *2. (hecho con poco cuidado)* plump; *m 3. (palo en la baraja)* Baste *f*, Treff *n*; *pintar ~s (fig)* mit dem Allerschlimmsten rechnen, hart auf hart kommen
bastón [bas'tɔn] *m* Stock *m*, Prügel *m*, Stab *m*
bastonazo [basto'naθo] *m* Stockhieb *m*
bastoncillo [baston'θiʎo] *m* *~ de algodón* Wattestäbchen *n*
basura [ba'sura] *f* Abfall *m*, Müll *m*; *cubo de la ~* Abfalleimer *m*
basural [basu'ral] *m* *(basurero) (LA)* Misthaufen *m*
basurero [basu'rero] *m* Mülldeponie *f*
bata ['bata] *f* Kittel *m*, Morgenrock *m*
batacazo [bata'kaθo] *m* Aufschlag *m*, Fall *m*
batalla [ba'taʎa] *f* Schlacht *f*
batallador [bataʎa'đɔr] *adj* kämpferisch
batallar [bata'ʎar] *v* *1. (luchar con armas)* fechten; *2. (fig: luchar)* kämpfen
batallón [bata'ʎɔn] *m* Bataillon *f*
batanear [bata'near] *v* walken, kneten
bataola [bata'ola] *f* Lärm *m*, Geschrei *n*, Krach *m*
bate ['bate] *m* *(en el béisbol) SPORT* Baseballschläger *m*
batea [ba'tea] *f* *(bandeja)* Tablett *n*
batear [ba'tear] *v* *SPORT* schlagen
batel [ba'tel] *m* *(bote) NAUT* Kahn *m*
batería [bate'ria] *f* *1. TECH* Batterie *f*; *2. MUS* Schlagzeug *n*
batida [ba'tiđa] *f* *1.* Razzia *f*; *2. (caza)* Treibjagd *f*
batido [ba'tiđo] *m* *GAST* Milchmixgetränk *n*
batidora [bati'đora] *f* Schneebesen *m*, Quirl *m*
batiente [ba'tĭente] *m* *(hoja de la puerta)* Türflügel *m*
batir [ba'tir] *v* *1.* mixen; *2. (derrotar)* zerstören, zugrunde richten
batología [batolo'xia] *f* *(pleonasmo) GRAMM* Pleonasmus *m*
batracio [ba'traθĭo] *m/pl* *ZOOL* Lurch *m*
batuquear [batuke'ar] *v* *(batir)* schlagen, Krach machen
baturrillo [batu'rriʎo] *m* Gemisch (Speise) *n*, Kauderwelsch *m*, Sprachengewirr *n*
batuta [ba'tuta] *f* *1. (vara del director de orquesta) MUS* Taktstock *m*; *2. (fig: llevar uno la ~)* das Sagen haben
baúl [ba'ul] *m* *(cofre)* Koffer *m*, Kiste *f*, Kofferraum *m*
bauprés [bau'pres] *m* *NAUT* Bugspriet *n*
bautismo [baŭ'tizmo] *m* *REL* Taufe *f*
bautizar [baŭti'θar] *v* *1. REL* taufen; *2. (fig: vino)* panschen
bautizo [baŭ'tiθo] *m* *REL* Taufe *f*
bauxita [baŭg'sita] *f* *MIN* Bauxit *m*
bávaro ['baƀaro] *adj* bayerisch
Baviera [ba'ƀiera] *f* *GEO* Bayern *n*
baya ['baja] *f* *BOT* Beere *f*
bayadera [baja'đera] *f* Bajadere *f*
bayeta [ba'jeta] *f* *(trapo para fregar)* Staubtuch *n*, Scheuerlappen *m*
bayo ['bajo] *adj* *(amarillento)* falb; *caballo ~* hellbraunes Pferd *n*
bayoneta [bajo'neta] *f* Bajonett *n*
bazar [ba'θar] *m* *(tienda)* Basar *m*, Verkaufshalle *f*
bazo ['baθo] *m* *ANAT* Milz *f*
bazofia [ba'θofia] *f* *1. (sobras de la comida)* Speiserest *m*; *2. (fig: comida mala)* Fraß *m*
bazuca [ba'θuka] *f* *MIL* Bazooka *f*, Panzerfaust *f*
beatería [beate'ria] *f* Scheinheiligkeit *f*
beatificación [beatifika'θĭɔn] *f* Seligsprechung *f*

beatificar [beatifi'kar] *v REL* selig sprechen
beatífico [bea'tifiko] *adj* selig, beseligend
beatitud [beati'tuđ] *f (bienaventuranza)* Glück *n*
beato [be'ato] *adj* scheinheilig
bebé [be'ƀe] *m* Baby *n*
bebedero [beƀe'đero] *m 1. (pilón)* Tränke *f; 2. (fuente)* Quelle *f; 3. (en las vasijas)* Schnauze (an Trinkgefäßen) *f,* Gussloch *n*
bebedizo [beƀe'điθo] *m (poción)* Trank *m*
bebedor(a) [beƀe'đɔr/beƀe'đora] *m/f* Trinker(in) *m/f*
beber [be'ƀɛr] *v 1.* trinken; *¿Desea usted ~ algo?* Möchten Sie etw trinken? *¿Se puede ~ el agua?* Kann man das Wasser trinken? *Anoche bebí demasiado.* Ich habe gestern Abend zu viel getrunken. *~ a sorbitos* nippen; *~ a sorbos* schlürfen; *2. (fam: ~ mucho)* saufen; *3. (animal)* saufen
beberse [be'ƀɛrse] *v ~ algo* etw trinken; *~ todo* austrinken
bebible [be'ƀiƀle] *adj* trinkbar
bebida [be'ƀiđa] *f 1.* Getränk *n; ¿Tiene usted una carta de ~s?* Haben Sie eine Getränkekarte? *2. ~s alcohólicas/~s espirituosas pl* Spirituosen *pl*
bebido [be'ƀiđo] *adj (casi borracho)* angeheitert, angetrunken
beca ['beka] *f* Stipendium *n*
becario [be'kario] *m* Stipendiat *m*
becerra [be'θɛrra] *f BOT* Löwenmaul *n*
becerrear [beθɛ'rrɛar] *v (fam: gritar)* schreien
becerro [be'θɛrro] *m ZOOL* Kalb *n*
becuadro [be'kwađro] *m MUS* Auflösungszeichen *n*
bechamel [betʃa'mel] *f GAST* Bechamelsoße *f*
bedel [be'đel] *m* Pedell *m,* Schuldiener *m*
beduino [be'đwino] *m 1. GEO* Beduine *m; adj 2. GEO* Beduinen...
befa ['befa] *f (grosería)* Hohn *m,* Spott *m; Haces ~ de todo.* Du verspottest alles.
begonia [be'gonǐa] *f BOT* Begonie *f*
behaviorismo [bexaƀi'rizmo] *m PSYCH* Verhaltensforschung *f*
beige ['beǐge] *adj (color)* beige
béisbol ['beisƀɔl] *m juego de ~ SPORT* Baseball *m*
bejuco [be'xuko] *m BOT* Liane *f*
beldad [bel'đađ] *f 1. (belleza)* Schönheit *f; 2.* schöne Frau *f,* Schönheit *f*
belén [be'len] *m REL* Krippe *f*
belga ['bɛlga] *adj 1.* belgisch; *m 2.* Belgier *m*
Bélgica ['belxika] *f GEO* Belgien *n*
belicismo [beli'θizmo] *m* Kriegshetzerei *f*
belicista [beli'θista] *m/f 1.* Kriegshetzer *m; adj* kriegslüstern
bélico ['beliko] *adj* kriegerisch
belicosidad [belikosi'đađ] *f* Kriegslust *f*
belicoso [beli'koso] *adj* kriegerisch
beligerancia [belixe'ranθǐia] *f* Kriegführung *f*
beligerante [belixe'rante] *adj* Krieg führend
belitre [be'litre] *m (fam)* Nieskraut *n*
belvedere [belƀe'đere] *m ARCH* Belvedere *m,* Aussichtsturm *m*
bellacada [bella'kađa] *f* Schurkenstreich *m*
bellaco [be'ʎako] *adj (ruín)* schurkisch, gemein
bellaquear [beʎa'kear] *v (hacer bellaquerías)* Schurkenstreiche verüben
bellaquería [beʎake'ria] *f* Niederträchtigkeit *f,* Gaunerei *f*
belleza [be'ʎeθa] *f* Schönheit *f*
bello ['beʎo] *adj (bonito)* schön, süß
bellota [be'ʎota] *f BOT* Eichel *f*
bemol [be'mɔl] *m MUS* Erniedrigungszeichen *n*
bemolar [bemo'lar] *v MUS* erniedrigen, mit b auszeichnen
benceno [ben'θeno] *m CHEM* Benzol *n*
bencina [ben'θina] *f CHEM* Benzin *n*
bendecidor [beŋdeθi'đɔr] *adj* segnend
bendecir [bende'θir] *v irr 1.* segnen; *2. REL* weihen
bendición [bendi'θǐɔn] *f REL* Segen *m*
bendito [ben'đito] *adj 1. (consagrado)* gesegnet, geweiht, heilig; *el ~ San Blas* der heilige Sankt Blasius; *2. (dichoso)* verflucht, verdammt, verflixt; *m 3. (humilde)* naiver Mensch *m,* einfältiger Mensch *m*
benedictino [beneđik'tino] *adj 1. (de la orden de San Benito) REL* Benediktiner... *m 2.* Benediktinermönch *m*
benefactor [benefak'tɔr] *m* Wohltäter *m*
beneficencia [benefi'θenθǐa] *f* Wohltätigkeit *f*
beneficiación [benefiθǐa'θǐɔn] *f* Veredelung *f,* Düngen *n*
beneficiado [benefi'θǐađo] *m* Benefiziar *m*
beneficiador [benefiθǐa'đɔr] *m* Wohltäter *m*

beneficiar [benefi'θĭar] *v* begünstigen
beneficiario [benefi'θĭarĭo] *m* Pfründner *m*
beneficiarse [benefi'θĭarse] *v ~ de* profitieren von
beneficio [bene'fiθĭo] *m 1.* Verdienst *m,* Nutzen *m,* Profit *m; 2. (acción)* Wohltat *f; 3. ECO* Gewinn *m,* Ausbeute *f,* Ertrag *m; ~ bruto* Bruttogewinn *m; ~ neto* Nettogewinn *m,* Reingewinn *m; 4. en ~ de* zum Vorteil von, zum Wohl von
benéfico [be'nefiko] *adj* wohltuend
benemérito [bene'merito] *adj* wohlverdient
beneplácito [bene'plaθito] *m* Einverständnis *n,* Genehmigung *f*
benevolencia [beneƀo'lenθĭa] *f* Milde *f,* Wohlwollen *n*
bengala [beŋ'gala] *f luz de ~* bengalisches Licht *n*
benignidad [benigni'đađ] *f* Güte *f,* Gutartigkeit *f*
benigno [be'nigno] *adj MED* gutartig
benjamín [beŋxa'min] *m* Nesthäkchen *n*
benjuí [ben'xwi] *m* Benzoe *n*
bentónico [ben'tɔniko] *adj ZOOL* benthonisch
bentonita [bento'nita] *f MIN* Bentonit *n*
bentos ['bentos] *m ZOOL* Benthos *n*
benzoico [ben'θoiko] *adj ácido ~ CHEM* Benzoesäure *f*
benzol [ben'θɔl] *m CHEM* Benzol *n*
beodez [beo'đeθ] *m (embriaguez)* Trunkenheit *f*
beodo [be'ođo] *adj* betrunken
beorí [beo'ri] *m ZOOL* Tapir *m*
berberisco [bɛrƀe'risko] *adj GEO* berberisch
berbiquí [bɛrƀi'ki] *m* Bohrer *m*
berenjena [bereŋ'xena] *f BOT* Aubergine *f,* Eierpflanze *f*
berenjenal [bereŋxe'nal] *m* Auberginenplantage *f*
bergante [ber'gante] *m (fam: sinvergüenza)* Schlitzohr *n,* schamloser Kerl *m*
bergantín [bergan'tin] *m NAUT* Brigantine *f*
beriberi [beri'ƀeri] *m MED* Beriberi *f*
berilio [be'rilĭo] *m CHEM* Beryllium *n*
berkelio [ber'kɛlĭo] *m (elemento químico) CHEM* Berkelium *n*
berlina [bɛr'lina] *f* Berline *f*
berlinés [bɛrli'nes] *adj GEO* berlinerisch
bermuda [bɛr'muđa] *m* Bermuda *f*
bernardo [bɛr'narđo] *m ZOOL* Einsiedlerkrebs *m*
berrido [be'rriđo] *m (del becerro)* Blöken *n*
berrín [be'rrin] *m (cascarrabias)* Hitzkopf *m*
berro ['bɛrrɔ] *m BOT* Kresse *f; ~ de agua/~ de fuente* Brunnenkresse *f*
berrueco [be'rrweko] *m (peña)* Klippe *f,* Felsenriff *n*
berza ['bɛrθa] *f BOT* Kohl *m*
berzal [bɛr'θal] *m* Kohlfeld *n*
berzotas [bɛr'θotas] *m* Versager *m,* Null *f*
besar [be'sar] *v* küssen
beso ['beso] *m* Kuss *m; ~ de despedida* Abschiedskuss *m*
bestia ['bestĭa] *f* Bestie *f,* Tier *n,* Vieh *n,* Untier *n; ~ de carga* Lasttier *n*
bestiaje [bes'tĭaxe] *m* Vieh *n*
bestial [bes'tĭal] *adj* bestialisch
bestialidad [bestĭali'đađ] *f (irracionalidad)* Dummheit *f*
bestializar [bestĭali'θar] *v* verdummen, verrohen
besucar [besu'kar] *v* abküssen
besucón [besu'kɔn] *adj* schmusend
besuquear [besuke'ar] *v* knutschen
besuquearse [besuke'arse] *v* schmusen
betún [be'tun] *m* Schuhcreme *f*
betunería [betune'ria] *f* Teeranlage *f*
betunero [betu'nero] *m (limpiabotas)* Schuhputzer *m*
bezo ['beθo] *m 1. (belfo)* dicke Lippe *f; 2. (en una herida)* Lefze (einer Wunde) *f,* Wundöffnung *f*
biangular [biaŋgu'lar] *adj MATH* zweiwinklig
biarticulado [biartiku'lađo] *adj TECH* zweigelenkig
biatómico [bia'tomiko] *adj CHEM* zweiatomig
bibásico [bi'basiko] *adj CHEM* doppelbasisch
bibelot [biƀe'lot] *m (chucherías)* Ziergegenstand *m,* Nippsache *f,* Nippes *pl*
Biblia ['biƀlĭa] *f REL* Bibel *f*
bíblico ['biƀliko] *adj REL* biblisch
bibliofilia [biƀlĭo'filĭa] *f* Bibliophilie *f,* Bücherleidenschaft *f*
bibliófilo [bi'ƀlĭɔfilo] *m* Bücherliebhaber *m*
bibliografía [biƀlĭogra'fia] *f* Bibliografie *f*
bibliográfico [biblĭo'grafiko] *adj* bibliografisch

bibliología [biƀlĭolo'xia] *f* Bibelkunde *f*, Bücherkunde *f*
bibliomanía [biƀlĭoma'nia] *f* Bibliomanie *f*, übertriebene Bücherliebe *f*
bibliómano [ƀi'ƀlĭomano] *m* Büchernarr *m*, Bibliomane *m*
biblioteca [biƀlĭo'teka] *f* *1.* Bibliothek *f*, Bücherei *f*, Leihbibliothek *f*; ~ *circulante* fahrbare Bibliothek *f*; *2. (colección de programas) INFORM* Archiv *n*
bibliotecaria [biƀlĭote'karĭa] *f* Bibliothekarin *f*
bibliotecario [biƀlĭote'karĭo] *m* Bibliothekar *m*
biblioteconomía [biƀlĭotekono'mia] *f* Bibliothekswissenschaften *f/pl*
bicarbonatado [bikarƀona'tađo] *adj CHEM* Bikarbonat...
bicarbonato [bikarƀo'nato] *m CHEM* Bikarbonat *n*
bicéfalo [bi'θefalo] *adj* mit zwei Köpfen *m/pl*
bicentenario [biθente'narĭo] *m* zweihundert Jahre *n/pl*
bíceps ['biθeps] *m ANAT* Bizeps *m*
bicicleta [biθi'kleta] *f* Fahrrad *n*, Rad *n*; *ir en* ~ Rad fahren; ~ *de carrera* Rennrad *n*
bicoca [bi'koka] *f (cosa sin importancia)* Lappalie *f*, unwichtige Sache *f*
bicolor [biko'lɔr] *adj* zweifarbig
bicóncavo [bi'kɔnkaƀo] *adj PHYS* bikonkav
biconvexo [bikon'ƀegso] *adj PHYS* bikonvex
bicornio [bi'kɔrnĭo] *m* Zweispitz *m*
bicromía [bikro'mia] *f TECH* Zweifarbdruck *m*
bicharraco [bitʃa'rrako] *m (fam: animalejo)* Tierchen *n*
bicho ['bitʃo] *m 1.* Kleintier *n*; *2. (fam)* Viech *n*; ~ *raro* komischer Kauz *m*; *3.* ~*s pl* Ungeziefer *n*; *Tengo ~s en mi habitación.* Ich habe Ungeziefer in meinem Zimmer.
bidé [bi'đɛ] *m (bidet)* Bidet *n*
bidón [bi'đɔn] *m* Kanister *m*; ~ *de gasolina* Benzinkanister *m*
biela ['bĭela] *f TECH* Pleuelstange *f*
bien [bĭen] *adv 1.* gut, wohl, schön; *No estoy* ~. Mir ist nicht gut. *¡Qué ~!* Das ist schön! *más* ~ eher, lieber; *muy* ~ schön, prima; *2. (correcto)* richtig; *¡Está ~!* In Ordnung! *konj 3.* ~ *que* obgleich; *m 4.* Wohl *n*; *5. ECO* Gut *n*; ~ *público* Gemeingut *n*; ~ *común* Gemeinwohl *n*; *6.* ~*es pl* Güter *pl*, Habe *f*, Vermögen *n*; ~*es culturales* Kulturgut *n*; ~*es nacionales* Staatseigentum *n*; ~*es de consumo ECO* Konsumgüter *pl*, Verbrauchsgüter *pl*; ~*es de producción* Produktionsgüter *pl*; ~*es raíces* Grundbesitze *pl*, Liegenschaften *pl*; *separación de ~es* Gütertrennung *f*
bienal [bĭe'nal] *f* zweijährlich
bienaventurado [bĭenaƀentu'rađo] *adj REL* selig
bienaventuranza [bĭenaƀentu'ranθa] *f REL* Seligkeit *f*
bienestar [bĭenes'tar] *m 1.* Behaglichkeit *f*, Wohlbefinden *n*; ~ *común* Allgemeinwohl *n*; *2. (prosperidad)* Wohlstand *m*
bienhablado [bĭena'ƀlađo] *adj* beredt, redegewandt
bienhechor(a) [bĭene'tʃɔr/bĭene'tʃora] *m/f* Wohltäter(in) *m/f*
bienintencionado [bienintenθio'nađo] *adj (con buena intención)* in guter Absicht
bienio [bie'nĭo] *m* Biennium *n*
bienmandado [bĭenman'dađo] *adj* folgsam, gehorchend
bienmesabe [bĭenme'saƀe] *m GAST* Zuckerschicht (Baiser) *f*
bienquerer [bienke'rer] *v 1. (querer bien a alguien)* jdn schätzen, jdm wohl wollen; *m 2. (bienquerencia)* Wohlwollen *n*
bienvenida [bĭenƀe'niđa] *f* Willkommen heißen *n*, Begrüßung *f*
bienvenido [bĭembe'niđo] *adj* willkommen
bienvivir [bĭenƀi'ƀir] *v* gut leben, ein Auskommen haben
bife ['bife] *m (LA) GAST* Steak *n*
bífido ['bifiđo] *adj BOT* zweispaltig
biforme [bi'fɔrme] *adj* biform, doppelgestaltig
bifronte [bi'frɔnte] *adj* doppelgesichtig
bifurcación [bifurka'θĭɔn] *f* Gabelung *f*
bifurcado [bifur'kađo] *adj* sich gabelnd, zweigeteilt
bifurcar [bifur'kar] *v* abzweigen
bigamia [bi'gamĭa] *f* Bigamie *f*, Doppelehe *f*
bigardear [bigar'đear] *v* ein Lotterleben führen
bigardía [bigar'đia] *f (burla)* Streich *m*, Spott *m*
bigarrado [biga'rrađo] *adj* buntscheckig
bigote [bi'gote] *m* Schnurrbart *m*
bigotudo [bigo'tuđo] *adj (mostachudo)* schnurrbärtig, schnauzbärtig

bigudí [bigu'đi] *m* Lockenwickler *m*
bikini [bi'kini] *m* Bikini *m*
bilabial [bila'ƀĭal] *adj GRAMM* bilabial
bilateral [bilate'ral] *adj 1.* zweiseitig; *2. POL* bilateral
biliar [bi'lĭar] *adj conducto ~ ANAT* Gallengang *m*
biliario [bi'lĭarĭo] *adj (biliar) cálculo ~ ANAT* Gallenstein *m*
bilingüe [bi'liŋgwe] *adj* zweisprachig
bilingüismo [bilin'gwizmo] *m* Zweisprachigkeit *f*
bilioso [bi'lĭoso] *adj temperamento ~* galliges Temperament *n,* reizbares Gemüt *n*
bilis [bi'lis] *f ANT* Galle *f*
bilobulado [biloƀu'lađo] *adj* zweilappig
billar [bi'ʎar] *m* Billard *n*
billete [bi'ʎete] *m 1. (de viaje)* Fahrkarte *f,* Fahrschein *m,* Bahnfahrkarte *f; ¿Me dará el conductor el ~?* Bekomme ich den Fahrschein beim Fahrer? *¿Hay un ~, válido un solo día?* Gibt es eine Tageskarte? *~ de ida y vuelta* Hin- und Rückfahrkarte *f; ~ mensual* Monatskarte *f; 2. ~ de banco FIN* Banknote *f,* Geldschein *m; 3. CINE* Kinokarte *f; ~ gratuito* Freikarte *f; 4. ~ de lotería* Los *n,* Lottoschein *m; ~ no premiado* Niete *f*
billetera [biʎe'tera] *f* Brieftasche *f,* Portemonnaie *f*
billón [bi'ʎɔn] *num* Billion *f*
bimensual [bimen'swal] *adj* zweiwöchentlich
bimestral [bimes'tral] *adj* zweimonatlich
bimestre [bi'mɛstre] *m* Zeitraum von zwei Monaten *m*
bimetalismo [bimeta'lizmo] *m ECO* Bimetallismus *m,* Doppelwährung *f*
bimotor [bimo'tɔr] *adj* zweimotorig
bina ['bina] *f AGR* Zwiebrachen *n*
binadera [bina'đera] *f AGR* Brachpflug *m*
binar [bi'nar] *v AGR* umhacken, umgraben
binario [bi'narĭo] *adj INFORM* binär
binocular [binoku'lar] *adj 1. visión ~* binokuläre Sicht *f; m/pl 2. (largavistas ~)* Doppelfernglas *n; Quiero comprar unos ~es.* Ich will ein Doppelfernglas kaufen.
binóculo [bi'nokulo] *m* Binokel *n*
binomio [bi'nomĭo] *m MATH* Binom *n,* Summe aus zwei Gliedern
bínubo ['binubo] *adj* zweite Heirat *f*
biodinámica [bĭođi'namika] *f* Biodynamik *f*
biodinámico [bĭođi'namiko] *adj* biodynamisch
biofísica [bĭo'fisika] *f* Biophysik *f*
biogás [bĭo'gas] *m* Biogas *n*
biografía [bĭogra'fia] *f* Biografie *f*
biográfico [bĭo'grafiko] *adj* biografisch
biógrafo ['bĭografo] *m* Biograf *m*
biología [bĭolɔ'xia] *f* Biologie *f*
biológico [bĭolɔ'xiko] *adj* biologisch
biólogo [bĭo'lɔgo] *m* Biologe *m*
biombo ['bĭombo] *m* Schirm *m,* Bettschirm *m*
biometría [bĭome'tria] *f BIO* Biometrie *f*
biopsia [bi'ɔpsia] *f MED* Biopsie *f*
bioquímica [bĭo'kimika] *f* Biochemie *f*
bioquímico [bĭo'kimiko] *adj* biochemisch
biorritmo [bĭo'rritmo] *m* Biorhythmus *m*
biosfera [bĭos'fera] *f* Biosphäre *f*
biosíntesis [bĭo'sintesis] *f BIO* Biosynthese *f*
biotecnología [bĭoteknolɔ'xia] *f* Gentechnologie *f*
biótopo [bĭo'topo] *m* Biotop *n*
bióxido ['bĭogsiđo] *m CHEM* Dioxid *n*
bipartición [biparti'θĭɔn] *f* Zweiteilung *f*
bipartir [bipar'tir] *v* zweiteilen
bipartito [bipar'tito] *adj* zweiteilig
bípedo ['bipeđo] *adj ZOOL* zweifüßig
biplano [bi'plano] *m* Doppeldecker *m*
bipolar [bipo'lar] *adj* bipolar
birlador [birla'đɔr] *m* Gauner *m*
birlar [bir'lar] *v (fam: escamotear)* verschwinden lassen, ergattern, wegschnappen
birmano [bir'mano] *adj 1. GEO* birmanisch; *m 2. GEO* Birmane *m*
birreme [bi'rreme] *m NAUT* Doppelruderer *m*
birrete [bi'rrete] *m (sombrero de los jueces y graduandos)* Barett *n*
bis [bis] *adv* noch einmal
bisabuelos [bisa'ƀwelos] *m/pl* Urgroßeltern *pl*
bisagra [bi'sagra] *f TECH* Scharnier *n*
bisbisar [bisbi'sar] *v* lispeln
bisbiseo [bisƀi'seo] *m* Lispeln *n,* Brummeln *n,* Murmeln *n*
bisección [biseg'θĭɔn] *f MATH* Halbierung *f*
bisector [bisek'tɔr] *adj plano ~ MATH* zweiteilige Ebene *f*
bisegmentación [bisegmenta'θĭɔn] *f* Zweiteilung *f*
bisegmentar [bisegmen'tar] *v* zweiteilen
bisel ['bisel] *m* Schräge *f,* schiefe Kante *f*
biselar [bise'lar] *v* abschrägen, ausschrägen

bisemanal [bisema'nal] *adj* zweimal wöchentlich
bisexual [bisek'swal] *adj* bisexuell
bisiesto [bi'siesto] *m año ~* Schaltjahr *n*
bisilábico [bisi'laƀiko] *adj GRAMM* zweisilbig
bismuto [biz'muto] *m CHEM* Wismut *n*
bisnieto [biz'nĭeto] *m* Urenkel *m*
bisonte [bi'sonte] *m ZOOL* Bison *m*
bisoñada [biso'ɲađa] *f* unüberlegtes Wort *n,* unbesonnene Handlung *f*
bisoñé [biso'ɲe] *m* Toupet *n*
bisoño [bi'soɲo] *adj (novato)* neu eingetreten, unerfahren
bistec [bis'tɛk] *m GAST* Beefsteak *n*
bisturí [bistu'ri] *m MED* Bistouri *n*
bisutería [bisute'ria] *f* Modeschmuck *m*
bit ['bit] *m (dígito binario) INFORM* Bit *n*
bitácora [bi'takora] *f NAUT* Kompasshaus *n*
bituminoso [bitumi'noso] *adj* bituminös, erdharzig
bivalente [biƀa'lente] *adj CHEM* bivalent
bizantino [biθan'tino] *adj imperio ~ HIST* byzantinisches Reich *n*
bizarría [biθa'rria] *v (valor)* Mut *m,* Tapferkeit *f*
bizarro [bi'θarro] *adj 1. (apuesto)* stattlich, ansehnlich; *2. personaje ~* tapfer, edelmütig, ritterlich
bizcar [biθ'kar] *v* schielen
bizco ['biθko] *adj* schielend; *ser ~* schielen
bizcocho [biθ'kotʃo] *m* Zwieback *m,* Biskuit *m/n*
biznieto [biθ'nĭeto] *m* Urenkel *m*
bizquear [biθ'kear] *v* schielen
Blancanieves [blaŋka'nĭeƀes] *f* Schneewittchen *n*
blanco ['blaŋko] *adj 1. (color)* weiß; *~ como la nieve* schneeweiß; *2. en ~* leer; *3. FIN* blanko; *m 4.* Zielscheibe *f*
blancor [blan'kɔr] *m* Weiße *f*
blancura [blan'kura] *f (blancor)* Weiße *n,* weiße Farbe *f*
blandear [blan'dear] *v (ceder)* aufgeben, nachlassen, nachgeben
blandengue [blan'denge] *adj* übertrieben nachgiebig, zu sanftmütig
blandenguería [blandenge'ria] *f* Nachgiebigkeit *f,* Gutmütigkeit *f,* Sanftmut *f*
blando ['blando] *adj* weich, mürbe; *~ de corazón* weichherzig
blandura [blan'dura] *f* Tauwetter *n,* mildes Wetter *n*
blanduzco [blan'duθko] *adj* mild, Tau...
blanquearse [blaŋke'arse] *v* bleichen
blanquecino [blanke'θino] *adj* Weiß..., bleichend
blanqueo [blaŋ'keo] *m ~ de dinero* Geldwäsche *f*
blasfemador [blasfema'đɔr] *adj* Gotteslästerer *m*
blasfemar [blasfe'mar] *v ~ contra Dios REL* lästern
blasfematorio [blasfema'tɔrĭo] *adj* blasphemisch
blasfemia [blas'femĭa] *f REL* Gotteslästerung *f*
blasfemo [blas'femo] *adj* blasphemisch
bledo ['bleđo] *m 1. (pimiento)* Beermelde *f; 2. no importar a alguien un ~* keinen Pfifferling wert sein, einem egal sein
blindado [blin'dađo] *adj un coche ~* gepanzerter Wagen *m*
blindaje [blin'daxe] *m* Abschirmung *f,* Panzerung *f*
blindar [blin'dar] *v* abschirmen, panzern
bloc [blɔk] *m* Block *m; ~ de papel de cartas* Briefblock *m*
blocaje [blo'kaxe] *m* Blockade *f*
bloque ['bloke] *m 1.* Block *m,* Klotz *m; 2. en ~* pauschal
bloquear [bloke'ar] *v 1.* absperren, versperren, blockieren; *2. (asegurar)* verriegeln; *3. ECO* sperren
bloquearse [bloke'arse] *v* klemmen
bloqueo [blo'keo] *m 1.* Absperrung *f,* Blockade *f; 2. (seguro)* Verriegelung *f*
bluff [bluf] *m* Bluff *m*
blusa ['blusa] *f* Bluse *f*
boa ['boa] *f ZOOL* Boa *f*
boato [bo'ato] *m (pompa)* Pomp *m,* Prachtaufwand *m,* Prunk *m*
bobada [bo'ƀađa] *f 1.* Albernheit *f,* Blödsinn *m; 2. ~s pl (fam)* Käse *m,* Quatsch *m,* Blödsinn *m*
bobalicón [boƀali'kɔn] *adj* albern, dumm, einfältig
bobear [boƀe'ar] *v (hacer boberías)* sich albern benehmen
bobería [boƀe'ria] *f* Dummheit *f,* Dusseligkeit *f*
bobina [bo'ƀina] *f TECH* Spule *f*
bobinador [boƀina'đɔr] *m TECH* Spulmaschine *f*
bobinar [boƀi'nar] *v TECH* spulen
bobo ['boƀo] *m 1.* Einfaltspinsel *m,* Tropf *m; adj 2.* blöd, doof, albern

boca ['boka] *f 1. ANAT* Mund *m; Se me hace la ~ agua.* Mir läuft das Wasser im Mund zusammen. *2. (hocico) ZOOL* Maul *n,* Schnauze *f; 3. ~ de incendio/~ de riego* Hydrant *m; 4. ~ de metro* U-Bahn-Eingang *m*
bocacalle [boka'kaʎe] *f* Mündung *f,* Straßenkreuzung *f,* Straßenecke *f*
bocadillo [boka'điʎo] *m GAST* Sandwich *n,* belegtes Brötchen *n*
bocado [bo'kađo] *m 1.* Bissen *m; 2. (golosina)* Happen *m,* Leckerbissen *m*
bocanada [boka'nađa] *f ~ de humo* Rauchwolke *f*
bocaza [bo'kaθa] *m/pl (fam: hablador)* Schwätzer *m,* Großmaul *n,* Quasselstrippe *f*
bocetar [boθe'tar] *v* skizzieren
boceto [bo'θeto] *m* Skizze *f*
bocina [bo'θina] *f* Hupe *f*
bocón [bo'kɔn] *m 1. (que habla mucho)* Großmaul *n; 2. (especie de sardina)* Sardelle *f*
bochinche [bo'tʃintʃe] *m* Krawall *m,* Radau *m*
bochinchero [botʃin'tʃero] *adj* aufrührerisch, lärmend, meuternd
bochorno [bo'tʃɔrno] *m 1.* Schwüle *f; Hace ~.* Es ist schwül. *2. (vergüenza)* Peinlichkeit *f,* peinliche Situation *f*
bochornoso [botʃɔr'noso] *adj 1. METEO* schwül; *2. (vergonzoso)* beschämend, blamabel
boda ['bođa] *f* Hochzeit *f; ~s de oro* goldene Hochzeit *f*
bodega [bo'đega] *f 1.* Weinkeller *m; 2. (tienda, empresa)* Kellerei *f*
bodrio ['bođrĭo] *m 1. (comida mal hecha)* Fraß *m,* schlechtes Essen *n; 2. (fig: producto de mal gusto)* Geschmacklosigkeit *f,* Produkt von schlechtem Geschmack; *Esa película es un ~.* Dieser Film ist geschmacklos.
bofetada [bofe'tađa] *f* Ohrfeige *f*
bofetear [bofete'ar] *v* ohrfeigen
bogar [bo'gar] *v NAUT* segeln, rudern
bogavante [boga'ƀante] *m ZOOL* Hummer *m*
Bohemia [bo'emĭa] *f GEO* Böhmen *n*
bohemio [bo'emĭo] *adj 1.* böhmisch; *m 2.* Böhme *m; 3. (fig)* Künstlertyp *m*
boicot [bɔĭ'kɔt] *m* Boykott *m*
boicotear [bɔĭkote'ar] *v* boykottieren
boina ['bɔĭna] *f* Baskenmütze *f*
boite ['bwat] *f* Nachtlokal *n*
boje ['bɔxe] *m BOT* Buchsbaum *m*
bol [bɔl] *m* Bowle *f*
bola ['bola] *f* Ball *m,* Kugel *f; ~ de nieve* Schneeball *m*
bolchevique [boltʃe'ƀike] *m HIST* Bolschewist *m*
bolchevismo [boltʃe'ƀismo] *m (comunismo)* Bolschewismus *m*
boleadora [bolea'đɔra] *f/pl* Wurfriemen *m*
bolera [bo'lera] *f SPORT* Kegelbahn *f*
boletería [bolete'ria] *f (LA)* Fahrkartenschalter *m*
boletín [bole'tin] *m 1.* Bericht *m,* Bulletin *n; 2. ~ oficial* Amtsblatt *n; ~ de noticias* Nachrichten *pl; ~ meteorológico* Wetterbericht *m*
boleto [bo'leto] *m 1. (LA)* Eintrittskarte *f; 2. (para el transporte)* Fahrkarte *f,* Fahrschein *m; 3. CINE* Kinokarte *f*
bólido ['bolido] *v* Rennwagen *m*
bolígrafo [bo'ligrafo] *m* Kugelschreiber *m,* Kuli *m* (fam)
Bolivia [bo'liƀĭa] *f GEO* Bolivien *n*
boliviano [boli'ƀĭano] *adj GEO* bolivianisch
bolo ['bolo] *m* Kegel *m,* Kugel *f*
bolsa ['bɔlsa] *f 1.* Tüte *f,* Beutel *m; ~ de agua caliente* Wärmflasche *f; ~ de compras* Einkaufstasche *f; ~ de plástico* Plastiktüte *f; 2. (de dinero)* Geldbeutel *m; 3. ~ de trabajo* Arbeitsvermittlung *f*
Bolsa ['bɔlsa] *f FIN* Börse *f; ~ de acciones* Aktienbörse *f; ~ de divisas* Devisenbörse *f*
bolsillo [bɔl'siʎo] *m* Tasche *f*
bolso ['bɔlso] *m* Handtasche *f*
bomba ['bɔmba] *f 1.* Pumpe *f; ~ neumática/~ de aire* Luftpumpe *f; 2. MIL* Bombe *f; ~ atómica* Atombombe *f*
bombardear [bɔmbarđe'ar] *v MIL* bombardieren
bombardeo [bɔmbar'đeo] *m MIL* Bombardement *n,* Bombenangriff *m*
bombardero [bombar'đero] *m MIL* Bomber *m,* Bombenflugzeug *n*
bombástico [bom'ƀastiko] *adj* bombastisch, schwülstig
bombazo [bom'baθo] *m (explosión de una bomba)* Explosion *f,* Bombentreffer *m*
bombear [bɔmbe'ar] *v* pumpen
bombero [bɔm'bero] *m* Feuerwehrmann *m; ¡Llame a los ~s!* Rufen Sie die Feuerwehr!
bombilla [bɔm'biʎa] *f* Glühbirne *f*
bombillo [bɔm'biʎo] *m (LA)* Glühbirne *f*
bombo ['bɔmbo] *m MUS* Pauke *f*
bombón [bɔm'bɔn] *m (de chocolate) GAST* Praline *f*

bombona [bɔm'bona] *f ~ de gas* Gasflasche *f*
bombonera [bombo'nera] *f (caja para los bombones)* Bonbonschachtel *f*
bonachón [bona'tʃɔn] *adj (muy bueno)* sehr gutmütig, sehr gut
bonachonería [bonatʃone'ria] *f* Gutmütigkeit *f*
bonancible [bona'θible] *adj (tiempo tranquilo)* mild, klar
bonanza [bo'nanθa] *f 1. (prosperidad)* Gedeihen *n,* Wohlfahrt *f; 2. (tiempo tranquilo en el mar) NAUT* Windstille *f*
bondad [bɔn'dađ] *f* Güte *f*
bondadoso [bɔnda'đoso] *adj* gutherzig, gutmütig, hilfreich
bóngalo ['bongalo] *m (chalet)* Bungalow *m*
bonhomía [bono'mia] *f (ingenuidad)* Gutherzigkeit *f,* Offenherzigkeit *f*
bonico [bo'niko] *adj (bueno)* niedlich, hübsch
bonificación [bonifika'θĭɔn] *f ~ por cantidad ECO* Mengenrabatt *m*
bonito [bo'nito] *adj 1. (hermoso)* hübsch, schön; *~ y algo atrevido* kess; *2. (simpático)* nett, reizend, niedlich; *m 3. ZOOL* Thunfisch *m*
bono ['bono] *m 1.* Bon *m; ~ de caja* Kassenzettel *m; 2. (de canje)* Gutschein *m; 3. FIN* Bonus *m; 4. ~ del Tesoro ECO* Schatzbrief *m*
bonvivant [bonƀi'ƀant] *m (sibarita)* Lebemann *m,* Schlemmer *m*
boñiga [bo'ɲiga] *f* Kuhfladen *m*
boom [bum] *m ECO* Boom *m,* Aufschwung *m*
boomerang [bume'ran] *m (arma)* Boomerang *m; efecto ~* Boomerang-Effekt
boquear [boke'ar] *v 1. (abrir la boca)* den Mund öffnen; *2. (pronunciar una palabra)* hervorbringen, aussprechen; *3. (fenecer)* zu Ende gehen, ausgehen (Vorrat)
boquete [bo'kete] *m* Öffnung *f,* Loch *n*
boquiabierto [bokia'ƀierto] *adj (atónito)* baff, sprachlos; *Me dejaste ~ con tu decisión.* Deine Entscheidung macht mich sprachlos.
boquilla [bo'kiʎa] *f 1. (de los instrumentos músicos)* Mundstück *n; 2. (de un puro)* Zigarrenspitze *f,* Zigarrenfilter *m*
boquirroto [boki'rroto] *adj (parlachín)* schwatzhaft
boquirrubio [boki'rruƀĭo] *adj (fam: hablador)* geschwätzig, großmäulig
borda ['bɔrđa] *f NAUT* Reling *f*
bordado [bor'đađo] *m 1. (balanceo de un barco)* Schaukeln (Schiff) *n; adj 2. salir ~* wunderbar gelungen
bordar [bɔr'đar] *v* sticken
borde ['bɔrđe] *m 1. (línea, zona)* Rand *m,* Kante *f,* Umrandung *f; 2. ~ del pan* Brotkruste *f; 3. al ~ de* kurz vor, beinahe; *al ~ de un ataque de nervios* kurz vor einem Nervenzusammenbruch
bordillo [bɔr'điʎo] *m ~ de guía* Leitplanke *f*
bordo ['bɔrđo] *m* Bord *m; an ~* an Bord *m*
boreal [bo'real] *adj hemisferio ~* nördliche Hemisphäre *f*
borla ['bɔrla] *f* Quaste *f*
borrachera [bɔrra'tʃera] *f* Rausch *m*
borrachería [borratʃe'ria] *f (taberna)* Kneipe *f*
borrachín [borra'tʃin] *m (fam: borracho perdido)* Säufer *m*
borracho [bɔ'rratʃo] *m 1.* Säufer *m; adj 2.* betrunken; *~ perdido* sternhagelvoll
borrador [bɔrra'đɔr] *m 1.* Radiergummi *m; 2. (esbozo)* Konzept *n,* Entwurf *m; ~ de una ley* Gesetzentwurf *m*
borrar [bɔ'rrar] *v 1.* radieren, wegradieren, ausradieren; *2. INFORM* löschen
borrico [bɔ'rriko] *m ZOOL* Esel *m*
borrón [bɔ'rrɔn] *m* Klecks *m; ¡Borrón y cuenta nueva!* Schwamm drüber!
borroso [bɔ'rrɔso] *adj* verschwommen
boscaje [bos'kaxe] *m (pequeño bosque)* Wäldchen *n*
bosque ['bɔske] *m* Wald *m,* Forst *m; ~ mixto* Mischwald *m; ~ frondoso* Laubwald *m*
bosquejo [bɔs'kɛxo] *m* Entwurf *m,* Skizze *f,* Vorlage *f*
bostezar [bɔste'θar] *v* gähnen
bota ['bota] *f 1.* Stiefel *m; ~ de esquiar* Skischuh *m; ~ de goma* Gummistiefel *m; 2. ~ de vino* Weinschlauch *m*
botánica [bo'tanika] *f* Botanik *f*
botánico [bo'taniko] *adj* botanisch
bote ['bote] *m 1.* Boot *n,* Kahn *m; ~ de remos* Ruderboot *n; ~ neumático* Schlauchboot *n; ~ salvavidas* Rettungsboot *n; 2. (lanza)* Stoß *m; 3. (salto)* Sprung *m*
botella [bo'teʎa] *f 1.* Flasche *f; ~ de gas* Gasflasche *f; ~ retornable* Pfandflasche *f; ~ de vidrio* Glasflasche *f; 2. ~s utilizadas pl* Altglas *n*
botica [bo'tika] *f* Apotheke *f*
boticario [boti'karĭo] *m* Apotheker *m*

botín [bo'tin] *m* Beute *f,* Diebesgut *n*
botiquín [boti'kin] *m* Erste-Hilfe-Kasten *m,* Verbandskasten *m*
botón [bo'tɔn] *m* Knopf *m; ~ de presión* Druckknopf *m; ~ de camisa* Hemdenknopf *m*
bouquet [bu'ket] *m ~ de novia* Brautstrauß *m*
bóveda ['boƀeđa] *f* Gewölbe *n,* Kuppel *f*
boxeador [bɔgsea'đɔr] *m SPORT* Boxer *m*
boxear [bɔkse'ar] *v SPORT* boxen
boxeo [bɔk'seo] *m 1. SPORT* Boxkampf *m; 2. ~ francés (savate) SPORT* französischer Boxsport *m*
bóxer ['bɔkser] *m (perro de raza) ZOOL* Boxer *m*
boya ['boja] *f* Boje *f*
boy-scout ['boiscaut] *m* Pfadfinder *m*
bozal ['boθal] *m* Maulkorb *m*
bracero [bra'θero] *m* Handlanger *m*
bragas ['bragas] *f/pl (de mujer)* Unterhose *f,* Schlüpfer *m; Estoy hecho unas ~. (fam)* Ich bin fix und fertig.
bragueta [bra'geta] *f* Hosenschlitz *m*
braille ['braiʎe] *m (escritura para ciegos)* Blindenschrift *f,* Brailleschrift *f*
bramante [bra'mante] *m* Bindfaden *m,* Schnur *f*
bramar [bra'mar] *v 1.* tosen; *2. (toro)* brüllen
brandy ['brandi] *m* Branntwein *m,* Weinbrand *m*
branquia ['braŋkĭa] *f ZOOL* Kieme *f*
brasa ['brasa] *f (ascua)* Kohlenglut *f,* glühende Kohlen *f/pl; pasar como sobre ~s por un asunto (fig)* wegen einer Sache durch die Hölle gehen
brasier [bra'sier] *m (LA)* Büstenhalter *m*
Brasil [bra'sil] *m GEO* Brasilien *n*
brasileño [brasi'leɲo] *adj 1.* brasilianisch; *m 2.* Brasilianer *m*
brasilero [brasi'lero] *adj 1. (LA)* brasilianisch; *m 2. (LA)* Brasilianer *m*
bravo ['braƀo] *adj 1.* mutig, tapfer; *2. (perro)* bissig; *3. toro ~* Kampfstier *m; interj 4. ¡Bravo!* Bravo!/Hurra!
brazalete [braθa'lete] *m* Armband *n*
brazo ['braθo] *m 1. ANAT* Arm *m; 2. (de apoyo)* Lehne *f*
brea ['brea] *f* Pech *n,* Teer *m; ~ líquida* Teer *m,* flüssiger Asphalt *m*
brecha ['bretʃa] *f 1.* Bresche *f; 2. MED* Platzwunde *f*
brécoles ['brekoles] *m/pl BOT* Brokkoli *m*
brega ['brega] *f (afán)* harte Arbeit *f,* Mühe *f,* Plage *f*
bregar [bre'gar] *v* abplagen
breve ['breƀe] *adj 1. (temporal)* kurzzeitig, rasch, flüchtig; *en ~* demnächst, nächstens, in Kürze; *2. (conciso)* straff, bündig
brevedad [breƀe'đađ] *f* Kürze *f*
brevemente [breƀe'mente] *adv* flüchtig, kurzzeitig
brezal [bre'θal] *m GEOL* Heide *f*
bribón [bri'ƀɔn] *m* Halunke *m,* Schuft *m,* Tunichtgut *m*
brigada [bri'gađa] *f 1. MIL* Brigade *f; 2. ~ de moralidad* Sittenpolizei *f; Brigada de Investigación Criminal* Kriminalpolizei *f; 3. ~ de obreros* Bautrupp *m*
brillante [bri'ʎante] *m 1.* Brillant *m; adj 2. (reluciente)* glänzend, strahlend, leuchtend; *3. (fig)* glorreich, bravurös, brillant
brillantez [briʎan'teθ] *f* Glanz *m*
brillar [bri'ʎar] *v 1.* blinken, glänzen, leuchten; *2. (sol)* scheinen
brillo ['briʎo] *m* Schein *m,* Schimmer *m,* Glanz *m*
brincar [briŋ'kar] *v* hüpfen, springen
brindar [brin'dar] *v 1.* anbieten; *2. ~ por* anstoßen auf; *Brindo por el cumpleaños de nuestra amiga.* Ich stoße auf den Geburtstag unserer Freundin an.
brindis ['brindis] *m* Toast *m,* Trinkspruch *m,* Zutrinken *n*
brío ['brio] *m (ímpetu)* Schneid *m,* Schwung *m,* Stärke *f*
briqueta [bri'keta] *f* Brikett *n*
brisa ['brisa] *f* Brise *f*
británico [bri'taniko] *adj* britisch
broa ['broa] *f 1. (galleta)* Zwieback *m; 2. (bahía)* klippenreiche Bucht *f*
brocado [bro'kađo] *m* Brokat *m*
broche ['brotʃe] *m (adorno)* Brosche *f*
broma ['broma] *f* Scherz *m,* Witz *m*
bromear [brome'ar] *v* spaßen, scherzen
bromista [bro'mista] *adj 1.* scherzhaft; *m 2.* Spaßvogel *m*
bromo ['bromo] *m CHEM* Brom *n*
bronca ['brɔŋka] *f* Krach *m,* Schlägerei *f,* Streit *m; echar una ~ a alguien (fam)* jdm eine Standpauke halten
bronce ['brɔnθe] *m MET* Bronze *f*
bronceado [brɔnθe'ađo] *adj* braun, gebräunt
broncearse [brɔnθe'arse] *v* sich sonnen
bronco ['brɔŋko] *adj* heiser

bronconeumonía [broŋkoneumo'nia] *f* *MED* Lungenentzündung *f*
bronquial [brɔŋ'kĭal] *adj* bronchial
bronquitis [brɔŋ'kitis] *f* *MED* Bronchialkatarr *m,* Bronchitis *f*
broqueta [bro'keta] *f* Bratspieß *m*
brotar [bro'tar] *v* quellen
brote ['brote] *m* *BOT* Trieb *m*
bruja ['bruxa] *f* Hexe *f*
brujería [bruxe'ria] *f* Zauberei *f,* Hexerei *f*
brújula ['bruxula] *f* Kompass *m*
brumoso [bruxule'ar] *adj* diesig
bruñido [bru'ɲiđo] *m* Politur *f*
bruñir [bru'ɲir] *v irr* polieren
brusco ['brusko] *adj 1.* brüsk, schroff; *2. (movimiento)* ruckartig, schlagartig; *3. (torpe)* plump
brutal [bru'tal] *adj* brutal, gewalttätig
brutalidad [brutali'đađ] *f* Brutalität *f*
brutalizar [brutali'θar] *v (maltratar)* misshandeln
brutalmente [bru'talmente] *adv* knallhart
bruto ['bruto] *adj 1. (bestia)* tierisch; *2. (fig)* dumm, grob, unvernünftig; *No seas ~.* Sei nicht unvernünftig. *3. ECO* brutto; *m 4.* Lümmel *m,* Flegel *m*
buceador(a) [buθea'đɔr/buθea'đora] *m/f* Taucher(in) *m/f*
bucear [buθe'ar] *v* tauchen; *¿Se puede ~ aquí?* Kann man hier tauchen?
bucle ['bukle] *m* Locke *f*
budín [bu'đin] *m* *GAST* Pudding *m*
buen [bwen] *adj* gut; *Es un ~ hombre.* Er ist ein guter Mann.
bueno ['bweno] *adj* gut, günstig, brauchbar; *Esto no está ~.* Das schmeckt nicht gut.
buey [bwɛĭ] *m* *ZOOL* Ochse *m*
bufa ['bufa] *f (broma)* Spaß *m,* Scherz *m*
búfalo ['bufalo] *m* *ZOOL* Büffel *m*
bufanda [bu'fanda] *f* Halstuch *n,* Schal *m*
bufete [bu'fete] *m 1. (aparador)* Büfett *n; 2. (de abogados)* Anwaltsbüro *n,* Anwaltskanzlei *f*
bufón [bu'fɔn] *m 1. (en la Edad Media)* Narr *m; adj 2.* skurril
buhardilla [buar'điʎa] *f* Mansarde *f*
búho ['buo] *m* *ZOOL* Uhu *m*
buitre ['bwitre] *m* *ZOOL* Geier *m*
bujía [bu'xia] *f* *TECH* Zündkerze *f*
buldózer [bul'đɔθer] *m* *TECH* Bulldozer *m*
Bulgaria [bul'garĭa] *f* *GEO* Bulgarien *n*
búlgaro ['bulgaro] *adj 1.* bulgarisch; *m 2.* Bulgare *m*
bulón [bu'lɔn] *m* *TECH* Bolzen *m*
bulto ['bulto] *m 1.* Paket *n,* Gepäckstück *n; 2. ECO* Ballen *m,* Kollo *n*
bulla ['buʎa] *f* Krach *m,* Lärm *m*
bullicioso [buʎiθi'oso] *adj (alegre)* lärmend, unruhig
buque ['buke] *m* Schiff *n; ~ de carga* Frachter *m; ~ de pasajeros* Passagierschiff *n; ~ cisterna* Tanker *m*
burbuja [bur'ƀuxa] *f* Blase *f; ~s de jabón* Seifenblasen *pl; ~s de aire* Luftblasen *pl*
burbujear [burƀuxe'ar] *v* brodeln
burdel [bur'dɛl] *m* Bordell *n,* Freudenhaus *n*
burgués [bur'ges] *adj 1.* bürgerlich; *m 2.* Spießbürger *m*
burguesía [burge'sia] *f* Bourgeoisie *f,* Bürgertum *n*
burla ['burla] *f* Gespött *n,* Hohn *m,* Spott *m,* Scherz *m*
burladero [burla'đero] *m 1.* Schutzwand *f; 2. (en el tráfico)* Verkehrsinsel *f*
burlarse [bur'larse] *v ~ de* verspotten, verhöhnen, auslachen; *¡No te burles de mí!* Mach dich nicht über mich lustig!
burlesco [bur'lesko] *adj* skurril
burlón [bur'lɔn] *adj 1.* spöttisch, verschmitzt, höhnisch; *m 2.* Spaßvogel *m*
burlonamente [burlɔna'mente] *adv* höhnisch, spöttisch
buró [bu'rɔ] *m (escritorio)* Schreibtisch *m*
burocracia [buro'kraθĭa] *f* Bürokratie *f*
burócrata [bu'rokrata] *m/f* Bürokrat(in) *m/f*
burocratismo [burokra'tismo] *m* Amtsschimmel *m*
burro ['burrɔ] *m* *ZOOL* Esel *m*
bus [bus] *m 1.* Bus *m, 2. INFORM* Bus *m*
busca ['buska] *f* Suche *f; en ~ de* auf der Suche nach
buscar ['buskar] *v* suchen, aufsuchen; *~ en libros* in Büchern nachschlagen; *~ pretextos* sich herausreden; *La policía busca al ladrón.* Die Polizei sucht nach dem Verbrecher.
búsqueda ['buskeđa] *f* Fahndung *f,* Suche *f; ¡Envíe una operación de ~!* Schicken Sie einen Suchtrupp los!
busto ['busto] *m 1. ART* Büste *f; 2. ANAT* Oberkörper *m*
butaca [bu'taka] *f (sillón)* Lehnstuhl *m,* Sperrsitz *m,* Parterresitz *m*
butano [bu'tano] *m* *CHEM* Butan *n*
buteo [bu'teo] *m* *ZOOL* Bussard *m*
buzo ['buθo] *m* Taucher *m*
buzón [bu'θɔn] *m* Briefkasten *m*

C

cabal [ka'ƀal] *adj 1.* völlig; *m 2. no estar en sus ~es (fam)* nicht ganz bei Trost sein
cábala [ka'ƀala] *f 1. (tradición oral judía)* Kabbala *f; 2. (fig: negociación secreta)* Kabale *f,* Intrige *f; estar uno metido en ~s* in eine Intrige verwickelt sein *f*
cabalgada [kaƀal'gada] *f* Ritt *m*
cabalgador [kaƀalga'dor] *m* Reiter *m*
cabalgadura [kaƀalga'dura] *f* Reittier *n,* Lasttier *n*
cabalgar [kaƀal'gar] *v* reiten
cabalmente [kaƀal'mente] *adv* vollkommen, richtig, genau, wie es sich gehört
caballa [ka'ƀaʎa] *f ZOOL* Makrele *f*
caballería [kaƀaʎe'ria] *f 1. (cualquier animal para montar)* Reittier *n; 2. (cuerpo de soldados a caballo) MIL* Kavallerie *f,* Reiterei *f; ~ ligera* leichte Kavallerie *f; 3. (la institución de los caballeros) HIST* Rittertum *n,* Ritterschaft *f*
caballeriza [kaƀaʎe'riθa] *f 1. (estancia para los caballos)* Pferdestall *m; 2. (todos los caballos en una caballeriz)* Pferdebestand *m*
caballero [kaƀa'ʎero] *m 1.* Herr *m,* Kavalier *m; 2. (durante la Edad Media) HIST* Ritter *m; 3. (hombre noble y generoso)* Ehrenmann *m,* Kavalier *m,* Herr *m; Tu padre es un verdadero ~.* Dein Vater ist ein wahrer Ehrenmann. *4. ~ de industria* Hochstapler *m*
caballeroso [kaƀaʎe'roso] *adj (noble y generoso)* ritterlich, ehrenhaft, großmütig
caballete [kaƀa'ʎete] *m* Staffelei *f,* Gestell *n*
caballito [kaƀa'ʎito] *m ~ del diablo ZOOL* Libelle *f*
caballo [ka'ƀaʎo] *m 1. ZOOL* Pferd *n,* Gaul *m; ~ blanco* Schimmel *m; ~ padre* Hengst *m; ~ de carrera* Rennpferd *n; 2. ~ marino ZOOL* Seepferdchen *n; 3. ~ de columpio* Schaukelpferd *n; 4. (fam)* Stoff *m,* Heroin *n; 5. (pieza del ajedrez)* Springer *m; 6. (fig) ~ de batalla* Schlachtross *n,* Stärke *f,* starke Seite *f; 7. montar a ~* reiten; *8. ~ negro* Rappe *m; ~ roano* Rotschimmel *m; ~ de raza* Vollblut *n; ~ sucio*
cabaña [ka'ƀaɲa] *f* Hütte *f*
cabaret [kaƀa'ret] *m 1.* Nachtlokal *n; 2. THEAT* Kabarett *n*
cabaretero [kaƀare'tero] *m THEAT* Kabarettist *m*
cabe ['kabe] *prep* neben, bei
cabecear [kaƀeθe'ar] *v 1. (mover la cabeza)* nicken; *2. (asentir o negar con la cabeza)* durch Nicken zustimmen, durch Kopfschütteln ablehnen; *3. (golpear con la cabeza una pelota)* (Fußball) köpfen; *4. ~ de sueño* vor Müdigkeit einnicken *f*
cabecera [kabe'θera] *f 1.* Kopfende *n,* Ehrenplatz *m,* Stirnseite *f; 2. médico de ~* Hausarzt *m; 3. (fig) estar a la ~ de un enfermo* einen Kranken pflegen *m*
cabellera [kaƀe'ʎera] *f 1. (el pelo de la cabeza)* Haupthaar *n; 2. ~ de un cometa ASTR* Kometenschweif *m*
cabello [ka'ƀeʎo] *m 1. (de la cabeza)* Haar *n,* Kopfhaar *n; 2. (fig) estar uno colgado de un ~* am seidenen Faden hängen *m; 3. (fig) estar pendiente de un ~* an einem Faden hängen *m; 4. (fig) ponérsele a uno los ~ de punta* die Haare zu Berge stehen *n/pl,* die Nackenhaare sträuben *n/pl. 5. (fig) traer algo por los ~s* an den Haaren herbeiziehen *n/pl*
caber [ka'ƀɛr] *v irr 1.* passen; *~ en* hineinpassen in; *Todo cabe en él.* Er ist zu allem fähig. *2. (fig) no ~ en sí* außer sich sein; *3. (tocarle a uno algo)* zufallen, zuteil werden
cabestro [ka'ƀestro] *m 1. (de una caballería)* Halfter *m/n. 2. (buey manso)* Leitochse *m; 3. (hombre cornudo)* Hahnrei *m; 4. (cadena de adorno)* Schmuckkette *f*
cabeza [ka'ƀeθa] *f 1. ANAT* Kopf *m,* Haupt *n; de ~* kopfüber; *dolor de ~* Kopfschmerzen *pl; sentar ~* Vernunft annehmen; *2. (fig) ~ de familia* Familienoberhaupt *n; ~ de turco* Prügelknabe *m,* Sündenbock *m; 3. ~ de plátano BOT* Bananenstaude *f; 4. ~ de un clavo* der Kopf eines Nagels *m; ~ de un tornillo* der Kopf einer Schraube *m; ~ de un alfiler* Stecknadelkopf *m; 5. (fig: talento, capacidad)* Verstand *m; 6. (fig: la persona más importante)* Kopf *m,* Haupt *n,* Oberhaupt *n; la ~ del gobierno* das Regierungsoberhaupt *n; la ~ de la compañía* die Leitung der Gesellschaft *f; 7. ~ de ajo* Knoblauchknolle; *8. (fam) ~ de chorlito* leichtsinniger Mensch *m; Eres un ~ de chorlito.* Du bist ein leichtsinniger Mensch. *9. ~ de la iglesia* Oberhaupt *n; El Papa es la ~ de la iglesia.* Der Papst ist das Oberhaupt der Kirche. *10. a la ~* voran, an der Spitze; *ir a la ~* vorangehen; *estar a la ~*

an der Spitze stehen; *11. (fig) bajar la ~* nachgeben, den Kopf einziehen; *12. (fig) descomponérsele a uno la ~* den Verstand verlieren; *13. (fig) metérsele a uno algo en la ~* sich etw in den Kopf setzen; *14. (fig) levantar ~* Mut fassen; sich erholen; *15. (fig) pasarle a uno algo por la ~* jdm durch den Kopf gehen; *16. (fig) perder la ~* den Kopf verlieren; *17. (fig) quebrarse uno la ~* den Kopf zerbrechen; *18. (fig) quitarle a uno algo de la ~* etw aus dem Kopf schlagen; *19. (fig) subírsele a uno algo a la ~* jdm steigt etw zu Kopf; *20. (fig) tener uno mala ~* ein Wirrkopf sein, ein Leichtfuß sein; *21. (fig) ir con la ~ en alto* mit erhobenem Haupt gehen; *22. (fig) meterse de ~ en* sehr eifrig betreiben, sich kopfüber in ... stürzen

cabezada [kaƀe'θađa] *f 1. (golpe con la cabeza)* Stoss mit dem Kopf *m; 2. (inclinación de la cabeza para saludar)* Kopfnicken *n; 3. (cada movimiento al cabecear de sueño* Einnicken *n; dar ~s* ein Schläfchen machen; *4. (almohada)* Kopfkissen *n; 5. (en un carruaje)* Kappzaum *m; 6. (en una sangría)* Kompresse (nach Aderlass) *f*

cabezal [kaƀe'θal] *m 1. (almohada que cubre la cabecera)* Kopfkissen *n; 2. (de una videograbadora) TECH* Videokopf *m*

cabezazo [kaƀe'θaθo] *m (en el futbol: golpe con la frente)* Kopfstoß *m; darle un ~ al balón* dem Ball einen Kopfstoß versetzen

cabezon [kaƀe'θɔn] *adj* großköpfig, dickköpfig, stur

cabezota [kaƀe'θota] *m (fam: persona testaruda)* Dickschädel *m,* Starrkopf *m*

cabida [ka'ƀiđa] *f 1.* Fassungsvermögen *n; 2. tener ~* berücksichtigen, Platz haben; *dar ~* aufnehmen

cabildo [ka'ƀildo] *m* Stiftskapitel *n,* Stadtratssitzung *f,* Rathaus *n*

cabimiento [kaƀi'mĭɛnto] *m (capacidad)* Fassungsvermögen *n,* Inhalt (eines Behälters) *m*

cabina [ka'ƀina] *f 1.* Kabine *f; ~ de baño* Ankleidekabine *f; 2. ~ telefónica* Telefonzelle *f; 3. (en un avión)* Kabine *f*

cabizbajo [kabis'ƀaxo] *adj* mit gesenktem Haupt, niedergeschlagen, verzagt

cable ['kaƀle] *m* Kabel *n,* Tau *n; ~ de unión* Verbindungskabel *n; ~ de conexión TECH* Anschlusskabel *n*

cablear [ka'ƀlear] *v* verkabeln

cabo ['kaƀo] *m 1.* Ende *n; 2. NAUT* Leine *f,* Tau *n; 3. GEO* Kap *n,* Landzunge *f; 4. MIL* Gefreiter *m; 5. al fin y al ~* schließlich, letztendlich; *6. de ~ a rabo* von A bis Z, durch und durch; *Leí el libro de ~ a rabo.* Ich habe das Buch von A bis Z gelesen. *7. (fig) atar ~s* Beweisgründe sammeln, Rückschlüsse ziehen; *8. llevar algo a ~* etw vollbringen, etw durchführen; *9. estar al ~ de una cosa* am Ende einer Sache sein; *10. ~s sueltos* unerledigte Angelegenheit *f,* ungeklärte Frage *f,* offene Frage *f*

cabotaje [kaƀo'taçe] *m* Küstenschifffahrt *f,* Küstenfahrzeug *n,* Kabotage *f*

cabra ['kaƀra] *f 1. ZOOL* Ziege *f; 2. (fig) La ~ siempre tira al monte.* Die Katze lässt das Mausen nicht.

cabrear [kaƀre'ar] *v* ärgern, zickig sein

cabreo [ka'ƀreo] *m (fam: enfado)* Wut *f,* Verärgerung *f*

cabria ['kaƀrĭa] *f (máquina para levantar pesos)* Hebezeug *n,* Hebebock *m*

cabrilla [ka'ƀriʎa] *f (trípode de los carpinteros)* Dreibein *n,* Bock *m*

cabrío [ka'ƀrio] *adj macho ~ ZOOL* Ziegenbock *m*

cabrio ['kaƀrĭo] *m* Deckenbalken *m,* Sparren *m,* Cabrio *n*

cabriola [ka'ƀrĭola] *f 1. (voltereta en el aire)* Luftsprung *m,* Bocksprung *m; 2. (en un caballo: salto con coces)* Kapriole *f*

cabritilla [kaƀri'tija] *f (piel curtida de cordero)* Ziegenleder *n,* Schafleder *n,* Glacéleder *n; guantes de ~* Glacéhandschuhe *m/pl*

cabrito [ka'ƀrito] *m (cría de la cabra) ZOOL* Zicklein *n*

cabrón [ka'ƀrɔn] *m 1. ZOOL* Bock *m; 2. (fam)* Scheißkerl *m; 3. (que permite el adulterio de la mujer* betrogener Ehemann *m*

cabronada [kaƀro'nađa] *f 1. (fam: infamia que uno permite)* Sauerei *f,* Schweinerei *f; 2. (fam: inconveniente que uno soporta)* Hundsgemeinheit *f*

cabruno [ka'ƀruno] *adj* Ziegen...

caca ['kaka] *f 1. (excremento)* Kot *m,* Kacke *f* (fam)*; 2. (algo sucio)* Schmutz *m; 3. (fig)* Mist *m,* Dreck *m*

cacahuete [kaka'wete] *m BOT* Erdnuss *f*

cacao [ka'kao] *m* Kakao *m*

cacarear [kakare'ar] *v* gackern, ausposaunen, austrompeten

cacareo [kaka'reo] *m (cloqueo)* Gackern *n*

cacería [kaθe'ria] *f (partida de caza)* Jagd *f,* Jagdpartie *f; ir de ~* auf die Jagd gehen *f*

cacerola [kaθe'rola] *f* Kochtopf *m*

cacique [ka'θike] *m 1. (jefe de indios)* Kazike *m,* Indianerhäuptling *m; 2. (alguien que es autoritario)* Anführer *m,* einflussreiche Persönlichkeit (in der Provinz) *f*

caco ['kako] *m (ladrón)* geschickter Dieb *m*

cacofonía [kakofo'nia] *f GRAMM* Missklang *m,* Kakophonie *f*

cacofónico [kako'foniko] *adj* missklingend, misstönend

cacografía [kakogra'fia] *f (mala ortografía)* falsche Rechtschreibung *f,* schlechte Rechtschreibung *f*

cactácea [kak'taθea] *f/pl BOT* Kakteenpflanzen *f/pl*

cactus ['kaktus] *m BOT* Kaktus *m*

cachalote [katʃa'lote] *m ZOOL* Pottwal *m*

cachar [ka'tʃar] *v* zerbrechen, zerstückeln, kurz und klein schlagen

cacharro [ka'tʃarro] *m 1. (vasija)* irdener Topf *m; 2. (trasto)* Trödelkram *m,* wertloses Zeug *n; 3. ~s de una vajilla* Scherbe *f*

cachaza [ka'tʃaθa] *f 1. (lentitud)* Phlegma *n,* Gelassenheit *f; 2. (aguardiente)* ungefärbter Zuckerrohrschnaps *m; 3. (espuma de la caña)* Melassenschaum *m*

cachazudo [katʃa'θuđo] *adj (lento)* phlegmatisch, schwerfällig, ruhig

cache ['katʃe] *adj* schlecht gekleidet, geschmacklos gekleidet, liederlich

cachear [katʃɛ'ar] *v* Personen nach Waffen durchsuchen, filzen

cachemir [katʃe'mir] *m (tela de Cachemira)* Kaschmirgewebe *n,* Kaschmir *m*

cachero [katʃ'ɛro] *adj* zudringlich, verlogen, betrügerisch

cachet [ka'tʃe] *m 1. (carácter)* Vornehmheit *f,* Eleganz *f; 2. (retribución)* Vergütung *f,* Entgelt *n,* Gage *f*

cachetada [katʃe'tađa] *f (LA)* Ohrfeige *f*

cachete [ka'tʃete] *m 1.* Ohrfeige *f; 2. (mejilla)* Wange *f,* Backe *f*

cachetear [katʃɛtɛ'ar] *v* abfangen, ohrfeigen, abknicken

cachifollar [katʃifo'ʎar] *v 1. (estropear)* beschädigen; *2. (confundir a alguien)* jdn verwechseln

cachigordo [katʃi'gɔrđo] *adj (pequeño y gordo)* untersetzt, klein und dick

cachimba [ka'tʃimƀa] *f (pipa)* Tabakspfeife *f*

cachiporra [katʃi'porra] *f (porra)* Knüppel *m,* Keule *f*

cachivaches [katʃi'ƀatʃes] *m/pl* Plunder *m,* Ramsch *m,* Trödel *m*

cacho ['katʃo] *m 1.* Stück *n,* Brocken *m; 2. ZOOL* Horn *n*

cachondearse [katʃɔn'đearse] *v (fam: burlarse)* sich lustig machen

cachondo [ka'tʃɔnđo] *adj (fam) estar ~* geil sein, scharf sein; *ponerse ~* aufreizen

cachorro [ka'tʃorro] *m ZOOL* Welpe *m*

cachudo [ka'tʃudɔ] *adj* verschlagen, gerieben

cada ['kađa] *adj* jede(r,s); *~ tres días* alle drei Tage; *~ vez* jedes Mal

cadalso [ka'đalso] *m (tablado para ejecutar la pena de muerte)* Schafott *n; llevar a alguien al ~* jdn aufs Schafott bringen *n*

cadarzo [ka'đarθo] *m* Kokonschale der Seidenraupe *f*

cadáver [ka'đaƀɛr] *m 1.* Leiche *f,* Leichnam *m,* Kadaver *m; 2. (de un animal) ZOOL* Aas *n; 3. deposito de ~es* Leichenhalle *f,* Leichenhaus *n*

cadaverico [kada'bɛriko] *adj 1.* Leichen..., leichenblass, leichenhaft; *2. (fig: demacrado como un cadáver)* leichenhaft, Leichen...

cadena [ka'đena] *f 1.* Kette *f; ~ antideslizante* Schneekette *f; ~ de bicicleta* Fahrradkette *f; 2. ~ de montañas GEO* Gebirgskette *f; 3. ~ de montaje* Fließband *n; 4. ~ perpetua JUR* lebenslängliche Haftstrafe *f; 5. (fig: sujección)* Fessel *f,* Kette *f,* Zwang *m; 6. ~ de radiodifusión TEL* Rundfunkprogramm *n; ~ televisiva* Fernsehprogramm *n; 7. (grupo de empresas relacionadas)* Kette *f; una ~ de restaurantes* eine Restaurantkette *f; una ~ de hoteles* eine Hotelkette *f; 8. reacción en ~* Kettenreaktion *f; 9. (fig) romper sus ~s* seine Fesseln sprengen

cadencia [ka'đenθĭa] *f 1.* Tonfall *m; 2. MUS* Kadenz *f*

cadencioso [kađen'θĭoso] *adj MUS* rhythmisch, taktmäßig, harmonisch

cadenilla [kade'niʎa] *f* Kettchen *n*

cadera [ka'đera] *f ANAT* Hüfte *f,* Lende *f*

cadete [ka'đete] *m (de una escuela militar) MIL* Kadett *m; enamorarse como un ~ (fig)* sich unsterblich verlieben

cadi ['kađi] *m* Kadi *m*

cadmio ['kađmĭo] *m CHEM* Kadmium *n*

caducado [kađu'kađo] *adj* hinfällig, ungültig, abgelaufen

caducar [kađu'kar] *v 1. (perder validez)* verfallen, ungültig werden, ablaufen; *Mi pasaporte caducó hace dos días.* Mein Reisepass ist seit zwei Tagen abgelaufen. *2. (enve-*

jecer) alt und hinfällig werden; *3. (fig: arruinarse algo por antiguo)* veralten, verfallen
caducidad [kađuθi'đađ] *f* Verfall *m,* Wegfall *m; fecha de ~* Verfallsdatum *n*
caduco [ka'đuko] *adj 1. (débil)* altersschwach; *2. (fig: transitorio, perecedero)* vergänglich, hinfällig
caduquez [kađu'keθ] *f* Hinfälligkeit *f,* Altersschwäche *f*
caer [ka'ɛr] *v irr 1.* abstürzen, herabstürzen, herunterfallen, umfallen; *~ de golpe* niederstürzen; *~ al agua* über Bord fallen; *~ en la trampa (fig)* in die Falle hineintappen; *~ en pedazos* auseinander fallen; *2. (fig: acogida) ~ bien* gut ankommen, sympathisch sein; *3. (fig: ropa) ~ bien* passen, gut stehen; *4. (rayo)* einschlagen; *5. ~ en olvido* in Vergessenheit geraten; *6. (fig: dejar de ser)* untergehen, fallen; *¿Sabes como cayó el Imperio Romano?* Weißt du wie das Römische Reich untergegangen ist. *7. (fig: perder la prosperidad)* herunterkommen, absinken; *8. (fig: entender algo súbitamente)* plötzlich verstehen, plötzlich begreifen; *9. (fig: disminuir algo)* nachlassen, weniger werden; *10. (fig: ir a dar a otro lugar)* geraten, landen (fam); *¿En qué tugurio hemos caido?* In was für einer Spelunke sind wir denn hier gelandet? *11. (fig: tocarle a uno algo)* zuteil werden, zufallen; *12. (fig: estar incluido en una clase)* gehören, angehören; *13. (fig: corresponder a una fecha)* fallen; *¿Cuándo cae navidad?* Auf welchen Tag fällt Weihnachten? *14. (fig: llegar la tarde a su fin)* sich neigen, zu Ende gehen; *15. ~ uno enfermo* krank werden; *16. estar al ~* bevorstehen; *17. (fig: morir)* fallen
caerse [ka'ɛrse] *v irr 1. (~ al suelo)* hinfallen; *2. (fig: perderse)* sinken, untergehen
café [ka'fe] *m 1.* Kaffee *m; ¡Un ~, por favor!* Einen Kaffee, bitte! *un ~ soluble* Pulverkaffee *m; 2. (local)* Café *n*
cafeína [kafe'ina] *f* Koffein *n; sin ~* koffeinfrei
cafetal [kafe'tal] *m* Kaffeepflanzung *f,* Kaffeeplantage *f*
cafetera [kafe'tera] *f 1.* Kaffeekanne *f; 2. ~ automática* Kaffemaschine *f*
cafetería [kafete'ria] *f (local en donde se sirve café)* Cafeteria *f,* Imbissstube *f*
cafetero [kafe'tɛro] *adj 1. industria cafetera* Kaffeeindustrie *f; 2. ser muy ~* eine Kaffeetante sein (fam) *f*
cafetín [kafe'tin] *m (tabernucho)* kleines Kaffeehaus *n*
cafeto [ka'feto] *m BOT* Kaffeebaum *m*
caficultor [kafikul'tɔr] *m* Kaffeepflanzer *m*
caftán [caf'tan] *m (vestimenta de los turcos)* Kaftan *m*
cagadero [kaga'đero] *m (fam)* Abtritt *m,* Kotgrube *f*
cagado [ka'gađɔ] *adj* feig
cagalar [kaga'lar] *m ANAT* Mastdarm *m*
cagalera [kaga'lera] *f 1. (fam: diarrea)* Durchfall *m; 2. (fam: canguelo)* Schiss *m,* große Angst *f*
cagar [ka'gar] *v 1. (fam: evacuar)* kacken, scheißen; *2. (fallar)* versagen, etw in den Sand setzen (fig)
cagarruta [kaga'rruta] *f* Kot *m,* Losung *f*
cagarse [ka'garse] *v 1. (acobardarse)* Angst haben, sich in die Hose machen (fig); *2. ~ de/en* sich fürchten
caída [ka'iđa] *f 1.* Absturz *m,* Sturz *m,* Fall *m; ~ de un avión* Flugzeugabsturz *m; 2. ~ del pelo* Haarausfall *m; 3. ~ de la temperatura* Temperatursturz *m; 4. a la ~ de la tarde* bei Einbruch der Dämmerung; *a la ~ del sol* bei Sonnenuntergang *m; 5. (fig: ruina)* Untergang *m; la ~ del Imperio Romano* der Untergang des Römischen Reiches *m*
caído [ka'iđo] *m* Gefallener *m*
caimán [kaɪ'man] *m ZOOL* Kaiman *m*
caja ['kaxa] *f 1.* Kasten *m,* Kiste *f,* Schachtel *f; ~ de cartón* Karton *m,* Pappkarton *m; ~ de herramientas* Werkzeugkasten *m; 2. (lata)* Büchse *f,* Dose *f; 3. (de dinero)* Kasse *f,* Kassenschrank *m,* Kassenschalter *m; ~ de caudales* Tresor *m; ~ fuerte* Safe *m,* Tresor *m; ~ fuerte de un banco* Banksafe *m; ~ registradora* Registrierkasse *f; 4. ~ de enfermedad MED* Krankenkasse *f; 5. FIN* Bank *f,* Kasse *f; ~ de ahorros* Sparkasse *f; 6. (estuche)* Gehäuse *n; ~ de cambios (de un auto) TECH* Schaltgetriebe *n; 7. ~ de música MUS* Spieldose *f*
cajero [ka'xero] *m 1.* Kassierer *m; 2. ~ automático/~ permanente* Geldautomat *m*
cajetilla [kaxe'tiʎa] *f ~ de cigarros* Zigarettenpackung *f*
cajita [ka'xita] *f* Kästchen *n,* Kassette *f*
cajón [ka'xɔn] *m 1.* Schublade *f; 2. (caja)* Kasten *m,* große Kiste *f; 3. ~ de arena (para niños)* Sandkasten *m; 4. (fig) ~ de sastre* Sammelsurium *n,* Durcheinander *n*
cajonera [kaxo'nɛra] *f* Sakristeischrank *m,* Krämerin *f*
cal [kal] *f CHEM* Kalk *m*

cala ['kala] *f* *1.* kleine Bucht *f;* *2. hacer ~* genau untersuchen, sondieren, überprüfen
calabacín [kalaƀa'θin] *m* Zucchino *m*
calabaza [kala'ƀaθa] *f* *BOT* Kürbis *m;* *dar ~s a alguien* jdm einen Korb geben
calabozo [kala'ƀoθo] *m* Kerker *m*
calabriada [kalaƀri'ađa] *f* *1. (mezcla de vino tinto y blanco)* Rot- und Weißweinmischung *f;* *2. (fig: mezcolanza)* Mischung *f*
calabriar [kalaƀri'ar] *v* *(mezclar)* mischen
calado [ka'lađo] *m* *1. (dibujo a base de calar)* Pause *f;* *2. (profundidad del agua) NAUT* Seetiefe *f*
calamar [kala'mar] *m* *ZOOL* Tintenfisch *m*
calambre [ka'lambre] *m* *MED* Krampf *m*
calamidad [kalami'đađ] *f* *(catástofre)* Unheil *n,* Katastrophe *f,* Missgeschick *n*
calamitoso [kalami'toso] *adj* unglücklich, erbärmlich, unheilvoll
cálamo ['kalamo] *m* *1. (tallo liso)* Stengel *m,* Rohr *n;* *2. (pluma de escribir)* (Schreib-) Feder *f*
calandrar [kalan'drar] *v* mangeln
calandria [ka'landrıa] *f* *1.* Mangel *f;* *2. ZOOL* Kalanderlerche *f,* Heidelerche *f*
calaña [ka'laɲa] *f* *(especie)* Art *f,* Sorte *f*
calar [ka'lar] *v* *1.* durchnässen, durchtränken; *calado hasta los huesos* patschnass, pudelnass; *2. (fig: conocer las intenciones)* durchschauen; *3. (fig: llegar a comprender un misterio)* ergründen, lösen
calarse [ka'larse] *v* *~ el sombrero* sich den Hut aufsetzen *m,* sich aufstülpen; *~ la gorra* sich die Mütze aufsetzen
calavera [kala'ƀera] *f* *1.* Totenkopf *m;* *2. (fig: hombre poco juicioso)* Hohlkopf *m,* Dummkopf *m*
calaverada [kalaƀe'rađa] *f* dummer Streich *m,* Eskapade *f,* wildes Treiben *n*
calaverear [kalƀe'rear] *v* *(fam)* dumme Streiche machen, Eskapaden machen, Unsinn treiben
calcado [kal'kađo] *m* Pause *f,* durchgepauste Zeichnung *f*
calcador [kalka'đɔr] *m* *1. (persona que calca)* Durchzeichner *m,* Durchpauser *m;* *2. (instrumento para calcar)* Pausapparat *m,* Durchpausapparat *m*
calcar [kal'kar] *v* *1. (presionar algo con un pie)* treten, mit dem Fuß drücken; *2. (imitar)* abklatschen, abzeichnen; *3. (reproducir)* kopieren
calcáreo [kal'kareo] *adj* kalkartig, kalkig, Kalk...
calcetín [kalθe'tin] *m* Socke *f*
cálcico ['kalθiko] *adj* *CHEM* kalziumartig, Kalzium...
calcificación [kalθifika'θĭɔn] *f* *CHEM* Verkalkung *f*
calcificarse [kaθifi'karse] *v* *CHEM* verkalken
calcinar [kal'θinar] *v* kalzinieren, ausglühen, Kalk brennen, verkoken
calcio ['kalθĭo] *m* *CHEM* Kalzium *n*
calco ['kalko] *m* *(copia)* Pause *f,* Abdruck *m*
calcomanía [kalkoma'nĭa] *f* *(LA)* Aufkleber *m*
calculable [kalku'laƀle] *adj* *MATH* berechenbar
calculación [kalkula'θĭɔn] *f* *MATH* Berechnung *f*
calculado [kalku'lađo] *adj* berechnet, angenommen
calculador [kalkula'đɔr] *adj* *1.* berechnend; *m* *2.* Rechner *m;* *3. (persona)* berechnend
calculadora [kalkula'đora] *f* *1. ~ analógica INFORM* Analogrechner *m;* *2. ~ de bolsillo* Taschenrechner *m;* *3. ~ digital INFORM* Digitalrechner *m*
calcular [kalku'lar] *v* *1.* ausrechnen, berechnen, kalkulieren; *2. (tasar)* abschätzen, einschätzen; *3. ~ fracciones MATH* bruchrechnen; *4. (fig: conjeturar, suponer, estimar)* vermuten, schätzen, annehmen; *5. (fig: pensar, creer)* glauben, denken
cálculo ['kalkulo] *m* *1.* Kalkulation *f,* Schätzung *f;* *hacer un ~ aproximado* überschlagen; *2. MATH* Rechnung *f;* *~ mental* Kopfrechnen *n;* *3. MED* Stein *m;* *~ biliar* Gallenstein *m; f* *~ renal* Nierenstein *m;* *4. ~ integral MATH* Integralrechnen *n;* *~ diferencial* Differentialrechnen *n;* *~ algebraico* algebraisches Rechnen *n;* *~ infinitesimal* Infinitesimalrechnung *f*
calda ['kalđa] *f* Wärmen *n,* Heizung *f*
caldeamiento [kalđea'mĭento] *m* Erhitzen *n,* Beheizung *f*
caldear [kalđe'ar] *v* *1. (calentar)* erwärmen, erhitzen; *2. (excitar)* sich aufregen, sich erhitzen
caldera [kal'dera] *f* Kessel *m;* *las ~s de Pedro Botero (fig)* die Hölle *f;* *~ de calefacción* Heizkessel *m;* *~ de vapor* Dampfkessel *m*
calderilla [kalđe'rilla] *f* Kleingeld *n,* Wechselgeld *n*

caldero [kal'đero] *m* Kesselschmied *m,* Kupferschmied *m,* Kesselflicker *m*
calderón [kalđe'rɔn] *m 1. (signo musical) MUS* Fermate *f,* Orgelpunkt *m; 2. (signo para abreviar millares) MATH* Abkürzungszeichen für Tausend *n*
caldo ['kalđo] *m 1. GAST* Bouillon *f,* Brühe *f; ~ de carne* Fleischbrühe *f; ~ de gallina/~ de pollo* Hühnersuppe *f; 2. ~ de cultivo BIO* Nährboden *m*
calé [ka'le] *m (gitano)* Zigeuner *m*
cale ['kale] *m (golpe ligero)* leichter Schlag *m,* leichter Hieb *m*
calecer [kale'θer] *v irr* warm werden
calefacción [kalefak'θĭɔn] *f* Heizung *f; La ~ no funciona.* Die Heizung geht nicht. *~ central* Zentralheizung *f; ~ a distancia* Fernheizung *f; ~ de gas* Gasheizung *f; ~ individual* Etagenheizung *f*
calefactor [kale'faktor] *m* Heizofen *m,* Heizlüfter *m*
calenda [ka'lenđa] *f (primer día del mes)* erster Tag im Monat *m*
calendario [kalen'đarĭo] *m* Kalender *m; ~ de Adviento* Adventskalender *m; ~ de pared* Wandkalender *m*
calentable [kalen'taƀle] *adj* beheizbar
calentador [kalenta'đɔr] *m 1. ~ de agua TECH* Boiler *m,* Warmwasserbereiter *m; 2. ~ de inmersión TECH* Tauchsieder *m*
calentar [kalen'tar] *v irr* anheizen, beheizen, erwärmen, erhitzen
calentura [kalen'tura] *f (fiebre)* Fieber *n*
calenturiento [kalentu'rĭento] *adj 1. (que tiene calentura)* fiebrig, fiebernd, fieberkrank; *2. (fig: exaltado)* erregt, aufgeregt
caletre [ka'letre] *m (juicio)* Verstand *m,* Köpfchen *n*
calibración [kalibra'θĭɔn] *f* Eichung *f,* Kalibrierung *f*
calibrar [kali'ƀrar] *v 1. TECH* eichen, ausmessen; *2. (fig)* einschätzen, taxieren
calibre [ka'liƀre] *m 1.* Kaliber *n,* Durchmesser *n; 2. TECH* Lehre *f; 3. (fig: importancia)* Bedeutung *f; un escritor de gran ~* ein Schriftsteller von großer Bedeutung *m*
calidad [kali'đađ] *f 1. (cualidad)* Beschaffenheit *f,* Eigenschaft *f,* Qualität *f; de alta ~* hochwertig; *de inferior ~* minderwertig; *en cuanto a la ~* qualitativ; *buena ~/mala ~* gute/schlechte Qualität *f; 2. (papel)* Eigenschaft *f,* Rolle *f; en ~ de amigo* als Freund; *~ de socio* Mitgliedschaft *f; 3. (importancia)* Rang *m,* Bedeutung *f*
calidez [kali'đeθ] *f (calor) MED* Wärme *f,* Hitze *f*
cálido ['kaliđo] *adj 1. (caluroso)* warm, heiß; *2. (afectuoso)* herzlich; *3. colores ~s* warm (Farben); *4. tono ~* wohl temperiert
caliente [ka'lĭente] *adj* warm, hitzig; *mantener ~* warm halten; *muy ~* heiß
califa [ka'lifa] *m (jefe musulmán)* Kalif *m*
califato [kali'fato] *m HIST* Kalifat *n*
calificable [kali'fıkable] *adj* qualifizierbar, definierbar, benennbar
calificación [kalifika'θĭɔn] *f 1.* Benennung *f,* Bezeichnung *f,* Qualifikation *f; 2. (nota)* Prädikat *n,* Note *f,* Zensur *f; hoja de calificaciones* Zeugnis *n,* Schulzeugnis *n*
calificado [kalifi'kađo] *adj* benotet; *no ~* ungelernt
calificador [ka'lifikađor] *adj* beurteilend, würdigend, Prüfungs...
calificar [kalifi'kar] *v 1.* benennen, kennzeichnen; *2. (valorar)* benoten; *3. (clasificar)* beurteilen, ein Prädikat geben
calificarse [kalifi'karse] *v* sich qualifizieren
calificativo [kalifika'tiƀo] *adj 1.* bestimmend, bezeichnend, kennzeichnend; *2. adjetivo ~ GRAMM* Eigenschaftswort *n; m 3. (designación)* Beiname *m*
caligrafía [kaligra'fia] *f* Schönschreibekunst *f,* Schönschrift *f*
caligráfico [kali'grafiko] *adj* kalligrafisch
calígrafo [ka'ligrafo] *m* Kalligraf *m*
calinoso [kali'noso] *adj* diesig
calistenia [kalis'tenĭa] *f* rhythmische Gymnastik *f*
cáliz ['kaliθ] *m 1. (vaso litúrgico)* Kelch *m,* Becher *m; 2. (de las flores)* Blumenkelch *m*
caliza [ka'liθa] *f* Kalk *m,* Kalkstein *m*
calma ['kalma] *f 1.* Ruhe *f,* Gelassenheit *f; 2. (del viento)* Windstille *f; 3. NAUT* Flaute *f; 4. (fam: flema, cachaza)* Phlegma *n,* Kaltblütigkeit *f,* Trägheit *f; 5. ~ chicha NAUT* Flaute *f,* völlige Windstille *f*
calmado [kal'mađo] *adj* seelenruhig
calmante [kal'mante] *adj 1.* beruhigend, schmerzlindernd; *m 2. MED* Beruhigungsmittel *n*
calmar [kal'mar] *v 1.* beruhigen, besänftigen, erleichtern; *~ la sed* den Durst stillen; *2. (el dolor)* lindern
calmarse [kal'marse] *v 1.* sich beruhigen; *2. (viento)* abflauen
calmo ['kalmo] *adj* ruhig

calmoso [kal'moso] *adj 1. (tranquilo)* gelassen, ruhig, still; *2. (fig: cachazudo)* kaltblütig, träge
calmudo [kal'muđo] *adj* ruhig, langsam, träge
caló [ka'lo] *m (la jerga de los gitanos)* Zigeunersprache *f*
calor [ka'lɔr] *m 1.* Hitze *f,* Wärme *f; Hace mucho ~.* Es ist sehr heiß. *2. ~ de escape TECH* Abwärme *f*
caloría [kalo'rĭa] *f PHYS* Kalorie *f*
caloricidad [kaloriθi'đađ] *f* Körperwärme *f,* Lebenswärme *f*
calórico [ka'lɔriko] *adj* kalorisch, Kalorien...
calorífero [kalo'rifero] *adj* wärmeleitend, wärmeabgebend
calorificación [kalorifika'θĭɔn] *f BIO* Wärmeerzeugung *f*
calorífico [kalo'rifiko] *adj* wärmeerzeugend, wärmeabgebend
calorimetría [kalorime'tria] *f* Kaloriemetrie *f,* Wärmemessung *f*
calumnia [ka'lumnĭa] *f* Verleumdung *f*
calumniador [kalumnĭa'đɔr] *m* Verleumder *m*
calumniar [kalumnĭar] *v* verleumden, anschwärzen
calumnioso [kalum'nĭoso] *adj* verleumderisch
caluroso [kalu'roso] *adj 1.* warmherzig; *2. (caliente)* heiß; *Hace una noche calurosa.* Es ist eine heiße Nacht.
calva ['kalƀa] *f* Glatze *f*
calvario [kal'ƀarĭo] *m 1. REL* Kreuzweg *m,* Kalvarienberg *m; 2. (fig: sufrimiento moral)* Leidensweg *m,* Qual *f*
calvicie [kal'ƀiθie] *f* Kahlköpfigkeit *f*
calvo ['kalƀo] *adj* kahl, glattköpfig
calzado [kal'θađo] *adj 1. (que tiene zapatos)* beschuht; *m 2. (en general: zapatos, botas, botines)* Schuhwerk *n*
calzador [kal'θator] *m* Schuhanzieher *m,* Schuhlöffel *m*
calzar [kal'θar] *v 1. ~ los pies* Schuhe anziehen; *2. (un mueble)* unterkeilen, unterlegen
calzón [kal'θɔn] *m (LA)* Unterhose *f,* Schlüpfer *m*
calzonarias [kalθɔ'narĭas] *f* Hosenträger *m/pl*
calzoncillo [kalθɔn'θiʎo] *m (de hombre)* Unterhose *f*
callada [ka'ʎađa] *f* Schweigen *n,* Stille *f*
callado [ka'ʎađo] *adj* schweigsam, stillschweigend
callar [ka'ʎar] *v* schweigen, verschweigen; *¡Prefiero ~!* Ich ziehe es vor zu schweigen!
calle ['kaʎe] *f 1.* Straße *f; ~ estrecha* Gasse *f; ~ central* Hauptstrasse *f; ~ lateral* Seitenstraße *f; ~ principal* Hauptstraße *f; ~ preferencial/~ de prioridad* Vorfahrtstraße *f; ~ de un solo sentido* Einbahnstraße *f; ~ transversal* Querstraße *f; 2. (fig: todos los que viven en la calle)* Straße *f; 3. (fig) dejar a uno en la ~* jdn sitzen lassen; *4. (fig) echar a uno a la ~* jdm kündigen, jdn hinauswerfen
calleja [ka'ʎexa] *f* Gasse *f,* Gässchen *n*
callejear [kaʎɛxe'ar] *v* bummeln, umherschlendern
callejeo [kaʎɛ'xeo] *m* Stadtbummel *m,* Bummel *m*
callejera [kaʎe'xera] *f (fam: prostituta de la calle)* Dirne *f,* Straßendirne *f*
callejero [kaʎe'xero] *adj 1. (relativo a la calle)* Straßen..., Gassen...; *2. (que le gusta callejear)* streunend
callejón [kaʎe'xɔn] *m* Gasse *f; ~ sin salida* Sackgasse *f*
callejuela [kaʎe'xwela] *f* Gässchen *n,* Ausflucht *f* (fig)
callo ['kaʎo] *m 1. MED* Hühnerauge *n; m/pl 2. (pedazos de las entrañas del ganado) GAST* Kaldaunen *f/pl*
callosidad [kaʎosi'đađ] *f* Hornhaut *f*
calloso [ka'ʎoso] *adj* schwielig, knorpelig
cama ['kama] *f 1.* Bett *n; una ~ de matrimonio* Doppelbett *n,* Ehebett *n; ~ de campaña* Pritsche *f; ~ enrejada* Gitterbett *n; ~ plegable* Klappbett *n; 2. (lecho)* Lager *n; 3. guardar ~* das Bett hüten *n*
camada ['kamađa] *f* Wurf junger Tiere *m,* Brut *f,* Genist *n*
camaleón ['kamale'ɔn] *m 1. ZOOL* Chamäleon *n; 2. (fig: hombre que cambia de parecer)* Chamäleon *n*
cámara ['kamara] *f 1.* Kammer *f; ~ oscura FOTO* Dunkelkammer *f; 2. FOTO* Kamera *f; ~ de espejo reflector* Spiegelreflexkamera *f; ~ cinematográfica* Filmkamera *f; ~ lenta CINE* Zeitlupe *f; 3. Cámara de Comercio ECO* Handelskammer *f; Cámara de Industria y Comercio* Industrie- und Handelskammer *f; 4. Cámara Alta POL (en Alemania)* Bundesrat *m; (en Inglaterra)* Senat *m; 5. Cámara Baja (en Alemania) POL* Bundestag *m; 6. Cámara Baja (Cámara de Diputados) POL* Abgeordnetenhaus *n*

camarada [kama'rađa] *m 1.* Kamerad *m; 2. POL* Genosse *m*

camaradería [kamarađe'rĭa] *f* Kameradschaft *f*

camarera [kama'rera] *f 1. (en un restaurante)* Bedienung *f,* Kellnerin *f; 2. ~ de habitación* Zimmermädchen *n*

camarero [kama'rero] *m 1. (en un restaurante)* Kellner *m,* Ober *m; ¡Camarero, por favor!* Herr Ober! *2. (Hotel) ~ de planta* Etagenkellner *m*

camarín [kama'rin] *m 1. (camerino)* Ankleidezimmer der Schauspieler *n,* Künstlergarderobe *f; 2. (en una iglesia)* Altarkapelle *f,* Heiligenschrein *m*

camarógrafo [kama'rografo] *m CINE* Kameramann *m*

camarón [kama'rɔn] *m ZOOL* Garnele *f,* Krabbe *f*

camarote [kama'rote] *m* Kabine *f,* Kajüte *f,* Koje *f*

cambalache [kamƀa'latʃe] *m (trueques)* Tausch *m,* Kuhhandel *m*

cambalachear [kamƀala'tʃear] *v* schachern, verschachern

cambiable [kam'bĭaƀle] *adj* austauschbar

cambiante [kam'bĭante] *adj* wechselhaft

cambiar [kam'bĭar] *v 1.* wechseln, tauschen; *Me han cambiado las maletas.* Die Koffer sind vertauscht worden. *¿Puede usted ~me esto?* Können Sie das wechseln? *~ dinero* Geld wechseln; *~ los pañales* trockenlegen, Windeln wechseln; *2. ~ por* umtauschen in, austauschen durch, vertauschen mit, eintauschen in; *3. (transformar)* ändern, verändern, umwandeln, verwandeln; *4. ~ de sitio/~ de lugar* verstellen, verrücken, verschieben; *5. ~ de opinión/~ la manera de pensar* umdenken; *6. ~ repentinamente* umschlagen; *El clima cambió repentinamente.* Das Klima schlug um. *7. ~ de marcha/~ de velocidad TECH* schalten

cambiarse [kam'bĭarse] *v ~ de ropa* sich umkleiden, sich umziehen; *Sólo quiero cambiarme la ropa.* Ich will mich nur schnell umziehen. *~ de sitio* sich umsetzen

cambiazo [kam'ƀĭa] *m dar un ~* plötzlich umschwenken, plötzlich die Richtung wechseln (fig) *f*

cambio ['kambĭo] *m 1.* Änderung *f,* Wechsel *m,* Abwechslung *f,* Veränderung *f; 2. FIN* Kurs *m,* Geldwechsel *m; ~ de cierre* Abschlusskurs *m; ~ de compra* Ankaufskurs *m; tipo de ~* Wechselkurs *m; ¿Cómo está el ~?* Wie steht der Kurs? *3. (vuelta)* Wechselgeld *n; 4. (canje)* Austausch *m,* Umtausch *m; a ~* dafür, wogegen; *a ~ de* gegen; *~ brusco* Umschwung *m; ~ de aceite* Ölwechsel *m; ~ de ambiente* Tapetenwechsel *m; ~ de clima* Klimawechsel *m; ~ de estilo* Stilbruch *m; ~ del turno* Schichtwechsel *m; 5. ~ de régimen POL* Wende *f; 6. letra de ~ FIN* gezogener Wechsel *m; 7. a las primeras de ~* plötzlich, unerwartet, bei der ersten Gelegenheit

cambista [kam'bista] *m* Geldwechsler *m,* Bankier *m,* (LA) Weichensteller *m*

Camboya [kam'ƀoja] *GEO* Kambodscha *n*

camboyano [kamlƀo'jano] *adj 1. GEO* kambodschanisch; *m 2. GEO* Kambodschaner *m*

camelar [kame'lar] *v (fam: engañar con adulaciones)* umschmeicheln, einseifen

camelia [ka'melĭa] *f BOT* Kamelie *f*

camélido [ka'meliđo] *m/pl ZOOL* Kameltiere *n/pl*

camelo [ka'melo] *m (mentira)* Geschwätz *n,* Lüge (fam) *f*

camella [ka'meʎa] *f ZOOL* Kamel *n*

camello [ka'meʎo] *m 1. ZOOL* Kamel *n; 2. (fam)* Dealer *m,* Drogenhändler *m*

camerino [kame'rino] *m* Künstlergarderobe *f*

Camerún [kame'run] *m GEO* Kamerun *n*

camerunes [kame'runes] *adj* kamerunisch, aus Kamerun kommend

camilla [ka'miʎa] *f* Bahre *f,* Tragbahre *f*

camillero [kami'ʎero] *m* Krankenträger *m,* Sanitäter *m*

caminador [kamina'đɔr] *adj* Wanderer..., Fußgänger...

caminante [kami'naŋte] *m/f* Wanderer/ Wanderin *m/f*

caminar [kami'nar] *v 1.* gehen, laufen, wandern; *~ a pasitos cortos* trippeln; *~ con alguien* mit jdm mitgehen; *¿Quieres salir a ~?* Willst du spazieren gehen? *2. (fig) ~ derecho* den geraden Weg gehen, ehrlich handeln

caminata [kami'nata] *f 1.* Marsch *m,* Wanderung *f; 2. (recorrido largo a pie)* Wanderung *f,* Fußreise *f*

camino [ka'mino] *m 1.* Weg *m; a medio ~* halbwegs; *en ~ a* unterwegs nach; *seguir su ~* weitergehen; *¿Cuánto tiempo estaremos de ~?* Wie lange werden wir unterwegs sein? *~ de peatones* Fußweg *m; ~ de regreso (a* *casa)* Heimweg *m; ~ errado* Abweg *m; ~ vecinal* Feldweg *m; Camino al Calvario REL* Kreuzweg *m; Camino de Santiago REL* Jakobsweg *m; 2. (jornada de un lugar a otro)* Reise *f; 3. (fig: medio para conseguir un fin)* Weg *m,* Methode *f; Por ese ~ no vas a llegar a ninguna parte.* Auf diesem Weg wirst du keinen Erfolg haben. *4. (fig) seguir cada cual por su ~* jeder seinen eigenen Weg gehen; *5. ponerse en ~* nach abreisen, sich aufmachen nach; *6. (fig) quedarse a medio ~* auf halbem Weg stehen bleiben; *7. (fig) ir algo por mal ~* schlecht gehen

camión [ka'mĭɔn] *m* Lastwagen *m,* Laster *m,* Lastkraftwagen *m*

camionero [kamĭo'nero] *m ~ de larga distancia* Fernfahrer *m*

camioneta [kamĭo'neta] *f* Kombiwagen *m; ~ de reparto* Lieferwagen *m*

camisa [ka'misa] *f 1.* Hemd *n; en mangas de ~* hemdsärmelig; *~ de dormir* Nachthemd *n; 2. ~ de fuerza* Zwangsjacke *f; 3. (fig) dejar a uno sin ~* jdn ausplündern, jdn ruinieren, jdn bis aufs Hemd ausrauben; *4. (fig) meterse uno en ~ de once varas* sich übernehmen, sich auf Dinge einlassen, denen man nicht gewachsen ist; *5. (fig) vender uno hasta la ~* sein letztes Hemd hergeben

camiseta [kami'seta] *f 1.* T-Shirt *n; 2. (interior)* Unterhemd *n*

camisón [kami'sɔn] *m* Nachthemd *n*

camomila [kamo'mila] *f (hierba) BOT* Kamille *f*

camorrista [kamɔ'rrista] *m* Raufbold *m*

campamento [kampa'mento] *m 1.* Lagern *n,* Lager *n,* Lagerplatz *m; 2. (lugar donde se instala un ejercito) MIL* Feldlager *n; 3.* Lager *n; 4. levantar el ~* das Lager abbrechen *n*

campana [kam'pana] *f 1.* Glocke *f; 2. ~ extractora de humos TECH* Dunstabzugshaube *f; 3. doblar las ~s* zwei Messen an einem Tag lesen; *4. (fig) echar las ~s a vuelo* sich sehr freuen, jubeln

campanada [kampa'nađa] *f 1. (golpe a la campana)* Glockenschlag *m; 2. (el sonido de la campana)* Glockenklang *m*

campanario [kampa'narĭo] *m* Glockenturm *m,* Kirchturm *m*

campaneo [kampa'neo] *m* Glockengeläute *n*

campanilla [kampa'niʎa] *f 1. ~ de la puerta* Türglocke *f; 2. ~ de las nieves BOT* Schneeglöckchen *n*

campanillazo [kampani'ʎaθo] *m* starkes Klingeln *n*

campanillear [kampani'ʎear] *v* anhaltend läuten

campante [kam'pante] *adj* vortrefflich, zufrieden, stolz

campánula [kam'panula] *f BOT* Glockenblume *f*

campaña [kam'paɲa] *f 1.* Kampagne *f; ~ publicitaria* Werbekampagne *f; ~ en favor de* Kampagne zugunsten von; *2. (expedición militar)* Feldzug *m,* Kampagne *f; 3. ~ contra el cáncer* Kampagne gegen den Krebs *f; ~ contra la pobreza* Kampagne gegen die Armut *f*

campar ['kampar] *v* lagern, kampieren

campechanía [kampetʃa'nia] *f* Leutseligkeit *f,* ungezwungenes Wesen *n*

campechano [kampe'tʃano] *adj* burschikos

campeón [kampe'ɔn] *m SPORT* Meister *m,* Ass *n,* Champion *m; ~ del mundo/~ mundial SPORT* Weltmeister *m*

campeonato [kampeo'nato] *m SPORT* Meisterschaft *f; ~ mundial* Weltmeisterschaft *f; ~ de Europa* Europameisterschaft *f*

campero [kam'pero] *m (jeep)* Jeep *m,* Geländewagen *m*

campesina [kampe'sina] *f* Bäuerin *f*

campesino [kampe'sino] *m 1.* Bauer *m; adj 2.* bäuerlich

campestre [kam'pestre] *adj* ländlich, bäuerlich

camping ['kampiŋ] *m* Camping *n; hacer ~* zelten; *terreno de ~* Campingplatz *m*

campiña [kam'piɲa] *f (campo cultivable)* Ackerland *n*

campista [kam'pista] *m/f* Camper(in) *m/f*

campo ['kampo] *m 1. AGR* Land *n,* Feld *n; a ~ traviesa* querfeldein; *~ de cultivo AGR* Acker *m; 2. (terreno allanado)* Platz *m; ~ de entrenamiento* Übungsplatz *m; 3. SPORT* Spielfeld *n,* Sportplatz *m; ~ de golf* Golfplatz *m; 4. MIL* Lager *n,* Feld *n; ~ de batalla* Schlachtfeld *n; ~ de prisioneros de guerra* Gefangenenlager *n; ~ de recepción* Auffanglager *n; 5. ~ de concentración POL* Konzentrationslager *n; 6. ~ de acción/~ de actividades* Aufgabenbereich *m,* Sachgebiet *n,* Tätigkeitsbereich *m; ~ de aplicación/~ de vigencia* Geltungsbereich *m; ~ de refugiados* Flüchtlingslager *n; 7. ~ de datos INFORM* Datenfeld *n; 8. PHYS* Feld *n; ~ electromagnético* elektromagnetisches Feld *n; ~ gravitatorio* Schwerefeld *n; ~ eléctrico* elektrisches

Feld *n; 9.* Feld *n,* Bereich *m; ~ visual* Gesichtsfeld *n; 10. MIN* Feld *n,* Lagerstätte *f; ~ de uranio* Uranlagerstätte *f; ~ petrolero* Erdölfeld *n; 11. (fig: bando)* Lager *n; ¿Acaso te has pasado al campo del enemigo?* Bist du etwa ins Lager des Feindes übergelaufen? *12. ~ del honor* Feld der Ehre *n,* Schlachtfeld *n; 13. a ~ raso* im offenen Gelände; *14. a ~ traviesa* querfeldein; *15. (fig) dejar el ~ abierto* das Feld räumen; *16. quedar en el ~* fallen; *17. reconocer el ~* das Gelände erkunden

camposanto [kampo'santo] *m* Friedhof *m,* Kirchhof *m*

camuflaje [kamu'flaxe] *m* Tarnung *f*

camuflar [kamu'flar] *v* tarnen

can ['kan] *m 1. (perro)* Hund *m; 2. Can Mayor/Can Menor ASTR* der Große/Kleine Hund *m*

cana ['kana] *f 1.* weißes Haar *n,* Silberhaar *n; 2. (fig) echar uno una ~ al aire* sich einen schönen Tag machen, auf die Pauke hauen (fam)

Canadá [kana'đa] *m GEO* Kanada *n*

canadiense [kana'điense] *adj 1.* kanadisch; *m/f 2.* Kanadier(in) *m/f*

canal [ka'nal] *m 1.* Kanal *m; Canal de la Mancha GEO* Ärmelkanal *m; 2. (conducto por donde pasa el agua)* Kanal *m; 3. INFORM* Datenkanal *m; 4. TEL* Kanal *m; 5. (fig: un medio)* Weg *m,* Mittel zum Zweck *n; 6. abrir en ~* ausweiden, aufschneiden

canalado [kana'lađo] *adj* ausgekehlt

canalete [kana'lete] *m* Paddel *n*

canalizable [kanali'θaƀle] *adj* kanalisierbar

canalización [kanaliθa'θĭɔn] *f* Kanalisation *f*

canalizar [kanali'θar] *v 1. (abrir canales)* kanalisieren; *2. (convertir un río en canal)* regulieren, kanalisieren; *3. (fig: dirigir en una dirección)* lenken, orientieren, kanalisieren; *~ la agresividad* die Aggressivität lenken

canalón [kana'lɔn] *m* Dachrinne *f*

canalla [ka'naʎa] *m* Schuft *m,* Schurke *m,* Biest *n*

canallada [kana'ʎađa] *f* Gemeinheit *f,* Schurkerei *f,* Bubenstück *n*

canallesco [kana'ʎesko] *adj* gemein, schuftig (fam), schurkenhaft

canapé [kana'pɛ] *m 1. ~s (pastelitos o sandwiches)* Appetithappen *m; 2. (diván)* Kanapee *n,* Sofa *n,* Couch *f*

Canarias [ka'narĭas] *f/pl Las Islas ~* die Kanarischen Inseln, die Kanaren

canario [ka'narĭo] *m 1. ZOOL* Kanarienvogel *m; adj 2. (de las Canarias) GEO* kanarisch, von den Kanaren; *m 3. (oriundo de las Canarias) GEO* Kanarier *m*

canasta [ka'nasta] *f 1.* Korb *m; 2. (juego de cartas)* Canasta *n,* Canastaspiel *n*

canastilla [kanas'tiʎa] *f* Nähkörbchen *n,* Körbchen *n,* Baby-Ausstattung *f*

canasto [ka'nasto] *m* Korb zum Tragen *m*

cancelación [kanθela'θĭɔn] *f 1. (del pedido)* Abbestellung *f,* Absage *f,* Annullierung *f; 2. (de dinero)* Abzahlung *f; 3. (de un cheque)* Sperrung *f*

cancelado [kanθe'lađo] *adj* ungültig, gestrichen

cancelar [kanθe'lar] *v 1. (pedido)* abbestellen, rückgängig machen, annullieren; *Quiero ~ la reserva.* Ich möchte die Buchung rückgängig machen. *2. (dinero)* abzahlen; *3. (deuda)* tilgen; *4. INFORM* löschen; *5. INFORM* abbrechen

cáncer ['kanθɛr] *m 1. MED* Krebs *m; ~ mamario/~ de seno* Brustkrebs *m; ~ de la piel* Hautkrebs *m; 2. (cuarto signo del Zodíaco)* Krebs *m; 3. (constelación) ASTR* Krebs *m,* Sternzeichen des Krebses *n; m 4. (fig: todo lo que corroe, destruye)* Krebsgeschwulst *f*

cancerarse [kanθɛ'rarse] *v MED* verkrebsen, bösartig werden

canceriforme [kanθeri'fɔrme] *adj MED* krebsähnlich, krebsförmig

cancerígeno [kanθe'rixeno] *adj MED* karzinogen, Krebs erregend

cancha ['kantʃa] *f SPORT* Platz *m,* Spielfeld *n; (LA)* Spielplatz *f,* Sportplatz *m,* Übungsplatz *m; ~ de tenis (LA)* Tennisplatz *m*

canciller [kanθi'ʎɛr] *m POL* Kanzler *m*

cancillería [kanθiʎe'rĭa] *f 1.* Kanzlei *f; 2. POL* Kanzleramt *n*

canción [kan'θĭɔn] *f 1.* Lied *n; Por favor, toque una ~ típica de España.* Bitte spielen Sie ein typisch spanisches Lied. *~ de amor* Liebeslied *n; ~ de cuna* Gutenachtlied *n; ~ de moda* Gassenhauer *m,* Schlager *m; ~ navideña* Weihnachtslied *n; ~ popular* Volkslied *n; ~ sentimental* Schnulze *f; 2. (fig) volver a la misma ~* immer das alte Lied singen

cancionero [kanθĭo'nero] *m* Liederbuch *n*

candado [kan'đađo] *m 1.* Vorhängeschloss *n,* Vorlegeschloss *n,* (fig) Maulkorb *m; 2. (fig) poner un ~ a la boca* einen Maulkorb anlegen, ein Schloss vor den Mund legen, den Mund verbieten

candela [kan'đela] *f* Licht *n,* Kerze *f,* (Kohlen)feuer *n*

candelabro [kande'laƀro] *m* Kerzenständer *m,* Leuchter *m,* Kerzenleuchter *m*

candelero [kanđelero] *m (para la vela)* Leuchter *m,* Lampe *f,* Ampel *f*

candente [kan'dente] *adj 1.* glühend; *2. (fig: de actualidad y muy grave)* glühend, brennend; *cuestión ~* brennende Frage *f*

cándidamente ['kandiđamente] *adv* kindlich

candidato [kandi'đato] *m 1.* Anwärter *m,* Bewerber *m,* Kandidat *m; 2. ~ a la presidencia* Präsidentschaftskandidat *m; ~ de la oposición* Gegenkandidat *m*

candidatura [kandiđa'tura] *f 1.* Bewerbung *f; 2. POL* Kandidatur *f*

candidez [kandi'đeθ] *f* Arglosigkeit *f,* Naivität *f*

cándido ['kandiđo] *adj* arglos, einfältig, naiv

candíl [kan'đil] *m* Zinnlampe *f,* Schnabellampe *f,* Öllampe *f*

candilejas [kandi'kexas] *f/pl THEAT* Rampenlicht *n*

candongo [kan'đongo] *adj (remolón)* arbeitsscheu, drückebergerisch

candor [kan'đɔr] *m 1. (blancura extrema)* blendende Weiße *f; 2. (fig: pureza de espíritu)* Unschuld *f,* Aufrichtigkeit *f,* Naivität *f; Quiero mucho a tu hermana por su ~.* Ich mag deine Schwester wegen ihrer Aufrichtigkeit sehr gern.

candoroso [kanđo'roso] *adj* arglos, aufrichtig, harmlos

canela [ka'nela] *f* Zimt *m*

canelón [kane'lɔn] *m* Eiszapfen *m*

cangrejo [kaŋ'grɛxo] *m 1. ZOOL* Krebs *m; 2. ~ de mar* Krabbe *f*

canguro [kaŋ'guro] *m 1. ZOOL* Känguru *n; 2. (fig)* Babysitter *m*

caníbal [ka'niƀal] *m* Kannibale *m*

canibalismo [kaniƀa'lizmo] *m 1. (antropofagia)* Kannibalismus *m,* Menschenfresserei *f; 2. ZOOL* Kannibalismus *m*

canícula [ka'nikula] *f 1.* Hundstage *m/pl,* Hochsommer *m; 2. (otro nombre para Sirio) ASTR* Hundsstern *m,* Sirius *m*

canicular [kaniku'lar] *adj* hochsommerlich, Hundstage...

canijo [ka'nixo] *adj (débil)* schwächlich, kümmerlich, kränklich

canilla [ka'niʎa] *f 1. (LA)* Wasserhahn *m; 2. ANAT* Schienbein *n*

canillera [cani'ʎera] *f (pieza para proteger la canilla) SPORT* Beinschiene *f,* Schienbeinschutz *m,* Schienbeinschoner *m*

canino [ka'nino] *adj 1. (relativo a los canes)* hundeartig, Hunde...; *m 2. (diente) ANAT* Eckzahn *m; adj 3. (fig) hambre canina* Heißhunger *m,* Riesenhunger *m*

canje ['kaŋxe] *m* Umtausch *m,* Auswechseln *n,* Einlösen *n*

canjeable [kan'xeaƀle] *adj* umtauschbar, auswechselbar

canjear [kaŋxe'ar] *v* umtauschen, einlösen; *Iré a ~ este vale hoy mismo.* Ich werde diesen Gutschein noch heute einlösen.

cano ['kano] *adj (de pelo blanco)* grauhaarig, weißhaarig

canoa [ka'noa] *f* Paddelboot *n,* Kanu *n*

canon ['kanɔn] *m 1. MUS* Kanon *m; 2. (regla)* Kanon *m,* Regeln *f/pl; 3. (precepto de las medidas humanas) ART* Kanon *m*

canónico [ka'noniko] *adj derecho ~ REL* kanonisches Recht *n,* Kirchenrecht *n*

canonización [kanoniθa'θĭɔn] *f REL* Kanonisation *f,* Heiligsprechung *f*

canonizar [kanoni'θar] *v 1. REL* heilig sprechen; *2. (fig: declarar como bueno a alguien)* in den Himmel heben, in den Himmel loben

canoso [ka'noso] *adj* grauhaarig

cansadísimo [kansa'đisimo] *adj (fam)* fix und fertig, hundemüde, todmüde

cansado [kan'sađo] *adj 1.* abgespannt, erschöpft, müde; *Estoy ~.* Ich bin müde. *2. estar ~ de algo* einer Sache überdrüssig sein; *~ de vivir* lebensmüde

cansancio [kan'sanθĭo] *m* Ermüdung *f,* Müdigkeit *f; ~ excesivo* Übermüdung *f*

cansar [kan'sar] *v 1. ~ mucho* strapazieren; *2. (quitar la fertilidad a la tierra)* auslaugen, erschöpfen; *3. (fig: molestar)* belästigen, ärgern

cansarse [kan'sarse] *v* ermüden

cansino [kan'sino] *adj* abgehetzt, überanstrengt, übermüdet

cantaleta [kanta'leta] *f (repetición molesta) (LA)* Frotzelei *f; ¿Vas a empezar de nuevo con esa ~?* Fängst du schon wieder mit dieser Frotzelei an?

cantaletear [kantale'tear] *v (repetir hasta la náusea)* bis zum Überdruss wiederholen

cantante [kan'tante] *m/f MUS* Sänger(in) *m/f; ~ de canciones de moda* Schlagersänger(in) *m/f; ~ de ópera* Opernsänger(in) *m/f*

cantar [kan'tar] *v 1. MUS* singen; *El borracho quiere ~ una canción.* Der Betrunkene will ein Lied singen. *2. (gallo) ZOOL* krähen; *El gallo comienza a ~ a las cuatro de la mañana. 3. (copla popular) MUS* Lied *n,* Weise *f; 4. (fig) ése es otro ~* das ist etw ganz anderes; *v 5. (fig: decir algo secreto)* gestehen, singen (fam); *¡Canta de una vez por todas!* Gestehe ein für alle Mal! *6. (fig) cantarlas claras* kein Blatt vor den Mund nehmen, frei von der Leber weg reden

cántara ['kantara] *f* Krug *m,* Kanne *f*

cantarela [kanta'rela] *f BOT* Pfifferling *m*

cántaro ['kantaro] *m 1.* Henkelkrug *m,* Krugvoll *m; 2. (fig) a ~s* haufenweise, in Mengen, in Strömen; *Está lloviendo a ~s.* Es gießt in Strömen.

cantata [kan'tata] *f MUS* Kantate *f*

cantautor [kantaŭ'tɔr] *m MUS* Liedermacher *m*

cante ['kante] *m (canto popular) MUS* Gesang *m,* Volkslied *n; ~ hondo (jondo)* andalusische Volksweise *f*

cantera [kan'tera] *f* Steinbruch *m*

cantería [kante'ria] *f (obra de piedra labrada)* Steinmetzkunst *f,* Steinhauerkunst *f,* Quaderstein *m*

cantero [kan'tero] *m* Steinmetz *m*

cántico ['kantiko] *m REL* Lobgesang *m*

cantidad [kanti'đađ] *f 1. (número)* Anzahl *f,* Menge *f,* Quantität *f; 2. ~ ofrecida ECO* Angebotsmenge *f; ~ extraída* Fördermenge *f; 3. (monto) FIN* Betrag *m,* Geldbetrag *m,* Summe *f; ~ fija* Fixum *n; ~ enorme* Unsumme *f; 4. ~ continua MATH* kontinuierliche Größe *f; ~ discreta* diskrete Größe *f; ~ imaginaria* imaginäre Größe *f*

cantilena [kanti'lena] *f 1. (cantar) MUS* Kantilene *f; 2. (fig: repetición fastidiosa)* alte Leier *f; ¡No empieces con la misma ~ de ayer por favor!* Fang bitte nicht mit der alten Leier von gestern an!

cantimplora [kantim'plɔra] *f* Feldflasche *f,* Kühlkrug *m*

cantina [kan'tina] *f* Kantine *f*

canto[1] ['kanto] *m 1. MUS* Gesang *m,* Singen *n; ~ coral* Choral *m; 2. ~ de los pájaros* Vogelgezwitscher *n; 3. (parte del poema épico) LIT* Gesang *m; La Divina Comedia de Dante está dividida en cantos.* Die Göttliche Komödie ist in Gesänge unterteilt. *4. ~ gregoriano MUS* Gregorianische Gesänge *m/pl,* Gregorianik *f; en~ llano* kurz und knapp, schlicht und einfach

canto[2] ['kanto] *m 1. (borde, lado)* Kante *f; 2. ~ rodado* Kieselstein *m; cerrado a cal y ~* verriegelt und verrammelt; *3. (en un cuchillo)* Rücken *m; 4. de ~* hochkant; *5. (en un libro)* vorderer Schnitt *m*

cantón [kan'ton] *m 1.* Ecke *f; 2.* Quartier *n, 3.* Kanton (Schweiz) *m*

cantonero [kanto'nero] *adj* herumschlendernd, Müßiggänger...

cantor(a) [kan'tɔr/kan'tora] *m/f* Sänger(in) *m/f; ~ de cámara* Kammersänger(in) *m/f*

cantoral [kanto'ral] *m REL* Chorbuch *n*

canturrear [kantu'rrear] *v* trällern, vor sich hin summen

canturreo [kantu'rreo] *m* Trällern *n,* Summen *n*

cánula ['kanula] *f MED* Kanüle *f*

caña ['kaɲa] *f 1. BOT* Rohr *n; ~ de azúcar* Zuckerrohr *n; ~ de la India* Bambus *m; 2. ~ de pescar* Angelrute *f; 3. aguardiente de ~* Zuckerrohrschnaps *m; 4. (parte de la bota)* Schaft *m,* Stiefelschaft *m*

cañada [ka'ɲađa] *f (quebrada)* Hohlweg *m,* Engpass *m*

cañamazo [kaɲa'maθo] *m (fig: boceto)* Skizze *f,* Entwurf *m*

cáñamo ['kaɲamo] *m BOT* Hanf *m*

cañaveral [kaɲaƀe'ral] *m* Ried *n*

cañería [kaɲe'ria] *f* Leitung *f,* Rohr *n,* Röhre *f; ~ de agua* Wasserleitung *f*

caño ['kaɲo] *m (albañal)* Abwasserkanal *m,* Abzugsgraben *m*

cañón [ka'ɲɔn] *m MIL 1.* Geschütz *n,* Kanone *f; 2. (desfiladero)* Hohlweg *m,* Engpass *m; 3. (de la barba)* Stoppel *f*

cañonazo [kaɲo'naθo] *m 1. (disparo de cañón)* Kanonenschuss *m; 2. (sonido del disparo de cañón)* Kanonendonner *m; 3. (noticia)* Knüller *m,* Hit *m*

caoba [ka'oƀa] *f 1. (árbol) BOT* Mahagonibaum *m; 2. (madera)* Mahagoniholz *n*

caos ['kaɔs] *m 1.* Chaos *n,* Verhau *m* (fam); *~ del tráfico* Verkehrschaos *n; 2. (fig: cualquier desorden)* Chaos *n,* Durcheinander *n*

caóticamente [ka'otikamente] *adv* chaotisch

caótico [ka'otiko] *m 1.* Chaot *m; adj 2.* chaotisch

capa ['kapa] *f 1. (estrato)* Lage *f,* Schicht *f; ~ de ozono* Ozonschicht *f; 2. (porción extendida sobre otra)* Belag *m,* Kruste *f; 3. (prenda)* Umhang *m,* Cape *n; defender a ~ y espada* mit Händen und Füßen verteidigen; *4. (fig) andar de ~ caída* niedergeschlagen sein, heruntergekommen sein

capacidad [kapaθi'đađ] *f 1.* Fähigkeit *f,* Vermögen *n,* Fassungsvermögen *n,* Kapazität *f; ~ de adaptación* Anpassungsfähigkeit *f; ~ de carga* Belastbarkeit *f; ~ de obrar JUR* Handlungsfähigkeit; *~ de pensar* Denkfähigkeit *f; ~ de reacción* Reaktionsvermögen *n; ~ de réplica* Schlagfertigkeit *f; ~ de trabajo* Arbeitsvermögen *n; ~ intelectual* Denkvermögen *n; 2. ~ de memoria INFORM* Speicherkapazität *f; 3. ~ de rendimiento* Kondition *f,* Leistungsfähigkeit *f; 4. ~ de resistencia MED* Widerstandskraft *f; 5. ~ jurídica JUR* Rechtsfähigkeit *f; ~ para contratar* Geschäftsfähigkeit *f*

capacitación [kapaθita'θĭɔn] *f* Befähigung *f,* Begabung *f,* Ausbildung *f*

capacitar [kapaθi'tar] *v* berechtigen, schulen, geeignet machen

capar [ka'par] *v* kastrieren, verschneiden;

caparazón [kapara'θɔn] *m ZOOL* Panzer *m*

capataz [kapa'taθ] *m* Vorarbeiter *m,* Aufseher *m,* Werkmeister *m*

capaz [ka'paθ] *adj 1. ~ de* fähig zu; *~ de competir* wettbewerbsfähig, konkurrenzfähig; *~ de conducir* fahrtüchtig; *2. (fig: talentoso)* fähig, begabt

capcioso [kaƀ'θĭoso] *adj* verfänglich

capellán [kape'ʎan] *m REL* Kaplan *m*

caperuza [kape'ruθa] *f* Kapuze *f,* Kappe *f,* Haube *f*

capilar [kapi'lar] *adj* haarförmig, Kapillar..., haarfein

capilla [ka'piʎa] *f 1. REL* Kapelle *f; 2. ~ ardiente* Aufbahrung *f*

capirote [kapi'rote] *m tonto de ~* stockdumm, strohdumm

capital [kapi'tal] *f 1.* Hauptstadt *f; ~ de distrito* Kreisstadt *f; m 2. ECO* Kapital *n; ~ social* Stammkapital *n; ~ en acciones* Aktienkapital *n; ~ propio* Eigenkapital *n; 3. pena ~* Todesstrafe *f; sentencia ~* Verurteilung zum Tode *f; 4. pecados capitales REL* Todsünden *f/pl; 5. letra ~* Großbuchstabe *m,* Versalie *f*

capitalismo [kapita'lismo] *m* Kapitalismus *m*

capitalista [kapita'lista] *m/f 1.* Kapitalist(in) *m/f; 2. (acreedor(a))* Geldgeber(in) *m/f; adj 3.* kapitalistisch

capitalizable [kapitali'θaƀle] *adj* kapitalisierbar

capitalización [kapitaliθa'θĭɔn] *f FIN* Kapitalisierung *f*

capitalizar [kapitali'θar] *v FIN* kapitalisieren

capitalmente [kapital'mente] *adv* tödlich, schwer, wesentlich

capitán [kapi'tan] *m 1.* Kapitän *m; 2. (jefe de un equipo) SPORT* Kapitän *m,* Mannschaftskapitän *m; 3. (jefe de tropa) MIL* Hauptmann *m,* Kapitän *m,* Admiral *m*

capitanear [kapita'near] *v 1. (comandar) MIL* befehligen, anführen; *2. (fig: dirigir)* leiten

capitanía [kapita'nia] *f* Hauptmannsrang *m,* Hauptmannsstelle *f,* Führerschaft *f,* Hafenbehörde *f*

capitel [ka'pɪtel] *m ARCH* Kapitell *n*

capitolio [kapi'tolĭo] *m ARCH* Kapitol *n*

capitulación [kapitula'θĭɔn] *f* Kapitulation *f*

capitular [kapitu'lar] *v 1.* kapitulieren; *2. (fig: ceder)* kapitulieren, sich ergeben

capítulo [ka'pitulo] *m 1.* Kapitel *n,* Abschnitt *m; 2. traer a ~* Rechenschaft fordern *f*

capó [ka'pɔ] *m* Kühlerhaube *f*

caporal [kapo'ral] *m (capataz)* Anführer *m,* Aufseher *m,* Gefreiter *m*

capota [ka'pɔta] *f* Verdeck *n*

capote [ka'pɔte] *m 1.* Umhang *m; 2. (capa del torero)* Capa *f,* Toreroumhang *m; 3. decir uno algo para su ~* etw für sich sagen

capotear [kapo'tear] *v 1. (fig: engañar con promesas falsas)* hinhalten; *2. (esquivar las dificultades)* sich drücken, Schwierigkeiten aus dem Weg gehen

capricho [ka'pritʃo] *m* Allüre *f,* Eigensinn *m; ~ de la naturaleza* Laune der Natur *f*

caprichoso [kapri'tʃoso] *adj* kapriziös, launenhaft, sprunghaft

capricornio [kapri'kɔrnĭo] *m 1. ZOOL* Steinbock *m; 2. (signo del zodíaco)* Steinbock *m*

cápsula ['kapsula] *f* Kapsel *f*

captación [kapta'θĭɔn] *f 1. TECH* Empfang *m; 2.* Gewinnung *f*

captar [kap'tar] *v 1. TECH* empfangen; *3. (comprender)* begreifen, verstehen

captura [kap'tura] *f* Festnahme *f,* Einfangen *n,* Fang *m*

capturar [kaptu'rar] *v* ergreifen, fangen, festnehmen

capucha [ka'putʃa] *f* Kapuze *f*

capuchino [kapu'tʃino] *m 1. (un tipo de simio) ZOOL* Kapuzineraffe *m; 2. (de la orden de San Francisco) REL* Kapuziner *m,* Kapuzinermönch *m*

capullo [ka'puʎo] *m 1. BOT* Knospe *f; 2. (envoltura de las orugas) ZOOL* Kokon *m*
caqui ['kaki] *m* Khakistoff *m,* Kakibaum *m*
cara ['kara] *f 1.* Gesicht *n; ¡Qué ~!* So eine Unverschämtheit! *echar en ~* vorwerfen; *2. ~ a ~* von Angesicht zu Angesicht, persönlich; *3. (fig) dar la ~* für sich einstehen; *4. de ~ a* im Hinblick auf; *5. hacer ~ a* die Stirn bieten, entgegentreten, sich stellen; *6. poner buena/ mala ~* ein freundliches/unfreundliches Gesicht machen
carabina [kara'ƀina] *f 1.* Karabiner *m; ser la ~ de Ambrosio* ganz unbrauchbar sein; *2. (vigilante)* Anstandsperson *f*
carabinero [kara'ƀinero] *m* Grenzpolizist *m,* Grenzer *m,* Karabiner *m*
caracha [ka'ratʃa] *f* Krätze *f*
caracol [kara'kɔl] *m 1. ZOOL* Schnecke *f; m 2. (pieza del oído) ANAT* Schnecke *f*
carácter [ka'raktɛr] *m 1.* Charakter *m,* Wesen *n; de ~ firme* charakterfest; *sin ~* charakterlos; *~ aventurero* Abenteuerlichkeit *m; ~ cauteloso* Vorsicht *f; ~ confidencial* Vertraulichkeit *f; ~ efímero* Vergänglichkeit *f; ~ inofensivo* Harmlosigkeit *f; 2. ~ de control INFORM* Steuerzeichen *n; ~ especial* Sonderzeichen *n; 3. caracteres de imprenta pl* Blockschrift *f; 4. caracteres tipográficos pl* Druckbuchstabe *m; 5. (fig: genio de una persona)* Charakter *m,* Wesensart *f,* Gemütsart *f; tener buen/mal ~* einen guten/schlechten Charakter haben; *6. (originalidad)* Eigenart *f,* Charakterstärke *f; 7. (estilo de una obra de arte)* Charakter *m; una obra de ~ religioso* ein Werk mit religiösem Charakter *m; 8. (signo escrito)* Schriftzeichen *n,* Buchstabe *m*
característica [karakte'ristika] *f 1.* Eigenschaft *f; 2. ~s de identidad pl* Kenndaten *pl*
característico [karakte'ristiko] *adj 1.* bezeichnend, charakteristisch, eigentümlich; *m 2. THEAT* Charakterdarsteller *m*
caracterizar [karakte'riθar] *v 1.* charakterisieren; *2. (representar un actor su papel) THEAT* darstellen
caracterología [karakterolo'xia] *f* Charakterologie *f*
caracterológico [karaktero'loxiko] *adj* charakterologisch
caradura [kara'đura] *m (persona desvergonzada)* unverschämter Kerl *m*
caramba [ka'ramƀa] *interj ¡Caramba!* Donnerwetter!
carámbano [ka'ramƀano] *m* Eiszapfen *m*
carambola [karam'ƀola] *f 1. (billar)* Karambolieren *n,* Karambolespiel *n; 2. (fig)* Betrug *m*
caramelo [kara'melo] *m* Bonbon *n*
carapacho [kara'patʃo] *m* Muschelschale *f,* Schildpatt *n*
carátula [ka'ratula] *f* Maske *f,* Larve *f*
caravana [kara'ƀana] *f 1.* Karawane *f; 2.* Wohnwagen *m,*
carbohidrato [karƀoi'drato] *m CHEM* Kohlenhydrat *n*
carbón [kar'ƀɔn] *m* Kohle *f; ~ vegetal* Holzkohle *f; ~ de piedra* Steinkohle *f*
carbonatado [karƀona'tađo] *adj (con ácido carbónico) CHEM* kohlensauer, kohlensäurehaltig
carbonatar [karƀona'tar] *v CHEM* in Carbonat verwandeln *n,* mit Kohlensäure versetzen *f*
carbonato [karƀo'nato] *m CHEM* Karbonat *n,* kohlensaures Salz *n*
carboncillo [karƀon'θiʎo] *m* Zeichenkohle *f,* Kohlestift *m*
carbonero [karƀo'nero] *adj 1. industria carbonera* Kohleindustrie *f; m 2.* Kohlenhändler *m,* Köhler *m*
carbónico [kar'ƀɔniko] *adj anhídrido ~ CHEM* Kohlendioxid *n*
carbonífero [karƀo'nifero] *adj* kohlenhaltig, Kohle führend, Kohlen...
carbonizar [karƀoni'θar] *v* verkohlen
carbono [kar'ƀɔno] *m CHEM* Kohle *f,* Kohlenasche *f*
carbonoso [karƀo'noso] *adj* kohlehaltig, kohlenartig
carburador [karƀura'đɔr] *m TECH* Vergaser *m*
carburante [karƀu'rante] *m* Kraftstoff *m,* Treibstoff *m*
carburar [karƀu'rar] *v (mezclar con carburo) CHEM* karburieren, vergasen, aufkohlen
carcajada [karka'xađa] *f* Gelächter *n*
carcajearse [karka'xearse] *v (reírse a carcajadas)* schallend lachen
carcamal [karka'mal] *m (fam: persona vieja y fea)* alter Knacker *m*
carcasa [kar'kasa] *f* Gehäuse *n*
cárcel ['karθɛl] *f* Gefängnis *n*
carcelario [karθe'larĭo] *adj* Gefängnis..., Kerker...
carcelero [karθe'lero] *m* Gefängniswärter *m*
carcinoma [karθĭ'noma] *f MED* Karzinom *n*

carcomer [karko'mɛr] *v* *1.* zernagen, zerfressen, anbohren; *2. (fig: destruir lentamente)* allmählich zerstören, untergraben
carcomido [karko'miđo] *adj* wurmstichig, altersschwach, morsch
cardar [kar'đar] *v* krempeln
cardenal [karđe'nal] *m 1. REL* Kardinal *m; 2. MED* Hämatom *n,* blauer Fleck *m*
cárdigan ['karđigan] *m* Jacke *f*
cardinal ['karđinal] *adj* hauptsächlich, wesentlich, Haupt...
cardiografía [karđĭogra'fia] *f MED* Kardiographie *f*
cardiología [karđiolo'xĭa] *f MED* Kardiologie *f*
cardiólogo [kar'đĭologo] *m MED* Kardiologe *m,* Herzspezialist *m*
cardiopatía [karđĭopa'tia] *f MED* Herzleiden *n*
cardo ['karđo] *m BOT* Distel *f*
cardumen [kar'đumen] *m ~ de peces* Fischschwarm *m*
carear [ka'rear] *v (confrontar a dos personas)* gegenüber stellen
carecer [kare'θɛr] *v irr ~ de algo* an etw mangeln, einer Sache entbehren
carena [ka'rena] *f NAUT* Kielholen *n,* Ausbesserung *f,* Schiffsreparatur *f*
carencia [ka'renθĭa] *f* Mangel *m; ~ de vitaminas* Vitaminmangel *m; ~ proteínica* Eiweissmangel *m; ~ de calcio* Kalziummangel *m*
carencial [karen'θĭal] *adj* Warte..., Karenz...
carente [ka'rente] *adj ~ de* frei von, ohne
careo [ka'rɛo] *m* Gegenüberstellung *f,* Konfrontation *f,* Kreuzverhör *n*
carestía [kares'tia] *f* Teuerung *f*
careta [ka'reta] *f 1.* Larve *f,* Maske *f; 2. (fig) quitarle a uno la ~* jdm die Maske vom Gesicht reißen
carey [ca'rei] *m peineta de ~* Schildpattkamm *m; lentes de ~* Schildpattbrille *f*
carga ['karga] *f 1. (peso, cargamento)* Ladung *f,* Last *f; 2. (fig)* Last *f,* Ballast *m,* Belastung *f; 3. ECO* Fracht *f; ~ aérea* Luftfracht *f; 4. TECH* Aufladung *f; 5. ~s sociales pl* Sozialabgaben *pl; 6. (fig) ser una ~ para alguien* jdm zur Last fallen, für jdn eine Last sein, jdm lästig sein; *7. (munición de las armas de fuego)* Ladung *f,* Sprengsatz *m; 8. (ataque) MIL* Angriff *m; una ~ de caballería* ein Kavallerieangriff *m; una ~ de artillería* ein Artillerieangriff *m; 9. (fig) volver a la ~* hartnäckig sein, auf etw bestehen, immer wieder auf etw zurückkommen
cargadero [karga'đero] *m* Verladeplatz *m*
cargado [kar'gađo] *adj* geladen; *~ de emoción* spannungsgeladen
cargador [karga'đɔr] *m (de un arma)* Magazin *n*
cargamento [karga'mento] *m* Last *f*
cargante [kar'gante] *adj (fig: fastidioso)* lästig, aufdringlich
cargar [kar'gar] *v 1. ~ con/~ de* beladen mit, aufladen mit, einladen in; *Debemos ~ el camión de fruta.* Wir müssen einen Lastwagen mit Obst beladen. *2. (fig)* belasten, bedrücken; *3. (aguantar)* aushalten, ertragen; *~ a* aufbürden; *4. ~ en cuenta ECO* anrechnen, abbuchen, belasten; *5. (poner munición a un arma de fuego)* laden; *6. ~ una batería TECH* eine Batterie aufladen; *7. (fig: molestar)* belästigen, beschweren, lästig sein; *8. (fig: achacar algo)* anschuldigen, bezichtigen; *9. (llevarse)* mit sich nehmen, übernehmen, auf sich nehmen
cargarse [kar'garse] *v 1. ~ a alguien (fam)* jdn abmurksen, jdn erledigen; *2. (llenarse)* sich belasten, sich beladen, sich aufladen; *3. (nublarse)* sich beziehen, sich bewölken
cargo ['kargo] *m 1.* Amt *n; estar a ~ de* zuständig sein für; *tomar posesión de un ~* ein Amt übernehmen; *2. FIN* Last *f,* Verpflichtung *f; 3. ~ en cuenta ECO* Lastschrift *f; 4. ~ de conciencia* Gewissensnot *f,* Skrupel *m; 5. hacerse ~ de algo* sich klar sein über etw, etw berücksichtigen, etw begreifen
cargoso [kar'goso] *adj (fastidioso)* lästig, beschwerlich
carguero [kar'gero] *m* Frachter *m*
cariacontecido [kariakonte'θiđo] *adj* verstört, nachdenklich, betroffen
cariarse [ka'rĭarse] *v MED* faulen, anfaulen, hohl werden
caribú [kari'bu] *m ZOOL* Karibu *n*
caricatura [karika'tura] *f 1.* Karikatur *f; hacer la ~* karikieren; *2. (fig: persona ridícula)* Karikatur *f*
caricaturesco [karikatu'resko] *adj* Karikatur...
caricaturista [karikatu'rista] *m/f* Karikaturist(in) *m/f*
caricaturizar [karikaturi'θar] *v* karikieren
caricia [ka'riθĭa] *f* Liebkosung *f; hacer ~s* hätscheln, liebkosen
caridad [kari'đađ] *f 1.* Barmherzigkeit *f; 2. (limosna)* Barmherzigkeit *f,* Wohltätigkeit *f*

caries ['kari̯es] *f MED* Karies *f*
carillón [kari'ʎɔn] *m* Glockenspiel *n*
cariño [ka'riɲo] *m 1.* Zärtlichkeit *f*, Anhänglichkeit *f*; *necesitar mucho ~* liebesbedürftig sein; *2. (fam)* Liebling *m*, Schatz *m*; *3. (regalo)* Geschenk *n*; *m/pl 4. (saludos)* Grüße *m/pl*
cariñoso [kari'ɲoso] *adj* herzlich, liebevoll, zärtlich
carioca [ka'ri̯oka] *adj (de Rio de Janeiro) 1.* aus Rio de Janeiro; *2.* Einwohner von Rio de Janeiro *m*
carisias [ka'risias] *f/pl (caricias)* Liebkosung, Streicheln, Schmeichelei
carísimo [ka'risimo] *adj* sehr teuer, überteuert, sehr lieb
carisma [ka'rizma] *m* Ausstrahlung *f*, Charisma *n*
carismático [kariz'matiko] *adj* charismatisch
caritativo [karita'tiƀo] *adj* barmherzig
carmín [kar'min] *m BOT* Scharlachrot *n*, Lippenstift *m*
carnaval [karna'ƀal] *m* Fasching *m*
carne ['karne] *f GAST* Fleisch *n*; *~ picada* Hackfleisch *n*; *~ de pavo* Putenfleisch *n*; *~ ahumada* Rauchfleisch *n*; *~ del asado* Bratenfleisch *n*; *~ para caldo/~ para sopa* Suppenfleisch *n*; *~ de cerdo* Schweinefleisch *n*; *~ de res/~ de vaca* Rindfleisch *n*; *~ de ternera* Kalbfleisch *n*
carné [kar'nɛ] *m ~ de identidad* Personalausweis *m*
carnero [kar'nɛro] *m ZOOL* Hammel *m*
carnet [kar'nɛ] *m 1. ~ de conducir* Führerschein *m*; *~ escolar* Schülerausweis *m*; *~ de identidad* Personalausweis *m*; *2. ~ de partido POL* Parteibuch *n*
carnicería [karniθe'ria] *f 1.* Metzgerei *f*; *2. (fig)* Massaker *n*, Gemetzel *n*
carnicero [karni'θɛro] *m* Metzger *m*
carnívoro [kar'niƀoro] *m ZOOL* Fleischfresser *m*
carnosidad [karnosi'đađ] *f* Auswuchs *m*
carnoso [kar'noso] *adj* fleischig
caro ['karo] *adj* kostspielig, teuer; *Esto es demasiado ~ para mi.* Das ist mir zu teuer.
carpa ['karpa] *f 1.* Zelt *n*; *~ de cerveza* Bierzelt *n*; *~ del circo* Zirkuszelt *n*; *2. ZOOL* Karpfen *m*
carpeta [kar'peta] *f 1.* Mappe *f*, Aktenordner *m*; *2. (en Peru: pupitre)* Schreibpult *n*
carpintería [karpinte'ria] *f* Schreinerwerkstatt *f*
carpintero [karpin'tero] *m* Tischler *m*, Schreiner *m*
carraspear [karraspe'ar] *v* sich räuspern, hüsteln
carraspera [karras'pera] *f* Heiserkeit *f*, Hüsteln *n*
carrera [ka'rrɛra] *f 1. (fig: profesión)* Karriere *f*, Laufbahn *f*; *de ~* hauptberuflich; *2. TECH* Hub *m*; *3. SPORT* Lauf *m*, Rennen *n*, Wettlauf *m*; *~ ciclista* Radrennen *n*; *~ de automóviles* Autorennen *n*; *~ de vallas* Hürdenlauf *m*; *~ de bajada/~ de descenso* Abfahrtslauf *m*; *~ de fondo* Langlauf *m*; *~ de esquí* Skirennen *n*; *~ de relevos* Staffellauf *m*; *4. (en las medias)* Laufmasche *f*; *5. ~ armamentista POL* Wettrüsten *n*
carrete [ka'rrɛte] *m* Spule *f*, Filmrolle *f*
carretera [karrɛ'tera] *f ~ rural* Landstraße *f*; *~ de circulación rápida* Schnellstraße *f*; *~ de circunvalación* Umgehungsstraße *f*; *~ de enlace* Verbindungsstraße *f*; *~ federal* Bundesstraße *f*; *~ nacional* Fernstraße *f*
carretilla [karrɛ'tiʎa] *f 1.* Schubkarre *f*; *2. ~ elevadora de horquilla TECH* Gabelstapler *m*
carril [ka'rril] *m* Schiene *f*, Spur *f*; *de un solo ~* einspurig; *~ para adelantar* Überholspur *f*; *~ de aparcamiento* Standspur *f*; *~ contrario* Gegenfahrbahn *f*; *~ de marcha* Fahrspur *f*
carro ['karrɔ] *m 1.* Karren *m*, Karre *f*; *2. ~ de combate MIL* Panzer *m*; *3. (coche)* Auto *n*, Kraftwagen *m*, Personenkraftwagen *m*; *~ usado* Gebrauchtwagen *m*
carrocería [karrɔθɛ'ria] *f TECH* Karosserie *f*
carroña [ka'rrɔɲa] *f ZOOL* Aas *n*
carroza [ka'rrɔθa] *f 1.* Kutsche *f*; *2. (coche fúnebre)* Leichenwagen *m*
carruaje [karrw'axe] *m* Fuhrwerk *n*, Wagen *m*, Kutsche *f*
carrusel [karru'sɛl] *m* Karussell *n*
carta ['karta] *f 1.* Brief *m*, Zuschrift *f*; *¿Hay ~s para mi?* Habe ich Post? *~ al director* Leserbrief *m*; *~ certificada* Einschreibebrief *m*; *~ de amor* Liebesbrief *m*; *~ de despedida* Abschiedsbrief *m*; *~ de reclamación* Mahnschreiben *n*; *~ de recomendación* Empfehlungsschreiben *n*; *~ urgente* Eilbrief *m*; *2. (documento)* Urkunde *f*; *3. ~ blanca FIN* Blankovollmacht *f*; *4. ~ de crédito ECO* Akkreditiv *n*; *~ de porte* Frachtbrief *m*; *~ orden de crédito (LA)* Akkreditiv *n*
cártel ['kartɛl] *m ECO* Kartell *n*

cartel [kar'tɛl] *m* Plakat *n,* Poster *n,* Anschlag *m; en ~* auf dem Spielplan/auf dem Programm

cartelera [kartɛ'lera] *f* Anschlagbrett *n; ~ de cine CINE* Kinoprogramm *n*

carteo [kar'teo] *m* Briefwechsel *m*

cartera [kar'tera] *f 1. (de documentos)* Aktenmappe *f,* Mappe *f; ~ de negocios* Aktentasche *f; 2. (monedero)* Brieftasche *f; He perdido mi ~.* Ich habe meine Brieftasche verloren. *3. (LA)* Handtasche *f; ~ de colgar* Umhängetasche *f; 4. ~ de valores ECO* Effektenbestand *m; 5. (fig: ministerio) POL* Ministeramt *n,* Ressort *n*

carterizta [karte'rista] *m/f* Taschendieb *m*

cartero [kar'tero] *m* Postbote *m,* Briefträger *m*

cartilaginoso [kartilagi'noso] *adj* knorpelartig, knorpelig

cartílago [kar'tilago] *m ANAT* Knorpel *m*

cartilla [kar'tiʎa] *f* Fibel *f,* Leitfaden *m,* Elementarbuch *n*

cartografía [kartogra'fia] *f* Kartografie *m*

cartográfico [karto'grafiko] *adj* kartografisch

cartógrafo [kar'tɔgrafo] *m* Kartograf *m*

cartomancia [karto'manθĭa] *f* Kartenlegen *n*

cartón [kar'tɔn] *m* Karton *m,* Pappe *f*

cartuchera [kartu'tʃɛra] *f* Patronentasche *f,* Kartuschenkiste *f,* Federmäppchen *n (LA)*

cartucho [kar'tutʃo] *m 1.* Hülse *f,* Patrone *f; ~ de fogueo* Platzpatrone *f; ~ de tinta* Tintenpatrone *f; 2. (fig) quemar el último ~* die letzte Patrone verschießen *f*

cartuja [kar'tuxa] *f REL* Kartäuserkloster *n*

cartujo [kar'tuxo] *m 1. REL* Kartäusermönch *m,* Einsiedler *m; 2. vivir como un ~* sehr zurückgezogen leben

casa ['kasa] *f 1.* Haus *n,* Wohnung *f,* Behausung *f; Quiero ir a ~.* Ich möchte nach Hause. *en ~* zu Hause; *un ama de ~* Hausfrau *f; ~ con paredes entramadas* Fachwerkhaus *n; ~ de cambio* Wechselstube *f; ~ de campo* Ferienhaus *n; ~ de huéspedes* Gasthaus *n,* Pension *f; ~ de juego* Spielbank *f; ~ de muñecas* Puppenstube *f; ~ en la playa (LA)* Ferienhaus *n; ~ paterna* Elternhaus *n; ~ prefabricada* Fertighaus *n; ~ propia* Eigenheim *n; 2. ~ de socorro* Unfallstation *f; 3. ECO* Firma *f; 4. (linaje)* Haus *n; 5. (fig) tirar la ~ por la ventana* das Geld mit vollen Händen hinauswerfen, ein großes Fest feiern *n; 6. ~ celeste* himmlisches Haus *n; 7. entrar uno como en su ~* sich wie zu Hause fühlen; *8. no parar uno en ~* immer unterwegs sein

casaca [ka'saka] *f* Wams *n,* Kittel *m,* Mannsrock *m*

casación [kasa'θĭɔn] *f JUR* Kassation *f,* Aufhebung *f,* Ungültigkeitserklärung *f*

casa-cuna ['kasa'kuna] *f* Kinderhort *m*

casadero [kasa'đero] *adj* heiratsfähig, heiratslustig

casado [ka'sađo] *adj* verheiratet; *¿Está usted ~?* Sind Sie verheiratet?

casamiento [kasa'mĭento] *m* Heirat *f,* Hochzeit *f,* Vermählung *f*

casar [ka'sar] *v 1.* trauen, vermählen; *2. (anular) JUR* für ungültig erklären, aufheben

casarse [ka'sarse] *v ~ con* heiraten

cascabel [kaska'ƀel] *m* Glöckchen *n,* Schelle *f*

cascada [kas'kađa] *f 1. (pequeña)* Wasserfall *m; adj 2. voz ~* brüchige Stimme *f*

cascajo [kas'kaxo] *m 1.* Steinschlag *m; 2. (fig) estar uno hecho un ~* gebrechlich sein

cascanueces [kaska'nweθes] *m* Nussknacker *m*

cascar [kas'kar] *v* knacken

cáscara ['kaskara] *f* Schale *f; ~ de huevo* Eierschale *f*

cascarón [kaska'ron] *m 1.* leere Eierschale *f,* harte Schale *f; 2. (fig) salir del ~* ausschlüpfen, flügge werden

cascarrabias [kaska'rraƀĭɑs] *m* rabiater Kerl *m,* Wüterich *m,* Spielvederber *m*

cascarrón [kaska'rron] *adj (fam)* barsch, brummig, rau

casco ['kasko] *m 1.* Helm *m; ~ protector* Helm *m,* Sturzhelm *m; 2. ~ antiguo/~ viejo* Altstadt *f; 3. (botella retornable)* Pfandflasche *f; 4. (recipiente vacío)* leerer Behälter *m; 5. (de un barco, de un avión)* Rumpf *m; 6. ZOOL* Huf *m; 7. (fig) ser ligero de ~s* unbesonnen sein, leichtsinnig sein

cascote [kas'kote] *m* Schutt *m*

caseico [ka'seiko] *adj ácido ~ CHEM* Milchsäure *f*

caseoso [kase'oso] *adj* käsig, Käse...

casero [ka'sero] *adj 1.* hausgemacht, häuslich; *m 2. (el propietario de la casa)* Hausherr *m,* Hauswirt *m*

caserón [kase'rɔn] *m* Haus *n,* alter Kasten *m* (fam)

caseta [ka'seta] *f* Bude *f,* Festzelt *n; ~ de perro* Hundehütte *f*

casete [ka'sete] *m 1. (cinta)* Musikkassette *f; 2. (aparato)* Kassettenrekorder *m*
casi ['kasi] *adv* beinahe, fast, nahezu; *~ nada* kaum; *~ seguro* höchstwahrscheinlich
casilla [ka'siʎa] *f 1.* Hütte *f; 2. (LA) ~ de correos* Schließfach *n; ~ postal* Postfach *n; 3. (taquilla)* Kasten *m,* Kästchen *n; 4. (espacio en blanco en un formulario)* Kästchen *n,* Feld *n; 5. (fig) sacar a alguien de sus ~s* jdn aus dem Häuschen bringen, jdn verrückt machen; *6. (fig) salirse uno de sus ~s* aus der Haut fahren, aus dem Häuschen geraten
casillero [kasi'ʎɛro] *m* Fächerregal *n*
casimir [kasi'mir] *m* Kaschmirtuch *n*
casino [ka'sino] *m (de juego)* Kasino *n,* Spielbank *f*
caso ['kaso] *m 1.* Fall *m,* Angelegenheit *f; en cada ~* jeweils; *en ~ extremo* äußerstenfalls; *en este ~* in diesem Falle; *en la mayoría de los ~s* meistens, zumeist; *en ~ necesario* notfalls; *no hacer ~ de* sich hinwegsetzen über; *venir al ~* angebracht sein; *~ asistencial* Pflegefall *m; ~ de conciencia* Gewissensfrage *f; ~ de emergencia* Notfall *m; ~ de excepción* Ausnahmefall *m; ~ de fallecimiento* Sterbefall *m; ~ de muerte* Todesfall *m; ~ especial/~ extraordinario* Sonderfall *m; ~ extremo* Grenzfall *m; ~ grave* Ernstfall *m; ~ individual* Einzelfall *m; ~ límite* Grenzfall *m; ~ normal* Normalfall *m; ~ particular* Einzelfall *m; 2. (la declinación) GRAMM* Kasus *m,* Fall *m; 3. (incidencia de una enfermedad) MED* Fall *m; 4. hacer ~ omiso* unbeachtet lassen, auslassen; *5. hacer ~ de* beachten, Rücksicht nehmen auf, sich kümmern um; *6. poner por ~* annehmen; *Pongamos por que yo era rico.* Gesetzt den Fall ich wäre reich.
caspa ['kaspa] *f* Schuppen *pl,* Kopfschuppen *pl*
cáspita ['kaspita] *interj* Donnerwetter! Sapperlot! Potztausend!
casposo [kas'poso] *adj* schuppig, grindig
casquete [kas'ketq] *m 1.* Helm *m,* Haube *f; 2. ~ polar* Polarkappe *f*
casquijo [kas'kixo] *m* Kies *m*
casquillo [kas'kiʎo] *m 1.* Hülse *f; 2. (cartucho vacío)* leere Patronenhülse *f*
casta ['kasta] *m* Kaste *f,* Rasse *f,* Geschlecht *n*
castaña [kas'taɲa] *f BOT* Kastanie *f; ~ del marañón* Paranuss *f*
castañetear [kastaɲe'tear] *v (sonarle a uno los dientes)* mit den Zähnen klappern
castañeteo [kastaɲe'teo] *m* Klappern *n,* Schnalzen *n,* Knacken *n*
castaño [kas'taɲo] *adj 1. (cabello)* braun, brünett; *m 2. (árbol) BOT* Kastanienbaum *m*
castañuela [kasta'ɲwela] *m (instrumento musical de España) MUS* Kastagnette *f*
castellano [kaste'ʎano] *adj 1. (de Castilla) GEO* kastilisch, aus Kastilien; *m 2. (oriundo de Castilla) GEO* Kastilier *m; 3. LING* Kastilisch *n,* Spanisch *n,* spanische Sprache *f; El es la lengua oficial de España e Iberoamérica.* Spanisch ist die offizielle Sprache Spaniens und Iberoamerikas. *4. (dueño de un castillo)* Burgherr *m,* Schlossherr *m*
casticidad [kasti'θidad] *f* Rassenreinheit *f,* Echtheit *f,* Stilreinheit *f*
casticista [kasti'θista] *m LIT* Meister der Sprache *m,* Purist *m*
castidad [kasti'đađ] *f 1.* Unschuld *f; 2.* Keuschheit *f,* Enthaltsamkeit *f; Los sacerdotes católicos hacen votos de ~.* Die katholischen Priester legen Keuschheitsgelübde ab.
castigado [kasti'gađo] *adj* gepflegt, schwergeprüft, heimgesucht
castigador [kastiga'đɔr] *adj* strafend, züchtigend, Straf...
castigar [kasti'gar] *v 1.* strafen, bestrafen; *2. (mortificar)* kasteien, züchtigen; *~ el cuerpo* den Körper züchtigen
castigo [kas'tigo] *m* Strafe *f,* Bestrafung *f*
castillete [kasti'ʎete] *m ~ de sondeo TECH* Bohrturm *m*
castillo [kas'tiʎo] *m 1.* Burg *f,* Schloss *n; ~ feudal* Ritterburg *f; 2. (fig) hacer ~s en el aire* Luftschlösser bauen
castizo [kas'tiθo] *adj 1.* rassig, waschecht, typisch; *2. (lenguaje puro)* korrekte Sprache *f*
casto ['kasto] *adj* unschuldig, keusch
castor [kas'tɔr] *m ZOOL* Biber *m*
castración [kastra'θĭɔŋ] *f MED* Kastrierung *f,* Entmannung *f,* Beschneiden *n*
castrado [kas'trađo] *adj 1.* kastriert; *m 2. (eunuco)* Kastrierter *m,* Entmannter *m,* Kastrat *m*
castrar [kas'trar] *v 1. MED* kastrieren; *2. (fig: debilitar)* schwächen, entkräften
castrense [kas'trense] *adj* Feld..., Militär..., Heeres...
casual [ka'swal] *adj 1.* zufällig; *2. ropa ~* Freizeitkleidung *f*
casualidad [kaswali'đađ] *f* Zufall *m; por ~* zufällig
casulla [ka'suʎa] *f REL* Messgewand *n*

cata ['kata] *f (catadura) GAST* Versuchen *n,* Kosten *n,* Probe *f*
cataclismo [kata'klizmo] *m 1. (una catástrofe natural)* Sintflut *f,* Erdumwälzung *f,* Naturkatastrophe *f; 2. (fig: un trastorno enorme)* Katastrophe *f,* Umsturz *m*
catacumbas [kata'kumƀa] *f/pl HIST* Katakomben *f/pl*
catador [kata'đɔr] *m (el que cata) GAST* Kenner *m,* Weinkenner *m,* Weinprüfer *m*
catadura [kata'đura] *f 1. (cata) GAST* Weinprobe *f,* Kosten *n; 2. (semblante)* Gesichtsausdruck *m*
catalán [kata'lan] *adj 1. GEO* katalanisch, aus Katalonien; *m 2. (persona oriunda de Cataluña) GEO* Katalonier *m,* Katalane *m; 2. LING* Katalanisch *n*
catalanismo [katala'nizmo] *m (giro propio del catalán) GRAMM* Katalanismus *m*
catalejo [kata'lɛxo] *m* Fernrohr *n*
catálisis [ka'talisis] *f CHEM* Katalyse *f*
catalítico [kata'litiko] *adj CHEM* katalytisch
catalizador [katalíθa'đɔr] *m 1. CHEM* Katalysator *m; 2. TECH* Katalysator *m*
catalogación [kataloga'θĭɔn] *f* Katalogisierung *f*
catalogar [katalo'gar] *v 1.* katalogisieren; *2. ~ a alguien de (fig)* jdn abstempeln als
catálogo [ka'talogo] *m* Katalog *m; ~ de exposición* Ausstellungskatalog *m*
Cataluña [kata'luɲa] *GEO* Katalonien *n*
cataplasma [kata'plasma] *f MED* Kataplasma *n,* (Brei)umschlag *m,* Anfälligkeit *f*
cataplum [kata'plum] *interj* plumps, klatsch
catapulta [kata'pulta] *f (antigua máquina de guerra) MIL* Katapult *n*
catapultar [katapul'tar] *v 1. (lanzar con catapulta) MIL* katapultieren; *2. (fig: lanzar)* schleudern; *Esa película catapultó al estrellato al actor X.* Dieser Film machte den Schauspieler X schlagartig zum Star.
catar [ka'tar] *v* kosten, probieren, schmecken
catarata [kata'rata] *f 1.* Wasserfall *m; 2. MED* Star *m*
catarral [kata'rral] *adj MED* Katarrh...
catarro [ka'tarrɔ] *m MED* Katarr *m; ~ bronquial* Bronchialkatarr *m*
catarroso [kata'rroso] *adj (acatarrado) MED* verschnupft, erkältet
catarsis [ka'tarsis] *f (purificación de las pasiones)* Katharsis *f,* Läuterung *f*
catártico [ka'tartiko] *f* kathartisch, läutern, reinigend
catastasis [katas'tasis] *f (el punto más alto en el drama) THEAT* Katastase *f*
catástrofe [ka'tastrofe] *f* Katastrophe *f,* Unglück *n*
catastrófico [katas'trofiko] *adj* katastrophal
catatónico [kata'toniko] *adj PYSCH* katatonisch
catear [ka'tear] *v (cachear)* suchen, untersuchen, filzen (fam)
catecismo [kate'θizmo] *m REL* Katechismus *m,* Religionsstunde *f*
cátedra ['kateđra] *f 1.* Lehrstuhl *m,* Professur *f; 2. (fig) poner ~* dozieren, schulmeisterlich reden, schulmeistern
catedral [kate'đral] *f* Dom *m,* Münster *n,* Kathedrale *f*
catedrático [kate'đratiko] *m* Professor *m; ~ de instituto* Studienrat *m*
categoría [katego'ria] *f 1.* Art *f,* Klasse *f,* Sorte *f; de primera ~* erstklassig; *2. (fig)* Rang *m,* Niveau *n; de la misma ~* gleichrangig; *~ de sueldo* Gehaltsgruppe *f*
categórico [kate'gɔriko] *adj* kategorisch
catenaria [kate'narĭa] *f MATH* Kettenlinie *f*
catequismo [kate'kismo] *m* Katechese *f,* Unterricht in Form von Frage und Antwort *m,* Katechismus *m*
catequista [kate'kista] *m REL* Religionslehrer *m,* Katechet *m*
catequizar [kateki'θar] *v REL* Religionsunterricht erteilen *m*
caterva [ka'tɛrƀa] *m ~ de bribones* Gaunerpack *n*
catete [ka'tete] *m (LA)* dicke Schweinsbrühe *f,* (fig) Teufel *m*
catéter [ka'tetɛr] *m MED* Katheter *m*
cateto [ka'tɛto] *m 1. MATH* Kathete *f; 2. (fam)* ungehobelter Kerl *m,* Tölpel *m*
catión [kat'ĭɔn] *m PHYS* Kation *n,* positives Ion *n*
catire [ka'tire] *m (LA) (rubio)* blond
catirrinos [kati'rrino] *m/pl ZOOL* Schmalnasenaffen *m/pl*
cátodo [ka'tođo] *m PHYS* Kathode *f,* negativer Pol *m*
catolicidad [katoliθiđađ] *f (el conjunto de los católicos) REL* Gemeinschaft der katholischen Gläubigen *f*
catolicismo [katoli'θizmo] *m REL* Katholizismus *m*

católico [ka'toliko] *adj 1. REL* katholisch; *~ apostólico y romano* römisch-katholisch; *m 2. REL* Katholik *m*
catorce [ka'tɔrθe] *num 1.* vierzehn; *2. (signo que representa el catorce)* Vierzehn *f*
catorceno [katɔrr'θeno] *adj* vierzehnter, vierzehnjährig
catre ['katre] *m* Feldbett *n,* Pritsche *f*
caucásico [kaŭ'kasiko] *adj raza caucásica* weiße Rasse *f*
cauce ['kaŭθe] *m 1. (de río)* Flussbett *n; 2. (fig: rumbo)* Richtung *f*
cauchal [kaŭ'tʃal] *m BOT* Kautschukpflanze *f,* Kautschukwald *m*
cauchero [kaŭ'tʃero] *adj industria cauchera* Gummiindustrie *f,* Kautschukindustrie *f*
caucho ['kaŭtʃo] *m* Kautschuk *m,* Gummiharz *n,* Gummi *m/n*
caución [kaŭ'θĭɔn] *f* Gewähr *f,* Bürgschaft *f,* Kaution *f*
caucionar [kaŭθĭo'nar] *v (dar una caución) JUR* eine Kaution stellen, bürgen
caudal [kaŭ'đal] *m 1.* Flut *f; 2. (fig: patrimonio)* Vermögen *n,* Reichtum *m,* Kapital *n*
caudaloso [kaŭđa'loso] *adj río ~* wasserreicher Fluss *m*
caudillaje [kaŭđi'ʎaxe] *m POL* Führertum *n,* Führerschaft *f,* Herrschaft *f*
caudillismo [kaŭđi'ʎizmo] *m POL* Führerschaft *f,* Führertum *n*
caudillo [kaŭ'điʎo] *m* Anführer *m,* Heerführer *m,* Führer *m*
causa ['kaŭsa] *f 1.* Grund *m,* Ursache *f; ~ y efecto* Ursache und Wirkung; *por tu ~* deinetwegen; *2. JUR* Sache *f; 3. (bando, partido, interés)* Sache *f,* Rechte *n/pl; 4. a ~ de* wegen, aufgrund, um ... willen; *5. hacer ~ común* gemeinsame Sache machen *f*
causal [kaŭ'sal] *adj* kausal, ursächlich, begründend
causalidad [kaŭsali'đađ] *f* Kausalität *f,* Ursächlichkeit *f*
causante [kaŭ'sante] *m/f 1.* Verursacher(in) *m/f; ser el ~* verschulden; *2. (autor(a))* Stifter(in) *m/f*
causar [kaŭ'sar] *v 1.* verursachen, bewirken, auslösen; *2. (fig)* hervorrufen, veranlassen, anstiften; *~ alegría* erfreuen; *~ daño a alguien* jdm Schaden zufügen; *~ escándalo* anecken, Unruhe stiften; *~ impresión* wirken, beeindrucken; *~ inseguridad* verunsichern; *~ repugnancia* anwidern; *~ sensación* erregen, Eindruck machen
causticidad [kaŭstiθi'đađ] *f 1. (capacidad de corroer)* Ätzkraft *f,* Beizkraft *f; 2. (fig: mordacidad)* Bissigkeit *f,* Schärfe *f*
cáustico ['kaŭstiko] *adj 1. (corrosivo)* ätzend, beizend; *2. (fig: mordaz)* beißend, bissig
cautela [kaŭ'tela] *f* Vorsicht *f,* Behutsamkeit *f,* Reserve *f*
cauteloso [kaŭte'loso] *adj* behutsam
cauterización [kaŭteriθa'θĭɔn] *f MED* Verätzung *f*
cauterizador [kaŭteriθa'đɔʀ] *adj MED* ätzend
cautivado [kaŭti'ƀađo] *adj* entzückt
cautivador [kaŭtiƀa'đɔr] *adj* entzückend, fesselnd, packend
cautivante [kaŭti'ƀante] *adj* packend, fesselnd
cautivar [kaŭti'ƀar] *v 1.* anziehen; *2. (tomar prisionero)* gefangen nehmen; *3. (fig: seducir)* entzücken, bestricken, bezaubern
cautiverio [kaŭti'ƀerĭo] *m* Gefangenschaft *f,* Haft *f*
cautividad [kaŭtiƀi'đađ] *f MIL* Kriegsgefangenschaft *f*
cautivo [kaŭ'tiƀo] *m* Gefangener *m*
cauto ['kaŭto] *adj* vorsichtig
cava ['kaƀa] *f 1. (vino espumante español) GAST* spanischer Sekt *m; una botella de ~* eine Flasche Sekt *f; 2. vena ~ ANAT* Hohlvene *f*
cavar [ka'ƀar] *v* graben, hacken
caverna [ka'ƀerna] *f 1.* Höhle *f; 2. hombre de las ~s HIST* Höhlenmensch *m,* Steinzeitmensch *m*
cavernario [kaƀɛr'narĭo] *adj* Höhlen...
cavernícola [kaƀɛr'nikola] *m 1. (que vive en las cavernas) ZOOL* Höhlenbewohner *m; 2. (fig: hombre especialmente brutal)* Steinzeitmensch *m,* Neandertaler *m*
cavernosidad [kaƀɛrnosi'đađ] *f* Höhle *f,* Aushöhlung *f*
cavernoso [kaƀɛr'noso] *adj 1. (relativo a las cavernas)* höhlenreich, unterhöhlt; *2. (fig: profundo y ronco)* hohl; *voz cavernosa* hohle Stimme *f*
caviar [ka'ƀĭar] *m GAST* Kaviar *m*
cavidad [kaƀi'đađ] *f* Hohlraum *m*
cavilación [kaƀila'θĭɔn] *f* Grübelei *f,* Spitzfindigkeit *f*
cavilar [kaƀi'lar] *v* grübeln, sinnieren
caza ['kaθa] *f 1.* Jagd *f; ir de ~* auf die Jagd gehen; *2. ZOOL* Wild *n; m 3. MIL* Jagdflugzeug *n; 4. dar ~* jagen, verfolgen

cazadero [kaθa'đero] *m* Jagdrevier *n*
cazador [kaθa'đɔr] *m* *1.* Jäger *m;* *2.* *~ de herencias* Erbschleicher *m;* *3.* *~ furtivo* Wilddieb *m,* Wilderer *m*
cazadora [kaθa'đora] *f* Windjacke *f*
cazar [ka'θar] *v* *1.* jagen, erlegen; *2.* *(fig: sorprender por descuido)* ertappen, erwischen
cazo ['kaθo] *m* Schöpflöffel *m*
cazuela [ka'θwela] *f* Kochtopf *m*
cazurro [ka'θurro] *adj* wortkarg, menschenscheu, verschlossen
ceba ['θeƀa] *f* *AGR* Mast *f,* Mästung *f,* Mastfutter *n*
cebada [θe'ƀađa] *f* *BOT* Gerste *f*
cebar [θe'ƀar] *v* *1.* mästen; *2.* *(fig: alimentar)* nähren, schüren; *~ el odio* den Hass schüren
cebo ['θeƀo] *m* Köder *m*
cebolla [θe'ƀoʎa] *f* *BOT* Zwiebel *f*
cebolleta [θeƀo'ʎeta] *f* *BOT* Schnittlauch *m*
cebra ['θeƀra] *f* *ZOOL* Zebra *n*
cebrado [θe'ƀrađo] *adj* gestreift
cebú [θe'ƀu] *m* *ZOOL* Zebu *n*
Ceca ['θeka] *f* *ir de la ~ a la Mecca* von Pontius zu Pilatus laufen
cecear [θeθe'ar] *v* lispeln
ceder [θe'đɛr] *v* *1.* nachgeben, nachlassen, vergeben; *¡Ceda el paso a los peatones!* Fußgängern Vorfahrt gewähren! *2.* *ECO* abflauen; *3.* *MED* abklingen; *4.* *~ algo a alguien* jdm etw abtreten
cedro ['θeđro] *m* *BOT* Zeder *f*
cédula ['θeđula] *f* *1.* Schein *m;* *~ de sufragio* Stimmzettel *m;* *2.* *~ personal/~ de ciudadanía (LA)* Ausweis *m;* *3.* *~ hipotecaria FIN* Pfandbrief *m*
cegado [θe'gađo] *adj* verblendet; *~ por la nieve* schneeblind
cegar [θe'gar] *v irr* *1.* blenden; *El sol le cegó la vista.* Die Sonne blendete ihn. *2.* *(perder la vista)* erblinden
cegarse [θe'garse] *v irr* *~ de ira* blind sein vor Wut
ceguera [θe'gera] *f* *MED* Blindheit *f;* *~ para los colores* Farbenblindheit *f*
ceja ['θɛxa] *f* *ANAT* Augenbraue *f,* Braue *f;* *tener a alguien entre ~ y ~ (fig)* jdn nicht ausstehen können
celda ['θɛlda] *f* Zelle *f,* Gefängniszelle *f*
celebración [θeleƀra'θĭɔn] *f* *1.* Feier *f;* *~ de la boda* Hochzeitsfeier *f;* *~ de la Navidad* Weihnachtsfeier *f;* *2.* *~ de un contrato* Vertragsabschluss *m*
celebrar [θele'ƀrar] *v* *1.* feiern, feierlich begehen; *2.* *(tener lugar)* abhalten; *~ una reunión* tagen; *3.* *~ la misa REL* Messe halten
célebre ['θeleƀre] *adj* bekannt, berühmt, renommiert
celebridad [θeleƀri'đađ] *f* *1.* Berühmtheit *f;* *2.* *~es pl* Prominenz *f*
celeste [θe'leste] *adj* hellblau, himmelblau
celestial [θeles'tĭal] *adj* *REL* himmlisch
celibato [θeli'ƀato] *m* *REL* Zölibat *n*
celo ['θelo] *m* *1.* Eifer *m,* Fleiß *m;* *2.* *(envidia)* Eifersucht *f,* Neid *m;* *3.* *estar en ~ ZOOL* läufig sein
celoso [θe'loso] *adj* eifersüchtig
célula ['θelula] *f* *1.* *BIO* Zelle *f;* *~ germinal* Keimzelle *f;* *2.* *~ solar TECH* Solarzelle *f*
celulosa [θelu'losa] *f* Zellstoff *m*
cementar [θemen'tar] *v* zementieren
cementerio [θemen'terĭo] *m* Friedhof *m,* Kirchhof *m;* *~ de guerra/~ militar* Soldatenfriedhof *m*
cemento [θe'mento] *m* Zement *m*
cena ['θena] *f* Abendessen *n,* Mahl *n;* *la Santa Cena REL* das Heilige Abendmahl *n*
cenagal [θena'gal] *m* Morast *m*
cenagoso [θena'goso] *adj* matschig
cenicero [θeni'θero] *m* Aschenbecher *m*
ceniza [θe'niθa] *f* Asche *f*
cenizo [θe'niθo] *m* Pechvogel *m*
censo ['θenso] *m* Erhebung *f;* *~ de población/~ demográfico* Volkszählung *f*
censor [θen'sɔr] *m* Kritiker *m*
censura [θen'sura] *f* *1.* Kritik *f;* *2.* *POL* Zensur *f*
censurable [θensu'raƀle] *adj* sträflich
censurar [θensu'rar] *v* *1.* bemängeln; *2.* *POL* zensieren
centavo [θen'taƀo] *m* *(LA)* Pfennig *m*
centella [θen'tɛʎa] *m* Funke *m,* Blitz *m*
centelleante [θente'ʎeante] *adj* funkelnd, leuchtend, glänzend
centellear [θenteʎe'ar] *v* blinken, aufleuchten, flimmern
centelleo [θente'ʎeo] *m* Geflimmer *n*
centena [θen'tena] *f* Hundert *n*
centenario [θente'narĭo] *m* Hundertjahrfeier *f*
centeno [θen'teno] *m* *BOT* Roggen *m*
centesimal [θentesi'mal] *adj* Hundert...
centésimo [θen'tesimo] *adj* hundertste(r,s)
centígrado [θen'tigrađo] *adj* *grados centígrados* Celsiusgrad *n*
centímetro [θen'timetro] *m* Zentimeter *m*

centinela [θenti'nela] *m* Posten *m,* Wache *f*
centrado [θen'trađo] *adj* zentriert
central [θen'tral] *adj 1.* zentral, mittig; *la estación ~* Hauptbahnhof *m; f 2. (institución)* Vermittlung *f,* Zentrale *f; 3. ~ de giros FIN* Girozentrale *f; 4. ~ de proceso de datos INFORM* Datenzentrale *f; 5. ~ interurbana TEL* Fernamt *n; ~ telefónica* Fernmeldeamt *n,* Telefonzentrale *f; ~ abastecedora de agua TECH* Wasserwerk *n; ~ de calefacción* Heizkraftwerk *n; ~ eléctrica TECH* Elektrizitätswerk *n; ~ nuclear TECH* Kernkraftwerk *n; ~ solar* Sonnenkraftwerk *n; 6. unidad ~ de procesamiento INFORM* Central Processing Unit *f,* CPU *f,* Prozessor *m; 7. banco ~ ECO* Zentralbank *f*
centralismo [θentra'lizmo] *m POL* Zentralismus *m*
centralista [θentra'lista] *m 1. POL* Zentralist *m; adj 2. política ~ POL* zentralistische Politik *f*
centralización [θentraliθa'θĭɔn] *f POL* Zentralisation *f,* Zentralisierung *f*
centralizador [θentraliθa'đɔr] *adj POL* zentralisierend
centrar [θen'trar] *v* zentrieren
centrarse [θen'trarse] *v ~ en* sich konzentrieren auf
céntrico ['θentriko] *adj* zentral
centrifugadora [θentrifuga'đɔra] *f* Zentrifuge *f,* Schleuder *f*
centrifugar [θentrifu'gar] *v* schleudern
centrífugo [θen'trifugo] *adj fuerza centrífuga* Zentrifugalkraft *f,* Fliehkraft *f*
centrípeto [θen'tripeto] *adj fuerza centrípeta* Zentripetalkraft *f*
centrismo [θen'trizmo] *m POL* Zentrismus *m*
centrista [θen'trista] *adj 1. POL* zentristisch; *m 2. (partidario del centrismo) POL* Zentrist *m,* Anhänger des Zentrismus *m*
centro ['θentro] *m 1.* Mitte *f,* Zentrum *n,* Mittelpunkt *m; ~ de la ciudad* Innenstadt *f; 2. ~ de gravedad PHYS* Schwerpunkt *m; 3. (institución)* Zentrum *n,* Institut *n,* Stelle *f,* Anstalt *f; ~ de planificación familiar* Familienberatungsstelle *f; ~ de investigación* Forschungszentrum *n; ~ de mediación* Vermittlungsstelle *f; ~ de prensa* Pressezentrum *n; ~ vacacional* Ferienort *m,* Urlaubsort *m; 4. ~ de culturismo SPORT* Fitnesscenter *n; 5. ~ de rehabilitación MED* Rehabilitationszentrum *n; 6. ~ de cálculo/~ de computación* Rechenzentrum *n; ~ de procesamiento de datos INFORM* EDV-Anlage *f; ~ penitenciario de menores JUR* Jugendstrafanstalt *f; 7. (fig: el núcleo)* Kern *m; 8. ~ de mesa* Tischaufsatz *m; 9. ~s nerviosos* Nervenzentren *n/pl; 10. estar uno en su ~* in seinem Element sein
centroamericano [θentroameri'kano] *adj GEO* zentralamerikanisch
centrobárico [θentro'ƀariko] *adj PHYS* Baryzentrum *n,* Schwerpunkt *m*
centroeuropeo [θentroeuro'peo] *adj GEO* mitteleuropäisch
céntuplo ['θentuplo] *adj* hundertfach
centuria [θen'turĭa] *f 1. (período de cien años)* Jahrhundert *n; 2. (compañía romana) HIST* Zenturie *f*
centurión [θentu'rĭɔn] *m HIST* Zenturio *m*
cenuro [θe'nuro] *m* Drehwurm *m*
ceñidor [θeɲi'đɔr] *m* Gürtel *m*
ceñir [θe'ɲir] *v irr* umgürten, umgeben, einfassen
ceñirse [θeɲi'đɔr] *v ~ a* sich beschränken auf
ceño ['θeɲo] *m* Stirnrunzeln *n,* finsterer Blick *m,* Gesichtsausdruck *m*
ceñudo [θe'ɲuđo] *adj* düster, mit finsterem Blick
ceñido [θe'ɲiđo] *adj (ajustado)* eng, anliegend
cepa ['θepa] *f 1. (de una planta)* Stock *m,* Rebstock *m; 2. (fig: linaje)* rein, unverfälscht; *toros de pura ~* reinrassige Stiere *m/pl*
cepillado [θepi'ʎađo] *m* Hobeln *n*
cepillar [θepi'ʎar] *v 1.* bürsten; *2. TECH* hobeln
cepillo [θe'piʎo] *m 1.* Bürste *f; ~ de dientes* Zahnbürste *f; ~ para el cabello* Haarbürste *f; 2. (de carpintero) TECH* Hobel *m*
cera ['θera] *f 1.* Wachs *n; 2. (para pisos)* Bohnerwachs *n; 3. ~ para sellar* Siegelwachs *m; 4. ~ de los oídos* Ohrenschmalz *n; 5. (fig) ser una ~* willensschwach sein, empfindlich sein, weich wie Wachs sein
cerámica [θe'ramika] *f* Keramik *f*
ceramista [θera'mista] *m* Keramiker *m*
cerca ['θɛrka] *prep 1. ~ a/~ de* nahe bei, an, bei; *adv 2. ~ de* etwa, rund; *f 3.* Zaun *m,* Gartenzaun *m,* Umzäunung *f; ~ de alambre* Drahtzaun *m; 4. (vallado)* Umfassung *f,* Einfriedung *f; 5. de ~* aus der Nähe, näher
cercado [θɛr'kađo] *m 1.* Zaun *m,* Gehege *n; 2. (vallado)* Umfassung *f*
cercanía [θɛrka'nia] *f 1.* Nähe *f; 2. ~s pl* Umgebung *f*

cercano [θɛr'kano] *adj 1.* nah, nahe, in der Nähe; *m 2. Cercano Oriente GEO* Naher Osten *m*
cercar [θɛr'kar] *v 1.* abriegeln, umzäunen; *2. (fig: rodear)* umgeben, einkreisen, umzingeln
cercenamiento [θɛrθena'mĭento] *m 1.* Abschneiden *n,* Beschneiden *n,* Schmälern *n; 2.* Abfall *m,* Abgeschnittenes *n*
cercenar [θɛrθe'nar] *v 1. (cortar las extremidades de algo)* abschneiden, beschneiden, abtrennen; *2. (fig: reducir)* schmälern, einschränken
cerciorarse [θɛrθĭo'rarse] *v* sich vergewissern
cerco ['θɛrko] *m 1.* Kreis *m; ~ de la puerta* Türstock *m; 2. (asedio)* Belagerung *f,* Einkreisung *f,* Einschließen *n; poner ~ a* belagern; *levantar el ~* die Belagerung aufheben
cercopiteco [θɛrkopi'teko] *m ZOOL* Meerkatze *f*
cerda ['θɛrđa] *f 1. (pelo)* Borste *f; 2. ZOOL* Sau *f*
cerdear [θɛr'đear] *v (fig: hacer algo sucio)* sich gemein benehmen
Cerdeña [θɛr'deɲa] *f GEO* Sardinien *n*
cerdo ['θɛrđo] *m ZOOL* Schwein *n*
cereales [θere'ales] *m/pl 1. AGR* Korn *n,* Getreide *n; 2. GAST* Frühstücksflocken *pl*
cerebelo [θere'ƀelo] *m ANAT* Zerebellum *n,* Kleinhirn *n*
cerebeloso [θereƀe'loso] *adj ANAT* Kleinhirn...
cerebro [θe'reƀro] *m 1. ANAT* Gehirn *n,* Hirn *n; 2. (fig: inteligencia)* Kopf *m,* Verstand *m; Einstein es uno de los grandes ~s del siglo.* Einstein gehört zu den großen Köpfen des Jahrhunderts. *3. (fig: persona que planea algo)* Gehirn *n*
ceremonia [θere'monĭa] *f 1.* Zeremonie *f,* Akt *m; sin ~* formlos; *~ de entrega de premio* Siegerehrung *f; ~ oficial* Staatsakt *m; 2. por ~* nur zum Schein, bloß der Form wegen
ceremonial [θeremo'nĭal] *m* Zeremoniell *n,* Etikette *f,* Förmlichkeit *f*
ceremonioso [θeremo'nĭoso] *adj* förmlich, steif
cereza [θe'reθa] *f BOT* Kirsche *f*
cerezal [θere'θal] *m* Kirschgarten *m*
cerezo [θe'reθo] *m BOT* Kirschbaum *m*
cerilla [θe'riʎa] *f* Streichholz *n,* Zündholz *n; una caja de ~s* eine Schachtel Streichhölzer *f*
cerner [θɛr'nɛr] *v irr (separar con un cedazo)* sieben, durchsieben; *~ la harina* das Mehl sieben
cernerse [θɛr'nɛrse] *v irr 1. (flotar un ave en las alturas)* schweben, flattern, rütteln; *Un águila se cierne sobre nuestras cabezas.* Ein Adler schwebt über unseren Häuptern. *2. (fig: amenazar)* drohen, im Anzug sein
cernícalo [θɛr'nikalo] *m ZOOL* Turmfalke *m,* Mauerfalke *m*
cernido [θɛr'niđo] *m 1. (acción de cerner)* Sieben *n,* Beuteln *n; 2. (lo que ha sido cernido)* Feinmehl *n,* Beutelmehl *n*
cernidor [θɛrni'đɔr] *m* Sieb *n*
cernidura [θɛrni'đura] *f* Beuteln *n*
cernir [θɛr'nir] *v irr (cerner)* durchsieben, aussieben, beuteln
cero ['θero] *num 1.* null; *m 2.* Null *f; 2. (fig: algo que no tiene valor alguno)* Null *f,* Niete *f; ser uno un ~ a la izquierda* eine völlige Null sein *f; 3. ~ absoluto PHYS* absoluter Nullpunkt *m*
ceroso [θe'roso] *adj* zart, weich
cerquita [θɛr'kita] *adv (LA)* sehr nahe; *estar ~* einen Katzensprung entfernt sein (fam)
cerrado [θɛ'rrađo] *adj 1.* geschlossen, gesperrt; *La puerta está cerrada.* Die Tür ist verschlossen. *tener ~* zuhalten; *2. (fig: cargado de nubes)* bedeckt; *El cielo está ~ hoy.* Der Himmel ist heute bedeckt. *3. (fig: reservado)* verschlossen, unzugänglich, engstirnig
cerradura [θɛrra'đura] *f* Schloss *n,* Türschloss *n; ~ de seguridad* Sicherheitsschloss *n*
cerrajería [θɛrraxe'ria] *f* Schlosserei *f*
cerrajero [θɛrra'xero] *m* Maschinenschlosser *m,* Schlosser *m*
cerrar [θɛ'rrar] *v irr 1.* abdrehen, verschließen, zumachen; *~ el paso* den Weg absperren; *~ el pico* den Schnabel halten; *~ con llave* abschließen, zuschließen; *~ con cerrojo* verriegeln; *~ herméticamente* abdichten; *2. (un negocio) ECO* abschließen; *3. (tapar, sellar aberturas)* abdichten, zustopfen; *4. ~ un concurso* einen Wettbewerb für geschlossen erklären, eine Versammlung für geschlossen erklären; *5. (fig: dejar de ejercer una profesión)* schließen, aufgeben; *~ un bufete* eine Anwaltskanzlei aufgeben
cerrarse [θɛ'rrarse] *v irr 1.* sich schließen; *~ de golpe* zuschnappen, zuschlagen; *2. (el cielo)* sich bewölken; *El cielo se ha cerrado.* Der Himmel hat sich bewölkt.

cerrazón [θerra'θɔn] *f 1. (obscuridad que precede a la tormenta)* Wolkenwand *f,* Gewitterwolken *f/pl; 2. (fig: obcecación)* Borniertheit *f,* Engstirnigkeit *f*

cerrero [θe'rrero] *adj 1. (cerril)* wild, ungezähmt; *caballo ~* wildes Pferd *n; 2. (fig: rudo, inculto) (LA)* ungebildet, ungeschliffen, ungehobelt

cerril [θe'rril] *adj (fig: tosco)* ungeschliffen, ruppig, stur

cerro ['θerrɔ] *m* Anhöhe *f,* Hügel *m*

cerrojo [θɛ'rrɔxo] *m 1.* Riegel *m,* Türschloss *n; echar el ~* verriegeln, absperren; *2. (en los rifles y ametralladoras)* Verschluss *m,* Verschlussstück *n,* Schloss *n*

certamen [θɛr'tamen] *m* Preisausschreiben *n,* Wettbewerb *m*

certero [θɛr'tero] *adj 1.* bestimmt; *2. (con puntería)* sicher, gut, treffsicher; *un disparo ~* ein guter Schuss *m; un golpe ~* ein sicherer Schlag *m*

certeza [θɛr'teθa] *f* Sicherheit *f,* Bestimmtheit *f,* Gewissheit *f*

certidumbre [θɛrti'đumbre] *f* Sicherheit *f,* Bestimmtheit *f,* Gewissheit *f*

certificación [θɛrtifika'θĭɔn] *f* Bescheinigung *f,* Beglaubigung *f*

certificado [θɛrtifi'kađo] *m 1.* Bescheinigung *f,* Zeugnis *n,* Zertifikat *n; ~ de bachillerato* Reifezeugnis *n; ~ de (buena) conducta* Leumundszeugnis *n,* Führungszeugnis *n; ~ de domicilio* Aufenthaltsbescheinigung *f; ~ de fin de estudios* Abschlusszeugnis *n; ~ de examen final* Schulzeugnis *n; ~ de origen* Ursprungszeugnis *n; ~ de procedencia* Abstammungsurkunde *f; ~ de residencia* Aufenthaltsbescheinigung *f; 2. (de estudios)* Zeugnis *n,* Schein *m,* Bescheinigung *f; 3. ~ de exportación ECO* Ausfuhrbescheinigung *f; 4. (general médico) MED* Attest *n; ~ de defunción* Totenschein *m; ~ de vacunación* Impfschein *m*

certificar [θɛrtifi'kar] *v* bescheinigen, beglaubigen; *Hay que ~ los documentos.* Die Dokumente müssen beglaubigt werden.

certificativo [θɛrtifika'tiƀo] *adj* überzeugend

cerúleo [θe'ruleo] *adj* himmelblau, azurn, tiefblau

cerumen [θeru'men] *m ANAT* Ohrenschmalz *n*

cerval [θɛr'ƀal] *adj miedo ~* panischer Schrecken *m,* panische Angst *f*

cervato [θɛr'ƀato] *m ZOOL* Hirschkalb *n*

cervecería [θɛrƀeθe'ria] *f* Brauerei *f*

cervecero [θɛrƀe'θero] *m 1.* Bierbrauer *m; adj 2. industria cervecera* Bierindustrie *f*

cerveza [θɛr'ƀeθa] *f* Bier *n; Una ~ sin alcohol, por favor.* Ein alkoholfreies Bier, bitte. *~ negra* dunkles Bier *n; ~ rubia* helles Bier *n; ~ de barril* Bier vom Fass *n*

cervical [θɛrƀi'kal] *adj ANAT* zervikal, Genick...

cérvido ['θɛrƀiđo] *m/pl ZOOL* Hirsch *m*

cerviz [θɛr'ƀiθ] *f ANAT 1.* Genick *n; 2. (fig) bajar/doblar la ~* sich demütigen, sich beugen; *3. (fig) levantar la ~* stolz sein, arrogant werden, hochmütig sein; *4. (fig) ser uno de ~ dura* hartnäckig sein, halsstarrig sein

cesación [θesa'θĭɔn] *f* Aufhören *n,* Stillstand *m,* Einstellung *f*

cesante [θe'sante] *adj 1. (sin trabajo)* entlassen, seines Amtes enthoben *n; m 2.* Entlassener *m,* seines Amtes enthobener Beamter *m*

cesantía [θesan'tia] *f* Abbau *m,* Entlassung *f,* Versetzung *f*

cesar [θe'sar] *v 1.* aussetzen, einstellen, nachlassen; *~ del trabajo* die Arbeit einstellen; *sin ~* pausenlos, unaufhörlich; *2. sin ~* unaufhörlich, ohne Pause, ohne Unterlass

cesárea [θe'sarea] *f MED* Kaiserschnitt *m*

cese ['θese] *m* Absetzung *f,* Einstellung *f; ~ de alarma* Entwarnung *f*

cesibilidad [θesiƀili'đađ] *f JUR* Abtretbarkeit *f*

cesible [θe'siƀle] *adj JUR* abtretbar, übertragbar

cesio [θe'sĭɔn] *m CHEM* Cäsium *n*

cesión [θe'sĭɔn] *f* Abtretung *f*

cesionista [θesĭo'nista] *m JUR* Zedent *m,* Abtretender *m*

césped ['θespeđ] *m BOT* Rasen *m*

cesta ['θesta] *f 1. (cesto)* Korb *m; 2. (en el baloncesto) SPORT* Ballschläger *m,* Wurfkorb *m; 3. (punto en el baloncesto) SPORT* Punkt *m,* Korb *n*

cestería [θeste'ria] *f* Korbflechterei *f,* Korbwarengeschäft *n*

cesto ['θesto] *m 1.* Korb *m; 2. (guante de cuero para luchar)* Schlagriemen *m*

cesura [θe'sura] *f LIT* Zäsur *f*

cetáceos [θe'taθeo] *m/pl ZOOL* Wale *m/pl*

cetrería [θetre'ria] *f (caza con aves)* Beizjagd *f,* Falkenjagd *f*

cetrino [θe'trino] *adj 1. (verde amarillento)* grüngelb, gelbgrün; *2. (fig: melancólico)* trübsinnig, grämlich

cetro ['θetro] *m 1.* Zepter *n,* Herrscherstab *m; 2. (fig: reinado)* Herrschaft *f,* Regierungszeit *f,* Herrscherwürde *f; bajo el reinado de ...* unter der Herrschaft von ... ; *3. (fig) empuñar el ~* die Regierung antreten, das Zepter ergreifen

ciática ['θi̯atika] *f ANAT* Ischias *m*

ciberespacio [θiƀeres'paθi̯o] *m (lugar virtual de encuentro en una red) INFORM* Cyberspace *m*

cibernauta [θiƀer'nau̯ta] *m (que navega en la red) INFORM* Cybernaut *m*

cibernética [θiƀer'netika] *f* Kybernetik *f*

cibernético [θiƀɛr'netiko] *adj TECH* kybernetisch

cicádidos [θi'kađiđo] *m/pl ZOOL* Zikaden *f/pl*

cicatear [θika'tear] *v* knausern, geizig sein, geizen

cicatería [θikate'ria] *f (tacañería)* Geiz *m,* Knauserei *f*

cicatero [θika'tero] *adj (tacaño)* knausrig, knickrig, geizig

cicatriz [θika'triθ] *f 1.* Narbe *f; lleno de cicatrices* narbig; *2. (fig: marca en el ánimo)* Spur *f*

cicatrización [θikatriθa'θi̯ɔn] *f MED* Vernarbung *f*

cicatrizar [θika'triθar] *v* verheilen, (Wunde) heilen, vernarben

cicatrizarse [θikatri'θarse] *v MED* vernarben

cicerone [θiθe'rone] *m (guía)* Fremdenführer *m,* Cicerone *m; Virgilio fué el cicerone de Dante en el infierno.* Vergil war Dantes Führer in der Unterwelt.

ciclamino [θikla'mino] *m BOT* Alpenveilchen *n*

cíclico ['θikliko] *adj* zyklisch

ciclismo [θi'klizmo] *m SPORT* Radsport *m*

ciclista [θi'klista] *m SPORT* Radfahrer *m,* Radsportler *m*

ciclo ['θiklo] *m 1.* Zyklus *m,* Kreislauf *m; 2. ~ económico ECO* Konjunkturzyklus *m; 3. LIT* Zyklus *m; 4. ~ de canciones MUS* Liedzyklus *m*

cicloide [θi'kloiđe] *f 1. (una curva) MATH* Zykloide *f,* Radlinie *f; m 2. (persona de temperamento ciclotímico) PYSCH* Zyklothymer *m*

ciclomotor [θiklomo'tɔr] *m* Moped *n*

ciclón [θi'klɔn] *m METEO* Zyklon *m,* Wirbelsturm *m*

ciclópeo [θi'klopeo] *adj (fig) fuerza ciclópea* Riesenkraft *f,* Bärenkraft *f*

ciclostilo [θiklos'tilo] *m TECH* Vervielfältigungsgerät *n*

cicuta [θi'kuta] *f BOT* Schierling *m*

ciego ['θi̯ego] *adj 1.* blind; *a ciegas* blindlings, drauflos; *m 2.* Blinder *m; 3. (sin salida)* ohne Ausgang *m; calle ciega* Sackgasse *f; 4. (fig: eloquecido)* blind, geblendet; *~ de celos* blind vor Eifersucht *f; ~ de cólera* blind vor Wut *f*

cielo ['θi̯elo] *m 1.* Himmel *m; mover ~ y tierra* Himmel und Hölle in Bewegung setzen; *2. (fig: el paraíso) REL* Himmel *m; el reino de los ~s* das Himmelreich *n; 3. a ~ abierto* unter freiem Himmel, im Freien; *dormir a ~ abierto* unter freiem Himmel schlafen; *4. (fig) poner el grito en el ~* herumlamentieren (fam); *5. ~ raso ARCH* flache Zimmerdecke *f,* Plafond *m; 6. ~ de la boca* Gaumen *m; 7. METEO cerrarse el ~ (fig)* sich überziehen, sich zuziehen; *8. METEO despejarse el ~ (fig)* sich aufklären; *9. (fig) escupir uno al ~* unvernünftig und tollkühn handeln; *10. (fig) ganar uno el ~ REL* in den Himmel kommen *m; 11. (fig) ver uno el ~ abierto* den Himmel voller Geigen sehen

ciempiés [θi̯em'pi̯es] *m ZOOL* Tausendfüßler *m*

cien [θi̯en] *num* einhundert; *~ por ciento* hundertprozentig

ciénaga ['θi̯enaga] *f* Moor *n,* Morast *m,* Sumpf *m*

ciencia ['θi̯enθi̯a] *f 1.* Wissenschaft *f; 2. ~ médica MED* Heilkunde *f; 3. ~s filosóficas pl* Geisteswissenschaften *pl; ~s naturales* Naturwissenschaften *pl; 4. a ~ cierta* ganz sicher, bestimmt; *5. ~s ocultas* okkulte Wissenschaften *f/pl,* Geheimwissenschaften *f/pl; 6. ~s exactas* Mathematik *f; 7. ~ ficción LIT* Sciencefiction *f*

cieno ['θi̯eno] *m* Schlamm *m,* Schlick *m,* Schmutz *m*

cientificismo [θi̯entifi'θizmo] *m* übertriebene Wissenschaftsgläubigkeit *f*

científico [θi̯en'tifiko] *m 1.* Wissenschaftler *m; adj 2.* wissenschaftlich

ciento ['θi̯ento] *num* hundert

cierne ['θi̯ɛrne] *m estar en ~* blühen, noch ganz am Anfang stehen, unvollkommen sein

cierre ['θi̯ɛrre] *m 1.* Verschluss *m,* Sperre *f; ~ centralizado* Zentralverriegelung *f; 2. ECO* Abschluss *m; ~ de ejercicio* Geschäftsabschluss *m; ~ de cuentas* Abschlussbilanz *m,* Jahresabschluss *m; ~ patronal* Aussperrung *f; 3. (fig)* Büroschluss *m; ~ de los comercios* Ladenschluss *m; ~ de la edición* Redaktionsschluss *m; 4. (LA: cremallera)* Reißverschluss *m*

ciertamente ['θĭɛrtamente] *adv* bestimmt, wohl, allerdings

cierto ['θĭɛrto] *adj* bestimmt, gewiss; *por ~* übrigens; *resultar ~* sich bewahrheiten; *ser ~* feststehen, stimmen

cierva ['θĭɛrƀa] *f ZOOL* Hirschkuh *f*

ciervo ['θĭɛrƀo] *m 1. ZOOL* Hirsch *m; 2. ~s pl ZOOL* Rotwild *n*

cierzo ['θĭɛrθo] *m (viento frío del norte)* Nordwind *m*

cifra ['θifra] *f 1.* Ziffer *f; de varias ~s* mehrstellig; *~ índice* Kennziffer *f; ~ no publicada* Dunkelziffer *f; 2. ~ de ventas ECO* Geschäftsumsatz *m; 3. (código)* Chiffre *f,* Code *m*

cifrado [θi'frađo] *adj bajo ~ MUS* bezifferter Bass *m*

cifrar ['θifra] *v 1.* chiffrieren, verschlüsseln, beziffern; *2. INFORM* kodieren; *3. (fig: reunir)* zusammenfassen, zusammennehmen

cigarrera [θiga'rrera] *f (petaca)* Zigarrenetui *n*

cigarrería [θigarre'ria] *f (tienda de cigarros)(LA)* Tabakladen *m*

cigarrillo [θiga'rriʎo] *m* Zigarette *f; un cartón de ~s* eine Stange Zigaretten *f; ~ con filtro* Filterzigarette *f*

cigarro [θi'garro] *m* Zigarre *f,* Zigarette *f*

cigoma [θi'goma] *m ANAT* Jochbein *n*

cigüeña [θi'gweɲa] *f ZOOL* Storch *m*

cigüeñal [θigwe'ɲal] *m TECH* Kurbelwelle *f*

cilantro [θi'lantro] *m BOT* Koriander *m*

cilindrada [θilin'drađa] *f TECH* Hubraum *m*

cilindrar [θi'lindrar] *v* walzen, plätten, (Papier) satinieren

cilíndrico [θi'lindriko] *adj* zylindrisch, zylinderförmig

cilindro [θi'lindro] *m 1. TECH* Walze *f,* Zylinder *m; ~ apisonador* Walze *f; 2. (pista en el disco duro) INFORM* Zylinder *m; Cada ~ del disco duro está dividido en sectores.* Jeder Festplattenzylinder ist in Sektoren unterteilt.

cima ['θima] *f 1. GEO* Gipfel *m,* Kamm *m; 2. (punta)* Spitze *f; 3. (fig: remate de algo)* Gipfel *m,* Höhepunkt *m; la ~ de los esfuerzos* der Gipfel der Bemühungen *m*

cimarrón [θima'rrɔn] *adj (chúcaro, salvaje)* wild, verwildert, roh

címbalo ['θimƀalo] *m MUS* Zimbel *f*

cimbrar [θim'ƀrar] *v* schwingen, schwirren lassen, schlagen

cimbreante [θim'ƀreante] *adj* geschmeidig, biegsam

cimentación [θimenta'θĭɔn] *f* Fundament *n*

cimentar [θimen'tar] *v irr 1. (echar cimientos)* mit Zement vergießen *m; 2. (fig: fundar)* begründen, verankern, fundieren

cimero [θi'mero] *adj (fig: eximio)* vortrefflich, krönend, Ober...

cimiento [θi'mĭento] *m (fig: base)* Basis *f,* Grundlage *f,* Fundament *n; No tienes los cimientos necesarios para dedicarte a las matemáticas.* Du verfügst nicht über die nötigen Grundlagen, um dich der Mathematik zu widmen.

cimitarra [θimi'tarra] *f* Krummschwert *n*

cinabrio [θi'naƀrĭo] *m CHEM* Zinnober *m*

cinc [θink] *m CHEM* Zink *n*

cincel [θin'θɛl] *m (del escultor)* Meißel *m*

cincelado [θinθe'lađo] *m* Ziselierung *f*

cincelador [θinθela'đɔr] *m (el que cincela)* Ziseleur *m*

cincha ['θintʃa] *f* Gurt *m,* Gürtel *m*

cinco ['θiŋko] *num 1.* fünf; *2. esos ~* die Hand *f; ¡Vengan esos ~!* Abgemacht! *¡Choque esos ~!* Schlag ein!

cincuenta [θin'kwenta] *num* fünfzig

cincuentavo [θinkwen'taƀo] *m 1.* Fünfzigstel *n; adj 2.* fünfzigster

cincuentena [θinkwen'tena] *f* etwa fünfzig, 50 Tage *m/pl*

cincuentenario [θinkwente'narĭo] *m* Fünfzigjahrfeier *f*

cincuentón [θinkwen'tɔn] *m 1.* Fünfziger *m,* Fünfzigjähriger *m; adj 2.* fünfzigjährig

cine ['θine] *m CINE* Kino *n; ~ mudo* Stummfilm *m*

cineasta [θine'asta] *m CINE* Cineast *m,* Filmschaffender *m,* Filmfreund *m*

cinegética [θine'xetika] *f* Kynegetik *f,* Jagd *f,* Jägerei *f*

cinemateca [θinema'teka] *f* Kinemathek *f,* Filmarchiv *n*

cinematografía [θinematogra'fia] *f* Filmkunst *f*

cinematografiar [θinematogra'fĭar] *v* filmen

cinematógrafo [θinema'tografo] *m CINE* Kino *n,* Lichtspieltheater *n*

cinética [θi'netika] *f PHYS* Kinetik *f*
cinético [θi'netiko] *adj PHYS* kinetisch
cíngaro ['θingaro] *m* Zigeuner *m*
cínico ['θiniko] *adj* zynisch
cinismo [θi'nizmo] *m 1. (doctrina filosófica) PHIL* Zynismus *m; 2. (fig: descaro, desvergüenza)* Zynismus *m*
cinocéfalo [θino'θefalo] *m ZOOL* Pavian *m*
cinta ['θinta] *f 1.* Band *n,* Streifen *m; ~ adhesiva* Klebeband *n; ~ mecanográfica/~ de máquina de escribir* Farbband *n; ~ métrica* Metermaß *n,* Bandmaß *n; ~ perforada* Lochstreifen *m; 2. ~ magnética TECH* Magnetband *n; ~ magnetofónica* Tonband *n; 3. (fig: película) CINE* Film *m*
cinto ['θinto] *m (cintura)* Gürtel *m*
cintura [θin'tura] *f 1.* Taille *f; 2. (fig) meter a uno en ~* jdn zur Vernunft bringen
cinturón [θintu'rɔn] *m 1.* Gürtel *m; ~ de seguridad* Sicherheitsgurt *m; uso obligatorio del ~* Anschnallpflicht *f; ~ de castidad* Keuschheitsgürtel *m; 2. (fig: cosas que rodean a otra)* Gürtel *m*
ciprés [θi'pres] *m BOT* Zypresse *f*
cipresal [θipre'sal] *m* Zypressenhain *m*
circo ['θirko] *m* Zirkus *m*
circuir [θir'kwir] *v irr (rodear)* umkreisen, umgeben
circuito [θir'kwito] *m 1.* Rundfahrt *f,* Rundgang *m; 2. ~ de entrenamiento SPORT* Trimm-dich-Pfad *m; 3. ~ eléctrico TECH* Stromkreis *m; 4. corto ~* Kurzschluss *m*
circulación [θirkula'θǐɔn] *f 1.* Verkehr *m; en ~* im Umlauf; *~ de automóviles* Straßenverkehr *m; ~ en sentido contrario* Gegenverkehr *m; ~ por la derecha* Rechtsverkehr *m; ~ prohibida* Fahrverbot *n; 2. MED* Kreislauf *m; 3. ~ de capital ECO* Kapitalverkehr *m*
circulante [θirku'lante] *adj* umlaufend, im Umlauf befindlich *m,* zirkulierend
circular [θirku'lar] *v 1.* umkreisen; *hacer ~* herumreichen, weitergeben; *2. (fig)* kursieren, umgehen; *Circulan rumores.* Es kursieren Gerüchte. *f 3.* Rundschreiben *n; adj 4. (de forma de círculo)* kreisförmig
circulatorio [θirkula'tɔrǐo] *adj 1. aparato ~ ANAT* Kreislaufsystem *n; 2. (relativo al tráfico)* Verkehrs...
círculo ['θirkulo] *m 1.* Kreis *m,* Ring *m; ~ vicioso* Teufelskreis *m; 2. ~ polar GEO* Polarkreis *m; 3. (fig)* Kreis *m,* Verein *m; ~ de amistades* Bekanntenkreis *m,* Freundeskreis *m*
circumpolar [θirkumpo'lar] *adj* Zirkumpolar..., um den Pol herum
circuncidar [θirkunθi'đar] *v MED* beschneiden
circuncisión [θirkunθi'sǐɔn] *f* Beschneidung *f*
circunciso [θirkun'θiso] *adj* beschnitten
circundante [θikun'dante] *adj* umgebend, umliegend
circundar [θirkun'dar] *v ~ de* umgeben mit
circunflejo [θirkun'flexo] *adj acento ~ GRAMM* Zirkumflex *m*
circunloquios [θirkun'lokǐos] *m/pl (ambage, rodeo)* Umschweife *pl*
circunnavegación [θirkunnaƀega'θǐɔn] *f NAUT* Erdumsegelung *f,* Umschiffung *f*
circunscribir [θirkunskri'ƀir] *v 1. (encerrar dentro de límites)* beschränken; *2. (encerrar dentro de otra figura) MATH* umschreiben; *~ una circunferencia en un triángulo* eine Kreislinie in einem Dreieck umschreiben
circunscripción [θirkunskriƀ'θǐɔn] *f* Kreis *m*
circunscrito [θirkuns'krito] *adj MATH* umgrenzt, umschrieben
circunspección [θirkunspɛk'θǐɔn] *f* Umsicht *f,* Zurückhaltung *f*
circunspecto [θirkuns'pɛkto] *adj* umsichtig
circunstancia [θirkuns'tanθǐa] *f 1. (hecho)* Fall *m,* Umstand *m; 2. (situación)* Lage *f,* Situation *f; 3. ~s pl* Umstände *pl,* Begleitumstand *m; en estas ~s* unter diesen Umständen
circunstanciado [θikunstan'θǐađo] *adj* umständlich, ausführlich
circunstancial [θirkunstan'θǐal] *adj* Umstands..., vorläufig, vorübergehend
circunvalación [θirkunbala'θǐɔn] *f carretera de ~* Verkehrsring *m,* Umgehungsstraße *f*
circunvalar [θirkun'balar] *v* umgeben, umringen
circunvecino [θirkunƀe'θino] *adj* benachbart
circunvolución [θirkunƀolu'θǐɔn] *f 1. (vuelta alrededor de un centro)* Windung *f; 2. circunvoluciones cerebrales ANAT* Gehirnwindungen *f/pl*
cirílico [θi'riliko] *adj alfabeto ~* kyrillisches Alphabet *n*
cirineo [θiri'neo] *m (fig)* Helfer *m,* Stütze *f*
cirro ['θirro] *m METEO* Zirruswolke *f*

cirrosis [θi'rrosis] *f* ~ *hepática MED* Leberzirrhose *f*
ciruela [θi'rwela] *f BOT* Pflaume *f,* Zwetschge *f;* ~ *amarilla* Mirabelle *f*
ciruelo [θi'rwelo] *m BOT* Pflaumenbaum *m*
cirugía [θiru'xia] *f MED* Chirurgie *f*
cirujano [θiru'xano] *m MED* Chirurg *m*
cisma ['θizma] *m* Schisma *n,* Spaltung *f*
cismático [θiz'matiko] *adj* andersgläubig
cisne ['θizne] *m 1. ZOOL* Schwan *m; 2. (fig) el canto del* ~ der Schwanengesang *m*
cisterciense [θistɛr'θĭense] *adj 1. REL* zisterziensisch; *m 2. REL* Zisterzienser *m,* Zisterziensermönch *m*
cisterna [θis'tɛrna] *f 1.* Zisterne *f; 2. (depósito)* Tank *m*
cistitis [θis'titis] *f MED* Blasenentzündung *f*
cisura [θi'sura] *f* Schnitt *m,* feiner Riss *m,* Einschnitt *m*
cita ['θita] *f 1. (mención)* Zitat *n; 2. (encuentro)* Termin *m,* Rendezvous *n,* Verabredung *f; ¿Me podría dar una ~?* Könnte ich einen Termin haben? ~ *amorosa* Schäferstündchen *n;* ~ *de entrevista personal* Vorstellungstermin *m; lugar de la* ~ Treffpunkt *m*
citación [θita'θĭɔn] *f 1. Zitieren n; 2. JUR* Ladung *f,* Vorladung *f*
citar [θi'tar] *v 1.* zitieren, anführen; *2.* ~ *a alguien* jdn herbestellen; *3. JUR* laden, vorladen
cítara ['θitara] *f MUS* Zither *f*
citarse [θi'tarse] *v* ~ *con alguien* sich mit jdm verabreden
citatorio [θita'tɔrĭo] *m 1. JUR* Vorladung *f; adj 2. JUR* vorladend, Vorladungs...
citrato [θi'trato] *m CHEM* Zitrat *n*
cítrico ['θitriko] *adj ácido* ~ *CHEM* Zitronensäure *f*
cítricos ['θitrikos] *m/pl* Zitrusfrüchte *pl*
citrina [θi'trina] *f CHEM* Zitrin *n,* Zitronenöl *n*
ciudad [θĭu'đađ] *f* Stadt *f; ¿Cómo se va al centro de la ~?* Wie geht man zur Stadtmitte? ~ *portuaria* Hafenstadt *f;* ~ *dormitorio* Schlafstadt *f;* ~ *satélite* Trabantenstadt *f; ~-Estado* Stadtstaat *m*
ciudadanía [θiuđađa'nia] *f* Bürgerschaft *f,* Staatsbürgerschaft *f*
ciudadano [θiuđa'đano] *m 1.* Bürger *m,* Staatsbürger *m;* ~ *báltico* Balte *m;* ~ *honorario* Ehrenbürger *m; 2. ~s importantes/~s notables pl* Honoratioren *pl*

cívico ['θibico] *adj 1.* bürgerlich, staatsbürgerlich, national, patriotisch; *2. (fig: patriotico)* patriotisch
civil [θi'ƀil] *adj 1.* bürgerlich, zivil; *2. JUR* zivil; *3. (urbano, cortés)* gesittet, kultiviert, höflich; *m 4. (que no es militar)* zivil, Zivil... *vestido de* ~ Zivilkleidung *f; ropas de* ~ Zivilkleidung *f; adj 5. guerra* ~ Bürgerkrieg *m; 6. ingeniería* ~ *TECH* zivile Ingenieurtechnik *f; ingeniero* ~ Zivilingenieur *m*
civilista [θiƀi'lista] *m POL* Zivilrechtler *m*
civilización [θi'ƀiliθaθion] *f* Zivilisation *f*
civilizado [θiƀili'θađo] *adj* zivilisiert
civilizar [θibili'θar] *v* zivilisieren, zur Kultur erziehen, bilden
cizalla [θi'θaʎa] *f TECH* Blechschere *f*
cizaña [θi'θaɲa] *f 1. BOT* Taumellolch *m,* Tollgerste *f; 2. (fig: enemistad, odio)* Gift *n,* Hass *m,* Feindschaft *f; sembrar* ~ Zwietracht säen; *meter* ~ Streit stiften; *3. (fig: lo que no es bueno)* Übel *m*
cizañar [θiθa'ɲar] *v* Zwietracht säen, Streit stiften
cizañero [θiθa'ɲero] *m* Zwietrachtstifter *m,* Störenfried *m*
clamar [kla'mar] *v (llamar a gritos)* schreien, rufen, flehen
clamor [kla'mor] *m* Geschrei *n,* Jammergeschrei *n,* Klage *f*
clamoreo [klamo'reo] *m* Gejammer *n,* Flehen *n,* Gezeter *n*
clamoroso [klmo'roso] *adj* klagend, jammernd, durchschlagend
clan [klan] *m* Sippe *f*
clandestinidad [klandestini'đađ] *f 1.* Heimlichkeit; *2. POL* Untergrund *m; pasar a la* ~ in den Untergrund gehen
clandestino [klandes'tino] *adj* heimlich, verstohlen, geheim
clara ['klara] *f* ~ *de huevo* Eiweiß *n*
claraboya [klara'ƀoja] *f* Dachfenster *n,* Dachluke *f*
claramente ['klaramente] *adv 1. (fig)* eindeutig, verständlich; *2. (precisamente)* übersichtlich
clarear [kla'rear] *v 1. (hacer más claro)* sich aufklären, erhellen; *2. (hacerse de día)* tagen, hell werden
clarete [kla'rete] *m GAST* Rosé *m,* Roséwein *m*
claridad [klari'đađ] *f 1.* Helligkeit *f; 2. (fig)* Deutlichkeit *f,* Eindeutigkeit *f; falta de* ~ Unklarheit *f*
clarificación [klarifika'θĭɔn] *f* Klärung *f*

clarificador [klarifika'đɔr] *adj* klärend, läuternd
clarificar [klarifi'kar] *v 1.* klären; *2. (aclarar)* aufklären, erhellen
clarificativo [klarifika'tiƀo] *adj* klärend, läuternd
clarin [kla'rin] *m* Signalhorn *n,* helle Trompete *f,* Clarino *n*
clarinete [klari'nete] *m 1. MUS* Klarinette *f; 2. (clarinetista) MUS* Klarinettist *m*
clarinetista [klarine'tista] *m MUS* Klarinettist *m*
clarividencia [klaribi'tenθka] *f* Weitblick *m,* Scharfblick *m*
clarividente [klariƀi'đente] *m/f 1.* Hellseher(in) *m/f; adj 2. (que ve las cosas con claridad)* weitsichtig, weit blickend
claro ['klaro] *adj 1.* einleuchtend, anschaulich, verständlich; *¿Está todo ~?* Ist alles klar? *2. (fig)* deutlich, eindeutig, klar; *¡Claro que sí!* Selbstverständlich! Natürlich! *~ como el cristal* glasklar; *está ~* freilich; *poco ~* unklar; *poner en ~* klarstellen, klären, verdeutlichen; *3. (con luz)* heiter, hell, klar; *m 4.* Lichtung *f; 5. ~ de luna* Mondschein *m; 6. (poco espeso)* dünn, leicht; *7. (color poco subido)* hell; *adv 8.* klar, deutlich
clase ['klase] *f 1. (tipo)* Art *f,* Klasse *f,* Sorte *f; de dos ~s* zweierlei; *de ninguna ~* keinerlei; *2. (calidad)* Rang *m,* Klasse *f; ~ turista* Touristenklasse *f; 3. (sociedad)* Schicht *f,* Klasse *f; de la ~ media* bürgerlich, mittelständisch; *~ media* Mittelstand *m; ~ social (LA)* Gesellschaftsschicht *f; 4. (alumnos)* Unterrichtsstunde *f,* Stunde *f,* Vorlesung *f,* Kurs *m; sin ~s* schulfrei; *5. ~s de baile pl* Tanzkurs *m; ~s nocturnas* Abendkurs *m; ~s de conducción/~s de manejo* Fahrstunde *f; 6. (fam: estilo, calidad)* Stil *n; Tu no tienes ~.* Du hast keinen Stil.
clasicismo [klasi'θizmo] *m ART* Klassizismus *m,* Klassik *f*
clasicista [klasi'θista] *m ART* Klassizist *m*
clásico ['klasiko] *adj 1.* klassisch; *2. (no sometido a la moda)* zeitlos; *m 3.* Klassiker *m*
clasificación [klasifika'θĭɔn] *f* Klassifikation *f; ~ por edad* Altersklasse *f*
clasificado [klasifi'kađo] *adj (secreto)* geheim
clasificador [klasifika'đɔr] *m 1.* Hefter *m,* Ordner *m; 2.* Briefordner *m,* Aktenordner *m*
clasificar [klasifi'kar] *v* einstufen
clasificarse [klasifi'karse] *v SPORT* sich qualifizieren
clasificatorio [klasifika'tɔrĭo] *adj* klassifikatorisch
claudia ['klaŭđĭa] *f BOT* Reineclaude *f,* Pflaumenart *f*
claudicar [klaŭđi'kar] *v* nachgeben
claustral [klaŭs'tral] *adj* klösterlich, Kloster...
claustro ['klaŭstro] *m 1. ARCH* Kreuzgang *m; 2. (fig: estado monástico) REL* Klosterleben *n; 3. (fig) el ~ materno* Mutterleib *m,* Mutterschoß *m*
claustrofobia [klaŭstro'foƀĭa] *f PSYCH* Klaustrophobie *f*
claustrofóbico [klaŭstro'foƀiko] *adj PYSCH* klaustrophobisch
claúsula ['klaŭsula] *f 1. JUR* Klausel *f; 2. ~ de la nación más favorecida ECO* Meistbegünstigungsklausel *f; 3. (oración) GRAMM* Satz *m,* Periode *f*
clausular [klaŭsu'lar] *adj* abschließend, Abschluss...
clausura [klaŭ'sura] *f* Klausur *f*
clausurar [klaŭ'surar] *v* den Satz abschließen, abschließend sagen, verklausulieren
clava ['klaƀa] *f (cachiporra)* Knüppel *m,* Keule *f*
clavado [kla'bađo] *adj* vernagelt, eingeschlagen, eingerammt
clavar [kla'ƀar] *v 1.* annageln, nageln, festnageln; *2. (poste)* einschlagen, einrammen; *3. (fig)* ausbeuten, ausnehmen, neppen; *4. (enterrar algo puntiagudo)* festnageln, einschlagen, einrammen; *5. (fig: fijar)* festmachen, befestigen, heften
clave ['klaƀe] *f 1. la ~ de un documento cifrado* der Code eines chiffrierten Dokuments *m; 2.* Schlüssel *m; Ya tengo la ~ del misterio.* Endlich habe ich den Schlüssel des Geheimnisses. *m 3. (clavicémbalo) MUS* Cembalo *n; adj 4. (esencial)* Schlüssel...; *el hombre ~* die Schlüsselfigur *f; la industria ~* die Schlüsselindustrie *f; 5. palabra ~ INFORM* Codewort *n,* Passwort *n; f 6. ~ de do MUS* C-Schlüssel *m; ~ de fa* F-Schlüssel *m; ~ de sol* Violinschlüssel *m*
clavecín [klaƀe'θin] *m MUS* Cembalo *n*
clavel [kla'ƀɛl] *m BOT* Nelke *f*
clavicémbalo [klaƀi'θɛmbalo] *m MUS* Cembalo *n*
clavicembista [klaƀiθem'ƀista] *m MUS* Cembalospieler *m*
clavícula [kla'ƀikula] *f ANAT* Schlüsselbein *n*

clavija [kla'ƀixa] *f 1.* Zapfen *m,* Stift *m,* Dübel *m; 2. TECH* Bolzen *m; 3. ~ de enchufe* Stecker *m; ~ de unión* Verbindungsstecker *m; 4. (instrumentos de cuerda) MUS* Wirbel *m; 5. apretar las ~s a alguien* jdn unter Druck setzen

clavijero [klaƀi'xero] *m 1. (de los instrumentos de cuerda) MUS* Wirbelkasten *m; 2. (percha)* Kleiderbügel *m*

claviórgano [klaƀi'organo] *m MUS* Orgelklavier *n*

clavo ['klaƀo] *m 1. TECH* Nagel *m; dar en el ~* den Nagel auf den Kopf treffen; *2. BOT* Gewürznelke *f; 3. (fig) agarrarse uno a un ~ ardiendo* nach einem Strohhalm greifen

claxon ['klaksɔn] *m* Hupe *f; tocar el ~* hupen

clemencia [kle'menθĭa] *f* Milde *f,* Gnade *f,* Güte *f*

clemente [klɛ'mente] *adj* milde, nachsichtig, gütig

cleptomanía [kleptoma'nĭa] *f* Kleptomanie *f*

cleptómano [klep'tomano] *adj 1. PYSCH* kleptomanisch; *m 2. PYSCH* Kleptomane *m*

clerecía [klere'θia] *f 1. (conjunto de clérigos) REL* Klerus *m,* Geistlichkeit *f; 2. (el oficio del clérigo) REL* Priesteramt *n*

clerical [kleri'kal] *adj* geistlich, klerikal

clerigalla [kleri'gaʎa] *f* Pfaffen (fam) *m/pl*

clérigo ['klerigo] *m REL* Geistlicher *m,* Priester *m*

clero ['klero] *m 1. REL* Klerus *m; 2. ~ secular REL* Säkularklerus *m; ~ regular* Regularklerus *m*

clic [klik] *m hacer ~ INFORM* klicken; *hacer ~ sobre un icono/símbolo* auf ein Icon/ Symbol klicken *n; hacer ~ sobre un botón* auf eine Schaltfläche klicken

cliché [kli'tʃɛ] *m 1.* Klischee *n; 2. (grabado para la impresión)* Klischee *n,* Stereotypplatte *f*

cliente ['klĭente] *m 1.* Kunde *m,* Klient *m; ~ habitual/~ fijo* Stammgast *m,* Stammkunde *m; 2. JUR* Mandant *m; 3. ECO* Auftraggeber *m; 4. INFORM* Client *m*

clientela [klĭen'tela] *f* Kundschaft *f; ~ de paso/~ ocasional ECO* Laufkundschaft *f*

clima ['klima] *m 1.* Klima *n; ~ de montaña* Gebirgsklima *n; 2. (fig: atmósfera, ambiente)* Klima *n,* Atmosphäre *f*

climatérico [klima'teriko] *adj 1. MED* klimakterisch; *2. (fig)* kritisch, bedenklich

climaterio [klima'terĭo] *m MED* Wechseljahre *pl*

climático [kli'matiko] *adj* klimatisch

climatización [klimatiθa'θĭɔn] *f* Klimatisierung *f*

climatología [klimatolo'gĭa] *f* Klimatologie *f,* Klimakunde *f*

climatológico [klimato'loxiko] *adj METEO* klimatologisch, klimatisch

climax ['klimax] *m 1.* Klimax *f,* Steigerung *f,* Höhepunkt *m; 2. (punto culminante de la acción) ART* Klimax *f,* Höhepunkt *m*

clínica ['klinika] *f MED* Klinik *f,* Krankenhaus *n; ¿Dónde está la ~ más cercana?* Wo ist das nächste Krankenhaus? *~ ginecológica* Frauenklinik *f; ~ psiquiátrica* Nervenheilanstalt *f*

clínicamente ['klinikamente] *adv* klinisch

clínico ['kliniko] *adj* klinisch

clip [klip] *m* Büroklammer *f,* Heftklammer *f,* Klammer *f*

clisé [kli'se] *m* Klischee *n*

clitoris ['klitoris] *m ANAT* Klitoris *f,* Kitzler *m*

cloaca [klo'aka] *f 1.* Kloake *f; 2. (arroyo)* Gosse *f; 3. (fig: lugar infecto)* Kloake *f; 4. (final del intestino de las aves) ZOOL* Kloake *f*

clon [klɔn] *m 1. (individuo creado por reproducción asexual) BIO* Klon *m; 2. INFORM* Klon *m; Un ~ es un ordenador compatible.* Ein Klon ist ein kompatibler Computer.

cloquear [klo'kear] *v* glucken, locken

cloqueo [klo'keo] *m* Glucken *n,* Locken *n*

clorado [klo'rađo] *adj CHEM* chlorhaltig

cloral [klo'ral] *m CHEM* Chloral *n*

clorato [klo'rato] *m CHEM* Chlorat *n*

clorhidrato [klorhi'đrato] *m* Chlorhydrat *n,* Hydrochlorid *n*

clorhídrico [klor'iđriko] *adj ácido ~ CHEM* Salzsäure *f*

clórico ['kloriko] *adj CHEM* chlorhaltig

clorita [klo'rita] *f CHEM* Chlorit *n*

cloro ['kloro] *m CHEM* Chlor *n*

clorofila [kloro'fila] *f CHEM* Chlorophyll *n*

clorofílico [kloro'filiko] *adj* Chlorophyll...

clorofluorcarburo [kloroflwɔrkar'buro] *m (CFC) CHEM* Fluorkohlenwasserstoff *m*

clorofórmico [kloro'fɔrmiko] *adj CHEM* Chloroform...

cloroformización [klorofɔrmiθa'θĭɔn] *f MED* Chloroformierung *f*

cloroformizar [klorofɔrmi'θar] *v MED* chloroformieren
cloroformo [kloro'fɔrmo] *m CHEM* Chloroform *n*
cloroso [klo'roso] *adj CHEM* chlorhaltig
clorurar [kloru'rar] *v CHEM* chlorieren
cloruro [klo'ruro] *m ~ cálcico/~ de calcio CHEM* Chlorkalzium *n*
club [kluƀ] *m 1.* Verein *m,* Klub *m; ~ nocturno* Nachtlokal *n; 2. ~ de gimnasia SPORT* Turnverein *m*
clueca ['klweka] *f* Glucke *f*
coacción [koak'θǐɔn] *f* Diktat *n,* Nötigung *f*
coaccionar [koakθǐɔ'nar] *v* nötigen
coactivo [koak'tiƀo] *adj JUR* Zwangs...
coacusado [koaku'sađo] *m JUR* Mitangeklagter *m*
coadunar [koađu'nar] *v* vereinigen, beimischen
coadyuvante [koađju'ƀante] *adj* unterstützend, mithelfend
coadyuvar [koadju'ƀar] *v ~ a* beitragen zu
coagente [koa'xente] *m* mitwirkend, mitbewirkend
coagulable [koagu'laƀle] *adj* gerinnungsfähig
coagulación [koagula'θǐɔn] *f* Gerinnung *f,* Gerinnen *n*
coagulador [koagula'đɔr] *adj* Gerinnungs..., Verdickungs...
coagularse [koagu'larse] *v* gerinnen
coágulo ['koagulo] *m 1. (coagulación de la sangre)* Koagulum *n; 2. (masa coagulada)* Gerinnsel *n*
coala ['koala] *m ZOOL* Koala *m,* Koalabär *m*
coalición [koali'θǐɔn] *f POL* Koalition *f,* Vereinigung *f*
coalicionista [koaliθǐo'nizta] *m/f POL* Koalitionspartner(in) *m/f*
coartación [koarta'θǐɔn] *f* Einschränkung *f,* Beschränkung *f,* Zwang *m*
coartada [koar'tađa] *f* Alibi *n*
coartar [koar'tar] *v (limitar)* einschränken, einengen, zwingen
coautor(a) [koaŭ'tɔr/koaŭ'tora] *m/f* Mittäter(in) *m/f*
coba ['koƀa] *f 1. (adulación)* Schmeichelei *f,* Schmus (fam) *m; 2. dar ~ (fam)* um den Bart gehen, Honig ums Maul schmieren
cobalto ['kobalto] *m 1. CHEM* Kobalt *n,* Cobalt *n; 2. bomba de ~ TECH* Kobaltkanone *f*
cobarde [ko'ƀarđe] *adj 1.* feig; *m 2.* Angsthase *m,* Feigling *m,* Hasenfuß *m*
cobardear [koƀar'đear] *v* sich feige benehmen, sich wie ein Feigling verhalten
cobardía [koƀar'đia] *f* Feigheit *f*
cobardón [koƀar'đɔn] *adj* feige, zaghaft, furchtsam
cobaya [ko'ƀaja] *m ZOOL* Meerschweinchen *n*
cobertizo [koƀer'tiθo] *m* Schuppen *m,* Verschlag *m*
cobertor [ko'bertor] *m* Bettdecke *f,* Überdecke *f*
cobertura [koƀɛr'tura] *f 1.* Bedeckung *f,* Überzug *m; 2. ECO* Deckung *f; sin ~* ungedeckt; *3. ~ de seguro* Versicherungsschutz *m*
cobija [ko'bixa] *f 1.* Firstziegel *m, 2.* Schutzdach *n*
cobijador [koƀixa'đɔr] *adj* Unterschlupf...
cobijar [kobi'xar] *v* fürsorgen, Zuflucht bieten, beschützen
cobijo [ko'ƀixo] *m* Unterschlupf *m*
cobista [koƀista] *m* Schmeichler *m,* Speichellecker (fam) *m*
cobra ['kobra] *m ZOOL* Kobra *f*
cobrable [ko'ƀraƀle] *adj* einziehbar, zahlbar, eintreibbar
cobrador [ko'brador] *m* Kassierer *m,* Kassenbote *m*
cobranza [ko'ƀranθa] *f (acción de cobrar)* Erhebung *f,* Einziehung *f,* Eintreibung *f*
cobrar [ko'ƀrar] *v 1.* kassieren, einkassieren, einlösen, einziehen; *2. (tomar, sentir)* bekommen, empfinden; *3. (adquirir)* erlangen, bekommen; *~ buena fama* einen guten Ruf erlangen
cobre ['koƀre] *m 1. CHEM* Kupfer *n; 2. edad del ~ HIST* Kupferzeit *f; 3. (fig) batirse el ~* sich gewaltig anstrengen, hart auf hart gehen, rau zugehen
cobrizo [ko'ƀriθo] *adj 1. (mineral que contiene cobre)* kupferhaltig; *2. (color cobre)* kupferfarben
cobro ['koƀro] *m 1. ECO* Einzug *m,* Erhebung *f,* Inkasso *n; 2. ~s pendientes pl ECO* Außenstände *pl*
coca ['koka] *f BOT* Kokapflanze *f*
cocaína [koka'ina] *f* Kokain *n*
cocainómano [kokai'nomano] *m* Kokainsüchtiger *m*
cóccix ['kokθiks] *m ANAT* Steißbein *n*
coceador [koθea'đɔr] *adj* ausschlagend
coceadura [koθea'đura] *f* Ausschlagen *n,* Tritt *m*

cocear [ko'θear] *v 1. (dar coces)* ausschlagen; *2. (fig: resistirse a algo)* widerspenstig sein, sich widersetzen
cocedizo [koθe'điθo] *adj* kochbar
cocer [ko'θɛr] *v irr (cocinar)* abkochen, aufkochen, sieden, kochen, garen
cocido [ko'θiđo] *m (guiso) GAST* gekocht, gesotten, gar
cociente [ko'θĭente] *m 1. ~ de inteligencia* Intelligenzquotient *m; 2. (resultado de la división) MATH* Quotient *m*
cocimiento [koθi'mĭento] *m 1. (la acción de cocer)* Kochen *n,* Abkochen *n,* Auskochen *n; 2. (líquido para beber)* Absud *m*
cocina [ko'θina] *f 1. (cuarto)* Küche *f; 2. (fogón)* Herd *m,* Küchenherd *m; ~ de gas* Gasherd *m; 3. (comida) GAST* Küche *f; la ~ francesa* die französische Küche *f*
cocinar [koθi'nar] *v (guisar)* kochen, garen
cocinera [koθi'nera] *f* Köchin *f*
cocinero [koθi'nero] *m* Koch *m*
cocinilla [koθi'niʎa] *f* Kocher *m*
coco ['koko] *m 1. BOT* Kokosnuss *f; 2. (fam: fantasma)* Popanz *m,* Kinderschreck *m*
cocodrilo [koko'đrilo] *m ZOOL* Krokodil *n*
cóctel ['kɔktɛl] *m 1.* Cocktail *m; 2.* Cocktailparty *f; 3. ~ Molotov* Molotowcocktail *m*
coctelera [kokte'lera] *f* Mixbecher *m,* Hausbar *f*
cocuyo [ko'kujo] *m ZOOL* Leuchtkäfer *m*
cochambre [ko'tʃambre] *f (suciedad)* Schmutz *m,* Unrat *m*
cochambrería [kotʃambre'ria] *f* Schweinerei (fam) *f,* Saustall (fam) *m*
cochambroso [kotʃam'broso] *adj* schmutzig, dreckig, schmierig
coche ['kotʃe] *m 1.* Auto *n,* Wagen *m,* Personenkraftwagen *m,* PKW *m; ~ antiguo* Oldtimer *m; ~ de alquiler* Leihwagen *m,* Mietwagen *m; ~ de auxilio (LA)* Abschleppwagen *m; ~ de carrera* Rennwagen *m; ~ de dos asientos* Zweisitzer *m; ~ de segunda mano* Gebrauchtwagen *m; ~ fúnebre* Leichenwagen *m; ~ patrulla* Streifenwagen *m; ~ pequeño* Kleinwagen *m; 2. (de ferrocarril)* Eisenbahnwagen *m; ~ de asientos-cama* Liegewagen *m; ~ restaurante* Speisewagen *m; 3. (de caballos)* Kutsche *f*
coche-cama ['kotʃe'cama] *m* Schlafwagen *m*
cochecito [kotʃe'θito] *m ~ de niño* Kinderwagen *m,* Wagen *m*
coche-grúa ['kotʃe'grua] *m* Abschleppwagen *m*
cochera [ko'tʃera] *f (garaje)* Wagenschuppen *m,* Garage *f,* Remise *f*
cochero [ko'tʃero] *m* Kutscher *m*
cochinada [kotʃi'nađa] *f* Sauerei *f,* Schweinerei *f*
cochinería [kotʃine'ria] *f 1. (fam: suciedad)* Schmutz *m,* Unrat *m; 2. (fig: acción baja y vil)* Schweinerei (fam) *f,* Sauerei (fam) *f*
cochinilla [kotʃi'niʎa] *f ~ de humedad* Kellerassel *f*
cochinillo [kotʃi'niʎo] *m ZOOL* Ferkel *n,* Spanferkel *n*
cochino [ko'tʃino] *m 1. ZOOL* Schwein *n; 2. (fig)* Ferkel *n,* Sau *f,* Schmutzfink *m; adj 3.* schmutzig; *4. ~ de monte ZOOL* Wildschwein *n*
codal ['kođal] *adj (que tiene forma de codo)* Ellbogen..., Bogen..., Winkel...
codear [ko'đear] *v (golpear con el codo)* stoßen, drängeln
codearse [ko'đearse] *v (tratarse de igual a igual)* freundschaftlich verkehren
codeína [kođe'ina] *f CHEM* Kodein *n*
codelincuencia [kođelin'kwenθĭa] *f* Mittäterschaft *f,* Teilnahme an einer strafbaren Handlung *f*
codelincuente [kodeli'kwente] *m/f* Mittäter(in) *m/f,* Komplize/Komplizin *m/f*
códice ['kođiθe] *m HIST* Kodex *m,* alte Handschrift *f*
codicia [ko'điθĭa] *f 1.* Habgier *f; 2. (fig: deseo muy fuerte)* Habsucht *f,* Gier *f,* Lüsternheit *f*
codiciable [kođi'θĭable] *adj* begehrenswert
codiciador [kođiθĭa'đɔr] *adj* gierig, habsüchtig, begehrend
codiciar [kođi'θĭar] *v (desear ansionsamente algo)* begehren, sehnlichst wünschen; *~ la fama* sehnlichst auf Ruhm hoffen; *~ una mujer* eine Frau begehren; *~ la gloria* den Ruhm begehren
codicioso [kođi'θĭoso] *adj* geldgierig, habgierig, raffgierig
codificación [kođifika'θĭɔn] *f INFORM* Kodierung *f*
codificar [kođi'fikar] *v 1.* verschlüsseln; *2. INFORM* kodieren; *3. (hacer un cuerpo de leyes)* kodifizieren
código ['kođigo] *m 1. JUR* Gesetzbuch *n; ~ civil* Bürgerliches Gesetzbuch *n; ~ penal* Strafgesetzbuch *n; ~ de la circulación*

Straßenverkehrsordnung *f; 2. ~ postal* Postleitzahl *f; 3. ~ de indentificación bancaria FIN* Bankleitzahl *f; 4. INFORM* Code *m; ~ de barras* Strichcode *m; 5. ~ de máquina INFORM* Maschinensprache *f,* Maschinencode *m*

codillo [ko'điʎo] *m ~ de cerdo GAST* Eisbein *n*

codo ['kođo] *m 1. ANAT* Ellbogen *m; 2. (tubo doblado en forma de codo) TECH* Bugstück *n,* Kniestück *n; 3. (fam) empinar uno el ~* zechen, sich dem Trunk ergeben, einen heben; *4. (fig) comerse uno los ~ de hambre* am Hungertuch nagen; *5. (fig) hablar hasta por los ~s* zu viel reden, unnütz schwatzen, viel quatschen (fam); *6. (fig) estar metido en trabajo hasta los ~s* bis zum Halse in Arbeit stecken

codorniz [kođɔrn'iθ] *f ZOOL* Wachtel *f*

coeficiente [koefi'θĭente] *m* Ziffer *f,* Koeffizient *m*

coercer [koɛr'θɛr] *v* zwingen, nötigen

coercible [koɛr'θiƀle] *adj* zwingbar, bezwingbar

coerción [koɛr'θĭɔn] *f* Zwang *m,* Zwangsrecht *n*

coercitivo [koɛrθi'tiƀo] *adj* zwingend

coetáneo [koe'taneo] *adj 1. (contemporáneo)* zeitgenössisch; *2. (de la misma edad)* gleichaltrig; *m 3.* Zeitgenosse *m*

coexistencia [koegsis'tenθĭa] *f* Koexistenz *f,* gleichzeitiges Bestehen *n*

coexistente [koegsis'tente] *adj* koexistent, gleichzeitig bestehend

coexistir [koegsis'tir] *v* koexistieren, gleichzeitig bestehen

cofia ['kofĭa] *f* Haube *f*

cofrade [ko'frađe] *m (miembro de una cofradía)* Vereinsmitglied *n,* Mitglied einer Laienbrüderschaft *f*

cofre ['kofre] *m* Kasten *m*

cofrecillo [kofre'θiʎo] *m* Kassette *f*

coger [kɔ'xɛr] *v 1. (agarrar)* anfassen, nehmen, ergreifen; *¡Coge el dinero y vete!* Nimm das Geld und geh! *2. (frutas)* pflücken; *3. (fig: atrapar)* abfangen, erwischen, packen; *~ al paso* aufgreifen; *~ al vuelo* auffangen; *~ de sorpresa* überraschen; *~ desprevenido* überrumpeln; *4. (fig: apropiarse)* kapern, kriegen; *5. (fig: comprender)* aufnehmen, erfassen; *6. (recibir en sí)* aufnehmen; *7. (ocupar espacio)* einnehmen, füllen; *8. (dar alcance)* einholen, ertappen; *9. ~ impulso* Schwung nehmen, Anlauf nehmen; *~ ánimo* Mut fassen; *~ velocidad* an Geschwindigkeit gewinnen; *m 10. (contraer una enfermedad)* bekommen, sich infizieren, sich anstecken; *~ el SIDA* sich mit Aids infizieren; *~ una gripe* eine Grippe bekommen; *v 11. (cubrir el macho a la hembra) (LA)* decken, bespringen

cogestión [koxɛs'tĭɔn] *f* Mitbestimmung *f*

cogida [ko'xiđa] *f (recolección de los frutos)* Ernte *f,* Obsternte *f*

cogitación [koxita'θĭɔn] *f* Nachdenken *n,* Grübelei *f*

cogitar [koxi'tar] *v* nachdenken, sinnen, grübeln

cognación [kogna'θĭɔn] *f* Verwandtschaft *f*

cognado [kog'nađo] *adj* Anverwandter *m*

cognición [kogni'θĭɔn] *f 1. (acto de conocer)* Erkennen *n; 2. (el conocimiento obtenido)* Erkenntnis *f*

cognitivo [kogni'tiƀo] *adj* kognitiv

cognomento [kogno'mento] *m* Beiname *m,* Zuname *m*

cognoscible [kognos'θiƀle] *adj* erkennbar, vorstellbar

cogote [ko'gote] *m ANAT* Nacken *m*

cogotudo [kogo'tuđo] *adj (fam: orgulloso)* stolz, eingebildet

cohabitación [koaƀita'θĭɔn] *f* Beischlaf *m,* eheliches Zusammenleben *n*

cohabitante [koaƀi'tante] *adj* zusammenwohnend, zusammenlebend, Beischlaf...

cohabitar [koaƀi'tar] *v 1. (habitar con otros)* zusammenwohnen; *2. (hacer vida marital)* ehelich zusammenleben, in ehelicher Gemeinschaft leben

cohechar [koe'tʃar] *v (sobornar)* bestechen, schmieren (fam)

cohecho [ko'etʃo] *m* Bestechung *f*

coherencia [koe'renθĭa] *f 1. (relación)* Zusammenhang *m,* Kohärenz *f; 2. (cohesión) PHYS* Kohäsion *f*

coherente [koe'rente] *adj 1.* zusammenhängend, kohärent; *2. unidades ~s PHYS* kohärente Einheiten *f/pl*

cohesión [koe'sĭɔn] *f 1.* Kohäsion *f,* Zusammenhalt der Moleküle *m; 2. (unión de las moléculas) PHYS* Kohäsion *f*

cohesivo [koe'siƀo] *adj* kohäsiv

cohete [ko'ete] *m 1.* Rakete *f; 2. ~ de largo alcance MIL* Langstreckenrakete *f; ~ luminoso* Leuchtrakete *f*

cohibición [koiƀi'θĭɔn] *f* Verbot *n,* Einschränkung *f*

cohibido [koi'ƀiđo] *adj* gehemmt, verlegen
cohibir ['kohibir] *v* hemmen, beengen, einschüchtern
cohonestar [koones'tar] *v* beschönigen
cohorte [ko'ɔrte] *f 1. (unidad táctica de los romanos) HIST* Kohorte *f; 2. (fig: grupo, conjunto)* Menge *f,* Menschenmenge *f*
coincidencia [koinθi'đenθĭa] *f* Übereinstimmung *f,* Überschneidung *f*
coincidir [koinθi'đir] *v 1.* übereinstimmen; *Es importante ~ en intereses con los amigos.* Es ist wichtig, die gleichen Interessen wie die Freunde zu haben. *2. (~ en un punto)* überschneiden; *3. (fig) ~ con* zusammenfallen mit
cointeresado [kointere'sađo] *adj* mitinteressiert, mitbeteiligt
coito ['kɔĭto] *m* Beischlaf *m,* Sexualakt *m,* Koitus *m*
cojear [kɔxe'ar] *v 1.* hinken, humpeln; *2. (fig: tener algún vicio)* verrufen sein; *3. (un mesa)* wackelig sein
cojera [ko'xera] *f* Hinken *n*
cojín [kɔ'xin] *m* Kissen *n; ~ de tinta* Stempelkissen *n*
cojinete [kɔxi'nete] *m TECH* Lager *n*
cojo ['kɔxo] *adj 1. MED* lahm; *2. (mesa que se balancea)* wackelig; *La mesa está coja.* Der Tisch wackelt. *3. (fig) no ser uno ~ ni manco* zu allem fähig sein
cojudo [ko'xuđo] *adj 1. AGR* unverschnitten; *2. (fam)* fabelhaft, super
col [kɔl] *f BOT* Kraut *n,* Kohl *m; ~ de Bruselas GAST* Rosenkohl *m; ~ fermentada* Sauerkraut *n; ~ rizada* Wirsing *m*
cola ['kola] *f 1.* Schwanz *m; ~ de caballo* Pferdeschwanz *m; 2. (fila)* Warteschlange *f; formar ~* Schlange stehen; *3. (pegamento)* Leim *m; 4. (un tipo de estructura de datos) INFORM* Reihe *f,* Schleife *f; ~ de impresión* Druckreihenfolge *f; 5. (de un cometa)* Kometenschweif *m; 6. (fig) tener algo ~* Folgen haben, Folgen nach sich ziehen; *7. no pegar ni con ~* reiner Unsinn sein, Quatsch sein (fam)
colaboración [kolaƀora'θĭɔn] *f* Mitarbeit *f,* Zusammenarbeit *f*
colaboracionista [kolaƀoraθĭo'nista] *m* Kollaborateur *m*
colaborador(a) [kolaƀora'đɔr/kolaƀora'đora] *m/f* Mitarbeiter(in) *m/f*
colaborar [kolaƀo'rar] *v 1.* mitarbeiten, zusammenarbeiten; *2. ~ en* mitwirken bei
colación [kola'θĭɔn] *f 1. sacar uno a ~ algo* etw aufs Tapet bringen, Beweise vorbringen; *2. traer algo a ~* Beweise vorbringen, das Gespräch auf etw bringen
colacionar [kolaθĭo'nar] *v 1. (cotejar)* vergleichen; *2. (traer a colación)* vorbringen
colada [ko'lađa] *f 1.* Aufwaschen *n,* Wäsche *f,* Wäschelauge *f; 2. (fig) todo saldrá en la ~* die Sonne bringt es an den Tag
coladera [kola'đera] *f* Seiher *m,* Filter *m*
colador [kola'đɔr] *m* Sieb *n,* Durchschlag *m*
coladura [kola'đura] *f* Seihen *n,* Durchseihen *n,* Durchlassen *n*
colapsar [kolap'sar] *v* zusammenbrechen, einen Kollaps haben *m*
colapso [ko'lapso] *m MED* Kollaps *m,* Zusammenbruch *m; ~ nervioso* Nervenzusammenbruch *m*
colar [ko'lar] *v irr 1.* sieben; *2. GAST* passieren; *3. (pasar algo furtivamente)* heimlich mitbringen, durchschmuggeln; *4. (fig) no ~ una cosa* nicht stimmen, nicht geglaubt werden
colarse [ko'larse] *v (entrar sin permiso)* sich einschleichen, durchschleichen
colateral [kolate'ral] *adj 1. (secundario)* Seiten..., Neben...; *efecto ~* Nebeneffekt *m; 2. pariente ~* Seitenverwandter *m*
colcha ['kɔltʃa] *f* Bettdecke *f; ~ guateada* Steppdecke *f*
colchón [kɔl'tʃɔn] *m* Matratze *f; ~ de plumas* Federbett *n; ~ neumático* Luftmatratze *f*
colchonería [koltʃone'ria] *f* Matratzenhandlung *f,* Tapezierladen *m*
colchoneta [koltʃo'neta] *f (colchón delgado)* Sitzpolster *n,* Bankkissen *n*
colear [kole'ar] *v* mit dem Schwanz wedeln
colección [kolɛk'θĭɔn] *f* Sammlung *f,* Kollektion *f; hacer ~* sammeln; *~ de arte* Kunstsammlung *f; ~ en un volumen* Sammelband *m; ~ numismática* Münzsammlung *f*
coleccionador [koleɡθĭona'ɔr] *m* Sammler *m*
coleccionar [kolɛkθĭo'nar] *v* sammeln
coleccionista [kolɛkθĭo'nista] *m/f* Sammler(in) *m/f*
colecta [ko'lɛkta] *f 1. REL* Kollekte *f; 2. (recaudación de donativos voluntarios)* Kollekte *f,* Sammlung *f*
colectación [kolekta'θĭɔn] *f* Abgabenerhebung *f,* Spendensammlung *f,* Geldsammlung *f*

colectar [ko'lɛktar] *v* sammeln, einziehen (Steuern)
colectividad [kolektiƀi'đađ] *f* Gemeinschaft *f,* Gruppe *f,* Gesamtheit *f*
colectivismo [kolekti'ƀizmo] *m ECO* Kollektivismus *m*
colectivizar [kolektiƀi'θar] *v* kollektivieren
colectivo [kolɛk'tiƀo] *adj 1.* gemeinsam, kollektiv; *m 2. GRAMM* Kollektivum *n; 3. (convenio)* Tarifverhandlung *f; 4. (transporte público)(LA)* Sammelbus *m,* Sammeltaxi *n,* kleiner Omnibus *m*
colector [kolɛk'tɔr] *m 1. TECH* Kollektor *m; ~ solar* Sonnenkollektor *m; 2. (recolector)* Sammler *m,* Einnehmer *m,* Eintreiber *m*
colega [ko'lega] *m/f* Kollege/Kollegin *m/f,* Kumpel *m*
colegiado [kole'xĭađo] *adj* Kollegial..., zu einem Kollegium gehörig, zu einer Kammer gehörig
colegial [kolɛ'xĭal] *adj 1.* kollegial; *m 2.* Schüler *m*
colegiala [kole'xĭala] *f* Schulmädchen *n,* höhere Tochter *f,* Backfisch *m*
colegiarse [kole'xĭarse] *v* einer Berufskammer beitreten
colegiatura [kolɛ'xiatura] *f* Studiengebühr *f*
colegio [ko'lɛxĭo] *m 1.* Schule *f,* Kollegium *n; 2. ~ de Liceo (LA)* Gymnasium *n; 3. ~ electoral POL* Wahllokal *n*
colegir [cole'xir] *v irr 1. (unir)* zusammenfassen, zusammenbringen; *2. (inferir)* folgern, schließen, entnehmen
colegislador [kolexisla'đɔr] *adj* mitgesetzgebend
coleópteros [ko'leoptero] *m/pl ZOOL* Käfer *m/pl,* Koleopteren *pl*
cólera ['kolera] *f 1.* Zorn *m; m 2. MED* Cholera *f; 3. descargar la ~ en ...* seinen Zorn auslassen an ...; *4. montar uno en ~* in Zorn geraten, aufbrausen, zornig werden
colérico [ko'leriko] *m 1.* Choleriker *m; adj 2.* cholerisch, explosiv, jähzornig; *3. (que padece de cólera) MED* Cholera...
coleriforme [koleri'fɔrme] *adj MED* choleraähnlich
colesterol [koleste'rɔl] *m MED* Cholesterin *n*
coleto [ko'leto] *m (fam: el cuerpo del hombre)* Körper *m,* Bauch *m,* Wampe *f*
colgadizo [kolga'điθo] *adj* aufhängbar, anhängbar
colgado [kol'gađo] *adj 1. dejarlo a alguien ~* jdn im Stich lassen, jdn versetzen, jdn hängen lassen; *2. (fig: incierto)* ungewiss, unsicher
colgador [kɔlga'đɔr] *m* Kleiderbügel *m,* Kleiderhaken *m*
colgadura [kolga'đura] *f* Wandbehang *m,* Fensterbehang *m,* Drapierung *f*
colgajo [kol'gaxo] *m 1. (algo que cuelga de uno)* Fetzen *m,* Anhängsel *m; 2. MED* Hautlappen *m*
colgante [kol'gante] *adj puente ~* Hängebrücke *f*
colgar [kɔl'gar] *v irr 1.* anhängen, aufhängen; *~ el teléfono* auflegen; *Me han colgado. (fam)* Ich bin durchgefallen. *~ de la pared* an die Wand hängen; *~ en* aufhängen an; *2. (fam: ahorcar)* aufhängen, henken; *3. (fig: achacar)* in die Schuhe schieben (fam), zuschreiben, unterstellen
colgarse [kɔl'garse] *v irr ~ algo* sich etw umhängen
colibacilo [koliƀa'θilo] *m MED* Kolibakterie *f*
colibrí [ko'libri] *m* Kolibri *m*
cólico ['koliko] *m 1. MED* Kolik *f,* Bauchschmerzen *pl,* Magenschmerzen *pl; 2. ~ hepático MED* Gallenkolik *f*
colicuación [kolikwa'θĭɔn] *f MED* Zerfließen *n,* Auflösung *f*
colicuante [koli'kwante] *adj* zerfließend, auflösend
colicuar [koli'kwar] *v* einschmelzen, zerschmelzen, auflösen
coliflor [koli'flɔr] *f BOT* Blumenkohl *m*
coligación [koliga'θĭɔn] *f (trabazón de las cosas entre sí)* Verbindung *f,* Bund *m,* Bündnis *n*
coligado [koli'gađo] *adj* verbündet
coligarse [koli'garse] *v* sich verbünden, koalieren
colilla [ko'liʎa] *f (resto de cigarro o cigarrillo)* Zigarrenstummel *m,* Kippe *f*
colimbo [ko'limbo] *m* Seetaucher *m*
colina [ko'lina] *f* Hügel *m*
colinabo [koli'naƀo] *m BOT* Kohlrabi *m*
colindante [kolin'dante] *adj* benachbart; *~ con* angrenzend an, aneinander grenzend, anliegend an
colindar [kolin'đar] *v ~ con* angrenzen an
coliseo [koli'seo] *m THEAT* Kolosseum *n*
colisión [koli'sĭɔn] *f 1.* Zusammenstoß *m,* Frontalzusammenstoß *m,* Karambolage *f,* Kollision *f; 2. (fig: oposición de ideas o inte-*

reses) Kollision *f,* Widerstreit der Interessen *m,* Interessenskonflikt *m*
colisionar [kolisĭo'nar] *v* zusammenstoßen
colmado [kɔl'mađo] *adj 1. (abundante)* voll, überreichlich, reichgedeckt; *m 2. (figón)* Garküche *f,* Speisewirtschaft *f*
colmar [kɔl'mar] *v 1.* füllen, überfüllen; *Se me está colmando la paciencia.* Mir reißt gleich der Geduldsfaden. *2. (fig: satisfacer las aspiraciones)* erfüllen, befriedigen; *~ de* überhäufen mit
colmena [kɔl'mena] *f* Bienenkorb *m*
colmenar [kɔlme'nar] *m AGR* Bienenhaus *n,* Bienenstand *m*
colmenero [kɔlme'nero] *m 1.* Imker *m; adj 2. oso ~ ZOOL* Ameisenbär *m*
colmillar [kolmi'ʎar] *adj* Eckzahn..., Reißzahn..., Hauer...
colmillo [kɔl'miyo] *m 1.* Eckzahn *m,* Reißzahn *m,* Hauer *m,* Stoßzahn *m; 2. (los dos dientes de los elefantes)* Stoßzahn *m; 3. (fig) enseñar los ~s* die Zähne zeigen
colmilludo [kɔlmi'ʎuđo] *adj 1.* mit großen Fangzähnen; *2. (fig: astuto)* schlau, gerissen, verschlagen
colmo ['kɔlmo] *m* Übermaß *n; ¡Esto es el ~!* Das ist der Gipfel!
colocación [koloka'θĭɔn] *f 1. (puesto)* Anstellung *f; 2. (fig: posición)* Platzierung *f,* Stellung *f,* Aufstellung *f; 3. ECO* Kapitalanlage *f; 4. (a la venta) ECO* Verkauf *m,* Absatz *m*
colocar [kolo'kar] *v 1. ~ a alguien en un sitio* jdn platzieren, jdn hinsetzen; *~ algo* etw verstauen; *2. (asignar puesto)* Platz zuweisen; *3. (horizontalmente)* legen; *4. (poner algo en un sitio)* anlegen, anbringen, auflegen; *5. (verticalmente)* hinstellen, absetzen; *6. FIN* anlegen; *7. TECH* verlegen
colocarse [kolo'karse] *v ~ en una fila* sich einordnen
colocutor [koloku'tɔr] *m* Mitredender *m*
colofón [kolo'fɔn] *m* Kolophon *n,* Schlussvermerk *m,* Schlussimpressum *n*
Colombia [ko'lombĭa] *m GEO* Kolumbien *n*
colombiano [ko'lombĭano] *adj* kolumbianisch, aus Kolumbien kommend
colonia [ko'lonĭa] *f 1.* Ansiedlung *f; 2. POL* Kolonie *f; 3. (agrupación de animales) ZOOL* Kolonie *f; una ~ de termitas* eine Termitenkolonie *f; 4. agua de ~* Kölnisch Wasser *n,* Eau de Cologne *n*
coloniaje [kolo'nĭaxe] *m* spanische Kolonialzeit *f,* Unterdrückung *f,* Fremdherrschaft *f*
colonialismo [kolonĭa'lizmo] *m POL* Kolonialismus *m*
colonialista [kolonĭa'lista] *adj POL* Kolonialismus...
colonización [koloniθa'θĭɔn] *f 1.* Kolonisierung *f; 2. (población)* Siedlung *f*
colonizar [koloni'θar] *v (formar colonia)* besiedeln, kolonisieren, erschließen
colono [ko'lono] *m* Siedler *m*
coloquial [kolo'kĭal] *adj 1. (relativo al coloquio)* umgangssprachlich; *2. lenguaje ~ LING* Umgangssprache *f*
coloquio [ko'lokĭo] *m 1.* Podiumsdiskussion *f; 2. (diálogo) LIT* Gespräch *n*
color [ko'lɔr] *m 1.* Farbe *f; de ~es* farbig, bunt; *de un solo ~* einfarbig; *perder el ~* abfärben; *~ de cabello/~ de pelo* Haarfarbe *f; ~ del rostro* Teint *m; ~ rojo* Röte *f; 2. (fig: carácter propio de algo)* Eigenart *f,* Tönung *f,* Nuance *f; 3. colores nacionales* Landesfarben *f,* Nationalfarben *f; 4. persona de ~* Farbiger *m; hombre de ~* Farbiger *m; 5. (fig) cambiar uno de ~* seine Meinung ändern, zu einer anderen Partei übergehen; *6. (fig) pintar algo con negros colores* schwarz sehen, schwarz malen; *7. (fig) ver uno las cosas de ~ de rosa* alles in rosigem Licht sehen
coloración [kolora'θĭɔn] *f* Färbung *f*
colorado [kolo'rađo] *adj* rot
colorar [kolɔ'rar] *v* färben
colorativo [kolora'tiƀo] *adj* färbend, Farb...
colorear [kolo'rear] *v (dar color)* färben, kolorieren
colorete [kolo'rete] *m* Schminke *f,* Lippenstift *m*
colorido [kolo'riđo] *m* Färbung *f,* Tönung *f*
colorín [kolo'rin] *m (color chillón)* grelle Farbe *f,* schreiende Farbe *f*
colorismo [kolo'rizmo] *m ART* Kolorismus *m,* koloristische Malerei *f*
colosal [kolo'sal] *adj* kolossal, riesengroß, mächtig
coloso [ko'loso] *m 1.* Koloss *m; 2. (fig: persona titánica)* hervorragender Mensch *m*
coludir [kolu'đir] *v JUR* verabreden
columbrar [kolum'ƀrar] *v 1. (ver algo de lejos)* von weitem sehen, von weitem entdecken; *2. (fig: deducir por indicios)* ahnen, mutmaßen

columna [ko'lumna] *f* *1.* Säule *f*, Kolonne *f*, Kolumne *f*; *2. ~ vertebral ANAT* Rückgrat *n*, Wirbelsäule *f*; *3. (parte vertical)* Spalte *f*; *~ de anuncios* Litfaßsäule *f*; *~ de chismografía* Klatschspalte *f*; *4. ~ de fuego* Feuersäule *f*; *~ de humo* Rauchsäule *f*; *5. (fig: persona que sirve de amparo)* Stütze *f*; *Mi madre es la ~ de mi vida.* Meine Mutter ist die Stütze meines Lebens. *6. (tropas dispuestas en formación) MIL* Marschkolonne *f*; *~ blindada* Panzerkolonne *f*; *quinta ~* die fünfte Kolonne *f*; *7. ~ dórica ARCH* dorische Säule *f*; *~ jónica* ionische Säule *f*; *~ gótica* gotische Säule *f*; *~ ojival* gotische Säule *f*; *~ salomónica* gewundene Säule *f*

columnata [kolum'nata] *f ARCH* Säulengang *m*

columpiarse [kolum'pǐarse] *v* schaukeln

columpio [ko'lumpǐo] *m* Schaukel *f*; *~ con lanchas* Schiffschaukel *f*

colza ['kɔlθa] *f BOT* Raps *m*, Rübsamen *m*

collado [ko'ʎađo] *m* Hügel *m*, Höhe *f*, Bergpass *m*

collar [ko'ʎar] *m* Kette *f*, Halskette *f*; *~ de perlas* Perlenkette *f*; *~ de perro* Hundehalsband *n*

coma[1] ['kɔma] *f* *1. GRAMM* Komma *n*; *2. (fig) sin faltar una ~* peinlich genau, vollständig

coma[2] ['kɔma] *m MED* Koma *n*, tiefe Bewusstlosigkeit *f*

comadre [ko'mađre] *f* *1.* Gevatterin *f*, Hebamme *f*, weise Frau *f*, (fam) Kupplerin *f*

comadrear [komađre'ar] *v* klatschen, tratschen

comadreja [ko'matrexa] *f ZOOL* Wiesel *n*, Oppossum *n*

comadreo [koma'đreo] *m* Klatsch *m*, Tratsch *m*

comadrona [koma'đrɔna] *f* Hebamme *f*, Geburtshelferin *f*

comandancia [koman'danθǐa] *f (edificio)* Kommandantur *f*

comandante [koman'dante] *m MIL* Befehlshaber *m*, Kommandant *m*, Major *m*

comandar [koman'dar] *v* kommandieren

comandita [koman'dita] *f FIN* Kommanditgesellschaft *f*

comanditario [komandi'tarǐo] *m* stiller Teilhaber *m*, Gesellschafter *m*

comando [ko'mando] *m* *1. (mando militar) MIL* Kommando *n*, Befehlsgewalt *f*; *El general X recibió el ~ del ejército.* General X erhielt das Heereskommando. *2. (grupo de choque) MIL* Kommando *n*; *3. (orden) INFORM* Befehl *m*; *4. (en una nave espacial) módulo de ~ TECH* Kommandomodul *n*

comarca [ko'marka] *f* Landschaft *f*, Gegend *f*, Landstrich *m*

comarcal [komar'kal] *adj* Landschafts..., Kreis..., Lokal...

comarcar [komar'kar] *v (limitar)* angrenzen, begrenzen

comatoso [koma'toso] *adj MED* komatös, das Koma betreffend

comba ['kɔmba] *f* *1.* Biegung *f*, Krümmung *f*; *2. SPORT* Springseil *n*

combar [kɔm'ƀar] *v* krümmen, biegen

combate [kɔm'bate] *m* *1.* Kampf *m*; *2. ~ de exhibición SPORT* Schaukampf *m*; *3. MIL* Gefecht *n*; *4. (fig: lucha)* Kampf *m*, Auseinandersetzung *f*

combatible [komƀa'tiƀle] *adj* bekämpfbar, bestreitbar

combatiente [kɔmba'tǐente] *m/f* *1.* Kämpfer(in) *m/f*; *2. (el soldado de un ejército) MIL* Kämpfer *m*, Streiter *m*

combatir [kɔmba'tir] *v* kämpfen, bekämpfen

combatividad [kɔmƀatiƀi'đađ] *f* Kampfeslust *f*, Kampfkraft *f*, Angriffslust *f*

combativo [kɔmba'tiƀo] *adj* kämpferisch

combinación [kɔmbina'θǐɔn] *f* *1. CHEM* Verbindung *f*; *2. (disposición de algo)* Kombination *f*, Verbindung *f*; *3. (de una caja fuerte)* Kombination *f*; *4. (conjunto de mujer)* Kombination *f*, zweiteiliges Kleid *n*

combinado [kɔmbina'đo] *m* *1.* Produkt einer Verbindung *n*, Kombinat *n*, Cocktail *m*; *adj 2. forma combinada LING* zusammengesetzte Form *f*; *3. operación combinada MIL* kombinierte Operation *f*, kombinierter Angriff *m*

combinar [kɔmbi'nar] *v* kombinieren, vermischen, verbinden

combinatoria [komƀina'tɔrǐa] *f MATH* Kombinatorik *f*

combo ['kɔmƀo] *adj (combado)* schief

combustibilidad [kɔmƀustiƀili'đađ] *f* Brennbarkeit *f*

combustible [kɔmbus'tiƀle] *m* *1.* Brennmaterial *n*, Brennstoff *m*, Kraftstoff *m*; *~ carburante* Treibstoff *m*; *adj 2.* brennbar, feuergefährlich

combustión [kɔmbus'tǐɔn] *f TECH* Verbrennung *f*

comedero [kome'đero] *m* *1.* Krippe *f*; *adj 2. (que se puede comer)* essbar

comedia [ko'međĭa] *f* *1. THEAT* Lustspiel *n*, Komödie *f*; *2. (fig: farsa)* Komödie *f*, Farce *f*; *3. ~ de capa y espada THEAT* Mantel-und-Degen-Stück *n*; *~ de carácter* Charakterstück *n*; *~ de enredo* Intrigenstück *n*; *~ de costumbres* Volksstück *n*; *~ heroica* Heldendrama *n*; *4. (fig) hacer uno (la) ~* Komödie spielen

comediante [kome'đĭante] *m/f* *1.* Komödiant(in) *m/f*; *m* *2. (fig: farsante)* Komödiant *m*, Heuchler *m*

comedido [kome'điđo] *adj* höflich, anständig, bescheiden

comedimiento [comeđi'mĭento] *m* gesetztes Wesen *n*, Bescheidenheit *f*, Anstand *m*

comedio [ko'međĭo] *m (intermedio entre dos épocas)* Übergangszeit *f*

comediógrafo [kome'đĭografo] *m LIT* Bühnenautor *m*, Dramaturg *m*

comedión [kome'đĭɔn] *m* schwerfälliges Lustspiel *n*

comedirse [kome'đirse] *v* *1. (moderarse)* sich mäßigen; *Debes comedirte en tu actitud.* Du musst dich mit deinem Benehmen zurückhalten. *2. (ofrecerse)* übertrieben höflich sein, äußerst zuvorkommend sein

comedón [kome'đɔn] *m MED* Mitesser *m*

comedor [kome'đɔr] *m* *1. (privado)* Esszimmer *n*; *2. (público)* Speisesaal *m*; *¿Dónde está el ~?* Wo ist der Speisesaal? *~ colectivo* Kantine *f*; *3. (mesa para comer)* Tafel *f*, Esstisch *m*; *adj 4. (que come mucho)* gefräßig

comején [kome'xen] *m* *1. ZOOL* Termite *f*; *2. (fig)* frecher Kerl *m*

comensal [komen'sal] *m (los que comen en una mesa)* Tischgenosse *m*, Tischgast *m*

comentador(a) [komenta'đɔr/komenta'đora] *m/f* Kommentator(in) *m/f*

comentar [komen'tar] *v* *1.* kommentieren; *2. (explicar el contenido de un texto)* kommentieren, auslegen, erläutern

comentario [komen'tarĭo] *m* *1.* Kommentar *m*; *sin ~* ohne weiteres; *2. (glosa)* Glosse *f*

comentarista [komenta'rista] *m/f* Kommentator(in) *m/f*

comenzar [komen'θar] *v irr* anfangen, angehen, beginnen

comer [ko'mɛr] *v* *1.* essen, speisen, verzehren; *~ opíparamente* schlemmen; *~ golosinas* naschen; *2. (animal)* fressen; *3. (fig: consumir)* verbrauchen; *4. (fig: corroer, gastar)* zerfressen; *El salitre se come los metales.* Salpeter zerfrisst Metalle. *5. (en el ajedrez y las damas)* werfen, wegnehmen, blasen; *6. (fig) comerse unos a otros* einander auffressen; *7. (fig) ~ vivo* bei lebendigem Leibe auffressen; *8. ser uno de buen ~* ein starker Esser sein; *9. (fig) tener qué ~* sein Auskommen haben; *10. (fig) comerse a alguien con los ojos* jdn mit den Augen verschlingen

comerciable [komɛr'θĭaƀle] *adj* marktfähig

comercial [komɛr'θĭal] *adj* *1.* geschäftlich, kaufmännisch, kommerziell; *2. ECO* gewerblich

comercializable [komɛrθĭali'θaƀle] *adj ECO* absatzfähig, absetzbar

comercializar [komɛrθĭali'θar] *v* umsetzen, vermarkten

comerciante [komɛr'θĭante] *m/f ECO* Händler(in) *m/f*, Kaufmann/Kauffrau *m/f*, Geschäftsmann/Geschäftsfrau *m/f*; *~ al por menor* Einzelhändler(in) *m/f*; *~ al por mayor* Großhändler(in) *m/f*

comerciar [komɛr'θĭar] *v* *1.* handeln; *2. (fig)* Umgang haben

comercio [ko'mɛrθĭo] *m* *1. (negocio)* Geschäft *n*; *2. ECO* Handel *m*; *~ al por mayor* Großhandel *m*; *~ al por menor* Einzelhandel *m*; *~ de exportación* Exportwirtschaft *f*; *~ exterior* Außenhandel *m*; *~ interior/~ nacional* Binnenhandel *m*; *~ intermediario* Zwischenhandel *m*; *~ internacional/~ mundial* Welthandel *m*; *3. ~ bursátil FIN* Börsenhandel *m*; *4. (tienda)* Laden *m*; *hacer el ~ ambulante* hausieren; *~ de libros* Buchhandlung *f*

comestible [komes'tiƀle] *adj* *1.* essbar, genießbar; *m* *2. ~s pl* Esswaren *pl*, Lebensmittel *n*; *intoxicación de ~* Lebensmittelvergiftung *f*; *~s finos* Feinkost *f*

cometa [ko'meta] *f* *1.* Drachen *m*; *m* *2. ASTR* Komet *m*

cometedor [komete'đɔr] *m* Täter *m*, Urheber *m*

cometer [kome'tɛr] *v* begehen, verüben; *~ un crimen/~ un delito* ein Verbrechen begehen; *~ un error* irren; *~ un lapsus linguae* sich versprechen

cometido [kome'tiđo] *m* *1. (encargo)* Auftrag *m*, Besorgung *f*; *2. (fig: misión)* Bestimmung *f*, Aufgabe *f*

comezón [kome'θɔn] *f* *1. MED* Juckreiz *m*; *2. (fig: desazón por el deseo no cumplido* Gelüste *n*, Kitzel *m*

comible [ko'miƀle] *adj* essbar, schmackhaft

comicastro [komi'kastro] *m* Schmierenkomödiant *m*
comicial [komi'θĭal] *adj* Versammlungs..., Wahl...
comicidad [komiθi'đađ] *f* Komik *f*
comicios [ko'miθĭɔs] *m/pl POL* Wahl *f*, Urnengang *m*
cómico ['komiko] *adj 1.* komisch, lustig, drollig; *m 2.* Komiker *m*
comics ['komiks] *m/pl* Comics *pl*
comida [ko'miđa] *f 1.* Essen *n*, Mittagessen *n*, Speise *f*, Mahlzeit *f*; *antes de la ~/después de la ~* vor dem Essen/nach dem Essen; *2. (alimentación)* Verpflegung *f*; *La ~ es buena.* Die Verpflegung ist gut. *~ casera* Hausmannskost *f*; *~ congelada* Tiefkühlkost *f*; *~ de despedida* Henkersmahlzeit *f*; *~ de gala* Festessen *n*; *~ de régimen* Schonkost *f*, Diät *f*; *~ opípara* Schlemmermahl *n*; *~ integral* Vollwertkost *f*; *3. reposar uno la ~* nach dem Essen ausruhen
comidilla [komi'điʎa] *f (fam: tema de murmuración)* Gespräch *n*
comienzo [ko'mĭenθo] *m 1. (principio)* Anfang *m*, Beginn *m*; *2. (parte de la acción)* Ansatz *m*, Anbruch *m*, Inangriffnahme *f*; *3. (introducción)* Einleitung *f*
comilitón [komili'tɔn] *m (soldado compañero en la guerra) MIL* Mitkämpfer *m*
comilón [komi'lɔn] *adj* gefräßig
comilona [komi'lona] *f 1.* Fresserin *f*; *2.* Schmauserei *f*
comillas [ko'miʎas] *f/pl* Anführungszeichen *n*; *entre ~* in Anführungszeichen
cominear [komi'near] *v* sich mit Kleinigkeiten abgeben *f/pl*
cominería [komine'ria] *f* Kleinigkeitskrämerei *f*
comino [ko'mino] *m 1. BOT* Kümmel *m*; *2. (fig: algo sin importancia alguna)* unwichtige Sache *f*
comisaría [komisa'ria] *f* Revier *n*, Polizeirevier *n*
comisario [komi'sarĭo] *m* Kommissar *m*
comisión [komi'sĭɔn] *f 1.* Abordnung *f*, Ausschuss *m*; *~ de conciliación/~ de mediación* Vermittlungsausschuss *m*; *~ examinadora* Prüfungsausschuss *m*; *~ interventora* Kontrollbehörde *f*; *2. ~ investigadora POL* Untersuchungsausschuss *m*; *~ parlamentaria* Parlamentsausschuss *m*; *3. ECO* Kommission *f*; *4. (ganancia porcentual)* Provision *f*, Abschlussprovision *f*; *5. (adicional)* Spesen *pl*; *6. (acción de cometer algo)* Begehen *n*
comisionado [komisĭo'nađo] *m POL* Abgesandter *m*
comisionar [komisĭo'nar] *v* abordnen
comisionista [komisĭo'nista] *m/f 1.* Makler(in) *m/f*; *2. (comercio)* Spediteur(in) *m/f*; *3. ECO* Kommissionär(in) *m/f*
comisorio [komi'sɔrĭo] *adj JUR* befristet
comistrajo [komis'traxo] *m (fam)* Fraß *m*
comité [komi'te] *m* Ausschuss *m*, Beirat *m*, Komitee *n*; *~ de empresa ECO* Betriebsrat *m*
comitiva [komi'tiƀa] *f* Gefolge *n*
como ['komo] *adv 1. (característica)* als; *2. (comparación)* wie; *Pepe es tan grande ~ Juan.* Pepe ist so groß wie Juan. *3. ~ sigue* folgend, folgendermaßen; *4. (manera)* wie; *Cuéntamelo tal y ~ sucedió.* Erzähle mir genau, wie es geschehen ist. *¿Cómo se llama usted?* Wie heißen Sie? *¿Cómo está usted?* Wie geht es Ihnen? *¡Cómo llueve!* Was für ein Regen! *¡Cómo no!* Natürlich! Selbstverständlich! Warum nicht! *konj 5. (porque)* da, weil; *Como no vino, me fui.* Da er nicht kam, ging ich.
cómoda ['komođa] *f* Kommode *f*
comodable [komo'đaƀle] *adj JUR* leihbar, verleihbar
cómodamente ['komođamente] *adv* gemütlich, gemächlich
comodatario [komođa'tarĭo] *m JUR* Entleiher *m*
comodato [komo'đato] *m JUR* Leihe *f*
comodidad [komođi'đađ] *f 1.* Bequemlichkeit *f*, Annehmlichkeit *f*, Gemütlichkeit *f*; *2. (conveniencias)* Nutzen *m*, Vorteil *m*, Annehmlichkeit *f*
comodín [komo'đin] *m 1. (en los juegos de naipes)* Jolly *m*; *2. (fig)* Joker *m*; *3. caracteres ~ INFORM* Platzhalter *m*
cómodo ['komođo] *adj* bequem, gemütlich, behaglich; *~ de uso* benutzerfreundlich
comodoro [komo'đoro] *m 1. (en Inglaterra) NAUT* Kommodore *m*, Geschwaderführer *m*; *2. (en un club náutico) NAUT* Kommodore *m*
compac ['kompak] *m INFORM* CD *f*
compactación [kɔmpakta'θĭɔn] *f* Verdichtung *f*, Anhäufung *f*
compactar [kɔmpak'tar] *v* verdichten, zusammendrängen, anhäufen
compactibilidad [kɔmpaktiƀili'đađ] *f* Zusammengedrängtheit *f*, Dichtigkeit *f*
compacto [kɔm'pakto] *adj* massiv, kompakt, gedrungen; *disco ~* CD *f*

compadecer [kɔmpađe'θɛr] *v irr (sentir la desgracia ajena)* bemitleiden, bedauern
compadecerse [kɔmpađe'θerse] *v irr 1. ~ de* bemitleiden, sich erbarmen; *2. (convenir una cosa con otra)* zusammenpassen, zusammenstimmen, sich vertragen
compadraje [kɔmpa'đraxe] *m* Clique (fam) *f,* Cliquenwirtschaft *f*
compadre [kɔm'pađre] *m 1. (fam: amigo muy cercano)* Freund *m,* Kamerad *m; 2. (fam)* Angeber *m*
compaginación [kɔmpaxina'θĭɔn] *f* Seitenbezeichnung *f,* Umbruch *m*
compañera [kɔmpa'ɲera] *f* Genossin *f,* Kameradin *f,* Kollegin *f*
compañerismo [kɔmpaɲe'rizmo] *m* Kameradschaft *f*
compañero [kɔmpa'ɲero] *m 1.* Genosse *m,* Kamerad *m,* Kollege *m; ~ de clase* Schulfreund *m,* Mitschüler *m; ~ de desgracias/~ de infortunio* Leidensgefährte *m; ~ de estudio* Kommilitone *m; ~ de juegos* Spielkamerad *m; ~ de la vida* Lebensgefährte *m; 2. (fam)* Kumpel *m*
compañía [kɔmpa'ɲia] *f 1.* Gesellschaft *f,* Partnerschaft *f; ¿Quiere usted hacerme ~?* Wollen Sie mir Gesellschaft leisten? *2. ECO* Gesellschaft *f; ~ de aviación* Fluggesellschaft *f; ~ de transportes* Transportunternehmen *n; ~ distribuidora* Vertriebsgesellschaft *f; ~ naviera* Reederei *f; 3. MIL* Kompanie *f; 4. (de teatro)* Truppe *f*
comparable [kɔmpa'raƀle] *adj ~ con* vergleichbar mit
comparación [kɔmpara'θĭɔn] *f* Vergleich *m,* Gegenüberstellung *f; a modo de ~* vergleichsweise; *en ~* dagegen; *en ~ con* demgegenüber
comparado [kɔmpa'rađo] *adj gramática comparada GRAMM* vergleichende Grammatik *f*
comparador [kɔmpara'đɔr] *m PHYS* Komparator *m*
comparar [kɔmpa'rar] *v 1. ~ con* vergleichen mit; *2. (contraponer)* gegenüberstellen
compararse [kɔmpa'rarse] *v ~ con alguien* sich mit jdm vergleichen
comparatista [kɔmpara'tista] *m* Rechtsvergleicher *m,* Komparatist *m*
comparativamente [kɔmparatiƀa'mente] *adv* vergleichsweise
comparativo [kɔmpara'tiƀo] *adj 1. (lo que compara)* vergleichend, Vergleichs...; *2. adjetivo ~ GRAMM* vergleichendes Beiwort *n*
comparecencia [kɔmpare'θenθĭa] *f JUR* Erscheinen *n,* Vorführung *f*
comparecer [kɔmpare'θɛr] *v irr* erscheinen, vorführen; *~ ante el juez* vor dem Richter erscheinen; *~ en juicio* vor Gericht erscheinen
compareciente [kɔmpare'θĭente] *m JUR* Komparent *m*
comparición [kɔmpari'θĭɔn] *f JUR* Erscheinen vor Gericht *n*
comparsa [kɔm'parsa] *m CINE* Statist *m*
compartidor [kɔmpar'tiđor] *m* Mitteilhaber *m,* Mitverteiler *m*
compartimento [kɔmparti'mĭento] *m* Zugabteil *n,* Abteil *n*
compartimiento [kɔmparti'mĭento] *m ~ de fumadores* Raucherabteil *n; ~ de congelación* Tiefkühlfach *n; ~ refrigerador* Kühlfach *n*
compartir [kɔmpar'tir] *v 1. ~ algo con alguien* etw mit jdm teilen; *2. (participar en alguna cosa)* teilen
compás [kɔm'pas] *m 1. MUS* Takt *m,* Rhythmus *m; 2. MATH* Zirkel *m; 3. (brújula en las naves) NAUT* Kompass *m; 4. ~ binario MUS* Takt *m,* Tonmaß *n; ~ de cinco por ocho* 5/8-Takt *m; ~ de doce por ocho* 12/8-Takt *m; ~ de tres por cuatro* 3/4-Takt *m; ~ ternario* dreigliedriger Takt *m; 5. (en el pentagrama) MUS* Takt *m; 6. (fig) salir uno de ~* das Maß überschreiten
compasado [kɔmpa'sađo] *adj (mesurado)* taktmäßig, abgemessen, wohlgeordnet
compasar [kɔmpa'sar] *v 1. (medir con un compás)* abzirkeln; *2. (fig: ajustar)* bemessen, einteilen
compasillo [kɔmpa'siʎo] *m MUS* 4/4-Takt *m*
compasión [kɔmpa'sĭɔn] *f* Mitleid *n,* Erbarmen *n,* Mitgefühl *n*
compasivamente [kɔmpasiƀa'mente] *adv* mitfühlend, mitleidig
compasivo [kɔmpa'siƀo] *adj* barmherzig, mitfühlend, mitleidig
compatibilidad [kɔmpatiƀili'đađ] *f 1.* Kompatibilität *f; ~ con* Vereinbarkeit mit *f; 2. (naturaleza)* Verträglichkeit *f; ~ ambiental* Umweltverträglichkeit *f*
compatible [kɔmpa'tiƀle] *adj* vereinbar, kompatibel
compatriota [kɔmpa'trĭota] *m/f* Landsmann/Landsmännin *m/f,* Mitbürger(in) *m/f*
compeler [kɔmpe'lɛr] *v (obligar a hacer algo)* nötigen, zwingen

compendiar [kɔmpen'đĭar] *v* abkürzen, zusammenfassen
compendio [kɔm'pendĭo] *m 1.* Auszug *m,* kurze Darstellung *f,* Kompendium *n; 2. en ~* kurz gefasst
compendioso [kɔmpen'dĭoso] *adj* abgekürzt
compenetración [kɔmpenetra'θĭɔn] *f* Einfühlungsvermögen *n*
compenetrarse [kɔmpene'trarse] *v 1. (penetrarse recíprocamente)* sich gegenseitig geistig durchdringen; *2. (fig: influirse mutuamente)* sich gegenseitig beeinflussen; *3. (fig: identificarse dos personas)* ineinander aufgehen
compensable [kɔmpen'saƀle] *adj* ersetzbar, ausgleichbar
compensación [kɔmpensa'θĭɔn] *f 1.* Kompensation *f; 2. (indemnización)* Entschädigung *f,* Ersatzbefriedigung *f; como ~* als Ersatz; *3. ECO* Abfindung *f; 4. PSYCH* Kompensation *f*
compensador [kɔmpensa'đɔr] *m TECH* Ausgleichspendel *n,* Kompensator *m*
compensar [kɔmpen'sar] *v irr 1.* kompensieren, wettmachen; *2. (indemnizar)* entschädigen, ersetzen
compensativo [kɔmpensa'tiƀo] *adj* ausgleichend
competencia [kɔmpe'tenθĭa] *f 1.* Kompetenz *f; 2. ECO* Konkurrenz *f; 3. (pertinencia)* Zuständigkeit *f; 4. una ~ de atletismo SPORT* ein athletischer Wettstreit *m,* ein Athletikwettkampf *m*
competente [kɔmpe'tente] *adj 1.* kompetent, federführend; *2. (encargado de) ~ para* zuständig für
competición [kɔmpeti'θĭɔn] *f 1.* Konkurrenz *f; 2. SPORT* Wettkampf *m; 3. (evento) SPORT* Sportveranstaltung *f*
competidor(a) [kɔmpeti'đɔr/kɔmpeti'đora] *m/f 1.* Konkurrent(in) *m/f; 2. SPORT* Wettkämpfer(in) *m/f*
competir [kɔmpe'tir] *v irr 1. ~ con* konkurrieren mit, wetteifern mit; *2. (igualar una cosa a otra)* gleich gut sein
competitivo [kɔmpeti'tiƀo] *adj* konkurrenzfähig, wettbewerbsfähig
compilación [kɔmpila'θĭɔn] *f 1. (reunión, colección de escritos)* Kompilation *f,* Sammelwerk *n; 2. INFORM* Kompilierung *f*
compilador [kɔmpika'đɔr] *m 1. INFORM* Kompiler *m; El ~ convierte un programa fuente en un programa ejecutable.* Der Kompiler wandelt einen Quellcode in ein ausführbares Programm um. *2. (persona que compila)* Verfasser eines Sammelwerks *m*
compilar [kɔmpi'lar] *v 1. (reunir)* zusammentragen, zusammenstellen; *2. INFORM* kompilieren
compilatorio [kɔmpila'tɔrĭo] *adj* Sammel..., Kompilations...
compinche [kɔm'pintʃe] *m 1. (fam: compadre, amigo)* Kumpan *m; 2. (fam: amigote)* Spießgeselle *m*
complacedor [kɔmplaθe'đɔr] *adj* gefällig, entgegenkommend
complacencia [kɔmpla'θenθĭa] *f* Gefälligkeit *f,* Hilfsbereitschaft *f*
complacer [kɔmpla'θɛr] *v irr* befriedigen
complacerse [kɔmpla'θɛrse] *v (tener satisfacción en algo)* Gefallen finden, sich freuen
complaciente [kɔmpla'θĭente] *adj* freundlich, zuvorkommend, hilfsbereit
complejidad [kɔmplɛxi'đađ] *f* Schwierigkeit *f*
complejo [kɔm'plɛxo] *m 1. (totalidad)* Komplex *m,* Ganzes *n; 2. (industria)* Gebäude *n,* Komplex *m; 3. PSYCH* Komplex *m; ~ de culpabilidad PSYCH* Schuldkomplex *m; ~ de inferioridad* Minderwertigkeitskomplex *m; adj 4.* komplex, umfassend, unübersichtlich (fam); *5. número ~ MATH* komplexe Zahlen *f/pl*
complementar [kɔmplemen'tar] *v* ergänzen, vervollständigen
complementario [kɔmplemen'tarĭo] *adj 1.* zusätzlich; *2. colores ~s* Komplementärfarben *f/pl; 3. ángulo ~ MATH* Nebenwinkel *m,* Ergänzungswinkel *m,* Gegenwinkel *m*
complemento [kɔmple'mento] *m 1. (adicional)* Ergänzung *f; 2. ~ directo GRAMM* Akkusativobjekt *n; 3. ~ indirecto GRAMM* Dativobjekt *n*
completamente [kɔm'pletamente] *adv* ganz, restlos, total; *~ automático* vollautomatisch; *~ desnudo* splitternackt; *~ despierto* hellwach; *~ liso* spiegelglatt; *~ solo* mutterseelenallein
completar [kɔmple'tar] *v* ergänzen, vervollständigen; *~ la entrega* nachliefern; *~ el pago* nachzahlen
completivo [kɔmple'tiƀo] *adj* ergänzend
completo [kɔm'pleto] *adj 1.* ganz, hundertprozentig, restlos; *por ~* völlig; *estar al ~* völlig ausgebucht sein; *2. (perfecto)* vollständig, perfekt

complexión [kɔmpleg'sĭɔn] *f (constitución)* Körperbau *m,* Konstitution *f,* Veranlagung *f*
complexionado [kɔmplegsĭo'nađo] *adj bien ~* von kräftigem Körperbau *m,* kräftig gebaut; *mal ~* von schmächtigem Körperbau *m*
complicación [kɔmplika'θĭɔn] *f* Erschwernis *f,* Komplikation *f,* Verwicklung *f*
complicado [kɔmpli'kađo] *adj 1.* kompliziert, kniffelig, schwer; *poco ~* unkompliziert; *2. (intrincado)* verzwickt, umständlich; *3. (persona difícil de entender)* schwierig, kompliziert
complicar [kɔmpli'kar] *v* erschweren, verwickeln
complicarse [kɔmpli'karse] *v (hacerse más difícil)* sich verschlimmern
cómplice ['kɔmpliθe] *m/f* Helfershelfer(in) *m/f,* Komplice *m,* Mittäter(in) *m/f*
complicidad [kɔmpliθi'đađ] *f JUR* Beihilfe *f*
complot [kɔm'plɔt] *m 1. POL* Komplott *n; 2. (fam: intriga, tramoya)* Intrige *f,* Verschwörung *f*
componenda [kɔmpo'nenda] *f (arreglo censurable)* Absprache *f,* Kompromiss *m*
componente [kɔmpo'nente] *m* Bestandteil *m,* Komponente *f*
componer [kɔmpo'nɛr] *v irr 1.* verfassen, setzen, kitten; *2. (mejorar)* ausbessern, ausarbeiten; *3. MUS* komponieren; *4. (arreglar)* in Ordnung bringen; *5. (reconciliar)* versöhnen; *6. (crear una obra del espíritu)* schaffen, schreiben, dichten; *~ una tragedia* eine Tragödie dichten; *~ un poema* ein Gedicht schreiben; *7. (restaurar)* ausbessern, reparieren; *8. ~ un texto (en la imprenta)* einen Text setzen
componerse [kɔmpo'nɛrse] *v irr 1. ~ de* sich zusammensetzen aus, bestehen aus; *2. componérselas* sich behelfen, zurechtkommen, durchkommen; *3. (moderarse)* sich mäßigen
componible [kɔmpo'niƀle] *adj* passend, vereinbar, ausgleichbar
comportable [kɔmpor'table] *adj* erträglich
comportamiento [kɔmporta'mĭento] *m* Verhalten *n,* Benehmen *n,* Betragen *n; ~ en carretera* Fahrverhalten *n*
comportarse [kɔmpor'tarse] *v* sich benehmen, sich betragen, sich verhalten; *~ mal* sich danebenbenehmen
composición [kɔmposi'θĭɔn] *f 1. (redacción)* Aufsatz *m; 2. (de palabras)* Zusammensetzung *f,* Zusammenstellung *f; 3. MUS* Komposition *f; 4. (en la imprenta)* Satz *m; 5. hacer uno ~ de lugar* das Für und Wider abwägen *n; 6. (la resultante de fuerzas vectoriales) PHYS* Kräftezusammensetzung *f; 7. FOTO* Komposition *f*
compositivo [kɔmposi'tiƀo] *adj GRAMM* Komposit..., Kompositions...
compositor(a) [kɔmposi'tɔr/kɔmposi'tora] *m/f MUS* Komponist(in) *m/f*
compost [kɔm'pɔst] *m AGR* Kompost *m*
compostura [kɔmpɔs'tura] *f 1.* Anfertigung *f; 2. TECH* Reparatur *f; 3. (circunspección)* Zurückhaltung *f; 4. (aseo personal)* Körperpflege *f*
compota [kɔm'pota] *f (de fruta)* Mus *n,* Kompott *n*
compotera [kɔmpo'tera] *f* Kompottschale *f,* Kompottschüssel *f*
compra ['kɔmpra] *f 1.* Ankauf *m,* Anschaffung *f,* Besorgung *f,* Kauf *m; hacer ~s* einkaufen; *ir de ~s* einkaufen gehen; *2. ~ al por mayor ECO* Großeinkauf *m; 3. ~ al contado FIN* Barkauf *m*
comprable [kɔm'praƀle] *adj 1.* käuflich; *2. (fig)* bestechlich
comprador(a) [kɔmpra'đɔr/kɔmpra'đora] *m/f ECO* Käufer(in) *m/f,* Auftraggeber(in) *m/f,* Abnehmer(in) *m/f*
comprar [kɔm'prar] *v 1.* kaufen, einkaufen, anschaffen; *~ a crédito* anschreiben; *2. (algo a alguien)* abkaufen
compraventa [kɔmpra'ƀenta] *f JUR* Kauf *m*
comprender [kɔmpren'dɛr] *v 1. (entender)* begreifen, verstehen, einsehen; *hacer ~ algo a alguien* jdm etw nahe bringen; *~ sentimientos ajenos* nachempfinden; *2. (incluir)* einschließen
comprendido [kɔmpren'điđo] *adj* inbegriffen
comprensibilidad [kɔmprensiƀili'đađ] *f* Verständlichkeit *f,* Begreifbarkeit *f*
comprensible [kɔmpren'siƀle] *adj* begreiflich, nachvollziehbar, verständlich; *~ para todos* allgemein verständlich
comprensión [kɔmpren'sĭɔn] *f 1.* Verständnis *n; lleno de ~* verständnisvoll; *sin ~* verständnislos; *2. (compenetración)* Einfühlungsvermögen *n*
comprensivo [kɔmpren'siƀo] *adj 1.* einfühlsam, verständnisvoll; *2. (que comprende)*

verständnisvoll, großzügig, einsichtig; *3. (que incluye)* inbegriffen
compresa [kɔm'presa] *f 1. MED* Kompresse *f*, Umschlag *m; 2. (paño higiénico)* Damenbinde *f*
compresibilidad [kɔmpresiƀili'đađ] *f* Zusammendrückbarkeit *f*
compresión [kɔmpre'sĭɔn] *f 1. (acción de comprimir un archivo) INFORM* Komprimierung *f; 2.* Zusammenpressung *f*, Druck *m*, Kompression *f*
compresivo [kɔmpre'siƀo] *adj* zusammenpressend, verdichtend
compresor [kɔmpre'sɔr] *m TECH* Kompressor *m*
comprimible [kɔmpri'miƀle] *adj* komprimierbar, zusammendrückbar
comprimido [kɔmpri'miđo] *m 1. (pastilla) MED* Tablette *f; adj 2. aire ~ TECH* Druckluft *f*
comprimir [kɔmpri'mir] *v 1.* drücken; *2. ~ un archivo INFORM* eine Verzeichnis komprimieren
comprobable [kɔmpro'ƀaƀle] *adj* nachweisbar
comprobación [kɔmproƀa'θĭɔn] *f* Nachweis *m*, Beobachtung *f*
comprobante [kɔmpro'ƀante] *m* Beleg *m; ~ de pago* Quittung *f*
comprobar [kɔmpro'ƀar] *v irr* feststellen, nachprüfen, nachweisen; *~ un cálculo* nachrechnen
comprobatorio [kɔmproƀa'torĭo] *adj* feststellend, Beweis..., Prüfungs...
comprometedor [kɔmpromete'đɔr] *adj* kompromittierend, heikel, riskant
comprometer [kɔmprome'tɛr] *v 1. ~ a* verpflichten zu; *2. (poner en ridículo)* kompromittieren, blamieren; *3.* in Gefahr bringen, gefährden; *4. (hacer objeto de un compromiso)* verpflichten
comprometerse [kɔmprome'tɛrse] *v 1.* sich engagieren; *2. ~ con* sich verloben mit; *3. (meterse en) ~ en* sich einlassen auf
comprometido [kɔmprome'tiđo] *adj (estar en una situación difícil)* heikel, gefährlich, schwierig
comprometimiento [kɔmprometi'mĭento] *m* Bloßstellung *f*, Blamage *f*
compromiso [kɔmpro'miso] *m 1. (obligación)* Bindung *f*, Verpflichtung *f; sin ~* frei bleibend, unverbindlich; *sin ~s* kompromisslos; *Tengo un ~.* Ich habe eine Verabredung. *~ matrimonial* Verlobung *f; 2. (acuerdo)* Ausgleich *m*, Kompromiss *m*, Mittelweg *m; 3. (dificultad)* schwierige Lage *f*, Verlegenheit *f*
compuerta [kɔm'pwɛrta] *f 1. (en un dique o canal)* Schleusentor *n*, Schieber *m; 2. (las puertas en un submarino) TECH* Schottentür *f*, Schott *n*
compuesto [kɔm'pwesto] *adj 1.* zusammengesetzt; *estar ~ de* bestehen aus; *m 2. CHEM* Verbindung *f; 3. (en los insectos) ojo ~ ZOOL* Facettenauge *n; 4. intervalo ~ MUS* zusammengesetztes Intervall *n; 5. número ~* zusammengesetzte Zahl *f; 6. oración compuesta* zusammengesetzter Satz *m; cláusula compuesta* Satzgefüge *n; 7. interés ~ FIN* Zinseszins *m; 8. orden ~ ARCH* Anordnung von Säulen mit Kompositkapitell *f*
compulsa [kɔm'pulsa] *f* Beglaubigung *f*, beglaubigte Abschrift *f*, Urkundenvergleichung *f*
compulsación [kɔmpulsa'θĭɔn] *f* Vergleichung *f*, Vornahme einer amtlichen Beglaubigung *f*
compulsar [kɔmpul'sar] *v* vergleichen, zwingen
compulsión [kɔmpul'sĭɔn] *f 1. (impulso irracional) PSYCH* Zwang *m; neurosis de ~* Zwangsneurose *f; 2. (apremio) JUR* gerichtlicher Zwang *m*
compulsivo [kɔmpul'siƀo] *adj 1. (que compele)* Zwangs...; *2. (persona guiada por un impulso) PSYCH* Zwangstäter *m*
compulso [kɔm'pulso] *adj beneficio ~* geringe Pfründe eines geistlichen Ritterordens
compulsorio [kɔmpul'sorĭo] *adj JUR* Mahn...
compunción [kɔmpun'θĭɔn] *f 1. (dolor ante las propias faltas)* Zerknirschung *f*, Reue *f; 2. (dolor ante el sufrimiento ajeno)* Mitgefühl *n*, Mitleid *n*
compungido [kɔmpuŋ'xiđo] *adj* zerknirscht
compungir [kɔmpun'xir] *v (causar compunción)* zur Reue bewegen
compungirse [kɔmpun'xirse] *v* zerknirscht sein, Gewissensbisse haben
computable [kɔmpu'taƀle] *adj MATH* berechenbar
computación [kɔmputa'θĭɔn] *f 1. ciencia de la ~ INFORM* Computerwissenschaft *f*, Informatik *f; 2. (cómputo)* Berechnung *f*
computadora [kɔmpu'tađora] *f (LA) INFORM* Computer *m*

computar [kɔmpu'tar] *v* berechnen, errechnen
cómputo ['kɔmputo] *m* Berechnung *f*
comulgar [ko'mulgar] *v 1. REL* das heilige Abendmahl reichen, das heilige Abendmahl empfangen; *2.* einer Meinung sein, übereinstimmen
común [ko'mun] *adj 1. (en ~)* gemeinsam; *tener algo en ~* etw gemeinsam haben, etw teilen; *2. (frecuente)* durchschnittlich, landläufig, weit verbreitet; *poco ~* ungemein, ungewöhnlich
comuna [ko'muna] *f* Kommune *f,* Wohngemeinschaft *f*
comunal [komu'nal] *adj* kommunal
comunero [komu'nero] *adj* freundlich, leutselig
comunicabilidad [komunikaƀili'đađ] *f* Leutseligkeit *f*
comunicable [komuni'kaƀle] *adj* mitteilbar, gesellig, leutselig
comunicación [komunika'θĭɔn] *f 1. (informe)* Bericht *m,* Meldung *f,* Mitteilung *f; 2. (conversación)* Kommunikation *f,* Verständigung *f,* Kontakt *m; 3. TEL* Verbindung *f; 4. ~ de datos INFORM* Datenübertragung *f; 5. vía de ~* Verkehrsweg *m,* Verbindungsweg *m; 6. los medios de ~ TEL* Kommunikationsmittel *n/pl*
comunicado [komuni'kađo] *m* Meldung *f,* Verlautbarung *f,* Kommuniqué *n*
comunicar [komuni'kar] *v 1. (informar)* melden, mitteilen, bekannt geben; *2. (tener contacto)* sich verständigen, kommunizieren
comunicarse [komuni'karse] *v ~ con TEL* verbinden mit
comunicativo [komunika'tiƀo] *adj* aufgeschlossen, gesellig, gesprächig
comunidad [komuni'đađ] *f 1.* Gemeinde *f,* Gemeinschaft *f,* Gemeinsamkeit *f; 2. ~ religiosa REL* Glaubensgemeinschaft *f; 3. ~ de bienes JUR* Gütergemeinschaft *f; 4. ~ económica ECO* Wirtschaftsgemeinschaft *f; Comunidad Europea ECO* Europäische Gemeinschaft *f*
Comunión [komu'nĭɔn] *f la Santa ~ REL* Abendmahl *n,* Kommunion *f*
comunismo [komu'nizmo] *m POL* Kommunismus *m*
comunista [komu'nista] *m/f 1. POL* Kommunist(in) *m/f; adj 2. POL* kommunistisch
comunitario [komuni'tarĭo] *adj* Gemeinschafts...

con [kɔn] *prep 1.* mit, bei, nach; *¿Con qué?* Womit? *~ el fin de* zwecks, um zu; *~ ello/~ eso* damit; *~ esto* hierbei, hiermit; *2. (mediante)* durch
conato [ko'nato] *m 1. (empeño en conseguir algo)* Versuch *m,* Bemühung *f; 2. (propósito)* Absicht *f,* Plan *m,* Vorhaben *n*
concatenación [kɔnktatena'θĭɔn] *f* Verkettung *f*
concavidad [kɔnkaƀi'đađ] *f* Höhlung *f,* Aushöhlung *f,* Vertiefung *f*
cóncavo ['kɔnkaƀo] *adj* konkav, hohl
concebible [kɔnθe'ƀiƀle] *adj* denkbar, erdenklich
concebir [kɔnθe'ƀir] *v irr 1.* entwerfen; *2. (recibir)* empfangen; *3. (entender)* begreifen, erfassen
conceder [kɔnθe'đɛr] *v 1. (dar)* erteilen, gewähren, verleihen; *~ subvenciones* bezuschussen; *~ una moratoria ECO* stunden; *2. (aprobar)* zugestehen, zugeben; *3. (permiso)* bewilligen, zubilligen
concejal [kɔnθe'xal] *m* Stadtverordneter *m*
concejo [kɔn'θɛxo] *m ~ municipal POL* Stadtrat *m*
concentrabilidad [kɔnθentraƀili'đađ] *f* Vereinigungsfähigkeit *f*
concentrable [ĭɔnθen'traƀle] *adj* vereinigungsfähig
concentración [kɔnθentra'θĭɔn] *f 1.* Konzentration *f,* Sammlung *f,* Versammlung *f; 2. (enriquecimiento)* Anreicherung *f; de alta ~* hochgradig; *3. ~ parcelaria* Flurbereinigung *f; 4. campo de ~* Konzentrationslager *n,* Gefangenenlager *n; 5. ~ de capitales ECO* Konzentrierung von Kapital *f*
concentrado [kɔnθen'trađo] *m 1.* Konzentrat *n; adj 2. (enriquecido)* angereichert; *3. (aplicado)* strebsam
concentrar [kɔnθen'trar] *v* anreichern
concentrarse [kɔnθen'trarse] *v* sich konzentrieren, sich verdichten
concéntrico [kɔn'θentriko] *adj* konzentrisch
concepción [kɔnθep'θĭɔn] *f 1.* Gestaltung *f,* Planung *f; 2. (idea, opinión)* Auffassung *f,* Vorstellung *f; 3. BIO* Empfängnis *f*
conceptivo [kɔnθep'tiƀo] *adj* empfängnisfähig, gedankenreich, sinnreich
concepto [kɔn'θepto] *m 1. (concepción)* Auffassung *f; 2. (noción)* Begriff *m; ~ colectivo* Sammelbegriff *m; 3. (opinión)* Meinung *f,* Idee *f,* Gedanke *m; 4. (opinión que se tiene de alguien)* Meinung *f,* Achtung *f; 5. formar*

uno ~ de ... sich einen Begriff machen von ...
conceptuar [kɔnθep'twar] *v* ausdenken, entwerfen
conceptuosidad [kɔnθeptwosi'đađ] *f* Witz *m,* Scharfsinn *m*
conceptuoso [kɔnθep'twoso] *adj (lleno de conceptos)* geistreich, sinnreich, witzig
concerniente [kɔnθɛr'nĭente] *prep ~ a* bezüglich
concernir [kɔnθɛr'nir] *v irr* betreffen, anbelangen, angehen; *En lo que concierne a tu familia ...* Hinsichtlich deiner Familie ...
concertación [kɔnθɛrta'θĭɔn] *f POL* Absprache *f*
concertado [kɔnθɛr'tađo] *adj POL* konzertiert
concertar [kɔnθɛr'tar] *v irr 1. (acordar)* verabreden, ausmachen; *~ algo* etw vereinbaren; *2. (contrato, seguro) ECO* abschließen; *3. (llevar a unidad cosas diferentes)* versöhnen; *4. (concordar)* in Einklang bringen; *5. GRAMM* zusammenpassen, übereinstimmen
concertino [kɔnθɛr'tino] *m (primer violín de una orquesta) MUS* erster Geiger *m*
concertista [kɔnθɛr'tista] *m (solista) MUS* Konzertspieler *m,* Konzertmeister *m*
concesión [kɔnθe'sĭɔn] *f 1.* Konzession *f; 2. (de una industria) ECO* Gewerbeschein *m; ~ exclusiva* Alleinvertrieb *m; 3. (permiso)* Bewilligung *f; 4. (confesión)* Zugeständnis *n; 5. (adjudicación)* Vergabe *f*
concesionario [kɔnθesĭo'narĭo] *m ~ de reparaciones* Autowerkstatt *f*
concesivo [kɔnθe'siƀo] *adj* konzessiv, einräumend
conciencia [kɔn'θĭenθĭa] *f 1.* Gewissen *n; sin ~* gewissenlos; *¡Te remuerde la ~!* Du hast Gewissensbisse! *2. (la noción de sí mismo)* Bewusstsein *n; 3. hacer algo a ~* etw gewissenhaft tun; *4. ajustarse uno a su ~* sich nach seinem Gewissen richten *n; 5. libertad de ~* Gewissensfreiheit *f; examen de ~* Gewissensprüfung *f; cargo de ~* Last des Gewissens *f; caso de ~* Gewissenspflicht *f; 6. tener uno mala ~ por algo* wegen einer Sache ein schlechtes Gewissen haben
concienzudo [kɔnθĭen'θuđo] *adj* gewissenhaft
concierto [kɔn'θĭɛrto] *m 1. MUS* Konzert *n; ~ de cámara* Kammerkonzert *n; ~ de piano* Klavierkonzert *n; 2. (orden de las cosas)* Ordnung *f; 3. (convenio)* Übereinkunft *f,* Übereinstimmung *f*
conciliable [kɔnθi'lĭaƀle] *adj* vereinbar
conciliábulo [kɔnθi'lĭaƀulo] *m (concilio)* Konzil *n,* Zusammenkunft *f*
conciliación [kɔnθilia'θĭɔn] *f JUR* Vergleich *m*
conciliante [kɔnθi'lĭante] *adj* versöhnlich
conciliar [kɔnθi'lĭar] *adj 1.* Konzil..., Konzils...; *v 2.* aussöhnen, versöhnen
conciliativo [kɔnθilĭa'tiƀo] *adj* aussöhnend, Sühne...
conciliatorio [kɔnθilĭa'torĭo] *adj* Sühne..., Vermittlungs...
concilio [kɔn'θilĭo] *m REL* Konzil *n*
concisamente [kɔnθisa'mente] *adv* prägnant
concisión [kɔnθi'sĭɔn] *f* Kürze *f,* Bündigkeit *f,* Gedrängtheit *f*
conciso [kɔn'θiso] *adj* bündig, knapp, prägnant
concitación [kɔnθita'θĭɔn] *f* Aufregung *f,* Anfeuern *n*
concitador [kɔnθita'đɔr] *adj* anfeuernd
concitar [kɔnθi'tar] *v* aufregen, antreiben, anreizen
concitativo [kɔnθita'tiƀo] *adj* reizend, erregend
conciudadana [kɔnθiuđa'đana] *f* Mitbürgerin *f*
conciudadano [kɔnθiuđa'đano] *m* Mitbürger *m*
cónclave ['kɔnklaƀe] *m 1. (junta de cardenales) REL* Konklave *f,* Wahlversammlung der Kardinäle *f; 2. (fig: junta)* Versammlung *f*
concluir [kɔŋklu'ir] *v irr 1.* abschließen, beenden, fertig machen; *~ un contrato JUR* einen Vertrag abschließen; *2. (deducir) ~ de* entnehmen aus, schließen aus, folgern aus, schlussfolgern aus
conclusión [kɔŋklu'sĭɔn] *f 1.* Folgerung *f,* Schlussfolgerung *f; sacar una ~* einen Schluss ziehen; *~ errónea/~ falsa* Trugschluss *m; 2. (terminación)* Vollendung *f,* Vertragsabschluss *m; en ~* abschließend; *~ de los estudios* Studienabschluss *m; 3. ~ del contrato ECO* Vertragsabschluss *m; ~ de un negocio/~ de una operación* Geschäftsabschluss *m*
conclusivo [ĭɔnklu'siƀo] *adj* End...
concluso [kɔn'kluso] *adj (terminado)* beendet, abgeschlossen
concluyente [kɔŋklu'jente] *adj* beweiskräftig, schlüssig
concomerse [kɔnkɔ'mɛrse] *v (fig: sentir inquietud interior)* sich verzehren

concomitancia [kɔnkomi'tanθĭa] *f* gleichzeitiges Bestehen *n*
concomitante [kɔnkomi'tante] *adj* Begleit...
concomitar [kɔnkomi'tar] *v* gleichzeitig bestehen, begleiten
concordable [kɔnkɔr'đaƀle] *adj* übereinstimmend
concordación [kɔnkɔrđa'θĭɔn] *f* Übereinstimmung *f,* Einklang *m*
concordancia [kɔŋkɔr'đanθĭa] *f* *1.* Übereinstimmung *f;* *2. (coincidencia de los accidentes) GRAMM* Konkordanz *f,* Kongruenz *f;* *3. (índice de todas las citas y palabras* Konkordanz *f*
concordante [kɔŋkɔr'đante] *adj* übereinstimmend
concordar [kɔŋkɔr'dar] *v irr 1. ~ con* harmonieren mit; *2. (formar concordancia) GRAMM* konkordant sein, kongruent sein; *3. (poner de acuerdo)* zur Übereinstimmung bringen
concorde [kɔŋ'kɔrde] *adj* einträchtig, einstimmig
concordia [kɔn'kɔrđĭa] *f (conformidad)* Übereinstimmung *f,* Eintracht *f*
concretar [kɔŋkre'tar] *v 1.* fixieren, festlegen; *2. (reducir a lo más esencial)* kurz ausdrücken
concretarse [kɔnkre'tarse] *v (limitarse a lo esencial)* sich beschränken
concreto [kɔŋ'kreto] *m 1. (LA)* Beton *m; adj 2.* konkret; *adj 3. en ~* eigentlich, im Besonderen, kurz gefasst
concubina [kɔnku'ƀina] *f* Konkubine *f*
conculcar [kɔnkul'kar] *v (quebrantar la ley)* das Gesetz übertreten
concuñado [kɔnku'ɲađo] *m* Doppelschwager *m,* Schwippschwager *m*
concupiscencia [kɔnkupis'θenθĭa] *f* Gier *f,* Begierde *f,* Lüsternheit *f*
concupiscente [kɔnkupis'θente] *adj* gierig, lüstern
concurrencia [kɔŋku'rrenθĭa] *f* Zulauf *m*
concurrir [kɔŋku'rrir] *v 1.* einfinden; *2. (juntarse hechos o personas)* sich versammeln, zusammenkommen
concursante [kɔnkur'sante] *m* Mitbewerber *m,* Submittent *m,* Teilnehmer *m*
concursar [kɔnkur'sar] *v (tomar parte en un concurso)* teilnehmen
concurso [kɔŋ'kurso] *m 1.* Wettbewerb *m,* Ausschreibung *f,* Preisausschreiben *n; ~ deportivo* Sportveranstaltung *f; ~ radiofónico/~ de televisión* Quiz *n; 2. ~ de acreedores (privado) JUR* Konkurs *m; 3. (ayuda)* Hilfe *f,* Unterstützung *f; 4. (coincidencia de hechos)* Zusammentreffen von Umständen *n*
concusión [kɔnku'sĭɔn] *f 1. (conmoción)* Erschütterung *f; 2. (exacción ilegítima)* Gebührenüberhebung *f*
concusionario [kɔnkusĭɔnaĭo] *adj* erpresserisch
concha ['kɔntʃa] *f 1. ZOOL* Muschel *f; ~ de caracol* Schneckenhaus *n; 2. meterse uno en su ~* zurückhaltend sein
conchudo [kɔn'tʃuđo] *adj 1. (animal que tiene concha)* Schalen...; *2. (fig: astuto)* listig
condal [kɔn'đal] *adj* gräflich
conde(sa) ['kɔnde/kɔn'desa] *m/f* Graf/Gräfin *m/f*
condecoración [kɔndekora'θĭɔn] *f* Orden *m*
condecorar [kɔnđeko'rar] *v* auszeichnen, Ehre einbringen *f*
condena [kɔn'dena] *f 1.* Verurteilung *f; 2. JUR* Strafe *f*
condenable [kɔnde'naƀle] *adj* verwerflich
condenación [kɔndena'θĭɔn] *f 1.* Verurteilung *f; 2. la ~ eterna REL* ewige Verdammnis *f*
condenada [kɔnde'nađa] *f JUR* Verurteilte *f*
condenado [kɔnde'nađo] *m 1. JUR* Verurteilter *m; adj 2. estar uno ~ a* verurteilt sein zu; *3. (fig: malvado)* verdammt
condenar [kɔnde'nar] *v 1.* verurteilen; *Al prisionero lo ~on a dos años de prisión.* Der Gefangene wurde zu zwei Jahren Gefängnis verurteilt. *2. (proscribir una doctrina)* verbannen, verurteilen, ächten; *3. (reprobar una forma de proceder)* verurteilen
condenarse [kɔnde'narse] *v 1. (culparse)* schuldig werden; *2. REL* verdammt werden
condenatorio [kɔndena'torĭo] *adj 1.* Straf...; *2. juicio ~ JUR* Strafurteil *n*
condensabilidad [kɔndensaƀili'đađ] *f CHEM* Verdichtbarkeit *f*
condensable [kɔnden'saƀle] *adj* verdichtbar
condensación [kɔndensa'θĭɔn] *f* Kondensation *f*
condensador [kɔndensa'đɔr] *m TECH* Kondensator *m*
condensar [kɔnden'sar] *v 1. TECH* verdichten; *2. (fig: sintetizar lo escrito)* knapper ausdrücken, knapp zusammenfassen

condensativo [kɔndensa'tiƀo] *adj* verdichtend
condescendencia [kɔndesθen'denθĭa] *f* Nachgiebigkeit *f*
condescender [kɔndesθen'dɛr] *v irr* nachgeben
condescendiente [kɔndesθen'dĭente] *adj* nachgiebig
condición [kɔndi'θĭɔn] *f 1.* Bedingung *f,* Auflage *f,* Kondition *f; bajo la ~ de que ...* unter der Voraussetzung, dass ...; *~ previa* Voraussetzung *f; 2. (estado, manera)* Verfassung *f,* Stand *m,* Kondition *f; 3. condiciones pl* Bedingungen *pl; condiciones de vida* Lebensbedingungen *pl; 4. condiciones pl ECO* Bedingungen *pl; condiciones de negocio* Geschäftsbedingungen *pl; condiciones de pago* Zahlungsbedingungen *pl; 5. estar en ~ SPORT* in Form sein, in guter Kondition sein; *estar uno fuera de ~* außer Kondition sein
condicionado [kɔndiθĭo'naƀo] *adj 1.* bedingt; *2. reflejo ~* bedingter Reflex *m*
condicional [kɔndiθĭo'nal] *adj 1. (que incluye una condición)* bedingt, konditionell; *2. conjunción ~ GRAMM* konditionale Konjunktion *f; 3. libertad ~ JUR* bedingte Entlassung *f*
condicionamiento [kɔndiθĭona'mĭento] *m 1. (de materiales) TECH* Konditionierung *f,* Aufbereitung *f; 2. PSYCH* Konditionierung *f*
condicionar [kɔndiθĭo'nar] *v 1. (hacer depender una cosa de otra)* bedingen; *2. (en la industria) TECH* konditionieren; *3. PSYCH* konditionieren
condimentar [kɔndimen'tar] *v* anmachen, würzen; *Basta ~ la carne sólo con sal y pimienta.* Es reicht, wenn man das Fleisch nur mit Salz und Pfeffer würzt.
condimento [kɔndi'mento] *m GAST* Gewürze *pl,* Würze *f*
condiscípulo [kɔndis'θĭpulo] *m* Mitschüler *m*
condolencia [kɔndo'lenθĭa] *f* Beileid *n,* Mitgefühl *n*
condolente [kɔndo'lente] *adj* mitfühlend
condolerse [kɔndo'lɛrse] *v irr (compadecerse)* Mitleid haben *n*
condominio [kɔndo'minĭo] *m (propiedad horizontal)* Mitbesitz *m,* Eigentumswohnung *f*
condón [kɔn'dɔn] *m* Kondom *n*
condonación [kɔndona'θĭɔn] *f JUR* Straferlass *m*
condroma [kɔn'drɔma] *m MED* Geschwulst *f*
conducción [kɔnduk'θĭɔn] *f 1.* Leitung *f,* Zuleitung *f; ~ de agua* Wasserleitung *f; 2. (manejo) TECH* Steuerung *f*
conducir [kɔndu'θir] *v irr 1.* fahren, Auto fahren, steuern; *No me gusta ~ de noche.* Ich fahre nachts nicht gerne Auto. *2. (fig: dirigir)* führen, durchführen, lenken, anleiten; *3. ~ a la ruina ECO* abwirtschaften; *4. TECH* leiten
conducta [kɔn'dukta] *f* Betragen *n,* Führung *f,* Haltung *f,* Benehmen *n*
conductibilidad [kɔnduktiƀili'đađ] *f PHYS* Leitfähigkeit *f*
conductible [kɔnduk'tiƀle] *adj* leitfähig
conductividad [kɔnduktiƀi'đađ] *f* Führungsvermögen *n,* Leitfähigkeit *f*
conducto [kɔn'dukto] *m 1. (canal, tubo)* Leitung *f,* Röhre *f,* Kanal *m; 2. (fig: mediación de una persona)* Vermittlung *f; 3. (fig: canal)* Kanal *m,* Weg *m; 4. ~ auditivo ANAT* Gehörgang *m; ~ deferente* Samengang *m; ~ inguinal* Leistengang *m*
conductor [kɔnduk'tɔr] *m 1. TECH* Leiter *m; adj 2.* leitend
conductor(a) [kɔnduk'tɔr/kɔnduk'tora] *m/f 1.* Autofahrer(in) *m/f,* Kraftfahrer(in) *m/f; ~ de autobús* Busfahrer(in) *m/f; 2. (chófer)* Chauffeur(in) *m/f*
conectador [konekta'đɔr] *m TECH* Schalter *m,* Schaltgerät *n*
conectar [konɛk'tar] *v 1.* anschalten, einschalten, anschließen; *2. ~ a tierra TECH* erden
conectivo [konek'tiƀo] *adj* verbindend
conejera [kone'xera] *f 1. (madriguera de los conejos)* Kaninchenbau *m,* Kaninchenstall *m; 2. (fig: vivienda estrecha y oscura)* Spelunke *f,* Loch *n*
conejillo [kone'xiʎo] *m 1. ~ de Indias ZOOL* Meerschweinchen *n; 2. (fig: sujeto de experimentos)* Versuchskaninchen *n*
conejo [ko'nɛxo] *m ZOOL* Kaninchen *n*
conexión [konɛk'sĭɔn] *f 1.* Anschluss *m,* Verbindung *f; vuelo de ~* Anschlussflug *m; ~ principal* Hauptanschluss *m; 2. (fig: relaciones)* Beziehung *f,* Verbindung *f*
conexivo [kɔneg'siƀo] *adj* verbindend
conexo [kɔ'negso] *adj* verbunden, verknüpft, zusammenhängend
confabulación [kɔmfaƀula'θĭɔn] *f POL* Komplott *n*
confabulador [kɔnfaƀula'đɔr] *m* Verschwörer *m*

confabularse [kɔnfaƀu'larse] *v* sich verschwören
confección [kɔmfɛk'θĭɔn] *f* Konfektion *f*; *~ para caballero* Herrenkonfektion *f*
confeccionar [kɔnfegsĭo'nar] *v (hacer)* anfertigen, verfertigen, herstellen
confederación [kɔmfeđera'θĭɔn] *f 1.* Bund *m*, Bündnis *n*; *~ de sindicatos/~ sindical* Gewerkschaftsbund *m*; *2. POL* Konföderation *f*, Vereinigung *f*
confederado [kɔnfeđe'rađo] *adj* konföderiert
confederar [kɔnfeđe'rar] *v* verbünden
confederativo [kɔnfeđera'tiƀo] *adj* konföderativ, Konföderations...
conferencia [kɔmfe'renθĭa] *f 1.* Konferenz *f*, Besprechung *f*, Unterredung *f*; *~ sobre* Vortrag über *m*; *~ cumbre POL* Gipfelkonferenz *f*; *~ de la paz* Friedenskonferenz *f*; *~ de prensa* Pressekonferenz *f*; *2. ~ telefónica TEL* Telefongespräch *n*; *~ de cobro revertido* R-Gespräch *n*; *~ interurbana* Ferngespräch *n*; *~ local/~ urbana* Ortsgespräch *n*
conferenciante [kɔnferen'θĭante] *m* Redner *m*, Vortragsredner *m*, Vortragender *m*
conferenciar [kɔmferen'θĭar] *v* tagen
conferencista [kɔnferen'θista] *m* Vortragsredner *m*, Vortragender *m*
conferir [kɔnfe'rir] *v 1. (dar)* erteilen, gewähren
confesar [kɔmfe'sar] *v irr 1.* eingestehen, bekennen; *2. JUR* gestehen; *3. (proclamar)* ausrufen, proklamieren, verkündigen
confesarse [kɔmfe'sarse] *v irr REL* beichten
confesión [kɔmfe'sĭɔn] *f 1.* Bekenntnis *n*, Eingeständnis *n*; *2. JUR* Geständnis *n*; *3. REL* Glaubensbekenntnis *n*; *~ religiosa* Konfession *f*; *4. (pecado) REL* Beichte *f*
confesional [kɔnfesĭo'nal] *adj* konfessionell, Konfessions...
confesionario [kɔmfesĭo'narĭo] *m REL* Beichtstuhl *m*
confeso [kɔm'feso] *adj JUR* geständig
confesor [kɔmfe'sɔr] *m REL* Beichtvater *m*
confiable [kɔn'fĭaƀle] *adj* zuverlässig
confiado [kɔm'fĭađo] *adj* vertrauensvoll, zuversichtlich
confianza [kɔm'fĭanθa] *f 1.* Vertrauen *n*, Zutrauen *n*; *tener ~ en* Vertrauen haben in; *2. ~ en sí mismo* Selbstvertrauen *n*; *3. (optimismo)* Zuversicht *f*; *lleno de ~* vertrauensvoll, zutraulich
confiar [kɔm'fiar] *v 1. ~ en alguien* jdm vertrauen; *2. ~ algo a alguien* jdm etw anvertrauen; *3. ~ algo a alguien* jdm etw überlassen
confidencia [kɔmfi'đenθĭa] *f* Vertraulichkeit *f*
confidencial [kɔmfiđen'θĭal] *adj* vertraulich
confidente [kɔnfi'đente] *m* Vertrauter *m*, Vertrauensmann *m*
configuración [kɔmfigura'θĭɔn] *f INFORM* Konfiguration *f*
configurar [kɔnfigu'rar] *v 1. (dar forma)* formen, gestalten, bilden; *2. INFORM* konfigurieren; *~ una impresora* einen Drucker konfigurieren
confín [kɔnfin] *m (límite)* Grenze *f*
confinación [kɔnfina'θĭɔn] *f* Verbannung *f*, Zwangsaufenthalt *m*
confinado [kɔnfi'nađo] *m* Verbannter *m*
confinante [kɔfi'nante] *adj* angrenzend
confinar [kɔnfi'nar] *v 1. (limitar)* angrenzen; *2. (desterrar)* verbannen; *~ a alguien en alguna parte* jdn an einen anderen Ort verbannen
confinidad [kɔnfini'đađ] *f* Nähe *f*, Nachbarschaft *f*
confirmación [kɔmfirma'θĭɔn] *f 1.* Bestätigung *f*; *2. ~ del pedido ECO* Auftragsbestätigung *f*; *sujeto a ~* frei bleibend; *3. REL* Firmung *f*, Konfirmation *f*
confirmado [kɔnfir'mađo] *m REL* Gefirmter *m*, Firmling *m*
confirmador [kɔnfirma'đɔr] *m* Bestätiger *m*
confirmando [kɔmfir'mando] *m REL* Konfirmand *m*
confirmar [kɔmfir'mar] *v 1.* bestätigen, bekräftigen; *~ por escrito* verbriefen; *2. (dar la confirmación) REL* firmen, konfirmieren
confirmarse [kɔmfir'marse] *v* bewahrheiten
confirmatorio [kɔnfirma'tɔrĭo] *adj* bestätigend
confiscación [kɔmfiska'θĭɔn] *f* Beschlagnahme *f*, Einzug *m*
confiscar [kɔmfis'kar] *v 1.* beschlagnahmen; *2. (asegurar)* sicherstellen
confitado [kɔnfi'tađo] *adj 1.* kandiert, überzuckert; *2. (fig)* hoffnungsvoll
confite [kɔn'fite] *m GAST* Konfekt *n*
confitería [kɔmfite'rĭa] *f* Konditorei *f*
confitero [kɔmfi'tero] *m* Konditor *m*
confitura [kɔmfi'tura] *f GAST* Konfitüre *f*, Marmelade *f*

conflagración [kɔnflagra'θĭɔn] *f 1. (incendio)* Brand *m; 2. (fig: guerra)* Krieg *m*
conflagrar [kɔnfla'grar] *v* in Brand setzen *m*
conflicto [kɔm'flikto] *m* Konflikt *m,* Zerwürfnis *n; ~ de conciencia* Gewissenskonflikt *m*
confluencia [kɔn'flwenθĭa] *f ~ de las aguas* Zusammenfluss zweier Flüsse *m*
confluir [kɔn'flwir] *v irr 1. (dos ríos)* zusammenfließen; *2. (dos caminos)* sich vereinigen
conformación [kɔnfɔrma'θĭɔn] *f* Bildung *f,* Gestaltung *f*
conformar [kɔnfɔr'mar] *v 1. (dar forma)* bilden, gestalten; *2. (ajustar, poner de acuerdo)* in Übereinstimmung bringen, in Einklang bringen; *3. (estar de acuerdo)* einverstanden sein, übereinstimmen
conformarse [kɔmfɔr'marse] *v ~ con* sich abfinden mit
conforme [kɔm'fɔrme] *adj 1.* einig, konform, übereinstimmend; *~ a* dementsprechend; *~ a la época* zeitgemäß; *~ a la ley* gesetzmäßig; *~ a la verdad* wahrheitsgetreu; *~ al original* originalgetreu; *adv 2. ~ a lo prescrito* vorschriftsmäßig; *prep 3. ~ a* laut, nach, gemäß
conformidad [kɔmfɔrmi'đađ] *f 1.* Einvernehmen *n,* Einverständnis *n,* Zustimmung *f; 2. de ~ con ...* gemäß ..., in Übereinstimmung mit ...
conformismo [kɔnfɔr'mizmo] *m* Konformismus *m,* Anpassungsstreben *n*
conformista [kɔnfɔr'mista] *m/f 1.* Konformist(in) *m/f,* Anhänger(in) der anglikanischen Kirche *m/f; adj 2.* konformistisch
confort [kɔm'fɔrt] *m* Bequemlichkeit *f,* Gemütlichkeit *f,* Komfort *m*
confortable [kɔmfɔr'tab̄le] *adj* bequem, gemütlich, komfortabel
confortación [kɔmfɔrta'θĭɔn] *f* Trost *m*
confortador [kɔmfɔrta'đɔr] *adj* tröstlich
confortar [kɔmfɔr'tar] *v 1.* trösten; *2. (reanimar)* stärken, wieder beleben
confraternidad [kɔnfratɛrni'đađ] *f* Verbrüderung *f,* Brüderschaft *f*
confraternizar [kɔnfratɛrni'θar] *v* sich verbrüdern, fraternisieren
confrontación [kɔmfrɔnta'θĭɔn] *f 1.* Gegenüberstellung *f,* Konfrontation *f; 2. ~ de hechos JUR* Beweisaufnahme *f*
confrontar [kɔmfrɔn'tar] *v 1.* gegenüberstellen, konfrontieren; *2. (comparar)* vergleichen; *~ dos documentos* zwei Dokumente vergleichen; *3. (confinar)* angrenzen
confucianismo [kɔnfuθĭa'nizmo] *m PHIL* Konfuzianismus *m*
confuciano [kɔnfu'θĭano] *adj PHIL* konfuzianisch
confundido [kɔmfun'diđo] *adj* verlegen
confundir [kɔmfun'dir] *v 1.* verunsichern, verwirren; *2. ~ con* verwechseln mit; *3. (mezclar sin concierto)* durcheinander bringen, in Unordnung bringen
confundirse [kɔmfun'dirse] *v* sich irren
confusamente [kɔm'fusamente] *adv* ratlos, unklar
confusión [kɔmfu'sĭɔn] *f 1.* Verlegenheit *f,* Verwirrung *f,* Gewirr *n; 2. (equivocación)* Durcheinander *n,* Verwechslung *f*
confusionismo [kɔnfusĭo'nizmo] *m* Begriffsverwirrung *f*
confuso [kɔm'fuso] *adj* durcheinander, unklar, verwirrt; *estar ~* betreten sein
confutación [kɔnfuta'θĭɔn] *f (impugnación)* Anfechtung *f,* Bestreitung *f,* Einwand *m*
confutar [kɔnfu'tar] *v* widerlegen
congelable [kɔnxe'lab̄le] *adj* gefrierbar
congelación [kɔnxela'θĭɔn] *f* Gefrieren *n,* Vereisung *f*
congelador [kɔŋxela'đɔr] *m* Kühltruhe *f,* Tiefkühlfach *n*
congelar [kɔŋxe'lar] *v 1.* einfrieren, gefrieren; *2. ECO* einfrieren, sperren
congénere [kɔn'xenere] *m* Artgenosse *m*
congenial [kɔnxe'nĭal] *adj* kongenial, geistig ebenbürtig
congeniar [kɔŋxe'nĭar] *v* zusammenpassen
congénito [kɔŋ'xenito] *adj* angeboren
congestión [kɔnxes'tĭɔn] *f 1. MED* Blutandrang *m,* Blutstauung *f; 2. (de automóbiles)* Stauung *f,* Stau *m,* Stockung *f*
congestionar [kɔnxestĭo'nar] *v* Blutandrang verursachen *m,* verstopfen, versperren
congestionarse [kɔnxestĭo'narse] *v (sentir una congestión)* Blutandrang haben *m*
congestivo [kɔnxes'tib̄o] *adj* kongestiv, Hochdruck...
conglomeración [kɔŋglomera'θĭɔn] *f* Andrang *m*
conglomerado [kɔŋglome'rađo] *m 1. (materiales unidos por un cemento)* Konglomerat *n; 2. (materiales unidos artificialmente)* Haufen *m,* Anhäufung *f,* Mischung *f; 3. (fusión de empresas diversas)* Konglomerat *n*

conglomerante [kɔŋglome'rante] *adj* Konglomerats...
conglomerar [kɔŋglome'rar] *v 1.* gruppieren; *2. (unir en una masa compacta)* vermengen, zusammenschmelzen
conglutinación [kɔŋglutina'θĭɔn] *f* Verklebung *f*
conglutinar [kɔŋgluti'nar] *v (unir dos cosas)* verkleben, fest verbinden
conglutinativo [kɔŋglutina'tiƀo] *adj* verklebend
congoja [kɔŋ'goxa] *f (aflicción)* Schmerz *m,* Kummer *m,* Angst *f*
congraciarse [kɔŋgra'θĭarse] *v ~ con alguien* sich bei jdm beliebt machen
congratulaciones [kɔŋgratula'θĭones] *f/pl* Glückwünsche *m/pl,* Gratulation *f*
congratular [kɔŋgratu'lar] *v ~ por* beglückwünschen zu
congratulatorio [kɔŋgratula'tɔrĭo] *adj* Glückwunsch...
congregación [kɔŋgrega'θĭɔn] *f 1. (religiosos de una misma orden)* Kongregation *f; 2.* Versammlung *f,* Vereingung *f; una ~ de pintores* eine Versammlung von Malern *f; una ~ de intelectuales* eine Vereinigung von Intellektuellen *f; una ~ de boxeadores* eine Boxervereinigung *f*
congregante [kɔŋgre'gante] *m* Mitglied einer Kongregation *n*
congregar [kɔŋgre'gar] *v 1.* gruppieren, versammeln; *2. (juntar)* versammeln
congresista [kɔŋgre'sista] *m* Kongressteilnehmer *m*
Congreso [kɔŋ'greso] *m POL* Abgeordnetenhaus *n*
congreso [kɔŋ'greso] *m* Kongress *m,* Tagung *f*
congruencia [kɔŋgru'enθĭa] *f 1. (oportunidad)* passende Gelegenheit *f; 2. (calidad de congruente) MATH* Übereinstimmung *f*
congruente [kɔŋ'grwente] *adj 1.* deckungsgleich, kongruent; *2. números ~s MATH* kongruente Zahlen *f/pl*
conicidad [kɔniθi'đađ] *f* Kegelform *f*
cónico ['kɔniko] *adj 1. (relativo al cono) MATH* konisch, kegelförmig, Kegel...; *proyección cónica* kegelförmiger Umriss *m; superficie cónica* konische Oberfläche *f; pirámide cónica* konische Pyramide *f; 2. (de forma de cono)* kegelförmig
coníferas [kɔ'nifera] *f/pl BOT* Koniferen *f/pl*
conjetura [kɔŋxe'tura] *f 1.* Vermutung *f; 2. (combinación)* Kombination *f*
conjeturable [kɔŋxetu'raƀle] *adj* mutmaßlich, zu vermuten
conjeturador [kɔŋxetura'đɔr] *adj* Vermutungs..., Mutmaßungs...
conjetural [kɔŋxetu'ral] *adj* auf Mutmaßungen beruhend, auf Annahmen beruhend
conjeturar [kɔŋxetu'rar] *v* vermuten, mutmaßend
conjugación [kɔŋxuga'θĭɔn] *f (acción de conjugar un verbo) GRAMM* Konjugieren *n,* Konjugation *f; primera ~ GRAMM* erste Konjugation *f; segunda ~* zweite Konjugation *f; tercera ~* dritte Konjugation *f*
conjugar [kɔŋxu'gar] *v GRAMM* konjugieren
conjunción [kɔŋxun'θĭɔn] *f 1. (unión)* Verbindung *f,* Vereinigung *f; 2. ASTR* Konjunktion *f, ~ magna* große Konjunktion *f; ~ máxima* Zusammenkunft des Jupiter und Saturn alle 800-900 Jahre *f; 3. ~ adversativa GRAMM* adversative Konjunktion *f; ~ causal* kausale Konjunktion *f; ~ comparativa* komparative Konjunktion *f; ~ condicional* konditionale Konjunktion *f; ~ copulativa* kopulative Konjunktion *f; ~ disyuntiva* disjunktive Konjunktion *f; ~ ilativa* konsekutive Konjunktion *f*
conjuntiva [kɔŋxun'tiƀa] *f ANAT* Bindehaut *f*
conjuntivitis [kɔŋjunti'ƀitis] *f MED* Bindehautentzündung *f*
conjuntivo [kɔŋxun'tiƀo] *adj (relativo a la conjunción) GRAMM* Binde..., Konjunktions...
conjunto [kɔŋ'xunto] *m 1. (totalidad)* Gesamtheit *f,* Komplex *m; en ~* zusammen, pauschal; *2. (fig)* Kombination *f; 3. (vestimenta)* Anzug *m; 4. MUS* Gruppe *f,* Band *f; 5. (colección de elementos) MATH* Menge *f; el ~ de los números reales* die Menge der realen Zahlen *f; teoría de ~s* Mengenlehre *f; intersección de ~s* Schnittmenge *f; unión de ~s* Vereinigungsmenge *f*
conjuración [kɔŋxura'θĭɔn] *f* Verschwörung *f*
conjurado [kɔŋxu'rađo] *m* Verschwörer *m*
conjurar [kɔŋxu'rar] *v 1.* verschwören, konspirieren; *2. (exorcizar) REL* bannen; *3. (rogar con autoridad)* beschwören; *4. (impedir un daño)* vorbeugen
conjuro [kɔŋ'xuro] *m (imprecación mágica)* Beschwörung *f,* Zauberformel *f*

conllevar [kɔŋʎe'ƀar] *v 1. (soportar las impertinencias de ...)* ertragen; *¿Cómo puedes a tu marido?* Wie kannst du deinen Ehemann ertragen? *2. (soportar con resignación)* aushalten

conmemorable [kɔnmemo'raƀle] *adj* denkwürdig, der Erinnerung wert *f*

conmemoración [kɔnmemora'θĭɔn] *f 1.* Gedenkfeier *f; 2. ~ de los difuntos REL* Allerseelenfeier *f*

conmemorar [kɔnmemo'rar] *v* gedenken

conmemorativo [kɔnmemora'tiƀo] *adj* Gedenk...; *lugar ~* Gedenkstätte *f*

conmensurabilidad [kɔnmensuraƀili'đađ] *f* Messbarkeit *f*

conmensurable [kɔnmensu'raƀle] *adj 1. (que puede ser medido)* messbar; *2. cantidad ~ MATH* messbare Größe *f*

conmensurar [kɔnmensu'rar] *v* messen

conmigo [kɔn'migo] *pron* mit mir

conminación [kɔnmina'θĭɔn] *f (acción de amenazar)* Androhung *f,* Bedrohung *f*

conminar [kɔnmina'θĭɔŋ] *f 1. (amenazar)* drohen; *v 2. JUR* androhen

conminativo [kɔnmina'tiƀo] *adj* Droh...

conminatorio [kɔnmina'tɔrĭo] *adj mandamiento ~ JUR* Erlass unter Strafandrohung *m*

conmiseración [kɔnmisera'θĭɔn] *f* Erbarmen *n,* Mitleid *n*

conmoción [kɔnmo'θĭɔn] *f 1. ~ cerebral MED* Gehirnerschütterung *f; 2. (perturbación violenta)* Erschütterung *f; 3. (insurrección)* Aufruhr *m*

conmovedor [kɔnmoƀe'đɔr] *adj* bewegend, ergreifend, herzergreifend

conmover [kɔnmo'ƀɛr] *v irr* rühren, bewegen, erschüttern

conmoverse [kɔnmo'ƀɛrse] *v irr (sentir piedad)* gerührt werden, sich rühren lassen

conmovido [kɔnmo'ƀiđo] *adj* gerührt

conmutabilidad [kɔnmutaƀili'đađ] *f* Vertauschbarkeit *f*

conmutable [kɔnmu'taƀle] *adj* vertauschbar

conmutación [kɔnmuta'θĭɔn] *f 1. (trueque)* Tausch *m; 2. ~ de pena JUR* Strafumwandlung *f*

conmutador [kɔnmuta'đɔr] *m TECH* Stromwender *m,* Schalter *m*

conmutar [kɔnmu'tar] *v 1. TECH* umschalten; *2. (cambiar)* tauschen, umwandeln

connatural [kɔnnatu'ral] *adj* naturgemäß, angeboren

connaturalizarse [kɔnnaturali'θarse] *v (acostumbrase a algo)* sich gewöhnen, sich eingewöhnen

connivencia [kɔnni'ƀenθĭa] *f (complicidad)* Konnivenz *f,* Komplizenschaft *f*

connotación [kɔnnota'θĭɔn] *f* Konnotation *f*

connotativo [kɔnnota'tiƀo] *adj GRAMM* konnotativ

cono ['kono] *m MATH* Kegel *m*

conocedor(a) [konoθe'đɔr/konoθe'đora] *m/f* Kenner(in) *m/f,* Könner(in) *m/f,* Insider(in) *m/f*

conocer [kono'θɛr] *v irr 1. (saber)* wissen, sich auskennen; *¿Conoce usted el camino a Madrid?* Kennen Sie den Weg nach Madrid? *No conozco este lugar.* Ich kenne mich hier nicht aus. *~ profundamente* beherrschen; *2. llegar a ~* kennen lernen; *3. (persona) ~ a alguien* jdn kennen

conocible [kɔno'θiƀle] *adj* erkennbar

conocida [kono'θiđa] *f* Bekannte *f*

conocido [kono'θiđo] *m 1.* Bekannter *m; adj 2.* bekannt, altbekannt

conocimiento [konoθi'mĭento] *m 1.* Erkenntnis *f,* Bewusstsein *n,* Kenntnis *f; sin ~* bewusstlos; *el tomar ~ de algo* Kenntnisnahme *f; perder el ~* das Bewusstsein verlieren; *~ del ser humano* Menschenkenntnis *f; ~ de sí mismo* Selbsterkenntnis *f; ~ especializado* Sachkenntnis *f; 2. (personal)* Bekanntschaft *f; 3. ~ de embarque ECO* Frachtbrief *m; 4. ~s* Wissen *n; ~s a fondo/~s profundos* Beherrschung *f; ~s lingüísticos pl* Sprachkenntnisse *pl; ~s previos* Vorkenntnisse *pl*

conque ['kɔnke] *konj* also, folglich, daher; *¡Conque esas tenemos!* Das hätten wir also!

conquista [kɔn'kista] *f* Eroberung *f*

conquistador [kɔnkista'đɔr] *m* Eroberer *m*

conquistar [kɔnkis'tar] *v 1.* erobern; *Hernán Cortés conquistó México.* Hernán Cortés eroberte Mexiko. *2. (ganar a alguien para sí)* gewinnen, einnehmen, erobern

consabido [kɔnsa'ƀiđo] *adj* bewusst, erwähnt, üblich

consabidor(a) [kɔnsabi'đɔr/kɔnsabiđora] *m/f* Mitwisser(in) *m/f*

consagración [kɔnsagra'θĭɔn] *f 1. REL* Weihe *f; 2. (fig: sacrificio)* Aufopferung *f,* Opfer *n*

consagrar [kɔnsa'grar] *v 1. REL* weihen, heiligen; *2. (dedicar una cosa a algún fin)* weihen, widmen

consagrarse [kɔnsa'grarse] *v* ~ *a algo* sich etw verschreiben, sich etw hingeben, sich etw widmen
consanguíneo [kɔnsan'gineo] *adj 1. (parentesco de consanguinidad)* blutsverwandt; *2. hermanos ~s* Halbgeschwister väterlicherseits *pl*
consanguinidad [kɔnsangini'đađ] *f* Blutsverwandtschaft *f*
consciencia [kɔns'θĭenθĭa] *f* Bewusstsein *n*
consciente [kɔns'θĭente] *adj* bewusst; *~ de sí mismo* selbstbewusst; *~ de su responsabilidad* verantwortungsbewusst
conscripto [kɔns'kripto] *m (recluta)* Rekrut *m*
consecución [kɔnseku'θĭɔn] *f* Erlangung *f,* Erreichung *f*
consecuencia [kɔnse'kwenθĭa] *f 1.* Folge *f,* Konsequenz *f; a ~ de* infolge; *2. en ~* folglich; *3. tener ~s* Folgen haben *f/pl,* Konsequenzen haben *f/pl*
consecuente [kɔnse'kwente] *adj 1.* konsequent, folgerichtig, zielbewusst; *m 2. GRAMM* Folgesatz *m,* Nachsatz *m*
consecutivo [kɔnseku'tiƀo] *adj* anschließend
conseguir [kɔnse'gir] *v irr 1.* bekommen, erhalten; *2. (lograr)* erreichen, erzielen
conseja [kɔn'sexa] *f (conciliábulo)* geheime Zusammenkunft *f,* Verschwörung *f,* Intrige *f*
consejera [konsɛ'xera] *f* Beraterin *f,* Ratgeberin *f*
consejero [kɔnsɛ'xero] *m* Berater *m,* Ratgeber *m*
consejo [kɔn'sɛxo] *m 1.* Rat *m,* Beratung *f,* Ratschlag *m; 2. (entidad)* Rat *m; ~ de administración* Verwaltungsrat *m; ~ de dirección* Vorstand *m; Consejo Federal* Bundesrat *m; ~ de inspección* Aufsichtsrat *m; ~ de empresa* Betriebsrat *m; Consejo de Europa* Europarat *m; 3. ~ municipal* Gemeinderat *m; 4. pedir un ~ a alguien* jdn um Rat bitten; *5. dar un ~ a alguien* jdm einen Rat geben
consenso [kɔn'senso] *m* Zustimmung *f,* Einwilligung *f*
consentido [kɔnsen'tiđo] *adj (excesivamente mimado)* verwöhnt, launisch, verzogen
consentidor [kɔnsenti'đɔr] *m* Mitwisser *m*
consentimiento [kɔnsenti'mĭento] *m* Billigung *f,* Einwilligung *f,* Zustimmung *f*
consentir [kɔnsen'tir] *v irr 1.* zulassen, bewilligen, erlauben; *2. (mimar a los hijos)* verwöhnen, liebkosen, verziehen
consentirse [kɔnsen'tirse] *v irr (resentirse por algo)* Risse bekommen, springen
conserje [kɔn'sɛrxe] *m* Hausmeister *m,* Pförtner *m,* Portier *m*
conserjería [kɔnsɛrxe'ria] *f* Portiersloge *f,* Pforte *f*
conserva [kɔn'sɛrƀa] *f* Konserve *f*
conservabilidad [kɔnsɛrbabili'đađ] *f* Haltbarkeit *f*
conservable [kɔnsɛr'ƀaƀle] *adj* haltbar
conservación [kɔnsɛrƀa'θĭɔn] *f* Beibehaltung *f,* Erhaltung *f,* Wahrung *f*
conservador [kɔnsɛrƀa'đɔr] *adj* konservativ
conservadurismo [kɔnsɛrƀađu'rizmo] *m (doctrina política conservadora) POL* Konservativismus *m*
conservante [kɔnsɛr'ƀante] *m* Konservierungsmittel *n*
conservar [kɔnsɛr'ƀar] *v 1.* aufbewahren, erhalten, aufheben; *2. (guardar algo)* aufbewahren
conservatorio [kɔnsɛrƀa'tɔrko] *m* Konservatorium *n,* Musikhochschule *f*
considerable [kɔnsiđe'raƀle] *adj* bedeutend, beträchtlich, erheblich
consideración [kɔnsiđera'θĭɔn] *f 1.* Rücksicht *f,* Anbetracht *m,* Überlegung *f; sin ~* rücksichtslos, schonungslos; *tener ~ con alguien* jdn schonen; *tomar en ~* beherzigen, erwägen; *alta ~* Hochachtung *f; 2. de ~* bedeutend, erheblich; *3. fijar uno la ~ en algo* das Augenmerk auf etw richten
considerado [kɔnsiđe'rađo] *adj* rücksichtsvoll, besonnen
considerandos [kɔnsiđe'rando] *m/pl* Urteilsbegründung *f*
considerar [kɔnsiđe'rar] *v 1.* bedenken, berücksichtigen; *2. (estimar)* erachten; *3. (opinar) ~ que* finden, dass ..., der Meinung sein, dass ...; *4. ~ como* betrachten als
considerativo [kɔnsiđera'tiƀo] *adj* betrachtend
consigna [kɔn'signa] *f 1.* Gepäckaufbewahrung *f; 2. (contraseña)* Kennwort *n,* Parole *f*
consignación [kɔnsigna'θĭɔn] *f* Anweisung *f,* Hinterlegung *f,* Kaution *f*
consignar [kɔnsig'nar] *v (poner en depósito una cosa)* hinterlegen, zur Aufbewahrung geben

consigo [kɔn'sigo] *pron* mit sich
consiguiente [kɔnsi'gĭente] *konj 1. por ~* also, daher, demnach; *adj 2.* entsprechend
consistencia [kɔnsis'tenθĭa] *f* Dichte *f*, Zusammenhalt *m*
consistente [kɔnsis'tente] *adj* dicht
consistir [kɔnsis'tir] *v ~ en/~ de* bestehen aus
consola [kɔn'sola] *f* Konsole *f*
consolable [kɔnso'laƀle] *adj* tröstbar
consolación [kɔnsola'θĭɔn] *f* Trost *m*
consolar [kɔnso'lar] *v irr* trösten, aufrichten
consolidación [kɔnsoliđa'θĭɔn] *f ECO* Konsolidierung *f*
consolidar [kɔnsoli'đar] *v 1. (dar firmeza)* verstärken; *2. (fig: dar firmeza a algo)* stärken
consolidarse [kɔnsoli'đarse] *v* sich festigen
consolidativo [kɔnsoliđa'tiƀo] *adj* befestigend, zusammenheilend
consomé [kɔnso'me] *m (caldo de carne) GAST* Kraftbrühe *f*
consonancia [kɔnso'nanθĭa] *f 1. MUS* Konsonanz *f*, Gleichklang *m*, Harmonie *f*; *2. (fig: igualdad de las cosas entre sí)* Einklang *m*, Übereinstimmung *f*
consonante [kɔnso'nante] *f 1. GRAMM* Konsonant *m; adj 2. MUS* harmonisch
consonántico [kɔnso'nantiko] *adj 1. (relativo a las consonantes) GRAMM* Konsonanten...; *2. (relativo a la consonancia) MUS* konsonant
consonantismo [kɔnsonan'tizmo] *m GRAMM* Konsonantismus *m*
consonar [kɔnso'nar] *v irr 1. (hacer consonancia) MUS* zusammenklingen; *2. (fig: tener las cosas una relación)* übereinstimmen
cónsono ['kɔnsono] *adj 1.* übereinstimmend; *2. (consonante) MUS* konsonant, harmonisch
consorcio [kɔn'sɔrθĭo] *m ECO* Konzern *m*, Trust *m*, Konsortium *n*
consorte [kɔn'sɔrte] *m (marido)* Ehegatte *m*
conspicuo [kɔns'pikwo] *adj* hervorragend, berühmt
conspiración [kɔnspira'θĭɔn] *f 1.* Verschwörung *f*; *2. POL* Komplott *n*, Konspiration *f*
conspirador(a) [kɔnspira'đɔr/kɔnspira'đora] *m/f* Verschwörer(in) *m/f*
conspirar [kɔnspi'rar] *v ~ contra* sich verschwören gegen
constancia [kɔns'tanθĭa] *f 1.* Standhaftigkeit *f*; *2. (perseverancia)* Beharrlichkeit *f*, Ausdauer *f*, Beständigkeit *f*; *3.* Feststellung *f*, Bestätigung *f*
constante [kɔns'tante] *adj* ständig, gleich bleibend, konstant
constar [kɔns'tar] *v 1. ~ de* bestehen aus; *2. hacer ~ en acta JUR* protokollieren; *3. (ser cierta una cosa)* feststehen; *Me consta que ella está diciendo la verdad.* Ich weiß bestimmt, dass sie die Wahrheit sagt.
constelación [kɔnstela'θĭɔn] *f 1. ASTR* Sternbild *n; 2. (fig)* Konstellation *f*
consternación [kɔnstɛrna'θĭɔn] *f* Bestürzung *f*
consternado [kɔnstɛr'nađo] *adj* bestürzt, fassungslos
consternar [kɔnster'nar] *v (abatir el ánimo)* bestürzen, in Bestürzung versetzen; *Me consternó saber la noticia de la muerte de tu padre.* Die Nachricht vom Tode deines Vaters hat mich sehr betroffen gemacht.
constipado [kɔnsti'pađo] *m MED* Erkältung *f*
constiparse [kɔnsti'parse] *v (acatarrarse) MED* sich erkälten, sich einen Schnupfen holen
constitución [kɔnstitu'θĭɔn] *f 1.* Aufbau *m; ~ física* Körperbau *m; 2. POL* Verfassung *f*
constitucional [kɔnstituθĭo'nal] *adj POL* verfassungsmäßig, konstitutionell, Verfassungs...
constitucionalidad [kɔnstituθĭonali'đađ] *f POL* Verfassungsmäßigkeit *f*
constituidor [kɔnstitwi'đɔr] *adj* Verfassungs...
constituyente [kɔnstitu'jente] *adj asamblea ~ POL* verfassungsgebende Versammlung *f*
constreñimiento [kɔnstreɲi'mĭento] *m* Zwang *m*, Nötigung *f*
constreñir [kɔstre'ɲir] *v (obligar a)* zwingen, nötigen
constricción [kɔnstrig'θĭɔn] *f* Zusammenziehung *f*, Beengung *f*, Konstriktion *f*
constrictivo [kɔstrik'tiƀo] *adj (que constriñe)* verengend, beengend
constringente [kɔnstrin'xente] *adj* zusammenziehend
construcción [kɔnstruk'θĭɔn] *f 1.* Bau *m*, Bauart *f*, Bauwerk *n; ~ aeronáutica/~ de aviones* Flugzeugbau *m; ~ de carreteras* Straßenbau *m; ~ de puentes TECH*

Brückenbau *m; ~ de viviendas* Wohnungsbau *m; ~ naval* Schiffbau *m; pl 2. ~es subterráneas* Tiefbau *m*
constructivo [kɔnstruk'tiƀo] *adj 1.* aufbauend, baulich, bildend; *2. crítica constructiva* konstruktive Kritik *f*
constructor(a) [kɔnstruk'đɔr/kɔnstruk'đora] *m/f* Erbauer(in) *m/f*
construir [kɔnstru'ir] *v irr 1.* erbauen, konstruieren; *2. ~ una oración GRAMM* einen Satz konstruieren *m*
consubstancialidad [kɔnsuƀstanθĭali'đađ] *f* Wesenseinheit der Dreifaltigkeit *f*
consuelo [kɔn'swelo] *m 1.* Trost *m,* Zuspruch *m; sin ~* untröstlich; *2. (gozo)* Freude *f,* Wonne *f*
consuetudinario [kɔnswetuđi'narĭo] *adj 1. (lo que es costumbre)* gewohnheitsmäßig; *2. derecho ~ JUR* Gewohnheitsrecht *n*
cónsul ['kɔnsul] *m/f POL* Konsul(in) *m/f*
consulado [kɔnsu'lađo] *m POL* Konsulat *n; ~ general* Generalkonsulat *n*
consular [kɔnsu'lar] *adj POL* konsularisch, Konsular..., Konsulats...
consulta [kɔn'sulta] *f* Rücksprache *f*
consultar [kɔnsul'tar] *v 1.* konsultieren, befragen; *~ con* beraten mit; *2. (en un libro)* nachschlagen; *3. ~ el ordenador INFORM* abrufen
consultivo [kɔnsul'tiƀo] *adj* beratend, konsultativ
consultor [kɔnsul'tɔr] *m (que da su opinión experta)* Berater *m,* Gutachter *m*
consultorio [kɔnsul'torĭo] *m* Praxis *f,* Sprechzimmer *n; ~ médico* Arztpraxis *f*
consumación [kɔnsuma'θĭɔn] *f 1.* Erfüllung *f,* Bewältigung *f; 2. (la extinción)* Vollendung *f,* Vollziehung *f; la ~ de los siglos* das Ende der Welt *n; la ~ del tiempo* das Zeitenende
consumado [kɔnsu'mađo] *adj 1. (perfecto en su clase)* vollkommen, meisterhaft; *m 2. (consomé) GAST* Kraftbrühe *f*
consumar [kɔnsu'mar] *v 1.* bewältigen; *2. (llevar a cabo algo)* begehen; *~ un crimen* ein Verbrechen begehen; *~ la destrucción del medio ambiente* die Umweltzerstörung vorantreiben
consumible [kɔnsu'miƀle] *adj* verzehrbar, verbrauchbar
consumidor(a) [kɔnsumi'đɔr/kɔnsumi'đora] *m/f* Konsument(in) *m/f,* Verbraucher(in) *m/f; ~ final ECO* Endverbraucher(in) *m/f*
consumir [kɔnsu'mir] *v 1.* konsumieren, verbrauchen, verzehren; *2. (fig: afligir)* verzehren
consumirse [kɔnsu'mirse] *v (extingirse)* sich verzehren, sich aufreiben, vergehen
consumisión [kɔnsumi'sĭɔn] *f* Verbrauch *m,* Verzehr *m*
consumismo [kɔnsu'mizmo] *m* Konsumverhalten *n*
consumista [kɔnsu'mista] *m* Konsument *m*
consumo [kɔn'sumo] *m* Konsum *m,* Verzehr *m; ~ de corriente* Stromverbrauch *m; ~ de electricidad* Stromverbrauch *m*
consunción [kɔnsun'θĭɔn] *f (extenuación)* Abzehrung *f,* Auszehrung *f*
consuno [kɔn'suno] *adj de ~* einhellig, übereinstimmend
consuntivo [kɔnsun'tiƀo] *adj* auszehrend
contabilidad [kɔntaƀili'đađ] *f 1.* Buchhaltung *f; 2. ECO* Buchführung *f*
contabilización [kɔntaƀiliθa'θĭɔn] *f ECO* Buchung *f*
contabilizar [kɔntaƀili'θar] *v* verbuchen
contable [kɔn'taƀle] *m ECO* Buchhalter *m*
contacto [kɔn'takto] *m 1.* Berührung *f,* Kontakt *m; 2. ~ intermitente TECH* Wackelkontakt *m; 3. (fig: conexión)* Verbindung *f*
contador [kɔn'tađɔr] *m TECH* Zähler *m; ~ de corriente* Stromzähler *m; ~ de gas* Gaszähler *m; ~ de kilómetros* Kilometerzähler *m; ~ Geiger TECH* Geigerzähler *m*
contador(a) [kɔnta'đɔr/kɔnta'đora] *m/f (LA) ECO* Buchhalter(in) *m/f; ~ público* Wirtschaftsprüfer *m*
contagiar [kɔnta'xĭar] *v 1. MED* anstecken, übertragen; *2. (fig: pervertir)* verführen, anstecken
contagiarse [kɔnta'xĭarse] *v* sich anstecken
contagio [kɔn'taxĭo] *m MED* Ansteckung *f,* Übertragung *f*
contagiosidad [kɔntaxĭosi'đađ] *f MED* Übertragbarkeit *f,* Ansteckungsmöglichkeit *f*
contagioso [kɔnta'xĭoso] *adj MED* ansteckend, übertragbar
contaminación [kɔntamina'θĭɔn] *f* Kontamination *f,* Verschmutzung *f,* Verseuchung *f; ~ ambiental* Umweltverschmutzung *f; ~ atmosférica* Luftverschmutzung *f; ~ sonora* Lärmbelästigung *f*
contaminar [kɔntami'nar] *v 1. (inficionar)* verseuchen, anstecken; *2. (inmundicia)* verschmutzen

contar ['kɔntar] *v irr 1. (narrar)* berichten, erzählen; *2. (cifras)* nummerieren, zählen; *sin ~ con que ...* abgesehen davon, dass ...; *3. ~ con alguien* auf jdn zählen, mit jdm rechnen
contemplación [kɔntɛmpla'θĭɔn] *f* Anschauung *f,* Betrachtung *f*
contemplar [kɔntɛm'plar] *v* ansehen, beobachten, schauen
contemplativo [kɔntɛmpla'tiƀo] *adj 1. (que contempla)* beschaulich; *2. (muy meditativo)* kontemplativ
contemporaneidad [kɔntɛmporanei'đađ] *f* Gleichzeitigkeit *f*
contemporáneo [kɔntɛmpo'raneo] *m 1.* Zeitgenosse *m; adj 2.* zeitgenössisch
contemporización [kɔntɛmporiθa'θĭɔn] *f* Rücksichtnahme *f,* Anpassungsvermögen *n*
contemporizador [kɔntɛmporiθa'đɔr] *adj* nachgiebig, anpassungsfähig
contención [kɔntɛn'θĭon] *f* Mäßigung *f,* Beherrschung *f,* Anstrengung *f*
contencioso [kɔntɛn'θĭoso] *adj 1. (que contradice por costumbre)* strittig, Streit... *2. juicio ~ JUR* Gerichtsurteil *n; recurso ~ administrativo* Verwaltungsstreitverfahren *n*
contenedor [kɔntene'đɔr] *m* Container *m; ~ de basura* Mülltonne *f*
contener [kɔnte'nɛr] *v irr 1.* beinhalten, enthalten, umfassen; *2. (fig)* eindämmen, zurückdrängen, zügeln
contenerse [kɔnte'nɛrse] *v irr* sich beherrschen, sich enthalten, sich zurückhalten
contenido [kɔnte'niđo] *m 1.* Gehalt *m,* Inhalt *m; adj 2.* bescheiden, gemäßigt
contentadizo [kɔntenta'điθo] *adj* genügsam
contentar [kɔnten'tar] *v* zufrieden stellen
contentarse [kɔnten'tarse] *v* sich begnügen, sich zufrieden geben, vorlieb nehmen
contentivo [kɔntɛn'tiƀo] *adj* eindämmend, festhaltend, blutstillend
contento [kɔn'tento] *m 1.* Zufriedenheit *f; adj 2.* erfreut, froh, vergnügt; *3. (fig) no caber uno de ~* außer sich vor Freude sein
contertulio [kɔntɛr'tulĭo] *m* Stammtischbruder (fam) *m*
contestable [kɔntes'taƀle] *adj* bestreitbar, strittig, fragwürdig
contestación [kɔntesta'θĭɔn] *f* Antwort *f,* Antwortschreiben *n; Espero ~.* Ich warte auf Antwort. *~ afirmativa* Zusage *f*
contestador [kɔntesta'đɔr] *m ~ telefónico/~ de llamadas* Anrufbeantworter *m*
contestar [kɔntes'tar] *v* antworten, erwidern, entgegnen
contexto [kɔn'texto] *m* Kontext *m*
contextura [kɔntes'tura] *f 1.* Gefüge *n,* Zusammensetzung *f; 2. (cuerpo)* Figur *f*
contienda [kɔn'tĭenđa] *f (fig: discusión, debate)* Streit *m,* Debatte *f; la ~ electoral* der Wahlkampf *m*
contigo [kɔn'tigo] *pron* mit dir, bei dir
contigüidad [kɔntigwi'đađ] *f* Nebeneinanderliegen *n,* Angrenzen *n*
contiguo [kɔn'tigwo] *adj 1. (al lado)* anliegend; *2. (después)* anschließend; *prep 3. ~ a* neben
continencia [kɔnti'nɛnθĭa] *f 1. (moderación)* Enthaltsamkeit *f,* Mäßigkeit *f; 2. (abstinencia sexual)* Keuschheit *f*
continental [kɔntinen'tal] *adj* kontinental
continente [kɔnti'nente] *m* Kontinent *m,* Erdteil *m,* Festland *n*
contingencia [kɔntiŋ'xenθĭa] *f 1. ~ asegurada* Versicherungsfall *m; 2. (algo que puede suceder o no)* Möglichkeit *f; 3. (riesgo)* Ungewissheit *f*
contingente [kɔntiŋ'xente] *m* Kontingent *n*
continuación [kɔntinwa'θĭɔn] *f* Folge *f,* Fortdauer *f,* Fortsetzung *f; a ~* darauf, anschließend, daraufhin
continuado [kɔnti'nwađo] *adj* kontinuierlich
continuador [kɔntinwa'đɔr] *adj* fortsetzend, fortführend
continuamente [kɔntinwa'mente] *adv* stets, dauernd, fortwährend
continuar [kɔnti'nwar] *v* dauern, fortfahren, fortsetzen; *~ existiendo* fortbestehen
continuidad [kɔntinwi'đađ] *f 1.* Fortdauer *f,* Andauer *f,* Kontinuität *f; 2. solución de ~* Unterbrechung *f,* Störung *f*
continuo [kɔn'tinwo] *adj 1.* andauernd, anhaltend, dauernd; *2. bajo ~ MUS* Generalbass *m; 3. (perseverante)* fortwährend, anhaltend; *4. cantidad continua MATH* kontinuierliche Größe *f*
contornear [kɔntɔr'near] *v* umkreisen, umgehen, umreißen
contorneo [kɔntɔr'neo] *m* Umkreisung *f,* Konturierung *f*
contorno [kɔn'tɔrno] *m 1.* Bord *n,* Kontur *f,* Umriss *m; m/pl 2. (los alrededores)* Umgebung *f*
contorsión [kɔntɔr'sĭɔn] *f* Verrenkung *f,* Verzerrung *f*

contorsionarse [kɔntɔrsǐo'narse] *v* sich verrenken

contra ['kɔntra] *f 1.* Kontra *n*, Gegenteil *n*, Gegensatz *m; prep 2.* gegen, wider; *3. (a cambio)* gegen; *m 4. (el concepto opuesto)* Contra *n; el pro y el ~* das Pro und das Contra *n*

contraatacante [kɔntraata'kante] *m* Gegenangreifer *m*

contraataque [kɔntraa'take] *m 1. (en una batalla) MIL* Gegenangriff *m; 2. (en los deportes de combate) SPORT* Gegenangriff *m*

contrabajo [kɔntra'ƀaxo] *m MUS* Kontrabass *m*, Bassgeige *f*, Bass *m*

contrabandear [kɔntra'ƀandear] *v* schmuggeln

contrabandista [kɔntraƀan'dista] *m/f* Schmuggler(in) *m/f*

contrabando [kɔntra'ƀando] *m* Schmuggel *m; hacer ~* schmuggeln

contracción [kɔntrak'θǐɔn] *f 1.* Zusammenziehung *f*, Schwund *m*, Kontraktion *f*, Schrumpfung *f; 2. contracciones uterinas pl MED* Wehen *pl; 3. GRAMM* Kontraktion *f*, Verkürzung

contractual [kɔntrak'twal] *adj* vertraglich

contradecir [kɔntrađe'θir] *v irr ~ a alguien* jdm widersprechen

contradicción [kɔntrađik'θǐɔn] *f* Widerspruch *m*

contradictorio [kɔntrađik'torǐo] *adj* entgegengesetzt, widersprüchlich

contraer [kɔntra'ɛr] *v irr 1.* zusammenziehen; *2. ~ matrimonio* heiraten; *3. ~ deudas con ECO* sich verschulden bei

contraerse [kɔntra'ɛrse] *v irr* sich verkrampfen

contrafirmar [kɔntrafir'mar] *v* gegenzeichnen

contragolpe [kɔntra'golpe] *m* Rückschlag *m*, Gegenschlag *m*

contragolpear [kɔntragol'pear] *v (boxeo) SPORT* kontern

contrahecho [kɔntra'etʃo] *adj (que tiene el cuerpo torcido)* verwachsen, bucklig

contraindicación [kɔntrainđika'θǐɔn] *f MED* Gegenanzeige *f*

contralor [kɔntra'lɔr] *m (el que revisa la contabilidad oficial) FIN* Rechnungsprüfer *m*

contralto [kɔn'tralto] *m MUS* Altstimme *f*

contraluz [kɔntra'luθ] *f* Gegenlicht *n*

contramedida [kɔntrame'điđa] *f* Gegenmaßnahme *f*

contraoferta [kɔntrao'ferta] *f ECO* Gegenangebot *n*

contrapartida [kɔntrapar'tiđa] *f* Gegenleistung *f*

contrapedal [kɔntrape'dal] *m* Rücktritt *m*

contrapeso [kɔntra'peso] *m* Gegengewicht *n*

contraponer [kɔntra'ponɛr] *v irr* gegenüberstellen

contraposición [kɔntraposi'θǐɔn] *f* Gegenüberstellung *f*, Gegenposition *f*

contraprestación [kɔntrapresta'θǐɔn] *f* Gegenleistung *f*

contraproducente [kɔntraprođu'θente] *adj* das Gegenteil bewirkend, unwirksam

contraprueba [kɔntra'prweƀa] *f 1. JUR* Gegenbeweis *m; 2. MATH* Gegenprobe *f*

contraria [kɔn'trarǐa] *f llevar a uno la ~* widersprechen, sich widersetzen

contrariar [kɔntra'rǐar] *v ~ los planes de alguien* jds Pläne durchkreuzen

contrariedad [kɔntrarǐe'đađ] *f* Ärgernis *n*, Unannehmlichkeit *f*, Verdruss *m*

contrario [kɔn'trarǐo] *m 1.* Gegner *m*, Andersdenkender *m; 2. lo ~* Gegenteil *n; de lo ~* sonst, andernfalls, ansonsten; *por el ~* dagegen, hingegen; *adj 3.* gegensätzlich, konträr, umgekehrt; *~ a la ley* gesetzwidrig, widerrechtlich

contrasentido [kɔntrasen'tiđo] *adj en ~* gegenläufig

contraseña [kɔntra'seɲa] *f 1.* Kennwort *n; 2. (password) INFORM* Passwort *n; Necesito una contraseña para poder tener acceso a esta red.* Ich brauche ein Passwort, um Zugang zu diesem Netz zu erlangen.

contrasignar [kɔntrasig'nar] *v* gegenzeichnen

contrastar [kɔntras'tar] *v 1. ~ con* sich abheben von, kontrastieren mit; *2. TECH* eichen

contraste [kɔn'traste] *m* Gegensätzlichkeit *f*, Kontrast *m*, Unterschied *m*

contrata [kɔn'trata] *f* Engagement *n*

contratante [kɔntra'tante] *m/f ECO* Vertragspartner(in) *m/f*

contratar [kɔntra'tar] *v* einstellen, engagieren

contratiempo [kɔntra'tǐempo] *m* Panne *f*, Missgeschick *n*

contrato [kɔn'trato] *m 1. ECO* Vertrag *m; por ~* vertraglich; *~ base* Rahmenvertrag *m; ~ de ahorro* Sparvertrag *m; ~ de arrendamiento* Mietvertrag *m; ~ de compraventa*

Kaufvertrag *m; ~ de empleo* Anstellungsvertrag *m; ~ de inquilinato* Mietvertrag *m; ~ en exclusiva* Exklusivvertrag *m; 2. ~ matrimonial* Ehevertrag *m*
contravalor [kɔntraƀa'lɔr] *m* Gegenwert *m*
contravención [kɔntraƀen'θĭɔn] *f* Übertretung *f*
contravenir [kɔntraƀe'nir] *v irr 1.* übertreten; *2. ~ a* verstoßen gegen
contraventana [kɔntraƀen'tana] *f* Fensterladen *m*
contribución [kɔntriƀu'θĭɔn] *f 1.* Mitwirkung *f; 2. (cuota)* Beitrag *m,* Steuer *f,* Umlage *f; ~ a los gastos* Unkostenbeitrag *m; ~ sobre la propiedad* Vermögenssteuer *f; ~ territorial* Grundsteuer *f; 3. (impuesto) ECO* Abgabe *f*
contribuir [kɔntriƀu'ir] *v irr* beisteuern, beitragen, mitwirken
contribuyente [kɔntriƀu'jente] *m/f FIN* Steuerzahler(in) *m/f*
contrito [kɔn'trito] *adj* zerknirscht
control [kɔn'trɔl] *m 1.* Kontrolle *f,* Steuerung *f; perder el ~* die Kontrolle verlieren; *~ aduanero/~ de aduana* Zollkontrolle *f,* Grenzkontrolle *f; ~ de pasaportes* Passkontrolle *f; ~ de equipajes* Gepäckkontrolle *f; ~ de la natalidad* Geburtenkontrolle *f; ~ por radar* Radarkontrolle *f; ~ remoto* Fernsteuerung *f; ~ sobre sí mismo* Selbstbeherrschung *f; 2. ~ de armamentos POL* Rüstungskontrolle *f; 3. ~ de Bolsas FIN* Börsenbehörde *f; 4. ~ de cuentas ECO* Buchprüfung *f; 5. (vigilancia)* Überprüfung *f,* Überwachung *f*
controlado [kɔntro'lađo] *adj 1.* kontrolliert; *2. programa ~ INFORM* programmgesteuert
controlador [kɔntro'lađɔr] *m 1. ~ aéreo* Fluglotse *m; 2. ~ del disco INFORM* Festplattencontroller *m,* Disc Controller *m*
controlar [kɔntro'lar] *v 1. (revisar)* beaufsichtigen, nachprüfen, überprüfen; *2. (dominar)* meistern, kontrollieren; *3. INFORM* steuern
controversia [kɔntro'ƀersĭa] *f* Kontroverse *f*
controverso [kɔntro'ƀerso] *adj* kontrovers
controvertido [kɔntro'ƀertiđo] *adj* strittig, umstritten
conturbado [kɔntur'ƀađo] *adj* verstört
contusión [kɔntu'sĭɔn] *f MED* Prellung *f,* Quetschung *f*
convalecencia [kɔmbale'θenθĭa] *f* Genesung *f*
convalecer [kɔmbale'θɛr] *v irr* genesen, sich erholen
convencer [kɔnƀen'θɛr] *v ~ de* überzeugen von
convención [kɔmƀen'θĭɔn] *f* Konvention *f*
convencional [kɔmƀenθĭo'nal] *adj* herkömmlich, konventionell
convenido [kɔmƀe'niđo] *adv según lo ~* vereinbarungsgemäß
conveniente [kɔmƀe'nĭente] *adj* passend, zweckmäßig, angebracht
convenio [kɔm'benĭo] *m 1.* Abmachung *f,* Verabredung *f,* Absprache *f; 2. (acuerdo)* Vereinbarung *f,* Abkommen *n,* Übereinkommen *n; 3. ~ básico ECO* Manteltarif *m; ~ colectivo* Tarifvertrag *m; 4. ~ mercantil POL* Handelsabkommen *n; 5. ~ militar MIL* Militärbündnis *n; 6. POL* Konvention *f*
convenir [kɔmbe'nir] *v irr 1.* verabreden, vereinbaren, abmachen; *2. ~ sobre/~ en* sich einigen über
convento [kɔm'bento] *m REL* Kloster *n,* Stift *n*
conversación [kɔmbɛrsa'θĭɔn] *f* Gespräch *n,* Unterhaltung *f,* Konversation *f; ~ confidencial* vertrauliches Gespräch *n; ~ telefónica* Telefongespräch *n; ~ interurbana* Ferngespräch *n*
conversar [kɔmbɛr'sar] *v ~ con* plaudern mit, sich unterhalten mit
conversión [kɔmbɛr'sĭɔn] *f 1.* Umrechnung *f; 2. ~ monetaria FIN* Geldwechsel *m; 3. (fig)* Verwandlung *f; 4. REL* Bekehrung *f; 5. ~ a* Übertritt zu *m; 6. INFORM* Konvertierung *f*
convertible [kɔmbɛr'tiƀle] *m (LA)* Kabriolett *n*
convertir [kɔmbɛr'tir] *v irr 1. FIN* konvertieren; *2. REL* konvertieren; *3. ~ en (dinero)* umrechnen in; *4. ~ en (fig)* verwandeln in; *5. ~ en (transformar)* umsetzen in; *6. ~ datos INFORM* Daten konvertieren
convertirse [kɔmbɛr'tirse] *v irr 1. REL* bekehren; *2. ~ en* werden zu, sich verwandeln in
convicción [kɔmbik'θĭɔn] *f 1.* Überzeugung *f; 2. JUR* Überführung *f*
convincente [kɔmbin'θente] *adj* überzeugend
convocar [kɔmbo'kar] *v 1.* einberufen; *2. ~ una huelga* einen Streik ausrufen

convocatoria [kɔmboka'torĭa] *f* Einberufung *f*
convulsión [kɔmbul'sĭɔn] *f* Zuckung *f*
convulsionar [kɔmbulsĭɔ'nar] *v* zucken
convulsivo [kɔmbul'siƀo] *adj* krampfhaft
conyugal [kɔnju'gal] *adj* ehelich
cónyuge ['kɔnjuxe] *m/f* Gatte/Gattin *m/f*, Lebensgefährte/Lebensgefährtin *m/f*, Partner(in) *m/f*
cooperación [koopera'θĭɔn] *f* Zusammenarbeit *f*, Mitarbeit *f*, Mithilfe *f*
cooperador(a) [koopera'đɔr/koopera'đora] *m/f* Mitarbeiter(in) *m/f*
cooperante [koope'rante] *m/f* Entwicklungshelfer(in) *m/f*
cooperar [koope'rar] *v 1.* mitarbeiten; *2. ~ con* mitwirken bei, zusammenarbeiten mit
cooperativa [koopera'tiƀa] *f* Genossenschaft *f*, Kooperative *f*
cooperativo [koopera'tiƀo] *adj* kooperativ
coordinación [koorđina'θĭɔn] *f* Zuordnung *f*, Abstimmung *f*, Koordination *f*
coordinar [koorđi'nar] *v* koordinieren, zuordnen, abstimmen
copa ['kopa] *f 1.* Glas *n*, Kelch *m*; *~ graduable* Messbecher *m*; *~ de helado GAST* Eisbecher *m*; *2. (premio)* Pokal *m*; *3. (cáliz) REL* Kelch *m*; *4. BOT* Baumkrone *f*; *5. ~ mundial SPORT* Weltmeisterschaft *f*
copia ['kopĭa] *f 1.* Kopie *f*, Abdruck *m*, Abschrift *f*; *2. ~ pirata INFORM* Raubkopie *f*; *3. (fig)* Nachbildung *f*, Kopie *f*; *~ de poco valor* Abklatsch *m*
copiadora [kopĭa'đora] *f* Kopiergerät *n*
copiar [ko'pĭar] *v* nachbilden, nachmachen, abbilden
copiloto [kopi'loto] *m* Beifahrer *m*, Kopilot *m*
copioso [ko'pĭoso] *adj* reichlich
copo ['kopo] *m 1.* Flocke *f*; *~ de nieve* Schneeflocke *f*; *2. ~s de avena pl* Haferflocken *pl*
coproducción [koprođuk'θĭɔn] *f* Koproduktion *f*
copropietaria [kopropĭe'tarĭa] *f* Mitinhaberin *f*
copropietario [kɔpropĭe'tarĭo] *m 1.* Mitinhaber *m*; *2. ECO* Teilhaber *m*
cópula ['kopula] *f* Beischlaf *m*, Akt *m*
copulación [kopula'θĭɔn] *f MED* Geschlechtsakt *m*
coquetear [kokete'ar] *v* flirten; *~ con alguien* mit jdm anbändeln
coqueteo [koke'teo] *m* Flirt *m*
coqueto [ko'keto] *adj* kess, kokett
coraje [ko'raxe] *m* Mut *m*; *~ civil* Zivilcourage *f*
coral [ko'ral] *m BOT* Koralle *f*
coraza [ko'raθa] *f* Panzer *m*
corazón [kora'θɔn] *m ANAT* Herz *n*; *de buen ~* gutherzig; *sin ~* herzlos; *Ojos que no ven, ~ que no siente.* Aus den Augen, aus dem Sinn.
corazonada [koraθo'nađa] *f* Vorahnung *f*; *tener una ~* ahnen
corbata [kɔr'ƀata] *f* Krawatte *f*, Schlips *m*; *~ de lazo* Fliege *f*
corcho ['kɔrtʃo] *m 1. BOT* Kork *m*; *2. (de una botella)* Korken *m*
corcova [kɔr'koƀa] *f* Buckel *m*
cordel [kɔr'đɛl] *m* Schnur *f*, Bindfaden *m*
cordero [kɔr'dero] *m ZOOL* Lamm *n*
cordial [kɔr'đĭal] *adj* herzlich
cordillera [kɔrđi'ʎera] *f* Bergkette *f*, Gebirgskette *f*
cordón [kɔr'đɔn] *m 1.* Schnur *f*, Kordel *f*; *~ de zapato* Schuhband *n*; *2. ~ umbilical ANAT* Nabelschnur *f*
cordura [kɔr'đura] *f* Vernunft *f*
coreografía [koreogra'fia] *f THEAT* Choreografie *f*
cornamenta [kɔrna'menta] *f* Geweih *n*
córnea ['kɔrnea] *f ANAT* Hornhaut *f*
corneja [kɔr'nɛxa] *f ZOOL* Krähe *f*
coro ['koro] *m* Chor *m*; *~ de iglesia* Kirchenchor *m*
corona [ko'rona] *f 1.* Kranz *m*; *2. (nobleza)* Krone *f*
coronación [korona'θĭɔn] *f* Krönung *f*
coronar [koro'nar] *v* krönen
corporación [kɔrpora'θĭɔn] *f* Innung *f*, Körperschaft *f*
corporal [kɔrpo'ral] *adj* körperlich
corpulento [kɔrpu'lento] *adj* behäbig, beleibt, dick
Corpus ['kɔrpus] *m ~ Christi REL* Fronleichnam *m*
correa [kɔ'rrɛa] *f 1. (cinturón)* Gürtel *m*, Riemen *m*; *2. (cuerda)* Leine *f*; *3. ~ trapezoidal TECH* Keilriemen *m*
corrección [kɔrrɛk'θĭɔn] *f 1.* Korrektheit *f*, Richtigkeit *f*; *2. (arreglo)* Korrektur *f*, Verbesserung *f*; *3. (reprimenda)* Zurechtweisung *f*, Tadel *m*; *~ disciplinaria JUR* Ordnungsstrafe *f*, Disziplinarstrafe *f*
correccional [kɔrrɛkθĭo'nal] *m JUR* Jugendstrafanstalt *f*

correcto [kɔ'rrɛkto] *adj 1.* korrekt, richtig, einwandfrei; *2. (comportamiento)* fair
corredor [kɔrrɛ'đɔr] *m 1.* Flur *m,* Korridor *m; 2. (agente) ECO* Makler *m; 3. ~ de Bolsa FIN* Börsenmakler *m; 4. SPORT* Läufer *m; 5. (auto, moto, bicicleta) SPORT* Rennfahrer *m*
corregir [kɔrrɛ'xir] *v irr* verbessern, korrigieren, berichtigen
correo [kɔ'rrɛo] *m 1.* Post *f; a vuelta de ~* postwendend; *en lista de ~s* postlagernd; *2. (persona)* Bote *m,* Kurier *m; 3. ~ electrónico INFORM* E-Mail *f; por ~ electrónico* per E-Mail
correr [kɔ'rrɛr] *v 1.* laufen, rennen; *echar a ~* anlaufen, anfangen zu rennen; *~ prisa* es eilig haben; *~ la voz* sich herumsprechen; *2. (líquido)* fließen, rinnen, strömen; *3. (arrimar)* rücken
correspondencia [kɔrrɛspɔn'denθĭa] *f 1.* Briefwechsel *m,* Schriftverkehr *m,* Korrespondenz *f; ~ comercial* Handelskorrespondenz *f; 2. (tren)* Anschluss *m*
corresponder [kɔrrɛspɔn'dɛr] *v 1. (retribuir)* vergelten, revanchieren; *2. ~ a (sentimientos)* erwidern; *3. ~ a (pedido)* entsprechen; *4. ~ con alguien* mit jdm korrespondieren
correspondiente [kɔrrɛspɔn'dĭente] *adj* entsprechend
corresponsable [kɔrrɛspɔn'saƀle] *adj* mitverantwortlich
corresponsal [kɔrrɛspɔn'sal] *m/f* Korrespondent(in) *m/f*
corrida [kɔ'rriđa] *f 1.* Lauf *m; 2. ~ de toros* Stierkampf *m*
corriente [kɔ'rrĭente] *f 1.* Strömung *f,* Strom *m; ~ marítima* Meeresströmung *f; navegar contra la ~* gegen den Strom schwimmen; *2. (de aire)* Luftzug *m,* Zug *m; 3. (eléctrica) TECH* Strom *m; ~ alterna* Wechselstrom *m; ~ continua* Gleichstrom *m; ~ de alta intensidad* Starkstrom *m; adj 4.* laufend; *de uso ~* gewöhnlich
corrimiento [kɔ'rrĭmĭento] *m ~ de tierras* Erdrutsch *m*
corroborar [kɔrrɔƀo'rar] *v* bestätigen, bekräftigen, untermauern
corroerse [kɔrrɔ'erse] *v irr* verrosten
corromper [kɔrrɔm'pɛr] *v 1.* verderben; *2. (fig)* verführen, verderben
corromperse [kɔrrɔm'perse] *v* vermodern, verfaulen
corrompido [kɔrrɔm'piđo] *adj 1.* morsch, verdorben; *2. (fig)* korrupt
corrosión [kɔrrɔ'sĭɔn] *f CHEM* Korrosion *f*
corrupción [kɒrrup'θĭɔn] *f* Bestechung *f,* Korruption *f,* Verderben *n*
corruptible [kɔrrup'tiƀle] *adj* bestechlich, verderblich
corrupto [kɔ'rrupto] *adj* korrupt, verdorben
corsé [kɔr'se] *m* Korsett *n*
cortacésped [kɔrta'θespeđ] *m* Rasenmäher *m*
cortadura [kɔrta'đura] *f MED* Schnittwunde *f*
cortante [kɔr'tante] *adj 1.* messerscharf, scharf; *2. (fig)* schroff
cortar [kɔr'tar] *v 1.* abschneiden, ausschneiden, schneiden; *~ el césped* Rasen mähen; *2. ~ en capas delgadas TECH* hobeln; *3. (interrumpir)* unterbrechen; *4. (a hachazos)* abhacken; *5. (separar)* abschneiden, abschlagen; *6. ~ el cordón umbilical MED* abnabeln; *7. (el agua)* abstellen; *8. (obstruir)* versperren
corte[1] [kɔr'te] *m 1.* Einschnitt *m,* Schnitt *m; ~ de pelo* Haarschnitt *m; ~ transversal* Querschnitt *m; 2. (abrevación)* Kürzung *f*
corte[2] [kɔr'te] *m 1. (nobleza)* Hof *m; hacer la ~ a alguien* jdm den Hof machen; *2. (LA) JUR* Gericht *n*
cortejar [kɔrtɛ'xar] *v* umwerben
cortés [kɔr'tes] *adj* höflich, zuvorkommend
cortesía [kɔrte'sĭa] *f* Höflichkeit *f,* Aufmerksamkeit *f*
corteza [kɔr'teθa] *f 1.* Kruste *f,* Rinde *f; 2. BOT* Baumrinde *f,* Rinde *f,* Borke *f*
cortina [kɔr'tina] *f* Gardine *f,* Vorhang *m*
corto ['kɔrto] *adj 1.* kurz; *2. (duración)* flüchtig; *3. (fig: escaso)* gering
cortocircuito [kɔrtoθir'kwito] *m TECH* Kurzschluss *m*
corva ['kɔrva] *f ANAT* Kniekehle *f*
corvo ['kɔrƀo] *adj* krumm
corzo ['kɔrθo] *m ZOOL* Reh *n*
cosa ['kosa] *f 1.* Ding *n,* Sache *f; ~ de poca importancia* Nebensache *f; ~ intermedia* Mittelding *n; ~ principal* Hauptsache *f; 2. ~s pl* Zeug *n; todas las ~s* alles
cosecha [ko'setʃa] *f 1.* Ernte *f; 2. REL* Erntedankfest *n*
cosechar [kose'tʃar] *v* ernten
coser [ko'sɛr] *v* nähen
cosmética [kɔz'metika] *f* Kosmetik *f*
cosmético [kɔz'metiko] *adj* kosmetisch

cósmico ['kɔzmiko] *adj* kosmisch
cosmonauta [kɔzmo'naŭta] *m/f* Raumfahrer(in) *m/f,* Kosmonaut(in) *m/f*
cosmonáutica [kɔzmo'naŭtika] *f* Raumfahrt *f*
cosmopolita [kɔzmopo'lita] *m/f* *1.* Kosmopolit *m; adj 2.* kosmopolitisch
cosmos ['kɔzmɔs] *m* Kosmos *m*
cosmovisión [kɔzmoƀi'sĭɔn] *f* Weltanschauung *f*
cosquillear [kɔskiʎe'ar] *v* kitzeln
cosquilloso [kɔski'ʎoso] *adj* kitzelig
costa ['kɔsta] *f* Küste *f*
costar [kɔs'tar] *v irr* kosten; *¿Cuánto cuesta?* Was kostet das?
coste ['kɔste] *m 1.* Preis *m,* Kosten *pl; ~ de (la) vida* Lebenshaltungskosten *pl; 2. ~s pl* Kosten *pl; ~s de calefacción* Heizkosten *pl; ~s de transporte* Transportkosten *pl; 3. ~s judiciales pl JUR* Gerichtskosten *pl; ~s procesales* Prozesskosten *pl*
costear[1] [kɔste'ar] *v* finanzieren
costear[2] [kɔste'ar] *v ~ la orilla* an der Küste entlangfahren
costilla [kɔs'tiʎa] *f ANAT* Rippe *f*
costos ['kɔstos] *m/pl 1.* Kosten *pl; 2. ~ del tratamiento MED* Behandlungskosten *pl*
costoso [kɔs'toso] *adj* kostbar, kostspielig, teuer
costra ['kɔstra] *f 1.* Borke *f,* Kruste *f; 2. MED* Wundschorf *m,* Schorf *m*
costumbre [kɔs'tumbre] *f 1.* Angewohnheit *f,* Sitte *f,* Brauch *m; como de ~* wie üblich; *de ~* geläufig, gewohnheitsgemäß; *por ~* gewöhnlich; *quitarse la ~ de algo* sich etw abgewöhnen; *¿Es ~ aquí?* Ist das hier Sitte? *2. mala ~* Laster *n,* Unart *f,* Unsitte *f; de malas ~s* lasterhaft; *3. ~s pl* Brauchtum *n*
costura [kɔs'tura] *f* Naht *f; sin ~* nahtlos
cotidiano [koti'đĭano] *adj* täglich, alltags
cotización [kotiθa'θĭɔn] *f FIN* Kurs *m,* Notierung *f; ~ bursátil* Börsenkurs *m; ~ de las acciones* Aktiennotierung *f; ~ final* Abschlusskurs *m; ~ de monedas extranjeras* Sortenkurs *m*
cotizar [koti'θar] *v FIN* notieren
cotorrear [koto'rrear] *v* schwatzen
coxis ['kɔksis] *m ANAT* Steißbein *n*
coyuntura [kojun'tura] *f ECO* Konjunktur *f; alta ~* Hochkonjunktur *f,* Boom *m*
crack [krak] *m FIN* Börsenkrach *m*
cráneo ['kraneo] *m ANAT* Schädel *m*
craso ['kraso] *adj* krass
cráter ['krater] *m* Krater *m,* Trichter *m*
creación [krea'θĭɔn] *f* Schöpfung *f,* Kreation *f,* Gebilde *n*
creador(a) [krea'đɔr/krea'đora] *m/f* Schöpfer(in) *m/f; ~ de alta costura* Modeschöpfer(in) *m/f*
crear [kre'ar] *v 1.* bilden, schaffen, konzipieren; *2. (inventar)* erfinden; *3. (fig: edificar)* aufbauen
creatividad [kreatiƀi'đađ] *f* Kreativität *f*
creativo [krea'tiƀo] *adj* kreativ, schöpferisch
crecer [kre'θɛr] *v irr 1.* heranwachsen, wachsen; *2. (criarse)* aufwachsen; *3. (fig: hincharse)* anschwellen
crecida [kre'θiđa] *f* Hochwasser *n*
crecido [kre'θiđo] *adj* erwachsen
creciente [kre'θĭente] *adj* wachsend, ansteigend, steigend
crecimiento [kreθi'mĭento] *m 1.* Wachstum *n,* Wuchs *m; 2. (incremento)* Zunahme *f*
credencial [kređen'θĭal] *f* Beglaubigungsschreiben *n,* Ernennungsurkunde *f, (LA)* Ausweis *m*
credibilidad [kređiƀili'đađ] *f* Glaubhaftigkeit *f,* Glaubwürdigkeit *f*
crédito ['kređito] *m 1. ECO* Kredit *m; ~ en cuenta corriente/~ en descubierto* Dispositionskredit *m; ~ documentario* Akkreditiv *n; utilización del ~* Kreditaufnahme *f; 2. (préstamo) ECO* Darlehen *n; 3. (fiabilidad, confianza)* Glaubwürdigkeit *f,* Vertrauen *n; dar ~ a alguien* jdm Glauben schenken; *pl 4. ~s ECO* Außenstände *pl*
credo ['kređo] *m REL* Glaubensbekenntnis *n*
crédulo ['kređulo] *adj* leichtgläubig
creencia [kre'enθĭa] *f REL* Glaube *m*
creer [kre'ɛr] *v irr* glauben; *~ a alguien* jdm glauben; *~ a alguien capaz de hacer algo* jdm etw zutrauen; *hacer ~ algo a alguien* jdm etw weismachen
creerse [kre'ɛrse] *v irr ~ algo* sich etw einbilden
creíble [kre'iƀle] *adj* glaubhaft
creído [kre'iđo] *m 1.* Wichtigtuer *m; adj 2.* eingebildet, herablassend
crema ['krema] *f 1.* Creme *f; 2. GAST* Rahm *m,* Sahne *f*
cremación [krema'θĭɔn] *f* Feuerbestattung *f,* Verbrennung *f*
cremallera [krema'ʎera] *f 1.* Reißverschluss *m; 2. TECH* Zahnstange *f*
cremoso [kre'moso] *adj* sahnig

crepé [kre'pe] *m 1.* Krepp *m; 2.* falsches Haar *n; 3. GAST* Pfannkuchen *m*
crepitar [krepi'tar] *v* knattern, knistern
crepuscular [krepusku'lar] *adj* dämmerig
crepúsculo [kre'puskulo] *m* Dämmerung *f; ~ matutino* Morgendämmerung *f,* Morgengrauen *n; ~ vespertino* Abenddämmerung *f*
cresa ['kresa] *f ZOOL* Made *f*
crespo ['krespo] *adj* kraus
cresta ['kresta] *f 1. (de un gallo)* Kamm *m; 2. ~ de espuma* Schaumkrone *f*
creta ['kreta] *f GEOL* Kreide *f*
creyente [kre'jente] *m/f 1. REL* Gläubige(r) *m/f; adj 2. REL* gläubig
cría ['kria] *f 1.* Zucht *f; 2. (animal recien nacido)* Tierjunges *n; 3. (bebé)* Kind *n*
criada [kri'ađa] *f* Hausmädchen *n*
criado [kri'ađo] *m* Diener *m,* Dienstbote *m*
criador(a) [kria'đɔr/kria'đora] *m/f* Züchter(in) *m/f*
crianza [kri'anθa] *f (de los niños)* Erziehung *f*
criar [kri'ar] *v 1.* züchten; *~ a alguien* jdn aufziehen; *2. (educar)* erziehen
criarse [kri'arse] *v* aufwachsen
criatura [kria'tura] *f* Geschöpf *n,* Kreatur *f*
criba ['kriƀa] *f* Sieb *n*
cribar [kri'ƀar] *v* sieben
crimen ['krimen] *m 1.* Verbrechen *n,* Missetat *f; 2. ~ capital JUR* Kapitalverbrechen *n; lugar del ~* Tatort *m*
criminal [krimi'nal] *m/f 1.* Kriminelle(r) *m/f,* Verbrecher(in) *m/f; ~ de guerra* Kriegsverbrecher *m; ~ peligroso* Gewaltverbrecher *m,* Schwerverbrecher *m; adj 2.* kriminell, verbrecherisch
criminalidad [kriminali'đađ] *f* Kriminalität *f; ~ económica JUR* Wirtschaftskriminalität *f*
criminología [kriminolo'gɪa] *f* Kriminologie *f*
crisis ['krisis] *f 1.* Krise *f; ~ de identidad* Identitätskrise *f; 2. ~ económica ECO* Wirtschaftskrise *f; ~ de venta* Absatzkrise *f; 3. ~ gubernamental POL* Regierungskrise *f*
crisma ['krizma] *f (fam)* Kopf *m; romperse la ~* sich den Hals brechen
crisol [kri'sɔl] *m 1.* Schmelztiegel *m; 2. (fig)* Prüfstein *m*
crisparse [kris'parse] *v* sich verkrampfen, sich zusammenkrampfen
cristal [kris'tal] *m 1.* Glas *n,* Fensterscheibe *f,* Glasscheibe *f; de ~* gläsern; *~ antibala* Panzerglas *n; ~ de aumento* Vergrößerungsglas *n; pl 2. ~es de gafas* Brillengläser *pl; 3. MIN* Kristall *m*
cristalería [kristale'rɪa] *f* Glashütte *f,* Glasfabrik *f,* Kristallwaren *f/pl*
cristalino [krista'lino] *adj* kristallklar
cristiandad [kristĭan'dađ] *f REL* Christenheit *f*
cristiano [kris'tĭano] *m 1. REL* Christ *m; adj 2. REL* christlich
Cristo ['kristo] *m REL* Christus *m*
criterio [kri'terĭo] *m* Ermessen *n,* Kriterium *n*
crítica ['kritika] *f 1.* Kritik *f; sin ~* kritiklos; *2. (censura)* Tadel *m*
criticar [kriti'kar] *v* kritisieren, bemängeln, tadeln; *~lo todo* nörgeln, meckern
crítico ['kritiko] *m 1.* Kritiker *m; adj 2.* bedenklich, kritisch
croar [kro'ar] *v (rana)* quaken
cromo ['kromo] *m CHEM* Chrom *n*
cromosoma [kromo'soma] *m BIO* Chromosom *n*
crónica ['kronika] *f* Chronik *f,* Überlieferung *f*
crónico ['kroniko] *adj* chronisch
cronológico [krono'lɔxiko] *adj* chronologisch
cronometrar [kronome'trar] *v* die Zeit stoppen
cronómetro [kro'nometro] *m* Stoppuhr *f,* Chronometer *n*
croquis ['krokis] *m* Skizze *f*
cruce ['kruθe] *m 1.* Kreuzung *f,* Übergang *m; 2. BIO* Kreuzung *f*
crucero [kru'θero] *m 1.* Kreuzfahrtschiff *n; 2. MIL* Kreuzer *m; ~ ligero* leichter Kreuzer *m; 3. (viaje)* Kreuzfahrt *f*
crucificar [kruθifi'kar] *v* kreuzigen, quälen, peinigen
crucifijo [kruθi'fixo] *m REL* Kruzifix *n*
crucifixión [kruθi'fiksiɔn] *f REL* Kreuzigung *f*
crucigrama [kruθi'grama] *m* Kreuzworträtsel *n*
crudo ['kruđo] *adj* roh
cruel [kru'ɛl] *adj* grausam, unbarmherzig
crueldad [kruɛl'dađ] *f* Grausamkeit *f,* Gräueltat *f,* Unbarmherzigkeit *f*
crujiente [kru'xĭente] *adj* knusprig
crujir [kru'xir] *v* knacken, knirschen
cruz [kruθ] *f 1.* Kreuz *n; la Cruz Roja* das Rote Kreuz; *~ gamada POL* Hakenkreuz *n; 2. (condecoración)* Orden *m*
cruzada [kru'θađa] *f HIST* Kreuzzug *m*

cruzar [kru'θar] *v 1.* kreuzen, durchqueren; *2. BIO* kreuzen; *3. ~ los brazos* die Arme verschränken, die Arme unterschlagen; *estar de brazos cruzados* untätig bleiben
cruzarse [kru'θarse] *v ~ con* sich überschneiden mit
cuaderno [kwa'đerno] *m* Heft *n*
cuadra ['kwađra] *f (LA)* Block *m*
cuadrado [kwa'đrađo] *m 1.* Quadrat *n; adj 2.* quadratisch
cuadragésimo [kwađra'xesimo] *adj* vierzigste(r,s)
cuadrangular [kwađrangu'lar] *adj* viereckig
cuadrar [kwa'đrar] *v* zusammenpassen, übereinstimmen
cuadriculado [kwađriku'lađo] *adj* kariert
cuadrilla [kwa'đrija] *f* Trupp *m,* Gruppe *f,* Team *n,* Kolonne *f*
cuadro ['kwađro] *m 1. ART* Bild *n,* Gemälde *n; ~ al óleo* Ölgemälde *n; 2. ~ sinóptico* Tabelle *f; 3. ~ de conexiones TECH* Schaltbild *n; ~ de distribución* Schalttafel *f; 4. (dibujo)* Karo *n; de ~s* kariert
cuál [kwal] *pron (interr)* welche(r,s)
cual [kwal] *pron (rel) el ~/la ~/lo ~* derjenige/diejenige/dasjenige
cualidad [kwali'đađ] *f* Eigenschaft *f*
cualitativo [kwalita'tiƀo] *adj* qualitativ
cualquier(a) [kwal'kĭer(a)] *adj* jede(r,s), x-beliebig, beliebig, irgendein
cuándo ['kwando] *interr ¿Cuándo?* Wann?
cuando ['kwando] *konj (temporal)* wenn, als
cuantía [kwan'tia] *f 1.* Menge *f; 2. ~ del litigio JUR* Streitwert *m*
cuantioso [kwan'tĭoso] *adj* zahlreich
cuantitativo [kwantita'tiƀo] *adj* mengenmäßig, quantitativ
cuanto ['kwanto] *adv 1. ~ antes* so bald wie möglich; *~ antes mejor* je eher, desto besser; *~ bien* so gut wie möglich; *konj 2. ~ más* je mehr
cuánto ['kwanto] *interr* wie viel, so viel; *¿Cuánto cuesta el billete?* Wie viel kostet eine Fahrkarte? *¿A ~ estamos?* Den Wievielten haben wir heute?
cuarenta [kwa'renta] *num* vierzig; *cantarle a alguien las ~ (fig)* jdm den Kopf waschen
cuarentena [kwaren'tena] *f* Quarantäne *f*
cuaresma [kwa'rezma] *f REL* Fastenzeit *f*
cuartel [kwar'tɛl] *m MIL* Kaserne *f; una guerra sin ~* ein Krieg ohne Fronten *f*
cuarteto [kwar'teto] *m 1.* Quartett *n; 2. MUS* Quartett *n*
cuarto ['kwarto] *adj 1.* vierte(r,s); *m 2.* Raum *m,* Zimmer *n,* Stube *f; ~ de estar* Wohnzimmer *n; ~ de depósito* Kammer *f; ~ de los niños* Kinderzimmer *n; 3. MATH* Viertel *n; un ~ de litro de vino* ein Viertelliter Wein *m; ~ de hora* Viertelstunde *f; 4. ~s pl (fam)* Moneten *pl*
cuarzo ['kwarθo] *m MIN* Quarz *m*
cuatro ['kwatro] *num* vier
Cuba ['kuƀa] *f GEO* Kuba *n*
cuba ['kuƀa] *f* Fass *n,* Kübel *m; estar como una ~* stockbetrunken sein
cubano [ku'ƀano] *adj 1.* kubanisch; *m 2.* Kubaner *m*
cubeta [ku'ƀeta] *f* Eimer *m,* Kübel *m*
cubierta [ku'ƀĭerta] *f 1.* Verdeck *n,* Deck *n; 2. (capa)* Deckblatt *n; 3. (de una embarcación)* Deck *n; en ~* an Deck, auf Deck
cubierto [ku'ƀĭerto] *m (servicio)* Gedeck *n,* Essbesteck *n,* Besteck *n*
cubito [ku'ƀito] *m ~ de hielo* Eiswürfel *m*
cubo ['kuƀo] *m 1. MATH* Würfel *m; 2. (recipiente)* Eimer *m,* Kübel *m; a ~s* eimerweise; *~ de basura* Abfalleimer *m,* Mülleimer *m; 3. ~ de rueda* Radnabe *f*
cubrir [ku'ƀrir] *v irr 1.* abdecken, verdecken; *2. (recubrir)* bekleiden, verhüllen, verhängen; *3. ~ de/~ con* beziehen mit; *4. (tapar) ~ con* zudecken mit; *5. ~ los gastos* die Kosten decken
cuca ['kuka] *f* Raupe *f,* Made *f*
cuchara [ku'tʃara] *f* Esslöffel *m,* Löffel *m; ~ sopera* Suppenlöffel *m*
cucharilla [kutʃa'riʎa] *f* Teelöffel *m*
cucharón [kutʃa'rɔn] *m* Kelle *f,* Schöpflöffel *m*
cuchichear [kutʃitʃe'ar] *v* flüstern, munkeln, tuscheln
cuchicheo [kutʃi'tʃeo] *m* Geflüster *n*
cuchilla [ku'tʃiʎa] *f* Klinge *f*
cuchillada [kutʃi'ʎađa] *f* Messerstich *m*
cuchillo [ku'tʃiʎo] *m* Messer *n*
cuco ['kuko] *m 1. ZOOL* Kuckuck *m; 2. (fam)* Schlauberger *m; 3. (fig)* der schwarze Mann *m*
cucurucho [kuku'rutʃo] *m* Tüte *f*
cuello ['kweʎo] *m 1.* Kragen *m; ~ alto* Rollkragen *m; 2. ANAT* Hals *m*
cuenta ['kwenta] *f 1. FIN* Konto *n; ~ bancaria* Bankkonto *n; ~ bloqueada* Sperrkonto *n; ~ corriente/~ de giros* Girokonto *n; 2. (factura)* Rechnung *f; ajustarle las ~s a alguien*

mit jdm abrechnen; *La ~, por favor.* Die Rechnung, bitte. *~ de gastos* Spesenrechnung *f; ~ final* Endabrechnung *f; 3. ~ de* Rechenschaft über *f; sin darse ~ de* unbewusst; *tomar en ~* berücksichtigen

cuentakilómetros [kwentaki'lometros] *m* Kilometerzähler *m*

cuento ['kwento] *m 1.* Geschichte *f,* Erzählung *f,* Märchen *n; 2. ~s pl* Gerede *n; dejarse de ~s* zur Sache kommen

cuerda ['kwɛrđa] *f* Band *n,* Schnur *f,* Seil *n; ~ de remolque* Abschleppseil *f; m ~ para saltar* Springseil *n*

cuerdo ['kwɛrđo] *adj* vernünftig

cuerno ['kwɛrno] *m 1.* Horn *n; 2. ~s pl* Geweih *n*

cuero [kwero] *m* Leder *n; en ~s* splitternackt; *~ artificial* Kunstleder *n*

cuerpear ['kwɛrpear] *v* ausweichen

cuerpo ['kwɛrpo] *m 1.* Körper *m,* Leib *m; en todo el ~* am ganzen Körper; *hacer del ~* Stuhlgang haben; *2. ~ del delito JUR* Beweisstück *n,* Corpus Delicti *n; 3. (institución)* Körperschaft *f; ~ de bomberos* Feuerwehr *f*

cuervo ['kwɛrƀo] *m ZOOL* Rabe *m*

cuesta ['kwesta] *f* Abhang *m; ~ abajo* bergab; *~ arriba* bergauf

cuestión [kwes'tĭɔn] *f 1.* Angelegenheit *f,* Frage *f; en ~* vorliegend; *~ de conciencia* Gewissensfrage *f; ~ de experiencia* Erfahrungssache *f; ~ de honor* Ehrensache *f; ~ de gusto* Geschmacksache *f; ~ de pareceres* Ansichtssache *f; ~ secundaria* Nebensache *f; 2. ~ de confianza POL* Vertrauensfrage *f; 3. ~ de culpabilidad JUR* Schuldfrage *f*

cuestionable [kwestĭɔ'nable] *adj* fraglich, zweifelhaft, strittig

cuestionar [kwes'tĭɔnar] *v* erörtern, diskutieren, in Frage stellen

cuestionario [kwestĭɔ'nario] *m* Fragebogen *m*

cuidado [kwi'đađo] *m 1. (para evitar un riesgo)* Vorsicht *f,* Achtung *f; tener ~* aufpassen; *¡Cuidado!* Achtung! *2. (aseo)* Pflege *f,* Sorgfalt *f; 3. (fig: atención)* Achtsamkeit *f,* Achtung *f,* Aufmerksamkeit *f; 4. (asistir)* Betreuung *f,* Behutsamkeit *f*

cuidador [kwiđa'đɔr] *m* Pfleger *m*

cuidadoso [kwiđa'đoso] *adj* sorgfältig, vorsichtig, achtsam

cuidar [kwi'đar] *v* versorgen, pflegen; *~ a alguien* für jdn sorgen, jdn pflegen; *~ de* betreuen, wahren, sorgen

culebra [ku'leƀra] *f ZOOL* Schlange *f*

culebrón [kule'ƀrɔn] *m (fam)* endlose Fernsehserie *f*

culinario [kuli'narĭo] *adj* kulinarisch

culminación [kulmina'θĭɔn] *f* Abschluss *m,* Höhepunkt *m*

culo ['kulo] *m ANAT* Hintern *m* (fam)

culpa ['kulpa] *f* Verschulden *n,* Schuld *f; sin ~* schuldlos; *tener la ~ de* verschulden

culpabilidad [kulpaƀili'đađ] *f JUR* Schuld *f*

culpable [kul'paƀle] *adj JUR* schuldig; *~ por imprudencia* fahrlässig

culpar [kul'paƀle] *v ~ de* beschuldigen

cultivado [kulti'ƀađo] *adj* kultiviert

cultivador(a) [kultiƀa'đɔr/kultiƀa'đora] *m/f* Züchter(in) *m/f*

cultivar [kulti'ƀar] *v 1.* züchten, anpflanzen; *2. AGR* anbauen, bearbeiten; *3. (fig: aprender)* erlernen, kultivieren

cultivo [kul'tiƀo] *m* Zucht *f,* Anbau *m*

culto ['kulto] *m 1.* Kult *m,* Verehrung *f; rendir ~ a alguien* jdn verehren; *2. REL* Gottesdienst *m; adj 3.* gebildet

cultura [kul'tura] *f* Kultur *f*

cultural [kul'tural] *adj* kulturell

cumbre ['kumƀre] *f 1.* Grat *m,* Kamm *m,* Spitze *f; 2. GEO* Gipfel *m; 3. POL* Gipfel *m*

cumpleaños [kumple'aɲos] *m* Geburtstag *m*

cumplido [kum'pliđo] *m* Kompliment *n*

cumplimiento [kumpli'mĭento] *m 1.* Einhaltung *f,* Erfüllung *f; 2. lugar de ~ ECO* Erfüllungsort *m*

cumplir [kum'plir] *v 1.* erfüllen, erledigen; *2. (un castigo)* verbüßen; *3. (una ley)* befolgen

cumulo ['kumulo] *m* Haufen *m*

cuna ['kuna] *f* Babywiege *f,* Wiege *f*

cuneta [ku'neta] *f* Straßengraben *m*

cuña ['kuɲa] *f* Keil *m*

cuñada [ku'ɲada] *f* Schwägerin *f*

cuñado [ku'ɲađo] *m* Schwager *m*

cuota ['kwota] *f 1.* Beitrag *m,* Quote *f; ~ de socio* Mitgliedsbeitrag *m; 2. ECO* Rate *f*

cupé [ku'pe] *m* Zweisitzer *m*

cúpula ['kupula] *f ARCH* Kuppel *f*

cuquería [kuke'ria] *f* Schläue *f*

cura[1] ['kura] *f 1. MED* Heilung *f,* Kur *f; 2. ~ de adelgazamiento MED* Abmagerungskur *f,* Schlanksheitkur *f; 3. ~ de desintoxicación MED* Entziehungskur *f; 4. ~ radical* Gewaltkur *f,* Radikalkur *f; 5. ~ espiritual REL* Seelsorge *f*

cura² ['kura] *m* *1. REL* Pfarrer *m,* Priester *m*
curable [ku'raƀle] *adj* heilbar
curación [kura'θĭɔn] *f MED* Heilung *f*
curandero [kuran'đero] *m* *1. MED* Heilpraktiker *m;* *2. (despectivo)* Quacksalber *m*
curar [ku'rar] *v* heilen, verarzten, kurieren
curarse [ku'rarse] *v* ausheilen, verheilen; *~ completamente* auskurieren
curato [ku'rato] *m REL* Pfarramt *n*
curiosidad [kuriosi'đađ] *f* Neugier *f*
curioso [ku'rĭoso] *adj* *1. (raro)* merkwürdig, seltsam, kurios; *2. (indiscreto)* vorwitzig, neugierig; *m 3.* Schaulustige(r) *m*
currículo [ku'rrikulo] *m* Lehrplan *m*
curriculum [ku'rrikulum] *m ~ vitae* Lebenslauf *m*
cursi ['kursi] *adj* kitschig
cursilería [kursile'ria] *f* Kitsch *m*
cursillo [kur'siʎo] *m* Lehrgang *m*
curso ['kurso] *m* *1.* Ablauf *m,* Verlauf *m; ~ de los acontecimientos* Hergang *m; ~ de un río* Flusslauf *m;* *2. (materia)* Lehrgang *m,* Kurs *m; hacer pasar al ~ siguiente* versetzen; *~ de baile* Tanzkurs *m; ~ a distancia* Fernkurs *m; ~ de introducción* Einführungskurs *m*
cursor [kur'sɔr] *m INFORM* Cursor *m,* Zeiger *m*
curva ['kurƀa] *f* Kurve *f,* Biegung *f,* Krümmung *f; lleno de ~s* kurvenreich; *~ en herradura* Haarnadelkurve *f*
curvatura [kur'ƀatura] *f* Biegung *f,* Krümmung *f*
cúspide ['kuspiđe] *f* Gipfel *m*
custodia [kus'todĭa] *f* *1. (protección)* Obhut *f,* Gewahrsam *m,* Verwahrung *f;* *2. (guarda)* Bewachung *f;* *3. ~ de los hijos JUR* Sorgerecht *n*
custodiar [kusto'dĭar] *v* *1. (vigilar)* bewachen; *2. (resguardar)* verwahren
cutáneo [ku'taneo] *adj* Haut...
cuyo ['kujo] *pron* dessen, wessen
chabacanada [tʃaƀaka'nađa] *f* Geschmacklosigkeit *f,* Derbheit *f,* Plattheit *f*
chabacanería [tʃaƀakane'ria] *f* *1. (falta de gusto)* Geschmacklosigkeit *f;* *2. (vulgaridad)* Derbheit *f*
chabacano [tʃaƀa'kano] *adj* geschmacklos, platt, gemein
chabola [tʃa'ƀola] *f (choza de gente pobre)* elende Wohnung *f,* Bruchbude *f*
chacal [tʃa'kal] *m ZOOL* Schakal *m*
cháchara ['tʃatʃara] *f* Geschwätz *n,* Gerede *n,* Gequassel *n*
chacharear [tʃatʃa'rear] *v* schwatzen, quasseln, quatschen
chacona [tʃa'kona] *f (baile español) MUS* Chaconne *f*
chacota [tʃa'kota] *f* *1. (burla)* Klamauk (fam) *m,* Radau *m;* *2. tomar a ~* nicht ernst nehmen, sich lustig machen
chacotear [tʃako'tear] *v* Spaß treiben
chacotero [tʃako'tero] *adj (ES)* aufgedreht, lustig
chafallar [tʃafa'ʎar] *v (hacer trabajo frangollado)* verpfuschen, pfuschen
chafallo [tʃa'faʎo] *m* Pfusch *m,* Pfuscharbeit *f,* Flickerei *f*
chafar [tʃa'far] *v (aplastar)* zerquetschen, plattdrücken, zertreten
chafarrinón [tʃafarri'nɔn] *m* Flecken *m,* Klecks *m,* Kleckserei *f*
chal [tʃal] *m* Schal *m*
chalado [tʃa'lađo] *adj (loco)* verrückt
chalanear [tʃala'near] *v (cambalachear)* schachern, verschachern
chalanería [tʃalane'ria] *f* Schacherei *f*
chalarse [tʃa'larse] *v ~ por alguien (fam)* sich in jdn verknallen
chaleco [tʃa'leko] *m* Weste *f; ~ salvavidas* Schwimmweste *f*
chalet [tʃa'lɛt] *m* Ferienhaus *n; ~ adosado* Reihenhaus *n; ~ unifamiliar* Einfamilienhaus *n*
chamaco [tʃa'mako] *m (LA)* Junge *m*
chamarra [tʃa'marra] *f* Kittel *m*
chamba ['tʃamƀa] *f (fam: trabajo)(LA)* Geschäft *n*
chambergo [tʃam'ƀɛrgo] *m* Hut *m*
chambón [tʃam'ƀɔn] *adj (chapucero)* stümperhaft, Pfusch...
chambonada [tʃamƀo'nađa] *f (chapucería)* Stümperei *f,* Pfuscherei *f*
champán [tʃam'pan] *m* Champagner *m*
champaña [tʃam'paɲa] *m* Champagner *m*
champañizar [tʃampani'θar] *v ~ el vino* den Wein nach Champagnerart zubereiten
champiñón [tʃampi'ɲɔn] *m BOT* Champignon *m*
champú [tʃam'pu] *m* Shampoo *n*
chamuscar [tʃamus'kar] *v (quemar superficialmente)* ansengen, versengen
chance ['tʃanθe] *m (LA)* Chance *f*
chancear [tʃanθe'ar] *v* spaßen, scherzen
chanceo [tʃan'θeo] *m (LA)* Scherz *m*
chancero [tʃan'θero] *m (LA)* Spaßvogel *m*
chancha ['tʃantʃa] *f (cerda) (LA)* Sau *f,* Schwein *n*

chancleta [tʃan'kleta] *f (pantufla)* Latschen (fam) *m,* Schlappen (fam) *m,* Pantoffel *f*
chándal ['tʃandal] *m* Trainingsanzug *m*
chantaje [tʃan'taxe] *m* Erpressung *f*
chantajear [tʃanta'xear] *v* erpressen
chantajista [tʃanta'xista] *m/f* Erpresser(in) *m/f*
chanza ['tʃanθa] *f* Jux *m*
chao ['tʃao] *interj ¡Chao!* Tschüss!
chapa ['tʃapa] *f 1.* Blech *n,* Furnier *n; 2. ~ de policía* Polizeimarke *f; 3. (cerradura)(LA)* Schloss *n,* Türschloss *n*
chapalear [tʃapa'lear] *v* plantschen
chaparro [tʃa'parro] *adj 1. (bajo)* niedrig, klein, gebückt; *m 2. (un tipo de árbol)* Eichenbuschwerk *n*
chaparrón [tʃapa'rrɔn] *m* Platzregen *m,* Regenguss *m,* Wolkenbruch *m*
chapotear [tʃapote'ar] *v* plantschen
chapucear [tʃapuθe'ar] *v* verpfuschen
chapucería [tʃapuθe'ria] *f (frangollo)* Flickarbeit *f,* Pfuscherei *f,* Pfusch *m*
chapucero [tʃapu'θero] *adj* stümperhaft
chapurrear [tʃapurrɛ'ar] *v (otra lengua)* radebrechen
chapuza [tʃa'puθa] *f* Pfusch *m,* Stümperei *f*
chaqueta [tʃa'keta] *f* Jacke *f,* Jackett *n; ~ de punto* Strickjacke *f*
chaquetear [tʃake'tear] *v (tener miedo)* zurückschrecken
chaquetilla [tʃake'tiʎa] *f (de los toreros)* kurze Jacke *f,* Spenzer *m*
chaquetón [tʃake'tɔn] *m* Joppe *f,* Windjacke *f*
charada [tʃa'rađa] *f 1.* Silbenrätsel *n; 2. (fig: intriga que uno no comprende)* Scharade *f*
charanga [tʃa'ranga] *f* Blechmusik *f,* Blechmusikkapelle *f*
charango [tʃa'rango] *m MUS* Charango *n,* kleine fünfsaitige Mandoline *f*
charca ['tʃarka] *f* Tümpel *m,* Teich *m*
charcal [tʃar'kal] *m* Sumpf *m*
charco ['tʃarko] *m* Pfütze *f,* Lache *f*
charcutería [tʃarkute'ria] *f* Metzgerei *f,* Wurstwaren *f/pl*
charcutero [tʃarku'tero] *m* Metzger *m,* Fleischer *m*
charla ['tʃarla] *f 1.* Unterhaltung *f,* Geplauder *n,* Gespräch *n; 2.* kurzer Vortrag *m*
charlar [tʃar'lar] *v ~ con* plaudern mit, sich unterhalten mit
charlatán [tʃarla'tan] *m 1.* Quacksalber *m,* Scharlatan *m,* Schaumschläger *m; 2. (que habla mucho)* Schwätzer *m,* Marktschreier *m*
charlatanear [tʃarlata'near] *v* quasseln
charlatanería [tʃarlatane'ria] *f* Geschwätzigkeit *f,* Geschwätz *n*
charlatanismo [tʃarlata'nizmo] *m (faramalla)* Prahlerei *f*
charloteo [tʃarlo'teo] *m* Plauderei *f,* Schwätzchen (fam) *n*
charnela [tʃar'nela] *f TECH* Scharnier *n*
charol ['tʃarol] *m* Lack *m,* Lackleder *n*
charola [tʃa'rola] *f (bandeja)* Tablett *n*
charolado [tʃaro'lađo] *adj* glänzend, blank, Lack...
charolar [tʃaro'lar] *v* lackieren, firnissen
charrada [tʃa'rrađa] *f* Geschmacklosigkeit *f,* Kitsch *m,* Grobheit *f*
charrán [tʃa'rran] *m* Gauner *m,* Schurke *m,* Taugenichts *m*
charranería [tʃarrane'ria] *f* Gaunerei *f*
charro ['tʃarro] *adj 1. (fig: inculto)* bäurisch, grob, ungebildet; *2. (falto de gusto)* geschmacklos, aufgedonnert (fam)
chascarrillo [tʃaska'rriʎo] *m* Anekdote *f*
chasco ['tʃasko] *v llevarse un ~ (fam)* hereinfallen
chasis ['tʃasis] *m 1.* Fahrgestell *n; 2. TECH* Chassis *n; ~ con ruedas* Fahrwerk *n*
chasquear [tʃas'kear] *v (hacer chasquidos)* knallen, schnalzen
chasquido [tʃas'kiđo] *m* Knallen *n,* Knacken *n,* Schnalzen *n*
chatarra [tʃa'tarra] *f* Alteisen *n*
chato ['tʃato] *adj 1. (de nariz aplastada)* stumpfnasig; *m 2. (vaso pequeño)* niedriges Weinglas *n*
chauvinismo [tʃawƀi'nismo] *m* Chauvinismus *m*
chauvinista [tʃawƀi'nista] *adj* chauvinistisch
chaval [tʃa'ƀal] *m (fam)* Bengel *m*
chavala [tʃa'ƀala] *f (fam)* Biene *f,* Mädchen *n*
checo ['tʃeko] *adj 1.* tschechisch *República checa GEO* Tschechische Republik *f; m 2. (natural de la República checa) GEO* Tscheche *m*
Checoslovaquia [tʃekoslo'ƀakĭa] *f HIST* Tschechoslowakei *f*
chelín ['tʃelin] *m* Schilling *m*
cheque ['tʃeke] *m FIN* Scheck *m; ¿Acepta usted ~s?* Nehmen Sie Schecks? *~ bancario* Bankscheck *m; ~ cruzado* Verrechnungs-

scheck *m; ~ de gerencia (LA)* Bankscheck *m; ~ de viaje* Reisescheck *m; ~ en blanco* Blankoscheck *m; ~ postal* Postscheck *m; ~ no cruzado* Barscheck *m*
chequear [tʃe'kear] *v (revisar)* untersuchen
chequeo [tʃe'keo] *m 1.* Revision *f; 2. ~ médico* ärztliche Untersuchung *f*
chequera [tʃe'kera] *f (LA)* Scheckbuch *n*
chic [tʃik] *adj* schick
chica ['tʃika] *f* Mädchen *n*
chicana [tʃi'kana] *f (LA)* Schikane *f*
chicanear [tʃikane'ar] *v (LA)* schikanieren
chicha ['tʃitʃa] *f 1. (LA)* Maisschnaps *m; 2. (fam)* Fleisch *n; tener poca ~* sehr dünn sein; *3. calma ~ NAUT* völlige Windstille *f,* Flaute *f; 4. no ser ni ~ ni limonada* weder Fisch noch Fleisch sein
chicharra [tʃi'tʃarra] *f 1.* Ratsche *f,* Knarre *f; 2. TECH* Summer *m; 3. ZOOL* Zikade *f*
chichón [tʃi'tʃɔn] *m MED* Beule *f*
chicle ['tʃikle] *m* Kaugummi *m*
chico ['tʃiko] *m* Bursche *m,* Junge *m,* Knabe *m; ~ para recados* Laufbursche *m*
chicote [tʃi'kote] *m 1.* kräftiger Bursche *m; 2. (fig)* Zigarre *f; 3. NAUT* Tauende *n*
chicotear [tʃkote'ar] *v* verprügeln
chifla ['tʃifla] *f (acción de silbar)* Pfeifen *n,* Zischen *n*
chiflado [tʃi'flađo] *v estar ~ (fam)* spinnen
chiflar [tʃi'flar] *v* pfeifen, zischen, sich volllaufen lassen
chiflarse [tʃi'flarse] *v (fam)* überschnappen
chifle ['tsifle] *m* Pfeife *f,* Lockpfeife *f*
Chile ['tʃile] *m GEO* Chile *n*
chileno [tʃi'leno] *adj 1.* chilenisch; *m 2.* Chilene *m*
chillar [tʃi'ʎar] *v 1.* quietschen; *2. (persona)* kreischen, schreien
chillería [tʃiʎe'ria] *f* Gekreisch *n,* Geschrei *n*
chillido [tʃi'ʎiđo] *m* Aufschrei *m*
chillón [tʃi'ʎon] *m 1.* Schreihals *m; adj 2.* grell, schrill; *No me seas tan ~!* Widersprich mir nicht!
chimenea [tʃime'nea] *f* Kamin *m,* Schlot *m,* Schornstein *m*
chimpancé [tʃimpan'θe] *m ZOOL* Schimpanse *m*
chinche ['tʃintʃe] *m 1. ZOOL* Wanze *f; Me cae ~. (fam)* Er geht mir auf die Nerven. *2. (chincheta)* Reißzwecke *f,* Reißnagel *m*
chinchorro [tʃin'tʃɔrro] *m (hamaca ligera) (LA)* Hängematte *f*
chinelas [tʃi'nelas] *f/pl* Hausschuhe *pl,* Pantoffeln *pl*
chinesco [tʃi'nesko] *adj* chinesisch
chino ['tʃino] *adj 1.* chinesisch; *cuento ~* Fabel *f,* Lüge *f; m 2.* Chinese *m; 3. (idioma chino)* Chinesisch *n*
chip [tʃip] *m INFORM* Chip *m*
chiquero [tʃi'kero] *m 1. (porqueriza)* Schweinekoben *m; 2. (fig: lugar muy desaseado)* Saustall (fam) *m*
chiquillada [tʃiki'ʎađa] *f* Kinderei *f*
chiquillo [tʃi'kiʎo] *m* Knirps *m*
chiquito [tʃi'kito] *m 1. (LA)* Knirps *m; 2. (pequeño)* klein, winzig
chiribita [tʃiri'ƀita] *f 1. (chispa)* Funke *m; 2. (fig) echar ~s* Gift und Galle spucken
chirimía [tʃiri'mia] *f MUS* Schalmei *f,* Schalmeienbläser *m,* Bläsergruppe *f*
chiripa [tʃi'ripa] *f (fig: casualidad)* Zufall *m,* Glück *n; Me salvé de/por chiripa.* Ich bin durch Zufall gerettet worden.
chirona [tʃi'rona] *f (fam)* Kittchen *n,* Knast *m; estar en ~* hinter schwedischen Gardinen sitzen
chirriar [tʃi'rrǐar] *v* quietschen, knarren, zirpen
chirrido [tʃi'rriđo] *m* Knarren *n,* Quietschen *n,* Zirpen *n*
chisme ['tʃizme] *m 1. (murmuración)* Klatsch *m,* Gerede *n; 2. ~s m/pl* Tratsch *m*
chismear [tʃiz'me'ar] *v* klatschen, tratschen; *¿A quién no le gusta ~?* Wer klatscht nicht gern?
chismografía [tʃizmogra'fia] *f* Klatsch *m,* Klatschsucht *f*
chismorrear [tʃismorre'ar] *v* tratschen
chismorreo [tʃismo'rreo] *m* Klatsch *m,* Tratsch *m*
chismosear [tʃizmo'sear] *v* klatschen, tratschen
chismoso [tʃiz'moso] *adj* klatschsüchtig
chispa ['tʃispa] *f 1.* Funke *m; echar ~s* Funken sprühen, sehr wütend sein; *2. (fam)* Schwips *m*
chispazo [tʃis'paθo] *m 1. (chispa que salta)* Funke *m; 2. (fig) un ~ de ingenio* ein Geistesblitz *m*
chispeante [tʃis'peante] *adj 1.* Funken sprühend; *2. (fig: ingenioso)* geistreich, witzig, amüsant
chisporrotear [tʃisporro'tear] *v* sprühen, prasseln, knattern

chisporroteo [tʃisporro'teo] *m* Sprühen *n,* Prasseln *n*
chisposo [tʃis'pɔso] *adj* prasselnd
chistar [tʃis'tar] *v* reden
chiste ['tʃiste] *m* Spaß *m,* Witz *m*
chistera [tʃis'tera] *f (sombrero de copa)* Zylinder *m*
chistoso [tʃis'toso] *adj* lustig, witzig, spaßig
chiva ['tsiba] *f* junge Ziege *f,* Geißlein *n*
chivato [tʃi'ƀato] *m ZOOL* Kitzlein *n,* Böckchen *n*
chivo ['tʃiƀo] *m ~ expiatorio* Prügelknabe *m,* Sündenbock *m*
chocante [tʃo'kante] *adj 1. (fastidioso)* anstößig, empörend; *2. (impertinente)(LA)* unverschämt, dreist
chocar [tʃo'kar] *v 1.* aufprallen, zusammenstoßen; *~ contra alguien* jdn anfahren; *2. (fig)* schockieren; *~ a alguien* bei jdm anecken; *3. (disgustar)* Anstoß erregen; *4. (fam: dar la mano)* einschlagen
chocarrería [tʃokarre'ria] *f* Derbheit *f,* derber Witz *m*
chocarrero [tʃoka'rrɛro] *adj* derb
choclo ['tʃoklo] *m (maiz tierno)* junger Maiskolben *m*
chocolate [tʃoko'late] *m 1. GAST* Schokolade *f; un ~ caliente* eine heiße Schokolade *f; 2. (fam: hachís)* Stoff *m,* Hasch *n*
chofer ['tʃofɛr] *m* Fahrer *m,* Chauffeur *m*
chopo ['tʃopo] *m 1. BOT* Pappel *f; 2. (escopeta de un cañón)* Flinte *f*
choque ['tʃoke] *m 1.* Aufprall *m,* Karambolage *f,* Zusammenstoß *m; ~ frontal* Frontalzusammenstoß *m; 2. (fig)* Schock *m; 3. (fig: disputa, discusión)* Zusammenstoß *m,* Streit *m; 4. (batalla pequeña)* Treffen *n,* Scharmützel *n; 5. fuerza de ~ MIL* Angriffsstärke *f*
chorizo [tʃo'riθo] *m 1.* Wurst *f; 2. (fam)* Gauner *m,* Straßenräuber *m*
chorlito [tʃɔr'lito] *m 1. ZOOL* Regenpfeifer *m,* Goldkiebitz *m; 2. (fig) cabeza de ~* Wirrkopf *m*
chorrear [tʃɔrrɛ'ar] *v* triefen
chorreo [tʃɔ'rreo] *m* Rieseln *n,* Geriesel *n*
chorro ['tʃɔrrɔ] *m 1.* Strahl *m; ~ de agua* Wasserstrahl *m; 2. avión de propulsión a ~ TECH* Düsenflugzeug *n,* Flugzeug mit Düsenantrieb *n; 3. (fig) a ~s* in Strömen
chotearse [tʃo'tearse] *v* sich lustig machen, spotten
choteo [tʃo'teo] *m* Gaudium *n,* Spektakel *n*
choza ['tʃoθa] *f* Hütte *f,* Verschlag *m*
chochear [tʃo'tʃear] *v (debilitarse las facultades mentales)* faseln (fam), spinnen (fam), total verdreht sein (fam)
chocho ['tʃođso] *adj (que chochea)* kindisch, närrisch, schwachköpfig
chubasco [tʃu'ƀasko] *m* Platzregen *m*
chubascoso [tʃuƀas'koso] *adj* stark bewölkt
chubasquero [tʃuƀas'kero] *m* Regenmantel *m*
chúcaro ['tʃukaro] *adj (salvaje) (LA)* wild, ungezähmt
chucrut [tʃu'krut] *m GAST* Sauerkraut *n*
chueco ['tʃweko] *adj* krummbeinig
chulería [tʃule'ria] *f (fam)* Angabe *f,* Angeberei *f*
chuleta [tʃu'leta] *f 1. (en la escuela)* Spickzettel *m; 2. GAST* Kotelett *n,* Rippe *f*
chulo ['tʃulo] *m 1. (fam)* Angeber *m; 2. (fam: prostitución)* Zuhälter *m*
chupada [tʃu'pađa] *f* Zug *m*
chupar [tʃu'par] *v 1. (pasar por la boca)* lutschen; *2. (extraer)* saugen, absaugen, absorbieren; *3. (fig: quitarle a uno algo)* aussaugen, erschöpfen
chupatintas [tʃupa'tintas] *m (fam: oficinista, burócrata)* Federfuchser *m,* Bürohengst *m*
chupete [tʃu'pete] *m 1.* Schnuller *m; 2. (LA)* Lutscher *m*
chupetear [tʃupe'tear] *v* lutschen
chupón [tʃu'pɔn] *m 1. (caramelo)* Lutscher *m; 2. ~ de bebé* Schnuller *m*
churrasco [tʃu'rrasko] *m GAST* gegrilltes Fleisch *n*
churumbela [tʃurum'ƀela] *f MUS* Schalmei *f,* Hirtenflöte *f*
chusma ['tʃusma] *f* Gesindel *n,* Pöbel *m*
chutar [tʃu'tar] *v SPORT* schießen, kicken
chuzar [tʃu'θar] *v (herir con un chuzo) (LA)* stechen
chuzazo [tʃu'θaθo] *m* Stich *m*
chuzo ['tʃuzo] *m (palo con una punta de metal)* Spieß *m*
chucha ['tʃutsa] *f* Hündin *f*
chuchear [tʃu'tʃear] *v (comer chucherías)* naschen, Leckereien essen
chucherías [tʃutʃe'rias] *f/pl 1.* Nippes *pl,* Kram *m; 2. (alimento)* Naschwerk *n,* Süßigkeiten *pl*
chucho ['tʃutʃo] *m (fam: perro)* Köter *m*

D

dable ['daƀle] *adj* durchführbar, möglich; *Es ~ que venga esta tarde.* Es ist möglich, dass er heute Nachmittag kommt.
dactilar [dakti'lar] *adj huellas ~es* Fingerabdrücke
dactilología [daktilolo'xĭa] *f* Fingersprache *f*
dádiva ['dađiƀa] *f* Spende *f*
dadivar [dađi'ƀar] *v* beschenken
dadivosidad [dađiƀosi'đađ] *f* Freigebigkeit *f*
dadivoso [dađi'ƀoso] *adj* freigebig
dado ['dađo] *m 1.* Würfel *m; jugar a los ~s* würfeln; *konj 2.* gegeben, vergönnt; *Dado que no puedo ir ...* Da ich nicht gehen kann ...
dador(a) [da'đɔr/da'đora] *m/f* Spender(in) *m/f*
daga ['daga] *f* Kurzschwert *n*
daguerrotipia [dagerro'tipĭa] *f FOTO* Daguerrotypie *f*
daguerrotipo [dagerro'tipo] *m FOTO* Daguerrotyp *m*
dalia ['dalĭa] *f BOT* Dahlie *f*
dálmata ['dalmata] *adj* dalmatinisch
daltoniano [dalto'nĭano] *adj* farbenblind
dama ['dama] *f 1.* Dame *f; ~ de honor* Brautjungfer *f; 2. (esposa del primer mandatario)* Dame *f,* Herrin *f; 3. (reina en el ajedrez)* Dame *f; 4. juego de ~s* Damespiel *n; 5. THEAT (actríz)* Darstellerin *f; ~ de carácter* Charakterdarstellerin *f; ~ joven* jugendliche Liebhaberin *f*
damajuana [dama'xwana] *f* Korbflasche *f,* Glasballon *m*
damasco [da'masko] *m (tela)* Damast *m*
damero [da'mero] *m* Brett *n,* Damespielbrett *n*
damisela [dami'sela] *f* Fräulein *n*
damnificado [damnifi'kađo] *m (perjudicado,afectado)* Geschädigter *m*
damnificar [damnifi'kar] *v* schädigen, beschädigen
dandismo [dan'đismo] *m* Geckenhaftigkeit *f*
dandy ['danđi] *m* Dandy *m,* Stutzer *m*
danés [da'nes] *m (lenguaje)* dänische Sprache *f; adj 1.* dänisch; *m 2.* Däne *m; 3. gran ~ ZOOL* Dogge *f*
danta ['danta] *f ZOOL* Tapir *m,* Elch *m*
dantesco [dan'esko] *adj 1. (de Dante) LIT* dantesk; *2. (fig: grotesco, atroz)* grotesk, dantesk
danubiano [danu'ƀkano] *adj GEO* Donau...
Danubio [da'nuƀĭo] *m GEO* Donau *f*
danza ['danθa] *f 1.* Tanz *m; 2. (negocio o asunto dudoso)* Angelegenheit *f,* Sache *f; 3. (pelea, lucha)* Radau *m,* Krawall *m*
danzado [dan'θađo] *adj* getanzt *m*
danzante [dan'θante] *m/f* Tänzer *m,* Leichtfuß *m* (fam)
danzar [dan'θar] *v* tanzen
dañable [da'ɲaƀle] *adj* schädlich, verwerflich
dañado [da'ɲađo] *adj 1.* beschädigt; *~ gravemente* schwer beschädigt; *m 2. (persona ruin y malvada)* Aussätziger *m*
dañar [da'ɲar] *v 1.* beschädigen, Schaden anrichten; *2. (fig: arruinar algo)* schaden, schädigen, verderben
dañarse [da'ɲarse] *v (deteriorarse)* verderben, schlecht werden; *La fruta se ha dañado.* Die Frucht ist schlecht geworden.
dañino [da'ɲino] *adj* schädlich, ungesund
daño ['daɲo] *m 1.* Beschädigung *f,* Schaden *m,* Beeinträchtigung *f; hacer ~* wehtun; *~ causado por incendio* Brandschaden *m; ~ discal MED* Bandscheibenschaden *m; ~ personal* Personenschaden *m; ~ total* Totalschaden *m; 2. ~s materiales pl* Blechschaden *m,* Sachschaden *m; Yo indemnizaré los ~s.* Ich werde für den Schaden aufkommen.
dañoso [da'ɲoso] *adj* nachteilig, schädlich
dar [dar] *v irr 1.* hergeben, übergeben, geben, überreichen; *~ de alta* aus dem Krankenhaus entlassen; *~ de baja por enfermedad* krankschreiben; *~ el pecho* stillen; *~ instrucciones* anweisen; *~ la hora* die Stunde schlagen; *~ las gracias* danken; *~ la vuelta* umdrehen, kehrtmachen; *~ lugar a* veranlassen; *~ un paseo* spazieren gehen; *~ vueltas a un problema* sich Gedanken machen; *~ a conocer* bekannt geben, offenbaren; *~ a luz* gebären; *2. (atribuir)* beimessen, zuschreiben; *~ dictamen sobre algo* etw begutachten; *~ poder a JUR* ermächtigen, bevollmächtigen; *3. (repartir)* erteilen; *~ la*

palabra das Wort erteilen; *4. (donar)* spenden; *5. (suponer)* voraussetzen, annehmen; *Doy por entendido que ...* Ich setze voraus, dass ... *6. (producir)* produzieren, geben, liefern; *7. (declarar)* erklären; *Doy por culpable a ...* Ich erkläre ... für schuldig; *8. (untar, pintar)* auftragen, streichen, überstreichen; *~ una mano de pintura* einmal überstreichen; *9. (con sustantivos)* geben, ausführen; *~ un beso* einen Kuss geben; *~ un sablazo* anpumpen; *10. (importar)* geben; *Creo que da lo mismo.* Ich glaube, es ist egal. *11. (fig: terminar en, incurrir en)* enden, eingehen; *~ en historias* in die Geschichte eingehen; *~ en la locura* im Wahnsinn enden; *12. (sobrevenir un estado)* befallen; *~ un ataque al corazón* einen Herzanfall haben; *¿Qué te ha dado?* Was ist mit dir? *13. (acertar)* treffen; *~ en el blanco* das Ziel treffen; *14. (estar dirigido a)* gerichtet sein, gehen, führen; *La oficina da a la plaza.* Das Büro liegt zum Platz hinaus. *La puerta no da a la calle.* Die Tür führt nicht auf die Straße. *15.* geben; *~ que hacer* zu tun geben; *~ que pensar* zu denken geben; *Este trabajo me ha dado mucho que hacer.* Diese Arbeit hat mir viel zu tun gegeben. *~ contra* dagegenrennen, dagegenschlagen; *~ contra la pared* gegen die Wand prallen; *17. ~ con* finden; *He dado con la solución.* Ich habe die Lösung gefunden.

dardo ['darđo] *m* Speer *m,* Spieß *m*

darse ['darse] *v irr 1. ~ un gusto* sich gönnen; *2. ~ cuenta de algo* etw bemerken; *3. ~ prisa* sich beeilen; *4. ~ por satisfecho con algo* sich mit etw zufrieden geben, mit etw vorlieb nehmen; *5. ~las de algo* sich als etw aufspielen; *6. (ocurrir, suceder)* geschehen, passieren; *Se dan casos en que ...* Es gibt Fälle, in denen ... *7. (entregarse completamente a)* sich hingeben, verfallen; *~ al alcohol* dem Alkohol verfallen; *~ al estudio* sich ins Studium vertiefen; *8. (pretender ser otra cosa)* vorgeben, so tun, sich den Anschein geben; *9. ~ a conocer* sich zu erkennen geben, sich bekannt machen; *~ a conocer como ...* sich als etw zu erkennen geben; *10. ~ por vencido* sich geschlagen geben; *No debes darte por vencido.* Du darfst dich nicht geschlagen geben. *11. (importar)* bedeuten; *No se me da nada.* Das bedeutet mir nichts.

dársena ['darsena] *f* Hafenbecken *n,* Dock *n*

darvinismo [darƀi'nizmo] *m* Darwinismus *m*

data ['data] *f 1.* Datum *n,* Ausstellungstag *m,* Zeitpunkt *m; 2. de larga ~* lange her, *Ese problema es de larga ~.* Dieses Problem liegt schon lange zurück.

datar [da'tar] *v 1.* datieren; *2. (remontarse a)* datieren, mit einem Datum versehen; *Ese problema data del siglo pasado.* Dieses Problem geht auf das vorige Jahrhundert zurück.

dátil ['datil] *m BOT* Dattel *f*

dativo [da'tiƀo] *m GRAMM* Dativ *m*

dato ['dato] *m 1.* Angabe *f; 2. ~s pl* Daten *pl,* Angaben *pl; ~s de referencia/~s referenciales ECO* Eckdaten *pl; ~s personales* Personalien *pl; banco de ~s INFORM* Datenbank *f; 3. (documento)* Beleg *m,* Beweis *m; No hay ~s que comprueben esa teoría.* Es gibt keine Beweise, die diese Theorie belegen.

datura [da'tura] *f BOT* Stechapfel *m*

de [de] *prep 1. (punto de partida)* von, ab; *~ donde* woraus, woher; *El tren va ~ Hamburgo a Berlín.* Der Zug fährt von Hamburg nach Berlin. *2. (origen, procedencia)* von, aus; *~ allá* davon; *~ allí* davon, daher; *Vengo ~ Colombia./Soy ~ Colombia.* Ich komme aus Kolumbien. *3. (propiedad, posesión)* von; *~ ti* dein; *¿De quién es el bolígrafo?* Wem gehört der Kugelschreiber? *4. (material)* aus; *reloj ~ arena* Sanduhr *f; una mesa ~ madera* ein Tisch aus Holz *m; 5. ~ acá para allá* umher; *6. ~ acuerdo con* übereinstimmend mit, dementsprechend, gemäß; *7. ~ buen gusto* stilvoll, geschmackvoll; *8. ~ dos caras* zweiseitig; *9. ~ casualidad* unbeabsichtigt; *10. ~ colores* bunt; *11. ~ día* tagsüber; *12. ~ dos en dos* paarweise; *13. en caso ~* wenn, falls, andernfalls; *14. ~ este modo* so; *15. ~ igual manera* ebenfalls, gleichfalls; *16. ~ modo que* so dass

deambular [deamƀu'lar] *v* wandeln, schlendern

deán [dean] *m REL* Dekan *m,* Dechant *m*

debajo [de'ƀaxo] *prep* unter, unten; *por ~ de* unterhalb; *~ del puente* unter der Brücke

debate [de'ƀate] *m 1.* Erörterung *f,* Debatte *f; 2. POL* Debatte *f; ~ presupuestario* Haushaltsdebatte *f*

debatir [deƀa'tir] *v* anfechten, debattieren

debe ['deƀe] *m ECO* Soll *n*

debelación [deƀela'θiɔn] *f* Niederkämpfen *n,* Debellation *f*

debelador [deƀela'đɔr] *adj 1.* Bezwinger..., Sieger... *m 2.* Sieger *m,* Bezwinger *m*
debelar [deƀe'lar] *v* niederschlagen, unterwerfen
deber [de'ƀer] *m 1.* Pflicht *f; ~ de discreción* Schweigepflicht *f; pl 2. ~es* Hausaufgaben *pl; v 3. (tener que)* müssen, sollen; *Debería hacerle una visita.* Eigentlich sollte ich sie besuchen. *4. ~ algo a alguien* jdm etw schulden, jdm etw verdanken; *5. (poder)* dürfen; *6. (suposición)* müssen; *Debe de estar enfermo.* Er wird wohl krank sein.
deberse [de'ƀerse] *v 1. (estar obligado con)* verpflichtet sein; *Nos debemos a nuestra patria.* Wir sind unserem Vaterland verpflichtet. *2. (ser la causa de algo)* verdanken, zu verdanken haben
debido [de'ƀiđo] *prep 1. ~ a* infolge, dank; *~ a la edad* altersbedingt; *adj 2.* ordnungsgemäß, pflichtgemäß; *tal y como es ~* ordnungsgemäß, rechtschaffen; *3. ECO* schuldig
débil ['deƀil] *adj 1.* schwach, kraftlos; *Me encuentro ~.* Ich fühle mich schwach. *2. (de carácter)* willensschwach; *3. (despacio)* leise; *4. (opaco)* matt; *5. (insuficiente)* schwach, unzureichen; *una argumentación ~* eine schwache Begründung *f*
debilidad [deƀili'đađ] *f 1.* Schwäche *f; ~ de carácter* Charakterschwäche *f; ~ mental* Schwachsinn *m; 2. (flaqueza)* Schwäche *f*
debilitación [deƀilita'θĭɔn] *f* Abschwächung *f*
debilitado [deƀili'tađo] *adj* schwach
debilitador [deƀilita'đɔr] *adj* abschwächend
debilitamiento [deƀilita'mĭento] *m* Abschwächung *f*
debilitante [deƀili'tante] *adj* schwächend
debilitar [deƀili'tar] *v* abschwächen, auszehren, entkräften, schwächen
débito ['deƀito] *m 1. ECO* Abbuchung *f; 2. (carga) FIN* Belastung *f; 3. (deudas) ECO* Schulden *pl*
debut [de'ƀut] *m* Debüt *n*
debutante [debu'tante] *m/f* Debütant/Debütantin *m/f,* Anfänger/Anfängerin *m/f*
debutar [deƀu'tar] *v 1. (principiar)* debütieren; *He debutado en la literatura.* Ich habe in der Literatur debütiert. *2. (estreno de una obra)* erstaufführen; *3. (primera aparición de un actor)* zum ersten Mal auftreten, debütieren
década ['dekađa] *f* Jahrzehnt *n*
decadencia [deka'đenθĭa] *f* Dekadenz *f,* Niedergang *m,* Untergang *m,* Verfall *m*
decadente [deka'đente] *adj* dekadent
decadentismo [dekađen'tizmo] *m LIT* Dekadenz *f*
decaer [deka'ɛr] *v irr 1.* verkommen, sinken; *2. (fig)* untergehen, absinken; *Al llegar los españoles a México comenzó a ~ el reino azteca.* Als die Spanier nach Mexiko kamen, begann der Untergang des aztekischen Königreichs.
decagonal [dekago'nal] *adj MATH* zehneckig
decágono [de'kagono] *m* Zehneck *n*
decaído [deka'iđo] *adj 1.* schwächlich; *2. (postrado)* kraftlos, matt
decaimiento [dakai'miento] *m 1.* Verfall *m,* Niedergeschlagenheit *f,* Mutlosigkeit *f; 2. (postración, debilidad)* Verfall *m,* Niedergeschlagenheit *f*
decalitro [deka'litro] *m* Dekaliter
decálogo [de'kalogo] *m REL* die Zehn Gebote *n/pl*
decámetro [de'kametro] *m* Dekameter *n*
decanato [deka'nato] *m* Dekant *n*
decano [de'kano] *m* Dekan *m*
decantación [dekanta'θĭɔn] *f* Absetzvorgang *m,* Ablagerung *f,* Schlämmung *f*
decantar [dekan'tar] *v* dekantieren, klären, abgießen
decapitar [deka'pitar] *v* enthaupten, köpfen
decatlón [deka'tlɔn] *m* Zehnkampf *m*
decencia [de'θenθĭa] *f 1.* Anstand *m; 2. (buenas costumbres)* Schicklichkeit *f,* Anstand *m; Pórtese con decencia, por favor.* Benehmen Sie sich bitte anständig. *3. (dignidad)* Würde *f,* Ruhe *f*
decenio [de'θenĭo] *m* Jahrzehnt *n*
decente [de'θente] *adj* anständig, sittlich, dezent
decepción [deθep'θĭɔn] *f 1.* Enttäuschung *f; 2. (desilución)* Enttäuschung *f*
decepcionar [deθepθĭo'nar] *v* täuschen
deceso [de'θeso] *m* Tod *m*
dechado [de'tʃađo] *m 1. (modelo)* Muster *n,* Vorlage *f; 2. (fig: modelo)* Muster *n,* Ausbund *m*
decibelio [deθi'ƀelĭo] *m PHYS* Dezibel *n*
decible [de'θiƀle] *adj* sagbar, ausdrückbar
decididamente [deθi'điđamente] *adv* entschieden, entschlossen

decidido [deθi'điđo] *adj 1.* bestimmt, resolut, entschieden; *2. (valiente)* entschlossen, energisch

decidir [deθi'đir] *v* beschließen, entscheiden; *Todavía no me puedo ~.* Ich kann mich noch nicht entscheiden.

decidirse [deθi'đirse] *v* sich entscheiden, sich entschließen; *~ a hacer algo* sich entschließen, etw zu tun; *~ a favor de, ~ en contra de* sich entschließen für, sich entschließen gegen; *Pedro se ha decidido a viajar a España.* Pedro hat sich entschlossen, nach Spanien zu fahren.

decimal [deθi'mal] *adj 1. MATH* dezimal; *f 2. MATH* Dezimalzahl *f*

decímetro [de'θimetro] *m* Dezimeter *m*

décimo ['deθimo] *adj* zehnte(r,s)

decimonoveno [deθimono'ƀeno] *adj* neunzehnter

decimoquinto [deθimo'kinto] *adj* fünfzehnter

decimosexto [deθimo'segsto] *adj* sechzehnter

decir [de'θir] *m 1. (modo de hablar)* Redensart *f,* Redeweise *f; 2. (suposición)* Annahme *f; Al ~ de ...* Nach dem, was ... sagt... *v irr 3. (opinar, sostener)* meinen, sagen; *¿Qué dices tú sobre eso?* Was sagst du dazu? *4. (el contenido de los textos)* enthalten, sagen; *¿Qué dice la carta de tu madre?* Was steht auf der Karte deiner Mutter? *5. (fig: expresar, comunicar)* ausdrücken, aussagen; *Tu cara dice todo lo que piensas.* Dein Gesicht verrät all deine Gedanken. *6. el qué dirán* Gerede *n; No me importa el que dirán.* Das Gerede interessiert mich nicht. *7. que digamos* ich muss gestehen

decir [de'θir] *v irr 1.* sagen, bemerken, aussprechen, sprechen; *¿Qué ha dicho ella?* Was hat sie gesagt? *2. es ~* das heißt, nämlich; *3. ~ adiós* sich verabschieden; *4. ~ la buenaventura* wahrsagen; *5. ~ bobadas* herumalbern; *6. ~ que no* verneinen; *7. querer ~* besagen; *8. TEL ¡Diga!* Hallo!

decisión [deθi'sĭɔn] *f 1.* Entscheidung *f,* Beschluss *m,* Entschluss *m; tomar una ~* eine Entscheidung treffen; *~ errónea* Fehlentscheidung *f; ~ previa* Vorentscheidung *f; 2. ~ judicial JUR* Gerichtsbeschluss *m; 3. (firmeza)* Entschlossenheit *f*

decisivo [deθi'siƀo] *adj* ausschlaggebend, entscheidend, maßgebend

decisorio [deθi'sorĭo] *adj juramento ~* zugeschobener Eid *m*

declamación [deklama'θĭɔn] *f* Deklamation *f,* Vortragskunst *f*

declamar [dekla'mar] *v 1.* deklamieren, vortragen, schwülstig reden (fig); *2. (recitar poesía)* deklamieren, vortragen; *3. (hablar vehementemente)* deklamieren, wettern

declarable [dekla'raƀle] *adj* erklärbar

declaración [deklara'θĭɔn] *f 1. (información)* Angabe *f; 2. (manifestación)* Erklärung *f,* Aussage *f; ~ amorosa/~ de amor* Liebeserklärung *f; ~ de intenciones* Absichtserklärung *f; 3. ~ de aduana ECO* Zollerklärung *f; ~ de importación* Einfuhrerklärung *f; 4. ~ de guerra* Kriegserklärung *f; 5. ~ de impuestos* Steuererklärung *f; 6. ~ gubernamental POL* Regierungserklärung *f; 7. ~ obligatoria* Anmeldepflicht *f; 8. JUR* Aussage *f; tomar ~* vernehmen; *~ del testigo* Zeugenaussage *f*

declarado [dekla'rađo] *adj* eingetragen

declarador [deklara'đɔr] *m* Ausleger *m,* Erklärer *m*

declarar [dekla'rar] *v 1. (expresar)* äußern, bekunden, deklarieren; *2. ~ el lockout ECO* aussperren; *3. (reconocer)* gestehen, angeben; *4. (en la aduana)* verzollen; *No tengo nada que ~.* Ich habe nichts zu verzollen. *5. (testigo) JUR* bezeugen, aussagen; *en estado de ~* vernehmungsfähig; *Me niego a ~.* Ich verweigere die Aussage. *6. ~ una variable INFORM* eine Variable definieren

declararse [dekla'rarse] *v 1.* sich erklären; *2. ~ en huelga* streiken

declarativo [deklara'tiƀo] *adj 1.* erklärend, Klärungs... *2. juicio ~* Feststellungsverfahren *n*

declinable [dekli'naƀle] *adj GRAMM* deklinierbar

declinación [deklina'θĭɔn] *f 1. GRAMM* Deklination *f; no saber las ~es (fig)* nicht bis drei zählen können; *2. (caída)* Fall *m,* Sturz *m; 3. (fig: decadencia, menoscabo)* Verfall *m,* Niedergang *m; ¿Cuáles fueron las causas de la ~ del Imperio Romano?* Was waren die Gründe für den Untergang des Römischen Imperiums?

declinante [dekli'nante] *adj* abweichend, sich senkend

declinar [dekli'nar] *v 1. GRAMM* deklinieren; *2. (inclinarse)* sich neigen, sinken; *3. (fig: entrar en decadencia)* verfallen, nachlassen; *4. (fig: acercarse a su fin)* niedergehen, sich dem Ende zuneigen; *5. (fig:*

mutar, cambiar) sich verändern, wechseln; *6. (rehusar, rechazar)* ablehnen, abweisen; *Declino tu propuesta.* Ich lehne deinen Vorschlag ab.
declive [de'kliƀe] *m* Abhang *m*
decodificación [dekođifika'θĭɔn] *f INFORM* Entschlüsselung *f,* Dekodierung *f*
decodificador [decođifika'đɔr] *m INFORM* Decoder *m*
decodificar [dekođifi'kar] *v INFORM* entschlüsseln, dekodieren
decoloración [dekolora'θĭɔn] *f* Entfärbung *f*
decolorante [dekolo'rante] *m 1.* Bleichmittel *n; 2. CHEM* Entfärber *m*
decolorar [dekolo'rar] *v* entfärben, bleichen
decomisar [dekomi'sar] *v* beschlagnahmen, einziehen
decomiso [deko'miso] *m* Beschlagnahme *f,* Einzug *m*
decoración [dekora'θĭɔn] *f* Dekoration *f,* Dekor *n,* Verzierung *f,* Gestaltung *f*
decorado [deko'rađo] *m THEAT* Bühnenbild *n*
decorador(a) [dekora'đɔr/dekorađora] *m/f* Dekorateur(in) *m/f*
decorar [deko'rar] *v* ausschmücken, ausstatten, dekorieren, schmücken; *Quiero ~ mi habitación con plantas.* Ich will mein Zimmer mit Pflanzen schmücken.
decorativo [dekora'tiƀo] *adj* dekorativ
decoro [de'koro] *m 1.* Anstand *m,* Schicklichkeit *f; 2. (honor)* Anstand *m,* Schicklichkeit *f; ¿Acaso no puedes portarte con ~?* Kannst du dich nicht mal anständig benehmen? *3. guardar el ~* das Gesicht wahren
decoroso [deko'roso] *adj* anständig, sittsam, dezent
decrecer [dekre'θɛr] *v irr* abklingen, schrumpfen
decrecimiento [dekreθi'mĭento] *m* Verminderung *f,* Rückgang *m,* Senkung *f*
decremento [dekre'mento] *m* Verfall *m,* Abnahme *f*
decrépito [de'krepito] *adj 1.* hinfällig; *2. (muy anciano y menguado)* altersschwach
decrepitud [dekrepi'tuđ] *f 1. (edad muy avanzada)* Altersschwäche *f; 2. (decadencia de las facultades)* Hinfälligkeit *f; 3. (fig: decadencia)* Verfall *m*
decrescendo [dekres'θenđo] *m MUS* Decrescendo *n*
decretar [dekre'tar] *v 1.* verfügen; *2. (ley)* erlassen
decreto [de'kreto] *m 1.* Erlass *m; 2. JUR* Dekret *n,* richterliche Verfügung *f; 3. POL* Mandat *n; 4. por ~ (fig)* auf Kommando, auf Befehl; *Uno no puede cambiar por decreto.* Man kann sich nicht auf Kommando verändern.
decúbito [de'kuƀito] *m* Liegen *n,* Lage *f; ~ lateral* Seitenlage *f*
decumbente [dekum'ƀente] *adj* niederliegend
decuplicar [dekupli'kar] *v* verzehnfachen
decurso [de'kurso] *m (devenir del tiempo)* Ablauf *m,* Verlauf *m*
dedada [de'đađa] *f* Prise *f*
dedal [de'đal] *m* Fingerhut *m*
dedalera [de'đalera] *f BOT* Digitalis *f*
dédalo ['deđalo] *m (fig: laberinto)* Gewirr *n,* Labyrinth *n,* Irrgarten *n*
dedeo [de'đeo] *m 1. MUS* Fingerfertigkeit *f; 2. MUS* Fingersatz *m*
dedicación [deđika'θĭɔn] *f 1.* Einweihung *f; 2. (aplicación)(LA)* Fleiß *m; 3. (ocupación exclusiva con algo)* Hingabe *f*
dedicado [deđi'kađo] *adj* strebsam
dedicar [deđi'kar] *v 1. (dedicatoria)* widmen; *El libro está dedicado a su madre.* Das Buch ist seiner Mutter gewidmet. *2. (tiempo, esfuerzo)* aufwenden
dedicarse [deđi'karse] *v ~ a algo* sich einer Sache widmen, sich mit etw befassen; *~ al bricolaje* basteln
dedicatoria [deđika'torĭa] *f* Widmung *f*
dedicatorio [detika'torĭo] *adj* Widmungs...
dedo ['deđo] *m 1. ANAT* Finger *m; no cuparse el ~ (fam)* nicht von gestern sein; *poner el ~ en la llaga (fig)* den wunden Punkt berühren; *2. ~ del pie ANAT* Zehe *f*
deducción [deđug'θĭɔn] *f 1. ECO* Abstrich *m; 2. (método lógico) MATH* Ableitung *f; 3. (derivar algo de otra cosa)* Ableitung *f,* Folgerung *f,* Schlussfolgerung *f*
deducible [deđu'θiƀle] *adj 1.* nachvollziehbar; *2. ~ de los impuestos ECO* von der Steuer absetzbar
deducir [deđu'θir] *v irr 1. (fig)* folgern, schließen; *~ de* entnehmen, ableiten; *2. (restar)* abrechnen, abziehen; *a ~ de* abzüglich
deductivo [deduk'tiƀo] *adj* deduktiv
defecación [defeka'θĭɔn] *f* Stuhlgang *m,* Exkremente *pl*

defección [defeg'θĭɔn] *f* Abtrünnigkeit *f,* Abfall *m*
defectibilidad [defektiƀili'đađ] *f* Unvollkommenheit *f*
defectible [defek'tiƀle] *adj* unvollkommen
defectivo [defek'tiƀo] *adj* fehlerhaft, mangelhaft
defecto [de'fɛkto] *m 1.* Mangel *m,* Defekt *m,* Fehler *m; sin ~* fehlerlos, makellos, lupenrein; *2. ~ físico MED* Gebrechen *n; ~ cardíaco* Herzfehler *m; 3. por ~ INFORM* fehlerhaft, beschädigt; *configuración por ~* fehlerhafte Konfiguration *f*
defectuoso [defɛk'tŭoso] *adj* defekt, fehlerhaft, lückenhaft
defendedero [defenđe'đero] *adj* verteidigend, beschützend
defender [defen'đɛr] *v irr* verteidigen, in Schutz nehmen; *~ una causa* plädieren; *~ una idea* verfechten
defenderse [defen'đɛrse] *v irr ~ contra* sich wehren gegen
defendible [defen'điƀle] *adj* annehmbar, vertretbar, akzeptabel
defensa [de'fensa] *f 1.* Verteidigung *f,* Gegenwehr *f; sin ~* wehrlos; *2. ~ aérea MIL* Flugabwehr *f; 3. ~ civil (LA)* Katastrophenschutz *m; 4. ~ propia* Notwehr *f; 5. SPORT* Abwehr *f,* Deckung *f*
defensión [defen'sĭɔn] *f (defensa)* Verteidigung *f,* Schutz *m*
defensiva [de'fensiƀa] *f 1.* Defensive *f; 2. estar a la ~* in der Defensive sein *f; 3. ponerse a la ~* in die Defensive gehen *f*
defensivo [defen'siƀo] *adj* defensiv
defensor(a) [defen'sɔr/defen'sora] *m/f 1.* Vertreter(in) *m/f,* Befürworter(in) *m/f; 2. JUR* Verteidiger(in) *m/f*
defensorio [defen'sorĭo] *m LIT* Verteidigungsschrift *f*
deferencia [defe'renθĭa] *f 1. (condescendencia por respeto)* Nachgiebigkeit *f,* Willfährigkeit *f; 2. (muestra de respeto)* Ehrerbietung *f*
deferente [defe'rente] *adj 1.* ehrerbietig; *2. (condescendiente)* nachgiebig, willfährig; *3. conducto ~ ANAT* Samenleiter *m*
deferir [defe'rir] *v irr 1. (condescender por respeto)* zustimmen; *2. (remitir a una jurisdicción) JUR* sich auf die Rechtssprechung beziehen
deficiencia [defi'θienθĭa] *f* Mangel *m,* Fehlerhaftigkeit *f*
deficiente [defi'θĭente] *adj* mangelhaft
déficit ['defiθit] *m 1.* Defizit *n,* Minus *n; 2. ~ del sistema educativo* Bildungsnotstand *m; 3. ECO* Ausfall *m,* Fehlbetrag *m,* Defizit *n*
deficitario [defiθi'tarĭo] *adj FIN* defizitär
definible [defi'niƀle] *adj* erklärbar, definierbar
definición [defini'θĭɔn] *f 1.* Definition *f; 2. (resolución de una disputa)* Entscheidung *f,* Beschluss *m*
definido [defi'niđo] *adj 1.* bestimmt, definiert; *m 2. (lo decidido)* Entscheidung *f*
definir [defi'nir] *v 1.* definieren, bestimmen; *2.* entscheiden
definitivo [defini'tiƀo] *adj 1.* endlich, abschließend, unwiderruflich; *2. (que resuelve) JUR* entscheidend, endgültig, abschließend; *auto ~* Beschluss *m; sentencia definitiva* Endurteil *n; 3. en definitiva* letzten Endes, schließlich und endlich
deflación [defla'θĭɔn] *f ECO* Deflation *f*
deflagración [deflagra'θĭɔn] *f* Verpuffung *f,* Deflagration *f*
deflagrar [defla'grar] *v* verbrennen, verpuffen, abbrennen
defoliación [defolĭa'θĭɔn] *f* Entlaubung *f,* Laubfall *m*
deforestación [deforesta'θĭɔn] *f* Abholzen *n*
deforestar [defores'tar] *v* abholzen
deformación [defɔrma'θĭɔn] *f 1.* Deformation *f,* Verformung *f; 2. MED* Missbildung *f*
deformador [defɔrma'đɔr] *adj* deformierend
deformar [defɔr'mar] *v* deformieren, verformen, verunstalten
deformatorio [defɔrma'torĭo] *adj* verzerrend, entstellend
deforme [de'fɔrme] *adj* missgebildet, verkrüppelt
deformidad [defɔrmi'đađ] *f 1. MED* Verkrüppelung *f,* Missbildung *f; 2. (fig: deformación moral)* Abartigkeit *f,* Missgestalt *f*
defragmentación [defragmenta'θĭɔn] *f INFORM* Defragmentierung *f*
defraudación [defraŭđa'θĭɔn] *f* Veruntreuung *f; ~ de impuestos* Steuerhinterziehung *f*
defraudador [defrauđa'đɔr] *adj* Betrüger *m,* Steuerhinterzieher *m*

defraudar [defraŭ'đar] *v* betrügen, veruntreuen
defuera ['defwera] *adv* außerhalb, draußen, von draußen
defunción [defun'θĭɔn] *f* Tod *m,* Sterbefall *m,* Todesfall *m*
degeneración [dexenera'θĭɔn] *f 1.* Verfall *m; 2. (fig)* Degeneration *f; 3. (alteración funcional) MED* Verfall *m,* Degeneration *f; ~ adiposa* Verfettung *f*
degenerado [dexene'rađo] *adj 1.* degeneriert, verfallen; *m 2. (fig: depravado)* verkommen, entartet
degenerar [dexene'rar] *v* degenerieren; *~ en* ausarten zu
degenerativo [degenera'tiƀo] *adj 1. BIO* dekadent; *2. (que causa degeneración) MED* degenerativ
deglución [deglu'θĭɔn] *f ANAT* Schlucken *n,* Schlingen *n*
deglutir [deglu'tir] *v ANAT* schlucken, hinunterschlucken, hinunterschlingen
degollación [degoʎa'θĭɔn] *f* Enthauptung *f,* Schlachten *n,* Metzelei *f*
degolladero [degoʎa'đero] *m* Schlachthof *m*
degollador [degoʎa'đɔr] *m* Scharfrichter *m,* Schlächter *m*
degollar [dego'ʎar] *v irr* schlachten, köpfen
degollina [dego'ʎina] *f (matanza)* Schlächterei *f,* Gemetzel *n*
degradación [degrađa'θĭɔn] *f 1.* Erniedrigung *f; 2. (destitución deshonrosa)* Absetzung *f,* Degradierung *f; 3. (fig: acción de envilecerse)* Sinken *n,* Erniedrigung *f; No sé de que forma he llegado hasta esta degradación.* Ich weiß nicht, wie ich so tief sinken konnte. *4. (deterioración)* Verschmutzung *f,* Abnutzung *f; ~ del ambiente* Umweltverschmutzung *f*
degradante [degra'đante] *adj* entwürdigend, erniedrigend
degradar [degra'đar] *v 1. ~ a alguien* jdn erniedrigen, jdn demütigen; *2. (destituir deshonrosamente)* degradieren, absetzen; *3. (disminuir, deteriorar)* verderben
degradarse [degra'đarse] *v 1. (deteriorarse)* in Ungnade fallen; *2. (fig: envilecerse)* verkommen
degüello [de'gweʎo] *m (acción de degollar)* Enthauptung *f,* Köpfen *n*
degustación [degusta'θĭɔn] *f* Kostprobe *f*
degustar [degus'tar] *v* kosten, probieren
dehesa [de'esa] *f* Koppel *f*
deicidio [dei'θiđĭo] *m* Frevel *m,* Gottesmord *m*
deidad [dei'đađ] *f REL* Gottheit *f*
deificación [deifika'θĭɔn] *f* Vergöttlichung *f*
deificar [dɛĭfi'kar] *v 1.* vergöttern; *2. (fig: adorar a una persona)* vergöttern, anbeten
deismo [de'izmo] *m* Deismus *m*
deista [de'ista] *adj 1.* deistisch; *m 2.* Deist *m*
dejación [dexa'θĭɔn] *f* Abtretung *f,* Verzicht *m,* Überlassung *f*
dejadez [deja'deθ] *f* Schlamperei *f*
dejado [de'xađo] *adj 1. (perezoso y descuidado)* schlampig, nachlässig; *ser ~* schlampig sein; *2. (descuidado y abatido)* verlassen; *estar ~* verlassen sein
dejamiento [dexa'mĭento] *m 1. (descuido)* Schwäche *f,* Schlampigkeit *f,* Schlaffheit *f; 2. (decaimiento)* Verfall *m,* Niedergeschlagenheit *f; 3. (desapego)* Abneigung *f*
dejar [de'xar] *v 1.* zurücklassen, lassen; *~ abierta (la puerta)* offen lassen; *~ caer algo* etw fallen lassen; *Del susto dejó caer el vaso al suelo.* Vor Schreck ließ sie das Glas auf den Boden fallen. *~ de sobra* übrig lassen; *~ en paz* in Ruhe lassen; *2. ~ puesto* anbehalten, anlassen; *3. ~ tras de sí* zurücklassen; *4. (abandonar)* verlassen; *5. (en un sitio)* dalassen; *6. (al morir)* hinterlassen; *7. ~ pasar* übersehen; *8. ~ en descubierto ECO* Konto überziehen; *9. ~ plantado a alguien* jdn versetzen; *10. (permitir, tolerar)* zulassen, erlauben, ertragen; *No voy a dejar que me ofendas.* Ich lasse es nicht zu, dass du mich beleidigst. *11. (encomedar)* anvertrauen, übertragen; *12. (cesar)* aufhören; *13. (interrumpir algo)* unterbrechen
dejarse [dɛ'xarse] *v 1. ~ ver* erscheinen; *2. ~ engañar* hereinfallen; *3. (abandonarse)* sich vernachlässigen, sich gehen lassen; *Desde que lo abandonó la esposa, se ha dejado completamente.* Seit seine Frau ihn verlassen hat, lässt er sich richtig gehen.
deje ['dexe] *m 1.* Nachklang *m,* Nachgeschmack *m; 2. hablar con cierto ~* mit einem bestimmten Tonfall sprechen
dejo ['dɛxo] *m 1. (acento)* leichter Akzent *m; 2. (fig: sabor)* Beigeschmack *m*
del [del] *art (de + el)* des; *~ mismo modo* ebenso, genauso; *~ otro lado* jenseits; *~ to-*

do ganz, durchgehend; *el hijo ~ presidente* der Sohn des Präsidenten
delación [dela'θĭɔn] *f* Anzeige *f,* Verrat *m,* Denunziation *f*
delantal [delan'tal] *m* Schürze *f*
delante [de'lante] *adv 1.* vorn, vorüber, davor; *prep 2.* vor; *~ de la puerta* vor der Tür
delantera [delan'tera] *f 1.* Vorderteil *n,* Vorderreihe *f,* Vordersitz *m; 2. tomar/coger la ~* zuvorkommen, einen Vorsprung gewinnen
delantero [delan'tero] *adj 1.* vordere(r,s); *m 2. SPORT* Stürmer *m*
delatar ['delatar] *v 1.* anzeigen, denunzieren, verraten; *2. (revelar algo)* anzeigen, verraten
delator(a) [dela'tɔr/dela'tora] *m/f POL* Denunziant(in) *m/f*
deleble [de'leƀle] *adj* tilgbar, auslöschbar
delectable [delek'taƀle] *adj* ergötzlich, vergnüglich
delectivo [delek'tibo] *adj* ergötzlich, entzückt, wonnig
delegación [delega'θĭɔn] *f* Abordnung *f,* Delegation *f*
delegada [dele'gađa] *f POL* Delegierte *f*
delegado [dele'gađo] *m 1. POL* Delegierter *m; 2. ~ de libertad vigilada JUR* Bewährungshelfer *m*
delegar [dele'gar] *v* abordnen, delegieren, übertragen
deleitar [delei'tar] *v* ergötzen
deleitarse [delei'tarse] *v* sich ergötzen, sich laben, sich erfreuen
deleite [de'lɛĭte] *m 1.* Genuss *m,* Vergnügen *n; 2. (placer de los sentidos)* Sinnenlust *f,* Wollust *f*
deleitoso [delei'toso] *adj 1.* köstlich; *2.* lustvoll
deletéreo [dele'tereo] *adj 1. (venenoso)* giftig; *2. (fig: mortífero)* tödlich
deletrear [deletre'ar] *v 1.* buchstabieren; *2. (fig: descifrar)* entziffern; *Al fin he deletreado este criptograma.* Endlich habe ich diese Geheimschrift entziffert.
deleznable [deleθ'naƀle] *adj 1. (frágil, quebradizo)* zerbrechlich, bröckelig; *2. (fig: transitorio)* vergänglich, hinfällig; *3. (desdeñable)* verachtenswert
delfín [dɛl'fin] *m ZOOL* Delfin *m*
delgadez [dɛlga'đeθ] *f* Dünnheit *f,* Schlankheit *f,* Zartheit *f*
delgado [dɛl'gađo] *adj* schlank, dünn
deliberación [deliƀera'θĭɔn] *f 1. (análisis y discusión de algo)* Überlegung *f,* Beratung *f; 2. (resolución)* Beschlussfassung *f*
deliberadamente [deliberađa'mente] *adv* überlegt, mit Vorbedacht, wissentlich
deliberado [deliƀe'rađo] *adj* absichtlich, wissentlich
deliberar [deliƀe'rar] *v 1.* überlegen; *2. ~ sobre* beraten über; *3. (decidir)* beschließen
delicadez [delika'đeθ] *f 1. (debilidad)* Schwächlichkeit *f; 2. (suceptibilidad)* Reizbarkeit *f,* Empfindlichkeit *f*
delicadeza [delika'đeθa] *f 1.* Takt *m,* Zierlichkeit *f; falta de ~* Geschmacklosigkeit *f,* Tatlosigkeit *f; sin ~* taktlos; *2. GAST* Delikatesse *f; 3. (finura)* Zartgefühl *n,* Takt *m,* Taktgefühl *n; 4. (habilidad)* Gewandtheit *f,* Kunstfertigkeit *f*
delicado [deli'kađo] *adj 1.* zierlich, zart; *2. (cuidadoso)* taktvoll; *3. (raro, difícil)* heikel, kniffelig; *4. (exquisito)* zart, fein, dünn, zerbrechlich; *Este trabajo de orfebrería es realmente ~.* Das ist eine ausgesprochen feine Goldschmiedearbeit. *5. (enfermizo, débil)* kränklich, schwächlich; *Mi padre está muy ~ (de salud).* Mein Vater hat eine sehr schwache Gesundheit. *6. (hermoso)* zart, fein; *7. (suceptible)* reizbar, empfindlich; *¡No debes ser tan delicado!* Du darfst nicht so empfindlich sein. *8. (escrupuloso)* gewissenhaft, genau
delicia [de'liθĭa] *f* Hochgenuss *m*
delicioso [deli'θĭoso] *adj 1. (alimento)* köstlich, lecker; *2. (fig)* goldig, himmlisch, göttlich
delictivo [delik'tiƀo] *adj* kriminell, verbrecherisch
delimitación [delimita'θĭɔn] *f* Abgrenzung *f,* Begrenzung *f*
delimitar [delimi'tar] *v* abgrenzen
delincuencia [deliŋ'kwenθĭa] *f* Kriminalität *f; ~ económica* Wirtschaftskriminalität *f*
delincuente [deliŋ'kwente] *m/f* Delinquent(in) *m/f,* Kriminelle(r) *m/f,* Missetäter(in) *m/f; ~ sexual* Sittlichkeitsverbrecher *m,* Triebtäter *m*
delineación [delinea'θĭɔn] *f* Gestaltung *f,* Entwurf *m*
delineamiento [delinea'mĭento] *m* Skizzieren *n,* Umriss *m,* Skizze *f*
delineante [deli'neante] *m TECH* technischer Zeichner *m,* Planzeichner *m*

delinear [deli'near] *v 1.* zeichnen, entwerfen, umreißen; *2. (fig: esbozar)* umreißen, entwerfen; *~ un proyecto* ein Projekt planen
delinquimiento [delinki'mǐento] *m* Rechtsbruch *m,* Gesetzesverletzung *f*
delinquir [delin'kir] *v* straffällig werden, eine Straftat begehen
delirante [deli'rante] *adj* wahnsinnig, rasend
delirar [deli'rar] *v 1. (padecer un delirio)* rasen, toben, delirieren; *2. (fig: decir disparates)* irrereden, phantasieren
delirio [de'lirǐo] *m 1.* Delirium *n; ~ de grandeza* Größenwahn *m; 2. (fig: perturbación)* Raserei *f*
delito [de'lito] *m 1.* Verbrechen *n,* Missetat *f; ~ de tráfico* Verkehrsdelikt *n; lugar del ~* Tatort *m; ~ sexual* Sexualverbrechen *n; 2. JUR* Delikt *n,* Straftat *f,* Vergehen *n,* Verstoß *m*
delta ['delta] *f* Delta *n*
delusorio [delu'sorǐo] *adj* betrügerisch
demacración [demakra'θǐɔn] *f* Abmagerung *f*
demacrado [dema'krađo] *adj* abgezehrt, abgemagert
demacrarse [dema'krarse] *v* abmagern
demagogia [dema'ɡoxǐa] *f* Demagogie *f*
demagogo [dema'ɡoɡo] *m* Demagoge *m,* Volksaufwiegler *m*
demanda [de'manda] *f 1. ECO* Anfrage *f,* Nachfrage *f; ~ de empleo* Stellengesuch *n; 2. JUR* Erhebung *f,* Klage *f; ~ accesoria* Nebenklage *f; ~ judicial* Anklage *f; 3. (petición)* Bittschrift *f,* Gesuch *n*
demandada [deman'đađa] *f JUR* Beklagte *f*
demandado [deman'đađo] *m JUR* Beklagter *m*
demandante [deman'dante] *m/f JUR* Kläger(in) *m/f*
demandar [deman'dar] *v 1.* anfragen; *2. JUR* anklagen; *~ a alguien* jdn verklagen
demarcación [demarka'θǐɔn] *f* Abgrenzung *f*
demarcar [demar'kar] *v* abgrenzen
demás [de'mas] *adj 1.* überdies, außerdem; *2. por ~* umsonst; *3. por lo ~* im Übrigen
demasía [dema'sǐa] *f 1. (exceso)* Übermaß *n; ~ en el comer* ein Übermaß an Essen; *2. (impertinencia)* Dreistigkeit *f,* Unverschämtheit *f; 3. en ~* zu viel; *No debes beber en ~.* Du darfst nicht zu viel trinken.
demasiado [dema'sǐađo] *adj 1.* zu sehr, allzu sehr, allzu viel; *2. (exagerado)* übertrieben; *adv 3.* zu sehr, allzu sehr, all zu viel
demasiarse [dema'sǐarse] *v* maßlos werden, zu weit gehen
demencia [de'menθǐa] *f* Irrsinn *m,* Schwachsinn *m*
demencial [demen'θǐal] *adj* wahnsinnig, Wahnsinns...
demente [de'mente] *adj 1.* verrückt, geistesgestört; *m/f 2.* Geistesgestörte(r) *f/m*
demérito [de'merito] *m* Unwert *m*
demeritorio [demeti'torǐo] *adj* böse, unverdienstlich
demisión [demi'sǐɔn] *f* Demut *f,* Unterwürfigkeit *f*
democracia [demo'kraθǐa] *f POL* Demokratie *f*
demócrata [de'mokrata] *m/f POL* Demokrat(in) *m/f*
democratización [demokratiθa'θǐɔn] *f* Demokratisierung *f*
democratizar [demokrati'θar] *v POL* demokratisieren
demografía [demoɡra'fia] *f* Demographie *f*
demográfico [demo'ɡrafiko] *adj* demographisch
demoler [demo'lɛr] *v irr* abreißen, demolieren
demolición [demoli'θǐɔn] *f* Abbruch *m,* Abriss *m*
demoníaco [demo'niako] *adj* dämonisch, teuflisch
demonio [de'monǐo] *m 1.* Teufel *m,* Dämon *m; 2. (fig: persona perversa)* Dämon *m,* Teufel *m; 3. mandar al ~* zum Teufel schicken (fig)
demonismo [demo'izmo] *m* Dämonismus *m*
demonolatría [demonola'tria] *f* Dämonenverehrung *f*
demonomanía [demonoma'nia] *f* Teufelswahn *m*
demora [de'mora] *f* Verzögerung *f,* Verzug *m,* Versäumnis *n*
demorar [demo'rar] *v* verzögern
demorarse [demo'rarse] *v (tardarse, detenerse)* sich aufhalten lassen, sich aufhalten, sich verspäten; *No te demores por favor.* Komm bitte nicht zu spät.

demostrable [demɔs'traƀle] *adj* beweisbar, nachweisbar
demostración [demɔstra'θĭɔn] *f* *1.* Beispiel *n,* Beweisführung *f,* Darlegung *f;* *2. (prueba, manifestación)* Beweis *m,* Nachweis *m;* *3. (exposición de algo)* Vorführung *f,* Demonstration *f; Este programa no tiene ~es de cómo funciona.* Dieses Programm enthält keine Bedienungshinweise.
demostrar [demɔs'trar] *v irr 1.* beweisen, demonstrieren, nachweisen; *2. (dar testimonio de algo)* beweisen, zeigen; *Tu rostro demuestra que estás mintiendo.* Dein Gesicht zeigt, dass du lügst.
demostrativo [demɔstra'tiƀo] *adj 1.* anschaulich, demonstrativ; *2. adjetivo ~ GRAMM* demonstratives Adjektiv *n*
demudación [demuđa'θĭɔn] *f* Verfärbung *f,* Entstellung *f*
demudar [demu'đar] *v 1.* verfärben, entstellen; *2. (desfigurar)* verzerren
demudarse [demu'đarse] *v 1. (cambiar súbitamente de expresión)* sich verfärben; *Al escuchar la noticia, su rostro se demudó.* Als er die Nachricht hörte, verfärbte sich sein Gesicht. *2. (inmutarse)* aus der Fassung geraten (fig), die Fassung verlieren (fig)
denegación [denega'θĭɔn] *f* Ablehnung *f,* Verneinung *f,* Verweigerung *f*
denegar [dene'gar] *v irr 1.* leugnen, verweigern, verneinen; *2. ~ a alguien algo JUR* jdm etw aberkennen
denegatorio [denega'torĭo] *adj* abschlägig
dengue ['dengue] *m* Zimperlichkeit *f,* Ziererei *f*
denguear [den'gear] *v* düngen
denigración [denigra'θĭɔn] *f* Anschwärzung *f,* Herabsetzung *f*
denigrador [denigra'đɔr] *m* Verleumder *m,* Anschwärzer *m*
denigrar [deni'grar] *v 1.* herabsetzen; *2. (llenar de injurias)* beschimpfen, beleidigen, schmähen
denigrativo [denigra'tiƀo] *adj* ehrverletzend
denodado [deno'đađo] *adj (valeroso)* furchtlos, unerschrocken, mutig
denominación [denomina'θĭɔn] *f* Benennung *f,* Bezeichnung *f*
denominado [denomi'nađo] *adj* benannt
denominador [denomina'đɔr] *m MATH* Nenner *m*
denominar [denomi'nar] *v* heißen, nennen
denominativo [denomin'tiƀo] *adj* bezeichnend
denostar [denos'tar] *v irr* beschimpfen, beleidigen, schmähen
denotación [denota'θĭɔn] *f* Bezeichnung *f,* Angabe *f,* Bedeutung *f*
denotar [de'notar] *v* bezeichnen, anzeigen, hindeuten
densamente ['densamente] *adv* dicht; *~ poblado* dicht bevölkert
densidad [densi'đađ] *f 1.* Dichte *f; ~ demográfica* Bevölkerungsdichte *f;* *2. (cantidad de información) INFORM* Dichte *f*
densificación [densifika'θĭɔn] *f* Verdichtung *f*
densificar [densifi'kar] *v* verdichten
densímetro [den'simetro] *m PHYS* Densimeter *n*
denso ['denso] *adj 1.* fest, dicht; *2. (apretado)* dicht, dicht gedrängt; *3. (fig: intenso)* dicht, intensiv
dentado [den'tađo] *adj* gezackt
dentadura [denta'đura] *f ANAT* Gebiss *n; ~ postiza* Zahnersatz *m,* Gebiss *n; ~ de leche* Milchzähne *m/pl*
dental [den'tal] *adj 1. ANAT* Zahn... *cirugía ~* Zahnchirurgie *f;* *2. articulación ~ GRAMM* dentale Artikulation *f*
dentar [den'tar] *v irr 1. (hacer dientes en un objeto)* verzahnen; *2. (echar dientes)* zahnen; *Mi hijo no ha empezado a dentar todavía.* Mein Sohn hat noch nicht angefangen zu zahnen.
dentario [den'tarĭo] *adj* dental, Zahn..., Dental...
dentellada [dente'ʎađa] *f* Biss *m,* Bisswunde *f*
dentellado [dente'ʎađo] *adj* gezackt
dentellar [dente'ʎar] *v* mit den Zähnen klappern
dentellear [dente'ʎear] *v* schnappen, beißen
dentera [den'tera] *f* Neid *m,* Begehren *n*
dentición [denti'θĭɔn] *f* Zahnen *n*
denticulado [dentiku'lađo] *adj* gezähnt, gezackt
denticular [dentiku'lar] *adj* zahnförmig
dentífrico [den'tifriko] *m/pl 1. ~s* Zahnpflegemittel *n/pl adj 2. pasta dentífrica* Zahnpasta *f*
dentista [den'tista] *m/f MED* Zahnarzt/Zahnärztin *m/f*

dentro ['dentro] *adv 1.* drinnen, darin; *Quisiéramos sentarnos ~.* Wir möchten drinnen sitzen. *prep 2. ~ de* in, innerhalb, binnen

denuedo [de'nweđo] *m* Mut *m,* Tapferkeit *f,* Kühnheit *f*

denuesto [de'nwesto] *m (insulto)* Schimpf *m,* Schmähung *f*

denuncia [de'nunθĭa] *f JUR* Strafanzeige *f,* Anzeige *f*

denunciable [denun'θĭaƀle] *adj* anzeigefähig

denunciación [denunθĭa'θĭɔn] *f* Anzeige *f*

denunciador [denunθĭa'đɔr] *adj 1.* anzeigend; *m 2.* Ankläger *m,* Anzeigeerstatter *m,* Denunziant *m*

denunciante [denun'θĭante] *m/f POL* Denunziant(in) *m/f*

denunciar [denun'θĭar] *v 1. JUR* anzeigen; *~ públicamente* anprangern; *2. (declarar nulo)* kündigen

denuncio [de'nunθĭo] *m* Strafanzeige *f*

deontología [deontolo'xia] *f* Ethik *f*

deparar [depa'rar] *v (poner ante uno)* bereiten, darbieten, bescheren

departamento [departa'mento] *m 1.* Abteilung *f; ~ de personal* Personalabteilung *f; 2. (del tren)* Abteil *n; 3. (administración)* Bezirk *m; 4. (LA)* Appartement *n,* Wohnung *f*

departir [depar'tir] *v* sich unterhalten, plaudern

depauperación [depaŭpera'θĭɔn] *f 1.* Verarmung *f; 2. (debilitamiento del organismo) MED* Schwächung *f*

depauperar [depaŭpe'rar] *v 1. (empobrecer)* ins Elend stürzen; *2. (debilitar) MED* schwächen

dependencia [depen'dɛnθĭa] *f 1.* Abhängigkeit *f; 2. (sucursal)* Zweigstelle *f,* Niederlassung *f; f/pl 3. (edificio adyacente)* Nebengebäude *n,* Nebenhaus *n*

depender [depen'dɛr] *v 1. ~ de* abhängen von, ankommen auf, angewiesen sein auf; *Depende de usted.* Das kommt auf Sie an. *2. (provenir)* entspringen, entstehen

dependiente [depen'dĭente] *adj 1.* abhängig, unselbstständig; *m 2. (empleado)* Angestellter *m,* Untergebener *m*

depilación [depila'θĭɔn] *f* Enthaarung *f*

depilar [depi'lar] *v* enthaaren

depilatorio [depila'torĭo] *m* Enthaarungsmittel *n*

deplorable [deplo'raƀle] *adj* erbärmlich

deplorar [deplo'rar] *v* beklagen, bejammern

deponer [depo'nɛr] *v irr 1.* bezeugen, als Zeuge aussagen; *2. (dejar)* niederlegen, absetzen, entfernen; *~ las armas* die Waffen niederlegen; *~ una actitud* eine Haltung ablegen; *3. (destituir)* absetzen, seines Amtes entheben; *~ al presidente* den Präsidenten seines Amtes entheben

deportación [depɔrta'θĭɔn] *f* Ausweisung *f,* Verbannung *f*

deportar [depɔr'tar] *v* ausweisen, deportieren, verweisen

deporte [de'pɔrte] *m* Sport *m; ~ de competición* Leistungssport *m*

deportista [depɔr'tista] *m/f* Sportler(in) *m/f; ~ aficionado* Amateursportler *m*

deportividad [deportiƀi'đađ] *f* Sportlichkeit *f*

deportivo [depɔr'tiƀo] *adj* sportlich

deposición [deposi'θĭɔn] *f 1.* Stuhlgang *m; 2. (destitución)* Absetzung *f,* Amtsenthebung *f; ~ de un funcionario* Amtsenthebung eines Beamten

depositante [deposi'tante] *m 1. (que deposita dinero en un banco)* Einzahler *m,* Deponent *m; adj 2.* Hinterleger *m*

depositar [deposi'tar] *v 1.* abstellen, aufbewahren, deponieren; *Deposite esto en la caja fuerte.* Schließen Sie das in den Safe ein. *2. (fig: poner)* setzen; *~ la confianza en alguien* Vertrauen in jdn setzen; *3. (llevar al depósito)* hinterlegen; *4. ~ dinero en el banco* Geld bei einer Bank einzahlen

depositario [deposi'tarĭo] *adj 1.* Depot...; *m 2.* Verwahrer *m,* Vorsteher einer Depositenkasse

depositarse [deposi'tarse] *v (sedimentarse)* sich absetzen, sich niederschlagen

depósito [de'posito] *m 1.* Depot *n,* Verwahrungslager *n,* Lager *n; ~ transitorio* Durchgangslager *n; 2. ~ de cadáveres* Leichenhalle *f; 3. ~ de equipajes* Gepäckannahme *f; 4. ~ de gasolina* Benzintank *m; 5. ECO* Einlage *f,* Lager *n,* Lagerung *f; ~s de ahorro pl* Spareinlage *f*

depravación [depraƀa'θĭɔn] *f* Verderbnis *f*

depravado [depra'ƀađo] *adj* verdorben

depravar [depra'ƀar] *v* verderben

deprecación [depreka'θĭɔn] *f* Flehen *n*

deprecativo [depreka'tiƀo] *adj* bittend, erbittend, erflehend

depreciación [depreθĭa'θĭɔn] *f 1.* Abwertung *f; 2. ECO* Entwertung *f*
depreciar [depre'θĭar] *v* abwerten, entwerten
depredación [depređa'θĭɔn] *f 1. (devastación y despojo)* Plünderung *f,* Ausplünderung *f; la ~ del medio ambiente* die Ausbeutung der Umwelt; *2. (malversación)* Veruntreuung im Amt
depredador [depređa'đɔr] *m* Erpresser *m,* Plünderer *m*
depredar [depre'đar] *v* plündern, erpressen
depresión [depre'sĭɔn] *f 1.* Depression *f,* Niedergeschlagenheit *f; 2. (valle)* Talsohle *f; 3. TECH* Unterdruck *m; 4. ECO* Depression *f,* Konjunkturtief *n*
depresivo [depre'siƀo] *adj* depressiv
depresor [depre'sɔr] *adj* drückend, niederdrückend, bedrückend
deprimente [depri'mente] *adj* deprimierend
deprimido [depri'miđo] *adj* niedergeschlagen, geknickt
deprimir [de'primir] *v 1.* deprimieren, schwächen, herunterdrücken; *2. (hundir algo)* drücken, herunterdrücken
deprimirse [depri'mirse] *v 1. (sufrir un decaimiento)* niedergeschlagen sein; *2. PSYCH* eine Depression haben
deprisa [de'prisa] *adv* schnell
depuración [depura'θĭɔn] *f 1.* Reinigung *f,* Läuterung *f,* Säuberung *f; 2. (eliminación de errores de un programm) INFORM* Fehlerbehebung *f*
depurador [depu'rađor] *m 1.* Reiniger *m; 2. (programa para eliminar errores) INFORM* Debugger *m*
depurar [de'purar] *v 1.* reinigen, läutern, säubern; *2. (eliminar errores de un programa) INFORM* debuggen
depurativo [depura'tiƀo] *adj* blutreinigend
derecha [de'retʃa] *f 1.* rechte Hand *f; a la ~* rechts; *2. POL* Rechte *f*
derechismo [dere'tʃizmo] *m POL* Rechtsgerichtetheit *f*
derechista [dere'tʃista] *m POL* Rechter *m,* Anhänger einer Rechtspartei *m*
derecho [de'retʃo] *adj 1.* aufrecht, gerade; *estar ~* gerade stehen; *2. (antónimo de izquierdo)* rechte(r,s); *a la derecha* rechts; *adv 3.* gerade, geradezu, schnurstracks; *todo ~* geradeaus, geradewegs; *m 4.* Recht *n,* Anspruch *m,* Anrecht *n; tener ~ a algo* etw dürfen/zu etw berechtigt sein; *~ a existir* Existenzberechtigung *f; ~ de indemnización* Ersatzanspruch *m; ~s humanos* Menschenrechte *pl; 5. ~ de suscripción FIN* Aktienbezugsrecht *n; 6. ~ civil JUR* Zivilrecht *n; ~ de asilo* Asylrecht *n; ~ de guarda* Sorgerecht *n; ~ internacional* Völkerrecht *n; ~ penal* Strafrecht *n; ~ sucesorio* Erbrecht *n; 8. (estudios de ~)* Jura *n; 9. ~s pl* Gebühren *pl; ~s de tramitación* Bearbeitungsgebühr *f; ~s de peaje* Mautgebühr *f; ~s de importación ECO* Einfuhrzoll *m*
derechura [dere'tʃura] *f* Richtigkeit *f,* Geradlinigkeit *f,* Geradheit *f*
deriva [de'riƀa] *f* Abdrift *f; estar a la ~/ir a la ~* abdriften
derivación [deriba'θĭɔn] *f 1.* Ableitung *f,* Abstammung *f,* Herkunft *f; 2. (forma de extender las palabras) GRAMM* Ableitung *f; 3. (pérdida de fluído) PHYS* Stromverlust *m*
derivado [deri'ƀađo] *adj 1.* abgeleitet, verzweigt, abgezweigt; *m 2. CHEM* Derivat *n; ~s del petróleo* Erdölderivate *n/pl*
derivar [de'riƀar] *v 1.* ableiten; *2. (desviar el curso) NAUT* abtreiben, vom Kurs abkommen
dermatología [dermatolo'xia] *f MED* Dermatologie *f*
dermatológico [dermato'loxiko] *adj MED* dermatologisch
dermatólogo [dɛrma'tologo] *m* Dermatologe *m,* Hautarzt *m*
dérmico ['dermiko] *adj ANAT* Haut...
dermis ['dermis] *f ANAT* Lederhaut *f*
derogación [deroga'θĭɔn] *f* Abschaffung *f,* Aufhebung *f*
derogar [dero'gar] *v* abschaffen, aufheben, außer Kraft setzen
derogatorio [deroga'torĭo] *adj JUR* aufhebend, Aufhebungs...
derramar [dɛrra'mar] *v* ausschütten, verschütten, vergießen
derramarse [dɛrra'marse] *v* auslaufen, überlaufen
derrame [dɛ'rrame] *m 1.* Auslaufen *n,* Erguss *m; 2. ~ de sangre MED* Bluterguss *m*
derrapar [dɛrra'par] *v* schleudern
derredor [dɛrrɛ'đɔr] *m* Umkreis *m; en ~* rundum, ringsherum
derrelicto [dɛrre'likto] *m 1.* Wrack *n; 2.* Wrack (fig) *n; Ese hombre es un derrelicto.*

Dieser Mann ist ein Wrack. *3. (algo abandonado)* herrenloses Gut *n*
derrengado [dɛrrɛn'ɡađo] *adj (torcido)* verrenkt, ausgerenkt
derrengar [dɛrrɛn'ɡar] *v 1. (deslomar)* jdn windelweich schlagen, jdn stark strapazieren; *2. (torcer)* verrenken, ausrenken
derrengarse [dɛrrɛŋ'ɡarse] *v irr (fig)* sich abarbeiten
derretido [dɛrre'tiđo] *adj (fig: enamorado)* verliebt
derretimiento [dɛrreti'mĭento] *m 1.* Schmelzen *n,* Zergehen *n,* Auftauen *n; 2. (fig: amor intenso)* Inbrunst *f,* Dahinschmelzen *n*
derretir [dɛrre'tir] *v irr 1.* auftauen; *2. (fig: disipar)* vergeuden, verschwenden; *He derretido completamente mi fortuna.* Ich habe mein Vermögen völlig verschwendet.
derretirse [dɛrre'tirse] *v irr 1.* schmelzen, zergehen, zerrinnen, tauen; *2. (fig: disolverse de puro amor)* vergehen
derribar [dɛrri'ƀar] *v 1.* umwerfen, umstoßen, abreißen; *2. (un avión) MIL* abschießen; *3. (demoler)* einreißen, abbrechen, umstürzen; *~ un edificio* ein Gebäude einreißen *n; 4. (debilitar)* entkräften, schwächen; *5. (fig: destruir algo)* stürzen, zerstören; *Los militares han derribado al presidente.* Das Militär hat den Präsidenten gestürzt.
derribo [de'rriƀo] *m 1. (demolición)* Abbruch *m,* Niederreißen *n; m/pl 2. (residuos de la demolición) ~s* Bauschutt *m; m 3. (lugar en el cual hay una demolición)* Abbruchstelle *f*
derrocadero [dɛrroka'đero] *m* Felshang *m*
derrocamiento [dɛrrɔka'mĭento] *m 1.* Umsturz *m; 2. POL* Entmachtung *f*
derrocar [dɛrro'kar] *v 1.* herabstürzen, niederreißen, stürzen; *2. (despeñar)* herabstürzen, hinabstürzen; *3. (fig: hacer caer algo)* stürzen
derrochar [dɛrrɔ'tʃar] *v* verschwenden, vergeuden
derroche [dɛ'rrɔtʃe] *m* Vergeudung *f,* Verschwendung *f; ~ de dinero* Geldverschwendung *f*
derrota [dɛ'rrɔta] *f* Niederlage *f*
derrotado [dɛrro'tađo] *adj* vernichtet, ruiniert, geschlagen
derrotar [dɛrrɔ'tar] *v* besiegen, gewinnen, niederschlagen
derrotero [dɛrro'tero] *m 1. (fig: rumbo, dirección)* Weg *m; 2. (ruta de una embarcación) NAUT* Fahrtrichtung *f,* Kurs *m; 3. (libro de rutas náuticas) NAUT* Segelhandbuch *n*
derrotismo [derro'tizmo] *m* Miesmacherei *f,* Defätismus *m*
derruir [dɛrru'ir] *v irr 1. (demoler)* niederreißen, einreißen; *2. (fig: destruir algo)* zerstören
derrumbadero [dɛrrumƀa'đero] *m 1. (despeñadero)* Abgrund *m,* Abhang *m; 2. (fig: algo sumente arriesgado)* Gefahr *f*
derrumbamiento [dɛrrumba'mĭento] *m* Einsturz *m,* Zusammenbruch *m*
derrumbar [dɛrrum'ƀar] *v* herabstürzen, hinabstürzen
derrumbarse [dɛrrum'barse] *v* einstürzen, zusammenbrechen
derrumbe [dɛ'rrumbe] *m 1. ~ bursátil FIN* Börsenkrach *m; 2. (despeñadero)* Abgrund *m,* Erdrutsch *m*
desabarrancar [desaƀarran'kar] *v 1. (sacar de un barranco)* aus dem Graben ziehen; *2. (fig: sacar de un apuro)* aus der Verlegenheit helfen
desabastecer [desaƀaste'θer] *v irr* schlecht versorgen, nicht mehr versorgen
desabollar [desaƀo'ʎar] *v* ausbeulen
desabordar [desa'borđar] *v* überlaufen, überfluten, überfließen
desaborido [desaƀo'riđo] *adj 1. (sin sabor)* geschmacklos; *2. (fig: persona sosa)* langweilig, öde, fade; *¡Qué desaborida es esa chica!* Wie langweilig dieses Mädchen ist!
desabotonar [desabo'tonar] *v 1.* aufknöpfen; *2.* aufbrechen
desabotonarse [desaƀoto'narse] *v 1.* sich aufknöpfen; *2.* frei von der Leber weg reden (fig)
desabridamente [desabriđa'mente] *adv* fade schmeckend, abgestanden
desabrido [desa'ƀriđo] *adj 1.* fade, abgestanden, mürrisch; *2. (fig: persona áspera)* fade, abgestanden; *¡Qué desabrido es el profesor!* Der Lehrer ist vielleicht langweilig!
desabrigado [desaƀri'ɡađo] *adj (fig: desamparado)* hilflos, schutzlos
desabrigar [desaƀri'ɡar] *v* hilflos lassen, schutzlos lassen
desabrigarse [desaƀri'ɡarse] *v* sich ausziehen, sich leichter kleiden

desabrimiento [desaƀri'mi̯ento] *m 1. (falta de sabor en la comida)* Geschmacklosigkeit *f*, Fadheit *f*; *2. (fig: áspereza)* Erbitterung *f*, Groll *m*, Verbitterung *f*; *decir algo con ~* etwas mit Verbitterung sagen; *tratar a alguien con ~* jdn verbittert behandeln; *3. (fig: disgusto interno)* Widerwille *m*

desabrir [desa'ƀrir] *v 1. GAST* den Geschmack verderben, unschmackhaft machen; *2. (fig: disgustarse)* sich ärgern

desabrochar [desaƀro'tʃar] *v* abschnallen

desacalorarse [desakalo'rarse] *v 1.* sich abkühlen; *2. (fig: tranquilizarse)* sich beruhigen

desacantonamiento [desakantona'mi̯ento] *m MIL* Ausrücken *n*

desacatar [desa'katar] *v* unehrerbietig behandeln, nicht achten, missachten

desacato [desa'kato] *1. m* Unehrerbietigkeit *f*, Nichtachtung *f*, Missachtung *f*; *2. (falta de respeto a los superiores)* Unehrerbietigkeit *f*, Missachtung *f*; *3. (falta de respeto a la autoridad) JUR* Beamtenbeleidigung *f*

desacelerar [desaθele'rar] *v* verlangsamen

desacertado [desaθer'tađo] *adj* falsch, verfehlt

desacertar [desaθɛr'tar] *v irr* verfehlen

desacierto [desa'θi̯ɛrto] *m* Missgriff *m*

desacobardar [desakoƀar'đar] *v* Mut einflößen, die Furcht nehmen

desacomodado [desakomo'đađo] *adj* beunruhigt, belästigt

desacomodar [desakomo'đar] *v (quitar el acomodo)* beschwerlich fallen, beunruhigen

desacomodo [desko'mođo] *m* Unbequemlichkeit *f*

desaconsejado [desakonse'xađo] *adj* unbesonnen

desaconsejar [desakɔnsɛ'xar] *v ~ a alguien de algo* jdm von etw abraten

desacoplar [desako'plar] *v* abschalten, auskuppeln

desacordar [desakor'đar] *v (desafinar) MUS* verstimmen

desacorde [desa'korde] *adj 1. (fig: que no concuerda)* uneinig; *Siempre estamos desacordes.* Wir sind immer uneins. *2. MUS* disharmonisch

desacostumbrado [desakɔstum'brađo] *adj* ungewohnt

desacostumbrar [desakostum'ƀrar] *v* abgewöhnen

desacostumbrarse [desakɔstum'brarse] *v ~ de algo* sich etw abgewöhnen

desacreditado [desakređi'tađo] *adj* berüchtigt, verrufen

desacreditar [desa'krеđitar] *v* in Verruf bringen, diskreditieren

desactivación [desaktiƀa'θi̯ɔn] *f* Entschärfen *n*

desactivar [desakti'ƀar] *adj (hacer pasar al estado de inactividad)* entschärfen, deaktivieren; *~ una bomba* eine Bombe entschärfen

desacuartelar [desakwarte'lar] *v MIL* ausquartieren

desacuerdo [desa'kwerđo] *m 1.* Unstimmigkeit *f*; *2. (falta de memoria)* Vergesslichkeit *f*

desadormecer [desađɔrme'θer] *v irr 1.* aufwecken; *El ruido de la calle me desadormeció.* Der Straßenlärm hat mich aufgeweckt. *2. (desentumecer)* bewegen; *Quiero desadormecer mis músculos.* Ich möchte meine Muskeln bewegen.

desadorno [desa'đɔrno] *m* Schmucklosigkeit *f*

desafear [desafe'ar] *v* verschönern

desafección [desafeg'θi̯ɔn] *f* Abneigung *f*

desafecto [desa'fekto] *adj 1.* abgeneigt, abhold; *2. (contrario a una cosa)* abgeneigt, abhold; *m 3. (falta de amor)* Abneigung *f*

desaferrar [desafe'rrar] *v 1. (soltar algo)* losreißen, losmachen; *2. (fig: desistir de un empeño)* von etw abbringen

desaferrarse [desafe'rrarse] *v 1. (soltarse)* sich loslösen, sich losreißen; *2. (fig)* sich befreien

desafiante [desafi'ante] *adj* herausfordernd

desafiar [desafi'ar] *v 1.* herausfordern; *2. (fig: competir)* herausfordern, trotzen

desaficción [desafig'θi̯ɔn] *f (falta de amor)* Ablehnung *f*, Abneigung *f*

desaficionar [desafiθi̯ɔ'nar] *v* abgeneigt machen, abgewöhnen

desafilado [desafi'lađo] *adj* stumpf; *El cuchillo está ~.* Das Messer ist stumpf.

desafilar [desafi'lar] *v* stumpf machen

desafinación [desafina'θi̯ɔn] *f MUS* Verstimmung *f*

desafinado [desafi'nađo] *adj MUS* verstimmt

desafinar [desa'finar] *v* unrein klingen, falsch singen, verstimmt sein
desafío [desa'fio] *m 1.* Herausforderung *f; 2. SPORT* Zweikampf *m*
desaforado [desafo'rađo] *adj 1. (que obra sin consideración alguna)* unmäßig; *2. (fig: desmedido)* maßlos, übermäßig, ungeheuer
desaforar [desa'forar] *v* gesetzwidrig handeln
desaforarse [desafo'rarse] *v irr (perder toda medida)* ausfallend werden, wütend werden
desafortunadamente [desafortunađa'mente] *adv* unglücklicherweise
desafortunado [desafɔrtu'nađo] *adj* unglücklich, erfolglos
desafuero [desa'fwero] *m 1. (acto de violencia)* Gewalttätigkeit *f; 2. (fig: todo exceso)* Unmäßigkeit *f; Tus desafueros con la bebida son la causa de tu desgracia.* Deine Alkoholexzesse sind die Ursache deines Unglücks.
desagradable [desagra'đaƀle] *adj* unangenehm, peinlich
desagradar [desagra'đar] *v* missfallen
desagradecer [desagrađe'θer] *v irr* undankbar sein
desagradecido [desagrađe'θiđo] *adj* undankbar
desagradecimiento [desagrađeθi'mĭento] *m* Undank *m,* Undankbarkeit *f*
desagrado [desa'građo] *m 1.* Missfallen *n; 2. (disgusto)* Widerwille *m,* Abneigung *f*
desagraviar [desagra'ƀĭar] *v 1.* Genugtuung leisten; *2. (remunerar)* entschädigen
desagravio [desa'graƀĭo] *m* Genugtuung *f,* Sühne *f,* Entschädigung *f*
desagregación [desagrega'θĭɔn] *f* Auflösung *f,* Zersetzung *f,* Verwitterung *f*
desagregar [desagre'gar] *v* zersetzen, auflösen
desaguadero [desagwa'đero] *m 1.* Abzugskanal *m,* Entwässerungsrohr *n; 2. (fig: algo que produce pérdidas)* Abfluss *m*
desaguar [desa'gwar] *v* ablaufen, entwässern, trockenlegen
desagüe [de'sagwe] *m* Abfluss *m,* Abfluss *m*
desaguisado [desagi'sađo] *m* Unrecht *n,* Ungerechtigkeit *f*
desahogar [de'sahogar] *v* jdm Linderung verschaffen, jdn aus einer Notlage befreien, sich Luft machen (fig)
desahogarse [desaho'garse] *v 1. (recobrarse)* sich erholen, sich ausruhen; *Después de terminar el encargo podré desahogarme.* Sobald ich den Auftrag erledigt habe, werde ich mich ausruhen können. *2. (pagar las deudas)* sich schuldenfrei machen; *¡Al fin tengo dinero para desahogarme!* Endlich habe ich Geld, um meine Schulden zu bezahlen. *3. (decir lo que uno siente)* sich abreagieren, auspacken
desahogo [desa'hogo] *m 1.* Erleichterung *f,* Linderung *f; 2. (soltura)* Gewandtheit *f,* Zwanglosigkeit *f; 3. vivir con ~* ein gutes Auskommen haben
desahuciar [desaŭ'θĭar] *v 1.* ärztlich aufgeben; *2.* jdn aus der Wohnung weisen, zwangsräumen
desahumar [desahu'mar] *v* den Rauch vertreiben
desairadamente [desairađa'mente] *adv* linkisch, herabsetzend, unhöflich
desairado [desai'rađo] *adj 1. (sin elegancia)* linkisch, plump; *2.* gekränkt
desairar [desaĭ'rar] *v* zurückweisen
desaire [de'saire] *m 1. (falta de gentileza)* Unhöflichkeit *f,* Unfreundlichkeit *f; 2. hacer un ~* zurückweisen, abweisen
desajustar [desa'xustar] *v 1.* in Unordnung bringen; *2.* eine Maschine verstellen, Fehleinstellung an einer Maschine vornehmen
desajuste [desa'xuste] *m* Unordnung *f,* Verwirrung *f,* Störung *f*
desalentado [desalen'tađo] *adj* mutlos, kleinmütig
desalentador [desalenta'đɔr] *adj* entmutigend
desalentar [desalen'tar] *v irr* entmutigen; *Hagas lo que hagas, no me desalientas.* Was du auch immer machst, du kannst mich nicht entmutigen.
desalentarse [desalen'tarse] *v irr* verzagen
desaliento [desa'lĭento] *m* Kleinmut *m,* Mutlosigkeit *f*
desalineación [desalinea'θĭɔn] *f* Richtungslosigkeit *f*
desalinear [desali'near] *v* in Unordnung bringen
desaliñado [desali'ɲađo] *adj* verwahrlost, schlampig
desaliño [desa'liɲo] *m 1. (falta de aseo)* Unreinlichkeit *f; 2. (fig: descuido)* Nachlässigkeit *f,* Verwahrlosung *f*

desalmado [desal'mađo] *adj 1. (cruel)* herzlos, grausam, gewissenlos; *m 2.* Bösewicht *m,* Schurke *m*
desalmar [de'salmar] *v* abschwächen, Kraft wegnehmen, beunruhigen
desalojar [desalɔ'xar] *v 1.* ausquartieren, räumen; *2. (dejar una vivienda)* räumen; *Ya he desalojado la habitación.* Ich habe die Wohnung bereits geräumt.
desamar [desa'mar] *v 1. (dejar de amar)* zu lieben aufhören; *2. (aborrecer)* langweilen
desamarrar [desa'marrar] *v* starten, losmachen
desamistarse [desamis'tarse] *v* sich entzweien, miteinander brechen
desamor [desa'mɔr] *m 1.* Lieblosigkeit *f; 2. (aborrecimiento)* Gleichgültigkeit *f,* Desinteresse *n*
desamorado [desamo'rađo] *adj (que no expresa amor)* lieblos, gleichgültig
desamoroso [desamo'roso] *adj* lieblos
desamparado [desampa'rađo] *adj* hilflos, schutzlos
desamparar [desam'parar] *v* verlassen, schutzlos lassen
desamparo [desam'paro] *m* Hilflosigkeit *f*
desamueblar [desamwe'ƀlar] *v* ausräumen
desandar [desan'đar] *v* zurückgehen
desangramiento [desangra'ĭento] *m* Blutverlust *m,* Verbluten *n*
desangrar [de'sangrar] *v 1.* ausbluten lassen, Blut abzapfen, jdn bluten lassen (fig); *2. (fig: agua de un estanque)* trockenlegen
desangrarse [desaŋ'grarse] *v MED* verbluten
desanimación [desanima'θĭɔn] *f 1.* Niedergeschlagenheit *f; 2. ECO* Flaute *f; 3. (ausencia de animación)* Öde *f,* Langeweile *f; No puedo soportar la desanimación de ese local.* Ich kann die triste Stimmung in diesem Lokal nicht mehr ertragen.
desanimado [desani'mađo] *adj* lustlos
desanimar [desani'mar] *v* entmutigen, wanken
desánimo [de'sanimo] *m* Mutlosigkeit *f,* Entmutigung *f*
desapacibilidad [desapaθiƀili'đađ] *f* finsteres Wesen *n,* mürrisches Wesen *n*
desapacible [desapa'θiƀle] *adj* unfreundlich, mürrisch, barsch
desaparecer [desapare'θɛr] *v irr 1.* verschwinden, untertauchen; *2. (extinguirse)* aussterben
desaparecido [desapare'θiđo] *adj* verschollen, verschwunden
desaparecimiento [desapareθi'mĭento] *m* Verschwinden *n,* Schwinden *n*
desaparejar [desapare'xar] *v* abschirren, abtakeln
desaparición [desapari'θĭɔn] *f* Verschwinden *n; denunciar por ~* als vermisst melden
desapasionado [desapa'sĭonado] *adj* kühl, gelassen, unparteiisch
desapegar [desape'gar] *v (despegar)* lösen, ablösen, loslösen
desapegarse [desape'garse] *v (apartarse)* sich ablösen, sich loslösen; *Me he desapegado de mi familia.* Ich habe mich von meiner Familie abgelöst.
desapego [desa'pego] *m* Abneigung *f*
desapercibido [desaperθi'ƀiđo] *adj 1. (carecer de lo necesario)* unfertig, unvorbereitet; *estar ~* unvorbereitet sein; *2. pasar ~* unbeachtet lassen, nicht auffallen
desaplicación [desaplika'θĭɔn] *f* Trägheit *f*
desaplicado [desapli'kađo] *adj* nachlässig, träge
desaprender [desapren'đɛr] *v* verlernen
desaprensión [desapre'sĭɔn] *f* Rücksichtslosigkeit *f*
desaprensivo [desapre'siƀo] *adj* rücksichtslos
desaprobación [desaproƀa'θĭɔn] *f* Missbilligung *f,* Tadel *m*
desaprobado [desapro'ƀađo] *adj* mangelhaft
desaprobar [desapro'ƀar] *v irr* missbilligen, tadeln
desaprovechadamente [desaprobetʃađa'mente] *adv* auf unnütze Weise, auf fruchtlose Weise
desaprovechado [desaproƀe'tʃađo] *adj* unnütz, nutzlos
desaprovechar [desaproƀe'tʃar] *v* versäumen
desarmable [desar'maƀle] *adj* zerlegbar
desarmado [desar'mađo] *adj* waffenlos, entwaffnet
desarmante [desar'mante] *adj* entwaffnend
desarmar [desar'mar] *v 1. (desmontar)* abbauen, abmontieren, zerlegen; *No desar-*

mes el coche, todavía funciona bien. Zerlege das Auto nicht, es fährt doch noch gut. *2. MIL* entwaffnen, abrüsten; *3. (fig: disminuir, moderar)* beruhigen
desarme [des'arme] *m 1. MIL* Abrüstung *f; 2.* Demontage *f*
desarraigar [desarraĭ'gar] *v 1. BOT* entwurzeln; *2. (fig)* ausrotten; *3. (fig: expulsar de su lugar propio)* entwurzeln, vertreiben
desarraigo [desa'rraĭgo] *m* Entwurzelung *f*
desarreglado [desarre'glađo] *adj* unordentlich, liederlich, schlampig
desarreglar [desarre'glar] *v* in Unordnung bringen
desarreglo [desa'rreglo] *m* Unordnung *f,* Störung *f*
desarrollable [desarro'ʎaƀle] *adj* aufrollbar
desarrollado [desarrɔ'ʎađo] *adj* entwickelt
desarrollar [desarrɔ'ʎar] *v* entwickeln, ausbauen
desarrollo [desa'rrɔʎo] *m 1.* Entwicklung *f,* Verlauf *m,* Werdegang *m; 2. ayuda para el ~ ECO* Entwicklungshilfe *f; países en vías de ~* Entwicklungsländer *pl*
desarropar [desa'rropar] *v* entkleiden, ausziehen
desarticular [desartiku'lar] *v 1. (fig: separar partes de un aparato)* zerlegen, auseinander nehmen; *2. (desorganizar)* zerschlagen; *3. (fig: destruir una organización)* aufdecken; *~ un complot* ein Komplott aufdecken
desaseado [desase'ađo] *adj* ungepflegt
desaseo [desa'seo] *m* Schlamperei *f*
desasimiento [desasi'mĭento] *m 1.* Uneigennützigkeit *f; 2. (desapego, dejamiento)* Entsagen *n,* Loslassen *n*
desasir [desa'sir] *v irr* loslassen
desasistencia [desasis'tenθĭa] *f* Vernachlässigung *f*
desasistir [desasis'tir] *v* im Stich lassen
desasosegado [desasose'gađo] *adj* unruhig, ruhelos
desasosegar [desasose'gar] *v irr* beunruhigen, ängstigen
desasosiego [desaso'sĭego] *m* Rastlosigkeit *f*
desastrado [desas'trađo] *adj (andrajoso, mal vestido)* zerlumpt, schlampig
desastre [de'sastre] *m* Unheil *n,* Katastrophe *f*
desastroso [desas'troso] *adj* heillos, schrecklich
desatar [de'satar] *v* losbinden, lösen, abbinden
desatarse [desa'tarse] *v 1.* sich frei machen, sich lösen; *2. (fig: desencadenarse)* losbrechen; *Anoche se desató una tempestad.* Letzte Nacht brach ein Sturm los.
desatención [desaten'θĭɔn] *f* Unaufmerksamkeit *f*
desatender [desaten'dɛr] *v 1.* vernachlässigen; *No debes ~ tus estudios.* Du sollst deine Studien nicht vernachlässigen. *2. (ignorar, despreciar)* nicht beachten, sich nicht kümmern; *~ una advertencia* eine Warnung missachten; *~ una prohibición* ein Verbot nicht beachten *n*
desatento [desa'tento] *adj 1.* zerstreut, unachtsam; *2. (descortés)* unhöflich
desatiento [desa'tĭento] *m* Bestürzung *f,* Verwirrung *f*
desatinado [desati'nađo] *adj* unsinnig, abwegig
desatinar [desati'nar] *v 1. (perder el tino)* die Fassung verlieren; *2. (decir despropósitos)* Unsinn reden, Blödsinn reden
desatino [desa'tino] *m 1.* Unsinn *m; 2. (falta de juicio)* Unsinn *m; Es un desatino creer que ...* Es ist Unsinn zu glauben, dass ...
desatontarse [desaton'tarse] *v* wieder zu sich kommen
desatornillar [desatorni'ʎar] *v* abschrauben, losschrauben
desatracar [desatra'kar] *v (soltar amarras) NAUT* ablegen
desaucio [de'saŭθio] *m (desahucio)* Zwangsräumung *f*
desautorización [desaŭtoriθa'θĭɔn] *f* Herabwürdigung *f,* Abwertung *f*
desautorizado [desaŭtori'θađo] *adj* unbefugt
desautorizar [desaŭtori'θar] *v* abwerten, herabwürdigen
desavenencia [desaƀe'nenθĭa] *f* Uneinigkeit *f,* Zerwürfnis *n,* Zwist *m*
desavenido [desaƀe'niđo] *adj* uneinig
desavenir [desaƀe'nir] *v irr* entzweien
desaventajado [desaƀenta'xađo] *adj* nachteilig, benachteiligt
desayudar [desaju'đar] *v* nicht helfen, hinderlich sein
desayunar [desaju'nar] *v* frühstücken; *¿Quieres ~ huevos con jamón?* Möchtest du Eier mit Schinken zum Frühstück?

desayuno [desa'juno] *m* Frühstück *n*

desazón [desa'θon] *m 1.* Fadheit *f,* Verdruss *m,* Unbehagen *n* (fig)*; 2. (fig: molestia)* Verdruss *m,* Kummer *m; Ese trabajo no me causa sino desazones.* Diese Arbeit bereitet mir nur Verdruss. *3. (fig: mala disposición)* Unbehagen *n*

desazonado [desaθo'nađo] *adj* mürrisch, verdrießlich, unbehaglich

desazonar [desaθo'nar] *v (fig: molestar)* ärgern, verstimmen, Verdruss bereiten

desbancar [desƀan'kar] *v (fig: suplantar a otra persona)* verdrängen, ausstechen

desbandada [desƀan'đađa] *f 1.* Auflösung *f; 2. huir a la ~* in wilder Flucht davonstürmen

desbandarse [desƀan'đarse] *v* sich zerstreuen, auseinander stieben

desbarajustar [desƀaraxus'tar] *v* völlig durcheinander bringen

desbarajuste [desƀara'xuste] *m* Wirrwarr *n,* Durcheinander *n*

desbaratado [desƀara'tađo] *adj 1. (roto, destrozado)* zerstört; *2. (sin orden)* wirr, durcheinander

desbaratar [desƀara'tar] *v 1. (deshacer)* zerstören, kaputt machen; *¡Has desbaratado el coche!* Du hast das Auto kaputt gemacht! *2. (disipar)* verschwenden, vergeuden, durchbringen; *~ una fortuna* ein Vermögen verschwenden; *3. (fig: destruir, impedir)* vereiteln, zunichte machen, zerstören; *4. (fig: llenar de desconcierto)* in Verwirrung bringen; *Quiero desbaratar a mis enemigos.* Ich will meine Feinde verwirren.

desbaratarse [dezƀara'tarse] *v (planes)* zerschlagen

desbarbar [desƀar'ƀar] *v* rasieren

desbarnizar [desƀarni'θar] *v* abbeizen

desbarrancadero [desƀarranka'đero] *m* Abgrund *m*

desbarrar [desƀa'rrar] *v 1. (resbalar)* ausrutschen; *2. (fig: equivocarse torpemente)* unüberlegt reden, faseln

desbarro [des'ƀarro] *m* Ausrutschen *n*

desbastar [desƀas'tar] *v 1.* abhobeln, grobschleifen; *2. (desgastar)* abnützen; *v 3. (fig: quitar lo rudo a alguien)* Schliff beibringen

desbloquear [desƀlo'kear] *v* freigeben, entsperren

desbloqueo [desƀlo'keo] *m* Entsperrung *f,* Freigabe *f*

desbocado [desƀo'kađo] *adj 1. (con la boca rota)* beschädigt; *2. (fig: desvergonzado)* schamlos; *Tu hijo es muy desbocado.* Dein Sohn ist äußerst schamlos. *3. (fig: fuera de control)* außer Kontrolle, zügellos; *caballo ~* durchgehendes Pferd *n*

desbocamiento [desboka'mĭento] *m* Durchgehen *n,* Zügellosigkeit *f*

desbocarse [desƀo'karse] *v 1. (dejar de obedecer y correr)* scheuen, durchgehen; *El caballo se ha desbocado.* Das Pferd ist durchgegangen. *2. (fig: fluir sin control)* entfesselt sein

desbordamiento [desƀorđa'mĭento] *m 1.* Austreten *n,* Überlaufen *n; 2. (sobrecarga de la memoria) INFORM* Überlauf *m*

desbordar [desƀor'đar] *v 1. (rebasar el borde)* überfluten, überlaufen; *2. (fig: rebosar)* überschäumen, überquellen; *3. (exceder)* übersteigen; *Este trabajo ha desbordado mis capacidades.* Diese Arbeit hat meine Fähigkeiten überstiegen.

desbordarse [dezƀɔr'đarse] *v 1.* überlaufen; *2. (agua)* austreten

desborde [des'ƀorđe] *m* Austreten *n,* Flut (fig) *f,* Wortschwall *m*

desbravar [desƀra'ƀar] *v 1. (domar ganado salvaje)* zähmen, zureiten; *2. (fig: perder la fuerza)* schwach werden

descabelladamente [deskabeʎađa'mente] *adj* unsinnig, verworren, abstrus, liederlich (fig)

descabellado [deskaƀe'ʎađo] *adj* unsinnig, verworren

descabezado [deskaƀe'θađo] *adj 1. (sin cabeza)* ohne Kopf*; 2. (fig: persona sin tino)* kopflos, gedankenlos

descabezar [deska'beθar] *v 1.* köpfen, kappen, oberes Ende abschneiden; *2. ~ el sueño* ein Nickerchen machen

descachalandrado [deskatʃalan'đrađo] *adj (descuidado, destartalado) (LA)* nachlässig, vernachlässigt

descafeinado [deskafei'nađo] *adj* entkoffeiniert

descafeinar [deskafei'nar] *v* entkoffeinieren

descalabrado [deskala'ƀrađo] *adj 1. (lastimado en la cabeza)* am Kopf verletzt*; 2. (fig: dañado, perjudicado)* verletzt

descalabrar [deskala'ƀrar] *v 1. (herir en la cabeza)* am Kopf verletzen; *2. (fig: perjudicar, dañar)* verletzen, schädigen; *~ un proyecto* einem Projekt Schaden zufügen

descalabro [deska'labro] *m* Widerwärtigkeit *f,* Verlust *m,* Missgeschick *n*
descalcificación [deskalθifika'θĭɔn] *f* Entkalken *n*
descalcificador [deskalθifika'đɔr] *m* Entkalkungsmittel *n*
descalcificar [deskalθifi'kar] *v* entkalken
descalificación [deskalifika'θĭɔn] *f* *SPORT* Disqualifikation *f*
descalificar [deskalifi'kar] *v* disqualifizieren
descalzo [des'kalθo] *adj* barfuß
descaminar [deskami'nar] *v 1. (hacer perder el camino)* in die Irre führen; *2. (fig: hacer salir del recto camino)* vom rechten Weg abbringen; *Esa persona te ha descaminado.* Diese Person hat dich vom rechten Weg abgebracht.
descamisado [deskami'sađo] *adj 1. (sin camisa)* ohne Hemd; *2. (fig: persona muy pobre)* bettelarm
descampado [deskam'pađo] *m 1.* offen, frei; *2. en ~ (fig)* auf offenem Felde
descansadero [deskansa'đero] *m* Ruheplatz *m*
descansar [deskan'sar] *v 1.* sich erholen, ruhen, rasten; *2. (apoyarse algo en otra cosa)* liegen; *3. (fig)* ausschalten; *¡Deja descansar ese ordenador!* Lass den Computer ausgeschaltet! *4. (yacer en la sepultura)* ruhen; *Aquí descansa ...* Hier ruht ...
descansillo [deskan'siʎo] *m* Podest *n,* Treppenabsatz *m*
descanso [des'kanso] *m 1.* Erholung *f,* Ruhe *f; ¿Cuándo es su día de ~?* Wann haben Sie Ruhetag? *~ de mediodía* Mittagspause *f; lugar de ~* Rastplatz *m; 2. (alivio)* Erleichterung *f,* Erholung *f; 3. (descansillo de una escalera)* Treppenabsatz *m*
descapotable [deskapo'tađle] *m* Kabriolett *n*
descapotar [deskapo'tar] *v* abnehmen
descarado [deska'rađo] *adj* schamlos, unverschämt
descararse [deska'rarse] *v* unverschämt werden
descarburar [deskarđu'rar] *v TECH* entkohlen, frischen
descarga [des'karga] *f 1. ~ de aguas residuales* Abwasserbeseitigung *f; 2. ~ eléctrica* Stromschlag *m; 3. TECH* Entladung *f; 4. ~ de artillería* Geschützsalve *f; 5. ~ de un barco* Löschen eines Schiffes *n; ~ de un tren* Entladung eines Zuges *f; ~ de un avión* Entladung eines Flugzeugs *f; 6. ~ de una deuda* Abschreibung einer Schuld *f*
descargadero [deskarga'đero] *m* Abladeplatz *m,* Löschplatz *m*
descargado [deskar'gađo] *adj 1. (sin carga)* unbeladen; *2. (un arma de fuego sin munición)* nicht geladen
descargador [deskarga'đɔr] *m (persona que descarga)* Ablader *m,* Schauermann *m*
descargar [deskar'gar] *v 1.* entladen, ausladen; *2. (fig)* abfeuern, ablassen; *3. ~ en el mar* verklappen; *4. (dar un golpe)* austeilen; *~ un puñetazo* einen Schlag austeilen; *~ una patada* einen Tritt versetzen; *5. (anular la carga eléctrica)* Ableiter *m; 6. (exonerar)* entlasten, freisprechen; *Me han descargado de toda culpa.* Sie haben mich von jeder Schuld freigesprochen. *7. (sacar la munición a un arma)* entladen
descargo [des'kargo] *m 1.* Gutschrift *f,* Quittung *f; 2. (excusa)* Entlastung *f*
descargue [deskar'ge] *m* Löschen *n,* Abladen *n,* Entladen *n*
descarnado [deskar'nađo] *adj* mager
descarnar [deskar'nar] *v* Fleisch ablösen, auszehren (fig), aufdecken (fig)
descaro [des'karo] *m* Frechheit *f,* Unverfrorenheit *f,* Unverschämtheit *f*
descarriado [deska'rrĭađo] *adj 1. (fig: fuera del camino recto)* verloren; *hijos ~s* verlorene Söhne *m/pl; 2. (fuera del carril)* entgleist; *3. (oveja fuera del rebaño)* verirrt
descarriar [desca'rrĭar] *v* irreführen, versprengen
descarriarse [desca'rrĭarse] *v 1. (salir del carril)* entgleisen; *2. (fig: perderse, extraviarse)* sich verlaufen; *3. (fig: salirse del camino recto)* vom rechten Weg abkommen; *4. (salirse las ovejas del rebaño)* sich verirren
descarrilamiento [deskarrila'mĭento] *m* Entgleisung *f*
descarrilar [deskarri'lar] *v* entgleisen
descarrío [deska'rrĭo] *m* Verirren *n,* Irregehen *n*
descartar [deskar'tar] *v 1.* ausschließen; *No puedo ~ esta posibilidad.* Ich kann diese Möglichkeit nicht ausschließen; *2. (fig: sacar definitivamente)* ausschließen
descarte [des'karte] *m 1. (descartar cartas en un juego)* Ablegen *n; 2. (fig: desechar una cosa)* Ausschluss *m; un proceso de ~* Ausschlussverfahren *n*

descascarar [deskaska'rar] *v* schälen
descascarillar [deskaskari'ʎar] *v* schälen, abschälen, ausschälen
descastado [deskas'tađo] *adj 1. (persona sin apego a la familia)* ungeraten; *2. (persona insensible al afecto)* undankbar
descastar [deskas'tar] *v* ausrotten
descendencia [desθen'denθĭa] *f 1. (procedencia)* Abstammung *f; 2. (familia)* Nachwuchs *m*
descender [desθen'dɛr] *v irr 1.* hinuntersteigen; *Debemos ~ la montaña con mucho cuidado.* Wir müssen den Berg vorsichtig hinuntersteigen. *2. (ser de) ~ de* abstammen von; *3. ir discendiendo* abklingen; *4.~ de* abstammen von
descendiente [desθen'dĭente] *adj 1.* abstammend; *m/f 2.* Nachfahre *m,* Nachkomme *m*
descendimiento [desθenđi'mĭento] *m* Herabsteigen *n,* Herabnehmen *n*
descenso [des'θenso] *m 1.* Abfall *m,* Absenkung *f,* Abstieg *m; ~ abrupto de temperatura* Kälteeinbruch *m; ~ de la población* Bevölkerungsrückgang *m; 2. ~ de los precios ECO* Preisrückgang *m; 3. SPORT* Abfahrt *f,* Abstieg *m; 4. MED* Senkung *f*
descentración [desθentra'θĭɔn] *f* Dezentrierung *f*
descentrado [desθen'trađo] *adj* exzentrisch, verrückt (fig)
descentralización [desθentraliθa'θĭɔn] *f POL* Dezentralisierung *f*
descentralizar [desθentrali'θar] *v* dezentralisieren
descentrar [desθen'trar] *v* schlecht einstellen, falsch einstellen
desceñido [desθe'ɲiđo] *adj* lose, offen
desceñir [desθe'ɲir] *v irr* abgürten, losgürten
descepar [desθe'par] *v 1.* mit der Wurzel ausreißen; *2. (fig: extirpar)* ausrotten
descerrajadura [desθerraxa'đura] *f* Aufbrechen *n*
descerrajar [desθerrax'ar] *v 1. (romper una cerradura)* aufbrechen, aufsprengen; *2. (fig: disparar)* abfeuern, schießen
descifrable [desθi'frable] *adj* leserlich
descifrar [desθi'frar] *v 1.* enträtseln, entziffern; *2. (fig: comprender algo misterioso)* enträtseln, aufklären; *~ la actitud de alguien* das Verhalten von jdm enträtseln
desclasificar [desklasifi'kar] *v* deklassieren
desclavar [deskla'ƀar] *v* herausziehen
descoagulante [deskoagu'lante] *m* Antikoagulans *n* (gerinnungshemmendes Mittel)
descoagular [deskoagu'lar] *v* wieder flüssig machen, auflösen
descocado [desko'kađo] *adj* unverschämt, frech
descolgar [deskɔl'gar] *v irr 1.* abhängen; *2. (el auricular)* abheben
descolgarse [deskol'garse] *v irr 1. (bajar por una cuerda)* sich herunterlassen; *2. (bajar de un sitio elevado)* herabsteigen, heruntersteigen; *~ de una montaña* von einem Berg herabsteigen
descolocación [deskoloka'θĭɔn] *f* Umstellung *f*
descolocado [deskolo'kađo] *adj* umgestellt
descoloramiento [deskolora'mĭento] *m* Verfärbung *f,* Entfärbung *f,* Blässe *f*
descolorante [deskolo'rante] *m* Bleichmittel *n,* Entfärber *n*
descolorar [deskolo'rar] *v* entfärben
descolorido [deskolo'riđo] *adj* blass, farblos, ausgewaschen
descolorimiento [deskolori'mĭento] *m* Ausbleichen *n,* Ausgehen *n*
descollar [desko'ʎar] *v ~ en* überragen an, an erster Stellen stehen in, brillieren in
descombrar [deskɔm'ƀrar] *v* abräumen, Schutt wegräumen
descombro [des'kɔmƀro] *m* Abräumen *n*
descomedido [deskome'điđo] *adj* unmäßig, übermäßig, unhöflich
descomedimiento [deskomeđi'mĭento] *m* Grobheit *f,* Unhöflichkeit *f*
descomedirse [deskome'đirse] *v* ausfallend werden, sich ungehörig betragen, unverschämt werden
descompletar [deskɔmple'tar] *v* unvollständig machen
descomponer [deskɔmpo'nɛr] *v irr 1.* zerlegen; *2. CHEM* abbauen; *3. (desordenar)* in Unordung bringen, durcheinander bringen; *¡No descompongas la habitación!* Bring die Wohnung nicht durcheinander!
descomponerse [deskɔmpo'nerse] *v irr 1.* verfaulen, vermodern, faulen; *2. (perder la calma)* aufgebracht sein, die Fassung verlieren; *Esa noticia hizo que me descompusiera.* Diese Nachricht hat mich aus der Fassung gebracht. *3. (cambiar el rostro de expresión)* sich verzerren

descomposición [deskɔmposi'θĭɔn] *f* *1. CHEM* Abbau *m; 2. (putrefacción)* Zersetzung *f,* Fäulnis *f; en estado de ~* in Verwesung

descompostura [deskɔmpos'tura] *f 1. (falta de decoro y aseo)* vernachlässigtes Äußeres *n,* Unsauberkeit *f; 2. (fig: falta de respeto)* Frechheit *f; No voy a tolerar más tu ~.* Ich werde deine Frechheit nicht mehr länger dulden.

descompuesto [deskɔm'pwesto] *adj* faul

descomunal [des'komunal] *adv* ungeheuer, riesig, Mords...

desconcertado [deskɔnθɛr'tađo] *adj* ratlos, stutzig, verdutzt

desconcertante [deskɔnθɛr'tante] *adj* verblüffend

desconcertar [deskɔnθɛr'tar] *v irr 1.* verwirren, verblüffen; *2. (descomponer el orden)* in Unordung bringen

desconcertarse [deskɔnθer'tarse] *v 1. (desavenirse)* entzweien; *2. (salirse de sus casillas)* aus der Haut fahren, die Fassung verlieren

desconchadura [deskontʃa'đura] *f* Abblättern *n*

desconcharse [deskon'tʃar] *v* abblättern, abbröckeln

desconcierto [deskɔn'θĭerto] *m 1.* Fassungslosigkeit *f,* Verblüffung *f; 2. (desorden)* Unordnung *f,* Durcheinander *n*

desconectar [deskɔnɛk'tar] *v* ausschalten

desconectarse [deskɔnɛk'tarse] *v ~ de los problemas (fig)* abschalten

desconfiado [deskɔmfi'ađo] *adj* argwöhnisch, misstrauisch

desconfianza [deskɔmfi'anθa] *f* Misstrauen *n,* Argwohn *m*

desconfiar [deskɔmfi'ar] *v 1.* zweifeln; *2. ~ de* misstrauen

desconformar [deskonfor'mar] *v (disentir)* verschiedener Meinung sein

descongelación [deskɔnxela'θĭɔn] *f* Auftauen *n,* Abtauen *n,* Entfrosten *n*

descongelar [deskɔnxe'lar] *v* abtauen

descongestión [deskɔnxes'tĭɔn] *f* Entlastung *f*

descongestionante [deskɔnxestĭo'nante] *m* abschwellendes Mittel *n,* Aufklärung *f,* Befreiung *f*

descongestionar [deskɔnxestĭo'nar] *v* entlasten

descongestionarse [deskɔnxestĭo'narse] *v* sich entstauen

desconocedor [deskonoθe'đɔr] *adj 1.* unwissend; *2. ~ del mundo* weltfremd

desconocer [deskono'θɛr] *v irr 1.* verkennen; *2. (no conocer)* nicht wissen, nicht kennen; *Desconozco el uso de esa máquina.* Ich weiß nicht, wie diese Maschine eingesetzt wird. *3. (negar algo que es de uno)* nicht anerkennen, nicht als seines anerkennen, verleugnen; *~ un hijo* einen Sohn nicht anerkennen; *4. (fig: no poder reccnocer algo)* nicht wieder erkennen

desconocido [deskono'θiđo] *adj 1.* fremd, unbekannt; *m 2.* Fremder *m,* Unbekannter *m*

desconocimiento [deskonoθi'mĭento] *m 1.* Unkenntnis *f; 2. (ingratitud)* Undankbarkeit *f*

desconsentir [deskɔnsen'tir] *v irr* nicht bewilligen

desconsideración [deskɔnsiđera'θĭɔn] *f* Rücksichtslosigkeit *f,* Missachtung *f*

desconsiderado [deskɔnside'rađo] *adj* rücksichtslos, schonungslos

desconsiderar [deskɔnsiđe'rar] *v* missachten

desconsolación [deskɔnsola'θĭɔn] *f* tiefe Trauer *f,* Trostlosigkeit *f*

desconsolado [deskonso'lađo] *adj* trostlos, untröstlich, betrübt

desconsolador [deskɔnsola'đɔr] *adj* jämmerlich, hoffnungslos

desconsolarse [deskɔnso'larse] *v irr* untröstlich sein

desconsuelo [deskɔn'swelo] *m* Trostlosigkeit *f*

descontaminación [deskɔntamina'θĭɔn] *f* Entseuchung *f,* Deskontaminierung *f*

descontaminar [deskɔntami'nar] *v* entseuchen, dekontaminieren

descontar [deskɔn'tar] *v irr 1.* abrechnen; *2. ECO* abziehen, diskontieren

descontentadizo [deskɔntenta'điθo] *adj* missvergnügt, wählerisch

descontentamiento [deskɔntenta'mĭento] *m 1. (desavenencia)* Uneinigkeit *f,* Zwist *m; 2. (descontento)* Unzufriedenheit *f,* Missmut *m*

descontento [deskɔn'tento] *m 1.* Unzufriedenheit *f; adj 2. ~ de/~ con* unzufrieden mit

descontinuación [deskɔntinwa'θĭɔn] *f* zeitweilige Unterbrechung *f*

descontinuar [deskɔnti'nwar] *v* nicht fortsetzen, unterbrechen
desconveniencia [deskɔnƀenĭen'θĭa] *f* Übelstand *m,* Nachteil *m*
desconvenir [deskɔnƀe'nir] *v irr 1. (no concordar)* nicht passen; *2. (no concertar dos cosas)* nicht übereinstimmen
descorazonamiento [deskɔraθon'mĭento] *m* Entmutigung *f*
descorazonar [deskɔraθo'nar] *v 1. (arrancar el corazón)* das Herz rausreißen; *2. (fig: desanimar)* entmutigen
descorchar [deskɔr'tʃar] *v 1. (quitar el corcho al árbol)* schälen; *2. (sacar el corcho a una botella)* entkorken; *¿Quiéres ~ la botella?* Möchtest du die Flasche entkorken?
descorche [des'kɔrtʃe] *m* Abschälen *n,* Entkorker *m*
descorrer [deskɔ'rrer] *v (plegar)* aufziehen, öffnen; *~ una cortina* einen Vorhang aufziehen
descortés [deskɔr'tes] *adj* unfreundlich, unhöflich, grob
descortesía [deskɔrte'sĭa] *f* Unhöflichkeit *f*
descortezar [deskɔrte'θar] *v* entrinden, schälen
descoser [desko'sɛr] *v* auftrennen, lostrennen
descoyuntamiento [deskojunta'mĭento] *m* Verrenkung *f*
descoyuntar [deskojun'tar] *v* verrenken, ausrenken, plagen (fig)
descrédito [des'kređito] *m* Misskredit *m,* Verruf *m*
descreer [des'kreɛr] *v (dejar de creer)* zu glauben aufhören, nicht glauben
descreído [des'kreiđo] *adj* ungläubig, misstrauisch
descreimiento [deskrei'mĭento] *m* Unglaube *m*
describir [deskri'ƀir] *v irr* beschreiben, darstellen, schildern
descripción [deskrip'θĭɔn] *f* Beschreibung *f,* Darstellung *f,* Schilderung *f*
descriptivo [deskrip'tiƀo] *adj 1.* beschreibend; *2. MATH* darstellende Geometrie *f*
descriptor [deskrip'tɔr] *m* Beschreiber *m,* Schilderer *m*
descuajar [deskwa'xar] *v 1. (arrancar de cuajo)* entwurzeln, mit Stumpf und Stiel ausreißen *m; 2. (descoagular)* wieder flüssig machen
descuajo [des'kwaxo] *m* Ausrodung *f,* Roden *n*
descuartizamiento [descwartiθa'mĭento] *m* Vierteilung *f,* Zerschlagen *n*
descuartizar [deskwarti'θar] *v 1. (animales)* ausschlachten; *2. (despedazar algo)* zerstückeln, zerhauen, zerschlagen
descubierto [desku'ƀĭɛrto] *adj* bloß, entblößt, offen gelegt
descubridor(a) [deskuƀri'đɔr/deskuƀri'đora] *m/f* Entdecker(in) *m/f*
descubrimiento [deskuƀri'mĭento] *m* Entdeckung *f,* Fund *m*
descubrir [desku'ƀrir] *v irr 1. (encontrar)* entdecken, herausfinden, herausbekommen; *2. (destapar)* aufdecken; *~ las intenciones de* jds Absichten durchschauen; *~ el secreto* hinter das Geheimnis kommen
descuello [des'kweʎo] *m (fig: superioridad)* Hochmut *m,* Überlegenheitsgefühl *n*
descuento [des'kwento] *m 1.* Ermäßigung *f,* Nachlass *m; ~ para niños* Kinderermäßigung *f; ¿Cuánto ~ me hace?* Wie viel Skonto bekomme ich? *2. ECO* Abzug *m,* Diskont *m,* Rabatt *m*
descuidado [deskwi'đađo] *adj 1. (negligente)* nachlässig, liederlich; *2. (desaliñado)* schlampig, verwahrlost; *~ el vestir* unordentliche Kleidung *f; 3.* achtlos, sorglos
descuidar [deskwi'đar] *v 1.* vernachlässigen; *2. (no preocuparse)* sich nicht kümmern, sich keine Sorgen machen *f/pl; ¡Descuide usted!* Seien Sie unbesorgt!
descuidarse [deskwi'darse] *v* verschlampen, sich gehen lassen
descuido [des'kwiđo] *m 1.* Vernachlässigung *f,* Sorglosigkeit *f; 2. (imprudencia)* Achtlosigkeit *f,* Fahrlässigkeit *f,* Flüchtigkeitsfehler *m; por ~* versehentlich
desde ['dezđe] *prep 1.* ab, seit, von; *~ hace* seit; *~ entonces* seitdem; *~ que* seit, seitdem; *~ hace una semana* seit einer Woche; *2. ~ luego* freilich, selbstverständlich
desdecir [dezđe'θir] *v irr* widersprechen, abweichen
desdecirse [desđe'θir] *v irr (retractarse)* widerrufen, zurücknehmen; *~ de algo* etw widerrufen
desdén [dez'đen] *m* Geringschätzung *f*
desdentar [desđen'tar] *v* die Zähne ausreißen
desdeñable [desđe'ɲaƀle] *adj* verachtenswert

desdeñador [desđeɲa'đɔr] *adj* verächtlich
desdeñar [desđe'ɲar] *v (menospreciar a alguien)* gering schätzen, verachten, verschmähen
desdeño [des'đeɲo] *m* Erbitterung *f,* Ärger *m*
desdeñoso [dezđe'ɲoso] *adj* abfällig, herablassend
desdibujado [desđiƀu'xađo] *adj* verzeichnet, unklar (fig), verschwommen (fig)
desdicha [dez'đitʃa] *f 1.* Unglück *n; 2. (gran necesidad)* Kummer *m,* Elend *n*
desdichado [desđi'tʃađo] *adj 1. (desgraciado)* unglücklich, erbärmlich; *2. (fig: persona pusilánime)* armer Teufel *m,* Pechvogel *m,* Unglücksrabe *m*
desdoblamiento [desđoƀla'mĭento] *m* Entfalten *n,* Ausbreiten *n*
desdoblar [dezđo'ƀlar] *v 1.* ausbreiten; *2. (formar dos cosas de una)* teilen, verdoppeln
desdorar [desđo'rar] *v 1. (manchar la reputación)* verunglimpfen, Schande über jdn bringen; *~ el buen nombre de alguien* jds guten Namen verunglimpfen; *2. (remover el oro de algo)* Vergoldung entfernen
desdoro [des'đoro] *m* Unehre *f,* Schimpf *m,* Schande *f*
desdoroso [desđo'roso] *adj* entehrend
deseable [dese'aƀle] *adj 1.* erstrebenswert; *adv 2. (fig)* schmackhaft
deseado [dese'ađo] *adj* erwünscht
desear [dese'ar] *v 1.* mögen, wollen, erwünschen, wünschen; *¿Desea usted algo más?* Wünschen Sie noch etw? *2. (sentir deseo sexual por alguien)* begehren; *3. (anhelar)* verlangen, ersehnen
desecación [deseka'θĭɔn] *f* Trockenlegung *f,* Austrocknung *f,* Trocknen *n*
desecador [deseka'đɔr] *m* Trockner *m*
desecar [dese'kar] *v* trocknen, ausdörren, trockenlegen
desechar [dese'tʃar] *v 1.* ausrangieren; *2. (desdeñar)* ausschlagen; *~ una oferta de trabajo* ein Arbeitsangebot ausschlagen; *3. (botar algo)* wegwerfen; *4. (apartar de si)* von sich weisen, verwerfen
desecho [de'setʃo] *m 1.* Schutt *m,* Ausschuss *m; 2. ~s pl* Abfall *m,* Müll *m; ~s atómicos* Atommüll *m; ~s tóxicos* Sondermüll *m; 3. (desprecio)* Geringschätzung *f*
deselectrización [deselektriθa'θĭɔn] *f* Entladung *f*
desembalaje [desemƀa'laxe] *m* Auspacken *n*
desembalar [desemƀa'lar] *v* auspacken
desembarazado [desemƀara'θađo] *adj* zwanglos, ungehemmt, frei
desembarazar [desemƀara'θar] *v* befreien, freimachen
desembarazarse [desemƀara'θarse] *v ~ de* sich entledigen; *Me he desembarazado de todos mis problemas.* Ich habe mich aller meiner Probleme entledigt.
desembarazo [desemƀa'raθo] *m* Wegräumen *n*
desembarcadero [desembarka'đero] *m* Landungsplatz *m,* Landungsbrücke *f,* Ausladestelle *f*
desembarcar [desembar'kar] *v 1.* landen; *2. (mercadería)* ausladen
desembarco [desem'barko] *m* Landung *f*
desembargar [desemƀar'ɡar] *v* freigeben, von Hindernissen befreien
desembargo [desem'ƀargo] *m JUR* Freigabe *f,* Aufhebung der Beschlagnahme *f*
desembarque [desem'ƀarke] *m NAUT* Ausladen *n,* Löschen *n*
desembarrancar [desemƀarran'kar] *v NAUT* wieder flottmachen
desembarrar [desemƀa'rrar] *v* ausschlämmen
desembaular [desemƀaŭ'lar] *v 1.* auspacken; *2. (fig: desahogarse)* sich abreagieren, sich aussprechen
desembocadero [desemƀoka'đero] *m* Flussmündung
desembocadura [desemboka'đura] *f (de un río)* Mündung *f*
desembocar [desembo'kar] *v* münden
desembolsar [desemƀol'sar] *v 1. (sacar algo de una bolsa)* aus der Tasche nehmen *f; 2. (fig: pagar)* ausgeben, auslegen, zurücklegen
desembolso [desem'bɔlso] *m* Ausgabe *f,* Auslage *f,* Zahlung *f*
desemborrachar [desemƀorra'tʃar] *v* ernüchtern
desembotar [desemƀo'tar] *v* scharf machen, schärfen
desembragar [desemƀra'gar] *v* ausrücken, auskuppeln
desembravecer [desemƀraƀe'θer] *v* zähmen
desembravecimiento [desemƀraƀeθ'mĭento] *m* Zähmung *f*

desembriagar [desemƀrĭa'gar] *v* ernüchtern
desembridar [desemƀri'đar] *v* abzäumen
desembrollar [desemƀro'ʎar] *v* *1. (desenredar)* entwirren; *2. (fig: esclarecer)* enträtseln; *~ un enigma* ein Rätsel lösen
desembrujar [desemƀru'xar] *v* entzaubern
desembuchar [desemƀu'tʃar] *v* *(fig: decir uno lo que había callado)* auspacken, singen
desemejante [deseme'xante] *adj* unähnlich, ungleich, verschieden
desemejanza [deseme'xanθa] *f* Unähnlichkeit *f,* Ungleichheit *f*
desemejar [deseme'xar] *v* unähnlich sein, ungleich sein
desempacar [desempa'kar] *v* auspacken
desempachar [desempa'tʃar] *v* erleichtern
desempacho [desem'patʃo] *m* *(fig)* Ungezwungenheit *f,* Dreistigkeit *f*
desempañar [desempa'ɲar] *v* abwischen; *~ el parabrisas* die Windschutzscheibe abwischen
desempaquetar [desempake'tar] *v* auspacken
desemparejar [desempare'xar] *v* trennen
desempatar [desempa'tar] *v* entscheiden
desempate [desem'pate] *m* Unentschieden *n*
desempeñar [desempe'ɲar] *v* *1.* Pfand auslösen; *2. (administración)* bekleiden, versehen; *3. (papel)* ausüben; *~ un papel importante* eine wichtige Rolle spielen
desempeorarse [desempeo'rarse] *v* sich bessern, aus dem Schlimmsten herauskommen
desempleado [desemple'ađo] *adj* arbeitslos, erwerbslos
desempleo [desem'pleo] *m* Arbeitslosigkeit *f*
desempolvadura [desempolƀa'đura] *f* Entstauben *n,* Abstauben *n*
desempolvar [desempɔl'ƀar] *v* *1.* abstauben, entstauben; *2. (fig: recordar algo olvidado)* auffrischen, aktualisieren
desemponzoñar [desemponθo'ɲar] *v* entgiften
desempotrar [desempo'trar] *v* abbrechen
desencadenamiento [deseŋkađena'mĭento] *m* Entfesselung *f*
desencadenar [deseŋkađe'nar] *v* *1. (quitar la cadena)* losketten; *2. (fig: liberar una reacción enorme)* entfesseln; *Ese discurso podría desencadenar una guerra.* Diese Rede könnte einen Krieg entfesseln.
desencadenarse [deseŋkađe'narse] *v* ausbrechen, losbrechen
desencajadura [deseŋkaxa'đura] *f* Ausrenken *n,* Verrenken *n*
desencajar [deseŋka'xar] *v* verrenken, verzerren, ausrasten
desencajarse [deseŋka'xarse] *v* *~ el rostro* sich verzerren (Gesicht), sich weiten (Augen); aus den Fugen gehen
desencaminar [deseŋkami'nar] *v* irreführen
desencantamiento [deseŋkanta'mĭento] *m* Entzauberung *f,* Ernüchterung *f*
desencantar [deseŋkan'tar] *v* entzaubern, enttäuschen, ernüchtern
desencanto [deseŋ'kanto] *m* Entzauberung *f,* Ernüchterung *f,* Enttäuschung *f*
desencapotarse [deseŋkapo'tarse] *v* *(fig)* sich aufhellen; *El cielo se ha desencapotado.* Der Himmel hat sich aufgehellt.
desencaprichar [deseŋkapri'tʃar] *v* zur Vernunft bringen *f*
desencarcelar [deseŋkarθe'lar] *v* aus der Haft entlassen *f*
desencerrar [deseŋθe'rrar] *v irr 1.* aufschließen; *2. (fig: revelar lo oculto)* ans Licht bringen
desenchufar [deseŋtʃu'far] *v* den Stecker herausziehen, abschalten
desencolerizar [deseŋkoleri'θar] *v* besänftigen, beruhigen
desenconar [deseŋko'nar] *v* *1. (hacer bajar una inflamación)* kühlen, abkühlen; *2. (fig: hacer disminuir la cólera)* beschwichtigen
desenconarse [deseŋko'narse] *v* ruhig werden, abkühlen
desencono [deseŋ'kono] *m* Beschwichtigung *f*
desencuadernar [deseŋkwađer'nar] *v* losheften, auseinander nehmen
desenfadado [deseŋfa'đađo] *adj* ausgelassen
desenfado [desen'fađo] *m* Ungezwungenheit *f,* Unverschämtheit *f*
desenfocar [deseŋfo'kar] *v* unscharf einstellen

desenfoque [deseŋ'foke] *m* Unschärfe *f,* falsche Einstellung *f*
desenfrenado [deseŋfre'nađo] *adj* zügellos
desenfrenar [deseŋfre'nar] *v* abzäumen
desenfrenarse [deseŋfre'narse] *v (fig)* ausbrechen, losbrechen
desenfreno [deseŋ'freno] *m* Zügellosigkeit *f,* Ungestüm *n*
desenfurecerse [deseŋfure'θer] *v* sich beruhigen
desenganchar [deseŋgan'tʃar] *v* abhaken
desenganche [deseŋ'gantʃe] *m* Auslösen *n,* Abhängen *n*
desengañado [deseŋga'ɲađo] *adj* enttäuscht, verbittert
desengañar [deseŋga'ɲar] *v* enttäuschen, ernüchtern
desengañarse [deseŋga'ɲarse] *v ~ de ilusiones* aus seinen Illusionen erwachen, aus seinen Träumen erwachen
desengaño [deseŋ'gaɲo] *m 1.* Enttäuschung *f,* Verbitterung *f,* Ernüchterung *f; m/pl 2. (las duras lecciones de la vida)* Enttäuschung *f; Los ~s me han hecho más realista.* Die Enttäuschungen haben mich realistischer werden lassen.
desengarzar [deseŋgar'θar] *v* ausfädeln
desengastar [deseŋgas'tar] *v* aus der Fassung nehmen *f*
desengatillar [deseŋgati'ʎar] *v* ausrasten
desengrasar [deseŋgra'sar] *v* entfetten, ausbraten
desengrase [deseŋ'grase] *m* Entfettung *f*
desenhebrar [deseŋhe'ƀrar] *v* ausfädeln
desenjaezar [deseŋxae'θar] *v* abschirren
desenlace [deseŋ'laθe] *m* Lösung *f,* Ausgang *m*
desenlazar [deseŋla'θar] *v 1.* losbinden, aufschnüren; *2. (fig: resolver una dificultad)* lösen
desenlodar [deseŋlo'đar] *v 1. (remover el lodo)* von Schlamm säubern, von Schmutz befreien; *2. (fig: reestablecer el honor perdido)* rein waschen, von einem Makel befreien; *Quiero ~ el nombre de mi padre.* Ich möchte den Namen meines Vaters rein waschen.
desenlutar [deseŋlu'tar] *v* aufheitern, zerstreuen
desenmarañar [deseŋmara'ɲar] *v 1.* entwirren; *2. (fig: aclarar un misterio)* lösen, lüften; *~ un misterio* ein Geheimnis lüften
desenmascarar [deseŋmaska'rar] *v* entlarven
desenmohecer [deseŋmohe'θer] *v irr 1.* vom Schimmel reinigen; *2. (fig: actualizar, renovar)* aktualisieren
desenmohecerse [deseŋmohe'θerse] *v (fig: revitalizarse)* fit werden; *Voy a practicar un deporte para desenmohecerme.* Ich werde Sport treiben, um fit zu werden.
desenredar [deseŋre'đar] *v 1.* durchkämmen, entwirren; *2. (fig: ordenar lo confuso)* entwirren, in Ordnung bringen
desenredarse [deseŋre'đarse] *v (fig: salir de un enredo)* herauskommen
desenredo [deseŋ'ređo] *m* Entwirrung *f*
desenrollar [deseŋro'ʎar] *v* abwickeln, aufwickeln, abspulen
desenroscar [deseŋros'kar] *v* aufdrehen, aufschrauben, abschrauben
desensamblar [deseŋsam'ƀlar] *v 1. (desmantelar algo)* auseinander nehmen; *2. INFORM* disassemblieren
desensartar [deseŋsar'tar] *v* ausfädeln
desensibilizar [deseŋsiƀili'θar] *v* unempfindlich machen
desensillar [deseŋsi'ʎar] *v* absatteln
desentablar [desenta'ƀlar] *v (fig: deshacer)* zerbrechen, zerstören; *Hemos desentablado nuestra amistad.* Wir haben unsere Freundschaft zerstört.
desentenderse [deseŋten'đerse] *v irr 1. ~ de* so tun, als ob man von ... nichts wüsste; *2.* sich fernhalten, sich abwenden
desenterramiento [deseŋterra'mĭento] *m* Ausgrabung *f,* Ausgraben *n*
desenterrar [deseŋtɛ'rrar] *v irr* ausgraben, heben
desentonación [deseŋtona'θĭɔn] *f* Verstimmung *f*
desentonar [deseŋto'nar] *v 1. MUS* unrein klingen; *2. (fig: salirse de un parámetro)* störend wirken, nicht passen; *Ese sombrero desentona con tu traje.* Dieser Hut passt nicht zu deinem Anzug.
desentorpecer [deseŋtɔrper'θɛr] *v irr* wieder beweglich machen, Schliff beibringen, Wissen beibringen
desentrañar [deseŋtra'ɲar] *v 1.* ausweiden; *2. ~ un secreto* ein Geheimnis ergründen; *~ la verdad* die Wahrheit herausbringen

desentumecer [deseŋtume'θɛr] *v irr* die Erstarrung vertreiben
desenvainar [desemƀai'nar] *v* ziehen, zücken, blankziehen
desenvoltura [deseŋbɔl'tura] *f 1. hablar con ~* unbefangen plaudern, mit Nonchalance sprechen *f,* ungezwungen reden; *2. (descaro)* Unverschämtheit *f,* Frechheit *f*
desenvolver [desembɔl'ƀɛr] *v irr 1.* auspacken, auswickeln; *2. (desarrollar)* entwickeln, aufrollen; *~ una idea* eine Idee entwickeln
desenvolvimiento [desembɔlƀi'mĭento] *m* Entwicklung *f,* Entfaltung *f*
desenvuelto [desem'bwelto] *adj* ungezwungen, salopp
deseo [de'seo] *m 1.* Wunsch *m,* Anliegen *n,* Lust *f; ~ ardiente* Herzenswunsch *m; 2. ~s pl* Gelüste *pl; ~s especiales* Sonderwünsche *pl*
deseoso [dese'oso] *adj* begierig
desequilibrado [desekili'ƀrađo] *adj* unausgeglichen
desequilibrio [deseki'librio] *m* Missverhältnis *n,* Unausgeglichenheit *f*
deserción [desɛr'θĭɔn] *f MIL* Fahnenflucht *f,* Desertion *f*
desértico [de'sɛrtiko] *adj* wüstenartig, Wüsten...
desertor [desɛr'tɔr] *m MIL* Deserteur *m*
desesperación [desespera'θĭɔn] *f* Hoffnungslosigkeit *f,* Verzweiflung *f*
desesperado [desespe'rađo] *adj 1.* verzweifelt, hoffnungslos; *2. a la desesperada* in letzter Verzweiflung; *m 3. (hombre sin esperanza)* Verzweifelter *m*
desesperanza [desespe'ranθa] *f* Hoffnungslosigkeit *f*
desesperanzar [desesperan'θar] *v 1. (quitar la esperanza)* jede Hoffnung nehmen; *2. (perder la esperanza)* mutlos werden, ohne Hoffnung sein
desesperar [desespe'rar] *v 1.* verzweifeln; *2. (exasperar, hacer perder la paciencia)* zur Verzweiflung bringen
desesperarse [desesperar'se] *v* verzweifeln
desespero [deses'pero] *m* Verzweiflung *f*
desestima [deses'tima] *f* Geringschätzung *f,* Verachtung *f*
desestimar [desesti'mar] *v 1. (no apreciar a alguien)* verachten, gering schätzen; *2. ~ una oferta* ein Angebot ablehnen
desfachatado [desfatʃa'tađo] *adj* frech, unverschämt
desfachatez [desfatʃa'teθ] *f* Unverfrorenheit *f,* Unverschämtheit *f*
desfalcar [desfal'kar] *v* veruntreuen
desfalco [des'falko] *m JUR* Unterschlagung *f,* Veruntreuung *f*
desfallecido [desfaʎe'θiđo] *adj* schwächlich, geschwächt
desfasado [desfa'sađo] *adj* schwächen
desfasar [desfa'sar] *v* versetzen
desfavorable [desfaƀo'raƀle] *adj* nachteilig, ungünstig
desfavorecer [desfaƀore'θɛr] *v irr* die Gunst entziehen
desfibrado [desfi'ƀrađo] *adj* zerrissen, zerfasert
desfibrar [desfi'ƀrar] *v* zerfasern, zerreißen
desfiguración [desfigura'θĭɔn] *f* Unkenntlichkeit *f,* Entstellung *f,* Verzerrung *f*
desfigurado [desfigu'rađo] *adj* entstellt, unkenntlich
desfiguramiento [desfigura'mĭento] *m* Entstellung *f,* Verunstaltung *f*
desfigurar [desfigu'rar] *v 1.* verunstalten; *2. (fig: alterar algo)* entstellen, verzerren, unkenntlich machen; *~ la verdad* die Wahrheit verzerren; *~ un hecho* eine Tatsache verdrehen
desfiladero [desfila'đero] *m* Engpass *m,* Klause *f,* Schlucht *f*
desfilar [desfi'lar] *v* vorbeimarschieren
desfile [des'file] *m 1.* Umzug *m,* Zug *m; ~ de carnaval* Karnevalszug *m; 2. ~ de modas* Modenschau *f; 3. ~ militar* Militärparade *f,* Parade *f*
desflecar [desfle'kar] *v* ausfransen, zerfransen
desfloración [desflora'θĭɔn] *f 1.* Verblühen *n; 2.* Entjungferung *f*
desflorar [desflo'rar] *v* entjungfern
desflorecer [desflore'θɛr] *v irr* verblühen
desfogarse [desfo'garse] *v* sich austoben
desfondamiento [desfonđa'mĭento] *m* tiefes Umgraben *n*
desfondar [desfon'đar] *v* den Boden ausschlagen, in den Grund bohren
desgaire [des'gaire] *m al ~* betont nachlässig; *hacer algo al ~* etw betont nachlässig tun

desgajar [desga'xar] *v* abbrechen, abreißen, zerbrechen
desgaje [des'gaxe] *m* Abbrechen *n,* Losreißen *n*
desgana [des'gana] *f* Appetitlosigkeit *f,* Unlust *f,* Ekel *m*
desganado [desga'nađo] *adj* lustlos
desgano [des'gano] *m* Appetitlosigkeit *f,* Unlust *f,* Ekel *m*
desgañitarse [desgaɲi'tarse] *v ~ por* sich wegen ... heiser schreien
desgarbado [dezgar'ƀađo] *adj* tölpelhaft, plump
desgarbo [des'garƀo] *m* Nachlässigkeit *f,* Liederlichkeit *f*
desgarrador [desgarra'đɔr] *adj* herzzerreißend
desgarramiento [desgarra'mĭento] *m* Riss *m,* Einriss *m,* Bruch *m*
desgarrar [dezga'rrar] *v 1.* zerreißen; *2. (fig: destrozar)* zerfetzen, zerreißen
desgarro [des'garro] *m irr* Riss *m,* Einriss *m,* Bruch *m*
desgastado [dezgas'tađo] *adj* verlebt, abgenutzt, verschlissen
desgastar [dezgas'tar] *v* abnutzen, verschleißen
desgaste [dez'gaste] *m* Abnutzung *f,* Verschleiß *m*
desglosar [dezglo'sar] *v* unterteilen; *Vamos a ~ el tema principal.* Das Hauptthema müssen wir unterteilen.
desglose [dez'glose] *m* Unterteilung *f*
desgobierno [dezgo'ƀĭɛrno] *m* Misswirtschaft *f*
desgracia [dez'graθĭa] *f* Unglück *n,* Ungnade *f,* Unheil *n; por ~* unglücklicherweise
desgraciadamente [dezgraθĭađa'mente] *adv* leider, unglücklicherweise
desgraciado [dezgra'θĭađo] *m 1.* Pechvogel *m; 2. (LA)* Schurke *m,* Mistkerl *m; adj 3.* unglücklich
desgraciar [desgra'θĭar] *v* missfallen, verdrießlich machen
desgranar [desgra'nar] *v* auskörnen, abbeeren, ausschalen
desgrane [des'grane] *m* Auskörnen *n,* Abbeeren *n*
desgrasar [desgra'sar] *v* entfetten
desgravar [desgra'ƀar] *v* entlasten, erleichtern
desgreñado [desgre'ɲađo] *adj* struppig, zerzaust, mit wirrem Haar
desgreñar [desgre'ɲar] *v* zerzausen
desguarnecer [desgwarne'θɛr] *v irr MIL* entblößen; *~ una plaza fuerte* eine Festung entblößen *f*
desguazar [dezgwa'θar] *v* verschrotten
deshabitado [desaƀi'tađo] *adj* unbewohnt
deshabitar [desaƀi'tar] *v* verlassen, entvölkern
deshabituación [desaƀitwa'θĭɔn] *f* Abgewöhnung *f*
deshabituar [desaƀi'twar] *v* abgewöhnen
deshabituarse [desaƀitu'arse] *v ~ de algo* sich etw abgewöhnen
deshacedor [desaθe'đɔr] *m* Zerstörer *m*
deshacer [desa'θɛr] *v irr 1.* auftrennen, auseinander nehmen, zerteilen; *2. (en un líquido)* verdünnen, auflösen; *3. (fig: anular un trato)* rückgängig machen, auflösen; *Hemos deshecho nuestra sociedad.* Wir haben unsere Gesellschaft aufgelöst.
deshacerse [desa'θerse] *v irr 1.* zergehen, zerrinnen; *2. ~ de alguien* jdn abwimmeln; *3. (fig: dañarse, maltratarse)* verletzen; *4. (fig: estar muy tenso)* gespannt sein; *Me deshago por la incertidumbre.* Diese Ungewissheit bringt mich zum Platzen.
desharrapado [desarra'pađo] *adj* zerlumpt, abgerissen
desharrapamiento [desarrapa'mĭento] *m* Armseligkeit *f*
deshebrar [dese'ƀrar] *v* ausfasern, auszupfen
deshelar [dese'lar] *v irr* abtauen
desherbar [deser'ƀar] *v irr* jäten
desheredación [deseređa'θĭɔn] *f JUR* Enterbung *f*
desheredado [desere'đađo] *m (fig)* Ausgestoßener *m,* Paria *m*
desheredamiento [deseređa'mĭento] *m JUR* Enterbung *f,* Verstoßung *f*
desheredar [desere'đar] *v* enterben
deshermanar [deserma'nar] *v* entzweien, überwerfen
desherrumbar [deserrum'ƀar] *v* den Rost entfernen *m*
deshidratación [desiđrata'θĭɔn] *f* Wasserentzug *m,* Entwässerung *f*
deshidratar [desiđra'tar] *v* Wasser entziehen *n,* entwässern
deshielo [des'ĭelo] *m* Tauwetter *n*
deshilachado [desila'tʃađo] *adj* ausgefranst

deshilachar [desila'tʃar] *v* zerfransen, ausfasern, auszupfen
deshilar [desi'lar] *v* ausfransen, Fäden ziehen aus *m/pl*
deshilvanado [desilƀa'nađo] *adj conversación deshilvanada (fig)* sinnloses Gespräch
deshilvanar [desilƀa'nar] *v* ziehen, ausziehen
deshinchar [desin'tʃar] *v (desinflar)* zum Abschwellen bringen, entleeren
deshincharse [desin'tʃarse] *v MED* abschwellen
deshinchazón [desintʃa'θɔn] *f* Abschwellung *f*
deshojar [deso'xar] *v* entblättern, entlauben, abblättern
deshoje [des'oxe] *m* Entlaubung *f*, Laubfall *m*
deshollar [desɔ'ʎar] *v* häuten
deshollinador [desoʎina'đɔr] *m* Kaminkehrer *m*, Schornsteinfeger *m*
deshollinar [desoʎi'nar] *v* fegen, entrußen
deshonestidad [desonesti'đađ] *f* Unkeuschheit *f*, Unzucht *f*, Unehrbarkeit *f*
deshonesto [deso'nesto] *adj* unanständig, unkeusch, unehrlich
deshonor [deso'nɔr] *m 1. (honor pérdido)* Entehrung; *2. (afrenta)* Schande *f*, Schmach *f*
deshonra [de'sɔnrra] *f (deshonor)* Schande *f*, Schandfleck *m*
deshonrado [desɔn'rrađo] *adj* ehrlos
deshonrador [desɔnra'đɔr] *adj* entehrend
deshonrar [desɔn'rrar] *v 1.* herabsetzen, entehren; *2. (violar a una mujer)* entehren, schänden
deshonroso [desɔn'rroso] *adj* schändlich
deshora [des'ora] *f a ~* ungelegen, zur Unzeit *f*
deshornar [desɔr'nar] *v* aus dem Ofen nehmen *m*
deshuesar [deswe'sar] *v 1. (la carne)* Knochen auslösen; *2. (las frutas)* entkernen, entsteinen
desiderata [desiđe'rata] *f* Wunschliste *f*, Desideratenliste *f*
desidia [de'siđĭa] *f* Nachlässigkeit *f*, Trägheit *f*, Fahrlässigkeit *f*
desidioso [desi'đĭoso] *adj* nachlässig, träge
desierto [de'sĭɛrto] *m 1.* Wüste *f*; *adj 2.* öde, wüst; *3. predicar en el ~* tauben Ohren predigen
designación [designa'θĭɔn] *f* Bezeichnung *f*, Ernennung *f*
designar [desig'nar] *v 1.* bezeichnen, ernennen; *2. (fijar)* festsetzen, festlegen
designativo [designa'tiƀo] *adj* bezeichnend
designio [de'signĭo] *m* Absicht *f*, Vorsatz *m*, Vorhaben *n*
desigual [desi'gwal] *adj 1.* uneben, ungleichmäßig; *2. (fig: arduo)* schwierig
desigualar [desigwa'lar] *v* ungleich machen
desigualdad [desigwal'đađ] *f 1.* Unebenheit *f*; *2. MATH* Ungleichmäßigkeit *f*
desilusión [desilu'sĭɔn] *f* Enttäuschung *f*, Verbitterung *f*, Reinfall *m*
desilusionado [desilusĭo'nađo] *adj* enttäuscht, verbittert
desilusionar [desilusĭo'nar] *v* enttäuschen, ernüchtern
desimantación [desimanta'θĭɔn] *f* Entmagnetisierung *f*
desincorporar [desinkorpo'rar] *v* abtrennen, herauslösen
desindustrializar [desindustrĭali'θar] *v* deindustrialisieren
desinencia [desi'nenθĭa] *f GRAMM* Endung *f*
desinencial [desinen'θĭal] *adj GRAMM* End..., Endungs...
desinfección [desimfɛg'θĭɔn] *f MED* Desinfektion *f*
desinfectante [desimfɛk'tante] *m MED* Desinfektionsmittel *n*
desinfectar [desimfek'tar] *v MED* desinfizieren, entseuchen; *Es importante ~ la herida.* Es ist wichtig, die Wunde zu desinfizieren.
desinficionar [desinfigθĭɔ'nar] *v MED* abklingen, abschwellen
desinflado [desin'flađo] *adj* platt, luftleer, nicht aufgepumpt
desinflamar [desinfla'mar] *v* abschwellen lassen, abklingen lassen
desinflar [desin'flar] *v* aufblasbaren Gegenstand entleeren, die Luft herauslassen
desinsectar [desinsek'tar] *v* entlausen
desintegración [desintegra'θĭɔn] *f 1. CHEM* Abbau *m*; *2. PHYS* Spaltung *f*
desintegrar [desinte'grar] *v 1. CHEM* abbauen; *2. PHYS* spalten

desinterés [desinte'rɛs] *m 1.* Desinteresse *n; 2. (altruismo)* Selbstlosigkeit *f*
desinteresado [desintere'sađo] *adj 1.* uninteressiert; *2. (altruista)* selbstlos, uneigennützig
desinteresarse [desintere'sarse] *v* das Interesse verlieren
desintoxicación [desintɔksika'θĭɔn] *f* Entgiftung *f; cura de ~* Entziehungskur *f*
desintoxicar [desintɔgsi'kar] *v* entgiften
desistimiento [desisti'mĭento] *m* Abstehen *n,* Verzicht *m,* Verzichtleistung *f*
desistir [desis'tir] *v 1.* aufgeben, zurücktreten; *Desisto de este trabajo.* Ich gebe diese Arbeit auf. *2. hacer ~ a alguien de algo* jdn von etw abbringen
desleal [dezle'al] *adj* treulos
deslealtad [dezleal'tađ] *f* Untreue *f,* Treulosigkeit *f,* Illoyalität *f*
desleír [dez'leir] *v irr* auflösen, zergehen lassen
deslenguado [dezleŋ'gwađo] *adj (fam)* scharfzüngig, unverschämt
desliar [dezli'ar] *v* abbinden
desligar [dezli'gar] *v* losbinden, lösen
deslindar [dezlin'đar] *1.* abgrenzen, abstecken; *2. (fig: aclarar algo)* aufklären
deslinde [dez'linđe] *m* Grenze *f,* Abgrenzung *f*
desliz ['dezliθ] *m 1.* Ausgleiten *n,* Ausrutschen *n,* Fehltritt *m* (fig)*; 2. (fig: un descuido)* Fehltritt *m,* Missgriff *m*
deslizadero [dezliθa'đero] *m* Gleitbahn *f,* Rutschbahn *f*
deslizamiento [dezliθa'mĭento] *m* Gleiten *n,* Rutschen *n*
deslizar [dezli'θar] *v* schieben, gleiten, (Wort) fallen lassen
deslizarse [dezli'θarse] *v 1.* rutschen, gleiten; *2. (fig: evadirse)* sich hinwegschleichen, fliehen, entweichen
deslomarse [dezlo'marse] *v (fig: matarse trabajando)* sich abrackern; *Toda la vida me he deslomado por mi familia.* Mein ganzes Leben lang habe ich mich für meine Familie abgerackert.
deslucido [dezlu'θiđo] *adj 1.* schäbig, abgetragen; *2. (sin gracia)* unscheinbar
deslucimiento [dezluθi'mĭento] *m* Unscheinbarkeit *f,* Gedämpftheit *f,* Mattheit *f*
deslucir [dezlu'θir] *v irr 1.* den Glanz nehmen, beeinträchtigen; *2. (fig: desacreditar)* in Verruf bringen
deslumbrado [dezlum'brađo] *adj* verblendet
deslumbrador [dezlumƀra'đɔr] *adj* blendend, glänzend
deslumbramiento [dezlumƀra'mĭento] *m 1.* Blendung *f; 2. (fig: turbación de la mente)* Verblendung *f,* Selbsttäuschung *f*
deslumbrar [dezlum'brar] *v 1.* blenden; *2. (fig)* blenden
deslustrado [dezlus'trađo] *adj* trüb, matt
deslustrador [dezlustra'đɔr] *adj* ehrabschneidend
deslustrar [dezlus'trar] *v 1.* den Glanz nehmen, mattieren; *2. (fig: desacreditar)* herabwürdigen, herabsetzen
deslustre [dez'lustre] *m 1.* Glanzlosigkeit *f,* Mattierung *f; 2. (fig: descrédito)* Schande *f,* Schandfleck *m,* Verruf *m*
deslustroso [dezlus'trɔso] *adj* glanzlos, schäbig
desmadejado [dezmađe'xađo] *adj* schlapp, schlaff
desmadejamiento [dezmađexa'mĭento] *m* Schlaffheit *f,* Mattigkeit *f*
desmadejarse [dezmađe'xar] *v (fig)* hinsiechen
desmán¹ [dez'man] *m ZOOL* Bisam (spitz)-maus *f*
desmán² [dez'man] *m (exceso)* Übergriff *m,* Gewaltstreich *m*
desmanchar [dezman'tʃar] *v (LA)* Flecken entfernen
desmandarse [dezman'đarse] *v (excederse)* ungehorsam sein, aufsässig sein
desmantelamiento [dezmantela'mĭento] *m* Schleifen *n,* Demontage *f*
desmantelar [dezmante'lar] *v* demontieren, abbauen
desmaña [dez'maɲa] *f* Unbeholfenheit *f,* Ungeschick *n,* Ungeschicklichkeit *f*
desmañado [dezma'ɲađo] *adj* plump, linkisch, unbeholfen
desmaquillar [dezmaki'ʎar] *v* abschminken
desmayado [dezma'jađo] *adj 1.* besinnungslos, bewusstlos, ohnmächtig; *2. (color apagado)* matt
desmayar [dezma'jar] *v (fig: perder el ánimo)* bewusstlos werden, ohnmächtig werden, das Bewusstsein verlieren
desmayarse [dezma'jarse] *v* in Ohnmacht fallen, umkippen (fam), zusammenbrechen

desmayo [dez'majo] *m 1.* Bewusstlosigkeit *f,* Ohnmacht *f; 2. (fig: desfallecimiento)* Ohnmacht *f,* Bewusstlosigkeit *f,* Mutlosigkeit *f,* Schwäche *f*
desmedido [dezme'điđo] *adj* übermäßig, maßlos, ungeheuer
desmedrado [dezme'đrađo] *adj* abgezehrt, verkümmert
desmedrar [dezme'đrar] *v 1.* verkümmern; *2. (ir a menos)* abnehmen, nachlassen
desmedro [dez'međro] *m* Rückgang *m,* Verfall *m,* Nachteil *m*
desmejorar [dezmɛxo'rar] *v 1.* verschlechtern, verschlimmern; *2. (perder la salud)* nachlassen; *Mi padre ha desmejorado mucho.* Mein Vater hat stark nachgelassen.
desmelenado [dezmele'nađo] *adj* wirr, zerzaust
desmelenar [dezmele'nar] *v* zerzausen
desmembración [dezmemƀra'θĭɔn] *f* Zerlegung *f,* Zerstückelung *f*
desmembrar [dezmem'ƀrar] *v irr 1.* zerstückeln, zergliedern, zerlegen; *2. (fig: separar algo de otra cosa)* trennen, abtrennen, aufteilen
desmemoriado [dezmemo'rĭađo] *adj* vergesslich
desmemoriarse [dezmemo'rĭarse] *v* vergesslich werden, das Gedächtnis verlieren
desmenguar [dezmeŋ'gwar] *v* vermindern, schwächen
desmentida [dezmen'tiđa] *f* Widerlegung *f*
desmentido [dezmen'tiđo] *m* Dementi *n*
desmentir [dezmen'tir] *v 1. irr* widerrufen, dementieren; *2. (fig: contradecir uno su origen)* leugnen, verleugnen; *3. (disimular algo)* verleugnen; *~ las evidencias* Beweisstücke beiseite schaffen
desmenuzable [dezmenu'θaƀle] *adj* zerlegbar, zerhackbar
desmenuzador [dezmenuθa'đɔr] *adj* bis ins Kleinste untersuchend
desmenuzamiento [dezmenuθa'mĭento] *m* Zerkleinerung *f,* Zerstückelung *f*
desmenuzar [dezmenu'θar] *v 1.* zerkleinern, zerstückeln, zerlegen; *2. (fig: examinar detenidamente)* genau untersuchen, unter die Lupe nehmen
desmerecedor [dezmereθe'đɔr] *adj* unwürdig
desmerecer [dezmere'θɛr] *v irr 1.* nicht verdienen; *Desmereces mi confianza.* Du verdienst mein Vertrauen nicht. *2. ~ de* nachstehen; *Tus actos desmerecen de tus palabras.* Deine Handlungen entsprechen nicht deinen Worten.
desmerecimiento [dezmereθi'mĭento] *m* Unwert *m*
desmesura [dezme'sura] *f 1.* Maßlosigkeit *f; 2. con ~* maßlos
desmesurado [dezmesu'rađo] *adj 1.* maßlos; *2. (grosero, descortés)* unverschämt, frech
desmesurarse [dezmesu'rarse] *v* unverschämt werden
desmigajar [dezmiga'xar] *v* zerkrümeln, zerbröckeln
desmilitarizar [dezmilitari'θar] *v POL* entmilitarisieren
desmirriado [dezmi'rrĭađo] *adj (fam)* abgezehrt
desmochar [dezmo'tʃar] *v* kappen
desmonetizar [dezmoneti'θar] *v (monedas) ECO* außer Kurs setzen
desmontable [dezmɔn'taƀle] *adj* abnehmbar, zerlegbar
desmontaje [dezmɔn'taxe] *m* Abbau *m,* Demontage *f*
desmontar [dezmɔn'tar] *v 1.* abbauen, abmontieren, demontieren; *2. (bajar del caballo)* absitzen; *3. (cortar el monte)* abholzen
desmonte [dez'monte] *m 1.* Planierung *f,* Rodung *f; 2. (las partes desmontadas)* Rodung *f*
desmoralización [dezmoraliθa'θĭɔn] *f* Demoralisierung *f*
desmoralizado [dezmorali'θađo] *adj* mutlos, mürbe
desmoralizador [dezmoraliθa'đɔr] *adj* sittenverderbend
desmoralizante [dezmorali'θante] *adj* demoralisierend
desmoralizar [dezmorali'θar] *v* demoralisieren, mutlos machen
desmoronamiento [dezmorona'mĭento] *m* Einsturz *m,* Verfall *m,* Zusammenbruch *m*
desmoronar [dezmoro'nar] *v (deshacer)* verfallen, zerfallen, zerbröckeln
desmoronarse [dezmoro'narse] *v* einstürzen, zerfallen, verfallen, abbröckeln
desmovilización [dezmoƀiliθa'θĭɔn] *f MIL* Demobilisierung *f*

desmovilizar [dezmoƀili'θar] *v MIL* demobilisieren
desnacionalizar [deznaθĭonali'θar] *v* entnationalisieren
desnatar [dezna'tar] *v 1.* entrahmen; *2. (fig: escoger lo mejor)* den Rahm abschöpfen
desnaturalización [deznaturaliθa'θĭɔn] *f JUR* Ausbürgerung *f*
desnaturalizado [deznaturali'θađo] *adj* unnatürlich
desnaturalizar [deznaturali'θar] *v 1. JUR* ausbürgern; *2. (desfigurar)* verunstalten; *Has desnaturalizado nuestra relación.* Du hast unsere Beziehung zerstört.
desnivel [dezni'ƀɛl] *m* Gefälle *n*
desnivelar [dezniƀe'lar] *v* uneben machen, ungleich machen
desnucarse [deznu'karse] *v* sich das Genick brechen
desnuclearización [desnukleariθa'θĭɔn] *f MIL* nukleare Abrüstung *f*
desnuclearizar [desnukleari'θar] *v MIL* Nuklearwaffen abrüsten *f/pl*
desnudamiento [deznuđa'mĭento] *m* Entkleiden *n,* Freilegung *f* (fig)
desnudar [deznu'đar] *v 1.* entkleiden, ausziehen; *2. (fig: quitar la cubierta de algo)* aufdecken, bloßlegen, entblößen
desnudarse [deznu'đarse] *v 1.* sich freimachen, sich ausziehen; *2. ~ de* sich freimachen von
desnudez [deznu'đeθ] *f* Nacktheit *f,* Blöße *f,* Kahlheit *f*
desnudo [dez'nuđo] *adj 1.* bloß, nackt; *m 2. ART* Akt *m; 2. (fig: sin recursos)* hilflos; *3. (fig: falto de algo)* ohne, ...los; *~ de recursos* ohne Hilfe; *~ de ...* ohne ... *4. (patente)* offen, klar, deutlich; *la verdad desnuda* die reine Wahrheit; *5. al ~* nackt, ohne Kleidung
desnutrición [deznu'triđo] *f* Unterernährung
desnutrirse [deznu'trirse] *v* abmagern, schwach werden
desobedecer [desoƀeđe'θɛr] *v irr* nicht befolgen, nicht gehorchen
desobediencia [desoƀe'dĭenθĭa] *f 1.* Ungehorsam *m; 2. ~ a una orden MIL* Befehlsverweigerung *f*
desobediente [desoƀe'dĭente] *adj* unfolgsam, ungehorsam
desobligar [desoƀli'gar] *v* entheben
desobstrucción [desobstrug'θĭɔn] *f* Freimachung *f,* Räumung *f*
desobstruir [desobs'truir] *v irr* räumen, frei machen, säubern
desocupación [desokupa'θĭɔn] *f 1. (falta de actividad)* Untätigkeit *f,* Muße *f; 2. (abandono de un lugar ocupado) MIL* Räumung *f*
desocupado [desoku'pađo] *adj 1.* unbesetzt, frei; *2. (ocioso)* müßig, untätig; *En este momento estoy desocupado.* Im Moment tue ich gar nichts. *m 3. (persona ociosa)* Faulenzer *m,* Müßiggänger *m*
desocupar [desoku'par] *v 1.* räumen; *¿Cuándo tengo que ~ la habitación?* Bis wann muss ich das Zimmer räumen? *2. (vaciar algo)* räumen, frei machen, leeren; *~ una mesa* einen Tisch frei räumen *m; 3. (fig: dejar lugar u oportunidad)* nicht mehr verwenden
desocuparse [desoku'parse] *v (quedar libre de algo)* frei werden, fertig werden
desodorante [desođoro'dante] *m 1.* Deodorant *n; adj 2.* desodorierend
desoir [deso'ir] *v irr* überhören, kein Gehör schenken, nicht hören auf; *Eso te ha pasado por haber desoido todas las advertencias.* Das ist passiert, weil du alle Warnungen überhört hast.
desolación [desola'θĭɔn] *f 1.* Verheerung *f,* Verwüstung *f; 2. (tristeza)* Trostlosigkeit *f; 3. (fig: miseria)* Elend *n; 4. (fig: tristeza, aflicción)* Trostlosigkeit *f*
desolado [deso'lađo] *adj 1.* wüst; *2. (fig: triste)* trostlos, traurig; *estar ~ por una mala noticia* wegen einer schlechten Nachricht trostlos sein *f; 3. (fig: miserable)* trostlos; *un paraje ~* eine trostlose Gegend
desolador [deso'lađor] *adj* trostlos
desolar [deso'lar] *v irr 1.* veröden, verwüsten; *2. (fig: poner muy triste)* betrüben, erschüttern
desolarse [deso'larse] *v irr (afligirse)* sich grämen; *desolarse por ...* sich grämen wegen
desoldar [desol'đar] *v irr* ablöten, loslöten, losschweißen
desolladero [desoʎa'đero] *m* Abdeckerei *f*
desollador [desoʎa'đɔr] *m* Abdecker *m,* Leuteschinder *m* (fig), Halsabschneider *m* (fig), Beutelschneider *m*
desollar [deso'ʎar] *v irr* ausschlachten, schröpfen
desorbitado [desɔrƀi'tađo] *adj con ojos ~s* mit weit aufgerissenen Augen

desorden [des'ɔrđen] *m* Durcheinander *n,* Unordnung *f,* Schlamperei *f; poner en ~* durcheinander bringen
desordenado [desɔrđe'nađo] *adj 1.* durcheinander, unaufgeräumt; *2. (persona)* unordentlich, schlampig, liederlich
desorganización [desɔrganiθa'θǐɔn] *f* Fehlorganisation *f,* Zerrüttung *f,* Auflösung *f*
desorganizador [desɔrganiθa'đɔr] *adj* zerstörerisch
desorganizar [desɔrgani'θar] *v* zerrütten, auflösen, desorganisieren
desorientación [desorǐenta'θǐɔn] *f 1.* Irreführung *f,* Verirrung *f; 2. (fig: falta de claridad)* Desorientierung *f,* Verwirrung *f*
desorientador [desorǐenta'đɔr] *adj* irreführend
desorientar [desorǐen'tar] *v 1.* in die Irre führen; *2. (fig: confundir)* verwirren, irreleiten
desorientarse [desorǐen'tarse] *v* sich verirren, die Orientierung verlieren
desornamentado [desornamen'tađo] *adj* ungeschmückt, unverziert
desoxidación [desogsiđa'θǐɔn] *f CHEM* Desoxidierung *f*
desoxidar [desogsi'đar] *v 1. CHEM* desoxidieren; *2. (remover el óxido)* entrosten
desoxigenación [desogsixena'θǐɔn] *f* Entziehung des Sauerstoffs *f*
despabilado [despaƀi'lađo] *adj 1.* munter; *2. (sin sueño)* wach, munter
despachar [despa'tʃar] *v 1.* bearbeiten, ausfertigen, abfertigen, abschicken; *~ a alguien* jdn abspeisen, jdn abfertigen; *2. (servir)* bedienen; *3. (fig: matar)* erledigen (fam), abservieren (fam), fertig machen (fig); *~ a alguien* jdn abservieren
despacho [des'patʃo] *m 1. (oficina)* Büro *n,* Geschäftsstelle *f; 2. (envío)* Absendung *f,* Abgabe *f,* Versendung *f,* Ausfertigung *f; 3. ~ aduanero* Zollabfertigung *f,* Abfertigung *f; 4. ~ de billetes* Fahrkartenschalter *m; ~ de localidades* Theaterkasse *f*
despachurramiento [despatʃurra'mǐento] *m* Zerquetschen *n*
despachurrar [despatʃu'rrar] *v 1.* plattdrücken (fam), zerquetschen; *2. (dejar desconcertado)* kleinkriegen, fertig machen
despacio [des'paθǐo] *adv 1.* langsam, gemächlich; *Por favor, hable ~.* Bitte sprechen Sie langsam. *adj 2. (en tono bajo)* leise
desparramado [desparra'mađo] *adj* ausgedehnt, offen, weit
desparramar [desparra'mar] *v 1.* ausstreuen, zerstreuen, verschütten; *2. (fig: malgastar)* verschwenden, durchbringen; *~ el dinero* das Geld durchbringen
desparramarse [desparra'marse] *v (fig: divertirse)* sich prächtig amüsieren (fam)
despatarrar [despata'rrar] *v* todmüde machen
despatarrarse [despata'rrarse] *v* die Beine spreizen
despavorido [despaƀo'riđo] *adj* schaudernd, entsetzt
despechado [despe'tʃađo] *adj sentirse ~ por* wegen etw ungehalten sein
despecho [des'petʃo] *m 1.* Trotz *m; hacer algo por ~* etw zum Trotz tun; *2. (desesperación)* Verzweiflung *f; sentir ~* verzweifelt sein; *3. a ~ de* trotz, ungeachtet; *4.* Groll *m,* Zorn *m*
despectivo [despɛk'tiƀo] *adj* abfällig, abschätzig, herabsetzend
despedazar [despeđa'θar] *v 1.* zerreißen; *2. (fig: destrozar, destruir)* zerreißen, zerfetzen
despedida [despe'điđa] *f* Abschied *m,* Verabschiedung *f*
despedir [despe'đir] *v irr 1.* verabschieden; *2. (del trabajo)* entlassen, kündigen; *~ a alguien secamente* jdn abfertigen; *3. (un aroma)* ausströmen; *4. (lanzar algo)* entsenden, abschießen; *~ un proyectil* ein Geschoss abschießen
despedirse [despe'đirse] *v irr* sich verabschieden; *Quiero despedirme.* Ich möchte mich verabschieden.
despegado [despe'gađo] *adj 1.* schroff; *2. (fig: sin cariño)* unfreundlich, barsch; *Esa chica es muy despegada.* Dieses Mädchen ist sehr unfreundlich.
despegar [despe'gar] *v 1.* abfliegen, abheben; *¿Cuándo despega el avión?* Wann startet das Flugzeug? *2. (separar algo pegado)* lösen, ablösen, loslösen
despegarse [despe'garse] *v (fig)* sich lösen, sich trennen; *~ de alguien* sich von jdm trennen; *Al fin me he despegado de ese hombre.* Endlich habe ich mich von diesem Mann getrennt.
despegue [des'pege] *m* Abflug *m,* Start *m*
despeinar [despei'nar] *v* zerzausen, das Haar durcheinander bringen

despejado [despe'xađo] *adj 1.* klar, heiter; *2.* wolkenlos, weit, offen, frei; *3.* klug, aufgeweckt, munter
despejar [despe'xar] *v (de)* abräumen, frei machen
despellejar [despeʎe'xar] *v 1.* häuten; *2. ~ a (fig: murmurar de alguien)* kein gutes Haar lassen an *~ vivo a alguien* jdm das Fell über die Ohren ziehen
despensa [des'pensa] *f* Speisekammer *f,* Vorratskammer *f*
despeñadero [despeɲa'đero] *m 1.* jäher Abhang *m,* Abgrund *m; 2. (fig: riesgo)* gefährliche Sache *f; Ese negocio puede ser un ~ para ti.* Dieses Geschäft könnte gefährlich für dich werden.
despeñar [despe'ɲar] *v* herabstürzen, hinabstürzen
despeñarse [despe'ɲarse] *v* herabstürzen
despeño [des'peɲo] *m 1.* Sturz *m,* Absturz *m; 2. (fig: la ruina)* Ruin *m,* Untergang *m*
despepitar [despepi'tar] *v* entkernen
desperdiciar [despɛrđi'θĭar] *v 1.* vergeuden; *No me gusta ~ mi tiempo con tonterías.* Ich mag meine Zeit nicht mit Blödsinn vergeuden. *2. (no aprovechar debidamente)* versäumen; *~ una oportunidad* eine Gelegenheit versäumen
desperdicio [despɛr'diθĭo] *m* Abfall *m,* Ausschuss *m; ~ de tiempo* Zeitverschwendung *f*
desperdigar [despɛrđi'gar] *v* zerstreuen
desperdigarse [despɛrđi'garse] *v (fig: distraerse)* sich zerstreuen
desperezarse [despere'θarse] *v* sich strecken, sich rekeln
desperfecto [despɛr'fɛkto] *m 1.* Mangel *m,* Schaden *m,* Fehler *m,* Beschädigung *f; 2. (falla pequeña)* Defekt *m,* kleiner Fehler *m; Esta máquina tiene un ~.* Diese Maschine hat einen Defekt.
despertador [despɛrta'đɔr] *adj 1.* aufmunternd, ermunternd; *m 2.* Wecker *m*
despertar [despɛr'tar] *v irr 1.* aufwecken; *¡Despiérteme, por favor, a las siete!* Wecken Sie mich bitte um sieben Uhr! *2. (fig: animar)* ermuntern; *3. (fig: hacer ver la realidad a alguien* aufwecken, aufwachen; *4. (fig: exitar)* wecken; *~ el apetito* Appetit machen; *~ la curiosidad* die Neugier wecken; *5. (fig: hacerse más astuto)* schlau werden, aufwachen; *6. (fig: reavivar algo olvidado)* wieder erwecken, wieder beleben, erregen; *~ un viejo amor* eine frühere Liebe wieder aufflammen lassen
despertarse [despɛr'tarse] *v irr* erwachen, aufwachen
desperzonalizar [desperθonali'θar] *v* die Persönlichkeit nehmen, entpersönlichen
despiadado [despĭa'đađo] *adj* erbarmungslos, mitleidslos, unbarmherzig
despido [des'piđo] *m* Entlassung *f,* Kündigung *f; ~ en masa* Massenentlassung *f*
despiece [des'pĭeθe] *m* Abbau *m*
despierto [des'pĭɛrto] *adj 1.* wach; *2. (fig: animado)* lebhaft, munter, wach
despilfarrar [despilfa'rrađo] *v* verschwenden, verplempern
despilfarro [desfil'farro] *m* Geldverschwendung *f,* Verschwendung *f*
despintar [despin'tar] *v 1.* abschminken; *2.* entfärben; *3. (fig)* falsch wiedergeben
despistado [despis'tađo] *adj* zerstreut
despistar [despis'tar] *v* irreführen
desplacer [despla'θɛr] *m 1.* Missfallen *n,* Verdruss *m,* Ärger *m; v 2. (disgustar)* missfallen
desplante [des'plante] *m (fig: descaro)* Frechheit *f; hacer un ~ a alguien* jdn abblitzen lassen
desplazado [despla'θađo] *adj 1.* verdrängt, verstellt, verschoben; *2. (fig: relegado)* deplatziert; *Nuestro amigo se siente desplazado del grupo.* Unser Freund fühlt sich in der Gruppe deplaziert.
desplazamiento [desplaθa'mĭento] *m* Verlagerung *f*
desplazar [despla'θar] *v 1.* fortbewegen, verrücken, verlagern; *2. (fig: quitar la preponderancia)* ersetzen
desplegar [desple'gar] *v irr 1.* ausbreiten; *2. (fig: poner en acción algo)* entfalten, entwickeln; *3. ~se MIL* ausschwärmen
desplegarse [desple'garse] *v irr* sich ausbreiten, sich entfalten
despliegue [des'plĭege] *m* Ausbreitung *f,* Entfaltung *f; ~ de fuerzas* Kraftaufwand *m*
desplomarse [desplo'marse] *v 1.* umfallen, zusammenbrechen; *2. (fig: desmayarse)* zusammenbrechen; *3. (fig: caer en la ruina)* zusammensinken, sich fallen lassen
desplome [des'plome] *m* Zusammenbruch *m*

desplumar [desplu'mar] *v 1.* ausrupfen; *2. (fig: clavar) ~ a alguien* jdn ausnehmen
despoblado [despo'ƀlađo] *adj 1.* wüst; *m 2.* unbewohnter Ort *m*
despoblar [despo'ƀlar] *v irr* entvölkern
despojar [despɔ'xar] *v* bestehlen
despojarse [despo'xarse] *v (fig: prescindir voluntariamente de algo)* sich entäußern, entsagen
despojo [des'poxo] *m 1.* Beraubung *f,* Beute *f; m/pl 2. ~s (cadaver)* Überbleibsel *n/pl,* Überreste *m/pl*
despolarización [despolariθa'θĭɔn] *f PHYS* Depolarisierung *f*
despolarizar [despolari'θar] *v PHYS* depolarisieren
despolitizar [despoliti'θar] *v* entpolitisieren
despopularizar [despopulari'θar] *v* entpopularisieren
desposada [despo'sađa] *f (novia)* Braut *f*
desposado [despo'sađo] *m (novio)* Bräutigam *m; ~s* Brautpaar *n*
desposarse [despo'sarse] *v (casarse)* die Ehe eingehen, sich verheiraten
desposeer [despose'ɛr] *v irr ~ a alguien de algo JUR* jdm etw aberkennen
desposeimiento [desposeĭ'mĭento] *m JUR* Aberkennung *f*
déspota ['despota] *m 1.* Gewaltherrscher *m,* Despot *m; 2. (fig: persona tiránica)* Tyrann *m*
despótico [des'potiko] *adj* tyrannisch, despotisch
despotismo [despo'tizmo] *m* Herrschsucht *f*
despotricar [despotri'kar] *v ~ de alguien* über jdn schimpfen, über jdn meckern (fam); *~ de algo* über etw schimpfen
despreciable [despre'θĭaƀle] *adj* verächtlich
despreciador [despreθĭa'đɔr] *adj* wegwerfend, verachtend
despreciar [despre'θĭar] *v* verachten
despreciativo [despreθĭa'tiƀo] *adj* abfällig, abschätzig
desprecio [des'preθĭo] *m* Verachtung *f*
desprender [despren'dɛr] *v 1. (soltar)* ablösen; *2. (irradiar)* ausstrahlen
desprenderse [despren'dɛrse] *v* sich abstoßen, sich losreißen
desprendido [despren'dido] *adj* großzügig
desprendimiento [desprendi'mĭento] *m 1.* Ablösung *f,* Lösung *f; 2. ~ de piedras* Steinschlag *m; ~ de tierras* Erdrutsch *m; 3. (desapego)* Lösung *f,* Ablösung *f; 4. (desinterés)* Uneigennützigkeit *f,* Großzügigkeit *f; El desprendimiento es la capacidad de sacrificarse por los demás.* Uneigennützigkeit ist die Fähigkeit, sich für andere aufzuopfern.
despreocupación [despreokupa'θĭɔn] *f* Sorglosigkeit *f*
despreocupado [despreoku'pađo] *adj* unbekümmert, sorglos
despreocuparse [despreoku'parse] *v 1. (desentenderse de algo)* sich nicht kümmern; *~ de algo* sich nicht mehr um etwas kümmern; *2. (no preocuparse más)* sich nicht mehr kümmern
desprestigio [despres'tixĭo] *m* Entehrung *f,* Entwürdigung *f,* Schandfleck *m*
desprevención [despreƀen'θĭɔn] *f* Leichtsinn *m,* Achtlosigkeit *f*
desprevenido [despreƀe'niđo] *adj* ahnungslos, unvorbereitet
desproporción [despropɔr'θĭɔn] *f* Missverhältnis *n,* Disproportion *f*
desproporcionado [despropɔrθĭo'nađo] *adj* unverhältnismäßig ..., disproportioniert
desproporcionar [despropɔrθĭo'nar] *v* unregelmäßig gestalten, disproportional gestalten
despropósito [despro'posito] *m* Ungereimtheit *f,* Unsinn *m; decir ~s* Unsinn reden; *hacer ~s* Dummheiten machen
desproveer [desproƀe'ɛr] *v ~ a alguien de algo* jdn entblößen
desprovisto [despro'ƀisto] *adj ~ de* ohne, entblößt von, bar
después [des'pwes] *adv 1.* danach, dann, nachher; *un año ~* ein Jahr später, ein Jahr danach; *Primero llamó Juan, ~ Pepe.* Zuerst rief Juan an, dann Pepe. *hasta ~* bis dann, bis gleich; *konj 2. ~ de que* nachdem, als, seit; *prep 3. ~ de* nach, hinter; *~ de un año* nach einem Jahr
despuntar [despun'tar] *v 1.* abstumpfen; *2. (fig: sobresalir en algo)* hervorragen; *~ como* hervorragen als; *3. ~ el día* anbrechen (der Tag); *al ~ el alba* bei Tagesanbruch
desquiciado [deskiθi'θĭato] *adj (fig: demente)* wahnsinnig, geistesgestört
desquiciamiento [deskiθĭa'mĭento] *m* Ausheben *n,* Zerrüttung *f,* Sturm *m*

desquiciar [deski'θĭar] *v 1.* aushängen; *2. (fig: quitar la firmeza de algo)* beirren, zerrütten; *3. (fig: sacar de sus cabales a alguien)* erschüttern
desquitarse [deski'tarse] *v 1. ~ de* sich revanchieren; *2. (recobrar lo perdido)* sich schadlos halten
desquite [des'kite] *m* Revanche *f,* Genugtuung *f,* Vergeltung *f*
destacado [desta'kađo] *adj* hervorragend
destacamento [destaka'mento] *m MIL* Kommando *n,* Abkommandierung *f,* Abteilung *f*
destacar [desta'kar] *v 1.* betonen, hervorheben; *2. (elevarse sobre)* hervorragen; *~ en* überragen an
destacarse [desta'karse] *v* sich abzeichnen, sich profilieren, sich hervorheben, hervorstehen
destajero [desta'xero] *m ECO* Akkordarbeiter *m*
destajo [des'taxo] *m 1. ECO* Akkordarbeit *f; 2. a ~ ECO* Akkord..., im Akkord *m*
destapar [desta'par] *v* aufdecken, enthüllen
destape [des'tape] *f* Enthüllung *f*
destartalado [destarta'lađo] *adj* klapperig
destechar [deste'tʃar] *v* abdecken
destejar [deste'xar] *v (tejado)* abdecken
destellar [deste'ʎar] *v* blinken, glitzern
destello [des'teʎo] *m* Aufblitzen *n,* Aufleuchten *n,* Flimmern *n*
destemplado [destem'plađo] *adj MUS* verstimmt
desteñir [deste'ɲir] *v irr* entfärben, abfärben
desternillarse [desterni'ʎarse] *v ~ de risa* sich kaputtlachen, sich schieflachen
desterrado [deste'rrađo] *adj* verbannt
desterrar [desteɛ'rrar] *v irr 1.* ausweisen, verweisen, verbannen; *2. (fig: apartar algo de sí)* vertreiben, verscheuchen; *~ la alegría* die Freude vertreiben *f*
destetar [deste'tar] *v* entwöhnen, absetzen
destete [des'tete] *m* Entwöhnen *n,* Absetzen *n*
destierro [des'tĭerrɔ] *m 1.* Ausweisung *f,* Verbannung *f; 2. POL* Exil *n*
destilar [desti'lar] *v* destillieren, brennen
destilería [destile'ria] *f* Brennerei *f,* Destillieranlage *f,* Destillation *f*
destinar [desti'nar] *v ~ a* bestimmen für, ausersehen für
destinataria [destina'tarĭa] *f* Empfängerin *f,* Adressatin *f*
destinatario [destina'tarĭo] *m* Empfänger *m,* Adressat *m*
destino [des'tino] *m 1.* Schicksal *n,* Los *n; 2. lugar de ~* Ziel *n,* Bestimmungsort *m*
destitución [destitu'θĭɔn] *f 1.* Entlassung *f,* Amtsenthebung *f; 2. POL* Entmachtung *f*
destituir [destitu'ir] *v irr (del cargo)* absetzen
destornillador [destɔrniʎa'đɔr] *m TECH* Schraubenzieher *m*
destornillar [destɔrni'ʎar] *v TECH* abschrauben
destrabar [destra'ƀar] *v* die Fesseln lösen, entsichern
destreza [des'treθa] *f* Geschicklichkeit *f; ~ manual* Fingerfertigkeit *f*
destripar [destri'par] *v 1.* ausweiden, aufbrechen, aufschlitzen; *2. (fig: aplastar)* zerfetzen, zertreten, zermalmen
destronar [destro'nar] *1.* entthronen; *v 2. (fig: desplazar)* verdrängen
destrozado [destro'θađo] *adj* entzwei, kaputt
destrozar [destro'θar] *v* kaputtmachen, zerbrechen
destrozarse [destro'θarse] *v* kaputtgehen, zerbrechen
destrucción [destruk'θĭɔn] *f* Vernichtung *f,* Zerstörung *f*
destructor [destruk'tɔr] *adj 1.* vernichtend; *m 2. (barco antisubmarinos) NAUT* Zerstörer *m*
destruir [destru'ir] *v irr* vernichten, zerstören, vertilgen
desuello [de'sweʎo] *m 1.* Enthäutung *f,* Abhäutung *f; 2. (fig) ser un ~* eine Unverschämtheit sein *f*
desunido [desu'niđo] *adj* uneinig, zwiespältig
desunión [desu'nĭɔn] *f* Uneinigkeit *f*
desunir [desu'nir] *v* trennen
desusado [desu'sađo] *adj* ungewohnt, ungebräuchlich
desvaído [dez'ƀaiđo] *adj color ~* blasse Farbe *f*
desvalido [dezƀa'liđo] *adj* schutzlos, hilflos
desvalijador [dezƀalixa'đɔr] *m* Einbrecher *m,* Plünderer *m*

desvalijamiento [dezƀalixa'mĭento] *m* Raub *m,* Ausplünderung *f*
desvalijar [dezƀali'xar] *v 1.* ausrauben; *2. (fig: despojar a uno con engaños)* ausplündern, berauben
desvalijo [dezƀa'lixo] *m* Raub *m,* Straßenraub *m*
desvalimiento [dezƀali'mĭento] *m* Verlassenheit *f,* Hilflosigkeit *f*
desvalorar [dezƀalo'rar] *v (valorar mal)* abwerten, entwerten
desvalorización [dezƀaloriθa'θĭɔn] *f ECO* Entwertung *f*
desvalorizar [dezƀalori'θar] *v ECO* entwerten
desván [dez'ƀan] *m* Dachboden *m,* Speicher *m*
desvanecer [dezƀane'θɛr] *v irr 1. (desaparecer algo en otra cosa)* auflösen, verwischen; *~ una evidencia* eine offensichtliche Tatsache vertuschen; *2. (hacer desaparecer)* verschwinden lassen, verscheuchen; *~ los temores* Befürchtungen ausräumen; *~ el miedo* die Angst verscheuchen
desvanecerse [dezƀane'θerse] *f irr 1. (desaparecer algo)* verdunsten, verfliegen, sich auflösen; *2. (perder el sentido)* ohnmächtig werden
desvanecido [dezƀane'θiđo] *adj 1. (desmayado)* ohnmächtig; *2. (soberbio)* dünkelhaft, hochmütig
desvanecimiento [dezƀaneθi'mĭento] *m 1. (desaparición)* Auflösung *f,* Vergehen *n,* Verflüchtigung *f; 2. (desmayo)* Ohnmacht *f,* Schwindel *m; sufrir un ~* in Ohnmacht fallen
desvariar [dezƀa'rĭar] *v 1. (delirar)* fantasieren, irrereden; *~ por la fiebre* im Fieberwahn fantasieren; *2. (fig: decir despropósitos)* faseln, Unsinn reden; *¡Tu estás desvariando!* Du redest Unsinn!
desvarío [dezƀa'rĭo] *m 1. (delirio)* Fieberwahn *m,* Fieberphantasien *f/pl,* Wahnsinn *m; 2. (despropósito, necedad)* Dummheit *f,* Unsinn *m,* Albernheit *f; 3. (fig: locura)* Wahnsinn *m*
desvelar [dezƀe'lar] *v* wach halten
desvelarse [dezƀe'larse] *v 1. (no poder dormir)* wach sein, ohne Schlaf sein; *Anoche me desvelé por haber tomado tanto café.* Letzte Nacht konnte ich nicht schlafen, weil ich zu viel Kaffee getrunken hatte. *m 2. (fig: poner un gran empeño en algo)* sehr besorgt sein; *Mi padre se desveló mucho por nosotros.* Mein Vater war sehr um uns besorgt.
desvelo [dez'ƀelo] *m 1.* Schlaflosigkeit *f; 2.* Sorge *f,* Fürsorge *f*
desvencijado [dezƀenθi'xađo] *adj* klapprig, ausgeleiert; *un coche ~* ein klappriges Auto *n*
desvencijar [dezƀenθi'xar] *v (desunir)* auseinander reißen
desventaja [dezƀen'taxa] *f* Nachteil *m,* Handikap *n*
desventajoso [dezƀenta'xoso] *adj* nachteilig, unvorteilhaft
desventura [dezƀentura] *f* Unheil *n,* Unglück *n*
desventurado [dezƀentu'rađo] *adj* unglücklich, einfältig
desvergonzado [dezƀɛrgɔn'θađo] *adj* schamlos, unverschämt
desvergonzarse [dezƀɛrgon'θarse] *v irr* unverschämt werden
desvergüenza [dezƀɛr'gwenθa] *f* Unverfrorenheit *f,* Frechheit *f,* Unverschämtheit *f; ¡Esto es una ~!* Das ist eine Unverschämtheit!
desvestir [dezƀes'tir] *v irr* entkleiden, ausziehen
desvestirse [dezƀes'tirse] *v irr* sich ausziehen, sich freimachen
desviación [dezƀĭa'θĭɔn] *f 1.* Umleitung *f,* Umgehungsstraße *f; 2. (lo que se aparta de lo normal)* Abweichung *f,* Ablenkung *f,* Ausschlag *m; ~ de la conducta* abweichendes Verhalten *n*
desviar [dez'ƀĭar] *v 1.* umleiten, umlenken; *~ el tráfico* den Verkehr umleiten; *2. (fig: despistar)* ablenken, abwehren, irreführen
desviarse [dez'ƀĭarse] *v* abweichen, ausweichen
desvinculación [dezƀinkula'θĭɔn] *f* Privatisierung *f*
desvincular [dezƀinku'lar] *v* tilgen, ablösen
desvío [dez'ƀio] *m* Umlenkung *f*
desvirgar [dezƀir'gar] *v* entjungfern, schänden
desvirtuar [dezƀirtu'ar] *v (un argumento)* entkräften
detallado [deta'ʎađo] *adj* ausführlich, detailliert, eingehend
detalle [de'taʎe] *m 1.* Einzelheit *f,* Detail *n; 2. (de cortesía)* Aufmerksamkeit *f,* nette Geste *f*

detallista [deta'ʎista] *m 1. (persona que se fija en los detalles)* Kleinmaler (fam) *m; 2.* Einzelhändler *m*
detección [detɛk'θĭɔn] *f* Auffinden *n,* Entdecken *n*
detectar [detɛk'tar] *v* auffinden, registrieren, entdecken
detective [detɛkt'tiƀe] *m* Detektiv *m*
detector [detɛk'tɔr] *m TECH* Detektor *m*
detención [deten'θĭɔn] *f 1.* Verhaftung *f; 2. (tardanza)* Verzögerung *f,* Verspätung *f; 3. (acto de detener algo)* Aufhalten *n,* Hemmung *f,* Stillstand *m*
detener [dete'nɛr] *v irr 1.* anhalten, aufhalten; *2. (contrarrestar)* hemmen, zurückhalten; *3. (arrestar)* verhaften, festnehmen, inhaftieren
detenerse [dete'nɛrse] *v irr 1.* anhalten, stoppen, Halt machen, innehalten; *Nos detuvimos un buen rato ante el monumento.* Wir haben uns eine gute Weile vor dem Denkmal aufgehalten. *2. (fig: considerar algo en detalle)* verweilen, sich aufhalten, sich gründlich beschäftigen; *~ en algo* sich mit einer Sache gründlich beschäftigen
detenido [dete'niđo] *adj 1.* verhaftet; *llevar ~ a alguien* jdn abführen; *Le han ~.* Sie haben ihn verhaftet. *2. (carácter)* zurückhaltend; *m 3.* Verhafteter *m,* Gefangener *m*
detenimiento [deteni'mĭento] *m* Ausführlichkeit *f; con ~* lange, gründlich, aufmerksam; *leer algo con ~* etw gründlich durchlesen; *observar algo con ~* etw aufmerksam beobachten
detentación [detenta'θĭɔn] *f JUR* unrechtmäßiger Besitz *m,* Vorenthaltung *f*
detentar [deten'tar] *v JUR* zu Unrecht einbehalten *n,* unrechtmäßig besitzen
detergente [detɛr'xente] *m* Waschmittel *n,* Putzmittel *n,* Reinigungsmittel *n*
deteriorado [deterĭo'rađo] *adj* schadhaft, beschädigt, heruntergekommen
deteriorar [deterĭo'rar] *v* beschädigen, lädieren, ramponieren, verderben
deterioro [dete'rĭɔro] *m* Beschädigung *f,* Beeinträchtigung *f,* Verschlechterung *f*
determinable [determi'naƀle] *adj* bestimmbar
determinación [determina'θĭɔn] *f 1.* Festlegung *f,* Bestimmung *f; 2. (decisión)* Entscheidung *f,* Entschluss *m*
determinado [determi'nađo] *adj 1.* entschlossen; *2. artículo ~ GRAMM* bestimmter Artikel *m*
determinante [determi'nante] *adj 1.* entscheidend, maßgebend; *2. verbo ~ GRAMM* Bestimmungsverb *n; f 3. MATH* Determinante *f*
determinar [determi'nar] *v 1.* entscheiden; *2. (fijar los términos)* festlegen, festsetzen; *3. (fijar, definir)* festlegen, festsetzen; *~ fecha y hora* Datum und Uhrzeit festlegen; *4. (sentenciar) JUR* entscheiden, beurteilen, verurteilen
determinativo [determina'tiƀo] *adj* bestimmend, determinativ
determinismo [determi'nizmo] *m PHIL* Determinismus *m*
determinista [determi'nista] *adj* deterministisch
detestable [detes'taƀle] *adj* abscheulich, verabscheuenswürdig
detestar [detes'tar] *v* verabscheuen
detonación [detona'θĭɔn] *f* Explosion *f,* Detonation *f,* Knall *m*
detonador [detona'đɔr] *m TECH* Sprengkapsel *f,* Zünder *m*
detonante [deto'nante] *m 1.* Zündsatz *m,* Zünder *m; adj 2. pólvora ~* Sprengstoff *m; m 3. (fig: el motor, la causa)* Auslöser *m,* Ursache *f*
detonar [deto'nar] *v* explodieren, detonieren, knallen
detrás [de'tras] *adv 1.* dahinter, hinten; *2. (siguiendo a alguien)* hinterher; *prep 3. ~ de* hinter
detrimento [detri'mento] *m 1. (pérdida)* Schaden *m,* Nachteil *m; 2. ir en ~ de* auf Kosten von ... gehen; *3.* Beeinträchtigung *f*
deuda ['deŭđa] *f 1. ECO* Schuld *f; ~ activa* Forderung *f; 2. ~s pl ECO* Schulden *pl,* Verschuldung *f; ~ externa* Außenschulden *pl*
deudor(a) [deŭ'đɔr/deŭ'đora] *m/f ECO* Schuldner(in) *m/f*
deudos ['deŭđos] *m/pl* Hinterbliebene *pl*
devaluación [deƀalwa'θĭɔn] *f FIN* Abwertung *f*
devaluar [deƀa'lwar] *v FIN* abwerten
devanarse [deƀa'narse] *v ~ los sesos* sich den Kopf zerbrechen; *¡No te devanes más los sesos con esas preguntas!* Zerbrich dir über diese Fragen nicht länger den Kopf!
devastación [deƀasta'θĭɔn] *f* Verheerung *f,* Verwüstung *f,* Zerstörung *f*
devastador [deƀasta'đɔr] *adj* verheerend

devastar [deƀas'tar] *v* zerstören, veröden, verwüsten
devoción [deƀo'θĭɔn] *f REL* Andacht *f,* Frömmigkeit *f*
devocionario [deƀoθĭo'narĭo] *m REL* Gebetbuch *n*
devolución [deƀolu'θĭɔn] *f* Rückgabe *f,* Rückerstattung *f*
devolver [deƀɔl'ƀɛr] *v irr 1.* wiedergeben, zurückgeben, zurückbringen; *¿Me puede ~ el dinero?* Kann ich mein Geld wiederhaben? *2. (enviar de vuelta)* zurücksenden; *3. (desquitarse)* vergelten; *~ con creces* heimzahlen
devorador [deƀora'đɔr] *adj* verzehrend
devorar [deƀo'rar] *v 1. (animal)* fressen, verschlingen; *2. (dedicar atención intensa)* verschlingen; *~ un libro* ein Buch verschlingen *n*
devoto [de'ƀoto] *adj REL* andächtig, fromm
día ['dia] *m 1.* Tag *m; otro ~* ein andermal; *todos los ~s* täglich; *¡Buenos ~s!* Guten Tag! Guten Morgen! *2. ~ de descanso* Ruhetag *m; ~ de la madre* Muttertag *m; ~ festivo* Feiertag *m; ~ de liquidación ECO* Abrechnungstag *m; 3. ~ de entrega ECO* Liefertermin *m; 4. ~ de los Difuntos REL* Allerseelen *n*
diabetes [dĭa'ƀetes] *f MED* Diabetes *m,* Zuckerkrankheit *f*
diabético [dĭa'ƀetiko] *m MED* Diabetiker *m*
diablo ['dĭaƀlo] *m* Teufel *m*
diablura [dĭa'blura] *f* Teufelei *f,* Streich *m,* Mutwille *m*
diabólico [dĭa'ƀoliko] *adj* teuflisch
diadema ['dĭađema] *f* Diadem *n,* Stirnband *n*
diáfano ['dĭafano] *adj 1.* durchscheinend, durchlässig, durchsichtig; *2. (fig)* offenherzig
diafragma [dĭa'fragma] *m 1. ANAT* Zwerchfell *n; 2. FOTO* Blende *f*
diagnosis [dĭaɢ'nɔsis] *f* Diagnostik *f*
diagnosticar [dĭagnɔsti'kar] *v MED* diagnostizieren
diagnóstico [dĭag'nɔstiko] *m MED* Diagnose *f; ¿Puede decirme el ~?* Wie lautet die Diagnose?
diagonal [dĭago'nal] *f 1.* Diagonale *f; adj 2.* diagonal
diagrama [dĭa'grama] *m 1.* Diagramm *n; 2. ~ de circuito TECH* Schaltbild *n*

dialectal [dĭalek'tal] *adj LING* dialektal, mundartlich, Dialekt...
dialecto [dĭa'lɛkto] *m* Dialekt *m*
diálisis ['dĭalisis] *f MED* Dialyse *f*
diálogo ['dĭalogo] *m 1.* Dialog *m,* Gespräch *n; 2. caja de ~ INFORM* Dialogbox *f*
diamante [dĭa'mante] *m 1. MIN* Diamant *m; 2. (brillante)* Brillant *m*
diámetro [dia'metro] *m* Durchmesser *m*
diapasón [dĭapa'sɔn] *m MUS* Stimmgabel *f*
diapositiva [dĭaposi'tiƀa] *f 1.* Lichtbild *n,* Dia *n; 2. FOTO* Dia *n; ¡Necesito una película de ~!* Ich brauche einen Diafilm!
diariamente ['dĭariamente] *adv* täglich
diario ['dĭarĭo] *adj 1.* täglich, alltäglich; *m 2. (publicación)* Zeitung *f,* Tageszeitung *f; 3. (personal)* Tagebuch *n; 4. NAUT ~ de a bordo* Logbuch *n*
diarrea [dĭa'rrɛa] *f MED* Durchfall *m*
dibujante [diƀu'xante] *m ~ publicitario* Grafiker *m*
dibujar [diƀu'xar] *v 1.* zeichnen, aufzeichnen; *¿Me lo puede ~?* Zeichnen Sie mir das auf? *2. (copiar)* abzeichnen
dibujo [di'ƀuxo] *m 1.* Zeichnung *f,* Abbildung *f,* Aufzeichnung *f; 2. ~s animados pl CINE* Zeichentrickfilm *m,* Trickfilm *m*
dicción [dig'θĭɔn] *f* Ausdrucksweise *f,* Diktion *f*
diccionario [dikθĭo'narĭo] *m* Lexikon *n,* Wörterbuch *n; ser un ~ (fig)* ein wandelndes Lexikon sein; *~ ilustrado* Bildwörterbuch *n; ~ universal* Universallexikon *n*
dicha ['ditʃa] *f* Glück *n,* Seligkeit *f*
dicho ['ditʃo] *m* Ausdruck *m,* Sinnspruch *m,* Sentenz *f*
dichoso [di'tʃoso] *adj* selig
diciembre [di'θĭembre] *m* Dezember *m*
dictado [dik'tađo] *m 1.* Diktat *n; 2. tomar ~* nach Diktat schreiben
dictador [dikta'đɔr] *m POL* Diktator *m*
dictadura [dikta'đura] *f POL* Diktatur *f,* Gewaltherrschaft *f; ~ militar POL* Militärdiktatur *f*
dictáfono [dik'tafono] *m* Diktafon *n*
dictamen [dik'tamen] *m 1.* Beurteilung *f,* Gutachten *n; emitir un ~* ein Gutachten erstellen; *2. ~ equivocado* Fehlentscheidung *f*
dictaminar [diktami'nar] *v* testen, untersuchen; *~ sobre* begutachten; *El técnico de la ITV dictaminó sobre el coche.* Der Techniker des TÜV begutachtete das Auto.

dictar [dik'tar] *v* *1.* diktieren; *2. (ley) JUR* erlassen; *3. (una sentencia) JUR* fällen
dictatorial [diktato'rĭal] *adj POL* diktatorisch
didáctica [di'đaktika] *f* Didaktik *f*
didáctico [di'đaktiko] *adj* didaktisch
diecinueve [dĭeθi'nweƀe] *num* neunzehn
dieciocho [dĭeθi'otʃo] *num* achtzehn
dieciséis [dĭeθi'sɛĭs] *num* sechzehn
diecisiete [dĭeθi'sĭete] *num* siebzehn
diente ['dĭente] *m* *1. ANAT* Zahn *m;* *~ de leche* Milchzahn *m;* *2. ~ artificial MED* Zahnersatz *m;* *~ de espiga* Stiftzahn *m;* *3. (punta)* Zacke *f;* *4. ~ de león BOT* Butterblume *f,* Löwenzahn *m*
diestra ['dĭestra] *f ANAT* rechte Hand *f,* Rechte *f*
diestro ['dĭestro] *m* *1.* Rechtshänder *m;* *adj 2.* geschickt
dieta ['dĭeta] *f* *1.* Diät *f,* Abmagerungskur *f;* *estar a ~* Diät halten; *2. ~s pl POL* Diäten *pl;* *3. ~s (de viaje)* Reisespesen *pl*
dietético [dĭe'tetiko] *adj régimen ~* dietetisch, Diät...
diez [dĭeθ] *num* zehn
diezmar [dĭeθ'mar] *v* dezimieren
difamación [difama'θĭɔn] *f* Nachrede *f,* Verleumdung *f*
difamador [difama'đɔr] *adj* verleumderisch, diffamierend
difamar [difa'mar] *v* *1.* verleumden; *2. ~ a alguien* über jdn lästern
difamatorio [difama'torĭo] *adj* ehrenrührig
diferencia [dife'renθĭa] *f* *1.* Unterschied *m,* Abweichung *f;* *~ de edad* Altersunterschied *m;* *2. ECO* Saldo *m;* *3. (fig: controversia)* Meinungsverschiedenheit *f,* Streit *m,* Differenz *f;* *tener ~s con alguien* mit jdm Streit haben *m;* *4. (resto) MATH* Rest *m,* Differenz *f;* *5. a ~ de* im Unterschied zu
diferenciación [diferenθĭa'θĭɔn] *f* Differenzierung *f*
diferenciadamente [diferenθĭađa'mente] *adv* unterschiedlich
diferencial [diferen'θĭal] *m* *1. (cantidad) MATH* Differenzial *n;* *2. TECH* Differenzial *n*
diferenciar [diferen'θĭar] *v* *1.* differenzieren, unterscheiden; *2. ~ entre* unterscheiden zwischen, auseinander halten; *3. (calcular la diferencial) MATH* eine Differentialrechnung lösen; *4. (discrepar)* abweichen, verschiedener Meinung sein
diferenciarse [diferen'θĭarse] *v (distinguirse)* sich unterscheiden; *~ de los demás* sich von den anderen unterscheiden
diferente [dife'rente] *adj* andere(r,s), unterschiedlich, verschieden
diferir [di'ferir] *v* hinausschieben, verschieben, abweichen, differieren
difícil [di'fiθil] *adj* kompliziert, schwierig, schwer
difícilmente [difiθil'mente] *adv* schwer, schwerlich, kaum
dificultad [difikul'tađ] *f* Schwierigkeit *f,* Behinderung *f,* Erschwernis *f;* *poner ~es a alguien* es jdm schwer machen
dificultar [difikul'tar] *v* behindern, erschweren
dificultoso [difikul'toso] *adj* schwierig, schwer
difteria [dif'terĭa] *f MED* Diphtherie *f*
difuminado [difumi'nađo] *adj* verschwommen
difundir [difun'dir] *v* verbreiten
difunto [di'funto] *m* *1.* Toter *m,* Verstorbener *m;* *adj 2.* tot
difusión [difu'sĭɔn] *f* *1.* Verbreitung *f;* *2. (propagación)* Verbreitung *f*
difuso [di'fuso] *adj* verbreitet, weit, verstreut
difusor [difu'sɔr] *m* Zerstäuber *m*
digerible [dixe'riƀle] *adj* verdaulich, verträglich
digerir [dixe'rir] *v irr* *1.* verdauen; *2. (fig: soportar, sufrir)* verschmerzen, verwinden; *~ una ofensa* einen Angriff verwinden; *3. (fig: asimilar, comprender)* verarbeiten, überdenken
digestión [dixes'tĭɔn] *f* Verdauung *f*
digestivo [dixes'tiƀo] *adj aparato ~ ANAT* Verdauungsapparat *m*
digital [dixi'tal] *adj* digital
digitalizar [dixitali'θar] *v INFORM* digitalisieren
dígito ['dixito] *m MATH* einstellige Zahl *f*
dignarse [dig̯'narse] *v ~ a* sich herablassen zu; *No se dignó a contestar.* Er ließ sich nicht dazu herab zu antworten.
dignidad [dig̯ni'đađ] *f* Würde *f;* *~ humana* Menschenwürde *f*
dignificar [dig̯nifi'kar] *v* würdig machen
digno ['dig̯no] *adj ~ de* wert, würdig, ehrenwert; *~ de admiración* bewundernswert; *~ de crédito* glaubwürdig; *~ de desprecio* verachtenswert; *~ de lástima* bedauernswert; *~ de alabanza* lobenswert; *~ de condena*

verdammungswürdig; ~ *de confianza* vertrauenswürdig, verlässlich; ~ *de mención* nennenswert; ~ *de ser amado* liebenswert; ~ *de verse* sehenswert
digresión [digre'sĭɔn] *f* Abweichung *f*, Abschweifung *f*, Exkurs *m*
dije ['dixe] *m* Anhänger *m*
dilación [dila'θĭɔn] *f* *sin* ~ ohne Verzögerung
dilapidación [dilapiđa'θĭɔn] *f* Vergeudung *f*, Verschwendung *f*
dilapidar [dilapi'đar] *v* vergeuden, verschwenden
dilatable [dila'table] *adj* ausdehnbar, ausweitbar, bekanntmachbar
dilatación [dilata'θĭɔn] *f* *1.* Ausdehnung *f*, Erweiterung *f*; *2. TECH* Dehnungsfuge *f*
dilatar [dila'tar] *v 1.* erweitern, anschwellen, ausdehnen; *2. (diferir)* aufschieben, verschieben, hinausschieben; ~ *un encuentro* ein Treffen verschieben *n*; ~ *la salida* das Ende hinauszögern
dilatarse [dila'tarse] *v 1. (fig: ser demasiado prolijo)* weitschweifig werden, sich verbreiten; *2. (fig: prolongarse)* sich hinausziehen; *La conversación se ha dilatado mucho.* Die Unterhaltung hat sich sehr hinausgezogen.
dilatoria [dila'torĭa] *f* Aufschub *m*
dilatorio [dila'torĭo] *adj JUR* Verschleppungs..., Verzögerungs..., aufschiebend
dilección [dileg'θĭpn] *f* Anhänglichkeit *f*, Zuneigung *f*
dilecto [di'lekto] *adj* geliebt
dilema [di'lema] *m* Dilemma *n*, Zwickmühle *f*
diletante [dile'tante] *m/f 1.* Dilettant(in) *m/f*; *adj 2.* dilettantisch
diletantismo [diletan'tizmo] *m* Dilettantismus *m*, Stümperei *f*
diligencia [dili'xenθĭa] *f 1.* Fleiß *m*; *2. ~s de prueba pl JUR* Beweisaufnahme *f*; *3. (asunto)(LA)* Maßnahme *f*, Schritt *m*; *hacer ~s* die nötigen Schritte einleiten *m/pl*; *4. (prisa)* Schnelligkeit *f*; *hacer algo con ~* etwas schnell erledigen
diligente [dili'xente] *adj* eifrig, fleißig, geschäftig
dilucidación [diluθiđa'θĭɔn] *f* Erläuterung *f*, Aufklärung *f*
dilucidar [diluθi'đar] *v* aufklären, verdeutlichen
dilución [dilu'θĭɔn] *f* Verdünnung *f*
diluir [dilu'ir] *v irr* auflösen, verdünnen
diluvio [di'luƀĭo] *m REL 1.* Sintflut *f*; *2. (fig: lluvia muy fuerte)* Sintflut *f*, Flut *f*, Wolkenbruch *m*; *3. (fig: gran cantidad de algo)* Schwall *m*, Riesenmenge *f*; *un ~ de problemas* ein Schwall an Problemen *m*; *un ~ de deudas* ein Berg von Schulden *m*
diluyente [dilu'jente] *m* Verdünnungsmittel *n*
dimanar [dima'nar] *v* herrühren, sich herleiten
dimensión [dimen'sĭɔn] *f 1.* Ausmaß *n*, Dimension *f*, Umfang *m*; *2. (fig: aspecto)* Seite *f*, Aspekt *m*; *3. una nueva ~* eine neue Dimension *f*
diminuto [dimi'nuto] *adj* winzig
dimisión [dimi'sĭɔn] *f 1.* Rücktritt *m*; *2. POL* Abdankung *f*
dimitir [dimi'tir] *v 1.* zurücktreten; ~ *de un cargo* ein Amt aufgeben; *2. POL* abdanken
dinámica [di'namika] *f* Dynamik *f*
dinámico [di'namiko] *adj* dynamisch, geschäftig, schwungvoll
dinamismo [dina'mismo] *m* Tatendrang *m*
dinamita [dina'mita] *f* Dynamit *n*
dinamitar [dinami'tar] *v* mit Dynamit sprengen
dinamitero [dinami'tero] *m* Sprengmeister *n*, Dynamit...
dínamo ['dinamo] *m TECH* Dynamo *m*
dinamómetro [dina'mometro] *m PHYS* Dynamometer *n*, Kraftmesser *m*
dinastía [dinas'tia] *f* Dynastie *f*, Herrschergeschlecht *n*
dinero [di'nero] *m* Geld *n*; *Ya no tengo ~.* Ich habe kein Geld mehr.
dinosaurio [dino'saŭrĭo] *m ZOOL* Dinosaurier *m*
diócesis ['dĭoθesis] *f REL* Diözese *f*
diodo ['dĭođo] *m TECH* Diode *f*
dios [dĭɔs] *m 1. REL* Gott *m*; *¡Gracias a ~!* Gott sei Dank!/Gottlob! *2. (fig: persona a la que se venera)* Abgott *m*; *3. a la buena de ~ (fam)* aufs Geratewohl, ins Blaue hinein; *4. como ~ manda* wie es sich gehört, anständig (fam); *5. si ~ quiere* so Gott will; *Nos veremos mañana, si Dios quiere.* Wir sehen uns morgen, so Gott will. *6. ¡Ay Dios!* Ach Gott! *¡Oh Dios!* Oh Gott! *¡Por Dios!* Um Gottes willen! *¡Vaya por Dios!* Es ist nicht zu fassen! (fam); *¡Dios te bendiga!* Gott segne dich! *¡Dios te guarde!* Gott schütze dich!

diosa ['dĭɔsa] *f* Göttin *f*
dióxido ['dĭoksiđo] *m ~ de carbono CHEM* Kohlendioxid *n*
dioxina [dĭɔ'ksina] *f CHEM* Dioxin *n*
diploma [di'ploma] *m* Diplom *n; ~ de honor* Ehrenurkunde *f*
diplomacia [diplo'maθĭa] *f POL* Diplomatie *f*
diplomático [diplo'matiko] *m 1. POL* Diplomat *m; adj 2.* diplomatisch
dipsomanía [dipsoma'nia] *f MED* Trunksucht *f*
diptongo [dip'toŋgo] *m GRAMM* Diphthong *m*
diputado [dipu'tađo] *m POL* Abgeordneter *m*
dique ['dike] *m* Deich *m,* Dock *n,* Damm *m; poner ~* eindämmen
dirección [dirɛk'θĭɔn] *f 1. (orientación)* Richtung *f,* Fahrtrichtung *f; ¿En qué ~ está el hotel?* In welcher Richtung liegt das Hotel? *2. calle en ~ única* Einbahnstraße *f; 3. (residencia)* Adresse *f,* Anschrift *f; Mándemelo a esta ~.* Schicken Sie das an diese Adresse. *4. (mando)* Führung *f,* Leitung *f,* Direktion *f; 5. ECO* Geschäftsleitung *f; ~ de la empresa* Betriebsführung *f; 6. (guía)* Anleitung *f; 7. CINE* Regie *f; 8. (fig)* Kurs *m*
directamente [di'rɛktamente] *adv 1.* direkt, geradewegs, geradezu; *2. (sin intermediarios)* unvermittelt
directiva [direk'tiƀa] *f* Weisung *f,* Anleitung *f,* Direktive *f*
directivo [direk'tibo] *adj 1.* leitend, anführend; *2. m* leitender Angestellter *m*
directo [di'rɛkto] *adj* direkt, unvermittelt; *¿Hay enlace ~?* Gibt es eine direkte Verbindung?
director(a) [dirɛk'tɔr/dirɛk'tora] *m/f 1.* Direktor(in) *m/f,* Leiter(in) *m/f,* Führer(in) *m/f; 2. ~ de grabación* Aufnahmeleiter(in) *m/f; 3. ~ del banco FIN* Bankdirektor(in) *m/f; 4. ~ de una empresa ECO* Manager(in) *m/f; 5. ~ general* Generaldirektor(in) *m/f; 6. ~ de coro MUS* Chorleiter(in) *m/f; ~ de orquesta* Dirigent(in) *m/f,* Kapellmeister(in) *m/f; 7. CINE* Regisseur(in) *m/f; ~ artístico THEAT* Dramaturg(in) *m/f; ~ de un teatro* Intendant(in) *m/f*
directorio [dirɛk'torĭo] *m 1.* Direktorium *n; 2. (agrupación de archivos) INFORM* Verzeichnis *n,* Ordner *m; ~ raíz* Stammverzeichnis *n*
directriz [direk'triθ] *f 1. MATH* Leitlinie *f; 2. (orden, mandato)* Richtlinie *f*
dirigente [diri'xente] *m 1.* Machthaber *m,* Anführer *m; adj 2.* leitend
dirigible [diri'xiƀle] *adj 1.* lenkbar, steuerbar; *m 2.* Luftschiff *n*
dirigir [diri'xir] *v 1.* führen, lenken, leiten; *2. ~ la palabra* ansprechen; *3. (fig)* leiten, führen
dirigirse [diri'xirse] *v ~ a alguien* sich an jdn wenden
dirimir [diri'mir] *v* austragen, beilegen
discernimiento [disθɛrni'mĭento] *m* Urteilsvermögen *n*
discernir [disθɛr'nir] *v irr* unterscheiden, erkennen
disciplina [disθi'plina] *f 1. (materia)* Fach *n,* Disziplin *f; 2. (educación)* Disziplin *f,* Zucht *f; sin ~* undiszipliniert; *3.* Ordensregel *f*
disco ['disko] *m 1.* Schallplatte *f; poner un ~* eine Platte auflegen; *2. ~ duro/~ fijo INFORM* Festplatte *f; ~ compacto* CD *f; 3. MATH* Scheibe *f; 4. ~ de freno TECH* Bremsscheibe *f; ~ giratorio* Drehscheibe *f; 5. ~ intervertebral ANAT* Bandscheibe *f*
disconformidad [diskɔnfɔrmi'đađ] *f* Unstimmigkeit *f*
discordancia [diskɔr'danθĭa] *f 1. MUS* Disharmonie *f,* Missklang *m; 2. (fig)* Misston *m,* Meinungsverschiedenheit *f*
discordia [dis'kɔrdĭa] *f* Zwietracht *f,* Zerrissenheit *f,* Zwist *m; manzana de la ~* Zankapfel *m*
discoteca [disko'teka] *f* Diskothek *f*
discreción [diskre'θĭɔn] *f* Verschwiegenheit *f,* Diskretion *f,* Reserve *f; ~ profesional* Schweigepflicht *f*
discrepancia [diskre'panθĭa] *f* Diskrepanz *f,* Meinungsverschiedenheit *f,* Unstimmigkeit *f*
discrepante [diskre'pante] *adj* andersgläubig, zwiespältig
discreto [dis'kreto] *adj* unaufdringlich, diskret
discriminación [diskrimina'θĭɔn] *f* Diskriminierung *f; ~ de razas* Rassendiskriminierung *f*
discriminar [diskrimi'nar] *v* benachteiligen, diskriminieren
disculpa [dis'kulpa] *f* Entschuldigung *f,* Verzeihung *f*
disculpable [diskul'paƀle] *adj* entschuldbar

disculpar [diskul'par] *v* entschuldigen, verzeihen
disculparse [diskul'parse] *v* ~ *por* sich entschuldigen für
discurso [dis'kurso] *m* Rede *f*, Ansprache *f*
discusión [disku'sĭɔn] *f* *1.* Auseinandersetzung *f*, Debatte *f*, Streitgespräch *n*; *2. (argumento)* Aussprache *f*, Besprechung *f*, Diskussion *f*
discutible [disku'tiƀle] *adj* zweifelhaft, anfechtbar
discutido [disku'tiđo] *adj* umstritten
discutir [disku'tir] *v* diskutieren, debattieren; ~ *con* besprechen mit; ~ *sobre* sich auseinander setzen mit, diskutieren über
diseminación [disemina'θĭɔn] *f* Zerstreuung *f*, Streuung *f*
diseminado [disemi'nađo] *adj* zerstreut
diseminar [disemi'nar] *v* verstreuen, streuen, verbreiten
disensión [disen'sĭɔn] *f* Zerwürfnis *n*
diseñador(a) [diseɲa'đɔr/diseɲa'đora] *m/f* Designer(in) *m/f*
diseñar [dise'ɲar] *v* entwerfen
diseño [di'seɲo] *m* Entwurf *m*, Muster *n*, Design *n*
disertación [disɛrta'θĭɔn] *f* Aufsatz *m*, Dissertation *f*
disertar [disɛr'tar] *v* ~ *sobre* abhandeln
disformidad [disfor'miđađ] *f* Unförmigkeit *f*, Hässlichkeit *f*
disfraz [dis'fraθ] *m* Kostüm *n*, Verkleidung *f*; ~ *de carnaval* Faschingskostüm *n*
disfrazarse [disfra'θarse] *v* sich maskieren, sich verkleiden
disfrutar [disfru'tar] *v* genießen; *Lo disfruto.* Ich genieße es.
disgustado [dizgus'tađo] *adj* böse, ungehalten, verärgert
disgustar [dizgus'tar] *v* verärgern, missfallen
disgusto [diz'gusto] *m* Missfallen *n*, Verdruss *m*
disidente [disi'đente] *m/f* *1. POL* Dissident(in) *m/f*; *adj* *2.* andersgläubig
disimulación [disimula'θĭɔn] *f* Verheimlichung *f*, Verhehlen *n*, Verstellung *f*
disimulado [disimu'lađo] *adj* verstohlen
disimular [disimu'lar] *v* *1. (ocultar)* kaschieren, tarnen, verhehlen; *2. (con engaño)* vertuschen, überspielen, verstellen
disipar [disi'par] *v* *1.* verschwenden; *2. (las dudas)* beseitigen
dislocarse [dizlo'karse] *v* ~ *algo MED* sich etw verstauchen, sich etw ausrenken
disminución [dizminu'θĭɔn] *f* *1.* Abbau *m*, Abnahme *f*, Rückgang *m*; *2. (aminoración)* Verminderung *f*, Dämpfung *f*, Verringerung *f*; *3.* ~ *de los precios* Preisrückgang *m*; *4. MED* Behinderung *f*
disminuido [dizminu'iđo] *m* *MED* Behinderter *m*; ~ *físico* Körperbehinderter *m*
disminuir [dizminu'ir] *v irr* *1.* herabsetzen, abbauen, verringern; *2. (mermar)* vermindern, vergehen, dämpfen; *3. (recortar)* kürzen; *4. (rebajar)* ermäßigen; *5. (encoger)* schrumpfen
disnea [diz'nea] *f* *MED* Atemnot *f*
disociación [disoθĭa'θĭɔn] *f* Trennung *f*, Spaltung *f*, Dissoziation *f*
disociar [diso'θĭar] *v* trennen, spalten, abspalten
disolución [disolu'θĭɔn] *f* *1.* Verdünnung *f*; *2. CHEM* Lösung *f*
disoluto [diso'luto] *adj* ausschweifend
disolvente [disɔl'ƀente] *m* Verdünnungsmittel *n*
disolver [disɔl'ƀɛr] *v irr* auflösen, verdünnen
disonancia [diso'nanθĭa] *f* *1.* Disharmonie *f*, Missklang *m*; *2. (desacuerdo)* Zwiespalt *m*
disonante [diso'nante] *adj* zwiespältig
disonar [diso'nar] *v irr* *1. MUS* dissonieren, nicht stimmen; *2. (fig: no concordar)* störend wirken, nicht im Einklang sein
dispar [dis'par] *adj* verschieden
disparador [dispara'đɔr] *m* *1. FOTO* Auslöser *m*; ~ *del flash* Blitzauslöser *m*; *2. (en las armas de fuego)* Abzug *m*
disparar [dispa'rar] *v* abschießen, abfeuern
disparatado [dispara'tađo] *adj* unsinnig, unüberlegt
disparatar [dispara'tar] *v* Unsinn reden, Dummheiten machen
disparate [dispa'rate] *m* Unsinn *m*, Mist *m*
disparejo [dispa'rexo] *adj* ungleich, verschieden
disparidad [dispari'đađ] *f* Verschiedenheit *f*, Ungleichheit *f*
disparo [dis'paro] *m* Schuss *m*
dispendio [dis'penđĭo] *m* Aufwand *m*, Verschwendung *f*
dispendioso [dispen'đĭoso] *adj* aufwändig, kostspielig

dispensa [dis'pensa] *f* Entbindung *f*, Erlass *m*
dispensable [dispen'saƀle] *adj* entschuldbar, erlassbar
dispensación [dispensa'θĭɔn] *f* Entbindung *f*, Dispens *m*
dispensador [dispensa'đɔr] *m* Spender *m*, Verteiler *m*, Austeiler *m*
dispensar [dispen'sar] *v irr 1. ~ aplauso* applaudieren; *2. (perdonar)* verzeihen, entschuldigen; *~ de algo* einer Sache entheben; *3. (librar)* entbinden, erlassen
dispensario [dispen'sarĭo] *m MED* Ambulanz *f*
dispepsia [dis'pepsĭa] *f MED* Verdauungsstörung *f*
dispersar [dispɛr'sar] *v 1.* verstreuen, zerstreuen; *2. PHYS* streuen
disperso [dis'pɛrso] *adj* zerstreut
displicencia [displi'θenθĭa] *f* Unlust *f*, Übellaunigkeit *f*, Unfreundlichkeit *f*
displicente [displi'θente] *adj* unfreundlich, mürrisch, übellaunig
disponer [dispo'nɛr] *v irr 1.* herrichten, disponieren, anordnen; *~ de otro modo* umdisponieren, umstellen, umplanen; *2. (preparar)* zurechtmachen, bereitstellen; *3. (fig: poseer) ~ de* verfügen über
disponibilidad [disponiƀili'đađ] *f* Verfügbarkeit *f*
disponible [dispo'niƀle] *adj 1. (en el almacén)* vorhanden, lieferbar, vorrätig; *¿Está ~?* Ist das vorrätig? *2. (listo para uso)* einsatzbereit, abkömmlich, zugänglich
disposición [disposi'θĭɔn] *f 1.* Verfassung *f*, Anordnung *f*, Bestimmung *f*; *2. (composición)* Aufbau *m*, Gliederung *f*; *3. (estar dispuesto a algo)* Bereitschaft *f*; *~ a transigir* Kompromissbereitschaft *f*; *4. JUR* Verfügung *f*
dispositivo [disposi'tiƀo] *m 1.* Vorrichtung *f*; *2. ~ de seguridad TECH* Sicherung *f*; *3. INFORM* Schnittstelle *f*
dispuesto [dis'pwesto] *adj ~ a* bereit zu; *~ a ayudar* hilfsbereit; *~ a servir* dienstbereit; *~ para salir* fahrbereit
disputa [dis'puta] *f 1.* Streitgespräch *n*, Auseinandersetzung *f*; *2. (riña)* Gezanke *n*, Zank *m*, Krach *m*
disputable [dispu'taƀle] *adj* anfechtbar, strittig
disputar [dispu'tar] *v 1.* bestreiten, streitig machen, streiten; *2. SPORT* austragen
disquete [dis'kete] *m INFORM* Diskette *f*
disquisición [diskisi'θĭɔn] *f* Untersuchung *f*, Abhandlung *f*, Studie *f*
distancia [dis'tanθĭa] *f 1.* Abstand *m*, Entfernung *f*; *¿Qué ~ hay a Madrid?* Wie weit ist es nach Madrid? *2. ~ de frenado* Bremsweg *m*; *~ mínima* Mindestabstand *m*; *3. (fig: diferencia)* Distanzierung *f*, Entfremdung *f*; *4. a la ~* in der Ferne
distanciamiento [distanθĭa'mĭento] *m* Entfremdung *f*
distanciar [distan'θĭar] *v* entfernen, trennen
distanciarse [distan'θĭarse] *v ~ de* sich distanzieren von
distante [dis'tante] *adj 1.* entfernt, fern; *2. (fig)* zurückhaltend, reserviert
distensión [disten'sĭɔn] *f 1. POL* Entspannung *f*; *2. MED* Zerrung *f*; *~ muscular* Muskelzerrung *f*
distinción [distin'θĭɔn] *f 1.* Unterschied *m*; *2. (honor, reconocimiento)* Auszeichnung *f*; *hacer una ~ a alguien* jdn auszeichnen; *3. (elegancia, aspecto distinguido)* Vornehmheit *f*; *vestir con ~* sich vornehm kleiden; *comportarse con ~* sich vornehm verhalten; *4. (consideración, respeto)* Hochachtung *f*, Respekt *m*
distingo [dis'tiŋgo] *m 1. (diferenciación excluyente)* Unterscheidung *f*; *2. (restricción)* Einwand *m*, Vorbehalt *m*
distinguido [distiŋ'giđo] *adj* vornehm, fein
distinguir [distiŋ'gir] *v 1.* unterscheiden, auseinander halten; *2. (ser característico)* unterscheiden, ausmachen; *3. (otorgar un reconocimiento)* auszeichnen, eine Auszeichnung verleihen; *~ a alguien con una condecoración* jdm einen Orden verleihen
distinguirse [distiŋ'girse] *v 1.* sich auszeichnen, sich hervortun; *2. (diferenciarse)* sich unterscheiden
distintivo [distin'tiƀo] *m (insignia)* Abzeichen *m*, Erkennungszeichen *m*
distinto [dis'tinto] *adj* unterschiedlich, andersartig; *~ de* verschieden von
distorsión [distɔr'sĭɔn] *f MED* Zerrung *f*
distracción [distrak'θĭɔn] *f 1. (entretenimiento)* Unterhaltung *f*, Abwechslung *f*; *2. (sin concentración)* Unachtsamkeit *f*, Unaufmerksamkeit *f*, Zerstreuung *f*
distraer [distra'ɛr] *v irr* zerstreuen
distraerse [distra'erse] *v irr 1.* sich vergnügen; *2. (estar despistado)* nicht aufpassen, nicht Acht geben

distraído [distra'iđo] *adj* geistesabwesend, schusselig, unachtsam
distribución [distriƀu'θĭɔn] *f* *1.* Aufteilung *f,* Verteilung *f,* Zuteilung *f;* *2. ECO* Vertrieb *m;* ~ *exclusiva* Alleinvertrieb *f;* *3.* ~ *de dividendos FIN* Dividendenausschüttung *f*
distribuidor [distriƀui'đɔr] *m* Verteiler *m;* ~ *automático* Automat *m*
distribuir [distri'ƀuir] *v irr 1.* austeilen, verteilen; *2. (repartir)* verteilen, austragen
distributivo [distriƀu'tiƀo] *adj* verteilend, zerlegend
distrito [dis'trito] *m* Bezirk *m,* Kreis *m;* ~ *electoral* Wahlkreis *m;* ~ *rural* Landkreis *m*
disturbio [dis'turƀĭo] *m* Ausschreitung *f*
disuadir [diswa'đir] *v* abraten, ausreden; ~ *a alguien de algo* jdm von etw abraten, jdm etw ausreden
disuasión [diswa'sĭɔn] *f* Abschreckung *f,* Warnung *f*
disuasivo [diswa'siƀo] *adj* abschrecken
disyunción [disjun'θĭɔn] *f* Trennung *f*
disyuntiva [disjun'tiƀa] *f* Alternative *f,* Scheideweg *m*
diurno ['dĭurno] *adj* täglich
diva ['diƀa] *f CINE* Diva *f*
divagación [diƀaga'θĭɔn] *f* Abschweifung *f,* Gequassel (fam) *n,* Gefasel (fam) *n*
divagar [diƀa'gar] *v* abschweifen, vom Thema abkommen, faseln (fam)
diván [di'ƀan] *m* Liege *f*
divergencia [diƀɛr'xenθĭa] *f* Abweichung *f,* Gegensätzlichkeit *f*
divergente [diƀer'xente] *adj* abweichend, gegensätzlich
diversidad [diƀer'siđađ] *f* Verschiedenheit *f,* Vielfalt *f*
diversión [diƀɛr'sĭɔn] *f 1. (animación)* Aufheiterung *f,* Erheiterung *f,* Spaß *m;* *2. (entretenimiento)* Unterhaltung *f,* Abwechslung *f,* Amüsement *n*
diverso [di'ƀɛrso] *adj 1.* ungleich, anders, verschieden; *2. ~s* manche, verschiedene, mehrere
divertido [diƀɛr'tiđo] *adj* köstlich, amüsant, spaßig
divertir [diƀɛr'tir] *v irr* aufheitern, belustigen, unterhalten
divertirse [diƀɛr'tirse] *v irr* sich amüsieren, sich unterhalten
dividendo [diƀi'đendo] *m 1. FIN* Dividende *f;* *2. (cantidad dividida por el divisor) MATH* Dividend *m*
dividir [diƀi'đir] *v 1.* einteilen, zerteilen, teilen, spalten; *2. MATH* dividieren; *3. (fig: introducir discordia)* entzweien, auseinander bringen
divinamente [diƀina'mente] *adv* göttlich, köstlich, großartig
divinidad [dibi'nitađ] *f* Göttlichkeit *f,* Gottheit *f,* göttliche Schönheit *f* (fig)
divinizar [diƀini'θar] *v* vergöttern
divino [di'ƀino] *adj REL* göttlich, himmlisch
divisa [di'ƀisa] *f 1. (lema)* Wahlspruch *m,* Devise *f;* *2. ~s pl FIN* Devisen *pl*
divisar [dibi'sar] *v* erblicken
divisibilidad [dibisibili'đađ] *f* Teilbarkeit *f*
divisible [diƀi'siƀle] *adj* ~ *por* teilbar durch
división [diƀi'sĭɔn] *f 1.* Einteilung *f,* Spaltung *f,* Teilung *f;* *2. ~ de poderes POL* Gewaltenteilung *f;* *3. primera ~ SPORT* Erste Liga *f;* *4. (sección)* Abteilung *f;* *5. MATH* Division *f;* *6. MIL* Division *f*
divisor [dibi'sor] *m* Teiler *m,* Divisor *m*
divorciado [diƀɔr'θĭađo] *adj* geschieden
divorciarse [diƀɔr'θĭarse] *v* sich scheiden lassen
divorcio [di'ƀɔrθĭo] *m* Ehescheidung *f,* Scheidung *f*
divulgación [diƀulga'θĭɔn] *f* Verbreitung *f,* Popularisierung *f*
divulgador [diƀul'gađor] *m* Verbreiter *m,* Bekanntmacher *m*
divulgar [diƀul'gar] *v* verbreiten, ausplaudern, weitersagen
divulgarse [diƀul'garse] *v* sich herumsprechen
doberman [do'ƀerman] *m ZOOL* Dobermann *m*
dobladillo [doƀla'điʎo] *m* Saum *m*
doblado [do'blađo] *adj* uneben, gefalzt, geknickt
dobladura [dobla'đura] *f* Falzung *f,* Verdoppelung *f,* Faltenbruch *m*
doblar [do'ƀlar] *v 1.* falten, umknicken, knicken, zusammenlegen; *2. (circulación)* abbiegen; *3. (un músculo)* beugen; *4. (duplicar)* verdoppeln; *5. CINE* synchronisieren; *(el tono)* überspielen; *6. (el toque de muertos)* läuten, schlagen
doblarse [do'ƀlarse] *v* krümmen, verbiegen
doble ['doƀle] *m 1.* Doppel *n;* *¿Jugamos un partido ~?* Spielen wir ein Doppel? *2.*

(persona muy semejante) Doppelgänger *m; adj 3.* doppelt, zweifach; *4. (fig: falso)* doppelzüngig
dobleclick [doƀle'klik] *m INFORM* Doppelklick *m*
doblegable [doƀle'gaƀle] *adj* biegsam
doblegar [doƀle'gar] *v 1. (arquear)* biegen; *2. (dominar)* überwältigen
doblegarse [doƀle'garse] *v* sich beugen
doblete [do'blete] *m* Dublette *f,* Edelsteinimitation *f,* Doublé (Billard) *n*
doblez [do'ƀleθ] *m* Knick *m*
doce ['doθe] *num* zwölf
docena [do'θena] *f* Dutzend *n*
docencia [doθen'θĭa] *f* Lehrtätigkeit *f*
docente [do'θente] *adj 1.* lehrend, unterrichtend; *m 2.* Unterrichtende(r) *f/m*
docientos [do'θientos] *adj* zweihundert
dócil ['doθil] *adj 1. (animal)* gehorsam, folgsam; *2. (que cede)* nachgiebig
docilidad [đoθili'đađ] *f* Nachgiebigkeit *f*
dock [dok] *m* Dock *n*
docto ['dokto] *adj* kenntnisreich, gelehrt
doctor(a) [dɔk'tɔr/dɔk'tora] *m/f* Doktor(in) *m/f,* Arzt/Ärztin *m/f*
doctorado [dɔkto'rađo] *m* Promotion *f*
doctoramiento [doktora'mĭento] *m* Promotion *f*
doctorando [dokto'ranđo] *m* Doktorand *m*
doctorarse [dɔkto'rarse] *v* promovieren
doctrina [dɔk'trina] *f* Lehre *f*
doctrinal [doktri'nal] *adj* belehrend
doctrinario [doktri'narĭo] *adj* doktrinär
documentación [dokumenta'θĭɔn] *f 1. JUR* Beurkundung *f; 2. (carnet, pasaporte)* Ausweispapiere *pl; Mi ~ está en el hotel.* Meine Papiere sind im Hotel. *3. ~ del automóvil* Fahrzeugbrief *m,* Fahrzeugschein *m; 4. (la información sobre un programa) INFORM* Dokumentation *f*
documentado [dokumen'tađo] *adj JUR* urkundlich, belegt
documental [dokumen'tal] *m 1. CINE* Dokumentarfilm *m; adj 2. JUR* dokumentarisch, urkundlich
documentar [dokumen'tar] *v 1.* dokumentieren; *2. JUR* belegen, beurkunden
documento [doku'mento] *m 1.* Urkunde *f,* Dokument *n,* Unterlage *f; a base de ~s* urkundlich; *2. ~ de identidad* Personalausweis *m; 3. ~s de despido pl* Entlassungspapiere *pl*
dogma ['dɔgma] *m* Dogma *n,* Lehre *f*
dogmática [dog'matika] *f* Dogmatik *f*
dogmatismo [dogma'tizmo] *m* Dogmatismus *m*
dogo ['dogo] *m ZOOL* Dogge *f*
dólar ['dolar] *m* Dollar *m*
dolencia [do'lenθĭa] *f MED* Leiden *n*
doler [do'lɛr] *v irr 1.* schmerzen, wehtun; *2. (fig: causar tristeza)* schmerzen
dolerse [do'lerse] *v irr 1. (arrepentirse)* bereuen; *Me duelo mucho de mis errores.* Meine Irrtümer bereue ich sehr. *2. (quejarse)* klagen, sich beklagen; *Mi abuela se duele sin cesar en su lecho.* Meine Großmutter klagt ständig in ihrem Bett.
doliente [do'lĭente] *adj 1.* leidend, krank; *m 2. (el deudo)* Hinterbliebener *m*
dolmen ['dolmen] *m ARCH* Dolmen *m*
dolo ['dolo] *m JUR* Vorsatz *m,* Arglist *f,* Betrug *m*
Dolomitas [dolo'mitas] *f/pl GEO* Dolomiten *pl*
dolor [do'lɔr] *m 1. MED* Schmerz *m; sin ~* schmerzfrei; *Tengo ~es de espalda.* Ich habe Rückenschmerzen. *~ de cabeza* Kopfschmerzen *pl; ~ de estómago* Bauchschmerzen *pl; 2. (fig: pena, sufrimiento)* Leid *n,* Schmerz *m; m/pl 3. (los dolores de parto)* Wehe *f; Mi esposa tiene los dolores de parto.* Meine Frau liegt in den Wehen.
dolorido [dolo'riđo] *adj 1.* schmerzerfüllt, schmerzend; *un rostro ~* ein schmerzerfülltes Gesicht *n; m 2. (deudo, doliente)* traurig, klagend
doloroso [dolo'roso] *adj* schmerzhaft, schmerzlich
doloso [do'loso] *adj contrato ~ JUR* rechtswidriger Vertrag *m*
doma ['doma] *f* Zähmung *f*
domable [do'maƀle] *adj* zähmbar, bezwingbar
domador(a) [doma'đɔr/doma'đora] *m/f* Dompteur(in) *m/f*
domar [do'mar] *v 1.* bändigen, bezähmen, zähmen; *2. (fig: llegar a controlar)* bezwingen, bändigen, kontrollieren; *~ las emociones* die Gefühle unter Kontrolle bringen
domeñar [dome'ɲar] *v* zähmen, bezwingen, unterwerfen
domesticable [dometi'kaƀle] *adj* zu bändigen, zähmbar
domesticación [domestika'θĭɔn] *f* Abrichtung *f,* Zähmung *f*

domesticar [domes'tikar] *v* zähmen
domesticidad [domestiθi'đađ] *f* häusliches Wesen *n*, Häuslichkeit *f*, Zahmheit *f*
doméstico [do'mestiko] *adj (casero)* hausgemacht, häuslich, Haus... *animal ~* Haustier *n*
domiciliado [domiθi'lĭađo] *adv* ansässig, wohnhaft
domiciliar [domi'θiliar] *v* ansiedeln, heimisch machen, einbürgern
domiciliarse [domiθi'lĭarse] *m (establecerse)* ansässig werden, sich niederlassen; *~ en* sich niederlassen in
domicilio [domi'θilĭo] *m* Wohnort *m*, Sitz *m*
dominación [domina'θĭɔn] *m POL* Beherrschung *f*, Herrschaft *f*, Oberherrschaft *f*
dominador [domina'đor] *adj* herrisch, herrschsüchtig, beherrschend
dominante [domi'nante] *adj 1.* dominant; *2. MUS* Dominante *f*
dominar [domi'nar] *v* dominieren, meistern, beherrschen; *¿Dominas el español?* Kannst du Spanisch?
dominarse [domi'narse] *v* sich beherrschen, sich zusammennehmen
dominatriz [domina'triθ] *f* Herrscherin *f*, Gebieterin *f*
domingo [do'mingo] *m 1.* Sonntag *m; 2. ~ de Pascua REL* Ostersonntag *m; ~ de Ramos* Palmsonntag *m*
dominical [domini'kal] *adj* sonntäglich, Sonntags...
dominio [do'minĭo] *m 1.* Herrschaft *f*, Beherrschung *f; sin ~ de sí mismo* unbeherrscht; *2. ~ de sí mismo* Selbstbeherrschung *f*, Fassung *f*
dominó [domi'nɔ] *m* Dominospiel *n*
domo ['domo] *m ARCH* Kuppel *f*, Dom *m*
don [dɔn] *m 1.* Gabe *f; ~ divino* Gottesgabe *f; 2. (talento)* Begabung *f*, Talent *n; tener el ~ de la música* musikalisch sein; *3. (título que se aplica a los hombres)* Don *m*, Herr *m*
donación [dona'θĭɔn] *f 1.* Spende *f*, Stiftung *f; 2. JUR* Schenkung *f*
donador(a) [dona'đɔr/dona'đora] *m/f* Spender(in) *m/f*, Stifter(in) *m/f*
donaire [do'naĭre] *m* Anmut *f*, Grazie *f*
donante [do'nante] *m/f 1.* Spender(in) *m/f; 2. ~ de órganos MED* Organspender(in) *m/f; ~ de sangre* Blutspender(in) *m/f*
donar [do'nar] *v* spenden, stiften, beschenken
donativo [dona'tiƀo] *m* Spende *f*, Geschenk *n*
doncella [dɔn'θeʎa] *f* Jungfrau *f; ~ de honor* Brautjungfer *f*
doncellez [donθe'ʎeθ] *f (virginidad)* Jungfräulichkeit *f*
dónde ['dɔnde] *adv (interrogación)* wo; *a ~* wohin; *de ~* woher; *No sé ~ vive.* Ich weiß nicht, wo er wohnt.
donde ['dɔnde] *adv (rel)* wo
dondequiera [donđe'qĭera] *adv* überall, wohin auch immer
donjuán [don'xwan] *m (Casanova, Conquistador)* Don Juán *m*, Frauenheld *m*
doña ['doɲa] *f* Frau *f*
dopar [do'par] *v* dopen
doparse [do'parse] *v* sich dopen
doping ['dopin] *m SPORT* Doping *n*
doquier [do'kĭɛr] *adv por ~* überall
dorado [do'rađo] *adj* golden, Gold..., vergoldet
dorar [do'rar] *v 1.* vergolden; *2. (al freír) GAST* anbraten
dormido [dor'miđo] *adj* schläfrig, schlaftrunken
dormilón [dɔrmi'lɔn] *m* Langschläfer *m*, Schlafmütze *f*
dormir [dɔr'mir] *v irr* schlafen; *No puedo ~.* Ich kann nicht schlafen. *Me he quedado dormido.* Ich habe verschlafen.
dormirse [dɔr'mirse] *v irr* einschlafen
dormitar [dɔrmi'tar] *v* schlummern
dormitorio [dɔrmi'torĭo] *m* Schlafzimmer *n*
dorsal [dor'sal] *adj* Rücken..., dorsal
dorso ['dɔrso] *m 1.* Rücken *m; 2. ~ de la mano ANAT* Handrücken *m*
dos [dɔs] *num* zwei
dosel ['dɔsel] *m* Thronhimmel *m*, Baldachin *m*, Betthimmel *m*
dosificación [dosifika'θĭɔn] *f CHEM* Dosierung *f*, Zumessung *f*
dosificar [dosifi'kar] *v* dosieren
dosis ['dosis] *f* Dosis *f*
dotación [dota'θĭɔn] *f 1. ECO* Ausstattung *f*, Dotation *f; 2. MIL* Mannschaft *f*, Besatzung *f*
dotar [do'tar] *v 1.* ausrüsten, ausstatten; *2. ECO* dotieren
dote ['dote] *f 1. (don)* Gabe *f*, Begabung *f; 2. (ajuar de novia)* Mitgift *f*
dragado [dra'gađo] *m* Baggern *n*, Ausbaggern *n*, Baggerarbeiten *f/pl*
drama ['drama] *m LIT* Drama *n*

dramático [dra'matiko] *adj* dramatisch
dramatizar [dramati'θar] *v* dramatisieren
dramaturgia [drama'turxia] *f LIT* Dramaturgie *f*
drástico ['drastiko] *adj* drastisch, einschneidend
drenaje [dre'naxe] *m 1. ~ al exterior ECO* Abfluss *m; 2. TECH* Drainage *f; 3. ARCH* Drainage *f; 4. MED* Drainage *f*
drenar [dre'nar] *v 1.* entwässern, trockenlegen; *2. MED* drainieren
droga ['droga] *f* Droge *f,* Rauschgift *n*
drogadicto [droga'đikto] *m 1.* Drogensüchtiger *m; adj 2.* rauschgiftsüchtig, drogensüchtig
drogar [dro'gar] *m MED* Drogen verabreichen
drogarse [dro'garse] *v* Drogen nehmen, Rauschgift nehmen
droguería [droge'rĭa] *f* Drogerie *f*
dual [dwal] *adj* dual, dyadisch
dualidad [dwali'đađ] *f* Dualität *f,* Zweiheit *f*
dubitativo [duƀita'tiƀo] *adj* dubitativ
ducha ['dutʃa] *f* Dusche *f*
ducharse [du'tʃarse] *v* sich abbrausen, sich duschen
ducho ['dutʃo] *adj* tüchtig, erfahren
dúctil ['duktil] *adj* fügsam, gefügig
ductilidad [duktili'đađ] *f* Streckbarkeit *f,* Dehnbarkeit *f*
duda ['duđa] *f 1.* Zweifel *m,* Ungewissheit *f,* Unschlüssigkeit *f; 2. sin ~* zweifellos, sicher, freilich
dudar [du'đar] *v 1.* bezweifeln, zweifeln; *2. (no creer algo)* bezweifeln, anzweifeln
dudoso [du'đoso] *adj 1.* zweifelhaft, zwielichtig, bedenklich; *2. (sospechoso)* zweifelhaft, verdächtig, fragwürdig
duela ['dwela] *f* Fassdaube *f*
duelo ['dwelo] *m 1.* Duell *n; 2. SPORT* Zweikampf *m*
duende ['dwende] *m* Kobold *m,* Zwerg *m*
dueña ['dweɲa] *f* Besitzerin *f,* Eigentümerin *f,* Inhaberin *f*
dueño ['dweɲo] *m* Besitzer *m,* Eigentümer *m,* Inhaber *m*
dueto ['dweto] *m MUS* Duett *n*
dulce ['dulθe] *m 1. GAST* Süßspeise *f; 2. ~s pl* Süßigkeiten *pl,* Konfekt *n; adj 3.* süß; *4. (manso, delicado)* zart, sanftmütig
dulcería [dulθe'ria] *f* Süßwarengeschäft *n,* Konditorei *f*
dulcificar [dulθifi'kar] *v 1. (hacer dulce)* süßen; *2. (fig: moderar)* mildern, versüßen, besänftigen; *~ a alguien* jdn besänftigen; *~ el carácter de alguien* jds Charakter mildern
dulzura [dul'θura] *f* Zärtlichkeit *f,* Sanftmut *f*
duna ['duna] *f* Düne *f*
dúo ['duo] *m MUS* Duett *n*
duodécimo [dwo'đeθimo] *adj* zwölfte(r,s)
duplicación [duplika'θĭɔn] *f* Verdopplung *f*
duplicado [dupli'kađo] *m 1.* Doppel *n,* Duplikat *n; adj 2.* zweifach
duplicar [dupli'kar] *v* verdoppeln
duplo ['duplo] *adj* doppelt, zweifach
duque(sa) ['duke/du'kesa] *m/f* Herzog(in) *m/f*
durabilidad [duraƀili'đađ] *f (de las cosas)* Dauerhaftigkeit *f*
durable [du'raƀle] *adj* dauerhaft
duración [dura'θĭɔn] *f* Andauer *f,* Beständigkeit *f; de larga ~* lange, langwierig; *~ de la vida* Lebensdauer *f*
duradero [dura'đero] *adj* haltbar, nachhaltig
duramente [dura'mente] *adv* hartherzig, hart
durante [du'rante] *prep* während; *~ el viaje* unterwegs; *~ muchos años* jahrelang
durar [du'rar] *v 1.* dauern; *¿Cuánto tiempo duran las vacaciones?* Wie lange dauern die Ferien? *2. (aguantar)* aushalten, durchhalten
durazno [du'raθno] *m (LA) BOT* Pfirsich *m,* Herzpfirsich *m*
dureza [du'reθa] *f 1.* Härte *f; 2. TECH* Härte *f*
duro ['duro] *adj 1.* fest, hart, zäh; *La carne está dura.* Das Fleisch ist zäh. *2. (fatigoso)* anstrengend; *3. (severo)* streng, hart; *un ~ entrenamiento* ein hartes Training; *4. (penoso, fatigoso)* schwierig, schwer; *vivir en duras condiciones* unter schwierigen Umständen leben; *5. (inflexible)* hart, unbeugsam; *un hombre ~* ein unbeugsamer Mann; *6. (sin piedad)* hart, kalt; *una mirada dura* ein kalter Blick; *7. linea dura POL* harter Kurs; *8. ~ de oído* schwerhörig; *9. droga dura* harte Droge; *adv 10. (fuerte)* kräftig, tüchtig, ordentlich; *11. (moneda española)* Duro *m; Un duro son cinco pesetas.* Ein Duro sind fünf Peseten.

E

e [e] *konj (antes de i, hi sin diptongo)* und

ebanista [eba'nĭsta] *m* Möbeltischler *m,* Kunsttischler *m*

ebanistería [eƀaniste'ria] *f* Schreinerei *f,* Tischlerei *f*

ébano [bano] *m* Ebenholzbaum *m,* Ebenholz *n*

ebenácea [eƀe'naθea] *f/pl BOT* Ebenholzgewächs *n*

ebonita [eƀo'nita] *f TECH* Ebonit *n*

ebriedad [eƀrĭe'đađ] *f* Rausch *m*

ebrio ['eƀrĭo] *adj* betrunken

ebrioso [e'ƀrĭoso] *m (que se emborracha muy rápido)* Trunkenbold *m*

ebullición [ebuʎi'θĭɔn] *f* Aufwallen *n,* Sieden *n*

eccema [ek'θema] *m MED* Ekzem *n*

ecléctico [e'klektiko] *adj 1. (que toma elementos diferentes)* eklektisch, aus Bestehendem auswählend *n; 2. (que toma lo que mejor le parece)* auslesend, aussondernd, abgehoben; *Algunas colecciones de arte privadas son demasiado eclécticas.* Einige Privatsammlungen sind zu abgehoben.

eclesiástico [ekle'sĭastiko] *m 1. REL* Geistlicher *m; adj 2.* kirchlich

eclímetro [e'klimetro] *m TECH* Neigungsmesser *m*

eclipsar [eklip'sar] *v* überschatten

eclipse [e'klipse] *m ~ lunar/~ de luna* Mondfinsternis *f; ~ solar/~ de sol* Sonnenfinsternis *f*

eclíptica [e'kliptika] *f ASTR* Ekliptik *f*

eclosión [eklo'sĭɔn] *f* Aufbrechen *n,* Aufblühen *n,* Werden *n* (fig)

eclosionar [eklosĭo'nar] *v ZOOL* schlüpfen

eco ['eko] *m* Echo *n*

ecografía [ekogra'fia] *f MED* Ultraschalluntersuchung *f*

ecología [ekolo'xia] *f* Ökologie *f*

ecológico [eko'loxiko] *adj* ökologisch

ecologista [ekolo'xista] *m/f 1.* Ökologe/Ökologin *m/f; adj 2. partido ~ POL* die Grünen *pl*

economato [ekono'mato] *m (almacén)* Einkaufszentrum *n,* Geschäft *n*

economía [ekono'mia] *f 1.* Wirtschaft *f; ~ de mercado* Marktwirtschaft *f; ~ energética* Energiewirtschaft *f; ~ interior* Binnenwirtschaft *f; ~ mundial* Weltwirtschaft *f; ~ planificada* Planwirtschaft *f; ~ sumergida* Schattenwirtschaft *f; 2. (de ahorro)* Sparsamkeit *f,* Einsparung *f*

económicamente [eko'nomikamente] *adv* wirtschaftlich, finanziell

económico [eko'nomiko] *adj 1.* wirtschaftlich, ökonomisch; *2. (barato)* billig, preiswert

economista [ekono'mista] *m* Volkswirtschaftler *m*

economizar [ekonomi'θar] *v* einsparen, sparen

ecónomo [e'konomo] *m* Wirtschafter *m,* Verwalter *m*

ecosistema [ekosis'tema] *m* Ökosystem *n*

ectoplasma [ekto'plazma] *m 1. (emanación material de un espíritu)* Geistererscheinung *f; 2. (parte externa de la célula) BIO* Ektoplasma *n*

ecuación [ekua'θĭɔn] *f MATH* Gleichung *f*

Ecuador [ekwa'đor] *m GEO* Äquator *m,* Ecuador *n* (Land)

ecuador [ekwa'đɔr] *m el ~ terrestre* der Erdäquator *m*

ecuánime [e'kwanime] *adj* ausgeglichen

ecuanimidad [ekwanimi'đađ] *f* Ausgeglichenheit *f*

ecuatorial [ekwa'torĭal] *adj* Äquator(ial)..., ecuadorianisch, aus Ecuador

ecuatoriano [ekwato'rĭano] *adj 1.* ecuadorianisch; *m 2.* Ecuadorianer *m*

ecuestre [e'kweztre] *adj* Reiter...

ecumene [eku'mene] *m* Ökumen *m*

ecumenismo [ekume'nizmo] *m REL* Ökumenismus *m*

eczema [ɛk'θema] *m MED* Ekzem *n*

echacantos [etʃa'kantos] *m* Großmaul *n,* Versager *m,* Nichtsnutz *m*

echada [e'tʃađa] *f* Wurf *m*

echado [e'tʃađo] *adj* beherzigt, hochmütig, hochnäsig, unternehmungslustig

echador [etʃa'đɔr] *m (que echa)* Werfer *m*

echar [e'tʃar] *v 1. (un líquido)* eingießen, einfüllen, einschenken; *~ gasolina* tanken; *2. (expulsar)* verstoßen, hinauswerfen, vertreiben; ~ *abajo* niederreißen, abreißen, zerstören; ~ *la culpa a alguien* die Schuld auf jdn schieben; ~ *fuera* hinauswerfen; ~ *a perder* zugrunde richten; *3. (botar)* wegwerfen; *4.* ~ *a perder* ruinieren, verderben; *5. (dispersar)* streuen; *6. (crecer)* wachsen, sich ausbreiten, ansetzen; ~ *raíces* Wurzeln schlagen; *7.* ~ *pestes contra alguien* über jdn schimpfen, jdn verfluchen; *8. (poner)* setzen, stellen, legen

echarse [e'tʃarse] *v 1.* sich hinlegen; *2.* ~ *a perder (fig)* vergammeln, verkommen

edad [e'đađ] *f 1.* Alter *n; a la* ~ *de* im Alter von; *de* ~ *avanzada* bejahrt, betagt; *de* ~ *escolar* schulreif; *¿Desde qué ~?* Ab welchem Alter? *la tercera* ~ Senioren *pl,* Rentner *pl,* Alten *pl; 2. (era)* Zeitalter *n,* Epoche *f; Edad Antigua* Antike *f,* Altertum *n; Edad del Bronce* Bronzezeit *f; Edad de Piedra* Steinzeit *f; Edad Media* Mittelalter *n; Edad Moderna* Neuzeit *f*

edecán [eđe'kan] *m MIL* Adjutant *m*

edelweiss [edel'ƀais] *m BOT* Edelweiß *n*

edema [e'đema] *m MED* Ödem *n*

edén [e'đen] *m 1. REL* Eden *n; 2. (fig: lugar lleno de delicias)* Paradies *n*

edición [eđi'θĭɔn] *f 1.* Ausgabe *f;* ~ *príncipe* Erstausgabe *f; 2. (tirada)* Auflage *f; 3. (editorial)* Verlagswesen *n*

edicto [e'đikto] *m* Bekanntmachung *f,* Erlass *m,* Aufgebot *n*

edículo [e'đikulo] *m* Grabkapelle *f*

edificación [eđifika'θĭɔn] *f* Errichtung *f*

edificador [eđifika'đɔr] Erbauer *m,* Baumeister *m*

edificante [eđifi'kante] *adj* erbaulich, konstruktiv

edificar [eđifi'kar] *v 1.* aufbauen, konstruieren, bauen; *2. (fig)* erbauen

edificativo [eđifika'tiƀo] *adj* erbaulich

edificatorio [eđifika'torĭo] *adj* Bau...

edificio [eđi'fiθĭo] *m* Gebäude *n,* Hochhaus *n,* Bauwerk *n;* ~ *de la presidencia* Präsidium *n;* ~ *principal* Hauptgebäude *n*

edil [e'đil] *m (concejal)* Stadtrat *m,* Ratsversammlung *f*

edilicio [eđi'liθĭo] *adj* kommunal

editar [eđi'tar] *v* herausgeben, verlegen

editor(a) [eđi'tɔr/eđi'tora] *m/f* Herausgeber(in) *m/f,* Verleger(in) *m/f*

editorial [eđito'rĭal] *f 1.* Verlag *m; m 2. (artículo)* Leitartikel *m*

edredón [eđre'đɔn] *m* Federdecke *f,* Steppdecke *f*

educable [eđu'kaƀle] *adj* erziehbar, formbar, belehrbar

educación [eđuka'θĭɔn] *f 1.* Erziehung *f; tener el derecho a la* ~ erziehungsberechtigt sein; *sin* ~ ungezogen; *2. (instrucción)* Bildung *f;* ~ *profesional* Fachausbildung *f*

educacional [eđukaθĭo'nal] *adj* erzieherisch

educado [eđu'kađo] *adj mal* ~ ruppig, rüpelhaft, ungezogen

educador(a) [eđuka'đɔr/eđuka'đora] *m/f* Erzieher(in) *m/f*

educar [eđu'kar] *v* erziehen

educativo [eđuka'tiƀo] *adj* erzieherisch

edulcorar [eđulko'rar] *v* süßen

EE.UU. ['ɛɛuu] *m Estados Unidos de Norte América GEO* USA *f* Vereinigte Staaten von Nordamerika *f/pl*

efectismo [efɛk'tizmo] *m* Effekthascherei *f*

efectista [efek'tista] *adj* effektheischend, auf Wirkung bedacht *f*

efectivamente [efɛktiƀa'mente] *adv* wirklich, tatsächlich

efectividad [efɛktibi'đađ] *f* Wirklichkeit *f,* Auswirkung *f,* Wirksamkeit *f*

efectivo [efɛk'tiƀo] *m 1.* Bargeld *n; adj 2.* wirklich, effektiv, tatsächlich

efecto [e'fɛkto] *m 1.* Folge *f,* Wirkung *f; sin* ~ wirkungslos; ~ *de palanca PHYS* Hebelwirkung *f;* ~ *invernadero* Treibhauseffekt *m;* ~ *recíproco* Wechselwirkung *f;* ~ *secundario* Nebenwirkung *f;* ~ *ulterior* Nachwirkung *f; 2.* ~ *de comercio ECO* Akzept *n;* ~ *negociable* Wechselpapier *n; 3. ~s personales pl* Habseligkeiten *pl*

efectuar [e'fɛktwar] *v 1. (hacer, llevar a cabo)* ausführen, abwickeln; *2. (causar)* bewirken

eferente [efe'rente] *adj ANAT* efferent, aus einem Organ herauskommend *n*

efervecencia [eferbe'θenθĭa] *f* Aufbrausen *n,* Brodeln *n,* Erregung *f* (fig)

efervecente [eferbe'θente] *adj* sprudelnd, aufbrausend

eficacia [efi'kaθĭa] *f* Wirksamkeit *f,* Leistungsfähigkeit *f,* Effizienz *f*

eficaz [efi'kaθ] *adj* wirkungsvoll

eficiencia [efi'θĭenθĭa] *f* Tüchtigkeit *f,* Wirksamkeit *f,* Leistungsfähigkeit *f;* ~ *económica ECO* Wirtschaftlichkeit *f*

eficiente [efi'θĭente] *adj* leistungsfähig, tüchtig

efigie [e'fixĭe] *f* Abbildung *f,* Bildnis *n*

efímero [e'fimero] *adj* schnelllebig, vergänglich, flüchtig, ephemer
eflorescente [eflores'θente] *adj CHEM* effloreszierend
efluvio [e'fluƀĭo] *m (emanación de los cuerpos)* Ausdünstung *f,* Ausfluss *m*
efusión [efu'sĭɔn] *f ~ sentimental* Gefühlsausbruch *m*
efusividad [efusiƀi'đađ] *f* Überströmen *n*
efusivo [efu'siƀo] *adj* warmherzig
égida [e'xiđa] *f (fig: protección)* Ägide *f,* Schutz *m; No necesito ponerme bajo la égida de nadie.* Ich brauche mich unter niemandes Schutz stellen.
egipcio [ɛ'xipθĭo] *adj 1.* ägyptisch; *m 2.* Ägypter *m*
Egipto [ɛ'xipto] *m GEO* Ägypten *n*
egiptólogo [exip'tologo] *m* Ägyptologe *m*
egocéntrico [ego'θentriko] *adj* ichbezogen, egozentrisch
egocentrismo [egoθen'trizmo] *m* Egozentrik *f,* Ichbezogenheit *f*
egoísmo [ego'izmo] *m* Selbstsucht *f,* Egoismus *m*
egoísta [ego'ista] *adj 1.* egoistisch, selbstsüchtig; *m/f 2.* Egoist(in) *m/f*
ególatra [e'golatra] *adj* selbstverherrlichend
egotismo [ego'tizmo] *m* Egotismus *m*
egotista [ego'tista] *m* Egotist *m*
egregio [e'grɛxĭo] *adj* herrlich, wunderbar, erlaucht
egresado [egre'sađo] *m* Absolvent *m*
egresar [egre'sar] *v* Ausbildung absolvieren, Schule beenden
egreso [e'greso] *m* (ECO) Ausgabe *f,* Schulabschluss *m,* Studienabschluss *m*
eje ['ɛxe] *m* Achse *f; ~ delantero TECH* Vorderachse *f; ~ de rotación* Drehachse *f; ~ trasero* Hinterachse *f*
ejecución [ɛxeku'θĭɔn] *f 1.* Durchführung *f,* Ausführung *f,* Realisierung *f; 2. (pena capital)* Hinrichtung *f; 3. JUR* Vollstreckung *f*
ejecutable [ɛxeku'taƀle] *adj* durchführbar, realisierbar
ejecutar [ɛxeku'tar] *v 1.* durchführen, ausführen, vollziehen, vollenden; *2. (ejercer la sentencia de muerte)* erschießen, hinrichten; *3. JUR* vollstrecken
ejecutor [ɛxeku'tɔr] *m 1. ~ testamentario JUR* Testamentsvollstrecker *m; 2. (verdugo)* Henker *m*
ejecutoria [exeku'torĭa] *f* Vollstreckungsbefehl *m,* vollstreckbares Urteil *n*
ejecutoriar [exekuto'rĭar] *v JUR* pfänden
ejecutorio [exeku'torĭo] *adj* rechtskräftig
ejemplar [ɛxem'plar] *m 1.* Exemplar *n; ~ de muestra* Probeexemplar *n; adj 2.* beispielhaft, exemplarisch, mustergültig
ejemplificación [exemplifika'θĭɔn] *f* Erläuterung *f,* Belegen *n*
ejemplificar [ɛxemplifi'kar] *v* erläutern, mit Beispielen belegen
ejemplo [e'xemplo] *m* Beispiel *n,* Modell *n,* Muster *n; por ~* zum Beispiel, beispielsweise; *sin ~* beispiellos
ejercer [exɛr'θɛr] *v 1.* ausüben, durchführen; *~ una profesión* berufstätig sein; *2. ~ un negocio ECO* ein Geschäft betreiben
ejercicio [exɛr'θiθĭo] *m 1.* Ausübung *f; 2. (práctica)* Übung *f; 3. (examen)* Prüfung *f,* Prüfungsaufgabe *f; 4. SPORT* Leibesübung *f; Necesito ~.* Ich brauche Bewegung. *5. (del año en ~) ECO* Geschäftsjahr *n*
ejercitar [ɛxɛrθi'tar] *v* einüben, üben
ejército [e'xɛrθito] *m MIL* Armee *f,* Heer *n,* Streitkräfte *pl; ~ de salvación* Heilsarmee *f*
el [ɛl] *art* der; *~ más bajo* der Unterste; *~ mismo* derselbe; *~ que* derjenige
él ['ɛl] *pron* er; *por ~* seinetwegen
elaborable [elaƀo'raƀle] *adj* bearbeitbar, verarbeitbar
elaboración [ɛlaƀora'θĭɔn] *f 1.* Verarbeitung *f,* Herstellung *f,* Bearbeitung *f,* Ausarbeitung *f; 2. INFORM* Verarbeitung *f; ~ de datos* Datenverarbeitung *f; ~ de textos* Textverarbeitung *f*
elaborador [elaƀora'đɔr] *adj* verarbeitend, herstellend
elaborar [elaƀo'rar] *v* herstellen, anfertigen
elán [e'lan] *m (impulso)* Schwung *m,* Anreiz *m,* Veranlassung *f*
elasticidad [elastiθi'đađ] *f* Elastizität *f*
elástico [e'lastiko] *adj* elastisch; *venda elástica* elastische Binde *f*
elayómetro [ela'jometro] *m* Ölmesser *m*
elección [elɛk'θĭɔn] *f 1.* Auswahl *f; 2. a ~* wahlweise; *3. POL* Wahl *f; elecciones municipales* Kommunalwahlen *pl; elecciones generales* Parlamentswahlen *pl*
electivo [elɛk'tiƀo] *adj* Wahl..., durch die Wahl bestimmt *f*

electo [e'lɛkto] *m* Gewählter *m*
elector(a) [elɛk'tɔr/elɛk'tora] *m/f POL* Wähler(in) *m/f; ~ primerizo* Erstwähler *m*
electorado [elekto'rađo] *m (conjunto de los electores)* Wählerschaft *f*
electoral [elɛk'toral] *adj* Wahl..., Wähler..., Wahlrechts...
electricidad [elɛktriθi'đađ] *f* Elektrizität *f*
electricista [elɛktri'θista] *m/f* Elektriker(in) *m/f*
eléctrico [e'lɛktriko] *adj* elektrisch
electrificar [elɛctrifi'kar] *v TECH* elektrisieren
electrizante [elɛktri'θante] *adj 1. (que electriza) PHYS* elektrisierend; *2. (fig: apasionante)* entflammend, elektrisierend
electrizar [elɛktri'θar] *v 1. (comunicar electricidad) PHYS* elektrisieren; *2. (fig: entusiasmar)* begeistern, entflammen
electro [e'lɛktro] *m PHYS* Elektron *n*
electrocardiograma [elɛktrokarđio'ɡrama] *m MED* Elektrokardiogramm (EKG) *n*
electrochoque [elɛktro'tʃoke] *m MED* Elektroschock *m*
electrocución [elektroku'θĭɔn] *f* Hinrichtung auf dem elektrischen Stuhl
electrodo [elɛk'trođo] *m PHYS* Elektrode *f*
electrodoméstico [elɛktrođo'mestiko] *m* Haushaltsgerät *n*
electroestática [elɛktroes'tatika] *f* Elektrostatik *f*
electrofisiología [elɛktrofisĭolo'xia] *f BIO* Elektrophysiologie *f*
electroimán [elɛktroi'man] *m PHYS* Elektromagnet *m*
electrólisis [elɛk'trolisis] *f CHEM* Elektrolyse *f*
electrolítico [elɛktro'litiko] *adj CHEM* elektrolytisch
electromagnético [elɛktromaɡ'netiko] *adj PHYS* elektromagnetisch
electromagnetismo [elɛktromagne'tizmo] *m PHYS* Elektromagnetismus *m*
electromecánica [elɛktrome'kanika] *f PHYS* Elektromechanik *f*
electrometría [elɛktrome'tria] *f PHYS* Elektrizitätsmessung *f*
electrométrico [elɛktro'metriko] *adj PHYS* elektrometrisch
electrómetro [elɛk'trometro] *m PHYS* Elektrometer *n*
electromotriz [elɛktromo'triθ] *adj* elektromotorisch
electrón [elɛk'trɔn] *m PHYS* Elektron *n*
electronegativo [elektroneɡa'tiƀo] *adj PHYS* elektronegativ
electrónica [elɛk'tronika] *f* Elektronik *f*
electrónico [elɛk'troniko] *adj* elektronisch
electroquímica [elɛktro'kimika] *f CHEM* Elektrochemie *f*
electroquímico [elɛktro'kimiko] *adj CHEM* elektrochemisch
electroscopio [elɛktros'kopĭo] *m TECH* Elektroskop *n*
electroshock [elɛktro'tʃok] *m MED* Elektroschock *m*
electrotecnica [elɛktro'tɛknika] *f TECH* Elektrotechnik *f*
electrotécnico [elɛktro'tɛkniko] *m* Elektrotechniker *m*
electroterápia [elɛktrote'rapĭa] *f MED* Elektrotherapie *f*
electroterápico [elɛktrote'rapiko] *adj MED* elektrotherapeutisch
elefante [ele'fante] *m 1. ZOOL* Elefant *m; 2. ~ marino ZOOL* Seeelefant *m*
elegancia [ele'ɡanθĭa] *f* Eleganz *f,* Grazie *f*
elegante [ele'ɡante] *adj* elegant, schick
elegía [ele'xia] *f LIT* Elegie *f*
elegir [elɛ'xir] *v irr* aussuchen, auswählen; *Le elegieron presidente.* Sie wählten ihn zum Präsidenten.
elemental [elemen'tal] *adj* grundlegend, elementar
elemento [ele'mento] *m 1.* Element *n,* Glied *n; ~ de combustión TECH* Brennelement *n; m/pl 2. (las fuerzas de la naturaleza)* Naturgewalt *f*
elenco [e'leŋko] *m THEAT* Truppe *f*
elepé [ele'pe] *m* Langspielplatte *f*
elevación [eleƀa'θĭɔn] *f 1.* Erhöhung *f,* Anhöhe *f; 2. (fig)* Erhebung *f*
elevado [ele'ƀađo] *adj 1.* hoch; *gastos ~s ECO* hohe Kosten *pl; 2. (fig: sublime)* hoch, erhaben, würdig
elevador [ele'bađor] *m* Aufzug *m,* Hebebühne *f,* Elevator *m*
elevamiento [eleƀa'mĭento] *m* Erhebung *f,* Erhöhung *f*
elevar [ele'ƀar] *v 1.* erhöhen, steigern; *2. (fig)* erheben
elevarse [ele'ƀarse] *v ~ a ECO* sich belaufen auf, betragen

elfo ['elfo] *m* Elf *m,* Kobold *m*
eliminación [elimina'θĭɔn] *f 1.* Beseitigung *f,* Entfernung *f;* ~ *de aguas residuales* Abwasserbeseitigung *f;* ~ *de los desechos* Abfallbeseitigung *f; 2. MED* Absonderung *f*
eliminador [elimina'đor] *m 1. TECH* Entstörer *m,* Ausscheider *m; adj 2.* ausscheidend, ausstoßend
eliminar [elimi'nar] *v 1.* entfernen, beseitigen; *2. (las perturbaciones, los errores)* beheben; *3. MED* absondern
eliminatoria [elimina'torĭa] *f SPORT* Ausscheidungskampf *m*
elipse [e'lipse] *f MATH* Ellipse *f,* Oval *n*
elipsis [e'lipsis] *f GRAMM* Auslassung *f*
elipsoide [elip'soiđe] *m MATH* Ellipsoid *n*
elipticidad [eliptiθi'đađ] *f MATH* Elliptizität *f,* Abplattung *f*
elíptico [e'liptiko] *adj* elliptisch
élite ['elite] *f* Elite *f*
elitista [eli'tista] *adj* elitär
élitro ['elitro] *m ZOOL* Deckflügel *m*
elixir [e'ligsir] *m* Elixir *n,* Trank *m*
elocución [eloku'θĭɔn] *f* Ausdrucksweise *f,* Stil *m*
elocuencia [elo'kwenθĭa] *f* Eloquenz *f,* Beredtheit *f,* Redegewandtheit *f*
elocuente [elo'kwente] *adj* redegewandt, sprachgewandt
elogiable [elɔ'xĭaƀle] *adj* lobenswert
elogiar [elɔ'xĭar] *v* loben, preisen, rühmen
elogio [e'lɔxĭo] *m* Anerkennung *f,* Lob *n;* ~ *de sí mismo* Selbstlob *n*
elogioso [elɔ'xĭoso] *adj* anerkennend
elongación [elonga'θĭɔn] *f MED* Zerrung *f*
elote [e'lote] *m (maiz tierno)(LA)* zarter Mais *m*
elucidación [eluθiđa'θĭɔn] *f* Aufklärung *f,* Mitteilung *f,* Erklärung *f*
elucidar [eluθi'đar] *v* erklären, aufklären, mitteilen
eludible [elu'điƀle] *adj* vermeidbar
eludir [elu'đir] *v* vermeiden, umgehen; ~ *una responsabilidad* kneifen, sich vor der Verantwortung drücken
elusivo [elu'siƀo] *adj* umgehend, sich entziehend
ella ['eʎa] *pron* sie
ello ['eʎo] *pron* es; *por* ~ darum
emanación [emana'θĭɔn] *f* Ausströmung *f,* Ausdünstung *f,* Emanation *f*
emanante [ema'nante] *adj* ausstrahlend, ausfließend, entweichend
emanar [ema'nar] *v* ausströmen; ~ *de* herrühren
emancipación [emanθipa'θĭɔn] *f* Emanzipation *f*
emancipador [eman'θipađor] *adj* emanzipatorisch, befreiend, gleichstellend
emancipar [eman'θipar] *v* emanzipieren, befreien, gleichstellen
emanciparse [emanθi'parse] *v* sich emanzipieren
emasculación [emaskula'θĭɔn] *f* Kastration *f,* Entmannung *f*
emascular [emasku'lar] *v* kastrieren, verweichlichen
embadurnar [emƀađur'nar] *v* beschmieren, schlecht malen
embajada [emba'xađa] *f POL* Botschaft *f*
embajador(a) [embaxa'đɔr/embaxa'đora] *m/f POL* Botschafter(in) *m/f*
embalaje [emba'laxe] *m* Verpackung *f*
embalar [emba'lar] *v* einpacken, verpacken
embaldosado [emƀalđo'sađo] *m* Fliesenboden *m*
embaldosador(a) [embaldosa'đɔr/embaldosa'tora] *m/f* Fliesenleger(in) *m/f*
embalsamamiento [embalsama'mĭento] *m* Einbalsamierung *f*
embalse [em'balse] *m* Stausee *m*
embancarse [emban'karse] *v* auflaufen, stranden
embanderar [embanđe'rar] *v* beflaggen
embarazada [embara'θađa] *adj* schwanger; *Estoy* ~. Ich bin schwanger.
embarazado [embara'zađo] *adj (molesto)* beschwerlich, lästig, in Schwierigkeiten
embarazador [embaraθa'đɔr] *adj* hinderlich, hemmend, beschwerlich
embarazar [embara'θar] *v* behindern, hemmen, versperren
embarazo [emba'raθo] *m* Schwangerschaft *f*
embarazoso [embara'θoso] *adj* peinlich
embarbecer [embarƀe'θɛr] *v irr* einen Bart bekommen *m*
embarcación [embarka'θĭɔn] *f* Boot *n*
embarcadero [embarka'đero] *m* Ladeplatz *m,* Löschplatz *m,* Landungsbrücke *f*
embarcador [embarka'đɔr] *m* Verlader *m*

embarcar [embar'kar] *v* verschiffen
embarco [em'barko] *m* Einschiffung *f*
embargable [embar'gaƀle] *adj* zu beschlagnahmen
embargador [embarga'đɔr] *m* Pfänder *m,* Schuldner *m*
embargante [embar'gante] *m* Pfändungsgläubiger *m*
embargar [embar'gar] *v 1. JUR* beschlagnahmen; *2. ECO* pfänden
embargo [em'bargo] *m 1. JUR* Beschlagnahme *f; 2. ECO* Pfändung *f; poner ~ sobre* pfänden; *3. POL* Embargo *n,* Sperre *f; sin ~* trotzdem, jedoch; *konj 4. sin ~* trotzdem, jedoch
embarque [em'barke] *m* Verschiffung *f*
embarrancarse [embarraŋ'karse] *v* nicht vorankommen, nicht weiterkommen
embarrilado [embarri'lađo] *m* Verpacken in Fässern
embarrilador [embarrila'đɔr] *m* Verpacker *m,* Verlader *m*
embarullar [embaru'ʎar] *v (confundir unas cosas con otras)* verwechseln, durcheinander bringen
embastar [embas'tar] *v* heften, nähen
embaste [em'baste] *m* Heftnaht *f*
embate [em'bate] *m (acometida)* Angriff *m,* Aufprall *m*
embaucador [embaŭka'đɔr] *m* Betrüger *m*
embaucamiento [embaŭka'mĭento] *m* Betrug *m,* Schwindel *m,* Gaunerei *f*
embaucar [embaŭ'kar] *v* betrügen, täuschen
embausamiento [embaŭsa'mĭento] *m* Erstaunen *n,* Staunen *n*
embebedor [embebe'đɔr] *adj* eingliedernd, aufsaugend, eintauchend
embeber [em'beber] *v* aufsaugen, einsaugen, tränken
embelecar [embele'kar] *v* betrügen
embeleco [embe'leko] *m* Schwindel *m,* Betrug *m*
embelesador [embelesa'đɔr] *adj* bezaubernd, begeisternd, betäubend
embelesamiento [embelesa'mĭento] *m* Verzückung *f,* Begeisterung *f*
embelesar [embele'sar] *v* entzücken, bezaubern
embeleso [embe'leso] *m* Verzückung *f,* Bezauberung *f*
embellecer [embeʎe'θɛr] *v irr* verschönern
embellecimiento [embeʎeθi'mĭento] *m* Verschönerung *f*
embestida [embes'tiđa] *f* Angriff *m*
embestir [embes'tir] *v irr* angreifen
emblanquecer [emblan'keθer] *v irr* bleichen, weiß anstreichen, tünchen
emblema [em'blema] *m* Emblem *n,* Sinnbild *n,* Wahrzeichen *n*
emblemático [emble'matiko] *adj* emblematisch, sinnbildlich
embobar [em'bobar] *v* verblüffen, erstaunen, verwirren, dumm machen
embocado [embo'kađo] *adj* süffig
embocadura [emboka'đura] *f* Mündung *f,* Mundstück *n,* Süffigkeit *f*
embocar [em'bokar] *v* in den Mund stecken, hineinstecken, einführen
embochinchar [embotʃin'tʃar] *v (LA)* Lärm machen *m,* ein Chaos veranstalten *n*
embodegar [embođe'gar] *v* einkellern
embolia [em'bolĭa] *f MED* Embolie *f*
émbolo ['embolo] *m TECH* Kolben *m*
embolsar [embol'sar] *adj* hineinstecken
embolso [em'bolso] *m* Einnahme *f*
emboñigar [emboɲi'gar] *v AGR* düngen
emborracharse [embɔrra'tʃarse] *v* sich betrinken, bechern (fam)
emborronador [emborrona'đɔr] *adj* schmierend, klecksend
emboscada [embɔs'kađa] *f* Hinterhalt *m,* Falle *f*
embotamiento [embota'mĭento] *m* Abstumpfen *n*
embotar [embo'tar] *v 1.* abstumpfen; *2. (quitar el filo)* abstumpfen
embotellado [embote'ʎađo] *m* Abfüllung *f*
embotellador [embote'ʎađor] *m* Abfüller (Flaschen) *m*
embotellamiento [emboteʎa'mĭento] *m* Verkehrsstau *m,* Verkehrsbehinderung *f*
embotellar [embote'ʎar] *v 1. (introducir en una botella)* in Flaschen füllen *f/pl; 2. (fig: obstruir la circulación)* behindern (Verkehr)
embovedado [emboƀe'đađo] *m ARCH* Gewölbe *n*
embovedar [emboƀe'đar] *v ARCH* wölben, überwölben
embozar [embo'θar] *v 1. (cubrir la parte inferior de la cara)* verschleiern; *2. (poner un bozal)* Maulkorb anlegen *m*
embragar [em'bragar] *v* anseilen (Last), einrücken, kuppeln

embrague [embra'ge] *m TECH* Kupplung *f*
embravecer [embraƀe'θɛr] *v irr* erzürnen, wütend machen
embravecimiento [embraƀeθi'mĭento] *m* Zorn *m,* Wüten *n*
embreado [embre'ađo] *m* Teerung *f*
embreadura [embrea'đura] *f* Teeren *n,* Labsalben *n*
embrear [embre'ar] *v* teeren
embriagador [embrĭaga'đɔr] *adj* betäubend, berauschend
embriagar [embrĭa'gar] *v* berauschen, entzücken
embriagarse [embrĭa'garse] *v 1. (con alcohol)* sich betrinken; *2. (fig: belleza, aroma)* sich berauschen
embriaguez [embrĭa'geθ] *f* Rausch *m,* Trunkenheit *f*
embridar [embri'đar] *v* zäumen (Pferd)
embriogénico [embrĭo'xeniko] *adj BIO* embryogenetisch
embriológico [embrĭo'loxiko] *adj BIO* embryologisch
embrión [em'brĭɔn] *m BIO* Embryo *m*
embrocación [embroka'θĭɔn] *f MED* Umhüllen *n,* Umschläge machen *m/pl*
embrollado [embro'ʎađo] *adj* verzwickt
embrollar [embro'ʎar] *v* stören, verwirren
embrollo [em'broʎo] *m 1.* Verwicklung *f; 2. (fig: situación comprometida)* schwierige Situation *f,* Patsche *f*
embromador [embroma'đɔr] *m* Spaßvogel *m,* Gauner *m,* Betrüger *m*
embromar [embro'mar] *v 1. ~ a alguien* jdn necken, jdn narren, jdn an der Nase herumführen; *2. (molestar) (LA)* belästigen, zur Last fallen *f*
embrujamiento [embruxa'mĭento] *m* Verzauberung *f*
embrujar [embru'xar] *v* verzaubern
embrujo [em'bruxo] *m* Zauber *m*
embrutecer [embrute'θɛr] *v irr* verdummen, abstumpfen, verrohen
embrutecimiento [embruteθi'mĭento] *m* Verdummung *f*
embudo [em'buđo] *m* Trichter *m*
embuste [em'buste] *m* Schwindel *m*
embustero [embus'tero] *m* Betrüger *m*
embutido [embu'tiđo] *m GAST* Wurst *f*
embutir [embu'tir] *v (meter una cosa dentro de otra)* füllen, stopfen, hineinpressen
emergencia [emɛr'xenθĭa] *f 1.* Not *f,* Ernstfall *m,* Notlage *f; 2. ~ marítima NAUT* Seenot *f*
emergente [emɛr'xente] *adj* entstehend, auftauchend
emerger [emɛr'xer] *v* auftauchen
emérito [e'merito] *adj (jubilado)* emeritiert
emético [e'metiko] *m MED* Brechmittel *n*
emigración [emigra'θĭɔn] *f* Auswanderung *f,* Emigration *f*
emigrado [emi'građo] *m* Emigrant *m,* Auswanderer *m*
emigrante [emi'grante] *m/f* Auswanderer/Auswanderin *m/f,* Emigrant(in) *m/f*
emigrar [emi'grar] *v* auswandern
emigratorio [emigra'torĭo] *adj* Auswanderungs...
eminencia [emi'nenθĭa] *f* Eminenz *f*
eminente [emi'nente] *adj* hervorragend, eminent
emir [e'mir] *m* Emir *m*
emisario [emi'sarĭo] *m* Emissär *m,* Sendbote *m*
emisión [emi'sĭɔn] *f 1.* Sendung *f; 2. ECO* Emission *f; 3. PHYS* Emission *f*
emisor [emi'sɔr] *m* Sender (Radio) *m*
emisora [emi'sora] *f* Sender *m,* Rundfunksender *m*
emitir [emi'tir] *v* senden, ausstrahlen, emittieren
emoción [emo'θĭɔn] *f* Aufregung *f,* Rührung *f,* Erschütterung *f*
emocionado [emoθĭo'nađo] *adj* gerührt
emocional [emo'θĭonal] *adj* emotional, Gemüts...
emocionante [emoθio'nante] *adj* aufregend, erschütternd, herzergreifend
emocionar [emoθio'nar] *v* bewegen, rühren
emoliente [emo'lĭente] *adj MED* aufweichend, erweichend
emotividad [emotiƀi'đađ] *f* Emotivität *f,* Gemütserregbarkeit *f*
emotivo [emo'tibo] *adj* Gemüts..., empfindsam, leicht erregbar
empacador [empa'kađor] *adj* hartnäckig, störrisch, widerspenstig
empacamiento [empaka'mĭento] *m* Verpackung *f*
empacar [empa'kar] *v (LA)* einpacken, packen
empachado [empa'tʃađo] *adj* verdorben, behindert

empacho [em'patʃo] *m* *1. (vergüenza)* Verlegenheit *f*, Peinlichkeit *f*; *2. (indigestión)* Verdauungsstörung *f*
empachoso [empa'tʃoso] *adj* hemmend, verlegen, schwer verdaulich
empalagamiento [empalaga'mĭento] *m* Ekel *m*
empalagar [em'palagar] *v* anekeln, jdm Ekel verursachen, jdm lästig werden
empalago [empa'lago] *m* Ekel *m*
empalagoso [empa'lagoso] *adj* widerlich süß, lästig, zudringlich
empalizada [empali'θađa] *f* Palisade *f*, Pfahlwerk *n*
empalizar [empali'θar] *v* erstarren
empalmadura [empalma'đura] *f* Zusammenfügung *f*, Einpassen *n*
empalmar [empal'mar] *v* miteinander verbinden, an den Enden zusammenfügen
empalme [em'palme] *m* Verbindung *f*, Knotenpunkt *m*
empanada [empa'nađa] *m* *GAST* Teigtasche *f*, Pastete *f*
empanadilla [empana'điʎa] *f* *GAST* Pastetchen *n*
empañamiento [empaɲa'mĭento] *m* Trübung *f*, Verschleierung *f*
empañar [empa'ɲar] *v* *1. (con líquidos)* trüben; *2. (el cristal, las gafas)* beschlagen
empañarse [empa'ɲarse] *v* *1. (el vidrio)* anlaufen; *2. (los ojos)* feucht werden
empapar [empa'par] *v* eintauchen, eintunken, tunken
empapelado [empape'lađo] *m* Tapete *f*, Tapezieren *n*
empapelador [empapela'đɔr] *m* Maler *m*, Tapezierer *m*
empapelar [empape'lar] *v* tapezieren
empaque [em'pake] *m* *1.* Aussehen *n*; *2. (gravedad, circunspección)* Würde *f*, Ernst *m*, Feierlichkeit *f*
empaquetadura [empaketa'dura] *f* *TECH* Dichtung *f*
empaquetar [empake'tar] *v* verpacken, einpacken
emparedado [empare'đađo] *m* *(sandwich)* Sandwich *n*, belegtes Brot *n*
emparedamiento [empaređa'mĭento] *m* Einmauerung *f*, Verbergen *n*
emparedar [empare'đar] *v* einmauern, ummauern, verstecken
emparejador [emparexa'đɔr] *adj* angleichend, gleichstellend, zusammenbringend
emparejar [empare'xar] *v* paaren
emparrado [empa'rrađo] *m* Weinlaube *f*
emparrillado [emparri'ʎado] *m* Gitter *n*, Schutzgitter *n*
emparrillar [emparri'ʎar] *v* grillen, braten
empastador [empasta'đɔr] *m* *(encuadernador)(LA)* Buchbinder *m*
empastar [empas'tar] *v* plombieren
empaste [em'paste] *m* *MED* Plombe *f*, Zahnfüllung *f*; *Se me ha caído un ~.* Mir ist eine Plombe herausgefallen.
empatado [empa'tađo] *adj* *SPORT* unentschieden
empatar [empa'tar] *v* *SPORT* ausgleichen
empate [em'pate] *m* *SPORT* Unentschieden *n*
empecatado [empeka'tađo] *adj* *(travieso)* böswillig, ausgelassen, unwillig
empecinado [empeθi'nađo] *adj* trotzig
empecinamiento [empeθina'mĭento] *m* Hartnäckigkeit *f*, Beharrlichkeit *f*, Trotz *m*
empedernido [empeđɛr'niđo] *adj* hart, leidenschaftlich, hartnäckig
empedernirse [empeđɛr'nirse] *v* *(fig: hacerse insensible)* sich verhärten
empedrado [empe'đrađo] *m* Straßenpflaster *n*
empedrador [empeđra'đɔr] *m* Pflasterer *m*
empedrar [empe'đrar] *v* pflastern
empeine [em'peɪne] *m* Rist *m*, Spann *m*, Leistengegend *f*, Oberleder (Schuh) *n*
empelotarse [empelo'tarse] *v* *(desnudarse) (LA)* sich entkleiden, sich ausziehen
empellón [empe'ʎɔn] *m* Stoß *m*, Schub *m*
empeñar [empe'ɲar] *v* verpfänden, versetzen
empeñarse [empe'ɲarse] *v* *1. (insistir en algo)* bestehen (auf); *¿Por qué te empeñas en no aceptar la realidad?* Warum versteifst du dich darauf, die Wahrheit nicht akzeptieren zu wollen? *2.* sich verschulden; *~ por algo* sich für etw einsetzen; *~ en* beharren auf, sich versteifen auf
empeño [em'peɲo] *m* *1.* Bestreben *n*, Eifer *m*; *2. (pignoración)* Verpfändung *f*, Versetzen *n*
empeoramiento [empeora'mĭento] *m* Verschlechterung *f*, Verschlimmerung *f*
empeorar [empeo'rar] *v* verschlechtern, verschlimmern; *Ha empeorado.* Es ist schlimmer geworden.

empeorarse [empeo'rarse] *v* sich verschlimmern, sich verschlechtern
empequeñecer [empekeɲe'θɛr] *v irr* verkleinern
empequeñecimiento [empekeɲeθĭ-'mĭento] *m* Verkleinerung *f*
emperador [empera'đɔr] *m 1. POL* Kaiser *m; 2. ZOOL* Schwertfisch *m*
emperatriz [empera'triθ] *f* Kaiserin *f*
emperifollar [emperifo'ʎar] *v* herausputzen
empernar [empɛr'nar] *v TECH* festnageln, anbolzen
empero [empero] *konj* doch, jedoch
emperramiento [empɛrra'mĭento] *m* Hartnäckigkeit *f*, Halsstarrigkeit *f*
emperrarse [empe'rrarse] *v (obstinarse en)* sich versteifen (auf), bestehen (auf)
empezar [empe'θar] *v irr* anfangen, beginnen
empinado [empi'nađo] *adj* steil, jäh; *¿Es el camino muy ~?* Ist der Weg sehr steil?
empinar [em'pinar] *v 1. irr* steil aufrichten, emporheben, hochheben; *2. (fam) ~ el codo* zechen, viel trinken
empinarse [empi'narse] *v 1.* emporragen; *2.* aufbäumen (Pferd)
empingorotado [empiŋgoro'tađo] *adj* vornehm, von edler Abstammung *f*
empíreo [em'pireo] *m* Empyreum *n*
empireuma [empi'reuma] *m* Brandgeruch *m*
empírico [em'piriko] *adj* empirisch
empirismo [empi'rizmo] *m PHIL* Empirismus *m*
empizarrado [empiθa'rrađo] *m* Schieferdach *n*
empizarrar [empiθa'rrar] *v* mit Schieferplatten decken *f/pl*
emplastar [emplas'tar] *v MED* verpflastern
emplasto [em'plasto] *m MED* Pflaster *n*
emplazador [emplaθa'đɔr] *m JUR* Anberaumung *f*, Vorladung *f*
emplazamiento [emplaθa'mĭento] *m* Standort *m*
emplazar [empla'θar] *v* anbringen, vorladen, anberaumen
empleado [emple'ađo] *m 1.* Angestellter *m*, Arbeitnehmer *m; ~ alto* Führungskraft *f; ~ público* Beamter *m; adj 2.* angestellt
empleador [emplea'đɔr] *m* Arbeitgeber *m*
emplear [emple'ar] *v 1. (utilizar)* anwenden, verwenden, benutzen, gebrauchen; *2. (dar ocupación)* einstellen, beschäftigen, anstellen
empleo [em'pleo] *m 1. (uso)* Gebrauch *m*, Anwendung *f*, Verwendung *f; ~ de la fuerza* Gewaltanwendung *f; 2. (trabajo)* Arbeit *f*, Stelle *f*, Beschäftigung *f; ~ de media jornada* Halbtagsbeschäftigung *f*
emplomado [emplo'mađo] *adj* verbleit
emplomar [emplo'mar] *v (sellar o asegurar con plomo)* plombieren, mit Blei versiegeln *n*
empobrecido [empoƀre'θiđo] *adj* verarmt, erschöpft
empobrecimiento [empoƀreθi'mĭento] *m* Verarmung *f*
empodrecer [empođre'θɛr] *v irr* verfaulen, verderben
empollar [empo'ʎar] *v 1.* ausbrüten, brüten; *2. (fig)* büffeln
empollón [empo'ʎɔn] *m* Streber *m*
emponzoñamiento [emponθoɲa'miento] *m* Vergiftung *f*
emponzoñar [emponθo'ɲar] *v* vergiften
emporcar [empɔr'kar] *v irr* beschmutzen, verdrecken
emporio [em'porĭo] *m* Handelsplatz *m*, Hafenstadt *f*
empotramiento [empotra'mĭento] *m* Einmauerung *f*, Verputzen *n*
empotrar [empo'trar] *v* einmauern
empozarse [empo'θarse] *v (estancarse el agua) (LA)* sich stauen
emprender [empren'đɛr] *v* unternehmen; *~ un viaje* eine Reise antreten
empreñar [empre'ɲar] *v* schwängern, jmd belästigen
empresa [em'presa] *f ECO* Betrieb *m*, Unternehmen *n*, Firma *f; ~ artesanal* Handwerksbetrieb *m; ~ de construcción* Baufirma *f*, Bauunternehmen *n; ~ de transportes* Speditionsunternehmen *n*, Transportunternehmen *n*, Fuhrunternehmen *n; ~ de ventas por correo* Versandhaus *n*
empresariado [empresa'rĭađo] *m* Unternehmertum *n*
empresarial [empresa'rĭal] *adj 1. ECO* betrieblich; *2. ciencias ~es* Betriebswirtschaftslehre *f*
empresario [empre'sarĭo] *m ECO* Arbeitgeber *m*, Unternehmer *m*
empréstito [em'prestito] *m FIN* Anleihe *f; ~ del Estado* Staatsanleihe *f*

empringar [empriŋ'gar] *v* einschmieren, einfetten

empujar [empu'xar] *v* anschieben, schieben, drücken

empuje [em'puxe] *m 1.* Stoß *m; 2. PHYS* Schub *m*

empujón [empu'xɔn] *m* heftiger Stoß *m,* Stauchen *n,* Rippenstoß *m,* Schubs *m*

empuñadura [empuɲa'đura] *f (de una espada)* Griff *m*

empuñar [em'puɲar] *v* ergreifen, packen, am Griff fassen

emputecer [empute'θɛr] *v irr (volver puta)* zur Hure werden *f*

emulación [emulaθĭɔn] *f* Nachahmung *f,* Imitation *f*

emular [emu'lar] *v ~ a alguien* jdm nacheifern

emulgente [emul'xente] *adj ANAT* aufweichend, emulgierend

émulo ['emulo] *m* Rivale *m,* Nacheiferer *m*

emulsión [emul'sĭɔn] *f CHEM* Emulsion *f*

emulsionar [emulsĭo'nar] *v CHEM* emulgieren

en [en] *prep 1. (lugar, sitio, dirección)* an, auf, in; *~ la calle* auf der Straße; *~ la casa* zu Hause; *~ la pared* an der Wand; *2. (temporal)* in; *~ veinte segundos* in zwanzig Sekunden; *3. (relación)* an; *pensar ~ alguien* an jdn denken; *adv 4. (modo, manera)* auf; *~ español* auf Spanisch

enaguas [e'nagwas] *f/pl* Unterrock *m*

enajenación [enaxena'θĭɔn] *f 1.* Veräußerung *f,* Verkauf *m; 2. (alienación) ~ mental* Entfremdung *f,* Unzurechnungsfähigkeit *f*

enajenador [enaxena'đɔr] *adj* entfremdend

enajenamiento [enaxena'mĭento] *m* Wahnsinn *m,* Geisteskrankheit *f*

enajenar [enaxe'nar] *v* veräußern, verkaufen, entfremden

enaltecedor [enalteθe'đɔr] *adj* erhöhend, lobend

enaltecer [enalte'θɛr] *v irr* rühmen, preisen

enaltecimiento [enalteθi'mĭento] *m* Lobpreisung *f,* Ehrung *f*

enamoradizo [enamora'điθo] *adj* liebebedürftig, schnell verliebt

enamorado [enamo'rađo] *adj 1.* verliebt; *m 2.* Verliebter *m*

enamorador [enamora'đɔr] *adj* einnehmend

enamoramiento [enamora'mĭento] *m* Verliebtheit *f*

enamorarse [enamo'rarse] *v ~ de* sich verlieben in; *Sin quererlo me he enamorado locamente de él.* Ohne es zu wollen, habe ich mich bis über beide Ohren in ihn verliebt.

enamoriscarse [enamoris'karse] *v* sich verlieben

enanismo [ena'nismo] *m MED* Zwergwuchs *m*

enano [e'nano] *m* Zwerg *m*

enarbolar [enarƀo'lar] *v (una bandera)* hissen

enarcar [enar'kar] *v* biegen, binden

enardecedor [enarđeθe'đɔr] *adj* Begeisterung erregend *f,* entflammend

enardecer [enarđe'θɛr] *v irr* begeistern

enardecimiento [enarđeθi'mĭento] *m* Begeisterung *f*

enarmónico [enar'moniko] *adj MUS* enharmonisch

enartrosis [enar'trosis] *f ANAT* Enarthrose *f*

encabestrar [eŋkaƀes'trar] *v* halftern, abschleppen

encabezamiento [eŋkađena'θĭɔn] *m* Briefkopf *m*

encabritarse [eŋkaƀri'tarse] *v* sich aufbäumen

encadenado [eŋkađe'nađo] *adj* verkettet

encadenamiento [eŋkađena'mĭento] *m* Verkettung *f,* Zusammenhang *m*

encadenar [eŋkađe'nar] *v* fesseln

encajador [eŋkaxa'đɔr] *m* Werkzeug zum Einpassen

encajadura [eŋkaxa'đura] *f* Einfassung *f,* Einfügen *n*

encajar [eŋka'xar] *v 1. ~ con* zusammenpassen mit; *2. (fam: dar, atestar)* verpassen, geben; *Tu amigo sabe encajar buenos puñetazos.* Dein Freund weiß, wie man Faustschläge austeilt.

encaje [eŋ'kaxe] *m (tela de ~)* Spitze *f*

encajera [eŋka'xera] *f* Spitzenklöpplerin *f*

encajetar [eŋkaxe'tar] *v* einfassen, fügen, einpassen

encajetillar [eŋkaxeti'ʎar] *v* abfüllen

encajonamiento [eŋkaxona'mĭento] *m* Verpacken *n,* Einmauerung *f*

encalabozar [eŋkalaƀo'θar] *v* einkerkern
encalado [eŋka'lađo] *m* Weißeln *n,* Tünchen *n*
encalador [eŋkala'đɔr] *m* Maler *m,* Äscher *m*
encaladura [enĭala'đura] *f* Tünche *f*
encalambrarse [eŋkalam'brarse] *v (LA)* sich verkrampfen, erstarren, einen Krampf haben *m*
encalladero [eŋkaʎa'đero] *m NAUT* Sandbank *f*
encalladura [eŋkaʎa'đura] *f NAUT* Stranden *n*
encallamiento [eŋkaʎa'mĭento] *m NAUT* Auflaufen *n*
encallar [eŋka'ʎar] *v* stranden, scheitern
encallecerse [eŋkaʎe'θɛrse] *v irr* verhärten, abhärten
encamado [eŋka'mađo] *adj* bettlägerig
encamar [eŋ'kamar] *v* ins Bett stecken, zu Bett bringen
encaminamiento [eŋkamina'mĭento] *m* Hinführung *f,* Anbahnung *f*
encaminar [eŋka'minar] *v* auf den Weg bringen, hinleiten, hinlenken
encanalar [eŋkana'lar] *v* kanalisieren
encanalizar [eŋkanali'θar] *v* kanalisieren
encanallamiento [eŋkanaʎa'mĭento] *m* Verrohung *f*
encanallarse [eŋkana'ʎarse] *v* verrohen, verkommen
encandelillar [eŋkanđeli'ʎar] *v* einfassen (Stoff), einsäumen (Stoff)
encandilar [eŋkandi'lar] *v (deslumbrar)* blenden, täuschen
encanecer [eŋkane'θɛr] *v irr* ergrauen
encanijamiento [eŋkanixa'mĭento] *m* Erkrankung *f,* Verkümmerung *f*
encanijarse [eŋkani'xarse] *v* kränklich werden
encantación [eŋkanta'θĭɔn] *f* Verzauberung *f*
encantadísimo [eŋkanta'disimo] *adj* hocherfreut
encantado [eŋkan'tađo] *adj* entzückt, erfreut
encantador [eŋkanta'đɔr] *adj* charmant, entzückend, bezaubernd
encantamiento [eŋkanta'mĭento] *m* Zauber *m,* Bezauberung *f*
encantar [eŋkan'tar] *v 1.* verzaubern; *2. (fig)* bezaubern
encanto [eŋ'kanto] *m* Charme *m,* Entzücken *n,* Liebreiz *m*
encañada [eŋka'ɲađa] *f* Engpass *m*
encañizada [eŋkaɲi'θađa] *f (encañado)* Rohrleitung *f*
encañonar [eŋka'ɲonar] *v 1.* in Röhren leiten; *2.* aufs Korn nehmen, zielen
encaparazonar [eŋkaparaθo'nar] *v* sich einkapseln, sich zurückziehen
encapotado [eŋkapo'tađo] *adj* bewölkt
encapotar [eŋkapo'tar] *v 1. (cubrir con un capote)* sich in einen Umhang hüllen *m; 2. (poner ceñudo el semblante)* ein finsteres Gesicht machen
encaprichamiento [eŋkapritʃa'mĭento] *m* Laune *f*
encaprichar [eŋkapri'tʃar] *v* versessen werden, sich auf etw versteifen
encapucharse [eŋkapu'tʃarse] *v* sich vermummen
encaramarse [eŋkara'marse] *v (subir a)* hochsteigen, erklettern
encaramiento [eŋkara'mĭento] *m* Anstarren *n*
encarar [eŋ'karar] *v 1.* die Stirn bieten, etw anpacken, meistern, etw anfangen; *2. (fig: hacer frente a un problema)* ins Auge sehen *n,* sich stellen (einem Problem); *Tienes que encarar las consecuencias de tus actos.* Du musst dich den Konsequenzen deines Tuns stellen.
encarcelación [eŋkarθela'θĭɔn] *f* Einkerkerung *f*
encarcelamiento [eŋkarθela'mĭento] *m* Einkerkerung *f*
encarcelar [eŋkarθe'lar] *v ~ a alguien* jdn ins Gefängnis einliefern, jdn inhaftieren, jdn einsperren, jdn gefangen halten
encarecedor [eŋkareθe'đɔr] *adj* preisend, lobend, rühmend
encarecer [eŋkare'θɛr] *v irr 1. (aumentar el precio de algo)* verteuern; *2. (recomendar)* empfehlen
encarecimiento [eŋkareθi'mĭento] *m* Verteuerung *f*
encargado [eŋkar'gađo] *m* Vertreter *m,* Beauftragter *m*
encargar [eŋkar'gar] *v* auftragen; *~ con anticipación* vorbestellen
encargo [eŋ'kargo] *m* Anforderung *f,* Auftrag *m,* Bestellung *f; ~ anticipado* Vorbestellung *f*
encariñarse [eŋkari'ɲarse] *v ~ con* lieb gewinnen

encarnación [eŋkarna'θĭɔn] *f 1.* Verkörperung *f; 2. REL* Fleischwerdung *f*
encarnado [eŋkar'nađo] *adj (rojo)* rot
encarnar [eŋkar'nar] *v* verkörpern
encarnizado [eŋkarni'θađo] *adj* verbissen
encarnizamiento [eŋkarniθa'mĭento] *m (saña)* Wut *f,* Raserei *f*
encarnizar [eŋkarni'θar] *v (hacer cruel)* scharf machen (Hund), aufhetzen
encarnizarse [eŋkarni'θarse] *v (mostrar saña)* rasend vor Wut sein *f,* toben
encaro [eŋ'karo] *m* Anstarren *n,* Beobachten *n*
encarpetar [eŋkarpe'tar] *v (guardar en un carpeta)* einheften
encarroñar [eŋkarro'ɲar] *v* verderben, schlecht werden
encartamiento [eŋkarta'mĭento] *m* Beilage *f*
encartar [eŋkar'tar] *v (incluir)* beilegen, einschließen; *El suplemento literario está encartado en el periódico del fin de semana.* Die literarische Beilage ist in der Wochenendausgabe der Zeitung.
encartonador [eŋkartona'đɔr] *m* Kartonierer *m*
encasillar [eŋkasi'ʎar] *v* einreihen, in ein Klischee pressen, auf eine bestimmte Tätigkeit festlegen
encasillar [eŋkasi'ʎar] *v* einsortieren, aufreihen
encasquetar [eŋkaske'tar] *v (calar bien el sombrero)* aufstülpen
encasquetarse [eŋkaske'tarse] *v (obstinarse en algo)* eine fixe Idee haben *f,* sich in etw verrennen
encasquillamiento [eŋkaskiʎa'mĭento] *m* Ladehemmung *f*
encastillarse [eŋkasti'ʎarse] *v (empeñarse en algo)* sich verrennen, bestehen auf, sich versteifen auf
encausar [eŋ'kaŭsar] *v* verklagen, gerichtlich belangen
encauzamiento [eŋkaŭθa'mĭento] *m* Leiten (Kanal) *n,* Regulierung *f*
encauzar [eŋkaŭ'θar] *v 1. (abrir un cauce)* kanalisieren, leiten, umleiten; *2. (fig: dar dirección)* eine Richtung geben *f*
encavarse [eŋka'ƀarse] *v* sich eingraben
encefálico [eŋθe'faliko] *adj masa encefálica ANAT* Gehirnmasse *f*
encefalitis [enθefa'litis] *f MED* Hirnhautentzündung *f*
encéfalo [eŋ'θefalo] *m ANAT* Gehirn *n*
enceldamiento [enθelđa'mĭento] *m* Einschließen *n*
enceldar [enθel'đar] *v* in eine Zelle einschließen *f*
encenagado [enθena'ɡađo] *adj* verschmutzt, verdreckt, verkommen
encenagamiento [enθenaga'mĭento] *m* Beschmutzung *f,* Verdreckung *f*
encendedor [enθende'đɔr] *m* Feuerzeug *n*
encender [enθen'dɛr] *v irr 1. (hacer fuego)* anzünden; *2. (poner en funcionamiento, luz)* anschalten, einschalten, andrehen; *3. (quemar)* anbrennen; *4. (cigarro, puro)* anstecken; *5. (fig: ocasionar un conflicto)* auslösen (Konflikt), entzünden; *¿Qué incidente encendió la Primera Guerra Mundial?* Welcher Zwischenfall löste den ersten Weltkrieg aus?
encenderse [enθen'derse] *v irr* sich entzünden
encendido [enθen'điđo] *m 1. TECH* Zündung *f; ~ defectuoso* Fehlzündung *f; adj 2.* entzündet, angezündet
encendimiento [enθenđi'mĭento] *m* Entflammung *f,* Brand *m,* Erhitzung *f*
encerado [enθe'rađo] *m (superficie para escribir)* Wachstafel *f,* Schultafel *f*
enceramiento [enθera'mĭento] *m* Einwachsen *n,* Bohnern *n*
encerar [enθe'rar] *v* wachsen, bohnern
encerradero [enθerra'đɛro] *m* Zwinger *m,* Pferch *m*
encerrador [enθerra'đɔr] *m* Zwinger *m*
encerramiento [enθerra'mĭento] *m* Einpferchung *f,* Einschließen *n*
encerrar [enθe'rrar] *v irr 1.* einschließen, einsperren; *2. (fig: incluir)* beinhalten, miteinschließen
encerrarse [enθe'rrarse] *v irr (fig: retirarse del mundo)* sich zurückziehen, sich verschließen
encerrona [enθe'rrona] *v* Sackgasse *f,* Zwangslage *f,* Falle *f; Tus jefes te han conducido a una encerrona.* Deine Vorgesetzten haben dich in eine Zwickmühle gebracht.
encestar [enθes'tar] *v (en el baloncesto) SPORT* in den Korb werfen (Ball) *m*
encías [en'θias] *f/pl ANAT* Zahnfleisch *n*
encíclica [en'θiklika] *f REL* Enzyklika *f*
enciclopedia [enθiklo'pеđĭa] *f* Lexikon *n,* Enzyklopädie *f*

encierro [en'θĭerro] *m* Einschließen *n,* Einsperren *n,* Haft *f*
encima [en'θima] *adv 1.* oben, darauf, oberhalb; *prep 2. ~ de* auf, über; *estar por ~ de* darüber stehen; *~ de la puerta* über der Tür; *3. (además)* noch dazu, außerdem
encimar [enθi'mar] *v (poner por encima de otra cosa)* darauf legen, obenauf stellen
encina [en'θina] *f BOT* Steineiche *f*
encinar [enθi'nar] *m* Steineichenwald *m*
encino [en'θino] *m BOT* Steineiche *f*
encinta [en'θinta] *adj* schwanger
encintado [enθin'tađo] *m* Randstein *m,* Bordkante *f*
encintar [enθin'tar] *v (adornar con cintas)* mit Bändern schmücken *n/pl*
enclaustrar [eŋ'klaŭstrar] *v* in ein Kloster stecken, verbergen, verstecken
enclavación [enklaƀa'θĭɔn] *f* Einfügung *f,* Verriegelung *f*
enclavado [eŋkla'bađo] *adj* eingeschlossen, eingefügt
enclavadura [enklaƀa'đura] *f* Einschnitt *m*
enclave [eŋ'klaƀe] *m* Enklave *f*
enclavijar [eŋklaƀi'xar] *v (poner clavijas)* nageln, einpflocken
enclenque [eŋ'kleŋke] *adj* kränkelnd, schwach
encofrado [eŋko'frađo] *m* Verschalen *n*
encofrar [eŋko'frar] *v* verschalen
encogerse [eŋkɔ'xerse] *v* eingehen, schrumpfen
encogido [eŋko'xiđo] *adj (fig: apocado)* entmutigt, eingeschüchtert, verlegen
encogimiento [eŋkɔxi'mĭento] *m ~ de hombros* Achselzucken *n*
encolar [eŋko'lar] *v* leimen
encolerizado [eŋkoleri'θađo] *adj* wütend, zornig
encolerizar [eŋkoleri'θar] *v* leimen, kleben
encomendable [eŋkomen'đaƀle] *adj* empfehlenswert
encomendado [eŋkomen'dađo] *m MIL* Kommandoinhaber *m*
encomendamiento [eŋkomenda'mĭento] *m* Empfehlung *f*
encomendar [eŋkomen'dar] *v irr* übertragen, beauftragen
encomiar [eŋko'mĭar] *v* loben, empfehlen
encomienda [eŋko'mĭenda] *f* Empfehlung *f,* Beauftragung *f*
encomio [eŋ'komĭo] *m* Lob *n*
encompadrar [eŋkompa'đrar] *v* befreunden, verschwägern
enconadura [eŋkona'đura] *f MED* Entzündung *f*
enconamiento [eŋkona'mĭento] *m MED* Vereiterung *f*
enconar [eŋko'nar] *v 1. (inflamar) MED* entzünden, vereitern; *2. (fig: predisponer contra uno)* schüren
enconcharse [eŋkon'tʃarse] *v (fig: retraerse)* sich zurückziehen
encono [eŋ'kono] *m* Groll *m*
encontrar [eŋkɔn'trar] *v irr 1.* finden; *¿Ha encontrado usted mi maleta?* Haben Sie meinen Koffer gefunden? *~ al llegar* vorfinden; *2. ~ a alguien* jdm begegnen, jdn antreffen; *¿Dónde le puedo ~?* Wo kann ich Sie treffen?
encontrarse [eŋkɔn'trarse] *v irr 1. ~ con alguien* sich mit jdm treffen; *2. ~ en* sich befinden in, sich aufhalten in
encontrón [eŋkon'trɔn] *m* Zusammenstoß *m*
encontronazo [eŋkontro'naθo] *m* Zusammenstoß *m,* Zusammentreffen *n*
encopetado [eŋkope'tađo] *adj 1. (presumido)* eingebildet, hochmütig, anmaßend; *2. (de ilustre linaje)* von edler Abstammung *f*
encopetarse [eŋkope'tarse] *v (engreirse)* sich aufblasen, prahlen
encorajar [eŋkora'xar] *v (dar valor)* ermutigen
encorajarse [eŋkora'xarse] *v (llenarse de coraje)* Mut zusammennehmen *m*
encorajinar [eŋkoraxi'nar] *v* erbosen, reizen
encorazado [eŋkora'θađo] *adj (cubierto de una coraza)* gepanzert
encorchar [eŋkɔr'tʃar] *v (poner el corcho a la botella)* einkorken, zukorken
encordelar [eŋkɔrđe'lar] *v* mit Stricken festbinden *m/pl,* mit Seilen befestigen *n/pl*
encoriación [eŋkorĭa'θĭɔn] *f MED* Vernarbung *f,* Zuheilen *n*
encorralar [eŋkorra'lar] *v AGR* einpferchen
encorsetar [eŋkorse'tar] *v* Korsett anlegen *n*
encortinar [eŋkɔrti'nar] *v* Vorhänge aufhängen *m/pl*
encorvadura [enkɔrba'đura] *f* Krümmen *n,* Biegen *n,* Verkrümmung *f*

encorvamiento [eŋkɔrƀa'mĭento] *m* Biegen *n*, Krümmen *n*
encorvarse [eŋkɔr'ƀarse] *v* sich krümmen
encostrarse [eŋkɔs'trarse] *v* sich verkrusten
encremar [eŋkre'mar] *v* eincremen
encrespado [eŋkres'pađo] *adj* kraus
encrespadura [eŋkrespa'đura] *f* Kräuseln *n*
encrespamiento [eŋkrespa'mĭento] *m* Kräuseln *n*, Aufwühlen *n*
encrespar [eŋkres'par] *v 1. (ensortijar)* locken, kräuseln; *2. (enfurecer)* wütend machen, aufbringen
encrestado [eŋkres'tađo] *adj (fig: altivo)* stolz, hochmütig
encristalar [eŋkrista'lar] *v* verglasen, mit Glas versehen *n*
encrucijada [eŋkruθi'xađa] *f* Kreuzweg *m*, Kreuzung *f*
encuadernación [eŋkwađɛrna'θĭɔn] *f* Bucheinband *m*, Einband *m*
encuadernador(a) [eŋkwađɛrna'đɔr(a)] *m/f* Buchbinder(in) *m/f*
encuadernar [eŋkwađɛr'nar] *v* einbinden, binden
encuadramiento [eŋkwađra'mĭento] *m* Rahmung *f*, Umrahmung *f*
encuadrar [eŋkwa'drar] *v* einrahmen, rahmen
encubierta [eŋku'ƀĭɛrta] *f* Heimlichtuerei *f*, Betrügerei *f*, Heimtücke *f*
encubierto [eŋku'ƀĭɛrto] *adj* heimtückisch, geheim, betrügerisch
encubridizo [eŋkuƀri'điθo] *adj* verdeckt
encubridor(a) [eŋkuƀri'đɔr(a)] *m/f* Hehler(in) *m/f*
encubrimiento [eŋkuƀri'mĭento] *m* Verheimlichung *f*, Verdunkelung *f*
encubrir [eŋku'ƀrir] *v irr* tarnen, verdecken, verhehlen, verdunkeln
encuentro [eŋ'kwentro] *m 1.* Treffen *n*, Begegnung *f*, Zusammentreffen *n*; *ir al ~ de* entgegengehen; *2. (pelea)* Kampf *m*; *3. SPORT* Spiel *n*
encuerar [eŋkwe'rar] *v (desnudar) (LA)* entkleiden, entblößen
encuesta [eŋ'kwesta] *f* Umfrage *f*, Befragung *f*; *~ demoscópica/~ de opinión* Meinungsumfrage *f*
encuestar [eŋkwes'tar] *v* befragen
encuitarse [eŋkwĭ'tarse] *v* sich sorgen, sich grämen
encumbrado [eŋkum'brađo] *adj* erhaben, stolz
encumbramiento [eŋkumbra'mĭento] *m 1. (elevación)* Erhebung *f*, Anhebung *f*, Steigerung *f*; *2. (fig: exaltación)* Verherrlichung *f*, Lobpreisung *f*
encumbrar [eŋkum'brar] *v 1. (levantar en alto)* erheben, erhöhen; *2. (fig: exaltar)* lobpreisen, rühmen
enchapado [entʃa'pađo] *m* Furnier *n*
encharcar [entʃar'kar] *v* zu einem Sumpf werden *m*
enchilada [entʃi'lađa] *f GAST* gepfefferter Maisfladen *m*
enchironar [entʃiro'nar] *v (fam: encarcelar)* einsperren, einkerkern
enchufar [entʃu'far] *v (una conexión eléctrica)* einschalten
enchufe [en'tʃufe] *m 1.* Stecker *m*; *2. (tomacorriente)* Steckdose *f*; *doble ~ TECH* Doppelstecker *m*; *3. (fig)* gute Beziehungen *pl*, Vitamin B *n* (fam); *tener ~s* gute Beziehungen haben/Vitamin B haben
ende ['ende] *m por ~* daher
endeble [en'deƀle] *adj* schwach, fadenscheinig
endeblez [ende'ƀleθ] *f* Schwäche *f*
endeblucho [ende'ƀlutʃo] *adj* schwächlich
endecágono [ende'kagono] *m MATH* Elfeck *n*
endecha [en'detʃa] *f (canción triste) MUS* Elegie *f*, Klagelied *n*
endemia [en'demĭa] *f MED* Endemie *f*
endémico [en'demiko] *adj MED* endemisch
endemoniado [endemo'nĭađo] *adj* besessen
endemoniar [endemo'nĭar] *v* verteufeln, verdammen
endentar [enden'tar] *v irr* verzahnen
endentecer [endente'θɛr] *v irr* zahnen
enderezamiento [endereθa'mĭento] *m* Berichtigung *f*, Wiedergutmachung *f*
enderezar [endere'θar] *v 1. (poner derecho)* züchtigen, wieder gutmachen, strafen; *2. (fig: enmendar)* verbessern, berichtigen; *Es hora de que endereces tu vida.* Es ist an der Zeit, dass du dein Leben in Ordnung bringst.
endeudamiento [endeŭđa'mĭento] *m ECO* Verschuldung *f*
endeudarse [endeŭ'đarse] *v ECO* sich verschulden

endilgador [endilga'đɔr] *adj* führend, leitend
endilgar [endil'gar] *v (encajar)* einfügen, einpassen
endiosamiento [endĭosa'mĭento] *m* Vergötterung *f*, Hochmut *m*
endiosar [endĭo'sar] *v* vergöttern, verherrlichen
endivia [en'diƀia] *f BOT* Chicorée *m*
endogénesis [endo'xenesis] *f BIO* Endogenese *f*
endógeno [en'doxeno] *adj ANAT* endogen, von innen kommend
endomingarse [endomin'garse] *v* sich sonntäglich herausputzen
endosable [endo'saƀle] *v ECO* übertragbar
endosar [endo'sar] *v ~le algo a alguien* jdm etw aufladen, jdm etw aufhalsen
endosatario [endosa'tarĭo] *m ECO* Indossatar *m*, ausgewiesener Wechselgläubiger *m*
endoscopio [endos'kopĭo] *m MED* Endoskop *n*
endoso [en'doso] *m ECO* Indossierung *f*, Überschreibung *f*
endotérmico [endo'tɛrmiko] *adj CHEM* endotherm, wärmebindend
endovenoso [endoƀe'noso] *adj* intravenös
endrina [en'drina] *f BOT* Schlehe *f*
endulzadura [endulθa'đura] *f* Versüßung *f*, Süßen *n*
endulzar [endul'θar] *v 1. (poner dulce)* versüßen, süßen; *No me gusta endulzar el café.* Ich mag meinen Kaffee nicht gesüßt. *2. (fig: suavizar)* mildern, besänftigen
endurecer [endure'θɛr] *v irr 1.* abhärten, verhärten; *2. (fig: hacer cruel, despiadado)* verhärten; *Los fracasos han endurecido a mi hermano.* Die Fehlschläge haben meinen Bruder hart gemacht.
endurecimiento [endureθi'mĭento] *m* Verhärtung *f*
eneágono [ene'agono] *m MATH* Neuneck *n*
enebrina [ene'ƀrina] *f BOT* Wacholderbeere *f*
eneldo [e'nɛldo] *m BOT* Dill *m*
enemiga [ene'miga] *f irr (inquina)* Feindschaft *f*, Groll *m*, Hass *m*
enemigo [ene'migo] *m 1.* Feind *m; ~ mortal* Erzfeind *m; adj 2.* feindlich
enemistad [enemis'tađ] *f* Feindschaft *f*
enemistado [enemis'tađo] *adj* verfeindet
enemistar [enemis'tar] *v* entzweien, verfeinden
energético [enɛr'xetiko] *adj* energetisch, Energie spendend *f*
energía [enɛr'xia] *f 1. PHYS* Energie *f; ~ atómica* Atomkraft *f*, Atomenergie *f; ~ nuclear* Kernenergie *f; ~ solar* Solarenergie *f*, Sonnenenergie *f; 2. (fig)* Tatkraft *f*, Schwung *m*
enérgico [e'nɛrxiko] *adj* drastisch, energisch, resolut
energúmeno [enɛr'gumeno] *m* Besessener *m*
enero [e'nero] *m* Januar *m*
enervación [enɛrƀa'θĭɔn] *f* Entnervung *f*, Schwächung *f*
enervador [enɛrƀa'đɔr] *adj* entnervend, entkräftend
enervamiento [enɛrƀa'mĭento] *m* Entkräftung *f*, Schwächung *f*
enervante [enɛr'ƀante] *adj* nervenaufreibend
enervar [enɛr'ƀar] *v (debilitar)* schwächen
enésimo [e'nesimo] *adj* n-ter
enfadadizo [emfađa'điθo] *adj* leicht kränkbar, reizbar
enfadado [emfa'đađo] *adj* böse, ungehalten, verärgert
enfadar [emfa'đar] *v* aufregen, verärgern; *Estoy muy enfadado.* Ich bin sehr verärgert.
enfadarse [emfa'đarse] *v* sich ärgern
enfado [em'fađo] *m* Ärger *m*
enfadoso [em'fađoso] *adj 1.* ärgerlich; *2.* mühsam
enfaenado [enfae'nađo] *adj* verärgert, gekränkt
enfajar [enfa'xar] *v* umwickeln, einbinden
enfangar [enfaŋ'gar] *v* verdrecken, beschmutzen
enfardar [enfar'đar] *v* einpacken, einwickeln
énfasis ['enfasis] *m 1. (fuerza de expresión)* Eindringlichkeit *f; 2. (fig: afectación en el discurso)* Emphase *f*
enfático [em'fatiko] *adj* nachdrücklich
enfermar [emfɛr'mar] *v 1.* erkranken; *2. (fig: quitar las fuerzas)* schwächen, krank machen; *Tu comportamiento me enferma.* Dein Verhalten macht mich krank.

enfermedad [emfɛrme'đađ] *f* Krankheit *f,* Erkrankung *f; ~ de la civilización* Zivilisationskrankheit *f; ~ infantil* Kinderkrankheit *f; ~ hereditaria* Erbkrankheit *f; ~ mental* Geisteskrankheit *f; ~ tropical* Tropenkrankheit *f; ~ venérea* Geschlechtskrankheit *f*
enfermera [emfɛr'mera] *f MED* Krankenschwester *f,* Schwester *f*
enfermería [enfɛrme'ria] *f* Krankenhaus *n*
enfermero [emfɛr'mero] *m MED* Krankenpfleger *m,* Sanitäter *m*
enfermizo [emfɛr'miθo] *adj MED* krankhaft, gebrechlich
enfermo [em'fɛrmo] *m 1.* Kranker *m; ~ del pulmón* Lungenkranker *m; ~ mental* Geisteskranker *m; adj 2.* krank; *estar ~* krank sein, kränkeln
enfervorizar [enfɛrƀori'θar] *v* begeistern
enfeudación [enfeuđa'θĭɔn] *v ECO* Belehnung *f,* Feudalisierung *f*
enfilamiento [enfila'mĭento] *m* Aufreihung *f,* Aneinanderreihung *f*
enfilar [emfi'lar] *v 1.* aneinander reihen; *2. (seguir alguna dirección)* sich reihen in Richtung auf, deuten auf
enfilarse [emfi'larse] *v* sich einordnen
enfiteusis [enfi'teusis] *f JUR* Pacht *f,* Erbpacht *f*
enfiteuta [enfi'teuta] *m JUR* Erbpächter *m*
enflaquecer [emflake'θɛr] *v irr* abmagern
enflaquecimiento [enflakeθi'mĭento] *m* Abmagerung *f,* Schwächung *f*
enfocar [enfo'kar] *v 1. FOTO* fokussieren, einstellen, visieren; *2. (fig)* einstellen, richtig anfassen, (Problem) beleuchten
enfoque [en'foke] *m 1. FOTO* Fokus *m; 2. (fig: modo de tratar un tema)* Einstellung *f*
enfrascamiento [enfraska'mĭento] *m* Einfüllen in Gefäße *n,* Abfüllen *n*
enfrascar [enfras'kar] *v (echar en un frasco)* in Flaschen füllen *f/pl*
enfrascarse [emfras'karse] *v ~ en* sich versenken in
enfrenar [enfre'nar] *v 1. (poner el freno)* bremsen; *2. (fig: dominar)* zügeln, beherrschen
enfrentamiento [emfrenta'mĭento] *m* Konfrontation *f*
enfrentarse [emfren'tarse] *v ~ a/~ con* konfrontiert sein mit
enfrente [em'frente] *prep ~ de* gegenüber; *~ de la estación* gegenüber dem Bahnhof
enfriamiento [emfrĭam'mĭento] *m* Abkühlung *f*
enfriar [emfri'ar] *v* abkühlen; *~ bruscamente* abschrecken
enfriarse [emfri'arse] *v* sich abkühlen, kälter werden
enfurecer [emfure'θɛr] *v irr (irritar)* zornig machen, verwirren, zum Toben bringen
enfurecido [emfure'θiđo] *adj* wütend, rasend
enfurecimiento [emfureθi'mĭento] *m* Wut *f,* Zorn *m*
enfurruñamiento [enfurruɲa'mĭento] *m* schlechte Laune *f*
enfurruñarse [enfurru'ɲarse] *v (enfadarse)* sich ärgern, erzürnen
engalanar [eŋga'lanar] *v* schmücken, putzen, verzieren
engallado [eŋga'ʎađo] *adj (fam: engreido)* steif, eingebildet, stolz
engallarse [eŋga'ʎarse] *v (ponerse soberbio)* hochmütig werden
enganchador [eŋgan'tʃađor] *adj* verlockend, festgehalten, eingehakt
enganchamiento [eŋgantʃa'mĭento] *m* Einhaken *n,* Festhalten *n*
enganchar [eŋgan'tʃar] *v 1.* einhängen; *2. TECH* koppeln; *3. (alcohol, drogas)* süchtig machen, abhängig machen; *4. (persuadir)* bequatschen (fam)
enganche [eŋ'gantʃe] *m* Festhaken *n,* Kupplung *f,* Anwerbung *f,* Anheuerung *f*
engañabobos [eŋgaɲa'bobos] *m* Bauernfänger *m,* Betrüger *m*
engañadizo [eŋgaɲa'điθo] *adj* naiv, einfach zu betrügen
engañador(a) [eŋgaɲa'đɔr/eŋgaɲađora] *m/f* Betrüger(in) *m/f*
engañar [eŋga'ɲar] *v* betrügen, täuschen, hintergehen; *~ a alguien* jdn hereinlegen, jdn anschwindeln
engañarse [eŋga'ɲarse] *v ~ en* sich täuschen in
engañifa [eŋga'ɲifa] *f (engaño)* Betrug *m,* List *f,* Heimtücke *f*
engaño [eŋ'gaɲo] *m* Betrug *m,* Täuschung *f*
engañoso [eŋga'ɲoso] *adj* betrügerisch, trügerisch; *ser ~* trügen

engarce [eŋ'garθe] *m* Aufreihung *f*
engarzar [engar'θar] *v* aufreihen, (Edelsteine) fassen, verketten
engastador [eŋgasta'đɔr] *adj* Schmuck...
engastadura [eŋgasta'đura] *f* Einfassung *f*
engaste [eŋ'gaste] *m* Fassung *f*
engatillar [engati'ʎar] *v* bördeln, einklinken, verklammern
engatusador [eŋgatusa'đɔr] *m* Schmeichler *m,* Charmeur *m*
engatusamiento [eŋgatusa'mĭento] *m* Schmeichelei *f*
engatusar [eŋga'tusar] *v* bezirzen
engendrador [eŋxendra'đɔr] *adj* hervorbringend, erzeugend
engendramiento [eŋxendra'mĭento] *m* Zeugung *f*
engendrar [eŋxen'drar] *v* erzeugen, verursachen
engendro [eŋ'genđro] *m* Missgeburt *f,* Hirngespinst *n*
englobar [eŋglo'ƀar] *v* zusammenfassen
engolfarse [eŋgol'farse] *v (entregarse completamente a algo)* sich versenken (in)
engolondrinarse [eŋgolondri'narse] *v (fam: enamorarse)* sich verlieben
engolosinador [eŋgolosina'đɔr] *adj* lockend, ködernd
engolosinar [eŋgolosi'nar] *v* ködern
engomado [eŋgo'mađo] *m* Gummierung *f*
engomar [eŋ'gomar] *v* gummieren
engordadero [eŋgɔrđa'đero] *m AGR* Mastvieh *n*
engordar [eŋgor'đar] *v 1.* zunehmen; *Lo que no mata, engorda.* Was dich nicht umbringt, macht dich stark. *2. (cebar)* mästen
engorde [eŋ'gɔrđe] *m AGR* Mast *f*
engorro [eŋ'gɔrro] *m (molestia)* Beschwernis *f,* Hindernis *n*
engorroso [eŋgɔ'rroso] *adj* beschwerlich, lästig
engranaje [eŋgra'naxe] *m TECH* Getriebe *n; ~ de cambios* Wechselgetriebe *n*
engranar [eŋgra'nar] *v 1.* ineinander greifen; *2. TECH* eingreifen
engrandar [eŋgran'dar] *v* vergrößern
engrandecer [eŋgrande'θɛr] *v irr (agrandar)* vergrößern
engrandecimiento [eŋgrandeθi'mĭento] *m* Vergrößerung *f*
engrapar [eŋ'grapar] *v* mit Klammern befestigen, verklammern
engrasado [eŋgra'sađo] *m* Schmierbüchse *f*
engrasador [eŋgra'sađor] *m* Öler *m,* Schmierbüchse *f,* Schmiernippel *m*
engrasar [eŋgra'sar] *v* schmieren, einfetten, einölen
engreído [eŋgre'iđo] *adj* selbstgefällig, eingebildet
engreír [eŋgre'ir] *v irr (LA)* verwöhnen, verhätscheln
engrifar [eŋgri'far] *v* sich wehren, sich sträuben
engrosamiento [engrosa'mĭento] *m 1.* Verdickung *f,* Vergrößerung *f; 2. (fig)* Übertreibung *f*
engrosar [eŋ'grosar] *v 1.* dick machen, verdicken; *2. (fig)* übertreiben
engrudar [eŋgru'đar] *v (untar con engrudo)* kleistern
engrudo [eŋ'gruđo] *m* Kleister *m*
engrumecerse [eŋgrume'θɛrse] *v irr* verkleben, zusammenklumpen
enguirnaldar [eŋgirnal'đar] *v* bekränzen
engullidor [eŋguʎi'đɔr] *adj 1.* verfressen; *m 2.* Vielfraß *m*
engullir [eŋ'guʎir] *v* verschlingen, schlingen, schlucken
enhebillar [eneƀi'ʎar] *v* verschließen
enhebrar [ene'ƀrar] *v* einfädeln, aufreihen
enhestador [enesta'đɔr] *adj* aufrichtend, emporrichtend
enhestar [enes'tar] *v irr* aufrichten
enhiesto [en'ĭesto] *adj* errichtet
enhorabuena [enora'ƀwena] *f* Glückwunsch *m*
enhoramala [enora'mala] *interj ¡Enhoramala!* Zum Teufel!
enigma [e'ŋigma] *m* Rätsel *n,* Enigma *n*
enigmático [enig'matiko] *adj* rätselhaft, schleierhaft, hintergründig
enjabonado [eŋxaƀo'nađo] *m 1.* Einseifen *n; adj 2. (fig)* eingeseift
enjabonar [en'xabonar] *v 1.* einseifen, *2. (fig)* Honig ums Maul schmieren, schmeicheln; *3. (fam: reprender)* tadeln, rügen
enjaezar [eŋxae'θar] *v* satteln, anschirren
enjalbegadura [eŋxalƀega'đura] *f* Tünchen *n,* Weißeln *n*
enjalbegar [eŋxalƀe'gar] *v* tünchen
enjalmar [eŋxal'mar] *v AGR* satteln
enjambre [eŋ'xambre] *m ZOOL* Schwarm *m; ~ de abejas* Bienenschwarm *m*

enjaular [eŋxaŭ'lar] *v 1. (meter en una jaula)* in den Käfig tun *m; 2. (fam: meter en la cárcel)* einsperren, einkerkern
enjoyar [eŋxo'jar] *v (adornar con joyas)* schmücken, mit Juwelen zieren
enjoyelado [eŋxoje'lađo] *adj (adornado con joyeles)* geschmückt
enjuagadientes [eŋxuaga'điĕntes] *m* Schluck *m,* Mundvoll Wasser
enjuagadura [eŋxwaga'đura] *f* Spülwasser *n*
enjuagar [eŋxwa'gar] *v* spülen, ausspülen
enjuague [eŋ'xwage] *m 1.* Spülung *f; 2. (higiene)* Mundwasser *n*
enjugar [eŋxu'gar] *v 1. (secar un líquido)* trocknen; *2. (limpiar)* säubern
enjuiciable [eŋxwi'θĭaƀle] *adj JUR* strafbar, gerichtlich verfolgbar
enjuiciamiento [eŋxwiθĭa'mĭento] *m JUR* Prozess *m*
enjuiciar [eŋxwi'θĭar] *v 1. (instruir una causa) JUR* beurteilen; *2. (sentenciar una causa) JUR* Urteil fällen *n*
enjundioso [eŋxun'dĭoso] *adj* gehaltvoll, fett, bedeutend
enjunque [eŋ'xunke] *m NAUT* Ballast *m*
enjutez [eŋxu'teθ] *f* Trockenheit *f*
enjuto [eŋ'xuto] *adj 1. (seco)* trocken; *2. (fig: muy delgado)* dünn, mager
enlabiar [enla'ƀĭar] *v (engañar con labia)* beschwatzen
enlabio [en'laƀĭo] *m* Beschwatzen *n*
enlace [en'laθe] *m 1.* Verbindung *f,* Anschluss *m; persona de ~* Verbindungsmann *m; ~ de tren* Zuganschluss *m,* Zugverbindung *f; 2. (link) INFORM* Link *m,* Verknüpfung *f*
enladrillador [enlađriʎa'đɔr] *m* Fliesenleger *m*
enlagunar [enlagu'nar] *v* überschwemmen
enlanado [enla'nađo] *adj* wollig
enlatar [enla'tar] *v (meter en latas)* in Dosen füllen *f/pl*
enlazador [enlaθa'đɔr] *adj 1. (que enlaza)* Lassowerfer *m; m 2. (linker) INFORM* Linker *m,* Verknüpfer *m*
enlazamiento [enlaθa'mĭento] *m* Verknüpfung *f*
enlazar [enla'θar] *v* knüpfen
enlegajar [enlega'xar] *v* bündeln, sammeln
enlejiar [enlexĭ'ar] *v* einlaugen
enlodadura [enlođa'đura] *f* Verdrecken *n,* Beschmutzung *f*
enlodamiento [enlođa'mĭento] *m* Beschmutzung *f*
enlodar [enlo'đar] *v 1. (ensuciar con lodo o barro)* mit Lehm verschmieren, mit Schlamm verschmutzen; *2. (fig: envilecer)* mit Dreck bewerfen *m,* beschmutzen; *Los periodistas quieren enlodar la reputación del presidente.* Die Journalisten wollen das Ansehen des Präsidenten besudeln.
enloquecedor [enlokeθe'đɔr] *adj* wahnsinnig, phantastisch, wunderbar
enloquecer [enloke'θɛr] *v irr* den Verstand rauben *m*
enloquecimiento [enlokeθi'mĭento] *m* Wahnsinn *m,* Verrücktheit *f*
enlosado [enlo'sađo] *m* Bodenfliesen *f/pl*
enlosar [enlo'sar] *v* fliesen
enlozanarse [enloθa'narse] *v* sich brüsten, entschieden auftreten
enlucido [enlu'θiđo] *m* Verputz *m*
enlucir [enlu'θir] *v irr* verputzen
enlutar [enlu'tar] *v 1. (cubrir de luto)* verdunkeln, Trauer anlegen *f; 2. (fig: entristecer)* traurig werden
enmaderar [enmađe'rar] *v* täfeln
enmarañamiento [enmaraɲa'mĭento] *m* Verwicklung *f,* Verwirrung *f*
enmarañar [enmara'ɲar] *v* verfilzen
enmararse [enma'rarse] *v* in See stechen *f*
enmarcar [enmar'kar] *v* rahmen, umranden
enmascarado [enmaska'rađo] *m* Maske *f*
enmascaramiento [enmaskara'mĭento] *m* Tarnung *f*
enmascarar [enmaska'rar] *v* tarnen
enmascararse [enmaska'rar] *v* sich maskieren, sich vermummen
enmasillar [enmasi'ʎar] *v* verkitten
enmendación [enmenda'θĭɔn] *f* Berichtigung *f,* Verbesserung *f*
enmendar [enmen'dar] *v irr 1.* korrigieren, berichtigen; *2. (resarcir)* wieder gutmachen; *¿Cómo puedo enmendar todo el daño que he hecho?* Wie kann ich all den Schaden wieder gutmachen, den ich verursacht habe?
enmienda [en'mĭenda] *f* Änderung *f,* Korrektur *f; ~ constitucional JUR* Verfassungsänderung *f; ~ de la ley* Gesetzesänderung *f*

enmohecer [enmoe'θɛr] *v irr* schimmeln
enmohecimiento [enmoeθi'mĭento] *m* Verrosten *n,* Verschimmeln *n*
enmontarse [enmon'tarse] *v (llenarse un terreno de maleza) (LA)* verwuchern, zuwachsen, überwuchern
enmordazar [enmɔrđa'θar] *v* knebeln
enmudecer [enmuđe'θɛr] *v irr 1. (quedar mudo)* schweigen; *irr 2. (fig: callarse)* verstummen
enmugrecer [enmugre'θɛr] *v irr* einfetten, verschmutzen
ennegrecimiento [ennegreθi'mĭento] *m* Verfinsterung *f*
ennoblecer [ennoƀle'θɛr] *v* veredeln
ennoblecimiento [ennoƀleθi'mĭento] *m* Veredelung *f*
enojadizo [enoxa'điθo] *adj* jähzornig, reizbar
enojado [enɔ'xađo] *adj* böse; *estar ~ con alguien* auf jdn wütend sein, jdm zürnen
enojarse [enɔ'xarse] *v* sich ärgern
enojo [e'noxo] *m* Zorn *m,* Wut *f*
enojoso [enɔ'xoso] *adj* ärgerlich, unangenehm, lästig
enología [enolo'xia] *f* Önologie *f*
enorme [e'nɔrme] *adj* enorm, riesengroß
enormemente [enɔrme'mente] *adv* massenhaft, maßlos, mächtig
enormidad [enɔrmi'đađ] *f 1. (tamaño muy grande)* Übermaß *n; 2. (fig: gravedad)* Schwere *f,* Ungeheuerlichkeit *f*
enquistado [enkis'tađo] *adj (embutido)* eingekapselt
enraizar [enrai'θar] *v* Wurzeln ansetzen *f/pl*
enramada [enra'mađa] *f (ramaje)* Laubwerk *n*
enrarecerse [enrare'θɛrse] *v irr* knapp werden
enrarecimiento [enrareθi'mĭento] *m* Verknappung *f,* Ausdünnung *f*
enrasado [enrra'sađo] *adj* bündig
enredadera [enređa'đera] *f BOT* Winde *f,* Kletterpflanze *f*
enredado [enrrɛ'đađo] *adj* verworren, verzwickt
enredador [enređa'đɔr] *m* Hetzer *m,* Intrigant *m*
enredar [enrrɛ'đar] *v 1. (fig)* umgarnen; *2. (cabello)* verfilzen
enredarse [enrrɛ'đarse] *v ~ en algo (fig)* sich in etw verstricken
enredo [en'ređo] *m 1. (lío)* Verwirrung *f,* Streit *m; 2. (fig: mentira)* Lüge *f,* Betrug *m*
enredoso [enre'đoso] *adj* verworren, schwierig
enrejado [enre'xađo] *m* Gitter *n*
enrejar [enre'xar] *v* vergittern
enrevesado [enreƀe'sađo] *adj (fig: ininteligible)* unverständlich, unleserlich, wirr
enriamiento [enrĭa'mĭento] *m* Rösten *n* (Hanf)
enrielar [enrĭe'lar] *v* in Gang bringen *m*
enriquecedor [enrikeθe'đɔr] *adj* bereichernd
enriquecer [enrrike'θɛr] *v irr* anreichern
enriquecido [enrrike'θiđo] *adj* angereichert
enriquecimiento [enrrikeθi'mĭento] *m* Anreicherung *f*
enriscado [enris'kađo] *adj* bergig, felsig
enriscamiento [enriska'mĭento] *m* Erhebung *f,* Fels *m*
enriscar [enris'kar] *v (fig: levantar)* erheben, erhöhen
enrodrigar [enrođri'gar] *v* pfählen
enrojecerse [enroxe'θɛrse] *v irr (sonrojarse)* erröten
enrojecimiento [enrro'xeθimĭento] *m* Erröten *n,* Rotwerden *n,* Rötung *f*
enrollamiento [enroʎa'mĭento] *m* Rollen *n,* Aufwickeln *n*
enrollar [enrrɔ'ʎar] *v* wickeln
enromar [enro'mar] *v* stumpf machen, abstumpfen
enronquecer [enronke'θɛr] *v irr* heiser werden
enronquecimiento [enrrɔkeθi'mĭento] *m MED* Heiserkeit *f*
enroscadura [enroska'đura] *f* Rollen *n,* Aufschrauben *n*
enroscar [enrrɔs'kar] *v TECH* einschrauben, festschrauben
enroscarse [enrrɔs'karse] *v* sich zusammenrollen
enrudecer [enruđe'θɛr] *v irr* vergröbern, roh werden
ensalada [ensa'lađa] *f* Salat *m; ~ de frutas* Obstsalat *m; ~ mixta* gemischter Salat *m*
ensaladera [ensala'đera] *f* Salatschüssel *f*
ensalivar [ensali'ƀar] *v* einspeicheln
ensalmador [ensalma'đɔr] *m* Gesundbeter *m*
ensalmista [ensal'mista] *m* Gesundbeter *m*

ensalobrarse [ensalo'ƀrarse] *v* brackig werden (Wasser)
ensalzador [ensalθa'đɔr] *adj* Lobredner *m*
ensalzamiento [ensalθa'mĭento] *m* Lob *n,* Verherrlichung *f*
ensalzar [ensal'θar] *v* verherrlichen
ensamblador [ensambla'đɔr] *m 1. (que ensambla)* Fügemaschine *f; 2. lenguaje ~ INFORM* Assemblersprache *f*
ensambladura [ensambla'đura] *f TECH* Verfugung *f*
ensamblaje [ensam'ƀlaje] *m* Zusammenbau *m*
ensamblar [ensam'blar] *v 1. (unir piezas)* zusammenfügen; *2. INFORM* assemblieren
ensanchador [ensantʃa'đɔr] *adj* vergrößernd, erweiternd
ensanchamiento [ensantʃa'mĭento] *m* Erweiterung *f*
ensanchar [ensan'tʃar] *v* ausweiten, dehnen, erweitern
ensanche [en'santʃe] *m 1.* Dehnung *f; 2. (ampliación)* Erweiterung *f; 3. (a lo ancho)* Verbreiterung *f,* Ausweitung *f*
ensangrentado [ensaŋgren'tađo] *adj* blutig
ensañado [ensa'ɲađo] *adj* verbissen
ensañamiento [ensaɲa'mĭento] *m* Zorn *m,* Bitterkeit *f*
ensañarse [ensa'ɲarse] *v* wütend werden
ensartar [ensar'tar] *v 1.* einfädeln; *2. (atravesar)* durchbohren, aufspießen
ensayar [ensa'ʎar] *v 1. (tratar)* versuchen; *2. THEAT* proben; *3. TECH* prüfen
ensayista [ensa'jista] *m* Essayist *m*
ensayo [en'saʎo] *m 1. (composición)* Aufsatz *m,* Essay *n; 2. (intento)* Versuch *m; 3. THEAT* Probe *f; ~ general* Generalprobe *f*
ensebar [ense'ƀar] *v* einfetten
enseguida [ense'ɡiđa] *adv* sofort
ensenada [ense'nađa] *f 1.* Bucht *f; 2. GEOL* Meerbusen *m*
enseña [en'seɲa] *f* Fahne *f*
enseñado [ense'ɲađo] *adj (educado, adiestrado)* wohlerzogen, gebildet
enseñanza [ense'ɲanθa] *f* Unterricht *m,* Unterrichtswesen *n,* Lehre *f*
enseñar [ense'ɲar] *v 1.* unterrichten, beibringen, lehren; *Yo les enseño a mis hijos a leer.* Ich bringe meinen Kindern das Lesen bei. *2. (mostrar, presentar)* vorzeigen, vorweisen, zeigen
enseñoramiento [enseɲora'mĭento] *m* Bemächtigung *f*
enseñorearse [enseɲo'rearse] *v* sich bemächtigen
enseres [en'seres] *m/pl* Werkzeuge *pl,* Geräte *pl*
enseriarse [ense'rĭarse] *v (LA)* ernst werden
ensillar [ensi'ʎar] *v* satteln
ensimismado [ensimiz'mađo] *adj* gedankenverloren, selbstvergessen
ensimismamiento [ensimizma'mĭento] *m* Versunkenheit *f*
ensimismarse [ensimiz'marse] *v* nachdenken, sich vertiefen
ensobercerse [ensɔrƀe'θɛrse] *v irr* hochmütig werden, übermütig werden
ensombrecer [ensɔmbre'θɛr] *v irr* überschatten
ensombrecerse [ensɔmbre'θɛrse] *v irr 1.* sich verfinstern; *2. (fig: ponerse triste);* traurig werden
ensoñador [ensoɲa'đɔr] *adj* träumerisch
ensordecedor [ensɔrđeθe'đɔr] *adj* ohrenbetäubend
ensordecer [ensɔrđe'θɛr] *v irr* betäuben
ensordecimiento [ensɔrđeθi'mĭento] *m* Betäubung *f,* Taubheit *f*
ensortijado [ensɔr'tixađo] *adj* lockig
ensortijamiento [ensɔrtixa'mĭento] *m* Kräuseln *n*
ensortijar [ensɔrti'xar] *v* kräuseln, locken
ensuciador [ensuθĭa'đɔr] *adj* beschmutzend
ensuciamiento [ensuθĭa'mĭento] *m* Verschmutzung *f,* Verunreinigung *f*
ensuciar [ensu'θĭar] *v* beschmutzen, verschmutzen, verunreinigen
ensueño [en'sweɲo] *m* Traum *m*
entablación [entaƀla'θĭɔn] *f* Täfelung *f*
entablado [enta'ƀlađo] *m* Podest *n*
entablar [enta'ƀlar] *v 1. (cubrir con tablas)* täfeln; *2. (disponer)* einleiten, anordnen; *~ una acción judicial* eine gerichtliche Handlung in die Wege leiten
entablillamiento [entaƀliʎa'mĭento] *m MED* Schienen *n*
entablillar [entaƀli'ʎar] *v* schienen
entalladura [entaʎa'dura] *f* Kerbe *f*
entallar [enta'ʎar] *v TECH* einkerben

entarimado [entari'mađo] *m* Bretterboden *m,* Parkett *n*
entarimar [entari'mar] *v* täfeln
ente ['ente] *m (ser)* Wesen *n*
enteco [en'teko] *adj* schwach, mager
entelarañado [entelara'ɲađo] *m* Verhüllung *f*
entenado [ente'nađo] *m* Stiefkind *n*
entendedera [entende'đera] *f/pl (fam)* Verstand *m*
entendedor [entende'đɔr] *m* Kenner *m*
entender [enten'dɛr] *v irr* begreifen, verstehen, einsehen; *¿Entiende usted?* Verstehen Sie? *No lo entiendo.* Das verstehe ich nicht.
entenderse [enten'derse] *v irr* sich verstehen; *~ bien con alguien* sich mit jdm gut vertragen; *Me entiendo bien con la nueva alumna.* Ich verstehe mich gut mit der neuen Schülerin.
entendido [enten'diđo] *m 1.* Kenner *m; adj 2.* klug, bewandert
entendimiento [entendi'mĭento] *m* Verstand *m*
entenebrecer [enteneƀre'θɛr] *v irr* sich verdüstern
entente [en'tente] *f* Entente *f*
enterado [ente'rađo] *adj* informiert, eingeweiht, vertraut
enteramente [en'teramente] *adv* vollkommen, vollständig, völlig
enterarse [ente'rarse] *v ~ de algo* etw zur Kenntnis nehmen, etw erfahren
entereza [ente'reθa] *f* Charakterstärke *f*
enteritis [ente'ritis] *f MED* Darminfektion *f*
enterizo [ente'riθo] *adj (de una pieza)* aus einem Stück
enternecedor [entɛrne'θeđɔr] *adj* rührend, ergreifend
enternecer [entɛrne'θɛr] *v irr* ergreifen, rühren
enternecimiento [entɛrneθi'mĭento] *m* Rührung *f*
entero [en'tero] *adj 1.* vollständig, völlig, ganz, voll; *2. (de carácter, de voz)* fest; *3. (relativo a la persona)* gesund, kräftig, aufrichtig, redlich
enterrador [enterra'đɔr] *m* Totengräber *m*
enterramiento [enterra'mĭento] *m* Beerdigung *f*
enterrar [ente'rrar] *v irr* beerdigen, begraben, bestatten
entesar [ente'sar] *v irr* anspannen, spannen
entibación [entiƀa'θĭɔn] *f* Stütze *f,* Ausbau *m*
entibador [entiƀa'đɔr] *m* Grubenzimmermann *m*
entibar [enti'ƀar] *v* abstützen, verzimmern
entibiar [enti'ƀĭar] *v 1. (hacer tibio)* abkühlen, abschrecken; *2. (fig: moderar)* lindern, mildern
entidad [enti'đađ] *f* Körperschaft *f*
entierro [en'tĭɛrrɔ] *m* Beerdigung *f,* Begräbnis *n,* Beisetzung *f*
entintado [entin'tađo] *adj* befleckt, mit Tinte bekleckst *f*
entintar [entin'tar] *v* beklecksen
entomología [entomolo'xia] *f ZOOL* Insektenkunde *f*
entomólogo [ento'mologo] *m ZOOL* Entomologe *m,* Insektenkundler *m*
entonación [entona'θĭɔn] *f* Tonfall *m*
entonar [ento'nar] *v 1. (ajustar el tono) MUS* intonieren; *2. (cantar)* singen, anstimmen
entonces [en'tɔnθes] *adv 1.* damals, zu jener Zeit, dann; *de ~* damalig; *desde ~* seitdem; *2. (siendo así)* dann
entonelar [entone'lar] *v* in Fässer füllen *n/pl*
entono [en'tono] *m* Stolz *m*
entontecer [entonte'θɛr] *v irr 1. (poner tonto)* verdummen; *2. (volverse tonto)* dumm werden
entontecimiento [entɔnteθi'mĭento] *m* Verdummung *f*
entornar [entɔr'nar] *v 1. (los ojos)* halb schließen; *2. (la puerta, la ventana)* anlehnen
entornillar [entɔr'niʎar] *v* schrauben
entorno [entɔrno] *m* Umgebung *f,* Umwelt *f,* Umfeld *n,* Umgegend *f*
entorpecer [entɔr'peθer] *v irr* behindern, hemmen, stören
entorpecimiento [entɔrpeθi'mĭento] *m* Hindernis *n*
entrada [en'trađa] *f 1.* Eingang *m,* Zugang *m,* Zutritt *m; ~ a escena THEAT* Auftritt *m; ~ de artistas* Bühneneingang *m; ~ principal* Haupteingang *m; ~ prohibida* Hausverbot *n; 2. (comienzo)* Beginn *m,* Anfang *m; ~ en funciones* Dienstantritt *m; ~ en vigor* In-Kraft-Treten *n; 3. (para vehículos)* Auffahrt *f,* Einfahrt *f; 4. (billete)* Ein-

trittskarte *f*; ~ *para niños* Eintrittskarte für Kinder *f*; 5. *ECO* Einnahme *f*; 6. *(en la frontera)* Einreise *f*; 7. ~ *en acción MIL* Einsatz *m*; 8. *INFORM* Eingabe *f*; 9. *GAST* Vorspeise *f*
entrado [en'trađo] *adj* ~ *en años* bejahrt
entramar [entra'mar] *v* Fachwerk bauen *n*
entrampar [entram'par] *v (fig: engañar)* täuschen, betrügen
entramparse [entram'parse] *v (llenarse de deudas)* sich verschulden
entrañable [entra'ɲaƀle] *adj* innig, herzlich
entrañas [en'traɲas] *f/pl* 1. *ANAT* Eingeweide *pl*, Körperinneres *n*; 2. *(fig: naturaleza)* Innerstes *n*, Gemüt *n*
entrar [en'trar] *v* 1. hereinkommen, hineingehen, betreten; 2. ~ *en (sin permiso)* eindringen in; 3. *(el día, la noche)* anbrechen
entre ['entre] *prep* unter, zwischen, bei; ~ *sí* untereinander
entreabierto [entrea'ƀĭɛrto] *adj* halb geöffnet
entreacto [entre'akto] *m THEAT* Zwischenakt *m*
entreayudarse [entreaju'đarse] *v* sich gegenseitig helfen
entrecalle [entre'kaʎe] *f ARCH* Zwischenstraße *f*
entrecanal [entreka'nal] *m ARCH* Zwischenkanal *m*
entrechocarse [entretʃo'karse] *v* zusammenstoßen, aufeinander prallen
entreclaro [entre'klaro] *adj* dämmrig
entrecortado [entrekɔr'tađo] *adj* stockend, holperig
entrecortar [entrekɔr'tar] *adj* stoßweise atmen, kurzatmig sein
entrecruzado [entrekru'θađo] *adj* verschlungen
entrecruzar [entrekru'θar] *v* kreuzen, verschlingen
entredecir [entređe'θir] *v irr* verbieten, bannen
entredicho [entre'đitʃo] *m (prohibición)* Verbot *n*, Bann *m*
entrega [en'trega] *f* 1. *(despacho)* Ablieferung *f*, Abgabe *f*, Zustellung *f*; ~ *por expreso* Eilzustellung *f*; *hacer* ~ zustellen; 2. *(dar)* Überlassung *f*, Überreichung *f*; *hacer* ~ *de* überreichen; 3. *(con sacrificio personal)* Hingabe *f*
entregado [entre'gađo] *adj* ~ *al servicio* dienstbeflissen
entregador [entrega'đɔr] *adj* hingebend, liefernd
entregamiento [entrega'mĭento] *m* Hingabe *f*, Lieferung *f*
entregar [entre'gar] *v* 1. *(despachar)* abliefern, abgeben, zustellen; 2. *(dar)* überbringen, übergeben, überreichen, einreichen; ~ *en mano* aushändigen
entrelazamiento [entrelaθa'mĭento] *m* Verflechtung *f*
entrelazar [entre'laθar] *v* einflechten, einweben
entrelucir [entrelu'θir] *v irr* hindurchscheinen, durchschimmern
entremeses [entre'meses] *m/pl GAST* Vorspeise *f*
entremeterse [entreme'tɛrse] *v* sich einmischen
entremetido [entreme'tiđo] *adj* aufdringlich, vorlaut
entremetimiento [entremeti'mĭento] *m* Aufdringlichkeit *f*
entremezclar [entremeθ'klar] *v* vermischen, untermischen, mischen
entrenador(a) [entrena'đɔr/entrena'đora] *m/f* Trainer(in) *m/f*
entrenamiento [entrena'mĭento] *m* Übung *f*, Schulung *f*, Training *n*
entrenar [entre'nar] *v* anlernen, trainieren
entrenarse [entre'narse] *v* trainieren
entrepiernas [entre'pĭernas] *f* Innenseite der Oberschenkel *f*, Zwickel *m*
entrepiso [entre'piso] *m* Zwischensohle *f*, (LA) Zwischengeschoss *n*
entresaca [entre'saka] *f* Auslese *f*
entresacadura [entresaka'đura] *f* Auswahl *f*, Auslese *f*
entresacar [entresa'kar] *v* aussondern
entresijo [entre'sixo] *m (fig: algo escondido)* Netz *n*
entretanto [entre'tanto] *adv* inzwischen, mittlerweile, unterdessen
entretejer [entrete'xɛr] *v* einflechten
entretejimiento [entretexi'mĭento] *m* Verflechtung *f*
entretención [entreten'θĭɔn] *f* Unterhalt *m*
entretenedor [entretene'đɔr] *adj* unterhaltsam, zerstreuend
entretener [entrete'nɛr] *v irr* animieren, unterhalten; ~ *a alguien* jdn hinhalten

entretenerse [entrete'nerse] *v irr* sich unterhalten, sich beschäftigen
entretenido [entre'teniđo] *adj* unterhaltend
entretenimiento [entreteni'mĭento] *m* *1.* Beschäftigung *f,* Zeitvertreib *m,* Unterhaltung *f; 2. TECH* Wartung *f*
entretiempo [entre'tĭempo] *m* Übergangszeit *f,* Vorsaison *f,* Nachsaison *f*
entrever [entre'ƀɛr] *v irr* ahnen
entreverado [entreƀe'rađo] *adj* gemischt, durchwachsen
entreverar [entreƀe'rar] *v* verwirren
entrevía [entre'ƀia] *f* Spur *f,* Gleisabstand *m*
entrevista [entre'ƀista] *f* Interview *n,* Befragung *f*
entrevistar [entre'ƀistar] *v* befragen, interviewen
entrevistarse [entreƀis'tarse] *v (tener una cita con alguien)* sich treffen; *Tengo que entrevistarme con el cónsul general.* Ich habe ein Treffen mit dem Generalkonsul. *~ con alguien* mit jdm zusammentreffen, sich mit jdm besprechen, sich mit jdm unterreden, mit jdm ein Gespräch führen
entristecer [entriste'θɛr] *v irr* bekümmern
entristecerse [entriste'θɛr] *v irr ~ de/~ por* sich grämen über
entristecimiento [entristeθi'mĭento] *m* Traurigkeit *f*
entrojar [entro'xar] *v* einfahren
entrometerse [entrome'terse] *v* sich einmischen
entrometido [entrome'tiđo] *adj* naseweis, zudringlich
entroncamiento [entronka'mĭento] *m* Verwandtschaft *f,* Verschwägerung *f*
entronización [entroniθa'θĭɔn] *f* Thronbesteigung *f*
entronizamiento [entroniθa'mĭento] *m* Thronbesteigung *f*
entronizar [entroni'θar] *v 1. (colocar en el trono)* auf den Thron setzen *m; 2. (fig: ensalzar)* rühmen, preisen
entruchada [entru'tʃađa] *f (fam: engaño)* Betrug *m,* Schwindel *m,* Verschwörung *f*
entubación [entuƀa'θĭɔn] *f* Verrohrung *f*
entuerto [en'twɛrto] *m (injuria)* Unrecht *n*
entullecer [entuʎe'θɛr] *v irr (tullirse)* lähmen
entumecer [entume'θɛr] *v irr* lähmen, starr werden
entumecimiento [entumeθi'mĭento] *m* Lähmung *f,* Starre *f,* Taubheit *f*
entumirse [entu'mirse] *v* einschlafen (Glieder)
entupir [entu'pir] *v (obstruir un conducto)* verstopfen
enturbiar [entur'ƀĭar] *v* trüben
entusiasmado [entusĭas'mađo] *adj* begeistert, lebhaft
entusiasmar [entusĭas'mar] *v ~ a alguien* jdn begeistern
entusiasmarse [entusĭas'marse] *v* sich begeistern
entusiasmo [entu'sĭasmo] *m* Begeisterung *f,* Eifer *m*
entusiasta [entu'sĭasta] *adj* schwärmerisch, begeistert
entusiástico [entu'sĭastiko] *adj* enthusiastisch
enumeración [enumera'θĭɔn] *f* Aufzählung *f*
enumerador [enumera'đɔr] *adj* zählend
enumerar [enume'rar] *v* nummerieren, aufzählen
enumerativo [enumera'tiƀo] *adj* aufzählend
enunciación [enunθĭa'θĭɔn] *f* Mitteilung *f*
enunciado [enun'θĭađo] *m* Aussage *f,* Darstellung *f*
enunciar [e'nunθĭar] *v* kurz äußern, darlegen, aussprechen
enunciativo [enunθĭa'tiƀo] *adj* aussagend
envalentonamiento [emnbalentona'mĭento] *m* Ermunterung *f*
envalentonar [embalento'nar] *v* ermuntern, ermutigen
envalentonarse [embalento'narse] *v* sich ein Herz nehmen *n,* Mut fassen *m*
envanecer [embane'θɛr] *v irr* stolz machen
envanecimiento [embaneθi'mĭento] *m* Dünkel *m,* Hochmut *m,* Eitelkeit *f*
envaramiento [embara'mĭento] *m* Steifheit *f*
envararse [emba'rarse] *v* versteifen, starr werden
envasado [emba'sađo] *m ~ al vacío* Vakuumverpackung *f*
envasar [emba'sađo] *v* verpacken, einpacken, einfüllen

envase [em'base] *m* Verpackung *f*; ~ *de vuelta* Leergut *n*; ~ *no retornable* Einwegverpackung *f*
envedijarse [embeđi'xarse] *v* verwirren, sich verheddern, sich verfilzen
envejecer [embɛxe'θɛr] *v irr* altern, ergrauen
envejecido [embɛxe'θiđo] *adj* veraltet, gealtert
envejecimiento [embɛxe'θimĭento] *m* Alterung *f*
envenenador [embenene'đɔr] *adj* Gift...
envenenamiento [embenena'mĭento] *m MED* Vergiftung *f*
envenenar [embene'nar] *v* vergiften
envergadura [embɛrga'đura] *f 1. ZOOL* Spannweite *f*; *2. TECH* Spannweite *f*; *3. (alcance, consecuencias)* Tragweite *f*; *Esto es un problema de gran ~.* Dies ist ein Problem von großer Tragweite.
envergar [embɛr'gar] *v NAUT* anschlagen (Segel)
envergue [em'bɛrge] *m NAUT* Zeising *n*
envero [em'bero] *m* Farbe *f (Obst)*
envés [em'bes] *m* Rückseite *f*
enviado [em'bĭađo] *m* ~ *especial POL* Abgesandter *m*
enviar [em'bĭar] *v 1.* abschicken, zuschicken, versenden, einsenden; ~ *por telefax* faxen; *La invitación te la ~é por correo.* Ich werde dir die Einladung per Post schicken. *2. (un recado)* übermitteln; *3. ECO* befördern; *4. (entregar)* aufgeben
enviciar [embi'θĭar] *v (corromper)* verderben, schlechten Einfluss ausüben *m*
envidia [em'biđĭa] *f* Neid *m*, Missgunst *f*
envidiable [embi'đĭaƀle] *adj* beneidenswert
envidiar [embi'đĭar] *v* beneiden; *no ~ algo a alguien* jdm etw gönnen
envidioso [embi'đĭoso] *adj* neidisch, missgünstig
envilecer [embile'θɛr] *v irr* erniedrigen, entwürdigen
envilecimiento [embileθi'mĭento] *m* Verkommenheit *f*
envío [em'bio] *m 1.* Absendung *f*, Versendung *f*, Zustellung *f*, Versand *m*; ~ *por expreso* Expressgut *n*; *2. (entrega)* Aufgabe *f*, Übermittlung *f*; *3. ECO* Beförderung *f*
envión [em'bĭɔn] *m* Stoß *m*
envite [em'bite] *m (fig: ofrecimiento)* Angebot *n*
enviudar [embiu'đar] *v* verwitwen
envoltorio [embɔl'torĭo] *n* Bündel *n*
envoltura [embɔl'tura] *f* Hülle *f*, Umhüllung *f*, Packung *f*
envolvente [embol'ƀente] *adj* einwickelnd, unwiderstehlich, betörend
envolver [embɔl'vɛr] *v irr* einpacken, umwickeln, einwickeln; ~ *a alguien en* jdn hineinziehen in
envolvimiento [embolbi'mĭento] *m* Einwicklung *f*, Verpackung *f*
envuelta [em'bwelta] *f* Umhüllung *f*, Hülle *f*, Verkleidung *f*
enyesar [eŋ'jesar] *v irr* eingipsen, übergipsen
enyuntar [enjun'tar] *v* vereinigen
enzarzarse [enθar'θarse] *v (involucrarse en algo)* sich in etw verwickeln, sich verheddern
enzima [en'θima] *f BIO* Enzym *n*
epa ['epa] *interj* he!/hallo!/auf!
epentético [epen'tetiko] *adj GRAMM* epenthetisch
epicentro [epi'θentro] *m* Epizentrum *n*
epicureísmo [epikure'izmo] *m (fig: búsqueda del placer)* Epikureismus *m*, Jagd nach Wollust
epidemia [epi'đemĭa] *f MED* Epidemie *f*, Seuche *f*
epidemial [epiđe'mĭal] *adj* epidemisch
epidemicidad [epiđemiθi'đađ] *f* Epidemie *f*
epidémico [epi'đemiko] *adj* epidemisch
epidemiología [epiđemĭolo'xia] *f MED* Epidemiologie *f*
epidemiólogo [epide'mĭologo] *m MED* Epidemiologe *m*
epidermis [epi'đermis] *f ANAT* Epidermis *f*, obere Hautschicht *f*
epifanía [epifa'nia] *f REL* Epiphanie *f*
epiglotis [epi'glotis] *f ANAT* Epiglottis *f*, Kehlkopfdeckel *m*
epígono [epi'gono] *m* Epigone *m*, unbedeutender Nachfolger *m*
epígrafe [e'pigrafe] *m* Inschrift *f*
epigrafía [epigra'fia] *f* Epigraphik *f*, Inschriftenkunde *f*
epigráfico [epi'grafiko] *adj* epigraphisch
epigrafista [epigra'fista] *m* Epigraph *m*
epigrama [epi'grama] *m* Epigramm *n*, Sinngedicht *n*
epigramático [epigra'matiko] *adj* epigrammatisch

epilepsia [epi'lɛƀsĭa] *f MED* Epilepsie *f*
epiléptico [epi'leptiko] *adj MED* epileptisch
epílogo [e'pilogo] *m 1. THEAT* Nachspiel *n; 2. (postdata, resumen)* Nachwort *n,* Epilog *m*
epiquerema [epike'rema] *m* Beweisschluss *m*
episcopado [episko'pađo] *adj REL* bischöflich
episcopal [episko'pal] *adj REL* bischöflich
episódico [epi'sođiko] *adj* episodenhaft, vorübergehend
episodio [epi'sođĭo] *m* Episode *f*
epistaxis [epis'tagsis] *f MED* Nasenbluten *n*
epistemología [epistemolo'xia] *f* Epistemologie *f,* Wissenschaftslehre *f*
epístola [e'pistola] *f (carta)* Epistel *f,* Brief *m*
epistolario [episto'larĭo] *m (conjunto de cartas)* Briefsammlung *f*
epistológrafo [episto'lografo] *m* Epistolograph *m*
epitafio [epi'tafĭo] *m* Epitaph *n,* Gedenktafel *f,* Grabschrift *f*
epitalamio [epita'lamĭo] *m THEAT* Hochzeitsgedicht *n*
epítema [e'pitema] *m MED* Epithem *n; MED* Umschlag *m*
epitomar [epito'mar] *adj* Auszugs..., Abschnitts...
epítome [e'pitome] *m* Epitome *f*
época ['epoka] *f 1. (punto fijo en el tiempo)* Zeitpunkt *m; 2. (un lapso)* Zeitraum *m,* Epoche *f,* Zeitalter *n*
epopeya [epo'peja] *f 1. (poema heroico)* Epos *n,* Heldenlied *n; 2. (fig: hechos heroicos)* Heldentat *f*
equiángulo [eki'angulo] *adj MATH* mit gleichen Winkeln *m/pl*
equidad [eki'đađ] *f* Gleichgültigkeit *f,* Gerechtigkeit *f*
equidiferencia [ekiđife'renθĭa] *f MATH* gleiche Differenz *f*
equidistancia [ekiđis'tanθĭa] *f* gleiche Distanz *f*
equidistante [ekiđis'tante] *adj* gleich weit entfernt
equilátero [eki'latero] *adj MATH* mit gleichen Seiten (Dreieck)
equilibrado [ekili'ƀrađo] *adj* ausgeglichen
equilibrar [ekili'ƀrar] *v 1.* ausgleichen, balancieren; *2. TECH* auswuchten
equilibrio [eki'liƀrĭo] *m 1.* Gleichgewicht *n; 2. (fig)* Ausgeglichenheit *f*
equilibrismo [ekili'ƀrizmo] *m* Seiltanz *m*
equilibrista [ekili'ƀrista] *m/f* Seiltänzer(in) *m/f*
equino [e'kino] *adj* Pferde...
equinoccial [ekinok'θĭal] *adj* Äquinoktial..., tropisch
equinoccio [eki'nogθĭo] *m* Tagundnachtgleiche *f*
equinodermo [ekino'đermo] *m ZOOL* Borstentier *n*
equipaje [eki'paxe] *m* Gepäck *n*
equipar [eki'par] *v* ausrüsten
equiparable [ekipa'raƀle] *adj* vergleichbar
equiparación [ekipara'θĭɔn] *f* Gleichstellung *f*
equiparado [ekipa'rađo] *adj ~ a* gleichgestellt mit
equipo [e'kipo] *m 1.* Ausrüstung *f,* Ausstattung *f; ~ de camping* Campingausrüstung *f; ~ estéreo* Stereoanlage *f; 2. (delegación)* Besatzung *f,* Equipe *f; 3. SPORT* Mannschaft *f; ~ olímpico* Olympiamannschaft *f*
equipolencia [ekipo'lenθĭa] *f* Gleichwertigkeit *f*
equiponderar [ekiponde'rar] *v* gleichschätzen
equisetácea [ekise'taθea] *f/pl BOT* Schachtelhalm *m*
equisonancia [ekiso'nanθĭa] *f* Gleichklang *m*
equitación [ekita'θĭɔn] *f* Reiten *n,* Reitkunst *f,* Reitsport *m*
equivalencia [ekiva'lenθĭa] *f* Gleichwertigkeit *f*
equivalente [ekiƀa'lente] *m* Gegenstück *n,* Gegenwart *f*
equivaler [ekiƀa'lɛr] *v irr* gleichwertig sein
equivocación [ekiƀoka'θĭɔn] *f* Irrtum *m,* Missverständnis *n,* Verwechslung *f*
equivocado [ekiƀo'kađo] *adj* falsch, irrtümlich, verkehrt
equivocarse [ekiƀo'karse] *v* sich irren, sich täuschen; *Me he equivocado.* Ich habe mich verwählt. *Usted se ha equivocado al contar.* Sie haben sich verzählt! *Disculpe usted, la he equivocado con una amiga.*

Entschuldigen Sie, ich habe Sie mit einer Freundin verwechselt. *Me he equivocado en la fecha de nacimiento.* Ich habe mich im Geburtsdatum geirrt. ~ *al escribir* sich verschreiben; ~ *al hablar* sich versprechen; ~ *en el cálculo* sich verrechnen
equívoco [e'kiƀoko] *m* Irrtum *m*
equivoquista [ekiƀo'kista] *m* Mensch, der Wortspiele/Doppeldeutigkeiten benutzt
era ['era] *f* *1.* Zeitalter *n; 2. (área) BOT* Beet *n*
erario [e'rarĭo] *m ECO* Staatsvermögen *n*
erbio ['ɛrƀĭo] *m (elemento químico) CHEM* Erbium *n*
erección [ereg'θĭɔn] *f 1. (acción de levantar)* Aufrichten *n,* Errichten *n; 2. (tensión de algunos tejidos) ANAT* Erektion *f,* Versteifen *n*
eréctil [e'rektil] *adj* erektions..., aufrichtbar
erectilidad [erektili'đađ] *f* Aufrichtbarkeit *f*
eremita [ere'mita] *m* Eremit *m*
eremítico [ere'mitiko] *adj* eremitisch, einsiedlerisch
eremitorio [eremi'tɔrĭo] *m* Eremitentum *n,* Einsiedelei *f*
ergo ['ɛrgo] *konj* also, folglich
ergonomía [ɛrgono'mia] *f* Ergonomie *f*
ergonómico [ɛrgo'nomiko] *adj* ergonomisch
ergotismo [ɛrgo'tizmo] *m* Ergotismus *m,* Besserwisserei *f*
ergotista [ɛrgo'tista] *adj* rechthaberisch
ergotizar [ɛrgoti'θar] *v* bemäkeln, meckern
erguido [ɛr'giđo] *adj* aufrecht
erguimiento [ɛrgi'mĭento] *m* Überheblichkeit *f,* Aufrichten *n*
erguir [ɛr'gir] *v irr* aufrichten
erguirse [ɛr'girse] *v (fig: engreirse)* sich erheben
erial [e'rĭal] *m* öde, karg
ericácea [eri'kaθea] *f/pl BOT* Heidekrautgewächs *n*
erigir [eri'xir] *v* aufrichten
eringe [e'riŋxe] *f BOT* Edeldistel *f*
erizado [eri'θađo] *adj* stachelig
erizamiento [eriθa'mĭento] *m* Rauheit *f,* Borstigkeit *f*
erizarse [eri'θarse] *v* sich sträuben
erizo [e'riθo] *m ZOOL* Igel *m;* ~ *de mar* Seeigel *m*
ermita [ɛr'mita] *f* Wallfahrtskirche *f,* Einsiedelei *f*
ermitaño [ɛrmi'taɲo] *m 1.* Einsiedler *m; 2. ZOOL* Einsiedlerkrebs *m*
erogación [eroga'θĭɔn] *f* Austeilung *f,* Verteilung *f*
erogar [ero'gar] *v (distribuir)* verteilen
erosión [ero'sĭɔn] *f* Erosion *f*
erosivo [ero'siƀo] *adj* erosiv
erótico [e'rotiko] *adj* erotisch
erotismo [ero'tizmo] *m* Erotik *f*
erotomanía [erotoma'nia] *f* Erotomanie *f*
erotómano [ero'tomano] *m* Erotomane *m*
errabundo [ɛrra'ƀundo] *adj* herumirrend, herumschweifend
erradicación [ɛrrađika'θĭɔn] *f* Irrtum *m*
erradicar [ɛrrađi'kar] *v* ausrotten
erradizo [ɛrra'điθo] *adj* umherirrend
errado [ɛ'rrađo] *adj* falsch, irrig
errante [ɛ'rrante] *adj* fehlerhaft, verfehlend, irrtümlich
errar [ɛ'rrar] *v irr* verfehlen
errata [ɛ'rrata] *f* Druckfehler *m; fe de ~s* Druckfehlerverzeichnis *n*
errático [ɛ'rratiko] *adj (errante)* wandernd
erratil [ɛ'rratil] *adj* unsicher, schwankend
erróneo [ɛ'rrɔneo] *adj* ungenau, verkehrt, fälschlich
error [ɛ'rrɔr] *m* Fehler *m,* Irrtum *m,* Missgriff *m; Esto es un ~.* Das ist ein Irrtum. ~ *de imprenta* Druckfehler *m;* ~ *fundamental* Kardinalfehler *m;* ~ *judicial* Justizirrtum *m*
eructación [erukta'θĭɔn] *f* Aufstoßen *n,* Rülpsen *n*
eructar [eruk'tar] *v* rülpsen
eructo [e'rukto] *m* Aufstoßen *n,* Rülpsen *n*
erudición [eruđi'θĭɔn] *f* Gelehrsamkeit *f*
erudito [eru'đito] *m 1.* Gelehrter *m; adj 2.* gelehrt
eruginoso [eruxi'noso] *adj* kupfergrün, rostartig
erupción [erup'θĭɔn] *f 1.* Ausbruch *m;* ~ *volcánica* Vulkanausbruch *m; 2.* ~ *cutánea MED* Hautausschlag *m*
eruptivo [erup'tiƀo] *adj* eruptiv
esa ['esa] *pron 1.* diese; *2. (aquella)* jene
esbeltez [esƀel'teθ] *f* Schlankheit *f*
esbelto [ez'ƀɛlto] *adj* schlank
esbirro [es'ƀirro] *m* Büttel *m,* Spitzel *m*
esbozar [ezƀo'θar] *v* umreißen
esbozo [ez'ƀoθo] *m* Umriss *m,* Entwurf *m*

escabechado [eskaƀe'tʃađo] *adj 1. GAST* mariniert; *2.* geschminkt, bemalt
escabechar [eskaƀe'tʃar] *v (poner escabeche) GAST* marinieren
escabeche [eska'ƀetʃe] *m GAST* Marinade *f*
escabechina [eskaƀe'tʃina] *f (estrago)* Verheerung *f,* Verwüstung *f,* Zerstörung *f*
escabel [eska'ƀel] *m* Schemel *m*
escabino [eska'ƀino] *m JUR* Schöffe *m*
escabrosidad [eskaƀrosi'đađ] *f* Unebenheit *f,* Holprigkeit *f,* Schwierigkeit *f*
escabroso [eska'ƀroso] *adj 1.* schroff; *2. (fig: indecente)* anstößig, schlüpfrig
escabullirse [eskaƀu'ʎirse] *v irr* entwischen, entgleiten
escafandra [eska'fandra] *f SPORT* Taucheranzug *m*
escala [es'kala] *f 1.* Maßstab *m,* Skala *f; hacer ~* anlegen; *a ~* maßstabgerecht; *2. MUS* Tonleiter *f; 3. (parada)* Zwischenlandung *f*
escalabrar [eskala'ƀrar] *v* hinstürzen
escalada [eska'lađa] *f* Ersteigen *n,* Erklettern *n,* Erstürmen *n*
escalafón [eskala'fɔn] *m* Rangliste *f*
escalamiento [eskala'mĭento] *m* Ersteigen *n,* Erstürmen *n,* Eskalation *f*
escalar [eska'lar] *v 1. (subir)* ersteigen, erklettern, besteigen; *¿Quién fue el primer europeo en escalar el Everest?* Welcher Europäer hat als erster den Everest bestiegen? *2. (fig: llegar a altos cargos)* aufsteigen, hinaufsteigen
escaldadura [eskalđa'đura] *f* Abbrühen *n,* Glühen *n,* Verbrühung *f*
escaldarse [eskal'đarse] *v 1.* sich wund reiben; *2. (hacer arder)* zum Glühen bringen
escaleno [eska'leno] *adj triángulo ~ MATH* ungleichseitiges Dreieck *n*
escalera [eska'lera] *f* Leiter *f,* Treppe *f; ~ de caracol* Wendeltreppe *f; ~ de incendios* Feuertreppe *f; ~ mecánica* Rolltreppe *f; ~ sueca SPORT* Sprossenwand *f*
escalerilla [eskale'riʎa] *f* Trittleiter *f,* Gangway *f*
escalinata [eskali'nata] *f* Freitreppe *f,* Vortreppe *f*
escalofriante [eskalo'frĭante] *adj* gruselig
escalofrío [eskalo'frio] *m 1.* Schauer *m; 2. ~s pl* Gänsehaut *f; 3. ~s pl MED* Schüttelfrost *m*
escalón [eska'lɔn] *m* Stufe *f,* Sprosse *f*
escalonamiento [eskalona'mĭento] *m* Abstufung *f,* Staffelung *f*
escalonar [eskalo'nar] *v* abstufen
escalope [eska'lope] *m GAST* Schnitzel *n*
escalpar [eskal'par] *v* skalpieren
escalpelo [eskal'pelo] *m MED* Skalpell *n*
escalpo [es'kalpo] *m* Skalp *m*
escama [es'kama] *f ZOOL* Schuppe *f*
escamadura [eskama'đura] *f* Abschuppen *n,* Abstreifen *n*
escamar [eska'mar] *v (quitar las escamas)* abschuppen
escamochar [eskamo'tʃar] *v* verschwenden
escamondar [eskamon'dar] *v* ausästen
escamondo [eska'mondo] *m* Ausästen *n*
escamoso [eska'moso] *adj* schuppig, geschuppt
escamoteador [eskamotea'đɔr] *m* geschickter Dieb *m,* Taschenspieler *m*
escamotear [eskamote'ar] *v* kaschieren
escampada [eskam'pađa] *f* Aufklaren *n*
escampado [escam'pađo] *adj* einzeln, zerstreut
escampar [eskam'par] *v (dejar de llover)* aufklaren
escandalizar [eskandali'θar] *v (armar tumulto)* Anstoß erregen *m,* Ärgernis erregen *n*
escandalizarse [eskandali'θarse] *v (ofenderse)* Anstoss nehmen *m*
escandallo [eskan'daʎo] *m NAUT* Lot *n*
escándalo [es'kandalo] *m 1.* Skandal *m,* Aufsehen *n; 2. (ruido)* Radau *m,* Szene *f*
escandaloso [eskanda'loso] *adj* skandalös, unerhört
Escandinavia [eskandi'naƀĭa] *f GEO* Skandinavien *n*
escandinavo [eskandi'naƀo] *m 1. GEO* Skandinavier *m; adj 2. GEO* skandinavisch
escaño [es'kaɲo] *m* Sitzbank mit Lehne *f,* Abgeordnetenbank *f,* Sitz im Parlament *m*
escapada [eska'pađa] *f* Eskapade *f,* Abstecher *m; hacer una ~* einen Abstecher machen
escapamiento [eskapa'mĭento] *m* Entwischen *n,* Entrinnen *n*
escapar [eska'par] *v* flüchten, fliehen
escaparate [eskapa'rate] *m 1.* Schaufenster *n,* Auslage *f; 2. (armario) (LA)* Kleiderschrank *m*

escaparse [eska'parse] *v 1.* ausbrechen, entkommen; *Él se escapó de la cárcel.* Er entkam aus dem Gefängnis.
escapatoria [eskapa'tɔrĭa] *f* Vorwand *m,* Ausflucht *f,* Entrinnen *n*
escape [es'kape] *m 1.* Flucht *f,* Entrinnen *n; 2. (derrame)* Leck *n; 3. TECH* Auspuff *m*
escápula [es'kapula] *f ANAT* Schulterblatt *n*
escapulario [eskapu'larĭo] *m REL* Skapulier *n*
escaque [es'kake] *m* Schachfeld *n,* Schachspiel *n*
escaqueado [eska'keađo] *adj (ajedrezado)* schachbrettartig
escara [es'kara] *f MED* Schorf *m,* Wundschorf *m*
escarabajear [eskaraƀa'xear] *v 1. (moverse desordenadamente)* krabbeln; *2. (garabatear)* kritzeln
escarabajeo [eskaraƀa'xeo] *m* Krabbeln *n,* Gram *m,* Kummer *m*
escarabajo [eskara'ƀaxo] *m ZOOL* Käfer *m; ~ de San Juan* Junikäfer *m*
escaramucear [eskaramu'θear] *v* plänkeln, scharmützeln
escaramujo [eskara'muxo] *m 1. BOT* Hagebutte *f; 2. ZOOL* Entenmuschel *f*
escaramusa [eskara'musa] *f* Geplänkel *n,* Scharmützel *n*
escaramuzar [eskaramu'θar] *v* scharmützeln
escarapela [eska'rapela] *f* Kokarde *f,* Rauferei *f* (fig)
escarbadero [eskarƀa'đero] *m* Suhle *f*
escarbo [es'karƀo] *m* Scharren *n,* Kratzen *n,* Stochern *n*
escarceos [eskar'θeo] *v (fig: rodeo)* Umschweife *pl*
escarcha [es'kartʃa] *f* Raureif *m*
escarchado [eskar'tʃađo] *adj* bereift, kandiert
escarchar [eskar'tʃar] *v* reifen, bereifen, kandieren
escardadura [eskarđa'đura] *f* Jäten *n,* Ausjäten *n*
escardar [eskar'đar] *v* jäten
escardillo [eskar'điʎo] *m (instrumento para escardar)* Jäthacke *f*
escariar [eska'rĭar] *v* aufreiben, ausweiten
escarificación [eskarifika'θĭɔn] *f MED* Verschorfung *f*
escarioso [eska'rĭoso] *adj MED* kariös
escarizar [eskari'θar] *v MED* den Schorf ablösen *m*
escarlata [eskar'lata] *adj* scharlachrot
escarlatina [eskarla'tina] *f MED* Scharlach *m*
escarmentar [eskarmen'tar] *v irr 1. (corregir severamente)* hart strafen; *2. (servirle a uno algo de escarmiento)* aus Erfahrung lernen *f,* Lehrgeld zahlen *n; Nunca escarmientas.* Du lernst es wohl nie.
escarmiento [eskar'mĭento] *m 1.* Züchtigung *f,* Lehre *f; 2. (fig)* abschreckendes Beispiel *n*
escarnecedor [eskarneθe'đɔr] *adj* verspottend, verhöhnend
escarnecer [eskarne'θɛr] *v* verhöhnen, verspotten
escarnio [es'karnĭo] *m* Hohn *m,* Spott *m,* Verhöhnung *f*
escaro [es'karo] *m ZOOL* Papageienfisch *m*
escarpa [es'karpa] *f (declive en un terreno)* Abhang *m,* Steilhang *m,* Böschung *f*
escarpado [eskar'pađo] *adj* steil, abschüssig, jäh
escarpadura [eskarpa'đura] *f* Abhang *m,* Steilhang *m,* Böschung *f*
escarpe [es'karpe] *m* abschüssiger Hang *m,* Abhang *m*
escarpia [es'karpĭa] *f* Hakennagel *m*
escarpín [eskar'pin] *m* leichter Schuh *m,* Tanzschuh *m,* Überstrumpf *m*
escasamente [eskasa'mente] *adv* knapp, spärlich
escasear [eska'sear] *v (faltar)* knausern, knapp bemessen
escasez [eska'seθ] *f 1.* Not *f; 2. (carencia) ~ de* Knappheit an *f,* Verknappung an *f; ~ de agua potable* Trinkwasserknappheit *f; ~ de personal* Personalmangel *m*
escaso [es'kaso] *adj* knapp, spärlich, selten
escatimar [eskati'mar] *v* schmälern
escatimoso [eskati'moso] *adj* hinterhältig
escatología [eskatolo'xia] *f 1. (tratado de los excrementos)* Exkrementprobe *f; 2. (indecencia)* Unanständigkeit *f,* Gemeinheit *f; 3. (relativo a la vida en ultratumba) REL* Eschatologie *f*
escatológico [eskato'loxiko] *adj* eschatologisch
escayola [eska'jola] *f* Feingips *m,* Stuckgips *m*

escayolar [eskajo'lar] *v* vergipsen, stukkatieren, eingipsen
escena [es'θena] *f* Szene *f; poner en ~* inszenieren
escenario [esθe'narĭo] *m* Schauplatz *m,* Szenerie *f*
escénico [es'θeniko] *adj* szenisch, Bühnen...
escenificación [esθenifika'θĭɔn] *f* *THEAT* Inszenierung *f*
escenificar [esθenifi'kar] *v THEAT* inszenieren
escenografía [esθenogra'fia] *f THEAT* Bühnenbild *n*
escenógrafo [esθe'nografo] *m THEAT* Bühnenbildner *m*
escepticismo [esθepti'θizmo] *m* Skepsis *f*
escéptico [es'θɛptiko] *adj* skeptisch
escindir [esθin'dir] *v irr* aufspalten
escisión [esθi'sĭɔn] *f* Spaltung *f,* Teilung *f*
esciúrido [es'θiuriđo] *m/pl ZOOL* Eichhörnchen *n*
esclarecer [esklare'θɛr] *v irr* erleuchten, aufklären, erklären
esclarecido [esklare'θiđo] *adj* vornehm, edel, berühmt
esclarecimiento [esklareθi'mĭento] *m* Aufklärung *f,* Erhellung *f,* Klarheit *f*
esclava [es'klaƀa] *f* Sklavin *f*
esclavista [eskla'ƀista] *m* Anhänger der Sklaverei *m*
esclavitud [esklaƀi'tuđ] *f* Sklaverei *f*
esclavizar [esklaƀi'θar] *v* versklaven, unterjochen
esclavo [es'klaƀo] *m* Sklave *m; ser el ~ de alguien* jdm verfallen sein
esclerosis [eskle'rosis] *f MED* Verkalkung *f*
escleroso [eskle'roso] *v ponerse ~ MED* verkalken
esclusa [es'klusa] *f* Schleuse *f,* Wehr *n*
escoba [es'koƀa] *f* Kehrbesen *m,* Besen *m*
escobilla [es'koƀiʎa] *f* Bürste *f*
escocedura [eskoθe'đura] *f* Brennen *n,* Stechen *n*
escocer [esko'θɛr] *v irr* brennen, stechen, jucken
escocerse [esko'θɛrse] *v (fig: dolerse)* sich wund reiben
escocés [esko'θɛs] *adj 1.* schottisch; *m 2.* Schotte *m*
Escocia [es'koθĭa] *f GEO* Schottland *n*
escocimiento [eskoθi'mĭento] *m* Brennen *n,* Stechen *n*
escofina [esko'fina] *f* Raspel *f*
escofinar [eskofi'nar] *v* raspeln
escogedor [eskoxe'đɔr] *adj* Auswahl...
escoger [eskɔ'xɛr] *v 1.* aussuchen, wählen; *sin ~* wahllos; *2. (separar)* aussondern, aussortieren, heraussuchen
escogido [esko'xiđo] *adj (selecto)* auserlesen, vorzüglich
escogimiento [eskoxi'mĭento] *m* Auslese *f,* Auswahl *f*
escolar [esko'lar] *adj* schulisch, Schul...
escolaridad [eskolari'đađ] *f* Schulzeit *f,* Schulunterricht *m,* Schulbildung *f*
escolástica [esko'lastika] *f PHIL* Scholastik *f*
escolasticismo [eskolasti'θizmo] *m* *PHIL* Scholastizismus *m,* Scholastik *f*
escoliador [eskolĭa'đɔr] *m LIT* Glossator *m*
escoliar [esko'lĭar] *v LIT* mit Glossen versehen *f/pl*
escolio [es'kolĭo] *m LIT* Glosse *f*
escoliosis [esko'lĭosis] *f MED* Skoliose *f*
escolta [es'kolta] *f* Eskorte *f,* Geleitschutz *m*
escoltar [eskɔl'tar] *v* geleiten, begleiten, bewachen
escollo [es'koʎo] *m* Klippe *f*
escombrar [eskɔm'brar] *v* räumen, ausräumen, abräumen
escombrera [eskɔm'brera] *f* Mülldeponie *f,* Schutthalde *f*
escombros [eskɔm'bros] *m/pl* Trümmer *pl,* Schutt *m*
escomerse [esko'mɛrse] *v* sich abnützen
escondedero [eskɔnde'đero] *m* Versteck *n,* Schlupfwinkel *m*
esconder [eskɔn'dɛr] *v* verdecken, verstecken, verbergen
esconderse [eskɔn'dɛrse] *v* sich verstecken
escondidas [eskɔn'điđas] *f/pl (LA)* Versteckspiel *n; a ~* klammheimlich
escondido [eskɔn'điđo] *adj* verborgen, geheim
escondimiento [eskɔndi'mĭento] *m* Verbergen *n,* Verstecken *n*
escondite [eskɔn'dite] *m* Versteck *n; jugar al ~* Verstecken spielen

escondrijo [eskɔn'drixo] *m* Schlupfwinkel *m*, Versteck *n*
escopeta [esko'peta] *f* Gewehr *n*, Flinte *f*
escopetazo [eskope'taθo] *m* Schussweite *f*, unangenehme Nachricht *f*
escopeteo [eskope'teo] *m* Schießerei *f*
escopetero [eskope'tero] *m (que fabrica escopetas)* Büchsenmacher *m*
escoplo [es'koplo] *m* Meißel *m*, Stecheisen *n*, Stemmeisen *n*
escora [es'kora] *f (inclinación del barco) NAUT* Krängung *f*, Schlagseite *f*
escorbuto [eskɔr'ƀuto] *m MED* Skorbut *m*
escoria [es'korĭa] *f 1. (fig)* Abschaum *m; 2. TECH* Schlacke *f*
escorial [esko'rĭal] *m* Halde *f*
escoriar [eskɔ'rĭar] *v* abschürfen, wund reiben
escorificación [eskɔrifika'θĭɔn] *f* Verschlackung *f*
escorpio [es'kɔrpĭo] *1. (constelación) ASTR* Skorpion *m; 2. (signo del Zodíaco)* Skorpion *m*
escorpión [eskɔr'pĭɔn] *m ZOOL* Skorpion *m*
escorzado [eskɔr'θađo] *m ART* perspektivische Verkürzung *f*
escotado [esko'tađo] *m* ausgeschnitten, dekolletiert
escotadura [eskota'tura] *f* Ausschnitt am Kleidungsstück *m*, Aussparung *f*
escotar [esko'tar] *v* ausschneiden, aussparen
escote [es'kote] *m* Ausschnitt *m*, Dekolleté *n*
escotílla [esko'tiʎa] *f NAUT* Luke *f*, Schiffsluke *f*
escotillón [eskoti'ʎɔn] *m THEAT* Versenkung *f*
escozor [esko'θɔr] *m* Brennen *n*, Jucken *n*, Schmerz *m*
escriba [es'kriƀa] *m (escribano)* Schriftgelehrter *m*, Notar *m*, Amtsschreiber *m*
escribanía [eskriƀa'nia] *f* Kanzlei *f*, Notariat *n*, Schreibzeug *n*
escribano [eskri'ƀano] *m* Notar *m*, Urkundsbeamter *m*, Amtsschreiber *m*
escribir [eskri'ƀir] *v irr* schreiben; *Le escribo.* Ich schreibe Ihnen. *¿Tiene usted algo para ~?* Haben Sie etwas zum Schreiben? *¿Cómo se escribe esto?* Wie schreibt man das?
escrita [es'krita] *f ZOOL* Engelfisch *m*
escrito [es'krito] *m 1.* Schreiben *n*, Niederschrift *f*, Schriftstück *n; ~ acusatorio* Anklageschrift *f; ~ de candidatura* Bewerbungsschreiben *n; adj 2.* schriftlich, geschrieben; *~ a mano* handschriftlich
escritor(a) [eskri'tɔr/eskri'tora] *m/f* Schriftsteller(in) *m/f*, Dichter(in) *m/f; ~ dramático* Dramatiker *m*
escritorio [eskri'torĭo] *m* Schreibtisch *m*
escritorzuelo [eskritɔr'θwelo] *m* Schreiberling (fam) *m*
escritura [eskri'tura] *f 1.* Handschrift *f*, Schrift *f; ~ al tacto* Blindenschrift *f; Sagrada Escritura* Heilige Schrift *f; 2. ~s pl (escrito)* Schriftstück *n; 3. (documento notariado) JUR* Schriftstück *n*, Urkunde *f*
escriturar [eskritu'rar] *v JUR* ausfertigen, beurkunden
escriturario [eskritu'rarĭo] *adj JUR* amtlich ausgefertigt, Amts..., notariell
escroto [es'krɔto] *m MED* Skrotum *n*, Hodensack *m*
escrupulizar [eskrupuli'θar] *v* Bedenken haben *pl*, Skrupel *m/pl*
escrúpulo [es'krupulo] *m* Skrupel *m; falta de ~s* Skrupellosigkeit *f; sin ~s* bedenkenlos, gewissenlos, hemmungslos, skrupellos
escrupulosidad [eskrupulosi'đađ] *f* Gewissenhaftigkeit *f*
escrupuloso [eskrupu'loso] *adj* gewissenhaft, peinlich, penibel
escrutar [eskru'tar] *v* zählen, untersuchen
escrutinio [eskru'tinĭo] *m POL* Stimmzählung *f*
escrutiñador [eskrutiɲa'đɔr] *m* Prüfer *m*, Untersucher *m*
escuadra [es'kwađra] *f 1. (instrumento para trazar ángulos)* Zeichendreieck *n*, Winkelmaß *n; 2. (conjunto de buques) MIL* Kriegsflotte *f*
escuadrilla [eskwa'đriʎa] *f (escuadra pequeña) MIL* Flottille *f*, Staffel *f*
escuadrón [eskwa'đrɔn] *m MIL* Schwadron *f*, Geschwader *n*
escualidez [eskwali'đeθ] *f* Schmutz *m*, Schwäche *f*, Verwahrlosung *f*
escuálido [es'kwalido] *adj* mager
escúalo [es'kwalo] *m ZOOL* Hai(fisch) *m*
escucha [esku'tʃa] *m 1. MIL* Späher *m*, Scout *m; f 2.* Zuhören *n; estar a la ~* ganz Ohr sein

escuchar [esku'tʃar] *v* anhören, zuhören, hören; ~ *secretamente* belauschen
escudar [esku'đar] *v (fig: proteger)* schützen, decken, tarnen
escudería [eskuđe'ria] *f (conjunto de coches de carrera) SPORT* Rennstall *m*
escudero [esku'đero] *m HIST* Schildknappe *m,* Mann von niedrigem Adel *m*
escudete [esku'đete] *m* Nahtverstärkung *f,* Keil (Wäsche) *m*
escudilla [esku'điʎa] *f* Napf *m*
escudo [es'kuđo] *m* Schild *n*
escudriñador [eskuđriɲa'đɔr] *adj* forschend
escudriñar [eskuđri'ɲar] *v* durchforschen, durchsuchen, auskundschaften
escuela [es'kwela] *f* Schule *f; ~ de enseñanza básica* Hauptschule *f; ~ de formación profesional* Berufsschule *f; ~ de idiomas* Sprachenschule *f; ~ nocturna* Abendschule *f; ~ preparatoria* Vorschule *f; ~ primaria* Grundschule *f; ~ superior* Hochschule *f*
escuerzo [es'kwerθo] *m (fam: persona muy flaca)* Kröte *f*
escueto [es'kweto] *adj* einfach, schmucklos
esculpidor [eskulpi'đɔr] *m* Bildhauer *m*
esculpir [eskul'pir] *v 1.* behauen, hauen, meißeln; *2. (en mármol)* aushauen, bearbeiten; *3. (en madera)* schnitzen
escultor(a) [eskul'tɔr/eskul'tora] *m/f* Bildhauer(in) *m/f*
escultura [eskul'tura] *f ART* Skulptur *f*
escultural [eskultu'ral] *adj* plastisch, Bildhauer...
escupidera [eskupi'đera] *f* Spucknapf *m*
escupidura [eskupi'đura] *f* Speichel *m,* Auswurf *m,* Fieberausschlag am Mund *m*
escupir [esku'pir] *v* ausspucken, spucken
escupitajo [eskupi'taxo] *m* Spucke *f*
escurreplatos [eskurrɛ'platos] *m* Abtropfständer *m*
escurrida [esku'rriđa] *adj (mujer muy delgada)* dünn, schmächtig, schlank
escurridizo [eskurri'điθo] *adj* glitschig
escurridor [eskurri'đɔr] *m* Abtropfsieb *n,* Durchschlag *m*
escurrir [esku'rrir] *v* abtropfen, austropfen, auslaufen
escúter [es'kutɛr] *m* Motorroller *m*
esdrújula [es'druxula] *m GRAMM* Wort bei dem die Betonung auf der drittletzten Silbe liegt *n*
ese ['ese] *pron 1.* diese(r,s); *en ~ mismo lugar* genau an diesem Ort; *2. (aquel)* jene(r,s)
esencia [e'senθĭa] *f* Inbegriff *m,* Kern *m*
esencial [esen'θĭal] *adj 1.* wesentlich; *m 2. lo ~* die Hauptsache *f*
esfacelo [esfa'θelo] *m MED* Wundbrand *m*
esfera [es'fera] *f 1.* Sphäre *f; ~ de acción* Betätigungsfeld *n,* Wirkungsbereich *m; ~ íntima* Intimsphäre *f; 2. (de un reloj)* Zifferblatt *n; ~ luminosa* Leuchtzifferblatt *n; 3. MATH* Kugel *f*
esfericidad [esferiθi'đađ] *f* Kugelform *f,* Kugelgestalt *f*
esférico [es'feriko] *adj* kugelförmig, rund, sphärisch
esferoidal [esferoi'đal] *adj MATH* kugelähnlich
esferómetro [esfe'rometro] *m* Sphärometer *n*
esfinge [es'fiŋxe] *f (animal mitológico)* Sphinx *f*
esforzado [esfɔr'θađo] *adj* beherzt, verstärkt
esforzar [esfɔr'θar] *f irr (infundir ánimo)* ermutigen
esforzarse [esfɔr'θarse] *v irr* sich anstrengen, sich bemühen; *~ excesivamente* sich überanstrengen
esfuerzo [es'fwɛrθo] *m 1.* Anstrengung *f,* Bemühung *f,* Mühe *f; hacer un ~* sich aufraffen, sich zusammennehmen; *sin ~* mühelos; *2. (carga)* Belastung *f,* Beanspruchung *f*
esfumarse [esfu'marse] *v (desvanecerse)* verschwimmen, verlaufen, sich auflösen
esfuminar [esfumi'nar] *v ART* verschwimmen, verlaufen
esgarrar [esɡa'rrar] *v* knebeln
esgarro [es'ɡarro] *m* Schleimauswurf *m*
esgrima [es'ɡrima] *m SPORT* Fechten *n*
esgrimidor [esɡrimi'đɔr] *m SPORT* Fechter *m*
esgrimir [esɡri'mir] *v (manejar una espada) SPORT* fechten
esgrimista [esɡri'mista] *m SPORT* Fechter *m*
esguince [es'ɡinθe] *m* ausweichende Bewegung *f,* verächtliche Gebärde *f*
eslabón [esla'ƀɔn] *m* Glied *n*
eslabonamiento [eslaƀona'mĭento] *m* Verkettung *f,* Verknüpfung *f,* Verbindung *f*

eslabonar [eslaƀo'nar] *v* verketten, verknüpfen
eslavo [es'laƀo] *adj* *GEO* slawisch
eslora [es'lora] *f* *(longitud del barco)* *NAUT* Schiffslänge *f*, Kiellänge *f*
eslovaco [eslo'ƀako] *adj* *GEO* slowakisch
Eslovaquia [eslo'ƀakia] *f* *GEO* Slowakei *f*
esloveno [eslo'ƀeno] *adj* *GEO* slowenisch
esmaltador [esmalta'đɔr] *m* Emailleur *m*
esmaltar [ezmal'tar] *v* emaillieren, lasieren, ausschmücken
esmalte [ez'malte] *m* Email *n*; *~ para uñas* Nagellack *m*; *quita ~* Nagellackentferner *m*
esmerado [ezme'rađo] *adj* akkurat, ordentlich
esmeralda [ezme'ralđa] *f* *MIN* Smaragd *m*
esmeraldino [ezmeral'đino] *adj* smaragdfarben
esmerarse [ezme'rarse] *v* sich anstrengen
esmerejón [ezmere'xɔn] *m* *ZOOL* Neuntöter *m*, Falke *m*
esmeril [ezme'ril] *m* *MIN* Schmirgel *m*
esmerilado [ezmeri'lađo] *m* Schmirgeln *n*, Schleifen *n*, Schliff *m*
esmerilador [ezmerila'đɔr] *m* Polierer *m*
esmerilar [ezmeri'lar] *v* abschmirgeln, abschleifen, schleifen
esmero [ez'mero] *m* Gewissenhaftigkeit *f*, Sorgfalt *f*
esmirriado [ezmi'rrĭađo] *adj* verkümmert, mickrig (fam)
esmoquin [ez'mokin] *m* Smoking *m*
esnórquel [es'norkɛl] *m* *SPORT* Schnorchel *m*
eso ['eso] *pron* *1.* diese(r,s); *por ~* daher; *2. (aquello)* jene(r,s)
esófago [e'sofago] *m* *ANAT* Speiseröhre *f*
esotérica [eso'terika] *f* Esoterik *f*
esotérico [eso'teriko] *adj* esoterisch
esoterismo [esote'rizmo] *m* Esoterik *f*
espabilar [espaƀi'lar] *v* aufmuntern, in Schwung bringen *m*
espachurrar [espatʃu'rrar] *v* zerquetschen, platt drücken
espaciador [espaθĭa'đɔr] *m* Leertaste *f*, Sperrvorrichtung *f*
espacial [espa'θĭal] *adj* räumlich
espaciar [espa'θĭar] *v* räumlich auseinander ziehen, seltener tun, seltener werden
espacio [es'paθĭo] *m* *1.* Platz *m*, Zwischenraum *m*, Raum *m*; *en el ~* räumlich; *~ de tiempo* Zeitraum *m*; *2. ~ interplanetario* *ASTR* Weltraum *m*, Weltall *n*, All *n*; *3. ~s naturales protegidos* *pl* Naturschutzgebiet *n*
espacioso [espa'θĭoso] *adj* *1.* breit, großzügig; *2. (un jardín)* großzügig angelegt; *3. (un lugar)* geräumig
espada [es'pađa] *f* Degen *m*, Schwert *n*
espadachín [espađa'tʃin] *m* tüchtiger Fechter *m*, Haudegen *m*
espádice [es'pađiθe] *m* *BOT* Blütenkolben *m*
espadín [espa'đin] *m* Zierdegen *m*
espagírica [espa'xirika] *f* Metallveredelungskunst *f*
espagírico [espa'xiriko] *adj* chemisch, alchimistisch
espalda [es'palda] *f* *ANAT* Rücken *m*, Schulter *f*, Rückseite *f*
espaldar [espal'đar] *m* *(respaldo)* Rückenlehne *f*
espantadizo [espanta'điθo] *adj* schreckhaft
espantado [espan'tađo] *adj* entsetzt
espantador [espanta'đɔr] *adj* erschreckend, scheu
espantajo [espan'taxo] *m* *1. (espantapájaros)* Vogelscheuche *f*; *2. (fig: persona que infunde miedo)* Schreckgespenst *n*, Popanz *m*
espantapájaros [espanta'paxaros] *m* Vogelscheuche *f*
espantar [espan'tar] *v* entsetzen, verscheuchen, verjagen
espantarse [espan'tarse] *v* sich scheuen, erschrecken
espanto [es'panto] *m* Schrecken *m*, Entsetzen *n*
espantoso [espan'toso] *adj* schrecklich, schauderhaft, fürchterlich, erschreckend
España [es'paɲa] *f* *GEO* Spanien *n*
español [espa'ɲɔl] *adj* *1.* spanisch; *m* *2. (persona)* Spanier *m*; *3. (idioma)* Spanisch *n*
esparadrapo [espara'đrapo] *m* Heftpflaster *n*
esparcido [espar'θiđo] *adj* zerstreut
esparcimiento [espar'θimĭento] *m* Streuung *f*
esparcir [espar'θir] *v* verstreuen

espárrago [es'parrago] *m BOT* Spargel *m*; *mandar a freír ~s (fig)* zum Teufel schicken
espartano [espar'tano] *adj* spartanisch
esparteína [esparte'ina] *f CHEM* Spartein *n*
espasmo ['espazmo] *m MED* Krampf *m*
espasmódico [espaz'modiko] *adj* krampfhaft
espato [es'pato] *m MIN* Spat *m*
especia [es'peθĭa] *f 1.* Würze *f*; *2. ~s pl* Gewürze *pl*
especial [espe'θĭal] *adj* extra, speziell
especialidad [espeθĭa'liđađ] *f 1.* Spezialität *f*; *2. (ramo de ~)* Zweig *m*, Fachgebiet *n*, Bereich *m*
especialista [espeθĭa'lista] *m/f 1.* Spezialist(in) *m/f*; *2. médico ~/médica ~* Facharzt/Fachärztin *m/f*
especialización [espeθĭaliθa'θĭɔn] *f ~ en* Spezialisierung auf *f*
especializado [espeθĭali'θađo] *adj* fachlich
especializarse [espeθĭali'θarse] *v ~ en* sich spezialisieren auf
especie [es'peθĭe] *f* Sorte *f*
especiero [espe'θĭero] *m* Gewürzkrämer *m*, Gewürzschränkchen *n*, Gewürzbehälter *m*
especificación [espeθifika'θĭɔn] *f* Spezifizierung *f*
especificamente [espeθifi'kamente] *adv* spezifisch, ausdrücklich, genau bestimmt
especificar [espeθifi'kar] *v* spezifizieren
especificativo [espeθifika'tiƀo] *adj* bezeichnend, eigentümlich, unterscheidend
específico [espe'θifiko] *adj* spezifisch
especifidad [espeθifi'đađ] *f* Besonderheit *f*
espécimen [es'peθimen] *m* Exemplar *n*, Muster *n*, Probe *f*
espectacular [espɛktaku'lar] *adj* effektvoll, spektakulär
espectacularidad [espɛktakulari'đađ] *f* Spektakularität *f*
espectáculo [espɛk'takulo] *m* Schauspiel *n*, Show *f*
espectador(a) espɛkta'đɔr/espɛkta'đora] *m/f 1.* Zuschauer(in) *m/f*; *2. THEAT* Theaterbesucher(in) *m/f*
espectral [espɛk'tral] *adj* schemenhaft
espectro [es'pɛktro] *m 1.* Spektrum *n*; *2. (fantasma)* Spuk *m*, Geist *m*, Gespenst *n*
espectrógrafo [espɛk'trografo] *m PHYS* Spektrograph *m*
espectrograma [espɛktro'grama] *m* Spektrogramm *n*
espectroscopia [espɛctros'kopĭa] *f PHYS* Spektroskopie *f*
espectroscopio [espɛktros'kopĭo] *m PHYS* Spektroskop *n*
especulación [espɛkula'θĭɔn] *f* Spekulation *f*
especulador(a) [espɛkula'đɔr/espekula'tora] *m/f FIN* Spekulant(in) *m/f*
especular [espeku'lar] *v 1. ~ sobre* rätseln über; *2. FIN* spekulieren
especulativa [espekula'tiƀa] *f* Denkfähigkeit *f*
especulativo [espekula'tiƀo] *adj* spekulativ, theoretisch
espéculo [es'pɛkulo] *m* Spekulum *n*, Spiegel *m*
espejear [espe'xear] *v* gleißen, glänzen, glitzern
espejismo [espe'xizmo] *m* Trugbild *n*
espejo [es'pɛxo] *m* Spiegel *m*
espelunca [espe'lunka] *f* Höhle *f*
espeluznante [espeluθ'nante] *adj* haarsträubend
espeluznar [espe'luθnar] *v irr* sich sträuben, sich entsetzen
espeluzno [espe'luθno] *m* etw Haarsträubendes
espera [es'pera] *f* Erwartung *f*
esperanza [espe'ranθa] *f* Hoffnung *f*, Aussicht *f*; *tener la ~ de* Hoffnung haben; *sin ~* aussichtslos, hoffnungslos; *lleno de ~* hoffnungsvoll
esperar [espe'rar] *v 1.* erhoffen, abwarten, erwarten, hoffen; *Espero una llamada.* Ich erwarte einen Anruf. *2. ~ a alguien* auf jdn warten; *Espere, por favor.* Warten Sie bitte. *¿Tengo que ~ mucho tiempo?* Muss ich lange warten?
esperma [es'pɛrma] *m BIO* Sperma *n*, Samen *m*
espermatozoides [espɛrmato'θoiđe] *m/pl ANAT* Spermatozoen *n/pl*
esperpento [espɛr'pento] *m (absurdo)* Blödsinn (fam) *n*, Quatsch (fam) *m*
espesamiento [espesa'mĭento] *m* Eindicken *n*, Verdichten *n*
espesar [espe'sar] *v* eindicken, verdichten, verstärken
espeso [es'peso] *adj 1.* dickflüssig; *2. (duro)* fest

espesor [espe'sɔr] *m* Stärke *f*, Dicke *f*
espesura [espe'sura] *f* *1.* Dickicht *n*; *2.* *PHYS* Dichte *f*
espetar [espe'tar] *v* *(ensartar)* aufspießen, durchbohren
espía [es'pia] *m/f* Spion *m*, Spitzel *m*
espiar [es'piar] *v* ausspionieren, spionieren, belauschen
espichar [espi'tʃar] *v* pieken (fam), stechen, zerdrücken
espiga [es'piga] *f* *BOT* Ähre *f*
espigado [espi'gađo] *adj* *(fig: delgado)* hoch aufgeschossen
espigar [espi'gar] *v* *(buscar, rebuscar)* sammeln, zusammentragen, lesen
espina [es'pina] *f* *1.* *BOT* Stachel *m*, Dorn *m*; *2.* *~ dorsal ANAT* Rückgrat *n*; *3.* *~ de pescado* Fischgräte *f*, Gräte *f*; *¿Tiene este pescado muchas ~s?* Hat dieser Fisch viele Gräten?
espinaca [espi'naka] *f* *BOT* Spinat *m*
espinal [espi'nal] *adj* *ANAT* spinal, Rückgrat...
espinazo [espi'naθo] *m* *(fam: columna vertebral)* Rückgrat *n*
espíneo [es'pineo] *adj* Dorn..., dornig
espineta [espi'neta] *f* *MUS* Spinett *n*
espinilla [espi'niʎa] *f* *1.* *MED* Mitesser *m*; *2.* *(canilla) ANAT* Schienbein *n*
espinillera [espini'ʎera] *f* *(protección de la espinilla) SPORT* Schienbeinschutz *m*
espinoso [espi'noso] *adj* *1.* dornig, stachelig; *2.* *(fig: embrollado)* heikel, schwierig, dornenreich
espionaje [espĭo'naxe] *m* Spionage *f*
espiración [espira'θĭɔn] *f* Ausatmung *f*, Ausdünstung *f*
espiral [espi'ral] *f* Spirale *f*; *en forma de ~* spiralförmig
espirar [espi'rar] *v* *(expirar)* ausatmen
espirilo [espi'rilo] *m* *BIO* Spirille *f*
espiritado [espiri'tađo] *adj* *(fam: flaco)* ausgemergelt, abgemagert
espiritismo [espiri'tizmo] *m* Spiritismus *m*
espiritista [espiri'tista] *m* *1.* Spiritist *m*; *adj* *2.* *sesión ~* Seance *f*, spiritistische Sitzung *f*
espiritoso [espiri'toso] *adj* *(de alto grado alcohólico)* stark alkoholhaltig, feurig (fig), lebhaft
espíritu [es'piritu] *m* Geist *m*; *~ aventurero* Abenteuerlust *f*; *~ emprendedor* Tatendrang *m*
espiritual [espiri'twal] *adj* geistlich
espiritualidad [espiritwali'đađ] *f* Geistigkeit *f*, Spiritualität *f*, geistliches Leben *n*
espiritualismo [espiritwa'lizmo] *m* *PHIL* Spiritualismus *m*
espiritualizar [espiritwali'θar] *v* *(dar carácter espiritual)* vergeistigen, beseelen
espita [es'pita] *f* Fasshahn *m*, Zapfhahn *m*
esplendente [esplen'dente] *adj* leuchtend, glänzend, strahlend
esplendidez [esplendi'đeθ] *f* Herrlichkeit *f*, Glanz *m*, Pracht *f*
espléndido [es'plendiđo] *adj* *1.* herrlich, stattlich; *2.* *(generoso)* großzügig
esplendor [esplen'đɔr] *m* Herrlichkeit *f*
esplendoroso [esplendo'rɔso] *adj* leuchtend, glänzend, prächtig
esplenitis [esple'nitis] *f* *MED* Milzentzündung *f*
espliego [es'plĭego] *m* *BOT* Lavendel *m*
espolear [espo'lear] *v* *1.* *(picar con las espuelas)* die Sporen geben *m/pl*; *2.* *(fig: incitar)* anspornen, antreiben; *No necesito que me espoleen para trabajar.* Mich braucht man zur Arbeit nicht antreiben.
espoleo [espo'leo] *m* Anspornen *n*, Antreiben *n*
espoleta [espo'leta] *f* *(detonador de una bomba)* Zünder *m*
espolinar [espo'lĭnar] *v* Verzierungen in ein Gewebe einarbeiten
espolón [espo'lɔn] *m* *ZOOL* Hahnensporn *m*
espolonazo [espolo'naθo] *m* Spornstoß *m*, Rammstoß *m*
espolvorear [espolƀo'rear] *v* bestäuben, bestreuen, einpudern
espolvorizar [espolƀɔri'θar] *v* pudern, bestäuben, bestreuen
espongiarios [espoŋ'xĭarĭo] *m/pl* *ZOOL* Schwämme *m/pl*
esponja [es'pɔŋxa] *f* *1.* Schwamm *m*; *2.* *(fig) pasar la ~* vergeben und vergessen sein, Schwamm drüber (fam)
esponjado [espɔŋ'xađo] *m* *GAST* Plundergebäck *n*
esponjar [espɔn'xar] *v* aufblähen, auflockern
esponjosidad [espɔŋxosi'đađ] *f* Schwammigkeit *f*
esponjoso [espɔŋ'xoso] *adj* schwammig, porös

esponsales [espɔn'sales] *m/pl* Verlobung *f*
esponsalicio [espɔnsa'liθĭo] *adj* Verlobungs...
espontanearse [espɔnta'nearse] *v* aus sich herausgehen, sich eröffnen
espontaneidad [espɔntanɛı'đađ] *f* Spontaneität *f*
espontáneo [espɔn'taneo] *adj* spontan, unaufgefordert, ungezwungen
espora [es'pora] *f BOT* Spore *f*
esporádico [espo'radiko] *adj* sporadisch
esporidio [espo'riđĭo] *m BOT* Spore *f*
esposa[1] [es'posa] *f* Ehefrau *f*, Gemahlin *f*, Gattin *f*, Frau *f*
esposa[2] [es'posa] *f ~s pl* Handschellen *pl*
esposar [espo'sar] *v* Handschellen anlegen *f/pl*
esposo [es'poso] *m* Ehemann *m*, Mann *m*, Gemahl *m*, Gatte *m*
espuela [es'pwela] *f* Sporn *m*, Anreiz *m*, Antrieb *m*
espulgar [espul'gar] *v* entlausen, abflöhen, ausforschen
espuma [es'puma] *f* Schaum *m*; *hacer ~* schäumen; *~ de afeitar* Rasierschaum *m*
espumar [espu'mar] *v* schäumen
espumarajo [espuma'raxo] *m* Speichel *m*, Geifer *m*, Schaum *m*
espumoso [espu'moso] *adj* schäumend
espurio [es'purĭo] *adj 1. (bastardo)* unehelich; *hijo ~* Bastard *m*; *2. (fig: falso)* falsch, gefälscht, unecht
esputación [esputa'θĭɔn] *f MED* Ausspucken *n*, Aushusten *n*
esputar [espu'tar] *v* ausspucken, aushusten
esputo [es'puto] *m* Spucke *f*
esqueje [es'kexe] *m* Steckling *m*
esquela [es'kela] *f* kurzes Schreiben *n*, Notiz *f*
esquelético [eske'letiko] *adj* klapperdürr
esqueleto [eske'leto] *m ANAT* Skelett *n*, Knochengerüst *n*, Gerippe *n*
esquema [es'kema] *m* Schema *n*
esquemático [eske'matiko] *adj* schematisch
esquematizar [eskemati'θar] *v* schematisieren
esquí [es'ki] *m SPORT* Ski *m*; *~ acuático* Wasserski *m*
esquiador(a) [eskia'đɔr/eski'đora] *m/f SPORT* Skifahrer(in) *m/f*
esquiar [eski'ar] *v SPORT* Ski fahren
esquife [es'kife] *m (barco pequeño) NAUT* Beiboot *n*
esquila [es'kila] *f (esquileo) AGR* Scheren *n*, Schur *f*
esquilador [eskila'đɔr] *m AGR* Scherer *m*, Schafscherer *m*
esquilar [eski'lar] *v* scheren, trimmen
esquileo [eski'leo] *m* Scheren *n*, Schur *f*, Schurzeit *f*
esquilmar [eskil'mar] *v 1. (recoger los frutos de la tierra)* ernten, abernten; *2. (fig: agotar)* auslaugen, aussaugen; *El banco ha esquilmado todos mis bienes.* Die Bank hat all meine Güter verschlungen.
esquilmo [es'kilmo] *m* Ertrag *m*, Ernte *f*
esquimal [eski'mal] *m* Eskimo *m*
esquina [es'kina] *f 1.* Ecke *f*; *2. (borde, punta)* Kante *f*
esquinado [eski'nađo] *adj 1.* eckig, kantig; *2. (fig: difícil)* unzugänglich, schwierig, schroff
esquinar [eski'nar] *v 1. (poner en esquina)* im Eck verlegen *n*, in eine Ecke legen *f*; *2. (fig: malquistar, indisponer)* verärgern, entzweien
esquinera [eski'nera] *f* Eckschrank *m*, Ecktisch *m*
esquirla [es'kirla] *f (de vidrio)* Splitter *m*
esquirol [eski'rɔl] *m* Streikbrecher *m*
esquisto [es'kisto] *m MIN* Schiefer *m*
esquivar [eski'ƀar] *v* ausweichen
esquivarse [eski'ƀarse] *v* sich drücken; *Alberto siempre se esquivaba de limpiar la casa.* Alberto drückte sich immer davor, die Wohnung zu putzen.
esquivez [eski'ƀeθ] *f* Schroffheit *f*, Sprödigkeit *f*
esquivo [es'kiƀo] *adj* finster
esquizofrenia [eskiθo'frenĭa] *f MED* Schizophrenie *f*
esquizofrénico [eskiθo'freniko] *adj 1. PSYCH* schizophren; *m 2. PSYCH* Schizophrener *m*
esquizomanía [eskiθoma'nia] *f PSYCH* Schizophrenie *f*
esta ['esta] *pron* diese(r,s)
estabilidad [estaƀili'đađ] *f* Stabilität *f*
estabilización [estaƀiliθa'θĭɔn] *f* Stabilisierung *f*, Ausgleichen *n*
estabilizadores [estaƀili'θađores] *m/pl TECH* Leitwerk *n*, Stabilisatoren *pl*

estabilizar [estaƀili'θar] *v* stabilisieren
estable [es'taƀle] *adj* dauerhaft, gleich bleibend, stabil
establecer [estaƀle'θɛr] *v irr* ansiedeln, errichten
establecerse [estaƀle'θɛrse] *v irr 1. (en algún lugar)* sich niederlassen, sich ansiedeln; *2. (en la sociedad)* sich etablieren
establecimiento [estaƀleθi'mĭento] *m 1.* Gründung *f,* Niederlassung *f,* Anstalt *f; 2. ECO* Betrieb *m; ~ especializado* Fachgeschäft *n*
establo [es'taƀlo] *m* Stall *m*
estaca [es'taka] *f* Pfahl *m*
estacada [esta'kađa] *m 1. (cerca de estacas)* Pfahlwerk *n,* Lattenzaun *m,* Gatter *n; v 2. (fig) dejar a uno en la ~* jdn im Stich lassen *m*
estacar [esta'kar] *v (señalar con estacas)* abstecken, einzäunen
estación [esta'θĭɔn] *f 1. (del año)* Jahreszeit *f; 2. (de trenes)* Bahnhof *m,* Station *f; ¿Dónde está la ~?* Wo ist der Bahnhof? *¿En que ~ tengo que bajar?* An welcher Station muss ich aussteigen? *~ central* Hauptstation *f; ~ final* Endstation *f; 3. ~ de radiodifusión* Rundfunk *m*
estacional [estaθĭo'nal] *adj* jahreszeitlich bedingt, saisonbedingt, Saison...
estacionamiento [estaθĭona'mĭento] *m* Aufstellung, Festsetzung, Bestimmung
estacionar [estaθĭo'nar] *v 1.* parken; *v irr 2. (asentar)* stationieren; *La ONU ha estacionado tropas en los Balcanes.* Die UNO hat in den Balkanländern Truppen stationiert.
estacionario [estaθĭo'narĭo] *adj* ortsgebunden, stationär
estadía [esta'đia] *f NAUT* Aufenthalt *m,* Liegedauer *f*
estadio [es'tađio] *m 1.* Stadium *n; ~ inicial* Anfangsstadium *n; 2. SPORT* Stadion *n; ¿Dónde está el ~?* Wo ist das Stadion?
estadista [esta'đista] *m POL* Staatsmann *m*
estadística [esta'đistika] *f 1.* Erfassung *f; 2. MATH* Statistik *f*
estadístico [esta'đistiko] *adj* statistisch
estado [es'tađo] *m 1.* Verfassung *f,* Zustand *m; en ~* schwanger; *~ de emergencia* Notstand *m; ~ de salud* Gesundheitszustand *m,* Befinden *n; ~ de sitio MIL* Belagerungszustand *m; ~ mental* Geisteszustand *m; ~ natural* Naturzustand *m; 2. (situación)* Status *m,* Stand *m; ~ civil* Familienstand *m; ~ de la cuenta FIN* Kontostand *m; 3. POL* Staat *m,* Gemeinwesen *n; 4. (Estado Mayor) MIL* Generalstab *m,* Stab *m; (Estado Mayor de Crisis) POL* Krisenstab *m; 5. Estados Unidos de Norteamerica pl GEO* Vereinigte Staaten von Amerika *pl*
estafa [es'tafa] *f* Schwindel *m,* Betrug *m,* Gaunerei *f*
estafador(a) [estafa'đɔr/estafa'đora] *m/f* Betrüger(in) *m/f,* Gauner(in) *m/f,* Hochstapler(in) *m/f; ~ de novias* Heiratsschwindler(in) *m/f*
estafar [esta'far] *v ~ a alguien* jdn hereinlegen, jdn betrügen; *¡Me han estafado!* Ich bin betrogen worden!
estafeta [esta'feta] *f (correo)* Postamt *n,* Feldpost *f*
estafilococia [estafilo'koθĭa] *f MED* Staphylokokkeninfektion *f*
estalactita [estalak'tita] *f* Stalaktit *m*
estalagmita [estalag'mita] *f* Stalagmit *m*
estallar [esta'ʎar] *v 1.* explodieren, knallen; *hacer ~* sprengen; *2. (empezar)* ausbrechen; *3. (fig: reventar)* bersten
estallido [esta'ʎiđo] *m 1.* Knall *m; 2. (comienzo)* Ausbruch *m*
estambre [es'tambre] *m 1. (lana esponjosa)* Kammgarn *n,* Wollgarn *n; 2. (órgano sexual masculino) BOT* Staubgefäß *n*
estampa [es'tampa] *f 1.* Bild *n; 2. REL* Heiligenbild *n; 3. (fig: aspecto)* Aussehen *n,* Gestalt *f; Tu caballo tiene buena estampa.* Dein Pferd sieht rassig aus.
estampación [estampa'θĭɔn] *f* Stanzung *f,* Prägung *f*
estampado [estam'pađo] *adj* bedruckt; *camisa estampada* bedrucktes Hemd *n*
estampar [estam'par] *v* stanzen, stempeln, aufprägen
estampida [estam'piđa] *f* Stampede *f,* Knall *m*
estampido [estam'piđo] *m* Krachen *n,* Knall *m,* Donnerschlag *m*
estampilla [estam'piʎa] *f (LA)* Briefmarke *f*
estampillado [estampi'ʎađo] *m* Abstempelung *f*
estampillar [estampi'ʎar] *v (LA)* abstempeln
estancamiento [estanka'mĭento] *m 1.* Stockung *f,* Stillstand *m; 2. ECO* Stagnation *f*

estancar [estan'kar] *v* *1.* stocken, stauen; *2. ECO* stagnieren
estancia [estan'θĭa] *f* Aufenthalt *m*; *¡Que tenga una ~ agradable!* Angenehmen Aufenthalt! *Deseo prolongar mi ~.* Ich möchte meinen Aufenthalt verlängern.
estanco [es'taŋko] *adj* *1.* wasserdicht; *compartimiento ~* durch Schotten gesicherte Abteilung *f*; *m* *2. (tienda de tabaco)* Tabakladen *m*
estandarizado [estandari'θađo] *adj* genormt
estandarte [estan'darte] *m* Banner *n*, Standarte *f*
estanque [es'taŋke] *m* Teich *m*, Weiher *m*
estanquillo [estaŋ'kiʎo] *m (estanco)* Kramladen *m*, Tabakladen *m*
estante [es'tante] *m* Bücherregal *n*, Bücherbord *n*, Regal *n*
estantería [estante'ria] *f* Bücherregal *n*, Regal *n*
estaño [es'taɲo] *m CHEM* Zinn *m*
estar [es'tar] *v irr* *1. (estado)* sein; *Estoy cansado.* Ich bin müde. *Estoy enfermo.* Ich bin krank. *2. (en un lugar)* sich befinden, sein; *¿Dónde está la salida?* Wo ist der Ausgang? *Estoy aquí en el centro de la ciudad.* Ich befinde mich hier in der Stadtmitte. *3. (quedar bien o mal)* stehen; *El abrigo te está bien.* Der Mantel steht dir gut. *4. (costar)* kosten; *5. ~ uno de más* überflüssig sein
estatal [esta'tal] *adj* staatlich
estática [es'tatika] *f PHYS* Statik *f*
estático [es'tatiko] *adj* statisch; *estar ~* ruhen
estatificación [estatifika'θĭɔn] *f POL* Verstaatlichung *f*
estatificar [estatifi'kar] *v* ins Gleichgewicht bringen *n*
estatoscopio [estatos'kopĭo] *m TECH* Statoskop *n*
estatua [es'tatwa] *f* *1.* Standbild *n*, Statue *f*; *2. ART* Figur *f*
estatuilla [esta'twiʎa] *f* Statuette *f*
estatura [esta'tura] *f* Körpergröße *f*, Größe *f*, Statur *f*, Wuchs *m*
estatuto [esta'tuto] *m JUR* Satzung *f*, Statut *n*
este[1] ['este] *m* Osten *m*; *del ~* östlich; *al ~ de* im Osten von
este[2] ['este] *art* *1.* dieser, der; *pron* *2.* dieser
estela [es'tela] *f* *1. (rastro sobre el mar)* Kielwasser *n*; *2. (monumento funerario)* Stele *f*, Grabsäule *f*
estelar [este'lar] *adj* Stern..., Sternen...
estenografía [estenogra'fia] *f (taquigrafía)* Stenografie *f*
estepa [es'tepa] *f GEO* Steppe *f*
estera [es'tera] *f* Matte *f*
estercolamiento [estɛrkola'mĭento] *m* Düngen *n*, Misten *n*
estercolar [estɛrko'lar] *v irr AGR* düngen, misten
estercolero [esterko'lero] *m* Misthaufen *m*
estereofonía [estereofo'nia] *f TECH* Stereofonie *f*
estereofónico [estereo'foniko] *adj TECH* stereofon
estereografía [estereogra'fia] *f* Stereografie *f*
estereoscópico [estereos'kopiko] *adj* stereoskopisch
estereoscopio [estereos'kopĭo] *m TECH* Stereoskop *n*
estereotipado [estereoti'pađo] *adj* stereotyp
estereotipar [estereoti'par] *v* stereotypieren
estereotipia [estereo'tipĭa] *f* Stereotypie *f*
estereotípico [estereo'tipiko] *adj* stereotyp
estereotipo [estereo'tipo] *m* *1. (cliché de imprenta)* Stereotypplatte *f*; *f* *2. (fig: concepción simplificada)* Stereotyp *n*
estéril [es'teril] *adj BIO* unfruchtbar, steril
esterilidad [esterili'đađ] *f* Sterilität *f*, Unfruchtbarkeit *f*, Zeugungsunfähigkeit *f*
esterilización [esteriliθa'θĭɔn] *f MED* Sterilisierung *f*
esterilizador [esteriliθa'đɔr] *adj* sterilisierend
esterilizar [esterili'θar] *v* sterilisieren
esterilla [este'riʎa] *f* kleine Matte *f*, Fußabstreifer *m*
esterlina [estɛr'lina] *adj libra ~ ECO* Pfund Sterling *n*
esternón [estɛr'nɔn] *m ANAT* Brustbein *n*
estero [es'tero] *m (desembocadura de un río)* Flussmündung *f*
estertor [estɛr'tɔr] *m (respiración de los agonizantes)* Röcheln *n*

esteta [es'teta] *m* Ästhet *m,* Immoralist *m,* Homosexueller *m*
estética [es'tetika] *f* Ästhetik *f*
esteticismo [esteti'θizmo] *m* *ART* Ästhetizismus *m*
esteticista [esteti'θista] *f* Kosmetikerin *f*
estético [es'tetiko] *adj* ästhetisch
estetoscopia [estetos'kopĭa] *f* *MED* Stethoskopie *n*
estetoscopio [estetos'kopĭo] *m* *MED* Stethoskop *n*
estiaje [es'tĭaxe] *m* Niedrigwasser *n,* Dürreperiode *f*
estiba [es'tiƀa] *f* *(carga de un barco)* *NAUT* Verstauen *n*
estibación [estiƀa'θĭɔn] *f* *NAUT* Verstauen *n*
estibador [estiba'đor] *m* Stauer *m*
estibar [es'tibar] *v* verstauen, stauen, stapeln
estiércol [es'tĭɛrkɔl] *m* Mist *m*
estigma [es'tigma] *m* *(marca)* Narbe *f,* Brandmal *n,* Stigma *n*
estigmático [estig'matiko] *adj* stigmatisch
estigmatizar [estigmati'θar] *v* *1.* *(marcar con un fierro candente)* mit einem Brandeisen markieren *n;* *2.* *(fig: censurar)* stigmatisieren, brandmarken
estilar [esti'lar] *v* *(acostumbrar)* üblich werden
estilete [esti'lete] *m* Stilett *n,* Pinne (am Kompass) *f*
estilista [esti'lista] *m* *LIT* Stilist *m,* begabter Redner *m*
estilizar [estili'θar] *v* stilisieren
estilo [es'tilo] *m* Stil *m;* ~ *arquitectónico* Baustil *m*
estilográfica [estilo'grafika] *f* Füller *m*
estilográfico [estilo'grafiko] *m* Drehbleistift *m*
estima [es'tima] *f* Wertschätzung *f,* Schätzung *f*
estimabilidad [estimaƀili'đađ] *f* Schätzbarkeit *f*
estimable [esti'maƀle] *adj* *1.* achtbar; *2.* schätzenswert, einschätzbar
estimación [estima'θĭɔn] *f* *1.* Wertschätzung *f,* Schätzung *f;* *2.* *ECO* Überschlag *m*
estimado [esti'mađo] *adj* *1.* beliebt; *2.* *(de gran valor)* wert; *¡Estimados señores!* Sehr geehrte Damen und Herren!
estimar [esti'mar] *v* *1.* *(valorar, considerar)* schätzen, achten, werten; *2.* *(opinar)* meinen
estimativa [estima'tiƀa] *f* Urteilsvermögen *n,* Instinkt *m*
estimatorio [estima'tɔrĭo] *adj* Schätz..., Schätzungs...
estimulante [estimu'lante] *m* *1.* Aufputschmittel *n;* *adj* *2.* anregend
estimular [estimu'lar] *v* *1.* anspornen, reizen, anregen; *2.* *ECO* anheizen, ankurbeln
estímulo [es'timulo] *m* Anregung *f,* Anreiz *m,* Ansporn *m,* Motivation *f*
estipendiar [estipen'dĭar] *v* besolden
estipendio [esti'pendĭo] *m* Sold *m,* Besoldung *f,* Stipendium *n*
estipulaciones [estipula'θĭones] *f/pl* *ECO* Vertragsbestimmungen *pl,* Vereinbarungen *pl*
estipular [estipu'lar] *v* *JUR* vereinbaren, festlegen, bestimmen
estirado [esti'rado] *adj* gezogen, groß, ausgedehnt
estiramiento [estira'mĭento] *m* Dehnung *f*
estirar [esti'rar] *v* *(dilatar)* dehnen, strecken; ~ *la piel quirúrgicamente* liften
estirarse [esti'rarse] *v* sich recken; ~ *las piernas* sich die Beine vertreten
estíron [estĭ'ron] *m* Ruck *m*
estirpe [es'tirpe] *f* Stamm *m,* Geschlecht *n,* Herkunft *f*
estival [esti'ƀal] *adj* Sommer...
esto ['esto] *pron (dem)* das, diese(r,s); *por* ~ damit, hierdurch
estocada [esto'kađa] *f* Degenstoß *m*
estofado [esto'fađo] *m* *GAST* Schmorbraten *m,* Schmorgericht *n*
estofar [esto'far] *v* *GAST* dünsten, dämpfen
estoicismo [estoi'θizmo] *m* *(fig)* stoische Haltung *f,* Stoizismus *m*
estoico [es'toiko] *adj* *(fig)* stoisch
estolidez [estoli'đeθ] *f* Dummheit *f,* Einfalt *f*
estólido [es'toliđo] *adj* dumm, einfältig
estomacal [estoma'kal] *m* Magenbitter *m*
estómago [es'tomago] *m* *ANAT* Magen *m*
estopa [es'topa] *f* Werg *n,* Putzwolle *f*
estoque [es'toke] *m* *(bastón con una espada en el interior)* Stoßdegen *m,* Rapier *n*

estorbar [estɔr'ƀar] *v* stören, im Weg stehen
estorbo [es'tɔrƀo] *m* Störung *f,* Hemmung *f,* Hindernis *n*
estorboso [estɔr'ƀoso] *adj* störend, hemmend
estornino [estɔr'nino] *m ZOOL* Star *m*
estornudar [estɔrnu'đar] *v* niesen
estornudo [estɔr'nuđo] *m* Niesen *n*
estrabismo [estra'ƀizmo] *m* Schielen *n,* Silberblick *m* (fam)
estrado [es'trađo] *m* Podest *n,* Podium *n,* Estrade *f*
estrafalario [estrafa'larĭo] *adj 1. ir ~* auffällig gekleidet sein, ausgefallen gekleidet sein; *m 2.* skurril gekleidete Person *f,* Sonderling *m*
estragamiento [estraga'mĭento] *m* Zerstörung *f,* Verheerung *f,* Verwüstung *f*
estragar [estra'gar] *v (causar estragos)* zerstören, verheeren, verwüsten
estrago [es'trago] *m* Zerstörung *f,* schwerer Schaden *m*
estragón [estra'gɔn] *m BOT* Estragon *m*
estrambótico [estram'botiko] *adj* verschroben, wunderlich, extravagant
estrangulación [estraŋgula'θĭɔn] *f* Erwürgen *n,* Erdrosselung *f,* Abschnürung *f*
estrangulado [estraŋgu'lađo] *adj MED* eingeklemmt
estrangular [estraŋgu'lar] *v 1.* erdrosseln, erwürgen; *2. MED* abbinden; *3. TECH* drosseln
estraperlista [estrapɛr'lista] *m* Schieber *m,* Schwarzhändler *m*
estraperlo [estra'pɛrlo] *m (fam)* Schwarzhandel *m,* Schwarzmarkt *m*
estratagema [estrata'xema] *f* Kriegslist *f,* Streich *m*
estratega [estra'tega] *m* Stratege *m*
estrategia [estra'tɛxĭa] *f* Strategie *f*
estratificación [estratifika'θĭɔn] *f GEOL* Ablagerung *f,* Schichtung *f*
estratiforme [estrati'fɔrme] *adj* aufgeschichtet
estrato [es'trato] *m 1. GEO* Schicht *f; 2. ~ social* Gesellschaftsschicht *f*
estratosfera [estratos'fera] *f METEO* Stratosphäre *f*
estrechamiento [estretʃa'mĭento] *m* Verengung *f*
estrechar [estre'tʃar] *v 1.* einengen; *2. (apretujar)* drängen; *~ en los brazos a alguien* jdn an sich drücken
estrecharse [estre'tʃarse] *v* sich verengen
estrechez [estre'tʃεθ] *f 1.* Enge *f; 2.* Beengtheit *f,* Knappheit *f*
estrechísimo [estre'tʃisimo] *adj* sehr eng, hauteng
estrecho [es'tretʃo] *m 1. GEO* Meerenge *f; Estrecho de Gibraltar* Meerenge von Gibraltar *f; adj 2.* eng, beengt, schmal; *~ de miras* engstirnig; *3. (escaso)* knapp
estregar [estre'gar] *v irr* reiben, abreiben, bürsten
estrella [es'treʎa] *f 1. ASTR* Stern *m; ~ fugaz* Sternschnuppe *f; 2. ~ de mar ZOOL* Seestern *m; 3. CINE* Star *m,* Diva *f*
estrellado [estre'ʎađo] *adj* sternenklar
estrellamar [estreʎa'mar] *f ZOOL* Seestern *m*
estrellarse [estre'ʎarse] *v* zerschellen, splittern
estremecer [estreme'θɛr] *v irr 1. (hacer temblar)* erbeben lassen; *2. (fig: turbar, alterar)* erschüttern, erschauern lassen
estremecimiento [estremeθi'mĭento] *m* Schauer *m,* Erschütterung *f*
estrenar [estre'nar] *v 1. (usar por primera vez)* zum ersten Mal gebrauchen *n,* einweihen; *No he estrenado mis zapatos nuevos.* Ich habe meine neuen Schuhe noch nicht eingelaufen. *2. (presentar por primera vez)* zum ersten Mal aufführen *n*
estreno [es'treno] *m 1.* Debüt *n; 2. THEAT* Erstaufführung *f,* Premiere *f*
estreñido [estre'ɲiđo] *adj MED* verstopft
estreñimiento [estreɲi'mĭento] *m MED* Darmverstopfung *f,* Verstopfung *f*
estrépito [es'trɛpito] *m* Getöse *n,* Krach *m,* Lärm *m*
estrepitoso [estrepi'toso] *adj* lärmend, rauschend, tosend
estreptococo [estrepto'koko] *m BIO* Streptokokkus *m*
estrés [es'trɛs] *m* Stress *m,* Belastung *f,* Anstrengung *f*
estría [es'tria] *f* Rille *f,* Streifen *m*
estriado [es'trĭađo] *adj* gerillt, gestreift, gezogen
estribación [estriba'θĭɔn] *m* Ausläufer *m,* Vorberg *m*
estribar [estri'ƀar] *v ~ en (fig: consistir)* bestehen in
estribillo [estri'biʎo] *m MUS* Kehrreim *m,* Refrain *m*

estribo [es'triƀo] *m* *1.* Trittbrett *n;* *2.* *(fig) perder los ~s* die Beherrschung verlieren *f,* Unsinn reden *m*
estribor [estri'ƀɔr] *adv* *a ~* steuerbord
estricnina [estrik'nina] *f* *CHEM* Strychnin *n*
estrictez [estrik'teθ] *f* Strenge *f,* Genauigkeit *f*
estricto [es'trikto] *adj* streng, strikt
estridente [estri'đente] *adj* schrill, gellend, extrem
estroboscopio [estroƀos'kopĭo] *m* *TECH* Stroboskop *n*
estrofa [es'trofa] *f* *MUS* Strophe *f*
estropajo [estro'paxo] *m* Tuch *n,* Scheuerlappen *m,* Lappen *m*
estropeado [estrope'ađo] *adj* *1.* kaputt; *2.* *(pasado)* verdorben
estropear [estrope'ar] *v* *1.* *(dañar)* beschädigen, kaputtmachen, ramponieren; *2.* *(fig: echar a perder)* verpfuschen, verkümmern; *3.* *(afear, arruinar)* verschandeln; *4.* *(deteriorar, herir)* lädieren
estropearse [estrope'arse] *v* *1.* *(dañarse)* kaputtgehen; *2.* *(alimentos)* verderben
estructura [estruk'tura] *f* Aufbau *m,* Struktur *f,* Gerüst *n;* *~ ósea ANAT* Knochenbau *m*
estructuración [estruktura'θĭɔn] *f* Gliederung *f*
estructural [estruktu'ral] *adj* strukturell
estructurar [estruktu'ral] *v* strukturieren
estrujar [estru'xar] *v* ausdrücken, auspressen, quetschen
estuche [es'tutʃe] *m* *1.* Etui *n,* Hülse *f;* *~ del violín MUS* Geigenkasten *m;* *2.* *(armazón)* Gehäuse *n*
estudiante [estu'đĭante] *m/f* Student(in) *m/f*
estudiar [estu'dĭar] *v* *1.* *(aprender)* erlernen; *Quisiera ~ español.* Ich möchte Spanisch lernen. *~ una carrera universitaria* studieren; *2.* *(investigar)* erforschen
estudio [es'tuđĭo] *m* *1.* Studium *n;* *2.* *(investigación)* Erforschung *f;* *3.* *(cuarto de trabajo)* Atelier *n,* Studio *n*
estufa [es'tufa] *f* Ofen *m*
estupefacción [estupefak'θĭɔn] *f* Bestürzung *f,* Verblüffung *f,* Erstaunen *n*
estupefaciente [estupefa'θĭente] *m* Droge *f,* Rauschgift *n*
estupefacto [estupe'fakto] *adj* entgeistert, perplex
estupendo [estu'pendo] *adj* ausgezeichnet, toll; *¡Estupendo!* Klasse!
estupidez [estupi'đeθ] *f* *1.* Blödsinn *m,* Dummheit *f;* *2.* *(apatía)* Stumpfsinn *m*
estúpido [es'tupiđo] *m* *1.* Dummkopf *m;* *adj* *2.* *(tonto)* stumpf, doof, blöd
estupro [es'tupro] *m* Schändung *f,* Vergewaltigung *f*
esturión [estu'rĭɔn] *m* *ZOOL* Stör *m*
esvástica [es'ƀastika] *f* *HIST* Hakenkreuz *n*
etapa [e'tapa] *f* Etappe *f;* *por ~s* stufenweise, etappenweise
eternidad [etɛrni'đađ] *f* Ewigkeit *f*
eternizar [etɛrni'θar] *v* verewigen
eterno [e'tɛrno] *adj* ewig, zeitlos
ética ['etika] *f* Ethik *f,* Ethos *n*
ético ['etiko] *adj* ethisch, sittlich, Sitten...
etílico [e'tiliko] *adj* alkoholisch
etimología [etimolo'xia] *f* Etymologie *f*
Etiopía [etĭo'pia] *f* *GEO* Äthiopien *n*
etiqueta [eti'keta] *f* Etikett *n,* Auszeichnung *f;* *poner ~* auszeichnen
etnología [etnolɔ'xia] *f* Ethnologie *f,* Völkerkunde *f,* Verhaltensforschung *f*
eucalipto [eŭka'lipto] *m* *BOT* Eukalyptus *m*
Eucaristía [eŭkaris'tia] *f* *REL* Eucharistie *f,* Abendmahl *n*
euforia [eŭfor'ĭa] *f* Euphorie *f*
eureka [eŭ'reka] *interj* heureka!
euro ['euro] *m* *(unidad monetaria de la UE) ECO* Euro *m*
eurocheque [eŭro'tʃeke] *m* *FIN* Eurocheque *m*
Europa [eŭ'ropa] *f* *GEO* Europa *n;* *~ Central* Mitteleuropa *n;* *~ Occidental* Westeuropa *n;* *~ Oriental* Osteuropa *n*
europeo [eŭro'peo] *adj* *1.* europäisch; *m* *2.* Europäer *m*
evacuación [eƀakwa'θĭɔn] *f* Evakuierung *f,* Räumung *f*
evacuar [eƀa'kwar] *v* *1.* ausräumen; *2.* *(desalojar)* räumen; *3.* *~ a alguien* jdn aussiedeln
evadir [eƀa'đir] *v* *1.* umgehen, ausweichen; *2.* *(fugarse)* entrinnen; *3.* *(emigrar)* abwandern
evadirse [eƀa'đirse] *v* *1.* ausbrechen; *2.* *(fig: eludir)* ausweichen
evaluación [eƀalwa'θĭɔn] *f* *1.* Auswertung *f,* Bewertung *f;* *2.* *(cálculo)* Berechnung *f;* *3.* *~ aproximativa ECO* Überschlag *m*

evaluar [eƀa'lwar] *v 1.* schätzen, bewerten; *2. (analizar)* auswerten
evanescente [eƀanes'θente] *adj* zerstreuend, zerstörend
evangelio [eƀaŋ'xelĭo] *m REL* Evangelium *n*
evangelista [eƀaŋxe'lista] *adj REL* evangelisch
evaporar [eƀapo'rar] *v* verdampfen
evasión [eƀa'sĭɔn] *f 1.* Ausbruch *m; 2. ~ de capitales ECO* Kapitalabfluss *m*
evasiva [eƀa'siƀa] *f* Ausrede *f*
evasivo [eƀa'siƀo] *adj* ausweichend
eventual [eƀen'twal] *adj* gelegentlich, etwaig, eventuell
evidencia [eƀi'đenθĭa] *f 1.* Selbstverständlichkeit *f,* Eindeutigkeit *f; poner en ~* klarstellen, ans Licht bringen; *2. (prueba)* Beweis *m*
evidenciar [eƀiđen'θĭar] *v* beweisen
evidente [eƀi'đente] *adj* deutlich, eindeutig, offensichtlich
evitable [eƀi'taƀle] *adj* vermeidbar
evitación [eƀita'θĭɔn] *f* Vermeidung *f*
evitar [eƀi'tar] *v 1.* vermeiden, meiden, umgehen; *Cada vez que la veo me evita.* Immer wenn ich sie sehe, geht sie mir aus dem Weg. *2. ~ algo a alguien* jdm etw ersparen; *Con mi buen comportamiento le evito un disgusto a mi madre.* Mit meinem guten Benehmen erspare ich meiner Mutter Verdruss.
evocar [eƀo'kar] *v* heraufbeschwören, in Erinnerung rufen
evolución [eƀolu'θĭɔn] *f 1.* Evolution *f; 2. (desarrollo)* Entwicklung *f,* Werdegang *m,* Verlauf *m; 3. (mejora)* Aufstieg *m*
ex [ɛks] *adj* bisherig, ehemalig; *~ marido* Exmann *m; ~ mujer* Exfrau *f*
exacción [ɛksak'θĭɔn] *f ECO* Abgabe *f*
exactitud [ɛksakti'tuđ] *f* Genauigkeit *f,* Exaktheit *f*
exacto [ɛk'sakto] *adj* genau, richtig, exakt; *ser ~* zutreffen
exageración [ɛksaxera'θĭɔn] *f* Übertreibung *f*
exagerado [ɛksaxe'rađo] *adj* übertrieben, übermäßig, überschwänglich
exagerar [ɛksaxe'rar] *v* übertreiben
exaltado [ɛksal'tađo] *adj 1.* überschwänglich; *2. (relativo a una persona)* überspannt
examen [ɛk'samen] *m 1.* Prüfung *f,* Examen *n; ~ de admisión/~ de aptitud* Aufnahmeprüfung *f; ~ de conducción* Fahrprüfung *f; ~ de maestría* Meisterprüfung *f; ~ oficial* Gesellenprüfung *f; ~ escrito* Klausur *f; ~ final* Abschlussprüfung *f; 2. (inspección)* Untersuchung *f; ~ médico* ärztliche Untersuchung *f*
examinación [ɛksamina'θĭɔn] *f (control)* Überprüfung *f; (observación)* Beobachtung *f*
examinador(a) [ɛksamina'đɔr/eksamina'tora] *m/f* Prüfer(in) *m/f*
examinar [ɛksami'nar] *v 1. (observar)* beobachten; *2. (inspeccionar)* nachsehen, untersuchen, einsehen; *3. (comprobar)* überprüfen; *4. (investigar)* erforschen; *5. MED* untersuchen
exantema [ɛksan'tema] *m MED* Ausschlag *m*
exasperado [ɛksaspe'rađo] *adj* erbittert
excampeón [ɛkskampe'ɔn] *m SPORT* Altmeister *m*
excarcelación [ɛksarθela'θĭɔn] *f* Entlassung *f*
excarcelar [ɛksarθe'lar] *v* aus der Haft entlassen
excavación [ɛksaƀa'θĭɔn] *f* Ausgrabung *f*
excavadora [ɛksaƀa'đora] *f TECH* Bagger *m*
excavar [ɛksa'ƀar] *v* ausschachten, ausgraben
excedente [esθe'đente] *m 1.* Plus *n,* Überfluss *m,* Überschuss *m; adj 2.* überschüssig
exceder [esθe'đɛr] *v* übertreffen
excelencia [esθe'lenθĭa] *f* Herrlichkeit *f; por ~* vorzugsweise, par excellence
excelente [esθe'lente] *adj* ausgezeichnet, vortrefflich, vorzüglich
excéntrico [es'θɛntriko] *m 1.* Außenseiter *m; adj 2.* exzentrisch
excepción [esθɛƀ'θĭɔn] *f* Ausnahme *f; por ~* ausnahmsweise; *sin ~* ausnahmslos
excepcional [esθɛƀθĭo'nal] *adj* außergewöhnlich
excepcionalmente [esθɛƀθĭo'nalmente] *adv* ausnahmsweise
excepto [es'θɛƀto] *prep* außer, vorbehaltlich, ausgenommen
exceptuar [esθɛƀ'tuar] *v* eine Ausnahme machen, ausnehmen
excesivo [esθe'siƀo] *adj 1.* maßlos, überhöht, übermäßig; *2. (exorbitante)* unerschwinglich; *3. (abundante, lujoso)* üppig

exceso [es'θeso] *m* Ausschreitung *f,* Exzess *m,* Übermaß *n; ¿Cuánto debo pagar de ~ de equipaje?* Wie viel muss ich für das; Übergepäck zahlen? *~ de empeño* Übereifer *m; ~ de oferta ECO* Überangebot *m; ~ de producción* Überproduktion *f*
excitación [esθita'θĭɔn] *f* Aufregung *f,* Erregung *f*
excitado [esθi'tađo] *adj* aufgeregt
excitante [esθi'tante] *adj 1.* aufregend; *m 2.* Aufputschmittel *n*
excitar [esθi'tar] *v* aufputschen
excitarse [esθi'tarse] *v* sich erregen
exclamación [esklama'θĭɔn] *f* Ausruf *m,* Aufschrei *m*
exclamar [eskla'mar] *v* ausrufen
excluir [esklu'ir] *v irr 1.* ausnehmen, ausschließen; *2. (un tema de)* ausklammern; *~ de* ausschließen aus; *3. (eliminar) MATH* ausscheiden
exclusión [esklu'sĭɔn] *f* Ausschluss *m*
exclusivo [esklu'siƀo] *adj* exklusiv
excomulgar [eskomul'ɡar] *v REL* exkommunizieren
excoriación [eskorĭa'θĭɔn] *f MED* Hautabschürfung *f*
excrecencia [eskre'θenθĭa] *f 1.* Auswuchs *m; 2. (protuberancia) MED* Vorsprung *m*
excretar [eskre'tar] *v MED* ausscheiden
exculpar [eskul'par] *v JUR* entlasten
exculpatorio [eskulpa'torĭo] *adj JUR* entlastend
excursión [eskur'sĭɔn] *f* Ausflug *m,* Exkursion *f; ir de ~* einen Ausflug machen; *Me gustaría hacer una ~.* Ich würde gerne einen Ausflug unternehmen. *~ a pie* Wanderung *f; ~ en bicicleta* Radtour *f; lugar de ~* Ausflugsort *m*
excursionista [eskursĭɔ'nista] *m/f* Wanderer/Wanderin *m/f*
excusa [es'kusa] *f 1. (disculpa)* Entschuldigung *f; 2. (pretexto)* Vorwand *m,* Ausrede *f; 3. ~s pl* Abbitte *f*
excusado [esku'sađo] *m* Klo *n,* Klosett *n,* Abort *m; ir al ~* austreten
excusar [esku'sar] *v* entschuldigen
excusarse [esku'sarse] *v ~ por* sich entschuldigen für
exención [ɛksen'θĭɔn] *f 1.* Erlass *m; 2. ECO* Befreiung *f*
exento [ɛk'sento] *adj ~ de derechos/~ de porte ECO* gebührenfrei; *~ de derechos aduaneros* zollfrei; *~ de deudas* schuldenfrei; *~ de impuestos* steuerfrei; *~ de interés* zinslos
exhalar [ɛk'salar] *v* ausatmen
exhaustivo [ɛksaŭs'tiƀo] *adj* tief schürfend, tief, erschöpfend
exhibición [ɛksiƀi'θĭɔn] *f 1. (exposición)* Ausstellung *f; 2. (presentación)* Vorführung *f*
exhibicionista [ɛksiƀiθĭo'nista] *m* Exhibitionist *m*
exhibir [ɛksi'ƀir] *v 1. (exponer)* ausstellen; *2. (presentar)* vorführen
exhortación [ɛksɔrta'θĭɔn] *f* Ermahnung *f*
exhortar [ɛksɔr'tar] *v* ermahnen
exhumación [ɛksuma'θĭɔn] *f* Ausgrabung *f*
exhumar [ɛksu'mar] *v (un cadáver)* ausgraben
exigencia [ɛksi'xenθĭa] *f* Forderung *f,* Anspruch *m*
exigente [ɛksi'xente] *adj* wählerisch; *muy ~* anspruchsvoll
exigir [ɛksi'xir] *v 1.* anfordern, abverlangen, beanspruchen; *~ demasiado de alguien* jdn überfordern, zu viel von jdm verlangen; *2. (fuerte)* fordern; *3. (reclamar)* reklamieren
exiguo [ɛk'siɡwo] *adj* spärlich
exiliar [ɛksi'liar] *v* verbannen
exilio [ɛk'silĭo] *m POL* Exil *n,* Verbannung *f*
eximir [ɛksi'mir] *v ECO* befreien
existencia [ɛksis'tenθĭa] *f 1.* Leben *n,* Dasein *n,* Existenz *f; 2. ~s pl (surtido, provisión)* Vorrat *m; 3. ~s pl ECO* Bestand *m*
existente [ɛksis'tente] *adj* vorhanden
existir [ɛksis'tir] *v 1. (ser, estar)* existieren, da sein, leben; *2. (suceder, encontrarse)* vorkommen
exitable [ɛksi'taƀle] *adj* reizbar
exitazo [ɛksi'taθo] *m* Knüller *m,* Riesenerfolg *m*
exitoso [ɛksi'toso] *adj (LA)* erfolgreich
exoneración [ɛksonera'θĭɔn] *f ECO* Befreiung *f*
exonerar [ɛksone'rar] *v ECO* befreien; *~ de algo* von etw lossprechen; *Debido a sus excelentes notas ~on a Marcia de los exámenes finales.* Aufgrund ihrer hervorragenden Noten wurde Marcia von den Abschlussprüfungen befreit.
exorbitante [ɛksɔrƀi'tante] *adj (precio)* unerschwinglich, übertrieben

exótico [ɛk'sotiko] *adj* exotisch
expansión [espan'sĭɔn] *f* *1.* Expansion *f*; *2. ECO* Aufschwung *m*
expatriar [espa'trĭar] *v* verbannen, verweisen, ausweisen
expectación [espɛkta'θĭɔn] *f* Spannung *f*; *lleno de ~* erwartungsvoll
expectativa [espɛkta'tiƀa] *f* Erwartung *f*; *~ de la vida* Lebenserwartung *f*
expedición [espeđi'θĭɔn] *f* *1. (viaje)* Expedition *f*; *2. (remesa)* Versand *m*, Versendung *f*
expediente [espe'đĭente] *m* *1.* Akte *f*; *2. JUR* Protokoll *n*
expedir [espe'đir] *v irr (enviar)* aufgeben, verschicken, wegschicken, versenden
experiencia [espe'rĭenθĭa] *f* Lebenserfahrung *f*, Praxis *f*, Erfahrung *f*; *por ~* erfahrungsgemäß
experimentado [esperimen'tađo] *adj* bewährt, erfahren, routiniert; *ser ~* bewandert sein
experimentalmente [esperimental'mente] *adv* versuchsweise
experimentar [esperimen'tar] *v* *1.* erfahren, erleben; *2. (sentir)* fühlen; *3. PHYS* experimentieren
experimento [esperi'mento] *m* *1.* Versuch *m*, Experiment *n*; *2. ~s en animales pl* Tierversuche *m/pl*
experto [es'pɛrto] *m* *1.* Experte *m*, Fachmann *m*, Könner *m*; *~ en informática* Informatiker *m*; *2. (perito)* Sachverständiger *m*, Gutachter *m*; *adj 3.* erfahren, sachkundig
expiación [espĭa'θĭɔn] *f* Sühne *f*
expiar [es'pĭar] *v* verbüßen, büßen
expiración [espira'θĭɔn] *f ECO* Ablauf *m*, Fälligkeit *f*
expirar [espi'rar] *v* *1.* sterben; *2. (un plazo) ECO* ablaufen
explicación [esplika'θĭɔn] *f* Erläuterung *f*, Erklärung *f*
explicar [espli'kar] *v* erklären, erläutern; *¡Me lo puede ~ eso, por favor!* Können Sie mir das bitte erklären!
explícito [es'pliθito] *adj* explizit, ausdrücklich
exploración [esplora'θĭɔn] *f* *1.* Erkundung *f*, Erforschung *f*; *~ del espacio* Weltraumforschung *f*; *2. MIL* Aufklärung *f*
explorador(a) [esplora'đɔr/esplora'đora] *m/f* Pfadfinder(in) *m/f*
explorar [esplo'rar] *v* auskundschaften, erforschen
explosión [esplo'sĭɔn] *f* Explosion *f*, Sprengung *f*; *hacer ~* explodieren; *~ de la población (fig)* Bevölkerungsexplosion *f*
explosionar [esplosĭo'nar] *v* knallen, explodieren
explosivo [esplo'siƀo] *m* *1.* Sprengkörper *m*, Sprengstoff *m*; *adj 2.* explosiv
explotación [esplota'θĭɔn] *f* *1.* Verwertung *f*; *~ abusiva* Raubbau *m*; *2. (fig)* Ausbeutung *f*; *3. MIN* Abbau *m*
explotar [esplo'tar] *v* *1.* ausnutzen, nutzen, bewirtschaften, ausbeuten; *2. MIN* abbauen
expoliar [espo'lĭar] *v* berauben, ausbeuten
exponer [espo'nɛr] *v irr* *1.* ausstellen, auslegen; *2. (declarar)* aussagen, vortragen, vorbringen; *3. (abandonar) ~ a* preisgeben, exponieren, aussetzen; *4. FOTO* belichten
exportación [espɔrta'θĭɔn] *f ECO* Ausfuhr *f*, Export *m*
exportador(a) [espɔrta'đɔr/espɔrta'đora] *m/f ECO* Exporteur(in) *m/f*
exportar [espɔr'tar] *v ECO* ausführen, exportieren
exposición [esposi'θĭɔn] *f* *1.* Ausstellung *f*, Messe *f*; *¿Cuánto tiempo dura la ~?* Wie lange dauert die Ausstellung? *~ de arte* Kunstausstellung *f*; *2. (explicación, demonstración)* Referat *n*, Darstellung *f*; *3. ~ a radiaciones* Bestrahlung *f*
expositor [esposi'tɔr] *m* Schausteller *m*
expresamente [espresa'mente] *adv* besonders, eigens
expresar [espre'sar] *v* *1.* sagen, aussprechen, äußern, sprechen; *2. (demostrar)* beweisen
expresión [espre'sĭɔn] *f* Ausdruck *m*, Äußerung *f*; *~ facial* Gesichtsausdruck *m*; *~ idiomática* Redewendung *f*
expresionismo [espresio'nizmo] *m ART* Expressionismus *m*
expresivo [espre'siƀo] *adj* viel sagend, ausdrucksvoll
expreso [es'preso] *m (tren)* Zug *m*, Schnellzug *m*
exprimir [espri'mir] *v* ausdrücken, auspressen
expropiar [espro'pĭar] *v JUR* enteignen
expulsado [espul'sađo] *adj* *1.* vertrieben; *m 2.* Vertriebener *m*
expulsar [espul'sar] *v* *1.* ausweisen, verweisen, vertreiben; *2. (excluir)* ausschließen, ausstoßen; *3. POL* abschieben

expulsión [espul'sĭɔn] *f* *1.* Ausweisung *f*, Verdrängung *f*; *2. POL* Abschiebung *f*; *3. (exclusión) SPORT* Ausschluss *m*; *4. MED* Abgang *m*

exquisito [eski'sito] *adj* köstlich, vortrefflich, vorzüglich

extender [esten'dɛr] *v irr (estirar, agrandar)* ausstrecken, herausstrecken

extenderse [esten'dɛrse] *v irr* sich ausbreiten, reichen

extendido [esten'diđo] *adv muy ~* weit verbreitet

extensible [esten'siƀle] *adj* ausziehbar, dehnbar

extensión [esten'sĭɔn] *f* Ausdehnung *f*, Dehnbarkeit *f*; *cable de ~ TECH* Verlängerungskabel *n*

extenso [es'tenso] *adj* ausführlich, weit

extenuar [estenu'ar] *v* auszehren, entkräften

exterior [este'rĭɔr] *m 1.* Äußeres *n*; *2. (de un país)* Ausland *n*; *adj 3.* äußere(r,s), äußerlich

exterminar [estɛrmi'nar] *v* ausrotten, vertilgen

externamente [estɛrna'mente] *adv* außerhalb

externo [es'tɛrno] *adj* äußere(r,s), äußerlich, extern

extinción [estin'θĭɔŋ] *f* Auslöschung *f*, Erlöschen *n*; *en vías de ~* vom Aussterben bedroht

extinguido [estiŋ'giđo] *adj* ausgestorben

extinguidor [estiŋgi'đɔr] *m (LA)* Feuerlöscher *m*

extinguir [estiŋ'gir] *v 1.* auslöschen, vertilgen; *2. (apagar)* ausmachen, löschen

extinguirse [estiŋ'girse] *v 1.* erlöschen, aussterben; *2. BOT* absterben

extintor [estin'tɔr] *m ~ de incendios* Feuerlöscher *m*

extirpación [estirpa'θĭɔn] *f* Ausrottung *f*, Entwurzelung *f*

extirpar [estir'par] *v 1.* ausrotten; *2. (desarraigar)* herausreißen, entwurzeln

extorsión [estɔr'sĭɔn] *f* Erpressung *f*

extorsionar [estɔrsĭo'nar] *v* erpressen

extorsionista [estɔrsĭo'nista] *m/f* Erpresser(in) *m/f*

extra ['ɛkstra] *m 1. ECO* Zulage *f*; *2. CINE* Komparse *m*, Statist *m*; *adj 3.* extra

extracción [estrak'θĭɔn] *f 1.* Förderung *f*; *2. ~ de sangre MED* Blutabnahme *f*

extracto [es'trakto] *m 1.* Extrakt *n*; *2. (compendio)* Übersicht *f*; *~ de cuenta ECO* Kontoauszug *m*

extradición [estradi'θĭɔn] *f JUR* Auslieferung *f*

extraditar [estradi'tar] *v JUR* ausliefern

extraer [estra'ɛr] *v irr 1.* herausziehen, herausreißen; *~ con la bomba* abpumpen; *2. MIN* gewinnen, fördern; *La empresa extrae cobre de la mina.* Die Firma fördert Kupfer aus dem Bergwerk.

extranjerismo [estranxe'rizmo] *m* Fremdwort *n*

extranjero [estran'xero] *m 1.* Ausland *n*; *2. (persona)* Ausländer *m*; *adj 3.* ausländisch, fremd

extrañar [estra'ɲar] *v (LA)* vermissen

extraño [es'traɲo] *adj* merkwürdig, absonderlich, seltsam

extraordinario [estraɔrđi'narĭo] *adj 1.* besondere(r, s), außerordentlich, außergewöhnlich; *2. (raro)* selten, einmalig

extrapolación [estrapola'θĭɔn] *f* Hochrechnung *f*

extravagancia [estraƀa'ganθĭa] *f* Extravaganz *f*

extravagante [estraƀa'gante] *m 1.* komischer Kauz *m*; *adj 2.* extravagant

extraviar [estraƀi'ar] *v* verlegen, verlieren

extraviarse [estraƀi'arse] *v* sich verirren, sich verlaufen, sich verfahren

extravío [estra'ƀio] *m* Verirrung *f*, Verlegung *f*

extremadamente [estremada'mente] *adv* extrem, ungemein

extremaunción [estremaun'θĭɔn] *f REL* Sterbesakrament *n*, Letzte Ölung *f*

extremidades [estremi'đađes] *f/pl ANAT* Gliedmaßen *pl*

extremismo [estre'mismo] *m POL* Extremismus *m*

extremo [es'tremo] *adj 1.* extrem, äußerst, entgegengesetzt; *m 2. (cabo, borde)* Ende *n*, Rand *m*; *Extremo Oriente GEO* Fernost *m*, Ferner Osten *m*

extrovertido [estroƀɛr'tiđo] *adj* aufgeschlossen

exuberancia [ɛksuƀe'ranθĭa] *f* Überschwang *m*

exuberante [ɛksuƀe'rante] *adj* üppig

eyaculación [ejakula'θĭɔn] *f BIO* Ejakulation *f*

eyacular [eja'kular] *v* ejakulieren

F

fa [fa] *m (nota musical) MUS* F *n*
fábrica ['faƀrika] *f* Anlage *f,* Fabrik *f,* Werk *n; ~ de gas* Gaswerk *n; ~ de tejidos* Weberei *f*
fabricación [faƀrika'θĭɔn] *f* Anfertigung *f,* Herstellung *f*
fabricante [faƀri'kante] *m/f* Hersteller(in) *m/f,* Fabrikant(in) *m/f*
fabricar [faƀri'kar] *v 1.* herstellen, anfertigen, erzeugen; *~ cerveza* Bier brauen; *2. (fig: crear algo)* fabrizieren, machen; *Mi padre ha fabricado una fortuna.* Mein Vater hat ein Vermögen gemacht.
fabril [fa'ƀril] *adj* Fabriks..., Industrie..., fabrikmäßig
fábula ['faƀula] *f 1.* Fabel *f; de ~* märchenhaft; *2. (ficción para encubrir la verdad)* Erzählung *f,* Märchen *n,* Lüge *f; Me parece que lo que dices es pura ~.* Mir scheint, du erzählst nur Märchen. *3. (referencia sin base alguna)* Erfindung *f; Lo que el ministro ha dicho es pura ~.* Was der Minister gesagt hat, ist pure Erfindung. *4. (ficción mitológica)* Sage *f,* Mythologie *f; La ~ de Perseo.* Die Sage von Perseus.
fabulador [faƀula'đor] *m 1. (escritor de fábulas) LIT* Fabeldichter *m; Esopo es un fabulador de la antigüedad.* Äsop war ein Fabeldichter der Antike. *2. (fig: que inventa mentiras)* Lügner *m,* Schwindler *m,* Märchenerzähler *m*
fabular [faƀu'lar] *v* erdichten
fabulario ['faƀula] *f* Sagenbuch *n,* Fabelsammlung *f*
fabuloso [faƀu'loso] *adj* toll, märchenhaft, fabelhaft
faca ['faka] *f* krummes Messer *n*
facazo [fa'kaθo] *m 1. (golpe con una faca)* Messerstich *m; 2. (herida producida con una faca)* Stichwunde *f*
facción [faɡ'θĭɔn] *f 1. (grupo de rebeldes)* Bande *f,* Rotte *f; Una facción armada se apoderó de la embajada.* Eine bewaffnete Bande brachte die Botschaft unter ihre Kontrolle. *2. (bando)* Partei *f*
facciones [fak'θĭones] *f/pl* Gesichtszüge *pl; ~ duras* harte Gesichtszüge *pl*
faccioso [faɡ'θıoso] *adj 1.* rebellisch, aufrührerisch; *2. m (rebelde)* Aufrührer *m,* Rebell *m*
faceta [fa'θeta] *f 1. (cara de un poliedro) MATH* Fassette *f,* Schlifffläche *f; 2. (fig: aspecto de una cosa)* Seite *f,* Aspekt *m*
facial [fa'θĭal] *adj* Gesichts...
facies ['faθĭes] *f MED* Gesicht *n*
fácil ['faθil] *adj* leicht, mühelos, glatt; *~ de comprender* verständlich; *~ de usar* benutzerfreundlich
facilidad [faθili'đađ] *f 1.* Leichtigkeit *f,* Fertigkeit; *2. (oportunidad para hacer algo)* Möglichkeit *f; No tengo ~es para usar una ordenador.* Ich habe keine Möglichkeit, einen Computer zu benutzen.
facilitación [faθilita'θĭɔn] *f* Bereitstellung *f,* Gewährung *f*
facilitar [faθili'tar] *v 1.* beschaffen, verschaffen, vermitteln; *2. (aliviar)* erleichtern
facineroso [faθine'roso] *m (delincuente)* Bösewicht *m,* Verbrecher *m*
facsímil [fak'simil] *m (imitación de algo)* Faksimile *n*
factible [fak'tiƀle] *adj* durchführbar
factor [fak'tɔr] *m 1.* Faktor *m; ~ de inseguridad* Unsicherheitsfaktor *m; ~ Rhesus/~ Rh MED* Rhesusfaktor *m; 2. (elementos de un producto) MATH* Faktor *m*
factoría [fakto'rĭa] *f 1.* Werk *n; 2. (complejo industrial)* Werk *n,* Fabrik *f*
factorial [fakto'rĭal] *f MATH* Fakultät *f*
factótum [fak'totum] *m 1. (la mano derecha de alguien)* Faktotum *n,* rechte Hand (fig) *f; 2. (persona que hace de todo)* Mädchen für alles (fam) *n*
factura [fak'tura] *f 1. ECO* Rechnung *f; 2. (hechura)* Anfertigung *f,* Ausführung *f*
facturación [faktura'θĭɔn] *f ECO* Umsatz *m,* Fakturierung *f*
facturar [faktu'rar] *v 1. ECO* anrechnen; *2. (registrar el equipaje)* aufgeben; *No he facturado aún el equipaje.* Ich habe das Gepäck noch nicht aufgegeben.
facultad [fakul'tađ] *f 1.* Fakultät *f; 2. (capacidad)* Fähigkeit *f,* Vermögen *n; ~ visual MED* Sehkraft *f; 3. (derecho para hacer algo)* Berechtigung *f,* Befugnis *f; No tengo la facultad para firmar ese documento.* Ich bin nicht befugt, dieses Dokument zu unterzeichnen.
facultar [fakul'tar] *v* befugen, ermächtigen, befähigen

facultativamente [fakulta'tiƀamente] *adv* wahlweise
facultativo [fakulta'tibo] *adj 1.* fakultativ, beliebig, freiwillig; *m 2. (médico)* Facharzt *m*
facundia [fa'kunđĭa] *f* Redseligkeit *f*, Redegewandtheit *f*
facha ['fatʃa] *f (aspecto)* Aussehen *n*, Aufzug *m; ¡Qué facha tienes hoy!* Wie siehst du denn heute aus!
fachada [fa'tʃađa] *f 1. (de una casa)* Fassade *f*, Vorderfront *f; 2. (portada de un libro)* Titelblatt *n*, Titelseite *f*, Umschlagbild *n; 3. (fig: aspecto externo de las cosas)* Äußeres *n*, Außenseite *f*, Fassade *f*
fachenda [fa'tʃenda] *f (vanidad)* Angabe *f*, Eitelkeit *f*, Prahlerei *f*
fachendoso [fatʃen'đoso] *adj* prahlerisch, angeberisch
fachoso [fa'tʃoso] *adj* hässlich, lächerlich aussehend
faena [fa'ena] *f* Arbeit *f; hacer una ~ a alguien* jdm übel mitspielen
fagot [fa'ġot] *m (instrumento de viento) MUS* Fagott *n*
faisán [faĭ'san] *m ZOOL* Fasan *m*
faja ['faxa] *f 1.* Hüfthalter *m*, Schärpe *f; 2. (cinta)* Band *n; 3. (listón)* Leiste *f*
fajar [fa'xar] *v 1.* mit Binden umwickeln, einen Säugling wickeln; *2. (fam)* einen Hieb versetzen
fajo ['faxo] *m (haz)* Bündel *n; En mi cartera hay un fajo de billetes.* In meiner Brieftasche ist ein Bündel Geldscheine.
falacia [fa'lacĭa] *f 1.* Trug *m; 2. (hábito de urdir mentiras)* Betrug *m*
falange [falan'xe] *f 1. MED* Fingerglied *n*, Zehenglied *n*, Phalanx *f; 2. (grupo de tropas) MIL* Phalanx *f*, Heer *n*, Heerschar *f*
falangeta [falan'xeta] *f ANAT* drittes Fingerglied *n*
falangina [falan'xina] *f ANAT* zweites Fingerglied *n*, zweites Zehenglied *n*
falaz [fa'laθ] *adj 1. (persona que urde mentiras)* Betrüger *m; 2. (falsa apariencia)* betrügerisch, trügerisch
falda ['falda] *f 1.* Rock *m; ~ de combinación* Unterrock *m; 2. (regazo)* Schoß *m; 3. (fig: parte inferior de una montaña)* Berghang *m*, Fuß *m; 4. (fig: la mujer)* Frau *f*
faldero [fal'dero] *adj perro ~* Schoßhund *m*
falencia [fa'lenθĭa] *f* Täuschung *f*, Irrtum *m*
falibilidad [faliƀili'đađ] *f* Fehlbarkeit *f*
falible [fa'liƀle] *adj (suceptible de equivocarse)* fehlbar
falo ['falo] *m ANAT* Phallus *m*
falopio [fa'lopĭo] *f/pl MED* Eileiter *m*
falsamente [falsa'mente] *adv* fälschlicherweise
falsario [fal'sarĭo] *adj 1. (que falsifica cosas)* fälschend, verfälschen; *m 2. (que acostumbra a mentir)* Lügner *m*, Verleumder *m*, Fälscher *m*
falsear [false'ar] *v* fälschen, frisieren, verdrehen
falsedad [false'đađ] *f* Unaufrichtigkeit *f*, Unwahrheit *f*, Falschheit *f*
falsete [fal'sete] *m 1. MUS* Falsett *n; 2. (fig) hablar en ~* mit einer Fistelstimme sprechen
falsificación [falsifika'θĭɔn] *f* Verfälschung *f*, Fälschung *f*
falsificar [falsifi'kar] *v* verfälschen, fälschen
falso ['falso] *adj 1. (falsificado)* unecht, falsch; *2. (insincero, desleal)* unaufrichtig, unehrlich; *3. dar un paso en ~* einen Fehltritt tun
falta ['falta] *f 1.* Mangel *m; hacer ~* nötig sein; *por ~ de* mangels; *sin ~* sicherlich, ganz bestimmt; *2. (violación) JUR* Verletzung *f; 3. (comportamiento indebido)* Taktlosigkeit *f*, Fehler *m; 4. (ausencia de una persona)* Abwesenheit *f*, Fernbleiben *n; 5. (quebrantamiento de las reglas) SPORT* Regelverstoß *m; El jugador X ha cometido tres ~s.* Der Spieler X hat bereits drei Regelverstöße begangen. *6. hacer ~* fehlen; *¡Me has hecho mucha falta!* Du hast mir sehr gefehlt!
faltar [fal'tar] *v 1.* fehlen, ausstehen, fernbleiben; *¡Lo que faltaba!* Schöne Bescherung!/Das fehlte noch! *Aquí falta algo.* Da fehlt etw; *~ de* mangeln an; *2. ~ a (atentar contra) JUR* verletzen; *3. (no acudir a una cita)* fehlen, nicht erscheinen; *He faltado tres semanas a la universidad.* Ich habe in der Universität drei Wochen gefehlt. *No quiero faltar a esa cita.* Ich möchte diese Verabredung einhalten. *4. (tratar desconsideradamente)* beleidigen
falto ['falto] *adj* mangelhaft; *~ de recursos* mittellos
falla ['faʎa] *f GEOL 1.* Fehler *m*, Materialfehler *m*, Störung *f; 2. (defecto, desperfecto)* Fehler *m*, Störung *f; Hay una ~ en el*

sistema operativo. Im Betriebssystem gibt es eine Störung. *3. (fig: defecto)* Mangel *m*, Versagen *n*

fallar [fa'ʎar] *v 1.* misslingen, missglücken, scheitern; *2. (una sentencia) JUR* urteilen, fällen; *3. (algo no funciona como debería)* versagen, nicht funktionieren; *El ordenador está fallando.* Der Computer funktioniert nicht.

fallecer [faʎe'θɛr] *v irr 1.* sterben; *v 2. (fig: acabarse algo)* aufhören, enden

fallecido [faʎe'θiđo] *m 1.* Toter *m*, Verstorbener *m; adj 2.* tot, verstorben

fallecimiento [faʎeθi'mĭento] *m* Todesfall *m*, Tod *m*

fallo ['faʎo] *m 1. (deficiencia, resultado)* Ausfall *m*, Fehler *m; 2. TECH* Versagen *n; 3. (del juicio) JUR* Urteilsspruch *m*, Urteil *n*, Spruch *m; 4. (fig: juicio sobre algo o alguien)* Urteil *n*

fama ['fama] *f 1. (nombre, reputación)* Ansehen *n*, Ruf *m; de mala ~* anrüchig, berüchtigt, verrufen; *2. (celebridad)* Berühmtheit *f*

familia [fa'milĭa] *f* Familie *f; de ~ numerosa* aus kinderreicher Familie

familiar [fami'lĭar] *m 1.* Familienangehöriger *m*, Verwandter *m; adj 2.* vertraut, heimisch, familiär

familiaridad [familĭari'đađ] *f* Vertrautheit *f*

familiarizar [familĭari'θar] *v (hacer común algo)* vertraut machen

familiarizarse [familĭari'θarse] *v* sich vertraut machen, sich einarbeiten

famoso [fa'moso] *adj* bekannt, berühmt

fan [fan] *m* Fan *m*

fanático [fa'natiko] *m 1.* Fanatiker *m; adj 2.* fanatisch

fanatismo [fana'tizmo] *m* Fanatismus *m*

fanatizar [fanati'θar] *v* aufhetzen, verhetzen, fanatisieren

fandango [fan'đaŋgo] *m 1. (baile español) MUS* Fandango *m; 2. (fig: bullicio, alboroto)* Durcheinander *n*, Wirbel *m*

fanegada [fane'ɡađa] *f 1. ~ de tierra* 64,596 Ar; *2. a ~s* in Hülle und Fülle *f*

fanfarria [fan'farrĭa] *f 1. MUS* Fanfare *f; 2. (fanfarronería) (fam)* Aufschneiderei *f*, Angeberei *f*

fanfarrón [famfa'rrɔn] *m 1.* Angeber *m*, Aufschneider *m; adj 2.* protzig

fanfarronada [famfarrɔ'nađa] *f* Angeberei *f*, Angabe *f*

fanfarronear [famfarrɔne'ar] *v* angeben, aufschneiden, tönen

fanfarronería [fanfarrone'ria] *f* Aufschneiderei *f*, Prahlerei *f*, Angabe *f*

fangal [fan'ɡal] *m* Morast *m*, Schlammloch *n*

fango ['faŋgo] *m 1.* Schlamm *m*, Lehm *m; 2. (fig) llenarle a uno de ~* jdn mit Schmutz bewerfen *m*

fangoso [faŋ'goso] *adj* matschig, schlammig

fantasear [fantase'ar] *v* fantasieren

fantasía [fanta'sia] *f 1.* Fantasie *f*, Einbildungskraft *f; sin ~* fantasielos; *lleno de ~* fantasievoll; *2. (ilusión de la mente)* Traumbild *n*, Träumerei *f; 3. (composición musical) MUS* Fantasie *f*

fantasma [fan'tazma] *m* Geist *m*, Gespenst *n*, Phantom *n*

fantasmal [fantaz'mal] *adj* gespenstisch, schemenhaft

fantástico [fan'tastiko] *adj* fantastisch

fantoche [fan'tođe] *m 1. (títere) THEAT* Marionette *f; 2. (persona ridícula)* Hampelmann *m*, Hanswurst *m*

faquir [fa'kir] *m* Fakir *m*

farallón [fara'ʎɔn] *m* Klippe *f*, oberer Teil eines Flözes *m*

faramallero [farama'ʎero] *m* Schwätzer *m*, Prahlhans *m*

farándula [fa'ranđula] *f* Komödiantentum *n*, Beschwatzen *n*, Betrug *m*

fardo ['farđo] *m ECO* Ballen *m*

farfulla [far'fuʎa] *f (forma defectuosa de hablar)* Stottern *n*, Stammeln *n*

farfullar [farfu'ʎar] *v (hablar inarticuladamente)* stammeln, stottern

faringe [fa'riŋxe] *f ANAT* Rachen *m*

faringitis [farin'xitis] *f MED* Rachenentzündung *f*, Pharyngitis *f*

farisaico [fari'saiko] *adj* heuchlerisch

fariseísmo [farise'izmo] *m (hipocresía)* Heuchelei *f*, Pharisäertum *n*

fariseo [fari'seo] *m (fig: persona hipócrita)* Heuchler *m*, Pharisäer *m*

farmacéutico [farma'θeŭtiko] *m 1.* Apotheker *m; adj 2.* pharmazeutisch

farmacia [far'maθĭa] *f 1.* Apotheke *f; ¿Dónde está la ~ más cercana, por favor?* Wo ist bitte die nächste Apotheke? *2. (estudios de ~)* Pharmazie *f*

fármaco ['farmako] *m MED* Droge *f*

farmacología [farmakolɔ'xia] *f* Pharmakologie *f*

farmacológico [farmako'loxiko] *adj* pharmakologisch
farmacólogo [farma'kolɔgo] *m* Pharmakologe *m*
faro ['faro] *m 1. (del coche)* Scheinwerfer *m; Los ~s no funcionan.* Die Scheinwerfer funktionieren nicht. *~ antiniebla* Nebelscheinwerfer *m; 2. NAUT* Leuchtturm *m; 3. ~s de luz corta pl* Abblendlicht *n; 4. (fig: lo que sirve de guía)* leuchtendes Vorbild *n*
farol [fa'rɔl] *m* Laterne *f*
farolillo [faro'liʎo] *m 1. BOT* Glockenblume *f; 2. ~ de papel* Lampion *m*
farra ['farra] *f irse de ~ (LA)* bummeln gehen, ausgiebig feiern
fárrago ['farrago] *m* Plunder *m,* Kram *m,* Durcheinander *n*
farruco [fa'rruko] *adj (valeroso)* draufgängerisch, wagemutig
farsa ['farsa] *f 1.* Posse *f; 2. (fig: tramoya, engaño)* Betrug *m,* Schwindel *m; 3. (obra cómica) THEAT* Komödie *f; 4. (pieza de muy bajo nivel artístico) THEAT* Posse *f,* Schwank *m*
farsante [far'sante] *m (fig: persona que pasa por lo que no es)* Schwindler *m,* Heuchler *m*
farsantería [farsante'ria] *f* Possen *f/pl,* Heuchelei *f*
farsear [far'sear] *v* heucheln (fig), eine Komödie spielen (fig), Theater spielen
fascículo [fas'θikulo] *m (entrega de una revista)* Heft *n,* Ausgabe *f*
fascinación [fasθina'θĭɔn] *f* Faszination *f,* Entzücken *n*
fascinador [fasθina'đɔr] *m 1.* Zauberer *m; adj 2.* entzückend, faszinierend
fascinante [fasθi'nante] *adj* faszinierend
fascismo [fas'θizmo] *m POL* Faschismus *m*
fascista [fas'θista] *adj POL* faschistisch
fase ['fase] *f* Phase *f,* Stufe *f*
fastidiar [fasti'dĭar] *v 1.* ärgern, stören; *2. (fam: dañar)* schädigen, schaden; *Tu comportamiento ha fastidiado nuestro negocio.* Dein Verhalten hat unser Geschäft geschädigt. *3. (dar asco)* ekeln, anekeln
fastidio [fas'tiđĭo] *m* Ärger *m,* Plage *f,* Schererei *f*
fastidioso [fasti'đĭoso] *adj* störend, widerwärtig
fastuoso [faus'tuoso] *adj* protzig, prunkvoll, prachtliebend
fatal [fa'tal] *adj* schicksalhaft, unheilvoll
fatalidad [fatali'đađ] *f* Verhängnis *n,* Missgeschick *n*
fatalismo [fata'lizmo] *m* Fatalismus *m*
fatídico [fa'tiđiko] *adj* Unheil bringend, unheilvoll, unselig
fatiga [fa'tiga] *f 1.* Ermüdung *f,* Müdigkeit *f; 2. TECH* Ermüdung *f; 3. (molestia)* Mühe *f,* Strapaze *f*
fatigado [fati'gađo] *adj* müde
fatigar [fati'gar] *v* strapazieren
fatigarse [fati'garse] *v* ermüden
fatigoso [fati'goso] *adj* ermüdend, mühevoll, zermürbend
fatuidad [fatui'đađ] *f 1. (algo vacuo e insustancial)* Eitelkeit *f; 2. (necedad)* Albernheit *f,* Unsinn *m*
fatuo ['fatwo] *adj* eingebildet
fauna ['faŭna] *f* Fauna *f*
fausto ['fausto] *m (gran lujo)* Prunk *m,* Pracht *f,* Pomp *m*
favor [fa'ƀɔr] *m 1. (ayuda)* Gefallen *m; por ~* bitte; *2. (gracia)* Gunst *f; estar a ~ de algo* etw bejahen, etw unterstützen; *en ~ de alguien* zu Gunsten von jdm, zu jds Gunsten
favorable [faƀɔ'raƀle] *adj* günstig; *no muy ~* ungünstig
favorecer [faƀɔre'θɛr] *v irr* bevorzugen, begünstigen; *Este seguro de vida le favorece a usted y a su familia.* Diese Lebensversicherung begünstigt Sie und Ihre Familie.
favorecida [faƀɔre'θiđa] *f ECO* Meistbegünstigungsklausel *f*
favorito [faƀɔ'rito] *m* Liebling *m,* Favorit *m,* Spitzenreiter *m*
fax [faks] *m TEL* Telefax *n,* Telefaxgerät *n,* Fax *n*
faz [faθ] *f* Gesicht *n*
fe [fe] *f REL 1.* Glaube *m; de buena ~* gutgläubig, redlich; *2. (confianza)* Vertrauen *n; Debes tener fe en mis palabras.* Du musst meinen Worten vertrauen. *3. ~ de erratas* Druckfehlerverzeichnis *n; 4. dar ~ de* beglaubigen, beurkunden, bezeugen
fealdad [feal'dađ] *f* Hässlichkeit *f*
febrero [fe'ƀrero] *m* Februar *m*
febril [fe'ƀril] *adj 1. (relativo a la fiebre)* fiebrig, Fieber... *2. (fig: ardoroso)* hektisch, fieberhaft; *una actividad ~* eine hektische Aktivität *f*
fecal [fe'kal] *adj* Kot...
fecha ['fetʃa] *f* Datum *n; según la ~ fijada* termingerecht; *¿Qué ~ es hoy?* Welches

Datum ist heute? *~ clave* Stichtag *m; ~ de caducidad* Haltbarkeitsdatum *n; ~ de expedición* Ausstellungsdatum *n; ~ de nacimiento* Geburtsdatum *n*

fechar [fe'tʃar] *v* datieren

fechoría [fetʃo'ria] *f* Missetat *f*

fecundación [fekunda'θĭɔn] *f BIO* Befruchtung *f*

fecundar [fekun'dar] *v BIO* befruchten, bestäuben

fecundidad [fekundi'đađ] *f* Fruchtbarkeit *f*

fecundo [fe'kundo] *adj* fruchtbar

federación [feđera'θĭɔn] *f POL* Föderation *f*

federal [feđe'ral] *pref POL* Bundes...

federalismo [feđera'lizmo] *m POL* Föderalismus *m*

federar [feđe'rar] *v* verbünden, verbinden, einen Bund bilden *m*

federativo [feđera'θĭɔn] *adj POL* föderativ

felicidad [feliθi'đađ] *f* Glück *n*, Seligkeit *f; ¡Muchas ~es!* Herzlichen Glückwunsch!

felicísimo [feli'θisimo] *adj* überglücklich, glückselig

felicitación [feliθita'θĭɔn] *f* Glückwunsch *m*, Wunsch *m*, Gratulation *f*

felicitar [feliθi'tar] *v ~ a alguien por* jdn beglückwünschen zu, jdm gratulieren zu

felino [fe'lino] *adj* Katzen..., katzenhaft, katzenartig

feliz [fe'liθ] *adj* glücklich, glückselig

felón [fe'lɔn] *adj* treulos, treubrüchig

felonía [felo'nia] *f* Treuebruch *m*, Verrat *m*

felpa ['fɛlpa] *f* Plüsch *m*

felpudo [fɛl'puđo] *m* Matte *f*

femenil [feme'nil] *adj* weiblich, weibisch

femenino [feme'nino] *adj 1.* weiblich, feminin, fraulich; *2. GRAMM* feminin

femineidad [feminei'đađ] *f* Weiblichkeit *f*

feminismo [femi'nizmo] *m* Feminismus *m*, Frauenbewegung *f*

feminista [femi'nista] *f* Frauenrechtlerin *f*, Feministin *f*

fémur ['femur] *m ANAT* Oberschenkelknochen *m*

fenecer [fene'θer] *v 1.* abschließen, aufhören, sterben; *v irr 2. (fig: acabarse algo)* aufhören, enden

fenol [fe'nɔl] *m CHEM* Phenol *n*

fenomenal [fenome'nal] *adj 1. (fenoménico)* Phänomen... *2. (algo tremendo)* wunderbar, großartig, fantastisch; *¡Fenomenal!* Fantastisch!

fenómeno [fe'nɔmeno] *m 1.* Phänomen *n*, Erscheinung *f; ~ concomitante* Begleiterscheinung *f; ~ natural* Naturereignis *n; ~ secundario* Randerscheinung *f; 2. (animal o persona monstruosa)* Monster *n*, Abnormität *f*, Sehenswürdigkeit *f; En el circo hay muchos fenómenos.* Im Zirkus gibt es viele Sehenswürdigkeiten. *3. un ~ musical* ein musikalisches Genie *n*

fenotipo [feno'tipo] *m BIO* Phänotypus *m*, Erscheinungsbild *n*

feo ['feo] *adj 1.* hässlich; *2. (de poco gusto)* geschmacklos; *3. (desfavorable)* schlecht, unangenehm; *La cosa se está poniendo fea.* Die Sache sieht schlecht aus. *4. (algo repulsivo)* schändlich, abstoßend; *m 5. (desaire)* Kränkung *f; Esa mujer me ha hecho muchos feos.* Diese Frau hat mich sehr gekränkt.

feraz [fe'raθ] *adj (fecundo)* fruchtbar

féretro ['feretro] *m* Bahre *f*, Sarg *m*

feria ['ferĭa] *f 1.* Messe *f*, Rummelplatz *m; ~ del libro* Buchmesse *f; 2. (día en el que no se trabaja)* Feiertag *m; las ferias de Semana Santa* Osterferien *pl*

feriado [fe'rĭato] *adj* Feiertag *m*, Ruhetag *m*

fermentación [fɛrmenta'θĭɔn] *f* Gärung *f*

fermentar [fɛrmen'tar] *v* fermentieren, aufgehen, gären

fermento [fer'mento] *m* Ferment *n*, Gärstoff *m*, Hefe *f*

fermio [fer'mĭo] *m CHEM* Fermium *n*

ferocidad [fero'θiđađ] *f* Wildheit *f*, Grausamkeit *f*

feroz [fe'roθ] *adj* wild, grausam, schrecklich

férreo [fɛrreo] *adj* eisern, Eisen...

ferretería [fɛrrɛte'ria] *f 1.* Eisenhandlung *f*, Eisenwarengeschäft *n; 2. (las mercancías en las ferreterías)* Eisenwaren *f/pl*

ferretero [fɛrrɛ'tero] *m* Eisenwarenhändler *m*

ferrocarril [fɛrrɔka'rril] *m* Eisenbahn *f*, Bahn *f; ~ de montaña* Bergbahn *f*

ferroviario [fɛrro'vĭarĭo] *adj 1.* Eisenbahn...; *m 2.* Eisenbahner *m*, Eisenbahnarbeiter *m*

fértil ['fɛrtil] *adj* fruchtbar

fertilidad [fɛrtili'đađ] *f* Fruchtbarkeit *f*
fertilizante [fɛrtili'θante] *m AGR* Düngemittel *n*
fertilizar [fɛrtili'đađ] *v 1. BIO* bestäuben; *2. ~ la tierra AGR* den Boden düngen *m*
férula ['ferula] *f 1. MED* Schiene *f; 2. estar bajo la ~ de alguien (fam)* unter jds Fuchtel stehen
ferviente [fɛr'ƀĭente] *adj* inbrünstig
fervor [fɛr'ƀɔr] *m* Inbrunst *f*
fervoroso [fɛrƀo'roso] *adj* eifrig, leidenschaftlich
festejar [fes'tɛxar] *v* feiern, begehen
festín [fes'tin] *m* Bankett *n*
festival [festi'ƀal] *m* Festival *n*
festividad [festivi'đađ] *f* Festlichkeit *f,* Festtag *m*
festivo [fes'tiƀo] *adj* feierlich
fetación [feta'θĭɔn] *f BIO* Schwängerung *f,* Bildung des Fötus *f*
fetal [fe'tal] *adj BIO* fetal, fötal, Fötus...
fetiche [fe'titʃe] *m* Götze *m,* Fetisch *m*
fetichismo [feti'tʃizmo] *m* Götzendienst *m,* Fetischismus *m*
feticida [feti'θiđa] *m MED* Abtreibungsmittel *n*
fetidez [fe'tiđeθ] *f* Gestank *m,* Stinken *n*
feto ['feto] *m BIO* Fötus *m*
feudal [feu'đal] *adj ECO* feudal, Lehns...
feudalismo [feuđa'lizmo] *m ECO* Feudalismus *m,* Feudalsystem *n,* Lehnswesen *n*
feudo ['feuđo] *m HIST* Lehen *n,* Lehnsgut *n*
fiabilidad [fiaƀili'đađ] *f* Verlass *m,* Verlässlichkeit *f,* Zuverlässigkeit *f*
fiable [fi'aƀle] *adj* verlässlich
fiador(a) [fia'đɔr/fia'đora] *m/f* Bürge/Bürgin *m/f*
fiambre ['fĭambre] *m 1.* Belag *m; 2. ~s pl* Aufschnitt *m, 3. adj (fig)* überholt, alt
fianza [fi'anθa] *f 1.* Kaution *f,* Gewähr *f; ¿A cuánto asciende la ~?* Wie hoch ist die Kaution? *2. ECO* Sicherheit *f; 3. (caución) JUR* Bürgschaft *f*
fiar [fi'ar] *v 1.* bürgen; *2. (comprar a crédito)* auf Kredit kaufen; *3. (confiar algo a alguien)* anvertrauen; *Mi padre me ha fiado su auto.* Mein Vater hat mir sein Auto anvertraut. *4. ser de ~* vertrauenswürdig; *5. (comunicar algo confidencialmente)* anvertrauen; *Te voy a fiar un secreto.* Ich werde dir ein Geheimnis anvertrauen.
fiarse [fi'arse] *v ~ de* sich verlassen auf; *~ de alguien* jdm trauen
fiasco ['fĭasko] *m* Fiasko *n,* Misserfolg *m*
fíat ['fiat] *m (mandato)* Einwilligung *f*
fibra ['fiƀra] *f 1.* Faser *f; ~ de vidrio* Glasfaser *f; ~ química* Chemiefaser *f; ~ sintética* Kunstfaser *f; 2. (fig: fuerza)* Kraft *f*
fibroso [fi'ƀroso] *adj* faserig, Faser..., faserartig
ficción [fi'kθĭɔn] *f* Fiktion *f,* Vorspiegelung *f,* Erdichtung *f*
ficticio [fik'tiθĭo] *adj* fiktiv, fingiert, erdacht
ficha ['fitʃa] *f 1.* Karteikarte *f; 2. ~ antropométrica* Erkennungsmarke *f*
fichar [fi'ðar] *v* registrieren, überwachen, beschatten
fichero [fi'tʃero] *m 1.* Kartei *f; 2. INFORM* Datei *f*
fidedigno [fiđe'đigno] *adj (digno de crédito)* glaubwürdig
fideicomiso [fiđeiko'miso] *m JUR* Fideikommiss *n,* unveräußerliches Erbgut *n*
fidelidad [fiđeli'đađ] *f 1.* Treue *f; 2. (exactitud)* Genauigkeit *f; He traducido el texto con toda la fidelidad posible.* Ich habe den Text mit größtmöglicher Genauigkeit übersetzt.
fideos [fi'đeos] *m/pl GAST* Nudeln *pl; sopa de ~* Nudelsuppe *f*
fiduciario [fiđuθĭarĭo] *adj* fiduziarisch, treuhänderisch, Treuhand...
fiebre ['fĭeƀre] *f MED* Fieber *n; ~ del heno* Heuschnupfen *m*
fiel [fĭɛl] *m 1. REL* Gläubiger *m; adj 2.* treu; *3. REL* gläubig; *4. (exacto)* genau, zuverlässig
fieldad [fi'elđađ] *f* Treue *f,* Anhänglichkeit *f*
fieltro ['fĭɛltro] *m* Filz *m*
fiera ['fĭera] *f 1.* Raubtier *n,* Bestie *f,* wildes Tier *n; 2. (fig: persona brutal)* Bestie *f; 3. ser una ~ en algo* unermüdlich sein bei etw, nicht klein zu kriegen sein bei etw
fiereza [fĭe'reθa] *f* Wildheit *f,* Grausamkeit *f*
fiero ['fĭero] *adj 1.* wild, ungestüm, schrecklich; *m 2. echar ~s* Drohungen ausstoßen
fiesta ['fĭesta] *f* Fest *n,* Party *f,* Feier *f; de ~* festlich; *~ de cumpleaños* Geburtstagsfeier *f; ~ de despedida* Abschiedsfeier *f; ~ familiar* Familienfeier *f; ~ nacional* Nationalfeiertag *m; ~ popular* Volksfest *n*
figón [fi'gon] *m GAST* Garküche *f,* Speisewirtschaft *f*

figura [fi'gura] *f 1.* Figur *f,* Gestalt *f; 2. tener buena ~* eine gute Figur haben; *3. (ilustración en un libro)* Abbildung *f*
figuración [figura'θĭɔn] *f (suposición)* Vorstellung *f,* Meinung *f*
figurar [figu'rar] *v 1. (formar una figura)* darstellen; *2. (fingir)* vorgeben, vortäuschen; *3. (despempeñar un papel importante)* eine Rolle spielen; *Mi amigo ha figurado en las finanzas.* Mein Freund hat in der Finanzwelt eine wichtige Rolle gespielt.
figurarse [figu'rarse] *v (imaginarse)* sich vorstellen
figurativo [figura'tiƀo] *adj* bildlich
figurilla [figu'riʎa] *f 1.* Statuette *f; 2. (fig)* Knirps *m*
fija ['fixa] *f 1.* Fugenkelle *f,* Türangel *f,* Fensterangel *f; 2. (fam)* ein sicherer Tipp *m*
fijación [fixa'θĭɔn] *f 1.* Befestigung; *2. (determinación)* Bestimmung *f; 3. FOTO* Fixieren *n; 4. CHEM* Verdichtung *f*
fijador [fixa'đor] *m 1. (producto para el cabello)* Festiger *m,* Haarfestiger *m; 2. (sustancia para fijar) FOTO* Fixiermittel *n*
fijamente [fixa'mente] *adv* starr
fijar [fi'xar] *v 1.* festsetzen, anbringen, befestigen; *2. (determinar)* ausmachen, bestimmen; *~ una cita* ein Treffen anberaumen; *3. FOTO* fixieren
fijarse [fi'xarse] *v ~ en* achten auf
fijeza [fi'xeθa] *f 1. (persistencia en algo)* Beharrlichkeit *f; 2. (firmeza)* Festigkeit *f*
fijo ['fixo] *adj 1.* bestimmt, gewiss, sicher; *2. (inmóvil, vígido)* fest, starr
fila ['fila] *f* Linie *f,* Reihe *f; ~ india* Gänsemarsch *m*
filamento [fila'mento] *m* Faser *f,* Faden *m,* Draht *m*
filamentoso [filamen'toso] *adj* faserig, gefasert
filantropía [filantro'pĭa] *f PHIL* Menschenliebe *f,* Philantropie *f*
filántropo [fi'lantropo] *m* Menschenfreund *m*
filaria [fi'larĭa] *f ZOOL* Fadenwurm *m*
filatelia [fila'telĭa] *f* Philatelie *f,* Briefmarkenkunde *f*
filatelista [filate'lista] *m* Philatelist *m,* Briefmarkensammler *m*
filatero [fila'tero] *m* Schwätzer *m*
file ['file] *m INFORM* Datei *f*
filete [fi'lete] *m GAST* Filet *n; Deseo mi ~ poco hecho/medio hecho/muy hecho.* Ich möchte mein Steak blutig/halb durch/durch.
filfa ['filfa] *f (engaño)* Betrug *m,* Flunkerei *f*
filiación [filĭa'θĭɔn] *f 1.* Mitgliedschaft *f; 2. (relación de algo con otra cosa)* Herkunft *f,* Zugehörigkeit *f*
filial [fi'lĭal] *f ECO* Tochtergesellschaft *f*
filicidio [fili'θiđĭo] *m* Kindsmord *m*
filiforme [fili'forme] *adj* fadenförmig
Filipínas [fili'pĭnas] *m GEO* Philippinen *f/pl*
filipíno [fili'pĭno] *adj* philippinisch, aus den Philippinen
filisteo [filis'teo] *m* Philister *m,* Banause *m,* Spießbürger *m*
filmación [filma'θĭɔn] *f CINE* Verfilmung *f*
filmar [fil'mar] *v 1.* filmen; *2. CINE* verfilmen
filme ['filme] *m* Film *m*
filo ['filo] *m* Schneide *f,* Schärfe *f*
filoecológico [filoeko'loxiko] *adj* umweltfreundlich
filología [filolo'xia] *f* Philologie *f*
filológico [filo'loxiko] *adj* philologisch
filólogo [fi'lɔlogo] *m* Philologe *m*
filón [fi'lɔn] *m 1.* Fundgrube *f,* Goldgrube *f; 2. MIN* Ader *f*
filoso [fi'loso] *adj (afilado) (LA)* scharf, spitz, geschliffen
filosofar [filoso'far] *v 1.* philosophieren; *2. (fig: meditar)* nachsinnen, grübeln
filosofía [filoso'fia] *f 1. PHIL* Philosophie; *2. (fig: resignación)* Gelassenheit *f,* Fassung *f*
filosófico [filo'sofiko] *adj PHIL* philosophisch
filósofo [fi'losofo] *m PHIL* Philosoph *m*
filtración [filtra'θĭɔn] *f 1. CHEM* Filtrieren *n; 2. JUR* Unterschlagung *f*
filtrado [fil'trađo] *m CHEM* Filtern *n,* Gefiltertes *n*
filtrar [fil'trar] *v 1.* filtern; *2. (fig: impedir el paso de algo)* filtern; *~ la información* die Information filtern *f*
filtrarse [fil'trarse] *v* versickern, sickern
filtro ['filtro] *m* Filter *m/n*
filudo [fi'luđo] *adj* scharf geschliffen
fin [fin] *m 1.* Ende *n,* Schluss *m,* Ausgang *m; por ~* endlich, schließlich; *~ del mundo* Weltuntergang *m; ~ de semana* Wochenende *n; 2. (finalidad)* Zweck *m,* Bestimmung *f; a ~ de que* damit; *3. en ~* endlich,

schließlich; *¡En fin!* Endlich! *4. dar ~ a algo* etw abschließen, etw beenden; *5. por ~* endlich, schließlich; *6. al ~ y al cabo* letzten Endes, schließlich und endlich, letztendlich
finado [fi'nađo] *m* Verstorbener *m*
final [fi'nal] *m 1.* Ende *n,* Finale *n,* Schluss *m,* Ausgang *m; al ~* schließlich, endlich; *f 2. SPORT* Finale *n; adj 3.* abschließend, Schluss..., Abschluss..., End...
finalidad [finali'đađ] *f* Zweck *m,* Bestimmung *f*
finalista [fina'lista] *m (participante que llega a la final) SPORT* Endteilnehmer *m,* Teilnehmer am Finale *m*
finalización [finaliθa'θĭɔn] *f* Schlussstrich *m,* Vollendung *f*
finalizar [finali'θar] *v* aufhören, beenden
finalmente [fi'nalmente] *adv* endlich, schließlich, zuletzt
financiamiento [finanθĭa'mĭento] *f FIN* Finanzierung *f*
financiar [fina'θĭar] *v* finanzieren
financiero [finan'θĭero] *m 1.* Geldgeber *m; adj 2.* finanziell
finanzas [fi'nanθas] *f/pl* Finanzen *pl*
finca ['fiŋka] *f* Anwesen *n,* Bauernhof *m*
fineza [fi'neθa] *f 1. (delicadeza)* Feinheit *f,* Zartgefühl *n; Me gusta la fineza de esa mujer.* Mir gefällt das Zartgefühl dieser Frau. *2. (acto de consideración)* Aufmerksamkeit *f,* kleines Geschenk *n*
fingimiento [fiŋxi'mĭento] *m* Vorspiegelung *f,* Vortäuschung *f*
fingir [fiŋ'xir] *v* fingieren, vorspiegeln
finiquitar [fini'kitar] *v 1.* Rechnungsabschluss machen, saldieren, liquidieren; *2. (fig: rematar)* abschließen
finiquito [fini'kito] *m FIN* Rechnungsabschluss *m,* Quittung *f,* Ausgleich *m*
finísimo [fi'nisimo] *adj* hochfein, allerfeinst, sehr erhaben
finito [fi'nito] *adj* begrenzt, endlich
finlandés [finlan'des] *adj 1.* finnisch; *m 2.* Finne *m*
finlandesa [finlan'desa] *f* Finnin *f*
Finlandia [fin'landĭa] *f GEO* Finnland *n*
fino ['fino] *adj 1. (de buena calidad)* fein, von guter Qualität, auserlesen; *2. (delgado)* fein, dünn, zart; *¡Corta la carne en filetes muy finos!* Schneide das Fleisch in dünne Scheiben! *3. (persona muy bien educada)* feinfühlig, feinsinnig, taktvoll; *4. (persona sagaz)* klug, schlau, listig
finquero [fin'kero] *m* Pflanzer *m*
finta ['finta] *f 1. (amago para engañar)* Täuschungsmanöver *n; 2. SPORT* Finte *f*
finura [fi'nura] *f 1.* Feinheit *f,* Liebenswürdigkeit *f,* Höflichkeit *f; 2. (buena educación)* Höflichkeit *f,* Wohlerzogenheit *f*
fiordo ['fĭorđo] *m* Fjord *m*
firma ['firma] *f 1.* Unterschrift *f; ~ en blanco* Blankounterschrift *f; 2. (compañía) ECO* Firma *f*
firmamento [firma'mento] *m ASTR* Firmament *n*
firmante [fir'mante] *m/f* Unterzeichnete(r) *m/f*
firmar [fir'mar] *v* unterschreiben, unterzeichnen, signieren; *~ por poder* per Prokura zeichnen
firme ['firme] *adv 1.* kräftig, fest; *adj 2. (sólido)* fest, standhaft; *3. (duradero)* beständig; *4. (fig: carácter)* zuverlässig
firmeza [fir'meθa] *f 1.* Entschiedenheit *f,* Standhaftigkeit *f,* Stehvermögen *n; 2. (fig: temple moral)* Beharrlichkeit *f,* Beständigkeit *f*
fiscal [fis'kal] *m 1. JUR* Staatsanwalt *m; adj 2.* steuerlich, Steuer...
fiscalía [fiska'lia] *f JUR* Staatsanwaltschaft *f*
fiscalización [fiskaliθa'θĭɔn] *f* Überwachung *f,* Überprüfung *f,* Kontrolle *f*
fiscalizar [fiska'liθar] *v irr 1.* staatsanwaltliche Befugnisse ausüben, kontrollieren, beschlagnahmen; *2. (fig: juzgar a otros)* kritisieren, tadeln
fisco ['fisko] *m JUR* Fiskus *m*
fiscorno [fis'korno] *m MUS* Trombone *f*
fisgar [fis'ɡar] *v (averigüar)* belauern, herumschnüffeln
fisgón(a) [fisɡɔn/fisɡona] *m/f* (fam) Schnüffler(in) *m/f*
fisgoneo [fisɡo'neo] *m* Schnüffelei *f*
física ['fisika] *f PHYS* Physik *f*
físico ['fisiko] *m 1. PHYS* Physiker *m; adj 2. PHYS* physikalisch, physisch; *3. (el aspecto de una persona)* Aussehen *n,* Äußeres *n; Tu hermana tiene un buen físico.* Deine Schwester sieht gut aus.
fisicoculturismo [fiskokultu'rizmo] *m SPORT* Bodybuilding *n*
fisicoculturista [fisikokultu'rista] *m SPORT* Bodybuilder *m*
fisiología [fisĭolɔ'xia] *f* Physiologie *f*
fisiológico [fisĭo'loxiko] *adj* physiologisch

fisiólogo [fis'ĭologo] *m MED* Physiologe *m*
fisión [fi'sĭɔn] *f PHYS* Spaltung *f*
fisionar [fisĭo'nar] *v PHYS* spalten
fisionomía [fisono'mia] *f (fisonomía)* Physiognomie *f,* Gesichtsausdruck *m*
fisioterapia [fisĭote'rapĭa] *f MED* Heilgymnastik *f,* Krankengymnastik *f*
fisonomía [fisono'mia] *f 1. (aspecto exterior de las personas)* Physiognomie *f,* Gesichtsausdruck *m; 2. (fig: aspecto exterior de algo)* Gepräge *n,* Aussehen *n*
fisonómico [fiso'nomiko] *adj* physiognomisch
fístula ['fistula] *f 1. (conducto en forma cilíndrica)* Rinne *f,* Röhre *f; 2. MED* Fistel *f*
fisura [fi'sura] *f 1. MED* Platzwunde *f; 2. (hendidura en una roca) GEOL* Sprung *m,* Riss *m*
fitología [fitolo'gia] *f BOT* Phytologie *f,* Pflanzenkunde *f*
fitopatología [fitopatolo'xia] *f BIO* Phytopathologie *f*
fitoplancton [fito'plankton] *f ZOOL* Phytoplankton *n*
flacidez [flaθi'đeθ] *f* Schlaffheit *f,* Erschlaffung *f,* Weichheit *f*
flácido ['flaθiđo] *adj* schlaff, welk
flaco ['flako] *adj 1.* mager, dünn, hager; *2. (débil)* schwach, dürftig; *m 3. (defecto)* Schwäche *f;* Ich kenne deine Schwächen. *Conozco tus puntos flacos.*
flacura [fla'kura] *f* Magerheit *f,* Erschlaffung *f,* Mattigkeit *f*
flagelación [flaxela'θĭɔn] *f* Geißelung *f,* Flagellation *f*
flagelar [flaxe'lar] *v 1. (azotar)* auspeitschen; *2. (fig: vituperar)* geißeln
flagelo [fla'xelo] *m 1. (látigo)* Geißel *f,* Peitsche *f,* Gerte *f; 2. (fig: calamidad, azote)* Geißel *f*
flagrancia [fla'granθĭa] *f JUR* frische Tat *f*
flagrante [fla'grante] *adv en ~* in flagranti, auf frischer Tat
flama ['flama] *f* Flamme *f,* Widerschein *m,* Abglanz *m*
flamante [fla'mante] *adj* nagelneu, glänzend
flamear [flame'ar] *v 1.* flackern; *2. GAST* flambieren; *3. (ondear)* flattern, wehen
flamenco [fla'meŋko] *m 1. ZOOL* Flamingo *m; 2. (baile)* Flamenco *m; adj 3. GEO* flämisch
flanco ['flanko] *m 1. MIL* Flanke *f,* Seitenflügel *m; 2. (costado)* Seite *f,* Flanke *f,* Weiche *f*
flanquear [flaŋke'ar] *v* überflügeln
flanqueo [flan'keo] *m* Flankendeckung *f,* Flankenangriff *m*
flaquear [flake'ar] *v* schlappmachen, wanken, nachgeben (fig)
flaqueza [fla'keθa] *f* Schwäche *f,* Mangel *m*
flash [flaʃ] *m FOTO* Blitzlicht *n*
flash-back [flaʃ'ƀak] *m CINE* Rückblende *f*
flatulencias [flatu'lenθĭas] *f/pl MED* Blähungen *pl*
flauta ['flaŭta] *f MUS* Flöte *f; ~ dulce* Blockflöte *f; ~ travesera* Querflöte *f*
flautín [flaŭ'tin] *m MUS* Pikkoloflöte *f*
flautista [flau'tista] *m/f MUS* Flötist(in) *m/f*
flecha ['fletʃa] *f* Pfeil *m; rápido como una ~* pfeilschnell
flechar [fle'tʃar] *v 1. (asaetear)* mit Pfeilen beschießen; *2. (fig: inspirar amor) ~ alguien* jds Herz entflammen
fleco ['fleko] *m* Franse *f,* Quaste *f,* Troddel *f*
flema ['flema] *f 1.* Schleim *m; 2. (fig: sangre fría)* Kaltblütigkeit *f; con ~* kaltblütig; *3. (fig: lentitud, cachaza)* Phlegma *n,* Trägheit *f*
flemático [fle'matiko] *adj* phlegmatisch
flemudo [fle'muđo] *adj* phlegmatisch
flequillo [fle'kiʎo] *m 1. ZOOL* Pony *n; 2. (cabello)* Pony *m*
fletar [fle'tar] *v ECO* verfrachten
flete ['flete] *m ECO* Fracht *f; ~ aereo* Luftfracht *f; ~ marítimo* Seefracht *f*
flexibilidad [flɛksiƀili'đađ] *f* Flexibilität *f,* Dehnbarkeit *f*
flexible [flɛk'siƀle] *adj 1.* schmiegsam, wendig; *2. (adaptable)* anpassungsfähig, flexibel; *3. (fig: dúctil)* gefügig
flexión [flɛk'sĭɔn] *f 1.* Biegung *f; 2. ~ (cambio de las desinencias) GRAMM* Flexion *f*
flexionar [flegsĭo'nar] *v GRAMM* beugen, flektieren
flexor [fleg'sor] *adj músculo ~ ANAT* Flexor *m,* Beugemuskel *m*
flirtear [flirte'ar] *v* flirten
flirteo [flir'teo] *m* Flirt *m*
flojamente ['flɔxamente] *adv* schlapp, schwach, nachlässig

flojear [flo'xear] *v* schwächer werden, nachlassen, wanken (fig)
flojedad [floxe'đađ] *f 1. (debilidad)* Schwäche *f,* Kraftlosigkeit *f; 2. (fig: desidia, pereza)* Faulheit *f,* Nachlässigkeit *f*
flojera [flo'xera] *f (fam)(flojedad)* Faulheit *f,* Schlappheit *f*
flojo ['flɔxo] *adj 1. (suelto)* locker, gelockt, lose; *2. (débil)* flau, matt, schlaff; *3. (perezoso)* faul, träge
flojura [flo'xura] *f (flojedad)* Schwäche *f,* Kraftlosigkeit *f,* Mattigkeit *f*
floppy ['flopi] *m INFORM* Floppy-Disc *f,* Diskette *f*
flor [flɔr] *f 1. BOT* Blume *f,* Blüte *f; estar en ~* blühen; *2. ~ retórica LIT* Floskel *f; 3. (lo más selecto)* das Beste *n,* Auslese *f,* Elite *f; la flor y nata de la sociedad* die Creme der Gesellschaft *f; 4. echar flores* Blüten treiben, knospen
flora ['flora] *f* Flora *f*
floración [flora'θĭɔn] *f BOT* Blühen *n,* Blütezeit *f*
florar [flo'rar] *v (dar flores) BOT* blühen
florear [flo'rear] *v 1. (adornar con flores)* mit Blumen schmücken; *2. ~ a una mujer* einer Frau Komplimente machen; *adj 3. (fig: adornar algo)* verzieren, schmücken
florecer [flɔre'θɛr] *v irr 1. BOT* blühen, florieren; *2. (fig)* aufblühen
florecerse [flore'θerse] *v irr (salir moho)* schimmeln; *El pan se ha florecido.* Das Brot ist schimmlig geworden.
floreciente [flɔre'θĭente] *adj BOT* blühend
florecimiento [floreθi'miento] *f* Blühen *n,* Wachsen *n,* Gedeihen *n*
floreo [flo'reo] *m 1. (discusión vana)* Wortschwall *m,* Floskeln *f/pl; 2. (tocar arpegios en la guitarra) MUS* Tremolo *n*
florero [flo'rero] *m* Vase *f*
florescencia [flores'θenθĭa] *f BOT* Blühen *n,* Blütezeit *f*
floresta [flo'resta] *f* Forst *m,* Hain *m*
florete [flo'rete] *m SPORT* Florett *n*
floretista [flore'tista] *m SPORT* Florettfechter *m*
floricultor [florikul'tor] *m AGR* Blumenzüchter *m*
floricultura [florikul'tura] *f* Blumenzucht *f*
floridez [flori'đeθ] *f 1. BOT* Blumenfülle *f,* Blütenfülle *f; 2. (fig: estilo ampuloso)* Blumigkeit *f,* Schwülstigkeit *f*
florido [flo'rito] *adj 1.* blühend, erlesen, blumig, schwülstig; *2. (fig: lenguaje muy adornado)* rhetorisch geschmückt, schwülstig, verschnörkelt
florista [flo'rista] *m/f* Blumenhändler(in) *m/f,* Florist(in) *m/f*
flota ['flota] *f NAUT* Flotte *f*
flotabilidad [flotaƀili'đađ] *f* Auftrieb *m*
flotación [flota'θĭɔn] *f 1.* Schwimmen *n,* Flößen *n; 2. línea de ~ NAUT* Wasserlinie *f*
flotador [flota'đor] *m* Korkschwimmer *m,* Schwimmer an den Fischnetzen *m*
flotante [flo'tante] *adj* schwimmend, treibend, fluktuierend
flotar [flo'tar] *v* schweben, treiben, schwimmen
flotilla [flo'tiʎa] *f* Flotille *f,* Geschwader *n*
fluctuación [fluktua'θĭɔn] *f 1.* Schwankung *f,* Fluktuation *f; 2. (fig: irresolución)* Schwanken *n*
fluctuante [fluk'tuante] *adj* fluktuierend, unschlüssig, schwankend
fluctuar [fluk'tuar] *v 1.* fluktuieren, schwanken; *2. (fig: oscilar)* schwanken; *3. (fig: vacilar)* schwanken, zaudern
fluencia ['fluenθĭa] *f* Fließen *n*
fluidez [flui'đeθ] *f 1.* Fließen *n; hablar con ~* fließend sprechen; *2. PHYS* Flüssigkeit *f*
fluido [flu'iđo] *adj 1.* dünnflüssig, flüssig, fließend; *m 2.* Flüssigkeit *f*
fluir [flu'ir] *v irr* fließen, rinnen, strömen
flujo ['fluxo] *m 1.* Fluss *m,* Flut *f; ~ y reflujo* Ebbe und Flut; *2. MED* Abgang *m,* Ausfluss *m; 3. diagrama de ~ INFORM* Flussdiagramm *n*
flúor ['fluɔr] *m CHEM* Fluor *n*
fluorescencia [fluores'θenθĭa] *f CHEM* Fluoreszenz *f*
fluorescente [fluores'θente] *adj 1.* fluoreszierend; *m 2. (tubo de luz fluorescente) TECH (LA)* Leuchtröhre *f,* Leuchtstoffröhre *f*
fluoruro [fluo'ruro] *m CHEM* Fluorid *n*
flux [flugs] *m (traje completo) (LA)* Anzug *m,* Herrenanzug *m*
fluxión [flug'sĭɔn] *f MED* Fluxion *f,* Stauung *f,* Blutandrang *m*
fo [fo] *interj* pfui!
foca ['foka] *f 1. ZOOL* Robbe *f,* Seehund *m; 2. ZOOL* Seehund *m,* Robbe *f; ~ fraile; ~ de anillos* Ringelrobbe *f; ~ de Groenlandia* Sattelrobbe *f; ~ cangrejera*

focal [fo'kal] *adj* fokal, Brenn..., Brennpunkt...
foco ['foko] *m 1. MATH* Brennpunkt *m; 2. ~ de crisis POL* Krisenherd *m; 3. ~ inflamatorio MED* Entzündungsherd *m; 4. (LA)* Glühbirne *f,* Birne *m*
foetazo [foe'taθo] *m 1. (golpe con un foete) (LA)* Peitschenhieb *m; 2. (marca del golpe de un foete)(LA)* Peitschenstriemen *m*
foete ['foete] *m (látigo) (LA)* Peitsche *f*
fofo ['fofo] *adj* schwammig, weich, schwabbelig
fogata [fo'ɡata] *f* Lagerfeuer *n*
fogón [fo'ɡɔn] *m* Herd *m*
fogonazo [foɡo'naθo] *m* Aufblitzen *n,* Mündungsfeuer *n,* Stichflamme *f*
fogonero [foɡo'nero] *m* Heizer *m*
fogoso [fo'ɡoso] *adj 1. (persona)* heißblütig; *2. (impetuoso, violento)* ungestüm, stürmisch
foliación [folka'θĭɔn] *f 1. (disposición de las hojas) BOT* Blätterstand *m,* Blattansatz *m; 2. (el acto de salir hojas) BOT* Blattaustrieb *m; 3. (secuencia de los folios)* Paginierung *f*
folículo [fo'likulo] *m 1. BOT* Samenhülle *f,* Samenkapsel *f; 2. (glándula situada en la piel) ANAT* Follikel *m*
folio ['folĭo] *m* Großformat *n,* Folio *n,* Blatt *n*
folklore [fɔlk'lore] *m* Brauchtum *n,* Folklore *f*
follaje [fo'ʎaxe] *m* Laub *n*
folletín [foʎe'tĭn] *m* Feuilleton *n,* kleine Broschüre *f*
folletinista [foʎeti'nista] *m* Feuilletonist *m*
folleto [fo'ʎeto] *m* Prospekt *m,* Broschüre *f,* Flugblatt *n*
follón [fo'ʎɔn] *adj 1. (perezoso)* faul, arbeitsscheu; *2. (arrogante)* dreist, frech; *m 3. (enredo)* Wirbel *m,* Durcheinander *n; ¡Qué follón!* Was für ein Durcheinander!
fomentación [fomenta'θĭɔn] *f* Blähung *f*
fomentar [fomen'tar] *v* fördern
fomento [fo'mento] *m 1.* Förderung *f; 2. MED* Packung *f; 3. ministerio de ~ FIN* Entwicklungsministerium *n,* Aufbauministerium *n*
fonda ['fɔnda] *f* Gasthaus *n,* Wirtshaus *n,* Gästehaus *n*
fondeadero [fonđea'đero] *m NAUT* Ankerplatz *m*
fondear [fon'đear] *v 1.* ausloten, Schiff auf Konterbande durchsuchen, gründlich durchsuchen, etw auf den Grund gehen; *2. (fig: estudiar algo profundamente)* ergründen, gründlich untersuchen; *3. (anclar una embarcación) NAUT* ausloten
fondeo [fon'đeo] *m NAUT* Ankern *n,* Durchsuchung *f,* Zollkontrolle *f*
fondillos [fon'điʎos] *m/pl* Hosenboden *m,* Gesäß *n*
fondista [fɔn'dista] *m/f* Gastwirt(in) *m/f*
fondo ['fɔndo] *m 1.* Tiefe *f,* Grund *m,* Boden *m; en el ~* eigentlich, im Grunde genommen; *sin ~* bodenlos, grundlos; *un barril sin ~* ein Fass ohne Boden; *2. (fig)* Hintergrund *m; 3. ~s pl ECO* Fonds *m,* Mittel *pl; ~s de inversión ECO* Investmentfonds *pl*
fondue [fon'di] *m GAST* Fondue *n*
fonética [fo'netika] *f LING* Phonetik *f*
fonético [fo'netiko] *adj LING* phonetisch
fonología [fonolo'xia] *f* Phonologie *f*
fonológico [fono'loxiko] *adj* phonologisch
fonólogo [fo'noloɡo] *m* Phonologe *m*
fonoteca [fono'teka] *f (colección de discos y cintas)* Phonothek *f; En la biblioteca hay una fonoteca.* In der Bibliothek gibt es eine Phonothek.
fonotecnia [fono'teknia] *f* Schalltechnik *f*
fontanero [fɔnta'nero] *m* Klempner *m,* Installateur *m*
foraje [fo'raxe] *m ~ seco* Trockenfutter *n*
forajido [fora'xiđo] *m (maleante que huye de la justicia)* Straßenräuber *m,* Bandit *m*
foráneo [fo'raneo] *adj (extranjero, extraño)* fremd
forastero [foras'tero] *adj 1.* ortsfremd; *2. (fig: extraño)* fremd, auswärtig
forcejear [forθe'xear] *v 1. (hacer fuerza)* sich verzweifelt anstrengen, alle Kräfte einsetzen; *2. (fig: luchar, hacer oposición)* sich sträuben, sich heftig wehren
forcejeo [forθe'xeo] *m* Ringen *n,* Gerangel *n,* Widerstand *m*
forcejón [forθe'xɔn] *m* heftige Anstrengung *f,* Ruck *m*
forense [fo'rense] *adj médico ~* Gerichtsmediziner *m,* Gerichtsarzt *m*
forestación [foresta'θĭɔn] *f AGR* Aufforstung *f*
forestal [fores'tal] *adj* Wald..., Forst...
forestar [fores'tar] *v AGR* aufforsten

forja ['fɔrxa] *f* *1. (lugar en el que se forja)* Schmiede *f; 2. (acto de forjar)* Schmieden *n*
forjador [fɔrja'đor] *m* *1.* Schmied *m; 2. (fig: el creador, el inventor)* Schöpfer *m,* Erfinder *m,* Urheber *m*
forjar [fɔr'xar] *v* *1.* schmieden; *2. (fabricar)* schmieden; *3. (fig: crear, inventar)* schmieden, ausdenken, ersinnen
forma ['fɔrma] *f* *1. (configuración)* Bildung *f,* Gestalt *f,* Form *f; de ~ perfecta* formvollendet; *sin ~* formlos; *2. (manera)* Art *f,* Weise *f; en debida ~* ordnungsgemäß; *3. (vajilla) GAST* Form *f; ~ de soufflé* Auflaufform *f; 4. estar en ~* in Form sein *f,* fit sein
formación [fɔrma'θĭɔn] *f* *1. (intelectual)* Ausbildung *f,* Bildung *f,* Schulung *f; ~ profesional* Berufsausbildung *f; 2. (colocación)* Aufstellung *f; 3. GEO* Formation *f; 4. MIL* Formation *f*
formal [fɔr'mal] *adj* *1.* formal, formell, seriös; *2. (confiable)* zuverlässig, verlässlich; *3. JUR* förmlich
formaldehído [fɔrmalde'iđo] *m* *CHEM* Formaldehyd *n*
formalidad [fɔrmali'đađ] *f* *1.* Formalität *f,* Förmlichkeit *f,* Korrektheit *f; 2. (confiabilidad)* Verlässlichkeit *f,* Zuverlässigkeit *f*
formar [fɔr'mar] *v* *1. (dar forma)* gestalten, formen; *2. (el intelecto)* ausbilden, bilden; *3. ~ un conjunto* zusammengehören
formarse [fɔr'marse] *v* *1. (educarse)* heranbilden, sich bilden; *2. ~ un juicio sobre algo* etw beurteilen
formatear [fɔrmate'ar] *v* *INFORM* formatieren
formateo [fɔrma'teo] *m* *INFORM* Formatierung *f*
formato [fɔr'mato] *m* *(parámetros para definir un aspecto)* Format *n; El ensayo tiene que entregarse en cierto formato.* Der Essay muss in einem bestimmten Format abgegeben werden.
formidable [fɔrmi'đaɓle] *adj* *1. (terrible)* furchtbar, schrecklich; *2. (enorme)* großartig, (fam) toll, (fam) riesig; *El presidente tiene una fortuna formidable.* Der Präsident hat riesiges Glück.
formón [for'mɔn] *m* Stemmeisen *n,* Stecheisen *n,* Beitel *m*
fórmula ['fɔrmula] *f* *1.* Formel *f; 2. (receta médica)* Rezept *n,* Rezeptformel *f; 3. por ~* der Form halber, um den Schein zu wahren
formulación [fɔrmula'θĭɔn] *f* Formulierung *f*
formular [fɔr'mular] *v* aufsetzen, formulieren, vorbringen
formulario [fɔrmu'larĭo] *m* *1.* Formular *n; ~ de inscripción* Anmeldeformular *n; 2. (para rellenar)* Vordruck *m; 3. (libro de fórmulas)* Formelsammlung *f; adj 4. (por fórmula)* der Form halber, pro forma
formulismo [fɔrmu'lizmo] *m* *1. (tendencia a apegarse a las fórmulas)* Formalismus *m; 2.(tendencia a ver solo las apariencias)* Fixierung auf Äußerlichkeiten *f*
formulista [fɔrmu'lista] *adj* formalistisch, streng auf die Form bedacht *f*
fornicación [fɔrnika'θĭɔn] *f* Unzucht *f*
fornicar [fɔrni'kar] *v* Unzucht treiben
fornido [fɔr'niđo] *adj* bullig, stämmig
fornitura [fɔrni'tura] *f* *(cartuchera y correaje) MIL* Lederzeug *n,* Koppelzeug *n*
foro ['foro] *m* *1.* Forum *n; 2. (parte del escenario) THEAT* Hintergrund *m*
forofo [fo'rofo] *m* Fußballfan *m*
forrado [fɔ'rrađo] *adj* gefüttert; *~ de dinero (fig)* betucht
forraje [fɔ'rraxe] *m* *(alimento para el ganado) AGR* Grünfutter *n,* Trockenfutter *n*
forrajear [fɔrra'xear] *v* *(dar forraje al ganado) AGR* füttern
forrar [fɔ'rrar] *v* *1. (cubrir con un forro)* ausschlagen, beschlagen; *Hay que forrar la puerta con hierro.* Die Tür muss mit Eisen beschlagen werden. *2. (poner un forro)* überziehen, einschlagen; *Quiero forrar estos libros.* Ich möchte diese Bücher einschlagen.
forro ['fɔrrɔ] *m* Futter *n*
fortachón [fɔrta'ðɔn] *adj* *1.* kräftig, handfest; *m* *2. (persona muy musculosa)* Muskelprotz *m*
fortalecer [fɔrtale'θɛr] *v irr* *1. (hacer más seguro)* festigen; *2. (hacer más fuerte)* bestärken, stärken; *3. (hacer más resistente)* abhärten
fortalecimiento [fɔrtaleθi'mĭento] *m* Stärkung *f*
fortaleza [fɔrta'leθa] *f* *1.* Burg *f,* Festung *m; 2. (fuerza)* Stärke *f,* Kraft *f; 3. (fig: valor)* Mut *m*
fortificación [fɔrtifika'θĭɔn] *f* *1. MIL* Befestigung *f; 2. (para hacer que algo sea más fuerte)* Stärkung *f,* Verstärkung *f*
fortificante [fortifi'kante] *adj* kräftigend, stärkend

fortificar [fɔrtifi'kar] *v* stärken, befestigen
fortificarse [fortifi'karse] *v (atrincherarse)* sich verschanzen
fortín [fɔr'tin] *m MIL* Bunker *m*
fortuitez [fortui'teθ] *f* Zufälligkeit *f*
fortuito [fɔr'twito] *adj* zufällig
fortuna [fɔr'tuna] *f 1. (riqueza)* Vermögen *n; 2. (suerte)* Glück *n; por ~* glücklicherweise; *3. probar ~* sein Glück versuchen *n*
forúnculo [fo'runkulo] *m MED* Furunkel *m*
forzamiento [forθa'mĭento] *m* Zwang *m,* Durchbruch *m*
forzar [fɔr'θar] *v irr 1.* erzwingen, zwingen; *2. (violentar algo)* aufbrechen; *~ una puerta* eine Tür aufbrechen; *~ una cerradura* ein Schloss aufbrechen; *3. (abusar de una mujer)* vergewaltigen
forzoso [fɔr'θoso] *adj* notgedrungen, zwangsläufig, zwingend
forzudo [for'θuđo] *adj* sehr stark, gewaltig
fosa ['fosa] *f* Grube *f,* Grab *n*
fosfato [fɔs'fato] *m CHEM* Phosphat *n; sin ~* phosphatfrei
fosforecer [fosfore'θer] *v irr* phosphoreszieren
fosforera [fosfo'rera] *f 1. (fábrica de fósforos)* Streichholzfabrik *f; 2. (estuche para fósforos)* Streichholzschachtel *f; 3.* Feuerzeug *n*
fosforescencia [fosfores'θenθia] *f* Phosphoreszenz *f*
fosforescente [fosfores'θente] *adj* phosphoreszierend
fósforo ['fɔsforo] *m 1.* Streichholz *n,* Zündholz *n; 2. CHEM* Phosphor *m*
fósforoso [fosfo'roso] *adj CHEM* phosphorig
fósil ['fosil] *m 1. MIN* Versteinerung *f,* Fossil *n; adj 2. MIN* fossil; *3. (fig: anticuado, obsoleto)* rückständiger Mensch *m,* Steinzeitmensch (fam) *m*
fosilífero [fosi'lifero] *adj* versteinert, Fossil...
fosilización [fosilizaθĭɔn] *f* Versteinerung *f*
foso ['foso] *m 1.* Graben *m; ~ de filtración* Sickergrube *f; 2. (parte inferior del escenario) THEAT* Graben *m,* Versenkung *f; 3. (excavación alredor del castillo)* Graben *m,* Festungsgraben *m*
foto ['foto] *f* Foto *n,* Lichtbild *n; hacer una ~* fotografieren; *¿Nos harías una ~?* Würdest du ein Bild von uns machen? *~ de pasaporte* Passbild *n*
fotocopia [foto'kopĭa] *f* Fotokopie *f*
fotocopiar [fotoko'pĭar] *v* fotokopieren
fotogénico [foto'xeniko] *adj* fotogen, bildwirksam
fotograbado [fotogra'ƀađo] *m 1. (técnica de grabado) FOTO* Photogravüre *f,* Heliogravüre *f; 2. (un grabado obtenido por fotograbado) FOTO* Lichtdruck *m*
fotografía [fotogra'fia] *f 1.* Lichtbild *n; 2. FOTO* Aufnahme *f*
fotografiar [fotografi'ar] *v* fotografieren, aufnehmen
fotográfico [foto'grafiko] *adj FOTO* fotografisch, Foto...
fotógrafo [fo'tografo] *m* Fotograf *m*
fotosíntesis [foto'sintesis] *f BIO* Fotosynthese *f*
fototerapia [fotote'rapĭa] *f MED* Lichtbehandlung *f*
foyer [fo'ʎɛr] *m* Foyer *n*
frac [frak] *m* Frack *m*
fracasado [fraka'sađo] *m* Versager *m*
fracasar [fraka'sar] *v* missglücken, misslingen, versagen; *hacer ~* vereiteln
fracaso [fraka'sar] *m* Misserfolg *m,* Niederlage *f*
fracción [frak'θĭɔn] *f 1.* Bruchteil *m; 2. MATH* Bruch *m; 3. ~ decimal MATH* Dezimalbruch *m*
fraccionable [fragθĭo'naƀle] *adj* brüchig, bruchfähig
fraccionamiento [fragθĭona'mĭento] *m* Zerlegung *f*
fraccionar [fragθĭo'nar] *v* zerlegen, teilen, zerstückeln
fraccionario [fragθĭo'narĭo] *adj número ~ MATH* Bruchzahl *f*
fractura [frak'tura] *f 1. MED* Bruch *m,* Fraktur *f; ~ ósea* Knochenbruch *m; ~ de la pierna* Beinbruch *m; 2. POL* Fraktion *f*
fracturarse [fraktu'rarse] *v ~ algo MED* sich etw brechen
fragancia [fra'ganθĭa] *f 1. (olor agradable)* Duft *m,* Wohlgeruch *m; 2. (perfume)* Parfüm *n*
fragante [fra'gante] *adj* wohlriechend, duftend
fragata [fra'gata] *f 1. ZOOL* Fregattvogel *m; 2. NAUT* Fregatte *f*
frágil ['fraxil] *adj* brüchig, zerbrechlich

fragilidad [fraxili'đađ] *f* Zerbrechlichkeit *f*
fragmentación [fragmenta'θĭɔn] *m 1. (fraccionamiento)* Zerlegung *f,* Zergliederung *f; f 2. (fraccionamiento del disco duro) INFORM* Fragmentierung *f; 3. ~ nuclear PHYS* Kernteilung *f*
fragmentar [fragmen'tar] *v (fraccionar)* zerteilen, zerstückeln, zergliedern
fragmentario [fragmen'tarĭo] *adj 1. (relativo al fragmento)* Teil..., Bruch... *2. (incompleto)* fragmentarisch
fragmentarse [fragmen'tar] *v (fraccionarse un disco duro) INFORM* fragmentiert werden
fragmento [frag'mento] *m 1.* Fragment *n; 2. (de vidrio)* Scherbe *f*
fragoroso [frago'roso] *adj* brausend, klirrend, prasselnd
fragosidad [fragoθi'ađ] *f (aspereza del campo)* Wildnis *f,* unwegsames Gelände *n*
fragoso [fra'goso] *adj 1. (áspero e intricado)* unwegsam, rau; *2. (fragoroso)* brausend, klirrend, prasselnd
fragua ['fragwa] *f* Schmiede *f,* Esse *f*
fraguado [fra'gwađo] *m* Abbinden *n*
fraguador [fragwa'đor] *m (fig: creador de algo)* Anstifter *m,* Ränkeschmied *m*
fraguar [fra'gwar] *v 1.* schmieden, aushecken, ausbrüten; *2. (fig: urdir algo)* aushecken, ausbrüten; *Los militares han fraguado un plan para derrocar al presidente.* Die Militärs haben einen Plan zum Sturz des Präsidenten ausgeheckt. *3. (endurecerse)* abbinden, härten; *El cemento no ha fraguado aún.* Der Zement hat noch nicht abgebunden.
fraile ['fraĭle] *m REL* Mönch *m,* Ordensbruder *m*
frambuesa [fram'ƀwesa] *f BOT* Himbeere *f*
frambueso [fram'ƀweso] *m* Himbeerstrauch *m*
francachela [franka'ðela] *f (comida muy animada)* Gelage *n,* Festgelage *n*
francamente ['frankamente] *adv* rückhaltlos, treuherzig, bedingungslos
francés [fran'θes] *adj 1.* französisch; *m 2. (persona)* Franzose *m; 3. (idioma)* Französisch *n; 4. despedirse a la francesa* sich auf Französisch empfehlen
franchute [fran'ʃute] *m (fam: francés)* Franzose *m,* (fam) Franzmann *m*
Francia ['franθĭa] *f GEO* Frankreich *n*
francmasón [frankma'sɔn] *m* Freimaurer *m*
francmasonería [frankmasone'ria] *f* Freimaurerei *f*
franco ['franko] *adj 1.* aufrichtig, aufgeschlossen, freimütig; *2. ECO* frei; *~ de porte* portofrei; *~ a bordo* frei Schiff; *m 3. (moneda de Francia, Bélgica)* Franc *m; 4. (moneda de Suiza)* Franken *m*
francófilo [fran'kofilo] *adj* frankophil
francotirador [frankotira'đɔr] *m* Scharfschütze *m,* Heckenschütze *m*
franela [fra'nela] *f* Flanell *m*
frangollar [frango'ʎar] *v 1. (romper los granos)* zermalmen; *2. (fig: hacer algo rápido y mal)* verpfuschen, verkorksen (fam)
frangollo [fran'gojo] *m (fig: algo hecho rápido y mal)* Pfuscherei *f,* Pfusch *m,* Murks *m; Este trabajo es un frangollo.* Das ist eine Pfuscharbeit.
frangollón [frango'ʎɔn] *m (que hace trabajo frangollado)* Pfuscher *m,* Hudler *m*
franja ['franxa] *f* Franse *f,* Streifen *m*
franqueable [fraŋ'keaƀle] *adj* passierbar
franquear [fraŋke'ar] *v* frankieren, frei machen; *sin ~* unfrankiert
franqueo [franŋ'keo] *1. m* Porto *n; 2. (pagar el costo del correo)* Freimachen *n,* Frankieren *n*
franqueza [fraŋ'keθa] *f* Aufrichtigkeit *f,* Offenheit *f*
franquía [fraŋ'kia] *f en ~ NAUT* seeklar
franquicia [fraŋ'kiθia] *adj en ~ aduanera* zollfrei
frasco ['frasko] *m* kleine Flasche *f,* Flakon *m,* Pulverhorn *n*
frase ['frase] *f* Satz *m; ~ hecha* Redewendung *f,* Redensart *f,* Schlagwort *n*
fraseo [fra'seo] *m MUS* Satz *m*
fraseólogo [frase logo] *m* Phrasendrescher *m; Creo que ese escritor es solo un fraseólogo.* Ich glaube, dieser Schriftsteller ist nur ein Phrasendrescher.
fraternal [fratɛr'nal] *adj* brüderlich
fraternidad [fratɛrni'đađ] *f* Brüderlichkeit *f,* Bruderliebe *f*
fraternizar [fratɛrni'θar] *v* sich verbrüdern, enge Freundschaft schließen *f*
fraterno [fra'tɛrno] *adj* brüderlich
fratricidio [fratri'θiđĭo] *m* Brudermord *m,* Schwestermord *m*
fraudar [frau'đar] *v (cometer fraude)* täuschen, betrügen

fraude ['fraŭđe] *m* Betrug *m,* Schwindel *m; ~ fiscal JUR* Steuerhinterziehung *f*
fraudulencia [frauđu'lenθĭa] *f* Betrug *m,* Täuschung *f*
fraudulento [frauđu'lento] *negocios ~s* betrügerische Geschäfte *n/pl*
fray ['fraĭ] *m* Klosterbruder *m*
frazada [fra'θađa] *f* Decke *f*
frecuencia [fre'kwenθĭa] *f 1.* Häufigkeit *f; 2. TECH* Frequenz *f*
frecuentación [frecuenta'θĭɔn] *f* Verkehr *m,* Umgang *m,* Zulauf *m*
frecuentar [frekwen'tar] *v 1. (soler hacer algo)* pflegen, üblicherweise tun; *No frecuento hablar demasiado.* Ich pflege nicht viel zu sprechen. *2. (visitar un lugar frecuentemente)* häufig besuchen, häufig hingehen; *3. (tener relación con alguien)* verkehren; *No frecuento a X.* Ich verkehre nicht mit X.
frecuente [fre'kwente] *adj* häufig
fregadero [frega'đero] *m* Spülbecken *n*
fregador [frega'đɔr] *m* Scheuerlappen *m,* Wischtuch *n*
fregar [fre'gar] *v irr 1. (lavar)* abspülen, abwaschen, spülen; *2. (limpiar)* putzen, wischen, scheuern; *3. (fam: molestar)(LA)* ärgern, belästigen; *¡No me friegues más!* Hör auf, mich zu ärgern!
fregona [fre'gona] *f (mujer que hace la limpieza)* Putzfrau *f,* Reinigungsfrau *f*
freiduría [freiđu'ria] *f (lugar donde se fríe pescado) GAST* Fischbraterei *f*
freír [fre'ir] *v irr* anbraten, braten; *Eso me tiene frito.* Das geht mir auf den Wecker.
frejol [fre'xol] *m BOT* gemeine Gartenbohne *f,* Stangenbohne *f*
frenar [fre'nar] *v 1.* bremsen; *2. (fig: moderar)* zurückhalten, hemmen
frenético [fre'netiko] *adj* tobsüchtig, rasend (fig), frenetisch
freno ['freno] *m* Bremse *f; poner ~ a alguien* jdn zügeln; *~ de emergencia* Notbremse *f; ~ de mano* Handbremse *f*
frente ['frente] *f 1. ANAT* Stirn *f; ~ a* gegenüber; *estar ~ a* gegenüberstehen; *de ~* geradeaus; *m 2. MIL* Front *f*
fresa[1] ['fresa] *f BOT* Erdbeere *f*
fresa[2] ['fresa] *f TECH* Fräse *f*
fresco ['fresko] *adj 1. (insolente)* frech; *2. (temperatura)* frisch, kühl; *Hace ~.* Es ist frisch. *3. (ligero)* leicht; *4. (nuevo)* frisch, neu; *m 5. ART* Deckengemälde *n,* Fresko *n*
frescor [fres'kor] *m* Kühle *f*
frescura [fres'kura] *f 1.* Kühle *f,* Frische *f; 2. (fig: descaro, desembarazo)* Frechheit *f,* Unverschämtheit *f; 3. (fig: tranquilidad)* Geistesruhe *f*
fresno ['frezno] *m BOT* Esche *f*
frialdad [frial'dađ] *f 1. (fig)* Kälte *f; 2. (fig: indiferencia)* Gleichgültigkeit *f; 3. (fig: sandez)* Einfältigkeit *f,* Albernheit *f*
fríamente ['friamente] *adv* lieblos
fricativo [frika'tiƀo] *adj GRAMM* frikativ
fricción [frik'θĭɔn] *f 1. TECH* Reibung *f; 2. (fig: descuerdo)* Spannung *f,* Meinungsverschiedenheit *f; Nunca ha habido fricciones entre nosotros.* Zwischen uns hat es nie Spannungen gegeben.
friccionar [frikθĭo'nar] *v* reiben
frígido ['frixiđo] *adj* kalt, frigide
frigorífico [frigo'rĭfiko] *adj 1.* Kälte erzeugend, Kühl..., Kälte... *m; 2.* Kühlschrank *m,* Kühlanlage *f*
frijol ['frixol] *m BOT (fréjol) (LA)* Stangenbohne *f*
frío ['frio] *m 1.* Kälte *f; tener ~* frieren; *quedarse ~* sprachlos sein; *adj 2.* nasskalt, kühl, kalt
friolera [frĭo'lera] *f 1. (algo insignificante)* Kleinigkeit *f,* Lappalie *f*
friolero [frĭo'lero] *adj* verfroren, kältempfindlich
fritada [fri'tađa] *f GAST* in der Pfanne Gebackenes *n*
fritanga [fri'tanga] *f GAST* Gebackenes *n,* Fraß (fam) *m*
fritar [fri'tar] *v* frittieren, braten
fritura [fri'tura] *f* Frittiertes *n,* Gebackenes *n,* Frittüre *f*
frivolidad [frivoli'đađ] *f* Frivolität *f,* Leichtfertigkeit *f,* Nichtigkeit *f*
frívolo ['friƀolo] *adj* leichtfertig, lose
fronda ['fronđa] *f* Blatt *n,* Laub *n,* Laubwerk *n*
frondoso [frɔn'doso] *adj* dicht bewachsen
frontal [fron'tal] *adj* frontal, Frontal..., Stirn...
frontera [frɔn'tera] *f 1.* Grenze *f; ~ nacional* Landesgrenze *f; ¿Cuánto falta todavía hasta la ~?* Wie weit ist es noch bis zur Grenze? *2. (fig: el límite de una cosa)* Grenze *f; Quiero tener una libertad sin fronteras.* Ich will grenzenlose Freiheit haben.
frontispicio [frɔntis'piθĭo] *m 1.* Giebel *m; 2. (fachada de un edificio)* Vorderseite *f,* Giebelseite *f*

frontón [fron'tɔn] *m* Giebel *m*
frotación [frota'θĭɔn] *f* Reibung *f*
frotamiento [frota'mĭento] *m* Reiben *n*, Einreiben *n*, Einreibung *f*
frotar [fro'tar] *v* abreiben
frotis ['frotis] *m MED* Abstrich *m*
fructificar [fruktifi'kar] *v 1. (producir frutos)* Frucht tragen *f*; *2. (fig: producir algún beneficio)* einträglich sein, Früchte tragen *f/pl*; *Mis esfuerzos no han fructificado.* Meine Bemühungen haben keine Früchte getragen.
fructosa [fruk'tosa] *f CHEM* Fruchtzucker *m*
fructuoso [fruk'tuoso] *adj* fruchtbringend, einträglich, nützlich
frugal [fru'gal] *adj 1. (moderado en el comer)* frugal, spärlich, einfach; *2. vida ~* ein einfaches Leben *n*
fruición [frui'θĭɔn] *f (goce)* Genuss *m*, Vergnügen *n*, Wonne *f*
fruitivo [frui'tiƀo] *adj* genussbringend
frunce ['frunθe] *m (arruga)* Falte *f*, Runzel *f*
fruncimiento [frunθi'mĭento] *m* Falten *n*, Runzeln *n*, Kräuseln *n*
fruncir [frun'θir] *v irr ~ el ceño* die Stirn runzeln *f*, eine finstere Miene machen *f*
fruslería [fruzle'rĭa] *f* Bagatelle *f*, Firlefanz *m*
frustración [frustra'θĭɔn] *f* Frustration *f*, Vereitelung *f*
frustrar [frus'tar] *v* vereiteln
fruta ['fruta] *f BOT* Obst *n*; *~ de hueso* Steinobst *n*; *~ seca* Dörrobst *n*, Backobst *n*
frutería [frute'rĭa] *f (lugar en el que se vende fruta)* Obstladen *m*, Obsthandlung *f*
frutero [fru'tero] *m 1.* Obstdampfer *m*; *m 2. (persona que vende frutas)* Obsthändler *m*, Obstverkäufer *m*; *3. (utensilio para servir fruta)* Obstschale *f*; *adj 4.* Obst...
fruticultura [frutikul'tura] *f AGR* Obstbau *m*
fruto ['fruto] *m 1. BOT* Frucht *f*; *2. (resultado)* Ergebnis *n*, Resultat *n*; *3. (fig: provecho)* Ertrag *m*, Nutzen *m*, Gewinn *m*; *4. sacar ~* einen Vorteil haben *m*, einen Gewinn erzielen *m*
fuego ['fwego] *m 1.* Brand *m*, Feuer *n*, Glut *f*; *¡Fuego!* Feuer! Es brennt! *2. ~s artificiales pl* Feuerwerk *n*
fuel ['fuɛl] *m* Heizöl *n*
fuente ['fwente] *f 1.* Springbrunnen *m*, Brunnen *m*, Quelle *f*; *2. ~ de información* Informationsquelle *f*; *3. ~ de riquezas* Goldgrube *f*; *4. (recipiente)* Schale *f*, Schüssel *f*
fuera ['fwera] *adv 1.* auswärts, draußen, heraus; *prep 2. ~ de* außer, ausgenommen; *~ de competencia* konkurrenzlos; *~ de lo común* ungewöhnlich; *~ de lugar* unangebracht; *konj 3. ~ de ello* außerdem, ferner
fueraborda [fwera'bɔrđa] *f TECH* Außenbordmotor *m*
fuero ['fwero] *m JUR* Gerichtsstand *m*, Vorrecht *n*
fuerte ['fwɛrte] *adj 1. (vigoroso, resistente)* kräftig, stark, rüstig; *2. (poderoso)* mächtig; *3. (fijo)* fest; *4. (alto volumen)* laut
fuerza ['fwɛrθa] *f 1.* Kraft *f*, Stärke *f*; *sin ~* kraftlos; *~ de la tecla* Tastenzwang *m*; *~ creadora* Schaffenskraft *f*; *~ de atracción* Anziehungskraft *f*; *~ de carácter* Charakterstärke *f*; *~ de gravedad PHYS* Erdanziehungskraft *f*; *~ motriz TECH* Antriebskraft *f*; *2. (poder)* Macht *f*; *~ superior* Übermacht *f*; *3. (violencia, presión)* Zwang *m*; *4. ~s armadas MIL* Streitkräfte *pl*, Heer *n*; *~s aéreas* Luftwaffe *f*
fuga ['fuga] *f 1. (huída, evasión)* Flucht *f*, Ausbruch *m*; *2. (orificio)* Leck *n*; *tener ~* lecken; *3. ~ de capitales ECO* Kapitalabwanderung *f*, Kapitalabfluss *m*; *4. (género musical) MUS* Fuge *f*
fugacidad [fuga'θiđađ] *f* Vergänglichkeit *f*
fugado [fu'gađo] *m (escapado)* Ausbrecher *m*, entflohener Häftling *m*
fugar [fu'gar] *v* entfliehen
fugarse [fu'garse] *v* flüchten, ausbrechen
fugaz [fu'gaθ] *adj* vergänglich
fugitivo [fuxi'tiƀo] *m 1.* Flüchtiger *m*, Ausreißer *m*; *adj 2.* flüchtig
fulana [fu'lana] *f (fam: prostituta)* Nutte *f*, Hure *f*
fulano [fu'lano] *adj 1.* Kerl *m*, Typ *m*; *2. m (fam)* Kerl *m*, Typ *m*; *Don Fulano de Tal* Herr Soundso
fulgor [ful'gor] *m* Schimmer *m*, Glanz *m*, Strahlen *n*
fulguración [fulgura'θĭɔn] *f 1. (algo que fulgura)* Blitzen *n*, Aufleuchten *n*; *2. como una ~* wie eine Erleuchtung *f*
fulgurante [fulgu'rante] *adj 1. (algo que fulgura)* glänzend, leuchtend, funkelnd; *2. (fig: brillante)* brillant, glanzvoll
fulgurar [fulgu'rar] *v* blitzen, aufblitzen, aufleuchten

fulminante [fulmi'nante] *adj 1. (mortífero)* plötzlich, tödlich, blitzartig; *Recibió un disparo fulminante.* Ich wurde tödlich getroffen. *2. (fig: amenazante)* drohend; *m 3. (cápsula que produce explosión)* Sprengsatz *m*, Zündkapsel *f*

fulminar [fulmi'nar] *v (matar)* töten, durch Blitzschlag töten *m*

fumador(a) [fuma'đɔr/fuma'đora] *m/f* Raucher(in) *m/f; compartimiento de ~es* Raucherabteil *n; no ~* Nichtraucher *m; Soy no ~.* Ich bin Nichtraucher.

fumar [fu'mar] *v* rauchen; *~ como una chimenea* wie ein Schlot rauchen; *¿Le importa si fumo?* Macht es Ihnen etwas aus, wenn ich rauche? *¿Fuma usted?* Rauchen Sie? *¿Puedo ~?* Darf ich rauchen?

fumigar [fumi'gar] *v* ausräuchern, einnebeln, vergasen

funámbulo [fu'nambulo] *m* Seiltänzer *m*

función [fun'θĭɔn] *f 1.* Funktion *f*, Amt *n*, Tätigkeit *f; en funciones* amtierend; *2. THEAT* Vorstellung *f; ~ de gala* Galavorstellung *f; 3. ~ benéfica* Wohltätigkeitsveranstaltung *f; 4. teclas de ~ INFORM* Funktionstasten *f/pl; 5. la ~ seno MATH* Sinusfunktion *f*

funcional [funθĭo'nal] *adj* funktional, funktionell

funcionar [funθĭo'nar] *v 1.* funktionieren; *no ~* versagen, kaputt sein (fam); *2. hacer ~ TECH* betätigen

funcionaria [funθĭo'narĭa] *f* Beamtin *f*

funcionario [funθĭo'narĭo] *m 1.* Beamter *m; ~ de Hacienda* Finanzbeamter *m; ~ judicial* Justizbeamter *m; 2. POL* Funktionär *m*

funda ['funda] *f* Bezug *m; ~ de almohada* Kissenbezug *m*

fundación [funda'θĭɔn] *f 1.* Gründung *f; 2. (construcción, creación)* Errichtung *f; 3. (institución)* Stiftung *f; 4. (argumentación)* Begründung *f*

fundador(a) [funda'đɔr/funda'đora] *m/f 1.* Gründer(in) *m/f; 2. (donador(a))* Stifter(in) *m/f*

fundamental [fundamen'tal] *adj 1.* grundsätzlich, fundamental, grundlegend; *2. (de suma importancia)* lebenswichtig

fundamentar [funđamen'tar] *v 1. (cimentar)* stützen, verankern, untermauern; *2. (fig: poner los fundamentos)* begründen

fundamento [funda'mento] *m 1.* Grundlage *f*, Fundament *n; 2. (seriedad)* Ernst *m*, Verlässlichkeit *f*

fundar [fun'dar] *v 1.* gründen, errichten, aufbauen; *2. (una institución)* stiften

fundición [fundi'θĭɔn] *f 1. TECH* Guss *m; 2. TECH* Gießerei *f*

fundir [fun'dir] *v 1.* verschmelzen; *2. TECH* gießen

funeral [fune'ral] *m* Begräbnis *n*, Bestattung *f*, Beerdigung *f*

funeraria [fune'rarĭa] *f* Bestattungsinstitut *n*

funesto [fu'nesto] *adj* katastrophal, unheilvoll

funicular [funiku'lar] *m TECH* Drahtseilbahn *f*, Seilbahn *f*

furia ['furĭa] *f* Wut *f*

furioso [fu'rĭoso] *adj* wütend, rabiat, rasend; *estar ~* toben

furor [fu'rɔr] *m* Wut *f*

furtivo [fur'tiƀo] *adj* verstohlen

furúnculo [fu'runkulo] *m MED* Furunkel *m*

fuselaje [fuse'laxe] *m* Rumpf *m*

fusible [fu'siƀle] *m TECH* Sicherung *f*

fusil [fu'sil] *m* Gewehr *n*

fusilamiento [fusila'mĭento] *m* Erschießung *f*

fusilar [fusi'lar] *v 1. (ejecutar al alguien con fusiles)* standrechtlich erschießen, füsilieren; *2. (plagiar algo)* abschreiben, plagiieren, abkupfern (fam)

fusión [fu'sĭɔn] *f* Fusion *f*, Zusammenschluss *m*

fusionar [fusĭo'nar] *v 1. (fundir)* verschmelzen; *2. (fig: unir)* fusionieren, sich zusammenschließen

fusta ['fusta] *f (látigo)* Peitsche *f*, Reitgerte *f*

fuste ['fuste] *m (fig: importancia, substancia)* Kern *m*, Gehalt *m*

fustigar [fusti'gar] *v* peitschen

fútbol ['futƀol] *m SPORT* Fußballspiel *n*

futbolín [futƀo'lin] *m SPORT* Tischfußballspiel *n*

futbolista [futƀo'lista] *m/f SPORT* Fußballspieler(in) *m/f*

futesa [fu'tesa] *f (pequeñez)* Lappalie *f*, Bagatelle *f*, Firlefanz *m*

fútil ['futil] *adj* bedeutungslos, nichtig

futilidad [futili'đađ] *f* Geringfügigkeit *f*, Nichtigkeit *f*

futre ['futre] *m* Modenarr *m*, Geck *m*

futurista [futu'rista] *adj* futuristisch

futuro [fu'turo] *m 1.* Zukunft *f; en el ~* zukünftig; *adj 2.* zukünftig, künftig

G

gabán [ga'ƀan] *m* Mantel *m,* Überzieher *m*
gabinete [gaƀi'nete] *m 1. POL* Kabinett *n; 2. (sala pequeña)* kleiner Salon *m,* Arbeitszimmer *n,* Nebenzimmer *n*
gacela [ga'θela] *f ZOOL* Gazelle *f*
gaceta [ga'θeta] *f 1. (publicación periódica)* Zeitung *f,* Fachzeitung *f; 2. (publicación oficial)* Amtsblatt *n,* Staatsanzeiger *m*
gacha ['gatʃa] *f* Brei *m,* Mehlbrei *m*
gachó [ga'tʃɔ] *m* Mann *m,* Bursche *m,* Kerl *m*
gaélico ['gaeliko] *adj 1. GEO* gälisch; *m 2. (idioma antigüo de Irlanda)* gälisch
gafas ['gafas] *f/pl* Brille *f; ~ de bucear SPORT* Taucherbrille *f; ~ de sol* Sonnenbrille *f*
gafe ['gafe] *m* Unglücksbringer *m*
gag [gak] *m* Gag *m*
gago ['gago] *adj* stotternd
gaguear [ga'gwear] *v* stottern, näseln
gaita ['gaita] *f MUS* Schalmei *f,* Dudelsack *m,* Drehleier *f*
gaitero [gai'tero] *adj* aufgekratzt, vergnügt, grellbunt
gajes ['gaxe] *m/pl (molestias de una ocupación)* Nachteile *m/pl,* schlechten Seiten *f/pl*
gajo ['gaxo] *m 1. (de un árbol) BOT* Zweig *m; 2. (parte de una fruta)* Scheibe *f,* Schnitz *m*
gala ['gala] *f/pl 1. (ropa elegante)* Festkleidung *f,* Festrobe *f; f 2. (fig: elegancia, gracia, donaire)* Anmut *f,* Eleganz *f; 3. de ~* Gala...; *uniforme de ~* Galauniform *f; traje de ~* Galaanzug *m; 4. hacer ~ de algo* etw zur Schau tragen, mit etw prahlen
galáctico [ga'laktiko] *adj ASTR* galaktisch, Milchstraßen...
galaico [ga'laiko] *adj* galicisch
galaicoportugués [galaikopotu'ges] *adj* galicisch-portugiesisch
galán [ga'lan] *adj 1.* Galan *m,* Verehrer *m,* stattlicher junger Mann *m; 2. (hombre apuesto)* stattlicher junger Mann *m; 3. (hombre que galantea)* Verehrer *m; 4. (en películas u obras teatrales) CINE* Liebhaber *m; primer ~* erster Liebhaber *m; ~ joven* jugendlicher Liebhaber *m; ~ de carácter* Charakterliebhaber *m*
galante [ga'lante] *adj* galant
galanteador [galantea'đor] *m (hombre que galantea)* Verehrer *m,* Schmeichler *m*
galantear [ga'lantear] *v 1. (tratar de conquistar a una mujer)* umwerben, den Hof machen *m,* schmeicheln; *2. (fig: requerir insistentemente)* sich sehr bemühen
galantear [galante'ar] *v* umwerben
galanteo [galan'teo] *m* Hofmachen *n,* Liebeswerben *n*
galantería [galante'ria] *f 1. (atención hacia las damas)* Galanterie *f; 2. (atención, cortesía)* Höflichkeit *f,* Aufmerksamkeit *f*
galanura [gala'nura] *f (elegancia)* Anmut *f,* Eleganz *f*
galápago [ga'lapago] *m ZOOL* Süßwasserschildkröte *f*
galardón [ga'larđɔn] *m* Auszeichnung *f*
galardonado [galardo'nađo] *m 1.* Preisträger *m; adj 2.* geehrt, ausgezeichnet
galardonar [galarđo'nar] *v* auszeichnen
galaxia [ga'laθĭa] *f ASTR* Galaxis *f,* Milchstraße *f*
galeno [ga'leno] *m (fig: médico)* Doktor (fam) *m,* Arzt *m*
galeote [ga'leote] *m 1. (forzado en un galeón) HIST* Galeerensträfling *m; 2. (fig: alguien que trabaja mucho)* Sklave *m; Trabajas como un galeote.* Du arbeitest wie ein Sklave.
galera [ga'lera] *f 1. NAUT* Galeere *f,* Sklavenschiff *n; 2. (en la tipografía)* Setzschiff *n*
galerada [gale'rađa] *f 1. (composición en una galera)* Fahnenabzug *m,* Bürstenabzug *m; f/pl 2.~s (pruebas de una galera)* Korrekturfahnen *f/pl; primera ~* erste Korrekturfahnen *f/pl*
galería [gale'rĭa] *f 1. THEAT* Balkon *m; 2. ART* Galerie *f; 3. (camino en un subterráneo)* Gang *m,* Stollen *m*
galés/sa [ga'les] *adj* walisisch, aus Wales
galgo ['galgo] *m ZOOL* Windhund *m*
Galia ['galĭa] *f/pl GEO* Gallien *n*
Galicia [ga'liθĭa] *f GEO* Galicien *n,* Galizien *n*
galicismo [gali'θizmo] *m (vocablo o construcción francesa) GRAMM* Gallizismus *m*
galicista [gali'θista] *adj GRAMM* gallizistisch

gálico ['galiko] *adj 1.* gallisch; *2. morbo ~* Lustseuche *f,* Syphilis *f; 3. ácido ~ CHEM* Gallussäure *f*

galileo [gali'leo] *adj 1. (natural de Galilea) GEO* galiläisch; *m 2. el ~ (Jesucristo) REL* Christus *m*

galimatías [galima'tias] *m* Kauderwelsch *n*

galio ['galĭo] *m (elemento químico) CHEM* Gallium *n*

galo ['galo] *adj* gallisch, französisch

galófilo [ga'lofilo] *adj (que ama a los franceses)* franzosenfreundlich

galófobo [ga'lofoƀo] *adj (que odia a los franceses)* franzosenfeindlich

galón [ga'lɔn] *m 1. (insignia para distinguir los grados) MIL* Tresse *f,* Litze *f,* Ärmelstreifen *m; 2. (medida para líquidos)* Gallone *f; 3. (cinta que se pone a los vestidos)* Borte *f,* Paspel *f*

galopada [galo'pađa] *f (carrera al galope)* Galoppritt *m*

galopar [ga'lopar] *v* galoppieren

galope [ga'lope] *m 1.* Galopp *m; 2. a todo ~ (fig)* in höchster Eile *f*

galopear [galo'pear] *v (galopar)* galoppieren, schnell machen

galopín [galo'pin] *m (pilluelo)* Schlingel *m,* Lausbub *m,* Gassenjunge *m*

galpón [gal'pɔn] *m (LA) (cobertizo muy grande)* Schuppen *m*

galvanizado [galbani'θađo] *m MIN* Verzinkung *f,* Galvanisieren *n*

galvanizar [galƀani'θar] *v 1. (electrificar con una pila) PHYS* elektrisieren; *2. (recubrir con una capa de metal) MET* galvanisieren, verzinken; *3. (fig: animar momentáneamente)* beleben, elektrisieren

gallada [ga'ʎađa] *f (acto de soberbia)* Frechheit *f,* Angabe *f*

gallarda [ga'ʎarđa] *f (danza española) MUS* Gaillarde *f*

gallardear [gaʎar'đear] *v (mostrar gallardía)* Mut beweisen *m*

gallardete [gaʎar'đete] *m (banderita en los barcos)* Wimpel *m,* Signalwimpel *m*

gallardía [gaʎar'đia] *f 1.* Tapferkeit *f; 2. (donaire, gracia)* Anmut *f*

gallardo [ga'ʎarđo] *adj 1.* tapfer; *2. (apuesto, bien parecido)* stattlich, würdevoll

gallear [ga'ʎear] *v 1. (levantar la voz)* schreien, brüllen, losbrüllen; *2. (fanfarronear)* sich aufspielen, angeben, prahlen

gallego [ga'ʎego] *adj 1. GEO* galicisch; *m 2. (el idioma de Galicia)* Galicisch *n*

gallera [ga'ʎera] *f (lugar en el que hay peleas de gallos)* Hahnenkampfplatz *m*

galleta [ga'ʎeta] *f GAST* Keks *m,* Plätzchen *n*

galletería [gaʎete'ria] *f (fábrica de galletas)* Keksgeschäft *n*

galletero [gaʎe'tero] *m (recipiente para galletas)* Keksdose *f,* Gebäckteller *m*

gallina [ga'ʎina] *f 1. ZOOL* Huhn *n,* Henne *f; 2. (fig: persona cobarde o miedosa)* Feigling *m,* Memme *f*

gallináceo [gaʎi'naθeo] *adj* hühnerartig, Hühner...

gallinero [gaʎi'nero] *m 1.* Hühnerstall *m; 2. THEAT* Galerie *f*

gallo ['gaʎo] *m 1. ZOOL* Hahn *m; 2. (nota falsa)* falscher Ton *m,* Kickser (fam) *m; 3. (fig: persona que manda en un lugar)* Chef *m,* Boss *m; 4. peso ~ (categoría en el boxeo) SPORT* Federgewicht *m*

gama ['gama] *f 1.* Palette *f,* Spektrum *n; 2. MUS* Tonleiter *f; 3. ~ de colores* Farbenskala *f; 4. (hembra del gamo) ZOOL* Damtier *n*

gamada [ga'mađa] *adj cruz ~* Hakenkreuz *n*

gamarra [ga'marra] *f* Brustriemen *m,* Sprungriemen *m*

gamba ['gamba] *f* Garnele *f; un cóctel de ~s* Krabbencocktail *m*

gamberrada [gamƀe'rrađa] *f* Gaunerei *f,* Halbstarkenstreich *m*

gameto [ga'meto] *m BOT* Gamet *m*

gamma ['gamma] *f 1. (letra griega)* Gamma *n; m/pl 2. rayos ~ PHYS* Gammastrahlen *m/pl*

gamo ['gamo] *m ZOOL* Damhirsch *m,* Gämsbock *m*

gamuza [ga'muθa] *f ZOOL* Gämse *f; piel de ~* Wildleder *n*

gana ['gana] *f/pl 1. (deseo)* Wunsch *m,* Lust *f,* Begehren *n; 2. de buena ~* gerne; *3. (querer hacer algo)* Lust *f*

Gana ['gana] *m GEO* Ghana

ganable [gana'ble] *adj* gewinnbar, erzielbar, erreichbar

ganadería [ganađe'ria] *f 1.* Viehzucht *f,* Viehhandel *m,* Stierzucht *f; 2. (la cantidad de ganado de alguien) AGR* Viehbestand *m*

ganado [ga'nađo] *m* Vieh *n*

ganador(a) [gana'đɔr/gana'đora] *m/f* Gewinner(in) *m/f*

ganancia [ga'nanθĭa] *f 1.* Verdienst *m,* Profit *m; 2. ECO* Gewinn *m,* Ertrag *m,* Ausbeute *f; 3. ~s pl* Einkünfte *pl*
ganancial [ganan'θĭal] *adj* Gewinn...
ganapán [gana'pan] *m* Broterwerb *m*
ganar [ga'nar] *v 1. (conseguir, alcanzar por juego)* gewinnen; *~ terreno* vordringen; *2. (por trabajo, esfuerzo)* verdienen, einnehmen; *3. (vencer)* besiegen, siegen; *4. (conquistar a alguien)* gewinnen, für sich einnehmen; *~ a alguien* jdm den Rang ablaufen (fig); *5. (alcanzar, llegar a)* erreichen, ankommen; *6. (merecer)* verdienen
ganas ['ganas] *f/pl 1.* Lust *f; 2. ~ de vomitar MED* Brechreiz *m*
ganchillo [gan'tʃiʎo] *m* Häkelnadel *f; hacer ~* häkeln
gancho ['gantʃo] *m 1.* Haken *m; 2. (para la ropa)* Kleiderhaken *m; 3. (fig: para atraer)* Köder *m,* Lockvogel *m; 4. ~ a la mandíbula* Kinnhaken *m; 5. ~ de remolque* Anhängerkupplung *f*
gandul [gan'đul] *m (holgazán)* Faulenzer *m,* Tagedieb *m*
gandulear [ganđu'lear] *v (haraganear)* faulenzen, bummeln
gandulería [ganđule'ria] *f (haraganería)* Faulenzerei (fam) *f,* Bummelei *f*
ganga ['gaŋga] *f (fam)* Gelegenheitskauf *m*
ganglio ['gaŋglĭo] *m ~ linfático ANAT* Lymphdrüse *f*
gangosidad [gangosi'đađ] *f* Näseln *n*
gangoso [gan'goso] *adj* näselnd
gangrena [gan'grena] *f MED* Brand *m*
gangrenado [gangre'nađo] *adj 1. (atacado por la gangrena) MED* brandig, gangränös; *2. (fig: pútrido)* verfault, faulig
gángster ['gaŋster] *m* Gangster *m*
gangsterismo [gangste'rizmo] *m* Gangstertum *n,* Gangsterunwesen *n*
ganguear [gan'gear] *v (hablar con la nariz tapada)* näseln
ganoso [ga'noso] *adj* begierig; *Estoy ganoso por terminar este trabajo.* Ich bin begierig darauf, diese Arbeit zu beenden.
gansada [gan'sađa] *f (tontería)* Dummheit *f,* Eselei *f,* Albernheit *f*
ganso ['ganso] *m ZOOL* Gans *f*
gañán [ga'ɲan] *m (jayán, patán)* Knecht *m,* Bauernknecht *m,* Bursche *m*
gañote [ga'ɲote] *m* Gurgel *f,* Schlund *m*
garabatear [garaƀate'ar] *v* kritzeln, schmieren
garabato [gara'bato] *m 1.* Haken *m,* Anziehungskraft *f,* Gekritzel *n; 2. (escrito o dibujo mal hecho)* Gekritzel *n,* Kritzelei *f; 3. ~s (gesto impreciso con las manos)* Gefuchtel *n,* heftiges Gebärdenspiel *n*
garaje [ga'raxe] *m* Garage *f,* Parkhaus *n; ~ subterráneo* Tiefgarage *f*
garante [ga'rante] *m* Bürge *m*
garantía [garan'tia] *f 1.* Garantie *f,* Gewähr *f; 2. ECO* Akkreditiv *n; La ~ bancaria venció ayer.* Das Akkreditiv lief gestern ab. *f/pl 3. (derechos)* Garantie *f,* Recht *n*
garantizar [garanti'θar] *v* bürgen, garantieren, gewährleisten; *~ por escrito* verbriefen
garañón [gara'ɲɔn] *m ZOOL* Hengst *m*
garbanzo [gar'ƀanθo] *m BOT* Kichererbse *f*
garbo ['garƀo] *m* Grazie *f,* Pfiff *m,* Anmut *f*
garboso [gar'ƀoso] *adj* graziös
gardenia [gar'đenia] *f BOT* Gardenie *f*
garete [ga'rete] *m 1. ir al ~ NAUT* vorm Wind treiben; *2. ir al ~ (fig)* vom Weg abkommen, sich treiben lassen, scheitern, Schiffbruch erleiden
gargajear [gar'gaxo̧] *v (lanzar gargajos)* spucken, ausspucken
gargajeo [garga'xeo] *m* Ausspucken *n,* Räuspern *n*
gargajiento [garga'xĭento] *adj* schleimig, verschleimt
gargajo [gar'gaxo] *m* Spucke *f*
garganta [gar'ganta] *f 1. ANAT* Hals *m,* Kehle *f; 2. GEO* Schlucht *f; 3. (barranco)* Klamm *f*
gargantilla [gargan'tiʎa] *f* Halsband *n*
gárgara ['gargara] *f MED* Gurgeln *n*
gargarizar [gargari'θar] *v (hacer gárgaras)* gurgeln
garito [ga'rito] *m (casa clandestina de juegos de azar)* Spielhölle *f*
garla ['garla] *f (parla)* Plauderei *f,* Schwatz *m,* Schwätzchen *n*
garlar [gar'lar] *v* schwatzen, plaudern
garra ['garra] *f 1. ZOOL* Kralle *f,* Pranke *f,* Tatze *f; 2. caer en las ~s de alguien* in jds Fänge geraten; *3. con ~* mit Pfiff (fig), mit Pep (fig)
garrafa [ga'rrafa] *f* Karaffe *f*
garrafón [garra'fɔn] *m* Korbflasche *f,* Glasballon *m*
garrapata [garra'pata] *f ZOOL* Zecke *f,* Schindmähre *f* (fig)

garrapatear [garrapate'ar] *v* kritzeln
garrapato [garra'pato] *m (garabato)* Gekritzel *n,* Kritzelei *f*
garrapatoso [garrapa'toso] *adj 1. (plagado de garrapatos)* kritzlig; *2. (plagado de garrapatas)* zeckenverseucht, von Zecken befallen *f/pl*
garrocha [ga'rrotʃa] *f* Pike der Stierkämpfer *f*
garza [gar'θa] *f ZOOL* Reiher *m*
garzota [gar'θota] *f* Buschreiher *m*
gas [gas] *m 1.* Gas *n; ~ biológico* Biogas *n; ~ de escape* Abgas *n; ~ tóxico* Giftgas *n; ~ líquido* Flüssiggas *n; ~ natural* Erdgas *n; ~ noble* Edelgas *n; 2. ~es lacrimógenos pl* Tränengas *n; 3. (vapores en los intestinos)* Blähung *f; 4. a todo ~* mit Vollgas *n,* mit aller Kraft *f; 5. agua mineral con ~* Mineralwasser mit Kohlensäure *n*
gasa ['gasa] *f 1. (tejido para cubrir heridas)* Gaze *f,* Mull *m; 2. (tela muy delgada y transparente)* Flor *m,* Trauerflor *m*
gaseiforme [gasei'forme] *adj CHEM* gasförmig
gaseosa [gase'osa] *f* Brause *f*
gaseoso [gase'oso] *adj 1. (gaseiforme) CHEM* gasförmig; *2. (con gas)* gashaltig, mit Kohlensäure *f*
gasificar [gasifi'kar] *v 1. (añadir ácido cabónico) CHEM* mit Kohlensäure versetzen *f; 2. (convertir un líquido en un gas) CHEM* vergasen, gasförmig machen
gasoducto [gaso'đukto] *m* Ferngasleitung *f,* Erdgasleitung *f*
gasoil [ga'sɔĭl] *m* Dieselöl *n*
gasolina [gaso'lina] *f (combustible)* Benzin *n; ~ sin plomo* bleifrei; *echar ~* auftanken, tanken
gasolinera [gasoli'nera] *f* Tankstelle *f*
gasolinero [gasoli'nero] *m* Tankwart *m*
gastable [gas'table] *adj* verbrauchbar, verwendbar, abnützbar
gastado [gas'tađo] *adj 1.* schäbig, abgenutzt; *2. (relativo a personas)* müde, gealtert
gastamiento [gasta'mĭento] *m* Verbrauch *m,* Abnutzung *f*
gastar [gas'tar] *v 1.* ausgeben; *No quiero ~ tanto.* Ich möchte nicht so viel ausgeben. *2. (derrochar, desperdiciar)* verschwenden, vergeuden; *~ salvia (fam)* umsonst reden; *~ el tiempo* die Zeit vergeuden; *3. (desgastar)* verzehren, abnutzen; *4. (utilizar)* aufwenden
gasterópodo [gaste'ropođo] *m ZOOL* Bauchfüßer *m*
gasto ['gasto] *m 1.* Ausgabe *f; ~ de la casa* Haushaltungskosten *pl; 2. ~s pl* Aufwand *m,* Kosten *pl,* Auslagen *pl,* Unkosten *pl; ~s adicionales* Nebenkosten *pl; 3. ~s ECO* Spesen *pl,* Aufwendungen *pl; ~s de adquisición* Anschaffungskosten *pl; ~s de materiales* Materialkosten *pl*
gástrico ['gastriko] *adj ANAT* Magen...
gastronomía [gastrono'mia] *f* Gastronomie *f*
gastronómico [gastro'nomiko] *adj* gastronomisch; *especialidad gastronómica* gastronomische Spezialität *f,* Feinschmeckerspezialität *f*
gastrónomo [gas'tronomo] *m* Gastronom *m*
gata ['gata] *f 1. ZOOL* Katze *f; 2. (LA) TECH* Wagenheber *m*
gatas ['gatas] *adv andar a ~* auf allen vieren gehen
gatear [gate'ar] *v (niños)* krabbeln
gatillo [ga'tiʎo] *m* Abzug *m,* Drücker *m*
gato ['gato] *m 1. ZOOL* Kater *m; dar ~ por liebre* übers Ohr hauen; *2. (máquina para levantar cosas)* Hebezeug *n; ~ hidráulico; 3. hay ~ encerrado* da stimmt doch was nicht, da steckt was dahinter
gauchada [gaŭ'tʃađa] *f* Prahlerei *f,* gerissener Streich *m*
gaucho ['gaŭtʃo] *m* Gaucho *m*
gaveta [ga'ƀeta] *f* Schublade *f*
gavilán [gabi'lan] *m ZOOL* Sperber *m*
gavilla [ga'biʎa] *f* Garbe *f*
gaviota [ga'ƀĭota] *f ZOOL* Möwe *f*
gaznápiro [gaθ'napiro] *m* Dummkopf *m,* Einfaltspinsel *m*
gaznate [gaθ'nate] *m (garganta)* Kehle *f,* Schlund *m*
gel [xɛl] *m* Gel *n*
gelatina [xela'tina] *f 1.* Gelatine *f; 2. (de pescado o carne) GAST* Aspik *m; 3. (de dulce) GAST* Götterspeise *f*
gelatinoso [xelati'noso] *adj* gallertartig
gélido ['xelido] *adj* eisig kalt
gema ['xema] *f 1. (piedra preciosa)* Gemme *f,* Edelstein *m; 2. sal ~* Steinsalz *n*
gemelo [xe'melo] *m 1.* Zwilling *m; 2. (botón)* Manschettenknopf *m; pl 3. ~s (de largavista) pl* Fernglas *n; ~s de teatro* Opernglas *n*
gemido [xe'mido] *m* Gewimmer *n,* Stöhnen *n,* Klagen *n*

Géminis ['xeminis] *(signo del Zodíaco)* *ASTR* Zwillinge *m/pl*
gemir [xe'mir] *v irr* ächzen, stöhnen
gen [xen] *m BIO* Gen *n*
genciana [xen'θĭana] *f BOT* Enzian *m*
gendarme [xen'đarme] *m (policía en Francia)* Gendarm *m*
gendarmería [xenđarme'ria] *f (comisaría, cuartel de policía)* Gendarmerie *f*
genealogía [xenealo'xia] *f* Genealogie *f,* Familienkunde *f,* Geschlechterkunde *f*
genealógico [xenea'loxiko] *adj* genealogisch
genealogista [xenealo'xista] *m* Genealoge *m*
generación [xenera'θĭɔn] *f 1.* Generation *f; 2. (procreación)* Zeugung *f*
generador [xenera'đɔr] *m 1. TECH* Generator *m; adj 2.* erzeugend, bewirkend
general [xene'ral] *m 1. MIL* General *m; adj 2.* allgemein, generell; *en ~* im Allgemeinen; *por lo ~* durchweg, generell
generalato [xenera'lato] *m 1. (el trabajo de general) MIL* Generalat *n; 2. (los generales de un ejército) MIL* Generalität *f*
generalidad [xenerali'đađ] *f* Allgemeinheit *f,* Allgemeingültigkeit *f*
generalización [xeneraliza'θĭɔn] *f* Verallgemeinerung *f*
generalizado [xenerali'θađo] *adj* verallgemeinert
generalizar [xenerali'θar] *v* verallgemeinern
generar [xene'rar] *v* erzeugen
genéricos [xe'nerikos] *m/pl ~ de fin CINE* Nachspann *m*
género ['xenero] *m 1.* Sorte *f,* Gattung *f; 2. GRAMM* Geschlecht *n; 3. ECO* Artikel *m*
generosidad [xenerosi'đađ] *f* Freizügigkeit *f*
generoso [xene'roso] *adj* großzügig, spendabel
génesis ['xenesis] *f (fig: origen)* Ursprung *m,* Herkunft *f,* Entstehung *f*
Génesis ['xenesis] *f REL* Genesis *f,* Schöpfungsgeschichte *f*
genética [xe'netika] *f BIO* Genforschung *f*
genético [xe'netiko] *adj BIO* genetisch, Erb...
genial [xe'nĭal] *adj* genial
genialidad [xenĭali'đađ] *f* Genialität *f*
genio ['xenĭo] *m 1.* Genie *n; tener mucho ~* aufbrausend sein; *2. (carácter)* Veranlagung *f,* Charakter *m,* Geistesart *f; 3. (estar muy dotado para hacer algo)* hohe Begabung *f,* geniale Veranlagung *f*
genital [xeni'tal] *adj ANAT* Zeugungs..., Geschlechts...
genitales [xeni'tales] *m/pl ANAT* Genitalien *pl*
genitivo [xeni'tiƀo] *m GRAMM* Genitiv *m*
genocidio [xeno'θiđĭo] *m* Völkermord *m*
gente ['xente] *f* Leute *pl*
gentecilla [xente'θiʎa] *f* Gesindel *n*
gentil [xen'til] *adj* liebenswürdig, nett, freundlich
gentileza [xenti'leθa] *f* Liebenswürdigkeit *f*
gentilicio [xenti'liθĭo] *m* Volkszugehörigkeitsname *m,* Ortszugehörigkeitsname *m*
gentío [xen'tio] *m* Auflauf *m,* Gedrängel *n,* Schwarm *m*
gentuza [gen'tuθa] *f* Gesindel *n,* Pack *n*
genuflexión [xenufleg'sĭɔn] *f* Kniebeuge *f,* Kniefall *m*
genuinidad [xenwini'đađ] *f* Echtheit *f*
genuino [xe'nwino] *adj 1. (verdadero)* echt; *2. (puro)* rein
geodesia [xeo'đesia] *f* Geodäsie *f,* Vermessungskunde *f*
geodésico [xeo'đesiko] *adj* geodätisch
geofísica [xeo'fisika] *f GEO* Geophysik *f*
geografía [xeogra'fia] *f* Erdkunde *f,* Geografie *f*
geográfico [xeo'grafiko] *adj* geografisch
geógrafo [xe'ografo] *m* Geograf *m*
geología [xeolɔ'xia] *f* Geologie *f*
geólogo [xe'ɔlogo] *m* Geologe *m*
geómetra ['xe'ɔmetra] *m MATH* Geometriebeflissener *m,* Feldmesser *m,* Geometer *m*
geometría [xeome'tria] *f MATH* Geometrie *f*
geométrico [xeo'metriko] *adj MATH* geometrisch
geopolítica [xeopo'litika] *f* Geopolitik *f*
geranio [xe'ranĭo] *m BOT* Geranie *f*
gerencia [xe'renθĭa] *f 1.* Leitung *f; 2. ECO* Geschäftsleitung *f*
gerente [xe'rente] *m/f* Leiter(in) *m/f,* Manager(in) *m/f,* Geschäftsführer(in) *m/f; ~ del banco* Bankdirektor(in) *m/f*
geriatría [xerĭa'tria] *f MED* Geriatrie *f,* Altersheilkunde *f*

gerifalte [xeri'falte] *m (ave parecida al halcón) ZOOL* Jagdfalke *m*
germanía [xerma'nia] *f 1. (jerga de pillos)* Gaunersprache *f; 2.* wilde Ehe
germanio [xer'manĭo] *m CHEM* Germanium *n*
germanista [xerma'nista] *m/f* Germanist(in) *m/f*
germanizar [xermani'θar] *v* germanisieren
germano [xer'mano] *adj* germanisch, deutsch
germanofilia [xermano'filĭa] *f* Deutschfreundlichkeit *f*
germanofobia [xermano'foƀĭa] *f* Deutschfeindlichkeit *f*
germen ['xɛrmen] *m 1. BIO* Keim *m; 2. (fig: origen)* Ursprung *m; ¿Sabes cuál fué el germen de mi desgracia?* Weißt du, was der Ursprung meines Unglücks war?
germicida [xermi'θiđa] *m* keimtötendes Mittel *n*
germinar [xer'minar] *v 1.* keimen; *2. (fig: originarse)* entstehen, werden, sich entwickeln
germinativo [xermina'tiƀo] *adj* keimfähig
gerontología [xerontolo'xia] *f* Gerontologie *f*
gerontólogo [xeron'tologo] *m* Gerontologe *m*
gerundio [xe'runđĭo] *m GRAMM* Gerund *n,* Gerundium *n*
gestación [xesta'θĭɔn] *f 1. (fig: período de desarrollo)* Entstehen *n,* Werden *n; 2. MED* Schwangerschaft *f*
gestante [xes'tante] *f MED* Schwangere *f*
gestar [xes'tar] *v 1. ANAT* tragen, austragen; *2. (fig: desarrollarse)* sich entwickeln
gestear [xes'tear] *v (gesticular)* gestikulieren, Gebärden machen *f/pl*
gesticulación [xestikula'θĭɔn] *f* Mienenspiel *n,* Gebärdenspiel *n,* Gestikulieren *n*
gesticulante [xestiku'lante] *adj* gestikulierend
gesticular [xestiku'lar] *v* gestikulieren
gestión [xes'tĭɔn] *f* Schritt *m,* Maßnahme *f; mala ~ económica ECO* Misswirtschaft *f*
gestionar [xestĭo'nar] *v ECO* betreiben
gesto ['xesto] *m* Miene *f,* Gebärde *f,* Geste *f*
gestor [xes'tɔr] *m* Vermittler *m*
giba ['xiƀa] *f (joroba)* Höcker *m*
gibosidad [xiƀosi'đađ] *f* Buckel *m*
gibraltareño [xiƀralta'reɲo] *adj GEO* aus Gibraltar *n*
gigante [xi'gante] *m 1.* Riese *m; adj 2.* riesig
gigantesco [xigan'tesko] *adj* riesig, gigantisch, riesengroß
gimnasia [xim'nasĭa] *f 1. SPORT* Gymnastik *f,* Turnen *n; hacer ~* turnen; *2. ~ terapéutica MED* Krankengymnastik *f,* Heilgymnastik *f; 3. (fig: ejercicio de alguna capacidad)* Anstrengung *f; ~ mental* geistige Anstrengung *f*
gimnasio [xim'nasĭo] *m SPORT* Turnhalle *f*
gimnasta [xim'nasta] *m/f SPORT* Turner(in) *m/f*
gimnosperma [ximnos'perma] *f/pl BOT* Gymnospermen *n/pl*
gimoteador [ximotea'đor] *adj* winselnd, wimmernd
gimotear [ximo'tear] *v 1. (gemir)* winseln, wimmern; *2. (fig: lamentarse)* jammern, sich beklagen
gimoteo [ximo'teo] *m* Gewimmer *n,* Greinen *n,* Jammern *n*
Ginebra [xi'neƀra] *GEO* Genf *n*
ginecología [xinekolɔ'xia] *f MED* Gynäkologie *f*
ginecólogo [xine'kɔlogo] *m MED* Gynäkologe *m,* Frauenarzt *m*
gira ['xira] *f* Tournee *f*
girador [gira'đor] *m (el que gira un cheque o letra)* Aussteller *m*
girar [xi'rar] *v 1.* drehen; *2. TECH* rotieren; *3. (entorno)* kreisen; *4. (expedir un giro)* ziehen, ausstellen; *5. (enviar dinero por correo)* überweisen
girasol [xira'sɔl] *m BOT* Sonnenblume *f*
giratorio [xira'torĭo] *adj* drehbar
giro ['xiro] *m 1. (vuelta)* Drehung *f; 2. (de un idioma)* Redewendung *f; 3. ECO* Giro *n,* Überweisung *f; ~ combinado* Sammelauftrag *m; ~ postal* Postanweisung *f; 4. (fig: el rumbo que toman las cosas)* Wendung *f*
giroscopio [xiros'kopio] *m TECH* Kreisel *m*
gitano [xi'tano] *m 1.* Zigeuner *m; 2. (fig: persona inestable)* schlauer Mensch *m,* pfiffiger Mensch *m,* schlauer Bursche *m*
glaciación [glaθĭa'θĭɔn] *f GEOL* Eisbildung *f,* Vereisung *f,* Vergletscherung *f*

glacial [gla'θĭal] *adj* eisig, eiskalt, frostig
glaciar [gla'θĭar] *m 1.* Gletscher *m; adj 2. período ~ GEOL* Eiszeit *f*
glaciología [glaθĭolo'xia] *f GEOL* Glaziologie *f*
gladiador [glađĭa'đɔr] *m HIST* Gladiator *m*
gladiolo [gla'điolo] *m BOT* Gladiole *f*
glande ['glanđe] *m (parte del pene) ANAT* Eichel *f*
glándula ['glandula] *f ANAT* Drüse *f*
glandular [glanđu'lar] *adj* Drüsen...
glaseado [glase'ađo] *m GAST* Glasur *f*
glasear [glase'ar] *v GAST* glasieren
gleba ['gleƀa] *f 1. (terreno)* Scholle *f,* Erdscholle *f; 2. siervos de la ~ HIST* Leibeigene *m/pl*
glicerina [gliθe'rina] *f CHEM* Glyzerin *n*
glifo ['glifo] *m 1. (canal grabado en un objeto)* Glyphe *f; 2. (figura grabada en los iconos) INFORM* Icon *n*
glíptica ['gliptika] *f* Glyptik *f,* Steinschneidekunst *f*
gliptoteca [glipto'teka] *f* Glyptothek *f*
global [glo'ƀal] *adj* global, pauschal
globo ['gloƀo] *m 1.* Luftballon *m,* Ballon *m; 2. ~ terráqueo* Erdkugel *f*
globular [gloƀu'lar] *adj* kugelförmig
glóbulo ['gloƀulo] *m 1. (cuerpo esférico, muy pequeño)* Kügelchen *n; 2. (células sanguíneas) BIO* Blutkörperchen *n; ~s rojos* rote Blutkörperchen *n/pl ~s blancos* weiße Blutkörperchen *n/pl*
gloria ['glorĭa] *f 1.* Ruhm *m; 2. (esplendor)* Glanz *m; 3. (algo que ennoblece)* Stolz *m; 4. (la redención) REL* Herrlichkeit *f,* Seligkeit *f; 5. estar en sus ~s* überglücklich sein, im siebenten Himmel sein
gloriarse [glo'rĭar] *v (pretender ser algo)* sich etwas einbilden, sich rühmen
glorieta [glo'rĭeta] *f* Laube *f*
glorificación [glorifika'θĭɔn] *f* Verherrlichung *f*
glorificar [glorifi'kar] *v* rühmen, verherrlichen
glorioso [glo'rĭoso] *adj* glorreich, ruhmreich
glosa ['glosa] *f* Glosse *f*
glosar [glo'sar] *v 1. (añadir glosas)* kommentieren, glossieren, auslegen; *2. (interpretar erróneamente)* bekritteln
glosario [glo'sarĭo] *m* Glossar *n*
glótico ['glotiko] *adj ANAT* Stimmritzen...
glotis ['glotis] *f ANAT* Glottis *f*
glotón [glo'tɔn] *m* gefräßiger Mensch *m,* Vielfraß *m*
glotonear [gloto'near] *v (comer por glotonería)* schlingen, gierig essen, fressen (fam)
glotonería [glotone'rĭa] *f* Gefräßigkeit *f,* Gier *f,* Fresserei *f*
glucemia [glu'θemĭa] *f MED* Blutzucker *m*
glucosa [glu'kosa] *f 1.* Traubenzucker *m; 2. CHEM* Glykose *f*
glúteo ['gluteo] *adj ANAT* Gesäß..., gluteal
gneis [gneis] *m (neis) MIN* Gneis *m*
gobernación [goƀerna'θĭɔn] *f* Regieren *n,* Statthalterschaft *f*
gobernador [goƀerna'đor] *m (jefe máximo de una provincia) POL* Gouverneur *m,* Statthalter *m,* Regierungskommissar *m*
gobernante [goƀɛr'nante] *m/f* Herrscher(in) *m/f,* Machthaber(in) *m/f*
gobernar [goƀɛr'nar] *v irr 1. POL* herrschen, regieren; *2. (barco)* steuern; *3. (controlar la conducta)* zügeln, beherrschen
gobierno [go'ƀĭɛrno] *m POL* Obrigkeit *f,* Regierung *f; ~ de coalición* Koalitionsregierung *f; ~ nacional* Landesregierung *f*
goce ['goθe] *m (gozo)* Genuss *m,* Lust *f,* Vergnügen *n*
gol [gol] *m SPORT* Tor *n*
goleador [golea'đor] *m SPORT* Torschütze *m,* Torjäger *m*
golear [go'lear] *v (hacer muchos goles) SPORT* ein Tor schießen *n,* Tore schießen *n/pl*
golf [gɔlf] *m SPORT* Golf *n*
golfo ['gɔlfo] *m 1.* Meerbusen *m,* Golf *m; 2. corriente del ~ GEO* Golfstrom *m; crisis del Golfo* Golfkrise *f; 3. (relativo a una persona)* Gammler *m,* Spieler *m,* Müßiggänger *m*
golondrina [golɔn'drina] *f ZOOL* Schwalbe *f; ~ de mar* Seeschwalbe *f*
golosear [golo'sear] *v* naschen, naschhaft sein
golosina [golo'sina] *f 1.* Schleckerei *f; 2. ~s pl* Süßigkeiten *pl*
golosinar [golosi'nar] *v* naschen
goloso [go'loso] *m 1.* Leckermaul *n,* Schleckermaul *n; adj 2.* gefräßig, verlockend
golpe ['gɔlpe] *m 1.* Schlag *m,* Hieb *m,* Streich *m; no dar ~* keinen Finger krumm

machen; *2. de ~* plötzlich, unerwartet, auf einmal; *de ~ (enseguida)* auf Anhieb (fam); *3. ~ certero* Treffer *m; 4. ~ del destino* Schicksalsschlag *m; 5. ~ de fortuna* Glücksfall *m; 6. ~ de estado/~ militar POL* Putsch *m,* Staatsstreich *m*

golpear [gɔlpe'ar] *v 1. (a la puerta)* klopfen; *2. (pegar)* schlagen; *~ a alguien* jdn prügeln

golpista [gɔl'pista] *m/f POL* Putschist(in) *m/f*

gollete [go'ʎete] *m* Hals *m*

goma ['goma] *f* Gummi *m; ~ de borrar* Radiergummi *m; ~ espuma* Schaumgummi *m*

góndola ['gɔndola] *f* Gondel *f*

gondolero [gonđo'lero] *m* Gondoliere *m*

gonorrea [gono'rrea] *f MED* Gonorrhöe *f,* Tripper *m*

gordiflon [gorđi'flon] *adj* dick, rund, pummelig

gordo ['gɔrdo] *adj* fett, dick

gordura [gor'đura] *f* Fett *n*

gorgojo [gor'goxo] *m ZOOL* Kornwurm *m*

gorgotear [gorgo'tear] *v* brodeln, gurgeln, Blasen werfen *f/pl*

gorgoteo [gorgo'teo] *m* Brodeln *n,* Gurgeln *n*

gorila [go'rila] *m irr ZOOL* Gorilla *m*

gorjear [gor'xear] *v* trillern, zwitschern

gorjeo [gor'xeo] *m* Triller *n,* Trällern *n,* Zwitschern *n*

gorra ['gɔrra] *f 1.* Mütze *f,* Kappe *f; 2. de ~* umsonst, gratis

gorrear [gɔrre'ar] *v* schmarotzen

gorrión [gɔ'rrĭɔn] *m* Sperling *m,* Spatz *m*

gorrista [gɔ'rrista] *m (parásito)* Schmarotzer *m,* Nassauer *m*

gorro ['gɔrrɔ] *m* Mütze *f; ~ de baño* Badekappe *f*

gorrón [gɔ'rrɔn] *m* Schmarotzer *m*

gorronear [gorro'near] *v (vivir a costa de otros)* schmarotzen, schnorren

gorronería [gorrone'ria] *f* Schmarotzen *n,* Schnorren *n*

gota ['gota] *f 1.* Tropfen *m; Se parecen como dos ~s de agua.* Sie gleichen sich wie ein Ei dem anderen. *2. MED* Gicht *f; 3. ~s nasales pl MED* Nasentropfen *pl; 4. sudar la ~ gorda* Blut und Wasser schwitzen *n; Para hacer este trabajo he sudado la gota gorda.* Bei dieser Arbeit habe ich Blut und Wasser geschwitzt.

gotear [gote'ar] *v* tropfen; *El grifo gotea.* Der Wasserhahn tropft.

goteo [go'teo] *m* Tropfen *n,* Tröpfeln *n*

gotera [go'tera] *f* Regenrinne *f*

gótico ['gotiko] *adj* gotisch, Fraktur...

gozador [goθa'đor] *m* Genussmensch *m,* Genießer *m*

gozar [go'θar] *v 1.* genießen; *2. (tener, poseer algo)* besitzen, haben; *3. (complacerse en algo)* sich erfreuen, genießen

gozne ['gɔθne] *m* Scharnier *n,* Gelenk *n*

gozo ['goθo] *m* Genuss *m,* Vergnügen *n,* Freude *f*

gozoso [go'θoso] *adj* genüsslich

grabación [graƀa'θĭɔn] *f 1.* Aufzeichnung *f; 2. MUS* Aufnahme *f; 3. (sobre material)* Gravur *f; 4. (estampado, acuñación)* Prägung *f*

grabado [gra'ƀađo] *m ART* Stich *m*

grabador [graƀa'đor] *m (persona que graba) ART* Graveur *m*

grabadora [graƀa'đora] *f (aparato para grabar y reproducir)* Kassettenrekorder *m*

grabar [gra'ƀar] *v 1.* aufzeichnen; *2. MUS* aufnehmen; *3. (estampar)* ausprägen; *4.(registrar con una cámara o grabadora)* aufnehmen

grabarse [gra'ƀarse] *v ~ algo en la memoria* sich etw einprägen

gracia ['graθĭa] *f 1.* Grazie *f,* Reiz *m; sin ~* reizlos; *2. (gracilidad)* Zierlichkeit *f; 3. REL* Gnade *f,* Verzeihung *f; 4. ~s pl* Dank *m; ~s a* dank; *¡Gracias!* Danke! *¡Muchas ~s!* Vielen Dank! *5. (chiste)* Witz *m,* Scherzwort *n; 6.* Gunst *f; 7. dar el tiro de ~* den Fangschuss geben; *8. caer en ~* gefallen, Anklang finden; *9. hacer ~ a alguien* jdm gefallen, jdn amüsieren; *10. ~s a Dios* Gott sei Dank; *11. ¡Por la ~ de Dios!* Um Gottes Willen!

grácil ['graθil] *adj* zierlich

gracilidad [graθili'đađ] *f* Zierlichkeit *f*

gracioso [gra'θĭoso] *adj 1. (divertido)* lustig, amüsant, humorvoll; *Esto es ~.* Das ist lustig. *2. hacerse el ~* den Hanswurst spielen *m; m 3. (payaso)* Spaßmacher *m,* Witzbold *m*

grada ['građa] *f* Stufe *f*

gradación [građa'θĭɔn] *m ~ de los colores* Farbabstufung *f*

gradería [građe'ria] *f* Stufenreihe *f,* Freitreppe *f*

gradiente [gra'đkente] *m PHYS* Gradient *m*

grado ['građo] *m 1.* Grad *m; 2. MIL* Dienstgrad *m; 3. ~s centígrados pl* Celsiusgrad *m; 4. ~ de una ecuación MATH* Grad einer Gleichung *m; 5. de buen ~* gutwillig, gern

graduable [građw'ađle] *adj* verstellbar

graduación [građwa'θĭɔn] *f* Abstufung *f,* Grad *m*

graduado [gra'đwađo] *m 1.* Absolvent *m; adj 2.* graduiert

gradual [gra'đwal] *adj* allmählich, graduell

graduando [gra'đwanđo] *m* Kandidat *m*

graduar [gra'đwar] *v 1.* abstufen; *2. (ajustar, regular)* verstellen

graduarse [gra'đwarse] *v (obtener un grado académico)* einen akademischen Grad erwerben *m,* graduieren

grafía [gra'fia] *f (escritura)* Grafie *f,* Schreibweise *f*

gráfico ['grafiko] *m 1.* Grafik *f; adj 2.* grafisch, bildlich, plastisch

grafista [gra'fista] *m/f* Grafiker(in) *m/f*

grafito [gra'fito] *m MIN* Graphit *m*

grafología [grafolo'xia] *f* Graphologie *f*

gragea ['gragea] *f (pastilla)* Dragée *n*

grajo ['graxo] *m ZOOL* Dohle *f,* Saatkrähe *f*

grama ['grama] *f BOT* Wuchergras *n,* Unkraut *n*

gramática [gra'matika] *f* Grammatik *f*

gramatical [gramati'kal] *adj* grammatisch

gramático [gra'matiko] *m GRAMM* grammatisch, grammatikalisch

gramíneo [gra'mineo] *adj BOT* Gras...

gramo ['gramo] *m* Gramm *n*

gran [gran] *adj 1.* groß; *~ ciudad* Großstadt *f; 2. Gran Bretaña GEO* Großbritannien *n; 3. (magnífico)* großartig; *un ~ espectáculo* ein großartiges Spektakel *n*

granada [gra'nađa] *f 1. MIL* Granate *f; 2. BOT* Granatapfel *m*

granadina [grana'đina] *f 1.* Grenadinegetränk *n; 2.* andalusischer Tanz *m*

granate [gra'nate] *m* Granatstein *m,* Granatfarbe *f,* Granat *m*

grande ['grande] *adj* groß; *Esto no es suficientemente ~.* Das ist nicht groß genug.

grandeza [gran'deθa] *f* Größe *f*

grandilocuente [granđilo'kwente] *adj* hochtrabend, geschwollen

grandioso [gran'dĭoso] *adj* grandios, großartig

granel [gra'nel] *m 1. a ~* lose, unverpackt; *2. (fig)* im Überfluss *m*

granero [gra'nero] *m* Kornkammer *f,* Scheune *f*

granítico [gra'nitiko] *adj MIN* Granit..., granitartig

granito [gra'nito] *m MIN* Granit *m*

granizada [grani'θađa] *f 1. (acto de caer el granizo) METEO* Hagelschauer *m; 2. una ~ de preguntas* eine Menge Fragen *f*

granizar [grani'θar] *v* hageln

granizo [grani'θo] *m* Hagel *m*

granja ['graŋxa] *f* Bauernhof *m,* Hof *m; ~ avícola* Hühnerfarm *f,* Geflügelfarm *f*

granjearse [granxe'arse] *v (obtener, lograr)* gewinnen, erreichen

granjero [gran'xero] *m* Landwirt *m,* Farmer *m*

grano ['grano] *m 1. MED* Pickel *m; 2. (semilla)* Korn *n; ~ de arena* Sandkorn *n; 3. ~ de café* Kaffeebohne *f,* Bohne *f; 4. ir al ~* zur Sache kommen, es wissen wollen; *5. poner un ~ de arena* sein Scherflein beisteuern

granuja [gra'nuxa] *m* Schuft *m*

granujada [granu'xađa] *f* Lumperei *f,* Gemeinheit *f*

granulado [granu'lađo] *adj* körnig, narbig

granular [granu'lar] *adj 1.* körnig; *v 2. (convertir en granos)* körnen

granularse [granu'larse] *v (llenarse uno de granos)* Pickel bekommen

grapa ['grapa] *f* Heftklammer *f*

grasa ['grasa] *f* Fett *n; ~ vegetal* Pflanzenfett *n*

grasiento [gra'sĭento] *adj* schmierig

graso ['graso] *adj* fett; *para cabello ~* gegen fettiges Haar

grasoso [gra'soso] *adj* schmierig, fett

gratificación [gratifika'θĭɔn] *f 1.* Belohnung *f,* Gratifikation *f; ~ por un hallazgo* Finderlohn *m; 2. FIN* Bonus *m*

gratificar [gratifi'kar] *v* belohnen

gratis ['gratis] *adj* gratis, unentgeltlich

gratitud [grati'tuđ] *m* Dankbarkeit *f*

grato ['grato] *adj* angenehm

gratuito [gra'twito] *adj* unentgeltlich, kostenlos, frei

grava ['građa] *f* Kies *m*

gravable [gra'đađle] *adj FIN* abgabenpflichtig

gravación [građa'θĭɔn] *f FIN* Belastung *f*

gravamen [gra'ƀamen] *m* Steuer *f,* Besteuerung *f*
gravar [gra'ƀar] *v FIN* belasten; *~ con impuestos* besteuern
grave ['graƀe] *adj 1. (cuerpo)* schwer; *2. (acción, situación)* ernst; *3. (enfermedad)* schwer; *~mente enfermo* schwer krank; *4. (sonido de baja frecuencia)* tief
gravedad [graƀe'đađ] *f 1. PHYS* Erdanziehungskraft *f; 2. (enormidad)* Bedeutung *f,* Schwere *f*
gravidez [graƀi'đeθ] *f MED* Schwangerschaft *f*
gravitación [graƀita'θĭɔn] *f PHYS* Gravitation *f,* Schwerkraft *f*
gravoso [gra'ƀoso] *adj* beschwerlich
graznar [graθ'nar] *v (patos)* quaken
Grecia ['greθĭa] *f GEO* Griechenland *n*
gremial [gre'mĭal] *adj* genossenschaftlich, Innungs..., Zunft...
gremio ['gremĭo] *m* Innung *f,* Verband *m,* Zunft *f*
griego ['grĭego] *adj 1.* griechisch; *m 2.* Grieche *m; 3. (idioma)* Griechisch *n*
grieta ['grĭeta] *f 1.* Riss *m,* Felsspalte *f,* Spalte *f; 2. (en vidrio, en porcelana)* Sprung *m*
grifo ['grifo] *m 1. ZOOL* Greif (Vogel) *m,* 2. Wasserhahn *m,* aufdrehbarer Hahn *m*
grifón [gri'fɔn] *m (perro) ZOOL* Schnauzer *m*
grillo ['griʎo] *m ZOOL* Grille *f*
grima ['grima] *f* Grauen *n,* Schauder *m*
gringo ['griŋgo] *m (LA: despectivo)* Amerikaner *m,* Gringo *m*
gripe ['gripe] *f MED* Grippe *f*
gris [gris] *adj 1.* grau; *2. (fig: triste)* grau, trüb, verhangen
grita ['grita] *f* Geschrei *n*
gritar [gri'tar] *v* schreien, ausrufen; *~ a alguien* jdn anbrüllen
griterío [grite'rio] *m* Gebrüll *n*
grito ['grito] *m* Schrei *m,* Ausruf *m,* Ruf *m*
gritón [gri'tɔn] *m* Schreihals *m*
grosella [gro'seʎa] *f BOT* Johannisbeere *f; ~ espinosa* Stachelbeere *f*
grosería [grose'ria] *f* Grobheit *f,* Plumpheit *f,* Flegelei *f*
grosero [gro'sero] *m 1.* Grobian *m,* Lümmel *m; adj 2.* ruppig, rüpelhaft, vulgär; *3. (brusco)* brüsk
grosor [gro'sor] *m* Dicke *f,* Stärke *f*
grotesco [gro'tesko] *adj* grotesk, skurril
grúa ['grua] *f 1.* Kran *m; 2. (para remolque)* Abschleppwagen *m*
grueso ['grweso] *adj* dick, beleibt
grulla ['gruʎa] *f ZOOL* Kranich *m*
gruñido [gru'ɲiđo] *m* Knurren *n,* Grunzen *n,* Brummen *n*
gruñir [gru'ɲir] *v irr 1.* knurren; *2. (de un oso)* brummen, murren
gruñón [gru'ɲɔn] *adj* griesgrämig, mürrisch, brummig
grupo ['grupo] *m 1.* Gruppe *f; en ~s* scharenweise; *2. ~ de destino ECO* Zielgruppe *f; 3. ~ de trabajo* Arbeitsgemeinschaft *f; 4. ~ de viaje/~ turístico* Reisegesellschaft *f; 5. ~ empresarial ECO* Konzern *m; 6. ~ marginal* Randgruppe *f; 7. ~ salarial ECO* Gehaltsgruppe *f; 8. ~ sanguíneo MED* Blutgruppe *f; 9. (complejo)* Komplex *m; 10. ~ parlamentario POL* Fraktion *f*
gruta [gru'ta] *f* Grotte *f,* Höhle *f*
guaba ['gwaba] *f BOT* Frucht des Guamobaumes *f*
guagua ['gwugwa] *f* (LA) Säugling *m*
guajira [gwa'xira] *f* kubanischer Tanz *m*
guanaco [gwa'nako] *m ZOOL* Guanako *n,* Wildform des Lamas *n*
guante ['gwante] *m* Handschuh *m*
guapísimo [gwa'pisimo] *adj* bildhübsch
guapo ['gwapo] *adj* hübsch, gut aussehend
guarda ['gwarđa] *m* Wärter *m,* Wachmann *m,* Wächter *m; ~ forestal* Förster *m*
guardabarros [gwarđa'ƀarrɔs] *m* Schutzblech *n,* Kotflügel *m*
guardable [gwar'đable] *adj* aufbewahrbar, schützbar
Guardacosta [gwarđa'ĭosta] *m* Strandwächter *m,* Küstenwache *f,* Strandaufseher *m*
guardado [gwar'dađo] *v estar ~* verborgen sein
guardaespaldas [gwarđaes'paldas] *m* Leibwächter *m*
guardafangos [gwarđa'faŋgos] *m* Kotflügel *m*
guardar [gwar'đar] *v 1.* bewachen, beaufsichtigen, hüten; *~ cama* das Bett hüten; *2. (conservar, respetar)* einhalten, bewahren, wahren; *~ las distancias* Abstand wahren; *~ silencio* schweigen; *~ miramientos* Rücksicht nehmen; *3. (quedarse con)* zurückbehalten, beibehalten
guardarropa [gwarđa'rrɔpa] *m 1.* Kleiderschrank *m; 2. (en el teatro)* Garderobe *f*

guardarse [gwar'đarse] *v* ~ *de* sich vorsehen, sich hüten
guardería [gwarđe'ria] *f* ~ *infantil* Kinderhort *m*, Krippe *f*
guardia ['gwarđĭa] *m 1. (persona)* Wache *f*, Polizist *m; estar en* ~ auf der Hut sein; *estar de* ~ Dienst haben; *f 2. (cuerpo)* Garde *f*, Polizei *f; Guardia Civil* Guardia Civil *f*, paramilitärisches Polizeicorps *n; 3. (protección, vigilancia)* Obhut *f*, Bewachung *f*, Schutz *m*
guardián [gwar'đĭan] *m* Wärter *m*, Wachmann *m*, Wächter *m*
guarecer [gware'θɛr] *v irr* verdecken
guarida [gwa'riđa] *f 1.* Höhle *f*, Wildlager *n; 2. (de un animal)* Bau *m; 3. (fig)* Versteck *n*, Schlupfwinkel *m*
guarismo [gwa'rizmo] *m* Ziffer *f*
guarnecer [gwarne'θɛr] *v irr* einfassen
guarnición [gwarni'θĭɔn] *f 1. TECH* Dichtung *f*, Abdichtung *f; 2. (accesorios)* Zubehör *n; 3. (decoración)* Garnierung *f*, Verzierung *f; 4. GAST* Beilage *f; 5. MIL* Garnison *f*, Besatzung *f*
guarrería [gwarre'ria] *f* Dreck *m*, Schmutz *m*, Saustall (fam) *m*
guarro ['gwarrɔ] *m (fam)* Ferkel *n*, Sau *f*, Schmutzfink *m*
guasa ['gwasa] *f* Spott *m*
guaso ['gwaso] *adj (LA)* Bauer *m*, Gaucho *m*, Spaßvogel *m*
guasón [gwa'sɔn] *adj* scherzhaft, spaßig, scherzend
guata ['gwata] *f* Watte *f*
guateque [gwa'teke] *m (fiesta) (LA)* Party *f*, Tanzparty *f*, Familienfest *n*
guatequear [gwate'kear] *v* feiern, auf den Putz hauen (fam)
guayabo [gwa'jabo] *m* Guajababaum *m*
gubernamental [guƀɛrnamen'tal] *adj* staatlich, Regierungs...
guepardo [gwe'parđo] *m ZOOL* Gepard *m*
guerra ['gɛrra] *f 1.* Krieg *m; ~ civil POL* Bürgerkrieg *m; ~ mundial HIST* Weltkrieg *m; ~ relámpago MIL* Blitzkrieg *m; ~ atómica* Atomkrieg *m; ir a la* ~ in den Krieg ziehen; *2. (fig: oposición)* Gegnerschaft *f*, Streit *m; 3. dar ~ (fig)* Ärger machen, Mühe machen; *4. ~ fría* kalter Krieg *m*
guerrear [gɛ'rrear] *v (pelear, luchar)* Krieg führen *m*, streiten
guerrero [gɛ'rrɛro] *adj 1.* kriegerisch; *m 2.* Krieger *m*
guerrilla [gɛ'rriʎa] *f* Guerilla *f*, Partisanenkampf *m*
guerrillero [gɛrri'ʎero] *m POL* Partisan *m*
guía ['gia] *f 1. (libro)* Reiseführer *m; 2. ~ telefónica* Telefonbuch *n; 3. TECH* Führung *f; m/f 4. (persona)* Leiter(in) *m/f*, Anführer(in) *m/f; ~ de montaña* Bergführer(in) *m/f; ~ turístico* Fremdenführer *m*
guiar ['gia] *v 1.* anführen, führen; *2. (dirigir)* anleiten, leiten; *3. INFORM* steuern
guijarro [gi'xarrɔ] *m 1.* Kieselstein *m; 2. ~s pl GEOL* Geröll *n*
guillotina [gwiʎ'tina] *f* Guillotine *f*
guinda ['ginda] *f ~ agria BOT* Sauerkirsche *f*
guiñada [gi'ɲađa] *f* Blinzeln *n*, Zublinzeln *n*, Zwinkern *n*
guiñapo [gi'ɲapo] *m 1. (trapo viejo y sucio)* Lumpen *m*, Fetzen *m; 2. (fig: persona destruida)* Wrack *n*
guiñar [gi'ɲar] *v* blinzeln, zwinkern
guión [gi'ɔn] *m 1. CINE* Drehbuch *n; 2. (escritura)* Bindestrich *m*, Gedankenstrich *m*
guirnalda [gir'nalda] *f 1.* Girlande *f*, Kranz *m; 2. BOT* Roter Amarant *m*
guisado [gi'sađo] *m GAST* Schmorfleisch *n*, Saftbraten *m*
guisante [gi'sante] *m BOT* Erbse *f*
guisar [gi'sar] *v* kochen
guiso ['giso] *m GAST* Gericht *n*, Geschmortes *n*
guita ['gita] *f* Bindfaden *m*
guitarra [gi'tarra] *f MUS* Gitarre *f; tocar la ~* Gitarre spielen
guitarrista [gita'rrista] *m/f MUS* Gitarrist(in) *m/f*
gula ['gula] *f* Schlemmerei *f*, Völlerei *f*, Gefräßigkeit *f*
gusano [gu'sano] *m 1. ZOOL* Wurm *m; 2. (fig: hombre pobre o impotente)* Wurm *m*, Nichts *n*
gustar [gus'tar] *v 1.* ansprechen, zusagen; *2. ~ a alguien* jdm gefallen
gustazo [gus'taθo] *m darse un ~* Vergnügen bereiten *n*, Vergnügen gönnen *n*
gustillo [gus'tiʎo] *m* Beigeschmack *m*
gusto ['gusto] *m 1.* Belieben *n; Esto es cuestión de ~.* Das ist Geschmackssache. *2. (sabor)* Geschmack *m; de mal ~* geschmacklos; *tener ~ a* schmecken nach; *3. (placer)* Vergnügen *n; por ~* umsonst
gutural [gutu'ral] *adj ANAT* guttural, kehlig, Kehl...

H

haba ['aƀa] *f* Bohne *f; En todas partes cuecen ~s. (fig)* Es wird überall mit Wasser gekocht.
habana ['aƀana] *m (color)* hellbraun
habanero [aƀa'nero] *adj* aus Havanna
habano ['aƀano] *m* Havannazigarre *f*
haber [a'ƀɛr] *v irr 1.* haben, sein; *he comprado* ich habe gekauft; *he estado* ich bin gewesen; *2. (existir)* bestehen, vorhanden sein; *Hay cinco sillas en el comedor.* Es gibt fünf Stühle im Esszimmer. *3. (necesidad) ~ de* müssen, sollen; *4. (tener lugar)* stattfinden; *5. hay que* man muss; *6. No hay de qué.* Bitte, keine Ursache. *m 7. ECO* Guthaben *n; 8. (lo que una persona gana)* Gehalt *n; tener un ~ de 10000 DM mensuales* ein monatliches Gehalt von 10000 DM haben; *9. (una de las 2 partes en una cuenta) FIN* Haben *n; 10. (fig: todas las buenas cualidades)* Haben *n; Esa acción la tienes en tu ~.* Für diese Tat erhältst du Pluspunkte. *11. habérselas con alguien* es mit jdm zu tun haben, es mit jdm zu tun bekommen, sich mit jdm anlegen; *Ese abogado no sabe con quién tiene que habérselas.* Dieser Anwalt weiß nicht, mit wem er sich anlegen muss. *12. habráse visto* das ist unerhört; *¡Habráse visto!¡Qué desfachatez!* Das ist unerhört! Was für eine Unverschämtheit! *13. ¡Gracias! ¡No hay de qué!* Danke! Keine Ursache!
habiente [a'ƀĭente] *m JUR* Berechtigter *m*
hábil ['aƀil] *adj 1.* geschickt; *m/pl 2. días hábiles* Werktage *m/pl,* Arbeitstage *m/pl; adj 3. (astuto)* schlau; *4. (apto) JUR* berechtigt
habilidad [aƀili'đađ] *f* Fähigkeit *f,* Geschicklichkeit *f; sin ~* ungeschickt; *~ manual* Fingerfertigkeit *f*
habilidoso [aƀili'đoso] *adj* geschickt, begabt, befähigt
habilitación [aƀilita'θĭɔn] *f* Befähigung *f*
habilitado [aƀili'tađo] *m* Bevollmächtigter *m,* Kassenleiter *m*
habilitar [aƀili'tar] *v 1.~ para* ermächtigen zu, bevollmächtigen; *2. (darle a uno capital para trabajar)* mit Kapital versehen
habilitarse [aƀili'tarse] *v (prepararse con lo necesario para algo)* sich ausrüsten; *~ para un viaje* sich für eine Reise ausrüsten; *~ para una expedición* sich für eine Expedition ausrüsten
habitabilidad [aƀitaƀili'đađ] *f* Bewohnbarkeit *f*
habitable [aƀi'table] *adj* bewohnbar, beziehbar
habitación [aƀita'θĭɔn] *f 1.* Raum *m,* Zimmer *n,* Stube *f; ~ doble* Doppelzimmer *n; ~ individual* Einzelzimmer *n; pl 2. ~es* Räumlichkeiten *pl*
habitáculo [haƀi'takulo] *m* Raum *m,* Kabine *f,* Innenraum *m*
habitante [aƀi'tante] *m/f 1.* Einwohner(in) *m/f,* Bewohner(in) *m/f; ~ autóctono* Ureinwohner *m; 2. ~s pl* Bevölkerung *f,* Einwohnerschaft *f*
habitar [aƀi'tar] *v* bewohnen, wohnen
habitat [aƀi'tat] *m* natürlicher Lebensraum *m,* Umgebung *f*
hábito ['aƀito] *m 1.* Gewohnheit *f,* Angewohnheit *f; 2. REL* Kutte *f; 3. (adicción a una droga)* Gewöhnung *f,* Gewohnheit *f,* Sucht *f; 4.* Ordenskleid *n,* Kutte *f; El hábito no hace al monje.* Der Schein trügt.
habituación [aƀitwa'θĭɔn] *f* Gewöhnung *f*
habituado [aƀi'twađo] *adj* gewohnt; *estar ~ a algo* an etw gewöhnt sein
habitual [aƀi'twal] *adj* geläufig, gewohnheitsmäßig
habituarse [aƀi'twarse] *v 1. ~ a* sich gewöhnen an; *2. (acostumbrarse)* sich eingewöhnen
habla ['aƀla] *f 1. (capacidad de hablar)* Sprache *f,* Sprechfähigkeit *f; perder el ~* die Sprache verlieren; *aprender el ~* das Sprechen lernen; *2. (idioma, lenguaje)* Sprache *f,* Sprechweise *f,* Mundart *f; el ~ común* die gemeinsame Sprache *f; el ~ de los técnicos* der technische Sprachgebrauch *m; el ~ del sur de España* die südspanische Mundart *f*
hablado [a'ƀlato] *adj (bien hablado)* beredt, anständig im Ausdruck, höflich
hablador [aƀla'đɔr] *adj* geschwätzig, redselig
hablador(a) [aƀla'đɔr/aƀla'đora] *m/f* Schwätzer *m,* Klatschtante (fam) *f*

habladurías [aƀlađu'rias] *f/pl* Gerede *n,* Tratsch *m*

hablar [a'ƀlar] *v 1.* sprechen, reden, sich unterhalten; *por no ~ de* geschweige denn; *~ demasiado* schwatzen; *~ por ~* quasseln, quatschen; *~ mal de alguien* über jdn lästern; *~ por teléfono* telefonieren; *~ de, ~ sobre* reden über, reden von; *sin màs ~* kurzerhand; *2. (convenir, tratar)* besprechen, regeln; *3. (expresarse)* sich ausdrücken; *~ bien* korrekt sprechen; *~ mal* sich falsch ausdrücken; *4. (tratar algo por escrito)* behandeln, handeln; *5. (dirigir la palabra a alguien)* ansprechen; *Hoy me habló una chica en el metro.* Heute hat mich in der U-Bahn ein Mädchen angesprochen. *6. (criticar, despotricar de alguien)* lästern, schimpfen, meckern (fam); *¡Deja de ~ de los vecinos por favor!* Hör bitte auf, über die Nachbarn zu lästern. *7. (interceder)* sich einsetzen; *¿Quieres ~ por mí ante el ministro?* Würdest du dich beim Minister für mich einsetzen? *8. (expresarse con otros medios)* sprechen, sich ausdrücken; *~ con señas* sich durch Zeichen verständigen *~ en el lenguaje de señas* in Gebärdensprache sprechen; *9. (fig: expresar algo)* sprechen; *Todo habla a favor tuyo.* Alles spricht zu deinen Gunsten. *10. ~ a tontas y locas* Unsinn reden; *¡Deja de ~ a tontas y locas!* Hör auf, Unsinn zu reden! *11. ~ claro (fig)* deutlich werden; *12. ~ por ~* ins Blaue hineinreden, Reden um des Redens willen; *Tu amigo tiene la costumbre de ~ por ~.* Dein Freund hat die Angewohnheit, ins Blaue hineinreden. *13. ni ~ de* ganz zu schweigen von

hablilla [a'ƀliʎa] *f* Gerücht *n*

hace ['aθe] *prep* vor; *~ mucho tiempo* vor langer Zeit; *~ poco* kürzlich, unlängst, jüngst; *~ años* vor Jahren; *~ una semana* vor einer Woche

hacedor [aθe'đɔr] *m* Täter *m,* Urheber *m,* Schöpfer *m; el ~ supremo (Dios)* der Schöpfer (Gott) *m; ~ de milagros* jmd, der Wunder wirkt; *~ de embustes* Schwindler *m*

hacendado [aθen'dađo] *m* Großgrundbesitzer *m*

hacendoso [aθen'đoso] *adj* arbeitsam, tüchtig

hacer [a'θɛr] *v irr 1.* machen, tun; *sin ~ nada* tatenlos, untätig; *¡Hecho!* Abgemacht! *2. (absolver, realizar)* absolvieren; *3. (terminar)* anfertigen; *4. (ejecutar, cumplir)* verrichten; *5. (rendir)* leisten; *6. (producir un efecto)* wirken; *7. (disponer)* zubereiten, machen; *~ la comida* das Essen zubereiten; *~ las maletas* die Koffer packen; *8.* machen, zerteilen, verwandeln; *~ papilla a alguien (fam)* jdn zur Schnecke machen; *~le picadillo a alguien (fam)* Hackfleisch aus jdm machen; *9. (suponer)* glauben, halten für; *Te hacía en Londres.* Ich glaubte dich in London. *10. (suministrar)* verschaffen, besorgen, liefern; *Mis amigos me hicieron de libros.* Meine Freunde besorgten mir Bücher. *11. (el resultado de una suma)* machen; *Veinte y seis hacen veintiseis.* Zwanzig und sechs macht sechsundzwanzig. *12. (obligar)* verpflichten, tun lassen; *¿Para qué me hiciste venir?* Warum hast du mich kommen lassen? *13. (desempeñar un trabajo no fijo)* arbeiten, erledigen; *Estoy haciendo de camarero.* Ich arbeite gerade als Kellner. *14. (fingir)* so tun als ob; *Hice como que no lo ví.* Ich habe so getan, als ob ich ihn nicht sehen würde. *15.* sein; *~ frío* kalt sein; *~ calor* warm sein; *16. (tiempo transcurrido)* her sein; *Hace dos años que vivo aquí.* Seit zwei Jahren wohne ich hier. *17. (fam) haberla hecho buena* schön hereingefallen sein, etwas Schönes angerichtet haben; *¡Ahora si la he hecho buena!* Da habe ich ja was Schönes angerichtet! *18. ~ de las suyas* sein Unwesen treiben; *Mi hermano ha vuelto a hacer de las suyas.* Mein Bruder treibt wieder sein Unwesen. *19. ~ por ~* etw tun, damit es erledigt ist; *20.* tun; *¡Qué se le ha de ~!* Was ist zu tun? *¡Qué le hemos de ~!* Was will man da machen! *21. ~ de buena/mala gana* gerne, widerwillig tun; *22. ~ ver algo* etw zu verstehen geben, etw zeigen; *23. (trabajar, obrar)* tun, arbeiten; *¡Tengo mucho que ~!* Ich habe viel zu tun! *24. ~ el amor con alguien* mit jdm Liebe machen, mit jdm schlafen (fam); *25. ~ las veces de alguien* jds Stelle vertreten

hacerse [a'θɛrse] *v irr 1.* werden; *~ a una cosa* sich an etw gewöhnen; *2. (pasar por)* spielen; *~ el tonto* den Dummen spielen; *~ el gracioso* den Hanswurst spielen; *~ el tonto* den Tölpel spielen; *3. (retirarse)* sich bewegen; *¡Hágase a un lado!* Treten Sie zur Seite! *4. ~ de rogar* sich zieren, spröde tun; *¿Por qué te haces de rogar tanto?* Warum zierst du dich so? *5. ~ dura una cosa* schwierig werden

hacia ['aθĭa] *prep* gegen, nach, zu; ~ *abajo* abwärts, herab, herunter; ~ *acá* herüber; ~ *adelante* hervor, voraus, vorwärts; ~ *adentro* herein; ~ *allá* hin, dahin; ~ *aquí* herüber, herbei; ~ *arriba* aufwärts, herauf, hinauf
hacienda [a'θĭenda] *f* Gutshof *m,* Gut *n*
hacinamiento [aθina'mĭento] *m* Anhäufen *n,* Haufenbildung *f*
hacinar [aθi'nar] *v (fig: amontonar)* zusammentragen, sammeln
hacha ['atʃa] *f/el* Axt *f,* Beil *n*
hachazo [a'tʃaθo] *m* Axthieb *m,* Beilhieb *m,* (LA) tiefe Wunde *f*
hachís [a'tʃis] *m* Haschisch *n*
hachote [a'tʃote] *m* Windlicht *n*
hada ['ađa] *f* Fee *f*
hado ['ađo] *m (destino)* Schicksal *n,* Los *n*
Haiti [a'iti] *m GEO* Haiti *n*
haitiano [ai'tĭano] *adj* haitianisch, aus Haiti
hala ['ala] *interj* heda!/auf!/los!
halagador [ala'gađor] *adj* schmeichelnd, schmeichlerisch, verheißungsvoll
halagar [ala'gar] *v 1.* schmeicheln; *2. (agradar)* schmeicheln, schöntun
halago [a'lago] *m* Schmeichelei *f*
halagüeño [ala'gweɲo] *adj* schmeichelhaft, viel versprechend, verlockend
halar [a'lar] *v (tirar)* ziehen
halcón [al'kɔn] *m ZOOL* Falke *m*
hálito ['alito] *m* Hauch *m,* Atem *m*
halo ['alo] *m 1. (círculo luminoso alrededor del sol)* Hof *m; 2. (fig)* Aura *f,* Nimbus *m*
halógeno [a'loxeno] *m CHEM* Halogen *n*
hall [xɔl] *m* Diele *f,* Halle *f*
hallado [a'ʎađo] *adj* gefunden, erfunden, vorgefunden
hallar [a'ʎar] *v 1.* finden, wieder finden; *2. (de casualidad)* antreffen; *3. ~ alojamiento* unterkommen; *v 4. (notar)* finden, meinen; *Hallo que estás enfermo.* Ich glaube, du bist krank. *5. (conocer)* wissen, erkennen
hallarse [a'ʎarse] *v 1. ~ en* sich befinden in, sich aufhalten in; *2. (en frente de)* gegenüberstehen; *3. (encontrarse en un estado)* sich befinden, sich fühlen
hallazgo [a'ʎaθgo] *m 1.* Auffinden *n,* Entdeckung *f; 2. (la cosa hallada)* Fund *m*
hallulla [a'ʎuʎa] *f (pan)* Aschenbrot *n*
hamaca [a'maka] *f 1. (suspendida)* Hängematte *f; 2. (silla)* Liegestuhl *m; Quisiera una ~.* Ich möche einen Liegestuhl.
hamacar [ama'kar] *v (LA)* schaukeln, wiegen
hamacarse [ama'karse] *v (LA)* in der Hängematte schaukeln *f*
hambre ['ambre] *m 1.* Hunger *m; pasar ~* hungern; *2. (miseria)* Hungersnot *f; 3. (fig: deseo muy intenso)* Hunger *m,* Streben *n,* Verlangen *n; ~ de conocimientos* Wissensdurst *m; ~ de saber* Streben nach Erkenntnis *n; ~ de libertad* Freiheitsdrang *m; 4. huelga de ~* Hungerstreik *m; 5. (fig) morirse de ~* verhungern; *6. (fig) muerto de ~* Hungerleider *m; 7. de ~* Hunger...; *Trabajo por un sueldo de hambre.* Ich arbeite für einen Hungerlohn.
hambrear [am'ƀrear] *v (causar hambre)* hungern lassen
hambriento [am'brĭento] *adj* hungrig
hambruna [am'bruna] *f (LA)* Hungersnot *f*
hamburguesa [ambur'gesa] *f GAST* Hamburger *m*
hampa ['ampa] *f* Gaunertum *n,* Unterwelt *f*
hampón [am'pɔn] *m* Strolch *m,* Gauner *m,* Ganove *m*
hámster ['amstɛr] *m ZOOL* Hamster *m*
handicap ['xanđikap] *m* Handikap *n*
hangar [an'gar] *m* Hangar *m,* Flugzeughalle *f*
haragán [ara'gan] *m 1.* Faulpelz *m; adj 2.* faul
haraganear [araga'near] *v* faulenzen
haraganería [aragane'ria] *f* Faulheit *f,* Müßiggang *m*
harapiento [ara'pĭento] *adj* zerlumpt, abgerissen
harapo [a'rapo] *m* Lumpen *m*
Hardware ['xarđƀare] *m INFORM* Hardware *f*
harén [a'rɛn] *m* Harem *m*
harina [a'rina] *f 1.* Mehl *n; 2. (fig) ser ~ de otro costal* etwas ganz anderes sein
harinoso [ari'noso] *adj* mehlig
hartar [ar'tar] *v 1.* sättigen; *2. (fig: fastidiar)* ärgern, satt haben; *No quiero hartarte.* Ich will dich nicht ärgern.
hartarse [ar'tarse] *v 1.* sich sattessen, sich überessen; *2. (fig: cansarse)* genug haben
hartazgo [ar'tađgo] *m* Übersättigung *f*
harto ['arto] *adj 1.* satt; *~ de* überdrüssig; *estar ~ de algo* etw satt haben; *2. (persona)* übersättigt; *adv 3. (mucho)* viel

hasta ['asta] *prep 1.* bis; ~ *ahora* bisher, bislang; *adv 2.* sogar
hastiado [as'tĭađo] *adj estar ~ de algo* einer Sache überdrüssig sein
hastiar [asti'ar] *v 1.* langweilen; *2. (dar asco)* anwidern, anekeln
hastiar [as'tĭar] *v ~ a alguien* jdn anwidern, jdn langweilen
hastiarse [as'tĭarse] *v ~ de algo* einer Sache überdrüssig werden, eine Sache satt haben
hastío [as'tio] *m (fastidio)* Widerwille *m,* Ekel *m*
hatajo [ata'xo] *m* kleine Herde *f,* Trupp Saumtiere *m,* Menge *f* (fig)
hato ['ato] *m 1. (porción de ganado) AGR* Herde *f; 2. (conjunto de maleantes)* Bande *f,* Haufen *m; un ~ de terroristas* eine Terroristenbande *f; 3. (fig: montón)* Menge *f,* Haufen *m; un ~ de tonterías* eine Menge Unsinn *f*
Haya ['aʎa] *f La ~ GEO* Den Haag *n*
haz [aθ] *m 1. (un atado de algo)* Garbe *f,* Bündel *n; ~ de mieses* Getreidegarbe *f; 2. un ~ de rayos laser* ein Laserstrahl *m; un ~ de rayos solares* ein Sonnenstrahl *m*
haza ['aθa] *f* Stück Acker *n*
hazaña [a'θaɲa] *f* Heldentat *f*
hazmerreír [aθme'rreir] *m* komische Figur *f*
he [e] *adv ~ aquí* hier ist, sieh da; *¡Helo aquí!* Ei, da ist er! *¡Henos aquí!* Da sind wir!
hebilla [e'ƀiʎa] *f* Schnalle *f*
hebra [e'ƀra] *f* Faden *m,* Fiber *f,* Faser *f*
hebreo [e'ƀreo] *adj 1.* hebräisch; *m 2. (lengua hebrea)* Hebräisch *n; El hebreo es una lengua semítica.* Das Hebräische ist eine semitische Sprache. *3. (judío)* jüdisch
hecatombe [eka'tomƀe] *f* Hekatombe *f,* Gemetzel *n*
hectárea [ek'tarea] *f* Hektar *n*
hectogramo [ekto'ǥramo] *m* Hektogramm *n*
hectolitro [ekto'litro] *m* Hektoliter *m*
hectómetro [ek'tometro] *m* Hektometer *m*
hechicería [etʃiθe'ria] *f* Zauberei *f*
hechicero [etʃi'θero] *adj 1.* bezaubernd, zauberhaft; *m 2.* Zauberer *m*
hechizar [etʃi'θar] *v 1.* bezaubern, verzaubern; *2. (fig: cautivar)* verzaubern, bezirzen
hechizo [e'tʃiθo] *m* Zauber *m*
hecho ['etʃo] *m 1.* Tatsache *f,* Gegebenheit *f; de ~* tatsächlich; *2. ~s pl* Sachverhalt *m,* Tatbestand *m; adj 3. (convertido en)* verwandelt; *estar ~ una fiera (fig)* vor Wut rasen *f; 4. ~ y derecho* vollendet
hechura [e'tsura] *f* Anfertigung *f,* Verfertigung *f,* Machart *f*
heder [e'đɛr] *v irr* stinken, übel riechen
hediondez [eđĭon'đeθ] *f* Unrat *m,* Gestank *m*
hediondo [e'đĭonđo] *adj* stinkend, ekelhaft
hedor [e'đɔr] *m* Gestank *m*
hegemonía [exemo'nĭa] *f* Vormachtstellung *f*
helada [e'lađa] *f* Frost *m; ~ nocturna* Nachtfrost *m*
heladería [elađe'ria] *f GAST* Eisdiele *f*
heladero [ela'đero] *m* Eisverkäufer *m*
helado [e'lađo] *adj 1.* eisgekühlt, eisig, eiskalt; *m 2. GAST* Eis *n,* Speiseeis *n; una copa de ~* ein Eisbecher *m; un café ~* ein Eiskaffee *m; 3. (fig: paralizado)* erstarrt, starr
helar [e'lar] *v irr 1.* frieren; *2. (fig: paralizar)* erstarren lassen; *~ de terror a alguien* jdn vor Schreck erstarren lassen
helarse [e'larse] *v irr 1.* gefrieren, erfrieren; *2. (completamente)* zufrieren
helecho [e'letʃo] *m BOT* Farn *m*
helera [e'lera] *f 1.* Darre *f, 2.* Kühlschrank *m* (LA)
helero [e'lero] *m GEOL* Gletscher *m*
hélice ['eliθe] *f 1. NAUT* Schiffsschraube *f,* Schraube *f; 2. (de avión)* Propeller *m*
helicóptero [eli'kɔptero] *m* Hubschrauber *m*
helio ['elĭo] *m CHEM* Helium *n*
helipuerto [eli'pwerto] *m* Heliport *m,* Hubschrauberlandeplatz *m*
hematología [ematolo'xia] *f MED* Hämatologie *f*
hematoma [ema'toma] *m MED* Bluterguss *m*
hembra ['emƀra] *f 1.* Weib *n; 2. ZOOL* Weibchen
hemeroteca [emero'teka] *f* Zeitungsarchiv *n*
hemiplejía [emiple'xia] *f MED* Hemiplegie *f,* halbseitige Lähmung *f*
hemipléjico [emi'plexiko] *adj MED* halbseitig gelähmt
hemisférico [emis'feriko] *adj* halbkugelförmig, Hemisphären...

hemisferio [emis'ferĭo] *m* Halbkugel *f*
hemofílico [emo'filiko] *m 1. MED* Bluter *m; adj 2.* Bluter...
hemoglobina [emo'gloƀina] *f BIO* Hämoglobin *n*
hemorragia [emo'rraxĭa] *f MED* Blutung *f; ~ cerebral* Gehirnblutung *f*
hemorrágico [emo'rraxiko] *adj MED* hämorrhagisch
hemorroides [emo'rrɔĭđes] *f MED* Hämorriden *pl*
henchir [en'đsir] *v irr* füllen, auffüllen, ausstopfen
hendedura [ende'đura] *f* Spalt *m*
hender [en'dɛr] *v irr* aufspalten
hendidura [endi'đura] *f* Ritze *f,* Spalt *m*
heno ['eno] *m BOT* Heu *n*
hepático [e'patiko] *adj MED* hepatisch, Leber..., leberkrank
hepatitis [epa'titis] *f MED* Hepatitis *f,* Leberentzündung *f*
heptagonal [ep'tagonal] *adj* siebeneckig
heptágono [ep'tagono] *m MATH* Siebeneck *n*
heraldo [e'ralđo] *m (mensajero)* Herold *m*
herbáceo [er'ƀaθeo] *adj* krautartig
herbicida [erƀi'θiđa] *m* Unkrautvertilgungsmittel *n*
herbívoro [ɛr'ƀiƀoro] *m 1. ZOOL* Pflanzenfresser *m; adj 2.* pflanzenfressend
hercúleo [er'kuleo] *adj fuerza hercúlea* herkulische Kraft *f,* Riesenkraft *f*
Hércules ['erkules] *m (fig: hombre de gran fuerza)* Herkules *m*
heredable [ere'đaƀle] *adj* vererbbar, erblich
heredad [ere'dad] *f* Grundstück *n,* Stammgut *n,* Landgut *n*
heredado [here'đađo] *adj* vererbt
heredar [ere'đar] *v 1.* erben; *2. (poseer los caracteres de los padres) BIO* erben; *3. (fam: tener algo de segunda mano)* erben; *4. (fig: poseer rasgos de los ancestros)* erben
heredero [ere'đero] *m 1.* Erbe *m; ser ~ de alguien* jdn beerben; *2. ~ único JUR* Alleinerbe *m*
hereditario [eređi'tarĭo] *adj 1.* erblich; *2. BIO* vererblich
hereje [e'rɛxe] *m 1. REL* Ketzer *m; adj 2. REL* ketzerisch
herejía [ere'xia] *f* Häresie *f,* Irrlehre *f*
herencia [e'renθĭa] *f* Erbe *n,* Erbschaft *f,* Vererbung *f*
herético [e'retiko] *adj* häretisch, ketzerisch
herida [e'riđa] *f 1.* Verletzung *f,* Wunde *f,* Verwundung *f; ~ de bala* Schussverletzung *f; 2. (fig: algo que atormenta)* Wunde *f; renovar la ~* alte Wunden aufreißen
herido [e'riđo] *adj 1.* wund, verletzt; *Ella está gravemente herida.* Sie ist schwer verletzt. *m 2.* Verletzter *m; ~ grave/~ de gravedad* schwer Verletzter *m*
herir [e'rir] *v irr 1.* verletzen, verwunden; *2. (fig)* kränken
hermana [ɛr'mana] *f 1.* Schwester *f; ~ política* Schwägerin *f; 2. REL* Ordensschwester *f*
hermanable [ɛrma'naƀle] *adj* passend, vereinbar
hermanar [ɛrma'nar] *v (unir dos cosas)* vereinen, zusammenschließen
hermanastra [ɛrma'nastra] *f* Stiefschwester *f*
hermanastro [ɛrma'nastro] *m* Stiefbruder *m*
hermandad [ɛr'mandad] *f 1.* Bruderschaft *f,* Verbrüderung *f,* innige Freundschaft *f; 2. (fig: amistad muy profunda)* innige Freundschaft *f,* Brüderlichkeit *f; 3. (fig: asociación)* Bruderschaft *f*
hermano [ɛr'mano] *m 1.* Bruder *m; ~ político* Schwager *m; 2. REL* Ordensbruder *m; 3. ~s pl (ambos sexos)* Geschwister *pl; 4.* Bruder *m; ~ mayor* älterer Bruder *m; ~ menor* jüngerer Bruder *m; ~ bastardo* unehelicher Stiefbruder *m; medio ~* Halbbruder *m; 5. (fig: persona afín o muy próxima)* Bruder *m*
hermético [ɛr'metiko] *adj 1.* hermetisch, luftdicht; *2. (fig: inaccesible)* unzugänglich
hermoseamiento [ɛrmosea'mĭento] *m* Verschönerung *f*
hermosear [ɛrmose'ar] *v* verschönern
hermoso [ɛr'moso] *adj* schön
hermosura [ɛrmo'sura] *f* Schönheit *f*
hernia ['ɛrnĭa] *f MED* Leistenbruch *m,* Bruch *m*
herniado [ɛr'nĭađo] *adj* bruchleidend
héroe ['ɛroe] *m* Held *m; (personaje principal en una historia)* Held *m,* Hauptfigur *f*
heroicidad [eroiθi'đađ] *f* Heldenmut *m,* Heldentat *f*
heroico [e'rɔĭko] *adj 1.* heldenhaft; *m 2. (LA)* Heroinsüchtiger *m*

heroína[1] [ero'ina] *f* Heldin *f*
heroína[2] [ero'ina] *f CHEM* Heroin *n*
heroísmo [ero'izmo] *m* Heroismus *m,* Heldentum *n*
herpes [ɛr'pes] *m MED* Fieberbläschen *n,* Herpes *n*
herradero [erra'đero] *m 1.* Brandmarken des Viehs; *2.* Stierkampf mit regelwidrigem Verlauf
herradura [ɛrra'đura] *f* Hufeisen *n*
herramienta [ɛrra'mĭenta] *f* Werkzeug *n,* Gerät *n*
herrar [e'rrar] *v irr* Huftiere mit Eisen beschlagen, mit Brandzeichen versehen, brandmarken
herrería [ɛrrɛ'ria] *f* Schmiede *f*
herrero [ɛ'rrɛro] *m* Schmied *m*
herrumbre [ɛ'rrumbre] *f CHEM* Rost *m*
hervidero [erƀi'đero] *m (fig: abundancia)* Gewimmel *n,* Gewühl *n*
hervidor [ɛrƀi'đor] *m* Kocher *m*
hervir [ɛr'ƀir] *v irr 1.* abkochen, aufkochen, kochen, sieden; *2. (fig) ~ de impaciencia* vor Ungeduld zappeln
hervor [ɛr'ƀɔr] *m* Kochen *n,* Sieden *n*
heterogeneidad [eteroxenei'đađ] *f* Heterogenität *f,* Verschiedenartigkeit *f*
heterogéneo [eterɔ'xeneo] *adj* heterogen
hexagonal [ɛksago'nal] *adj* sechseckig
hexagono [ɛks'agono] *m* Sechseck *n*
hez [eθ] *f 1. (asiento de un licor)* Hefe *f,* Bodensatz *m; 2. (fig: lo más ruin y despreciable)* Bodensatz *m,* Abschaum *m; la ~ de la sociedad* der Abschaum der Gesellschaft *m; f/pl 3. heces (excrementos)* Fäkalien *f/pl; un análisis de heces* Stuhlprobe *f*
hibernación [iƀɛrna'θĭɔn] *f ZOOL* Winterschlaf *m*
hibridación [iƀriđa'θĭɔn] *f* Kreuzung *f,* Hybridisierung *f*
híbrido [i'brido] *adj* hybrid, Bastard...
hidalgo [i'đalgo] *m HIST* spanischer Edelmann *m*
hidratación [iđrata'θĭɔn] *f* Hydration *f,* Hydratbildung *f*
hidrato [i'đrato] *m ~ de carbono CHEM* Kohlehydrat *n*
hidraúlica [i'đraŭlika] *f PHYS* Hydraulik *f*
hidraúlico [i'đraŭliko] *adj PHYS* hydraulisch
hidroavión [iđroa'ƀĭɔn] *m* Wasserflugzeug *n*
hidrocarburo [iđro'karƀuro] *m CHEM* Kohlenwasserstoff *m; ~ fluorado* Fluorkohlenwasserstoff *m*
hidrocefalía [iđroθe'falĭa] *f MED* Hydrozephalus *m,* Wasserkopf *m*
hidrocultivo [iđrokul'tiƀo] *m BOT* Hydrokultur *f*
hidrodinámica [iđrođi'namika] *f PHYS* Hydrodynamik *f,* Strömungslehre *f*
hidrofobia [iđro'foƀĭa] *f MED* Tollwut *f*
hidrófobo [i'đrofoƀo] *adj* wasserscheu
hidrogenado [iđroxe'nađo] *adj TECH* wasserstoffhaltig
hidrogenar [iđroxe'nar] *v TECH* hydrieren
hidrógeno [i'đrɔxeno] *m 1. CHEM* Wasserstoff *m; 2. bomba de ~ TECH* Wasserstoffbombe *f*
hidrografía [iđrogra'fia] *f 1. (ciencia que estudia la hidrosfera)* Gewässerkunde *f; 2. (conjunto de ríos de un lugar)* Gewässer *n/pl*
hidrográfico [iđro'grafiko] *adj* hydrographisch, Gewässer...
hidropesía [iđrope'sia] *f MED* Wassersucht *f*
hidrópico [i'đropiko] *adj MED* wassersüchtig
hidropónico [iđro'poniko] *adj cultivo ~ TECH* Hydrokultur *f*
hidrostática [iđros'tatika] *f* Hydrostatik *f*
hidroterapia [iđrote'rapĭa] *m MED* Hydrotherapie *f,* Wassertherapie *f*
hidróxido [i'đrɔksiđo] *m CHEM* Hydroxid *n*
hiedra ['jeđra] *f BOT* Efeu *m*
hiel ['ĭel] *f* Galle *f,* Bitterkeit *f,* Erbitterung *f*
hielo ['jelo] *m 1.* Eis *n; whisky con mucho ~* Whisky mit viel Eis *m; 2. (fig) romper el ~* das Eis brechen; *hacer/decir algo para romper el ~* (fig) etw sagen/tun, um das Eis zu brechen
hiena ['jena] *f ZOOL* Hyäne *f*
hierba ['jɛrƀa] *f 1. BOT* Gras *n,* Kraut *n; 2.* Marihuana *n; 3. mala ~* Unkraut *n; 4. ~ centella* Butterblume *f*
hierbabuena [ĭerƀa'ƀwena] *f BOT* Minze *f*
hierro ['jɛrrɔ] *m 1. MET* Eisen *n; ~ dulce* Flusseisen *n; ~ colado* Gusseisen *n; 2. (elemento químico) CHEM* Eisen *n; 3. la cortina de ~ HIST* Eiserner Vorhang *m; 4. edad del*

~ *HIST* Eisenzeit *f; 5. (fig) con mano de ~* mit eiserner Faust *f*
higa ['iga] *f (gesto obsceno con la mano)* obszöne Geste *f*
hígado ['igađo] *m 1. ANAT* Leber *f; 2. (fig) tener ~s* sehr mutig sein
higiene [i'xĭene] *f* Hygiene *f; ~ personal* Körperpflege *f*
higiénico [i'xĭeniko] *adj* hygienisch
higo ['igo] *m BOT* Feige *f*
higrometría [igrome'tria] *f METEO* Hygrometrie *f*
higuera [i'gera] *f BOT* Feigenbaum *m*
hija ['ixa] *f* Tochter *f; ~ política* Schwiegertochter *f*
hijastra [i'xastra] *f* Stieftochter *f*
hijastro [i'xasro] *m* Stiefsohn *m*
hijo ['ixo] *m* Sohn *m; de muchos ~s* kinderreich; *~ acogido* Pflegekind *n; ~ político* Schwiegersohn *m*
hijuela [i'xwela] *f* kleine Tochter *f,* Erbteilungsschein *m,* Erbteil *m*
hilacha [i'latʃa] *f* Faser *f,* Fussel *f*
hilado [i'lađo] *m* Gespinst *n,* Faden *m*
hilandero [ilan'đero] *m* Spinner *m*
hilar [i'lar] *v* spinnen
hilarante [ila'rante] *adj 1.* erheiternd; *2. gas ~* Lachgas *n*
hilaridad [ilari'đađ] *f* Heiterkeit *f*
hilera [i'lera] *f* Reihe *f*
hilo ['ilo] *m 1.* Faden *m,* Garn *n; perder el ~* den Faden verlieren; *2. ~ torcido* Zwirn *m; 3. sin ~s TECH* drahtlos; *4. (hebra que producen las arañas)* Faden *m; los ~s de una telaraña* Spinnwebfäden *m/pl; 5. (fig: chorro muy delgado)* Strahl *m; un ~ de agua* dünner Wasserstrahl *m; 6. (fig) pender de un ~* an einem seidenen Faden hängen; (fig) *estar colgado de un ~* an einem Faden hängen; *v 7. (fig) mover los ~s* die Fäden ziehen
hilván [il'ban] *m* Heftnaht *f,* Heftfaden *m*
hilvanar [ilƀa'nar] *v 1.* heften; *2. (fig: coordinar ideas)* entwerfen
himen ['imen] *m ANAT* Hymen *n,* Jungfernhäutchen *n*
himno ['imno] *m* Hymne *f; ~ nacional* Nationalhymne *f*
hincadura [inka'đura] *f* Einschlagen *n*
hincapíe [inka'pie] *m* Aufstemmen des Fußes *n,* Beharren *n,* Nachdruck *m*
hincapie [inka'pĭe] *m hacer ~ en algo* auf einer Sache beharren, sich auf etw versteifen
hincar [in'kar] *v* einschlagen, Fuß aufstemmen, einhauen
hincarse [in'karse] *v (arrodillarse)* niederknien, sich hinknien
hincha ['intʃa] *m SPORT* Anhänger *m*
hinchada [in'tʃađa] *f SPORT* Anhängerschaft *f*
hinchar [in'tʃar] *v 1.* aufblasen; *2. (fig: exagerar algo)* aufbauschen, übertreiben; *~ una historia* eine Geschichte aufbauschen
hincharse [in'tʃarse] *v 1. MED* anschwellen; *2. (fig: envanecerse)* sich aufblähen, sich etw einbilden
hinchazón [intʃa'θɔn] *f 1. MED* Anschwellen *n,* Schwellung *f,* Beule *f; 2. (fig: estilo literario ampuloso)* Schwulst *m,* Schwülstigkeit *f*
hincón [in'kɔn] *m* Anlegepfahl *m*
hindú [in'du] *m/f 1.* Inder(in) *m/f; m 2. REL* Hindu *m*
hinduismo [inđu'izmo] *m REL* Hinduismus *m*
hinojo [i'nɔxo] *m 1. BOT* Fenchel *m; 2.* Knie *n; postrarse de ~s* niederknien
hioides ['ĭoiđes] *m ANAT* Zungenbein *n*
hipar [i'par] *v* schlucken, Schluckauf haben, japsen
hiperdimensional [ipɛrđimensĭo'nal] *adj* überdimensional
hiperfunción [ipɛrfun'θĭɔn] *f* Überfunktion *f*
hipermétrope [ipɛr'metrope] *adj* weitsichtig; *Soy ~.* Ich bin weitsichtig.
hipermetropía [ipermetro'pia] *f MED* Übersichtigkeit *f*
hipersensibilidad [ipɛrsensiƀili'đađ] *f* Überempfindlichkeit *f*
hipersensible [ipɛrsen'siƀle] *adj* überempfindlich
hipertensión [iperten'sĭɔn] *f (tensión sanguínea muy alta) MED* Bluthochdruck *m*
hipertrofiarse [ipertro'fĭarse] *v* auswuchern, sich krankhaft vergrößern
hipertrófico [iper'trofiko] *adj* hypertroph, zu stark entwickelt
hiperventilación [iperƀentila'θĭɔn] *f MED* Hyperventilation *f*
hípica ['ipika] *f SPORT* Pferdesport *m*
hipnosis [iƀ'nosis] *f* Hypnose *f*
hipnótico [ip'notiko] *adj* hypnotisch
hipnotismo [ipno'tizmo] *m* Hypnose *f,* Hypnoselehre *f*
hipnotizable [ipnoti'θaƀle] *adj* hypnotisierbar

hipnotizador [iƀnotiθa'đɔr] *m* Hypnotiseur *m*
hipnotizar [iƀnoti'θar] *v 1.* hypnotisieren; *2. (fig: cautivar poderosamente)* hypnotisieren
hipo ['ipo] *m* Schluckauf *m*
hipoalergénico [ipoaler'xeniko] *adj (diseñado para no producir alergia) MED* hypoallergisch
hipocampo [ipo'kampo] *m ZOOL* Seepferdchen *n*
hipocentro [ipo'entro] *m* Hypozentrum *n*
hipocondría [ipokon'đria] *f PSYCH* Hypochondrie *f*
hipocondríaco [ipokon'đriako] *adj PSYCH* hypochondrisch
hipocresía [ipokre'sia] *f* Heuchelei *f*
hipócrita [i'pokrita] *adj 1.* falsch, heuchlerisch, scheinheilig; *m 2.* Heuchler *m; ser ~* heucheln
hipodérmica [ipo'đermika] *adj inyección ~* Einspritzung unter die Haut *f*
hipodermis [ipo'đermis] *f ANAT* Hypoderm *n*
hipódromo [i'pođromo] *m SPORT* Pferderennbahn *f,* Rennbahn *f*
hipófisis [i'pofisis] *f ANAT* Hypophyse *f,* Hirnanhangsdrüse *f*
hipofunción [ipofun'θĭɔn] *f* Unterfunktion *f*
hipogastrio [ipo'gastrĭo] *m ANAT* Hypogastrium *n,* Unterbauch *m*
hipopótamo [ipo'potamo] *m ZOOL* Nilpferd *n*
hipotálamo [ipo'talamo] *m ANAT* Hypothalamus *m*
hipoteca [ipo'teka] *f ECO* Hypothek *f*
hipotecable [ipote'kaƀle] *adj ECO* belastbar
hipotecar [ipote'kar] *v 1. ECO* belasten; *2. (fig: comprometer)* gefährden; *Con esa decisión has hipotecado tu futuro.* Mit dieser Entscheidung hast du deine Zukunft gefährdet.
hipotecario [ippte'karĭo] *adj* hypothekarisch, Hypotheken...
hipotensión [ipoten'sĭɔn] *f (tensión sanguínea baja) MED* Hypotonie *f,* niedriger Blutdruck *m*
hipotenusa [ipote'nusa] *f MATH* Hypotenuse *f*
hipotermia [ipo'termĭa] *f MED* Unterkühlung *f,* Untertemperatur *f*
hipótesis [i'potesis] *f* Hypothese *f; como ~* hypothetisch
hipotético [ipo'tetiko] *adj* hypothetisch
hipotrofia [ipo'trofĭa] *f MED* Hypotrophie *f,* Unterentwicklung *f*
hirviente [ir'biente] *adj* kochend, kochend heiß, brodelnd
hisopo [i'sopo] *m* Ysop *m,* Weihwedel *m*
hispanidad [ispani'đađ] *f* Hispanität *f,* spanisches Wesen *n,* Spaniertum *n*
hispanista [ispa'nista] *m* Hispanist *m*
hispano [is'pano] *adj* spanisch
Hispanoamérica [ispanoa'merika] *f GEO* Lateinamerika *n*
hispanófilo [ispa'nofilo] *adj* spanienfreundlich
hispanófobo [ispa'nofoƀo] *adj* spanienfeindlich
histeria [is'terĭa] *f PSYCH* Hysterie *f*
histérico [is'teriko] *adj PSYCH* hysterisch
histología [istolo'xia] *f MED* Histologie *f*
historia [is'torĭa] *f 1.* Geschichte *f; ~ de amor* Liebesgeschichte *f; 2. (fig: enredo)* Geschichte *f,* Wirrwarr *m; Estoy cansado te tus historias.* Ich habe deine Geschichten satt. *3. (fig: invención)* Geschichte *f,* Erfindung *f; No me vengas con historias.* Erzähl mir keine Geschichten. *4. (curso de los eventos)* Geschichte *f; ~ natural* Naturgeschichte *f; ~ del universo* Geschichte des Weltraums *f; 5. (fig) pasar algo a la ~* in die Geschichte eingehen; *6. (la evolución de un enfermo)* Geschichte *f; ~ médica* Krankengeschichte *f; 7. ~ contemporánea f HIST* Zeitgeschichte *f*
historiador(a) [istorĭa'đɔr/istorĭa'đora] *m/f* Historiker(in) *m/f*
historicidad [istoriθi'đađ] *f* Geschichtlichkeit *f*
historicismo [istori'θizmo] *m* Historismus *m,* Historizismus *m*
histórico [is'toriko] *adj* geschichtlich, historisch
historieta [isto'rĭeta] *f (tira cómica)* Comicstrip *m*
historiografía [istorĭogra'fia] *f* Geschichtsschreibung *f*
histrión [is'trĭɔn] *m 1. (actor) THEAT* Mime *m,* Schauspieler *m; 2. (fig: farsante)* Hanswurst *m,* Spaßvogel *m; Ese político es un histrión.* Dieser Politiker ist ein Hanswurst.

hito ['ito] *m* Meilenstein *m*
hocico [o'θiko] *m 1.* Maul *n,* Schnauze *f; 2. poner ~* den Mund verziehen, die Nase rümpfen; *3.* (fig) *meter el ~ en ...* seine Nase reinstecken in ...; *¡No metas el hocico en mis asuntos!* Steck deine Nase nicht in meine Angelegenheiten!
hockey ['xɔke] *m 1. SPORT* Hockey *n; 2. ~ sobre hielo SPORT* Eishockey *n*
hogar [o'gar] *m 1.* Herd *m,* Feuerstelle *f; 2. (fig)* Daheim *n,* Heim *n,* Zuhause *n*
hogareño [oga'reɲo] *adj* häuslich
hogaza [o'gaθa] *f* Brotlaib *m,* Laib *m*
hoguera [o'gera] *f* Lagerfeuer *n*
hoja ['oxa] *f 1. BOT* Blatt *n; ~ de trébol* Kleeblatt *n; 2. (de papel)* Papierblatt *n; ~ informativa* Merkblatt *n; 3. (plástica, metálica)* Folie *f; 4. ~ de afeitar* Rasierklinge *f; 5. ~s pl BOT* Laub *n*
hojalata [oxa'lata] *f* Blech *n*
hojalatero [oxala'tero] *m* Klempner *m*
hojaldre [o'xaldre] *m GAST* Blätterteig *m*
hojear [ɔxe'ar] *v* umblättern, durchblättern, blättern
hojilla [o'xiʎa] *f ~ de afeitar* Rasierklinge *f,* Rasiermesser *n*
hojuela [o'xwela] *f GAST* dünner Fladen *m*
hola ['ola] *interj ¡Hola!* Hallo!
Holanda [o'landa] *f GEO* Holland *n*
holandés [olan'des] *adj 1.* holländisch, niederländisch; *m 2.* Holländer *m,* Niederländer *m*
holding ['xoldin] *m ECO* Dachgesellschaft *f*
holgado [ol'gađo] *adj 1. (ancho)* weit, bequem; *ropa holgada* bequeme Kleidung *f; 2. (fig: vida desahogada)* behaglich, sorgenfrei, müßig
holganza [ol'ganθa] *f* Müßiggang *m,* Muße *f,* Vergnügen *n*
holgazán [ɔlga'θan] *adj 1.* faul; *m 2.* Faulenzer *m,* Faulpelz *m*
holgazanear [ɔlgaθane'ar] *v* faulenzen
holgazanería [ɔlgaθane'ria] *f* Nichtstun *n,* Faulenzen *n*
holgura [ol'gura] *f 1. (anchura)* Weite *f; 2. (fig: bienestar)* Behaglichkeit *f; vivir con ~* behaglich leben
holladura [oʎa'đura] *f* Betreten *n,* Niedertreten *n*
hollar [o'ʎar] *v* betreten, zertreten, niedertreten
hollín [o'ʎin] *m* Ruß *m*
hombre ['ɔmbre] *m 1.* Mensch *m; ¡Hombre!* Mensch! *2. (de sexo masculino)* Mann *m; ~ de pelo en pecho* Draufgänger *m;* tapferer, unerschrockener Mann; *Mi padre es un ~ de pelo en pecho.* Mein Vater ist ein tapferer Mann. *~ ama de casa* Hausmann *m; 3. ~ de negocios ECO* Geschäftsmann *m; 4. ~ de paja (fig)* Strohmann *m; 5. ~ de bien* rechtschaffener Mann *m,* redlicher Mann *m; 6. el ~ de la calle* der Mann von der Straße *m,* der Normalverbraucher *m; 7. ~ de mundo* Mann von Welt *m; 8. ~ de letras* Literat *m; 9. de ~ a ~* von Mann zu Mann, unter vier Augen *una conversación de ~ a ~* ein Gespräch unter vier Augen; *10. ~ rana* Froschmann *m*
hombrecillo [ɔmbre'θiʎo] *m* Knirps *m*
hombría [om'bria] *f* Männlichkeit *f,* Rechtschaffenheit *f*
hombro ['ɔmbro] *m ANAT* Schulter *f; llevar a ~* auf der Schulter tragen
homenaje [ome'naxe] *m* Huldigung *f,* Ehrung *f*
homenajear [omenaxe'ar] *v* ehren
homeópata [o'meopata] *m* Homöopath *m*
homeopatía [omeopa'tia] *f MED* Homöopathie *f*
homeopático [omeo'patiko] *adj* homöopathisch
homicida [omi'θiđa] *m/f 1.* Totschläger *m; adj 2. el arma ~* Mordwaffe *f*
homicidio [omi'θiđĭo] *m JUR* Totschlag *m; ~ involuntario* fahrlässige Tötung *f*
homofonía [omofo'nia] *f MUS* Homophonie *f*
homófono [o'mofono] *adj 1. GRAMM* homophon *2. MUS* homophon
homogeneidad [omoxenei'đađ] *f* Homogenität *f,* Gleichartigkeit *f*
homogeneización [omoxeneiθa'θĭɔn] *f* Homogenisierung *f*
homogeneizar [omoxenei'θar] *v* homogenisieren
homogéneo [omo'xeneo] *adj* homogen, gleichartig
homologación [omologa'θĭɔn] *f JUR* Bestätigung *f,* Vollziehung *f,* Ratifizierung *f*
homologar [omolo'gar] *v* amtlich bestätigen, anerkennen, freigeben
homólogo [o'mologo] *adj* homolog, übereinstimmend

homónimo [o'monimo] *adj LING* homonym, gleich lautend
homosexual [omosɛk'swal] *adj* homosexuell
homosexualidad [homosɛkswali'đađ] *f* Homosexualität *f*
honda ['ɔnđa] *f* Schleuder *f*
hondo ['ɔndo] *adj* tief
hondonada [onđo'nađa] *f* Schlucht *f*, Mulde *f*, Niederung *f*
hondura [on'đura] *f* Tiefe *f*
Honduras [on'đuras] *m GEO* Honduras *n*
hondureño [onđu'reɲo] *adj GEO* honduranisch, aus Honduras *n*
honestamente [onesta'mente] *adv* ehrlich, anständigerweise, zuverlässigerweise
honestidad [ones'tiđađ] *f* Ehrlichkeit *f*, Ehrbarkeit *f*, Redlichkeit *f*
honesto [o'nesto] *adj* ehrlich, rechtschaffen, redlich
hongo ['oŋgo] *m 1. BOT* Pilz *m; 2. MED* Pilz *m*
honor [o'nɔr] *m 1.* Ehre *f; sin ~* ehrlos; *2. hombre de ~* Ehrenmann *m; ~es m/pl 3. (reconocimiento, gloria)* Ruhm *m*, Weihe *f; m 4. miembro de ~* Ehrenmitglied *n; 5. (ceremonia)* Ehre *f*
honorabilidad [onoraƀili'đađ] *f* Ehrenhaftigkeit *f*
honorable [onɔ'raƀle] *adj* ehrbar, achtbar, ehrenhaft
honorario [onɔ'rarĭo] *adj 1.* ehrenamtlich; *m 2. ~s pl* Honorar *n*
honorífico [onɔ'rifiko] *adj* ehrenamtlich, ehrenvoll
honra ['ɔnrra] *f 1.* Ehre *f; f/pl 2. ~s fúnebres* Trauerfeier *f*, Totenmesse *f*
honradez [ɔnrra'deθ] *f* Ehrbarkeit *f*, Ehrlichkeit *f*, Redlichkeit *f*
honrado [ɔn'rrađo] *adj* ehrlich, ehrbar
honrar [ɔn'rrar] *v 1.* ehren; *2. (galardonar, premiar)* auszeichnen
honroso [ɔn'rroso] *adj* ehrenvoll
hora ['ora] *f 1.* Stunde *f; a cualquier ~* jederzeit; *~ de clases* Schulstunde *f; media ~* halbe Stunde *f; 2. (tiempo, del reloj)* Zeit *f*, Uhrzeit *f; a cada ~* stündlich; *~s y ~s* stundenlang; *¿Qué ~ es?* Wie spät ist es? *~ de llegada* Ankunftszeit *f; ~ de salida* Abfahrtszeit *f; ~ local* Ortszeit *f; ~ de cierre* Feierabend *m; 3. ~s de consulta pl* Sprechstunde *f; ~s extras* Überstunde *f; ~s de visita* Besuchszeit *f; ~s punta* Hauptverkehrszeit *f*, Stoßverkehr *m*
horadar [ora'đar] *v* bohren
horario [o'rarĭo] *m 1.* Zeitplan *m*, Stundenplan *m; ~ de atención al público* Parteienverkehr *m; ~ de trabajo* Arbeitszeit *f; ~ de trenes* Fahrplan *m; ~ de verano* Sommerzeit *f; ~ de vuelo* Flugplan *m; adj 2. círculo ~* Stundenkreis *m; m 3. (manecilla que indica las horas)* Stundenzeiger *m*
horca ['ɔrka] *f* Galgen *m*
horcajadas [orkaxađas] *f a ~* rittlings
horda ['ɔrđa] *f* Horde *f*, Bande *f*, Schar *f*, Gruppe *f*
horizontal [oriθɔn'tal] *adj* waagerecht, horizontal
horizonte [ori'θɔnte] *m* Horizont *m*
horma ['ɔrma] *f* Form *f*, Leisten *m*
hormiga [ɔr'miga] *f ZOOL* Ameise *f*
hormigón [ɔrmi'gɔn] *m* Beton *m*
hormigonar [ɔrmigo'nar] *v* betonieren
hormigueo [ɔrmi'geo] *m sentir un ~ en el cuerpo* ein Kribbeln am Körper spüren
hormiguero [ɔrmi'gero] *m ZOOL* Ameisenhaufen *m*
hormona [ɔr'mona] *f BIO* Hormon *n*
hormonal [ɔrmo'nal] *adj BIO* hormonal
hornear [ɔr'near] *v* backen
hornilla [ɔr'niʎa] *f* Herdloch *n*, Ofenloch *n*, Nistloch im Taubenschlag *n*
horno ['ɔrno] *m 1.* Backofen *m*, Röhre *f*, Ofen *m; 2. ~ alto TECH* Hochofen *m; 3. ~ microondas* Mikrowellenherd *m*, Mikrowelle *f*
horóscopo [ɔ'rɔskopo] *m* Horoskop *n*
horrible [ɔ'rriƀle] *adj* fürchterlich, schauderhaft, schrecklich
horripilante [ɔrripi'lante] *adj* haarsträubend, gruselig
horror [ɔ'rrɔr] *m* Entsetzen *n*, Grauen *n*, Gräuel *m*
horrorizarse [ɔrrɔri'θarse] *v* entsetzt sein
horroroso [ɔrrɔ'roso] *adj* schrecklich, grauenhaft
hortaliza [ɔrtza'liθa] *f* Gemüse *n*, Grünzeug *n*
horticultura [ɔrtikul'tura] *f* Gartenbau *m*, Hortikultur *f*
hosco ['ɔsko] *adj* finster
hospedaje [ɔspe'đaxe] *m* Unterkunft *f*
hospedar [ɔspe'đar] *v* bewirten
hospedarse [ɔspe'đarse] *v* absteigen, unterbringen
hospedería [ɔspeđere'ria] *f* Herberge *f*
hospedero [ɔspe'đero] *m* Wirt *m*

hospital [ɔspi'tal] *m* Krankenhaus *n,* Hospital *n; ~ militar MIL* Lazarett *n*
hospitalario [ɔspita'lari̯o] *adj* gastfreundlich
hospitalidad [ɔspitali'đađ] *f* Gastfreundschaft *f,* Bewirtung *f*
hospitalizar [ɔspitali'θar] *v* einliefern
hostal [ɔs'tal] *m* Hotel *n,* Herberge *f*
hostelero [ɔste'lero] *m* Gastwirt *m*
hostia ['ɔsti̯a] *f REL* Hostie *f*
hostigación [ɔstiga'θi̯ɔn] *f* Anfeindung *f*
hostigar [ɔsti'gar] *v* anfeinden
hostil [ɔs'til] *adj* feindlich, feindselig
hostilidad [ɔstili'đađ] *f* Feindseligkeit *f*
hostilizar [ɔstili'θar] *v* anfeinden
hotel [ɔ'tɛl] *m* Hotel *n*
hotelero [ote'lero] *m* Hotelier *m*
hoy [ɔi̯] *adv* heute; *~ al mediodía* heute Mittag; *~ en día* heutzutage
hoya ['oja] *f 1.* Grube *f; 2.* von Bergen umgrenzte Ebene *f; 3.* Beet *n; 4.* Grab *n*
hoyo ['ojo] *m* Grube *f*
hoz ['ɔθ] *f 1.* Sichel *f; 2.* Engpaß *m,* Klamm *f*
hucha ['utʃa] *f* Sammelbüchse *f,* Sparbüchse *f*
hueco ['weko] *m 1.* Lücke *f; 2. (el espacio vacío)* Hohlraum *m,* Raum *m; 3. (LA)* Loch *n; adj 4.* hohl
huelga ['wɛlga] *f* Streik *m,* Ausstand *m; hacer ~* streiken; *~ general* Generalstreik *m; ~ de hambre* Hungerstreik *m*
huelguista ['welgwista] *m/f* Streikende(r) *m/f*
huella ['weʎa] *f* Abdruck *m,* Fährte *f,* Spur *f; sin dejar ~* spurlos; *~ dactilar* Fingerabdruck *m*
huérfano ['wɛrfano] *m* Waise *f; ~ de padre/~ de madre* Halbwaise *f*
huerto ['wɛrto] *m* Gemüsegarten *m*
hueso ['weso] *m ANAT* Knochen *m*
huésped ['wespeđ] *m/f* Besucher(in) *m/f,* Gast *m; m ~ de honor* Ehrengast *m*
huevera [we'ƀera] *f* Eierbecher *m*
huevo ['weƀo] *m* Ei *n; ~ frito* Spiegelei *n*
huida [u'iđa] *f* Flucht *f*
huir [u'ir] *v irr 1.* entfliehen, entkommen; *2. (fam)* durchgehen; *3. ~ de* fliehen vor
hulla ['uʎa] *f MIN* Steinkohle *f*
humanidad [umani'đađ] *f 1. (la raza humana)* Menschheit *f; 2. (carácter)* Menschlichkeit *f,* Humanität *f; tratar con ~* menschlich behandeln
humanismo [uma'nizmo] *m HIST* Humanismus *m*
humanista [uma'nista] *adj* humanistisch
humano [u'mano] *adj 1.* menschlich, human; *2. ser ~* Mensch *m,* menschliches Wesen *n*
humareda [uma'ređa] *f* Qualm *m*
humear [ume'ar] *v* rauchen, qualmen
humectar [umɛk'tar] *v* befeuchten, anfeuchten, netzen
humedad [ume'đađ] *f* Feuchtigkeit *f,* Nässe *f; ~ atmosférica METEO* Luftfeuchtigkeit *f*
humedecer [umeđe'θɛr] *v irr* anfeuchten, befeuchten
húmedo ['umeđo] *adj* feucht
húmero ['umero] *m ANAT* Oberarmknochen *m,* Humerus *m*
humildad [umil'đađ] *f* Bescheidenheit *f,* Demut *f*
humilde [u'milde] *adj* bescheiden, demütig
humillación [umilla'θi̯ɔn] *f* Erniedrigung *f,* Demütigung *f*
humillante [umi'ʎante] *adj* entwürdigend, erniedrigend
humillar [umi'ʎar] *v 1.* erniedrigen, demütigen; *2. (herir)* verletzen, kränken
humo ['umo] *m* Rauch *m,* Qualm *m*
humor [u'mɔr] *m* Laune *f,* Humor *m; estar de buen ~* gut gelaunt sein; *estar de mal ~* schlecht gelaunt sein; *~ negro* Galgenhumor *m*
humorista ['morista] *adj* humoristisch, spaßig
hundimiento [undi'mi̯ento] *m* Untergang *m,* Versenkung *f*
hundirse [un'dirse] *v* versinken, untergehen
húngaro ['uŋgaro] *adj 1.* ungarisch; *m 2.* Ungar *m*
Hungría [uŋ'gria] *f GEO* Ungarn *n*
huracán [ura'kan] *m* Hurrikan *m,* Orkan *m*
huraño [u'raɲo] *adj (persona)* menschenscheu
hurgar [ur'gar] *v* wühlen, stochern
hurtar [ur'tar] *v* stehlen, rauben
hurto ['urto] *m* Diebstahl *m; ~ de automóviles* Autodiebstahl *m*
husmeador(a) [uzme'ar] *m/f* Schnüffler(in) *m/f*
husmear [uzme'ar] *v* herumschnüffeln, schnüffeln

I

i [i] *f* *1. ~ latina* I *n; 2. ~ griega* Ypsilon *n*
ibérico [i'ƀeriko] *adj* iberisch, (fig) typisch spanisch
iberismo [iƀe'rizmo] *m* Iberismus *m*
iberoamericano [iƀeroameri'kano] *adj* iberoamerikanisch
ibídem [i'ƀiđem] *adj* ebenda
iceberg [iθ'bɛrg] *m* Eisberg *m*
icneumón [ikneu'mɔn] *m ZOOL* Ichneumon *m,* Pharaonenratte *f*
icneumónido [ikneu'moniđo] *m/pl ZOOL* Schlupfwespe *f*
icono [i'kono] *m 1. ART* Ikone *f; 2. INFORM* Icon *n; 3. (fig)* Ikone *f,* Kultfigur *f*
iconoclasta [ikono'klasta] *m (fig: el que rechaza las normas)* Ikonoklast *m*
iconografía [ikonogra'fĭa] *f* Bauplan *m,* Grundriss *m*
iconográfico [ikono'grafiko] *adj ART* ikonografisch
iconología [ikonolo'xia] *f* Ikonologie *f*
icor [i'kɔr] *m (líquido que segregan las llagas)* eitrige Absonderung *f*
ictericia [ikte'riθĭa] *f MED* Gelbsucht *f*
icterodes [ikte'rođes] *adj MED* gelbsüchtig, ikteroid
ictiófago [iktĭ'ofago] *adj (que sólo come peces) ZOOL* Fischesser *m*
ida ['iđa] *f 1. (acción de ir)* Weggang *m,* Abgang *m; 2. (fig: acción inesperada)* Anwandlungen *f/pl,* Ausfälle *m/pl; 3. ~ y vuelta* Hin- und Rückfahrt *f; 4. las ~s y venidas* Hin- und Rückweg *m,* Wechselfälle *m/pl; las ~s y venidas de la vida* die Wechselfälle des Lebens
idea [i'đea] *f 1.* Idee *f,* Einfall *m; ¡Buena ~!* Gute Idee! *2. (noción)* Vorstellung *f,* Ahnung *f; ¡Ni ~!* Keine Ahnung! *~ general* Überblick *m; 3. (pensamiento más estructurado)* Begriff *m,* Gedanke *m; 4. ~ fija* fixe Idee *f; tener ~s fijas* Wahnvorstellungen haben; *f 5. darle a uno una ~ de alguna cosa* jdm einen Eindruck von einer Sache vermitteln, jdm eine Vorstellung von einer Angelegenheit geben; *6. abrazar una ~* Vertreter einer Idee werden; *7. formarse una ~ de algo* sich einen Begriff von etw machen; *8. no tener una ~ de algo* keine Vorstellung von etw haben; *9. cambiar/intercambiar ~s* Ideen austauschen; *10. ¡Qué ~!* Welch Einfall! *¡Vaya una ~!* Was für ein Einfall! *11. ser uno pobre de ~s* einfallslos sein, arm an Ideen sein; *12. (opinión)* Meinung *f*
ideación [idea'θĭɔn] *f (proceso de formación de ideas)* Begriffsbildung *f,* Ideenbildung *f*
ideal [iđe'al] *adj 1.* ideal, vorbildlich; *2. (ideario)* ideell; *m 3.* Vorbild *n,* Modell *n,* Ideal *n,* Wunschbild *n; 4. (que no es real)* ideal, erdacht
idealidad [iđeali'đađ] *f* Idealität *f*
idealismo [iđea'lizmo] *m 1.* Idealismus *m; 2. (doctrina filosófica) PHIL* Idealismus *m; el ~ de Platón* der Idealismus Platons *m; el ~ de Hegel* der Idealismus Hegels *m*
idealista [iđea'lista] *adj 1.* idealistisch; *m/f 2. PHIL* Idealist *m,* Schöngeist *m*
idealización [iđealiθa'θĭɔn] *f* Schönfärberei *f*
idealizar [iđeali'θar] *v* idealisieren, verklären, verschönern
idear [iđe'ar] *v 1.* entwerfen, konzipieren; *2. (componer)* erdichten
ideario [iđe'arĭo] *m* Ideologie *f,* Gedankenwelt *f*
idempotencia [iđempo'tenθĭa] *f MATH* gleiche Potenz *f*
idempotente [iđempo'tente] *adj MATH* idempotent
idéntico [i'đentiko] *adj* identisch
identidad [iđenti'đađ] *f 1.*Identität *f; 2. cédula de ~* Personalausweis *m,* Identifikationskarte *f; tarjeta de ~* Kennkarte *f; brazalete de ~ (para los recién nacidos)* Identifikationsarmband (für Neugeborene); *3. MATH* Identität *f; 4. crisis de ~ PSYCH* Identitätskrise *f,* Ichkrise *f*
identificable [identifi'kaƀle] *adj* identifizierbar
identificación [iđentifika'θĭɔn] *f 1.* Identifikation *f; 2. tarjeta de ~* Personalausweis *m; 3. PSYCH* Identifikation *f*
identificar [iđentifi'kar] *v 1.* identifizieren; *adj 2. (ver claramente)* identifizieren, die Identität feststellen
identificarse [iđentifi'karse] *v 1.* sich ausweisen, sich legitimieren; *2. ~ con* sich identifizieren; *(llegar a tener la misma forma de pensar que otra persona); 3. ~ con* sich identifizieren mit

identiquit [iđenti'kit] *m (LA)* Phantombild *n*
ideográfico [iđeo'grafiko] *adj escritura ideográfica LING* ideografische Schrift
ideograma [iđeo'grama] *m LING* Ideogramm *n,* Begriffszeichen *n,* Schriftzeichen, das einen ganzen Begriff darstellt *n*
ideología [ideolo'xia] *f 1.* Ideologie *f; 2. POL* Ideologie *f,* Ideenlehre *f,* politische Weltanschauung *f; ~ marxista* marxistische Ideologie *f; ~ fascista* faschistische Ideologie *f*
ideológico [iđeo'lokiko] *adj* ideologisch
ideólogo [iđe'ologo] *m* Ideologe *m,* Schwärmer *m*
idílico [i'điliko] *adj* idyllisch
idilio [i'điljo] *m* Idyll *n*
idiocia [i'điоθĭa] *f MED* Idiotie *f,* Schwachsinn *m*
idioma [iđĭ'oma] *m* Sprache *f; ~ extranjero* Fremdsprache *f*
idiomático [iđio'matiko] *adj* idiomatisch, mundartlich
idiopático [iđio'patiko] *adj* von sich aus entstanden, idiopathisch
idiosincrasia [iđĭosiŋ'krasĭa] *f* Eigenart *f,* Wesen *n*
idiosincrásico [iđĭosin'krasiko] *adj* idiosynkratisch, überempfindlich
idiota [iđĭ'ota] *adj 1.* idiotisch, borniert; *m 2.* Dummkopf *m,* Flasche *f* (fig), Trottel *m,* Idiot *m*
idiotez [iđĭo'teθ] *f* Idiotie *f,* (fig) Blödsinn *m,* Dummheit *f*
idiotismo [iđĭo'tismo] *m 1.* Dummheit *f,* Stumpfsinn *m,* Idiotie *f; 2. GRAMM* Idiolexem *n*
ido ['iđo] *adj (fuera de sí)* außer sich sein, wahnsinnig sein
idólatra [i'đolatra] *adj REL* abgöttisch
idolatrado [iđola'trađo] *m* Angebeteter *m*
idolatrar [iđola'trar] *v 1.* abgöttisch verehren, vergöttern; *2. (fig: amar exageradamente a otro)* vergöttern, götzenähnlich lieben
idolatría [iđola'trĭa] *f 1.* Götzendienst *m; 2. (fig: amor excesivo a algo)* Vergötterung *f,* abgöttische Liebe *f*
idolátrico [iđo'latriko] *adj REL* abgöttisch
ídolo ['iđolo] *m 1.* Götze *m,* Idol *n; 2. REL* Abgott *m*
idoneidad [iđoneĭ'đađ] *f* Eignung *f*
idóneo [i'đoneo] *adj* geeignet
iglesia [i'glesĭa] *f 1.* Kirche *f; de la ~* kirchlich; *~ de peregrinación REL* Wallfahrtskirche *f; 2. ~ ortodoxa REL* orthodoxe Kirche *f; ~ griega* griechische Kirche *f; ~ reformada* reformierte Kirche *f*
ignaro [ig'naro] *adj* unwissend, ungebildet
ignavia [ig'navĭa] *f* Sich-Gehen-Lassen *n,* Trägheit *f*
igneo ['igneo] *adj* feurig, Feuer..., feuerfarben
ignición [igni'θĭɔn] *f 1.* Glühen *n,* Verbrennen *n,* Zündung *f; 2. (la detonación de un explosivo) MIL* Zündung *f*
ignifugar [ignifu'gar] *v CHEM* Funken sprühen, Feuer sprühen
ignífugo [ig'nifugo] *adj* feuersicher, feuerbeständig
ignito ['ignito] *adj* feurig, glühend
ignominia [igno'minĭa] *f 1.* Schmach *f,* Schande *f,* Entehrung *f; 2. con ~* Schimpf *m,* Schmach *f,* Entehrung *f*
ignominioso [ignomi'nĭoso] *adj* schändlich, entehrend, schmachvoll
ignorancia [igno'ranθĭa] *f 1.* Ignoranz *f,* Unwissenheit *f; 2. pretender ~* Unwissenheit vorschützen; *3. ~ invencible* unbesiegbare Ignoranz *f,* Unbelehrbarkeit *f*
ignorante [igno'rante] *adj* unwissend
ignorar [igno'rar] *v* ignorieren, verkennen
ignoto [ig'noto] *adj* unerforscht, nicht bekannt
igual [i'gwal] *adj 1.* gleich, egal; *Da ~.* Das ist egal. *estar ~es* quitt sein; *2. (de la misma condición)* gleich, übereinstimmend; *3. (del mismo valor)* ebenbürtig; *4. sin ~* unvergleichlich, einzigartig; *5. (signo de igualdad) MATH* Gleichheitszeichen *n; adj 6. (constante, sin cambios)* ebenmäßig, regelmäßig, gleich bleibend; *7. tratar de ~ a ~* gleich behandeln; *8. dos más tres es ~ a cinco MATH* ist gleich, entspricht; *9. (en la misma proporción)* gleichwertig, gleichförmig; *10. por ~* auf gleiche Art und Weise; *11. (que tiene la misma condición)* Gleichheit *f,* Gleichberechtigkeit *f; adj 12. (fig) no tener ~* herausragend sein, ungewöhnlich sein
igualación [igwala'θĭɔn] *f* Gleichstellung *f,* Anpassung *f*
igualado [igwa'lađo] *adj* ausgeglichen, ähnlich aussehend

igualar [igwa'lar] *v 1. ~ a/~ con* gleichmachen mit, anpassen an; *2. ~ una marca SPORT* einen Rekord aufstellen; *3. (allanar, aplanar terreno)* gleichmachen, planieren

igualarse [igwa'larse] *v ~ a alguien/~ con alguien* jdm gleichen

igualatorio [igwala'torĭo] *adj* gleichmachend

igualdad [igwal'đađ] *f 1.* Übereinstimmung *f; 2. ~ de derechos* Gleichberechtigung *f; 3. ~ de oportunidades* Chancengleichheit *f; 4. (equivalencia de dos expresiones) MATH* Gleichheit *f,* Übereinstimmung *f; 5. ~ ante la ley JUR* Gleichheit vor dem Gesetz

igualitario [igwali'tarĭo] *adj* gleichstellend, gleichmachend

igualmente [igwal'mente] *adv* ebenfalls, gleichfalls

iguana [i'gwana] *f ZOOL* Leguan *m*

igüedo [i'gweđo] *m ZOOL* Bock *m,* Ziegenbock *m*

ijada [i'xađa] *f ANAT* Flanke *f,* Seite *f*

ilación [ila'θĭɔn] *f* Schlussfolgerung *f*

ilativo [ila'tiƀo] *adj* folgernd

ilegal [ile'gal] *adj 1.* gesetzwidrig, unrechtmäßig; *m 2. (persona que vive ilegalmente en un país)* Illegaler *m*

ilegalidad [ilega'liđađ] *f* Illegalität *f,* Gesetzwidrigkeit *f*

ilegible [ilɛ'xiƀle] *adj* unleserlich

ilegitimar [ilexiti'mar] *v JUR* für rechtswidrig erklären, für unehelich erklären

ilegitimidad [ilexitimi'đađ] *f* Illegitimität *f,* Unrechtmäßigkeit *f,* Unehelichkeit *f*

ilegítimo [ilɛ'xitimo] *adj 1.* unrechtmäßig, illegitim, widerrechtlich; *2. (persona)* unehelich

ileso [i'leso] *adj* unversehrt, unverletzt

iletrado [ile'trađo] *adj 1.* ungebildet; *m 2.* Analphabet *m; m 3. (que despliega ignorancia)* Ungebildeter *m,* Analphabet *m*

iliberal [ilibe'ral] *adj* engherzig, illiberal

ilícito [i'liθito] *adj* widerrechtlich

ilicitud [iliθi'tuđ] *f* Unlauterkeit *f*

ilimitable [ilimi'taƀle] *adj* nicht beschränkbar, nicht einzugrenzen

ilimitado [ilimi'tađo] *adj 1.* unbegrenzt, grenzenlos, uferlos; *2. (de tiempo)* unbefristet

iliterato [ilite'rato] *adj* ungebildet, ungelehrt

ilocalizable [ilokali'θaƀle] *adj* unauffindbar

ilógico [i'lɔxiko] *adj* unlogisch

iluminación [ilumina'θĭɔn] *f* Beleuchtung *f*

iluminado [ilumi'nađo] *adj 1.* hell, beleuchtet; *2. (fig)* aufgeklärt

iluminar [ilumi'nar] *v 1.* beleuchten; *2. (fig)* erleuchten; *3. (fig: ilustrar el espíritu)* erleuchten, aufklären, inspirieren

iluminaria [ilumi'narĭa] *f* Festbeleuchtung *f*

ilusión [ilu'sĭɔn] *f 1.* Illusion *f; Me hace mucha ~.* Das freut mich sehr. *2. (engaño)* Selbstbetrug *m,* Täuschung *f; 3. (deseo)* Wunschtraum *m; 4. (falsa percepción) PSYCH* Vorspiegelung *f,* Täuschung *f; ~ óptica* optische Täuschung *f*

ilusionar [ilusĭo'nar] *v* blenden, täuschen, trügen

ilusionismo [ilusĭo'nizmo] *m* Illusionismus *m,* Zauberei *f*

ilusionista [ilusĭo'nista] *m/f* Illusionist *m,* Zauberkünstler *m*

ilusivo [ilu'siƀo] *adj* täuschend, trügerisch

iluso [i'luso] *adj 1. (un engañado)* Betrogener *m; 2. (un soñador)* Träumer *m*

ilusorio [ilu'sorĭo] *adj 1.* illusorisch; *2. (que no tiene valor alguno)* illusorisch, trügerisch

ilustración [ilustra'θĭɔn] *f 1.* Illustration *f; 2. la ~ (die Aufklärung) HIST* Aufklärung *f; 3. (imagen en un libro o revista)* Illustration *f,* Bebilderung *f*

ilustrado [ilus'trađo] *1. adj* illustriert, bebildert, gebildet; *2. HIST* Aufklärer *m*

ilustrador [ilustra'đor] *adj 1.* illustrierend; *m 2. (que trabaja ilustrando libros)* Illustrator *m,* Bildmaler *m,* Bildzeichner *m*

ilustrar [ilus'trar] *v 1. (hacerlo más claro con un ejemplo)* veranschaulichen, erläutern; *2. (completar con imágenes o fotos)* illustrieren; *3. (fig: instruir, dar cultura)* veranschaulichen, erklären, belehren

ilustrativo [ilustra'tiƀo] *adj* anschaulich, belehrend

ilustre [i'lustre] *adj 1. (de noble cuna)* vornehm, edel, erlesen; *llevar un nombre ~* einen edlen Namen tragen *m; una familia ~* eine vornehme Familie *f; 2. (célebre)* berühmt; *3. (título honorífico)* hochwohlgeboren

imagen [i'maxen] *f* *1. (reproducción)* Abbildung *f*; *viva* ~ Abbild *n*, Ebenbild *n*; *2. ~ invertida* Spiegelbild *n*; *3. (fig: sociedad)* Image *n*; *4. CINE* Bild *n*; *5. (representación mental)* Vorstellung *f*, Bild *n*; *6. PSYCH* Imago *f*, Vorstellungskraft *f*; *(representación mental de una percepción)*; ~ *eidética* eidetische Vorstellungskraft *f*; *7. hablar en imágenes* sich bildhaft ausdrücken

imaginable [imaxi'naƀle] *adj* denkbar, erdenklich

imaginación [imaxina'θĭɔn] *f* *1. (concepción)* Vorstellung *f*; *2. (ilusión)* Einbildung *f*; *3. (fantasía, fuerza imaginativa)* Fantasie *f*, Einbildungskraft *f*; *sin* ~ einfallslos, fantasielos; *4. (la capacidad de formar imagenes mentales)* Vorstellungskraft *f*, Fantasie *f*; *5. ni por* ~ nicht mal im Traume, um keinen Preis; *6. ponersele a uno algo en la* ~ jdm eine fixe Idee einreden, jmd etw in den Kopf setzen; *7. (inventiva, ingenio)* Schöpferkraft *f*, Erfindungsgabe *f*; *tener* ~ über Erfindungsgabe verfügen

imaginar [imaxi'nar] *v* *1. (concebir)* konzipieren; *2. (idear, inventar)* erdichten; *3. (creer algo falsamente)* sich einbilden, sich einreden; *4. (conjeturar, suponer)* annehmen, vermuten; *5. (formar imagenes mentales)* imaginieren, sich vorstellen, sich ausdenken; *6. (ejercitar la imaginación)* ersinnen, erdichten

imaginario [imaxi'narĭo] *adj* *1.* eingebildet, imaginär; *2. número ~ MATH* imaginäre Zahl

imaginarse [imaxi'narse] *v ~ algo* sich etw vorstellen, sich etw ausdenken, sich etw einbilden

imaginativa [imaxina'tiƀa] *f* *(capacidad de imaginar)* Einbildungskraft *f*, Vorstellungskraft *f*

imaginativo [imaxina'tiƀo] *adj* einfallsreich, fantasievoll

imán¹ [i'man] *m* *1.* Magnet *m*; *2. (fig: algo que atrae poderosamente)* Anziehungspunkt *m*, Köder *m*, Magnet *m*

imán² [i'man] *m* *REL* Imam *m* *(Islam)*

imantación [imanta'θĭɔn] *f* *PHYS* Magnetisierung *f*

imantar [iman'tar] *v* *PHYS* magnetisieren

imbécil [im'beθil] *m/f* *1.* Trottel *m*; *adj 2.* blöd

imbecilidad [imbeθili'đađ] *f* Blödsinn *m*, Schwachsinn *m*

imberbe [im'ƀɛrƀe] *adj* *1. (joven sin barba)* bartlos; *m* *2. (fig: joven sin experiencia de la vida)* Grünschnabel *m*

imborrable [imbo'rraƀle] *adj* *1.* unverwischbar, unauslöschlich; *2. (fig: inolvidable)* unauslöschlich, bleibend, nachhaltig, unvergesslich; *un recuerdo* ~ eine bleibende Erinnerung *f*

imbuído [imƀw'iđo] *adj ~ en* eingenommen für, eingesponnen in

imbuir [imbw'ir] *v irr* einflößen, beibringen, einprägen

imitable [imi'taƀle] *adj* nachahmenswert

imitación [imita'θĭɔn] *f* *1.* Imitation *f*, Nachahmung *f*; *2. (un espectáculo mímico)* Pantomime *f*

imitado [imi'tađo] *adj* imitiert, nachgeahmt, nachgemacht

imitador [imita'đɔr] *adj* *1.* nachahmend, imitierend; *m* *2.* Imitator *m*

imitante [imi'tante] *adj* nachahmend

imitar [imi'tar] *v* *1.* nachahmen, imitieren, nachmachen, nachbilden; *2. (copiar o tomar como modelo)* imitieren, nachahmen, zum Vorbild nehmen; *3. (repetir los gestos de alguien)* nachäffen, nachahmen

imitativo [imita'tiƀo] *adj* nachahmend, Nachahmungs...

imitatorio [imita'torĭo] *adj* Nachahmungs..., nachahmend

impaciencia [impa'θĭenθĭa] *f* Ungeduld *f*

impacientar [impaθĭen'tar] *v* ungeduldig machen

impacientarse [impaθien'tarse] *v* *(perder la paciencia)* die Geduld verlieren

impaciente [impa'θĭente] *adj* ungeduldig, kribbelig

impacto [im'pakto] *m* *1.* Einschlag *m*, Aufschlag *m*, Einschuss *m*, Einschlagloch *n*; *2. (fig: efecto fuerte)* nachhaltige Auswirkungen *f/pl*, starke Wirkung *m*; *3. (fig)* Durchschlagskraft *f*; *4. (fig)* Auswirkung *f*, Folgen *f/pl*; *5. (huella que deja un choque)* Einschlag *m*, Einschussloch *n*

impagable [impa'gaƀle] *adj* unbezahlbar, unschätzbar

impagado [impa'gađo] *adj* unbezahlt

impalpable [impal'paƀle] *adj* unfühlbar, nicht greifbar, kaum spürbar

impar [im'par] *adj* *1.* ungleich; *2. MATH* ungerade

imparable [impa'raƀle] *adj* unaufhaltsam

imparcial [imparθĭ'al] *adj* neutral, unparteiisch, unvoreingenommen
imparcialidad [imparθĭali'đađ] *f* Neutralität *f,* Unparteilichkeit *f*
impartible [impar'tiƀle] *adj* unzertrennbar, unteilbar
impartir [impar'tir] *v* gewähren, anfordern, erteilen
impasibilidad [impasiƀili'đađ] *f* Gefühllosigkeit *f,* Unempfindlichkeit *f,* Ungerührtheit *f*
impasible [impa'siƀle] *adj* unempfindlich, gefühllos, gleichmütig
impavidez [impaƀi'đeθ] *f* Kaltblütigkeit *f,* Furchtlosigkeit *f,* Unbeirrbarkeit *f*
impávido [im'paƀiđo] *adj (persona)* unerschütterlich, furchtlos, mutig
impecabilidad [impekaƀili'đađ] *f* Vollkommenheit *f,* Fehlerlosigkeit *f,* Makellosigkeit *f*
impecable [impe'kaƀle] *adj* einwandfrei, tadellos
impedancia [impe'đanθĭa] *f PHYS* Impedanz *f,* Wechselstrom...
impedido [impe'điđo] *m 1.* Körperbehinderter *m,* Invalide *m; adj 2. (inválido)* gehbehindert; *3. (paralítico)* gelähmt
impedimenta [impeđi'menta] *f (bagaje de la tropa) MIL* Tross *m*
impedimento [impeđi'mento] *m 1.* Behinderung *f,* Verhinderung *f; 2. poner ~s a* Steine in den Weg legen, Hindernisse aufbauen
impedir [impe'đir] *v irr 1.* verhindern, behindern, hindern, unterbinden; *~ a alguien hacer algo* jdn daran hindern, etw zu tun; *2. (proteger)* verhüten
impeler [impe'lɛr] *v irr 1.* treiben, bewegen, stoßen, schieben; *2. (fig: estimular)* anregen, antreiben
impelido [impe'liđo] *adj ~ por la necesidad* von der Not gezwungen
impender [impen'đer] *v irr* Geld ausgeben, Geld investieren
impenetrabilidad [impenetraƀili'đađ] *f 1.* Undurchdringlichkeit *f,* Dichtheit *f; 2. (fig: inescrutabilidad)* Unerforschlichkeit *f,* Undurchsichtigkeit *f,* Unergründlichkeit *f*
impenetrable [impene'traƀle] *adj* undurchdringlich
impenitencia [impeni'tenθĭa] *f* Verstocktheit *f,* Reuelosigkeit *f*
impenitente [impeni'tente] *adj* verstockt, unbußfertig
impensable [impen'saƀle] *adj* undenkbar
impensado [impen'sađo] *adj* unverhofft, unvermutet
imperante [impe'rante] *adj las ideas ~s* die herrschenden Ideen; *el modo ~ de pensar* die vorherrschende Denkweise *f*
imperar [impe'rar] *v (dominar)* herrschen
imperativo [impera'tiƀo] *adj 1. modo ~ GRAMM* Imperativ *m,* Befehlsform *f; 2. mandato ~* zwingende Weisung, verpflichtender Auftrag; *3. lenguajes de programación ~s INFORM* Programmierbefehle *m/pl*
imperceptible [impɛrθɛp'tiƀle] *adj* unmerklich
imperdible [imper'điƀle] *m (un alfiler que tiene un gancho)* Sicherheitsnadel *f*
imperdonable [impɛrdo'naƀle] *adj* unverzeihlich
imperecedero [impereθe'đero] *adj* unvergänglich, ewig
imperfección [impɛrfɛk'θĭɔn] *f 1.* Schönheitsfehler *m; 2. MED* Gebrechen *n*
imperfecto [impɛr'fɛkto] *adj 1.* mangelhaft, unvollkommen; *m 2. GRAMM* Imperfekt *n*
imperial [impe'rĭal] *adj* kaiserlich
imperialismo [imperĭa'lizmo] *m POL* Imperialismus *m*
imperialista [imperĭa'lista] *adj 1. política ~ POL* imperialistische Politik; *m 2. POL* Imperialist *m*
imperio [im'perĭo] *m 1.* Imperium *n,* Kaiserreich *n,* Reich *n; 2. (dominio)* Herrschaft *f; 3. (fig) valer un ~* Gold wert sein
imperiosamente [imperĭosa'mente] *adv* gebieterisch, dringend
imperioso [impe'rĭoso] *adj 1.* gebieterisch, herrisch; *2. (necesario, apremiante)* dringend, notwendig
imperito [impe'rito] *adj* unwissend, unerfahren, ungeübt
impermeabilización [impɛrmeaƀiliθa'θĭɔn] *f* Imprägnierung *f,* Dichtung *f*
impermeabilizante [impɛrmeaƀili'θante] *adj* imprägnierend, undurchlässig machend, dichtend
impermeabilizar [impɛrmeaƀili'θar] *v* abdichten, wasserdicht machen
impermeable [impɛr'meaƀle] *adj 1.* wasserdicht, undurchlässig, dicht; *m 2.* Regenmantel *m*
impermutable [impɛrmu'taƀle] *adj* nicht vertauschbar

impersonal [imperso'nal] *adj 1.* unpersönlich; *2. verbo ~ GRAMM* unpersönliches Zeitwort; *3.(fig: objetivo)* unpersönlich; *4.* nicht persönlich gemeint
impersonalidad [impersonali'đađ] *f* Unpersönlichkeit *f*
impersuasible [imperswa'siƀle] *adj* unüberzeugbar, nicht zu überreden
impertérrito [impɛr'tɛrrito] *adj* furchtlos, unerschrocken
impertinencia [impɛrti'nenθĭa] *f (dicho fuera de lugar)* Flegelei *f*, Frechheit *f*, Unverschämtheit *f*
impertinente [impɛrti'nente] *adj 1. (pegajoso, molesto)* zudringlich; *2. (indiscreto, curioso)* vorwitzig
imperturbabilidad [imperturƀaƀili'đađ] *f* Unerschütterlichkeit *f*, Unerschrockenheit *f*
imperturbable [impɛrtur'ƀaƀle] *adj* unentwegt
impetración [impetra'θĭɔn] *f* Erlangung *f*, Erreichen *n*
impetrar [impe'trar] *v* erreichen, erbitten, erlangen
impetratorio [impetra'torĭo] *adj* bittend, ersuchend
ímpetu ['impetu] *m* Wucht *f*, Schwung *m*
impetuosidad [impetwosi'đađ] *f* Heftigkeit *f*, Schwung *m*, Kraft *f*
impetuoso [impe'twoso] *adj* ungestüm, stürmisch, heftig
impío [im'pio] *adj* gottlos
implacable [impla'kaƀle] *adj 1.* unerbittlich; *2. (irreconciliable)* unversöhnlich
implantación [implanta'θĭɔn] *f 1.* Einsetzung *f*, Einfügung *f*; *2. (injerto de un tejido u órgano) MED* Implantation *f*
implantar [implan'tar] *v 1. (inculcar)* einpflanzen, einsetzen; *2. (injertar un tejido u órgano) MED* implantieren
implante [im'plante] *m (algo que ha sido implantado) MED* Implantat *n*
implementación [implementa'θĭɔn] *f 1. INFORM* Implementation *f*; *(todos los pasos para producir un programa)*; *2. (ejecución, cumplimiento)* Ausführung *f*, Vollendung *f*
implemento [imple'mento] *m (una pieza de equipo) TECH* Zubehör *n*
implicación [implika'θĭɔn] *f 1.* Einbeziehung *f*, Verstrickung *f*; *2. (exclusión de los términos entre sí)* Widersinn *m*, Widerspruch *m*
implicar [impli'kar] *v 1.* hineinziehen; *2. (contener en sí)* enthalten, mit einschließen; *3. (impedir)* bedeuten; *Eso no implica que ...* Das bedeutet nicht dass ...
implicarse [impli'karse] *v (fig: envolverse en algo)* sich verwickeln (lassen); *~ en un homicidio* in einen Mordfall verwickelt sein
implícito [im'pliθito] *adj* mit einbegriffen, implizit
imploración [implora'θĭɔn] *f* Flehen *n*, Ersuchen *n*
implorante [implo'rante] *adj* flehentlich, inständig bittend
implorar [implo'rar] *v 1.* anflehen, beschwören, flehen; *2. ~ perdón a alguien* jmd um Verzeihung bitten
implosión [implo'sĭɔn] *f 1. (el acto de colapsar hacia adentro)* Implosion *f*; *2. GRAMM* Implosiv *m*
implosivo [implo'siƀo] *adj GRAMM* implosiv
implotar [implo'tar] *v (colapsar hacia adentro)* implodieren
imponderabilidad [impondераƀili'đađ] *f* Unwägbarkeit *f*
imponderable [imponđe'raƀle] *adj 1. (que no se puede pesar)* unwägbar; *2. (fig: que no se puede estimar)* unschätzbar
imponente [impo'nente] *adj* großartig, ansehnlich, imponierend
imponer [impo'nɛr] *v irr 1.* auferlegen, verhängen; *~ contribuciones* besteuern; *~ un castigo disciplinario* maßregeln; *2. ~ a alguien su opinión* jdm seine Meinung aufzwingen; *3. ~ respeto* Respekt einflößen; *5. ~ silencio* Ruhe gebieten
imponerse [impo'nɛrse] *v irr* sich behaupten, sich durchsetzen
impopular [impopu'lar] *adj* unpopulär, unbeliebt
impopularidad [impopulari'đađ] *f* Unbeliebtheit *f*
importable [impor'taƀle] *adj* importierbar, einführbar
importación [impɔrta'θĭɔn] *f 1. ECO* Einfuhr *f*, Import *m*, Einführung *f*; *2. comercio de ~ ECO* Importhandel *m*, Einfuhrgeschäft *n*; *3. permiso de ~ ECO* Einfuhrgenehmigung *f*
importador [impɔrta'đɔr] *1. m ECO* Importeur *m*; *adj 2. (casa importadora)* Importhaus *n*; *compañía importadora* Importgesellschaft *f*

importancia [impɔr'tanθĭa] *f 1.* Wichtigkeit *f; de ~* bedeutend, wichtig; *sin ~* unwichtig, belanglos; *2. (valor)* Stellenwert *m; 3. darse uno ~* sich wichtig machen, sich einen gewichtigen Anschein geben; *4. aires de ~* wichtig scheinen; *5. dar ~* etw Bedeutung geben, etw wichtig nehmen, Wert legen auf; *6. adquirir/tomar ~* Bedeutung erlangen
importante [impɔr'tante] *adj* wichtig, bedeutend
importar [impɔr'tar] *v 1. ECO* importieren, einführen; *2. (tener importancia)* wichtig sein, Bedeutung haben; *3. (valer, costar)* kosten, wert sein; *4. (ser intrínseco, llevar consigo)* zu ... führen, in sich tragen; *5. INFORM (cargar un archivo en un paquete de aplicación diferente)* importieren
importe [im'pɔrte] *m 1. ECO* Betrag *m; ~ exento de impuestos* Freibetrag *m; ~ fijo* Fixum *n; ~ parcial* Teilbetrag *m; ~ restante* Restbetrag *m; ~ total* Gesamtbetrag *m; 2. (individual de cuenta)* Posten *m*
importunación [importuna'θĭɔn] *f* Belästigung *f*
importunar [importu'nar] *v 1.* stören, behelligen; *2. (presionar o urgir a uno con solicitudes)* belästigen, bedrängen; *3. (hacer propuestas indecentes)* belästigen, aufdringlich sein
importunidad [impɔr'tunar] *f* Belästigung *f*
importuno [impɔrtuni'đađ] *adj* lästig, zudringlich
imposibilidad [imposiƀili'đađ] *f 1. (lo que no puede ser)* Unmöglichkeit *f; 2. (lo que no puede ser hecho)* Unüberwindlichkeit *f; 3. hallarse uno en la ~ de ...* sich nicht in der Lage sehen zu ..., außerstande sein zu ...
imposibilitado [imposiƀili'tađo] *adj 1.* verhindert; *2. (que no puede hacer algo)* verhindert, außerstande
imposibilitar [imposiƀili'tar] *v* vereiteln, verhindern, unmöglich machen
imposible [impo'siƀle] *adj 1.* unmöglich, ausgeschlossen; *m 2. (algo muy difícil)* Unmögliche(s) *n; adj 3. (inaguantable)* unerträglich, nicht zum Aushalten; *4. hacer lo ~* das Unmögliche versuchen, alles aufbieten; *adj 5. ponerse ~* unausstehlich werden, unerträglich werden
imposición [imposi'θĭɔn] *f 1. ECO* Einlage *f; 2. (contribuciones)* Besteuerung *f; 3. (exigencia desmedida)* Besteuerung *f,* Auferlegung *f; 4. ~ de manos REL* Handauflegen *n*
impostor [impɔs'tɔr] *m* Hochstapler *m*
impostura [impos'tura] *f 1. (engaño)* Schwindel *m,* Trug *m,* Lüge *f; 2. (calumnia)* Verleumdung *f,* Beschuldigung *f*
impotable [impo'taƀle] *adj* untrinkbar
impotencia [impo'tenθĭa] *f 1.* Ohnmacht *f,* Machtlosigkeit *f; 2. MED* Impotenz *f*
impotente [impo'tente] *adj 1. (desmayado)* ohnmächtig; *2. (sin poder)* machtlos; *3. MED* impotent
impracticabilidad [impraktikaƀili'đađ] *f* Undurchführbarkeit *f,* Unbenutzbarkeit *f*
impracticable [imprakti'kaƀle] *adj 1. (que no se puede hacer)* undurchführbar, nicht machbar; *2. (camino intransitable)* unpassierbar, unwegsam; *camino ~* unpassierbarer Weg *m; carretera ~* unpassierbare Straße *f*
imprecación [impreka'θĭɔn] *f* Fluch *m,* Schmähung *f,* Verwünschung *f*
imprecar [impre'kar] *v* fluchen
imprecatorio [impreka'torĭo] *adj exclamación imprecatoria* Fluch..., Verwünschungs...
imprecisión [impreθi'sĭɔn] *f* Ungenauigkeit *f*
impreciso [impre'θiso] *adj* ungenau
impregnación [impregna'θĭɔn] *f* Imprägnierung *f,* Durchdringung *f*
impregnar [impreg'nar] *v 1.* imprägnieren; *2. (con líquido)* tränken
impremeditación [impremeđita'θĭɔn] *f* Unbedachtheit *f,* Unüberlegtheit *f*
impremeditado [impremeđi'tađo] *adj 1.* unabsichtlich, unbeabsichtigt; *2. (sin reflexión)* unüberlegt, unbedacht
imprenta [im'prenta] *f 1.* Druckerei *f; 2. listo para la ~* druckfertig; *3. en ~* in Druck befindlich; *4. material de ~* Druckmaterial *n; 5. error de ~* Druckfehler *m*
imprescindible [impresθin'điƀle] *adj* unvermeidlich, unentbehrlich, unumgänglich
imprescriptible [impreskrip'tiƀle] *adj* unantastbar
impresión [impre'sĭɔn] *f 1. (fig)* Eindruck *m; 2. (de texto)* Aufdruck *m; 3. (tipográfica, reproducción)* Abdruck *m,* Druck *m; 4. (marca o huella)* Eindruck *m,* Eindellung *f,* Abdruck *m; ~ dactilar/digital* Fingerabdruck *m; 5. la primera ~* der erste Ein-

druck *m; 6. hacer ~* Eindruck machen, beeindrucken

impresionabilidad [impresĭona'biliđađ] *f* leichte Beeindruckbarkeit *f*, Empfänglichkeit *f*, Sensibilität *f*

impresionable [impresĭo'naƀle] *adj* reizbar, empfindlich, beeindruckbar

impresionante [impresĭo'nante] *adj* eindrucksvoll, imponierend, imposant

impresionar [impresĭo'nar] *v 1.* beeindrucken, imponieren; *2. dejarse ~ por* sich beeindrucken lassen von

impresionismo [impresĭo'nizmo] *m ART* Impressionismus *m*

impresionista [impresĭo'nista] *adj ART* impressionistisch; *música ~* impressionistische Musik *f*

impreso [im'preso] *m 1. (material)* Drucksache *f; 2. (formulario)* Vordruck *m; ~ para giro* Überweisungsformular *n; ~ de atención MED* Behandlungsschein *m; adj 3. circuito ~ TECH* Druckschaltung *f*

impresor(a) [impre'sɔr/impre'sora] *m/f* Drucker(in) *m/f*

impresora [impre'sora] *f INFORM* Drucker *m; ~ láser* Laserdrucker *m; ~ de matríz* Matrixdrucker *m; ~ de chorro de tinta* Tintenstrahldrucker *m*

imprevisible [impreƀi'siƀle] *adj* unabsehbar, unvorhersehbar

imprevisor [impreƀi'sɔr] *adj (que no prevé)* unvorsichtig, nicht vorausschauend, sorglos

imprevisto [impre'ƀisto] *adj 1.* unvermutet, unvorhergesehen; *m/pl 2. (gastos para los que no hay crédito)* Unwägbarkeiten *f/pl*

imprimir [impri'mir] *v 1.* drucken, bedrucken; *2. (fig: marcar en la mente)* sich einprägen

improbabilidad [improƀaƀili'đađ] *f* Unwahrscheinlichkeit *f*

improbable [impro'ƀaƀle] *adj* unwahrscheinlich

improbidad [improƀi'đađ] *f* Treulosigkeit *f*, Ruchlosigkeit *f*

improcedencia [improθe'đenθĭa] *f* Unzweckmäßigkeit *f*, Rechtswidrigkeit *f*, Unzulässigkeit *f*

improcedente [improθe'đente] *adj 1.* unzulässig; *2. (inadecuado)* rechtswidrig, unzulässig, unangebracht, unangemessen

improductivo [improđuk'tiƀo] *adj* unproduktiv, unergiebig, nutzlos

improfanable [improfa'naƀle] *adj* unschändbar, nicht zu entweihen

improlongable [improlon'gaƀle] *adj* nicht verlängerbar

impromptu [im'promptu] *m MUS* Impromptu *n*

impronta [im'pronta] *f (fig: huella que queda en el ánimo)* Prägung *f*, Eigenart *f*

impronunciable [impronunθĭ'aƀle] *adj 1. (que no se puede pronunciar)* unaussprechlich, unaussprechbar; *2. (inefable)* unaussprechlich, unbeschreiblich

improperio [impro'perĭo] *m* Schimpfwort *n*

impropiedad [impropĭe'đađ] *f* Untauglichkeit *f*, Unschicklichkeit *f*

impropio [im'propĭo] *adj 1.* unpassend, ungeeignet; *2. (extraño a la naturaleza de ...)* unpassend

impróvido [im'prɔƀiđo] *adj (falto de lo necesario)* nicht ausreichend, karg, öde

improvisación [improƀisa'θĭɔn] *f* Improvisation *f*, Stegreif *m*

improvisado [improƀi'sađo] *adj* behelfsmäßig, unvorbereitet

improvisar [improvi'sar] *v* improvisieren, etw aus dem Stegreif tun

improviso [impro'ƀiso] *adj de ~* plötzlich, unversehens

imprudencia [impru'đenθĭa] *f 1.* Leichtsinn *m*, Unbesonnenheit *f; 2. JUR* Fahrlässigkeit *f*

imprudente [impru'đente] *adj* leichtsinnig, unvorsichtig, unbesonnen

impudencia [impu'đenθĭa] *f* Hemmungslosigkeit *f*, Schamlosigkeit *f*, Leichtfertigkeit *f*

impudicia [impu'điθĭa] *f* Unzucht *f*

impúdico [im'puđiko] *adj* schamlos

impudor [impu'đor] *m* Schamlosigkeit *f*, Frechheit *f*, Zynismus *m*

impuesto [im'pwesto] *m 1. FIN* Steuer *f; sujeto a ~* abgabenpflichtig; *~ de automóviles* Kraftfahrzeugsteuer *f; ~ industrial* Gewerbesteuer *f; ~ sobre el valor añadido* Mehrwertsteuer *f; ~ sobre las ventas* Umsatzsteuer *f; ~ sobre sucesiones* Erbschaftssteuer *f; ~ sobre sueldos y salarios* Lohnsteuer *f; ~ sobre el patrimonio* Vermögenssteuer *f; ~ sobre la renta* Einkommenssteuer *f; ~s municipales* Gemeindesteuer *f; ~s adicionales* Steuerzuschlag *m; 2. cargar/gravar con ~s FIN* mit Steuern belegen, besteuern

impugnable [impug'naƀle] *adj 1. JUR* anfechtbar; *2. (imposible de conquistar)* uneinnehmbar, unbesiegbar; *una fortaleza ~* eine uneinnehmbare Festung *f*
impugnación [impugna'θĭɔn] *f JUR* Anfechtung *f*
impugnador [impugna'đɔr] *m 1.* Gegner *m,* Bestreiter *m; adj 2.* anfechtend, bekämpfend
impugnar [impug'nar] *v 1.* widerrufen, bestreiten; *2. JUR* anfechten
impugnativo [impugna'tiƀo] *adj* anfechtbar, bestreitbar
impulsar [impul'sar] *v 1.* treiben, anstoßen, vorantreiben; *2. (fig: estimular)* antreiben, anregen
impulsivamente [impulsiƀa'mente] *adv* impulsiv, unbedacht
impulsividad [impulsiƀi'đađ] *f* Impulsivität *f*
impulsivo [impul'siƀo] *adj* impulsiv, unbedacht
impulso [im'pulso] *m 1.* Anstoß *m,* Impuls *m; 2. (fig: energía)* Schwung *m; 3. TECH* Antrieb *m; 4. TEL* Telefontakt *m; 5. dar un ~ a la economía ECO* der Wirtschaft Aufschwung geben, der Wirtschaft einen Anreiz geben
impulsor [impul'sɔr] *m 1.* Anreger *m; adj 2.* anregend, antreibend
impune [im'pune] *adj* ungestraft, straflos
impunidad [impuni'đađ] *f* Straflosigkeit *f*
impuntual [impun'twal] *adj* unpünktlich
impureza [impu'reθa] *f 1. (falta de pureza)* Unreinheit *f,* Unsittlichkeit *f; 2.* Verunreinigung *f*
impuro [im'puro] *adj* unrein, unzüchtig
imputabilidad [imputaƀili'đađ] *f JUR* Zurechnungsfähigkeit *f*
imputable [impu'taƀle] *adj JUR* zurechnungsfähig
imputación [imputa'θĭɔn] *f* Beschuldigung *f; ~ infundada* Unterstellung *f*
imputador [imputa'đɔr] *m* Beschuldiger *m,* Ankläger *m*
imputar [impu'tar] *v 1. (atribuir)* beimessen; *2. (culpar)* beschuldigen
inabarcable [inaƀar'kaƀle] *adj* unermesslich
inabordable [inabor'đaƀle] *adj* unzugänglich, unnahbar, unbezwingbar
inacabable [inaka'baƀle] *adj* unendlich, endlos
inaccesibilidad [inagθesiƀili'đađ] *f* Unzugänglichkeit *f,* Unerreichbarkeit *f*
inaccesible [inagθe'siƀle] *adj* unzugänglich
inacción [inag'θĭɔn] *f 1.* Nichtstun *n,* Untätigkeit *f,* Stillstand *m; 2. (ociosidad)* Nichtstun *n,* Müßiggang *m,* Untätigkeit *f*
inacentuado [inaθen'twađo] *adj (palabra inacentuada) GRAMM* unbetont
inaceptable [inaθɛ'taƀle] *adj* unannehmbar, unzumutbar
inactividad [inaktiƀi'đađ] *f* Untätigkeit *f,* Inaktivität *f*
inactivo [inak'tiƀo] *adj* untätig, tatenlos, müßig
inadaptado [inadap'tađo] *adj 1.* nicht angepasst, schwer erziehbar; *2. (pobre en relaciones sociales)* kontaktarm; *m 3.* Unangepasster *m*
inadecuación [inađekwa'θĭɔn] *f* Unangemessenheit *f*
inadecuado [inađe'kwađo] *adj* unangemessen, unsachgemäß, unzweckmäßig
inadmisible [inađmi'siƀle] *adj* unannehmbar, unzulässig
inadoptable [inađop'taƀle] *adj* unannehmbar
inadvertencia [inađƀɛr'tenθĭa] *f* Versehen *n; por ~* versehentlich
inadvertidamente [inađƀɛrtiđa'mente] *adv* unbemerkt
inadvertido [inađƀɛr'tiđo] *adj 1.* unbeachtet, unbemerkt; *pasar ~* übergehen, nicht beachten; *2.* unaufmerksam, unachtsam, unbesonnen
inafectado [inafek'tađo] *adj* unberührt
inagotable [inago'taƀle] *adj* unerschöpflich
inaguantable [inagwan'taƀle] *adj* unerträglich
inajenable [inaxe'naƀle] *adj* unverkäuflich, unveräußerlich, unübertragbar
inalámbrico [ina'lamƀriko] *adj TECH* drahtlos
inalcanzable [inalkan'θaƀle] *adj* unerreichbar
inalienabilidad [inalĭenaƀili'đađ] *f* Unveräußerlichkeit *f*
inalienable [inalĭe'naƀle] *adj* unveräußerlich
inalterabilidad [inalteraƀili'đađ] *f* Unerschütterlichkeit *f,* Unabänderlichkeit *f*
inalterable [inalte'raƀle] *adj 1.* unabänderlich; *2. (relación)* unerschütterlich

inalterado [inalte'rađo] *adj* unverändert, unverwandelt
inamisible [inami'siƀle] *adj* unzulässig
inamovilidad [inamobili'đađ] *f* Unabsetzbarkeit *f,* Unkündbarkeit *f*
inanidad [inani'đađ] *f (vacuidad)* Nichtigkeit *f,* Leere *f*
inanimado [inani'mađo] *adj* leblos, tot, ohnmächtig
inánime [i'nanime] *adj* leblos, tot; *un cuerpo ~* ein lebloser Körper *m*
inapagable [inapa'gaƀle] *adj* unauslöschlich
inapelabilidad [inapelaƀili'đađ] *f JUR* Unanfechtbarkeit *f*
inapelable [inape'laƀle] *adj JUR* unanfechtbar
inapetencia [inape'tenθĭa] *f* Appetitlosigkeit *f*
inapetente [inape'tente] *m* appetitlos
inaplazable [inapla'θaƀle] *adj* unaufschiebbar
inaplicable [inapli'kaƀle] *adj* unanwendbar
inapreciable [inapre'θĭaƀle] *adj* unschätzbar
inaprensivo [inapren'sibo] *adj* unfassbar, rücksichtslos
inarticulable [inartiku'laƀle] *adj* unaussprechlich, unaussprechbar
inarticulado [inartiku'lađo] *adj* unausgesprochen
inasequible [inase'kiƀle] *adj* unerreichbar, unerschwinglich, zu teuer
inasistente [inasis'tente] *adj* nicht anwesend
inatacable [inata'kaƀle] *adj* unangreifbar, unanfechtbar
inatendible [inaten'điƀle] *adj* nicht behandelbar, nicht zu pflegen
inaudible [inaŭ'điƀle] *adj* unhörbar
inaudito [inaŭ'đito] *adj 1. (fig: algo verdaderamente censurable)* empörend, unerhört; *2. (nunca oído)* ungehört
inauguración [inaŭgura'θĭɔn] *f 1.* Eröffnung *f,* Neueröffnung *f; ~ de una empresa* Betriebseröffnung *f; 2. (uso)* Einweihung *f; 3. (de una escultura)* Enthüllung *f; 4. THEAT* Erstaufführung *f*
inaugural [inaugu'ral] *adj* Eröffnungs..., Antritts...; *discurso ~* Eröffnungsrede *f*
inaugurar [inaŭgu'rar] *v 1. (abrir)* eröffnen; *2. (usar)* einweihen; *3. (descubrir una escultura)* enthüllen
inaveriguable [inaƀeri'gwaƀle] *adj* nicht feststellbar, nicht zu ergründen
incalculable [iŋkalku'laƀle] *adj* unberechenbar
incalificable [iŋkalifi'kaƀle] *adj 1. (que no puede ser calificado)* nicht qualifizierbar; *2. (fig: algo censurable, reprobable)* unbeschreiblich, schmählich
incalmable [iŋkal'maƀle] *adj* nicht zu beruhigen
incandescencia [iŋkanđes'θenθĭa] *f lámpara de ~* Glühlampe *f*
incandescente [iŋkandes'θente] *adj* glühend; *estar ~* glühen
incansable [iŋkan'saƀle] *adj* rastlos, unermüdlich
incapacidad [iŋkapaθi'đađ] *f 1. (fig: ineptitud)* Unfähigkeit *f,* Unvermögen *n; 2. (carencia de aptitud ante la ley) JUR* Geschäftsunfähigkeit *f,* Strafunfähigkeit *f*
incapacitación [iŋkapaθita'θĭɔn] *f JUR* Entmündigung *f*
incapacitado [iŋkapaθi'tađo] *adj* körperlich behindert, geistig eingeschränkt, arbeitsunfähig, behindert
incapacitar [iŋkapaθi'tar] *v JUR* entmündigen
incapaz [iŋca'paθ] *(fig: inepto, sin talento)* unfähig, einfältig
incautación [iŋkauta'θĭɔn] *f* Sicherstellung *f,* Beschlagnahme *f*
incautamente [iŋkauta'mente] *adv* unvorsichtigerweise, naiv
incautarse [iŋkaŭ'tarse] *v ~ de ...* etw beschlagnahmen
incauto [iŋ'kauto] *adj* unbedacht, unvorsichtig, leichtgläubig
incendiar [inθen'dĭar] *v* anzünden
incendiario [inθen'dĭarĭo] *m 1.* Brandstifter *m; adj 2. bomba incendiaria MIL* Brandbombe *f*
incendio [in'θendĭo] *m 1.* Brand *m; 2. ~ provocado* Brandstiftung *f; 3. extintor de ~s* Feuerlöscher *m*
incensario [inθen'sarĭo] *m REL* Weihrauch *m*
incentivar [inθen'tiƀar] *v* anspornen
incentivo [inθen'tiƀo] *adj 1.* anregend; *m 2.* Ansporn *m,* Reiz *m,* Antrieb *m*
incertidumbre [inθerti'đumbre] *f* Ungewissheit *f*
incesable [inθe'saƀle] *adj* unablässig
incesante [inθe'sante] *adj* pausenlos, rastlos, unaufhörlich

incesto [in'θesto] *m* Inzest *m*, Blutschande *f*
incidencia [inθi'đenθǐa] *f* *1.* Einfall *m*, Auftreffen *n*, Auswirkung *f*; *2. (caída de una línea sobre un plano) MATH* Auftreffen *n*, Einfall *m*; *ángulo de ~* Einfallswinkel *m*; *3. por ~* nebenbei, beiläufig
incidental [inθiđen'tal] *adj* beiläufig
incidente [inθi'đente] *adj* *1. rayo ~* einfallender Strahl; *m 2. (algo que ocurre)* Vorfall *m*; *3.* Zwischenfall *m*, Ereignis *n*
incidir [inθi'đir] *v* auswirken, einschneiden, schneiden
incienso [in'θǐenso] *m* *1. BOT* Weihrauch *m*, Rauchharz *n*; *2. REL* Weihrauch *m*
incierto [in'θǐɛrto] *adj* *1.* ungewiss, zweifelhaft, fraglich; *2. (no sabido, desconocido)* ungewiss
incinerable [inθina'rađle] *adj* unverbrennbar
incineración [inθinera'θǐɔn] *f* *1.* Verbrennung *f*; *~ de basuras* Müllverbrennung *f*; *2. (cremación)* Feuerbestattung *f*
incinerar [inθine'rar] *v* verbrennen
incircunciso [inθirkun'θiso] *adj* unbeschnitten
incircunscrito [inθirkuns'krito] *adj* nicht umschrieben, unbegrenzt
incisión [inθi'sǐɔn] *f* Schnitt *m*, Einschnitt *m*, Zäsur *f*
incisivo [inθi'siđo] *adj adj* *1.* schneidend, Schneide...; *2. (fig: mordaz)* scharf, schneidend, ätzend; *3. diente ~ ANAT* Schneidezahn *m*
incitación [inθita'θǐɔn] *f* Anregung *f*
incitador [inθita'đɔr] *adj* anstiftend
incitar [inθi'tar] *v* anregen, aufhetzen, anfachen
incivil [inθi'đil] *adj (descortés)* unzivilisiert, unhöflich, ungebildet
incivilidad [inθiđili'đađ] *f* Unhöflichkeit *f*, Ungesittetheit *f*
inclasificable [inklasifi'kađle] *adj* nicht klassifizierbar, nicht einzuordnen
inclemencia [iŋkle'menθǐa] *f* *1.* Ungnade der Götter *f*, Unbilden der Witterung *pl*; *2. (fig) ~ del tiempo* Strenge *f*, Unbarmherzigkeit *f*
inclemente [iŋkle'mente] *adj* rau, erbarmungslos
inclinación [iŋklina'θǐɔn] *f* *1. (fig)* Neigung *f*, Zuneigung *f*; *tener ~ por algo* eine Neigung zu etw haben; *tener una ~ por alguien* Zuneigung für jdn empfinden; *tener la ~ a hacer algo* die Neigung haben, etw zu tun; *2. (en una construcción)* Schräge *f*, Schräglage *f*; *3. (reverencia)* Verbeugung *f*, Verneigung *f*; *4. ángulo de ~ MATH* Neigungswinkel *m*
inclinado [iŋkli'nađo] *adj* *1.* schief; *2. no estar ~ a* abgeneigt sein von
inclinar [iŋkli'nar] *v* *1.* neigen, beugen; *2. (la cabeza)* senken; *3. TECH* schwenken; *4. (fig)* bewegen
inclinarse [iŋkli'narse] *v* *1.* sich neigen, sich beugen; *~ ante alguien* sich vor jdm verbeugen; *2. (fig) ~ por algo* zu etw neigen
incluido [iŋklu'iđo] *adj (implícito)* inbegriffen
incluir [iŋklu'ir] *v irr* *1. (englobar)* einbeziehen; *2. (adjuntar)* beilegen; *3. (añadir, insertar)* einfügen; *4. (tener en cuenta)* hinzuziehen; *~ en el cálculo* einkalkulieren
inclusión [iŋklu'sǐɔn] *f* Einbeziehung *f*
inclusive [iŋklu'siđe] *adj* *1.* inbegriffen; *adv 2.* einschließlich
incluso [iŋ'kluso] *adv* *1.* einschließlich, sogar; *prep 2.* inklusive
incluyendo [iŋklu'jenđo] *prep* inklusive
incoación [iŋkoa'θǐɔn] *f* Beginn *m*, Anfang *m*
incoar [iŋko'ar] *v* beginnen, anfangen
incoativo [inkoa'tiđo] *adj verbo ~ GRAMM* Zeitwort *n*
incoercibilidad [iŋkoɛrθiđili'đađ] *f* Unbezwingbarkeit *f*
incoercible [iŋkoɛr'θiđle] *adj* *1. (que no puede contenerse)* nicht aufzuhalten; *2. (que no puede comprimirse)* unbezwingbar
incógnita [iŋ'kognita] *f* *1. (cantidad desconocida) MATH* Unbekannte *f*; *2. (fig: la causa oculta de algo)* verborgener Grund *m*
incógnito [iŋ'kognito]] *adv* *1.* inkognito; *adj 2. de ~* inkognito, unbekannt, unter fremdem Namen; *viajar de ~* inkognito verreisen
incognoscible [iŋkognos'θiđle] *adj* unerkennbar, unerklärbar
incoherencia [iŋkoe'renθǐa] *f* Inkohärenz *f*, Zusammenhanglosigkeit *f*
incoherente [iŋkoe'rente] *adj* zusammenhangslos
incoloro [iŋko'loro] *adj* farblos
incólume [iŋ'kɔlume] *adj (ileso)* unverletzt
incombinable [iŋkomđinađle] *(que no puede combinarse)* nicht kombinierbar, nicht zusammmenzufügen

incombustible [iŋkomƀus'tiƀle] *adj* unbrennbar, feuerbeständig
incomerciable [iŋkomɛrθĭ'aƀle] *adj* unverkäuflich
incomestible [iŋkomes'tiƀle] *adj* ungenießbar, nicht essbar
incomible [iŋko'miƀle] *adj* ungenießbar, nicht essbar
incomodador [iŋkomođa'đɔr] *adj* unbequem machend, beschwerlich machend
incomodar [iŋkomo'đar] *v* belästigen, behelligen
incomodidad [iŋkomođi'đađ] *f 1.* Umständlichkeit *f; 2. (falta de comodidad)* Unbequemlichkeit *f,* Ungemütlichkeit *f; 3. (disgusto)* Ärger *m,* Missfallen *n,* Verdruss *m*
incómodo [iŋ'komođo] *adj 1. (molesto)* umständlich; *2. (poco acogedor)* unbequem, ungemütlich
incomodo [iŋko'mođo] *m (incomodidad)* Unbequemlichkeit *f*
incomparable [inkompa'raƀle] *adj* unvergleichlich
incompartible [iŋkɔmpar'tiƀle] *adj* unteilbar, nicht aufgliederbar
incompatibilidad [iŋkɔmpatiƀili'đađ] *f 1.* Unvereinbarkeit *f; 2. ~ del software INFORM* Inkompatibilität *f*
incompatible [iŋkɔmpa'tiƀle] *adj 1. ~ con* unvereinbar mit; *2. programas ~s INFORM* inkompatible Programme; *3. (mutuamente excluyente)* unvereinbar, unverträglich, einander ausschließend
incompetencia [iŋkompe'tenθĭa] *f 1.* Inkompetenz *f; 2. (ineptitud)* Unfähigkeit *f*
incompetente [iŋkompe'tente] *adj 1.* inkompetent, unfähig, unmaßgeblich; *2. JUR* unbefugt
incompletamente [iŋkompleta'mente] *adv* unvollkommen, unvollständig
incompleto [iŋkɔm'pleto] *adj* unvollständig, lückenhaft, mangelhaft
incomplicado [iŋkɔmpli'kađo] *adj* unkompliziert
incomprendido [iŋkɔmpren'điđo] *adj 1.* unverstanden; *2. (una persona)* verkannt
incomprensibilidad [iŋkɔmprensiƀili'đađ] *f* Unfassbarkeit *f,* Unbegreiflichkeit *f*
incomprensible [iŋkɔmpren'siƀle] *adj* unverständlich
incomprensión [iŋkompren'sĭɔn] *f* Verständnislosigkeit *f,* Unverständnis *n*
incomprensivo [iŋkɔmpren'siƀo] *adj* verständnislos
incomunicación [iŋkomunika'θĭɔn] *f 1. JUR* Einzelhaft *f; 2. (fig: falta de comunicación)* Mangel an Gesprächsbereitschaft *m,* Kommunikationslosigkeit *f*
incomunicado [iŋkomuni'kađo] *adj* isoliert; *quedar ~* von der Außenwelt abgeschnitten sein
incomunicar [iŋkomuni'kar] *v* absperren
incomunicarse [iŋkɔmuni'karse] *v (aislarse de las personas)* sich isolieren, sich absondern
inconcebible [iŋkɔnθe'ƀiƀle] *adj* unbegreiflich, unfassbar
inconciliable [iŋkɔnθĭlĭ'aƀle] *adj* unvereinbar
inconcluso [inkɔn'kluso] *adj* unvollendet, nicht abgeschlossen
inconcreto [iŋkɔn'kreto] *adj* ungenau, nicht konkret
incondicional [iŋkɔndiθĭo'nal] *adj 1.* bedingungslos, unbedingt; *2. (sin consideración alguna)* rückhaltlos
inconexión [iŋkoneg'sĭɔn] *f* Beziehungslosigkeit *f,* Zusammenhanglosigkeit *f*
inconexo [iŋko'negso] *adj* unzusammenhängend, zusammenhanglos
inconfesable [iŋkɔnfe'saƀle] *adj (algo vergonzoso)* unaussprechlich, schändlich
inconfeso [iŋkɔn'feso] *adj* ungeständig
inconforme [iŋkɔn'fɔrme] *m* Außenseiter *m*
inconfundible [iŋkɔnfun'điƀle] *adj* unverkennbar
incongruencia [iŋkɔngru'enθĭa] *f* Inkongruenz *f,* Unverhältnismäßigkeit *f*
incongruente [iŋkɔngru'ente] *adj* unpassend, unverhältnismäßig
inconmensurabilidad [iŋkɔnmensuraƀili'đađ] *f* Unermesslichkeit *f*
inconmensurable [iŋkɔnmensu'raƀle] *adj* unermesslich
inconmovible [iŋkɔnmo'ƀiƀle] *adj* unerschütterlich, unbeweglich
inconquistable [iŋkɔnkis'taƀle] *adj 1. (que no puede ser conquistado)* uneinnehmbar; *2. (fig: que no se deja convencer)* nicht zu überzeugen, unerbittlich
inconsciencia [iŋkɔnsθĭ'enθĭa] *f* Bewusstlosigkeit *f*
inconsciente [iŋkɔnsθĭ'ente] *adj 1.* unbewusst; *2. (desmayado)* bewusstlos
inconsecuencia [iŋkɔnse'kwenθĭa] *f* Inkonsequenz *f*

inconsecuente [iŋkonse'kwente] *adj (que obra sin consecuencia)* inkonsequent, widersprüchlich, wankelmütig
inconsiderado [iŋkɔnsiđe'rađo] *adj* rücksichtslos
inconsistencia [iŋkɔnsis'tenθĭa] *f* Inkonsistenz *f,* Veränderlichkeit *f,* Haltlosigkeit *f*
inconsolable [iŋkɔnso'laƀle] *adj* untröstlich, trostlos
inconstancia [iŋkɔns'tanθĭa] *f 1. (la ausencia de permanencia)* Veränderlichkeit *f,* Unbeständigkeit *f; 2. (ligereza en los pareceres)* Wankelmut *m,* Untreue *f*
inconstante [inkons'tante] *adj 1.* flatterhaft, sprunghaft, unbeständig; *2. (fig)* wankelmütig, unbeständig, treulos
inconstitucional [iŋkɔnstituθĭo'nal] *adj JUR* verfassungswidrig
inconstitucionalidad [iŋkɔnstituθĭonali'đađ] *f JUR* Verfassungswidrigkeit *f*
incontable [iŋkɔn'taƀle] *adj* unzählig
incontenible [iŋkɔnte'niƀle] *adj* unaufhaltsam
incontestabilidad [iŋkɔntestaƀili'đađ] *f* Unbeantwortbarkeit *f*
incontestable [iŋkɔntes'taƀle] *adj* unbestreitbar
incontinencia [iŋkɔnti'nenθĭa] *f 1.* Hemmungslosigkeit *f,* Enthemmtheit *f; 2. MED* Inkontinenz *f*
incontrastable [iŋkɔntras'taƀle] *adj 1. (impugnable)* unumstößlich, unbestreitbar; *2.* unbesiegbar; *3.* unerschütterlich, unüberwindlich
incontrito [iŋkon'trito] *adj* uneinsichtig, nicht reumütig
incontrolable [iŋkɔntro'laƀle] *adj* unkontrollierbar, nicht zu beherrschen
incontrovertible [iŋkɔntroƀɛr'tiƀle] *adj* unbestreitbar, nicht von der Hand zu weisen
inconveniencia [iŋkɔnƀenĭ'enθĭa] *f 1. (incomodidad, percance)* Unbequemlichkeit *f; 2. (desacierto, algo fuera de lugar)* Ungeschicklichkeit *f*
inconveniente [iŋkɔnƀenĭ'ente] *m 1.* Nachteil *m,* Missstand *m,* Unannehmlichkeit *f; sin ~* unbedenklich; *adj 2. (no conveniente)* unpassend, ungebührlich
incordiar [iŋkɔr'đĭar] *v* ärgern, stören, belästigen
incordio [iŋ'kɔrđĭo] *m (algo muy molesto)* lästig, störend, ärgerlich
incorporación [iŋkɔrpora'θĭɔn] *f* Vereinigung *f,* Einverleibung *f*
incorporar [iŋkɔrpo'rar] *v 1. (cosas)* einarbeiten, einfügen; *2. (cuerpo)* aufrichten
incorporarse [iŋkɔrpo'rarse] *v* eintreten, beitreten; *~ a un partido* einer Partei beitreten; *~ al coro* in den Chor eintreten
incorporeidad [iŋkɔrporei'đađ] *f* Körperlosigkeit *f,* Unkörperlichkeit *f*
incorpóreo [iŋkɔr'pɔreo] *adj* immateriell
incorrección [iŋkɔrreg'θĭɔn] *f* Unkorrektheit *f,* Fehlerhaftigkeit *f*
incorrecto [iŋkɔ'rrɛkto] *adj* falsch, unrichtig, fehlerhaft
incorregibilidad [iŋkɔrrexiƀili'đađ] *f* Verstocktheit *f,* Unverbesserlichkeit *f*
incorregible [iŋkɔrrɛ'xiƀle] *adj* unbelehrbar, unverbesserlich
incorruptibilidad [iŋkɔorruptiƀili'đađ] *f* Unbestechlichkeit *f*
incorruptible [iŋkɔrrup'tiƀle] *adj* unbestechlich
incredulidad [iŋkređuli'đađ] *f* Misstrauen *n,* Unglaube *m*
incrédulo [iŋ'kređulo] *adj* ungläubig
increíble [iŋkre'iƀle] *adj* unglaublich
increíblemente [iŋkreiƀle'mente] *adv* traumhaft
incrementar [iŋkremen'tar] *v 1. (reproducir)* vermehren; *2. (reforzar)* verstärken
incrementarse [iŋkremen'tarse] *v* wachsen
incremento [iŋkre'mento] *m 1.* Anstieg *m,* Verstärkung *f,* Zunahme *f; 2. ~ de ECO* Zuwachs an *m; ~ demográfico* Bevölkerungszuwachs *m; 3. (reproducción)* Vermehrung *f*
increpación [iŋkrepa'θĭɔn] *f* Zurechtweisung *f*
increpar [iŋkre'par] *v ~ a alguien* jdn anfahren, jdn anschreien
incriminación [iŋkrimina'θĭɔn] *f JUR* Belastung *f*
incriminar [inkrimi'nar] *v JUR* belasten, beschuldigen
incruento [iŋ'krwento] *adj (sin sangre)* unblutig; *sacrificio ~* unblutiges Opfer *n*
incrustación [iŋkrusta'θĭɔn] *f 1. (el acto de incrustar)* Inkrustation *f,* Krustenbildung *f; 2. (cosa incrustada)* Ablagerung *f*
incrustar [iŋkrus'tar] *v* einlegen, inkrustieren, einbetten

incubación [iŋkuƀa'θĭɔn] *f 1. ZOOL* Ausbrüten *n; 2. MED* Inkubationszeit *f*

incubadora [iŋkuƀa'đora] *f MED* Brutkasten *m*

incubar [iŋku'ƀar] *v ZOOL* ausbrüten, brüten

incuestionable [inkwestĭo'naƀle] *adj* fraglos, unbestreitbar, unanfechtbar

inculcación [iŋkulka'θĭɔn] *f* Einprägung *f*

inculcar [iŋkul'kar] *v (fig: infundir en el espíritu)* einprägen, einpauken, einschärfen

inculpabilidad [iŋkulpaƀili'đađ] *f* Schuldlosigkeit *f*

inculpación [iŋkulpa'θĭɔn] *f JUR* Anklage *f,* Beschuldigung *f*

inculpar [iŋkul'par] *v JUR* anklagen, beschuldigen; *~ de* bezichtigen

inculto [iŋ'kulto] *adj 1.* ungebildet, roh; *2. (tierra no cultivada)* unbebaut, unbestellt; *campos ~s* unbestellte Felder *n/pl*

incultura [iŋkul'tura] *f* Unkultur *f,* Unbildung *f*

incumbencia [iŋkum'ƀenθĭa] *f 1.* Zuständigkeit *f; 2. no ser algo de la ~ de alguien* nicht in den Zuständigkeitsbereich gehören

incumbir [iŋkum'bir] *v* angehen; *¡Esto no te incumbe!* Das geht dich nichts an!

incumplimiento [iŋkumpli'mĭento] *m* Nichtbeachtung *f,* Nichterfüllung *f*

incurabilidad [iŋkuraƀili'đađ] *f* Unheilbarkeit *f,* Unverbesserlichkeit *f*

incurable [iŋku'raƀle] *adj 1.* unheilbar; *2. (fig: que no tiene remedio)* unheilbar, unlösbar

incuria [iŋ'kurĭa] *f (negligencia)* Vernachlässigung *f,* Nachlässigkeit *f,* Fahrlässigkeit *f*

incurrir [iŋku'rrir] *v 1. ~ en* in ... verfallen; *2. (atraer)* anziehen, verursachen

incursión [iŋkur'sĭɔn] *f 1. POL* Invasion *f; 2. (un ataque súbito) MIL* Angriff *m,* Einfall *m; 3. (un acto hostil)* Angriff *m,* Einfall *m,* Attacke *f*

incurso [iŋ'kurso] *m* Angriff *m,* Sturm *m*

indagación [indaga'θĭɔn] *f* Nachforschung *f; hacer ~es* nachforschen

indagador [indaga'đɔr] *m 1.* Forscher *m; 2. JUR* Ermittler *m*

indagar [inda'gar] *v* erforschen, auskundschaften, ergründen

indebido [inde'ƀiđo] *adj* rechtswidrig, ungerechtfertigt

indecencia [inde'θenθĭa] *f 1. (falta de decencia)* Ungebührlichkeit *f,* Anstößigkeit *f; 2. (palabra obscena o muy vulgar)* ordinärer Ausdruck *m*

indecente [inde'θente] *adj* unanständig, wüst

indecisión [indeθi'sĭɔn] *f* Unentschlossenheit *f,* Wankelmütigkeit *f*

indeciso [inde'θiso] *adj* unentschieden, ziellos

indeclinable [indekli'naƀle] *adj 1. (que necesariamente tiene que hacerse)* unvermeidlich, unumgänglich; *2. (que no se puede declinar) GRAMM* nicht deklinierbar, nicht beugungsfähig

indecoroso [indeko'roso] *adj* taktlos, unanständig, würdelos

indefensión [indefen'sĭɔn] *f* Wehrlosigkeit *f,* Schutzlosigkeit *f*

indefenso [inde'fenso] *adj* schutzlos, wehrlos

indefinible [indefi'niƀle] *adj* undefinierbar, unbeschreibbar

indefinido [indefi'niđo] *adj 1. (que no está definido)* undefiniert, unbestimmt; *2. artículo ~* unbestimmter Artikel *m; pronombre ~* unbestimmtes Pronomen *n; adjetivo ~* unbestimmtes Adjektiv *n*

indeformable [indefɔr'maƀle] *adj* formbeständig

indeliberado [indeliƀe'rađo] *adj* unüberlegt, unbedacht

indelicado [indeli'kađo] *adj* taktlos, rücksichtslos, grob

indemne [in'demne] *adj (sin daño)* unbeschädigt, heil

indemnización [indemniθa'θĭɔn] *f 1.* Entgelt *n,* Entschädigung *f,* Schadenersatz *m; ~ por daño personal* Schmerzensgeld *n; 2. ECO* Ausgleich *m,* Abfindung *f,* Entschädigung *f*

indemnizar [indemni'θar] *v* entschädigen, ersetzen; *~ a alguien con algo* jdn mit etw abfinden

independencia [indepen'denθĭa] *f* Selbstständigkeit *f,* Unabhängigkeit *f; ~ de* Unabhängigkeit von

independentismo [independen'tizmo] *m POL* Unabhängigkeitsstreben *n,* Freiheitsdrang *m*

independentista [independen'tista] *adj 1. POL* Freiheits..., Unabhängigkeits...; *m 2. POL* Unabhängigkeitskämpfer *m,* Anhänger der Unabhängigkeit *m*

independiente [indepen'dĭente] *adj 1.* selbständig, eigenständig, separat; *~ de* unabhängig von; *2. (capaz de pensar por sí mismo)* unabhängig, freidenkend

indescifrable [indesθi'fraƀle] *adj* unleserlich, nicht zu entziffern

indescriptible [indeskrip'tiƀle] *adj* unbeschreiblich

indeseable [indese'aƀle] *adj* unerwünscht

indestructible [indestruk'tiƀle] *adj* unverwüstlich, unzerstörbar

indeterminable [indetɛrmi'naƀle] *adj* unbestimmbar

indeterminación [indetermina'θĭɔn] *f* Unentschlossenheit *f,* Unschlüssigkeit *f*

indeterminado [indetermi'nađo] *adj* unbestimmt

India ['indĭa] *f GEO* Indien *n*

indicación [indika'θĭɔn] *f 1.* Hinweis *m,* Andeutung *f,* Angabe *f,* Wink *m; 2. ~ de las fuentes* Quellenangabe *f; 3. ~ del lugar* Ortsangabe *f; 4. por ~ de* auf Vorschlag von, auf Anregung von

indicado [indi'kađo] *adj ~ para* geeignet für; *poco ~* unzweckmäßig

indicador [indika'đɔr] *m 1. ~ de camino* Wegweiser *m; 2. ~ luminoso* Leuchtanzeige *f*

indicar [indi'kar] *v 1.* angeben, besagen; *2. (mostrar)* anzeigen, zeigen; *3. (sugerir)* andeuten

indicativo [indika'tiƀo] *adj 1.* weisend, anzeigend, bezeichnend; *2. modo ~ GRAMM* Indikativ *m*

índice ['indiθe] *m 1.* Inhaltsverzeichnis *n,* Index *m; ~ comercial* Branchenverzeichnis *n; 2. ~ de crecimiento ECO* Wachstumsrate *f; 3. ~ de las cotizaciones FIN* Aktienindex *m; 4. ~ de natalidad* Geburtenrate *f; 5. MATH* Index *m,* Kennziffer *f; 6. ANAT* Zeigefinger *m*

indicio [in'diθĭo] *m 1.* Ansatz *m,* Anzeichen *n,* Indiz *n; 2. (sospecha)* Verdachtsmoment *n*

indiferencia [indife'renθĭa] *f 1.* Gleichgültigkeit *f,* Kälte *f; 2. (dejadez)* Lässigkeit *f; 3. con ~* mit Gleichmut, gleichgültig

indiferente [indife'rente] *adj* gleichgültig, teilnahmslos, lässig

indígena [in'dixena] *m/f 1.* Eingeborene(r) *m/f; adj 2.* einheimisch

indigencia [indi'xenθĭa] *f* Not *f,* Armut *f,* Bedürftigkeit *f*

indigente [indi'xente] *adj* bedürftig, mittellos, Not leidend

indigestión [indixes'tĭɔn] *f 1. MED* Verdauungsstörung *f; 2. (fig: hastío, hartura)* Überdruss *m,* Übersättigung *f; 3. tener una ~* einen verdorbenen Magen haben

indignación [indigna'θĭɔn] *f* Entrüstung *f*

indignado [indig'nađo] *adj* empört

indignamente [indigna'mente] *adv* unwürdig

indignarse [indig'narse] *v ~ por algo/~ de algo* sich über etw entrüsten

indignidad [indigni'đađ] *f 1. (sin dignidad, sin decencia)* Unwürdigkeit *f; 2. (ofensa)* Würdelosigkeit *f,* Schmach *f,* Schande *f*

indigno [in'digno] *adj 1.* unwürdig; *~ de un ser humano* menschenunwürdig; *2. (deshonroso, afrentoso)* unwürdig, schändlich, würdelos; *3. (infame)* infam, ehrlos, niederträchtig

indio ['indĭo] *m 1. (aborigen americano)* Indianer *m; hacer el ~ (fig)* sich albern benehmen; *2. (de la India) GEO* Inder *m; 3. (elemento químico) CHEM* Indium *n*

indirecta [indi'rɛkta] *f 1.* Seitenhieb *m; 2. ~s pl* Sticheleien *pl; echar ~s* sticheln

indirecto [indi'rɛkto] *adj* indirekt, mittelbar

indisciplina [indisθi'plina] *f* Disziplinlosigkeit *f,* Ungehorsam *m*

indisciplinado [indisθipli'nađo] *adj* disziplinlos, undiszipliniert

indisciplinarse [indisθipli'narse] *v* sich gegen die Disziplin auflehnen, ungehorsam werden

indiscreción [inđiskre'θĭɔn] *f (acción o dicho indiscreto)* Indiskretion *f,* Vertrauensbruch *m,* Taktlosigkeit *f*

indiscretamente [indiskreta'mente] *adv* indiskret

indiscreto [indis'kreto] *adj 1.* indiskret, naseweis; *m 2.* Schaulustiger *m*

indisculpable [indiskul'paƀle] *adj* unentschuldbar

indiscutible [indisku'tiƀle] *adj* unbestreitbar, unstreitig

indisolubilidad [indisoluƀili'đađ] *f* Unauflöslichkeit *f,* Untrennbarkeit *f*

indisoluble [indiso'luƀle] *adj* untrennbar, unauflösbar

indispensable [indispen'saƀle] *adj* unentbehrlich, unabdingbar

indisponer [indispo'nɛr] *v irr 1. (alterar ligeramente la salud)* unpässlich machen, krank machen; *2. (quitar la disposición)* außerstande setzen
indisponibilidad [indisponiƀili'đađ] *f* Unabkömmlichkeit *f,* Unverfügbarkeit *f*
indisponible [indispo'niƀle] *adj* unabkömmlich
indisposición [indisposi'θĭɔn] *f (malestar)* Unwohlsein *n,* Unpässlichkeit *f*
indispuesto [indis'pwesto] *adj 1.* unwohl, unbehaglich; *2. (malhumorado)* verdrießlich
indisputable [indispu'taƀle] *adj* unbestreitbar
indistinto [indis'tinto] *adj* unklar, verschwommen
individual [indiƀi'đwal] *adj* individuell, Einzel...
individualidad [indiƀiđwali'đađ] *f* Individualität *f,* Persönlichkeit *f*
individualismo [indiƀiđwa'lizmo] *m 1.* Individualismus *m; 2. (egoísmo)* Egoismus *m*
individualista [indiƀiđwa'lista] *m (que sólo se preocupa por sí mismo)* Individualist(in) *m/f*
individualización [indiƀiđwaliθa'θĭɔn] *f* Individualisierung *f*
individualizar [indiƀiđwali'θar] *v* individualisieren, einzeln betrachten
individuo [indi'ƀiđwo] *m 1.* Mensch *m,* Individuum *n,* Person *f; 2. (fam)* Individuum *n,* Person *f*
indivisibilidad [indiƀisiƀili'đađ] *f* Unteilbarkeit *f*
indivisible [indiƀi'siƀle] *adj* unteilbar
indócil [in'dɔθil] *adj* starrsinnig, unbeugsam, ungelehrig
indocilidad [indoθili'đađ] *f* Unbeugsamkeit *f,* Starrsinn *m*
indocto [in'dokto] *adj* ungelehrt, unwissend
indoeuropeo [indoeuro'peo] *adj lenguas indoeuropeas* indoeuropäische Sprachen
índole [in'đole] *f* Wesen *n,* Veranlagung *f*
indolencia [indo'lenθĭa] *f* Lässigkeit *f*
indolente [indo'lente] *adj* lässig
indomable [indo'maƀle] *adj* unbändig
inducción [indug'θĭɔn] *f 1.* Anstiftung *f,* Verleitung *f,* Induktion *f; 2. (inferencia inductiva)* Schlussfolgerung *f; 3. corriente de ~ PHYS* Induktionsstrom *m*
inducir [indu'θir] *v irr 1. ~ a* verleiten zu; *2. (iniciar o acelerar el parto) MED* einleiten; *~ el parto* die Geburt einleiten *f; 3. (razonar inductivamente)* folgern, schlussfolgern
indudable [indu'đaƀle] *adj* sicher, zweifellos
indulgencia [indul'xenθĭa] *f 1. (piedad)* Gnade *f; 2. (tolerancia)* Nachsicht *f*
indulgente [indul'xente] *adj 1.* gnädig, glimpflich; *2. (tolerante)* nachsichtig; *ser ~ con alguien* jdm gegenüber nachsichtig sein
indultar [indul'tar] *v JUR* begnadigen
indulto [in'dulto] *m JUR* Begnadigung *f,* Gnade *f,* Gnadenerlass *m*
indumentaria [indumen'tarĭa] *f (fam: ropa, vestido)* Tracht *f,* Kleidung *f*
industria [in'dustrĭa] *f* Industrie *f; ~ agraria* Agrarindustrie *f; ~ de armamentos* Rüstungsindustrie *f; ~ de automóviles* Automobilindustrie *f; ~ farmacéutica* Pharmaindustrie *f; gran ~* Großindustrie *f; ~ pesada* Schwerindustrie *f; ~ química* Chemieindustrie *f; ~ siderúrgica* Eisen- und Stahlindustrie *f; ~ textil* Textilindustrie *f*
industrial [indus'trĭal] *adj ECO 1.* industriell, gewerblich; *m 2.* Industrieller *m*
industrialización [industrĭaliθa'θĭɔn] *f* Industrialisierung *f*
industrializar [industrĭali'θar] *v* industrialisieren
industrioso [industrĭ'oso] *adj (laborioso)* fleißig, arbeitsam, geschäftig
inédito [i'nɛđito] *adj* unveröffentlicht, noch nicht bekannt, neu
inefabilidad [inefaƀili'đađ] *f* Unaussprechlichkeit *f*
inefable [ine'faƀle] *adj* unaussprechlich, unsagbar
inefectivo [inefɛk'tiƀo] *adj* unwirksam, ineffektiv
ineficacia [inefi'kaθĭa] *f* Wirkungslosigkeit *f*
ineficaz [inefi'kaθ] *adj* unwirksam, wirkungslos
inejecutable [inexeku'taƀle] *adj* nicht vollstreckbar, nicht ausführbar
inelegante [inele'gante] *adj* unelegant, taktlos
ineluctable [ineluk'taƀle] *adj (inevitable)* unvermeidlich, unumgänglich
ineludible [inelu'điƀle] *adj* unvermeidlich, unumgänglich

inembargable [inemƀar'gaƀle] *adj JUR* unpfändbar
inenarrable [inena'rraƀle] *adj (indecible)* unbeschreiblich
inepcia [i'nepθĭa] *f* Albernheit *f*
ineptitud [inepti'tuđ] *f* Beschränktheit *f*, Unfähigkeit *f*
inepto [i'nɛpto] *adj MIL* untauglich
inequívoco [ine'kiƀoko] *adj* eindeutig, unmissverständlich, unverkennbar
inercia [i'nɛrθĭa] *f 1. PHYS* Trägheit *f*; *2. (fig: inacción)* Untätigkeit *f*, Trägheit *f*
inerme [i'nɛrme] *adj (desarmado)* unbewaffnet
inerte [i'nɛrte] *adj 1.* regungslos; *2. PHYS* träge
inescrutable [ineskru'taƀle] *adj* unerforschlich, rätselhaft, nicht zu erraten
inescudriñable [ineskuđri'ɲaƀle] *adj* unerforschbar
inesperado [inespe'rađo] *adj* unerwartet, unverhofft, unvermutet
inestabilidad [inestaƀili'đađ] *f 1. POL* Unruhen *f/pl*; *2. (falta de estabilidad física o mental)* Instabilität *f*, Unbeständigkeit *f*
inestable [ines'taƀle] *adj* instabil, labil, unbeständig
inestimable [inesti'maƀle] *adj* unschätzbar
inevitable [ineƀi'taƀle] *adj* unvermeidlich, unabwendbar, unweigerlich
inexactitud [inɛgsakti'tuđ] *f* Ungenauigkeit *f*
inexacto [inɛk'sakto] *adj* ungenau
inexcusable [inegsku'saƀle] *adj* unverzeihlich
inexistencia [inɛgsis'tenθĭa] *f* Abwesenheit *f*, Nichtvorhandensein *n*, Nichtbestehen *n*
inexistente [inegsis'tente] *adj* nicht existierend, nicht vorhanden, wesenlos
inexorabilidad [inegsoraƀili'đađ] *f* Unbeirrbarkeit *f*, Unerbittlichkeit *f*
inexorable [inegso'raƀle] *adj* unbeirrbar, unerbittlich
inexperiencia [inegspe'rĭenθĭa] *f* Unerfahrenheit *f*
inexperto [ines'pɛrto] *adj* unerfahren
inexpiable [inegs'pĭaƀle] *adj* unentschuldbar, unsühnbar
inexplicable [inespli'kaƀle] *adj* unbegreiflich, unerklärlich
inexplotable [inɛsplo'taƀle] *adj* nicht verwertbar, nicht abbaufähig
inexpresable [inegspre'saƀle] *adj* nicht ausdrückbar, unbeschreiblich
inexpresivo [inespre'siƀo] *adj* ausdruckslos
inexpugnable [inespug'naƀle] *adj* uneinnehmbar, unüberwindlich
inextinguible [inegstin'giƀle] *adj* unauslöschlich
inextricable [inegstri'kaƀle] *adj (difícil de comprender)* verworren, schwierig
infalibilidad [imfaliƀili'đađ] *f* Unfehlbarkeit *f*
infalible [imfa'liƀle] *adj* todsicher
infalsificable [infalsifi'kaƀle] *adj* unverfälschbar
infamante [imfa'mante] *adj* entehrend
infamar [infa'mar] *v (arrebatar la honra)* verleumden, schänden
infame [im'fame] *adj 1.* niederträchtig, schändlich, verrucht; *2. (vil)* infam, gemein, niederträchtig
infamia [im'famĭa] *f 1.* Niedertracht *f*, Schandtat *f*, *2. (deshonra)* Ehrlosigkeit *f*, Schmach *f*; *3. (maldad)* Niedertracht *f*
infancia [im'fanθĭa] *f 1.* Kindheit *f*; *2. (fig: la primera etapa de algo)* Anfang *m*
infanta [im'fanta] *f (una hija legítima del rey)* Infantin *f*
infante [im'fante] *m* Infant *m*
infantería [imfante'ria] *f MIL* Infanterie *f*; *~ de marina* Marineinfanterie *f*
infantil [imfan'til] *adj 1.* kindisch; *2. (fig: inocente, ingenuo, pueril)* infantil, kindlich, unschuldig
infarto [im'farto] *m MED* Infarkt *m*; *~ de miocardio* Herzinfarkt *m*
infatigable [imfati'gaƀle] *adj* rastlos
infausto [im'faŭsto] *adj (desgraciado)* unheilvoll, unglücklich
infección [imfek'θĭɔn] *f MED* Infektion *f*
infeccioso [imfeg'θĭoso] *adj foco ~ MED* Ansteckungsherd *m*, Infektionsherd *m*
infectado [imfek'tađo] *adj MED* infiziert; *~ del SIDA* aidsinfiziert
infectar [imfɛk'tar] *v MED* infizieren, anstecken
infecto [im'fekto] *adj (corrompido)* verdorben
infecundidad [imfekundi'đađ] *adj* Unfruchtbarkeit *f*
infecundo [imfe'kundo] *adj* unfruchtbar
infeliz [imfe'liθ] *adj* unglücklich
inferencia [imfe'renθĭa] *f* Schlussfolgerung *f*

inferior [imfe'rĭɔr] *adj 1.* untere(r,s), Unter...; *2. (fig)* geringe(r,s); *m 3.* Untergebener *m*
inferioridad [imferĭori'đađ] *f* Minderwertigkeit *f; complejo de ~* Minderwertigkeitskomplex *m*
inferir [imfe'rir] *v irr 1. (deducir)* folgern, herleiten, schließen; *2. (causar ofensas, agravios)* zufügen
infernal [imfɛr'nal] *adj 1.* höllisch, teuflisch, heillos; *2. (fig: lo que causa disgusto)* höllisch
infestación [imfesta'θĭɔn] *f* Verseuchung *f*
infestar [imfes'tar] *v 1.* verseuchen; *2. (abundar alimañas)* verseuchen, plagen
inficionar [imfiθĭo'nar] *v 1. (infectar)* anstecken; *2. (fig: corromper con malos ejemplos)* verderben
infidelidad [imfiđeli'đađ] *f* Untreue *f; ~ matrimonial* Seitensprung *m*
infiel [im'fĭɛl] *adj 1.* treulos, untreu; *ser ~* fremdgehen; *2. (falto de exactitud)* ungenau, unzuverlässig
infierno [im'fĭɛrno] *m 1.* Hölle *f,* Hexenkessel *m; 2. (fig) ¡Váyase al ~! ¡Vete al ~!* Fahr zur Hölle! *3. (fig) en el quinto ~* abgelegener, weit entfernter Ort *m*
infiltración [imfiltra'θĭɔn] *f* Unterwanderung *f,* Infiltration *f*
infiltrar [imfil'trar] *v 1. (introducir un líquido en un sólido)* einflößen, einsickern; *2. MIL* infiltrieren, einflößen; *~ espías* Spione einschleusen *m/pl*
infiltrarse [imfil'trarse] *v* eindringen
infinidad [imfini'đađ] *f* Unendlichkeit *f; ~ de veces* x-mal
infinitivo [imfini'tiƀo] *adj modo ~ GRAMM* Infinitiv *m*
infinito [imfi'nito] *adj 1.* endlos, unendlich, grenzenlos; *n 2. lo ~* Unendlichkeit *f*
inflación [imfla'θĭɔn] *f ECO* Inflation *f*
inflacionista [imflaθĭo'nista] *adj* inflationär
inflado [im'flađo] *adj* geschwollen
inflador [imfla'đɔr] *m* Luftpumpe *f*
inflamable [imfla'maƀle] *adj* feuergefährlich, brennbar
inflamación [imflama'θĭɔn] *f MED* Entzündung *f*
inflamar [imfla'mar] *v 1.* entzünden; *2. (encender algo)* anzünden, entflammen
inflamarse [imfla'marse] *v 1.* auflodern, zünden; *2. MED* sich entzünden
inflamatorio [imflama'torĭo] *adj MED* entzündlich
inflar [im'flar] *v 1.* aufpumpen; *2. (soplar)* aufblasen; *3. (fig: exagerar)* aufbauschen, übertreiben, aufblasen
inflarse [im'flarse] *v* sich aufblähen
inflexibilidad [imflegsiƀili'đađ] *f 1. (que no se dobla)* Unbeugsamkeit *f,* Härte *f; 2. (fig: firmeza del ánimo)* Unerbittlichkeit *f,* Unbeugsamkeit *f*
inflexible [imflɛg'siƀle] *adj* unbeugsam, eisern, unnachgiebig
inflexión [imflɛg'sĭɔn] *m 1.* Biegung *f; f 2. (modulación de la voz)* Tonfall *m*
infligir [imfli'xir] *v 1. (causar)* bereiten; *~ un gran dolor* großen Schmerz bereiten; *2. JUR* verhängen; *~ un castigo* eine Strafe verhängen
influencia [imflu'enθĭa] *f 1.* Einfluss *m; 2. (poder)* Macht *f; 3. (fig) tener ~* Einfluss ausüben, einflussreich sein, Geltung haben; *tráfico de ~s* passive Bestechung *f*
influenciar [imfluen'θĭar] *v* beeinflussen, Einfluss haben
influenza [imflu'enθa] *f MED* Influenza *f,* Grippe *f*
influir [imflu'ir] *v irr* beeinflussen; *~ sobre alguien* auf jdn abfärben
influyente [imflu'jente] *adj 1.* einflussreich; *2. (poderoso)* mächtig
información [imfɔrma'θĭɔn] *f 1.* Auskunft *f,* Information *f,* Bescheid *m; 2. (artículo periodístico)* Berichterstattung *f; ~ gráfica* Bildbericht *m; 3. (averiguación)* Erkundigung *f; 4. ciencia de la ~* Informationswissenschaft *f*
informador(a) [imfɔrma'đɔr/imfɔrma'đora] *m/f* Berichterstatter(in) *m/f*
informal [imfɔr'mal] *adj 1.* formlos; *2. (persona)* unsolide
informalidad [imfɔrmali'đađ] *f* Zwanglosigkeit *f,* Ordnungswidrigkeit *f,* Unzuverlässigkeit *f*
informar [imfɔr'mar] *v* berichten, informieren, mitteilen; *~ a alguien* jdn verständigen; *Ayer el periodista informó sobre la guerra del Golfo.* Gestern berichtete der Journalist vom Golfkrieg.
informarse [imfɔr'marse] *v 1. ~ de/~ sobre* sich erkundigen nach, sich informieren über; *2. (preguntar) ~ de* nachfragen nach
informática [imfɔr'matika] *f* Informatik *f*

informático [imfɔr'matiko] *m* Informatiker *m*
informativo [imfɔrma'tiƀo] *adj* informativ
informe [im'fɔrme] *m 1.* Bericht *m,* Mitteilung *f,* Nachfrage *f; ~ sobre la situación* Lagebericht *f; 2. (juicio) JUR* Gutachten *n; adj 3. (sin forma)* formlos, unförmig
infortunio [imfɔr'tunĭo] *m* Missgeschick *n,* Unglück *n*
infracción [imfrak'θĭɔn] *f* Übertretung *f,* Verstoß *m,* Überschreitung *f*
infraestructura [imfraestruk'tura] *f* Infrastruktur *f*
infrahumano [imfrau'mano] *adj* menschenunwürdig
infranqueable [imfran'keaƀle] *adj* unüberschreitbar, unbegehbar, unüberwindlich
infrarrojo [imfra'rroxo] *adj radiación infrarroja* infrarot
infravalorar [imfraƀalo'rar] *v* unterbewerten
infringir [imfriŋ'xir] *v JUR* überschreiten, verletzen, verstoßen
infructífero [imfruk'tifero] *adj 1. (que no produce frutos)* unfruchtbar, fruchtlos; *2. (fig: sin utilidad)* zwecklos, vergeblich
infructuosidad [imfruktwosi'đađ] *f* Unfruchtbarkeit *f,* Zwecklosigkeit *f*
infructuoso [imfruk'twoso] *adj* erfolglos
infundado [imfun'dađo] *adj* unbegründet
infundio [in'fundĭo] *m (mentira)* Gerücht *n,* Lüge *f*
infundir [imfun'dir] *v ~ respeto* imponieren
infusión [imfu'sĭɔn] *f MED* Infusion *f*
ingeniar [iŋxe'nĭar] *v (inventar)* ersinnen, erfinden
ingeniarse [iŋxe'nĭarse] *v* sich bemühen, versuchen
ingeniero [iŋxe'nĭero] *m* Ingenieur *m; ~ de construcción* Bauingenieur *m*
ingenio [iŋ'xenĭo] *m 1. (capacidad de inventar)* Erfindungsgabe *f; 2. (persona que tiene inventiva)* Erfinder *m,* geistreicher Mensch *m; 3. (astucia, maña)* Kunstgriff *m,* List *f,* Geriebenheit *f; 4. (máquina)* Maschine *f,* Anlage *f; 5. ~ de azúcar AGR* Zuckerfabrik *f,* Zuckerrohrpflanzung *f; 6. (facultad creadora) ART* Genie *n; 7. aguzar el ~* sich zusammennehmen
ingeniosidad [iŋxenĭosi'đađ] *f* Erfindungsgabe *f,* Scharfsinn *m,* Witz *m*
ingenioso [iŋxe'nĭoso] *adj* erfinderisch, geistreich
ingénito [in'xenito] *adj (innato)* angeboren
ingenuidad [iŋxenwi'đađ] *f* Naivität *f*
ingenuo [iŋ'xenwo] *adj* einfältig, leichtgläubig, naiv
ingerir [iŋxe'rir] *v irr* einnehmen, schlucken, hinunterschlingen
ingestión [iŋxes'tĭɔn] *f* Aufnahme *f*
Inglaterra [iŋgla'terra] *f GEO* England *n*
ingle ['iŋgle] *f ANAT* Leiste *f*
inglés [iŋ'gles] *adj 1.* englisch; *m 2. (persona)* Engländer *m; 3. (idioma)* Englisch *n*
inglesa [iŋ'glesa] *f* Engländerin *f*
inglesismo [iŋgle'sizmo] *m* Anglizismus *m,* englische Spracheigenheit *f*
ingobernable [iŋgoƀɛr'naƀle] *v* unlenkbar, nicht zu regieren
ingratitud [iŋgrati'tud] *f (falta de gratitud)* Undankbarkeit *f,* Undank *m*
ingrato [iŋ'grato] *adj* undankbar, unangenehm
ingravidez [iŋgraƀi'đeθ] *f PHYS* Schwerelosigkeit *f*
ingrávido [iŋ'graƀiđo] *adj PHYS* schwerelos
ingredientes [iŋgre'dĭentes] *m/pl* Zutaten *pl*
ingresar [iŋgre'sar] *v 1. ~ en (incorporarse)* beitreten; *2. (en una cuenta bancaria)* einzahlen; *3. ~ a alguien en el hospital* jdn ins Krankenhaus einliefern; *hacer ~* einweisen
ingreso [iŋ'greso] *m 1. (admisión)* Aufnahme *f,* Beitritt *m; 2. (ganancias) FIN* Einnahme *f; ~ neto* Nettoeinkommen *n; 3. (en caja) FIN* Einzahlung *f; 4. ~s pl ECO* Einkommen *n,* Auskommen *n,* Einkünfte *pl*
ingurgitar [ingurxi'tar] *v ANAT* verschlingen
inhábil [in'aƀil] *adj 1. (sin habilidad)* unfähig; *2. (que no puede asumir un cargo) JUR* untauglich
inhabilidad [inaƀili'đađ] *f 1. (falta de habilidad)* Ungeschicklichkeit *f,* Unfähigkeit *f; 2. (impedimento para ejerecer un trabajo* Untauglichkeit *f*
inhabilitación [inaƀilita'θĭɔn] *f* Entwöhnung *f*
inhabilitar [inaƀili'tar] *adj 1. (declarar inhábil) JUR* für unfähig erklären; *v 2. (ha-*

cer imposible) untauglich machen; *3. ~ una opción INFORM* eine Option unzugänglich machen
inhabitable [inaƀi'taƀle] *adj* unbewohnbar
inhabitado [inaƀi'tađo] *adj* unbewohnt
inhalación [inala'θĭɔn] *f* Inhalation *f,* Einatmen *n*
inhalador [inala'đɔr] *m ~ de óxigeno* Sauerstoffgerät *n*
inhalar [ina'lar] *v 1.* einatmen; *2. MED* inhalieren
inhallable [ina'ʎaƀle] *v* unauffindbar
inherente [ine'rente] *adj* innewohnend, inhärent
inhibición [iniƀi'θĭɔn] *f 1. PSYCH* Hemmung *f; 2. MED* Funktionsverlust *m*
inhibido [ini'ƀiđo] *adj (persona)* verklemmt
inhibidor [iniƀi'đɔr] *adj 1.* hemmend, verbietend; *m 2. MED* Hemmer *m*
inhibir [ini'ƀir] *v (restringir)* untersagen
inhospitalario [inospita'larĭo] *adj 1. (poco hospitalario)* ungastlich; *2. (inhóspito)* unwirtlich
inhóspito [in'ospito] *adj* ungastlich
inhumación [inuma'θĭɔn] *f* Beisetzung *f*
inhumano [inu'mano] *adj* unmenschlich, menschenunwürdig
inhumar [inu'mar] *v (enterrar un cadáver)* beerdigen, bestatten
iniciación [iniθĭa'θĭɔn] *f* Inangriffnahme *f,* Anbahnung *f*
iniciador(a) [iniθia'đɔr/iniθia'đora] *m/f* Initiator(in) *m/f*
inicial [ini'θĭal] *adj 1.* anfänglich; *2. letra ~* Anfangsbuchstabe *m*
iniciar [ini'θĭar] *v* unternehmen, starten, einleiten, anbahnen
iniciativa [iniθia'tiƀa] *f 1.* Initiative *f,* Anstoß *m; ~ propia* Eigeninitiative *f; 2. ~ popular POL* Volksbegehren *n*
inicio [i'niθĭo] *m 1. (introducción)* Einleitung *f; 2. (comienzo)* Start *m*
inicuo [i'nikwo] *adj (injusto)* ungerecht, gemein, ruchlos
inimaginable [inimaxi'naƀle] *adj* unfassbar, unvorstellbar
inimitable [inimi'taƀle] *adj* unnachahmlich
inimputabilidad [inimputaƀili'đađ] *f JUR* Unzurechnungsfähigkeit *f*
inimputable [inimpu'taƀle] *adj JUR* unzurechnungsfähig
ininteligible [ininteli'xiƀle] *adj* unleserlich, unverständlich
ininterrumpidamente [ininterrumpiđa'mente] *adv* pausenlos, ununterbrochen
ininterrumpido [ininterrum'piđo] *adj* pausenlos, ständig, ununterbrochen
iniquidad [iniki'đađ] *f* Ruchlosigkeit *f,* Sünde *f,* Gemeinheit *f*
injerencia [iŋxe'renθĭa] *f* Einführung *f*
injerir [iŋxe'rir] *v irr* einführen, einnehmen, mit einbegreifen
injertar [iŋxɛr'tar] *v 1. AGR* verpflanzen; *2. MED* transplantieren, verpflanzen
injerto [iŋ'xɛrto] *m 1. MED* Transplantation *f; 2. AGR* Pfropfen *m*
injuria [iŋ'xurĭa] *f* Beleidigung *f,* Schimpfwort *n*
injuriar [iŋxu'rĭar] *v* beleidigen, beschimpfen
injurioso [iŋxu'rĭoso] *adj* ausfallend, ehrenrührig
injusticia [iŋxus'tiθĭa] *f 1.* Unrecht *n; 2.* Ungerechtigkeit *f*
injustificable [iŋxustifi'kaƀle] *adj* ungerechtfertigt, unbegründet
injustificado [iŋjustifi'kađo] *adj* ungerechtfertigt
injusto [iŋ'xusto] *adj* ungerecht, unrecht
inmaculado [inmaku'lađo] *adj* makellos
inmadurez [inmađu'reθ] *f* Unreife *f*
inmaduro [inma'đuro] *adj (persona)* unreif
inmanejable [inmane'xaƀle] *adj* unhandlich
inmanente [inma'nente] *adj* immanent, innewohnend
inmarcesible [inmarθe'siƀle] *adj* unvergänglich, nicht welkend
inmaterial [inmate'rĭal] *adj* unkörperlich, immateriell
inmaterialidad [inmaterĭali'đađ] *f* Immaterialität *f,* Unkörperlichkeit *f,* Unstofflichkeit *f*
inmediaciones [inmedĭa'θĭones] *f/pl* Umgebung *f*
inmediato [inme'dĭato] *adj* fristlos, unverzüglich
inmejorable [inmejo'raƀle] *adj* nicht zu verbessern, hervorragend
inmemorable [inmemo'raƀle] *adj* uralt
inmensamente [inmensa'mente] *adv* massenhaft, grenzenlos
inmensidad [inmensi'đađ] *f* Maßlosigkeit *f*

inmenso [in'menso] *adj* immens, massenhaft, maßlos
inmensurable [inmensu'raƀle] *adj* unermesslich
inmerecido [inmere'θiđo] *adj* unverdient
inmersión [inmɛr'sĭɔn] *f* Eintauchen *n,* Überflutung *f*
inmerso [in'mɛrso] *adj (abismado)* versunken, vertieft
inmigración [inmigra'θĭɔn] *f* Einwanderung *f*
inmigrado [inmi'građo] *adj 1.* eingewandert, immigriert; *m 2.* Immigrant *m,* Einwanderer *m*
inmigrante [inmi'grante] *m/f* Einwanderer(in) *m/f*
inmigrar [inmi'grante] *v* einwandern
inminencia [inmi'nenθĭa] *f* unmittelbares Bevorstehen *n*
inminente [inmi'nente] *v* bevorstehend; *ser ~* bevorstehen
inmiscuirse [inmisku'irse] *v irr ~ en* sich einmischen in; *no ~ en* sich heraushalten aus
inmisión [inmi'sĭɔn] *f* Immission *f*
inmobiliario [inmoƀi'lĭarĭo] *adj 1.* immobil, unbeweglich; *2.* Grundstücks..., Immobilien...; *agente ~* Immobilienmakler *m*
inmoderación [inmođera'θĭɔn] *f* Maßlosigkeit *f*
inmoderado [inmođe'rađo] *adj* unmäßig
inmodestia [inmo'đestĭa] *f* Unbescheidenheit *f*
inmodesto [inmo'đesto] *adj* unbescheiden
inmolación [inmola'θĭɔn] *f* Aufopferung *f,* Schlachtung *f*
inmolar [inmo'lar] *v (sacrificar)* opfern, abschlachten
inmolarse [inomo'larse] *v (sacrificar todo por otra cosa)* sich opfern
inmoral [inmo'ral] *adj* sittenwidrig, unmoralisch, wüst
inmoralidad [inmorali'đađ] *f* Unmoral *f,* Sittenwidrigkeit *f*
inmortal [inmɔr'tal] *adj* unsterblich
inmortalidad [iŋmɔrtali'đađ] *f* Unsterblichkeit *f*
inmortalizar [inmɔrtali'θar] *v* verewigen
inmotivado [inmoti'ƀađo] *adj* grundlos
inmovible [inmo'ƀiƀle] *adj* unbeweglich
inmóvil [in'mɔƀil] *adj* bewegungslos, ruhig, regungslos; *estar ~* ruhen
inmovilidad [inmoƀili'đađ] *f* Ruhe *f*
inmovilizado [inmoƀili'θađo] *adj* bewegungsunfähig
inmovilizar [inmoƀili'θar] *v* stilllegen
inmueble [in'mweƀle] *m 1.* Grundstück *n; 2. ~s pl ECO* Liegenschaften *pl,* Immobilien *pl*
inmundicia [inmun'diθĭa] *f 1.* Schmutz *m,* Dreck *m; 2. (fig: impureza)* Unreinheit *f*
inmundo [in'mundo] *adj* dreckig, schmutzig
inmune [in'mune] *adj 1. ~ contra* immun gegen; *2. (fig: no afectado por)* immun, unbelastet
inmunidad [inmuni'đađ] *f 1. MED* Immunität *f; 2. (~ parlamentaria) POL* Immunität *f; 3. ~ diplomática* diplomatische Immunität *f*
inmunización [inmuniθa'θĭɔn] *f* Immunisierung *f*
inmunizador [inmuniθa'đɔr] *adj* immunisierend
inmunizar [inmuni'θar] *v ~ contra ... MED* immunisieren gegen, unempfänglich machen gegen
inmunodeficiencia [inmunodefi'θĭenθĭa] *f MED* Immunschwäche *f*
inmunológico [inmuno'loxiko] *adj sistema ~ MED* Immunsystem *n*
inmutabilidad [inmutaƀili'đađ] *f* Unveränderlichkeit *f,* Unwandelbarkeit *f*
inmutable [inmu'taƀle] *adj* unveränderlich, unwandelbar, stets gleich bleibend
inmutar [inmu'tar] *v (alterar)* wandeln, ändern, aufregen
inmutarse [inmu'tarse] *v* sich aufregen
innato [in'nato] *adj* angeboren
innatural [innatu'ral] *adj* unnatürlich
innavegable [innaƀe'gaƀle] *adj NAUT* nicht seetüchtig, nicht schiffbar
innecesario [inneθe'sarĭo] *adj* unnötig, entbehrlich
innegable [inne'gaƀle] *adj* unbestreitbar
innegociable [innego'θĭaƀle] *adj* nicht handelsfähig
innoble [in'noƀle] *adj* gemein, niederträchtig
innovación [innoƀa'θĭɔn] *f* Innovation *f,* Neuerung *f*
innovador [innoƀa'đɔr] *adj* erneuernd, erneuerungsfreudig
innovar [in'noƀar] *v* Neuerungen einführen, Neuheiten einführen
innovativo [innoƀa'tiƀo] *adj* innovativ

innumerable [innume'raƀle] *adj* unzählig
inobediente [inoƀe'đĭente] *adj* ungehorsam, unfolgsam
inobservado [inoƀsɛr'ƀađo] *adj* unbeobachtet
inobservancia [inoƀser'ƀanθĭa] *f* Nichtbeachtung *f*
inocencia [ino'θenθĭa] *f* Unschuld *f*
inocentada [inoθen'tađa] *f* harmloser Scherz *m,* naive Rede *f*
inocente [ino'θente] *adj 1.* unschuldig; *2. (simple, tonto)* einfältig, naiv; *3. (infantil)* kindlich
inocuidad [inokwi'đađ] *f* Harmlosigkeit *f*
inoculación [inokula'θĭɔn] *f MED* Impfung *f*
inoculador [inokula'đɔr] *adj* einflößend
inocular [inoku'lar] *v 1. MED* inokulieren; *2. MED* impfen; *3. (fig: pervertir con doctrinas)* einflößen
inocultable [inokul'taƀle] *adj* nicht zu verheimlichen, nicht zu verbergen
inocuo [i'nokwo] *adj (inofensivo)* harmlos, naiv, unschädlich
inodoro [ino'đoro] *adj* geruchlos
inofensivo [inofen'siƀo] *adj* unschädlich, unbedenklich, harmlos
inoficial [inofi'θĭal] *adj* inoffiziell
inoficioso [inofi'θĭoso] *adj (LA: ocioso, inútil)* unbrauchbar, nutzlos, zwecklos
inolvidable [inɔlƀi'đaƀle] *adj* unvergesslich
inopia [i'nopĭa] *f (pobreza)* Armut *f,* Not *f*
inopinable [inopi'naƀle] *adj* undenkbar
inopinado [inopi'nađo] *adj* unvermutet
inoportuno [inopɔr'tuno] *adj* unpassend, unangebracht, ungelegen
inorgánico [inɔr'ganiko] *adj* unorganisch
inoxidable [inɔksi'đaƀle] *adj* nicht rostend, rostfrei
inquebrantable [inkebran'taƀle] *adj* unzerbrechlich, unverbrüchlich, eisern
inquietador [iŋkĭeta'đɔr] *adj* beunruhigend, störend, Besorgnis erregend, ängstigend, bedrohlich
inquietante [iŋkĭe'tante] *adj* Besorgnis erregend, beunruhigend, unheimlich
inquietar [iŋkĭe'tar] *v* beunruhigen
inquietarse [iŋkĭe'tarse] *v* sich beunruhigen
inquieto [iŋ'kĭeto] *adj 1. (con temor)* bange; *2. (que nunca está tranquilo)* unruhig, ruhelos
inquietud [iŋkĭe'tuđ] *f* Besorgnis *f,* Unruhe *f*
inquilinaje [iŋkili'naxe] *m* Mietzins *m*
inquilinato [iŋkili'nato] *m (arriendo)* Miete *f*
inquilino [iŋki'lino] *m* Mieter *m*
inquina [iŋ'kina] *f (aversión)* Abneigung *f*
inquinar [iŋki'nar] *v (manchar)* beschmutzen
inquirir [iŋki'rir] *v irr (investigar)* nachforschen, nachfragen, untersuchen
inquisición [iŋkisi'θĭɔn] *f 1. la santa ~ HIST* die heilige Inquistion *f; 2. (averiguación)* Nachforschung *f,* Untersuchung *f*
inquisidor [iŋkisi'đɔr] *m 1. (juez de la Inquisición) HIST* Inquisitor *m; 2. (el que indaga algo)* Forscher *m; adj 3. (escrutador)* inquisitorisch, untersuchend, prüfend
inquisitorial [iŋkisito'rĭal] *adj 1. (relativo a la Inquisición)* Inquisitions...; *2.* inquisitorisch
insaciabilidad [insaθĭaƀili'đađ] *f* Unersättlichkeit *f*
insaciable [insa'θĭaƀle] *adj* unersättlich
insalubre [insa'luƀre] *adj* ungesund, gesundheitsschädlich
insalubridad [insaluƀri'đađ] *f* ungesunder Charakter *m,* ungesundes Wesen *n*
insanable [insa'naƀle] *adj* unheilbar
insania [in'sanĭa] *f (demencia)* Demenz *f,* Wahnsinn *m*
insano [in'sano] *adj* wahnsinnig, ungesund
insatisfacción [insatisfag'θĭɔn] *f* Unzufriedenheit *f*
insatisfecho [insatis'fetʃo] *adj* unzufrieden, unbefriedigt
insaturado [insatu'rađo] *adj CHEM* ungesättigt
inscribible [inskri'ƀiƀle] *adj* eintragbar, einschreibbar
inscribir [inskri'ƀir] *v 1. (tomar datos en un registro)* einschreiben; *2. (trazar una figura dentro de otra) MATH* einzeichnen
inscribirse [inskri'ƀirse] *v irr* sich einschreiben, sich anmelden
inscripción [inskriƀ'θĭɔn] *f 1.* Anmeldung *f,* Einschreibung *f; 2. (de moneda, de un edificio)* Aufschrift *f; 3. (epigrafía)* Inschrift *f; poner una ~ en* beschriften

insecable [inse'kaƀle] *adj* nicht auszutrocknen, unversiegbar
insecticida [insɛkti'θiđa] *m* Insektenvertilgungsmittel *n*
insecto [in'sɛkto] *m ZOOL* Insekt *n*
insectología [insektolo'xia] *f ZOOL* Insektologie *f*
inseguridad [inseguri'đađ] *f 1.* Unsicherheit *f,* Zweifel *m; 2. (sin merecer confianza)* Unzuverlässigkeit *f*
inseguro [inse'guro] *adj 1.* unsicher; *hacer ~* verunsichern; *2. (que no merece confianza)* unzuverlässig
inseminación [insemina'θĭɔn] *f (llegada del semen al óvulo) BIO* Befruchtung *f; ~ artificial* künstliche Befruchtung *f*
insensatez [inse'guro] *f 1.* Unvernunft *f; 2. (dicho necio)* Dummheit *f,* Blödsinn *m*
insensato [insen'sato] *adj* unvernünftig
insensibilidad [insensiƀili'đađ] *f 1. (falta de sensibilidad)* Unsensibilität *f,* Unempfindlchkeit *f; 2. (fig: dureza de corazón)* Gefühllosigkeit *f*
insensibilización [insensiƀiliθa'θĭɔn] *f* Betäubung *f*
insensibilizador [insensiƀiliθa'đɔr] *adj MED* Betäubungs..., betäubend
insensibilizar [insensiƀili'θar] *v 1. (quitar la sensibilidad) MED* betäuben; *2. (fig: endurecer)* desensibilisieren, unempfindlich machen
insensible [insen'siƀle] *adj 1.* gefühllos, herzlos, kaltschnäuzig; *2. ~ a* unempfindlich für, empfindungslos
inseparabilidad [inseparaƀili'đađ] *f* Unzertrennlichkeit *f*
inseparable [insepa'raƀle] *adj (fig: personas muy unidas)* unzertrennlich
inserción [insɛr'θĭɔn] *f* Inserat *n,* Einschaltung *f*
insertar [insɛr'tar] *v 1.* einsetzen, einschalten, einfügen; *2. ~ un disco flexible INFORM* eine Diskette einlegen
inserto [in'sɛrto] *adj* veröffentlicht
inservible [insɛr'ƀiƀle] *adj* untauglich, unbrauchbar
insidia [in'siđĭa] *f* Falle *f,* Hinterlist *f*
insidiar [insi'đĭar] *v (poner trampas)* überlisten, Fallen stellen
insidioso [insi'đĭoso] *adj 1.* hinterhältig, hinterlistig; *2. (enfermedad grave) MED* schweres Leiden
insigne [in'signe] *adj* berühmt, ausgezeichnet
insignia [in'signĭa] *f 1.* Abzeichen *n,* Ehrenzeichen *n; 2. (bandera)* Fahne *f,* Abzeichen *n*
insignificancia [insignifi'kantĭa] *f* Kleinigkeit *f,* Geringfügigkeit *f,* Belanglosigkeit *f*
insignificante [insignifi'kante] *adj* belanglos, geringfügig, nichts sagend, unbedeutend
insinceridad [insinθeri'đađ] *f* Unaufrichtigkeit *f*
insincero [insin'θero] *adj* unaufrichtig, unehrlich, falsch
insinuación [insinwa'θĭɔn] *f* Andeutung *f*
insinuador [insinwa'đɔr] *adj* andeutend, anspielend
insinuante [insi'nwante] *adj* verführerisch, schmeichelnd
insinuar [insinu'ar] *v* andeuten, einbinden; *~ algo a alguien* jdm etw nahe legen
insinuativo [insinwa'tiƀo] *adj* einschmeichelnd, verführerisch
insipidez [insipi'đeθ] *f* Abgeschmacktheit *f,* Geschmacklosigkeit *f*
insípido [in'sipiđo] *adj 1.* fade, geschmacklos; *2. (fig: que no tiene gracia)* abgeschmackt, geschmacklos, schal
insipiencia [insi'pĭenθĭa] *f* Geistlosigkeit *f*
insipiente [insi'pĭente] *adj 1.* schal, fade; *2. (fig)* geschmacklos, geistlos
insistencia [insis'tenθĭa] *f 1.* Nachdruck *m; 2. (perseverancia, persistencia)* Drängen *n,* Beharrlichkeit *f,* Ausdauer *f*
insistente [insis'tente] *adj* eindringlich, inständig, nachdrücklich
insistir [insis'tir] *v 1. ~ en algo* auf etw pochen, auf etw bestehen; *2. (mantenerse muy firme)* darauf bestehen, drängen
insobornable [insɔƀor'naƀle] *adj* unbestechlich
insociabilidad [insoθĭaƀili'đađ] *f* Ungeselligkeit *f*
insociable [inso'θĭaƀle] *adj* ungesellig, eigenbrötlerisch
insocial [inso'θĭal] *adj* ungesellig
insolación [insola'θĭɔn] *f MED* Sonnenstich *m,* Hitzschlag *m*
insolarse [inso'larse] *v (enfermarse a causa del sol)* einen Sonnenstich bekommen *m*
insoldable [insol'đaƀle] *adj MET* unlötbar

insolencia [inso'lenθĭa] *f* *1.* Frechheit *f,* Unverfrorenheit *f;* *2. (acción temeraria)* Vermessenheit *f,* Verwegenheit *f;* *3. (dicho insultante)* Frechheit *f,* Beleidigung *f*
insolente [inso'lente] *adj* *1.* frech, patzig, unverschämt; *2. (soberbio)* überheblich, frech
insólito [in'solito] *adj* ungewohnt, ungewöhnlich
insolubilidad [insoluƀili'đađ] *f* *1. (lo que no se puede diluir)* Unauflöslichkeit *f,* Unlöslichkeit *f;* *2. (lo que no se puede resolver)* Unlösbarkeit *f*
insoluble [inso'luƀle] *adj* unlösbar
insoluto [inso'luto] *adj* *(no pagado)* unbezahlt
insolvencia [insɔl'ƀenθĭa] *f* *ECO* Zahlungsunfähigkeit *f*
insolvente [insɔl'ƀente] *adj* *ECO* zahlungsunfähig
insomne [in'sɔmne] *adj* schlaflos
insomnio [in'somnĭo] *m* Schlaflosigkeit *f*
insondable [inson'daƀle] *adj* *1. (que no se puede sondear)* nicht auszuloten; *2. (fig)* unergründlich; *un misterio ~* ein unergründliches Geheimnis *n*
insonorización [insonoriθa'θĭɔn] *f* Schalldämmung *f*
insonorizar [insonori'θar] *v* schalldicht machen
insonoro [inso'noro] *adj* schalldicht
insoportable [insopɔr'taƀle] *adj* *1.* unerträglich, unausstehlich, ungenießbar; *2. (fig: molesto, fastidioso)* unerträglich, widrig
insospechable [insospe'tʃaƀle] *adj* nicht zu erwarten
insospechado [insospe'tʃađo] *adj* unerwartet, unverhofft
insostenible [insoste'niƀle] *adj* unhaltbar
inspección [inspɛg'θĭɔn] *f* *1.* Kontrolle *f,* Aufsicht *f,* Inspektion *f;* *~ aduanera* Zollkontrolle *f;* *2. ~ del lugar del hecho JUR* Lokaltermin *m*
inspeccionar [inspɛg'θĭonar] *v* nachsehen, überwachen, kontrollieren
inspector(a) [inspɛk'tɔr/inspɛk'tora] *m/f* Aufseher(in) *m/f,* Kontrolleur(in) *m/f*
inspiración [inspira'θĭɔn] *f* *1.* Eingebung *f;* *2. (el acto de tomar aire)* Luftholen *n,* Einatmen *n;* *3. (iluminación divina)* Inspiration *f,* Eingebung *f*
inspirado [inspi'rađo] *adj* angeregt, inspiriert
inspirador [inspira'đɔr] *adj* *1. (que inspira)* inspirierend, belebend, begeisternd; *2. musculos ~es ANAT* Atemmuskeln *m/pl*
inspirante [inspi'rante] *adj* inspirierend, anregend
inspirar [inspi'rar] *v* *1. (fig)* inspirieren; *2. (aspirar el aire)* einatmen; *2. (causar un sentimiento)* einflößen
inspirarse [inspi'rarse] *v* *(utilizar las ideas de otro) ART* sich inspirieren lassen
instalación [instala'θĭɔn] *f* *1.* Installation *f;* *2. (montaje) TECH* Einbau *m;* *3. ~ de red de cables TECH* Verkabelung *f;* *4. ~ sanitaria* Sanitäranlage *f;* *5. ~ trasportadora TECH* Förderanlage *f;* *6. (mudanza)* Einzug *m;* *7. ~es de irrigación pl TECH* Bewässerungsanlage *f*
instalador [instala'đɔr] *m* Installateur *m*
instalar [insta'lar] *v* *1. TECH* einbauen, montieren; *2. (montar)* aufstellen, installieren
instalarse [insta'larse] *v* sich einrichten; *~ en un piso* in eine Wohnung einziehen
instancia [ins'tanθĭa] *f* *1.* Gesuch *n;* *2. JUR* Instanz *f*
instantánea [instan'tanea] *f* *FOTO* Schnappschuss *m*
instantáneo [instan'taneo] *adj* augenblicklich, sofortig
instante [ins'tante] *m* *1.* Augenblick *m,* Moment *m;* *en este ~* soeben; *2. al ~* sofort, augenblicklich; *3. a cada ~* jeden Augenblick
instar [ins'tar] *v* *1. (repetir una petición)* auf einer Forderung bestehen *f;* *2. (apremiar)* drängen, zwingen, darauf bestehen
instauración [instaŭra'θĭɔn] *f* Errichtung *f,* Gründung *f*
instaurar [instau'rar] *v* *1. (restablecer)* wiederherstellen; *2. (fundar)* gründen, errichten
instigación [instiga'θĭɔn] *f* Anregung *f,* Anstiftung *f,* Hetze *f*
instigador(a) [instiga'đɔr/instiga'đora] *m/f* Anstifter(in) *m/f;* *~ oculto* Drahtzieher *m*
instigar [insti'gar] *v* aufhetzen
instilación [instila'θĭɔn] *f* Instillation *f,* Einträufelung *f*
instilar [insti'lar] *v* *1. (echar gota a gota)* einträufeln; *2.* einflößen; *~ una idea* eine Idee eingeben *f*

instintivo [instin'tiƀo] *adj* instinktiv, triebhaft

instinto [ins'tinto] *m 1.* Instinkt *m,* Trieb *m; ~ de conservación* Selbsterhaltungstrieb *m; 2. por ~* unwillkürlich, aus einem Instinkt heraus; *3. (fig) tener malos ~s* schlechte Vorlieben haben

institución [institu'θĭɔn] *f* Anstalt *f,* Institution *f*

institucional [instituθĭɔ'nal] *adj* institutionell

institucionalizar [instituθĭonali'θar] *v* institutionalisieren

instituidor [institwi'đɔr] *adj* gründend, stiftend

instituir [institu'ir] *v irr (dar principio a algo)* einführen, einsetzen, gründen

instituto [insti'tuto] *m 1.* Institut *n; 2. ~ bancario ECO* Geldinstitut *n; 3. ~ cultural/~ de cultura* Kulturinstitut *n; 4. ~ demoscópico* Meinungsforschungsinstitut *n; 5. (escuela)* Schule *f; ~ de enseñanza media* Gymnasium *n; ~ laboral* Berufsschule *f*

institutor [institu'tɔr] *adj* gründend, stiftend, anordnend

institutriz [institu'triθ] *f* Hauslehrerin *f,* Gouvernante *f*

instituyente [institu'jente] *adj* gründend

instrucción [instruk'θĭɔn] *f 1. (enseñanza, doctrina, aprendizaje)* Lehre *f; 2. (clase)* Unterricht *m; ~ profesional* Ausbildung *f; 3. (aclaración, enseñanza)* Belehrung *f; 4. (indicación)* Angabe *f,* Weisung *f; 5. JUR* Ermittlung *f; ~ del sumario* Ermittlungsverfahren *n; 6. instrucciones para el uso pl* Gebrauchsanweisung *f*

instructivo [instruk'tiƀo] *adj* aufschlussreich, lehrreich

instructor [instruk'tɔr] *adj 1. juez ~ JUR* Untersuchungsrichter *m; m 2.* Lehrer *m*

instruido [instru'iđo] *adj* gebildet; *ser ~* belesen sein

instruir [instru'ir] *v irr 1. (profesionalmente)* ausbilden; *2. (enseñar)* unterrichten, anlernen, beibringen; *~ a alguien en algo* jdn etw lehren; *3. ~ el sumario contra alguien JUR* gegen jdn ermitteln

instrumentación [instrumenta'θĭɔn] *f 1. (acto de instrumentar una obra) MUS* Instrumentierung *f; 2. (configuaración instrumental) MUS* Orchesterbesetzung *f*

instrumental [instrumen'tal] *adj 1. (que actúa como un instrumento)* Instrumental... *adj 2. música ~ MUS* Instrumentalmusik *f; 3. (conjunto de instrumentos)* Instrumentarium *n; el ~ de un cirujano* das Chirurgenbesteck *n*

instrumentar [instrumen'tar] *v MUS* instrumentieren

instrumentista [instrumen'tista] *m/f 1. (músico que toca un instrumento) MUS* Instrumentalist *m,* Musiker *m; 2. (que hace instrumentos)* Musikgerätebauer *m*

instrumento [instru'mento] *m 1. TECH* Instrument *n,* Gerät *n; ~ de medición* Messinstrument *n; 2. ~ musical MUS* Musikinstrument *n; tocar un ~* ein Instrument spielen; *~ de viento* Blasinstrument *n; 3. ~ de prueba JUR* Beweisstück *n; 4. ~s de navegación pl TECH* Navigationsinstrumente *pl*

insubordinación [insuƀɔrdina'θĭɔn] *f* Ungehorsam *m*

insubordinado [insuƀɔrdi'nađo] *adj 1.* ungehorsam, sich widersetzend; *m 2.* Aufständischer *m*

insubordinar [insuƀɔrdi'nar] *v (incitar a la subordinación)* zum Ungehorsam verleiten, zum Aufstand treiben

insubordinarse [insuƀɔrdi'narse] *v* meutern, den Gehorsam verweigern

insubstancial [insuƀstan'θĭal] *adj* substanzlos, bedeutungslos

insubstancialidad [insuƀstanθĭali'đađ] *f* Banalität *f*

insubstituible [insuƀsti'twiƀle] *adj* unersetzlich

insuficiencia [insufi'θĭenθĭa] *f 1.* Unzulänglichkeit *f; ~ auditiva MED* Hörfehler *m; 2. (incapacidad)* Insuffizienz *f,* Unfähigkeit *f,* Unzulänglichkeit *f*

insuficiente [insufi'θĭente] *adj* mager, ungenügend, mangelhaft, insuffizient, unzulänglich

insufrible [insu'frible] *adj 1. (insoportable)* unerträglich; *un dolor ~* ein unerträglicher Schmerz *m; 2. (fig: intolerable)* unausstehlich

insular [insu'lar] *adj* Insel...

insulina [insu'lina] *f MED* Insulin *n*

insulsez [insul'sɛθ] *f 1. (lo insípido, sin sabor)* Geschmacklosigkeit *f,* Fadheit *f; 2. (fig: tontería)* Geschmacklosigkeit *f,* Abgeschmacktheit *f*

insulso [in'sulso] *adj* geschmacklos, abgeschmackt

insultante [insul'tante] *adj* beleidigend, schmähend

insultar [insul'tar] *v* beleidigen, beschimpfen, schimpfen
insulto [in'sulto] *m* Beleidigung *f,* Schimpfwort *n*
insumable [insu'maƀle] *adj* unermesslich, unvertilgbar
insume [in'sume] *adj (muy caro)* aufwändig, teuer
insumergible [insumɛr'xiƀle] *adj* unsinkbar
insumisión [insumi'sǐɔn] *f* Ungehorsam *m,* Unfolgsamkeit *f*
insumiso [insu'miso] *adj 1. MIL* Totalverweigerer *m; 2. (indócil)* ungehorsam, aufmüpfig, widerständisch
insuperable [insupe'raƀle] *adj* unüberwindlich, unübertrefflich
insurgente [insur'xent] *adj 1.* aufständisch; *m 2.* Aufrührer *m*
insurrección [insurrɛk'θǐɔn] *f 1.* Aufstand *m,* Rebellion *f; 2. POL* Aufruhr *m*
insurreccional [insurregθǐo'nal] *adj* aufständisch, revoltierend
insurreccionar [insurregθǐo'nar] *v* zur Revolte treiben
insurreccionarse [insurregθio'narse] *v (rebelarse)* sich erheben
insurrecto [insu'rrɛkto] *adj 1.* abtrünnig, rebellisch; *m 2.* Rebell *m*
insustancial [insustan'θǐal] *adj* unbedeutend, billig
insustituible [insustitu'iƀle] *adj* unabkömmlich
intachable [inta'tʃaƀle] *adj* makellos, tadellos
intacto [in'takto] *adj 1.* intakt, unberührt, unversehrt; *2. (fig: que no ha sufrido daño)* intakt, unbeschädigt
intangible [intan'xiƀle] *adj* unantastbar, tabu
integrable [inte'graƀle] *adj* integrierbar
integración [integra'θǐɔn] *f 1.* Integration *f,* Integrierung *f; 2. (proceso de obtener la integral) MATH* Integrierung *f*
integrado [inte'građo] *adj 1. circuito ~ PHYS* integrierter Schaltkreis *m; 2. paquete ~ INFORM* integriertes Programmpaket *n*
integral [inte'gral] *adj (pan integral, cálculo integral)* Vollkorn..., Integral...
integrante [inte'grante] *adj parte ~* wesentlicher Bestandteil
integrar [inte'grar] *v 1.* eingliedern, integrieren, angliedern; *2. (encontrar la integral) MATH* integrieren
integridad [integri'đađ] *f 1. (moral)* Ehrbarkeit *f; 2. (totalidad)* Vollständigkeit *f*
íntegro ['integro] *adj 1.* vollständig; *2. (honrado)* rechtschaffen, bieder
intelectiva [intelek'tiƀa] *f* Verstand *m,* Geisteskraft *f*
intelectivo [intelek'tiƀo] *adj* Verstandes...
intelecto [inte'lɛkto] *m* Verstand *m,* Denkfähigkeit *f,* Intellekt *m*
intelectual [intelɛk'twal] *adj 1.* intellektuell; *m 2.* Intellektueller *m*
intelectualidad [intelektwali'đađ] *f 1. (el conjunto de los intelectuales)* Intellektuellenkreise *m/pl; 2. (calidad de intelectualidad)* Intellektualität *f*
intelectualizar [intelektwali'θar] *v* intellektualisieren, vergeistigen
inteligencia [inteli'xenθǐa] *f 1.* Verstand *m,* Denkvermögen *n,* Intelligenz *f; 2. (ingenio)* Geist *m; 3. (habilidad)* Fähigkeit *f,* Intelligenz *f,* Scharfsinn *m; 3. (departamento de seguridad) MIL* Nachrichtendienst *m*
inteligente [inteli'xente] *adj 1.* intelligent, klug, gelehrig; *2. (fig) TECH* intelligent, vernunftbegabt; *tarjeta ~* Mikrochip *m; un compilador ~* intelligenter Compiler *m*
inteligentemente [intelixente'mente] *adv* verständig, klug
inteligibilidad [intelixiƀili'đađ] *f* Verständlichkeit *f*
inteligible [inteli'xiƀle] *adj 1. (comprensible)* verstehbar, begreiflich; *2. (que puede oírse claramente)* deutlich, klar vernehmbar
intemperie [intem'perǐe] *f a la ~* im Freien, unter freiem Himmel
intempestivo [intempes'tiƀo] *adj* ungelegen, unzeitgemäß
intemporal [intempo'ral] *adj* zeitlos
intención [inten'θǐɔn] *f* Absicht *f,* Vorhaben *n,* Ziel *n; con ~* absichtlich; *sin ~* unabsichtlich; *tener la ~ de hacer algo* beabsichtigen, etw zu tun/gewillt sein, etw zu tun; *mala ~* Hintergedanke *m,* böse Absicht *f*
intencionado [intenθio'nađo] *adj* absichtlich, geflissentlich, gezielt
intencional [intenθǐo'nal] *adj* absichtlich
intencionalidad [intenθǐonali'đađ] *f PHIL* Intentionalismus *m*
intendente [inten'dente] *m* Intendant *m,* Vorsteher *m*

intensidad [intensi'đađ] *f* Intensität *f*; ~ *de sonido* Lautstärke *f*
intensificación [intensifika'θĭɔn] *f* Ausbau *m*
intensificar [intensifi'kar] *v* *1.* verstärken, ausbauen; *2. (profundizar)* vertiefen
intensivo [inten'siƀo] *adj* intensiv
intenso [in'tenso] *adj* *1.* intensiv; *2. (sonido)* lautstark; *3. (alto grado)* hochgradig
intentar [inten'tar] *v* versuchen
intento [in'tento] *m* Versuch *m*, Vorstoß *m*; ~ *de aproximación/~ de acercamiento* Annäherungsversuch *m*; ~ *de suicidio* Selbstmordversuch *m*
interacción [interak'θĭɔn] *f* Wechselwirkung *f*
interastral [interas'tral] *adj* *ASTR* interastral, interstellar
intercalación [interkala'θĭɔn] *f* Einschaltung *f*, Einschiebung *f*
intercalar [interka'lar] *v* einschieben, einschalten, einrücken
intercambiable [interkam'ƀĭaƀle] *adj* austauschbar
intercambiar [interkam'bĭar] *v* tauschen
intercambio [inter'kambĭo] *m* *1.* Tausch *m*; *2. (de ambas partes)* Austausch *m*; ~ *de alumnos* Schüleraustausch *m*; ~ *de experiencias* Erfahrungsaustausch *m*; ~ *de ideas* Gedankenaustausch *m*; ~ *de opiniones* Meinungsaustausch *m*; ~ *cultural* Kulturaustausch *m*
interceder [interθe'đer] *v* ~ *por* eintreten für
interceptar [interθep'tar] *v* *1.* abfangen; *2. TEL* abhören, abhorchen
interceptor [interθep'tɔr] *m (un avión ligero que persigue) MIL* Abfangjäger *m*
intercesión [interθe'sĭɔn] *f* Vermittlung *f*, Fürsprache *f*
intercesor(a) [interθe'sɔr/interθe'sora] *m/f* Fürsprecher(in) *m/f*
intercomunicador [interkomunika'đɔr] *m TECH* Gegensprechanlage *f*
interconectar [interkonek'tar] *v* verbinden
interconexión [interkoneg'sĭɔn] *f* Verkettung *f*, Verbindung *f*
intercontinental [interkontinen'tal] *adj* interkontinental
intercultural [interkultu'ral] *adj* interkulturell, zwischen den Kulturen
interdependencia [interdepen'denθĭa] *f* gegenseitige Abhängigkeit *f*
interdicción [interdig'θĭɔn] *f* *1. (prohibición)* Verbot *n*; *2. (restricción) JUR* Vorbehalt *m*, Amtsenthebung *f*
interdisciplinario [interdisθipli'narĭo] *adj* interdisziplinär, mehrere Disziplinen umfassend *f/pl*
interés [inte'res] *m* *1.* Interesse *n*; *falta de* ~ Desinteresse *n*; ~ *público* Gemeinwohl *n*; *de* ~ *común* gemeinnützig; *2. ECO* Verzinsung *f*, Zins *m*; *sin intereses* zinslos; *m/pl* *3. intereses comunes* gemeinsame Interessen *pl*, Interessen der Allgemeinheit *pl*
interesado [intere'sađo] *adj* *1.* interessiert, berechnend; *m* *2.* Interessent *m*
interesante [intere'sante] *adj* interessant, bemerkenswert, wissenswert; *hacerse el* ~ sich wichtig machen
interesar [intere'sar] *v* *1.* interessieren; *2. (concernir)* betreffen
interesarse [intere'sarse] *v* ~ *por* sich interessieren für, sich kümmern um
interestelar [intereste'lar] *adj* *ASTR* interstellar
interface [inter'faθe] *f* *INFORM* Schnittstelle *f*
interfaz [inter'faθ] *f* ~ *de usuario INFORM* Benutzeroberfläche *f*
interferencia [interfe'renθĭa] *f* Interferenz *f*, Einmischung *f*, Überschneidung *f*
interferir [interfe'rir] *v irr* *1.* dazwischenfunken; *2. (intervenir)* sich einmischen, dazwischentreten, einschreiten; *3. (obstruir, obstaculizar)* versperren, behindern, überlagern
intergaláctico [interga'laktiko] *adj* *ASTR* intergalaktisch
intergubernamental [interguƀernamen'tal] *adj* *POL* zwischenstaatlich
interhumano [interu'mano] *adj* zwischenmenschlich; *relaciones interhumanas* zwischenmenschliche Beziehungen *f/pl*
interino [inte'rino] *adj* *1.* provisorisch; *m* *2. (suplente)* stellvertretend
interinsular [interinsu'lar] *adj* zwischen den Inseln gelegen
interior [inte'rĭɔr] *adj* *1.* innere(r,s), innerlich; *m* *2.* Inneres *n*; *en el* ~ drinnen, innen; ~ *del país* Inland *n*, Hinterland *n*
interiorizar [interĭori'θar] *v (hacer propia una cosa)* verinnerlichen
interjección [interxeg'θĭɔn] *f* *GRAMM* Interjektion *f*, Empfindungswort *n*
interlocutor(a) [interloku'tɔr/interloku'tora] *m/f* *1.* Ansprechpartner(in) *m/f*,

Gesprächspartner(in) *m/f; 2. (en un diálogo)* Wortführer(in) *m/f*
intermediar [interme'đǐar] *v* vermitteln
intermediario [interme'dǐarǐo] *m* Verbindungsmann *m,* Vermittler *m*
intermedio [inter'međǐo] *adj* dazwischenliegend, Zwischen..., intermediär
interminable [intermi'naƀle] *adj* endlos, stundenlang
intermitencia [intermi'tenθǐa] *f* Unterbrechung *f,* Abwechslung *f*
intermitente [intermi'tente] *m TECH* Blinker *m*
intermolecular [intermoleku'lar] *adj CHEM* intermolekular, zwischen den Molekülen bestehend
internación [interna'θǐɔn] *f* Internierung *f,* Unterbringung *f,* Einweisung *f*
internacional [internaθǐo'nal] *adj* international
internacionalidad [internaθǐonali'đađ] *f* Internationalität *f,* Zwischenstaatlichkeit *f*
internado [inter'nađo] *m* Internat *n*
internar [inter'nar] *v (recluir)* internieren, einweisen, unterbringen; *~ en un manicomio* in eine Irrenanstalt einweisen; *~ en un campo de concentración* in ein Konzentrationslager internieren; *~ en un hospital* in ein Krankenhaus einweisen
internarse [inter'narse] *v (introducirse en una región)* eindringen, sich einlassen
internauta [inter'naǔta] *m (persona que navega por Internet) INFORM* Internet-Surfer *m*
Internet [inter'net] *m INFORM* Internet *n; vía ~* per Internet, via Internet
internista [inter'nista] *m/f MED* Internist(in) *m/f*
interno [in'terno] *adj* intern, innere(r,s)
interpelación [interpela'θǐɔn] *f POL* Anfrage *f*
interpelar [interpe'lar] *v 1.* anfragen; *2.* interpellieren, ausfragen
interpersonal [interperso'nal] *adj* interpersonal, zwischen mehreren Personen stattfindend *f/pl*
interplanetario [interplane'tarǐo] *adj ANAT* interplanetarisch
interpol [inter'pol] *f* Interpol *f*
interpolación [interpola'θǐɔn] *f* Interpolation *f,* Einschiebung *f*
interpolar [interpo'lar] *v 1. (introducir un pasaje en un libro)* nachträglich einfügen, fälschen; *2. (insertar)* einsetzen, einfügen, einrücken
interponer [interpo'ner] *v irr 1. (colocar en medio)* dazwischensetzen, dazwischenstellen; *2. (hacer intervenir)* dazwischentreten, einschalten
interponerse [interpo'nerse] *v irr* dazwischentreten
interposición [interposi'θǐɔn] *f* Dazwischensetzen *n,* Einschalten *n*
interpretable [interpre'taƀle] *adj* interpretierbar, deutbar, auslegbar
interpretación [interpreta'θǐɔn] *f 1. (explicación)* Deutung *f,* Interpretation *f; 2. (traducción)* Dolmetschen *n; 3. (reproducción)* Wiedergabe *f*
interpretar [interpre'tar] *v 1.* auslegen, interpretieren; *2. (traducir)* dolmetschen; *3. (cantar) MUS* vortragen, singen; *(sinfonía)* spielen; *4. (reproducir)* wiedergeben
interpretariado [interpreta'rǐađo] *m* Dolmetscher *m*
interpretativo [interpreta'tiƀo] *adj* interpretierend, auslegend
intérprete [in'terprete] *m/f 1.* Dolmetscher(in) *m/f,* Interpret(in) *m/f; ~ simultáneo* Simultandolmetscher *m; 2. CINE* Darsteller(in) *m/f; 3. INFORM* Übersetzer *m,* Interpreter *m*
interpuesto [inter'pwesto] *adj* dazwischengestellt, eingeschaltet
interrogación [interroga'θǐɔn] *f 1. (pregunta)* Frage *f; 2. signo de ~ GRAMM* Fragezeichen *n*
interrogante [interrɔ'gante] *adj* fragend
interrogar [interrɔ'gar] *v 1.* ausfragen, fragen; *2. JUR* verhören, vernehmen
interrogativo [interroga'tiƀo] *adj pronombre ~* Interrogativpronomen *n*
interrogatorio [interrɔga'torǐo] *m JUR* Verhör *n,* Vernehmung *f; ~ contradictorio* Kreuzverhör *n*
interrumpir [interrum'pir] *v* unterbrechen; *~ a alguien* jdm das Wort abschneiden, jdn unterbrechen, jdm hineinreden; *~ bruscamente* abbrechen
interrupción [interruƀ'θǐɔn] *f 1.* Unterbrechung *f,* Störung *f; 2. (de un viaje)* Abbruch *m*
interruptor [interrup'tɔr] *m TECH* Schalter *m; ~ de la luz* Lichtschalter *m*
intersecarse [interse'karse] *v (cortarse dos líneas) MATH* sich schneiden

intersección [intersɛk'θĭɔn] *f* *1.* Überschneidung *f*; *2.* *(cruce)* Kreuzung *f*
intersideral [intersiđe'ral] *adj* *ASTR* interstellar
intersticio [inters'tiθĭo] *m* Zwischenraum *m*
interurbano [interur'ƀano] *adj* *transporte ~* Ferntransport *m*
intervalo [inter'ƀalo] *m* *1.* Intervall *n*, Zwischenzeit *f*; *2.* *(distancia entre las notas)* *MUS* Intervall *n*
intervención [interƀen'θĭɔn] *f* *1.* Intervention *f*, Eingreifen *n*; *2.* *(intromisión)* Eingriff *m*; *~ quirúrgica MED* Operation *f*, Eingriff *m*
intervencionista [interƀenθĭo'nista] *m* *1.* *POL* Interventionist *m*; *adj* *2.* *política ~ POL* Interventionspolitik *f*
intervenir [interƀe'nir] *v irr* *1.* eingreifen, dazwischentreten, intervenieren; *2.* *~ en algo* sich in etw einschalten; *3.* *~ quirúrgicamente MED* operieren, einen chirurgischen Eingriff machen; *4.* *TEL* abhören
interviú [inter'ƀiu] *m* Interview *n*
intestino [intes'tino] *m* *1.* *ANAT* Darm *m*; *~ delgado* Dünndarm *m*; *~ grueso* Dickdarm *m*; *m/pl* *2.* *~s* Gedärm *n*; *adj* *3.* *(que ocurre en el interior de algo)* Inner..., intern; *luchas intestinas (en un partido político)* innere Kämpfe *m/pl*
intimarse [inti'marse] *v* *1.* *(hacer amistad íntima)* sich anfreunden; *2.* durchdringen, eindringen
intimidación [intimiđa'θĭɔn] *f* *1.* *(acción de intimidar)* Einschüchterung *f*, Drohung *f*; *Las intimidaciones de tu amigo no me asustan.* Die Einschüchterungsversuche deines Freundes erschrecken mich nicht. *2.* *(miedo)* Furcht *f*; *Esa chica percibió mi intimidación.* Dieses Mädchen hat meine Furcht bemerkt.
intimidad [intimi'đađ] *f* *1.* Intimität *f*; *2.* *(confianza)* Vertrautheit *f*
intimidado [intimi'đađo] *adj* verschüchtert
intimidar [inti'miđar] *v* einschüchtern
íntimo ['intimo] *adj* *1.* *(de confianza)* vertraut, intim; *2.* *(interior)* innere(r, s), innig, innerlich; *3.* *(amigo)* eng befreundet
intocable [into'kaƀle] *adj* unberührbar
intolerable [intole'raƀle] *adj* *1.* untragbar; *2.* *(lo que no se puede tolerar)* unerträglich, unverzeihlich; *un error ~* ein unverzeihlicher Fehler *m*; *un retraso ~* eine unmögliche Verspätung *f*; *una actitud ~* eine unerträgliche Haltung *f*
intolerancia [intole'ranθĭa] *f* *1.* Intoleranz *f*, Unduldsamkeit *f*; *2.* *~ a MED* Unverträglichkeit von *f*
intolerante [intole'rante] *adj* intolerant, unduldsam
intoxicación [intɔksika'θĭɔn] *f* *MED* Vergiftung *f*; *~ de la sangre* Blutvergiftung *f*
intoxicar [intɔksi'kar] *v* *MED* vergiften
intramuscular [intramusku'lar] *adj* *inyección ~ MED* intramuskuläre Injektion *f*
intranquilidad [intrankili'đađ] *f* Unruhe *f*
intranquilizar [intrankili'θar] *v* beunruhigen
intranquilo [intran'kilo] *adj* unruhig
intransferible [intrans'feriƀle] *adj* nicht übertragbar
intransigencia [intransi'xenθĭa] *f* Starrsinn *m*, Unnachgiebigkeit *f*, Intoleranz *f*
intransigente [intransi'xente] *adj* unnachgiebig, kompromisslos
intransitivo [intransi'tiƀo] *adj* *verbo ~ GRAMM* intransitives Verb *n*
intranuclear [intranu'klear] *adj* *PHYS* intranuklear
intraocular [intraoku'lar] *adj* *ANAT* intraokular, innerhalb des Auges gelegen *n*
intrasitable [intrassi'taƀle] *adj* nicht passierbar, unwegsam, nicht befahrbar
intratable [intra'taƀle] *adj* *1.* unzugänglich, abweisend, ungenießbar; *2.* *(fig: arisco)* barsch, unzugänglich
intrépido [in'trɛpiđo] *adj* unerschrocken, verwegen
intriga [in'triga] *f* *1.* Intrige *f*; *f/pl* *2.* *~s* Machenschaften *pl*
intrigante [intri'gante] *m* *(que intriga)* intrigant, ränkesüchtig
intrigar [intri'gar] *v* *1.* *(realizar intrigas)* intrigieren, Ränke schmieden; *2.* *(causar curiosidad)* neugierig machen
intríngulis [in'tringulis] *m* *(dificultad)* Schwierigkeit *f*, Knackpunkt *m*
intrínseco [in'trinseko] *adj* innerlich, wesentlich
introducción [introđuk'θĭɔn] *f* Einleitung *f*, Einführung *f*
introducir [introđu'θir] *v irr* *1.* einführen, einleiten; *2.* *INFORM* eingeben; *3.* *(ocasionar)* einführen, herbeiführen, veranlassen

intromisión [intromi'sĭɔn] *f* Einmischung *f*, Einführung *f*
introspección [introspeg'θĭɔn] *f* Innenschau *f*
introspectivo [introspek'tiƀo] *adj* introspektiv, nach innen gewandt
introversión [introƀɛr'sĭɔn] *f* Introversion *f*
introvertido [introƀɛr'tiđo] *adj* *1. PSYCH* introvertiert, nach innen blickend; *m 2. PSYCH* Introvertierter *m*
introyección [introjek'θĭɔn] *f PSYCH* Introjektion *f*, unbewusste Einbeziehung fremder Ansichten
intrusión [intru'sĭɔn] *f* unberechtigtes Eingreifen *n*, unbefugtes Eindringen *n*
intruso [in'truso] *m 1.* Eindringling *m; 2. MIL* Intruder *m*, militärisches Aufklärungsflugzeug *n*
intubación [intuƀa'θĭɔn] *f* Intubation *f*
intubar [intu'ƀar] *v 1. (insertar un tubo) MED* intubieren; *2. (diagnosticar por medio de un tubo)* endoskopieren
intuición [intwi'θĭɔn] *f 1.* Intuition *f; por ~* gefühlsmäßig; *2.* Intuition *f*, Einfühlungsvermögen *n; 3. (verdad percibida de forma inmediata)* Auffassungsvermögen *n*
intuir [in'twir] *v irr* intuitiv erkennen, intuitiv erfassen
intuitivo [intui'tiƀo] *adj* intuitiv, anschaulich
inuit [i'nwit] *m 1. (el pueblo esquimal)* Inuit *m; 2. (la lengua de los inuit) LING* Sprache der Inuit *f*
inulina [inu'lina] *f BOT* Inulin *n*
inundación [inunđa'θĭɔn] *f* Überschwemmung *f*, Hochwasser *n*, Überflutung *f*
inundar [inun'dar] *v 1.* durchfluten, überschwemmen; *2. (fig: llenar)* füllen, eindecken, überschwemmen
inusitado [inusi'tađo] *adj* ungebräuchlich, ungewohnt
inútil [i'nutil] *adj 1.* nutzlos, sinnlos, zwecklos; *m 2.* Nichtsnutz *m*, Taugenichts *m*, Niete *f*
inutilidad [inutili'đađ] *f* Nutzlosigkeit *f*
inutilizar [inutili'θar] *v* entwerten, unbrauchbar machen
invadir [imba'đir] *v 1. (por las plantas)* überwuchern; *2. MIL* einfallen; *3. (entrar sin permiso)* eindringen; *4. (fig)* überfluten
invalidación [imƀaliđa'θĭɔn] *f* Entkräftung *f*, Ungültigerklärung *f*
invalidez [imbali'đeθ] *f* Ungültigkeit *f*
inválido [im'baliđo] *adj 1.* ungültig; *m 2.* Invalide *m*, Schwerbehinderter *m*
invariabilidad [imƀarĭaƀili'đađ] *f* Unveränderbarkeit *f*
invariable [imba'rĭaƀle] *adj* gleich bleibend, unabänderlich, unveränderlich
invariante [imƀa'rĭante] *m* Invariante *f*
invasión [imba'sĭɔn] *f 1. MIL* Einfall *m*, Invasion *f; 2. ~ de los Bárbaros HIST* Völkerwanderung *f; 3. (entrada forzada)* Eindringen *n*
invasor [imƀa'sɔr] *adj 1.* invasorisch, eindringend, einfallend; *m 2.* eindringender Feind *m*
invectiva [imbek'tiƀa] *f* Invektive *f*, Schmähung *f*, Beleidigung *f*
invencible [imben'θiƀle] *adj* unüberwindbar, unbesiegbar
invención [imben'θĭɔn] *f* Erfindung *f*
invendible [imben'diƀle] *adj* unverkäuflich
inventar [imben'tar] *v* erfinden
inventariar [imbenta'rĭar] *v* Bestand aufnehmen, Inventur machen
inventario [imben'tarĭo] *m 1.* Inventar *n*, Lagerbestand *m; 2. ECO* Bestandsaufnahme *f*, Inventur *f*
inventiva [imben'tiƀa] *f* Erfindungskraft *f*, Entdeckerfreude *f*
inventivo [imben'tiƀo] *adj* erfinderisch
invento [im'bento] *m* Entdeckung, Erfindung *f*
inventor(a) [imben'tɔr/imben'tora] *m/f* Erfinder(in) *m/f*
invernadero [imbɛrna'đero] *m* Gewächshaus *n*, Treibhaus *n; efecto ~* Treibhauseffekt *m*
invernal [imbɛr'nal] *adj* winterlich
invernar [imbɛr'nar] *v irr* überwintern
inverosímil [imbero'simil] *adj* unwahrscheinlich, unglaublich, unglaubwürdig
inverosimilitud [imberosimili'tuđ] *f* Unwahrscheinlichkeit *f*
inversamente [imbɛrsa'mente] *adv* seitenverkehrt
inversión [imbɛr'sĭɔn] *f FIN* Investition *f*, Anlage *f; ~ de capital* Kapitalanlage *f*, Anlage *f*
inversionista [imbɛrsĭo'nista] *m/f FIN* Geldanleger *m*
inverso [im'bɛrso] *adj (contrario)* umgekehrt, gegenteilig; *orden ~* umgekehrte Reihenfolge *f*

inversor(a) [imbɛr'sɔr/imbɛr'sora] *m/f* *FIN* Anleger(in) *m/f*
invertebrado [imbɛrte'ƀrađo] *m* *1. ZOOL* Invertebraten *m/pl,* wirbellose Tierarten *f/pl; adj 2. ZOOL* wirbellos
invertido [imvɛr'tiđo] *adj (al revés)* verkehrt, umgekehrt
invertir [invɛr'tir] *v irr 1.* aufwenden; *2. FIN* anlegen, investieren
investidura [imƀesti'đura] *f* Investitur *f,* Einsetzung *f,* Einweisung (in ein Amt) *f*
investigación [imbestiga'θĭɔn] *f* Erforschung *f,* Nachforschung *f,* Forschung *f,* Recherche *f; ~ nuclear PHYS* Kernforschung *f*
investigador(a) [imbestiga'đɔr/imbestiga'đora] *m/f* Forscher(in) *m/f*
investigar [imbes'tigar] *v ~ algo* etw erforschen, nach etw forschen
inveterado [imƀete'rađo] *adj* notorisch, hartnäckig, eingefleischt
invicto [im'bikto] *adj (que nunca ha sido derrotado)* unbesiegt
invidente [imbi'đente] *m/f* Blinde(r) *m/f*
invierno [im'bĭɛrno] *m* Winter *m*
inviolabilidad [imbĭolaƀili'đađ] *f* Unverletzlichkeit *f*
inviolable [imbĭo'laƀle] *adj* unantastbar, unverletzlich
invisible [imbi'siƀle] *adj* unsichtbar
invitación [imbita'θĭɔn] *f* Einladung *f,* Aufforderung *f*
invitado [imbi'tađo] *m* Gast *m; ~ de honor* Ehrengast *m*
invitar [imbi'tar] *v* einladen, auffordern
invocación [imboka'θĭɔn] *f* Invokation *f,* Anrufung *f*
invocar [imbo'kar] *v 1.* anflehen; *2. (fig: apoyarse en)* sich berufen auf, anrufen; *~ los derechos humanos* sich auf die Menschenrechte berufen
involución [imbolu'θĭɔn] *f 1. (atrofia de un órgano)* Involution *f,* Verkümmerung eines Organs *f,* Rückbildung *f; 2. (fig: degeneración)* Verkümmerung *f*
involucrarse [imbolu'krarse] *v (implicarse)* sich einmischen
involuntario [imbolun'tarĭo] *adj* unbeabsichtigt, unfreiwillig, unwillkürlich
invulnerable [imbulne'raƀle] *adj* unverwundbar; *ser ~ contra* gefeit sein gegen, unverwundbar sein
inyección [injɛk'θĭɔn] *f MED* Injektion *f,* Spritze *f*
inyectable [injɛk'taƀle] *adj MED* injizierbar
inyectar [injɛk'tar] *v MED* spritzen, einspritzen, injizieren
inyector [injɛk'tɔr] *m TECH* Düse *f*
Ion ['ĭon] *m CHEM* Ion *n*
ionizacióm [ɪoniθa'θĭɔn] *f* Ionisation *f*
ionizar [ĭoni'θar] *v* ionisieren
ir [ir] *v irr 1.* gehen, kommen; *~ tras de alguien* jdm folgen; *~ y venir* pendeln; *~ con alguien* mit jdm mitgehen; *~ delante* vorangehen, vorausgehen; *~ al encuentro* entgegengehen; *2. ~ a buscar* holen; *~ a ver a alguien* jdn aufsuchen; *3. (fig) ~ a parar en* hineingeraten in, landen in; *4. ~ en coche* mit dem Auto fahren; *5. ~ mal* schlecht gehen; *6. (dirigirse)* führen; *7. (sentar, quedar)* stehen, passen zu; *8. ~ para largo* noch lange dauern; *Ese trabajo va para largo.* Diese Arbeit wird noch lange dauern. *9. ~ tirando* es geht so, es geht schleppend; *10. (fig) ~ uno tras una cosa* hinter einer Sache her sein; *11. no ~le ni venirle a uno una cosa* jdn nichts angehen; *12. sin ~ más lejos* ohne zu weit zu gehen
ira ['ira] *f* Wut *f,* Zorn *m*
iracundia [ira'kundĭa] *f* Zorn *m,* Wut *f*
iracundo [ira'kundo] *adj* jähzornig, unbeherrscht
Irak [i'rak] *m GEO* Irak *m*
Irán [i'ran] *m GEO* Iran *m*
iraní [ira'ni] *m 1.* Iraner *m; adj 2. GEO* iranisch
iraquí [ira'ki] *adj 1. GEO* irakisch; *m/f 2. GEO* Iraker *m*
irascible [iras'θiƀle] *adj* jähzornig
iris ['iris] *m 1. ANAT* Regenbogenhaut *f,* Iris *f; 2. arco ~* Regenbogen *m*
irisación [irisa'θĭɔn] *f* Farbenspiel *n,* Irisierung *f*
irisar [iri'sar] *v* irisieren, schillern
Irlanda [ir'lanđa] *f GEO* Irland *n*
irlandés [irlan'des] *m 1. GEO* Ire *m; terrier ~* irischer Terrier *m; café ~* irischer Kaffee *m; adj 2.* irisch; *m 3. (la lengua de Irlanda)* irische Sprache *f*
ironía [iro'nia] *f* Gespött *n,* Ironie *f,* Hohn *m*
irónico [i'roniko] *adj 1. (que expresa ironía)* ironisch; *2. (que utiliza la ironía)* Ironie...
ironista [iro'nista] *m* Spötter *m*
ironizar [ironi'θar] *v (usar la ironía)* ironisieren

irracional [irraθĭo'nal] *adj 1. (que no tiene razón)* vernunftwidrig, ohne Vernunft; *una criatura ~* eine Kreatur ohne Vernunft; *2. (contrario a la razón)* irrational, unvernünftig; *3. números ~es* irrationale Zahlen *f/pl*
irracionalidad [irraθĭonali'đađ] *f* Unvernunft *f,* Vernunftwidrigkeit *f*
irracionalismo [irraθĭona'lizmo] *m PHIL* Irrationalismus *m*
irradiación [irrađia'θĭɔn] *f 1. MED* Bestrahlung *f; 2. (emisión de rayos) PHYS* Bestrahlung *f,* Strahlung *f; 3. (fig: luz intelectual)* Ausstrahlung *f*
irradiar [irra'đĭar] *v 1. MED* bestrahlen; *2. (fig)* ausstrahlen; *~ sosiego* Ruhe ausstrahlen; *3. TECH* strahlen, beschießen; *4. (exponer un objeto a radiaciones) PHYS* bestrahlen
irrazonable [irraθo'naƀle] *adj* unvernünftig, vernunftwidrig
irreal [i'rreal] *adj* irreal, unwirklich
irrealidad [irreali'đađ] *f* Irrealität *f,* Unwirklichkeit *f*
irrealizable [irreali'θaƀle] *adj* unrealisierbar, nicht zu verwirklichen
irrebatible [irreƀa'tiƀle] *adj* unwiderlegbar
irreconciliable [irrɛkɔnθi'lĭaƀle] *adj* unversöhnlich
irreconocible [irrɛkɔno'θiƀle] *adj* unkenntlich
irrecuperable [irrɛkupe'raƀle] *adj* unwiederbringlich
irrecusable [irrɛku'saƀle] *adj* unwiderleglich
irreductible [irrɛđuk'tiƀle] *adj 1. (que no puede ser reducido)* nicht reduzierbar, nicht verkleinerbar; *2. (fig: intransigente)* unerbittlich, unnachgiebig, unbeugsam; *una fortaleza ~* eine unbeugsame Festung *f*
irreflexión [irrɛfleg'sĭɔn] *f* Gedankenlosigkeit *f,* Leichtfertigkeit *f,* Leichtsinn *m*
irreflexivo [irrɛflek'siƀo] *adj* leichtsinnig, gedankenlos, leichtfertig, unbesonnen
irrefrenable [irrɛfre'naƀle] *adj* unaufhaltsam
irrefutable [irrɛfu'taƀle] *adj* unleugbar, unwiderlegbar
irregular [irrɛgu'lar] *adj 1.* unregelmäßig; *2. (de forma ~)* ungleichmäßig; *3. (que no sigue las reglas éticas)* regellos, ordnungswidrig; *una pareja ~* ein ungewöhnliches Paar *n*
irregularidad [irrɛgulari'đađ] *f* Unregelmäßigkeit *f*
irrelevante [irrɛle'ƀante] *adj* belanglos
irreligiosidad [irrɛlixĭosi'đađ] *f* Irreligiosität *f,* unreligiöse Haltung *f*
irreligioso [irrɛli'xĭoso] *adj* unreligiös
irremediable [irrɛme'đĭaƀle] *adj* unlösbar, unvermeidlich
irremisible [irrɛmi'siƀle] *adj (imperdonable)* unverzeihlich, nicht zu vergeben, nicht wieder gutzumachen
irremplazable [irrɛmpla'θaƀle] *adj* unabkömmlich
irreprensible [irrɛpren'siƀle] *adj* beispielhaft, mustergültig, einwandfrei
irreprochable [irrɛpro'tʃaƀle] *adj* tadellos
irreproducible [irrɛprođu'θiƀle] *adj* nicht reproduzierbar, nicht wiederholbar
irrescindible [irrɛsθin'điƀle] *adj 1. (contrato)* unkündbar; *2. (no anulable)* nicht anullierbar
irresistible [irrɛsis'tiƀle] *adj* hinreißend, unwiderstehlich
irresoluble [irrɛso'luƀle] *adj (sin solución posible)* unlösbar
irresolución [irrɛsolu'θĭɔn] *f* Unentschlossenheit *f,* Wankelmut *m*
irresoluto [irrɛso'luto] *adj* unentschlossen, unschlüssig
irrespetuosidad [irrɛspetwosi'đađ] *f* Nichtachtung *f*
irrespetuoso [irrɛspe'twoso] *adj* respektlos
irresponsabilidad [irrɛsponsaƀili'đađ] *f* Unverantwortlichkeit *f,* Verantwortungslosigkeit *f,* Leichtsinn *m*
irresponsable [irrɛspɔn'saƀle] *adj* unverantwortlich, verantwortungslos
irrestricto [irrɛs'trikto] *adj* unbegrenzt, unbeschränkt
irresuelto [irrɛ'swelto] *adj 1.* ungelöst; *2.* unentschlossen
irrevelable [irrɛƀe'laƀle] *adj* nicht zu enthüllen, unverkündbar
irreverencia [irrɛƀe'renθĭa] *f* Rücksichtslosigkeit *f,* Unehrerbietigkeit *f*
irreverenciar [irrɛƀeren'θĭar] *v* rücksichtslos behandeln, unehrerbietig behandeln
irreverente [irrɛƀe'rente] *adj* unehrerbietig, rücksichtslos, skrupellos
irreversibilidad [irrɛƀɛrsiƀili'đađ] *f* Irreversibilität *f,* Unumkehrbarkeit *f*

irreversible [irrɛƀɛr'siƀle] *adj* irreversibel, unumkehrbar
irrevocabilidad [irrɛƀokaƀili'đađ] *f* Unwiderruflichkeit *f*
irrevocable [irrɛƀo'kaƀle] *adj* unkündbar, unwiderruflich
irrigable [irri'gaƀle] *adj* bewässerbar
irrigación [irriga'θĭɔn] *f* Bewässerung *f*, Wässerung *f*
irrigar [irri'gar] *v 1. (regar con un líquido) MED* spülen; *2. AGR* bewässern
irrisión [irri'sĭɔn] *f 1. (burla)* Spott *m*, Verspottung *f*, Hohn *m; 2. (persona objeto de burla)* Verspotteter *m*
irrisorio [irri'sɔrĭo] *adj* spöttisch, lachhaft, lächerlich
irritabilidad [irritaƀili'đađ] *f* Erregbarkeit *f*, Reizbarkeit *f*
irritable [irri'taƀle] *adj* jähzornig, reizbar
irritación [irrita'θĭɔn] *f* Gereiztheit *f*, Reiz *m*
irritado [irri'tađo] *adj* gereizt
irritar [irri'tar] *v 1.* reizen, ärgern, erregen; *2. (fig)* reizen
irrompible [irrɔm'piƀle] *adj* unzerbrechlich
irrumpir [irrum'pir] *v 1.* hereinbrechen; *2.* gewaltsam eindringen, einbrechen
irrupción [irruƀ'θĭɔn] *f 1.* Einbruch *m*, Ausbruch *m; 2. (incursión repentina) MIL* feindlicher Angriff *m*
irse ['irse] *v irr 1.* weggehen, davongehen, fortgehen; *2. (en coche)* davonfahren; *3. (fig: morirse)* sterben, von uns gehen; *4. (deslizarse)* herunterrutschen, ausgleiten; *Se me fueron los pies.* Mir sind die Füße weggerutscht. *5. (fam) ~le a uno la mano con algo* die Hand ausrutschen, zu viel des Guten tun; *6. (fig) ~ abajo* zugrunde gehen
isatis [i'satis] *m ZOOL* Polarfuchs *m*
isba ['izƀa] *f* Isba *f*, russisches Holzhaus *n*
isla ['isla] *f 1.* Insel *f; f/pl 2. Islas Británicas GEO* Britische Inseln *pl*
islam [is'lam] *m REL* Islam *m*
islámico [is'lamiko] *adj REL* islamisch
islamismo [isla'mizmo] *m REL* Islamismus *m*
islamita [isla'mita] *m REL* Islamit *m*
islamizar [islami'θar] *v REL* islamisieren
Islandia [is'lanđia] *f GEO* Island *n*
isleta [is'leta] *f* kleine Insel *f*
islote [is'lote] *m* Felseninsel *f*
isócrono [i'sokrono] *adj PHYS* iso-chron, regelmäßig, gleich lang dauernd
isomería [isome'rĭa] *f CHEM* Isomerie *f*
isómero [i'somero] *m CHEM* isomer
isométrico [iso'mɛtriko] *adj* isometrisch
isomorfo [iso'mɔrfo] *adj* isomorph
isonomía [isono'mia] *f* Isonomie *f*, Gleichheit vor dem Gesetz
isópodo [i'sopođo] *m ZOOL* Assel *f*
isósceles [i'sosθeles] *adj triángulo ~ MATH* gleichschenkliges Dreieck *n*
isotópico [iso'topiko] *adj CHEM* isotopisch
isótopo [i'sotopo] *m CHEM* Isotop *n*
isotrón [iso'trɔn] *m (aparato para separar isótopos) PHYS* Isotron *n*
isotropía [isotro'pia] *f PHYS* Isotropie *f*
isótropo [i'sotropo] *m PHYS* isotrop
isquión [is'kĭɔn] *m ANAT* Ischium *n*, Hüfte *f*
Israel [izrra'el] *m GEO* Israel *n*
israelí [israe'li] *adj GEO* israelisch
israelita [israe'lita] *m HIST* Israelit *m*
istmo ['istmo] *m* Isthmus *m*, Landenge *f*
Italia [i'talĭa] *f GEO* Italien *n*
italianismo [italĭa'nizmo] *m 1. (inclinación por lo italiano)* Neigung zu allem Italienischen; *2. (giro del italiano)* italienische Spracheigentümlichkeit *f*
italianizar [italĭani'θar] *v* italienisieren
italiano [ita'lĭano] *adj 1.* italienisch; *m 2. (persona)* Italiener *m; 3. (idioma)* Italienisch *n*
itálico [i'taliko] *adj 1. (de la antigua Italia) HIST* italisch; *2. letra itálica* italienisch
item ['item] *adv* ebenso, desgleichen, item
iteración [itera'θĭɔn] *f (repetición)* Iteration *f*, Wiederholung *f*
iterativo [itera'tiƀo] *adj* iterativ, sich wiederholend
itinerante [itine'rante] *adj* Reise..., Wander...
itinerario [itine'rarĭo] *m 1.* Reiseroute *f*, Weg *m; 2. MIL* Marschroute *f*
izar [i'θar] *v* hissen
izquierda [iθ'kĭɛrđa] *f 1. (mano izquierda)* linke Hand *f; 2. la ~ POL* die Linke *f; ser un cero a la ~* eine Null sein; *por la ~* links
izquierdismo [iθkĭɛr'đizmo] *m POL* Linksgerichtetheit *f*
izquierdista [iθkĭɛr'đista] *m/f POL* Linke(r) *m/f*

J/K

jabalí [xaba'li] *m ZOOL* Wildschwein *n*
jabalina [xaƀa'lina] *f 1. ZOOL* Wildsau *f; 2. SPORT* Speer *m*
jabato [xa'ƀato] *m (cachorro del jabalí) ZOOL* Frischling *m*
jabón [xa'ƀɔn] *m* Seife *f; ~ de lejía* Lauge *m; ~ de piedra* Kernseife *f*
jabonar [xabo'nar] *v* einseifen, abseifen
jacarandoso [xakaran'đoso] *adj* frech, dreist, lustig
jacinto [xa'θinto] *m BOT* Hyazinthe *f*
jactancia [xak'tanθĭa] *f* Protzerei *f,* Angeberei *f*
jactancioso [xaktan'θĭoso] *adj* angeberisch, prahlerisch, großmäulig
jactarse [xak'tarse] *v* prahlen
jade ['xađe] *m MIN* Jade *f*
jadear [xađe'ar] *v* keuchen, schnaufen
jadeo [xa'đeo] *m* Schnaufen *n*
jaguar [xa'gwar] *m ZOOL* Jaguar *m*
jaiba [xai'ba] *f (LA) ZOOL* Krebs *m*
jalar [xa'lar] *v (fam: halar) (LA)* herziehen, zerren
jalbegue [xal'ƀege] *m* Tünche *f,* weiße Schminke *f*
jaleo [xa'leo] *m 1. (fam)* Rummel *m; 2. (amorío) (LA)* Liebelei *f*
jalonar [xalo'nar] *v 1. (señalar con jalones)* markieren, abstecken; *2. (fig: marcar)* säumen
Jamaica [xa'maika] *m GEO* Jamaika *n*
jamás [xa'mas] *adv 1.* niemals, je, nie; *~ oído* nie gehört, unbekannt; *2. ~ de los jamases* nimmermehr
jambaje [xam'ƀaxe] *m ARCH* Fensterrahmen *m,* Türrahmen *m*
jamón [xa'mɔn] *m GAST* Schinken *m*
Japón [xa'pɔn] *m GEO* Japan *n*
japonés [xapo'nes] *adj 1.* japanisch; *m 2.* Japaner *m*
jaque ['xake] *m 1.* Schach *n,* Schachspiel *n,* (fig) Maulheld *m; 2. (fig) tener en ~ a uno* jmd in Schach halten
jaqueca [xa'keka] *f MED* Migräne *f,* Kopfschmerzen *pl,* Kopfweh *n*
jáquima ['xakima] *f* Halfter *m*
jarabe [xa'raƀe] *m 1.* Sirup *m; 2. ~ contra la tos* Hustensaft *m*
jarana [xa'rana] *f (alboroto)* Lärm *m,* Radau *m,* Krach *m*
jaranero [xara'nero] *adj* immer zu Späßen aufgelegt *m/pl,* lustig, fidel
jarcia ['xarθĭa] *f (aparejos de una embarcación) NAUT* Tau *n*
jardín [xar'đin] *m* Garten *m; ~ infantil* Kindergarten *m*
jardinería [xarđine'ria] *f* Gärtnerei *f*
jardinero [xarđi'nero] *m* Gärtner *m*
jarra ['xarra] *f* Kanne *f; ~ de cerveza* Bierkrug *m*
jarro ['xarro] *m 1.* Krug *m,* Kanne *f; ~ de leche* Milchkanne *f; 2. (fig) echarle a uno un ~ de agua fría* jmd eine kalte Dusche verpassen
jarrón [xa'rrɔn] *m* Vase *f*
jaspe ['xaspe] *m MIN* Jaspis *m*
jaula ['xaŭla] *f* Käfig *m,* Vogelbauer *n*
jauría [xaŭ'ria] *f* Meute *f*
jazmín [xaθ'min] *m BOT* Jasmin *m*
jefa ['xefa] *f* Chefin *f,* Leiterin *f*
jefatura [xefa'tura] *f 1.* Leitung *f; 2. (de administración)* Direktion *f,* leitende Behörde *f*
jefe ['xefe] *m 1.* Chef *m,* Leiter *m,* Oberhaupt *n; Quisiera hablar con su ~.* Ich möchte Ihren Vorgesetzten sprechen. *~ de Estado POL* Staatsoberhaupt *n; ~ de la tribu* Häuptling *m; ~ de sección* Abteilungsleiter *m; 2. (líder)* Leiter *m; ~ de tren* Zugführer *m*
jengibre [xen'xiƀre] *m BOT* Ingwer *m*
jeque ['xeke] *m* Scheich *m*
jerarca [xerar'ka] *m* Hierarch *m,* hoher Würdenträger *m,* Bonze *m*
jerarquía [xerar'kia] *f* Hierarchie *f,* Rangordnung *f*
jerez [xe'reθ] *m GAST* Sherry *m*
jerga ['xɛrga] *f 1.* Sondersprache *f,* Jargon *m; 2. (habla contaminada)* Kauderwelsch *n*
jerigonza [xeri'gonθa] *f (fam: jerga)* Ganovensprache *f,* Kauderwelsch *n*
jeringa [xe'riŋga] *f MED* Spritze *f*
jeringuilla [xeriŋ'giʎa] *f MED* Spritze *f; Insisto en una ~ estéril.* Ich bestehe auf einer sterilen Spritze.
jersey [xɛr'se] *m* Pullover *m*
jet [jet] *m TECH* Jet *m*
jeta ['xeta] *f (fam)* dicke Lippe *f,* Fratze *f,* Schnauze *f*

jibaro ['xibaro] *adj* wild, verwildert, menschenscheu
jibia ['xiƀĭa] *f ZOOL* Tintenfisch *m*
jícara ['xikara] *f (LA)(taza pequeña)* kleine Tasse *f*
jinete [xi'nete] *m/f* Reiter(in) *m/f*
jinetear [xinete'ar] *v* zureiten, herumreiten
jipijapa [xipi'xapa] *m* Panamahut *m*
jirafa [xi'rafa] *f ZOOL* Giraffe *f*
jirón [xi'rɔn] *m 1. (parte desgarrada de la ropa)* Fetzen *m,* Lumpen *m; en jirones* in Lumpen *m/pl; 2. (fig: parte pequeña de un todo)* Bruchteil *m*
jockey [xo'kei] *m* Jockey *m*
jocosidad [xokosi'đađ] *f* Vergnügen *n,* Spaßhaftigkeit *f,* Munterkeit *f*
jocoso [xo'koso] *adj* drollig
joder [xo'đɛr] *v 1. (fam)* bumsen, vögeln; *2. (fig)* übel mitspielen; *interj 3. ¡Joder!* Verdammt noch mal!
jofaina [xo'faina] *f* Becken *n*
jolgorio [xol'gɔrĭo] *m* Rummel *m,* Vergnügen *n,* Spaß *m*
Jordania [xɔr'danĭa] *f GEO* Jordanien *n*
jornada [xɔr'nađa] *f 1.* Arbeitstag *m; ~ flexible* Gleitzeit *f; 2. (congreso)* Tagung *f,* Symposium *n; 3. (expedición militar)* Tagesmarsch *m; 4. (fig: tiempo de la vida del hombre)* Lebensdauer *f*
jornal [xɔr'nal] *m* Tagelohn *m*
jornalero [xɔrna'lero] *m* Tagelöhner *m*
joroba [xo'roƀa] *f* Buckel *m*
jorobar [joro'ƀar] *v (fam: molestar)* belästigen, zudringlich sein
joven ['xoƀen] *adj 1.* jung; *el más ~* der Jüngste *m; m/f 2.* Jugendliche(r) *m/f,* Bursche *m,* Jüngling *m*
jovencito [xoƀen'θito] *adj 1. muy ~* blutjung; *m 2.* Bürschlein *n,* Bübchen *n*
jovial [xo'ƀĭal] *adj* gemütlich, jovial
jovialidad [xoƀĭali'đađ] *f* Jovialität *f,* Frohsinn *m,* Heiterkeit *f*
jovialmente [xoƀĭal'mente] *adv* jovial
joya ['xoja] *f 1.* Juwel *n,* Kleinod *n; ~ de oro* Goldschmuck *m; 2. ~s pl* Schmuck *m; 3. (fig: persona o cosa valiosa)* Schatz *m,* Perle *f,* Goldstück *n*
joyería [xoje'ria] *f* Schmuckgeschäft *n,* Juweliergeschäft *n*
joyero [xo'jero] *m* Juwelier *m*
jubilación [xuƀila'θĭɔn] *f* Pension *f,* Rente *f,* Altersversorgung *f; ~ anticipada* Vorruhestand *m*
jubilado [xuƀi'lađo] *adj* pensioniert
jubilarse [xuƀi'larse] *v* in Rente gehen
júbilo ['xuƀilo] *m* Jubel *m*
judaico [xu'đaiko] *adj REL* jüdisch
judaísmo [xuđa'izmo] *m REL* Judentum *n,* Judaismus *m*
judería [xuđe'ria] *f* Judenghetto *n,* Judenviertel *n,* Judentum *n*
judía [xu'đia] *f 1. BOT* Bohne *f; f/pl 2. ~s verdes* Brechbohnen *pl*
judicatura [xuđika'tura] *f JUR* Richtertätigkeit *f,* Richtergewalt *f*
judicial [xuđi'θĭal] *adj JUR* gerichtlich
judío [xu'đio] *adj 1. REL* jüdisch; *m 2. REL* Jude *m*
judo ['xuđo] *m (arte marcial de Japón) SPORT* Judo *n*
juego ['xwego] *m 1.* Spiel *n; hacer ~s malabares* jonglieren; *~ de azar* Glücksspiel *n; ~ de naipes* Kartenspiel *n; ~ de palabras* Wortspiel *n; ~ limpio* faires Spiel *n; 2. ~ de café* Kaffeeservice *n; 3. TECH* Spiel *n; m/pl 4. ~s olímpicos SPORT* Olympische Spiele *pl; 5. (fig) ~ sucio* schmutziges Spiel *n; 6. hacer ~* zusammenpassen
juerguista [xwɛr'gista] *m* Nachtschwärmer *m*
jueves ['xweƀes] *m* Donnerstag *m; los ~* donnerstags; *No es cosa del otro ~.* Das ist nichts Besonderes.
juez ['xweθ] *m/f JUR* Richter(in) *m/f; llevar ante el ~* dem Richter vorführen
jugador(a) [xuga'đɔr/xuga'đora] *m/f SPORT* Spieler(in) *m/f,* Kämpfer(in) *m/f*
jugar [xu'gar] *v irr 1.* spielen; *¿Juega usted a las cartas?* Spielen Sie Karten? *~ a los bolos* kegeln; *~ al póker* pokern; *2. (fig: arriesgar)* spielen, riskieren; *3. (fig) ~ limpio* ein sauberes Spiel spielen; *4. ~ a alguien una mala pasada* jdm einen bösen Streich spielen; *5. ~ el todo por el todo* aufs Ganze gehen; *Esta vez voy a ~ el todo por el todo.* Dieses Mal werde ich aufs Ganze gehen. *6. ~ a la bolsa FIN* an der Börse spekulieren *f*
jugarreta [xuga'rreta] *f (mala pasada)* Streich *m,* Scherz *m,* Neckerei *f; hacer una ~ a alguien* jemandem einen üblen Streich spielen
jugo ['xugo] *m 1.* Saft *m; ~ de frutas* Fruchtsaft *m; ~ de naranja* Orangensaft *m; ~ de manzana* Apfelsaft *m; 2. ~ gástrico ANAT* Magensaft *m; 3. (fig) sacarle el ~ a alguien* jmd ausnutzen

jugoso [xu'ɡoso] *adj 1.* saftig; *2. (fig: sustancioso)* saftig, substanzhaltig, reich
juguete [xu'ɡete] *m 1.* Spielzeug *n; 2. (fig)* Spielball *m,* Marionette *f; ser el ~ de las pasiones* der Spielball der Leidenschaften sein
juguetear [xuɡete'ar] *v* schäkern, spielen
juguetería [xuɡete'ria] *f* Spielwarengeschäft *n*
juicio ['xwiθĭo] *m 1.* Urteil *n,* Beurteilung *f,* Ermessen *n; a mi ~* meiner Meinung nach, meines Erachtens; *perder el ~* den Verstand verlieren; *2. (facultad de razonar)* Urteilsvermögen *n; 3. JUR* Verhandlung *f; ~ oral* Hauptverhandlung *f; 4. (sensatez, cordura)* Sachverstand *m,* Urteilskraft *f,* Vernunft *f; 5. el ~ final REL* das Jüngste Gericht *n; el ~ universal REL* das Jüngste Gericht *n; 6. contender en ~ JUR* vor Gericht ausfechten *n; 7. estar en su ~* alle Sinne beieinander haben; *8. estar uno fuera de ~* nicht ganz bei Sinnen sein; *9. formarse uno un ~ de algo* sich ein Urteil über etw bilden
juicioso [xwi'θĭoso] *adj* besonnen, einsichtig, verständig, vernünftig
julio ['xulĭo] *m 1.* Juli *m; 2. PHYS* Joule *n*
jumento [xu'mento] *m* Esel *m*
juncácea [xun'kaθea] *f BOT* Binsengewächs *n*
junco ['xunko] *m 1. BOT* Binse *f; 2. (una embarcación) NAUT* Dschunke *f*
jungla ['xuŋɡla] *f* Dschungel *m*
junio ['xunĭo] *m* Juni *m*
júnior ['xuniɔr] *m* Junior *m*
junípero [xu'nipero] *m BOT* Wacholder *m*
junta ['xunta] *f 1.* Versammlung *f; ~ directiva ECO* Vorstand *m; ~ consultativa* Beirat *m; 2. (unión de dos o más cosas)* Zusammenkunft *f,* Zusammenschluss *m,* Versammlung *f; 3. convocar una ~* eine Versammlung einberufen
juntar [xun'tar] *v 1. (recolectar)* sammeln; *2. (reunir)* versammeln; *3. (unir)* verbinden; *4. (lo uno con lo otro)* aneinander fügen; *~ las manos* die Hände falten
junto ['xunto] *adj 1.* gemeinsam, zusammen, nebeneinander; *adv 2.* dabei; *~ a* daneben; *prep 3. ~ a* neben
juntura [xun'tura] *f TECH* Gelenk *n*
júpiter ['xupiter] *m ASTR* Jupiter *m*
jura ['xura] *f ~ del cargo JUR* Amtseid *m*
jurado [xu'rađo] *m 1. ~ calificador* Jury *f; 2. JUR* Geschworener *m,* Schwurgericht *n; adj 3. JUR* eidesstattlich
juramento [xura'mento] *m 1.* Schwur *m; 2. JUR* Eid *m; ~ declarativo* Offenbarungseid *m; tomar ~ a alguien* jdn vereidigen; *3. falso ~ JUR* falsches Zeugnis *n,* Meineid *m; 4. (fam) echar un ~* fluchen; *5. romper un ~* einen Eid brechen; *6. estar bajo ~ JUR* unter Eid stehen
jurar [xu'rar] *v 1. ~ por* schwören bei; *2. JUR* beschwören; *3. (fam: maldecir)* fluchen, verfluchen; *4. ~ en falso* falsch schwören
jurídica [xu'riđika] *adj JUR* rechtlich; *por vía ~* auf dem Rechtsweg
jurídicamente [xu'riđikamente] *adv JUR* rechtlich
jurídico [xu'riđiko] *adj JUR* juristisch, rechtlich, Rechts...
jurisconsulto [xuriskon'sulto] *m* Jurist *m,* Rechtsgelehrter *m*
jurisdicción [xurizđik'θĭɔn] *f 1.* Amtsbezirk *m; ~ competente* Gerichtsstand *m; 2. JUR* Gerichtsbarkeit *f*
jurisprudencia [xurispru'đenθĭa] *f 1. JUR* Jura *n; 2. JUR* Rechtsprechung *f*
jurista [xu'rista] *m/f* Jurist(in) *m/f*
justamente [xusta'mente] *adv 1.* eben; *2. (precisamente)* ausgerechnet
justicia [xus'tiθĭa] *f 1.* Gerechtigkeit *f,* Justiz *f; 2. administrar ~ JUR* Gerechtigkeit widerfahren lassen *f,* Recht sprechen *n; 3. (fig) hacer ~ a algo/alguien* jmd Gerechtigkeit widerfahren lassen; *4. (fig) tomar la ~ en sus manos* das Recht in die eigenen Hände nehmen; *hacer ~ por su mano* auf eigene Faust richten; *5. (fig) caer en manos de la ~* in die Hände der Justiz fallen
justiciable [xusti'θĭaƀle] *adj* bestrafbar
justificable [xustifi'kaƀle] *adj* vertretbar
justificación [xustifika'θĭɔn] *f 1.* Berechtigung *f,* Rechtfertigung *f; 2. JUR* Rechtfertigung *f; (el acto de mostrar las razones de las acciones de uno); 3.* Justierung *f,* Satzbreite *f*
justificado [xustifi'kađo] *adj* berechtigt, gerechtfertigt
justificante [xustifi'kante] *m FIN* Beleg *m*
justificar [xustifi'kar] *v 1.* rechtfertigen; *2. JUR* belegen; *3. (ajustar los márgenes de un texto)* justieren, ausgleichen

justificarse [xustifi'karse] *v (probar la inocencia de uno) JUR* sich rechtfertigen
justificativo [xustifika'tiƀo] *m 1.* Nachweis *m; 2. JUR* Beleg *m; adj 3. argumento ~* Argument zur Rechtfertigung *n*, entlastender Beweis *m*
justipreciación [xustipreθĭa'θĭɔn] *f* Einschätzung *f,* Schätzung *f*
justipreciar [xustipre'θĭar] *v (apreciar algo en su justo valor)* einschätzen, schätzen, bewerten
justo ['xusto] *adj adv 1.* gerecht, rechtschaffen; *2. (acertado)* treffend; *ser ~* zutreffen; *¡Justo!* Genau! *3. (apretado)* eng, knapp; *4. (ni más ni menos)* gerade recht, ganz genau; *¡Ven a la hora justa, por favor!* Kommt bitte pünktlich! *m 5.* Gerechter *m,* Unschuldiger *m; los justos pagan por los pecadores* die Unschuldigen zahlen für die Schuldigen
juvenil [xuƀe'nil] *adj* jugendlich
juventud [xuƀen'tuđ] *f 1.* Jugend *f,* Jugendzeit *f; 2. (conjunto de jóvenes)* Jugendorganisation *f*
juzgado [xuθ'gađo] *m JUR* Gericht *n; ~ comarcal* Bezirksgericht *n; ~ municipal* Amtsgericht *n*
juzgar [xuθ'gar] *v 1.* richten, urteilen; *2. ~ de* beurteilen als; *3. (estimar)* erachten; *4. a ~ por las apariencias* dem Anschein nach
kalashnikov [ka'latʃnikoƀ] *f (una famosa subametralladora rusa) MIL* Kalaschnikow *f*
kamikaze [kami'kaθe] *adj un ataque ~ (fig: un ataque suicida) MIL* ein Kamikazeangriff *m*
kantismo [kan'tizmo] *m PHIL* Philosophie Kants
Kaposi [ka'posi] *sarcoma de ~ MED* Kaposisakom *n*
karate ['karate] *m SPORT* Karate *n*
karma ['karma] *m 1. (la teoría del inevitable encadenamiento de las cosas) REL* Karma *n; 2. (fig: destino)* Schicksal *n*
kart [kart] *m (un pequeño auto de carreras) SPORT* Go-Kart *n*
kayak [ka'jak] *m (una canoa esquimal) SPORT* Kajak *n*
kefir ['kefir] *m* Kefir *m,* Kefirpilz *m*
kendo ['kenđo] *m (una forma de combate con espadas) SPORT* Kendo *n,* Fechtkunst der Samurais
kermes [ker'mes] *f* Kirchweihfest *n,* Kirmes *f,* Wohltätigkeitsfest *n*
kerosina [kero'sina] *f CHEM* Kerosin *n*
ketchup ['ketʃuƀ] *m GAST* Tomatenketchup *n*
kevlar ['keƀlar] *m (fibra de gran resistencia) TECH* Kevlar *n*
kibbutz ['kiƀuts] *m (un asentamiento agrícola judío) AGR* Kibbuz *m*
kick boxing [kik'ƀogsin] *m (un arte marcial oriental) SPORT* Kickboxen *n*
kif [kif] *m (preparación para fumar)* Kif *n,* sehr reines Marihuana *n*
kilo ['kilo] *m* Kilo *n,* Kilogramm *n*
kilobyte [kilo'ƀait] *m (1024 Bytes) INFORM* Kilobyte *n*
kilocaloría [kilokalo'ria] *f PHYS* Kilokalorie *f*
kilogramo [kilo'gramo] *m* Kilogramm *n*
kilohercio [kilo'xɛrθĭo] *m PHYS* Kilohertz *n*
kilolitro [kilo'litro] *m* Kiloliter *m*
kilometraje [kilome'traxe] *m* Kilometerstand *m*
kilómetro [ki'lometro] *m* Kilometer *m; ~ por hora* Stundenkilometer *m*
kilovatio [kilo'ƀatĭo] *m* Kilowatt *n*
kilovoltio [kilo'ƀɔltĭo] *m PHYS* Kilovolt *n*
kindergarten [kinđɛr'garten] *m (jardín infantil)* Kindergarten *m*
kinesiterapeuta [kinesitera'peuta] *m MED* Kinesiotherapeut *m*
kinesiterapia [kinesite'rapĭa] *f MED* Kinesiotherapie *f*
kiosco ['kĭɔsko] *m* Kiosk *m*
kirial [ki'rĭal] *m (libro de cantos) REL* Kyrie *f*
kirsch [kirs] *m GAST* Kirschwasser *n*
kitsch [kitʃ] *adj (cursi)* kitschig
kiwi ['kiwi] *m BOT* Kiwi *f*
knock out [knok'aut] *m SPORT* K.O. *m,* Niederschlag *m*
koala [ko'ala] *m ZOOL* Koala *m*
kodiak ['kođĭak] *adj oso ~ ZOOL* Kodiakbär *m*
kopeck ['kopek] *m (moneda rusa) ECO* Kopeke *f*
kosher [ko'tʃɛr] *adj comida ~ GAST* koscheres Essen *n*
kremlin ['kremlin] *m (el centro del gobierno en Rusia) POL* Kreml *m*
krill ['kril] *m ZOOL* Krill *m*
kriptón [krip'tɔn] *m (elemento químico) CHEM* Krypton *n*
kung fú [kun'fu] *m SPORT* Kung-Fu *n*

L

la [la] *art 1.* die; *~s dos* beide; *pron 2.* sie; *~ cual* welche
laberinto [laƀe'rinto] *m 1.* Labyrinth *n,* Gewirr *n; 2. (fig)* Verhau *m,* Gewirr *n*
lábil ['laƀil] *adj* labil
labilidad [laƀili'đađ] *f* Labilität *f*
labio ['laƀĭo] *m 1.* Lippe *f; 2. ~ leporino ANAT* Hasenscharte *f*
labor [la'ƀɔr] *f* Arbeit *f; hacer ~es* Handarbeiten machen
laborable [laƀo'raƀle] *adj* bestellbar (Land), bearbeitbar
laborante [laƀo'rante] *m* Laborant *m,* Intrigant *m,* Konspirant *m*
laborar [laƀɔ'rar] *v* arbeiten
laboratorio [laƀora'torĭo] *m* Labor *n*
laboriosidad [laƀorĭosi'đađ] *f* Fleiß *m,* Arbeitsamkeit *f*
laborioso [laƀo'rĭoso] *adj 1. (trabajador)* arbeitsam, fleißig; *2. (fig: difícil)* schwierig, mühsam
laborismo [laƀo'rizmo] *m POL* Labourbewegung *f*
labrado [la'ƀrađo] *adj* gemustert, bearbeitet, geschliffen
labrador(a) [laƀra'đɔr/laƀra'tora] *m/f* Bauer/Bäuerin *m/f,* Landwirt(in) *m/f*
labrantío [laƀran'tio] *adj AGR* angebaut, anbaufähig
labranza [la'ƀranθa] *f* Ackerbau *m,* Feldbestellung *f,* Feldarbeit *f*
labrar [la'ƀrar] *v AGR* bearbeiten, ackern
labriego [la'ƀrĭego] *m* Bauer *m*
laca ['laka] *f* Lack *m; ~ para el cabello* Haarspray *m*
lacayo [la'kajo] *m* Lakai *m*
laceración [laθera'θĭɔn] *f* Verletzung *f,* Schädigung *f*
lacerante [laθe'rante] *adj* reißend, gellend
lacerar [laθe'rar] *v* schädigen, verletzen, zerreißen
lacértido [la'θɛrtiđo] *m ZOOL* Eidechse *f*
lacio ['laθĭo] *adj* welk, schlaff, kraftlos, glatt (Haar)
lacónico [la'koniko] *adj* wortkarg
laconismo [lako'nizmo] *m* Lakonismus *m,* Kürze *f,* lakonische Ausdrucksweise *f*
lacra ['lakra] *f 1. (marca de una enfermedad)* Narbe *f; 2. (vicio)* Laster *n; El consumo de drogas es una de las lacras más grandes.* Der Drogenkonsum zählt zu den größten Lastern.
lacrar [la'krar] *v 1.* versiegeln; *2. (pegar una enfermedad)* jdn anstecken
lacre ['lakre] *m* Siegelwachs *m*
lacrimógeno [lakri'mɔxeno] *adj gas ~* Tränengas *n*
lacrimosidad [lakrimosi'đađ] *f* Rührseligkeit *f*
lacrimoso [lakri'moso] *adj* tränend, tränenreich, rührselig
lactación [lakta'θĭɔn] *f* Milcherzeugung *f,* Stillen *n*
lactancia [lak'tanθĭa] *f* Säugezeit *f,* Stillzeit *f*
lactante [lak'tante] *m* Säugling *m*
lactar [lak'tar] *v (a un bebé)* stillen
lactato [lak'tato] *m CHEM* Laktat *n*
lactescente [laktes'θente] *adj* von milchiger Beschaffenheit *f*
lacticinio [lakti'θinĭo] *m* Milchspeise *f*
láctico ['laktiko] *adj ácido ~ CHEM* Milchsäure *f*
lactina [lak'tina] *f CHEM* Milchzucker *m*
lactosa [lak'tosa] *f CHEM* Laktose *f,* Milchzucker *m*
ladear [lađe'ar] *v* zur Seite neigen, ausweichen, vom geraden Weg abkommen
ladeo [la'đeo] *m* Neigung *f,* Verkantung *f*
ladera [la'đera] *f* Abhang *m,* Berglehne *f,* Flanke *f*
ladilla [la'điʎa] *f* Filzlaus *f*
ladino [la'đino] *adj (fam: sagaz)* verschmitzt, schlau, pfiffig
lado ['lađo] *m* Seite *f; por un ~* einerseits; *por otro ~* andererseits; *por los dos ~s* zweiseitig; *por todos ~s* allseits; *~ anterior/~ delantero* Vorderseite *f; ~ interior* Innenseite *f*
ladrador [lađra'đɔr] *adj* bellend
ladrar [la'đrar] *v* bellen, kläffen
ladrido [la'đriđo] *m* Bellen *n,* Gebell *n,* Gekläffe *n*
ladrillero [lađri'ʎero] *m* Ziegelbrenner *m*
ladrillo [la'đriʎo] *m 1.* Ziegel *m,* Backstein *m; m/pl 2. ~s vítreos* Glasbaustein *m*
ladrón [la'đrɔn] *m 1.* Dieb *m,* Räuber *m; ¡Ladrón!* Haltet den Dieb! *adj 2.* diebisch
ladronera [lađrɔ'nera] *f (guarida de maleantes)* Diebesnest *n,* Räuberhöhle *f*

ladronería [ladrɔne'ria] *f* Raub *m,* Diebstahl *m*
lagar [la'gar] *m (donde se pisa la uva) AGR* Weinkelter *f*
lagarta [la'garta] *f (fig: mujer astuta)(ES)* Luder *n*
lagartija [lagar'tixa] *f ZOOL* Mauereidechse *f*
lagarto [la'garto] *m ZOOL* Eidechse *f*
lago ['lago] *m GEOL* See *m; ~ de Constanza* Bodensee *m*
lágrima ['lagrima] *f* Träne *f*
lagrimear [lagrime'ar] *v* tränen
lagrimeo [lagri'meo] *f* Tränen *n,* Tränenfluss *m*
lagrimoso [lagri'moso] *adj* verweint, weinerlich, tränend
laguna [la'guna] *f 1. GEOL* Lagune *f; 2. (fig)* Bildungslücke *f; ~ en la memoria* Gedächtnislücke *f*
lagunar [lagu'nar] *m* Lücke *f*
lagunoso [lagu'noso] *adj* sumpfig, lagunenreich
laicismo [lai'θizmo] *m POL* Laizismus *m*
laico ['laĭko] *adj 1.* laienhaft, unprofessionell; *2. REL* weltlich; *m 3. REL* Laie *m*
laísmo [la'izmo] *m GRAMM* Laísmo *m*
laja ['laxa] *f (piedra lisa)* glatter Stein *m*
lama ['lama] *f 1.* Schlamm *m,* Lama *n,* Seegras *n; 2. (sacerdote budista) REL* Lama *m; el Dalai Lama* der Dalai Lama *m*
lamaísmo [lama'izmo] *m REL* Lamaismus *m*
lamber [lam'bɛr] *v (LA: lamer)* lecken, ablecken
lambón [lam'ƀɔn] *adj* Schmeichler *m,* Speichellecker *m*
lamentable [lamen'taƀle] *adj 1.* bedauerlich, kläglich; *2. (digno de compasión)* bedauernswert
lamentablemente [lamentable'mente] *adv* leider
lamentación [lamenta'θĭɔn] *f 1.* Klage *f,* Jammer *m; m/pl 2. lamentaciones* Gejammer *n*
lamentar [lamen'tar] *v* bedauern, beklagen, bejammern
lamentarse [lamen'tarse] *v 1.* jammern; *2. ~ de/~ por* sich beklagen über
lamento [la'mento] *m* Jammer *m,* Lamentieren *n*
lamer [la'mɛr] *v* lecken
lámina ['lamina] *f* Blech *n*
laminación [lamina'θĭɔn] *f* Walzung *f*
laminado [lami'nađo] *adj* blätterig, lamelliert, mit Platten belegt
laminador [lamina'đɔr] *m (máquina para laminar)* Walzwerk *n*
laminar [lami'nar] *v* walzen, auswalzen, mit Folien belegen *f/pl*
laminaria [lami'narĭa] *f BOT* Riementang *m*
laminilla [lami'niʎa] *f* Lamelle *f*
lamiscar [lamis'kar] *v (fam)* ablecken, schlecken
lámpara ['lampara] *f 1.* Lampe *f; ~ de mesa* Tischlampe *f; ~ de pie* Stehlampe *f; 2. (luz)* Leuchte *f; ~ de señales* Leuchtanzeige *f*
lamparilla [lampari'ʎa] *f 1.* kleine Lampe *f,* Nachtlicht *n; 2. BOT* Zitterpappel *f*
lamparoso [lampa'roso] *adj* schlampig
lampazo [lam'paθo] *m BOT* Klette *f*
lampiño [lam'piɲo] *adj (que no tiene barba)* bartlos
lamprea [lam'prea] *f ZOOL* Neunauge *n*
lampreada [lampre'ađa] *f* Peitschenhiebe *m/pl*
lana ['lana] *f* Wolle *f; ~ de acero* Stahlwolle *f; ~ de oveja* Schafwolle *f; ~ de vidrio* Glaswolle *f*
lanar [la'nar] *adj ganado ~* Wollvieh *n,* Schafe *n/pl*
lance ['lanθe] *m 1. (acción de lanzar)* Werfen *n,* Auswerfen *n; 2. (situación crítica)* gefährliche Lage *f,* kritische Situation *f*
lancero [lan'θero] *m (soldado armado con lanza) HIST* Lanzenreiter *m*
lanceta [lan'θeta] *f* Lanzette *f,* Schnepper *m,* Lanzettenfisch *m*
lancha ['lantʃa] *f* Boot *n; ~ a motor* Motorboot *n; ~ pesquera* Fischerboot *n*
landa ['landa] *f* Heide *f,* Ödland *n*
langosta [laŋ'gɔsta] *f 1. ZOOL* Heuschrecke *f; 2. (de mar) ZOOL* Hummer *m,* Languste *f*
langostín [laŋgos'tin] *m ZOOL* Garnele *f,* Granatkrebs *m*
langostino [langos'tino] *m ZOOL* Kaisergranat *m*
languidecer [laŋgiđe'θɛr] *v irr 1.* sich verzehren; *2. ECO* abflauen
languidez [laŋgi'đeθ] *f ECO* Flaute *f*
lánguido ['laŋgiđo] *adj* matt
lanilla [la'niʎa] *f* feiner Wollstoff *m*
lanosidad [lanosi'đađ] *f* Wolligkeit *f*
lanoso [la'noso] *adj* wollig, flaumig, flauschig

lanudo [la'nuđo] *adj* wollig, zottig
lanza ['lanθa] *f 1.* Lanze *f,* Spieß *m,* Speer *m; 2. (de vehículo) TECH* Deichsel *f; 3. (fig) romper ~s por alguien* für jdn eine Lanze brechen *f*
lanzacohetes [lanθako'etes] *m MIL* Raketenwerfer *m*
lanzadera [lanθa'đera] *f TECH ~ espacial* Raumfähre *f*
lanzador [lanθa'đɔr] *m* Werfer *m*
lanzagranadas [lanθagra'nađas] *m MIL* Granatenwerfer *m*
lanzallamas [lanθa'ʎamas] *m MIL* Flammenwerfer *m*
lanzamiento [lanθa'mĭento] *m 1.* Abwurf *m; 2. (de un barco) NAUT* Stapellauf *m; 3. (introducción)* Einführung *f*
lanzar [lan'θar] *v 1.* lancieren, schleudern; *~ gritos de júbilo* jauchzen; *2. ~ algo nuevo* etw Neues einführen; *~ a un artista* einen Künstler fördern; *3. ~ algo al mercado ECO* etw auf den Markt werfen
lanzatorpedos [lanθatɔr'peđos] *m MIL* Torpedoträger *m*
lapa ['lapa] *f 1. (lampazo) BOT* Klette *f; 2. ZOOL* Schüsselschnecke *f*
laparotomía [laparoto'mia] *f MED* Laparotomie *f,* Bauchschnitt *m*
lapicero [lapi'θero] *m 1.* Bleistift *m; 2. (LA)* Kugelschreiber *m*
lápida ['lapiđa] *f* Grabstein *m*
lapidación [lapiđa'θĭɔn] *f* Steinigung *f*
lapidar [lapi'đar] *v (matar a pedradas)* steinigen
lapidario [lapi'đarĭo] *adj 1.* lapidar, kurz; *2.* Edelstein...
lápiz ['lapiθ] *m* Bleistift *m,* Stift *m; ~ de color* Buntstift *m; ~ labial* Lippenstift *m*
lapizlázuli [lapiθ'laθuli] *m MIN* Lapislazuli *m*
lapón [la'pɔn] *adj 1. GEO* lappländisch; *m 2. (oriundo de Laponia) GEO* Lappe *m*
lapso ['lađso] *m 1.* Fehler *m,* Lapsus *m; 2. (tiempo)* Zeitraum *m,* Zeitabschnitt *m*
lapsus [lap'sus] *m* Lapsus *m,* Fehlleistung *f*
laquear [la'ke'ar] *v* lacken, lackieren
larga ['larga] *f/pl (dilación)* Verzögerung *f,* Aufschub *m*
largar [lar'gar] *v 1. (soltar)* losmachen, loslassen; *2. (fig: decir)* herausplatzen; *~ una tirada* mit einem Wortschwall herausplatzen *m*
largarse [lar'garse] *v* türmen, abhauen
largo ['largo] *adj 1.* lang, weit; *a lo ~ de* entlang, längs; *m 2.* Länge *f,* Weite *f*
largometraje [largome'traxe] *m CINE* Spielfilm *m*
larguero [lar'gero] *m* Holm *m,* Längsträger *m,* Querlatte *f*
largueza [lar'geθa] *f (largura)* Freigebigkeit *f*
larguirucho [largi'rutʃo] *adj* schlaksig
largura [lar'gura] *f* Länge *f*
lárice ['lariθe] *m BOT* Lärche *f*
laringe [la'riŋxe] *f ANAT* Kehlkopf *m*
larva ['larđa] *f ZOOL* Larve *f*
lasca ['laska] *f* Steinsplitter *m*
lascivia [las'θiđĭa] *f* Unzucht *f*
lascivo [las'θiđo] *adj* lasziv, geil, lüstern
laser [la'sɛr] *m TECH* Laser *m*
lasitud [lasi'tuđ] *f* Ermattung *f,* Schlaffheit *f*
laso ['laso] *adj* schwach, kraftlos, matt
lástima ['lastima] *f* Mitleid *n; tener ~ de alguien* jdn bemitleiden; *que da ~* Mitleid erregend; *¡Qué ~!* Schade! *verdadera ~* jammerschade
lastimado [lasti'mađo] *adj* wund, verletzt
lastimadura [lastima'đura] *f* Verletzung *f*
lastimar [lasti'mar] *v ~ a alguien* jdm wehtun
lastimarse [lasti'marse] *v* sich wehtun
lastimoso [lasti'moso] *adj* jämmerlich, kläglich
lastrar [las'trar] *v* belasten, beschweren
lastre ['lastre] *m* Ballast *m*
lata ['lata] *f 1.* Blechdose *f,* Dose *f; una ~ de cerveza* eine Dose Bier *f; 2. (de hojalata)* Büchse *f,* Konservendose *f; 3. (bidón)* Kanister *m; 4. (fig)* Unsinn *m,* Blödsinn *m; ¡Qué ~!* Wie langweilig! *dar la ~ a alguien* jdm auf den Wecker fallen
latente [la'tente] *adj* latent
lateral [late'ral] *adj* seitlich
latido [la'tiđo] *m* Schlag *m; ~ del corazón* Herzschlag *m*
latiente [la'tĭente] *adj* schlagend
latifundio [lati'fundĭo] *m* Großgrundbesitz *m*
latifundista [latifun'dista] *m* Großgrundbesitzer *m*
latigazo [lati'gaθo] *m* Peitschenhieb *m,* Peitschenknall *m*
látigo ['latigo] *m* Peitsche *f*
latiguear [lati'gear] *v (dar latigazos) (LA)* peitschen, auspeitschen

latín [la'tin] *m LING* Latein *n*
latinajo [lati'naxo] *m* Küchenlatein *n*
latinidad [latini'đađ] *f* Latinität *f*
latinismo [lati'nizmo] *m* Latinismus *m*
latinista [lasti'nista] *m* Latinist *m*
latino [la'tino] *adj* lateinisch, romanisch
Latinoamérica [latinoa'merika] *f GEO* Lateinamerika *n*
latinoamericano [latinoameri'kano] *adj* lateinamerikanisch
latir [la'tir] *v 1.* pulsieren; *2. (ladrar)* bellen, anschlagen
latitud [lati'tuđ] *f (distancia de un lugar al Ecuador)* Breitengrad *m*
latitudinal [latituđi'nal] *adj* Breiten...
lato ['lato] *adj (ancho)* weit, breit
latón [la'tɔn] *m MET* Messing *n*
latonería [latone'ria] *f* Messinggießerei *f*
latoso [la'toso] *adj* lästig, langweilig, unausstehlich
latrocinio [latro'θinĭo] *m* Diebstahl *m*
laúd [la'uđ] *m MUS* Laute *f*
laudable [laŭ'đaƀle] *adj* lobenswert
laudar [laŭ'đar] *v (fallar un árbitro) JUR* durch Schiedsspruch entscheiden *m,* schlichten
laudo ['laŭđo] *m (decisión del árbitro) JUR* Schiedsspruch *m*
laureado [laŭre'ađo] *adj (fig: colmado de honores)* ausgezeichnet, preisgekrönt
laurear [laŭre'ar] *v (fig: premiar)* mit einem Preis auszeichnen *m*
lauredal [laŭre'đal] *m* Lorbeerhain *m*
laurel [laŭ'rel] *m 1. BOT* Lorbeer *m; 2. (fig) dormirse uno en los es* sich auf seinen Lorbeeren ausruhen *m/pl*
lava ['laƀa] *f GEOL* Lava *f*
lavable [la'ƀaƀle] *adj* waschbar
lavabo [la'ƀaƀo] *m 1.* Waschbecken *n,* Becken *n; 2. (servicio)* Toilette *f; ir al ~* austreten; *¿Dónde está el ~ de señoras?* Wo ist die Damentoilette?
lavada [la'ƀađa] *f* Wäsche *f,* Waschen *n*
lavandero [laban'đero] *m* Wäscher *m*
lavado [la'ƀađo] *m 1.* Wäsche *f; de fácil ~* pflegeleicht; *~ de cerebro (fig)* Gehirnwäsche *f; 2. MED* Spülung *f*
lavadora [laƀa'đora] *f* Waschmaschine *f*
lavamanos [laƀa'manos] *m* Becken *n*
lavanda [la'ƀanda] *f BOT* Lavendel *m*
lavandera [laƀan'dera] *f* Wäscherin *f,* Waschfrau *f*
lavandería [labande'ria] *f* Wäscherei *f*
lavaplatos [laƀa'platos] *m* Spülmaschine *f*
lavar [la'ƀar] *v 1.* abspülen, spülen; *2. (ropa)* waschen
lavarse [la'ƀarse] *v* sich waschen; *¿Dónde puedo lavarme?* Wo kann ich mich waschen?
lavativa [laƀa'tiƀa] *f 1. MED* Klistier *n,* Einlauf *m,* Klistierspritze *f; 2. (fig: molestia)* Unbequemlichkeit *f*
lavavajillas [laƀaƀa'xiʎas] *m* Geschirrspülmaschine *f,* Spülmaschine *f*
lavazas [la'ƀaθa] *f/pl* Spülwasser *n,* Abwasser *n*
laxación [lagsa'θĭɔn] *f* Erschlaffung *f,* Lockerung *f*
laxante [lak'sante] *m MED* Abführmittel *n*
laxar [lag'sar] *v 1. (aflojar)* lockern; *2. (ablandar)* aufweichen
laxativo [lagsa'tiƀo] *adj* lockernd
laxitud [lagsi'tuđ] *f* Schlaffheit *f*
laxo ['lagso] *adj* schlapp
laya ['laja] *f* Spaten *m*
lazada [la'θađa] *f* Schlinge *f,* Schleife *f*
lazarillo [laθa'riʎo] *m* Blindenführer *m*
lazo ['laθo] *m 1. (para el cabello)* Haarband *n,* Band *n; 2. (nudo corredizo)* Schleife *f,* Schlinge *f; 3. (fig: asechanza)* Falle *f,* Schlinge *f; 4. (fig: vínculo)* Band *n,* Verbindung *f*
le [le] *pron (dat)* ihm, ihr
leal [le'al] *adj* treu, loyal, fair
lealtad [leal'tađ] *f* Loyalität *f,* Treue *f*
lebrato [le'ƀrato] *m ZOOL* Junghase *m*
lebrel [le'ƀrɛl] *m ZOOL* Windhund *m*
lección [lɛk'θĭɔn] *f 1.* Unterrichtsstunde *f,* Stunde *f,* Lektion *f; tomar la ~ a alguien* jdn abfragen; *2. (fig)* Denkzettel *m; 3. (enseñanza)* Lehre *f; 4. (fig) dar a alguien una ~* jdm eine Lektion erteilen
leche ['letʃe] *f GAST* Milch *f; ~ condensada* Kondensmilch *f; ~ cuajada* Dickmilch *f; ~ desnatada* Magermilch *f; ~ en polvo* Trockenmilch *f; ~ entera* Vollmilch *f*
lechera [le'tʃera] *f (vasija para la leche)* Milchtopf *m,* Milchkanne *f*
lechería [letʃe'ria] *f* Molkerei *f*
lechigada [letʃi'gađa] *f* Wurf *m,* Satz *m,* Gesindel (fig) *n*
lecho ['letʃo] *m 1.* Bett *n; ~ matrimonial* Ehebett *n; ~ mortuorio* Totenbett *n; 2. ~ de un río* Flussbett *n; 3. ~ de la uña ANAT* Nagelbett *n*

lechosa [le'tʃosa] *f BOT* Papaya *f*
lechoso [le'tʃoso] *adj* milchig, milchhaltig, trüb
lechuga [le'tʃuga] *f BOT* Kopfsalat *m*
lechuguino [letʃu'gino] *m (fam: petimetre)* Geck *m,* Stutzer *m*
lechuza [le'tʃuθa] *f ZOOL* Eule *f,* Kauz *m*
lecitina [leθi'tina] *f CHEM* Lecithin *n*
lectivo [lek'tiƀo] *adj año ~* Vorlesungsjahr *n; período ~* Vorlesungszeit *f*
lector(a) [lɛk'tɔr/lɛk'tora] *m/f 1.* Leser(in) *m/f; 2. (profesión)* Lektor(in) *m/f*
lectura [lɛk'tura] *f 1.* Lektüre *f; 2. (acto público)* Lesung *f; 3. (ponencia científica)* Vorlesung *f; 4. unidad de ~ (de disquetes) INFORM* Diskettenlaufwerk *n,* Laufwerk *n*
leer [le'ɛr] *v irr 1.* lesen; *algo para ~* etw zu lesen; *~ por encima* überfliegen; *2. (controlar)* ablesen; *3. ~ algo a alguien* jdm etw vorlesen; *4. (fig) leer entre líneas* zwischen den Zeilen lesen
legacía [lega'θia] *f* Vermächtnis *n*
legación [lega'θĭɔn] *f (cargo diplomático)* Gesandtschaft *f*
legado [le'gađo] *adj 1.* vererblich; *m 2.* Nachlass *m,* Vermächtnis *n*
legajar [lega'xar] *v* bündeln
legal [le'gal] *adj 1.* gesetzlich, gesetzmäßig, legal; *2. JUR* rechtskräftig
legalidad [legali'đađ] *f* Gesetzlichkeit *f,* Legalität *f*
legalista [lega'lista] *adj* gesetzestreu
legalización [legaliθa'θĭɔn] *f (ante el notario)* Beglaubigung *f*
legalizar [legali'θar] *v 1.* legalisieren; *2. (ante el notario)* beglaubigen
legalmente [legal'mente] *adv* gesetzlich, legal
légamo ['legamo] *m (cieno)* Schlamm *m,* Schlick *m*
legamoso [lega'moso] *adj* schlammig, schlickig
leganal [lega'nal] *m* Schlammloch *n,* Morast *m*
legar [le'gar] *v (herencia)* vererben, vermachen
legatario [lega'tarĭo] *m JUR* Legatar *m,* Vermächtnisnehmer *m*
legendario [lɛxen'đarĭo] *adj* legendär, sagenhaft
legión [le'xĭɔn] *f 1. (nombre de ciertos cuerpos militares) MIL* Legion *f; la ~ extranjera* die Fremdenlegion *f; la ~ española* die spanische Legion *f; 2. (fig: gran número de personas)* Unzahl *f,* große Menge *f*
legionario [lexĭo'narĭo] *m MIL* Legionär *m*
legislación [lɛxisla'θĭɔn] *f POL* Gesetzgebung *f; ~ social* Sozialgesetzgebung *f*
legislador [lɛxisla'đɔr] *m POL* Gesetzgeber *m*
legislar [lexis'lar] *v JUR* Gesetze erlassen *n/pl*
legislativo [lexisla'tiƀo] *adj 1. POL* gesetzgebend; *2. asamblea legislativa POL* gesetzgebende Versammlung *f*
legislatura [lɛxisla'tura] *f POL* Legislaturperiode *f*
legítima [lɛ'xitima] *f JUR* Pflichtteil *m*
legitimación [lɛxitima'θĭɔn] *f* Legitimation *f*
legítimamente [lɛxitima'mente] *adv* legitim, rechtmäßig
legitimarse [lɛxiti'marse] *v* sich ausweisen
legitimidad [lɛxitimi'đađ] *f* Echtheit *f,* Legitimation *f*
legitimizar [lɛxitimi'θar] *v* legitimieren
legítimo [lɛ'xitimo] *adj 1.* echt, rein, legitim; *2. hijo ~* eheliches Kind *n*
lego ['lego] *m 1. REL* Laie *m; 2. ser un ~ en algo* Laie auf einem Gebiet sein, von etw nichts verstehen
legradura [legra'đura] *f MED* Ausschabung *f,* Abschaben *n*
legrar [le'grar] *v MED* ausschaben
legua ['legwa] *f 1.* Meile *f; 2. a ~s* von weitem
leguleyo [legu'lejo] *m* Winkeladvokat *m*
legumbre [le'gumbre] *f 1. ~ seca BOT* Hülsenfrucht *f; f/pl 2. ~s* Gemüse *n*
leguminosa [legumi'nosa] *f* Leguminose *f,* Hülsenfrucht *f*
leído [le'iđo] *adj (persona que ha leído mucho)* belesen
leitmotiv [laitmo'tif] *m LIT* Leitmotiv *n*
lejanía [lɛxa'nia] *f* Ferne *f*
lejano [lɛ'xano] *adj 1.* fern, weit, weitläufig; *adv 2.* weit
lejía [lɛ'xia] *f CHEM* Lauge *f*
lejos ['lɛxos] *adv* weit; *más ~* weiter weg
lelo ['lelo] *adj* blöd, kindisch, albern
lema ['lema] *m* Devise *f,* Leitspruch *m,* Motto *n*
lencería [lenθe'ria] *f* Leinenwaren *f/pl,* Weißwaren *f/pl,* Wäschegeschäft *n,* Kurzwarenhandlung *f*

lendroso [len'drɔso] *adj* verlaust
lengua ['leŋgwa] *f 1. ANAT* Zunge *f; 2. (idioma)* Sprache *f; irse de la ~* sich verplappern; *~ extranjera* Fremdsprache *f; ~ materna* Muttersprache *f; ~ universal* Weltsprache *f; 3. ~ de tierra GEO* Landzunge *f; 4. (fig) írsele a uno la ~* sich verplappern; *5. (fig) morderse uno la ~* sich auf die Zunge beißen; *6. (fig) buscarle a uno la ~* jdn zum Streit reizen
lenguado [leŋ'gwađo] *m ZOOL* Seezunge *f*
lenguaje [leŋ'gwaxe] *m 1.* Sprache *f; ~ coloquial* Umgangssprache *f; 2. ~ de programación INFORM* Programmiersprache *f*
lenguaz [leŋ'gwaθ] *adj* geschwätzig
lengüeta [leŋ'gweta] *f* Kehldeckel *m,* Zunge *f,* Lasche *f*
lengüetada [leŋgwe'tađa] *f* Zungenschlag *m*
lengüetear [leŋgwete'ar] *v (lamer)* auflecken, ablecken
lengüicorto [leŋgwi'kɔrto] *adj* wortkarg
lengüilargo [leŋgwi'largo] *adj* frech
lenidad [leni'đađ] *f* Milde *f*
lenificación [lenifika'θĭɔn] *f* Milderung *f,* Linderung *f*
lenificar [lenifi'kar] *v* mildern, lindern
leninismo [leni'nizmo] *m HIST* Leninismus *m*
leninista [leni'nista] *adj HIST* leninistisch
lenocinio [leno'θinĭo] *m casa de ~* Bordell *n*
lente ['lente] *m 1.* Linse *f; m/pl 2. ~s (LA)* Brille *f; ~s de contacto* Kontaktlinsen *pl; ~s de sol* Sonnenbrille *f*
lenteja [len'tɛxa] *f BOT* Linse *f*
lentilla [len'tiʎa] *f* Kontaktlinse *f*
lentitud [lenti'tuđ] *f* Langsamkeit *f*
lento ['lento] *adj* langsam, gemächlich, säumig, schleppend
leña ['leɲa] *f 1.* Brennholz *n; 2. ~ menuda* Reisig *n*
leñador [leɲa'đɔr] *m* Holzfäller *m*
leñazo [le'ɲaθo] *m* Prügel (fam) *m*
leño ['leɲo] *m 1.* abgeästeter Stamm *m,* Holzscheit *n,* Holzkloben *m; 2. dormir como un ~* wie ein Klotz schlafen
Leo ['leo] *m 1. (signo del zodíaco)* Löwe *m; 2. (constelación) ASTR* Löwe *m*
léon [le'ɔn] *m 1. ZOOL* Löwe *m; 2. ~ marino ZOOL* Seelöwe *m*
leona [le'ona] *f* Löwin *f,* tapfere Frau *f*
leopardo [leo'parđo] *m ZOOL* Leopard *m*
leotardos [leo'tarđos] *m/pl* Strumpfhose *f*
lepra ['lepra] *f MED* Lepra *f,* Aussatz *m*
leprosería [leprose'ria] *f MED* Leprastation *f*
leproso [le'prɔso] *adj* leprös, aussätzig
lerdo ['lɛrđo] *adj* schwerfällig, träge, plump
les ['les] *pron* ihnen, Ihnen
lesbiana [les'bĭana] *adj* lesbisch
lesbianismo [lesbĭa'nizmo] *m* Lesbianismus *m*
lesión [le'sĭɔn] *f 1.* Verletzung *f; 2. ~ cardíaca MED* Herzfehler *m; 3. ~ corporal JUR* Körperverletzung *f*
lesionado [lesĭo'nađo] *m 1.* Verletzter *m,* Verwundeter *m; adj 2.* verletzt, verwundet
lesionar [lesĭo'nar] *v* verletzen
lesivo [le'sibo] *adj* verletzend, schändlich
leso ['leso] *adj crimen de lesa majestad* Majestätsbeleidigung *f*
letal [le'tal] *adj* tödlich
letanía [leta'nia] *f REL* Litanei *f*
letárgico [le'tarxiko] *adj* lethargisch, schlafsüchtig
letargo [le'targo] *m* Schlafsucht *f,* Lethargie *f*
letón [le'tɔn] *m 1. (de Letonia) GEO* Lette *m; adj 2. GEO* lettisch
letra ['letra] *f 1. (del abecedario)* Buchstabe *m,* Type *f; 2. (escritura)* Handschrift *f,* Schrift *f; ~ de molde* Druckschrift *f,* Type *f; ~ de palo* Blockschrift *f; ~ menuda* Kleingedrucktes *n; 3. ECO* Akzept *n; ~ de crédito* Akkreditiv *n; ~ de cambio* Wechsel *m; ~ comercial* Handelswechsel *m; 4. ciencias de ~s* Philologie *f; 5. tomar algo al pie de la ~ (fig)* etw wörtlich nehmen
letrado [le'trađo] *adj (muy instruido)* gelehrt, gebildet
letrero [le'trero] *m* Aushängeschild *n,* Schild *n*
letrina [le'trina] *f* Latrine *f*
leucemia [leŭθe'mĭa] *f MED* Leukämie *f*
leucocito [leu'koθ] *m* Leukozyt *m,* weißes Blutkörperchen *n*
leucocitosis [leukoθi'tosis] *f MED* Leukozytose *f*
leudar [leu'đar] *v (echar levadura a la masa)* säuern, mit Hefe versetzen *f*
leva ['leba] *f arból de ~s TECH* Nockenwelle *f*
levadizo [leba'điθo] *adj* abhebbar

levadura [leƀa'đura] *f* *1.* Hefe *f*; *2.* ~ *química* Backpulver *n*
levantada [leƀan'tađa] *f* Aufstehen *n*
levantamiento [leƀanta'mĭento] *m* *1.* Aufhebung *f*, Aufstand *m*; *2.* ~ *de inventario ECO* Inventur *f*
levantar [leƀan'tar] *v* *1.* *(elevar)* erheben; *2.* *(alzar)* heben; ~ *del suelo* vom Boden aufheben; *3.* *(erigir)* aufrichten; *4.* *(construir)* bauen, errichten; *5.* ~ *acta JUR* protokollieren
levantarse [leƀan'tarse] *v* aufstehen, sich erheben
levante [le'ƀante] *m* *(oriente)* Osten *m*
levantisco [leƀan'tisko] *adj* unruhig, aufsässig
leve ['leƀe] *adj* leicht
levedad [leƀe'đađ] *f* Leichtigkeit *f*
levemente [lebe'mente] *adj* geringfügig, harmlos, kaum spürbar
levigar [leƀi'ɡar] *v* *CHEM* absetzen, abklären
levita [le'ƀita] *f* Gehrock *m*
levitación [leƀita'θĭɔn] *f* Levitation *f*, freies Schweben *n*
levitar [leƀi'tar] *v* frei schweben
levógiro [le'ƀoxiro] *adj PHYS* linksdrehend
léxico ['leksiko] *m* *1.* *(diccionario)* Wörterbuch *n*; *2.* *(vocabulario)* Wortschatz *m*
lexicografía [leɡsikoɡra'fia] *f* Lexikografie *f*
lexicología [leɡsikolo'xia] *f* Lexikologie *f*, Wortkunde *f*
lexicológico [leɡsiko'lɔxiko] *adj* lexikologisch
lexicón [leɡsi'kɔn] *m* Lexikon *n*, Wörterbuch *n*, Wortschatz *m*
ley ['lɛĭ] *f* *1.* *JUR* Gesetz *n*; *de* ~ gesetzlich; *la ~ del más fuerte* das Recht des Stärkeren *n*; ~ *del aborto* Abtreibungsgesetz *n*; ~ *de protección de menores* Jugendschutzgesetz *n*; ~ *orgánica* Grundgesetz *n*; *2.* *oro de baja* ~ Münzen mit niedrigem Feingehalt
leyenda [le'jenda] *f* Legende *f*, Sage *f*
lezna ['leθna] *f* Ahle *f*
liana ['lĭana] *f* Liane *f*
liar [li'ar] *v* *1.* schnüren; *2.* *(el cigarillo)* drehen
libación [liƀa'θĭɔn] *f* Libation *f*, Trankopfer *n*, Schlürfen *n*
libanés [liƀa'nes] *adj* *1.* *GEO* libanesisch; *m* *2.* *GEO* Libanese *m*
Líbano ['liƀano] *m* *GEO* Libanon *m*
libar [li'bar] *v* nippen, schlürfen
libelar [liƀe'lar] *v* *JUR* Klage erheben
libelo [li'ƀelo] *m* *1.* *(escrito infamatorio)* Pamphlet *n*, Schmähschrift *f*; *2.* *(petición) JUR* Gesuch *n*, Klage *f*, Klageschrift *f*
libélula [li'ƀelula] *f* *ZOOL* Libelle *f*
líber ['liƀer] *m* Bast *m*
liberación [liƀera'θĭɔn] *f* Befreiung *f*
liberador [liƀera'đɔr] *adj* befreiend
liberal [liƀe'ral] *adj* großzügig, spendabel, liberal
liberalidad [liƀerali'đađ] *f* Freigebigkeit *f*, Großzügigkeit *f*
liberalismo [liƀera'lizmo] *m* *POL* Liberalismus *m*
liberalización [liƀeraliθa'θĭɔn] *f* *POL* Liberalisierung *f*
liberalizar [liƀerali'θar] *v* liberalisieren
liberar [liƀe'rar] *v* *1.* befreien; *2.* *(descargar)* entladen
liberarse [liƀe'rarse] *v* ~ *de* sich befreien von, sich lösen von
liberatorio [liƀera'tɔrĭo] *adj* entlastend, befreiend
Liberia [li'ƀerĭa] *GEO* Liberia *n*
libérrimo [li'ƀɛrrimo] *adj* völlig frei, ganz ungehindert
libertad [liƀɛr'tađ] *f* *1.* Freiheit *f*; ~ *de decisión* Entscheidungsfreiheit *f*; ~ *de prensa* Pressefreiheit *f*; ~ *de religión* Glaubensfreiheit *f*; *2.* *JUR* Haftentlassung *f*; *poner en* ~ freilassen, entlassen; ~ *vigilada* Bewährung *f*; ~ *condicional* vorläufige Entlassung *f*
libertador [liƀɛrta'đɔr] *adj* befreiend
libertar [liƀɛr'tar] *v* aussetzen, freilassen
libertario [liƀɛr'tarĭo] *adj* anarchistisch
libertinaje [liƀɛrti'naxe] *m* Liederlichkeit *f*, Zügellosigkeit *f*, Freigeisterei *f*
libertino [liƀɛr'tino] *adj* *1.* ausschweifend, wüst; *m* *2.* Wüstling *m*
Libia ['liƀĭa] *f* *GEO* Libyen *n*
libídine [li'ƀiđine] *f* Lüsternheit *f*, Wollust *f*
libidinosidad [liƀiđinosi'đađ] *f* Geilheit *f*, Wollüstigkeit *f*
libido [li'ƀiđo] *f* Trieb *m*, Begierde *f*, Libido *f*
libio ['liƀĭo] *adj* *1.* libysch; *m* *2.* *GEO* Libyer *m*
libra ['liƀra] *f* *1.* Pfund *n*; *Libra Esterlina* Pfund Sterling *n*; *2.* *(signo del zodíaco)* Waage *f*

libraco [li'ƀrako] *m* Schmöker *m*
libramiento [liƀra'mĭento] *m* Entriegelung *f*
librancista [liƀran'θista] *m FIN* Wechselempfänger *m*, Anweisungsempfänger *m*
libranza [li'ƀranθa] *f FIN* Ausstellung *f*, Zahlungsanweisung *f*, Postanweisung *f*
librar [li'ƀrar] *v 1. ~ de* befreien von; *2. (eximir)* verschonen; *3. REL* erlösen; *4. ~ una letra ECO* einen Wechsel ziehen; *5. (vacar)* frei haben; *Libro los sábados.* Ich habe samstags frei.
librarse [li'ƀrarse] *v* fortlaufen, sich befreien
libre ['liƀre] *adj 1.* frei; *~ de deudas* schuldenfrei; *~ de franqueo* portofrei; *~ de gérmenes* keimfrei; *~ de impuestos* steuerfrei; *2. (independiente)* freischaffend; *3. (vacío)* leer; *4. (abierto)* offen
librecambio [liƀre'kambĭo] *m ECO* Freihandel *m*
librecambismo [liƀrekam'bizmo] *m ECO* Freihandelslehre *f*
librepensador [liƀrepensa'đɔr] *m* Freidenker *m*
librepensamiento [liƀrepensa'mĭento] *m* Freidenkertum *n*, Freigeisterei *f*
librería [liƀre'ria] *f 1.* Buchhandlung *f*; *2. (estante)* Bücherregal *n*, Bücherschrank *m*
librero [li'ƀrero] *m* Buchhändler *m*
libresco [li'ƀrɛsko] *adj (sacado de libros)* Buch...
libreta [li'ƀreta] *f* Schreibheft *n*; *~ de ahorro* Sparbuch *n*; *~ de apuntes* Notizbuch *n*; *~ de notas (LA)* Schulzeugnis *n*
libretista [liƀre'tista] *m/f THEAT* Librettist(in) *m/f*
libreto [li'ƀreto] *m THEAT* Libretto *n*, Textbuch *n*
libro ['liƀro] *m 1.* Buch *n*; *~ de bolsillo* Taschenbuch *n*; *~ de reclamaciones* Beschwerdebuch *n*; *~ de cocina* Kochbuch *n*; *~ de lecturas* Lesebuch *n*; *~ especializado* Sachbuch *n*; *~ ilustrado* Bilderbuch *n*; *2. ~ de cánticos REL* Gesangbuch *n*; *3. (cavidad del estómago) ZOOL* Blättermagen *m*
liceísta [liθe'ista] *m* Gymnasiast *m*
licencia [li'θenθĭa] *f* Konzession *f*, Lizenz *f*, Genehmigung *f*; *~ de armas* Waffenschein *m*; *~ de exportación* Ausfuhrgenehmigung *f*; *~ de importación* Einfuhrgenehmigung *f*
licenciada [liθen'θĭađa] *f* Akademikerin *f*
licenciado [liθen'θĭađo] *m* Akademiker *m*
licenciamiento [liθenθĭa'mĭento] *m MIL* Entlassung *f*
licenciar [liθen'θĭar] *v 1.* erlauben, eine Genehmigung erteilen; *2. MIL* entlassen
licenciatura [liθenθĭa'tura] *f* Titel *m*, Staatsexamen *n*
licencioso [liθen'θĭoso] *adj 1.* wüst; *2. (indecente, obsceno)* ausschweifend, liederlich
liceo [li'θeo] *m (establecimieto de segunda enseñanza)* Lyzeum *n*, Gymnasium *n*
licitación [liθita'θĭɔn] *f* Auktion *f*, Versteigerung *f*
licitador [liθita'đɔr] *m* Versteigerer *m*
licitante [liθi'tante] *m* Bieter *m*
licitar [liθi'tar] *v* bieten, steigern, versteigern
lícito ['liθito] *adj* zulässig
licitud [liθi'tuđ] *f* Zulässigkeit *f*, Statthaftigkeit *f*
licopodio [liko'pođĭo] *m BOT* Bärlapp *m*
licor [li'kɔr] *m GAST* Likör *m*; *~ estomacal* Magenbitter *m*
licuar [li'kwar] *v* verflüssigen
licuefacción [likwefag'θĭɔn] *f* Verflüssigung *f*
licuefacer [likwefa'θɛr] *v irr* verflüssigen
lid [liđ] *f 1. (combate)* Kampf *m*; *2. (fig) en buena ~* in ehrlichem Kampf
lider ['liđɛr] *m (jefe)* Führer *m*, Leiter *m*
liderato [liđe'rato] *m* Führertum *n*, Führungsrolle *f*
liderazgo [liđe'raθgo] *m* Führertum *n*, Führung *f*
lidia ['liđia] *f* Stierkampf *m*
lidiador [liđĭa'đɔr] *m* Kämpfer *m*, Stierkämpfer *m*
lidiante [li'đĭante] *adj* kämpfend
lidiar [li'đĭar] *v 1.* streiten, kämpfen, sich herumschlagen; *2. (fig: hacer frente a algo enojoso)* sich herumschlagen
liebre ['lĭeƀre] *f ZOOL* Hase *m*
liendre ['lĭenđre] *f ZOOL* Nisse *f*
lienzo ['lĭenθo] *m ART* Leinwand *f*
liga ['liga] *f 1. (ropa)* Strumpfband *n*; *2. SPORT* Liga *f*
ligación [liga'θĭɔn] *f* Verbinden *n*, Verbindung *f*, Fessel *f*
ligado [li'gađo] *m MUS* Ligatur *f*
ligadura [liga'đura] *f 1.* Verbindung *f*; *2. MED* Ligatur *f*, Abbindung *f*

ligamento [liga'mento] *m (tendón) ANAT* Band *n*
ligamiento [liga'mĭento] *m* Band *n*
ligar [li'gar] *v 1.* anschließen, verknüpfen, knüpfen; *2. MED* abbinden
ligarse [li'garse] *v ~ con alguien* mit jdm anbändeln
ligazón [liga'θɔn] *f* Verbindung *f,* Zusammenfügung *f*
ligereza [lixe'reθa] *f 1.* Leichtfertigkeit *f; 2. (acto o dicho irreflexivo)* Flüchtigkeit *f,* Leichtfertigkeit *f*
ligero [li'xero] *adj 1.* leicht; *a la ligera* leichtfertig, salopp; *tomar algo a la ligera* etw leicht nehmen; *2. (hábil)* flink, gewandt, hurtig; *3. (superficial)* leichtfertig, lose
lignificarse [lignifi'karse] *v* verholzen
lignito [lig'nito] *m MIN* Braunkohle *f*
liguero [li'gero] *m (que sostiene las ligas)* Strumpfhalter *m*
lija ['lixa] *f 1. ZOOL* Katzenhai *m; 2. papel de ~* Sandpapier *n,* Glaspapier *n*
lijadora [lixa'đɔra] *f TECH* Schleifmaschine *f,* Schleifscheibe *f*
lijar [li'xar] *v* schleifen
lila ['lila] *f 1. BOT* Flieder *m; adj 2.* lila
liliputiense [lilipu'tĭense] *m (fig: muy pequeño)* Liliputaner *m*
lima ['lima] *f 1.* Feile *f; ~ gruesa* Raspel *f; ~ para las uñas* Nagelfeile *f; 2. BOT* Limette *f,* süße Zitrone *f*
limado [li'mađo] *m* gefeilt, ausgefeilt
limador [lima'đɔr] *m* Feiler *m*
limadora [lima'đɔra] *f TECH* Feilmaschine *f*
limalla [li'maʎa] *f* Feilspäne *m/pl*
limar [li'mar] *v* feilen
liminal [limi'nal] *adj* begrenzend, beschränkend, Schwellen...
limitable [limi'tađle] *adj* begrenzbar
limitación [limita'θĭɔn] *f* Beschränkung *f,* Einschränkung *f; ~ de cultivos AGR* Anbaubeschränkung *f; ~ de velocidad* Geschwindigkeitsbeschränkung *f*
limitado [limi'tađo] *adj* befristet, beschränkt
limitador [limita'đɔr] *m TECH* Anschlag *m,* Begrenzer *m*
limitar [limi'tar] *v 1.* einengen, einschränken; *2. (restringir) ~ a* beschränken auf; *3. (lindar con) ~ con* angrenzen an
limitarse [limi'tarse] *v ~ a* sich beschränken auf
limitativo [limita'tiđo] *adj* einschränkend
límite ['limite] *m* Grenze *f; sin ~s* grenzenlos, unbeschränkt, uferlos; *~ de edad* Altersgrenze *f; ~ de las nieves perpetuas* Schneegrenze *f*
limítrofe [li'mitrofe] *adj ~ con* angrenzend an
limo ['limo] *m* Schlamm *m*
limón [li'mɔn] *m BOT* Zitrone *f*
limonada [limo'nađa] *f* Zitronenlimonade *f,* Limonade *f*
limonar [limo'nar] *m* Zitronenpflanzung *f*
limosidad [limosi'đađ] *f* Schlammigkeit *f,* Zahnbelag *m*
limosna [li'mɔzna] *f* Almosen *n*
limosnear [limɔs'near] *v* um Almosen betteln *n*
limosneo [li'mɔsneo] *m* Bettler *m*
limosnera [limɔz'nera] *f REL* Klingelbeutel *m*
limosnero [limɔz'nero] *m (LA)* Bettler *m*
limoso [li'mɔso] *adj* schlammig, lehmig
limpia ['limpĭa] *f* Reinigung *f*
limpiabarros [limpĭa'đarros] *m* Fußabtreter *m*
limpiabotas [limpĭa'đotas] *m* Schuhputzjunge *m*
limpiabrisas [limpĭa'đrisas] *m/pl* Scheibenwischer *m*
limpiachimeneas [limpĭatʃime'neas] *m* Kaminkehrer *m,* Schornsteinfeger *m*
limpiada [lim'pĭađa] *f* Reinigung *f*
limpiadientes [limpĭa'đĭentes] *m* Zahnstocher *m*
limpiadura [limpĭa'đura] *f* Reinigung *f*
limpiaparabrisas [limpĭapara'đrisas] *m* Scheibenwischer *m*
limpiapipas [limpĭa'pipas] *m* Pfeifenreiniger *m*
limpiar [lim'pĭar] *v* abputzen, putzen, abwischen, reinigen
limpiaventanas [limpĭađen'tanas] *m* Fensterputzer *m*
limpidez [limpi'đeθ] *f* Reinheit *f,* Klarheit *f,* Sauberkeit *f*
límpido ['limpiđo] *adj* rein, hell, klar
limpieza [lim'pĭeθa] *f 1. (acción)* Reinigung *f,* Säuberung *f; ~ en seco* chemische Reinigung *f; 2. (fig: calidad)* Sauberkeit *f*
limpio ['limpĭo] *adj* rein, sauber, reinlich
limpión [lim'pĭɔn] *m (paño para limpiar) (LA)* Staubtuch *n,* Putzlappen *m*
limusina [limu'sina] *f* Limousine *f*

linácea [li'naθea] *f/pl BOT* Leingewächs *n*
linaje [li'naxe] *m* Geschlecht *n; ~ noble* Adelsgeschlecht *n*
linajudo [lina'xuđo] *adj* altadlig, aristokratisch
linar [li'nar] *m* Flachsfeld *n*
linaza [li'naθa] *f BOT* Leinsamen *m*
lince ['linθe] *m 1. ZOOL* Luchs *m; 2. (fig: persona perspicaz)* hellsichtige Person *f,* aufmerksamer Mensch *m*
lincear [lin'θear] *v* erspähen
linchamiento [lintʃa'mĭento] *m* Lynchjustiz *f*
linchar [lin'tʃar] *v* lynchen
lindante [lin'dante] *adj* angrenzend, benachbart
lindar [lin'dar] *v ~ con* angrenzen an, grenzen an
linde ['linđe] *m* Grenze *f,* Grenzweg *m*
lindero [lin'dero] *m* Grenze *f*
lindeza [lin'deθa] *f 1. (belleza)* Schönheit *f,* Anmut *f; 2. (fig: impertinencia, insulto)* Grobheit *f,* Beleidigung *f*
lindo ['lindo] *adj* hübsch, niedlich, süß
lindura [lin'dura] *f* Nettigkeit *f,* Anmut *f*
línea ['linea] *f 1.* Linie *f,* Strich *m,* Streifen *m; ~ directa* Luftlinie *f; 2. ~ ferroviaria* Bahnlinie *f; ¿Qué ~ va a Madrid?* Welche Linie fährt nach Madrid? *~ de prueba* Teststrecke *f; 3. (renglón)* Zeile *f; 4. ~ principal TECH* Hauptanschluss *m; 5. ~ suplementaria TEL* Nebenanschluss *m; 6. (fig: silueta)* Figur *f,* Silhouette *f*
lineal [li'neal] *adj* linear
lineamiento [linea'mĭento] *m* Aufreihung *f*
linear [line'ar] *m SPORT* Linienrichter *m*
linfa ['linfa] *f BIO* Lymphe *f*
linfocitosis [linfoθi'tosis] *f MED* Lymphozytose *f*
lingote [liŋ'gote] *m* Barren *m*
lingual [liŋ'gwal] *adj músculo ~ ANAT* Zungenmuskel *m*
lingüista [liŋ'gwista] *m LIN* Linguist *m,* Sprachwissenschaftler *m*
lingüística [liŋ'gwistika] *f LIN* Linguistik *f*
lingüístico [liŋ'gwistiko] *adj LIN* linguistisch
linimento [lini'mento] *m MED* Liniment *n,* Öl zum Einreiben *n*
lino ['lino] *m 1.* Leinen *n; 2. BOT* Flachs *m*
linóleo [li'nɔleo] *m* Linoleum *n*
linóleum [li'nɔleum] *m* Linoleum *n*
linotipia [lino'tipĭa] *f* Linotype *f,* Zeilensetzmaschine *f*
linotipista [linoti'pista] *m/f* Setzer(in) *m/f*
linterna [lin'tɛrna] *f* Laterne *f; ~ de bolsillo* Taschenlampe *f*
linternazo [lintɛr'naθo] *m* Schlag *m*
lío ['lio] *m 1.* Bündel *n; 2.* Schlamassel *m,* Durcheinander *n,* Zwickmühle *f* (fam); *3. (fig) armar un ~* einen Aufstand machen, Verwirrung stiften; *4. hacerse un ~ (fig)* verwirrt werden
lioso [lĭ'oso] *adj 1. (mentiroso)* verlogen, Unruhe stiftend *f; 2. (fig: difícil de comprender)* wirr, unklar
lípido ['lipiđo] *m BIO* Lipoid *n*
lipoideo [lipoi'đeo] *adj* lipoid, Fett enthaltend *n*
lipoma [li'poma] *m MED* Lipom *n,* gutartiges Fettgeschwulst *n*
liposoluble [liposo'luƀle] *adj BIO* fettlöslich
liquen ['liken] *m BOT* Flechte *f*
liquidación [likiđa'θĭɔn] *f 1.* Beseitigung *f; 2. (ventas)* Ausverkauf *m; ~ total* Räumungsverkauf *m; 3. (ajuste) ECO* Ausgleich *m; ~ de impuestos* Steuerbescheid *m; 4. (de cuentas) ECO* Abrechnung *f; 5. (cierre anual)* Jahresabschluss *m; 6. (cierre)* Auflösung *f*
liquidador [likiđa'đɔr] *m* Liquidator *m*
liquidar [liki'đar] *v 1. (liberarse de)* beseitigen; *2. ECO* abrechnen, verrechnen; *~ un negocio* ein Geschäft auflösen; *3. (saldar) ECO* abbezahlen
liquidez [liki'đeθ] *f 1.* Flüssigkeit *f; 2. FIN* Liquidität *f*
líquido ['likiđo] *adj 1.* flüssig; *m 2.* Flüssigkeit *f; ~ de freno TECH* Bremsflüssigkeit *f*
lira ['lira] *f 1. (instrumento de cuerdas) MUS* Lyra *f,* Leier *f; 2. (unidad monetaria de Italia) ECO* Lira *f*
lírica ['lirika] *f LIT* Lyrik *f*
lírico ['liriko] *adj LIT* lyrisch
lirio ['lirĭo] *m BOT* Lilie *f*
lirismo [li'rizmo] *m (lenguaje lírico)* Lyrik *f,* dichterischer Stil *m*
lirón [li'rɔn] *m 1. ZOOL* Siebenschläfer *m; 2. (fig) dormir como un ~* wie ein Murmeltier schlafen
lis [lis] *f irr flor de ~* Wappenlilie *f*

lisa ['lisa] *f irr ZOOL* Steinbeißer *m*
lisiado [li'sĭađo] *m 1.* Krüppel *m; adj 2. MED* verkrüppelt, verstümmelt; *~ de guerra* kriegsversehrt
lisiar [li'sĭar] *v (dejar inválido)* verstümmeln, verwunden
liso ['liso] *adj* glatt
lisonja [li'sɔŋxa] *f* Schmeichelei *f*
lisonjear [lisɔŋxe'ar] *v* schmeicheln
lisonjero [lisɔŋ'xero] *adj 1.* schmeichelhaft; *m 2.* Schmeichler *m*
lista ['lista] *f 1.* Liste *f; hacer una ~* auflisten; *~ de precios* Preisliste *f; ¿Tiene usted una ~ de precios?* Haben Sie eine Preisliste? *2. ~ de platos GAST* Speisekarte *f; 3. (nómina, registro, catálogo)* Verzeichnis *n*
listado [lis'tađo] *adj* gestreift
listo ['listo] *adj 1. (terminado)* fertig; *2. (preparado)* parat, bereit; *tener ~* bereithalten; *~ para la imprenta* druckfertig; *~ para viajar* fahrbereit; *~ para el servicio* betriebsbereit; *3. (inteligente)* gescheit; *4. (astuto)* schlau; *5. (vivo)* lebhaft
listón [lis'ton] *m 1.* (fingerbreites) Seidenband *n, 2.* Leiste *f,* Latte *f*
lisura [li'sura] *f* Glattheit *f,* Ebenmäßigkeit *f,* Arglosigkeit *f*
litera [li'tera] *f* Sänfte *f,* Stockbett *n,* Koje *f*
literal [lite'ral] *adj* buchstäblich, wörtlich
literario [lite'rarĭo] *adj* literarisch
literato [lite'rato] *m* Literat *m*
literatura [litera'tura] *f* Literatur *f; ~ técnica* Fachliteratur *f; ~ trivial* Trivialliteratur *f*
litigación [litiġ'θĭɔn] *f* Prozess *m,* Kontroverse *m,* Zwietracht *f,* Streit *m*
litigante [liti'ġante] *adj 1.* streitend; *2. m/f* Prozesspartei *f,* Streitpartei *f*
litigar [liti'ġar] *v JUR* prozessieren
litigiar [liti'xĭar] *v JUR* streiten, bestreiten
litigio [li'tixĭo] *m JUR* Rechtsstreit *m*
litigioso [liti'xĭoso] *adj JUR* strittig, streitsüchtig
litio [li'tĭo] *m (elemento químico) CHEM* Lithium *n*
litis ['litis] *m (litigio) JUR* Rechtsfall *m,* Streit *m*
litisconsorte [litiskɔn'sɔrte] *m JUR* Streitpartner *m*
litisexpensas [litiseġs'pensas] *f/pl JUR* Streitkosten *pl,* Prozesskosten *pl*
litispendencia [litispen'denθĭa] *f JUR* Rechtsabhängigkeit *f,* Befangenheit *f*
litografía [litoġra'fia] *f ART* Lithografie *f*
litógrafo [li'tɔġrafo] *m* Lithograph *m*
litología [litolo'xia] *f GEOL* Lithologie *f*
litoral [lito'ral] *adj 1.* Küsten..., Strand...; *2.* Küste *f,* Strand *m*
litosfera [litos'fera] *f METEO* Lithosphäre *f*
litro ['litro] *m* Liter *m*
Lituania [li'twanĭa] *f GEO* Litauen *n*
lituano [li'twano] *adj 1. GEO* litauisch; *m 2. GEO* Litauer *m*
liturgia [li'turxĭa] *f REL* Liturgie *f*
litúrgico [li'turxiko] *adj REL* liturgisch
liviandad [liƀĭan'dađ] *f* Lüsternheit *f,* Unzucht *f*
liviano [li'ƀĭano] *adj* leicht
lividecer [liƀiđe'θɛr] *v irr* erbleichen, bleichen
lívido ['liƀiđo] *adj* blass, bleich; *~ de espanto* schreckensbleich
living ['liƀiŋ] *m* Wohnzimmer *n*
lixiviar [liġsi'ƀĭar] *v CHEM* auswaschen, auslaugen
liza ['liθa] *f* Kampfplatz *m,* Arena *f,* Turnierplatz *m*
lizo ['liθo] *m* Litze *f*
lo ['lo] *art 1.* das; *pron 2.* es; *~ que* was; *~ cual* welcher, welches; *3. (LA)* ihn
loa ['loa] *f (alabanza)* Lob *n,* Preisen *n,* Lobrede *f*
loable [lo'aƀle] *adj* löblich
loador [loa'đɔr] *adj* lobend
loar [lo'ar] *v* loben, preisen
loba ['loƀa] *f ZOOL* Wölfin *f*
lobato [lo'ƀato] *m ZOOL* Wolfswelpe *m*
lobezno [lo'ƀeθno] *m ZOOL* Wolfswelpe *m*
lobo ['loƀo] *m 1. ZOOL* Wolf *m; 2. (fig) estar en la boca del ~* in der Höhle des Löwen sein
lóbrego ['lɔƀreġo] *adj 1. (sombrío)* finster, dunkel, schattig; *2. (fig: triste)* traurig, düster
lobreguecer [loƀreġe'θɛr] *v* verdunkeln, verfinstern
lobreguez [lɔƀre'ġeθ] *f* Düsternis *f,* Finsternis *f*
lobular [loƀu'lar] *adj* lappig
lóbulo ['lɔƀulo] *m ~ de la oreja ANAT* Ohrläppchen *n*
lobuloso [loƀu'loso] *adj* lappig

local [lo'kal] *m 1.* Lokal *n; ~ del club* Klubhaus *n; adj 2.* örtlich, heimisch, lokal, ortsansässig; *adv 3.* örtlich
localidad [lokali'đađ] *f 1.* Ort *m,* Ortschaft *f; f/pl 2. ~es* Örtlichkeiten *pl; 3. (entrada para un espectáculo)* Eintrittskarte *f*
localismo [loka'lizmo] *m ART* Lokalpatriotismus *m*
localización [lokaliθa'θĭɔn] *f* Lokalisierung *f,* Standort *m*
localizar [lokali'θar] *v* lokalisieren, orten
locatario [loka'tarĭo] *m (arrendatario)* Mieter *m*
locativo [loka'tiƀo] *m GRAMM* Lokativ *m*
loción [lo'θĭɔn] *f* Lotion *f; ~ para después de la afeitada* Rasierwasser *n*
loco ['loko] *m 1.* Narr *m,* Irrer *m; cada ~ con su tema* jedem das Seine; *~ homicida* Amokläufer *m; adj 2.* verrückt, irre, närrisch; *como ~* wie verrückt; *~ por* versessen auf
locomoción [lokomo'θĭɔn] *f* Beförderung *f,* Fortbewegung *f*
locomotora [lokomo'tora] *f* Lokomotive *f*
locuacidad [lokwaθi'đađ] *f* Schwatzhaftigkeit *f*
locuaz [lo'kwaθ] *adj* redselig
locución [loku'θĭɔn] *f* Redensart *f,* Redewendung *f*
locura [lo'kura] *f* Irrsinn *m,* Wahnsinn *m*
locutor(a) [loku'tɔr/loku'tora] *m/f* Sprecher(in) *m/f; ~ de radio* Ansager(in) *m/f,* Moderator(in) *m/f; ~ de televisión* Fernsehmoderator(in) *m/f,* Fernsehansager(in) *m/f*
lodo ['lođo] *m* Schlamm *m,* Lehm *m; ~ de clarificación* Klärschlamm *m*
lodoso [lo'đoso] *adj* schlammig
logarítmico [loga'ritmiko] *adj MATH* logarithmisch
logaritmo [loga'ritmo] *m MATH* Logarithmus *m*
logia ['lɔxĭa] *f* Loge *f*
lógica ['lɔxĭka] *f 1.* Logik *f; falta de ~* Denkfehler *m; por ~* logisch; *2. (consecuencia)* Konsequenz *f*
lógico ['lɔxĭko] *adj* selbstverständlich, folgerichtig, logisch
logística [lo'xistika] *f* Logistik *f*
lograr [lo'grar] *v irr* bewerkstelligen, erzielen, bekommen; *~ evitar algo* um etw herumkommen
logro ['logro] *m* Errungenschaft *f*
loísmo [lo'izmo] *m GRAMM* Verwendung des „lo" für das männliche Personalpronomen
loma ['loma] *f* Hügel *m,* Anhöhe *f*
lombarda [lɔm'barđa] *f BOT* Rotkohl *m*
lombríz [lɔm'briθ] *f* Wurm *m,* Regenwurm *m*
lomillo [lo'miʎo] *m* Sattelrücken *m,* Kreuzstich *m*
lomo ['lomo] *m GAST* Lende *f*
lona ['lɔna] *f* Plane *f,* Leinwand *f*
longanimidad [lɔŋganimi'đađ] *f* Geduld *f,* Langmut *f*
longánimo [lɔŋ'ganimo] *adj* geduldig, langmütig
longevidad [lɔŋxeƀi'đađ] *f* Langlebigkeit *f*
longevo [lɔŋ'xeƀo] *adj* langlebig
longitud [lɔŋxi'tuđ] *f* Länge *f; GEO* Längengrad *m; ~ de onda PHYS* Wellenlänge *f*
lonja [lon'xa] *f* Schnitte *f,* Scheibe *f* (Wurst), Streifen *m*
lontananza [lɔnta'nanθa] *f en ~* in der Ferne *f*
loor [lɔr] *m (alabanza)* Lob *n,* Preisen *n*
loquear [loke'ar] *v* scherzen, Unsinn treiben *m,* sich narrenhaft verhalten
loqueo [lo'keo] *m* Irrenwärter *m*
loquera [lo'kera] *f* Wahnsinn *m,* Verrücktheit *f,* Irrsinn *m*
loris ['loris] *m ZOOL* Lori *m*
loro ['loro] *m ZOOL* Papagei *m*
losa ['losa] *f* Fliese *f*
lote ['lote] *m 1.* Anteil *m,* Los *n; 2. ECO* Posten *m; 3. (en la lotería)* Gewinn *m*
lotería [lote'ria] *f* Lotterie *f*
loto ['loto] *m BOT* Lotus *m*
loza ['loθa] *f* Steinware *f*
lozanía [loθa'nia] *f* Munterkeit *f*
lozano [lo'θano] *adj* üppig, frisch, munter
lubina [lu'ƀina] *f ZOOL* Wolfsbarsch *m*
lubricación [luƀrika'θĭɔn] *f* Einölen *n*
lubricante [luƀri'kante] *adj* Schmier...
lubricar [luƀri'kar] *v* schmieren, einfetten
lubricativo [luƀrika'tiƀo] *adj* schmierend, ölend
lubricidad [luƀriθi'đađ] *f* Schlüpfrigkeit *f,* Lüsternheit *f,* Anstößigkeit *f*
lúbrico ['luƀriko] *adj* anstößig, schlüpfrig

lubrificar [luƀrifi'kar] *v* einölen
lucero [lu'θero] *m (el planeta Venus)* Morgenstern *m,* Abendstern *m*
lucha ['lutʃa] *f 1.* Kampf *m,* Wettstreit *m; estar en ~ contra alguien* im Kampf sein gegen jdn; *~ antiparasitaria* Schädlingsbekämpfung *f; 2. SPORT* Ringkampf *m,* Wettkampf *m; 3. ~ por* Engagement für *n*
luchado [lu'tʃađo] *adj* umkämpft
luchador [lutʃa'đɔr] *m 1.* Kämpfer *m; adj 2.* kämpferisch
luchar [lu'tʃar] *v 1.* kämpfen; *~ contra* bekämpfen, ankämpfen gegen, kämpfen gegen; *2. ~ por* kämpfen für; *~ por algo* sich für etw engagieren; *3. SPORT* ringen
lucidez [luθi'đeθ] *f* Klarheit *f*
lúcido ['luθiđo] *adj (fig: de clara inteligencia)* aufgeweckt, hell, klug
luciérnaga [lu'θĭɛrnaga] *f ZOOL* Glühwürmchen *n*
lucifer [luθi'fer] *m* Luzifer *m,* Morgenstern *m,* Teufel *m*
lucimiento [luθi'mĭento] *m* Glanz *m,* Pracht *f*
lucio ['luθĭo] *m ZOOL* Hecht *m*
lución [lu'θĭɔn] *m ZOOL* Blindschleiche *f*
lucir [lu'θir] *v irr 1. (brillar)* leuchten, schimmern, glänzen; *2. (fig: distinguirse)* sich unterscheiden, hervorstechen, sich auszeichnen
lucrar [lu'krar] *v* erreichen
lucrativo [lukra'tiƀo] *adj* Gewinn bringend
lucro ['lukro] *m* Profit *m*
ludibrio [lu'điƀrĭo] *m (escarnio)* Hohn *m,* Verhöhnung *f*
lúdico ['luđiko] *adj* reibend
luego ['lwego] *adv 1.* danach, dann, darauf; *¡Hasta ~!* Tschüss! Auf Wiedersehen! *2. ¡Hasta ~! TEL* Auf Wiederhören! *3. desde ~* natürlich, freilich
lugar [lu'gar] *m 1.* Ort *m,* Platz *m,* Stelle *f,* Raum *m; en ~ de* anstatt, statt, anstelle; *del ~* ortsansässig; *en ningún ~* nirgends, nirgendwo; *en primer ~* erst, zuerst, zunächst; *en último ~* zuletzt; *tener ~* stattfinden, abspielen; *no tener ~* ausfallen; *~ común* Gemeinplatz *m; ~ de los hechos* Tatort *m; 2. (puesto)* Stelle *f; 3. (sitio)* Sitz *m*
lugareño [luga'reɲo] *m* Dorf *n,* Kleinstadt *f*
lugarteniente [lugarte'nĭente] *m* Stellvertreter *m*
luge ['luxe] *f SPORT* Rodelschlitten *m*
lugear [luxe'ar] *v SPORT* rodeln
lúgubre ['luguƀre] *adj* düster
lujo ['luxo] *m* Luxus *m*
lujosamente [luxosa'mente] *adv* luxuriös
lujoso [lu'xoso] *adj* luxuriös, aufwändig
lujuria [lu'xurĭa] *f* Unzucht *f,* Wollust *f*
lujuriar [luxu'rĭar] *v* Unzucht treiben *f,* fruchtbar sein, wuchern
lujurioso [luxu'rĭoso] *m* Lustmolch *m*
lumbago [lum'bago] *m MED* Hexenschuss *m*
lumbre ['lumbre] *f* Glut *f,* Feuer *n,* Flamme *f,* Feuerzeug *n*
lumbrera [lum'brera] *f 1.* Dachfenster *n; 2. (fam)* Leuchte *f,* Intelligenzbolzen *m*
luminaria [lumi'narĭa] *f/pl (luces de adorno)* festliche Beleuchtung *f*
luminiscencia [luminis'θenθĭa] *f* Lumineszenz *f,* Leuchten *n*
luminosidad [luminosi'đađ] *f* Leuchtkraft *f*
luminoso [lumi'noso] *adj* licht, leuchtend
luna ['luna] *f 1.* Mond *m; estar en la ~* in den Wolken schweben; *~ llena* Vollmond *m; ~ nueva* Neumond *m; 2. ~ de miel* Flitterwochen *pl,* Hochzeitsreise *f,* Honigmond *m; 3.* Glasscheibe *f; ~ trasera* Heckscheibe *f*
lunación [luna'θĭɔn] *f ASTR* Mondphase *f*
lunar [lu'nar] *1.* Muttermal *n,* Leberfleck *m; adj 2. (relativo a la luna) ASTR* Mond..., lunar
lunático [lu'natiko] *adj 1.* launenhaft; *2. (fig)* verrückt, irrsinnig, wahnsinnig
Lunes ['lunes] *m ~ de Pascua REL* Ostermontag *m*
lunes ['lunes] *m* Montag *m; los ~* montags
lunfardo [lun'farđo] *m (jerga argentina)* Lunfardo *m,* Gaunersprache aus Buenos Aires
lupa ['lupa] *f* Lupe *f*
lupanar [lupa'nar] *m (burdel)* Bordell *n*
lúpulo ['lupulo] *m BOT* Hopfen *m*
lusitano [lusi'tano] *adj 1. (de Portugal) GEO* lusitanisch, aus Portugal stammend; *m 2. GEO* Portugiese *m*
lustrar [lus'trar] *v* putzen, glätten, polieren
lustre ['lustre] *m* Glanz *m,* Politur *f*
lustroso [lus'troso] *adj* schimmernd, glänzend

lúteo ['luteo] *adj (de lodo)* schlammig, lehmig
luteranismo [lutera'nizmo] *m REL* Luthertum *n*
luterano [lute'rano] *adj REL* lutherisch
luto ['luto] *m* Trauer *f*, Trauerbekleidung *f*
luxación [lugsa'θĭɔn] *f MED* Verrenkung *f*, Luxation *f*
luxar [lug'sar] *v* verrenken, ausrenken, auskugeln
Luxemburgo [lugsem'burgo] *m GEO* Luxemburg *n*
luz [luθ] *f 1.* Licht *n; poner la ~ de carretera* aufblenden; *La ~ no funciona.* Das Licht geht nicht. *~ crepuscular* Abendrot *n*, Zwielicht *n; ~ de cruce* Abblendlicht *n; ~ del día* Tageslicht *n; ~ de estacionamiento* Standlicht *n; ~ de freno* Bremslicht *n; ~ infraroja* Infrarotlicht *n; ~ de neón* Neonlicht *n; ~ de profusión* Flutlicht *n; ~ de vela* Kerzenlicht *n; ~ intermitente* Blinklicht *n; ~ larga* Fernlicht *n; ~ relámpago* Blitzlicht *n; ~ roja* Rotlicht *n; ~ trasera* Rücklicht *n*, Schlusslicht *n; 2. (brillo)* Schein *m*
luzbel [luθ'bel] *m* Luzifer *m*, Teufel *m*
llaga ['ʎaga] *f* Wunde *f*
llagar [ʎa'gar] *v* verwunden
llama ['ʎama] *f 1.* Flamme *f; 2. ZOOL* Lama *n*
llamada [ʎa'mađa] *f 1.* Anruf *m; ~ de emergencia/~ socorro* Notruf *m; 2. ~ telefónica TEL* Telefonanruf *m; 3. MIL* Appell *m; ~ a filas* Einberufung *f; 4. ~ de datos INFORM* Datenabruf *m*, Abruf *m*
llamado [ʎa'mađo] *adj* so genannt
llamamiento [ʎama'mĭento] *m* Berufung *f; ~ a filas MIL* Einberufung *f*
llamar [ʎa'mar] *v 1.* anrufen, rufen; *~ por teléfono* anrufen, telefonieren; *~ la atención* auffallen; *~ a alguien* nach jdm rufen; *2. (nombrar)* nennen; *3. (convocar)* aufrufen; *4. (a la puerta)* anklopfen; *5. ~ datos INFORM* abrufen; *6. ~ a filas MIL* einberufen, einziehen
llamarada [ʎama'rađa] *f* plötzliches Aufflackern *n*, Flackerfeuer *n*, Lohe *f*
llamarse [ʎa'marse] *v (por nombre)* heißen; *¿Cómo se llama usted?* Wie heißen Sie?
llamativo [ʎama'tiƀo] *adj* auffallend; *poco ~* unauffällig
llanero [ʎa'nero] *m* Talbewohner *m*
llaneza [ʎa'neθa] *f* Offenheit *f*, Schlichtheit *f*
llano ['ʎano] *adj 1.* eben, flach, plan; *2. (sencillo, sin adorno)* schlicht; *m 3. GEOL* Ebene *f*
llanta ['ʎanta] *f 1.* Felge *f; 2. (LA)* Autoreifen *m; ~ de repuesto* Ersatzreifen *m*
llantera [ʎan'tera] *f* Geschluchze *n*, Gegreine *n*
llantina [ʎan'tina] *f (fam)* Geheule *f*, hysterisches Weinen *n*
llanto ['ʎanto] *m* Weinen *n*, Klage *f*
llanura [ʎa'nura] *f GEOL* Ebene *f*, Flachland *n*
llave ['ʎaƀe] *f 1.* Schlüssel *m; ~ duplicada* Nachschlüssel *m; ~ de la puerta* Türschlüssel *m; ~ de contacto* Zündschlüssel *m; ~ del gas* Gashahn *m; 2. ~ inglesa TECH* Engländer *m*
llavero [ʎa'ƀero] *m* Schlüsselbrett *n*, Schlüsselring *m*, Schlüsseletui *n*
llegada [ʎe'gađa] *f 1.* Ankunft *f; lugar de ~* Ankunftsort *m; 2. (de viaje)* Anreise *f; 3. (entrada)* Einfahrt *f; 4. ECO* Eingang *m*
llegar [ʎe'gar] *v 1.* ankommen, eintreffen, anreisen; *~ a* gelangen an, gelangen zu; *~ al alma* rühren; *~ a ser* werden; *~ a un acuerdo* übereinkommen; *~ corriendo* herbeieilen; *~ tarde* sich verspäten; *~ justo para* gerade recht kommen für; *2. (entrar)* eintreten
llenado [ʎe'nađo] *m* Füllung *f*
llenar [ʎe'nar] *v 1.* einfüllen, füllen, stopfen; *a medio ~* halb voll; *~ el depósito* voll tanken; *2. ~ de/~ con* füllen mit
lleno ['ʎeno] *adj 1. ~ de* voll von, erfüllt von; *2. (fam)* satt; *3. muy ~* dicht gedrängt
llevadero [ʎeƀa'đero] *adj* tragbar
llevar [ʎe'ƀar] *v 1.* bringen, mitbringen, wegbringen, hinbringen; *2. (cargar)* tragen; *¿Puede usted ayudarme a ~ eso?* Können Sie mir das tragen helfen? *3. (consigo)* mitnehmen; *4. ~ a (causar)* führen zu; *5. (ropa puesta)* tragen; *6. ~ a cabo* abhalten, verwirklichen, durchführen
llorar [ʎo'rar] *v* weinen, heulen; *~ de* weinen vor; *~ por alguien* um jdn weinen, jdn beweinen; *~ la muerte de* trauern um
lloriquear [ʎo'rar] *v* quengeln
lloro ['ʎoro] *m* Weinen *n*
llorón [ʎo'ron] *adj* weinerlich, heulend
llover [ʎo'ƀɛr] *v irr* regnen
lloviso [ʎo'ƀĭoso] *adj* regnerisch
llovizna [ʎo'ƀiθna] *f* Nieselregen *m*, Sprühregen *m*
lloviznar [ʎoƀiθ'nar] *v* nieseln
lluvia ['ʎuƀĭa] *f* Regen *m*

M

maca ['maka] *f (fig: vicio)* Fehler *m,* Makel *m*
macabro [ma'kaƀro] *adj* makaber
macadam [ma'kađam] *m* Makadam *m*
macadamizar [makađami'θar] *v* makadamisieren
macana [ma'kana] *f 1. (arma de madera) HIST* Keule *f,* Schlagstock *m; 2. (LA: tontería)* Unfug *m,* Scherz *m*
macanear [makane'ar] *v (fam: decir macanas) (LA)* Unsinn reden *m,* Unfug erzählen *m*
macanudo [maka'nuđo] *adj (estupedo)* unsinnig
macarra [ma'karra] *m (fam)* Schlägertyp *m,* Raufbold *m,* Gauner *m*
macarrón [maka'rron] *m* Makrone *f,* Isolierschlauch *m,* Zuhälter *m*
macarrónico [maka'rroniko] *adj latín ~* Küchenlatein *n*
macarse [ma'karse] *v* Druckstellen bekommen, faulen
macaurel [macau'rel] *f (serpiente de america latina) ZOOL* Buschmeister *m*
macear [maθe'ar] *v 1. (golpear con un mazo)* hämmern, klopfen; *2. (fig: fastidiar repetidamente)* lästig fallen
macedón [maθe'đɔn] *adj GEO* mazedonisch
macedonia [maθe'đonĭa] *f ~ de frutas GAST* Obstsalat *m*
Macedonia [maθe'đonĭa] *f GEO* Mazedonien *n*
maceo [ma'θeo] *m* Hämmern *n,* Klopfen *n*
maceración [maθera'θĭɔn] *f* Mazeration *f,* Einweichen *n*
macerar [maθe'rar] *v 1. (ablandar algo al sumergirlo)* einweichen, aufweichen, mazerieren; *2. (fig: mortificarse)* kasteien
maceta [ma'θeta] *f* Blumentopf *m*
macetero [maθe'tero] *m* Blumentisch *m,* Blumenständer *m*
machaca [ma'tʃaka] *f 1. (instrumento para machacar)* Stößel *m,* Stampfe *f; 2. (fig: persona insistente)* lästige Person *f*
machacadera [matʃaka'đera] *f* Stampfer *m,* Stößel *m,* Quetsche *f*
machacar [matʃa'kar] *v 1.* zerdrücken, zerquetschen, quetschen; *2. (fig: insistir neciamente en algo)* lästig fallen, aufdringlich sein, auf die Nerven gehen; *Deja de ~ siempre con lo mismo.* Hör auf, mir ständig mit derselben Sache auf die Nerven zu gehen.
machacón [matʃa'kɔn] *adj (insistente e importuno)* aufdringlich, lästig
machaconería [matʃakone'ria] *f (pesadez)* Aufdringlichkeit *f*
machada [ma'tʃađa] *f* Albernheit *f,* alberne Rede *f*
machamartillo [matʃamar'tiʎo] *m clavado a ~* fest angenagelt
machaqueo [matʃa'keo] *m* Zerstampfen *n,* Zerstoßen *n*
machaquería [matʃake'ria] *f* Quatsch *m* (fam)
machazo [ma'tʃaθo] *m* Macho *m*
machetazo [matʃe'taθo] *m (golpe con un machete)* Machetenhieb *f*
machete [ma'tʃete] *m* Buschmesser *n,* Machete *f*
machetear [matʃete'ar] *v (cortar con el machete)* niedersäbeln
machetero [matʃe'tero] *m 1. (hombre que abre caminos macheteando)* Holzhauer *m; 2. (que corta caña de azucar)* Zuckerrohrschneider *m*
machihembrado [matʃiem'ƀrađo] *m* Verzapfung *f*
machihembrar [matʃiem'ƀrar] *adj* spunden
macho ['matʃo] *m 1.* Kerl *m,* Macho *m; 2. ZOOL* Männchen *n; ~ cábrio ZOOL* Bock *m; 3. TECH* Haken *m; adj 4.* männlich
machucadura [matʃuka'đura] *f* Zerquetschen *n,* Zerstoßen *n*
machucamiento [matʃuka'mĭento] *m* Zerquetschen *n,* Zerstoßen *n*
machucar [matʃu'kar] *v* zerstampfen, zerquetschen
machucho [ma'tʃutʃo] *adj* gesetzt, verständig, alt
macicez [maθi'θeθ] *f* Dicke *f,* Dichtigkeit *f,* Festigkeit *f*
macilento [maθi'lento] *adj (flaco)* blass, übernächtig, verhärmt
macillo [ma'θiʎo] *m (matillo de un piano) MUS* Klavierhammer *m*

macizar [maθi'θar] *v (rellenar algo hueco)* ausfüllen, ausstopfen
macizo [ma'θiθo] *adj 1.* klobig, massiv, dick; *2. (fig: sólido)* gewichtig; *Tu argumentación no me parece muy maciza.* Deine Argumentation scheint mir nicht viel Gewicht zu haben. *m 3. (montaña o grupo de montañas)* Gebirgsmassiv *n,* Gebirgsstock *m*
macolla [ma'koʎa] *f* Ährenbüschel *n,* Blumenbüschel *n*
macro ['makro] *f (conjunto de ordenes) INFORM* Makro *n; Una macro realiza una secuencia de instrucciones con una sola orden.* Ein Makro führt eine Reihe von Anweisungen mit einem einzigen Befehl aus.
macrobiótica [makro'ƀĭɔtika] *f* Makrobiotik *f*
macrocefalia [makroθe'falia] *f* Großköpfigkeit *f*
macrocéfalo [makro'θεfalo] *adj* großköpfig
macromolécula [makromo'lεkula] *m CHEM* Makromolekül *n,* Fadenmolekül *n*
macromolecular [makromoleku'lar] *adj CHEM* makromolekular
mácula ['makula] *f 1. (fig: algo que afea)* Makel *m,* Fehler *m; f/pl 2. ~s solares ASTR* Sonnenflecken *m/pl*
macular [maku'lar] *v 1. (ensuciar algo)* schmutzig machen, beflecken; *2. (fig: ensuciar la reputación)* beflecken
madama [ma'đama] *f* Madame *f,* Puffmutter (fam) *f,* Hebamme (fam) *f*
madamisela [mađami'sela] *f* Fräulein *n,* Stutzerin *f,* Modedame *f*
madeja [ma'đexa] *f 1. (un rollo de hilos)* Strähne *f,* Strang *m; 2. (conjunto de pelos)* Haarbüschel *n*
madera [ma'đera] *f 1.* Holz *n; de ~* aus Holz; *~ de construcción* Bauholz; *~ preciosa* Edelholz; *2. (fig: talento)* Begabung *f,* Veranlagung *f; Tu hermano tiene ~ de músico.* Dein Bruder ist musikalisch veranlagt.
maderamen [mađe'ramen] *m* Fachwerk *n,* Gebälk *n*
maderería [mađere'ria] *f* Holzlager *n,* Holzhandlung *f*
maderero [mađe'rero] *m 1.* Holzhändler *m; adj 2. industria maderera* Holzindustrie *f*
madero [ma'đero] *m 1.* Balken *m; 2. (tabla, tablón)* Bohle *f*
madrastra [ma'đrastra] *f* Stiefmutter *f*
madre ['mađre] *f 1.* Mutter *f; ~ patria* Vaterland *n; ~ política* Schwiegermutter *f; ~ soltera* allein erziehende Mutter *f; como una ~* mütterlich; *2. (monja)* Mutter *f; 3. (fig: causa)* Ursprung *m,* Ursache *f*
madreperla [mađre'pεrla] *f ZOOL* Perlmutt *n,* Perlmutter *f*
madrépora [ma'đrεpora] *f BIO* Sternkoralle *f*
madreselva [mađre'selƀa] *f BOT* Geißblatt *n*
madriguera [mađri'gera] *f 1. ZOOL* Kaninchenbau *m,* Bau *m; 2. (fig: escondrijo de maleantes)* Schlupfwinkel *m,* Spelunke *f*
madrileño [mađri'leɲo] *adj (de Madrid) GEO* aus Madrid *n*
madrina [ma'đrina] *f 1.* Patin *f; 2. (protectora)* Beschützerin *f*
madrugada [mađru'gađa] *f 1.* Tagesanbruch *m,* Dämmerung *f; 2. de ~* sehr früh am Morgen *m*
madrugador(a) [mađruga'đɔr/mađruga'đora] *m/f* Frühaufsteher(in) *m/f*
madrugar [mađru'gar] *v 1.* früh aufstehen; *2. (hacer algo con anticipación)* zuvorkommen
maduración [mađura'θĭɔn] *f* Reifen *n,* Ausreifen *n,* Reifung *f*
maduradero [mađura'đero] *m* Reifeboden *m*
maduramente [mađura'mente] *adv* reiflich, überlegt
madurar [mađu'rar] *v 1.* reifen; *2. (fig: volver experimentado)* älter werden, vernünftig werden; *He madurado mucho desde que estoy aquí.* Seit ich hier bin, bin ich wesentlich vernünftiger geworden. *3. (meditar algo)* reiflich überlegen
madurativo [mađura'tiƀo] *m* Reifungsmittel *n*
madurez [mađu'reθ] *f* Reife *f*
maduro [ma'đuro] *adj 1.* reif; *2. (fig)* reif, bedächtig, klug
maestra [ma'estra] *f 1. (profesora)* Lehrerin *f; 2. (fig: algo que enseña)* Meisterin *f,* Lehrmeisterin *f; La vida es la gran ~.* Das Leben ist ein großer Lehrmeister.
maestría [maes'tria] *f 1.* Können *m; 2. (un postgrado)* Magistertitel *m*
maestro [ma'estro] *m 1. (profesor)* Lehrer *m; 2.* Meister *m; 3. (compositor)* Meister *m,* Maestro *m; adj 4. (algo perfecto)* meisterhaft, Meister...; *La novena sinfonía de*

Mahler es una obra maestra. Mahlers Neunte Sinfonie ist ein Meisterwerk. *5. control ~ TECH* Hauptkontrolle *f*
mafia ['mafĭa] *f* Mafia *f*
magia ['maxĭa] *f* Magie *f; por arte de ~* magisch
magiar [ma'xĭar] *adj GEO* Madjar..., Ungar...
mágico ['maxiko] *adj* magisch
magisterial [maxiste'rĭal] *adj* Lehramts..., Lehrerschafts...
magisterio [maxis'terĭo] *m 1. (la profesión de maestro)* Lehreramt *n; 2. (el conjunto de todos los maestros)* Lehrerschaft *f*
magistrado [maxis'trađo] *m JUR* Justizbeamter *m,* Richter *m*
magistral [maxis'tral] *adj 1.* meisterhaft, bravurös; *2. (relativo al maestro)* meisterlich, meisterhaft, schulmeisterlich
magistratura [maxistra'tura] *f ~ de trabajo JUR* Arbeitsgericht *n*
magma ['magma] *m GEOL* Magma *n*
magnanimidad [magnanimi'đađ] *f (grandeza)* Edelmut *m,* Großherzigkeit *f*
magnánimo [mag'nanimo] *adj* edelmütig, großherzig, großmütig
magnate [mag'nate] *m* Magnat *m*
magnesia [mag'nesĭa] *f CHEM* Magnesia *f,* Bittererde *f*
magnesio [mag'nesĭo] *m CHEM* Magnesium *n*
magnesita [magne'sita] *f CHEM* Magnesit *m*
magnético [mag'netiko] *adj* magnetisch
magnetismo [magnetizmo] *m 1.* Magnetismus *m; 2. (fig: atracción)* Magnetismus *m,* Anziehung *f*
magnetizable [magneti'θaƀle] *adj* magnetisierbar
magnetización [magnetiθa'θĭɔn] *f* Magnetisierung *f*
magnetizador [magnetiθa'đɔr] *m* Magnetiseur *m,* Magnetisiergerät *n*
magnetizar [magneti'θar] *v (comunicar el magnetismo)* magnetisieren
magneto [mag'neto] *m TECH* Magnet *m*
magnetófono [magne'tofono] *m* Tonbandgerät *n,* Kassettenrekorder *m*
magnicida [magni'θiđa] *m* Königsmörder *m*
magnicidio [magni'θiđĭo] *m* Königsmord *m*
magnificador [magnifika'đɔr] *adj* vergrößernd
magníficamente [magnifica'mente] *adv* prächtig, herrlich
magnificar [magni'fikar] *m* rühmen, preisen, vergrößern
magnificat [magnifi'kat] *m REL* Magnifikat *m*
magnificencia [magnifi'θenθĭa] *f* Herrlichkeit *f,* Pracht *f*
magnificiente [magnifi'θĭente] *adj* herrlich, prächtig, großartig
magnífico [mag'nifiko] *adj* herrlich, prächtig, ausgezeichnet
magnitud [magni'tuđ] *f 1.* Größe *f; 2. (dimensión)* Größenordnung *f*
magno ['magno] *adj* groß, erhaben, gewaltig
magnolia [mag'nolĭa] *f BOT* Magnolie *f*
mago ['mago] *m* Zauberer *m*
magrear [magre'ar] *v* befummeln (fam), betatschen (fam)
magrez [ma'grɛθ] *f* Magerkeit *f*
magro ['magro] *adj* hager
magrura [ma'grura] *f* Magerkeit *f*
magulladura [maguʎa'đura] *f* Quetschung *f,* Zerdrücken *n*
magullar [magu'ʎar] *v* quetschen, zerdrücken, zerquetschen
maharajá [maxara'xa] *m HIST* Maharadscha *m*
mahometismo [maome'tizmo] *m REL* Islam *m*
maicena [mai'θena] *f* feinstes Maismehl *n,* Maisbrei *m*
maicillo [mai'θiʎo] *m 1. BOT* Hirseart *f; 2.* Kiessand *m*
maillot [mai'ʎot] *m* Trikot *n;* Badeanzug *m*
maître ['metre] *m* Oberkellner *m*
maíz [ma'iθ] *m BOT* Mais *m*
maizal [mai'θal] *m* Maisfeld *n*
majadería [maxađe'ria] *f* Albernheit *f*
majadero [maxa'đero] *adj* albern
majar [ma'xar] *v 1.* zerstoßen, hämmern; *2. (fam: importunar)* belästigen
majestad [maxes'tađ] *f* Majestät *f*
majestuoso [maxes'twoso] *adj* majestätisch, erhaben
majo ['maxo] *adj* schmuck, hübsch, fesch
mal [mal] *m 1.* Unheil *n,* Übel *n; adj 2.* schlecht, übel; *estar de ~ humor* schlechte Laune haben; *adv 3.* schlecht, unwohl, übel; *Me siento ~.* Mir ist schlecht. *4. (enfermedad)* Krankheit *f,* Leiden *n; Mi abuela tiene el ~ de Parkinson.* Meine Großmutter

hat die Parkinsonkrankheit *f;* ~ *de páramo* Höhenkrankheit *f;* ~ *de ojo* böser Blick *m; 5. (infortunio, desgracia)* Übel *n,* Leiden *n,* Unglück *n; 6. tomar algo a* ~ etw übel nehmen

malabarismo [malaƀa'rizmo] *m 1. (juegos de habilidad)* Jongleurkunst *f,* Geschicklichkeitsspiel *n; 2. (fig: virtuosismo conceptual)* große Geschicklichkeit *f*

malabarista [malaƀa'rista] *m/f* Jongleur(in) *m/f*

malaconsejado [malakonse'xađo] *adj* schlecht beraten

malacostumbrado [malakostum'ƀrađo] *adj 1.* verwöhnt; *2. (mimado)* verhätschelt, verwöhnt, verzogen; *Tu hijo está muy ~.* Dein Sohn ist sehr verzogen.

málaga ['malaga] *m (vino de Málaga) GAST* Malaga *m,* Malagawein *m*

malagradecido [malagrađe'θiđo] *adj* undankbar

malagueña [mala'geɲa] *f MUS* Volksweise aus Malaga *f*

malagués [mala'ges] *adj GEO* aus Malaga

malandrín [malan'đrin] *m* Bösewicht *m*

malaquita [mala'kita] *f* Malachit *m*

malaria [ma'larĭa] *f MED* Malaria *f*

malasangre [mala'sangre] *adj (persona de mala índole)* übel wollend, bösartig

Malasia [ma'lasĭa] *m GEO* Malaysia *n*

malaventura [malaƀen'tura] *f* Unglück *n*

malaventurado [malaƀentu'rađo] *adj* unglücklich

malaventuranza [malabentu'ranθa] *f* Unglück *n,* Unheil *n*

malbaratador [malƀarata'đɔr] *adj* verschwenderisch, Verschwender...

malbaratar [malƀara'tar] *v 1. (vender algo por menos de su precio)* verschleudern, verramschen (fam); *2. (derrochar)* verschwenden

malbaratillo [malƀar'tiʎo] *m* Trödelmarkt *m*

malbarato [malƀa'rato] *m 1. (vender algo por menos de su precio)* Verschleudern *n; 2. (despilfarro)* Verschwendung *f,* Vergeudung *f*

malcasar [malka'sar] *v* schlecht verheiraten

malcomer [malko'mer] *v* schlecht essen

malcomido [malko'miđo] *adj* hungrig, schlecht genährt

malcriadez [malkrĭa'đeθ] *f* Ungezogenheit *f,* Ungehörigkeit *f*

malcriado [ma'krĭađo] *adj* schlecht erzogen, ungezogen, unhöflich

maldad [mal'dađ] *f* Bosheit *f,* Bösartigkeit *f*

maldecidor [malđeθi'đɔr] *adj* lästernd

maldecir [malde'θir] *v irr* verfluchen, verdammen, fluchen

maldiciente [malđi'θĭente] *adj* lästerlich, verleumderisch

maldición [maldi'θĭɔn] *f* Fluch *m*

maldispuesto [malđis'pwesto] *adj 1. (indispuesto)* unwohl, unpässlich; *2. (sin ganas de hacer algo)* schlecht gelaunt

maldito [mal'dito] *adj 1.* verdammungswürdig; *m 2. (persona ruin y perversa)* schlechter Kerl *m,* übler Bursche *m*

maleabilidad [maleaƀili'đađ] *f 1. (metal)* Schmiedbarkeit *f; 2.* Geschmeidigkeit *f*

maleable [male'aƀle] *adj CHEM* geschmeidig, hämmerbar, formbar

maleado [male'ađo] *adj* verdorben

maleamiento [malea'mĭento] *m* Hämmern *n,* Perversion *f* (fig)

maleante [male'ante] *m/f* Übeltäter(in) *m/f*

malear [ma'lear] *v 1. (pervertir a alguien)* verderben; *2. (echar a perder)* schaden, ins Unglück stürzen

malecón [male'kɔn] *m (puerto)* Mole *f*

maledicencia [maleđi'θenθĭa] *f* Verleumdung *f,* üble Nachrede *f*

maleficencia [malefi'θenθĭa] *f* boshafte Gesinnung *f*

maleficiar [malefi'θĭar] *v* verderben, schaden, verwünschen

maleficiente [malefi'θĭente] *adj* verderbend, schadend

maleficio [male'fiθĭo] *m* Schaden *m,* Unheil *n,* Verhexung *f*

maléfico [ma'lefiko] *adj (que tiene su origen en el mal)* schädlich, verderblich, Unheil bringend

malentender [malenten'đer] *v irr* missverstehen, missdeuten

malentendido [malenten'điđo] *m* Missverständnis *n; Esto es un ~.* Das ist ein Missverständnis.

malestar [males'tar] *m* Unbehagen *n*

maleta [ma'leta] *f 1.* Koffer *m; ¿Dónde está mi ~?* Wo ist mein Koffer? *m 2. (fam: persona incapaz)* Tölpel *m,* Pfuscher *m; f 3. hacer las ~s* die Koffer packen; *El mi-*

nistro tuvo que hacer las ~s. Der Minister musste seine Koffer packen.
maletero [male'tero] *m 1.* Kofferraum *m; 2. (persona)* Gepäckträger *m*
maletín [male'tin] *m* Handkoffer *m,* Köfferchen *n,* Reisetasche *f*
malevolencia [maleƀo'lenθĭa] *f* Übelwollen *n,* Böswilligkeit *f*
malévolo [ma'leƀolo] *adj* böswillig
maleza [ma'leθa] *f BOT* Gestrüpp *n,* Gebüsch *n*
malformación [malfɔrma'θĭɔn] *f* Missbildung *f,* Missgestalt *f*
malformado [malfɔr'mađo] *adj* missgebildet, missgestaltet
malgastador [malgasta'đɔr] *adj* verschwenderisch
malgastar [malgas'tar] *v* verpulvern
malgeniado [malxe'nĭađo] *adj (LA)* jähzornig
malgenioso [malxe'nĭoso] *adj* jähzornig
malhablado [mala'ƀlađo] *adj* unverschämt
malhadado [mala'đađo] *adj* unglücklich, unselig
malhechor(a) [male'tʃɔr/male'tʃora] *m/f* Übeltäter(in) *m/f*
malhumor [malu'mɔr] *m* schlechte Laune *f*
malhumorado [malumo'rađo] *adj* griesgrämig, schlecht gelaunt, verdrießlich
malicia [ma'liθĭa] *f 1.* Bösartigkeit *f,* Tücke *f,* Bosheit *f; sin ~* arglos; *2. (sagacidad, astucia)* Verschmitztheit *f,* Scharfsinn *m; 3. (recelo)* Argwohn *m,* Misstrauen *n*
maliciable [mali'θĭaƀle] *adj* verderblich, vermutbar
maliciar [mali'θĭar] *v 1. (sospechar, recelar)* argwöhnen, verdächtigen; *Estoy maliciando que me han engañado.* Ich habe den Verdacht, dass ich betrogen wurde. *2. (echar a perder)* verderben
malicioso [mali'θĭoso] *adj 1.* hämisch, schadenfroh, tückisch; *2. JUR* böswillig
maligno [ma'ligno] *adj 1.* boshaft; *2. MED* bösartig
malintencionado [malintenθĭo'nađo] *adj* böswillig, tückisch
malmandado [malman'đađo] *adj* ungehorsam, widerwillig, störrig
malmirado [malmi'rađo] *adj* unbeliebt, rücksichtslos, unhöflich
malo ['malo] *adj 1.* böse, gemein, boshaft; schlecht, schlimm, übel, böse; *2. (peligroso)* gefährlich; *3. (defectuoso)* schlecht, schäbig; *¡Qué mala pata! (fig)* Was für ein Pech! *4. (enfermo)* krank; *Desde ayer estoy muy ~.* Seit gestern bin ich sehr krank. *adj 5. estar/andar de malas con alguien* mit jdm nicht auskommen; *m 6. (el inconveniente)* Schlechtes *n; Este trabajo es bueno, lo ~ es que no puedo estudiar.* Diese Arbeit ist in Ordnung, das Schlechte daran ist, dass ich nichts lernen kann.
malogramiento [malogra'mĭento] *m* Misserfolg *m*
malograr [malo'grar] *v irr 1. (desaprovechar)* versäumen, verfehlen; *2. (estropear)* beschädigen
malograrse [malo'grarse] *v irr 1.* missglücken, schief gehen, misslingen; *v 2. (no llegar a desarrollarse bien)* misslingen, scheitern, fehlschlagen
malogro [ma'logro] *m* Fehlschlag *m,* Scheitern *n,* Misslingen *n*
maloliente [malo'lĭente] *adj* übel riechend, stinkend
malparado [malpa'rađo] *adj (que ha quedado mal ante otros)* übel zugerichtet
malparida [malpa'riđa] *f* Frau, die eine Fehlgeburt gehabt hat *f*
malparir [malpa'rir] *v* eine Fehlgeburt haben
malpensado [malpen'sađo] *adj* argwöhnisch, überwollend
malquerencia [malke'renθĭa] *f* Übelwollen *f,* Abneigung *f*
malquerer [malke'rer] *v irr* übel wollen
malquistar [malkis'tar] *v (poner mal con alquien)* verfeinden, auseinander bringen; *Ese hombre me malquistó con mi novia.* Dieser Mann hat mich und meine Freundin auseinander gebracht.
malsano [mal'sano] *adj* ungesund
malsonante [malso'nante] *adj* anstößig
malta ['malta] *f* Malz *n*
Malta ['malta] *m GEO* Malta *n*
maltaje [mal'taxe] *m* Mälzen *n,* Mälzerei *f*
maltasa [mal'tasa] *f BIO* Maltase *f*
maltés [mal'tes] *m 1. GEO* maltesisch; *2. GEO* Malteser *m*
maltratar [maltra'tar] *v 1.* misshandeln; *2. (estropear)* verschandeln
maltrato [mal'trato] *m* Misshandlung *f; ~ a los animales* Tierquälerei *f*
maltrecho [mal'tretʃo] *adj* übel zugerichtet

malucho [ma'lutʃo] *adj (fam: enfermo)* unpässlich, kränklich
malva ['malƀa] *f 1.* Malve *f; adj 2. (color)* malvenfarben
malvado [mal'ƀađo] *adj 1.* verrucht, schäbig, arg; *m 2.* Giftzahn *m*
malvavisco [malƀa'ƀisko] *m* Eibisch *m*
malvender [malƀen'đer] *v* verschleudern
malversación [malƀɛrsa'θĭɔn] *f* Veruntreuung *f; ~ de fondos* Unterschlagung *f*
malversador [malƀersa'đɔr] *m* Betrüger *m*
malversar [malƀɛr'sar] *v* veruntreuen
malvivir [malƀi'ƀir] *v* erbärmlich leben, dahinvegetieren
malla ['maʎa] *f* Trikot *n*
mallar [ma'ʎar] *v* in den Maschen hängen bleiben
mallorquín [maʎor'kin] *adj 1. GEO* mallorkinisch, Mallorca... *m 2. (dialecto de los Baleares)* mallorkinischer Dialekt *m*
mama ['mama] *f (teta)* weibliche Brust *f*
mamá [ma'ma] *f* Mama *f*
mamacallos [mama'kaʎos] *m (un pobre tonto)* Einfaltspinsel *m*
mamada [ma'mađa] *f 1. (el acto de mamar)* Saugen *n; 2. (fam: borrachera)* Rausch *m*
mamadera [mama'đera] *f* Milchpumpe *f,* Sauger *m,* Schnuller *m,* Babyflasche *f* (LA)
mamado [ma'mađo] *adj (borracho)* betrunken
mamar [ma'mar] *v 1.* an der Mutterbrust saugen, säugen; *2. (fam: beber hasta emborracharse)* saufen, sich voll laufen lassen (fig)
mamarrachada [mamarra'tʃađa] *f 1. (conjunto de mamarrachos)* Schmiererei *f,* Sudelei *f; 2. (algo extraordinariamente ridículo)* große Dummheit *f*
mamarrachista [mamarra'tʃista] *m* Stümper *m,* Pfuscher *m*
mamarracho [mama'rratʃo] *m (persona o cosa ridícula)* Flasche *f* (fam), Niete *f* (fig), Quatsch *m* (fam)
mambo ['mamƀo] *m MUS* Mambo *m*
mamífero [ma'mifero] *m ZOOL* Säugetier *n*
mamila [ma'mila] *f 1. (teta) ANAT* Brust *f; 2. (tetilla)* Brustwarze *f*
mamotreto [mamo'treto] *m 1. (libro grueso y anticuado)* Wälzer *m,* Schinken *m* (fam); *No tengo tiempo de leer ese ~.* Ich habe keine Zeit, diesen Schinken zu lesen. *2. (una cosa grande y de mal gusto)* Ungetüm *n;* Gerümpel *n*
mampara [mam'para] *f* spanische Wand *f,* Wandschirm *m,* Kaminschirm *m*
mampostería [mamposte'ria] *f* festes Mauerwerk *n*
mampostero [mampos'tero] *m* Mörtelmaurer *m*
mamut [ma'mut] *m ZOOL* Mammut *n*
manada [ma'nađa] *f 1.* Herde *f,* Rudel *n; 2. (fig: grupo)* Horde *f; En la plaza había una ~ de turistas.* Auf dem Platz war eine ganze Horde Touristen.
manager ['manaxer] *m/f* Manager(in) *m/f*
manantial [ma'nantĭal] *m 1.* Brunnen *m; 2. (fig: el origen de algo)* Quelle *f*
manar [ma'nar] *v* fließen, quellen
manatí [mana'ti] *m ZOOL* Seekuh *f*
mancar [man'kar] *v* verstümmeln
mancebía [manθe'ƀia] *f irr* Bordell *n,* Halbwelt *f*
mancebo [man'θeƀo] *m (adolescente)* Junggeselle *m,* Jüngling *m*
mancha ['mantʃa] *f 1.* Fleck *m,* Klecks *m,* Tupfen *m; ~ de grasa* Fettfleck *m; 2. (fig)* Schandfleck *m,* Makel *m; 3. ~ solar* Sonnenfleck *m*
manchado [man'tʃađo] *adj* fleckig, scheckig
manchar [man'tʃar] *v* beflecken, beschmutzen, verunreinigen
manchego [man'tʃego] *adj 1. GEO* aus der Mancha *f; m 2. (queso de la Mancha) GAST* Manchego *m,* Manchegokäse *m*
mancilla [man'θiʎa] *f* Schandfleck *m*
mancillado [manθi'ʎađo] *adj* befleckt, fehlerhaft, mit einem Makel
mancillar [manθi'ʎar] *v* beflecken
mancipar [manθi'par] *v JUR* veräußern
manco ['manko] *adj (que ha perdido una extremidad)* einarmig, einhändig
mancomunarse [mankomu'narse] *v* sich zusammentun
mancomunidad [mankomuni'đađ] *f* Gemeinschaft *f,* Zweckverband *m*
mancuerna [man'kuerna] *f (para los puños de la camisa)* Manschettenknopf *m*
mandadero [manđa'đero] *m* Botengänger *m*
mandado [man'đađo] *m* Auftrag *m,* Befehl *m*

mandamás [manda'mas] *m* Obermacher *m*, Chef *m*

mandamiento [manda'mĭento] *m 1. REL* Gebot *n; 2. ~ de pago JUR* Zahlungsaufforderung *f*

mandante [man'dante] *m/f JUR* Mandant(in) *m/f*

mandar [man'dar] *v 1.* anordnen, befehlen; *~ sobre* herrschen über; *2. (enviar)* schicken, verschicken, zuschicken, senden; *3. (a un especialista) MED* überweisen; *4. ~ a paseo* eine Abfuhr erteilen; *~ al diablo* zum Teufel schicken

mandarina [manda'rina] *f BOT* Mandarine *f*

mandatario [manda'tarĭo] *m 1. JUR* Bevollmächtigter *m; 2. (presidente o primer ministro)(LA)* Präsident *m*, Staatschef *m*

mandato [man'dato] *m 1.* Befehl *m*, Anordnung *f*, Verordnung *f; 2. JUR* Mandat *n; 3. POL* Mandat *n; ~ directo* Direktmandat *n*

mandíbula [man'điƀula] *f ANAT* Kiefer *m*

mandil [man'đil] *m* Schürze *f*

mandinga [man'đinga] *adj 1.* gerissen, verschlagen; *m 2. (Satanás)(LA)* Teufel *m*

mandioca [man'đĭoka] *f BOT* Maniokpflanze *f*, *harina de ~* Maniokmehl *n*

mando ['mando] *m 1.* Kommando *n; tener el ~* kommandieren; *estar al ~* an der Macht sein; *2. MIL* Befehlsgewalt *f; 3. ~ presidencial POL* Präsidialgewalt *f; 4. TECH* Antrieb *m; ~ a distancia* Fernbedienung *f*

mandón [man'đɔn] *adj (persona que manda mucho)* herrschsüchtig, herrisch

mandria ['mandrĭa] *m* Schlappschwanz *m* (fam), Schwachkopf *m*

mandril [man'dril] *m 1. TECH* Dorn *m; 2. (un tipo de simio) ZOOL* Mandrill *m*

manecilla [mane'θiʎa] *f ~ del reloj* Uhrzeiger *m*

manejable [manɛ'xaƀle] *adj* handlich

manejar [manɛ'xar] *v 1.* fahren, Auto fahren; *2. (maniobrar)* handhaben, hantieren, umgehen; *3. TECH* bedienen; *4. (controlar, gobernar)* kontrollieren; *Ya no puedo ~ la situación.* Ich habe die Situation nicht mehr unter Kontrolle.

manejarse [mane'xarse] *v (arreglárselas, salir adelante)* zurechtkommen, sich zu helfen wissen; *Te manejas bastante bien en esta ciudad.* Du kommst in dieser Stadt recht gut zurecht.

manejo [ma'nɛxo] *m 1.* Handhabung *f; 2. TECH* Bedienung *f; 3. (dirección)* Verwaltung *f*, Leitung *f*, Management *n; 4. (tramoya, intriga)* Machenschaft *f*, Intrige *f; No quiero saber nada de tus ~.* Ich will nichts wissen von deinen Machenschaften.

manera [ma'nera] *f 1. (forma)* Weise *f; ~ de pensar* Denkart *f*, Einstellung *f; ~ de proceder* Verfahrensweise *f; ~ de tratar* Behandlung *f; ~ de vivir* Lebenswandel *m; de ~ particular* sonderbar; *¿De qué ~?* Wie? *de la misma ~ que* genauso wie; *2. ~s* Benehmen *n*, Manieren *pl*

manga ['maŋga] *f* Ärmel *m; de ~s largas* langärmelig; *sin ~* ärmellos

mangle [man'gle] *m BOT* Mangrove *f*

mango[1] ['maŋgo] *m* Griff *m*, Stiel *m*

mango[2] ['maŋgo] *m (fruta) BOT* Mango *f*

mangonear [maŋgone'ar] *v* sich einmischen, mitmischen (fam)

mangoneo [mango'neo] *m (chanchullo)* Einmischung (fam) *f*

mangosta [man'gosta] *f ZOOL* Manguste *f*, Mungo *m*

manguera [maŋ'gera] *f* Gartenschlauch *m*, Schlauch

manguerilla [maŋge'riʎa] *f* Schlauch *m*

maní [ma'ni] *m (LA) BOT* Erdnuss *f*

manía [ma'nia] *f* Manie *f; ~ de criticar* Nörgelei *f; tener ~ a alguien* jdn nicht leiden können

maniaco [ma'nĭako] *adj MED* manisch, gemütskrank; *~ depresivo* manisch-depressiv

maniático [ma'nĭatiko] *adj* manisch, wahnsinnig, verrückt

manicomio [mani'komĭo] *m* Irrenanstalt *f*, Irrenhaus *n*

manicorto [mani'korto] *adj* knauserig

manicura [mani'kura] *f* Maniküre *f*

manido [ma'niđo] *adj 1. (usado)* abgegriffen, abgestanden; *2. (fig: trillado)* abgedroschen

manifestación [manifesta'θĭɔn] *f 1.* Aussage *f*, Meldung *f*, Äußerung *f; 2. POL* Demonstration *f; ~ de protesta* Protestkundgebung *f*

manifestante [manifes'tante] *m* Demonstrant *m*, Kundgebungsteilnehmer *m*

manifestar [manifes'tar] *v irr 1. (informar)* melden, sagen, äußern; *2. (llamar)* aufrufen; *3. (declarar)* aussagen, offenbaren, vorbringen; *4. (demostrar)* beweisen, bekunden; *5. (expresar)* ausdrücken

manifestarse [manifes'tarse] *v irr POL* demonstrieren
manifiesto [mani'fĭesto] *adj 1.* offenbar, offenkundig; *2. (a primera vista)* vordergründig; *m 3.* Aufruf *m,* Manifest *n; m 4. poner de ~* beweisen, zeigen, offenbaren
manija [ma'nixa] *f (LA)* Griff *m,* Türklinke *f,* Klinke *f*
manillar [mani'ʎar] *m* Lenkstange *f*
maniobra [ma'nĭoƀra] *f 1.* Manöver *n; hacer ~s* manövrieren; *2. (fig: tramoya, intriga)* Kniff *m,* Trick *m; ~ fraudulenta* betrügerische Tricks *m/pl; 3. (gobernar una nave)* Manövrieren *n*
maniobrabilidad [manĭoƀraƀili'đađ] *f* Manövrierfähigkeit *f,* Bedienbarkeit *f*
maniobrar [manĭo'ƀrar] *v 1.* manövrieren, steuern, rangieren; *2. (cambiar de marcha en el auto)* schalten; *3. TECH* betätigen
manipulación [manipula'θĭɔn] *f* Manipulation *f*
manipular [manipu'lar] *v 1.* handhaben; *2. (fig: ejercer influencia)* manipulieren
maniquí [mani'ki] *m 1. (modelo)* Mannequin *n; 2. (muñeca)* Schaufensterpuppe *f*
manirroto [mani'rroto] *adj* verschwenderisch
manivela [mani'ƀela] *f 1.* Kurbel *f; 2. (mango)* Stiel *m*
manjar [man'xar] *m* Delikatesse *f,* Leckerbissen *m*
mano ['mano] *f 1.* Hand *f; estar a ~ (LA)* quitt sein; *por su ~* eigenhändig; *tener a ~* zur Hand haben; *2. (lado,dirección)* Seite *f,* Richtung *f; 3. (gajo de bananas)* Bündel Bananen *n (LA); 4. (partida de cartas)* Partie *f; 5. (ayuda)* Hilfe *f,* Hand *f; Dame una ~ por favor.* Geh mir bitte zur Hand. *6. de primera ~* aus erster Hand; *He recibido una información de primera ~.* Ich habe eine Information aus erster Hand erhalten. *7. caer en ~s de* in die Hände fallen von; *8. traerse algo entre ~s* etwas vorhaben; *Creo que esos hombres se traen algo entre ~s.* Ich glaube, diese Männer haben etwas vor. *9. ser la ~ derecha de alguien* jds rechte Hand sein; *f 10. meter ~ a* herumwühlen in; *¿Quién ha metido ~ a mis papeles?* Wer hat in meinen Papieren herumgewühlt? *11. írsele a uno la ~* außer Kontrolle geraten; *12. dar la última ~* die letzte Hand an etw legen; *13. echar ~ de una cosa* sich einer Sache bedienen *f; 14. llegar a las ~s* handgreiflich werden; *15. levantar la ~ en contra de* die Hand gegen jdn erheben; *16. lavarse las ~s* sich die Hände waschen; *17. tener buena/mala ~* eine glückliche/unglückliche Hand haben; *Tengo mala ~ para las plantas.* Mit Pflanzen habe ich keine glückliche Hand. *18. atrapar a uno con las ~s en la masa* jdn auf frischer Tat ertappen
manojo [ma'nɔxo] *m* Bund *m,* Bündel *n; ~ de nervios (fig)* Nervenbündel *n*
manométrico [mano'metriko] *adj TECH* manometrisch
manómetro [ma'nometro] *m TECH* Manometer *n*
manopla [ma'nopla] *f* Fausthandschuh *m,* Fäustling *m,* Waschhandschuh *m*
manosear [manose'ar] *v* greifen, betasten, befummeln
manoseo [mano'seo] *m* Betasten *n*
manotada [mano'tađa] *f (golpe con la mano)* Schlag mit der Hand *m*
manoteador [manotea'đor] *adj* fuchtelnd, gestikulierend
manotear [manote'ar] *v (golpear con la mano)* mit den Händen schlagen
manquedad [manke'đađ] *f* Einarmigkeit *f,* Einhändigkeit *f*
mansalva [man'salƀa] *f a ~* aus dem Hinterhalt
mansarda [man'sarđa] *f (LA)* Mansarde *f*
mansedumbre [manse'đumƀre] *f* Milde *f,* Sanftmut *f*
mansión [man'sĭɔn] *f (vivienda muy grande y lujosa)* Wohnsitz *m,* Landsitz *m,* Anwesen *n*
manso ['manso] *adj* zahm, gutwillig
manta ['manta] *f* Zudecke *f,* Decke *f; ¿Me puede dar otra ~?* Kann ich noch eine Decke haben?
manteca [man'teka] *f GAST* Schmalz *n*
mantecado [mante'kato] *m* Vanille-Sahne-Eis *n,* Schmalzgebäck *n*
mantecoso [mante'koso] *adj* fett, fetthaltig, butterartig
mantel [man'tɛl] *m* Tischdecke *f,* Decke *f*
mantelería [mantele'ria] *f* Tischzeug *n,* Tischwäsche *f,* Linnen *n*
mantener [mante'nɛr] *v irr 1. (guardarse)* behalten; *~ consultas* beraten; *~ la puerta abierta* die Tür aufhalten; *~ en secreto* geheim halten; *2. (sustentar)* versorgen, unterhalten; *3. (conservar)* beibehalten, bewahren; *4. (cumplir)* einhalten; *5. ~ a distancia* fern halten

mantenerse [mante'nɛrse] *v irr 1.* seinen Lebensunterhalt bestreiten; *2. ~ despierto* sich wach halten; *3. ~ firme* durchhalten; *4. ~ al margen de algo* sich aus etw heraushalten
mantenimiento [manteni'mĭento] *m 1. (conservación)* Beibehaltung *f; 2. (manutención financiera)* Unterhalt *m; 3. TECH* Wartung *f,* Instandhaltung *f; 4. (de cumplir)* Einhaltung *f*
mantequera [mante'kera] *f* Butterdose *f*
mantequilla [mante'kiʎa] *f* Butter *f*
mantequillera [manteki'ʎera] *f (LA)* Butterdose *f*
mantillo [man'tiʎo] *m AGR* Humus *m,* Gartenerde *f*
mantis ['mantis] *f ZOOL* Mantis *f,* Gottesanbeterin *f*
mantisa [man'tisa] *f MATH* Mantisse *f*
manto ['manto] *m* Umhang *m,* weiter Mantel *m*
manuable [ma'nwaƀle] *adj* handlich
manual [ma'nwal] *m 1.* Handbuch *n; 2. (volante)* Handzettel *m; adj 3.* manuell; *¿Es esto trabajo ~?* Ist das Handarbeit?
manubrio [ma'nuƀrĭo] *m* Kurbel *f*
manufactura [manufak'tura] *f 1.* Fertigung *f; 2. (fábrica)* Manufaktur *f*
manufacturar [manufaktu'rar] *v* fertigen, anfertigen, fabrizieren
manuscribir [manuskri'ƀir] *v* von Hand schreiben
manuscrito [manus'krito] *m 1.* Manuskript *n,* Handschrift *f; 2. (libro escrito a mano)* Manuskript *n; adj 3. letra manuscrita* handschriftlich
manutención [manuten'θĭɔn] *f* Unterhalt *m,* Versorgung *f*
manzana [man'θana] *f 1.* Apfel *m; 2. ~ de la discordia* Zankapfel *m; 3. (edificio)* Häuserblock *m*
manzanal [manθa'nal] *m 1. (plantío de manzanos)* Apfelbaumpflanzung *f; 2. (arból de manzanas)* Apfelbaum *m*
manzanilla [manθa'niʎa] *f 1. BOT* Kamille *f; 2. (bebida)* Kamillentee *f*
Manzanilla [manθa'niʎa] *m GAST* trockener Wein aus Montilla *m*
manzano [man'θano] *m* Apfelbaum *m*
maña ['maɲa] *f* Geschicklichkeit *f,* Schlauheit *f, tener ~* geschickt sein
mañana [ma'ɲana] *f 1.* Morgen *m,* Vormittag *m; por la ~* morgens, vormittags, früh; *por las ~s* jeden Morgen; *adv 2.* morgen; *¡Hasta ~!* Bis morgen! *m 3. (el futuro)* Zukunft *f*
mañanear [maɲane'ar] *v (levantarse muy de mañana)* sehr früh aufstehen
mañear [maɲe'ar] *v* gewohnheitsmäßig früh aufstehen
mañería [maɲe'ria] *f* listiges Vorgehen *n*
mañero [ma'ɲero] *adj* listig
mañoso [ma'ɲoso] *adj* geschickt, schlau, trickreich
mapa ['mapa] *m* Landkarte *f; ~ meteorológico* Wetterkarte *f*
mapache [ma'paʃe] *m ZOOL* Waschbär *m*
mapamundi [mapa'munđi] *m* Globus *m,* Weltkarte *f*
mapanare [mapa'nare] *f ZOOL* Buschmeister *m*
maqueta [ma'keta] *f 1. ARCH* Modell *n; 2. (boceto)* Skizze *f,* Entwurf *m*
maquiavélico [makĭa'ƀeliko] *adj* machiavellistisch
maquiavelismo [makĭaƀe'lizmo] *m 1. PHIL* Machiavellismus *m; 2. (hipocresía)* Heuchelei *f,* Scheinheiligkeit *f*
maquillador(a) [makiʎa'đɔr/makiʎa'đora] *m/f (de artistas)* Maskenbildner(in) *m/f*
maquillaje [maki'ʎaxe] *m* Schminke *f,* Make-up *n*
maquillar [maki'ʎar] *v 1.* schminken; *2.* übertünchen, fälschen
máquina ['makina] *f* Maschine *f; ~ de afeitar* Rasierapparat *m; ~ de cigarrillos* Zigarettenautomat *m; ~ de cocina* Küchenmaschine *f; ~ de coser* Nähmaschine *f; ~ de escribir* Schreibmaschine *f; ~ fotográfica* Fotoapparat *m; ~ a vapor (LA)* Dampfmaschine *f; por medio de una ~* maschinell
maquinaciones [makina'θĭɔnes] *f/pl* Machenschaften *pl*
maquinador(a) [maki'nađɔr/maki'natora] *m/f* Drahtzieher(in) *m/f*
máquina-herramienta ['makina-ɛrra'-mienta] *f* Werkzeugmaschine *f*
maquinal [maki'nal] *adj 1. (relativo a las máquinas)* Maschinen..., maschinell; *2. (fig: acción automática)* automatisch
maquinar [maki'nar] *v* ersinnen, aushecken
maquinaria [maki'narĭa] *f 1. (grupo de máquinas)* Maschinenpark *m; 2. (la parte interna de una máquina)* Maschinerie *f,* Innenleben *n,* Mechanik *f; Nunca he visto la*

~ de un reloj. Ich habe noch nie die Mechanik einer Uhr gesehen. *3. (fig: la forma de funcionar algo)* Maschinerie *f*

maquinismo [maki'nizmo] *m 1. HIST* Maschinenzeitalter *n; 2. (acción mecánica)* Mechanismus *m*

maquinista [maki'nista] *m/f 1. (de tren)* Lokomotivführer(in) *m/f,* Maschinenführer(in) *m/f; 2. (mecánico)* Maschinist(in) *m/f*

maquinizar [makini'θar] *v* maschinisieren, mechanisieren

mar ['mar] *m 1.* Meer *n,* See *f; Mar Egeo* Ägäis *f; Mar Báltico* Ostsee *m; Mar del Norte* Nordsee *m; Mar Mediterráneo* Mittelmeer *n; 2. (fig: abundancia)* Menge *f,* Unmenge *f; Tengo un ~ de problemas.* Ich habe eine Menge Probleme. *f 3. hacerse a la ~* in See stechen

maraña [ma'raɲa] *f 1.* Gestrüpp *n,* Dickicht *n,* (fig) Wirrwarr *m; 2. (enredo)* Wirrwarr *m; 3. (un asunto complicado)* Verwicklung *f*

marasmo [ma'razmo] *m 1. (adelgazamiento patológico) MED* Marasmus *m; 2. (estancamiento)* Erlahmen *n,* Stillstand *m; 3. (fig: debilitamiento fisico o moral)* Verfall *m,* Erlahmen *n*

maratón [mara'tɔn] *f SPORT* Marathonlauf *m*

maravilla [mara'ƀiʎa] *f 1.* Wunder *n; 2. de ~* wunderbar; *3. a las mil ~s* wunderbar, herrlich, traumhaft

maravillarse [maraƀi'ʎarse] *v* staunen, sich wundern

maravilloso [maraƀi'ʎoso] *adj* wunderbar, fabelhaft, märchenhaft, herrlich

marbete [mar'ƀete] *m (etiqueta)* Etikett *n,* Aufkleber *m*

marca ['marka] *f 1. (de identificación)* Marke *f; ~ registrada* geschütztes Warenzeichen *n; 2. (característica peculiar)* Merkmal *n; ~ característica* Wahrzeichen *n; 3. (signo)* Mal *n; 4. (récord) SPORT* Rekord *m,* Bestleistung *f; ~ mundial* Weltrekord *m; 5. (distintivo)* Kennzeichen *n,* Markierung *f; 6. (señal)* Abzeichen *n*

marcación [mar'kaθĭɔn] *f* Bezeichnung *f,* Kennzeichnung*f*

marcado [mar'kađo] *adj 1.* ausgeprägt, markant; *2. (indicado)* gezeichnet

marcador [marka'đor] *m 1.* Markierer *m,* Abstempler *m,* Eichmeister *m,* Filzstift *m; 2. SPORT* Ergebnistafel *f*

marcaje [mar'kaxe] *m SPORT* Deckung *f*

marcapasos [marka'pasos] *m MED* Herzschrittmacher *m*

marcar [mar'kar] *v 1.* bezeichnen, kennzeichnen, zeichnen; *2. (área)* abstecken, markieren; *3. (tomar marcaciones) TECH* peilen; *4. (grabar)* prägen

marcha ['martʃa] *f 1.* Abmarsch *m; ¡En ~!* Los! *poner en ~* anlaufen, starten; *ponerse en ~* anfahren, aufbrechen; *2. (de automóviles)* Gang *m; ~ adelante* Vorwärtsgang *m; ~ atrás* Rückwärtsgang *m; a paso de ~* Schritttempo *n; en estado de ~* fahrtüchtig; *~ en vacío* Leerlauf *m; 3. MIL* Marsch *m; 4. MUS* Marsch *m*

marchamo [mar'tʃamo] *m* Zollplombe *f*

marchante [mar'tʃante] *m ~ de arte* Kunsthändler *m*

marchar [mar'tʃar] *v 1.* marschieren; *2. (funcionar bien)* gehen, laufen, funktionieren; *El reloj no marcha bien.* Die Uhr geht nicht richtig. *3. (fig: ir bien)* laufen, gut gehen; *Los negocios están marchando.* Die Geschäfte gehen gut. *4. (fig: desarrollarse,* Fortschritte machen, vorwärts gehen

marcharse [mar'tʃarse] *v 1.* weggehen, fortgehen; *2. MIL* abmarschieren, abrücken

marchitamiento [martʃita'mĭento] *m* Welken *n*

marchitarse [martʃi'tarse] *v* welken, verblühen, verwelken

marchitez [martʃi'teθ] *f* Welken *n,* Hinwelken *n*

marchito [mar'tʃito] *adj* welk

marcial [mar'θĭal] *adj 1.* martialisch, kriegerisch; *2. artes marciales SPORT* Kampfsportarten *f/pl*

marciano [mar'θĭano] *adj* Mars...

marco[1] ['marko] *m 1.* Rahmen *m; ~ para cuadro* Bilderrahmen *m; ~ de ventana* Fensterrahmen *m; 2. (bastidor)* Gestell *n; 3. (encuadramiento)* Umrahmung *f*

marco[2] ['marko] *m ~ alemán FIN* Mark *f,* D-Mark *f*

marea [ma'rea] *f* Gezeiten *pl; ~ alta* Flut *f; ~ baja* Ebbe *f; ~ negra* Ölpest *f*

mareado [mare'ađo] *adj 1.* schwindlig, flau; *2. (en el mar)* seekrank

mareaje [mare'axe] *m* Seefahrt *f,* Schifffahrtskunde *f,* Schiffskurs *m*

marearse [mare'arse] *v* sich übel fühlen, schwindlig werden, schlecht werden; *Me mareo con facilidad.* Mir wird leicht schlecht.

marejada [mare'xađa] *f 1.* hoher Seegang *m,* Brausen *n* (fig); *2. (fig: fluctuación)* Tumult *m,* Ansturm *m*
maremoto [mare'moto] *m* Seebeben *n*
mareo [ma'reo] *m MED* Schwindel *m*
mareógrafo [mare'ografo] *m TECH* Pegelmesser *m,* Flutmesser *m*
marfil [mar'fil] *m* Elfenbein *n*
marfileño [marfi'leɲo] *adj* aus Elfenbein
margarina [marga'rina] *f GAST* Margarine *f*
margarita [marga'rita] *f BOT* Gänseblümchen *n,* Margerite *f*
margen ['marxen] *m 1.* Rand *m; 2. ECO* Spanne *f; ~ de beneficios* Gewinnspanne *f; 3. (fig: libertad)* Spielraum *m; ~ de acción* Handlungsspielraum *m; 4. (oportunidad)* Möglichkeit *f,* Raum *m; 5. (fig: límite, borde, frontera)* Rand *m*
marginado [marxi'nađo] *m* Außenseiter *m,* Asozialer *m*
marginador [marxina'đɔr] *m* Anleger *m,* Bogeneinleger *m*
marginal [marxi'nal] *adj 1.* Rand...; *2. (secundario)* nebensächlich, unbedeutend
marginalismo [marxina'lizmo] *m ECO* Marginalismus *m*
marginar [marxi'nar] *v 1. (dejar margen)* Raum lassen; *2. (fig: dejar fuera)* ausgrenzen, an den Rand drängen
mariachi [ma'rĭatʃi] *m MUS* Musikgruppe *f*
marica [ma'rika] *m (fam)* Schwuler *m,* Homosexueller *m*
marico [ma'riko] *m (homosexual) (LA)* Schwuler *m*
maricón [mari'kɔn] *m* Schwuler *m,* Homo *m*
maridaje [mari'đaxe] *m 1. (matrimonio)* Ehe *f; 2. (fig: unión)* Vereinigung *f,* enge Verbindung *f*
maridar [mari'đar] *v (fig: unir)* eng verbinden
marido [ma'riđo] *m* Mann *m,* Ehemann *m,* Gatte *m*
marihuana [mari'wana] *f BOT* Marihuana *n*
marimacho [mari'matʃo] *m* Mannweib *n,* Lesbierin *f,* Lesbe *f*
marina [ma'rina] *f 1.* Marine *f; 2. (pintura del mar) ART* Seestück *n; 3. ~ mercante NAUT* Handelsmarine *f*
marinar [mari'nar] *v GAST* marinieren
marinería [marine'ria] *f NAUT* Seeleute *pl,* Matrosen *m/pl*
marinero [mari'nero] *m* Matrose *m,* Seemann *m*
marioneta [mario'neta] *f 1.* Puppe *f,* Marionette *f; 2. (fig: persona manipulada)* Marionette *f*
marionetista [marĭone'tista] *m/f* Puppenspieler(in) *m/f*
mariposa [mari'posa] *f 1. ZOOL* Schmetterling *m; 2. braza ~ SPORT* Schmetterlingsstil *m; 3. (cierto tipo de tuerca)* Flügelmutter *f,* Spannmutter *f*
mariposear [maripose'ar] *v 1. (perder el tiempo)* herumflattern; *2. (cambiar constantemente de ocupacion)* flatterhaft sein
mariposón [maripo'son] *m* Liebhaber *m,* Don Juan *m,* flatterhafter Liebhaber *m*
mariquita [mari'kita] *f 1. ZOOL* Marienkäfer *m; m 2.* Homosexueller *m*
mariscal [maris'kal] *m* Marschall *m*
mariscos [ma'riskos] *m/pl GAST* Meeresfrüchte *pl*
marisma [ma'risma] *f* Marsch *f,* sumpfiges Küstengebiet *n*
marital [mari'tal] *adj* Gatten..., ehelich, Ehe..., Ehemanns...
marítimo [ma'ritimo] *adj* maritim
marmita [mar'mita] *f* Kochkessel *m*
mármol ['marmol] *m 1.* Marmor *m; 2. (monumento) ART* Marmorskulptur *f,* Marmorbildwerk *n; 3. ser de ~* kalt sein, gefühllos sein
marmolería [marmole'ria] *f* Bildhauerei *f,* Bildhauerwerkstatt *f*
marmóreo [mar'moreo] *adj* marmorn, aus Marmor, Marmor...
marmota [mar'mota] *f 1. ZOOL* Murmeltier *n; 2. (persona dormilona)* Schlafmütze *f,* Langschläfer *m; 3. (criada)* Dienstmädchen *n,* Dienstmagd *f*
maroma [ma'roma] *f 1. (acto acrobático)* Seiltänzerkunststück *n; 2. (fig: acto de gran habilidad)* Kunststück *n*
marques(a) [mar'kes(a)] *s* Marquis/Marquise *m/f,* Markgraf/Markgräfin *m/f*
marquesina [marke'sina] *f* Markise *f*
marquetería [markete'ria] *f* eingelegte Holzarbeit *f,* Intarsie *f*
marrajo [ma'rraxo] *m 1. (tiburón) ZOOL* Maraje *f; adj 2. (astuto)* schlau, tückisch, gerissen
marrana [ma'rrana] *f 1. ZOOL* Sau *f; 2. (fig)* Schlampe *f,* Sau *f*

marranada [marra'nađa] *f* Sauerei *f,* Schweinerei *f*
marranear [marrane'ar] *v* kleckern
marrano [ma'rrano] *m* Schmutzfink *m*
marrar [ma'rrar] *v (fallar)* verfehlen, fehlgehen
marras ['marras] *adv de ~* der/die/das bewusste
marrón [ma'rrɔn] *adj* braun
marroquí [marrɔ'ki] *adj 1.* marokkanisch; *m 2.* Marokkaner *m*
Marruecos [ma'rrwekos] *m GEO* Marokko *n*
marrullería [marruʎe'ria] *f* Gerissenheit *f,* Schlauheit *f*
marrullero [marru'ʎero] *adj* schlau, gerissen
marsopa [mar'sopa] *f ZOOL* Tümmler *m*
marsupiales [marsu'pĭales] *f/pl ZOOL* Beuteltiere *n/pl*
marta ['marta] *f ZOOL* Marder *m*
Marte ['marte] *1. (dios griego de la guerra) HIST* Mars *m; 2. (planeta) ASTR* Mars *m*
martes ['martes] *m* Dienstag *m; los ~* dienstags
martillada [marti'ʎađa] *adj* gehämmert
martillar [marti'ʎar] *v (martillear)* hämmern
martillazo [marti'ʎaθo] *m* schwerer Schlag *m,* schwerer Hammerschlag *m*
martillear [martiʎe'ar] *v 1.* hämmern; *2. (oprimir)* quälen, unterdrücken
martilleo [marti'ʎeo] *m* Hämmern *n,* Gehämmer *n,* Klopfen *n*
martillo [mar'tiʎo] *m 1.* Hammer *m; ~ neumático/~ perforador* Presslufthammer *m; 2. (hueso del oído) MED* Hammer *m; 3. (en el atletismo) SPORT* Hammer *m; 4. a macha ~* stark; *5. pez ~ ZOOL* Hammerfisch *m*
martingala [martin'ɡala] *f (truco, ardid)* Trick *m,* Kniff *m*
mártir ['martir] *m 1.* Märtyrer *m; 2. (fig: persona muy sufrida)* Dulder *m*
martirio [mar'tirĭo] *m* Qual *f,* Quälerei *f*
martirizar [martiri'θar] *v 1.* foltern, quälen; *2. (fig: molestar, importunar)* quälen
marxismo [mar'sismo] *m POL* Marxismus *m*
marzo ['marθo] *m* März *m*
más ['mas] *adv 1.* mehr, sonst, weiter; *~ de* über; *~ allá* darüber hinaus; *~ o menos* ziemlich, einigermaßen; *sin ~ ni ~* kurzerhand; *~ de un(o)* manche(r,s); *¿Qué ~ tiene?* Was haben Sie sonst noch? *~ adelante* weiter vorn; *~ atrás* weiter hinten; *2. MATH* plus
mas ['mas] *konj* aber, jedoch
masa ['masa] *f 1. GAST* Brei *m,* Teig *m,* Masse *f; ~ de levadura* Hefeteig *m; 2. PHYS* Masse *f; 3. FIN* Masse *f; ~ de la quiebra* Konkursmasse *f; ~ hereditaria* Erbmasse *f; en ~* massenweise
masacrar [masa'krar] *v (asesinar sin distinción)* massakrieren, umbringen, niedermetzeln
masacre [ma'sakre] *f* Gemetzel *n,* Massaker *n*
masaje [ma'saxe] *m* Massage *f; ~ subacuático* Unterwassermassage *f*
masajista [masa'xista] *m/f* Masseur/Masseuse *m/f*
mascar [mas'kar] *v* kauen
máscara ['maskara] *f 1.* Maske *f; ~ antigás* Gasmaske *f; 2. (fig)* Larve *f,* Maske *f; 3. (cosmética)* Wimperntusche *f; 4. (forma especial de la interfaz) INFORM* Maske *f,* Oberfläche *f*
mascarada [maska'rađa] *f 1. (baile de máscaras)* Maskerade *f,* Maskentreiben *n; 2. (fig: farsa)* Mummenschanz *m,* Farce *f*
mascarilla [maska'riʎa] *f 1. (máscara que cubre boca y nariz) TECH* Halbmaske *f,* Maske *f; 2. ~ mortuoria* Totenmaske *f*
mascota [mas'kota] *f* Maskottchen *n*
masculinidad [maskulini'đađ] *f* Männlichkeit *f*
masculinización [maskuliniθa'θĭɔn] *f* Vermännlichung *f*
masculinizar [maskulini'θar] *v* vermännlichen
masculino [masku'lino] *adj* männlich
mascullar [masku'ʎar] *v* murmeln
masilla [ma'siʎa] *f* Glaserkitt *m,* Kitt *m*
masivo [ma'siƀo] *adj (gran cantidad de algo)* massiv
masón [ma'sɔn] *m* Freimaurer *m*
masoquismo [maso'kizmo] *m* Masochismus *m*
masoquista [masokista] *m* Masochist *m*
masticación [mastika'θĭɔn] *f* Kauen *n*
masticar [masti'kar] *v* kauen
mástil ['mastil] *m 1.* Mast *m; 2. (el mango de un instrumento) MUS* Griffbrett *n*
mastitis [mas'titis] *f MED* Mastitis *f*
mastodonte [masto'đonte] *m 1. ZOOL* Mastodon *n; 2. (fig: hombre grande y muy fuerte)* Koloss *m,* Schrank (fam) *m*

masturbación [masturƀa'θĭɔn] *f* Selbstbefriedigung *f*
masturbador [masturƀa'đɔr] *m* Onanist *m*
masturbarse [mastur'ƀarse] *v* masturbieren
mata ['mata] *f* *BOT* Strauch *m,* Busch *m*
matadero [mata'đero] *m* Schlachthof *m*
matador [mata'đor] *m* *1.* Totschläger *m,* Mörder *m; 2. (torero)* Matador *m*
matamoros [mata'moros] *m* *(valentón)* Prahlhans *m,* Angeber *m*
matanza [ma'tanθa] *f* *1.* Gemetzel *n,* Massaker *n; 2. (matar al ganado)* Gemetzel *n,* Töten *n*
matar [ma'tar] *v* *1.* töten, umbringen; *~ a tiros* erschießen; *~ el tiempo* Zeit totschlagen; *2. (animal)* erlegen; *3. (carnicero)* schlachten
matarife [mata'rife] *m* Schlächter *m*
matarratas [mata'rratas] *m* Rattengift *n*
matarse [ma'tarse] *v* *(hacer algo con demasía)* sich kaputtmachen; *~ trabajando* schuften
mate ['mate] *adj* *1.* trüb, matt; *m 2. (LA)* Matetee *m*
matemáticas [mate'matikas] *f/pl* Mathematik *f*
matemático [mate'matiko] *adj* mathematisch
materia [ma'terĭa] *f* *1.* Materie *f; 2. (material)* Stoff *m; ~ fibrosa* Ballaststoffe *pl; ~s primas* Rohstoffe *pl; 3. (ramo)* Fach *n,* Sachgebiet *n,* Gebiet *n; 4. (masa)* Masse *f*
material [mate'rĭal] *m* *1.* Material *n,* Werkstoff *m; ~ de botiquín* Verbandmaterial *n; ~ de embalaje* Verpackungsmaterial *n; ~ de oficina* Bürobedarf *m; ~ viejo* Altmaterial *n; adj 2.* materiell
materialidad [materiali'đađ] *f* Stofflichkeit *f*
materialismo [materĭa'lizmo] *m* Materialismus *m*
materialista [materĭa'lista] *adj* materialistisch
materialización [materĭaliθa'θĭɔn] *f* Materialisierung *f*
materializar [materĭali'θar] *v* materialisieren, verwirklichen
maternal [mater'nal] *adj* mütterlich, Mutter...
maternidad [materni'đađ] *f* *1.* Mutterschaft *f; 2. (hospital para parturientas)* Entbindungsheim *n*
materno [ma'tɛrno] *adj* mütterlich
matiz [ma'tiθ] *m* Schattierung *f,* Abstufung *f,* Grad *m*
matizar [mati'θar] *v* abstufen
matojo [ma'toxo] *m* Gestrüpp *n*
matón [ma'tɔn] *m* Raufbold *m*
matraca [ma'traka] *f* Knarre *f,* Klapper *f*
matraquear [matrake'ar] *v* klappern
matraz [ma'traθ] *m* Glaskolben *m,* Kolben *m,* Phiole *f*
matrería [matre'ria] *f* Tücke *f,* Verschmitztheit *f*
matrero [ma'trero] *m* *(LA)* Räuber *m,* Bandit *m*
matriarcado [matrĭar'kađo] *m* Matriarchat *n*
matricidio [matri'θiđĭo] *m* Muttermord *m*
matrícula [ma'trikula] *f* *1.* Anmeldung *f,* Einschreibung *f; 2. (vehículos)* Nummernschild *n*
matriculación [matrikula'θĭɔn] *f* Anmeldung *f,* Zulassung *f*
matricular [matriku'lar] *v* anmelden, zulassen
matricularse [matriku'larse] *v* sich einschreiben, sich anmelden
matrimonial [matrimo'nĭal] *adj* ehelich
matrimonio [matri'monĭo] *m* *1. (sacramento)* Ehe *f; ~ ficticio* Scheinehe *f; 2. (pareja)* Ehepaar *n; ~ donde ambos trabajan* Doppelverdiener *pl; 3. (ceremonia)* Trauung *f; ~ civil* standesamtliche Trauung *f; ~ religioso* kirchliche Trauung *f*
matriz [ma'triθ] *f* *1. ANAT* Gebärmutter *f; 2. (tipografia)* Matrize *f; 3. ~ de la memoria INFORM* Speicherplatz *m; 4. MATH* Matrix *f; 5.* Gussform *f; 6. (fig: el origen de algo)* Ursprung *m; Esas ideas tienen una ~ común.* Diese Ideen haben einen gemeinsamen Ursprung.
matrona [ma'trona] *f* Matrone *f,* Hebamme *f*
maullar [maw'ʎar] *v* miauen
maullido [mau'ʎiđo] *m* Miauen *n*
mausoleo [mauso'leo] *m* Mausoleum *n*
maxilar [maksi'lar] *m* *ANAT* Kiefer *m; ~ inferior* Unterkiefer *m; ~ superior* Oberkiefer *m*
máxima ['maksima] *f* Maxime *f,* Grundsatz *m*
maximizar [magsimi'θar] *v* *1. (hacer más grande)* maximieren, vergrößern; *~ la ganancia* den Gewinn maximieren *m; 2. INFORM* vergrößern

máximo ['maksimo] *m 1.* Maximum *n; adj 2.* höchste(r,s), maximal; *~ admisible* höchstzulässig; *como ~* höchst, maximal; *adv 3.* höchst

máximum ['maksimum] *m* Maximum *n*

maya ['maja] *adj 1. HIST* Maya... *m 2. (idioma)* Mayasprache *f*

mayal [ma'jal] *m* Flegel *m*

mayestático [majes'tatiko] *adj* majestätisch

mayo ['majo] *m* Mai *m*

mayonesa [majo'nesa] *f GAST* Majonäse *f*

mayor [ma'jɔr] *adj 1.* ältere(r,s); *~ de edad* mündig, volljährig; *2. (grande)* größer; *~ parte* Löwenanteil *m*

mayordomo [major'đomo] *m* Gutsverwalter *m,* Verwalter *m,* Haushofmeister *m*

mayoría [majɔ'ria] *f 1.* Mehrheit *f,* Mehrzahl *f; ~ de votos* Stimmenmehrheit *f; en su ~* größtenteils, vorwiegend, überwiegend; *2. ~ de edad* Volljährigkeit *f*

mayorista [majo'rista] *m/f ECO* Großhändler(in) *m/f*

mayoritario [majori'tarĭo] *adj* mehrheitlich

mayormente [majɔr'mente] *adv* meistens, überwiegend, zumeist

mayúscula [ma'juskula] *f* Großbuchstabe *m*

mayúsculo [ma'juskulo] *adj* riesig, enorm

maza ['maθa] *f* Keule *f*

mazacote [maθa'kote] *m 1. (comida espesa) (LA)* trockenes Essen *n,* zähe Speise *f; 2. (fig: confusión)* Mischmasch *n,* Wirrwarr *m*

mazacotudo [maθako'tuđo] *adj* plump

mazamorra [maθa'morra] *f (LA)* Maissuppe *f*

mazapán [maθa'pan] *m GAST* Marzipan *n*

mazmorra [ma 'mɔrra] *f* Kerker *m,* Verlies *n*

mazo ['maθo] *m* Schlägel *m,* Stampfer *m,* Bündel *n,* Blumenstrauß *m*

mazorca [ma'θɔrka] *f 1.* Kolben *m; 2. BOT* Maiskolben *m*

me ['me] *pron 1. (acc)* mich; *2. (dat)* mir

meadero [mea'đero] *m* Pissoir *n*

meandro [me'anđro] *m 1.* Krümmung *f,* Mäander *m; 2. (fig: peripecia)* Zwischenfall *m,* Wendung *f,* Peripetie *f*

mear [me'ar] *v (fam)* pinkeln, pissen

mecánica [me'kanika] *f 1.* Mechanik *f; 2. (fig: forma de funcionar)* Mechanismus *m; Ya conoces la ~ del asunto.* Du weißt ja bereits, wie die Sache funktioniert.

mecánico [me'kaniko] *m 1.* Mechaniker *m,* Maschinenschlosser *m; ~ de automóviles* Automechaniker *m; ~ de precisión* Feinmechaniker *m; adj 2.* maschinell, mechanisch

mecanismo [meka'nizmo] *m 1.* Mechanismus *m,* Vorrichtung *f; ~ del reloj* Uhrwerk *n; 2. TECH* Getriebe *n; ~ de accionamiento* Triebwerk *n*

mecanización [mekaniθa'θĭɔn] *f* Mechanisierung *f*

mecanizar [mekani'θar] *v* mechanisieren; automatisieren

mecanografía [mekanogra'fia] *f* Maschineschreiben *m*

mecanógrafo [meka'nografo] *m* Schreibkraft *f*

mecedora [meθe'đora] *f* Schaukelstuhl *m*

mecenas [me'θenas] *m* Mäzen *m*

mecenazgo [meθe'naθgo] *m* Mäzenatentum *n*

mecer [me'θɛr] *v* wiegen, schaukeln, schütteln

mecha ['metʃa] *f* Docht *m*

mechero [me'tʃero] *m 1.* Feuerzeug *n; 2. TECH* Brenner *m*

mechón [me'tʃɔn] *m (porción de pelos)* Haarbüschel *n*

mechudo [me'tʃuđo] *adj* langhaarig

medalla [me'đaʎa] *f* Medaille *f; ~ de oro* Goldmedaille *f*

medallista [međa'ʎista] *m* Stempelschneider *m*

medallón [međa'ʎɔn] *m 1.* Medaillon *n; 2. GAST* Medaillon *n*

médano ['međano] *m* Düne *f,* Wanderdüne *f,* Sandbank *f*

media ['međĭa] *f 1. (promedio)* Durchschnitt *m,* Mittel *n; 2. (calcetín)* Strumpf *m; adj 3.* halb, mittelgroß; *~ luna* Halbmond *m; ~ noche* Mitternacht *f; ~ pensión* Halbpension *f*

mediación [međĭa'θĭɔn] *f* Vermittlung *f*

mediador(a) [međĭa'đɔr/međĭa'đora] *m/f* Mittelsmann *m,* Unterhändler(in) *m/f,* Verbindungsmann *m*

mediana [me'đĭana] *f MATH* Seitenhalbierende *f*

medianía [međĭa'nia] *f* Mittelmäßigkeit *f,* Mittelmaß *n*

mediano [me'đĭano] *adj 1.* von mittlerer Größe; *2. (mediocre)* mittelmäßig
mediante [me'đĭante] *prep* anhand, durch, mittels
mediar [me'đĭar] *v 1.* in der Mitte liegen, inzwischen geschehen; *2. (arbitrar entre dos partes)* vermitteln; *He tenido que ~ entre ellos dos.* Ich musste zwischen den beiden vermitteln. *3. (transcurrir el tiempo)* vergehen, verstreichen
mediatinta [međĭa'tinta] *f* Halbton *m,* Mezzotinto *n*
mediato [me'đĭato] *adj* mittelbar, angrenzend
mediatriz [međĭa'triθ] *f MATH* Mittelsenkrechte *f*
medicación [međika'θĭɔn] *f* Medikation *f,* Verschreibung *f,* Arzneiverordnung *f*
medicamento [međika'mento] *m MED* Arznei *f,* Medikament *n,* Heilmittel *n*
medicastro [meti'kastro] *m* Quacksalber *m,* Scharlatan *m*
medicina [međi'θina] *f* Arznei *f,* Medizin *f,* Heilkunde *f; ~ convencional* Schulmedizin *f; ~ forense* Gerichtsmedizin *f; ~ naturista* Naturheilkunde *f*
medicinal [međiθi'nal] *adj* medizinisch
medición [međi'θĭɔn] *f* Abmessung *f,* Messen *n,* Vermessung *f*
médico ['međiko] *m 1. MED* Arzt *m,* Mediziner *m; ~ de cabecera* Hausarzt *m; ~ de emergencia* Notarzt *m; ¿Dónde hay un ~ aquí?* Wo gibt es hier einen Arzt? *¡Llame a un ~!* Rufen Sie einen Arzt! *adj 2.* medizinisch
médico-jefe ['mediko-'xefe] *m* Chefarzt *m*
medida [me'điđa] *f 1. (prevención)* Maßnahme *f; ~ inmediata* Sofortmaßnahme *f; ~ preventiva* Präventivmaßnahme *f,* Schutzmaßnahme *f; ~s de austeridad* Sparmaßnahmen *pl; 2. (preparativo, disposición)* Vorkehrung *f; 3. (tamaño)* Maß *n,* Abmessung *f,* Ausmessung *f; unidad de ~* Maßeinheit *f; tomar la ~* ausmessen; *4. (fig: escala)* Maßstab *m; en la ~ que* insofern
medidor [međi'đɔr] *m* Messgerät *n,* Messer *m*
medieval [međĭe'ƀal] *adj* mittelalterlich
medio ['međĭo] *adj 1. (promedio)* durchschnittlich; *2. (la mitad)* halb; *en ~* dazwischen; *en ~* de inmitten; *~ lleno* halb voll; *m 3.* Medium *n,* Mittel *n; ~ auxiliar* Hilfsmittel *n; ~ de comunicación de masas* Massenmedien *pl; ~ de exterminio* Vertilgungsmittel *n; ~ de presión* Druckmittel *n; por ~ de* anhand, durch, mittels; *~ probatorio* Beweismittel *n*
mediocre [me'đĭokre] *adj* mittelmäßig
mediocridad [međĭokri'đađ] *f* Mittelmäßigkeit *f*
mediodía [međĭo'đia] *m* Mittag *m; a ~* zu Mittag
Medioevo [međĭo'eƀo] *m* Mittelalter *n*
medir [me'đir] *v irr 1.* abmessen, ausmessen; *2. (apreciar)* ermessen; *3. (topografía)* vermessen; *4. (moderar)* mäßigen
medirse [me'đirse] *v irr ~ con alguien* sich mit jdm messen
meditabundo [međita'ƀundo] *adj* besinnlich, nachdenklich
meditación [međita'θĭɔn] *f* Denken *n,* Meditation *f*
meditador [mađi'tađor] *adj* betrachtend, meditierend
meditar [međi'tar] *v* nachdenken, denken, meditieren
meditativo [međita'tiƀo] *adj* besinnlich
mediterráneo [međite'rraneo] *adj GEO* mediterran, mittelmeerisch, Mittelmeer...
médium ['međium] *m/f* Medium *n*
medrar [me'đrar] *v 1. (crecer)* wachsen, gedeihen; *2. (properar)* sich herausmachen
medroso [me'đroso] *adj* furchtsam, fürchterlich, Furcht erregend
médula ['međula] *f 1. ANAT* Mark *n; ~ espinal* Rückenmark *n; ~ ósea* Knochenmark *n; 2. (fig: la escencia de algo)* Kern *m*
medusa [me'đusa] *f ZOOL* Qualle *f*
mefítico [me'fitiko] *adj* Pest..., Gift...
megaciclo [mega'θiklo] *m PHYS* Megahertz *n*
megáfono [me'gafono] *m* Sprachrohr *n,* Megaphon *n,* Flüstertüte *f*
megalito [mega'lito] *m HIST* Megalith *m*
megalomanía [megaloma'nia] *f* Größenwahn *m*
megalómano [mega'lomano] *adj* größenwahnsinnig, Größenwahn...
megatón [mega'tɔn] *m PHYS* Megatonne *f*
mejicano [mexi'kano] *adj* mexikanisch, aus Mexiko
Méjico ['mexiko] *m GEO* Mexiko *n*
mejilla [mɛ'xiʎa] *f ANAT* Backe *f,* Wange *f*
mejillón [mɛxi'ʎɔn] *m ZOOL* Miesmuschel *f*

mejor [mɛ'xɔr] *adj 1.* besser, beste(r,s); *el ~ de todos* der Allerbeste; *en el ~ de los casos* bestenfalls; *lo ~ posible* das Bestmögliche, das Beste; *adv 2.* besser, eher, lieber, am besten; *¡Mejor que no!* Lieber nicht!
mejora [me'xora] *f 1.* Verbesserung *f; 2. hacer ~s* Verbesserungen anbringen, verbessern; *Es necesario hacerle ~s a este programa.* Dieses Programm muss verbessert werden.
mejorado [mexo'rađo] *adj* gebessert, verbessert
mejoramiento [mexora'mĭento] *m* Verbesserung *f,* Verbessern *n*
mejorana [mɛxo'rana] *f BOT* Majoran *m*
mejorar [mexo'rar] *v 1.* verbessern, vervollkommnen; *¡Qué se mejore!* Gute Besserung! *2. (medrar)* besser gehen; *Veo que has mejorado.* Ich sehe, dir geht es wieder besser.
mejoría [mɛxo'ria] *f* Besserung *f*
melancolía [melaŋko'lia] *f* Melancholie *f,* Schwermut *f,* Trübsinn *m*
melancólico [melaŋ'koliko] *adj* melancholisch, schwermütig, trübselig
melanina [mela'nina] *f ANAT* Melanin *n*
melaza [me'laθa] *f* Melasse *f*
melcocha [mel'kotʃa] *f* Marzipan *n,* Lebkuchen *m*
melena [me'lena] *f* Mähne *f*
melenudo [mele'nuđo] *adj* langhaarig
melificación [melifika'θĭɔn] *f* Honigbereitung *f,* Honigherstellung *f*
melificar [melifi'kar] *v* Honig bereiten, Honig erzeugen
melifluo [me'liflwo] *adj 1. (que tiene miel)* honigsüß; *2. (fig: muy dulce)* sehr süß, süßlich
melindrear [melinđre'ar] *v* sich zieren
melindrería [melinđre'ria] *f* Ziererei *f*
melindroso [melin'droso] *adj* zimperlich, geziert
mella ['meʎa] *f 1. (ranura en una superficie)* Scharte *f,* Schaden *m; 2. hacer ~* Eindruck machen
mellado [me'ʎađo] *adj* schartig, zahnlückig
mellar [me'ʎar] *v 1. ~ un cuchillo* ein Messer schartig machen *n; 2. (menoscabar)* mindern, schädigen
mellizo [me'ʎiθo] *m* Zwilling *m*
melocotón [meloko'tɔn] *m BOT* Pfirsich *m*
melodía [melo'đia] *f* Melodie *f,* Weise *f*
melódico [me'lodiko] *adj MUS* melodisch, Melodie...
melodrama [melo'đrama] *m 1. THEAT* Melodram *n; 2. (fig: algo inecesariamente patético)* Melodrama *n; No hagas un ~ de esto por favor.* Mach bitte kein Drama daraus.
melodramático [melođra'matiko] *adj* melodramatisch
melómano [me'lomano] *m* Musikliebhaber *m*
melón [me'lɔn] *m BOT* Honigmelone *f*
melonar [melo'nar] *m AGR* Melonenpflanzung *f*
melosidad [melosi'đađ] *f* Honigsüße *f,* Süße *f,* Lieblichkeit *f*
meloso [me'loso] *adj* glatt
membrana [mem'ƀrana] *f* Membran *f,* Häutchen *n*
membranoso [memƀra'noso] *adj* häutig
membrete [mem'ƀrete] *m* Briefkopf *m*
membrillo [me'ƀriʎo] *m BOT* Quitte *f*
memez [me'meθ] *f* Dummheit *f*
memorable [memo'raƀle] *adj* denkwürdig
memorándum [memo'ranđum] *m* Memorandum *n*
memorar [memo'rar] *v* sich erinnern
memoria [me'moria] *f 1.* Gedächtnis *n,* Erinnerungsvermögen *n; falta de ~* Vergesslichkeit *f; 2. (homenaje)* Angedenken *n,* Denkschrift *f; 3. ECO* Geschäftsbericht *m; 4. INFORM* Speicher *m; ~ de trabajo* Arbeitsspeicher *m; 5. ~s pl* Memoiren *pl; 6. aprender de ~* auswendig lernen; *7. decir de ~* aus dem Gedächtnis sagen
memorización [memoriθa'θĭɔn] *f* Speicherung *f*
memorizar [memori'θar] *v 1.* auswendig lernen, büffeln; *2. INFORM* speichern
menaje [me'naxe] *m* Hausrat *m,* Haushalt *m*
mención [men'θĭɔn] *f 1.* Erwähnung *f; 2. ~ honorífica* ehrenvolle Erwähnung *f; 3. hacer ~* erwähnen; *4. digno de ~* wert, erwähnt zu werden
mencionar [menθio'nar] *v* erwähnen, anführen
mendacidad [mendaθi'đađ] *f* Verlogenheit *f*
mendicidad [mendiθi'đađ] *f (hecho de mendigar)* Bettlertum *n,* Bettelei *f*
mendigar [menđi'gar] *v 1.* betteln; *2. (fig)* erbetteln, erflehen

mendigo [men'digo] *m* Bettler *m*
mendrugo [men'đrugo] *m* Stück Brot *n*
menear [mene'ar] *v* schwenken; *~ la cola* mit dem Schwanz wedeln
menearse [mene'arse] *v* wanken
meneo [me'neo] *m* Schütteln *n,* Schwenken *n,* Rühren *n*
menester [menes'ter] *m 1. (ocupación)* Beschäftigung *f; 2. es ~ que* es ist nötig, dass; *Es ~ que venga.* Es ist nötig, dass er kommt.
menesteroso [meneste'roso] *adj* bedürftig, Not leidend
menestra [me'nestra] *f GAST* Gemüseeintopf *m*
mengua ['meŋgwa] *f* Einbuße *f*
menguado [men'gwađo] *adj (cobarde)* feig, verzagt
menguante [men'gwante] *adj* abnehmend
menguar [men'gwar] *v* abnehmen, nachlassen, zurückgehen
menhir [men'xir] *m HIST* Menhir *m*
meninge [me'ninxe] *f ANAT* Hirnhaut *f*
meningitis [meniŋ'xitis] *f MED* Hirnhautentzündung *f*
menisco [me'nisko] *m ANAT* Meniskus *m*
menopausia [meno'paŭsĭa] *f MED* Wechseljahre *n/pl,* Menopause *f*
menor [me'nɔr] *adj 1.* mindeste(r,s), gering; *el mal ~* das kleinere Übel *n; 2. ~ de edad* minderjährig, unmündig; *m/f 3. ~ de edad* Jugendliche(r) *m/f,* Minderjährige(r) *m/f; Prohibido para ~es.* Für Jugendliche verboten.
menos ['menos] *adv 1.* weniger; *~ aun* geschweige denn; *~ de* unter; *echar de ~* vermissen; *lo ~* das Mindeste; *por lo ~* mindestens, wenigstens, zumindest; *venir a ~* herunterkommen; *2. MATH* minus; *prep 3. ECO* abzüglich
menoscabar [menoska'ƀar] *v 1. (reducir, disminuir)* vermindern, verringern; *2. (fig: dañar la reputación de alguien)* beschädigen, schädigen
menoscabo [menos'kaƀo] *m 1.* Verminderung *f,* Beeinträchtigung *f; 2. sin ~ de* ohne Schmälerung von
menospreciable [menospre'θĭaƀle] *adj* verachtenswert
menospreciar [menospre'θiar] *v 1.* missachten, verachten; *2. (no apreciar algo en su valor)* verachten, gering schätzen
menospreciativo [menospreθĭa'tiƀo] *adj* verächtlich
menosprecio [menos'preθĭo] *m* Missachtung *f,* Verachtung *f*
mensaje [men'saxe] *m 1.* Durchsage *f,* Funkspruch *m; 2. (información)* Nachricht *f,* Botschaft *f; 3. (advertencia) INFORM* Meldung *f*
mensajería [mensaje'ria] *f* Zustellung *f,* Botendienst *m*
mensajero [mensa'xero] *m* Bote *m*
menstruación [menstrwa'θĭɔn] *f* Menstruation *f,* Periode *f,* Regel *f*
mensual [men'swal] *adj* monatlich
mensualidad [menswali'đađ] *f* Monatsgeld *n,* Monatslohn *m,* Monatszins *m*
mensurabilidad [mensuraƀili'đađ] *f* Messbarkeit *f*
mensurable [mensu'raƀle] *adj* messbar
mensurar [mensu'rar] *v* abmessen
menta ['menta] *f BOT* Pfefferminze *f*
mental [men'tal] *adj* innerlich, geistig, mental
mentalidad [mentali'đađ] *f* Mentalität *f*
mentar [men'tar] *v* erwähnen
mente ['mente] *f* Denken *n,* Geist *m; con la ~* geistig
mentecatez [menteka'teθ] *m* Unsinn *m,* Torheit *f*
mentecato [mente'kato] *adj* unsinnig, töricht
mentir [men'tir] *v irr* lügen, belügen
mentira [men'tira] *f* Lüge *f,* Unwahrheit *f; ~ piadosa* Notlüge *f*
mentiroso [menti'roso] *m* Lügner *m*
mentís [men'tis] *m* Dementi *n*
mentol [men'tol] *m* Menthol *n*
mentón [men'tɔn] *m ANAT* Kinn *n*
menú [me'nu] *m 1.* Speisekarte *f; 2. GAST* Menü *n,* Speisenfolge *f; 3. INFORM* Menü *n; barra de ~* Menüleiste *f*
menudencia [menu'đencĭa] *f* Kleinigkeit *f,* Kleinkram *m*
menudeo [menu'đeo] *m* häufige Wiederholung *f*
menudillos [menu'điʎos] *m/pl GAST* Innereien *pl*
menudo [me'nuđo] *adj* klein, winzig, unbedeutend, fein
meñique [me'ɲike] *m ANAT* Finger *m*
meollo [me'oʎo] *m 1. (fig)* Mark *n,* Zentrum *n,* Kern *m; 2. ANAT* Mark *n,* Knochenmark *n*
meón [me'ɔn] *m* Bettnässer *m*

mequetrefe [meke'trefe] *adj* naseweis, zudringlich, angeberisch
meramente [mera'mente] *adv* lediglich
mercachifle [merka'tʃifle] *m* Hausierer *m*, Krämer *m*
mercadear [merkađe'ar] *v* handeln
mercader [merka'đer] *m* Händler *m*
mercadería [mɛrkađe'ria] *f (LA)* Ware *f*, Güter *pl*
mercadillo [mɛrka'điʎo] *m* Flohmarkt *m*, Trödelmarkt *m*
mercado [mɛr'kađo] *m 1.* Markt *m; ~ de pulgas (LA)* Flohmarkt *m*, Trödelmarkt *m; ~ negro* Schwarzmarkt *m; ~ semanal* Wochenmarkt *m; 2. ECO* Absatzgebiet *n; ~ de acciones* Aktienmarkt *m; ~ interior* Binnenmarkt *m; 3. Mercado Común* Gemeinsamer Markt *m*
mercancía [mɛrkan'θia] *f* Ware *f*, Güter *pl; ~ en fardos* Stückgut *n; ~s de gran bulto* Sperrgut *n; ~s en gran velocidad* Eilgut *n; ~s por piezas* Stückgut *n*
mercantil [mɛrkan'til] *adj* kaufmännisch
mercantilismo [merkanti'lizmo] *m* Merkantilismus *m*
mercantilizar [merkantili'θar] *v* kommerzialisieren
mercar [mer'kar] *v* erhandeln, abkaufen
merced [mer'θeđ] *f* Lohn *m*, Gnade *f*, Güte *f*
mercenario [merθe'narĭo] *adj 1. (codicioso)* habgierig, gewinnsüchtig; *m 2. (soldado que alquila sus servicios)* Söldner *m*
mercería [merθe'ria] *f* Kurzwaren *f/pl*, Kurzwarengeschäft *n*
mercurial [mɛrku'rĭal] *adj* quecksilberhaltig
mercurio [mer'kurĭo] *m CHEM* Quecksilber *n; 2. (planeta) ASTR* Merkur *m; 3. (dios de los ladrones)* Merkur *m*
merecedor [mereθe'đɔr] *adj* wert, würdig
merecer [mere'θer] *v irr (ser digno de algo)* verdienen, wert sein, würdig sein
merecidamente [mereθiđa'mente] *adv* verdientermaßen
merecido [mere'θiđo] *m (lo que uno se merece)* verdiente Strafe *f; Ese hombre se llevó su ~.* Dieser Mann hat seine verdiente Strafe empfangen. *Si sigues diciendo eso vas a recibir tu ~.* Wenn du das weiterhin sagst, wirst du bekommen, was du verdienst.
merecimiento [mereθi'mĭento] *m* Verdienst *n*
merendar [meren'đar] *v irr (comer la merienda)* vespern
merendero [meren'dero] *m* Imbissstube *f*
merengue [me'reŋge] *m 1. GAST* Meringe *f*, Baiser *n; 2. (baile caribeño)* Merengue *m*
meretriz [mere'triθ] *f* Dirne *f*, Freudenmädchen *n*
meridiano [meri'đĭano] *adj 1.* Mittags..., nachmittags; *m 2.* Meridian *m*, Mittagskreis *m*
meridional [meriđĭo'nal] *adj* südlich
merienda [me'rĭenda] *f* Imbiss *m; ~ campestre* Picknick *n*
mérito ['merito] *m 1.* Verdienst *n; 2. (valor)* Wert *m; un libro de gran ~* ein Buch von großem Wert *n; un hombre de ~* ein verdienstvoller Mann *m*
meritorio [meri'torĭo] *adj* verdienstvoll
merluza [mer'luθa] *f ZOOL* Seehecht *m*
merma ['merma] *f 1.* Einbuße *f; 2. (disminución)* Verringerung *f*, Verkürzung *f*, Schmälerung *f*
mermar [mer'mar] *v* abnehmen, schmälern, kürzen, herabsetzen
mermelada [mɛrme'lađa] *f GAST* Marmelade *f; ¿Me puede dar un poco más de ~?* Kann ich noch etwas Marmelade haben?
mero¹ ['mero] *adj (simple)* rein, bloß
mero² ['mero] *m ZOOL* Riesenbarsch *m*
merodeador(a) [merođea'đɔr/merođea'đora] *m/f* Herumtreiber(in) *m/f*
merodear [merođe'ar] *v* plündern, marodieren
mes ['mes] *m* Monat *m; ~es y ~es* monatelang; *estar con el ~* seine Tage haben
mesa ['mesa] *f* Tisch *m; estar a la ~* am Tisch sitzen; *~ de conferencias* Konferenztisch *m; ~ plegable* Klapptisch *m; poner la ~* den Tisch decken
mesada [me'sađa] *f* Monatsgeld *n*
mescolanza [mesko'lanθa] *f* Allerlei *n*
mesero [me'sero] *m (LA)* Ober *m*
meseta [me'seta] *f* Hochebene *f*
mesiánico [mesi'aniko] *adj REL* messianisch
mesianismo [mesia'nizmo] *m REL* Messiaserwartung *f*, Lehre vom Messias *f*
mesías [me'sĭas] *m* Messias *m*, Heilsverkünder *m*

mesita [me'sita] *f* ~ *de noche* Nachttisch *m*

mesonero [meso'nero] *adj* gastwirtschaftlich, Wirts...

mestizo [mes'tiθo] *m* Mischling *m*, Mestize *m*

mesura [me'sura] *f* *1. (moderación)* Maß *n*, Mäßigung *f* *2. (circunspección)* Zurückhaltung *f*, Vorsicht *f*

mesura [me'sura] *v irr* Gemessenheit *f*, Maß *n*, Mäßigung *f*, Wohlerzogenheit *f*

mesurado [mesu'rađo] *adj* gemäßigt, zurückhaltend

mesurar [mesu'rar] *v* mäßigen

meta ['meta] *f* *1.* Ziel *n*, Zweck *m*; *2. (la portería) SPORT* Tor *n*

metabólico [meta'boliko] *adj* metabolisch

metabolismo [metaƀo'lizmo] *m BIO* Stoffwechsel *m*

metáfora [me'tafora] *f* Metapher *f*, Sinnbild *n*

metafórico [meta'foriko] *adj* metaphorisch, übertragen gebraucht

metal [me'tal] *m* Metall *n*; ~ *ligero* Leichtmetall *n*; ~ *precioso* Edelmetall *n*; ~ *viejo* Altmetall *n*

metálico [me'taliko] *adj* *1.* metallisch; *2. pagar en* ~ bar zahlen; *En este restaurante sólo se puede pagar en metálico.* In diesem Restaurant kann man nur bar zahlen.

metalizarse [metali'θarse] *v* sein Herz verhärten *n*; *Te has metalizado completamente.* Du bist sehr hart geworden.

metalografía [metalogra'fia] *f TECH* Metallkunde *f*

metalurgía [meta'lurxĭa] *f* Hüttenkunde *f*, Metallurgie *f*

metalúrgico [meta'lurxiko] *adj* Metall..., Hütten...

metamorfosear [metamɔrfose'ar] *v* verwandeln

metamorfosis [metamɔr'fosis] *f* Verwandlung *f*, Wandlung *f*, Metamorphose *f*

metano [me'tano] *m CHEM* Methan *n*

metástasis [me'tastasis] *f MED* Metastase *f*

metedura [mete'đura] *f* ~ *de pata (fam)* Blamage *f*, Fauxpas *m*

meteórico [mete'oriko] *adj* meteorisch

meteorito [meteo'rito] *m* Meteorit *m*

meteoro [mete'oro] *m* Meteor *m*

meteorología [meteorolo'xia] *f* Meteorologie *f*

meter [me'ter] *v* *1.* stecken, einführen; ~ *en* hineinstecken in; *2. (ocasionar, producir)* verursachen; *¡Me estás metiendo miedo!* Du jagst mir Angst ein! *3. (dar, encajar)* geben, verpassen (fam); *Ese hombre me metió un puñetazo.* Dieser Mann hat mir eine verpasst. *4.* ~ *la pata* ins Fettnäpfchen treten (fam), sich blamieren; *5.* ~ *las narices en algo* seine Nase in etw stecken; *No metas las narices en mis asuntos.* Steck deine Nase nicht in meine Angelegenheiten. *6. (promover)* begünstigen, befördern

meterse [me'terse] *v* *1.* sich einmischen; ~ *con alguien* mit jdm Streit bekommen; *Me he metido en un buen lío.* Da habe ich mich auf etw Schönes eingelassen. *2. (involucrarse en algo)* sich verwickeln, sich stürzen; *3. (empezar a ejercer una profesión)* werden; *4.* ~ *a* sich versuchen als; *Mi hijo se metió a boxeador.* Mein Sohn versucht sich als Boxer.

meticulosidad [metikulosi'đađ] *f* Detailgenauigkeit *f*

meticuloso [metiku'loso] *adj* penibel, genau

metido [me'tiđo] *m (entrometido) (LA)* Naseweis *m*, Schnüffler *m*

metilo [me'tilo] *m CHEM* Methyl *n*

metimiento [meti'mĭento] *m* Hineinlegen *n*, Hineinstecken *n*

metódicamente [metođika'mente] *adv* methodisch, planmäßig

metódico [me'tođiko] *adj* methodisch, planmäßig

metodismo [meto'đizmo] *m REL* Methodismus *m*

metodista [meto'đista] *adj REL* methodistisch

método ['metođo] *m* *1.* Methode *f*, Verfahren *n*; *sin* ~ planlos; *2. (obra que contiene los principios)* Lehrbuch *n*

metodología [metođolo'xĭa] *f* Methodik *f*

metodológico [metođo'loxiko] *adj* methodisch

metraje [me'traxe] *m CINE* Meterlänge *f*; *corto* ~ Short Play *n*; *largo* ~ Long Play *n*

metralla [me'traʎa] *f* Schrapnell *n*, Splitter *m*

metralleta [metra'ʎeta] *f* Maschinenpistole *f*

métrica ['metrika] *f LIT* Metrik *f*

metrificación [metrifika'θĭɔn] *f LIT* Versbau *m*, Verskunst *f*, Verslehre *f*

metro¹ ['metro] *m 1.* Meter *m; ~ cuadrado* Quadratmeter *m; ~ cúbico* Kubikmeter *m; ~ de carpintero* Zollstock *m; 2. (plegable)* Metermaß *n*
metro² ['metro] *m (subterráneo)* U-Bahn *f,* Untergrundbahn *f,* S-Bahn *f*
metrónomo [me'tronomo] *m MUS* Metronom *n*
metrópoli [me'tropoli] *f* Großstadt *f,* Metropole *f*
metropolitano [metropoli'tano] *adj* hauptstädtisch, metropolitisch
mexicano [mexi'kano] *m 1. (mejicano)* Mexikaner *m; adj 2. (mejicano)* mexikanisch
México ['mexiko] *m GEO* Mexiko
mezcal [meθ'kal] *m (aguardiente) GAST* Mezkal *m,* Mexkal *m,* Mexkalschnaps *m*
mezcalina [meθka'lina] *f* Meskalin *n*
mezcla ['meθkla] *f* Gemisch *n,* Mischung *f; ~ heterogénea* Allerlei *n*
mezclable [meθ'klaƀle] *adj* mischbar
mezclado [meθ'klađo] *adj* gemischt
mezclar [meθ'klar] *v 1.* mischen, vermischen, mixen; *2. (~ con)* vermengen, beimischen
mezcolanza [meθko'lanθa] *f* Mischmasch (fam) *n*
mezquindad [meθkin'đađ] *f* Engherzigkeit
mezquino [meθ'kino] *adj* geizig, engherzig, kleinlich
mezquita [meθ'kita] *f* Moschee *f*
mi¹ [mi] *m (nota musical) MUS* e *n,* die Note e *f*
mi² [mi] *pron* mein(e)
mia [mia] *pron* meine
miasma ['mĭazma] *m* Miasma *n,* giftige Ausdünstung *f*
mica ['mika] *f MIN* Glimmer *m*
micción [mig'θĭɔn] *f* Harnen *n*
mico ['miko] *m* Affe *m*
micología [mikolo'xia] *f BIO* Mykologie *f*
micosis [mi'kosis] *f MED* Pilzerkrankung *f*
micra ['mikra] *f* Mikron *n,* My *n*
microbiano [mikro'ƀĭano] *adj BIO* Mikroben...
microbio [mi'kroƀĭo] *m BIO* Mikrobe *f*
microbiología [mikroƀĭolo'xia] *f BIO* Mikrobiologie *f*
microbiológico [mikroƀĭo'loxiko] *adj BIO* mikrobiologisch
microbiólogo [mikroƀi'ologo] *m BIO* Mikrobiologe *m*
microcomputador [mikrokomputa'đor] *m INFORM* Mikrocomputer *m*
microcosmo [mikro'kɔzmo] *m* Mikrokosmos *m*
microeconomía [mikroekono'mia] *f ECO* Betriebswirtschaft *f*
microfilme [mikro'filme] *m* Mikrofilm *m*
microfísica [mikro'fisika] *f PHIS* Mikrophysik *f*
micrófono [mi'krofono] *m* Mikrofon *n*
micrómetro [mi'krometro] *m* Mikrometer *m*
microonda [mikro'onđa] *f* Mikrowelle *f*
microorganismo [microorga'nizmo] *m* Mikroorganismus *m*
microprocesador [mikroproθesa'đɔr] *m INFORM* Mikroprozessor *m*
microscópico [mikros'kopiko] *adj 1. (algo visible con el microscopio)* mikroskopisch; *2. (fig: algo muy pequeño)* winzig, klein; *He comprado una cámara microscópica.* Ich habe eine Kleinkamera gekauft.
microscópico [mikrɔs'kopiko] *adj* mikroskopisch
microscopio [mikrɔs'kopĭo] *m* Mikroskop *n*
microsurco [micro'surko] *m TECH* Mikrorille *f*
miedo ['mĭeđo] *m* Angst *f,* Furcht *f,* Grauen *n; ~ al público* Lampenfieber *n; tener ~* sich fürchten, sich ängstigen; *lleno de ~* angsterfüllt
miedoso [mĭe'đoso] *adj* ängstlich, furchtsam, schreckhaft
miel ['mĭɛl] *f* Honig *m; ~ de abeja* Bienenhonig *m*
miembro ['mĭembro] *m 1. (socio)* Mitglied *n; ~ de un sindicato* Gewerkschaftsmitglied *n; ~ de la junta directiva* Vorstandsmitglied *m; ser ~ de* angehören; *2. (familiar)* Angehöriger *m; 3. (del cuerpo)* Körperteil *n; 4. (pene) ANAT* männliches Glied *n,* Penis *m; 4. (en una ecuación) MATH* Glied *n*
mientras ['mĭentras] *konj 1.* als, während, solange; *~ que* während; *adv 2. ~ tanto* inzwischen, mittlerweile, indessen; *por ~* vorläufig
miércoles ['mĭɛrkoles] *m* Mittwoch *m; ~ de ceniza* Aschermittwoch *m; los ~* mittwochs

mierda ['mĭɛrđa] *f* Scheiße *f*
mies [mĭes] *f AGR* reifes Korn *n,* reifes Getreide *n*
miga ['miga] *f 1.* Krümel *m; 2. hacer buenas/malas ~s* mit jdm gut/schlecht auskommen
migaja [mi'gaxa] *f/pl 1.* Brotreste *pl; 2. (lo que sobra)* Brosamen *m; f 3. (una parte, un pedazo)* Krümel *m,* Bröckchen *n,* Stückchen *n; ¿Puede darme una ~ de pan?* Können Sie mir ein Stückchen Brot geben?
migala [mi'gala] *f ZOOL* Vogelspinne *f*
migración [migra'θĭɔn] *f 1. (de los pueblos)* Wanderung *f; 2. ZOOL* Wanderung *f,* Zug *m*
migraña [migra'ɲa] *f* Migräne *f*
migrar [mi'grar] *v* wandern, ziehen
migratorio [migra'torĭo] *adj* Wander..., Zug... *aves migratorias* Zugvögel *pl*
mijo ['mixo] *m BOT* Hirse *f*
mil [mil] *num* eintausend; *~ millones* Milliarde *f; ~ billones* Billiarde *f; ~ veces* x-mal
milagro [mi'lagro] *m 1.* Wunder *n; ~ económico ECO* Wirtschaftswunder *n; 2. de ~* wie durch ein Wunder *n; ¡Me salvé de ~!* Ich bin wie durch ein Wunder gerettet worden!
milagroso [mila'groso] *adj* wunderbar, übernatürlich
milamores [mila'mores] *f BOT* Feldsalat *m*
milano [mi'lano] *m ZOOL* Milan *m*
milenario [mile'narĭo] *adj* tausendjährig
milenio [mi'lenĭo] *m* Jahrtausend *n*
milésimo [mi'lesimo] *adj* tausendste(r,s)
milhojas [mil'oxas] *m* Schafgarbe *f*
miliciano [miliθi'ano] *adj 1. (de la milicia)* Miliz...; *m 2. (soldado) MIL* Milizangehöriger *m*
miligramo [mili'gramo] *m* Milligramm *n*
milimétrico [mili'metriko] *adj* Millimeter...
milímetro [mi'limetro] *m* Millimeter *m*
militante [mili'tante] *adj 1.* militant, kämpfend, kämpferisch; *m/f 2.* Vorkämpfer *m,* Aktivist *m*
militar [mili'tar] *adj 1.* militärisch, Militär..., Kriegs...; *v 2. (ser miembro de algo)* angehören; *Yo no milito en ese partido.* Ich gehöre dieser Partei nicht an.
militares [mili'tares] *m/pl* Militär *n*
militarismo [milita'rismo] *m* Militarismus *m*
militarista [milita'rista] *m 1.* Militarist *m; adj 2.* militaristisch
militarización [militariθa'θĭɔn] *f* Militarisierung *f*
militarizar [militari'θar] *v* militarisieren
milla ['miʎa] *f* Meile *f*
millar [mi'ʎar] *m 1. (mil)* Tausend *n; 2. (una gran cantidad de algo)* Unmenge *f,* große Anzahl *f; Este programa tiene ~es de errores.* Dieses Programm hat einen Haufen Fehler. (fam)
millón [mi'ʎɔn] *m* Million *f*
millonario [miʎo'narĭo] *m 1.* Millionär *m; adj 2.* Millionärs...
millonésimo [miʎo'nesimo] *adj 1.* milliontel, millionstel; *m 2.* Milliontel *n,* Millionstel *n*
mimar [mi'mar] *v* verwöhnen, verhätscheln
mimbre ['mimƀre] *m muebles de ~* Korbmöbel *n/pl*
mimesis [mi'mesis] *f* Mimesis *f*
mimético [mi'metiko] *adj* mimetisch, Nachahmungs..., Tarnungs...
mímica ['mimika] *f* Mimik *f*
mímico ['mimiko] *adj lenguaje ~* Gebärdensprache *f*
mimo ['mimo] *m 1. (actor) THEAT* Mime *m; 2. (caricia, halago)* Liebkosung *f*
mimoso [mi'moso] *adj* zimperlich
mina ['mina] *f 1.* Fundgrube *f,* Mine *f; 2. MIN* Bergwerk *n,* Grube *f; ~ de carbón* Kohlebergwerk *n; ~ de plata* Silberbergwerk *n; 3. (fig: algo que procude beneficios)* Goldmine *f; Este empleo es una ~.* Diese Geldanlage ist eine Goldmine. *4. (fig: que ofrece mucho)* Fundgrube *f*
minado [mi'nađo] *adj campo ~ MIL* Minenfeld *n*
minar [mi'nar] *v 1. (poner minas) MIL* verminen, Minen legen; *2. (cavar una mina) MIN* Stollen anlegen; *3. (fig: socavar)* untergraben; *La enfermedad me ha minado completamente.* Die Krankheit hat mich völlig demoralisiert.
mineral [mine'ral] *m 1.* Mineral *n; 2. MIN* Erz *n; ~ de hierro* Eisenerz *n*
mineralización [mineraliθa'θĭɔn] *f* Mineralisation *f,* Erzführung *f*
mineralizar [minerali'θar] *v 1. (convertir en mineral)* mineralisieren; *2. (añadir minerales a algo)* Mineralstoffe zufügen
mineralogía [mineralo'xia] *f MIN* Mineralogie *f*

mineralógico [minera'loxiko] *adj MIN* mineralogisch
minería [mine'ria] *f MIN* Bergbau *m,* Bergwesen *n*
minero [mi'nero] *m MIN* Bergarbeiter *m,* Kumpel *m*
minestrón [mines'trɔn] *m GAST* Minestrone *f*
miniatura [minĭa'tura] *f ART* Miniatur *f*
minicomputador [minikomputa'đor] *m INFORM* Mikrocomputer *m*
minimizar [minimi'θar] *v 1. (fig)* verharmlosen, verniedlichen; *2. INFORM* verkleinern
mínimo ['minimo] *m 1.* Minimum *n,* Mindestmaß *n; como ~* mindestens; *~ vital* Existenzminimum *n; adj 2.* mindeste(r,s), minimal
mínimum ['minimum] *m* Minimum *n*
ministerio [minis'terĭo] *m POL* Ministerium *n; Ministerio de Agricultura* Landwirtschaftsministerium *n; Ministerio de Asuntos Exteriores* Außenministerium *n; Ministerio de Cultura* Kultusministerium *n; Ministerio de Defensa* Verteidigungsministerium *n; Ministerio del Interior* Innenministerium *n; Ministerio de Justicia* Justizministerium *n; Ministerio de Tra(n)sportes* Verkehrsministerium *n*
ministro [mi'nistro] *m POL* Minister *m*
minoría [mino'ria] *f* Minderheit *f*
minorista [mino'rista] *m/f ECO* Einzelhändler(in) *m/f*
minoritario [minori'tarĭo] *adj* minoritär, Minderheits...
minucia [mi'nuθĭa] *f 1.* Ausschnitt *m; 2. (algo insignificante)* Kleinigkeit *f,* Spitzfindigkeit *f; No quiero que discutamos por una ~.* Ich will nicht wegen einer Kleinigkeit streiten.
minuciosidad [minuθĭosi'đađ] *f* Detailliertheit *f*
minucioso [minu'θĭoso] *adj* eingehend, penibel
minué [minu'e] *m MUS* Menuett *n*
minuendo [mi'nwenđo] *m MATH* Minuend *m*
minúscula [mi'nuskula] *f* Kleinbuchstabe *m*
minúsculo [mi'nuskulo] *adj* winzig
minusvalía [minuzƀa'lia] *f MED* Behinderung *f*
minusválido [minus'ƀalido] *m* Behinderter *m,* Körperbehindeter *m,* Invalide *m*
minuta [mi'nuta] *f 1.* Entwurf *m; 2. (cuenta)* Gebührenrechnung *f; 3. GAST* Menü *n,* Speisekarte *f*
minutero [minu'tero] *m (reloj)* Minutenzeiger *m*
minuto [mi'nuto] *m* Minute *f; en diez ~s* in zehn Minuten
mío ['mio] *pron* mein(e)
miocardio [mĭo'karđĭo] *m ANAT* Myokard *n,* Herzmuskel *m*
miope ['mĭope] *adj MED* kurzsichtig
miopía [mio'pia] *f MED* Kurzsichtigkeit *f*
mira ['mira] *f 1.* Visier *n; 2. ASTR* Mira *f; 3. poner la ~ en algo* auf etw abzielen; *4. con ~s a* im Hinblick auf
mirada [mi'rađa] *f* Blick *m,* Einblick *m*
mirador [mira'đɔr] *m* Erker *m,* Aussichtspunkt *m*
miramiento [mira'mĭento] *m* Schonung *f; guardar ~s* Rücksicht nehmen; *sin ~s* schonungslos
mirar [mi'rar] *v 1.* ansehen, schauen, betrachten, besichtigen; *¡Esto me lo quiero ~!* Das möchte ich mir ansehen! *estar mirando* zuschauen, zusehen; *~ a alguien con desprecio* auf jdn herabsehen; *~ alrededor* sich umsehen; *2. (con detenimiento)* betrachten; *~ con asombro* bestaunen; *~ fijamente* anstarren; *3. (dirigir la mirada)* blicken, anblicken; *4. (reflexionar)* überlegen, bedenken; *5. (fig: velar)* wachen, Acht geben; *Si yo no estoy ¿quién va a ~ por mis hijos?* Wer gibt auf meine Kinder Acht, wenn ich nicht da bin?
mirilla [mi'riʎa] *f* Guckloch *n,* Spion *m*
mirlo ['mirlo] *m ZOOL* Amsel *f*
mirón [mi'rɔn] *m* Gaffer *m*
mirtillo [mir'tiʎo] *m BOT* Heidelbeere *f*
misa ['misa] *f REL* Messe *f; ~ de difuntos/~ réquiem* Totenmesse *f; ~ mayor* Gedenkgottesdienst *m,* Hochamt *n*
misantropía [misantro'pia] *f* Menschenhass *m*
misantropo [mi'santropo] *m* Misanthrop *m,* Menschenfeind *m*
miserable [mise'raƀle] *adj 1.* armselig, erbärmlich, kümmerlich; *m 2. (avaro)* Knauserer *m,* Geizhals *m; 3. (vil, ruin)* Schurke *m,* Lump *m,* elender Kerl *m*
miseria [mi'serĭa] *f 1.* Elend *n,* Misere *f,* Jammer *m; 2. (fam: cantidad pequeña)* Kleinigkeit *f; Gano una ~ en ese trabajo.* Mit dieser Arbeit verdiene ich eine erbärmliche Kleinigkeit. *3. (avaricia)* Knauserei *f,*

Schäbigkeit *f; ¡Qué ~!* Was für eine Knauserei!
misericordia [miseri'kɔrđĭa] *f 1.* Barmherzigkeit *f; sin ~* gnadenlos; *2. REL* Gnade *f*
misericordioso [miserikɔr'đĭoso] *adj* barmherzig
mísero ['misero] *adj* kümmerlich, armselig
misil [mi'sil] *m (proyectil) MIL* Rakete *f*
misión [mi'sĭɔn] *f 1. (encargo)* Auftrag *m; 2. REL* Mission *f*
misionera [misĭo'nera] *f REL* Missionarin *f*
misionero [misĭo'nero] *m REL* Missionar *m*
misiva [mi'siƀa] *f* Sendschreiben *n,* Brief *m,* Nachricht *f*
mismo ['mizmo] *adj 1.* selbst, persönlich; *2. lo ~* dasselbe; *venir a ser lo ~* auf dasselbe hinauslaufen; *¡Lo ~ otra vez!* Das Gleiche noch mal! *adv 3. lo ~* ebenso, genauso, geradeso
misoginia [miso'xinĭa] *f* Misogynie *f,* Frauenfeindlichkeit *f*
misógino [mi'soxino] *m* Frauenfeind *m*
misterio [mis'terĭo] *m 1.* Heimlichkeit *f,* Mysterium *n; 2. por ~* geheimnisvoll
misterioso [miste'rĭoso] *adj* geheimnisvoll, mysteriös, rätselhaft
mística ['mistika] *f 1.* Mystik *f; 2.* Mystikerin *f*
misticismo [misti'θizmo] *m* Mystik *f*
mistico [mis'tiko] *adj 1.* mystisch *m 2.* Mystiker *m*
mitad [mi'tađ] *f 1.* Hälfte *f; Hagamos ~ y ~.* Machen wir halbe-halbe. *por ~(es)* halb; *2. (centro)* Mitte *f*
miticamente [mitika'mente] *adv* mythisch
mítico ['mitiko] *adj* mythisch
mitigación [mitiga'θĭɔn] *f* Linderung *f*
mitigar [miti'gar] *v 1.* abmildern, abschwächen, lindern; *2. (aliviar)* erleichtern
mitin ['mitin] *m* Versammlung *f*
mito ['mito] *m* Mythos *m*
mitología [mitolɔ'xia] *f* Mythologie *f*
mitológico [mito'loxiko] *adj* mythologisch
mitomanía [mitoma'nia] *f* Mythomanie *f*
mitón [mi'tɔn] *m* Pulswärmer *m*
mixtificación [mistifika'θĭɔn] *f* Täuschung *f*
mixtificar [mistifi'kar] *v* mystifizieren, täuschen, fälschen
mixto ['misto] *adj* gemischt
mixtura [mis'tura] *f* Mischung *f*
mnemotécnica [mnemo'teknika] *f* Mnemotechnik *f,* Gedächtnistraining *n*
mnemotécnico [mnemo'tekniko] *adj* mnemotechnisch
mobiliario [moƀi'lĭarĭo] *m* Ausstattung *f*
mocarro [mo'karro] *adj* rotzig, frech
mocasín [moka'sin] *m* Mokassin *m,* Slipper *m*
mocedad [moθe'đađ] *f (juventud)* Jugendzeit *f*
mocetón [moθe'tɔn] *m* kräftiger Bursche *m,* strammer Bursche *m*
mochila [mo'tʃila] *f 1.* Rucksack *m; 2. (escolar)* Ranzen *m,* Schulranzen *m*
mochuelo [mo'tʃwelo] *m ZOOL* Kauz *m*
moción [mo'θĭɔn] *f* Antrag *m*
moco ['moko] *m* Nasenschleim *m,* Popel *m* (fam), Rotz *m* (fam)
moda ['mođa] *f* Mode *f; a la ~* modisch
modal [mo'đal] *adj 1. GRAMM* modal; *m/pl 2. ~es* Benehmen *n,* Manieren *pl,* Umgangsformen *pl; de buenos ~es* manierlich; *sin buenos ~es* ungezogen
modalidad [mođali'đađ] *f* Modalität *f,* Eigenart *f*
modelado [mođe'lađo] *m* Modellierung *f*
modelar [mođe'lar] *v* modellieren
modelo [mo'đelo] *m 1.* Modell *n; 2. (ideal)* Leitbild *n,* Vorbild *n; 3. (plantilla)* Schablone *f; 4. (muestra)* Vorlage *n; prueba ~* Muster *n; f 5. (maniquí)* Mannequin *n,* Model *n; adj 6.* mustergültig, vorbildlich
modem ['modem] *m INFORM* Modem *n*
moderación [mođera'θĭɔn] *f 1.* Minderung *f,* Untertreibung *f; 2. (discreción)* Zurückhaltung *f*
moderado [mođe'rađo] *adj* mäßig, enthaltsam, gemäßigt
moderador(a) [mođera'đɔr/mođera'đora] *m/f* Diskussionsleiter(in) *m/f*
moderar [mođe'rar] *v* mäßigen, mindern
moderarse [mođe'rarse] *v* sich beherrschen, sich mäßigen, sich zurückhalten
modernamente [mođɛrna'mente] *adv* modisch
modernidad [mođerni'đađ] *f* Modernität *f*
modernismo [mođer'nizmo] *m* Modernismus *m*

modernizar [mođɛrni'θar] *v* aktualisieren, modernisieren
moderno [mo'đɛrno] *adj* modern, modisch, neuartig
modestamente [mođesta'mente] *adv* einfach, anspruchlos
modestia [mo'đestĭa] *f* Anspruchslosigkeit *f,* Bescheidenheit *f*
modesto [mo'đesto] *adj* bescheiden, einfach, anspruchlos
módico ['modiko] *adj* gering, niedrig, billig
modificación [mođifika'θĭɔn] *f 1. (cambio)* Änderung *f,* Abänderung *f,* Abwandlung *f; ~ de la ley* Gesetzesänderung *f; ~ de la reserva* Umbuchung *f; 2. (mejora)* Verarbeitung *f*
modificar [mođifi'kar] *v* abwandeln, umändern; *~ la reserva* umbuchen
modismo [mo'đizmo] *m GRAMM* Redewendung *f*
modista [mo'đista] *m/f* Modeschöpfer(in) *m/f*
modistería [mođiste'ria] *f (LA)* Modesalon *m*
modo ['mođo] *m 1. GRAMM* Modus *m; 2. (camino)* Weg *m; 3. (forma)* Weise *f,* Art *f; de otro ~* sonst, anders; *de ~ distinto* unterschiedlich; *de todos ~s* immerhin, ohnehin, sowieso; *en cierto ~* einigermaßen, gewissermaßen; *~ de andar* Gang *m; ~ de hablar* Redensart *f; ~ de empleo* Anwendungsweise *f,* Gebrauchsanweisung *f; ~ de procedimiento* Verfahrensweise *f; ~ de obrar* Handlungsweise *f; 4. ~ menor MUS* Moll *n; 5. INFORM* Modus *m; ~ gráfico* Grafikmodus *m; ~ de caracteres* Zeichenmodus *m; ~ de inserción* Einfügemodus *m*
modorra [mođo'rra] *f* große Schläfrigkeit *f,* Schlafsucht *f,* bleierne Müdigkeit *f*
modulación [mođula'θĭɔn] *f* Modulation *f*
módulo ['mođulo] *m 1.* Modul *n; 2. INFORM* Bauelement *n*
mofa ['mofa] *f* Hohn *m,* Spott *m,* Verspottung *f*
mofarse [mo'farse] *v (de)* verspotten, verhöhnen
mofeta [mo'feta] *f ZOOL* Skunk *m,* Stinktier *n*
moflete [mo'flete] *m* Pausbacke *f*
mofletudo [mofle'tuđo] *adj* pausbackig
mohín [mo'in] *m* Gebärde *f,* Grimasse *f*
moho ['moo] *m BOT* Schimmel *m*
mojado [mɔ'xađo] *adj* nass
mojar [mɔ'xar] *v* anfeuchten; *~ en* eintunken in
mojigatería [mɔxigate'ria] *f* Scheinheiligkeit *f*
mojigato [mɔxi'gato] *adj* prüde, scheinheilig
mojón [mo'xɔn] *m 1.* Meilenstein *m; 2. (montón de excremento)* Haufen *m*
molar [mo'lar] *m ANAT* Backenzahn *m*
molde ['mɔlde] *m* Form *f*
moldeable [mɔlde'aƀle] *adj* formbar
moldear [molđe'ar] *v 1. (vaciar en un molde)* abformen, abgießen, modellieren; *2. (fig: dar forma)* formen
moldura [mɔl'dura] *f* Sims *n*
mole ['mole] *f* Masse *f*
molécula [mo'lekula] *f CHEM* Molekül *n*
molecular [moleku'lar] *adj CHEM* molekular
moler [mo'lɛr] *v irr* mahlen, zerkleinern, zerreiben; *~ a palos* verprügeln
molestar [moles'tar] *v 1.* ärgern; *2. (fastidiar)* belästigen, stören, behelligen; *El ruido me molesta.* Der Lärm stört mich.
molestia [mo'lestĭa] *f 1.* Umständlichkeit *f,* Unannehmlichkeit *f; 2. (fastidio)* Störung *f,* Belästigung *f,* Plage *f; 3. (esfuerzo)* Bemühung *f; 4. (intranquilidad)* Unruhe *f; 5. ~s pl* Beschwerden *pl; Tengo ~s de estómago.* Ich habe Magenbeschwerden.
molesto [mo'lesto] *adj 1.* umständlich, unangenehm, störend; *2. (de mal humor)* verdrießlich, sauer
molicie [mo'liθĭe] *f* Weichheit *f,* Verweichlichung *f*
molido [mo'liđo] *adj 1. carne molida* Hackfleisch *n; 2. (fig: cansado)* gerädert, erledigt
molienda [mo'lĭenđa] *f* Mahlen *n,* Vermahlung *f*
molinero [moli'nero] *m* Müller *m*
molinillo [moli'niʎo] *m* Mühle *f; ~ de pimienta* Pfeffermühle *f*
molino [mo'lino] *m* Mühle *f; ~ de viento* Windmühle *f*
molleja [mo'ʎexa] *f* Fleischdrüse *f,* Bries *n*
mollera [mo'ʎera] *f duro de ~* stur
molusco [mo'lusko] *m ZOOL* Weichtier *n,* Molluske *f*
momentáneamente [momentanea'mente] *adv* augenblicklich

momentáneo [momen'taneo] *adj* augenblicklich, momentan
momento [mo'mento] *m 1.* Augenblick *m,* Moment *m,* Zeitpunkt *m; en aquel ~* damals, zu jener Zeit; *en cualquier ~* jederzeit; *en este ~* augenblicklich, gerade; *por el ~* derzeit, momentan, vorerst; *2. (rato)* Weile *f; ~ crucial* Einschnitt *m; ~ culminante* Höhepunkt *m; 3. PHYS* Moment *n; ~ de giro* Drehmoment *n*
momia ['momĭa] *f* Mumie *f*
momificación [momifika'θĭɔn] *f* Mumifizierung *f*
momificar [momifi'kar] *v* mumifizieren
mona ['mona] *f ZOOL* Äffin *f*
monada [mo'nađa] *f* Äfferei *f,* Affenstreich *m,* Kinderei *f*
monarca [mo'narka] *m/f* Monarch(in) *m/f*
monarquía [monar'kia] *f POL* Monarchie *f*
monárquico [mo'narkiko] *adj* monarchisch, monarchistisch
monarquismo [monar'kizmo] *m* Monarchismus *m*
monasterio [monas'terĭo] *m REL* Kloster *n*
monástico [mo'nastiko] *adj* monastisch, klösterlich, Mönchs...
mondadientes [mɔnda'dĭentes] *m/pl* Zahnstocher *m*
mondadura [monđa'đura] *f* Säubern *n,* Ausputzen *n,* Schälen *n*
mondar [mon'đar] *v* schälen
mondongo [mon'đongo] *m (intestinos de los animales)* Gedärm *n,* Eingeweide *f*
moneda [mo'neđa] *f 1. (pieza)* Geldstück *n,* Münze *f; ~ contante* Bargeld *n; ~ falsa/~ falsificada* Falschgeld *n; 2. casa de la ~* Prägestelle *f; 3. (sistema monetario)* Währung *f; ~ nacional* Landeswährung *f; ~ de oro* Goldwährung *f; f/pl 4. ~s extranjeras FIN* Sorten *pl*
monedero [mone'đero] *m* Börse *f,* Portemonnaie *n,* Geldbeutel *m*
monería [mone'ria] *f* kindlicher Streich *m,* Kinderei *f,* Spielerei *f*
monetario [mone'tario] *adj* monetär
mongólico [mon'goliko] *adj 1. GEO* mongolisch; *2. (que padece mongolismo) MED* mongoloid
mongolismo [mongo'lizmo] *m MED* Mongolismus *m*
mongoloide [mongo'loiđe] *adj* mongolid
monición [moni'θĭɔn] *f JUR* Abmahnung *f*
monigote [moni'gote] *m 1. (muñeco mal hecho)* Hampelmann *m; 2. (fig: hombre ridículo)* Männchen *n,* Witzfigur *f*
monitor [moni'tɔr] *m 1. TECH* Monitor *m; 2. (aconsejador)* Mahner *f; 3. MIL* Ausbilder *m; 4. SPORT* Sportlehrer *m*
monja ['mɔŋxa] *f REL* Nonne *f,* Ordenschwester *f*
monje ['mɔŋxe] *m REL* Mönch *m*
mono ['mono] *m 1.* Overall *m; 2. ZOOL* Affe *m; adj 3.* putzig
monocolor [monoko'lɔr] *adj* einfarbig
monocromo [mono'kromo] *adj* monochrom, einfarbig
monogamia [mono'gamĭa] *f* Monogamie *f*
monógamo [mo'nogamo] *adj* monogam
monografía [monogra'fia] *f* Monografie *f*
monograma [mono'grama] *m* Monogramm *n*
monolingüe [mono'lingwe] *adj* einsprachig; *diccionario ~* einsprachiges Wörterbuch *n*
monolítico [mono'litiko] *adj 1. ARCH* monolithisch, aus einem Steinblock, *2. (fig: de una pieza)* monolithisch, aus einem Stück
monolito [mono'lito] *m ARCH* Monolith *m*
monólogo [mo'nologo] *m* Monolog *m,* Selbstgespräch *n*
monomanía [monoma'nia] *f PSYCH* Monomanie *f,* fixe Idee *f*
monomaníaco [monoma'nĭako] *adj PSYCH* monoman, monomanisch
monomio [mo'nomĭo] *m MATH* Monom *n*
monoplano [mono'plano] *m* Eindecker *m*
monopolio [mono'polĭo] *m* Monopol *n*
monopolista [monopo'lista] *m ECO* Monopolist *m,* Monopolinhaber *m*
monopolización [monopoliθa'θĭɔn] *f ECO* Monopolisierung *f*
monopolizar [monopoli'θar] *v 1.* monopolisieren; *2.* für sich in Anspruch nehmen (fig)
monosílabo [mono'silaƀo] *adj GRAMM* einsilbig, monosyllabisch
monoteísta [monote'ista] *adj REL* monotheistisch, Monotheismus...

monotonía [monoto'nia] *f* Monotonie *f*
monótono [mo'notono] *adj* eintönig, monoton, öde
monóxido [mo'noksiđo] *m ~ de carbono CHEM* Kohlenmonoxyd *n*
monserga [mon'serɡa] *f 1. (discurso o escrito muy confuso)* Kauderwelsch *n* (fam), Gewäsch *n* (fam), Geschwätz *n* (fam); *2. (fam: molestia)* Ärger *m*
monstruo ['mɔnstrwo] *m* Scheusal *n,* Ungeheuer *n,* Ungetüm *n*
monstruosidad [mɔnstrwosi'đađ] *f 1. (defecto físico)* Missgestalt *f,* Missbildung *f; El niño tiene una ~ congénita.* Das Kind hat eine angeborene Missbildung. *2. (que va en contra del orden natural)* Widernatürlichkeit *f*
monstruoso [mɔns'trwoso] *adj* scheußlich
monta ['mɔnta] *f 1. (acto de montar)* Aufsitzen *n; 2. (valor)* Wert *m,* Wichtigkeit *f,* Bedeutung *f; Ese es un escritor de poca monta.* Das ist ein unbedeutender Schriftsteller.
montacargas [monta'kargas] *m* Lastenaufzug *m*
montador [mɔnta'đɔr] *m 1.* Maschinenschlosser *m,* Monteur *m; 2. CINE* Cutter *m*
montaje [mɔn'taxe] *m 1.* Montage *f; 2. (instalación, máquina)* Aufstellung *f; 3. (construcción)* Einbau *m; 4. (ensamblaje) TECH* Zusammenbau *m*
montaña [mɔn'taɲa] *f* Berg *m,* Gebirge *n; ~ alta* Hochgebirge *n; ~ rusa* Achterbahn *f*
montañismo [mɔnta'ɲizmo] *m* Bergsteigen *n*
montañista [mɔnta'ɲista] *m/f* Bergsteiger(in) *m/f*
montañoso [mɔnta'ɲoso] *adj* bergig, gebirgig
montar [mɔn'tar] *v 1. TECH* montieren; *2. (construir, armar)* aufbauen, aufschlagen, einbauen; *3. (instalar, armar)* aufstellen; *4. ZOOL* decken; *5. SPORT* besteigen; *~ en bicicleta* Fahrrad fahren; *~ a caballo* reiten; *6. ~ a (de importe) FIN* sich belaufen auf; *Los importes montan a más de un millón.* Die Beträge belaufen sich auf über eine Million. *7. (preparar un arma para disparar)* spannen; *8. (engastar una piedra preciosa)* fassen; *Quiero que monte un rubí en el anillo.* Ich möchte einen Rubin in dem Ring fassen lassen.
monte ['mɔnte] *m 1.* Berg *m,* Forst *m,* Wald *m; 2. ~ de piedad* Pfandhaus *n; m/pl 3. ~s* Gebirge *n*
montepío [mɔnte'pio] *m (LA)* Pfandhaus *n*
montículo [mon'tikulo] *m* Hügel *m*
montón [mɔn'tɔn] *m 1.* Haufen *m,* Stapel *m; un ~* eine Menge; *a ~es* haufenweise; *2. ~ de estiércol* Misthaufen *m; 3. ser del ~* nichts Besonderes sein
montonera [monto'nera] *f (LA)* Truppe von Aufständischen *f,* Partisanen *m/pl*
montonero [mɔnto'nero] *m* Schläger *m,* Freischärler *m,* Partisan *m*
montuno [mon'tuno] *adj* Berg..., wild, ungeschlacht
montuoso [mɔn'twoso] *adj* hügelig
montura [mon'tura] *f 1. (de gafas)* Brillengestell *n; 2. (arreos para montar)* Reitzeug *n,* Ausrüstung *f*
monumental [monumen'tal] *adj* monumental
monumentalizar [monumentali'θar] *v* monumentalisieren
monumento [monu'mento] *m* Denkmal *n,* Monument *n; ~ conmemorativo* Ehrenmal *n,* Mahnmal *n*
monzón [mon'θon] *m* Monsun *m*
moño ['moɲo] *m* Haarknoten *m,* Nackenzopf *m,* Zierschleife *f*
moquear [moke'ar] *v* laufen
moqueo [mo'keo] *m* Nasentropfen *n*
moqueta [mo'keta] *f* Teppichboden *m*
moquillo [mo'kiʎo] *m (enfermedad de los perros)* Staupe *f*
mora ['mora] *f 1. BOT* Maulbeere *f,* Brombeere *f; 2. (los impuestos por mora) ECO* Verzug *m*
morada [mo'rađa] *f* Behausung *f,* Zuhause *f,* Bleibe *f*
morador [mora'đɔr] *m* Bewohner *m*
moral [mo'ral] *f 1.* Moral *f,* Sitte *f; adj 2.* sittlich, moralisch
moraleja [mora'lexa] *f* Moral einer Fabel *f*
moralidad [morali'đađ] *f* Sittlichkeit *f,* Moral *f*
moralista [mora'lista] *m* Sittenlehrer *m,* Moralphilosoph *m*
moralizador [moraliθa'đɔr] *adj* erbaulich, moralisierend
moralizar [morali'θar] *v* moralisieren
morar [mo'rar] *v* wohnen, sich aufhalten, verweilen

moratón [mora'tɔn] *m* blauer Fleck *m*
moratoria [mora'torĭa] *f* Stundung *f*, Moratorium *n*, Stillhalteabkommen *n*, Aufschub *m*
morbidez [morƀi'đeθ] *f* Zartheit *f*
mórbido ['morƀiđo] *adj 1. (que está enfermo o enferma)* krank, krankhaft, kränklich; *2. (delicado)* zart, weich
morbilidad [morƀili'đađ] *f* Morbidität *f*, Krankenstand *m*
morbo ['morbo] *m* Krankheit *f*, krankhafte Idee *f*, krankhaftes Benehmen *n*
morboso [mɔr'ƀoso] *adj* krankhaft
mordacidad [morđaθi'đađ] *f* Bissigkeit *f*, beißende Schärfe *f*
mordaz [mɔr'đaθ] *adj* anzüglich, beißend, spitz
mordaza [mɔr'đaθa] *f 1.* Maulkorb *m*, Knebel *m*; *2. TECH* Spannbacke *f*
mordedor [mɔrđe'đɔr] *adj* bissig
mordedura [morđe'đura] *f* Biss *m*, Bisswunde *f*, Beißen *n*
morder [mɔr'đɛr] *v irr 1.* beißen; *2. CHEM* ätzen
mordida [mɔr'điđa] *f (de culebra)* Biss *m*
mordiente [mɔr'đĭente] *m* Beize *f*
mordiscar [mɔrđis'kar] *v ~ algo* an etw knabbern
mordisco [mɔr'đisko] *m* Biss
mordisquear [morđiske'ar] *v* beißen, knabbern
morena [mo'rena] *f 1. ZOOL* Muräne *f*; *2. (pan negro de América)* Schwarzbrot *n*
morenez [more'neθ] *f* Bräune *f*
moreno [mo'reno] *adj 1. (pelo)* braun, brünett; *2. (piel)* dunkelhäutig; *3. (bronceado)* gebräunt, braun gebrannt; *ponerse ~* sich bräunen; *m 4. (fam)* Schwarzer *m*
moretón [more'tɔn] *m* Fleck *m*
morfina [mor'fina] *f CHEM* Morphium *n*, Morphin *n*
morfología [morfolo'xia] *f 1. (forma de los seres vivos) BIO* Morphologie *f*; *2. (forma de las palabras) GRAMM* Morphologie *f*, Formenlehre *f*
morfológico [morfo'loxiko] *adj* morphologisch
moribundo [mori'bunđo] *adj* sterbend, moribund
moridera [mori'đera] *f 1. (sensación de muerte)* Todesangst *f*, Todesahnung *f*; *2. (fig: desfallecimiento muy intenso)* Schwäche *f*, Ohnmacht *f*
morigeración [morixera'θĭɔn] *f* Mäßigung *f*
morigerado [morixe'rađo] *adj* gemäßigt, wohlerzogen, sittsam
morigerar [morixe'rar] *v* mäßigen
morir [mo'rir] *v irr 1.* sterben; *~ de cancer* an Krebs sterben; *2. (fig)* sterben; *~ de hambre* vor Hunger sterben; *3. ZOOL* eingehen, umkommen, verenden; *4. BOT* eingehen, absterben
morirse [mo'rirse] *v irr 1.* sterben; *~ de frío* erfrieren; *~ de hambre* verhungern; *~ de sed* verdursten; *2. ~ por alguien* sich nach jdm sehnen; *~ de añoranza* sich verzehren; *3. ~ de risa* sich kaputtlachen, sich schieflachen
mormón [mor'mɔn] *m REL* Mormone *m*
moro ['moro] *adj 1. GEO* maurisch; *m 2. (fig: mahometano)* Maure *m*, Mohammedaner *m*; *3. haber ~s en la costa* Gefahr in Verzug sein *f*; *¡No hay ~s en la costa!* Es besteht keine Gefahr!
morosidad [morosi'đađ] *f 1. (lentitud)* Langsamkeit *f*, Saumseligkeit *f*; *No puedo soportar la ~ de los trámites burocráticos.* Ich halte die Langsamkeit der bürokratischen Geschäftsabläufe nicht aus. *2. (impuntualidad)* Unpünktlichkeit *f*
moroso [mo'roso] *adj deudor ~* säumiger Zahler *m*
morral [mo'rral] *m (mochila)* Rucksack *m*, Brotbeutel *m*
morrena [mo'rrena] *f* Moräne *f*
morro ['mɔrrɔ] *m* Maul *n*, Schnauze *f*; *Tiene un ~ que se lo pisa.* Das ist der Gipfel der Unverschämtheit.
morsa ['mɔrsa] *f ZOOL* Walross *n*
mortadela [morta'đela] *f GAST* Mortadella *f*
mortal [mɔr'tal] *adj 1. (que no vive para siempre)* sterblich; *2. (con peligro de muerte)* tödlich
mortalidad [mortali'đađ] *f* Sterblichkeit *f*, Mortalität *f*
mortalmente [mɔrtal'mente] *adv* tödlich
mortandad [mortan'đađ] *f* Massensterben *n*
mortecina [morte'θina] *f* Leblosigkeit *f*, Mangel an Lebenskraft *m*
mortecino [morte'θino] *adj 1. (agonizante)* sterbend, verendend; *2. (apagado)* halb tot, kraftlos, blass; *m 3. (animal muerto)* verendetes Tier *n*

mortero [mor'tero] *m 1.* Mörtel *m; 2. (pieza de artillería) MIL* Mörser *m,* Granatwerfer *m,* Minenwerfer *m; Escucho disparos de ~.* Ich höre Granatfeuer. *3. (superficie para machacar)* Mörtel *m*

mortífero [mor'tifero] *adj* todbringend, tödlich

mortificación [mortifika'θĭɔn] *f 1. (maceración del cuerpo)* Kasteiung *f; La ~ se usa para doblegar la voluntad.* Die Kasteiung dient dazu, den Willen zu beugen. *2. (fig: preocupación, sufrimiento)* Qual *f*

mortificar [mortifi'kar] *v irr 1.* zum Absterben bringen, abtöten, demütigen, kränken; *2. (fig: molestar,fastidiar)* plagen, ärgern, quälen; *No me mortifiques más con tus preguntas.* Hör auf, mich mit deinen Fragen zu plagen.

mortificarse [mortifi'karse] *1. MED* absterben; *v irr 2. (castigar la carne y el espíritu)* sich kasteien; *3. (fig: torturarse)* sich quälen

mortuorio [mor'tworĭo] *adj* Leichen..., Sterbe..., Toten...

mosaico [mo'saĭko] *m* Mosaik *n*

mosca ['moska] *f 1. ZOOL* Fliege *f; En boca cerrada no entran ~s.* Reden ist Silber, Schweigen ist Gold. *2. por si las ~s* für alle Fälle *m/pl*

mosquete [mos'kete] *m HIST* Muskete *f*

mosquetero [moske'tero] *m HIST* Musketier *m*

mosquito [mɔs'kito] *m ZOOL* Mücke *f,* Moskito *m,* Schnake *f*

mostacho [mɔs'tatso] *m* Schnurrbart *m,* Schnauzer *m*

mostaza [mɔs'taθa] *f* Senf *m*

mosto ['mosto] *m GAST* Most *m,* Wein *m*

mostrable [mos'traƀle] *adj* zeigbar, vorzeigbar

mostrador [mɔstra'đɔr] *m* Ladentisch *m,* Theke *f*

mostrar [mɔs'trar] *v irr 1. (enseñar)* vorzeigen; *2. (presentar)* vorlegen; *3. (descubrir)* aufweisen; *4. (demostrar)* beweisen

mostrarse [mɔs'trarse] *v irr* erscheinen, sich zeigen

mostrenco [mos'trenko] *adj 1. (sin hogar)* herrenlos; *2. (fig: tardo en aprender)* schwerfällig

mota ['mota] *f* Knötchen *n,* Fäserchen *n,* Noppe *f*

mote ['mote] *m* Spitzname *m*

motejar [mote'xar] *v* bezeichnen

motete [mo'tete] *m 1. (apodo)* Tragkorb *m; 2. (composición musical) MUS* Motette *f*

motilón [moti'lɔn] *adj* kahl geschoren, kahlköpfig

motín [mo'tin] *m* Meuterei *f*

motivación [motiƀa'θĭɔn] *f* Anreiz *m,* Motivation *f,* Antriebskraft *f*

motivar [moti'ƀar] *v 1. (causar)* verursachen; *2. (animar)* motivieren

motivo [mo'tiƀo] *m 1.* Anlass *m,* Grund *m,* Motiv *n; ¿Por qué ~?* Weshalb?/Warum? *2. (tema) MUS* Motiv *n,* Thema *n*

moto ['moto] *f 1. (~cicleta)* Motorrad *n; m 2. (~ciclo)* Moped *n*

motobomba [moto'ƀomƀa] *f* Motorpumpe *f*

motociclismo [motoθi'klizmo] *m SPORT* Motorradsport *m*

motociclista [motoθi'klista] *m/pl* Motorradfahrer *m*

motocross [moto'krɔs] *m SPORT* Motocross *n*

motor [mo'tor] *m 1. TECH* Motor *m; ~ diesel* Dieselmotor *m; ~ de combustión interna* Verbrennungsmotor *m; ~ de inyección* Einspritzmotor *m; 2. (fig: causa)* Antrieb *m,* Ursache *f; 3. (fig: lo que instiga)* Motor *m,* Antrieb *m; el ~ del desarrollo económico* der Motor der wirtschaftlichen Entwicklung

motorizado [motori'θađo] *adj* motorisiert

motorizar [motori'θar] *v* motorisieren

motriz [mo'triθ] *adj* antreibend, Trieb...

movedizo [mobe'điθo] *adj 1.* leicht beweglich, bewegbar, verstellbar; *2. (fig: incostante)* unsicher, veränderlich

mover [mo'ƀɛr] *v irr 1.* bewegen; *~ la cola* mit dem Schwanz wedeln; *2. (arrimar)* rücken; *3. (de aquí para allá)* schwenken; *4. (hacia adelante)* fortbewegen; *~ empujando* schieben; *5. (fig: dar motivo)* bewegen, veranlassen; *¿Qué es lo que te movió a venir a Europa?* Was hat dich dazu veranlasst, nach Europa zu kommen?

moverse [mo'ƀɛrse] *v irr* sich bewegen, sich regen; *¡No se mueva!* Nicht bewegen! *no ~* ruhen

movible [mo'ƀiƀle] *adj* beweglich, gleitend

movido [mo'ƀiđo] *adj muy ~* quirlig

móvil ['moƀil] *adj 1.* beweglich, mobil; *m 2.* Beweggrund *m; m 3. (una escultura que se mueve) ART* Mobile *n; No me gustan los*

~es de Calder. Die Mobiles von Calder gefallen mir nicht.
movilidad [moƀili'đađ] *f* Mobilität *f*
movilizar [moƀili'θar] *v 1.* aufbieten; *2. MIL* mobilisieren
movimiento [moƀi'mĭento] *m 1.* Bewegung *f,* Regung *f,* Treiben *n; hacer un ~ brusco* zucken; *sin ~* bewegungslos; *poner en ~* auslösen; *2. (funcionamiento)* Betrieb *m; 3. ~ clandestino POL* Untergrundbewegung *f; ~ feminista* Frauenbewegung *f; ~ de independencia* Freiheitsbewegung *f; 4. ~ reflejo ANAT* Reflexbewegung *f; 5. ~ de capitales FIN* Kapitalverkehr *m; 6. (parte de una obra musical) MUS* Satz *m*
mozo ['moθo] *m 1.* Bursche *m; 2. (servicio)* Kellner *m; 3. (~ de labranza)* Knecht *m*
mucama [mu'kama] *f* Dienstmädchen *n,* Zimmermädchen *n*
muchacha [mu'tʃatʃa] *f 1. (joven)* Mädchen *n,* junge Frau *f; 2. (criada)* Hausmädchen *n*
muchachada [mutʃa'tʃađa] *f* Jugendsünde *f*
muchachear [mutʃa'tʃear] *v* Kindereien treiben *f/pl*
muchachería [mutʃatʃe'ria] *f* Kinderei *f*
muchacho [mu'tʃatʃo] *m* Bursche *m,* Junge *m,* Knabe *m*
muchedumbre [mutʃe'đumbre] *f* Menschenmenge *f,* Gedrängel *n,* Masse *f*
muchísimo [mu'tʃisimo] *adv* viel, unheimlich, wahnsinnig
mucho ['mutʃo] *adv 1.* sehr; *¡Mucho gusto!* Sehr erfreut! *2. ~ antes* früher; *como ~* allerhöchstens; *adj 3.* viel(e), allerhand; *~ tiempo* viel Zeit, lange; *mucha gente* viele Leute; *~ más caro* viel teurer
mucilaginoso [muθilaxi'noso] *adj* schleimig, schleimartig
mucílago [mu'θilago] *m* Zellstoffschleim *m,* Pflanzenschleim *m*
mucosidad [mukosi'đađ] *f* Schleim *m*
mucoso [mu'koso] *adj* schleimig
muda ['muđa] *f 1. (de cambio)* Wechsel *m; 2. ~ de ropa* Wäschewechsel *m,* Wäsche zum Wechseln *f; 3. (el mudar la piel o las plumas) ZOOL* Häutung *f,* Haarwechsel *m,* Mauser *f*
mudable [mu'đaƀle] *adj* veränderlich
mudanza [mu'đanθa] *f 1. (cambiar de piso)* Umzug *m; 2. (incostancia de las cosas)* Veränderung *f,* Wandel *m*
mudar [mu'đar] *v (cambiar)* wechseln; *~ algo* etw ändern; *~ de partido* abspringen
mudarse [mu'đarse] *v ~ de casa* umziehen; *~ de ropa* sich umziehen
mudez [mu'đeθ] *f 1. (imposibilidad de hablar)* Stummheit *f; 2. (fig: mutismo)* Verstummen *n*
mudo ['muđo] *adj 1.* stumm; *2. (callado)* schweigsam, stillschweigend, wortlos
mueblería [mweƀle'ria] *f 1. (taller en el que se hacen muebles)* Möbelwerkstatt *f; 2. (tienda de muebles)* Möbelverkauf *m,* Möbelladen *m*
muebles ['mweƀles] *m/pl* Möbel *pl; ~ por elementos* Anbaumöbel *pl; ~ de junco* Rohrmöbel *pl; ~ de mimbre* Korbmöbel *pl; ~ tapizados* Polstermöbel *pl*
mueblista [mwe'ƀlista] *m* Möbelhersteller *m,* Möbelhändler *m*
mueca ['mweka] *f* Grimasse *f; hacer ~s* Gesichter schneiden *n/pl,* Grimassen ziehen *f/pl*
muela ['mwela] *f ANAT* Backenzahn *m; ~ del juicio* Weisheitszahn *n; Me duelen las ~s.* Ich habe Zahnschmerzen.
muelle ['mweʎe] *m 1.* Kai *m,* Mole *f; 2. TECH* Sprungfeder *f,* Feder *f; m/pl 3. ~s TECH* Federung *f; adj 4. (blando)* weich, zart
muerte ['mwerte] *f 1.* Todesfall *m,* Tod *m; ~ aparente* Scheintod *m; 2. de mala ~* elend, erbärmlich
muerto ['mwɛrto] *m 1.* Toter *m; adj 2.* tot, leblos; *~ de cansancio* kaputt, todmüde, übermüde
muesca ['mweska] *f* Kerbe *f*
muestra ['mwestra] *f 1.* Vorlage *f; 2. (modelo)* Muster *n,* Probe *f*
muestrario [mwes'trarĭo] *m* Musterbuch *n,* Musterkollektion *f,* Katalog *m*
mugido [mu'xiđo] *m* Gebrüll *n,* Brüllen *n,* Rauschen *n*
mugre ['mugre] *f* Schmutz *m,* Fettfleck *m*
mugriento [mu'grĭento] *adj* schmierig, schmutzig
mugrón [mu'grɔn] *m BOT* Ableger *m*
mugroso [mu'groso] *adj* schmutzig, schmuddelig (fam)
mujer [mu'xɛr] *f* Frau *f,* Weib *n; ~ fácil* Flittchen *n; ~ fatal* Femme fatale *f*
mujeriego [muxe'rĭego] *m* Herzensbrecher *m,* Schürzenjäger *m,* Weiberheld *m*
mujeril [muxe'ril] *adj* weiblich, Frauen...

mujerona [muxe'rona] *f* Mannweib *n*
mujerzuela [muxɛr'θwela] *f* Flittchen *n*
mula ['mula] *f* *ZOOL* Maultier *n,* Maul-eselin *f*
muladar [mu'lađar] *m* Abfallhaufen *m,* Misthaufen *m,* Brutstätte des Lasters *f*
mulato [mu'lato] *adj* Mulatten..., dunkelbraun
mulero [mu'lero] *m* Maultiertreiber *m*
mullido [mu'ʎiđo] *adj* aufgelockert
mullir [mu'ʎir] *v* auflockern, aufschütteln, lockern
mulo ['mulo] *m* *ZOOL* Maulesel *m*
multa ['multa] *f* *1.* Bußgeld *n,* Geldstrafe *f; 2. JUR* Konventionalstrafe *f*
multar [mul'tar] *v* mit einer Geldstrafe belegen; *Me han multado por conducir en estado de embriaguez.* Ich habe eine Geldstrafe wegen Fahrens im betrunkenen Zustand bekommen.
multicelular [multiθelu'lar] *adj* *BIO* mehrzellig
multicolor [multiko'lɔr] *adj* bunt, mehrfarbig
multiforme [multi'forme] *adj* vielgestaltig
multilateral [multilate'ral] *adj* multilateral
multimedia [multi'međĭa] *adj* *aplicaciones ~ INFORM* Multimedia-Anwendungen *pl*
multimillionario [multimiʎo'narĭo] *adj* steinreich
multinacional [multinaθĭo'nal] *adj* *1.* multinational; *f 2. (compañía transnacional)* multinationaler Konzern *m*
múltiple ['multiple] *adj* mehrfach, vielfach, vielfältig
multiplicable [multipli'kaƀle] *adj* vermehrbar, multiplizierbar
multiplicación [multiplika'θĭɔn] *f* *MATH* Multiplikation *f*
multiplicador [multiplika'đɔr] *m* *1. MATH* Multiplikator *m; adj 2.* vervielfältigend
multiplicando [multipli'kanđo] *m* *MATH* Multiplikand *m*
multiplicar [multipli'kar] *v* *1. MATH* multiplizieren; *2. (aumentar el número de algo)* vervielfältigen, vervielfachen
multiplicarse [multipli'karse] *v* sich vermehren; *~ rápidamente* wuchern
multiplicativo [multiplika'tiƀo] *adj* vervielfachend
multiplicidad [multipli'θiđađ] *f* Vielfalt *f*
multitud [multi'tuđ] *f* *1.* Menschenmenge *f,* Knäuel *n,* Schar *f,* Masse *f; 2. (variedad)* Vielzahl *f*
multitudinario [multituđi'narĭo] *adj* Massen...
multiusuario [multiu'swarĭo] *adj* *sistema ~ INFORM* Multiuser System *n,* Mehrbenutzersystem *n*
mundano [mun'đano] *adj* mondän, weltgewandt, weltlich
mundial [mun'đĭal] *adj* Welt...
mundo ['mundo] *m* Welt *f; ~ del hampa* Unterwelt *f; en el ~* auf der Welt
munición [muni'θĭɔn] *f* Munition *f*
municionar [muniθĭo'nar] *v* mit Munition versorgen, ausrüsten, beliefern
municipal [muniθi'pal] *adj* kommunal
municipalidad [muniθipali'đađ] *f* *(LA)* Rathaus *n*
municipio [muni'θipĭo] *m* *POL* Gemeinde *f,* Kommune *f*
muñeca [mu'ɲeka] *f* *1.* Puppe *f; 2. ANAT* Handgelenk *n*
muñeco [mu'ɲeko] *m* *~ de nieve* Schneemann *m*
muñequera [muɲe'kera] *f* Armband *n*
muñón [mu'ɲɔn] *m* Stumpf *m,* Stummel *m*
mural [mu'ral] *m* *1. (pintura sobre un muro) ART* Wandbild *n,* Wandplakat *n; adj 2.* Wand..., Mauer...
muralla [mu'raʎa] *f* Wall *m; ~ de la ciudad* Stadtmauer *f*
murar [mu'rar] *v* ummauern, vermauern, zumauern
murciélago [mur'θĭelago] *m* *ZOOL* Fledermaus *f*
murga ['murga] *f* *1.* Straßenmusikant *m,* Bettelmusikant *m; 2. (fam: pesadez, fastidio)* Plage *f,* Schinderei *f*
muriático [mu'rĭatiko] *adj* *ácido ~ CHEM* Salzsäure *f*
murmullo [mur'muʎo] *m* Gemurmel *n,* Rauschen *n,* Säuseln *n*
murmuración [murmura'θĭɔn] *f* üble Nachrede *f,* Klatsch *m,* Gerede *n*
murmurar [murmu'rar] *v* *1.* flüstern, munkeln; *2. LIT* rauschen; *3. (hablar en contra de alguien)* verleumden, reden, lästern; *~ contra alguien* jdn verleumden
murmureo [murmu'reo] *m* üble Nachrede *f,* Murren *n*

muro ['muro] *m* Mauer *f*; ~ *exterior* Außenwand *f*
murria ['murrĭa] *f* *(tristeza y melancolía)* Trübsinn *m*, Traurigkeit *f*, Niedergeschlagenheit *f*
murrio ['murrĭo] *adj* *(con murria)* niedergeschlagen, traurig, trübsinnig
musa ['musa] *f* Muse *f*
musaraña [musa'raɲa] *f* *1. ZOOL* Spitzmaus *f*; *2. pensar en las ~s (fam)* geistesabwesend sein, nicht da sein
muscular [musku'lar] *adj ANAT* Muskel...
musculatura [muskula'tura] *f* Muskulatur *f*
músculo ['muskulo] *m* Muskel *m*
musculoso [musku'loso] *adj* muskulös
muselina [muse'lina] *f* Musselin *m*
museo [mu'seo] *m* Museum *n*
musgo ['musgo] *m BOT* Moos *n*
música ['musika] *f* Musik *f*; *hacer* ~ musizieren; ~ *de baile* Tanzmusik *f*; ~ *clásica* Klassik *f*; ~ *de instrumentos de viento* Blasmusik *f*
musical [musi'kal] *adj* musikalisch
musicalidad [musikali'đađ] *f* Musikalität *f*
music-hall ['musik-hɔːl] *m THEAT* Variété *n*
músico ['musiko] *m* Musiker *m*
musicógrafo [musi'kografo] *m* Musikschriftsteller *m*
musicología [musikolo'xia] *f* Musikwissenschaft *f*
musicólogo [musi'kologo] *m* Musikwissenschaftler *m*
musiquero [musi'kero] *adj* Musik..., Noten..., musikalisch veranlagt
musitar [musi'tar] *v* murmeln, zischen, raunen
muslo ['muzlo] *m ANAT* Schenkel *m*, Oberschenkel *m*
mustio ['mustĭo] *adj* *1. (marchito)* welk; *flor mustia* welke Blume *f*; *2. (melancólico)* traurig, bedrückt, missmutig; *rostro* ~ trauriges Gesicht *n*
musulmán [musul'man] *m* *1.* Moslem *m*; *adj 2.* moslemisch
mutabilidad [mutiƀili'đađ] *f* Veränderlichkeit *f*
mutable [mu'taƀle] *adj* veränderlich, wandelbar
mutación [muta'θĭɔn] *f* *1.* Mutation *f*, Wechsel *m*, Umschlagen *n*; *2. (cambios en el fenotipo) BIO* Mutation *f*
mutante [mu'tante] *adj* *1. BIO* mutierend; *m 2.* Mutante *f*
mutilación [mutila'θĭɔn] *f* *1.* Verstümmelung *f*; *2. MED* Verkrüppelung *f*
mutilado [muti'lađo] *adj MED* verkrüppelt; ~ *de guerra* kriegsversehrt
mutilar [muti'lar] *v* verstümmeln
mutis ['mutis] *m THEAT* Abgang *m*; *hacer* ~ abgehen, abtreten, verstummen (fam)
mutismo [mu'tizmo] *m* Schweigsamkeit *f*, Stummheit *f*
mutual [mu'twal] *adj seguro ~ de enfermedad* Krankenkasse *f*
mutualidad [mutwali'đađ] *f* Gegenseitigkeit *f*, gegenseitige Hilfe *f*, Miteinander *n*
mutualista [mutwa'lista] *adj* *1.* Gegenseitigkeits...; *m 2. (accionista de una mutualidad) FIN* Mitglied eines Darlehensverbandes *n*
mutuamente [mutwa'mente] *adv* einander, gegenseitig
mutuo ['mutwo] *adj* *1.* beiderseitig, gegenseitig; *m 2. FIN* Darlehen *n*
muy [mwi] *adv* besonders, sehr, wohl

N

naba ['naƀa] *f BOT* Kohlrübe *f*
nabina [na'ƀina] *f BOT* Rübsamen *m*
nabo ['naƀo] *m (blanco) BOT* Rübe *f*
nácar ['nakar] *m* Perlmutt *n*
nacer [na'θɛr] *v irr 1.* entspringen, geboren werden; *2. (empezar algo)* beginnen; *3. (surgir una cosa de otra)* hervorgehen; *El teatro griego nació de un culto religioso.* Das griechische Theater ging aus einem religiösen Kult hervor. *4. (germinar)* sprießen, keimen; *5. ~ a* geboren werden zu; *He nacido a la desgracia.* Ich bin für das Unglück geboren.
nacido [na'θiđo] *adj 1. ~ en ... el ...* geboren in ... am ...; *2. bien ~* guter Herkunft *f*
naciente [na'θĭente] *adj* angehend
nacimiento [naθi'mĭento] *m 1.* Geburt *f; de ~* gebürtig; *lugar de ~* Geburtsort *m; 2. REL* Krippe *f; m 3. (principio de algo)* Wurzel *f,* Anfang *m*
nación [na'θĭɔn] *f* Nation *f; Naciones Unidas* Vereinte Nationen *pl*
nacional [naθĭo'nal] *adj* einheimisch, national, heimisch
nacionalidad [naθĭonali'đađ] *f* Nationalität *f,* Staatsangehörigkeit *f*
nacionalismo [naθiona'lizmo] *m* Nationalismus *m*
nacionalista [naθĭona'lista] *adj* nationalistisch
nacionalización [naθĭonaliθa'θĭɔn] *f 1. POL* Einbürgerung *f; 2. ECO* Verstaatlichung *f*
nacionalizar [naθĭonali'θar] *v 1.* naturalisieren; *2. POL* einbürgern
nacionalsocialismo [naθĭonalsoθĭa'lizmo] *m POL* Nationalsozialismus *m*
Naciones Unidas [ɴa'θĭones ʊ'niđas] *f/pl POL* Vereinte Nationen *pl*
nada ['nađa] *f 1.* Nichts *n; pron 2.* nichts; *~ peligroso* ungefährlich; *No quiero ~.* Ich möchte nichts.
nadador(a) [nađa'đɔr/nađa'đora] *m/f* Schwimmer(in) *m/f; no ~* Nichtschwimmer(in) *m/f*
nadar [na'đar] *v 1.* schwimmen; *~ a crowl/~ crol* kraulen; *Voy a ~.* Ich gehe schwimmen. *2. (flotar en un líquido)* schwimmen; *Hay una hoja nadando en el café.* Da schwimmt ein Blatt im Kaffee. *3. (fig: abundar en algo)* schwimmen; *Mi tío nada en dinero.* Mein Onkel schwimmt im Geld.
nadería [nađe'rĭa] *f* Nichtigkeit *f,* Kleinigkeit *f*
nadie ['nađĭe] *pron 1.* niemand; *m 2. (persona insignificante)* Niemand *m; Tu amigo es un ~.* Dein Freund ist ein Niemand.
naftalina [nafta'lina] *f* Naphtalin *n,* (fig) Mottenkugel *f*
naguas ['nagwas] *f/pl* Unterrock *m*
naipe ['naĭpe] *m* Karte *f*
nalga ['nalga] *f ANAT* Pobacke *f,* Gesäßhälfte *f*
nalguear [nalge'ar] *v* mit dem Hintern wackeln (fam) *m*
nana ['nana] *f 1.* Gutenachtlied *n; 2. (mujer que cuida niños) (LA)* Amme *f*
nao [nao] *f (nave) NAUT* Schiff *n*
naranja [na'raŋxa] *f 1. BOT* Apfelsine *f,* Orange *f; adj 2. de color ~ (naranjado)* orange
naranjada [naran'xađa] *f GAST* Orangeade *f,* Orangengetränk *n*
naranjal [naran'xal] *m irr AGR* Apfelsinenpflanzung *f,* Orangenhain *m*
naranjo [na'ranxo] *m* Orangenbaum *m*
narcisismo [narθi'sismo] *m* Narzissmus *m,* Selbstbezogenheit *f*
narcisista [narθi'sista] *adj* narzisstisch
narciso [nar'θiso] *m 1. BOT* Narzisse *f,* Osterglocke *f; 2. (persona)* Narziss *m*
narcosis [nar'kosis] *f MED* Narkose *f*
narcótico [nar'kotiko] *m MED* Betäubungsmittel *n*
narcotización [narkotiθa'θĭɔn] *f MED* Betäubung *f*
narcotizar [narkoti'θar] *v MED* betäuben
narcotraficante [narkotrafi'kante] *m/f* Drogenhändler(in) *m/f*
narcotráfico [narko'trafiko] *m* Drogenhandel *m*
nariz [na'riθ] *f ANAT* Nase *f*
narración [narra'θĭɔn] *f* Erzählung *f*
narrador(a) [narra'đɔr/narra'đora] *m/f* Erzähler(in) *m/f*
narrar [na'rrar] *v* erzählen
narrativa [narra'tiƀa] *f 1. (narración)* Erzählung *f; 2. (arte de narrar) LIT* Erzählkunst *f*

narrativo [narra'tiƀo] *adj* erzählend, Erzähl..., narrativ
narvaja [nar'baxa] *f (pez parecido al delfín) ZOOL* delphinartiger Fisch *m*
narval [nar'ƀal] *m ZOOL* Narwal *m*
nasa ['nasa] *f* Fischreuse *f*, Fischkorb *m*
nasal [na'sal] *adj* nasal, Nasen...
nata ['nata] *f GAST* Rahm *m*, Sahne *f*; *~ batida* Schlagsahne *f*; *la flor y la ~* die Crème de la Crème *f*
natación [nata'θĭɔn] *f SPORT* Schwimmen *n*; *~ a braza* Brustschwimmen *n*; *~ de espalda* Rückenschwimmen *n*
natal ['natal] *adj 1.* Geburts..., Heimat...; *m 2. (día del nacimiento de alguien)* Geburtstag *m*
natalicio [nata'liθĭo] *m* Geburtstag *m*
natalidad [natali'đađ] *f* Geburtenziffer *f*, Geburtenzahl *f*
natividad [nati'biđađ] *f* Weihnachten *n*
nativo [na'tibo] *adj 1.* gebürtig, Heimat..., angeboren, natürlich; *m 2.* Eingeborener *m*, Einheimischer *m*
nato ['nato] *adj* geboren
natrón [na'trɔn] *m CHEM* Natron *n*
natura [na'tura] *f* Natur *f*, Scham (Geschlechtsteile) *f*
natural [natu'ral] *adj 1.* natürlich, einfach; *poco ~* unnatürlich; *2. (de acuerdo a las normas naturales)* naturgemäß, unbehandelt, roh; *3. (puro)* naturrein; *4. (sencillo)* urwüchsig; *5. (fig: sin cohibirse)* unbefangen; *6. (ilegítimo)* unehelich; *7. ~ de nacimiento* gebürtig; *ser ~ de* kommen aus, stammen aus; *m/f 8.* Eingeborene(r) *m/f*, Einheimische(r) *m/f*; *m 9. (temperamento de cada uno)* Wesen *n*, Charakter *m*, Naturell *n*; *adj 10. (nota no alterada) MUS* ohne Vorzeichen
naturaleza [natura'leθa] *f 1.* Natur *f*; *protección de la ~* Naturschutz *m*; *2. ~ muerta ART* Stillleben *n*; *3. (propiedad de las cosas)* Natur *f*, Art *f*, Beschaffenheit *f*; *No conozco la ~ de ese asunto.* Ich kenne die Art des Vorfalls nicht. *4. (temperamento de alguien)* Charakter *m*, Wesen *n*, Temperament *n*
naturalidad [naturali'đađ] *f* Natürlichkeit *f*, Leichtigkeit *f*, Unbefangenheit *f*
naturalista [natura'lista] *m/f 1.* Naturforscher(in) *m/f*; *2. MED* Heilpraktiker(in) *m/f*
naturalización [maturaliθa'θĭɔn] *f* Einbürgerung *f*, Naturalisierung *f*
naturalizarse [naturali'θarse] *v* eingebürgert werden
naturalmente [natural'mente] *adv* natürlich, von Natur aus
naturismo [natu'rizmo] *m* Naturreligion *f*, Naturbewegung *f*, Naturismus *m*
naturista [natu'rista] *m* Nudist *m*
naufragar [naŭfra'gar] *v 1.* Schiffbruch erleiden; *2. (fig)* scheitern
naufragio [naŭ'fraxĭo] *m 1.* Schiffbruch *m*; *2. (fig: fracaso)* Scheitern *n*
náufrago ['naŭfrago] *m* Schiffbrüchiger *m*
náuseas ['naŭseas] *f/pl 1.* Übelkeit *f*, Brechreiz *m*; *2. (fig: repugnancia)* Ekel *m*, Widerwille *m*
nauseoso [naŭse'oso] *adj* Übelkeit hervorrufend, Ekel erregend
náutica ['naŭtika] *f* Nautik *f*
nautilo [naŭ'tilo] *m ZOOL* Nautilus *m*
navaja [na'ƀaxa] *f 1.* Taschenmesser *n*; *~ de afeitar* Rasiermesser *n*; *~ de muelle* Klappmesser *n*; *2. (tipo de molusco) ZOOL* Schwertmuschel *f*
navajazo [naƀa'xaθo] *m 1. (golpe con una navaja)* Messerstich *m*; *2. (herida producida por una navaja)* Stichwunde *f*
nave ['naƀe] *f 1. NAUT* Schiff *n*; *2. ~ espacial* Raumschiff *n*; *3. (en una iglesia) ARCH* Schiff *n*
navegable [naƀe'gaƀle] *adj* schiffbar, navigierbar
navegación [naƀega'θĭɔn] *f 1.* Navigation *f*, Schifffahrt *f*, Seefahrt *f*; *~ a vapor* Dampfschifffahrt *f*; *~ fluvial* Binnenschifffahrt *f*; *2. (acto de timonear)* Steuerung *f*
navegante [naƀe'gante] *m NAUT* Seefahrer *m*
navegar [naƀe'gar] *v 1. ~ a vela NAUT* segeln; *2. ~ hacia (en barco) NAUT* ansteuern; *3. ~ de bolina* kreuzen
Navidad [naƀi'đađ] *f* Weihnachten *n*; *¡Felices ~es!* Frohe Weihnachten!
navideño [naƀi'đeɲo] *adj* weihnachtlich
naviero [na'ƀiero] *m 1.* Reeder *m*, Schiffsausrüster *m*; *adj 2.* Schifffahrts...
navío [na'ƀio] *m* Schiff *n*
nazareno [naθa'reno] *adj 1. (natural de Nazaret) GEO* aus Nazareth; *m 2. (penitente en Semana Santa) REL* Büßer *m*
neblí [ne'ƀli] *m ZOOL* Edelfalke *m*, Beizfalke *m*
neblina [ne'ƀlina] *f* Dunst *m*, Bodennebel *m*

neblinoso [neƀli'noso] *adj METEO* diesig, dunstig, bewölkt
nebuloso [neƀu'loso] *adj 1.* nebelig, verschwommen; *2. (fig: poco claro)* nebelhaft, verschwommen
necedad [neθe'đađ] *f 1.* Torheit *f; 2. decir ~es* Unsinn reden
necesariamente [neθesarĭa'mente] *adv* nötig, notwendig
necesario [neθe'sarĭo] *adj* erforderlich, notwendig, nötig; *Esto no es ~.* Das ist nicht nötig.
necesidad [neθesi'đađ] *f 1.* Bedürfnis *n,* Bedarf *m; ~ de recuperación* Nachholbedarf *m; 2. (a lo que es imposible sustraerse)* Bedürfnis *n,* Notwendigkeit *f; f/pl 3. (evacuación corporal)* Bedürnis *n; hacer sus ~es* sein Bedürfnis verrichten
necesitado [neθesi'tađo] *adj* bedürftig, Not leidend; *estar ~ de* brauchen; *~ de cuidados* pflegebedürftig; *~ de descanso/~ de reposo* erholungsbedürftig; *~ de protección* schutzbedürftig
necesitar [neθesi'tar] *v* benötigen, brauchen, erfordern; *~ de* angewiesen sein auf
necio ['neθĭo] *adj 1.* töricht; *2. (terco)* trotzig, verbissen
necróforo [ne'kroforo] *m ZOOL* Totengräber *m*
necrología [nekrolɔ'xia] *f* Nachruf *m*
necropsia [ne'kropsĭa] *f (autopsia) MED* Nekropsie *f,* Leichenöffnung *f*
necrosarse [nekro'sarse] *v MED* absterben
néctar ['nektar] *m* Nektar *m,* dickflüssiger Obstsaft *m*
nectarina [nekta'rina] *f BOT* Nektarine *f*
nefando [ne'fanđo] *adj* schändlich, gemein, niederträchtig
nefasto [ne'fasto] *adj* unheilvoll, Unheil bringend
negación [nega'θĭɔn] *f 1.* Verneinung *f,* Verweigerung *f; 2. (~ a ejecutar una orden) MIL* Befehlsverweigerung *f; 3. (partícula para negar) GRAMM* Verneinungswort *n,* Negation *f*
negador [nega'đor] *m irr* Verneiner *m,* Verweigerer *f*
negamiento [nega'mĭento] *m* Verneinung *f*
negar [ne'gar] *v irr* ableugnen, verleugnen, verweigern, abschwören; *~ algo* etw abstreiten; *¡Esto lo niego!* Das bestreite ich!
negarse [ne'garse] *v irr ~ a hacer algo* sich weigern, etw zu tun
negativa [nega'tiƀa] *f 1.* Verneinung *f; 2. (de negarse a)* Weigerung *f; 3. (respuesta)* Absage *f*
negativo [nega'tiƀo] *adj 1.* ablehnend, abschlägig, negativ; *m 2. FOTO* Negativ *n*
negligencia [negli'xenθĭa] *f* Achtlosigkeit *f,* Fahrlässigkeit *f,* Nachlässigkeit *f*
negligente [negli'xente] *adj* achtlos, fahrlässig, nachlässig
negociable [nego'θĭaƀle] *adj* verhandelbar, diskussionsfähig
negociación [negoθĭa'θĭɔn] *f 1.* Verhandlung *f; 2. negociaciones del convenio colectivo* Tarifverhandlungen *pl; 3. negociaciones para el desarme MIL* Abrüstungsverhandlungen *pl*
negociado [nego'θĭađo] *m 1. (negocio)* Geschäft *n; 2. (dependencia administrativa)* Amt *n,* Geschäftsstelle *f*
negociador(a) [negoθĭa'đɔr/negoθĭa'tora] *m/f* Unterhändler(in) *m/f*
negociante [nego'θĭante] *m/f* Händler(in) *m/f,* Kaufmann/Kauffrau *m/f*
negociar [nego'θĭar] *v* handeln, aushandeln, verhandeln
negocio [ne'goθĭo] *m 1. ECO* Laden *m,* Geschäft *n; 2. ECO* Handel *m,* Geschäft *n; por asuntos de ~* geschäftlich; *hacer ~s* handeln; *~ de exportación* Exportgeschäft *n; ~ redondo* Bombengeschäft *n; 3. (empresa) ECO* Betrieb *m,* Firma *f; del ~* betrieblich
negrero [ne'grero] *m 1. (tratante de negros) HIST* Sklavenhändler *m; 2. (fig: explotador)* Ausbeuter *m,* Sklaventreiber *m*
negro ['negro] *m 1.* Schwarzer *m; adj 2.* schwarz
negroide [ne'groiđe] *adj* negroid
negror [ne'gror] *m* Schwärze *f*
negruno [ne'gruno] *adj* schwärzlich
negrura [ne'grura] *f* Schwärze *f*
neis [neis] *m (gneis) GEOL* Gneis *m*
némesis ['nemesis] *f (justicia retributiva)* Nemesis *f,* Rache *f*
nemotecnia [nemo'teknĭa] *f (mnemotecnia)* Mnemotechnik *f*
nene ['nene] *m* Baby *n*
nenúfar [ne'nufar] *m BOT* Seerose *f*
neoclásico [neo'klasiko] *adj ART* klassizistisch
neoclasisismo [neoklasi'sizmo] *m ART* Klassizismus *m*

neófito [ne'ofito] *m 1. (recién convertido)* Neophyt *m,* Neubekehrter *m; 2. (fig: principiante)* Neuling *m*
neolítico [neo'litico] *m 1. GEO* jungsteinzeitlich, neolithisch; *2. HIST* neolithisch, jungsteinzeitlich, Jungsteinzeit...
neón [ne'ɔn] *m 1. (elemento químico) CHEM* Neon *n; 2. tubo de ~ TECH* Neonröhre *f*
neonato [neo'nato] *m (recién nacido)* Neugeborenes *n*
nepotismo [nepo'tizmo] *m* Vetternwirtschaft *f*
neptuno [nep'tuno] *n ASTR* Neptun *m*
nervadura [nerƀa'đura] *f* Blattgerippe *n*
nervio ['nɛrƀĭo] *m 1. ANAT* Nerv *m; perder los ~s (fig)* durchdrehen, ausflippen; *m/pl 2.* Nerven *m/pl; tener un ataque de ~s* einen Nervenzusammenbruch haben
nerviosidad [nɛrƀĭosi'đađ] *f* Nervosität *f*
nerviosismo [nɛrƀĭo'sizmo] *m* Nervosität *f,* innere Unruhe *f*
nervioso [nɛr'ƀĭoso] *adj* aufgeregt, nervös, kribbelig
nervudo [nɛr'ƀuđo] *adj* drahtig
netamente [neta'memte] *adv* netto, klar, eindeutig, rein
neto ['neto] *adv ECO* netto
neumática [neŭ'matika] *f TECH* Pneumatik *f*
neumático [neŭ'matiko] *m 1.* Reifen *m,* Autoreifen *m; ~s claveteados* Spikes *pl; ~ de invierno* Winterreifen *m; ~ de repuesto* Ersatzreifen *m; adj 2. TECH* pneumatisch
neumococo [neŭmo'koko] *m BIO* Pneumokokkus *m*
neumonía [neŭmo'nia] *f MED* Lungenentzündung *f*
neuralgia [neŭ'ralxĭa] *f MED* Neuralgie *f,* Nervenheilkunde *f*
neuritis [neŭ'ritis] *f MED* Nervenentzündung *f*
neurología [neŭrolo'xia] *f MED* Neurologie *f*
neurólogo [neŭ'rologo] *m* Nervenarzt *m,* Neurologe *m*
neurona [neŭ'rona] *f BIO* Neuron *n*
neurosis [neŭ'rosis] *f MED* Neurose *f*
neurótico [neŭ'rotiko] *adj MED* neurotisch, nervenkrank
neutral [neŭ'tral] *adj* neutral
neutralidad [neŭtrali'đađ] *f* Neutralität *f*
neutralización [neŭtraliθa'θĭɔn] *f* Neutralisierung *f,* Neutralisation *f*
neutralizar [neŭtrali'θar] *v 1.* neutralisieren, ausschalten, unwirksam machen, aufheben; *2. (fig: eliminar el efecto de algo)* neutralisieren, ausschalten; *3. (hacer neutra una substancia) CHEM* neutralisieren, unwirksam machen, aufheben
neutrino [neŭ'trino] *m PHYS* Neutrino *n*
neutro ['neŭtro] *adj 1.* neutral; *m 2. GRAMM* Neutrum *n*
neutrón [neŭ'trɔn] *m PHYS* Neutron *n*
nevada [ne'ƀađa] *f* Schneefall *m*
nevado [ne'ƀađo] *adj 1.* verschneit; *2. (fig: blanco como la nieve)* schneeweiß; *m 3. (LA: montaña con nieve)* schneebedeckter Berggipfel *m*
nevar [ne'ƀar] *v irr* schneien
nevatilla [neƀa'tiʎa] *f ZOOL* Bachstelze *f*
nevera [ne'ƀera] *f* Eisschrank *m,* Kühlschrank *m*
nevisca [ne'ƀiska] *f* feiner Schneefall *m*
neviscar [neƀis'kar] *v* leicht schneien
nexo ['neθo] *m* Nexus *m,* Verknüpfung *f,* Zusammenhang *m*
ni [ni] *konj ~ ... ~* weder ... noch; *~ mucho menos* geschweige denn
Nicaragua [nika'ragwa] *m GEO* Nicaragua *n*
nicaragüense [nikara'guense] *adj GEO* aus Nicaragua, nicaraguanisch
nicho ['nitʃo] *m* Nische *f*
nicotina [niko'tina] *f* Nikotin *n*
nidada [ni'đađa] *f (pajaritos en un nido)* Gelege *n,* Brut *f*
nido ['niđo] *m 1.* Nest *n; 2. (fig: hogar, casa)* Nest *n,* Schlupfwinkel *m,* Unterkunft *f; 3. (fig: lugar de origen)* Nest *n,* Brutstätte *f; Ese país es un ~ de terroristas.* Dieses Land ist eine Brutstätte des Terrorismus. *4. hacer ~* nisten
niebla ['nĭeƀla] *f 1.* Nebel *m; 2. (fig: confusión)* Verwirrung *f; 3. (mancha en la córnea)* Trübung *f; m 4. hacer ~* neblig sein
nieta ['nĭeta] *f* Enkelin *f,* Enkeltochter *f*
nieto ['nĭeto] *m* Enkel *m*
nieve ['nĭeƀe] *f* Schnee *m*
nihilismo [nii'lizmo] *m PHIL* Nihilismus *m*
nihilista [nii'lista] *m PHIL* Nihilist *m*
nilón [ni'lɔn] *m* Nylon *n*
nimiedad [nimĭe'đađ] *f* Belanglosigkeit *f,* Unwichtigkeit *f*

nimio ['nimĭo] *adj* billig, belanglos
ninfa ['ninfa] *f* *1. (en la mitología griega)* Nymphe *f; 2. (fig: muchacha muy hermosa)* Mädchen *n; 3. (insecto durante la metamorfósis) ZOOL* Puppe *f*
ninfea [nin'fea] *f BOT* Seerose *f*
ninfomanía [ninfoma'nia] *f* Nymphomanie *f*
ninguna [niŋ'guna] *adj 1.* keine; *pron 2.* keine
ninguno [niŋ'guno] *adj 1.* kein; *ningún hombre* kein Mann; *ningún niño* kein Kind; *pron 2.* keine(r, s)
niña ['niɲa] *f* Kind *n*
niñera [ni'ɲera] *f* Babysitter *m,* Kindermädchen *n,* Kinderfrau *f*
niñería [niɲe'ria] *f 1. (juegos y diversiones de los niños)* Kinderspiel *n; 2. (fig: hecho insignificante)* Kinderei *f*
niñez [ni'ɲez] *f* Kindheit *f*
niño ['niɲo] *m* Kind *n; ~ acogido* Pflegekind *n; de ~* kindlich; *como ~* kindisch; *~ de pecho* Säugling *m*
nipón [ni'pɔn] *adj* japanisch
níquel ['nikɛl] *m CHEM* Nickel *n*
nirvana [nir'ƀana] *m REL* Nirwana *n*
nitidez [niti'đez] *f* Reinheit *f,* (Optik) Schärfe *f,* Tiefenschärfe *f*
nitido ['nitiđo] *adj* glänzend, rein, scharf
nitrato [ni'trato] *m CHEM* Nitrat *n*
nítrico ['nitriko] *adj ácido ~ CHEM* Salpetersäure *f*
nitrógeno [ni'trɔxeno] *m CHEM* Stickstoff *m*
nitroglicerina [nitrogliθe'rina] *f CHEM* Nitroglyzerin *n*
nivel [ni'ƀɛl] *m* Pegel *m,* Ebene *f,* Standard *m; ~ cultural* Bildungsstand *m; ~ del mar* Meeresspiegel *m*
nivelación [niƀela'θĭɔn] *f* Angleichung *f*
niveladora [niƀela'đora] *f TECH* Bulldozer *m*
nivelar [niƀe'lar] *v 1.* angleichen; *2. (allamar)* planieren
níveo ['niƀeo] *adj (blanco como la nieve)* schneeweiß, Schnee...
no [no] *adv* nein, nicht; *~ hay de qué* bitte, bitte schön
noble ['noƀle] *adj 1.* adlig, edel, nobel; *m/f 2.* Adlige(r) *m/f*
nobleza [no'ƀleθa] *f* Adel *m*
noche ['notʃe] *f 1. (después de que oscurece)* Abend *m,* Nacht *f; de ~* nachts; *de la ~* abendlich; *por la ~* abends, nachts; *esta ~* heute Abend; *todas las ~s* allabendlich; *¡Buenas ~s!* Guten Abend!/Gute Nacht! *pasar la ~ en blanco* eine schlaflose Nacht verbringen; *~ de bodas* Hochzeitsnacht *f; Noche Buena* Heiligabend *m,* Weihnachtsabend *m; Noche Vieja* Silvester *n; 2. (fig: confusión)* Dunkelheit *f,* Verwirrung *f*
noción [no'θĭɔn] *f 1.* Ahnung *f; 2. ~es preliminares* Vorkenntnisse *f/pl; 3. (concepto)* Konzept *n*
nocividad [noθiƀi'đađ] *f* Schädlichkeit *f*
nocivo [noθi'ƀo] *adj* schädlich
noctambular [noktamƀu'lar] *v* nachtwandeln
noctambulismo [noktambu'lismo] *m* Nachtwandeln *n*
nocturno [nok'turno] *adj 1.* nächtlich; *m 2. (pieza musical) MUS* Notturno *n*
nodo ['nođo] *m 1. (tumor) MED* Knoten *m; 2. INFORM* Netzcomputer *m; 3. (elemento en un árbol)* Knoten *m*
nodriza [no'đriθa] *f* Amme *f*
nódulo ['nođulo] *m ANAT* Knötchen *n*
nogal [no'gal] *m* Nussbaum *m*
noguera [no'gera] *f BOT* Nussbaum *m*
nómada ['nomađa] *m 1.* Nomade *m; adj 2.* nomadisch, Nomaden...
nombradía [nomƀra'đia] *f* Ruf *m*
nombrado [nom'ƀrađo] *adj* namhaft, berühmt
nombramiento [nɔmbra'mĭento] *m* Berufung *f,* Ernennung *f*
nombrar [nɔm'brar] *v 1.* erwähnen, nennen; *~ de nuevo* umbenennen; *2. (a un cargo)* ernennen; *3. (pedir)* bestellen
nombre ['nɔmbre] *m* Name *m,* Vorname *m; en ~ de* namens; *por otro ~* alias; *por el ~* namentlich; *del mismo ~* gleichnamig; *sin ~* namenlos; *~ de artista* Künstlername *m; ~ de pila* Rufname *m; ~ propio* Eigenname *m*
nomeolvides [nomeɔl'ƀiđes] *f BOT* Vergissmeinnicht *n*
nómina ['nomina] *f 1.* Verzeichnis *n,* Liste *f; 2. (salario)* Gehalt *n,* Gehaltsliste *f*
nominación [nomina'θĭɔn] *f POL* Nominierung *f*
nominal [nomi'nal] *adj 1.* namentlich, nominell; *2. valor ~* Nennwert *m*
nominalismo [nomina'lizmo] *m PHIL* Nominalismus *m*
nominar [nomi'nar] *v 1. (proponer para una elección) POL* nominieren; *2. (designar)* vorschlagen; *3. (nombrar)* ernennen, benennen

nominativo [nomina'tiƀo] *adj 1.* namentlich; *m 2. GRAMM* Nominativ *m*
non [non] *m (número impar)* ungerade Zahl *f*
nonada [no'nađa] *f (pequeñez)* Nichtigkeit *f,* Lappalie *f*
nonagenario [nonage'narĭo] *m 1.* Neunzigjähriger *m,* Neunziger *m; adj 2.* neunzigjährig
nonagésimo [nona'xesimo] *adj* neunzigste(r,s)
nórdico ['norđiko] *m* nordisch
noreste [nor'este] *m* Nordosten *m,* Nordost *m*
noria ['norĭa] *f* Schöpfrad *n,* Tretmühle (fig) *f*
norma ['nɔrma] *f 1.* Bestimmung *f,* Norm *f,* Vorschrift *f; ~ de circulación* Verkehrsregel *f; 2. (patrón)* Standard *m*
normal [nor'mal] *f adj 1.* gewöhnlich, normal; *f 2. (una perpendicular) MATH* Normale *f*
normalidad [norma'liđađ] *f* Normalität *f,* Regelmäßigkeit *f,* Normalzustand *m*
normalización [normaliθa'θĭɔn] *f* Normalisierung *f,* Normung *f*
normalizado [nɔrmali'θađo] *adj* genormt
normalizar [nɔrmali'θar] *v* normalisieren
norte ['nɔrte] *m* Norden *m; del ~* aus dem Norden
Norteamérica [nortea'merika] *f GEO* Nordamerika *n*
norteamericano [nɔrteameri'kano] *m (de los Estados Unidos de Norteamérica) GEO* Amerikaner *m*
noruego [no'rwego] *adj 1.* norwegisch; *m 2.* Norweger *m*
nos [nɔs] *pron* uns
nosotros [no'sotros] *pron* wir
nostalgia [nɔs'talxĭa] *f 1.* Wehmut *f; 2. (por la familia)* Heimweh *n*
nostálgico [nɔs'talxiko] *adj* wehmütig
nota ['nota] *f 1.* Note *f; poner ~* benoten; *2. MUS* Ton *m,* Note *f; 3. (apunte)* Aufzeichnung *f,* Notiz *f; 4. (comentario)* Prädikat *n,* Vermerk *m; tomar ~* vormerken; *~ de envío* Absendungsvermerk *m; 5. (de crítica)* Zensur *f; 6. ECO* Rechnung *f; ~ de débito* Lastschrift *f; ~ de pedido* Bestellschein *m*
notabilidad [notabili'đađ] *f* Ansehen *n,* Berühmtheit *f,* Koryphäe *f*
notable [no'taƀle] *adj 1.* beträchtlich, hervorragend, bemerkenswert; *m/pl 2. (persona importante)* Honoratioren *m/pl,* Prominenz *f*
notación [nota'θĭɔn] *f* Zeichen *n,* Bezeichnung *f,* Symbol *n*
notar [no'tar] *v 1.* merken, wahrnehmen; *se deja ~* merklich; *sin dejarse ~* unmerklich; *2. (hacer un comentario)* anmerken
notaría [nota'ria] *f* Notariat *n*
notariado [nota'rĭađo] *m JUR* Notariat *n,* Amt eines Notars *n*
notarial [nota'rĭal] *adj JUR* notariell
notario [no'tarĭo] *m JUR* Notar *m*
noticia [no'tiθĭa] *f 1.* Notiz *f; 2. (comunicación)* Nachricht *f; ~ falsa* Ente *f; 3. (mensaje)* Botschaft *f; ~ alarmante* Schreckensbotschaft *f; 4. (escrito)* Bescheid *m; 5. (anuncio)* Anzeige *f; 6. (artículo)* Artikel *m; f/pl 7. ~s* Nachrichten *pl*
noticiario [noti'θĭarĭo] *m (en la televisión) TEL* Nachrichten *f/pl*
noticiero [noti'θĭero] *m* Nachrichten *f/pl,* Zeitungsberichterstatter *m*
notificación [notifika'θĭɔn] *f 1.* Bekanntmachung *f,* Verlautbarung *f; 2. (inscripción)* Anmeldung *f; 3. (de apertura)* Eröffnung *f*
notificar [notifi'kar] *v* benachrichtigen, amtlich zustellen
notoriamente [notorĭa'mente] *adv* notorisch, gewohnheitsmäßig, offenkundig
notoriedad [notorĭe'đađ] *f* Berühmtheit *f,* Offenkundigkeit *f*
notorio [no'torĭo] *adj* notorisch
novación [noƀa'θĭɔn] *f* Neuerung *f,* Schuldumwandlung *f*
novatada [noƀa'tađa] *f* Streich *m*
novato [no'ƀato] *m* Neuling *m*
novedad [noƀe'đađ] *f* Nachricht *f,* Neuheit *f,* Neuigkeit *f*
novel ['nobel] *adj* neu, angehend, unerfahren
novela [no'ƀela] *f 1.* Roman *m; ~ de aventuras* Abenteuerroman *m; ~ corta* Novelle *f; ~ por entregas* Fortsetzungsroman *m; ~ policíaca* Krimi *m; 2. (fig: invención)* Erfindung *f,* Erdichtung *f*
novelería [noƀele'ria] *f* Neuerungssucht *f,* Lesewut *f*
novelero [noƀe'lero] *adj (fig)* unbeständig, wetterwendisch, lesewütig
novelista [noƀe'lista] *m* Novellist *m,* Romancier *m,* Romanschriftsteller *m*

noveno [no'ƀeno] *adj* neunte(r,s)
noventa [no'ƀenta] *num* neunzig
noventavo [noƀen'taƀo] *num* Neunzigstel *n*
noventón [noƀen'tɔn] *m 1.* Neunzigjähriger *m; adj 2.* neunzigjährig
novia ['noƀĭa] *f 1. (amiga)* Freundin *f; 2. (nupcial)* Braut *f*
noviazgo [no'ƀĭasgo] *m* Brautzeit *f*
noviciado [noƀi'θĭađo] *m* Noviziat *n,* Lehrzeit *f*
novicio [no'ƀiθĭo] *m* Neuling *m*
noviembre [no'ƀĭembre] *m* November *m*
novilunio [noƀi'lunĭo] *m* Neumond *m*
novillada [noƀi'ʎađa] *f 1. (grupo de novillos) AGR* Jungstierherde *f; 2. (tauromaquia)* Kampf mit Jungstieren *m*
novillo [no'ƀiʎo] *m 1.* Jungstier *m; 2. hacer ~ (fam)* die Schule schwänzen
novio ['noƀĭo] *m 1. (amigo)* Freund *m; 2. (nupcial)* Bräutigam *m; 3. ~s pl* Brautpaar *n*
novísimo [no'ƀisimo] *adj* nagelneu
nubada [nu'ƀađa] *f* Platzregen *m*
nubado [nu'ƀađo] *adj* wolkig, gewölkt
nubarrón [nuƀa'rron] *m* große, dunkle Wolke *f,* Gewitterwolke *f,* Sturmwolke *f*
nube ['nuƀe] *f 1.* Wolke *f; 2. (fig: enjambre)* Wolke *f,* Schwarm *m; 3. ~s pl* Bewölkung *f; sin ~s* wolkenlos; *estar por las ~s* unerschwinglich sein
nublado [nu'ƀlađo] *adj* bewölkt, trüb, wolkig
nublar [nu'ƀlar] *v 1.* bewölken, umwölken, trüben; *2. (fig: oscurecer)* umnebeln, trüben; *Ese licor me ha nublado el entendimiento.* Dieser Likör hat meine Sinne umnebelt.
nublarse [nu'ƀlarse] *v* sich bewölken, sich umwölken (fig), sich trüben (fig)
nubosidad [nuƀosi'đađ] *f* Bewölkung *f*
nuboso [nu'ƀoso] *adj* wolkig
nuca ['nuka] *f ANAT* Genick *n,* Nacken *m*
nuclear [nuklɛ'ar] *adj energía ~ PHYS* Kernenergie *f*
núcleo ['nukleo] *m 1.* Kern *m,* Zentrum *n; 2. ~ atómico PHYS* Atomkern *m; 3. (fig: lo principal de algo)* Kern *m; Debemos atacar el ~ del problema.* Wir müssen den Kern des Problems angehen.
nudismo [nu'đizmo] *m* Freikörperkultur (FKK) *f*
nudillo [nu'điʎo] *m (del dedo) ANAT* Knöchel *m*
nudo ['nuđo] *m* Knoten *m*
nuera ['nwera] *f* Schwiegertochter *f*
nuestro ['nwestro] *pron* unsere(r,s)
Nueva Zelandia ['nweƀa θe'lanđĭa] *f GEO* Neuseeland *n*
nuevamente [nweƀa'mente] *adv* wieder, erneut
nueve ['nweƀe] *num* neun
nuevo ['nweƀo] *adj* neu, nagelneu, neuartig; *~ rico* neureich; *~s horizontes* Neuland *n; nueva construcción* Neubau *m*
nuez ['nweθ] *f BOT* Nuss *f,* Walnuss *f; ~ moscada* Muskatnuss *f; ~ de Adán* Adamsapfel *m; ~ del Brasil* Paranuss *f*
nulidad [nuli'đađ] *f 1.* Nichtigkeit *f; 2. (sin valor)* Ungültigkeit *f*
nulo ['nulo] *adj* ungültig, wertlos, hinfällig
numeración [numera'θĭɔn] *f* Nummerierung *f,* Zählen *n,* Aufzählen *n*
numerador [numera'đɔr] *m MATH* Zähler *m*
numerar [nume'rar] *v* nummerieren
numerario [mume'rarĭo] *adj (sin movimiento de ~) FIN* bargeldlos
numérico [nu'meriko] *adj* numerisch
número ['numero] *m 1. MATH* Anzahl *f,* Nummer *f,* Zahl *f; en gran ~* zahlreich; *~s impares* ungerade Zahlen *pl; ~s pares* gerade Zahlen *pl; 2. ~ de la cuenta* Kontonummer *f; 3. ~ de habitantes* Einwohnerzahl *f; ~ ordinal* Ordnungszahl *f; ~ de piezas* Stückzahl *f; 4. ~ de revoluciones TECH* Umdrehungszahl *f,* Drehzahl *f; 5. ~ de registro* Aktenzeichen *n; 6. ~ de registro tributario* Steuernummer *f; 7. ~ de teléfono* Telefonnummer *f,* Rufnummer *f*
numeroso [nume'roso] *adj* zahlreich
numismática [numiz'matika] *f* Numismatik *f,* Münzkunde *f*
nunca ['nuŋka] *adv* niemals, nie; *~ jamás* nie mehr
nunciatura [nunθĭa'tura] *f* Nuntiatur *f*
nuncio ['nunθĭo] *m el ~ papal* der päpstliche Nuntius *m*
nupcias ['nupθias] *f/pl* Hochzeit *f,* Ehe *f*
nutria ['nutrĭa] *f ZOOL* Otter *m*
nutrición [nutri'θĭɔn] *f* Kost *f,* Nahrung *f*
nutrido [nu'triđo] *adj* wohlgenährt, zahlreich, umfassend
nutrir [nu'trir] *v* nähren
nutritivo [nutri'tiƀo] *adj* nahrhaft
ñaño ['ɲaɲo] *adj* verwöhnt, verhätschelt
ñoño ['ɲoɲo] *adj* fade, kindisch, albern
ñu ['ɲu] *m ZOOL* Gnu *n*

O

o [o] *konj* oder; ~ ... ~ entweder ... oder; ~ *bien* beziehungsweise; ~ *sea* und zwar, das heisst
oasis [o'asis] *m* Oase *f*
obcecado [oƀθe'kađo] *adj* geblendet
obcecar [oƀθe'kar] *v (ofuscar)* blenden, verblenden
obedecer [oƀeđe'θɛr] *v irr* folgen, gehorchen
obediencia [oƀe'điĕnθĭa] *f* Gehorsam *m*
obediente [oƀe'điĕnte] *adj* gehorsam
obelisco [oƀe'lisko] *m ARCH* Obelisk *m*
obertura [oƀɛr'tura] *f (pieza introductoria en las óperas)* Ouvertüre *f*
obesidad [oƀesi'đađ] *f* Fettleibigkeit *f*
obeso [o'ƀeso] *adj* fett, fettleibig
óbice ['oƀiθe] *m (obstaculo, impedimento)* Hindernis *n*
obispado [oƀis'pađo] *m REL* Bischofswürde *f*, Bistum *n*
obispo [o'ƀispo] *m 1. REL* Bischof *m; 2. (fig) trabajar para el ~* umsonst arbeiten, ohne Bezahlung arbeiten
óbito ['oƀito] *m* Tod *m*, Ableben *n*
obituario [oƀi'twarĭo] *m (sección de defunciones en un diario)* Todesanzeigen *f/pl*
objeción [ɔƀxe'θĭɔn] *f 1.* Beanstandung *f; 2. (protesta)* Einspruch *m*, Einwand *m; sin ~* widerspruchslos; *3. hacer una ~* Einwand *m*, Einwendung *f*, Einspruch *m*
objetable [oƀxe'taƀle] *adj* einwendbar
objetar [ɔƀxe'tar] *v 1.* einwenden; *2. (contraponer)* entgegenhalten
objetivamente [ɔƀxetiƀa'mente] *adv* objektiv, unvoreingenommen, sachlich
objetividad [ɔƀxetiƀi'đađ] *f* Objektivität *f*, Sachlichkeit *f*
objetivismo [oƀxeti'ƀizmo] *m* Objektivismus *m*, Objektivität *f*
objetivo [ɔƀxe'tiƀo] *m 1.* Bestimmung *f*, Ziel *n; 2. FOTO* Objektiv *n; adj 3.* objektiv, sachlich, nüchtern; *4. (blanco en un ataque) MIL* Ziel *n*
objeto [ɔƀ'xeto] *m 1.* Gegenstand *m*, Sache *f*, Objekt *n; sin ~* zwecklos; *tener por ~* bezwecken; *~ de controversia* Streitobjekt *n*, Zankapfel *m; ~ de valor* Wertgegenstand *m; ~ de uso corriente* Gebrauchsgegenstand *m; pl 2. ~s* Zeug *n; ~s robados* Diebesgut *n*
objetor [ɔƀxe'tɔr] *m 1.* Einspruchrerhebender *m; 2. ~ de conciencia MIL* Wehrdienstverweigerer *m*
oblea [o'ƀlea] *f (pasta de harina y agua)* Oblate *f*
oblicuidad [oƀlikwi'đađ] *f* Schräge *f*
oblicuo [o'ƀlikwo] *adj* schief, schräg
obligación [oƀliga'θĭɔn] *f 1. (deber)* Pflicht *f*, Verpflichtung *f; según su ~* pflichtgemäß; *sin ~* unverbindlich; *2. (a la fuerza)* Zwang *m; 3. ECO* Verbindlichkeit *f*
obligado [oƀli'gađo] *adj verse ~ a* sich verpflichtet sehen, sich gezwungen sehen
obligar [oƀli'gar] *v* zwingen; *~ a* verpflichten zu; *~ a alguien a hacer algo* jdm etw aufdrängen
obligatoriedad [oƀligatorĭe'đađ] *f* Verbindlichkeit *f*
obligatorio [oƀliga'torĭo] *adj 1.* verbindlich, bindend; *no ~* unverbindlich; *2. (a la fuerza)* zwangsläufig, zwingend
obliteración [oƀlitera'θĭɔn] *f (obstrucción de un vaso) BIO* Verstopfung *f*
obliterar [oƀlite'rar] *v MED* veröden
oblongo [o'ƀloŋgo] *adj* länglich
obnubilación [oƀnuƀila'θĭɔn] *f* Verblendung des Verstandes *f*, Vernebelung *f*
oboe [o'ƀoe] *m MUS* Oboe *f*
óbolo ['oƀolo] *m* Spende *f*
obra ['oƀra] *f 1.* Werk *n*, Gebilde *n; ~ de arquitectura* Bauwerk *n; ~ de arte* Kunstwerk *n; primera ~* Erstlingswerk *n; ~s clásicas* Klassiker *pl; 2. (presentación)* Vorstellung *f; 3. (trabajo)* Werk *n*, Bau *m*
obrar ['oƀrar] *v* handeln, tun, verfahren
obrera [o'ƀrera] *f* Arbeiterin *f*
obrerismo [oƀre'rizmo] *m (movimiento obrero)* Arbeiterbewegung *f*
obrero [o'ƀrero] *m 1.* Arbeiter *m; ~ especializado* Facharbeiter *m; adj 2. partido ~* Arbeiterpartei *f*
obscenidad [ɔƀsθeni'đađ] *f* Obszönität *f*, Unzüchtigkeit *f*
obsceno [ɔƀs'θeno] *adj* obszön
obscurecer [oƀskure'θɛr] *v irr 1. (volver obscuro)* dunkel werden, dämmern; *2. (fig: volver incomprensible)* verdunkeln, verschleiern
obsecrar [oƀse'krar] *v (rogar)* bitten, flehen

obsecuente [oƀse'kwente] *adj* gehorsam, willfährig
obsequiador [oƀsekĭa'đor] *adj* aufmerksam, gefällig, beschenkend
obsequiar [oƀse'kĭar] *v 1.* schenken; *~ a alguien* jdn beschenken; *~ algo* etw verschenken; *2. (agasajar)* bewirten, gastlich aufnehmen
obsequio [ɔƀ'sekĭo] *m* Geschenk *n,* Aufmerksamkeit *f,* Gefälligkeit *f*
obsequiosidad [oƀsekĭosi'đađ] *f* Gastlichkeit *f,* Freigebigkeit *f,* Gefälligkeit *f*
obsequioso [oƀse'kĭoso] *adj* gastlich, freigebig, gefällig
observable [oƀsɛr'ƀaƀle] *adj* wahrnehmbar, feststellbar
observación [ɔƀsɛrƀa'θĭɔn] *f 1.* Beobachtung *f,* Wahrnehmung *f; 2. (comentario)* Anmerkung *f,* Bemerkung *f,* Vermerk *m; 3. MED* Beobachtung *f,* Überwachung *f*
observancia [oƀsɛr'ƀanθĭa] *f (cumplimiento de la regla)* Befolgung *f,* Einhaltung *f*
observar [ɔƀsɛr'ƀar] *v 1.* beobachten, wahrnehmen, observieren; *2. (advertir)* anmerken, bemerken, vermerken
observatorio [ɔƀsɛrƀa'torĭo] *m ASTR* Sternwarte *f*
obsesión [ɔƀse'sĭɔn] *f* Besessenheit *f,* Zwangsvorstellung *f,* fixe Idee *f*
obsesionado [ɔƀsesĭo'nađo] *adj* besessen, mit einer fixen Idee behaftet
obsesionarse [ɔƀsesĭo'narse] *v* sich unablässig plagen, sich keine Ruhe lassen, besessen sein
obsesivo [ɔƀse'siƀo] *adj* Zwangs..., obsessiv
obseso [oƀ'seso] *adj* besessen
obsolescencia [oƀsoles'θenθĭa] *f* Obsoleszenz *f*
obsoleto [ɔƀso'leto] *adj* überholt, veraltet
obstaculizar [ɔƀstakuli'θar] *v 1.* behindern; *~ en* hindern an; *2. (fam)* schikanieren, torpedieren
obstáculo [ɔƀs'takulo] *m 1.* Barriere *f,* Hindernis *n,* Schikane *f* (fam); *2. sin ~s* reibungslos; *m/pl 3. carrera de ~s* Hindernis *n,* Hürde *f*
obstante [ɔƀs'tante] *konj no ~* aber, dennoch, jedoch
obstar [ɔƀs'tar] *v* entgegenstehen, hinderlich sein; *Eso no obsta a que...* Dem steht gegenüber, dass...
obstetra [ɔƀs'tetra] *m/f MED* Geburtshelferin *f,* Hebamme *f*
obstetricia [ɔƀste'triθĭa] *f MED* Geburtshilfe *f,* Entbindungshilfe *f*
obstetricio [oƀste'triθĭo] *adj MED* Entbindungs...
obstinación [ɔƀstina'θĭɔn] *f* Eigensinn *m,* Starrsinn *m,* Trotz *m*
obstinado [ɔƀsti'nađo] *adj* eigensinnig, starrköpfig, störrisch
obstinarse [ɔƀsti'narse] *v ~ en* sich versteifen auf, hartnäckig auf etw bestehen
obstrucción [ɔƀstrug'θĭɔn] *f 1.* Verstopfung *f; 2. (impedimento)* Behinderung *f,* Hemmnis *n; ~ de la justicia* Behinderung der Justiz; *3. (en las asambleas legislativas) POL* Obstruktion *f,* Verschleppung *f*
obstruccionismo [ɔƀstrugθĭo'nizmo] *m POL* Verschleppungstaktik *f*
obstruido [ɔƀstru'iđo] *adj* verstopft
obstruir [ɔƀstru'ir] *v irr* behindern, versperren
obtemperar [ɔƀtempe'rar] *v* gehorchen, folgen, befolgen
obtención [ɔƀten'θĭɔn] *f ~ del petróleo* Gewinnung *f,* Erzeugung *f,* Förderung *f*
obtener [ɔƀte'nɛr] *v irr 1.* erlangen, erzielen; *2. (recibir)* bekommen, erlangen, gewinnen; *3. (metales, caucho)* gewinnen, erhalten; *4. ~ un resultado* erzielen, erreichen
obturación [ɔƀtura'θĭɔn] *f 1.* Verstopfung *f; 2. TECH* Dichtung *f*
obturado [ɔƀtu'rađo] *adj* verstopft
obturador [ɔƀtura'đɔr] *m FOTO* Auslöser *m*
obturar [ɔƀtu'rar] *v (cerrar)* verstopfen, abdichten, verschließen
obtuso [ɔƀ'tuso] *adj 1. ángulo ~ MATH* stumpfwinklig; *2. (fig)* schwer von Begriff
obús [o'ƀus] *m MIL* Granate *f*
obvención [ɔƀƀen'θĭɔn] *f ECO* Nebenverdienst *m*
obviar [ɔƀ'ƀĭar] *v* abwenden, beseitigen, entgegentreten, vorbeugen
obvio ['ɔƀƀĭo] *adj* offensichtlich, selbstverständlich, sonnenklar
oca ['oka] *f ZOOL* Gans *f*
ocarina [oka'rina] *f MUS* Okarina *f*
ocasión [oka'sĭɔn] *f 1. (motivo)* Anlass *m; en esta ~* hierbei; *2. (oportunidad)* Chance *f,* Gelegenheit *f; 3. (oferta de compra)* Gelegenheitskauf *m; 4. de ~* Gelegenheits...; *Compré un coche de ~.* Ich habe einen Gebrauchtwagen gekauft. *5. en ~es*

gelegentlich, ab und zu; *6. tomar la ~ por los cabellos* die Gelegenheit beim Schopfe packen
ocasional [okasĭo'nal] *adj* gelegentlich, beiläufig
ocasionar [okasĭo'nar] *v 1.* verursachen, veranlassen; *~ daño* Unheil anrichten; *2. (donar)* stiften; *3. (dejar)* lassen
ocaso [o'kaso] *m 1.* Sonnenuntergang *m,* Dämmerung *f; 2. (fig)* Untergang *m*
occidental [ɔgθiđen'tal] *adj* westlich
occidente [ɔgθi'đente] *m* Westen *m;* Abendland *n*
occisión [ɔgsi'sĭɔn] *f (muerte violenta)* Ermordung *f,* gewaltsamer Tod *m*
occiso [ɔk'θiso] *m JUR* ermordet
Oceanía [oθea'nia] *f GEO* Ozeanien *n*
oceánico [oθe'aniko] *adj* ozeanisch
océano [o'θeano] *m* Ozean *m*
oceanografía [oθeanogra'fia] *f* Ozeanografie *f,* Meereskunde *f*
oceanología [oθeanolo'xia] *f* Ozeanologie *f*
ocelote [oθe'lote] *m ZOOL* Ozelot *m*
ochenta [o'tʃenta] *num* achtzig
ocho ['otʃo] *num* acht; *~ veces* achtmal, achtfach; *~ mil* achttausend
ochocientos [otʃo'θĭentos] *num* achthundert
ociar [o'θĭar] *v* dem Müßiggang nachgehen, faulenzen, ausspannen
ocio ['oθĭo] *m* Muße *f; 2. entregarse al ~* Muße *f,* Müßiggang *m*
ociosamente [oθĭosa'mente] *adv* müßig
ociosidad [oθĭosi'đađ] *f* Müßiggang *m*
ocioso [o'θĭoso] *adj 1.* müßig; *2. (inútil)* unnütz; *un esfuerzo ~* eine unnötige Anstrengung *f*
oclusión [oklu'sĭɔn] *f 1. MED* Verschluss *m,* Verstopfung *f; 2. (propiedad de absorber los gases) CHEM* Okklusion *f*
ocre ['okre] *m* Ocker *m*
octaedro ['ɔktaeđro] *m* Oktaeder *n,* Achtflächner *m*
octágono [ok'tagono] *m MATH* Achteck *n*
octanaje [ɔkta'naxe] *m* Oktanzahl *f*
octava [ɔk'taƀa] *f MUS* Oktave *f*
octavilla [ɔkta'ƀiʎa] *f* Flugblatt *n,* Handzettel *m*
octavo [ɔk'taƀo] *adj 1.* achte(r,s); *octava parte* Achtel *n; por octava vez* zum achten Mal; *m 2. ~ de final SPORT* Achtelfinale *n*
octeto [ɔk'teto] *m MUS* Oktett *n*
octogenario [ɔktoxe'narĭo] *m 1.* Person zwischen dem 80. und 90. Lebensjahr *f; adj 2.* achtzigjährig
octogésimo [ɔktɔ'xesimo] *adj* achtzigste(r,s)
octogonal [ɔktogo'nal] *adj* achteckig
octubre [ɔk'tuƀre] *m* Oktober *m*
octuplicar [ɔktupli'kar] *v* verachtfachen
ocular [oku'lar] *adj* Augen... *inspección ~* in Augenschein nehmen; *testigo ~* Augenzeuge
oculista [oku'lista] *m/f MED* Augenarzt/Augenärztin *m/f*
ocultación [okulta'θĭɔn] *f* Verbergung *f,* Verheimlichung *f,* Hinterziehung *f*
ocultar [okul'tar] *v 1.* verbergen; *~ algo a alguien* jdm etw verheimlichen; *2. (encubrir)* vertuschen, verdecken, kaschieren
ocultismo [okul'tizmo] *m* Okkultismus *m,* Spiritismus *m*
ocultista [okul'tista] *m* Okkultist *m*
oculto [o'kulto] *adj 1.* verborgen; *2. (enigmático)* hintergründig; *3. ciencias ocultas* okkulte Wissenschaften *f/pl,* Geheimwissenschaften *f/pl*
ocupación [okupa'θĭɔn] *f 1. (profesión)* Beruf *m; 2. (actividad)* Tätigkeit *f,* Beschäftigung *f,* Betätigung *f; ~ accesoria* Nebenbeschäftigung *f; ~ favorita* Lieblingsbeschäftigung *f; ~ del ocio* Freizeitbeschäftigung *f; 3. MIL* Besetzung *f; ~ ilegal de casas* Hausbesetzung *f*
ocupado [oku'pađo] *adj 1. (lleno, completo)* besetzt; *¿Está ~?* Ist hier besetzt? *2. TEL* besetzt; *Está ~.* Es ist besetzt. *3. (atareado)* beschäftigt; *estar ~ con algo* mit etw beschäftigt sein
ocupador [okupa'đɔr] *adj* besetzend
ocupante [oku'pante] *adj* besetzend
ocupar [oku'par] *v 1.* beschäftigen; *2. (sitio, puesto)* besetzen, belegen, einnehmen; *~ mucho sitio* sich breit machen; *~ un cargo* ein Amt bekleiden; *3. MIL* besetzen
ocuparse [oku'parse] *v ~ de* versorgen mit, sich kümmern um, sich befassen mit, sich auseinandersetzen mit
ocurrencia [oku'rrenθĭa] *f (idea)* Einfall *m,* Idee *f; ¡Qué ~!* Was für ein Einfall!
ocurrente [oku'rrente] *adj* einfallsreich
ocurrir [oku'rrir] *v* geschehen, passieren, vorkommen, widerfahren
oda ['ođa] *f LIT* Ode *f*
odiado [o'đĭađo] *adj* verhasst
odiar [o'đĭar] *v* hassen

odio ['oďĭo] *m* ~ *a* Hass gegen *m;* ~ *de razas* Rassenhass *m; lleno de* ~ gehässig, hasserfüllt
odiosidad [oďĭosi'đađ] *f* Gehässigkeit *f*
odioso [o'ďĭoso] *adj* gehässig, verhasst
Odisea [ođi'sɛa] *f 1. LIT* Odyssee *f; 2. (fig)* Irrfahrt *f*
odontalgia [ođɔn'talxia] *f MED* Zahnschmerz *m*
odontología [ođontolo'xĭa] *f* Zahnheilkunde *f,* Zahnmedizin *f*
odontólogo [ođɔn'tologo] *m MED* Zahnarzt *m*
odorífero [ođɔ'rifero] *adj* wohlriechend
odre ['ođre] *m* Weinschlauch *m,* Säufer *m,* Trunkenbold *m*
oeste [o'este] *m* Westen *m*
ofender [ofen'đɛr] *v* beleidigen, kränken, verletzen
ofenderse [ofen'đɛrse] *v (molestarse)* sich beleidigt fühlen
ofendido [ofen'điđo] *adj* beleidigt
ofensa [o'fensa] *f* Beleidigung *f,* Kränkung *f,* Verletzung *f*
ofensiva [ofen'siƀa] *f 1.* Offensive *f; 2. tomar la* ~ die Offensive ergreifen *f*
ofensivamente [ofensiƀa'mente] *adv* offensiv
ofensivo [ofen'siƀo] *adj* offensiv
ofensor [ofen'sɔr] *adj* beleidigend
oferente [ofe'rente] *adj* anbietend
oferta [o'fɛrta] *f 1.* Angebot *n,* Offerte *f;* ~ *de colocación/~ de empleo* Stellenangebot *n;* ~ *excesiva* Überangebot *n;* ~ *extraordinaria* Sonderangebot *n; 2. (ofrecimiento)* Darbietung *f*
ofertorio [ofɛr'tɔrĭo] *m (parte de la misa) REL* Offertorium *m*
oficial [ofi'θĭal] *adj 1.* amtlich, offiziell, dienstlich; *m 2.* Geselle *m,* Gehilfe *m; 3. MIL* Offizier *m; 4.* ~ *del registro civil* Standesbeamter *m*
oficialmente [ofiθĭal'mente] *adv* formell, offiziell, staatlich
oficiar [ofi'θĭar] *v 1. (celebrar los oficios divinos) REL* zelebrieren, den Gottesdienst abhalten *m; 2. (comunicar oficialmente)* offiziell mitteilen, offiziell verständigen
oficina [ofi'θina] *f 1.* Büro *n,* Büroraum *m; 2. (agencia, sucursal, departamento)* Stelle *f,* Dienststelle *f,* Geschäftsstelle *f,* Amt *n;* ~ *de objetos perdidos* Fundbüro *n;* ~ *de asistencia social* Fürsorgeamt *n,* Sozialamt *n;* ~ *de cambio* Wechselstube *f;* ~ *central* Zentrale *f;* ~ *de correos* Postamt *n;* ~ *de empadronamiento* Einwohnermeldeamt *n,* Meldebehörde *f;* ~ *de empleo* Arbeitsamt *n;* ~ *estatal para extranjeros* Ausländerbehörde *f*
oficinista [ofiθi'nista] *m/f* Büroangestellte(r) *m/f*
oficio [o'fiθĭo] *m 1.* Beruf *m; de primer* ~ hauptberuflich; *2. (profesión artesanal)* Handwerk *n; 3.* ~ *divino REL* Gottesdienst *m,* Messe *f; 4. de* ~ von Amts wegen *n,* amtlich, Offizial...
oficiosidad [ofiθĭosi'đađ] *f (laboriosidad)* Dienstfertigkeit *f,* Dienstbeflissenheit *f*
oficioso [ofi'θĭoso] *adj (laborioso)* dienstfertig, dienstbeflissen, emsig
ofrecer [ofre'θɛr] *v irr 1.* bieten, darbieten, geben; *¿Qué se le ofrece?* Womit kann ich Ihnen dienen? *Mañana ofrecemos una cena.* Morgen geben wir ein Essen. *2. (donar)* spendieren
ofrecimiento [ofreθi'mĭento] *m* Angebot *n,* Anerbieten *n*
ofrenda [o'frenda] *f* Opfergabe *f*
ofrendar [ofren'dar] *v* opfern
oftalmología [oftalmolo'xia] *f MED* Augenheilkunde *f*
oftalmólogo [oftal'mologo] *m/f* Augenarzt *m,* Ophthalmologe *m*
ofuscación [ofuzka'θĭon] *f* Blendung *f,* Verdunkelung *f*
ofuscado [ofuz'kađo] *adj* geblendet, verdunkelt
ofuscador [ofuska'đɔr] *adj* blendend, trübend, verdunkelnd
ofuscamiento [ofuska'mĭento] *m* Blendung *f,* Trübung *f,* Verblendung *f*
ofuscarse [ofuz'karse] *v* sich trüben, sich verdunkeln
oíble [o'iƀle] *adj* hörbar
oída [o'ida] *f de ~s* Hörensagen *f*
oído [o'iđo] *m 1.* Gehör *n; 2. ANAT* Ohr *n; 3. dar ~s* zuhören, Gehör schenken; *4. de* ~ nach dem Gehör; *tocar de* ~ nach dem Gehör spielen; *5. tener buen/mal* ~ ein gutes/schlechtes Gehör haben
oír [o'ir] *v irr 1.* hören, vernehmen; *¿No oye usted nada?* Hören Sie nichts? ~ *con atención* zuhören; *2.* hören, zuhören, verstehen; *¡Oye!* Na hör' mal! *¡Oiga!* Hören Sie mal! Hallo! ~ *mal* sich verhören
ojal [ɔ'xal] *m* Knopfloch *n*
ojalá [ɔxa'la] *adv* hoffentlich

ojeada [oxe'ađa] *f dar una ~* Durchblättern *n*, Durchsehen *n*
ojeriza [oxe'riθa] *f* Unwille *m*, Groll *m*
ojete [o'xete] *m (agujero para el cordón)* Schnürloch *n*, Öse *f*
ojiva [o'xiƀa] *f ARCH* Spitzbogen *m*
ojo ['ɔxo] *m 1. ANAT* Auge *n; de ~s azules* blauäugig; *en un abrir y cerrar de ~s (fig)* im Handumdrehen; *¡Ojo!* Achtung! *Tengo algo en el ~.* Ich habe etw im Auge. *estar ~ avizor* auf der Hut sein; *no pegar (un) ~* kein Auge zutun; *Ojos que no ven, corazón que no siente.* Aus den Augen, aus dem Sinn. *2. ~ de la aguja* Nadelöhr *n; 3. ~ de la cerradura* Schlüsselloch *n; 4. ~ de buey NAUT* Bullauge *n; 5. a ~* nach Augenmaß, aufs Geratewohl; *6. (fig) comerse con los ~s a alguien* jdn mit den Augen verschlingen; *7. (fig) clavar los ~s en algo/alguien* die Blicke auf etw/jdn heften
okapí [oka'pi] *m ZOOL* Okapi *n*
ola ['ola] *f 1.* Welle *f*, Woge *f; ~ de la marea* Flutwelle *f; 2. (fig) ~ de gripe MED* Grippewelle *f*
olé [o'le] *interj ¡Olé!* Bravo!
oleada [ole'ađa] *f 1.* Flut *f; 2. (fig)* Welle *f*, Menschenmenge *f*
oleaginoso [oleaxi'noso] *adj* ölhaltig, ölig, Öl...
oleaje [ole'axe] *m* Wellengang *m*, Wellenschlag *m*
óleo ['oleo] *m un cuadro al ~* Ölgemälde *n*
oleoducto [oleo'đukto] *m TECH* Ölleitung *f*, Pipeline *f*
Oleos ['oleos] *m/pl los Santos ~ REL* Ölung *f*
oleosidad [oleosi'đađ] *f* Ölhaltigkeit *f*
oler [o'lɛr] *v irr ~* riechen; *~ a* riechen nach; *~ a quemado* verbrannt riechen; *~ bien* duften; *~ mal* stinken
olfatear [ɔlfate'ar] *v* schnuppern, wittern
olfativo [olfa'tiƀo] *adj nervio ~ ANAT* Geruchsnerv *m*
olfato [ɔl'fato] *m 1.* Gespür *n; 2. sentido del ~* Geruchssinn *m*
olfatorio [olfa'tɔrĭo] *adj nervio ~ ANAT* Geruchsnerv *m*
oligarca [oli'garka] *m POL* Oligarch *m*
oligarquía [oligar'kia] *f POL* Oligarchie *f*
oligárquico [oli'garkiko] *adj POL* oligarchisch
oligoceno [oligo'θeno] *m GEOL* Oligozän *n*
oligoelemento [oligoele'mento] *m BIO* Spurenelement *n*
oligopolio [oligo'polĭo] *m ECO* Oligopol *n*
olimpíada [olim'piađa] *f 1. ~ cultural* Literaturwettbewerb *m; pl 2. ~s olimpíades* Olympiade *f*
olímpico [o'limpiko] *adj* olympisch; *juegos ~s* Olympische Spiele *pl*
oliscar [olis'kar] *v (olisquear)* schnüffeln, schnuppern
olisqueo [olis'keo] *m* Wittern *n*, Beschnüffeln *n*
oliva [o'liƀa] *f BOT* Olive *f*
olivar [oli'ƀar] *m* Ölbaumpflanzung *f*
olivicultura [oliƀikul'tura] *f AGR* Olivenanbau *m*
olivo [o'liƀo] *m BOT* Olivenbaum *m*
olla ['oʎa] *f* Kochtopf *m*, Kessel *m; ~ exprés/~ a presión* Dampfkochtopf *m*, Schnellkochtopf *m*
olmo ['ɔlmo] *m BOT* Ulme *f*
olor [o'lɔr] *m* Geruch *m; sin ~* geruchlos; *mal ~* Gestank *m; ~ agradable* Duft *m*, Wohlgeruch *m*
oloroso [olo'roso] *adj* wohlriechend, duftend
olvidadizo [ɔlƀiđa'điθo] *adj* vergesslich
olvidar [ɔlƀi'đar] *v 1.* vergessen; *2. (en un sitio)* liegen lassen
olvidarse [ɔlƀi'đarse] *v* entfallen; *Se me ha olvidado.* Das ist mir entfallen.
olvido [ɔl'ƀiđo] *m* Vergessenheit *f*, Vergessen *n*
ombligo [ɔm'bligo] *m ANAT* Nabel *m*
ominoso [omi'noso] *adj* Unheil verkündend
omisión [omi'sĭɔn] *f* Versäumnis *n*, Auslassung *f*
omiso [o'miso] *adj (descuidado)* nachlässig, saumselig
omitir [omi'tir] *v* auslassen, unterlassen, weglassen
ómnibus ['ɔmniƀus] *m* Omnibus *m*
omnímodo [ɔm'nimođo] *adj* absolut, unumschränkt
omnipotencia [ɔmnipo'tenθĭa] *f* Omnipotenz *f*, Allmacht *f*
omnipotente [ɔmnipo'tente] *adj* omnipotent, allmächtig, allgewaltig
omnipresencia [ɔmnipre'senθĭa] *f* Allgegenwart *f*
omnipresente [ɔmnipre'sente] *adj* allgegenwärtig

omnisapiente [ɔmnisa'pĭente] *adj* allwissend
omnisciencia [ɔmnis'θĭenθĭa] *f* Allwissenheit *f*
omnisciente [ɔmnis'θĭente] *adj* allwissend
omóplato [o'moplato] *m ANAT* Schulterblatt *n*
onagra [o'nagra] *f BOT* Nachtkerze *f*
onanismo [ona'nizmo] *m* Selbstbefriedigung *f*
once ['ɔnθe] *num* elf
onceavo [ɔnθe'aƀo] *adj* elfter
onceno [ɔn'θeno] *adj* elfter
onda ['ɔnda] *f 1.* Welle *f*, Woge *f*; *~ de pleamar* Flutwelle *f*; *2. ~ de presión TECH* Druckwelle *f*; *3. ~ ultracorta PHYS* Ultrakurzwellen *f*
ondeado [ɔnde'ado] *adj* wogend, flatternd, wehend
ondeante [ɔnde'ante] *adj* wallend
ondear [ɔnde'ar] *v* wehen
ondeo [ɔn'deo] *m* Wogen *n*, Flattern *n*, Wehen *n*
ondímetro [ɔn'dimetro] *m PHYS* Wellenmesser *m*
ondina [ɔn'đina] *f* Nixe *f*, Undine *f*
ondulación [ɔnđula'θĭɔn] *f* Wellenbewegung *f*, Welligkeit *f*, Ondulieren *n*
ondular [ɔnđu'lar] *v 1. (el cabello)* Haare in Wellen legen, wellen; *2. (ondear)* wogen, wellenförmig flattern
oneroso [one'roso] *adj 1.* beschwerlich; *2. (remunerado)* gegen Bezahlung
ónice ['oniθe] *m MIN* Onyx *m*
onírico [o'niriko] *adj* traumhaft
ónix ['onigs] *m MIN* Onyx *m*
onomancia [ono'manθĭa] *f* Onomantie *f*
onomatopeya [onomato'peja] *f* Onomatopöie *f*, Lautmalerei *f*
ontología [ɔntolo'xia] *f PHIL* Ontologie *f*
ONU ['onu] *f (Organización de las Naciones Unidas) POL* UNO *f*, Vereinte Nationen *pl*
onza ['ɔnθa] *f 1. ZOOL* Jaguar *m*; *2. (medida de peso)* Unze *f*
onzavo [ɔn'θaƀo] *adj* elfter
opacar [opa'kar] *v 1.* undurchsichtig machen, blickdicht machen, abdecken; *2. (fig)* etw in den Schatten stellen
opacidad [opaθi'đađ] *f* Undurchsichtigkeit *f*
opaco [o'pako] *adj* undurchsichtig
opalescencia [opales'θenθĭa] *f* Opaleszenz *f*, Schillern *n*
opalescente [opales'θente] *adj* schillernd
opalino [opa'lino] *adj* Opal...
ópalo ['opalo] *m MIN* Opal *m*
opción [ɔƀ'θĭɔn] *f 1.* Option *f*; *2. POL* Alternative *f*
opcional [ɔƀθio'nal] *adj* auf Wunsch, beliebig, freigestellt
ópera ['opera] *f* Oper *f*
operable [ope'raƀle] *adj* durchführbar, operierbar
operación [opera'θĭɔn] *f 1. MED* Operation *f*; *~ estética* Schönheitsoperation *f*; *~ quirúrgica* Eingriff *m*, Operation *f*; *2. ~ especulativa FIN* Spekulationsgeschäft *n*; *3. ECO* Geschäft *n*; *~ bursátil* Börsengeschäft *n*; *4. ~ aritmética MATH* Rechenaufgabe *f*; *5. (proceso)* Aktion *f*, Vorgang *m*
operador [opera'đɔr] *m MATH* Operator *m*, Rechner *m*
operador(a) [opera'đɔr/opera'đora] *m 1. ECO* Betreiber(in) *m/f*; *2. TECH* Bediener(in) *m/f*, Arbeiter(in) *m/f*, Maschinist(in) *m/f*; *3. ~ de radar (de un avión)* Lotse *m*
operando [ope'ranđo] *m MATH* Operand *m*
operar [ope'rar] *v 1.* operieren; *2. MED* operieren; *Me han operado de apendicitis.* Ich bin am Blinddarm operiert worden.
operario [ope'rarĭo] *m* Arbeiter *m*, Handwerker *m*
operatorio [opera'tɔrĭo] *adj* operativ, Operations...
opereta [ope'reta] *f MUS* Operette *f*
opilación [opila'θĭɔn] *f MED* Verstopfung *f*
opilar [opi'lar] *v (atascar un conducto) MED* verstopfen
opinable [opi'naƀle] *adj* denkbar, diskutierbar
opinar [opi'nar] *v* meinen
opinión [opi'nĭɔn] *f 1.* Ansicht *f*, Meinung *f*, Auffassung *f*; *de la misma ~* gleich gesinnt; *ser de la misma ~* sich anschließen; *hacer cambiar de ~* umstimmen; *~ pública* Öffentlichkeit *f*, Öffentliche Meinung *f*; *2. (juicio)* Beurteilung *f*, Ermessensspielraum *m*; *3. (posición sobre un tema)* Stellungnahme *f*
opio ['opĭo] *m BOT* Opium *n*
opiomanía [opĭoma'nia] *f* Opiumsucht *f*

opiómano [opĭ'omano] *m* Opiumsüchtiger *m*
opíparo [o'piparo] *adj* üppig
oploteca [oplo'teka] *f* Zeughaus *n*, Waffenmuseum *n*
oponente [opo'nɛnte] *m/f* Widersacher(in) *m/f*, Gegner(in) *m/f*
oponer [opo'nɛr] *v irr* entgegenhalten; *~ resistencia* widerstehen
oponerse [opo'nɛrse] *v irr* trotzen; *~ a* sich widersetzen
oporto [o'pɔrto] *m GAST* Portwein *m*
oportunamente [opɔrtuna'mente] *adv* rechtzeitig, beizeiten
oportunidad [opɔrtuni'đađ] *f* Chance *f*, Gelegenheit *f*
oportunismo [opɔrtu'nizmo] *m* Opportunismus *m*
oportunista [opɔrtu'nista] *m/f 1.* Opportunist(in) *m/f*; *adj 2.* opportunistisch
oportuno [opɔr'tuno] *adj 1. (a tiempo)* rechtzeitig, zeitig; *2. (adecuado)* angebracht, opportun
oposición [oposi'θĭɔn] *f 1.* Widerstand *m*; *2. (opuesto)* Gegensatz *m*, Opposition *f*
opositor(a) [oposi'tɔr/oposi'tora] *m/f JUR* Bewerber *m*, Gegner *m*, Opponent *m*
opresión [opre'sĭɔn] *f* Unterdrückung *f*, Druck *m*
opreso [o'preso] *adj* bedrückt, unterdrückt
opresor(a) [opre'sɔr/opre'sora] *m/f (fig)* Unterdrücker(in) *m/f*
oprimido [opri'miđo] *adj 1.* unterdrückt; *2. (fig)* bedrückt; *m 3. (fig)* unterjochter Mensch *m*, Unterdrückter *m*
oprimir [opri'mir] *v 1.* drücken; *2. (fig)* unterdrücken, belasten, bedrücken
oprobiar [ɔpro'ƀĭar] *v* schmähen
oprobio [ɔ'proƀĭo] *m* Bloßstellung *f*, Schande *f*, Schimpf *m*
oprobioso [ɔpro'ƀĭoso] *adj* schimpflich, schändlich
optar [op'tar] *v ~ por* für etw wählen, etw aussuchen, sich entscheiden
óptica ['ɔptika] *f* Optik *f*
óptico ['ɔptiko] *m 1.* Optiker *m*; *adj 2.* optisch
optimar [ɔpti'mar] *v* optimieren
optimetría [ɔptime'tria] *f* Optimetrie *f*
optimismo [opti'mizmo] *m* Optimismus *m*, Hoffnung *f*
optimista [opti'mista] *m/f 1.* Optimist(in) *m/f*; *adj 2.* optimistisch
optimizar [optimi'θar] *v MATH* optimieren
óptimo ['ɔptimo] *adj* optimal; *el/lo ~* der/das Beste
optometría [ɔptpme'tria] *f MED* Optometrie *f*
optómetro [ɔp'tɔmetro] *m MED* Optometer *n*
opuestamente [opwesta'mente] *adv* gegensätzlich
opuesto [o'pwesto] *adj 1.* entgegengesetzt, umgekehrt, gegensätzlich; *~ a* zuwider; *2. (rival)* gegnerisch
opugnación [opugna'θĭɔn] *f* Bekämpfung *f*, Erstürmen (einer Festung) *n*
opugnador [opugna'đɔr] *m* Belagerer *m*, Angreifer *m*
opugnar [opug'nar] *v* bekämpfen, bestürmen
opulencia [opu'lenθĭa] *f* Wohlstand *m*
opulento [opu'lento] *adj* opulent, üppig, luxuriös
opus ['opus] *m MUS* Opus *n*
oquedad [oke'đađ] *f* Höhlung *f*, Loch *n*
oquedal [oke'đal] *m* Hochwald *m*
oración [ora'θĭɔn] *f 1. GRAMM* Satz *m*; *2. REL* Gebet *n*, Fürbitte *f*; *~ de la noche* Abendgebet *n*
oráculo [o'rakulo] *m* Orakel *n*
orador(a) [ora'đɔr/ora'đora] *m/f* Redner(in) *m/f*
oral [o'ral] *adj* mündlich, oral, verbal
orangután [oraŋgu'tan] *m ZOOL* Orang-Utan *m*
orar [o'rar] *v REL* beten
orate [o'rate] *m (demente)* Verrückter *m*, Spinner *m*
oratoria [ora'torĭa] *f* Redekunst *f*, Beredsamkeit *f*
oratorio [ora'tɔrĭo] *adj 1. (relativo a la oratoria)* rednerisch, Rede..., oratorisch; *m 2. (género musical) MUS* Oratorium *n*
orbícola [ɔr'ƀikola] *adj* kreisförmig, ringförmig
órbita ['ɔrƀita] *f ASTR* Orbit *m*, Umlaufbahn *f*, Bahn *f*
orbital [ɔrƀi'tal] *adj* Kreisbahn..., Umlauf..., orbital
orden[1] ['ɔrđen] *f 1.* Ordnung *f*, Reihenfolge *f*; *en ~* ordnungsgemäß; *~ del día* Tagesordnung *f*; *2. JUR* Verfügung *f*; *~ penal* Strafbefehl *m*; *3. ~ de pago FIN* Anweisung *f*; *4. ECO* Auftrag *m*, Bestellung *f*; *~ permanente* Dauerauftrag *m*; *5. REL* Orden *m*

orden² ['ɔrđen] *f* *1. (comando)* Anordnung *f,* Befehl *m; 2. (fig: instrucción) INFORM* Anweisung *f,* Anleitung *f; 3. (condecoración)* Orden *m*

ordenación [ɔrđena'θĭɔn] *f* *1.* Regelung *f; 2. ~ sacerdotal REL* Priesterweihe *f*

ordenada [ɔrđe'nađa] *f MATH* Ordinate *f*

ordenadamente [ɔrđenađa'mente] *adv* ordentlich

ordenado [ɔrđe'nađo] *adj* ordentlich

ordenador [ɔrđena'đɔr] *m 1.* Ordner *m; 2. (en España) INFORM* Computer *m; ~ personal (PC)* Personalcomputer (PC) *m; ~ portátil* Laptop *m*

ordenamiento [ɔrđena'mĭento] *m* Ordnung *f,* Anordnung *f*

ordenar [ɔrđe'nar] *v 1. (arreglar)* aufräumen, ordnen; *2. (pedir)* bestellen; *3. (instruir)* befehlen, anordnen, verordnen, anweisen; *~ el internamiento en un hospital* die Einweisung in ein Krankenhaus anordnen; *4. (disponer)* richten, anordnen, einordnen

ordeño [ɔr'đeɲo] *m AGR* Melken *n*

ordeñar [ɔrđe'ɲar] *v* melken

ordinal [ɔrđi'nal] *adj MATH* Ordnungs..., Ordinal...

ordinariamente [ɔrđinarĭa'mente] *adv* ordinär

ordinariez [ɔrđina'rĭeθ] *f* Grobheit *f,* Rohheit *f,* Ungeschliffenheit *f*

ordinario [ɔrđi'narĭo] *adj 1. (frecuente)* gewöhnlich, üblich; *2. (vulgar)* vulgär, ordinär, grob, unflätig; *3. juzgado ~ JUR* ordentlich

orear [ore'ar] *v 1. (ventilar)* lüften, auslüften; *2. (salir a tomar el aire)* frische Luft schöpfen

orégano [ore'gano] *m BOT* Origano *m,* Dost *m,* wilder Majoran *m*

oreja [o'rɛxa] *f 1. (exterior) ANAT* Ohr *n,* Ohrmuschel *f; 2. alzar las ~s (fam)* die Ohren spitzen *n/pl*

oreo [o'reo] *m (ventilación)* Lüftung *f,* Auslüften *n*

orfanato [ɔrfa'nato] *m* Waisenhaus *n*

orfebre [ɔr'feƀre] *m/f* Goldschmied(in) *m/f*

orfebrería [ɔrfeƀre'rĭa] *f* Goldschmiedearbeit *f,* Juwelierarbeit *f,* Goldschmiedekunst *f*

orfeón [ɔrfe'ɔn] *m MUS* Chor *m,* Gesangsverein *m*

orgánico [ɔr'ganiko] *adj* organisch, Organ...

organigrama [ɔrgani'grama] *m TECH* Organigramm *n,* Organisationsschema *n*

organillo [ɔrga'niʎo] *m* Leierkasten *m*

organismo [ɔrga'nizmo] *m* Organismus *m; ~ de inspectoría* Aufsichtsbehörde *f; ~ viviente* Lebewesen *n*

organista [ɔrga'nista] *m/f MUS* Organist(in) *m/f*

organización [ɔrganiθa'θĭɔn] *f 1.* Einrichtung *f,* Organisation *f; 2. (puesta en práctica)* Veranstaltung *f; 3. (fig: disposición interna)* Gliederung *f,* Organisation *f*

organizado [ɔrgani'θado] *adj (fam: ordenado)* ordentlich, organisiert, systematisch

organizador(a) [ɔrganiθa'đɔr/ɔrganiθa'đora] *m/f* Organisator(in) *m/f,* Veranstalter(in) *m/f*

organizar [ɔrgani'θar] *v 1.* einrichten, ausrichten, veranstalten; *2. (poner en práctica)* organisieren; *¿Puede usted ~ ésto?* Können Sie das arrangieren?

órgano ['ɔrgano] *m 1. ANAT* Organ *n; ~ sensorial* Sinnesorgan *n; ~ sexual* Geschlechtsorgan *n; ~s respiratorios* Atemorgane *pl; 2. ~ sensorio TECH* Sensor *m; 3. MUS* Orgel *f; 4. (fig: representante)* Organ (Mitteilungsblatt eines Organes) *n,* Sprachrohr *n; 5. (medio)* Behörde *f,* Stelle *f,* Organ *n*

orgasmo [ɔr'gasmo] *m* Orgasmus *m*

orgía [ɔr'xia] *f* Orgie *f*

orgiástico [ɔrgĭ'aztiko] *adj* orgiastisch, ausschweifend

orgullo [ɔr'guʎo] *m* Stolz *m,* Hochmut *m*

orgulloso [ɔrgu'ʎoso] *adj* hochmütig, stolz; *~ de* stolz auf

orientación [orĭenta'θĭɔn] *f 1.* Orientierung *f; 2. ~ sobre* Übersicht über *f; 3. ~ matrimonial* Eheberatung *f; 4. (fig: forma de pensar)* Ausrichtung *f,* Orientierung *f,* Zielvorstellung *f; 5. (fig: dirección)* Richtung *f,* Zielsetzung *f*

oriental [orĭen'tal] *adj* östlich, orientalisch

orientar [orĭen'tar] *v* orientieren

orientarse [orĭen'tarse] *v* sich zurechtfinden

Oriente [o'rĭente] *m 1. GEO* Morgenland *n,* Orient *m; el Extremo ~* Ferner Osten *m; el Medio ~* Mittlerer Osten *m; el Cercano ~* Naher Osten *m; 2. (este) GEO* Osten *m*

orificio [ori'fiθĭo] *m* Öffnung *f,* Loch *n*
origen [o'rixen] *m 1. (procedencia)* Abstammung *f,* Herkunft *f; lugar de ~* Abstammung *f; 2. (surgimiento)* Entstehung *f,* Ursprung *m,* Keim *m; 3. (motivo)* Veranlassung *f; 4. tener sus orígenes en* zurückgehen auf
original [orixi'nal] *m 1.* Original *n; adj 2.* originell, apart, original; *3. ~ de* ursprünglich aus; *4. sonido ~* original, Ursprungs...; *adj 5. pecado ~ REL* Erbsünde *f*
originalidad [orixinali'đađ] *f* Originalität *f*
originar [orixi'nar] *v* verursachen, veranlassen
originario [orixi'narĭo] *adj* ursprünglich
originarse [orixi'narse] *v* entstehen; *~ en* entspringen aus
orilla [o'riʎa] *f 1.* Ufer *n,* Gestade *n,* Strand *m; 2. a ~s del Rin* am Rheinufer *n; 3.* Rand *m,* Saum *m*
orillero [ori'ʎero] *adj (arrabalero) (LA)* Vorstadt..., vorstädtisch
orín [o'rin] *m* Urin *m,* Harn *m*
orina [o'rina] *f* Urin *m,* Harn *m*
orinal [ori'nal] *m* Nachttopf *m*
orinar [ori'nar] *v* urinieren
oriundez [oriun'deθ] *f* Herkunft *f,* Abstammung *f*
oriundo [o'rĭundo] *adj* gebürtig
orlar [ɔr'lar] *v* säumen, verzieren
ornamentación [ɔrnamenta'θiɔn] *f* Verzieren *n,* Schmuck *m,* Ausschmücken *n*
ornamental [ɔrnamen'tal] *adj* dekorativ
ornamentar [ɔrnamen'tar] *v* verzieren
ornamento [ɔrna'mento] *m* Ornament *n,* Verzierung *f,* Zierde *f*
ornar [ɔr'nar] *v* schmücken, verzieren
ornato [ɔr'nato] *m el ~ público* Schmuck *m,* Zierrat *m,* Ausschmückung *f*
ornitología [ɔrnitolo'xia] *f* Ornithologie *f,* Vogelkunde *f*
ornitorrinco [ɔrnito'rriŋko] *m ZOOL* Schnabeltier *n*
oro ['oro] *m 1.* Gold *n; prometer el ~ y el moro* das Blaue vom Himmel versprechen; *2. (fig) corazón de ~* goldenes Herz *n; Tu madre tiene un corazón de ~.* Deine Mutter hat ein Herz aus Gold. *3. (fig) pagar algo a peso de ~* etw mit Gold aufwiegen
orondo [o'rondo] *adj (lleno de vanidad)* stolz, aufgeblasen
oronja [o'rɔnxa] *f ~ falsa BOT* Fliegenpilz *m*
oropel [oro'pel] *m (fig: algo de poco valor)* Tand *m,* Flitter *m*
oropéndola [oro'pendola] *f ZOOL* Pirol *m*
orquesta [ɔr'kesta] *f MUS* Orchester *n,* Musikkapelle *f; ~ filarmónica* Philharmonie *f*
orquestal [ɔrkes'tal] *adj MUS* orchestral, Orchester...
orquestar [ɔrkes'tar] *v 1. MUS* orchestrieren, instrumentieren; *2. (fig: tramar)* anstiften, anzetteln
orquestina [ɔrkes'tina] *f MUS* Kapelle *f,* Ensemble *n*
ortiga ['or'tiga] *f BOT* Brennnessel *f*
ortodoncia [ɔrtođɔn'θĭa] *f MED* Kieferorthopädie *f,* Gebissregulierung *f*
ortodoncista [ɔrtođon'θista] *m/f MED* Kieferorthopäde/Kieferorthopädin *m/f*
ortodoxia [orto'đoxia] *f* Orthodoxie *f,* Rechtgläubigkeit *f*
ortodoxo [ɔrto'đɔkso] *adj* orthodox, linientreu
ortogonal [ɔrtogo'nal] *adj* rechtwinklig
ortografía [ɔrtogra'fia] *f* Orthografie *f,* Rechtschreibung *f*
ortografiar [ɔrtogra'fĭar] *v* orthografisch richtig schreiben
ortopedia [ɔrto'pеđĭa] *f* Orthopädie *f*
ortopédico [ɔrto'peđiko] *adj* orthopädisch
ortopedista [ɔrto'peđista] *m/f MED* Orthopäde/Orthopädin *m/f*
oruga [o'ruga] *f 1. TECH* Raupe *f; 2. ZOOL* Raupe *f*
orujo [o'ruxo] *m (residuo de la aceituna)* Trester *pl,* Treber *pl*
orzuelo [ɔr'θwelo] *m MED* Gerstenkorn *n*
os [ɔs] *pron* euch
osa ['osa] *f ZOOL* Bärin *f; la ~ mayor/menor* großer/kleiner Bär (Sternbild) *m*
osadamente [osađa'mente] *adv* keck, kühn
osadía [osa'đia] *f* Vermessenheit *f*
osado [o'sađo] *adj* dreist, gewagt, keck
osamenta [osa'menta] *f 1. (el esqueleto)* Skelett *n; f/pl 2. (montón de huesos)* Gebeine *n/pl,* Knochen *m/pl*
osar [o'sar] *v irr* wagen, getrauen
osario [o'sarĭo] *m* Beinhaus *n,* Schädelstätte *f,* Begräbnisplatz *m*
oscilación [ɔsθila'θĭɔn] *f 1.* Schwankung *f; 2. (de la luz) PHYS* Schwingung *f,* Schwung *m*

oscilador [osθila'đɔr] *m TECH* Oszillator *m*
oscilante [ɔsθi'lante] *adj* schwingend, oszillierend
oscilar [ɔsθi'lar] *v 1.* wanken, schwanken, sich bewegen zwischen; *2. (flamear)* flackern
oscilatorio [osθila'torĭo] *adj*
osciloscopio [ɔsθilos'kopĭo] *m TECH* Oszilloskop *n*
ósculo ['ɔskulo] *m* Kuss *m*
oscurantismo [ɔskuran'tizmo] *m* Obskurantismus *m*, (systematische) Massenverdummung *f*
oscurecer [ɔskure'θɛr] *v irr 1.* verdunkeln, dunkeln, dunkel werden; *m 2.* Dunkelwerden *n; al ~* in der Dämmerung
oscurecerse [ɔskure'θerse] *v 1.* dunkel werden; *2. (fig: ponerse sombrío)* sich verfinstern
oscurecimiento [ɔskureθi'mĭento] *m* Verdunkelung *f*
oscuridad [ɔskuri'đađ] *f* Dunkelheit *f*, Finsternis *f*
oscuro [ɔs'kuro] *adj 1.* finster, düster; *2. (fig)* dunkel, obskur
óseo ['oseo] *adj* Knochen..., knochig
ósmosis ['ɔsmosis] *f* Osmose *f*
osmótico [ɔs'motiko] *adj* osmotisch
oso ['oso] *m ZOOL* Bär *m; ~ hormiguero* Ameisenbär *m; ~ pardo* Braunbär *m; ~ polar* Eisbär *m*
ostensible [ɔsten'siƀle] *adj* vordergründig, offensichtlich
ostensivo [ɔsten'siƀo] *adj* ostentativ, auffallend
ostentación [ɔstenta'θion] *f 1. hacer ~ de (mostrar)* zur Schau stellen, eine Kostprobe geben; *2. hacer ~ de (alardear de algo)* prahlen, angeben, zur Schau stellen
ostentar [ɔsten'tar] *v ~ un título* innehaben, vorweisen, aufweisen
ostentativo [ɔstenta'tiƀo] *adj* ostentativ
ostentoso [ɔsten'toso] *adj* auffallend, pompös
osteoma [ɔs'teoma] *m MED* Osteom *n*, Knochengewebsgeschwulst *f*
ostra ['ɔstra] *f 1. ZOOL* Auster *f; 2. aburrirse como una ~ (fig)* sich schrecklich langweilen
ostracismo [ɔstra'θizmo] *m* Verbannung *f*, Verfemung *f*, Ächtung *f*
ostricultura [ɔstrikul'tura] *f* Austernzucht *f*
OTAN ['otan] *f (Organización de las Naciones Unidas)* NATO *f*
otitis [o'titis] *f MED* Ohrenentzündung *f*
otólogo [o'tologo] *m MED* Ohrenarzt *m*
otoñal [oto'ɲal] *adj* herbstlich
otoño [o'toɲo] *m* Herbst *m*
otorgamiento [otɔrga'mĭento] *m 1. (de un premio)* Verleihung *f; 2. (de un permiso)* Bewilligung *f*
otorgar [otɔr'gar] *v 1. (ceder)* gewähren; *2. (dar permiso)* bewilligen; *3. (un premio)* verleihen
otorrinolaringología [otorrinolariŋgolo'xia] *f MED* Hals-Nasen-Ohrenheilkunde *f*
otorrinolaringólogo [otɔrrinolariŋ'gologo] *m MED* Hals-Nasen-Ohrenarzt *m*
otro ['otro] *pron 1.* ein anderer, ein Zweiter; *pl 2. ~s* weitere, sonstige; *adj 3.* andere(r, s); *~ día* neulich, letztens; *Deseo otra habitación.* Ich will ein anderes Zimmer. *¿Hay ~ camino?* Gibt es noch einen anderen Weg? *Vengo otra vez.* Ich komme ein anderes Mal.
ovación [oƀa'θĭɔn] *f* Beifall *m*
ovacionar [oƀaθĭo'nar] *v* Ovation bringen, jdm überschwänglich applaudieren
oval [o'bal] *adj* eiförmig, oval
ovario [o'ƀarĭo] *m ANAT* Eierstock *m*
oveja [o'ƀɛxa] *f ZOOL* Schaf *n; la ~ negra (fig)* das schwarze Schaf *n*
overall [oƀe'ral] *m (LA)* Overall *m*
oviducto [oƀi'dukto] *m ANAT* Eileiter *m*
ovillo [o'ƀiʎo] *m* Knäuel *n*
ovoide [o'ƀoĭđe] *adj* eiförmig
ovulación [oƀula'θĭɔn] *f BIO* Eisprung *m*
oxidado [ɔksi'đađo] *adj* rostig
oxidarse [ɔksi'đarse] *v 1.* rosten, verrosten; *2. CHEM* oxidieren
óxido ['ɔksiđo] *m CHEM* Rost *m*
oxigenación [ɔksixena'θĭon] *f CHEM* Sättigung mit Sauerstoff *f*, Sauerstoffaufnahme *f*
oxigenado [ɔksixe'nađo] *adj agua oxigenada* sauerstoffhaltig, wasserstoffblond
oxigenar [ɔksixe'nar] *v* mit Sauerstoff verbinden, mit Sauerstoff versetzen
oxígeno [ɔk'sixeno] *m CHEM* Sauerstoff *m*
oyente [o'jente] *m/f* Hörer(in) *m/f*, Zuhörer(in) *m/f*
ozono [o'θono] *m CHEM* Ozon *n; la capa de ~* Ozonschicht *f*

P

pabellón [paƀe'ʎɔn] *m 1.* Flagge *f; 2. (casa)* Gartenhaus *n; 3. (nave)* Halle *f; 4. el ~ de la oreja ANAT* Ohrmuschel *f*
pabilo [pa'ƀilo] *m* Docht *m*
pábulo ['paƀulo] *m 1. (comida)* Nahrung *f; 2. (fig) dar ~ a* Anlass zum Reden geben
paca ['paka] *f (fardo)* Päckchen *n,* Bündel *n*
pacato [pa'kato] *adj* ruhig, friedlich
pacer [pa'θɛr] *v irr* grasen
pachá [pa'tʃa] *m* Pascha *m*
pachón [pa'tʃɔn] *adj 1. perro ~ ZOOL* Dachshund *m; 2. (flemático, cachazudo)* Faulpelz *m*
pachorra [pa'tʃorra] *f* Trägheit *f,* Dickfelligkeit *f*
pachorrudo [patʃo'rruđo] *adj* phlegmatisch, nachlässig
paciencia [pa'θĭenθĭa] *f 1.* Geduld *f,* Ausdauer *f; ~ de un santo* Engelsgeduld *f; 2. (flema, lentitud)* Langsamkeit *f,* Langmut *f; ¡Qué ~ la de ese camarero!* Dieser Kellner hat die Ruhe weg! *3. (fig: tolerancia)* Duldung *f; 4. probar uno la ~ de alguien* jemandes Geduld auf die Probe stellen; *5. tentar la ~ de alguien* jemanden reizen
paciente [pa'θĭente] *m/f 1.* Patient(in) *m/f; adj 2.* geduldig, ausdauernd; *3. persona ~ GRAMM* Passivform *f*
pacienzudo [paθĭen'θuđo] *adj* äußerst geduldig
pacificación [paθifika'θĭɔn] *f 1.* Befriedung *f,* Pazifizierung *f; 2. (convenio de paz entre dos países) POL* Friedensabkommen *n,* Befriedung *f*
pacificador(a) [paθifika'đɔr/paθifika'đora] *m/f* Frieden bringende Person *f,* Frieden stiftende Person *f*
pacíficamente [paθifika'mente] *adv* friedlich, pazifistisch
pacificante [paθifi'kante] *adj* Frieden bringend
pacificar [paθifi'kar] *v* befrieden, Frieden bringen, Frieden stiften
pacificarse [paθifi'karse] *v (sosegarse lo que estaba turbado)* sich beruhigen, ruhig werden
pacífico [pa'θifiko] *adj 1.* friedlich; *2. (tranquilo)* ruhig, still; *3. Oceano Pacífico GEO* Pazifik *m,* Pazifischer Ozean *m*
pacifismo [paθi'fizmo] *m* Pazifismus *m*
pacifista [paθi'fista] *m/f 1.* Pazifist(in) *m/f; adj 2.* pazifistisch
pacotilla [pako'tiʎa] *f de ~* Ramschware *f,* Trödel *m,* Schund *m*
pacotillero [pakoti'ʎero] *m 1.* Ramschverkäufer *m,* Trödler *m,* Schundverkäufer *m; 2. (buhonero)(LA)* Hausierer *m,* Krämer *m*
pactar [pak'tar] *v ~ un acuerdo* vereinbaren, ausbedingen, schließen
pacto ['pakto] *m 1.* Pakt *m,* Abkommen *n; 2. ~ militar POL* Militärbündnis *n; ~ secreto* Geheimbund *m; 3. ~ de no agresión POL* Nichtangriffspakt *m*
padecer [pađe'θɛr] *v irr 1. ~ de* leiden an, erleiden, erdulden; *2. (sufrir por lo experimentado)* leiden; *3. (sufrir físicamente)* Schmerzen erleiden; *4. ~ engaño* einem Betrug zum Opfer fallen; *5. (tolerar)* aushalten, ertragen; *¿Cómo puedes ~ tales abusos?* Wie kannst du diesen Missbrauch ertragen? *6. (fig: sufrir menoscabo las cosas)* Schaden nehmen
padecimiento [pađeθi'mĭento] *m* Leiden *n*
padrastro [pa'đrasto] *m* Stiefvater *m*
padre ['pađre] *m 1.* Vater *m; ~ político* Schwiegervater; *por parte de ~* väterlicherseits; *2. REL* Pater *m; ~ espiritual* Seelsorger *m; 3. Padre Nuestro REL* Vaterunser *n; m/pl 4. ~s* Eltern *pl; ~s adoptivos* Adoptiveltern *pl; ~s políticos* Schwiegereltern *pl; ~s putativos/~s tutelares* Pflegeeltern *pl; 5. (primera persona de la trinidad) REL* Vater *m; El padre el hijo y el espíritu santo.* Der Vater, der Sohn und der Heilige Geist. *6. el santo ~ REL* der Heilige Vater *m; 7. (fig: el origen de algo)* Ursprung *m,* Vater *m,* Quelle *f; El ocio es el ~ de los vicios.* Müßiggang ist aller Laster Anfang. *8. ~ apostólico REL* Papst *m; 9. (fig) ~ de almas REL* Seelsorger *m; 10. ~ de familia* Familienvater *m; 11. ~ de la patria* Landesvater *m; 12. ~ espiritual* Seelsorger *m*
padrenuestro [pađre'nwestro] *m REL* Vaterunser *n*
padrinazgo [pađri'naθgo] *m 1.* Patenschaft *f; 2. (fig: protección)* Schutz *m,* Patenschaft *f*

padrino [pa'đrino] *m 1.* Taufpate *m; 2. ~ de la boda* Brautführer *m; 3. (fig: protector de alguien)* Beschützer *m*
paella [pa'eʎa] *f GAST* Paella *f*
paellera [pae'ʎera] *f (recipiente) GAST* Paella-Gefäß *n*
paga ['paga] *f 1.* Zahlung *f; Puedo dejar ~ y señal.* Ich mache gerne eine Anzahlung. *2. (sueldo)* Lohn *m; 3. MIL* Besoldung *f; 4. mala/buena ~* Schuldner *m,* Rückzahler *m,* Zahler *m*
pagadero [paga'đero] *adj 1.* zahlbar; *2. FIN* fällig
pagado [pa'gađo] *adj ~ de sí mismo* eingebildet, von sich überzeugt
pagador [paga'đɔr] *m FIN* Zahler *m*
pagaduría [pagađu'ria] *f FIN* Zahlstelle *f*
paganismo [paga'nizmo] *m* Heidentum *n,* Paganismus *m*
pagano [pa'gano] *m* Heide *m*
pagar [pa'gar] *v 1.* bezahlen, auszahlen, zahlen; *~ a cuenta* anzahlen; *Pago una ronda.* Ich gebe einen aus. *¿Puedo ~ con chelines?* Kann ich in Schillingen zahlen? *2. (ingresar)* einzahlen; *3. (devolver)* zurückzahlen, begleichen; *4. (fam)* blechen; *5. ECO* abführen; *6. ~ impuestos por FIN* versteuern; *~ intereses* verzinsen; *7. (fig: cumplir una pena por un delito)* verbüßen, abbüßen, sühnen; *~ una condena de veinte años* eine Strafe von zwanzig Jahren verbüßen; *8. (fig: corresponder al afecto)* zurückzahlen, vergelten, entlohnen; *¡Así es como pagas todo el amor que te he dado!* So vergiltst du mir also all die Liebe, die ich dir gab! *9. (fig) ~la/~las* bezahlen; *¡Me las vas a ~!* Das wirst du mir bezahlen! *10. ~ al contado* bar bezahlen
pagaré [paga're] *m ECO* Schuldschein *m*
página ['paxina] *f 1.* Seite *f; 2. (fig: acontecimiento)* Seite *f,* Ereignis *n*
paginación [pagina'θĭɔn] *f* Paginierung *f,* Seitenbezifferung *f*
paginar [pagi'nar] *v* paginieren
pago ['pago] *m balanza de ~s ECO* Bilanz *f; 2. en ~* als Zahlung für *f*
pago ['pago] *m FIN* Zahlung *f,* Bezahlung *f,* Auszahlung *f,* Einzahlung *f; ~ por adelantado/~ anticipado* Vorauszahlung *f; ~ de alimentos* Unterhaltszahlung *f; ~ al contado* Barzahlung *f; ~ a cuenta* Abschlagszahlung *f,* Anzahlung *f; ~ a plazos* Abzahlung *f,* Teilzahlung *f,* Ratenzahlung *f; ~ posterior* Nachzahlung *f; ~ de derechos de aduana* Verzollung *f*
pagoda [pa'gođa] *f ARCH* Pagode *f*
paguro [pa'guro] *m ZOOL* Einsiedlerkrebs *m*
paila ['paila] *f* Metallbecken *n,* Wasserbecken *n,* Pfanne *f*
pairar [pai'rar] *v NAUT* beiliegen
pairo ['pairo] *m al ~ NAUT* beiliegend
país [pa'is] *m 1.* Land *n; del ~* heimisch, hiesig, inländisch; *~ de orígen/~ de procedencia* Heimat *f,* Herkunftsland *n,* Ursprungsland *n; ~ extranjero* Ausland *n; ~ anfitrión* Gastgeberland *n; 2. ~ del golfo POL* Golfstaat *m; ~ miembro* Mitgliedsstaat *m; 3. ~ industrial ECO* Industrieland *n; ~ agrícola* Agrarland *n; ~ umbral* Schwellenland *n; ~ productor* Erzeugerland *n; ~ en vías de desarrollo* Entwicklungsland *n; m/pl 4. ~es balcánicos GEO* Balkanländer *pl; ~es bálticos* Baltikum *n; ~es tropicales* Tropen *pl; Países Bajos* Niederlande *pl*
paisaje [paĭ'saxe] *m* Gegend *f,* Landschaft *f*
paisajista [paisa'xista] *m ART* Landschaftsmaler *m*
paisanaje [paisa'naxe] *m 1. (grupo de paisanos)* Landvolk *n; 2. (vínculo por ser paisanos)* Verband der Landwirte
paisano [paĭ'sano] *m* Landsmann *m; de ~* in Zivil
paja ['paxa] *f 1.* Stroh *n; 2. BOT* Halm *m; 3. echar ~s* mit Strohhalmen losen
pajar [pa'xar] *m* Scheune *f,* Heuschober *m*
pajarear [paxare'ar] *v 1. (cazar pájaros)* Vögel fangen *m/pl; 2. (fig: ir ociosamente de acá para allá)* herumlungern
pajarera [paxa'rera] *f (jaula para pájaros)* Vogelkäfig *m,* Voliere *f*
pajarero [paxa'rero] *adj 1.* munter, fröhlich, schüchtern; *m 2. (que vende pájaros)* Vogelhändler *m*
pájaro ['paxaro] *m 1. ZOOL* Vogel *m; ~ cantor* Singvogel *m; ~ carpintero* Specht *m; 2. ~ bobo ZOOL* Pinguin *m; ~ carpintero* Specht *m; 3. (fig) matar dos ~s de un tiro* zwei Fliegen mit einer Klappe schlagen, zwei Dinge mit einem Schlag erledigen; *4. (fig) ~ de cuenta* Gauner *m,* Halunke *m*
pajarota [paxa'rɔta] *f* Schwindel *m,* Ente *f* (fig)
pajarraco [paxa'rrako] *m 1. (fam)* hässlicher Vogel *m; 2. (fam: hombre astuto)* schlauer Vogel *m*

paje ['paxe] *m* Page *m*
pajita [pa'xita] *f* Strohhalm *m*
Pakistán [pakis'tan] *m GEO* Pakistan *n*
pala ['pala] *f* Kehrschaufel *f,* Schippe *f*
palabra [pa'laƀra] *f 1.* Wort *n; ~ extranjera* Fremdwort *n; ~ de honor* Ehrenwort *n; sin decir una ~* wortlos; *~ por ~* wörtlich; *tener facilidad de ~s* wortgewandt sein; *2. (afirmativa)* Zusage *f; m/pl 3. ~ reservada INFORM* Codewort *n,* Schlüsselwort *n; f 4. (dos Bytes) INFORM* zwei Bytes *n/pl; 5. pedir la ~* ums Wort bitten *n,* das Wort verlangen *n; tener derecho de ~* das Rederecht haben *n; 6. la ~ de Dios REL* das Wort Gottes *n; 7. ~s mayores* Schimpfreden *f/pl,* Schmähworte *n/pl; 8. ahorrar ~s* nicht viel Gerede machen *n; 9. hablar comiendose las ~s* sich verhaspeln, sich im Reden übereilen *n; 10. cuatro ~s* ein Wörtchen reden; *¿Puedo hablar contigo cuatro ~s?* Kann ich ein Wörtchen mit dir reden? *11. decir la última ~ en un asunto* in einer Angelegenheit das letzte Wort haben; *12. dejarlo a uno con las ~s en la boca* jdn nicht ausreden lassen, jdm nicht zuhören wollen; *13. de ~* mündlich; *14. dirigir la ~ a alguien* das Wort an jdn richten, sich an jdn wenden; *15. en pocas ~s* kurz gesagt; *16. faltar uno a su ~* sein Wort nicht halten, ein Versprechen brechen; *¡Has vuelto a faltar a tu ~!* Du hast dein Versprechen gebrochen! *17. faltarle a uno las ~s* keine Worte haben für; *Me faltan las ~s para explicar la maldad de esa persona.* Mir fehlen die Worte, um die Schlechtigkeit dieser Person erklären zu können. *18. libertad bajo ~ JUR* Redefreiheit *f; 19. gastar ~s* ins Leere reden, Worte verschwenden; *No quiero gastar ~s contigo.* Bei dir rede ich ja doch gegen eine Wand. *20. no decir uno ~* nicht mucksen; *21. no más que ~s* leere Worte; *22. ser uno un hombre de una sola ~* ein Mann von wenigen Worten sein; *23. quitarle a uno las ~s de la boca* jdm das Wort aus dem Munde nehmen
palabrada [pala'ƀrađa] *f* derber Ausdruck *m*
palabreja [pala'ƀrexa] *f* geschraubte Redewendung *f*
palabreo [pala'ƀreo] *m (charla vana)* leeres Geschwätz *n*
palabrería [palaƀre'rĭa] *f* Wortschwall *m,* Geschwätz *n,* leeres Gerede *n; ¡Basta de ~!* Schluss mit dem Geschwätz!
palabrero [pala'ƀrero] *adj (que promete y no cumple)* Schwätzer *m,* Großmaul *n*
palabrota [pala'ƀrota] *f* Kraftausdruck *m,* Schimpfwort *n*
palaciego [pala'θĭego] *adj* höfisch, Hof...
palacio [pa'laθĭo] *m* Palast *m,* Schloss *n*
paladar [pala'đar] *m 1. ANAT* Gaumen *m; 2. ~ fino* Leckermaul *n; tener buen ~* einen guten Geschmack haben
paladear [palađe'ar] *v* abschmecken, kosten
paladeo [pala'đeo] *m* Kosten *n,* Schmecken *n*
paladín [pala'đin] *m (fig: defensor de ...)* Paladin *m,* Ritter *m*
paladio [pa'lađĭo] *m (elemento químico) CHEM* Palladium *n*
palafito [pala'fito] *m ARCH* Pfahlbau *m*
palanca [pa'laka] *f TECH* Hebel *m; ~ de mando* Steuerknüppel *m; ~ de cambio/~ de marchas* Schalthebel *m*
palangana [palan'gana] *f (jofaina)* Waschbecken *n*
palanqueta [palaŋ'keta] *f TECH* Brecheisen *n*
palatino [pala'tino] *adj hueso ~ ANAT* Gaumenbein *n*
palazo [pa'laθo] *m (golpe con un palo)* Schlag mit der Schaufel *m*
palco ['palko] *m 1. THEAT* Loge *f; 2. ~ de platea THEAT* Loge im Parterre
palear [pale'ar] *v* mit einer Schaufel umstechen
paleografía [paleogra'fia] *f* Paläografie *f*
paleolítico [paleo'litiko] *m 1. GEOL* paläolithisch, altsteinzeitlich; *2. GEOL* Paläolithikum *n*
paleólogo [pale'ologo] *m* Paläontologe *m*
paleontología [paleontolo'xia] *f* Paläontologie *f*
paleontológico [paleonto'loxiko] *adj* paläontologisch
paleontólogo [paleon'tologo] *m* Paläontologe *m*
paleozoico [paleo'θoiko] *m 1. GEOL* Paläozoikum *n; adj 2. GEOL* aus dem Paläozoikum stammend, das Paläozoikum betreffend
Palestina [pales'tina] *f GEO* Palästina *n*
palestino [pales'tino] *m* Palästinenser *m*
palestra [pa'lestra] *f (lugar para luchar)* Palästra *f,* Kampfarena *f*

paleta [pa'leta] *f* *1.* Kelle *f*; *2. ART* Palette *f*; *3. TECH* Palette *f*; *4. (fig: espectro)* Spektrum *n*, Palette *f*
paletilla [pale'tiʎa] *f* *(omóplato)* Schulterblatt *n*
paleto [pa'leto] *m* Tölpel *m*, Flegel *m*
paliar [pa'lĭar] *v* *1. (disimular, encubrir)* vertuschen, verbergen; *2. (mitigar el rigor de una enfermedad)* lindern
paliativo [palia'tiƀo] *m* *1. MED* Linderung *f*; *2. (medios auxiliares)* Linderungsmittel *n*, Hilfsmittel *n*, unterstützende Maßnahmen *f/pl*
paliatorio [palĭa'tɔrĭo] *adj* lindernd, beschönigend, verharmlosend
palidecer [paliđe'θɛr] *v irr* *1.* verblassen, bleich werden; *2. (aclarar algo)* bleichen
palidez [pali'đeθ] *f* Blässe *f*
pálido ['paliđo] *adj* blass, bleich, fahl; *~ como un muerto* leichenblass; *~ del susto* schreckensbleich; *2. (fig: desanimado)* mutlos, gedrückt
paliducho [pali'đutʃo] *adj* blass
palillo [pa'liʎo] *m* *(mondadientes)* Zahnstocher *m*
palíndromo [pa'linđromo] *m* Palindrom *n*
palique [pa'like] *m* Plaudern *n*, Getratsche *n*
paliquear [palike'ar] *v* plaudern
paliza [pa'liθa] *f* Prügel *pl*; *pegarse una ~ (fig)* schwere Arbeit verrichten
palizada [pali'θađa] *f* *(empalizada)* Palisade *f*, Pfahlwerk *n*
palma ['palma] *f* *1.* Palmzweig *m*; *2. (de la mano) ANAT* Handfläche *f*; *dar ~s* in die Hände klatschen; *3. llevarse uno la ~* den Sieg davontragen *m*
palmada [pal'mađa] *f* Schlag *m*, Handfläche *f*
palmar [pal'mar] *adj* *1.* Hand...; *2.* Palmen...; *3. (palmario)* offensichtlich
palmario [pal'marĭo] *adj* offenkundig; *Es ~ que...* Es liegt auf der Hand, dass..., offensichtlich, auf der Hand liegend
palmear [palme'ar] *v* *(dar palmas)* auf die Schulter klopfen *f*
palmera [pal'mera] *f* *BOT* Palme *f*
palmeta [pal'meta] *f* Rute *f*, Klatsche *f*, Pritsche *f*
palmetazo [palme'taθo] *m* Rutenstreich *m*, derber Verweis *m*
palmípedo [pal'mipeđo] *m* *ZOOL* Schwimmvogel *m*
palmo ['palmo] *m* *1. (la medida de una mano de hombre)* Handbreit *f*; *2. un ~ de tierra* ein Stückchen Land; *3. no adelantar uno un ~* keinen Schritt weiterkommen; *4. ~ a ~* Stück für Stück; *5. estar uno a un ~ de algo* nur einen Schritt von etw entfernt sein; *Estoy a un palmo de terminar el trabajo.* Ich bin beinahe mit der Arbeit fertig.
palmotear [palmote'ar] *v* klatschen, applaudieren
palmoteo [palmo'teo] *m* Beifall *m*
palo ['palo] *m* *1.* Stange *f*, Knüppel *m*, Pfahl *m*; *2. ~ de golf SPORT* Golfschläger *m*; *3. (pegar)* Prügel *m*; *dar ~s a alguien* jdn verprügeln; *4. (en los naipes)* Trumpffarbe beim Kartenspiel; *5. (sufrir daño) recibir ~* Prügel einstecken, Schläge bekommen; *llevar ~* Prügel bekommen; *darle a uno ~* jdn prügeln
paloma [pa'loma] *f* *ZOOL* Taube *f*
palomar [palo'mar] *m* Taubenhaus *n*, Taubenschlag *m*
palomita [palo'mita] *f* *(de maíz)* Popcorn *n*
palpable [pal'paƀle] *adj* spürbar, greifbar
palpación [palpa'θĭɔn] *f* *MED* Abtasten *n*, Palpation *f*
palpadura [palpa'đura] *f* Betastung *f*
palpar [pal'par] *v* anrühren, anfassen, spüren, berühren
palpitaciones [palpita'θĭones] *f/pl* Herzklopfen *n*
palpitante [palpi'tante] *adj* *1.* zuckend, klopfend; *2. (fig: lleno de vida)* lebendig, pulsierend
paludismo [palu'đizmo] *m* *MED* Malaria *f*, Sumpffieber *n*
palurdo [pa'lurđo] *adj* *1.* grob, tölpelhaft, dumm; *m* *2.* Tölpel *m*, Grobian *m*
palustre [pa'lustre] *m* *(paleta de albañiñería)* Maurerkelle *f*
pamela [pa'mela] *f* *(sombrero de mujer)* Damenhut *m*
pampa ['pampa] *f* *GEOL* Ebene *f*
pámpano ['pampano] *m* *(hoja de la vid) BOT* Weinblatt *n*
pampero [pam'pero] *adj* *1.* aus der Pampa, Pampa...; *m* *2. (viento de la pampa)* Pampassturm *m*
pamplina [pam'plina] *f* *(tontería, despropósito)* Albernheit *f*, Unfug *m*
pamplinero [pampli'nero] *adj* lästig, empfindlich

pan ['pan] *m 1. GAST* Brot *n; Más ~, por favor.* Noch etw Brot, bitte. *ser más bueno que el ~* ausgezeichnet schmecken; *~ blanco* Weißbrot *n; ~ integral* Vollkornbrot *n; ~ con mantequilla* Butterbrot *n; ~ negro* Schwarzbrot *n; ~ rallado* Paniermehl *n,* Semmelbrösel *pl; barra de ~* Brotlaib *m; 2. ~ ázimo GAST* Matze *m,* ungesäuertes Brot *n; 3. ~ eucarístico REL* die Heilige Hostie *f; 4. ganarse uno el ~ (trabajar)* sich sein Brot verdienen, arbeiten; *5. ser algo el ~ nuestro de cada día* das tägliche Brot sein

pana ['pana] *f* Kordsamt *m,* Kord *m*

panacea [pana'θea] *f* Allheilmittel *n*

panadería [panađe'ria] *f* Bäckerei *f*

panadero [pana'đero] *m* Bäcker *m*

panal [pa'nal] *m* Wabe *f*

Panamá [pana'ma] *GEO* Panama; *Canal de ~* Panamakanal *m*

panamericanismo [panamerika'nizmo] *m POL* Panamerikanismus *m*

panamericano [panameri'kano] *adj* panamerikanisch

pancarta [pan'karta] *f* Transparent *n*

pancito [pan'θito] *m (LA)* Brötchen *n*

páncreas ['paŋkreas] *m ANAT* Bauchspeicheldrüse *f*

panda ['panđa] *m oso ~ ZOOL* Panda(bär) *m*

pandemia [pan'demĭa] *f MED* Pandemie *f*

pandemónium [pande'monium] *m 1. (la capital del infierno)* Pandämonium *n,* Zentrum der Hölle; *2. (fig: lugar muy ruidoso)* Brutstätte des Lasters

pandereta [pande'reta] *f MUS* Tamburin *n*

panderetero [pandere'tero] *m (el que toca la pandereta) MUS* Tamburinspieler *m*

pandero [pan'dero] *m MUS* Tamburin *n*

pandilla [pan'tiʎa] *f* Bande *f*

pandillero [pandi'ʎero] *m* Bande *f*

panecillo [pane'θiʎo] *m* Brötchen *n,* Semmel *f*

panegírico [pane'xiriko] *m* Lobrede *f,* Panegyrikus *m*

panegirista [panexi'rista] *m* Lobredner *m*

panel [pa'nɛl] *m 1.* Anzeigetafel *f; ~ solar TECH* Sonnenkollektor *m; 2. (grupo de personas)* Gruppe *f,* Kollegium *n,* Panel *n; el ~ de los competidores* die Gruppe der Wettbewerbsteilnehmer; *el ~ de los acudados* die Gruppe der Angeklagten

panelista [pane'lista] *m/f* Angehörige(r) einer Gruppe *m/f*

panfleto [pan'fleto] *m* Pamphlet *n,* Streitschrift *f*

pangolín [paŋgo'lin] *m ZOOL* Schuppentier *n*

pánico ['paniko] *m* Panik *f*

panículo [pa'nikulo] *m ~ adiposo ANAT* Fettpolster *n*

panificación [panifika'θĭɔn] *f* Brotherstellung *f,* Truppenbäckerei *f*

panificar [panifi'kar] *v* Brot herstellen, Brot backen

panoplia [pa'noplĭa] *f (colección de armas)* Panoplie *f,* Waffensammlung *f*

panóptico [pan'optiko] *adj ARCH* Panoptikum *n*

panorama [pano'rama] *f* Anblick *m,* Panorama *n,* Aussicht *f,* Überblick *m*

panorámico [pano'ramiko] *adj* panoramisch, Panorama...

pantaleta [panta'leta] *f (ropa interior femenina)* Unterwäsche *f*

pantalón [panta'lɔn] *m 1.* Hose *f; llevar los pantalones (fig)* die Hosen anhaben; *m/pl 2. pantalones cortos* Shorts *pl*

pantalla [pan'taʎa] *f 1.* Blende *f; 2. (lámpara)* Lampenschirm *m; 3. CINE* Leinwand *f; llevar a la ~* verfilmen; *4. (televisión)* Bildschirm *m*

pantanal [panta'nal] *m* Sumpfland *n*

pantano [pan'tano] *m* Moor *n,* Morast *m,* Sumpf *m*

pantanoso [panta'noso] *adj* sumpfig

panteísmo [pante'izmo] *m PHIL* Pantheismus *m,* Allgottlehre *f*

panteísta [pante'ista] *m 1. PHIL* Pantheist *m; adj 2. PHIL* pantheistisch

panteón [pante'ɔn] *m (monumento funerario)* Pantheon *n,* Grabmonument *n*

pantera [pan'tera] *f ZOOL* Panther *m*

pantógrafo [pan'tɔgrafo] *m* Pantograf *m,* Storchschnabel *m*

pantomima [panto'mima] *f THEAT* Pantomime *f,* Gebärdenspiel *n*

pantomimo [panto'mimo] *m THEAT* Pantomime *f*

pantorrilla [pantɔ'rriʎa] *f ANAT* Wade *f*

pantufla [pan'tufla] *f* Pantoffel *m*

panty ['panti] *m* Strumpfhose *f*

panza ['panθa] *f 1. (barriga)* Bauch *m,* Wampe *f; 2. (primer estómago de los rumiantes) ZOOL* Pansen *m,* erster Magen eines Wiederkäuers

panzudo [pan'θuđo] *adj* bauchig

pañal [pa'ɲal] *m 1.* Windel *f; 2. (fig) estar uno en ~es* noch ein Kind sein

paño ['paɲo] *m 1.* Tuch *n; ~ de salvamento* Sprungtuch *n; 2. (tejido,tela)* Stoff *m,* Tuch *n; 3. (fig) ~ de lágrimas* Trostspender *m; 4. (fig) ~s calientes* heiße Umschläge *m/pl; 5. ~s menores* Unterwäsche *f; 6. conocer uno el ~* den Zirkus kennen

pañoleta [paɲo'leta] *f* Damenhalstuch *n,* Busentüchlein *n*

pañuelo [pa'ɲwelo] *m* Tuch *n; (de bolsillo)* Taschentuch *n; (para la cabeza)* Kopftuch *n; (para el cuello)* Halstuch *n*

papa ['papa] *m 1. REL* Papst *m; f 2. (LA) GAST* Kartoffel *f; ~s fritas* Pommes frites *pl; ~s cocidas* Salzkartoffeln *pl*

papá [pa'pa] *m 1.* Papa *m; 2. Papá Noel* Weihnachtsmann *m*

papado [pa'pađo] *m REL* Papsttum *n*

papagayo [papa'gajo] *m ZOOL* Papagei *m*

papal [pa'pal] *adj REL* päpstlich

papanatas [papa'natas] *m* Trottel *m,* Simpel *m,* Idiot *m*

papar [pa'par] *v (fig) ~ moscas* gaffen, starren

paparrucha [papa'rrutʃa] *f (fam)* Falschmeldung *f,* Zeitungsente *f,* leeres Gerede *n*

papaya [pa'paja] *f BOT* Papayafrucht *f*

papel [pa'pɛl] *m 1.* Papier *n,* Tapete *f; ~ carbón* Kohlepapier *n; ~ de carta(s)* Briefpapier *n; ~ de empaquetar* Packpapier *n; ~ de filtro* Filterpapier *n; ~ higiénico* Toilettenpapier *n; ~ satinado* Glanzpapier *n; ~ viejo* Altpapier *n; Necesito una hoja de ~.* Ich brauche ein Blatt Papier. *Ya no hay más ~ higiénico.* Es gibt kein Toilettenpapier mehr. *2. THEAT* Rolle *f; ~ principal/~ de protagonista* Hauptrolle *f; 3. perder los ~es (fig)* ausrasten; *4. ~es de identidad* Papiere *pl; 5. ~ continuo para la impresora INFORM* Endlospapier *n; (para la impresora); 6. (fig: función)* Rolle *f,* Funktion *f; ¿Qué ~ desempeña usted en este negocio?* Welche Rolle bekleiden Sie in diesem Geschäft? *7. (fig: escrito)* Schriftstück *n; 8. ~ pautado/de música* Notenpapier *n; 9. ~ de lija* Sandpapier *n; 10. ~ de fumar* Zigarettenpapier *n; 11. de ~ mojado* nicht ernsthaft, nur Kulisse *f; Creo que eres un Mefistófeles de ~ mojado.* Ich glaube, dass du nur spielst.

papeleo [pape'leo] *m ~ burocrático* Papierkrieg *m*

papelera [pape'lera] *f 1.* Papierkorb *m; 2. (icono en las interfaces gráficas) INFORM* Papierkorb *m*

papelería [papele'ria] *f 1. (tienda de objetos de escritorio)* Schreibwarengeschäft *n; 2. (artículos de escritorio)* Schreibwaren *pl*

papelero [pape'lero] *adj (industria papelera)* Papiererzeuger *m,* Papierhersteller *m,* Schreibwarenhändler *m*

papeleta [pape'leta] *f* Zettel *m; ~ de votación* Stimmzettel *m*

papelito [pape'lito] *m* Zettel *m*

papelón [pape'lɔn] *m (fam) hacer un ~* ins Fettnäpfchen treten *n*

papera [pa'pera] *f ~s f/pl MED* Mumps *m*

papilar [papi'lar] *adj* warzenartig

papilla [pa'piʎa] *f 1. (para niños) GAST* Brei *m; ~ de avena* Haferbrei *m; 2. volver ~ a alguien (fam)* Kaputtmachen (von einer Person) *n,* Fertigmachen *n,* Unterkriegen *n*

papiloma [papi'loma] *m MED* Papillom *n,* warzenartiges Geschwulst *n*

pantalla [pan'taʎa] *f 1.* Blende *f; 2. (lámpara)* Lampenschirm *m; 3. CINE* Leinwand *f; llevar a la ~* verfilmen; *4. (televisión)* Bildschirm *m*

papiro [pa'piro] *m 1. (planta oriental) BOT* Papyrus *m; 2. (hoja de papiro)* Schriftrolle *f*

papista [pa'pista] *m 1. (partidario del Papa)* Papist *m; 2. (fig) ser más ~ que el Papa* päpstlicher als der Papst sein

papo ['papo] *m (en el cuello de un animal)* Kropf *m*

paquete [pa'kete] *m 1.* Paket *n,* Packung *f,* Schachtel *f; ~ de cigarrillos* Zigarettenschachtel *f; 2. ~ de aplicaciones INFORM* Paket *n*

paquetito [pake'tito] *m* Päckchen *n*

paquidermo [paki'đɛrmo] *m ZOOL* Dickhäuter *m*

par [par] *m 1.* Paar *n; 2. ~ de giro PHYS* Drehmoment *n; adj 3.* paar; *estar a la ~* quitt sein; *4. MATH* gerade Zahl; *5. de ~ en ~* ohne Hindernis *n; 6. sin ~* unvergleichlich, einzigartig

para ['para] *prep 1. (hasta)* bis; *2. ~ alguien* für jdn; *3. (hacia)* nach, zu; *~ abajo* herab, hinab; *~ acá* hierher; *~ adentro* hinein; *~ allá* hin; *~ atrás* rückwärts; *konj 4.* um, zu; *~ lo cual que* für denjenigen, der; *~ esto* dafür; *~ finalizar* schließlich; *~ nada* umsonst; *¿Para qué?* Wozu? *~ que* damit

parabién [para'ƀi̯en] *m* Wunsch *m*, Glückwunsch *m*

parábola [pa'raƀola] *f 1. (fábula o historia)* Parabel *f*, Gleichnis *n*; *2. (figura geométrica) MATH* Parabel *f*

parabólico [para'ƀoliko] *adj MATH* parabolisch

paraboloide [paraƀo'loiđe] *m MATH* Paraboloid *m*

parabrisas [para'ƀrisas] *m* Windschutzscheibe *f*

paracaídas [paraka'iđas] *m* Fallschirm *m*; *lanzarse en ~* mit dem Fallschirm abspringen

paracaidismo [parakai'đizmo] *m* Fallschirmspringen *n*

paracaidista [parakai'điata] *m/f* Fallschirmspringer(in) *m/f*

parachoques [para'tʃokes] *m* Stoßstange *f*

parada [pa'rađa] *f 1. (huelga)* Stillstand *m*; *2. (estación)* Station *f*; *~ de autobuses* Bushaltestelle *f*; *¿Dónde está la ~ más cercana?* Wo ist die nächste Haltestelle? *~ de taxis* Taxistand *m*; *3. (desfile)* Parade *f*

paradero [para'đero] *m* Bleibe *f*, Verbleib *m*

paradigma [para'điɡma] *m 1. (ejemplo)* Paradigma *n*, Musterbeispiel *n*; *2. (las inflexiones de una palabra) LING* Flexionsformen der Worte *f/pl*, Flexionsmuster *n*; *3. (modelo teórico)* Beispiel *n*, Muster *n*

paradisíaco [parađi'siako] *adj* paradiesisch

parado [pa'rađo] *adj 1.* stehend; *2. (sin trabajo)* arbeitslos, erwerbslos; *m 3.* Arbeitsloser *m*

paradoja [para'đoxa] *f* Paradoxon *n*, Widersinnigkeit *f*

paradójico [para'đɔxiko] *adj* paradox

parador [para'đɔr] *m (en España)* staatliches Hotel *n*

parafina [para'fina] *f CHEM* Paraffin *n*

paráfrasis [pa'rafrasis] *f GRAMM* Umschreibung *f*, Paraphrase *f*

parafrástico [para'frastiko] *adj GRAMM* paraphrastisch, umschreibend

parágrafo [pa'raɡrafo] *m* Absatz *m*, Paragraf *m*

paraguas [pa'raɡwas] *m* Regenschirm *m*, Schirm *m*

Paraguay [para'ɡwai̯] *m GEO* Paraguay

paragüero [para'ɡwero] *m* Schirmständer *m*

paraíso [para'iso] *m 1.* Paradies *n*; *el ~ terrenal* das Paradies auf Erden *n*; *2. THEAT* Galerie *f*

paraje [pa'raxe] *m 1.* Ort *n*, Gegend *f*; *2.* Zustand *m*

paralaje [para'laxe] *m ASTR* Parallaxe *f*

paralela [para'lela] *f 1.* Parallele *f*; *f/pl 2. (en la gimnasia) SPORT* Turnbarren *m*

paralelepípedo [paralele'pipeđo] *m MATH* schiefer Quader *m*

paralelismo [parale'lizmo] *m 1.* Parallelismus *m*; *2. (fig: dirección parecida o igual)* Parallelen *f/pl*

paralelo [para'lelo] *adj 1.* parallel; *2. procesamiento ~ INFORM* parallel, entsprechend, vergleichbar; *3. puerto ~ INFORM* Parallelport *m*

paralelogramo [paralelo'ɡramo] *m MATH* Parallelogramm *n*

parálisis [pa'ralisis] *f 1. MED* Lähmung *f*; *2. (fig: imposibilidad de actuar)* Paralyse *f*, Lähmung *f*

paralítico [para'litiko] *adj MED* gelähmt

paralización [paraliθa'θi̯ɔn] *f 1.* Stillstand *m*; *2. ECO* Stagnation *f*

paralizado [parali'θađo] *adj MED* gelähmt

paralizar [parali'θar] *v 1.* stilllegen; *2. ECO* stagnieren

paralogismo [paralo'xizmo] *m* Paralogismus *m*, Fehlschluss *m*

parámetro [pa'rametro] *m* Parameter *m*

paramilitar [paramili'tar] *adj* paramilitärisch, militärähnlich

paramnesia [param'nesi̯a] *f MED* Paramnesie *f*, Gedächtnisstörung *f*

páramo ['paramo] *m* Ödland *n*, kahle Hochfläche *f*

parangón [paraŋ'gɔn] *m sin ~* unvergleichlich

parangonar [paraŋgo'nar] *v (comparar)* vergleichen

paranoia [para'noi̯a] *f MED* Paranoia *f*

paranoico [para'noiko] *adj 1. PSYCH* paranoid; *m 2. PSYCH* Paranoiker *m*

paranormal [paranor'mal] *adj fenómenos ~es* nicht auf natürliche Weise erklärbar, übersinnlich

parapetarse [parape'tarse] *v 1. (defenderse detrás de parapetos) MIL* sich verschanzen; *2. (fig: protegerse detrás de algo)* sich verwahren

parapeto [para'peto] *m* Brustwehr *f*, Geländer *n*

paraplejía [paraple'xia] *f* doppelseitige Lähmung *f*; ~ *por corte medular* Querschnittslähmung *f*
parapsicología [parasikolo'xia] *f* Parapsychologie *f*
parar [pa'rar] *v 1. (detenerse)* anhalten; *¿Cuánto tiempo para el avión?* Wie lange hat das Flugzeug Aufenthalt? *2. (apagar)* abschalten; *3. (interrumpir)* unterbrechen; *sin ~* unentwegt; *4. (contener)* hemmen; *5. (detener)* stoppen; *6. SPORT* parieren; *7. (~ en algo)* enden; *8. (impedir una acción)* stoppen, Einhalt gebieten; *Nada me parará.* Nichts wird mich aufhalten. *9. (pernoctar)* nächtigen; *Voy a ~ en un hotel.* Ich werde in einem Hotel übernachten. *10. venir a ~ en* enden in
pararrayos [para'rrajos] *m TECH* Blitzableiter *m*
pararse [pa'rarse] *v 1. (detenerse)* innehalten, stehen bleiben; *2. (ponerse de pie) (LA)* aufstehen, sich erheben
parasimpático [parasim'patiko] *m ANAT* Parasympathikus *m*
parasitario [parasi'tarĭo] *adj* parasitär, schmarotzerhaft
parásito [pa'rasito] *m* Parasit *m*, Schädling *m*
parasitología [parasitolo'xia] *f BIO* Parasitologie *f*, Parasitenkunde *f*
parasol [para'sɔl] *m* Sonnenschirm *m*
parcela [par'θela] *f* Parzelle *f*, Landstück *n*; ~ *de pastos* Koppel *f*
parcelable [parθe'laƀle] *adj* in Parzellen unterteilbar *f/pl*
parcelación [parθela'θĭɔn] *f* Parzellierung *f*
parcelar [parθe'lar] *v AGR* parzellieren, in Parzellen aufteilen
parche ['partʃe] *m* Flicken *m*
parcial [par'θĭal] *adj 1.* parteiisch; *2. (parte del todo)* Teil... *parálisis ~* Teillähmung *f*; *pago ~* Teilzahlung *f*
parcialidad [parθĭali'đađ] *f* Befangenheit *f*, Voreingenommenheit *f*
parcializado [parθĭali'θađo] *adj* parteiisch; *El juvez está ~.* Der Richter ist parteiisch eingestellt.
parcializarse [parθĭali'θarse] *v* Partei ergreifen, sich auf eine Seite schlagen
parcialmente [parθĭal'mente] *adv (por partes)* teilweise
parco ['parko] *adj* karg; ~ *en palabras* wortkarg
pardal [par'đal] *m ZOOL* Sperling *m*
pardo ['pardo] *adj* braun
pardusco [par'dusko] *adj* bräunlich
parecer [pare'θɛr] *v irr 1.* vorkommen, scheinen, erscheinen, aussehen; ~ *a* ähneln; *Parece que va a llover.* Es sieht nach Regen aus. *2. según ~* anscheinend; *m 3.* Ermessen *n*, Stellungnahme *f*; *4. al ~* nach Meinung (von)
parecerse [pare'θɛrse] *v irr* sich ähneln; ~ *a alguien* jdm ähneln, gleich aussehen wie jmd
parecido [pare'θiđo] *adj 1.* ähnlich; ~ *bien* nett aussehend; *m 2.* Ähnlichkeit *f*
pared [pa'red] *f* Wand *f*; *de ~es delgadas* hellhörig, dünnwandig
paredón [pare'đɔn] *m* Mauer *f*
pareja [pa'rɛxa] *f 1.* Paar *n*; ~ *de enamorados* Liebespaar *n*; *2. por ~s* paarweise
parentela [paren'tela] *f* Verwandtschaft *f*, Verwandte *pl*
parentesco [paren'tesko] *m* Verwandtschaft *f*
paréntesis [pa'rentesis] *m* Klammer *f*
pareo [pa'rɛo] *m* Paaren *n*, Zusammenfügen *n*
pargo ['pargo] *m ZOOL* Seebrasse *f*
parhelio [par'elĭo] *m ASTR* Nebensonne *f*
paria ['parĭa] *m 1. (miembro de una casta de la India) GEO* Paria *m*; *2. (fig: persona despreciada)* Paria *m*, wenig geachtete Person *f*
parición [pari'θĭɔn] *f AGR* Gebären *n*, Werfen *n*
parida [pa'riđa] *adj MED* entbunden
paridad [pari'đađ] *f 1.* Parität *f*; *2. (en la transmisión de datos) INFORM* Parität *f*; *test de ~* Paritätstest *m*
pariente [pa'rĭente] *m/f 1.* Familienangehörige(r) *m/f*, Verwandte(r) *m/f*; *adj 2. ~ de* verwandt mit
parietal [parĭe'tal] *adj ANAT* Wand..., Scheitel...
parificación [parifika'θĭɔn] *f* Beweisen *n*, Angleichung *f*
parificar [parifi'kar] *v* durch ein Beispiel beweisen, belegen
parihuela [pari'wela] *f* Trage *f*
parir [pa'rir] *v* gebären
paritario [pari'tarĭo] *adj* paritätisch
parking ['parkiŋ] *m* Parkplatz *m*, Parkhaus *n*
parla ['parla] *f* Geschwätzigkeit *f*, Wortschwall *m*

parlamentar [parlamen'tar] *v* 1. *(discutir para llegar a un acuerdo)* parlamentieren, im Parlament die Meinung vertreten; 2. *(hablar)* im Parlament sprechen

parlamentario [parlamen'tarĭo] *m* 1. *POL* Parlamentarier *m; adj* 2. *POL* parlamentarisch

parlamentarismo [parlamenta'rizmo] *m POL* Parlamentarismus *m*

parlamento [parla'mento] *m POL* Parlament *n; ~ autónomo* Landtag *m; Parlamento Europeo* Europaparlament *n*

parlanchín [parlan'tʃin] *adj*

parlante [par'lante] *adj* sprechend

parlar [par'lar] *v* plappern, schwatzen, palavern

parlería [parle'rĭa] *f* Geschwätz *n,* Klatscherei *f; Tu ~ es insoportable.* Dein Geschwätz ist unerträglich.

parlero [par'lero] *adj* geschwätzig, schwatzend

parlotear [parlote'ar] *v* plappern

parloteo [parlo'teo] *m* Geplapper *n*

paro¹ ['paro] *m* 1. Stillstand *m;* 2. *(huelga)* Streik *m;* 3. *(desempleo)* Arbeitslosigkeit *f*

paro² ['paro] *m* 1. *ZOOL* Meise *f;* 2. *~ cardíaco MED* Herzschlag *m*

parodia [pa'rođĭa] *f* Imitation *f,* Nachahmung *f,* Parodie *f*

parodiar [paro'đĭar] *v* nachahmen, parodieren

paródico [pa'rođiko] *adj* parodistisch

parodista [paro'đista] *m/f* Parodist *m*

parpadeante [parpađe'ante] *adj* blinzelnd

parpadear [parpađe'ar] *v* blinzeln, zwinkern

parpadeo [parpa'đeo] *m* Blinzeln *n,* Zwinkern *n*

párpado ['parpađo] *m ANAT* Augenlid *n,* Lid *n*

parque ['parke] *m* 1. Park *m,* Anlage *f;* 2. *~ de diversiones (LA)* Vergnügungspark *m;* 3. *~ nacional* Nationalpark *m;* 4. *~ zoológico* Tiergarten *m,* Zoo *m;* 5. *~ infantil/~ para niños* Spielplatz *m*

parqué [par'ke] *m* Parkettboden *m*

parquear [parke'ar] *v (LA)* parken

parquet [par'kɛt] *m* Parkett *n*

parquímetro [par'kimetro] *m* Parkuhr *f*

parra ['parra] *f (viña) BOT* Weinranke *f*

parrafada [parra'fađa] *f (conversación)* Unterhaltung *f,* Gespräch *n,* Schwätzchen *n*

parrafear [parrafe'ar] *v* schwatzen, sich unterhalten

párrafo ['parrafo] *m* Absatz *m,* Paragraf *m*

parral [pa'rral] *m* Weinlaube *f*

parranda [pa'rranđa] *f irse de ~* einen Bummel machen *m*

parrandear [parranđe'ar] *v* bummeln, schlendern

parrandeo [parranđe'o] *m* Bummeln *n*

parrandista [parran'dista] *m* Bummler *m,* lebensfroher Mensch *m*

parricida [parri'θiđa] *m/f* Vatermörder *m,* Gattenmörder *m,* Verwandtenmörder *m*

parricidio [parri'θiđĭo] *m* Vatermord *m,* Verwandtenmord *m,* Kindermord *m*

parrilla [pa'rriʎa] *f* Rost *m,* Grill *m*

párroco ['parrɔko] *m REL* Pfarrer *m*

parroquia [pa'rrɔkĭa] *f REL* Pfarramt *n,* Kirchengemeinde *f*

parroquiano [parrɔ'kĭano] *m* 1. *REL* Gemeindemitglied *n;* 2. *(del café)* Stammgast *m*

parsec ['parsek] *m ASTR* Parsec *n,* Parallelsekunde *f*

parsimonia [parsi'monĭa] *f* 1. *(moderación, frugalidad)* Geiz *m,* Knauserigkeit *f;* 2. *(flema, lentitud)* Bedachtsamkeit *f,* Langsamkeit *f*

parsimonioso [parsimo'nĭoso] *adj* geizig, knauserig, bedächtig

parte ['parte] *f* 1. Stück *n,* Teil *m,* Anteil *m,* Partie *f; ~ débil* Schwachstelle *f; ~ delantera* Vorderteil *n; ~ de enlace* Verbindungsglied *n; en gran ~* weitgehend; *~ inferior* Unterteil *n; en la ~ inferior* unten; *la mayor ~* der größte Teil *m,* die Mehrheit *f; la mayor ~ del tiempo* meistens; *en su mayor ~* überwiegend; *en ninguna ~* nirgends, nirgendwo; *por otra ~* andererseits; *en la ~ posterior* hinten; *en la ~ superior* oben; *tomar ~ en* teilnehmen an, sich beteiligen an, mitmachen bei; *en ~* teilweise; *m* 2. *(informe)* Meldung *f; ~ médico* ärztliches Bulletin *n; ~ meteorológico* Wetterbericht *m; ¿Qué dice el ~ meteorológico?* Was sagt der Wetterbericht? *f* 3. *(contribución)* Beitrag *m;* 4. *~ contratante* Vertragspartner *m,* Partner *m; ~s contratantes* Tarifpartner *pl; pl* 5. *~s negociadoras* Verhandlungspartner *pl;* 6. *dar ~ parte;* 7. *de ~ de* seitens von; 8. *llevar uno la mejor/peor ~* am besten abschneiden, am schlechtesten abschneiden; 9. *no parar en ninguna ~* keine Ruhe finden, kein Sitzfleisch haben; 10. *tener/tomar ~ en* teilnehmen an, sich einsetzen für; *11. ponerse uno de ~ de ...* sich auf die jemandes Seite stellen; *¿Por qué nunca te pones de mi ~?* Warum ergreifst du nie für mich Partei? *12. por ~s* teilweise; *Vamos por ~s.* Wir werden schrittweise vorgehen. *13. por mi ~* ich für meinen Teil; *14. saber uno algo de buena ~* aus guter Quelle wissen

partera [par'tera] *f* Hebamme *f*

parterre [par'tɛrre] *m* Blumenbeet *n*

partible [par'tiƀle] *adj* teilbar

partición [parti'θĭɔn] *f 1.* Teilung *f; 2. (en un disco duro) INFORM* Partition *f; ~ primaria* Primärpartition *f; ~ lógica* logische Partition *f*

particionar [partiθĭo'nar] *v ~ un disco duro INFORM* einrichten (eine Festplatte)

participación [partiθipa'θĭɔn] *f 1.* Anteilnahme *f,* Beteiligung *f,* Teilnahme *f; 2. ~ en los beneficios ECO* Gewinnbeteiligung *f; 3. ~ electoral POL* Wahlbeteiligung *f; 4. (informe)* Meldung *f,* Mitteilung *f; ~ de boda* Heiratsanzeige *f; 5. (de los socios)* Partnerschaft *f*

participante [partiθi'pante] *m/f 1.* Beteiligte(r) *m/f,* Teilnehmer(in) *m/f; no ~* unbeteiligt; *2. ECO* Gesellschafter(in) *m/f*

participar [partiθi'par] *v 1. (informar)* melden, mitteilen; *2. ~ de / ~ en* sich beteiligen an, teilnehmen an, mitmachen bei; *~ en la gestión* mitbestimmen; *hacer ~ a alguien de algo* jdn an etw beteiligen; *no ~ más* aussteigen; *3. ~ de las ganancias ECO* teilnehmen, Anteil haben

partícipe [par'tiθipe] *adj ~ en los beneficios* beteiligt, teilhaftig, gewinnbeteiligt

participio [parti'θipĭo] *m GRAMM* Partizip *n*

partícula [par'tikula] *f 1. ~ subatómica PHYS* Partikel *f,* Teilchen *n; 2. GRAMM* Partikel *f*

particular [partiku'lar] *adj 1.* besondere(r,s), außerordentlich, speziell, apart; *2. en ~* besonders

particularidad [partikulari'đađ] *f* Eigentümlichkeit *f,* Besonderheit *f*

particularizar [partikulari'θar] *v (relatar algo detalladamente)* etw genau aufzählen, etw exakt angeben

partida [par'tiđa] *f 1.* Abreise *f,* Aufbruch *m; 2. (al extranjero)* Ausreise *f; 3. (marcha)* Abmarsch *m; 4. (del avión)* Abflug *m; 5. (salida)* Abfahrt *f; 6. (juego) SPORT* Spiel *n; 7. ~ de ajedrez* Schachpartie *f; 8. (comienzo)* Start *m; 9. (documento)* Urkunde *f; ~ de bautismo* Taufschein *m; ~ de defunción* Sterbeurkunde *f,* Totenschein *m; ~ de matrimonio* Trauschein *m; ~ de nacimiento* Geburtsurkunde *f*

partidario [parti'đarĭo] *m 1.* Anhänger *m,* Mitläufer *m; ~ del aborto* Abtreibungsbefürworter *m; m/pl 2. ~s* Anhängerschaft *f*

partido [par'tiđo] *m 1.* Partie *f; 2. POL* Partei *f; ~ ecologista* Die Grünen *pl; ~ integrante* Koalitionspartner *m; por encima de los ~s* überparteilich; *en el seno del ~* innerparteilich; *tomar ~ por* Parteinahme für *f; 3. SPORT* Spiel *n; ~ en casa* Heimspiel *n; ~ fuera de casa* Auswärtsspiel *n*

partir [par'tir] *v 1. (de ... hacia)* abfahren (von ... nach), abreisen; *(al extranjero)* ausreisen; *2. a ~ de* ab, seit, von; *3. (repentinamente)* aufbrechen; *4. (distribuir)* abteilen; *5. ~ a hachazos* abhacken; *~ por la mitad/~ en dos partes iguales* halbieren

partirse [par'tirse] *v* auseinander brechen; *~ en dos* entzweigehen; *~ de risa* sich schieflachen

partisano [parti'sano] *m POL* Partisan *m*

partitivo [parti'tiƀo] *adj GRAMM* partitiv

partitura [parti'tura] *f MUS* Partitur *f,* Auszug *m*

parto ['parto] *m MED* Entbindung *f; ~ prematuro* Frühgeburt *f*

partogénesis [parto'xenesis] *f BIO* Parthenogenese *f*

partogenético [partoxe'netiko] *adj BIO* parthenogenetisch

parturienta [partu'rĭenta] *f* Wöchnerin *f*

pasa ['pasa] *f 1.* Rosine *f; 2. (fig) quedarse uno como una ~* verrunzelt sein

pasadero [pasa'đero] *adj* vorübergehend, nicht lange anhaltend, vergänglich

pasadizo [pasa'điθo] *m* Steg *m*

pasado [pa'sađo] *m 1.* Vergangenheit *f; adj 2.* vergangene(r, s), letzte(r, s); *el año ~* letztes Jahr; *la semana pasada* vorige Woche; *3. (lejano)* fern, vorig, abgestanden; *~ de moda* altmodisch, rückständig; *4. ~ mañana* übermorgen; *adv 5.* vorbei, vorüber; *adj 6. estar ~* verdorben; *La cama está pasada.* Das Fleisch ist verdorben.

pasador [pasa'đɔr] *m 1. TECH* Durchschlag *m; 2. (asidero)* Griff *m; 3. (picaporte)* Türklinke *f; 4. (cerrojo) TECH* Sicherung *f; 5. (de pelo)* Haarspange *f; 6. (colador)* Sieb *n*

pasaje [pa'saxe] *m 1.* Durchgang *m,* Passage *f; 2. (galería)* Galerie *f; 3. (de un libro)* Passage *f; 4. MUS* Passage *f*

pasajero [pasa'xero] *m 1.* Fahrgast *m,* Passagier *m,* Insasse *m; ~ de avión* Fluggast *m; ~ sin boleto (LA)* Schwarzfahrer *m; adj 2.* vorübergehend, vergänglich, zeitlich

pasamanos [pasa'manos] *m* Treppengeländer *n*

pasante [pa'sante] *m* Praktikant *m; ~ de abogado* Referendar *m*

pasaporte [pasa'pɔrte] *m* Pass *m,* Reisepass *m*

pasar [pa'sar] *v 1.* passieren, geschehen, vorkommen; *¿Qué ha pasado?* Was ist geschehen? *algo pasa a alguien* jdm passiert etw; *2. ~ por* passieren, vorbeigehen an, vorbeikommen an; *¿Ya ha pasado?* Ist es schon vorbei? *Yo ~o.* Ich komme vorbei. *~ por agua fría (los huevos)* Eier abschrecken; *~ por algún sitio* durchfahren; *~ por alto* übersehen; *~ corriendo* durchlaufen; *~ delante de* vorbeikommen; *~ por delante de* vorbeigehen an; *~ una noche en vela* eine Nacht durchwachen; *~ en coche por algún sitio* durchfahren; *~ a* weitergeben an; *~ de mano en mano* herumreichen; *3. (un tiempo)* verbringen, verleben; *~ frío* frieren; *~ la noche en* übernachten; *~ el tiempo* die Zeit vertreiben; *¡Que lo pase bien!* Alles Gute!/Viel Spaß! *4. (sobre ~)* überholen; *5. ~ a máquina* abtippen; *6. (entrar)* hereinkommen; *hacer ~* hereinlassen; *7. (las horas)* vergehen; *8. (alcanzar)* reichen; *9. (colar)* sieben

pasarela [pasa'rela] *f* Landungssteg *m,* Laufsteg *m*

pasarse [pa'sarse] *v 1.* übertreten; *~ al lado del enemigo* zum Feind überlaufen; *2. (exagerar)* übertreiben, über die Stränge schlagen; *3. ~ uno de listo* überschlau sein

pasatiempo [pasa'tĭempo] *m* Zeitvertreib *m*

Pascua ['paskwa] *f (de Resurrección)* Ostern *n; ¡Felices ~s!* Frohe Ostern!

pase ['pase] *m 1.* Passierschein *m; 2. (en deportes con pelota) SPORT* Zuspielen *n*

paseante [pa'seante] *m/f* Spaziergänger(in) *m/f*

pasear [pase'ar] *v* spazieren, laufen; *~ en coche* ausfahren; *ir a ~* spazieren gehen

paseo [pa'seo] *m 1.* Spaziergang *m; ~ en bus* Busrundfahrt *f; ~ a caballo* Ritt *m; ~ en coche* Rundfahrt *f,* Spazierfahrt *f; 2. (avenida)* Allee *f,* Promenade *f,* Spazierweg *m; 3. mandar a alguien a ~* jmd zur Hölle schicken

pasillo [pa'siʎo] *m (de la casa)* Flur *m,* Hausflur *m,* Gang *m*

pasión [pa'sĭɔn] *f 1.* Leidenschaft *f,* Glut *f,* Affekt *m; 2. (fig)* Schwarm *m; 3. REL* Leiden *n*

pasional [pasĭo'nal] *adj* Affekt..., leidenschaftlich

pasito [pa'sito] *adv* langsam, pausiert; *¡Hable ~!* Sprechen Sie langsam!

pasividad [pasiƀi'đađ] *f* Passivität *f*

pasivo [pa'siƀo] *adj 1.* passiv, untätig; *m 2. ECO* Passiva *pl; 3. resistencia pasiva* passiver Widerstand *m; 4. voz pasiva GRAMM* Passivform *f*

pasmar [paz'mar] *v 1. (enfriar súbitamente)* erstarren; *2. (fig: asombrar sobremanera)* verblüffen

pasmarote [pazma'rote] *m* Dummkopf *m,* Trottel *m*

pasmo ['pazmo] *m 1. (rigidez muscular) MED* Krampf *m; 2. (asombro extremado)* Schrecken *m*

pasmoso [paz'moso] *adj* erschreckend, verblüffend

paso ['paso] *m 1.* Tritt *m,* Schritt *m; ~ en falso* Fehltritt *m; estar a dos ~s* einen Katzensprung entfernt sein; *~ a ~* schrittweise; *~ de tortuga* Schneckentempo *n; 2. (al curso siguiente)* Versetzung *f; 3. (pasaje)* Passage *f,* Durchgang *m; 4. (cruce)* Übergang *m; ~ de la frontera* Grenzübertritt *m; ~ a nivel* Bahnübergang *m; ~ de peatones* Fußgängerübergang *m; ~ subterráneo* Unterführung *f; ~ a bajo nivel* Bahnunterführung *f; 5. (de montaña)* Pass *m; 6. (de una quebrada)* Schlucht *f; 7. de ~ (temporal)* vorübergehend; *estar de ~* auf der Durchreise sein; *8. (forma de caminar)* Gangart *f; 9. ~ ligero MIL* Geschwindschritt *m; a ~ largo* mit großen Schritten *m/pl; ~ redoblado* Geschwindschritt *m; ~ lateral* Seitenschritt *m; 10. (fig) a cada ~* auf Schritt und Tritt, überall; *11. abrir ~* einen Weg bahnen *m; 12. a ese ~* bei dieser Geschwindigkeit *f; 13. andar en malos ~s* auf einem schlechten Weg sein *m; 14. (fig) a ~ de tortuga* im Schneckentempo *n; 15. (fig) a dos ~s* in der Nähe *f; 16. a pocos ~s* ganz in der Nähe *f,* nur wenige Schritte weiter *m/pl; 17. avivar el ~* den Schritt beschleunigen; *18. ceder el ~* den Vortritt lassen; *19.*

no poder dar un ~ nicht weiterkommen; *20. andar uno por los mismos ~s de* in die Fußstapfen von ... treten; *21. (fig) volver uno sobre sus ~s* zurückgehen
pasodoble [paso'đoƀle] *m MUS* Pasodoble *m (Marsch und Tanz)*
pasota [pa'sota] *m* Außenseiter *m,* Gammler *m; ser un ~ (fam)* ausflippen
pasta ['pasta] *f 1. GAST* Paste *f,* Teig *m; 2. (LA: papilla, puré) GAST* Brei *m,* Nudeln *pl; ~ flora* Mürbeteig *m; 3. ~ dentífrica* Zahnpasta *f,* Zahncreme *f; 4. (fam)* Kohle *f; 5. ~s alimenticias pl* Teigwaren *pl*
pastar [pas'tar] *v* grasen
pastel [pas'tɛl] *m 1. GAST* Kuchen *m; 2. ~es pl GAST* Gebäck *n; 3. (fig) descubrirse el ~* ans Tageslicht kommen *n*
pastelería [pastele'rĭa] *f 1.* Gebäck *n; 2. (negocio)* Konditorei *f*
pastelero [paste'lero] *m (de tortas)* Konditor *m*
pasteurización [pasteuriθa'θĭɔn] *f* Pasteurisieren *n*
pasteurizar [pasteuri'θar] *v* pasteurisieren
pastilla [pas'tiʎa] *f 1. MED* Tablette *f; ~ para dormir* Schlaftablette *f; 2. (unidad)* Stück *n,* Tafel *f; ~ de jabón* Stück Seife *n; ~ de chocolate* Tafel Schokolade *f; 3. ir a toda ~ (fig)* rasen
pastizal [pasti'θal] *m BOT* Weide *f*
pasto ['pasto] *m BOT* Weide *f*
pastor [pas'tɔr] *m 1.* Hirte *m,* Schäfer *m; 2. ~ alemán ZOOL* Schäferhund *m; 3. REL* Pastor *m*
pastoral [pastɔ'ral] *adj 1. (relativo a los pastores) AGR* Hirten...; *2. (relativo a los prelados) REL* Pastoral..., Pastoren...; *f 3. (drama bucólico) THEAT* Schäferspiel *n*
pastorear [pasto'rear] *v 1. (llevar el ganado a los pastos) AGR* weiden lassen; *2. (fig: dirigir a los fieles) REL* hüten
pastoso [pas'toso] *adj* teigig, breiig
pastura [pas'tura] *f* Weiden *n*
pata ['pata] *f 1. (de animal) ZOOL* Bein *n,* Pfote *f; 2. (de muebles)* Bein *n; 3. mala ~* Schlamassel *n,* Pech *n; meter la ~* ins Fettnäpfchen treten; *estirar la ~* abkratzen; *4. (hembra del pato) ZOOL* Pfote *f,* Tatze *f; 5. ~ de gallo (arrugas)* Krähenfüße *m/pl; 6. (fig) ~s arriba* drunter und drüber; *7. poner de ~s en la calle* jdn entlassen, jdn an die frische Luft setzen; *8. (fig) tener uno mala ~* Pech haben
patada [pa'tađa] *f* Tritt *m*
patagón [pata'gɔn] *m GEO* Patagonier *m*
patagónico [pata'gɔniko] *adj GEO* patagonisch
patalear [pata'lɛar] *v* mit den Füßen strampeln, trampeln
pataleo [pata'lɛo] *m 1.* Trampeln *n,* Strampeln *n; 2. sin derecho de ~ (fam)* nutzloser Protest *m*
pataleta [pata'leta] *f (convulsión)* hysterischer Anfall *m*
patán [pa'tan] *m (fam)* Grobian *m,* Klotz *m,* Tölpel *m*
patanería [patane'ria] *f* Dummheit *f,* Einfältigkeit *f*
patata [pa'tata] *f 1. BOT* Kartoffel *f; 2. ~s fritas pl GAST* Pommes frites *pl,* Kartoffelchips *pl; ~s hervidas/~s cocidas pl* Salzkartoffeln *pl*
patatal [pata'tal] *m AGR* Kartoffelfeld *n*
patatús [pata'tus] *m* leichte Ohnmacht *f*
paté [pa'te] *m GAST* Pastete *f; ~ de foiegras* Gänseleberpastete *f*
patear [pate'ar] *v 1.* treten; *2. (continua y fuertemente)* trampeln
patearse [pate'arse] *v* herumlaufen, ablaufen; *~ la ciudad* die Stadt ablaufen
patentado [paten'tađo] *adj JUR* geschützt, patentiert
patente [pa'tente] *adj 1.* offenbar; *f 2.* Patent *n; 3. ECO* Gewerbeschein *m; 4. (fig) ~ de corso* Kaperbrief *m*
patentizar [patenti'θar] *v* patentieren, ein Patent geben, patentieren lassen
paternal [pa'tɛrnal] *adj* väterlich
paternalismo [patɛrna'lizmo] *m* Bevormundung *f*
paternalista [patɛrna'lista] *adj ser ~ (LA)* bevormunden
paternidad [patɛrni'đađ] *f* Vaterschaft *f,* Väterlichkeit *f*
paterno [pa'tɛrno] *adj* väterlich
patético [pa'tɛtiko] *adj* pathetisch, rührend
patetismo [pate'tizmo] *m* Pathos *n*
patiabierto [patĭa'ƀĭɛrto] *adj* breitbeinig
patíbulo [pa'tiƀulo] *m* Galgen *m*
patilla [pa'tiʎa] *f/pl* Backenbart *m*
patilludo [pati'ʎuđo] *m* Überdruss *m*
patín [pa'tin] *m SPORT* Rollschuh *m; ~ para hielo* Schlittschuh *m; mono ~* Skateboard *n*
pátina ['patina] *f (barniz sobre el bronce)* Patina *f*

patinador(a) [patina'đɔr/patina'đora] *m/f 1. (sobre hielo) SPORT* Eiskunstläufer(in) *m/f; 2. (sobre ruedas) SPORT* Rollschuhfahrer(in) *m/f*
patinaje [pati'naxe] *m 1. SPORT* Rollschuhlaufen *n; ~ sobre hielo* Schlittschuhlaufen *n; ~ artístico* Eiskunstlauf *m; 2. pista de ~ SPORT* Eislaufbahn *f*
patinar [pati'nar] *v 1.* schleudern, rutschen; *2. SPORT* Schlittschuh laufen, Rollschuh laufen
patinazo [pati'naθo] *m 1. (un coche)* Schleudern *n; 2. (fig: acto reprobable)* Ausrutscher *m*
patinete [pati'nete] *m* Roller *m*
patio ['patĭo] *m 1.* Hof *m; al ~* zum Hof; *2. THEAT* Parterre *n*
patitieso [pati'tĭeso] *adj (fig: muy sorprendido) quedarse ~* völlig verblüfft sein
pato ['pato] *m 1. ZOOL* Ente *f; 2. ~ macho* Enterich *m; 2. (fig) estar uno hecho un ~* vom Regen durchweicht sein *m*
patochada [pato'tʃađa] *f (fam: disparate, tontería)* Unsinn *m,* Albernheit *f,* Dummheit *f*
patogenia [pato'xenĭia] *f MED* Pathogenese *f,* Krankheitsentstehung *f*
patógeno [pa'tɔxeno] *adj MED* pathogen, krankheitsverursachend
patología [patolɔ'xia] *f MED* Pathologie *f*
patológico [pato'lɔxiko] *adj 1.* krankhaft; *2. MED* pathologisch
patólogo [pa'tɔlogo] *m MED* Pathologe *m*
patón [pa'tɔn] *m (fam)* großpfotig
patoso [pa'tɔso] *adj (fam: torpe, inhábil)* tölpelhaft
patraña [pa'traɲa] *f* Bluff *m,* Flausen *pl*
patrañero [patra'ɲero] *m* Lügner *m,* Schwindler *m*
patria ['patrĭa] *f* Heimat *f; sin ~* heimatlos
patriarca [pa'trĭarka] *m* Patriarch *m*
patriarcado [patrĭar'kađo] *m* Patriarchat *n*
patriarcal [patriar'kal] *adj* patriarchalisch
patricida [patri'θiđa] *m* Vatermörder *m*
patricidio [patri'θiđĭo] *m* Vatermord *m*
patrimonio [patri'monĭo] *m 1.* Vermögen *n; ~ nacional* Staatseigentum *n; 2. ~ hereditario BIO* Erbgut *n*
patriota [pa'trĭota] *m/f* Patriot(in) *m/f*
patriotería [patrĭote'ria] *f* Chauvinismus *m*
patriotero [patrĭo'tero] *adj* chauvinistisch
patriótico [pa'trĭotiko] *adj* patriotisch
patriotismo [patrĭo'tizmo] *m* Patriotismus *m; ~ de campanario* Lokalpatriotismus *m*
patrocinador(a) [patroθina'đɔr/patroθina'đora] *m/f* Schirmherr(in) *m/f,* Sponsor(in) *m/f,* Förderer/Förderin *m/f*
patrocinante [patroθi'nante] *m* Protektor *m*
patrocinar [patroθi'nar] *v* sponsern
patrocinio [patro'θinĭo] *m* Schirmherrschaft *f*
patrón [pa'trɔn] *m 1.* Chef *m,* Arbeitgeber *m; 2. (patrocinador)* Schirmherr *m,* Patron *m; 3. (LA: propietario)* Inhaber *m; 4. (plantilla)* Schablone *f; 5. (modelo)* Standard *m*
patrona [pa'trona] *f* Chefin *f*
patronato [patro'nato] *m* Patronat *n,* Schirmherrschaft *f*
patrono [pa'trono] *m REL* Schutzpatron *m,* Schutzheiliger *m*
patrulla [pa'truʎa] *f* Streife *f; ~ de policía* Polizeistreife *f*
patrullero [patru'ʎero] *m (LA)* Streifenwagen *m*
patudo [pa'tuđo] *adj (fam)* großfüßig, großpfotig
paulatino [paŭla'tino] *adj* allmählich
pauperismo [paupe'rizmo] *m* Verarmung *f,* Massenelend *n*
pauperización [paŭperiθa'θĭɔn] *f* Verarmung *f*
paupérrimo [paŭ'pɛrrimo] *adj* bettelarm
pausa ['paŭsa] *f 1.* Pause *f; ~ de reflexión* Denkpause *f; 2. (descanso)* Rast *f*
pauta ['paŭta] *f* Leitbild *n*
pautado [paŭ'tađo] *adj papel ~ MUS* Notenpapier *n*
pava ['paƀa] *f (hembra del pavo) ZOOL* Pute *f*
pavada [pa'ƀađa] *f (fig: insulsez)* Abgeschmacktheit *f,* Fadheit *f*
pavesa [pa'ƀesa] *f 1.* Flugasche *f,* Funke *m; 2. (fig) estar uno hecho una ~* nur noch ein Schatten sein *m,* ein Hauch sein *m*
pavimentación [paƀimenta'θĭɔn] *m ~ de una carretera* Pflasterung *f*
pavimentar [paƀimen'tar] *v* pflastern, mit Platten belegen

pavimento [paƀi'mento] *m 1. (en la avenida)* Straßenbelag *m,* Pflaster *n; 2. (en la casa)* Estrich *m,* Bodenbelag *m*

pavo ['paƀo] *m 1. ZOOL* Truthahn *m; ~ real* Pfau *m; adj 2.* blöd, doof

pavonada [paƀo'nađa] *f (fam: ostentación)* Zurschaustellung *f,* Angeberei *f*

pavonearse [paƀone'arse] *v* sich brüsten

pavor [pa'ƀɔr] *m* Entsetzen *n,* Grauen *n; lleno de ~* entsetzt

pavoroso [paƀo'roso] *adj* schrecklich, entsetzlich, Grauen erregend

payasadas [paja'sađas] *f/pl* Faxen *pl*

payaso [pa'jaso] *m* Clown *m*

paz [paθ] *f 1.* Frieden *m; en ~* friedlich, still, ungestört; *2. (tranquilidad)* Ruhe *f,* Stille *f; ¡Déjeme en ~!* Lassen Sie mich in Ruhe! *3. descansar uno en ~* in Frieden ruhen; *4. poner en ~* aussöhnen; *5. quedar en ~* quitt sein; *6. venir uno en son de ~* in friedlicher Absicht daherkommen

pazguatería [paθgwate'ria] *f* Einfältigkeit *f*

pazguato [paθ'gwato] *adj 1.* einfältig; *m 2.* Dummkopf *m*

pe [pe] *f de ~ a pa* von A bis Z

peaje [pe'axe] *m* Autobahngebühr *f*

peatón [pea'tɔn] *m* Fußgänger *m; paso de peatones* Fußgängerüberweg *m*

peca ['peka] *f* Sommersprosse *f*

pecado [pe'kađo] *m* Sünde *f; ~ de juventud* Jugendsünde *f; ~ mortal* Todsünde *f*

pecador(a) [peka'đɔr/peka'đora] *m/f* Sünder(in) *m/f*

pecaminoso [pekami'noso] *adj* sündhaft, sündig

pecar [pe'kar] *v 1. ~ contra* sündigen gegen; *2. (quebrantar la ley de Dios) REL* sündigen

peccata [pe'kata] *f ~ minuta* Kavaliersdelikt *n*

pecho ['petʃo] *m 1.* Brust *f; a lo hecho ~* geschehen ist geschehen; *tomarse algo a ~* sich etw zu Herzen nehmen; *2. (seno) ANAT* Busen *m; 3. angina de ~ MED* Angina pectoris *f,* Herzkrampf *m; 4. do de ~ MUS* hohes C *n; 5. niño de ~* Säugling *m; 6. (fig: interior del hombre)* Brust *f,* Inneres *n; Quisiera saber lo que tienes en el ~.* Ich wüsste gerne, was in deinem Inneren vorgeht. *7. (fig) a ~ descubierto* offen, freimütig; *8. dar el ~ (a un bebé)* die Brust geben; *9. (fig) abrir uno su ~ a ...* jdm sein Innerstes öffnen; *10. ser uno un hombre de pelo en ~* ein standhafter Mann sein

pechuga [pe'tʃuga] *f ~ de pollo* Hühnerbrust *f*

pechugona [petʃu'gɔna] *adj (mujer de pecho abultado)(ES)* vollbusige Frau *f*

pecina [pe'θina] *f (cieno)* Schlamm *m*

pecinal [peθi'nal] *m* Sumpf *m*

pecinoso [peθi'noso] *adj* schlammig, morastig

pecíolo [pe'θiolo] *m BOT* Blattstiel *m*

pectoral [pekto'ral] *adj cavidad ~ ANAT* Brusthöhle *f*

pecuario [pe'kwarĭo] *adj AGR* Vieh...

peculado [peku'lađo] *m JUR* Unterschlagung *f*

peculiar [peku'lĭar] *adj* eigenartig, seltsam

peculiaridad [pekulĭari'đađ] *f* Eigenheit *f,* Eigentümlichkeit *f*

peculio [pe'kulĭo] *m (fig: caudal)* Vermögen *n,* Reichtum *m*

pecuniario [peku'nĭarĭo] *adj 1.* finanziell; *2. pena pecuniaria* Geldstrafe *f*

pedagogía [peđagɔ'xia] *f* Pädagogik *f*

pedagógico [peđa'gɔxiko] *adj* erzieherisch, pädagogisch

pedagogo [peđa'gogo] *m* Erzieher *m,* Pädagoge *m*

pedal [pe'đal] *m TECH* Pedal *n; ~ de freno* Bremspedal *n*

pedalear [peđa'lear] *v* mit dem Fahrrad fahren, in die Pedale treten

pedante [pe'đante] *m 1.* Pedant *m; adj 2.* herablassend, pedantisch, besserwisserisch

pedantería [peđante'rıa] *f* Pedanterie *f,* Besserwisserei *f,* Schulfuchserei *f*

pedazo [pe'đaθo] *m 1.* Stück *n; ~ de papel* Zettel *m; hacer ~s* kurz und klein schlagen; *2. (de vidrio, de porcelana)* Scherbe *f; estar hecho ~s* kaputt sein, todmüde sein; *hacer ~s* zerbrechen; *3. ser un ~ de pan (fig)* sehr gutmütig sein; *4. ~ de alcornoque* Blödmann *m,* Rindvieh *n; ~ de bruto* Tölpel *m; 5. a ~s* in Stücken *n/pl 8. (fig) caerse uno a ~s* hundemüde sein

pederasta [peđe'tasta] *m* Päderast *m*

pedernal [peđɛr'nal] *m MIN* Kiesel *m*

pedestal [peđes'tal] *m* Sockel *m*

pedestre [pe'đestre] *adj 1. (que anda a pie)* zu Fuß gehend *m; 2. (fig: bajo, vulgar)* niedrig, platt, gemein

pedestrismo [peđes'trizmo] *m (deportes pedestres) SPORT* Wandersport *m*

pediatra [pe'đĭatra] *m/f* *MED* Kinderarzt/Kinderärztin *m/f*
pediculosis [peđiku'lɔsis] *f* *MED* Pedikulose *f,* Läusebefall *m*
pedicuro [peđi'kuro] *m* Pediküre *f,* Fußpfleger *m*
pedido [pe'điđo] *m* *1. ECO* Bestellung *f,* Auftrag *m; hacer un ~* bestellen; *~ suplementario* Nachbestellung *f; 2. (exigencia)* Anforderung *f*
pedigrí [peđi'gri] *m* *ZOOL* Stammbaum *m*
pedigüeñería [peđigweɲe'ria] *f* Zudringlichkeit *f,* Bettelei *f*
pedigüeño [peđi'gweɲo] *adj 1.* zudringlich, bettelnd; *m 2.* Bettler *m*
pedimento [peđi'mento] *m 1. (petición)* Forderung *f,* Gesuch *n; 2. (pedición por escrito a un juez) JUR* Petition *f*
pedir [pe'đir] *v irr 1.* anfordern, bitten, bestellen; *~ algo a alguien* von jdm etw verlangen, jdn um etw bitten; *~ informes* anfragen; *~ informaciones sobre* Informationen einziehen über; *~ limosna* betteln; *~ prestado algo a alguien* etw von jdm ausleihen; *Quisiéramos ~.* Wir möchten bestellen. *Ya hemos pedido.* Wir haben bereits bestellt. *Yo no he pedido esto.* Das habe ich nicht bestellt. *2. (exigir)* erfordern; *3. (exhortar)* auffordern; *4. (solicitar, anhelar)* begehren
pedo ['peđo] *m* Furz *m*
pedorrear [peđorre'ar] *v (fam)* furzen
pedrada [pe'đrađa] *f* Steinwurf *m*
pedregal [peđre'gal] *m* steiniges Gelände *n*
pedregoso [peđre'goso] *adj* steinig
pedregullo [peđre'guʎo] *m (LA) GEOL* Geröll *n*
pedrera [pe'đrɛra] *f (cantera)* Steinbruch *m*
pedrería [peđrɛ'ria] *f* Steinschleifer *m,* Edelsteine *m/pl*
pedroso [pe'đrɔso] *adj* steinig
pedunculado [peđunku'lađo] *adj BOT* mit Stiel versehen *m*
pedúnculo [pe'đuŋkulo] *m BOT* Stiel *m*
peer [pe'ɛr] *v* furzen
pega ['pega] *f (obstáculo)* Hindernis *n,* Schwierigkeit *f*
pegadizo [pega'điθo] *adj 1. (que se pega facilmente)* klebrig; *2. (que se contagia facilmente)* ansteckend; *enfermedad pegadiza* ansteckende Krankheit *f*
pegado [pe'gađo] *adj 1. estar ~ o* hängen an; *2. (ropa)* eng anliegend; *~ al cuerpo* hauteng; *m 3.* Klebpflaster *n,* Verkittung *f*
pegajosidad [pegaxosi'đađ] *f* Klebrigkeit *f,* Zähigkeit *f*
pegajoso [pega'xoso] *adj* klebrig, zähflüssig
pegamento [pega'mento] *m* Klebstoff *m,* Leim *m,* Gummilösung *f*
pegar [pe'gar] *v 1.* kleben, verkleben, ankleben, haften; *~ al cuerpo* hauteng sein; *~ cerrando* zukleben; *~ con cola* leimen; *2. (maltratar)* schlagen; *~ a alguien* jdn verprügeln; *Él me ha pegado.* Er hat mich geschlagen. *3. (contagiar una enfermedad)* anstecken; *¡Ya te pegaron la gripe!* Jetzt haben sie dich schon mit der Grippe angesteckt! *4. (comunicar costumbres, ideas)* Ideen vermitteln, Bräuche weitergeben; *5. ~ una patada* einen Fußtritt geben; *~ una bofetada* eine Ohrfeige verabreichen; *6. (hacer efecto en el ánimo)* haften bleiben, beeindrucken, prägen; *7. (encender)* anzünden; *~ fuego* ein Feuer entfachen; *8. ~ gritos* schreien; *~ alaridos* Geschrei ausstoßen; *9. (ser apropiado)* passen zu, angebracht sein; *10. (rimar)* sich reimen
pegatina [pega'tina] *f* Aufkleber *m,* Vignette *f*
pegote [pe'gote] *m 1. (cosa pegajosa)* zudringliche Sache *f,* Pechpflaster *n; 2. (fig)* aufdringlicher Mensch *m*
pegotear [pego'tear] *v (fam)* schmarotzen
pegotería [pegote'ria] *f* Schmarotzerei *f*
peinada [pɛi'nađa] *f* Kämmen *n*
peinado [pɛĭ'nađo] *m* Frisur *f; Quisiera un ~ nuevo.* Ich möchte eine neue Frisur.
peinar [pɛĭ'nar] *v* kämmen; *~ a alguien* jdn frisieren
peinarse [pɛĭ'narse] *v* sich kämmen
peine ['pɛĭne] *m* Kamm *m*
peineta [pɛi'neta] *f* Haarkamm *m,* Einsteckkamm *m*
peladero [pela'đero] *m (lugar sin vegetación) (LA)* kahle Gegend *f,* unfruchtbare Fläche *f*
pelador [pela'đɔr] *m* Schäler *m*
peladura [pela'đura] *f* (Kahl)Scheren *n*
pelafustán [pelafus'tan] *m (fam: mamacallos)* Taugenichts *m; Tu amigo es un pobre ~.* Dein Freund ist ein armer Schlucker.
pelagallos [pela'gaʎos] *m (fam)* Habenichts *m*

pelagatos [pela'gatos] *m (fam)* armer Schlucker *m,* Lumpenkerl *m*
pelagra [pe'lagra] *f MED* Pellagra *n,* Vitaminmangelkrankheit *f*
pelaje [pe'axe] *m 1.* Haarwuchs *m,* Haarfarbe *f,* Fell *n; 2. (calidad del pelo de un animal) ZOOL* Fell *n*
pelambrera [pelam'brɛra] *f (pelo espeso y muy crecido)* dickes, langes Fell *n*
pelamen [pe'lamen] *m (pelambre)* Haare *n/pl*
pelanas [pe'lanas] *m (fam)* Null *f,* Niete *f*
pelandusca [pelaŋ'duska] *f (fam: buscona, puta)* Hure *f*
pelar [pe'lar] *v 1.* schälen; *2. (cortar el pelo)* scheren, enthaaren; *3. (quitar las plumas a un ave)* rupfen; *4. (fig: expoliar a otros)* plündern; *Tus amigos me pelaron completamente.* Deine Freunde haben mich völlig ausgeplündert. *5. (fig) duro de ~* schwer ausführbar; *6. (pelársela)* onanieren
pelas ['pelas] *f/pl (fam)* Knete *f,* Zaster *m,* Kohle *f*
pelasgo [pe'lasgo] *m HIST* Pelasger *m*
pelazga [pe'laθga] *f (riña) (ES)* Streit *m,* Zwist *m,* Uneinigkeit *f*
peldaño [pɛl'daɲo] *m* Stufe *f*
pelea [pe'lea] *f* Streit *m,* Keilerei *f,* Handgemenge *n*
peleado [pele'ađo] *adj* umkämpft
peleador [pelea'đɔr] *m* Kämpfer *m,* Raufbold *m*
pelear [pele'ar] *v 1.* streiten; *2. (luchar)* kämpfen, ringen; *3. (luchar con armas)* kämpfen; *Mi bisabuelo peleó en la batalla de Verdún.* Mein Urgroßvater kämpfte in der Schlacht von Verdún. *4. (fig: luchar para conseguir algo)* kämpfen für
pelearse [pele'arse] *v* raufen, zanken, herumschlagen
pelele [pe'lele] *m* Strampelhose *f,* Strohpuppe *f,* Trottel *m*
peleón [pe'leɔn] *adj (pendenciero)* streitsüchtig, kämpferisch, zänkisch
peletería [pelete'ria] *f* Kürschnerei *f*
peletero [pele'tero] *m* Kürschner *m*
peliagudo [pelia'guđo] *adj (fig: asunto difícil y delicado)* heikel, schwierig, problematisch
pelícano [pe'likano] *m ZOOL* Pelikan *m*
pelicorto [peli'kɔrto] *adj* kurzhaarig
película [pe'likula] *f CINE* Film *m; ~ de aventuras* Abenteuerfilm *m; ~ de blanco y negro* Schwarzweißfilm *m; ~ costumbrista* Heimatfilm *m; ~ de largo metraje* Spielfilm *m; ~ muda* Stummfilm *m; ~ para pantalla panorámica* Breitwandfilm *m; ~ policíaca* Krimi *m; ~ sentimental* Schnulze *f; ~ de vídeo* Videofilm *m*
peligrar [peli'grar] *v* in Gefahr sein; *hacer ~* gefährden
peligro [pe'ligro] *m 1.* Gefahr *f; ~ de aludes* Lawinengefahr *f; ~ de caída* Absturzgefahr *f; ~ de epidemia* Seuchengefahr *f; ~ de muerte* Lebensgefahr *f; no exponer a ningún ~* verschonen; *poner en ~* gefährden; *~ de rabia* Tollwutgefahr *f; sin ~* sicher; *~ de zozobra* Seenot *f; 2. (necesidad)* Not *f; 3. ~ de contagio MED* Ansteckungsgefahr *f; 4. ~ de colusión JUR* Verdunkelungsgefahr *f; 5. correr ~* Gefahr laufen
peligrosidad [peligrosi'đađ] *f* Gefährlichkeit *f*
peligroso [peli'groso] *adj 1.* gefährlich, riskant; *no ~* ungefährlich; *2. (con riesgo de muerte)* lebensgefährlich; *3. (persona explosiva)* gefährlicher Mensch *m*
pelilargo [peli'largo] *adj* langhaarig
pelillo [pe'liʎo] *m/pl 1. pararse uno en ~s* sich in Nebensächlichkeiten verlieren *f/pl; m 2. no tener uno ~s en la lengua* kein Blatt vor den Mund nehmen
pelilloso [peli'ʎɔso] *adj (quisquilloso)* zimperlich, kleinlich, empfindlich
pelinegro [peli'negro] *adj* schwarzhaarig
pelirrojo [peli'rrɔxo] *adj* rothaarig
pelma ['pelma] *m (fam: persona lenta y torpe)* Tölpel *m,* Tollpatsch *m*
pelo ['pelo] *m 1.* Haar *n; ~ de camello* Kamelhaar *n; por un ~* um Haaresbreite; *tomar el ~ a alguien (fig)* jdn verkohlen, jdn auf den Arm nehmen; *no tener ~s en la lengua* nicht auf den Mund gefallen sein; *coger por los ~s* gerade noch erwischen; *2. con ~s y señales* etw haargenau erzählen; *3. agararse uno de un ~* jede Ausrede nutzen; *4. montar al ~* ohne Sattel reiten; *5. ser un hombre de ~ en pecho* ein mutiger, standhafter Mann sein; *6. estar uno hasta los ~s de algo* einer Sache überdrüssig sein, zum Hals heraushängen; *7. no tener uno un ~ de tonto* nicht auf den Kopf gefallen sein; *8. ponérsele a uno los ~s de punta* haarsträubend, mir stehen die Haare zu Berge; *9. traer una cosa por los ~s* eine Sache an den Haaren herbeiziehen

pelón [pe'lɔn] *m 1. (fam: calvo)* Kahlkopf *m; 2. (fam: quebrado)* Habenichts *m*

pelota [pe'lota] *f 1.* Ball *m; ~ de fútbol* Fußball *m; hacerle la ~ a alguien (fig)* jdm Honig um den Bart schmieren; *2. hacerse uno una ~* sich zusammenrollen; *3. estar uno en ~* nackt sein; *4. (fig) déjarlo a uno en ~* gänzlich ausplündern; *5. (grupo de amigos)* Clique *f,* Club *m; 6. ser uno una ~* unerschütterlich sein

pelotari [pelo'tari] *m SPORT* Ballspieler *m*

pelotear [pelo'tear] *v 1. (jugar con una pelota)* Ball spielen; *2. (lanzar algo de un lado a otro)* herumwerfen

pelotero [pelo'tero] *m (jugador de béisbol) (LA) SPORT* Baseballspieler *m*

pelotilla [pelo'tiʎa] *f hacer la ~ a alguien* sich bei jmd einschmeicheln

pelotillero [peloti'ʎero] *m (fam: adulador)* Schleimer *m,* Schmeichler *m*

pelotón [pelo'tɔn] *m MIL* Zug *m,* Trupp *m,* Haufen *m*

peltre ['peltre] *m* Legierung *f*

peluca [pe'luka] *f* Perücke *f*

peluche [pe'lutʃe] *m* Plüsch *m*

peludo [pe'luđo] *adj* behaart

peluquería [peluke'rĭa] *f* Frisörsalon *m,* Frisörladen *m*

peluquero [pelu'kero] *m* Frisör *m; ¿Me puede recomendar un ~ de señoras/caballeros?* Können Sie mir einen Damen-/Herrenfriseur empfehlen?

peluquín [pelu'kin] *m* Toupet *n,* Haarteil *n*

pelvis ['pɛlƀis] *f ANAT* Becken *n*

pellas ['peʎas] *f/pl 1.* Klumpen *pl; 2. hacer ~ (fig)* schwänzen

pelleja [pe'ʎexa] *f (fam: puta)* Prostituierte *f*

pellejo [pe'ʎɛxo] *m 1. ZOOL* Pelz *m,* Fell *n; 2. BOT* Pelle *f,* Schale *f; 3. (fig) perder uno el ~* sterben; *4. (fig) estar uno en el ~ de otro* an Stelle von jdm sein; *No quisiera estar ahora en tu ~.* Ich möchte jetzt nicht in deiner Haut stecken. *5. (fig) arriesgar uno el ~* seine Haut riskieren *f; 6. (fig) pagar uno algo con el ~* mit dem Leben bezahlen; *7. (fig) salvar uno el ~* seine Haut retten, mit heiler Haut davonkommen; *8. no tener uno más que el ~* bettelarm sein

pellico [pe'ʎiko] *m (chaqueta de pastor)* Schäferjacke *f,* Pelzjacke *f*

pellizcar [peʎiθ'kar] *v* kneifen, zwicken

pellizco [pe'ʎiθko] *m 1.* Zwicken *n,* Kneifen *n; 2. (fam: un pedacito de algo)* Stück *n,* Bissen *m*

pena ['pena] *f 1.* Kummer *m,* Gram *f,* Leid *n; Me da ~.* Er tut mir Leid./Sie tut mir Leid. *~s de amor/~s del corazón* Liebeskummer *m; 2. (tormento)* Mühsal *f,* Pein *f,* Qual *f; ¿Merece la ~?* Lohnt es sich? *3. ~ por* Sorge um *f; 4. JUR* Strafe *f; ~ capital/~ de muerte* Todesstrafe *f; ~ contractual* Konventionalstrafe *f; ~ de prisión* Gefängnisstrafe *f; ~ privativa de la libertad* Freiheitsstrafe *f; ~ reglamentaria* Ordnungsstrafe *f; 5. (LA) (vergüenza)* Scham *f,* Schande *f; Me muero de la ~.* Ich sterbe vor Scham. *5. conmutación de la ~ JUR* Strafumwandlung *f; 6. alma en ~* Seele im Fegefeuer; *7. a duras ~s* mit Mühe und Not, unter großer Anstrengung; *8. sin ~ ni gloria* durchschnittlich, mittelmäßig; *9. pasar uno las ~s del purgatorio* Höllenqualen erleiden; *10. so ~ de* unter dem Vorbehalt dass; *11. valer la ~ algo* die Mühe wert sein

penable [pe'naƀle] *adj JUR* strafbar

penacho [pe'natʃo] *m (adorno de plumas)* Federbusch *m,* Federschmuck *m*

penado [pe'nađo] *m* Sträfling *m*

penal [pe'nal] *m 1. JUR* Strafanstalt *f; 2. (LA) SPORT* Strafstoß *m; adj 3. derecho ~ JUR* Strafgesetzbuch *n*

penalidad [penali'đađ] *f 1. (molestia)* Mühe *f,* Mühsal *f; 2. (lo que es penable) JUR* Strafbarkeit *f*

penalty [pe'nalti] *m SPORT* Strafstoß *m*

penar [pe'nar] *v 1.* strafen; *2. (sufrir las penas del purgatorio) REL* büßen; *3. ~ uno por algo* jmd für etw bestrafen; *4. (agonizar largamente)* leiden

peñascal [peɲas'kal] *adj* felsig, steinig

peñasco [pe'ɲasko] *m* Felsvorsprung *m*

peñascoso [peɲas'koso] *adj* felsig, steinig

pendejo [pen'dexo] *m 1. (pelo del pubis)* Schamhaare *n/pl 2. (fig: estúpido)* Tollpatsch *m,* Dummkopf *m,* Grünschnabel *m*

pendencia [pen'denθĭa] *f (riña)* Zwistigkeit *f,* Streit *m*

pendenciar [penden'θĭar] *v (reñir)* streiten, sich schlagen

pendenciero [penden'θĭero] *m 1.* Raufbold *m; adj 2.* streitsüchtig

pender [pen'dɛr] *v 1.* hängen; *~ sobre* schweben über; *2. (fig: estar pendiente una cosa)* abhängig sein

pendiente [pen'dĭente] *f 1. (cuesta)* Hang *m,* Abhang *m; m 2. (colgante)* Anhänger *m,* Ohrring *m; adj 3.* offen; *estar ~* offen stehen; *4. (de pago)* rückständig
péndulo ['penđulo] *m* Pendel *n*
pene ['pene] *m ANAT* Penis *m*
peneque [pe'neke] *adj (fam) estar ~* beschwipst sein
penetrante [pene'trante] *adj 1.* durchdringend, penetrant; *2. (agudo)* grell, schrill, beißend, gellend
penetrar [pene'trar] *v 1.* durchdringen; *2. ~ en* eindringen in; *3. (fig: comprender el interior de algo)* verstehen, durchschauen
penicilina [peniθi'lina] *f MED* Penicillin *n*
península [pe'ninsula] *f* Halbinsel *f; Península Ibérica GEO* Iberische Halbinsel *f*
penique [pe'nike] *m* Pfennig *m*
penitencia [peni'tenθĭa] *f 1.* Buße *f; hacer ~* büßen; *2. cumplir uno la ~ REL* Buße tun
penitenciar [peniten'θĭar] *v* eine Buße auferlegen *f*
penitenciaría [penitenθĭa'ria] *f 1.* Zuchthaus *n; 2. JUR* Strafanstalt *f*
penitente [peni'tente] *m* Büßer *m*
peñón [pe'ɲɔn] *m el ~ de Gibraltar* der Fels von Gibraltar
penoso [pe'noso] *adj 1.* anstrengend, schwierig, mühevoll; *2. (doloroso)* qualvoll; *3. (difícil)* schwer
pensador [pensa'đɔr] *m 1. (que medita)* Denker *m; 2. (que se dedica a la vida estudiosa)* Geistesmensch *m*
pensamiento [pensa'mĭento] *m 1.* Gedanke *m,* Vorstellung *f,* Denken *n; 2. (idea principal de una obra)* Hauptgedanke *m,* Grundidee *f; 3. (conjunto de ideas de una entidad)* Gedankengut *n,* Geistesströmungen *f/pl; el ~ alemán del siglo XX* das deutsche Gedankengut des 20. Jahrhunderts; *el ~ de la edad media* die mittelalterlichen Geistesströmungen; *el ~ de Fichte* die Theorien Fichtes; *4. adivinarle alguien a uno el ~* jemandes Gedanken erraten; *5. ni por ~* nicht einmal im Traume; *6. como el ~* wie der Gedanke; *7. encontrarse con los ~s* ähnlich denken, auf gleicher Wellenlänge liegen; *8. no pasarle a uno algo por el ~* nicht in den Sinn kommen
pensante [pen'sante] *adj* denkend, nachdenklich
pensar [pen'sar] *v irr* denken, gedenken zu, überlegen; *~ hacer* beabsichtigen, vorhaben; *Lo ~é.* Ich werde es mir überlegen. *Siempre que ella ve un avión piensa en su amigo, el piloto.* Immer wenn sie ein Flugzeug sieht, denkt sie an ihren Freund, den Piloten. *ser un mal pensado* immer gleich das Schlechteste denken
pensativo [pensa'tiƀo] *adj* besinnlich, nachdenklich
pensión [pen'sĭɔn] *f 1.* Pension *f,* Altersversorgung *f; ~ de orfandad* Waisenrente *f; ~ de vejez* Pension *f,* Rente *f,* Altersrente *f; ~ vitalicia* Leibrente *f; ~ de viudez* Witwenrente *f; 2. (de hospedaje)* Gästehaus *n; ~ completa* Vollpension *f; ~ de mala fama* Absteige *f*
pensionado [pensĭo'nađo] *m 1.* Pensionär *m; adj 2.* pensioniert
pensionar [pen'sĭɔn] *v (conceder una pensión)* pensionieren
pensionario [pensĭo'narĭo] *m (que paga una pensión)* Kostgänger *m,* Pensionär *m*
pensionista [pensĭo'nista] *m/f* Rentner(in) *m/f*
pentaedro [penta'eđro] *m MATH* Pentaeder *n,* Fünfflächner *m*
pentágono [pen'tagono] *m* Pentagon *n,* Fünfeck *n*
pentámetro [pen'tametro] *m LIT* Pentameter *m,* fünfzeiliger Vers *m*
Pentecostés [pentekos'tes] *m REL* Pfingsten *n*
penúltimo [pe'nultimo] *adj* vorletzte(r,s)
penumbra [pe'numƀra] *f* Halbschatten *m*
penumbroso [penum'ƀrɔso] *adj* halbdunkel
penuria [pe'nurĭa] *f* Not *f*
peón [pe'ɔn] *m* Handlanger *m,* Hilfsarbeiter *m*
peonada [peo'nađa] *f 1. (trabajo de un peón en un día)* Tagwerk *n; 2. (grupo de peones)* Arbeiter eines Gutshofs
peor [pe'ɔr] *adj 1.* schlechter, schlimmer; *en el ~ de los casos* schlimmstenfalls; *2. ir de mal en ~* immer schlechter werden
pepa ['pepa] *f (LA)* Kern *m*
pepinillo [pepi'niʎo] *m GAST* Gewürzgurke *f; ~ en vinagre* Essiggurke *f*
pepino [pe'pino] *m BOT* Gurke *f*
pepita [pe'pita] *f* Kern *m*
pequeñez [peke'ɲeθ] *f 1.* Kleinigkeit *f,* Lappalie *f; 2. (carácter)* Engherzigkeit *f*

pequeño [pe'keɲo] *adj* klein; ~ *burgés* kleinbürgerlich
pera ['pera] *f* Birne *f; pedir ~s al olmo* das Unmögliche verlangen
peral [pe'ral] *m BOT* Birnbaum *m*
peralte [pe'ralte] *m ARCH* Überhöhung *f*
perca ['pɛrka] *f ZOOL* Barsch *m*
percance [pɛr'kanθe] *m 1. sufrir un ~* Zwischenfall *m,* Unannehmlichkeit *f,* Widerwärtigkeit *f; m/pl 2. los ~ del oficio* die Mühsal der Arbeit
percatarse [pɛrka'tarse] *v ~ de* merken
percebe [per'θeƀe] *m ZOOL* Entenmuschel *f*
percepción [pɛrθɛƀ'θĭɔn] *f 1.* Wahrnehmung *f; 2. (fig: aprehensión)* Wahrnehmung *f*
perceptibilidad [pɛrθeptiƀili'đađ] *f* Wahrnehmbarkeit *f*
perceptible [pɛrθɛp'tiƀle] *adj* merklich, spürbar, vernehmbar
percha ['pɛrtʃa] *f 1.* Kleiderbügel *m; 2. tener buena ~* eine gute Figur haben
perchero [pɛr'tʃero] *m* Kleiderständer *m,* Garderobenschrank *m*
percherón [pɛrtʃe'rɔn] *m ZOOL* Zugpferd *n,* Ackergaul *m*
percibir [pɛrθi'ƀir] *v 1.* merken, vernehmen, wahrnehmen, bemerken; *2. (sentir)* spüren; *3. (recibir)* beziehen
percibo [pɛr'θiƀo] *m* Einnahme *f*
percudir [pɛrku'đir] *v 1. (ajar)* abnutzen; *2. (penetrar la suciedad en algo)* verschmutzen
percusión [pɛrku'sĭɔn] *f 1. (acción de percutir)* Erschütterung *f,* Klopfen *n; 2. instrumento de ~ MUS* Schlagzeug *n*
perdedor(a) [pɛrđe'đɔr/pɛrđe'đora] *m/f* Verlierer(in) *m/f*
perder [pɛr'đɛr] *v irr 1.* verlieren; *estar perdido por alguien* in jdn bis über beide Ohren verliebt sein; *2. (desperdiciar oportunidad)* versäumen, verpassen; *3. (extraviar)* verlegen; *4. (sacrificar)* einbüßen
perderse [pɛr'đɛrse] *v irr 1.* sich verlaufen, sich verirren; *Me he perdido.* Ich habe mich verfahren/verlaufen. *2. (fig: entregarse al vicio)* verderben, sich verlieren; *3. (fig: romperse el hilo discursivo)* den Faden verlieren
perdición [pɛrđi'θĭɔn] *f 1. (ruina)* Ruin *m; 2. (fig)* Verderben *n; 3. (la condenación eterna) REL* Verdammnis *f; 4. (fig: lo que causa la ruina)* Ruin *m,* Verderben *n; La pasión por el juego fué mi perdición.* Die Spielleidenschaft war mein Verderben.
perdida [pɛr'điđa] *f (fig: una prostituta)* Prostituierte *f*
pérdida ['pɛrđiđa] *f 1.* Verlust *m,* Einbuße *f; ~ del conocimiento* Bewusstlosigkeit *f; ~ de la memoria* Gedächtnisschwund *m; ~ del tiempo* Zeitverlust *m,* Zeitverschwendung *f; 2. ECO* Ausfall *m; ~ de beneficios/~ de ganancias* Gewinnausfall *m; 3. ~ térmica PHYS* Wärmeverlust *m; 4. no tener ~* es ist nicht zu verfehlen
perdidizo [perđi'điθo] *adj 1. (el que finge que se pierde)* unauffällig verschwindend, sich verdrückend; *2. hacerse uno el ~* sich unsichtbar machen, sich verdrücken
perdido [pɛr'điđo] *adj 1.* weg, verloren; *2. (distraído)* geistesabwesend; *m 3. (hombre sin moral)* Taugenichts *m; adj 4. (fig) ~ por una persona* in eine Person verliebt sein; *5. ~ por una cosa* sich einer Sache hingeben, in etwas vertieft sein, eingenommen sein von einer Sache; *6. (fig) estar uno ~* verloren sein
perdigón [pɛrđi'ɡɔn] *m 1. (pollo de perdiz) ZOOL* Rebhuhn *n,* Felsenhuhn *n; 2. (de una escopeta)* Schrotflinte *f*
perdigonada [pɛrđiɡo'nađa] *f* Schrotschuss *m*
perdiguero [pɛrđi'ɡero] *adj perro ~ ZOOL* Hühnerhund *m*
perdiz [pɛr'điθ] *f ZOOL* Rebhuhn *n*
perdón [pɛr'đɔn] *m* Entschuldigung *f,* Verzeihung *f,* Vergebung *f; ¡Perdón!* Verzeihung! *¿Perdón?* Wie bitte?/Bitte?
perdonable [pɛrđo'naƀle] *adj* entschuldbar, verzeihlich
perdonar [pɛrđo'nar] *v* entschuldigen, verzeihen, vergeben
perdurabilidad [pɛrđuraƀili'đađ] *f* Ewigkeit *f,* Fortdauer *f*
perdurable [pɛrđu'raƀle] *adj* dauernd, ewig, beständig
perduración [pɛrđura'θĭon] *f* Dauer *f,* Beständigkeit *f,* Ewigkeit *f*
perdurar [pɛrđu'rar] *v* lange dauern, bestehen bleiben
perecedero [pereθe'đero] *adj 1.* sterblich; *2. (cosa)* verderblich
perecer [pere'θɛr] *v irr 1.* umkommen, eingehen, verenden; *~ de hambre* verhungern; *2. (fig: carecer de lo necesario)*
perecerse [pere'ɛrse] *v (ansiar vehementemente algo)* sich sehnen nach

perecimiento [pereθi'mĭento] *m* Sehnen *n*
peregrinación [peregrina'θĭɔn] *f REL* Wallfahrt *f*, Pilgerfahrt *f*
peregrinaje [peregri'naxe] *m* Wallfahrt *f*
peregrinar [peregri'nar] *v (viajar a un santuario)* pilgern, wallfahren
peregrino [pere'grino] *m 1. REL* Wallfahrer *m*, Pilger *m*; *adj 2. (que viaja por tierras extrañas)* Pilger *m*, Wallfahrer *m*; *3. (aves que migran) ZOOL* Zugvogel...; *4. (fig: extraño)* fremdartig, ungewöhnlich
perejil [perɛ'xil] *m BOT* Petersilie *f*
perencejo [peren'θexo] *m* Herr Dingsda *m*; *fulano, mengano y ~* Hinz und Kunz
perengano [pereŋ'gano] *m* ein gewisser Herr Soundso *m*
perenne [peren'ne] *adj* immer während, ewig
perennidad [perenni'đađ] *f* Bestand *m*, Fortdauer *f*
perentoriedad [perentorĭe'đađ] *f* Dringlichkeit *f*
perentorio [peren'tɔrĭo] *adj 1. (el último plazo)* entscheidend, unaufschiebbar; *2. (urgente)* dringend
pereza [pe'reθa] *f 1. (flojera)* Faulheit *f*, Trägheit *f*; *2. (comodidad)* Bequemlichkeit *f*
perezoso [pere'θoso] *adj 1. (flojo)* faul, träge; *2. (cómodo)* bequem; *m 3. ZOOL* Faultier *n*
perfección [pɛrfɛk'θĭɔn] *f* Perfektion *f*, Vollkommenheit *f*; *a la ~* vortrefflich
perfeccionamiento [pɛrfɛkθĭonam'ĭento] *m 1. (profesional)* Fortbildung *f*, Weiterbildung *f*; *2. (segundo toque)* Überarbeitung *f*; *3. (mejora)* Verbesserung *f*
perfeccionar [pɛrfɛkθĭo'nar] *v* verbessern, überarbeiten, vervollkommen
perfeccionarse [pɛrfɛkθĭo'narse] *v* sich fortbilden, sich weiterbilden
perfeccionista [pɛrfɛkθĭo'nista] *m/f* Perfektionist(in) *m/f*
perfectamente [pɛrfɛkta'mente] *adv* perfekt, tadellos, vortrefflich
perfecto [pɛr'fɛkto] *adj* vollkommen, meisterhaft, perfekt
perfidia [pɛr'fiđĭa] *f* Heimtücke *f*
pérfido ['pɛrfiđo] *adj* heimtückisch, hinterlistig
perfil [pɛr'fil] *m 1. TECH* Profil *n*, Umriss *m*, Kontur *f*; *2. (fig: conjunto de rasgos)* Profil *n*
perfilar [pɛrfi'lar] *v* profilieren, im Profil darstellen, umreißen
perforación [pɛrfora'θĭɔn] *f TECH* Bohrung *f*
perforador [pɛrfora'đɔr] *m* Locher *m*
perforadora [pɛrfora'đora] *f TECH* Bohrmaschine *f*
perforar [pɛrfo'rar] *v* knipsen, lochen, perforieren
perfumador [pɛrfuma'đɔr] *m* Duftzerstäuber *m*
perfumar [pɛrfu'mar] *v* parfümieren
perfume [pɛr'fume] *m 1. (olor agradable)* Duft *m*, Hauch *m*, Wohlgeruch *m*; *2. (esencia)* Parfüm *n*
perfumería [pɛrfume'ria] *f* Parfümerie *f*, Parfümeriewaren *pl*
pergamino [pɛrga'mino] *m* Pergament *n*
pergeñar [pɛrge'ɲar] *v* anordnen, planen, sich ausdenken
pergeño [pɛr'geɲo] *m* Aussehen *n*
pérgola ['pɛrgola] *f* Pergola *f*, Laube *f*
pericia [pe'riθĭa] *f* Sachkenntnis *f*
pericial [peri'θĭal] *adj* kunstverständig
periclitar [perikli'tar] *v 1. (poner en peligro)* gefährden; *2. (decaer)* verfallen
perico [pe'riko] *m ZOOL* kubanischer Papagei *m*
periferia [peri'ferĭa] *f* Peripherie *f*, Stadtrand *m*
periférico [peri'feriko] *adj* peripher
perífrasis [pe'rifrasis] *f* Periphrase *f*, Umschreibung *f*
perifrástico [peri'frastiko] *adj* umschreibend
perigeo [peri'xeo] *m ASTR* Perigäum *n*, Erdennähe *f*
perihelio [peri'elĭo] *m ASTR* Perihelium *n*, Sonnennähe *f*
perilla [pe'riʎa] *f venirle a uno una cosa de ~* gelegen kommen
perimétrico [peri'metriko] *adj* perimetrisch, Umkreis...
perímetro [pe'rĭmetro] *m* Umfang *m*, Umkreis *m*
perineal [peri'neal] *adj ANAT* Damm...
perineo [peri'neo] *m ANAT* Damm *m*
periódico [pe'rĭođiko] *m 1.* Zeitung *f*; *~ sensacionalista* Boulevardzeitung *f*; *~ escolar* Schülerzeitung *f*; *¿Tiene usted ~s alemanes?* Haben Sie deutsche Zeitungen? *adj 2.* periodisch
periodismo [perĭo'đizmo] *m* Journalismus *n*

periodista [perĭo'đista] *m/f* Journalist(in) *m/f*
periodístico [perĭo'đistiko] *adj* journalistisch
período [pe'riođo] *m 1.* Periode *f,* Abschnitt *m; ~ bajísimo* Talsohle *f; ~ glacial* Eiszeit *f; ~ de prueba* Probezeit *f; ~ de transición* Übergangszeit *f; 2. ~ de incubación MED* Inkubationszeit *f; 3. ~ legislativo POL* Legislaturperiode *f; ~ de transición* Übergangszeit *f; 4. ~ de semidesintegración PHYS* Halbwertszeit *f; 5. (menstruación) MED* Menstruation *f,* Regel *f*
periostio [pe'rĭostĭo] *m ANAT* Periost *n,* Knochenhaut *f*
peripatetismo [peripate'tizmo] *m PHIL* peripatetische Lehre *f*
peripecia [peri'peθĭa] *f (accidente)* Zwischenfall *m,* Unfall *m,* Schicksal *n*
peripuesto [peri'pwesto] *adj* aufgedonnert
periquete [peri'kete] *m en un ~* im Handumdrehen *n*
periquito [peri'kito] *m ZOOL* Wellensittich *m*
periscópico [peris'kopiko] *adj* periskopisch
periscopio [peris'kopĭo] *m NAUT* Periskop *n,* Sehrohr *n*
perisodáctilo [periso'đaktilo] *m/pl* Unpaarhufer *m*
peristilo [peris'tilo] *m* Säulengang *m*
peritaje [peri'taxe] *m* Expertise *f,* Gutachten *n*
perito [pe'rito] *m 1.* Fachmann *m,* Gutachter *m,* Sachverständiger *m; adj 2.* sachkundig
peritoneo [peri'toneo] *m ANAT* Bauchfell *n*
perjudicar [pɛrxuđi'kar] *v 1.* benachteiligen, beeinträchtigen; *2. (dañar)* schaden, schädigen
perjudicial [pɛrxuđi'θĭal] *adj* schädlich, abträglich
perjuicio [pɛr'xwiθĭo] *m 1.* Beeinträchtigung *f; 2. (daño)* Schaden *m; 3. sin ~ de* vorbehaltlich
perjurar [pɛrxu'rar] *v (jurar en falso)* einen Meineid leisten
perjurio [pɛr'xurĭo] *m JUR* Meineid *m*
pérjuro ['pɛrxuro] *adj* eidbrüchig, meineidig
perla ['pɛrla] *f 1.* Perle *f; 2. venirle a uno algo de ~s* passend sein, wie gerufen kommen
perlada [pɛr'lađa] *adj cebada ~* Graupen *f/pl*
perlado [pɛr'lađo] *adj* perlenfarbig
perlático [pɛr'latiko] *adj MED* gelähmt
perlero [pɛr'lero] *adj industria perlera* Perlenindustrie *f*
perlesía [pɛrle'sia] *f MED* Lähmung *f*
permanecer [pɛrmane'θɛr] *v irr* dableiben, bleiben, verweilen
permanencia [pɛrma'nenθĭa] *f 1. (estadía)* Aufenthalt *m; 2. (duración)* Beständigkeit *f*
permanente [pɛrma'nente] *adj 1.* ständig, andauernd, durchgehend, beständig; *f 2.* Dauerwelle *f*
permeabilidad [pɛrmeaƀili'đađ] *f* Permeabilität *f,* Durchlässigkeit *f*
permeable [pɛrme'aƀle] *adj* durchlässig, undicht
permisible [pɛrmi'siƀle] *adj* zulässig
permiso [pɛr'miso] *m* Erlaubnis *f,* Genehmigung *f,* Zulassung *f; ~ de circulación* Kraftfahrzeugschein *m,* Zulassung *f; ~ de conducir* Führerschein *m; ~ de construcción* Baugenehmigung *f; ~ de estudios y formación* Bildungsurlaub *m; ~ de importación* Einfuhrgenehmigung *f; ~ de residencia* Aufenthaltsgenehmigung *f; ~ de salida* Ausreisegenehmigung *f; tener ~ para* Erlaubnis haben für; *dar ~* erlauben/die Erlaubnis erteilen
permitido [pɛrmi'tiđo] *adj* zulässig
permitidor [pɛrmiti'đɔr] *adj* erlaubend
permitir [pɛrmi'tir] *v* genehmigen, gestatten, lassen, zulassen; *~ algo a alguien* jdm etw erlauben; *¿Me permite?* Gestatten Sie?
permitirse [pɛrmi'tirse] *v ~ algo* sich etw leisten, sich etw gönnen
permuta [pɛr'muta] *f (cambio)* Tausch *m,* Tauschhandel *m*
permutabilidad [pɛrmutaƀili'đađ] *f* Austauschbarkeit *f*
permutable [pɛrmu'taƀle] *adj* permutabel, austauschbar, auswechselbar
permutación [pɛrmuta'θĭɔn] *f 1. (permuta)* Austausch *m; 2. MATH* Permutation *f*
permutar [pɛrmu'tar] *v ~ por* tauschen gegen, einhandeln
pernera [pɛr'nera] *f* Hosenbein *n*
pernicioso [pɛrni'θĭoso] *adj* schädlich, gefährlich
pernil [pɛr'nil] *m GAST* Schweinskeule *f,* Schinken *m*

perno ['pɛrno] *m TECH* Bolzen *m*
pernoctación [pɛrnɔkta'θĭɔn] *f* Übernachtung *f*
pernoctar [pɛrnɔk'tar] *v* übernachten
pero ['pero] *konj 1.* aber; *2. (después de negación implícita)* doch
perogrullada [perogru'ʎađa] *f* Binsenweisheit *f*
perpendicular [pɛrpendi'kular] *adj 1.* rechtwinklig; *f 2. TECH* Lot *n*
perpetración [pɛrpetra'θĭɔn] *f ~ de un asesinato* einen Mord begehen *m*
perpetrador [pɛrpetra'đɔr] *m* Straftäter *m,* Täter *m*
perpetrar [pɛrpe'trar] *v 1.* begehen, verüben; *2. (un acto criminal)* begehen
perpetuar [pɛrpe'twar] *v* verewigen
perpetuidad [perpetui'đađ] *f a ~* Ewigkeit *f,* Beständigkeit *f,* Fortdauer *f*
perpetuo [pɛr'petwo] *adj 1.* lebenslänglich; *2. (que dura para siempre)* endlos, unendlich
perplejidad [pɛrplɛxi'đađ] *f* Bestürzung *f,* Fassungslosigkeit *f*
perplejo [pɛr'plɛxo] *adj* fassungslos, perplex, ratlos; *estar ~* bestürzt sein
perra ['pɛrra] *f ZOOL* Hündin *f; llevar una vida ~* ein Hundeleben führen
perrada [pɛ'rrađa] *f (fig: acción infame)* gemeine Tat *f,* Hundsgemeinheit *f*
perrera [pɛ'rrɛra] *f 1.* Hundezwinger *m; 2. (trabajo difícil y mal pagado)* schwere Arbeit für wenig Lohn
perro ['pɛrro] *m 1. ZOOL* Hund *m; ~ de aguas* Pudel *m; ~ faldero* Schoßhündchen *n; ~ guardián* Wachhund *m; ~ pastor* Hirtenhund *m; ~ salchicha* Dackel *m; (lazarillo) ~-guía* Blindenhund *m; adj 2. (fig: francamente malo)* Hunde...; *m 3. ~ caliente GAST* Hotdog *m; 4. (fig) a otro ~ con ese hueso* erzählen Sie das einem anderen; *5. (fig) andar como ~s y gatos* wie Hund und Katz; *6. morir uno como un ~* wie ein Hund sterben; *7. de ~s* Hunde..., schlecht; *Tengo un humor de perros.* Ich habe eine hundsmiserable Laune. *Hace un tiempo de perros.* Das ist ein Sauwetter. *8. (fig) tratar a uno como a un ~* wie einen Hund behandeln
persa ['pɛrsa] *m GEO* Perser *m*
persecución [pɛrseku'θĭɔn] *f* Fahndung *f,* Verfolgung *f; ~ de los judíos* Judenverfolgung *f*
perseguido [pɛrse'giđo] *m* Verfolgter *m*
perseguidor [pɛrsegi'đɔr] *m* Verfolger *m*
perseguir [pɛrse'gir] *v irr 1.* verfolgen; *~ a alguien* jdm nachlaufen, jdm nachstellen; *2. (fig: molestar)* stören, belästigen; *3. (fig: buscar insistentemente)* dringend suchen
perseverancia [pɛrseƀe'ranθĭa] *f* Ausdauer *f,* Beharrlichkeit *f*
perseverante [pɛrseƀe'rante] *adj* ausdauernd, beharrlich, zielstrebig
Persia ['pɛrsĭa] *f GEO* Persien *n*
persiana [pɛr'sĭana] *f* Jalousie *f,* Rollladen *m*
persistencia [pɛrsis'tenθĭa] *f* Andauer *f,* Fortdauer *f*
persistente [pɛrsis'tente] *adj* anhaltend, nachhaltig
persistir [pɛrsis'tir] *v 1.* andauern, anhalten; *2. (insistir) ~ en* bestehen auf
persona [pɛr'sona] *f 1.* Mensch *m,* Person *f; ~ no autorizada* Unbefugte(r) *m/f; ~ con antecedentes penales* Vorbestrafte(r) *m/f; ~ bajo tutela* Mündel *n; ~ competente* Sachbearbeiter(in) *m/f; en ~* leibhaftig; *2. primera ~ GRAMM* erste Person *f; segunda ~* zweite Person *f; tercera ~* dritte Person *f; 3. ~ grata* Persona grata
personaje [pɛrso'naxe] *m 1. ~ principal* Hauptperson *f; 2. (persona importante)* Persönlichkeit *f*
personal [pɛrso'nal] *m 1.* Personal *n,* Belegschaft *f; ~ directivo* Führungskraft *f; ~ de tierra* Bodenpersonal *n; adj 2.* persönlich, eigen; *3. pronombre ~ GRAMM* Personalpronomen *n*
personalidad [pɛrsonali'đađ] *f 1.* Persönlichkeit *f; ~ destacada* Autorität *f; 2. ~es pl* Prominenz *f*
personalismo [pɛrsona'lizmo] *m* Selbstsucht *f,* Eigensucht *f*
personalista [pɛrsona'lista] *adj* Personalist *m*
personalizar [pɛrsonali'θar] *v* personifizieren, verkörpern, persönlich werden
personalmente [pɛrsonal'mente] *adv* persönlich, leibhaftig
personificación [pɛrsonifika'θĭɔn] *f* Verkörperung *f*
personificado [pɛrsonifi'kađo] *adj* leibhaftig
personificar [pɛrsonifi'kar] *v 1.* verkörpern; *2. (atribuir características humanas a lo inanimado)* personifizieren

perspectiva [pɛrspɛk'tiƀa] *f 1.* Perspektive *f; 2. (fig)* Aussicht *f*
perspectivo [pɛrspek'tiƀo] *adj* perspektivisch
perspicacia [pɛrspi'kaθĭa] *f* Scharfsinn *m,* Klugheit *f*
perspicacidad [pɛrspikaθi'đađ] *f* Scharfsinnigkeit *f*
perspicaz [pɛrspi'kaθ] *adj* raffiniert, scharfsinnig, hellhörig
perspicuidad [pɛrspikwi'đađ] *f* Klarheit *f,* Deutlichkeit *f*
perspicuo [pɛrs'pikwo] *adj 1. (claro)* klar; *2. (fig: estilo inteligible)* verständlich
persuadir [pɛrswa'đir] *v* überzeugen; *~ a hacer algo* zu etw überreden
persuasión [pɛrswa'sĭɔn] *f* Überredung *f*
persuasivo [pɛrswa'siƀo] *adj* überredend, überzeugend
persusiva [pɛrswa'siƀa] *f* Überzeugungsgabe *f,* Überredungskunst *f*
pertenecer [pɛrtene'θɛr] *v irr 1. ~ a alguien* jdm gehören; *2. (a un grupo determinado)* angehören, dazugehören, darunterfallen; *~ al mismo grupo* zusammengehören
perteneciente [pɛrtene'θĭente] *adj ~ a* zugehörig
pertenencia [pɛrte'nenθĭa] *f 1.* Zugehörigkeit *f; f/pl 2. (las cosas que uno posee)* Habseligkeiten *f/pl*
pértiga ['pɛrtiga] *f salto de ~ SPORT* Stabhochsprung *m*
pertinacia [pɛrti'naθĭa] *f 1. (obstinación en las decisiones)* Beharrlichkeit *f,* Durchhaltevermögen *n; Admiro tu pertinacia.* Ich bewundere deine Hartnäckigkeit. *2. (fig: persistencia)* Hartnäckigkeit *f*
pertinaz [perti'naθ] *adj 1. (tenaz)* halsstarrig, hartnäckig, zäh; *2. (fig: persistente)* hartnäckig, zäh; *una enfermedad ~* eine hartnäckige Krankheit *f*
pertinencia [pɛrti'nenθĭa] *f (conveniente, apropiado)* Zulässigkeit *f,* Erprobtheit *f; Dudo de la pertinencia de esa medida.* Ich zweifle an der Zulässigkeit dieses Mittels.
pertinente [pɛrti'nente] *adj 1.* angebracht, sachdienlich; *2. ~ a* einschlägig; *3. (que concierne a un pleito) JUR* sachgemäß
pertrechar [pertretʃ'ar] *v MIL* ausrüsten, versehen, ausstatten
pertrecharse [pɛrtre'tʃar] *v (fig: disponer lo necesario)* sich ausrüsten, sich ausstatten
pertrecho [per'tretʃo] *m/pl 1. ~s de guerra MIL* Rüstungsgut *n,* Kriegsbedarf *m; 2. (fig: lo necesario para una actividad)* Ausrüstung *f; Estos son mis pertrechos para ir a la montaña.* Das ist meine Ausrüstung für die Bergwanderung.
perturbable [pɛrtur'ƀaƀle] *adj* verwirrbar
perturbación [pɛrturƀa'θĭɔn] *f* Störung *f; ~ del orden público* Ruhestörung *f; ~ del equilibrio MED* Gleichgewichtsstörung *f*
perturbado [pɛrtur'ƀađo] *adj (que tiene trastornos mentales)* zerrüttet, gestört
perturbador [pɛrturƀa'đɔr] *m 1.* Störenfried *m; adj 2. ruidos ~es* verwirrend, störend, unruhestiftend
perturbar [pɛrtur'ƀar] *v 1.* aufregen, beunruhigen; *2. (molestar)* stören
perturbarse [pɛrtur'ƀarse] *v (perder el juicio)* geistesgestört sein
peruano [pe'rwano] *adj GEO* peruanisch
perversidad [pɛrƀɛrsi'đađ] *f* Perversion *f,* Verderbtheit *f,* Unnatur *f*
perversión [pɛrƀɛr'sĭɔn] *f* Verkommenheit *f,* Perversion *f*
perverso [pɛr'ƀɛrso] *adj* pervers, verrucht
pervertido [pɛrƀɛr'tiđo] *adj* verdorben; *m* pervers, abnormal, pervertiert
pervertimiento [pɛrƀɛrti'mĭento] *m* Verkommenheit *f*
pervertir [pɛrƀɛr'tir] *v 1. irr* verderben; *2. (perturbar el orden de las cosas)* pervertieren, umkehren, zerrütten; *~ el orden público* die öffentliche Ordnung stören
pervivencia [pɛrƀi'ƀenθĭa] *f* Überleben *n*
pervivir [pɛrƀi'ƀir] *v (seguir existiendo a pesar de todo)* überleben
pervulgar [pɛrƀul'gar] *v (divulgar algo)* verbreiten, bekannt machen
pesa ['pesa] *f 1. (máquina para pesar)* Wägestück *n; 2. (en la halterofilia) SPORT* Gewicht *n*
pesadez [pesa'đeθ] *f 1.* Schwere *f; 2. (fig: obesidad)* Unbeholfenheit *f,* Plumpheit *f; 3. (fig: calidad de alguien molesto)* Lästigkeit *f; No se como puedes soportar la pesadez de tu amigo.* Ich weiß nicht, wie du deinen lästigen Freund erträgst. *4. (fig: exceso, agobio)* Druck *m,* Last *f; No resisto la pesadez de este día. (por el calor)* Ich ertrage heute die Schwüle nicht. *5. (fig: fastidio)* Überdruss *m*

pesadilla [pesa'điʎa] *f* Alptraum *m*
pesado [pe'sađo] *adj 1.* schwer; *2. (fig)* aufdringlich; *3. día ~* drückender Tag *m*
pesadumbre [pesa'đumbre] *f* Kummer *m*, Sorgen *pl*
pésame ['pesame] *m* Beileid *n*; *dar el ~ a alguien* jdm sein Beileid aussprechen
pesante [pe'sante] *adj (arrepentido de un acto)* reumütig
pesar [pe'sar] *m 1.* Bedauern *n*, Gram *f*, Leid *n*; *v 2.* wiegen; *¡Pese esto, por favor!* Wiegen Sie das bitte! *3. (sopesar)* abwägen, abwiegen; *prep 4. a ~ de* trotzdem, ungeachtet, trotz; *konj 5.* obwohl; *6. (fig: tener algo mucho valor)* gewichtig sein, wichtig sein; *7. (fig: sentir arrepentimiento)* bereuen, Leid tun; *8. (fig: sopesar)* wägen, abwägen; *¡Pesa bien todas las opciones que tienes ahora!* Wäge die Möglichkeiten, die du jetzt hast, gut ab! *9. pese a* trotz; *10. pese a quien le pese* um jeden Preis
pesario [pe'sarĭo] *m MED* Pessar *n*
pesaroso [pesa'rɔso] *adj 1. (arrepentido)* reumütig; *2. (que siente lástima)* mitleidig, traurig
pesca ['peska] *f* Fischfang *m*; *~ marítima* Hochseefischerei *f*; *licencia de ~* Angelerlaubnis *f*; *carné de ~* Angelschein *m*
pescadería [peskađe'ria] *f* Fischgeschäft *n*
pescadero [peska'đero] *m (el que vende pescado)* Fischhändler *m*
pescado [pes'kađo] *m GAST* Fisch *m*; *¿Hay ~ fresco?* Gibt es frischen Fisch? *~ frito* Bratfisch *m*
pescador(a) [peska'đɔr/peska'tora] *m/f 1.* Fischer(in) *m/f*; *2. ~ de caña* Angler(in) *m/f*
pescante [pes'kante] *m (brazo de grúa)* Ausleger (Kran) *m*
pescar [pes'kar] *v 1.* fischen; *¿Está permitido ~ aquí?* Ist Fischen hier erlaubt? *2. ~ con caña* angeln; *2. (fig: contraer una enfermedad)* erwischen, einfangen; *He pescado la gripe.* Ich habe die Grippe erwischt. *3. (fig: sorprender a alguien)* erwischen, ertappen
pescuezo [pes'kweθo] *m 1.* Genick *n*, Hals *m*; *2. torcer a uno el ~* jmd den Hals umdrehen *m*
pese ['pese] *prep ~ a* trotz
pesebre [pese'ƀre] *m* Krippe *f*
peseta [pe'seta] *f (unidad monetaria) ECO* Peseta *f*, spanische Währungseinheit *f*
pesimismo [pesi'mizmo] *m* Pessimismus *m*
pesimista [pesi'mista] *m/f 1.* Pessimist(in) *m/f*; *adj 2.* pessimistisch
pésimo ['pesimo] *adj de ~ gusto* äußerst schlecht, erbärmlich
peso ['peso] *m 1.* Gewicht *n*; *~ bruto* Bruttogewicht *n*; *~ corporal* Körpergewicht *n*; *falta de ~* Untergewicht *n*; *~ máximo* Maximalgewicht *n*; *~ neto* Nettogewicht *n*; *2. ~ pluma SPORT* Federgewicht *n*; *~ mosca* Fliegengewicht *n*; *~ pesado* Schwergewicht *n*; *3. (fig: importancia de una cosa)* Wichtigkeit *f*, Bedeutung *f*, Gewicht *n*; *Ese es un hombre de peso en la industria.* Dies ist ein gewichtiger Mann in der Industrie. *4. (fig: carga)* Last *f*, Bürde *f*; *Tengo que cargar con el peso de los gastos de mi padre.* Ich muss mit der Ausgabenlast meines Vaters leben. *5. (fig: eficacia, fuerza)* Ausschlag *m*, Nachdruck *m*, Wirksamkeit *f*; *Esas no me parecen razones de peso.* Das scheinen mir keine ausschlaggebenden Gründe zu sein. *6. ~ atómico CHEM* Atomgewicht *n*; *7. ~ específico PHYS* spezifisches Gewicht *n*; *8. ~ molecular CHEM* Molekulargewicht *n*, Summe der Atomgewichte; *9. ~ muerto* Totgewicht *n*, Eigengewicht *n*
pesquero [pes'kɛro] *adj industria pesquera* Fischereiindustrie *f*
pesquisa [pes'kisa] *f 1.* Fahndung *f*; *2. JUR* Ermittlung *f*
pesquisar [peski'sar] *v* fahnden, forschen
pestaña [pes'taɲa] *f 1.* Wimper *f*; *2. no pegar ~* kein Auge zutun *n*
pestañear [pestaɲe'ar] *v 1.* zwinkern; *2. sin ~ (sin inmutarse)* ohne mit der Wimper zu zucken; *Recibió la noticia sin pestañear.* Ich habe nicht mit der Wimper gezuckt, als ich die Nachricht erhielt.
pestañeo [pesta'ɲeo] *m* Blinzeln *n*
pestañoso [pesta'ɲɔso] *adj* Wimper...
peste ['peste] *f 1. MED* Pest *f*; *2. (mal olor)* Gestank *m*, schlechter Geruch *m*; *¡Qué peste hay en esta habitación!* In dieser Wohnung stinkt es! *3. (fig: cualquier cosa mala)* Pest *f*, Last *f*, Qual *f*; *Esos impuestos tan altos son una peste para mí.* Diese hohen Steuern sind eine fürchterliche Last für mich. *4. ~ bubónica MED* Beulenpest *f*; *5. hablar ~s de alguien* auf jdn schimpfen, jdn verfluchen; *6.* Seuche *f*

pesticida [pesti'θiđa] *m* Schädlingsbekämpfungsmittel *n,* Pestizid *n; uso de ~* Schädlingsbekämpfung *f*
pestífero [pes'tifero] *adj 1. (que es muy malo)* verpestend, übel; *2. (que tiene mal olor)* stinkend, übel riechend; *aliento ~* schlechter Atem *m*
pestilencia [pesti'lenθĭa] *f 1. (peste)* Pest *f,* Pestilenz *f; 2. (mal olor)* Gestank *m,* übler Geruch *m; 3. (algo muy malo)* Elend *n,* Pest *f*
pestillo [pes'tiʎo] *m* Riegel *m,* Klinke *f*
pesuño [pe'suɲo] *m (dedo de los ungulados) ZOOL* Huf *m*
petaca [pe'taka] *m* Lederetui *n,* Zigarettenetui *n*
pétalo ['petalo] *m BOT* Blütenblatt *n*
petardear [petar'đear] *v (fam: estafar)* betrügen, hereinlegen
petardero [petar'đero] *m (fam: estafador)* Betrüger *m,* Gauner *m*
petardista [petar'đista] *m (fam: estafador)* Halunke *m,* Betrüger *m*
petardo [pe'tarđo] *m 1.* Knallkörper *m,* Sprengkörper *m; 2. (fig) pegar un ~* jdn hereinlegen, jdn betrügen
petate [pe'tate] *m 1. (esterilla de palma)* Matte aus Palmzweigen; *2. (fig) liar uno el ~* sein Bündel schnüren, sein Zeug packen; *Mi casero me dijo que tenía que liar el petate.* Mein Hauswirt sagte mir, ich solle meine Siebensachen zusammenpacken. *3. (fig) liar el ~ (morir)* sterben, abkratzen
petición [peti'θĭɔn] *f 1.* Antrag *m,* Forderung *f,* Petition *f; ~ de mano* Heiratsantrag *m; 2. (solicitud)* Ersuchen *n,* Gesuch *n; ~ de retiro* Abschiedsgesuch *n; 3. ~ de entrega ECO* Abruf *m; 4. POL* Eingabe *f; 5. ~ de gracia JUR* Gnadengesuch *n*
peticionario [petiθio'narĭo] *m* Petition *f,* Gesuch *n,* Bitte *f*
petimetre [peti'metre] *m* Fatzke *m,* Schnösel *m*
petirrojo [peti'rrɔxo] *m ZOOL* Rotkehlchen *n*
petitoria [peti'tɔrĭa] *f* Bitte *f*
petrel [pe'trɛl] *m ZOOL* Sturmschwalbe *f*
petrificado [petrifi'kađo] *adj 1.* versteinert; *2. (fig)* versteinert, sprachlos, starr; *Me quedé ~.* Ich war sprachlos vor Schreck.
petrificar [petrifi'kar] *v 1. (fig)* versteinern, erstarren lassen; *2. (convertir en piedra)* versteinern
petrificarse [petrifi'karse] *v GEOL* versteinern, zu Stein werden
petróleo [pe'troleo] *m* Erdöl *n,* Petroleum *n*
petrolera [petro'lera] *f/pl (compañia que extrae petróleo)* Ölfördergesellschaft *f,* Ölförderer *m*
petrolero [petro'lero] *m* Öltanker *m,* Tanker *m*
petrolífero [petro'lifero] *adj* erdölführend
petroquímica [petro'kimika] *f* Petrochemie *f*
petulancia [petu'lanθĭa] *f 1.* Anmaßung *f; 2. (presunsión)* Vermutung *f*
petulante [petu'lante] *adj* anmaßend, mutwillig, vorlaut
petunia [pe'tunĭa] *f BOT* Petunie *f*
peyorar [pejo'rar] *v (hacerse peor)* sich verschlechtern
peyorativo [pejora'tiƀo] *adj* abwertend
pez[1] [peθ] *m 1. ZOOL* Fisch *m; ~ dorado* Goldfisch *m; ~ espada* Schwertfisch *m; estar ~ en algo (fig)* unvorbereitet sein; *salga ~ o salga rana* auf gut Glück; *2. estar uno como ~ en el agua* wie ein Fisch im Wasser sein
pez[2] [peθ] *f 1.* Pech *n,* Baumharz *n; negro como la ~* pechschwarze Farbe *f,* Baumharz *n; 2. (mala suerte)* Pech *n,* Unglück *n*
pezón [pe'θɔn] *m ANAT* Brustwarze *f*
pezuña [pe'θuɲa] *f ZOOL* Huf *m*
piada ['pĭađa] *f* Piepen *n,* Fiepen *n*
piadoso [pĭa'đoso] *adj 1.* mitleidig, pietätvoll; *2. REL* andächtig, fromm
pianista [pĭa'nista] *m/f MUS* Pianist(in) *m/f*
piano ['pĭano] *m MUS* Klavier *n; ~ de cola* Flügel *m; ~ de concierto* Konzertflügel *m; tocar el ~* Klavier spielen
pianoforte [pĭano'fɔrte] *m MUS* Klavier *n*
pianola [pĭa'nola] *f MUS* Pianola *f*
piar [pĭar] *v (las aves)* piepsen
piara ['pĭara] *f (manada de cerdos)* Schweineherde *f*
picacho [pi'katʃo] *m* Berggipfel *m*
picada [pi'kađa] *f (picadura)* Stechen *n,* Stich *m*
picadillo [pika'điʎo] *m 1. (guisado) GAST* Hackfleisch *n; 2. (fig) hacer ~ a alguien* jdn zu Kleinholz verarbeiten, jdn zu Hackfleisch machen
picado [pi'kađo] *adj* beschwipst, pikiert

picadura [pika'đura] *f 1.* Stich *m,* Biss *m; ~ de abeja* Bienenstich *m; ~ de mosquito* Mückenstich *m; ~ de araña* Spinnenbiss *m; 2. (tabaco picado)* Feinschnitt *m* (Tabak)

picaflor [pika'flɔr] *m ZOOL* Kolibri *m*

picajoso [pika'xɔso] *adj* empfindlich, reizbar

picante [pi'kante] *adj* scharf, anzüglich, saftig (fig)

picapedrero [pikape'đrero] *m* Steinmetz *m*

picapinos [pika'pinos] *m ZOOL* Buntspecht *m*

picapleitos [pika'pleitos] *m* Winkeladvokat *m*

picaporte [pika'pɔrte] *m* Griff *m,* Klinke *f,* Türklinke *f*

picar [pi'kar] *v 1. (comezón)* jucken, prickeln; *¡Pica!* Es juckt! *2. (ser picado por un insecto)* beißen, stechen; *3. (la carne)* hacken; *4. GAST* wiegen; *5. (un pescado, tragar el anzuelo)* anbeißen; *6. (con el pico)* picken; *7. (perforar una tarjeta)* knipsen; *8. (golpear)* klopfen; *9. (comer)* knabbern

picardía [pikar'đĭa] *f 1.* Gaunerstück *n,* Gaunerstreich *m,* Pfiffigkeit *f; 2. (travesura de un niño)* Streich *m,* Schelmenstück *n*

picaresco [pika'resko] *adj 1.* schelmisch; *2. novela picaresca LIT* pikaresker Roman *m*

pícaro ['pikaro] *m 1.* Schalk *m,* Schelm *m,* Spitzbube *m; adj 2.* schelmisch, spitzbübisch, verschmitzt

picarse [pi'karse] *v 1. (llenarse de agujeros la ropa)* Mottenlöcher bekommen, löchrig werden; *2. (empezar a dañarse algo)* schlecht werden, schimmlig werden

picazón [pika'θɔn] *f* Jucken *n*

picha ['pitʃa] *f (fam: pene)* Zipfel *m,* (fam) Penis *m*

pichón [pi'tʃon] *m* junge Taube *f,* junger Vogel *m*

picnic ['piknik] *m* Picknick *n*

pico ['piko] *m 1.* Eispickel *m; 2. (punta)* Spitze *f; 3. ZOOL* Schnabel *f; ~ manchado* Buntspecht *m; 4. (fig) callar uno el ~* jdm den Mund verbieten, jdm sagen, er soll den Schnabel halten

picor [pi'kɔr] *m MED* Juckreiz *m*

picota [pi'kota] *f poner en la ~* Schandpfahl *m,* Pranger *m*

picotazo [piko'taθo] *m* Schnabelhieb *m*

picotear [piko'tɛar] *v* anpicken, schnäbeln, nicken

pictografía [piktogra'fia] *f* Piktographie *f*

pictográfico [pikto'grafiko] *adj* piktographisch

pictórico [pik'toriko] *adj* malerisch

picudo [pi'kuđo] *adj (que tiene pico)* mit Schnabel *m,* großschnäblig

pidón [pi'đɔn] *adj (pedigüeño)* bettelnde Person *f,* zudringlicher Mensch *m*

pie [pĭe] *m 1. ANAT* Fuß *m; ~ de atleta* Fußpilz *m; ~ de cama* Bettvorleger *m; estar de ~* stehen; *ir a ~* zu Fuß gehen; *~ plano* Plattfuß *m; ponerse de ~* sich erheben; *2. ~ de imprenta* Impressum *n; 3. (fig) estar a los ~s de alguien* auf jemandes Füßen stehen; *4. al ~ de ...* am Fuße des...; *5. al ~ de la letra* wortwörtlich, genau; *6. a ~ juntillas* felsenfest; *Creo a pie juntillas todo lo que dice mi padre.* Ich glaube felsenfest an alles, was mein Vater sagt. *7. ir uno con ~s de plomo* sich dahinschleppen, mit bleiernen Beinen gehen; *8. con mal ~* mit dem linken Fuß; *9. dar ~* nachgeben; *10. de a ~* Fuß... *soldado de a ~* Fußsoldat *m; 11. de ~s a cabeza* von Kopf bis Fuß; *12. echar uno ~ a tierra* absteigen, aussteigen; *13. arrojarse a los de ...* sich jdm zu Füßen werfen; *14. (fig) estar uno en ~* bestehen, durchhalten; *15. en ~ de guerra* auf Kriegsfuß; *16. (fig) estar uno al ~ del cañón* bereit sein (für); *17. estar uno con un ~ en la tumba* mit einem Bein im Grabe stehen, dem Tod nahe sein; *18. hacer uno algo con los ~s* etwas ungeschickt machen, etwas unbeholfen machen; *19. no dar ~ con bola* orientierungslos sein; *20. írsele a uno los ~s* ausrutschen; *21. no tener algo ~s ni cabeza* weder Hand noch Fuß haben; *22. perder ~ (perder el hilo)* den Faden verlieren; *23. poner uno los ~s en la tierra* mit den Füßen fest auf der Erde stehen; *¡Querido amigo: es hora de que pongas los ~s en la tierra!* Lieber Freund: es wird Zeit, dass du wieder auf den Teppich zurückkommst! *24. poner uno ~s en polvorosa* sich aus dem Staube machen *m; 25. tomar ~ una cosa* bei der Wurzel packen, konkret werden

piedad [pĭe'đađ] *f 1.* Mitleid *n,* Barmherzigkeit *f; sin ~* erbarmungslos, gnadenlos; *2. REL* Frömmigkeit *f,* Pietät *f; sin ~* gottlos

piedra ['pĭeđra] *f 1.* Stein *m; ~ sepulcral* Grabstein *m; ~ caliza* Kalkstein *m; ~ arenisca* Sandstein *m; ~ preciosa* Edelstein *m; ~ de cobre* Kupferstein *m; 2. (cálculo) MED* Nierenstein *m*, Gallenstein *m*, Blasenstein *m; 3. ~ de amolar* Schleifstein *m; 4. ~ angular (en un edificio)* Eckstein *m; 5. ~ angular (fig: fundamento)* Grundlage *f*, Basis *f*, Pfeiler *m; 6. ~ de toque* Prüfstein *m; 7. ~ filósofal* Stein der Weisen; *8. ~ pómez* Bimsstein *m; 9. no dejar ~ sobre ~* keinen Stein auf dem anderen lassen, schleifen; *10. no dejar ~ sin mover* alles auf den Kopf stellen; *11. poner la primera ~* den Stein ins Rollen bringen; *12. ser la ~ del escándalo* der Anlass zu einem Skandal sein; *13. (fig) tirar uno ~s a su tejado* jdn belästigen; *14. (fig) hallar uno la ~ filosofal* den Stein der Weisen finden

piel [pĭɛl] *f 1. ANAT* Haut *f; 2. ZOOL* Fell *n*, Pelz *m; ~ de cordero* Lammfell *n; 3. (cuero)* Leder *n; ~ auténtica* echtes Leder *n; 4. (pellejo)* Pelle *f; 5. (cáscara)* Schale *f; 6. (fig) dar uno la ~* sterben

piélago [pĭelago] *m 1. (el mar)* Meer *n; 2. (fig: algo inmenso)* Berg *m*, Unmenge *f*

pienso ['pĭenso] *m 1. (alimento para el ganado)* Futter *n; 2. ni por ~* nicht einmal im Traum

pierde ['pĭɛrđe] *m no tener ~* kein Verlust sein

pierna ['pĭɛrna] *f 1. ANAT* Bein *n; ~ enyesada/~ escayolada* Gipsbein *n; ~s en forma de X* X-Beine *pl; 2. GAST* Keule *f; 3. (fig) estirar uno la ~* abkratzen, sterben; *4. a ~ suelta* fest schlafen

pietismo [pĭe'tizmo] *m REL* Pietismus *m*

pietista [pĭe'tista] *m REL* Pietist *m*

pieza ['pĭeθa] *f 1. (parte)* Teil *m*, Stück *n; ~ de maestra* Meisterstück *n; por ~s* stückweise; *~ única* Einzelstück *n; ~ de unión* Verbindungsglied *n; ~ de recambio* Ersatzteil *n; ~ de trabajo* Werkstück *n; 2. THEAT* Stück *n; ~ teatral* Theaterstück *n; ~ en un acto* Einakter *m; 3. (cuarto)* Raum *m*, Zimmer *n*, Stube *f; ~ contigua* Nebenraum *m; 4. (composición musical suelta)* Musikstück *n; ¿Te gusta esta pieza de Strauss?* Gefällt dir dieses Stück von Strauss? *5. (animales cobrados en cacería)* Stück Wild; *6. ~ de artillería MIL* Geschütz *n; 7. ~ por ~* Stück für Stück; *8. (fig) quedarse uno de una ~* in einem Stück bleiben, ganz bleiben

pífano ['pifano] *m (flautín) MUS* Pikkoloflöte *f*

pifia [pi'fía] *f recibir una ~ (LA)* veräppeln *n*

pifiar [pi'fiar] *v* kicksen, einen Fehlstoß tun, einen Fehler machen

pigmentación [pigmenta'θĭɔn] *f* Pigmentierung *f*

pigmento [pig'mento] *m* Pigment *n*

pigmeo [pig'meo] *m* Knirps *m*

pignoración [pignora'θĭɔn] *f* Verpfändung *f*

pignorar [pigno'rar] *v* verpfänden, versetzen

pijama [pi'xama] *m* Pyjama *m*, Schlafanzug *m*

pila ['pila] *f 1.* Bassin *n; 2. ~ bautismal REL* Taufbecken *n; 3. (montón)* Stapel *m; 4. TECH* Batterie *f; 5. nombre de ~* Taufname *m; 6. ~ atómica* Atommeiler *m*

pilar [pi'lar] *m* Pfeiler *m*, Stütze *f*

pilastra [pi'lastra] *f ARCH* Wandpfeiler *m*

píldora ['pilđora] *f 1. MED* Pille *f; ~ abortiva* Abtreibungspille *f; ~ anticonceptiva* Antibabypille *f; 2. dorar uno la ~* die bittere Pille versüßen; *3. (fig) tragarse uno la ~* die bittere Pille schlucken

pileta [pi'leta] *f* Schwimmbecken *n*

píloro ['piloro] *m 1. ANAT* Magenöffnung *f; 2. ANAT* Pförtner *m*, Pylorus *m*

piloso [pi'loso] *adj* behaart, stark behaart

pilotaje [pilo'taxe] *m* Steuerung *f*

pilotar [pilo'tar] *v* lotsen

pilotear [pilo'tear] *v* steuern, lotsen

piloto [pi'loto] *m* Pilot *m; ~ de carrera* Rennfahrer *m; ~ de pruebas* Testpilot *m*

piltrafa [pil'trafa] *f una ~ humana* Schwächling *m*, Taugenichts *m*

pillada [pi'ʎađa] *f* Streich *m*, Gaunerei *f*, Erwischen *n*

pillaje [pi'ʎaxe] *m* Plünderung *f*

pillar [pi'ʎar] *v 1.* plündern, ausplündern; *2. (encontrar)* vorfinden, erwischen

pillastre [pi'ʎastre] *m* Gaunerei *f*, Schurkenstreich *m*

pillo ['piʎo] *adj 1.* schlau; *m 2.* Halunke *m*, Schlauberger *m*, Spitzbube *m*

pilluelo [pi'ʎwelo] *m* Lausbub *m*

pimentero [pimen'tero] *m BOT* Pfefferstrauch *m*

pimentón [pimen'tɔn] *m* gemahlener Paprika *m*

pimienta [pi'mĭenta] *f* Pfeffer *m; ~ cayena* Cayennepfeffer *m; echar ~* pfeffern

pimiento [pi'mĭento] *m BOT* Paprika *f*

pimpollo [pim'poʎo] *m (fig: joven muy hermosa)* hübsches Mädchen *n*

pinacoteca [pinako'teka] *f* Pinakothek *f*
pináculo [pi'nakulo] *m 1. (parte superior de un edificio)* Giebel *m; 2. (fig: lo más sublime o elevado)* Gipfel *m; alcanzar uno el ~ de la gloria* den Gipfel des Ruhms erreichen
pinar [pi'nar] *m* Pinienwald *m; (pineda)* Pinie *f*
pincel [pin'θɛl] *m 1.* Pinsel *m; 2. (fig: modo de pintar)* Malweise *f,* Maltechnik *f*
pincelada [pinθe'lađa] *f 1.* Pinselstrich *m; 2. (fig) una ~ de clasicismo* ein Pinselstrich Klassizismus, ein Hauch Klassizismus; *3. dar la última ~* letzten Schliff geben, den letzten Pinselstrich machen
pincelero [pinθe'lero] *m (caja para los pinceles)* Pinselbehälter *m*
pinchadura [pintʃa'đura] *f* Stich *m*
pinchar [pin'tʃar] *v 1.* stechen; *2. (fig: estimular, incitar)* reizen, anstiften; *3. ni pincha ni corta* weder Fisch noch Fleisch sein, unwichtig sein
pinchazo [pin'tʃaθo] *m (de llanta)* Reifenpanne *f,* Plattfuß *m* (fam)
pinchito [pin'tʃito] *m* Bratspieß *m*
pincho ['pintʃo] *m 1.* Dorn *m,* Stachel *m; 2. GAST* Spieß *m,* Happen *m*
pindonga [piŋ'dɔŋga] *f (mujer callejera)* Abenteuerin *f,* Herumtreiberin *f*
pindonguear [piŋdɔn'gear] *v (pajarear, holgazanear)* umherstreunen, herumstrolchen
pineal [pi'neal] *adj glándula ~ ANAT* Zirbeldrüse *f*
pingajo [piŋ'gaxo] *m (colgajo)* Fetzen *m,* Lumpen *m*
pingajoso [piŋga'xɔso] *adj* zerlumpt
pingo ['pingo] *m (pingajo, colgajo)* Flittchen *f,* Raufbold *m*
ping-pong [pinŋponŋ] *m SPORT* Tischtennis *n*
pingüe ['pingwe] *adj (fig: abundante)* einträglich, reichlich, im Überfluss *m*
pingüedinoso [pingweđi'noso] *adj* lohnend
pingüino [piŋ'gwino] *m ZOOL* Pinguin *m*
pinillo [pi'niʎo] *m BOT* Fichtenkraut *n*
pino ['pino] *m 1. BOT* Kiefer *f,* Pinie *f; Vive en el quinto ~. (fig)* Er wohnt am Ende der Welt. *adj 2. (empinado)* sehr gerade
pinoso [pi'noso] *adj* fichtenreich
pinta ['pinta] *f 1. (mancha en la piel de los animales)* Flecken *m/pl; un perro con ~s negras* ein Hund mit schwarzen Flecken; *2. (fig: aspecto de las personas/cosas)* Anschein *m,* Anstrich *m; 3. descubrir a alguien por la ~* aufgrund des Aussehens entlarven; *4. (medida para líquidos)* Pinte *f*
pintadas [pin'tađas] *f/pl* Graffiti *n*
pintado [pin'tađo] *adj 1. venirle a uno algo ~* etw. das wie gerufen kommt, sehr gelegen kommen; *2. el más ~* der Schlaueste *m; Ni el más pintado se atrevería a arriesgarse de esa forma.* Nicht einmal der Gescheiteste würde es wagen, das zu riskieren.
pintalabios [pinta'laƀĭos] *m* Lippenstift *m*
pintamonas [pinta'monas] *m (fam)* Kleckser *m,* Besudler *m*
pintar [pin'tar] *v 1.* malen, anmalen, bemalen; *2. (dar una mano de pintura)* streichen, auftragen, anstreichen; *3. (fig: describir)* beschreiben, darstellen, schildern; *4. (colorear)* anmalen, ausmalen, kolorieren; *5. (fam: significar, importar)* bedeuten, von Bedeutung sein
pintarrajar [pintarra'xar] *v* klecksen
pintarrajear [pintarra'xear] *v* hinklecksen
pintarrajo [pinta'rraxo] *m* Schmiererei *f*
pintarse [pin'tarse] *v* sich schminken
pintear [pin'tear] *v (fam: lloviznar)* nieseln
pintiparado [pintipa'rađo] *adj venirle a uno algo ~* sehr gelegen kommen
pintiparar [pintipa'rar] *v (fam: comparar dos cosas)* vergleichen
pintón [pin'tɔn] *adj (fam: fruta que van madurando)* reifen, gefleckt werden; *Las bananas se están poniendo pintonas.* Die Bananen werden reif.
pintor(a) [pin'tɔr/pin'tora] *m/f 1. ART* Maler(in) *m/f; 2. ~ de brocha gorda* Maler(in) *m/f,* Anstreicher(in) *m/f*
pintoresco [pinto'resko] *adj 1. (digno de ser pintado)* pittoresk, malerisch; *un paisaje ~* eine malerische Landschaft *f; 2. (fig: estrafalario)* pittoresk, ausgefallen, extravagant
pintorrear [pinto'rrear] *v* klecksen, besudeln
pintura [pin'tura] *f 1.* Malerei *f; 2. (cuadro)* Bild *n,* Gemälde *n; ~ del altar* Altargemälde *n; ~ mural* Wandgemälde *n; ~ al óleo* Ölmalerei *f; ~ de techo* Deckengemälde *n; 3. (material)* Farbe *f; ~ al óleo* Ölfarbe

f; 4. ~ al fresco ART Freskomalerei *f; 5. ~ al pastel* Malerei mit Pastellfarben; *~ a la aguada* Aquarellmalerei *f; 6. no poder ver a uno ni en ~* jdn nicht leiden können

pinza ['pinθa] *f 1.* Klammer *f;* Klemme *f; (para la ropa)* Wäscheklammer *f; 2. ~s pl* Pinzette *f; 3. ~s pl (LA)* Zange *f; 4. (en algunos artrópodos) ZOOL* Krebsschere *f*

pinzón [pin'θɔn] *m ZOOL* Buchfink *m*

piña ['piɲa] *f 1. BOT* Ananas *f; 2. ~ de abeto BOT* Tannenzapfen *m; 3. (grupo de personas apiñadas)* Menschengedränge *n*

piñón [pi'ɲɔn] *m 1. BOT* Pinienkern *m; 2. TECH* Zahnrad *n*

pío ['pio] *adj REL* fromm; *no decir ni ~ (fam)* den Mund nicht aufmachen

piojo ['pĭɔxo] *m ZOOL* Laus *f*

piojoso [pĭo'xɔso] *adj 1.* verlaust, lausig, ungepflegt; *2. (fig: mísero)* elend, lausig

pionero [pĭo'nero] *m* Pionier *m,* Vorkämpfer *m,* Wegbereiter *m*

piorrea [pĭo'rrɛa] *f MED* Eiterfluss *m*

pipa ['pipa] *f 1.* Pfeife *f; Fumo ~.* Ich rauche Pfeife. *filtro de ~* Pfeifenfilter *m; tabaco de ~* Pfeifentabak *m; 2. pasárselo ~* sich köstlich amüsieren

pipeta [pi'peta] *f* Pipette *f*

pipí [pi'pi] *m hacer ~* Pipi machen, pinkeln

pipote [pi'pote] *m (pipa pequeña)* kleine Pfeife *f*

pique ['pike] *m 1. irse a ~* sinken, untergehen, versinken; *2. (resentimiento)* Groll *m,* Wut *f; 3. a ~* nahe daran, beinahe

piqueta [pi'keta] *f 1.* Pickel *m,* Keil *m; 2.* Insektenstich *m*

piquete [pi'kete] *m 1.* Streikposten *m; 2. ~ de prevención MIL* Bereitschaft *f; 3. (agujero hecho en alguna cosa)* kleines Loch *n*

pira ['pira] *f (hoguera)* Scheiterhaufen *m,* Feuer *n*

piragua [pi'ragwa] *f* Paddelboot *n*

piragüero [pira'gwero] *m* Kanufahrer *m*

pirámide [pi'ramiđe] *f 1.* Pyramide *f; ¿Cómo llego a las ~s?* Wie komme ich zu den Pyramiden? *adj 2. ~ cónica MATH* konische Pyramide *f*

piraña [pi'raɲa] *f ZOOL* Piranha *m*

pirarse [pi'rarse] *v (irse)* verschwinden, abhauen

pirata [pi'rata] *m 1.* Pirat *m; ~ de la informática* Hacker *m; 2. ~ aéreo* Luftpirat *m; adj 3. (clandestino)* geheim, heimlich, unerlaubt; *radiodifusora ~* geheimer Radiosender *m; 4. (no autorizado)* Schwarz..., Raub...; *una edición ~ de un libro* Raubdruck eines Buches

piratear [pira'tear] *v NAUT* entern

piratería [pirate'ria] *f* Piraterie *f,* Seeräuberei *f*

pirático [pi'ratiko] *adj* Piraten...

piriforme [piri'fɔrme] *adj* birnenförmig

pirita [pi'rita] *f ~ de hierro MIN* Pyrit *m,* Eisenkies *m; ~ arsenical* Arsenkies *m; ~ magnética* Magnetkies *m*

pirobolista [piroƀo'lista] *m* Feuerwerker *m*

pirofórico [piro'fɔriko] *adj hierro ~ CHEM* pyrophores Eisen *n*

pirograbado [pirogra'ƀađo] *m ART* mit Feuer gemacht *n*

pirología [pirolo'xia] *f* Pyrologie *f*

piromancia [piro'manθĭa] *f* Pyromantie *f*

piropear [piro'pear] *v ~ a alguien* den Frauen Artigkeiten sagen, Komplimente machen

piropo [pi'ropo] *m echar ~s* Kompliment *n,* Artigkeit *f*

pirosis [pi'rosis] *f MED* Sodbrennen *n*

pirotecnia [piro'teknĭa] *f* Pyrotechnik *f*

pirotécnico [piro'tekniko] *adj* pyrotechnisch

pírrico ['pirriko] *adj victoria pírrica* Pyrrhussieg *m*

pirroniano [pirro'nĭano] *adj (fig: esceptico)* skeptisch, misstrauisch

pirueta [pirueta] *f* Pirouette *f,* Luftsprung *m,* Drehsprung *m*

piruetear [pirwe'tear] *v* herumtänzeln

pirulí [piru'li] *m* Lutscher *m*

pisada [pi'sađa] *f 1. (acción de pisar)* Pinkeln *n; 2. (huella del pie)* Fußspur *f; 3. (fig) seguir las ~s de alguien* jds Spuren folgen *f/pl*

pisapapeles [pisapa'peles] *m* Briefbeschwerer *m*

pisar [pi'sar] *v 1.* treten; *~ la uva* Weintrauben keltern; *~ sobre algo* auf etw treten; *2. (cubrir una ave macho a la hembra)* das Weibchen treten *n; El gallo pisa a la gallina.* Der Hahn tritt die Henne. *3. (hundir un botón, una tecla)* pressen, keltern; *4. (fig: maltratar)* misshandeln, mit Füßen treten

pisaverde [pisa'ƀɛrđe] *m* Fatzke *m,* Schnösel *m*

piscicultor [pisθikul'tɔr] *m* Fischzüchter *m*

piscicultura [pisθikul'tura] *f* Fischzucht *f*
piscifactoría [pisθifakto'ria] *f* Fischzuchtbetrieb *m*
pisciforme [pisθi'fɔrme] *adj* fischförmig
piscina [pis'θina] *f* Schwimmbad *n*, Becken *n*, Badeanstalt *f*; ~ *al aire libre* Freibad *n*; ~ *cubierta* Hallenbad *n*; ~ *para niños* Plantschbecken *n*; *¿Cuándo está abierta la ~?* Wann ist das Schwimmbad geöffnet?
piscis ['pisθis] *(signo del Zodíaco)* Fische *m/pl*
piscívoro [pis'θiƀoro] *adj (ictiófago) ZOOL* Fischesser *m*
piso ['piso] *m 1. (suelo)* Fußboden *m*; *2. (planta)* Etage *f*, Stock *m*, Stockwerk *n*; *en el tercer ~* in der dritten Etage; *3. (apartamento)* Wohnung *f*, Etagenwohnung *f*; *~ de alquiler* Mietwohnung *f*; *~ propio* Eigentumswohnung *f*; *~ de renta antigua* billige Altbauwohnung *f*
pisotear [pisote'ar] *v 1.* zertrampeln; *2. (fig: humillar)* demütigen, mit Füßen treten
pisoteo [piso'teo] *m* auf den Fuß treten *m*
pisotón [piso'ton] *m* Tritt auf den Fuß *m*
pista ['pista] *f 1.* Piste *f*; *~ de aterrizaje* Landebahn *f*; *~ de baile* Tanzfläche *f*; *~ de circo* Manege *f*; *~ de despegue* Startbahn *f*; *~ de rodadura* Rollfeld *n*; *~ de tenis* Tennisplatz *m*; *2. (huella)* Fährte *f*; *3. seguir la ~ a uno* jdn verfolgen; *4. (en los discos flexibles) INFORM* Track *m*; *Cada pista de un disco flexible está dividida en sectores.* Jeder Track einer Diskette ist in Sektoren unterteilt.
pistache [pis'tatʃe] *m* Pistazie *f*
pistacho [pista'tʃo] *m BOT* Pistazie *f*
pistilo [pis'tilo] *m BOT* Stempel *m*, Pistill *n*
pistola [pis'tola] *f 1.* Pistole *f*; *2. ~ ametralladora MIL* Maschinenpistole *f*; *3. (para pintar)* Spritzpistole für Maler *f*
pistolera [pisto'lera] *f (funda para la pistola)* Pistolenhalfter *m*
pistolero [pisto'lero] *m* Pistolenschütze *m*
pistoletazo [pistole'taθo] *m* Pistolenschuss *m*
pistolete [pisto'lete] *m (pistola de bolsillo)* kleine Pistole *f*
pistón [pis'tɔn] *m TECH* Kolben *m*
pistonudo [pisto'nuđo] *adj (estupendo)* phantastisch, famos
pita ['pita] *f 1. (planta de Méjico) BOT* amerikanische Agave *f*; *2. (hilo de la pita)* Pitahanf *m*
pitada [pi'tađa] *f 1.* Pfiff *m*; *2. SPORT* Anpfiff *m*; *3. ~s pl* Pfeifkonzert *n*
pitagórico [pita'goriko] *adj* pythagoreisch
pitanza [pi'tanθa] *f (alimento de cada día)* alltägliche Kost *f*
pitar [pi'tar] *v 1.* zischen; *salir pitando* schleunigst verschwinden; *2. (al fin del juego) SPORT* abpfeifen
pitido [pi'tiđo] *m* Pfiff *m*
pitillera [piti'ʎera] *f (cigarrera)* Zigarettentäschchen *n*
pitillo [pi'tiʎo] *m (fam)* Zigarette *f*; *echar un ~* sich eine Zigarette anstecken
pito ['pito] *m 1.* Pfeife *f*, Trillerpfeife *f*, Pfiff *m*; *2. no vale un ~* Pfifferling *m*, Wertlosigkeit *f*; *Me importa un ~.* Das ist mir piepegal (fam); *3. importar un pito* egal sein, schnuppe sein
pitón [pi'tɔn] *m 1. ZOOL* Horn *n* (Stier), Hörnchen *n*; *2. (clavo para alpinistas) SPORT* Haken *m (Bergsteiger)*
pitonisa [pito'nisa] *f (que dice el porvenir)* Wahrsagerin *f*, Hellseherin *f*
pitorrearse [pito'rrearse] *v* jdn verspotten, sich lustig machen
pitorreo [pito'rreo] *m (burla)* Scherz *m*, Spott *m*
pituita [pi'twita] *f ANAT* Zirbeldrüse *f*
pituitaria [pitwi'tarĭa] *f ANAT* Schleimdrüse *f*
pivote [pi'ƀote] *m (pieza que gira) TECH* Zapfen *m*
pizarra [pi'θarra] *f* Tafel *f*
pizarral [piθa'rral] *m* Schieferbruch *m*
pizarrín [piθa'rrin] *m* Griffel *m*
pizarrón [piθa'rron] *m (LA) (pizarra)* Wandtafel *f*, große Tafel *f*
pizarroso [piθa'rrɔso] *adj* schieferig
pizca ['piθka] *f* Hauch *m*, Prise *f*, Bisschen *n*
placa ['plaka] *f 1.* Schild *n*; *~ de matrícula* Nummernschild *m*, Kennzeichen *n*; *2. ~ giratoria TECH* Drehscheibe *f*; *3. ~ base INFORM* Hauptplatine *f*
placativo [plaka'tiƀo] *adj* plakativ
placear [pla'θear] *v* auf den Markt bringen, verkaufen
placebo [pla'θeƀo] *m* Placebo *n*, Scheinmedikament *n*
placel [pla'θel] *m* Sandbank *f*

pláceme ['plaθeme] *m* Glückwunsch *m*
placenta [pla'θenta] *f ANAT* Plazenta *f,* Mutterkuchen *m*
placer [pla'θɛr] *m 1.* Genuss *m,* Lust *f,* Vergnügen *n; 2. (voluntad)* Wille *m,* Wunsch *m; Mi placer es que vengas pronto.* Mein Wunsch ist es, dass du bald kommst. *3. a ~* nach Belieben *n; 4. (agradar)* Vergnügen *n,* Freude *f*
placero [pla'θɛro] *adj (fig: persona ociosa)* Müßiggänger *m*
placible [pla'θiƀle] *adj* gefällig
placidez [plaθi'đeθ] *f* Gelassenheit *f*
plácido ['plaθiđo] *adj* ruhig, still, angenehm, gemütlich
plaga ['plaga] *f 1.* Plage *f,* Landplage *f,* Schädling *m; 2. (fig)* Unmenge *f*
plagado [pla'ɡađo] *adj ~ de errores* übersät, voller, überhäuft
plagal [pla'ɡal] *adj modo ~ MUS* Plagalmodus *m*
plagar [pla'ɡar] *v* heimsuchen, plagen, verseuchen
plagarse [pla'ɡarse] *v ~ de personas* anfüllen
plagiar [pla'xĭar] *v* spicken, abschreiben, plagiieren
plagiario [plaɡĭa'rĭo] *m* Plagiator *m*
plagio ['plaxĭo] *m* Spickzettel *m,* Plagiat *n*
plaguicida [plaɡi'θiđa] *m* Pflanzenschutzmittel *n*
plan [plan] *m* Plan *m,* Vorhaben *n,* Konzept *n,* Unternehmen *n; ~ de batalla* Schlachtplan *m; ~ de desarme* Abrüstungsplan *m; sin ~* planlos; *~ de urbanización* Bebauungsplan *m; ¿Tiene usted algún ~ para hoy?* Haben Sie heute schon etw vor?
plana ['plana] *f 1. primera ~ TEL* Ebene *f,* Vordergrund *m; 2. enmendar uno la ~* jmd. übertreffen; *3. (ejercicio de escritura)* Schreibarbeit *f,* Schreibübung *f*
planada [pla'nađa] *f* Ebene *f*
plancha ['plantʃa] *f 1.* Bügeleisen *n; 2. (lámina, hoja metalica)* Blech *n; 3. (tablero, lámina)* Platte *f; 4. (tabla, anaquel)* Brett *n; 5. (fam)* Blamage *f*
planchado [plan'tʃado] *m* Bügeln *n,* Plätten *n*
planchar [plan'tʃar] *v 1.* bügeln; *2. (fam)* ausbeulen
plancton ['planton] *m* Plankton *n*
planeador [planea'đɔr] *m* Segelflugzeug *n*
planear [plane'ar] *v 1.* planen; *tener planeado algo* etw vorhaben; *2. (volar en aeroplano)* segeln, gleiten
planeta [pla'neta] *m* Planet *m*
planetario [plane'tarĭo] *adj* Planeten...
planetoide [plane'toiđe] *m ASTR* Planetoid *m*
planicie [pla'niθĭe] *f* Ebene *f*
planificación [planifika'θĭɔn] *f* Planung *f; ~ familiar* Familienplanung *f; ~ urbana* Stadtplanung *f*
planificador [planifika'đɔr] *adj* planerisch
planificar [planifi'kar] *v* planen
planilla [pla'niʎa] *f (LA)(formulario)* Formular *n*
planisferio [planis'ferio] *m* Sternkarte *f*
plano ['plano] *adj 1.* eben, flach, plan; *m 2.* Ebene *f; 3. (dibujo)* Plan *m; ~ de la ciudad* Stadtplan *m; 4. primer ~ CINE* Nahaufnahme *f,* Großaufnahme *f; 5. de ~* geradeheraus, direkt; *6. levantar un ~ TECH* einen Plan entwerfen *m*
planta ['planta] *f 1.* Pflanze *f,* Kraut *n,* Gewächs *n; ~ medicinal* Arzneipflanze *f,* Kraut *n; ~ enredadera* Schlingpflanze *f; ~ trepadora* Kletterpflanze *f; 2. (fábrica)* Anlage *f,* Werk *n; ~ depuradora de aguas* Abwasserkläranlage *f; ~ de reprocesamiento* Wiederaufbereitungsanlage *f; ~ siderúrgica* Stahlwerk *n; 3. ~ del pie ANAT* Sohle *f; 4. (piso)* Stock *m,* Stockwerk *n; ~ baja* Erdgeschoss *n,* Parterre *n; de ~ baja* ebenerdig
plantación [planta'θĭɔn] *f* Bepflanzung *f;* Plantage *f*
plantado [plan'tađo] *adj dejar ~* jdn versetzen, jdn stehen lassen
plantar [plan'tar] *v 1.* pflanzen, anpflanzen, anlegen; *~ de* bepflanzen mit; *2. (dar un golpe)* versetzen, verpassen; *m 3. (dejar esperando a alguien)* versetzen, warten lassen; *v 4. ~ en la calle* auf die Straße setzen, hinauswerfen; *5. (fam: abandonar)* verlassen; *adj 6. músculo ~ ANAT* plantarer Muskel *m*
plante ['plante] *m* Meuterei *f,* Aufruhr *m*
planteamiento [plantea'mĭento] *m* Entwerfen *n*
planteo [plan'teo] *m* Problemstellung *f*
plantilla [plan'tiʎa] *f 1.* Belegschaft *f; 2. (zápato)* Einlegesohle *f,* Einlage *f*
plantío [plan'tio] *m* Bebauung *f*
plantón [plan'tɔn] *m dar un ~* jdn warten lassen

plañidera [plaɲi'đera] *f* Klageweib *n*
plañidero [plaɲi'đero] *adj (gimoteante, lloroso)* weinerlich
plañido [pla'ɲiđo] *m* Weinen *n*, Jammern *n*, Wehklagen *n*
plañir [pla'ɲir] *v irr (gemir)* wehklagen, jammern
plaqué [pla'ke] *m TECH* Plaqué *n*, plattierte Arbeit *f*
plaqueta [pla'keta] *f* *1. (placa pequeña)* Plakette *f*; *2. (componente de la sangre) ANAT* Placque *f*
plasma ['plasma] *m BIO* Plasma *n*
plasmar [plaz'mar] *v* betäuben, erstaunen, gestalten
plasmólisis [plas'mɔlisis] *f BIO* Plasmolyse *f*
plasta ['plasta] *f* *1. (masa maleable y dúctil)* Ton *m*; *2. (cosa aplastada)* Zertretenes *n*, Zusammengedrücktes *n*
plastecer [plaste'θɛr] *v* vergipsen, verspachteln
plastecido [plaste'θiđo] *m* vergipst
plástica ['plastika] *f ART* Plastik *f*
plástico ['plastiko] *m* *1.* Plastik *n*, Kunststoff *m*; *Necesito una bolsa de ~.* Ich brauche eine Plastiktüte. *adj 2.* formbar, plastisch
plastificante [plastifi'kante] *adj* Weichmacher *m*
plastilina [plasti'lina] *f CHEM* Plastilin *n*, Knetmasse *f*
plata ['plata] *f* *1.* Silber *n*; *de ~* silbern; *Los cubiertos de ~ son muy caros.* Das Silberbesteck ist sehr teuer. *2. (LA: fig)* Geld *n*
plataforma [plata'forma] *f* *1.* Plattform *f*; *~ de carga* Palette *f*, Ladebühne *f*, Ladefläche *f*; *~ elevadora* Hebebühne *f*, Ladebühne *f*; *~ petrolera* Bohrinsel *f*; *2. (fig: esquema)* Basis *f*, Grundlage *f*; *una ~ para la discusión* eine Grundlage für die Diskussion; *3. (sistema operativo) INFORM* Plattform (Betriebssystem) *f*
platanácea [plata'naθea] *f/pl BOT* Platanacee *f*
platanal [plata'nal] *m* Bananenpflanzung *f*
platanar [plata'nar] *m* Platanenpflanzung *f*
platanazo [plata'naθo] *m* *1. (golpe)(LA)* Schlag *m*, Stoß *m*; *2. (fig: caída de un gobierno)* Regierungssturz *m*
platanero [plata'nero] *m BOT* Bananenbaum *m*
plátano ['platano] *m* *1. (fruta) BOT* Banane *f*; *2. (árbol de fronda) BOT* Platane *f*
platea [pla'tea] *f THEAT* Parkett *n*, Parterre *n*
plateado [pla'teađo] *adj* silberfarben, versilbert
plateadura [platea'đura] *f* Versilberung *f*
platear [plate'ar] *v* versilbern
plateresco [plate'resko] *adj* geschnörkelt
platería [plate'ria] *f* *1. (arte de trabajar la plata)* Goldschmiedearbeit *f*, Silberschmiedehandwerk *n*; *2. (conjunto de piezas de plata)* Silberwarenhandel *m*
platero [pla'tero] *m (orfebre)* Silberschmied *m*
plática ['platika] *f (LA)* *1.* Unterhaltung *f*, Geplauder *n*; *2. REL* Predigt *f*
platicador [platika'đɔr] *m* Plauderer *m*, Unterhalter *m*
platicar [plati'kar] *v (LA)* schwatzen, plaudern; *~ con* sich unterhalten mit, plaudern mit
platija [pla'tixa] *f ZOOL* Flunder *f*, Scholle *f*
platillo [pla'tiʎo] *m* *1.* Untertasse *f*, Untersetzer *m*; *~ de la balanza* Waagschale *f*; *~ de postre* Nachtisch *m*, Dessertteller *m*; *2. (fig) ~ volante* fliegende Untertasse *f*; *3. ~s pl MUS* Becken *n*
platinar [plati'nar] *v* *1. (cubrir con platino)* platinieren; *2. (dar tono de platino)* platinblond färben
platinífero [plati'nifero] *adj* Platin...
platino [pla'tino] *m* *1. CHEM* Platin *n*; *m/pl 2. (contacto en el motor de un coche) TECH* Unterbrecherkontakt *m*
platinotipia [platino'tipĭa] *f* Platindruck *m*
platirrino [plati'rrino] *m/pl ZOOL* Breitnasenaffe *m*
platito [pla'tito] *m (LA)* Untertasse *f*, kleiner Teller *m*
plato ['plato] *m* *1.* Teller *m*; *~ hondo* Suppenteller *m*, Schüssel *f*; *~ tendido (LA)* Teller *m*; *~s sucios* Abwasch *m*; *2. GAST* Gericht *n*; *~ precocinado* Fertiggericht *n*; *~ principal* Hauptgericht *n*; *~ favorito* Leibgericht *n*, Lieblingsspeise *f*; *~ de entrada* Vorspeise *f*; *3. (manjar) GAST* Gang *m*; *4. (fig) ~ de segunda mesa* zweite Wahl *f*; *5. (fig) comer en un mismo ~* vertraut sein, Vertraulichkeiten austauschen
plató [pla'to] *m CINE* Kulisse beim Film

platónico [pla'toniko] *adj amor* ~ platonisch
platonismo [plato'nizmo] *m PHIL* Platonismus *m*
platudo [pla'tuđo] *adj (LA)* begütert, steinreich, vermögend
plausible [plaŭ'siƀle] *adj* plausibel, stichhaltig, triftig
playa ['plaja] *f 1.* Strand *m; ~ de arena* Sandstrand *m; 2. ~ de estacionamiento (LA)* Parkplatz *m*
playado [pla'jađo] *adj* flachuferig
playera [pla'jera] *f/pl (prenda para usar en la playa)* Strandanzug *m*
plaza ['plaθa] *f 1.* Platz *m; ~ del mercado* Marktplatz *m; 2. ~ de armas MIL* Exerzierplatz *m; 3. (empleo)* Anstellung *f; No he encontrado plaza alguna.* Ich habe keine Stelle gefunden. *4. ~ fuerte* Festung *f,* Befestigung *f,* fester Platz *m; 5. ~ de toros* Stierkampfarena *f*
plazo ['plaθo] *m 1.* Termin *m,* Frist *f; a corto ~* kurzfristig; *a largo ~* langfristig; *a medio ~* mittelfristig; *en el ~ de* innerhalb; *~ de garantía* Gewährleistungsfrist *f; ~ de gracia* Schonfrist *f; ~ de inscripción* Anmeldefrist *f; ~ previo al despido* Kündigungsfrist *f; sin ~ señalado* unbefristet; *2. ECO* Rate *f; 3. ~ de prueba JUR* Bewährungsfrist *f; ~ de prescripción* Verjährungsfrist *f*
plazoleta [plaθo'leta] *f* kleiner Platz *m*
plazuela [pla'θwela] *f* Plätzchen *n*
pleamar [plea'mar] *f* Flut *f*
plebe ['pleƀe] *f* Fußvolk *n,* Pöbel *m*
plebeyo [ple'ƀejo] *m* Prolet *m*
plebiscitar [pleƀisθi'tar] *v POL* Volksabstimmung herbeiführen *f*
plebiscito [pleƀis'θito] *m POL* Volksabstimmung *f*
pleca ['pleka] *f* Strich *m*
plegable [ple'gaƀle] *adj* biegsam, faltbar, zusammenklappbar
plegadizo [plega'điθo] *adj* zusammenfaltbar, zusammenklappbar
plegado [ple'gađo] *m* zusammengelegt
plegadura [plega'đura] *f* Falten *n,* Zusammenlegen *n,* Aufwickeln *n*
plegamiento [plega'mĭento] *m GEOL* Faltenbildung *f*
plegar [ple'gar] *v irr* biegen, falten, umknicken
plegaria [ple'garĭa] *f 1. (súplica a Dios) REL* Bitte an Gott, Gebet *n; 2. (toque de campanas a mediodía)* Mittagsläuten *n*
plegarse [ple'garse] *v irr (fig: doblegarse)* sich beugen, sich unterwerfen
pleistoceno [pleisto'θeno] *m GEOL* Pleistozän *n*
pleiteante [plei'teante] *m JUR* Prozesspartei *f*
pleitear [plɛĭte'ar] *v JUR* prozessieren
pleitesía [pleite'sĭa] *f* Vergleich *m*
pleitista [plɛĭ'tista] *m/f* Querulant(in) *m/f*
pleito ['plɛĭto] *m 1. JUR* Rechtsstreit *m; 2. (pelea)* Streit *m,* Auseinandersetzung *f,* Zank *m*
plenamente [plena'mente] *adj* vollständig, völlig, ganz
plenilunio [pleni'lunĭo] *m* Vollmond *m*
plenipotencia [plenipo'tenθĭa] *f* Vollmacht *f*
plenipotenciario [plenipoten'θĭarĭo] *adj ministro ~* mit allen Vollmachten versehen, alle Vollmachten innehabend
plenitud [pleni'tuđ] *f* Fülle *f,* Vollmaß *n,* Vollkraft *f*
pleno ['pleno] *m 1.* Plenum *n,* Vollversammlung *f; adj 2.* voll; *~ verano* Hochsommer *m; m 3. ~ poder JUR* Generalvollmacht *f; 4. ~ poder FIN* Blankovollmacht *f; adj 5. ~s poderes pl* Vollmacht *f*
plétora ['pletora] *f 1. (abundancia de humores)* Saftfülle *f; m 2. (fig: abundancia)* Fülle *f,* Überfluss *m*
pletórico [ple'toriko] *adj* vollblütig, strotzend
pleura ['pleura] *f ANAT* Brustfell *n,* Pleura *f*
plexiglás [plegsi'glas] *m* Plexiglas *n*
plexo ['plegso] *m ~ solar ANAT* Solar plexus *m*
pléyade ['plejađe] *f 1. (reunión de hombres célebres)* Kreis berühmter Personen; *f/pl 2. (grupo de estrellas de Tauro) ASTR* Plejade *f*
plica ['plika] *f MED* Falte *f*
pliego ['plĭego] *m* Bogen *m*
pliegue ['plĭege] *m* Falte *f*
plinto ['plinto] *m ARCH* Kasten *m,* Säulen...
plisado [pli'sađo] *m* Plissé *n*
plisar [pli'sar] *v* plissieren
plomada [plo'mađa] *f 1. TECH* Lot *n; 2. (sonda) NAUT* Sonde *f,* Lot *n*
plomar [plo'mar] *v* plombieren
plomazo [plo'maθo] *m (herida de bala)* Schusswunde *f*

plombagina [plomƀa'xina] *f* Graphit *n*
plomear [plo'mear] *v* mit Blei versehen
plomero [plo'mero] *m (LA)* Klempner *m*
plomífera [plo'mifera] *adj (gasolina)* bleihaltig
plomizo [plo'miθo] *adj 1.* schwer; *2. (color de plomo)* bleifarbig
plomo ['plomo] *m 1.* Blei *n; 2. (fig: bala)* Kugel *f,* Bleikugel *f; 3. (fig: persona pesada)* lästiger, langweiliger Mensch *m*
pluma ['pluma] *f 1. ZOOL* Daune *f,* Feder *f; 2. (para escribir)* Feder *f; ~ estilográfica* Füller *m; 4. (fig: el oficio de escritor)* Feder *f,* Schriftstellerei *f; ¿Por qué te has decidido por la pluma?* Warum hast du dich für das Schreiben entschieden?
plumado [plu'mađo] *adj* Feder..., gefiedert
plumaje [plu'maxe] *m ZOOL* Gefieder *n*
plumazo [plu'maθo] *m 1.* Daunenbett *n,* Federbett *n; 2. de un ~* mit einem Schlag *m,* sehr schnell; *De un plumazo acabé con mis dudas.* Mit einem Schlag konnte ich meine Zweifel beseitigen.
plumazón [pluma'θɔn] *f* Federbett *n,* Federstrich *m*
plumbaginácea [plumƀaxi'naθea] *f/pl BOT* Plumbaginaceen *f/pl*
plumífero [plu'mifero] *adj 1. (que tiene plumas) ZOOL* mit Federn *f/pl; m 2. (fig: escritorzuelo)* Schreiberling *m,* erfolgloser Schriftsteller *m*
plumón [plu'mɔn] *m* Daune *f,* Daunenbett *n*
plural [plu'ral] *m* Mehrzahl *f,* Plural *m*
pluralismo [plura'lizmo] *m* Pluralismus *m*
pluralista [plura'lista] *adj* pluralistisch
pluralización [pluraliθa'θĭɔn] *f* Pluralisierung *f*
plurianual [pluria'nwal] *adj* mehrjährig
pluriempleo [pluriem'pleo] *m* Mehrfachbeschäftigung *f*
plus [plus] *m* Zulage *f; ~ por trabajo peligroso* Gefahrenzulage *f; ~ por hijos* Kindergeld *n*
pluscuamperfecto [pluskuampɛr'fɛkto] *m GRAMM* Plusquamperfekt *n*
plusmarca [plus'marka] *f* Rekordhalter *m*
plusvalía [plusƀa'lia] *f ECO* Mehrwert *m,* Zugewinn *m*
plutocracia [pluto'kraθĭa] *f POL* Plutokratie *f,* Herrschaft des Geldes
plutócrata [plu'tokrata] *m* Plutokrat *m*
plutocrático [pluto'kratiko] *adj* plutokratisch
Plutón [plu'ton] *m ASTR* Pluto *m*
plutonio [plu'tonĭo] *m CHEM* Plutonium *n*
plutonismo [pluto'nizmo] *m GEOL* Plutonismus *m,* Tiefenvulkanismus *m*
pluviómetro [plu'ƀĭometro] *m METEO* Pluviometer *n,* Niederschlagsmesser *m*
pluviosidad [pluƀĭosi'đađ] *f METEO* Niederschlagsmenge *f*
pluvioso [plu'ƀĭoso] *adj* regnerisch
pluviselva [pluƀi'selƀa] *f BOT* Regenwald *m*
pobeda [po'ƀeđa] *f* Pappelwald *m*
poblacho [po'ƀlatʃo] *m* kleines Nest *n,* armseliges Dorf *n*
población [poƀla'θĭɔn] *f* Bevölkerung *f; ~ rural* Landbevölkerung *f*
poblada [po'ƀlađa] *f 1. (asonada)* Auflauf *m,* große Menschenmenge *f; 2. (turba)* Menge *f,* Pöbel *m,* Schwarm *m*
poblado [po'ƀlađo] *adj 1. (habitado)* bevölkert, bewohnt, besiedelt; *m 2. (población)* Ansiedlung *f,* Siedlung *f,* Ortschaft *f*
poblar [po'ƀlar] *v 1. (establecer poblaciones)* besiedeln, bevölkern; *~ un valle* ein Tal besiedeln *n; ~ el desierto* eine Wüste bewohnbar machen *f; 2. (procrear mucho)* bepflanzen, bebauen, fruchtbar machen
poblarse [po'ƀlarse] *v (crecerle hojas a los árboles)* Blätter bekommen
pobre ['poƀre] *adj 1. (necesitado)* arm, dürftig; *2. (infeliz)* armselig; *3. (poco abundante)* mager; *4. (mezquino)* spärlich; *~ de grasas* fettarm; *~ de calorías* kalorienarm; *~ de sustancias nocivas* schadstoffarm; *5. (modesto)* anspruchslos, bescheiden
pobrete [po'ƀrete] *adj* arm, einfältig
pobretón [poƀre'tɔn] *adj* armer Mensch *m,* mittellose Person *f*
pobreza [po'ƀreθa] *f 1.* Not *f,* Armut *f; 2. (abandono voluntario de lo material)* selbstauferlegte Armut *f*
pobrísimo [po'ƀrisimo] *adj (LA)* bettelarm
pocilga [po'θilga] *f 1.* Schweinestall *m; 2. (fig: lugar muy desaseado)* Saustall *m*
pocillo [po'θiʎo] *m* eingemauerter Ölbehälter *m*
pócima ['poθima] *f 1. (bebida medicinal)* Arzneimittel *n,* Medikament *n; 2. ~ mágica* Zaubertrank *m*

poción [po'θĭɔn] *f* Arzneitrank *m,* Trank *m*
poco ['poko] *adj 1.* wenig, gering; *adv 2.* wenig; *por ~* beinahe; *un ~ de* ein bisschen, etwas; *~ a ~* schrittweise, nach und nach; *m 3. ~s pl* wenige *pl*
poda ['pođa] *f* Baumbeschnitt *m*
podadera [pođa'đera] *f* Gartenmesser *m,* Rebschere *f*
podadura [pođa'đura] *f* Blattbeschneidung (Pflanzen) *f*
podagra [po'đagra] *f MED* Gicht *f,* Podagra *n*
podar [po'đar] *v* beschneiden
podazón [pođa'θɔn] *f* Zeit zum Beschneiden der Reben
poder [po'đɛr] *v irr 1.* können, vermögen; *~ seguir (el relato)(bei der Geschichte)* mitkommen; *a más no ~* aus Leibeskräften; *2. (tener permiso)* dürfen; *¿Se puede?* Darf man eintreten? *3. ~ competir con alguien* jdm gewachsen sein; *m 4. (dominio)* Macht *f; 5. JUR* Bevollmächtigung *f; 6. (autorización legal) JUR* Vollmacht *f,* Ermächtigung *f; ~ general* Generalvollmacht *f,* Prokura *f; 7. (fuerza)* Gewalt *f; 8. ~ del Estado POL* Staatsgewalt *f; separación de ~es* Gewaltenteilung *f; ~ ejecutivo* Exekutive *f; ~ legislativo* Legislative *f; ~ del gobierno* Regierungsgewalt *f; ~ de disposición* Verfügungsgewalt *f; 9. (capacidad)* Können *n; 10. ~ adquisitivo ECO* Kaufkraft *f; 11. dar ~* Vollmacht erteilen; *12. a más no ~* in höchstem Maße, in höchstem Grade; *13. hasta más no ~* über alle Maßen; *14. poderle a uno algo* jdm etw aufzwingen
poderhabiente [pođera'ƀĭente] *m/f JUR* Bevollmächtigte(r) *m/f*
poderío [pođe'rio] *m* Macht *f*
poderoso [pođe'roso] *adj* gewaltig, mächtig
podio ['pođĭo] *m* Podium *n*
podómetro [po'đometro] *m* Schrittzähler *m*
podre ['pođre] *f* Eiter *m,* Verfall *m*
podredumbre [pođre'đumƀre] *f 1.* Verwesung *f,* Fäulnis *f; 2. (fig: un sentimiento inexpresado)* Kummer *m*
podredura [pođre'đura] *f* Verwesung *f,* Verfall *m*
podrición [pođri'θĭɔn] *f* Fäulnis *f*
podrido [po'điđo] *adj 1. (alimentos)* faul, verdorben; *2. (madera)* morsch; *3. (viciado)* verkommen, verdorben
poema [po'ema] *m 1. LIT* Gedicht *n; 2. ~ sinfónico MUS* symphonische Dichtung *f*
poesía [poe'sia] *f LIT* Gedicht *n,* Poesie *f,* Dichtung *f*
poeta [po'eta] *m* Dichter *m,* Poet *m*
poetastro [poe'tastro] *m* Dichterling *m*
poético [po'etiko] *adj* poetisch
poetisa [poe'tisa] *f* Dichterin *f*
poetizar [poeti'θar] *v 1. (dar carácter poético)* poetisieren, dichterisch gestalten; *2. (embellecer a través de la poesía)* verklären, dichterisch verschönern
pogromo [po'gromo] *m* Pogrom *n*
polaco [po'lako] *adj 1.* polnisch; *m 2.* Pole *m*
polaridad [polari'đađ] *f PHYS* Polarität *f*
polarímetro [pola'rimetro] *m PHYS* Polarimeter *n*
polarización [polariθa'θĭɔn] *f PHYS* Polarisierung *f*
polarizar [polari'θar] *v 1. PHYS* polarisieren; *2. (fig: dividir en dos campos)* polarisieren, in zwei Lager spalten
polca ['polka] *f MUS* Polka *f*
polea [po'lea] *f TECH* Rolle *f,* Riemenscheibe *f*
polémica [po'lemika] *f* Polemik *f*
polémico [po'lemiko] *adj* polemisch
polemista [pole'mista] *m* Polemiker *m*
polen ['polen] *m* Blütenstaub *m*
polenta [po'lenta] *f GAST* Polenta *f,* Maisgericht *n*
poliarquía [polĭar'kia] *f POL* Polyarchie *f,* Herrschaft Vieler
polibásico [poli'ƀasiko] *adj CHEM* mehrbasisch
policía [poli'θia] *f 1.* Polizei *f; jugar a ~s y ladrones* Räuber und Gendarm spielen; *¡Llame a la ~!* Holen Sie die Polizei! *~ judicial* Kriminalpolizei *f; ~ de tráfico/~ de tránsito* Verkehrspolizei *f; por orden de la ~* polizeilich, auf Anordnung der Polizei; *m/f 2.* Polizist(in) *m/f*
policíaco [poli'θiako] *adj* polizeilich
policial [poli'θĭal] *adj* polizeilich
policitación [poliθita'θĭɔn] *f* Angelöbnis *n*
policlínica [poli'klinika] *f* Poliklinik *f*
policromía [polikro'mia] *f* Mehrfarbigkeit *f*
polícromo [po'likromo] *adj* mehrfarbig
polifacético [polifa'θetiko] *adj* vielseitig

polifásico [poli'fasiko] *adj* mehrphasig
polifonía [polifo'nia] *f MUS* Polyphonie *f*
polifónico [poli'foniko] *adj MUS* polyphon
poliforme [poli'fɔrme] *adj* vielförmig
polígala [po'ligala] *f BOT* Kreuzblume *f*
poligamia [poli'gamĭa] *f* Polygamie *f*, Vielweiberei *f*
polígamo [po'ligamo] *adj* polygam
políglota [po'liglota] *m/f* Polyglotte *m*, vielsprachiger Mensch *m*
poliglotía [poliglo'tia] *f* Vielsprachigkeit *f*
polígloto [po'ligloto] *adj* mehrsprachig, polyglott
poligonal [poligo'nal] *adj* polygonal, vieleckig
polígono [po'ligono] *m* Polygon *n*, Vieleck *n*
polígrafo [po'ligrafo] *m* Universalgelehrter *m*
polilla [po'liʎa] *f ZOOL* Motte *f*
polimería [polime'ria] *f CHEM* Polymerie *f*
polimerización [polimeriθa'θĭɔn] *f CHEM* Polymerisation *f*
polímero [po'limero] *m CHEM* Polymer *n*
polimetría [polime'tria] *f LIT* Polymetrie *f*
polimorfo [poli'mɔrfo] *adj* polymorph
Polinesia [poli'nesĭa] *f GEO* Polynesien
polinesio [poli'nesĭo] *adj 1. GEO* polynesisch; *m 2. GEO* Polynesier *m*
polineuritis [polineu'ritis] *f MED* Polyneuritis *f*
polinizar [polini'θar] *v BIO* bestäuben
polinomio [poli'nonĭo] *m MATH* Polynom *n*
poliomelitis [polĭome'litis] *f MED* Kinderlähmung *f*
polipasto [poli'pasto] *m* Flaschenzug *m*
pólipo ['polipo] *m 1. MED* Polyp *m*; *2. ZOOL* Polyp *m*
polipodio [poli'pođĭo] *m BOT* Tüpfelfarn *m*
polisílabo [poli'silaƀo] *adj GRAMM* mehrsilbiges Wort *n*
polisindético [polisin'detiko] *adj* polysyndetisch
polisíndeton [poli'sindeton] *m* Polysyndeton *n*
polista [po'lista] *f 1. (un tipo de avispa) ZOOL* Feldwespe *f*; *m 2. (jugador de polo) SPORT* Polospieler *m*
polistilo [polis'tilo] *adj ARCH* unterschiedliche Stilarten vereinigend *f/pl*
politburó [politƀu'ro] *m HIST* Politbüro *n*
politécnico [poli'tekniko] *adj* polytechnisch
politeísmo [polite'izmo] *m REL* Polytheismus *m*, Vielgötterei *f*
politeísta [polite'ista] *adj REL* polytheistisch
política [po'litika] *f 1.* Politik *f*; *~ agraria* Agrarpolitik *f*; *~ monetaria* Währungspolitik *f*; *~ económica* Wirtschaftspolitik *f*; *~ de disuación* Abschreckungspolitik *f*; *~ de ventas* Absatzpolitik *f*; *~ educativa* Bildungspolitik *f*; *~ familiar* Familienpolitik *f*; *~ social* Sozialpolitik *f*; *~ realista* Realpolitik *f*; *~ municipal* Kommunalpolitik *f*; *~ comunal* Kommunalpolitik *f*; *~ nacional* Innenpolitik *f*; *~ interior* Innenpolitik *f*; *~ comercial* Handelspolitik *f*; *~ de la paz* Friedenspolitik *f*; *~ finanziera* Finanzpolitik *f*; *~ de distensión* Entspannungspolitik *f*; *~ exterior* Außenpolitik *f*; *~ de intimidación* Abschreckungspolitik *f*; *en materia de ~ interior* innenpolitisch; *adj en cuanto a la ~ interior* innenpolitisch; *2. (fig: cortesía)* Höflichkeit *f*, Anstand *m*
político [po'litiko] *m 1.* Politiker *m*; *adj 2.* politisch
político-financiero [politiko'finanθĭero] *adj* finanzpolitisch
politiquear [politi'kear] *v 1. (hablar neciamente de política)* politisieren; *2. (desfigurar el sentido de la política* verzerren, hetzen
politiquería [politike'ria] *f* politische Intrigen *f/pl*
politiquero [politi'kero] *adj* politischer Intrigant *m*
politización [politiθa'θĭɔn] *f* Politisierung *f*
politizar [politi'θar] *v* politisieren
polivalente [poliƀa'lente] *adj CHEM* polyvalent, mehrwertig
polivalvo [poli'ƀalƀo] *adj ZOOL* vielschalig
póliza ['poliθa] *f 1.* Police *f*; *~ de seguros* Police *f*, Versicherungspolice *f*; *2. ~ de turismo* Kurtaxe *f*
polizón [poli'θɔn] *m* Schwarzfahrer *m*

polizonte [poli'θɔnte] *m (fam)* Bulle *m,* Polyp *m*

polo¹ ['polo] *m 1.* Pol *m; ~ Norte* Nordpol *m; ~ Sur* Südpol *m; 2. ~ negativo PHYS* Minuspol *m; ~ positivo* Pluspol *m; 3. (helado)* Eis am Stiel *n*

polo² ['polo] *m 1. SPORT* Polospiel *n; 2. (camisa)* Polohemd *n*

polonesa [polo'nesa] *f MUS* Polonaise *f*

Polonia [po'lonĭa] *f GEO* Polen *n*

poltrón [pol'trɔn] *adj (holgazán)* faul, bequem, müßiggängerisch

poltrona [pol'trona] *f (un tipo de silla)* Lehnstuhl *m*

poltronear [poltro'near] *v* herumhängen, faulenzen

poltronería [poltrone'ria] *f* Faulenzerei *f,* Trägheit *f,* Herumbummeln *n*

polución [polu'θĭɔn] *f 1. (eyaculación) ANAT* Samenerguss *m; 2. (contaminación del ambiente)* Verschmutzung (der Umwelt) *f*

polvera [pɔl'ƀera] *f* Puderdose *f*

polvero [pɔl'ƀero] *m (polvareda)(LA)* Staubwolke *f*

polvificar [pɔlƀifi'kar] *v* pudern, einpudern

polvo ['pɔlƀo] *m 1.* Pulver *n; hacer ~ a alguien (fig)* jdn fertig machen; *estar hecho ~* erschöpft sein; *~ de hornear* Backpulver *n; ~ antipolillas* Mottenpulver *n; 2. (tierra)* Staub *m; 3. ~s pl* Puder *m; ~s efervescentes* Brausepulver *n; 4. ~ cósmico ASTR* kosmischer Staub *m; 5. (fig) hacer morder el ~ a alguien* jdn in den Staub werfen, jdn besiegen; *6. (fig) sacudir el ~ a uno* jdm Prügel verabreichen

pólvora ['pɔlƀora] *f* Schießpulver *n*

polvorear [pɔlƀo'rear] *v* einpudern, mit Staub bedecken *m*

polvoriento [pɔlƀo'rĭento] *adj* staubig, pulverig

polvorín [pɔlƀo'rin] *m 1.* Pulverfass *n; 2. (fig)* Unruheherd *m,* Spannungsgebiet *n*

polvorista [pɔlƀo'rista] *m* Feuerwerker *m*

polvoroso [pɔlƀo'roso] *adj* staubig

pollastre [po'ʎastre] *m (fig: pisaverde)* junger Gockel *m,* Geck *m,* Schnösel *m*

pollera [po'ʎera] *f (LA)* Rock *m*

pollero [po'ʎero] *m (que vende o cría pollos)* Geflügelhändler *m,* Geflügelzüchter *m*

pollino [po'ʎino] *m* junger Esel *m*

pollito [po'ʎito] *m (muchacho)* junger Kerl *m*

pollo ['poʎo] *m 1.* Huhn *n; 2. ~ asado GAST* Brathuhn *n,* Hühnchen *n*

polluelo [po'ʎwelo] *m ZOOL* Küken *n*

poma ['poma] *f BOT* Apfel *m*

pomada [po'mađa] *f 1.* Salbe *f,* Pomade *f; 2. ~ para quemadura(s) MED* Brandsalbe *f*

pomar [po'mar] *m* Obstgarten *m*

pomelo [po'melo] *m BOT* Grapefruit *f,* Pampelmuse *f*

pómez ['pomeθ] *adj piedra ~ MIN* Bimsstein *m*

pompa ['pɔmpa] *f 1.* Prunk *m; 2. ~s fúnebres pl* Bestattungsinstitut *n; adv 3.* prunkvoll

pomposidad [pomposi'đađ] *f* Prunkhaftigkeit *f,* Pomp *m*

pomposo [pɔm'poso] *adj* pompös, prunkvoll

pómulo ['pomulo] *m* Wangenbein *n*

ponchera [pɔn'tʃera] *m* Bowle *f*

ponderabilidad [pɔnderaƀili'đađ] *f* Wägbarkeit *f*

ponderación [pɔndera'θĭɔn] *f 1.* Erwägung *f; 2. (fig: equilibrio, sobriedad)* Ausgeglichenheit *f,* Besonnenheit *f,* Zurückhaltung *f; 3. (encarecimiento)* Lob *n,* Anpreisung *f*

ponderal [pɔnde'ral] *adj* wägbar

ponderar [pɔnde'rar] *v 1.* erwägen; *2. (encarecer)* loben, anpreisen, empfehlen

ponderativo [pɔndera'tiƀo] *adj* preisend, schätzend

ponderoso [pɔnde'roso] *adj* schwer

ponedor [pone'đɔr] *adj 1. (que pone)* Leg... *m 2. (postor)* Bieter *m,* Steigerer *m*

ponencia [po'nenθĭa] *f* Referat *n*

ponente [po'nente] *m/f (en el Parlamento)* Referent(in) *m/f*

poner [po'nɛr] *v irr 1. (colocar)* stellen, abstellen, absetzen, legen; *2. ~ a salvo* retten, bergen; *3. ~ uno sobre otro* übereinander legen, stapeln; *4. ~ al aire* lüften; *5. ~ impuesto sobre FIN* versteuern; *6. TEL* verbinden; *7. (invertir)* aufsetzen; *8. (la mesa)* decken; *¿Puedes poner la mesa, por favor?* Kannst du bitte den Tisch decken? *9. (encima de algo)* auflegen

ponerse [po'nɛrse] *v irr 1.* sich stellen; *2. ~ a la cola* sich anstellen; *3. ~ a hacer* angehen, anfangen; *¡Ponte a estudiar!* Fang an zu lernen! *4. ~ al día* sich einarbeiten; *5. ~ en el lugar de alguien* sich in jdn hineinversetzen; *6. ~ la ropa* sich anziehen; *Tie-*

nes que ponerte el abrigo porque hace mucho frío. Du musst den Mantel anziehen, weil es sehr kalt ist. *7. ~ de acuerdo con alguien* mit jdm übereinkommen; *8. (cambiar de estado)* werden; *En la playa se puso muy morena.* Am Strand wurde sie sehr braun.

poney ['poni] *m ZOOL* Pony *n*

poniente [po'nĭente] *m* Westen *m*

pontificado [pontifi'kađo] *m REL* Pontifikat *n,* päpstliche Würde *f*

pontífice [pɔn'tifiθe] *m Sumo ~ REL* Papst *m*

pontificio [pɔnti'fiθĭo] *adj REL* päpstlich

ponzoña [pɔn'θoɲa] *f* Gift *n*

ponzoñoso [pɔnθo'ɲoso] *adj 1. (que tiene ponzoña)* giftig; *2. (fig: nocivo)* verderblich

popa ['popa] *f 1.* Heck *n; 2. viento en ~* hervorragend, ausgezeichnet

popelina [pope'lina] *f* Popelin *m*

popo ['popo] *m ANAT* Po *m,* Hintern *m*

populachería [populatʃe'ria] *f* Pöbeltum *n,* Gunst des Pöbels

populacho [popu'latʃo] *m* Fußvolk *n,* Pöbel *m*

popular [popu'lar] *adj* populär, volkstümlich

popularidad [populari'đađ] *f* Beliebtheit *f,* Popularität *f*

popularizar [populari'θar] *v* popularisieren, allgemein verständlich machen, beim Volk bekannt machen

populismo [popu'lizmo] *m* Populismus *m*

populista [popu'lista] *adj política ~* populistisch

populoso [popu'loso] *adj* dicht bevölkert

popurrí [popu'rri] *m MUS* Potpourri *n,* Musikgemisch *n*

poquedad [poke'đađ] *f 1. (miseria)* Elend *n,* Armut *f; 2. (fig: falta de valor)* Geringfügigkeit *f,* Unwichtigkeit *f*

póquer ['poker] *m* Pokerspiel *n*

poquísimos [po'kisimos] *pron* sehr wenige

poquito [po'kito] *adj un ~ de* ein bisschen; *sólo un ~ para mí* nur ganz wenig für mich

por [pɔr] *prep 1.* an, am, je, per, aus, vor, für, wegen; *~ cuyo motivo* deshalb; *~ lo tanto* deshalb; *pasando ~* über; *~ lo demás* übrigens, ansonsten; *~ lo que* weshalb; *~ lo cual* wofür; *¿Por qué?* Warum? *~ ello* darum; *~ allá* dorthin; *~ usted/~ ustedes* Ihretwegen; *~ si acaso* vorsichtshalber; *konj 2. ~ mucho que* so sehr

porcelana [pɔrθe'lana] *f* Porzellan *n*

porcentaje [porθen'taxe] *m* Prozentsatz *m*

porche ['pɔrtʃe] *m ARCH* Vorhof *m,* Säulenhalle *f*

porcino [por'θino] *adj* schweinisch

porción [pɔr'θĭɔn] *f* Anteil *m,* Portion *f,* Ration *f*

pordiosear [porđĭo'sear] *v (mendigar)* betteln

pordioseo [pɔrđĭo'seo] *m* Bettelei *f*

pordiosería [pɔrđĭose'ria] *f* Bettlertum *n*

pordiosero [pɔrđĭo'sero] *m* Bettler *m*

porfía [pɔr'fia] *f* Eigensinn *m,* Trotz *m*

porfiado [pɔr'fĭađo] *adj* eigensinnig, stur, trotzig, widerspenstig

porfiar [pɔr'fĭar] *v (insistir)* beharren auf, bestehen auf

pormenor [pɔrme'nɔr] *m* Einzelheit *f,* Ausschnitt *m*

pormenorizar [pormenori'θar] *v (explicar detalladamente)* detaillieren, minutiös erklären/darlegen

pornografía [pɔrnogra'fia] *f* Pornografie *f*

pornográfico [porno'grafiko] *adj* pornografisch

poro ['poro] *m ANAT* Pore *f*

porosidad [porosi'đađ] *f* Porösität *f,* Porenweite *f*

poroso [po'roso] *adj 1.* porös; *m 2. (judía) BOT* Bohne *f*

porqué [pɔr'ke] *adv 1.* warum; *¿Porqué no vienes a la fiesta?* Warum kommst du nicht auf die Party? *m 2. El ~ de las cosas* Grund *m,* Ursache *f,* Warum *n; No sé el ~ de su comportamiento.* Ich kenne den Grund für sein Verhalten nicht.

porque ['pɔrke] *konj* denn, weil

porquería [pɔrke'ria] *f* Dreck *m,* Schweinerei *f*

porqueriza [pɔrke'riθa] *f ZOOL* Schweinestall *m*

porquero [por'kero] *m* Schweinehirt *m*

porra ['pɔrra] *f* Keule *f; mandar a la ~ (fam)* zum Teufel jagen

porrazo [po'rraθo] *m darse un ~ (LA)* Stoß gegen einen Gegenstand *m*

porrear [pɔ'rrear] *v* zudringlich werden, belästigen

porrección [pɔrreɡ'θĭɔn] *f REL* Erteilung der niederen Weihen
porrería [pɔrre'ria] *f (necedad)* Blödsinn *m,* Unsinn *m,* Quatsch *m*
porreta [pɔ'rreta] *f 1.* Lauch *m, 2. (fam)* männliches Glied
porretada [pɔrre'tađa] *f* abgelöst, entblättert
porrillo [pɔ'rriʎo] *m* kleiner Lauch *m*
porrina [pɔ'rrina] *f BOT* junge Saat *f*
porro ['pɔrro] *m (torpe)* Tölpel *m,* Dummkopf *m*
porta ['pɔrta] *adj vena ~ ANAT* Pfortader *f*
portaaviones [pɔrtaa'ƀĭones] *m* Flugzeugträger *m*
portabandera [pɔrtaƀan'dɛra] *m* Fahnenschuh *m*
portabilidad [pɔrtaƀili'đađ] *f* Tragbarkeit *f*
portable [pɔr'taƀle] *adj* tragbar
portabombas [pɔrta'ƀombas] *adj avión ~ MIL* Bombenträgerfugzeug *n*
portacartas [pɔrta'kartas] *m* Briefträgertasche *f*
portachuelo [pɔrta'tʃwelo] *m* Engpass (zwischen Bergen) *m*
portacomidas [pɔrtako'miđas] *m* Essensbehälter *m*
portacruz [pɔrta'kruθ] *m REL* Kreuzträger (Prozessionen) *m*
portada [pɔr'tađa] *f* Titelbild *n,* Titelseite *f*
portador(a) [pɔrta'đɔr/pɔrta'tora] *m/f 1.* Inhaber(in) *m/f,* Träger(in) *m/f,* Überbringer(in) *m/f; ~ de gafas* Brillenträger(in) *m/f; 2. ~ de una enfermedad MED* Infizierte(r) *m/f; ~ del SIDA* Aidsinfizierte(r) *m/f*
portaequipajes [pɔrtaeki'paxes] *m* Dachträger *m*
portaestandarte [pɔrtaestan'darte] *m* Fahnenträger *m*
portafolios [pɔrta'folĭos] *m* Aktenmappe *f*
portafortuna [pɔrtafɔr'tuna] *m* Glücksbringer *m*
portafusil [pɔrtafu'sil] *m* Gewehrriemen *m*
portal [pɔr'tal] *m ARCH* Portal *n,* Haupteingang *m*
portalámpara [pɔrta'lampara] *m* Lampenfassung *f*
portalápices [pɔrta'lapiθes] *m* Bleistifthalter *m*
portaminas [pɔrta'minas] *m* Drehbleistift *m*
portamonedas [pɔrtamo'neđas] *m* Börse *f,* Portemonnaie *n*
portañola [pɔrta'ɲola] *f (tronera)* Schießscharte *f*
portaobjeto [pɔrtaoƀ'xeto] *m TECH* Objektträger *m,* Objekthalter *m*
portaplumas [pɔrta'plumas] *m* Federhalter *m*
portar [pɔr'tar] *v 1. ~ armas* (Waffen) tragen; *2. (un programa) INFORM* Träger *m*
portarretrato [pɔrtarre'trato] *m* Porträthalter *m*
portarse [pɔr'tarse] *v* sich benehmen, sich verhalten, sich betragen
portátil [pɔr'tatil] *adj* tragbar
portavelas [pɔrta'ƀelas] *m* Kerzenständer *m*
portaviandas [pɔrta'ƀĭandas] *m* Speisekorb *m,* Provianttasche *f*
portavoz [pɔrta'ƀɔθ] *m/f 1.* Wortführer(in) *m/f; 2. (relaciones públicas)* Pressesprecher(in) *m/f,* Sprecher(in) *m/f; 3. ~ gubernamental POL* Regierungssprecher(in) *m/f*
portazgo [pɔr'taθɡo] *m NAUT* Maut *f*
porte ['pɔrte] *m 1.* Porto *n; 2. ECO* Fracht *f; 3. (comportamiento)* Benehmen *n,* Haltung *f; 4. ~ pagado ECO* frachtfrei
porteador [pɔrtea'đɔr] *m ECO* Frachtführer *m*
portear [pɔr'tear] *v* fortbringen, forttragen, befördern
portento [pɔr'tento] *m (milagro)* Wunder *n*
portentoso [pɔrten'toso] *adj* wunderbar, großartig
porteño [pɔr'teɲo] *m (natural de Buenos Aires) GEO* Bewohner von Buenos Aires *m*
portería [pɔrte'ria] *f SPORT* Tor *n*
portero [pɔr'tero] *m 1.* Portier *m,* Pförtner *m,* Hausmeister *m; ~ de noche* Nachtportier *m; 2. ~ automático* Türöffner *m; 3. SPORT* Torwart *m*
pórtico ['pɔrtiko] *m ARCH* Säulengang *m*
portilla [pɔr'tiʎa] *f NAUT* Bullauge *n*
portorriqueño [pɔrtorri'keɲo] *adj 1. GEO* puertorikanisch; *m 2. GEO* Puertorikaner *m*
portuario [pɔr'tuarĭo] *adj* Hafen...
Portugal [pɔr'tugal] *m GEO* Portugal *n*
portugués [pɔrtu'ɡes] *adj 1.* portugiesisch; *m 2.* Portugiese *m*

porvenir [porƀe'nir] *m 1. (futuro)* Zukunft *f,* Aussichten *f/pl; 2. (fig)* Perspektive *f,* Zukunft *f*

posada [po'sađa] *f* Gasthaus *n,* Gästehaus *n*

posadera [posa'đera] *f 1. (en una posada)* Gastwirtin *f; f/pl 2. ~s (nalga)* Gesäß *n*

posadero [posa'đero] *m (en una posada)* Gastwirt *m*

posar [po'sar] *v 1. (colocar algo sobre otra cosa)* postieren, legen, positionieren; *2. (pernoctar en)* Rast machen, übernachten; *3. (para un artista)* posieren, Modell stehen

posarse [po'sarse] *v (los pájaros)* setzen, niederlassen

posavasos [posa'ƀasos] *m* Untersetzer *m*

posdata [pos'đata] *f* Nachschrift *f*

pose ['pɔse] *f* Pose *f*

poseedor(a) [posee'đɔr] *m/f* Inhaber(in) *m/f*

poseído [pose'iđo] *adj ~ de* besessen von

posesión [pose'sĭɔn] *f* Besitz *m*

posesional [posesĭo'nal] *adj* Besitz...

posesionar [posesĭo'nar] *v* bemächtigen, besitzen

posesionero [posesĭo'nero] *m AGR* Viehzüchter *m*

poseso [po'seso] *adj* besessen

posesor [pose'sɔr] *adj* Besitzer *m*

posesorio [pose'sɔrĭo] *adj juicio ~ JUR* Besitzurteil *n*

posfecha [pos'fetʃa] *f* Nachdatieren *n*

posguerra [pɔz'gɛrra] *f* Nachkriegszeit *f*

posibilidad [posiƀili'đađ] *f* Möglichkeit *f; la única ~* die einzige Möglichkeit *f; ~ de ascenso* Aufstiegsmöglichkeit *f; ~ de desvío* Ausweichmöglichkeit *f*

posibilitar [posiƀili'tar] *v* ermöglichen

posible [po'siƀle] *adj* möglich, etwaig; *Lo necesito lo antes ~.* Ich brauche es so bald wie möglich. *en lo ~* soweit möglich; *hacer ~* ermöglichen

posición [posi'θĭɔn] *f 1.* Lage *f; 2. (empleo)* Anstellung *f,* Position *f,* Positur *f; ~ excelente* Spitzenposition *f; ~ clave* Schlüsselposition *f; 3. poner en ~ extrema TECH* ausfahren

posicionar [posiθĭo'nar] *v (poner en un lugar)* positionieren

posicionarse [posiθĭo'narse] *v* einen Platz erringen, einen Platz einnehmen

positivismo [positi'ƀizmo] *m 1. (actitud optimista hacia la vida)* Positivismus *m,* positive Einstellung *f; 2. (orientación filosófica) PHIL* Positivismus *m*

positivista [positi'ƀista] *adj 1.* positivistisch, optimistisch, positiv denkend; *m/f 2.* Positivist *m*

positivo [posi'tiƀo] *adj 1.* positiv; *m 2. FOTO* Positiv *n*

positrón [posi'trɔn] *m PHYS* Positron *n*

posma ['pozma] *f* Trägheit *f,* Faulheit *f,* Schwerfälligkeit *f*

posmoso [poz'mɔso] *adj* schwerfällig, träge, faul

posponer [pospɔ'nɛr] *v irr 1. ~ una cita* verlegen, verschieben; *2. (despreciar)* gering schätzen, außer Acht lassen, verachten; *3. (no tomar en consideración)* vertagen (Entscheidung)

posposición [pospɔsi'θĭɔn] *f* Vertagung *f,* Nachstellung *f,* Verlegung *f*

pospositivo [posposi'tiƀo] *adj GRAMM* nachgestellt

posromanticismo [posromanti'θizmo] *m ART* Spätromantik *f*

posromántico [posro'mantiko] *adj 1. ART* spätromantisch; *m 2. ART* Anhänger der Spätromantik

postal [pɔs'tal] *f* Post..., Karte *f,* Ansichtskarte *f*

postdiluviano [postdilu'ƀĭano] *adj* nachsintflutlich

poste [pɔs'te] *m* Mast *m,* Pfosten *m*

postema [pos'tema] *m MED* Schwäre *f*

postergación [posterga'θĭɔn] *f* Hintansetzung *f,* Verschiebung *f*

postergar [poster'gar] *v 1. ~ una cita* verschieben, vertagen; *2. (despreciar)* gering schätzen, verachten

postergativo [posterga'tiƀo] *adj* zurücksetzend, verschiebend

posteridad [pɔstɛri'đađ] *f* Nachwelt *f*

posterior [pɔste'rĭɔr] *adj 1. (local)* hintere(r,s); *2. (temporal)* spätere(r,s), nachträglich

posterioridad [posterĭori'đađ] *f* Nachfolge *f,* Hinterherkommen *n*

postfijo [post'fixo] *m GRAMM* Suffix *n,* Nachsilbe *f*

postguerra [pɔst'gɛrra] *f* Nachkriegszeit *f*

postigo [pos'tigo] *m 1.* Fensterladen *m; 2. (puerta pequeña en una puerta)* kleine Pforte *f*

postilla [pos'tiʎa] *f* Schorf *m*
postilloso [posti'ʎoso] *adj* schorfig
postín [pos'tin] *m darse ~* sich wichtig machen, geckenhaft auftreten
postinero [posti'nero] *m* schnöselig, geckenhaft, fatzkenhaft
postizo [pos'tiθo] *adj* künstlich, falsch
postmeridiano [postmeri'đĭano] *adj* nachmittags, nach 12 Uhr
postónico [pos'toniko] *adj* nachtonig
postoperatorio [postopera'tɔrĭo] *adj* postoperativ
postor [pos'tɔr] *m vender al mejor ~* Bieter *m,* (Meist)bietender *m*
postración [postra'θĭɔn] *f (fig)* Niedergeschlagenheit *f,* depressive Verstimmung *f*
postrar [pos'trar] *v 1. (lanzar al suelo)* niederwerfen, niederzwingen, auf die Knie niederfallen; *2. (fig: doblegar)* beugen, niedermachen, erniedrigen; *3. (fig: humillar)* demütigen, erniedrigen
postrarse [pos'trarse] *v 1. (yacer en cama)* (im Bett) alle Viere von sich strecken, sich fallen lassen; *2. (fig: reducirse a la impotencia)* sich zu Boden werfen, sich auf die Knie fallen lassen; *3. ~ de hinojos* auf die Knie gehen
postre ['pɔstre] *m 1. GAST* Nachspeise *f,* Dessert *n,* Nachtisch *m; 2. a la ~* zu guter Letzt
postrer ['pɔstrɛr] *adj (último)* letze(r,s)
postrero [pos'trero] *adj* letzter
postsincronización [postsinkroniθa'θĭɔn] *f CINE* Nachsynchronisation *f*
postsincronizar [postsinkroni'θar] *v CINE* nachsynchronisieren
postulación [postula'θĭɔn] *f* Postulat *n,* Forderung *f*
postulado [postu'lađo] *m (en la ciencia)* Forderung *f,* These *f,* notwendige Annahme *f*
postulante [postu'lante] *m* Bewerber(in) *m/f,* Postulant *m*
postular [postu'lar] *v 1.* bewerben; *2. (suponer como posible)* postulieren, als These/Möglichkeit angeben
postularse [postu'larse] *v* aufstellen lassen, zur Wahl antreten
póstumo ['pɔstumo] *adj* postum, nachgelassen, nach dem Tode
postura [pɔs'tura] *f* Stellung *f,* Haltung *f,* Positur *f*
potabilidad [potađili'đađ] *f* Trinkbarkeit *f*
potable [po'tađle] *adj* trinkbar
potaje [po'taxe] *m GAST* dicke Gemüsesuppe *f,* Fastensuppe *f,* Gemüseeintopf *m*
potala [po'tala] *f NAUT* Stein zum Versenken eines Schiffs
potasa [po'tasa] *f CHEM* Pottasche *f*
potasio [po'tasĭo] *m CHEM* Kalium *n*
pote ['pote] *m* Topf *m*
potencia [po'tenθĭa] *f 1. MED* Potenz *f; 2. TECH* Leistung *f; 3. MATH* Potenz *f; 4. POL* Macht *f; ~ mundial* Weltmacht *f; ~ colonial* Kolonialmacht *f; ~ de ocupación* Besatzungsmacht *f; ~ protectora* Schutzmacht *f; 5. ~s occidentales pl POL* Westmächte *pl*
potenciación [potenθĭa'θĭɔn] *f MATH* Potenzieren *n*
potencial [poten'θĭal] *m 1.* Potenzial *n; adj 2.* potenziell; *adj 3. modo ~ GRAMM* Konditional *n*
potencialidad [potenθĭali'đađ] *f* Potentialität *f,* Möglichkeit *f*
potenciar [poten'θĭar] *v* potenzieren
potenciómetro [poten'θĭometro] *m PHYS* Potentiometer *n,* Spannungsmesser *m*
potentado [potentađo] *m (hombre poderoso)* Potentat *m,* Gewaltiger *m*
potente [po'tente] *adj 1.* potent, fähig; *2. (de sonido)* lautstark
potestad [potes'tađ] *f patria ~ JUR* (elterliche) Gewalt *f*
potingue [po'tinge] *m (producto cosmético)* kosmetisches Produkt *n*
potosí [poto'si] *m (fig) valer un ~* das ist Gold wert *n*
potrada [po'trađa] *f AGR* Fohlenherde *f*
potranca [po'traŋka] *m ZOOL* weibliches Fohlen *n*
potrillo [po'triʎo] *m* Glasgefäß *n*
potro ['potro] *m 1. SPORT* Bock *m; 2. ZOOL* Fohlen *n; 3. (máquina de tortura) HIST* Folterbank *f*
potroso [po'trɔso] *adj (fam: herniado)* verwundet, geschunden
poyal [po'jal] *m (banco de piedra)* Steinbank *f*
poyete [po'jete] *m* kleine Steinbank *f*
poyo ['pojo] *m (banco de piedra)* Steinbank *f*
poza ['poθa] *f* Pfütze *f,* Wassergrube *f*
pozal [po'θal] *m (cubo para sacar agua)* Schöpfeimer *m*
pozanco [po'θanko] *m* Abzugsloch *n*
pozo ['poθo] *m 1.* Schacht *m; 2. (de agua)* Brunnen *m; 3. ~ de petróleo TECH* Ölquel-

le *f; 4. (fig) ~ de ciencia* Ausbund des Wissens
pozuelo [po'θwelo] *m (pocillo)* kleiner Brunnen *m*
práctica ['praktika] *f 1.* Praxis *f,* Übung *f,* Ausübung *f; poner en ~* verwirklichen; *perder la ~* verlernen; *2. ~ de la prueba JUR* Beweisaufnahme *f; 3. ~s pl* Praktikum *n,* Volontariat *n; 4. (costumbre)* Gebrauch *m,* Brauch *m; 5. (método)* Praxis *f,* Methode *f*
practicable [prakti'kaƀle] *adj* praktikabel
prácticamente ['praktikamente] *adv* praktisch
practicante [prakti'kante] *m/f* Praktikant(in) *m/f*
practicar [prakti'kar] *v 1.* üben, ausüben, lotsen, praktizieren, treiben, vornehmen; *~ un deporte* Sport treiben; *~ la magia* zaubern; *2. ECO* betreiben; *3. ~ la respiración artificial MED* beatmen
práctico ['praktiko] *adj 1.* praktisch; *poco ~* unpraktisch; *m 2. (de un barco) NAUT* Lotse *m*
practicón [prakti'kɔn] *m (fam)* Praktiker *m,* Mann der Praxis
pradera [pra'đera] *f 1.* Wiese *f; 2. (forma de paisaje)* Prärie *f*
prado ['prađo] *m 1.* Wiese *f; 2. GEOL* Heide *f*
pragmática [prag'matika] *f* Pragmatik *f*
pragmático [prag'matiko] *adj* pragmatisch
pragmatismo [pragma'tizmo] *m 1. (corriente filosófica) PHIL* Pragmatismus *m; 2. (actitud hacia la vida)* Pragmatismus *m*
pragmatista [pragma'tista] *m* Pragmatiker *m*
prasio ['prasĭo] *m MIN* Praser *m*
prasma ['prazma] *m MIN* dunkelgrüner Achat *m*
pratense [pra'tense] *adj* Wiesen...
praticultura [pratikul'tura] *f* Wiesenwirtschaft *f*
preámbulo [pre'ambulo] *m 1. (prólogo) LIT* Präambel *f,* Vorrede *f,* Prolog *m; 2. (fig: introducción)* Einführung *f,* Einleitung *f*
preámbulos [pre'ambulos] *m/pl* Umschweife *pl*
prebenda [pre'ƀenda] *f* Pfründe *f/pl,* Stipendium *n*
preboste [pre'ƀoste] *m* Propst *m*
precario [pre'karĭo] *adj* prekär, misslich, heikel
precaución [prekaŭ'θĭɔn] *f* Vorsicht *f,* Vorsorge *f,* Vorkehrung *f; por ~* vorsichtshalber, vorsorglich; *tomar precauciones* Vorkehrungen treffen, vorsorgen
precaucionarse [prekaŭθĭo'narse] *v* sich vorsehen, auf der Hut sein *f*
precautorio [prekaŭ'tɔrĭo] *adj* vorsichtig, bedachtsam
precaver [preka'ƀɛr] *v* verhüten, vorbeugen
precaverse [preka'ƀɛrse] *v* sich vorsehen, sich schützen
precavido [preka'ƀiđo] *adj* vorsichtig, bedächtig
precedencia [preθe'đenθĭa] *f* Vorrang *m,* Vortritt *m*
precedente [preθe'đente] *adj 1.* vorhergehend, vorig, vorherig; *sin ~* beispiellos; *m 2.* Präzedenzfall *m*
preceder [preθe'đɛr] *v 1. (tener la precedencia)* vorangehen, vorhergehen, Vorrang haben; *2. (estar antes que otra cosa)* an erster Stelle stehen, Vorrang haben
preceptista [preθep'tista] *adj* schulmeisterlich
preceptiva [preθep'tiƀa] *f (conjunto de preceptos)* Gebotssammlung *f,* Vorschriftssammlung *f*
precepto [pre'θɛpto] *m* Vorschrift *f*
preceptor [preθep'tɔr] *m (maestro particular de un joven)* Hauslehrer *m*
preceptuar [preθep'twar] *v* unterweisen
preces ['preθes] *f/pl (ruegos)* Bitten *f/pl,* Gebete *n/pl*
preciador [preθĭa'đɔr] *m* Schätzer *m*
preciar [pre'θiar] *v (apreciar)* schätzen
preciarse [pre'θĭarse] *v (tenerse por)* sich für etw halten, sich rühmen, etw zu sein
precinta [pre'θinta] *f* Banderole *f,* Papierband *n*
precintado [preθin'tađo] *m* Verplombung durch den Zoll
precintar [preθin'tar] *v* plombieren
precinto¹ [pre'θinto] *m* Plombe *f,* Verschluss *m*
precinto² [pre'θinto] *m (lugar cerrado)* geschlossener Raum *m*
precio ['preθĭo] *m 1.* Preis *m; tener un ~* kosten; *~ límite* Höchstpreis *m; ~ del billete* Fahrpreis *m; ~ de compra* Kaufpreis *m,* Ankaufspreis *m,* Einkaufspreis *m; ~ global* Pauschale *f; ~ indicativo* Richtpreis *m; ~ de venta* Verkaufspreis *m; ~ bruto* Bruttopreis

m; ~ de introducción Einführungspreis *m; ~ de fábrica* Fabrikpreis *m; ~ fijo* Festpreis *m; ~ del transporte (de carga)* Frachtkosten *pl; ~ de lista* Listenpreis *m; ~ neto* Nettopreis *m; ~ ruinoso* Schleuderpreis *m; ~ de coste* Selbstkostenpreis *m; ~ máximo* Höchstpreis *m; ~ de oferta* Angebotspreis *m; a buen ~* preiswert; *2. (cotización) FIN* Kurs *m; ~ de la acción* Aktienkurs *m; 3. ~s de saldo pl* Ausverkaufspreise *pl; 4. al ~ de ...* zum Preis von ...; *5. (fig) no tener ~* unschätzbar sein, unbezahlbar sein

preciosidad [preθĭosi'đađ] *f* Kostbarkeit *f*

precioso [pre'θĭoso] *adj 1. (valioso)* wertvoll, edel, kostbar; *2. (muy bonito)* prächtig, sehr schön

preciosura [preθĭo'sura] *f* Schatz *m*

precipicio [preθi'piθĭo] *m* Abgrund *m*

precipitación [preθipita'θĭɔn] *f 1.* Hast *f; 2. precipitaciones pl METEO* Niederschlag *m*

precipitado [preθipi'tađo] *adj 1.* fluchtartig, hastig, voreilig; *m 2. CHEM* Präzipitat *n,* Niederschlag *m*

precipitar [preθipi'tar] *v 1.* hinunterwerfen; *2. CHEM* abscheiden

precipitarse [preθipi'tarse] *v 1.* sich stürzen, sich beeilen; *2. CHEM* absetzen

precipitoso [preθipi'toso] *adj 1. (resbaladizo)* rutschig, schlüpfrig; *2. (fig: atropellado)* übereilt, hastig, vorschnell

precipuo [pre'θipwo] *adj* vorwiegend, in der Hauptsache *f*

precisamente [pre'θisamente] *adv* ausgerechnet, präzise, genau; *¡Precisamente hoy tiene que venir!* Ausgerechnet heute muss er kommen!

precisar [preθi'sar] *v 1.* benötigen, brauchen; *2. (aclarar)* präzisieren; *sin ~* undeutlich

precisión [preθi'sĭɔn] *f* Präzision *f*

preciso [pre'θiso] *adj 1. (necesario)* notwendig, nötig; *2. (correcto)* richtig, fein; *3. (exacto)* präzise, treffend, klar; *poco ~* undeutlich

precitado [preθi'tađo] *adj* oben erwähnt, besagt

preclaro [pre'klaro] *adj (ilustre)* berühmt, vortrefflich

precocidad [prekoθi'đađ] *f* Frühreife *f,* Vorzeitigkeit *f*

precolombino [prekolom'ƀino] *adj HIST* präkolumbisch

preconcebido [prekonθe'ƀiđo] *adj* vorgefasst, Vorurteils...

preconización [prekoniθa'θĭɔn] *f* Befürwortung *f,* Empfehlung *f*

preconizar [prekoni'θar] *v 1. (encomiar)* loben, preisen, rühmen; *~ una obra teatral* ein Theaterstück loben *n; 2. (recomendar)* empfehlen

precontrato [prekɔn'trato] *m JUR* Vorvertrag *m*

precoz [pre'kɔθ] *adj* altklug, frühreif

precursor(a) [prekur'sɔr/prekur'sora] *m/f* Vorkämpfer(in) *m/f,* Vorläufer(in) *m/f,* Wegbereiter(in) *m/f*

predecesor(a) [pređeθe'sɔr/pređeθe'sora] *m/f* Vorgänger(in) *m/f*

predecir [pređe'θir] *v irr* vorhersagen, voraussagen

predestinación [pređestina'θĭɔn] *f* Prädestination *f,* Vorherbestimmung *f*

predestinacionismo [pređestinaθĭo'nizmo] *m* Prädeterminismus *m*

predestinado [pređesti'nađo] *adj* prädestiniert

predestinar [pređesti'nar] *v (destinar por anticipado)* prädestinieren, vorherbestimmen

predeterminación [pređetermina'θĭɔn] *f* Vorherbestimmung *f,* Vorausbestimmung *f*

predeterminado [pređetermi'nađo] *adj* vorherbestimmt, vorausbestimmt

predeterminar [pređetermi'nar] *v* vorausbestimmen, vorherbestimmen

prédica ['pređika] *f REL* Predigt *f*

predicación [predika'θĭɔn] *f REL* Predigt *f*

predicaderas [pređika'đeras] *f/pl (dotes oratorias)* Kanzel *f*

predicado [pređi'kađo] *m* Prädikat *n*

predicador [pređika'đɔr] *adj 1. (que predica)* predigend, Prediger... *m 2. (orador sagrado) REL* Prediger *m; 3. (fam: mantis) ZOOL* Gottesanbeterin *f*

predicamento [pređika'mento] *m* Prädikament *n,* Ruf *m*

predicante [pređi'kante] *m* Prediger *m,* Pfarrer *m*

predicar [pređi'kar] *v REL* predigen

predicción [pređik'θĭɔn] *f* Vorhersage *f*

predicho [pre'đitʃo] *adj* vorhergesehen, vorhergesagt

predilección [pređilɛk'θĭɔn] *f ~ por* Vorliebe für

predilecto [pređi'lɛkto] *adj* bevorzugt

predisposición [prefisposi'θĭɔn] *f* Anfälligkeit *f,* Veranlagung *f,* Voreingenommenheit *f*
predispuesto [prefis'pwesto] *adj* voreingenommen
predominancia [prefomi'nanθĭa] *f* Vorherrschaft *f*
predominante [prefomi'nante] *adj* überwiegend, vorherrschend, vorwiegend
predominar [prefomi'nar] *v* überwiegen, vorherrschen
predominio [prefo'minĭo] *m* Vorherrschaft *f*
preelegir [preele'xir] *v* vorwählen, Vorauswahl treffen *f*
preeminencia [preemi'nenθĭa] *f* Vorzug *m,* Vorrecht *n*
preeminente [preemi'nente] *adj* vorzüglich, hervorragend
preestablecido [preestaƀle'θifo] *adj* voher festgelegt, vorbestimmt, festgesetzt
preexistencia [preegsis'tenθĭa] *f* Präexistenz *f,* vorheriges Dasein *n*
prefabricación [prefaƀrika'θĭɔn] *f* Produktion von Fertigteilen
prefabricado [prefaƀri'kafo] *adj* vorgefertigt, Fertig...
prefabricar [prefaƀri'kar] *v* vorfertigen
prefacio [pre'faθĭo] *m* Vorwort *n*
prefecto [pre'fɛkto] *m POL* Landrat *m*
prefectura [prefek'tura] *f* Präfektur *f*
preferencia [prefe'renθĭa] *f 1.* Vorzug *m,* Vorrang *m; ~ por* Vorliebe für *f; 2. (en la circulación)* Vorfahrt *f; tener ~* vorgehen, Vorfahrt haben
preferente [prefe'rente] *adj* Vorzugs...
preferentemente [preferente'mente] *adv* vorzugsweise
preferible [prefe'riƀle] *adj* vorzuziehen, besser sein
preferir [prefe'rir] *v irr* bevorzugen, vorziehen
prefiguración [prefigura'θĭɔn] *f* Präfiguration *f,* Vorgestaltung *f*
prefigurar [prefigu'rar] *v* präfigurieren, vorgestalten
prefijar [prefi'xar] *v (fijar anticipadamente)* vorherbestimmen, zuvor festlegen
prefijo [pre'fixo] *m* Vorwahl *f*
prefinir [prefi'nir] *v* zeitlich festlegen
prefloración [preflora'θĭɔn] *f BOT* Vorblüte *f*
prefoliación [prefolĭa'θĭɔn] *f BOT* Knospenlage *f*
preformado [prefɔr'mafo] *adj* vorgebildet
prefulgente [preful'xente] *adj* leuchtend, strahlend
pregón [pre'gɔn] *m (proclamación en público)* öffentliche Bekanntmachung *f,* öffentliches Ausrufen *n*
pregonar [prego'nar] *v 1. (hacer publico algo)* ausrufen, öffentlich bekannt machen; *2. (anunciar a voces un mercancia)* anpreisen; *3. (fig: revelar lo oculto)* herumerzählen, bekannt machen
pregonero [prego'nero] *m (que pregona)* Ausrufer *m,* Klatschmaul *n*
pregunta [pre'gunta] *f* Frage *f*
preguntador [pregunta'fɔr] *m* Frager *m,* Fragender *m*
preguntante [pregun'tante] *adj* fragend, ausfragend
preguntar [pregun'tar] *v* befragen, ausfragen, nachfragen; *~ por alguien* nach jdm fragen
preguntón [pregun'tɔn] *m (fam: que pregunta más de lo debido)* lästiger Fragensteller *m*
prehistoria [preis'tɔrĭa] *f* Prähistorie *f,* Vorgeschichte *f*
prehistórico [prcis'toriko] *adj* prähistorisch
preinformado [preinfɔr'mafo] *adj* vorinformiert
prejubilación [prejuƀila'θĭɔn] *f* Vorruhestand *m*
prejudicial [prexufi'θĭal] *adj JUR* präjudiziell, vorläufig
prejuicio [prɛ'jwiθĭo] *m* Voreingenommenheit *f,* Vorurteil *n*
prejuzgar [prexuθ'gar] *v* präjudizieren, vorschnell urteilen
prelacía [prela'θia] *f* Prälatenwürde *f*
prelación [prela'θĭɔn] *f* Vorrecht *n,* Vorzug *m*
prelado [pre'lafo] *m REL* Prälat *m*
preludiar [prelu'fĭar] *v (fig: preparar una cosa)* vorbereiten, einleiten
preludio [pre'lufĭo] *m* Auftakt *m*
prematuro [prema'turo] *adj* verfrüht, vorzeitig, frühzeitig
premeditación [premefita'θĭɔn] *f* Vorsatz *m*
premeditado [premefi'tafo] *adj* vorsätzlich, wissentlich
premeditar [premedi'tar] *v 1. (pensar antes de hacer algo)* vorher planen, beden-

ken; *2. ~ un delito JUR* ein Vergehen vorsätzlich begehen *n*

premiación [premĭa'θĭɔn] *f (LA)* Preisverleihung *f*

premiado [pre'mĭađo] *adj 1.* preisgekrönt; *m 2.* Preisträger *m*

premiar [pre'mĭar] *v* belohnen, auszeichnen, prämieren

Premier [pre'mĭer] *m (LA) POL* Premierminister *m*

premio ['premĭo] *m 1. (recompensa)* Belohnung *f,* Preis *m; primer ~* Hauptgewinn *m,* erster Preis *m; ~ de hallazgo* Finderlohn *m; ~ de literatura* Literaturpreis *m; ~ Nobel* Nobelpreis *m; ~ de consolación (LA)* Trostpreis *m; 2. (ganancia)* Gewinn *m; 3. ECO* Prämie *f*

premiosidad [premĭosi'đađ] *f* Knappheit *f,* Schwerfälligkeit *f*

premioso [pre'mĭoso] *adj 1. (apremiante)* starr, gezwungen, steif; *una orden premiosa* eine starre Ordnung *f; 2. (fig: estricto)* streng

premisa [pre'misa] *f* Prämisse *f,* Voraussetzung *f*

premiso [pre'miso] *adj 1. (prevenido)* vorbereitet, bereit, gewarnt; *2. (que precede) JUR* vorhergehend

premoción [premo'θĭɔn] *f* Vorantrag *m*

premonición [premoni'θĭɔn] *f* Vorahnung *f*

premonitorio [premoni'tɔrĭo] *adj* vorwarnend

premostrar [premos'trar] *v* vorzeigen

premura [pre'mura] *f 1. (aprieto)* Bedrängnis *f,* Zwangslage *f,* Zwang *m; 2. (prisa)* Eile *f,* Hast *f; solicitar algo con ~* etwas eilig lösen; *terminar algo con ~* etwas hastig fertig stellen

prenatal [prena'tal] *adj* vorgeburtlich, für werdende Mütter

prenda ['prenda] *f 1.* Pfand *n; 2. (fig)* Schätzchen *n,* Liebling *m, 3. ~ de vestir* Kleidungsstück *n; 4. en ~ de ...* als Beweis *m*

prendar [pren'đar] *v (dar en prenda, empeñar)* pfänden, verpfänden, ins Leihhaus bringen

prendarse [pren'đarse] *v 1. (enamorarse)* sich verlieben; *m 2. (fig: cobrar afecto a alguien)* Zuneigung *f*

prendedero [prende'đero] *m* Haarspange *f*

prendedor [prende'đɔr] *m 1.* Brosche *f; 2. (imperdible)* Sicherheitsnadel *f*

prender [pren'dɛr] *v 1.* ergreifen, anpacken; *2. (arrestar)* festnehmen, verhaften; *3. (encender)* anzünden, Feuer legen; *~ fuego* Feuer fangen; *4. (fig)* entzünden; *5. (un broche)* anstecken; *6. (poner en funcionamiento)* anmachen, beleuchten, hell machen, erleuchten; *7. (engrapar)* anheften; *8. (planta)* Wurzeln schlagen

prendimiento [prendi'mĭento] *m (captura)* Gefangennahme *f,* Verhaftung *f*

prenotar [preno'tar] *v* vormerken

prensa ['prensa] *f 1.* Presse *f; ~ amarilla* Sensationspresse *f; ~ del corazón* Regenbogenpresse *f; 2. TECH* Presse *f; 3. ~ tipográfica TECH* Druckpresse *f; 4. tener buena/mala ~* gute/schlechte Presse haben; *5. dar un libro a la ~* ein Buch in Druck geben

prensador [prensa'đɔr] *adj* pressend, glättend, druckend

prensar [pren'sar] *v 1.* pressen; *2. (fruta)* auspressen; *3. (la uva)* keltern

prensión [pren'sĭɔn] *f* Ergreifen *n,* Fassen *n*

prenunciar [prenun'θĭar] *v* anmelden

prenuncio [pre'nunθĭo] *m* Vorzeichen *n*

preñada [pre'ɲađa] *adj 1. MED* schwanger; *2. ZOOL* trächtig

preñar [pre'ɲar] *v 1. (embarazar)* schwängern; *2. (fig: llenar)* füllen; *~ de ilusiones a alguien* jdn mit Illusionen füllen

preñez [pre'ɲeθ] *f* Trächtigkeit *f,* Schwangerschaft *f*

preocupación [preokupa'θĭɔn] *f 1.* Besorgnis *f,* Unruhe *f,* Kummer *m; 2. (diligencia)* Sorgfalt *f; 3. lleno de preocupaciones* sorgenvoll; *sin preocupaciones* sorgenfrei, unbeschwert

preocupado [preoku'pađo] *adj* unruhig, kummervoll, besorgt; *estar ~ por* besorgt sein um

preocupante [preoku'pante] *adj* Besorgnis erregend, beunruhigend

preocuparse [preoku'parse] *v 1. ~ de alguien* sich um jdn kümmern; *2. ~ por* sich sorgen um

preparación [prepara'θĭɔn] *f 1.* Vorbereitung *f; 2. GAST* Zubereitung *f; 3. MED* Präparat *n*

preparado [prepa'rađo] *m 1.* Präparat *n; adj 2.* fertig, parat, vorbereitet; *sin estar ~* unvorbereitet sein; *tener ~* bereithalten; *estar ~ para* gefasst sein auf; *3. ~ para operar TECH* betriebsbereit

preparar [prepa'rar] *v 1.* bereiten, vorbereiten, aufbereiten, bereitstellen; *2. (ingredientes) GAST* zubereiten; *3. (disponer)* anrichten, herrichten; *4. (iniciar)* anbahnen, vorarbeiten; *5. (disecar)* präparieren, zurechtmachen

prepararse [prepa'rarse] *v* sich bereitmachen, sich vorbereiten; *~ para* sich bereitmachen für, sich vorbereiten auf

preparativos [prepara'tiƀos] *m/pl* Vorbereitungen *f/pl; ~ para el viaje* Reisevorbereitungen *f/pl*

preponderancia [prepɔnde'ranθĭa] *f 1.* Übergewicht *n,* Überwiegen *n; 2. (predominio)* Vorherrschen *n,* Vormachtstellung *f*

preponderante [prepɔnde'rante] *adj* überwiegend, vorherrschend, vorwiegend

preponderar [prepɔnde'rar] *v* überwiegen

preposición [preposi'θĭɔn] *f GRAMM* Präposition *f*

prepotencia [prepo'tenθĭa] *f* Übermacht *f,* Vorherrschen *n*

prepotente [prepo'tente] *adj* vorherrschend, übermächtig

prepucio [pre'puθĭo] *m ANAT* Präputium *n,* Vorhaut *f*

prerrogativa [prerroga'tiƀa] *f (privilegio)* Prärogative *f,* Privileg *n,* Vorrecht *n*

prerromanticismo [prerromanti'θizmo] *m ART* Vorromantik *f*

presa ['presa] *f 1.* Wegnahme *f,* Fangen *n; 2. (caza)* Beute *f,* Fang *m; animal de ~* Raubtier *n; 3. (embalse)* Stauwehr *n; 4. ser ~ de* Opfer *n,* Fang *m*

presada [pre'sađa] *f (agua detenida por una presa)* Staudamm *m*

presagiar [presa'xĭar] *v ~ una desgracia* vorhersagen, voraussehen

presagio [pre'saxĭo] *m* Omen *n,* Vorzeichen *n; tener un mal ~* Böses ahnen

presagioso [presa'xĭoso] *adj* mutmaßend, ahnend

presbicia [pres'ƀiθĭa] *f MED* Weitsichtigkeit *f*

presbítero [pres'ƀitero] *m* Priester *m,* Prediger *m*

presciencia [pres'θĭenθĭa] *f* Vorauswissen *n,* Vorherwissen *n*

prescindible [presθindi'ƀle] *adj* entbehrlich

prescindir [presθin'dir] *v ~ de* verzichten auf, absehen von; *no poder ~ de* angewiesen sein auf

prescribir [preskri'ƀir] *v irr 1.* anordnen, vorschreiben; *2. MED* verschreiben, verordnen; *3. JUR* verjähren

prescripción [preskriƀ'θĭɔn] *f 1.* Vorschrift *f; 2. MED* Verordnung *f; ~ médica* Rezept *n; de ~ obligatoria* rezeptpflichtig; *3. JUR* Verjährung *f*

prescrito [pres'krito] *adj según lo ~* vorschriftsmäßig

presea [pre'sea] *f* Juwel *n*

presencia [pre'senθĭa] *f* Anwesenheit *f,* Präsenz *f,* Gegenwart *f; en ~ de* im Beisein von

presenciar [prensen'θĭar] *v* zuschauen, miterleben

presentable [presen'taƀle] *adj* vorstellbar, annehmbar, vorzeigbar

presentación [presenta'θĭɔn] *f 1.* Vorstellung *f; 2. (de documentos)* Vorlage *f; 3. (aspecto)* Aufmachung *f,* Äußeres *n; ~ del regalo* Geschenkpackung *f; 4. THEAT* Aufführung *f,* Inszenierung *f*

presentador(a) [presenta'đɔr/presenta'đora] *m/f (de televisión)* Ansager(in) *m/f*

presentar [presen'tar] *v 1.* vorstellen; *Tengo el gusto de presentarle a la señora Pérez.* Ich möchte Sie gerne Frau Pérez vorstellen. *2. (ofrecer)* bieten; *3. (mostrar)* aufweisen, vorführen, vorweisen; *4. (entregar)* einreichen, vorlegen; *~ un informe sobre algo* einen Bericht über etw vorlegen; *~ la dimisión* sein Amt niederlegen; *~ su candidatura* kandidieren; *5. ~ en sobreimpresión CINE* einblenden; *6. (a la vista)* darstellen

presentarse [presen'tarse] *v 1.* sich vorstellen; *2. (aparecer)* auftreten; *3. (comparecer)* sich einfinden; *4. ~ como candidato* sich bewerben, kandidieren

presente [pre'sente] *adj 1.* anwesend, vorhanden, vorliegend; *hacer ~* zu erkennen geben; *tener ~* vergegenwärtigen, beachten; *estar ~ en algo* etw miterleben, zugegen sein bei etw; *2. (actual)* aktuell, gegenwärtig; *m 3.* Gegenwart *f; 4. (regalo)* Geschenk *n; 5. GRAMM* Präsens *n*

presentimiento [presenti'mĭento] *m* Gefühl *n,* Vorahnung *f; lleno de ~s* ahnungsvoll; *mal ~* böse Ahnung *f*

presentir [presen'tir] *v irr* ahnen, vorausahnen, spüren (fig)

preservación [presɛrƀa'θĭɔn] *f* Bewahrung *f,* Schutz *m*

preservador [preserƀa'đɔr] *adj* erhaltend, schützend, bewahrend
preservar [presɛr'ƀar] *v* abwenden, verschonen
preservativo [presɛrƀa'tiƀo] *m 1.* Kondom *n,* Präservativ *n; 2. MED* Verhütungsmittel *n*
presidencia [presi'đenθĭa] *f* Präsidentschaft *f,* Vorsitz *m*
presidencial [presiđen'θĭal] *adj* präsidial, Präsidenten...
presidente [presi'đente] *m/f 1.* Präsident(in) *m/f,* Vorsitzende(r) *m/f; 2. ~ del partido POL* Fraktionsvorsitzende(r) *m/f*
presidiario [presi'dĭarĭo] *m* Sträfling *m*
presidio [pre'siđĭo] *m* Zuchthaus *n*
presidir [presi'đir] *v* vorstehen, den Vorsitz führen
presión [pre'sĭɔn] *f 1. TECH* Druck *m; alta ~ METEO* Hochdruck *m; 2. ~ atmosférica METEO* Luftdruck *m; 3. ~ sanguínea MED* Blutdruck *m; 4. (fig)* Zwang *m,* Druck *m*
preso ['preso] *m* Gefangener *m,* Strafgefangener *m; tomar ~* festnehmen, ergreifen; *llevar ~ a alguien* jdn abführen
prestación [presta'θĭɔn] *f 1. ~ de servicio* Dienstleistung *f; 2. ~ de juramento JUR* Vereidigung *f*
prestado [pres'tađo] *adj 1.* geborgt; *2. tomar ~* ausleihen, borgen
prestador [presta'đɔr] *adj* verleihend, ausleihend
prestamista [presta'mista] *m* Geldgeber *m,* Pfandleiher *m*
préstamo ['prestamo] *m 1. ECO* Anleihe *f,* Darlehen *n; 2. ~ bancario FIN* Bankdarlehen *n*
prestar [pres'tar] *v* verleihen, ausleihen, borgen; *~ algo a alguien* jdm etw leihen, jdm etw borgen; *~ atención* Acht geben, beachten, achten auf
prestarse [pres'tarse] *v 1.* sich zur Verfügung stellen, sich bequemen; *2. (servir para)* sich eignen; *3. ~ algo de alguien* etw von jdm leihen
prestatario [presta'tarĭo] *m* Geldleiher *m,* Kreditnehmer *m*
presteza [pres'teθa] *f* Schnelligkeit *f,* Geschwindigkeit *f*
prestigiar [presti'xĭar] *v* zaubern, blenden
prestigio [pres'tixĭo] *m* Ansehen *n,* Prestige *n,* Ruf *m*
prestigioso [presti'xĭoso] *adj* angesehen, einflussreich
presto ['presto] *adj (preparado)* fertig, bereit, vorbereitet
presumible [presu'miƀle] *adj* vermutlich, mutmaßlich
presumido [presu'miđo] *m 1.* Wichtigtuer *m; adj 2.* eingebildet, selbstgefällig
presumir [presu'mir] *v 1.* vermuten, mutmaßen; *2. ~ de* sich aufspielen als, angeben
presuntivo [presun'tiƀo] *adj* angeblich, vermutlich
presunto [pre'sunto] *adj* angeblich, mutmaßlich, vermeintlich
presuntuoso [presun'twoso] *adj* anmaßend, eingebildet
presuponer [presupo'nɛr] *v irr* voraussetzen
presuposición [presuposi'θĭɔn] *f* Voraussetzung
presupuesto [presu'pwesto] *m 1.* Etat *m,* Budget *n,* Haushalt *m; ~ del Estado* Staatshaushalt *m; 2. (de gastos)* Kostenvoranschlag *m*
presurización [presuriθa'θĭɔn] *f TECH* Drucktechnik *f,* Druckausgleich *m*
presuroso [presu'roso] *adj* hastig
pretencioso [preten'θioso] *adj (presuntuoso)* eingebildet, eitel, angeberisch
pretender [preten'dɛr] *v irr* anstreben; *~ algo* nach etw trachten
pretensión [preten'sĭɔn] *f* Anforderung *f,* Anmaßung *f,* Anspruch *f; sin pretensiones* anspruchslos; *lleno de pretensiones* anspruchsvoll
pretextar [pretegs'tar] *v* vortäuschen, vorgeben
pretexto [pre'testo] *m* Vorwand *m,* Ausrede *f,* Ausflucht *f; con el ~ de* unter dem Vorwand
pretil [pre'til] *m* Brüstung *f*
pretina [pre'tina] *f* Gurt *m,* Gürtel *m; meter en ~* zur Vernunft bringen
prevalecer [preƀale'θer] *v irr 1. (insistir)* beharren, besonderen Nachdruck legen; *2. (salir victorioso)* siegen, die Oberhand behalten, sich behaupten
prevalecimiento [preƀaleθi'miento] *m* Sieg *m,* Oberhand *f,* Obsiegen *n*
prevaricación [preƀarika'θĭɔn] *f* Amtsmissbrauch *m*
prevaricar [preƀari'kar] *v* das Recht beugen *n,* die Pflicht verletzen *f*

prevención [preƀen'θǐɔn] *f* Abwehr *f,* Verhütung *f,* Vorbeugung *f; ~ del cáncer MED* Krebsvorsorge *f*

prevenido [preƀe'niđo] *adj* bedächtig

prevenir [preƀe'nir] *v irr 1.* abwenden, verhüten, vorbeugen; *2. (avisar)* warnen

preventivo [preƀen'tiƀo] *adj* vorbeugend

prever [pre'ƀɛr] *v irr* voraussehen, vorsehen, ahnen

previamente ['preƀǐamente] *adv* vorher, zuvor

previo ['preƀǐo] *adj* vorherig

previsible [preƀi'siƀle] *adj* absehbar, voraussichtlich, vorhersehbar

previsión [preƀi'sǐɔn] *f* Vorschau *f,* Vorsorge *f*

previsivo [preƀi'siƀo] *adj* voraussehbar

previsor [preƀi'sɔr] *adj* vorsorglich, weitsichtig

prieto ['prǐeto] *adj (muy oscuro)* schwärzlich, dunkel

prima ['prima] *f 1.* Kusine *f,* Cousine *f; 2. ~ de seguros* Versicherungsprämie *f; 3. FIN* Agio *n,* Zulage *f,* Bonus *m*

primacía [prima'θia] *f* Vorrang *m*

primada [pri'mađa] *f (engaño)* Hereinfall *m,* Täuschung *f,* Prellerei *f*

primar [pri'mar] *v ~ sobre* überwiegen

primario [pri'marǐo] *adj* primär, vorrangig, wesentlich

primate [pri'mate] *m ZOOL* Primat *m*

primavera [prima'ƀera] *f 1.* Frühjahr *n,* Frühling *m; 2. BOT* Primel *f*

primeramente [pri'meramente] *adv* erst, zuerst, anfänglich, erstens

primero [pri'mero] *adv 1.* erst, zuerst, zunächst; *adj 2.* erste(r,s); *primera plana* Titelseite *f; primera comunión* Erstkommunion *f; a la primera* auf Anhieb; *el ~ de Agosto* am ersten August; *Soy el ~.* Ich bin der Erste. *Primer Ministro POL* Premierminister *m; 3. ~s auxilios pl* erste Hilfe *f*

primicia [pri'miθǐa] *f* Erstling *m*

primitivismo [primiti'ƀizmo] *m* Primitivismus *m,* primitiver Zustand *m*

primitivo [primi'tiƀo] *adj* primitiv, urwüchsig

primo ['primo] *m* Cousin *m,* Vetter *m; hacer el ~ (fig)* auf den Leim gehen

primogénito [primɔ'xenito] *m* Erstgeborener *m,* Stammhalter *m*

primor [pri'mɔr] *m* Meisterschaft *f,* Vollkommenheit *f*

primordial [primɔr'đǐal] *adj* ursprünglich

primoroso [primo'rɔso] *adj* vorzüglich, schön, freundlich

prímula ['primula] *f BOT* Primel *f*

princesa [prin'θesa] *f* Prinzessin *f*

principado [prinθi'pađo] *m* Fürstentum *n*

principal [prinθi'pal] *adj* hauptsächlich

principalmente [prinθipal'mente] *adv* besonders, hauptsächlich

príncipe ['prinθipe] *m 1.* Fürst *m; de ~* fürstlich; *2. (hijo de rey)* Prinz *m; ~ heredero* Kronprinz *m*

principesco [prinθi'pesko] *adj* fürstlich

principiador [prinθipǐa'đɔr] *m* Anfänger *m*

principiante [prinθi'pǐante] *m/f 1.* Anfänger(in) *m/f,* Schulanfänger(in) *m/f; adj 2.* angehend

principiar [prinθi'pǐar] *v* beginnen

principio [prin'θipǐo] *m 1.* Anfang *m,* Beginn *m,* Anbruch *m,* Anbeginn *m; al ~* anfangs, am Anfang; *2. (concepto, fundamento)* Prinzip *n,* Grundsatz *m,* Ansatz *m; por ~* prinzipiell; *sin ~s (morales)* charakterlos

pringar [priŋ'gar] *v (llenar de grasa)* einfetten

pringoso [priŋ'goso] *adj* fettig, schmierig

prior [prǐɔr] *m REL* Prior *m*

prioridad [prǐori'đađ] *f* Vorzug *m,* Priorität *f*

prioritario [prǐori'tarǐo] *adj* vorrangig

prisa ['prisa] *f* Eile *f,* Hast *f; a toda ~* hastig; *de ~* geschwind, zügig; *muy de ~* eiligst; *tener ~* Eile haben

prisión [pri'sǐɔn] *f 1.* Gefängnis *n; 2. ~ preventiva JUR* Schutzhaft *f,* Untersuchungshaft *f; ~ provisional* Untersuchungshaft *n*

prisionero [prisǐo'nero] *m 1.* Gefangener *m,* Strafgefangener *m,* Sträfling *m* (fam); *2. (de guerra) MIL* Gefangener *m,* Kriegsgefangener *m; tomar ~* gefangen nehmen

prismáticos [pris'matikos] *m/pl* Fernglas *n*

prístino ['pristino] *adj 1. (primitivo)* einfach, ursprünglich; *2. (puro)* rein

privación [priƀa'θǐɔn] *f 1.* Entbehrung *f; 2. JUR* Aberkennung *f; ~ de la libertad* Freiheitsberaubung *f; 3. MED* Entzug *m*

privado [pri'ƀađo] *adj* privat; *en ~* privat

privar [pri'ƀar] *v 1. ~ a alguien de algo JUR* jdm etw aberkennen, jdm etw absprechen; *~ a alguien de poder sobre algo* jdm die Gewalt über etw entziehen; *2. ~ a alguien de toda influencia* jdm jeglichen Einfluss entziehen; *3. estar privado de* entbehren
privarse [pri'ƀarse] *v 1.* sich aufopfern, verzichten; *2. ~ de la vida (fig)* entbehren
privatización [priƀatiθa'θĭɔn] *f ECO* Privatisierung *f*
privatizar [priƀati'θar] *v ECO* privatisieren
privilegiado [priƀilɛ'xĭađo] *adj* privilegiert
privilegio [priƀi'lɛxĭo] *m 1.* Privileg *n,* Sonderrecht *n,* Vorrecht *n; 2. ~s fiscales pl FIN* Steuervergünstigungen *pl*
proa ['proa] *f NAUT* Bug *m,* Vorschiff *n*
probabilidad [proƀaƀili'đađ] *f* Wahrscheinlichkeit *f*
probable [pro'ƀaƀle] *adj 1.* wahrscheinlich, vermutlich, voraussichtlich; *poco ~* unwahrscheinlich; *2. (demostrable)* beweisbar
probablemente [proƀaƀle'mente] *adv* wahrscheinlich, wohl, vermutlich
probado [pro'ƀađo] *adj* bewährt; *~ y recomendado* altbewährt
probadura [proƀa'đura] *f* Probe *f*
probanza [pro'ƀanθa] *f JUR* Beweis *m*
probar [pro'ƀar] *v irr 1. (demostrar)* beweisen; *2. (gustar, paladear)* kosten, probieren, testen; *¿Puedo ~lo?* Kann ich davon kosten? *3. (intentar)* versuchen; *4. (ensayar)* erproben; *5. ~ su identidad* legitimieren; *6. (demostrar)* nachweisen; *7. ~ la culpabilidad de alguien* jdn überführen; *8. JUR* belegen; *9. ~ documentalmente JUR* beurkunden; *10. ~ bien (LA)* gut bekommen
probarse [pro'ƀarse] *v irr* anprobieren
probatorio [proƀa'torĭo] *adj* beweiskräftig
probeta [pro'ƀeta] *f* Reagenzglas *n*
probidad [proƀi'đađ] *f (integridad)* Rechtschaffenheit *f,* Ehrlichkeit *f*
problema [pro'ƀlema] *m 1.* Problem *n; ¡No es ningún ~!* Kein Problem! *sin ~s* problemlos; *2. (dificultad)* Schwierigkeit *f,* Ärger *m; 3. (pregunta)* Frage *f; 4. (fig)* Kopfzerbrechen *n*
problemático [proƀle'matiko] *adj* problematisch, ärgerlich
probo ['prɔƀo] *adj un ciudadano ~* ein rechtschaffener Bürger *m*
procacidad [prokaθi'đađ] *f* Unverschämtheit *f,* Frechheit *f*
procaína [proka'ina] *f CHEM* Prokain *n*
procaz [pro'kaθ] *adj* frech, unverschämt
procedencia [proθe'đenθĭa] *f* Abstammung *f,* Herkunft *f,* Ursprung *m*
procedente [proθe'đente] *adj* ursprünglich
proceder [proθe'đɛr] *v 1. ~ de* stammen von, abstammen von; *2. (actuar)* verfahren, vorgehen; *m 3.* Vorgehen *n*
procedimiento [proθeđi'mĭento] *m 1.* Prozedur *f,* Verfahren *n,* Vorgehen *n; 2. JUR* Rechtsgang *m; ~ disciplinario* Disziplinarverfahren *n; ~ judicial* Gerichtsverfahren *n; ~ de quiebra* Konkursverfahren *n*
proceloso [proθe'lɔso] *adj (tormentoso)* stürmisch
prócer [prɔ'θer] *m* hoch gestellte Persönlichkeit *f,* Vorkämpfer *m,* Magnat *m*
procesado [proθe'sađo] *adj 1. JUR* angeklagt; *m 2. JUR* Angeklagter *m,* Verurteilter *m*
procesador [proθesa'đɔr] *m INFORM* Prozessor *m,* Computer *m*
procesamiento [proθesa'mĭento] *m 1. ~ de petróleo TECH* Herstellung *f,* Bearbeitung *f; 2. (proceso judicial) JUR* gerichtliche Verfolgung *f,* gerichtliche Ahndung *f*
procesión [proθe'sĭɔn] *f* Prozession *f*
proceso [pro'θeso] *m 1.* Prozess *m,* Verfahren *n; ~ de selección* Ausleseverfahren *n; 2. JUR ~ penal* Strafprozess *m; ~ monitorio* Mahnverfahren *n*
proclama [pro'klama] *f 1.* Aufruf *m; 2. ~ matrimonial* Aufgebot *n*
proclamación [proklama'θĭɔn] *f* Bekanntgabe *f,* Erklärung *f,* Proklamation *f*
proclamar [prokla'mar] *v* aufrufen, proklamieren, erklären
proclive [pro'kliƀe] *adj* neigen zu
procreación [prokrea'θĭɔn] *f* Zeugung *f,* Befruchtung *f*
procrear [prokre'ar] *v* zeugen
procura [pro'kura] *f JUR* Prokura *f*
procurador(a) [prokura'đɔr/prokura'đora] *m/f 1. ECO* Prokurist(in) *m/f; 2. ~ judicial JUR* Prozessbevollmächtigte(r) *m/f*
procurar [proku'rar] *v 1.* beschaffen, anschaffen, besorgen; *2. (conseguir, intentar)* beibringen, vermitteln, sich bemühen um
procurarse [proku'rarse] *v (obtener)* sich besorgen, sich verschaffen, bekommen

prodigalidad [prođigali'đađ] *f* Verschwendung *f*
prodigar [prođi'gar] *v* verschwenden, vergeuden
prodigio [pro'đixĭo] *m* Wunder *n*
prodigiosidad [prođixĭosi'đađ] *f* Wunderbarkeit *f*
prodigioso [prođi'xĭoso] *adj* wunderbar; *el niño ~* Wunderkind *n*
pródigo ['prođigo] *m 1.* Verschwender *m; adj 2.* verschwenderisch
proditorio [prođi'tɔrĭo] *adj (alevoso)* treulos, hinterlistig, heimtückisch
producción [prođuk'θĭɔn] *f 1.* Fertigung *f,* Herstellung *f,* Produktion *f; ~ cinematográfica* Filmproduktion *f; 2. ~ en serie ECO* Serienproduktion *f; 3. ~ excedentaria ECO* Überschussproduktion *f*
producir [prođu'θir] *v irr 1.* hervorbringen; *~ efecto* wirken, bewirken; *2. ECO* erzeugen, herstellen, produzieren
producirse [prođu'θirse] *v irr* ausbrechen, geschehen, entstehen
productivamente [prođuktiƀa'mente] *adv* produktiv
productividad [prođuktiƀi'đađ] *f ECO* Ertragfähigkeit *f,* Produktivität *f*
productivo [prođuk'tiƀo] *adj* ergiebig, ertragreich, leistungsfähig
producto [pro'đukto] *m 1. (resultado)* Erzeugnis *n; ~ agrario* Agrarerzeugnis *n; 2. ECO* Gut *n,* Produkt *n; ~ nacional bruto (PNB)* Bruttosozialprodukt *n; ~ nacional* Sozialprodukt *n; ~ industrial* Fabrikat *n; ~ manufacturado* Fertigprodukt *n; ~ lácteo* Milchprodukt *n; ~ natural* Naturprodukt *n; ~ de limpieza* Putzmittel *n,* Reinigungsmittel *n; 3. ~s de panadería pl* Backwaren *pl; ~s de pastelería* Backwaren *pl; ~s textiles* Textilien *pl; ~s alimenticios* Nahrungsmittel *pl*
productor(a) [prođuk'tɔr/prođuk'tora] *m/f* Hersteller(in) *m/f,* Produzent(in) *m/f*
proemio [pro'emĭo] *m (prefacio) LIT* Vorrede *f,* Einleitung *f*
proeza [pro'eθa] *f* Heldentat *f*
profanación [profana'θĭɔn] *f* Schändung *f*
profanar [profa'nar] *v REL* entweihen
profano [pro'fano] *m 1.* Laie *m; adj 2.* laienhaft, weltlich
profecía [profe'θia] *f* Prophezeiung *f*
proferir [profe'rir] *v irr* hervorbringen
profesar [profe'sar] *v REL* bekennen
profesión [profe'sĭɔn] *f 1.* Beruf *m,* Erwerb *m; 2. ~ de fe REL* Glaubensbekenntnis *n*
profesional [profesĭo'nal] *adj 1.* beruflich, fachlich, hauptamtlich, professionell; *2. ECO* gewerblich; *m/f 3.* Fachmann *m,* Profi *m*
profesionalismo [profesĭona'lizmo] *m* Professionalität *f,* Professionalismus *m,* fachliche Kompetenz *f*
profesor(a) [profe'sɔr/profe'sora] *m/f* Lehrer(in) *m/f; ~ de conducir* Fahrlehrer *m; ~ universitario* Dozent *m*
profesorado [profeso'rađo] *m 1. (oficio del profesor)* Professur *f,* Lehramt *n; 2. (conjunto de profesores)* Lehrkörper *m*
profeta [pro'feta] *m REL* Prophet *m*
profiláctico [profi'laktiko] *adj MED* vorbeugend
profilaxis [profi'lagsis] *f MED* Vorbeugung *f*
profundidad [profundi'đađ] *f* Tiefe *f*
profundizar [profundi'θar] *v (fig)* vertiefen
profundo [pro'fundo] *adj (a fondo)* gründlich, tief, tief schürfend
programa [pro'grama] *m 1.* Programm *n; según el ~* programmgemäß; *2. ~ de estudios* Lehrplan *m; 3. ~ de aplicación INFORM* Anwenderprogramm *n; 4. THEAT* Spielplan *m*
programación [programa'θĭɔn] *f* Programmierung *f*
programador(a) [programa'đɔr] *m/f INFORM* Programmierer(in) *m/f*
programar [progra'mar] *v* programmieren
progresar [progre'sar] *v* fortschreiten, vorwärts kommen
progresión [progres'ĭɔn] *f 1.* Fortschreiten *n,* Entwicklung *f; 2. ~ geométrica MATH* (geometrische) Reihe *f; 3. MUS* Progression *f*
progresista [progre'sista] *adj* fortschrittlich
progresivamente [progresiƀa'mente] *adv* stufenweise
progresivo [progre'siƀo] *adj* progressiv, fortschrittlich
progreso [pro'greso] *m* Fortschritt *m,* Aufstieg *m; hacer ~s* vorwärts kommen, Fortschritte machen
prohibición [proiƀi'θĭɔn] *f 1.* Verbot *n,* Sperre *f; ~ de fumar* Rauchverbot *n; ~ de adelantar* Überholverbot *n; ~ de aparcar*

Parkverbot *n,* Halteverbot *n; 2. ~ de importación ECO* Einfuhrverbot *n*

prohibido [proi'ƀiđo] *adj 1.* verboten, unerlaubt; *¿Está ~?* Ist das verboten? *2. (~ el paso)* gesperrt, Durchgang verboten

prohibir [proi'ƀir] *v* untersagen, verbieten, sperren

prohibitivo [proiƀi'tiƀo] *adj (relativo a los precios)* überhöht, unerschwinglich

prójimo ['proximo] *m* Mitmensch *m*

prolapso [pro'lapso] *m MED* Prolaps *m,* Vorfall *m*

proletariado [proleta'rĭađo] *m* Proletariat *n*

proletario [prole'tarĭo] *adj 1.* proletarisch; *m 2.* Prolet *m*

proletarización [proletariθa'θĭɔn] *f* Proletarisierung *f*

proliferación [prolifera'θĭɔn] *f* Wucherung *f,* Vermehrung *f*

prolífero [pro'lifero] *adj* wuchernd, sich vermehrend

prolífico [pro'lifiko] *adj 1. (fértil)* fruchtbar; *El conejo es un animal muy prolífico.* Das Kaninchen ist ein sehr fruchtbares Tier. *2. (fig: con abundante producción)* überquellend, überschäumend

prolijidad [prolixi'đađ] *f* Weitschweifigkeit *f,* Umständlichkeit *f*

prólijo ['prolixo] *adj* ausführlich, weitschweifig

prólogo ['prologo] *m* Vorwort *n*

prolongación [prolɔŋga'θĭɔn] *f* Ausdehnung *f,* Verlängerung *f*

prolongar [prolɔŋ'gar] *v* sich verlängern, sich hinausziehen; *Quisiera ~ mi estancia.* Ich möchte meinen Aufenthalt verlängern.

prolongarse [prolɔŋ'garse] *v* ausdehnen

promedio [pro'međĭo] *m* Durchschnitt *m,* Mittel *n; en ~* durchschnittlich; *por encima del ~* überdurchschnittlich; *superior al ~* überdurchschnittlich

promesa [pro'mesa] *f* Versprechung *f,* Versprechen *n,* Verheißung *f; hacer ~ de* geloben

prometer [prome'tɛr] *v* versprechen, zusagen, verheißen

prometerse [prome'tɛrse] *v ~ con alguien* sich mit jdm verloben

prometida [prome'tiđa] *f (novia)* Braut *f,* Verlobte *f*

prometido [prome'tiđo] *m 1. (novio)* Bräutigam *m,* Verlobter *m; adj 2.* verlobt

prominencia [promi'nenθĭa] *f* Prominenz *f*

prominente [promi'nente] *adj* prominent

promiscuidad [promiskuiđađ] *f* Promiskuität *f,* Durcheinander *n*

promisión [promi'sĭɔn] *f (juramento) JUR* Gelübde *n,* Versprechen *n*

promoción [promo'θĭɔn] *f 1.* Jahrgang *m; 2. ECO* Beförderung *f; 3. ~ especial* Angebot *n,* Sonderangebot *n*

promotor(a) [promo'tɔr/promo'tora] *m/f (LA) ~ de ventas* Promoter *m,* Förderer *m*

promover [promo'ƀɛr] *v irr 1.* fördern; *2. ECO* befördern

promulgación [promulga'θiɔn] *f ~ de una ley JUR* Verkündung *f,* Bekanntgabe *f*

promulgar [promul'gar] *v* verkünden, bekannt geben, veröffentlichen

pronombre [pro'nɔmbre] *m GRAMM* Pronomen *n*

pronosticar [pronosti'kar] *v* vorhersagen, voraussagen

pronóstico [pro'nɔstiko] *m* Vorhersage *f,* Prognose *f; ~ del tiempo* Wettervorhersage *f*

prontamente ['prontamente] *adv* prompt, schleunigst

prontitud [pronti'tuđ] *f* Schnelligkeit *f,* Scharfsinn *m,* Hilfsbereitschaft *f*

pronto ['pronto] *adj* bald, flink, prompt; *tan ~ como* als, sobald; *lo más ~ posible* baldmöglichst, eiligst; *por lo ~* vorerst; *de ~* plötzlich; *¡Hasta ~!* Bis bald!

pronunciación [pronunθĭa'θĭɔn] *f LING* Aussprache *f*

pronunciado [pronun'θĭađo] *adj* ausgeprägt

pronunciamiento [pronunθia'mĭento] *m 1. POL* Putsch *m; ~ militar* Militärputsch *m; 2. ~ de la sentencia JUR* Urteilsverkündung *f*

pronunciar [pronun'θĭar] *v 1. LING* aussprechen; *2. ~ un discurso* eine Rede halten

pronunciarse [pronun'θĭarse] *v ~ en favor de algo* sich für etw aussprechen; *~ contra algo* sich gegen etw aussprechen

propagación [propaga'θĭɔn] *f 1.* Verbreitung *f; 2. (reproducción)* Vermehrung *f*

propagador [propaga'đɔr] *adj* verbreitend, fortpflanzend

propaganda [propa'ganđa] *f 1.* Propaganda *f; 2. (LA) (publicidad)* Propaganda *f,* Werbung *f*

propagandístico [propagan'distiko] *adj* propagandistisch
propagar [pro'pagar] *v* verbreiten, propagieren
propagarse [propa'garse] *v* sich vermehren
propalar [propa'lar] *v (divulgar algo confidencial)* bekannt machen
propano [pro'pano] *m CHEM* Propan *n*
propasar [propa'sar] *v (pasar más adelante de lo debido)* überschreiten, zu weit gehen
propedéutica [prope'đeutika] *f* Propädeutik *f*, Vorführung *f*, Vorbereitung *f*
propedéutico [prope'đeutiko] *adj* vorbereitend, einführend
propender [propen'dɛr] *v ~ a algo* zu etw neigen
propensión [propen'sĭɔn] *f 1.* Neigung *f*, Hang *m*, Veranlagung *f*; *2. MED* Anfälligkeit *f*
propenso [pro'penso] *adj ~ a* anfällig für
propiciación [propiθĭa'θĭɔn] *f* Sühne *f*, Versöhnung *f*
propiciar [propi'θĭar] *v (patrocinar, fomentar) (LA)* begünstigen
propiciatorio [propiθĭa'tɔrĭo] *adj* sühnend, versöhnlich
propicio [pro'piθĭo] *adj* vorteilhaft, günstig
propiedad [propĭe'đađ] *f 1. (posesión)* Besitz *m*, Eigentum *n*, Gut/Güter *n*; *~ inmueble* Grundbesitz *m*; *~ inmobiliaria* Immobilie *f*; *~ privada* Privateigentum *n*; *~ del Estado* Staatseigentum *n*; *2. (de poseer)* Zugehörigkeit *f*; *3. (calidad)* Eigenschaft *f*, Eigentümlichkeit *f*
propietaria [propĭe'tarĭa] *f* Besitzerin *f*, Eigentümerin *f*, Inhaberin *f*
propietario [propĭe'tarĭo] *m* Besitzer *m*, Eigentümer *m*, Inhaber *m*; *ser ~ de* besitzen
propileno [propi'leno] *m CHEM* Propylen *n*
propileo [propi'leo] *m ARCH* Propyläen *f/pl*, Vorhalle *f*
propina [pro'pina] *f* Trinkgeld *n*
propinar [propi'nar] *v* Trinkgeld geben
propio ['propĭo] *adj 1.* eigentlich, eigen; *2. ~ de* bezeichnend für
proponer [propo'nɛr] *v irr 1.* vorschlagen; *2. (presentar)* herantragen, aufstellen, anregen
proponerse [propo'nɛrse] *v irr* beabsichtigen, bezwecken, sich vornehmen; *~ a* gedenken zu; *~ algo* sich etw vornehmen
proporción [propɔr'θĭɔn] *f 1.* Proportion *f*, Maßstab *m*, Ausmaß *n*; *justa ~* Angemessenheit *f*; *2. (relación)* Verhältnis *n*
proporcional [propɔrθĭo'nal] *adj* proportional, prozentual, verhältnismäßig
proporcionalidad [propɔr ĭonali'đađ] *f* Proportionalität *f*, Verhältnismäßigkeit *f*
proporcionar [propɔrθĭo'nar] *v 1.* beschaffen, verschaffen; *2. (procurar)* beibringen, vermitteln
proposición [proposi'θĭɔn] *f 1.* Vorschlag *m*, Anerbieten *n*, Angebot *n*; *2. PHIL* Behauptung *f*
propósito [pro'posito] *m 1.* Absicht *f*, Zweck *m*, Vorhaben *n*; *a ~* absichtlich, vorsätzlich; *2. (por lo demás) a ~* übrigens
propuesta [pro'pwesta] *f 1.* Vorschlag *m*, Anregung *f*; *~ de modificación* Änderungsvorschlag *m*; *2. ~ de matrimonio* Heiratsantrag *m*
propugnar [propug'nar] *v* verfechten
propulsar [propul'sar] *v 1.* antreiben; *2. (fig: hacer avanzar)* stimulieren
propulsión [propul'sĭɔn] *f TECH* Antrieb *m*
propulsor [propul'sɔr] *m TECH* Propeller *m*, Triebwerk *n*
prorrata [pro'rrata] *f (porción en un reparto)* Verhältnis *n*, Anteil *m*
prórroga ['prɔrrɔga] *f 1. (prolongación)* Verlängerung *f*; *2. (aplazamiento)* Aufschub *m*
prorrogable [prorrɔ'gaƀle] *adj* aufschiebbar
prorrogar [prorrɔ'gar] *v 1. (prolongar)* verlängern; *No podemos prorrogárle su visa, señor.* Wir können Ihr Visum nicht verlängern, mein Herr. *2. (aplazar)* vertagen, aufschieben; *Vamos a prorrogar la reunión.* Wir werden das Treffen vertagen.
prorrogativo [prorrɔga'tiƀo] *adj* verlängernd
prorrumpir [prorrum'pir] *v* ausbrechen
prosa ['prosa] *f LIT* Prosa *f*
prosaico [pro'saĭko] *adj* prosaisch
prosaísmo [prosa'izmo] *m (fig: trivialidad)* Banalität *f*, Plumpheit *f*
prosapia [pro'sapĭa] *f de ilustre ~* aus edlem Geschlecht *n*
proscenio [prɔs'θenĭo] *m THEAT* Rampe *f*, Vordergrund *m*

proscribir [proskri'ƀir] *v 1. (prohibir algo)* verbieten, untersagen; *2. (declarar fuera de la ley a alguien)* ächten, verbannen, achten

proscripción [proskrip'θĭɔn] *f* Verbannung *f,* Abschaffung *f*

proscrito [pros'krito] *m* Geächteter *m,* Verbannter *m*

proseguir [prose'gir] *v irr* fortsetzen, weiterführen

proselitismo [proseli'tizmo] *m* Bekehrungseifer *m*

proselito [pro'selito] *m* Proselyt *m*

prospección [prospeg'θĭɔn] *f* Schürfung *f*

prospecto [prɔs'pεkto] *m* Prospekt *m; ~ publicitario* Werbeprospekt *m*

prosperar [prospe'rar] *v* gedeihen

prosperidad [prosperi'đađ] *f 1.* Wohlfahrt *f; 2. (económica)* Wohlstand *m*

próstata ['prostata] *f ANAT* Prostata *f*

prostíbulo [prɔs'tiƀulo] *m* Bordell *n,* Freudenhaus *n*

prostitución [prɔstitu'θĭɔn] *f* Prostitution *f*

prostituído [prostitu'ĭđo] *adj (fig: venal)* käuflich, bestechlich

prostituta [prɔsti'tuta] *f* Dirne *f,* Prostituierte *f*

protagonista [protago'nista] *m/f CINE* Hauptdarsteller(in) *m/f*

protección [protεk'θĭɔn] *f 1.* Schutz *m; ~ de la naturaleza* Artenschutz *m,* Naturschutz *m; ~ del medio ambiente* Umweltschutz *m; ~ contra el ruido* Lärmschutz *m; ~ civil* Zivilverteidigung *f; ~ de los datos* Datenschutz *m; ~ al consumidor* Verbraucherschutz *m; seguro de ~* Versicherungsschutz *m; ~ de inquilinos* Mieterschutz *m; 2. ~ anticorrosiva TECH* Unterbodenschutz *m,* Rostschutz *m; 3. (cobijo)* Geborgenheit *f,* Obhut *f,* Wahrung *f; 4. MIL* Deckung *f*

proteccionismo [protεkθĭo'nizmo] *m ECO* Protektionismus *m*

protector(a) [protεk'tɔr/protεk'tora] *m/f 1.* Beschützer(in) *m/f,* Schirmherr(in) *m/f; adj 2.* schützend; *~ del medio ambiente* umweltfreundlich

proteger [protε'xεr] *v 1. ~ de/~ contra* beschützen vor, behüten vor, schützen vor; *2. (fig)* absichern, abschirmen; *3. (cubrir)* zudecken

protegido [protε'xiđo] *adj 1.* geschützt; *m 2.* Schützling *m*

proteína [prote'ina] *f BIO* Eiweiß *n,* Protein *n*

prótesis ['protesis] *f MED* Prothese *f; ~ acústica* Hörgerät *n*

protesta [pro'tεsta] *f 1. (contra)* Protest *m,* Auflehnung *f; 2. JUR* Anfechtung *f,* Einspruch *m*

protestante [protes'tante] *adj 1. REL* evangelisch, protestantisch; *m 2. REL* Protestant *m*

protestar [protes'tar] *v* aufbegehren, protestieren

protocolar [protoko'lar] *v* protokollieren

protocolizar [protokoli'θar] *v* protokollieren

protocolo [proto'kolo] *m* Protokoll *n*

protón [pro'tɔn] *m PHYS* Proton *n*

protoplasma [proto'plazma] *m BIO* Protoplasma *n*

prototipo [proto'tipo] *m 1.* Prototyp *m; 2. (fig: ejemplo, paradigma)* Prototyp *m,* Beispiel *n*

protuberancia [protuƀeran'θĭa] *f* Protuberanz *f,* Vorsprung *m,* Wulst *m*

protuberante [protuƀe'rante] *adj* hervorstehend, hervorragend, sich auszeichnend

provecho [pro'ƀetʃo] *m* Nutzen *m,* Gewinn *m,* Profit *m; ¡Buen ~!* Guten Appetit!

provechoso [proƀe'tʃoso] *adj* nützlich, bekömmlich, vorteilhaft

proveedor(a) [proƀee'đɔr(a)] *m/f* Lieferant(in) *m/f*

proveer [proƀe'εr] *v irr* liefern, beliefern

provenir [proƀe'nir] *v irr* herrühren, entspringen; *~ de* stammen von

proverbial [proƀεr'ƀĭal] *adj* sprichwörtlich

proverbio [pro'ƀεrƀĭo] *m* Sprichwort *n*

Providencia [proƀi'đenθĭa] *f la Divina ~ REL* die göttliche Vorsehung *f*

providencial [proƀiđen'θĭal] *adj (fig)* vorbestimmt, vorhergesehen

provincia [pro'ƀinθĭa] *f* Provinz *f*

provincial [proƀin'θĭal] *adj* provinziell

provincianismo [proƀinθĭa'nizmo] *m* Provinzialismus *m*

provinciano [proƀin'θĭano] *m* Provinzler *m,* Provinz...; *adj* aus der Provinz kommend, provinzlerisch

provisión [proƀi'sĭɔn] *f 1.* Vorrat *m; 2. ECO* Deckung *f,* Dotierung *f; sin ~* ungedeckt; *3. provisiones pl* Proviant *m*

provisional [proƀisĭo'nal] *adj* vorläufig, vorübergehend, einstweilig, provisorisch
provisoriamente [proƀi'sorĭamente] *adv* provisorisch
provisorio [proƀi'sorĭo] *adj* *1.* behelfsmäßig, provisorisch; *2. (provisional) (LA)* einstweilig, vorläufig; *una solución ~* eine vorläufige Lösung *f,* eine Zwischenlösung *f*
provocación [proƀoka'θĭɔn] *f* Herausforderung *f,* Provokation *f*
provocador [proƀoka'đɔr] *adj* aufreizend, herausfordernd, provozierend
provocar [proƀo'kar] *v* *1. (causar)* anstiften, hervorrufen, erzeugen; *2. (desatar)* auslösen; *3. (ofender)* brüskieren; *4. (retar, atacar)* provozieren, herausfordern, reizen
provocativo [proƀoka'tiƀo] *adj* aufreizend, herausfordernd
proxeneta [prɔgse'neta] *m* Zuhälter *m*
proxenetismo [progsene'tizmo] *m* Kuppelei *f*
próximamente ['prɔgsimamente] *adv* bald, nächstens, demnächst
proximidad [prɔgsimi'đađ] *f* Nähe *f*
próximo ['prɔgsimo] *adj* *1.* nah; *prep* *2. ~ a* nahe bei; *m* *3. el ~* der Nächste *m*
proyección [projɛg'θĭɔn] *f* *1.* Projektion *f;* *2. (presentación)* Vorführung *f;* *3. (estatística)* Hochrechnung *f;* *4. PSYCH* Projektion *f,* Übertragung auf eine Person *f*
proyectar [projɛk'tar] *v* *1.* planen, entwerfen; *2. CINE* vorführen
proyecto [pro'jɛkto] *m* *1.* Unternehmen *n,* Projekt *n,* Vorhaben *n,* Vorlage *f;* *~ piloto* Pilotprojekt *n;* *2. ~ de ley POL* Gesetzentwurf *m,* Vorlage *f*
proyector [projɛk'tɔr] *m* Projektor *m*
prudencia [pru'đenθĭa] *f* Behutsamkeit *f,* Vorsicht *f*
prudencial [pruđen'θĭal] *adj* vernünftig, angebracht, angemessen
prudente [pru'đente] *adj* vorsichtig, behutsam
prueba ['prweƀa] *f* *1. (demostración)* Beweis *m,* Nachweis *m;* *2. JUR* Bewährungsprobe *f,* Beweismittel *n;* *asistente durante el plazo de ~* Bewährungshelfer *m;* *3. (examen)* Test *m;* *~ de embarazo* Schwangerschaftstest *m;* *4. (muestra)* Probe *f;* *~ de sangre* Blutprobe *f;* *~ de fuerza* Kraftprobe *f,* Machtprobe *f;* *~ de cámara* Probeaufnahme *f;* *5. (ensayo)* Anprobe *f;* *6. (fig: ensayo)* Kostprobe *f;* *7. (someter a examen)* Erprobung *f,* Prüfung *f;* *8. (intento)* Versuch *m;* *a ~* probeweise
prurito [pru'rito] *m* *1. (picazón) MED* Jucken *n;* *2. (fig: deseo muy grande)* Verlangen *n,* Sehnsucht *f,* Begierde *f*
pseudónimo [pseŭ'donimo] *m* Künstlername *m,* Pseudonym *n*
psicoanálisis [psikoa'nalisis] *m* Psychoanalyse *f*
psicoanalizar [psikoanali'θar] *v PSYCH* psyochoanalytisch behandeln
psicofármaco [psiko'farmako] *m* Psychopharmakon *n*
psicología [psikolɔ'xia] *f* Psychologie *f*
psicológico [psiko'lɔxiko] *adj* psychologisch
psicólogo [psi'kolɔgo] *m* Psychologe *m*
psicópata [psi'kopata] *m/f* Psychopath(in) *m/f*
psicosomático [psikoso'matiko] *adj* psychosomatisch
psicoterapeuta [psikotera'peŭta] *m/f* Psychotherapeut(in) *m/f*
psique ['psike] *f* Psyche *f*
psiquiatra [psi'kĭatra] *m/f* Psychiater(in) *m/f*
psíquico ['psikiko] *adj* psychisch, seelisch
púa ['pua] *f ZOOL* Stachel *m*
púber ['puƀɛr] *m* geschlechtsreif
pubertad [pu'ƀertađ] *f* Pubertät *f;* *años de la ~* Entwicklungsjahre *pl*
publicación [puƀlika'θĭɔn] *f* *1.* Bekanntmachung *f,* Veröffentlichung *f;* *2. (edición)* Herausgabe *f,* Publizierung *f;* *3. ~ de la sentencia JUR* Urteilsverkündung *f*
publicado [puƀli'kađo] *adj* veröffentlicht; *ser ~* erscheinen, veröffentlicht werden
públicamente ['puƀlikamente] *adv* öffentlich, offenkundig
publicar [puƀli'kar] *v* *1.* herausgeben, verlegen, veröffentlichen; *2. (informar)* bekannt geben, melden, publizieren
publicarse [puƀli'karse] *v* herauskommen
publicidad [puƀliθi'đađ] *f* Reklame *f,* Werbung *f;* *hacer ~ para* werben für; *~ encubierta* Schleichwerbung *f;* *~ televisiva* Werbefernsehen *n*
publicista [puƀli'θista] *m LIT* Publizist *m*
público ['puƀliko] *adj* *1.* öffentlich, offenkundig, staatlich; *hacerse ~* herauskommen, bekannt werden; *en ~* öffentlich; *m* *2.*

Öffentlichkeit *f; ~ en general* Allgemeinheit *f; 3. (conjunto de los presentes)* Publikum *n*

puchero [pu'tʃero] *m 1. (vasija de porcelana)* Suppentopf *m,* Kochtopf *m; 2. (gesto de los bebés antes de llorar)* Gesicht verziehen *n,* weinerliche Laute von sich geben *m/pl; hacer ~s* weinerliche Gesten machen *f/pl*

pudendo [pu'đenda] *adj partes pudendas* Schamteile *n/pl*

pudicia [pu'điθĭa] *f* Schamhaftigkeit *f*

púdico ['puđiko] *adj* keusch, prüde, schamhaft

pudiente [pu'đĭente] *adj* vermögend, wohlhabend

pudín [pu'đin] *m GAST* Pudding *m*

pudor [pu'đɔr] *m* Scham *f*

pudoroso [puđo'roso] *adj* schamhaft

pudrirse [pu'đrirse] *v irr* verderben, faulen, vermodern, verfaulen

pueblo ['pweƀlo] *m 1. (aldea)* Dorf *n; 2. (conjunto de los ciudadanos)* Volk *n*

puente ['pwente] *m 1.* Brücke *f; día ~* verlängertes Wochenende *n; 2. MED* Brücke *f*

puerca ['pwerka] *f ZOOL* Sau *f*

puerco ['pwerko] *m 1. ZOOL* Schwein *n; ~ espín* Stachelschwein *n; 2. (fig)* Sau *f,* Schmutzfink *m*

pueril [pwe'ril] *adj* jungenhaft

puerilidad [puerilidađ] *f* Kinderei *f*

puérpera ['pwɛrpera] *f* Wöchnerin *f*

puerperio [pwɛr'perĭo] *m* Wochenbett *n*

puerro ['pwɛrrɔ] *m BOT* Lauch *m,* Porree *m*

puerta ['pwɛrta] *f 1.* Tür *f; ¡Abra, por favor, la ~!* Öffnen Sie bitte die Tür! *~ corrediza* Schiebetür *f; ~ giratoria* Drehtür *f; ~ de dos hojas* Flügeltür *f; llamar a la ~* anklopfen; *2. (portón)* Tor *n,* Pforte *f; 3. ~ cochera* Ausfahrt *f*

puertaventana [pwɛrtaƀen'tana] *f* Fensterladen *m*

puerto ['pwɛrto] *m 1. NAUT* Hafen *m; tocar ~* landen; *~ fluvial* Binnenhafen *m; ~ interior* Binnenhafen *m; 2. (en la montaña)* Gebirgspass *m; 3. (interfaz) INFORM* Schnittstelle *f,* Zwischenphase *f*

pues [pwes] *konj 1.* denn, zwar; *adv 2. ~ bien* nun

puesta ['pwesta] *f 1. ~ en práctica* Praxis *f,* Verwirklichung *f,* Zustandekommen *n; 2. ~ del sol* Sonnenuntergang *m; a la ~ del sol* bei Sonnenuntergang; *3. ~ en libertad* Entlassung *f,* Freilassung *f; 4. ~ en marcha TECH* Inbetriebnahme *f; ~ en servicio* Inbetriebnahme *f; ~ en movimiento* Betätigung *f*

puesto ['pwesto] *m 1.* Posten *m,* Stelle *f; ~ de trabajo* Arbeitsstelle *f; ~ de aprendiz* Lehrstelle *f; ~ de socorro* Unfallstation *f; 2. (para vender)* Stand *m,* Bude *f; konj 3. ~ que (razón)* da, denn, weil

púgil ['puxil] *m SPORT* Boxer *m*

pugilato [puxi'lato] *m SPORT* Boxkampf *m*

pugilista [puxi'lista] *m SPORT* Boxer *m*

pugna ['pugna] *f 1.* Kampf *m; ~ electoral POL* Wahlkampf *m; 2. (lucha)* Kampf *m,* Widerstreit *m*

pugnar [pu'gnar] *v 1. (luchar)* streiten, kämpfen, ringen; *2. ~ por* verzweifelte Anstrengungen machen

pujante [pu'xante] *adj* kräftig, gewaltsam, mächtig

pujanza [pu'xanθa] *f* Wucht *f*

pujar [pu'xar] *v 1.* steigern; *2. (hacer fuerza)* pressen

pujo ['puxo] *m 1. (deseo grande de una cosa)* Zwang *m,* heftiger Drang *m; 2. (deseo violento de reir o llorar)* Weinzwang *m,* Lachdrang *m*

pulcritud [pulkri'tuđ] *f* Reinheit *f,* Reinlichkeit *f,* Sorgfalt *f*

pulcro ['pulkro] *adj* gepflegt

pulga ['pulga] *f ZOOL* Floh *m*

pulgada [pul'gađa] *f* Zoll *m*

pulgar [pul'gar] *m ANAT* Daumen *m*

pulimento [puli'mento] *m* Politur *f*

pulir [pu'lir] *v irr 1.* polieren; *2. (fig: perfeccionar)* feilen, glätten, den letzten Schliff geben

pulmón [pul'mɔn] *m ANAT* Lunge *f*

pulmonía [pulmo'nia] *f MED* Lungenentzündung *f*

pulpa ['pulpa] *f 1.* Zellstoff *m; 2. GAST* Mark *n*

pulpejo [pul'pexo] *m (parte carnosa)* Fingerkuppe *f*

púlpito ['pulpito] *m 1. (de oradores)* Rednerpult *n; 2. REL* Kanzel *f*

pulpo ['pulpo] *m ZOOL* Krake *f*

pulposo [pul'poso] *adj (que tiene mucha pulpa)* fleischig

pulque ['pulke] *m (bebida mexicana) GAST* Pulque *m,* Schnaps aus Agave

pulsación [pulsa'θĭɔn] *f* Anschlag *m,* Pulsschlag *m*

pulsador [pulsa'đɔr] *m TECH* Druckknopf *m*
pulsar¹ [pul'sar] *v* pulsieren, drücken, betätigen
pulsar² [pul'sar] *m (estrella) ASTR* Pulsar *m*
pulsativo [pulsa'tiƀo] *adj* klopfend, pulsierend
pulsera [pul'sera] *f* Armband *n*
pulso ['pulso] *m 1.* Puls *m; tomar el ~* den Puls fühlen; *2. (del reloj de la cpu) INFORM* Puls *m,* Frequenz *f*
pululación [pulula'θĭɔn] *f* Knospen *n*
pulular [pulu'lar] *v (multiplicarse rápidamente)* sprießen, keimen
pulverización [pulƀeriθa'θĭɔn] *f* Pulverisieren *n,* Zerstäuben *n*
pulverizar [pulƀeri'θar] *v 1. (reducir a polvo)* pulverisieren, zermahlen; *2. (reducir un líquido a gotitas)* versprühen
pulla ['puʎa] *f (sátira, agudeza)* Stichelei *f,* Hänselei *f*
puma ['puma] *m ZOOL* Puma *m*
punción [pun'θĭɔn] *f MED* Punktion *f; hacer una ~* punktieren
puncionar [punθĭo'nar] *v MED* punktieren
pundonor [punđo'nɔr] *m* Ehrgefühl *n,* Ehrensache *f*
punible [pu'niƀle] *adj JUR* strafbar
punición [puni'θĭɔn] *f* Strafe *f*
punir [pu'nir] *v* strafen
puño ['puɲo] *m 1. ANAT* Faust *f; 2. (de camisa)* Bündchen *n,* Manschette *f*
punta ['punta] *f 1.* Spitze *f,* Zacke *f; horas ~* Spitzenverkehrszeiten *pl; ~ de cuchillo* Messerspitze *f; Se me ponen los pelos de ~.* Mir stehen die Haare zu Berge. *2. echar una ~* eine Andeutung fallen lassen; *3. de ~ en blanco* piekfein
puntada [pun'tađa] *f 1.* Stich *m; 2. (fig: dolor penetrante)(LA)* (heftiger) Stich *m,* Stechen *n*
puntapié [punta'pĭe] *m* Fußtritt *m,* Tritt *m,* Stoß *m*
punteo [pun'teo] *v poner el ~ MUS* punktieren
puntería [punte'ria] *f tener buena/mala ~* ein gutes/schlechtes Auge haben *n*
puntero [pun'tero] *m INFORM* Mauszeiger *m*
puntiagudo [puntĭa'guđo] *adj* spitz
punto ['punto] *m 1. (lugar)* Punkt *m; ~ de reunión* Treffpunkt *m; ~ de amarre* Anlegeplatz *m; ~ de observación* Aussichtspunkt *m; 2. (tejido)* Masche *f; 3. (dibujo)* Tupfen *m; 4. (fig)* Punkt *m; ~ de vista* Standpunkt *m,* Einstellung *f; ~ de referencia* Anhaltspunkt *m; ~ más bajo* Tiefpunkt *m; ~ culminante* Höhepunkt *m,* Scheitelpunkt *m; ~ a favor* Pluspunkt *m; ~ litigioso* Streitpunkt *m; 5. TECH* Punkt *m,* Stelle *f; ~ de rotura* Bruchstelle *f; 6. MIL* Punkt *m; ~ de ataque* Angriffspunkt *m; ~ flaco* Angriffspunkt *m; ~ de apoyo* Stützpunkt *m; 7. ~ central PHYS* Mittelpunkt *m,* Kern *m; ~ cero* Nullpunkt *m; ~ de fusión* Schmelzpunkt *m; 8. ~ cardinal ASTR* Himmelsrichtung *f; 9. GRAMM* Punkt *m; ~ y coma* Strichpunkt *m,* Semikolon *n; 10. en ~* pünktlich; *a las ocho en ~* pünktlich um acht Uhr
puntuación [puntua'θĭɔn] *f 1. (de un párrafo) GRAMM* Zeichensetzung *f; 2. (en un examen o competencia)* Punktbewertung *f,* Punktzahl *f*
puntual [pun'twal] *adj* pünktlich
puntualidad [puntwali'đađ] *f* Pünktlichkeit *f*
puntura [pun'tura] *f MED* Stichwunde *f,* Punktur *f*
punzadas [pun'θađas] *f/pl ~ en el costado* Seitenstechen *n*
punzante [pun'θante] *adj 1.* stechend, beißend; *Hace un frío ~.* Es herrscht eine beißende Kälte. *2. (fig) palabras ~s* bissig, spitz, den wunden Punkt treffend
punzar [pun'θar] *v 1.* stechen; *2.* stanzen, lochen
puñal [pu'ɲal] *m* Dolch *m*
puñalada [puɲa'lađa] *f 1. (cuchillada)* Messerstich *m; 2. (fig: una gran pena)* Dolchstoß *m,* Stich ins Herz *m*
puñeta [pu'ɲeta] *f (masturbación)* Masturbation *f*
puñetazo [puɲe'taθo] *m* Fausthieb *m,* Faustschlag *m*
pupila [pu'pila] *f 1. ANAT* Augapfel *m,* Pupille *f; 2. ~ de un burdel* Dirne *f*
pupilo [pu'pilo] *m JUR* Mündel *n*
pupitre [pu'pitre] *m* Pult *n*
puré [pu're] *m GAST* Brei *m,* Püree *n,* Mus *n; ~ de patatas* Kartoffelbrei *m*
pureza [pu'reθa] *f 1.* Klarheit *f; 2. (sin culpa)* Unschuld *f*
purga ['purga] *f 1. tomar una ~* Abführmittel *n,* Abführen *n,* Reinigung von innen *f; 2. (fig: expulsión) POL* Ausstoßen *n,* Ausweisen *n,* Hinauswerfen *n*

purgante [pur'gante] *m MED* Abführmittel *n*
purgatorio [purga'torĭo] *m REL* Fegefeuer *n*
puridad [puri'đađ] *f* Reinheit *f*
purificación [purifika'θĭɔn] *f* Reinigung *f*
purificado [purifi'kađo] *adj* geläutert
purificar [purifi'kar] *v* reinigen
purificatorio [purifika'tɔrĭo] *adj* reinigend, läuternd
puritanismo [purita'nizmo] *m* Puritanismus *m*
puritano [puri'tano] *adj* puritanisch
puro ['puro] *adj 1. (claro)* klar, pur, rein; *2. (sin culpa)* unschuldig; *m 3. (para fumar)* Zigarre *f*
purulento [puru'lento] *adj MED* eitrig
pus [pus] *f MED* Eiter *m*
pusilánime [pusi'lanime] *adj* kleinmütig
pusilanimidad [pusilanimi'đađ] *f* Feigheit *f,* Ängstlichkeit *f*
pústula ['pustula] *f* Pickel *m,* Pustel *f*
pustuloso [pustu'loso] *adj MED* pustulös
puta ['puta] *f* Hure *f,* Nutte *f*
putativo [puta'tiƀo] *adj hijo ~* vermeintliches Kind *n*
putear [pu'tear] *v 1.* fluchen, Schimpfwörter verwenden; *2. (buscar a las putas)* huren; *3. (darse una mujer a la vida airada)* sexuell freizügig leben
putería [pute'ria] *(arrumacos de algunas mujeres)* Naserümpfen *n*
puterío [pute'rĭo] *m (fam)* Hurenleben *n,* Hurenvolk *n*
putero [pu'tero] *adj* schlau, durchtrieben
putrefacción [putrefak'siɔn] *f* Verwesung *f,* Fäulnis *f,* Verrottung *f*
putrefacto [putre'fakto] *adj* verfault, verrottet, verwest
putridez [putri'đeθ] *f* Fäulnis *f,* Moder *m*
pútrido ['putriđo] *adj* morsch
puya ['puja] *f 1. (púa)* Spitze *f; f/pl 2. echar ~s* Stichelei *f*

Q

quántum ['kwantum] *m PHYS* Quantum *n*
que [ke] *pron 1. (rel)* der/die/das, welcher/welche/welches, was; *konj 2.* als, dass, zu; *mayor ~* größer als, älter als; *menor ~* kleiner als, jünger als
qué [ke] *pron 1.* was, welche(r,s), was für ein(e); *¿Qué coche conduces?* Welchen Wagen fährst du? *¿Qué me cuentas?* Was gibt's Neues? *¿Para ~?* Wozu?, Wofür? *¿Por ~?* Warum?, Wozu?, Weshalb? *¿Sobre ~?* Worauf?, Worüber?, Worum? *2. (exclamativo)* wie, was; *¡Qué guapa eres!* Wie hübsch du bist! *¡Qué alegría!* Was für eine Freude! *adv 3. ¡No hay de ~!* Keine Ursache! *¿Y ~?* Na und?
quebrada [ke'ƀrađa] *f* Schlucht *f*
quebraderos [keƀra'đeros] *m/pl ~ de cabeza* Kopfzerbrechen *n*
quebradizo [keƀra'điθo] *adj* zerbrechlich, brüchig, spröde
quebrado [ke'ƀrađo] *adj* geknickt
quebrador [keƀra'đɔr] *adj* brechend
quebradura [keƀra'đura] *f* Felsspalte *f*
quebramiento [keƀra'mĭento] *m 1.* Spaltung *f,* Bruch *m; 2. ~ de contrato JUR* Vertragsbruch *m*
quebrantable [keƀran'taƀle] *adj* zerbrechlich
quebrantamiento [keƀranta'mĭento] *m* Zerbrechen *n,* Brechen *n,* Bruch (fig) *m*
quebrantar [ke'ƀrantar] *v* brechen
quebranto [ke'ƀranto] *m* Zusammenbruch *m,* Niedergeschlagenheit *f*
quebrar [ke'ƀrar] *v irr 1.* zerbrechen, knicken, brechen, abbrechen; *2. (llegar a la quiebra)* Konkurs machen
quebrarse [ke'ƀrarse] *v irr* zerspringen
quechua ['ketʃua] *m 1.* Ketschua-Indianer *m; 2. LING* Ketschuasprache *f*
queda ['keđa] *f toque de ~* Ausgangssperre *f*
quedamente ['keđamente] *adj* leise, mit leiser Stimme
quedar [ke'đar] *v 1.* bleiben, übrig bleiben, verbleiben; *queda abierta la posibilidad* es bleibt die Möglichkeit offen; *2. ~ en algo* etw vereinbaren, in etw übereinkommen; *3. ~ bien (vestidos)* passen, gut stehen; *~ mal (fig)* schlecht dastehen, sich blamieren; *4. (passivo)* werden; *5. ~ en ridículo con alguien* sich bei jdm lächerlich machen
quedarse [ke'đarse] *v 1.* bleiben, dableiben, verweilen; *~ parado* anhalten, stehen bleiben; *~ aquí* hier bleiben; *~ retenido en clase* nachsitzen; *~ solitario* vereinsamen; *~ dormido* verschlafen; *~ en ruinas* zerfallen; *~ aislado* vereinsamen; *2. (cambiar de estado)* werden
quedo ['keđo] *adj* leise
quehacer [kea'θɛr] *m 1.* Beschäftigung *f; 2. ~es domésticos pl* Hausarbeit *f*
queja ['kɛxa] *f* Klage *f,* Beschwerde *f*
quejarse [kɛ'xarse] *v 1. ~ de algo a alguien* sich über etw beschweren bei jdm; *2. ~ de algo* über etw klagen, über etw jammern
quejica [ke'xika] *m* wehleidig
quejicoso [kexi'koso] *adj* wehleidig, ewig unzufrieden
quejido [ke'xiđo] *m* Jammern *n,* Klagen *n*
quejumbrar [kexum'ƀrar] *v* jammern, verdrießlich sein, zimperlich sein
quejumbre [kɛ'xumbre] *f* Wehleidigkeit *f*
quejumbroso [kɛxum'broso] *adj* wehleidig
quema ['kema] *f la ~ de los bosques* Verbrennung *f,* Niederbrennen *n*
quemado [ke'mađo] *adj* angebrannt, verbrannt
quemador [kema'đɔr] *m TECH* Brenner *m*
quemadura [kema'đura] *f MED* Brandwunde *f,* Verbrennung *f; ~ de sol* Sonnenbrand *m*
quemar [ke'mar] *v* verbrennen, abbrennen
quemarropa [kema'rropa] *f un disparo a ~* unmittelbare Nähe *f,* sehr kurze Distanz *f,* Plötzlichkeit *f*
quemarse [ke'marse] *v 1.* sich verbrennen; *2. (con un líquido caliente)* sich verbrühen
quemazón [kema'θɔn] *f* Brennen *n,* übermäßige Hitze *f*
querella [ke'reʎa] *f* Streit *m*
querellante [kere'ʎante] *m* Kläger *m,* Beschwerdeführer *m,* Strafantragsteller *m*

querellarse [kere'ʎarse] *v JUR* klagen, Strafantrag stellen
querelloso [kere'ʎoso] *adj* zänkisch, streitsüchtig, Querulanten...
querencia [ke'renθĭa] *f 1. (el querer)* Anhänglichkeit *f,* Zuneigung *f; 2. (tendencia)* Trieb *m,* Tendenz *f; 3. (lugar querido)* Heimattrieb *m*
querer [ke'rɛr] *v irr 1. (~ mucho)* lieben; *2. (gustar)* mögen, lieb haben; *3. (desear)* wollen; *quiere decir* das heißt; *sin ~* unbewusst, unwillkürlich, ohne Absicht; *4. ~ ligar con alguien (fam)* jdn anmachen
querida [ke'riđa] *f 1.* Geliebte *f; 2. la más ~* Liebste *f*
querido [ke'riđo] *adj 1.* beliebt, lieb; *m 2.* Liebling *m,* Geliebter *m*
quesadilla [kesa'điʎa] *f GAST* Käsegebäck *n*
quesería [kese'rĭa] *f (lugar)* Käserei *f,* Käsegeschäft *n*
queso ['keso] *m GAST* Käse *m; ~ parmesano* Parmesankäse *m; ~ de oveja* Schafskäse *m; ~ fresco* Quark *m*
quicio ['kiθĭo] *m* Türangel *f,* Fensterangel *f; sacar de ~ (fig)* aus dem Häuschen bringen
quídam ['kiđam] *m (fam: sujeto sin importancia)* ein gewisser Jemand *m*
quiebra ['kĭeƀra] *f 1.* Spalt *m,* Riss *m; 2. FIN* Bankrott *m; 3. (de un negociante) JUR* Konkurs *m,* Pleite *f; en ~* pleite
quiebro ['kĭeƀro] *m* Krümmung *f,* Biegung *f*
quién [kĭen] *pron 1. (interr)* wer; *2. (dat) ¿A ~?* Wem? *3. (gen) ¿De ~?* Wessen? *4. (acc) ¿A ~?* wen?
quieto ['kĭeto] *adj* ruhig, still, leise
quietud [kĭe'tud] *f* Ruhe *f,* Stille *f*
quijada [ki'xađa] *f ANAT* Kiefer *m*
quilate [ki'late] *m 1.* Goldgehalt *m,* Karat *n; de alto ~* hochkarätig; *2. MET* Feingehalt *m*
quilla ['kiʎa] *f NAUT* Kiel *m*
quimera [ki'mera] *f (fig)* Hirngespinst *n,* Chimäre *f*
quimérico [ki'meriko] *adj* fantastisch, absonderlich
quimerista [kime'rista] *m* Träumer *m*
química ['kimika] *f* Chemie *f*
químico ['kimiko] *adj 1.* chemisch; *m 2.* Chemiker *m*
quimificar [kimifi'kar] *v CHEM* chemisch bearbeiten
quimioterapia [kimĭote'rapia] *f MED* Chemotherapie *f*
quincalla [kin'kaʎa] *f* Blechwaren *f/pl,* Klempnerwaren *f/pl*
quince ['kinθe] *num* fünfzehn
quincuagésimo [kiŋkwa'xesimo] *adj* fünfzigste(r,s)
quinina [ki'nina] *f CHEM* Chinin *n*
quinqui ['kiŋki] *m (fam)* Strolch *m,* Gauner *m*
quinta ['kinta] *f 1.* Landhaus *n,* Gutshof *m; 2. (intervalo) MUS* Quinte *f*
quintaesencia [kintae'senθĭa] *f 1.* Quintessenz *f; 2. (fig)* Wesentliche *n*
quintal [kin'tal] *m ~ métrico* Doppelzentner *m; medio ~* Zentner *m*
quinteto [kin'teto] *m 1. (conjunto musical)* Quintett *n; 2. (obra musical)* Musikwerk für fünf Musiker *n*
quinto ['kinto] *adj* fünfte(r,s); *en ~ lugar* fünftens, an fünfter Stelle
quiosco ['kĭɔsko] *m* Kiosk *m; ~ de periódicos* Zeitungskiosk *m*
quirófano [ki'rofano] *m* Operationssaal *m*
quiróptero [ki'roptero] *m ZOOL* Fledermaus *f*
quirúrgico [ki'rurkiko] *adj MED* chirurgisch
quiste ['kiste] *m MED* Zyste *f*
quitaesmalte [kitaez'malte] *m* Nagellackentferner *m*
quitamotas [kita'motas] *m (fig)* Schmeichler *m*
quitar [ki'tar] *v 1. (retirar)* wegbringen, wegnehmen; *~ la vida a alguien* jdn umbringen; *~ a alguien de en medio* jdn beseitigen, jdn aus dem Weg räumen; *~ importancia* verharmlosen, bagatellisieren; *~ las ganas* die Lust nehmen; *2. (la visión)* versperren; *3. (destapar)* abmachen, abziehen, abnehmen; *4. (arrancar)* herausreißen, losreißen, aufreißen; *5. (sustraer)* entwenden, wegnehmen; *6. (omitir)* unterlassen; *7. (sacar)* beseitigen, ausräumen, abschöpfen; *~ la mesa* den Tisch abdecken; *~ a alguien algo de la cabeza* jdn von etw abbringen; *~ el polvo* abstauben
quitarse [ki'tarse] *v* sich befreien; *~ a alguien de encima* jdn loswerden; *~ la ropa* die Kleider ablegen, sich ausziehen
quizá(s) [ki'θa(s)] *adv* vielleicht
quórum ['korun] *v POL* Quorum *n; haber ~* beschlussfähig sein

R

rabanero [rraƀa'nero] *adj (fig: desvergonzado)* grob, unverschämt
rabanito [rraƀa'nito] *m BOT* Radieschen *n*
rábano ['rraƀano] *m BOT* Rettich *m; ~ picante* Meerrettich *m*
rabear [rra'ƀear] *v (menear la cola)* mit dem Schwanz wedeln *m*
rabel [rra'ƀel] *m (instrumento antiguo) MUS* Hirtengeige *f*
rabeo [rra'ƀeo] *m* Wedeln *n,* Schwänzeln *n*
rabí ['rraƀi] *m REL* Rabbi *m*
rabia ['rraƀĭa] *f 1.* Wut *f; tenerle ~ a alguien* jdm zürnen; *2. MED* Tollwut *f*
rabiar [rra'ƀĭar] *v 1.* rasen, toben; *2. ~ por* erpicht sein, vor Begierde brennen
rabicorto [rraƀi'kɔrto] *adj* kurzschwänzig, sehr kurz
rabieta [rra'ƀketa] *f* Wutanfall *m,* kindische Wut *f*
rabillo [rra'ƀiʎo] *m ver con el ~ del ojo* Blicke von der Seite, misstrauisches Schauen *n*
rabínico [rra'ƀiniko] *adj REL* rabbinisch
rabino [rra'ƀino] *m (ministro del culto judío) REL* Rabbiner *m*
rabión [rra'ƀĭɔn] *m* Stromschnelle *f*
rabioso [rra'ƀĭoso] *adj* wütend, rabiat, rasend
rabo ['rraƀo] *m 1.* Schwanz *m; 2. (fig) irse con el ~ entre las piernas* beschämt abziehen, den Schwanz einziehen
racimo [rra'θimo] *m ~ de uvas BOT* Weintraube *f*
raciocinación [rraθĭoθina'θĭɔn] *f* Urteilen *n,* Nachdenken *n*
raciocinar [rraθĭoθi'nar] *v* vernunftmäßig denken
raciocinio [rraθĭo'θinĭo] *m* Urteilsfähigkeit *f,* Überlegung *f,* Gedankengang *m*
ración [rra'θĭɔn] *f* Ration *f; una ~ grande* eine große Portion *f*
racional [rraθĭo'nal] *adj* rational, rationell
racionalidad [rraθĭonali'đađ] *f* Vernünftigkeit *f,* Zweckmäßigkeit *f*
racionalismo [rraθĭona'lizmo] *m HIST* Aufklärung *f; ~ del trabajo* (Arbeits)rationalisierung *f*
racionalista [rraθĭona'lista] *m PHIL* Rationalist *m*
racionalización [rraθĭonaliθa'θĭɔn] *f* Rationalisierung *f*
racionalizar [rraθĭonali'θar] *v* rationalisieren
racionamiento [rraθĭona'mĭento] *m* Rationierung *f,* Bewirtschaftung *f,* Zuteilung von Rationen *f*
racionar [rraθĭo'nar] *v* rationieren
racismo [rra'θizmo] *m* Rassismus *m*
racista [rra'θista] *m/f 1.* Rassist(in) *m/f; adj 2.* rassistisch
racha ['rratʃa] *f 1. (ráfaga)* Windstoß *m; 2. ~ de buena suerte* Glückssträhne *f; ~ de mala suerte* Pechsträhne *f*
rada ['rrađa] *f* Bucht *f*
radar [rra'đar] *m* Radar *m*
radiación [rrađĭa'θĭɔn] *f PHYS* Strahlung *f*
radi(o)actividad [rrađi(o)aktiƀi'đađ] *f PHYS* Radioaktivität *f*
radiactivo [rrađĭak'tiƀo] *adj PHYS* radioaktiv
radiado [rra'đĭađo] *adj 1. (que tiene forma de estrella)* strahlenförmig, sternförmig; *2. (difundido por radio)* Funk...
radiador [rrađĭa'đɔr] *m 1.* Heizkörper *m; 2. (de un automóvil)* Kühler *m*
radial [rra'đĭal] *adj MATH* radial
radiante [rra'đĭante] *adj* sonnig
radiar [rra'đĭar] *v 1.* strahlen; *2. (difusión por medio de la radio)* senden, ausstrahlen, funken; *3. (tratar con radiaciones)* bestrahlen
radicación [rrađika'θĭɔn] *f 1. (fig)* Verwurzelung *f; 2. MATH* Wurzelziehen *n*
radical [rrađi'kal] *adj 1.* radikal; *2. POL* extremistisch
radicalismo [rrađika'lizmo] *m* Radikalismus *m*
radicar [rrađi'kar] *v* wurzeln; *~ en* beruhen auf
radiestesia [rrađĭes'tesĭa] *f* Radiästhesie *f,* Strahlenfühligkeit *f*
radio ['rrađĭo] *f 1.* Radio *n,* Rundfunk *m,* Rundfunkgerät *n; ~ de la policía* Polizeifunk *m; ~ portátil* Kofferradio *n; m 2. MATH* Radius *m; 3. ~ de acción (fig)* Aktionsradius *m*

radiocomunicación [rraďiokomunika'θĭɔn] *f TEL* Radioverbindung *f,* Funkverbindung *f,* Funkgespräch *n*
radiodermatitis [rraďioďɛrma'titis] *f MED* Sonnenallergie *f*
radiodifundir [rraďkoďifun'ďir] *v* senden, durch das Radio übertragen
radiodifusión [rraďiodifu'sĭɔn] *f* Rundfunk *m*
radioelectricidad [rraďioelektriθi'ďaď] *f PHYS* Radioelektrizität *f*
radioelemento [rraďioele'mento] *m CHEM* radioaktives Element *n*
radioescucha [rratkoes'kutʃɑ] *m* Rundfunkhörer(in) *m/f*
radiofrecuencia [rraďiofre'kwenθĭa] *f PHYS* Radiofrequenz *f*
radiogoniometría [rraďiogonĭome'tria] *f TEL* Funkpeilung *f*
radiografía [rraďiogra'fia] *f MED* Röntgenbild *n*
radiografiar [rraďiogra'fĭar] *v MED* durchleuchten, röntgen
radiográfico [rraďio'grafiko] *adj TECH* röntgenografisch
radiolocalización [rratĭolikaliθa'θĭɔn] *f TECH* Funkortung *f,* Radar *m*
radiología [rraďiolo'xia] *f MED* Röntgenologie *f,* Strahlenforschung *f*
radiólogo [rra'ďiologo] *m* Radiologe *m*
radiomensaje [rraďiomen'saxe] *m* Funkspruch *m*
radionavegación [rraďionaƀega'θĭɔn] *f TECH* Funknavigation *f,* Funkortung *f*
radionovela [rraďiono'ƀela] *m LIT* Hörspiel *n*
radiorreceptor [rraďiorrɛθɛƀ'tɔr] *m* Rundfunkempfänger *m,* Rundfunkgerät *n*
radioscopia [rradĭos'kopĭa] *f TECH* Durchleuchtung *f*
radiosonda [rraďio'sɔnda] *f TECH* Radiosonde *f*
radiotécnica [rraďio'teknika] *f TECH* Funktechnik *f*
radiotelegrafista [rraďiotelegra'fista] *m/f* Funker(in) *m/f*
radiotelevisado [rraďioteleƀi'saďo] *adj TEL* über Funk und Fernsehen gesendet
radioterapia [rraďiote'rapĭa] *f MED* Strahlenbehandlung *f*
radiotransmisor [rraďiotransmi'sɔr] *m TEL* Funksender *m*
raedor [rrae'ďɔr] *adj* rasant
raedura [rrae'ďura] *f* Schaben *n*
raer [rra'ɛr] *v irr (raspar con un instrumento)* abschaben
ráfaga ['rrafaga] *f 1.* Windstoß *m; 2. (luz)* Lichtstrahl *m,* Aufblitzen *n; 3. ~ de ametralladora* Maschinengewehrgarbe *f*
raído [rra'iďo] *adj* schäbig
raigambre [rrai'gambre] *f 1. (conjunto de raíces) BOT* Wurzelwerk *n; 2. (los rasgos esenciales de algo)* Verwurzelung *f*
raíl [rraĭl] *m* Schiene *f,* Gleis *n*
raíz [rra'iθ] *f 1.* Wurzel *f; echar raíces* Wurzeln schlagen; *2. (fig)* Ansatz *m*
raja ['rraxa] *f MED* Platzwunde *f*
rajá [rra'xa] *m (soberano hindú) POL* Radscha *m*
rajable [rra'xaƀle] *adj* spaltbar, zerlegbar
rajada [rra'xaďa] *f (LA: cobardía)* Feigheit *f*
rajado [rra'xaďo] *adj* rissig
rajadura [rraxa'ďura] *f* Spaltbildung *f,* Riss *m,* Sprung *m*
rajar [rra'xar] *v* aufspalten
rajarse [rra'xarse] *v 1.* zerspringen, aufritzen; *2. (fig: retractarse)* einen Rückzieher machen *m,* kneifen
rajatabla [rraxa'taƀle] *f a ~* um jeden Preis *m*
ralea [rra'lea] *f* Sippe *f,* Art *f,* Sorte *f*
ralentí [rralen'ti] *m CINE* Zeitlupe *f*
raleza [rra'leθa] *f* Dünnheit *f*
ralo ['ralo] *adj* spärlich, dünn
rallador [rraʎa'ďɔr] *m* Reibe *f; ~ de queso* Käsereibe *f*
ralladura [rraʎa'ďura] *f* Reiben *n,* Raspeln *n*
rallar [rra'ʎar] *v* reiben
rallo ['rraʎo] *m (instrumento para rallar)* Reibe *f,* Reibeisen *n*
rama ['rrama] *f 1. BOT* Zweig *m,* Ast *m; 2. (sección)* Sparte *f; 3. (campo)* Gebiet *n; irse por las ~s* abschweifen
ramada [rra'maďa] *f* Laubhütte *f*
ramaje [rra'maxe] *m* Astwerk *n,* Geäst *n,* Reisig *n*
ramal [rra'mal] *m 1. (cabo de una cuerda)* Strang *m,* Strick *m; 2. (ramificación)* Abzweigung *f*
ramalazo [rrama'laθo] *m 1. (golpe con un ramal)* Schag mit einem Strick *m; 2. (fig: aflicción inesperada)* plötzlicher Schmerz *m,* Stich *m*
ramazón [rrama'θɔn] *f* Astholz *n*
rambla ['rrambla] *f (paseo, avenida)* Straße *f*

ramera [rra'mera] *f* Dirne *f,* Nutte *f*
ramificación [rramifika'θĭɔn] *f* Abzweigung *f*
ramificarse [rramifi'karse] *v 1. (dividirse en ramas)* verästeln, verzweigen; *2. (fig: extenderse)* sich ausdehnen, weitere Ausmaße annehmen
ramillete [rrami'ʎete] *m* Blumenstrauß *m,* Blütenstand *m*
ramilletero [rramiʎe'tero] *m* Blumenbinder *m*
ramio ['rramĭo] *m BOT* Ramie *f*
ramo ['rramo] *m 1. ECO* Branche *f; ~ de la construcción* Baugewerbe *n; ~ de la industria* Industriezweig *m; ~ profesional* Fachbereich *m; ~ comercial* Geschäftszweig *m; 2. (de flores) BOT* Strauß *m; ~ de novia* Brautstrauß *m; 3. (de un árbol)* Zweig *m*
ramonear [rramo'near] *v (comer los animales las hojas)* Bäume verbeißen *m/pl*
ramoneo [rramo'neo] *m* Verbiss *m*
ramoso [rra'moso] *adj* astreich, vielästig
rampa ['rrampa] *f* Rampe *f; ~ de carga* Laderampe *f*
rampante [rram'pante] *adj (rastrero)* aufgerichtet
ramplón [rram'plɔn] *adj (fig: vulgar)* grob gearbeitet, ungehobelt
ramplonería [rramplone'rĭa] *f* Pfusch *m,* Ungeschliffenheit *f*
rana ['rrana] *f ZOOL* Frosch *m; ~ verde* Laubfrosch *m*
rancajo [rraŋ'kaxo] *m* Splitter *m*
rancidez [rranθi'đeθ] *f* Ranzigkeit *f*
rancio ['rranθĭo] *adj 1.* ranzig; *2. (fig: antigüo)* uralt, altmodisch
ranchear [rran'tʃear] *v* lagern, sich Hütten bauen *f/pl*
ranchería [rrantʃte'ria] *f* Hüttensiedlung *f,* Lager *n,* Horde *f*
rancho ['rrantʃo] *m 1.* Bauernhof *m; 2. (LA)* Elendsviertel *n; 3. (comida para muchos)* Mannschaftskost *f*
randa ['rranda] *f* Spitze *f,* Gauner (fam) *m*
rango ['rraŋgo] *m* Rang *m,* Stand *m,* Stellenwert *m*
ranúnculo [rra'nuŋkulo] *m BOT* Ranunkel *f,* Hahnenfuß *m*
ranura [rra'nura] *f 1.* Rille *f,* Nute *f; 2. ~ de expansión INFORM* Slot *m (zum Aufrüsten),* Steckplatz *m*
raña ['rraɲa] *f (garfio para pescar mariscos)* Haken *m*
rapabarbas [rrapa'ƀarƀas] *m (fam: barbero)* Bartscherer *m*
rapador [rrapa'đɔr] *m* Barbier *m*
rapadura [rrapa'đura] *f* Abscheren der Haare *n,* Kahlheit *f,* Kahlschnitt *m*
rapapolvo [rrapa'pɔlƀo] *m (fam: reprensión)* Rüffel *m,* Anschnauzer *m*
rapar [rra'par] *v 1.* Barthaare stutzen, Haar ganz kurz schneiden, rasieren; *2. (fig: hurtar, robar)* stehlen, klauen (fam)
rapaz[1] [rra'paθ] *m* Bengel *m*
rapaz[2] [rra'paθ] *adj 1.* raubgierig; *f 2. (ave)* Raubvogel *m*
rapaza [rra'paθa] *f* Range *f*
rape ['rrape] *m al ~* schnelle Rasur *f*
rapé [rra'pe] *m* Schnupftabak *m*
rapidez [rrapi'đeθ] *f* Schnelligkeit *f*
rápido ['rrapiđo] *adj* rasch, schnell, flott; *lo más ~ posible* schnellstens
rapiña [rra'piɲa] *f* Raub *m*
rapiñar [rapi'ɲar] *v* rauben, stehlen
rapóntico [rra'pontiko] *m BOT* Feldsalat *m,* Rapunzel *f*
raposa [rra'posa] *f (zorra) ZOOL* Füchsin *f*
raposear [rrapo'sear] *v* schlau sein, verschlagen sein, arglistig sein
raposera [rrapo'sera] *f* Fuchsbau *m*
raposo [rra'poso] *m ZOOL* Fuchs *m*
rapsoda [rrap'sođa] *m (fig: poeta) HIST* Dichter *m*
rapsodia [rrap'sođĭa] *f MUS* Rhapsodie *f*
raptar [rrap'tar] *v 1.* rauben; *2. (secuestrar)* entführen
rapto ['rrapto] *m* Raub *m*
raptor [rrap'tɔr] *m* Enführer *m*
raqueta [rra'keta] *f SPORT* Tennisschläger *m*
raquis ['rrakis] *m ANAT* Rückgrat *n,* Wirbelsäule *f*
raquitis [rra'kitis] *f MED* Rachitis *f*
rarefacción [rrarefaɡ'θĭɔn] *f* Verdünnung *f*
rarefacer [rrarefa'θɛr] *v irr* verdünnen
rarefacto [rrare'fakto] *adj* verdünnt
rareza [rra'reθa] *f* Seltenheit *f,* Rarität *f*
rarificar [rrarifi'kar] *v* verdünnen
rarificativo [rrarifika'tiƀo] *adj* verdünnend
raro ['rraro] *adj 1.* selten; *raras veces* selten; *2. (extraño)* seltsam, merkwürdig, komisch, kurios; *3. (sorprendente)* verwunderlich, wunderlich

ras [rras] *m (igualdad de nivel)* ebene Fläche *f,* Fläche auf gleicher Höhe *f*
rasadura [rrasa'đura] *f* Zerstörung *f*
rasante [rra'sante] *adj* rasant
rasar [rra'sar] *v 1. (igualdad de medida)* abstreichen, auf die gleiche Höhe bringen *f; 2. (pasar rasando)* streifen, leicht berühren
rasca ['rraska] *f irr (borrachera) (LA)* Rausch *m*
rascacielos [rraska'θĭelos] *m* Wolkenkratzer *m*
rascar [rras'kar] *v* kratzen
rascatripas [rraska'tripas] *m (fam: violinista)* drittklassiger Spieler *m,* Fiedler *m*
rascazón [rraska'θɔn] *f* Jucken *n,* Kitzeln *n*
rasero [rra'sero] *m por el mismo ~* über einen Kamm scheren *m,* Gleichbewertung *f,* Gleicheinschätzung *f*
rasgadura [rrasga'đura] *f* Riss (in der Kleidung) *m*
rasgar [rras'gar] *v* reißen
rasgo ['rrasgo] *m 1.* Strich *m,* Duktus *m; a grandes ~* in groben Zügen; *a grandes ~s* andeutungsweise; *2. ~ característico* Charaktereigenschaft *f,* Wesenszug *m; 3. ~s fisionómicos pl* Gesichtszüge *pl*
rasgón [rras'gɔn] *m* Riss *m*
rasguñar [rrasgu'ɲar] *v* kratzen
rasguño [rras'guɲo] *m* Schramme *f,* Schürfwunde *f*
raso ['rraso] *adj 1.* eben, glatt; *2. (común)* gemein; *soldado ~* Landser *m* (fam); *m 3.* Satin *m*
rasoliso [rraso'liso] *m* Rasch *m,* Seide *f*
raspa ['rraspa] *f (espina de pescado)* Gräte *f*
raspador [rraspa'đɔr] *m* Hobel *m*
raspadura [rraspa'đura] *f* Radieren *n,* radierte Stelle *f,* Abschabung *f*
raspamiento [rraspa'mĭento] *m* Abschaben *n,* Abschleifen *n*
raspante [rras'pante] *adj* schabend, abkratzend
raspar [rras'par] *v* abschürfen
raspear [rra'pear] *v (arañar el papel al escribir)* spritzen
raspón [rras'pɔn] *m (rasponazo)(LA)* Kratzwunde *f,* Streifschuss *m*
rasponazo [rraspo'naθo] *m (herida)* Kratzwunde *f,* Streifschuss *m*
rasquiña [rras'kiɲa] *f* Jucken *n,* Brennen *n*
rastra ['rrastra] *f 1.* Harke *f,* Rechen *m; 2. llevar a ~s* schleppen
rastrear [rrastrɛar] *v* jdm nachspüren, jdm nachschleichen, (Gelände) durchkämmen
rastreo [rras'trɛo] *m 1.* Durchkämmen *n,* Fischerei mit dem Grundnetz *f; 2. (tracing) INFORM* Tracing *n*
rastrero [rras'trero] *adj* schleimig
rastrillar [rratri'ʎar] *v* harken, eggen, (Gelände) durchkämmen
rastrillo [rras'triʎo] *m* Rechen *m*
rastro ['rrastro] *m 1.* Fährte *f,* Spur *f; sin dejar ~* spurlos; *2.* Flohmarkt *m,* Trödelmarkt *m*
rastrojo [rras'trɔxo] *m (residuo de las mieses segadas) AGR* Stoppeln *f/pl,* Stoppelfeld *n,* Stoppelacker *m*
rasuración [rrasura'θĭɔn] *f* Rasieren *n,* Abscheren *n*
rasurador [rrasura'đɔr] *m* Rasierapparat *m*
rasurar [rrasu'rar] *v* rasieren
rata ['rrata] *f ZOOL* Ratte *f*
ratear [rra'tɛar] *v (robar)* mausen, stibitzen
ratería [rrate'rĭa] *f* Diebstahl *m,* Beutelschneiderei *f*
ratero [rra'tero] *m* Taschendieb *m*
raticida [rrati'θiđa] *m* Rattengift *n*
ratificación [rratifika'θĭɔn] *f POL* Ratifizierung *f*
ratificador [rratifika'đɔr] *adj* ratifizierend
ratificar [rratifi'kar] *v POL* ratifizieren
ratihabición [rratiađi'θĭɔn] *f JUR* Bestätigung der Rechtsgültigkeit *f*
ratinado [rrati'nađo] *adj* gekreppt, ratiniert
rato ['rrato] *m* Weile *f; a ~s* zwischendurch, ab und zu
ratón [rra'tɔn] *m 1. ZOOL* Maus *f; ~ campestre* Feldmaus *f; 2. INFORM* Maus *f*
ratonera [rrato'nera] *f* Mausefalle *f*
raudal [rrau'đal] *m 1. (corriente de agua)* Strom *m,* Flutwelle *f; 2. (fig: abundancia)* Überfülle *f,* Unmenge *f*
raudo ['rraudo] *adj* schnell, ungestüm, reißend
raya ['rraja] *f 1.* Linie *f,* Strich *m; 2. ~ del pelo* Scheitel *m; 3. ~ del pantalón* Bügelfalte *f; 4. (pez marino) ZOOL* Rochen *m*
rayado [rra'jađo] *m (conjunto de rayas)* Streifen *m/pl,* Schraffierung *f*

rayano [rra'jano] *adj (que linda en)* grenzend, angrenzend
rayar [rra'jar] *v* durchstreichen
rayo ['rrajo] *m 1. (de luz)* Strahl *m; ~ láser* Laserstrahl *m; ~ solar* Sonnenstrahl *m; ~ luminoso* Lichtstrahl *m; 2. (relámpago)* Blitz *m; 3. (de una rueda)* Speiche *f; 4. ~ de luz (fig)* Lichtblick *m; 5. ~s X pl MED* Röntgenstrahlen *pl*
rayuela [rra'jwela] *f 1. (raya pequeña)* kleiner Strich *m; 2. (juego infantil)* Hüpfspiel *n*
raza ['rraθa] *f* Rasse *f*
razón [rra'θɔn] *f 1.* Vernunft *f; 2. (motivo)* Anlass *m,* Grund *m; por ~ de* aufgrund von; *por esa ~* deshalb; *¿Por qué ~?* Warum? *~ de ser* Daseinsberechtigung *f; sin ~ alguna* grundlos; *sin ~ de ser* zwecklos, gegenstandslos; *3. (explicación)* Begründung *f; 4. ~ social ECO* Firmenname *m*
razonable [rraθo'naƀle] *adj 1.* vernünftig, einsichtig, sinnvoll; vernünftig, angemessen, annehmbar; *2. (aceptable)* zumutbar, tragbar
razonado [rraθo'nađo] *adj* systematisch, wohl durchdacht, wohlbegründet
razonador(a) [rraθona'đɔr/rraθona'đora] *m/f* Denker(in) *m/f*
razonamiento [rraθona'mĭento] *m* Überlegung *f,* Gedankengang *m,* Argumentation *f*
razonar [rraθo'nar] *v ~ sobre algo* über etw nachdenken
reabsorber [rrɛaƀsor'ƀɛr] *v* resorbieren, wieder aufsaugen
reabsorción [rrɛaƀsɔr'θĭɔn] *f* Resorption *f*
reacción [rrɛak'θĭɔn] *f 1.* Reaktion *f; 2. (de un motor)* Rückstoß *m; 3. ~ en cadena PHYS* Kettenreaktion *f*
reaccionar [rrɛakθĭo'nar] *v* reagieren; *~ a algo/~ ante algo* auf etw reagieren
reaccionario [rrɛakθĭo'narĭo] *adj POL* reaktionär
reacio [rrɛ'aθĭo] *adj 1.* aufsässig, kratzbürstig, widerspenstig; *2. (adverso)* abgeneigt
reactivación [rrɛaktiƀa'θĭɔn] *f* Wiederbelebung *f*
reactivar [rrɛakti'ƀar] *v* wieder beleben
reactivo [rrɛak'tiƀo] *m* Reagens *n*
reactor [rrɛak'tɔr] *m PHYS* Reaktor *m; ~ de investigación* Forschungsreaktor *m; ~ nuclear* Kernreaktor *m*
readaptación [rrɛađapta'θĭɔn] *f 1.* Umstellung *f; 2. ~ profesional* Umschulung *f; 3.* Rehabilitation *f*
readaptarse [rrɛađap'tarse] *v 1.* sich umstellen; *2. ~ profesionalmente* umschulen
readmisión [rrɛađmi'sĭɔn] *f* Wiederzulassung *f*
readmitir [rrɛađmi'tir] *v* wieder zulassen
reagravación [rrɛagraƀa'θĭɔn] *f* Verschärfung *f*
reagravar [rrɛagra'ƀar] *v* verschärfen
reagrupación [rrɛagrupa'θĭɔn] *f* Umschichtung *f; ~ familiar* Familienzusammenführung *f*
reagrupar [rrɛagru'par] *v* umschichten
reajustar [rrɛaxus'tar] *v* nachstellen
reajuste [rrɛa'xuste] *m 1.* Anpassung *f,* Wiederanpassung *f,* Angleichung *f; 2. ~ de salarios FIN* Lohnausgleich *m*
real [rrɛ'al] *adj 1. (verdadero)* tatsächlich, wirklich, real; *2. (atribuído al rey)* königlich; *3. JUR* dinglich; *4. número ~ MATH* reell (Zahl)
realce [rrɛ'alθe] *m 1. (relieve)* Relief *n; 2. (fig: esplendor)* Glanz *m,* Ruhm *m,* Ansehen *n*
realengo [rrɛa'leŋgo] *adj (sin dueño)* frei, herrenlos; *un perro ~* ein herrenloser Hund *m*
realeza [rrɛa'leθa] *f* königliche Würde *f,* Pracht *f,* Herrlichkeit *f*
realidad [rrɛali'đađ] *f 1.* Wirklichkeit *f,* Realität *f; 2. en ~* eigentlich, überhaupt, genau genommen
realismo [rrɛa'lizmo] *m* Realismus *m,* Sachlichkeit *f*
realista [rrɛa'lista] *m/f 1.* Realist(in) *m/f; adj 2.* realistisch, wirklichkeitsnah
realizable [rrɛali'θaƀle] *adj* durchführbar, realisierbar
realización [rrɛaliθa'θĭɔn] *f 1.* Erfüllung *f,* Ausführung *f; 2. (organisación)* Durchführung *f,* Abwicklung *f; 3. (puesta en práctica)* Realisierung *f,* Verwirklichung *f; 4. (producción)* Gestaltung *f,* Zustandekommen *n,* Herstellung *f,* Erzeugung *f*
realizador [rrɛaliθa'đɔr] *m* Regisseur *m*
realizar [rrɛali'θar] *v 1.* ausführen, gestalten; *2. (poner en práctica)* verwirklichen, realisieren, durchführen; *3. (llevar a cabo)* abwickeln, absolvieren, verrichten; *4. (producir)* herstellen
realquilar [rrɛalki'lar] *v* untervermieten

realzar [rrɛal'θar] *v 1. (levantar)* erheben; *2. (fig: engrandecer)* hervorheben, verschönern, ins Auge stechen lassen; *3.* erheben, erhöhen
reanimación [rrɛanima'θĭɔn] *f MED* Wiederbelebung *f*
reanimar [rrɛani'mar] *v 1. (fig)* ankurbeln, aufleben lassen, aufmuntern; *2. MED* wieder beleben
reanudación [rrɛanuđa'θĭɔn] *f* Wiederaufnahme *f,* Wiederanknüpfen *n*
reanudar [rrɛanu'đar] *v (continuar)* wieder aufnehmen, wieder anknüpfen
reaparecer [rrɛapare'θɛr] *v irr* wieder erscheinen, erneut auftreten
rearmar [rrɛar'mar] *v 1. TECH* hochrüsten, umrüsten; *2. MIL* aufrüsten
rearme [rrɛ'arme] *m MIL* Aufrüstung *f*
reasegurar [rrɛasegu'rar] *v* rückversichern
reaseguro [rrɛase'guro] *m* Rückversicherung *f*
reasentar [rrɛasen'tar] *v* umsiedeln
reasumir [rrɛasu'mir] *v (volver a tomar lo abandonado)* wieder übernehmen, wieder aufnehmen
reasunción [rrɛasun'sĭɔn] *f* Wiederaufnahme *f*
reato [rrɛ'ato] *m REL* Schuld *f*
reavivar [rrɛaƀi'ƀar] *v 1.* aufleben; *2. MED* wieder beleben
rebaja [rrɛ'ƀaxa] *f ECO* Ermäßigung *f,* Nachlass *m,* Rabatt *m; ~ por cantidad* Mengenrabatt *m; ~ de fidelidad* Treuerabatt *m; ~ de invierno* Winterschlussverkauf *m; ~ de verano* Sommerschlussverkauf *m*
rebajamiento [rrɛƀaxa'mĭento] *m* Abnahme *f,* Erniedrigung *f*
rebajar [rrɛ'ƀaxar] *v 1.* nachlassen, aussparen, ermäßigen; *2. (fig)* deklassieren, erniedrigen; *3. (con la muela) TECH* abschleifen
rebaje [rrɛ'ƀaxe] *m (dispensa para no hacer algo) MIL* Freistellung *f*
rebalsa [rrɛ'ƀalsa] *f* Stauwasser *n,* Staubecken *n,* Flüssigkeitsstauung *f*
rebalsar [rrɛƀal'sar] *v* stauen, anstauen
rebanada [rrɛƀa'nađa] *f 1.* Scheibe *f; 2. (de pan) GAST* Brotscheibe *f*
rebanar [rrɛƀa'nar] *f* zerschneiden, durchschneiden
rebañador [rrɛƀaɲa'đɔr] *adj* auskratzend
rebaño [rrɛ'ƀaɲo] *m* Herde *f*
rebasar [rrɛƀa'sar] *v 1. ~ un límite* eine Grenze überschreiten; *2. (líquido)* überlaufen; *3. ~ una cuenta FIN* ein Konto überziehen
rebate [rrɛ'ƀate] *m* Gefecht *m,* Streit *m,* Schlägerei *f*
rebatible [rrɛƀa'tiƀle] *adj* widerlegbar, strittig
rebatimiento [rrɛƀati'mĭento] *m* Zurückschlagen *n,* Zurückweisen *n,* Widerlegung *f*
rebatiña [rrɛƀa'tiɲa] *f* Rauferei *f,* Prügelei *f*
rebatir [rrɛƀa'tir] *v* widerrufen, verleugnen, widerlegen
rebato [rrɛ'ƀato] *m llamar a ~* Alarm schlagen *m*
rebelarse [rrɛƀe'larse] *v* sich empören, rebellieren; *~ contra alguien* gegen jdn aufbegehren, sich gegen jdn widersetzen
rebelde [rrɛ'ƀelde] *m 1.* Rebell *m; adj 2. (infiel)* abtrünnig, aufsässig, aufständisch
rebeldía [rrɛƀel'đĭa] *f* Widerspenstigkeit *f,* Aufsässigkeit *f,* Rebellion *f*
rebelión [rrɛƀe'lĭɔn] *f 1.* Aufstand *m,* Auflehnung *f,* Rebellion *f; 2. POL* Aufruhr *m*
reblandecer [rrɛƀlande'θɛr] *v irr* aufweichen
reblandecimiento [rrɛblanđeθi'mĭento] *m* Erweichung *f,* Auflockerung *f*
rebolludo [rrɛƀo'ʎuđo] *adj* stämmig
rebombar [rrɛƀɔm'bar] *v* laut hallen, stark widerhallen
rebonito [rrɛƀo'nito] *adj* sehr schön
rebordear [rrɛƀɔr'đear] *v* besetzen, säumen
rebosadero [rrɛƀosa'đero] *m* Überlauf *m,* Überfall *m*
rebosadura [rrɛƀosa'đura] *f* Überlaufen *n,* Überströmen *n*
rebosamiento [rrɛƀosa'mĭento] *m* Überlaufen *n,* Überströmen *n*
rebosante [rrɛƀo'sante] *adj ~ de salud* kerngesund
rebosar [rrɛƀo'sar] *v* überlaufen; *~ al hervir* überkochen
rebose [rrɛ'ƀose] *m* Überlauf *m*
rebotación [rrɛƀota'θĭɔn] *f* Rückprallen *n,* Rückstoß *m*
rebotar [rrɛƀo'tar] *v* zurückschlagen, zurückstoßen
rebozar [rrɛƀo'θar] *v (bañar con huevo o harina) GAST* panieren

rebrillar [rrɛƀri'ʎar] *v* stark glänzen
rebrotar [rrɛƀro'tar] *v* ausschlagen, nachwachsen
rebrote [rrɛ'ƀrote] *m* Trieb *m,* Sprössling *m*
rebudiar [rrɛƀu'đĭar] *v* grunzen, schnarchen
rebudio [rrɛ'ƀuđĭo] *m* Grunzen *n,* Schnarchen *n*
rebueno [rrɛ'ƀweno] *adj (fam)* trefflich
rebufe [rrɛ'ƀufe] *m* Schnaufen *n,* Schnauben *n*
rebujado [rrɛƀu'xađo] *adj (envuelto)* zerknittert, zerknüllt, eingehüllt
rebujar [rrɛƀu'xar] *v* zerknittern, zerknüllen, einwickeln
rebujiña [rrɛƀu'xiɲa] *f* Gezänk *n,* Tumult *m*
rebullicio [rrɛƀu'ʎiθĭo] *m* Lärm *m,* Getöse *n,* Tumult *m*
rebullir [rrɛƀu'ʎir] *v* aufwallen, aufsprudeln
reburujar [rrɛƀuru'xar] *v (fam)* zusammenwickeln, zusammenpacken
reburujón [rrɛƀuru'xɔn] *m* Bündel *n*
rebuscamiento [rrɛƀusca'mĭento] *m* gekünstelte Art *f,* raffinierte Mache *f*
rebuscar [rrɛƀus'kar] *v* durchsuchen
rebuznar [rrɛƀuθ'nar] *v* schreien, iahen (Esel)
rebuzno [rrɛ'ƀuθno] *m* Eselsschrei *m,* Iah *n*
recabar [rrɛka'ƀar] *v (obtener lo que se desea)* erreichen, erflehen, erbitten
recadero [rrɛka'đero] *m* Bote *m,* Dienstmann *m*
recado [rrɛ'kađo] *m* Nachricht *f,* Besorgung *f,* Bestellung *f*
recaer [rrɛ'kaer] *v irr* auf etw fallen, zurückfallen
recaída [rrɛka'iđa] *f* Rückfall *m*
recalada [rrɛka'lađa] *f* Ansteuerung *f*
recalador [rrɛkala'đɔr] *adj* Ansteuerungs...
recalar [rrɛka'lar] *v NAUT* ansteuern, anlaufen
recalcadura [rrɛkalka'đura] *f* Verstauchung *f*
recalcar [rrɛkal'kar] *v 1.* hervorheben; *2. (inclinarse el barco) NAUT* krängen
recalcitrante [rrɛkalθi'trante] *adj* störrisch, widerspenstig, verstockt
recalcitrar [rrɛkalθi'trar] *v 1. (retroceder)* zurückweichen, widersetzen, starrköpfig sein; *2. (fig: resistir tenazmente)* heftig bocken, heftige Auflehnung zeigen
recalentado [rrɛkalen'tađo] *adj* überhitzt
recalentamiento [rrɛkalenta'mĭento] *m* Aufwärmen *n,* Überhitzen *n*
recalentar [rrɛkalen'tar] *v irr 1.* erhitzen, überhitzen; *2. ECO* anheizen; *3. (la comida)* aufwärmen
recambiar [rrɛkam'ƀĭar] *v 1.* auswechseln; *2. TECH* austauschen
recambio [rrɛ'kamƀĭo] *m TECH* Austausch *m,* Ersatz *m; de ~* auswechselbar
recapacitar [rrɛkapaθi'tar] *v (sobre)* überdenken
recapitulación [rrɛkapitula'θĭɔn] *f* Rekapitulation *f,* Zusammenfassung *f*
recapitular [rrɛkapitu'lar] *v* rekapitulieren
recargado [rrɛkar'gađo] *adj* überladen
recargar [rrɛkar'gar] *v 1.* wieder aufladen, nachfüllen; *~ la batería* die Batterie aufladen; *2. (los precios)* aufschlagen
recargo [rrɛ'kargo] *m ECO* Zuschlag *m,* Mehrpreis *m,* Aufpreis *m; ~ de franqueo* Strafporto *n; poner un ~ sobre* nachberechnen
recatado [rrɛka'tađo] *adj* sittsam
recatar [rrɛka'tar] *v* wiederholt versuchen, nochmals probieren
recatear [rrɛka'tɛar] *v (regatear)* an einer Regatta teilnehmen
recato [rrɛ'kato] *m* Vorsicht *f,* Zurückhaltung *f,* Behutsamkeit *f*
recauchutar [rrɛkaŭtʃu'tar] *v* runderneuern
recaudación [rrɛkaŭđa'θĭɔn] *f 1.* Erhebung *f; 2. FIN* Erlös *m; ~ fiscal* Steueraufkommen *n,* Aufkommen *n*
recaudamiento [rrɛkauđa'mĭento] *m* Erhebung (Steuern, Gebühren) *f,* Einziehen (Geldbeträge) *n*
recaudar [rrɛkaŭ'đar] *v 1. ECO* einziehen; *2. (los impuestos) ECO* erheben
recaudo [rrɛkaŭđo] *m irr a buen ~* Verwahrung *f*
recebo [rrɛ'θeƀo] *m* feiner Kies *m*
recelar [rrɛθe'lar] *v* verdächtigen
recelo [rrɛ'θelo] *m* Argwohn *m*
receloso [rrɛθe'loso] *adj* argwöhnisch
recensión [rrɛθen'sĭɔn] *f la ~ de un libro LIT* Rezension *f,* kritische Besprechung *f*
recentadura [rrɛθenta'đura] *f* Erneuerung *f*

recental [rrεθen'tal] *adj* saugend
recentar [rrεθen'tar] *v irr* erneuern
recepción [rrεθεƀ'θĭɔn] *f* *1.* Annahme *f*, Empfang *m; 2. (fiesta, ceremonia)* Empfang *m; 3. (compra)* Abnahme *f*
receptáculo [rrεθep'takulo] *m* Sammelplatz *m*, Behältnis *n*, Behälter *m*
receptar [rrεθep'tar] *v (encubrir delincuentes)* verbergen, verhehlen
receptividad [rrεθeptiƀi'đađ] *f* Empfänglichkeit *f*
receptivo [rrεθep'tiƀo] *adj* empfänglich
receptor [rrεθεp'tɔr] *m 1.* Hörer *m; 2. TECH* Empfänger *m*
receptoría [rrεθepto'rĭa] *f ~ de anuncios* Empfänger *m*
recesión [rrεθe'sĭɔn] *f ECO* Rezession *f*
receso [rrε'θeso] *m* Rückgang *m*, Ferien *f/pl*
receta [rrε'θeta] *f 1. GAST* Rezept *n; ~ de cocina* Kochrezept *n; 2. MED* Rezept *n*, Verordnung *f; ¿Se necesita una ~ médica?* Ist das Medikament rezeptpflichtig?
recetar [rrεθe'tar] *v MED* verordnen, verschreiben
recetario [rrεθe'tarko] *m 1.* Kochbuch *n; 2.* Arzneibuch *n*
rechazamiento [rrεtʃasa'mĭento] *m* Zurückweisung *f*, Ablehnung *f*
rechazar [rrεtʃa'θar] *v 1.* ablehnen, abwehren, abweisen; *2. (negar)* verleugnen, verneinen, zurückweisen
rechazo [rrεtʃa'θo] *m 1.* Ablehnung *f*, Abneigung *f*, Abweisung *f; 2. (defensa)* Abwehr *f; 3. (negativa)* Verneinung *f*
rechifla [rrε'tʃifla] *f* Hohn *m*, Spott *m*
rechiflar [rrεtʃi'flar] *v* verspotten, verhöhnen
rechinante [rrεtʃi'nante] *adj* knarrend, knirschend
rechinar [rrεtʃi'nar] *v* knarren
rechistar [rrεtʃis'tar] *v* mucksen
rechoncho [rrε'tʃɔntʃo] *adj* pummelig
rechupado [rrεtʃu'pađo] *adj (fam: muy flaco)* sehr dünn
rechupete [rrεtʃu'pete] *m de ~* Großartigkeit *f*, tolle Sache *f*
recial [rre'θĭal] *adj* stark, heftig
recibidor [rrεθiƀi'đɔr] *m* Vorzimmer *n*
recibimiento [rrεθiƀi'mĭento] *m* Aufnahme *f*, Empfang *m*
recibir [rrεθi'ƀir] *v 1.* bekommen, erhalten, entgegennehmen; *~ de vuelta* herausbekommen, zurückbekommen; *2. (invitados)* empfangen; *3. (aceptar)* annehmen; *4. (admitir, alojar)* aufnehmen; *5. (comprar)* abnehmen; *6. (buena educación)* genießen; *7. ~ la Sagrada Comunión REL* die heilige Kommunion empfangen
recibirse [rrεθi'ƀirse] *v ~ de algo (LA)* zu etw zugelassen werden
recibo [rrε'θiƀo] *m 1. (comprobante) FIN* Quittung *f*, Empfangsbescheinigung *f; ¿Me puede dar un ~?* Kann ich eine Quittung haben? *2. (comercio) ~ de entrega ECO* Lieferschein *m; 3. (recepción)* Empfang *m*
reciclado [rrεθi'klađo] *m (LA)* Recycling *n*, Wiederverwertung *f*
reciclaje [rrεθi'klaxe] *m 1.* Recycling *n*, Wiederverwertung *f; 2. (formación, readaptación profesional)* Weiterbildung *f*, Umschulung *f*
reciclar [rrεθi'klar] *v* verwerten, wieder aufbereiten
recidiva [rrεθi'điƀa] *f* Rückfall *m*
recidivante [rrεθiđi'ƀante] *adj MED* rückfällig
reciedumbre [rrεθĭe'đumƀre] *f* Heftigkeit *f*, Wucht *f*
recién [rrε'θĭen] *adv (LA)* unlängst
reciente [rrε'θĭente] *adj* neuartig, frisch, modern
recientemente [rrεθĭente'mente] *adv* kürzlich, neulich, jüngst
recinto [rrε'θinto] *m* Gelände *n; ~ ferial* Messegelände *n*
recio ['rrεθĭo] *adj* derb
récipe ['rrεθipe] *m (receta médica)* Rezept *n*
recipiente [rrεθi'pĭente] *m* Behälter *m*, Gefäß *n*
reciprocar [rrεθipro'kar] *v* sich wechselseitig verhalten, das Verhältnis umkehren
reciprocidad [rrεθiproθi'đađ] *f* Gegenseitigkeit *f*
recíproco [rrε'θiproko] *adj* gegenseitig
recitación [rrεθita'θĭɔn] *f* Vortrag *m*, Rezitation *f*
recitado [rrεθi'tađo] *m MUS* Rezitativ *n*, Sprechgesang *m*
recitador(a) [rrεθitađɔr/reθitađora] *m/f LIT* Rezitator *m*, Vortragskünstler/Vortragskünstlerin *m/f*
recital [rrεθi'tal] *m* Liederabend *m*
recitar [rrεθi'tar] *v* rezitieren, vortragen hersagen
reciura [rrε'θiura] *f* Stärke *f*, Heftigkeit *f*

reclamación [rrεklama'θĭɔn] *f* Beschwerde *f,* Einspruch *m,* Beanstandung *f*
reclamar [rrεkla'mar] *v 1.* reklamieren, anmahnen, beanspruchen; *~ judicial* einklagen; *2. (pedir)* abverlangen
reclamo [rrε'klamo] *m* Reklamation *f,* Einspruch *m,* Mahnung *f*
reclinación [rrεklina'θĭɔn] *f* Neigung *f*
reclinar [rrεkli'nar] *v* anlehnen, zurücklehnen
reclinatorio [rrεklina'tɔrĭo] *m* Armlehne *f,* Betstuhl *m,* Betschemel *m*
recluir [rrεklu'ir] *v irr* einschließen, einsperren
reclusión [rrεklu'sĭɔn] *f* Einschließung *f,* Haft *f,* Zurückgezogensein *n*
recluso [rrε'kluso] *m* Insasse *m,* Strafgefangener *m*
recluta [rrε'kluta] *m MIL* Rekrut *m*
reclutador(a) [rrεklutađɔr/đora] *m/f* Werber/Werberin *m/f,* Anwerber/Anwerberin *m/f*
reclutamiento [rrεkluta'mĭento] *m 1. MIL* Aushebung *f; 2. ECO* Anwerbung *f; ~ de trabajadores* Abwerbung von Arbeitern
reclutar [rrεklu'tar] *v* rekrutieren, anwerben, ausheben
recobrar [rrεko'ƀrar] *v* wiedererlangen, zurückerhalten
recobrarse [rrεko'ƀrarse] *v 1.* sich erholen, wieder gesund werden; *2. (recuperarse)* wiedererlangen, einbringen
recocido [rrεko'θiđo] *adj 1.* verkocht; *2. TECH* ausgeglüht
recocido [rrεko'θiđo] *m* Glühen *n*
recodadero [rrεkođa'đero] *m* Armlehne *f,* Federkissen *n*
recodar [rrεko'đar] *v 1. (apoyarse en el codo)* auf den Ellbogen stützen; *2. (formar recodo)* sich krümmen
recodo [rrε'kođo] *m* Kehre *f,* Knick *m*
recogebolas [rrεkɔxe'ƀolas] *m SPORT* Balljunge *m*
recogedor [rrεkoxe'đɔr] *adj* Sammel...
recoger [rrεkɔ'xεr] *v 1.* abholen; *2. (volver a tomar)* zurücknehmen; *3. (del suelo, de la calle)* aufheben, auflesen; *4. (fruta)* pflücken, abpflücken; *5. (cosechar)* einbringen; *6. (arreglar)* wegräumen; *7. (juntar, coleccionar)* sammeln
recogida [rrεkɔ'xiđa] *f* Rücknahme *f; ~ de basura* Müllabfuhr *f*
recogido [rrεkɔ'xiđo] *adj 1.* angenommen; *2. REL* andächtig
recogimiento [rrεkɔxi'mĭento] *m REL* Andacht *f*
recolección [rrεkolεk'θĭɔn] *f 1.* Ernte *f; 2. ~ de datos INFORM* Datenerfassung *f*
recolectar [rrεkolεk'tar] *v 1. (dinero)* sammeln; *2. (la cosecha)* ernten, Feldfrüchte einsammeln
recolegir [rrεkole'xir] *v irr* sammeln, einsammeln
recomendable [rrεkomen'daƀle] *adj* empfehlenswert
recomendación [rrεkomenda'θĭɔn] *f* Empfehlung *f*
recomendante [rrεkomen'dante] *m/f* Befürworter(in) *m/f*
recomendar [rrεkomen'dar] *v irr* empfehlen, raten, anraten, anpreisen; *~le algo a alguien* jdm etw empfehlen
recomendatorio [rrεkomenda'tɔrĭo] *adj* Empfehlungs...
recomerse [rrεko'mεrse] *v ~ de invidia* vor Neid platzen
recompensa [rrεkɔm'pensa] *f 1.* Belohnung *f; en ~ de* als Belohnung für; *2. (remuneración)* Lohn *m,* Vergütung *f*
recompensar [rrεkɔmpen'sar] *v* belohnen, vergüten; *~ alguien con dinero* jdn mit Geld entlohnen
recomponer [rrεkɔmpo'nεr] *v irr* wieder zusammensetzen, wiederherstellen, reparieren
recomposición [rrεkɔmposi'θĭɔn] *f* Wiederherstellung *f*
reconcentración [rrεkɔnθentra'θĭɔn] *f* äußerste Konzentration *f,* Sammlung *f*
reconcentramiento [rrεkɔnθentra'mĭento] *m* Vertiefung *f,* innere Sammlung *f*
reconciliable [rrekɔnθi'lĭaƀle] *adj* versöhnbar
reconciliación [rrεkɔnθilĭa'θĭɔn] *f* Versöhnung *f*
reconciliar [rrεkɔnθi'lĭar] *v* aussöhnen
reconciliarse [rrεkɔnθi'lĭarse] *v ~ con* sich versöhnen mit
reconcomerse [rrεkɔnko'mεrse] *v (consumirse)* sich innerlich verzehren
recondenar [rrεkonđe'nar] *v* erneut verurteilen, nochmals verurteilen
reconditez [rrεkondi'teθ] *f* Verborgenes *n,* Geheimnis *n*
recóndito [rrε'kondito] *adj* geheim, tief verborgen
reconducir [rrεkɔndu'θir] *v irr JUR* verlängern

reconfortante [rrɛkɔnfɔr'tante] *adj* beruhigend, wohl tuend
reconocedor [rrɛkonoθe'đɔr] *m* Aufklärer *m*
reconocer [rrɛkono'θɛr] *v irr 1.* erkennen, anerkennen; *2. (confesar)* gestehen, bekennen; *3. ~ algo a alguien* jdm etw zuerkennen; *4. (honrar, recompensar)* honorieren; *5. MED* untersuchen
reconocerse [rrɛkono'θɛrse] *v irr* sich wieder erkennen
reconocible [rrɛkono'θiƀle] *adj* erkennbar
reconocido [rrɛkono'θiđo] *adj* anerkannt, erkenntlich
reconocimiento [rrɛkonoθi'mĭento] *m 1.* Anerkennung *f,* Dankbarkeit *f; 2. MIL* Aufklärung *f; 3. ~ médico MED* Untersuchung *f*
reconquistar [rrɛkɔŋkis'tar] *v* zurückerobern
reconsiderar [rrɛkɔnsiđe'rar] *v irr* überdenken, nochmals prüfen
reconstitución [rrɛkɔnstitu'θĭɔn] *f* Wiederherstellung *f*
reconstituir [rrɛkɔnstitu'ir] *v irr 1. (volver a constituir)* wiederherstellen; *2. (dar a algo sus funciones normales)* kräftigen, rekonstruieren
reconstrucción [rrɛkɔnstruk'θĭɔn] *f* Umbau *m,* Wiederaufbau *m*
reconstruir [rrɛkɔnstru'ir] *v irr* rekonstruieren
recontar [rrɛkɔn'tar] *v irr* nachzählen
recontento [rrɛkɔn'tento] *m (gran satisfacción)* große Zufriedenheit *f*
reconvalecer [rrɛkɔnƀale'θɛr] *v irr* genesen, wieder gesund werden
reconvención [rrɛkɔnƀen'θĭɔn] *f* Vorwurf *m,* Verweis *m,* Rüge *f*
reconvenir [rrɛkɔnƀe'nir] *v irr JUR* überführen, vor Gericht belangen *n*
reconversión [rrɛkɔnƀɛr'sĭɔn] *f 1.* Umstellung *f; 2. ~ de una deuda ECO* Umschuldung *f*
recopilación [rrɛkopila'θĭɔn] *f* Zusammenstellung *f,* Sammlung *f*
recopilado [rrɛkopi'lađo] *adj* zusammengestellt, gesammelt
recopilar [rrɛkopi'lar] *v* zusammenstellen, sammeln
récord ['rrɛkorđ] *m 1.* Bestleistung *f; 2. SPORT* Rekord *m,* Spitzenleistung *f; ~ mundial* Weltrekord *m*
recordable [rrɛkɔr'đaƀle] *adj* denkwürdig
recordación [rrɛkorđa'θĭɔn] *f* Erinnerung *f,* Gedenken *n,* Mahnen *n*
recordar [rrɛkɔr'đar] *v irr 1. ~ a* sich erinnern an, gedenken, sich entsinnen; *~ algo a alguien* jdn an etw erinnern; *2. ECO* mahnen; *3. (LA: despertar)* wecken; *4. (fig)* aufwärmen
recordatorio [rrɛkɔrđa'torĭo] *m* Mahnung *f*
recorrer [rrɛkɔ'rrɛr] *v 1.* bereisen, besuchen; *2. (en etapas)* durchlaufen
recorrido [rrɛkɔ'rriđo] *m 1.* Weg *m; 2. ~ de frenado TECH* Bremsweg *m*
recortadura [rrekɔrta'đura] *f* Abfall *m,* Schnitzel *n*
recortar [rrɛ'kɔrtar] *v* kürzen, abkürzen, kappen
recorte [rrɛkɔr'te] *m* Ausschnitt *m*
recorvar [rrɛkɔr'ƀar] *v* krümmen, biegen
recoser [rrɛko'sɛr] *v* flicken
recosido [rrɛko'siđo] *m 1.* Flicken *n; 2.* Flicken *m*
recostarse [rrɛkɔs'tarse] *v irr ~ contra* sich anlehnen an
recoveco [rrɛko'ƀeko] *m 1.* Windung *f,* Krümmung *f; 2. (fig: truco para conseguir algo)* übler Trick *m*
recreación [rrɛkrea'θĭɔn] *f* Belustigung *f,* Zerstreuung *f,* Zeitvertreib *m*
recrear [rrɛkre'ar] *v* erholen
recreativo [rrɛkrea'tiƀo] *m 1.* Spielautomat *m; adj 2.* erquickend, Erholungs...
recrecer [rrɛkre'θɛr] *v irr (aumentar)* zunehmen
recrecerse [rrɛkre'θɛrse] *v irr (recuperar el ánimo)* Mut fassen *m*
recreo [rrɛ'krɛo] *m 1.* Erholung *f,* Entspannung *f,* Schulpause *f; 2. (pausa)* Freizeit *f,* Pause *f*
recría [rrɛ'kria] *f AGR* Zucht *f,* Aufzucht *f*
recriador [rrɛkrĭa'đɔr] *m AGR* Züchter *m*
recriar [rrɛ'krĭar] *v AGR* züchten, aufziehen
recriminación [rrɛkrimina'θĭɔn] *f* Vorwurf *m*
recriminador [rrɛkrimina'đɔr] *m* Beschuldiger *m*
recriminar [rrɛkrimi'nar] *v* vorwerfen
recrudecer [rrɛkruđe'θer] *v* verschärfen, verschlimmern
recrudecimiento [rrɛkruđeθi'mĭento] *m* Verschärfung *f,* Verschlimmerung *f*

recrudescencia [rrɛkruđes'θenθĭa] *f* Wiederausbruch *m,* Verschlimmerung *f*
recrudescente [rrɛkruđes'θente] *adj* sich verschlimmernd
recrujir [rrɛkru'xir] *v* stark krachen, laut knirschen
recta ['rrɛkta] *f* *MATH* Gerade *f*
rectal [rrɛk'tal] *adj* *ANAT* rektal
rectangular [rrɛktaŋgu'lar] *adj* rechteckig, rechtwinklig
rectángulo [rrɛk'taŋgulo] *m* Rechteck *n*
rectificación [rrɛktifika'θĭɔn] *f* *1.* Berichtigung *f; 2. (presentación contraria)* Gegendarstellung *f*
rectificador [rrɛktifika'đɔr] *adj* berichtigend, begradigend
rectificar [rrɛktifi'kar] *v* *1.* berichtigen, richtig stellen; *2. TECH* schleifen
rectilíneo [rrɛkti'lineo] *adj* geradlinig, aufrichtig, rechtschaffen
rectitud [rrɛkti'tuđ] *f* Redlichkeit *f,* Richtigkeit *f*
recto¹ ['rrɛkto] *adj* recht, redlich
recto² ['rrɛkto] *m* *1. ANAT* Mastdarm *m; adj 2. ángulo ~ MATH* rechter Winkel *m*
rector(a) [rrɛk'tɔr/rrɛk'tora] *m/f* Rektor(in) *m/f*
rectorado [rrɛkto'rađo] *m* Rektorat *n*
rectoría [rrɛkto'ria] *f* Rektorwürde *f,* Pfarramt *n*
recuadrar [rrɛkwa'đrar] *v* übergattern, einrahmen
recuadro [rrɛ'kwađro] *m* *1.* Quadratur *f; 2.* Fensterscheibe *f; 3.* Kästchen *n*
recubrimiento [rrɛkuƀri'mĭento] *m* Verkleidung *f,* Überzug *m,* Abdeckung *f*
recubrir [rrɛku'ƀrir] *v irr* *1.* überziehen; *~ de* umwickeln mit, bestreichen mit; *2. TECH* beschichten; *3. INFORM* überschreiben
recudir [rrɛku'đir] *v (pagarle a uno lo que le corresponde)* heimzahlen
recuento [rrɛ'kwento] *m* *1. (segunda numeración)* Nachzählung *f; 2. (empadronamiento)* Eintragung in das Steuerregister *f*
recuerdo [rrɛ'kwerđo] *m* Andenken *n,* Erinnerung *f, traer al ~* in Erinnerung bringen; Erinnerungsstück *n; ~s de infancia* Kindheitserinnerungen *pl; ~ de viaje* Souvenir *n,* Reiseandenken *n*
recuesta [rrɛ'kwesta] *f* Ersuchen *n,* Aufforderung *f,* Mahnung *f*
reculada [rrɛku'lađa] *f* Zurückweichen *n,* Rückstoß *m*
recular [rrɛku'lar] *v* *1. (retroceder)* zurückprallen, zurückweichen, zurückschrecken; *2. (fig: ceder)* weichen, zurückschrecken, nachgeben
recuperable [rrɛkupe'raƀle] *adj* wieder erlangbar, wieder verwertbar
recuperación [rrɛkupera'θĭɔn] *f* *1.* Wiederverwertung *f; 2. MED* Erholung *f; 3. NAUT* Bergung *f*
recuperar [rrɛkupe'rar] *v* *1.* nachholen; *~ el tiempo perdido* aufholen; *2. (aprovechar)* verwerten; *3. (recobrar)* wiedererlangen, zurückerhalten
recuperarse [rrɛkupe'rarse] *v* sich erholen
recurrente [rrɛku'rrente] *adj* rückläufig, rückfällig
recurrir [rrɛku'rrir] *v ~ a* zurückgreifen auf
recursivo [rrɛkur'siƀo] *adj INFORM* rekursiv
recurso [rrɛ'kurso] *m* *1.* Mittel *n; 2. JUR* Rechtsmittel *n,* Regress *m; ~ de gracia* Gnadengesuch *n; 3. ~s pl* Mittel *pl; ~ financieros* Geldquelle *f; m/pl 4. ~s INFORM* Ressourcen *f/pl*
recusable [rrɛku'saƀle] *adj JUR* ablehnbar, verwerflich
recusación [rrɛkusa'θĭɔn] *f* Ablehnung *f,* Zurückweisung *f*
recusar [rɛku'sar] *v* *1. (no admitir la competencia) JUR* ablehnen; *2. (rechazar)* abweisen, zurückweisen
red [rrɛđ] *f* *1.* Netz *n; 2. ~ de carreteras* Straßennetz *n; ~ de ferrocarriles* Eisenbahnnetz *n*
redacción [rrɛđag'θĭɔn] *f* *1.* Redaktion *f; 2.* Aufsatz *m; 3.* Essay *n*
redactar [rrɛđak'tar] *v* aufsetzen, redigieren, verfassen
redactor(a) [rrɛđak'tɔr/rrɛđak'tora] *m/f* Redakteur(in) *m/f; ~-jefe* Chefredakteur(in) *m/f*
redada [rrɛ'đađa] *f* Razzia *f*
redaño [rrɛ'đaɲo] *m ANAT* Gekröse *n*
redar [rrɛ'đar] *v* das Netz auswerfen *n*
redecilla [rrɛđe'θiʎa] *f* *1. (red para el cabello)* Haarnetz *m; 2. (segundo estómago) ZOOL* Netzmagen *m*
redecir [rrɛđe'θir] *v irr* wiederholen
rededor [rrɛđe'đɔr] *m en ~* ringsherum
redención [rrɛđen'θĭɔn] *f REL* Erlösung *f*
redentor [rrɛđen'tɔr] *m REL* Erlöser *m*

redhibición [rrɛđiƀi'θĭɔn] *f JUR* Wandlung *f*
redhibir [rrɛđi'ƀir] *v JUR* wandeln
redición [rrɛđi'θĭɔn] *f* Wiederholung dessen, was bereits gesagt wurde *f*
redil [rrɛ'đil] *m 1. (establo) AGR* Pferch *m,* Hürde *f; 2. (fig) volver al ~* heimfinden, wieder auf den rechten Weg kommen *m*
redimible [rrɛđi'miƀle] *adj* ablösbar, einlösbar, tilgbar
redimir [rrɛđi'mir] *v 1.* erlösen; *2. ECO* ablösen
rédito ['rrɛđito] *m ECO* Rendite *f,* Zinsen *pl,* Kapitalertrag *m*
redituar [rrɛđi'twar] *v* Zinsen bringen *m/pl*
redivivo [rrɛđi'ƀiƀo] *adj* auferstanden, wieder auferstanden
redobladura [rrɛđoƀla'đura] *f* Verdoppelung *f*
redoblamiento [rrɛđoƀla'mĭento] *m* Verdoppelung *f*
redoblar [rrɛđo'ƀlar] *v* trommeln
redoblegar [rrɛđoƀle'gar] *v* biegen, umbiegen
redolor [rrɛđo'lɔr] *m* dumpfer Schmerz *m,* Nachschmerz *m*
redoma [rrɛ'đoma] *f (botella ancha)* Phiole *f*
redomado [rrɛđo'mađo] *adj (astuto)* schlau, gerissen
redomón [rrɛđo'mɔn] *adj (caballo recien domado)(LA)* halbwild
redonda [rrɛ'đɔnda] *f a la ~* rundherum, weit und breit
redondeado [rrɛđɔnde'ađo] *adj* rundlich
redondear [rrɛđɔnde'ar] *v MATH* abrunden, aufrunden
redondel [rrɛđɔn'del] *m (círculo)* Kreis *m,* Arena *f*
redondez [rrɛɲon'deθ] *f* Rundung *f,* runde Beschaffenheit *f*
redondo [rrɛ'đɔndo] *adj* rund
redor [rrɛ'đɔr] *m* Umkreis *m*
redrojo [rrɛ'đroxo] *m AGR* Spätfrucht *f*
redruejo [rrɛ'đrwexo] *m AGR* Spätling *m*
reducción [rrɛđug'θĭɔn] *f 1.* Verminderung *f,* Dämpfung *f,* Nachlass *m,* Kürzung *f; 2. ~ de impuestos FIN* Steuerermäßigung *f,* Steuersenkung *f; ~ presupuestaria* Etatkürzung *f; 3. ~ de personal* Personalabbau *m; 4. (disminución)* Verkleinerung *f*
reducible [rrɛđu'θiƀle] *adj* reduzierbar, zurückführbar, zerlegbar
reducimiento [rrɛđuθi'mĭento] *m* Reduzierung *f,* Verminderung *f*
reducir [rrɛđu'θir] *v irr 1.* herabsetzen, verkleinern, verringern; *2. (fig: menguar)* dämpfen, nachlassen, schmälern; *3. (limitar)* kürzen, beschränken, vermindern, abbauen; *4. ~ a* reduzieren auf
reducirse [rrɛđu'θirse] *v irr* schrumpfen
reductible [rrɛđuk'tiƀle] *adj* reduzierbar, zerlegbar
reductor [rrɛđuk'tɔr] *adj* reduzierend
redundancia [rrɛđunđan'θĭa] *f* Redundanz *f,* Überfluss *m*
redundar [rrɛđun'đar] *v* sich auswirken, vorteilhaft sein für alle
reduntante [rrɛđun'đante] *adj* überflüssig, weitschweifig, redundant
reduplicación [rrɛđuplika'θĭɔn] *f* Reduplikation *f,* Verdoppelung *f*
reduplicar [rrɛđupli'kar] *v* reduplizieren, verdoppeln
reduplicativo [rrɛđuplika'tiƀo] *adj* Verdoppelungs..., reduplizierend
reedición [rrɛeđi'θĭɔn] *f* Neuausgabe *f*
reedificación [rrɛeđifika'θĭɔn] *f* Wiederaufbau *m*
reeditar [rrɛeđi'tar] *v* neu herausgeben, neu auflegen
reeducación [rrɛeđuka'θĭɔn] *f* Umschulung *f*
reeducar [rrɛeđu'kar] *v* umschulen
reelección [rrɛeleg'θĭɔn] *f POL* Wiederwahl *f*
reelegible [rrɛele'xiƀle] *adj* wiederwählbar
reelegir [rrɛele'xir] *v irr* wieder wählen
reembolsable [rrɛemƀol'saƀle] *adj* rückzahlbar, einlösbar
reembolsar [rrɛemƀol'sar] *v 1.* zurückzahlen, vergüten, zurückerstatten; *2. ECO* tilgen
reembolso [rrɛem'ƀolso] *m 1.* Rückvergütung *f,* Rückzahlung *f,* Wiedererstattung *f; 2. contra ~* gegen Nachnahme; *3. ECO* Tilgung *f*
reemplazante [rrɛempla'θante] *adj* ersetzend, vertretend, Ersatz...
reemplazar [rrɛempla'θar] *v* ersetzen; *~ a alguien* jdn vertreten
reemplazo [rrɛem'plaθo] *m* Ersatz *m*
reencarnación [rreeŋkarna'θĭɔn] *f* Reinkarnation *f*

reencarnar [rreeŋkar'nar] *v* wieder geboren werden
reencontrar [rreenkɔn'trar] *v irr* wieder finden
reencuentro [rreeŋ'kwentro] *m* Zusammenstoss *m,* bewaffnete Auseinandersetzung *f*
reensayar [rreensa'jar] *v* erneut versuchen, erneut proben, neu einstudieren
reenviar [rreen'ƀĭar] *v* weiterbefördern
reenvío [rreen'ƀio] *m* Weiterversand *m*
reenvite [rreen'ƀite] *m* Überbieten *n*
reestreno [rrees'treno] *m CINE* Wiederaufführung *f,* Neuaufführung *f*
reestructuración [rreestruktura'θĭɔn] *f* Umstrukturierung *f*
reestructurar [rreestruktu'rar] *v* neugestalten, umstrukturieren
reexaminar [rreegsami'nar] *v* nochmals prüfen, überprüfen
reexpedición [rreegspeđi'θĭɔn] *f* Weiterbeförderung *f*
reexpedir [rreespe'đir] *v irr* nachsenden
reexportación [rreegspɔrta'θĭɔn] *f* Wiederausfuhr *f*
reexportar [rreegspɔr'tar] *v* wieder ausführen
refacción [rrefag'θĭɔn] *f (reparación) (LA)* Ausbesserung *f,* Renovierung *f,* Restaurierung *f*
refaccionar [rrefagθĭo'nar] *v (LA)* reparieren, ausbessern, restaurieren
refección [rrefeg'θĭɔn] *f* Ausbesserung *f,* Reparatur *f*
referencia [rrefe'renθĭa] *f 1.* Bezugnahme *f,* Referenz *f; tomar ~ en* anknüpfen an; *~ a* Verweis auf *m; 2. manual de ~ TECH* Referenzanleitung *f,* Referenzbuch *n*
referendario [rreferen'darĭo] *m* Gegenzeichner *m*
referéndum [rrefe'rendum] *m POL* Referendum *n,* Volksabstimmung *f*
referente [rrefe'rente] *prep 1. ~ a* bezüglich, über; *adj 2. ~ a esto* diesbezüglich
referible [rrefe'riƀle] *adj* erzählbar
referirse [rrefe'rirse] *v irr ~ a* sich beziehen auf
refilón [rrefi'lɔn] *m de ~* schräg, beiläufig, flüchtig
refinación [rrefina'θĭɔn] *f 1.* Verfeinerung *f,* Veredelung *f; 2. metodo de ~ por pasos INFORM* schrittweise Verfeinerungsmethode *f,* schrittweise Veredelungsmethode *f*
refinado [rrefi'nađo] *adj* raffiniert
refinadura [rrefina'đura] *f* Läuterung *f,* Reinigung *f*
refinar [rrefi'nar] *v* raffinieren, verfeinern
refinería [rrefine'ria] *f* Raffinerie *f*
refino [rre'fino] *m (refinación)* Raffination *f,* Raffinade *f*
reflectante [rreflek'tante] *adj* reflektierend, zurückstrahlend
reflectar [rreflek'tar] *v irr PHYS* zurückstrahlen, reflektieren
reflector [rreflek'tɔr] *m CINE* Scheinwerfer *m*
reflejar [rrefle'xar] *v* reflektieren, widerspiegeln
reflejarse [rrefle'xarse] *v ~ en* sich spiegeln in
reflejo [rre'flexo] *m* Reflex *m,* Spiegelung *f*
reflexión [rreflek'sĭɔn] *f 1. (reflejo)* Spiegelung *f; 2. (pensamiento, consideración)* Denken *n,* Überlegung *f*
reflexionar [rreflek'sĭonar] *v* denken, überlegen, überdenken; *~ sobre algo* über etw nachdenken
reflexivo [rreflek'siƀo] *adj 1. (que refleja) PHYS* spiegelnd, reflektierend, widerspiegelnd; *2. (que reflexiona)* nachdenklich, gedankenvoll, überlegt; *3. pronombre ~ GRAMM* reflexiv
refluir [rreflu'ir] *v irr* abebben
reflujo [rre'fluxo] *m* Ebbe *f*
refocilación [rrefoθila'θĭɔn] *f* Belustigung *f,* Erquickung *f*
refocilar [rrefoθi'lar] *v* ergötzen
refocilo [rrefo'θilo] *m* Belustigung *f*
reforestación [rreforesta'θĭɔn] *f* Wiederaufforstung *f*
reforestar [rrefores'tar] *v* wiederaufforsten
reforma [rre'fɔrma] *f 1.* Reform *f; ~ agraria* Agrarreform *f; 2. ~ monetaria ECO* Währungsreform *f*
reformación [rrefɔrma'θĭɔn] *f REL* Reformation *f,* Umgestaltung *f*
reformador [rrefɔrma'đɔr] *adj 1.* Reform..., Erneuerungs.. *m 2.* Reformator *m,* Erneuerer *m,* Reformer *m*
reformar [rrefɔr'mar] *v* reformieren
reformativo [rrefɔrma'tiƀo] *adj* verbessernd, umgestaltend
reformatorio [rrefɔrma'torĭo] *m* Erziehungsanstalt *f*

reformista [rrɛfɔr'mista] *m* Reformer *m*, Erneuerer *m*
reforzado [rrɛfɔr'θađo] *adj* verstärkt
reforzador [rrɛfɔrθa'đɔr] *m TECH* Verstärker *m*
reforzar [rrɛfɔr'θar] *v irr* verstärken
refractar [rrefrak'tar] *v PHYS* brechen
refractario [rrɛfrak'tarĭo] *adj 1.* widerspenstig, widerstrebend, spröde; *2. (rebelde)* widerspenstig, rebellisch
refracto [rrɛ'frakto] *adj PHYS* gebrochen
refrán [rrɛ'fran] *m* Sprichwort *n*
refranero [rrɛfra'nero] *m* Sprichwörtersammlung *f*
refrangibilidad [rrɛfraŋxiƀili'đađ] *f* Brechbarkeit *f*
refrangible [rrɛfraŋ'xiƀle] *adj* brechbar
refregadura [rrɛfreɡa'đura] *f (señal después de refregar algo)* Abreibung *f*, abgeriebene Stelle *f*
refregar [rrɛfre'ɡar] *v irr (estregar)* abreiben
refrenable [rrɛfre'naƀle] *adj* zügelbar, zähmbar
refrenamiento [rrɛfrena'mĭento] *m* Zähmung *f*, Bändigung *f*, Zügeln *n*
refrenar [rrɛfre'nar] *v* zügeln
refrenarse [rrɛfre'narse] *v (contenerse)* sich zurückhalten, sich zügeln
refrendación [rrɛfrenda'θĭɔn] *f* Gegenzeichnung *f*, Unterschrift des Bevollmächtigten *f*
refrendar [rrɛfren'dar] *v* gegenzeichnen, abzeichnen
refrendario [rrɛfren'darĭo] *m* Gegenzeichner *m*
refrendata [rrɛfren'data] *f* Gegenzeichnung *f*
refrescadura [rrɛfreska'đura] *f* Erfrischung *f*, Abkühlung *f*
refrescante [rrɛfres'kante] *adj* erfrischend, erquickend
refrescar [rrɛfres'kar] *v* kühlen, erfrischen, abkühlen, auffrischen, kühl werden, erneuern (fig)
refrescarse [rrɛfres'karse] *v* sich erfrischen
refresco [rrɛ'fresko] *m* Erfrischung *f*, Labsal *n*
refriega [rrɛ'rĭega] *f* Treffen *n*, Plänkelei *f*, Streit *m*
refrigeración [rrɛfrixera'θĭɔn] *f* Kühlung *f*
refrigerado [rrɛfrixe'rađo] *adj TECH* gekühlt; ~ *por aire* luftgekühlt; ~ *por agua* wassergekühlt
refrigerador [rrɛfrixera'đɔr] *m* Kühlschrank *m*, Eisschrank *m*
refrigerar [rrɛfrixe'rar] *v* kühlen
refrigerio [rrɛfri'xerĭo] *m 1. (tentempié)* Imbiss *m*, Erfrischung *f*, Stärkung *f*; *2. (fig)* Labsal *n*
refringencia [rrɛfriŋ'xenθĭa] *f PHYS* Lichtbrechung *f*, Lichtbrechungsvermögen *n*
refringente [rrɛfriŋ'xente] *adj PHYS* brechend
refringir [rrɛfriŋ'xir] *v* brechen
refrito [rrɛ'frito] *m 1. (obra hecha de nuevo)* Aufguss *m*; *adj 2.* durchgebraten
refuerzo [rrɛ'fwɛrθo] *m* Nachschub *m*, Verstärkung *f*
refugiado [rrɛfu'xĭađo] *m* Flüchtling *m*
refugio [rrɛ'fuxĭo] *m 1. POL* Asyl *n*; *2. (cobijo)* Zuflucht *f*; *3. (asilo)* Hort *m*; *4. (de montaña)* Berghütte *f*; *5. ~ subterráneo antiaéreo* Luftschutzkeller *m*, Bunker *m*
refulgencia [rrɛful'xenθĭa] *f* Glanz *m*, Schimmer *m*, Gleißen *n*
refulgente [rrɛful'xente] *adj* glänzend, schimmernd, gleißend
refulgir [rrɛful'xir] *v* glänzen, schimmern, leuchten
refundición [rrɛfundi'θĭɔn] *f* Umschmelzen *n*, Einschmelzen *n*, Umarbeitung *f*
refundidor [rrɛfundi'đɔr] *adj* Bearbeiter *m*
refundir [rrɛfun'đir] *v 1. ~ metales* umschmelzen, einschmelzen; *2.(fig: redundar)* umarbeiten, neubearbeiten
refunfuñar [rrɛfunfu'ɲar] *v* murmeln, knurren, meutern
refunfuño [rrɛfun'fuɲo] *m* Brummen *n*, Gebrumme *n*, Gemurmel *n*
refunfuñón [rrɛfunfu'ɲɔn] *adj* brummend
refutable [rrɛfu'taƀle] *adj* widerlegbar
refutación [rrɛfuta'θĭɔn] *f* Widerlegung *f*
refutar [rrɛfu'tar] *v* widerlegen
regable [rrɛ'ɡaƀle] *adj* befeuchtbar, begießbar
regadera [rrɛɡa'đera] *f* Gießkanne *f*
regadío [rrɛɡa'đio] *m* Bewässerung *f*
regadizo [rrɛɡa'điθo] *adj* bewässerbar
regajo [rrɛ'ɡaxo] *m* Rinnsal *n*, Pfütze *f*, Lache *f*

regalado [rrɛga'lađo] *adj* *1.* spottbillig; *2.* herrlich, angenehm, behaglich
regalamiento [rrɛgala'mĭento] *m* Beschenken *n,* Bewirten *n*
regalar [rrɛga'lar] *v* *1.* schenken, verschenken, beschenken; *2.* *(donar)* spendieren
regalía [rrɛga'lĭa] *f* Regal *n,* königliches Hoheitsrecht *n,* Gehaltszulage *f*
regaliz [rrɛga'liθ] *m* Lakritze *f*
regalo [rrɛ'galo] *m* Geschenk *n,* Gabe *f,* Aufmerksamkeit *f;* ~ *publicitario* Werbegeschenk *n*
regañadientes [rrɛgaɲa'đĭentes] *m/pl* *a* ~ zähneknirschend, widerwillig
regañadura [rrɛgaɲa'đura] *f* Zähneknirschen *n*
regañamiento [rrɛgaɲa'mĭento] *m* Knurren *n,* Zähnefletschen *n*
regañar [rrɛga'ɲar] *v* ausschimpfen, schelten; ~ *a alguien* jdn ausschimpfen
regañina [rrɛga'ɲina] *f* Winseln *n,* Winselei *f,* Heulen *n*
regañir [rrɛga'ɲir] *v irr* dauernd heulen, ständig winseln
regaño [rrɛ'gaɲo] *m* böses Gesicht *n,* Rüffel *m*
regañón [rrɛga'ɲɔn] *adj* mürrisch, bärbeißig
regar [rrɛ'gar] *v irr* spritzen, gießen, bewässern
regata [rrɛ'gata] *f* *SPORT* Regatta *f*
regate [rrɛ'gate] *m* *(fig: pretexto)* Ausflucht *f,* Vorwand *m*
regateador [rrɛgatea'đɔr] *m* Feilscher *m*
regatear [rrɛgate'ar] *v* feilschen, handeln
regateo [rrɛga'teo] *m* Feilschen *n,* Schachern *n*
regatería [rrɛgate'ria] *f* Kleinhandel *m*
regatero [rrɛga'tero] *m* Kleinhändler *m*
regato [rrɛ'gato] *m* Rinnsal *n*
regatón [rrɛga'tɔn] *adj* *(que regatea mucho)* Schacherer *m,* Krämer *m*
regatonear [rrɛgato'near] *v* schachern, feilschen
regazo [rrɛ'gaθo] *m* Schoß *m*
regencia [rrɛ'xenθĭa] *f* *(acción de regir)* Regentschaft *f*
regeneración [rrɛxenera'θĭɔn] *f* Regeneration *f,* Erneuerung *f,* Wiederherstellung *f*
regenerador [rrɛxenera'đɔr] *adj* regenerierend
regenerar [rrɛxene'rar] *v* regenerieren, erneuern, wiederherstellen
regente [rrɛ'xente] *m* Regent *m,* Verwalter *m,* Studienrektor *m*
regentear [rrɛxen'tear] *v* leiten, führen
regidor [rrɛxi'đɔr] *m* *(el que gobierna)* Vogt *m,* Ratsherr *m,* Gemeinderat *m*
regidoría [rrɛxiđo'ria] *f* Stadtverordnetenamt *n*
régimen ['rrɛximen] *m* *1.* *POL* Regime *n;* ~ *totalitario* Gewaltherrschaft *f;* *2.* ~ *de bienes JUR* Güterstand *m;* *3.* ~ *alimenticio* Ernährungsweise *f;* *estar a* ~ Diät halten
regimentar [rrɛximen'tar] *v* in ein Regiment eingliedern *n*
regimiento [rrɛxi'mĭento] *m* *MIL* Regiment *n*
regio ['rrɛxĭo] *adj* fürstlich, königlich
región [rrɛ'xĭɔn] *f* *1.* Gebiet *n,* Bezirk *m,* Region *f;* ~ *despoblada* Wildnis *f;* ~ *fronteriza* Grenzland *n;* ~ *industrial* Industriegebiet *n;* *2.* *(espacio)* Raum *m;* *3.* ~ *lumbar ANAT* Lende *f*
regional [rrɛxĭo'nal] *adj* *1.* landschaftlich; *2.* *(administración)* regional
regionalismo [rrɛxĭona'lizmo] *m* Regionalismus *m*
regionalista [rrɛxĭona'lista] *adj* regionalistisch, regional, Heimat...
regionalizar [rrɛxĭonali'θar] *v* regionalisieren
regir [rrɛ'xir] *v irr* *1.* *(conducir)* regieren, leiten, regeln; *2.* *(dominar)* herrschen; *3.* *(estar vigente)* gelten, Gültigkeit haben
registrado [rrɛxis'trađo] *adj* *1.* eingetragen; *2.* ~ *legalmente JUR* geschützt
registrador [rrɛxistra'đɔr] *m* Registerbeamter *m,* Registriergerät *n,* Schreiber *m*
registrar [rrɛxis'trar] *v* *1.* verzeichnen, aufschreiben; ~ *en la aduana* verzollen; ~ *estadísticamente* erfassen; *2.* *(inscribir)* anmelden, eintragen, registrieren; *3.* *(inspeccionar, buscar)* durchsuchen
registrarse [rrɛxis'trarse] *v* sich melden, sich anmelden
registro [rrɛ'xistro] *m* *1.* Anmeldung *f,* Meldung *f;* ~ *civil* Standesamt *n;* ~ *obligatorio* Anmeldepflicht *f;* *lugar de* ~ Anlaufstelle *f;* *2.* *(nómina)* Verzeichnis *n,* Register *n;* *3.* ~ *mercantil ECO* Handelsregister *n;* *4.* ~ *domiciliario JUR* Hausdurchsuchung *f*
regla ['rrɛgla] *f* *1.* *(norma)* Regel *f;* ~*s de juego* Spielregeln *pl;* *en* ~ vorschriftsmäßig; *2.* *MED* Menstruation *f,* Periode *f,*

Regel *f;* *3. (objeto)* Lineal *n;* *~ graduada* Maßstab *m*
reglaje [rrɛ'glaxe] *m* Regelung *f,* Einstellung *f*
reglamentación [rrɛglamenta'θĭɔn] *f* *1. (oficial)* Regelung *f;* *2. ~ de divisas FIN* Devisenbewirtschaftung *f*
reglamentar [rrɛglamen'tar] *v* regeln, ordnen
reglamentario [rrɛglamen'tarĭo] *adj* vorschriftsmäßig
reglamento [rrɛgla'mento] *m* Satzung *f;* *~ interior del edificio* Hausordnung *f*
reglar [rrɛ'glar] *v* linieren
regocijado [rrɛgoθi'xađo] *adj* erfreut, froh, lustig
regocijador [rrɛgoθixa'đɔr] *adj* erfreulich, belustigend
regocijar [rrɛgoθi'xar] *v* belustigen, erfreuen
regocijarse [rrɛgoθi'xarse] *v* *~ de algo/~ por algo* sich über etw lustig machen, sich über etw belustigen, sich über etw freuen
regodearse [rrɛgođe'arse] *v* *~ de alguien* sich über jdn lustig machen
regodeo [rrɛgo'đeo] *m* Vergnügen *n,* Behagen *n,* Fest *n*
regodeón [rrɛgo'đeɔn] *adj* *(LA)* verwöhnt, heikel, wählerisch
regodiento [rrɛgo'đĭento] *adj* *(LA)* verwöhnt, zickig (fam)
regoldar [rrɛɔl'dar] *v irr* rülpsen (fam)
regoldo [rrɛ'golđo] *m* *BOT* Rosskastanienbaum *m*
regolfarse [rrɛgol'farse] *v* sich stauen, abgelenkt werden
regordete [rrɛgor'đete] *adj* mollig
regosto [rrɛ'gosto] *m* Begierde *f,* Genuss *m*
regresar [rrɛgre'sar] *v* umkehren, wiederkommen, zurückfahren
regresión [rrɛgre'sĭɔn] *f* Rückgang *m;* *~ demográfica* Bevölkerungsrückgang *m,* Geburtenrückgang *m*
regresivo [rrɛgre'siƀo] *adj* rückläufig
regreso [rrɛ'greso] *m* Rückkehr *f,* Umkehr *f*
regruñir [rrɛgru'ɲir] *v* sehr laut grunzen
reguardarse [rrɛgwar'đarse] *v* sich vorsehen, sich hüten, sich unterstellen
regüeldo [rrɛ'gwelđo] *m* *(fam: eructo)* Rülpser *m*
reguero [rrɛ'gero] *m* Rinne *f,* Rinnsal *n,* Spur *f*
regulable [rrɛgu'laƀle] *adj* einstellbar, verstellbar
regulación [rrɛgula'θĭɔn] *f* Einstellung *f,* Regelung *f,* Regulierung *f*
regulado [rrɛgu'lađo] *adj* geregelt, richtig, gesteuert
regulador [rrɛgula'đɔr] *m* *TECH* Regler *m*
regular [rrɛgu'lar] *adj* *1.* regelmäßig, regulär; *2. (según horario)* fahrplanmäßig; *3. (mediocre)* mittelmäßig; *v* *4.* regeln, einstellen, regulieren; *5. (proceso)* steuern; *6. TECH* verstellen; *7. INFORM* steuern
regularidad [rrɛgulari'đađ] *f* Regelmäßigkeit *f,* Gleichmäßigkeit *f,* Ordnungsmäßigkeit *f*
regularización [rrɛgulariθa'θĭɔn] *f* Regelung *f*
regularizar [rrɛgulari'θar] *v* normalisieren
regularmente [rrɛgu'larmente] *adv* *(de acuerdo al plan)* planmäßig, regulär
regulativo [rrɛgula'tiƀo] *adj* regulativ, regulierend, ordnend
regurgitación [rrɛgurxita'θĭɔn] *f* Erbrechen *n*
regurgitar [rrɛgurxi'tar] *v* erbrechen, wieder auswürgen
regusto [rrɛ'gusto] *m* Nachgeschmack *m,* Beigeschmack *m*
rehabilitación [rrɛaƀilita'θĭɔn] *f* Rehabilitation *f*
rehabilitar [rrɛaƀili'tar] *v* rehabilitieren
rehacer [rrɛa'θɛr] *v irr* *1. (hacer de nuevo)* noch einmal machen; *2. (reparar)* wiederherstellen
rehacerse [rrɛa'θɛrse] *v irr* *(dominarse)* sich erholen
rehacimiento [rrɛaθi'mĭento] *m* Erholung *f,* Wiederherstellung *f*
rehén [rrɛ'en] *m/f* Geisel *f*
rehenchido [rrɛen'tʃiđo] *m* *(relleno)* ausgestopft, ausgepolstert
rehenchir [rrɛen'tʃir] *v irr* ausstopfen
rehogar [rrɛo'gar] *v* *GAST* dämpfen, dünsten
rehuida [rrɛu'iđa] *f* Zurückscheuen *n,* Verschmähen *n,* Widerwille *m*
rehuir [rrɛu'ir] *v irr* scheuen
rehusar [rrɛu'sar] *v* *1.* verweigern, absagen, versagen, abschlagen; *2. (rechazar)* verschmähen, abweisen, zurückweisen
reimportación [rrɛimpɔrta'θĭɔn] *f* Wiedereinfuhr *f*

reimpresión [rrɛimpre'sĭɔn] *f* Neudruck *m*
reimprimir [rrɛimpri'mir] *v* neudrucken, nachdrucken
reina ['rrɛĭna] *f* Königin *f; ~ de belleza* Schönheitskönigin *f*
reinado [rrɛi'nađo] *m* Regierungszeit *f,* Herrschaft *f,* Macht *f*
reinar [rrɛĭ'nar] *v 1.* herrschen; *2. (apoderarse)* grassieren; *3. ~ sobre POL* regieren über, beherrschen
reincidencia [rrɛinθiđe'nθĭa] *f* Rückfall *m*
reincidente [rrɛinθi'đente] *adj JUR* rückfällig
reincidir [rrɛinθi'đir] *v* zurückfallen, rückfällig werden
reincorporación [rrɛinkɔrpora'θĭɔn] *f* Wiedereinverleibung *f,* Wiedereingliederung *f*
reingreso [rrɛiŋ'greso] *m* Wiedereintritt *m,* Wiederaufnahme *f*
reino ['rrɛĭno] *m* Königreich *n*
reinserción [rrɛinsɛr'θĭɔn] *f ~ social* Resozialisierung *f*
reinstalación [rrɛinstala'θĭɔn] *f* Wiedereinsetzung *f,* Wiedereinrichtung *f*
reinstalar [rrɛinsta'lar] *v* wieder einsetzen, wieder einrichten
reintegrable [rrɛinte'gɾaƀle] *adj* ersetzbar
reintegrar [rrɛinte'gɾar] *v 1.* vergüten; *2. (devolver dinero)* zurückzahlen; *3. (volver a instalar)* wieder einsetzen
reintegro [rrɛin'tegɾo] *m 1. (reinstalación)* Wiedereinsetzung *f; 2. (de dinero)* Rückvergütung *f,* Rückzahlung *f,* Vergütung *f*
reír [rrɛ'ir] *v irr* lachen; *~ a* anlachen; *~ para sus adentros* kichern
reírse [rrɛ'irse] *v irr* lachen, spotten; *~ de alguien* über jdn lachen, jdn auslachen
reiteración [rrɛitera'θĭɔn] *f* Wiederholung *f*
reiterado [rrɛite'rađo] *adj* mehrfach, mehrmalig, wiederholt
reiterar [rrɛite'rar] *v* wiederholen
reitre ['rrɛitre] *m HIST* Reiter *m*
reivindicable [rrɛeiƀindi'kaƀle] *adj* zurückforderbar
reivindicación [rrɛiƀinđika'θĭɔn] *f* Anspruch *m,* Forderung *f,* Rückforderung *f*
reivindicar [rrɛiƀinđi'kar] *v* zurückfordern, beanspruchen, fordern
reja ['rrɛxa] *f* Gitter *n*
rejón [rrɛ'xɔn] *m (barra de hierro)* Spieß *m,* Stachelspieß *m*
rejoneador [rrɛxonea'đɔr] *m* Stierkämpfer zu Pferde *m*
rejonear [rrɛxo'near] *v* zu Pferde kämpfen *n*
rejoneo [rrɛxo'neo] *m* Stierkampf zu Pferde *m*
rejuvenecer [rrɛxuƀene'θer] *v irr* verjüngen, wieder jung werden
rejuvenecimiento [rrɛxuƀeneθi'mĭento] *m* Verjüngung *m,* Jüngerwerden *n*
relabrar [rrɛla'ƀrar] *v* neu behauen
relación [rrɛla'θĭɔn] *f 1.* Beziehung *f,* Verhältnis *n; ~ de empleo* Angestelltenverhältnis *n; 2. ~ de transmisión TECH* Übersetzungsverhältnis *n; 3. (unión)* Verbindung *f; 4. (informe)* Bericht *m; 5. (conexión)* Zusammenhang *m; sin ~* zusammenhanglos; *6. ~es* Beziehungen *pl,* Verbindungen *pl; ~es públicas* Öffentlichkeitsarbeit *f; ~es sexuales* Geschlechtsverkehr *m*
relacionado [rrɛlaθĭo'nađo] *adj poco ~* kontaktarm; *estar ~ a* zusammenhängen mit
relacionar [rrɛlaθĭo'nar] *v 1.* verknüpfen; *2. ~ con* anknüpfen an, verbinden mit
relajación [rrɛlaxa'θĭɔn] *f* Entspannung *f,* Lockerung *f*
relajamiento [rrɛlaxa'mĭento] *m* Erschlaffung *f,* Lockerung *f,* Entspannung *f*
relajante [rrɛla'xante] *adj* entspannend
relajarse [rrɛla'xarse] *v* sich entspannen
relajo [rrɛ'laxo] *m* Saustall (fam) *m,* Schweinerei (fam) *f*
relamer [rrɛla'mɛr] *v* lecken, schlecken, abschlecken
relamerse [rrɛla'mɛrse] *v (pasarse la lengua por los labios)* sich die Lippen abschlecken; *~ de* in vollen Zügen genießen
relámpago [rrɛ'lampaɡo] *m* Blitz *m*
relampaguear [rrɛlampaɡe'ar] *v* blitzen, wetterleuchten
relanzamiento [rrɛlanθa'mĭento] *m* Wiederbelebung *f*
relanzar [rrɛlan'θar] *v* wieder beleben
relapso [rrɛ'lapso] *adj REL* rückfällig
relatador [rrɛlata'đɔr] *adj* erzählend, berichtend
relatar [rrɛla'tar] *v* erzählen, berichten
relatividad [rrɛlatiƀi'đađ] *f 1.* Bedingtheit *f,* Relativität *f; 2. teoría de la ~* Relativitätstheorie *f*

relativismo [rrɛlati'ƀizmo] *m PHIL* Relativismus *m*
relativo [rrɛla'tiƀo] *adj* dementsprechend, relativ, verhältnismäßig; *~ a* bezüglich; *~ a los impuestos* steuerlich
relato [rrɛ'lato] *m LIT* Erzählung *f; ~ corto* Kurzgeschichte *f; ~ verídico* Tatsachenbericht *m*
relator [rrɛla'tɔr] *m* Erzähler *m,* Berichterstatter *m,* Referent *m*
relatoría [rrɛlato'ria] *f* Referent *m,* Referentenamt *n*
relé [rrɛ'le] *m TECH* Relais *n*
relegación [rrɛlega'θĭɔn] *f* Verbannung *f,* Landesverweisung *f,* Übergehung *f*
relegar [rrɛle'gar] *v* verweisen, ausweisen, verbannen
relejar [rrɛle'xar] *v* sich verjüngen
relente [rrɛ'lente] *m 1.* Nachtluft *f; 2.* Frechheit *f*
relentecer [rrɛlente'θɛr] *v irr* weich werden
relevación [rrɛleƀa'θĭpn] *f* Erleichterung *f,* Entlastung *f,* Ablösung *f*
relevante [rrɛle'ƀante] *adj* hervorragend, erheblich, relevant
relevar [rrɛle'ƀar] *v 1.* entbinden, abberufen; *2. (substituir)* ablösen
relevarse [rrɛle'ƀarse] *v* sich abwechseln, sich ablösen
relevo [rrɛ'leƀo] *m* Ablösung *f,* Schichtwechsel *m*
relicario [rrɛli'karĭo] *m* Reliquienkammer *f,* Reliquienschrein *m,* Medaillon *n*
relicto [rrɛ'likto] *adj JUR* Nachlass *m*
relieve [rrɛ'lĭeƀe] *m ART* Relief *n; poner de ~* hervorheben
religar [rrɛli'gar] *v* fester binden
religión [rrɛli'xĭɔn] *f 1.* Religion *f; 2. (confesión religiosa)* Konfession *f; sin ~* konfessionslos
religiosa [rrɛli'xĭosa] *f REL* Nonne *f,* Ordensschwester *f*
religiosidad [rrɛlixĭosi'đađ] *f* Religiösität *f*
religioso [rrɛli'xĭoso] *adj 1.* religiös; *m 2. REL* Ordensbruder *m*
relinchar [rrɛlin'tʃar] *v* wiehern
relincho [rrɛ'lintʃo] *m* Wiehern *n*
reliquia [rrɛ'liĭka] *f REL* Reliquie *f*
reloj [rrɛ'lo] *m* Uhr *f; ~ de arena* Sanduhr *f; ~ de control* Stechuhr *f; ~ de cuarzo* Quarzuhr *f; ~ de pulsera* Armbanduhr *f; ~ de sol* Sonnenuhr *f; ~ de pie* Standuhr *f*
relojería [rrɛlɔxe'ria] *f* Uhrengeschäft *n,* Uhrmacherei *f*
relojero [rrɛlo'xero] *m* Uhrmacher *m*
reluciente [rrɛlu'θĭente] *adj* blank, blitzblank, brillant
relucir [rrɛlu'θir] *v irr* blinken, flimmern, funkeln
relumbrante [rrɛlum'ƀrante] *adj* glänzend, leuchtend
relumbrar [rrɛlum'ƀrar] *v* leuchten, glänzen, gleißen
relumbrón [rrɛlum'ƀrɔn] *m 1. (golpe de luz pasajero)* Aufleuchten *n; 2. (fig) de ~* Angeber...
relumbroso [rrɛlum'ƀroso] *adj* leuchtend, glänzend
rellano [rrɛ'ʎano] *m* Terrasse *f,* Treppenabsatz *m*
rellenar [rrɛʎe'nar] *v 1.* ausfüllen; *2. (recargar)* nachfüllen; *~ de* stopfen mit
relleno [rrɛ'ʎeno] *m 1.* Füllung *f; 2. GAST* Füllung *f*
remador [rrɛma'đɔr] *m* Ruderer *m*
remanecer [rrɛmane'θɛr] *v* unvermutet erscheinen
remanente [rrɛma'nente] *m* Rest *m*
remangar [rrɛmaŋ'gar] *v* aufstreifen, aufkrempeln, aufschürzen
remansarse [rrɛman'sarse] *v* sich stauen, sich anstauen
remar [rrɛ'mar] *v* rudern
remarcar [rrɛmar'kar] *v* bemerken
rematador [rrɛmata'đɔr] *m* Versteigerer *m*
rematamiento [rrɛmata'mĭento] *m* Versteigerung *f*
rematante [rrɛma'tante] *m* Höchstbietender *m*
rematar [rrɛma'tar] *v 1.* vervollständigen; *2. (LA)* versteigern
remate [rrɛ'mate] *m 1.* Vollendung *f; 2. (LA)* Versteigerung *f; 3. (venta)* Ausverkauf *m*
rembolsar [rrɛmƀol'sar] *v* zurückzahlen, einlösen
remecer [rrɛme'θɛr] *v irr* schütteln, rütteln, schwenken
remedar [rrɛme'đar] *v* nachahmen, imitieren
remediador [rrɛmeđĭa'đɔr] *adj* abhelfend, in der Not helfend *f*
remediar [rrɛme'đĭar] *v 1.* abhelfen, abstellen; *2.* erleichtern, entlasten; *3. (impedir)* hindern, verhindern

remediavagos [rrɛmeđĭa'ƀagos] *m (fam)* Eselsbrücke *f*
remedio [rrɛ'međĭo] *m 1.* Abhilfe *f; 2. (medio)* Mittel *n; 3. MED* Heilmittel *n*
remedir [rrɛme'đir] *v irr* helfen, abhelfen
remedo [rrɛ'međo] *m* Nachahmung *f*
remellar [rrɛme'ʎar] *v (mellar)* abschaben
remembrar [rrɛmem'ƀrar] *v* sich an früher erinnern, sich rückerinnern
rememoración [rrɛmemora'θĭɔn] *f* Erinnerung *f,* Rückerinnerung *f*
rememorar [rrɛmemo'rar] *v* gedenken, ins Gedächtnis rufen *n*
rememorativo [rrɛmemora'tiƀo] *adj* erinnernd, gedenkend, Erinnerungs...
remendado [rrɛmen'dađo] *adj* geflickt, gefleckt
remendar [rrɛmen'đar] *v irr* flicken
remero [rrɛ'mero] *m* Ruderer *m*
remesa [rrɛ'mesa] *f* Sendung *f,* Ablieferung *f,* Absendung *f*
remesar [rrɛmɛ'sar] *v (hacer remesas)* verschicken, versenden, remittieren
remiendo [rrɛ'mĭendo] *m* Flicken *m,* Fleck *m*
remilgado [rrɛmil'gađo] *adj* geziert
remilgos [rrɛ'milgos] *m/pl hacer ~* sich zieren
remilitarizar [rrɛmilitari'θar] *v* remilitarisieren
remineralizar [rrɛminerali'θar] *v MED* remineralisieren
reminiscencia [rrɛminisθen'θĭa] *f* Erinnerungsstück *n*
remirar [rrɛmi'rar] *v* sorgfältig betrachten, bedenken
remisible [rrɛmi'siƀle] *adj* verzeichlich
remisión [rrɛmi'sĭɔn] *f 1.* Vergebung *f; 2. ~ condicional JUR* Bewährung *f; ~ de la pena* Straferlass *m*
remisivo [rrɛmi'siƀo] *adj* nachlassend, verweisend
remiso [rrɛ'miso] *adj (flojo)* nachlässig, schlaff, schlapp
remisor [rrɛmi'sɔr] *m (remitente) (LA)* Absender *m*
remisorias [rrɛmi'sorĭa] *f/pl JUR* Verweisung *f*
remisorio [rrɛmi'sorĭo] *adj JUR* verweisend
remite [rrɛ'mite] *m* Absender *m*
remitente [rrɛmi'tente] *m/f* Absender(in) *m/f,* Einsender(in) *m/f*
remitido [rrɛmi'tiđo] *m* Zuschrift *f*
remitir [rrɛmi'tir] *v* versenden, zusenden, abschicken, zuschicken; *~ a* verweisen auf
remitirse [rrɛmi'tirse] *v ~ a* sich beziehen auf
remo ['rrɛmo] *m* Ruder *n; ~ de piragua* Paddel *n*
remoción [rrɛmo'θĭɔn] *f* Entfernung *f,* Beseitigung *f*
remojar [rrɛmo'xar] *v* einweichen
remolacha [rrɛmo'latʃa] *f BOT* Rübe *f; ~ azucarera* Zuckerrübe *f*
remolcador [rrɛmɔlka'đɔr] *m* Schleppdampfer *m*
remolcar [rrɛmɔlkar] *v* schleppen, abschleppen
remolinear [rrɛmoli'near] *v* wirbeln, quirlen
remolino [rrɛmo'lino] *m* Strudel *m,* Haarwirbel *m,* Wirbel *m*
remolón [rrɛmo'lɔn] *m* Drückeberger *m*
remolonear [rrɛmolo'near] *v* sich drücken (fam)
remolque [rrɛ'mɔlke] *m 1.* Anhänger *m; 2.* Schleppen *n,* Abschleppen *n*
remoquete [rremo'kete] *m* Faustschlag *m,* Stichelei *f*
rémora ['rrɛmora] *f 1. (pez marino) ZOOL* Schiffshalter *m; 2. (fig: obstáculo)* Hindernis *n*
remordedor [rrɛmɔrđe'đɔr] *adj* innerlich quälend, beunruhigend
remorder [rrɛmɔr'đɛr] *v irr (la conciencia)* quälen, beunruhigen
remordimientos [rrɛmɔrđi'mĭentos] *m/pl* Gewissensbisse *pl; sin ~* unbeschwert
remosquearse [rrɛmos'kearse] *v (fam: mostrar disgusto)* Ärger zeigen *m*
remoto [rrɛ'moto] *adj 1.* fern; *2. (pasado)* längst vergangen
remover [rrɛmo'ƀɛr] *v irr 1.* rühren; *~ la tierra* die Erde umgraben; *2. (dar vueltas)* umrühren
remozar [rrɛmo'θar] *v* verjüngen, modernisieren
remplazar [rrɛmpla'θar] *v* ersetzen, vertreten
remuda [rrɛ'muđa] *f* Ablösung *f,* Abwechslung *f*
remudar [rrɛmu'đar] *v* ablösen, abwechseln
remullir [rrɛmu'ʎir] *v irr* auflockern
remuneración [rrɛmunera'θĭɔn] *f* Entlohnung *f,* Vergütung *f*

remunerador [rrɛmunera'đɔr] *adj* einträglich, lohnend
remunerar [rrɛmune'rar] *v* entlohnen, vergüten
remunerativo [rrɛmunera'tiƀo] *adj* Gewinn bringend
remusgar [rrɛmus'ɡar] *v ~ algo* etw wittern, einen Argwohn haben *m*
remusgo [rrɛ'musɡo] *m* Ahnen *n,* Vermutung *f,* Argwohn *m*
renacer [rrɛna'θɛr] *v irr* wieder geboren werden, zu neuem Leben erwachen *n*
Renacimiento [rrɛnaθi'mĭento] *m HIST* Renaissance *f*
renacuajo [rrɛna'kwaxo] *m ZOOL* Kaulquappe *f*
renal [rrɛ'nal] *adj ANAT* Nieren...
renano [rrɛ'nano] *adj (del Rin) GEO* Rhein..., rheinisch, rheinländisch
rencilla [rrɛ'nθiʎa] *f* Streiterei *f*
rencilloso [rrɛnθi'ʎoso] *adj* streitsüchtig
renco ['rrɛŋko] *adj* lahm, hinkend
rencor [rrɛn'kɔr] *m* Groll *m; guardar ~ a alguien* jdm gegenüber nachtragend sein
rencoroso [rrɛŋko'roso] *adj* grollend, nachtragend
rendido [rrɛn'điđo] *adj* abgespannt, fertig, kaputt
rendija [rrɛn'dixa] *f* Ritze *f,* Schlitz *m*
rendimiento [rrɛndi'mĭento] *m 1. TECH* Leistung *f; ~ máximo* Spitzenleistung *f; alto ~* Hochleistung *f; 2. ECO* Leistung *f*
rendir [rrɛn'dir] *v irr 1.* erschöpfen; *2. ~ homenaje a alguien* jdm huldigen
rendirse [rrɛn'dirse] *v irr* sich beugen, sich ergeben, kapitulieren
renegado [rrɛne'ɡađo] *m* abtrünnig, schroff (fig), barsch
renegador [rrɛneɡa'đɔr] *m* Abtrünniger *m,* Flucher *m*
renegar [rrɛne'ɡar] *v irr 1. ~ de algo* sich von etw lossagen, einer Sache abschwören; *2. (maldecir)* verfluchen, fluchen
renegón [rrɛne'ɡɔn] *adj* brummig
renegrear [rrɛne'ɡrear] *v* kohlschwarz aussehen, schlecht machen, lästern
renglón [rrɛŋ'ɡlɔn] *m* Linie *f,* Zeile *f*
renglonadura [rrɛŋglona'đura] *f* Linierung *f*
rengo ['rrɛŋɡo] *adj MED* lahm
reniego [rrɛ'nĭeɡo] *m* Verleugnung *f,* Fluch *m*
reniforme [rrɛni'fɔrme] *adj* nierenförmig
renitencia [rrɛni'tenθĭa] *f* Renitenz *f,* Widersetzlichkeit *f*
renitente [rrɛni'tente] *adj* kratzbürstig, renitent
renombrado [rrɛnɔm'brađo] *adj* namhaft, renommiert
renombrar [rrɛnɔm'brađo] *v* umbenennen
renombre [rrɛ'nɔmbre] *m* Berühmtheit *f*
renovación [rrɛnoƀa'θĭɔn] *f* Erneuerung *f,* Renovierung *f*
renovado [rrɛno'ƀađo] *adj* erneut
renovador [rrɛnoƀa'đɔr] *adj* erneuernd, auffrischend
renovar [rrɛno'ƀar] *v irr 1.* erneuern, renovieren; *2. (retocar)* überarbeiten, aufbereiten
renquear [rrɛn'kɛar] *v* hinken, lahmen
renqueo [rrɛn'kɛo] *m* Hinken *n,* Lahmen *n*
renta ['rrɛnta] *f 1.* Einkommen *n; ~ de arrendamiento* Miete *f; ~ nacional* Volkseinkommen *n; ~ neta* Nettoeinkommen *n; ~ per cápita* Pro-Kopf-Einkommen *n; ~ vitalicia* Leibrente *f; 2. ECO* Zinsen *pl; ~ variable* Dividende *f*
rentabilidad [rrɛntaƀili'đađ] *f 1.* Wirtschaftlichkeit *f; 2. ECO* Ertragfähigkeit *f,* Rendite *f,* Rentabilität *f*
rentabilizar [rrɛntaƀili'θar] *v* Ertrag bringen *m,* sich rentieren
rentable [rrɛn'taƀle] *adj* rentabel, lohnend; *ser ~* sich lohnen, sich rentieren
rentar [rrɛn'tar] *v* eintragen, bringen, mieten
rentero [rrɛn'tero] *m ECO* Pächter *m*
rento ['rrɛnto] *m* Bauerngut *n,* Meierei *f*
renuencia [rrɛ'nuenθĭa] *f* Ablehnung *f,* Widerwille *m*
renuente [rrɛ'nwente] *adj* widerwillig, widerspenstig
renuevo [rrɛ'nweƀo] *m* Schössling *m,* neuer Trieb *m*
renuncia [rrɛ'nunθĭa] *f 1.* Aufgabe *f; 2. (al cargo)* Kündigung *f,* Rücktritt *m; 3. ~ a* Verzicht auf *m*
renunciable [rrɛnun'θĭaƀle] *adj* verzichtbar
renunciación [rrɛnunθĭa'θĭɔn] *f* Verzichten *n,* Entsagen *n*
renunciar [rrɛnun'θĭar] *v 1.* abschwören, aufgeben; *2. (dimitir)* zurücktreten, kündigen; *3. ~ a* verzichten auf; *Manolo renuncia al viaje. 4. (sacrificar)* opfern

reñidero [rrɛɲi'đero] *m* Kampfplatz *m*
reñido [rrɛ'ɲiđo] *adj* umkämpft, verbissen
reñidor [rrɛɲi'đɔr] *adj* Kampf...
reñidura [rrɛ'ɲiđura] *f (regaño)* böses Gesicht *n,* Rüffel (fam) *m*
reñir [rrɛ'ɲir] *v 1.* streiten, raufen; *~ con alguien* mit jdm zanken; *2. (insultar)* ausschimpfen, schelten
reo ['rrɛo] *m JUR* Angeklagter *m; ~ convicto* Verurteilter *m*
reómetro [rrɛ'ometro] *m PHYS* Strommesser *m,* Strömungsmesser *m*
reorganización [rrɛɔrg̡aniθa'θǐɔn] *f* Reorgansisation *f,* Neuordnung *f,* Umstellung *f;* Umorganisierung *f*
reorganizar [rrɛɔrg̡ani'θar] *v* umstellen
repachingarse [rrɛpatʃiŋ'garse] *v* sich bequem zurücklehnen, sich rekeln
reparable [rrɛpa'rađle] *adj* ersetzbar, reparierbar, beachtenswert
reparación [rrɛpara'θǐɔn] *f* Reparatur *f,* Instandsetzung *f,* Wiedergutmachung *f*
reparador [rrɛpara'đɔr] *adj 1. (que repara)* reparierend, ersetzend, Ersatz... *2. (que devuelve las fuerzas)* kräftigend, aufbauend, erquickend; *un sueño ~* ein erquickender Schlaf *m*
reparar [rrɛpa'rar] *v* reparieren, wieder gutmachen, ausbessern
reparativo [rrɛpara'tiđo] *adj* Stärkungs..., Ersatz...
reparo [rrɛ'paro] *m* Einwand *m,* Beanstandung *f; poner ~s a* beanstanden, einwenden gegen, Einwände erheben gegen; *sin ~* anstandslos
reparón [rrɛpa'rɔn] *adj* nörgelnd
repartible [rrɛpar'tiđle] *adj* verteilbar
repartición [rrɛparti'θǐɔn] *f* Verteilung *f,* Aufteilung *f*
repartida [rrɛpar'tiđa] *f* Verteilung *f,* Ausgabe *f,* Lieferung *f*
repartidor(a) [rrɛparti'đɔr/rrɛparti'tora] *m/f* Verteiler(in) *m/f*
repartimiento [rrɛparti'mǐento] *m* Austeilung *f,* Einteilung *f,* Aufteilung *f*
repartir [rrɛpar'tir] *v 1.* teilen, austeilen, aufteilen, austragen; *2. (dividir)* gliedern, aufteilen, verteilen; *3. ~ dividendos ECO* ausschütten
reparto [rrɛ'parto] *m 1.* Zuteilung *f,* Verteilung *f; ~ de regalos* Bescherung *f; 2. (de correos)* Zustellung *f; 3. (división)* Aufteilung *f,* Gliederung *f; 4. ~ de dividendos FIN* Dividendenausschüttung *f; ~ de beneficios* Gewinnausschüttung *f*
repasar [rrɛ'pasar] *v 1.* überholen, überprüfen; *~ la cuenta* nachrechnen; *2. (volver a mirar, leer)* überfliegen, überarbeiten
repaso [rrɛ'paso] *m hacer un ~* Überprüfung *f,* Generalüberholung *f,* Durchsicht *f*
repatriación [rrɛpatrǐa'θǐɔn] *f exigir la ~ de* Rückführung *f,* Repatriierung *f*
repatriar [rrɛpa'trǐar] *v* rückführen, repatriieren
repecho [rrɛ'petʃo] *m* Böschung *f,* kurzer Steilhang *m*
repeinarse [rrɛpei'narse] *v* sich sorgfältig kämmen
repelente [rrɛpe'lente] *m 1.* Mückenmittel *n; adj 2.* abstoßend, widerlich
repeler [rrɛpe'lɛr] *v* abstoßen
repeluco [rrɛpe'luko] *m* Schauder *m,* Schaudern *n,* Schüttelfrost *m*
repellar [rrɛpe'ʎar] *v* verputzen
repensar [rrɛpen'sar] *v* überdenken, sich Zeit ausbedingen
repentino [rrɛpen'tino] *adj* plötzlich, jäh, schlagartig
repercusión [rrɛperku'sǐɔn] *f* Rückstoß *m,* Rückprall *m,* Widerhall *m*
repercutir [rrɛpɛrku'tir] *v* widerhallen
repertorio [rrɛpɛr'torǐo] *m THEAT* Spielplan *m,* Repertoire *n*
repetición [rrɛpeti'θǐɔn] *f* Wiederholung *f*
repetido [rrɛpe'tiđo] *adj* mehrfach, mehrmalig, nochmalig; *repetidas veces* mehrfach, mehrmals, oftmals
repetir [rrɛpe'tir] *v irr* wiederholen; *~ la orden* nachbestellen; *tener que ~ el curso* den Kurs wiederholen müssen
repicar [rrɛpi'kar] *v (sonar rápidamente las campanas)* Glocken läuten
repique [rrɛ'pike] *m ~ de campanas REL* Glockengeläute *n*
repiquetear [rrɛpike'tear] *v (repicar las campanas)* läuten
repiqueteo [rrɛpike'teo] *m* Läuten *n,* Bimmeln *n,* Gezänk *n*
repisa [rrɛ'pisa] *f* Konsole *f; ~ de la ventana* Fensterbank *f*
repisar [rrɛpi'sar] *v* feststampfen, nochmals treten
replantación [rrɛplanta'θǐɔn] *f* Neubepflanzung *f,* Umpflanzung *f*
replantar [rrɛplan'tar] *v* wieder bepflanzen, umpflanzen

replantear [rrɛplan'tear] *v* trassieren
repleción [rrɛple'θĭɔn] *f* Füllung *f,* Vollblütigkeit *f*
replegarse [rrɛple'ga̯rse] *v irr* sich zurückziehen
repletar [rrɛple'tar] *v* ausfüllen, voll stopfen
repleto [rrɛ'pleto] *adj* überfüllt, überlaufen
réplica ['rrɛplika] *f 1.* Widerrede *f; sin ~* widerspruchslos; *2. (copia de una obra de arte)* Replik *f*
replicar [rrɛpli'kar] *v* entgegnen
replicato [rrɛpli'kato] *m* Erwiderung *f,* Widerspruch *m*
replicón [rrɛpli'kɔn] *adj (respondón)* widersprechend
repliegue [rrɛ'plĭege] *m* Rückzug *m*
repoblación [rrɛpoƀla'θĭɔn] *f* Wiederbevölkerung *f,* Wiederbesiedlung *f*
repoblar [rrɛpo'ƀlar] *v irr* wieder bevölkern, wieder aufforsten
repollo [rrɛ'poʎo] *m 1. BOT* Weißkohl *m,* Kohl *m; 2. (fam)* Besserwisser *m*
repolludo [rrɛpo'ʎuđo] *adj (fig: rechoncho)* gedrungen
reponer [rrɛpo'nɛr] *v irr* wiederherstellen
reportaje [rrɛpɔr'taxe] *m* Reportage *f; ~ gráfico* Bildbericht *m*
reportar [rrɛpɔr'tar] *v* melden, berichten
reportero [rrɛpɔr'tero] *m* Reporter *m*
reposacabezas [rrɛposaka'ƀeθas] *m* Kopfstütze *f*
reposado [rrɛpo'sađo] *adj 1. GAST* altbacken; *2. (calmoso)* ruhig, gelassen
reposapiés [rrɛposa'pĭes] *m* Fußstütze *f,* Fußauflage *f*
reposar [rrɛpo'sar] *v 1.* ausruhen; *2. ~ sobre* ruhen auf
reposición [rrɛposi'θĭɔn] *f* Wiedereinsetzung *f,* Rückstellung *f*
repositorio [rrɛposi'torĭo] *m* Aufbewahrungsort *m*
reposo [rrɛ'poso] *m* Ruhe *f; lugar de ~* Erholungsort *m*
repostar [rrɛpos'tar] *v* aufnehmen, nachtanken
repostería [rrɛpɔste'ria] *f* Konditorei *f*
repostero [rrɛpos'tero] *m* Konditor *m,* Küchenmeister *m*
reprender [rrɛpren'dɛr] *v* maßregeln, schelten; *~ a alguien* jdn zurechtweisen, jdn rügen
reprensible [rrɛpren'siƀle] *adj* verwerflich, sträflich
reprensión [rrɛpren'sĭɔn] *f* Rüge *f,* Verweis *m*
reprensor [rrɛpren'sɔr] *adj* tadelnd, rügend
represa [rrɛ'presa] *f* Damm *m*
represar [rrɛpre'sar] *v 1. (estancar el agua)* stauen; *2. (fig: retener)* aufhalten, unterdrücken, hemmen
representable [rrepresen'taƀle] *adj* aufführbar
representación [rrɛpresenta'θĭɔn] *f 1.* Vertretung *f; 2. ~ comercial ECO* Handelsvertretung *m; ~ general* Generalvertretung *f; 3. (ofrecimiento)* Darbietung *f; 4. THEAT* Aufführung *f,* Spiel *n,* Vorstellung *f; 5. CINE* Darstellung *f; 6. ~ exacta* Abbild *n,* Ebenbild *n*
representante [rrɛpresen'tante] *m/f* Vertreter(in) *m/f,* Repräsentant(in) *m/f; ~ extraordinario* Sonderbeauftragter *m; ~ exclusivo* Alleinvertreter *m*
representar [rrɛpresen'tar] *v 1.* vertreten, repräsentieren; *2. (ofrecer)* darbieten; *3. THEAT* aufführen, spielen; *4. CINE* darstellen
representativo [rrɛpresenta'tiƀo] *adj* repräsentativ, kennzeichnend, symbolhaft
represión [rrɛpre'sĭɔn] *f 1. (a una persona)* Unterdrückung *f; 2. (supresión)* Verdrängung *f*
represivo [rrɛpre'siƀo] *adj* repressiv, beschränkend, eindämmend
reprimenda [rrɛpri'menda] *f* Rüge *f,* Verweis *m,* Disqualifikation *f*
reprimido [rrɛpri'miđo] *adj* verklemmt
reprimir [rrɛpri'mir] *v* unterdrücken, verdrängen, zügeln
reprimirse [rrɛpri'mirse] *v* sich fassen; *~ de algo* sich etw verkneifen
reprobación [rrɛproƀa'θĭɔn] *f* Missbilligung *f*
reprobar [rrɛpro'ƀar] *v irr* missbilligen
reprocesar [rrɛproθe'sar] *v* wieder aufbereiten
reprochable [rrɛpro'tʃaƀle] *adj* verwerflich
reprochar [rrɛpro'tʃar] *v* vorwerfen, tadeln; *~ algo a alguien* jdm etw vorhalten
reproche [rrɛ'protʃe] *m* Tadel *m,* Vorhaltung *f,* Vorwurf *m; lleno de ~s* vorwurfsvoll
reproducción [rrɛprođug'θĭɔn] *f 1.* Nachbildung *f,* Reproduktion *f; 2. (multiplicación)*

Vermehrung *f,* Vervielfältigung; *3. (proliferación)* Fortpflanzung *f; 4. (copia)* Abbildung *f,* Abdruck *m*
reproducir [rrɛprođu'θir] *v irr 1.* abbilden, abdrucken, nachbilden; *2. (multiplicar)* vervielfältigen
reproducirse [rrɛprođu'θirse] *v irr* sich fortpflanzen, sich vermehren
reproductivo [rreprođuk'tiƀo] *adj* reproduktiv, Gewinn bringend
reproductor [rrɛprođuk'tɔr] *m 1.* männliches Zuchttier *n; 2. ~ de disco compacto* CD-Spieler *m,* CD-Player *m*
reptante [rrɛp'tante] *adj* kriechend
reptar [rrɛp'tar] *v* kriechen
reptil [rrɛp'til] *m ZOOL* Reptil *n*
república [rrɛ'puƀlika] *f* Republik *f; República Popular* Volksrepublik *f; República Federal de Alemania* Bundesrepublik Deutschland *f*
republicano [rrɛpuƀli'kano] *adj POL* republikanisch
repudiable [rrɛpu'đĭaƀle] *adj* zu verschmähen, abzulehnen
repudiación [rrɛpuđĭa'θĭɔn] *f* Ablehnung *f,* Verstoßen *n,* Verschmähen *n*
repudiar [rrɛpu'đĭar] *v (rechazar)* ablehnen, verstoßen, verschmähen
repudio [rrɛ'puđĭo] *m* Verstoßung *f,* Ablehnung *f,* Ausschlagung *f*
repudrirse [rrɛpu'đrirse] *v irr (consumirse internamente)* sich grämen
repuesto [rrɛ'pwesto] *m* Ersatzteil *n*
repugnancia [rrɛpug'nanθĭa] *f* Widerwille *m*
repugnante [rrɛpug'nante] *adj* abscheulich, widerlich, abstoßend
repugnar [rrɛpug'nar] *v* anekeln, anwidern
repulido [rrɛpu'liđo] *adj (muy arreglado)* geziert (fam), geleckt (fam)
repulir [rrɛpu'lir] *v* nachpolieren, auf Hochglanz bringen *m*
repulsa [rrɛ'pulsa] *f* Weigerung *f,* Abweisung *f*
repulsión [rrɛpul'sĭɔn] *f 1.* Abscheu *m; 2. PHYS* Rückstoß *m*
repulsivo [rrɛpul'siƀo] *adj* widerlich, abstoßend
repunte [rrɛ'punte] *m* Einsetzen von Ebbe *n,* Einsetzen von Flut *n*
reputación [rrɛputa'θĭɔn] *f* Leumund *m,* Ruf *m,* Ansehen *n; mala ~* Misskredit *m,* Verruf *m; de mala ~* anrüchig, verrufen
reputar [rrɛpu'tar] *v* schätzen, erachten, würdigen
requebrar [rrɛke'ƀrar] *v (decir piropos a una mujer)* schmeicheln, Komplimente machen, den Hof machen
requemar [rrɛke'mar] *v* anbrennen lassen, versengen, ausdörren
requerido [rrɛke'riđo] *adj* erforderlich; *sin ser ~* unaufgefordert
requeridor [rrɛkeri'đɔr] *adj* andeutend, kundgebend
requerimiento [rrɛkeri'mĭento] *m 1. (necesidad)* Bedürfnis *n; 2. (recordatorio)* Mahnung *f; 3. JUR* Abmahnung *f*
requerir [rrɛke'rir] *v irr 1.* anfordern; *2. (necesitar)* erfordern; *~ de* bedürfen; *3. (recordar)* mahnen; *4. JUR* abmahnen
requesón [rrɛke'sɔn] *m GAST* Quark *m*
requiebro [rrɛ'kĭeƀro] *m* Schmeichelei *f,* Kompliment *n*
réquiem ['rrɛkĭem] *m 1. (misa de difuntos)* Requiem *n; 2. (música para la misa de difuntos) MUS* Requiem *n*
requisa [rrɛ'kisa] *f (inspección)* Durchsuchung *f*
requisar [rrɛki'sar] *v* durchsuchen, beschlagnahmen, requirieren
requisitoria [rrɛkisi'torĭa] *f 1.* Fahndungsbuch *n; 2. (orden de busca y captura)* Steckbrief *m*
res [rrɛs] *f ~ vacuna ZOOL* Rind *n*
resabiar [rrɛsa'ƀĭar] *v* verderben, schlechte Angewohnheiten beibringen
resabido [rrɛsa'ƀiđo] *adj* vorlaut
resabio [rrɛ'saƀĭo] *m (mala costumbre)* schlechte Angewohnheit *f*
resaca [rrɛ'saka] *f 1.* Kater *m,* Katzenjammer *m; 2. (movimiento de las olas)* Dünung *f,* Brandung *f*
resalga [rrɛ'salga] *f* Salzlake *f*
resaltar [rrɛsal'tar] *v 1. (en un mapa)* hervorspringen; *2. (fig: sobresalir)* überragen, vorstehen, hervorstechen; *hacer ~* betonen
resalte [rre'salte] *m* Ansatz *m,* Dorn *m,* Stift *m*
resalto [rrɛ'salto] *m* Vorsprung *m*
resanar [rrɛsa'nar] *v (reparar lo dañado)* ausbessern
resarcible [rrɛsar'θiƀle] *adj* ersetzbar
resarcimiento [rrɛsarθi'mĭento] *m* Ersatz *m,* Entschädigung *f*
resarcir [rrɛsar'θir] *v JUR* entschädigen, ersetzen

resbaladizo [rrɛsƀala'điθo] *adj* glatt, glitschig, rutschig
resbalar [rrɛsƀa'lar] *v 1.* schleudern; *2. ~ sobre* ausrutschen auf
resbalera [rrɛsƀa'lera] *f* Ausgleiten *n,* Schleudern *n*
rescacio [rrɛs'kaθĭo] *m ZOOL* Meeresfisch *m*
rescatar [rrɛska'tar] *v* bergen
rescate [rrɛs'kate] *m 1.* Bergung *f; 2. (dinero por)* Lösegeld *n*
rescindir [rrɛsθin'dir] *v* kündigen, zurücktreten; *~ un contrato* einen Vertrag kündigen, von einem Vertrag zurücktreten
rescisión [rrɛsθi'sĭɔn] *f* Kündigung *f*
rescontrar [rrɛskɔn'trar] *v irr* stornieren
rescripto [rrɛs'kripto] *m (bula papal) REL* Reskript *n,* Erlass *m,* Verfügung *f*
rescuentro [rrɛs'kwentro] *m* Storno *m*
resecar [rese'kar] *v 1. (secar mucho)* stark austrocknen; *2. ~ un órgano MED* ein Organ operativ entfernen *n*
reseco [rrɛ'seko] *adj* strohtrocken
resellar [rrɛse'ʎar] *v* umstempeln, nachprägen, wieder versiegeln
resello [rrɛ'seʎo] *m* Nachprägung *f*
resentido [rrɛsen'tiđo] *adj* gehässig, verbittert
resentimiento [rrɛsenti'mĭento] *m* Groll *m*
resentirse [rrɛsen'tirse] *v irr (fig: enojarse por algo)* sich ärgern, böse sein
reseña [rrɛ'seɲa] *f* Beschreibung *f,* Schilderung *f,* Rezension *f*
reseñar [rrɛse'ɲar] *v* beschreiben, schildern
reserva [rrɛ'sɛrƀa] *f 1.* Vorrat *m; 2. ~ de oro ECO* Goldreserve *f; 3. (reservación)* Buchung *f,* Reservierung *f; ~ de asiento* Platzkarte *f; 4. (duda, objeción)* Vorbehalt *m,* Verschwiegenheit *f; a ~ de* vorbehaltlich; *sin ~* unbedingt, rückhaltlos; *5. ~ de propiedad JUR* Eigentumsvorbehalt *m; 6. (área)* Reservat *n; ~ natural* Naturschutzgebiet *n; 7. (modo de responder)* Reserviertheit *f*
reservación [rrɛsɛrƀa'θĭɔn] *f* Reservierung *f,* Buchung *f,* Reservation *f*
reservadamente [rrɛsɛr'ƀadamente] *adv* zurückgezogen
reservado [rrɛsɛr'ƀađo] *adj 1.* abweisend, verschwiegen, zurückhaltend; *2. (carácter)* unzugänglich, verschlossen
reservar [rrɛsɛr'ƀar] *v* reservieren, zurücklegen, bestellen; *~ un vuelo para* einen Flug buchen nach; *Quisiera ~ una habitación.* Ich möchte ein Zimmer bestellen. *¿Puedo ~ una mesa?* Kann ich einen Tisch reservieren?
reservarse [rrɛsɛr'ƀarse] *v ~ algo* sich etw vorbehalten
reservativo [rrɛsɛrƀa'tiƀo] *adj* vorbehaltlich, Reservats...
reservista [rrɛsɛr'ƀista] *m MIL* Reservist *m*
resfriado [rrɛsfri'ađo] *m* Schnupfen *m,* Erkältung *f*
resfriarse [rrɛsfri'arse] *v MED* sich erkälten, sich verkühlen
resguardar [rrɛsgwar'đar] *v (defender)* schützen, bewahren, verwahren
resguardo [rrɛs'gwarđo] *m* Empfangsbescheinigung *f,* Quittung *f*
residencia [rrɛsi'đenθĭa] *f* Aufenthalt *m,* Sitz *m; lugar de ~* Wohnort *m; ~ de ancianos* Altersheim *n; ~ de animales* Tierheim *n; ~ de estudiantes* Studentenwohnheim *n*
residencial [rrɛsiđen'θĭal] *adj* Wohn...
residente [rrɛsi'đente] *adj* wohnhaft
residuo [rrɛ'siđwo] *m 1.* Rückstand *m; 2. (resto)* Überbleibsel *n; 3. ~s radiactivos pl* Atommüll *m; ~s tóxicos* Giftmüll *m*
resignación [rrɛsigna'θĭɔn] *f* Resignation *f*
resignarse [rrɛsig'narse] *v* resignieren; *~ con* sich abfinden mit
resina [rrɛ'sina] *f BOT* Harz *n*
resinoso [rrɛsi'noso] *adj* harzig
resistencia [rrɛsis'tenθĭa] *f 1.* Widerstand *m; sin ~* widerstandslos; *2. (~ a)* Beständigkeit *f; 3. (perseverancia)* Widerstandsfähigkeit *f,* Stehvermögen *n*
resistente [rrɛsis'tente] *adj 1.* widerstandsfähig; *muy ~* unverwüstlich; *2. (tenaz)* zäh; *3. (~ a)* beständig, dauerhaft; *~ al calor* hitzebeständig; *~ a choques* stoßfest; *~ al fuego* feuerfest; *~ a la intemperie* wetterbeständig; *~ al agua* wasserdicht
resistero [rrɛsis'tero] *m* Mittagshitze *f,* Bruthitze *f*
resistible [rrɛsis'tiƀle] *adj* erträglich
resistir [rrɛsis'tir] *v 1.* aushalten, durchhalten, verkraften; *2. (aguantar)* standhalten, überstehen; *3. (oponerse)* widerstehen
resistirse [rrɛsis'tir] *v 1. ~ a* trotzen; *2. ~ contra* sich widersetzen

resistividad [rresisitiƀi'đađ] *f PHYS* Widerstand *m*
resobado [rreso'ƀađo] *adj (muy usado)* abgedroschen, abgegriffen
resocialización [rresoθialiθa'θĭɔn] *f* Resozialisierung *f*
resoluble [rreso'luƀle] *adj* lösbar, auflösbar
resolución [rresolu'θĭɔn] *f 1.* Entschluss *m; tomar la ~ de* beschließen; *sin ~* unschlüssig; *~ previa* Vorentscheidung *f; 2. (certeza)* Bestimmtheit *f*
resoluto [rreso'luto] *adj* resolut, entschlossen
resolver [rresɔl'ƀer] *v* lösen, beschließen; *~ los problemas* die Probleme lösen
resolverse [rresɔl'ƀerse] *v ~ a* sich entschließen zu
resollar [rreso'ʎar] *v irr* schnaufen
resonación [rresona'θĭɔn] *f* Nachklang *m,* Nachhall *m*
resonador [rresona'đɔr] *adj* nachklingend, nachhallend
resonancia [rreso'nanθĭa] *f* Anklang *m*
resonante [rreso'nante] *adj* nachhallend, nachhaltig, bedeutend
resonar [rreso'nar] *v irr* dröhnen, hallen, widerhallen
resoplar [rreso'plar] *v* schnauben
resorte [rre'sɔrte] *m* Feder *f,* Sprungfeder *f*
respaldar [rrespal'dar] *v 1.* untermauern; *2. (apoyar)* stützen
respaldo [rres'paldo] *m 1.* Lehne *f,* Rückenlehne *f; 2. (fig)* Rückhalt *f* (fig), Schützenhilfe *f* (fig)
respectar [rrespek'tar] *v* respektieren, angehen, anbelangen; *Por lo que a eso respecta ...* Was das anbelangt ...
respectivo [rrespek'tiƀo] *adj* betreffs, diesbezüglich
respecto [rres'pekto] *prep ~ a* hinsichtlich
respetabilidad [rrespetaƀili'đađ] *f* Achtbarkeit *f*
respetable [rrespe'taƀle] *adj* achtbar, ehrbar, ehrenhaft
respetar [rrespe'tar] *v 1.* schätzen, ehren, respektieren; *2. ~ la ley* achten, einhalten, respektieren
respeto [rres'peto] *m ~ a alguien* Respekt vor jdm *m; ~ de sí mismo* Selbstachtung *f; falta de ~* Nichtachtung *f; profundo ~* Ehrfurcht *f,* Achtung *f; sin ~* respektlos
respetuoso [rrespe'twoso] *adj* ehrerbietig, ehrfürchtig, respektvoll
réspice ['respiθe] *m (respuesta áspera)*
respingar [rrespiŋ'gar] *v (fig: hacer algo de mala gana)* sich sträuben, bocken (fig)
respirable [rrespi'raƀle] *adj* atembar
respiración [rrespira'θĭɔn] *f 1.* Atem *m,* Atmung *f; 2. ~ artificial MED* Beatmung *f; ~ fatigosa* Atembeschwerden *pl*
respiradero [rrespira'đero] *m 1. (abertura por donde entra el aire)* Luftloch *n,* Schnorchel *m; 2. (fig: descanso)* Atempause *f*
respirador [rrespira'đɔr] *adj* Atmungs...
respirar [rrespi'rar] *v 1.* atmen, aufatmen; *~ a alguien artificialmente* jdn künstlich beatmen; *2. (fig: descansar)* verschnaufen, ausruhen; *3. (fig) sin ~* ohne Atem zu holen, unermüdlich
respiro [rres'piro] *m 1.* Atem *m; 2. (descanso)* Ruhepause *f,* Pause *f; ~ de gracia* Galgenfrist *f*
resplandecer [rresplande'θer] *v irr* glänzen, aufleuchten, funkeln
resplandeciente [rresplande'θĭente] *adj* glänzend
resplandor [rresplan'đɔr] *m* Schein *m,* Glanz *m*
respondedor [rrespɔnde'đɔr] *adj* Antwort...
responder [rrespɔn'der] *v 1.* antworten, erwidern; *2.* beantworten; *~ afirmativamente* bejahen; *3. (ser responsable)* verantworten; *~ por* haften für, sich verbürgen für; *4. ~ a las esperanzas* erwidern, erfüllen
respondiente [rrespon'dĭente] *adj* antwortend, erwidernd
respondón [rrespon'dɔn] *adj* rechthaberisch, schnippisch, mit Widerspruchsgeist *m*
responsabilidad [rresponsaƀili'đađ] *f 1.* Verantwortung *f; 2. JUR* Belastung *f,* Zurechnungsfähigkeit *f; 3. ~ de algo JUR* Haftung für etw; *4. ~ civil JUR* Haftpflicht *f*
responsabilizar [rresponsaƀbili'θar] *v* die Verantwortung übertragen
responsabilizarse [rresponsaƀili'θarse] *v ~ de alguien/~por alguien* für jdn bürgen; *~ de algo ante alguien* für jdn die Verantwortung für etw übernehmen
responsable [rrespon'saƀle] *adj 1.* federführend, verantwortlich, verantwortungsbewusst; *ser ~ de* haftbar sein für, verantwortlich sein für, verantworten; *hacer ~ a*

alguien de algo jdn für etw haftbar machen; *no ser ~ de sus actos* unzurechnungsfähig sein; *2. ~ civilmente JUR* regresspflichtig
responso [rrɛs'pɔnso] *m* Respons *f*
respuesta [rrɛs'pwesta] *f 1.* Antwort *f*, Entgegnung *f*, Erwiderung *f*; *Déme la ~, por favor.* Geben Sie mir bitte Bescheid. *2. (escrito)* Antwortschreiben *n*
resquebradura [rrɛskeƀra'đura] *f* Ritze *f*, Spalt *m*, Reißen *n*
resquebrajadizo [rrɛskeƀraxa'điθo] *adj* spröde
resquebrajadura [rrɛskeƀraxa'đura] *f* Spalt *m*, Rissbildung *f*, Reißen *n*
resquebrajar [rrɛskeƀra'xar] *v* aufspringen, rissig werden
resquemar [rrɛske'mar] *v* brennen, prickeln
resquemazón [rrɛskema'θɔn] *f* Brennen *n*, Prickeln *n*, Jucken *n*
resquemo [rrɛs'kemo] *m* Prickeln *n*, Brennen *n*, Jucken *n*
resquemor [rrɛske'mɔr] *m (resentimiento)* Empfindlichkeit *f*, Kummer *m*
resquicio [rrɛs'kiθĭo] *m* Ritze *f*, Spalte *f*
resta ['rrɛsta] *f MATH* Abzug *m*
restablecer [rrɛstaƀle'θɛr] *v irr* wiederherstellen
restablecimiento [rrɛstaƀleθi'mĭento] *m 1. (mejora)* Besserung *f*, Genesung *f*; *2. (restauración)* Wiederherstellung *f*
restallar [rrɛsta'ʎar] *v* knallen, klatschen, krachen
restante [rres'tante] *adj* restlich
restañadura [rrɛstaɲa'đura] *f* Verzinnung *f*
restañar [rrɛsta'ɲar] *v (detener la sangre en una herida)* Blut stillen
restar [rres'tar] *v MATH* abziehen; *~ importancia* verharmlosen
restauración [rrɛstaŭra'θĭɔn] *f 1.* Renovierung *f*; *2. POL* Restauration *f*
restaurador [rrɛstaŭra'đɔr] *adj* Wiederherstellungs...
restaurante [rrɛstaŭ'rante] *m* Restaurant *n*, Wirtshaus *n*, Gaststätte *f*
restaurar [rrɛstaŭ'rar] *v* renovieren, aufarbeiten, restaurieren
restinga [rrɛs'tiŋga] *f* Untiefe *f*, Sandbank *f*
restitución [rrɛstitu'θĭɔn] *f 1.* Freigabe *f*; *2. (devolución)* Rückgabe *f*; Rückvergütung *f*, Wiedererstattung *f*
restituible [rrɛstitu'iƀle] *adj* ersetzbar, wiederherstellbar
restituir [rrɛstitu'ir] *v irr 1.* zurückbringen; *2. (devolver)* rückerstatten, zurückerstatten, zurückgeben; *3. TECH* austauschen
restitutorio [rrɛstitu'tɔrĭo] *adj JUR* Rückerstattungs...
resto ['rrɛsto] *m 1.* Rest *m*, Überbleibsel *n*, Überrest *m*; *2. ~s pl* Abfall *m*; *3. ~s pl (de la producción)* Ausschuss *m*; *m/pl 4. (cadaver)* Überreste *m/pl*
restregadura [rrɛstreɡa'đura] *f* Abreibung *f*, Scheuern *n*
restregar [rrɛstre'ɡar] *v irr* fest reiben, scheuern, abkratzen
restricción [rrɛstrik'θĭɔn] *f* Vorbehalt *m*, Beschränkung *f*, Einschränkung *f*; *~ a la exportación* Ausfuhrbeschränkung *f*; *~ a la importación* Einfuhrbeschränkung *f*
restringente [rrɛstriŋ'xente] *adj* einschränkend
restringido [rrɛstrin'xiđo] *adj* beschränkt
restringir [rrɛstrin'xir] *v* beschränken, einengen, einschränken
resucitación [rrɛsuθita'θĭɔn] *f MED* Wiederbelebung *f*
resucitar [rrɛsuθi'tar] *v 1. REL* auferstehen; *2. (fig: dar nueva vida)* zu neuem Leben erwecken, genesen
resudar [rrɛsu'đar] *v (tener resudor)* leicht schwitzen
resudor [rrɛsu'đɔr] *m* Schwitzen *n*
resuelto [rrɛ'swɛlto] *adj* entschieden, entschlossen
resulta [rrɛ'sulta] *f 1. (resultado)* Ergebnis *n*; *2. de ~s* infolge
resultado [rrɛsul'tađo] *m* Ergebnis *n*, Resultat *n*; *~ de las elecciones* Wahlergebnis *n*; *~ de la investigación* Untersuchungsergebnis *n*; *~ del reconocimiento* Befund *m*; *~ de las votaciones* Abstimmungsergebnis *n*; *~ final* Endergebnis *n*, Fazit *n*; *sin ~* ergebnislos
resultante [rrɛsul'tante] *f* Resultierende *f*, Resultante *f*
resultar [rrɛsul'tar] *v* erfolgen, resultieren; *~ un éxito* gelingen; *~ ser* sich entpuppen als; *~ de algo* aus etw resultieren
resumen [rrɛ'sumen] *m 1.* Abriss *m*, Überblick *m*, Auszug *m*; *2. (del sumario)* Inhaltsangabe *f*; *3. en ~* zusammenfassend
resumido [rrɛsu'miđo] *adj* zusammenfassend

resumir [rrɛsu'mir] *v* kurz zusammenfassen

resurgimiento [rrɛsurxi'mĭento] *m* Wiederaufleben *n*, Wiedererscheinen *n*

resurgir [rrɛsur'xir] *v* wiedererscheinen, wieder aufleben, wieder in Erscheinung treten

resurrección [rrɛsurrɛk'θĭɔn] *f REL* Auferstehung *f*

resurtir [rrɛsur'tir] *v* zurückspringen, zurückprallen

retablo [rrɛ'taƀlo] *m ART* Altaraufsatz *m*, Altarbild *n*, Retabel *n*

retaco [rrɛ'tako] *m 1. (palo de billar)* Billardstock *m; adj 2. (persona rechoncha)* Stöpsel (fig) *m*

retador [rrɛta'đor] *m 1. SPORT* Herausforderer *m; adj 2.* herausfordernd

retaguardia [rrɛta'gwarđĭa] *f 1.* Hintertreffen *n; 2. MIL* Nachhut *f*

retahíla [rrɛta'ila] *f* Litanei *f*

retajar [rrɛta'xar] *v (cortar en redondo)* rundschneiden

retal [rrɛ'tal] *m* Abfall *m*

retama [rrɛ'tama] *f BOT* Ginster *m*

retar [rrɛ'tar] *v* herausfordern

retardación [rrɛtarđa'θĭɔn] *f* Verlangsamung *f*

retardar [rrɛtar'đar] *v* verlangsamen, verzögern

retardatriz [rrɛtarđa'triθ] *adj* hemmend

retardo [rrɛ'tarđo] *m* Verzögerung *f*, Verzug *m*

retasación [rrɛtasa'θĭɔn] *f FIN* Neuabschätzung *f*

retasar [rrɛta'sar] *v FIN* neu abschätzen

retejar [rrɛte'xar] *v* das Dach ausbessern

retemblar [rrɛtem'ƀlar] *v irr (vibrar, estremecerse)* erzittern, erbeben

retén [rrɛ'ten] *m MIL* Bereitschaft *f*

retención [rrɛten'θĭɔn] *f* Zurückhaltung *f*

retener [rrɛte'nɛr] *v irr 1.* einbehalten, anhalten, abhalten, aufhalten; *~ en prisión* gefangen halten; *2. (sin derecho)* vorenthalten; *3. (guardar)* zurückbehalten, zurückhalten

retenimiento [rrɛteni'mĭento] *m* Zurückhalten *n*, Vorenthaltung *f*, Einbehalten *n*

retentar [rrɛten'tar] *v irr* nochmals versuchen

retentiva [rrɛten'tiƀa] *f* Gedächtnis *n*, Erinnerungsvermögen *n*

retentivo [rrɛten'tiƀo] *adj* zurückhaltend, hemmend

reteñir [rrɛte'ɲir] *v* nachfärben

reticencia [rrɛti'θenθĭa] *f (omisión de lo que se debe decir)* Verschweigung *f*, Verschweigen *n*

retícula [rre'tikula] *f* Netz *n*, Raster *m*

reticulado [rrɛtiku'lađo] *adj* netzartig, netzförmig

retículo [rrɛ'tikulo] *m* Netzwerk *n*, Netzgewebe *n*

retina [rrɛ'tina] *f ANAT* Netzhaut *f*

retinitis [rrɛti'nitis] *f MED* Netzhautentzündung *f*

retirada [rrɛti'rađa] *f 1.* Rückzug *m; 2. (fig)* Entzug *m; 3. ~ de confianza POL* Misstrauensvotum *n; 4. MIL* Abzug *m*

retirado [rrɛti'rađo] *adj* abgelegen, zurückgezogen

retiramiento [rrɛtira'mĭento] *m* Zurückgezogenheit *f*

retirar [rrɛti'rar] *v 1.* abziehen, wegnehmen, abnehmen; *~ del puesto* abberufen; *~ tropas MIL* Truppen abziehen; *2. (quitar)* beseitigen, räumen; *3. ECO* abrufen; *~ dinero* Geld abheben

retirarse [rrɛti'rarse] *v ~* sich zurückziehen, austreten; *~ dc una empresa* aus einer Firma aussteigen

retiro [rrɛ'tiro] *m 1.* Pension *f*, Ruhestand *m; 2. (salida)* Austritt *m*, Räumung *f; 3. (soledad)* Verborgenheit *f; 4. ~ del permiso de conducir* Fahrverbot *n; 5. (vivienda)* Ruhesitz *m*, Alterssitz *m*

reto ['rrɛto] *m* Herausforderung *f*

retocar [rrɛto'kar] *v* überarbeiten

retomar [rrɛto'mar] *v ~ el poder (LA)* wieder aufnehmen, neu beginnen

retoñar [rrɛto'ɲar] *v* wieder treiben, wieder zum Vorschein kommen

retoño [rrɛ'toɲo] *m 1.* Sprössling *m*, Nachwuchs *m; 2. BOT* Trieb *m*

retoque [rrɛ'toke] *m dar un ~* Retusche *f*, Überarbeitung *f*

retorcer [rrɛtɔr'θɛr] *v irr* verdrehen

retorcido [rrɛtɔr'θuiđo] *adj (de malas intenciones)* hinterhältig, falsch

retorcimiento [rrɛtɔrθi'mĭento] *m* Verdrehen *n*, Verwinden *n*, Verwindung *f*

retórica [rrɛ'torika] *f 1. LIT* Rhetorik *f; 2. (fig: palabrería)* Wortklauberei *f*, Wortgeklingel *n*

retórico [rrɛ'toriko] *adj* rhetorisch, rednerisch

retornamiento [rrɛtɔrna'mĭento] *m* Rückerstattung *f*, Rücksendung *f*
retornar [rrɛtor'nar] *v* zurückkehren, zurückgeben
retorno [rrɛ'tɔrno] *m* Rückkehr *f*, Rückgabe *f*, Rücksendung *f*
retorsión [rrɛtɔr'sĭɔn] *f* Verdrehung *f*, Krümmung *f*, Vergeltung (fig) *f*
retorta [rrɛ'tɔrta] *f* Retorte *f*
retortijar [rrɛtɔrti'xar] *v* verdrehen, hin und her winden
retozador [rrɛtoθa'đɔr] *adj* hüpfend, spielend
retozar [rrɛto'θar] *v* toben
retozo [rrɛ'toθo] *m* Hüpfen *n*, Tollen *n*
retozón [rrɛto'θɔn] *adj* ausgelassen, mutwillig
retractable [rrɛtrak'tađle] *adj* zurücknehmbar, widerrufbar
retractación [rrɛtrakta'θĭɔn] *f* Widerruf *m*
retractarse [rrɛtrak'tarse] *v* widerrufen, abschwören
retráctil [rrɛ'traktil] *adj* einziehbar, Automatik...
retracto [rrɛ'trakto] *m* Rückkauf *m*, Wiederkauf *m*
retraducir [rrɛtrađu'θir] *v irr* rückübersetzen
retraer [rrɛtra'ɛr] *v irr 1.* einziehen; *El insecto retrae sus antenas.* Das Insekt zieht seine Fühler ein. *2. (retirar)* zurückziehen, zurücknehmen
retraerse [rrɛtra'ɛrse] *v irr 1. (retirarse)* sich zurückziehen; *2. (sumergirse en sí mismo)* sich zurückziehen, sich in sein Schneckenhaus zurückziehen
retraído [rrɛtra'iđo] *adj* menschenscheu, zurückgezogen, zurückhaltend
retraimiento [rrɛtrai'mĭento] *m* Zurückgezogenheit *f*, Zurückhaltung *f*
retransmisión [rrɛtransmi'sĭɔn] *f (radio)* Übertragung *f*; *~ en directo* Direktübertragung *f*; *~ vía satélite* Satellitenübertragung *f*; *~ en vivo y en directo* Livesendung *f*
retransmitir [rrɛtransmi'tir] *v* senden, durchgeben, ausstrahlen
retrasado [rrɛtra'sađo] *m 1.* Nachzügler *m*; *~ mental* geistig Behinderter *m*; *adj 2.* überfällig, zurückgeblieben
retrasar [rrɛtra'sar] *v* verzögern
retrasarse [rrɛtrar'sarse] *v* sich verspäten, sich verschieben
retraso [rrɛ'traso] *m* Verspätung *f*, Verzögerung *f*, Verzug *m*
retratador [rrɛtrata'đɔr] *m* Porträtmaler *m*
retratar [rrɛtra'tar] *v* portraitieren
retrato [rrɛ'trato] *m* Abbild *n*, Abbildung *f*, Portrait *n*; *~-robot* Phantombild *n*
retrechería [rrɛtretʃe'rĭa] *f* Drückebergerei *f*, Durchtriebenheit *f*, Verschlagenheit *f*, Gerissenheit *f*
retrechero [rrɛtre'tʃera] *adj mujer retrechera* lockend (Frau), verführerisch (Frau)
retrepado [rrɛtre'pađo] *adj* weit zurückgelehnt
retreta [rrɛ'treta] *f (toque militar) MIL* Zapfenstreich *m*
retrete [rrɛ'trete] *m* Klosett *n*, Toilette *f*, Klo *n*
retribución [rrɛtriđu'θĭɔn] *f 1.* Entlohnung *f*, Vergeltung *f*; *2. ECO* Dotierung *f*
retribuir [rrɛtriđu'ir] *v irr* entlohnen, vergelten, belohnen, vergüten
retributivo [rrɛtriđu'tiđo] *adj* lohnend
retribuyente [rrɛtriđu'jente] *adj* Vergütungs..., Entgelt...
retroactivo [rrɛtroak'tiđo] *adj* rückwirkend
retroceder [rrɛtroθe'đɛr] *v* zurücktreten; *hacer ~* zurückdrängen
retroceso [rrɛtro'θeso] *m* Rückgang *m*
retrogradación [rrɛtrograđa'θĭɔn] *f ASTR* Zurückweichen *n*
retrogradar [rrɛtrogra'đar] *v 1. (volver atrás)* scheinbar rückläufig bewegen; *2. ASTR* zurückweichen
retrógrado [rrɛ'trɔgađo] *adj* rückläufig, rückschrittlich
retrogresión [rrɛtrɔgre'sĭɔn] *f* Rückschritt *m*, Rückschlag *m*
retronar [rrɛtro'nar] *v* laut widerhallen
retropropulsión [rrɛtropropul'sĭɔn] *f PHYS* Rückstoßantriebstechnik *f*
retrospección [rrɛtrospeg'θĭɔn] *f* Rückblick *m*
retrospectiva [rrɛtrɔspɛk'tiđa] *f* Retrospektive *f*
retrospectivo [rrɛtrɔspɛk'tiđo] *adj* rückblickend
retrovender [rrɛtrođen'đɛr] *v JUR* rückverkaufen
retroventa [rrɛtro'đenta] *f JUR* Rückkauf *m*
retrovisor [rrɛtrođi'sɔr] *m* Rückspiegel *m*

retruécano [rrɛ'trwekano] *m* Kalauer *m,* Witz *m*
retumbante [rrɛtum'ƀante] *adj* dröhnend, hochtönend
retumbar [rrɛtum'bar] *v* dröhnen, hallen, wiederhallen
retumbo [rrɛ'tumƀo] *m* Widerhall *m,* Dröhnen *n*
reuma ['rrɛŭma] *m MED* Rheuma *n*
reumático [rreu'matiko] *adj MED* rheumatisch
reumatismo [rrɛŭma'tizmo] *m* Rheumatismus *m*
reunidos [rrɛŭ'niđos] *adj* beisammen
reunificación [rrɛŭnifika'θĭɔn] *f POL* Wiedervereinigung *f*
reunificar [rrɛŭnifi'kar] *v* wieder vereinigen, zusammenführen
reunión [rrɛŭ'nĭɔn] *f 1. (sesión)* Sitzung *f,* Tagung *f,* Versammlung *f,* Zusammenkunft *f; ~ ciudadana/~ de ciudadanos* Bürgerversammlung *f; ~ de padres* Elternabend *m; ~ de señoras* Kaffeeklatsch *m; 2. (asociación)* Verbindung *f,* Vereinigung *f; 3. (agrupación)* Ansammlung *f*
reunir [rrɛŭ'nir] *v 1.* verbinden, versammeln; *2. ~ con* vereinigen mit; *3. (juntar)* zusammenfügen, zusammenlegen, zusammenfassen
reunirse [rrɛŭ'nirse] *v* sich versammeln, zusammenkommen, sich ansammeln
reutilización [rrɛutiliθa'θĭɔn] *f* Wiederverwendung *f,* Wiederbenutzung *f*
reutilizar [rrɛutili'θar] *v* wieder verwenden, wiederbenutzen
reválida [rrɛ'ƀaliđa] *f* Abiturschlussprüfung *f,* Schlussexamen *n,* Anerkennung *f*
revalidación [rrɛƀaliđa'θĭɔn] *f* Anerkennung eines Diploms *f,* Bestätigung *f*
revalidar [rrɛƀali'đar] *v* anerkennen, bestätigen
revalorización [rrɛƀaloriθa'θĭpn] *f* Aufwertung *f*
revalorizar [rrɛƀalori'θar] *v FIN* aufwerten
revaluar [rrɛƀa'lwar] *v FIN* aufwerten
revancha [rrɛ'ƀantʃa] *f* Revanche *f*
revelación [rrɛƀela'θĭɔn] *f* Enthüllung *f*
revelador [rrɛƀela'đɔr] *adj* aufschlussreich
revelar [rrɛƀe'lar] *v 1.* preisgeben; *~ un secreto* ein Geheimnis aufdecken; *2. (descubrir)* enthüllen, lüften; *3. FOTO* entwickeln
revender [rrɛƀen'đer] *v* wieder verkaufen, weiterverkaufen
reventa [rrɛ'ƀenta] *f* Wiederverkauf *m,* Weiterverkauf *m*
reventadero [rrɛƀenta'đero] *m (fig: trabajo penoso)* Plackerei *f*
reventado [rrɛƀen'tađo] *adj* kaputt
reventar [rrɛƀen'tar] *v irr* platzen, zerspringen, brechen, explodieren
reventón *m (de lanta)* Reifenpanne *f,* Plattfuß *m*
rever [re'ƀɛr] *v JUR* revidieren
reverberación [rrɛƀɛrƀera'θĭɔn] *f* Rückstrahlung *f*
reverbero [rrɛƀɛr'ƀero] *m 1. (reverberación)* Rückstrahler *m,* Reflexlicht *n,* Scheinwerfer *m; 2. (horno de reverberación) TECH* Flammofen *m,* Kalzinationsofen *m*
reverencia [rrɛƀe'renθĭa] *f 1.* Knicks *m,* Verneigung *f,* Verbeugung *f; hacer una ~ ante* sich verbeugen vor, sich verneigen vor; *2.* Ehrfurcht *f*
reverencial [rrɛƀeren'θĭal] *adj* ehrerbietig
reverenciar [rrɛƀeren'θĭar] *v* verehren, jdm Ehre erweisen
reverendísimo [rrɛƀeren'disimo] *adj* hochehrwürdig
reverendo [rrɛƀe'rendo] *m REL* Hochwürden *m*
reverente [rrɛƀe'rente] *adj* ehrerbietig, respektvoll
reversibilidad [rrɛƀɛrsiƀili'đađ] *f* Umkehrbarkeit *f*
reversible [rrɛƀɛr'siƀle] umkehrbar, umdrehbar, umstellbar
reversión [rrɛƀɛr'sĭɔn] *f* Rückfall *m,* Umkehrung *f*
reverso [rrɛ'ƀɛrso] *m* Rückseite *f,* Kehrseite *f; ~ de la medalla* Schattenseite *f,* Kehrseite der Medaille *f*
reverter [rrɛƀɛr'tɛr] *v irr* überfließen
revertir [rrɛƀɛr'tir] *v irr 1. (volver al estado inicial)* zurückfallen, auf das Ausgangsstadium zurückkommen; *2. (llegar a parar)* auf etw hinauslaufen
revés [rrɛ'ƀes] *m 1.* Kehrseite *f; al ~* umgekehrt; *2. (daño)* Schlappe *f,* Nackenschlag *m*
revesado [rrɛƀe'sađo] *adj (de difícil comprensión)* verwickelt, verzwickt (fam)
revestimiento [rrɛƀesti'mĭento] *m 1.* Umhüllung *f; 2. (capa)* Belag *m; 3. TECH*

Mantel *m,* Verkleidung *f;* ~ *del suelo* Bodenbelag *m;* ~ *de madera* Holztäfelung *f*
revestir [rreƀes'tir] *v irr 1.* beziehen, überziehen; *2.* ~ *con* verkleiden mit; ~ *con madera* mit Holz täfeln
revezar [rrɛƀe'θar] *v* ablösen
revezo [rrɛ'ƀeθo] *m* Ablösung *f*
reviejo [rrɛ'ƀĭexo] *adj* uralt, steinalt
revirar [rrɛƀi'rar] *v NAUT* wenden
revisable [rrɛƀi'sable] *adj* nachprüfbar, überprüfbar
revisada [rreƀi'sađa] *f (LA)* Durchsicht *f,* Überprüfung *f,* Revision *f*
revisar [rrɛƀi'sar] *v 1.* nachprüfen, durchgehen, nachsehen; *2. (investigar)* untersuchen, durchleuchten; *3. INFORM* abtasten
revisión [rrɛƀi'sĭɔn] *f 1.* Revision *f,* Untersuchung *f,* Überprüfung *f;* ~ *de aduana* Grenzkontrolle *f; 2.* ~ *del balance ECO* Abschlussprüfung *f; 3.* ~ *general TECH* Generalüberholung *f*
revisionista [rrɛƀisĭo'nista] *adj 1.* revisionistisch; *m 2.* Revisionist *m*
revisor(a) [rrɛƀi'sɔr/rrɛƀi'sora] *m/f 1.* Kontrolleur(in) *m/f; 2. ~(a) de cuentas ECO* Wirtschaftsprüfer(in) *m/f,* Rechnungsprüfer(in) *m/f; 3. ~(a) de billetes* Schaffner(in) *m/f*
revista [rrɛ'ƀista] *f 1.* Zeitschrift *f,* Magazin *n;* ~ *especializada* Fachzeitschrift *f;* ~ *ilustrada* Illustrierte *f; 2. (de tropas) MIL* Musterung *f*
revistar [rrɛƀis'tar] *v MIL* besichtigen
revivificar [rrɛƀiƀifi'kar] *v* wieder beleben
revivir [rɛƀi'ƀir] *v* ins Leben zurückkehren, aufleben, wieder beleben
revocabilidad [rrɛƀokaƀili'đađ] *f* Widerruflichkeit *f*
revocable [rrɛƀo'kaƀle] *adj* widerruflich
revocación [rrɛƀoka'θĭɔn] *f* ~ *de una visa* Stornierung *f,* Löschen *n;* Widerruf *m,* Aufhebung *f,* Zurücknahme *f*
revocante [rrɛƀo'kante] *adj* widerrufend, zurückrufend
revocar [rrɛƀo'kar] *v 1.* kündigen, widerrufen; *2. (anular)* zurücknehmen
revoco [rrɛ'ƀoko] *m* Verputz *m*
revolcarse [rrɛƀɔl'karse] *v irr* sich wälzen
revolcón [rrɛƀol'kɔn] *m* Herumwälzen *n*
revolotear [rrɛƀolote'ar] *v* flattern; ~ *alrededor de* umschwärmen
revoloteo [rrɛƀolo'tɛo] *m* Flattern *n*
revoltillo [rrɛƀol'tiʎo] *m* Wirrwarr *m*
revoltoso [rrɛƀol'toso] *adj* aufständisch
revolución [rrɛƀolu'θĭɔn] *f* Revolution *f*
revolucionar [rrɛƀoluθĭo'nar] *v* revolutionieren, aufwiegeln, umstürzen
revolucionario [rrɛƀoluθĭo'narĭo] *adj* revolutionär, weltbewegend
revolvedor [rrɛƀolƀe'đɔr] *adj* aufständisch, Unruhe stiftend *f*
revólver [rrɛ'ƀɔlƀɛr] *m* Revolver *m*
revolver [rrɛƀɔl'ƀɛr] *v irr 1.* wühlen, aufwühlen; *2. (remover)* umrühren
revolvimiento [rrɛƀolƀi'mĭento] *m* Umdrehen *n,* Umkehren *n,* Wendung *f*
revoque [rrɛ'ƀoke] *m* Putz *m,* Verputz *m*
revuelco [rrɛ'ƀwelko] *m* Umherwälzen *n,* Suhlen *n*
revuelo [rrɛ'ƀwelo] *m 1. (segundo vuelo)* erneutes Auffliegen *n; 2. (fig: turbación)* Durcheinander *n,* Aufruhr *m,* Skandal *m*
revuelta [rrɛ'ƀwelta] *f (motín)* Meuterei *f,* Aufruhr *m,* Revolte *f*
revuelto [rrɛ'ƀwelto] *adj* gemischt
rey [rrɛĭ] *m* König *m*
reyerta [rrɛ'jerta] *f* Streit *m,* Zank *m*
reyezuelo [rrɛje'θwelo] *m 1. (un rey sin importancia)* Stammeshäuptling *m,* Kleinkönig *m; 2. ZOOL* Zaunkönig *m,* Goldhähnchen *n*
rezagado [rrɛθa'gađo] *adj* zurückgeblieben
rezagarse [rrɛθa'garse] *v* nachhinken, zurückbleiben, Rückstand haben
rezago [rrɛ'θago] *m* Rückstand *m*
rezar [rrɛ'θar] *v 1. REL* beten; *2. (texto)* lauten
rezno ['rrɛθno] *m ZOOL* Zecke *f*
rezo ['rrɛθo] *m REL* Gebet *n*
rezongador [rrɛθɔŋga'đɔr] *adj* brummend, murrend, knurrend
rezongar [rrɛθon'gar] *v* murren, knurren, meckern; *¡Deja ya de ~!* Hör' schon auf zu meckern!
rezongo [rrɛ'θoŋgo] *m* Brummbär *m*
rezumadero [rrɛθma'đero] *m* Lache *f,* lecke Stelle *f*
rezumar [rrɛθu'mar] *v* sickern, versickern
Rhin [rrin] *m GEO* Rhein *m*
ría ['ria] *f (fiordo)* Fjord *m,* Ria *f*
riachuelo [rria'tʃwelo] *m* Bach *m*
riada ['rrĭađa] *f 1. (crecida de río)* Hochwasser *n,* Überschwemmung *f; 2. (fig: multitud)* Schwall *m*

ribaldo [rri'ƀalđo] *m (bribón)* Schelm *m,* Schurke *m*
ribera [rri'ƀera] *f* Flussufer *n*
ribereño [rriƀe'reɲo] *adj* Ufer..., Strand...
ribete [rri'ƀete] *m 1.* Borte *f; 2. (tejido)* Einfassung *f; 3. (viso)* Anzeichen *n,* Anschein *m*
ribetear [rriƀe'tear] *v* säumen, einfassen, umranden
ricachón [rrika'tʃɔn] *m* reicher Protz *m*
rico ['rriko] *adj 1.* reich; *~ en contrastes* kontrastreich; *2. (sabor)* lecker, wohlschmeckend; *3. (alguien que tiene mucho dinero)* vermögend, begütert; *4. (en contenido)* gehaltvoll
ricura [rri'kura] *f* hübsches Mädchen (fam) *n*
ridiculez [rrikđikuleθ] *f* Lächerlichkeit *f*
ridiculizar [rriđikuli'θar] *v* lächerlich machen
ridículo [rri'đikulo] *m 1.* Blamage *f; hacer el ~* sich blamieren; *adj 2.* lächerlich, affig, blamabel; *poner en ~ a alguien* jdn blamieren
riego ['rrĭego] *m 1.* Bewässerung *f; 2. ~ sanguíneo MED* Durchblutung *f*
riel [rrĭɛl] *m* Schiene *f*
rielar [rrĭe'lar] *v* flimmern, glitzern, funkeln, glänzen
rienda ['rrĭenda] *f 1.* Zügel *m; dar ~ suelta (fig)* die Zügel schießen lassen/freien Lauf lassen; *f/pl 2. (fig)* Führung *f,* Leitung *f*
riente ['rrĭente] *adj* lachend
riesgo ['rrĭezgo] *m* Risiko *n,* Gefahr *f; sin ~* gefahrlos; *~ de vida* Lebensgefahr *f; correr ~* Gefahr laufen
riesgoso [rrĭes'goso] *adj* riskant, gewagt
rifa ['rrifa] *f* Verlosung *f,* Ziehung *f*
rifar [rri'far] *v* verlosen
rifle ['rrifle] *m* Jagdgewehr *n*
rigidez [rrixi'đeθ] *f* Starrheit *f,* Starre *f,* Strenge *f*
rígido ['rrixiđo] *adj 1.* starr, steif, klamm; *2. (fig: duro)* eisern
rigor [rri'gɔr] *m* Härte *f*
rigorismo [rrigo'rizmo] *m* Rigorismus *m,* übermäßige Strenge *f*
rigorista [rrigo'rista] *adj* rigoros, übermäßig streng
rigoroso [rrigo'roso] *adj* streng, hart, unerbittlich
rigurosidad [rrigurosi'đađ] *f* Strenge *f*
rijador [rrixa'đɔr] *adj* Streit...
rima ['rrima] *f LIT* Reim *m*
rimar [rri'mar] *v LIT* reimen; *~ con algo* sich auf etw reimen
rimbombancia [rrimbɔm'bante] *f* Bombast *m,* hochtönende Art *f*
rimbombante [rrimbɔ'bante] *adj* hochtrabend
rimbombar [rrimbom'bar] *v* widerhallen, schallen
rimel ['rrimɛl] *m* Wimperntusche *f*
rimero [rri'mero] *m* Haufen *m,* Stapel *m*
rincón [rriŋ'kɔn] *m* Ecke *f*
rinconcito [rriŋkɔn'θito] *m* Winkel *m*
rinconera [rriŋko'nera] *f* Eckbank *f*
ring [riŋg] *m SPORT* Ring *m,* Boxring *m*
rinitis [rri'nitis] *f ~ alérgica MED* Heuschnupfen *m*
rinoceronte [rrinoθe'ronte] *m ZOOL* Nashorn *n,* Rhinozeros *n*
rinofaringe [rrinofa'riŋxe] *f ANAT* Rachenraum *m*
riña ['rriɲa] *f* Streit *m,* Handgemenge *n,* Keilerei *f*
riñón [rri'ɲɔn] *m 1. ANAT* Niere *f; 2. riñones pl GAST* Nieren *pl*
río ['rrio] *m GEO* Fluss *m,* Strom *m*
rioja ['rrĭoja] *m (tipo de vino)* Wein aus der Region Rioja
riojano [rrĭo'xano] *adj GEO* Rioja...
ripia ['rripĭa] *f* Zaunlatte *f,* Schindel *f*
riqueza [rri'keθa] *f* Reichtum *m; ~s del subsuelo* Bodenschätze *pl*
riquísimo [rri'kisimo] *adj* steinreich
risa ['rrisa] *f* Lachen *n,* Gelächter *n; ~s sofocadas* Gekicher *n*
riscal [rris'kal] *m* Felsen
risco ['rrisko] *m* Grat *m,* Fels *m,* Klippe *f*
riscoso [rris'koso] *adj* felsig
risibilidad [rrisiƀili'đađ] *f* Lächerlichkeit *f*
risible [rri'siƀle] *adj* lächerlich, lachhaft
risorio [rri'sorĭo] *m ANAT* Lachmuskel *m*
risotada [rriso'tađa] *f* Lache *f*
ristra ['rristra] *f* Schnur *f,* Reihe *f*
risueño [rri'sweɲo] *adj* lächelnd, heiter, froh
rítmico ['rritmiko] *adj* rhythmisch
ritmo ['rritmo] *m* Tempo *n,* Rhythmus *m*
rito ['rrito] *m REL* Ritus *m*
ritual [rri'twal] *m* Ritual *n*
ritualidad [rritwali'đađ] *f* Förmlichkeit *f*
ritualismo [rritwa'lizmo] *m REL* Ritualismus *m*

ritualista [ritwa'lista] *adj* ritualistisch, förmlich
rival [rri'ƀal] *m/f* Gegenspieler(in) *m/f*, Konkurrent(in) *m/f*, Rivale/Rivalin *m/f*
rivalidad [rriƀali'đađ] *f* Rivalität *f*
rivalizar [rriƀali'θar] *v* wetteifern, konkurrieren
riza ['rriθa] *f (destrozo)* Verheerung *f*, Verwüstung *f*
rizado [rri'θađo] *adj* kraus, lockig
rizarse [rri'θarse] *v* sich drehen, sich locken
rizo ['rriθo] *m* Locke *f*
rizófora [rri'θofora] *f BOT* Mangrove *f*
rizoso [rri'θoso] *adj* kraus, lockig
roano ['rrɔano] *adj caballo ~* Rotschimmel *m*
robador [rrɔƀa'đɔr] *adj* Raub...
róbalo ['rrɔƀalo] *m ZOOL* Wolfsbarsch *m*, Meerbarsch *m*
robar [rrɔ'ƀar] *v* berauben, stehlen, bestehlen, entwenden; *entrar a ~* einbrechen
robladura [rrɔƀla'đura] *f TECH* Vernietung *f*
roblar [rrɔ'ƀlar] *v TECH* nieten, vernieten
roble [rrɔ'ƀle] *m BOT* Eiche *f*
robledal [rrɔƀle'đal] *m* Eichenwald *m*
roblizo [rrɔ'ƀliθo] *adj* kräftig, fest
robo ['rrɔƀo] *m* Diebstahl *m*, Raub *m*; *~ con fractura* Einbruch *m*; *~ con homicidio* Raubmord *m*
roborante [rrɔƀo'rante] *adj* stärkend, kräftigend
roborar [rrɔƀo'rar] *v (corroborar)* bestärken, bekräftigen, erhärten
roborativo [rrɔƀora'tiƀo] *adj* erhärtend
robot [rrɔ'ƀɔt] *m* Roboter *m*
robustecer [rroƀuste'θer] *v* kräftigen, stärken
robustecimiento [rrɔƀusteθi'mĭento] *m* Kräftigung *f*, Erstarkung *f*
robustez [rrɔƀus'teθ] *f* Kraft *f*, Stärke *f*, Rüstigkeit *f*
robusteza [rrɔƀus'teθa] *f* Kraft *f*, Stärke *f*
robusto [rrɔ'ƀusto] *adj 1.* deftig, robust; *2. (estable)* stabil; *3. (persona)* stämmig, handfest
roca ['rrɔka] *f* Felsen *m*, Gestein *n*, Klippe *f*; *~ saliente* Felsvorsprung *m*
rocalla [rrɔ'kaʎa] *f* Steingeröll *n*, Steinsplitter *m*
rocambola [rrɔkam'ƀola] *f BOT* Waldknoblauch *m*
roce ['rrɔθe] *m 1.* Streifen *n*, Reibung *f*; *2. (fig: trato frecuente)* Umgang *m*
rochela [rrɔ'tʃela] *f (desorden) (LA)* Lärm *m*, Radau *m*
rociada [rro'θĭađa] *f* Besprengung *f*, Beträufelung *f*
rociar [rrɔ'θĭar] *v* abspritzen
rocín [rrɔ'θin] *m (caballo de trabajo) ZOOL* Gaul *m*, Mähre *f*
rocío [rrɔ'θio] *m* Tau *m*
rococó [rrɔko'ko] *adj ART* Rokoko...
rodaballo [rrɔđa'ƀaʎo] *m ZOOL* Steinbutt *m*
rodada [rrɔ'đađa] *f* Radspur *f*, Wagenspur *f*
rodado [rrɔ'đađo] *adj* eingefahren
rodadura [rrɔđa'đura] *f* Abrollen *n*
rodaja [rrɔ'đaxa] *f* Scheibe *f*
rodaje [rrɔ'đaxe] *m CINE* Dreharbeiten *pl*
rodamiento [rrɔđa'mĭento] *m TECH* Wälzlager *n*; *~ de bolas* Kugellager *n*
rodar [rrɔ'đar] *v irr 1.* rollen, kullern; *hacer ~* wälzen; *2. (filmar) CINE* drehen, filmen
rodear [rrɔ'đɛar] *v 1.* umgeben, umzingeln; *2. (fig: usar rodeos)* um den heißen Brei herumgehen (fig), Umschweife machen
rodela [rrɔ'đela] *f (escudo redondo)* Rundschild *m*
rodeo [rrɔ'đeo] *m* Umweg *m*; *sin ~s* ohne Umschweife
rodete [rrɔ'đete] *m* Haarkranz *m*, Tragpolster *n*, Kreiselrad *n*
rodilla [rrɔ'điʎa] *f ANAT* Knie *n*
rodillada [rrɔđi'ʎađa] *f* Kniefall *m*, Niederknien *n*
rodillera [rrɔđi'ʎera] *f* Knieschützer *m*, Knieleder *n*, Knieflicken *m*
rodillo [rrɔ'điʎo] *m TECH* Walze *f*
rododendro [rrɔđo'đendro] *m BOT* Rhododendron *m*
rodrigón [rrɔđri'gɔn] *m* Rebpfahl *m*, Hopfenstange *f*, Bohnenstange *f*
rodrigonar [rrɔđrigo'nar] *v* anpfählen
roedor [rrɔe'đɔr] *m ZOOL* Nagetier *n*
roedura [rrɔe'đura] *f* Nagen *n*
roer [rrɔ'ɛr] *v irr 1.* nagen, abnagen; *2. (fig)* nagen
rogación [rrɔga'θĭɔn] *f* Bitten *n*, Bittgang *m*
rogante [rrɔ'gante] *adj* bittend, flehend
rogar [rrɔ'gar] *v irr 1.* bitten, flehen, anflehen, betteln; *2. (rezar)* beten

rogativa [rrɔɡa'tiƀa] *f REL* Bittgebet *n*
roído [ro'iđo] *adj (fig: mezquino)* knauserig
rojez [rrɔ'xeθ] *f* Röte *f*
rojo ['rrɔxo] *adj* rot
rol [rrɔl] *m THEAT* Rolle *f*
rollizo [rrɔ'ʎiθo] *adj* pummelig
rollo ['rrɔʎo] *m 1.* Rolle *f; 2. (fig)* Durcheinander *n; 3. (asunto)* Angelegenheit *f*
romadizarse [rrɔmađi'θarse] *v* sich einen Schnupfen holen
romance [rrɔ'manθe] *m 1.* Romanze *f; 2. (en España) LIT* Ballade *f*
romancero [rrɔman'θero] *m (colección de romances) LIT* Romanzensammlung *f*
romancesco [rrɔma'nesko] *adj* romanhaft, romantisch
románico [rrɔ'maniko] *adj ART* romanisch
romanizar [rrɔɰani'θar] *v HIST* romanisieren
romano [rrɔ'mano] *adj* römisch
romanticismo [rrɔmanti'θizmo] *m* Romantik *f*
romántico [rrɔ'mantiko] *adj* romantisch
romanza [rrɔ'manθa] *f MUS* Romanze *f*
rombo ['rrɔmƀo] *m MATH* Rhombus *m,* Raute *f*
romboidal [rrɔmƀoiđal] *adj MATH* rhomboid, rautenförmig
romería [rrɔme'ria] *f REL* Wallfahrt *f*
romero [rrɔ'mero] *m BOT* Rosmarin *m*
romo ['rrɔmo] *adj* stumpf
rompecabezas [rrɔmpeka'ƀeθas] *m* Kopfzerbrechen *n,* Puzzle *n*
rompecorazones [rrɔmpekora'θones] *m* Herzensbrecher *m*
rompehielos [rrɔmpe'ǐelos] *m NAUT* Eisbrecher *m*
rompehuelgas [rrɔmpe'wɛlɡas] *m* Streikbrecher *m*
rompenieve [rrɔmpe'nǐeƀe] *f BOT* Schneeglöckchen *n*
rompenueces [rrɔmpenwe'θes] *m* Nussknacker *m*
rompeolas [rrɔmpe'olas] *m* Wellenbrecher *m*
romper [rrɔm'pɛr] *v irr 1.* brechen; *~ en dos* spalten; *~ con alguien* mit jdm brechen; *2. (a pedradas)* einwerfen; *~ a golpes* zerschlagen; *3. (destrozar)* kaputtmachen; *4. (fig: desatender las leyes)* missachten; *5. (arrancar)* reißen, zerreißen; *6. (en pedazos)* zerbrechen; *7. (interrumpir)* abbrechen; *8. (fig: empezar de pronto)* ausbrechen; *9. (con fuerza)* einbrechen; *10. (los cristales)* einschlagen; *11. (nueces)* knacken
romperse [rrɔm'pɛrse] *v irr 1.* auseinander brechen; *2. (cristal)* zerspringen; *~ en pedazos* zersplittern; *3. (malograrse)* kaputtgehen; *4. ~ la pierna MED* sich das Bein brechen
rompible [rrɔm'piƀle] *adj* zerbrechlich
rompiente [rrɔm'pǐente] *m (del mar)* Brandung *f*
rompimiento [rrɔmpi'mǐento] *m* Spaltung *f*
ron [rɔn] *m GAST* Rum *m*
roncar [rrɔŋ'kar] *v* schnarchen
roncear [rrɔn'θear] *v (hacer algo de muy mala gana)* widerwillig tun, trödeln
roncería [rrɔnθe'ria] *f* Unlust *f,* Bummelei *f,* Trödeln *n*
roncero [rrɔn'θero] *adj (refunfuñón)* unlustig, brummelnd, bummelig
ronco ['rrɔŋko] *adj* rau, heiser
roncha ['rrɔntʃa] *f* Schwellung *f,* Beule *f,* Quaddeln *f*
ronda ['rrɔnda] *f* Durchgang *m,* Runde *f,* Rundgang *m; ~ de tragos* Umtrunk *m*
rondador [rrɔnđa'đɔr] *m (instrumento de viento) MUS* Panflöte *f*
rondalla [rrɔn'đaʎa] *f (grupo musical) MUS* Straßenmusik *f*
rondar [rrɔn'dar] *v* umwerben
rondón [rrɔn'dɔn] *m de ~* überraschend, unangemeldet
ronquear [rrɔn'kear] *v* heiser sein
ronquera [rrɔn'kera] *f MED* Heiserkeit *f*
ronquido [rrɔn'kiđo] *m* Schnarchen *n,* Schnarren *n,* Brausen *n*
ronronear [rrɔnrro'near] *v* schnurren
ronzar [rrɔn'θar] *v* knabbern, knuspern
roña ['rrɔɲa] *f 1. (suciedad)* Schmutz *m,* Unflat *m; 2. (sarna de las ovejas)* Räude *f*
roñería [rrɔɲe'ria] *f (fam: miseria)* Schäbigkeit *f,* Knauserei *f*
roñoso [rrɔ'ɲoso] *adj 1. (sarnoso)* räudig; *2. (fig: mugriento)* schmutzig, schmuddelig
ropa ['rrɔpa] *f* Kleidung *f,* Garderobe *f,* Wäsche *f; ~ de baño* Badeanzug *m; ~ de cama* Bettwäsche *f; ~ de color* Buntwäsche *f; ~ exterior* Oberbekleidung *f; ~ interior* Unterwäsche *f; ~ lavada* Wäsche *f; ~ de nene* Babywäsche *f*
ropaje [rrɔ'paxe] *m* Kleidung *f,* Robe *f,* Amtstracht *f*

ropavejería [rrɔpaƀexe'ria] *f* Trödlerladen *m*
ropavejero [rrɔpaƀɛ'xero] *m* Altwarenhändler *m,* Trödler *m,* Trödelfritze *m* (fam)
ropero [rrɔ'pero] *m* Kleiderschrank *m*
roqueño [rrɔ'keɲo] *adj* felsig
rosa ['rrɔsa] *f* *1. BOT* Rose *f; adj 2.* rosa, rosig
rosado [rrɔ'sađo] *adj 1.* rosa, rosig; *2. (vino)* rosé
rosal [rrɔ'sal] *m* Rosenstrauch *m,* Rosenstock *m*
rosalera [rrɔsa'lera] *f* Rosengarten *m,* Rosenpflanzung *f*
rosario [rrɔ'sarĭo] *m REL* Rosenkranz *m*
rosbif [rrɔs'ƀif] *m GAST* Roastbeef *n*
rosca ['rrɔska] *f 1.* Brezel *f; 2. TECH* Gewinde *n*
róseo ['rrɔseo] *adj* rosafarbig, rosig
rosicler [rrɔsi'klɛr] *m ~ de los alpes* Alpenglühen *n*
rosquilla [rrɔs'kiʎa] *f* Brezel *f*
rostro ['rrɔstro] *m* Gesicht *n*
rotación [rrɔta'θĭɔn] *f TECH* Rotation *f*
rotar [rrɔ'tar] *v* umkreisen, kreisen
rotativo [rrɔta'tiƀo] *adj 1. (que rota)* Dreh... *m 2. (fig: periódico)* Zeitung *f*
rotatorio [rrɔta'torĭo] *adj* drehbar
roto ['rrɔto] *adj* kaputt, entzwei
rotonda [rrɔ'tɔnda] *f ARCH* Rundbau *m,* Rotunde *f,* Rondell *n*
rotor [rrɔ'tɔr] *m (aspas de un hélicoptero) TECH* Rotor *m*
rótula ['rrɔtula] *f ANAT* Kniescheibe *f*
rotulación [rrɔtula'θĭɔn] *f* Beschriftung *f,* Etikettierung *f*
rotulado [rrɔtu'lađo] *m* Aufschrift *f,* Etikett *n,* Schild *n*
rotulador [rrɔtula'đɔr] *m* Filzstift *m*
rotular [rrɔtu'lar] *v ECO* auszeichnen
rótulo ['rrɔtulo] *m* Aushängeschild *n,* Etikett *n*
rotundidad [rrɔtundi'đađ] *f* Rundung *f,* Bestimmtheit *f*
rotundo [rrɔ'tundo] *adj (fig: terminante)* völlig, entschieden, kategorisch
rotura [rrɔ'tura] *f 1.* Bruch *m,* Riss *m; ~ de la tubería* Rohrbruch *m; 2. ~ del eje TECH* Achsenbruch *m; 3. ~s pl* Bruchschaden *m*
roturación [rrotura'θĭɔn] *f* Urbarmachung *f,* Rodung *f*
roturadora [rrɔtura'đɔra] *f (máquina para roturar)* Pflug *m*
roturar [rrɔtu'rar] *v* urbarmachen, roden
roulotte [rru'lo] *f* Wohnwagen *m*
roya ['rrɔja] *f BOT* Rost *m*
roza ['rɔθa] *f* Rodung *f,* Rodacker *m*
rozadura [rrɔθa'đura] *f* Schrammen *n,* Schramme *f,* Kratzer *m*
rozar [rrɔ'θar] *v 1.* tupfen, reiben, scheuern; *2. (lindar)* grenzen; *~ algo* grenzen an etw; *3. (limpiar la tierra de maleza) AGR* ausjäten
roznar [rrɔθ'nar] *v* knabbern, knuspern
rubefacción [rruƀefag'θĭɔn] *f MED* Hautreizung *f*
rubefaciente [rruƀefa'θĭente] *adj MED* hautreizend
rubeola [rru'ƀeola] *f MED* Röteln *pl*
rubescente [rruƀes'θente] *adj* rötlich
rubí [rru'ƀi] *m* Rubin *m,* Lagerstein (Uhren) *m*
rubicundez [rruƀikun'deθ] *f* Röte *f*
rubicundo [rruƀi'kundo] *adj (colorado)* rotwangig, rotblond
rubio ['rruƀĭo] *adj* blond
rublo ['ruƀlo] *m (unidad monetaria de Rusia) ECO* Rubel *m*
rubor [rru'ƀɔr] *m 1. (color rojo del rostro por vergüenza)* Röte *f,* Schamesröte *f; 2. (fig: vergüenza)* Schamgefühl *n*
ruborizarse [rruƀori'θarse] *v* erröten
rúbrica ['rruƀrika] *f* Unterschrift *f,* Rubrik *f*
rubricar [rruƀri'kar] *v* unterschreiben, unterzeichnen, abzeichnen
rubro ['rruƀro] *m (título) (LA)* Titel *m*
rucio ['rruθĭo] *adj (de color gris pardo)* grau, weißlich, hellbraun
ruda ['rruđa] *f BOT* Raute *f*
rudeza [rru'đeθa] *f* Rauheit *f,* Schroffheit *f,* Härte *f*
rudimentario [rruđimen'tarĭo] *adj* rudimentär, unentwickelt
rudimento [rruđi'mento] *m* Rudiment *n,* Anfang *m,* Ansatz *m*
rudo ['rruđo] *adj 1.* roh, rüde; *2. (fig: poco amigable)* rau, barsch
rueca ['rrweka] *f* Spinnrad *n*
rueda ['rrweđa] *f 1.* Rad *n; ~ de repuesto* Reservereifen *m; 2. ~ dentada TECH* Zahnrad *n*
ruedo ['rrweđo] *m (arena de la plaza de toros)* Arena *f*
ruego ['rrwego] *m* Bitte *f; ~ de perdón* Abbitte *f*
rufián [rru'fĭan] *m* Zuhälter *m*

rufo ['rrufo] *adj (fuerte)* stark, angeberisch
rugido [rru'xiđo] *m 1. (grito del león)* Brüllen *n; 2. (ruido de los intestinos)* Knurren *n*
rugiente [rru'xĭente] *adj* brüllend, tobend
ruginoso [rruxi'noso] *adj (mohoso)* trüb, rostig
rugir [rru'xir] *v* brüllen, tosen
rugosidad [rrugosi'đađ] *f* Runzligkeit *f*
rugoso [rru'goso] *adj* runzlig, rau, uneben
ruibarbo [rrwi'ƀarƀo] *m BOT* Rhabarber *m*
ruido ['rrwiđo] *m* Geräusch *n,* Lärm *m,* Laut *m; ~ fuertísimo* Krach *m; hacer ~* lärmen, rumoren; *hacer ~ bronco* schnurren; *sin ~* geräuschlos; *sin hacer ~* leise, lautlos
ruidoso [rrwi'đoso] *adj* laut, geräuschvoll
ruin ['rruin] *adj* schäbig, niederträchtig, gemein
ruina ['rrwina] *f 1.* Ruine *f,* Ruin *m,* Untergang *m; 2. ~s pl* Trümmer *pl; en ~s* zerstört
ruinar [rrui'nar] *v* ruinieren
ruindad [rrwin'dađ] *f* Schäbigkeit *f,* Knauserei *f,* Gemeinheit *f*
ruinoso [rrwi'noso] *adj* baufällig
ruiseñor [rrwise'ɲɔr] *m ZOOL* Nachtigall *f*
ruleta [rru'leta] *f* Roulett *n*
rulo ['rrulo] *m* Lockenwickler *m*
Rumanía [rruma'nia] *f GEO* Rumänien *n*
rumba ['rrumba] *f 1. (baile del Caribe) MUS* Rumba *f; 2. (fiesta) (LA)* ausgelassenes Fest *n*
rumbear [rum'bear] *v (irse de parranda) (LA)* sich im Gelände orientieren *n*
rumbo ['rrumbo] *m NAUT* Kurs *m; poner ~ a/ir ~ a* ansteuern
rumboso [rrum'boso] *adj 1. (magnífico)* prächtig, prunkvoll; *2. (desprendido)* prahlerisch
rumiante [rru'mĭante] *m ZOOL* Wiederkäuer *m*
rumiar [rru'mĭar] *v* sinnieren
rumor [rru'mɔr] *m 1.* Gerücht *n; 2. ~es pl* Gerede *n,* Gemunkel *n*
rumorar [rrumo'rar] *v* munkeln, brausen
rumoroso [rrumo'roso] *adj* geräuschvoll, lärmend, ruchbar
runa ['rruna] *f HIST* Rune *f*
runfla ['rrunfla] *f (serie)* Reihe *f*
runrún [rrun'run] *m (rumor)* Gerücht *n*
runrunear [rrunrru'near] *v* schnurren
rupestre [rru'pestre] *adj* Felsen... (Malerei), in Höhlen gemalt
rupia ['rrupĭa] *f 1. (moneda de la India) ECO* Rupie *f; 2. MED* Rupia *f*
rupicabra [rrupi'kaƀra] *f ZOOL* Gämse *f*
ruptura [rrup'tura] *f 1. (de una relación)* Abbruch *m; 2. ~ de contrato JUR* Vertragsbruch *m*
rural [rru'ral] *adj* ländlich
Rusia ['rrusĭa] *f GEO* Russland *n*
rusiente [rru'sĭente] *adj* glutrot
ruso ['rruso] *m 1.* Russe *m; adj 2.* russisch
rusticar [rusti'kar] *v* rustikal bearbeiten, rustikal herstellen, als rustikal bearbeiten
rusticidad [rrustiθi'đađ] *f* bäurisches Wesen *n,* ländliche Einfachheit *f*
rústico ['rrustiko] *adj* bäuerlich, rustikal, ländlich
rustiquez [rrusti'keθ] *f* bäurisches Wesen *n,* Derbheit *f,* Ungeschliffenheit *f*
ruta ['rruta] *f* Route *f; ~ de fuga* Fluchtweg *m; ~ por tierra* Landweg *m; tomar la ~ (avión)* ansteuern
rutilante [rruti'lante] *adj* glänzend, schimmernd
rutilar [rruti'lar] *v* glänzen, schimmern
rutina [rru'tina] *f* Routine *f,* Schlendrian *m,* Trott *m; ~ burocrática* Amtsschimmel *m*
rutinario [rruti'narĭo] *adj* routinemäßig, gewohnheitsmäßig
rutinero [rruti'nero] *m (hombre ~)* Gewohnheitsmensch *m*
ruzafa [rru'θafa] *f* Lustgarten *m*

S

sábado ['saƀađo] *m 1.* Samstag *m,* Sonnabend *m; 2. los ~s* samstags, sonnabends
sabana [sa'ƀana] *f (llanura de grandes dimensiones)* Grassteppe *f,* Savanne *f*
sábana ['saƀana] *f* Laken *n,* Bettlaken *n*
sabandija [saƀan'đixa] *f 1.* Gewürm *n,* Geschmeiß *n; 2. (fig: persona despreciable)* Gewürm *n*
sabanilla [saƀa'niʎa] *f* kleines Leintuch *n,* Altartuch *n*
sabañón [saƀa'ɲɔn] *m* Frostbeule *f*
sabático [sa'ƀatiko] *adj descanso ~* Sabbatruhe *f; año ~* Sabbatjahr *n*
sabedor [saƀe'đɔr] *adj* wissend
sabelotodo [saƀelo'tođo] *m* Neunmalkluger *m,* Besserwisser *m*
saber [sa'ƀɛr] *v irr 1.* wissen; *hacer ~ algo a alguien* jdn etw wissen lassen; *como se sabe* bekanntlich; *No lo sé.* Ich weiß es nicht. *¿Sabe usted lo que esto significa?* Wissen Sie, was das bedeutet? *un no sé qué* ein gewisses Etwas *n; 2. (un idioma)* können; *3. (conocer)* kennen; *4. (llegar a ~)* erfahren; *5. ~ a* schmecken nach; *~ bien* gut schmecken; *Esto no sabe a nada.* Das schmeckt nach nichts. *6. (dominar)* beherrschen; *m 7.* Wissen *n,* Können *n; 8. (sabiduría)* Weisheit *f; 9. (experiencia de la vida)* Lebenserfahrung *f; 10. a ~* wer weiß; *11. vete a ~* wer weiß schon, wer kann schon sagen; *vaya usted a ~* wer weiß das schon; *¡Vaya usted a saber cuándo terminaré este trabajo!* Sie werden schon sehen, wann ich mit dieser Arbeit fertig werde! *12. (fig) no ~ uno donde meterse* beschämt sein, im Erdboden versinken wollen; *13. (fig) no ~ donde uno anda* nicht wissen, was man tut
sabidillo [saƀi'điʎo] *adj* neunmalklug
sabido [sa'ƀiđo] *adj como es ~* bekanntlich
sabiduría [saƀiđu'ria] *f 1.* Weisheit *f; 2. (prudencia, sentido común)* gesunder Menschenverstand *m,* Sachverstand *m; En ese asunto tienes que obrar con más sabiduría.* In dieser Angelegenheit musst du mit mehr Sachverstand vorgehen. *3.* Weisheit *f,* Klugheit *f; Cuando tengo problemas hecho de menos la sabiduría de mi padre.* Wenn ich Probleme habe, vermisse ich die Weisheit meines Vaters. *4. (juicio)* Urteilsfähigkeit *f,* Urteilsvermögen *n; 5. (doctrina, enseñaza)* Wissen *n,* Lehre *f,* Wissenschaft *f*
sabiendas [sa'ƀĭenđas] *adv a ~* absichtlich, wissentlich
sabihondez [saƀion'đeθ] *f* Besserwisserei *f*
sabihondo [saƀi'ondo] *adj 1.* besserwisserisch, weise, gelehrt, *2. (animal)* abgerichtet
sábila ['saƀila] *f BOT* Aloe *f*
sabio ['saƀĭo] *m 1.* Gelehrter *m,* Weiser *m; adj 2.* weise, gelehrt; *3. (prudente)* gelehrsam, lehrreich, gelehrt; *4. (que juzga correctamente)* klug, weise; *5. (discreto)* verständig, geistreich, scharfsinnig; *6. (que tiene habilidad)* tüchtig, geschickt
sablazo [sa'ƀlaθo] *m 1.* Säbelhieb *m; 2. (fig: pedir dinero prestado)* Anpumpen *n*
sable ['saƀle] *m* Säbel *m*
sablear [sa'ƀlear] *v* pumpen
sablista [sa'ƀlista] *m* Geldpumper *m,* Schuldenmacher *m*
sabor [sa'ƀɔr] *m 1.* Geschmack *m; tener buen ~* gut schmecken; *2. (fig: impresión)* Hauch *m,* Geschmack *m,* Eindruck *m; 3. (fig: similitud)* Richtung *f,* Art *f; música de ~ clásico* Musik in klassischer Richtung; *4. (fig: naturaleza de algo)* Geschmack *m,* Natur *f*
saboreamiento [saƀorea'mĭento] *m* Schmackhaftigkeit *f*
saborear [saƀo'rear] *v 1.* genießen, auskosten, schmackhaft machen; *2.* genießen, kosten, schmecken; *~ una velada con amigos* eine Abendgesellschaft mit Freunden genießen; *~ el triunfo* den Triumph auskosten; *~ la derrota de los enemigos* die Niederlage des Feindes auskosten
saboreo [saƀo'reo] Genießen *n*
sabotaje [saƀo'taxe] *m* Sabotage *f*
saboteador [saƀotea'đɔr] *m 1.* Saboteur *m; adj 2.* Sabotage..., sabotierend
sabotear [saƀote'ar] *v* sabotieren
sabroso [sa'ƀroso] *adj* würzig, lecker, schmackhaft
sabueso [sa'ƀweso] *m (fig)* Schnüffler *m*
saburra [sa'ƀurra] *f MED* Belag *m*
saburroso [saƀu'rrɔso] *adj lengua saburrosa MED* belegte Zunge *f*
sacabocados [sakaƀo'kađos] *m (instrumento para taladrar)* Locheisen *n*

sacacorchos [saka'kɔrtʃos] *m* Korkenzieher *m*
sacamanchas [saka'mantʃas] *m* Fleckenentferner *m*
sacapuntas [saka'puntas] *m* Bleistiftspitzer *m,* Spitzer *m*
sacar [sa'kar] *v 1. ~ de* herausnehmen aus, herausholen aus, herausziehen aus; *~ la lengua* die Zunge herausstrecken; *2. (llevar afuera)* herausbringen; *3. ~ una foto* ein Foto machen; *4. ~ fuerzas de flaqueza (fig)* sich aufraffen; *5. (fig: aprovechar al máximo)* ausschöpfen; *~ provecho de* ausnützen; *6. SPORT* aufschlagen; *~ una vuelta de ventaja* überrunden; *7. ~ de (fig)* entnehmen aus; *~ conclusiones de* Schlüsse ziehen aus; *8. (hacer que uno diga o entregue algo)* abziehen, abnehmen, entlocken; *9. (extraer)* herauspressen; *~ jugo de una naranja* Saft aus einer Orange pressen; *10. (excluir)* ausschließen, ausnehmen, heraushalten; *¡Sácame de tu vida!* Halte mich aus deinem Leben heraus! *11. (quitar)* entfernen; *12. (inventar, producir)* herausbringen, herausgeben; *La compañía de X de software ha sacado al mercado un nuevo sistema operativo.* Die Softwarefirma X hat ein neues Betriebssystem auf den Markt gebracht. *13. (desenfundar o desenvainar un arma)* herausnehmen, ziehen; *~ un revólver* einen Revolver ziehen; *~ el machete* das Gewehr hervorholen; *14. ~ de quicio* aus dem Leim gehen; *15. (librarse de una condición)* befreien; *16. (fig) ~ en limpio* klarstellen, ins Reine bringen; *17. ~ en claro* klarstellen, ins Reine bringen
sacárido [sa'kariđo] *m* Zuckerstoff *m*
sacarífero [saka'rifero] *adj CHEM* zuckerhaltig
sacarina [saka'rina] *f* Saccharin *n,* Süßstoff *m*
sacarosa [saka'rosa] *f* Saccharose *f,* Rohrzucker *m*
sacarse [sa'karse] *v ~ la ropa* sich ausziehen
sacerdocio [saθɛr'đoθĭo] *m 1. (condición del sacerdote) REL* Priesteramt *n; 2. (el conjunto de los sacerdotes)* Priesterstand *m; 3. (fig: consagración a algo)* Widmung *f,* Hingabe *f; ~ intelectual* intellektuelle Hingabe *f*
sacerdotal [saθɛrđo'tal] *adj* Priester..., priesterlich
sacerdote [saθɛr'đote] *m REL* Priester *m*
sacerdotisa [saθɛrđo'tisa] *f REL* Priesterin *f*
saciado [sa'θĭađo] *adj* gesättigt
saciar [sa'θĭar] *v 1.* sättigen, stillen; *2. (fig: satisfacer los deseos)* befriedigen, zufrieden stellen, sättigen; *Nunca he podido saciar mi ansia de saber.* Nie konnte ich meinen Wissensdurst befriedigen.
saciedad [saθĭe'đađ] *f 1.* Sättigung *f; 2. (fig)* Sättigung *f,* Übersättigung *f,* Überdruss *m; hasta la ~* bis zum Überdruss *m*
saco ['sako] *m 1.* Sack *m; ~ de arena* Sandsack *m; ~ de dormir* Schlafsack *m; 2. (LA)* Jacke *f,* Jackett *n,* Sakko *n; 3. (fig) no echar algo en ~ roto* etw befolgen, etw nicht außer Acht lassen
sacolargo [sako'largo] *m (LA)* Pantoffelheld *m*
sacramentar [sakramen'tar] *v 1. REL* die Sakramente spenden; *2. (consagrar el vino y la ostia) REL* die Hostie oder den Wein weihen
sacramento [sakra'mento] *m REL* Sakrament *n*
sacrificar [sakrifi'kar] *v 1.* opfern; *2. (matar reses para consumirlas)* opfern, weihen, schlachten; *3. (fig)* opfern, darangeben; *~ un alfil en un juego de ajedrez* einen Läufer im Schachspiel opfern; *4. (fig)* hingeben; *~ propia vida por una persona amada* sein eigenes Leben für eine geliebte Person hingeben; *5. (hacer una víctima de alguien)* jdn zum Opfer machen
sacrificarse [sakrifi'karse] *v ~ por alguien* sich für jdn aufopfern, sich für jdn opfern
sacrificio [sakri'fiθĭo] *m 1.* Opfer *n; 2. (fig: acto de abnegación o renuncia)* Entsagung *f,* Opfer *n*
sacrilegio [sakri'lɛxĭo] *m 1. REL* Gotteslästerung *f; 2. (fig)* Sakrileg *n,* Gotteslästerung *f,* Kirchenschändung *f*
sacrílego [sa'krilego] *adj REL* gotteslästerlich, schändlich, ruchlos
sacristán [sakris'tan] *m REL* Küster *m*
sacristía [sakris'tia] *f REL* Sakristei *f*
sacro ['sakro] *adj 1. (sagrado) REL* heilig, geweiht; *música sacra* heilige Musik *f; 2. el hueso ~ ANAT* Kreuzbein *n*
sacrosanto [sakro'santo] *adj* sakrosankt, unantastbar
sacudida [saku'điđa] *f 1.* Erschütterung *f; 2. (fig: un alteración muy grande)* Erschütterung *f,* Schlag *m*

sacudir [saku'đir] *v* *1.* schütteln, abschütteln; *2. (fuertemente)* rütteln, schütteln
sacudirse [saku'đirse] *v* sich schütteln
sacudón [saku'đɔn] *f (LA) (sacudida)* heftiger Stoß *m*, Erschütterung *f*
sádico ['sađiko] *m 1.* Sadist *m; adj 2.* sadistisch
sadismo [sa'đizmo] *m* Sadismus *m*
sadista [sa'đista] *m/f* Sadist(in) *m/f*
sadomasoquismo [sađomaso'kizmo] *m* Sadomasochismus *m*
sadomasoquista [sađomaso'kista] *m 1.* Sadomasochist *m; adj 2.* sadomasochistisch
saeta ['saeta] *f 1.* Pfeil *m*, Uhrzeiger *m*, Magnetnadel *f; 2. REL* gesungenes Stoßgebet *n*
saetazo [sae'taθo] *m* Stichelei *f*, Hänselei *f*
saetear [sae'tear] *v* belästigen
safari [sa'fari] *m* Safari *f*
sáfico ['safiko] *adj 1. (relativo a Safo)* sapphisch; *2. (relativo a la homosexualidad)* lesbisch, homosexuell
saga ['sag̡a] *f 1. LIT* Sage *f; 2. LIT* Saga *f*, Familiensaga *f*
sagacidad [sag̡aθi'đađ] *f 1.* Auffassungsgabe *f*, Klugheit *f; 2. (pensamiento penetrante)* Scharfsinn *m*, Kombinationsgabe *f; la ~ de Sherlock Holmes* der Scharfsinn Sherlock Holmes'
sagaz [sa'g̡az] *adj* schlau, scharfsinnig
Sagitario [saxi'tarĭo] *1. (signo del zodíaco)* Schütze *m; 2. (constelación) ASTR* Schütze *m*
sagrado [sa'g̡rađo] *adj 1. REL* heilig, geweiht; *2. (fig: que debe ser venerado)* verehrungswürdig; *3. (fig: tabú)* tabu, unverletzlich, unantastbar
sagrario [sa'rarĭo] *m* Sanktuarium *n*, Sakramentshäuschen *n*, Tabernakel *n/m*
sahara ['saːra] *m GEO* Sahara *f*
sahumar [saŭ'mar] *v* räuchern, parfümieren
sahumerio [sau'merĭo] *m* Räuchern *n*, Weihrauch *m*
sainete [sai'nete] *m THEAT* Sainete *n*, Schwank *m*
sajadura [saxa'đura] *f* Schröpfen *n*
sajar [sa'xar] *v* einschneiden
sajón [sa'xon] *adj* sächsisch
sakí [sa'ki] *m (bebida alcohólica del Japón) GAST* Sake *m*
sal [sal] *f 1.* Salz *n; ¡Sal y pimienta, por favor!* Salz und Pfeffer, bitte! *2. ~ gema* Steinsalz *n; ~ marina* Meersalz *n; ~ de Epsom* Epsomsalz *n; ~ de Glauber* Glaubersalz *n; 3. (fig)* Würze *f*
sala ['sala] *f 1.* Saal *m*, Halle *f; ~ de congresos* Kongresshalle *f; ~ de consulta* Sprechzimmer *n; ~ de espera* Wartesaal *m*, Wartezimmer *n; ~ de estar* Wohnzimmer *n; ~ de plenos* Plenarsaal *m; ~ de ventanillas* Schalterhalle *f; 2. ~ de operaciones MED* Operationssaal *m; ~ de partos* Entbindungsstation *f*, Kreißsaal *m; 3. ~ de fiestas* Festsaal *m*
salado [sa'lađo] *adj* salzig
salamandra [sala'manđra] *f ZOOL* Salamander *m*, Molch *m*
salar [sa'lar] *v* salzen
salario [sa'larĭo] *m 1.* Lohn *m; ~ bruto* Bruttolohn *m; ~ a destajo* Stücklohn *m*, Akkordlohn *m; ~ de hambre* Hungerlohn *m; hoja de ~* Lohnstreifen *m; ~ máximo* Spitzenlohn *m; ~ mínimo* Mindestlohn *m; ~ por horas* Stundenlohn *m; ~ según convenio colectivo* Tariflohn *m; ~ semanal* Wochenlohn *m; 2. ~ base* Grundlohn *m*
salazón [sala'θon] *f 1.* Einsalzen *n*, Pökeln *n; 2. (fig: mala suerte) (LA)* Pech *n*
salchicha [sal'tʃitʃa] *f GAST* Bratwurst *f*
salchichón [saltʃi'tʃɔn] *m GAST* Salami *f*
saldar [sal'dar] *v 1.* zurückzahlen; *2. (ajustar)* verrechnen; *3. ECO* abrechnen, ausgleichen, begleichen; *4. (vender algo a bajo precio)* abstoßen, im Ausverkauf anbieten *m*
saldo ['saldo] *m 1.* Endabrechnung *f*, Restbetrag *m*, Ausgleich *m; 2. ECO* Saldo *m; ~ de cuenta* Kontostand *m; ~ negativo* Minus *n*
saledizo [sale'điθo] *m* Vorsprung *m*
salero[1] [sa'lero] *m GAST* Salzstreuer *m*
salero[2] [sa'lero] *m* Anmut *f*
saleroso [sale'roso] *adj* anmutig
salida [sa'liđa] *f 1. (lugar por donde se sale)* Ausgang *m*, Ausweg *m; ~ de embarque* Flugsteig *m; ~ de emergencia* Notausgang *m*, Fluchtweg *m; ~ lateral* Nebenausgang *m; ~ posterior* Hinterausgang *m; sin ~* ausweglos; *¿Qué ~ tengo que tomar?* Welche Ausfahrt muss ich nehmen? *¿Dónde está la ~?* Wo ist der Ausgang? *2. (de un país)* Ausreise *f; 3. (partida)* Abflug *m*, Ausreise *f*, Aufbruch *m; 4. ~ del sol* Son-

nenaufgang *m; 5. (ingenio)* Geistesblitz *m; 6. (de desagüe)* Ablauf *m,* Abfluss *m; 7. (separación, retiro)* Austritt *m; 8. ~ a escena THEAT* Auftritt; *9. ~s pl FIN* Ausgaben *f; 10. tener buenas ~s* schlagfertig sein; *11. (fig: excusa)* Ausrede *f,* Entschuldigung *f,* Ausflucht *f; 12. (posibilidad de venta)* Verkauf *m,* Absatz *m; 13. INFORM* Exit *m; dispositivo de ~; redireccionamiento hacia la ~* Zurück zu Exit *m; ~ standard* Standardexit *n; 14. ~ de tono* unangebrachte Bemerkung, sich im Ton vergreifen; *15. estar en un callejón sin ~* in einer Sackgasse stecken; *16. hora de ~* Abfahrtszeit *f; 17. permiso de ~* Ausfuhrgenehmigung *f,* Ausreisegenehmigung *f; 18. estar de ~* aufbruchbereit sein; *19. tener la ~ (en el ajedrez)* anziehen; *20. tener buenas ~s* gut verkäuflich sein; *21. (el lugar de partida en una carrera) SPORT* Start *m; Los corredores están en la salida.* Die Läufer befinden sich am Start.

salidizo [sali'điθo] *m ARCH* Erker *m*

saliente [sa'lĭente] *m* Vorsprung *m*

salífero [sa'lifero] *adj* salzhaltig

salina [sa'lina] *f* Saline *f,* Salzgrube *f,* Salzbergwerk *n*

salir [sa'lir] *v irr 1.* herauskommen; *~ bien* gelingen, glücken, klappen; *~ garante de algo* für etw haften, etw verbürgen; *~ a luz* zum Vorschein kommen; *~ mal* misslingen, missraten; *2. (de algún sitio)* hinausgehen; *~ al encuentro de* entgegenkommen; *3. (de viaje)* abreisen; *4. (de un país)* ausreisen; *5. (~ a divertirse)* ausgehen; *~ a pasear* spazieren gehen; *¿Salimos juntos?* Wollen wir zusammen ausgehen? *6. (desbordarse, derramarse)* auslaufen; *7. ~ en ... para* losfahren mit ... nach; *8. ~ a escena THEAT* auftreten; *~ de escena* abtreten; *9. (del huevo) ZOOL* schlüpfen; *10. (nacer)* herauskommen, wachsen; *Las flores empiezan a salir.* Die Blumen kommen langsam heraus. *Te está saliendo barba.* Dir wächst ein Bart. *11. (desaparecer las manchas)* herausbekommen, entfernen; *12. (aparecer, manifestarse)* scheinen, hervorkommen, sich zeigen; *El sol no ha salido todavía.* Die Sonne ist noch nicht zum Vorschein gekommen. *13. (descubrirse algo como es en verdad)* werden, entpuppen; *Mi hijo salió muy inteligente.* Mein Sohn hat sich als sehr intelligent entpuppt. *14. (desembarazarse de algo)* losmachen, loswerden; *15. (hacer o decir algo inesperadamente)* herauskommen (mit), herausrücken (mit); *16. (ocurrir, sobrevenir algo)* unvermutet bekommen; *Me salió la beca.* Ich habe das Stipendium doch noch bekommen. *17. (costar)* kosten; *Esta maquina me salió a ...* Diese Maschine hat mich ... gekostet. *18. (tener buen o mal éxito)* abschneiden; *Salí muy mal en el examen.* Ich habe in der Prüfung sehr schlecht abgeschnitten. *19. (dar a parar)* führen zu; *Esta calle sale al centro.* Diese Straße führt ins Zentrum. *20. salga lo que salga* komme, was da wolle; *21. (fig) ~ adelante* vorwärts kommen, voranschreiten; *He decidido salir adelante en la vida.* Ich habe beschlossen, im Leben voranzukommen. *22. (fig) ~ caro algo a alguien* teuer zu stehen kommen; *Tu atrevimiento va a salirte muy caro.* Deine Unverschämtheit wird dich teuer zu stehen kommen.

salirse [sa'lirse] *v irr 1. ~ de* heraustreten aus; *~ de la fila* ausscheren; *~ de tono (fig)* entgleisen; *2. ~ con la suya* seine Meinung durchsetzen

salitre [sa'litre] *m* Salpeter *m*

saliva [sa'liƀa] *f* Speichel *m*

salivación [saliƀ'θĭɔn] *f ANAT* Speichelbildung *f*

salivazo [sali'ƀaθo] *m* Speichel *m*

salmista [sal'mista] *m* Psalmist *m*

salmo ['salmo] *m REL* Psalm *m*

salmodia [salmo'đĭa] *m 1. (canto litúrgico) REL* Psalmengesang *m; f 2. (fig: todo canto monótomo)* monotones Gedudel *m*

salmodiar [salmo'đĭar] *v 1. (cantar salmos) REL* psalmodieren; *2. (fig: cantar con voz monótona)* leiern, herunterleiern

salmón [sal'mɔn] *m ZOOL* Lachs *m*

salmonela [salmo'nela] *f BIO* Salmonellen *pl*

salmuera [sal'mwera] *f GAST* Lake *f*

salobre [sa'lɔƀre] *adj* salzig

salón [sa'lɔn] *m 1.* Wohnzimmer *n,* Salon *m; ~ de masajes* Massagesalon *m; 2. (aula)* Aula *f,* Klassenzimmer *n,* Hörsaal *m*

salpicadura [salpika'đura] *f* Spritzer *m*

salpicar [salpi'kar] *v* spritzen

salpimentar [sapimen'tar] *v irr 1. (adobar con sal y pimienta) GAST* mit Salz und Pfeffer würzen; *2. (fig: amenizar)* würzen, unterhaltend gestalten; *~ una conversación* einem Gespräch Würze geben

salsa ['salsa] *f 1. GAST* Soße *f,* Tunke *f,* Dressing *n; ~ del asado* Bratensoße *f; ~ de*

tomate Tomatensoße *f; 2. (baile de Caribe)* Volkstanz *m*
saltado [sal'tađo] *adj* gesprungen
saltamontes [salta'mɔntes] *m ZOOL* Heuschrecke
saltar [sal'tar] *v* hüpfen, springen, abspringen; *~ a la vista* auffallen
saltarse [sal'tarse] *v ~se algo* etw überspringen; *~se páginas* Seiten überschlagen
salteador [saltea'đɔr] *m* Wegelagerer *m,* Bandit *m*
saltear [sal'tear] *v 1. (asaltar)* überfallen, ausräubern; *2. (freír a fuego vivo) GAST* heiß anbraten
saltimbanqui [saltim'ƀanki] *m* Gaukler *m,* Marktschreier *m*
salto ['salto] *m 1.* Sprung *m,* Absprung *m; 2. ~ de cabeza SPORT* Kopfsprung *m; ~ de altura con pértiga* Stabhochsprung *m; 3. ~ de cama* Morgenrock *m; 4. ~ de agua* Wasserfall *m; 5. (fig) dar ~s de alegría* Freudensprünge machen
salubre [sa'luƀre] *adj* gesund, zuträglich
salubridad [saluƀri'đađ] *f* Zuträglichkeit *f*
salud [sa'luđ] *f 1.* Gesundheit *f; ¡Salud!* Prost!/Gesundheit! *2. beber a la ~ de alguien* auf das Wohl von jdm trinken; *3. certificado de ~* Gesundheitszeugnis *n; 4. nocivo para la ~* gesundheitsschädlich; *Fumar es nocivo para la salud.* Rauchen gefährdet die Gesundheit. *5. estar rebosante de ~* kerngesund sein; *6. estar bien de ~* gesund sein; *7. tener ~* gesund sein; *8. (fig) curarse uno en ~* es nicht darauf ankommen lassen
saludable [salu'đaƀle] *adj* gesund, heilsam
saludar [salu'đar] *v 1.* grüßen, begrüßen; *2. (recibir)* empfangen; *3. (aclamar)* begrüßen; *Saludo el fin de la tiranía.* Ich begrüße das Ende der Tyrannei. *4. (honrar con señales preestablecidas)* salutieren
saludo [sa'luđo] *m 1.* Gruß *m,* Begrüßung *f; ~ de bienvenida* Willkommensgruß *m; 2. (recibimiento)* Empfang *m*
salutación [saluta'θĭɔn] *f (saludo)* Begrüßung *f*
salutífero [salu'tifero] *adj (saludable)* wohl tuend, gesund
salva ['salƀa] *f 1.* Salve *f; 2. ~ de aplausos* Beifallssturm *m*
salvación [salƀa'θĭɔn] *f 1.* Heil *n,* Rettung *f; 2. REL* Erlösung *f*
salvado [sal'ƀađo] *m BOT* Kleie *f*
salvador [salƀa'đɔr] *m 1.* Retter *m; 2. REL* Heiland *m,* Erlöser *m; adj 3.* rettend, erlösend, heilend
salvaguarda [salƀa'gwarđa] *f ~ del patrimonio público* Verwalter des öffentlichen Vermögens
salvaguardar [salƀa'gwarđar] *v* bewahren, beschützen, sicherstellen
salvajada [salƀa'xađa] *f (acto de violencia o grosería)* Gewalttat *f,* Rohheit *f*
salvaje [sal'ƀaxe] *adj 1.* wild; *2. (natural, sencillo)* urwüchsig; *3. (fig)* brutal; *4. (inculto, bárbaro)* wild, roh; *5. (habitante de una región no civilizada)* Wilder *m; 6. (fig: hombre violento e ignorante)* Barbar *m,* Rohling *m; Mi cuñado es un salvaje.* Mein Schwager ist ein Rohling. *adj 7. en estado ~* in unkultiviertem Zustand *m*
salvajismo [salƀa'xizmo] *m* Wildheit *f,* Rohheit *f*
salvamento [salƀa'mento] *m* Rettung *f,* Bergung *f*
salvar [sal'ƀar] *v 1. ~ a alguien de algo* jdn vor etw retten; *2. (poner en lugar seguro)* bergen; *3. REL* erlösen; *4. (exceptuar)* ausnehmen, ausschließen; *5. (evitar un peligro o riesgo)* meiden, vermeiden, ersparen; *6. (recorrer una distancia)* zurücklegen; *7. ¡Sálvese el que pueda!* Rette sich wer kann!
salvarse [sal'ƀarse] *v* davonkommen, sich retten, sich in Sicherheit bringen
salvavidas [salƀa'ƀiđas] *m 1.* Rettungsring *m,* Schwimmhilfe *f; 2. chaleco ~* Schwimmweste *f,* Rettungsweste *f; 3.* Bademeister *m*
salvedad [salƀe'đađ] *f 1.* Vorbehalt *m; 2. hacer una ~* eine Ausnahme machen *f; 3. con la ~ de que ...* für den Fall, dass *m*
salvia ['salƀĭa] *f BOT* Salbei *m*
salvo[1] ['salƀo] *prep* ausgenommen, außer, vorbehaltlich
salvo[2] ['salƀo] *adj* unbeschädigt; *ponerse a ~* sich in Sicherheit bringen
salvoconducto ['salƀokɔn'đukto] *m* Passierschein *m*
samovar [samo'ƀar] *m* Samovar *m,* Teemaschine *f*
samurai [samu'rai] *m HIST* Samurai *m*
san [san] *adj (apócope de santo) REL* heilig(er) ... *~ Antonio* heiliger Antonius *m*
sanable [sa'naƀle] *adj* heilbar
sanalotodo [sanalo'tođo] *m* Allheilmittel *n*

sanar [sa'nar] *v* kurieren, heilen
sanarse [sa'narse] *v* verheilen
sanatorio [sana'torĭo] *m* Sanatorium *n*
sanción [san'θĭɔn] *f 1.* Sanktion *f; 2. (autorización)* Genehmigung *f,* Erlaubnis *f,* Billigung *f*
sancionable [sanθĭo'naƀle] *adj JUR* strafbar
sancionar [sanθĭo'nar] *v 1.* strafen; *2. (autorizar)* genehmigen, bestätigen
sandalia [san'dalĭa] *f* Sandale *f*
sandez [san'đeθ] *f* Albernheit *f,* Einfältigkeit *f; decir sandeces* Dummheiten sagen
sandía [san'dia] *f BOT* Wassermelone *f*
saneamiento [sanea'mĭento] *m* Sanierung *f*
sanear [sa'near] *v 1.* sanieren; *2. (dar condiciones de salubridad)* sauber halten, sanieren; *3. (fig: purificar, reparar)* säubern, wiederherstellen; *4. (estabilizar, equilibrar) ECO* stabilisieren, ausgleichen; *~ la moneda* die Währung stabilisieren
sangrar [saŋ'grar] *v 1.* bluten; *Sangro a menudo por la nariz.* Ich habe häufig Nasenbluten. *2. (observar la sangría)* zur Ader lassen; *3. (fig: sacar dinero)* ausbluten lassen, um Geld anzapfen
sangraza [san'graθa] *f* verdorbenes Blut *n*
sangre ['saŋgre] *f 1.* Blut *n; de ~ fría (fig)* kaltblütig; *de pura ~* reinrassig; *2. (fig: linaje, alcurnia)* Blut *n,* Abstammung *f,* Herkunft *f; de ~ azul* blaublütig; *de ~ plebeya* von gemeiner Herkunft *f; de ~ noble* aus nobler Familie *f; 3. a ~ fría* kaltblütig; *un asesinato a ~ fría* ein kaltblütiger Mord *m; 4. (fig) sudar ~* Blut und Wasser schwitzen; *5. a ~ y fuego* mit Feuer und Schwert; *6. (fig) derramar ~* Blutvergießen *n; 7. (fig) subírsele a uno la ~ a la cabeza* jdm zu Kopf steigen *m; 8. (fig) lavar con ~* rächen, mit Blut abwaschen; *lavar una ofensa con ~* eine Beleidigung rächen; *9. (fig: parentesco)* Verwandtschaft *f; 10. (fig) chuparle a uno la ~* jdm ausnutzen, jdm schröpfen; *11. (fig) tener mucha ~* mutig sein; *12. (fig) llevar algo en la ~* etw im Blut haben
sangría [san'gria] *f 1.* Sangria *f; 2. MED* Schröpfen *n,* Aderlass *m; 3. (fig: gasto continuo sin compensación)* Aderlass *m; 4. (fig: robo en pequeñas cantidades)* Abzapfung *f; 5.* Einrücken am Anfang der Zeile
sangriento [saŋ'grĭento] *adj 1.* blutig; *2. (fig: cruel, sanguinario)* blutdürstig; *3. (cruento, que derrama sangre)* hart, blutig, verletzend; *lucha sangrienta* ein harter Kampf *m*
sanguijuela [sangi'xwela] *f 1. ZOOL* Blutegel *m; 2. (fig: persona que saca dinero a otra)* Geldschneider *m*
sanguinario [sangi'nario] *adj* blutgierig, blutdürstig, grausam
sanguíneo [san'gineo] *adj 1. ANAT* Blut..., vollblütig, blutrot; *vasos ~s* Blutgefäße *n/pl; tipo ~* sanguinischer Typ *m; 2. (uno de los tipos de temperamento)* sanguinisch
sanguinolento [sangino'lento] *adj* blutig, bluthaltig
sanidad [sa'niđađ] *f* Gesundheit *f,* Gesundheitswesen *n,* Sanitätswesen *n*
sanitario [sani'tarĭo] *m 1.* Sanitäter *m; 2. (servicio)* Toilette *f,* WC *n; adj 3. medidas sanitarias* hygienische Maßnahmen *f/pl*
sano ['sano] *adj 1.* gesund, bekömmlich, heilsam; *~ y salvo* heil und unversehrt; *2. (fig: libre de vicio)* gesund, ehrlich, sauber; *3. (fig: razonable)* heilsam, sinnvoll; *4. (fig) cortar por lo ~* zu starken Mitteln greifen
sánscrito ['sans'krito] *m 1.* Sanskrit *n; adj 2. LING* das Sanskrit betreffend *n*
santa ['santa] *f REL* Heilige *f*
santería [sante'ria] *f REL* Santeriakult *m*
santero [san'tero] *adj 1.* scheinheilig, frömmelnd; *m 2. (que practica la santería) REL* Santeriapriester *m*
santiamén [santĭa'men] *m en un ~* im Handumdrehen, mit einem Handgriff
santidad [san'tiđađ] *f 1.* Heiligkeit *f; 2. su ~ REL* Seine Heiligkeit *f*
santificable [santifi'kaƀle] *adj REL* weihevoll
santificación [santifika'θĭɔn] *f REL* Heiligung *f,* Weihe *f*
santificar [santifi'kar] *v 1.* heiligen, rechtfertigen, entschuldigen; *2. (dedicar una cosa a Dios) REL* weihen; *3. (fig: venerar como a un santo)* verehren
santiguada [santi'gwađa] *f REL* Bekreuzigen *n*
santiguar [santi'gwar] *v* ein Kreuz schlagen, segnen, (fam) ohrfeigen
santiguarse [santi'gwarse] *v REL* sich bekreuzigen
santo ['santo] *m 1. REL* Heiliger *m,* Schutzpatron *m; adj 2. REL* heilig; *3. a ~ de qué* aus welchem Grund *m; 4. no ser alguien ~ de la devoción* bei jmd. unbeliebt sein; *5. por todos los ~s* um Himmels willen

santón [san'tɔn] *m REL* mohammedanischer Heiliger *m,* Derwisch *m*
santoral [santo'ral] *m REL* Kirchenhandbuch *n*
santuario [san'twarĭo] *m 1.* Heiligtum *n,* Zufluchtsort *m; 2. (una reserva animal o vegetal)* Reservat *n,* Biotop *n; un ~ para aves* ein Vogelreservat *n*
santurrón [santu'rrɔn] *adj* scheinheilig, bigott
santurronería [santurrone'ria] *f* Scheinheiligkeit *f*
saña ['saɲa] *f* Zorn *m,* Erbitterung *f,* Grausamkeit *f*
sañudo [sa'ɲuđo] *adj* erbittert, grimmig, zornig
sapiencia [sa'pĭenθĭa] *f (sabiduría)* Weisheit *f,* Klugheit *f*
sapiencial [sapĭen'θĭal] *adj* Weisheits...
sapiente [sa'pĭente] *adj* weise, hochgelehrt
sapo ['sapo] *m ZOOL* Kröte *f*
saque ['sake] *m 1. SPORT* Aufschlag *m; ~ inicial* Anstoß *m; ~ de puerta* Abschlag *m; 2. (de bebida, de comida)* Trinkfestigkeit *f,* großer Appetit *m*
saquear [sake'ar] *v 1.* plündern, ausplündern; *2. (fig: robar)* rauben, plündern
saqueo [sa'keo] *m* Plünderung *f*
sarampión [saram'pĭɔn] *m MED* Masern *pl*
sarao [sa'rao] *m* Abendgesellschaft *f*
sarcasmo [sar'kazmo] *m* Gespött *n,* Sarkasmus *m*
sarcástico [sar'kastiko] *adj* sarkastisch
sarcófago [sar'kofago] *m* Sarkophag *m*
sarcoma [sar'koma] *m MED* Sarkom *n*
sardina [sar'đina] *f 1. ZOOL* Sardine *f; 2. (fig) como ~s en lata* eingezwängt wie die Ölsardinen *f/pl*
sardónico [sar'đoniko] *adj 1. (despectivo, amargado)* sardonisch, bitter; *2. (burlón)* hämisch
sarga ['sarga] *f (tipo de tela)* Serge *f*
sargento [sar'xento] *m MIL* Unteroffizier *m,* Sergeant *m*
sarnoso [sar'noso] *adj* räudig
sarpullido [sarpu'ʎiđo] *m* Hautausschlag *m*
sarraceno [sarra'θeno] *adj 1. HIST* sarazenisch, Sarazenen... *m 2. HIST* Sarazene *m*
sarro ['sarrɔ] *m ~ dentario MED* Zahnbelag *m,* Zahnstein *m*
sarroso [sa'rroso] *adj* belegt
sarta ['sarta] *f 1.* Litanei *f,* ein ganzer Haufen *m; ~ de perlas* Perlschnur *f; 2. ~ de mentiras* Serie von Lügen; *~ de desatinos* Haufen Blödsinn
sartén [sar'ten] *f 1.* Pfanne *f,* Bratpfanne *f; 2. (fig) tener la ~ por el mango* zu bestimmen haben, das Regiment führen
sastre ['sastre] *m 1.* Schneider *m; 2. traje ~* maßgeschneiderter Anzug *m,* Schneiderkostüm *n*
sastrería [sastre'ria] *f* Schneiderei *f*
Satanás [sata'nas] *m* Satan *m*
satánico [sa'taniko] *adj 1.* teuflisch, satanisch; *2. (fig: de una maldad enorme)* satanisch, teuflisch; *conducta satánica* höllisches Benehmen
satanismo [sata'nizmo] *m* Satanismus *m*
satélite [sa'telite] *m 1.* Satellit *m; ~ de reconocimiento MIL* Aufklärungssatellit *m; adj 2. (fig: que depende de otro país) POL paises ~s* Satellitenstaaten *m/pl*
satén [sa'ten] *m* Satin *m*
sátira ['satira] *f 1. LIT* Satire *f; 2. (fig: burla)* Satire *f,* Spott *m*
satírico [sa'tiriko] *adj* satirisch, spottend, bissig
satirizar [satiri'θar] *v 1. (escribir sátiras) LIT* Satiren schreiben; *2. (fig: mofarse)* verspotten, sich lustig machen
sátiro ['satiro] *m 1. (figura de la mitología)* Satyr *m; 2. (fig: hombre lascivo)* Lustmolch *m,* wollüstiger Mensch *m*
satisfacción [satisfak'θĭɔn] *f 1.* Befriedigung *f,* Genugtuung *f,* Zufriedenheit *f; 2. (acción de reponer)* Wiedergutmachung *f*
satisfacer [satis'faθɛr] *v 1.* befriedigen, sättigen, stillen; *~ las exigencias* die Anforderungen erfüllen, sich bewähren; *2. (un deseo)* erfüllen
satisfactorio [satisfak'torĭo] *adj* befriedigend; *no ~* unbefriedigend
satisfecho [satis'fetʃo] *adj 1. ~ con* zufrieden mit; *2. (contento)* froh; *3. (recién comido)* satt; *4. darse por ~ con* sich zufrieden geben mit
sátrapa ['satrapa] *m 1. HIST* Satrap *m,* persischer Herrscher *m; 2. (fig: persona muy poderosa y rica)* Magnat *m,* einflussreicher Mensch *m; 3. (fig: persona tiránica)* Tyrann *m; Mi jefe es un sátrapa.* Mein Chef ist ein Tyrann.
saturable [satu'raƀle] *adj* zu sättigen
saturnino [satur'nino] *adj (melancólico)* melancholisch, bleiern, finster

saturnismo [satur'nizmo] *m (intoxicación por plomo) MED* Saturnismus *m*, Bleivergiftung *f*
Saturno [sa'turno] *1. (planeta del sistema solar) ASTR* Saturn *m*
sauce ['saŭθe] *m BOT* Weide *f; ~ llorón* Trauerweide *f*
saúco [sa'uko] *m BOT* Holunder *m*
sauna ['saŭna] *f* Sauna *f*
saurio ['saŭrĭo] *m ZOOL* Echse *f*
savia ['saƀĭa] *f BOT* Pflanzensaft *m*, Kraft *f*
saxófon [sakso'fɔn] *m MUS* Saxophon *n*
sayón [sa'jɔn] *m 1. (verdugo, torturador)* Henker *m*, Scharfrichter *m; 2. (fig: hombre extremadamente cruel)* brutaler Mensch *m*, rauflustiger Mensch *m*
sazón [sa'θɔn] *f 1.* Reife *f; 2. GAST* Würze *f; 3. (momento)* Zeitpunkt *m*
sazonar [saθo'nar] *v* würzen, reifen
scooter ['skutɛr] *m* Roller *m*, Motorroller *m*
se [se] *pron 1.* man; *2. (reflexivo)* sich
sebo ['sebo] *m* Talg *m*, Schmiere *f*
secador [seka'đɔr] *m* Trockenhaube *f; ~ de mano* Föhn *m*
secadora [seka'đora] *f* Wäschetrockner *m*
secante [se'kante] *adj 1. (que seca)* trocknend; *papel ~* Löschpapier *n; f 2. (línea que corta a otra) MATH* Schnittlinie *f*
secar [se'kar] *v* trocknen, austrocknen, abtrocknen; *~ con secador de mano* föhnen
secarse [se'karse] *v 1.* sich abtrocknen; *2. (fig: hacerse despiadado)* verdorren, verschmachten, dahinwelken; *3. (adelgazar mucho)* abmagern
sección [sɛg'θĭɔn] *f 1.* Abteil *n*, Abteilung *f*, Sparte *f; ~ de fumadores* Raucherabteil *n; ~ de personal* Personalabteilung *f; 2. (clínica)* Station *f*
seccionar [segθio'nar] *v* in Stücke schneiden, in Abschnitte teilen
secesión [seθe'sĭɔn] *f POL* Abspaltung *f*
secesionismo [seθesĭo'nizmo] *m POL* Sezessionismus *m*
seco ['seko] *adj 1.* trocken, kühl, hölzern; *cabello ~* trockenes Haar *n; 2. (vino)* herb, trocken; *3. (fig: áspero, sin cariño)* trocken, wortkarg; *Monika es una chica muy seca.* Monika ist ein sehr kühles Mädchen. *4. (fig: estricto, riguroso)* streng, rau, hart; *5. (ruido ronco)* trocken; *6. (fig: espírtu árido)* spröde; *7. en ~* auf dem Trockenen *n*
secreción [sekre'θĭɔn] *f MED* Absonderung *f*
secretar [sekre'tar] *v MED* absondern, auscheiden
secretaría [sekreta'ria] *f* Sekretariat *n*
secretaria [sekre'tarĭa] *f* Sekretärin *f*
secretario [sekre'tarĭo] *m* Schriftführer *m*, Sekretär *m; ~ de Estado POL* Staatssekretär *m*
secretear [sekrete'ar] *v* wispern
secreteo [sekre'teo] *m* Getuschel *n*, Heimlichtuerei *f*
secreter [sekre'tɛr] *m* Sekretär *m*
secretista [sekre'tista] *m* Geheimniskrämer *m*, Heimlichtuer *m*
secreto [se'kreto] *m 1.* Geheimnis *n*, Heimlichkeit *f; ~ de armario* Geheimfach *n; ~ de Estado* Staatsgeheimnis *n; ~ postal* Briefgeheimnis *n; ~ profesional* Dienstgeheimnis *n; ~ empresarial* Betriebsgeheimnis *n; ~ de voto* Wahlgeheimnis *n; ~ de la confesión* Beichtgeheimnis *n; adj 2.* geheim, heimlich; *en ~* heimlich; *3. en ~* insgeheim
secretorio [sekre'torĭo] *adj aparato ~ ANAT* Sekretionsapparat *m*
secta ['sɛkta] *f 1. REL* Sekte *f*
sector [sɛk'tɔr] *m 1.* Abschnitt *m; 2. (ramo)* Bereich *m*, Sektor *m*, Sparte *f; ~ industrial* Industriezweig *m; ~ de actividad* Geschäftszweig *m; 3. INFORM* Sektor *m; ~ dañado* beschädigter Sektor *m; número de ~es por pista* Anzahl der Sektoren pro Track
secuaz [se'kwaθ] *m 1.* Parteigänger *m; 2. (fig)* Anhänger *m*
secuela [se'kwela] *f* Nachspiel *n*, Folge *f*, Folgerung *f*, Folgeerscheinung *f*
secuencia [se'kwenθĭa] *f 1.* Sequenz *f; 2. CINE* Szene *f*
secuencial [sekwen'θĭal] *adj INFORM* sequentiell; *acceso ~* sequentieller Zugang *m*
secuestrador [sekwestra'đɔr] *m* Entführer *m*, Geiselnehmer *m*, Kidnapper *m*
secuestrar [sekwes'trar] *v* entführen, rauben, kidnappen
secularización [sekulariθa'θĭɔn] *f* Säkularisierung *f*
secularizar [sekulari'θar] *v* säkularisieren, verweltlichen
secundar [sekun'đar] *v 1. (ayudar)* sekundieren, helfen; *2. (apoyar)* unterstützen
secundaria [sekun'đarĭa] *f (escuela media)* Gymnasium *n*

secundario [sekun'darĭo] *adj* nebensächlich, sekundär, zweitrangig
secundinas [sekun'dinas] *f/pl MED* Nachgeburt *f*
sed [seđ] *f 1.* Durst *m; tener ~* Durst haben; *2. (fig: deseo muy grande de algo)* Drang *m,* Verlangen *n; ~ de conocimientos* Wissensdurst *m*
seda ['seđa] *f* Seide *f; ~ cruda* Rohseide *f*
sedante [se'đante] *m MED* Beruhigungsmittel *n*
sedar [se'đar] *v 1. (calmar por medio de sedantes) MED* beruhigen, Schmerz stillen, lindern; *2. (tranquilizar)* ruhig stellen
sedativo [seđa'tiƀo] *adj MED* schmerzlindernd
sede ['seđe] *f* Sitz *m; ~ del gobierno POL* Regierungssitz *m*
sedentario [seđen'tarĭo] *adj* alteingesessen, sesshaft
sedentarismo [seđenta'rizmo] *m* Sesshaftigkeit *f*
sedente [se'đente] *adj en postura ~* in sitzender Haltung *f*
sedería [seđe'ria] *f 1. (conjunto de objetos de seda)* Seidenware *f; 2. (comercio de la seda)* Seidenhandel *m*
sedición [seđi'θĭɔn] *f 1. (motín)* Empörung *f,* Aufruhr *m; 2. (rebelión)* Meuterei *f*
sedicioso [seđi'θĭoso] *m 1.* aufrührerisch, rebellisch; *adj 2.* aufständisch; *militares ~s* aufständisches Militär *n*
sediente [se'đĭente] *adj bienes ~s JUR* Liegenschaften *f/pl*
sediento [se'đĭento] *adj* durstig; *estar ~ de (fig)* hungern nach; *~ de venganza* rachsüchtig
sedimentar [seđimen'tar] *v 1.* sedimentieren, ablagern
sedimento [seđi'mento] *m 1.* Ansatz *m; 2. GEOL* Ablagerung *f*
seducción [seđug'θĭɔn] *f* Verführung *f,* Verlockung *f*
seducir [seđu'θir] *v* verführen, anlocken
seductor [seđuk'tɔr] *adj* reizvoll, verführerisch, verlockend
sefardí [sefar'đi] *adj HIST* sephardisch
segadera [sega'đera] *f (herramienta para segar) AGR* Sichel *f*
segadora [sega'đora] *f TECH* Mähmaschine *f*
segar [se'gar] *v irr 1.* mähen; *2. (fig: cercenar)* abschneiden, beschneiden; *3. (fig: destruir)* zerstören, niedermähen
seglar [se'glar] *m 1. REL* Laie *m; adj 2.* weltlich
segmentación [sɛggmenta'θĭɔn] *f 1. (división en segmentos)* Segmentierung *f,* Teilung *f*
segmentar [segmen'tar] *v (dividir en segmentos)* segmentieren, teilen
segmento [sɛg'mento] *m 1.* Segment *n; 2. (una porción de algo)* Segment *n,* Teilstück *n; 3. MATH* Segment *n; 4. (una sección de algo)* Teilstrecke *f,* Abschnitt *m; 5. LING* Segment *n*
segregación [segrega'θĭɔn] *f 1. (separación)* Trennung *f,* Teilung *f,* Ausscheidung *f; 2. (exclusión de un grupo social)* Absonderung *f,* Ausschluss *m; ~ racial* Rassentrennung *f; ~ religiosa* Religionstrennung *f*
segregacionismo [segregaθĭo'nizmo] *m POL* Rassentrennungspolitik *f*
segregar [segre'gar] *v 1. MED* absondern; *2. (poner aparte)* segregieren, trennen; *3. (aislar)* isolieren; *4. (excluir de un grupo social)* absondern, ausschließen
seguida [se'giđa] *adv en ~* gleich, sofort
seguidamente [segiđa'mente] *adv* darauf, anschließend, daraufhin
seguidilla [segi'điʎa] *f* Seguidilla *f (Dichtungsform),* Volkslied *n,* Volkstanz *m*
seguido [se'giđo] *adj* fortlaufend
seguidor(a) [segi'đɔr/segi'đora] *m/f 1.* Anhänger(in) *m/f,* Fan *m; 2. ~es pl* Anhängerschaft *f*
seguimiento [segi'mĭento] *m* Nachfolge *f,* Nachlauf *m,* Verfolgung *f,* Gefolge *n*
seguir [se'gir] *v irr 1. ~ haciendo* weitermachen; *2. (obedecer)* folgen; *3. ~ a alguien* jdm folgen; *~ a alguien con la vista* jdm nachsehen, jdm nachblicken; *~ el humor a alguien* auf jdn eingehen; *~ las huellas de alguien* jds Spur folgen; *¡Sígueme, por favor!* Folge mir bitte! *4. (una dirección)* einschlagen; *5. (fig) ~ el ejemplo de alguien* jds Beispiel folgen
según [se'gun] *prep 1.* laut, nach, gemäß; *adv 2. ~ lo cual* womit; *~ lo que* wonach; *konj 3. (correspondiente)* je nach, je nachdem
segundero [segun'đero] *m* Sekundenzeiger *m*
segundo [se'gundo] *m 1.* Sekunde *f; adj 2.* zweite(r,s); *en ~ lugar* zweitens; *3. (otro)* zweiter, weiterer, anderer; *m 4. (el primer oficial de una nave) NAUT* Schiffsadjutant

m; adj 5. segunda intención Hintergedanke *m; 6. segunda dentición* Zahnwechsel *m; 7. cabo ~ MIL* Gefreiter *m; 8. segunda potencia MATH* zweite Potenz *f,* Quadrat *n*
segur [se'gur] *m (hoz para segar) AGR* Sichel *f,* Axt *f*
seguramente [segura'mente] *adv* bestimmt, gewiss, wohl
seguridad [seguri'đađ] *f 1.* Sicherheit *f,* Geborgenheit *f,* Gewissheit *f; ~ de sí mismo* Selbstsicherheit *f,* Selbstbewusstsein *n; poner en ~* sicherstellen; *2. (confianza)* Verlässlichkeit *f,* Zuverlässigkeit *f; 3. ~ social* Sozialversicherung *f; 4. consejo de ~ de la UNO POL* Sicherheitsrat der UNO; *5. (fianza)* Vertrauen *n,* Sicherheit *f,* Gefahrlosigkeit *f; 6.* Sicherheitsdienst *m*
segurísimo [segu'risimo] *adj* todsicher
seguro [se'guro] *m 1.* Versicherung *f,* Versicherungschutz *m; ~ de accidentes* Unfallversicherung *f; ~ de automóviles* Kraftfahrzeugversicherung *f; ~ de enfermedad* Krankenversicherung *f; ~ obligatorio* Pflichtversicherung *f; ~ de vida* Lebensversicherung *f; ¿Hay un ~ incluido?* Ist eine Versicherung dabei? *2. TECH* Sicherung *f; adj 3.* gewiss, sicher, zuverlässig; *ir a lo ~* sichergehen; *~ de sí mismo* selbstsicher; *ser ~* feststehen; *4. (sin peligro)* gefahrlos, sicher; *adv 5.* sicher, gewiss
seis [sɛĭs] *num* sechs
seisavo [sei'saƀo] *m* Sechstel *n*
seiscientos [seis'θĭentos] *num* sechshundert
seísmo [se'izmo] *m* Erdbeben *n,* Beben *n*
selacio [se'laθĭo] *m/pl ZOOL* Haifisch *m*
selección [selɛk'θĭɔn] *f 1.* Wahl *f,* Auswahl *f,* Auslese *f; 2. ~ nacional SPORT* Nationalmannschaft *f*
seleccionar [selɛkθĭo'nar] *v* wählen, auswählen, aussortieren
selectividad [selektiƀi'đađ] *f (la capacidad de discriminar)* Selektionsvermögen *n,* Auswahlfähigkeit *f*
selectivo [selek'tiƀo] *adj 1. (que tiene capacidad de seleccionar)* selektiv, wählend, aussondernd; *2. (que escoge solo cierto tipo de gente)* wählerisch
selecto [se'lɛkto] *adj 1. (grupo)* erlesen; *2. (exclusivo)* exklusiv, gewählt; *3. (bien cuidado)* gepflegt
selector [selek'tɔr] *m TECH* Wahlschalter *m,* Wähler *m*
selenio [se'lenĭo] *m CHEM* Selen *n*
selva ['sɛlƀa] *f* Busch *m,* Dschungel *m; ~ tropical* Regenwald *m; ~ virgen* Urwald *m*
selvático [sel'batiko] *adj 1.* waldig, wild; *2. (fig)* ungeschlacht
sellar [se'ʎar] *v 1.* stempeln, abstempeln; *2. (cerrar)* versiegeln; *3. (contra fugas)* abdichten
sello ['seʎo] *m 1.* Stempel *m; ~ de correo* Poststempel *m; ~ de fechas* Datumsstempel *m; ~ de entrada* Eingangsstempel *m; 2. (postal)* Briefmarke *f; poner los ~s a* frankieren; *3. (de cera)* Siegel *n; 4. (fig: carácter distintivo)* Stempel *m,* Gepräge *n*
semáforo [se'maforo] *m* Ampel *f,* Verkehrsampel *f*
semana [se'mana] *f* Woche *f; cada ~* wöchentlich; *~s enteras* wochenlang; *Semana Santa* Karwoche *f*
semanal [sema'nal] *adj* wöchentlich
semántica [se'mantika] *f LING* Semantik *f*
semántico [se'mantiko] *adj 1. LING* semantisch, die Semantik betreffend *f; 2. error ~ INFORM* semantischer Fehler *m; memoria semántica* semantischer Speicher *m*
semblante [sem'blante] *m 1.* Angesicht *n; 2. (fig: el aspecto de algo)* Ausdruck *m,* Anschein *m*
semblanza [sem'blanθa] *f* Lebensbild *n,* Ähnlichkeit *f,* Lebensbeschreibung *f*
sembradío [semƀra'đio] *adj AGR* Acker..., Saat...
sembrar [sem'ƀrar] *v irr* säen, aussäen
semejante [semɛ'xante] *adv 1.* ähnlich; *pron 2.* solche(r,s); *adj 3.* solche(r,s), analog, derartig; *m 4. tus ~es pl* deinesgleichen
semejanza [semɛ'xanθa] *f* Ähnlichkeit *f*
semejarse [semɛ'xarse] *v ~ a alguien* jdm ähneln
semen ['semen] *m BIO* Samen *m*
semental [semen'tal] *m ZOOL* Hengst *m*
sementera [semen'tera] *f* Saat *f*
semestral [semes'tral] *adj* halbjährlich
semestre [se'mestre] *m* Halbjahr *n,* Semester *n*
semiacabado [semiaka'ƀađo] *adj* halb fertig
semiautomático [semiaŭto'matiko] *adj arma semiautomática TECH* halbautomatische Waffe *f*
semicírculo [semi'θirkulo] *m* Halbkreis *m*

semiconductor [semikɔn'đuktɔr] *m* *TECH* Halbleiter *m*
semicorchea [semikor'tʃea] *f* *MUS* Sechzehntelnote *f*
semidios [semi'đĭos] *m* Halbgott *m*
semidormido [semiđɔr'miđo] *adj* im Halbschlaf *m*
semifinal [semifi'nal] *f* *SPORT* Halbfinale *n*
semifinalista [semifina'lista] *adj* *1. equipo ~ SPORT* Mannschaft für das Halbfinale; *m 2. (en una competencia)* Teilnehmer am Halbfinale
semilunar [semi'lunar] *adj* Halbmond..., halbmondförmig
semilunio [semi'lunĭo] *m* *ASTR* Halbmond *m*
semilla [se'miʎa] *f* *1.* Same *m,* Samenkorn *n; 2. (fig: el origen de una cosa)* Quelle *f,* Ursprung *m; la ~ del odio* die Quelle des Hasses
semillero [semi'ʎero] *m* *1. AGR* Baumschule *f; 2. (fig: origen de algo)* Brutstätte *f*
seminal [semi'nal] *adj* Samen...
seminario [semi'narĭo] *m* *1.* Seminar *n; 2. (lugar donde estudian los sacerdotes) REL* Seminar *n*
seminarista [semina'rista] *m* *REL* Seminarist *m*
seminífero [semi'nifero] *adj* samentragend
semiología [semiolo'xia] *f* *MED* Semiologie *f,* Symptomlehre *f*
semiótica [se'mĭotika] *f* *MED* Semiotik *f,* Symptomatologie *f*
semipesado [semipe'sađo] *adj* *1. (categoría del boxeo) SPORT* halbschwer; *m 2. SPORT* Halbschwergewicht *n*
semita [se'mita] *adj* *1. pueblos ~s HIST* semitische Völker *n/pl m 2. HIST* Semit *m,* Jude *m*
semítico [se'mitiko] *adj* *lenguas semíticas LING* semitische Sprachen *f/pl*
semitono [semi'tono] *m* *MUS* Halbton *m*
sémola ['semola] *f* Grieß *m*
semoviente [semo'ƀĭente] *adj* *bienes ~s JUR* bewegliche Güter *n/pl*
sempiterno [sempi'tɛrno] *adj* immerdar, immer während
Senado [se'nađo] *m* *POL* Senat *m*
senador(a) [se'nađɔr/se'nađora] *m/f* *POL* Senator(in) *m/f*
senaduría [senađu'ria] *f* *POL* Senatorenamt *n*
sencillez [senθi'ʎeθ] *f* Bescheidenheit *f,* Einfachheit *f*
sencillo [sen'θiʎo] *adj* *1. (modesto)* bescheiden, schlicht; *2. (fácil)* einfach, leicht; *3. (alisado)* glatt; *m 4. (LA)* Kleingeld *n; 5. (simple, no compuesto)* einfach, schlicht; *6. (fig: simple, ingenuo)* naiv, arglos
senda ['senda] *f* *1.* Pfad *m; 2. (fig)* Pfad *m*
sendero [sen'dero] *m* Pfad *m*
senectud [senek'tuđ] *f* Alter *n,* Greisenalter *n*
senil [se'nil] *adj* *1.* altersschwach, senil; *2. demencia ~* Altersdemenz *f*
seno ['seno] *m* *1. (busto)* Brust *f,* Busen *m; ~ materno* Mutterbrust *f; 2. (fig)* Schoß *m; 3. (fig: entre otras personas)* Kreis *m; 4. (cavidad)* Vertiefung *f,* Höhle *f; 5. ~s frontales ANAT* Brust *f; 6. (función trigonométrica) MATH* Sinus *m*
sensación [sensa'θĭɔn] *f* *1.* Eindruck *m,* Gefühl *n,* Empfindung *f; ~ de miedo* Angstgefühl *n; ~ de placer* Lustgefühl *n; 2. (acontecimiento espetacular)* Aufsehen *n,* Eklat *m,* Sensation *f*
sensacional [sensaθĭo'nal] *adj* Aufsehen erregend, effektvoll, sensationell
sensacionalismo [sensaθĭona'lizmo] *m* Sensationalismus *m,* Sensationslüsternheit *f*
sensacionalista [sensaθĭona'lista] *adj* *diario ~* Sensationspresse *f*
sensato [se'sato] *adj* besonnen, verständig, vernünftig
sensibilidad [sensiƀili'đađ] *f* *1.* Sensibilität *f,* Sinn *m,* Empfindlichkeit *f; ~ de la lengua* Sprachgefühl *n; 2. (sentimientos de humanidad)* Empfindsamkeit *f,* Mitgefühl *f; 3. (receptibilidad para ciertos estímulos* Empfindlichkeit *f; ~ a la luz* Lichtempfindlichkeit *f*
sensibilización [sensiƀiliθa'θĭɔn] *f* Sensibilisierung *f*
sensibilizar [sensibili'zar] *v* sensibilisieren, empfindlich machen
sensible [sen'siƀle] *adj* *1.* empfindlich, feinfühlig, reizbar; *~ al dolor* schmerzempfindlich; *~ a la luz* lichtempfindlich; *2. (palpable)* spürbar; *3. (blando)* weich; *4. (apreciable por los sentidos)* wahrnehmbar, fühlbar; *el mundo ~* die wahrnehmbare Welt *f; 5. (que puede notarse)* spürbar, merklich
sensiblería [sensiƀle'ria] *f* Gefühlsduselei *f*

sensiblero [sensi'ƀlero] *adj* gefühlsduselig, übertrieben empfindlich
sensitiva [sensi'tiƀa] *f BOT* Mimose *f*
sensitivo [sensi'tiƀo] *adj 1. (que tiene capacidad de sentir)* empfindungsfähig; *2. (que siente rápidamente o agudamente)* überempfindlich, feinnervig; *3. (que es capaz de recibir estímulos)* reizbar; *4. (persona que es anormalmente sensible)* Sensibelchen *n,* Mimose *f*
sensor [sen'sɔr] *m TECH* Sensor *m*
sensorial [senso'ri̯al] *adj 1.* Sinnes..., sensorisch
sensorio [sen'sɔri̯o] *adj órganos ~s* Sinnesorgane *n/pl*
sensual [sen'swal] *adj* sinnlich
sensualidad [senswali'đađ] *f* Sinnlichkeit *f*
sensualismo [senswa'lizmo] *m 1. (tendencia hacia la sensualidad)* Sinnlichkeit *f,* Hang zur Sinnlichkeit; *2. PHIL* Sensualismus *m*
sentada [sen'tađa] *f (de una vez)* auf einmal, auf einen Zug
sentadero [senta'đero] *m* Sitzmöglichkeit *f*
sentado [sen'tađo] *adj 1. estar ~* sitzen; *2. GAST* altbacken
sentador [senta'đɔr] *adj* passend
sentar [sen'tar] *v irr 1.* verbuchen; *2. (ropa) ~ bien* passen, gut stehen; *3. (manifestación) ~ mal* missfallen; *4. (comida) ~ mal* schlecht bekommen
sentarse [sen'tarse] *v irr* sich hinsetzen, sich setzen; *¿Puedo sentarme aquí?* Darf ich mich hier hinsetzen?
sentencia [sen'tenθi̯a] *f 1. (máxima)* Maxime *f,* Grundsatz *m; 2. JUR* Urteilsspruch *m; 3. (un juicio, opinión o decisión)* Sentenz *f,* Urteilsspruch *m,* Sinnspruch *m*
sentenciar [senten'θi̯ar] *v JUR* urteilen; *~ a* verurteilen zu
sentencioso [senten'θi̯oso] *adj 1. (que se expresa por sentencias)* Sentenzen... *2. (con gravedad afectada)* schulmeisterlich, pedantisch, gezwungen affektiert; *3. (que tiene la forma de una sentencia)* in Sentenzenform *f,* sentenziös
sentido [sen'tiđo] *m 1.* Sinn *m; en cuanto al ~* sinngemäß; *falta de ~* Sinnlosigkeit *f; sin ~* sinnlos; *2. (dirección)* Fahrtrichtung *f; ~ de las agujas del reloj* Uhrzeigersinn *m; en ~ contrario* gegenläufig; *3. (órgano)* Sinnesorgan *n,* Sinn *m; ~ de orientación* Orientierungssinn *m; 4. (intelecto)* Verstand *m,* Besinnung *f; 5. ~ común* gesunder Menschenverstand *m; 6. perder el ~* das Bewusstsein verlieren *n,* bewusstlos werden; *7. (fig) tener puestos los cinco ~s en* die fünf Sinne beieinander haben
sentimental [sentimen'tal] *adj* gefühlvoll, rührselig, sentimental
sentimentalismo [sentimenta'lizmo] *m* Empfindsamkeit *f,* Sentimentalität *f,* Rührseligkeit *f*
sentimiento [senti'mi̯ento] *m 1.* Gefühl *n,* Gespür *n,* Gefühlsregung *f; ~ de culpabilidad* Schuldgefühl *n; ~ de felicidad* Glücksgefühl *n; lleno de ~s* gefühlvoll; *~ para el idioma* Sprachgefühl *n; ~ de seguridad* Geborgenheit *f; ~ vergüenza* Schamgefühl *n; 2. (lamento)* Bedauern *n; 3. ~s pl* Gesinnung *f*
sentir [sen'tir] *v irr 1.* fühlen, empfinden, spüren; *No me siento bien.* Ich fühle mich nicht wohl. *2. (compasión)* bedauern; *Lo siento mucho.* Es tut mir sehr Leid.
seña ['seɲa] *f 1.* Zeichen *n; hacer ~s con la mano* winken; *2. ~s f/pl (la dirección)* Adresse *f,* Anschrift *f; ¡Dígame sus señas!* Geben Sie mir Ihre Adresse! *f 3. (marca para recordar algo)* Kennzeichen *n,* Merkzeichen *n; 4. por más ~s* als genauere Angabe *f; 5. dar ~s* angeben, Zeichen geben *n,* signalisieren; *6. hablar por ~s* durch Gesten sprechen, sich durch Gebärden verständigen; *7. (indicio de algo)* Spur *f; 8. ~s personales* Personenbeschreibung *f*
señal [se'ɲal] *f 1.* Signal *n,* Wink *m; ~ alarma* Alarmsignal *n; ~ de aviso* Warnsignal *n; ~ luminosa* Leuchtsignal *n; ~ de tráfico/~ de tránsito* Verkehrszeichen *n; 2. (indicio)* Anzeichen *n,* Ansatz *m,* Bezeichnung *f; 3. (marca)* Mal *n,* Merkmal *n,* Zeichen *n; ~ distintiva* Unterscheidungsmerkmal *n; ~ de vida* Lebenszeichen *n; 4. ~ de la cruz REL* Kreuzzeichen *n; 5. ~ de prohibición* Verbot *n; 6. (vestigio que queda de algo)* Zeichen *n,* Spur *f,* Überrest *m; No hay señales de lucha.* Es gibt keine Anzeichen eines Kampfes. *7. en ~* als Zeichen *n,* als Ausdruck *m; 8. (fig) no dar señales de vida* kein Lebenszeichen von sich geben *n*
señalado [seɲa'lađo] *adj* markant
señalador [seɲala'đɔr] *m ~ de incendios TECH* Feuermelder *m*
señalamiento [seɲala'mi̯ento] *m* Markierung *f,* Bezeichnung *f*

señalar [seɲa'lar] *v 1. (con señalización)* signalisieren; *2. (indicar)* bezeichnen; *~ algo* auf etw hinweisen; *3. (marcar)* kennzeichnen, markieren; *4. (asignar)* zuweisen; *5.~ a* deuten auf
señalización [seɲaliθa'θĭɔn] *f* Kennzeichnung *f,* Markierung *f*
señalizar [seɲali'θar] *v* signalisieren
señor [se'ɲɔr] *m 1.* Herr *m; 2. (dueño de la tierra)* Herr *m; ~ feudal* Feudalherr *m; 3. (dueño de algo)* Herr *m,* Besitzer *m,* Eigentümer *m; 4. nuestro ~ REL* Herr Jesus Christus; *5. ¡señoras y señores!* Meine Damen und Herren!
señora [se'ɲora] *f 1.* Frau *f,* Dame *f; 2. (esposa)* Frau *f,* Ehefrau *f*
señorial [seɲo'rĭal] *adj* herrschaftlich
señorío [seɲo'rĭo] *m 1. (dominio de algo)* Gewalt *f,* Herrschaft *f; 2. (tierras dominio del señor) HIST* Landgüter *n/pl*
señorita [seɲo'rita] *f* Fräulein *n*
señuelo [se'ɲwelo] *m* Lockvogel *m*
separación [separa'θĭɔn] *f 1.* Lösung *f,* Trennung *f,* Ablösung *f; 2. (apartamiento)* Absonderung *f; 3. ~ de bienes JUR* Gütertrennung *f*
separado [sepa'rađo] *adj 1.* getrennt, separat; *por ~* separat, vereinzelt; *Duermen en habitaciones separadas.* Sie schlafen in getrennten Zimmern. *adv 2.* auseinander, extra
separar [sepa'rar] *v 1.* trennen, abtrennen, absondern; *2. (escoger)* sortieren, aussortieren; *3. (fig)* teilen, spalten
separarse [sepa'rarse] *v 1. (personas)* auseinander gehen, sich trennen; *~ de alguien* sich von jdm trennen; *2. ~ de* sich losreißen von; *~ de la formación* ausscheren
separatismo [separa'tizmo] *m POL* Separatismus *m*
separatista [separa'tista] *m POL* Separatist *m*
separativo [separa'tiƀo] *adj* trennend
sepelio [se'pelĭo] *m* Begräbnis *n,* Beisetzung *f*
sepia ['sepĭa] *f* Sepia *f,* Tintenfisch *m*
septentrión [septen'trĭɔn] *m (el norte)* Norden *m*
septentrional [septentrĭo'nal] *adj* nördlich, Nord...
septicemia [septi'θemĭa] *f MED* Blutvergiftung *f*
septiembre [sep'tĭembre] *m* September *m*
séptimo ['sɛptimo] *adj* siebte(r,s)
septuagésimo [septwa'xesimo] *adj* siebzigste(r,s)
sepulcral [sepul'kral] *adj 1. (relativo al sepulcro)* Toten..., Grab... *2. (fig: lúgubre, sombrío, siniestro)* finster, düster
sepulcro [se'pulkro] *m* Grab *n,* Gruft *f*
sepultador [sepul'tađor] *m* Bestatter *m,* Totengräber *m*
sepultar [sepul'tar] *v* beerdigen, begraben, bestatten
sepultura [sepul'tura] *f* Bestattung *f,* Beisetzung *f,* Grab *n*
sequedad [seke'đađ] *f* Trockenheit *f*
sequía [se'kia] *f* Dürre *f,* Trockenheit *f*
séquito ['sekito] *m* Gefolge *n,* Geleit *n*
ser [sɛr] *m 1.* Lebewesen *n,* Wesen *n; ~ humano* Mensch *m; v irr 2. (característica)* sein; *~ apto para algo* geeignet sein für etw; *~ capaz de algo* fähig sein zu etw; *~ amable con alguien* freundlich sein zu jdm; *Soy de Alemania.* Ich komme aus Deutschland. *sea como sea* wie dem auch sei; *3. (voz pasiva)* werden; *4. ~ de alguien* jdm gehören
seráfico [se'rafiko] *adj REL* seraphisch, engelsgleich
serafín [sera'fin] *m REL* Seraph *m,* Engel *m*
serena [se'rena] *f 1.* Nachtlied *n; 2.* Nachtkühle *f*
serenamente [sere'namente] *adv* geistesgegenwärtig
serenar [sere'nar] *v 1. (tranquilizar)* beruhigen; *2. (fig: apaciguar)* besänftigen
serenarse [sere'narse] *v* sich beruhigen
serenata [sere'nata] *f* Ständchen *n*
serenidad [sereni'đađ] *f* Gelassenheit *f,* Gemütsruhe *f,* Heiterkeit *f*
sereno [se'reno] *m 1.* Nachtwächter *m; adj 2.* geistesgegenwärtig; *3. estar ~* gelassen sein; *4. (humedad de la noche)* Nachttau *m*
serial [se'rĭal] *f 1.* Fortsetzungsroman *m; 2. (en la televisión)* Sendereihe *f; adj 3. INFORM* seriell; *4. puerto ~ INFORM* serieller Zugang *m; impresora ~* Seriendrucker *m; m 5.* Seriennummer *f*
seriamente ['serĭamente] *adv* ernst, ernstlich, schwer
serie ['serĭe] *f 1.* Reihe *f,* Folge *f,* Reihenfolge *f; en ~* serienmäßig; *2. (fig)* Kette *f; 3. (televisión)* Sendereihe *f,* Serie *f; 4. fuera de ~* hervorragend, Spitze, Klasse; *5. asesino en ~* Serienmörder *m*

seriedad [serĭe'đađ] *f* Ernst *m*

serio ['serĭo] *adj 1.* ernst, ernstlich, schwer; *en ~* im Ernst; *poco ~* unsolide; *2. (fig)* groß

sermón [sɛr'mɔn] *m 1. REL* Predigt *f; 2. (moralizador)* Moralpredigt *f*

sermonear [sɛrmone'ar] *v* predigen; *~ a alguien* jdn zurechtweisen

seropositivo [seroposi'tiƀo] *adj MED* HIV-positiv

serpear [sɛr'pear] *v* sich schlängeln, sich winden

serpentear [sɛrpente'ar] *v* schlängeln

serpentina [sɛrpen'tina] *f* Serpentine *f*

serpiente [sɛr'pĭente] *f ZOOL* Schlange *f; ~ de cascabel* Klapperschlange *f*

serrar [se'rrar] *v* sägen

servicial [sɛrƀi'θĭal] *adj 1.* bereitwillig, dienstbeflissen, dienstbereit; *2. (amable)* verbindlich

servicio [sɛr'ƀiθĭo] *m 1.* Dienst *m,* Stelle *f; de ~* dienstlich; *~ de aguas corrientes* Wasserwerk *n; ~ de asistencia* Betreuung *f; ~ civil* Zivildienst *m; ~ de emergencia/~ de urgencia* Notdienst *m; ~ exterior* Außendienst *m; ~ de limpieza* Müllabfuhr *f; ~ nocturno* Nachtdienst *m; ~ de oficina* Innendienst *m; ~ de post-venta* Kundendienst *m; ~ público* Staatsdienst *m,* öffentlicher Dienst *m; ~ de remolque* Abschleppdienst *m; ~ de guardia MED* Bereitschaftsdienst *m; ~ militar MIL* Wehrdienst *m; 2. GAST* Bedienung *f; El ~ era excelente.* Der Service war ausgezeichnet. *3. (favor)* Gefallen *m; 4. ~ de café* Kaffeeservice *n; 5. ~s pl* Toilette *f,* Abort *m*

servidor [sɛrƀi'đɔr] *m 1. INFORM* Server *m; 2. (el que maneja un arma) MIL* Geschützbediener *m*

servidumbre [sɛrƀi'đumbre] *f* Knechtschaft *f*

servil [sɛr'ƀil] *adj* unterwürfig

servilismo [sɛrƀilizmo] *m* Willfährigkeit *f,* Unterwürfigkeit *f*

servilleta [sɛrƀi'ʎeta] *f* Serviette *f*

servir [sɛr'ƀir] *v irr 1. (a la mesa)* servieren, auftragen, auftischen; *2. ~ para* taugen zu, sich eignen für; *~ a alguien para algo* jdm zu etw dienen; *3.* dienen; *~ a alguien* jdn bedienen

servirse [sɛr'ƀirse] *v irr* sich bedienen

sesear [se'sear] *v* lispeln

sesenta [se'senta] *num* sechzig

seseo [se'seo] *m* Lispeln *n*

sesgadura [sesga'đura] *f* schräger Schnitt *m*

sesgar [ses'gar] *v* schräg schneiden, schräg abbiegen, zur Seite biegen

sesgo ['sesgo] *m 1.* Schräge *f,* Gehrung *f,* Mittelweg *m; adj 2.* schräg

sesión [se'sĭɔn] *f* Sitzung *f,* Tagung *f; ~ del consejo de Ministros POL* Kabinettssitzung *f*

seso ['seso] *m 1.* Gehirn *n; 2. perder el ~ (fig)* den Verstand verlieren; *m/pl 3. ~s (masa cerebral)* Gehirn *n,* Verstand *m; volarse los ~s* die Gedanken spielen lassen; *4. devanarse los ~s* sich den Kopf zerbrechen

sestear [ses'tear] *v* Siesta halten *f*

sesteo [ses'teo] *m* Mittagsruhe *f,* Siesta *f*

sesudo [se'suđo] *adj* vernünftig

set [set] *m SPORT* Satz *m*

seta ['seta] *f (hongo con sombrerillo) BOT* Pilz *m*

setenta [se'tenta] *num* siebzig

sétimo ['setimo] *adj* siebte(r,s)

seto ['seto] *m 1.* Gartenzaun *m; 2. BOT* Hecke *f*

seudónimo [seŭ'đonimo] *m* Künstlername *m,* Pseudonym *n*

severamente [se'ƀeramente] *adv* streng, drastisch, rigoros

severidad [seƀeri'đađ] *f 1.* Härte *f; 2. (seriedad, circunspección)* Strenge *f,* Unnachgiebigkeit *f*

severo [se'ƀero] *adj 1.* hart, streng, drastisch; *ser ~ con alguien* streng sein mit jdm; *El padre era muy ~ con sus hijos.* Der Vater war mit seinen Kindern sehr streng. *2. (intransigente)* straff, unnachsichtig; *3. (austero)* streng, ernst

sevicia [se'ƀiθĭa] *f 1. (crueldad muy grande)* Grausamkeit *f; 2. (malos tratos)* Misshandlung *f*

Sevilla [se'ƀiʎa] *f GEO* Sevilla

sexismo [sɛg'sismo] *m* Sexismus *m*

sexista [sɛg'sista] *adj* sexistisch

sexo ['sɛkso] *m 1.* Geschlecht *n; 2. (erotismo)* Sex *m; 3. (órgano sexual)* Geschlechtsteile *n/pl 4. cambio de ~ MED* Geschlechtsumwandlung *f*

sexología [seθolo'gia] *f* Sexualkunde *f,* Sexualwissenschaft *f*

sexteto [sɛgs'teto] *m MUS* Sextett *n*

sexto ['sɛsto] *adj* sechste(r,s)

sexuado [sɛg'swađo] *adj* geschlechtlich

sexual [sɛg'swal] *adj 1.* sexuell; *2. atractivo ~* sexuell attraktiv; *3. acoso ~* sexuelle

Belästigung *f; 4. relación ~* sexuelle Beziehung *f; 5. enfermedad de transmisión ~ MED* Geschlechtskrankheit *f*
sexualidad [sɛɡswali'đađ] *f* Sexualität *f*
shock [tʃok] *m* Schock *m*
shorts [sorts] *m/pl* Shorts *pl*
show ['tʃou] *m* Show *f*
show-business ['tʃoubiznes] *m* Showgeschäft *n*
sí [si] *adv 1.* ja; *¡Claro que ~!* Selbstverständlich! *pron 2. (con preposición)* sich
si [si] *konj 1.* falls; *~ no* sonst; *~ se diera el caso* gegebenenfalls; *~ es preciso* notfalls; *2.* ob, wenn; *~ bien* obgleich, obwohl; *~ es que* sofern
sibilante [sibi'lante] *adj* zischend, pfeifend
sibilino [sibi'lino] *adj (fig: incomprensible)* sibyllinisch, unverständlich, geheimnisvoll
sicalipsis [sikalip'sis] *f* Unanständigkeit *f,* Pikanterie *f,* Obszönität *f*
sicalíptico [sika'liptiko] *adj* unanständig
sicario [si'kario] *m* (gedungener) Meuchelmörder *m*
sicodélico [siko'đeliko] *adj* psychedelisch
sicofante [siko'fante] *m* Denunziant *m,* Verräter *m*
sicología [sikolo'xia] *f* Psychologie *f*
sicológico [siko'loxiko] *adj* psychologisch
sicosis [si'kosis] *f MED* Psychose *f,* Sykose *f,* Bartflechte *f*
SIDA ['siđa] *m síndrome de inmunodeficiencia adquirida MED* Aids *n*
sidra ['siđra] *f GAST* Cidre *m*
siega ['siega] *f AGR* Ernte *f,* Mähen *n*
siembra ['siembra] *f* Saat *f*
siempre ['siempre] *adv 1.* immer, stets, jederzeit; *2. ~ que* sofern, vorausgesetzt, sooft
siempreviva [siempre'biba] *f* Hauswurz *m*
sien [sien] *f ANAT* Schläfe *f*
sierpe ['sierpe] *f* Schlange *f*
sierra ['siɛrra] *f 1.* Bergkette *f; 2. TECH* Säge *f; ~ circular* Kreissäge *f; ~ de marquetería* Laubsäge *f*
siervo ['sierbo] *adj* Leibeigener *m,* Sklave *m,* Diener *m*
siesta ['siesta] *f* Mittagsschlaf *m,* Mittagsruhe *f*
siestecita [sieste'θita] *f* Nickerchen *n*
siete ['siete] *num 1.* sieben; *2. las ~* sieben Uhr; *Son las siete.* Es ist sieben Uhr.
sietemesino [sieteme'sino] *m* Siebenmonatskind *n*
sífilis ['sifilis] *f MED* Syphilis *f*
sifón [si'fɔn] *m* Siphon *m*
sifonóforo [sifo'noforos] *m/pl ZOOL* Staatsqualle *f,* Röhrenqualle *f,* Siphonophore *f*
sigilación [sixila'θiɔn] *f* Verschweigen *n,* Geheimhaltung *f*
sigilo [si'xilo] *m* Geheimnis *n,* Verschwiegenheit *f; con ~* versiegelt, unter dem Siegel der Verschwiegenheit
sigiloso [sixi'loso] *adj* verschwiegen, geheim
sigla ['sigla] *f* Sigel *n,* Abkürzungszeichen in Kurzschrift
siglo ['siglo] *m 1.* Jahrhundert *n; 2. (época)* Zeitalter *n; 3. Siglo de Oro HIST* das goldene Zeitalter *n* (16./17. Jh. in Spanien); *4. (fig: largo tiempo)* Ewigkeiten *f/pl,* lange Zeit *f; ¡Hace siglos que no veo a mi madre!* Es ist eine Ewigkeit her, seit ich meine Mutter gesehen habe! *5. (fig: trato de los hombres)* Welt *f,* weltliches Gebaren *n; retirarse del ~* sich von der Welt zurückziehen *f; 6. por los ~s de los ~s* in alle Ewigkeit *f*
sigma ['sigma] *f* Sigma *n* (griechischer Buchstabe)
signar [sig'nar] *v* unterschreiben
signatario [signa'tario] *m 1.* Unterzeichnender *m; adj 2.* unterzeichnend
signatura [signa'tura] *f (cota)* Unterschrift *f,* Signatur *f*
significación [signifika'θiɔn] *f 1.* Bedeutung *f,* Sinn *m; 2. (importancia)* Bedeutung *f,* Wichtigkeit *f*
significado [signifi'kađo] *m* Bedeutung *f,* Sinn *m; de muchos ~s* mehrdeutig
significar [signifi'kar] *v 1.* bedeuten, heißen; *¿Qué significa esto?* Was bedeutet das? *2. (tener importancia)* ausmachen; *3. (representar)* darstellen
significativo [signifika'tibo] *adj 1.* bezeichnend; *2. (importante)* bedeutsam; *3. (trascendente)* viel sagend
signo ['signo] *m 1.* Zeichen *n; ~ de admiración* Ausrufungszeichen *n; ~ de calidad* Qualitätsbezeichnung *f; ~ de interrogación* Fragezeichen *n; ~ de puntuación* Satzzeichen *n; ~ del zodíaco* Tierkreiszeichen *n; 2.*

MATH Vorzeichen *n; ~ negativo* Minuszeichen *n*
siguiente [si'gĭente] *adj* nächste(r,s), darauf folgend
sílaba ['silaƀa] *f* Silbe *f*
silabario [sila'ƀarĭo] *m* Fibel *f*
silabear [sila'ƀear] *v* buchstabieren, Silbe für Silbe sprechen
silbador [silƀa'đɔr] *m* Pfeifer *m*
silbar [sil'ƀar] *v 1.* pfeifen, zischen; *2. (expresar con silbidos el descontento)* pfeifen, auspfeifen; *Anoche silbaron al árbitro.* Gestern Abend haben sie den Schiedsrichter ausgepfiffen.
silbato [sil'ƀato] *m* Trillerpfeife *f*
silbido [sil'ƀiđo] *m* Pfiff *m*
silenciador [silenθĭa'đɔr] *m 1. TECH* Auspufftopf *m; 2.* Schalldämpfer *m*
silenciar [silen'θĭar] *v* verschweigen, geheim halten, zum Schweigen bringen
silencio [si'lenθĭo] *m 1.* Schweigen *n,* Schweigsamkeit *f; 2. (tranquilidad)* Stille *f; en ~* still, wortlos; *~ mortal* Totenstille *f; 3. (ausencia de explicación)* Schweigen *n; 4. (fig) en ~* schweigend, still; *padecer en ~* schweigend erdulden; *sufrir en ~* stumm leiden; *5. (fig) dejar pasar en ~ una cosa* etw stillschweigend übergehen; *6. (interrupción del sonido en la música) MUS* Pause *f*
silencioso [silen'θĭoso] *adj 1.* leise, still, geräuschlos; *2. (callado)* schweigsam, wortlos
silente [si'lente] *adj* schweigsam, still
sílfide ['silfiđe] *f* Elfe *f*
silice ['siliθe] *m CHEM* Kieselerde *f*
silicio [sili'θĭo] *m CHEM* Silizium *n*
silicona [sili'kona] *f CHEM* Silikon *n*
silo ['silo] *m 1. AGR* Silo *n; 2. MIL* Raketensilo *n*
silueta [si'lweta] *f* Silhouette *f*
silvestre [sil'ƀestre] *adj* wild
silvicultura [silƀikul'tura] *f* Forstwesen *n,* Forstwirtschaft *f*
silla ['siʎa] *f 1.* Stuhl *m; ~ de ruedas* Rollstuhl *m; ~ plegable* Klappstuhl *m; ¿Está libre la ~?* Ist der Stuhl frei? *2. (de montar) SPORT* Sattel *m*
sillar [si'ʎar] *m ARCH* Quader *m*
sillín [si'ʎin] *m* Fahrradsattel *m*
sillón [si'ʎɔn] *m* Sessel *m*
sima ['sima] *f (abismo)* Abgrund *m*
simbiosis [simƀĭo'sis] *f 1. BIO* Symbiose *f; 2. (fig)* Verschmelzung *f*
simbiótico [sim'ƀĭotiko] *adj* symbiotisch
simbólico [sim'ƀoliko] *adj* symbolisch, sinnbildlich
simbolismo [simƀo'lizmo] *m* Symbolismus *m*
simbolizar [simƀoli'θar] *adj* symbolisieren, versinnbildlichen
símbolo ['simƀolo] *m 1.* Sinnbild *n,* Symbol *n,* Wahrzeichen *n; 2. (un emblema)* Symbol *n,* Sinnbild *n; 3. PSYCH* Zeichen *n,* Symbol *n*
simbología [simƀolo'xia] *f* Studium der Symbole
simetría [sime'tria] *f 1.* Symmetrie *f,* Gleichmaß *n; 2. (balance debido a la proporción)* Gleichgewicht *n*
simétrico [si'metriko] *adj* gleichmäßig, symmetrisch
simiente [si'mĭente] *f* Samen *m*
simiesco [si'mĭesko] *adj* affenartig
símil ['simil] *m LIT* Gleichnis *n*
similar [simi'lar] *v* ähnlich
similitud [simili'tuđ] *f* Ähnlichkeit *f*
simio ['simĭo] *m ZOOL* Affe *m*
simpatía [simpa'tia] *f* Sympathie *f,* Zuneigung *f*
simpático [sim'patiko] *adj 1.* nett, sympathisch, ansprechend; *muy ~* liebenswert; *2. (ameno)* lieblich; *3. el gran ~ ANAT* Sympathikus *m*
simpatizante [simpati'θante] *m/f* Sympathisant(in) *m/f,* Mitläufer(in) *m/f*
simpatizar [simpati'θar] *v* sympathisieren, freundschaftlich verkehren, Anteilnahme zeigen *f*
simple ['simple] *adj 1.* einfach, schlicht, simpel; *2. (desabrido, sin sabor)* einfach, geschmacklos; *Esta comida está simple.* Dieses Essen ist nichts Besonderes. *3. (sin gracia)* schlicht, grob; *4. fractura ~ MED* einfache Fraktur *f*
simpleza [sim'pleθa] *f* Einfältigkeit *f*
simplicidad [simpliθi'đađ] *f* Schlichtheit *f,* Arglosigkeit *f*
simplificable [simplifi'kaƀle] *adj* vereinfachbar
simplificación [simplifika'θĭɔn] Vereinfachung *f*
simplificar [simplifi'kar] *v* vereinfachen
simplismo [sim'plizmo] *m* Einfachheit *f,* Naivität *f*
simplista [sim'plista] *adj 1.* vereinfachend; *m 2.* Vereinfacher *m*

simplón [sim'plɔn] *m* Dummkopf *m*, Einfaltspinsel *m*
simposio [sim'posĭo] *m* Symposium *n*
simulación [simula'θĭɔn] *f* *1.* Vortäuschung *f*, Vorspiegelung *f*; *2. (ensayo) TECH* Planspiel *n*; *3. (imitación de un sistema) INFORM* Simulation *f*
simulacro [simu'lakro] *m* *1. (acción simulada)* Vortäuschung *f*, Scheintat *f*, Simulation *f*; *2. (apariencia superficial)* Vorspiegelung *f*, Trugbild *n*; *3. (imagen)* Götzenbild *n*
simulador(a) [simula'đɔr/simula'đora] *m/f* *1.* Simulant(in) *m/f*; *m* *2. TECH* Simulator *m*
simular [simu'lar] *v* *1.* fingieren, heucheln, sich verstellen, vorspiegeln; *2. (ensayar) TECH* simulieren
simultaneidad [simultanei'đađ] *f* Simultaneität *f*, Gleichzeitigkeit *f*
simultáneo [simul'taneo] *adj* gleichzeitig, simultan
sin [sin] *prep* ohne; *~ nata* ohne Sahne; *~ gas* ohne Kohlensäure; *~ intención* unbeabsichtigt
sinagoga [sina'goga] *f* Synagoge *f*
sinceridad [sinθeri'đađ] *f* Ehrlichkeit *f*, Aufrichtigkeit *f*, Offenheit *f*
sincero [sin'θero] *adj* *1.* aufrichtig, ehrlich; *2. (abierto, franco)* offen, treuherzig, freimütig
síncopa ['sinkopa] *f* *MUS* Synkope *f*
síncope ['sinkope] *m* *MED* Kollaps *m*
sincrónico [siŋ'kroniko] *adj* *1.* synchron; *2. motor ~ TECH* Synchronmotor *m*
sincronización [sinkroniθa'θĭɔn] *f* *1. (hacer coincidir en el tiempo)* Synchronisation *f*, Übereinstimmung *f*; *2. (poner los relojes a la misma hora)* Gleichschaltung *f*; *3. CINE* Synchronisation *f*
sincronizado [sinkroni'θađo] *adj* eingespielt
sincronizar [sinkroni'θar] *v* *(doblar) CINE* synchronisieren
sincrotrón [sinkro'trɔn] *m* *PHYS* Synchrotron *n*
sindéresis [sin'đeresis] *f* Vernunft *f*, Urteilsvermögen *n*
sindicalismo [sinđika'lizmo] *m* *POL* Syndikalismus *m*, Gewerkschaftsbewegung *f*
sindicalista [sindika'lista] *m/f* *1.* Gewerkschaftler(in) *m/f*; *adj* *2.* gewerkschaftlich
sindicato [sindi'kato] *m* Gewerkschaft *f*; *~ de empleados* Angestelltengewerkschaft *f*
síndrome ['sinđrome] *m* *MED* Syndrom *n*, Krankheitsbild *n*
sinfín [sin'fin] *m* Unmenge *f*, Unzahl *f*
sinfonía [simfo'nia] *f* *MUS* Sinfonie *f*
sinfónica [sim'fonika] *f* *MUS* Sinfonieorchester *n*
sinfónico [sim'foniko] *adj* *música sinfónica MUS* symphonische Musik *f*
singular [siŋgu'lar] *adj* *1.* besondere(r,s), außerordentlich, einzigartig; *2. (curioso)* seltsam, merkwürdig, eigenartig, wunderlich; *m* *3. GRAMM* Singular *m*
singularidad [siŋgulari'đađ] *f* Besonderheit *f*, Eigenheit *f*, Originalität *f*
singularizar [singulari'θar] *v* herausheben, absondern
singularmente [siŋgular'mente] *adv* besonders, vor allem
siniestra [si'nĭestra] *f* linke Hand *f*
siniestramente [sinĭesra'mente] *adv* unheilvollerweise, verhängnisvollerweise, unheimlicherweise
siniestro [si'nĭestro] *m* *1.* Schaden *m*, Unglück *n*, Schadensgeld *n*; *~ total* Totalschaden *m*; *Mi coche tiene ~ total.* Mein Auto hat einen Totalschaden. *adj* *2.* unheilvoll
sinnúmero [sin'numero] *m* Unzahl *f*, Unmenge *f*
sino[1] ['sino] *m* Schicksal *n*
sino[2] ['sino] *konj* sondern
sinología [sinolo'xia] *f* Sinologie *f*
sinólogo [si'nologo] *m* Sinologe *m*
sinonimia [sino'nimĭa] *f* Synonymik *f*, Wortübereinstimmung *f*
sinónimo [si'nonimo] *adj* synonym, sinnverwandt, gleichbedeutend
sinopsis [si'nɔƀsis] *f* Überblick *m*
sinóptico [si'nɔptiko] *adj* tabellarisch
sinrazón [sinra'θɔn] *f* Unvernunft *f*, Unrecht *n*
sinsabor [sinsa'ƀɔr] *m* *(fig: disgusto)* Geschmacklosigkeit *f*
sintáctico [sin'taktiko] *adj* *GRAMM* syntaktisch
sintaxis [sin'takθis] *f* *LING* Syntax *f*, Satzlehre *f*
síntesis ['sintesis] *f* Überblick *m*, Übersicht *f*, Synthese *f*
sintético [sin'tetiko] *adj* *1. método ~* synthetisches Herstellungsverfahren *n*; *2. (producido por síntesis química) CHEM* syn-

thetisch, künstlich hergestellt; *droga sintética* synthetische Droge *f;* 3. *lengua sintética LING* synthetische Sprache *f*

síntoma ['sintoma] *m* 1. Symptom *n;* ~ *acompañante* Begleiterscheinung *f;* ~ *de degeneración* Degenerationserscheinung *f;* ~ *de desgaste* Abnutzungserscheinung *f;* ~ *de transición* Übergangserscheinung *f;* ~ *de vejez* Alterserscheinung *f;* 2. *MED* Symptom *n;* ~ *de abstinencia/~ de privación* Entzugserscheinung *f;* ~ *carencial* Mangelerscheinung *f*

sintomático [sinto'matiko] *adj* symptomatisch

sinuosidad [sinwosi'đađ] *f* Windung *f,* Kurve *f*

sinuoso [si'nwoso] *adj* geschlängelt, gewunden, gekrümmt

sinvergüencería [sinƀergwenθe'ria] *f* Unverschämtheit *f*

sinvergüenza [simƀer'gwenθa] *m* 1. *(fam)* Frechdachs *m; adj* 2. schamlos

siquiera [si'kĭera] *adv* wenigstens

sirena [si'rena] *f* 1. Nixe *f;* 2. *TECH* Sirene *f*

sirvienta [sir'ƀĭenta] *f* Hausangestellte *f,* Hausmädchen *n*

sirviente [sir'ƀĭente] *m* Diener *m,* Dienstbote *m*

sisear [sise'ar] *v* zischen

sismo ['sizmo] *m GEOL* Erdbeben *n*

sistema [sis'tema] *m* 1. System *n;* ~ *de alarma* Alarmanlage *f;* ~ *de alarma intermitente* Warnblinkanlage *f;* ~ *combinado* Verbund *m;* 2. ~ *inmunológico BIO* Immunsystem *n;* 3. ~ *antibloqueo TECH* Antiblockiersystem *n;* ~ *automático* Automatik *f;* 4. ~ *mayoritario POL* Mehrheitswahlrecht *n;* 5. ~ *monetario ECO* Währungssystem *n;* 6. ~ *operativo INFORM* Betriebssystem *n;* 7. ~ *nervioso ANAT* Nervensystem *n;* 8. *(un método de procedimiento)* Arbeitsmethode *f,* Verfahren *n,* Planmäßigkeit *f;* 9. *(método de organización)* Anordnung *f,* Gliederung *f;* 10. *(conjunto de cosas consideradas como un todo)* System *n;* 11. *(el cuerpo de una doctrina)* Lehre *f,* Gedankengebäude *n;* 12. *(conjunto organizado de hardware que actuan para procesar información) INFORM* System *n;* 13. *(una hipótesis explicativa)* Hypothese *f;* 14. *(un esquema de clasificación)* Klassifikationsmethode *f;* 15. *análisis de ~s INFORM* Systemanalyse *f; analista de ~s* Systemanalytiker *m; software de ~* Systemsoftware *f; programación de ~s* Systemprogrammierung *f; programador de ~s* Systemprogrammierer *m*

sistemática [sistem tika] *f* Systematik *f*

sistemático [siste'matiko] *adj* ordentlich, planmäßig, systematisch

sístole ['sistole] *f (movimiento del corazón) ANAT* Systole *f,* Zusammenziehen des Herzmuskels

sitiado [si'tĭađo] *adj* belagert

sitiador [sitĭa'đɔr] *adj* belagernd

sitial [si'tĭal] *m* Amtssessel *m,* Thronsessel *m,* Ehrensitz *m*

sitiar [si'tĭar] *v* 1. *(poner en estado de sitio) MIL* belagern; 2. *(fig: acorralar)* umzingeln, einkreisen

sitio ['sitĭo] *m* 1. Ort *m,* Platz *m,* Stelle *f,* Fleck *m; en algún ~* irgendwo; *en otro ~* woanders; ~ *de fractura* Bruchstelle *f;* ~ *de reposo* Ruhestätte *f; poner en su ~* einordnen; 2. *MIL* Belagerung *f; estado de ~* Belagerungszustand *m*

situación [sitwa'θĭɔn] *f* 1. Lage *f,* Situation *f,* Konstellation *f;* ~ *crítica/~ precaria* Notlage *f;* ~ *embarazosa* Peinlichkeit *f;* ~ *forzosa/~ violenta* Zwangslage *f;* ~ *de siniestro* Versicherungsfall *m;* ~ *sumamente delicada* Gratwanderung *f;* 2. *(estado)* Zustand *m,* Verhältnis *n;* ~ *financiera/~ económica* Vermögensverhältnisse *pl;* 3. *(momento)* Moment *n*

situado [si'twađo] *adj* gelegen, situiert; *estar ~ en frente de* gegenüberliegen

situar [si'twar] *v* legen, stellen, einordnen, platzieren

slalom ['slalom] *m SPORT* Slalom *m*

smog ['smɔg] *m* Smog *m*

snack ['snak] *m ~-bar* Imbissstube *f,* Schnellimbiss *m*

snob [snoƀ] *m* 1. Snob *m; adj* 2. snobistisch, versnobt

snobismo [sno'ƀizmo] *m* Snobismus *m*

so [so] *interj (fam) So burro!* So was Dummes!

so [so] *prep (bajo)* unter

sobar [so'ƀar] *v* kneten, walken, befummeln

soberanía [soƀera'nia] *f POL* Souveränität *f,* Hoheit *f;* ~ *nacional* Gebietshoheit *f*

soberano [soƀe'rano] *m* 1. Herrscher *m; adj* 2. souverän

soberbia [so'ƀerƀĭa] *f* 1. Hochmut *m;* 2. *(rabia)* Empörung *f*

soberbio [so'ƀɛrƀĭo] *adj 1.* bravurös, gönnerhaft; *2. (arrogante)* hochmütig, überheblich; *3. (fig: hermoso)* prächtig, prachtvoll, schön
sobón [so'ƀɔn] *adj* schmierig, schleimig, aufdringlich, lästig
sobornable [soƀɔr'naƀle] *adj* bestechlich, käuflich
sobornador [soƀɔrna'đɔr] *m* bestechend
sobornar [soƀɔr'nar] *v* bestechen, schmieren
soborno [so'ƀɔrno] *m* Bestechung *f,* Bestechungsgeld *n*
sobra ['soƀra] *f 1. (exceso de algo)* Überfluss *m,* Übermaß *n; f/pl 2. (lo que queda después de la comida)* Reste *m/pl,* Speisereste *m/pl; adj 3. de ~* im Überfluss *m*
sobrado [sa'brađo] *adj* übrig, übermäßig, kühn
sobrante [so'ƀrante] *m 1.* Überschuss *m; adj 2.* übrig, überschüssig
sobrar [so'ƀrar] *v 1.* übrig bleiben; *2. (estar de más)* übrig bleiben, zu viel sein, überflüssig sein; *Tu presencia sobra aquí.* Deine Anwesenheit hier ist überflüssig.
sobre ['soƀre] *prep 1.* auf, über, um; *temperatura ~ cero* Temperatur über null; *~ todo* besonders, insbesondere, zumal; *~ lo cual* worüber; *2. impuesto ~ la cifra de negocios ECO* Umsatzsteuer *f; m 3. (de carta)* Kuvert *n,* Briefumschlag *m; ~ con ventana* Fensterbriefumschlag *m*
sobreabundancia [soƀreaƀun'đanθĭa] *adj* Überfülle *f,* Übermaß *n*
sobreabundante [soƀreaƀun'đante] *adj* reichlich vorhanden sein, im Übermaß vorhanden sein *n*
sobreabundar [soƀreaƀun'đar] *v* überquellen
sobrecama [soƀre'kama] *m* Überbett *n*
sobrecarga [soƀre'karga] *f 1.* Überlastung *f; 2. (fig)* Überbeanspruchung *f*
sobrecargar [soƀrekar'gar] *v 1.* überladen; *2. (fig)* überbeanspruchen
sobrecoger [soƀreko'xɛr] *v (coger desprevenido)* erschrecken, überraschen
sobrecogimiento [soƀrekoxi'mĭento] *m* Überfall *m*
sobredosis [soƀre'đosis] *f* Überdosis *f*
sobreentenderse [sobreenten'đɛrse] *v irr* sich von selbst verstehen, als selbstverständlich voraussetzen
sobreestimar [soƀreesti'mar] *v* überschätzen
sobreexcitado [soƀreesθi'tađo] *adj* überreizt
sobrellave [soƀre'ʎaƀe] *f* Nachschlüssel *m*
sobrellevar [soƀreʎe'ƀar] *v* ertragen; *¿Cómo puedes sobrellevar esa pérdida?* Wie kannst du diesen Verlust ertragen?
sobremanera [soƀrema'nera] *adv (mucho)* außerordentlich, übermäßig viel
sobremesa [soƀre'mesa] *f 1. (postre)* Nachtisch *m; 2. (tiempo en la mesa después de comer)* Verweilen am Tisch nach der Mahlzeit
sobrenatural [soƀrenatu'ral] *adj 1.* übernatürlich; *2. lo ~* das Übersinnliche *n*
sobrenombre [soƀre'nɔmbre] *m* Spitzname *m*
sobreparto [soƀre'parto] *m MED* Wochenbett *n*
sobrepasar [soƀrepa'sar] *v* überragen, übertreffen; *~ a alguien en algo* jdn in etw übertreffen
sobrepeso [soƀre'peso] *m* Übergewicht *n,* Fettleibigkeit *f*
sobreponerse [soƀrepo'nɛrse] *v irr* sich überwinden
sobreprecio [soƀre'preθĭo] *m ECO* Aufpreis *m,* Aufschlag *m*
sobrepresión [soƀrepre'sĭɔn] *f TECH* Überdruck *m*
sobreproducción [soƀreprođug'θĭɔn] *f* Überproduktion *f*
sobrepujar [soƀrepu'xar] *v* überbieten, übertreffen
sobresaliente [soƀresa'lĭente] *adj* ausgezeichnet, hervorragend, überragend
sobresalir [soƀresa'lir] *v irr 1. ~ alguien por algo* sich vor jdm durch etw auszeichnen, jdn in etw überragen, jdm in etw voranstehen; *2. ~ en* überragen an
sobresaltar [soƀresal'tar] *v* erschrecken
sobresalto [soƀre'salto] *m* Bestürzung *f,* Schreck *m*
sobreseimiento [soƀresei'mĭento] *m JUR* Einstellung *f,* Vertagung *f*
sobrestimar [soƀresti'mar] *v* überschätzen
sobretasa [soƀre'tasa] *f* Nachgebühr *f,* Strafporto *n; sujeto a ~* zuschlagpflichtig
sobrevalorar [soƀrevalo'rar] *v* überbewerten
sobrevenida [soƀreƀe'niđa] *f* unvermutetes Ereignis *n,* plötzliches Auftreten *n*

sobrevenir [soƀreƀe'nir] *v irr* dazukommen, auftreten
sobreviviente [soƀreƀi'ƀĭente] *m* Überlebender *m*
sobrevivir [soƀreƀi'ƀir] *v* überleben
sobrevolar [soƀreƀo'lar] *v irr* überfliegen
sobriedad [soƀrĭe'đađ] *f 1. (moderación)* Zurückhaltung *f,* Genügsamkeit *f; 2. (sin desmesura)* Schlichtheit *f*
sobrina [so'ƀrina] *f* Nichte *f*
sobrino [so'ƀrino] *m* Neffe *m*
sobrio ['soƀrĭo] *adj* schlicht, besonnen, genügsam
socarrón [soka'rrɔn] *adj* verschmitzt, hinterlistig
socavación [sokaƀa'θĭɔn] *f* Untergrabung *f,* Unterwanderung *f*
socavar [soka'ƀar] *v 1. (excavar por debajo)* aushöhlen; *2. (fig: debilitar imperceptiblemente)* unterhöhlen, untergraben
socia ['soθĭa] *f* Partnerin *f*
sociabilidad [soθĭaƀili'đađ] *f* Verträglichkeit *f*
sociable [so'θĭaƀle] *adj* gesellig, kontaktfreudig, verträglich
social [so'θĭal] *adj 1.* sozial, gesellschaftlich; *2. seguro ~* Sozialversicherung *f; 3. ciencias sociales* Sozialwissenschaft *f; 4. trabajo ~* Sozialarbeit *f; trabajadora ~* Sozialarbeiterin *f*
socialdemocracia [soθĭaldemo'kraθĭa] *f POL* Sozialdemokratie *f*
socialismo [soθĭa'lizmo] *m POL* Sozialismus *m*
socialización [soθĭaliθa'θĭɔn] *f* Sozialisierung *f,* Vergesellschaftung *f*
socializar [soθĭali'θar] *v* sozialisieren, in die Gesellschaft eingliedern *f*
sociedad [soθĭe'đađ] *f 1.* Gesellschaft *f; ~ de bienestar* Wohlstandsgesellschaft *f; ~ de consumo* Konsumgesellschaft *f; ~ de despilfarro* Wegwerfgesellschaft *f; 2. (asociación)* Verein *m,* Genossenschaft *f; ~ carnavalesca* Karnevalsverein *m; ~ deportiva* Sportverein *m; ~ protectora de animales* Tierschutzverein *m; ~ radiofónica* Rundfunk *m; 3. ECO* Gesellschaft *f; ~ anónima* Aktiengesellschaft *f; ~ fiduciaria* Treuhandgesellschaft *f; ~ matriz* Dachgesellschaft *f; ~ personalista* Personengesellschaft *f; ~ comanditaria* Kommanditgesellschaft *f*
socio ['soθĭo] *m 1.* Partner *m; 2. (miembro)* Angehöriger *m,* Mitglied *n; ~ de un club* Klubmitglied *n; 3. ECO* Geschäftspartner *m,* Gesellschafter *m,* Kompagnon *m,* Teilhaber *m*
sociología [soθĭolɔ'xia] *f* Soziologie *f*
socorrer [soko'rrɛr] *v* helfen, unterstützen
socorrista [soko'rrista] *m* Rettungsschwimmer *m*
socorro [so'kɔrro] *m* Beihilfe *f,* Hilfe *f; dar voces de ~* um Hilfe rufen; *¡Socorro!* Hilfe!
soda ['sođa] *f* Soda *f,* Sodawasser *n*
sodio ['sođĭo] *m CHEM* Natrium *n*
sodomía [sođo'mia] *f* Sodomie *f*
soez [so'eθ] *adj* grob, obszön
sofá [so'fa] *m* Sofa *n*
sofisma [so'fizma] *m* Sophismus *m,* Spitzfindigkeit *f,* Haarspalterei *f*
sofisticado [sofisti'kađo] *adj* raffiniert, gekünstelt, ausgefeilt; *un programa de computación muy ~* ein sehr ausgefeiltes Computerprogramm
sofisticar [sofis'tikar] *v* verdrehen, verfälschen, Spitzfindigkeiten vorbringen
sofocación [sofoka'θĭɔn] *f MED* Atemnot *f*
sofocado [sofo'kađo] *adj* atemlos
sofocante [sofo'kante] *adj* schwül, beklemmend, stickig
sofocar [sofo'kar] *v 1.* erdrücken, würgen; *2. (apagar el fuego)* unterdrücken
sofoco [so'foko] *m* Beklemmung *f*
sofocón [sofo'kɔn] *m* großer Ärger *m*
software [soft'wɛʀ] *m 1. INFORM* Software *f; 2. ingeniería de ~ INFORM* Softwareherstellung *f*
soga ['soga] *f 1.* Seil *n,* Strick *m,* Strang *m; 2. (fig) estar con la ~ al cuello* das Messer an der Kehle haben
sol [sɔl] *m 1.* Sonne *f; ~ de alturas* Höhensonne *f; Hace ~.* Die Sonne scheint. *2. tomar el ~* sich sonnen; *3. de ~ a ~* von morgens bis abends; *4. arrimarse al ~ que más calienta* sich opportunistisch verhalten; *5. (nota musical) MUS* G *n*
solamente [sola'mente] *adv* allein, nur, bloß
solanácea [sola'naθea] *f/pl BOT* Nachtschattengewächs *n*
solapa [so'lapa] *f 1. (parte del traje que se dobla)* Revers *m; 2. (parte de la cubierta de un libro)* Umschlag *m*
solapado [sola'pađo] *adj (fig: taimado)* hinterlistig, verschmitzt, verschlagen

solapar [sola'par] *v* mit Klappen versehen, überlappen, überdecken

solario [so'lar̆o] *m* Solarium *n*

solaz [so'laθ] *m* Erholung *f,* Wonne *f*

soldado [sɔl'dađo] *m 1. MIL* Soldat *m; 2. ~s pl MIL* Militär *n*

soldador [sɔlda'đɔr] *m TECH* Lötkolben *m,* Schweißer *m*

soldar [sɔl'dar] *v irr 1. TECH* schweißen, anschweißen; *2. (con estaño) TECH* löten

soleado [sole'ađo] *adj* sonnig

solear [so'lear] *v* bleichen

solecismo [sole'θizmo] *m LING* Sprachfehler *m*

soledad [sole'đađ] *f 1.* Einsamkeit; *2. (tristeza que se siente por la pérdida o ausencia de una persona)* Schwermut *f*

solemne [so'lemne] *adj 1. (grave)* schwerwiegend, offiziell, förmlich; *2. (majestuoso, imponente)* erhaben, pompös, feierlich

solemnidad [solemni'đađ] *f 1.* Fest *n,* Festlichkeit *f; 2. (celebración solemne)* Feierlichkeit *f*

soler [sɔ'lɛr] *v irr 1. (tener la costumbre de)* zu tun pflegen, gewohnt sein zu tun; *No suelo reconocer mis errores.* Ich pflege meine Fehler nicht einzugestehen. *2. (ser frecuente)* sollen; *No suele llover en esta época del año.* Es sollte um diese Jahreszeit nicht regnen.

solera [so'lera] *f MIN* Sohle *f*

solicitación [soliθita'θĭɔn] *f* Bitte *f,* Bewerbung *f,* Ersuchen *n*

solicitado [soliθi'tađo] *adj* begehrt

solicitante [soliθi'tante] *m/f 1.* Antragsteller(in) *m/f; 2. (candidato)* Bewerber(in) *m/f; ~ de asilo* Asylbewerber(in) *m/f*

solicitar [soliθi'tar] *v 1.* beantragen; *~ algo* sich um etw bewerben; *2. (exigir, pedir)* fordern, bitten; *~ algo a alguien* jdn um etw bitten; *3. (desear)* begehren

solícito [so'liθito] *adj* zuvorkommend, bereitwillig, fürsorglich

solicitud [soliθi'tuđ] *f 1. (pedido)* Antrag *m,* Ersuchen *n; ~ de admisión* Aufnahmeantrag *m; ~ de empleo* Bewerbungsschreiben *n; 2. ~ de información ECO* Anfrage *f; 3. (exigencia)* Forderung *f; 4. (pretensión, candidatura)* Bewerbung *f,* Gesuch *n; 5. (amabilidad)* Bereitwilligkeit *f; 6. (diligencia)* Fürsorge *f,* Sorge *f*

solidar [soli'đar] *adj* verstärken, bekräftigen

solidaridad [solidari'đađ] *f* Solidarität *f,* Verbundenheit *f,* Zusammengehörigkeitsgefühl *n*

solidario [soli'đar̆o] *adj* solidarisch

solidarizarse [solidari'θarse] *v* sich solidarisieren, sich solidarisch erklären

solidez [so'liđeθ] *f* Festigkeit *f,* Haltbarkeit *f,* Gediegenheit *f*

solidificar [solidifi'kar] *v* verfestigen, verstärken, verdichten

sólido ['solido] *m 1.* Körper *m; adj 2.* solid, deftig, massiv; *3. (plausible)* stichhaltig, triftig; *4. (convincente)* handfest; *5. (fig: fundado con razones)* stichhaltig; *argumentos ~* stichhaltige Argumente; *6. (financialmente estable)* solide, zuverlässig; *7. estado ~ CHEM* Festkörperzustand *m*

soliloquio [soli'lok̆o] *m 1.* Selbstgespräch *n; 2. (monólogo en una obra de teatro) THEAT* Monolog *m*

solista [so'lista] *m/f MUS* Solist(in) *m/f*

solitaria [soli'tar̆a] *f (tenia) ZOOL* Bandwurm *m*

solitario [soli'tar̆o] *m 1.* Einzelgänger *m,* Eigenbrötler *m; adj 2.* einsam, allein stehend, zurückgezogen; *3. (desierto)* verlassen, leer; *m 4. (juego de cartas para una persona)* Patiencespiel *n*

soliviantado [solibĭan'tađo] *adj (inquieto)* aufgeregt, unruhig, empört

soliviantar [solibĭan'tar] *v* aufhetzen

solo ['solo] *adj 1.* allein, einzeln, einzig; *2. (solitario)* einsam, allein stehend; *3. (que está sin una cosa)* allein, verlassen; *4. (desamparado)* schutzlos, verlassen, hilflos; *m 5. MUS* Solo *n; 6. estar a solas* ohne Begleitung sein *f*

sólo ['solo] *adv* allein, bloß, nur; *tan ~* einzig

solomillo [solo'miʎo] *m GAST* Filet *n*

solsticio [sols'tiθĭo] *m ASTR* Sonnenwende *f; ~ de verano* Sommersonnenwende *f; ~ de invierno* Wintersonnenwende *f*

soltar [sɔl'tar] *v irr 1.* loslassen; *~ gradualmente* lockern; *¡Suélteme!* Lassen Sie mich los! *2. (fig: desatar)* abbinden, aussetzen

soltarse [sɔl'tarse] *v irr (fig)* sich entspannen, aus sich herausgehen

soltera [sɔl'tera] *f* Junggesellin *f*

soltero [sɔl'tero] *m 1.* Junggeselle *m; adj 2.* unverheiratet, ledig

solterona [sɔlte'rona] *f 1.* alte Jungfer *f; adj 2.* altjüngferlich

soltura [sol'tura] *f 1. (agilidad)* Gewandtheit *f,* Geschicklichkeit *f; 2. (dicción muy fluída y elegante)* Beredtsamkeit *f*
soluble [so'luƀle] *adj 1. CHEM* löslich; *2. (fig: problema)* lösbar
solución [solu'θĭɔn] *f 1.* Lösung *f,* Auflösung *f; ~ de emergencia* Notlösung *f,* Behelf *m; ~ provisional* Übergangslösung *f,* Behelf *m; ~ transitoria* Übergangslösung *f,* Überbrückung *f; 2. CHEM* Lösung *f*
solucionar [soluθĭo'nar] *v* lösen; *~ transitoriamente* überbrücken
solvencia [sol'ƀenθĭa] *f 1. (carencia de deudas) FIN* Solvenz *f,* Schuldenlosigkeit *f; 2. (capacidad de pagar las deudas) FIN* Zahlungsfähigkeit *f*
solventar [sɔlƀen'tar] *v 1. (arreglar cuentas) FIN* begleichen; *2. (resolver un asunto complicado)* lösen, entscheiden
solvente [sɔl'ƀente] *adj ECO* zahlungsfähig
sollozar [soʎo'θar] *v* schluchzen
sollozo [so'ʎoθo] *m* Schluchzer *m*
somático [so'matiko] *adj 1.* somatisch; *2. (síntoma de naturaleza corpórea) MED* körperlich bedingt
sombra ['sɔmbra] *f 1.* Schatten *m; ~ de ojos* Lidschatten *m; 2. (fam: carcel)* Kittchen *n; 3. (fig: espectro, fantasma)* Schatten *m,* Geist *m,* Schattenbild *n; 4. (fig: mácula)* Makel *m,* dunkler Fleck *m; 5. (fig) hacer ~* Schatten werfen *m; 6. (fig) no ser ni ~ de lo que era* nur noch ein Schatten seiner selbst sein; *7. (fig) no tener ni ~ de ...* nicht einmal den Hauch haben von ... *8. (fig: estar preso) estar a la ~* eingekerkert sein, im Gefängnis sein; *poner a la ~ (encarcelar)* einsperren
sombreado [sɔmbre'ađo] *m 1.* Schattierung *f; adj 2.* schattig
sombrero [sɔm'brero] *m* Hut *m; ~ de copa* Zylinder *m*
sombrilla [sɔm'ƀriʎa] *f* Sonnenschirm *m,* Schirm *m*
sombrío [sɔm'brio] *adj 1.* schattig, düster; *2. (fig: tétrico)* düster, finster, trübsinnig
somero [so'mero] *adj* oberflächlich, seicht, flüchtig
someter [some'tɛr] *v 1. (dominar)* unterwerfen, unterdrücken; *~ a un esfuerzo* belasten; *2. (a un test)* unterziehen
someterse [some'tɛʀse] *v ~ a* sich unterwerfen, sich beugen, sich fügen
somnífero [som'nifero] *m MED* Schlafmittel *n*
somnolencia [somno'lenθĭa] *f 1. (pesadez producida por el sueño)* Schläfrigkeit *f; 2. (deseo de dormir)* Schlafsucht *f*
somnoliento [somno'lĭento] *adj (con sueño)* schläfrig
son [sɔn] *m 1. (sonido agradable) MUS* Klang *m,* Laut *m; 2. (fig) en ~ de* als ob, dem Anschein nach
sonaja [so'nxa] *f* Trommelschelle *f,* Tamburinschelle *f,* Schellenrassel *f*
sonajero [sona'xero] *m* Kinderrassel *f*
sonambular [sonambu'lar] *v* schlafwandeln
sonámbulo [so'namƀulo] *adj* schlafwandlerisch, mondsüchtig
sonar [so'nar] *v irr 1.* klingen, klirren, tönen; *hacer ~ las campanas* die Glocken läuten; *2. (acordarse)* bekannt vorkommen; *3. (la tripa, el estómago)* knurren; *4. (fig: parecer conocido u oído)* vertraut klingen, bekannt vorkommen; *5. (fig: darle algo a uno una impresión)* klingen, scheinen; *Eso me suena a trampa.* Das klingt mir nach einer Falle. *m 6. (equipo de detección submarina) NAUT* Sonarortungssystem *n*
sonarse [so'narse] *v irr ~ la nariz* sich schnäuzen
sonda ['sɔnda] *f 1. MED* Katheter *m; 2. TECH* Sonde *f*
sondar [sɔn'dar] *v* sondieren; *~ a alguien* jdn aushorchen; *~ el terreno/la situación* die Lage peilen
sondear [sɔnde'ar] *v MED* abtasten
sondeo [sɔn'deo] *m 1. ~ de opiniones* Meinungsumfrage *f,* Umfrage *f,* Demoskopie *f; 2. (utilización de un dispositivo para obtener información) TECH* Sondierung *f,* Auslotung *f*
soneto [so'neto] *m (composición poética) LIT* Sonett *n*
sonido [so'niđo] *m 1.* Klang *m,* Ton *m,* Laut *m; 2. tarjeta de ~ INFORM* Soundkarte *f; (sound board); 3. efectos de ~ CINE* Toneffekte *m/pl; 4. ingeniero de ~ TECH* Tontechniker *m*
sonoridad [sonori'đađ] *f 1.* Wohlklang *m; 2. (intensidad del sonido)* Klangfülle *f*
sonoro [so'noro] *adj 1.* klangvoll, klirrend; *2. banda sonora CINE* Tonstreifen *m*
sonreír [sɔnrrɛ'ir] *v irr 1.* lächeln; *¡Sonría, por favor!* Bitte lächeln! *v 2. (fig)* lächeln, zulächeln

sonreírse [sɔnrrɛ'irse] *v irr ~ de* lächeln über, belächeln; *~ irónicamente/~ maliciosamente* grinsen
sonriente [son'rrĭente] *adj* lächelnd
sonrisa [sɔn'rrisa] *f* Lächeln *n*
sonrojarse [sɔnrrɔ'xarse] *v ~ por algo* über etw erröten
sonsacar [sɔnsa'kar] *v (hacer decir a otro lo que sabe)* aushorchen; *Tu madre me sonsacó la verdad.* Deine Mutter hat mir die Wahrheit entlockt.
soñador [soɲa'đɔr] *adj 1.* verträumt; *m 2.* Träumer *m,* Phantast *m*
soñar [so'ɲar] *v irr 1. ~ con* träumen von; *2. (entusiasmarse, adorar)* schwärmen; *2. (fig: anhelar algo)* ersehnen, erträumen; *3. (fig: abandonarse a la fantasía)* sich in Träumen verlieren; *4. ni soñarlo* nicht im Traum; *5. ~ despierto* Tagträume haben; *Siempre estás soñando despierto.* Immer träumst du mit offenen Augen.
soñolencia [soɲo'lɛnθĭa] *f* Schlafsucht *f*
soñoliento [soɲo'lĭento] *adj* verschlafen, schläfrig, schlaftrunken
sopa ['sopa] *f 1. GAST* Suppe *f; ~ de pescado* Fischsuppe *f; ~ de verduras* Gemüsesuppe *f; 2. (fig) hecho una ~* völlig durchnässt sein, durchgeschwitzt sein; *Llegué a casa hecho una sopa.* Ich bin schweißgebadet nach Hause gekommen.
sopapo [so'papo] *m* Ohrfeige *f*
sopera [so'pera] *f* Terrine *f*
sopesar [sope'sar] *v 1.* abwiegen; *2. (fig: estimar algo)* abwägen; *Estoy sopesando una oferta de trabajo.* Ich wäge ein Arbeitsangebot ab.
sopetón [sope'ton] *m 1.* plötzlicher und heftiger Schlag *m; 2. GAST* in Öl getauchtes Röstbrot *n*
soplado [so'plađo] *adj 1.* geblasen; *2. (fig)* aufgeblasen
soplar [so'plar] *v 1. (inflar)* blasen; *2. (exhalar)* hauchen; *3. (viento)* wehen; *4. (fig: robar a hurtadillas)* wegschnappen, stehlen; *¡Me han soplado la cartera!* Jemand hat mir die Brieftasche gestohlen! *5. (fig) (en un examen)* vorsagen, einsagen; *6. (fig: delatar)* verraten, anzeigen; *¡Nos han soplado!* Man hat uns verraten!
soplete [so'plete] *m* Gebläse *n,* Brenner *m*
soplo ['soplo] *m 1.* Hauch *m; 2. (fig: un aviso que se da en secreto)* Hinweis *m*
soplón [so'plɔn] *m* Zwischenträger *m,* Denunziant *m*
soporífero [sopo'rifero] *adj 1.* einschläfernd; *un discurso ~* eine ermüdende Unterhaltung *f*
soportable [sopɔr'tađle] *adj* erträglich
soportal [sopɔr'tal] *m ARCH* Bogengang *m*
soportar [sopɔr'tar] *v 1. (fig)* aushalten, ertragen, erdulden; *2. (fig: resistir)* verkraften; *3. (cargar)* tragen
soporte [so'pɔrte] *m 1.* Träger *m,* Gestell *n,* Ständer *m; 2. ~ de datos INFORM* Datenträger *m; ~ físico* Hardware *f; ~ lógico* Software *f; 3. (apoyo)* Stütze *f; 4. TECH* Lager *n*
soprano [so'prano] *f MUS 1.* Sopran *m; 2.* Sopranist/Sopranistin *m/f*
sorber [sɔr'đɛr] *v 1.* schlürfen; *2. (fig: absorber, tragar)* schlucken, verschlingen; *3. (fig: apoderarse de algo)* an sich reißen, verschlingen; *~ conocimientos* Wissen in sich aufnehmen
sorbete [sɔr'đete] *m GAST* Fruchteis *n*
sorbo ['sɔrđo] *m* Schlürfen *n,* Schluck *m*
sordera [sɔr'đera] *f MED* Taubheit *f*
sordidez [sɔrđi'đeθ] *f* Schmutz *m,* Schäbigkeit *f*
sórdido ['sɔrđiđo] *adj 1. (manchado, sucio)* schmutzig, schäbig; *2. (fig: bajo, mezquino, miserable)* elend, heruntergekommen
sordo ['sɔrđo] *adj 1. MED* taub, schwerhörig, gehörlos; *2. (que suena poco)* dumpf; *un ruido ~* ein dumpfer Lärm *m; 3. (fig: insensible a las súplicas)* gefühllos, mitleidlos; *4. (fig: insensible a los consejos)* taub, für keinen Rat zugänglich; *5. (fig) hacerse el ~* sich taub stellen
sordomudez [sɔrđomu'đeθ] *f MED* Gehörlosigkeit *f*
sordomudo [sɔrđo'muđo] *adj MED* gehörlos
sorna ['sɔrna] *f (fig) con ~* spöttisch, ironisch
sorprendente [sɔrpren'dente] *adj* erstaunlich, überraschend, verwunderlich
sorprender [sɔrpren'dɛr] *v 1.* überraschen, überrumpeln; *2. (maravillar)* in Erstaunen versetzen, in Bewunderung versetzen
sorprenderse [sɔrpren'dɛrse] *v ~ de* sich wundern über
sorprendido [sɔrpren'điđo] *adj 1. ~ de* überrascht über; *2. (perplejo)* stutzig

sorpresa [sɔr'presa] *f* Überraschung *f,* Überrumpelung *f,* Verwunderung *f; de ~* überraschend; *¡Una ~ agradable!* Eine nette Überraschung! *tomar por ~* überraschen
sorpresivo [sɔrpre'siƀo] *adj (LA)* überraschend
sortear [sɔrte'ar] *v 1.* losen, auslosen, verlosen; *2. (fig: eludir astutamente algo)* umgehen, ausweichen
sorteo [sɔr'teo] *m* Verlosung *f,* Ziehung *f*
sortija [sɔr'tixa] *f* Ring *m*
sortilegio [sorti'lexĭo] *m* Zauberei *f,* Wahrsagerei *f*
sosegado [sose'ɡađo] *adj* gemächlich, geruhsam
sosegar [sose'ɡar] *v irr* beruhigen
sosegarse [sose'ɡarse] *v irr* sich beruhigen
sosiego [so'sĭeɡo] *m* Ruhe *f,* Gelassenheit *f,* Sanftheit *f*
soslayar [sosla'jar] *v (pasar por alto)* sich hinwegsetzen, hinwerfen, abschrägen
soslayo [sos'lajo] *m de ~* schräg, schief; *mirar a alguien de ~* jemanden schief anschauen
soso ['soso] *adj 1.* ungesalzen, fad; *2. (carácter)* farblos
sospecha [sɔs'petʃa] *f* Verdacht *m*
sospechar [sɔspe'tʃar] *v ~ de* verdächtigen; *sin ~ nada* ahnungslos
sospechoso [sɔspe'tʃoso] *m 1.* Verdächtiger *m; adj 2.* verdächtig, faul (fam), zwielichtig
sostén [sɔs'ten] *m 1. (apoyo)* Stütze *f,* Rückhalt *m; 2. (prenda)* Büstenhalter *m*
sostener [sɔste'nɛr] *v irr 1. (apoyar)* stützen, halten, tragen; *~ a alguien económicamente* jdm den Lebensunterhalt zahlen; *2. (afirmar)* behaupten; *3. (impugnar)* bestreiten
sostenimiento [sɔsteni'mĭento] *m* Unterhaltung *f*
sotana [so'tana] *f REL* Talar *m*
sótano ['sotano] *m* Keller *m*
soterrar [sote'rrar] *v 1. (enterrar)* beerdigen, begraben, verschütten; *2. (fig: ocultar, esconder)* verbergen; *~ la verdad* die Wahrheit verbergen *f; ~ un hecho punible* eine Straftat verheimlichen *f*
soufflé [su'fle] *m GAST* Auflauf *m*
souvenir [suƀe'nir] *m* Andenken *n*
sóviet ['soƀĭet] *m (órgano de gobierno en la URSS) HIST* Sowjet *m*
soviético [so'ƀĭetiko] *adj HIST* sowjetisch
spray ['sprai] *m* Spray *n*
stand [stand] *m* Messestand *m*
standard ['standar] *m 1.* Standard *m; 2. (de formato)* Standardformat *n*
status ['status] *m* Status *m*
stock [stɔk] *m ECO* Bestand *m; en ~* vorrätig
su [su] *pron 1. (posesivo)* sein(e)/ihr(e); *Es ~ gato.* Es ist seine/ihre Katze. *2. (de usted)* Ihr(e); *¿Es éste ~ bolso?* Ist das Ihre Handtasche? *3. ~s (Plural)* seine, ihre, Ihre; *~s cosas* seine/ihre/Ihre Sachen
suave ['swaƀe] *adj 1.* sanft; *2. (fig: agradable a los sentidos)* mild, sanft, gelinde; *luz ~* sanftes Licht *n; 3. (fig: tranquilo, sosegado)* ruhig, gelassen, weich; *música ~* sanfte Musik *f; 4. (fig: dócil)* weich, sanft, gutmütig; *carácter ~* weicher Charakter *m*
suavidad [swaƀi'đađ] *f* Weichheit *f,* Sanftmut *f,* Geschmeidigkeit *f*
suavizar [swaƀi'θar] *v* mildern
subalimentación [suƀalimenta'θĭɔn] *f* Unterernährung *f*
subalpino [suƀal'pino] *adj* am Fuße der Alpen
subalternación [suƀalterna'θĭɔn] *f* Unterordnung *f*
subalterno [suƀal'tɛrno] *m* Untergebener *m*
subarrendar [suƀarren'dar] *v irr* untervermieten
subarrendatario [suƀarrenđa'tarĭo] *m* Untermieter *m,* Pächter *m*
subasta [su'ƀasta] *f* Auktion *f,* Versteigerung *f*
subastar [suƀas'tar] *v* versteigern
subconsciencia [suƀkɔns'θĭenθĭa] *f PSYCH* Unterbewusstsein *n*
subcultura [suƀkul'tura] *f* Subkultur *f*
subdesarrollado [suƀđesarrɔ'ʎađo] *adj* unterentwickelt
súbdito ['suƀđito] *m* Staatsbürger *m,* Untertan *m*
subdividir [suƀđiƀi'đir] *v* untergliedern, unterteilen
subestimar [suƀesti'mar] *v* unterschätzen, verharmlosen
subhumano [suƀu'mano] *adj* unmenschlich, menschenunwürdig; *vivir en condiciones subhumanas* unter unmenschlichen Bedingungen leben
subida [su'ƀiđa] *f 1.* Aufgang *m,* Aufstieg *m; 2. ECO* Aufschlag *m,* Erhöhung *f*

subinquilino [suƀiŋki'lino] *m* Untermieter *m*
subir [su'ƀir] *v 1.* aufsteigen, hinaufsteigen, steigen; *2. (hacia arriba)* heraufkommen; *3. (aumentar) ECO* erhöhen; *4. ~ a (un coche)* einsteigen in; *¿Por qué no subes?* Warum steigst du nicht ein? *5. ~ a (un árbol)* klettern auf; *6. ~ a (la cima)* besteigen; *7. ~ a (un caballo)* aufsteigen auf; *8. (fig)* anheben, hochheben
súbito ['suƀito] *adj* abrupt, plötzlich, jäh
subjetivar [suƀxeti'ƀar] *v* subjektivieren
subjetividad [suƀxetiƀi'đađ] *f* Subjektivität *f*
subjetivismo [suƀxeti'ƀizmo] *m* Subjektivismus *m*
subjetivo [suƀxe'tiƀo] *adj* subjektiv
subjuntivo [suƀxun'tiƀo] *m GRAMM* Subjunktiv *m,* Konjunktiv *m*
sublevación [suƀleƀa'θĭɔn] *f 1.* Aufstand *m,* Auflehnung *f,* Rebellion *f; 2. POL* Aufruhr *m*
sublevado [suƀle'ƀađo] *m* Rebell *m*
sublevar [suƀle'ƀar] *v 1.* aufwiegeln; *2. (fig: sentir indignación)* empören
sublevarse [suƀle'ƀarse] *v* sich empören, meutern, rebellieren
sublimación [suƀlima'θĭɔn] *f 1.* Ersatzhandlung *f; 2. (cuerpo condensado y volatilizado) CHEM* Sublimierung *f*
sublimar [suƀlima'θĭɔn] *v 1. (purificar por sublimación) CHEM* sublimieren; *2. (transmutar en algo de naturaleza superior)* erhöhen, überhöhen; *3. PSYCH* sublimieren; *4. (fig: dirigir a un canal más elevado)* erhöhen
sublime [su'ƀlime] *adj 1. (de la naturaleza más elevada)* sublim, erhaben; *una música ~* eine erhabene Musik *f; 2. (que despierta sentimientos de respeto y veneración)* groß, großartig; *Shakespeare es un autor sublime.* Shakespeare ist ein großartiger Autor.
sublimidad [suƀlimi'đađ] *f* Erhabenheit *f*
subliminal [suƀ'liminal] *adj (por debajo del nivel de la consciencia) PSYCH* unterschwellig; *publicidad ~* subliminiale Werbung *f; percepción ~* unterschwellige Wahrnehmung *f*
submarinista [suƀmari'nista] *m* Sporttaucher *m*
submarino [suƀma'rino] *m 1.* U-Boot *n; 2. vida submarina* submarines Leben *n*
subnormal [suƀnɔr'mal] *m/f 1.* Behinderte(r) *m/f; adj 2.* geistig behindert
suboficial [suƀofi'θĭal] *m MIL* Unteroffizier *m*
subordinado [suƀɔrđi'nađo] *m 1.* Untergebener *m; adj 2. oración subordinada GRAMM* untergeordnete Aussage *f*
subordinar [suƀɔrđi'nar] *v* unterordnen, unterstellen
subordinarse [suƀɔrđi'narse] *v* sich fügen, sich unterordnen
subproducto [suƀpro'đukto] *m* Nebenprodukt *n*
subrayado [suƀra'jađo] *adj* unterstrichen
subrayar [suƀrra'jar] *v 1.* unterstreichen; *2. (fig)* betonen
subrepticio [suƀrep'tiθĭo] *adj* erschlichen, heimlich
subsanar [suƀsa'nar] *v 1. (disculpar una falta)* entschuldigen; *2. (reparar un daño o perjuicio) JUR* beheben
subscribir [suƀskri'ƀir] *v 1. (firmar un documento)* unterschreiben; *2. (estar de acuerdo)* zustimmen; *~ una opinión de otra persona* der Meinung einer anderen Person zustimmen
subscribirse [suƀskri'ƀirse] *v* abonnieren
subscripción [suƀskrip'θĭɔn] *f* Unterzeichnung *f,* Abonnement *n*
subsecuente [subse'kwente] *adj* nachfolgend
subsidiario [suƀsi'đĭarĭo] *adj* subsidiär, unterstellt
subsidio [suƀ'siđĭo] *m* Zuschuss *m; ~ de enfermedad* Krankengeld *n; ~ por hijos/~ familiar* Kindergeld *n; ~ de sepelio* Sterbegeld *n*
subsiguiente [suƀsi'gĭente] *adj* anschließend
subsistencia [suƀsis'tenθĭa] *f 1. (permanencia de una cosa)* Dauer *f,* Bestand *m; 2. (todo lo necesario para la vida)* Verpflegung *f,* Unterhalt *m; nivel de ~* Lebenshaltungskosten *m/pl*
subsistir [suƀsis'tir] *v 1.* fortbestehen; *2. (tener los medios para vivir)* lebensfähig sein, sein Auskommen haben
substancia [suƀs'tanθĭa] *f 1.* Stoff *m; ~ nociva* Schadstoff *m; 2. (esencia)* Substanz *f; 3. CHEM* Chemikalie *f*
substancial [suƀstan'θĭal] *adj* wesentlich

substancioso [suƀstan'θĭoso] *adj* gehaltvoll, nahrhaft, bedeutend
substantivar [suƀstanti'ƀar] *v GRAMM* substantivieren
substantivo [suƀstan'tiƀo] *m GRAMM* Substantiv *n*
substitución [suƀstitu'θĭɔn] *f 1. (poner algo en lugar de otra cosa)* Substitution *f,* Austausch *m,* Einsetzen *n; 2. (remover a una persona de su cargo y poner a otra en su lugar)* Stellvertretung *f; 3. (sustituir una idea por otra) PSYCH* Substitution *f; 4. MATH* Substitution *f*
substituible [substi'twiƀle] *adj* austauschbar, ersetzbar
substituto [suƀsti'tuto] *m* Stellvertreter *m*
substracción [suƀstrag'θĭɔn] *f* Entwendung *f,* Subtraktion *f,* Unterschlagung *f*
substraer [suƀstra'ɛr] *v irr 1. (apartar, separar)* unterschlagen, entfernen, trennen; *2. (restar) MATH* subtrahieren; *3. (robar)* stehlen, entwenden
substraerse [suƀstra'ɛrse] *v irr* sich entziehen
substrato [suƀs'trato] *m 1. GEOL* Substrat *n; 2. (fundamento, base)* Grundlage *f,* Basis *f,* Fundament *n; 3. BOT* Nährboden *m*
subsuelo [suƀ'swelo] *m* Untergrund *m*
subsumir [suƀsu'mir] *v 1.* einordnen, unterordnen, subsumieren; *2. (incluir en algo más grande)* in einen größeren Zusammenhang stellen *m*
subteniente [suƀte'nĭente] *m MIL* Leutnant *m*
subterfugio [suƀter'fuxĭo] *m 1.* Ausrede *f,* Vorwand *m; 2.* Ausflucht *f*
subterráneo [suƀte'rraneo] *adj 1.* unterirdisch; *2. (fig: oculto, que obra en secreto)* verborgen, geheim
subtitular [suƀtitu'lar] *v CINE* untertiteln
subtítulo [suƀ'titulo] *m* Untertitel *m*
suburbio [su'ƀurƀĭo] *m* Vorort *m,* Vorstadt *f*
subvalorar [suƀƀalo'rar] *v* unterbewerten
subvención [suƀƀen'θĭɔn] *f 1.* Beihilfe *f,* Zuschuss *m; 2. ECO* Subvention *f; ~ agraria* Agrarsubvention *f*
subvencionar [suƀƀenθĭo'nar] *v* bezuschussen
subvenir [suƀƀe'nir] *v irr* beistehen, helfen
subversión [suƀƀer'sĭɔn] *f* Subversion *f,* Zerrüttung *f,* Unterwanderung *f*
subversivo [suƀƀer'siƀo] *adj* subversiv, umstürzlerisch
subvertir [suƀƀer'tir] *v irr 1. (arruinar principios o el orden)* umstürzen, zerstören; *2. (pervertir a una persona)* zerrütten, verführen
subyacente [suƀja'θente] *adj* liegend
subyugación [suƀjuga'θĭɔn] *f* Unterjochung *f,* Unterdrückung *f*
subyugador [suƀjuga'đɔr] *adj* Unterdrücker *m,* Bezwinger *m*
subyugar [suƀju'gar] *v* unterwerfen
succión [sug'θĭɔn] *f* Sog *m*
succionar [sukθĭo'nar] *v 1.* saugen, absaugen; *2. TECH* ansaugen
suceder [suθe'đɛr] *v 1.* sich ereignen, geschehen, passieren, vorkommen; *2. ~ algo a alguien* jdm etw zustoßen, jdm etw geschehen; *3. (en una función) ~ a* folgen; *~ a alguien* jdm nachfolgen; *4. (de improviso)* dazwischenkommen; *5. (fig)* blühen
sucesión [suθe'sĭɔn] *f 1.* Folge *f,* Reihenfolge *f,* Nachfolge *f; 2. (herencia)* Erbfolge *f,* Nachlass *m*
sucesivamente [suθesiba'memte] *adv* nacheinander, nach und nach, laufend
sucesivo [suθe'siƀo] *adj* nachfolgend, darauf folgend, künftig
suceso [su'θeso] *m 1.* Ereignis *n,* Vorfall *m,* Begebenheit *f,* Vorkommnis *n; 2. ~s pl* Geschehen *n*
sucesor(a) [suθe'sɔr/suθe'sora] *m/f* Nachfolger(in) *m/f; ~(a) al trono* Thronfolger(in) *m/f*
suciedad [suθĭe'đađ] *f* Schmutz *m,* Dreck *m,* Verunreinigung *f*
sucinto [su'θinto] *adj (breve)* kurz
sucio ['suθĭo] *adj 1.* dreckig, schmutzig; *2. (fig)* unfair, unlauter; *3. (fig: persona obscena o vulgar)* unflätig, unanständig; *4. (fig: imperfecto, mal acabado)* ungenau, unsauber; *5. (fig: persona sin integridad)* verdorben, unmoralisch
suculento [suku'lento] *adj* saftig, nahrhaft
sucumbir [sukum'bir] *v* umkommen, zugrunde gehen
sucursal [sukur'sal] *f 1. ECO* Filiale *f,* Zweigstelle *f,* Tochtergesellschaft *f; 2. ~ de un banco FIN* Bankfiliale *f*
Sudáfrica [su'đafrika] *f GEO* Südafrika *n*

Sudamérica [suđa'merika] *f GEO* Südamerika *n*
sudar [su'đar] *v 1.* schwitzen; *Estoy sudando.* Ich schwitze. *2. (fig: trabajar muy duro)* sich anstrengen, sich mühen; *3. ~ la gota gorda* wie ein Sklave arbeiten *m; 4. (fig) ~ sangre* Blut und Wasser schwitzen *n*
Suecia ['sweθǐa] *f GEO* Schweden *n*
sueco ['sweko] *m 1.* Schwede *m; 2. hacerse el ~ (fig)* so tun, als ob nichts wäre; *adj 3.* schwedisch
suegra ['swegra] *f* Schwiegermutter *f*
suegro ['swegro] *m 1.* Schwiegervater *m; 2. ~s pl* Schwiegereltern *pl*
suela ['swela] *f 1.* Sohle *f; Necesito ~s nuevas.* Ich brauche neue Sohlen. *2. no llegarle a uno a la ~ del zapato* an jdn nicht heranreichen können
sueldo ['swɛldo] *m* Gehalt *n,* Gage *f*
suelo ['swelo] *m 1.* Boden *m,* Fußboden *m,* Erdboden *m; ~ de tablas* Bretterboden *m; echar al ~* ausschütten; *echar por el ~ (fam)* zunichte machen; *2. (fig)* Grund *m*
suelto ['swɛlto] *m 1. (dinero)* Kleingeld *n; adj 2. (fig)* locker, gelockt, schlaff; *3. (solo)* vereinzelt
sueño ['sweɲo] *m 1. (de dormir)* Schlaf *m; tener ~* müde sein; *2. (de soñar)* Traum *m; ~ dorado* Wunschtraum *m; 3. (ideal)* Schwarm *m; 4. (fig) caerse uno de ~* vor Müdigkeit umfallen *f; 5. echar un ~* ein Schläfchen halten *n*
suero ['swero] *m 1. BIO* Serum *n; 2. MED* Tropf *m*
suerte ['swɛrte] *f 1.* Glück *n,* Glücksfall *m,* Schwein *n* (fam); *mala ~* Unglück *n,* Pech *n; ¡La mayor ~ del mundo!* Toi, toi, toi! *por ~* erfreulicherweise; *¡Suerte!* Toi, toi, toi!/Viel Glück! *2. (destino)* Schicksal *n,* Geschick *n,* Los *n; echar a ~* auslosen; *3. (fig)* Segen *m*
suéter ['swetɛr] *m* Pullover *m*
suficiencia [sufi'θǐenθǐa] *f 1. (capacidad)* Befähigung *f,* Fähigkeit *f,* Eignung *f; 2. (fig: engreimiento)* Aufgeblasenheit *f,* Dünkel *m,* Selbstzufriedenheit *f*
suficiente [sufi'θǐɛnte] *adj 1.* ausreichend, hinlänglich; *ser ~* ausreichen, reichen, genügen; *adv 2.* genug; *tener lo ~* auskommen
sufragar [sufra'gar] *v 1. (costear)* aushelfen, begleichen, bezahlen; *2. (votar)(LA) POL* wählen
sufragio [su'fraxǐo] *m POL* Stimme *f*
sufrible [su'friƀle] *adj* erträglich
sufrimiento [sufri'mǐento] *m* Leiden *n*
sufrir [su'frir] *v 1. ~ de* leiden an, leiden unter, mitmachen, ertragen, erleiden; *hacer ~ a alguien* jdn peinigen; *~ una caída* stürzen; *~ pérdida* einbüßen; *2. ~ por* trauern um
sugerencia [suxe'renθǐa] *f* Anregung *f*
sugerir [suxe'rir] *v irr 1. ~ algo a alguien* jdm etw nahe legen, an jdn etw herantragen; *2. (animar)* anregen
sugestión [suxes'tǐɔn] *f* Eingebung *f*
sugestionar [suxes'tǐonar] *v* suggerieren, einflüstern
suicidarse [swiθi'đarse] *v* Selbstmord begehen, sich umbringen
suicidio [swi'θiđǐo] *m* Selbstmord *m*
Suiza ['swiθa] *f GEO* Schweiz *f*
sujetador [suxeta'đɔr] *m* Büstenhalter *m*
sujetapapeles [suxetapa'peles] *m* Büroklammer *f,* Klammer *f*
sujetar [suxe'tar] *v 1. (sostener)* halten; *2. (detener)* festhalten; *3. (ligar)* binden, anbinden; *4. (encuadernar)* heften, anheften; *5. (el cinturón)* anschnallen; *6. (con alfileres)* stecken, feststecken, anstecken; *7. (fijar)* anschlagen, fixieren; *8. (asegurar)* anschließen
sujeto [su'xeto] *m 1. GRAMM* Subjekt *n; adj 2.* unterlegen; *estar ~ a* etw unterliegen; *3. (persona innominada)* Subjekt *n,* Person *f*
sulfurar [sulfu'rar] *v 1. (combinar con azufre) CHEM* sulfurieren, mit Schwefel mengen *m; 2. (fig: hacer enfadar a alguien)* jmd. wütend machen, ärgern
sulfurarse [sulfu'rarse] *v (enojarse mucho)* sich aufregen, vor Wut kochen *f*
sulfúrico [sul'furiko] *adj ácido ~ CHEM* Schwefelsäure *f*
suma ['suma] *f 1.* Summe *f; en ~* insgesamt; *2. (monto) FIN* Betrag *m; ~ de dinero* Geldbetrag *m; ~ parcial* Teilbetrag *m; ~ asegurada* Deckungsbetrag *m; 3. MATH* Addition *f*
sumamente [suma'mente] *adv* überaus
sumar [su'mar] *v 1. MATH* zusammenzählen, summieren, addieren; *2. (reunir)* zusammenziehen
sumarial [suma'rǐal] *adj secreto ~ JUR* geheime Untersuchung *f*
sumariamente [su'marǐamente] *adv* zusammenfassend
sumario [su'marǐo] *m 1.* Inhaltsangabe *f; 2. JUR* Ermittlungsverfahren *n*

sumarse [su'marse] *v* sich anschließen; *Me sumo a esa opinión.* Ich schließe mich dieser Meinung an.
sumergible [sumer'xiƀle] *adj 1.* tauchfähig; *m 2. (un submarino) NAUT* Unterseeboot *n*
sumergir [sumɛr'xir] *v 1. ~ en* tauchen in; *2. (cuerpo)* untergehen; *3. (fig: hundir)* vergraben, versenken
sumergirse [sumɛr'xirse] *v 1.* versinken, untertauchen; *2. (fig) ~ en algo* sich in etw versenken
sumersión [sumer'sĭɔn] *f* Untertauchen *n,* Untersinken *n,* Tauchen *n*
sumidero [sumi'đero] *m* Abfluss *m,* Abzugsgraben *m*
suministrable [suminis'traƀle] *adj* lieferbar
suministrador(a) [suminis'trađɔr/suminis'trađora] *m/f* Lieferant(in) *m/f*
suministrar [suminis'trar] *v* liefern
suministro [sumi'nistro] *m* Lieferung *f,* Zulieferung *f,* Zufuhr *f; ~ posterior* Nachlieferung *f*
sumir [su'mir] *v 1. (hundir)* versenken, untertauchen; *2. (fig: hundir)* in Vergessenheit geraten *f*
sumirse [su'mirse] *v 1. (hundirse)* sich stürzen, versinken; *2. (fig: hundirse)* sich versenken, sich vergraben
sumisión [sumi'sĭɔn] *f 1. (sometimiento a otra persona)* Unterwerfung *f,* Unterwürfigkeit *f; 2. (subordinación a otros)* Unterordnung *f*
sumiso [su'miso] *adj 1.* demütig; *2. (obediente)* gehorsam, folgsam; *un perro muy ~* ein sehr folgsamer Hund *m*
suntuosidad [suntwosi'đađ] *f* Prunk *m,* Luxus *m*
suntuoso [sun'twoso] *adj* luxuriös, fürstlich
súper ['supɛr] *adj* toll, fantastisch
superable [supɛ'raƀle] *adj* überwindbar, bezwingbar
superabundancia [supɛraƀun'đanθĭa] *f* Überfluss *m,* Überschwänglichkeit *f*
superabundante [supɛraƀun'đante] *adj* überschwänglich, reichlich
superabundar [supɛraƀun'đar] *v* reichlich vorhanden sein
superación [supɛra'θĭɔn] *f* Bewältigung *f*
superar [supɛ'rar] *v 1.* überbieten; *~ en* übertreffen an; *2. (dominar)* bewältigen
superávit [supɛ'raƀit] *m* Plus *n,* Überschuss *m*
supercarburante [supɛrkarƀu'rante] *m* Superkraftstoff *m*
supercherίa [supɛrtʃe'ria] *f* Hinterlist *f,* Heimtücke *f,* Betrug *m*
superficial [supɛrfi'θĭal] *adj 1.* oberflächlich, flüchtig, seicht; *2. (aparente)* oberflächlich, an der Oberfläche, offensichtlich; *aspecto ~ de una cosa* offensichtlicher Aspekt einer Sache
superficialidad [supɛrfiθĭali'đađ] *f* Oberflächlichkeit *f*
superficie [supɛr'fiθĭe] *f* Oberfläche *f; ~ de corte* Schnittfläche *f; ~ habitable* Wohnfläche *f*
superfino [supɛr'fino] *adj* extrafein
superfluidad [supɛrflui'đađ] *f* Überfluss *m,* Übermaß *n*
superfluo [su'pɛrfluo] *adj* überflüssig, entbehrlich
superior [supe'rĭɔr] *m 1.* Vorgesetzer *m; adj 2.* übergeordnet, höher, obere(r,s); *ser ~ a alguien* jdm übergeordnet sein; *3. (excelente)* vorzüglich; *4. (mentalmente)* überlegen; *5. planetas superiores ASTR* die der Sonne ferner als die stehenden Planeten
superiora [supe'rĭora] *f REL* Oberin *f*
superioridad [superĭori'đađ] *f 1. ~ sobre* Überlegenheit über *f; 2. ~ numérica* Überzahl *f; 3. complejo de ~ PSYCH* Größenwahn *m*
superlativo [supɛrla'tiƀo] *m GRAMM* Superlativ *m*
supermercado [supɛrmɛr'kađo] *m* Supermarkt *m; ¿Dónde está el ~ más cercano?* Wo ist der nächste Supermarkt?
supermoderno [supɛrmo'đɛrno] *adj* hypermodern
supernova [supɛr'noƀa] *f ASTR* Supernova *f*
supernumerario [supɛrnume'rarĭo] *adj 1. empleado ~* überzähliger Angestellter *m; m 2.* außerordentlich
superpoblado [supɛrpo'ƀlađo] *adj* übervölkert
superpoderoso [supɛrpode'roso] *adj* übermächtig
superponer [supɛrpo'nɛr] *v irr* übereinander legen
superposición [supɛrposi'θĭɔn] *f* Überlagerung *f*
superpotencia [supɛrpo'tenθĭa] *f POL* Großmacht *f,* Supermacht *f*

superproducción [superprodug'θĭɔn] *f* Überproduktion *f*
superpuesto [super'pwesto] *adv* übereinander gelegt
superregenerador [superrexenera'đɔr] *m TECH* Brüter *m*
supersaturar [supersatu'rar] *v CHEM* übersättigen
supersónico [super'soniko] *adj 1. TECH* Überschall...; *avión ~* Überschallflugzeug; *2. PHYS* Ultraschall...
superstición [supersti'θĭɔn] *f REL* Aberglaube *m*
supersticioso [supersti'θĭoso] *adj REL* abergläubisch
supertanquero [supertan'kero] *m (un tanquero muy grande) NAUT* Riesentanker *m*
supervaloración [superƀalora'θĭɔn] *f* Überbewertung *f*
supervalorar [superƀalo'rar] *v* überbewerten
supervisar [superƀi'sar] *v* überwachen, beaufsichtigen, kontrollieren
supervisión [superƀi'sĭɔn] *f* Aufsicht *f,* Überwachung *f*
supervivencia [superƀi'ƀenθĭa] *f 1. (la acción de sobrevivir)* Überleben *n; 2. (fig)* Überrest *m,* Relikt *n; Esta costumbre es una supervivencia de mi infancia.* Diese Gewohnheit ist ein Relikt meiner Kindheit.
superviviente [superƀi'ƀĭente] *m/f* Überlebende(r) *m/f*
superyo [super'yo] *m PSYCH* Überich *n*
supinación [supina'θĭɔn] *f* Rückenlage *f*
supino [su'pino] *adj* auf dem Rücken liegend
suplantación [suplanta'θĭɔn] *f* Ersatz *m,* Verdrängung *f*
suplantar [suplan'tar] *v* ersetzen, verdrängen
suplementario [suplemen'tarĭo] *adj* weitere(r,s), zusätzlich, nachträglich
suplemento [suple'mento] *m 1. (recargo)* Zuschlag *m,* Nachtrag *m; 2. (periódico, comida)* Beilage *f; 3. (apéndice, adición)* Nachtrag *m; 4. (pago)* Nachzahlung *f; 5. (aumento de sueldo) FIN* Zulage *f; ~ por vacaciones* Urlaubsgeld *n; ~ del salario a destajo* Akkordzulage *f*
suplencia [su'plenθĭa] *f* Vertretung *f*
suplente [su'plente] *m/f 1.* Stellvertreter(in) *m/f; 2. (fam)* Lückenbüßer(in) *m/f; 3. SPORT* Auswechselspieler(in) *m/f; adj 4.* stellvertretend
súplica ['suplika] *f* Petition *f*
suplicante [supli'kante] *adj 1.* flehentlich; *adv 2.* händeringend
suplicar [supli'kar] *v 1.* flehen, anflehen; *2. (conjurar)* beschwören
suplicatoria [suplika'torĭa] *f JUR* Rechtshilfeersuchen *n*
suplicio [su'pliθĭo] *m 1.* Folter *f; 2. (fig: gran pesar)* große Last *f,* Qual *f*
suplir [su'plir] *v 1.* vertreten; *2. (remediar)* erfüllen, ergänzen; *~ una necesidad* einem Bedürfnis nachkommen
suponer [supo'nɛr] *v irr 1.* vermuten, annehmen, schätzen, mutmaßen; *2. (concluir)* kombinieren; *2. (dar existencia fingida)* annehmen, vermuten; *Supuse que eras más inteligente.* Ich nahm an, du seist intelligenter. *3. (traer consigo)* bedeuten, mit sich bringen
suponiendo [supo'nĭendo] *konj ~ que ...* vorausgesetzt, dass ...
suposición [suposi'θĭɔn] *f 1.* Vermutung *f,* Schätzung *f,* Annahme *f; 2. (condición)* Voraussetzung *f; 3. (imputación)* Unterstellung *f; 4. (conclusión)* Kombination *f*
supositivo [suposi'tiƀo] *adj* Annahme *f*
supósitorio [su'positorĭo] *m MED* Zäpfchen *n,* Suppositorium *n*
suprapartidista [supraparti'đista] *adj* überparteilich
suprarrealismo [suprerrea'lizmo] *m ART* Surrealismus *m*
supremacía [suprema'θia] *f* Überlegenheit *f,* Vorherrschaft *f,* Vormachtstellung *f*
supremo [su'premo] *adj 1.* oberste(r,s); *2. el momento ~* Todesmoment *m*
supresión [supre'sĭɔn] *f 1. (eliminación)* Abschaffung *f,* Verschwindenlassen *n; 2. (omisión)* Unterdrückung *f*
suprimir [supri'mir] *v 1.* unterdrücken; *2. (omitir)* weglassen, auslassen; *3. (fig: abolir)* abschaffen
suprimirse [supri'mirse] *v* entfallen
supuesto [su'pwesto] *adj* angeblich, angenommen, mutmaßlich; *en el ~ que* vorausgesetzt, dass; *por ~* selbstverständlich
supurar [supu'rar] *v MED* eitern
sur [sur] *m 1.* Süden *m; 2. del ~* südlich
surcar [sur'kar] *v* Furchen ziehen, durchqueren, durchschneiden
surco ['surko] *m 1.* Furche *f; 2. (disco)* Rinne *f,* Rille *f*

surgimiento [surxi'mĭento] *m* Aufkommen *n*
surgir [sur'xir] *v 1.* entstehen, aufkommen; *2. (salir)* herauskommen; *3. (crear)* bilden
surtido [sur'tiđo] *m* Sortiment *n*
surtidor [surti'đɔr] *m* Springbrunnen *m*
surtir [sur'tir] *v 1.* beliefern; *2. (fig)* sprudeln
susceptibilidad [susθɛptiƀili'đađ] *f* Verletzbarkeit *f*
susceptible [susθɛp'tiƀle] *adj* empfindlich, verletzbar
suscitar [sus'θitar] *v* aufreizen, erregen, hervorrufen
suscribir [suskri'ƀir] *v irr* abonnieren
suscripción [suskriƀ'θĭɔn] *f* Abonnement *n; ~ anual* Jahresabonnement *n*
suscriptor(a) [suskrip'tɔr/suskrip'tora] *m/f* Abonnent(in) *m/f*
suscrito [sus'krito] *v estar ~ a* beziehen
susodicho [suso'đitʃo] *m* oben genannt
suspender [suspen'dɛr] *v 1.* einstellen; *2. (colgar)* anhängen; *3. (excluir)* ausschließen; *4. ~ del empleo* beurlauben; *5. JUR* aussetzen
suspensión [suspen'sĭɔn] *f* Einstellung *f; ~ de pagos* Einstellung der Lohnzahlung *f*
suspenso [sus'penso] *v 1. estar en ~* schweben; *m 2. (no aprobado)* durchgefallen, nicht bestanden
suspicacia [suspi'kaθĭa] *f* argwöhnisches Wesen *n,* Misstrauen *n*
suspicaz [sus'pikaθ] *adj* argwöhnisch, misstrauisch
suspirar [suspi'rar] *v 1.* seufzen; *2. ~ por* sich verzehren nach, sich sehnen nach
suspiro [sus'piro] *m* Seufzer *m; ~ profundo* Stoßseufzer *m*
sustantivo [sustan'tiƀo] *m GRAMM* Substantiv *n*
sustentación [sustenta'θĭɔn] *f* Vertretung *f*
sustentar [susten'tar] *v 1.* versorgen; *2. (reemplazar)* vertreten; *3. (sostener algo para que no se caiga)* tragen, stützen, erhalten; *4. (sostener una opinión)* unterstützen; *Yo sustento la opinión de que ...* Ich unterstütze die Ansicht, dass ...
sustento [sus'tento] *m 1.* Lebensunterhalt *m,* Unterhalt *m,* Versorgung *f; 2. (apoyo)* Stütze *f*
sustitución [sustitu'θĭɔn] *f 1. (indemnización)* Ersatz *m; 2. (relevo)* Ablösung *f; 3. (reemplazo)* Vertretung *f*
sustituir [sustitu'ir] *v irr 1.* ersetzen; *2. (cambiar)* auswechseln; *3. (reemplazar)* vertreten
sustituto [susti'tuto] *m* Vertreter *m,* Stellvertreter *m*
susto ['susto] *m* Schauer *m,* Schreck *m; llevarse un ~* sich erschrecken
sustraer [sustra'ɛr] *v irr MATH* abziehen
sustraerse [sustra'ɛrse] *v irr ~ de una obligación* sich einer Verpflichtung entziehen
susurrar [susu'rrar] *v* flüstern, rauschen; *~ algo a alguien* jdm etw zuflüstern
susurro [su'surro] *m* Säuseln *n,* Murmeln *n,* Wispern *n,* Flüstern *n*
sutil [su'til] *adj* listig, scharfsinnig, spitzfindig
sutileza [suti'leθa] *f* Scharfsinn *m,* Haarspalterei *f,* List *f*
sutilizar [sutili'θar] *v 1.* verfeinern; *2. (fig)* austüfteln
sutura [su'tura] *f MED* Naht *f*
suyo ['sujo] *pron 1. (posesivo)* seine(r,s)/ihre(r,s); *El coche es suyo.* Das Auto ist seines/ihres./Das Auto ist von ihr/von ihm. *2. (de usted)* Ihre(r,s), von Ihnen; *3. (de ellos, de ellas)* ihre(r,s), von ihnen

T

tabacal [taƀa'kal] *m* Tabakpflanzung *f*, Tabakplantage *f*
tabacalera [tabaka'lera] *f* Tabakhändler *m*, Tabakpflanzer *m*
tabaco [ta'ƀako] *m* *1.* Tabak *m*; *2. ~s pl* Tabakwaren *pl*; *3. (un puro)(LA)* Zigarre *f*; *¿Quiere fumar un ~?* Möchten Sie eine Zigarre rauchen?
tábano ['taƀano] *m* *ZOOL* Bremse *f*
tabaquera [taba'kera] *f* *1.* Tabakdose *f*, Tabaksbeutel *m*; *2.* Pfeifenkopf *m*; *3.* Tabakarbeiterin *f*
tabaquería [taƀake'ria] *f* Tabakgeschäft *n*
tabardillo [taƀar'điʎo] *m* *(fam: fiebre tifoidea)* Typhus *m*
tabardo [ta'ƀarđo] *m* Hirtenumhang *m*
taberna [ta'ƀɛrna] *f* *1.* Wirtshaus *n*, Wirtschaft *f*, Kneipe *f*; *2. GAST* Ausschank *m*
tabernáculo [taƀɛr'nakulo] *m* *REL* Tabernakel *n*
tabernero [taƀɛr'nero] *m* Wirt *m*
tabes [ta'ƀes] *f* *MED* Auszehrung *f*, Schwund *m*
tabicar [taƀi'kar] *v* *(cerrar con tabiques)* vermauern, versperren
tabique [ta'ƀike] *m* *1. (pared delgada)* Zwischenwand *f*; *2. (división)* Trennwand *f*; *el ~ de las fosas nasales ANAT* Nasenscheidewand *f*
tabla ['taƀla] *f* *1. (tablón, anaquel)* Brett *n*, Bohle *f*; *~ de planchar* Bügelbrett *n*; *2. (gráfico, lista)* Tabelle *f*; *~ de calorías* Kalorientabelle *f*; *3. (suelo para verduras)* Beet *n*; *4. ~ de salvación* Rettungsanker *m*; *5. (fig: el escenario) THEAT* Bühne *f*; *trabajar en las ~s* auf der Bühne arbeiten
tablado [ta'ƀlađo] *m* *1.* Bretterboden *m*; *2. (fig: escenario)* Parkett *n*, Bühne *f*
tablao [ta'ƀlao] *m* *(tablado de flamenco) MUS* Flamencobühne *f*
tablear [ta'ƀlear] *v* *(dividir en tablas)* zu Brettern verarbeiten
tablero [ta'ƀlero] *m* *1.* Platte *f*, Pinnwand *f*; *~ de anuncios* Anzeigetafel *f*; *2. ~ de instrumentos TECH* Armaturenbrett *n*; *~ de conexión* Schalttafel *f*
tableta [ta'ƀleta] *f* *1. MED* Tablette *f*; *~ para dormir* Schlaftablette *f*; *2. (mesita)* kleiner Tisch *m*; *3. ~ de chocolate* Tafel Schokolade *f*
tabletear [taƀle'tear] *v* klappern, rattern
tableteo [taƀle'teo] *m* *1.* Geklapper *n*, Geratter *n*; *2. (fig: de una ametralladora)* Knattern *n*, Geräusch schneller Maschinengewehrschüsse *n*
tablilla [ta'ƀliʎa] *f* *1. MED* Schiene *f*; *2. (pastilla)* Tablette *f*, Pastille *f*; *3. (véase tabla)* Brett *n*, Planke *f*
tabloide [ta'bloĭđe] *m* *(un tipo de diario)* Boulevardzeitung *f*
tabú [ta'ƀu] *m* *1.* Tabu *n*; *adj 2.* tabu
tabuco [ta'ƀuko] *m* *(habitación pequeña)* Loch *n*, kleines Zimmer *n*
tabulador [taƀula'đɔr] *m* Tabulator *m*
taburete [taƀu'rete] *m* *1.* Hocker *m*, Schemel *m*; *2. (alto, de bar)* Barhocker *m*
tacañear [taka'ɲɛar] *v* geizig sein, geizen, knausern
tacañería [takaɲe'ria] *f* Geiz *m*, Knauserei *f*
tacaño [ta'kaɲo] *m* *1.* Pfennigfuchser *m*, Geizkragen *m*; *adj 2.* kleinlich, geizig
tacha ['tatʃa] *f* *1.* Tadel *m*, Makel *m*; *2. (inculpación)* Tadel *m*, Anschuldigung *f*
tachadura [tatʃa'đura] *f* Streichung *f*
tachar [ta'tʃar] *v* *1. (borrar)* streichen, durchstreichen; *2. (reprochar)* tadeln
tacho ['tatʃo] *m* *1. ~ de (la) basura (LA)* Mülleimer *m*, Abfalleimer *m*; *2. echar al ~ (LA)* zum Teufel schicken
tachón [ta'tʃɔn] *m* Ziernagel *m*, Polsternagel *m*
tachuela [ta'tʃuela] *f* Zwecke *f*
tácito ['taθito] *adj* stillschweigend
taciturnidad [taθiturni'đađ] *f* Schweigsamkeit *f*
taciturno [taθi'turno] *adj* schweigsam, verschlossen
taco ['tako] *m* *1. (pedazo de madera)* kurzes Holzrohr *n*, Pflock *m*, Dübel *m*; *2. ~ de billar* (Billard)Queue *n*; *3. (fam: maldición)* Schimpfwort *n*, derber Ausdruck *m*, Unflätigkeit *f*; *4. (plato mexicano) GAST* Taco *m*
tacógrafo [ta'kografo] *m* Fahrtenschreiber *m*
tacómetro [ta'kometro] *m* Tachometer *m*

tacón [ta'kɔn] *m* Absatz *m,* Hacke *f*
taconazo [tako'naθo] *m* Hacken zusammenschlagen *n*
taconear [tak'onɛar] *v* aufstampfen
taconeo [tako'neo] *m* Ausstampfen (beim Gehen oder Tanzen) *n*
táctica ['taktika] *f* Taktik *f*
táctico ['taktiko] *adj* taktisch
tacto ['takto] *m 1.* Tastsinn *m; 2. (fig)* Takt *m; sentido del ~* Fingerspitzengefühl *n; falta de ~* Taktlosigkeit *f; sin ~* taktlos; *3. hacerle a alguien un ~ MED* Austasten *n,* Abtasten *n*
tahona [ta'ona] *f (panadería)* Bäcker *m,* Bäckerladen *m,* (von Pferden angetriebene) Getreidemühle *f*
tahonero [tao'nero] *m (panadero)* Bäcker *m,* Rossmüller *m*
tahúr [ta'ur] *m 1. (jugador profesional)* Gewohnheitsspieler *m,* Zocker *m; 2. (jugador que hace trampa)* Falschspieler *m*
Tailandia [taĭ'lanđĭa] *f GEO* Thailand *n*
taimado [tai'mađo] *adj* schlau, verschmitzt, durchgetrieben
tajada [ta'xađa] *f (de pan, de carne)* Scheibe *f,* Schnitz *m*
tajador [taxa'đɔr] *m (LA)* Bleistiftspitzer *m,* Spitzer *m*
tajante [ta'xante] *adj* scharf
tajar [ta'xar] *v* aufschneiden
tajo ['taxo] *m 1. de un ~* Personen, die aus einem Holz geschnitzt sind *f/pl; 2. (cicatriz)* Schnitt *m,* Schmiss *m,* Schmarre *f*
Tajo ['taxo] *m GEO* Tajo *m*
tal [tal] *adj 1.* derartig; *adv 2. ~ vez* vielleicht, wohl; *3. ~ como* beispielsweise; *pron 4.* solche, so, dergleichen
tala ['tala] *f AGR* Holzschlag *m,* Abholzen *n*
talabartería [talaƀarte'rĭa] *f* Sattlerei *f*
talabartero [talaƀar'tero] *m* Sattler *m*
taladrar [tala'đrar] *v TECH* bohren
taladro [ta'lađro] *m TECH* Bohrer *m,* Bohrung *f*
talante [ta'lante] *m* Stimmung *f*
talar [ta'lar] *v 1. (un árbol)* abschlagen, fällen; *2. (asolar)* verwüsten, dem Erdboden gleichmachen
talega [ta'lega] *f* Beutel *m*
talento [ta'lento] *m 1.* Begabung *f,* Talent *n; sin ~* unbegabt; *2. (persona talentosa)* Talent *n*
talentoso [talen'toso] *adj* begabt, talentiert
talismán [taliz'man] *m* Talisman *m*
talón [ta'lɔn] *m 1. ANAT* Ferse *f,* Hacke *f; ~ de Aquiles* Achillesferse *f; 2.* Abschnitt *m,* Schein *m; ~ de expedición ECO* Frachtbrief *m; ~ de entrega ECO* Lieferschein *m*
talonario [talo'narĭo] *m ~ de cheques* Scheckheft *n*
talud [ta'luđ] *m* Böschung *f; ~ de orilla* Uferböschung *f*
talla ['taʎa] *f 1. (estatura)* Körpergröße *f,* Wuchs *m,* Statur *f; 2. (indumentaria)* Nummer *f,* Größe *f; ¿Qué ~ es?* Welche Größe ist das? *Esta ~ no sienta bien.* Diese Größe passt nicht. *~ de confección* Konfektionsgröße *f; 3. (formato)* Format *n*
tallado [ta'ʎađo] *m* Schnitzerei *f*
tallar [ta'ʎar] *v* schnitzen
talle ['taʎe] *m* Taille *f*
taller [ta'ʎɛr] *m 1.* Werkstatt *f,* Atelier *n; ~ de composición* Setzerei *f; ~ de reparaciones* Reparaturwerkstatt *f,* Autowerkstatt *f; 2. ECO* Betrieb *m*
tallista [ta'ʎista] *m 1.* Holzschnitzer *m; 2. ~ de piedra* Steinmetz *m*
tallo ['taʎo] *m BOT* Stängel *m*
tamaño [ta'maɲo] *m* Format *n,* Größe *f; ~ normal* Standardformat *n; ~ de calzado* Schuhgröße *f*
tamarindo [tama'rkndo] *m BOT* Tamarinde *f*
tambaleante [tamale'ante] *adj* wackelig
tambalear [tambale'ar] *v* schwanken, taumeln
tambalearse [tambale'arse] *v* wanken, torkeln, wackeln
tambaleo [tamƀa'lɛo] *m* Schwanken *n,* Wackeln *n,* Baumeln *n,* Schaukeln *n*
también [tam'bĭen] *konj* auch
tambor [tam'bɔr] *m 1. MUS* Trommel *f; tocar el ~* trommeln; *2. ~ de freno TECH* Bremstrommel *f*
tamborileo [tamƀori'lɛo] *m* Trommeln *n*
tamiz [ta'miθ] *m* Sieb *n*
tamizar [tami'θar] *v* sieben
tampón [tam'pɔn] *m 1.* Tampon *m; 2. ~ para sellos* Stempelkissen *n*
tangencia [tan'xenθĭa] *f* Berührung *f*
tangente [tan'xente] *f 1. MATH* Tangente *f,* Tangens *m; 2. irse por la ~* Ausweichen *n,* Kneifen *n,* Drückebergertum *n*
tango ['tango] *m MUS* Tango *m*
tanino [ta'nino] *m BIO* Tannin *n*
tanque ['tanke] *m 1.* Tank *m; ~ de gasolina (LA)* Benzintank *m; 2. MIL* Panzer *m*

tantear [tan'tear] *v 1.* aushorchen; *2. MED* abtasten
tanteo [tan'teo] *m* Berechnung *f,* Schätzung *f*
tanto ['tanto] *m 1. ~ por ciento* Tantieme *f; adv 2.* so viel, derart; *3. por ~* demgemäß, daher; *4. en ~* insofern; *konj 5. ~ que ...* so viel, wie ... *tantos a tantos* in gleicher Anzahl; *a tantos de enero* am soundsovielten Januar; *6. en ~ que* solange, sofern, insofern; *7. por lo ~* folglich, also; *8. ~ ... como* sowohl ... als auch
tañedor [taɲe'đɔr] *m MUS* Spieler *m*
tañer [ta'ɲɛr] *v 1. (tocar un instrumento)* Zupfinstrument spielen, Schlaginstrument spielen; *2. (las campanas)* Glocken läuten
tañido [ta'ɲiđo] *m 1. (de las campanas)* Glockengeläute *n; 2. (sonido de un instrumento)* Schall *m,* Klang *m,* Ton *m*
tañimiento [taɲi'mĭento] *m* Spielen *n*
taoísmo [tao'izmo] *m REL* Taoismus *m*
taoísta [tao'ista] *m 1. REL* Taoist *m; adj 2. REL* taoistisch
tapa ['tapa] *f* Deckel *m,* Klappe *f; ~ del motor* Kühlerhaube *f*
tapaboca [tapa'ƀoka] *m (bufanda)* Schal *m*
tapacubos [tapa'kuƀos] *m* Radkappe *f*
tapadera [tapa'đera] *f* Topfdeckel *m,* Deckel *m*
tapadura [tapa'đura] *f* Bedeckung *f*
tapaojo [tapa'oxo] *m (fig: engaño)* Betrug *m,* Schwindel *m*
tapar [ta'par] *v 1.* decken, bedecken, abdecken, zudecken; *2. (fig: encubrir clandestinamente)* verhüllen, vertuschen, verdecken; *3. (con cortina, con velo)* verdecken, zudecken, verhängen, verhüllen; *4. (bloquear)* zustellen, blockieren
taparrabos [tapa'rraƀos] *m* Lendenschurz *m*
tapia ['tapĭa] *f* Lehmwand *f,* Umfassungsmauer *f*
tapiador [tapĭa'đɔr] *m* Wand *f,* Mauer *f*
tapiar [ta'pĭar] *v* zumauern, ummauern
tapicería [tapiθe'rĭa] *f 1. (tapices)* Behang *m,* Tapete *f,* Draperie *f; 2. (arte de hacer tapices)* Tapisserie *f,* Teppichstickerei *f,* Tapetenmacherei *f; 3. (tienda de tapices)* Tapetenladen *m,* Tapeziergeschäft *n,* Dekorationsgeschäft *n*
tapicero [tapi'θero] *m* Tapetenmacher *m,* Teppichwirker *m,* Dekorateur *m*
tapicero [tapi'θero] *m* Tapezierer *m*
tapioca [ta'pĭoka] *f* Tapioka *m,* Stärkemehl *n*
tapir [ta'pir] *m ZOOL* Tapir *m*
tapiz [ta'piθ] *m (tela)* Tapete *f*
tapizar [tapi'θar] *v* polstern
tapón [ta'pɔn] *m 1.* Stöpsel *m; 2. MED* Tampon *m; ~ de algodón* Wattebausch *m*
taponamiento [tapona'mĭento] *m* Abdichtung *f,* Verschließen *n*
taponar [tapo'nar] *v 1. ~ un agujero* stopfen, abdichten; *2. MED* tamponieren
taponazo [tapo'naθo] *m* Knall *m*
taponero [tapo'nero] *adj industria taponera* Korkindustrie *f*
tapujo [ta'puxo] *m/pl sin ~s* Verhüllung *f,* Vermummung *f,* Verheimlichung *f*
taquicardia [taki'karđĭa] *f MED* Herzjagen *n,* Herzrasen *n,* Tachykardie *f*
taquigrafía [takigra'fia] *f* Stenografie *f*
taquigrafiar [takigra'fiar] *v* stenografieren
taquilla [ta'kiʎa] *f* Schalter *m,* Kasse *f,* Theaterkasse *f*
taquillero [taki'ʎero] *m 1. (persona en una taquilla)* Schalterbeamter *m,* Kartenverkäufer *m; adj 2. una película taquillera* Kassenschlager (Film) *m*
taquimecanógrafa [takimeka'nografa] *f* Stenotypistin *f*
taquimetría [takime'tria] *f* Geschwindigkeitsmessung *f*
taquímetro [ta'kimetro] *m* Tachometer *n*
tara ['tara] *f una ~ de nacimiento* Belastung *f,* erbliche Belastung *f*
tarántula [ta'rantula] *f ZOOL* Tarantel *f*
tararear [tarare'ar] *v* trällern
tarareo [tara'reo] *m* Gezwitscher *n,* Geträller *n*
tardanza [tar'đanθa] *f* Verzögerung *f,* Verzug *m,* Versäumnis *n*
tardar [tar'đar] *v 1. (larga duración)* dauern; *¿Cuánto tiempo tarda todavía?* Wie lange dauert es noch? *2. (llegar tarde)* sich verspäten; *a más ~* spätestens
tarde ['tarđe] *f 1.* Nachmittag *m,* Abend *m; de la ~* abendlich; *esta ~* heute Nachmittag, heute Abend; *por la ~* nachmittags, abends; *adv 2.* spät; *más ~* später, hinterher, nachher; *Voy a llegar ~ a la cita.* Ich versäume noch meinen Termin.
tardecer [tarđe'θɛr] *v irr* Abend werden
tardío [tar'đio] *adj* spät, säumig
tardo ['tarđo] *adj* schwerfällig; *~ de inteligencia* denkfaul

tardón [tar'đɔn] *adj 1. (que tarda mucho)* langsam, träge, behäbig; *2. (fig: que comprende lentamente)* schwerfällig
tarea [ta'rea] *f 1.* Aufgabe *f,* Pensum *n; 2. ~s escolares pl* Hausaufgaben *pl*
tarifa [ta'rifa] *f* Gebühr *f,* Tarif *m; ~ aduanera* Zolltarif *m; ~ gratuita* Nulltarif *m*
tarifar [tari'far] *v* berechnen
tarima [ta'rima] *f* Podest *n*
tarjeta [tar'xeta] *f* Karte *f; ~ de crédito* Kreditkarte *f; ~ de cheque* Scheckkarte *f; ~ de embarque* Bordkarte *f; ~ de felicitación* Glückwunschkarte *f; ~ de identidad* Kennkarte *f; ~ perforada* Lochkarte *f; ~ postal* Ansichtskarte *f,* Postkarte *f; ~ de visita* Visitenkarte *f; ¿Tiene usted una ~ de visita?* Haben Sie eine Visitenkarte? *¿Aceptan ustedes ~s de crédito?* Nehmen Sie Kreditkarten?
tarjetón [tarxe'tɔn] *m* Visitenkarte (geschäftlich) *f*
taropé [taro'pe] *m BOT* königliche Seerose *f*
tarquín [tar'kin] *m* Schlamm *m,* Regenschlamm *m*
tárraga ['tarraga] *f (baile español) MUS* Tarraga *m*
tarro ['tarro] *m* Einmachtopf *m,* Tonne *f,* Tiegel *m*
tarsio ['tarsĭo] *m ZOOL* Koboldmaki *m*
tarso ['tarso] *m ANAT* Fußwurzel *f*
tarta ['tarta] *f GAST* Torte *f; un trozo de ~* ein Stück Torte *n; ~ de bodas* Hochzeitstorte *f*
tartajoso [tarta'xoso] *adj* stotternd, stammelnd
tartalear [tarta'lear] *v (moverse sin orden)* wanken, schwanken
tartamudear [tartamuđe'ar] *v* stottern
tartamudeo [tartamu'đeo] *m* Stottern *n*
tartarizar [tartari'θar] *v CHEM* Weinstein bilden
tártaro ['tartaro] *m CHEM* Weinstein *m*
tartufo [tar'tufo] *m (fig: hipócrita)* Heuchler *m*
tarugo [ta'rugo] *m TECH* Dübel *m*
tasa ['tasa] *f 1.* Rate *f; ~ de carestía* Teuerungsrate *f; ~ de inflación* Inflationsrate *f; ~ de natalidad* Geburtenrate *f; 2. ~ de descuento ECO* Diskontsatz *m; ~ de crecimiento/~ de incremento* Wachstumsrate *f; 3. (impuesto, cuota)* Abgabe *f,* Gebühr *f; ~ especial* Sonderabgabe *f; ~ de apoyo* Schutzgebühr *f; ~ de balneario* Kurtaxe *f*
tasación [tasa'θĭɔn] *f ECO* Taxierung *f,* Schätzung *f,* Veranlagung *f*
tasador [tasa'đɔr] *adj* Schätzer *m*
tasajo [ta'saxo] *m GAST* Dörrfleisch *n,* Selchfleisch *n*
tasar [ta'sar] *v 1.* schätzen; *2. ~ en* veranschlagen auf
tasca ['taska] *f* (typisch madrilenische) Kneipe *f*
tasmanio [taz'manĭo] *adj 1. (de Tasmania) GEO* tasmanisch; *m 2. GEO* Tasmane *m*
tatarabuelo [tatara'ƀwelo] *m* Ururgroßvater *m*
tataradeudo [tatara'đeuđo] *m* Urahne *m*
tataranieto [tatara'nĭeto] *m* Ururgroßenkel *m*
tatú [ta'tu] *m ZOOL* Gürteltier *n*
tatuaje [tatw'axe] *m* Tätowierung *f*
tatuar [ta'twar] *v* tätowieren
taumaturgia [taumatur'xia] *f* Wundertätigkeit *f*
Tauro ['tauro] *m (signo del zodíaco) ASTR* Stier *m*
taurófilo [taŭ'rofilo] *adj* dem Stierkampf zugetan
taurómano [tau'romano] *m* Stierkampfanhänger *m*
tauromaquia [taŭro'makĭa] *f* Kunst des Stierkampfes *f*
tautología [tautolo'xĭa] *f* Tautologie *f*
taxácea [tag'saθea] *f/pl BOT* Eibe *f*
taxativo [tagsa'tiƀo] *adj* einschränkend, beschränkend
taxi ['taksi] *m* Taxi *n; ¿Dónde hay ~s?* Wo bekomme ich ein Taxi? *¡Llámeme un ~!* Rufen Sie mir ein Taxi!
taxidermia [tagsi'đɛrmĭa] *f* Taxidermie *f*
taxidermista [tagsiđɛr'mista] *m* Tierpräparator *m*
taxista [tak'sista] *m/f* Taxifahrer(in) *m/f*
taza ['taθa] *f* Tasse *f; una ~ de café* eine Tasse Kaffee *f*
tazarse [ta'θarse] *v* Kleider an den Rändern abschaben
tazón [ta'θɔn] *m* Schale *f*
té [te] *m* Tee *m; una tetera de ~* ein Kännchen Tee *n*
te [te] *pron 1. (acc)* dich; *2. (dat)* dir
teatral [tea'tral] *adj* theatralisch
teatralidad [teatrali'đađ] *f* Theatralik *f,* Pose *f*

teatro [te'atro] *m THEAT* Schauspielhaus *n*, Theater *n*, Bühne *f*; ~ *al aire libre* Freilichtbühne *f*; ~ *de aficionados* Laienspiel *n*; ~ *ambulante* Wanderbühne *f*; ~ *de variedades* Varieté *n*
tebeo [te'ƀeo] *m (revista de tiras cómicas)* Kinderzeitschrift mit Comicstrips *f*
teca ['teka] *f BOT* Teakbaum *m*
techado [te'tʃađo] *m* Dach *n*, Bedachung *f*
techador [tetʃa'đɔr] *m* Dachdecker *m*
techar [te'tʃar] *v* bedachen, decken
techo ['tetʃo] *m* Dach *n*, Decke *f*, Überdachung *f*; ~ *corredizo* Schiebedach *n*; *sin* ~ obdachlos
techumbre [te'tʃumbre] *f* Dach *n*, Bedachung *f*
tecla ['tekla] *f* Taste *f*
teclado [te'klađo] *m 1.* Tastatur *f*; *2. (en un instrumento musical) MUS* Tasten *f/pl*, Tastenfeld *n*, Manual (Orgel) *n*
teclear [te'klear] *v* Klavier spielen *n*, klimpern
tecleo [te'kleo] *m* Klavierspiel *n*
técnica ['teknika] *f 1. TECH* Technik *f*; ~ *de comunicaciones* Nachrichtentechnik *f*; ~ *de medición* Messtechnik *f*; *por medio de la* ~ technisch; *2.* ~ *de computación analógica INFORM* Analogtechnik *f*
tecnicidad [tekniθi'đađ] *f* Technizität *f*
tecnicismo [tɛkni'θizmo] *m* Fachausdruck *m*
técnico ['tekniko] *m 1.* Fachmann *m*, Techniker *m*; *adj 2.* fachlich, technisch
tecnicolor [tekniko'lɔr] *m CINE* Technicolor *n*
tecnocracia [tekno'kraθĭa] *f* Technokratie *f*
tecnología [tɛknolɔ'xia] *f* Technologie *f*
tecnológico [tɛkno'loxiko] *adj* technologisch
tectónico [tek'toniko] *adj GEOL* tektonisch
tediar [te'đĭar] *v* hassen, verabscheuen
tedio ['tеđĭo] *m* Langeweile *f*, Verdrossenheit *f*
tedioso [te'đioso] *adj* langweilig, fade, zuwider
tegumento [tegu'mento] *m BIO* Hautdecke *f*, Hauthülle *f*, Tegment *n*
teína [te'ina] *f BIO* Tein *n*, Koffein *n*
teísmo [te'izmo] *m REL* Theismus *m*
teísta [te'ista] *m 1. REL* Theist *m*; *adj 2. REL* theistisch
teja ['texa] *f* Ziegel *m*, Dachziegel *m*
tejadillo [texa'điʎo] *m ARCH* Schutzdach *n*
tejado [te'xađo] *m* Dach *n*, Bedachung *f*, Dachverband *m*
tejar [te'xar] *v (cubrir con tejas)* bedachen, decken
tejedor [texe'đɔr] *m* Weber *m*
tejedura [texe'đura] *f* Weben *n*, Gewebe *n*
tejeduría [texeđu'ria] *f* Weberei *f*
tejemaneje [texema'nexe] *m (fig: intriga)* Intrige *f*, Ränke *pl*
tejer [te'xɛr] *v 1.* weben; *2. (LA)* stricken
tejido [te'xiđo] *m 1.* Stoff *m*; *2. BIO* Gewebe *n*; *3.* ~ *conjuntivo ANAT* Bindegewebe *n*; *4.* ~*s pl* Textilien *pl*
tejo ['texo] *m BOT* Eibe *f*
tejón [te'xɔn] *m ZOOL* Dachs *m*
tela ['tela] *f* Gewebe *n*, Stoff *m*, Tuch *n*; ~ *metálica* Fliegengitter *n*, Maschendraht *m*; ~ *salvavidas* Sprungtuch *n*
telar [te'lar] *m* Webstuhl *m*
telaraña [tela'raɲa] *f* Spinnennetz *n*, Spinnwebe *f*
telebanco [tele'ƀanko] *m* Geldautomat *m*, Automat *m*
telecomunicación [telekomunika'θĭɔn] *f* Telekommunikation *f*
teleconferencia [telekonfe'renθĭa] *f INFORM* Telekonferenz *f*
telediario [tele'đĭarĭo] *m* Tagesschau *f*
teledirección [teleđireg'θĭɔn] *f TECH* Fernsteuerung *f*
teledirigir [teleđiri'xir] *v TECH* fernsteuern
telefax [tele'faks] *m 1.* Telefaxgerät *n*; *2. (mensaje)* Fax *n*
teleférico [tele'feriko] *m* Seilbahn *f*; *¿Dónde está la estación del ~?* Wo ist die Seilbahnstation?
telefonazo [telefo'naθo] *m (fam)* Anruf *m*
telefonear [telefone'ar] *v* telefonieren, anrufen
telefonema [telefo'nema] *m* Telefonat *n*
telefonía [telefo'nia] *f TEL* Fernmeldewesen *n*
telefónico [tele'foniko] *adj* telefonisch
teléfono [te'lefono] *m 1.* Telefon *n*, Fernsprecher *m*; ~ *público de monedas* Münzfernsprecher *m*; *¿Tiene usted el número de ~ de la policía?* Haben Sie die Telefonnummer von der Polizei? *2. por* ~ telefonisch;

Le llamo por ~. Ich rufe Sie an. *¿Puedo llamar por ~ de aquí?* Kann ich hier telefonieren? *3. ~ móvil* Handy *n,* tragbares Telefon *n*
telegrafía [telegra'fia] *f* Telegrafie *f*
telegrafiar [telegra'fĭar] *v* telegrafieren
telegráfico [tele'grafiko] *adj* telegrafisch
telégrafo [te'legrafo] *m TEL* Telegraf *m*
telegrama [tele'grama] *m* Telegramm *n*
teleguiado [tele'gĭađo] *adj misil ~* ferngesteuerte Rakete *f*
teleguiar [tele'gĭar] *v* fernsteuern
telemando [tele'mando] *m* Fernsteuerung *f,* Fernbedienung *f*
telémetro [te'lemetro] *m* Entfernungsmesser *m*
telenovela [teleno'ƀela] *f* Fernsehserie *f,* Seifenoper *f*
teleobjetivo [teleɔƀxe'tiƀo] *m FOTO* Teleobjektiv *n*
teleósteo [tele'osteo] *m/pl ZOOL* Knochenfisch *m*
telepatía [telepa'tia] *f* Gedankenübertragung *f,* Telepathie *f*
telepático [tele'patiko] *adj* telepathisch
teleproceso [telepro'θeso] *m TEL* Televerarbeitung *f,* Teleprozess *m*
telescópico [teles'kopiko] *adj (antena telescópica) TECH* teleskopisch
telescopio [teles'kopĭo] *m* Fernrohr *n,* Teleskop *n*
telesilla [tele'siʎa] *f* Sessellift *m*
telespectador [telespekta'đɔr] *m* TV-Zuschauer *m*
telesquí [teles'ki] *m* Skilift *m*
teletipo [tele'tipo] *m* Fernschreiber *m*
televidente [teleƀi'đente] *m* Fernsehzuschauer *m*
televisar [teleƀi'sar] *v* im Fernsehen ausstrahlen *n*
televisión [teleƀi'sĭɔn] *f* Fernsehen *n; ~ por cable* Kabelfernsehen *n; ver la ~* fernsehen
televisor [teleƀi'sɔr] *m* Fernsehgerät *n; ~ en color* Farbfernseher *m*
televisora [teleƀi'sora] *f (estación de televisión)* Fernsehanstalt *f,* Fernsehsender *m*
télex ['teles] *m* Fernschreiber *m,* Telex *n*
telón [te'lɔn] *m 1. THEAT* Vorhang *m; 2. ~ de fondo* Rahmen *m; 3. (fig)* Hintergrund; *~de acero (fig) POL* Eiserner Vorhang *m*
telurio [te'lurĭo] *m (elemento químico) CHEM* Tellur *n*
telurismo [telu'rizmo] *m GEO* Tellurismus *m,* Erdbezogenheit *f*
tema ['tema] *m 1.* Gegenstand *m,* Thema *n; ~ de conversación* Gesprächsstoff *m; 2. ~ principal MUS* Leitmotiv *n; 3. (contenido)* Inhalt *m; 4. tomar un ~* Abneigung *f,* Widerwille *m*
temario [te'marĭo] *m (programa)* Themenaufstellung *f,* Programm *n*
temática [te'matika] *f* Thematik *f*
temático [te'matiko] *adj 1. (relativo al tema)* thematisch; *índice ~* Inhaltsverzeichnis *n; 2. (fig: porfiado)* trotzig, eigensinnig, halsstarrig
tembladera [tembla'đera] *f* Tümmler *m*
temblar [tem'blar] *v irr 1.* zittern, schlottern; *2. ~ de* beben vor, zittern vor; *~ de miedo ante alguien* aus Angst vor jdm zittern
temblequear [temble'kear] *v* zittern, schaudern
temblequeteo [tembleke'teo] *m* Zittern *n*
tembletear [temble'tear] *v* zittern
temblón [tem'blɔn] *adj* zitternd
temblor [tem'ƀlɔr] *m 1.* Beben *n; 2. (estremecimiento)* Zittern *n*
tembloroso [temblo'roso] *adj* zitterig
temedor [teme'đɔr] *adj* ängstlich
temer [te'mɛr] *v* fürchten, befürchten, bangen; *~ por alguien* um jdn bangen
temerario [teme'rarĭo] *adj* tollkühn, vermessen, verwegen, wagemutig, waghalsig
temeridad [temeri'đađ] *f* Vermessenheit *f,* Verwegenheit *f,* Tollkühnheit *f*
temeroso [teme'roso] *adj* furchtsam, schreckhaft
temible [te'miƀle] *adj* fürchterlich
temor [te'mɔr] *m* Ängstlichkeit *f,* Befürchtung *f,* Furcht *f*
témpano ['tempano] *m* Scholle *f; ~ de hielo* Eisscholle *f*
temperación [tempera'θĭɔn] *f* Ausgeglichenheit *f*
temperamental [temperamen'tal] *adj* heißblütig, temperamentvoll
temperamento [tempera'mento] *m* Temperament *n*
temperancia [tempe'ranθĭa] *f* Mäßigung *f*
temperar [tempe'rar] *v* mäßigen, abschwächen, mildern
temperatura [tempera'tura] *f* Temperatur *f*

temperie [tem'perĭe] *f METEO* Witterung *f*
tempestad [tempes'tađ] *f* Sturm *m*
tempestivo [tempes'tiƀo] *adj* gelegen
tempestuoso [tempes'twoso] *adj* stürmisch
templado [tem'plađo] *adj* mild, lau
templador [templa'đɔr] *adj* mäßigend
templar [tem'plar] *v* mäßigen, mildern
templario [tem'plarĭo] *m HIST* Templer *m*
templo ['templo] *m* Tempel *m*
temporada [tempo'rađa] *f* Saison *f*; *~ alta* Hochsaison *f*, Hauptsaison *f*; *~ baja* Vorsaison *f*, Nachsaison *f*; *~ de baños* Badesaison *f*
temporal [tempo'ral] *m 1.* Unwetter *n*; *adj 2.* vorläufig, einstweilig, zeitlich
temporalmente [tempo'ralmente] *adv* vorübergehend
temporáneo [tempo'raneo] *adj* einstweilen, vorübergehend
temporario [tempo'rarĭo] *adj* vorübergehend, zeitlich begrenzt
tempranero [tempra'nero] *adj* frühzeitig
temprano [tem'prano] *adj 1.* früh, frühzeitig; *¡Es demasiado ~!* Das ist zu früh! *2. más ~* früher
tenacidad [tenaθi'đađ] *f* Hartnäckigkeit *f*, Zähigkeit *f*
tenacilla [tena'θiʎa] *f/pl* kleine Zange *f*
tenar [te'nar] *m ANAT* Ballen *m*
tenaz [te'naθ] *adj* hartnäckig, zäh
tenazas [te'naθas] *f/pl* Kneifzange *f*, Zange *f*, Beißzange *f*
tendedero [tende'đero] *m* Wäscheleine *f*, Wäscheständer *m*
tendedor [tende'đɔr] *adj* aufhängend
tendencia [ten'denθĭa] *f 1.* Tendenz *f*; *2. (iniciativa)* Bestrebung *f*; *~ unificadora POL* Einheitsbestrebung *f*; *3. (moda) ~ a* Trend zu *m*
tendencioso [tenden'θĭoso] *adj* tendenziös
tendente [ten'dente] *adj ~ a ...* gerichtet auf, tendierend zu
tender [ten'dɛr] *v irr 1.* spannen; *2. (propender) ~ a* tendieren zu, neigen zu; *3. TECH* verlegen
tenderete [tende'rete] *m (puesto de venta)* Krämerstand *m*, Marktzelt *n*
tendido [ten'điđo] *m 1. TECH* Verlegung *f*; *2. estar ~* liegen
tendón [ten'dɔn] *m ANAT* Sehne *f*
tenebrio [te'neƀrĭo] *m ZOOL* Mehlkäfer *m*
tenebrosidad [teneƀrosi'đađ] *f* Düsternis *f*
tenebroso [tene'ƀroso] *adj* finster
tenedero [tene'đero] *m NAUT* Ankergrund *m*
tenedor [tene'đɔr] *m 1. (cubierto)* Gabel *f*; *¡Un ~, por favor!* Eine Gabel bitte! *2. (dueño)* Inhaber *m*; *3. ~ de acciones FIN* Aktionär *m*; *4. ~ de libros FIN* Buchhalter *m*
teneduría [teneđu'ria] *f FIN* Buchführung *f*
tenencia [tenen'θĭa] *f (posesión)* Besitz *m*, Besitztum *n*, Habe *f*
tener [te'nɛr] *v irr 1.* haben, innehaben, besitzen, verfügen über; *~ miedo* Angst haben; *~ ganas* Lust haben; *~ 50 años* 50 Jahre alt sein; *Tengo calor/frío.* Mir ist warm/kalt. *~ prisa* es eilig haben; *~le envidia a alguien* jdn beneiden; *~ cuidado* Acht geben, aufpassen; *~ vergüenza* sich schämen; *¡Ten!* Da hast du's! *2. ~ que (deber)* brauchen, müssen, sollen; *No tienes que hacerlo.* Du musst das nicht machen. *3. ~ que ver con* zu tun haben mit; *4. ~ a, ~ de, ~ en, ~ para, ~ por* dafürhalten, glauben, halten für, ansehen als, schätzen; *5. ~ en mucho a alguien* jdn schätzen
tenería [tene'ria] *f* Gerberei *f*
tenia ['tenĭa] *f ZOOL* Bandwurm *m*
tenientazgo [tenien'taθgo] *m MIL* Oberstleutnant *m*
teniente [te'nĭente] *m MIL* Leutnant *m*
tenis ['tenis] *m SPORT* Tennis *n*; *~ de mesa* Tischtennis *n*
tenista [te'nista] *m/f SPORT* Tennisspieler *m*
tenor [te'nɔr] *m 1.* Wortlaut *m*; *2. MUS* Tenor *m*
tenorio [te'nɔrĭo] *m (casanova)* Don Juan *m*, Casanova *m*, Verführer von Frauen
tensión [ten'sĭɔn] *f 1.* Anspannung *f*; *~ de la red* Netzspannung *f*; *2. TECH* Spannung *f*; *~ alta* Hochspannung *f*; *~ de servicio* Betriebsspannung *f*; *3. MED* Blutdruck *m*; *Tengo la ~ alta/baja.* Ich habe hohen/niedrigen Blutdruck.
tenso ['tenso] *adj* gespannt, angespannt, straff
tensor [ten'sɔr] *m TECH* Spanner *m*
tentación [tenta'θĭɔn] *f* Verlockung *f*, Versuchung *f*

tentáculo [ten'takulo] *m* *ZOOL* Fühler *m,* Fangarm *m*
tentador [tenta'đɔr] *adj* verlockend
tentadura [tenta'đura] *f* *CHEM* Silberprobe *f*
tentar [ten'tar] *v irr 1. (algo)* tasten, abtasten, betasten; *2. (seducir)* verlocken
tentativa [tenta'tiƀa] *f* Probe *f,* Versuch *m,* Test *m*
tentativo [tenta'tiƀo] *adj* Probe..., Versuchs...
tentempié [tentem'pĭe] *m* kleiner Imbiss *m*
tenue ['tenwe] *adj (una luz)* schwach
tenuidad [tenui'đađ] *f* Zartheit *f,* Schwachheit *f*
tenuta [te'nuta] *f* *JUR* vorläufiges Nutzungsbrauchrecht *n*
teñido [te'ɲiđo] *adj* gefärbt; *~ de rubio* blond gefärbt
teñidor [te'ɲiđor] *m* Färber *m*
teñidura [teɲi'đura] *f* Färben *n*
teñir [te'ɲir] *v* tönen
teocracia [teo'kraθĭa] *f* *POL* Theokratie *f,* Gottesherrschaft *f*
teocrático [teo'kratiko] *adj* *POL* theokratisch
teogonía [teogo'nia] *f* *REL* Theogonie *f,* Lehre von der Herkunft der Götter
teología [teolɔ'xia] *f* Theologie *f*
teológico [teo'loxiko] *adj* *REL* theologisch
teologismo [teolo'xizmo] *m* Theologie *f*
teólogo [te'ologo] *m* Theologe *m*
teorema [teo'rema] *m* Theorem *n,* Lehrsatz *m*
teorético [teo'retiko] *adj (relativo al teorema)* theoretisch, Theorie...
teoría [teo'ria] *f 1.* Theorie *f,* Lehre *f; en ~* theoretisch; *2. ~ de conjuntos MATH* Mengenlehre *f*
teórico [te'oriko] *adj 1.* theoretisch; *m 2.* Theoretiker *m*
teorizante [teori'θante] *adj* theoretisierend
teorizar [teori'θar] *v* theoretisch behandeln, theoretisieren, Theorien aufstellen
teosofía [teoso'fia] *f* *REL* Theosophie *f*
teósofo [te'osofo] *m* *REL* Theosoph *m*
tequila [te'kila] *m* *GAST* Tequila *m*
terapeuta [tera'peŭta] *m/f* *MED* Therapeut(in) *m/f*
terapéutica [tera'peutika] *f* Therapeutik *f*
terapéutico [tera'peutiko] *adj* therapeutisch
terapia [te'rapĭa] *f* Therapie *f; ~ de grupo* Gruppentherapie *f*
tercero [tɛr'θero] *adj 1.* dritte(r,s); *m 2.* Dritter *m*
terceto [tɛr'θeto] *m (trío) MUS* Terzett *n*
terciar [tɛr'θĭar] *v 1.* dritteln; *2. (mediar)* vermitteln
tercio ['tɛrθĭo] *m* Drittel *n*
terciopelado [tɛrθĭope'lađo] *adj* samten
terciopelo [tɛrθĭo'pelo] *m* Samt *m,* Velours *n*
terco ['tɛrko] *m 1.* Trotzkopf *m; adj 2.* halsstarrig, hartnäckig, starrköpfig; *3. (rebelde)* stur, trotzig, widerspenstig
terebinto [tere'ƀinto] *m* *BOT* Terpentinbaum *m*
terebrante [tere'ƀrante] *adj* *MED* bohrend
tergiversable [tɛrxiƀɛr'saƀle] *adj* verdrehend, verfälschend
tergiversación [tɛrxiƀɛrsa'θĭɔn] *f* Wortverdrehen *n*
tergiversador [tɛrxiƀɛrsa'đɔr] *adj* verdrehend
tergiversar [tɛrxiƀɛr'sar] *v* verdrehen
terma ['tɛrma] *f/pl (baños calientes)* Thermen *f/pl*
termal [tɛr'mal] *adj aguas ~es* Thermal..., Bäder...
termalidad [tɛrmali'đađ] *f* Thermalbad *n*
termalismo [tɛrma'lizmo] *m* Thermalheilkunde *f*
termes ['tɛrmes] *m* *ZOOL* Termite *f*
termia ['tɛrmĭa] *f* *PHYS* Thermie *f*
térmico ['termiko] *adj* Wärme..., thermisch
terminación [tɛrmina'θĭɔn] *f 1.* Abschluss *m; 2. (consumación)* Erledigung *f,* Vollendung *f; 3. ~ de una palabra GRAMM* Endung *f*
terminador [tɛrmina'đɔr] *adj* vollendend, beendigend
terminal [tɛrmi'nal] *adj* End..., Grenz...
terminante [tɛrmi'nante] *adj 1. (concluyente)* unwiderruflich, eindeutig; *2. (fig)* einschneidend
terminar [tɛrmi'nar] *v 1.* beenden, fertig machen; *~ con los estudios* das Studium beenden; *2. (llevar a cabo)* erledigen; *3. ECO* ablaufen; *4. ~ con* aufhören mit; *5. (el trabajo)* aufarbeiten, fertig machen; *6. (consu-*

mar) vollenden, vollbringen; *7. ~ en algo* auf etw enden; *8. (suspender)* aufheben; *9. (acabar, cesar)* einstellen
terminarse [tɛrmi'narse] *v* enden
terminativo [tɛrmina'tiƀo] *adj* End...
término ['tɛrmino] *m 1.* Ausdruck *m; ~ general* Oberbegriff *m; ~ técnico* Fachausdruck *m; en primer ~* im Vordergrund; *2. (palabra)* Wort *n; 3. (fin)* Schluss *m; 4. (plazo)* Frist *f; en el ~ de* innerhalb, binnen; *5. ~ medio* Mittelweg *m; por ~ medio* durchschnittlich
terminología [tɛrminolo'xia] *f* Terminologie *f*
termita [tɛr'mita] *f ZOOL* Termite *f*
termitero [tɛrmi'tero] *m* Termitenstaat *m*
termo ['tɛrmo] *m 1.* Thermosflasche *f; 2. ~ (sifón) TECH* Boiler *m*
termocauterio [tɛrmokaŭ'tɛrĭo] *m MED* Schneidbrenner *m*
termodinámica [tɛrmođi'namika] *f PHYS* Thermodynamik *f*
termoelectricidad [tɛrmoelektriθi'đađ] *f PHYS* Thermoelektrizität *f*
termoeléctrico [tɛrmoel'ektriko] *adj PHYS* thermoelektrisch
termólisis [tɛr'molisis] *f CHEM* Thermolyse *f,* Zerfall durch Wärme
termología [tɛrmolo'xia] *f PHYS* Wärmelehre *f*
termometría [tɛrmome'tria] *f PHYS* Thermometrie *f*
termométrico [tɛrmo'metriko] *adj PHYS* thermometrisch
termómetro [tɛr'mometro] *m* Thermometer *n; ~ clínico* Fieberthermometer *n*
termonuclear [tɛrmonu'klear] *adj PHYS* thermonuklear, Atom...
termopropulsión [tɛrmopropul'sĭɔn] *f TECH* Wärmeantrieb *m*
termoquímica [termo'kimika] *f CHEM* Thermochemie *f*
termorregulación [tɛrmorregula'θĭɔn] *f TECH* Wärmeregelung *f*
termorregulador [tɛrmorregula'đɔr] *adj TECH* temperaturregelnd
termorreóstato [tɛrmorre'ostato] *m TECH* Wärmeregelwiderstand *m*
termoscopio [tɛrmos'kopĭo] *m METEO* Thermoskop *n*
termosifón [tɛrmosi'fɔn] *m TECH* Warmwasserboiler *m*
termostato [tɛrmos'tato] *m* Thermostat *m*
termoterapia [tɛrmote'rapĭa] *f MED* Thermotherapie *f*
terna ['tɛrna] *f (grupo de tres personas)* Dreiergespann *n,* Gruppe von drei Personen *f*
ternario [tɛr'narĭo] *adj compás ~ MUS* dreiteiliger Takt *m*
ternera [tɛr'nera] *f ZOOL* Kalb *n*
ternero [tɛr'nero] *m ZOOL* Kalb *n*
terneza [tɛr'neθa] *f* Sanftmut *f,* Zartheit *f*
ternilla [tɛr'niʎa] *f ANAT* Knorpel *m*
ternilloso [tɛrni'ʎoso] *adj* knorpelig
terno ['tɛrno] *m* Anzug *m*
ternura [tɛr'nura] *f* Zärtlichkeit *f*
terópodo [te'ropođo] *m/pl ZOOL* Flossenschnecke *f*
terquedad [tɛrke'đađ] *f* Hartnäckigkeit *f,* Starrsinn *m,* Trotz *m,* Beharrlichkeit *f*
terracota [tɛrra'kota] *f ART* Terrakotta *f*
terraje [tɛ'rraxe] *m* Pachtgeld für ein Grundstück
terranova [tɛrra'noƀa] *m ZOOL* Neufundland *n*
terraplén [tɛrra'plen] *m* Bahndamm *m*
terraplenar [tɛrraple'nar] *v* dämmen
terrateniente [tɛrrate'nĭente] *m* Großgrundbesitzer *m*
terraza [tɛ'rraθa] *f* Terrasse *f*
terrazgo [tɛ'rraθgo] *m* Ackerland *n*
terrazguero [tɛrraθ'gero] *m* Pächter *m*
terregoso [tɛrre'goso] *adj* irdisch
terremoto [tɛrrɛ'moto] *m* Erdbeben *n*
terrenal [tɛrrɛ'nal] *adj* irdisch, weltlich
terrenidad [tɛrreni'đađ] *f* Boden *m,* Erdstrich *m*
terreno [tɛ'rrɛno] *m 1.* Land *n,* Grundstück *n,* Gelände *n; ~ barroso/~ fangoso* Lehmboden *m; ~ de camping* Zeltplatz *m,* Campingplatz *m; ~ edificable* Bauland *n; ~ de obras* Baustelle *f; 2. (fig)* Bereich *m; 3. ~s desconocidos pl* Neuland *n*
térreo ['tɛrrɛo] *adj* erdig
terrestre [tɛ'rrɛstre] *adj 1.* irdisch; *2. camino ~* Landweg *m; por vía ~* auf dem Landweg
terribilidad [tɛrriƀili'đađ] *f* Furchtbarkeit *f*
terrible [tɛ'rriƀle] *adj 1.* schrecklich, entsetzlich, erschreckend; *2. (dañino)* heillos, böse, mörderisch; *3. (loco)* wahnsinnig
terrier ['tɛrrĭer] *m ZOOL* Terrier *m*
terrificar [terrifi'kar] *v* erschrecken
terrífico [tɛ'rrifiko] *adj* erschreckend

terrino [tɛ'rrino] *adj* irden
territorial [territɔ'rĭal] *adj* örtlich, Land...
territorialidad [tɛrritorĭali'đađ] *f* Territorialität *f,* Zugehörigkeit zu einem Staat
territorio [tɛrri'torĭo] *m* Gebiet *n,* Revier *n,* Territorium *n*
terrizo [tɛ'rriθo] *adj* aus Erde gemacht *f*
terrón [tɛ'rrɔn] *m* Scholle *f*
terror [tɛ'rrɔr] *m 1.* Terror *m; 2. (horror)* Entsetzen *n*
terrorífico [tɛrrɔ'rifiko] *adj* gruselig
terrorismo [tɛrrɔ'rizmo] *m* Terrorismus *m*
terrorista [tɛrrɔ'rista] *m/f* Terrorist(in) *m/f*
terrosidad [tɛrrosi'đađ] *f* Erdhaftigkeit *f,* Erdhaltigkeit *f*
terroso [tɛ'rrɔso] *adj* erdig
terruño [tɛ'rruɲo] *m* Erdreich *n*
tersar [tɛr'sar] *v* polieren, glätten
terso ['tɛrso] *adj (limpio)* glatt, glänzend, sauber
tersura [tɛr'sura] *f* Glanz *m,* Glätte *f*
tertulia [tɛr'tulĭa] *f* Runde *f,* Kaffeekränzchen *n*
tesina [te'sina] *f* Diplomarbeit *f*
tesis ['tesis] *f 1.* These *f; 2. ~ doctoral* Doktorarbeit *f; 3. (LA)* Diplomarbeit *f*
tesitura [tesi'tura] *f MUS* Stimmlage *f*
tesón [te'sɔn] *m* Hartnäckigkeit *f*
tesonería [tesone'ria] *f* Beharrlichkeit *f,* Unbeugsamkeit *f*
tesonero [teso'nero] *adj* hartnäckig
tesorería [tesore'ria] *f FIN* Schatzamt *n,* Kasse *f*
tesorero [teso'rero] *m FIN* Schatzmeister *m,* Kassenwart *m*
tesoro [te'soro] *m 1.* Schatz *m; 2. (público) FIN* Fiskus *m*
test [test] *m 1.* Test *m; 2. ~ de embarazo MED* Schwangerschaftstest *m; ~ de alergia* Allergietest *m*
testa ['testa] *f (fam: cabeza)* Kopf *m,* Stirn *f*
testación [testa'θĭɔn] *f* Testieren *n*
testador [testa'đɔr] *m JUR* Erblasser *m*
testaferro [testa'fɛrro] *m* Strohmann *m*
testamentar [testamen'tar] *v JUR* testamentarisch festlegen, testamentarisch vermachen, ein Testament machen
testamentaría [testamenta'ria] *f (ejecución del testamento) JUR* Testamentsvollstreckung *f*
testamentario [testamen'tarĭo] *adj* testamentarisch
testamento [testa'mento] *m* Testament *n; por ~/según ~* testamentarisch
testar [tes'tar] *v JUR* aussagen
testarudez [testaru'đeθ] *f* Starrsinn *m,* Trotz *m*
testarudo [testa'ruđo] *m 1.* Dickkopf *m,* Querkopf *m,* Trotzkopf *m; adj 2.* halsstarrig, starrköpfig, störrisch; *3. (obstinado)* trotzig, verbohrt
testículos [tes'tikulos] *m/pl ANAT* Hoden *pl*
testificación [testifika'θĭɔn] *f* Bescheinigung *f,* Zeugnis *n*
testificante [testifi'kante] *adj JUR* beweisend
testificar [testifi'kar] *v JUR* bezeugen
testigo [tes'tigo] *m/f 1.* Zeuge/Zeugin *m/f; ~ de matrimonio* Trauzeuge/Trauzeugin *m/f; 2. JUR* Zeuge/Zeugin *m/f; ~ de cargo/~ principal* Kronzeuge/Kronzeugin *m/f; ~ de la defensa* Entlastungszeuge/Entlastungszeugin *m/f; ~ ocular* Augenzeuge/Augenzeugin *m/f; ¿Se pone usted a disposición como ~?* Stellen Sie sich als Zeuge zur Verfügung?
testimonial [testimo'nĭal] *adj* Zeugen...
testimoniar [testimo'nĭar] *v* bezeugen
testimoniero [testimo'nĭero] *adj* falscher Zeuge *m*
testosterona [testoste'rɔna] *f ANAT* Testosteron *n*
tesura [te'sura] *f* Steifheit *f,* Straffheit *f*
teta ['teta] *f (fam)* Zitze *f,* Titte *f*
tetania [te'tanĭa] *f MED* Tetanie *f,* Muskelkrampf *m*
tétano(s) ['tetano(s)] *m MED* Wundstarrkrampf *m,* Tetanus *m; No estoy vacunado contra el ~.* Ich bin nicht gegen Tetanus geimpft.
tetera [te'tera] *f* Teekanne *f*
tetero [te'tero] *m (LA)* Saugflasche *f,* Milchflasche für Säuglinge
tetilla [te'tiʎa] *f (masculina) ANAT* Brustwarze *f*
tetona [te'tɔna] *adj (tetuda)* mit großen Brüsten, vollbusig
tetracordio [tetra'kɔrđĭo] *m MUS* Tetrachord *n*
tetraédrico [tetra'eđriko] *adj* vierflächig
tetraedro [tetra'eđro] *m* Tetraeder *n*
tetrágono [te'tragono] *m* Tetragon *n*

tetragrama [tetra'grama] *m MUS* Tetragramm *n*
tetramotor [tetramo'tɔr] *adj TECH* viermotorig
tetrápodo [te'trapođo] *m/pl ZOOL* Vierfüßer *m*
tetráptero [te'traptero] *adj BIO* tetrapetalisch
tetrasílabo [tetra'silabo] *adj GRAMM* viersilbig
tetravalente [tetraba'lente] *adj CHEM* vierwertig
tétrico ['tetriko] *adj (sombrío)* düster, schattig, finster
tetuda [te'tuđa] *adj (de tetas grandes)* vollbusig
teurgia [te'urxĭa] *f* Theurgie *f,* Zauberkraft *f*
teúrgo [te'urgo] *m* heidnischer Zauberer *m*
textil [tegs'til] *adj* Textil...
texto ['testo] *m 1.* Text *m; 2. (sentido literal)* Wortlaut *m*
textorio [tegs'tɔrĭo] *adj* Text...
textual [tes'twal] *adj* buchstäblich, wörtlich
textura [tes'tura] *f* Aufbau *m*
tez [teθ] *f* Hautfarbe *f,* Teint *m; ~ bronceada* Bräune *f*
ti [ti] *pron 1. (acc de tú)* dich; *2. (dat de tú)* dir; *por ~* deinetwegen
tía ['tia] *f 1.* Tante *f; 2. (prostituta)* Nutte *f*
tiamina [tĭa'mina] *f BIO* Thiamin *n,* Vitamin B *n*
tiara ['tĭara] *f* Tiara *f,* Papstwürde *f*
tibetano [tibe'tano] *adj 1. GEO* tibetanisch; *m 2. GEO* Tibetaner *m*
tibia ['tibĭa] *f ANAT* Schienbein *n*
tibieza [ti'bĭeθa] *f* Gemütlichkeit *f,* Lauheit *f*
tibio ['tibĭo] *adj* lauwarm, lau
tiburón [tibu'rɔn] *m ZOOL* Hai *m*
tic [tik] *m ~ nervioso* Tick *m*
tictac [tik'tak] *m (del reloj) hacer ~* ticken
tiempo[1] ['tĭempo] *m* Zeit *f; ~ de exposición* Belichtungszeit *f; a ~* rechtzeitig; *~ de adviento* Adventszeit *f; ~ de aprendizaje* Lehrzeit *f; en aquel ~* da, damals; *~ de arranque* Anlaufzeit *f; ~ básico de trabajo* Kernzeit *f; de corto ~* kurzzeitig; *~ intermedio* Zwischenzeit *f; ~ libre* Freizeit *f; en otro ~* ehemals; *~ récord* Rekordzeit *f*
tiempo[2] ['tĭempo] *m ~ meteorológico* Wetter *n; ~ de perros* Hundewetter *n*
tienda ['tĭenda] *f 1. (negocio)* Geschäft *n,* Laden *m,* Handlung *f; ~ de comestibles* Lebensmittelgeschäft *n; ir de ~s* einen Einkaufsbummel machen; *2. (caseta)* Festzelt *n,* Stand *m,* Zirkuszelt *n; 3. ~ de campaña* Zelt *n,* Campingzelt *n*
tiento ['tĭento] *m (fig: prudencia)* Umsicht *f,* Vorsicht *f,* Klugheit *f*
tiernamente [tĭɛrna'mente] *adv* zart
tierno ['tĭɛrno] *adj 1.* zart, zärtlich; *2. (blando)* weich, mürbe
tierra ['tĭɛrra] *f 1. (suelo)* Boden *m,* Erdboden *m,* Grund *m,* Erdreich *n; 2. GEOL* Erde *f,* Land *n; ~ baja* Niederung *f; ~ extraña* Fremde *f; ~ firme* Festland *n; ~ de nadie* Niemandsland *n; ~ virgen* Neuland *n; 3. ~s pl* Ländereien *pl*
tierrero [tĭe'rrɛro] *m (polvareda) (LA)* Staubwolke *f*
tieso ['tĭeso] *adj 1.* starr, steif, klamm; *dejar ~ a alguien (fam)* jdn umlegen; *2. (fig: terco)* steif
tiesto ['tĭesto] *m* Blumentopf *m*
tiesura [tĭe'sura] *f* Steifheit *f,* Straffheit *f,* Strenge *f*
tifácea [ti'faθea] *f/pl BOT* rohrkolbenartiges Gewächs *n*
tiflitis [ti'flitis] *f MED* Typhlitis *f,* Blinddarmentzündung *f*
tifo ['tifo] *m MED* Typhus *m*
tifón [ti'fɔn] *m METEO* Taifun *m*
tifus ['tifus] *m MED* Typhus *m*
tigre ['tigre] *m ZOOL* Tiger *m*
tigrero [ti'grero] *m (LA)* Tigerjäger *m*
tijerada [tixe'rađa] *f* Scheren *n*
tijeras [ti'xeras] *f/pl* Schere *f; ~ para uñas* Nagelschere *f*
tijeretazo [tixere'taθo] *m* Schnitt mit einer Schere *m*
tijeretear [tixere'tear] *v 1.* zerschneiden, schneiden (Schere); *2. (fig)* kritisieren
tijereteo [tixere'teo] *m 1.* Schneiden (Schere) *n; 2. (fig)* Kritisieren *n*
tijerilla [tixe'riʎa] *f AGR* Erdrauch *m*
tildar [til'dar] *v ~ a alguien de algo* jdn als etw abstempeln
tilde ['tilđe] *f (acento)* Akzent *m,* Strich *m,* Tilde *f*
tiliácea [ti'lĭaθea] *f/pl BOT* Lindengewächs *n*
tilo ['tilo] *m BOT* Linde *f*
timador [tima'đɔr] *m* Gauner *m*
timar [ti'mar] *v ~ a alguien* jdn ausnehmen, jdn übers Ohr hauen (fig)

timba ['timba] *f (casa de juego)* Spielhölle *f*
timbal [tim'ƀal] *m MUS* Pauke *f,* Kesselpauke *f*
timbalero [timba'lero] *m MUS* Paukenschläger *m*
timbrado [tim'brađo] *adj papel ~* Stempelpapier *n*
timbrar [tim'brar] *v* abstempeln
timbrazo [tim'braθo] *m* heftiges, nachhaltiges Klingeln *n*
timbre ['timƀre] *m 1.* Klingel *f,* Türglocke *f; tocar el ~* klingeln; *2. (estampilla)* Briefmarke *f,* Steuermarke *f*
timidez [timi'đeθ] *f* Verlegenheit *f,* Scheu *f,* Schüchternheit *f,* Furchtsamkeit *f*
tímido ['timiđo] *adj* scheu, schüchtern, menschenscheu, verschüchtert
timocracia [timo'kraθĭa] *f POL* Timokratie *f*
timón [ti'mɔn] *m NAUT* Steuer *n,* Ruder *n*
timonear [timo'nɛar] *v NAUT* am Ruder stehen, steuern
timonel [timo'nɛl] *m* Steuermann *m*
timonera [timo'nera] *f NAUT* Steuerung *f*
timonero [timo'nero] *m (timonel) NAUT* Steuermann *m,* Rudergänger *m*
timorato [timo'rato] *adj* gottesfürchtig
timpanización [timpaniθa'θĭɔn] *f MED* Aufblähen *n*
tímpano ['timpano] *m ANAT* Trommelfell *n*
tina ['tina] *f* Wanne *f*
tinada [ti'nađa] *f (montón de leña)* Holzstoß *m*
tinglado [tiŋ'glađo] *m 1. (cobertizo)* Vordach *n,* Schutzdach *n; 2. (fig: maquinación)* Intrige *f,* Anschlag *m*
tinieblas [ti'nĭeƀlas] *f/pl* Finsternis *f*
tino ['tino] *m 1.* Fingerspitzengefühl *n; 2. (fig: cordura)* Klugheit *f,* Besonnenheit *f*
tinta ['tinta] *f* Tinte *f; ~ china* Tusche *f; sudar ~* schuften
tinte ['tinte] *m* Färbung *f,* Färben *n*
tintero [tin'tero] *m* Tintenfass *n*
tintinar [tinti'nar] *v* klingeln, klirren
tintineante [tintine'ante] *adj* klirrend
tintinear [tintine'ar] *v* klingen, klirren
tintineo [tinti'neo] *m* Geklirre *n,* Klingeln *n*
tinto ['tinto] *m (vino) GAST* Rotwein *m*
tintóreo [tin'tɔreo] *adj* Farb...
tintorería [tintore'ria] *f* Reinigung *f*
tintorero [tinto'rero] *m* Färber *m*
tintorro [tin'tɔrro] *m (fam)* Rotwein *m*
tintura [tin'tura] *f 1. (tinte)* Färben *n,* Färbung *f; 2. ~ de yodo* Jodtinktur *f*
tinturar [tintu'rar] *v* färben, tönen
tiña ['tiɲa] *f MED* Krätze *f*
tiñoso [ti'ɲoso] *adj MED* grindig
tío ['tio] *m 1.* Onkel *m; 2. (fam)* Kerl *m,* Typ *m,* Kauz *m*
tiovivo [tĭo'ƀiƀo] *m* Karussell *n*
tipejo [ti'pexo] *m* komischer Typ *m,* schräger Vogel *m*
típico ['tipiko] *adj* typisch, bezeichnend; *El flamenco es el baile ~ de Andalucía.* Der Flamenco ist der typische Tanz Andalusiens.
tipismo [ti'pizmo] *m* Eigenart *f*
tiple ['tiple] *m 1. (la voz más aguda)* Sopranstimme *f; 2. (guitarra aguda) MUS* Gitarre (hohe Stimmung) *f*
tipo ['tipo] *m 1. (clase)* Sorte *f; ~ de imprenta* Schriftart *f,* Type *f; 2. (individuo)* Kerl *m,* Typ *m,* Type *m; ~ estrafalario* komischer Kauz *m; 3. ~ de letra/~ de calidad INFORM* Briefqualität *f; 4. ~ de interés ECO* Zinssatz *m; ~ de descuento* Diskontsatz *m; 5. FIN* Kurs *m; ~ de cambio* Devisenkurs *m,* Wechselkurs *m; ~ de conversión* Umrechnungskurs *m*
tipografía [tipogra'fia] *f* Typografie *f,* Buchdruck *m*
tipográfico [tipo'grafiko] *adj* typografisch
tipógrafo [ti'pografo] *m* Drucker *m*
tipología [tipolɔ'xia] *f* Typologie *f*
tipómetro [ti'pometro] *m* Typometer *n*
tira ['tira] *f 1. (para colgar)* Aufhänger *m; ~ y afloja* Tauziehen *n; 2. ~s cómicas pl* Comics *pl*
tirabuzón [tiraƀu'θɔn] *m 1. (sacacorchos)* Korkenzieher *m; 2. (salto en forma de rizo)* Schraube (Artistik) *f*
tirada [ti'rađa] *f 1.* Auflage *f; 2. (arenga)* Sermon *m,* Tirade *f,* Strafpredigt *f*
tirado [ti'rađo] *adj* spottbillig
tirador [tira'đɔr] *m ~ de precisión* Scharfschütze *m*
tiragomas [tira'gomas] *m* Schleuder *f*
tiralíneas [tira'lineas] *m* Linienzieher *m,* Ziehfeder *f*
tiramiento [tira'mĭento] *m* Spannen *n,* Ziehen *n*
tiranía [tira'nia] *f POL* Gewaltherrschaft *f*

tiranicida [tirani'θiđa] *m* Tyrannenmörder *m*
tiranicidio [tirani'θiđĭo] *m* Tyrannenmord *m*
tiránico [ti'raniko] *adj* tyrannisch
tiranización [tiraniθa'θĭɔn] *f* Tyrannisierung *f*
tiranizar [tirani'θar] *v* tyrannisieren
tirano [ti'rano] *m* Tyrann *m*
tirante [ti'rante] *m 1.* Träger *m; adj 1.* gespannt, straff; *m 2. ~s pl* Hosenträger *pl; adj 3.* gespannt, angespannt, straff
tirar [ti'rar] *v 1.* werfen; *2. (botar)* wegwerfen, abwerfen; *(al suelo)* hinunterwerfen; *3. (jalar)* ziehen; *~ violentamente* zerren, reißen; *(hacia adentro)* hineinziehen; *(hacia adelante)* vorziehen; *4. (estirar)* spannen; *5. (disparar)* schießen; *6. ~ dedo (LA)* trampen
tiritar [tiri'tar] *v* zittern
tiritera [tiri'tera] *f* Schauder *m,* Frösteln *n,* Zittern *n*
tiritona [tiri'tona] *f* Schaudern *n*
tiro ['tiro] *m 1. (disparo)* Schuss *m; ~ de mortero* Böllerschuss *m; 2. ~ con arco SPORT* Bogenschießen *n; ~ al plato* Tontaubenschießen *n; 3. (carruaje)* Gespann *n*
tiroides [ti'rɔĭđes] *f ANAT* Schilddrüse *f*
tiroidina [tiroi'đina] *f ANAT* Schilddrüse *f*
tirón [ti'rɔn] *m de un ~* auf einen Ruck *m,* mit einer einzigen Bewegung *f*
tironear [tiro'near] *v (LA)* ziehen, zerren
tirotear [tiro'tear] *v* plänkeln
tiroteo [tiro'teo] *m* Schießerei *f*
tirria ['tirrĭa] *f* Vorurteil *n,* Widerwille *m*
tisana [ti'sana] *f* Kräutertee *m*
tisanuro [tisa'nuro] *m/pl ZOOL* Borstenschwanz *m*
tisis ['tisis] *f MED* Schwindsucht *f,* Phthisis *f*
tisuria [ti'surĭa] *f* Brokatweberei *f*
titánico [ti'taniko] *adj un esfuerzo ~* titanisch, sich gewaltig anstrengend
titanio [ti'tanĭo] *m CHEM* Titan *n*
títere ['titere] *m* Hampelmann *m,* Marionette *f*
titeretada [titere'tađa] *f (fam)* Marionettenspiel *n*
tití [ti'ti] *m ZOOL* Krallenäffchen *n*
titilación [titila'θĭɔn] *f* Funkeln *n,* Beben *n*
titilador [titila'đɔr] *adj* schimmernd, zitternd, bebend
titilear [titi'lear] *v* zittern, flackern, schimmern
titileo [titi'leo] *m* Schimmern *n*
titiritero [titiri'tero] *m* Puppenspieler *m*
titubeante [titube'ante] *adj* zögernd, zaghaft
titubear [titube'ar] *v* zögern, zaudern
titubeo [titu'beo] *m* Wanken *n,* Stottern *n*
titulado [titu'lađo] *m* Träger eines Titels
titular [titu'lar] *m 1. (propietario)* Inhaber *m; 2. (en la prensa)* Schlagzeile *f,* Überschrift *f; 3. (funcionario)* Amtsinhaber *m; v 4.* überschreiben, benennen
titularización [titulariθa'θĭɔn] *f* Titelverleihung *f*
titularizar [titulari'θar] *v* betiteln
titularse [titu'larse] *v* heißen
titulillo [titu'liʎo] *m* Kolumnentitel *m*
título ['titulo] *m 1.* Schlagzeile *f,* Überschrift *f,* Titel *m; ~ de un libro* Buchtitel *m; 2. (rango)* Titel *m; ~ nobiliario* Adelstitel *m; 3. (documento)* Urkunde *f; 4. (derecho)* Anrecht *n; 5. (fig)* Würde *f; 6. FIN* Wertpapier *n; ~s* Effekten *pl; ~s bursátiles* Börsenpapiere *pl; ~s de valores* Aktien *pl; 7. ~ de deuda ECO* Schuldschein *m; 8. ~s de fin pl CINE* Nachspann *m*
tiza ['tiθa] *f* Kreide *f*
tiznadura [tiθna'đura] *f* Schwärzen *n,* Rußen *n*
tiznajo [tiθ'naxo] *m* Rußfleck *m*
tiznar [tiθ'nar] *v* schwärzen, anschwärzen, verrußen
tizne [tiθ'ne] *v* Kienruß *m,* Ruß *m*
tizón [ti'θɔn] *m* halbverbranntes Scheit *n,* Feuerbrand *m*
tizonear [tiθo'near] *v* schwärzen, verrußen
toalla [to'aʎa] *f 1.* Handtuch *n; ~ de baño* Badetuch *n; tirar la ~ (fig)* das Handtuch werfen, aufgeben; *2. ~ higiénica/~ sanitaria (LA)* Damenbinde *f,* Binde *f*
toallero [toa'ʎero] *m* Handtuchhalter *m*
toalleta [toa'ʎeta] *f* kleines Handtuch *n*
toba ['toba] *f (sarro de los dientes)* Zahnstein *m*
tobera [to'bera] *f TECH* Düse *f*
tobillo [to'biʎo] *m ANAT* Knöchel *m*
tobogán [tobo'gan] *m* Rutschbahn *f*
tocable [to'kable] *adj* berührbar
tocacassettes [tokaka'setes] *m (LA)* Kassettenrekorder *m*
tocadiscos [toka'điskos] *m* Plattenspieler *m,* Schallplattenspieler *m*

tocado [to'kađo] *m* Kopfbedeckung *f*, Frisur *f*
tocador [toka'đɔr] *m* *1.* Musiker *m;* *2.* Frisiertisch *m*
tocamiento [toka'mĭento] *m* Berührung *f*
tocante [to'kante] *adj en lo ~ a* in Bezug auf, bezüglich, was ... betrifft
tocar [to'kar] *v* *1.* berühren, angreifen, anfassen; *2. ~ algo* etw betasten, etw tasten; *3. (instrumento) MUS* spielen; *~ el piano* Klavier spielen; *4. (las campanas)* läuten; *5. ~ el turno* drankommen; *Me toca a mí.* Ich bin an der Reihe. *6. (fig: afectar)* treffen
tocata [to'kata] *f MUS* Tokkata *f*
tocayo [to'kajo] *m* Namensvetter *m*
tochedad [totʃe'đađ] *f* Plumpheit *f*, Rohheit *f*
tocinería [toθine'ria] *f* Wurstladen *m*, Schweinemetzgerei *f*
tocinero [toθi'nero] *m* Schweinemetzger *m*, Wurstmacher *m*
tocino [to'θino] *m GAST* Speck *m*
tocología [tokolo'xia] *f MED* Geburtshilfe *f*
tocólogo [to'kologo] *m MED* Geburtshelfer *m*
tocón [to'kɔn] *m* *1. (pedazo del tronco de un árbol)* Baumstumpf *m;* *2. (muñón)* Stummel *m*, Ansatz *m*
todavía [tođa'ƀia] *adv* noch; *~ no* noch nicht
todo ['tođo] *m* *1.* Ganzes *n;* *adj* *2.* ganz, gesamt, sämtlich; *~ el mundo* alle Welt/jeder/die ganze Welt; *3. ~s* jeder, alle
todopoderoso [tođopođe'roso] *adj* allmächtig
toga ['toga] *f* Robe *f*, Toga *f*
tojal [to'xal] *m* Ginsterfeld *n*
tojo ['toxo] *m BOT* Stechginster *m*
toldar [tol'đar] *v* ein Sonnendach aufstellen, bedecken
toldo ['tɔldo] *m* *1.* Markise *f;* *2. (carpa)* Plane *f*
tolerable [tole'raƀle] *adj* erträglich, verträglich
tolerancia [tole'ranθĭa] *f* Toleranz *f*, Verträglichkeit *f*
tolerante [tole'rante] *adj* tolerant
tolerantismo [toleran'tizmo] *m POL* Toleranz *f*, Nachsichtigkeit *f*, Großzügigkeit *f*
tolerar [tole'rar] *v* dulden, tolerieren, ertragen
tolondro [to'londro] *m* Beule *f*
tolva ['tɔlƀa] *f ~ de basuras* Müllschlucker *m*
tolvanera [tɔlƀa'nera] *f* Staubwolke *f*
toma ['toma] *f* *1.* Entnahme *f;* *2. (fig: ocupación) MIL* Einzug *m*, Einnahme *f;* *3. ~ del poder POL* Machtübernahme *f;* *4. CINE* Aufnahme *f;* *5. ~ de sangre MED* Blutabnahme *f;* *6. ~ de posesión* Dienstantritt *m;* *~ de cargo* Amtsantritt *m;* *7. ~ de juramento JUR* Vereidigung *f;* *~ de declaración* Vernehmung *f;* *8. ~ de rehenes* Geiselnahme *f;* *9. ~ de tierra TECH* Erdung *f*, Schutzleitung *f*
tomacorriente [tomako'rrĭente] *m* Steckdose *f*
tomado [to'mađo] *adj (fam: borracho)* betrunken, angeheitert
tomador [toma'đɔr] *m* *1. (LA)* Trinker *m;* *2. ~ de una orden ECO* Auftragnehmer *m*
tomadura [toma'đura] *f ~ de pelo* Neckerei *f*
tomaína [toma'ina] *f BIO* Ptomain *n*, Leichengift *n*
tomar [to'mar] *v* *1. (coger)* greifen, ergreifen, nehmen; *2. (beber)* trinken; *3. (tragar)* einnehmen; *4. (aceptar)* hinnehmen; *5. (capturar, coger)* fangen; *6. ~ a mal* übel nehmen, verübeln, krumm nehmen; *7. (confiscar)* einziehen; *8. (una dirección)* einschlagen; *9. MIL* einnehmen; *10. ~ medi das* Maß nehmen; *11. ~ medidas contra algo (fig)* Maßnahmen gegen etw ergreifen; *En Barcelona han tomado medidas contra la delincuencia y las drogas.* In Barcelona hat man Maßnahmen gegen die Kriminalität und die Drogen ergriffen.
tomate [to'mate] *m BOT* Tomate *f*
tomavistas [toma'ƀistas] *m* Filmkamera *f*
tómbola ['tomƀola] *f* Tombola *f*
tomillo [to'miʎo] *m BOT* Thymian *m*
tomismo [to'mizmo] *m PHIL* Lehre des Thomas von Aquin *f*
tomo ['tomo] *m* Band *n*
tomografía [tomogra'fia] *f MED* Computertomographie *f*, Tomographie *f*
ton [tɔn] *m sin ~ ni son* mir nichts dir nichts
tonada [to'nađa] *f MUS* Lied *n*, Weise *f*
tonadilla [tona'điʎa] *f (tonada alegre) MUS* fröhliches Lied *n*
tonal [to'nal] *adj música ~ MUS* tonal
tonalidad [tonali'đađ] *f MUS* Tonfarbe *f*, Tonart *f*

tonel [to'nel] *m* Tonne *f*, Fass *n*
tonelada [tone'lađa] *f* Tonne *f*
tonelaje [tone'laxe] *m (peso de un vehículo)* Tonnage *f*, Ladegewicht *n*
tongonearse [tɔŋgo'nearse] *v (LA)* schwungvoll gehen
tonicidad [toniθi'đađ] *f BIO* Spannungszustand *m*
tónico ['toniko] *adj 1. acento ~ GRAMM* Silbenakzent *m; 2. nota tónica MUS* Tonika *f*, Grundton *m; m 3. (medicina que tonifica) MED* Tonikum *n*, stärkendes Mittel *n*
tonificación [tonifika'θĭɔn] *f* Stärkung *f*
tonificador [tonifika'đɔr] *adj* stärkend, betonend, tonisch
tonificar [tonifi'kar] *v ~ los músculos MED* stärken
tonina [to'nina] *f (un tipo de delfín) ZOOL* Thunfisch *m*
tono ['tono] *m 1. MUS* Ton *m; ~ mayor* Dur *f; dar el ~ (fig)* den Ton angeben/tonangebend sein; *darse ~* sich wichtig machen; *2. de buen/mal ~* guter/schlechter Geschmack *m; 3. salida de ~* Tonausgabe *f*
tonsila [ton'sila] *f ANAT* Tonsille *f*, Mandel *f*
tonsura [ton'sura] *f REL* Tonsur *f*
tonsurado [tonsu'rađo] *m REL* katholischer Geistlicher *m*
tontada [ton'tađa] *f* Dummheit *f*, Albernheit *f*
tontear [tɔn'tear] *v (hacer tonterías)* herumalbern, Blödsinn machen *m*
tontería [tonte'ria] *f 1.* Albernheit *f*, Blödsinn *m*, Firlefanz *m; 2. ~s pl* Quatsch *m*, Käse *m*, Unfug *m*
tonto ['tɔnto] *m 1.* Tropf *m*, Dummkopf *m; adj 2.* dumm, albern, blöd, töricht
topacio [to'paθĭo] *m MIN* Topas *m*
topar [to'par] *v 1. (chocar)* zusammenstoßen, stoßen; *2. (encontrar por casualidad)* treffen, aufeinander treffen
tope ['tope] *m 1. TECH* Anschlag *m; estar hasta el ~s (fig)* überfüllt sein/zum Bersten voll sein; *2. precio ~* Höchstpreis *m*
topera [to'pera] *f* Maulwurfshügel *m*
topetada [tope'tađa] *f (golpe con la cabeza)* Stoß *m*, Kopfstoß *m; darse de topetadas* mit dem Kopf anstoßen *m*
topetazo [tope'taθo] *m* Stoß *m*
tópico ['topiko] *m (lugar común)* Gemeinplatz *m*, Allgemeinwissen *n*
topinera [topi'nera] *f (topera)* Maulwurfshügel *m*
topo ['topo] *m ZOOL* Maulwurf *m*
topografía [topogra'fia] *f* Topografie *f*
topográfico [topo'grafiko] *adj* topografisch
topógrafo [to'pografo] *m* Topograf *m*
topología [topolo'xia] *f MATH* Topologie *f*
topometría [topome'tria] *f* Topometrie *f*
toponimia [topo'nimĭa] *f* Toponymie *f*, Ortsnamenkunde *f*
toque ['toke] *m 1.* Berührung *f; dar el último ~* den letzten Schliff geben; *2. ~ de campanas* Glockengeläute *n; 3. ~ de queda* Ausgangssperre *f*
toquetear [toke'tear] *v* stampfen
toqueteo [toke'teo] *m* Stampfen *n*
tora ['tora] *f (libro de la ley judía)* Thora *f*
torada [to'rađa] *f AGR* Stierherde *f*
tórax ['toraks] *m ANAT* Brustkorb *m*
torbellino [torƀe'ʎino] *m METEO* Wirbel *m*, Strudel *m*, Wirbelwind *m*
torcaz [tɔr'kaθ] *f paloma ~* Ringeltaube *f*
torcedura [tɔrθe'đura] *f 1.* Verrenkung *f; 2. MED* Verstauchung *f*
torcer [tɔr'θɛr] *v irr 1.* abbiegen, verbiegen, beugen, verdrehen; *~ a la derecha/~ a la izquierda* nach rechts abbiegen/nach links abbiegen; *2. MED* verrenken
torcerse [tɔr'θɛrse] *v irr ~ el pie MED* sich den Fuß verstauchen, umknicken, sich den Fuß verknacksen
torcido [tor'θiđo] *adj estar ~* gekrümmt, verbogen
torcimiento [tɔrθi'mĭento] *m* Drehung *f*, Krümmung *f*
tordo [tɔrđo] *m ZOOL* Drossel *f*
toreador [torɛa'đɔr] *m* Stierkämpfer *m*
torear [to'rear] *v (lidiar toros)* Stier reizen *m*
toreo [to'reo] *m* Stierkampf *m*
torero [to'rero] *m* Stierkämpfer *m*, Torero *m*
torete [to'rete] *m (toro pequeño) ZOOL* kleiner Stier *m*
toril [to'ril] *m* Stierzwinger *m*
tormenta [tɔr'menta] *f METEO* Gewitter *n*, Sturm *m; Viene una ~.* Ein Gewitter zieht auf. *~ de arena* Sandsturm *m*
tormento [tɔr'mento] *m 1.* Pein *f*, Qual *f*, Quälerei *f; 2. (fig: persona amada)* Qual *f*, Folter *f*
tormentoso [tɔrmen'toso] *adj METEO* stürmisch

tornada [tɔr'nađa] *f (acción de regresar)* Rückkehr *f*
tornadizo [tɔrna'điθo] *adj* wankelmütig
tornado [tɔr'nađo] *m METEO* Tornado *m,* Wirbelsturm *m*
tornar [tɔr'nar] *v (volver a hacer algo)* zurückkehren, umkehren, umdrehen
tornasol [tɔrna'sɔl] *m CHEM* Lackmus *n*
tornasolado [tɔrnaso'lađo] *adj* schillernd, schimmernd
tornasolar [tɔrnaso'lar] *v* schillern
tornear [tɔr'near] *v (labrar al torno)* drehen, drechseln
torneo [tɔr'neo] *m 1.* Kampf *m; 2. SPORT* Turnier *n; ~ deportivo* Sportveranstaltung *f*
tornería [tɔrne'ria] *f* Drechslerarbeit *f*
tornero [tɔr'nero] *m (de madera)* Drechsler *m,* Dreher *m*
tornillo [tɔr'niʎo] *m 1.* Schraube *f; El ~ está flojo.* Die Schraube ist locker. *2. ~ de banco TECH* Schraubstock *m*
torno ['tɔrno] *m 1. TECH* Drehbank *f; 2. ~ de hilar* Spinnrad *n; 3. ~ de alfarero* Töpferscheibe *f; adv 4. en ~* rundherum; *en ~ a ...* um ... herum
toro ['toro] *m 1. ZOOL* Bulle *m,* Stier *m; ~ bravo* Kampfstier *m; m/pl 2. (corrida de toros)* Stierkampf *m*
toronja [to'rɔŋxa] *f BOT* Orange *f*
toronjil [torɔn'xil] *m BOT* Melisse *f*
torpe ['tɔrpe] *adj 1. (fig)* ungeschickt, tollpatschig, unbeholfen; *2. (modales)* eckig; *3. (lerdo)* plump, schwerfällig
torpedeamiento [tɔrpeđea'mĭento] *m MIL* Torpedierung *f*
torpedear [tɔrpe'đɛar] *v NAUT* torpedieren
torpedero [tɔrpe'đero] *m MIL* Torpedoboot *n*
torpedo [tɔr'peđo] *m MIL* Torpedo *m*
torpeza [tɔr'peθa] *f* Ungeschicklichkeit *f,* Schwerfälligkeit *f,* Plumpheit *f*
torpor [tɔr'pɔr] *m MED* Torpor *m,* Betäubung *f*
torrar [to'rrar] *v* rösten
torre ['tɔrrɛ] *f 1.* Turm *m; ~ de la iglesia* Kirchturm *m; 2. (carcasa de una computadora)* Turm *m,* Tower *m,* Computergehäuse *n; 3. (pieza del ajedrez)* Turm *m*
torrefacción [torrefag'θĭɔn] *f* Röstung *f*
torrefactado [torrefak'tađo] *adj* geröstet
torrefactar [torrefak'tar] *v* rösten, trocknen
torrente [tɔ'rrente] *m* Flut *f,* Sturzbach *m*
torrentera [tɔrren'tera] *f (cauce de un torrente)* Klamm *f,* Bett eines Sturzbaches
torrentoso [torren'toso] *adj* strömend, reißend
torreón [to'rreɔn] *m* Turm *m*
torreta [to'rreta] *f (de un tanque) MIL* Panzerturm *m*
torrezno [to'rrɛθno] *m GAST* gebratener Speck *m*
tórrido ['tɔrriđo] *adj* brennend, heiß
torsión [tɔr'sĭɔn] *f* Verdrehung *f,* Verwindung *f,* Torsion *f*
torso ['tɔrso] *m* Torso *m*
torta ['tɔrta] *f 1. GAST* Torte *f; 2. (fig)* Ohrfeige *f*
tortilla [tɔr'tiʎa] *f 1. GAST* Omelett *n,* Pfannkuchen *m; 2. (LA)* Maisfladen *n*
tórtola ['tɔrtola] *f ZOOL* Turteltaube *f*
tórtolo ['tɔrtolo] *m ZOOL* Turteltaube *f; estar como dos ~s (fig)* turteln
tortuga [tɔr'tuga] *f 1. ZOOL* Schildkröte *f; 2. (fig) a paso de ~* im Schneckentempo *n*
tortuosidad [tɔrtwosi'đađ] *f* Windung *f,* Krümmung *f*
tortuoso [tɔr'twoso] *adj (con rodeos)* gekrümmt, gewunden
tortura [tɔr'tura] *f* Folter *f,* Qual *f,* Quälerei *f*
torturador [tɔrtura'đɔr] *m 1.* Folterer *m,* Folterknecht *m; adj 2.* qualvoll
torturar [tɔrtu'rar] *v* foltern, quälen
torturarse [tɔrtu'rarse] *v* sich abquälen
torva ['tɔrƀa] *f METEO* Schneesturm *m*
torvo ['tɔrƀo] *adj* fürchterlich, schauderhaft
tos [tɔs] *f MED* Husten *m; ~ ferina/~ convulsiva (LA)* Keuchhusten *m*
tosco ['tɔsko] *adj* rau
toser [to'sɛr] *v* husten
tósigo ['tosigo] *m (veneno)* Gift *n*
tosquedad [toske'đađ] *f* Derbheit *f,* Plumpheit *f*
tostada [tɔs'tađa] *f GAST* Toast *m*
tostado [tɔs'tađo] *adj* getoastet, geröstet
tostador [tɔsta'đɔr] *m* Toaster *m*
tostadura [tosta'đura] *f* Röstung *f*
tostar [tɔs'tar] *v* rösten
tostarse [tɔs'tarse] *v irr (al sol)* sich in der Sonne bräunen lassen
total [to'tal] *m 1. (el todo)* Ganzes *n; 2. (suma) FIN* Summe *f,* Gesamtsumme *f; ¿A*

cuánto asciende el ~? Wie hoch ist die Summe? *~ de impuestos* Steueraufkommen *n; adj 3.* total, gesamt, restlos; *en ~* insgesamt

totalidad [totali'đađ] *f* Gesamtheit *f,* Vollständigkeit *f*

totalitario [totali'tarĭo] *adj* totalitär

totalitarismo [totalita'rizmo] *m* Totalitarismus *m*

totalizar [totali'θar] *v (sumar)* zusammenzählen, zusammenziehen

tótem ['totem] *m* Totem *n*

totuma [to'tuma] *f (LA)* Kürbisgefäß *n,* Kürbis *m,* Kürbisbaumfrucht *f*

toxicidad [tɔksiθi'đađ] *f* Giftigkeit *f*

tóxico ['tɔksiko] *adj* giftig; *m desechos ~s* giftige Abfälle *m/pl,* Giftmüll *m*

toxicología [togsikolo'xia] *f* Toxikologie *f*

toxicológico [togsiko'loxiko] *adj* toxikologisch

toxicólogo [togsi'kologo] *m* Toxikologe *m*

toxicomanía [togsikoma'nia] *f* Rauschgiftsucht *f*

toxicómano [tɔksi'komano] *m 1. MED* Rauschgiftsüchtiger *m; adj 2. MED* süchtig, rauschgiftsüchtig

toxina [tog'sina] *f* Toxin *n,* Gift *n*

tozudez [toθu'đeθ] *f* Starrköpfigkeit *f,* Hartnäckigkeit *f*

tozudo [to'θuđo] *adj* eigensinnig, hartnäckig, eigenwillig

traba ['trađa] *f* Schikane *f,* Hindernis *n; poner ~s* schikanieren

trabajador [trađaxa'đɔr] *adj* tüchtig

trabajador(a) [trađaxa'đɔr(a)] *m/f 1. (obrero)* Arbeiter(in) *m/f; ~ auxiliar* Hilfsarbeiter *m; ~ extranjero* Gastarbeiter *m; ~ portuario* Hafenarbeiter *m; 2. (empleado/ empleada)* Arbeitnehmer(in) *m/f*

trabajar [trađa'xar] *v 1.* arbeiten; *~ algo* etw verarbeiten, etw bearbeiten; *~ como una mula* schuften; *~ demasiado* sich überarbeiten; *~ por* sich mühen um, arbeiten für; *seguir trabajando* weiterarbeiten; *2. TECH* bearbeiten

trabajo [tra'đaxo] *m 1.* Arbeit *f; ~ de calidad* Wertarbeit *f; ~ clandestino/~ no declarado* Schwarzarbeit *f; ~ a destajo* Akkordarbeit *f; ~ a domicilio* Heimarbeit *f; ~ durísimo* Schinderei *f,* Plagerei *f; ~ duro* Schwerarbeit *f; ~ en equipo* Teamarbeit *f; ~ estacional* Saisonarbeit *f; ~ eventual* Gelegenheitsarbeit *f; ~ excesivo* Überarbeitung *f; ~ interino* Zeitarbeit *f; ~ a jornada reducida* Kurzarbeit *f; ~ manual* Handarbeit *f; ~ de media jornada* Halbtagsbeschäftigung *f; ~ a tiempo parcial* Teilzeitbeschäftigung *f; ~ por turnos* Schichtarbeit *f; sin ~* arbeitslos; *2. (proceso)* Bearbeitung *f,* Verarbeitung *f,* Pensum *n*

trabajoso [trađa'xoso] *adj (fig: difícil)* schwierig, mühsam

trabalenguas [trađaleŋ'gwas] *m* Zungenbrecher *m*

trabamiento [trađa'mĭento] *m* Verbindung *f,* Verstrickung *f*

trabar [tra'đar] *v 1. (unir)* einen, vereinen, zusammenfügen; *2. (fig: empezar)* anknüpfen, beginnen; *~ una amistad* eine Freundschaft anknüpfen *f*

trabarse [tra'đarse] *v* sich verstricken

trabazón [trađa'θɔn] *f (unión de dos cosas)* Verbindung *f,* Vereinigung *f*

trácala ['trakala] *f (estafa, trampa,engaño)(LA)* Betrug *m,* Falle *f,* Schwindel *m*

tracalero [traka'lero] *adj (tramposo) (LA)* betrügerisch

tracción [trak'θĭɔn] *f* Antrieb; *~ trasera* Hinterradantrieb *m; ~ delantera* Vorderradantrieb *m*

tractor [trak'tɔr] *m 1. AGR* Traktor *m; 2. ~ para semirremolque* Sattelschlepper *m*

tradición [trađi'θĭɔn] *f 1. (costumbre)* Sitte *f,* Tradition *f; por ~* traditionell; *2. HIST* Überlieferung *f*

tradicional [trađi'θĭonal] *adj* althergebracht, gutbürgerlich, herkömmlich

tradicionalista [trađiθiona'lista] *adj* traditionsbewusst

traducción [trađuk'θĭɔn] *f* Übersetzung *f*

traducible [trađu'θiđle] *adj* übersetzbar

traducir [trađu'θir] *v irr* übersetzen

traductor(a) [trađuk'tɔr(a)] *m/f* Übersetzer(in) *m/f; ¡Necesito un ~!* Ich brauche einen Übersetzer!

traer [tra'ɛr] *v irr 1.* mitbringen, bringen, herbringen; *~ algo a alguien* jdm etw bringen; *2. (proporcionar)* herbeiführen, herbeischaffen

tráfago ['trafago] *m (negocio)* Handel *m,* Geschäft *n*

traficante [trafi'kante] *m/f* Händler(in) *m/f,* Drogenhändler(in) *m/f*

tráfico ['trafiko] *m 1.* Straßenverkehr *m; ~ aéreo* Luftverkehr *m; ~ de cercanías*

Nahverkehr *m;* ~ *circular* Kreisverkehr *m;* ~ *ferroviario* Schienenverkehr *m;* ~ *fronterizo* Grenzverkehr *m;* ~ *en las horas punta* Berufsverkehr *m;* ~ *regular* Linienverkehr *m;* ~ *de tránsito* Transitverkehr *m;* ~ *vecinal* Anliegerverkehr *m; 2.* ~ *de mercancías ECO* Warenverkehr *m; 3.* ~ *de estupefacientes/~ de drogas* Rauschgifthandel *m*

tragaluz [traga'luθ] *m* Dachfenster *n*

tragar [tra'gar] *v 1.* schlucken, herunterschlucken; *2.* ~ *el anzuelo* anbeißen

tragedia [tra'xeđĭa] *f 1.* Tragödie *f,* Tragik *f; 2. THEAT* Trauerspiel *n*

trágico ['traxiko] *adj* tragisch

tragicomedia [traxiko'međĭa] *f THEAT* Tragikomödie *f*

tragicómico [traxi'komiko] *adj* tragikomisch

trago ['trago] *m 1.* Schluck *m; 2. (fig: mal rato)* Kummer *m,* Ärger *m,* unangenehme Situation *f; 3. (bebida)* Schnaps *m,* Branntwein *m*

tragón [tra'gɔn] *adj (fam)* gefräßig

tragonería [tragone'ria] *f (fam)* Gefräßigkeit *f,* Fresssucht *f*

traición [traĭ'θĭɔn] *f 1.* Verrat *m; 2. alta* ~ *JUR* Landesverrat *m,* Hochverrat *m*

traicionar [traĭθĭo'nar] *v* verraten

traicionero [traĭθĭo'nero] *adj* verräterisch

traída [tra'iđa] *f* Überbringen *n*

traidor [traĭ'đɔr] *m 1.* Verräter *m; adj 2.* verräterisch

trainera [traĭ'nera] *f* Ruderboot *n*

traje ['traxe] *m 1.* Anzug *m;* ~ *de baño* Badeanzug *m;* ~ *de buzo* Taucheranzug *m;* ~ *de esquiar* Skianzug *m;* ~ *de paisano* Zivilkleidung *f;* ~ *sastre* Kostüm *n; 2. (vestido)* Kleid *n;* ~ *de noche* Abendkleid *n*

trajear [tra'xear] *v* einkleiden

trajín [tra'xin] *m 1.* Hektik *f; 2. (jaleo)* Trubel *m*

trajinar [traxi'nar] *v (ir de un lugar a otro)* befördern, herumlaufen

trama ['trama] *f 1.* Knoten *m,* Komplott *n; 2.* ~ *de una novela LIT* Handlung *f*

tramar [tra'mar] *v 1.* anstiften, aushecken, einfädeln; *2. (una amistad)* schließen

tramitación [tramita'θĭɔn] *f* Dienstweg *m,* Bearbeitung eines Vorgangs *f*

tramitar [trami'tar] *v* einen Behördengang machen, amtlich bearbeiten

trámite ['tramite] *m* ~ *oficial* Dienstweg *m,* Instanzenweg *m*

tramo ['tramo] *m* Abschnitt *m,* Strecke *f*

tramontana [tramon'tana] *f (viento del norte en el Mediterráneo)* Tramontana (Nordwind am Mittelmeer) *f*

tramoyista [tramo'jista] *m* Bühnenarbeiter *m*

trampa ['trampa] *f 1.* Falle *f;* ~ *para ratones* Mausefalle *f; 2. (fig: engaño)* Falle *f,* Schwindel *m,* Kniff *m; He caído en una ~.* Ich bin in eine Falle geraten. *3. (truco)* Mogelei *f,* Schwindel *m*

trampantojo [trampan'toxo] *m* Blendwerk *n,* Gaukelei *f*

trampeador [trampea'đɔr] *adj* überlistend

trampear [tram'pɛar] *v (engañar a alguien)* betrügen, bemogeln

trampero [tram'pero] *m* Trapper *m*

trampista [tram'pista] *adj* betrügerisch, falsch

trampolín [trampo'lin] *m (de saltos) SPORT* Schanze *f,* Sprungbrett *n*

tramposo [tram'poso] *m 1.* Pfuscher *m; adj 2.* betrügerisch

tranca ['tranka] *f 1.* Knüppel *m; 2. (embotellamiento) (LA)* Stau *m,* Sperrbalken *m*

trancada [tran'kađa] *f (paso largo)* langer Schritt *m,* Stelzschritt *m*

trancar [tran'kar] *v (cerrar con llave)* verriegeln

trancazo [tran'kaθo] *m (golpe)* Schlag *m,* Knüppelschlag *m*

trance ['tranθe] *m 1.* Trance *f; 2. a todo ~* um jeden Preis *m*

tranco ['traŋko] *m (paso largo)* großer Schritt *m*

tranquear [traŋ'kear] *v (andar a trancos)* mit großen Schritten gehen *m/pl,* eilen

tranquilidad [traŋkili'đađ] *f* Ruhe *f,* Stille *f;* ~ *de ánimo* Gemütsruhe *f*

tranquilización [traŋkiliθa'θĭɔn] *f* Beruhigung *f*

tranquilizante [traŋkili'θante] *adj 1.* beruhigend; *m 2. MED* Beruhigungsmittel *n*

tranquilizar [traŋkili'θar] *v* beruhigen

tranquilizarse [traŋkili'θarse] *v 1.* sich beruhigen; *2. (el mar)* sich glätten

tranquilo [traŋ'kilo] *adj 1.* leise, ruhig, still; *2. (fig)* gemächlich, unbesorgt, ungestört; *estar* ~ gelassen sein

transacción [transak'θĭɔn] *f 1.* Abwicklung *f,* Transaktion *f; 2. ECO* Abfindung *f;* ~ *comercial* Abschluss *m*

transbordador [tranzƀorđa'đɔr] *m* Fähre *f*; ~ *espacial* Raumfähre *f*
transbordar [tranzƀor'đar] *v* umladen, umschlagen, umsteigen
transbordo [tranz'ƀɔrđo] *m* Umschlag *m*, Umsteigen *n*, Umladen *n*; *hacer* ~ umsteigen; *lugar de* ~ Umschlagplatz *m*
transcendental [transθenden'tal] *m 1. lo* ~ Übersinnliche *n*; *adj 2.* übersinnlich
transcendente [transθen'dente] *adj* transzendent
transcender [transθen'đɛr] *v irr* herausfinden, ergründen
transcontinental [transkontinen'tal] *adj* transkontinental
transcribir [transkri'ƀir] *v 1. (copiar lo escrito)* transkribieren, abschreiben; *2. (escribir para otro instrumento) MUS* umschreiben, arrangieren
transcripción [transkrip'θĭɔn] *f* Transkription *f*, Abschrift *f*, Umschrift *f*
transcurrir [transku'rrir] *v* vergehen, verlaufen, vorbeigehen
transcurso [trans'kurso] *m* Ablauf *m*, Verlauf *m*, Lauf *m*; *en el* ~ *de* während
transeúnte [transe'unte] *m/f* Fußgänger(in) *m/f*, Passant(in) *m/f*
transferencia [transfe'renθĭa] *f 1.* Transfer *m*, Übergabe *f*; *2. JUR* Überschreibung *f*; *3. ECO* Übertragung *f*, Überweisung *f*, Giro *n*; *4. (de datos) INFORM* Übertragung *f*
transferible [transfe'riƀle] *adj ECO* übertragbar
transferir [transfe'rir] *v irr 1. JUR* übereignen, umschreiben, überschreiben; *2. FIN* überweisen, transferieren; *3. (término)* verlegen
transfiguración [transfigura'θĭɔn] *f 1.* Transfiguration *f*, Umwandlung *f*; *2. REL* Verklärung *f*
transfigurar [transfigu'rar] *v* transfigurieren, umwandeln
transformable [transfɔr'maƀle] *adj* transformierbar, umwandelbar
transformación [transfɔrma'θĭɔn] *f* Wandlung *f*, Verwandlung *f*, Umwandlung *f*; ~ *brusca* Umbruch *m*
transformador [transfɔrma'đɔr] *m TECH* Transformator *m*
transformamiento [transfɔrma'mĭento] *m* Verwandlung *f*
transformar [transfɔr'mar] *v* umändern, umsetzen, umwandeln
transformarse [transfor'marse] *v* sich wandeln, sich umwandeln, sich umgestalten
transformativo [transfɔrma'tiƀo] *adj* umwandelnd, umgestaltend
tránsfuga ['transfuga] *m* Fahnenflüchtiger *m*
transfundir [transfun'dir] *v* übergießen, umfüllen
transfusión [transfu'sĭɔn] *f (de sangre) MED* Bluttransfusion *f*
transfusor [transfu'sɔr] *m* Abfüllapparat *m*
transgredir [tranzgre'đir] *v irr* übertreten, überschreiten
transgresión [tranzgre'sĭɔn] *f* Übertretung *f*, Überschreitung *f*
transgresor [transgre'sɔr] *m* Übertreter *m*
transición [transi'θĭɔn] *f* Übergang *m*
transido [tran'siđo] *adj (acongojado)* erstarrt
transigencia [transixen'θĭa] *f* Nachgiebigkeit *f*, Versöhnlichkeit *f*
transigente [transi'xente] *adj* nachgiebig, versöhnlich
transigir [transi'xir] *v* nachgeben, einlenken
transistor [transis'tɔr] *m (radio)* Transistorradio *n*
transitable [transi'taƀle] *adj* befahrbar
transitar [transi'tar] *v* ~ *por* durchreisen, durchgehen
transitivo [transi'tiƀo] *adj verbo* ~ *GRAMM* transitives Verb *n*
tránsito ['transito] *m 1.* Durchreise *f*, Transit *m*, Durchgangsverkehr *m*; *2.* ~ *de mercancías ECO* Durchfuhrgüter *pl*, Transitgüter *pl*; *3. (circulación de vehículos)* Verkehr *m*, Verkehrsaufkommen *n*
transitorio [transi'torĭo] *adj* zeitlich begrenzt, vorübergehend
translucidez [transluθi'đeθ] *f* Durchsichtigkeit *f*
translucirse [translu'θirse] *v irr* durchscheinen, hindurchschimmern
transmigración [tranzmigra'θĭɔn] *f* Übersiedelung *f*
transmigrar [tranzmi'grar] *v* übersiedeln
transmisible [transmi'siƀle] *adj MED* übertragbar
transmisión [tranzmi'sĭɔn] *f 1.* Übertragung *f*, Übermittlung *f*; ~ *radiofónica*

Rundfunkübertragung *f; ~ de pensamientos* Gedankenübertragung *f; ~ en vivo y en directo* Livesendung *f; ~ vía satélite* Satellitenübertragung *f; 2. TECH* Übersetzung *f; relación de ~* Übersetzungsverhältnis *n; ~ por engranaje* Zahnradübersetzung *f; 3. MED* Übertragung *f; ~ de gérmenes* Keimübertragung *f; 4. ~ hereditaria BIO* Vererbung *f*

transmisor [transmi'sɔr] *m (aparato para transmitir) TECH* Sender *m,* Übertragungsgerät *n*

transmitir [tranzmi'tir] *v 1.* übermitteln, übertragen, überbringen; *~ a* weiterleiten an; *2. ~ a MED* übertragen auf; *3. (emitir)* senden, durchgeben, ausstrahlen

transmitirse [tranzmi'tirse] *v ~ hereditariamente BIO* sich vererben

transmutable [transmu'taƀle] *adj* umwandelbar

transmutación [transmuta'θĭɔn] *f* Wandlung *f,* Umwandlung *f*

transmutar [transmu'tar] *v* umwandeln, verändern

transmutativo [transmuta'tiƀo] *adj* umwandelnd

transnacional [transnaθĭo'nal] *f* multinationales Unternehmen *n*

transparencia [tranzpa'renθĭa] *f* Klarheit *f,* Transparenz *f*

transparente [tranzpa'rente] *adj* klar, durchsichtig, transparent

transpiración [tranzpira'θĭɔn] *f* Schweiß *m,* Schwitzen *n*

transpirar [tranzpi'rar] *v* schwitzen, ausdünsten

transplantar [transplan'tar] *v* verpflanzen

transponer [transpo'nɛr] *v irr (trasladar)* verlegen, versetzen, verpflanzen

transportable [tranzpɔr'taƀle] *adj* transportfähig

transportación [transporta'θĭɔn] *f* Beförderung *f,* Transport *m*

transportador [tranzpɔrta'đɔr] *m 1.* Transporteur *m; 2. TECH* Förderer *m; ~ de carga* Ladeförderer *m; ~ de cinta* Förderband *n; 3. (semicirculo para medir ángulos) TECH* Winkelmesser *m*

transportar [transpor'tar] *v 1.* bringen, transportieren, abtransportieren, überführen; *2. (a otra tonalidad) MUS* transponieren

transporte [tranz'pɔrte] *m* Transport *m,* Abtransport *m,* Überführung *f; ~ por ferrocarril* Bahntransport *m; ~ de carga/~ de mercancías* Gütertransport *m; ~ colectivo* Sammeltransport *m*

transportista [tranzpɔr'tista] *m* Spediteur *m*

transposición [transposi'θĭɔn] *f* Transposition *f,* Übertragung *f*

transubstanciación [transustanθia'θĭɔn] *f REL* Wandlung *f*

transvasar [tranzƀa'sar] *v* abfüllen

transversal [transƀɛr'sal] *adj* schräg, seitlich

transversalmente [transƀɛr'salmente] *adv* quer

transverso [trans'ƀɛrso] *adj* schräg, schief

tranvía [tram'ƀia] *m* Straßenbahn *f*

trapacear [trapa'θɛar] *v* betrügen, schwindeln

trapacería [trapaθe'rĭa] *f* Betrug *m,* Schwindelei *f*

trapacero [trapa'θero] *m* Betrüger *m*

trapaza [tra'paθa] *f* Schwindel *m*

trapear [tra'pɛar] *v (limpiar el piso) (LA)* wischen, mit dem Lappen sauber machen

trapecio [tra'peθĭo] *m* Trapez *n*

trapero [tra'pero] *m* Altwarenhändler *m,* Lumpensammler *m*

trapezoide [trape'θoiđe] *m* Trapezoid *n*

trapiento [tra'pĭento] *adj (andrajoso)* zerlumpt, abgerissen

trapisonda [trapi'sonda] *f (alboroto)* Krawall *m,* Tumult *m*

trapisondear [trapison'dear] *v* lärmen, sich empören

trapisondista [trapison'đista] *m* Intrigant *m,* (fam) Krakeeler *m*

trapo ['trapo] *m 1.* Tuch *n,* Lappen *m; ~ de limpieza* Putzlumpen *m; 2. ~s pl (fam)* Klamotten *pl; 3. dejarlo a uno como un ~* jdn fürchterlich herunterputzen, jdn niedermachen

tráquea ['trakea] *f ANAT* Luftröhre *f*

traquear [tra'kear] *v* lärmen

traqueo [tra'keo] *m (acción de traquear)* Knallen *n,* Krachen *n*

traquetear [trakete'ar] *v* rattern

traqueteo [trake'teo] *m* Geknatter *n,* Rütteln *n,* Schütteln *n*

tras [tras] *prep* nach, hinter

trascendental [trasθenđen'tal] *adj* transzendental, übergreifend, folgenschwer

trasegar [trase'gar] *v irr 1.* abfüllen; *2. (fantasma)* spuken

trasero [tra'sero] *m 1.* Hintern *m,* Po *m; adj 2.* hintere(r,s)
trasfondo [tras'fɔndo] *m* Hintergrund *m*
trashumar [trasu'mar] *v AGR* wandern (Herde)
trasiego [tra'sĭego] *m* Umfüllen *n,* Abfüllen *n*
trasladar [trasla'đar] *v 1.* überführen, wegbringen, verlegen; *2. ECO* übertragen, überschreiben, abschreiben
trasladarse [trasla'đarse] *v* sich begeben; *~ a otra casa* umziehen
traslado [tras'lađo] *m 1. (cambio)* Verlegung *f,* Versetzung *f,* Verrückung *f; 2. (mudanza)* Umzug *m; ~ de un país a otro* Übersiedelung *f; 3. ~ a otra cuenta ECO* Umbuchung *f; 4. ~ de datos INFORM* Datenübertragung *f*
traslapar [trasla'par] *v* überlappen
traslapo [tras'lapo] *m* Überlappung *f,* Überschneidung *f*
traslaticio [trasla'tiθĭo] *adj* übertragen
trasluz [tras'luθ] *m* Schimmer *m*
trasnochada [trasno'tʃađa] *f* vergangene Nacht *f,* Nachtwache *f*
trasnochado [trazno'tʃađo] *adj* übernächtigt
trasnochador [trasnotʃa'đɔr] *m* Nachtschwärmer *m*
trasnombrar [trasnom'brar] *v* verwechseln
trasoir [traso'ir] *v irr* sich verhören
traspalar [traspa'lar] *v* umstechen, umschaufeln
traspaleo [traspa'leo] *m* Umstechen *n*
traspapelarse [traspape'larse] *v* verlegen, verlieren
traspasamiento [traspasa'mĭento] *m* Beförderung *f,* Übertragung *f*
traspasar [traspa'sar] *v (en un negocio)* übereignen
traspatio [tras'patĭo] *m* Hinterhof *m*
traspié [tras'pĭe] *m* Fehltritt *m*
trasplantación [trasplantaθ'ĭɔn] *f MED* Transplantation *f,* Verpflanzung *f*
trasplantar [trasplan'tar] *v 1.* umpflanzen, umtopfen; *2. MED* transplantieren
trasplante [tras'plante] *m 1. MED* Transplantation *f; ~ de corazón* Herztransplantation *f*
traspunte [tras'punte] *m* Inspizient *m*
trasquilador [traskila'đɔr] *m* Schafscherer *m*
trasquiladura [traskila'đura] *f* Schur *f*
trasquilar [traski'lar] *v* scheren, stutzen, abschneiden
trastabillar [trastaƀi'ʎar] *v* straucheln, stolpern
trastada [tras'tađa] *f hacer una ~* einen bösen Streich spielen *m*
trastazo [tras'taθo] *m* Schlag *m*
trasteado [tras'teađo] *m (conjunto de trastes) MUS* Saiten *f/pl*
trastero [tras'tero] *m* Abstellkammer *f,* Rumpelkammer *f* (fam)
trastocador [trastoka'đɔr] *adj* umordnend, umschichtend
trastornado [trastɔr'nađo] *adj* gestört, verstört
trastornador [trastɔrna'đɔr] *adj* umstürzend, verkehrend, verwirrend
trastorno [tras'tɔrno] *m 1.* Störung *f,* Verwirrung *f; 2. ~ circulatorio MED* Durchblutungsstörung *f; ~ digestivo* Verdauungsstörung *f*
trastos ['trastos] *m/pl* Kram *m,* Ramsch *m,* Plunder *m; ~ viejos* Trödel *m*
trastrocamiento [trastroka'mĭento] *m* Verwechslung *f*
trastrocar [trasto'kar] *v* verwechseln, umkehren
trastrueque [tras'trweke] *m* Verwechslung *f*
trasudación [trasuđa'θĭɔn] *f* Transpirieren *n*
trasudar [trasu'đar] *v* transpirieren
trasudor [trasu'đɔr] *m* Schweiß *m*
trasuntar [trasun'tar] *v* abschreiben
trasunto [tra'sunto] *m* Abbild *n*
trasvasar [trasƀa'sar] *v* abfüllen, umgießen
trasvenarse [trasƀe'narse] *v* verrinnen
trasvolar [trasƀo'lar] *v* hinüberfliegen
tratable [tra'taƀle] *adj* verträglich, zugänglich, umgänglich
tratado ['tratađo] *m 1.* Abhandlung *f; 2. POL* Konvention *f,* Vertrag *m; ~ de paz* Friedensvertrag *m; ~ de desarme* Abrüstungsabkommen *n*
tratamiento [trata'mĭento] *m 1. MED* Behandlung *f; 2. ~ de un tema* Bearbeitung *f,* Aufarbeitung *f; 3. (forma de dirigirse a alguien)* Benehmen *n*
tratante [tra'tante] *m* Händler *m*
tratar [tra'tar] *v 1.* behandeln, umgehen; *~ a alguien de usted* jdn siezen; *~ mal* schlecht behandeln, traktieren; *~ bien a alguien* jdn gut behandeln; *2. ~ un tema* ein

Thema abhandeln; *3. (probar)* probieren; *~ de* versuchen; *~ de hacer algo* danach trachten, etw zu tun; *4. MED* behandeln, verarzten; *~ con rayos* bestrahlen

trato ['trato] *m 1.* Behandlung *f,* Benehmen *n; 2. (acuerdo)* Abmachung *f,* Vereinbarung *f,* Vertrag *m*

trauma ['traŭma] *m MED* Trauma *n*

traumático [traŭ'matiko] *adj* traumatisch, einen Schock verursachend

traumatismo [traŭma'tizmo] *m MED* Trauma *n*

traumatología [traŭmatolo'xĭa] *f MED* Unfallchirurgie *f*

traumatólogo [traŭma'tologo] *m/f MED* Unfallchirurg *m*

traver [tras'ƀɛr] *v*

travesaño [traƀe'saɲo] *m* Querbalken *m*

travesear [traƀe'sear] *v (hacer travesuras)* durchqueren, scherzen

travesero [traƀe'sero] *adj flauta travesera* Querflöte *f*

travesía [traƀe'sia] *f 1.* Durchfahrt *f,* Überfahrt *f; ¿Cuánto tiempo dura la ~?* Wie lange dauert die Überfahrt? *2. (calle)* Querstraße *f*

travestir [traƀes'tir] *v* travestieren, lächerlich machen

travesura [traƀe'sura] *f* Schabernack *m,* Unfug *m,* Übermut *m; hacer una ~* einen Streich spielen

traviesa [tra'ƀĭesa] *f* Schwelle *f*

travieso [tra'ƀĭeso] *adj 1.* übermütig, keck, unartig (Kind); *2. (transversal)* quer

trayecto [tra'jɛkto] *m* Strecke *f,* Weg *m*

trayectoria [trajɛk'torĭa] *f* Flugbahn *f,* Werdegang *m* (fig)

trazado [tra'θađo] *m* Entwurf *m,* Trasse *f*

trazar [tra'θar] *v 1.* zeichnen, aufzeichnen; *2. (proyectar)* projektieren, entwerfen, skizzieren

trazo ['traθo] *m* Strich *m*

trebejo [treƀejo] *m/pl (trasto)* Handwerksgerät *n*

trébol ['treƀɔl] *m BOT* Klee *m*

trece ['treθe] *num* dreizehn

trecho ['tretʃo] *m* Strecke *f; ~ de prueba* Teststrecke *f*

trefilar [trefi'lar] *v* ziehen

tregua ['tregwa] *f* Waffenstillstand *m; ~ política* Burgfriede *m*

treinta ['trɛĭnta] *num* dreißig

tremebundo [treme'ƀundo] *adj* entsetzlich, furchtbar

tremendo [tre'mendo] *adj (poderoso)* mächtig, ungeheuer, fürchterlich

tremolante [tremo'lante] *adj* zitternd, schwingend

tremolar [tremo'lar] *v* schwingen

tremolina [tremo'lina] *f (escándalo)* Krach *m,* Lärm *m,* Radau *m*

trémolo ['tremolo] *m MUS* Tremolo *n*

tren [tren] *m 1.* Zug *m,* Bahn *f; ~ ómnibus* Personenzug *m; ~ de carga/~ de mercancías* Güterzug *m; ~ de cercanías* Nahverkehrszug *m; ~ directo* D-Zug *m; ~ rápido* Eilzug *m; ~ expreso* Expresszug *m; ~ fantasma/~ de la bruja* Geisterbahn *f; ¿Hay un ~ expreso a Valencia?* Gibt es einen Schnellzug nach Valencia? *2. ~ de fabricación TECH* Fertigungsstraße *f; 3. ~ de lavado* Waschanlage *f*

trena ['trena] *f* Knast *m*

trenza ['trenθa] *f* Zopf *m*

trenzar [tren'θar] *v* flechten

trepar [tre'par] *v 1. ~ a* klettern auf; *2. ~ por BOT* ranken um

trepidación [trepiđa'θĭɔn] *f* Beben *n,* Zittern *n,* Zucken *n*

trepidante [trepi'đante] *adj* zitternd, bebend, stampfend

trepidar [trepi'đar] *v* beben, zittern

tres [tres] *num* drei; *~ veces* dreimal; *~ cuartos* drei viertel

tresbolillo [tresƀo'liʎo] *m al ~* im Viereck *n*

trescientos [tres'θĭentos] *num* dreihundert

tresillo [tre'siʎo] *m (grupo de tres notas de igual valor) MUS* Tresillo *m*

treta ['treta] *f* Masche *f,* Trick *m*

triangulación [trĭaŋgula'θĭɔn] *f* Dreieck *n*

triangular [trĭaŋgu'lar] *adj* dreieckig

triángulo ['trĭaŋgulo] *m 1. MATH* Dreieck *n; 2. ~ amoroso* Dreiecksverhältnis *n; 3. ~ de emergencia* Warndreieck *n*

tribal [tri'ƀal] *adj* Stammes...

tribu ['triƀu] *f* Stamm *m*

tribulación [triƀula'θĭɔn] *f* Heimsuchung *f,* Trübsal *f*

tribuna [tri'ƀuna] *f* Tribüne *f*

tribunal [triƀu'nal] *m JUR* Gericht *n; ~ laboral* Arbeitsgericht *n; ~ examinador* Prüfungsausschuss *m; ~ constitucional* Verfassungsgericht *n; ~ de justicia* Gerichtshof *m; ~ arbitral* Schiedsgericht *n; ~ de escabinos* Schöffengericht *n*

tributación [triƀuta'θĭɔn] *f FIN* Besteuerung *f*
tributante [triƀu'tante] *m* Tribut leistende Person *f*, Steuerpflichtiger *m*
tributario [triƀu'tarĭo] *adj* steuerlich
tributo [tri'ƀuto] *m* Steuer *f*, Tribut *m*
tríceps ['triθeps] *m ANAT* Trizeps *m*
triciclo [tri'θiklo] *m* Dreirad *n*
tricornio [tri'kɔrnĭo] *m* Dreispitz *m*
tricot [tri'kɔt] *m* Trikot *n*
tricotar [triko'tar] *v* stricken
tricotomía [trikoto'mia] *f (división en tres partes)* Dreiteilung *f*
tricotómico [triko'tomiko] *adj* dreigeteilt
tricótomo [tri'kotomo] *adj* dreigeteilt
tridimensional [tridimensĭo'nal] *adj* dreidimensional
triedro ['trĭetro] *adj ángulo ~ MATH* dreiflächiger Winkel *m*
trifásico [tri'fasiko] *adj corriente trifásica TECH* Drehstrom *m*
trífido ['trifiđo] *adj* dreispaltig
trifoliado [trifo'lĭađo] *adj* dreiblättrig
trifolio [tri'folĭo] *m BOT* Klee *m*
trifulca [tri'fulka] *f (fig: pelea)* Streit *m*, Auseinandersetzung *f*; *Se armó una trifulca en el bar.* In der Bar kam es zum Streit.
trifurcación [trifurka'θĭɔn] *f* Dreiergabelung *f*
trigal [tri'gal] *m* Kornfeld *n*, Weizenfeld *n*
trigaza [tri'gaθa] *f AGR* Triga *f*
trigémino [tri'xemino] *m ANAT* Trigeminus *m*
trigésimo [tri'xesimo] *adj* dreißigste(r,s)
triglifo [tri'glifo] *m ARCH* Triglyph *m*
trigo ['trigo] *m BOT* Weizen *m*
trigonometría [trigonome'trĭa] *f MATH* Trigonometrie *f*
trilateral [trilate'ral] *adj* dreiseitig
trilátero [tri'latero] *adj* dreiseitig
trilingüe [tri'liŋgwe] *adj* dreisprachig
trilobulado [triloƀu'lađo] *adj* dreilappig
trilogía [trilo'xia] *f* Trilogie *f*
trilla ['triʎa] *f AGR* Dreschen *n*
trillado [tri'ʎađo] *adj (una verdad trillada)* abgedroschen, allseits bekannt
trillar [tri'ʎar] *v* dreschen
trillizos [tri'ʎiθos] *m/pl* Drillinge *pl*
trillo ['triʎo] *m* Flegel *m*
trimestral [trimes'tral] *adj* vierteljährlich
trimestre [tri'mestre] *m* Quartal *n*, Trimester *n*
trimorfo [tri'mɔrfo] *adj* dreigestaltig
trimotor [trimo'tɔr] *adj TECH* dreimotorig
trinado [tri'nađo] *m* Vogelgezwitscher *n*
trinar [tri'nar] *v* zwitschern
trinchar [trin'tʃar] *v* tranchieren
trinche ['trintʃe] *m (LA)* Gabel *f*
trinchera [tri'tʃera] *f MIL* Schützengraben *m*
trineo [tri'neo] *m* Schlitten *m*
Trinidad [trini'đađ] *f REL* Dreieinigkeit *f*
trinitaria [trini'tarĭa] *f BOT* Stiefmütterchen *n*
trino ['trino] *m MUS* Triller *m*
trío ['trĭo] *m 1.* Dreiergruppe *f*; *2. (conjunto musical) MUS* Trio *n*; *3. (obra musical) MUS* Musik für drei Instrumente *f*
tripa ['tripa] *f (intestino)* Darm *m*
tripartición [triparti'θĭɔn] *f* Dreiteilung *f*
tripartidismo [tripar'tidizmo] *m POL* Dreiparteiensystem *n*
tripartir [tripar'tir] *v* dreiteilen
triplano [tri'plano] *m TECH* Dreidecker *m*
triple ['triple] *adj* dreifach
triplicado [tripli'kađo] *m por ~* in dreifacher Ausfertigung *f*
triplicar [tripli'kar] *v* verdreifachen
trípode ['tripođe] *m* Stativ *n*
tríptico ['triptiko] *m ART* Triptychon *n*
tripulación [tripula'θĭɔn] *f* Mannschaft *f*, Besatzung *f*
tripulado [tripu'lađo] *adj* bemannt
tripulante [tripu'lante] *m* Besatzungsmitglied *n*, Mannschaftsmitglied *n*
tripular [tripu'lar] *v* bemannen
triquina [tri'kina] *f ZOOL* Trichine *f*
triquiñuela [triki'ɲwela] *f (artimaña)* List *f*, Ausrede *f*, Betrügerei *f*
tris [tris] *m* Handgriff *m*
trisecar [trise'kar] *v MATH* dreiteilen
trisección [triseg'θĭɔn] *f MATH* Dreiteilung *f*
trisemanal [trisema'nal] *adj* dreiwöchentlich
triste ['triste] *adj* traurig, trübselig, trübsinnig
tristeza [tris'teθa] *f* Trauer *f*, Traurigkeit *f*, Trübsinn *m*
tristón [tris'tɔn] *adj* freudlos
tritio ['tritĭo] *m (elemento químico) CHEM* Tritium *n*

tritón [tri'tɔn] *m ZOOL* Molch *m*
tritono [tri'tono] *m MUS* Dreiton *m*
triturable [tritu'raƀle] *adj* zerquetschbar, mahlbar
trituración [tritura'θĭɔn] *f* Zermalmung *f,* Zerreibung *f*
triturador [tritura'đɔr] *m ~ de carne* Fleischwolf *m*
triturar [tritu'rar] *v* zermalmen, zerreiben, zerkleinern, zerquetschen
triunfador(a) [trĭumfa'đɔr(a)] *m/f* Sieger(in) *m/f*
triunfal [trĭum'fal] *adj* triumphal
triunfante [trĭum'fante] *adj* siegreich
triunfar [trĭum'far] *v ~ sobre* siegen über, bezwingen, triumphieren über
triunfo ['trĭumfo] *m* Sieg *m,* Triumph *m*
trivalencia [triƀa'lenθĭa] *f CHEM* Dreiwertigkeit *f*
trivalente [triƀa'lente] *adj CHEM* dreiwertig
trivalvo [tri'ƀalƀo] *adj ZOOL* dreiklappig
trivial [tri'ƀĭal] *adj* banal, geistlos, platt
trivialidad [triƀĭali'đađ] *f* Banalität *f*
triza ['triθa] *f hacer ~s* kleinschlagen, zerfetzen
trizar [tri'θar] *v* zerstückeln, zerfetzen
trocar [tro'kar] *v irr* tauschen; *~ por* eintauschen gegen
troceo [tro'θeo] *m* Zerstückelung *f,* Zerteilung *f*
trofeo [tro'feo] *m* Trophäe *f*
trófico ['trofiko] *adj MED* trophisch
troglodita [troglo'đita] *m 1. HIST* Höhlenbewohner *m,* Troglodyt *m; 2. (fig: hombre rudo)* Barbar *m*
troica ['troika] *f (trineo ruso)* Troika *f*
tromba ['trɔmba] *f METEO* Wasserhose *f*
trombocito [tromƀo'θito] *m ANAT* Thrombozyt *m*
trombón [trɔm'ƀɔn] *m MUS* Posaune *f*
trombosis [trɔm'ƀosis] *f MED* Thrombose *f*
trompa ['trɔmpa] *f 1. ZOOL* Rüssel *m; 2. las ~s de Falopio pl ANAT* Eileiter *pl*
trompada [trɔm'pađa] *f (puñetazo)* Schlag *m,* Faustschlag *m*
trompazo [trɔm'paθo] *m (golpe)* Schlag *m,* Stoß *m*
trompeta [trɔm'peta] *f* Trompete *f; tocar la ~* Trompete spielen
trompetazo [trɔmte'taθo] *m* Trompetenblasen *n*
trompetear [trɔmpe'tear] *v* trompeten
trompeteo [trɔmpe'teo] *m* Trompeter *m*
trompetería [trɔmpete'ria] *f MUS* Trompetengeschmetter *n*
trompetista [trɔmpe'tista] *m/f MUS* Trompeter(in) *m/f*
trompicar [trɔmpi'kar] *v (tropezar)* stolpern, straucheln, fallen
trompicón [trɔmpi'kɔn] *m* Straucheln *n,* Stolpern *n*
trompiza [trɔm'piθa] *f (LA)* Schlägerei *f*
tronar [tro'nar] *v irr* donnern
tronchar [trɔn'tʃar] *v* schneiden
troncho ['trɔntʃo] *m* Stängel *m,* Stiel *m*
tronco ['trɔŋko] *m 1.* Baumstamm *m; dormir como un ~* wie ein Murmeltier schlafen; *2. (carruaje)* Gespann *n; 3. (fig)* Stamm *m; 4. ANAT* Oberkörper *m,* Rumpf *m*
tronera [tro'nera] *f ARCH* Luke *f*
tronido [tro'niđo] *m* Donner *m,* Ruin *m*
trono ['trono] *m* Thron *m*
tropa ['tropa] *f MIL* Truppe *f*
tropel [tro'pel] *m (multitud)* Menschenmenge *f,* Menge *f*
tropelía [trope'lia] *f (atropello)* Zusammenstoß *m,* Gewalttätigkeit *f*
tropezadero [tropeθa'đero] *m* Stolpern *n*
tropezadura [tropeθa'đura] *f* Straucheln *n*
tropezar [trope'θar] *v irr 1. ~ con* stolpern über; *2. ~ contra* anstoßen an
tropezón [trope'θɔn] *m* Fehltritt *m*
tropical [tropi'kal] *adj* tropisch; *instituto ~* Tropeninstitut *n*
trópicos ['tropikos] *m/pl GEO* Tropen *pl*
tropiezos [tro'pĭeθos] *m/pl 1.* Hindernis *n,* Schwierigkeit *f; 2. (fig)* Fehltritt *m*
tropismo [tro'pizmo] *m* Tropismus *m*
tropología [tropolo'xia] *f* bildhafte Redeweise *f*
tropológico [tropo'loxiko] *adj* tropisch
troposfera [tropos'fera] *f* Troposphäre *f*
troquel [tro'kel] *m* Münzstempel *m*
troquelar [troke'lar] *v* stanzen, prägen
trotada [tro'tađa] *f* Trab *m*
trotamundos [trota'mundos] *m* Weltenbummler *m,* Globetrotter *m*
trotar [tro'tar] *v 1. (un caballo)* traben, trotten; *2. (hacer jogging)(LA)* joggen
trote ['trote] *m* Trab *m*
trova ['troƀa] *f (canción de amor de los trovadores) MUS* Trove *f,* Liebeslied *n*

trovador [troƀa'tɔr] *m HIST* Troubadour *m*
trozo ['troθo] *m* Stück *n,* Bissen *m,* Brocken *m; a ~s* stückweise; *un ~ de queso/pan/mantequilla* ein Stück Käse/Brot/Butter *n*
trucaje [tru'kaxe] *m CINE* Trickfilmaufnahme *f*
trucha ['trutʃa] *f ZOOL* Forelle *f*
truco ['truko] *m 1.* Trick *m,* Tour *f; 2. (de arte)* Kunststück *n; 3. CINE* Gag *m*
truculencia [truku'lenθǐa] *f* Schauermärchen *n,* Brutalität *f*
truculento [truku'lento] *adj* grausam, schaurig
trueno ['trweno] *m* Donner *m*
trueque ['trweke] *m* Tausch *m,* Umtausch *m,* Tauschgeschäft *n*
trufa ['trufa] *f BOT* Trüffel *m*
trufar [tru'far] *v GAST* trüffeln
truficultura [trufikul'tura] *f* Trüffelzucht *f*
truhán [tru'an] *m* Spitzbube *m,* Gauner *m*
truhanada [trua'nađa] *f* Gaunerei *f*
truhanería [truane'ria] *f* Ganovenstreich *m*
truhanesco [trua'nesko] *adj* ganovenhaft, spitzbübisch
truncado [truŋ'kađo] *adj* verstümmelt, gebrochen
truncamiento [truŋka'mǐento] *m* Verstümmelung *f,* Entstellung *f*
truncar [truŋ'kar] *v* abbrechen
trust [trust] *m ECO* Trust *m*
tú [tu] *pron (personal)* du
tu [tu] *pron (posesivo)* dein(e)
tubérculo [tu'ƀɛrkulo] *m BOT* Knolle *f*
tuberculosis [tuƀɛrku'losis] *f MED* Tuberkulose *f*
tubería [tuƀe'ria] *f* Leitung *f,* Rohr *n,* Röhre *f*
tubo ['tuƀo] *m 1.* Tube *f; 2. ~ de ensayo CHEM* Reagenzglas *n; 3. ~ de escape TECH* Auspuffrohr *n; ~ de imagen* Bildröhre *f; 4. (fam)* U-Bahn *f*
tubuladura [tuƀula'đura] *f ~ de relleno TECH* Einfüllstutzen *m*
tuerca ['twɛrka] *f TECH* Mutter *f*
tuétano ['twetano] *m ANAT* Knochenmark *n*
tul [tul] *m* Tüll *m*
tulipán [tuli'pan] *m BOT* Tulpe *f*
tullido [tu'ʎiđo] *adj MED* lahm, verkrüppelt
tumba ['tumba] *f 1.* Grab *n; 2. (panteón)* Gruft *f*
tumbar [tum'bar] *v* umschmeißen, kippen, umkippen, umstoßen
tumbarse [tum'ƀarse] *v (fam: arrellanarse)* sich fallen lassen, es sich bequem machen
tumbona [tum'bona] *f* Liegestuhl *m*
tumor [tu'mɔr] *m MED* Tumor *m,* Geschwulst *f; ~ cerebral* Gehirntumor *m*
tumulto [tu'multo] *m* Krawall *m,* Tumult *m*
tunante [tu'nante] *m* Tunichtgut *m*
túnel ['tunɛl] *m 1.* Tunnel *m; 2. ~ aerodinámico TECH* Windkanal *m*
turba ['turƀa] *f 1.* Torf *m; 2. (fig)* Menge *f,* Meute *f*
turbación [turƀa'θǐɔn] *f* Peinlichkeit *f*
turbado [tur'ƀađo] *adj* verstört; *estar ~* betreten sein
turbamulta [turƀa'multa] *f* Gedränge *n,* Menschenmenge *f*
turbar [tur'ƀar] *v* trüben
turbina [tur'ƀina] *f* Turbine *f*
turbio ['turƀǐo] *adj* trüb
turbulento [turƀu'lento] *adj* turbulent
turco ['turko] *m 1.* Türke *m; adj 2.* türkisch
turismo [tu'rizmo] *m 1.* Fremdenverkehr *m,* Tourismus *m; 2. (automóvil)* Personenkraftwagen *m*
turista [tu'rista] *m/f* Tourist(in) *m/f*
turnarse [tur'narse] *v* sich abwechseln, sich ablösen
turno ['turno] *m* Schicht *f; de ~* Dienst habend; *~ de noche* Nachtschicht *f; ~ de tarde* Spätschicht *f*
turquesa [tur'kesa] *f 1. MIN* Türkis *m; adj 2.* türkis
Turquía [tur'kia] *f GEO* Türkei *f*
tutela [tu'tela] *f* Vormundschaft *f,* Obhut *f,* Bevormundung *f; tener a alguien bajo ~* jdn bevormunden
tutelado [tute'lađo] *m JUR* Mündel *n*
tuteo [tu'tɛo] *m* Duzen *n*
tutor(a) [tu'tɔr/tu'tora] *m/f* Vormund *m,* Tutor(in) *m/f*
tutoría [tuto'ria] *f* Vormundschaft *f*
tutorial [tuto'rǐal] *m (documentación de un programa) INFORM* Tutor *m,* Assistent *m,* Hilfsprogramm *n*
tuya ['tuja] *f BOT* Lebensbaum *m*
tuyo ['tujo] *pron (posesivo)* dein, deine(r,s)

U

u [u] *konj (antes de o, ho)* oder
ubicación [uƀika'θĭɔn] *f* Standort *m,* Unterbringung *f,* Lageplan *m*
ubicarse [uƀi'karse] *v (LA)* sich zurechtfinden
ubicuidad [uƀikwi'đađ] *f* Allgegenwärtigkeit *f*
ubicuo [u'ƀikwo] *adj* allgegenwärtig
ubre ['uƀre] *f ZOOL* Euter *n*
ucase [u'kase] *m* Ukas *m*
Ucrania [u'kranĭa] *f GEO* Ukraine *f*
ucranio [u'kranĭo] *m 1. GEO* Ukrainer *m; adj 2. GEO* ukrainisch
ufanarse [ufa'narse] *v* sich brüsten
ufano [u'fano] *adj 1.* selbstgefällig; *2. (fig: contento)* vergnügt, zufrieden
ujier [u'xĭer] *m (bedel)* Türsteher *m*
úlcera ['ulθera] *f MED* Geschwür *n*
uliginoso [ulixi'noso] *adj BOT* sumpfig
ulitis [u'litis] *f MED* Ulitis *f,* Zahnfleischentzündung *f*
ulmaria [ul'marĭa] *f BOT* Geißbart *m,* Sumpfstaude *f*
ulterior [ulte'rĭɔr] *adj 1.* anderweitig, jenseitig; *2. (posterior)* nachträglich, später, Weiter...
ultílogo [ul'tilogo] *m LIT* Nachwort *n*
últimamente ['ultimamente] *adv* neulich, letztens
ultimar [ulti'mar] *v 1.* vollenden; *2. (asesinar) (LA)* umbringen
ultimátum [ulti'matun] *m* Ultimatum *n*
ultimidad [ultimi'đađ] *f* Ende *n*
último ['ultimo] *adj 1.* letzte(r,s), vorig; *la última vez* das letzte Mal; *Los últimos siempre serán los primeros.* Die Letzten werden die Ersten; *por ~* schließlich, abschließend; apelar al ~ recurso zum Äußersten greifen; *adj 2. a última hora* in letzter Minute; *3. a la última moda* nach der letzten Mode; *4. estar en las últimas* in den letzten Zügen liegen
ultraconservador [ultrakɔnsɛrƀa'đɔr] *adj* erzkonservativ
ultracorto [ultra'kɔrto] *adj onda ultracorta PHYS* Ultrakurzwellen *f/pl*
ultraderechista [ultradere'tʃista] *m/f POL* Rechtsextremist(in) *m/f*
ultrajador [ultraxa'đor] *m* Beleidiger *m,* Schänder *m*
ultrajar [ultra'xar] *v 1.* angreifen; *2. (tratar con desprecio a una persona)* beleidigen, missachten
ultraje [ul'traxe] *m* Schande *f,* Schmach *f*
ultrajoso [ultra'xoso] *adj* schmählich, schimpflich, schändlich
ultramar [ultra'mar] *m* Übersee *f*
ultramoderno [ultramo'đɛrno] *adj* hypermodern
ultramundano [ultramun'đano] *adj* überweltlich
ultranza [ul'tranθa] *f a ~* um jeden Preis, radikal
ultrarrápido [ultra'rrapiđo] *adj* überschnell
ultrarrojo [ultra'rroxo] *adj PHYS* Infrarot...
ultrasonografía [ultrasonogra'fia] *f MED* Ultraschall *m*
ultravioleta [ultraƀĭo'leta] *adj* ultraviolett
ulular [ulu'lar] *v* heulen
umbela [um'ƀela] *f BOT* Dolde *f*
umbilical [umƀili'kal] *adj 1.* Nabel...; *2. cordón ~ ANAT* Nabelschnur *f; hernia ~* Nabelbruch *m*
umbral [um'bral] *m 1.* Schwelle *f,* Türschwelle *f; 2. ~ de la inhibición PSYCH* Hemmschwelle *f*
umbrátil [um'ƀratil] *adj* schattig, verschattet
umbroso [um'ƀroso] *adj (con sombra)* schattig
un [un] *art 1.* ein; *num 2.* eins
una ['una] *art* eine
unánime [u'nanime] *adj* einstimmig
unanimidad [unanimi'đađ] *f* Einstimmigkeit *f; por ~* einstimmig
unas ['unas] *pron* einige, etliche
unciforme [unθi'fɔrme] *adj ANAT* hakenförmig
unción [un'θĭɔn] *f 1. MED* Einreibung *f,* Einsalbung *f; 2. REL* Salbung *f; 3. (gracia especial del Espíritu Santo)* Eingebung des Hl. Geistes; *4. (fig: dedicación, fervor a algo)* Hingabe *f*
undécimo [un'deθimo] *adj* elfte(r,s)
undécuplo [un'đekuplo] *adj* elffach
undulación [unđula'θĭɔn] *f* Wallen *n,* Wogen *n,* Wellenbewegung *f*

undular [unđu'lar] *v* wallen, wogen, wellenförmig bewegen
ungido [un'xiđo] *m REL* Gesalbter *m*
ungir [un'xir] *v 1. (frotar con aceite)* einölen; *2. (consagrar con óleo sagrado) REL* salben, ölen
ungüento [uŋ'gwento] *m* Salbe *f,* Linderung *f*
ungulado [unku'lađo] *adj ZOOL* hufig, Huf...; *m/pl 2. ZOOL* Huftiere *n/pl*
unicelular [uniθelu'lar] *adj 1. BIO* einzellig; *m/pl 2. BIO* Einzeller *m/pl*
unicidad [uniθi'đađ] *f* Einzigkeit *f*
único ['uniko] *adj 1.* einzeln, allein, einzig; *2. (singular)* einmalig, einzigartig; *3. ejemplar ~* Unikum *n,* Einzelstück *n; 4. hijo ~* Einzelkind *n; 5. ~ en su clase* einzig in seiner Art *f*
unicolor [uniko'lɔr] *adj* einfarbig
unidad [uni'đađ] *f 1.* Einheit *f,* Einigkeit *f; ~ monetaria ECO* Währungseinheit *f; 2. (dispositivo) INFORM* Laufwerk *n; ~ de CD-Rom* CD-Rom Laufwerk *n; ~ de disco duro* Festplatten-Laufwerk *n; ~ central de procesamiento* zentrales Betriebslaufwerk *n; 3. ~ de tiempo* Einheit der Zeit; *~ de espacio* Einheit des Raums; *~ de masa* Masseneinheit *f; ~ eléctrica* elektrische Einheit *f; ~ calorífica* kalorische Einheit *f; ~ óptica* optische Einheit *f; ~ de radiactividad* Einheit der Radioaktivität; *4. precio por ~* Stückpreis *m*
unido [u'niđo] *adj* vereint, vereinigt
unificación [unifika'θĭɔn] *f POL* Einigung *f,* Vereinigung *f*
unificar [unifi'kar] *v* vereinheitlichen, zusammenführen
uniformado [unifor'mado] *adj 1.* uniformiert, einheitlich; *m 2. (LA: de alguna fuerza pública)* amtliche Person *f*
uniformar [unifɔr'mar] *v 1.* vereinheitlichen; *2. (dar uniformes a las personas)* uniformieren
uniforme [uni'fɔrme] *m 1.* Uniform *f,* Kluft *f,* Montur *f; adj 2.* einheitlich, gleichmäßig
uniformidad [unifɔrmi'đađ] *f* Einerlei *n,* Gleichmäßigkeit *f*
uniformizar [uniformi'θar] *v (hacer uniforme)* gleichförmig machen, vereinheitlichen
unigénito [uni'xenito] *adj 1. (hijo único)* einziges Kind *n; m 2. el ~ (el Hijo de Dios) REL* Gottessohn *m*
unilateral [unilate'ral] *adj 1.* einseitig, eingleisig; *2. (que compromete sólo una de las partes JUR* einseitig; *contrato ~* einseitiger Vertrag *m; 3. decisión ~* einseitige Entscheidung *f*
unilateralidad [unilaterali'đađ] *f* Einseitigkeit *f,* Voreingenommenheit *f*
unión [u'nĭɔn] *f 1.* Vereinigung *f,* Zusammenfassung *f,* Zusammenschluss *m; 2. POL* Union *f,* Einigung *f; 3. (grupo)* Verein *m,* Verband *m; 4. (conexión)* Anschluss *m,* Verbindung *f; 5. ~ con* Verbundenheit mit *f; 6. Unión Europea (UE) GEO* Europäische Union (EU) *f; 7. Unión de Estados Independientes (UEI) GEO* Gemeinschaft Unabhängiger Staaten (GUS) *f; 8. (matrimonio)* Ehe *f,* Ehebündnis *n; 9. (soldadura de los huesos fracturados)* Verwachsung *f,* Verheilung *f*
unipersonal [uniperso'nal] *adj (verbos que se conjugan en una persona) GRAMM* unpersönlich
unipolar [unipo'lar] *adj* einpolig
unir [u'nir] *v 1.* verbinden, anschließen, zusammenlegen, zusammenfügen; *2. (fig: re~)* vereinigen; *3. (juntar una cosa con otra)* vereinen, vereinigen
unirse [u'nirse] *v 1.* sich verbünden, sich zusammenschließen; *~ a alguien* sich jdm anschließen; *2. (relacionarse por medio del matrimonio)* sich verheiraten
unisonancia [uniso'nanθĭa] *f MUS* Einstimmigkeit *f*
unisonancia [uniso'nanθĭa] *f* Einklang *m,* Einigkeit *f*
unísono [u'nisono] *adj 1.* einstimmig; *al ~* im Einklang, einstimmig; *2. al ~ MUS* unisono, einstimmig
unitario [uni'tarĭo] *adj 1.* einheitlich, Einheits...; *2.* Stück..., Einzel...; *precio ~* Stückpreis *m; 3. (partidario de la unidad política) POL* Unitarist *m; 4. (partidario del unitarismo) REL* Unitarier *m*
unitivo [uni'tiƀo] *adj* vereinigend
universal [uniƀɛr'sal] *adj 1.* allgemein, durchgängig; *2. (mundial)* weltweit, universal; *3. (válido de manera absoluta y total)* universell, allgemein; *4. (que posee aptitudes para todo)* universal, allumfassend; *5. (que tiene inumerables aspectos)* vielseitig; *6. de fama ~* weltberühmt
universalidad [uniƀersali'đađ] *f 1.* Allgemeinheit *f,* Unbeschränktheit *f,* Vielseitigkeit *f; 2.* Allgemeingültigkeit *f*

universalismo [uniƀersa'lizmo] *m* Universalismus *m*
universalista [uniƀersa'lista] *m* Universalist *m*
universalización [uniƀɛrsaliθa'θĭɔn] *f* Verallgemeinerung *f*
universidad [uniƀɛrsi'đađ] *f* Hochschule *f*, Universität *f*; *~ popular* Volkshochschule *f*
universitario [uniƀɛrsi'tarĭo] *adj 1.* Universitäts...; *m 2.* Akademiker *m*, Student *m*
universo [uni'ƀɛrso] *m 1.* Weltall *n*, All *n*, Universum *n*; *2. (fig: mundo)* Welt *f*, Universum *n*; *el ~ de la ciencia* die Welt der Wissenschaft; *el ~ de la mente* Geisteswelt *f*
univitelino [uniƀite'lino] *adj BIO* eineiig
univocación [uniƀoka'θĭɔn] *f* Eindeutigkeit *f*
unívoco [u'niƀoko] *adj 1.* eindeutig, einnamig; *2. GRAMM* gleichlautend
uno ['uno] *num 1.* eins; *~ y medio* anderthalb, eineinhalb; *art 2.* eine(r,s), ein; *pron 3. ~ dentro de otro* ineinander; *~s dentro de otros* ineinander; *~ de más* einer zu viel; *~ junto a otro* aneinander; *~ sobre el otro* aufeinander, übereinander; *~ con otro* beieinander, miteinander, zueinander; *~ a otro* einander; *~ por ~* einzeln, nacheinander; *~ en contra de otro* gegeneinander; *~ detrás de otro* hintereinander; *~ tras otro* nacheinander; *~ al lado de otro* nebeneinander; *4. (impersonal)* man; *5. ~s pl* einige, etliche; *~s cuantos días* ein paar Tage; *sólo ~s cuantos* nur ein paar; *art 6. de una vez* endlich, ein für alle Mal; *7. una y la misma cosa* ein und dasselbe; *adj 8. (que no se puede dividir)* einzig; *9. la una* ein Uhr; *la una de la noche* ein Uhr nachts; *la una de la tarde* ein Uhr nachmittags
untar [un'tar] *v 1.* streichen, belegen, schmieren, salben; *~ con* bestreichen mit; *~ con crema* eincremen; *~ de* beschmieren mit; *2. (sobornar)* jdn schmieren, Schmiergeld bezahlen
untarse [un'tarse] *v 1.* sich einsalben, sich beschmieren; *2. (fig)* sich bereichern, absahnen, einsacken
unto ['unto] *m 1.* Schmiere *f*; *2. (fig)* Schmiergeld *n*; *2. (sustancia grasa para untar)* Schmiere *f*, Fett *n*
untuoso [un'twoso] *adj* fettig, schmierig
uña ['uɲa] *f 1. ANAT* Fingernagel *m*, Nagel *m*; *enseñar las ~s (fig)* die Zähne zeigen; *2. ser ~ y carne* ein Herz und eine Seele sein; *3. (fig) afilarse las ~s* die Krallen wetzen; *4. (fig) mirarse uno las ~s* müßig sein, untätig herumstehen
uñada [u'ɲađa] *f (arañazo)* Kratzer *m*, Schramme *f*
upa ['upa] *interj* hopp
uranífero [ura'nifero] *adj* uranhaltig
uranio [u'ranĭo] *m CHEM* Uran *n*
uranógrafo [ura'nografo] *m ASTR* Uranograf *m*, Himmelsbeschreiber *m*
uranolito [urano'lito] *m (meteorito)* Meteorit *m*
urbanidad [urƀani'đađ] *f* Höflichkeit *f*, Gewandheit *f*, Weltläufigkeit *f*
urbanismo [urƀa'nizmo] *m* Städtebau *m*, Städteplanung *f*
urbanista [urƀa'nista] *adj 1.* städteplanerisch; *m 2.* Städteplaner *m*
urbanístico [urƀa'nistiko] *adj* urbanistisch, städtebaulich
urbanización [urƀaniθa'θĭɔn] *f 1.* Erschließung *f*, Bebauung *f*; *2. (barrio)* Wohnsiedlung *f*, Villenviertel *n*
urbanizar [urƀani'θar] *v 1.* bebauen, erschließen; *2. (enseñar urbanidad a alguien)* jmd die Kultur nahe bringen, eine städtische Lebensweise einführen
urbano [ur'ƀano] *adj 1.* städtisch; *2. (fig: cortés, educado)* höflich, wohlerzogen
urbe ['urƀe] *f* Großstadt *f*, Metropole *f*
urea ['urɛa] *f CHEM* Harnstoff *m*
uréter [u'reter] *m ANAT* Harnleiter *m*
uretra [u'retra] *f ANAT* Harnröhre *f*
urgencia [ur'xenθĭa] *f* Dringlichkeit *f*; *Es un caso de ~.* Das ist ein Notfall.
urgente [ur'xente] *adj* dringend, eilig, vordringlich; *ser ~* dringend sein
urgentísimo [urxen'tisimo] *adj* brandeilig, eiligst
urgir [ur'xir] *v 1. (ser urgente)* drängen, darauf dringen; *2. (obligar a uno un precepto)* befehlen
urinario [urĭ'narĭo] *m 1.* Pissoir *n*; *adj 2. (relativo a la orina) ANAT* Harn...
urna ['urna] *f* Urne *f*, Glaskasten *m*; *~ electoral POL* Wahlurne *f*
uro ['uro] *m ZOOL* Auerochs *m*, Ur *m*
urogallo [uro'gaʎo] *m ZOOL* Auerhahn *m*
urología [urolo'xia] *f MED* Urologie *f*
urólogo [u'rologo] *m MED* Urologe *m*
skopie *f*

urraca [u'rraka] *f* *1. ZOOL* Elster *f;* *2. (fig) hablar más que una ~* geschwätzig wie eine Elster sein *f*
urticáceo [urti'kaθeo] *adj BOT* Nesselpflanzen...
urticante [urti'kante] *adj* brennend, stechend, Nesselbrennen auslösend
urticaria [urti'karĭa] *f MED* Nesselausschlag *m,* Nesselfieber *n*
Uruguay [urugwai] *m GEO* Uruguay
uruguayo [uru'gwajo] *adj 1. GEO* uruguayisch; *m 2. GEO* Uruguayer *m*
usado [u'sađo] *adj* gebraucht; *~ para fines extraños* zweckentfremdet
usaje [u'saxe] *m* Nutzung *f*
usanza [u'sanθa] *f (costumbre)* Brauch *m,* Sitte *f,* Mode *f*
usar [u'sar] *v 1.* gebrauchen, benutzen, verwenden, anwenden; *2. (la ropa)* tragen; *~ gafas* eine Brille tragen; *3. (desgastar)* abnützen
usarse [u'sarse] *v* gebraucht werden, gebräuchlich sein
uso ['uso] *m 1.* Gebrauch *m,* Verwendung *f,* Anwendung *f,* Benutzung *f,* Einsatz *m; ~ de razón* Vernunftsgebrauch *m; hacer ~* Gebrauch machen; *en ~* gebräuchlich; *2. (costumbre)* Brauch *m,* Sitte *f,* Mode *f; 3. ~ previsto* Verwendungszweck *m; 4. (desgaste)* Abnutzung *f,* Nutzungszustand *m; 5. ~s pl* Brauchtum *n; 6. al ~* der Mode entsprechend, dem Brauch gemäß; *7. andar al ~* nach der Mode gekleidet sein; *8. entrar en los ~s* sich den Sitten anpassen
usted [us'teđ] *pron 1.* Sie; *2. ~es pl* Sie; *3. (vosotros)* ihr
usual [u'swal] *adj* gewöhnlich, üblich, gängig, gebräuchlich, geläufig
usuario [u'swarĭo] *m* Benutzer *m,* Verwender *m,* Verbraucher *m*
usufructo [usu'frukto] *m JUR* Nießbrauch *m,* Nutznießung *f*
usufructuario [usufruk'tuarĭo] *m JUR* Nutznießer *m*
usura [u'sura] *f 1.* Wucher *m; 2. (fig: beneficio desproporcionado)* Wucher *m*
usurar [usu'rar] *v* wuchern
usurero [usu'rero] *m* Wucherer *m,* Halsabschneider *m (fam)*
usurpación [usurpa'θĭɔn] *f* widerrechtliche Aneignung *f,* Usurpation *f,* Anmaßung *f*
usurpador(a) [usurpa'đɔr/usurpa'đora] *m* Usurpator(in) *m/f*
usurpar [usur'par] *v 1. (poder)* usurpieren; *2. (derecho)* sich anmaßen; sich widerrechtlich etw aneignen, usurpieren
utensilio [uten'silĭo] *m* Gerät *n,* Utensil *n; ~ doméstico* Haushaltsgerät *n*
uterino [ute'rino] *adj 1. (relativo al útero) ANAT* Gebärmutter..., Uterus...; *2. (hijos de una misma madre) ANAT* von der selben Mutter abstammend *f; hermanos ~s* Halbgeschwister mütterlicherseits *n/pl*
útero ['utero] *m ANAT* Gebärmutter *f,* Uterus *m*
útil ['util] *adj 1.* dienlich, nützlich, brauchbar; *ser ~ para* taugen zu; *ser ~ a alguien* jdm behilflich sein/jdm nützlich sein; *m 2. ~es pl* Utensilien *pl; ~es de costura* Nähzeug *n*
utilidad[1] [utili'đađ] *f* Nutzen *m,* Nützlichkeit *f; En esa tienda hay muchas utilidades.* In diesem Geschäft gibt es viele nützliche Dinge.
utilidad[2] [utili'đađ] *f/pl (herramientas) INFORM* Utilities *pl,* Werkzeuge *n/pl programa de ~es* Utilities-Programm *n*
utilitario [utili'tarĭo] *adj* Nützlichkeits..., Nutz...
utilitarismo [utilita'rizmo] *m PHIL* Utilitarismus *m,* Nützlichkeitsprinzip *n*
utilitarista [utilita'rista] *adj 1. política ~* utilitaristische Politik *f; m 2.* Utilitarist *m*
utilizable [utili'θađle] *adj* dienlich, verwendbar
utilización [utili'θaθĭɔn] *f 1.* Verwendung *f,* Anwendung *f,* Benutzung *f,* Inanspruchnahme *f; 2. (provecho)* Ausnützung *f,* Verwertung *f,* Nutzung *f*
utilizador(a) [utiliθa'đɔr/utiliθa'đora] *m/f* Benutzer(in) *m/f*
utilizar [utili'θar] *v 1. (aplicar)* anwenden, verwenden; *2. (usar)* benutzen, gebrauchen; *3. (necesitar)* brauchen; *4. (aprovechar)* nutzen
utillaje [uti'ʎaxe] *m* Handwerkszeugausstattung *f*
utopía [uto'pia] *f* Utopie *f*
utópico [u'topiko] *adj* utopisch, unrealistisch
utopista [uto'pista] *m* Utopist *m*
uva ['uđa] *f BOT* Weintraube *f,* Traube *f; tener mala ~ (fig)* schlechte Laune haben
úvula ['uđula] *f ANAT* Halszäpfchen *n*
uvular [uđu'lar] *adj 1. ANAT* uvular; *2. GRAMM* uvular; *articulación ~* uvulare Aussprache *f*

V

vaca ['baka] *f 1. ZOOL* Kuh *f; 2. ~ marina ZOOL* Seekuh *f*
vacaciones [baka'θĭones] *f/pl* Urlaub *m,* Ferien *pl; ~ de la empresa* Betriebsferien *pl; ~ de verano* Sommerferien *pl; ~ escolares* Schulferien *pl; lugar de ~* Ferienort *m*
vacacionista [bakaθĭo'nista] *m/f* Urlauber(in) *m*
vacada [ba'kađa] *f (rebaño de vacas) AGR* Rinderherde *f*
vacancia [ba'kanθĭa] *f* Vakanz *f,* freier Posten *m*
vacante [ba'kante] *m 1. ~ de estudios* Studienplatz *m; adj 2.* offen
vaciadero [baθĭa'ero] *m ~ de desperdicios* Müllhalde *f,* Abfalldeponie *f*
vaciado [ba'θĭađo] *m 1.* Leerung *f; 2. (excavación)* Entleerung *f,* Ausräumen *n*
vaciador [baθĭa'đɔr] *m* Schleifer *m,* Gießer *m*
vaciamiento [baθĭa'mĭento] *m* Leerung *f*
vaciante [ba'θĭante] *f (menguante del mar)* Ebbe *f*
vaciar [ba'θĭar] *v* leeren, ausleeren
vaciedad [baθĭe'đađ] *f* Leere *f,* Plattheit *f*
vacilación [baθila'θĭɔn] *f* Schwanken *n,* Wanken *n,* Wackeln *n*
vacilante [baθi'lante] *adj* unschlüssig, zaghaft, zögernd
vacilar [baθi'lar] *v 1.* schwanken; *2. (fig)* wanken, zögern, zaudern; *sin ~* kurzerhand
vacío [ba'θio] *adj 1. (sin pelo, sin adorno)* kahl; *2. (de contenido)* leer, inhaltslos; *3. (hueco)* hohl; *m 4.* Lücke *f,* Hohlraum *m,* Leere *f; hacer el ~ a alguien (LA)* jdn schneiden
vaco ['bako] *adj* furchtsam
vacuidad [bakui'đađ] *f* Leere *f*
vacuna [ba'kuna] *f MED* Impfstoff *m; ~ por vía oral* Schluckimpfung *f; ~ antitetánica* Tetanusimpfung *f*
vacunación [bakuna'θĭɔn] *f MED* Impfung *f; ~ variólica* Pockenimpfung *f; ~ preventiva* Schutzimpfung *f*
vacunar [baku'nar] *v ~ contra MED* impfen gegen
vacuno [ba'kuno] *m ZOOL* Rind *n*
vacuo ['bakuo] *adj* leer, inhaltslos
vacuola [ba'kwola] *f BIO* Vakuole *f*
vadeable [ba'deaƀle] *adj* seicht
vadear [ba'đɛar] *v 1.* durchwaten; *2. (fig)* abtasten, sondieren
vado ['bađo] *m* Furt *f*
vadoso [ba'đoso] *adj* seicht
vagabundear [bagaƀunde'ar] *v* vagabundieren
vagabundeo [bagaƀun'deo] *m* Vagabund *m,* Landstreicher *m*
vagabundería [bagaƀunde'ria] *f* Vagabundentum *n*
vagabundo [baga'ƀundo] *m* Herumtreiber *m,* Landstreicher *m,* Vagabund *m*
vagar [ba'gar] *v 1.* bummeln; *~ sin rumbo* umherirren; *2. (estar ocioso)* Muße haben, müßig gehen, faulenzen
vagaroso [baga'roso] *adj* herumschweifend, unbeständig
vagido [ba'xiđo] *m* Schreien *n,* Quäken *n*
vagina [ba'xina] *f ANAT* Scheide *f,* Vagina *f*
vago ['bago] *adj 1.* dumpf, faul; *2. (no específico)* undeutlich, vage; *m 3.* Faulpelz *m,* Faulenzer *m; hacer el ~* faulenzen; *4. (vagabundo)* Landstreicher *m*
vagón [ba'gɔn] *m* Waggon *m,* Eisenbahnwagen *m; ~ de literas* Liegewagen *m; ~ restaurante* Speisewagen *m; ~ de carga* Güterwagen *m*
vagoneta [bago'neta] *f* Kippwagen *m,* Lore *f,* Förderwagen *m*
vaguada [ba'gwađa] *f* Talsohle *f*
vaguear [ba'gear] *v* umherstrolchen, herumschweifen
vaguedad [bage'đađ] *f* Unstetigkeit *f,* Ungewissheit *f*
vaharada [baa'rađa] *f* Atem *m,* Dunstschicht *f*
vahear [ba'ear] *v* dampfen, ausdünsten
vahído [ba'iđo] *m MED* Schwindel *m*
vaho ['bao] *m* Dunst *m*
vaina ['baĭna] *f 1.* Messerscheide *f; 2. BOT* Hülse *f*
vainilla [baĭ'niʎa] *f 1. BOT* Vanille *f; 2. ~ azucarada GAST* Vanillezucker *m*
vaivén [baĭ'ƀɛn] *m* Hinundher *n,* Unruhe *f*
vajilla [ba'xiʎa] *f* Essgeschirr *n,* Geschirr *n*

vale ['bale] *m* Gutschein *m,* Bon *m*
valedero [bale'đero] *adj* gültig, geltend
valedor [bale'đɔr] *m* Gönner *m*
valencia [ba'lenθĭa] *f CHEM* Valenz *f,* Wertigkeit *f*
valentía [balen'tia] *f* Mut *m,* Tapferkeit *f*
valentonada [balento'nađa] *f* Großmäuligkeit *f,* Angeberei *f*
valer [ba'lɛr] *v irr 1. (tener validez)* gelten, wert sein; *¡Vale!* Abgemacht!/In Ordnung! *2. (costar)* kosten; *3. (servir)* taugen; *4. ~ la pena* sich lohnen, sich auszahlen
valeroso [bale'roso] *adj* tapfer, mutig
valerse [ba'lɛrse] *v ~ de algo* von etw Gebrauch machen; *no poder ~* sich nicht helfen können
valetudinario [baletuđi'narĭo] *adj (débil)* schwach, kränklich
valía [ba'lĭa] *f* Wert *m,* Gunst *f*
validación [baliđa'θĭɔn] *f* Gültigmachung *f,* Gültigkeitserklärung *f,* (Erlangung der) Rechtsgültigkeit
validar [bali'đar] *v* für gültig erklären
validez [bali'đeθ] *f 1.* Gültigkeit *f,* Geltung *f; ¿Cuánto tiempo tiene ~?* Wie lange ist es gültig? *2. sin ~* hinfällig, ungültig; *3. ECO* Laufzeit *f*
válido ['baliđo] *adj 1.* gültig, geltend; *ser ~* gelten; *2. JUR* rechtskräftig, rechtsgültig
valiente [ba'lĭente] *adj* brav, tapfer
valija [ba'lixa] *f* Handkoffer *m,* Reisetasche *f,* Koffer *m*
valimiento [bali'mĭento] *m (favor)* Gefallen *m,* Gunst *f,* Gönnerschaft *f*
valioso [ba'lĭoso] *adj* kostbar, wertvoll
valor [ba'lɔr] *m 1.* Wert *m; de gran ~* hochwertig; *perder su ~* an Wert verlieren; *sin ~* wertlos; *~ límite* Grenzwert *m; ~ estimado* Schätzwert *m; ~ indicativo* Richtwert *m; 2. (valentía)* Mut *m; ~ cívico* Zivilcourage *f; 3. ~ nominal FIN* Nennwert *m; 4. ~es bursátiles pl FIN* Börsenpapier *n; titulos ~es* Wertpapier *n; 5. ~es pl ECO* Effekten *pl; ~es en cartera* Effektenbestand *m*
valoración [balora'θĭɔn] *f* Bewertung *f,* Wertung *f*
valorar [balo'rar] *v 1.* bewerten, einschätzen; *2. (apreciar)* würdigen
valorización [baloriθa'θĭɔn] *f* Schätzung *f*
valorizador [baloriθa'đɔr] *adj* wertend, schätzend
valorizar [balorĭ'θar] *v* bewerten, auswerten, beurteilen
vals [bals] *m MUS* Walzer *m*
valuación [balwa'θĭɔn] *f* Wertung *f,* Schätzung *f*
válvula ['balƀula] *f TECH* Ventil *n; ~ de escape* Ventil *n*
valla ['baʎa] *f* Zaun *m,* Bretterzaun *m,* Hürde *f*
vallado [ba'ʎađo] *m* Umzäunung *f*
vallar [ba'ʎar] *v* umzäunen, abriegeln
valle ['baʎe] *m* Tal *n*
vampiresa [bampi'resa] *f* Biest *n*
vampiro [bam'piro] *m* Vampir *m*
vanagloria [bana'gloria] *f* Ruhmsucht *f,* Eitelkeit *f,* Dünkel *m*
vanagloriarse [banaglo'riarse] *v* sich brüsten, prahlen
vandálico [ban'daliko] *adj* vandalisch, zerstörungswütig
vandalismo [banda'lizmo] *m* Vandalismus *m*
vándalo ['banđalo] *m 1.* Wandale *m; 2. (fig)* Barbar *m,* Mensch mit Zerstörungswut *m*
vanguardia [ban'guarđĭa] *f* Vorhut *f,* Avantgarde *f*
vanguardismo [banguar'đizmo] *m* Avantgardismus *m*
vanguardista [banguar'đista] *adj* avantgardistisch
vanidad [bani'đađ] *f* Eitelkeit *f*
vanidoso [bani'đoso] *adj 1.* eitel, pedantisch, selbstgefällig; *m 2.* Pedant *m*
vanilocuencia [banilo'kwenθĭa] *f (palabrería)* Schwatzsucht *f,* Geschwätzigkeit *f*
vanílocuo [ba'nilokwo] *adj* geschwätzig
vano ['bano] *adj 1.* eitel; *2. en ~* umsonst, vergeblich
vapor [ba'pɔr] *m 1.* Dampf *m,* Dunst *m; echar ~es* dampfen; *2. (un barco)* Dampfer *m*
vaporoso [bapo'roso] *adj* duftig
vapuleamiento [bapulea'mĭento] *m* Peitschen *n,* Auspeitschen *n*
vapulear [bapu'lɛar] *v* durchprügeln, peitschen
vapuleo [bapu'leo] *m* Peitschen *n,* Schläge *m/pl,* Tracht Prügel *f*
vaquería [bake'ria] *f (manada de vacas) AGR* Rinderherde *f*
vaqueriza [bake'riθa] *f* Kuhstall *m*
vaquero [ba'kero] *m 1.* Kuhhirte *m,* Cowboy *m; 2.* Bluejeans *f*
vara ['bara] *f 1.* Stange *f; ~ de remolque* Abschleppstange *f; 2. BOT* Rute *f; 3. me-*

dirlo todo con la misma ~ (fig) alles über einen Kamm scheren
varadero [bara'đero] *m (lugar para reparar barcos) NAUT* Reparaturdock *n*
varar [ba'rar] *v* stranden
varazo [ba'raθo] *m* Rutenschlag *m*
vareador [barea'đɔr] *m* Prügel *m,* Stock *m,* Stab *m*
varear [ba'rear] *v (golpear con una vara)* schlagen, klopfen
variabilidad [barĭabili'đađ] *f* Veränderlichkeit *f*
variable [ba'rĭaƀle] *f 1. (en el álgebra) MATH* Variable *f; 2. (campo reservado en la memoria) INFORM* Variable *f* (Reservebereich im Speicher); *3. (fig: condiciones independientes)* Unbekannte *f,* Unbeständigkeit *f,* Unstetigkeit *f; adj 4.* veränderlich, unbeständig, variabel
variación [barĭa'θĭɔn] *f 1.* Veränderung *f,* Abwandlung *f,* Schwankung *f; 2. (versión)* Abart *f; 3. (en la música) MUS* Variation *f; ¿Has oído las variaciones Goldberg?* Hast du Goldbergs Variationen gehört?
variado [ba'rĭađo] *adj 1.* verschieden, vielfältig; *2. (diverso)* abwechslungsreich
variante [ba'rĭante] *f* Variante *f*
variar [ba'rĭar] *v 1. (cambiar)* verändern, wechseln, abwandeln, variieren; *2. (vacilar)* schwanken
varicela [bari'θela] *f* Windpocken *pl*
variedad [barĭe'đađ] *f* Vielfalt *f*
varilla [ba'riʎa] *f 1.* Leiste *f,* Gerte *f; 2. BOT* Rute *f*
varillaje [bari'ʎaxe] *m* Gestell *n,* Gestänge *n*
vario ['barĭo] *adj* verschieden, unterschiedlich; *en varias ocasiones* mehrmals, des Öfteren
varios ['barĭos] *pron 1.* mehrere, manche; *adj 2.* allerhand, allerlei
variz [ba'riθz] *f MED* Krampfader *f*
varón [ba'rɔn] *m 1. (hombre)* Mann *m; 2. (chico)* Junge *m*
varonil [baro'nil] *adj* männlich, mannhaft, mutig
vasallo [ba'saʎo] *m* Vasall *m,* Lehnsmann *m*
vasco ['basko] *adj 1. el país ~ GEO* Baskenland *n; m 2. GEO* Baske *m*
vaselina [base'lina] *f* Vaseline *f*
vasija [ba'sixa] *f* Gefäß *n*
vaso ['baso] *m 1.* Glas *n,* Becher *m; un ~ de leche* ein Glas Milch *n; ~ de cartón* Pappbecher *m; 2. ANAT* Gefäß *n; ~ sanguíneo* Ader *f; ~ capilar* Kapillargefäß *n*
vástago ['bastago] *m* Sprössling *m*
vastedad [baste'đađ] *f* Weite *f,* Vielseitigkeit *f; Me impresiona la vastedad de tus conocimientos.* Mich beeindruckt die Vielseitigkeit deiner Kenntnisse.
vasto ['basto] *adj 1.* breit, großflächig, weitläufig; *2. (desolado)* wüst; *3. (fig)* weit gehend
Vaticano [bati'kano] *m* Vatikan *m*
vaticinador [batiθina'đɔr] *adj* Wahrsager *m,* Hellsehr *m*
vaticinar [batiθi'nar] *v* voraussagen
vaticinio [bati'θinĭo] *m* Wahrsagung *f*
vatímetro [ba'timetro] *m PHYS* Wattmeter *n*
vatio ['batĭo] *m* Watt *n*
veces ['beθes] *f/pl a ~* gelegentlich, manchmal, zuweilen; *la mayoría de las ~* meist, meistens; *un par de ~* ein paar Mal
vecinal [beθi'nal] *adj* Gemeinde..., nachbarlich, nebenan liegend
vecindad [beθin'đađ] *f 1.* Nachbarschaft *f; 2. (cercanía)* Nähe *f*
vecindario [beθin'đarĭo] *m* Einwohnerschaft *f,* Nachbarschaft *f*
vecino [be'θino] *m 1.* Nachbar *m,* Hausbewohner *m,* Anlieger *m; adj 2.* benachbart; *3. (cercano)* nah(e), aneinander grenzend
vector [bek'tor] *m MATH* Vektor *m*
vectorial [bekto'rĭal] *adj MATH* vektoriell, Vektor...
veda ['beđa] *f* Jagdverbot *n*
vedado [be'đađo] *adj (prohibido)* verboten
vedar [be'đar] *v* untersagen
vega ['bega] *f* fruchtbares Schwemmland *n,* Aue *f*
vegetación [bɛxeta'θĭɔn] *f 1. BOT* Vegetation *f; 2. (planta)* Gewächs *n*
vegetal [bɛxe'tal] *adj 1.* pflanzlich; *m 2. BOT* Gewächs *n*
vegetar [bexe'tar] *v 1.* wachsen; *2. (fig: llevar una vida inútil)* vegetieren, ein schlechtes Leben führen
vegetarianismo [bexetarĭa'nizmo] *m* Vegetarismus *m*
vegetariano [bɛxeta'rĭano] *m 1.* Vegetarier *m; Soy ~.* Ich bin Vegetarier. *adj 2.* vegetarisch
vegetativo [bexeta'tiƀo] *adj* vegetativ, wachsend, vegetierend

veguero [be'gero] *m (puro hecho con una sola hoja)* Flurarbeiter *m*
vehemencia [bee'menθĭa] *f* Heftigkeit *f*, Ungestüm *n*, Kraft *f*
vehemente [bee'mente] *adj* temperamentvoll, vehement
vehículo [be'ikulo] *m* Fahrzeug *n*, Kraftfahrzeug *n*; *~ para todo terreno* Geländewagen *m*; *~ de alquiler* Mietwagen *m*
vehículo-vivienda [beikulo'biƀĭenda] *m* Wohnmobil *n*
veinte ['bɛĭnte] *num* zwanzig
veinticinco [veinti'θiŋko] *num* fünfundzwanzig
vejación [bexa'θĭɔn] *f* Belästigung *f*, Plage *f*
vejador [bexa'đɔr] *m* quälend, ärgerlich
vejamen [be'xamen] *m* Belästigung *f*, bissige Zurechtweisung *f*
vejar [be'xar] *v 1.* angreifen, traktieren; *2. (humillar)* demütigen
vejatorio [bexa'torĭo] *adj* quälend, bedrückend, demütigend
vejez [be'xɛθ] *f* Lebensabend *m*, Alter *n*
vejiga [be'xiga] *f ANAT* Blase *f*, Harnblase *f*
vela ['bela] *f 1.* Kerze *f*; *2. (de barco) NAUT* Segel *n*
velada [be'lađa] *f* Abend *m*; *una ~ amena* ein geselliger Abend *m*
velamen [be'lamen] *m NAUT* Segelwerk *n*
velar [be'lar] *v 1.* wachen, hüten, wahren; *~ por algo* über etw wachen; *La policía vela por la seguridad del ministro.* Die Polizei wacht über die Sicherheit des Ministers. *2. (ocultar)* verhüllen, verschleiern
velatorio [bela'torĭo] *m* Totenwache *f*
veleidad [belei'đađ] *f* Anwandlung *f*, Laune *f*, Willkür *f*
veleidoso [beleĭ'đoso] *adj* flatterhaft, sprunghaft, unbeständig
velero [be'lero] *m* Segelboot *n*
veleta [be'leta] *f* Wetterfahne *f*, Schwimmer der Angelschnur *m*
velo ['belo] *m 1.* Schleier *m*; *2. el ~ del paladar ANAT* Gaumensegel *n*
velocidad [beloθi'đađ] *f* Geschwindigkeit *f*, Schnelligkeit *f*; *~ máxima* Höchstgeschwindigkeit *f*, Spitzengeschwindigkeit *f*; *ir a toda ~ (con el auto)* brausen; *~ del sonido* Schallgeschwindigkeit *f*
velocímetro [belo'θimetro] *m* Tachometer *m*
velocísimo [belo'θisimo] *adj* rasend
velódromo [be'lođromo] *m* Rennbahn *f*
velomotor [belomo'tɔr] *m* Mofa *n*
velorio [be'lorĭo] *m 1.* abendliches Dorfvergnügen *n*; *2.* Totenwache *f*
veloz [be'lɔθ] *adj* behände, geschwind
vello ['beʎo] *m (del cuerpo)* Haar *n*; *~ púbico* Schamhaar *n*
vellosidad [beʎosi'đađ] *f* Behaarung *f*
velludo [be'ʎuđo] *adj* behaart
vena ['bena] *f ANAT* Ader *f*, Gefäß *n*, Vene *f*; *estar en ~ (fig)* in Stimmung sein
venable [be'naƀle] *adj* käuflich, bestechlich
venado [be'nađo] *m ZOOL* Rotwild *n*
venal [be'nal] *adj* käuflich, bestechlich
venalidad [benali'đađ] *f* Käuflichkeit *f*, Bestechlichkeit *f*
vencedero [benθe'đero] *adj* zahlbar, fällig werdend
vencedor(a) [benθe'đɔr/benθe'đora] *m/f* Gewinner(in) *m/f*, Sieger(in) *m/f*
vencejo [ben'θexo] *m ZOOL* Mauersegler *m*
vencer [ben'θɛr] *v 1. (ganar)* siegen, bezwingen, gewinnen, schlagen; *2. (triunfar)* triumphieren; *3. (fig: superar)* überwältigen, überwinden, überstehen, sich behaupten; *~ a alguien en astucia* jdn überlisten; *4. (caducar)* verfallen, ablaufen
vencerse [ben'θɛrse] *v ~ a sí mismo* sich überwinden
vencido [ben'θiđo] *adj 1.* besiegt; *ser ~ por* unterliegen; *2. (caducado)* fällig, überfällig
vencimiento [benθi'mĭento] *m 1.* Bewältigung *f*, Überwindung *f*; *2. (expiración)* Verfall *m*; *3. ECO* Fälligkeit *f*, Laufzeit *f*; *4. ~ del plazo ECO* Ablauf *m*
venda ['benda] *f MED* Binde *f*; *~ de gasa* Mullbinde *f*
vendaje ['bendaxe] *m MED* Bandage *f*, Verband *m*
vendar [ben'dar] *v MED* verbinden
vendaval [benda'ƀal] *m* Südwestwind *m*
vendedor(a) [bende'đɔr/bende'đora] *m/f* Verkäufer(in) *m/f*; *~ de coches* Autohändler *m*; *~ ambulante* Hausierer *m*, Straßenhändler *m*
vender [ben'dɛr] *v 1.* verkaufen; *~ por las casas* hausieren; *2. ECO* absetzen, vertreiben
vendible [ben'diƀle] *adj ECO* marktfähig, verkäuflich, absatzfähig, absetzbar

vendido [ben'diđo] *adj* ausverkauft
vendimia [ben'dimĭa] *f* Weinlese *f*
vendimiador [bendimĭa'đɔr] *m* Winzer *m*
vendimiar [bendi'mĭar] *v* ernten
veneno [be'neno] *m* Gift *n; ~ de serpiente* Schlangengift *n*
venenosidad [benenosi'đađ] *f* Giftigkeit *f*
venenoso [bene'noso] *adj* giftig; *diente ~* Giftzahn *m*
venerable [bene'raƀle] *adj* altehrwürdig, ehrwürdig
veneración [benera'θĭɔn] *f 1.* Anbetung *f,* Ehrfurcht *f; 2. (aprecio)* Verehrung *f*
venerar [bene'rar] *v 1.* anbeten; *2. (apreciar)* verehren
venezolano [beneθo'lano] *m 1. GEO* Venezolaner *m; adj 2. GEO* venezolanisch
vengable [beŋ'gaƀle] *adj* rächbar
vengador [beŋga'đɔr] *m* Rächer *m*
venganza [beŋ'ganθa] *f ~ de/~ por* Rache für *f*
vengar [beŋ'gar] *v* rächen
vengarse [beŋ'garse] *v ~ de alguien por algo* sich an jdm für etw rächen
vengativo [benga'tiƀo] *adj* rachsüchtig, rächend, strafend
venia ['benia] *f 1. (permiso)* Erlaubnis *f; m 2.* militärischer Gruß *m*
venida [be'niđa] *f* Ankunft *f,* Kommen *n*
venidero [beni'đero] *adj* kommend, künftig, zukünftig
venir [be'nir] *v irr 1. (hacia acá)* kommen; *¡Venga aquí!* Kommen Sie her! *¡Ven aquí!* Komm her! *~ a buscar/~ a recoger* holen, abholen; *no ~* wegbleiben; *~ con* mitkommen; *~ primero* vorgehen, als Erster kommen; *2. (mercancía) hacer ~ ECO* abrufen; *hacer ~ a alguien* jdn zu sich herbestellen; *3. ~ de* abstammen von; *~ al encuentro de* entgegenkommen; *4. ~ muy bien/~ a propósito (fig)* gelegen kommen; *5. ~ bien* passen
venirse [be'nirse] *v irr ~ abajo* zusammenbrechen, zusammenfallen
venta ['benta] *f 1.* Verkauf *m,* Vertrieb *m; ¿Está en ~?* Ist das verkäuflich? *~ anticipada* Vorverkauf *m; ~ promocional* Sonderangebot *m; ~ de liquidación* Schlussverkauf *m; 2. ECO* Absatz *m,* Abgang *m; poco movimiento de ~s* Absatzflaute *f; 3. ~s pl (entradas) ECO* Einkünfte *pl*
ventada [ben'tađa] *f (racha de viento)* Windstoß *m*
ventaja [ben'taxa] *f 1.* Vorteil *m,* Vorzug *m,* Vergünstigung *f; 2. (ganancia)* Gewinn *m,* Plus *n; 3. (fig)* Trumpf *m; 4. ~ sobre* Vorsprung vor *m; 5. ~s pl* Nützlichkeit *f*
ventajista [benta'xista] *m* Gauner *m,* skrupellose Geschäftemacher *m*
ventajoso [benta'xoso] *adj* vorteilhaft
ventana [ben'tana] *f* Fenster *n; en la ~* am Fenster; *~ basculante* Kippfenster *n*
ventanilla [benta'niʎa] *f* Schalter *m; ~ de correos* Postschalter *m*
ventarrón [benta'rrɔn] *m* Windstoß *m*
ventear [ben'tɛar] *v 1. (hacer viento)* winden, wittern, aufspüren; *2. (fig: investigar algo)* schnüffeln, ausschnüffeln
ventilación [bentila'θĭɔn] *f* Belüftung *f,* Lüftung *f*
ventilador [bentila'θĭɔn] *m* Ventilator *m*
ventilar [benti'lar] *v 1.* lüften; *2. (fig: examinar una cuestión)* erörtern
ventisca [ben'tiska] *f* heftiges Schneegestöber *n,* Schneesturm *m*
ventiscar [bentis'kar] *v* schneien
ventisco [ben'tisko] *m* Sturm *m,* Schneesturm *m*
ventola [ben'tola] *f* leichter Wind *m*
ventolera [bento'lera] *f* starker Windstoß *m*
ventorrero [bento'rrɛro] *m* windiger Ort *m*
ventosa [ben'tosa] *f (órgano de algunos animales) ZOOL* Saugnapf *m*
ventosidad [bentosi'đađ] *f (gases intestinales)* Blähungen *f/pl*
ventoso [ben'toso] *adj* windig
ventrículo [bentri'kulo] *m ANAT* Kammer *f*
ventrílocuo [ben'trilokwo] *m* Bauchredner *m*
ventrudo [ben'truđo] *adj (que tiene un vientre protuberante)* dickbäuchig
venturoso [bentu'roso] *adj* glücklich
Venus ['benus] *f ASTR* Venus *f*
ver [bɛr] *v irr 1. (mirar)* sehen; *¡Ha visto usted el accidente?* Haben Sie den Unfall gesehen? *No veo nada.* Ich sehe nichts. *¿Cuándo nos volveremos a ~?* Wann sehen wir uns wieder? *a ~* mal sehen; *se lo ve* es ist offensichtlich/es ist deutlich/man sieht es; *2. (visitar)* besichtigen; *3. (captar)* bemerken; *4. ~ venir* ahnen
vera ['bera] *f (orilla)* Rand *m*
veracidad [beraθi'đađ] *f* Wahrhaftigkeit *f,* Echtheit *f*

veranda [be'ranđa] *f* Veranda *f*
veraneante [bera'neante] *m* Sommerurlauber *m*
veranear [bera'nɛar] *v* Sommerurlaub machen, den Sommerurlaub verbringen
veraneo [bera'nɛo] *m* Sommerfrische *f*, Sommerurlaub *m*
veraniego [bera'nĭego] *adj* sommerlich
veranillo [bera'niʎo] *m ~ de San Martín* Altweibersommer *m*
verano [be'rano] *m* Sommer *m*
veras ['beras] *f/pl (sinceridad)* Ehrlichkeit *f*, Wahrhaftigkeit *f*
veraz [be'raθ] *adj* wahrheitsliebend
verba ['bɛrba] *f* Geschwätzigkeit *f*
verbal [bɛr'ƀal] *adj* mündlich, verbal
verbo ['bɛrƀo] *m GRAMM* Verb *n*
verborrea [bɛrbo'rrea] *f (palabrería)* Gesprächigkeit *f*, Wortschwall *m*
verbosidad [bɛrbosi'đađ] *f (palabrería)* Schwatzhaftigkeit *f*
verboso [bɛr'ƀoso] *adj* gesprächig, schwatzhaft
verdad [bɛr'đađ] *f 1.* Wahrheit *f*; *ser ~* zutreffen; *en ~* zwar; *2. ~ de Perogrullo* Weisheit des Pero Grullo, Binsenweisheit *f*; *3. de ~* in Wahrheit *f*, wahrhaftig
verdadero [bɛrđa'đero] *adj 1.* wahr, echt, tatsächlich; *2. (propio)* eigentlich; *3. (puro)* rein
verde ['bɛrđe] *adj 1.* grün; *2. (un chiste)* saftig, frivol; *3. (una fruta)* unreif
verdear [bɛr'đɛar] *v* grün werden, sprießen
verdeguear [bɛrđe'gɛar] *v* grünen
verdor [bɛr'đɔr] *m* Grün *n*
verdoso [bɛr'đoso] *adj* grünlich
verdulera [bɛrđu'lera] *f (vendedora de verduras)* Gemüsehändlerin *f*
verdulería [bɛrđule'ria] *f* Gemüsehandel *m*
verdura [bɛr'đura] *f* Gemüse *n*
verecundia [bere'kunđĭa] *f* Scham *f*, Scheu *f*, Schüchternheit *f*
verecundo [bere'kundo] *adj* schamhaft, schüchtern
vereda [be'ređa] *f* Gehweg *m*
verga ['bɛrga] *f 1. (pene)* männliches Glied *n*; *2. (palo del mástil) NAUT* Rahe *f*
vergajo [bɛr'gaxo] *m* Rute *f*
vergel [bɛr'xel] *m* Blumengarten *m*, Hausgarten *m*
vergonzante [bɛrgon'θante] *adj* verschämt
vergonzoso [bɛrgɔn'θoso] *adj* beschämend, schamhaft, schändlich
vergüenza [bɛr'gwenθa] *f* Schande *f*, Scham *f*, Schamgefühl *n*; *tener ~* sich schämen, sich genieren; *sin ~* schamlos
verídico [be'riđiko] *adj* wahrheitsgetreu
verificación [berifika'θĭɔn] *f* Beobachtung *f*
verificador [berifika'đɔr] *m* Aufseher *m*, Kontrolleur *m*
verificar [berifi'kar] *v* nachprüfen, feststellen
verificarse [berifi'karse] *v (resultar cierto algo)* sich bewahrheiten, sich als wahr erweisen; *No se ha verificado la existencia de vida en Marte.* Die Existenz von Lebensformen auf dem Mars konnte nicht bewiesen werden.
verja ['bɛrxa] *f* Gitter *n*
verme ['bɛrme] *m (ascáride) MED* Wurm *m*
vermut [bɛr'mut] *m GAST* Wermut *m*
verónica [be'ronika] *f BOT* Ehrenpreis *m*
verosímil [bero'simil] *adj* glaubwürdig, glaubhaft, wahrscheinlich
verosimilitud [berosimili'tuđ] *f* Wahrscheinlichkeit *f*
verraco [be'rrako] *m ZOOL* Eber *m*
verraquear [berra'kear] *v* grunzen, murren
verraquera [berra'kera] *f* Heulen *n*, Plärren *n*
verriondez [berrĭon'deθ] *f AGR* Brunstzeit *f*
verriondo [be'rrĭondo] *adj (cerdo en celo) AGR* brünstig
verrón [be'rrɔn] *m AGR* Eber *m*
verruga [be'rruga] *f MED* Warze *f*
verrugoso [berru'goso] *adj* warzenartig
versado [bɛr'sađo] *adj* routiniert; *~ en* sattelfest in, versiert in
versal [bɛr'sal] *adj (mayúscula)* Großbuchstabe *m*
versar [bɛr'sar] *v ~ sobre* von etw handeln
versátil [bɛr'satil] *adj* vielseitig verwendbar, drehbar, wandlungsfähig
versatilidad [bɛrsatili'đađ] *f* Vielseitigkeit *f*, vielseitige Verwendbarkeit *f*, Wandlungsfähigkeit *f*
verse ['bɛrse] *v 1. (hallarse, encontrarse)* sich finden, sich befinden, sich sehen; *Me veo en aprietos con la ley.* Ich sehe mich in

Konflikt mit dem Gesetz. *2. (visitarse)* sich treffen
versículo [bɛr'sikulo] *m* Bibelspruch *m*
versión [bɛr'sĭɔn] *f 1.* Version *f; 2. ~ cinematográfica CINE* Verfilmung *f; ~ original* Originalfassung *f*
verso ['bɛrso] *m 1.* Vers *m; 2. (dorso)* Rückseite eines Blattes *f*
vértebra ['bɛrteƀra] *f ANAT* Wirbel *m*
vertebrado [bɛrte'ƀrađo] *m ZOOL* Wirbeltier *n*
vértebral ['bɛrtebrakl] *adj* Rückgrat..., Wirbel...
vertedero [bɛrte'đero] *m* Mülldeponie *f*
verter [bɛr'tɛr] *v irr* eingießen, vergießen, verschütten, ausschütten
vertible [bɛr'tiƀle] *adj* unstet
vertical [bɛrti'kal] *adj* senkrecht, vertikal
vértice ['bɛrtiθe] *m MATH* Scheitel *m*
verticidad [bɛrtiθi'đađ] *f* Beweglichkeit *f*
verticilo [bɛrti'θilo] *m BOT* Mistel *f*
vertiente [bɛr'tĭente] *f* Dachneigung *f*
vertiginosidad [bɛrtixinosi'đađ] *f* Schwindel *m*
vertiginoso [bɛrtixi'noso] *adj* rasend, Schwindel erregend
vértigo ['bɛrtigo] *m MED* Schwindel *m*
vertimiento [bɛrti'mĭento] *m* Verschütten *n,* Ausgießen *n*
vesánico [be'saniko] *adj* wahnsinnig
vesicante [besi'kante] *adj (que causa ampollas)* Blasen ziehend
vesícula [be'sikula] *f 1. ~ biliar ANAT* Galle *f; 2. (vejiga en la piel) MED* Blase *f*
vesicular [besiku'lar] *adj (con forma de vesícula)* blasenförmig
vesperal [bespe'ral] *adj* abendlich
vespertino [bespɛr'tino] *adj* abendlich
vestíbulo [bes'tiƀulo] *m 1.* Diele *f,* Hausflur *m; ~ de la estación* Bahnhofshalle *f; 2. (cavidad del oído interno) ANAT* Vorhof *m*
vestido [bes'tiđo] *m* Kleid *n; ~ de noche* Abendkleid *n; ~ de novia* Brautkleid *n; ~ de gala* Robe *f; ~ de terciopelo* Samtkleid *n; ~ de maternidad* Umstandskleid *n; ~ de baile* Ballkleid *n,* Tanzkleid *n*
vestidura [besti'đura] *f 1. (vestido)* Gewand *n; f/pl 2. (traje para el culto divino) REL* Priestergewand *n*
vestigio [bes'tixĭo] *m 1. (huella)* Fährte *f; 2. (restos)* Rest *m*
vestimenta [besti'menta] *f 1.* Bekleidung *f; 2. (traje)* Tracht *f*
vestir [bes'tir] *v irr 1.* bekleiden; *~ a* ankleiden; *2. quedarse una mujer para ~ santos* eine alte Jungfer werden *f*
vestirse [bes'tirse] *v irr* sich anziehen, sich kleiden, sich ankleiden, sich bekleiden
vestuario [bes'twarĭo] *m 1. (vestimenta, atuendo)* Kleidung *f; 2. (en el teatro y el cine) CINE* Kostüm *n,* Ausstattung *f; ¿Quién es el encargado del vestuario en esa película?* Wer ist der Verantwortliche für die Kostüme in diesem Film?
veta ['beta] *f 1. MIN* Ader *f; 2. ~s pl* Maserung *f*
vetar [be'tar] *v* Veto einlegen, Veto aussprechen
veteado [bete'ađo] *m* Maserung *f*
veteranía [betera'nia] *f* Veteranentum *n,* Erfahrung *f*
veterano [bete'rano] *m ~ de guerra* Kriegsveteran *m*
veterinaria [beteri'narĭa] *f* Tierheilkunde *f,* Veterinärmedizin *f*
veterinario [beteri'narĭo] *m MED* Tierarzt *m*
veto ['beto] *m* Veto *n,* Einspruch *m*
vetustez [betus'teθ] *f* Alter *n*
vetusto [be'tusto] *adj* alt, betagt, gebrechlich
vez [beθ] *f 1.* Mal *n; una ~ más* nochmals; *otra ~* nochmals, wieder, abermals, schon wieder; *esta ~* diesmal; *otra ~* ein andermal; *por primera ~* erstmals; *una ~* einmal; *a la ~* zugleich, gleichzeitig; *2. en ~ de (que)* anstatt, statt; *3. de ~ en cuando* manchmal; *4. tal ~* vielleicht
veza ['beθa] *f BOT* Wicke *f*
vía ['bia] *f 1. (de tren)* Gleis *n; de una sola ~* eingleisig, einspurig; *~ muerta* Abstellgleis *n; 2. ~ de acceso* Zubringerstraße *f,* Zufahrtstraße *f; usuario de la ~ pública* Verkehrsteilnehmer *m; 3. ~ de trámite* Dienstweg *m; 4. ~ judicial JUR* Rechtsweg *m; 5. Vía Láctea ASTR* Milchstraße *f; 6. Vía Crucis REL* Kreuzweg *m*
viable ['bĭaƀle] *adj 1.* lebensfähig, durchführbar, machbar; *2. (transitable)* begehbar, befahrbar, passierbar
viaducto [bĭa'đukto] *m* Viadukt *m,* Überführung *f*
viajante [bia'xante] *m/f* Handlungsreisender(in) *m/f,* Vertreter(in) *m/f*
viajar [bia'xar] *v ~ a* reisen nach, fahren nach; *~ en tren a Madrid* mit dem Zug nach Madrid fahren; *~ de largo* durchfahren; *~ a*

lo largo de entlangfahren an; ~ *con* mitfahren; ~ *en autostop* trampen
viaje [bi'axe] *m* Reise *f*, Fahrt *f*; *primer* ~ Jungfernfahrt *f*; *hacer un* ~ *a* verreisen nach/reisen nach; *irse de* ~ verreisen; *¡Buen ~!* Gute Reise! ~ *con todo incluido* Pauschalreise *f*; *Sigo el* ~ *mañana.* Ich reise morgen weiter. ~ *por razones de trabajo* Dienstreise *f*; ~ *de negocios* Geschäftsreise *f*; ~ *de ida* Hinfahrt *f*; ~ *de novios* Hochzeitsreise *f*; ~ *de prueba* Probefahrt *f*; ~ *de regreso/~ de vuelta* Rückfahrt *f*; ~ *extraordinario* Sonderfahrt *f*; ~ *alrededor del mundo* Weltreise *f*
viajero [bia'xero] *m* Passagier *m*, Reisender *m*
vial ['bĭal] *adj* Straßen..., Verkehrs...
vialidad [bĭaliđađ] *f* Begehbarkeit *f*, Befahrbarkeit *f*, Wegebauwesen *n*
vianda ['bĭanda] *f (manjar)* Nahrung *f*
viandante [bĭan'dante] *m (transeúnte)* Reisender *m*
viario ['bĭarĭo] *adj* Weg...
viático ['bĭatiko] *m* *1. REL* Sterbesakrament *n*; *2. ~s pl (provisiones)* Proviant *m*
víbora ['biƀora] *f ZOOL* Kreuzotter *f*, Viper *f*
vibración [biƀra'θĭɔn] *f* Schwingung *f*, Vibration *f*
vibrador [biƀra'đɔr] *m TECH* Vibrator *m*
vibrar [bi'ƀrar] *v* *1.* vibrieren; *2. (de órgano)* brummen
vibratorio [bibra'torĭo] *adj* schwingend, vibrierend
vicario [bi'karĭo] *m REL* Vikar *m*
vicealmirante [biθealmi'rante] *m MIL* Vizeadmiral *m*
vicecanciller [biθekanθi'ʎɛr] *m* Vizekanzler *m*
vicegobernador [biθegoƀɛrna'đɔr] *m* Vizegouverneur *m*
vicenal [biθe'nal] *adj (que ocurre cada veinte años)* alle zwanzig Jahre
vicepresidencia [biθepresi'đenθĭa] *f* Vizepräsidentschaft *f*
vicepresidente [biθepresi'đente] *m* *POL* Vizepräsident *m*
vicesecretaría [biθesekreta'ria] *f* Vizesekretariat *n*
vicesecretario [biθesekre'tarĭo] *m* Vizesekretär *m*
viceversa [biθe'ƀersa] *adv* umgekehrt
viciado [bi'θĭađo] *adj aire* ~ verdorben, schlecht
viciar [bi'θĭar] *v* verderben, verfälschen, ungültig machen
vicio ['biθĭo] *m* Laster *n*, Untugend *f*
vicioso [bi'θĭoso] *adj* *1.* ausschweifend, lasterhaft, verdorben; *2. círculo* ~ Teufelskreis *m*
vicisitud [biθisi'tuđ] *f* Schicksalsschlag *m*, Wechselfälle des Lebens *f/pl*
vicisitudinario [biθisituđi'narĭo] *adj* unbeständig, schicksalhaft
víctima ['biktima] *f* Opfer *n*, Leidtragende(r) *m/f*; ~ *de un accidente* Verunglückte(r) *m/f*
victoria [bik'torĭa] *f* *1.* Sieg *m*; *2. cantar uno* ~ Triumph zeigen, Siegeshymnen anstimmen
victorioso [bikto'rĭoso] *adj* siegreich
vid [biđ] *f BOT* Rebe *f*, Wein *m*, Weinrebe *f*
vida ['biđa] *f* *1.* Leben *n*; *de corta* ~ kurzlebig; *toda la* ~ lebenslänglich; *sin* ~ leblos; *lleno de* ~ lebendig; *de por* ~ auf Lebenszeit; ~ *cotidiana* Alltag *m*; ~ *familiar* Familienleben *n*; ~ *terrenal* Diesseits *n*; *la otra* ~ Jenseits *n*; ~ *privada* Privatleben *n*; ~ *sedentaria* Sesshaftigkeit *f*; *mi* ~ mein Schatz *m*; *2. costarle a uno algo la* ~ jdn das Leben kosten; *Ese descuido casi me cuesta la vida.* Diese Unvorsichtigkeit hat mich beinahe mein Leben gekostet. *3. dar uno mala* ~ *a alguien* jdm das Leben schwer machen; *4. darse uno buena* ~ es sich gut gehen lassen; *5. de mala* ~ schlechten Lebenswandel pflegen; *6. entre la* ~ *y la muerte* zwischen Leben und Tod; *7. escapar una con* ~ lebend davonkommen; *No sé como pude escapar con vida de ese accidente.* Ich weiß nicht, wie ich diesen Unfall überleben konnte. *8. ganarse uno la* ~ sich sein täglich Brot verdienen; *¿Cómo se gana usted la vida?* Wie verdienen Sie Ihren Lebensunterhalt? *9. mudar uno la* sein Leben ändern; *10. pasar uno a mejor* ~ sterben; *11. perder uno la* ~ das Leben verlieren; *¿Cuántas personas perdieron la vida en ese accidente?* Wie viele Personen starben bei diesem Unfall? *12. tener uno la* ~ *en un hilo* mit einem seidenen Faden am Leben hängen; *13. tener uno más ~s que un gato* mehr Leben als eine Katze haben, sieben Leben haben; *14. vender uno cara la* ~ seine Haut teuer verkaufen *f*
vidarria [bi'đarria] *f BOT* Hopfen *m*
vidente [bi'đente] *m* Hellseher *m*

vídeo ['biđeo] *m 1.* Videofilm *m; aparato de ~* Videogerät *n; grabación en ~* Videoaufnahme *f; 2. INFORM* Bildschirm *m; 3. tarjeta de ~ INFORM* Videokarte *f; memoria de ~* Videokartenspeicher *m*
videocasette [biđeoka'sete] *m 1. (cinta)* Videokassette *f; 2. (aparato) TECH* Videorekorder *m*
videojuego [biđeo'xuego] *m* Videospiel *n*
videotex [biđeo'teks] *m INFORM* Bildschirmtext *m*
vidriado [bi'đrĭađo] *m TECH* Glasur *f*
vidriar [bi'đrĭar] *v TECH* glasieren
vidriera [bi'đrĭera] *f (LA)* Schaufenster *n*
vidriería [biđrĭe'ria] *f* Glaserei *f*
vidriero [bi'đrĭero] *m* Glaser *m*
vidrio ['biđrĭo] *m 1.* Glas *n,* Glasscheibe *f,* Scheibe *f; de ~* gläsern; *poner ~s a* verglasen; *~ utilizado* Altglas *n; ~ de la ventana* Fensterscheibe *f; ~ opalino* Milchglas *n; ~ de seguridad* Sicherheitsglas *n; ~ ustorio* Brennglas *n; 2. pagar uno los ~s rotos* etw ausbaden müssen
vidriosidad [biđrĭosi'đađ] *f* Glattheit *f*
vidrioso [bi'đrĭoso] *adj* glasig
vieira ['bĭeira] *f ZOOL* Jakobsmuschel *f*
vieja ['bĭɛxa] *f (anciana)* alte Frau *f*
viejísimo [bĭɛ'xisimo] *adj* steinalt, uralt
viejo ['bĭɛxo] *adj 1.* alt, betagt; *ir para ~* alt werden; *más ~* ältere(r,s); *m 2. (anciano)* Greis *m*
viento ['bĭento] *m 1.* Wind *m; ~ contrario* Gegenwind *m; 2. a los cuatro ~s* in alle Winde verstreut *m/pl; 3. contra ~ y marea* trotz aller Widrigkeiten *f/pl; 4. molino de ~* Windmühle *f*
vientre ['bĭentre] *m* Bauch *m*
viernes ['bĭɛrnes] *m* Freitag *m; los ~* freitags; *Viernes Santo REL* Karfreitag *m*
vierteaguas [bĭɛrte'agwas] *m ARCH* Regenrinne *f*
viga ['biga] *f 1.* Balken *m; 2. (listón)* Latte *f,* Brett *n,* Leiste *f*
vigencia [bi'xenθĭa] *f* Geltung *f,* Gültigkeit *f*
vigente [bi'xente] *adj* gültig, rechtskräftig
vigésimo [bi'xesimo] *adj* zwanzigste(r,s)
vigía [bi'xia] *m (torre)* Wächter *m*
vigilado [bixi'lađo] *adj* bewacht
vigilancia [bixi'lanθĭa] *f 1.* Aufsicht *f,* Bewachung *f,* Überwachung *f; 2. (atención)* Wachsamkeit *f*
vigilante [bixi'lante] *m 1.* Wärter *m,* Wachmann *m,* Wächter *m; ~ nocturno* Nachtwächter *m; adj 2.* wachsam
vigilar [bixi'lar] *v 1.* bewachen, überwachen, beaufsichtigen; *¿Podría ~ mi equipaje?* Würden Sie auf mein Gepäck aufpassen? *2. (acechar)* auflauern
vigilativo [bixila'tiƀo] *adj (que no deja dormir)* wach haltend
vigilia [bi'xilĭa] *f* Nachtwache *f; ~ de bodas* Polterabend *m*
vigor [bi'gɔr] *m* Stärke *f; entrar en ~* in Kraft treten
vigorar [bigo'rar] *v* stärken
vigorizador [bigoriθa'đɔr] *adj* stärkend, kräftigend
vigorizar [bigori'θar] *v 1. (dar vigor)* stärken; *2. (fig: animar)* beleben
vigorosidad [bigorosi'đađ] *f* Stärke *f*
vigoroso [bigo'roso] *adj 1.* kräftig, stark, handfest; *2. (ágil)* rüstig, drahtig
viguería [bige'ria] *f ARCH* Gebälk *n*
vihuela [bi'wela] *f (guitarra) MUS* Laute *f*
vihuelista [biwe'lista] *m MUS* Lautenspieler *m*
vil [bil] *adj 1.* gemein, schändlich; *2. (despreciable)* verachtenswert, gemein, elend
vileza [bi'leθa] *f* Gemeinheit *f,* Schandtat *f*
vilipendiar [bilipen'đĭar] *v* gering schätzen, verächtlich behandeln, verleumden
vilipendio [bili'penđĭo] *m* Geringschätzung *f,* Verleumdung *f*
vilipendioso [bilipen'đĭoso] *adj* verächtlich, verleumderisch
vilo ['bilo] *m en ~* schwebend
vilordo [bi'lɔrđo] *adj* faul
villa ['biʎa] *f 1.* Kleinstadt *f; 2. (casa de recreo en el campo)* Villa *f*
villadiego [biʎa'đĭego] *m tomar uno las de ~* die Flucht ergreifen *f,* abhauen
villaje [bi'ʎaxe] *m* kleine Stadt *f*
villanada [biʎa'nađa] *f* Gaunerstreich *m,* Schurkerei *f*
villanaje [biʎa'naxe] *m* Bauernvolk *n*
villancico [biʎan'θiko] *m* Weihnachtslied *n*
villanciquero [biʎanθi'kero] *m MUS* Volkslied *n*
villanesca [biʎa'neska] *f MUS* Bauernlied *n*
villanesco [biʎa'nesko] *adj* Bauern...
villanía [biʎa'nia] *f (fig: acción ruin)* Gemeinheit *f,* Niederträchtigkeit *f*

villano [bi'ʎano] *m 1. (habitante de una villa)* Dorfbewohner *m; 2. (fig: persona ruin)* Schurke *m,* gemeiner Mensch *m*
villar [bi'ʎar] *m* kleiner Ort *m*
villorrio [bi'ʎorrĭo] *m* Kaff *n*
vinagre [bi'nagre] *m GAST* Essig *m*
vinagreta [bina'greta] *f GAST* Vinaigrette *f,* Essigsauce *f*
vinagroso [bina'grɔso] *adj* essigsauer
vinariego [bina'rĭego] *m AGR* Winzer *m*
vinario [bi'narĭo] *adj* Wein...
vinatero [bina'tero] *adj 1. industria vinatera* Weinindustrie *f; m 2. (el que vende vinos)* Weinhändler *m*
vinaza [bi'naθa] *f AGR* Tresterwein *m*
vinculable [biŋku'laƀle] *adj* verknüpfbar
vinculación [biŋkula'θĭɔn] *f* Verknüpfung *f*
vinculante [biŋku'lante] *adj* verbindlich
vincular [biŋku'lar] *v 1.* verknüpfen; *2.* verbinden, verknüpfen
vínculo ['biŋkulo] *m 1.* Bindung *f,* Verbindung *f; 2. (cuerda)* Band *n; 3. (link) INFORM* Link *n*
vindicación [bindika'θĭɔn] *f* Rache *f*
vindicador [binkika'đɔr] *adj* rächend
vindicar [bindi'kar] *v 1. (defender)* verteidigen, wieder zu Ehren bringen; *2. (recuperar lo perdido)* zurückfordern
vindicativo [bindika'tiƀo] *adj* rächend, verteidigend, ehrenrettend
vindicta [bin'dikta] *f* Rache *f,* Vergeltung *f*
vinicultor [binikul'tɔr] *m AGR* Weinbauer *m*
vinicultura [binikul'tura] *f* Weinbau *m*
vinificación [binifika'θĭɔn] *f AGR* Weinbereitung *f*
vino ['bino] *m GAST* Wein *m; ~ en garrafa* offener Wein *m; ~ espumoso* Sekt *m; ~ caliente* Glühwein *m; ~ de primera calidad* Qualitätswein *m; ~ de oporto* Portwein *m; ~ tinto* Rotwein *m; una copa de ~ tinto* ein Glas Rotwein *n; ~ espumante* Schaumwein *m; ~ blanco* Weißwein *m*
vinolencia [bino'lenθĭa] *f* Trunksucht *f*
vinosidad [binosi'đađ] *f* Weingehalt *m*
vintería [binte'ria] *f (tienda de vinos)* Weinhandlung *f*
viña ['biɲa] *f* Weinberg *m,* Weingut *n*
viñador(a) [biɲa'đɔr/biɲa'đora] *m/f* Winzer(in) *m/f*
viñedo [bi'ɲeđo] *m* Weinberg *m,* Weingut *n*
viñero [bi'ɲero] *m* Winzer *m*
viñeta [bi'ɲeta] *f* Zierleiste *f*
viola ['bĭola] *f MUS* Bratsche *f*
violáceo [bĭo'laθeo] *adj* violett
violación [bĭola'θĭɔn] *f 1. (sexual)* Vergewaltigung *f; 2. (deshonra)* Schändung *f; 3. (desacato) JUR* Übertretung *f,* Überschreitung *f,* Verletzung *f; ~ de contrato* Vertragsbruch *m*
violador [bĭola'đɔr] *m* Gewalt anwendender Mensch *m,* Gesetzesbrecher *m,* Vergewaltiger *m*
violar [bĭo'lar] *v 1. (sexualmente)* vergewaltigen; *Me han violado.* Ich bin vergewaltigt worden. *2. (desacatar) JUR* übertreten, überschreiten, verletzen; *3. ~ el sumario* verletzen, übertreten
violencia [bĭo'lenθĭa] *f 1.* Gewalt *f; 2. (a la fuerza)* Zwang *m*
violentar [bĭolen'tar] *v* Gewalt antun, vergewaltigen
violento [bĭo'lento] *adj 1.* heftig, heiß, gewaltsam, gewalttätig; *2. (fig: duro)* knallhart
violeta [bĭo'leta] *adj 1.* violett; *f 2. BOT* Veilchen *n*
violín [bĭo'lin] *m MUS* Geige *f,* Violine *f; tocar el ~* geigen
violinista [bĭoli'nista] *m/f MUS* Geiger(in) *m/f*
violón [bĭo'lɔn] *m MUS* Kontrabass *m*
violonchelista [bĭolɔntʃe'lista] *m/f MUS* Cellist(in) *m/f*
violonchelo [bĭolɔn'tʃelo] *m MUS* Cello *n*
viperino [bipe'rino] *adj 1. (relativo a la víbora)* Viper...; *2. (fig) lengua viperina* spitze Zunge *f,* Lästermaul *n*
virada [bi'rađa] *f (cambio de rumbo) NAUT* Wenden *n*
viraje [bi'raxe] *m* Kehrtwendung *f*
viral [bi'ral] *adj BIO* Virus...
virar [bi'rar] *v* drehen
virgen ['birxen] *f 1.* Jungfrau *f; Virgen María REL* Madonna *f,* Jungfrau Maria *f; adj 2. (fig: lo que está intacto)* jungfräulich, unberührt
virginal [birxi'nal] *adj* jungfräulich, rein, unbefleckt
Virgo ['birgo] *(signo del zodíaco) ASTR* Jungfrau *f*
virgulilla [birgu'liʎa] *f (el signo ~ sobre la ñ) GRAMM* kleiner Strich *m,* Komma *n,* Akzent *m*

viril [bi'ril] *adj* männlich, mannhaft
virilidad [birili'đađ] *f* Männlichkeit *f*, Mannbarkeit *f*, Manneskraft *f*
viripotente [biripo'tente] *adj (vigoroso)* stark, kraftvoll
virología [birolo'xia] *f MED* Virologie *f*
virotismo [biro'tizmo] *m (presunción)* Vermutung *f*
virreina [bi'rrɛina] *f* Vizekönigin *f*
virrey [bi'rrɛi] *m irr* Vizekönig *m*
virtual [bir'tual] *adj* virtuell, wirkungsfähig, scheinbar
virtualidad [birtwali'đađ] *f* Virtualität *f*, Wirkungsvermögen *n*
virtud [bir'tuđ] *f 1.* Vorzug *m; en ~ de* aufgrund, kraft; *2. (fig)* Tugend *f; 3. (integridad del ánimo)* Tugend *f*, Rechtschaffenheit *f*
virtuosidad [birtwosi'đađ] *f* Tugendhaftigkeit *f*, meisterliche Beherrschung *f*
virtuosismo [birtuo'sizmo] *m* hohe Kunstfertigkeit *f*, Meisterschaft *f*
virtuoso [bir'twoso] *adj 1.* tugendhaft; *2. (excelente)* meisterhaft; *m 3.* Virtuose *m; Bela es un ~ del piano.* Bela ist ein Virtuose am Klavier.
viruela [bi'rwela] *f MED* Pocken *pl*
virulencia [biru'lenθĭa] *f* Virulenz *f*, Ansteckbarkeit *f*
virulento [biru'lento] *adj 1. (ocasionado por un virus) MED* virulent, ansteckend; *2. (fig: estilo mordaz)* bissig, boshaft
virus ['birus] *m 1. MED* Virus *n; 2. INFORM* Virus *n/m*
virutas [biru'tas] *f/pl* Holzwolle *f*
vis [bis] *f (fuerza)* Kraft *f*, Gewalt *f*
visa ['bisa] *f (LA)* Visum *n*
visado [bi'sađo] *m* Visum *n*, Sichtvermerk *m; ~ de salida* Ausreisevisum *n*
vísceras ['bisθeras] *f/pl ANAT* Eingeweide *pl*
viscosa [bis'kosa] *f TECH* Viskose *f*
viscosidad [biskosi'đađ] *f* Viskosität *f*, Klebrigkeit *f*, Zähigkeit *f*
viscoso [bis'koso] *adj* zähflüssig
visera [bi'sera] *f (parte delantera de una gorra)* Visier *n*
visibilidad [bisiƀili'đađ] *f* Sichtverhältnisse *pl*
visible [bi'siƀle] *adj* sichtbar, ersichtlich, spürbar
visiblemente [bisiƀle'mente] *adv* spürbar, zusehends
visillo [bi'siʎo] *m* Gardine *f*
visión [bi'sĭɔn] *f 1.* Trugbild *n*, Vision *f; ~ general* Überblick *m; ~ de futuro* Weitblick *m; 2. (acción de ver)* Sehen *n; 3. ver uno visiones* Visionen haben *f/pl*
visionario [bisĭo'narĭo] *m* Visionär *m*, Schwärmer *m*
visir [bi'sir] *m POL* Wesir *m*
visita [bi'sita] *f 1.* Besuch *m*, Visite *f; hacer una ~* einen Besuch machen/einen Besuch abstatten; *2. (a un museo)* Besichtigung *f; ~ guiada* Führung *f; 3. ~ oficial POL* Staatsbesuch *m; 4. (fig) pagar uno la ~* den Besuch erwidern *m*
visitación [bisita'θĭɔn] *f* Untersuchung *f*
visitador [bisita'đɔr] *m (juez que hace reconocimientos) JUR* Untersuchungsrichter *m*
visitante [bisi'tante] *m/f* Besucher(in) *m/f*
visitar [bisi'tar] *v ~ a* besuchen; *¿Se le puede ~?* Kann man ihn besuchen?
vislumbrante [bizlum'brante] *adj* schimmernd
vislumbrar [bizlum'brar] *v 1.* undeutlich sehen; *2. (fig)* ahnen, mutmaßen
vislumbre [biz'lumbre] *f 1.* Schimmer *m; 2. (fig: indicio)* Anzeichen *n*, Schimmer *m*, Ahnung *f*
viso ['biso] *m sin ~s de* Glanz *m*, Schimmer *m*
visón [bi'sɔn] *m ZOOL* Nerz *m*
visor [bi'sor] *m FOTO* Visier *n*, Sucher *m*
visorio [bi'sorĭo] *adj irr 1.* Seh... *m 2. (examen parcial)* Zwischenprüfung *f*
víspera ['bispera] *f 1.* Vorabend *m*, Vortag *m; 2. estar en ~s* anstehen, bevorstehen
vista ['bista] *f 1.* Ansicht *f*, Sicht *f*, Blick *m*, Anblick *m; en ~ de* angesichts von; *perder de ~* aus den Augen verlieren; *perder la ~* erblinden; *fuera del alcance de la ~* außer Sicht; *~ de conjunto* Gesamtansicht *f; ~ de atrás* Rückansicht *f; 2. JUR* Termin *m*, Verhandlung *f; ~ de la causa* Hauptverhandlung *f*, Gerichtsverhandlung *f*, Verhandlung *f; 3. (fig)* Aussicht *f; 4. punto de ~* Gesichtspunkt *m; 5. (fig) ~ de águila* Adleraugen haben; *6. aguzar uno la ~* das Auge schärfen; *7. apartar la ~ de algo/alguien* den Blick von jdm abwenden; *8. a ~ de pájaro* aus der Vogelperspektive; *9. conocer uno de ~ a alguien* jdn vom Sehen kennen; *Conozco de vista a esa muchacha.* Ich kenne dieses Mädchen vom Sehen. *10. ser uno corto de ~* kurzsichtig sein; *11. fijar uno la ~*

en algo den Blick auf etw heften; *12. estar algo a la ~* in Blickweite sein; *13. hasta la ~* auf Wiedersehen; *14. saltar a la ~ una cosa* ins Auge springen
vistazo [bis'taθo] *m 1. (mirada superficial)* flüchtiger Blick *m; 2. dar uno un ~ a algo* einen Blick auf etw werfen
vistillas [bis'tiʎas] *f/pl* spicken
visto ['bisto] *adj 1. por lo ~* anscheinend, offensichtlich, offenbar; *2. dar el ~ bueno* etw. genehmigen
vistosidad [bistosi'đađ] *f* Pracht *f,* Effekt *m,* Prunk *m*
vistoso [bis'toso] *adj 1. (llamativo)* auffallend; *poco ~* unansehnlich; *2. (colorido)* farbenfreudig, stattlich
visual [bi'swal] *adj* Seh...
visualidad [biswali'đađ] *f* Pracht *f,* schöner Anblick *m*
visualización [biswaliθa'θĭɔn] *f* Visualisierung *f,* Veranschaulichung *f,* grafische Darstellung *f*
visualizador [biswaliθa'đɔr] *m TECH* Display *n*
visualizar [biswali'θar] *v* visualisieren, veranschaulichen, grafisch darstellen
vital [bi'tal] *adj* lebenswichtig, vital
vitalicio [bita'liθĭo] *adj* lebenslang, auf Lebenszeit
vitalidad [bitali'đađ] *f* Lebenskraft *f,* Vitalität *f; lleno de ~* schwungvoll
vitamina [bita'mina] *f* Vitamin *n*
viticultor [bitikul'tɔr] *m AGR* Winzer *m*
viticultor(a) [bitikul'tɔr/bitikul'tora] *m/f* Winzer(in) *m/f*
viticultura [bitikul'tura] *f* Weinbau *m*
vitivinicultura [bitiƀinikul'tura] *f AGR* Weinbau *m*
vitorear [bitore'ar] *v* bejubeln
vítreo ['bitreo] *adj 1.* gläsern; *2. humor ~ ANAT* Glaskörper *m*
vitrificable [bitrifi'kaƀle] *adj* verglasbar
vitrificación [bitrifika'θĭɔn] *f* Verglasung *f*
vitrificar [bitrifi'kar] *v TECH* glasieren
vitrina [bi'trina] *f* Auslage *f*
vitualla [bi'twaʎa] *f* Lebensmittel *n/pl,* Proviant *m*
vituallar [bitwa'ʎar] *v* verpflegen, mit Proviant ausstatten *m*
vituperable [bitupe'raƀle] *adj* verächtlich, verachtenswert
vituperar [bitupe'rar] *v* tadeln, bemängeln
vituperio [bitu'perĭo] *m 1. (afrenta)* Beschimpfung *f,* Beleidigung *f; No sé como puedes tolerar los vituperios de tu jefe.* Ich weiß nicht, wie du die Beleidigungen deines Chefs erträgst. *2. (censura, reprensión)* Kritik *f,* Vorwurf *m,* Tadel *m*
vituperioso [bitupe'rĭoso] *adj* schmählich, schimpflich
viuda ['bĭuđa] *f* Witwe *f*
viudedad [biuđe'đađ] *f (pensión)* Witwenrente *f*
viudez [bĭw'đeθ] *f* Witwenstand *m*
viudo ['bĭuđo] *m 1.* Witwer *m; adj 2.* verwitwet
vivacidad [bibaθi'đađ] *f* Lebhaftigkeit *f,* Lebendigkeit *f*
vivar [bi'ƀar] *m AGR* Kaninchengehege *n*
vivaracho [biƀa'ratʃo] *adj* lebhaft
vivario [bi'ƀarĭo] *m* Vivarium *n,* Fischteich *m*
vivaz [bi'ƀaθ] *adj 1.* lebendig, lebhaft; *2. (que comprende rápidamente)* aufgeweckt, hell, lebendig
vivencia [bi'ƀenθĭa] *f* Erlebnis *n*
víveres ['biƀeres] *m/pl* Proviant *m*
vivero [bi'bero] *m 1.* Baumschule *f; 2.* Fischteich *m; 3. (fig)* Brutstätte *f*
viveza [bi'ƀeθa] *f 1. (alegría)* Munterkeit *f; 2. (astucia)* Schläue *f; 3. (intensidad, brillo de un color)* Lebendigkeit *f*
vívido ['biƀiđo] *adj* erlebt, gelebt
vividor [biƀi'đɔr] *m (LA: parásito)* Parasit *m,* Schmarotzer (fam)
vividor(a) [biƀi'đɔr/biƀi'đora] *m/f* Genießer(in) *m/f*
vivienda [bi'ƀĭenda] *f* Wohnung *f,* Behausung *f*
viviente [bi'ƀĭente] *adj* lebendig
vivificación [biƀifika'θĭɔn] *f* Belebung *f*
vivificador [biƀifika'đɔr] *adj* belebend
vivificar [bibifi'kar] *v* beleben, lebendig machen, kräftigen
vivífico [bi'ƀifiko] *adj* lebendig
vivíparo [bi'ƀiparo] *adj ZOOL* vivipar, lebend gebärend
vivir [bi'ƀir] *v 1.* leben, existieren; *~ a costa ajena* schmarotzen; *¡Viva!* Hurra!/Bravo! *~ en* wohnen in, bewohnen; *¿Dónde vive usted?* Wo wohnen Sie? *ir a ~ a* beziehen, einziehen in; *~ a lo loco* prassen; *~ en armonía* sich vertragen; *2. (experimentar)* erleben
vivisección [biƀiseg'θĭɔn] *f* Vivisektion *f*

vivito [bi'ƀito] *adj ~ y coleando* quicklebendig
vivo ['biƀo] *adj 1.* lebendig, belebt; *2. (de color)* hell; *m 3.* Schlauberger *m,* Schlitzohr *n*
vizconde [biθ'kɔnde] *m* Viscomte *m*
vizcondesa [biθkon'desa] *f* Viscontessa *f*
vocablo [bo'kaƀlo] *m 1.* Wort *n; ~ derivado* Unterbegriff *m; 2. LING* Vokabel *f*
vocabulario [bokaƀu'lar ĭo] *m* Vokabular *n,* Wortschatz *m*
vocación [boka'θĭɔn] *f* Berufung *f*
vocacional [bokaθĭo'nal] *adj* Berufs...
vocal [bo'kal] *f 1.* Vokal *m; m 2. (con derecho a votar)* Beisitzer *m*
vocalización [bokaliθa'θĭɔn] *f* Vokalisation *f,* Vokalisierung *f,* Stimmübung *f*
vocativo [boka'tiƀo] *m LING* Vokativ *m*
voceador [boθea'đɔr] *m* Ausrufer *m*
vocear [bo'θɛar] *v 1.* schreien, laut verkünden; *2. (anunciar publicamente algo)* ausrufen, bekannt geben
vocerío [boθe'rio] *m* Geschrei *n*
vocero [bo'θero] *m 1. (líder)* Wortführer *m; 2. (LA) POL* Regierungssprecher *m*
vociferación [boθifera'θĭɔn] *f* Gebrüll *n,* Geschrei *n*
vociferar [boθife'rar] *v* durcheinander rufen, keifen
vocingleo [boθiŋ'gleo] *m* Geschrei *n,* Gebrüll *n*
vocinglería [boθiŋgle'ria] *f* Geschrei *n,* Grölen *n*
vodka ['bođka] *m GAST* Wodka *m*
volada [bo'lađa] *f (vuelo no muy largo)* Flug *m*
voladera [bola'đera] *f TECH* Radschaufel *f*
voladero [bola'đero] *adj* flügge
voladizo [bola'điθo] *m (saledizo) ARCH* Überhang *m,* Vorsprung *m*
volador [bola'đɔr] *adj* fliegend, Flug...
voladura [bola'đura] *f (explosión)* Sprengung *f*
volando [bo'lando] *adv (inmediatamente)* sofort
volante [bo'lante] *m 1. (timón)* Steuer *n,* Lenkrad *n; 2. (LA)* Flugblatt *n,* Handzettel *m; 3. ~ del seguro* Krankenschein *m,* Überweisungsschein *m*
volantín [bolan'tin] *m* Purzelbaum *m*
volar [bo'lar] *v irr 1.* fliegen; *2. (explosionar)* sprengen
volatería [bolate'ria] *f (conjunto de aves)* Geflügel *n,* Vogelschwarm *m*
volátil [bo'latil] *adj 1.* flüchtig, flatterhaft; *2. (que se puede convertir en vapor) CHEM* flüchtig; *m 3. (animal volador)* flugfähig
volatilidad [bolatili'đađ] *f CHEM* Flüchtigkeit *f*
volatín [bola'tin] *m (acrobacia del volatinero)* Seiltänzer *m*
volatinero [bolati'nero] *m (saltimbanqui)* Seiltänzer *m,* Akrobat *m*
volcán [bɔl'kan] *m GEO* Vulkan *m*
volcánico [bɔl'kaniko] *adj 1. GEO* vulkanisch; *2. (fig)* feurig, unbändig
volcanismo [bɔlka'nizmo] *m GEOL* Vulkanismus *m*
volcanización [bɔlkaniθa'θĭɔn] *f MIN* Vulkanisierung *f*
volcar [bɔl'kar] *v irr* kippen, umkippen, umstoßen
volcarse [bɔl'karse] *v irr 1.* sich überschlagen; *2. (fig)* sein Letztes geben; *~ en alguien* alles für jdn tun
voleo [bo'leo] *m SPORT* Volleyball *m*
volición [boli'θĭɔn] *f* Wollen *n,* Willensäußerung *f*
volquete [bɔl'kete] *m* Kippwagen *m*
voltaísmo [bɔlta'izmo] *m PHYS* Galvanismus *m*
voltaje [bol'taxe] *m PHYS* Spannung *f,* Voltzahl *f*
voltámetro [bɔl'tametro] *m PHYS* Voltameter *n*
voltear [bɔl'tear] *v 1. (dar vuelta)* umdrehen; *2. (poner algo al revés)* verkehren, umdrehen
volteo [bol'teo] *m* Wenden *n*
voltereta [bɔlte'reta] *f* Purzelbaum *m*
voltio ['bɔltĭo] *m* Volt *n*
volubilidad [boluƀili'đađ] *f* Unstetigkeit *f,* Leichtigkeit *f*
voluble [bo'luƀle] *adj* flatterhaft, sprunghaft, unbeständig
volumen [bo'lumen] *m 1. (sonido)* Lautstärke *f; 2. (cantidad)* Umfang *m,* Volumen *n; 3. ~ de negocios ECO* Umsatz *m; 4. ~ de tráfico* Verkehrsaufkommen *n; 5. PHYS* Masse *f*
voluminoso [bolumi'noso] *adj 1.* sperrig; *2. (fig: amplio)* umfangreich
voluntad [bolun'tađ] *f* Wille *m; de buena ~* gutwillig; *sin ~* willenlos; *a ~* nach Belieben

voluntariado [boluntaˈrǐađo] *m (conjunto de voluntarios)* Freiwilligenverband *m,* Freiwilligendienst *m*
voluntariedad [boluntarǐeˈđađ] *f* Freiwilligkeit *f*
voluntario [bolunˈtarǐo] *adj 1.* freiwillig, zwanglos; *m 2.* Entwicklungshelfer *m*
voluntarioso [boluntaˈrǐoso] *adj* eigenwillig, willensstark
voluntarismo [boluntaˈrizmo] *m* Voluntarismus *m,* Willenslehre *f*
voluptuosamente [bolupˈtwosamente] *adv* genüsslich
voluptuosidad [boluptwosiˈđađ] *f* Wollüstigkeit *f*
voluptuoso [bolupˈtwoso] *adj (sensual)* wollüstig, sinnlich
voluta [boˈluta] *f* Schnörkel *m*
volver [bɔlˈƀɛr] *v irr 1. (regresar)* umkehren, wiederkommen, zurückkommen; *~ a recibir* zurückerhalten; *¡Deseo ~!* Ich will umkehren! *2. (retroceder)* zurückfahren; *~ de rebote* abprallen; *3. (la cabeza)* herumdrehen; *4. (dar la vuelta)* umdrehen; *5. ~ la hoja* umblättern; *6. (la página)* umschlagen
volverse [bɔlˈƀɛrse] *v irr 1.* sich umdrehen; *~ contra alguien* sich gegen jdn wenden; *2. (fig) ~ loco* überschnappen, den Verstand verlieren, durchdrehen
vomitar [bomiˈtar] *v* sich übergeben, brechen, speien; *Tuve que ~.* Ich musste mich übergeben.
vomitona [bomiˈtona] *f MED* heftiges Erbrechen *n*
voracidad [boraθiˈđađ] *f* Gefräßigkeit *f,* Unersättlichkeit *f*
vorágine [boˈraxine] *f* Strudel *m*
voraginoso [boraxiˈnoso] *adj* wirbelnd, voller Wirbel *m*
voraz [boˈraθ] *adj* gefräßig, unersättlich
vortiginoso [bɔrtixiˈnoso] *adj* strudelartig
vosear [boˈsɛar] *v* mit „vos" anreden
voseo [boˈsɛo] *m* Anrede mit „vos" *f*
vosotros [boˈsotros] *pron* ihr; *por ~* euretwegen
votación [botaˈθǐɔn] *f 1.* Abstimmung *f; 2. ~ de desempate POL* Stichwahl *f*
votante [boˈtante] *m* Abstimmender *m,* Stimmberechtigter *m*
votar [boˈtar] *v* abstimmen, wählen
votivo [boˈtiƀo] *adj REL* gelobt
voto [ˈboto] *m 1. POL* Stimme *f; ~ contrario* Gegenstimme *f; ~ de censura* Misstrauensvotum *n; 2. REL* Gelübde *n; hacer ~ de* geloben
voz [boθ] *f 1.* Stimme *f; dar voces* schreien; *Es un secreto a voces.* Es ist ein offenes Geheimnis. *en ~ alta* laut; *a media ~* halblaut; *2. ~ guía (en un diccionario)* Stichwort *n; 3. ~ contraria POL* Gegenstimme *f*
vuelco [ˈbwelko] *m* Überschlag *m*
vuelo [ˈbwelo] *m* Flug *m; ~ en ala delta* Drachenfliegen *n; ¿Lleva retraso este ~?* Hat dieser Flug Verspätung? *~ de aproximación* Anflug *m; ~ chárter* Charterflug *m; ~ de altura* Höhenflug *m; ~ regular* Linienflug *m; ~ de línea* Linienflug *m*
vuelta [ˈbwɛlta] *f 1.* Spaziergang *m,* Rundgang *m; dar una ~* einen Rundgang machen, einen Spaziergang machen; *~ en coche* Rundfahrt *f; 2. (viaje)* Tour *f,* Rundgang *m; ¿Puedo darme una ~ para mirar?* Kann ich mich mal umsehen? *~ al mundo* Weltreise *f; 3. ~ de honor SPORT* Ehrenrunde *f; 4. (regreso)* Rückkehr *f; 5. (devolución)* Rückgabe *f; 6. ~s pl (cambio de dinero) FIN* Wechselgeld *n; 7. (voltea)* Wendung *f,* Drehung *f,* Umdrehung *f; dar la ~* umdrehen; *8. (desvío)* Umweg *m; 9. (vestimenta)* Aufschlag *m*
vuestro [ˈbwestro] *pron* euer, eure
vulcanizar [bulkaniˈθar] *v* vulkanisieren
vulcanología [bulkanoloˈxia] *f GEOL* Vulkanologie *f*
vulgar [bulˈgar] *adj 1. (común)* gewöhnlich; *2. (grosero)* grob, ordinär, vulgär
vulgaridad [bulgariˈđađ] *f* Kraftausdruck *m*
vulgarismo [bulgaˈrizmo] *m* vulgärer Ausdruck *m*
vulgarizar [bulgariˈθar] *v* verallgemeinern, populär machen
vulgo [ˈbulgo] *m* gewöhnliches Volk *n,* breite Masse *f*
vulnerabilidad [bulneraƀiliˈđađ] *f* Verletzbarkeit *f*
vulnerable [bulneˈraƀle] *adj* verletzbar, verwundbar
vulnerar [bulneˈrar] *v 1. (herir)* verwunden, verletzen; *2. ~ el secreto sumarial* Vertraulichkeit des Ermittlungsverfahrens verletzen; *3. (perjudicar)* schaden, beeinträchtigen
vulpeja [bulˈpexa] *f (zorra) ZOOL* Füchsin *f*
vulva [ˈbulba] *f ANAT* Vulva *f,* weibliche Scham *f*

W/X/Y/Z

waffle ['bafɛl] *m (LA) GAST* Waffel *f*
wagneriano [bag̱ne'rĭano] *adj MUS* Wagner...
walkman ['wolkman] *m* Walkman *m*
water ['batɛr] *m* Klo *n*
water polo ['batɛr 'polo] *m SPORT* Water Polo *n,* Polospiel im Wasser *n*
WEB [beb] *m página ~ INFORM* WEB-Seite *f*
welter ['weltɛr] *m SPORT* Weltergewicht *n*
western ['westɛrn] *m (película sobre el lejano oeste) CINE* Western *m*
whisky ['biski] *m GAST* Whisky *m*
winchester ['wintʃestɛr] *m (un tipo de escopeta)* Winchestergewehr *n,* Gewehr *n*
x ['ekis] *adj 1. rayos ~ MED* Röntgenstrahlen *m/pl; 2. partícula ~ PHYS* X-Teilchen *n,* X-Partikel *m; El mesón es la partícula x.* Das Meson ist das X-Teilchen. *3. telescopio de rayos ~ ASTR* Röntgenteleskop *n; 4. terapia de rayos ~ MED* Strahlentherapie *f; 5. crosmosoma ~ BIO* X-Chromosomen *n/pl*
xenofilia [kseno'filĭa] *f* Fremdenfreundlichkeit *f*
xenófilo [kse'nofilo] *adj* fremdenfreundlich
xenofobia [kseno'foƀĭa] *f* Ausländerfeindlichkeit *f,* Xenophobie *f*
xenófobo [kse'nofoƀo] *adj* ausländerfeindlich, xenophob
xenón [kse'non] *m CHEM* Xenon *n*
xerófilas [kse'rofilas] *f/pl* Pflanzen oder Tiere, die in Trockenzonen leben
xerografía [kserog̱ra'fia] *f TECH* Xerografie *f*
xerográfico [ksero'g̱rafiko] *adj TECH* Xerografie...
xiítas [ʃi'itas] *m/pl REL* Schiiten *m/pl*
xiligrafía [ksilogra'fia] *f* Holzschneidekunst *f*
xilófago [ksi'lofag̱o] *adj ZOOL* xylophag, holzfressend
xilofonista [ksilofo'nista] *m/f (que toca el xilófono) MUS* Xylophonspieler(in) *m/f*
xilófono [ksi'lofono] *m MUS* Xylophon *n*
xilografía [ksilog̱ra'fia] *f 1. (técnica de grabado en madera) ART* Holzschneidekunst *f; 2. ART* Holzschnitt *m; Una xilografía de Durero.* Ein Holzschnitt von Dürer.
xilográfico [ksilo'g̱rafiko] *adj ART* Holzschnitt...
xilógrafo [ksi'lografo] *m* Holzschneider *m*
xilol [ksi'lol] *m CHEM* Xylol *n*
y [i] *konj 1.* und; *adv 2. ~ aún* sogar; *3. ~ eso que ...* obwohl, trotzdem dass; *Y eso que no me has visto bailar.* Obwohl du mich nicht hast tanzen sehen. *adj 4. cromosoma ~ BIO* Y-Chromosom *n*
ya [ja] *adv 1.* bereits, schon; *¡Ya!* Los! Auf geht's! *¡Ya está bien!* Schon gut! *¿Ya está listo?* Ist es schon fertig? *konj 2. ~ que* da, weil; *3. (más tarde)* schon; *No se preocupe, ya pagará.* Keine Sorge, er zahlt schon noch. *¡Ya verás!* Du wirst schon sehen! *4. (enseguida)* gleich, sofort; *¡Ya vienen!* Sie kommen gleich! *5. (finalmente)* endlich; *Ya es necesario que nos vayamos.* Wir müssen endlich gehen. *6. (ahora)* jetzt; *Ya no puedo más.* Jetzt kann ich nicht mehr.
yac [jak] *m ZOOL* Jak *n,* Yak *n*
yacaré [jaka're] *m (LA: caimán) ZOOL* Alligator *m*
yacente [ja'θente] *adj 1.* liegend; *2.* begraben sein; *acqui yace...* hier ruht...
yacer [ja'θɛr] *v irr 1.* liegen; *2. (encontrarse en)* liegen; *El problema yace en que ...* Das Problem liegt darin, dass; *3. aquí yace ...* hier ruht ... *4. (encontrase en un lugar)* sich befinden; *Ese cuadro yace en el museo X.* Dieses Bild befindet sich im X Museum.
yacimiento [jaθi'mĭento] *m GEO* Lagerstätte *f,* Vorkommen *n*
yak ['jak] *m ZOOL* Jak *m,* Yak *m,* Grunzochse *m*
yámbico ['jamƀiko] *adj LIT* jambisch
yambo ['jamƀo] *m 1. LIT* Jambus *m, 2. BOT* Jambusenbaum *m*
yanqui ['janki] *adj* nordamerikanisch, Yankee...
yapa ['japa] *f* Zugabe *f,* Beigabe *f,* Zusatz *m*
yarda ['jarđa] *f* Yard *m*
yate ['jate] *m* Jacht *f,* Yacht *f*
yayo ['jajo] *m (fam)* Opa *m*
yedra ['jeđra] *f BOT* Efeu *m*

yegua ['jegwa] *f* Stute *f*
yelmo ['jelmo] *m* Helm *m,* Sturmhaube *f*
yema ['jema] *f* *3. la ~ del dedo* Fingerkuppe *f*
yen [jen] *m (unidad monetaria de Japón) ECO* Yen *m*
yerba ['jerƀa] *f* Gras *n,* Kraut *n,* Heu *n,* (LA) Matetee *m*
yerbatero [jerƀa'tero] *m (LA: curandero)* Kurpfuscher *m,* Quacksalber *m*
yermo ['jɛrmo] *adj 1.* öde, wüst, brach; *m 2.* Einöde *f; 3. (terreno)* Brache *f*
yerno ['jɛrno] *m* Schwiegersohn *m*
yerro ['jɛrro] *m* Fehler *m,* Irrtum *m*
yerto ['jɛrto] *adj quedarse ~* erstarren, starr werden
yesca ['jeska] *f* Zunder *m,* Feuerschwamm *m*
yesera [je'sera] *f* Gipsgrube *f*
yesería [jese'ria] *f* Gipsbrennerei *f*
yeso ['jeso] *m MIN* Gips *m*
yo [jo] *pron* ich
yodado [jo'đađo] *adj* jodhaltig
yodo ['jođo] *m CHEM* Jod *n*
yogur(t) [jo'gur] *m GAST* Joghurt *m*
yonki ['jonki] *m/f (fam)* Junkie *m*
yuca ['juka] *f* Maniok *m,* Jukka *f*
yugo ['jugo] *m 1.* Joch *n,* Trauschleier *m,* Glockenstuhl *m; 2. (fig: dominio)* Joch *n,* Herrschaft *f; estar bajo el ~ de alguien* unter jds Fuchtel stehen (fam) *f; sacudirse el ~* das Joch abschütteln *n*
Yugoslavia [jugos'laƀĭa] *f GEO* Jugoslawien *n*
yugoslavo [jugos'laƀo] *m 1.* Jugoslawe *m; adj 2.* jugoslawisch
yugular [ju'gular] *f* Halsvene *f*
yunque ['juŋke] *m TECH* Amboss *m*
yunta ['junta] *f* Joch *n,* Gespann *n*
yuppie ['jupi] *m* Yuppie *m*
yute ['jute] *m BOT* Jute *f*
yuxtaponer [justa'ponɛr] *v irr* nebeneinander setzen
yuxtaposición [justaposi'θĭɔn] *f* Aneinanderreihung *f*
zacapela [θaka'pela] *f (pelea)* lärmender Streit *m*
zafar [θa'far] *v 1.* schmücken; *2. (soltar)* lösen, aufmachen; *~ un nudo* aufknoten
zafarrancho [θafa'rrantʃo] *m 1. MIL* Klarmachen *n,* Klarschiff *n,* (fig) Streit *m; 2. (pelea)* Streit *m,* Krach *m; Anoche se formó un zafarrancho.* Letzte Nacht ist ein Streit entbrannt.
zafarse [θa'farse] *v 1. (fig)* kneifen; *2. (huirse)* entweichen
zafio ['θafĭo] *adj* flegelhaft
zafiro [θa'firo] *m MIN* Saphir *m*
zafra ['θafra] *f 1.* Ölbehälter *m; 2. AGR* Zuckerrohrernte *f*
zaga ['θaga] *f* Hinterteil *n; ir a la ~* zurückbleiben, hinterher sein
zaguán [θagw'an] *m* Flurportal *n,* Vorhalle *f,* Hausflur *m*
zaherir [θae'rir] *v irr* rügen, tadeln, abkanzeln (fam)
Zaire ['θaire] *m GEO* Zaire *n*
zalamería [θalame'ria] *f* Schmeichelei *f*
zalamero [θala'mero] *m 1.* Schmeichler *m; adj 2.* schmeichelhaft
zamarra [θa'marra] *f* Pelz *m,* Pelzweste *f*
zamarrear [θama'rrear] *v* hin und her schütteln, herumzerren
zamarreo [θama'rreo] *m* Zerren *n*
zambo ['θamƀo] *m/adj* krummbeinig, X-beinig
zambullida [θambu'ʎiđa] *f* Untertauchen *n,* Kopfsprung *m*
zambullir [θam'ƀuʎir] *v* eintauchen, untertauchen, ins Wasser werfen
zampar ['θampar] *v* (rasch und unauffällig) verschwinden lassen, hinunterschlingen, fressen
zampoña [θam'poɲa] *f MUS* Hirtenflöte *f,* Panflöte *f*
zanahoria [θana'ɔrĭa] *f BOT* Karotte *f,* Möhre *f*
zanca ['θanka] *f 1. (pata de las aves)* Vogelbein *n,* Stelze *f; 2. (fam: pierna larga y delgada)* Bein *n,* Stelze *f*
zancada [θaŋ'kađa] *f* langer Schritt *m,* übergroßer Schritt *m*
zancadilla [θanka'điʎa] *f* Beinstellen *n,* listiger Kniff *m*
zanco ['θaŋko] *m* Stelze *f*
zancudo [θaŋ'kuđo] *m 1. (mosquito)* (LA) Steckmücke *f; adj 2. (el que tiene piernas largas)* stelzbeinig
zanganear [θangane'ar] *v* herumlungern, faulenzen
zángano ['θaŋgano] *m 1.* Schmarotzer *m; 2. ZOOL* Drohne *f*
zanja ['θaŋxa] *f 1.* Graben *m; 2. (fosa)* Grube *f*
zanjar [θaŋ'xar] *v 1. (zanja, trinchera)* ausheben; *2. (fig: diferencias, pelea)* bereinigen, ebnen, schlichten, beilegen
zapallo [θa'paʎo] *m (LA)* Kürbis *m*

zapata [θa'pata] *f ~ de freno TECH* Bremsbelag *m*
zapateado [θapate'ađo] *m* Andalusischer Tanz *m*
zapatear [θapate'ar] *v 1.* trampeln; *2. (taconear)* aufstampfen
zapatería [θapate'ria] *f* Schuhgeschäft *n,* Schuhwerkstatt *f*
zapatero [θapa'tero] *m* Schuster *m,* Schumacher *m*
zapatilla [θapa'tiʎa] *f 1. SPORT* Turnschuh *m; 2. (pantufla)* Pantoffel *m,* Hausschuh *m; 3. ~s de clavos pl SPORT* Spikes *pl*
zapatista [θapa'tista] *m 1. POL* Zapatist *m; adj 2. ejército de liberación ~ POL* Zapatistische Befreiungsarmee *f*
zapato [θa'pato] *m* Schuh *m; ¿Puede usted pedir a alguien que me limpie los ~s?* Können Sie meine Schuhe putzen lassen? *~ de charol* Lackschuh *m*
zape ['θape] *interj* pfui!
zapote [θa'pote] *m BOT* Breiapfel *m,* Sapote *f*
zapoteca [θapo'teka] *adj HIST* zapotekisch
zar [θar] *m HIST* Zar *m*
zarabanda [θara'ƀanđa] *f MUS* Sarabande *f*
zarandajas [θaran'đaxas] *f/pl (ES)* Lappalien *f/pl; perder el tiempo con ~* die Zeit mit Nebensächlichkeiten verplempern *f*
zarandear [θaran'đear] *v (mover de un lado a otro)* schütteln, zausen
zarandeo [θaran'đeo] *m* Schütteln *n,* Sieben *n*
zarcillo [θar'θiʎo] *m 1. BOT* Ranke *f; 2. (pendiente)* Ohrring *m*
zarevich [θare'ƀitʃ] *m HIST* Zarewitsch *m*
zarigüeya [θari'gweʎa] *f ZOOL* Beutelratte *f,* Opossum *n*
zarina [θa'rina] *f HIST* Zarin *f*
zarismo [θa'rizmo] *m HIST* Zarismus *m,* Zarenherrschaft *f*
zarista [θa'rista] *adj* zaristisch
zarpa ['θarpa] *f ZOOL* Pranke *f,* Tatze *f*
zarpar [θar'par] *v (barco) NAUT* auslaufen; *El barco zarpa a las cinco.* Das Schiff läuft um fünf Uhr aus.
zarpazo [θar'paθo] *m* Prankenhieb *m,* Plumps *m,* Platschen *n,* Geklirr *n*
zarrapastroso [θarrapas'troso] *adj* schmutzig, schlampig, zerlumpt
zarza ['θarθa] *f* Dornbusch *m*
zarzal [θar'θal] *m* Dornengestrüpp *n*
zarzamora [θarθa'mora] *f BOT* Brombeere *f*
zarzuela [θar'θwela] *f* (typisch spanisches) Singspiel *n*
zarzuelero [θarθwe'lero] *adj* Zarzuela...
zelandés [θelan'đes] *adj GEO* aus Seeland *n*
zen [θen] *m REL* Zen *n*
zenit ['θenit] *m* Zenit *m*
zeppelin [θepe'lin] *m TECH* Zeppelin *m*
zigurat [θigu'rat] *m HIST* Zikkurat *m*
zigzag [θig'θag] *m* Zickzack *m*
zigzaguear [θigθa'gear] *v* im Zickzack gehen *m,* im Zackzack fahren *m,* torkeln
zigzagueo [θigθa'geo] *m* Zickzackbewegung *f,* Zickzackfahren *n*
zinc [θiŋk] *m CHEM* Zink *n*
zócalo ['θokalo] *m ARCH* Sockel *m,* Fuß *m*
zodiacal [θođi̯a'kal] *adj* Tierkreis...
zodíaco [θo'điako] *m* Tierkreis *m*
zombi ['θomƀi] *m (fig: persona aletargada)* Zombie *m*
zona ['θona] *f 1.* Gebiet *n,* Raum *m,* Abschnitt *m,* Region *f; ~ limítrofe* Grenzregion *f; ~ industrial* Inustriegebiet *n; ~ de catástrofe* Katastrophengebiet *n; ~ ajardinada* Grünanlage *f; ~ de colonización* Siedlungsgebiet *n; ~ de esquí* Skigebiet *n; ~ prohibida* Sperrbezirk *m,* Sperrgebiet *n; ~ de baja presión* Tiefdruckgebiet *n; ~ de soberanía* Hoheitsgebiet *n; ~ de conflicto* Spannungsgebiet *n; 2. (distrito)* Bezirk *m,* Zone *f; ~ de las tres millas* Dreimeilenzone *f; ~ peatonal* Fußgängerzone *f; ~ fronteriza* Grenzbezirk *m; ~ climática* Klimazone *f; ~ comprimible de seguridad* Knautschzone *f; 3. ~ de libre comercio ECO* Freihandelszone *f; ~ de venta* Absatzgebiet *n*
zonzo ['θonθo] *adj (tonto)* tölpelhaft, dumm, trottelhaft
zoo [θoo] *m* Zoo *m*
zoófito [θo'ofito] *adj BIO* Zoophyt *m*
zoofobia [θoo'foƀi̯a] *f PSYCH* Zoophobie *f*
zoología [θoːlo'xia] *f* Zoologie *f,* Tierkunde *f*
zoológico [θoo'lɔxiko] *adj* zoologisch; *jardín ~* Zoo *m*
zoólogo [θo'ologo] *m BIO* Zoologe *m*
zoom [θum] *m FOTO* Zoom *n,* Zoomobjektiv *n*

zoonosis [θoo'nosis] *f* *MED* Zoonose *f*
zoopsia [θo'opsĭa] *f* *MED* Zoopsie *f*
zoospermo [θoos'permo] *m* *ANAT* Samentierchen *n*
zootecnia [θoo'teknĭa] *f* Tierzucht *f*
zootécnico [θoo'tekniko] *adj* tierzüchterisch
zootomía [θooto'mia] *f* Tieranatomie *f*
zopenco [θo'peŋko] *m* *1.* Klotz *m; 2. (torpe)* Tölpel *m,* Trottel *m*
zopilote [θopi'lote] *m* *ZOOL* Truthahngeier *m*
zoquete [θo'kete] *m* *1.* Tollpatsch *m; 2. (madera)* Klotz *m*
zoquetero [θoke'tero] *m* *(miserable que busca pedazos de pan)* Bettler *m,* Brotbettler *m*
zorra ['θorra] *f* *1. (puta)* Dirne *f,* Nutte *f; 2. (animal carnívoro) ZOOL* Fuchs/Füchsin *m/f; 3. (carro para arrastrar cosas)* Lore *f*
zorrera [θo'rrera] *f* *(cueva de la zorra)* Fuchsbau *m*
zorrería [θorre'ria] *f* *(fig: astucia)* List *f,* Schlauheit *f,* Durchtriebenheit *f*
zorrillo [θo'rriʎo] *m* Stinktier *n*
zorro ['θɔrrɔ] *m* *1. ZOOL* Fuchs *m; 2. (fig)* Schlitzohr *n*
zorruno [θo'rruno] *adj* Fuchs...
zozobra [θo'θoƀra] *f* *1.* Kummer *m,* Besorgnis *f; 2. (fracaso)* Scheitern *n; 3. NAUT* Kentern *n*
zozobrar [θoθo'ƀrar] *v* *1. NAUT* kentern; *2. (fracasar)* scheitern, zugrunde gehen
zueco ['θweko] *m* *(zapato de madera)* Holzschuh *m,* Holzpantine *f*
zuela ['θwela] *f* Drechsel *m,* Krummbeil *n*
zumba ['θumƀa] *f* *(fig: burla)* Neckerei *f,* Frotzelei *f*
zumbar [θum'bar] *v* *1.* summen; *2. (circular)* schwirren; *3. ~ a alguien* jdm eine Tracht Prügel verpassen; *4. (lanzar) (LA)* werfen, wegwerfen; *Lo zumbarón por la ventana.* Sie warfen ihn aus dem Fenster.
zumbido [θum'biđo] *m* *~ de oídos* Ohrensausen *n*
zumo ['θumo] *m* *GAST* Saft *m; ~ de frutas* Fruchtsaft *m; ~ de manzana* Apfelsaft *m; ~ de naranja* Orangensaft *m; un vaso de ~ de naranja* ein Glas Orangensaft *n*
zunchar [θun'tʃar] *v* *TECH* aufschrumpfen, klammern
zuncho ['θuntʃo] *m* *TECH* Zwinge *f,* Metallring *m*
zurcido [θur'θiđo] *m* Stopfen *n,* Flicken *n,* Flickerei *f*
zurcidura [θrθi'đura] *f* Stopfstelle *f,* Flickstelle *f*
zurcir [θur'θir] *v* *1.* stopfen; *2. (fig: unir hábilmente varias cosas)* zusammenlügen; *Pude zurcir una historia bastante verosímil.* Ich konnte eine ziemlich glaubwürdige Geschichte zusammenlügen.
zurdería [θurđe'ria] *f* Linkshändigkeit *f,* Ungeschicktheit *f,* Plumpheit *f*
zurdo ['θurđo] *m* *1.* Linkshänder *m; adj 2.* linkshändig
zurra ['θurra] *f* *1.* Gerben *n,* Büffeln *n,* Ochsen *n,* Prügelei *f; 2. (pelea)* Tracht Prügel *f,* Prügelei *f*
zurrar [θu'rrar] *v* *1. (fig)* verprügeln; *2. (criticar)* abkanzeln; *3. (la piel)* gerben
zurrón [θu'rrɔn] *m* *(bolso de cuero)* Ledertasche *f,* Sack *m,* Beutel *m*
zurrona [θu'rrona] *f* *(ramera)* Schlampe *f,* Nutte *f*
zutano [θu'tano] *m* ein gewisser Jemand *m; fulano, mengano y ~* Hinz und Kunz

Deutsch – Spanisch

A

Aal [aːl] *m ZOOL* anguila *f; sich winden wie ein ~* escurrirse como una anguila/salir del paso de una
aalen ['aːlən] *v sich ~* desperezarse, repantigarse *(fam),* revolcarse
aalglatt ['aːl'glat] *adj (fig)* escurridizo, cuco
Aas [aːs] *n ZOOL* carroña *f*
ab [ap] *prep 1. (zeitlich)* a partir de, desde; *~ 13 Uhr* a partir de la una de la tarde; *2. (örtlich)* desde, de, a partir de; *~ München* desde Múnich; *~ hier* a partir de aquí; *3. Ab durch die Mitte!* ¡Salid rápido!
abändern ['apɛndərn] *v 1.* cambiar, modificar, transformar; *2. (Gesetz)* enmendar una ley
Abänderung ['apɛndəruŋ] *f* alteración *f,* modificación *f*
abarbeiten ['aparbaɪtən] *v 1.* terminar, (abnutzen) gastar; *Schulden ~* trabajar para pagar las deudas; *2. sich ~* matarse trabajando
Abart ['apaːrt] *f* variedad *f,* variación *f*
abartig ['apaːrtɪç] *adj* anormal
Abartigkeit ['apartiçkaɪt] *f* aberración *f*
Abbau ['apbau] *m 1. (Zerlegung)* desmontaje *m,* despiece *m; 2. (Verringerung)* disminución *f,* reducción *f; 3. CHEM* desintegración *f,* descomposición *f; 4. MIN* explotación *f*
abbaubar ['apbaubaːr] *adj* desmontable, degradable; *biologisch ~* biodegradable
abbauen ['apbauən] *v 1. (zerlegen)* desmontar, desarmar; *2. (verringern)* disminuir, reducir; *3. CHEM* desintegrar, descomponer; *4. MIN* explotar
abbeizen ['apbaɪtsən] *v 1. (Farbe)* tratar con mordiente, decapar; *2. (Gerberei)* adobar; *3. (beizen) TECH* deoxidar
abbekommen ['apbəkɔmən] *v irr 1. (einen Teil ~)* recibir su parte, recibir su merecido; *2. (beschädigt werden)* ser dañado, ser deteriorado
abberufen ['apbəruːfən] *v irr* relevar, retirar del puesto
Abberufung ['apbəruːfuŋ] *f* orden de regreso *f,* destitución *f,* traslado *m*
abbestellen ['apbəʃtɛlən] *v* anular, cancelar
abbezahlen ['apbətsaːlən] *v* pagar, liquidar
abbiegen ['apbiːgən] *v irr* doblar, torcer
Abbild ['apbɪlt] *n 1. (Darstellung)* trasunto *m,* representación exacta *f; 2. (Ebenbild)* fiel retrato *m,* viva imagen *f,* retrato *m,* copia *f; Sie ist das ~ ihrer Mutter.* Ella es el fiel retrato de su madre.
abbilden ['apbɪldən] *v* copiar, reproducir, dibujar, representar
Abbildung ['apbɪlduŋ] *f* imagen *f,* reproducción *f,* retrato *m,* dibujo *m*
Abbildungsmaßstab ['apbɪlduŋsmaːsʃtaːp] *m* escala *f*
abbinden ['apbɪndən] *v irr 1. (losbinden)* desatar, soltar, desliar; *2. MED* ligar, vendar
abblasen ['apblaːzən] *v 1. (wegblasen)* desistir, abandonar, dejar; *2. (entweichen lassen)* dejar, salir, descargar
abblättern ['apblɛtərn] *v* desconcharse, descascarillarse, *(Bäume)* deshojarse
abblenden ['apblendən] *v 1.* bajar las luces, dar la luz de cruce; *2. FOTO* diafragmar
abblitzen ['apblɪtsən] *v 1. (fam)* quedarse con un palmo de narices; *2. jdn ~ lassen* dar calabazas a alguien
abblocken ['apblɔkən] *v 1.* bloquear, impedir, obstaculizar; *2. (fig)* rechazar, impedir
abbrausen ['apbrauzən] *v 1. (duschen)* duchar; *sich ~* tomar una ducha, ducharse; *2. (schnell losfahren)* salir disparado, partir como una flecha, salir corriendo
abbrechen ['apbrɛçən] *v irr 1.* romper, quebrar; *2. (fig)* interrumpir bruscamente, truncar, cortar
abbremsen ['apbrɛmzən] *v* moderar, reducir la velocidad, frenar, dar un frenazo
abbrennen ['apbrɛnən] *v irr 1.* quemarse, consumirse; *2. etw ~* quemar algo, consumir algo
abbringen ['apbrɪŋən] *v irr jdn von etw ~* hacer desistir a alguien de algo, disuadir a alguien de algo, quitar a alguien algo de la cabeza; *Ich muss ihn davon ~.* Tengo que quitarle eso de la cabeza.
abbröckeln ['apbrœkəln] *v (Mauer)* desmoronarse, derruirse
Abbruch ['apbrux] *m 1. (einer Reise)* interrupción *f; 2. (fig: von Beziehungen)* ruptura *f; 3. (eines Gebäudes)* demolición *f,* derribo *m*

abbruchreif ['apbruxraɪf] *adj* en estado ruinoso; *dieses Gebäude ist ~* este edificio está para derribar

abbuchen ['apbuːxən] *v* cargar en cuenta, cargar en la cuenta

Abbuchung ['apbuːxuŋ] *f ECO* adeudo *m,* domiciliación de cuenta *f; ~sauftrag m* orden de domiciliación *f*

abbürsten ['apbyrstən] *v 1.* cepillar, limpiar con el cepillo; *die Kleider ~* dar un cepillado a la ropa; *sich ~* cepillarse; *2. etw ~* quitarse de encima algo, librarse de algo

abchecken ['abtʃɛkən] *v* chequear, controlar, verificar

Abc-Schütze [aːbeː'tseːʃytsə] *m (fig)* alumno/alumna de primer grado *m/f,* principiante *m/f*

ABC-Waffen [aːbeː'tseːvafən] *pl MIL* armas atómicas, biológicas y químicas *f/pl*

abdämpfen ['apdɛmpfən] *v 1. (Stoß)* amortiguar, atenuar, paliar; *2. (Geräusch)* atenuar, aislar, mitigar

abdanken ['apdaŋkən] *v 1. (Minister)* dimitir, renunciar al cargo; *2. (König)* abdicar

Abdankung ['apdaŋkuŋ] *f 1. (eines Ministers)* dimisión *f,* renuncia *f; 2. (eines Königs)* abdicación *f*

abdecken ['apdɛkən] *v 1. (Dach)* destechar; *2. (mit Dachziegeln)* destejar; *3. (zudecken)* tapar, cubrir; *4. (Tisch)* quitar la mesa, alzar la mesa, levantar la mesa (LA)

Abdecker ['apdɛkər] *m* desollador *m*

Abdeckplatte ['apdɛkplatə] *f* plancha recubrimiento *f,* plancha de cubierta *f,* lona *f*

Abdeckung ['apdɛkuŋ] *f 1. (Bedeckung)* cubierta *f,* recubrimiento *m,* cubrición *f; 2. (von Schulden)* provisión de fondos *f*

abdichten ['apdɪçtən] *v* cerrar herméticamente, sellar, aislar

Abdichtung ['apdɪçtuŋ] *f 1. TECH* cerradura hermética *f,* obturación *f,* empaquetadura *f; 2. (Isolierung)* aislamiento *m,* insonorización *f*

abdrängen ['apdrɛŋən] *v* separar del grupo, alejar a empujones

abdrehen ['apdreːən] *v (zudrehen)* cerrar

abdriften ['apdrɪftən] *v* ir a la deriva, perder el rumbo; *nach rechts ~* desviarse a la derecha; *in den Suff ~* caer en la bebida

Abdruck ['apdruk] *m 1. (Spur)* huella *f,* impresión *f; 2. (Nachbildung)* reproducción *f,* copia *f*

abdrucken ['apdrukən] *v* copiar, reproducir

abdrücken ['apdrykən] *v 1. (zudrücken)* apretar, comprimir, estrechar; *2. (abfeuern)* disparar, apretar el gatillo; *3. (umarmen)* abrazar, achuchar, apretujar

abebben ['apɛbən] *v 1. (Wasser)* bajar la marea, refluir; *2. (fig)* aplacarse; *Seine Wut ebbte ab.* Su ira se aplacó.

Abend ['aːbənt] *m 1.* tarde *f,* noche *f; Guten ~!* ¡Buenas tardes!/noches! *Es ist noch nicht aller Tage ~.* Todavía está todo por decidir./Antes que acabes, no te alabes. *2. Heiliger ~* Nochebuena *f; 3. heute ~* esta tarde, esta noche; *Wir sehen uns heute ~.* Nos vemos esta noche. *4. gestern ~* anoche, ayer por la noche, ayer por la tarde

Abendausgabe ['aːbəntausgaːbə] *f* edición de noche, vespertina *f*

Abendbrot ['aːbəntbroːt] *n* cena *f*

Abenddämmerung ['aːbəntdɛməruŋ] *f* crepúsculo *m,* atardecer *m,* anochecher *m*

abendelang ['aːbəndəlaŋ] *adv* muchas noches, cada noche, durante varias noches

Abendessen ['aːbəntɛsən] *n* cena *f*

Abendgebet ['aːbəntgəbeːt] *n REL* oración de la noche *f*

Abendkasse ['aːbəntkasə] *f THEAT* taquilla *f,* despacho de billetes *m*

Abendkleid ['aːbəntklaɪt] *n* traje de noche *m,* vestido de noche *m*

Abendkurs ['aːbəntkurs] *m* curso nocturno *m,* clase nocturna *f*

Abendland ['aːbəntlant] *n* occidente *m*

abendlich ['aːbəntlɪç] *adj* por la tarde, de la tarde, de la noche

Abendmahl ['aːbəntmaːl] *n REL* Santa Cena *f,* Eucaristía *f,* Santa Comunión *f*

abends ['aːbənts] *adv* por la tarde, por la noche, de noche

Abendstern ['aːbəntʃtɛrn] *m* lucero de la tarde *m,* estrella de la tarde *f*

Abendvorstellung ['aːbəntfoːrʃtɛluŋ] *f* función de noche *f*

Abenteuer ['aːbəntɔyər] *n* aventura *f*

Abenteuerfilm ['aːbəntɔyərfɪlm] *m CINE* película de aventuras *f*

abenteuerlich ['aːbəntɔyərlɪç] *adj* aventurero

Abenteuerlust ['aːbəntɔyərlust] *f* afán de aventuras *m,* espíritu aventurero *m*

abenteuerlustig ['aːbəntɔyərlustɪç] *adj* aventurero, que tiene afán de aventuras, que tiene espíritu aventurero

Abenteuerroman ['aːbəntɔyərromaːn] *m LIT* novela de aventuras *f*

Abenteurer(in) ['aːbəntɔyrər(ɪn)] *m/f* aventurero/aventurera *m/f*
aber ['aːbər] *konj* pero, sin embargo, mas, no obstante; *Es ist ein billiger, ~ guter Wein.* Es un vino barato pero bueno.
Aberglaube ['aːbərglaubə] *m REL* superstición *f*
abergläubisch ['aːbərglɔybɪʃ] *adj REL* supersticioso
aberkennen ['apɛrkɛnən] *v irr jdm etw ~ JUR* privar a alguien de algo, denegar a alguien algo, desposeer a alguien de algo
Aberkennung ['apɛrkɛnuŋ] *f JUR* denegación *f,* privación *f,* desposeimiento *m*
abermalig ['aːbərmaːlɪç] *adj* reiterado, repetitivo, nuevo
abermals ['aːbərmaːls] *adv* de nuevo
Aberwitz ['aːbərvɪts] *m* locura *f,* disparate *m,* desatino *m*
aberwitzig ['aːbərvɪtsɪç] *adj* loco, desatinado, absurdo (fig)
abfahren ['apfaːrən] *v irr* partir, marchar, salir; *Der Zug fuhr von Madrid nach Sevilla ab.* El tren partió de Madrid a Sevilla
Abfahrt ['apfaːrt] *f 1. (Abreise)* salida *f,* partida *f; 2. SPORT* descenso *m,* bajada *f*
Abfahrtslauf ['apfaːrtslauf] *m SPORT* carrera de descenso *f,* carrera de bajada *f*
Abfall ['apfal] *m 1. (Müll)* basura *f,* desperdicios *m/pl,* desechos *m/pl,* restos *m/pl; 2. (Rückgang)* baja *f,* descenso *m,* caída *f*
Abfallbeseitigung ['apfalbəzaɪtɪguŋ] *f* eliminación de los desechos *f*
Abfalleimer ['apfalaɪmər] *m* cubo de basura *m,* tacho de la basura *m* (LA)
abfallen ['apfalən] *v irr 1. (Obst)* caer, desprender, venir a tierra; *2. (übrig bleiben)* sobrar, exceder, superar
abfällig ['apfɛlɪç] *adj* despectivo, despreciativo, desdeñoso
Abfallprodukt ['apfalprodukt] *n* producto residual *m,* subproducto *m,* desecho *m*
abfangen ['apfaŋən] *v irr* atrapar, detener, coger (nicht in Argentinien)
abfärben ['apfɛrbən] *v 1.* desteñir, desteñirse, perder el color; *2. (fig) ~ auf jdn* influir sobre alguien
abfassen ['apfasən] *v 1. (Text)* redactar, componer, concebir; *2. (fam: jdn erwischen)* apresar, capturar, pillar a alguien con las manos en la masa (fam)
abfedern ['apfeːdərn] *v 1.* amortiguar, paliar, mitigar; *2. (fig: Folgewirkungen)* atenuar, suavizar
abfeiern ['apfaɪərn] *v Überstunden ~* librar por horas extras
abfeilen ['apfaɪlən] *v TECH* limar, quitar con la lima, pulir
abfertigen ['apfɛrtɪgən] *v 1. (Kunde)* atender, despachar; *2. (am Zoll)* despachar, aduanar; *3. (fam) jdn ~* despachar a alguien
Abfertigung ['apfɛrtɪguŋ] *f 1. (eines Kunden)* despacho de un cliente *m; 2. (Zollabfertigung)* despacho aduanero *m*
abfeuern ['apfɔyərn] *v* disparar, descargar
abfinden ['apfɪndən] *v irr 1. sich ~ mit* resignarse con, conformarse con; *2. jdn ~ mit ECO* indemnizar a alguien con; *3. JUR* llegar a un arreglo, arreglarse, hacer un ajuste
Abfindung ['apfɪnduŋ] *f 1. ECO* indemnización *f,* compensación *f; 2. JUR* arreglo *m,* ajuste *m*
abflachen ['apflaxən] *v* aplanar, nivelar, alisar
abflauen ['apflauən] *v 1.* amainar, calmarse; *2. ECO* languidecer
abfliegen ['apfliːgən] *v irr (Flugzeug)* despegar, emprender el vuelo
abfließen ['apfliːsən] *v irr* desaguar, escurrirse, fluir
Abflug ['apfluːk] *m* despegue *m,* salida *f,* partida *f*
Abfluss ['apflus] *m 1.* salida *f,* desagüe *m; 2. (von Kapital ins Ausland) ECO* salida *f*
Abfolge ['apfɔlgə] *f 1.* sucesión *f,* ritmo *m,* secuencia *m; die ~ Abfolge war immer die gleiche* el ritmo se repetía constantemente; *2. (Nachfolge)* descendencia *f,* prole *f,* familia *f*
abfordern ['apfɔrdərn] *v (Dinge)* pedir, exigir, requerir
Abfrage ['apfraːgə] *f* demanda *f,* consulta *f,* pregunta *f*
abfragen ['apfraːgən] *v (in der Schule)* preguntar la lección, tomar la lección
Abfuhr ['apfuːr] *f 1. (von Müll)* transporte de basura *m,* recogida de basura *f; 2. (fam: Zurückweisung)* negativa *f,* denegación *f,* desaire *m*
abführen ['apfyːrən] *v 1. (Verbrecher) jdn ~* llevar detenido a alguien, llevar preso a alguien; *2. (Gelder) ECO* pagar; *3. MED* purgar
Abführmittel ['apfyːrmɪtəl] *n MED* purgante *m,* laxante *m,* evacuante *m*
Abfülldatum ['apfyldaːtum] *n ECO* fecha de embotellamiento *f,* fecha de envasado *f*
abfüllen ['apfylən] *v* trasegar, envasar, embotellar

Abfüllung ['apfylʊŋ] *f* embotellamiento *m,* envase *m,* enfrascado *m*

Abgabe ['apga:bə] *f 1. (Ablieferung)* entrega *f,* despacho *m; 2. (von Steuern) ECO* exacción *f,* contribución *f,* impuesto *m*

abgabenfrei ['apga:bənfraɪ] *adj ECO* libre de impuestos, exento de impuestos

abgabenpflichtig ['apga:bənpflɪçtɪç] *adj ECO* sujeto a impuestos, gravable

Abgabetermin ['apga:bətɛrmi:n] *m* fecha de entrega *f,* último día de entrega *m,* plazo de entrega *m*

Abgang ['apgaŋ] *m 1. (Fehlgeburt) MED* aborto *m; 2. THEAT* mutis *m; 3. einen ~ machen* largarse/pirárselas (fam)

Abgangszeugnis ['apgaŋstsɔyknɪs] *n* diploma de fin de estudios *m*

Abgas ['apga:s] *n TECH* gas de escape *m*

Abgasgrenzwerte ['apga:s'grɛntsve:rtə] *pl* valores máximos de los gases de combustión *m/pl*

Abgaskatalysator ['apga:skatalyza:to:r] *m TECH* catalizador de gas de escape *m*

Abgassonderuntersuchung [apga:s'zɔndəruntərzu:xuŋ] *f TECH* control obligatorio de los gases de combustión *m*

abgearbeitet ['apgəarbaɪtət] *adj 1. (abgenutzt)* gastado, usado, ajado; *2. (überarbeitet)* agotado, exhausto

abgeben ['apge:bən] *v irr* entregar, dar

abgebrannt ['apgəbrant] *adj (fam: blank)* sin blanca, sin un duro; *ich völlig ~* estoy a dos velas

abgedroschen ['apgədrɔʃən] *adj (fig)* manido, trillado, viejo

Abgedroschenheit ['apgədrɔʃənhaɪt] *f* trivialidad *f,* banalidad *f,* vulgaridad *f*

abgefeimt ['apgəfaɪmt] *adj* pillo, taimado, astuto

abgeflacht ['apgəflaxt] *adj* mediocre, fácil, nivelado

abgegriffen ['apgəgrɪfən] *adj 1. (fig)* sobado, gastado por el uso, manoseado; *2. (Buch)* agotado

abgehackt ['apgəhakt] *adj 1. (Ast)* brusco, repentino, sin reposo; *2. (Sprechweise)* entrecortado

abgehärmt ['apgəhɛ:rmt] *adj* afligido, acongojado, apenado

abgehärtet ['apgəhɛrtət] *adj* endurecido, fortalecido, robustecido

abgehen ['apge:ən] *v irr 1. (fam: Knopf)* descoserse, soltarse, caerse; *2. (fig)* morir; *mit dem Tode ~* irse al otro mundo; *3. MED* ser expulsado; *4. THEAT* hacer mutis; *5. (fam) Da geht der Bär ab.* Allí hay un ambientazo increíble.

abgekartet [apgəkartət] *adj eine ~e Sache* habas contadas *f/pl*

abgeklärt ['apgəklɛ:rt] *adj 1. (souverän)* sereno, impávido, sosegado; *2. (abgesprochen)* acordado, concertado, convenido

Abgeklärtheit ['apgəklɛ:rthaɪt] *f* serenidad *f,* impavidez *f,* sosiego *m*

abgelegen ['apgəle:gən] *adj* alejado, retirado, apartado

abgelten ['apgɛltən] *v irr 1. (Schuld)* amortizar, pagar, saldar, liquidar; *2. (ausgleichen)* compensar una pérdida, indemnizar, resarcir

abgeneigt ['apgənaɪkt] *adj* reacio a, no ser inclinado a

abgenutzt ['apgənutst] *adj* usado, gastado, viejo

Abgeordnete(r) ['apgəɔrdnətə(r)] *m/f POL* diputado/diputada *m/f*

Abgeordnetenhaus ['apgəɔrdnətənhaus] *n POL* Cámara de los Diputados *f,* Cámara Baja *f, (in Spanien)* Cortes *f/pl*

abgepackt ['apgəpakt] *adj* empaquetado, envuelto; (*in Behälter)* envasado

Abgesandte(r) ['apgəzantə(r)] *m/f POL* enviado especial/enviada especial *m/f,* comisionado/comisionada *m/f*

abgeschieden ['apgəʃi:dən] *adj* solitario, aislado, retirado

Abgeschiedenheit ['apgəʃi:dənhaɪt] *f* aislamiento *m,* retiro *m,* retraimiento *m*

abgeschlagen ['apgəʃla:gən] *adj 1. (erschöpft)* rendido, abatido, (fam) machacado; *2. (weit zurückliegend)* rezagado, vencido, de los últimos

abgeschlossen ['apgəʃlɔsən] *adj 1. (abgesperrt)* cerrado, candado; *2. (beendet)* acabado, concluído, terminado

abgeschmackt ['apgəʃmakt] *adj 1. (taktlos)* vulgar, de mal gusto, sin tacto; *2. (albern)* disparatado, absurdo, tonto

abgesehen ['apgəze:ən] *adj ~ von* aparte de, sin tener en cuenta

abgespannt ['apgəʃpant] *adj* cansado, rendido

abgestanden ['apgəʃtandən] *adj* desabrido, pasado, sin fuerza

abgestimmt ['apgəʃtɪmt] *adj 1. (im Einklang)* convenido, acordado, de acuerdo con; *sich mit jdm abstimmen* ponerse de acuerdo con alguien; *2. (nach Stimmabgabe)* votado

abgestorben ['apgəʃtɔrbən] *adj* extinguido

abgestumpft ['apgəʃtumpft] *adj 1. (Gegenstand)* sin filo, sin canto; *2. (Person)* indiferente, apático, abúlico

Abgestumpftheit ['apgəʃtumpfthaɪt] *f* indiferencia *f,* apatía *f,* abulia *f*

abgewinnen ['apgəvɪnən] *v irr (Gefallen finden)* tomarle el gusto a algo, cogerle el gusanillo a algo; *Ich kann dieser Sache nichts ~.* Esto no me hace ninguna gracia./Esto no es de mi agrado.

abgewöhnen ['apgəvøːnən] *v sich etw ~* desacostumbrarse de algo, quitarse la costumbre de algo, deshabituarse de algo

abgießen ['apgiːsən] *v irr* echar, verter; *durchs Sieb* colar

Abglanz ['apglants] *m* reflejo *m,* destello *m,* vislumbre *m*

abgleiten ['apglaɪtən] *v irr* resbalar, escurrirse, deslizarse

abgöttisch ['apgœtɪʃ] *adj REL* idólatra, idolátrico

abgrasen ['apgraːzən] *v 1. (fressen)* pacer la hierba; *2. (mähen)* segar la hierba; *3. (fig)* buscar detenidamente, agotar

abgrenzen ['apgrɛntsən] *v* demarcar, delimitar, limitar

Abgrenzung ['apgrɛntsuŋ] *f* demarcación *f,* limitación *f,* delimitación *f*

Abgrund ['apgrunt] *m* abismo *m*

Abguss ['apgus] *m 1. (Spüle)* desagüe *m,* desaguadero *m; 2. (Kopie)* vaciado *m*

abhaben ['aphaːbən] *v 1. (einen Teil bekommen)* querer una parte de algo; *2. (fam) ein Rad ~* ser loco

abhacken ['aphakən] *v* cortar a hachazos, partir a hachazos

abhaken ['aphaːkən] *v* desenganchar, puntear, ganchar

abhalten ['aphaltən] *v irr 1. (Versammlung)* celebrar, llevar a cabo; *2. (hindern)* impedir, detener, retener; *3. Gottesdienst ~ REL* celebrar la misa, decir misa

abhandeln ['aphandəln] *v* disertar sobre, tratar un tema

Abhandlung ['aphandluŋ] *f* tratado *m,* ensayo *m*

Abhang ['aphaŋ] *m* pendiente *f,* declive *m*

abhängen[1] ['aphɛŋən] *v irr von jdm ~* depender de alguien

abhängen[2] ['aphɛŋən] *v 1. (abnehmen) etw ~* descolgar algo; *2. (fig) jdn ~* librarse de alguien, quitarse a alguien de encima

abhängig ['aphɛŋɪç] *adj ~ von* dependiente de; *~ sein von* estar a merced de/depender de

Abhängigkeit ['aphɛŋɪçkaɪt] *f* dependencia *f*

Abhängigkeitsverhältnis ['aphɛŋɪçkaɪtsfɛrhɛltnɪs] *n* relación de dependencia *f*

abhärmen ['aphɛːrmən] *v sich ~* consumirse de pena, afligirse, desconsolarse

abhärten ['aphɛrtən] *v* endurecer

Abhärtung ['aphɛrtuŋ] *f* endurecimiento *m,* fortalecimiento *m,* robustecimiento *m*

abhauen ['aphauən] *v (fam: verschwinden)* huir, largarse, evadirse

abheben ['apheːbən] *v irr 1. (Hörer)* descolgar; *2. sich ~ von* contrastar con, diferenciarse de; *3. (Flugzeug)* despegar; *4. (Geld) ECO* sacar

abheften ['aphɛftən] *v* archivar

abheilen ['aphaɪlən] *v* curarse, sanar

abhelfen ['aphɛlfən] *v irr einer Sache ~* remediar, poner remedio; *dem ist nicht abzuhelfen* no tiene remedio

abhetzen ['aphɛtsən] *v sich ~* apurarse, afanarse, ajetrearse

Abhilfe ['aphɪlfə] *f* ayuda *f,* remedio *m,* auxilio *m*

abholen ['aphoːlən] *v* recoger, venir a buscar; *Wann kann ich den Fernseher wieder ~?* ¿Cuándo puedo venir a recoger el televisor? *Darf ich Sie ~?* ¿Me permite que la recoja?

abholzen ['aphɔltsən] *v 1.* talar, cortar; *2. (Gebiet)* deforestar

abhorchen ['aphɔrçən] *v 1. MED* auscultar, reconocer; *2. TEL* interceptar

abhören ['aphøːrən] *v 1. (Schule)* tomar la lección; *2. TEL* interceptar, intervenir, estar intervenido

abirren ['apɪrən] *v* perderse, extraviarse, (fig) apartarse del buen camino

abisolieren ['apizoliːrən] *v TECH* desaislar

Abitur [abi'tuːr] *n (in Spanien)* bachillerato *m,* Prueba de Selectividad *f*

Abiturient(in) [abitu'rjɛnt(ɪn)] *m/f* bachiller(a) *m/f*

Abiturprüfung [abi'tuːrpryːfuŋ] *f* examen de selectividad *m,* examen final de enseñanza media *m*

abkämmen ['apkɛmən] *v* quitar peinando, limpiar con el peine, peinar

abkanten ['apkantən] *v 1. TECH* desmochar; *die Kanten brechen* romper los ángulos; *2. (biegen)* doblar, plegar, descantar

abkanzeln ['apkantsəln] *v jdn ~ (fig)* echar un sermón a alguien, sermonear (fam)
abkassieren ['abkasiːrən] *v* cobrar
abkaufen ['apkaufən] *v 1. jdm etw ~* comprar algo a alguien; *2. (fam: glauben) jdm etw ~* creer algo a alguien; *Das kaufe ich dir nicht ab!* ¡Cuéntaselo a tu abuela!
Abkehr ['apkeːr] *f* alejamiento *m,* abandono *m, (von der Sünde)* conversión *m*
abkehren ['apkeːrən] *v 1. (Tisch)* barrer, cepillar; *den Tisch abkehren* limpiar la mesa de migas; *2. sich ~* separarse de, alejarse de, apartarse de
abkleben ['apkleːbən] *v (mit Klebeband)* aislar con cinta adhesiva
abklemmen ['apklɛmən] *v 1. TECH* desembornar, desconectar; *2. MED* coger con la pinza
abklingen ['apklɪŋən] *v irr 1. (Lärm)* decrecer, apagarse; *2. MED* ceder, atenuarse
abklopfen ['apklɔpfən] *v 1. (Schmutz)* sacudir; *2. (fig: prüfen)* examinar, tantear
abknallen ['apknalən] *v (fam: erschießen)* matar a tiros, disparar, asesinar
abknicken ['apknɪkən] *v 1.* doblar, tronchar, torcer; *2. (Straße)* girar, romper doblando
abknöpfen ['apknøpfən] *v Geld ~* hacer soltar, aflojar la mosca (fam), dar un sablazo (fam)
abkochen ['apkɔxən] *v* hervir, cocer
Abkommen ['apkɔmən] *n* acuerdo *m,* convenio *m,* pacto *m*
abkömmlich ['apkœmlɪç] *adj* disponible
Abkömmling ['apkœmlɪŋ] *m* descendiente *m,* heredero *m,* hijo *m*
abkoppeln ['apkɔpəln] *v 1. (Waggon)* desacoplar, desenganchar, soltar; *2. (fam) sich ~* descolgarse de
abkratzen ['apkratsən] *v 1.* raspar; *2. (fam: sterben)* irse al otro barrio
abkühlen ['apkyːlən] *v* enfriar, refrescar
abkupfern ['apkupfərn] *v (fam)* plagiar, copiar, imitar
abkürzen ['apkyrtsən] *v* recortar, acortar, abreviar
Abkürzung ['apkyrtsuŋ] *f 1.* abreviación *f,* resumen *m,* síntesis *f; 2. (eines Weges)* atajo *m; 3. (Kürzel)* abreviatura *f,* sigla *f*
Abkürzungsverzeichnis ['apkyrtsuŋsfɛrtsaɪçnɪs] *n* lista de abreviaturas *f,* índice de abreviaturas *m*
abladen ['aplaːdən] *v irr* descargar
Ablage ['aplaːgə] *f* depósito *m,* archivo *m*
ablagern ['aplaːgərn] *v sich ~* posarse, depositarse
Ablagerung ['aplaːgəruŋ] *f 1. GEOL* sedimentación *f,* sedimento *m; 2. MED* concreción *f*
ablassen ['aplasən] *v irr 1. (Dampf)* dejar escapar; *2. (Wasser)* descargar, dejar salir
Ablauf ['aplauf] *m 1. (Abfluss)* salida *f,* desagüe *m; 2. (Geschehen)* curso *m,* tra(n)scurso *m; 3. (einer Frist) ECO* vencimiento *m*
ablaufen ['aplaufən] *v irr 1. (abfließen)* desaguar, escurrirse; *2. (Geschehen)* tra(n)scurrir, suceder, pasar; *3. (Frist) ECO* vencerse, terminar
ablaugen ['aplaugən] *v TECH* quitar con lejía
Ablaut ['aplaut] *m LING* apofonía, alternancia vocálica *f*
ablecken ['aplɛkən] *v* lamer, chupar
ablegen ['apleːgən] *v 1. (Kleidung)* quitarse la ropa, desnudarse; *2. (Karten)* descartarse; *3. (Akten)* archivar las actas; *4. (fig) etw ~* dejar de hacer algo
ablehnen ['apleːnən] *v* rechazar, no admitir, denegar
ablehnend ['apleːnənt] *adj* desfavorable, negativo
Ablehnung ['apleːnuŋ] *f* denegación *f,* rechazo *m*
ableisten ['aplaɪstən] *v* cumplir, hacer pago, hacer su deber
ableiten ['aplaɪtən] *v 1. (Wasser)* desviar, derivar; *2. (fig: folgern)* deducir
Ableitung ['aplaɪtuŋ] *f 1. (von Wasser)* canal *m,* conducto *m,* desagüe *m; 2. (Folgern)* desvío *m,* apartamiento *m,* desviación *f*
ablenken ['aplɛŋkən] *v* desviar, distraer
Ablenkung ['aplɛŋkuŋ] *f* desviación *f,* desvío *m*
Ablenkungsmanöver ['aplɛŋkuŋsmanøːvər] *n* maniobra de distracción *f*
ablesen ['apleːzən] *v irr* leer
ableugnen ['aplɔygnən] *v* negar
ablichten ['aplɪçtən] *v* fotografiar, fotocopiar
abliefern ['apliːfərn] *v* entregar, remitir
Ablieferung ['apliːfəruŋ] *f* entrega *f,* remesa *f*
Ablöse ['apløːzə] *f 1. JUR* traspaso *m; 2. SPORT* traspaso *m*
ablösen ['apløːzən] *v 1. (entfernen)* separar, desprender, quitar; *2. (im Dienst)* relevar, retirar; *3. (sich abwechseln)* turnarse, relevarse, alternarse; *4. (tilgen) ECO* amortizar

Ablösung ['aplø:zuŋ] *v 1. (Trennung)* desprendimiento *m,* separación *f; 2. (im Dienst)* relevo *m; 3. (Nachfolge)* sustitución *f,* nuevo turno *m; 4. (Tilgung) ECO* amortización *f*

Abluft ['apluft] *f TECH* aire de escape *m*

abmachen ['apmaxən] *v 1. (entfernen)* retirar, quitar; *2. (übereinkommen)* convenir, ponerse de acuerdo

Abmachung ['apmaxuŋ] *f* acuerdo *m,* convenio *m*

abmagern ['apma:gərn] *v* adelgazar, enflaquecer

Abmagerungskur ['apma:gəruŋsku:r] *f* cura de adelgazamiento *f*

abmahnen ['apma:nən] *v JUR* amonestar

Abmahnung ['apma:nuŋ] *f JUR* monición *f,* requerimiento *m*

abmalen ['apma:lən] *v ART* pintar, retratar

Abmarsch ['apmarʃ] *m* marcha *f,* partida *f*

Abmeldeformular ['apmɛldəfɔrmula:r] *n* formulario de anulación de la inscripción *m*

abmelden ['apmɛldən] *v* anular la inscripción

Abmeldung ['apmɛlduŋ] *f* anulación de la inscripción *f*

abmessen ['apmɛsən] *v irr* medir, mensurar

Abmessung ['apmɛsuŋ] *f 1. (Vorgang)* medición *f; 2. (Maß)* dimensión *f,* medida *f*

abmildern ['apmɪldərn] *v* mitigar, aliviar, calmar

abmontieren ['apmɔnti:rən] *v* desmontar, desarmar

ABM-Stelle [a:be:'ɛmʃtɛlə] *f ECO* puesto de trabajo temporal en un plan de fomento de empleo

abmühen ['apmy:ən] *v sich ~* ajetrearse, afanarse

abmurksen ['apmurksən] *v (fam: töten)* cargarse, mandar al otro barrio

abmustern ['apmustərn] *v NAUT* licenciar, pedir licencia, despedir

abnabeln ['apna:bəln] *v 1. (fig) sich ~* independizarse, salir de cascarón (fam); *2. MED* cortar el cordón umbilical

abnagen ['apna:gən] *v* roer

Abnäher ['apnɛ:ər] *m* pinza *f*

Abnahme ['apna:mə] *f 1. (Entgegennahme)* aceptación *f,* recepción *f; 2. (Verminderung)* disminución *f,* reducción *f; 3. (Kauf) ECO* compra *f; 4. TECH* recepción *f*

abnehmbar ['apne:mba:r] *adj* desmontable

abnehmen ['apne:mən] *v irr 1. an Gewicht ~* bajar de peso, adelgazar; *2. (entfernen)* quitar, retirar; *3. (entgegennehmen)* aceptar, recibir; *4. TECH* aceptar

Abnehmer(in) ['apne:mər(ɪn)] *m/f ECO* comprador(a) *m/f*

Abneigung ['apnaɪguŋ] *f* antipatía *f,* rechazo *m; Ich habe eine ~ gegen ihn.* No lo puedo ver ni en pintura.

abnorm [ab'nɔrm] *adj* anormal, anómalo

Abnormität [apnɔrmi'tɛ:t] *f 1.* anomalía *f,* anormalidad *f; 2. MED* anormalidad *f*

abnötigen ['apnø:tigən] *v jdm etw ~* obtener con amenazas, extorsionar, imponer

abnutzen ['apnutsən] *v* desgastar, usar

Abnutzung ['apnutsuŋ] *f* desgaste *m,* uso *m*

Abonnement [abɔnə'mɑ̃:] *n* suscripción *f,* abono *m*

Abonnent(in) [abɔ'nɛnt(ɪn)] *m/f* suscriptor(a) *m/f*

abonnieren [abɔ'ni:rən] *v* suscribir

abordnen ['apɔrdnən] *v* delegar, comisionar

Abordnung ['apɔrdnuŋ] *f* delegación *f,* comisión *f*

Abort [a'bɔrt] *m 1. (Toilette)* servicios *m/pl,* retrete *m,* excusado *m,* lavabo *m,* baño *m; 2. (Fehlgeburt) MED* aborto *m*

abpacken ['appakən] *v* empaquetar, envasar

abpassen ['appasən] *v (fam: auflauern) jdn ~* acechar, expiar, salir al paso de alguien

abperlen ['appɛrlən] *v* gotear

Abpfiff ['appfɪf] *m SPORT* pitada final *f,* pitido final *f*

abpflücken ['appflykən] *v* recoger

abplagen ['appla:gən] *v sich ~* bregar, trabajar duramente

abprallen ['appralən] *v 1. (Ball)* rebotar; *2. (fig)* quedarse inmutable

abpumpen ['appumpən] *v* extraer con la bomba

abputzen ['apputsən] *v* limpiar

abquälen ['apkvɛ:lən] *v sich ~* atormentarse, torturarse

abrackern ['aprakərn] *v sich ~ (fam)* trabajar duro, ajetrearse

abrasieren ['aprazi:rən] *v* afeitar, rasurar, rapar (fam)

abraten ['apra:tən] *v irr jdn von etw ~* desaconsejar a alguien de algo

abräumen ['aprɔymən] *v* despejar; *den Tisch ~* levantar la mesa (LA)/quitar la mesa

abreagieren ['apreagi:rən] *v sich ~* desahogarse
abrechnen ['aprɛçnən] *v 1. (abziehen)* deducir, descontar; *2. ECO* liquidar, saldar
Abrechnung ['aprɛçnuŋ] *f 1. (Abzug)* descuento *m; 2. (fig: Vergeltung)* ajuste de cuentas *m; 3. ECO* liquidación *f*
Abrechnungstermin ['aprɛçnuŋstɛrmi:n] *m ECO* fecha de liquidación
Abrechnungszeitraum ['aprɛçnuŋstsaɪtraum] *m ECO* período contable *m*
Abrede ['apre:də] *f etw in ~ stellen* poner algo en tela de juicio, poner en duda una opinión o juicio de valor de acta
abregen ['apre:gən] *v (fam) sich ~* calmarse, tranquilizarse, sosegarse
abreiben ['apraɪbən] *v irr* frotar
Abreibung ['apraɪbuŋ] *f (fam) 1. (Zurechtweisung)* frote *m,* frotación *f,* fricción *f; 2. (Prügel)* paliza *f,* tunda *f,* trilla *f*
Abreise ['apraɪzə] *f* partida *f,* salida *f*
abreisen ['apraɪzən] *v* partir, salir; *Marita reist morgen ab.* Marita se marcha mañana.
abreißen ['apraɪsən] *v irr 1. (Gebäude)* demoler, derribar; *2. (Papier, Blatt)* romper, arrancar; *3. (Verbindung)* interrumpirse el contacto
abrichten ['aprɪçtən] *v* adiestrar, domar, amaestrar
Abrieb ['apri:p] *m TECH* abrasión *f,* desgaste por frotamiento *m*
abriegeln ['apri:gəln] *v (Gebiet)* cercar, vallar
abringen ['aprɪŋən] *v irr 1. jdm etw ~* arrancar a alguien algo del alma, forzar; *2. sich etw ~* ganar terreno; *dem Meer Land ~* ganar terreno al mar
Abriss ['aprɪs] *m 1. (eines Gebäudes)* demolición *f,* derribo *m; 2. (Zusammenfassung)* resumen *m*
abrollen ['aprɔlən] *v* desarrollar, desenrollar
abrücken ['aprykən] *v 1. von jdm ~* apartarse de alguien, alejarse de alguien; *2. (Truppeneinheit) MIL* retirarse, marcharse
Abruf ['apru:f] *m 1. ECO* petición de entrega *f,* requerimiento de un pedido *m; 2. INFORM* llamada de datos *f*
abrufbereit ['apru:fbəraɪt] *adj 1. ECO* dispuesto a suministrar en todo momento; *2. INFORM* listo para llamar datos
abrufen ['apru:fən] *v irr 1. (Ware) ECO* hacer venir, retirar; *2. Daten ~ INFORM* llamar datos, consultar el ordenador
abrunden ['aprundən] *v* redondear
abrupt [ap'rupt] *adv 1.* abruptamente; *adj 2.* abrupto
abrüsten ['aprystən] *v MIL* desarmar
Abrüstung ['aprystuŋ] *f MIL* desarme *m*
Abrüstungsabkommen ['aprystuŋsapkɔmən] *n MIL* acuerdo de desarme *m*
Abrüstungskonferenz ['aprystuŋskɔnferɛnts] *f POL* conferencia sobre desarme *f*
Abrüstungsplan ['aprystuŋspla:n] *m MIL* plan de desarme *m*
abrutschen ['aprutʃən] *v 1.* caer, hundirse; *2. (Wagen)* deslizarse, resbalarse
Absage ['apza:gə] *f* negativa *f,* anulación *f*
absagen ['apza:gən] *v* anular, rehusar
absägen ['apzɛ:gən] *v 1. (Ast)* aserrar, quitar con la sierra; *2. (fam: jdn absetzen)* echar a alguien, defenestrar
absahnen ['apza:nən] *v (fam)* hacer el agosto, forrarse con
Absatz ['apzats] *m 1. (Abschnitt)* párrafo *m,* parágrafo *m; 2. (Treppenabsatz)* descanso *m; 3. (Schuhabsatz)* tacón *m; 4. ECO* venta *f,* colocación *f*
absatzfähig ['apzatsfɛ:ɪç] *adj ECO* vendible
Absatzflaute ['apzatsflautə] *f ECO* estancamiento de ventas *m*
Absatzpolitik ['apzatspoliti:k] *f ECO* política de ventas *f*
absaugen ['apzaugən] *v irr 1.* chupar, succionar; *2. (Staub saugen)* aspirar el polvo
abschaben ['apʃa:bən] *v* raer, raspar, limpiar
abschaffen ['apʃafən] *v* anular, abolir, suprimir
Abschaffung ['apʃafuŋ] *f* anulación *f,* abolición *f*
abschalten ['apʃaltən] *v 1. (Licht)* apagar; *2. (Maschinen)* parar; *3. (fig)* desconectar, descansar
abschätzen ['apʃɛtsən] *v* calcular, estimar
abschätzig ['apʃɛtsɪç] *adj* despectivo, despreciativo
Abschaum ['apʃaum] *m (fig)* escoria *f*
abscheiden ['apʃaɪdən] *v irr 1.* separar, apartar; *2. CHEM* precipitar; *3. MED* segregar
Abscheu ['apʃɔy] *m/f* asco *m,* repulsión *f*
abscheulich [ap'ʃɔylɪç] *adj* abominable, repugnante, asqueroso
Abscheulichkeit ['apʃɔylɪçkaɪt] *f 1.* horror *m,* atrocidad *f; 2. (eines Verbrechens)* atrocidad *f,* crueldad *f,* inhumanidad *f*

abschicken ['apʃɪkən] *v* enviar, mandar, remitir

abschieben ['apʃi:bən] *v irr (ausweisen) POL* expulsar

Abschiebung ['apʃi:buŋ] *f POL* expulsión *f*

Abschied ['apʃi:t] *m* despedida *f*

Abschiedsbrief ['apʃi:tsbri:f] *m* carta de despedida *f*

Abschiedsfeier ['apʃi:tsfaɪər] *f* fiesta de despedida *f*

Abschiedskuss ['apʃi:tskus] *m* beso de despedida *m*

abschießen ['apʃi:sən] *v irr 1. (schießen)* disparar; *2. (Flugzeug) MIL* derribar

abschinden ['apʃɪndən] *v irr sich ~* matarse a trabajar (fam)

abschirmen ['apʃɪrmən] *v 1.* apantallar, blindar; *2. (fig)* proteger

Abschirmung ['apʃɪrmuŋ] *f 1.* apantallamiento *m,* blindaje *m; 2. (fig)* protección *f*

abschlachten ['apʃlaxtən] *v (fam)* degollar, matar, sacrificar

Abschlag ['apʃla:k] *m 1. ~szahlung ECO* pago a plazos; *2. (Preissenkung) ECO* rebaja *f; 3. (Kursabschlag) FIN* baja del cambio *f; 4. (beim Golf) SPORT* saque de puerta *m*

abschlagen ['apʃla:gən] *v irr 1. (abschneiden)* cortar, talar; *2. (fig: ablehnen)* rehusar, denegar; *3. (Golf) SPORT* sacar de puerta

abschlägig ['apʃlɛgɪç] *adj* negativo

Abschlagssumme ['apʃla:gszumə] *f ECO* importe a cuenta *m*

Abschlagszahlung ['apʃla:kstsa:luŋ] *f ECO* pago a cuenta *m*

abschleifen ['apʃlaɪfən] *v irr TECH* alisar

Abschleppdienst ['apʃlɛpdi:nst] *m* servicio de grúa *m*

abschleppen ['apʃlɛpən] *v* remolcar

Abschleppwagen ['apʃlɛpva:gən] *m* coche-grúa *m,* coche de auxilio *m* (LA)

abschließen ['apʃli:sən] *v irr 1. (zuschließen)* cerrar con llave; *2. (beenden)* finalizar, concluir, terminar; *3. Geschäft ~ ECO* cerrar un negocio; *4. einen Vertrag ~ JUR* firmar un contrato

abschließend ['apʃli:sənt] *adj 1.* definitivo, final; *adv 2.* finalmente, por último, en conclusión

Abschluss ['apʃlus] *m 1. (Beendigung)* fin *m,* terminación *f,* culminación *f; zum krönenden ~* para cerrar con broche de oro; *2. (Geschäftsabschluss) ECO* transacción comercial *f,* operación *f; 3. (Bilanz) ECO* cierre *m; 4. (Vertragsabschluss) JUR* conclusión de un contrato *f*

Abschlussbilanz ['apʃlusbɪlants] *m ECO* cierre de cuentas *m,* balance anual *m*

Abschlussexamen ['apʃlusɛksa:mən] *n* examen final *m,* examen de fin de curso *m*

Abschlussfeier ['apʃlusfaɪər] *f* fiesta de fin de curso *f*

Abschlusskurs ['apʃluskurs] *m FIN* cambio de cierre *m,* cotización final *f*

Abschlussprovision ['apʃlusprovizjo:n] *f ECO* comisión de adquisición *f*

Abschlussprüfer ['apʃluspry:fər] *m ECO* auditor *m,* inventor de cuentas *m,* revisor de cuentas *m*

Abschlussprüfung ['apʃluspry:fuŋ] *f 1. (in der Schule)* examen final *m; 2. ECO* revisión de cuentas *f,* revisión del balance *f*

Abschlussstichtag ['apʃlusʃtɪçta:k] *m ECO* plazo de conclusión de contrato *m*

Abschlusstest ['apʃlustɛst] *m* prueba final *f*

Abschlusszeugnis ['apʃlustsɔyknɪs] *n* certificado de fin de estudios *m*

abschmecken ['apʃmɛkən] *v* probar

abschmelzen ['apʃmɛltsən] *v irr* separar por fusión, derretirse, fundirse

abschmieren ['apʃmi:rən] *v TECH* lubricar

abschminken ['apʃmɪŋkən] *v* desmaquillar, despintar; *Das kannst du dir ~.* De eso te puedes olvidar.

abschnallen ['apʃnalən] *v 1.* desabrochar; *2. (fam) Da schnallst du ab!* ¡Que alucine!

abschneiden ['apʃnaɪdən] *v irr 1.* cortar; *2. (fam) bei einer Prüfung gut/schlecht ~* salir bien/mal de un examen; *3. (fig: Weg)* tomar un atajo, cortar camino; *4. (fig: Wort)* interrumpir a alguien

Abschnitt ['apʃnɪt] *m 1. (eines Textes)* capítulo *m; 2. (eines Gebietes)* zona *f,* sector *m; 3. (Zeitabschnitt)* lapso *m,* período *m*

abschnüren ['apʃny:rən] *v* cortar, ligar, estrangular (fig)

abschöpfen ['apʃœpfən] *v 1.* quitar; *2. ECO* absorber

Abschöpfung ['apʃœpfuŋ] *f ECO* absorción *f*

Abschottung ['apʃɔtuŋ] *f* aislamiento *m,* retiro *m,* apartamiento *m*

abschrauben ['apʃraubən] *v* desatornillar

abschrecken ['apʃrɛkən] *v 1. (abhalten von)* disuadir, hacer desistir; *2. (Eier)* pasar por agua fría; *3. TECH* enfriar bruscamente

abschreckend ['apʃrɛkənt] *adj* espantoso, terrible, horrible

Abschreckung ['apʃrɛkuŋ] *f* disuación *f,* intimidación *f*

Abschreckungspolitik ['apʃrɛkungspolɪtɪk] *f POL* política de disuación *f,* política de intimidación *f*

abschreiben ['apʃraɪbən] *v irr 1. einen Text ~* copiar de un texto; *2. ECO* amortizar

Abschreibung ['apʃraɪbuŋ] *f ECO* amortización *f*

Abschrift ['apʃrɪft] *f* copia *f*

abschürfen ['apʃyrfən] *v* raspar

Abschürfung ['apʃyrfuŋ] *f MED* excoriación *f,* erosión *f,* desolladura *f*

Abschuss ['apʃus] *m (Schuss)* disparo *m*

abschütteln ['apʃytəln] *v 1.* sacudir, sacudirse; *2. (fam: loswerden) jmd ~* quitarse a alguien de encima

abschwächen ['apʃvɛçən] *v 1.* debilitar, mitigar; *2. (Preis, Kurs) ECO* perder firmeza

Abschwächung ['apʃvɛçuŋ] *f* debilitamiento *m,* debilitación *f*

abschweifen ['apʃvaɪfən] *v (fig)* andarse por las ramas, irse por las ramas

abschwellen ['apʃvɛlən] *v irr MED* deshincharse

abschwören ['apʃvøːrən] *v irr 1. (sich lossagen)* abjurar, renegar; *2. (negieren)* retractarse, negar

Abschwung ['apʃvuŋ] *m ECO* depresión *f*

absehbar ['apzeːbaːr] *adj* previsible

absehen ['apzeːən] *v irr 1. (voraussehen)* prever; *2. (nicht beachten) ~ von* no considerar

abseilen ['apzaɪlən] *v 1. (Bergsteigen) SPORT* bajar mediante cuerda, descender en rapel; *2. (fam) sich ~* esfumarse, pirarse (fam)

abseits ['apzaɪts] *adv* aparte

Abseits ['apzaɪts] *n im ~ SPORT* fuera de juego

absenden ['apzɛndən] *v irr* enviar, remitir, expedir

Absender ['apzɛndər] *m* remitente *m*

Absendung ['apzɛnduŋ] *f 1. (Verschickung)* envío *m,* remesa *f,* despacho *m; 2. (Abordnung)* delegación *f*

absenken ['apzɛŋkən] *v 1. AGR* acodar, asentar; *2. den Wasserspiegel ~* rebajar el nivel freático

Absenkung ['apzɛŋkuŋ] *f* bajada *f,* descenso *m*

abservieren ['apzɛrviːrən] *v 1. (fam)* eliminar, asesinar; *2. (Geschirr)* quitar, retirar

absetzbar ['apzɛtsbaːr] *adj 1. (verkäuflich) ECO* vendible, comercializable; *2. steuerlich ~ ECO* deducible de los impuestos

absetzen ['apzɛtsən] *v 1. (hinstellen)* parar, colocar verticalmente; *2. (kündigen)* destituir, cesar; *3. (herausheben)* destacar, resaltar, sobresalir; *4. (abhauen) sich ~* alejarse, irse, marcharse; *5. sich ~ CHEM* precipitarse; *6. (verkaufen) ECO* vender; *7. (abschreiben) ECO* amortizar

Absetzung ['apzɛtsuŋ] *f 1. (Kündigung)* destitución *f,* cese *m; 2. (Abschreibung) ECO* amortización *f*

absichern ['apzɪçərn] *v 1.* asegurar, proteger; *2. sich ~* asegurarse

Absicht ['apzɪçt] *f* intención *f,* propósito *m; gute/schlechte ~en haben* tener buenas/mala intenciones

absichtlich ['apzɪçtlɪç] *adj 1.* intencionado, intencional, premeditado, deliberado; *adv 2.* intencionadamente, a propósito, adrede

absichtslos ['apziçtslos] *adv* sin intención

absinken ['apzɪŋkən] *v irr* descender, bajar, *(Schiff)* ir a pique

Absinken ['apzɪŋkən] *n* descenso *m,* bajada *f, (Schiff)* hundimiento *m*

absitzen ['apzɪtsən] *v irr 1. (vom Pferd)* desmontar, apearse, poner pie a tierra; *2. eine Strafe ~* cumplir una condena

absolut [apzo'luːt] *adj 1.* absoluto; *adv 2.* absolutamente

Absolutheit [apzɔ'luːthaɪt] *f* carácter absoluto *m*

Absolution [apzolu'tsjoːn] *f REL* absolución *f*

Absolutismus [apzɔlu'tɪsmus] *m HIST* absolutismo *m*

absolutistisch [apzɔlu'tɪstɪʃ] *adj POL* absolutista

Absolvent(in) [apzɔl'vɛnt(ɪn)] *m/f* graduado/graduada *m/f*

absolvieren [apzɔl'viːrən] *v 1. (abschließen)* terminar los estudios, concluir los estudios; *2. (fam: erledigen)* hacer, ejecutar, realizar

absonderlich [ap'zɔndərlɪç] *adj* raro, extraño, singular

Absonderlichkeit [ap'zɔndərlɪçkaɪt] *f* particularidad *f,* singularidad *f*

absondern ['apzɔndərn] *v 1. sich ~* apartarse, aislarse; *2. (trennen)* separar; *3. MED* segregar, eliminar

Absonderung ['apzɔndəruŋ] *f* *1. (Trennung)* separación *f,* aislamiento *m; 2. MED* secreción *f,* eliminación *f*
absorbieren [apzɔr'biːrən] *v* absorber
abspalten ['apʃpaltən] *v 1. (Partei) POL* escindir; *2. (Molekül) CHEM* disociar
Abspaltung ['apʃpaltuŋ] *f POL* secesión *f*
abspecken ['apʃpɛkən] *v (fam)* adelgazar, perder peso, perder carnes
abspeichern ['apʃpaɪçərn] *v INFORM* acumular, asegurar
Abspeicherung ['apʃpaɪçəruŋ] *f INFORM* acumulación *f*
abspeisen ['apʃpaɪzən] *v 1. (verköstigen)* dar de comer, alimentar; *2. jdn ~ (fig)* despachar a alguien
abspenstig ['apʃpɛnstɪç] *adj* extraño; *~ machen* desenamorar, extrañar a alguien; *jmd etw ~ machen* robar algo a alguien
absperren ['apʃpɛrən] *v 1. (zuschließen)* cerrar; *2. (Gebiet)* bloquear, incomunicar
Absperrung ['apʃpɛruŋ] *f* barrera *f,* bloqueo *m*
Abspiel ['apʃpiːl] *n SPORT* pase *m*
abspielen ['apʃpiːlən] *v 1. Schallplatte ~* poner un disco; *2. sich ~* tener lugar, suceder, ocurrir
absplittern ['apʃplɪtərn] *v 1.* desconcharse, descascarillarse, *(Holz)* astillar; *2. (Gruppierung)* dividirse, fragmentarse
Absplitterung ['apʃplɪtəruŋ] *f 1.* división *f,* fraccionamiento *m; 2. POL* división *f; 3. (Knochen) MED* astillamiento *m*
Absprache ['apʃpraːxə] *f* convenio *m,* arreglo *m,* acuerdo *m*
absprechen ['apʃprɛçən] *v irr 1. (vereinbaren)* ponerse de acuerdo; *2. JUR* denegar; *3. (aberkennen) jdm etw ~ JUR* privar a alguien de algo
absprengen ['apʃprɛŋən] *v* hacer saltar
abspringen ['apʃprɪŋən] *v irr 1. (herunterspringen)* saltar hacia abajo, arrojarse, desmontarse; *2. (abplatzen)* reventar, saltar; *3. (fig)* mudar de partido
abspritzen ['apʃprɪtsən] *v* rociar, regar, pintar con pistola
Absprung ['apʃpruŋ] *m (mit dem Fallschirm)* salto *m,* bajada *f*
abspulen ['apʃpuːlən] *v 1. (Band) TECH* desbobinar, desovillar, devanar; *2. (fam: Rede)* recitar monótamente, desgranar
abspülen ['apʃpyːlən] *v* lavar, fregar
abstammen ['apʃtamən] *v* proceder de, venir de, descender de
Abstammung ['apʃtamuŋ] *f* procedencia *f,* lugar de origen *m,* descendencia *f,* origen *m*
Abstammungsurkunde ['apʃtamuŋsuːrkundə] *f* partida de nacimiento *f*
Abstand ['apʃtant] *m* distancia *f*
Abstandszahlung ['apʃtantstsaːluŋ] *f JUR* indemnización *f,* compensación *f*
abstatten ['apʃtatən] *v einen Besuch ~* hacer una visita
abstauben ['apʃtaubən] *v* desempolvar, quitar el polvo
abstechen ['apʃtɛçən] *v irr 1. (fam)* cortar; *2. (erstechen)* matar, degollar
Abstecher ['apʃtɛçər] *m* pequeña excursión *f,* escapada *f*
abstecken ['apʃtɛkən] *v 1. (markieren)* marcar, demarcar, balizar; *2. (Saum)* apuntar; *3. (Ziel)* definir
abstehen ['apʃteːən] *v irr 1. (Ohren)* levantar; *2. (in einem gewissen Abstand stehen)* destacarse, sobresalir; *3. (heißes Wasser)* posarse; *4. (Bier)* reposar
abstehend ['apʃteːənt] *adj* destacado, separado, distante
Absteige ['apʃtaɪgə] *f* pensión de mala fama *f,* casa de citas *f,* hotel paupérrimo *m,* pensión de mala muerte *f* (fam)
absteigen ['apʃtaɪgən] *v irr 1.* descender, bajar, desmontar; *2. (einkehren)* hospedarse, alojarse en; *3. SPORT* pasar a una categoría inferior, descender
abstellen ['apʃtɛlən] *v 1. (ausschalten)* apagar, parar; *2. (hinstellen)* depositar, poner; *3. (Wasser)* cortar
Abstellgleis ['apʃtɛlglaɪs] *n* vía muerta *f,* vía de aparcamiento *f; jdn auf das ~ schieben (fig)* poner a alguien fuera de combate
Abstellkammer ['apʃtɛlkamər] *f* trastero *m*
abstempeln ['apʃtɛmpəln] *v 1. (Briefmarke)* sellar, timbrar, estampillar (LA); *2. jdn ~ (fig)* tildar a alguien de algo, catalogar a alguien de
absterben ['apʃtɛrbən] *v irr 1. BOT* extinguirse, morirse; *2. MED* necrosarse
Abstieg ['apʃtiːk] *m 1. (Hinuntersteigen)* bajada *f,* descenso *m; 2. (fig: Niedergang)* decadencia *f; 3. SPORT* baja *f*
abstillen ['apʃtɪlən] *v (Säugling)* destetar, dejar de dar el pecho, quitar el pecho
abstimmen ['apʃtɪmən] *v 1. (wählen)* votar; *~ lassen* someter a votación; *2. (farblich ~)* armonizar; *3. (fig: anpassen)* coordinar; *4. MUS* afinar, acordar

Abstimmung ['apʃtɪmuŋ] *f* *1. (Wahl)* votación *f; 2. (fig: Anpassung)* coordinación *f; 3. (Volksabstimmung)* plebiscito *m*
Abstimmungsergebnis ['apʃtɪmuŋsɛrge:pnɪs] *f* resultado de la votación *m*
abstinent [apsti'nent] *adj 1.* abstinente; *2. (auf Alkohol verzichtend)* abstemio
Abstinenz [apsti'nents] *f* abstinencia *f,* abstención *f*
Abstinenzler(in) [apsti'nentslər(ɪn)] *m/f* abstemio/abstemia *m/f,* abstinente *m/f*
abstoppen ['apʃtɔpən] *v* atajar, impedir, detener
Abstoß ['apʃsto:s] *m* lanzamiento *m*
abstoßen ['apʃto:sən] *v irr 1. (wegstoßen)* repeler, dar un empujón; *2. (beschädigen)* despostillar, despuntar; *3. (verkaufen)* desprenderse de, vender
abstoßend ['apʃto:sənt] *adj* repulsivo, repugnante, desagradable
abstottern ['apʃtɔtərn] *v (fam)* pagar a plazos
abstrahieren [apstra'hi:rən] *v* abstraer, prescindir, hacer abstracción
abstrahlen ['apʃtra:lən] *v PHYS* emitir, trasmitir
Abstrahlung ['apʃtra:luŋ] *f PHYS* emisión *f,* transmisión *f,* radiación *f*
abstrakt [ap'strakt] *adj* abstracto
abstrampeln ['apʃtrampəln] *v sich ~ (fam)* ajetrearse, derrengarse
abstreifen ['apʃtraɪfən] *v 1. (entfernen)* quitar; *2. (Tierfell)* desollar: *3. (Haut)* mudar
Abstreifer ['apʃtraɪfər] *m (Abtreter)* felpudo *m,* limpiapiés *m,* ruedo *m*
abstreiten ['apʃtraɪtən] *v irr 1.* disputar, contradecir; *2. (leugnen)* negar
Abstrich ['apʃtrɪç] *m 1. (Abzug) ECO* deducción *f; 2. MED* frotis *m*
abstufen ['apʃtu:fən] *v 1. (farblich)* graduar, matizar; *2. (staffeln)* escalonar
Abstufung ['apʃtu:fuŋ] *f 1. (farbliche ~)* graduación *f,* matiz *m; 2. (Staffelung)* escalonamiento *m*
abstumpfen ['apʃtumpfən] *v 1.* despuntar, achaflanar; *2. (fig)* embotar
Abstumpfung ['apʃtumpfuŋ] *f* embotamiento *m,* embrutecimiento *m,* insensibilidad *f*
Absturz ['apʃturts] *m* caída *f*
abstürzen ['apʃtyrtsən] *v* caer, precipitarse, despeñarse
Absturzgefahr ['apʃturtsgəfa:r] *f* peligro de caída *m*
abstützen ['apʃtytsən] *v* sostener, apoyar, afianzar
absuchen ['apzu:xən] *v* buscar por todas partes, registrar, batir
absurd [ap'zurt] *adj* absurdo
Absurdität [apzurdi'tɛ:t] *f* absurdo *n*
Abszess [aps'tsɛs] *m MED* absceso *m*
Abszisse [aps'tsɪsə] *f MATH* abscisa *f*
Abt ['apt] *m REL* abad *m*
abtasten ['aptastən] *v 1.* tantear, sondear; *2. INFORM* analizar, revisar; *3. MED* tentar, palpar
abtauchen ['aptauxən] *v 1.* sumergirse; *2. (fig: verschwinden)* desaparecer, tomar las de Villadiego (fam), pirarse
abtauen ['aptauən] *v 1.* deshelar; *2. (Kühlschrank)* descongelar
abtauschen ['aptauʃən] *v* intercambiar
Abtei [ap'taɪ] *f REL* abadía *f*
Abteil [ap'taɪl] *n* sección *f,* departamento *m,* compartimento *m*
abteilen ['aptaɪlən] *v* dividir, partir
Abteilung [ap'taɪluŋ] *f* división *f,* sección *f,* departamento *m*
Abteilungsleiter(in) [ap'taɪluŋslaɪtər(in)] *m/f* jefe de sección/jefa de sección *m/f,* jefe de departamento/jefa de departamento *m/f*
abtippen ['aptɪpən] *v* pasar a máquina
Äbtissin [ɛp'tɪsɪn] *f REL* abadesa *f*
abtönen ['aptø:nən] *v FOTO* matizar, teñir, graduar
abtragen ['aptra:gən] *v irr 1. (Geschirr)* retirar; *2. (abbauen)* derribar, demoler, echar abajo; *3. (Schulden)* saldar, liquidar, solventar; *4. (abnutzen)* gastar, estropear por el uso
abträglich ['aptrɛ:klɪç] *adj* perjudicial, adverso
Abtragung ['aptra:guŋ] *f 1. (von Schulden) ECO* liquidación *f,* pago a plazos parciales *m; 2. (von Erde)* nivelación *f,* aplanamiento *m,* desmonte *m*
Abtransport ['aptranspɔrt] *m* transporte *m*
abtransportieren ['aptranspɔrti:rən] *v* transportar, evacuar
abtreiben ['aptraɪbən] *v irr 1.* arrastrar, hacer desviar; *2. MED* abortar
Abtreibung ['aptraɪbuŋ] *f MED* aborto *m*
Abtreibungsgegner(in) ['aptraɪbuŋsge:gnər(ɪn)] *m/f* opositor(a) al aborto *m/f*
Abtreibungsgesetz ['aptraɪbuŋsgəzɛts] *n JUR* ley reguladora del aborto *f*
Abtreibungspille ['aptraɪbuŋspɪlə] *f MED* píldora abortiva *f*
abtrennen ['aptrɛnən] *v* separar, desunir

Abtrennung ['aptrɛnuŋ] *f* separación *f*, desprendimiento *m*, desmembramiento *m*
abtreten ['aptre:tən] *v irr 1. (überlassen)* ceder, traspasar, dar; *2. MIL* romper filas; *3. THEAT* hacer mutis, salir de escena
Abtretung ['aptre:tuŋ] *f* cesión *f*, traspaso *m*
abtrocknen ['aptrɔknən] *v* secar, enjugar
abtropfen ['aptrɔpfən] *v* escurrir
abtrotzen ['aptrɔtsən] *v jdm etw ~* sacar con amenazas, conseguir, recabar tras mucho porfiar
abtrünnig ['aptrynıç] *adj 1.* rebelde, insurrecto, infiel; *2. POL* disidente, desertor
Abtrünnigkeit ['aptrynıçkaıt] *f* apostasía *f*, deserción *m*, sedición *f*
abtun ['abtu:n] *v irr 1. (ausziehen)* quitarse; *2. (erledigen)* despachar, acabar; *3. (übergehen)* deponer
abtupfen ['aptupfən] *v* secar, tamponar
aburteilen ['apurtaılən] *v* setenciar, condenar
abverlangen ['apfɛrlaŋən] *v* exigir, reclamar
abwägen ['apvɛ:gən] *v irr* pesar, ponderar
abwählen ['apvɛ:lən] *v POL* anular la elección, destituir
abwälzen ['apvɛ:ltsən] *v 1.* rodar; *2. (fig: abschieben)* librarse
abwandeln ['apvandəln] *v* modificar, variar
abwandern ['apvandərn] *v 1.* emigrar, transmigrar; *2. ECO* evadir
Abwanderung ['apvandəruŋ] *f 1.* emigración *f*; *2. (Landflucht)* éxodo rural *m*; *3. ECO* evasión *f*; *4. (Kapitalabwanderung) ECO* fuga de capitales *f*
Abwandlung ['apvandluŋ] *f* modificación *f*, variación *f*, cambio *m*
Abwärme ['apvɛrmə] *f TECH* calor de escape *m*
abwarten ['apvartən] *v* esperar, dar tiempo al tiempo; *Es ist abzuwarten, wie sich die Lage weiter entwickelt.* Hay que ver cómo evoluciona la situación.
abwärts ['apvɛrts] *adv* hacia abajo
Abwärtsentwicklung ['apvɛrtsɛntvıkluŋ] *f ECO* desarrollo bajista *m*
Abwärtstrend ['apvɛrtstrɛnt] *m ECO* tendencia descendente *f*, tendencia bajista *f*
Abwasch ['apvaʃ] *m* platos sucios *m/pl*
abwaschbar ['apvaʃba:r] *adj* lavable
abwaschen ['apvaʃən] *v irr 1.* fregar, lavar; *2. GEOL* derrubiar
Abwasser ['apvasər] *n* aguas residuales *f/pl*, alcantarillado *m*
Abwasseraufbereitung ['apvasəraufbəraıtuŋ] *f TECH* tratamiento de aguas residuales *m*
Abwasserkanal ['apvasərkana:l] *m* alcantarilla *f*
Abwasserkläranlage ['apvasərklɛ:ranla:gə] *f* planta depuradora de aguas residuales *f*
Abwasserrohr ['apvasərro:r] *n TECH* conducto de aguas residuales *m*
abwechseln ['apvɛksəln] *v sich ~* alternarse, turnarse, relevarse
abwechselnd ['apvɛksəlnt] *adj* alterno, variado
Abwechslung ['apvɛksluŋ] *f 1. (Wechsel)* cambio *m*; *2. (Zerstreuung)* diversión *f*, distracción *f*; *~ bringen in* romper la monotonía de
abwechslungsreich ['apvɛksluŋsraıç] *adj* muy variado
Abweg ['apve:k] *m (fig)* mal camino *m*, descamino *m*; *jdn auf ~e führen* llevar alguien por el mal camino
Abwehr ['apve:r] *f 1. (Zurückweisung)* rechazo *m*, rebote *m*; *2. (Abwendung)* prevención *f*; *3. (Verteidigung)* defensa *f*; *4. (Geheimdienst) MIL* contraespionaje *m*
abwehren ['apve:rən] *v 1. (zurückweisen)* rechazar, rebotar; *2. (abwenden)* desviar
Abwehrkraft ['apve:rkraft] *f MED* defensas *f/pl*
Abwehrreaktion ['apve:rreaktsjo:n] *f MED* reacción de defensa *f*
Abwehrspieler(in) ['apve:rʃpi:lər(ın)] *m/f SPORT* defensa *m/f*
Abwehrstoffe ['apve:rʃtɔfə] *pl MED* anticuerpos *m/pl*
abweichen ['apvaıçən] *v irr* apartarse, desviarse; *eine ~de Meinung vertreten* discrepar de opinión
Abweichler(in) ['apvaıçlər(ın)] *m/f POL* disidente *m/f*
Abweichung ['apvaıçuŋ] *f 1.* desviación *f*; *2. (Unterschied)* divergencia *f*, diferencia *f*
abweisen ['apvaızən] *v irr* rehusar, rechazar; *unfreundlich ~* despedir con cajas destempladas
abweisend ['apvaızənt] *adj* reservado, negativo; *jdn ~ behandeln* tratar a alguien con frialdad
Abweisung ['apvaızuŋ] *f 1.* rechazo *m*; *2. JUR* denegación *f*

abwenden ['apvɛndən] *v irr 1.* desviar; *den Blick von etw ~* apartar la vista de algo; *2. (verhüten)* preservar de; *3. sich ~* volverse, apartarse
abwerben ['apvɛrbən] *v irr 1. (Kunden) ECO* seducir, atraer; *2. (Arbeiter) ECO* atraer, reclutar
Abwerbung ['apvɛrbuŋ] *f 1. (von Kunden) ECO* seduccion de clientes *f,* atracción de clientes *f; 2. (von Arbeitern) ECO* atracción de trabajadores *m*
abwerfen ['apvɛrfən] *v irr 1. (hinunterwerfen)* tirar, lanzar, arrojar; *2. (Zinsen) ECO* devengar; *3. (einbringen) ECO* arrojar; *4. (Reiter)* despedir
abwerten ['apveːrtən] *v 1.* depreciar, rebajar, despectivo; *2. FIN* devaluar
abwertend ['apveːrtənt] *adj* peyorativo
Abwertung ['apveːrtuŋ] *f 1.* devalorización *f; 2. FIN* devaluación *f*
abwesend ['apveːzənt] *adj* ausente, distraído (fig)
Abwesenheit ['apveːzənhaɪt] *f* ausencia *f; durch ~ glänzen* brillar por su ausencia
abwickeln ['apvɪkəln] *v (durchführen)* realizar, efectuar
Abwicklung ['apvɪkluŋ] *f 1.* realización *f; 2. ECO* liquidación *f,* transacción *f*
abwiegeln ['apviːgəln] *v* calmar, mitigar, aplacar
abwiegen ['apviːgən] *v irr* pesar, sopesar
abwimmeln ['apvɪməln] *v (fam)* deshacerse de alguien, quitarse a alguien de encima
Abwind ['apvɪnd] *m METEO* viento descendente *m*
abwinken ['apvɪŋkən] *v irr* hacer un gesto negativo con la mano, denegar por señales
abwirtschaften ['apvɪrtʃaftən] *v ECO* arruinarse, conducir a la ruina
abwischen ['apvɪʃən] *v 1. (trocknen)* secar, enjugar; *2. (säubern)* limpiar
abwracken ['apvrakən] *v TECH* desguazar, desmontar, desaparejar
Abwurf ['apvurf] *m SPORT* lanzamiento *m*
abwürgen ['abvyrgən] *v 1.* degollar, estrangular, ahogar; *2. (Motor)* ahogar, calar
abzahlen ['aptsaːlən] *v 1. (Schulden)* liquidar una deuda; *2. (Raten) ECO* pagar a plazos
abzählen ['aptsɛːlən] *v* contar, recontar, restar
Abzahlung ['aptsaːluŋ] *f 1. (von Schulden)* liquidación *f; 2. (von Raten) ECO* pago a plazos *m*
abzapfen ['aptsapfən] *v 1.* vaciar, sacar, extraer; *2. (Blut ~)* extraer, sangrar; *3. jdm Geld ~* sablear, dar un sablazo, sangrar
abzappeln ['aptsapəln] *v sich ~ (fam)* derrengarse
abzäumen ['aptsɔymən] *v SPORT* desembridar, desenfrenar, descabestrar
Abzeichen ['aptsaɪçən] *n* marca *f,* distintivo *m,* condecoración *f,* emblema *m*
abzeichnen ['aptsaɪçnən] *v 1. (abmalen)* dibujar copiando; *2. (unterschreiben)* rubricar, firmar; *3. sich ~* perfilarse, destacarse
abziehen ['aptsiːən] *v irr 1. (entfernen)* quitar, retirar, separar; *2. Kunden ~ ECO* quitar la clientela; *3. (Rabatt) ECO* descontar; *4. MATH* restar, sustraer; *5. (Truppen) MIL* retirar, replegarse
abzielen ['aptsiːlən] *v ~ auf* poner la mira en, aspirar a
abzischen ['aptsɪʃən] *v (fam)* irse en un santiamén, conducir muy deprisa, volar
abzocken ['aptsɔkən] *v (fam)* desplumar, tumbar, timar
Abzug ['aptsuːk] *m 1. (Kopie)* copia *f; 2. (einer Waffe)* gatillo *m; 3. (vom Lohn) ECO* retención *f; 4. (Rabatt) ECO* descuento *m; 5. MATH* resta *f,* sustracción *f; 6. MIL* retirada *f,* repliegue *m*
abzüglich ['aptsyːklɪç] *adv ECO* a deducir de, menos
abzugsfähig ['aptsuːksfɛːɪç] *adj ECO* deducible, desgravable
abzupfen ['aptsupfən] *v 1. (Wolle)* deshilar; *2. (Blume)* deshojar
abzweigen ['aptsvaɪgən] *v 1. (abbiegen)* desviar, bifurcar, derivar; *2. (fam: entwenden)* untarse
Abzweigung ['aptsvaɪguŋ] *f* ramificación *f,* desviación *f*
abzwicken ['aptsvɪkən] *v TECH* cortar, quitar, arrancar
Accessoires [aksɛ'swaːrs] *pl* accesorios *m/pl*
Aceton [atse'toːn] *n CHEM* acetona *f*
ach [ax] *interj* oh, ah ya
Ach [ax] *n mit ~ und Krach* a duras penas, a trancas y barrancas (fam)
Achat [a'xaːt] *m* ágata *f*
Achillesferse [a'xɪləsfɛrzə] *f* talón de Aquiles *m*
Achillessehne [a'xɪləszeːnə] *f ANAT* tendón de Aquiles *m*
Achse ['aksə] *f TECH* eje *m*
Achsel ['aksəl] *f ANAT* axila *f*

Achselhöhle ['aksəlhøːlə] *f* *ANAT* axila *f*, sobaco *m*
Achselzucken ['aksəltsukən] *n* encogimiento de hombros *m*
acht [axt] *num* ocho
Acht [axt] *f* *1. außer ~ lassen* desatender, descuidar, olvidar; *2. in ~ nehmen* ponerse en guardia, tener cuidado; *3. ~ geben* prestar atención, tener cuidado; *Gib Acht!* ¡Ojo!
achtbändig ['axtbɛndɪç] *adj* en ocho tomos
achtbar ['axtbaːr] *adj* respetable, honorable, estimable
Achtbarkeit ['axtbaːrkaɪt] *f* respetabilidad *f*, honorabilidad *f*
achte(r,s) ['axtə(r,s)] *adj* octavo; *der ~ März* el ocho de marzo; *am ~n Oktober* el ocho de octubre; *im ~n Stock* en el octavo piso
Achteck ['axtɛk] *n* *MATH* octógono *m*, octágono *m*
achteckig ['axtɛkɪç] *adj* octagonal
Achtel ['axtəl] *n* octavo *m*, octava parte *f*
achten ['axtən] *v* *1. (schätzen)* apreciar, estimar; *2. (beachten) ~ auf* prestar atención a, fijarse en, ver a; *auf alles ~* estar en todo; *nicht ~ auf* hacer caso omiso de
ächten ['ɛçtən] *v* proscribir, desterrar, apartar
Achter ['axtər] *m* *1. (Zahl) MATH* octavo *m*; *2. (beim Rudern) SPORT* outrigger a ocho remeros
Achterbahn ['axtərbaːn] *f* montaña rusa *f*
achtern ['axtərn] *adj* *NAUT* a popa, hacia popa, en popa
achtfach ['axtfax] *adj* *1.* ocho veces, óctuplo; *adv* *2.* por octava vez
achthundert ['axthundərt] *num* ochocientos
achtlos ['axtloːs] *adj* descuidado, negligente, desconsiderado
Achtlosigkeit ['axtloːzɪçkaɪt] *f* descuido *m*, negligencia *f*, desconsideración *f*
achtmal ['axtmaːl] *adv* ocho veces
achtsam ['axtzaːm] *adj* atento, cuidadoso
Achtsamkeit ['axtzaːmkaɪt] *f* atención *f*, cuidado *m*
achtstöckig ['axtstœkɪç] *adj* en el octavo piso
Achtstundentag [axt'ʃtundəntaːk] *m* *ECO* jornada laboral de ocho horas *f*
achttausend ['axttauzənt] *num* ocho mil
Achtung ['axtuŋ] *f* *1. (Hochachtung)* respeto profundo *m*; *2. (Beachtung)* cuidado *m*, atención *f*; *3. (Ausruf) ~!* ¡Atención!/ ¡Ojo!/¡ Cuidado!
Ächtung ['ɛçtuŋ] *f* proscripción *f*, destierro *m*, exilio *m*
achtzehn ['axtseːn] *num* dieciocho
achtzehnte(r,s) ['axtseːntə(r,s)] *adj* diecimoctavo; decimoctavo
achtzig ['axtsɪç] *num* ochenta
Achtziger ['axtsɪgər] *pl* *1. in den ~n sein (Mensch)* octogenario/octogenaria *m/f*; *2. die ~ (Jahrzehnt)* en los ochenta
achtzigste(r,s) ['axtsɪçstə(r,s)] *adj* octogésimo
ächzen ['ɛçtsən] *v* *1. (Person)* gemir; *2. (Gegenstand)* rechinar
Acker ['akər] *m* campo de labor *m*, campo de cultivo *m*
Ackerbau ['akərbau] *m* agricultura *f*
Ackerboden ['akərboːdən] *m* *AGR* tierra laborable *f*, labrantía *f*, tierras de labor *f/pl*
Ackerland ['akərlant] *n* *AGR* tierra de cultivo *f*, labrantía *f*, tierras de labor *f/pl*
ackern ['akərn] *v* *(fig: schwer arbeiten)* trabajar duramente, doblar el lomo, matarse a trabajar
ad absurdum [at ap'zurdum] *adv* *~ führen* reducir algo al absurdo
ad acta [at'akta] *adv* *etw ~ legen* archivar algo, dejar algo para las calendas griegas (fig), dar un carpetazo (fam)
Adamsapfel ['aːdamsapfəl] *m* *ANAT* nuez *f*
Adapter [a'daptər] *m* *TECH* adaptador *m*
adaptieren [adap'tiːrən] *n* adaptar, ajustar, habilitar
Adaption [adap'tsjoːn] *f* *THEAT* adaptación *f*
adäquat [adɛ'kvaːt] *adj* adecuado, apropiado
addieren [a'diːrən] *v* *MATH* sumar, adicionar
Addition [adɪ'tsjoːn] *f* *MATH* suma *f*, adición *f*
Adduktor [a'duktoːr] *m* *ANAT* aductor *m*
Adel ['aːdəl] *m* nobleza *f*, aristocracia *f*
adeln ['aːdəln] *v* ennoblecer, calificar, elevar
Adelsgeschlecht ['aːdəlsgəʃlɛçt] *n* familia noble *f*, linaje noble *m*
Adelstitel ['aːdəlstiːtəl] *m* título nobiliario *m*
Ader ['aːdər] *f* *1. ANAT* vaso sanguíneo *m*, vena *f*; *2. MIN* veta *f*, filón *m*; *3. (fig: Wesenszug)* talento *m*; *eine ~ für etw haben* tener talento para algo/tener maña para algo

Aderlass ['aːdərlas] *m (fig: Weggang vieler Leute)* pérdidas humanas *f/pl,* sangría *f*
Adhäsion [athɛ'zjoːn] *f TECH* adhesión *m,* adherencia *f,* cohesión *f*
Adjektiv ['atjɛktiːf] *n GRAMM* adjetivo *m*
adjektivisch ['atjɛktiːvɪʃ] *adj 1. GRAMM* adjetivo, adjetival; *adv 2.* adjetival
Adler ['aːdlər] *m ZOOL* águila *f/el*
Adlerauge ['aːdləraugə] *n* ojo de águila *m*
adlig ['aːdlɪç] *adj* noble, nobiliario
Adlige(r) ['aːdlɪçə(r)] *m/f* noble *m/f,* aristócrata *m/f*
Adlige(r) ['aːdlɪgə(r)] *m/f* noble *m/f,* aristócrata *m/f,* de sangre azul
Administration [atmɪnɪstra'tsjoːn] *f POL* administración *f*
administrativ [atministra'tiːf] *adj* administrativo
adoptieren [adɔp'tiːrən] *v* adoptar
Adoption [adɔp'tsjoːn] *f* adopción *f*
Adoptiveltern [adɔp'tiːfɛltərn] *pl* padres adoptivos *m/pl*
Adoptivkind [adɔp'tiːfkɪnt] *n* hijo adoptivo *m*
Adoptivmutter [adɔp'tiːfmutər] *f* madre adoptiva *f*
Adoptivvater [adɔp'tiːffaːtər] *m* padre adoptivo *m*
Adrenalin [adrɛna'liːn] *n BIO* adrenalina *f*
Adressant [adrɛ'sant] *m* remitente *m,* expedidor *m*
Adressat [adrɛ'saːt] *m 1.* destinatario *m; 2. ECO* consignatario *m*
Adressbuch [a'drɛsbuːx] *n* agenda de direcciones *f,* directorio *m,* anuario *m*
Adresse [a'drɛsə] *f* dirección *f; ~ unbekannt* paradero desconocido; *Da bist du an die falsche ~ geraten.* A otro perro con ese hueso.
adressieren [adrɛ'siːrən] *v 1.* poner la dirección; *2. ECO* consignar
adrett [a'drɛt] *adj* atildado, aseado
Adria ['adrɪa] *f GEO* Adriático *m*
Advent [at'vɛnt] *m* Adviento *m*
Adventskalender [at'vɛntskalɛndər] *m* calendario de Adviento *m*
Adventszeit [at'vɛntstsaɪt] *f* Adviento *m*
Adverb [at'vɛrp] *n GRAMM* adverbio *m*
adverbial [atvɛr'bjaːl] *adj 1.* adverbial; *adv 2.* adverbial
Advocatus Diaboli [atvo'kaːtus di'aboli] *m* abogado del diablo *m*
Advokat [atvo'kaːt] *m* abogado/abogada *m/f*
Aerodynamik [ɛːrody'naːmɪk] *f PHYS* aerodinámica *f*
aerodynamisch [ɛːrody'naːmɪʃ] *adj PHYS* aerodinámico
Affäre [a'fɛːrə] *f 1. POL* asunto *m,* incidente *m; 2. (Liebesaffäre)* amorío *m,* aventura *f,* romance *m*
Affe ['afə] *m ZOOL* mono *m; Mich laust der ~.* Eso me deja sin habla. *seinem ~n Zucker geben* darse coba/alimentar su ego
Affekt [a'fɛkt] *m* afecto *m,* pasión *f*
Affekthandlung [a'fɛkthandluŋ] *f JUR* acto pasional *m,* delito pasional *m*
affektiert [afɛk'tiːrt] *adj* afectado
affektiv [afɛk'tiːf] *adj* afectivo, amoroso, cariñoso
Affektivität [afɛktivi'tɛːt] *f* afectividad *f,* cariño *m,* apego *m*
Affenart ['afənaːrt] *f* especie simiesca *f*
affenartig ['afənaːrtɪç] *adj* simiesco, como un mono
Affenhitze ['afənhɪtsə] *f (fam)* calor agobiante *m,* calor sofocante *m,* calor de mil diablos *m*
Affentheater ['afənteaːtər] *n* escándalo *m,* situación escandalosa *f,* desvergüenza *m*
affig ['afɪç] *adj* amanerado, ridículo
Affinität [afini'tɛːt] *f* afinidad *f,* simpatía *f,* analogía *f*
affirmativ [afɪrma'tiːf] *adj* afirmativo
Affront [a'frɔ̃ː] *m* afrenta *f,* ofensa *f,* insulto *m*
Afghane [af'gaːnə] *m* afgano *m*
Afghanin [af'gaːnɪn] *f* afgana *f*
afghanisch [af'gaːnɪʃ] *adj* afgano
Afghanistan [af'gaːnistaːn] *n GEO* Afganistán *m*
Afrika ['afrika] *n GEO* Africa *f/el*
Afrikaans [afri'kaːns] *n LING* afrikaans *m*
Afrikaner(in) [afri'kaːnər(ɪn)] *m/f* africano/africana *m/f*
afrikanisch [afri'kaːnɪʃ] *adj* africano
Afroamerikaner(in) ['afroamerikaːnər(ɪn)] *m/f* afroamericano/afroamericana *m/f*
afroamerikanisch ['afroamerikaːnɪʃ] *adj* afroamericano
Afrolook ['afroluk] *m* afro-look *m*
After ['aːftər] *m ANAT* ano *m*
Aftershave ['aːftərʃeɪv] *n* loción para después del afeitado *f,* aftershave *m*
Agenda [a'gɛnda] *f* agenda *f,* memorial *m*
Agens ['aːgens] *n* agente *m*
Agent(in) [a'gɛnt(ɪn)] *m/f* agente *m/f*
Agentur [agɛn'tuːr] *f ECO* agencia *f*

Agglomeration [aglomera'tsjoːn] *f 1.* aglomeración *f,* acumulación *f,* hacinamiento *f; 2. (städtisch) GEO* aglomeración urbana *f*
Aggregat [agrɛ'gaːt] *n* agregado *m*
Aggregatzustand [agre'gaːttsuːʃtant] *m CHEM* estado de agregación *m,* estado físico *m*
Aggression [agrɛ'sjoːn] *f* agresión *f*
aggressiv [agrɛ'siːf] *adj* agresivo
Aggressivität [agrɛsivi'tɛːt] *f* agresividad *f*
Aggressor [a'grɛsɔr] *m POL* agresor *m*
agieren [a'giːrən] *v ~ als* actuar de
agil [a'giːl] *adj* ágil, en forma, ligero
Agilität [agiːli'tɛːt] *f* agilidad *f,* ligereza *f,* destreza *f*
Agio ['aːdʒo] *n FIN* agio *m,* prima *f*
Agitation [agita'tsjoːn] *f POL* agitación *f,* propaganda política *f*
Agitator(in) [agi'taːtɔr(ɪn)] *m/f POL* agitador(a) *m/f*
agitatorisch [agita'toːrɪʃ] *adj POL* agitador, propagandístico
Agonie [ago'niː] *f MED* agonía *f,* desazón *m,* angustia *f*
Agrarerzeugnis [a'graːrɛrtsɔygnɪs] *n AGR* producto agrario *m*
Agrarindustrie [a'graːrɪndustriː] *f* industria agraria *f*
Agrarland [a'graːrlant] *n 1. (Agrarstaat)* país agrícola *m; 2. (Nutzfläche)* terreneo agrícola *m*
Agrarpolitik [a'graːrpolɪtiːk] *f* política agraria *f*
Agrarprodukt [a'graːrprodukt] *n AGR* producto agrario *m,* producto del campo *m*
Agrarreform [a'graːrrefɔrm] *f* reforma agraria *f*
Agrarsubvention [a'graːrsupvɛntsjoːn] *f* subvención agraria *f*
Agrikultur [agriːkul'tuːr] *f AGR* agricultura *f,* actividad agraria *f*
Ägypten [ɛ'gyptən] *n GEO* Egipto *m*
Ägypter(in) [ɛ'gyptər(ɪn)] *m/f* egipcio/ egipcia *m/f*
ägyptisch [ɛ'gyptɪʃ] *adj* egipcio
Ägyptologie [ɛgyptolo'giː] *f* egiptología *f*
ah [aː] *interj* ah, oh; *~ was!* ¡anda!/¡ya!
äh [ɛː] *interj 1.* ah, oh; *2. (Ekel ausdrückend)* puaff, ¡qué asco!
Aha-Erlebnis [a'haːɛrleːpnɪs] *n* revelación *f,* descubrimiento *m*
ahnden ['aːndən] *v* castigar, sancionar
Ahne ['aːnə] *m* antepasado *m*
ähneln ['ɛːnəln] *v* parecerse a, semejarse a, asemejarse a
ahnen ['aːnən] *v 1. (voraussehen)* prever, ver venir, presentir, figurarse; *2. (befürchten)* tener un mal presagio, tener una corazonada
Ahnengalerie ['aːnəngaləriː] *f* galería de los antepasados *f*
ähnlich ['ɛːnlɪç] *adj* parecido, similar, semejante
Ähnlichkeit ['ɛːnlɪçkaɪt] *f* parecido *m,* semejanza *f*
Ahnung ['aːnuŋ] *f 1. (Vorgefühl)* idea *f,* noción *f; keine blasse ~ haben* no tener ni la menor idea; *2. (Befürchtung)* mal presentimiento *m,* corazonada *f*
ahnungslos ['aːnuŋsloːs] *adj* desprevenido, sin sospechar nada
Ahnungslosigkeit ['aːnuŋslozɪçkaɪt] *f* ignorancia *f,* no tener ni idea; *in völliger ~* sin tener la más remota idea
ahnungsvoll ['aːnuŋsfɔl] *adj* lleno de presentimientos, aprensivo, temeroso
Ahorn ['aːhɔrn] *m BOT* arce *m*
Ähre ['ɛːrə] *f BOT* espiga *f*
Aids [eɪdz] *n MED* SIDA *m*
Aidshilfe ['eɪdzhɪlfə] *f* ayuda contra el SIDA *f*
aidsinfiziert ['eɪdzɪnfiziːrt] *adj MED* infectado del SIDA
Aidsinfizierte(r) ['eɪdzɪnfiziːrt] *m/f* sidoso/sidosa *m/f*
aidskrank ['eɪdzkraŋk] *adj ein ~er Mann* enfermo de sida, sidoso
Aidskranke(r) ['eɪdzkraŋkə(r)] *m/f* enfermo/enferma de sida *m/f,* sidoso/sidosa *m/f*
aidspositiv [eɪdz'pozitif] *adj MED* seropositivo
Aidstest ['eɪdztɛst] *m* prueba del sida *f*
Airbag ['ɛːrbɛk] *m TECH* bolsa de aire *f*
Airbus ['ɛːrbus] *m TECH* aerobús *m,* airbus *m*
Airconditioning ['ɛːrkəndɪʃənɪŋ] *n* aire acondicionado *m*
Akademie [akade'miː] *f* academia *f*
Akademiker(in) [aka'deːmɪkər(ɪn)] *m/f* universitario/universitaria *m/f,* académico/ académica *m/f*
akademisch [aka'deːmɪʃ] *adj* académico
Akazie [a'kaːtsjə] *f BOT* acacia *f*
akklimatisieren [aklimati'ziːrən] *v sich ~* aclimatizarse, adaptarse
Akklimatisierung [aklimati'ziːruŋ] *f* aclimatación *f,* adaptación *f,* habituación *f*

Akkord [a'kɔrt] *m* *1. ECO* arreglo *m; 2. MUS* acorde *m*
Akkordarbeit [a'kɔrtarbaɪt] *f* *ECO* trabajo a destajo *m*
Akkordarbeiter(in) [a'kɔrtarbaɪtər(ɪn)] *m/f* *ECO* destajero/destajera *m/f*
Akkordeon [a'kɔrdeon] *n* *MUS* acordeón *m*
Akkordlohn [a'kɔrtloːn] *m* *ECO* salario a destajo *m*
Akkordzulage [a'kɔrttsuːlaːgə] *f* *ECO* suplemento del salario a destajo *m*
akkreditieren [akredi'tiːrən] *v* acreditar
Akkreditierung [akredi'tiːruŋ] *f* *1. POL* acreditación *f; 2. ECO* carta de crédito *f*
Akkreditiv [akredɪ'tiːf] *n* *ECO* crédito documentario *m,* carta de crédito *f,* letra de crédito *f* (LA), carta-orden de crédito *f* (LA)
Akku ['aku] *m* *TECH* acumulador *m*
Akkumulation [akumula'tsjoːn] *f* *ECO* acumulación *f*
akkumulieren [akumu'liːrən] *v* *1.* acumular; *2. ECO* acumular
akkurat [aku'raːt] *adj* exacto, esmerado
Akkusativ ['akuzatiːf] *m* acusativo *m*
Akne ['aknə] *f* *MED* acné *m*
Akribie [akri'biː] *f* meticulosidad *f,* minuciosidad *f,* precisión exagerada *f*
akribisch [ak'riːbiʃ] *adj* meticuloso, minucioso, con gran exactitud
Akrobat [akro'baːt] *m* acróbata *m/f*
Akrobatik [akro'baːtɪk] *f* acrobacia *f*
akrobatisch [akro'baːtɪʃ] *adj* acrobático
Akronym [akro'nyːm] *n* sigla *f,* acrónimo *f*
Akryl [a'kryːl] *n* *CHEM* acril *m*
Akt [akt] *m* *1. (Tat)* hecho *m,* acción *f,* acto *m; 2. (Zeremonie)* ceremonia *f; 3. ART* desnudo *m; 4. JUR* acto *m; 5. BIO* cópula *f,* copulación *f,* coito *m,* acto sexual *m; 6. THEAT* acto *m*
Akte ['aktə] *f* acta *f/el,* expediente *m*
Aktenablage ['aktənaplaːgə] *f* bandeja para las actas *f*
Aktenauszug ['aktənaustsuːk] *m* extracto de acta *m*
aktenkundig ['aktənkundɪç] *adj* *JUR* que consta en las actas
Aktenmappe ['aktənmapə] *f* portafolio *m,* cartera *f*
Aktennotiz ['aktənnotiːts] *f* anotación *f*
Aktenschrank ['aktənʃraŋk] *m* armario archivador *m*
Aktentasche ['aktəntaʃə] *f* portafolios *m,* cartera *f*
Aktenzeichen ['aktəntsaɪçən] *n* número de registro *m*
Akteur [ak'tøːr] *m* actor *m*
Aktie ['aktsjə] *f* *FIN* acción *f*
Aktienausgabe ['aktsjənausgaːbə] *f* *FIN* emisión de acciones *f*
Aktienbezugsrecht [aktsjənbə'tsuːksrɛçt] *n* *FIN* derecho de suscripción *m,* derecho preferencial *m*
Aktienbörse ['aktsjənbœrzə] *f* *FIN* bolsa de acciones *f*
Aktiengesellschaft ['aktsjəngəzɛlʃaft] *f* *(AG) ECO* sociedad anónima (S.A.) *f*
Aktienkurs ['aktsjənkurs] *m* *FIN* cotización *f,* precio de la acción *m*
Aktienmarkt ['aktsjənmarkt] *m* *FIN* mercado de renta variable *m,* mercado de acciones *m*
Aktienpaket ['aktsjənpakeːt] *n* *ECO* paquete de acciones *m; ein ~ platzieren* colocar un paquete de acciones
Aktienrendite ['aktsjənrendiːtə] *f* *ECO* rédito de las acciones *m*
Aktion [ak'tsjoːn] *f* acción *f*
Aktionär(in) [aktsjo'nɛːr(ɪn)] *m/f* *ECO* accionista *m/f,* tenedor(a) de acciones *m/f*
Aktionärsversammlung [aktsjo'nɛːrsfɛrzamluŋ] *f* *ECO* junta de accionistas *f*
Aktionspreis [ak'tsjoːnspraɪs] *m* *ECO* precio de acción *m*
aktiv [ak'tiːf] *adj* activo
Aktiva [ak'tiːva] *pl* *ECO* activo *m*
aktivieren [akti'viːrən] *v* activar
Aktivierung [akti'viːruŋ] *f* activación *f*
aktivisch [ak'tiːvɪʃ] *adj* *GRAMM* activista
Aktivist [akti'vɪst] *m* *POL* activista *m/f*
Aktivität [aktivi'tɛːt] *f* actividad *f*
Aktivposten [ak'tiːfpɔstən] *m* *1. ECO* activo *m,* asiento activo *m; 2. (fig)* en guardia
Aktivsaldo [ak'tiːfzaldo] *n* *ECO* saldo activo *m*
aktualisieren [aktuali'ziːrən] *v* actualizar, modernizar, poner al día
Aktualisierung [aktuali'ziːruŋ] *f* actualización *f,* modernización *f,* puesta al día *f*
Aktualität [aktuali'tɛːt] *f* actualidad *f*
aktuell [aktu'ɛl] *adj* actual, presente, existente
Akupressur [akuprɛ'suːr] *f* *MED* acupresión *f*
akupunktieren [akupuŋk'tiːrən] *v* acupuntar
Akupunktur [akupuŋk'tuːr] *f* *MED* acupuntura *f*

Akustik [a'kustɪk] *f* acústica *f*
akustisch [a'kustɪʃ] *adj* acústico
akut [a'kuːt] *adj MED* agudo
Akzent [ak'tsɛnt] *m GRAMM* acento *m*
akzentfrei [ak'tsɛntfraɪ] *adj* sin acento
akzentuieren [aktsɛntui'ːrən] *v* acentuar
Akzept [ak'tsɛpt] *n ECO* aceptación *f,* letra aceptada *f*
akzeptabel [aktsɛp'taːbəl] *adj* aceptable, admitible
Akzeptanz [aktsɛp'tants] *f* aceptación *f*
akzeptieren [aktsɛp'tiːrən] *v* aceptar, admitir
Alarm [a'larm] *m* alarma *f; blinder ~* falsa alarma *f; ~ schlagen* tocar alarma *f*
Alarmanlage [a'larmanlaːgə] *f* sistema de alarma *f*
alarmbereit [a'larmbəraɪt] *adj* en estado de alerta; *~ sein* estar ojo alerta
alarmieren [alar'miːrən] *v* alarmar
Alarmsignal [a'larmzɪgnaːl] *n* señal de alarma *f*
Alarmstufe [a'larmʃtuːfə] *f* grado de alarma *m*
Alarmzustand [a'larmtsuːʃtant] *m* estado de alarma *m,* estado de alerta *m*
Albaner(in) [al'baːnər(ɪn)] *m/f* albanés(esa) *m/f*
Albanien [al'baːnjən] *n GEO* Albania *f*
albanisch [al'baːnɪʃ] *adj* albanés
Albanisch [al'baːnɪʃ] *n LING* albanés *m*
Albatros ['albatrɔs] *m ZOOL* albatros *m*
albern ['albərn] *adj* tonto, majadero, bobo, estúpido; *~ sein* hacer el ganso
Albernheit ['albərnhaɪt] *f* tontería *f,* majadería *f,* bobada *f,* estupidez *f*
Albino [al'biːno] *m* albino *m*
Album ['album] *n* álbum *m*
Alchimist [alçi'mɪst] *m HIST* alquimista *m*
Alfastrahlung ['alfaʃtraːluŋ] *f PHYS* rayos alfa *m/pl*
Alge ['algə] *f BOT* alga *f*
Algebra ['algebraː] *f MATH* álgebra *f*
algebraisch [alge'braːɪʃ] *adj MATH* algebraico, algébrico
Algenpest ['algənpɛst] *f BIO* marea de algas *f*
Algerien [al'geːrjən] *n GEO* Argelia *f*
Algerier(in) [al'geːrjər(ɪn)] *m/f* argelino/argelina *m/f*
algerisch [al'geːrɪʃ] *adj* argelino
alias ['aːljas] *adv* alias, de otro modo, por otro nombre
Alibi ['aːlibiː] *n* coartada *f*
Alibifrau ['aːlibiːfrau] *f* mujer cuya presencia sirve de coartada
Alimente [ali'mɛntə] *pl JUR* alimentos *m/pl*
Alkali [al'kaːli] *n CHEM* álcali *m*
alkalisch [al'kaːliʃ] *adj CHEM* alcalino
Alkohol ['alkohoːl] *m* alcohol *m*
alkoholabhängig [alko'hoːlaphɛŋɪç] *adj* alcohólico, dependiente del alcohol
Alkoholabhängigkeit [alko'hoːlaphɛŋɪçkaɪt] *f* alcoholismo *m,* dependencia del alcohol *f*
alkoholarm ['alkohoːlarm] *adj* pobre en alcohol, bajo en alcohol
alkoholfrei ['alkohoːlfraɪ] *adj* sin alcohol
Alkoholika [alko'hoːlika] *pl* bebidas alcohólicas *f/pl*
Alkoholiker(in) [alko'hoːlɪkər(ɪn)] *m/f* alcohólico/alcohólica *m/f; ein ~ sein (fam)* ser un borracho perdido
alkoholisch [alko'hoːlɪʃ] *adj* alcohólico
alkoholisieren [alkoholi'ziːrən] *v 1. etw ~* alcoholizar; *2. (fam) jdn ~* emborrachar
Alkoholmissbrauch [alko'hoːlmɪsbraux] *m* abuso del alcohol *m*
Alkoholsünder(in) ['alkohoːlzyndər(ɪn)] *m/f* conductor(a) en estado de embriaguez *m/f*
Alkoholvergiftung ['alkohoːlfɛrgɪftuŋ] *f* intoxicación etílica *f*
All [al] *n* universo *m*
allabendlich [al'aːbəntlɪç] *adv* cada noche, todas las noches, noche por noche
alle ['alə] *pron 1.* todos; *adj 2.* todo(s), toda(s); *Die Flasche ist ~. (fam)* La botella está vacía.
alledem [alə'deːm] *pron* todo ello; *mit ~ möchte ich nichts zu tun haben* no quisiera tener nada que ver con todo eso
Allee [a'leː] *f* avenida *f,* paseo *m*
Allegorie [alego'riː] *f* alegoría *f,* ficción *f,* metáfora continuada *f*
allegorisch [ale'goːrɪʃ] *adj* alegórico, ficticio, metafórico
allein [a'laɪn] *adj 1.* solo, único; *~ stehend* solo, soltero; *adv 2.* solamente, únicamente, sólo
Alleinerbe [a'laɪnɛrbə] *m JUR* heredero único *m,* heredero universal *m*
Alleinerziehende(r) [al'laɪnɛrtsiːəndə(r)] *m/f* padre soltero/madre soltera *m/f,* parte paternal única que asume la crianza del hijo *f*
Alleingang [a'laɪngaŋ] *m im ~* en acto individual *m*

Alleinherrschaft [a'laɪnhɛrʃaft] *f POL* autocracia *f*
Alleinherrscher [a'laɪnhɛrʃər] *m* autócrata *m/f,* monarca .m
alleinig [a'laɪnɪç] *adj* único
Alleinsein [a'laɪnzaɪn] *n* soledad *f*
Alleinstehende(r) [a'laɪnʃteːəndə(r)] *m/f* soltero/soltera *m/f*
Alleinunterhalter [a'laɪnuntərhaltər] *m* animador(a) *m/f*
Alleinverkaufsrecht [a'laɪnfɛrkaufsrɛçt] *n ECO* derecho exclusivo de venta *m*
Alleinvertreter [a'laɪnfɛrtreːtər] *m ECO* representante exclusivo *m*
Alleinvertretung [a'laɪnfɛrtreːtuŋ] *f* representación exclusiva *f*
Alleinvertrieb [a'laɪnfɛrtriːp] *m ECO* distribución exclusiva *f,* concesión exclusiva *f*
allenfalls ['alən'fals] *adv* en todo caso, a lo sumo
allenthalben ['alənt'halbən] *adv* en todas partes, por dondequiera, por doquier
allerbeste(r,s) ['alər'bɛstə(r,s)] *adj* el mejor de todos
allerdings [alər'dɪŋs] *adv* realmente, ciertamente, en efecto, sin embargo
allerfrühestens ['alər'fryːəstəns] *adv* lo más pronto, como muy pronto
Allergen [alɛr'geːn] *n MED* alérgeno *m*
Allergie [alər'giː] *f MED* alergia *f*
Allergietest [alər'giːtɛst] *m MED* test de alergia *m*
Allergiker(in) [a'lɛrgɪkər(ɪn)] *m/f MED* alérgico/alérgica *m/f*
allergisch [a'lɛrgɪʃ] *adj MED* alérgico
Allergologie [alɛrgolo'giː] *f MED* alergología *f*
allergologisch [alɛrgo'loːgɪʃ] *adj MED* alergológico
allerhand ['alər'hant] *adj 1. (viel)* varios, mucho; *Er hat ~ mitgemacht.* Las ha pasado moradas. *2. (vielerlei)* de toda clase; *3. (fam)* demasiado; *Das ist ja ~, was du gemacht hast.* ¡Te pasaste!
Allerheiligen [alər'haɪlɪgən] *n REL* día de Todos los Santos *m*
allerhöchste(r,s) [alər'høːçstə(r,s)] *adj* más alto/más alta, altísimo/altísima, soberanísimo/soberanísima
allerhöchstens ['alər'høːçstəns] *adv* a lo sumo, a lo más, como mucho
allerlei ['alər'laɪ] *adj* diversos, varios
Allerlei ['alər'laɪ] *n* mezcla heterogénea *f,* mezcolanza *f*
allerletzte(r,s) [alər'lɛtstə(r,s)] *adj* último/última; *das ist das Allerletzte!* ¡Esto es lo último!/¡ eso es lo que faltaba¡
allerliebst ['alər'liːpst] *adj* encantador, monísimo
allermeiste(r,s) [alər'maɪstə(r,s)] *adj* la mayor parte, la mayoría de
allernötigste(r,s) [alər'nøːtɪçstə(r,s)] *adj* lo más necesario, lo más indispensable
Allernötigste [alər'nøːtɪçstə] *n das ~* lo estrictamente necesario, lo indispensable
Allerseelen [alər'zeːlən] *n REL* día de los Difuntos *m,* día de las Animas *m*
allerseits [alər'zaɪts] *adv* por todo el mundo, por todas partes, todos juntos; *Guten Morgen ~!* ¡Buenos días a todos!
allerspäteste [alər'ʃpɛːtəstə] *adj* más tarde
allerspätestens [alər'ʃpɛːtəstəns] *adv* a más tarder, como tarde
Allerwerteste [alər'veːrtəstə] *m (fam)* trasero *m,* posaderas *f/pl,* culo *m*
alles ['aləs] *adj* todo, todas las cosas; *alles in allem* en total/en resumidas cuentas; *Das ist alles.* Eso es todo. *vor allem* ante todo/ sobre todo
allesamt ['alə'zamt] *adv* todos juntos, todos sin excepción, en conjunto
Allesfresser ['aləsfrɛsər] *m ZOOL* omnívoro *m*
Alleskleber ['aləskleːbər] *m* pegalotodo *m,* adhesivo multiuso *m*
Allgäu ['algɔy] *n GEO* Algoia *f*
Allgegenwart [al'geːgənvart] *f* omnipresencia *f,* ubicuidad *f*
allgegenwärtig [al'geːgənvɛrtɪç] *adj* omnipresente, ubicuo
allgemein [algə'maɪn] *adj* general, universal; *~ üblich* de uso general; *im Allgemeinen* por lo general; *~ gültig* generalmente aceptado, universal; *~ verständlich* comprensible para todos
Allgemeinbefinden [algə'maɪnbəfɪndən] *n* estado general *m*
Allgemeinbildung [algə'maɪnbɪlduŋ] *f* cultura general *f*
Allgemeingültigkeit [algə'maɪngyltɪçkaɪt] *f* validez común *f*
Allgemeinheit [algə'maɪnhaɪt] *f* generalidad *f,* público en general *m*
Allgemeinmedizin [algə'maɪnmeditsiːn] *f MED* medizina general *f*
Allheilmittel [al'haɪlmɪtəl] *n* sanalotodo *m,* panacea *f*

Allianz [al'jants] *f* alianza *f*
Alligator [ali'ga:tɔr] *m ZOOL* aligator *m,* caimán *m*
alliiert [ali'i:rt] *adj POL* aliado
Alliierte(r) [ali'i:rtə(r)] *m/f die ~n pl (im Zweiten Weltkrieg) POL* los aliados *m/pl*
alljährlich [al'jɛ:rlɪç] *adj 1.* anual; *adv 2.* anualmente, todos los años, cada año
allmächtig [al'mɛçtɪç] *adj 1.* omnipotente, todopoderoso; *2. (Gott) REL* omnipotente, todopoderoso; *~er Gott!* ¡Dios mío!/¡válgame Dios!
Allmächtiger [al'mɛçtɪgə] *m REL* el omnipotente *m,* el todopoderoso *m*
allmählich [al'mɛ:lɪç] *adj 1.* paulatino, gradual; *adv 2.* gradualmente, paulatinamente, poco a poco
allmonatlich [al'mo:natlɪç] *adj* mensual, de todos los meses
allnächtlich [al'nɛçtlɪç] *adj* de todas las noches
Allradantrieb ['alratantri:p] *m TECH* propulsión por todos los ejes *f,* tracción en las cuatro ruedas *f*
Allrounder ['ɔ:l'raʊndə] *m* todo terreno *m*
allseits ['alzaɪts] *adv* por todos lados, por todas partes
Alltag ['alta:k] *m* vida cotidiana *f*
alltäglich [al'tɛ:klɪç] *adj 1.* diario, cotidiano; *2. (trivial)* común, vulgar
Alltäglichkeit [al'tɛ:klɪçkaɪt] *f* cotidianeidad *f,* banalidad *f,* trivialidad *f*
alltags ['alta:ks] *adj* cotidiano, rutinario
Alltagssprache ['alta:ksʃpra:xə] *f* lenguaje de la calle *m*
Alltagstrott ['alta:kstrɔt] *m* rutina diaria *f*
allumfassend [alum'fasənt] *adj* universal
Allüre [a'ly:rə] *f* capricho *m*
allwissend ['al'vɪsənt] *adj* omnisciente
Allwissenheit [al'vɪsənhaɪt] *f* omnisciencia *f*
allwöchentlich [al'vœçəntlɪç] *adj* de cada semana, de todas las semanas
allzu ['altsu] *adv* demasiado, en exceso
Alm [alm] *f* pasto alpino *m*
Almanach ['almanax] *m* almanaque *m,* calendario *m*
Almhütte ['almhytə] *f* refugio de alta montaña *m*
Almosen ['almo:zən] *n* limosna *f*
Almosenempfänger(in) ['almo:zənɛmpfɛŋər(ɪn)] *m/f* pedigüeño/pedigüeña *m/f,* necesitado/necesitada *m/f*
Aloe ['a:loe] *f BOT* áloe *m*
Alpdrücken ['alpdrykən] *n* pesadilla *f,* opresión nocturna *f*
Alpen ['alpən] *pl GEO* Alpes *m/pl*
Alpenrose ['alpənro:zə] *f BOT* rosa de los Alpes *f*
Alpenveilchen ['alpənfaɪlçən] *n BOT* ciclamino *m,* pamporcino *m*
Alpenvorland [alpən'vo:rlant] *n GEO* región subalpina *f*
Alphabet [alfa'be:t] *n* alfabeto *m*
alphabetisch [alfa'be:tɪʃ] *adj* alfabético
alphanumerisch [alfanu'mərɪʃ] *adj* alfanumérico
Alphorn ['alphɔrn] *n* trompa alpina *f*
alpin [al'pi:n] *adj* alpino
Alpinist(in) [alpi'nɪst(ɪn)] *m/f* alpinista *m/f,* montañero/montañera *m/f*
Alptraum ['alptraum] *m* pesadilla *f*
als [als] *konj 1. (zeitlich)* tan pronto como, en el momento en que, mientras, cuando; *2. (in der Eigenschaft ~)* como, a modo de, en calidad de; *3. (beim Komparativ)* que; *Madrid ist größer ~ München.* Madrid es más grande que Múnich.
alsbald [als'bald] *adv* inmediatamente, al momento, en seguida
alsdann [als'dan] *adv* entonces, luego
also ['alzo] *konj* por tanto
alt [alt] *adj* viejo, antiguo; *Wie ~ sind Sie?* ¿Cuántos años tiene usted? *doppelt so ~ wie jmd sein* doblarle la edad a alguien; *älter werden* entrar en años; *~ aussehen* no estar a la altura; *~es Haus* viejo amigo; *~er Hut* viejo *m,* historia de todos conocida *f,* el mismo cuento de siempre *m*
Alt [alt] *m MUS* contralto *m*
Altar [al'ta:r] *m REL* altar *m*
Altarbild [al'ta:rbɪlt] *n REL* retablo *m*
altbacken ['altbakən] *adj 1. (fig)* pasado de moda; *2. GAST* sentado, reposado
Altbau ['altbau] *m* construcción antigua *f*
Altbauwohnung ['altbauvo:nuŋ] *f* piso de construcción antigua *m,* piso de renta antigua *m*
altbekannt ['altbə'kant] *adj* archiconocido
altbewährt ['altbə'vɛ:rt] *adj* bien probado
altdeutsch ['altdɔytʃ] *adj* del alemán antiguo
Alte(r) ['altə(r)] *m/f 1. (alter Mann/alte Frau)* anciano/anciana *m/f,* viejo/vieja *m/f; 2. meine Alten (fam)* mis viejos; *3. mein Alter/meine Alte (fam)* mi viejo/vieja *m/f; 4. (fam: Chef/ Chefin)* patrón(ona) *m/f*

altehrwürdig ['alt'eːrvyrdɪç] *adj* venerable

alteingesessen ['alt'aɪngəzɛsən] *adj* sedentario, establecido desde muchas generaciones

Alteisen ['altaɪzən] *n* chatarra *f*

Altenpfleger(in) ['altənpfleːgər(ɪn)] *m/f* cuidador(a) de ancianos *m/f*

Altenteil ['altəntaɪl] *n* retiro rústico *m*

Alter ['altər] *n* edad *f; Über das ~ hinaus sein, um ...* No estar en edad de ...; *~ schützt vor Torheit nicht* a la vejez, viruelas

älter ['ɛltər] *adj* más viejo, mayor, de cierta edad

ältere(r,s) ['ɛltərə(r,s)] *adj* mayor, más viejo

altern ['altərn] *v* envejecer

alternativ [altərna'tiːf] *adj* alternativo

Alternative [altərna'tiːvə] *f 1.* alternativa *f; 2. POL* opción *f*

Alternative(r) [altərna'tiːfə(r)] *m/f POL* practicante de una vida alternativa *m/f*

Alternativenergie [altərna'tiːfenɛrgiː] *f* energía alternativa *f*

Alternativprogramm [altərna'tiːfprogram] *n* programa alternativo *m*

altersbedingt ['altərsbədɪŋkt] *adj* debido a la edad, condicionado a la edad

altersgerecht ['altərsgərɛçt] *adj* correspondiente para la edad

Altersgrenze ['altərsgrɛntsə] *f* límite de edad *m*

Altersgruppe ['altərsgrupə] *f* grupo de personas de la misma edad *m*

Altersheim ['altərshaɪm] *n* asilo de ancianos *m,* residencia de ancianos *f*

Altersklasse ['altərsklasə] *f* clasificación por edad *f*

Altersrente ['altərsrɛntə] *f* pensión de vejez *f,* jubilación *f*

altersschwach ['altərsʃvax] *adj* caduco, senil, decrépito

Altersschwäche ['altərsʃvɛçə] *f* debilidad senil *f,* decrepitud *f,* marasmo *m*

Alterssitz ['altərszɪts] *m* lugar de residencia de la vejez *m*

Altersunterschied ['altərsuntərʃiːt] *m* diferencia de edad *f*

Altersversorgung ['altərsfɛrzɔrguŋ] *f* jubilación *f,* pensión *f*

Altertum ['altərtuːm] *n HIST* Edad antigua *f; das Klassische ~* la antigüedad clásica *f*

Altertümer ['altərtyːmər] *pl* antigüedades *f/pl*

altertümlich ['altərtymlɪç] *adj* antiguo, arcaico

Altertumsforscher(in) ['altərtuːmsfɔrʃər(ɪn)] *m/f* arqueólogo/arqueóloga *m/f,* anticuario/anticuaria *m/f*

Altertumsforschung ['altərtuːmsfɔrʃuŋ] *f* arqueología *f,* historia antigua *f*

Altertumskunde ['altərtuːmskundə] *f* arqueología *f*

Alterungsprozess ['altəruŋsprotsɛs] *m* proceso de envejecimiento *m*

Älteste(r) ['ɛltəstə(r)] *m/f* el más viejo/la más vieja *m/f,* antiguo/antigua *m/f,* el mayor, el primogénito/la mayor, la primogénita *m/f*

Altglas ['altglaːs] *n* vidrio utilizado *m,* botellas utilizadas *f/pl*

Altglascontainer ['altglaːskɔnteɪnə] *m* depósito de vidrios *m,* contenedor de vidrio *m*

althergebracht [alt'heːrgəbraxt] *adj* tradicional

Altlast ['altlast] *f* vertedero de residuos contaminantes *m*

Altmaterial ['altmaterjaːl] *n* material viejo *m*

Altmeister ['altmaɪstər] *m* ex campeón *m*

Altmetall ['altmetal] *n* metal viejo *m*

altmodisch ['altmoːdɪʃ] *adj* pasado de moda, anticuado

Altöl ['altøːl] *m TECH* aceites usados *m/pl*

Altpapier ['altpapiːr] *n* papel viejo *m*

Altpapiersammlung ['altpapiːrzamluŋ] *f* recogida de papel reciclable *f*

altrosa ['altroːza] *adj* de rosa oscuro

Altrosa ['altroːza] *n* rosa oscuro *f*

altruistisch [altru'ɪstɪʃ] *adj* altruista, generoso, filantrópico

Altstadt ['altʃtat] *f* casco antiguo *m,* barrio antiguo *m*

Altstadtsanierung ['altʃtatzaniːruŋ] *f* saneamiento del casco antiguo *f*

Altsteinzeit ['altʃtaɪntsaɪt] *f HIST* edad de la piedra *f,* paleolítico *m*

altsteinzeitlich ['altstaɪntsaɪtlɪç] *adj HIST* paleolítico

Altstimme ['altʃtɪmə] *f MUS* contralto *m*

Altwarenhändler ['altvarənhɛndlər] *m* chamarilero *m,* prendero *m*

Altweibergeschwätz [alt'vaɪbərgəʃvɛts] *n (fam)* chismorreo de comadres *m*

Altweibersommer [alt'vaɪbərzɔmər] *m* veranillo de San Martín *m*

Alufolie ['alufoːljə] *f* hoja de aluminio *f*

Aluminium [alu'miːnjum] *n CHEM* aluminio *m*

am *(= an dem) (siehe „an")*
Amalgam [amal'gaːm] *n MET* amalgama *f*
Amalgamfüllung [amal'gaːmfylʊŋ] *f MED* empaste de amalgama *m*
Amaryllis [ama'rylɪs] *f BOT* amarilis *f*
Amateur [ama'tøːr] *m* aficionado *m*, amateur *m*
Amateurfilm [ama'tøːrfɪlm] *m CINE* película de aficionado *f*
Amateurfotograf(in) [ama'tørfotograːf-(ɪn)] *m/f FOTO* fotógrafo/fotógrafa aficionado/aficionada *m/f*
Amateursport [ama'tøːrʃpɔrt] *m SPORT* deporte de aficionados *m*
Amateursportler(in) [ama'tøːrʃpɔrtlər-(ɪn)] *m/f* deportista aficionado *m/f*
Amateurstatus [ama'tøːrʃtaːtus] *m* estatus de aficionado *m*
Amazonas [ama'tsoːnas] *m GEO* Amazonas *m*
Amazone [ama'tsoːnə] *f* amazona *f*
Ambiente [ambi'ɛntə] *n* ambiente *m*, atmósfera *f*, clima *m*
Ambition [ambi'tsjoːn] *f* ambición *f*, codicia *f*
ambitioniert [ambitsjo'niːrt] *adj* ambicioso, con ambiciones
ambivalent [ambiva'lɛnt] *adj* ambivalente
Ambivalenz [ambiva'lɛnts] *f* ambivalencia *f*
ambulant [ambu'lant] *adj 1.* ambulante; *2. MED* ambulatorio
Ambulanz [ambu'lants] *f 1. (Wagen) MED* ambulancia *f*; *2. (Abteilung) MED* ambulatorio *m*, dispensario *m*
Ameise ['aːmaɪzə] *f ZOOL* hormiga *f*
Ameisenbär ['aːmaɪzənbɛːr] *m ZOOL* oso hormiguero *m*
Ameisenhaufen ['aːmaɪzənhaufən] *m* hormiguero *m*
Ameisensäure ['aːmaɪzənzɔyrə] *f CHEM* ácido fórmico *m*
Amen ['aːmən] *n* amén *m*; *zu allem ja und ~ sagen* decir amén a todo
Amerika [a'meːrika] *n GEO* América *f*
Amerikaner(in) [ameri'kaːnər(ɪn)] *m/f* americano/americana *m/f*, norteamericano/norteamericana *m/f*, gringo *m* (fam)
amerikanisch [ameri'kaːnɪʃ] *adj* americano
amerikanisieren [amerikani'ziːrən] *v* americanizar, (Lat) engringar
Amerikanistik [amerika'nɪstɪk] *f* americanística *f*
Amethyst [ame'tyst] *m MIN* amatista *f*
Amigosystem [a'miːgozysteːm] *n POL* sistema de corrupción bávaro *m*
Aminosäure [a'miːnozɔyrə] *f BIO* aminoácido *m*; *essenzielle ~* aminoácido esencial
Amme ['amə] *f* ama de cría *f*, nodriza *f*
Ammoniak ['amonjak] *n CHEM* amoníaco *m*
Amnesie [amne'ziː] *f MED* amnesia *f*
Amnestie [amnɛs'tiː] *f JUR* amnistía *f*
Amöbe [a'møːbə] *f BIO* ameba *f*
Amok ['aːmɔk] *m (~ laufen)* ir enloquecido poseído de deseos de matar
Amokläufer ['amoklɔyfər] *m* loco homicida *m*
amoralisch ['amoraːlɪʃ] *adj* amoral
Amortisation [amɔrtiza'tsjoːn] *f ECO* amortización *f*
amortisieren [amɔrti'ziːrən] *v ECO* amortizar
Amouren [a'muːrən] *pl* amores *m/pl*
amourös [amu'røːs] *adj* amoroso; *~es Abenteuer* aventura amorosa
Ampel ['ampəl] *f* semáforo *m*
Ampere [am'pɛːr] *n TECH* amperio *m*
Amperestunde [am'peːrʃtundə] *f TECH* amperiohora *m*
Amphetamin [amfeta'miːn] *n CHEM* anfetamina *f*
Amphibie [am'fiːbjə] *f BIO* anfibio *m*
Amphibienfahrzeug [am'fiːbjənfaːr-tsɔyk] *n TECH* vehículo anfibio *m*, sumergible, *m*
amphibisch [am'fiːbɪʃ] *adj BOT* anfibio
Amphitheater [am'fiːteaːtər] *n THEAT* anfiteatro *m*
Amphore [am'foːrə] *f ART* ánfora *f*
Amplitude [ampli'tuːdə] *f PHYS* amplitud *f*
Ampulle [am'pulə] *f MED* ampolla *f*
Amputation [amputats'joːn] *f MED* amputación *f*, mutilación *f*, cercenamiento *m*
amputieren [ampu'tiːrən] *v MED* amputar, mutilar, cercenar
Amsel ['amzəl] *f ZOOL* mirlo *m*
Amt [amt] *n 1. (Behörde)* autoridad *f*; *2. (Stellung)* cargo *m*, empleo *m*; *3. (Telefonamt)* central telefónica *f*; *4. (Büro)* oficina *f*, despacho *m*
amtieren [am'tiːrən] *v* estar en funciones, ejercer un cargo, actuar de
amtierend ['amtiːrənt] *adj* en ejercicio, en funciones; *der ~de Minister* el ministro en funciones

amtlich ['amtlɪç] *adj* oficial
Amtsantritt ['amtsantrɪt] *m* entrada en funciones *f*, toma de posesión de un cargo *f*
Amtsbezirk ['amtsbətsɪrk] *m* jurisdicción *f*
Amtsblatt ['amtsblat] *n* boletín oficial *m*
Amtsdeutsch ['amtsdɔytʃ] *n* alemán burocrático *m*, jerga administrativa *f*
Amtseid ['amtsaɪt] *m JUR* jura del cargo *f*
Amtsenthebung ['amtsɛntheːbuŋ] *f POL* destitución del cargo *f*, dimisión *f*
Amtsgeheimnis ['amtsgəhaɪmnɪs] *n 1.* secreto profesional *m*, sigilio profesional *m; 2. (Schweigepflicht)* secreto profesional *m*
Amtsgericht ['amtsgərɪçt] *n JUR* juzgado municipal *m*, juzgado de primera instancia *m*
Amtsinhaber(in) ['amtsɪnhaːbər(ɪn)] *m/f* titular *m/f*
Amtskirche ['amtskɪrçə] *f REL* iglesia organizada con la administración estatal *f*
Amtsmissbrauch ['amtsmisbraux] *m* abuso de autoridad *m*, prevaricación *f*
Amtsrichter(in) ['amtsrɪçtər(ɪn)] *m/f JUR* juez municipal *m/f*, juez de primera instancia *m/f*
Amtsschimmel ['amtsʃɪməl] *m (fam)* rutina administrativa *f*, burocracia *f*
Amtszeit ['amtstsaɪt] *f* duración de un cargo *f*, tiempo en funciones *m*
Amulett [amu'lɛt] *n* amuleto *m*
amüsant [amy'zant] *adj* divertido, gracioso
Amüsement [amys'mɑ̃ː] *n* diversión *f*
amüsieren [amy'ziːrən] *v sich ~* divertirse, pasarla bien; *Er kommt nur, um sich zu ~.* Él sólo viene en plan de diversión. *sich prächtig ~* pasarla bomba
an [an] *prep 1. (örtlich)* en, a, cerca de, junto a; *~ der Kirche* cerca de la iglesia; *~ der Wand* en la pared; *am Fenster* junto a la ventana; *~ den See fahren* ir al lago; *2. (zeitlich)* por, en, a; *~ jenem Tag* aquel día; *am Morgen* por la mañana; *am 1. Juni* el primero de junio; *von diesem Zeitpunkt ~* a partir de este momento; *3. (mittels)* de, en, con, por; *~ die Hand nehmen* tomar de la mano; *Ich sehe es dir ~ der Nasenspitze an.* Te lo veo en la punta de la nariz. *~ den Fingern abzählen* contar con los dedos; *~ Krücken gehen* andar con muletas; *jdn ~ der Stimme erkennen* reconocer a alguien por la voz; *4. (Bestimmung)* a, para; *Gruß ~ deine Frau.* Saluda a tu mujer. *Ich habe eine Frage ~ dich.* Tengo una pregunta para tí. *~ den Direktor* al director; *~ sein (eingeschaltet sein)* estar encendido; *es liegt ~ dir* depende de ti
Anabolikum [ana'boːlikum] *n MED* anabólico *m*
Anachronismus [anakro'nɪsmus] *m* anacronismo *m*
anachronistisch [anakro'nɪstɪʃ] *adj* anacrónico
Anagramm [ana'gram] *n* anagrama *m*
Anakonda [ana'kɔnda] *f ZOOL* anaconda *f*
anal [a'naːl] *adj MED* anal; *~e Phase* fase anal
Analgetikum [anal'geːtɪkum] *n MED* analgésico *m*
analog [ana'loːk] *adj 1.* análogo, semejante; *2. INFORM* analógico
Analogie [analo'giː] *f* analogía *f*
Analogiebildung [analo'giːbɪlduŋ] *f LING* construcción analógica *f*
Analogrechner [ana'loːkrɛçnər] *m INFORM* calculadora analógica *f*, calculador analógico *m*
Analphabet ['analfabeːt] *m* analfabeto *m*, iletrado *m*
Analphabetismus ['analfabeːtɪsmus] *m* analfabetismo *m*
Analyse [ana'lyːzə] *f* análisis *m*
analysieren [analy'ziːrən] *v* analizar
Analysis [a'naːlyzɪs] *f MATH* análisis *m*
Analyst [ana'lyst] *m FIN* analista *m*
Analytik [ana'lyːtɪk] *f* analítica *f*
Analytiker(in) [ana'lyːtɪkər(ɪn)] *m/f* analítico/analítica *m/f*
analytisch [ana'lyːtɪʃ] *adj* analítico
Anämie [anɛ'miː] *f MED* anemia *f*
Ananas ['ananas] *f BOT* piña *f*
Anarchie [anar'çiː] *f POL* anarquía *f*
Anarchist [anar'çɪst] *m POL* anarquista *m*
anarchistisch [anar'çɪstɪʃ] *adj POL* anarquista, ácrata
Anästhesie [anɛːste'ziː] *f MED* anestesia *f*
Anästhesist(in) [anɛːste'zɪst(ɪn)] *m/f MED* anestesista *m/f*
Anatolien [ana'toːljən] *n GEO* Anatolia *f*
Anatolier(in) [ana'toːljər(ɪn)] *m/f* anatolio/anatolia *m/f*
anatolisch [ana'toːlɪʃ] *adj* anatolio
Anatom(in) [ana'toːm(ɪn)] *m/f MED* anatomista *m/f*, anatómico *m*
Anatomie [anato'miː] *f MED* anatomía *f*
anatomisch [ana'toːmɪʃ] *adj* anatómico
anbaggern ['anbagərn] *v jdn ~ (fam)* entrarle a alguien
anbahnen ['anbaːnən] *v sich ~* iniciar
Anbahnung ['anbaːnuŋ] *f* preparación *f*, iniciación *f*

anbändeln ['anbɛndəln] *v mit jdm ~ (fam)* coquetear con alguien, ligar con alguien, flirtear con alguien

Anbau ['anbau] *m 1. AGR* cultivo *m; 2. (an ein Gebäude)* anexo *m,* anejo *m*

anbauen ['anbauən] *v 1. AGR* cultivar; *2. (Gebäude)* adosar a

Anbaufläche ['anbauflɛçə] *f AGR* área de cultivos *f*

Anbeginn ['anbəgɪn] *m* principio *m,* origen *m*

anbehalten ['anbəhaltən] *v* dejarse algo puesto, dejar puesto

anbei [an'baɪ] *adj* adjunto, anexo

anbeißen ['anbaɪsən] *v irr 1. (hineinbeißen)* morder en; *2. (Fisch)* picar

Anbeißen ['anbaɪsən] *n zum ~ aussehen* estar buenísimo, estar para comérselo

anbelangen ['anbəlaŋən] *v* concernir, atañer, tocar

anberaumen ['anbəraumən] *v* fijar una cita, señalar la fecha

anbeten ['anbeːtən] *v* adorar, venerar

Anbetracht ['anbətraxt] *m in ~* en atención *f,* en consideración de *f; in ~ der Tatsache, dass* en vista de que/visto que

Anbetung ['anbeːtuŋ] *f* adoración *f,* veneración *f*

anbiedern ['anbiːdərn] *v sich ~* congraciarse con alguien, trabar amistad con alguien

anbieten ['anbiːtən] *v* ofrecer, brindar; *Was darf ich Ihnen ~?* ¿Desea tomar algo?

Anbieter ['anbiːtər] *m 1. (einer Ware) ECO* vendedor *m; 2. (einer Dienstleistung)* ofertante *m*

anbinden ['anbɪndən] *v* atar, sujetar; *(Hund)* encadenar

Anbindung ['anbɪnduŋ] *f 1.* atadura *f,* sujección *f,* unión *f; 2. (Verkehr)* conexión *f*

Anblick ['anblɪk] *m* vista *f,* panorama *m; beim ersten ~* a primera vista

anblicken ['anblɪkən] *v* mirar, contemplar, echar una ojeada

anblinken ['anblɪŋkən] *v 1. (im Straßenverkehr)* alumbrar, hacer señas con los intermitentes; *2. jdn ~* alumbrar a alguien

anbohren ['anboːrən] *v TECH* perforar, taladrar, barrenar

anbraten ['anbraːtən] *v irr* dorar, sofreír

anbräunen ['anbrɔynən] *v* dorar

anbrechen ['anbrɛçən] *v irr 1. (brechen)* abrir, empezar; *2. (fig)* llegar, entrar; *Der Frühling ist angebrochen.* La primavera ha llegado.

anbrennen ['anbrɛnən] *v irr* encender/encenderse, quemarse, pegar fuego a; *nichts ~ lassen* no perderse nada

anbringen ['anbrɪŋən] *v irr 1. (befestigen)* fijar, colocar; *2. (vortragen)* exponer, mencionar, presentar, formular; *3. (fam: herbringen)* traer

Anbruch ['anbrux] *m* principio *m,* comienzo *m; bei ~ des Tages/der Nacht* al amanecer/al anochecer

anbrüllen ['anbrylən] *v* gritar a alguien

Andacht ['andaxt] *f REL* devoción *f,* recogimiento *m*

andächtig ['andɛçtɪç] *adj 1.* atento, absorto; *2. REL* devoto, piadoso, recogido

Andalusien [anda'luːzjən] *n GEO* Andalucía *f*

Andauer ['andauər] *f* duración *f,* persistencia *f*

andauern ['andauərn] *v* durar, persistir, continuar

andauernd ['andauərnt] *adj* permanente, continuo

Anden ['andən] *pl die ~ GEO* los Andes *pl*

Andenken ['andɛŋkən] *n 1. (Erinnerung)* recuerdo *m; das ~ feiern* conmemorar; *2. (Souvenir)* recuerdo *m,* souvenir *m*

andere(r,s) ['andərə(r,s)] *adj 1.* otro/otra, diferente; *pron 2.* otro/otra, otros/otras

andererseits ['andərərzaɪts] *adv* por otra parte, por otro lado

andermal ['andərmaːl] *adv ein ~* otra vez, otro día

ändern ['ɛndərn] *v 1. etw ~* cambiar algo, mudar algo; *2. sich ~* cambiar uno mismo

andernfalls ['andərnfals] *adv* de lo contrario, en otro caso

anderntags ['andərntaːks] *adv* el día siguiente

anders ['andərs] *adj 1.* diferente, distinto; *adv 2.* de otro modo, de otra manera; *~ denkend* de otra ideología, de otra mentalidad

andersartig ['andərsaːrtɪç] *adj* distinto, de otro tipo

Andersartigkeit ['andərsaːrtɪçkaɪt] *f* tipo distinto *m,* otro tipo *m*

andersfarbig ['andərsfaːrbɪç] *adj* de otro color

andersgläubig ['andərsglɔybɪç] *adj* disidente, discrepante, cismático

Andersgläubigkeit ['andərsglɔybɪçkaɪt] *f REL* disidencia *f,* heterodoxia *f*

andersherum ['andərshɛrum] *adv* a la inversa

Anderssein ['andərszaın] *n* cambio *m,* alteración *f*
anderswo ['andərsvoː] *adv* en otra parte, en otro lugar
anderthalb ['andərthalp] *num* uno y medio
Änderung ['ɛndəruŋ] *f* cambio *m,* modificación *f*
Änderungsvorschlag ['ɛndəruŋsforʃclaːk] *m* enmienda *f,* propuesta de modificación *f*
anderweitig ['andərvaıtıç] *adj* otro
andeuten ['andɔytən] *v* indicar, aludir, insinuar, dar a entender
Andeutung ['andɔytuŋ] *f* indicación *f,* alusión *f,* insinuación *f*
andeutungsweise ['andɔytuŋsvaızə] *adv* por alusión, a grandes rasgos
andichten ['andıçtən] *v jdm etw ~* atribuir algo a alguien, imputar falsamente
Andrang ['andraŋ] *m* afluencia *f,* conglomeración *f*
andrehen ['andreːən] *v 1. (einschalten)* encender, poner en marcha; *2. jdm etw ~ (fam)* endosar algo a alguien
androhen ['androːən] *v jdm etw ~* amenazar a alguien con algo
Androhung ['androːuŋ] *f* amenaza *f*
anecken ['anɛkən] *v (fam)* chocar a alguien, causar escándalo, meter la pata
aneignen ['anaıgnən] *v sich ~* apropiarse, adueñarse de
Aneignung ['anaıgnuŋ] *f* apropiación *f,* anexión *f*
aneinander [anaı'nandər] *adv* uno junto a otro; *~ fügen* juntar; *mit jdm ~ geraten* tener un altercado con alguien; *~ reihen* enfilar, ensartar (fig), enhebrar; *~ grenzend* colindante, vecino
Aneinanderreihung [anaı'nandərraıuŋ] *f* yuxtaposición *f,* situación limítrofe *f*
Anekdote [anɛk'doːtə] *f* anécdota *f*
anekdotisch [anɛk'doːtıʃ] *adj* anecdótico
anekeln ['aneːkəln] *v (fam)* repugnar, asquear; *Es ekelt mich.* Me da asco.
Anemone [anə'moːnə] *f BOT* anémona *f*
Anerbieten ['anɛrbiːtən] *n* ofrecimiento *m,* proposición *f*
anerkannt ['anɛrkant] *adj* reconocido, acreditado
anerkanntermaßen [anɛrkantər'maːsən] *adv* como es sabido, notoriamente
anerkennen ['anɛrkɛnən] *v irr* reconocer, aprobar, elogiar
anerkennend ['anɛrkɛnənt] *adj 1.* elogioso, aprobatorio; *adv 2.* con mucho reconocimiento
anerkennenswert ['anɛrkɛnənsveːrt] *adj* digno de elogio, digno de aprecio
Anerkennung ['anɛrkɛnuŋ] *f* reconocimiento *m,* aprobación *f,* elogio *m*
anfachen ['anfaxən] *v 1. (Feuer)* atizar; *2. (fig: anspornen)* incitar, avivar, animar, atizar
anfahren ['anfaːrən] *v irr 1. (fahren gegen)* chocar contra; *2. (losfahren)* salir, ponerse en marcha; *3. (fig: schimpfen) jdn ~* incordiar a alguien, amonestar a alguien; *4. (Maschine, Zug) TECH* arrancar
Anfahrt ['anfaːrt] *f 1. (Fahrt)* arranque *m; 2. (Zufahrt)* entrada *f,* acceso *m*
Anfall ['anfal] *m MED* ataque *m,* acceso *m; ein ~ von Husten* un acceso de tos *m*
anfallen ['anfalən] *v 1. (überfallen)* asaltar, atracar; *2. (befallen)* invadir, arrebatar; *3. (sich ergeben)* originarse, producirse; *Sie werden sehen, wie viel Arbeit anfällt.* Ya verá cuánto trabajo se origina. *4. (Gewinn) ECO* devengar, producir
anfällig ['anfɛlıç] *adj* propenso a, suceptible a
Anfälligkeit ['anfɛlıçkaıt] *f* propensión *f,* predisposición *f*
Anfang ['anfaŋ] *m* comienzo *m,* principio *m,* origen *m*
anfangen ['anfaŋən] *v irr* comenzar, empezar
Anfänger(in) ['anfɛŋər(ın)] *m/f* principiante *m/f,* neófito/neófita *m/f*
Anfängerkurs ['anfɛŋərkurs] *m* curso de principiantes *m*
anfänglich ['anfɛŋlıç] *adj 1.* inicial; *adv 2.* inicialmente, primeramente, al comienzo
anfangs ['anfaŋs] *adv* al principio, al comienzo
Anfangsbuchstabe ['anfaŋsbuːxʃtaːbə] *m* letra inicial *f*
Anfangsgehalt ['anfaŋsgəhalt] *n* sueldo inicial *m*
Anfangsstadium ['anfaŋsʃtaːdjum] *n* fase inicial *f,* etapa inicial *f*
anfassen ['anfasən] *v 1. (berühren)* tocar, palpar; *2. (greifen)* agarrar, coger (nicht in Argentinien), asir; *3. (fam: helfen)* ayudar; *Fassen Sie mit an!* ¡Eche usted una mano! *4. (fig: behandeln)* tratar, enfocar, *(eine Aufgabe)* abordar
anfauchen ['anfauxən] *v 1. (Katze)* bufar; *2. (fam: Menschen)* echar una bronca, gruñir

anfechtbar ['anfɛçtbaːr] *adj 1.* discutible, disputable, refutable; *2. JUR* impugnable
Anfechtbarkeit ['anfɛçtbaːrkaɪt] *f* impugnabilidad *f,* refutabilidad *f*
anfechten ['anfɛçtən] *v irr 1.* discutir, debatir, refutar; *2. JUR* impugnar
Anfechtung ['anfɛçtuŋ] *f 1. ~ gegen* protesta contra *f; 2. JUR* impugnación *f*
anfeinden ['anfaɪndən] *v* hostilizar, hostigar
Anfeindung ['anfaɪnduŋ] *f* hostilidad *f,* hostigamiento *m*
anfertigen ['anfɛrtɪgən] *v* hacer, elaborar, fabricar
Anfertigung ['anfɛrtɪguŋ] *f* elaboración *f,* fabricación *f*
anfeuchten ['anfɔyçtən] *v* humedecer, mojar
anfeuern ['anfɔyərn] *v (fig)* alentar, hacer barra (LA), dar ánimo
Anfeuerung ['anfɔyəruŋ] *f* aliento *m,* animación *f*
anflehen ['anfleːən] *v* suplicar, rogar, implorar
anfliegen ['anfliːgən] *v irr* acercarse a, dirigirse a, hacer escala en
Anflug ['anfluːk] *m 1.* vuelo de aproximación *m; 2. (fig: Hauch, Kleinigkeit)* hálito *m,* deje *m; mit dem ~ eines Lächelns* con el ribete de una sonrisa
anfordern ['anfɔrdərn] *v* exigir, requerir, pedir
Anforderung ['anfɔrdəruŋ] *f 1. (Anspruch)* pretensión *f,* exigencia *f; 2. (Bestellung)* encargo *m,* pedido *m*
Anfrage ['anfraːgə] *f 1. ECO* demanda *f,* solicitud de oferta *f; 2. POL* interpelación *f*
anfragen ['anfraːgən] *v* pedir información, interpelar
anfreunden ['anfrɔyndən] *v sich ~* hacerse amigo de alguien, trabar amistad con alguien
anfügen ['anfyːgən] *v 1. (hinzufügen)* añadir, agregar; *2. (beilegen)* adjuntar, acompañar
anfühlen ['anfyːlən] *v sich ~* sentir al tacto
Anfuhr ['anfuːr] *f* transporte *m,* acarreo *m,* camionaje *m*
anführen ['anfyːrən] *v 1. (führen)* dirigir, guiar; *2. (erwähnen)* citar, mencionar, especificar; *3. (Beweise, Begründungen) JUR* alegar, aducir
Anführer(in) ['anfyːrər(ɪn)] *m/f* jefe/jefa *m/f,* guía *m/f,* líder *m*
Anführungszeichen ['anfyːruŋstsaɪçən] *pl* comillas *f/pl*
Angabe ['angaːbə] *f 1.* declaración *f,* instrucción *f,* información *f; 2. (fam: Prahlerei)* fanfarronada *f,* chulería *f; 3. (von Daten) TECH* datos *m/pl*
angeben ['angeːbən] *v irr 1.* indicar, declarar; *2. (fam: prahlen)* fanfarronear, hacer alarde
Angeber ['angeːbər] *m (fam)* fanfarrón *m,* chulo *m*
angeberisch ['angeːbərɪʃ] *adj* fanfarrón, chulo, farolero
Angebetete(r) ['angəːbetətə(r)] *m/f* adorado/adorada *m/f,* idolatrado/idolatrada *m/f*
angeblich ['angeːplɪç] *adj 1.* supuesto, presunto; *adv 2.* supuestamente, presuntamente
angeboren ['angəboːrən] *adj 1. MED* congénito; *2.* innato, de nacimiento
Angebot ['angəboːt] *n* oferta *f,* ofrecimiento *m*
Angebotspreis ['angəboːtspraɪs] *m ECO* precio de oferta *m*
angebracht ['angəbraxt] *adj* pertinente, oportuno, conveniente
angebrannt ['angəbrant] *adj* quemado; *~ schmecken* saber a quemado
angebrochen ['angəbrɔxən] *adj 1. (Knochen)* partido, roto; *2. (fig: Abend)* cortado; *3. (Büchse)* abierto
angebunden ['angəbundən] *adj kurz ~* demasiado escueto, seco
Angedenken ['angədɛŋkən] *n* recuerdo *m,* memoria *f*
angegeben ['angəgeːbən] *adj 1. (bezeichnet)* determinado, fijado; *v 2. (geprahlt)* ponderado con exageración, alabado, elogiado
angegossen ['angəgɔsən] *adj etw passt wie ~* algo viene como anillo al dedo, algo queda que ni pintado
angegriffen ['angəgrɪfən] *adj 1. MIL* atacado, agredido, asaltado; *2. (Gesundheit)* delibitado
Angegriffenheit ['angəgrɪfənhaɪt] *f (Müdigkeit)* debilidad *f,* flaqueza *f,* endeblez *f*
angeheiratet ['angəhaɪraːtət] *adj* emparentado por matrimonio
angeheitert ['angəhaɪtərt] *adj* alegre, achispado
angehen ['angeːən] *v irr 1. (beginnen)* empezar, comenzar; *2. (fam: Licht)* encenderse, prenderse (LA); *3. (betreffen)* competer, incumbir, concernir; *Was geht dich das an?*

A ti, ¿qué te importa? *4. (bitten) jdn um etw ~* solicitar algo a alguien; *5. (anwachsen) BOT* prender
angehend ['angeːənt] *adj* incipiente, principiante, futuro
angehören ['angəhøːrən] *v* pertenecer a, ser miembro de, ser de
Angehörige(r) ['angəhøːrɪgə(r)] *m/f* miembro *m,* socio/socia *m/f*
angeklagt ['angəklaːkt] *adj JUR* acusado, procesado
Angeklagte(r) ['angeklaːktə(r)] *m/f JUR* acusado/acusada *m/f,* procesado/procesada *m/f,* reo *m*
angeknackst ['angəknakst] *adj* en la cárcel
angekränkelt ['angəkrɛŋkəlt] *adj 1. (leicht krank)* enfermo leve; *2. (beleidigt)* irritado, enojado, enfadado
Angel ['aŋəl] *f 1. (Türangel)* gozne *m,* quicio *m; die Welt aus den ~n heben* revolucionar el mundo; *aus den ~n gehen* venirse abajo; *zwischen Tür und ~ stecken* verse entre la espada y la pared; *2. SPORT* caña de pescar *f*
angelegen ['angəleːgən] *adj sich etw ~ sein lassen* cuidar de, empeñarse en
Angelegenheit ['angəleːgənhaɪt] *f* asunto *m,* cuestión *f*
angelegentlich ['angəleːgəntlɪç] *adv* solícito, diligente, urgente
Angelhaken ['aŋəlhaːkən] *m* anzuelo *m*
angeln ['aŋəln] *v SPORT* pescar con caña
Angelpunkt ['aŋəlpuŋkt] *m 1.* eje *m; 2.* punto cardinal *m*
Angelrute ['aŋəlruːtə] *f* caña de pescar *f*
Angelschein ['aŋəlʃaɪn] *m* licencia de pesca *f*
angemessen ['angəmɛsən] *adj 1.* apropiado, adecuado, proporcionado; *adv 2.* apropiadamente, adecuadamente
Angemessenheit ['angəmɛsənhaɪt] *f* adecuación *f,* justa proporción *f*
angenehm ['angəneːm] *adj 1.* agradable, grato; *Sehr ~!* ¡Encantado!/¡Mucho gusto! *adv 2.* ser grato, gratamente, ser agradable
angenommen ['angənɔmən] *adj 1. (adoptiert)* adoptado, recogido; *2. (geschätzt)* supuesto, calculado; *Angenommen, dass ...* Suponiendo que ...
angepasst ['angəpast] *adj 1.* adaptado; *2. (fig)* amoldado, conformista, adaptado
angeregt ['angəreːkt] *adj 1.* animado, inspirado; *adv 2.* animadamente
angereichert ['angəraɪçərt] *adj* enriquecido
angeschlagen ['angəʃlaːgən] *adj 1. (Geschirr)* tocado, roto; *2. (erschöpft)* cansado, agotado
angesehen ['angəzeːən] *adj 1.* respetado, muy bien visto; *2. ECO* acreditado
Angesicht ['angəzɪçt] *n* semblante *m,* rostro *m; von ~ zu ~* cara a cara; *im Schweiße meines ~s* con el sudor de mi frente
angesichts ['angəzɪçts] *prep* en vista de, ante, teniendo en cuenta, frente a
angestammt ['angəʃtamt] *adj* hereditario, hererado
angestellt ['angəʃtɛlt] *adj* empleado
Angestellte(r) ['angəʃtɛltə(r)] *m/f* empleado/empleada *m/f*
angestrengt ['angəʃtrɛŋt] *adj 1. (erschöpft)* duro, penoso, trabajoso; *2. (bemüht)* esforzado, animoso, alentado
Angestrengtheit ['angəʃtrɛŋthaɪt] *f (Bemühen)* esfuerzo *m,* dificultad *f,* fatiga *f*
angetan ['angətaːn] *adj 1. ~ sein von* sentir mucha simpatía por alguien, sentir simpatía por alguien; *2. dazu ~ sein* estar cualificado para
angetrunken ['angətruŋkən] *adj* alegre, achispado, piripi
angewandt ['angəvant] *adj* aplicado
angewiesen ['angəviːzən] *adj ~ sein auf* necesitar de, depender de, no poder prescindir de; *auf sich selbst ~ sein* tener que arreglárselas por sí mismo
angewöhnen ['angəvøːnən] *v 1. jdm etw ~* acostumbrar alguien a algo, habituar alguien a algo; *2. sich etw ~* acostumbrarse a una cosa, habituarse a una cosa
Angewohnheit ['angəvoːnhaɪt] *f* costumbre *f,* hábito *m*
angewurzelt ['angəvurtsəlt] *adj wie ~ dastehen* quedarse atónito, quedarse perplejo
Angina [aŋ'giːna] *f MED* angina *f*
angleichen ['anglaɪçən] *v irr* ajustar, nivelar
Angleichung ['anglaɪçuŋ] *f* ajuste *m,* nivelación *f*
Angler(in) ['aŋlər(ɪn)] *m/f* pescador(a) de caña *m/f*
angliedern ['angliːdərn] *v* asociar, integrar
Angliederung ['angliːdəruŋ] *f* incorporación *f,* anexión *f,* agregación *f*
anglikanisch [aŋgli'kaːnɪʃ] *adj REL* anglicano

Anglist(in) [aŋ'glɪst(ɪn)] *m/f* anglicista *m/f,* anglista *m/f*
Anglistik [aŋ'glɪstɪk] *f* filología inglesa *f*
Angloamerikaner(in) ['aŋgloamerikaːnər(ɪn)] *m/f* angloamericano/angloamericana *m/f*
angloamerikanisch ['aŋgloamerikaːnɪʃ] *adj* angloamericano
anglophil [aŋglo'fiːl] *adj* anglófilo
Angola [aŋ'gola] *n GEO* Angola *f*
Angolaner(in) [aŋgo'laːnər(ɪn)] *m/f* angoleño/angoleña *m/f*
angolanisch [aŋgo'laːnɪʃ] *adj* angoleño
Angorakatze [aŋ'goːrakatsə] *f ZOOL* gata de angora *f*
Angorawolle [aŋ'goːravɔlə] *f* lana de angora *f*
angreifen ['angraɪfən] *v irr 1.* atacar, agredir, insultar, acometer; *2. (berühren)* coger, tocar; *3. (schaden)* ultrajar, vejar, dañar; *4. (beschädigen)* deteriorar, estropear; *5. (unternehmen)* acometer, comenzar
Angreifer ['angraɪfər] *m MIL* agresor *m*
angrenzen ['angrɛntsən] *v ~ an* lindar con, limitar con, colindar con
angrenzend ['angrɛntsənt] *adj ~ an* colindante con, limítrofe con
Angriff ['angrɪf] *m 1.* asalto *m,* ofensiva *f,* ataque *m,* agresión *f; 2. SPORT* ataque *m; 3. (fig) POL* agresión *f*
Angriffslust ['angrɪfslust] *f* agresividad *f,* acometividad *f*
angriffslustig ['angrɪfslustɪç] *adj* agresivo
Angriffspunkt ['angrɪfspuŋkt] *m 1. (fig: Schwachpunkt)* punto flaco *m; 2. MIL* punto de ataque *m,* centro de la ofensiva *m*
Angst [aŋst] *f* miedo *m,* ansiedad *f,* angustia *f; Ich habe ~ bekommen.* Me ha entrado miedo.
angsterfüllt ['aŋstɛrfylt] *adj 1.* asustado, lleno de miedo, angustiado; *adv 2.* lleno de miedo, angustiadamente
Angstgefühl ['aŋstgəfyːl] *n* ansiedad *f,* sensación de miedo *f*
Angsthase ['aŋsthaːzə] *m* cobarde *m,* gallina *f* (LA)
ängstigen ['ɛŋstɪgən] *v 1. jdn ~* asustar a alguien, angustiar a alguien; *2. sich ~* tener miedo, asustarse
ängstlich ['ɛŋstlɪç] *adj* miedoso, asustadizo
Ängstlichkeit ['ɛŋstlɪçkaɪt] *f* ansiedad *f,* temor *m*
Angstschweiß ['aŋstʃvaɪs] *m der ~* sudor frío *m*
angstvoll ['aŋstfɔl] *adj* temoroso, miedoso, medroso
anhaben ['anhaːbən] *v irr* llevar puesto; *Was kann er mir schon ~? (fig)* ¿Qué puede hacerme?
anhalten ['anhaltən] *v irr 1. (stehen bleiben)* parar, quedarse parado; *2. (fortdauern)* continuar, persistir; *3. (zurückhalten)* detener, retener
anhaltend ['anhaltənt] *adj* continuo, persistente
Anhalter(in) ['anhaltər(ɪn)] *m/f* autostopista *m/f,* el que hace dedo/la que hace dedo *m/f* (LA), el que viaja por auto-stop *m*
Anhaltspunkt ['anhaltspuŋkt] *m* punto de referencia *m*
anhand [an'hant] *prep* por medio de, mediante
Anhang ['anhaŋ] *m* anexo *m,* apéndice *m*
anhängen ['anhɛŋən] *v irr* colgar, suspender, juntar; *jdm etw ~ (fig)* endosarle algo a alguien
Anhänger ['anhɛŋər] *m 1. (Wagen)* remolque *m; 2. (Befürworter)* seguidor *m,* partidario *m,* adepto *m; 3. (Schild)* cartel *m; 4. (Schmuck)* dije *m,* pendiente *m; 5. SPORT* hincha *m*
Anhängerschaft ['anhɛŋərʃaft] *f 1.* partidarios *m/pl,* seguidores *m/pl; 2. SPORT* hinchada *f*
anhängig ['anhɛŋɪç] *adj JUR* pendiente; *eine Klage ~ machen* presentar demanda judicial
anhänglich ['anhɛŋlɪç] *adj* afecto, apegado, fiel; *~ wie eine Klette sein* pegarse como una lapa
Anhänglichkeit ['anhɛŋlɪçkaɪt] *f* afecto *m,* cariño *m,* apego *m*
Anhängsel ['anhɛŋsəl] *n* apéndice *m,* acompañante insignificante *m,* cola *f* (LA)
anhauchen ['anhauxən] *v jdn ~* reprender con aspereza, echar un sermón a alguien
anhauen ['anhauən] *v (fam) jdn ~* dar un sablazo, timar, engañar
anhäufen ['anhɔyfən] *v* amontonar, apilar, acumular, acopiar
anheben ['anheːbən] *v 1. (hochheben)* levantar, alzar; *2. (erhöhen)* subir, aumentar
Anhebung ['anheːbuŋ] *f* incremento *m,* aumento *m,* alzamiento *m*
anheften ['anhɛftən] *v ~ an* sujetar a, pegar en

anheimelnd ['anhaɪməlnt] *adj* acogedor, como en casa; *es heimelt mich an* me hace recordar mi hogar, mi tierra
anheizen ['anhaɪtsən] *v 1.* calentar, caldear; *2. (fig: steigern) ECO* avivar, recalentar, incitar, estimular
anherrschen ['anhɛrʃən] *v jdn ~* hablar a uno en tono imperioso, increpar
anheuern ['anhɔyərn] *v* enrolar/enrolarse
Anhieb ['anhiːp] *m auf ~* de golpe, a la primera
anhimmeln ['anhɪməln] *v* adorar; *jdn ~* comerse a alguien con los ojos
Anhöhe ['anhøːə] *f* altura *f,* elevación *f,* loma *f,* cerro *m*
anhören ['anhøːrən] *v* escuchar, oír; *Der Lärm ist nicht anzuhören.* El ruido es inaguantable. *Das hört sich gut an.* Eso suena bien.
Anhörung ['anhøːruŋ] *f JUR* audición *f,* audiencia *f*
Anilin [ani'liːn] *n CHEM* anilina *f*
Anilinfarbe [ani'liːnfarbə] *f CHEM* colorante de anilina *m*
animalisch [ani'maːlɪʃ] *adj* animal
Animateur(in) [anima'tøːr(ɪn)] *m/f* animador(a) *m/f*
Animation [anima'tsjoːn] *f* animación *f*
Animierdame [ani'miːrdaːmə] *f* animadora *f*
animieren [ani'miːrən] *v* animar, estimular
Animosität [animozi'tɛːt] *f* animosidad *f*
Anis [a'niːs] *n BOT* anís *m*
Anislikör ['aːnɪslikøːr] *m GAST* licor de anís *m*
Anisschnaps ['aːnɪsʃnaps] *m GAST* anisado *m*
ankämpfen ['ankɛmpfən] *v gegen etw ~* luchar contra algo
Ankauf ['ankauf] *m* compra *f,* adquisición *f*
ankaufen ['ankaufən] *v* comprar, adquirir
Ankaufskurs ['ankaufskurs] *m FIN* cambio de compra *m*
Ankaufspreis ['ankaufspraɪs] *m ECO* precio de compra *m*
Anker ['aŋkər] *m 1.* ancla *m/f; 2. (einer Uhr) TECH* áncora *f*
Ankerkette ['aŋkərkɛtə] *f NAUT* cadena del ancla *f*
ankern ['aŋkərn] *v* anclar, echar anclas
anketten ['ankɛtən] *v* encadenar
Anklage ['anklaːgə] *f 1. (Beschuldigung)* inculpación *f; 2. JUR* acusación *f,* demanda judicial *f*
Anklagebank ['anklaːgəbaŋk] *f 1. JUR* baquillo de los acusados *m; 2. (fig) auf der ~ sitzen* estar en el banquillo
Anklageerhebung ['anklaːgəɛrheːbuŋ] *f JUR* procesamiento *m,* enjuciamiento *m,* formación de la acción pública *f*
anklagen ['anklaːgən] *v 1. (beschuldigen)* inculpar; *2. JUR* acusar, demandar judicialmente
Anklageschrift ['anklagəʃrɪft] *f JUR* escrito acusación *m,* acusatorio *m*
Anklang ['anklaŋ] *m* resonancia *f,* repercusión *f,* eco *m; ~ finden* tener acogida
ankleben ['ankleːbən] *v* pegar, fijar, engomar
Ankleidekabine ['anklaɪdəkabiːnə] *f* cabina *f,* camerino *m*
ankleiden ['anklaɪdən] *v 1. jdn ~* vestir a alguien, arropar a alguien, abrigar a alguien; *2. sich ~* vestirse, arroparse, abrigarse
anklicken ['anklɪkən] *v etw ~ INFORM* pinchar
anklingen ['anklɪŋən] *v irr etw ~ lassen* dejar que algo vuelva a la memoria
anklopfen ['anklɔpfən] *v* llamar, tocar
anknabbern ['anknabərn] *v* roer, mordisquear
anknacksen ['anknaksən] *v 1.* romper, abrir con violencia; *2. (fig)* disminuir, menguar
anknüpfen ['anknypfən] *v 1.* anudar, atar; *2. an etw ~* relacionar con algo, llevar algo a relación, tomar referencia a algo, partir de algo; *Er knüpfte in seinem Vortrag an ein Ereignis an.* Se basó en un acontecimiento para su ponencia. *3. (fig: aufnehmen)* trabar, entablar, entrar en; *ein Gespräch ~* entablar conversación
ankommen ['ankɔmən] *v irr 1.* llegar, arribar, venir; *2. (Zustimmung finden)* caer bien, ser bien acogido; *3. (fig) Darauf kommt es ja gerade an!* ¡Justamente eso es lo más importante! *Wenn es darauf ankommt ...* En caso necesario ... *Es kommt ihn schwer an, zu ...* Se le hace difícil ... *Es kommt auf den Preis an.* Depende del precio.
Ankömmling ['ankœmlɪŋ] *m* recién llegado *m*
ankönnen ['ankœnən] *v irr gegen etw ~ (fam)* no poder hacer nada en contra
ankoppeln ['ankɔpəln] *v* acoplar, enganchar
ankotzen ['ankɔtsən] *v (fam) Das kotzt mich an.* Eso me da asco.

ankratzen ['ankratsən] *v* arañar
ankreiden ['ankraɪdən] *v* *1.* anotar con tiza, *(im Gasthaus)* anotar, fiar; *2. jdm etw ~ (fig)* tomar a mal algo a alguien
ankreuzen ['ankrɔytsən] *v* marcar con una cruz
ankündigen ['ankyndɪgən] *v* anunciar
Ankündigung ['ankyndɪguŋ] *f* anuncio *m*
Ankunft ['ankunft] *f* llegada *f,* arribo *m*
Ankunftsort ['ankunftsɔrt] *m* lugar de llegada *m*
Ankunftszeit ['ankunftstsaɪt] *f* hora de llegada *f*
ankurbeln ['ankurbəln] *v (fig: beleben) ECO* reactivar, reanimar, estimular
Ankurbelung ['ankurbəluŋ] *f* recuperación *f,* relanzamiento *m,* fomento *m*
anlächeln ['anlɛçəln] *v* sonreir a alguien, mirar sonriendo
anlachen ['anlaxən] *v 1.* reír a; *2. (fig: anziehen)* atraer con una sonrisa
Anlage ['anla:gə] *f 1. (Neigung) MED* predisposición *f; 2. (Fabrik)* fábrica *f,* planta *f; 3. (Parkanlage)* parque *m,* jardín público *m; 4. (Veranlagung)* talento *m,* ingenio *m; 5. (Briefanlage) ECO* inversión en títulos-valores *f; 6. (Geldanlage) FIN* colocación *f,* inversión de capital *f*
Anlageberater(in) ['anla:gəbəra:tər(ɪn)] *m/f FIN* consejero/consejera en inversiones *m/f,* asesor(a) de inversiones *m/f*
Anlagepapiere ['anla:gəpapi:rə] *pl FIN* valores de inversión *m/pl,* título de inversión *m/pl,* colocación de capital *f*
Anlass ['anlas] *m 1. (Gelegenheit)* ocasión *f,* oportunidad *f; Der Vorfall hat ~ zu vielen Klagen gegeben.* El incidente ha dado pie a muchas quejas. *2. (Grund)* razón *f,* motivo *m*
anlassen ['anlasən] *v irr 1. (Motor)* arrancar; *2. (anbehalten)* dejar puesto; *3. (eingeschaltet lassen)* dejar encendido, no apagar
Anlasser ['anlasər] *m TECH* arrancador *m*
anlässlich ['anlɛslɪç] *prep* con motivo, con ocasión de
anlasten ['anlastən] *v jdm etw ~* imputar algo a alguien
Anlauf ['anlauf] *m (Beginn)* arranque *m*
anlaufen ['anlaufən] *v irr 1. (beginnen)* echar a correr, empezar a correr, ponerse en marcha; *2. (beschlagen)* empañarse, deslustrarse; *blau vor Kälte ~* ponerse morado del frío; *rot ~ (vor Scham)* ruborizarse; *3. (Maschinen) TECH* poner en marcha, arrancar; *4. (anwachsen) FIN* acumularse
Anlaufstelle ['anlaufʃtɛlə] *f* lugar de registro *m*
Anlaufzeit ['anlauftsaɪt] *f* tiempo de arranque *m,* período de puesta en marcha *m*
anlegen ['anle:gən] *v 1. (bauen)* edificar, construir; *2. (Leiter)* poner, colocar; *3. (Akte)* hacer una acta; *4. (Schiff) NAUT* atracar, hacer escala; *5. (pflanzen)* plantar; *6. (Geld) FIN* invertir, colocar; *7. Verband ~ MED* aplicar una venda, vendar
Anleger(in) ['anle:gər(ɪn)] *m/f FIN* inversor(a) *m/f,* inversionista *m/f*
Anlegestelle ['anle:gəʃtɛlə] *f NAUT* atracadero *m,* embarcadero *m*
anlehnen ['anle:nən] *v 1. an etw ~* apoyar en/apoyar contra, arrimar a, adosar a; *2. (Tür)* entornar; *3. sich ~* recostarse
Anlehnung ['anle:nuŋ] *f in ~ an ...* apoyo *m,* sostén *m,* soporte*m*
anleiern ['anlaɪərn] *v (fam)* montar, organizar
Anleihe ['anlaɪə] *f ECO* empréstito *m,* préstamo *m*
anleimen ['anlaɪmən] *v TECH* encolar, engomar, pegar con cola
anleinen ['anlaɪnən] *v (Hund)* atar con la cadena
anleiten ['anlaɪtən] *v* conducir, dirigir, guiar
Anleitung ['anlaɪtuŋ] *f* dirección *f,* guía *f*
anlernen ['anlɛrnən] *v* instruir, entrenar
anliefern ['anli:fərn] *v* entregar, servir (a domicilio), suministrar
Anlieferung ['anli:fəruŋ] *f* entrega *f,* suministro *m,* servicio *m*
anliegen ['anli:gən] *v irr 1. (bevorstehen)* estar por hacer; *Was liegt heute an?* ¿Qué hay que hacer hoy? *2. (angrenzen)* lindar con, tocar a, estar contiguo a
Anliegen ['anli:gən] *n* deseo *m,* motivo *m*
anliegend ['anli:gənt] *adj* contiguo, colindante
Anlieger ['anli:gər] *m* vecino *m*
Anliegerstaat ['anli:gərʃta:t] *m POL* estado limítrofe *m,* país vecino *m*
anlocken ['anlɔkən] *v* atraer, seducir
anlöten ['anlø:tən] *v TECH* soldar, unir por soldadura
anlügen ['anly:gən] *v jdn ~* mentir a alguien, engañar
anmachen ['anmaxən] *v 1. (würzen)* aderezar, condimentar; *2. (einschalten)* encender, prender; *3. (befestigen)* sujetar, asegurar, sostener; *4. jdn ~ (fam)* afanar a alguien, querer ligar con alguien

anmahnen ['anmaːnən] *v* reclamar
anmalen ['anmaːlən] *v* pintar
Anmarsch ['anmarʃ] *m* *1. (Näherkommen) MIL* acercamiento *m,* aproximamiento *m,* llegada *f; 2. (Wegstrecke) MIL* marcha *f,* camino *m,* trayecto *m; 3. (fig)* aproximación *f; im ~ auf etwas sein* aproximarse a algo
anmaßen ['anmaːsən] *v sich ~* atribuirse
anmaßend ['anmaːsənt] *adj* arrogante, presuntuoso, petulante
Anmaßung ['anmaːsuŋ] *f* pretensión *f,* petulancia *f,* arrogancia *f*
anmeckern ['anmɛkərn] *v (fam)* criticar sin razón a alguien
Anmeldeformular ['anmɛldəfɔrmulaːr] *n* formulario de inscripción *m*
Anmeldefrist ['anmɛldəfrɪst] *f* plazo de inscripción *m*
Anmeldegebühr ['anmɛldəgəbyːr] *f* derechos de inscripción *m/pl*
anmelden ['anmɛldən] *v 1.* registrar, matricular, inscribir; *2. sich ~* registrarse, matricularse, inscribirse; *3. (Zoll bezahlen)* declarar; *4. (ankündigen)* anunciar
Anmeldepflicht ['anmɛldəpflɪçt] *f* registro obligatorio *m,* declaración obligatoria *f*
anmeldepflichtig ['anmɛldəpflɪçtɪç] *adj* registro obligatorio *m*
Anmeldung ['anmɛlduŋ] *f 1.* inscripción *f,* matrícula *f; 2. (Bekanntmachung)* aviso *m,* notificación *f*
anmerken ['anmɛrkən] *v* notar, observar
Anmerkung ['anmɛrkuŋ] *f* anotación *f,* observación *f*
anmieten ['anmiːtən] *v* alquilar
Anmietung ['anmiːtuŋ] *f* alquiler *m*
Anmut ['anmuːt] *f* gracia *f,* donaire *m,* gentileza *f*
anmuten ['anmuːtən] *v* causar una impresión de, recordar a
anmutig ['anmuːtɪç] *adj 1.* gentil, saleroso, gracioso; *adv 2.* gentilmente, con gracia
annageln ['annaːgəln] *v* clavetear, clavar
annähen ['annɛːən] *v* coser a
annähern ['annɛːərn] *v sich ~* acercarse a, aproximarse a
annähernd ['annɛːərnt] *adj* aproximado
Annäherung ['annɛːəruŋ] *f* aproximación *f,* acercamiento *m*
Annäherungsversuch ['annɛːəruŋsfɛrzuːx] *m* intento de aproximación *m,* intento de acercamiento *m*
annäherungsweise ['annɛːəruŋsvaɪzə] *adv* aproximadamente
Annahme ['annaːmə] *f 1. (Entgegennahme)* recepción *f,* aceptación *f; 2. (Zustimmung)* aprobación *f,* aceptación *f; 3. (Vermutung)* suposición *f*
Annahmestelle ['annaːməʃtɛlə] *f* taquilla *f,* ventanilla *f,* oficina de entrega *f*
Annalen [a'naːlən] *pl HIST* anales *m/pl; in die ~ eingehen* pasar a la historia
annehmbar ['anneːmbaːr] *adj* aceptable, razonable
annehmen ['anneːmən] *v irr 1. (entgegennehmen)* recibir, aceptar; *2. (zustimmen)* aceptar, aprobar; *3. (fig: vermuten)* suponer, creer
annehmlich ['anneːmlɪç] *adj* aceptable, admisible, agradable
Annehmlichkeit ['anneːmlɪçkaɪt] *f* comodidad *f*
annektieren [anɛk'tiːrən] *v POL* anexionar
Annexion [anɛks'joːn] *f POL* anexión *f*
annoncieren [anɔ̃'siːrən] *v* anunciar, poner un anuncio
annullieren [anu'liːrən] *v* anular, cancelar
Annullierung [anu'liːruŋ] *f* anulación *f,* cancelación *f*
Anode [a'noːdə] *f PHYS* ánodo *m,* placa *f*
anöden ['anøːdən] *v* aburrir, fastidiar, dar la lata (fam)
anomal [ano'maːl] *adj* anómalo, anormal
Anomalie [anoma'liː] *f* anomalía *f*
anonym [ano'nyːm] *adj* anónimo
Anonymität [anonyːmi'tɛːt] *f* anonimidad *f*
Anorak ['anorak] *m* anorak *m*
anordnen ['anɔrdnən] *v 1. (befehlen)* ordenar, mandar; *2. (ordnen)* ordenar, arreglar
Anordnung ['anɔrdnuŋ] *f 1. (Befehl)* orden *f,* mandato *m; 2. (Ordnung)* orden *f,* arreglo *m*
anormal ['anɔrmaːl] *adj* anormal
anpacken ['anpakən] *v 1.* coger, agarrar, asir; *2. (eine Aufgabe)* abordar, emprender, hacer frente a
anpassen ['anpasən] *v 1.* adaptar, adecuar; *2. sich ~* adaptarse, aclimatarse; *3. (Kleidung)* probar
Anpassung ['anpasuŋ] *f* adaptación *f*
anpassungsfähig ['anpasuŋsfɛːɪç] *adj* adaptable, flexible
Anpassungsfähigkeit ['anpasuŋsfɛːɪçkaɪt] *f* adaptabilidad *f,* capacidad de adaptación *f,* flexibilidad *f*

anpeilen ['anpaɪlən] *v* *1.* dirigirse a, ir con rumbo a, arrumbar; *2. (fig)* ponerse a la obra, comenzar algo
Anpfiff ['anpfɪf] *m* *1. SPORT* pitada inicial *f*; *2. (fam: Schimpfen)* bronca *f*
anpflanzen ['anpflantsən] *v* plantar, cultivar
Anpflanzung ['anpflantsuŋ] *f* cultivo *m*
anpirschen ['anpɪrʃən] *v* aproximarse, acercarse sigilosamente
anprallen ['anpralən] *v* chocar, da contra
anprangern ['anpraŋərn] *v* denunciar públicamente, atacar en público
Anprangerung ['anpraŋəruŋ] *f* ataque público *m*, denuncia *f*, delación *f*
anpreisen ['anpraɪzən] *v irr* recomendar, elogiar
Anprobe ['anproːbə] *f* prueba *f*
anprobieren ['anprobiːrən] *v* probar, probarse
anquatschen ['ankvatʃən] *v* abordar sin rodeos, dar la vara (fam), molestar
Anrainerstaat ['anraɪnərʃtaːt] *m POL* país vecino *m*, estado ribereño *m*
anraten ['anraːtən] *v irr* aconsejar, recomendar, guiar
anrauen ['anrauən] *v* cardar
anrechnen ['anrɛçnən] *v* cargar en cuenta, facturar
Anrechnung ['anrɛçnuŋ] *f* abono en cuenta *m*, imputación *f* (fig), atribución *f* (fig)
Anrecht ['anrɛçt] *n* derecho *m*, título *m*
Anrede ['anreːdə] *f* tratamiento *m*
anreden ['anreːdən] *v* hablar a, dirigir la palabra a; *jdn mit du/mit Sie ~* tratar a alguien de tú/de usted
anregen ['anreːgən] *v* *1. (veranlassen)* estimular, incitar; *2. (vorschlagen)* proponer, sugerir
anregend ['anreːgənt] *adj* incentivo, estimulante
Anregung ['anreːguŋ] *f* *1. (Veranlassung)* estímulo *m*, incitación *f*; *2. (Vorschlag)* propuesta *f*, sugerencia *f*
anreichern ['anraɪçərn] *v* enriquecer
Anreicherung ['anraɪçəruŋ] *f* enriquecimiento *m*
Anreise ['anraɪzə] *f* llegada *f*, arribo *m* (LA)
anreisen ['anraɪzən] *v* llegar, arribar
Anreisetag ['anraɪzətaːk] *m* día de llegada *m*, viaje de ida *m*, llegada *f*
anreißen ['anraɪsən] *v irr* *1. (Packung)* romper, rasgar, desgarrar; *2. (erwähnen)* tocar, tratar; *3. (vorzeichnen) TECH* perfilar, dibujar
Anreiz ['anraɪts] *m* estímulo *m*, aliciente *m*, motivación *f*
anrempeln ['anrɛmpəln] *v* *1. (anstoßen)* empujar, chocar, atropellar; *2. (fig)* importunar, insultar, atropellar
anrennen ['anrɛnən] *v irr* *1. angerannt kommen* llegar corriendo, acudir corriendo; *2. gegen etw ~ MIL* chocar, dar contra, tropezar con; *3. gegen etw ~ (Vorurteile)* luchar contra los prejuicios; *4. (versehentlich stoßen gegen)* chocar con/contra, golpear con/contra; *5. sich etw ~* golpearse
anrichten ['anrɪçtən] *v* *1. (Essen)* preparar; *2. Schaden ~* causar daño, ocasionar daño, dañar; *3. (fam: anstellen) etw ~* hacer algo negativo
anrüchig ['anryːçɪç] *adj* de mala fama, de mala reputacíon
Anrüchigkeit ['anryçɪçkaɪt] *f* descrédito *m*, mala reputación *f*, mala fama *f*
anrücken ['anrykən] *v* *1.* acercarse, aproximarse; *2. (fig: ankommen)* llegar, adelantarse
Anruf ['anruːf] *m* llamada *f*
Anrufbeantworter ['anruːfbəantvɔrtər] *m* contestador automático *m*
anrufen ['anruːfən] *v irr* *1. (rufen)* llamar; *2. (telefonieren)* llamar por teléfono, telefonear
Anrufung ['anruːfuŋ] *f* *1. JUR* apelación *f*; *2. REL* invocación *f*
anrühren ['anryːrən] *v* *1. (berühren)* tocar, palpar; *2. (fig: rühren)* conmover, tocar; *zutiefst ~* llegar al alma; *3. (vermischen)* mezclar revolviendo
ans *(= an das) (siehe „an")*
Ansage ['anzaːgə] *f* anuncio *m*, aviso *m*
ansagen ['anzaːgən] *v* anunciar, avisar
ansägen ['anzɛːgən] *v* *1. (Holz)* serrar, serrar una entalladura; *2. (fig)* cortar
ansammeln ['anzaməln] *v sich ~* juntarse, agruparse, reunirse
Ansammlung ['anzamluŋ] *f* reunión *f*, agrupación *f*
ansässig ['anzɛsɪç] *adj* domiciliado, avencindado, vecino de
Ansatz ['anzats] *m* *1. (Anfang)* principio *m*, comienzo *m*; *2. (Ablagerung)* sedimento *m*; *3. (Haaransatz)* raíz *f*; *4. (Anzeichen)* señal *f*, indicio *m*
Ansatzpunkt ['anzatspuŋkt] *m* punto de partida *m*, punto de arranque *m*

ansatzweise ['anzatsvaɪzə] *adv* parcialmente; *Er hat es ~ verstanden.* Ha empezado a entenderlo.
ansaufen ['anzaufən] *v irr (fam) sich einen ~* emborracharse, pillarse un pedo
ansaugen ['anzaugən] *v irr TECH* succionar, aspirar
anschaffen ['anʃafən] *v (erwerben)* procurar, comprar, adquirir
Anschaffung ['anʃafuŋ] *f* compra *f,* adquisición *f*
Anschaffungspreis ['anʃafuŋspraɪs] *m ECO* precio de compra *m*
anschalten ['anʃaltən] *v* encender
anschauen ['anʃauən] *v* mirar
anschaulich ['anʃaulɪç] *adj* claro, evidente
Anschauung ['anʃauuŋ] *f (Einstellung, Haltung)* opinión *f,* actitud *f*
Anschauungsmaterial [anʃauuŋs'materja:l] *n* material de ilustración *m*
Anschauungsweise [anʃauuŋs'vaɪzə] *f* modo de ver *m*
Anschein ['anʃaɪn] *m* apariencia *f*
anscheinend ['anʃaɪnənt] *adv* aparentemente, al parecer, por lo visto
anschicken ['anʃɪkən] *v sich ~* aprestarse a, prepararse para
anschieben ['anʃi:bən] *v* empujar
anschießen ['anʃi:sən] *v 1. (mit einer Waffe)* herir levemente de un tiro, disparar; *2. (Tor)* marcar un gol
Anschiss ['anʃɪs] *m (fam)* reprimenda *f,* riña *f,* bronca *f*
Anschlag ['anʃla:k] *m 1. (Plakat)* cartel *m; 2. (Schreibmaschinenanschlag)* pulsación *f; 3. (Attentat) POL* atentado *m,* golpe *m; 4. TECH* tope *m,* limitador *m*
Anschlagbrett ['anʃla:kbrɛt] *n* cartelera *f*
anschlagen ['anʃla:gən] *v irr 1. (anstoßen)* golpear, chocar; *2. (befestigen)* fijar, sujetar, asegurar; *3. (aushängen)* colgar
anschleichen ['anʃlaɪçən] *v irr sich ~* acercarse sigilosamente
anschließen ['anʃli:sən] *v irr 1. (verbinden)* unir, sujetar, ligar; *2. sich jdm ~* adherirse a alguien, asociarse con alguien; *3. (zustimmen) sich einer Meinung ~* adherirse a la opinión, ser de la misma opinión; *4. (fig: anfügen)* añadir, agregar, juntar
anschließend ['anʃli:sənt] *adv 1. (zeitlich)* a continuación, seguidamente, acto seguido, después; *adj 2. (räumlich)* contiguo, inmediato; *3. (zeitlich)* subsiguiente, consecutivo
Anschluss ['anʃlus] *m 1. (Verbindung)* unión *f,* fusión *f; 2. (Zuganschluss)* enlace *m,* correspondencia *f,* conexión *f* (LA); *3. (fig: Bekanntschaft)* compañía *f,* conexión *f,* acompañamiento *m; 4. POL* unión *f,* anexión *f*
Anschlussflug ['anʃlusflu:k] *m* vuelo de enlace *m,* vuelo de conexión *m*
Anschlusskabel ['anʃluska:bəl] *n TECH* cable de conexión *m*
anschmiegsam ['anʃmi:kzam] *adj* estrecho, ceñido
anschnallen ['anʃnalən] *v* abrochar; *Bitte schnallen Sie sich an!* ¡Por favor, sujétense los cinturones!
Anschnallgurt ['anʃnalgurt] *m* cinturón de seguridad *m*
anschneiden ['anʃnaɪdən] *v irr 1. (schneiden)* empezar a cortar; *2. (fig: Thema)* abordar
anschrauben ['anʃraubən] *v TECH* atornillar, enroscar, sujetar con tornillos
anschreiben ['anʃraɪbən] *v irr 1. (schreiben)* anotar; *2. (fam: ~ lassen)* comprar a crédito; *3. jdn ~* escribir a alguien
anschreien ['anʃraɪən] *v* gritar, vociferar, hablar a gritos
Anschrift ['anʃrɪft] *f* dirección *f,* domicilio *m,* señas *f/pl*
anschuldigen ['anʃuldɪgən] *v* acusar, culpar, inculpar
Anschuldigung ['anʃuldɪguŋ] *f* acusación *f,* inculpación *f*
anschwärzen ['anʃvɛrtsən] *v (fig)* calumniar
anschweißen ['anʃvaɪsən] *v TECH* soldar
anschwellen ['anʃvɛlən] *v 1. (anwachsen)* inflarse, crecer; *2. MED* hincharse
anschwemmen ['anʃvɛmən] *v* acarrear, arrastrar
Anschwemmung ['anʃvɛmuŋ] *f* depósito *m,* terreno de aluvión *m*
anschwindeln ['anʃvɪndəln] *v jdn ~* engañar a alguien
ansehen ['anze:ən] *v irr* mirar, contemplar
Ansehen ['anze:ən] *n* reputación *m,* fama *f*
ansehnlich ['anze:nlɪç] *adj* imponente, considerable
Ansehnlichkeit ['anze:nlɪçkaɪt] *f 1. (Beträchtlichkeit)* respetabilidad *f,* distinción *f,* notabilidad *f; 2. (Attraktivität)* buena presencia *f*
anseilen ['anzaɪlən] *v* atar con una cuerda
ansetzen ['anzɛtsən] *v 1. Fett ~* engordar, echar carnes (fam); *2. jdn auf eine Person ~*

poner a alguien bajo vigilancia; *3. (festlegen)* establecer
Ansicht ['anzɪçt] *f 1. (Meinung)* opinión *f; 2. (Aussicht)* vista *f*
Ansichtskarte ['anzɪçtskartə] *f* tarjeta postal *f,* postal *f*
Ansichtssache ['anzɪçtszaxə] *f* cuestión de pareceres *f*
ansiedeln ['anzi:dəln] *v 1.* asentar, establecer; *2. sich ~* asentarse, establecerse
Ansiedlung ['anzi:dluŋ] *f* colonia *f,* asentamiento *m*
Ansinnen ['anzɪnən] *n 1. (Bitte)* exigencia *f,* pretensión *f; 2. (Idee)* proposición *f*
ansonsten [an'zɔnstən] *adv* de lo contrario, por lo demás
anspannen ['anʃpanən] *v 1. (Kräfte)* hacer un esfuerzo supremo, emplear todas sus fuerzas; *2. (Pferd)* enganchar, poner a tiro
Anspannung ['anʃpanuŋ] *f* tensión *f*
ansparen ['anʃpa:rən] *v* ahorrar, economizar
anspielen ['anʃpi:lən] *v 1. auf etw ~* aludir a, hacer alusión a, referirse a; *2. jdn ~ SPORT* pasar el balón
Anspielung ['anʃpi:luŋ] *f* alusión *f*
anspitzen ['anʃpɪtsən] *v jdn ~ (fam)* incitar a alguien, picar a alguien
Ansporn ['anʃpɔrn] *m* estímulo *m,* incentivo *m,* aliciente *m,* acicate *m*
anspornen ['anʃpɔrnən] *v* estimular
Ansprache ['anʃpra:xə] *f* discurso *m,* arenga *f*
ansprechbar ['anʃprɛçba:r] *adj 1. (gut gelaunt)* estar de buen humor; *2. (Patient)* capaz de reaccionar, responder a un estímulo
ansprechen ['anʃprɛçən] *v irr 1. (anreden)* dirigir la palabra a; *2. (reagieren)* reaccionar a; *3. (fig: gefallen)* agradar, gustar
ansprechend ['anʃprɛçənt] *adj* agradable, simpático
Ansprechpartner(in) ['anʃprɛçpartnər(ɪn)] *m/f* interlocutor(a) *m/f*
anspringen ['anʃprɪŋən] *v irr 1. (Auto)* arrancar; *2. (springen)* saltar contra
anspritzen ['anʃprɪtsən] *v* salpicar
Anspruch ['anʃprux] *m* derecho *m,* exigencia *f,* pretensión *f*
anspruchslos ['anʃpruxslo:s] *adj* modesto, sin pretensiones
Anspruchslosigkeit ['anʃpruxslo:zɪçkaɪt] *f* modestia *f,* sencillez *f*
anspruchsvoll ['anʃpruxsfɔl] *adj* lleno de pretensiones, muy exigente
anstacheln ['anʃtaxəln] *v 1. (antreiben)* estimular, incitar, aguijonear; *2. (provozieren)* provocar, pinchar, incitar
Anstalt ['anʃtalt] *f* establecimiento *m,* institución *f,* centro *m*
Anstand ['anʃtant] *m* decencia *f,* decoro *m*
anständig ['anʃtɛndɪç] *adj 1.* decente, decoroso; *adv 2.* decentemente, decorosamente
Anständigkeit ['anʃtɛndɪçkaɪt] *f* decencia *f,* decoro *m*
anstandshalber ['anʃtantshalbər] *adv* para complacer a alguien, para guardar el decoro, por decencia
anstandslos ['anʃtantslo:s] *adv* sin reparo, sin dificultad
anstatt [an'ʃtat] *prep 1.* en vez de, en lugar de; *konj 2.* en vez de (con infinitivo), en vez de que, en lugar de (con infinitivo)
anstauben ['anʃtaubən] *v* cubrirse de polvo, empolvarse
anstauen ['anʃtauən] *v 1. (Flüssigkeit)* estancarse; *2. (fig: Emotionen)* acumularse
anstechen ['anʃtɛçən] *v irr 1.* pinchar; *2. (Fass)* picar, decentar
anstecken ['anʃtɛkən] *v 1. (Brosche)* prender un broche; *2. (anzünden)* encender, prender, inflamar; *3. MED* contagiar
ansteckend ['anʃtɛkənt] *adj MED* contagioso
Ansteckung ['anʃtɛkuŋ] *f MED* contagio *m*
Ansteckungsgefahr ['anʃtɛkuŋsgəfa:r] *f MED* peligro de contagio *m*
anstehen ['anʃte:ən] *v irr 1. (Schlange stehen)* hacer cola; *2. (bevorstehen)* estar en vísperas
ansteigen ['anʃtaɪgən] *v irr 1.* subir; *2. (Weg)* ascender, aumentar, elevarse
anstelle [an'ʃtɛlə] *prep* en lugar de
anstellen ['anʃtɛlən] *v 1. (einschalten)* encender; *2. (beschäftigen)* emplear, colocar; *3. sich ~* hacer cola, ponerse a la cola; *4. etw Schlimmes ~ (fig)* hacer una barrabasada, hacer una travesura
Anstellung ['anʃtɛluŋ] *f 1. (Arbeit)* empleo *m,* colocación *f; 2. (Stellung)* posición *f*
ansteuern ['anʃtɔyərn] *v 1. (Schiff)* navegar hacia, hacer rumbo a; *2. (Flugzeug)* tomar la ruta de
Anstieg ['anʃti:k] *m 1. (Steigung)* ascensión *f,* subida *f; 2. (Erhöhung)* alza *m,* aumento *m,* incremento *m*

anstieren ['anʃtiːrən] *v* mirar fijamente, mirar de hito en hito, clavar los ojos
anstiften ['anʃtɪftən] *v* causar, tramar, provocar
Anstifter(in) ['anʃtɪftər(ɪn)] *m/f* *1.* inductor(a) *m/f,* instigador(a) *m/f,* urdidor(a) *m/f;* *2. (Anführer(in))* promotor(a) *m/f*
Anstiftung ['anʃtɪftuŋ] *f* *1.* provocación *f,* instigación *f,* inducción *f;* *2. JUR* inducción *f*
anstimmen ['anʃtɪmən] *v* entonar
Anstoß ['anʃtoːs] *m* *1. (Anregung)* impulso *m,* estímulo *m;* *2. (Skandal)* escándalo *m;* *3. SPORT* saque inicial *m*
anstoßen ['anʃtoːsən] *v irr* *1. (stoßen)* chocar, tropezar; *2. (zuprosten) ~ auf* brindar por; *3. (in Bewegung setzen)* impulsar, empujar
anstößig ['anʃtøːsɪç] *adj* escandaloso, indecente, obsceno
Anstößigkeit ['anʃtøːsɪçkaɪt] *f* escándalo *m,* indecencia *f,* obscenidad *f*
anstrahlen ['anʃtraːlən] *v* *1. (Lampe)* iluminar, enfocar, alumbrar; *2. jdn ~ (fig: jdn glücklich ansehen)* mirar con ojos radiantes
anstreben ['anʃtreːbən] *v etw ~* aspirar a algo, pretender algo, anhelar algo
anstreichen ['anʃtraɪçən] *v irr* *1. (bemalen)* pintar, dar una mano de pintura; *2. (kennzeichnen)* marcar, señalar
anstrengen ['anʃtrɛŋən] *v sich ~* esforzarse, esmerarse
anstrengend ['anʃtrɛŋənt] *adj* penoso, duro, agotador
Anstrengung ['anʃtrɛŋuŋ] *f* esfuerzo *m*
Anstrich ['anʃtriç] *m* capa de pintura *f*
Ansturm ['anʃturm] *m* arremetida *f*
anstürmen ['anʃtyrmən] *v* embestir, acometer, llegar corriendo
Antarktis [ant'arktɪs] *f GEO* tierras antárticas, regiones polares del sur *f/pl,* Antártida *f*
antäuschen ['antɔyʃən] *v* confundir con una estratagema
Anteil ['antaɪl] *m* parte *f,* porción *f*
anteilig ['antaɪlɪç] *adj* proporcional
Anteilnahme ['antaɪlnaːmə] *f* *1.* participación *f;* *2. (Mitleid, Mitgefühl)* simpatía *f*
Antenne [an'tɛnə] *f TECH* antena *f*
Anthrazit [antra'tsit] *m MIN* antracita *f*
Anthropologe [antropo'loːgə] *m* antropólogo *m*
Anthropologie [antropolo'giː] *f* antropología *f*
Anthropologin [antropo'loːgɪn] *f* antropóloga *f*
anthropologisch [antropo'loːgɪʃ] *adj* antropológico
Antialkoholiker(in) [antialko'hoːlɪkər(ɪn)] *m/f* antialcohólico/antialcohólica *m/f,* abstemio/abstemia *m/f*
antiautoritär [antiautori'tɛːr] *adj* antiautoritario
Antibabypille [anti'beːbipɪlə] *f MED* píldora anticonceptiva *f*
antibakteriell [antibakte'rjɛl] *adj MED* antibacteriano, antibactérico
Antibiotikum [anti'bjoːtikum] *n MED* antibiótico *m*
antibiotisch [anti'bjoːtɪʃ] *adj MED* antibiótico
Antiblockiersystem [antiblɔ'kiːrzysteːm] *n TECH* sistema antibloqueo *m*
Antichrist ['antikrɪst] *m REL* anticristo *m*
Antifaschist(in) [antifa'ʃɪst(ɪn)] *m/f POL* antifascista *m/f*
antifaschistisch [antifa'ʃɪstɪʃ] *adj POL* antifascista
Antiheld(in) ['antihɛlt(ɪn)] *m/f* antihéroe *m/f*
antik [an'tiːk] *adj* antiguo
Antike [an'tiːkə] *f HIST* edad antigua *f*
Antikörper ['antikœrpər] *m BIO* anticuerpo *m*
Antilope [anti'loːpə] *f ZOOL* antílope *m*
Antipathie [antipa'tiː] *f* antipatía *f*
antippen ['antɪpən] *v* *1.* tocar; *2. (Thema)* tocar, tratar, abordar
Antiquariat [antikva'rjaːt] *n* *1.* librería de viejo *f,* librería de ocasión *f;* *2. modernes ~* librería de segunda mano *f*
antiquiert [anti'kviːrt] *adj* anticuado, pasado de moda
Antiquitäten [antikvi'tɛːtən] *pl* antigüedades *f/pl*
Antiquitätenhändler(in) [antikvi'tɛːtənhɛndlər(ɪn)] *m/f* anticuario/anticuaria *m/f,* comerciante de antiguedades *m/f*
Antisemit(in) [antize'miːt(ɪn)] *m/f POL* antisemita *m/f*
antisemitisch [antize'miːtɪʃ] *adj POL* antisemita
Antisemitismus [antizemi'tɪsmus] *m POL* antisemitismus *m*
Antisepsis [anti'zɛpsɪs] *f MED* antisepsia *f*
antiseptisch [anti'zɛptɪʃ] *adj* antiséptico
Antiterroreinheit [anti'tɛrɔraɪnhaɪt] *f POL* unidad militar antiterrorista *f*
antizipieren [antitsi'piːrən] *v* anticipar, coger la delantera, adelantar

antizyklisch [anti'tsy:klɪʃ] *adj* anticíclico
Antlitz ['antlɪts] *n* rostro *m,* semblante *m,* faz *f*
antörnen ['antœrnən] *v (fam)* dar marcha, enrollar, molar
Antrag ['antra:k] *m* solicitud *f,* petición *f*
Antragsformular ['antra:ksfɔrmula:r] *n* modelo de instancia *m,* formulario de instancia *m*
Antragsteller(in) ['antra:kʃtɛlər(ɪn)] *m/f* solicitante *m/f*
antreffen ['antrɛfən] *v* encontrar, hallar
antreiben ['antraɪbən] *v irr 1.* empujar, impeler; *2. TECH* propulsar, propeler, impeler
antreten ['antre:tən] *v 1. (Stelle)* tomar un empleo; *2. (Reise)* emprender un viaje, iniciar un viaje
Antrieb ['antri:p] *m 1. (fig)* acicate *m,* estímulo *m,* aliciente *m,* incentivo *m; 2. TECH* impulso *m,* accionamiento *m,* mando *m*
Antriebskraft ['antri:pskraft] *f 1. (fig)* motivación *f; 2. TECH* fuerza motriz *f*
Antriebswelle ['antri:psvɛlə] *f TECH* árbol motor *m,* árbol de accionamiento *m*
Antritt ['antrɪt] *m 1. (eines Amtes)* toma de posesión *f; 2. (Spurt) SPORT* arranque *m*
Antrittsrede ['antrɪtsre:də] *f* discurso inaugural *m*
antrocknen ['antrɔknən] *v* pegarse, quedarse pegado
antun ['antu:n] *v irr 1. (anziehen)* ponerse, vestirse; *2. jdm etw ~* causar perjuicio, dañar, hacerle algo a alguien; *3. es jdm ~ (jdm gefallen)* embelesar, hechichar
Antwort ['antvɔrt] *f* respuesta *f,* contestación *f*
antworten ['antvɔrtən] *v* responder, contestar
anvertrauen ['anfɛrtrauən] *v jdm etw ~* confiar algo a alguien
anvisieren ['anvizi:rən] *v* apuntar sobre, tomar como blanco
anwachsen ['anvaksən] *v irr 1. (zunehmen)* crecer, aumentar, desarrollarse; *2. (Wurzeln schlagen)* echar raíces
anwählen ['anvɛ:lən] *v* marcar, llamar por teléfono, telefonear
Anwalt ['anvalt] *m JUR* abogado *m*
Anwältin ['anvɛltɪn] *f JUR* abogada *f*
Anwaltskammer ['anvaltskamər] *f JUR* colegio de abogados *m*
Anwandlung ['anvandluŋ] *f* arrebato *m,* impulso *m,* arranque *m,* alarde *m*
Anwärter(in) ['anvɛrtər(ɪn)] *m/f* aspirante *m/f,* candidato/candidata *m/f*
anweisen ['anvaɪzən] *v irr 1. (anordnen)* ordenar, dar orden, indicar, señalar; *2. FIN* girar, transferir
Anweisung ['anvaɪzuŋ] *f 1. (Anordnung)* orden *f; 2. FIN* giro *m,* orden de pago *f*
anwendbar ['anvɛntba:r] *adj* utilizable, aplicable, aprovechable
Anwendbarkeit ['anvɛntba:rkaɪt] *f* utilidad *f,* aprovechabilidad *f,* aplicabilidad *f*
anwenden ['anvɛndən] *v irr* usar, utilizar, emplear
Anwender(in) ['anvɛndər(ɪn)] *m/f 1.* usuario/usuaria *m/f; 2. INFORM* usuario/usuaria *m/f*
anwenderfreundlich ['anvɛndərfrɔyntlɪç] *adj* fácil para el usuario
Anwenderprogramm ['anvɛndərprɔgram] *n INFORM* programa de aplicación *m*
Anwendung ['anvɛnduŋ] *f* uso *m,* utilización *f,* empleo *m*
Anwendungsweise ['anvɛnduŋsvaɪzə] *f* modo de uso *m,* modo de empleo *m*
anwerben ['anvɛrbən] *v irr 1.* contratar, enganchar (fam); *2. MIL* alistar, reclutar
Anwesen ['anve:zən] *n* mansión *f,* finca *f*
anwesend ['anve:zənt] *adj* presente, asistente; *Anwesende ausgeschlossen* sin alusiones personales
Anwesenheit ['anve:zənhaɪt] *f* presencia *f,* asistencia *f*
anwidern ['anvi:dərn] *v* repugnar, causar repugnancia
Anwohner(in) ['anvo:nər(ɪn)] *m/f* vecino/vecina *m/f,* morador(a) *m/f*
Anzahl ['antsa:l] *f* cantidad *f,* número *m*
anzahlen ['antsa:lən] *v* pagar a cuenta
Anzahlung ['antsa:luŋ] *f* pago a cuenta *m*
anzapfen ['antsapfən] *v* interceptar, dar un sablazo a
Anzeichen ['antsaɪçən] *n* señal *f,* indicio *m*
anzeichnen ['antsaɪçnən] *v 1. (zeichnen)* dibujar; *2. (kennzeichnen)* marcar, señalar
Anzeige ['antsaɪgə] *f 1. (Presse)* anuncio *m,* noticia *f; 2. JUR* denuncia *f*
anzeigen ['antsaɪgən] *v 1.* anunciar, indicar; *2. JUR* denunciar
Anzeigetafel ['antsaɪgəta:fəl] *f 1.* panel de anuncios *m,* tablón de anuncios *m; 2. SPORT* indicador *m,* tanteador *m,* marcador *m*
anzetteln ['antsɛtəln] *v (fig: anstiften)* urdir, tramar, instigar

anziehen ['antsiːən] *v irr 1. sich ~* vestirse, ponerse la ropa; *2. (fig)* atraer, cautivar; *3. Schraube ~ TECH* apretar el tornillo
anziehend ['antsiːənt] *adj* atractivo, simpático, encantador
Anziehung ['antsiːuŋ] *f* atracción *f*
Anziehungskraft ['antsiːuŋskraft] *f* fuerza de atracción *f*
Anzug ['antsuːk] *m* terno *m,* conjunto *m,* traje *m*
anzüglich ['antsyːklɪç] *adj* mordaz, picante, agresivo; *~ werden* echar indirectas
Anzüglichkeit ['antsyːklɪçkaɪt] *f* mordacidaz *f; ~en* alusiones ofensivas *f/pl,* invectivas *f/pl,* indirectas *f/pl*
anzünden ['antsyndən] *v* encender, pegar fuego a, prender
anzweifeln ['antsvaɪfəln] *v* dudar de, poner en duda
Aorta [a'ɔrta] *f ANAT* aorta *f*
apart [a'part] *adj* particular, original, selecto; *~er Geschmack* gusto refinado
Apathie [apa'tiː] *f* apatía *f*
apathisch [a'paːtɪʃ] *adj* apático
Aperitif [aperi'tiːf] *m* aperitivo *m*
Apfel ['apfəl] *m* manzana *f; in den sauren ~ beißen müssen* tener que hacer de tripas corazón
Apfelbaum ['apfəlbaum] *m* manzano *m*
Apfelmus ['apfəlmuːs] *n* compota de manzana *f*
Apfelsaft ['apfəlzaft] *m* zumo de manzana *m,* jugo de manzana *m* (LA)
Apfelsine [apfəl'ziːnə] *f* naranja *f*
Apfelwein ['apfəlvaɪn] *m* sidra *f,* vino de manzana *m*
Aphorismus [afo'rɪsmus] *m LIT* aforismo *m*
Apokalypse [apoka'lypsə] *f REL* apocalipsis *m*
apokalyptisch [apoka'lyptɪʃ] *adj REL* apocalíptico
Apostel [a'pɔstəl] *m REL* apóstol *m*
Apostroph [apo'stroːf] *m* apóstrofe *m*
apostrophieren [apostro'fiːrən] *v jdn als etw ~* apostrofar
Apotheke [apo'teːkə] *f* farmacia *f,* botica *f*
apothekenpflichtig [apo'teːkənpflɪçtɪç] *adj* de venta exclusiva en farmacias
Apotheker(in) [apo'teːkər(ɪn)] *m/f* farmacéutico/farmacéutica *m/f,* boticario/boticaria *m/f*
Apparat [apa'raːt] *m* aparato *m,* artefacto *m,* dispositivo *m*
Appartement [apart'mɑ̃ː] *n* apartamento *m,* departamento *m,* suite *f*
Appell [a'pɛl] *m MIL* llamada *f,* llamamiento *m*
appellieren [apɛ'liːrən] *v ~ an* apelar, hacer un llamamiento
Appetit [ape'tiːt] *m* apetito *m; Guten ~!* ¡Qué aproveche!
appetitanregend [ape'tiːtanreːgənt] *adj* aperitivo, apetitoso, apetecible
appetitlich [ape'tiːtlɪç] *adj 1.* apetitoso, sabroso; *2. (fig: Mädchen)* de buen ver
Appetitlosigkeit [ape'tiːtloːzɪçkaɪt] *f* inapetencia *f,* falta de apetito *f*
Appetitzügler [ape'tiːttsyːklər] *m* inhibidor *m,* frenador *m*
applaudieren [aplau'diːrən] *v* aplaudir, batir palmas, palmear
Applaus [a'plaus] *m* aplauso *m,* ovación *f,* aclamación *f*
approbiert [apro'biːrt] *adj MED* titulado, aprobado
Aprikose [apri'koːzə] *f* albaricoque *m,* damasco *m* (LA)
April [a'prɪl] *m* abril *m; jdn in den ~ schicken* tomar el pelo a alguien, hacer una inocentada a alguien
Aprilwetter [a'prɪlvɛtər] *n ein Gesicht machen wie ~* torcer el morro (fam)/poner mala cara
apropos [apro'poː] *adj* por cierto, a propósito, dime..., diga Vd...
Aquamarin [akvama'riːn] *m MIN* aquamarina *f*
Aquaplaning [akva'plaːnɪŋ] *n* aquaplaning *m*
Aquarell [akva'rɛl] *n ART* acuarela *f*
Aquarellfarbe [akva'rɛlfarbə] *f ART* acuarela *f*
Aquarellmalerei [akva'rɛlmaːləraɪ] *f ART* pintura a la acuarela *f*
Aquarium [a'kvaːrjum] *n* acuario *m*
Äquator [ɛ'kvaːtɔr] *m GEO* ecuador *m*
äquatorial [ɛkvator'jaːl] *adj GEO* ecuatorial
äquivalent [ɛkviva'lɛnt] *adj* equivalente
Äquivalent [ɛkviva'lɛnt] *n* equivalente *m,* equivalencia *f*
Ara ['aːra] *m ZOOL* ara *m*
Ära ['ɛːra] *f* época *f,* era *f,* tiempo *m*
Araber(in) ['arabər(ɪn)] *m/f* árabe *m/f*
Arabeske [ara'bɛskə] *f ART* arabesco *m*
Arabien [a'raːbjən] *n GEO* Arabia *f*
arabisch [a'raːbɪʃ] *adj* árabe, arábigo

Arbeit ['arbaɪt] *f* trabajo *m*, labor *f*, empleo *m*, faena *f*
arbeiten ['arbaɪtən] *v* trabajar, laborar
Arbeiter(in) ['arbaɪtər(ɪn)] *m/f* trabajador(a) *m/f*, obrero/obrera *m/f*
Arbeiterbewegung ['arbaɪtərbəveːguŋ] *f* *POL* movimiento de los trabajadores *m*, movimiento obrero *m*
Arbeiterschaft ['arbaɪtərʃaft] *f* *ECO* la clase obrera *f*, los obreros *m/pl*
Arbeitgeber(in) ['arbaɪtgeːbər(ɪn)] *m/f* empresario/empresaria *m/f*, patrón/patrona *m/f*
Arbeitnehmer(in) ['arbaɪtneːmər(ɪn)] *m/f* empleado/empleada *m/f*, trabajador(a) *m/f*
Arbeitsamt ['arbaɪtsamt] *n* oficina de colocación *f*, oficina de empleo *f*
Arbeitsbeschaffung ['arbaɪtsbəʃafuŋ] *f* creación de empleo *f*, consecución de trabajo *f*, fomento de empleo *m*
Arbeitsbeschaffungsmaßnahme [arbaɪtsbə'ʃafuŋsmaːsnaːmə] *f* *POL* plan de fomento de empleo *m*
Arbeitsgang ['arbaɪtsgaŋ] *m* *ECO* fase de trabajo *f*, turno *m*, operación *m*
Arbeitsgemeinschaft ['arbaɪtsgəmaɪnʃaft] *f* grupo de trabajo *m*, círculo de estudios *m*
Arbeitsgericht ['arbaɪtsgərɪçt] *n* *JUR* tribunal laboral *m*, magistratura de trabajo *f*
Arbeitsgruppe ['arbaɪtsgrupə] *f* grupo de trabajo *m*
Arbeitskampf ['arbaɪtskampf] *m* *POL* lucha laboral *f*, conflicto laboral *m*
Arbeitskraft ['arbaɪtskraft] *f* mano de obra *f*, capacidad de trabajo *f*
Arbeitslager ['arbaɪtslaːgər] *n* *POL* campo de trabajos forzados *m*
arbeitslos ['arbaɪtsloːs] *adj* parado, sin trabajo, desempleado, desocupado
Arbeitslose(r) ['arbaɪtsloːzə(r)] *m/f* *ECO* desocupado/desocupada *m/f*, parado/parada *m/f*, desempleado/desempleada *m/f*
Arbeitslosengeld ['arbaɪtsloːzəngɛlt] *n* *ECO* subsidio de desempleo *m*
Arbeitslosenhilfe ['arbaɪtsloːzənhɪlfə] *f* *ECO* ayuda a los parados *f*, auxilio de paro *m*
Arbeitslosenrate ['arbaɪtsloːzənraːtə] *f* tasa de paro *f*
Arbeitslosenversicherung ['arbaɪtsloːzənfɛrzɪçəruŋ] *f* seguro de desempleo *m*
Arbeitslosigkeit ['arbaɪtsloːzɪçkaɪt] *f* paro *m*, desempleo *m*
Arbeitsmarkt ['arbaɪtsmarkt] *m* mercado de trabajo *m*
Arbeitsplatz ['arbaɪtsplats] *m* *1.* lugar de trabajo *m*, puesto de trabajo *m*; *2. (Arbeitsstätte)* trabajo *m*
Arbeitsschutz ['arbaɪtsʃuts] *m* *ECO* protección laboral *m*, previsión laboral *m*
Arbeitsspeicher ['arbaɪtsʃpaɪçər] *m* *INFORM* almacenador de memoria *m*
Arbeitsstelle ['arbaɪtsʃtɛlə] *f* puesto de trabajo *m*, colocación *f*
Arbeitssuche ['arbaɪtszuːxə] *f* *ECO* busca de trabajo *f*
Arbeitstag ['arbaɪtstaːk] *m* jornada laboral *f*, día de trabajo *f*
Arbeitsteilung ['arbaɪtstaɪluŋ] *f* *ECO* división del trabajo *f*
arbeitsunfähig ['arbaɪtsunfɛːɪç] *adj* *1.* incapaz para trabajar, inutilizado, imposibilitado; *2. (dauernd)* inválido
Arbeitszimmer ['arbaɪtstsɪmər] *n* despacho *m*, gabinete de trabajo *m*
archaisch [ar'çaːɪʃ] *adj* arcaico, anticuado
Archäologe [arçɛo'loːgə] *m* arqueólogo *m*
Archäologin [arçɛo'loːgɪn] *f* arqueóloga *f*
Arche ['arçə] *f* arca
Archipel [arçi'peːl] *m* *GEO* archipiélago *m*
Architekt(in) ['arçɪ'tɛkt(ɪn)] *m/f* arquitecto/arquitecta *m/f*
Architektur [arçɪtɛk'tuːr] *f* arquitectura *f*
Archiv [ar'çiːf] *n* archivo *m*
Areal [are'aːl] *n* área *f*, superficie *f*
Arena [a'reːna] *f* *HIST* arena *f*
arg [arg] *adj* duro, rudo; *Es ist ~ kalt.* Hace mucho frío.
Argentinien [argən'tiːnjən] *n* *GEO* Argentina *f*
Argentinier(in) [argən'tiːnjər(ɪn)] *m/f* argentino/argentina *m/f*
argentinisch [argɛn'tiːnɪʃ] *adj* argentino
Ärger ['ɛrgər] *m* enfado *m*, fastidio *m*, problema *m*; *~ machen* armar jaleo; *~ haben* pasar un mal rato
ärgerlich ['ɛrgərlɪç] *adj* enfadoso, problemático
ärgern ['ɛrgərn] *v* *1. jdn ~* fastidiar a alguien, molestar a alguien; *2. sich ~* enfadarse, enojarse
Ärgernis ['ɛrgərnɪs] *n* contrariedad *f*
Arglist ['arglɪst] *f* malicia *f*, maña *f*, astucia *f*
arglistig ['arglɪstɪç] *adj (boshaft)* malvado, malicioso
arglos ['argloːs] *adj* sin malicia, cándido

Arglosigkeit ['arglo:zɪçkaɪt] *f* candidez *f*, buena fe *f*, sinceridad *f*
Argument [argu'mɛnt] *n* argumento *m*
Argumentation [argumɛnta'tsjo:n] *f* argumentación *f*, razonamiento *f*, discurso *m*
argumentieren [argumɛn'ti:rən] *v* argumentar, razonar, argüir
Argwohn ['arkvo:n] *m* desconfianza *f*, recelo *m*; *~ erregen* dar lugar a sospechas
argwöhnen ['arkvø:nən] *v* desconfiar, recelar, sospechar
argwöhnisch ['arkvø:nɪʃ] *adj* desconfiado, receloso
Aristokrat(in) [arɪsto'kra:t(ɪn)] *m/f* aristócrata *m/f*, noble *m*
Aristokratie [arɪstokra'ti:] *f* aristocracia *f*
Arithmetik [arɪt'me:tɪk] *f MATH* aritmética *f*
arithmetisch [arɪt'me:tɪʃ] *adj MATH* aritmético
Arkade [ar'ka:də] *f ARCH* arcada *f*, soportal *m*
Arktis ['arktɪs] *f GEO* Artico *m*, regiones árticas *f/pl*, Polo Norte *m*
arm [arm] *adj 1.* pobre, paupérrimo, miserable; *2. (bedürftig)* necesitado, indigente; *~ wie eine Kirchenmaus* más pobre que una rata; *3. (unglücklich)* infeliz, desgraciado; *Armer Kerl!* ¡Pobre diablo!/¡Pobre hombre!
Arm [arm] *m ANAT* brazo *m*; *jdn auf den ~ nehmen (fig)* tomar el pelo a alguien; *jdm in die ~e laufen* darse un encontronazo con alguien
Armaturenbrett [arma'tu:rənbrɛt] *n TECH* tablero de instrumentos *m*, cuadro de mandos *m*
Armband ['armbant] *n* pulsera *f*, brazalete *m*
Armbanduhr ['armbantu:r] *f* reloj de pulsera *m*
Armbrust ['armbrust] *f* ballesta *f*
Arme(r) ['armə(r)] *m/f* pobre *m*, necesitado/necesitada *m/f*
Armee [ar'me:] *f 1. MIL* ejército *m*; *2. (fig: große Zahl)* infinidad *f*, multitud *f*
Ärmel ['ɛrməl] *m* manga *f*; *etw aus dem ~ schütteln* improvisar algo/sacarse algo de la manga (fig)
Ärmelkanal ['ɛrməlkana:l] *m GEO* Canal de la Mancha *m*
ärmellos ['ɛrməllo:s] *adj* sin mangas
Armenien [ar'me:njən] *n GEO* Armenia *f*
Armenier(in) [ar'me:njər(ɪn)] *m/f* armenio/armenia *m/f*
armenisch [ar'me:nɪʃ] *adj* armenio
armieren [ar'mi:rən] *v 1. (bewaffnen)* armarse; *2. (Beton)* armar; *3. (Kabel)* armar
Armlehne ['armle:nə] *f* brazo *m*, reposabrazos *m*
Armleuchter ['armlɔyçtər] *m 1.* candelabro *m*, candelero de brazos *m*; *2. (als Schimpfwort)* hijo de tal *m*
ärmlich ['ɛrmlɪç] *adj* pobre, humilde, indigente
armselig ['armse:lɪç] *adj* pobre, miserable
Armseligkeit ['armze:lɪçkaɪt] *f* insignificancia *f*, menudez *f*, nimiedad *f*
Armut ['armu:t] *f* pobreza *f*
Arnika ['arnika] *f BOT* árnica *f*
Aroma [a'ro:ma] *n* aroma *m*, perfume *m*
aromatisch [aro'ma:tɪʃ] *adj* aromático
Arrangement [arɑ̃ʒ'mɑ̃:] *n* arreglo *m*, disposición *m*
arrangieren [arɑ̃'ʒi:rən] *v 1.* arreglar; *2. MUS* arreglar
Arrest [a'rɛst] *m* arresto *m*
arrestieren [arɛ'ti:rən] *v 1.* retener, arrestar; *2. TECH* embargar
arrogant [aro'gant] *adj* arrogante, altanero
Arroganz [aro'gants] *f* arrogancia *f*
Arsch [arʃ] *m (fam)* culo *m*
Art [a:rt] *f 1.* clase *f*, categoría *f*, género *m*; *2. (Benehmen)* modales *m/pl*, maneras *f/pl*; *aus der ~ schlagen* degenerar de su estirpe/de su naturaleza; *3. (Beschaffenheit)* condición *f*, calidad *f*; *4. (~ und Weise)* manera *f*, modo *m*; *Jeder handelt auf seine ~.* Cada uno tiene su modo de matar pulgas. *Ein Drama nach ~ von Goethe.* Un drama según el estilo de Goethe.
Arterie [ar'te:rjə] *f ANAT* arteria *f*
arteriell [arte'rjɛl] *adj MED* arterial
Arterienverkalkung [ar'te:rjənfɛrkalkuŋ] *f MED* arterioesclerosis *f*
Arteriosklerose [ar'terjosklero:zə] *f MED* arteriosclerosis *f*
artgerecht ['a:rtgərɛçt] *adj ZOOL* acorde con la especie; *~e Tierhaltung* mantenimiento de animales de acuerdo con las características de su especie
Arthrose [ar'tro:zə] *f MED* artrosis *f*
artig ['artɪç] *adj 1. (Kinder)* obediente, bueno; *Sei ~!* ¡Compórtate! *2. (höflich)* cortés, atento, galante; *3. (niedlich)* bonito, lindo (LA)
Artigkeit ['artɪçkaɪt] *f 1.* atención *f*, cortesía *f*, deferencia *f*; *2. (Äußerung)* cumplido *m*, piropo *m*, galantería *m*

Artikel [ar'tɪkəl] *m 1. (in der Presse)* artículo *m,* noticia *f; 2. GRAMM* artículo *m; 3. ECO* artículo *m,* género *m*
Artikulation [artɪkula'tsjo:n] *f* articulación *f*
artikulieren [artɪku'li:rən] *v* articular
Artillerie [artɪlə'ri:] *f MIL* artillería *f*
Artischocke [arti'ʃɔkə] *f BOT* alcachofa *f*
Artist(in) [ar'tɪst(ɪn)] *m/f* artista *m/f,* acróbata *m/f*
artistisch [ar'tɪstɪʃ] *adj* artístico
Arznei [a:rts'naɪ] *f MED* medicamento *m,* medicina *f,* remedio *m,* droga *f*
Arzneimittel [a:rts'naɪmɪtəl] *n MED* medicina *f,* medicamento *m,* remedio *m*
Arzneipflanze [a:rts'naɪpflantsə] *f MED* planta medicinal *f*
Arzt [artst] *m MED* médico *m,* doctor *m*
Ärztekammer ['ɛ:rtstəkamər] *f MED* colegio de médicos *m*
Ärztin ['ɛ:rtstɪn] *f MED* médica *f,* doctora *f*
ärztlich ['ɛ:rtstlɪç] *adj MED* médico, facultativo, del médico; *~es Attest* certificado médico
Arztpraxis ['artstpraksɪs] *f MED* consultorio médico *m*
As [as] *n MUS* bemol *m,* nota *f*
Asbest [as'bɛst] *m MIN* asbesto *m,* amianto *m*
Asbestverseuchung [as'bɛstfɛrzɔyçuŋ] *f* contaminación de abesto *f*
Asche ['aʃə] *f* ceniza *f; in ~ verwandeln* reducir a cenizas
Aschenbecher ['aʃənbɛçər] *m* cenicero *m*
Aschenputtel ['aʃənputəl] *n* cenicienta *f*
Aschermittwoch [aʃər'mɪtvɔx] *m* miércoles de ceniza *m*
aseptisch [a'zɛptɪʃ] *adj MED* aséptico
Asiat(in) [azi'a:t(ɪn)] *m/f* asiático/asiática *m/f*
asiatisch [azi'a:tɪʃ] *adj* asiático
Asien ['a:zjən] *n GEO* Asia *f/el*
Askese [as'ke:zə] *f REL* ascetismo *m,* vida ascética *f,* ascética *f*
Asket(in) [as'ke:t(ɪn)] *m/f REL* asceta *m/f*
asketisch [as'ke:tɪʃ] *adj* ascético
asozial ['a:zotsja:l] *adj* asocial, antisocial
Aspekt [a'spɛkt] *m* aspecto *m,* apariencia *f*
Asphalt [as'falt] *m* asfalto *m*
asphaltieren [asfal'ti:rən] *v* asfaltar
Aspik [as'pi:k] *m GAST* gelatina de carne/gelatina de pescado *f,* aspic *m* (LA)
Aspirant(in) [aspi'rant(ɪn)] *m/f* aspirante *m/f*
Aspirin [aspi'ri:n] *n MED* aspirina *f*
Ass [as] *n 1. (beim Kartenspiel)* as *m; ein ~ im Ärmel haben (fig)* tener un as en la manga; *2. SPORT* campeón *m,* as *m,* el mejor
Assel ['asəl] *f ZOOL* cochinilla *f*
Assimilation [asimila'tsjo:n] *f* asimilación
assimilieren [asimi'li:rən] *v* asimilar
Assistent(in) [asɪs'tɛnt(ɪn)] *m/f* asistente *m/f,* ayudante *m/f*
Assistenzarzt [asɪs'tɛntsartst] *m/f MED* médico asistente *m*
Assistenzärztin [asɪs'tents'ɛrtstin] *f MED* médica asistente *f*
assistieren [asɪs'ti:rən] *v* asistir, ayudar, auxiliar
Assoziation [asotsja'tsjo:n] *f* asociación *f*
assoziieren [asotsi'i:rən] *v* asociarse, unirse, agruparse
Assyrer(in) [a'sy:rər(ɪn)] *m/f HIST* asirio/asiria *m/f*
Ast [ast] *m* rama *f; sich einen ~ lachen* destornillarse de risa; *auf dem absteigenden ~ sein* estar de capa caída; *den ~ absägen, auf dem man sitzt* ponerse a sí mismo la soga al cuello
Astgabel ['astga:bəl] *f* ramificación *f,* horcadura *f*
Ästhet(in) [ɛs'te:t(ɪn)] *m/f* esteta *m/f,* amante de lo bello *m/f*
ästhetisch [ɛs'te:tɪʃ] *adj* estético
Asthma ['astma] *n MED* asma *m*
Asthmaanfall ['astmaanfal] *m MED* ataque asmático *m,* ataque de asma *m*
asthmatisch [ast'ma:tɪʃ] *adj MED* asmático
astrein ['astraɪn] *adj (echt)* auténtico
Astrologie [astrolo'gi:] *f* astrología *f*
astrologisch [astro'lo:gɪʃ] *adj* astrológico
Astronaut(in) [astro'naut(ɪn)] *m/f* astronauta *m/f*
Astronautik [astro'nautɪk] *f* astronaútica *f*
Astronom [astro'no:m] *m* astrónomo *m*
Astronomie [astrono'mi:] *f* astronomía *f*
astronomisch [astro'no:mɪʃ] *adj 1.* astronómico; *2. (fig: Zahl)* astronómico
Asyl [a'zy:l] *n* asilo *m,* refugio *m*
Asylant(in) [azy'lant(ɪn)] *m/f* asilado/asilada *m/f,* refugiado/refugiada *m/f*
Asylantrag [a'zy:lantra:k] *m* petición de asilo *f,* solicitud de asilo *f*
Asylbewerber(in) [a'zy:lbəvɛrbər(ɪn)] *m/f* solicitante de asilo *m/f*
Asylrecht [a'zy:lrɛçt] *n JUR* derecho de asilo *m*

asymmetrisch ['azymeːtrɪʃ] *adj* asimétrico
Atelier [atəl'jeː] *n* taller *m,* estudio *m*
Atem ['aːtəm] *m* aliento *m,* respiración *f,* hálito *m; außer ~* con la lengua fuera, sofocado; *wieder zu ~ kommen* volver en sí; *den ~ anhalten* contener el aliento
atemberaubend ['aːtəmbəraubənt] *adj* impresionante, emocionante, palpipante
Atembeschwerden ['aːtəmbəʃveːrdən] *pl MED* trastornos respiratorios *m/pl,* molestias respiratorias *f/pl*
atemlos ['aːtəmloːs] *adj* sin aliento, sofocado; *mit ~er Spannung* con el alma en un hilo
Atemnot ['aːtəmnoːt] *f MED* disnea *f,* sofocación *f,* ahogo *m,* asfixia *f*
Atemorgan ['aːtəmɔrgaːn] *n ANAT* órganos respiratorios *m/pl*
Atempause ['aːtəmpauzə] *f* pausa respiratoria *f,* respiro *m,* apnea *f*
Atemübungen ['aːtəmyːbuŋən] *pl* ejercicios respiratorios *m/pl*
Atemwege ['aːtəmveːgə] *pl ANAT* vías respiratorias *f/pl*
Atemzug ['aːtəmtsuːk] *m* respiración *f,* aliento *m,* hálito *m*
Äthanol [ɛta'noːl] *n CHEM* etano *m,* alcohol etílico *m,* etanol *m*
Atheismus [ate'ɪsmus] *m* ateísmo *m*
Atheist(in) [ate'ɪst(ɪn)] *m/f REL* ateísta *m/f,* ateo(a) *m/f*
atheistisch [ate'ɪstɪʃ] *adj REL* ateísta, ateo
Äther ['ɛːtər] *m* éter *m*
ätherisch [ɛ'teːrɪʃ] *adj 1. CHEM* etéreo, inmaterial, delicado; *2. ~e Öle* aceites etéricos *m/pl*
Äthiopien [ɛ'tioːpjən] *n GEO* Etiopía *f*
Äthiopier(in) [ɛ'tjoːpjər(ɪn)] *m/f* etíope *m/f*
Athlet(in) [at'leːt(ɪn)] *m/f* atleta *m/f*
Athletik [at'leːtɪk] *f SPORT* atlethismo *m*
athletisch [at'leːtɪʃ] *adj* atlético
Äthyl [ɛ'tyːl] *n CHEM* etilo *m*
Äthylalkohol [ɛ'tyːlalkohoːl] *m CHEM* alcohol etílico *m*
Atlantik [at'lantɪk] *m GEO* Atlántico *m*
atlantisch [at'lantɪʃ] *adj* atlántico; *der Atlantische Ozean* el Océano Atlántico
Atlas ['atlas] *m* Atlas *m*
atmen ['aːtmən] *v* respirar, inspirar, aspirar
Atmosphäre [atmɔs'fɛːrə] *f 1. (fig)* ambiente *m,* entorno *m; 2. PHYS* atmósfera *f*
atmosphärisch [atmɔs'fɛːrɪʃ] *adj* atmosférico
Atmung ['aːtmuŋ] *f* respiración *f*
Atoll [a'tɔl] *n GEO* atolón *m,* atol *m,* arrecife coralino *m*
Atom [a'toːm] *n PHYS* átomo *m*
Atomabfall [a'toːmapfal] *m* residuos atómicos *m/pl,* desechos radioactivos *m/pl*
Atombombe [a'toːmbɔmbə] *f* bomba atómica *f*
Atomenergie [a'toːmɛnɛrgiː] *f* energía nuclear *f,* energía atómica *f*
Atomforschung [a'toːmfɔrʃuŋ] *f* investigación nuclear *f*
Atomgegner(in) [a'toːmgeːgnər(ɪn)] *m/f* opositor(a) a la energía nuclear *m/f,* antinuclear *m/f*
Atomkern [a'toːmkɛrn] *m PHYS* núcleo atómico *m*
Atomkraft [a'toːmkraft] *f* energía atómica *f,* energía nuclear *f*
Atomkraftwerk [a'toːmkraftvɛrk] *n* reactor atómico *m,* reactor nuclear *m*
Atomkrieg [a'toːmkriːk] *m* guerra atómica *f*
Atommüll [a'toːmmyl] *m* residuos radioactivos *m/pl,* desechos atómicos *m/pl*
Atomreaktor [a'toːmreaktɔr] *m TECH* reactor nuclear *m*
Atomtest [a'toːmtɛst] *m TECH* prueba nuclear *f*
Atomversuch [a'toːmfɛrzuːx] *m* experimento nuclear *m*
Atomwaffe [a'toːmvafə] *f* arma atómica *f/el,* arma nuclear *f/el*
Atomzeitalter [a'toːmtsaɪtaltər] *n* era atómica *f*
Attacke [a'takə] *f* ataque *m,* acometida *f*
Attentat [atən'taːt] *n* atentado *m; ~ mit tödlichem Ausgang* atentado con desenlace fatal *m*
Attentäter(in) [atən'tɛːtər(ɪn)] *m/f* autor(a) del atentado *m/f,* asesino/asesina *m/f*
Attest [a'tɛst] *n* certificado médico *m,* atestado *m*
attestieren [atɛs'tiːrən] *v* atestar, certificar, testificar
Attraktion [atrak'tsjoːn] *f* atracción *f*
attraktiv [atrak'tiːf] *adj* atractivo
Attraktivität [atraktivi'tɛːt] *f* atractivo *m*
Attrappe [a'trapə] *f* objeto de pega *m,* engaño *m,* trampa *f*
Attribut [atri'buːt] *n 1.* atributo *m,* propiedad *f; 2. GRAMM* complemento atributivo *m*

atypisch ['atyːpɪʃ] *adj* atípico
Aubergine [obɛr'ʒiːnə] *f BOT* berenjena *f*
auch [aux] *konj 1. (gleichfalls)* también, además; *ich ~ nicht* yo tampoco; *nicht nur ..., sondern ~ ...* No sólo ..., sino (que) también ... *2. (einschließend)* aun, incluso, hasta; *~ das Geringste* hasta lo más mínimo; *~ wenn du es noch weiter versuchst ...* aún cuando lo sigas intentando ... *3. (emphatisch: wirklich, bestimmt)* aunque, aún cuando; *Kann ich mich ~ darauf verlassen?* ¿Realmente me puedo confiar? *Wenn er ~ noch so bescheiden ist ...* Aunque sea tan modesto ... *So ist es ~!* ¡En efecto! *4. (verallgemeinernd)* aunque, cuando; *Wann ~ immer du kommst!* ¡Vengas cuando vengas! *Was er ~ immer sagt.* Diga lo que diga.
Audienz [au'djɛnts] *f POL* audiencia *f*
audiovisuell [audjovizu'ɛl] *adj* audiovisual
auf [auf] *prep 1. (örtlich)* en, sobre, encima de, a, de; *Das Buch liegt ~ dem Tisch.* El libro está sobre la mesa. *~ dem Markt* en el mercado; *~ die Bank gehen* ir al banco; *~ einer Insel* en una isla; *2. (fig)* en, por, de, a; *~ der ganzen Welt* en todo el mundo; *~ einem Fuß hinken* cojear de un pie; *~ irgendeinem Platz* por algún sitio; *sich ~ den Weg machen* ponerse en camino; *Auf Ihr Wohl!* ¡A su salud! *3. (zeitlich)* en, a, hasta; *Auf der Stelle!* ¡Inmediatamente! *~ die Minute* al minuto; *Auf Wiedersehen!* ¡Hasta mañana! *~ eine Woche* hasta dentro de una semana; *von klein ~* desde pequeño; *4. (Übereinstimmung)* conforme, por, de acuerdo a; *~ seinen Wunsch (hin)* de acuerdo a su deseo; *~ Befehl von...* por orden de... *~ jds Wunsch* a petición de alguien; *5. (Art und Weise)* por, de, en; *~ eigene Gefahr* por riesgo propio; *~ Spanisch* en español; *Auf einmal!* ¡De una sola vez! *adv 6.* de, por, desde; *~ und davon gehen* escaparse de algo; *von Kind ~* desde niño; *~ und ab gehen* pasearse de un lado para otro
aufarbeiten ['aufarbaɪtən] *v 1. (erledigen)* terminar, acabar, hacer un trabajo hasta el final; *2. (Material)* renovar, restaurar
Aufarbeitung ['aufarbaɪtuŋ] *f 1.* fin *m*, conclusión *f*, término *f*; *2. (von Material)* modificación *f*, renovación *f*
aufatmen ['aufaːtmən] *v* respirar; *Ich kann endlich ~!* ¡Qué alivio!
aufbacken ['aufbakən] *v irr* retostar
aufbahren ['aufbaːrən] *v* amortajar; *einen Toten ~* velar a un muerto
Aufbau ['aufbau] *m 1. (Anordnung)* disposición *f*; *2. (Struktur)* estructura *f*, textura *f*, constitución *f*
aufbauen ['aufbauən] *v 1. (montieren)* montar; *2. (fig)* crear, fundar, edificar
aufbauschen ['aufbauʃən] *v 1.* abultar; *2. (fig)* exagerar
aufbegehren ['aufbəgeːrən] *v 1.* protestar, rebelarse; *2. (fig)* picarse
aufbehalten ['aufbəhaltən] *v irr (Hut)* dejar puesto
aufbekommen ['aufbəkɔmən] *v irr 1. etw ~ (etw öffnen können)* lograr abrir; *2. Hausaufgaben ~* tener que hacer
aufbereiten ['aufbəraɪtən] *v* preparar, elaborar
Aufbereitung ['aufbəraɪtuŋ] *f 1. (Vorbereitung)* preparación *f*, elaboración *f*, gestación *f*; *2. (radioaktives Material)* preparación *m*
aufbessern ['aufbɛsərn] *v* mejorar, perfeccionar, optimar
aufbewahren ['aufbəvaːrən] *v* guardar, conservar, depositar
Aufbewahrung ['aufbəvaːruŋ] *f* conservación *f*, custodia *f*, depósito *m*
aufbieten ['aufbiːtən] *v 1. MIL* llamar a las armas, movilizar; *2. (fig)* emplear, utilizar, servirse de; *Gewalt ~* recurrir a la fuerza; *alles ~* remover cielo y tierra
aufbinden ['aufbɪndən] *v irr 1. (Knoten öffnen)* desatar, deshacer; *2. jdm einen Bären ~* engañar, embaucar, tomar el pelo
aufblähen ['aufblɛːən] *v 1. (Bauch)* inflar, hinchar; *2. (Frosch)* hincharse; *3. (fig: prahlen)* ensoberbecerse, engreírse, ufanarse
aufblasbar ['aufblasbar] *adj* hinchable
aufblasen ['aufblaːzən] *v irr* hinchar, inflar
aufbleiben ['aufblaɪbən] *v irr 1.* quedarse levantado, velar, no acostarse; *2. (fam: offen bleiben)* quedar abierto
aufblenden ['aufblɛndən] *v* encender la luz larga del coche, poner la luz de carretera
aufblicken ['aufblɪkən] *v* alzar la vista, levantar los ojos
aufblinken ['aufblɪŋkən] *v* centellear
aufblitzen ['aufblɪtsən] *v 1. (Licht)* iluminarse, encenderse, chispear; *2. (plötzlich auftauchen)* aparecer de repente
aufblühen ['aufblyːən] *v* florecer
aufbrauchen ['aufbrauxən] *v* consumir, gastar, absorber
aufbrausen ['aufbrauzən] *v 1.* cocer; *2. (Meer)* levantarse; *3. (fig)* encolerizarse

aufbrechen ['aufbrɛçən] *v irr* *1. (öffnen)* abrir, forzar, descerrajar; *2. (fig)* partir, ponerse en marcha, salir
aufbringen ['aufbrɪŋən] *v irr 1. jdn gegen sich ~* instigar, provocar; *2. (Schiff) NAUT* apresar, capturar
Aufbruch ['aufbrux] *m* salida *f,* partida *f; Um Mitternacht war allgemeiner ~.* Todos partieron a medianoche.
Aufbruchstimmung ['aufbruxʃtɪmuŋ] *f* excitación *f,* nerviosimo *m,* trajín *m*
aufbürden ['aufbyrdən] *v* cargar a, imponer una carga a
aufdecken ['aufdɛkən] *v 1. (offen legen)* descubrir, destapar; *2. (fig: Geheimnis)* descubrir, revelar un secreto
aufdrängen ['aufdrɛŋən] *v 1. jdm etw ~* obligar a alguien a hacer algo; *2. sich ~* entrometerse, importunar
aufdrehen ['aufdreːən] *v 1. (öffnen)* abrir; *2. (Lautstärke)* subir el volumen; *3. (aufziehen)* dar cuerda; *4. (lockern)* soltar; *5. (aufdröseln)* destorcer
aufdringlich ['aufdrɪŋlɪç] *adj* pesado, acosante; *ein ~er Mensch (fam)* un chinche/ un pesado *m*
Aufdringlichkeit ['aufdrɪŋlɪçkaɪt] *f* inoportunidad *f*
Aufdruck ['aufdruk] *m* impresión *f*
aufeinander [aufaɪn'andər] *adv 1. (örtlich)* uno sobre el otro; *2. (zeitlich)* uno tras otro, uno por uno; *v 3. ~ folgen* sucederse; *v 4. ~ legen* apilar; *v irr 5. ~ treffen* encontrarse
Aufenthalt ['aufɛnthalt] *m* estadía *f,* estancia *f,* permanencia *f,* residencia *f*
Aufenthaltsbescheinigung ['aufɛnthaltsbəʃaɪnɪguŋ] *f* permiso de residencia *m*
Aufenthaltsgenehmigung ['aufɛnthaltsgəneːmɪguŋ] *f* permiso de estancia *m*
Aufenthaltsort ['aufɛnthaltsɔrt] *m* lugar de residencia *m,* domicilio *m,* paradero *m*
auferlegen ['aufɛrleːgən] *v* imponer
Auferstehung ['aufɛrʃteːuŋ] *f REL* resurrección *f*
aufessen ['aufɛsən] *v irr* comerse todo, arrebañar el plato (fam), dejar el plato limpio
auffahren ['auffaːrən] *v irr 1. (vorfahren)* desfilar, parar delante; *2. auf etw ~* encallar, chocar con; *3. auf etw ~ (gegen etw stoßen)* chocar con; *4. dicht ~* conducir muy pegado; *5. (aufbrausen)* encolerizarse, enfurecerse
Auffahrt ['auffaːrt] *f 1. (zu einem Haus)* entrada *f; 2. (zu einer Autobahn)* acceso *m; 3. (Ansteigen)* subida *f*
auffallen ['auffalən] *v irr (fig)* llamar la atención, saltar a la vista; *nicht ~* pasar inadvertido
auffallend ['auffalent] *adj* llamativo, vistoso, ostentoso
auffällig ['auffɛlɪç] *adj 1.* extraño, raro, llamativo; *2. (Kleider)* llamativo, vistoso
Auffälligkeit ['auffɛlɪçkaɪt] *f* sensación *f,* sorpresa *f*
auffangen ['auffaŋən] *v irr 1.* coger (nicht in Argentinien), agarrar, captar; *Fang auf!* ¡Toma! *2. (fig)* coger, agarrar
auffassen ['auffasən] *v (geistig)* comprender, concebir, entender
Auffassung ['auffasuŋ] *f* concepción *f,* opinión *f,* concepto *m,* modo de ver las cosas *m*
Auffassungsgabe ['auffasuŋsgaːbə] *f* percepción *f,* facilidad de compresión *f*
auffinden ['auffɪndən] *v irr* encontrar, hallar, descubrir
aufflackern ['aufflakərn] *v* arder en llamas, llamear, resucitar (fam), avivarse
auffordern ['auffɔrdərn] *v 1. (höflich)* invitar a, pedir; *zum Tanz ~* sacar a bailar; *2. (ermahnend)* ordenar, exigir, exhortar
Aufforderung ['auffɔrdəruŋ] *f 1. (höflich)* invitación *f; 2. (ermahnend)* exhortación *f,* amonestación *f*
aufforsten ['auffɔrstən] *v* repoblar, reforestar
Aufforstung ['auffɔrstuŋ] *f* repoblación forestal *f*
auffressen ['auffrɛsən] *v irr* comerse, acabar
auffrischen ['auffrɪʃən] *v 1.* refrescar; *2. (Möbel)* restaurar, renovar; *3. (Kenntnisse)* reactivar; *4. (Gedächtnis)* refrescar, reactivar; *5. (Wind)* soplar
aufführen ['auffyːrən] *v 1. MUS* ejecutar; *2. (Bau)* edificar, construir; *3. (aufzählen)* enumerar, mencionar; *4. THEAT* representar
Aufführung ['auffyːruŋ] *f 1. MUS* ejecución *f; 2. (eines Baus)* construcción *f,* edificación *f; 3. (Aufzählung)* enumeración *f,* indicación *f; 4. THEAT* representación *f*
auffüllen ['auffylən] *v* rellenar con, volver a llenar, completar
Aufgabe ['aufgaːbə] *f 1. (Pflicht)* deber *m,* obligación *f; 2. (Arbeit)* tarea *f,* trabajo *m; 3. (Versand)* envío *m,* expedición *f; 4. (Verzicht)* renuncia *f*
Aufgabengebiet ['aufgaːbəngəbiːt] *n* esfera de acción *f,* tareas *f/pl*

Aufgang ['aufgaŋ] *m 1.* subida *f; 2. (einer Treppe)* escalera *f*
aufgeben ['aufge:bən] *v irr 1. (versenden)* enviar, expedir, echar al correo, despachar; *2. (verzichten)* renunciar, desistir de, abandonar; *3. (beauftragen) etw ~* encomendar algo, encargar algo
aufgeblasen ['aufgəbla:zən] *adj 1. (aufgepumpt)* inflado, hinchado; *2. (fig: angeberisch)* ufano, arrogante, orondo
Aufgeblasenheit ['aufgəbla:zənhaɪt] *f (fig: Überheblichkeit)* soberbia *f,* orgullo *m,* arrogancia *f*
Aufgebot ['aufgəbo:t] *n 1. MIL* llamamiento a las armas *m,* leva *f; 2. (Anzahl)* gran cantidad *f; 3. (Eheaufgebot)* proclama matrimonial *f,* amonestaciones *f/pl; 4. unter ~ aller Kräfte* con todas sus fuerzas
aufgebracht ['aufgəbraxt] *adj* enojado, irritado, furioso
aufgedonnert ['aufgədɔnərt] *adj (fam)* peripuesto, emperejilado; *~ sein* estar emperifollada
aufgedreht ['aufgədre:t] *adj 1. (Lautstärke)* muy alto; *2. (fig: Mensch)* muy animado, pasado de rosca (fam); *~ sein* estar de vena
aufgedunsen ['aufgədunzən] *adj* abultado, hinchado, grueso
aufgehen ['aufge:ən] *v irr 1. (Teig)* fermentar, esponjarse; *~ wie eine Dampfnudel* ponerse como un globo; *2. (Sonne)* salir; *3. (Blume)* abrirse, nacer, brotar; *4. (Naht)* descoserse; *5. (Knoten)* deshacerse, desatarse; *6. (fig)* deshacerse, absorberse; *Jetzt geht mir auf, dass ...* Ahora entiendo que ...
aufgeklärt ['aufgəklɛ:rt] *adj 1. (informiert)* ilustrado, instruido, informado; *2. (sexuell)* informado
aufgelegt ['aufgəle:kt] *adj* dispuesto; *nicht zum Scherzen ~ sein* no estar para bromas
aufgeräumt ['aufgərɔymt] *adj 1. (Zimmer)* recogido; *2. (guter Stimmung)* de buen humor, alegre, jovial
aufgeregt ['aufgəre:kt] *adj* excitado, nervioso
Aufgeregtheit ['aufgəre:kthaɪt] *f* agotación *f,* excitación *f*
aufgeschlossen ['aufgəʃlɔsən] *adj* extrovertido, franco, comunicativo
aufgeschmissen ['aufgəʃmɪsən] *adj (fam)* perdido; *ohne deinen Vater sind wir völlig ~* sin tu padre estamos perdidos
aufgeweckt ['aufgəvɛkt] *adj* despierto, listo, avispado
aufgießen ['aufgi:sən] *v irr 1. (dazugießen)* echar, verter; *2. (Tee, Kaffee)* hacer, preparar
aufgreifen ['aufgraɪfən] *v irr* coger al paso, oír de pasada
aufgrund [auf'grunt] *prep* por razón de, en virtud de, a causa de
aufhaben ['aufha:bən] *v 1. (Hut, Mütze)* llevar, tener puesto; *2. Hausaufgaben ~* tener que hacer; *3. (geöffnet sein)* estar abierto
aufhalten ['aufhaltən] *v irr 1. die Tür ~* mantener la puerta abierta; *2. jdn ~* detener a alguien, retener a alguien; *3. sich ~* hallarse en, encontrarse en, detenerse en; *4. (verzögern)* demorar, retrasar; *5. (stören)* molestar, estorbar
aufhängen ['aufhɛŋən] *v irr 1. ~ an* colgar en; *2. sich ~* ahorcarse, estrangularse
aufheben ['aufhe:bən] *v irr 1. (vom Boden)* recoger, levantar; *2. (aufbewahren)* guardar, conservar; *3. (beenden)* terminar, finalizar; *4. (abschaffen)* derogar, anular
Aufhebung ['aufhe:buŋ] *f* levantamiento *m,* abolición *f,* rescisión *f,* anulación *f*
aufheitern ['aufhəɪtərn] *v 1. jdn ~* animar a alguien, alentar a alguien, reanimar a alguien; *2. (Himmel)* aclararse, despejarse, ponerse claro
Aufheiterung ['aufhəɪtəruŋ] *f* diversión *f*
aufheizen ['aufhaɪtsən] *v 1. (Wohnung)* calentar; *2. (fig: Stimmung)* animar
aufhelfen ['aufhɛlfən] *v irr jdm ~* ayudar a alguien
aufhellen ['aufhɛlən] *v 1.* aclarar, clarear; *2. (Wasser)* clarificarse
aufhetzen ['aufhɛtsən] *v 1.* instigar, soliviantar, incitar; *2. (Hunde)* azuzar
aufheulen ['aufhɔylən] *v 1. (vor Schmerz)* rugir de dolor; *2. (Motor) TECH* zumbar
aufholen ['aufho:lən] *v 1.* recuperar, recobrar; *2. (Anker) NAUT* izar
aufhorchen ['aufhɔrçən] *v* escuchar con atención, aguzar los oídos (fam)
aufhören ['aufhø:rən] *v* finalizar, terminar, cesar; *Hör auf damit!* ¡Basta ya!
aufkaufen ['aufkaufən] *v* comprar en grandes cantidades, acopiar, acaparar
aufklappen ['aufklapən] *v* abrir, destapar
aufklären ['aufklɛ:rən] *v* aclarar, dilucidar, revelar
Aufklärer ['aufklɛ:rər] *m 1.* propagador *m,* instructor *m; 2. HIST* ilustrado *m,* enciclope-

dista *m; 3. MIL* explorador *m,* batidor *m,* reconocedor *m*

Aufklärung ['aufklɛːruŋ] *f 1.* aclaración *f; 2. HIST* Ilustración *f; 3. MIL* reconocimiento *m,* exploración *f*

aufkleben ['aufkleːbən] *v* pegar

Aufkleber ['aufkleːbər] *m* autoadhesivo *m,* pegatina *f,* calcomanía *f* (LA)

aufkochen ['aufkɔxən] *v* hervir, cocer

aufkommen ['aufkɔmən] *v irr 1. (heraufziehen)* alzar, levantarse; *2. (entstehen)* aparecer, surgir, propagarse

Aufkommen ['aufkɔmən] *n 1. (Entstehung)* aparición *f,* surgimiento *m,* formación *f; 2. ECO* ingresos fiscales *m/pl,* recaudación fiscal *f*

aufladen ['auflaːdən] *v irr 1. (beladen)* cargar, sobrealimentar; *2. (fig: aufbürden)* endosarle, cargar; *3. Batterie ~ TECH* recargar las baterías

Auflage ['auflaːgə] *f 1. (eines Buches)* edición *f,* tirada *f; 2. (Bedingung)* condición *f,* imposición *f; 3. (Steuer)* impuesto *m*

auflauern ['auflauərn] *v* acechar, espiar, vigilar

Auflauf ['auflauf] *m 1. (von Menschen)* agolpamiento *m,* gentío *m,* tumulto *m; 2. GAST* soufflé *m*

aufleben ['aufleːbən] *v 1. (Person)* reanimar, reavivar; *2. (Diskussion)* animar

auflegen ['aufleːgən] *v 1.* poner, colocar; *2. (Buch)* editar

auflehnen ['aufleːnən] *v 1. sich ~* rebelarse; *2. sich ~ auf* apoyarse en

Auflehnung ['aufleːnuŋ] *f* rebelión *f,* sublevación *f,* protesta *f*

auflesen ['aufleːzən] *v* recoger, recolectar

aufleuchten ['auflɔyçtən] *v* resplandecer, centellear

auflisten ['auflɪstən] *v* hacer una lista de, alistar

auflockern ['auflɔkərn] *v* aflojar, soltar gradualmente

Auflockerung ['auflɔkəruŋ] *f* relajación *f,* aflojamiento *m*

auflodern ['aufloːdərn] *v* inflamarse

auflösen ['aufløːzən] *v 1.* deshacer, desenlazar; *2. CHEM* disolver, diluir; *3. (Geschäft) ECO* liquidar

Auflösung ['aufløːzuŋ] *f 1. (eines Rätsels)* solución *f; 2. (Geschäftsauflösung) ECO* liquidación *f*

aufmachen ['aufmaxən] *v* abrir, desplegar

Aufmachung ['aufmaxuŋ] *f* presentación *f*

aufmerksam ['aufmɛrkzaːm] *adj* alerta, atento; *Ich mache darauf ~, dass ...* Conste que ...

Aufmerksamkeit ['aufmɛrkzaːmkaɪt] *f 1. (Vorsicht)* atención *f,* cuidado *m; 2. (Geschenk)* obsequio *m,* regalo *m,* detalle *m*

aufmöbeln ['aufmœbəln] *v jdn ~* reconfortar a alguien

aufmuntern ['aufmuntərn] *v* reanimar, animar, alentar

Aufmunterung ['aufmuntəruŋ] *f* aliento *m,* animación *m,* estímulo *m*

aufmüpfig ['aufmypfɪç] *adj* gruñón, respondón

Aufnahme ['aufnaːmə] *f 1. (Empfang)* acogida *f,* recibimiento *m; 2. (in eine Organisation)* admisión *f,* ingreso *m; 3. (von Nahrung)* ingestión *f; 4. CINE* toma *f; 5. FOTO* fotografía *f*

Aufnahmeantrag ['aufnaːməantraːk] *m* solicitud de admisión *f*

Aufnahmebedingungen ['aufnaːməbədɪŋuŋən] *pl* condiciones de admisión *f/pl*

aufnahmefähig ['aufnaːməfɛːɪç] *adj* admisible

Aufnahmegebühr ['aufnaːməgəbyːr] *f* cuota de ingreso *f,* tasa de admisión *f*

Aufnahmeprüfung ['aufnaːməpryfuŋ] *f* examen de admisión *m*

aufnehmen ['aufneːmən] *v irr 1. (empfangen)* recibir, acoger; *2. (beginnen)* comenzar, empezar, iniciar; *3. (fotografieren) FOTO* fotografiar, sacar una foto; *4. (fassen)* agarrar, asir; *5. es mit jdm ~* competir con alguien

aufopfern ['aufɔpfərn] *v sich für jdn ~* sacrificarse por alguien, sufrir por alguien, padecer por alguien

Aufopferungsbereitschaft ['aufɔpfəruŋsbəraɪtʃaft] *f* altruismo *m,* abnegación *f*

aufpassen ['aufpasən] *v* tener cuidado, poner atención

Aufpasser(in) ['aufpasər(ɪn)] *m/f 1. (Beaufsichtigende(r))* guardián(ana) *m/f; 2. (Beobachter(in))* observador(a) *m/f*

aufpeitschen ['aufpaɪtʃən] *v (fig: Stimmung)* excitar, instigar

aufpolieren ['aufpoliːrən] *v* pulimentar, abrillantar, sacar brillo

Aufprall ['aufpral] *m* choque *m,* colisión *f,* impacto *m*

aufprallen ['aufpralən] *v* chocar, colisionar, impactar

Aufprallschutz ['aufpralʃuts] *m TECH* parachoques *m/pl*

Aufpreis ['aufpraɪs] *m ECO* sobreprecio *m,* recargo *m,* suplemento *m*
aufpumpen ['aufpumpən] *v* inflar, hinchar
aufputschen ['aufputʃən] *v* estimular, excitar
aufraffen ['aufrafən] *v sich ~* hacer un esfuerzo, sacar fuerzas de flaqueza
aufräumen ['aufrɔymən] *v* ordenar, arreglar, poner en orden
aufrecht ['aufrɛçt] *adj* derecho, erguido
aufrechterhalten ['aufrɛçtɛrhaltən] *v irr* sostener, mantener, conservar
Aufrechterhaltung ['aufrɛçtɛrhaltuŋ] *f* mantenimiento *m,* conservación *f,* sostenimiento *m*
aufregen ['aufre:gən] *v 1. jdn ~* perturbar a alguien, alterar, enfadar; *2. sich ~* alterarse, perturbarse, enfadarse
aufregend ['aufre:gənt] *adj* excitante, emocionante
Aufregung ['aufre:guŋ] *f* emoción *f,* excitación *f*
aufreiben ['aufraɪbən] *v irr 1. (vernichten)* destruir, exterminar, extinguir; *2. (erschöpfen)* agotar, consumir; *3. (Haut)* frotar
aufreibend ['aufraɪbənt] *adj* agotador
aufreihen ['aufraɪən] *v 1.* enfilar, poner en fila; *2. (auf Schnur, Faden)* engarzar
Aufreihung ['aufraɪuŋ] *f* fila *f,* enfilamiento *f*
aufreißen ['aufraɪsən] *v irr* arrancar, quitar
aufreizend ['aufraɪtsənt] *adj* provocativo, provocador
aufrichten ['aufrɪçtən] *v 1. (hochstellen)* erigir, alzar, levantar; *2. jdn ~ (fig)* consolar alguien, dar ánimos a alguien
aufrichtig ['aufrɪçtɪç] *adj* sincero, franco
Aufrichtigkeit ['aufrɪçtɪçkaɪt] *f* sinceridad *f,* franqueza *f*
aufrücken ['aufrykən] *v* avanzar, ascender
Aufruf ['aufru:f] *m* proclama *f,* manifiesto *m,* llamamiento *m*
aufrufen ['aufru:fən] *v irr 1.* llamar, proclamar, manifestar; *2. INFORM* llamar
Aufruhr ['aufru:r] *m POL* insurrección *f,* rebelión *f,* sublevación *f*
aufrührerisch ['aufry:rərɪʃ] *adj* revolucionario, insurrecional
Aufrüstung ['aufrystuŋ] *f MIL* rearme *m*
aufsässig ['aufzɛsɪç] *adj* rebelde, reacio
Aufsatz ['aufzats] *m* ensayo *m,* composición *f,* disertación *f*
aufschauen ['aufʃauən] *v 1.* mirar a lo alto, alzar la vista, levantar los ojos; *2. zu jdm ~* mirar a alguien con profundo respeto
aufscheuchen ['aufʃɔyçən] *v* expantar, ahuyentar
aufschichten ['aufʃɪçtən] *v* amontonar, apilar, acumular
aufschieben ['aufʃi:bən] *v 1. (zeitlich)* aplazar, postergar; *2.* abrir empujando
Aufschlag ['aufʃla:k] *m 1. (bei Kleidung)* vuelta *f; 2. (Preis) ECO* subida *f,* aumento *m; 3. (im Tennis) SPORT* saque *m*
aufschlagen ['aufʃla:gən] *v irr 1. (öffnen)* abrir de golpe; *2. (montieren)* montar; *3. (Tennis) SPORT* sacar
aufschließen ['aufʃli:sən] *v irr* abrir con una llave
Aufschluss ['aufʃlus] *m* aclaración *f,* explicación *f*
aufschlussreich ['aufʃlusraɪç] *adj* instructivo
aufschneiden ['aufʃnaɪdən] *v irr 1. (schneiden)* abrir cortando, cortar; *2. (fig: angeben)* fanfarronear, chulear, presumir
Aufschnitt ['aufʃnɪt] *m* fiambres *m/pl*
aufschrauben ['aufʃraubən] *v* atornillar
Aufschrei ['aufʃraɪ] *m* gritos *m/pl,* chillido *m*
aufschreiben ['aufʃraɪbən] *v irr* apuntar, anotar, registrar
aufschreien ['aufʃraɪən] *v* gritar, dar gritos
Aufschrift ['aufʃrɪft] *f* inscripción *f*
Aufschub ['aufʃu:p] *m* aplazamiento *m,* prórroga *f*
aufschürfen ['aufʃyrfən] *v* excoriarse, rozarse
Aufschwung ['aufʃvuŋ] *m ECO* auge *m,* boom *m*
aufsehen ['aufze:ən] *v irr 1.* mirar a lo alto, alzar la vista, levantar los ojos; *2. zu jdm ~* mirar a alguien con profundo respeto
Aufsehen ['aufze:ən] *n* sensación *f,* escándalo *m; ~ erregend* sensacional
aufsetzen ['aufzɛtsən] *v 1.* poner encima, sobreponer; *2. (schreiben)* redactar, formular
Aufsicht ['aufzɪçt] *f* supervisión *f,* inspección *f,* vigilancia *f*
Aufsichtsbehörde ['aufzɪçtsbəhœrdə] *f ADM* autoridad inspectora *f,* autoridad de vigilancia *f*
Aufsichtsrat ['aufzɪçtsra:t] *m ECO* consejo de administración *m,* consejo de vigilancia *m,* consejo de supervisión *m*

aufsitzen ['aufzɪtsən] *v irr 1. (Pferd)* montar; *2. bei jdm ~* montar detrás
aufspalten ['aufʃpaltən] *v irr* hender, rajar
aufspannen ['aufʃpanən] *v 1.* desplegar; *2. (Schirm)* abrir
aufsparen ['aufʃpaːrən] *v sich etw ~* dejar para más adelante, reservar
aufsperren ['aufʃpɛrən] *v* abrir con una llave
aufspielen ['aufʃpiːlən] *v sich ~ als* dárselas de, presumir de
aufspringen ['aufʃprɪŋən] *v irr* abrirse de golpe, estallar, reventar
aufspüren ['aufʃpyːrən] *v* buscar, tratar de descubrir, seguir el rastro de
aufstacheln ['aufʃtaxəln] *v* aguijonear, instigar
Aufstand ['aufʃtant] *m* rebelión *f,* insurrección *f,* sublevación *f*
aufständisch ['aufʃtɛndɪʃ] *adj* rebelde, revoltoso
aufstehen ['aufʃteːən] *v irr* levantarse, pararse (LA); *mit dem linken Fuß zuerst ~ (fig)* levantarse con el pie izquierdo
aufsteigen ['aufʃtaɪgən] *v irr 1.* subir, ascender; *2. (Beruf)* ascender, hacer carrera
aufstellen ['aufʃtɛlən] *v 1. (montieren)* montar, armar, instalar; *2. (Kandidaten)* designar, proponer; *3. (Mannschaft)* formar, alinear
Aufstellung ['aufʃtɛluŋ] *f* colocación *f,* montaje *m,* designación *f,* formación *f*
Aufstieg ['aufʃtiːk] *m 1. (eines Berges)* ascención *f,* subida *f; 2. (Entwicklung)* progreso *m,* evolución *f; 3. (Karriere)* promoción *f,* ascenso *m*
Aufstiegsmöglichkeit ['aufʃtiːksmøːklɪçkaɪt] *f* posibilidad de ascenso *f*
aufstoßen ['aufʃtoːsən] *v irr 1. (öffnen)* abrir de un empujón; *2. (rülpsen)* eructar
aufstrebend ['aufʃtreːbənt] *adj* floreciente, pujante, prometedor
Aufstrich ['aufʃtrɪç] *m (Marmelade) GAST* capa de mermelada *f*
aufstützen ['aufʃtytsən] *v* apoyar
aufsuchen ['aufzuːxən] *v* buscar, ir a ver a
auftakeln ['auftaːkəln] *v aufgetakelt sein* estar emperifollada
Auftakt ['auftakt] *m* preludio *m,* preámbulo *m,* introducción *f,* principio *m*
auftanken ['auftaŋkən] *v* echar gasolina
auftauchen ['auftauxən] *v* emerger, salir a la superficie
auftauen ['auftauən] *v* derretir
aufteilen ['auftaɪlən] *v* distribuir, repartir
Aufteilung ['auftaɪluŋ] *f* distribución *f,* reparto *m*
auftischen ['auftɪʃən] *v 1. (bewirten)* servir, poner sobre la mesa; *2. (belügen)* contar una historia, echar un cuento
Auftrag ['auftraːk] *m 1. (Aufgabe)* misión *f,* encargo *m; 2. ECO* orden *f,* pedido *m*
auftragen ['auftraːgən] *v irr 1. (Speisen)* servir, poner en la mesa; *2. (beauftragen)* encargar, encomendar; *3. (bestreichen)* pintar, aplicar; *4. dick ~* exagerar
Auftraggeber(in) ['auftraːkgeːbər(ɪn)] *m/f ECO* cliente *m/f,* comprador(a) *m/f*
Auftragnehmer(in) ['auftraːkneːmər(ɪn)] *m/f ECO* comisionista *m/f,* tomador(a) de una orden *m/f*
auftreiben ['auftraɪbən] *v irr 1. (beschaffen)* hallar, descubrir; *2. (Staub)* desempolvar; *3. (aufblähen)* hinchar; *4. (Vieh)* empujar
auftrennen ['auftrɛnən] *v* deshacer, descoser
auftreten ['auftreːtən] *v 1. (erscheinen)* aparecer, presentarse, surgir; *2. THEAT* entrar en escena, salir a escena
Auftreten ['auftreːtən] *n* presentación *f*
Auftrieb ['auftriːp] *m 1.* empuje ascensional *m; 2. PHYS* fuerza ascensional *f*
Auftritt ['auftrɪt] *m 1. (Erscheinen)* aparición *f,* presentación *f; 2. THEAT* entrada a escena *f,* salida a escena *f*
auftun ['auftuːn] *v irr (fam: sich eröffnen) sich ~* abrirse
aufwachen ['aufvaxən] *v* despertarse, espabilar, desadormecer
aufwachsen ['aufvaksən] *v irr* crecer, criarse
Aufwand ['aufvant] *m 1. (Einsatz)* despliegue *m; 2. (Kosten) ECO* gastos *m/pl*
aufwändig ['aufvɛndɪç] *adj* costoso, lujoso, caro
aufwärmen ['aufvɛrmən] *v 1.* recalentar, volver a calentar; *2. (fig)* evocar, recordar
aufwärts ['aufvɛrts] *adv* hacia arriba
Aufwärtsentwicklung ['aufvɛrtsɛntvɪkluŋ] *f* auge *m,* progreso *m,* progresión *m*
aufwecken ['aufvɛkən] *v jdn ~* despertar a alguien
aufweichen ['aufvaɪçən] *v* ablandar
aufweisen ['aufvaɪzən] *v irr* mostrar, presentar
aufwenden ['aufvɛndən] *v irr 1. (Zeit)* emplear, dedicar; *2. (Geld)* gastar, invertir

Aufwendung ['aufvɛnduŋ] *f (Kosten)* empleo *m,* gasto *m*
aufwerten ['aufvɛrtən] *v FIN* revaluar
Aufwertung ['aufveːrtuŋ] *f 1.* revalorización *f; 2. (Währung) FIN* revaluación *f*
aufwiegeln ['aufviːgəln] *v* sublevar, amotinar, alborotar
Aufwiegelung ['aufviːgəluŋ] *f POL* agitación *f,* rebelión *f,* sublevación *f*
Aufwind ['aufvɪnt] *m 1. METEO* ascendencia *f,* corriente ascendente *f; 2. (fig)* estímulo *m,* impulso *m; neuen ~ bekommen* recibir nuevos estímulos
aufwirbeln ['aufvɪrbəln] *v 1.* arremolinar; *2. (Staub)* levantar una polvadera
aufwischen ['aufvɪʃən] *v* fregar, limpiar
aufwühlen ['aufvyːlən] *v* revolver, agitar, alterar
aufzählen ['auftsɛːlən] *v* enumerar, contar
Aufzählung ['auftsɛːluŋ] *f* enumeración *f,* lista *f*
aufzehren ['auftseːrən] *v (aufessen)* consumir, comerlo todo
aufzeichnen ['auftsaɪçnən] *v 1. (zeichnen)* dibujar, trazar, pintar; *2. (Musik)* grabar; *3. (notieren)* anotar, apuntar
Aufzeichnung ['auftsaɪçnuŋ] *f 1. (Zeichnung)* dibujo *m,* trazo *m; 2. (von Musik)* grabación *f; 3. (Notiz)* nota *f,* apunte *m*
aufzeigen ['auftsaɪgən] *v* mostrar, exhibir, señalar
aufziehen ['auftsiːən] *v irr 1. (öffnen)* abrir; *2. Uhr ~* dar cuerda al reloj; *3. (großziehen)* criar, educar; *4. jdn ~* tomar el pelo a alguien
Aufzug ['auftsuːk] *m 1. (Aufmachung)* atuendo *m,* atavío *m; 2. TECH* ascensor *m*
aufzwingen ['auftsvɪŋən] *v irr jdm etw ~* imponer algo a alguien
Augapfel ['aukapfəl] *m ANAT* pupila *f,* iris *f; etw hüten wie seinen ~* guardar algo como oro en paño
Auge ['augə] *n ANAT* ojo *m; ein geschultes ~ haben (fig)* tener ojo clínico; *ein ~ zudrücken* hacer la vista gorda; *ins ~ gehen* acabar mal/salir mal; *~en machen* mirar con asombro; *jdm ein Dorn im ~ sein* no poder aguantar a alguien/no poder ver alguien ni pintado; *sich die ~en ausweinen* desconsolarse; *ein ~ auf jdn werfen* echar el ojo a alguien; *etw ins ~ fassen* tener en cuenta algo; *ins ~ stechen* saltar a la vista/llamar la atención; *die ~n vor etw verschließen* no querer ver algo; *seinen ~n nicht trauen können* no poder dar fe a sus ojos; *mit offenen ~n ins Unglück rennen* no ver el peligro; *mit einem lachenden und einem weinenden ~* medio triste/medio contento; *jdm etw aufs ~ drücken* imponer algo a alguien; *Das passt wie die Faust aufs ~.* Le viene como a un santo un par de pistolas.
Augenarzt ['augənartst] *m* oculista *m*
Augenblick ['augənblɪk] *m* momento *m,* instante *m; in einem ~* en un abrir y cerrar de ojos
augenblicklich ['augənblɪklɪç] *adj 1.* momentáneo, instantáneo; *adv 2.* momentáneamente, en este momento, ahora mismo
Augenbraue ['augənbrauə] *f* ceja *f*
augenfällig ['augənfɛlɪç] *adj* evidente, manifiesto, visible
Augenfarbe ['augənfarbə] *f* color de ojos *m*
Augenheilkunde ['augənhaɪlkundə] *f MED* oftalmología *f*
Augenlicht ['augənlɪçt] *n* vista *f*
Augenlid ['augənliːt] *n* párpado *m*
Augenmaß ['augənmaːs] *n* sentido de las proporciones *m*
Augenmerk ['augənmɛrk] *n* punto de mira *m*
Augenringe ['augənrɪŋə] *pl* ojeras *pl*
Augenschein ['augənʃaɪn] *m 1.* vista *f,* apariencia *f; 2. (Wahrnehmung)* percepción *f*
augenscheinlich ['augənʃaɪnlɪç] *adv* aparentemente, evidentemente
Augenwimper ['augənvɪmpər] *f* pestaña *f*
Augenwinkel ['augənvɪŋkəl] *m* rabillo del ojo *m,* comisura *f; jdm aus den ~n anschauen* mirar a alguien con el rabillo del ojo
Augenwischerei ['augənvɪʃəraɪ] *f (fig)* patraña *f,* falacia *f,* filfa *f*
Augenzeuge ['augəntsɔygə] *m JUR* testigo ocular *m*
Augenzwinkern ['augəntsvɪŋkərn] *n* guiño *m*
August [au'gust] *m* agosto *m*
Auktion [auk'tsjoːn] *f* subasta *f,* licitación *f*
Aula ['aula] *f* salón *m,* aula *f/el*
Au-pair-Mädchen [o'pɛːrmɛːtçən] *n* canguro *m/f,* babysitter *m/f*
Au-pair-Stelle [o'pɛːrʃtɛlə] *f* trabajo de canguro *m,* trabajo de babysitter *m*
aus [aus] *prep 1. (örtlich)* de, desde; *Ich komme ~ Bolivien.* Vengo de Bolivia. *von dort ~* desde allí; *vom Fenster ~* desde la ventana; *2. (kausal)* por, de, para; *~ Liebe zu dir* por amor a ti; *~ Spaß* de broma; *~ Rache* para vengarse; *3. (Stoff)* de; *~ Holz* de madera; *v irr 4. ~ sein* haberse terminado

ausarbeiten ['ausarbaɪtən] *v* elaborar, componer
Ausarbeitung ['ausarbaɪtuŋ] *f* elaboración *f,* composición *f*
ausarten ['ausartən] *v* degenerar, empeorar
ausatmen ['ausaːtmən] *v* espirar, exhalar
ausbaden ['ausbaːdən] *v etw ~ (fam)* pagar el pato de algo, pagar los platos rotos
ausbaggern ['ausbagərn] *v TECH* dragar, excavar
Ausbau ['ausbau] *m 1. (eines Gebäudes)* construcción *f; 2. (von Beziehungen)* intensificación *f,* desarrollo *m; 3. (eines Motors)* desmontaje *m*
ausbauen ['ausbauən] *v 1. (Gebäude)* construir, edificar; *2. (Beziehungen)* intensificar, desarrollar; *3. (Motor)* desmontar; *4. (weiterentwickeln)* desarrollar
ausbessern ['ausbɛsərn] *v* reparar, componer, arreglar
Ausbeute ['ausbɔytə] *f ECO* ganancia *f,* beneficio *m*
ausbeuten ['ausbɔytən] *v* explotar
Ausbeuter ['ausbɔytər] *m* explotador *m*
Ausbeutung ['ausbɔytuŋ] *f* explotación *f,* utilización *f,* aprovechamiento *m*
ausbilden ['ausbɪldən] *v* formar, instruir
Ausbildung ['ausbɪlduŋ] *f* formación *f,* instrucción *f*
ausblasen ['ausblaːzən] *v irr* apagar de un soplo
ausbleiben ['ausblaɪbən] *v irr 1. (nicht eintreffen)* faltar, no aparecer, no presentarse; *2. (nicht nach Hause kommen)* no venir, no aparecer, trasnochar
ausbleichen ['ausblaɪçən] *v* blanquear, decolorar, perder el color
Ausblick ['ausblɪk] *m* vista *f,* panorama *m*
ausborgen ['ausbɔrgən] *v 1. (bei jdm etw ~)* tomar prestado de alguien; *2. (jdm etw ~)* prestar algo a alguien
ausbrechen ['ausbrɛçən] *v irr 1. (herausbrechen)* romper, arrancar; *2. (entfliehen)* evadirse, fugarse, escaparse; *3. (plötzlich aufkommen)* estallar, producirse, irrumpir
Ausbrecher(in) ['ausbrɛçər(ɪn)] *m/f* fugitivo/fugitiva *m/f,* evadido/evadida *m/f,* evasor(a) *m/f*
ausbreiten ['ausbraɪtən] *v 1. etw ~* extender algo, desdoblar algo, abrir algo, desplegar algo; *2. sich ~* extenderse, deplegarse
Ausbreitung ['ausbraɪtuŋ] *f* extensión *f,* despliegue *m,* propagación *f*
Ausbruch ['ausbrux] *m 1. (Flucht)* fuga *f,* evasión *f; 2. (plötzlicher Beginn)* estallido *m,* irrupción *f; 3. (eines Vulkans)* erupción *f*
ausbrüten ['ausbryːtən] *v* empollar, incubar
Ausbuchtung ['ausbuxtuŋ] *f* convexidad *f,* sinuosidad *f*
ausbürgern ['ausbyrgərn] *v* retirar la ciudadanía, desnaturalizar, expatriar
ausbürsten ['ausbyrstən] *v* cepillar
Ausdauer ['ausdauər] *f* paciencia *f,* perseverancia *f*
ausdauernd ['ausdauərnt] *adj* paciente, perseverante
ausdehnen ['ausdeːnən] *v 1. (örtlich)* extender/extenderse; *2. (zeitlich)* prolongar/prolongarse
Ausdehnung ['ausdeːnuŋ] *f 1. (örtlich)* extensión *f; 2. (zeitlich)* prolongación *f*
ausdenken ['ausdɛŋkən] *v irr sich ~* imaginarse, pensar
ausdiskutieren ['ausdɪskutiːrən] *v* discutir a fondo
ausdörren ['ausdœrən] *v* secar, abrasar
Ausdruck ['ausdruk] *m 1. (Wort)* término *m,* expresión *f; 2. (Gesichtsausdruck)* expresión de la cara *f; 3. (Druck)* impresión *f*
ausdrucken ['ausdrukən] *v* imprimir
ausdrücken ['ausdrykən] *v 1.* exprimir, estrujar; *2. (fig: äußern)* expresar, manifestar, decir; *Wie drückt man das auf Deutsch aus?* ¿Cómo se dice eso en alemán?
ausdrücklich ['ausdryklɪç] *adj* explícito
ausdruckslos ['ausdrukslo:s] *adj* inexpresivo
ausdrucksstark ['ausdruksʃtark] *adj* muy expresivo
ausdrucksvoll ['ausdruksfɔl] *adj* muy expresivo
Ausdrucksweise ['ausdruksvaɪzə] *f* modo de expresión *m,* manera de expresarse *f*
ausdünnen ['ausdynən] *v* aclarar, ralear
Ausdünstung ['ausdynstuŋ] *f* evaporación *f,* transpiración *f*
auseinander [ausaɪn'andər] *adv 1. (örtlich)* separado(s), distante(s) entre sí; *~ brechen* romper, romperse, partir, partirse en dos; *~ bringen* separar, enemistar; *~ fallen* caer en pedazos, desmoronarse; *~ gehen* separarse; *~ halten* diferenciar entre, distinguir, no confudir lo uno con lo otro; *~ nehmen* deshacer, desunir; *~ reißen* separar con violencia; *sich ~ setzen* ocuparse con, discutir sobre; *2. (zeitlich)* con intervalo

Auseinandersetzung [ausaın'andərzɛtsuŋ] *f* disputa *f,* discusión *f*
auserlesen ['ausɛrle:zən] *adj* exquisito, excelente, excelso
auserwählt ['ausɛrvɛ:lt] *adj* elegido
ausfahrbar ['ausfa:rba:r] *adj* repegable, extensible
ausfahren ['ausfa:rən] *v irr 1.* salir en coche, pasear en coche; *2. TECH* poner en posición extrema
Ausfahrt ['ausfa:rt] *f 1. (einer Autobahn)* salida *f; 2. (eines Hauses)* puerta cochera *f* (LA)
Ausfall ['ausfal] *m 1. (Störung)* fallo *m; 2. (Haarausfall)* caída del pelo *f; 3. (Verlust) ECO* pérdida *f,* déficit *m*
ausfallen ['ausfalən] *v irr 1. (nicht stattfinden)* no tener lugar, no llevarse a cabo; *2. (Haare)* caerse el pelo; *3. (Maschine)* fallar
ausfallend ['ausfalənt] *adj* agresivo, injurioso
ausfällig ['ausfɛlıç] *adj* insultante, injurioso, grosero
Ausfallzeit ['ausfaltzaıt] *f ECO* período durante el cual no se pagan cotizaciones sociales
ausfechten ['ausfɛçtən] *v irr* resolver a mano armada, combatir hasta el fin, zanjar con las armas
ausfertigen ['ausfɛrtıgən] *v* despachar, expedir
Ausfertigung ['ausfɛrtıguŋ] *f* despacho *m,* expedición *f*
ausfindig ['ausfındıç] *adj 1. ~ machen* descubrir, encontrar, hallar; *2. ~ machen (aufspüren)* localizar a alguien
ausfließen ['ausfli:sən] *v irr* derramarse, verterse, correrse
Ausflüchte ['ausflyçtə] *pl* pretextos *m/pl*
Ausflug ['ausflu:k] *m* excursión *f*
Ausflügler(in) ['ausfly:klər(ın)] *m/f* excursionista *m/f*
Ausflugsort ['ausflu:ksort] *m* lugar de excursión *m*
Ausfluss ['ausflus] *m MED* flujo *m,* descenso *m*
ausformen ['ausfɔrmən] *v* moldear, dar forma
ausformulieren ['ausfɔrmuli:rən] *v* formular, redactar, concebir
Ausformung ['ausfɔrmuŋ] *f* moldeo *m,* forma *f*
ausfragen ['ausfra:gən] *v* preguntar, interrogar
ausfressen ['ausfre:sən] *v irr (fam)* hacer algo malo, hacer una travesura
Ausfuhr ['ausfu:r] *f ECO* exportación *f*
Ausfuhrbeschränkung ['ausfu:rbəʃrɛŋkuŋ] *f ECO* restricción a la exportación *f*
ausführen ['ausfy:rən] *v 1. (durchführen)* realizar, efectuar, ejecutar; *eine Arbeit ~* llevar a cabo un trabajo; *2. (spazieren führen)* pasear, llevar de paseo; *3. ECO* exportar
Ausfuhrgenehmigung ['ausfu:rgəne:mıguŋ] *f ECO* licencia de exportación *f*
ausführlich ['ausfy:rlıç] *adj 1.* amplio, extenso, detallado; *adv 2.* detalladamente; *sehr ~* con todo lujo de detalles
Ausführlichkeit [aus'fy:rlıçkaıt] *f* detalle *m,* prolijidad *f,* minuciosidad *f*
Ausführung ['ausfy:ruŋ] *f* realización *f,* ejecución *f*
Ausfuhrverbot ['ausfu:rfɛrbo:t] *n* prohibición de exportación *f*
ausfüllen ['ausfylən] *v* rellenar, llenar
Ausgabe ['ausga:bə] *f 1. (Geldausgabe)* gasto *m,* desembolso *m,* salidas *f/pl,* egresos *m/pl* (LA); *2. (Gepäckausgabe)* entrega de equipajes *f; 3. (eines Buches)* edición *f*
Ausgang ['ausgaŋ] *m 1.* salida *f; 2. (Ende)* final *m,* fin *m; einen anderen ~ nehmen* tomar otro giro
Ausgangslage ['ausgaŋsla:gə] *f* situación inicial *m*
Ausgangspunkt ['ausgaŋspuŋkt] *m* punto de partida *m*
Ausgangssperre ['ausgaŋsʃpɛrə] *f* toque de queda *m,* queda *f*
ausgeben ['ausge:bən] *v irr 1.* gastar, desembolsar; *2. sich ~ für* hacerse pasar por
ausgebleicht ['ausgəblaıçt] *adj* blanqueado
ausgebucht ['ausgəbu:xt] *adj* completo, lleno, agotado
ausgedehnt ['ausgəde:nt] *adj 1.* amplio, extenso, vasto; *2. (breit)* extenso, vasto; *3. (lang)* extenso
ausgedient ['ausgədi:nt] *adj 1. (Sache)* viejo, raído; *2. ~er Soldat* retirado del servicio
ausgedörrt ['ausgədœrt] *adj* abrasado
ausgefallen ['ausgəfalən] *adj* extravagante, estrafalario, llamativo
ausgefeilt ['ausgəfaılt] *adj* pulido, limado, retocado
ausgeflippt ['ausgəflıpt] *adj (fam)* flipado
ausgeglichen ['ausgəglıçən] *adj* equilibrado, ecuánime

Ausgeglichenheit ['ausgəglıçənhaıt] *f* equilibrio *m,* ecuanimidad *f*
ausgehen ['ausgeːən] *v irr 1. (weggehen)* salir; *2. (enden)* finalizar, terminar; *3. (erlöschen)* apagarse, apagar; *4. (Vorräte)* acabarse, terminarse; *5. (herkommen)* proceder, provenir
ausgehungert ['ausgəhuŋərt] *adj* hambriento, famélico, deshambrido
ausgeklügelt ['ausgəklyːgəlt] *adj* sofisticado, ingenioso, bien pensado
ausgelassen ['ausgəlasən] *adj* desenfadado, alegre
ausgelastet ['ausgəlastət] *adj* que tiene bastante trabajo, tener bastante que hacer
ausgelaugt ['ausgəlaukt] *adj* rendido
ausgeleiert ['ausgəlaıərt] *adj (fam)* dado de sí, pasado de rosca
ausgemacht ['ausgəmaxt] *adj 1. (verabredet)* acordado, convenido, concertado; *2. (eindeutig)* cierto, seguro
ausgenommen ['ausgənɔmən] *prep* excepto, salvo
ausgeprägt ['ausgəprɛːkt] *adj* pronunciado, marcado
ausgepumpt ['ausgəpumpt] *adj 1. (leergepumpt)* desaguado, achicado; *2. (fig: erschöpft)* agotado, extenuado
ausgerechnet ['ausgərɛçnət] *adv* precisamente, justamente
ausgeschlossen ['ausgəʃlɔsən] *adj* imposible
ausgesprochen ['ausgəʃprɔxən] *adj 1. (gesagt)* pronunciado, declarado, manifiesto; *adv 2. (besonders)* francamente
ausgestorben ['ausgəʃtɔrbən] *adj* extinguido, desaparecido
ausgewachsen ['ausgəvaksən] *adj 1.* crecido, desarrollado; *2. (fig)* adulto, hecho, formado
ausgewogen ['ausgəvoːgən] *adj* armonioso, equilibrado, ponderado
ausgezeichnet ['ausgətsaıçnət] *adj* excelente, sobresaliente, magnífico, estupendo; *Es war ~!* ¡Ha sido excelente!
ausgiebig ['ausgiːbıç] *adj 1.* abundante, copioso; *adv 2.* abundantemente, en abundancia
ausgießen ['ausgiːsən] *v irr* echar, derramar, verter
Ausgleich ['ausglaıç] *m 1. (fig)* arreglo *m,* compromiso *m; 2. (eines Kontos) ECO* liquidación *f,* saldo *m; 3. (Entschädigung) ECO* indemnización *f; 4. SPORT* empate *m*
ausgleichen ['ausglaıçən] *v irr 1. (fig)* arreglar; *2. (Konto) ECO* liquidar, saldar; *3. (entschädigen) ECO* indemnizar; *4. SPORT* empatar
ausgraben ['ausgraːbən] *v irr 1.* desenterrar; *2. (Leiche)* exhumar; *3. (Ruinen)* excavar
Ausgrabung ['ausgraːbuŋ] *f 1. (einer Leiche)* exhumación *f; 2. (einer Ruine)* excavación *f*
ausgrenzen ['ausgrɛntsən] *v 1. (begrenzen)* limitar; *2. (isolieren)* aislar, excluir
Ausgrenzung ['ausgrɛntsuŋ] *f 1. (Begrenzung)* limitación *f; 2. (Isolation)* aislamiento *m,* apartamiento *m,* separación *f*
Ausguss ['ausgus] *m 1.* derramamiento *m,* derrame *m; 2. (Becken)* pila *f,* vertedero *m,* pileta *f*
aushalten ['aushaltən] *v irr 1.* aguantar, soportar; *2. (widerstehen)* resistir, no darse por vencido, no ceder
aushandeln ['aushandəln] *v* negociar
aushändigen ['aushɛndıgən] *v* entregar en mano
Aushang ['aushaŋ] *m* cartel *m,* anuncio *m*
aushängen ['aushɛŋən] *v irr 1. (Anzeige)* colgar en el tablón de anuncios; *2. (aus den Angeln heben)* colgar
Aushängeschild ['aushɛŋəʃılt] *n* letrero *m,* rótulo *m*
ausharren ['ausharən] *v* perseverar hasta el fin
ausheben ['ausheːbən] *v irr 1.* levantar, alzar; *2. (fig)* desmantelar, desalojar
aushecken ['aushɛkən] *v* tramar
ausheilen ['aushaılən] *v* curarse, irse curando
aushelfen ['aushɛlfən] *v irr* ayudar, asistir
Aushilfe ['aushılfə] *f* ayuda *f,* asistencia *f*
Aushilfsarbeit ['aushılfsarbaıt] *f* trabajo auxiliar *m*
Aushilfskraft ['aushılfskraft] *f* temporero/temporera *m/f*
aushilfsweise ['aushılfsvaızə] *adv* a modo de ayuda, provisionalmente
aushöhlen ['aushøːlən] *v 1. (hohl machen)* ahuecar, ahoyar; *2. (untergraben)* minar, socavar
aushungern ['aushuŋərn] *v* matar de hambre
auskennen ['auskɛnən] *v irr sich ~* entender de, conocer el terreno
ausklammern ['ausklamərn] *v* excluir, dejar de lado
Ausklang ['ausklaŋ] *m* final *m*

ausklappbar ['ausklapba:r] *adj* plegable
ausklappen ['ausklapən] *v* plegar, abatir
ausklingen ['ausklıŋən] *v irr* irse extiguiendo, pederse a lo lejos
ausklügeln ['auskly:gəln] *v* imaginar, idear, inventar
ausknipsen ['ausknıpsən] *v (fam)* apagar
ausknocken ['ausnɔkən] *v* noquear
auskochen ['auskɔxən] *v 1.* cocer, acabar de cocer; *2. (keimfrei machen)* esterilizar
auskommen ['auskɔmən] *v irr ~ mit* tener bastante de, tener lo suficiente para
Auskommen ['auskɔmən] *n* ingresos *m/pl,* entradas *f/pl*
auskosten ['auskɔstən] *v (genießen)* disfrutar
auskundschaften ['auskuntʃaftən] *v* explorar
Auskunft ['auskunft] *f 1. (Information)* información *f; Können Sie mir bitte ~ geben, wo die Kirche ist?* ¿Por favor, puede usted indicarme dónde queda la iglesia? *2. (Büro)* oficina de información *f*
Auskunftsstelle ['auskunftsʃtɛlə] *f 1.* oficina de información *f; 2. (Schalter)* ventanilla *f,* taquilla *f*
auskuppeln ['auskupəln] *v* desenganchar, desembragar
auskurieren ['auskuri:rən] *v* sanarse completamente, curarse completamente
auslachen ['auslaxən] *v jdn ~* reírse de alguien, burlarse de alguien
ausladen ['ausla:dən] *v irr 1. (Gepäck)* descargar; *2. (fig: Gäste)* anular la invitación a
Auslage ['ausla:gə] *f 1. (im Schaufenster)* escaparate *m,* vitrina *f; 2. (von Geld)* desembolso *m,* gastos *m/pl*
auslagern ['ausla:gərn] *v ECO* poner a salvo
Ausland ['auslant] *n* extranjero *m*
Ausländer(in) ['auslɛndər(ın)] *m/f* extranjero/extranjera *m/f*
Ausländerbehörde ['auslɛndərbəhœrdə] *f* autoridad de extranjería *f*
ausländerfeindlich ['auslɛndərfaıntlıç] *adj* xenófobo
Ausländerfeindlichkeit ['auslɛndərfaıntlıçkaıt] *f* xenofobia *f*
ausländisch ['auslɛndıʃ] *adj* extranjero
Auslandsaufenthalt ['auslantsaufɛnthalt] *m* estancia en el extranjero *f*
Auslandsinvestitionen ['auslantsınvɛstitsjo:nən] *pl ECO* investiciones en el extranjero *f/pl*
Auslandsreise ['auslantsraızə] *f* viaje al extranjero *m*
Auslandsverschuldung ['auslantsfɛrʃulduŋ] *f ECO* deuda exterior *f*
auslassen ['auslasən] *v irr 1. (unterlassen)* omitir, suprimir; *2. (Zorn ~)* desahogar la ira
auslasten ['auslastən] *v 1.* ocupar en su totalidad; *2. (Maschine)* utilizar el pleno rendimiento
Auslastung ['auslastuŋ] *f ECO* ocupación *f,* tasa de ocupación *f*
auslaufen ['auslaufən] *v irr 1. (Flüssigkeit)* derramarse, escurrirse, gotear; *2. (Schiff)* zarpar, salir; *3. (fig)* caminar para hacer ejercicios
auslaugen ['auslaugən] *v 1.* lavar con lejía, hacer la colada; *2. wie ausgelaugt sein (fam)* estar agotado
ausleben ['ausle:bən] *v* vivir la vida, disfrutar de la vida
ausleeren ['ausle:rən] *v* vaciar
Ausleerung ['ausle:ruŋ] *f* vaciado *m,* vertido *m*
auslegen ['ausle:gən] *v 1. (Waren)* exponer, exhibir; *2. (Geld)* anticipar, adelantar; *3. (deuten)* interpretar
Auslegung ['ausle:guŋ] *f* interpretación *f,* explicación *f*
ausleihen ['auslaıən] *v irr 1. etw ~* prestar algo, facilitar algo; *2. sich etw ~* prestarse algo, tomar prestado
Auslese ['ausle:zə] *f* selección *f*
auslesen ['ausle:zən] *v irr 1.* elegir, escoger; *2. (Buch)* terminar de leer
ausliefern ['ausli:fərn] *v 1.* entregar; *2. JUR* extraditar
Auslieferung ['ausli:fəruŋ] *f 1.* entrega *f; 2. JUR* extradición *f*
Auslieferungsabkommen ['ausli:fəruŋsapkɔmən] *n* contrato de extradición *m*
auslöffeln ['auslœfəln] *v (Suppe)* sacar a cucharadas (fig); *Jetzt musst du die Suppe ~, die du dir eingebrockt hast.* Ahora tienes que pagar el pato por lo que has armado.
auslöschen ['auslœʃən] *v* apagar, extinguir
auslosen ['auslo:zən] *v* sortear, echar suertes
auslösen ['auslø:zən] *v 1. (loskaufen)* desempeñar; *2. (in Gang setzen)* poner en movimiento, provocar el movimiento de; *3. (fig: verursachen)* provocar, producir, causar, originar

Auslöser ['auslø:zər] *m FOTO* obturador *m,* disparador *m*
auslüften ['auslyftən] *v* ventilar, airear
ausmachen ['ausmaxən] *v 1. (löschen)* apagar, extinguir, sofocar; *2. (übereinkommen)* ponerse de acuerdo, fijar, quedar en algo, concertar; *3. (sich belaufen auf)* ascender a, elevarse a, importar; *4. (bedeuten)* significar
ausmalen ['ausma:lən] *v 1. (bunt anmalen)* colorear, pintar; *2. (fig: sich vorstellen)* imaginarse, figurarse
Ausmaß ['ausma:s] *n* dimensión *f,* medida *f*
ausmerzen ['ausmertsən] *v 1. (aussondern)* seleccionar; *2. (vernichten)* exterminar; *3. (streichen)* eliminar
ausmessen ['ausmɛsən] *v irr* medir, tomar la medida a
Ausnahme ['ausna:mə] *f* excepción *f*
Ausnahmefall ['ausna:məfal] *m* caso de excepción *m*
Ausnahmegenehmigung ['ausna:məgəne:mɪguŋ] *f* autorización especial *f*
Ausnahmezustand ['ausna:mətsuʃtant] *m* estado de excepción *m,* estado de emergencia *m* (LA)
ausnahmslos ['ausna:mslo:s] *adj 1.* sin excepción; *adv 2.* sin excepción
ausnahmsweise ['ausna:msvaɪzə] *adv* excepcionalmente, por excepción
ausnehmen ['ausne:mən] *v irr 1. (ausschließen)* excluir, exceptuar; *2. (Tiere)* destripar; *3. (fig) jdn ~* desplumar a alguien
ausnützen ['ausnytsən] *v* aprovechar, aprovecharse de, sacar provecho de
Ausnützung ['ausnytsuŋ] *f* aprovechamiento *m,* utilización *f*
auspacken ['auspakən] *v* desenvolver, desempacar
ausplaudern ['ausplaudərn] *v* divulgar, propagar
ausplündern ['ausplyndərn] *v* divulgar, hablar secretos a voces (fam)
auspolstern ['auspɔlstərn] *v* acolchar
ausprägen ['ausprɛ:gən] *v* expresarse, traducirse en
Ausprägung ['ausprɛ:guŋ] *f 1. (Deutlichkeit)* manifestación *f; 2. (einer Münze)* acuñación *f*
auspressen ['ausprɛsən] *v 1.* prensar, exprimir, estrujar; *2. (fig)* arrancar, obtener información, extorsionar
ausprobieren ['ausprobi:rən] *v* probar, ensayar, experimentar
Auspuff ['auspuf] *m TECH* escape *m*
Auspuffrohr ['auspufro:r] *n TECH* tubo de escape *m*
auspumpen ['auspumpən] *v 1. (Keller)* achicar; *2. (Magen) MED* vaciar
auspusten ['auspu:stən] *v* apagar de un soplo
ausquartieren ['auskvarti:rən] *v* desalojar
ausquetschen ['auskvɛtʃən] *v 1.* exprimir, estrujar; *2. jdn ~ (fig)* estrujar a alguien
ausradieren ['ausradi:rən] *v* borrar
ausrangieren ['ausraŋʒi:rən] *v* desechar, eliminar
ausrasieren ['ausrazi:rən] *v* afeitar, pelar (fam)
ausrasten ['ausrastən] *v 1. (ausklinken)* desencerrojar, desengatillar; *2. (fig: Fassung verlieren)* perder los papeles, perder el control, perder los estribos
ausrauben ['ausraubən] *v* desvalijar, robar, atracar
ausräumen ['ausrɔymən] *v 1. (Gegenstände)* evacuar, quitar; *2. (fig: Zweifel)* eliminar
ausrechnen ['ausreçnən] *v* calcular
Ausrede ['ausre:də] *f* excusa *f,* evasiva *f*
ausreden ['ausre:dən] *v 1. (zu Ende reden)* acabar de hablar; *2. jdm etw ~ lassen* dejar hablar a alguien, no interrumpir a alguien cuando habla; *3. sich ~* desahogarse; *4. sich ~ (sich her~)* dejar hablar
ausreichen ['ausraɪçən] *v* bastar, ser suficiente
ausreichend ['ausraɪçənt] *adj* suficiente, bastante
Ausreise ['ausraɪzə] *f* salida *f,* partida *f*
Ausreisegenehmigung ['ausraɪzəgəne:miguŋ] *f* permiso de salida *m*
ausreisen ['ausraɪzən] *v* salir, partir; *aus einem Land ~* salir de un país
Ausreisevisum ['ausraɪzəvi:zum] *n* visado de salida *m*
ausreißen ['ausraɪsən] *v irr 1.* arrancarse, desgarrarse; *(Zahn, Unkraut)* arrancar; *2. (sich lösen)* desarraigarse; *3. (davonlaufen)* huir, escaparse; *4. SPORT* descolgarse
Ausreißer(in) ['ausraɪsər(ɪn)] *m/f* fugitivo/fugitiva *m/f*
ausrenken ['ausrɛŋkən] *v sich etw ~* dislocarse algo
ausrichten ['ausrɪçtən] *v 1. (aufstellen)* erigir, alzar, levantar; *2. (veranstalten)* organizar, preparar, disponer; *3. (benachrichtigen)* dar un recado, informar

Ausrichtung ['ausrɪçtuŋ] *f* *1. (Stellung)* ajuste *m; 2. (Veranstaltung)* organización *f*
ausrotten ['ausrɔtən] *v 1. (Pflanzen, Tiere)* exterminar; *2. (fig)* desarraigar, erradicar
Ausrottung ['ausrɔtuŋ] *f* extirpación *f,* desarraigo *m,* extinción *f*
Ausruf ['ausruːf] *m* grito *m,* exclamación *f*
ausrufen ['ausruːfən] *v irr* gritar, exclamar; *einen Streik ~* convocar una huelga
Ausrufezeichen ['ausruːfətsaɪçən] *n* signo de admiración *m*
ausruhen ['ausruːən] *v* descansar, reposar
ausrüsten ['ausrystən] *v* equipar, dotar
Ausrüster ['ausrystər] *m 1. ECO* armador *m; 2.* proveedor *m*
Ausrüstung ['ausrystuŋ] *f* equipo *m,* armamento *m*
ausrutschen ['ausrutʃən] *v* resbalar(se), escurrirse, deslizarse
Aussaat ['auszaːt] *f 1. (Aussähen) AGR* siembra *f; 2. (Samen)* semilla *f,* simiente *f*
aussäen ['auszɛːən] *v* sembrar
Aussage ['auszaːgə] *f 1.* exposición *f,* manifestación *f; 2. JUR* declaración *f*
Aussagekraft ['auszaːgəkraft] *f* fuerza expresiva *f*
aussagekräftig ['auszaːgəkrɛftɪç] *adj* de gran valor informativo
aussagen ['auszaːgən] *v 1.* exponer, manifestar; *2. JUR* declarar
Aussatz ['aussats] *m MED* lepra *f*
aussätzig ['auszɛtsɪç] *adj 1. MED* leproso; *2. (fig)* fuera de la ley
ausschaben ['ausʃaːbən] *v 1.* vaciar; *2.* raspar
ausschachten ['ausʃaxtən] *v* excavar
ausschalten ['ausʃaltən] *v 1. (abstellen)* apagar, desconectar; *2. jdn ~ (fig)* descartar la influencia de alguien
Ausschank ['ausʃank] *m GAST* bar *m,* quiosco de bebidas *m,* taberna *f*
Ausschau ['ausʃau] *f ~ halten nach* buscar a alguien o a algo con la vista
ausschauen ['ausʃauən] *v 1. ~ nach* buscar con la vista; *2. (aussehen)* parecer
ausscheiden ['ausʃaɪdən] *v irr 1. (ausschließen)* excluir; *2. MED* excretar, secretar; *3. SPORT* eliminar
Ausscheidung ['ausʃaɪduŋ] *f 1. (Sekret)* excreción *f,* secreción *f; 2. (Wettkampf) SPORT* eliminatoria *f*
ausscheren ['ausʃeːrən] *v* separarse de la formación, salirse de la fila
ausschildern ['ausʃɪldərn] *v* señalizar
Ausschilderung ['ausʃɪldəruŋ] *f* señalización *f*
ausschimpfen ['ausʃɪmpfən] *v* reñir, regañar
ausschlafen ['ausʃlaːfən] *v irr sich ~* dormir bien, dormir satisfactoriamente
Ausschlag ['ausʃlaːk] *m 1. MED* erupción cutánea *f,* exantema *f; 2. den ~ geben* ser lo que decide
ausschlagen ['ausʃlaːgən] *v irr 1. (Fenster)* hacer añicos; *2. (Pferd)* cocear, pegar coces; *3. (Angebot)* rehusar, rezachar
ausschlaggebend ['ausʃlaːkgeːbənt] *adj* decisivo, concluyente, contundente
ausschließen ['ausʃliːsən] *v irr 1. ~ aus* excluir de, expulsar de; *2. (aussperren)* suspender
ausschließlich ['ausʃliːslɪç] *adj 1.* exclusivo; *adv 2.* exclusivamente
Ausschließlichkeit ['ausʃliːslɪçkaɪt] *f* exclusividad *f*
ausschlürfen ['ausʃlyrfən] *v* beber a sorbos, vaciar
Ausschluss ['ausʃlus] *m* exclusión *f,* expulsión *f*
ausschmücken ['ausʃmykən] *v* adornar, decorar
ausschneiden ['ausʃnaɪdən] *v irr* cortar
Ausschnitt ['ausʃnɪt] *m 1. (eines Kleides)* escote *m; 2. (einer Zeitung)* recorte *m; 3. (Detail)* detalle *m,* minucia *f,* pormenor *m,* fragmento *m*
ausschöpfen ['ausʃœpfən] *v 1.* sacar, extraer; *2. (fig)* aprovechar, agostar
ausschreiben ['ausʃraɪbən] *v irr 1. (vollständig schreiben)* escribir completamente; *2. (Stelle)* convocar a concurso; *3. (Scheck) FIN* extender
Ausschreibung ['ausʃraɪbuŋ] *f* anuncio *m*
Ausschreitung ['ausʃraɪtuŋ] *f* disturbio *m,* exceso *m*
Ausschuss ['ausʃus] *m 1. (Abfall)* desechos *m/pl,* desperdicios *m/pl,* restos *m/pl; 2. (Kommission)* comisión *f,* comité *m*
ausschütteln ['ausʃytəln] *v* sacudir
ausschütten ['ausʃytən] *v 1.* verter, derramar; *2. (Dividenden) ECO* repartir dividendos, distribuir dividendos; *3. jdm sein Herz ~* abrir su corazon a alguien
ausschwärmen ['ausʃvɛrmən] *v 1. (Bienen)* emjambrar, salir en emjambres; *2. MIL* abrir filas
ausschweifend ['ausʃvaɪfənt] *adj* disoluto, libertino, vicioso

Ausschweifung ['ausʃvaɪfuŋ] *f* vicio *m,* libertinaje *m*
ausschwitzen ['ausʃvɪtsən] *v* sudar, trasudar, rezumar
aussehen ['ausze:ən] *v irr (erscheinen)* parecer, aparentar
Aussehen ['ausze:ən] *n* apariencia *f,* aspecto *m*
außen ['ausən] *adv* afuera, fuera
Außendienst ['ausəndi:nst] *m* servicio exterior *m*
Außenhandel ['ausənhandəl] *m ECO* comercio exterior *m*
Außenhandelsbilanz ['ausənhandəlsbɪlants] *f ECO* balanza del comercio exterior *f*
Außenhandelsdefizit ['ausənhandəlsde:fɪtsɪt] *n ECO* deficit exterior *m*
Außenministerium ['ausənmɪnɪste:rjum] *n POL* Ministerio de Asuntos Exteriores *m,* Ministerio de Relaciones Exteriores *m*
Außenpolitik ['ausənpoliti:k] *f POL* política exterior *f*
außenpolitisch ['ausənpoli:tɪʃ] *adj POL* referente a la política exterior
Außenseiter(in) ['ausənzaɪtər(ɪn)] *m/f* excéntrico/excéntrica *m/f,* inconforme *m/f,* marginado/marginada *m/f,* pasota *m/f*
Außenstände ['ausənʃtɛndə] *pl ECO* cobros pendientes *m/pl,* créditos *m/pl,* pendientes *m/pl*
Außenwand ['ausənvant] *f* muro exterior *m*
Außenwelt ['ausənvɛlt] *f* mundo exterior *m*
außer ['ausər] *prep* fuera de, excepto, salvo, aparte de
außerdem ['ausərde:m] *konj* además, aparte de esto, fuera de ello
äußere(r,s) ['ɔysərə(r,s)] *adj* externo, exterior
außerehelich ['ausəre:əlɪç] *adj 1.* extramatrimonial; *2. (Kind)* ilegítimo
Äußeres ['ɔysərəs] *n* exterior *m*
außergerichtlich ['ausərgərɪçtlɪç] *adj JUR* extrajudicial
außergewöhnlich ['ausərgəvø:nlɪç] *adj* excepcional, extraordinario; *nichts Außergewöhnliches sein* no ser nada del otro mundo, no ser nada del otro jueves
außerhalb ['ausərhalp] *prep 1.* fuera de, al exterior de; *adv 2.* por fuera, externamente
außerirdisch ['ausərɪrdɪʃ] *adj* extraterrestre
äußerlich ['ɔysərlɪç] *adj 1.* exterior, externo; *nur ~ anzuwenden* sólo para uso externo; *adv 2.* por fuera
Äußerlichkeit ['ɔysərlɪçkaɪt] *f 1.* exterioridad *f,* superficialidad *f; pl 2. ~en* formalidades *f/pl*
äußern ['ɔysərn] *v* expresar, manifestar, declarar
außerordentlich ['ausərɔrdəntlɪç] *adj* extraordinario, singular, particular
äußerst ['ɔysərst] *adv* extraordinario, singular
außerstande [ausər'ʃtandə] *adj* no estar en condiciones de hacer algo
äußerste(r,s) ['ɔysərstə(r,s)] *adj 1. (räumlich)* extremo/extrema, el más distante/la más distante; *2. (zeitlich)* el último/la última; *3. (fig)* singular
äußerstenfalls ['ɔysərstənfals] *adv* en caso extremo
Äußerung ['ɔysəruŋ] *f* expresión *f,* manifestación *f*
aussetzen ['auszɛtsən] *v 1. (Tier)* libertar, dejar libre, soltar; *2. (Arbeit)* cesar, dejar de; *3. (Motor)* fallar temporalmente; *4. (Urteil) JUR* suspender una sentencia
Aussicht ['auszɪçt] *f 1. (Ausblick)* vista *f,* panorama *m; 2. (fig)* perspectiva *f,* esperanza *f*
aussichtslos ['auszɪçtslo:s] *adj* sin esperanza, desesperado
Aussichtslosigkeit ['auszɪçtslo:zɪçkaɪt] *f* falta de perspectivas *f*
Aussichtspunkt ['auszɪçtspuŋkt] *m* punto de observación *m*
aussichtsreich ['auszɪçtsraɪç] *adj* prometedor
aussieben ['auszi:bən] *v 1.* colar, quitar colando; *2. (fig)* cribar, seleccionar
aussiedeln ['auszi:dəln] *v* emigrar, evacuar a alguien
Aussiedler(in) ['auszi:dlər(ɪn)] *m/f* emigrante *m/f,* evacuado/evacuada *m/f*
aussitzen ['auszɪtsən] *v irr etw ~* dejar pasar
aussöhnen ['auszø:nən] *v* reconciliar; *sich mit jdm ~* hacer las paces con alguien
Aussöhnung ['auszø:nuŋ] *f* reconciliación *f*
aussondern ['auszɔndərn] *v* escoger, entresacar
aussortieren ['auszɔrti:rən] *v* seleccionar, separar
ausspannen ['ausʃpanən] *v 1. (sich ausruhen)* descansar; *2. (fam) jdm seine Freundin*

~ quitar a alguien la novia; *3. (durch schmeicheln erhalten) jdm etw* ~ recibir algo a cambio de elogios; *4. (Pferde)* desenganchar
aussparen ['ausʃpaːrən] *v* rebajar, entallar
Aussparung ['ausʃpaːruŋ] *f* vacío *m,* blanco *m*
ausspeien ['ausʃpaɪən] *v irr* escupir, esputar, espectorar
aussperren ['ausʃpɛrən] *v 1. (ausschließen)* cerrar la puerta; *2. (Streik) ECO* declarar el lock-out
Aussperrung ['ausʃpɛruŋ] *f ECO* cierre patronal *m*
ausspielen ['ausʃpiːlən] *v 1. ausgespielt haben* haber acabado su papel; *2. (Karte: ins Spiel bringen)* abrir el juego; *3. (auslosen)* rifar, sortear; *4. jdn gegen einen anderen* ~ servirse de alguien
Ausspielung ['ausʃpiːluŋ] *f* rifa *f*
Aussprache ['ausʃpraːxə] *f 1. (Gespräch)* conversación *f,* discusión *f; 2. LING* pronunciación *f*
aussprechen ['ausʃprɛçən] *v irr 1. (äußern)* expresar, decir, manifestar; *2. sich* ~ hablar sin reservas, hablar sinceramente; *sich offen* ~ hablar a calzón quitado; *3. LING* pronunciar
Ausspruch ['ausʃprux] *m* dicho *m,* refrán *m*
ausspülen ['ausʃpyːlən] *v* enjuagar
Ausstand ['ausʃtant] *m ECO* huelga *f*
ausstanzen ['ausʃtantsən] *v TECH* cortar con troquel, estampar
ausstatten ['ausʃtatən] *v 1. (einrichten)* amueblar, decorar; *2. (versehen mit)* dotar
Ausstattung ['ausʃtatuŋ] *f 1. (Einrichtung)* mobiliario *m; 2. (Ausrüstung)* equipo *m*
ausstechen ['ausʃtɛçən] *v irr 1. (Gebäck)* pinchar; *2. jdn ~ (besser sein)* aventajar a alguien
ausstecken ['ausʃtɛkən] *v TECH* enarbolar
ausstehen ['ausʃteːən] *v irr 1. (ertragen)* soportar, aguantar; *2. (noch fehlen)* estar pendiente, faltar
aussteigen ['ausʃtaɪgən] *v irr 1. (Fahrzeug)* bajar, bajar (LA); *2. (fig)* no participar más, retirarse
Aussteiger ['ausʃtaɪgər] *m* automarginado *m*
ausstellen ['ausʃtɛlən] *v 1. (Dokumente)* extender, expedir; *2. (Waren)* exponer, exhibir
Aussteller ['ausʃtɛlər] *m ECO* expositor *m*
Ausstellung ['ausʃtɛluŋ] *f 1. (von Dokumenten)* extensión *f,* expedición *f; 2. (von Waren)* exposición *f,* exhibición *f*
aussterben ['ausʃtɛrbən] *v irr* extinguirse, desaparecer
Aussteuer ['ausʃtɔyər] *f* ajuar de novia *m,* canastilla *f*
Ausstieg ['ausʃtiːk] *m 1.* bajada *f; 2. (fig)* automarginación *f*
ausstopfen ['ausʃtɔpfən] *v* rellenar
ausstoßen ['ausʃtosən] *v irr 1. etw* ~ empujar algo, echar fuera algo; *2. jdn* ~ expulsar a alguien
ausstrahlen ['ausʃtraːlən] *v 1. (übertragen)* tra(n)smitir; *2. (Wärme)* desprender; *3. (fig: Gelassenheit)* irradiar serenidad, sosiego
Ausstrahlung ['ausʃtraːluŋ] *f (fig)* carisma *m*
ausstrecken ['ausʃtrɛkən] *v* extender, estirar
ausstreuen ['ausʃtrɔyən] *v 1.* diseminar; *2. (fig: Gerücht)* propagar, divulgar, difundir
ausströmen ['ausʃtrøːmən] *v* emanar, salir
aussuchen ['auszuːxən] *v* elegir, escoger
Austausch ['austauʃ] *m 1. (gegenseitig)* cambio *m,* intercambio *m; 2. (Ersatz) TECH* recambio *m*
austauschbar ['austauʃbaːr] *adj* cambiable
austauschen ['austauʃən] *v 1. ~ gegen* cambiar por; *2. (ersetzen) TECH* recambiar, restituir
Austauschstudent ['austauʃʃtudɛnt] *m* estudiante de intercambio *m*
austeilen ['austaɪlən] *v* repartir, distribuir
Auster ['austər] *f ZOOL* ostra *f*
Austernpilz ['austərnpɪlts] *m BOT* champiñón chino *m*
Austernzucht ['austərntsuxt] *f* ostricultura *f*
austoben ['austoːbən] *v 1. Zorn* ~ desfogar la ira; *2. sich* ~ desahogarse en travesuras, hacer travesuras
austragen ['austraːgən] *v irr 1. (Streit)* dirimir, zanjar, resolver; *2. (Pakete)* repartir, distribuir; *3. SPORT* disputar
Austragung ['austraːguŋ] *f 1. (Lieferung)* distribución *f,* reparto *m; 2. (eines Ereignisses)* celebración *f*
austrainiert ['austrɛniːrt] *adj* perfectamente entrenado
Australien [au'straːljən] *n GEO* Australia *f*

Australier(in) [au'straːljər(ɪn)] *m/f* australiano/australiana *m/f*
australisch [au'straːlɪʃ] *adj* australiano
austreiben ['austraɪbən] *v irr 1. (Geister)* exorcizar; *2. (Flausen) jdm etw ~* mentir a alguien
austreten ['austreːtən] *v irr 1. (ausströmen: Flüssigkeit)* desbordarse, salir, manar; *2. (aus einem Verein)* retirarse de, salirse de; *3. (Toilette)* ir al lavabo, ir al excusado, ir al baño (LA); *4. (ausströmen: Gas)* escaparse
austricksen ['austrɪksən] *v jdn ~* jugar con alguien con malas intenciones
austrinken ['austrɪŋkən] *v irr* bebérselo todo, beber todo
Austritt ['austrɪt] *m* salida *f,* retirada *f,* retiro *m*
austrocknen ['austrɔknən] *v* secar
Austrocknung ['austrɔknuŋ] *f* desecación *f*
ausüben ['ausyːbən] *v* ejercer, practicar
Ausübung ['ausyːbuŋ] *f* ejercicio *m,* práctica *f*
ausufern ['ausuːfərn] *v 1.* desbordarse, salirse de su cauce; *2. (fig: ausarten)* salirse del tema, irse por las ramas (fam)
Ausverkauf ['ausfɛrkauf] *m ECO* liquidación *f*
Ausverkaufspreise ['ausfɛrkaufspraɪzə] *pl ECO* precios de saldo *m/pl*
ausverkauft ['ausfɛrkauft] *adj* agotado, vendido
auswachsen ['ausvaːkzən] *v irr Das ist zum Auswachsen!* ¡Es desesperante!/¡Es como para volverse loco!
Auswahl ['ausvaːl] *f* elección *f,* selección *f*
auswählen ['ausvɛːlən] *v* elegir, seleccionar
Auswanderer(in) ['ausvandərər(ɪn)] *m/f* emigrante *m/f*
auswandern ['ausvandərn] *v* emigrar, migrar, transmigrar
Auswanderung ['ausvandəruŋ] *f* emigración *f,* migración *f,* transmigración *f*
auswärtig ['ausvɛrtɪç] *adj* externo, exterior
auswärts ['ausvɛrts] *adv* fuera, afuera, en otra parte
Auswärtsspiel ['ausvɛrtssʃpiːl] *n SPORT* partido fuera de casa *m*
auswechselbar ['ausvɛksəlbaːr] *adj TECH* intercambiable
auswechseln ['ausvɛksəln] *v* recambiar, sustituir
Auswechslung ['ausvɛksluŋ] *f 1.* cambio *m,* recambio *m; 2. SPORT* cambio *m*
Ausweg ['ausveːk] *m* salida *f; Sie findet immer einen ~.* Ella siempre se las arregla como puede.
ausweglos ['ausveːkloːs] *adj* sin salida
Ausweglosigkeit ['ausveːkloːzɪçkaɪt] *f* imposibilidad de hallar una solución *f,* falta de salida *f*
ausweichen ['ausvaɪçən] *v irr* desviarse, esquivar
ausweichend ['ausvaɪçənt] *adj* evasivo
ausweinen ['ausvaɪnən] *v sich die Augen ~* deshacerse en llanto
Ausweis ['ausvaɪs] *m* documento de identidad *m,* cédula de identidad *f*
ausweisen ['ausvaɪzən] *v irr 1. sich ~* identificarse, legitimarse; *2. (aus einem Land)* expulsar, desterrar, deportar
Ausweiskontrolle ['ausvaɪskɔntrɔlə] *f* control de la documentación *m*
Ausweisung ['ausvaɪzuŋ] *f* expulsión *f,* destierro *m,* deportación *f*
ausweiten ['ausvaɪtən] *v* ensanchar
Ausweitung ['ausvaɪtuŋ] *f* dilatación *f,* ensanche *f*
auswendig ['ausvɛndɪç] *adv* de memoria
auswerten ['ausveːrtən] *v* evaluar, interpretar
Auswertung ['ausveːrtuŋ] *f* evaluación *f*
auswirken ['ausvɪrkən] *v sich ~ auf* afectar a, producir, influir en
Auswirkung ['ausvɪrkuŋ] *f* efecto *m,* influencia *f*
auswischen ['auswɪʃən] *v jdm eins ~* jugar una mala pasada a alguien
Auswuchs ['ausvuːks] *m* excrecencia *f,* carnosidad *f,* bulto *m*
auswuchten ['ausvuːktən] *v TECH* equilibrar
auszahlen ['austsaːlən] *v 1.* pagar; *2. sich ~* valer la pena
Auszahlung ['austsaːluŋ] *f* pago *m*
auszehren ['austseːrən] *v* extenuar, debilitar
auszeichnen ['austsaɪçnən] *v 1. (würdigen)* premiar, galardonar; *2. (Waren) ECO* rotular
Auszeichnung ['austsaɪçnuŋ] *f 1. (von Waren)* etiqueta *f; 2. (Würdigung)* galardón *m*
Auszeit ['austsaɪt] *f SPORT* tiempo muerto *m*
ausziehbar ['austsiːbaːr] *adj* extensible, estirable

ausziehen ['austsiːən] *v irr 1. (Kleidung)* desvestirse, quitarse la ropa; *2. (Wohnung wechseln)* mudarse, trasladarse, cambiarse
Auszubildende(r) ['austsubɪldəndə] *m/f* aprendiz(a) *m/f*
Auszug ['austsuːk] *m 1. (Umzug)* mudanza *f,* traslado *m; 2. (aus einem Text)* extracto *m,* fragmento *m; 3. (Kontoauszug)* extracto de cuenta *m*
auszugsweise ['austsuːksvaɪze] *adv* en resumen, en compedio, para resumir
autark [au'tark] *adj ECO* autárquico
authentisch [au'tɛntɪʃ] *adj 1.* auténtico; *adv 2.* auténticamente
autistisch [au'tɪstɪʃ] *adj MED* autístico, autista
Auto ['auto] *n* coche *m,* automóvil *m,* carro *m* (LA); *~ fahren* conducir
Autobahn ['autobaːn] *f* autopista *f*
Autobahndreieck ['autobaːndraɪɛk] *n* cruce de autopista *m*
Autobahngebühr ['autobaːngəbyːr] *f* peaje *m*
Autobahnkreuz ['autobaːnkrɔyts] *n* cruce de autopista *m*
Autobahnraststätte ['autobaːnrastʃtɛtə] *f* parador de autopista *m*
Autobiografie [autobiogra'fiː] *f* autobiografía *f*
autobiografisch [autobio'graːfɪʃ] *adj LIT* autobiográfico
Autobus ['autobus] *m* autobús *m,* autocar *m*
Autodidakt [autodɪ'dakt] *m* autodidacta *m*
Autodiebstahl ['autodiːpʃtaːl] *m* hurto de automóviles *m,* robo de automóviles *m*
Autofahrer(in) ['autofaːrər(ɪn)] *m/f* automovilista *m/f,* chofer/chófer *m/f,* conductor(a) *m/f*
Autofahrt ['autofaːrt] *f* viaje en coche *m,* paseo en automovil *m*
autofrei ['autofraɪ] *adj* cerrado al tráfico, sin circulación de vehículos
autogen [auto'geːn] *adj* autógeno
Autogramm [auto'gram] *n* autógrafo *m*
Autohändler(in) ['autohɛndlər(ɪn)] *m/f* vendedor(a) de autos *m/f*
Autokino ['autokiːno] *n* autocine *m*
Automat [auto'maːt] *m* distribuidor automático *m*
Automatik [auto'maːtɪk] *f TECH* sistema automático *m*
Automation [automa'tsjoːn] *f TECH* automatización *f*
automatisch [auto'maːtɪʃ] *adj* automático
Automatisierung [automati'ziːruŋ] *f* automatización *f*
Automechaniker ['automeçaːnɪkər] *m* mecánico de automóviles *m*
Automobilindustrie [automo'biːlɪndustriː] *f* industria automovilística *f*
autonom [auto'noːm] *adj* autónomo
Autonomie [autono'miː] *f POL* autonomía *f*
Autonomiebewegung [autono'miːbəveːguŋ] *f POL* movimiento de autonomía *m*
Autonummer ['autonumər] *f (fam: Autokennzeichen)* matrícula del coche *f*
Autopilot ['autopiloːt] *m TECH* piloto automático *m*
Autopsie [autop'siː] *f MED* autopsia *f*
Autor(in) ['autɔr(ɪn)] *m/f* autor(a) *m/f,* escritor(a) *m/f*
Autoradio ['autoraːdjo] *n* radio del automóvil *m*
Autoreifen ['autoraɪfən] *m* neumático *m,* llanta *f* (LA)
Autorennen ['autorɛnən] *n* carrera de automóviles *f*
autorisieren [autori'ziːrən] *v* autorizar
autoritär [autori'tɛːr] *adj* autoritario
Autorität [autori'tɛːt] *f* autoridad *f*
Autoschlüssel ['autoʃlysəl] *m* llave de contacto *f,* llave del coche *f*
Autotelefon ['autotelefoːn] *n* teléfono de automóvil *m*
Autounfall ['autounfal] *m* accidente de coche *m*
Autowaschanlage ['autovaʃanlaːgə] *f* estación de lavado de coches *f*
Autowerkstatt ['autovɛrkʃtat] *f* taller de reparaciones *m,* concesionario de reparaciones *m*
Avance [a'vɑ̃sə] *f jdm ~n machen* hacer avanzar a alguien, aventajar a alguien
avantgardistisch [avɑ̃gar'dɪstɪʃ] *adj* vanguardista, de vanguardia
Ave-Maria ['avema'riːa] *n (Gebet) REL* avemaría *m*
Avocado [avo'kado] *f BOT* aguacate *m*
Axt [akst] *f* hacha *f/el*
Azalee [atsa'leːə] *f BOT* azalea *f,* rosadelfa *f*
Azoren [a'tsoːrən] *pl GEO* Islas Azores *f/pl*
Azteke [ats'tɛːkə] *m* azteca *m*
Azubi [a'tsuːbi] *m/f (Auszubildende(r))* aprendiz(a) *m/f*
azyklisch ['atsyːklɪʃ] *adj* acíclico

B

Baby ['beːbi] *n* bebé *m,* nene *m,* guagua *f* (LA)
Babylon ['baːbylɔn] *n HIST* Babilonia *f*
Babynahrung ['beːbinaːruŋ] *f* alimento para bebés *m,* comida para niños *f*
babysitten ['beːbisɪtən] *v* cuidar niños, hacer de canguro, hacer de babysitter
Babysitter(in) ['beːbisɪtər(ɪn)] *m/f* niñera *f,* ama *f/el*
Babyspeck ['beːbiʃpɛk] *m* redondez de recién nacido *f*
Babywiege ['beːbiviːgə] *f* cuna *f*
Bach [bax] *m* arroyo *m,* riachuelo *m; den ~ herunter sein* estar en las últimas
Bachforelle ['baxforɛlə] *f* trucha *f*
Bachstelze ['baxʃtɛltsə] *f ZOOL* aguzanieves *m,* andaríos *m,* nevatilla *f*
Backblech ['bakblɛç] *n* bandeja del horno *f*
Backbord ['bakbɔrt] *n NAUT* babor *m*
Backe ['bakə] *f* mejilla *f,* carrillo *m*
backen ['bakən] *v irr* hornear, cocinar en el horno
Backenzahn ['bakəntsaːn] *m ANAT* muela *f*
Bäcker(in) ['bɛkər(ɪn)] *m/f* panadero/panadera *m/f*
Bäckerei [bɛkə'raɪ] *f* panadería *f*
backfertig ['bakfɛrtɪç] *adj GAST* listo para hornear
Backfisch ['bakfɪʃ] *m 1.* pescado frito *m; 2. (fam: Mädchen)* pollita *f*
Backhefe ['bakheːfə] *f GAST* levadura *f*
Backofen ['bakoːfən] *m* horno *m*
Backpulver ['bakpulvər] *n* levadura química *f,* polvo de hornear *m*
Backröhre ['bakrøːrə] *f GAST* horno *m*
Backwaren ['bakvaːrən] *pl* productos de panadería *m/pl,* productos de pastelería *m/pl*
Bad [baːt] *n* baño *m; das ~ in der Menge nehmen (fig)* dejarse aclamar por la multitud; *das Kind mit dem ~e ausschütten* ir demasiado lejos
Badeanstalt ['baːdəanʃtalt] *f* baños públicos *m/pl,* piscina *f*
Badeanzug ['baːdəantsuːk] *m* traje de baño *m,* ropa de baño *f,* bañador *m*
Badehose ['baːdəhoːzə] *f* bañador *m*
Badekappe ['baːdəkapə] *f* gorro de baño *m*
Bademantel ['baːdəmantəl] *m* albornoz *m*
Bademeister(in) ['baːdəmaɪstər(ɪn)] *m/f* socorrista *m/f*
baden ['baːdən] *v* tomar un baño, bañarse, bañar; *~ verboten!* ¡Prohibido bañarse!
Baden ['baːdən] *n GEO* Baden *m*
Badeort ['baːdəɔrt] *m* balneario *m*
Badesaison ['baːdəzɛzɔ̃] *f* temporada de baños *f*
Badetuch ['baːdətuːx] *n* frazada de baño *f,* toalla de baño *f*
Badewanne ['baːdəvanə] *f* bañera *f,* tina *f*
Badezimmer ['baːdətsɪmər] *n* cuarto de baño *m*
baff [baf] *adj ~ sein (fam)* estar embobado, quedarse pasmado, quedarse de piedra
Bagatellbetrag [baga'tɛlbətraːk] *m* cantidad sin importancia *f*
Bagatelle [baga'tɛlə] *f* bagatela *f,* fruslería *f,* tontería *f*
bagatellisieren [bagatɛlɪ'ziːrən] *v* bagatelizar, quitar importancia
Bagatellschaden [baga'tɛlʃaːdən] *m* daño insignificante *m*
Bagger ['bagər] *m TECH* excavadora *f*
baggern ['bagərn] *v* dragar, excavar
Baggersee ['bagərzeː] *m* lago dragado *m*
Baguette [ba'gɛt] *f/n GAST* barra de pan *f*
Bahamas [ba'haːmas] *pl GEO* las Bahamas *f/pl*
Bahn [baːn] *f 1. (Eisenbahn)* ferrocarril *m,* tren *m; aus der ~ werfen (fig)* descarriar; *2. (Straßenbahn)* tranvía *m; freie ~ haben (fig)* tener vía libre; *auf die schiefe ~ kommen* desviarse del buen camino; *etw in die richtige ~ lenken* encauzar algo por el buen camino; *3. (Fahrbahn)* calzada *f*
Bahnbeamter ['baːnbɛamtər] *m* funcionario ferroviario *m*
Bahnbeamtin ['baːnbɛamtɪn] *f* empleada ferroviaria *f*
bahnbrechend ['baːnbrɛçənt] *adj* que abre camino
Bahndamm ['baːndam] *m* terraplén *m*
bahnen ['baːnən] *v den Weg ~* allanar, aplanar, abrir
Bahnfahrkarte ['baːnfaːrkartə] *f* billete *m,* boleto *m* (LA), ticket de tren *m*
Bahnhof ['baːnhoːf] *m* estación de ferrocarril *f; immer nur ~ verstehen* no entender ni jota/no entender ni mu/no entender ni papa

Bahnhofshalle ['baːnhoːfshalə] *f* vestíbulo de la estación *m,* hall de la estación *m* (LA)
Bahnhofsmission ['baːnhoːfsmɪsjoːn] *f* en Alemania servicio de ayuda ecuménico que se presta en las estaciones de trenes a viajeros y a necesitados
Bahnlinie ['baːnliːnjə] *f* línea férrea *f,* línea ferroviaria *f*
Bahnschranke ['baːnʃraŋkə] *f* barrera de paso a nivel *f,* traviesa durmiente (LAT) *f*
Bahnsteig ['baːnʃtaɪk] *m* andén *m*
Bahntransport ['baːntranspɔrt] *m* transporte por ferrocarril *m*
Bahnübergang ['baːnybərgaŋ] *m* paso a nivel *m; beschrankter ~* paso a nivel con barreras
Bahnunterführung ['baːnuntərfyːruŋ] *f* paso a bajo nivel *m*
Bahrain [baː'raɪn] *n GEO* bahrein *m*
Bahre ['baːrə] *f 1. (für Verletzte)* camilla *f; 2. (Totenbahre)* féretro *m*
Baiser [bɛ'zeː] *n* merengue *m*
Baisse ['bɛːsə] *f FIN* baja *f,* caída de valores *f*
bajuwarisch [baju'vaːrɪʃ] *adj HIST* bávaro
Bake ['baːkə] *f 1.* boya *f; 2. (im Luftverkehr)* baliza *f*
Bakterie [bak'teːrjə] *f* bacteria *f*
bakteriell [bakte'rjɛl] *adj BIO* bacterial, bactérico
Bakteriologe [bakterjo'loːgə] *m BIO* bacteriología *f*
bakteriologisch [bakterjo'loːgɪʃ] *adj MED* bacteriológico
Balance [ba'lɑ̃s] *f* equilibrio *m,* balance *m*
balancieren [balɑ̃'siːrən] *v* equilibrar, balancear
bald [balt] *adv* pronto, próximamente
baldig ['baldɪç] *adj* próximo, cercano
baldmöglichst ['baltmøːklɪçst] *adv* lo más pronto posible
Baldrian ['baldriaːn] *m* valeriana *f*
Balg¹ [balk] *m (Kind)* pillo *m*
Balg² [balk] *m (Tierhaut)* piel *f,* pellejo *m*
balgen ['balgən] *v sich ~* pelearse
Balkan ['balkaːn] *m GEO* Balcanes *m/pl*
Balkan-Konflikt ['balkaːnkonflɪkt] *m POL* conflicto en los Balcanes *m,* guerra en los Balcanes *m*
Balkanländer ['balkanlɛndər] *pl GEO* países balcánicos *m/pl*
Balken ['balkən] *m* madero *m,* viga *f*
Balkenwaage ['balkənvaːgə] *f* balanza de brazos *f*
Balkon [bal'kɔŋ] *m 1.* balcón *m,* mirador *m; 2. THEAT* galería *f*
Ball¹ [bal] *m 1.* pelota *f; am ~ bleiben (fig)* estar al tanto; *sich die Bälle zuwerfen* echarse una mano; *2. (Fußball)* balón *m*
Ball² [bal] *m (Tanz)* baile *m*
Ballade [bal'laːdə] *f* balada *f,* romance *m*
Ballannahme ['balannaːmə] *f SPORT* recibir, recoger el balón
Ballast ['balast] *m* lastre *m,* carga *f,* peso *m*
Ballaststoffe ['balastʃtɔfə] *pl BIO* materia fibrosa *f*
ballen ['balən] *v 1.* apelotonar; *2. (Faust)* alzar el puño; *3. sich ~* aglomerarse, apelotonarse
Ballen ['balən] *m 1. ANAT* tenar *m; 2. ECO* bulto *m*
Ballett [ba'lɛt] *n THEAT* ballet *m*
Balletttänzer(in) [bal'lɛttɛntsər(ɪn)] *m/f THEAT* bailarín de ballet/bailarina de ballet *m/f*
Ballgefühl ['balgəfyːl] *n SPORT* sentido del juego *m*
ballistisch [ba'lɪstɪʃ] *adj MIL* balístico
Balljunge ['baljuŋə] *m* recogepelotas *m,* recogebolas *m*
Ballkleid ['balklaɪt] *n* vestido de baile *m*
Ballon [ba'lɔŋ] *m* globo *m*
Ballonfahrt [ba'lɔŋfaːrt] *f* viaje en globo *m*
Ballspiel ['balʃpiːl] *n* juego de pelota *m*
Ballungsgebiet ['baluŋsgəbiːt] *n* aglomeración urbana *f*
Balsam ['balzaːm] *m* bálsamo *m*
Balte ['baltə] *m* ciudadano báltico *m*
Baltikum ['baltɪkum] *n GEO* países bálticos *m/pl*
Balustrade [balus'traːdə] *f ARCH* balaustrada *f*
balzen ['baltsən] *v ZOOL* estar en celo
Bambus ['bambus] *m BOT* bambú *m,* caña blanca de la India *f*
banal [ba'naːl] *adj* trivial, banal
Banalität [banali'tɛːt] *f* trivialidad *f,* banalidad *f,* insubstancialidad *f*
Banane [ba'naːnə] *f* banana *f,* plátano *m*
Bananenrepublik [ba'naːnənrepubliːk] *f (fam)* república bananera *f*
Bananenstaude [ba'naːnənʃtaudə] *f BOT* cabeza de plátano *f*
Bananenstecker [ba'naːnənʃtɛkər] *m TECH* clavija de banana *f*
Banause [ba'nauzə] *m* persona inculta *f*

Band [bant] *n* *1. (Buch)* tomo *m; Bände sprechen* hablar mucho/hablar como una cotorra; *am laufenden ~* permanentemente; *2. (Streifen)* cordel *m,* cuerda *f; 3. (Tonband)* cinta *f; 4. (fig)* vínculo *m,* lazo *m*
Bandage [ban'daːʒə] *f MED* vendaje *m; mit harten ~n kämpfen* luchar contra viento y marea
Bandbreite ['bantbraɪtə] *f 1. ECO* margen de fluctuación *m; 2. TECH* anchura de banda *f*
Bande ['bandə] *f (Gruppe)* banda *f,* pandilla *f*
Bänderdehnung ['bɛndərdeːnuŋ] *f MED* distensión de tendón *f*
Bänderriss ['bɛndərrɪs] *m MED* rotura de ligamentos *f*
bändigen ['bɛndɪgən] *v* domar, domesticar
Bandit(in) [ban'diːt(ɪn)] *m/f* bandido/bandida *m/f,* bandolero/bandolera *m/f*
Bandmaß ['bantmaːs] *n TECH* cinta métrica *f*
Bandscheibe ['bantʃaɪbə] *f ANAT* disco intervertebral *m*
Bandscheibenvorfall ['bandʃaɪbənfoːrfal] *m MED* hernia discal *f*
Bandwurm ['bantvurm] *m ZOOL* tenia *f*
bange ['baŋə] *adj* inquieto, desasosegado
bangen ['baŋən] *v 1.* inquietarse; *2. (Angst haben)* tener miedo
Bangladesch [baŋgla'deʃ] *n GEO* Bangladesh *m*
Bank[1] [baŋk] *f 1. (Sitzbank)* banca *f,* banquillo *m; 2. (Schulbank)* pupitre *f; 3. (fig) etw auf die lange ~ schieben* dar largas a un asunto; *durch die ~* sin excepción
Bank[2] [baŋk] *f FIN* banco *m*
Bankangestellte(r) ['baŋkaŋəʃtɛltə(r)] *m/f FIN* empleado/empleada de banco *m/f*
Bankanweisung ['baŋkanvaɪzuŋ] *f FIN* giro bancario *m*
Bankautomat ['baŋkautomaːt] *m FIN* cajero automático *m*
Bankdarlehen ['baŋkdaːrleːən] *n FIN* préstamo bancario *m*
Bankdirektor(in) ['baŋkdirɛktɔr(ɪn)] *m/f FIN* director(a) del banco *m/f,* gerente del banco *m/f*
Bankett [baŋ'kɛt] *n* banquete *m,* festín *m*
Bankfiliale ['baŋkfɪljaːlə] *f FIN* sucursal de un banco *f*
Bankgeheimnis ['baŋkgəhaɪmnɪs] *n FIN* secreto bancario *m*
Bankguthaben ['baŋkguːthaːbən] *n FIN* haber bancario *m,* saldo bancario *m*
Bankhaus ['baŋkhaus] *n FIN* banco *m,* entidad bancaria *f*
Bankier [baŋk'jeː] *m FIN* banquero *m*
Bankkauffrau ['baŋkkaufrau] *f* empleada de banco *f,* titulada bancaria *f*
Bankkaufmann ['baŋkkaufman] *m* empleado de banco *m,* titulado bancario *m*
Bankkonto ['baŋkkɔnto] *n FIN* cuenta bancaria *f*
Bankkunde ['baŋkkundə] *m FIN* teoría bancaria *f*
Bankleitzahl ['baŋklaɪttsaːl] *f FIN* código bancario de identificación *m*
Banknote ['baŋknoːtə] *f FIN* billete de banco *m*
Bankraub ['baŋkraup] *m* atraco *m,* robo *m*
Bankräuber(in) ['baŋkrɔybər(ɪn)] *m/f* ladrón(ona) de bancos *m/f*
bankrott [baŋk'rɔt] *adj FIN* en la ruina, quebrado, insolvente
Bankrott [baŋk'rɔt] *m FIN* bancarrota *f,* quiebra *f*
Banksafe ['baŋkseɪf] *m FIN* caja fuerte de un banco *f*
Bankscheck ['baŋkʃɛk] *m FIN* cheque bancario *m*
Bankschließfach ['baŋkʃliːsfax] *n FIN* casilla bancaria *f*
Banküberfall ['baŋkybərfal] *m* atraco a un banco *m*
Bankverbindung ['baŋkfɛrbɪnduŋ] *f FIN* cuenta bancaria *f*
Bankwesen ['baŋkveːzən] *n FIN* banca *f*
Bann [ban] *m 1.* destierro *m,* proscripción *f; 2. jdn in seinen ~ ziehen* cautivar a alguien
bannen ['banən] *v 1. (fesseln)* encantar; *2. (vertreiben)* desterrar, proscribir; *(Gefahr)* conjurar; *(böse Geister)* conjurar, exorcizar; *3. (festhalten)* retener por arte de magia
Banner ['banər] *n* bandera *f,* estandarte *m*
Baptist(in) [bap'tɪst(ɪn)] *m/f REL* bautista *m/f*
bar [baːr] *adj* contante, en efectivo
Bar [baːr] *f* bar *m*
Bär [bɛːr] *m 1. ZOOL* oso *m; 2. (fig) jdm einen ~en aufbinden* pegársela a alguien; *Da ist der ~ los.* Allí hay un ambiente increíble.
Baracke [ba'rakə] *f* barraca *f,* cabaña *f*
Barbar(in) [bar'bar(ɪn)] *m/f 1.* bárbaro/bárbara *m/f; 2. HIST* bárbaro/bárbara *m/f*
Barbarei [barba'raɪ] *f* barbaridad *f,* salvajismo *m,* atrocidad *f*

barbarisch [bar'baːrɪʃ] *adj* bárbaro
Barbiturat [barbitu'raːt] *n MED* barbitúrico *m*
barfuß ['barfuːs] *adv* con los pies desnudos, descalzo, sin zapatos
Bargeld ['baːrgɛlt] *n* dinero en efectivo *m*, moneda contante *f*, efectivo *m*, dinero al contado *m*
bargeldlos ['baːrgɛltloːs] *adj FIN* por transferencia, a través de cuenta
Barhocker ['baːrhɔkər] *m* taburete *m*
Bariton ['barɪtɔn] *m MUS* barítono *m*
Barium ['baːrjum] *n CHEM* bario *m*
Barkasse [bar'kasə] *f NAUT* barcaza *f*
Barkauf ['baːrkauf] *m FIN* compra al contado *f*
Barkeeper ['baːrkiːpər] *m* barman *m*; coctelero *m*
barmherzig [barm'hɛrtsɪç] *adj* misericordioso, caritativo, compasivo
Barmherzigkeit [barm'hɛrtsɪçkaɪt] *f* misericordia *f*, caridad *f*, piedad *f*
barock [ba'rɔk] *adj ART* barroco
Barock [ba'rɔk] *m/n ART* barroco *m*
Barockkunst [ba'rɔkkunst] *f ART* arte barroco *m*
Barometer [baro'meːtər] *m TECH* barómetro *m*
Baron [ba'roːn] *m* barón *m*
Barren ['barən] *m 1. (Goldbarren)* lingote *m*; *2.* barra *f*
Barriere [bar'jɛːrə] *f 1.* barrera *f*, valla *f*; *2. (Hindernis)* obstáculo *m*, barrera *f*, impedimento *m*
Barrikade [bari'kaːdə] *f* barricada *f*
barsch [barʃ] *adj* rudo, áspero
Barsch [barʃ] *m ZOOL* perca *f*
Barschaft ['baːrʃaft] *f FIN* dinero *m*, pecunio *m*
Barscheck ['baːrʃɛk] *m FIN* cheque abierto *m*, cheque no cruzado *m*
Bart [baːrt] *m* barba *f*
Bartenwal ['bartənvaːl] *m ZOOL* misticeto *m*
Barthaar ['baːrthaːr] *n* pelo de la barba *m*
bärtig ['bɛːrtɪç] *adj* barbudo, con barba
Bartstoppel ['baːrtʃtɔpəl] *f ~n pl* cañones *m/pl*
Bartwuchs ['baːrtvuːks] *m* barba espesa *f*
Barvermögen ['baːrfɛrmøːgən] *n FIN* disponibilidades en efectivo *f/pl*, existencias en caja *f/pl*
Barzahlung ['baːrtsaːluŋ] *f FIN* pago al contado *m*
Basalt [ba'zalt] *m MIN* basalto *m*
Basar [ba'zaːr] *m* bazar *m*
Base[1] ['baːzə] *f CHEM* base *f*
Base[2] ['baːzə] *f (Kusine)* prima *f*
basieren [ba'ziːrən] *v ~ auf* basarse en
Basilikum [ba'ziːlikum] *n BOT* albahaca *f*
Basis ['baːzɪs] *f* base *f*
basisch ['baːzɪʃ] *adj CHEM* básico
Basisdemokratie ['baːzɪsdemokratiː] *f POL* democracia de base *f*
Baske ['baskə] *m* vasco *m*
Baskenmütze ['baskənmytsə] *f* boina *f*, basca *f*, chapela *f*
Basketball ['baskətbal] *m SPORT* baloncesto *m*
Baskin ['baskɪn] *f* vasca *f*
Bass [bas] *m MUS* bajo *m*, contrabajo *m*
Bassin [ba'sɛ̃] *n* piscina *f*, alberca *f*
Bassist(in) [ba'sɪst(ɪn)] *m/f 1. (Musiker(in)) MUS* contrabajista *m/f*; *m 2. (Sänger) MUS* bajo *m*
Bast [bast] *m* líber *m*
Bastard ['bastart] *m* bastardo *m*
basteln ['bastəln] *v* dedicarse al bricolaje, hacer manualidades
Bastler(in) ['bastlər(ɪn)] *m/f* aficionado/aficionada a las actividades de bricolaje *m/f*
Batik ['baːtɪk] *m/f ART* batik *m*
Batist [ba'tɪst] *m* batista *f*
Batterie [batə'riː] *f TECH* batería *f*, pila *f*
Bau [bau] *m 1. (Konstruktion)* construcción *f*; *2. (Tierbau)* guarida *f*, madriguera *f*
Bauabschnitt ['bauapʃnɪt] *m 1. (Gebiet)* tramo de construcción *m*; *2. (Stand der Bauarbeiten)* etapa de construcción *f*
Bauarbeiter ['bauarbaɪtər] *m* obrero del ramo de la construcción *m*, albañil *m*
Bauboom ['baubuːm] *m* auge en el ramo de la construcción *m*
Bauch [baux] *m* vientre *m*, abdomen *m*, barriga *f*, panza *f* (fam); *eine Wut im ~ haben* estar rabioso; *sich den ~ voll schlagen* darse una panzada; *sich den ~ vor Lachen halten* mondarse de la risa; *mit etw auf den ~ fallen* fracasar con algo
Bauchdecke ['bauxdɛkə] *f ANAT* pared abdominal *f*
Bauchfellentzündung ['bauxfɛləntsynduŋ] *f MED* peritonitis *f*
bauchig ['bauxɪç] *adj* panzudo, barrigudo
Bauchlandung ['bauxlanduŋ] *f* aterrizaje ventral *m*
Bauchmuskel ['bauxmuskəl] *m ANAT* músculo abdominal *m*

Bauchnabel ['bauxna:bəl] *m ANAT* ombligo *m*
Bauchredner(in) ['bauxre:dnər(ın)] *m/f* ventrílocuo/ventrílocua *m/f*
Bauchschmerzen ['bauxʃmɛrtsən] *pl* dolores de barriga *m/pl,* cólico *m*
Bauchspeicheldrüse ['bauxʃpaıçəldry:zə] *f ANAT* páncreas *m*
Bauchtanz ['bauxtants] *m* danza oriental *f*
Bauchweh ['bauxve:] *n* dolor de barriga *m*
Bauelement ['bauelemɛnt] *n INFORM* módulo *m*
bauen ['bauən] *v* edificar, levantar, construir
Bauer ['bauər] *m 1.* labrador *m,* campesino *m,* agricultor *m; 2. (Schachfigur)* peón *m*
Bäuerin ['bɔyərın] *f* campesina *f,* labradora *f,* aldeana *f*
bäuerlich ['bɔyərlıç] *adj* rústico, campesino
Bauernfänger ['bauərnfɛŋər] *m* estafador *m,* engañabobos *m*
Bauernhaus ['bauərnhaus] *n* casa de campo *f,* casa de labor *f*
Bauernhof ['bauərnho:f] *m* granja *f,* finca *f*
Bauernkrieg ['bauərnkri:k] *m HIST* Guerra de los Labradores en Alemania durante el siglo XVI *f*
baufällig ['baufɛlıç] *adj* ruinoso, decadente
Baufirma ['baufırma] *f* empresa de construcción *f*
Baugenehmigung ['baugəne:mıguŋ] *f* permiso de construcción *m*
Baugerüst ['baugəryst] *n* andamio *m,* andamiaje *m*
Bauherr(in) ['bauhɛr(ın)] *m/f* propietario/propietaria *m/f*
Bauholz ['bauhɔlts] *n* madera de construcción *f*
Bauindustrie ['bauındustri:] *f* industria de construcciones *f*
Bauingenieur ['bauınʒenjø:r] *m* ingeniero de construcción *m,* ingeniero civil *m*
Baukasten ['baukastən] *m* caja de construcciones *f*
Bauklotz ['bauklɔts] *m* cubo de madera *m*
Baukosten ['baukɔstən] *pl* gastos de construcción *m/pl*
Baukunst ['baukunst] *f* arquitectura *f*
Bauland ['baulant] *n* terreno edificable *m*
baulich ['baulıç] *adj* arquitectónico, habitable, en buen estado
Baum [baum] *m* árbol *m; Bäume ausreißen können* tener fuerza para mover montañas; *Es ist zum auf die Bäume klettern!* ¡Es cómo para subirse por las paredes!
Baumaterial ['baumaterja:l] *n* material de construcción *m*
baumeln ['bauməln] *v* balancear, bambolear
Baumkrone ['baumkro:nə] *f BOT* copa *f*
Baumrinde ['baumrındə] *f BOT* corteza *f*
Baumstamm ['baumʃtam] *m* tronco *m*
Baumsterben ['baumʃtɛrbən] *n* muerte lenta de los árboles *f*
Baumstumpf ['baumʃtumpf] *m* cepa *f,* tueca *f,* tueco *m*
Baumwolle ['baumvɔlə] *f* algodón *m*
Bauplan ['baupla:n] *m* plan de construcción *m,* planificación de la obra *f*
Bauplatz ['bauplats] *m* solar *m,* terreno *m*
Bausatz ['bauzats] *m* equipo de construcción *m*
Bausch [bauʃ] *m 1. (Wattebausch)* tampón de algodón *m; 2. (Polster)* hombreras *m/pl; 3. in ~ und Bogen* a bulto, en conjunto, en bloque
Bausparkasse ['bauʃparkasə] *f* caja de ahorros para la construcción *f*
Bausparvertrag ['bauʃpa:rfɛrtra:k] *m FIN* cuenta vivienda *f*
Baustein ['bauʃtaın] *m 1.* sillar *m,* piedra de construcción *f; 2. (Bauklotz)* cubo de construcción *m; 3. (fig)* contribución *f*
Baustelle ['bauʃtɛlə] *f* terreno de obras *m,* obras *f/pl*
Baustil ['bauʃti:l] *m ARCH* estilo arquitectónico *m*
Bautrupp ['bautrup] *m* brigada de obreros *f*
Bauunternehmen ['bauuntərne:mən] *n* empresa de construcción *f*
Bauunternehmer(in) ['bauuntərne:mər(ın)] *m/f* contratista de obras *m/f*
Bauwerk ['bauvɛrk] *n* edificio *m,* obra de arquitectura *f*
Bauxit [bau'ksıt] *m MIN* bauxita *f*
bay(e)risch ['baırıʃ] *adj* bávaro, de Baviera
Bayer(in) ['baıər(ın)] *m/f* bávaro/bávara *m/f*
Bayern ['baıərn] *n GEO* Baviera *f*
Bazillus [ba'tsılus] *m BIO* bazilo *m*
beabsichtigen [bə'apzıçtıgən] *v* proponerse, tener la intención de, pensar hacer
beachten [bə'axtən] *v* atender a, prestar atención, considerar
beachtenswert [bə'axtənsve:rt] *adj* notable, digno de atención

beachtlich [bə'axtlɪç] *adj* apreciable, considerable
Beachtung [bə'axtuŋ] *f* atención *f*
Beamtenverhältnis [bə'amtənfɛrhɛltnɪs] *n* calidad de funcionario *f*
Beamter [bə'amtər] *m* funcionario *m*, empleado público *m*
Beamtin [bə'amtɪn] *f* funcionaria *f*, empleada pública *f*
beanspruchen [bə'anʃpruxən] *v* reclamar, exigir
beanstanden [bə'anʃtandən] *v* objetar a, poner reparos a
Beanstandung [bə'anʃtanduŋ] *f* objeción *f*, reparo *m*
beantragen [bə'antra:gən] *v* solicitar, pedir
beantworten [bə'antvɔrtən] *v* responder a, contestar a
bearbeiten [bə'arbaɪtən] *v 1. AGR* cultivar; *2. (erledigen)* concluir, despachar, ejecutar; *3. (umarbeiten)* arreglar, transformar, modificar; *4. TECH* trabajar, elaborar
Bearbeitung [bə'arbaɪtuŋ] *f* trabajo *m*, elaboración *f*; *in ~* en (vías de) ejecución
Bearbeitungsgebühr [bə'arbaɪtuŋsgəby:r] *f ECO* derechos de tramitación *m/pl*
beatmen [bə'a:tmən] *v MED* practicarle a alguien la respiración artificial
Beatmung [bə'a:tmuŋ] *f MED* respiración artificial *f*, reanimación *f*
beaufsichtigen [bə'aufzɪçtɪgən] *v 1.* vigilar, controlar, supervisar; *2. (amtlich)* inspeccionar
beauftragen [bə'auftra:gən] *v* encargar, encomendar, comisionar
Beauftragte(r) [bə'auftra:ktə(r)] *m/f 1.* encargado/encargada *m/f*, comisionado/comisionada *m/f*; *2. POL* comisionado/comisionada *m/f*
bebauen [bə'bauən] *v 1.* urbanizar, construir, edificar; *2. (Land)* cultivar, labrar
Bebauung [bə'bauuŋ] *f* edificiación *f*, urbanización *f*
beben ['be:bən] *v* temblar, estremecerse; *vor Angst ~* temblar de miedo
Beben ['be:bən] *n (Erdbeben)* seísmo *m*, terremoto *m*
Béchamelsoße [beʃa'mɛlzo:sə] *f GAST* salsa bechamel *f*
Becher ['bɛçər] *m 1.* vaso *m*; *2. (mit Henkel)* taza *f*; *3. (mit Fuß)* copa *f*
bechern ['bɛçərn] *v (fam)* emborracharse, embriagarse
Becken ['bɛkən] *n 1. (Waschbecken)* lavabo *m*, lavamanos *m*; *2. (Schwimmbecken)* piscina *f*, pileta *f* (LA); *3. ANAT* pelvis *f*
bedacht [bə'daxt] *adj auf etw ~ sein* cuidar de
Bedacht [bp'daxt] *m* precaución *f*; *die Worte mit ~ wählen* medir las palabras
bedächtig [bə'dɛçtɪç] *adj* prevenido, precavido
bedanken [bə'daŋkən] *v sich ~* dar las gracias, agradecer
Bedarf [bə'darf] *m* necesidad *f*, falta *f*; *Mein ~ ist gedeckt.* Tengo lo que necesito.
bedauerlich [bə'dauərlɪç] *adj* lamentable
bedauern [bə'dauərn] *v* lamentar, sentir
Bedauern [bə'dauərn] *n 1.* pesar *m*, sentimiento *m*; *n 2. (Mitleid)* compasión *f*, lástima *f*
bedauernswert [bə'dauərnsve:rt] *adj 1. (Sache)* lamentable; *2. (Person)* digno de lástima
bedecken [bə'dɛkən] *v 1.* cubrir, tapar; *2. (fig)* ocultar, encubrir
bedenken [bə'dɛŋkən] *v irr* pensar, considerar; *Wir müssen alle möglichen Schwierigkeiten ~.* Tenemos que tener en cuenta todas las dificultades posibles.
bedenkenlos [bə'dɛŋkənlo:s] *adj* sin escrúpulos, sin reparo
bedenkenswert [bə'dɛŋkənsve:rt] *adj* digno de tomar en consideración
bedenklich [bə'dɛŋklɪç] *adj* dudoso, crítico
Bedenkzeit [bə'dɛŋktsaɪt] *f* plazo para reflexionar *m*, tiempo de reflexión *m*
bedeuten [bə'dɔytən] *v 1.* significar, querer decir; *Das hat was zu ~.* Aquí hay gato encerrado. *2. (voraussetzen)* suponer, implicar
bedeutend [bə'dɔytənt] *adj* considerable, de importancia
bedeutsam [bə'dɔytzam] *adj* significativo, trascendental
Bedeutsamkeit [bə'dɔytzamkaɪt] *f* importancia *f*
Bedeutung [bə'dɔytuŋ] *f* significado *m*, significación *f*, importancia *f*
bedeutungslos [bə'dɔytuŋslo:s] *adj 1. (ohne Sinn)* insignificante; *2. (unwichtig)* sin importancia
Bedeutungslosigkeit [bə'dɔytuŋslo:zɪçkaɪt] *f* insignificancia *f*, poca importancia *f*
Bedeutungsunterschied [bə'dɔytuŋsuntərʃi:t] *m* diferencia de significado *f*

bedeutungsvoll [bə'dɔytuŋsfɔl] *adj* significativo, transcendental, importante
bedienen [bə'di:nən] *v 1. jdn ~* atender a alguien, servir a alguien; *2. sich ~* servirse, atenderse a sí mismo; *3. TECH* manejar
bedient [bə'di:nt] *adj ~ sein* tener bastante/estar harto
Bedienung [bə'di:nuŋ] *f 1.* servicio *m; 2. (Kellner)* camarero *m; 3. TECH* manejo *m*
Bedienungsanleitung [bə'di:nuŋsanlaıtuŋ] *f TECH* instrucciones de manejo *f/pl,* instrucciones de uso *f/pl*
Bedienungsfehler [bə'di:nuŋsfe:lər] *m* error de manejo *m*
bedingen [bə'dıŋən] *v (verursachen)* causar, producir
bedingt [bə'dıŋt] *adj 1.* relativo; *2. (beschränkt)* limitado
Bedingung [bə'dıŋuŋ] *f 1.* condición *f,* salvedad *f; 2. (Vertragsklausel) JUR* estipulación *f,* cláusula *f*
bedingungslos [bə'dıŋuŋslo:s] *adj* incondicional
bedrängen [bə'drɛŋən] *v* acosar, apremiar
Bedrängnis [bə'drɛŋnıs] *f* apuro *m,* apremio *m,* aprieto *m,* dificultad *f*
bedrängt [bə'drɛŋt] *adj* acosado, asediado
bedrohen [bə'dro:ən] *v 1. JUR* conminar, coactar; *2.* amenazar, intimidar
bedrohlich [bə'dro:lıç] *adj* amenazador, amenazante
Bedrohung [bə'dro:uŋ] *f 1. JUR* conminación *f,* coacción *f; 2.* amenaza *f,* intimidación *f*
bedrücken [bə'drykən] *v* oprimir, afligir, entristecer
Beduine [bedu'i:nə] *m* beduino *m*
Beduinin [bedu'i:nın] *f* beduina *f*
bedürfen [bə'dyrfən] *v etw ~* necesitar de algo, requerir de
Bedürfnis [bə'dyrfnıs] *n* necesidad *f,* requerimiento *m*
bedürftig [bə'dyrftıç] *adj* necesitado, indigente
Bedürftigkeit [bə'dyrftıçkaıt] *f* necesidad *f,* indigencia *f*
Beefsteak ['bi:fʃteık] *n GAST* bistec *m,* bisteque *m* (LA), bife *m* (in Argentinien)
beeilen [bə'aılən] *v sich ~* apurarse, darse prisa
Beeilung [bə'aıluŋ] *f* prisa *f ~!* ¡date prisa!, ¡rápido!, ¡corre!
beeindrucken [bə'aındrukən] *v* impresionar
beeindruckend [bə'aındrukənd] *adj* impresionante
beeinflussbar [bə'aınflusba:r] *adj* influenciable
beeinflussen [bə'aınflusən] *v* influir, influenciar
Beeinflussung [bə'aınflusuŋ] *f* influencia *f,* influjo *m*
beeinträchtigen [bə'aıntrɛçtıgən] *v* perjudicar, dañar, afectar
Beeinträchtigung [bə'aıntrɛçtıguŋ] *f* perjuicio *m,* deterioro *m,* daño *m,* detrimento *m*
beenden [bə'ɛndən] *v* terminar, finalizar, concluir
Beendigung [bə'ɛndıguŋ] *f* conclusión *f,* término *m,* remate *m*
beengen [bə'ɛŋən] *v 1.* estrechar, apretar; *2. (fig)* constreñir, cohibir
beengt [bə'ɛŋt] *adj* estrecho, apretado
Beengtheit [bə'ɛŋthaıt] *f* estrechez *f*
beerben [bə'ɛrbən] *v jdn ~* heredar de alguien, ser heredero de alguien
beerdigen [bə'e:rdıgən] *v* enterrar, sepultar
Beerdigung [bə'e:rdıguŋ] *f* entierro *m,* sepelio *m*
Beere ['be:rə] *f BOT* baya *f,* grano *m*
Beet [be:t] *n* bancal *m,* tabla *f,* era *f,* cuadro *m*
befähigen [bə'fɛ:ıgən] *v* capacitar, habilitar, hacer apto
Befähigung [bə'fɛ:ıguŋ] *f* habilitación *f,* calificación *f*
befahrbar [bə'fa:rba:r] *adj* transitable
befahren [bə'fa:rən] *v irr 1.* circular, transitar, navegar; *adj 2. (Straße)* circular, transistar
Befall [bə'fal] *m BIO* ataque *m*
befallen [bə'falən] *v irr* asaltar, invadir, caer sobre
befangen [bə'faŋən] *adj ~ sein* ser predispuesto, ser apocado, ser intimidado
Befangenheit [bə'faŋənhaıt] *f* timidez *f,* confusión *f*
befassen [be'fasən] *v sich ~ mit* ocuparse con/ocuparse de, dedicarse a
Befehl [bə'fe:l] *m* orden *f,* mandato *m*
befehlen [bə'fe:lən] *v irr* ordenar, mandar
Befehlsempfänger(in) [bə'fe:lsɛmpfɛŋər(ın)] *m/f* enlace de órdenes *m/f,* receptor(a) de órdenes *m/f*
Befehlsgewalt [bə'fe:lsgəvalt] *f MIL* mando *m*

Befehlshaber [bə'fe:lsha:bər] *m MIL* comandante *m*
Befehlsverweigerung [bə'fe:lsfɛrvaɪgəruŋ] *f MIL* desobediencia a una orden *f*
befestigen [bə'fɛstɪgən] *v* fijar, asegurar, sujetar
Befestigung [bə'fɛstɪguŋ] *f 1.* afianzamiento *m,* sujeción *f; 2. MIL* fortificación *f*
befeuchten [bə'fɔyçtən] *v* humedecer, humectar
befinden [bə'fɪndən] *v irr sich ~* encontrarse, estar, hallarse
befindlich [bə'fɪntlɪç] *adj dort ~* situado, ubicado
beflaggen [bə'flagən] *v* embanderar
beflecken [bə'flɛkən] *v* manchar, ensuciar
beflissen [bə'flɪsən] *adj* aplicado, diligente, estudioso
Beflissenheit [bə'flɪsənhaɪt] *f* estudio *m,* aplicación *f*
beflügeln [bə'fly:gəln] *v 1.* dar alas a; *2. (fig)* estimular, avivar
befolgen [bə'fɔlgən] *v* seguir, cumplir, obedecer
befördern [bə'fœrdərn] *v 1. (Waren) ECO* expedir, enviar, despachar; *2. (Beruf)* ascender, promover
Beförderung [bə'fœrdəruŋ] *f 1. (von Waren) ECO* expedición *f,* envío *m,* despacho *m; 2. (im Beruf) ECO* ascenso *m,* promoción *f*
Beförderungsgebühr [bə'fœrdəruŋsgəby:r] *f 1. (Portokosten)* coste de transporte *f; 2. (Transportkosten)* gastos de transporte *m/pl*
Beförderungsmittel [bə'fœrdəruŋsmɪtəl] *n* medio de transporte *m*
befragen [bə'fra:gən] *v* preguntar, entrevistar, encuestar
Befragung [bə'fra:guŋ] *f* entrevista *f,* encuesta *f*
befreien [bə'fraɪən] *v 1.* liberar, libertar, poner en libertad; *2. ECO* eximir, dispensar, exonerar
Befreier [bə'fraɪər] *m POL* liberador *m*
Befreiung [bə'fraɪuŋ] *f 1.* liberación *f,* emancipación *f; 2. ECO* exención *f,* exoneración *f,* dispensa *f*
Befreiungskrieg [bə'fraɪuŋskri:k] *m POL* guerra de liberación *f*
befremdlich [bə'frɛmtlɪç] *adj* extraño, raro, sorprendente
befreunden [bə'frɔyndən] *v sich ~ mit jdm* hacerse amigo de alguien, trabar amistad con alguien/contraer amistad con alguien
befreundet [bə'frɔyndət] *adj* amigo, íntimo
befriedigen [bə'fri:dɪgən] *v* satisfacer, complacer, contentar
Befriedigung [bə'fri:dɪguŋ] *f* satisfacción *f*
befristet [bə'frɪstət] *adj* con plazo señalado, limitado, a plazo fijo
befruchten [bə'fruxtən] *v 1. AGR* fertilizar; *2. BIO* fecundar
Befruchtung [bə'fruxtuŋ] *f 1. AGR* fertilización *f,* polinización *f; f 2. BIO* fecundación *f*
Befugnis [bə'fu:knɪs] *f* autorización *f,* permiso *m*
befugt [bə'fu:kt] *adj* autorizado, facultado
Befund [bə'funt] *m MED* resultado del reconocimiento *m,* hallazgo *m,* diagnóstico *m*
befürchten [bə'fyrçtən] *v 1.* temer; *2. (vermuten)* sospechar, recelar, suponer
Befürchtung [bə'fyrçtuŋ] *f* temor *m,* recelo *m*
befürworten [bə'fy:rvɔrtən] *v etw ~* abogar por algo, recomendar algo, interceder en favor de algo
Befürworter(in) [bə'fy:rvɔrtər(ɪn)] *m/f* defensor(a) *m/f,* recomendante *m/f,* persona que recomienda *f*
begabt [bə'ga:pt] *adj* talentoso
Begabte(r) [bə'ga:ptə(r)] *m/f* persona con un talento especial *f*
Begabung [bə'ga:buŋ] *f* talento *m,* don *m,* habilidad *f,* gracia *f*
begatten [bə'gatən] *v ZOOL* cubrir
Begattung [bə'gatuŋ] *f ZOOL* apareamiento *m*
begeben [bə'ge:bən] *v irr sich ~ zu* trasladarse a, irse a
Begebenheit [bə'ge:bənhaɪt] *f* suceso *m,* acontecimiento *m*
begegnen [bə'ge:gnən] *v jdm ~* encontrar a alguien, ver a alguien
Begegnung [bə'ge:gnuŋ] *f* encuentro *m*
begehen [bə'ge:ən] *v irr 1. ein Verbrechen ~* cometer un delito, perpetrar una fechoría; *2. (ein Fest)* festejar, celebrar; *3. (einen Weg)* recorrer, ir, andar por
begehren [bə'ge:rən] *v 1. (Wunsch)* desear, anhelar, codiciar; *2. (Gesuch)* solicitar, pedir
begehrenswert [bə'ge:rənsve:rt] *adj* deseable, apetecible, codiciable
begehrlich [bə'ge:rlɪç] *adj* codicioso, ávido

begehrt [bə'geːrt] *adj* apreciado, codiciado, solicitado
begeistern [bə'gaɪstərn] *v 1. jdn ~* entusiasmar a alguien, apasionar a alguien, enardecer a alguien; *2. sich ~* entusiasmarse, apasionarse, inspirarse
begeistert [bə'gaɪstərt] *adj ~ sein* estar entusiasmado
Begeisterung [bə'gaɪstəruŋ] *f* entusiasmo *m,* pasión por *f*
Begierde [bə'giːrdə] *f* deseo *m,* apetito *m,* ganas *f/pl*
begierig [bə'giːrɪç] *adj* deseoso, ansioso, ávido
begießen [bə'giːsən] *v irr* regar
Beginn [bə'gɪn] *m* comienzo *m,* principio *m,* inicio *m*
beginnen [bə'gɪnən] *v irr* comenzar, empezar, iniciar
beglaubigen [bə'glaubɪgən] *v* certificar; *notariell ~* legalizar
Beglaubigung [bə'glaubɪguŋ] *f* certificación *f; notarielle ~* legalización *f*
begleichen [bə'glaɪçən] *v irr ECO* pagar, abonar, saldar, liquidar
Begleichung [bə'glaɪçuŋ] *f (von Schulden)* liquidación de deudas *f*
begleiten [bə'glaɪtən] *v* acompañar
Begleiter(in) [bə'glaɪtər(ɪn)] *m/f* acompañante *m/f*
Begleitumstand [bə'glaɪtumʃtant] *m* circunstancias *f/pl*
Begleitung [bə'glaɪtuŋ] *f* acompañamiento *m,* compañía *f*
beglückwünschen [bə'glykvynʃən] *v ~ zu* felicitar por, congratular por, dar la enhorabuena
begnadet [bə'gnaːdət] *adj* indultado
begnadigen [bə'gnaːdɪgən] *v JUR* indultar
Begnadigung [bə'gnaːdɪguŋ] *f JUR* indulto *m*
begnügen [bə'gnyːgən] *v sich ~* contentarse, darse por satisfecho
Begonie [bə'goːnjə] *f BOT* begonia *f*
begraben [bə'graːbən] *v irr 1. (beerdigen)* enterrar, sepultar; *2. (fig)* olvidar; *etw ~ können* poderse olvidar de un asunto
Begräbnis [bə'grɛpnɪs] *n* entierro *m,* sepelio *m*
Begräbnisstätte [bə'grɛːpnɪsʃtɛtə] *f* enterramiento *m,* necrópolis *f*
begradigen [bə'graːdɪgən] *v* alinear, rectificar
begreifen [bə'graɪfən] *v irr* comprender, entender; *Ach so, jetzt begreife ich.* Ah, ya caigo en la cuenta.
begreiflich [bə'graɪflɪç] *adj* comprensible, entendible, inteligible
begrenzen [bə'grɛntsən] *v 1.* delimitar, limitar; *2. (Grenze bilden)* demarcar, amojonar, acotar; *3. (fig)* limitar, reducir
Begrenzung [bə'grɛntsuŋ] *f* delimitación *f,* limitación *f,* demarcación *f*
Begriff [bə'grɪf] *m* concepto *m,* idea *f,* entendimiento *m*
begrifflich [bə'grɪflɪç] *adj* comprensible, inteligible, explicable
begriffsstutzig [bə'grɪfsʃtutsɪç] *adj* lerdo, lento
begründen [bə'gryndən] *v 1. ~ auf* fundar en, basar en; *2. (Geschäft)* establecer; *3. (Lehre)* crear una doctrina, iniciar una corriente; *4. (einrichten)* instalar
Begründer(in) [bə'gryndər(ɪn)] *m/f* fundador(a) *m/f*
begründet [bə'gryndət] *adj* fundado, justificado
Begründung [bə'grynduŋ] *f* razón *f,* causa *f*
begrüßen [bə'gryːsən] *v 1. (willkommen heißen)* saludar, dar la bienvenida; *2. (guten Tag sagen)* dar los buenos días; *3. (billigen)* aprobar, admitir, autorizar
begrüßenswert [bə'gryːsənsveːrt] *adj* laudable
Begrüßung [bə'gryːsuŋ] *f* saludo *m,* bienvenida *f*
begünstigen [bə'gynstɪgən] *v 1.* favorecer, beneficiar; *2. (fördern)* fomentar, patrocinar; *3. (bevorzugen)* preferir, elegir, optar por, anteponer
Begünstigung [bə'gynstɪguŋ] *f* favorecimiento *m,* preferencia *f*
begutachten [bə'guːtaxtən] *v etw ~* dar dictamen sobre algo, dictaminar sobre algo
begütert [bə'gyːtərt] *adj* acaudalado, acomodado, rico, platudo (LA)
behaart [bə'haːrt] *adj* peludo, velloso
Behaarung [bə'haːruŋ] *f* pelo *m*
behäbig [bə'hɛːbɪç] *adj 1.* corpulento, metido en carnes (fig); *2. (bequem)* cómodo
behaftet [bə'haftet] *adj 1. ~ sein mit* tener algo; *2. ~ sein mit (Krankheit)* estar aquejado por una enfermedad; *3. ~ sein mit (Makel)* adolecer de defetos
behaglich [bə'haːklɪç] *adj* agradable, cómodo, placentero

Behaglichkeit [bə'haːklɪçkaɪt] *f* comodidad *f*, bienestar *m*, placidez *f*
behalten [bə'haltən] *v irr 1.* guardar, conservar, mantener; *Er behält es im Auge.* No lo pierde de vista. *2. (sich merken)* retener; *3. Behalten Sie Platz!* ¡No se levante!
Behälter [bə'hɛltər] *m* recipiente *m*, depósito *m*, vasija *f*
behände [bə'hɛndə] *adj* ágil, veloz, ligero
behandeln [bə'handəln] *v 1.* tratar; *2. MED* asistir, atender, tratar
Behändigkeit [bə'hɛndɪçkaɪt] *f* agilidad *f*, presteza *f*, prontitud *f*, ligereza *f*
Behandlung [bə'handluŋ] *f 1.* trato *m*, manera de tratar *f*, manipulación *f*; *2. MED* tratamiento *m*, asistencia *f*
Behandlungsschein [bə'handluŋsʃaɪn] *m MED* impreso de atención *m*
behängen [bə'hɛŋən] *v irr 1.* cubrir, guarnecer; *2. (schmücken)* adornar, decorar; *3. (Wände)* tapizar
beharren [bə'harən] *v ~ auf* persistir en
beharrlich [bə'harlɪç] *adj* perseverante, persistente
Beharrlichkeit [bə'harlɪçkaɪt] *f* perseverancia *f*, persistencia *f*
behaupten [bə'hauptən] *v 1.* afirmar, sostener, asegurar; *2. (Stellung)* defender, sostener; *3. sich ~* imponerse, ganar, vencer
Behauptung [bə'hauptuŋ] *f* afirmación *f*, declaración *f*
Behausung [bə'hauzuŋ] *f* vivienda *f*, casa *f*, morada *f*
beheben [bə'heːbən] *v irr* eliminar, apartar, remediar
beheizen [bə'haɪtsən] *v* calentar
Beheizung [bə'haɪtsuŋ] *f* calentamiento *m*
Behelf [bə'hɛlf] *m* solución provisoria *f*, solución de emergencia *f*, recurso *m*
behelfen [bə'hɛlfən] *v irr sich ~* acomodarse, defenderse
behelfsmäßig [bə'hɛlfsmɛːsɪç] *adj* improvisado, provisorio
behelfsweise [bə'hɛlfsvaɪzə] *adv* provisionalmente
behelligen [bə'hɛlɪgən] *v* importunar, molestar, incomodar; *jdn ~* importunar a alguien/jorobar a alguien (fam)
beherbergen [bə'hɛrbɛrgən] *v* hospedar, alojar, albergar
beherrschbar [bə'hɛrʃbaːr] *adj* controlable
beherrschen [bə'hɛrʃən] *v 1. sich ~* dominarse, controlarse, contenerse, moderarse; *2. (fig: können)* conocer profundamente, dominar, poder, saber; *3. POL* gobernar, reinar
Beherrschung [bə'hɛrʃuŋ] *f 1. (Selbstbeherrschung)* control sobre sí mismo *m*, autodominio *m*; *die ~ verlieren* perder los estribos; *2. (fig: Können)* conocimiento profundo *m*, dominio *m*; *3. POL* gobierno *m*, dominación *f*
beherzigen [bə'hɛrtsɪgən] *v* tomar en consideración, tomar a pecho
beherzt [bə'hɛrtst] *adj* valiente, esforzado, resuelto
Beherztheit [bə'hɛrtsthaɪt] *f* valor *m*, valentía *f*, arrojo *m*
behilflich [bə'hɪlflɪç] *adj jdm ~ sein* ayudar a alguien, ser útil a alguien
behindern [bə'hɪndərn] *v* impedir, dificultar, obstruir, obstaculizar
behindert [bə'hɪndərt] *adj* minusválido, impedido, imposibilitado
Behinderte(r) [bə'hɪndərtə(r)] *m/f* impedido/impedida *m/f*, minusválido/minusválida *m/f*, disminuido/disminuida *m/f*
Behinderung [bə'hɪndəruŋ] *f 1.* dificultad *f*, impedimento *m*; *2. MED* minusvalía *f*, disminución *f*
Behörde [bə'hœːrdə] *f* autoridad *f*, administración *f*
behördlich [bə'høːrtlɪç] *adj* administrativo, oficial
behüten [bə'hyːtən] *v* guardar, librar de, proteger
behutsam [bə'huːtzaːm] *adj* cuidadoso, cauteloso, prudente
Behutsamkeit [bə'huːtzaːmkaɪt] *f* cuidado *m*, cautela *f*, prudencia *f*
bei [baɪ] *prep 1. (örtlich)* cerca de, de, en; *Es ist ~ München.* Queda cerca de Múnich. *2. (zeitlich)* en, de, a, al; *München ~ Nacht* Múnich de noche; *~ Abenddämmerung* al anochecer; *~ Auswählen des Artikels* al elegir el artículo; *3. (Begleitumstand)* con; *Ich bin ~ dir.* Estoy contigo. *Bleib ~ mir!* ¡Quédate a mi lado! *4. (Anrufung)* por; *Bei Gott!* ¡Por Dios! ¡Lo juro! *5. ~ aller Vorsicht* con sumo cuidado/con suma precaución
beibehalten ['baɪbəhaltən] *v irr* conservar, guardar, mantener
Beibehaltung ['baɪbəhaltuŋ] *f* conservación *f*, mantenimiento *m*
Beiboot ['baɪboːt] *n NAUT* lancha *f*, bote *m*
beibringen ['baɪbrɪŋən] *v irr 1. (lehren)* enseñar, instruir; *2. (beschaffen)* proporcionar, procurar

Beichte ['baɪçtə] *f* *REL* confesión *f*
beichten ['baɪçtən] *v* *REL* confesarse
Beichtgeheimnis ['baɪçtgəhaɪmnɪs] *n* *REL* secreto de la confesión *m*
Beichtstuhl ['baɪçtʃtuːl] *m* *REL* confesionario *m*
Beichtvater ['baɪçtfaːtər] *m* *REL* padre confesor *m*
beide ['baɪdə] *pron* *1.* ambos, ambas, los dos, las dos; *adj* *2.* ambos, ambas, los dos, las dos
beiderlei ['baɪdərlaɪ] *adj* de los dos/de las dos, de ambos/de ambas
beiderseitig ['baɪdərzaɪtɪç] *adj* mutuo, de ambas partes
beiderseits ['baɪdər'zaɪts] *adv* *1.* de una y otra parte; *prep* *2.* a ambos lados de
beidhändig ['baɪthɛndɪç] *adj* *1.* con las dos manos; *2.* *(mit beiden Händen gleich geschickt)* ambidextro
beidrehen ['baɪdreːən] *v* *NAUT* fachear
beidseitig ['baɪtzaɪtɪç] *adj* *1.* de los lados, bilateral; *2.* *in ~em Einvernehmen* de mutuo acuerdo
beieinander [baɪaɪ'nandər] *adv* uno con otro, juntos/juntas
Beifahrer(in) ['baɪfaːrər(ɪn)] *m/f* acompañante en el coche *m/f,* copiloto *m*
Beifahrersitz ['baɪfaːrərzɪts] *m* asiento del acompañante *m*
Beifall ['baɪfal] *m* *1.* *(Applaus)* aplauso *m,* ovación *f,* aclamación *f;* *2.* *(Billigung)* asentimiento *m,* aprobación *f*
beifügen ['baɪfyːgən] *v* adjuntar, añadir, agregar
Beigabe ['baɪgaːbə] *f* añadidura *f*
beigeben ['baɪgeːbən] *v irr* *1.* *(hinzufügen)* añadir; *2.* *klein ~* *(fig: nachgeben)* resignarse
Beigeschmack ['baɪgəʃmak] *m* gustillo *m,* dejo *m,* resabio *m*
Beiheft ['baɪhɛft] *n* suplemento *m*
Beihilfe ['baɪhɪlfə] *f* *1.* ayuda *f,* asistencia *f;* *2.* *(Unterstützung)* socorro *m;* *3.* *staatliche ~* subvención *f;* *4.* *JUR* complicidad *f*
Beil [baɪl] *n* hacha *f/el,* guillotina *m*
Beilage ['baɪlaːgə] *f* *1.* *(einer Zeitung)* suplemento *m;* *2.* *GAST* guarnición *f*
beiläufig ['baɪlɔyfɪç] *adj* incidental, ocasional; *adv* incidentalmente, ocasionalmente, de paso
beilegen ['baɪleːgən] *v* *1.* *(hinzufügen)* agregar, añadir, incluir; *2.* *(fig: schlichten)* arreglar, zanjar, dirimir
beileibe [baɪ'laɪbə] *adv* en ningún caso
Beileid ['baɪlaɪt] *n* pésame *m,* condolencia *f*
beiliegen ['baɪliːgən] *v irr* *1.* *(beigefügt sein)* ir incluido; *2.* *(beischlafen)* cohabitar con
beiliegend ['baɪliːgənt] *adj* incluido, adjunto
beim *(= bei dem) (siehe „bei")*
beimessen ['baɪmɛsən] *v irr* atribuir, imputar, dar
beimischen ['baɪmɪʃən] *v* mezclar, añadir
Bein [baɪn] *n* *1.* *ANAT* pierna *f;* *jdm auf die ~e helfen (fig)* echarle una mano a alguien; *mit einem ~ im Grabe stehen* estar a punto de estirarla; *mit den ~en fest im Leben stehen* ver las realidades, pisar tierra; *auf eigenen ~en stehen* ser independiente; *sich auf die ~e machen* ponerse en marcha, echar piernas; *jdm ~e machen* poner a alguien de patitas en la calle; *sich die ~e vertreten* estirar las piernas; *die ~e unter den Arm nehmen* echar a correr; *sich die ~e in den Leib stehen* esperar una eternidad; *sich kein ~ ausreißen* no matarse trabajando; *von einem ~ auf das andere treten* estar impaciente; *sich die ~e nach etw ablaufen* desvivirse por algo; *2.* *(eines Tieres)* pata *f;* *3.* *(bei Möbeln)* pata *f,* pie *m*
beinahe [baɪ'naːə] *adv* casi, por poco, aproximadamente
Beiname ['baɪnaːmə] *m* apodo *m,* mote *m,* sobrenombre *m*
Beinbruch ['baɪnbrux] *m* *MED* fractura de la pierna *f;* *Das ist kein ~!* ¡Éso no es ninguna desgracia!
beinhalten [bə'ɪnhaltən] *v* contener, implicar
Beinprothese ['baɪnproteːzə] *f* *MED* prótesis de la pierna *f,* pierna artificial *f*
beipflichten ['baɪpflɪçtən] *v* secundar, apoyar
Beirat ['baɪrat] *m* consejo *m,* comité *m,* junta consultativa *f*
beirren [bə'ɪrən] *v* desconcertar, confundir
beisammen [baɪ'zamən] *adv* juntos, reunidos
Beisammensein [baɪ'zamənzaɪn] *n* *1.* reunión *f;* *2.* *(Treffen)* encuentro *m*
beisammensitzen [baɪ'zamənzɪtsən] *v irr* estar sentados juntos
Beischlaf ['baɪʃlaːf] *m* coito *m,* cópula *f,* acto sexual *m*
Beisein ['baɪzaɪn] *n* *im ~ von* en presencia de
beiseite [baɪ'zaɪtə] *adv* aparte, a un lado, separadamente

Beisetzung ['baɪzɛtsuŋ] *f* entierro *m,* inhumación *f,* sepelio *m*
Beisitz ['baɪzɪts] *m* asistencia *f,* asesoría *f*
Beispiel ['baɪʃpi:l] *n* ejemplo *m,* demostración *f; mit gutem ~ vorangehen* dar buen ejemplo; *sich ein ~ an jdm nehmen* tomarse ejemplo de alguien; *ohne ~ sein* ser lo nunca visto
beispielhaft ['baɪʃpi:lhaft] *adj* ejemplar, demostrativo
beispiellos ['baɪʃpi:llo:s] *adj* sin ejemplo, sin precedente
beispielsweise ['baɪʃpi:lzvaɪsə] *adv* por ejemplo, tal como
beißen ['baɪsən] *v irr 1.* morder; *2. (Insekt)* picar
beißend ['baɪsənt] *adj 1. (Geruch)* penetrante; *2. (fig: Spott)* mordaz
Beistand ['baɪʃtant] *m* ayuda *f,* asistencia *f,* apoyo *m*
Beistandspakt ['baɪʃtantspakt] *m POL* pacto de asistencia *m*
beistehen ['baɪʃte:ən] *v irr* ayudar, asistir, apoyar; *Gott stehe mir bei!* ¡Válgame Dios!
beisteuern ['baɪʃtɔyərn] *v ~ zu* contribuir a, colaborar con
Beitrag ['baɪtra:k] *m 1.* contribución *f,* parte *f,* cuota *f, einen ~ leisten* contribuir a; *2. (Zeitungsartikel)* artículo *m; 3. (Versicherungsbeitrag)* prima *f*
beitragen ['baɪtra:gən] *v irr* contribuir, coadyuvar
Beitragssatz ['baɪtra:kszats] *m* cuota *f*
Beitragszahlung ['baɪtra:kstsa:luŋ] *f* pago de las cuotas *m*
beitreten ['baɪtre:tən] *v irr* adherirse a, ingresar en, afiliarse a
Beitritt ['baɪtrɪt] *m ~ zu* ingreso en *m,* afiliación a *f*
Beiwagen ['baɪva:gən] *m* sidecar *m*
Beiwerk ['baɪvɛrk] *n* obra accesoria *f*
beiwohnen ['baɪvo:nən] *v* presenciar, asistir, hacer acto de presencia
Beize ['baɪtsə] *f 1. AGR* desinfectante *m; 2. CHEM* corrosivo *m,* mordiente *m; 3. MET* decapante *m; 4. (Holzbeize)* barniz *m*
beizeiten [baɪ'tsaɪtən] *adv* a tiempo, oportunamente
beizen ['baɪtsən] *v* corroer, decapar
bejahen [bə'ja:ən] *v 1. (Frage)* responder afirmativamente, afirmar; *2. (billigen)* aprobar, estar en pro, estar a favor de
bejahrt [bə'ja:rt] *adj* de edad avanzada, entrado en años
bejammern [bə'jamərn] *v* lamentar, deplorar
bejubeln [bə'ju:bəln] *v* aclamar, vitorear
bekämpfen [bə'kɛmpfən] *v* combatir, atacar, luchar contra
Bekämpfung [bə'kɛmpfuŋ] *f* lucha *f*
bekannt [bə'kant] *adj* conocido, célebre, famoso; *Der Name kommt mir ~ vor.* El nombre me resulta conocido. *~ geben* dar a conocer, publicar, anunciar, comunicar
Bekannte(r) [bə'kantə] *m/f* conocido/conocida *m/f*
Bekanntenkreis [bə'kantənkraɪs] *m* círculo de amistades *m*
Bekanntgabe [bə'kantga:bə] *f* publicación *f,* anuncio *m,* proclamación *f*
Bekanntheit [bə'kanthaɪt] *f* popularidad *f,* notoriedad *f*
bekanntlich [bə'kantlɪç] *adv* como es sabido, como se sabe
Bekanntmachung [bə'kantmaxuŋ] *f 1.* publicación *f,* comunicado *m,* aviso *m; 2. (amtliche ~)* notificación *f; 3. (eines Gesetzes)* promulgación *f*
Bekanntschaft [bə'kantʃaft] *f* conocimiento *m,* trato *m* (fam)
bekehren [bə'ke:rən] *v 1. (fig: überzeugen)* convencer; *2. REL* convertir
Bekehrung [bə'ke:ruŋ] *f REL* conversión *f*
bekennen [bə'kɛnən] *v irr 1. (zugeben)* confesar, reconocer, admitir; *2. sich ~ zu REL* profesar
Bekenntnis [bə'kɛntnɪs] *n 1. (Zugeben)* reconocimiento *m; 2. REL* credo *m,* confesión *f*
beklagen [bə'kla:gən] *v 1. etw ~* lamentar por algo, deplorar por algo; *2. sich ~ über* lamentarse de/lamentarse por, quejarse de
beklagenswert [bə'kla:gənswe:rt] *adj* lamentable, deplorable
Beklagte(r) [bə'kla:ktə(r)] *m/f JUR* demandado/demandada *m/f*
beklatschen [bə'klatʃən] *v* aplaudir
bekleben [bə'kle:bən] *v* pegar
bekleckern [bə'klɛkərn] *v* manchar, ensuciar, embadurnar
bekleiden [bə'klaɪdən] *v 1.* vestir, revestir, cubrir; *2. (Amt)* desempeñar, ejercer; *einen Posten ~* ocupar un cargo
Bekleidung [bə'klaɪduŋ] *f* vestimenta *f,* revestimiento *m,* prenda de vestir *f*
Bekleidungsindustrie [bə'klaɪduŋsɪndustri:] *f ECO* industria del vestir *f,* industria de la confección *f*

Bekleidungsstück [bə'klaɪdʊŋsʃtyk] *n* prenda de vestir *f*
beklemmend [bə'klɛmənt] *adj* opresivo, sofocante; *Es herrscht ein ~es Schweigen.* Hay un silencio embarazoso.
Beklemmung [bə'klɛmuŋ] *f* ahogo *m,* sofoco *m,* opresión *f*
beklommen [be'klɔmən] *adj* oprimido, sofocado
Beklommenheit [bə'klɔmənhaɪt] *f* opresión *f,* sofoco *m*
bekommen [bə'kɔmən] *v irr 1. (Krankheit) MED* contraer, coger; *2. (erhalten)* recibir, tomar; *3. (finden)* encontrar; *4. (erlangen)* lograr, conseguir; *5. (Kräfte)* cobrar, recobrar; *6. (Schreck)* llevarse
bekömmlich [bə'kœmlɪç] *adj 1.* provechoso, beneficioso, sano; *2. (Speisen)* digestible
Bekömmlichkeit [bə'kœmlɪçkaɪt] *f* provecho *m,* beneficio *m*
beköstigen [bə'kœstɪgən] *v* alimentar
bekräftigen [bə'krɛftɪgən] *v* confirmar, afirmar, corroborar
Bekräftigung [bə'krɛftɪguŋ] *f* afirmación *f,* confirmación *f*
bekreuzigen [bə'krɔytsɪgən] *v sich ~ REL* hacer la señal de la cruz, persignarse, santiguarse
bekriegen [bə'kri:gən] *v POL* combatir, hacer la guerra a
bekritteln [bə'krɪtəln] *v* tildar, glosar
bekritzeln [bə'krɪtsəln] *v* garabatear, emborronar, borrajear
bekümmern [bə'kymərn] *v* afligir, apenar, entristecer
bekunden [bə'kundən] *v 1. (zeigen)* manifestar, declarar; *2. JUR* atestiguar, deponer ante los tribunales, declarar
belächeln [bə'lɛçəln] *v* sonreírse de
beladen [bə'la:dən] *v irr 1. ~ mit* cargar de; *2. (fig)* agobiar, abrumar
Belag [bə'la:k] *m 1. (Schicht)* capa *f; 2. (Brotbelag)* fiambre *m; 3. (auf der Zunge) MED* saburra *f; 4. (Zahnbelag)* sarro *m; 5. TECH* revestimiento *m*
belagern [bə'la:gərn] *v* sitiar
Belagerung [bə'la:gəruŋ] *f MIL* sitio *m,* cerco *m,* bloqueo *m*
Belang [bə'laŋ] *m* importancia *f,* transcendencia *f,* gravedad *f; von ~* grave, de importancia
belangen [bə'laŋən] *v JUR* demandar judicialmente
belanglos [bə'laŋlo:s] *adj* sin importancia, insignificante, irrelevante, fútil
Belanglosigkeit [bə'laŋlo:zɪçkaɪt] *f* insignificancia *f,* nimiedad *f*
belassen [bə'lasən] *v irr* dejar en su lugar
belastbar [bə'lastba:r] *adj* que tiene capacidad de carga
Belastbarkeit [bə'lastba:rkaɪt] *f* capacidad de carga *f*
belasten [bə'lastən] *v 1. ~ mit* cargar con, cargar de; *2. (fig: beanspruchen)* someter a un esfuerzo; *3. (fig: bedrücken)* oprimir, abrumar; *4. (Konto) FIN* cargar; *5. (Haus)* hipotecar; *6. JUR* acusar, incriminar
belastend [bə'lastənt] *adj* agravante
belästigen [bə'lɛstɪgən] *v* molestar, incomodar, asediar, importunar
Belästigung [bə'lɛstɪguŋ] *f* molestia *f,* importunidad *f,* fastidio *m,* asedio *m*
Belastung [bə'lastuŋ] *f 1.* carga *f; 2. (fig: Beanspruchung)* esfuerzo *m; 3. (fig: Druck)* estrés *m,* stress *m; 4. (eines Kontos) FIN* cargo *m,* débito *m; 5. (Steuerbelastung) FIN* gravamen *m,* gravación *f; 6. JUR* responsabilidad *f,* incriminación *f*
Belastungsprobe [bə'lastuŋspro:bə] *f* ensayo de carga *m*
Belastungszeuge [bə'lastuŋstsɔygə] *m JUR* testigo de cargo *m*
belauern [bə'lauərn] *v* espiar, acechar
belaufen [bə'laufən] *v irr sich ~ auf ECO* elevarse a, ascender a, alcanzar la cifra de
belauschen [bə'lauʃən] *v* escuchar secretamente, espiar, atisbar
beleben [bə'le:bən] *v* vivificar, devolver a la vida
belebt [bə'le:pt] *adj* vivo, animado
Belebung [bə'le:buŋ] *f* animación *f,* vivificación *f*
Beleg [bə'le:k] *m 1. FIN* comprobante *m,* justificante *m; 2. (Beweis) JUR* justificativo *m,* documento probatorio *m*
Belegarzt [bə'le:kartst] *m MED* médico consultor *m*
belegbar [bə'le:kba:r] *adj* demostrable
belegen [bə'le:gən] *v 1. (Brot)* untar; *2. (Kurs)* matricularse en, participar en; *3. (Platz)* ocupar, llenar; *4. mit Beispielen ~* ilustrar con ejemplos; *5. FIN* gravar; *6. (beweisen) JUR* probar, documentar, justificar
Belegschaft [bə'le:kʃaft] *f* personal *m,* plantilla *f,* nómina *f*
belehren [bə'le:rən] *v* instruir, informar, enseñar, aconsejar

Belehrung [bə'leːruŋ] *f* instrucción *f,* información *f*
beleibt [bə'laɪpt] *adj* corpulento, grueso
Beleibtheit [bə'laɪpthaɪt] *f* corpulencia *f,* gordura *f*
beleidigen [bə'laɪdɪgən] *v* ofender, insultar, injuriar
Beleidigung [bə'laɪdɪguŋ] *f* ofensa *f,* insulto *m,* injuria *f*
beleuchten [bə'lɔyçtən] *v* *1.* alumbrar, iluminar; *2. (fig)* esclarecer, dilucidar
Beleuchter(in) [bə'lɔyçtər(ɪn)] *m/f* *THEAT* técnico/técnica de iluminación *m/f*
Beleuchtung [bə'lɔyçtuŋ] *f* alumbramiento *m,* iluminación *f*
Belgien ['bɛlgjən] *n GEO* Bélgica *f*
Belgier(in) ['bɛlgjər(ɪn)] *m/f* belga *m/f*
belichten [bə'lɪçtən] *v FOTO* exponer
Belichtungsmesser [bə'lɪçtuŋsmɛsər] *m FOTO* fotómetro *m,* exposímetro *m*
Belichtungszeit [bə'lɪçtuŋstsaɪt] *f* *FOTO* tiempo de exposición *m*
Belieben [bə'liːbən] *n nach ~* a gusto, a voluntad
beliebig [bə'liːbɪç] *adj* cualquiera, arbitrario
beliebt [bə'liːpt] *adj* querido, estimado, popular, solicitado
Beliebtheit [bə'liːpthaɪt] *f* popularidad *f,* fama *f,* favor *m*
beliefern [bə'liːfərn] *v* surtir, proveer abastecer
bellen ['bɛlən] *v* ladrar; *Hunde, die ~, beißen nicht.* Perro ladrador, poco mordedor.
Belletristik [bɛle'trɪstɪk] *f* literatura de entrenimiento *f*
belohnen [bə'loːnən] *v* recompensar, gratificar, premiar; *Ich werde dich reichlich ~.* Te pagaré con creces.
Belohnung [bə'loːnuŋ] *f* recompensa *f,* gratificación *f,* premio *m*
belüften [bə'lyftən] *v* airear, ventilar, orear
Belüftung [bə'lyftuŋ] *f* ventilación *f*
belügen [bə'lyːgən] *v irr* mentir a alguien, engañar a alguien
belustigen [bə'lustɪgən] *v* divertirse, regocijarse
Belustigung [bə'lustɪguŋ] *f* diversión *f*
bemächtigen [bə'mɛçtɪgən] *v* apoderarse, apropiarse
bemalen [bə'maːlən] *v* pintar
Bemalung [bə'maːluŋ] *f ART* pintura *f*
bemängeln [bə'mɛŋəln] *v* criticar, censurar
bemerkbar [bə'mɛrkbaːr] *adj* perceptible
bemerken [bə'mɛrkən] *v* *1. (wahrnehmen)* percibir, darse cuenta, ver; *2. (äußern)* observar, decir, mencionar
bemerkenswert [bə'mɛrkənsvɛːrt] *adj* notable, interesante
Bemerkung [bə'mɛrkuŋ] *f* *1. (Äußerung)* observación *f,* mención *f;* *2. (Anmerkung)* anotación *f,* advertencia *f*
bemessen [bə'mɛsən] *v irr* *1.* medir; *2. (einteilen)* fijar
bemitleiden [bə'mɪtlaɪdən] *v jdn ~* tener lástima de alguien, compadecerse de alguien
bemittelt [bə'mɪtəlt] *adj* acomodado, adinerado
bemühen [bə'myːən] *v sich ~ um* esforzarse por, esmerarse por, empeñarse por
Bemühung [bə'myːuŋ] *f* molestia *f,* esfuerzo *m,* empeño *m*
benachbart [bə'naxbart] *adj* vecino, colindante, contiguo
benachrichtigen [bə'naːxrɪçtɪgən] *v* avisar, comunicar, informar sobre; *Er hat die Polizei benachrichtigt.* Ha dado parte a la policía.
Benachrichtigung [bə'naːxrɪçtɪguŋ] *f* aviso *m,* noticia *f*
benachteiligen [bə'naːxtaɪlɪgən] *v* perjudicar, discriminar, hacer daño a
Benachteiligung [bə'naːxtaɪlɪguŋ] *f* perjuicio *m,* detrimento *m*
benebeln [bə'neːbəln] *v* ofuscar, anublar
Benediktiner [benedɪk'tiːnər] *m REL* fraile benedictino *m,* benedictino *m*
Benefizveranstaltung [bene'fiːtsfɛranʃtaltuŋ] *f* función benéfica *f*
benehmen [bə'neːmən] *v irr sich ~* comportarse, portarse, conducirse
Benehmen [bə'neːmən] *n* comportamiento *m,* maneras *f/pl,* modales *m/pl; ein gutes ~ haben* tener buenos modales
beneiden [bə'naɪdən] *v jdn ~* envidiar a alguien, tener envidia de alguien
beneidenswert [bə'naɪdənsvɛːrt] *adj* envidiable
Beneluxstaaten ['beneluksʃtaːtən] *pl* *GEO* Estados del Benelux *m/pl*
benennen [bə'nɛnən] *v irr* *1. (einen Namen geben)* nombrar; *2. (für ein Amt)* designar
Benennung [bə'nɛnuŋ] *f* *1. (Bezeichnung)* nombramiento *m;* *2. (für ein Amt)* designación *f*
benetzen [bə'nɛtsən] *v* mojar, humedecer

Bengel ['bɛŋəl] *m* pillo *m,* granuja *m*
benommen [bə'nɔmən] *adj ~ sein* estar aturdido, estar atontado; *Er ist von dem Schrecken noch ganz ~.* Todavía está atontado del susto.
Benommenheit [bə'nɔmənhaɪt] *f* estupor *m*
benoten [bə'no:tən] *v* calificar, dar notas, poner notas
benötigen [bə'nø:tɪgən] *v* necesitar, precisar
Benotung [bə'no:tuŋ] *f* calificación *f,* nota *f*
benutzbar [bə'nutsba:r] *adj* utilizable
benutzen [bə'nutsən] *v* usar, utilizar, emplear
Benutzer(in) [bə'nutsər(ɪn)] *m/f* usuario *m,* utilizador *m*
benutzerfreundlich [bə'nutsərfrɔyntlɪç] *adj* cómodo de uso, fácil de usar
Benutzung [bə'nutsuŋ] *f* uso *m,* utilización *f,* empleo *m,* manejo *m*
Benutzungsgebühr [bə'nutsuŋsgəby:r] *f* tasa de utilización *f*
Benzin [bɛn'tsi:n] *n* bencina *f,* gasolina *f,* nafta *f* (LA)
Benzintank [bɛn'tsi:ntaŋk] *m* depósito de gasolina *m,* tanque de gasolina *m* (LA)
Benzinverbrauch [bɛn'tsi:nfɛrbraux] *m* consumo de gasolina *m*
Benzoesäure ['bɛntsoezɔyrə] *f CHEM* ácido benzoico *m*
Benzol [bɛn'tso:l] *n CHEM* benzol *m*
beobachten [bə'o:baxtən] *v* observar, contemplar, examinar
Beobachter(in) [bə'o:baxtər(ɪn)] *m/f* observador(a) *m/f*
Beobachtung [bə'o:baxtuŋ] *f 1.* observación *f,* examinación *f; 2. (Feststellung)* comprobación *f,* verificación *f; 3. MED* observación *f*
Beobachtungsgabe [bə'o:baxtuŋsga:bə] *f* dote de observación *f*
bepflanzen [bə'pflantsən] *v* plantar
Bepflanzung [bə'pflantsuŋ] *f* plantación *f*
bequem [bə'kve:m] *adj 1. (behaglich)* cómodo, confortable; *2. (träge)* perezoso, cómodo, vago; *3. (Schuh, Kleid)* holgado, cómodo
Bequemlichkeit [bə'kve:mlɪçkaɪt] *f 1. (Behaglichkeit)* comodidad *f,* confort *m; 2. (Trägheit)* pereza *f*
beraten [bə'ra:tən] *v irr 1. (Rat erteilen)* dar un consejo, aconsejar, asesorar; *2. (besprechen) ~ über* deliberar sobre; *3. sich ~ mit* consultar con, mantener consultas con
Berater(in) [bə'ra:tər(ɪn)] *m/f* asesor(a) *m/f,* consejero/consejera *m/f*
beratschlagen [bə'ra:tʃla:gən] *v irr* aconsejar
Beratung [bə'ra:tuŋ] *f* consejo *m,* asesoramiento *m*
berauben [bə'raubən] *v* robar, expoliar, asaltar
berauschen [bə'rauʃən] *v 1.* embriagar; *2. sich ~* embriagarse; *3. sich ~ an (fig)* extasiarse
Berber(in) ['bɛrbər(ɪn)] *m/f* beréber *m/f,* berberisco/berberisca *m/f*
Berberteppich ['bɛrbərtɛpɪç] *m* alfombra berberisca *f*
berechenbar [bə'rɛçənba:r] *adj 1. (abschätzbar)* apreciable; *2. MATH* evaluable, calculable, computable
berechnen [bə'rɛçnən] *v* apreciar, evaluar, calcular, computar
berechnend [bə'rɛçnənt] *adj (fig)* calculador, interesado, egoísta
Berechnung [bə'rɛçnuŋ] *f* calculación *f,* cómputo *m,* evaluación *f*
berechtigen [bə'rɛçtɪgən] *v 1. (ermächtigen)* autorizar, dar derecho; *2. (befähigen)* habilitar, facultar para
berechtigt [bə'rɛçtɪçt] *adj 1. (befugt)* autorizado, con derecho a; *2. (begründet)* fundado, justificado
Berechtigte(r) [bə'rɛçtɪçtə(r)] *m/f* autorizado/autorizada *m/f*
Berechtigung [bə'rɛçtɪguŋ] *f 1. (Befugnis)* autorización *f; 2. (Begründetsein)* justificación *f*
beredsam [bə're:tza:m] *adj* elocuente
Beredsamkeit [bə're:tza:mkaɪt] *f* elocuencia *f*
beredt [bə're:t] *adj* elocuente
Bereich [bə'raɪç] *m 1. (Gebiet)* campo *m,* terreno *m,* sector *m; 2. (Fachbereich)* departamento *m; 3. (Fachgebiet)* especialidad *f*
bereichern [bə'raɪçərn] *v 1.* enriquecer; *2. sich ~* enriquecerse
Bereicherung [bə'raɪçəruŋ] *f* enriquecimiento *m*
Bereifung [bə'raɪfuŋ] *f (Reifen)* neumáticos *m/pl*
bereinigen [bə'raɪnɪgən] *v* arreglar, allanar, zanjar
Bereinigung [bə'raɪnɪguŋ] *f* arreglo *m,* saneamiento *m*

bereit [bə'raɪt] *adj ~ sein zu* estar dispuesto a, estar listo para
bereiten [bə'raɪtən] *v 1. (zubereiten)* preparar, hacer; *2. (zufügen)* causar, infligir
bereithalten [bə'raɪthaltən] *v irr* tener preparado, tener listo
bereitlegen [bə'raɪtle:gən] *v* disponer, preparar
bereitliegen [bə'raɪtli:gən] *v irr* estar preparado
bereitmachen [bə'raɪtmaxən] *v* preparar
bereits [bə'raɪts] *adv* ya
Bereitschaft [bə'raɪtʃaft] *f 1.* disposición *f; 2. (Polizei) MIL* retén *m,* piquete de prevención *m*
Bereitschaftsdienst [bə'raɪtʃaftsdi:nst] *m MED* servicio de guardia *m*
bereitstehen [bə'raɪtʃte:ən] *v irr* estar preparado, estar listo
bereitstellen [bə'raɪtʃtɛlən] *v* preparar, disponer, arreglar
bereitwillig [bə'raɪtvɪlɪç] *adj* servicial, solícito
Bereitwilligkeit [bə'raɪtvɪlɪçkaɪt] *f* buena voluntad *f,* solicitud *f*
bereuen [bə'rɔyən] *v* arrepentirse de, dolerse de, sentir, lamentar
Berg [bɛrk] *m* montaña *f,* cerro *m* (LA); *über alle ~e sein* haber puesto los pies en polvorosa (fam); *mit etw hinter dem ~ halten* ocultar algo
bergab [bɛrk'ap] *adv* cuesta abajo
Bergamotte [bɛrga'mɔt] *f BOT* bergamota *f*
Bergarbeiter ['bɛrkarbaɪtər] *m MIN* minero *m*
bergauf [bɛrk'auf] *adv* cuesta arriba
Bergbahn ['bɛrkba:n] *f* ferrocarril de montaña *m*
Bergbau ['bɛrkbau] *m MIN* minería *f,* industria minera *f*
Bergbauer ['bɛrkbauər] *m AGR* minero *m*
Bergbaugesellschaft ['bɛrkbaugəzɛlʃaft] *f ECO* compañía de explotación minera *f*
bergen ['bɛrgən] *v irr 1. (retten)* rescatar, poner a salvo, salvar; *2. (fig: enthalten)* entrañar, implicar
Bergführer(in) ['bɛrkfy:rər(ɪn)] *m/f* guía de montaña *m/f*
Berggipfel ['bɛrkgɪpfəl] *m* cima *f,* cumbre *f*
Berghütte ['bɛrkhytə] *f* refugio de montaña *m*
bergig ['bɛrgɪç] *adj* montañoso
Bergkette ['bɛrkkɛtə] *f* cordillera *f,* sierra *f,* cadena montañosa *f*
Bergkristall ['bɛrkkrɪstal] *m* cristal de roca *m,* cuarzo *m*
Bergmassiv ['bɛrkmasi:f] *n GEO* mazizo montañoso *m*
Bergpredigt ['bɛrkpre:dɪçt] *f REL* Sermón de la Montaña *m*
Bergsteigen ['bɛrkʃtaɪgən] *n* montañismo *m,* alpinismo *m*
Bergsteiger(in) ['bɛrkʃtaɪgər(ɪn)] *m/f* montañista *m/f,* alpinista *m/f*
Bergung ['bɛrguŋ] *f 1. (von Menschen)* rescate *m,* salvamento *m; 2. (beim Schiffsunglück)* salvamento *m*
Bergwacht ['bɛrkvaxt] *f* servicio de salvamento de montaña *m*
Bergwand ['bɛrkvant] *f GEO* ladera de la montaña *f*
Bergwerk ['bɛrkvɛrk] *n* mina *f*
Bericht [bə'rɪçt] *m 1. (Mitteilung)* información *f,* comunicación *f; 2. (amtlicher ~)* informe *m*
berichten [bə'rɪçtən] *v* informar, contar
Berichterstatter(in) [bə'rɪçtɛrʃtatər(ɪn)] *m/f* informador(a) *m/f*
Berichterstattung [bə'rɪçtɛrʃtatuŋ] *f* información *f*
berichtigen [bə'rɪçtɪgən] *v* rectificar, corregir, enmendar
Berichtigung [bə'rɪçtɪguŋ] *f* verificación *f*
Berieselung [bə'ri:zəluŋ] *f 1. (mit Wasser)* irrigación *f; 2. (mit Musik)* baño *m*
Berlin [bɛr'li:n] *n* Berlín *m*
Bermudadreieck [bɛr'mu:dadraɪɛk] *n GEO* triángulo de las bermudas *m*
Bermudas [bɛr'mu:das] *pl GEO* las Bermudas
Bernstein ['bɛrnʃtaɪn] *m MIN* ámbar *m*
bersten ['bɛrstən] *v irr* reventar, estallar; *Es ist zum Bersten voll.* Es un hervidero.
berüchtigt [bə'ryçtɪçt] *adj* de mala fama, desacreditado
berücksichtigen [bə'rykzɪçtɪgən] *v* considerar, tener en cuenta
Berücksichtigung [bə'rykzɪçtɪguŋ] *f* consideración *f*
Beruf [bə'ru:f] *m* profesión *f,* ocupación *f,* oficio *m*
beruflich [bə'ru:flɪç] *adj* profesional
Berufsanfänger(in) [bə'ru:fsanfɛŋər(ɪn)] *m/f ECO* principiante en una profesión *m/f*
Berufsausbildung [bə'ru:fsausbɪlduŋ] *f* formación profesional *f*

berufsbegleitend [bə'ru:fsbəglaɪtənt] *adj ECO* que acompaña en la profesión
Berufsberatung [bə'ru:fsbəra:tuŋ] *f* oficina de orientación profesional *f*
Berufserfahrung [bə'ru:fsɛrfa:ruŋ] *f ECO* experiencia profesional *f*
Berufskleidung [bə'ru:fsklaɪduŋ] *f* ropa de trabajo *f*
Berufskrankheit [bə'ru:fskraŋkhaɪt] *f* enfermedad causada por el trabajo *f*
Berufsleben [bə'ru:fsle:bən] *n* vida profesional *f*
Berufsrisiko [bə'ru:fsri:ziko] *n* riesgo profesional *m*
Berufsschule [bə'ru:fsʃu:lə] *f* escuela de formación profesional *f,* instituto laboral *m*
berufstätig [bə'ru:fstɛ:tɪç] *adj ~ sein* ejercer una profesión, trabajar
Berufstätigkeit [bə'ru:fstɛ:tɪçkaɪt] *f ECO* actividad profesional *f*
Berufsverbot [bə'ru:fsfɛrbo:t] *n jdm ~ erteilen* inhabilitación profesional *f*
Berufsverkehr [bə'ru:fsfɛrke:r] *m* tráfico en las horas punta *m*
Berufung [bə'ru:fuŋ] *f 1. (Lebensaufgabe)* vocación *f,* llamamiento *m; 2. (Ernennung)* nombramiento *m; 3. JUR* apelación *f*
Berufungsinstanz [bə'ru:fuŋsɪnstants] *f JUR* instancia de revisión *f*
Berufungsverfahren [bə'ru:fuŋsfɛrfa:rən] *n JUR* juicio de apelación *m*
beruhen [bə'ru:ən] *v ~ auf* basarse en, fundarse en
beruhigen [bə'ru:ɪgən] *v 1. jdn ~* tranquilizar a alguien, calmar a alguien, sosegar a alguien, aquietar a alguien; *2. sich ~* tranquilizarse, calmarse, sosegarse, serenarse
Beruhigung [bə'ru:ɪguŋ] *f* apaciguamiento *m*
Beruhigungsmittel [bə'ru:ɪguŋsmɪtəl] *n MED* calmante *m,* sedante *m*
berühmt [bə'ry:mt] *adj* célebre, famoso; *auf der ganzen Welt ~* de fama universal
Berühmtheit [bə'ry:mthaɪt] *f* celebridad *f,* fama *f,* renombre *m*
berühren [bə'ry:rən] *v 1. (anfassen)* tocar, palpar; *2. (fig: bewegen)* conmover
Berührung [bə'ry:ruŋ] *f* toque *m,* contacto *m*
besagen [bə'za:gən] *v* indicar, querer decir; *Das besagt, dass ...* Eso quiere decir que ...
besagt [bə'za:kt] *adj* antes mencionado, dicho
besänftigen [bə'zɛnftɪgən] *v* apaciguar, calmar, aplacar
Besatzer [bə'zatsər] *m MIL* invasor *m,* ocupante *m/f*
Besatzung [bə'zatsuŋ] *f 1. (Mannschaft)* equipo *m; 2. MIL* guarnición *f,* tropas de ocupación *f/pl,* tripulación *f,* dotación *f*
Besatzungsmacht [bə'zatsuŋsmaxt] *f MIL* potencia de ocupación *f*
besaufen [bə'zaufən] *v sich ~* emborracharse
beschädigen [bə'ʃɛ:dɪgən] *v* dañar, deteriorar, estropear, malograr
Beschädigung [bə'ʃɛ:dɪguŋ] *f* daño *m,* deterioro *m*
beschaffen [bə'ʃafən] *v* proporcionar, procurar, facilitar
Beschaffenheit [bə'ʃafənhaɪt] *f* estado *m,* calidad *f*
beschäftigen [bə'ʃɛftɪgən] *v 1. jdn ~* ocupar a alguien, dar trabajo a alguien, emplear a alguien; *2. sich ~ mit* ocuparse con, entretenerse con
Beschäftigung [bə'ʃɛftɪguŋ] *f* ocupación *f,* empleo *m,* entretenimiento *m*
Beschäftigungsabbau [bə'ʃɛftɪguŋsapbau] *m ECO* desmonte de puestos de trabajo *m*
beschämen [bə'ʃɛ:mən] *v jdn ~* avergonzar a
beschämend [bə'ʃɛ:mənt] *adj* vergonzoso, bochornoso
beschatten [bə'ʃatən] *v 1. (beobachten)* vigilar; *2. (Schatten geben)* dar sombra
beschaulich [bə'ʃaulɪç] *adj 1.* pacífico, apacible; *2. (ruhig)* tranquilo
Beschaulichkeit [bə'ʃaulɪçkaɪt] *f* tranquilidad *f*
Bescheid [bə'ʃaɪt] *m 1. (Auskunft)* información *f; 2. (Nachricht)* noticia *f; 3. JUR* fallo *m; 4. ~ wissen* estar al corriente
bescheiden [bə'ʃaɪdən] *adj* modesto, humilde, sencillo
Bescheidenheit [bə'ʃaɪdənhaɪt] *f* modestia *f,* humildad *f,* sencillez *f*
bescheinigen [bə'ʃaɪnɪgən] *v* certificar, atestar
Bescheinigung [bə'ʃaɪnɪguŋ] *f 1.* certificación *f; 2. (Schein)* certificado *m*
beschenken [bə'ʃɛŋkən] *v* regalar, donar
Bescherung [bə'ʃe:ruŋ] *f 1. (Geschenke)* reparto de regalos *m; 2. (fam: negatives Ereignis)* sorpresa negativa *f; Schöne ~!* ¡Buena la que se ha armado!

bescheuert [bə'ʃɔyərt] *adj* chiflado, chalado
beschichten [bə'ʃɪçtən] *v* *TECH* recubrir
beschießen [bə'ʃiːsən] *v* *1.* tirotear; *(mit Granaten)* lanzar con granadas; *2. (Atomkerne) PHYS* bombardear; *3. (fig)* timar
Beschießung [bə'ʃiːsuŋ] *f* *1. MIL* tirotear *m; 2. (Bombardierung)* bombardeo *m*
Beschilderung [bə'ʃɪldəruŋ] *f* señalización *f*
beschimpfen [bə'ʃɪmpfən] *v* insultar, injuriar
Beschimpfung [bə'ʃɪmpfuŋ] *f* *(Beleidigung)* insulto *m,* injuria *f*
beschirmen [bə'ʃɪrmən] *v* proteger, abrigar, cobijar
Beschlag [bə'ʃlaːk] *m* guarnición *f*
beschlagen [bə'ʃlaːgən] *v irr 1. (Tür)* guarnecer; *2. (Tier)* herrar; *3. (Glas) sich ~* empañarse; *adj 4. (Kenntnisse habend)* entendido, versado; *in einer Sache gut ~ sein* estar fuerte en algo
Beschlagnahme [bə'ʃlaːknaːmə] *f* confiscación *f*
beschlagnahmen [bə'ʃlaːknaːmən] *v* embargar, confiscar, decomisar
beschleunigen [bə'ʃlɔynɪgən] *v* acelerar, apresurar
Beschleunigung [bə'ʃlɔynɪguŋ] *f* aceleración *f*
beschließen [bə'ʃliːsən] *v irr 1. (entscheiden)* decidir, tomar la resolución de; *2. (beenden)* concluir, finalizar
beschlossen [bə'ʃlɔsən] *adj* decidido, resuelto
Beschluss [bə'ʃlus] *m* decisión *f,* acuerdo *m*
beschlussfähig [bə'ʃlusfɛːɪç] *adj ~ sein* haber quórum, alcanzar el quórum
beschmieren [bə'ʃmiːrən] *v 1.* embardunar; *2. (Brot)* untar; *3. (bekritzeln)* garabatear
beschmutzen [bə'ʃmutsən] *v* ensuciar, manchar
beschönigen [bə'ʃøːnɪgən] *v* paliar, encubrir
beschränken [bə'ʃrɛŋkən] *v 1. (einschränken)* limitar a, restringir, reducir; *2. sich ~ auf* limitarse a, ceñirse a
beschränkt [bə'ʃrɛŋkt] *adj* limitado, restringido
Beschränkung [bə'ʃrɛŋkuŋ] *f* limitación *f*
beschreiben [bə'ʃraɪbən] *v irr* describir, definir, reseñar; *in groben Umrissen ~* contar a grandes rasgos
Beschreibung [bə'ʃraɪbuŋ] *f* descripción *f,* reseña *f; Das spottet jeder ~!* ¡Es algo indescriptible!
beschriften [bə'ʃrɪftən] *v* poner una inscripción en
Beschriftung [bə'ʃrɪftuŋ] *f 1.* inscripción *f; 2. (Bildunterschrift)* rótulo *m*
beschuldigen [bə'ʃuldɪgən] *v* inculpar, culpar de, imputar
Beschuldigung [bə'ʃuldɪguŋ] *f* inculpación *f,* imputación *f*
beschützen [bə'ʃytsən] *v ~ vor* proteger de, proteger contra, amparar de
Beschützer(in) [bə'ʃytsər(ɪn)] *m/f* protector(a) *m/f*
Beschwerde [bə'ʃveːrdə] *f 1.* queja *f,* reclamación *f; f/pl 2. (Schmerzen) ~n* molestias *f/pl,* dolores *m/pl,* achaques *m/pl*
beschwerdefrei [bə'ʃveːrdəfraɪ] *adj MED* sin molestias
beschweren [bə'ʃweːrən] *v 1.* cargar, gravar, pesar; *2. sich ~* quejarse, formular una queja, reclamar, protestar.
beschwerlich [bə'ʃveːrlɪç] *adj* oneroso, gravoso
beschwichtigen [bə'ʃvɪçtɪgən] *v* tranquilizar, calmar, sosegar
beschwingt [bə'ʃvɪŋt] *adj* alegre, animado
beschwipst [bə'ʃvɪpst] *adj* achispado, picado
beschwören [bə'ʃvøːrən] *v 1. (anflehen)* suplicar, implorar, rogar; *2. JUR* jurar, afirmar bajo juramento
beseitigen [bə'zaɪtɪgən] *v 1. (entfernen)* retirar, quitar, apartar; *2. (Zweifel)* disipar; *3. (fam: töten)* quitar a alguien de en medio, liquidar a alguien
Beseitigung [bə'zaɪtɪguŋ] *f* eliminación *f,* liquidación *f*
Besen ['beːzən] *m* escoba *f; Wenn das wahr ist, fresse ich einen ~!* ¡Si eso es cierto, me meto a monja!
Besenkammer ['beːzənkamər] *f* cuarto de la limpieza *m*
besessen [bə'zɛsən] *adj ~ von* poseído de, endemoniado
Besessenheit [bə'zɛsənhaɪt] *f* locura *f,* obsesión *f*
besetzen [bə'zɛtsən] *v* ocupar, llenar
besetzt [bə'zɛtst] *adj 1. (WC)* ocupado; *2. TEL* ocupado
Besetzung [bə'zɛtsuŋ] *f 1. MIL* ocupación *f; 2. THEAT* reparto *m*

besichtigen [bə'zɪçtɪgən] *v* ver, mirar
Besichtigung [bə'zɪçtɪguŋ] *f* visita *f*
besiedeln [bə'ziːdəln] *v* poblar, colonizar
Besiedelung [bə'ziːdəluŋ] *f* colonización *f*
besiegeln [bə'ziːgəln] *v* sellar
besiegen [bə'ziːgən] *v* vencer, derrotar, ganar
Besiegte(r) [bə'ziːktə(r)] *m/f 1.* derrotado/derrotada *m/f; 2. MIL* vencido/vencida *m/f*
besinnen [bə'zɪnən] *v irr sich eines anderen ~* cambiar de opinión
besinnlich [bə'zɪnlɪç] *adj* pensativo, absorto en los pensamientos
Besinnlichkeit [bə'zɪnlɪçkaɪt] *f* contemplación *f*
Besinnung [bə'zɪnuŋ] *f* conocimiento *m,* sentido *m; zur ~ kommen* recobrar el conocimiento
besinnungslos [bə'zɪnuŋsloːs] *adj* sin conocimiento, desmayado
Besitz [bə'zɪts] *m* posesión *f,* propiedad *f*
Besitzanspruch [bə'zɪtsanʃprux] *m JUR* reclamación de posesión *f*
besitzen [bə'zɪtsən] *v irr* poseer, ser propietario de
Besitzer(in) [bə'zɪtsər(ɪn)] *m/f* propietario/propietaria *m/f,* dueño/dueña *m/f*
Besitztum [bə'zɪtstuːm] *n* propiedad *f,* bienes *m/pl*
Besitzung [bə'zɪtsuŋ] *f* propiedad *f*
besoffen [bə'zɔfən] *adj (fam)* estar como una cuba
Besoldung [bə'zɔlduŋ] *f MIL* paga *f*
besondere(r,s) [bə'zɔndərə(r,s)] *adj* particular, singular, extraordinario
Besonderheit [bə'zɔndərhaɪt] *f* particularidad *f,* singularidad *f*
besonders [bə'zɔndərs] *adv 1. (sehr)* muy; *2. (außergewöhnlich)* excepcionalmente, extraordinariamente; *3. (vor allem)* sobre todo, principalmente; *4. (ausdrücklich)* expresamente
besonnen [bə'zɔnən] *adj* considerado, juicioso, sensato
Besonnenheit [bə'zɔnənhaɪt] *f* prudencia *f,* juicio *m,* sensatez *f*
besorgen [bə'zɔrgən] *v 1. (beschaffen)* procurar, conseguir; *2. (ausführen)* ejecutar, efectuar
Besorgnis [bə'zɔrknɪs] *f* preocupación *f,* inquietud *f; ~ erregend* preocupante, inquietante, alarmante
besorgt [bə'zɔrkt] *adj ~ sein um/wegen* estar preocupado por
Besorgung [bə'zɔrguŋ] *f 1. (Kauf)* adquisición *f,* compra *f; 2. (Ausführung)* pedido *m,* recado *m; eine ~ verrichten* hacer un recado
bespannen [bə'ʃpanən] *v* enganchar
bespitzeln [bə'ʃpɪtsəln] *v jdn ~* espiar
besprechen [bə'ʃprɛçən] *v irr mit jdm etw ~* hablar a alguien de algo, discutir con alguien sobre algo
Besprechung [bə'ʃprɛçuŋ] *f* conversación *f,* conferencia *f,* discusión *f*
bespritzen [bə'ʃprɪtsən] *v* regar, rociar
besprühen [bə'ʃpryːən] *v 1.* mojar; *2. ART* pintar con un spray; *2. CHEM* sulfatar
besser ['bɛsər] *adj 1.* mejor; *meine ~e Hälfte* mi media naranja; *adv 2.* mejor
bessere(r,s) ['bɛsər(r,s)] *adj* el mejor/la mejor/lo mejor
bessern ['bɛsərn] *v sich ~* mejorarse
Besserung ['bɛsəruŋ] *f* mejoría *f,* restablecimiento *m*
Besserwisser ['bɛsərvɪsər] *m (fam)* sabelotodo *m*
Bestand [bə'ʃtant] *m 1. (Vorhandenes)* existencia *f; 2. (Vorrat) ECO* existencias *f/pl,* stock *m; 3. (Kassenbestand) FIN* efectivo en caja *m*
beständig [bə'ʃtɛndɪç] *adj 1. (dauerhaft)* duradero, permanente; *2. (widerstandsfähig)* resistente a
Beständigkeit [bə'ʃtɛndɪçkaɪt] *f 1. (Dauer)* duración *f,* permanencia *f; 2. (Widerstandskraft)* resistencia *f*
Bestandsaufnahme [bə'ʃtantsaufnaːmə] *f ECO* inventario *m*
Bestandteil [bə'ʃtanttaɪl] *m* componente *m*
bestärken [bə'ʃtɛrkən] *v* fortalecer, reforzar, fortificar, vigorizar
bestätigen [bə'ʃtɛːtɪgən] *v* confirmar, corroborar, asegurar
Bestätigung [bə'ʃtɛːtɪguŋ] *f* confirmación *f*
bestatten [bə'ʃtatən] *v* enterrar, inhumar, sepultar
Bestattung [bə'ʃtatuŋ] *f 1. (Beerdigung)* entierro *m; 2. (Einäscherung)* incineración *f*
bestäuben [bə'ʃtɔybən] *v BIO* polinizar, fecundar, fertilizar
Bestäubung [bə'ʃtɔybuŋ] *f BOT* polinización *f*
bestaunen [bə'ʃtaunən] *v* mirar con asombro
beste(r,s) ['bɛstə(r,s)] *adj 1.* el mejor, la mejár, lo mejor; *das Beste herausholen* sacar el jugo; *jdn zum Besten halten* jorobar a

alguien (fam); *etw zum Besten geben* ofrecer algo; *Mit ihm steht es nicht zum Besten.* No le van muy bien las cosas. *adv 2.* lo mejor posible, de la mejor manera

bestechen [bə'ʃtɛçən] *v irr* sobornar, corromper

bestechlich [bə'ʃtɛçlıç] *adj* sobornable, corruptible, comprable

Bestechlichkeit [bə'ʃtɛçlıçkaıt] *f* corruptibilidad *f*

Bestechung [bə'ʃtɛçuŋ] *f* soborno *m,* corrupción *f*

Bestechungsgeld [bə'ʃtɛçuŋsgelt] *n* soborno *m,* unto *m*

Besteck [bə'ʃtɛk] *n* cubierto *m*

bestehen [bə'ʃteːən] *v irr 1. (vorhanden sein)* existir, haber; *2. ~ aus* estar compuesto de, constar de; *3. ~ auf* insistir en, persistir en; *4. (Prüfung)* aprobar

bestehlen [bə'ʃteːlən] *v irr* robar, hurtar, despojar

besteigen [bə'ʃtaıgən] *v irr* subir a, subir sobre, ascender

Besteigung [bə'ʃtaıguŋ] *f SPORT* subida *f,* ascensión *f*

bestellen [bə'ʃtɛlən] *v 1. (Auftrag geben)* pasar un pedido, hacer un pedido, ordenar, pedir; *2. (ernennen)* nombrar; *3. AGR* cultivar

Bestellnummer [bə'ʃtɛlnumər] *f ECO* número de pedido *m*

Bestellschein [bə'ʃtɛlʃaın] *m ECO* nota de pedido *f,* hoja de pedido *f*

Bestellung [bə'ʃtɛluŋ] *f 1. (Auftrag)* encargo *m,* orden *f,* pedido *m; 2. (Ernennung)* nombramiento *m*

bestenfalls ['bɛstən'fals] *adv* en el mejor de los casos, a lo sumo

bestens ['bɛstəns] *adv* del mejor modo, de la mejor manera

besteuern [bə'ʃtɔyərn] *v* gravar con impuestos, imponer contribuciones

Besteuerung [bə'ʃtɔyəruŋ] *f* gravamen *m,* tributación *f,* imposición *f*

bestialisch [bɛstj'aːlıʃ] *adj* bestial, brutal

Bestie ['bɛstjə] *f* bestia *f*

bestimmbar [bə'ʃtımbaːr] *adj* determinable

bestimmen [bə'ʃtımən] *v 1. (festlegen)* fijar, determinar; *2. (definieren)* definir, precisar, explicar, aclarar; *3. (zuweisen) ~ für* destinar a

bestimmt [bə'ʃtımt] *adj 1. (entschieden)* decidido, determinado; *2. (gewiss)* cierto, certero, seguro; *adv 3. (sicherlich)* seguramente, ciertamente

Bestimmtheit [bə'ʃtımthaıt] *f 1. (Gewissheit)* certeza *f,* certidumbre *f; 2. (Entschiedenheit)* determinación *f,* resolución *f*

Bestimmung [bə'ʃtımuŋ] *f 1. (Zweck)* finalidad *f,* objetivo *m,* fin *m; 2. (Schicksal)* destino *m; 3. (Vorschrift)* disposición *f,* norma *f; 4. (Festlegung)* determinación *f*

Bestimmungsort [bə'ʃtımuŋsɔrt] *m* lugar de destino *m*

Bestleistung ['bɛstlaıstuŋ] *f* récord *m*

bestmöglich ['bɛstmøːklıç] *adv* lo mejor posible, de la mejor manera; *adj* el mejor posible, la mejor posible, lo mejor posible

bestrafen [bə'ʃtraːfən] *v* castigar

Bestrafung [bə'ʃtraːfuŋ] *f 1.* castigo *m,* reprimenda *f; 2. JUR* pena *f,* multa *f; 3. POL* sanción *f*

bestrahlen [bə'ʃtraːlən] *v 1.* iluminar, irradiar; *2. MED* tratar con rayos

Bestrahlung [bə'ʃtraːluŋ] *f 1.* iluminación *f,* irradiación *f; 2. MED* exposición a la radiación *f,* irradiación *f*

Bestrahlungsdosis [bə'ʃtraːluŋsdoːzıs] *f MED* dosis de irradiación *f*

Bestreben [bə'ʃtreːbən] *n* empeño *m,* afán *m,* anhelo *m*

bestrebt [bə'ʃtreːpt] *adj ~ sein, etw zu tun* empeñado, esmerado, esforzado

Bestrebung [bə'ʃtreːbuŋ] *f* aspiración *f,* esfuerzo *m*

bestreichen [bə'ʃtraıçən] *v irr ~ mit* recubrir de, untar con

bestreiten [bə'ʃtraıtən] *v irr 1. (streitig machen)* disputar, impugnar; *2. (Unterhalt)* sostener, financiar

bestreuen [bə'ʃtrɔyən] *v ~ mit* esparcir, derramar

Bestseller ['bɛstsɛlər] *m* best-seller *m*

bestürmen [bə'ʃtyrmən] *v* asaltar; *jdn mit Fragen ~* asediar a alguien con preguntas

bestürzt [bə'ʃtyrtst] *adj ~ sein* estar consternado, estar perplejo

Bestürzung [bə'ʃtyrtsuŋ] *f* consternación *f,* sobresalto *m,* estupefacción *f,* perplejidad *f*

Bestzeit ['bɛsttsaıt] *f* mejor tiempo *m,* mejor marca *f*

Besuch [bə'zuːx] *m 1. (von Gästen)* visita *f; 2. (einer Schule)* asistencia *f*

besuchen [bə'zuːxən] *v 1. jdn ~* visitar a alguien, ir a ver a alguien; *2. (besichtigen)* visitar, recorrer; *3. (Schule)* asistir a, ir a

Besucher [bə'zu:xər] *m 1. (einer Ausstellung)* visitante *m; 2. GAST* huésped *m*

Besucherstrom [bə'zu:xərʃtro:m] *m* ola de visitantes *f*

Besuchserlaubnis [bə'zu:xsɛrlaupnɪs] *f* permiso de visita *m*

Besuchszeit [bə'zu:xstsaɪt] *f (im Krankenhaus)* horas de visita *f/pl*

Betablocker ['be:tablɔkər] *m MED* betabloqueante *m*

betagt [bə'ta:kt] *adj* viejo, anciano

betanken [bə'taŋkən] *v* echar gasolina

betasten [bə'tastən] *v* tocar, palpar, tentar

Betastrahlung ['be:taʃtra:luŋ] *f PHYS* emisión de rayos beta *f*

betätigen [bə'tɛ:tɪgən] *v 1. sich ~ bei* dedicarse a, estar ocupado en; *2. TECH* accionar, maniobrar, hacer funcionar

Betätigung [bə'tɛ:tɪguŋ] *f 1. (Aktivität)* actividad *f,* acción *f,* ocupación *f; 2. TECH* accionamiento *m,* puesta en movimiento *f*

betäuben [bə'tɔybən] *v MED* anestesiar, narcotizar

Betäubung [bə'tɔybuŋ] *f MED* anestesia *f,* narcotización *f*

Betäubungsmittel [bə'tɔybuŋsmɪtəl] *n MED* anestésico *m,* narcótico *m*

beteiligen [bə'taɪlɪgən] *v 1. sich ~ an* participar en, participar de, tomar parte en; *2. jdn ~ an* hacer participar a alguien en

Beteiligte(r) [bə'taɪlɪçtə(r)] *m/f 1.* participante *m/f; 2. (Betroffene(r))* implicado/implicada *m/f*

Beteiligung [bə'taɪlɪguŋ] *f* participación *f*

Betelnuss ['be:təlnus] *f BOT* nuez de areca *f*

beten ['be:tən] *v REL* orar, rezar

beteuern [bə'tɔyərn] *v* asegurar, afirmar

Beteuerung [bə'tɔyəruŋ] *f* aseveración *f,* afirmación *f*

betiteln [bə'titəln] *v 1.* calificar; *2. (Zeitungsartikel)* titular

Beton [be't ɔŋ] *m* hormigón *m,* concreto *m* (LA)

Betonbau [be'tɔŋbau] *m* construción de hormigón *f*

betonen [bə'to:nən] *v 1. (Aussprache)* acentuar; *2. (hervorheben)* hacer resaltar, subrayar, destacar

betonieren [betɔ'ni:rən] *v* hormigonar

Betonmischer [be'tɔŋmɪʃər] *m TECH* hormigonera *f*

betont [bə'to:nt] *adj* acentuado, marcado, manifiesto

Betonung [bə'to:nuŋ] *f 1. (Aussprache)* acentuación *f; 2. (Hervorhebung)* énfasis *m; 3. (Tonfall)* acento *m,* dejo *m*

Betracht [bə'traxt] *m* consideración *f*

betrachten [bə'traxtən] *v 1. (anschauen)* mirar, contemplar; *2. (fig: beurteilen) ~ als* considerar como; *Wir ~ den Fall als erledigt.* Damos por terminado el caso.

Betrachter(in) [bə'traxtər(ɪn)] *m/f* observador(a) *m/f*

beträchtlich [bə'trɛçtlɪç] *adj 1.* considerable, notable; *adv 2.* considerablemente, notablemente

Betrachtung [bə'traxtuŋ] *f 1. (Anschauen)* contemplación *f; 2. (fig: Überlegung)* consideración *f*

Betrachtungsweise [bə'traxtuŋsvaɪzə] *f* modo de ver *m*

Betrag [bə'tra:k] *m* importe *m,* suma *f,* cantidad *f*

betragen [bə'tra:gən] *v irr 1. (sich belaufen auf)* ascender a, elevarse a, alcanzar de; *2. sich ~* portarse, comportarse, conducirse

Betragen [bə'tra:gən] *n* comportamiento *m,* conducta *f*

betrauen [bə'trauən] *v jdn mit etw ~* encomendar

betrauern [bə'trauərn] *v* deplorar, sentir la pérdida

Betreff [bə'trɛf] *m* asunto *m*

betreffen [bə'trɛfən] *v irr* concernir, afectar, interesar

betreffend [bə'trɛfənt] *prep 1.* respectivo; *adj 2. (einschlägig)* competente; *3. (erwähnt)* citado

Betreffende(r) [bə'trɛfəndə(r)] *m/f* el respectivo/respectiva *m/f*

betreiben [bə'traɪbən] *v irr ECO* ejercer, practicar, dirigir, gestionar

Betreiber(in) [bə'traɪbər(ɪn)] *m/f ECO* operador(a) *m/f*

betreten [bə'tre:tən] *v irr 1. (hineingehen)* entrar en, ingresar, penetrar; *adj 2. ~ sein (fig)* estar turbado, estar confuso, estar desconcertado

Betreten [bə'tre:tən] *n* entrada *f; ~ verboten!* ¡Prohibida la entrada!

Betretenheit [bə'tre:tənhaɪt] *f* turbación *f*

betreuen [bə'trɔyən] *v* cuidar de, atender a

Betreuer(in) [bə'trɔyər(ɪn)] *m/f 1.* asesor(a) *m/f,* tutor(a) *m/f; 2. SPORT* manager *m/f*

Betreuung [bə'trɔyuŋ] *f* cuidado *m,* servicio de asistencia *m*

Betrieb [bə'triːp] *m 1. (Treiben)* movimiento *m; 2. (Firma) ECO* empresa *f,* establecimiento *m,* negocio *m; 3. (Werk) ECO* taller *m; 4. (Tätigkeit) ECO* actividad *f*
betrieblich [bə'triːplɪç] *adj ECO* empresarial, del negocio, del servicio
betriebsam [bə'triːpzaːm] *adj* activo, trabajador, diligente
Betriebsangehörige(r) [bə'triːpsangəhøːrɪgə(r)] *m/f* miembro de la empresa *m/f*
Betriebsanleitung [bə'triːpsanlaɪtuŋ] *f TECH* instrucciones de servicio *m/pl*
Betriebsausflug [bə'triːpsausfluːk] *m* excursión del personal *f*
betriebsbereit [bə'triːpsbəraɪt] *adj TECH* listo para el servicio, preparado para operar
Betriebseröffnung [bə'triːpsɛrœfnuŋ] *f* inauguración de la empresa *f*
Betriebsferien [bə'triːpsfeːrjən] *pl* vacaciones de la empresa *f/pl*
Betriebsfest [bə'triːpsfɛst] *n ECO* fiesta de la empresa *f*
Betriebsführung [bə'triːpsfyːruŋ] *f ECO* dirección de la empresa *f*
Betriebsgeheimnis [bə'triːpsgəhaɪmnɪs] *n ECO* secreto de empresa *m,* secreto de fabricación *m*
betriebsintern [bə'triːpsɪntɛrn] *adj 1.* intraempresarial; *adv 2.* interno
Betriebsklima [bə'triːpskliːma] *n* ambiente de trabajo *m,* ambiente en la empresa *m*
Betriebskosten [bə'triːpskɔstən] *pl ECO* gastos generales de explotación *m/pl,* gastos de producción *m/pl*
Betriebsrat [bə'triːpsraːt] *m ECO* comité de empresa *m*
Betriebsspannung [bə'triːpsʃpanuŋ] *f TECH* tensión de servicio *m*
Betriebsstörung [bə'triːpsʃtøːruŋ] *f TECH* interrupción del funcionamiento *f*
Betriebssystem [bə'triːpszysteːm] *n 1. ECO* sistema empresarial *m; 2. INFORM* sistema operativo *m*
Betriebswirt [bə'triːpsvɪrt] *m* economista *m/f*
Betriebswirtschaft [bə'triːpsvɪrtʃaft] *f ECO* economía de la empresa *f,* microeconomía *f*
Betriebswirtschaftslehre [bə'triːpsvɪrtʃaftsleːrə] *f ECO* economía de empresa *f*
betrinken [bə'trɪŋkən] *v irr sich ~* emborracharse, embriagarse
betroffen [bə'trɔfən] *adj ~ sein* estar afectado
Betroffenheit [bə'trɔfənhaɪt] *f* consternación *f*
betrübt [bə'tryːpt] *adj ~ sein* estar triste, estar desconsolado
Betrug [bə'truːk] *m* engaño *m,* fraude *m*
betrügen [bə'tryːgən] *v irr* engañar, defraudar, embaucar
Betrüger(in) [bə'tryːgər(ɪn)] *m/f* engañador(a) *m/f,* embustero/embustera *m/f,* estafador(a) *m/f*
betrügerisch [bə'tryːgərɪʃ] *adj 1. (Person)* trapacero, tramposo; *2. (Dinge)* engañoso
betrunken [bə'truŋkən] *adj ~ sein* estar ebrio, estar borracho, estar beodo
Betrunkene(r) [bə'truŋkənə(r)] *m/f* borracho/borracha *m/f*
Bett [bɛt] *n 1.* cama *f,* lecho *m; 2. (Flussbett)* cauce *m,* lecho *m*
Bettbezug ['bɛtbətsuːk] *m* funda del edredón *f*
Bettdecke ['bɛtdɛkə] *f* cubrecama *f,* colcha *f,* manta *f*
bettelarm ['bɛtəl'arm] *adj* pobrísimo, paupérrimo, muy pobre
Bettelmönch ['bɛtəlmœnç] *m REL* monje mendicante *m*
betteln ['bɛtəln] *v 1. (Almosen)* pedir limosna, mendigar; *2. (bitten)* rogar
bettlägerig ['bɛtlɛːgərɪç] *adj* encamado, postrado en cama
Bettlaken ['bɛtlaːkən] *n* sábana *f*
Bettler(in) ['bɛtlər(ɪn)] *m/f* mendigo/mendiga *m/f,* pordiosero/pordiosera *m/f,* limosnero/limosnera *m/f* (LA)
Bettnässer ['bɛtnɛsər] *m* incontinente nocturno *m,* meón *m*
Bettruhe ['bɛtruːə] *f* reposo en cama *m*
Bettszene ['bɛtstseːnə] *f CINE* escena de cama *f*
Betttuch ['bɛttuːx] *n* sábana *f*
Bettvorleger ['bɛtfoːrleːgər] *m* pie de cama *m,* antecama *f*
Bettwäsche ['bɛtvɛʃə] *f* ropa de cama *f*
Bettzeug ['bɛttsɔyk] *n* ropa de cama *f*
betucht [bə'tuːxt] *adj* adinerado, forrado de dinero, archimillonario
Beugehaft ['bɔygəhaft] *f JUR* flexible
beugen ['bɔygən] *v 1. (biegen)* doblar, torcer, arquear, encorvar; *2. sich ~* doblegarse, ceder, inclinarse, doblarse; *3. (fig: brechen)* romper, doblegar; *4. (fig: sich fügen)*

sich etw ~ someterse a algo, rendirse a algo, rendirse ante algo

Beule ['bɔylə] *f* *1. MED* chichón *m; 2. TECH* abolladura *f*

beunruhigen [bə'unruːɪgən] *v 1. jdn* ~ intranquilizar a alguien, agitar a alguien, perturbar a alguien, alarmar a alguien; *2. sich* ~ preocuparse, inquietarse, alarmarse

beunruhigend [bə'unruːɪgənt] *adj* preocupante, inquietante, alarmante

beurkunden [bə'uːrkundən] *v JUR* documentar, probar documentalmente, autentificar

Beurkundung [bə'uːrkunduŋ] *f JUR* documentación *f,* autentificación *f*

beurlauben [bə'uːrlaubən] *v* dar licencia, suspender del empleo

Beurlaubung [bə'uːrlaubuŋ] *f ECO* permiso de suspensión *m*

beurteilen [bə'urtaɪlən] *v* juzgar de, formarse un juicio sobre

Beurteilung [bə'urtaɪluŋ] *f* juicio *m,* opinión *f,* dictamen *m*

Beute ['bɔytə] *f* botín *m*

Beutel ['bɔytəl] *m* bolsa *f,* talega *f; tief in den ~ greifen müssen* tener que desembolsar un dineral

bevölkern [bə'fœlkərn] *v 1.* poblar; *2. (fig)* llenar; *3. sich ~* poblarse; *4. sich ~ (fig)* llenarse

Bevölkerung [bə'fœlkəruŋ] *f* población *f,* habitantes *m/pl*

Bevölkerungsdichte [bə'fœlkəruŋsdɪçtə] *f* densidad demográfica *f*

Bevölkerungsexplosion [bə'fœlkəruŋsɛksplozjoːn] *f* explosión demográfica *f*

Bevölkerungsgruppe [bə'fœlkəruŋsgrupə] *f* grupo demográfico *m*

Bevölkerungsrückgang [bə'fœlkəruŋsrykgaŋ] *m* descenso de la población *m*

Bevölkerungsschicht [bə'fœlkəruŋsʃɪçt] *f* nivel social *m*

Bevölkerungswachstum [bə'fœlkəruŋsvakstuːm] *n* crecimiento demográfico *m*

bevollmächtigen [bə'fɔlmɛçtɪgən] *v JUR* apoderar, dar poder a

Bevollmächtigte(r) [bə'fɔlmɛçtɪgtə(r)] *m/f JUR* apoderado/apoderada *m/f,* poderhabiente *m/f,* mandatario/mandataria *m/f*

Bevollmächtigung [bə'fɔlmɛçtɪguŋ] *f JUR* autorización *f,* apoderamiento *m,* poder *m*

bevor [bə'foːr] *konj* antes de que, antes de

bevormunden [bə'foːrmundən] *v* tener bajo tutela, ser paternalista

bevorstehen [bə'foːrʃteːən] *v irr* ser inminente, estar en vísperas

bevorzugen [bə'foːrtsuːgən] *v* preferir, favorecer

Bevorzugung [bə'foːrtsuːguŋ] *f* preferencia *f*

bewachen [bə'vaxən] *v* custodiar, vigilar

Bewacher [bə'vaxər] *m* guardián *m*

bewachsen [bə'vaksən] *v irr* cubierto de plantas

Bewachung [bə'vaxuŋ] *f* custodia *f,* vigilancia *f*

bewaffnen [bə'vafnən] *v* armar

Bewaffnete(r) [bə'vafnətə(r)] *m/f* persona armada *f*

Bewaffnung [bə'vafnuŋ] *f* armamento *m,* armas y municiones *f/pl*

bewahren [bə'vaːrən] *v 1. (aufheben)* guardar; *Gott bewahre!* ¡Líbreme Dios! *2. (fig: beibehalten)* mantener, conservar

bewähren [bə'vɛːrən] *v sich ~* quedar bien, dar buen resultado, satisfacer las exigencias

bewahrheiten [bə'vaːrhaɪtən] *v sich ~* confirmarse, resultar cierto

bewährt [bə'vɛːrt] *adj 1. (Sache)* probado, eficaz; *2. (Person)* experimentado, seguro

Bewahrung [bə'vaːruŋ] *f* libertad condicional *f*

Bewährung [bə'vɛːruŋ] *f JUR* remisión condicional *f,* libertad vigilada *f*

Bewährungsfrist [bə'vɛːruŋsfrɪst] *f JUR* plazo de prueba *m*

Bewährungshelfer(in) [bə'vɛːruŋshɛlfər(ɪn)] *m/f* asistente durante el plazo de prueba *m/f,* delegado de libertad vigilada/delegada de libertad vigilada *m/f*

Bewährungsprobe [bə'vɛːruŋsproːbə] *f* prueba *f*

bewaldet [bə'valdət] *adj* arbolado

bewältigen [bə'vɛltɪgən] *v 1. (Problem)* superar, vencer; *2. (Aufgabe)* llevar a cabo, consumar, ejecutar

Bewältigung [bə'vɛltɪguŋ] *f 1. (eines Problems)* superación *f,* vencimiento *m; 2. (einer Aufgabe)* consumación *f,* ejecución *f*

bewandert [bə'vandərt] *adj ~ sein* ser experimentado, ser práctico

bewässern [bə'vɛsərn] *v* regar

Bewässerung [bə'vɛsəruŋ] *f* riego *m,* irrigación *f*

Bewässerungsanlage [bə'vɛsəruŋsanlaːgə] *f TECH* instalaciones de riego *f/pl,* instalaciones de irrigación *f/pl*

bewegen [bə'veːgən] *v 1.* mover, accionar, agitar; *2. sich ~* moverse, agitarse; *3. (fig: rühren)* conmover, impresionar, emocionar
bewegend [bə'veːgənt] *adj (fig)* conmovedor, emocionante
beweglich [bə'veːklɪç] *adj 1.* movible, móvil; *2. (flink)* ágil, ligero; *3. (flexibel)* flexible, adaptable
Beweglichkeit [bə'veːklɪçkaɪt] *f* movibilidad *f*
bewegt [bə'veːkt] *adj 1. (Meer)* agitado; *2. (Leben)* inquieta, agitada
Bewegung [bə'veːguŋ] *f* movimiento *m,* agitación *f*
Bewegungsdrang [bə'veːguŋsdraŋ] *m* necesidad de movimiento *f*
Bewegungsfreiheit [bə'veːguŋsfraɪhaɪt] *f* libertad de movimiento *f,* libertad de acción *f*
bewegungslos [bə'veːguŋsloːs] *adj* inmóvil, sin movimiento
bewegungsunfähig [bə'veːguŋsunfɛːɪç] *adj* incapaz de moverse, inmovilizado
beweihräuchern [bə'vaɪrɔyçərn] *v (fam)* ensalzar
Beweis [bə'vaɪs] *m* prueba *f*
Beweisaufnahme [bə'vaɪsaufnaːmə] *f JUR* práctica de la prueba *f,* diligencias de prueba *f/pl,* confrontación de hechos *f*
beweisbar [bə'vaɪsbaːr] *adj* probable, demostrable
Beweisbarkeit [bə'vaɪsbaːrkaɪt] *f* demostrabilidad *f*
beweisen [bə'vaɪzən] *v irr 1.* probar, demostrar; *2. (fig: zeigen)* manifestar, mostrar, expresar
Beweiserhebung [bə'vaɪsɛrheːbuŋ] *f JUR* registro de pruebas *m*
Beweisführung [bə'vaɪsfyːruŋ] *f JUR* argumentación *f,* demostración *f*
beweiskräftig [bə'vaɪszkrɛftɪç] *adj* probatorio, concluyente
Beweismittel [bə'vaɪsmɪtəl] *n JUR* medio probatorio *m,* prueba *f*
Beweisstück [bə'vaɪsʃtyk] *n JUR* instrumento de prueba *m,* cuerpo del delito *m*
bewenden [bə'vɛndən] *v Wir wollen es dabei ~ lassen.* Queremos darnos por satisfechos.
bewerben [bə'vɛrbən] *v irr sich ~* solicitar, presentarse como candidato, aspirar a
Bewerber(in) [bə'vɛrbər(ɪn)] *m/f* solicitante *m/f,* aspirante *m/f,* candidato/candidata *m/f*
Bewerbung [bə'vɛrbuŋ] *f* solicitud *f,* candidatura *f*
Bewerbungsschreiben [bə'vɛrbuŋsʃraɪbən] *n* solicitud de empleo *f,* escrito de candidatura *m*
Bewerbungsunterlagen [bə'vɛrbuŋsuntərlaːgən] *pl* documentos necesarios para una solicitud de trabajo *m/pl*
bewerfen [bə'vɛrfən] *v irr* echar, arrojar
bewerkstelligen [bə'vɛrkʃtɛlɪgən] *v 1. (durchführen)* ejecutar, llevar a cabo; *2. (erreichen)* conseguir, lograr
bewerten [bə'veːrtən] *v* valorar, evaluar
Bewertung [bə'veːrtuŋ] *f* valoración *f,* evaluación *f*
bewilligen [bə'vɪlɪgən] *v* conceder, otorgar, aprobar
Bewilligung [bə'vɪlɪguŋ] *f* concesión *f,* otorgamiento *m,* aprobación *f*
bewirken [bə'vɪrkən] *v* efectuar, conseguir, causar
bewirten [bə'vɪrtən] *v* dar de comer y beber, hospedar, agasajar
bewirtschaften [bə'vɪrtʃaftən] *v 1. (bestellen) AGR* explotar; *2. (verwalten)* administrar
Bewirtschaftung [bə'vɪrtʃaftuŋ] *f 1. (Verwaltung)* administración *f; 2. (landwirtschaftliche ~) AGR* cultivo *m; 3. (staatliche)* racionamiento *m*
Bewirtung [bə'vɪrtuŋ] *f* agasajo *m,* hospitalidad *f*
bewohnbar [bə'voːnbaːr] *adj* habitable
bewohnen [bə'voːnən] *v* habitar, vivir en
Bewohner(in) [bə'voːnər(ɪn)] *m/f* habitante *m/f*
bewölken [bə'vœlkən] *v sich ~ METEO* nublarse
bewölkt [bə'vœlkt] *adj* nublado, encapotado
Bewölkung [bə'vœlkuŋ] *f* nubosidad *f,* nubes *f/pl*
Bewunderer [bə'vundərər] *m* admirador *m*
bewundern [bə'vundərn] *v* admirar, maravillarse de
bewundernswert [bə'vundərnsveːrt] *adj* digno de admiración, admirable, maravilloso
Bewunderung [bə'vundəruŋ] *f* admiración *f*
bewusst [bə'vust] *adj* consciente; *jdm etw ~ machen* concienciarse
Bewusstheit [bə'vusthaɪt] *f* conciencia de sí mismo *f*

bewusstlos [bə'vustloːs] *adj* sin conciencia, desmayado
Bewusstlosigkeit [bə'vustloːzɪçkaɪt] *f* inconsciencia *f,* pérdida del conocimiento *f,* desmayo *m; bis zur ~* hasta perder el conocimiento
Bewusstsein [bə'vustzaɪn] *n* conciencia *f,* conocimiento *m*
Bewusstseinsspaltung [bə'vustzaɪnsʃpaltuŋ] *f MED* desdoblamiento de personalidad *m,* doble personalidad *f*
bezahlen [bə'tsaːlən] *v* pagar, abonar
Bezahlung [bə'tsaːluŋ] *f* pago *m*
bezähmen [bə'tsɛːmən] *v* domar, domesticar, amaestrar
bezaubern [bə'tsaubərn] *v* encantar, hechizar
bezeichnen [bə'tsaɪçnən] *v* marcar, señalar
bezeichnend [bə'tsaɪçnənt] *adj* significativo, característico, típico
Bezeichnung [bə'tsaɪçnuŋ] *f* marcación *f,* señal *f*
bezeigen [bə'tsaɪgən] *v* mostrar, demostrar
bezeugen [bə'tsɔygən] *v JUR* testificar, dar fe de
bezichtigen [bə'tsɪçtɪgən] *v* acusar de, inculpar de
beziehen [bə'tsiːən] *v irr 1. (überziehen) ~ mit* cubrir de, cubrir con, revestir con; *2. (einziehen)* instalarse en, ir a vivir a; *3. (abonnieren)* estar suscrito a; *4. (Gehalt)* percibir, cobrar; *5. sich ~ auf* referirse a, remitirse a
Beziehung [bə'tsiːuŋ] *f* relación *f*
Beziehungskiste [bə'tsiːuŋskɪstə] *f (fam)* relación amorosa *f*
beziehungsweise [bə'tsiːuŋsvaɪzə] *konj* o, o bien, a modo de referencia; *Junge ~ Mädchen* chicos o bien chicas
beziffern [bə'tsɪfərn] *v 1.* numerar; *2. (schätzen)* calcular; *3. sich ~ auf* ascender a, subir a
Bezirk [bə'tsɪrk] *m* región *f,* distrito *m*
Bezirksgericht [bə'tsɪrksgərɪçt] *n JUR* audiencia territorial *f*
Bezirksliga [bə'tsɪrksliːgaː] *f SPORT* liga regional *f*
bezirzen [bə'tsɪrtsən] *v* engatusar, embaucar
bezogen [bə'tsoːgən] *adj ~ auf* referido a
Bezug [bə'tsuːk] *m 1. (Überzug)* funda *f; 2. in ~ auf* respectua; *3. (Kauf)* compra *f,* adquisición *f*
bezüglich [bə'tsyːklɪç] *prep* referente a, concerniente a, relativo a
Bezugnahme [bə'tsuːknaːmə] *f* referencia *f,* cita *f*
bezugsfertig [bə'tsuːksfɛrtɪç] *adj* dispuesto para ser ocupado
Bezugsperson [bə'tsuːkspɛrzoːn] *f* persona de referencia *f*
Bezugsrecht [bə'tsuːksrɛçt] *n FIN* derecho de preferencia *m,* derecho de opción *m*
bezuschussen [bə'tsuːʃusən] *v* subvencionar, conceder subvenciones
Bezuschussung [bə'tsuːʃusuŋ] *f ECO* subvención *f,* concesión *f*
bezwecken [bə'tsvɛkən] *v* proponerse, tener por objeto
bezweifeln [bə'tsvaɪfəln] *v* dudar, poner en duda
bezwingbar [bə'tsvɪŋbaːr] *adj* vencible
bezwingen [bə'tsvɪŋən] *v irr* vencer, triunfar sobre
Bezwinger(in) [bə'tsvɪŋər(ɪn)] *m/f* vencendor(a) *m/f,* expugnador(a) *m/f*
Biathlon ['biːatlɔn] *n SPORT* biatlón *m*
bibbern ['bɪbərn] *v* temblar
Bibel ['biːbəl] *f REL* Biblia *f,* Sagrada Escritura *f*
Biber ['biːbər] *m ZOOL* castor *m*
Bibliografie [bibliogra'fiː] *f* bibliografía *f*
Bibliothek [biblio'teːk] *f* biblioteca *f*
Bibliothekar(in) [bibliote'kaːr(ɪn)] *m/f* bibliotecario/bibliotecaria *m/f*
biblisch ['biːblɪʃ] *adj REL* bíblico
Bidet [bi'deː] *n* bidé *m*
bieder ['biːdər] *adj* honrado, fiel, íntegro
Biederkeit ['biːdərkaɪt] *f* conservadurismo *m*
Biedermann ['biːdərman] *m* burgués *m*
Biedermeier ['biːdərmaɪər] *n ART* época Biedermeier *f,* estilo Biedermeier *m*
biegen ['biːgən] *v irr* doblar, torcer, doblegar, plegar
biegsam ['biːkzaːm] *adj* doblegable, plegable
Biegsamkeit ['biːkzaːmkaɪt] *f* flexibilidad *f,* elasticidad *f*
Biegung ['biːguŋ] *f* flexión *f,* inflexión *f,* curva *f,* curvatura *f*
Biene ['biːnə] *f 1. ZOOL* abeja *f; 2. (fam: Mädchen)* ninfa *f,* chavala *f,* chica *f*
Bienenhonig ['biːnənhoːnɪç] *m* miel de abeja *m*
Bienenkönigin ['biːnənkøːnɪgɪn] *f ZOOL* reina del enjambre *f*

Bienenschwarm ['biːnənʃvarm] *m ZOOL* enjambre de abejas *m*
Bienenstock ['biːnənʃtɔk] *m* colmena *f,* abejar *m*
Bier [biːr] *n* cerveza *f; Das ist nicht mein ~! (fam)* ¡Eso no es asunto mío!
Bierbrauer ['biːrbrauər] *m* cervecero *m*
Bierdeckel ['biːrdɛkəl] *m* posavasos de cartón *m*
Biergarten ['biːrgartən] *m* cervecería al aire libre *f*
Bierhefe ['biːrheːfə] *f GAST* levadura de cerveza *f*
Bierkrug ['biːrkruːk] *m* jarro de cerveza *m*
Bierzelt ['biːrtsɛlt] *n* tienda dónde se consume cerveza *f*
Biest [biːst] *n 1. (Tier)* bestia *f; 2. (Person)* mujer fatal *f,* vampiresa *f*
bieten ['biːtən] *v irr* ofrecer, presentar, dar
Bigamie [biːga'miː] *f* bigamia *f*
bigott [bi'gɔt] *adj* beato, mojigato
Bikini [bi'kiːni] *m* bikini *m*
Bilanz [bi'lants] *f 1. (fig)* balance *m,* equilibrio *m; 2. (eines Unternehmens) FIN* balance *m; 3. (im Außenhandel)* balanza *f*
bilanzieren [bilan'tsiːrən] *v* hacer balance
bilateral ['biːlatəraːl] *adj POL* bilateral
Bild [bɪlt] *n 1. (Gemälde)* cuadro *m,* pintura *f; ein ~ für die Götter* un cuadro grotesco *m; im ~e über etw sein* ser consciente de algo/tener conocimiento de algo; *sich ein ~ von jdm machen* catalogar alguien/hacerse una idea de alguien; *2. CINE* imagen *f; 3. FOTO* foto *f*
Bildarchiv ['bɪltarçiːf] *n* archivo fotográfico *m*
Bildausschnitt ['bɪltausʃnɪt] *m* detalle de un cuadro o una fotografía *m*
Bildband ['bɪltbant] *m* álbum fotográfico *m,* álbum de fotografías *m*
Bildbericht ['bɪltbərɪçt] *m* reportaje gráfico *m,* información gráfica *f*
bilden ['bɪldən] *v 1. (gestalten)* formar, crear; *2. sich ~* formarse, desarrollarse, surgir
Bilderbuch ['bɪldərbuːx] *n* libro de estampas *m,* libro ilustrado *m; wie aus dem ~* de ensueño/de cuento
Bilderrahmen ['bɪldərraːmən] *m* marco *m*
Bilderrätsel ['bɪldərrɛːtsəl] *n* jeroglífico *m*
Bildfläche ['bɪltflɛçə] *f 1.* plano de la imagen *m; 2. (fig)* pantalla; *von der ~ verschwinden* desaparecer de la faz de la tierra
Bildhauerkunst ['bɪlthauərkunst] *f ART* escultura *f*
bildhübsch ['bɪlthypʃ] *adj* guapísimo, lindísimo
bildlich ['bɪltlɪç] *adj* gráfico, figurativo
Bildnis ['bɪldnɪs] *n* retrato *m,* imagen *f*
Bildröhre ['bɪltrøːrə] *f TECH* tubo de imagen *m*
Bildschärfe ['bɪltʃɛrfə] *f TECH* nitidez *f*
Bildschirm ['bɪltʃɪrm] *m INFORM* vídeo *m*
Bildschirmtext ['bɪltʃɪrmtɛkst] *m INFORM* videotex *m*
Bildstörung ['bɪltʃtøːruŋ] *f TECH* interferencia de la imagen *f*
Bildung ['bɪlduŋ] *f 1. (Gestaltung)* forma *f; 2. (Schulbildung)* formación *f,* educación *f*
Bildungschancen ['bɪlduŋsʃɑ̃sən] *pl* oportunidades de formación *f/pl*
Bildungslücke ['bɪlduŋslykə] *f* laguna *f*
Bildungspolitik ['bɪlduŋspolitiːk] *f* política educativa *f*
Bildungsreise ['bɪlduŋsraɪzə] *f* viaje de estudios *m*
Bildungsurlaub ['bɪlduŋsuːrlaup] *m* licencia de perfeccionamiento *f,* permiso de estudios y formación *m*
Bildungswesen ['bɪlduŋsveːzən] *n* sistema de educación *m*
Bildunterschrift ['bɪltuntərʃrɪft] *f* leyenda *f*
Billard ['bɪljart] *n* billar *m*
Billiarde [bɪl'jardə] *f* mil billones *m/pl*
billig ['bɪlɪç] *adj 1. (preiswert)* barato, económico; *2. (fig)* fútil, nimio, insustancial
billigen ['bɪlɪgən] *v* aprobar, consentir en
billigend ['bɪlɪgənt] *adj* aprobado; *2.* autorizado
Billigung ['bɪlɪguŋ] *f* aprobación *f,* consentimiento *m*
Billigware ['bɪlɪçvaːrə] *f ECO* mercancía rebajada *f*
Billion [bil'joːn] *f* billón *m*
binär [bi'nɛːr] *adj INFORM* binario
Binärzahl [bi'nɛːrtsaːl] *f INFORM* número binario *m*
Binde ['bɪndə] *f 1. (Damenbinde)* compresa *f,* toalla higiénica/toalla sanitaria *f* (LA); *2. MED* venda *f; 3. sich einen hinter die ~ gießen (fig)* echarse un trago al coleto
Bindegewebe ['bɪndəgəveːbə] *n ANAT* tejido conjuntivo *m*
Bindehaut ['bɪndəhaut] *f ANAT* conjuntiva *f*
Bindemittel ['bɪndəmɪtəl] *n CHEM* aglomerante *m*
binden ['bɪndən] *v irr* atar, sujetar

bindend ['bɪndənt] *adj* obligatorio
Bindestrich ['bɪndəʃtrɪç] *m* guión *m*
Bindewort ['bɪndəwɔrt] *n GRAMM* conjunción *f*
Bindfaden ['bɪndfaːdən] *m* bramante *m*, guita *f*; *(fam) Es regnet Bindfäden.* Está diluviando.
Bindung ['bɪnduŋ] *f 1. (Verpflichtung)* compromiso *m*; *2. (Verbundenheit)* vínculo *m*; *3. (Skibindung) SPORT* atadura *f*
binnen ['bɪnən] *prep* dentro de; *~ zwei Wochen* en el término de dos semanas
Binnengewässer ['bɪnəngəvɛsər] *n* aguas continentales *f/pl*, aguas interiores *f/pl*
Binnenhafen ['bɪnənhaːfən] *m* puerto interior *m*, puerto fluvial *m*
Binnenmarkt ['bɪnənmarkt] *m ECO* mercado interior *m*, mercado nacional *m*
Binnenschifffahrt ['bɪnənʃɪffaːrt] *f* navegación por aguas interiores *f*, navegación fluvial *f*
Binnenwirtschaft ['bɪnənvɪrtʃaft] *f ECO* economía nacional *f*, economía interior *f*
Binse ['bɪnzə] *f BOT* junco *m*; *in die ~n gehen* perderse
Binsenweisheit ['bɪnzənvaɪshaɪt] *f* perogrullada *f*
bioaktiv ['bioaktiːf] *adj* bioactivo
Biobauer ['biobauər] *m AGR* agricultor que cultiva productos biológicos *m*
Biobäuerin ['biobɔyərɪn] *f AGR* agricultora que cultiva productos biológicos
Biochemie ['bioçe'miː] *f* bioquímica *f*
Biochemiker(in) [bio'çeːɪkər(ɪn)] *m/f* bioquímico/bioquímica *m/f*
biochemisch [bio'çeːɪʃ] *adj* bioquímico
biodynamisch [biody'naːmɪʃ] *adj* biodinámico
Biogas ['biːogaːs] *n* biogás *m*, gas biológico *m*
Biograf(in) [bio'graːf(ɪn)] *m/f LIT* biográfo/biográfa *m/f*
Biografie [biogra'fiː] *f* biografía *f*
biografisch [bio'graːfɪʃ] *adj LIT* biográfico
Biologe [bio'loːgə] *m* biólogo *m*
Biologie [biolo'giː] *f* biología *f*
biologisch [bio'loːgɪʃ] *adj* biológico
biologische Waffen [bio'loːgɪʃə 'vafən] *pl* armas biológicas *f/pl*
Biomasse ['biːomasə] *f* masa biológica *f*, biomasa *f*
Biomüll ['biːomyl] *m* basura orgánica *f*
Biophysik [biːofy'ziːk] *f* biofísica *f*
Biorhythmus ['biːorytmus] *m* biorritmo *m*, ciclo vital *m*
Biosphäre [bio'sfɛːrə] *f* biosfera *f*
Biotechnik ['biːotɛçnɪk] *f* biotecnología *f*
Biotechnologie [biːoteçnolo'giː] *f* biotecnología *f*
Biotonne ['biːotɔnə] *f* contenedor para la basura orgánica *m*
Biotop [bio'toːp] *n* biotopo *m*
Birke ['bɪrkə] *f BOT* abedul *m*
Birkenholz ['bɪrkənhɔlts] *n* madera de abedul *f*
Birnbaum ['bɪrnbaum] *m BOT* peral *m*
Birne ['bɪrnə] *f 1. (Obst)* pera *f*; *2. (Glühbirne)* bombilla *f*, foco *m* (LA)
birnenförmig ['bɪrnənfœrmɪç] *adj* en forma de pera
bis [bɪs] *prep 1. (zeitlich)* a, hasta, para; *Bis morgen!* ¡Hasta mañana! *~ zum 15. Mai* hasta el día 15 de mayo; *2. (örtlich)* hasta, a; *Bis dorthin sind es zwei km.* Hasta allí son dos km. *konj 3.* hasta que, hasta; *Ich werde warten, ~ du zurückkommst.* Esperaré hasta que vuelvas.
Bisamratte ['biːzamratə] *f ZOOL* castor de Canadá *m*, almizcle *m*
Bischof ['bɪʃɔf] *m REL* obispo *m*
bischöflich ['bɪʃœflɪç] *adj REL* episcopal
Bischofssitz ['bɪʃɔfszɪts] *m* sede episcopal *f*
Bisexualität ['biːzɛksualitɛːt] *f* bisexualidad *f*
bisexuell ['biːzɛksuɛl] *adj* bisexual
bisher [bɪs'heːr] *adv* hasta ahora, hasta la fecha
bisherig [bɪs'heːrɪç] *adj* ex, anterior, hasta ahora
Biskuit [bɪs'kvɪt] *m* bizcocho *m*
bislang [bɪs'laŋ] *adv* hasta ahora, hasta la fecha
Bison ['biːzɔn] *m ZOOL* bisón *m*
Biss [bɪs] *m 1.* mordisco *m*; *2. (Schlangenbiss)* mordida *f*; *3. (Insektenbiss)* picadura *f*
bisschen ['bɪsçən] *adj 1. ein ~* un poco de, un poquito de; *2. Ach du liebes ~!* ¡Ay, Dios, mío!
Bissen ['bɪsən] *m* trozo *m*, bocado *m*; *jdm keinen ~ gönnen* no dejar vivir a alguien; *keinen ~ anrühren* no pegar bocado (fam)
bissig ['bɪsɪç] *adj* mordedor, bravo
Bissigkeit ['bɪsɪçkaɪt] *f* mordacidad *f*, sarcasmo *m*
bisweilen [bɪs'vaɪlən] *adv* a veces, a ratos
Bit [bɪt] *n INFORM* bit *m*

bitte ['bɪtə] *adv* 1. *(bittend)* por favor; 2. *(Antwort auf Dank)* de nada, no hay de qué; 3. *(fragend)* cómo dice, perdón; 4. *(Bejahung)* claro que sí, cómo no
Bitte ['bɪtə] *f* ruego *m*, súplica *f*, petición *f*, favor *m*
bitten ['bɪtən] *v irr* rogar, pedir, solicitar
bitter ['bɪtər] *adj* 1. *(Geschmack)* amargo; 2. *(fig: schmerzlich)* amargo, doloroso
Bitter ['bɪtər] *m (Getränk)* bíter amargo *m*
bitterernst [bɪtər'ɛrnst] *adj* extremadamente serio
Bitterkeit ['bɪtərkaɪt] *f* amargura *f*, amargor *m*
bitterlich ['bɪtərlɪç] *adj* 1. amargamente; *adv* 2. amargo
Bitterling ['bɪtərlɪŋ] *m* 1. *(Fisch)* carpa de sabor amargo *f*; 2. *(Pflanze) BOT* genciana amarga *f*
Bitternis ['bɪtərnɪs] *f* 1. amargura *f*, amargor *m*; 2. *(bittere Sache)* amargura *f*
Bittgesuch ['bɪtgəzu:x] *n* carta petitoria *f*, petición *f*
Bittsteller(in) ['bɪtʃtɛlər(ɪn)] *m/f* solicitante *m/f*, peticionario/peticionaria *m/f*
bizarr [bi'tsar] *adj* raro, extravagante
Bizeps ['bi:tsɛps] *m ANAT* bíceps *m*
blähen ['blɛ:ən] *v MED* producir flatos
Blähungen ['blɛ:uŋən] *pl MED* flatulencias *f/pl*; *~ haben (fam)* tirarse pedos
blamabel [bla'ma:bəl] *adj* bochornoso, ridículo
Blamage [bla'ma:ʒə] *f* ridículo *m*, plancha *f* (fam)
blamieren [bla'mi:rən] *v* 1. *jdn ~* poner en ridículo a alguien, hacer quedar mal a alguien; 2. *sich ~* hacer el ridículo, quedar mal, meter la pata, hacer un papelón
blanchieren [bl ɑʃi:rən] *v GAST* escaldar
blank [blaŋk] *adj* reluciente, brillante, pulido, bruñido
blanko ['blaŋko] *adj FIN* en blanco, al descubierto
Blankoscheck ['blaŋkoʃɛk] *m FIN* cheque en blanco *m*
Blankovollmacht ['blaŋkofɔlmaxt] *f FIN* carta blanca *f*, pleno poder *m*
Blase ['bla:zə] *f* 1. burbuja *f*; 2. *ANAT* vejiga *f*
Blasebalg ['bla:zəbalk] *m* fuelle *m*
blasen ['bla:zən] *v irr* 1. soplar, insuflar; 2. *MUS* tocar un instrumento de viento
Blasenentzündung ['bla:zənɛntsyndʊŋ] *f MED* cistítis
Bläser ['blɛ:zər] *m MUS* músico que toca un instrumento de viento *m*
blasiert [bla'zi:rt] *adj* altanero, engreído
Blasinstrument ['bla:sɪnstrumɛnt] *n MUS* instrumento de viento *m*
Blaskapelle ['bla:skapɛlə] *f MUS* banda de instrumentos de viento *f*
Blasmusik ['bla:smuzi:k] *f MUS* música de instrumentos de viento *f*
Blasphemie [blasfe'mi:] *f REL* blasfemia *f*
blasphemisch [blas'fe:mɪʃ] *adj REL* blasfémico
blass [blas] *adj* pálido, descolorido
Blässe ['blɛsə] *f* palidez *f*, amarillez *f*
Blatt [blat] *n* 1. *~ Papier* hoja de papel *f*; 2. *BOT* hoja *f*; 3. *(fig) kein ~ vor den Mund nehmen* no tener pelos en la lengua; *ein unbeschriebenes ~* persona inocente *f*, persona sin antecedentes; *f*; *Das ~ hat sich gewendet.* Se ha dado la vuelta la tortilla; *Das steht auf einem anderen ~.* Eso es otro cantar.
Blatteinzug ['blataɪntsu:k] *m* depósito de papel *m*
blättern ['blɛtərn] *v* hojear
Blätterteig ['blɛtərtaɪk] *m* hojaldre *m*
Blattgold ['blatgɔlt] *n ART* pan de oro *m*
Blattwerk ['blatvɛrk] *n BOT* follaje *m*
blau [blau] *adj* azul; *jdm das Blaue vom Himmel versprechen* prometer a alguien el oro y el moro
blauäugig ['blauɔygɪç] *adj* de ojos azules
Blaubeere ['blaube:rə] *f BOT* arándano *m*
Blauhelm ['blauhɛlm] *m* casco azul *m*
Blaukraut ['blaukraut] *n GAST* lombarda *f*
bläulich ['blɔylɪç] *adj* azulado
Blaulicht ['blaulɪçt] *n* sirena *f*, luz azul *f*
blaumachen ['blaumaxən] *v (fam: nicht arbeiten)* pirarse, hacer novillos
Blaumann ['blauman] *m* mono azul *m*
Blaumeise ['blaumaɪzə] *f ZOOL* herrerillo común *m*
Blaupause ['blaupauzə] *f* fotocalco *m*, cianotipo *m*
Blausäure ['blauzɔyrə] *f CHEM* ácido cianhídrico *m*
Blazer ['ble:zə] *m* americana *f*
Blech [blɛç] *n* lámina *f*, plancha *f*, chapa *f*
Blechblasinstrument ['blɛçbla:sɪnstrumɛnt] *n MUS* instrumento de viento *m*
Blechdose ['blɛçdo:zə] *f* lata *f*
blechen ['blɛçən] *v (fam)* pagar el pato, aflojar la mosca
Blechlawine ['blɛçlavi:nə] *f (fig)* avalancha de coches *f*

Blechschaden ['blɛçʃa:dən] *m TECH* daños materiales *m/pl*
Blechschere ['blɛçʃe:rə] *f TECH* cizalla *f*
Blei [blaɪ] *n* plomo *m; wie ~ in den Gliedern liegen* dejar exhausto/dejar hecho polvo (fam)
Bleibe ['blaɪbə] *f* paradero *m*, albergue *m*, morada *m*
bleiben ['blaɪbən] *v irr* quedarse, permanecer
bleich ['blaɪç] *adj* pálido
bleichen ['blaɪçən] *v* palidecer, blanquearse, volverse pálido
Bleichmittel ['blaɪçmɪtəl] *n* decolorante *m*
Bleifarbe ['blaɪfarbə] *f ART* color de plomo *m*
bleifrei ['blaɪfraɪ] *adj (Benzin)* sin plomo
bleihaltig ['blaɪhaltɪç] *adj (Benzin)* plomífera
Bleikristall ['blaɪkrɪstal] *n* cristal de plomo *m*
Bleistift ['blaɪʃtɪft] *m* lápiz *m*
Bleistiftspitzer ['blaɪʃtɪftʃpɪtsər] *m* sacapuntas *m*, tajador *m* (LA)
Blende ['blɛndə] *f 1. (Abschirmung)* pantalla *f; 2. FOTO* diafragma *m*
blenden ['blɛndən] *v 1. (Licht)* deslumbrar, cegar; *2. (fig: täuschen)* engañar, ilusionar, alucinar
Blendenautomatik ['blɛndənautoma:tɪk] *f FOTO* diafragma automático *m*
blendend ['blɛndənt] *adj 1. (leuchtend)* deslumbrante; *2. (fig: bezaubernd)* fascinante
Blendeneinstellung ['blɛndənaɪnʃtɛluŋ] *f FOTO* graduación del diafragma *f*
Blick [blɪk] *m 1. (Schauen)* mirada *f; einen bösen ~ haben* tener mal de ojo; *einen ~ hinter die Kulissen werfen* investigar/echar un ojo entre bastidores; *einen ~ für etwas haben* tener buen ojo para algo; *jdn keines ~es würdigen* no dignarse ni a mirar a alguien; *Liebe auf den ersten ~* amor a primera vista; *2. (Aussicht)* vista *f*
blicken ['blɪkən] *v* mirar
Blickfang ['blɪkfaŋ] *m* punto que atrae las miradas *m*, punto de atracción *m*, centro de atracción *m*
Blickfeld ['blɪkfɛlt] *n* campo visual *m*
Blickrichtung ['blɪkrɪçtuŋ] *f* dirección *f*
Blickwinkel ['blɪkvɪŋkəl] *m* ángulo visual *m*
blind [blɪnt] *adj* ciego, invidente
Blinddarm ['blɪntdarm] *m ANAT* apéndice *m*
Blinddarmentzündung ['blɪntdarmɛntsynduŋ] *f MED* apendicitis *f*
Blinddarmnarbe ['blɪntdarmnarbə] *f MED* cicatriz de la operación de apendicitis *f*
Blinddarmoperation ['blɪntdarmopəratsjo:n] *f MED* operación de apendicitis *f*
Blinde(r) ['blɪndə(r)] *m/f* ciego/ciega *m/f*, invidente *m/f*
Blindenhund ['blɪndənhunt] *m* perro lazarillo *m*, perro-guía *m*
Blindenschrift ['blɪndənʃrɪft] *f* escritura al tacto *f*
Blindgänger ['blɪntgɛŋər] *m* proyectil no estallado *m*
Blindheit ['blɪnthaɪt] *f* ceguera *f*, invidencia *f*
Blindschleiche ['blɪntʃlaɪçə] *f ZOOL* lución *m*
blindwütig ['blɪntvy:tɪç] *adj* rabioso, furioso
blinken ['blɪŋkən] *v 1.* relucir, brillar, destellar, centellear; *2. TECH* avisar con la luz intermitente, maniobrar la luz intermitente
Blinker ['blɪŋkər] *m TECH* intermitente *m*
Blinklicht ['blɪŋklɪçt] *n TECH* luz intermitente *f*
blinzeln ['blɪntsəln] *v* parpadear
Blitz [blɪts] *m* relámpago *m; wie der ~* como un rayo; *wie ein ~ aus heiterem Himmel* como un rayo en tiempo sereno
Blitzableiter ['blɪtsaplaɪtər] *m TECH* pararrayos *m*
Blitzaktion ['blɪtsaktsjo:n] *f* acción relámpago *f*
blitzartig ['blɪtsartɪç] *adj* fulminante
Blitzauslöser ['blɪtsauslø:zər] *m FOTO* disparador del flash *m*
blitzblank ['blɪtsblaŋk] *adj* reluciente
blitzen ['blɪtsən] *v* relampaguear
Blitzgerät ['blɪtsgərɛ:t] *n FOTO* flash *m*
Blitzkrieg ['blɪtskri:k] *m MIL* guerra relámpago *f*
Blitzlicht ['blɪtslɪçt] *n FOTO* flash *m*, luz relámpago *f*
Blitzschlag ['blɪtsʃla:k] *m METEO* relámpago *m*
blitzschnell ['blɪtsʃnɛl] *adj 1.* rápido como un rayo; *adv 2.* con la rapidez de un rayo
Blitzstrahl ['blɪtsʃtra:l] *m* rayo *m*
Block [blɔk] *m 1.* bloque *m; 2. (Gebäudeblock)* manzana *f*, cuadra *f* (LA); *3. (von Papier)* bloc *m*

Blockade [blɔ'ka:də] *f* bloqueo *m,* sitio *m,* cerco *m*
Blockbuchstabe ['blɔkbu:xʃta:bə] *m* letra de imprenta *f*
Blockflöte ['blɔkflø:tə] *f MUS* flauta dulce *f*
Blockhaus ['blɔkhaus] *n* bloque de pisos *m*
blockieren [blɔ'ki:rən] *v* bloquear
Blockschrift ['blɔkʃrɪft] *f* caracteres de imprenta *m/pl,* letra de palo *f*
blöd [blø:t] *adj* tonto, imbécil, estúpido, bobo
Blödheit ['blø:thaɪt] *f* tontería *f,* imbecilidad *f*
Blödsinn ['blø:tzɪn] *m* tontería *f,* imbecilidad *f,* bobada *f,* estupidez *f*
Blödsinnigkeit ['blø:tzɪnɪçkaɪt] *f* imbecilidad *f*
blöken ['blø:kən] *v* balar, berrear
blond [blɔnt] *adj* rubio
Blonde(r) ['blɔndə(r)] *m/f* rubio/rubia *m/f*
blondieren [blɔn'di:rən] *v* teñir de rubio
Blondine [blɔn'di:nə] *f* rubia *f*
bloß [blo:s] *adj 1.* descubierto, desnudo; *mit ~em Auge sehen* observarse a simple vista; *adv 2.* sólo, solamente
Blöße ['blø:sə] *f 1.* desnudez *f; 2. (beim Fechten)* punto débil *m; 3. (Lichtung)* claro *m*
bloßlegen ['blo:sle:gən] *v* descubrir, sacar a la luz
bloßstellen ['blo:sʃtɛlən] *v* poner en ridículo
Bloßstellung ['blo:sʃtɛluŋ] *f* situación embarazosa *f*
Bluff [blœf] *m* patraña *f,* bluff *m*
blühen ['bly:ən] *v 1. (Blume)* florecer; *2. (fam: widerfahren)* ocurrir, suceder
blühend ['bly:ənt] *adj* floreciente
Blume ['blu:mə] *f* flor *f; durch die ~ sprechen* echar indirectas
Blumenbeet ['blu:mənbe:t] *n* arriate *m,* cuadro de flores *m*
Blumenerde ['blu:məne:rdə] *f BOT* tierra para plantas *f*
Blumengeschäft ['blu:məngəʃɛft] *n* floristería *f*
Blumenhändler(in) ['blu:mənhɛndlər(ɪn)] *m/f* florista *m/f*
Blumenkohl ['blu:mənko:l] *m BOT* coliflor *f*
Blumenstrauß ['blu:mənʃtraus] *n* ramo de flores *m*
Blumentopf ['blu:məntɔpf] *m* maceta *f,* tiesto *m*
blumig ['blu:mɪç] *adj* florido
Bluse ['blu:zə] *f* blusa *f*
Blut [blu:t] *n* sangre *f; blaues ~ haben* ser de sangre azul, ser noble; *~ geleckt haben* coger el gusto; *~ und Wasser schwitzen* sudar la gota gorda; *~ sehen wollen* querer ver correr la sangre; *ins ~ gehen* meterse en el cuerpo; *Das liegt ihm im ~.* Lo lleva en la sangre. *Ruhig ~!* ¡Calma!/¡Sosiéguese!
Blutabnahme [blu:tapna:mə] *f MED* extracción de sangre *f,* toma de sangre *f*
blutarm ['blu:tarm] *adj MED* anémico
Blutbad ['blu:tba:t] *n* baño de sangre *m*
Blutbahn ['blu:tba:n] *f MED* vasos sanguíneos *m/pl,* sistema circulatorio *m*
Blutbild ['blu:tbɪlt] *n MED* cuadro hemático *m*
Blutdruck ['blu:tdruk] *m MED* presión sanguínea *f*
blutdürstig ['blu:tdyrstɪç] *adj* sediento de sagre, sanguinario
Blüte ['bly:tə] *f BOT* flor *f; in der ~ seiner Jahre* en la flor de la vida
Blutegel ['blu:te:gəl] *m ZOOL* sanguijuela *f*
bluten ['blu:tən] *v* sangrar
Blütenblatt ['bly:tənblat] *n BOT* crimen sangriento *m,* asesinato *m*
Blütenstaub ['bly:tənʃtaup] *m BOT* polen *m*
Bluter ['blu:tər] *m MED* hemofílico *m*
Bluterguss ['blu:tɛrgus] *m MED* hematoma *m,* derrame de sangre *m*
Blütezeit ['bly:tətsaɪt] *f 1. BOT* floración *f; 2. (fig)* apogeo *m*
Blutgefäß ['blu:tgəfɛ:s] *n ANAT* vaso sanguíneo *m*
Blutgerinnsel ['blu:tgərɪnzəl] *n MED* coágulo *m*
Blutgruppe ['blu:tgrupə] *f MED* grupo sanguíneo *m*
Bluthochdruck ['blu:tho:xdruk] *m MED* hipertensión arterial *f*
Bluthund ['blu:thunt] *m (fig)* tirano sanguinario *m*
blutig ['blu:tɪç] *adj 1. (mit Blut bedeckt)* ensangrentado; *2. (fig: grausam)* sangriento
blutjung [blu:t'juŋ] *adv* muy jovencito
Blutprobe ['blu:tpro:bə] *f MED* prueba de sangre *f,* análisis de sangre *m*
Blutrache ['blu:traxə] *f* venganza sangrienta *f*
Blutschande ['blu:tʃandə] *f* incenso *m*
Blutspender(in) ['blu:tʃpɛndər(ɪn)] *m/f MED* donante de sangre *m/f*

Blutspur ['blu:tʃpu:r] *f* rastro de sangre *m*
Bluttransfusion ['blu:ttransfuzjo:n] *f* *MED* transfusión de sangre *f*
Blutung ['blu:tuŋ] *f* *MED* hemorragia *f*
Blutuntersuchung ['blu:tuntərzu:xuŋ] *f* *MED* análisis de la sangre *m*
Blutvergießen ['blu:tfɛrgi:sən] *n* derramamiento de sangre *m*
Blutvergiftung ['blu:tfɛrgɪftuŋ] *f* *MED* septicemia *f*, intoxicación de la sangre *f*
Blutzucker ['blu:ttsukər] *m* *MED* glucemia *f*
Bö(e) [bø:] *f* ráfaga *f*
Boa ['bo:a] *f* *ZOOL* boa *f*
Bob [bɔb] *m* *SPORT* bob *m*
Bock [bɔk] *m* *1. SPORT* potro *m; 2. ZOOL* macho cabrío *m*, cabrón *m; (vulgär) geiler ~* viejo verde *f; 3. einen ~ schießen (fig)* cometer un error, meter la pata
bocken ['bɔkən] *v 1. (Tier)* estar en celo; *2. (schmollen)* poner morros
Bockshorn ['bɔkshɔrn] *n jdn ins ~ jagen (fig)* intimidar a alguien
Bockspringen ['bɔkʃprɪŋən] *n* salto de potro *m*
Boden ['bo:dən] *m 1. (Erde)* tierra *f; 2. (Fußboden)* piso *m*, suelo *m; 3. (Grund)* base *f*, fundamento *m; 4. (fig) am ~ zerstört sein* estar echo polvo; *festen ~ unter den Füßen haben* tener una base sólida, tener los pies en el suelo; *den ~ unter den Füßen verlieren* perder los estribos; *an ~ gewinnen* ganar terreno; *wie Pilze aus dem ~ schießen* proliferar como setas; *vor Scham im ~ versinken* caersele la cara de vergüenza
Bodenbelag ['bo:dənbəla:k] *m 1.* revestimiento del suelo *m; 2. (einer Straße)* pavimento *m*
Bodenerosion ['bo:dənerozjo:n] *f* *GEOL* erosión del suelo *f*
Bodenfrost ['bo:dənfrɔst] *m* *METEO* helada del suelo *f*
bodenlos ['bo:dənlo:s] *adj* sin fondo, sin suelo, sin límite, inmenso
Bodenpersonal ['bo:dənpɛrzona:l] *n* personal de tierra *m*
Bodensatz ['bo:dənzats] *m 1.* sedimento *m; 2. (von Kaffee)* poso *m*
Bodenschätze ['bo:dənʃɛtsə] *pl* riquezas del subsuelo *m/pl*
Bodensee ['bo:dənze:] *m* lago de Constanza *m*
bodenständig ['bo:dənʃtɛndɪç] *adj 1.* arraigado; *2. (seit langem ansässig)* autóctono
Bodenstation ['bo:dənʃtatsjo:n] *f* estación terrestre *f*
Bodenturnen ['bo:dənturnən] *n* ejercicios en el suelo *m/pl*
Bodybuilding ['bɔdɪbildɪŋ] *n* bodybuilding *m*
Bogen ['bo:gən] *m 1. (Kurve)* curva *f; einen ~ um etw machen (fig)* evitar algo; *den ~ heraushaben* conocer los manejos; *jdn in hohem ~ hinauswerfen* poner a alguien de patitas en la calle; *2. (Waffe)* arco *m; den ~ überspannen (fig)* exceder de cierto límite; *3. (Papier)* hoja *f*, pliego *m; 4. ARCH* arco *m*
Bogengang ['bo:gəngaŋ] *m* *ARCH* arcada *f*, soportal *m*
Bogenschießen ['bo:gənʃi:sən] *n* *SPORT* tiro con arco *m*
Boheme [bo'hɛ:m] *f* bohemia *f*
Bohle ['bo:lə] *f* tabla *f*, madero *m*
Böhmen ['bø:mən] *n* *GEO* Bohemia *f*
böhmisch ['bø:mɪʃ] *adj* bohemio *m; Das sind für mich ~e Dörfer.* Es como si me hablaran en chino.
Bohne ['bo:nə] *f 1. (Hülsenfrucht)* judía *f*, fríjol/frijol *m* (LA); *~n in den Ohren haben (fig)* estar sordo; *Nicht die ~! (fam)* ¡En absoluto! *2. (Kaffeebohne)* grano de café *m*
Bohneneintopf ['bo:nənaɪntɔpf] *m* *GAST* cocido de alubias *m*
Bohnenkaffee ['bo:nənkafe:] *m* café auténtico *m*
Bohnenstange ['bo:nənʃtangə] *f* rodrigón *m*
Bohnenstroh ['bo:nənʃtro:] *n dumm wie ~ sein* tonto de remate
bohnern ['bo:nərn] *v* encerar
Bohnerwachs ['bo:nərvaks] *n* cera para pisos *f*
bohren ['bo:rən] *v 1. (durchbohren)* horadar, agujerear; *2. (nachbohren)* insistir, dar la lata
Bohrer ['bo:rər] *m* *TECH* taladro *m*, barreno *m*
Bohrgestänge ['bo:rgəʃtɛŋə] *n* *TECH* varillaje de sondeo *m*
Bohrinsel ['bo:rɪnzəl] *f* plataforma petrolera *f*
Bohrloch ['bo:rlɔx] *n* *TECH* taladro *m*
Bohrmaschine ['bo:rmaʃi:nə] *f* *TECH* taladradora *f*, perforadora *f*, barrenadora *f*
Bohrturm ['bo:rturm] *m* *TECH* castillete de sondeo *m*
Bohrung ['bo:ruŋ] *f* *TECH* perforación *f*, taladro *m*
böig ['bø:ɪç] *adj* *METEO* chubascoso

Boiler ['bɔylər] *m TECH* termosifón *m*, calentador de agua *m*
Boje ['bo:jə] *f* boya *f*
Bolivianer [boli'vja:nər] *m* boliviano
bolivianisch [boli'vja:nɪʃ] *adj* boliviano
Bolivien [bo'li:vjən] *n GEO* Bolivia *f*
Böllerschuss ['bœlərʃus] *m* tiro de mortero *m*
Bollwerk ['bɔlvɛrk] *n (fig)* bastión *m*
Bolzen ['bɔltsən] *m TECH* perno *m*, bulón *m*, clavija *f*
Bombardement [bɔmbardə'mɑ̃] *n MIL* bombardeo *m*
bombardieren [bɔmbar'di:rən] *v MIL* bombardear
Bombardierung [bɔmbar'di:ruŋ] *f MIL* bombardeo *m*
Bombe ['bɔmbə] *f MIL* bomba *f*
Bombenangriff ['bɔmbənangrɪf] *m MIL* bombardeo *m*, ataque aéreo *m*
Bombenattentat ['bɔmbənatɛnta:t] *n* atentado con bombas *m*
Bombendrohung ['bɔmbəndro:uŋ] *f MIL* amenaza de bomba *f*
Bombenerfolg ['bɔmbənɛr'fɔlk] *m* éxito fabuloso *m*, éxito loco *m* (fam)
Bombenexplosion ['bɔmbənɛksploz-jo:n] *f* explosión de una bomba *f*
bombenfest ['bɔmbənfɛst] *adj (fam)* seguro
bombensicher [bɔmbən'zɪçər] *adj MIL* a prueba de bombas
Bombenterror ['bɔmbəntɛrɔr] *m MIL* terror ocasionado por la explosión de bombas *m*
Bomber ['bɔmbər] *m MIL* bombardero *m*
Bon [bɔ̃ŋ] *m 1.* bono *m; 2. (Kassenbon)* vale *m*
Bonbon [bɔ̃'bɔ̃] *n* caramelo *m*
Bonität [bo:ni'tɛ:t] *f FIN* solvencia *f*
Bonsai ['bonzaɪ] *m BOT* bonsai *m*
Bonus ['bo:nus] *m FIN* bono *m*, gratificación *f*, prima *f*
Bonze ['bɔntsə] *m (fam)* jefazo *m*, mandamás *m*
Boom [bu:m] *m ECO* boom *m*, alta coyuntura *f*
boomen ['bu:mən] *v* prosperar
Boot [bo:t] *n* bote *m*, barca *f*, lancha *f*, barco *m*
Bord[1] [bɔrt] *n 1. (Brett)* estante *m; m 2. (Rand)* borde *m*
Bord[2] [bɔrt] *m 1.* bordo *m; an ~* a bordo; *etw über ~ werfen (fig)* arrojar algo por la borda; *2. (Einfassung)* borde *m*, contorno *m*
Bordcomputer ['bɔrtkɔmpju:tər] *m TECH* ordenador de a bordo *m*
Bordell [bɔr'dɛl] *n* prostíbulo *m*, burdel *m*
Bordfunk ['bɔrtfuŋk] *m* radiotelégrafo de a bordo *m*
Bordstein ['bɔrtʃtaɪn] *m* bordillo de la acera *m*
Bordsteinkante ['bɔrtkantə] *f* encintado de la acera *m*
borgen ['bɔrgən] *v 1. (verleihen)* prestar, dejar, facilitar; *2. (entleihen)* tomar prestado, prestarse
Borke ['bɔrkə] *f* corteza *f*, costra *f*
Borkenkäfer ['bɔrkənkɛ:fər] *m ZOOL* bóstrico *m*
borniert [bɔr'ni:rt] *adj* torpe, estúpido, idiota, duro de mollera
Borniertheit [bɔr'ni:rthaɪt] *f* estrechez de miras *f*
Borsäure ['bo:rzɔyrə] *f CHEM* ácido bórico *m*
Börse ['bœrzə] *f 1. (Geldbörse)* bolsa *f*, portamonedas *m*, monedero *m; 2. FIN* Bolsa *f*
Börsenbehörde ['bœrzənbəhœ:rdə] *f FIN* control de Bolsas *m*
Börsenhandel ['bœrzənhandəl] *m FIN* comercio bursátil *m*
Börsenkrach ['bœrzənkrax] *m FIN* derrumbe bursátil *m*, crack *m*
Börsenkurs ['bœrzənkurs] *m FIN* cotización bursátil *f*, cambio *m*
Börsenmakler(in) ['bœrzənma:klər(ɪn)] *m/f FIN* corredor(a) de Bolsa *m/f*, agente de cambio y bolsa *m/f*
Börsennotierung ['bœrzənnoti:ruŋ] *f FIN* cotización en Bolsa *f*
Börsenpapier ['bœrzənpapi:r] *n FIN* valores bursátiles *m/pl*, títulos bursátiles *m/pl*
Börsenschluss ['bœrzənʃlus] *m FIN* cierre de la Bolsa *m*
Börsenspekulant ['bœrzənʃpekulant] *m FIN* especulador de Bolsa *m*
Borste ['bɔrstə] *f* cerda *f*
borstig ['bɔrstɪç] *adj 1.* peludo, erizado; *2. (fig)* arisco
Borte ['bɔrtə] *f* ribete *m*
bösartig ['bø:sartɪç] *adj 1.* malo; *2. MED* maligno
Bösartigkeit ['bø:sartɪçkaɪt] *f* malicia *f*, maldad *f*
Böschung ['bœʃuŋ] *f* talud *m*
böse ['bø:zə] *adj 1. (verärgert)* enfadado, disgustado; *2. (schlimm)* malo, terrible

Bösewicht ['bøːzəvɪçt] *m* villano *m,* malvado *m*
boshaft ['boːshaft] *adj* malo, maligno
Bosheit ['boːshaɪt] *f* malicia *f,* maldad *f*
Bosnien und Herzegowina ['bɔznjən unt hɛrtsə'govina] *n GEO* Bosnia y Herzegovina
Bosnier(in) ['bɔznjər(ɪn)] *m/f* bosnio/bosnia *m/f*
Boss ['bos] *m* jefazo *m,* mandamás *m*
böswillig ['bøːsvɪlɪç] *adj 1.* malévolo, malintencionado; *2. JUR* culpable, malicioso
Böswilligkeit ['bøːsvɪlɪçkaɪt] *f* malicia *f,* maldad *f*
Botanik [bo'taːnɪk] *f* botánica *f*
Botaniker(in) [bo'taːnɪkər(ɪn)] *m/f* botánico/botánica *m/f*
botanisch [bo'taːnɪʃ] *adj* botánico
Bote ['boːtə] *m* mensajero *m,* correo *m*
Botengang ['boːtəngaŋ] *m* recado *m*
Botin ['boːtɪn] *f* mensajera *f*
Botschaft ['boːtʃaft] *f 1. (Nachricht)* noticia *f,* mensaje *m; 2. POL* embajada *f*
Botschafter(in) ['boːtʃaftər(ɪn)] *m/f POL* embajador(a) *m/f*
Botsuana [bɔt'svaːnaː] *n GEO* Botswana *f*
Bottich ['bɔtɪç] *m* cuba *f*
Bouillon [bul'jɔ̃] *f GAST* caldo *m*
Boulevardzeitung [bulə'vaːrtsaɪtuŋ] *f* periódico sensacionalista *m*
Boutique [bu'tiːk] *f* boutique *f*
Bowle ['boːlə] *f* ponchera *f,* bol *m*
Box [bɔks] *f 1. (Stallbox)* box *m,* cuadra *f; 2. (Motorsport) SPORT* box *m*
boxen ['bɔksən] *v* boxear
Boxer[1] ['bɔksər] *m SPORT* boxeador *m*
Boxer[2] ['bɔksər] *m ZOOL* bóxer *m*
Boxhandschuh ['bɔkshantʃuː] *m SPORT* guante de boxeo *m*
Boxkampf ['bɔkskampf] *m SPORT* boxeo *m,* pugilato *m*
Boykott [bɔy'kɔt] *m* boicot/boicoteo *m*
boykottieren [bɔykɔ'tiːrən] *v* boicotear
brabbeln ['brabəln] *v* refunfuñar; mascullar
brachliegen ['braːxliːgən] *v irr AGR* estar de barbecho
Brackwasser ['brakvasər] *n* agua salobre *f*
Branche ['brɑ̃ʃə] *f ECO* ramo *m*
Branchenerfahrung ['brɑ̃ʃənɛrfaːruŋ] *f ECO* experiencia del ramo *f*
Branchenkenntnis ['brɑ̃ʃənkɛntnɪs] *f ECO* conocimiento del ramo *m*
Branchenverzeichnis ['brɑ̃ʃənfɛrtsaɪçnɪs] *n* índice comercial *m,* anuario de comercio e industria *m*
Brand [brant] *m* fuego *m,* incendio *m*
brandaktuell [brantaktu'ɛl] *adj* de gran actualidad
Brandanschlag ['brantanʃlaːk] *m* atentado de incendio *m*
Brandbekämpfung ['brantbəkɛmpfuŋ] *f* lucha contra incendios *f*
Brandblase ['brantblaːzə] *f* ampolla *f*
Brandbombe ['brantbɔmbə] *f MIL* bomba incendiaria *f*
brandeilig [brant'aɪlɪç] *adj (fam)* urgentísimo
branden ['brandən] *v ~ an* romperse contra las rocas
Brandmal ['brantmaːl] *n 1.* señal de quemadura *f,* marca de hierro candente *f; 2. (fig)* estigma *m,* sambenito *m*
brandmarken ['brantmarkən] *v (fig)* estigmar
brandneu [brant'nɔy] *adj* novísimo, completamente nuevo
Brandsalbe ['brantzalbə] *f MED* pomada para quemaduras *f*
Brandschaden ['brantʃaːdən] *m* daño causado por incendio *m*
Brandstifter(in) ['brantʃtɪftər(ɪn)] *m/f* incendiario/incendiaria *m/f*
Brandstiftung ['brantʃtɪftuŋ] *f* incendio intencionado *m,* incendio provocado *m*
Brandung ['branduŋ] *f* embate de olas *m,* rompiente del mar *m*
Brandursache ['brantuːrzaxə] *f* causa incendiaria *f*
Brandwunde ['brandvundə] *f MED* quemadura *f*
Brandzeichen ['branttsaɪçən] *n* marca de fuego *f*
Branntwein ['brantvaɪn] *m* aguardiente *m,* brandy *m*
Brasilianer(in) [brazil'jaːnər(ɪn)] *m/f* brasileño/brasileña *m/f,* brasilero/brasilera *m/f*
brasilianisch [brazil'jaːnɪʃ] *adj* brasileño, brasilero
Brasilien [bra'ziːljən] *n GEO* Brasil *m*
Brasse ['brasə] *f ZOOL* braza *f*
braten ['braːtən] *v irr 1. (im Ofen)* asar; *2. (in Fett)* freír
Braten ['braːtən] *m* asado *m; den ~ riechen* olerse el pastel
Bratenduft ['braːtənduft] *m GAST* olor del asado *m*

Bratenfleisch ['braːtənflaɪʃ] *n* carne asada *f,* carne del asado *f*
Bratensoße ['braːtənzoːsə] *f* salsa del asado *f,* jugo del asado *m*
Bratfisch ['braːtfɪʃ] *m* pescado frito *m*
Brathuhn ['braːthuːn] *n* pollo asado *m*
Bratkartoffeln ['braːtkartɔfəln] *pl* patatas fritas *f/pl,* papas fritas *f/pl* (LA)
Bratpfanne ['braːtpfanə] *f* sartén *f*
Bratrost ['braːtrɔst] *m* parrilla *f*
Bratsche ['braːtʃə] *f MUS* viola *f*
Bratspieß ['braːtʃpiːs] *m* asador *m,* broqueta *f,* pinchito *m*
Bratwurst ['braːtvurst] *f* salchicha *f*
Brauch [braux] *m* uso *m,* costumbre *f*
brauchbar ['brauxbaːr] *adj* útil, aprovechable
Brauchbarkeit ['brauxbaːrkaɪt] *f* utilidad *f*
brauchen ['brauxən] *v 1. (nötig haben)* necesitar, precisar, estar necesitado de; *2. (benutzen)* usar, utilizar, emplear; *3. (müssen)* tener que, hacer falta; *du brauchst nicht zu kommen* no tienes que venir
Brauchtum ['brauxtuːm] *n* usos *m/pl,* costumbres *f/pl,* folklore *m*
Braue ['brauə] *f* ceja *f*
brauen ['brauən] *v* fabricar cerveza
Brauerei [brauə'raɪ] *f* cervecería *f*
Brauhaus ['brauhaus] *n* cervezería *f,* fábrica de cerveza *f*
Brauindustrie ['brauindustriː] *f ECO* industria cervecera *f*
Braukessel ['braukɛsəl] *m* caldera cervecera *f*
braun [braun] *adj 1. (Farbe)* marrón, pardo; *2. (sonnengebräunt)* bronceado, tostado, moreno; *3. (Haar)* castaño; *4. (Person, Haut)* moreno
Braunbär ['braunbɛːr] *m ZOOL* oso pardo *m*
Bräune ['brɔynə] *f 1. (Hautfarbe)* tez morena *f; 2. (Sonnenbräune)* tez bronceada *f,* tez tostada por el sol *f*
bräunen ['brɔynən] *v sich ~* broncearse, ponerse moreno
Braunkohle ['braunkoːlə] *f MIN* lignito *m*
Brause ['brauzə] *f 1. (einer Dusche)* ducha *f; 2. (Getränk)* gaseosa *f*
brausen ['brauzən] *v 1. sich ~ (duschen)* ducharse; *2. (rasen)* ir a toda velocidad, ir como un bólido
Brausepulver ['brauzəpulvər] *n* polvos efervescentes *m/pl*

Braut [braut] *f 1.* novia *f; ~werbung* petición de mano *f; 2. (Versprochene)* prometida *f; 3. (am Hochzeitstag)* desposada *f*
Brautführer ['brautfyːrər] *m* padrino de la boda *m*
Bräutigam ['brɔytɪgam] *m 1.* novio *m; 2. (Versprochener)* prometido *m*
Brautjungfer ['brautjuŋfər] *f* doncella de honor *f,* dama de honor *f*
Brautkleid ['brautklaɪt] *n* vestido de novia *m,* traje de novia *m,* traje de boda *m*
Brautpaar ['brautpaːr] *n* novios *m/pl*
Brautstrauß ['brautʃtraus] *m* bouquet de novia *m,* ramillete de novia *m*
brav [braːf] *adj* bueno, valiente, honrado
bravo ['braːvo] *interj* bravo, olé, viva
Bravour [bra'vuːr] *f 1. (Kühnheit)* valentía *f,* bravura *f; 2. MUS* bravura *f*
bravourös [bravu'røːs] *adj* magistral, magnífico, brillante, soberbio
Brechbohne ['brɛçboːnə] *f BOT* judías verdes *f/pl*
Brechdurchfall ['brɛçdurçfal] *m MED* colerina *f*
Brecheisen ['brɛçaɪzən] *n TECH* palanqueta *f,* alzaprima *f*
brechen ['brɛçən] *v irr 1. (abbrechen)* romper, quebrar; *2. (sich übergeben)* vomitar, arrojar; *3. (fig: Vertrag)* quebrantar, romper; *4. (Knochen) sich etw ~ MED* fracturarse algo, romperse algo
Brechmittel ['brɛçmɪtəl] *n MED* vomitivo *m,* emético *m*
Brechreiz ['brɛçraɪts] *m* náuseas *f/pl,* ganas de vomitar *f/pl*
Brechstange ['brɛçʃtaŋə] *f 1. TECH* palanca *f; 2. (fig) etw mit der ~ erreichen wollen* querer lograr algo por la fuerza
Brei [braɪ] *m 1.* puré *m,* masa *f,* pasta *f; um den heißen ~ herumreden (fig)* andarse con rodeos; *2. (Kinderbrei)* papilla *f*
breit [braɪt] *adj 1.* ancho, vasto, espacioso; *sich ~ machen* arrellanarse, ocupar mucho sitio, instalarse comodamente; *2. (Stoffe)* ancho; *3. (ausgedehnt)* amplio, extenso; *~ gefächert* muy amplio
breitbeinig ['braɪtbaɪnɪç] *adj* patiabierto, abierto de piernas, esparrancado
Breite ['braɪtə] *f* ancho *m,* extensión *f,* amplitud *f; in die ~ gehen* engordar
Breitengrad ['braɪtəngraːt] *m GEOL* grado de latitud *m*
Breitensport ['braɪtənʃpɔrt] *m SPORT* deporte de masas *m*

Breitenwirkung ['braɪtənvɪrkuŋ] *f* amplia repercusión *f*
breittreten ['braɪttreːtən] *v (mit dem Fuß)* aplastar con el pie
Breitwandfilm ['braɪtvantfɪlm] *m CINE* película para pantalla panorámica *f*
Bremsbacke ['brɛmsbakə] *f TECH* zapata de freno *f/pl*
Bremsbelag ['brɛmsbəlaːk] *m TECH* guarnición de freno *f*
Bremse[1] ['brɛmzə] *f TECH* freno *m; Die ~n funktionieren nicht richtig.* Los frenos no funcionan bien.
Bremse[2] ['brɛmzə] *f ZOOL* tábano *m*
bremsen ['brɛmzən] *v* frenar; *sich ~ können* poderse contener
Bremsflüssigkeit ['brɛmsflysɪçkaɪt] *f TECH* líquido para frenos hidráulicos *m*, líquido de freno *m*
Bremsklotz ['brɛmsklɔts] *m TECH* zapata de freno *f*
Bremslicht ['brɛmslɪçt] *n TECH* luz de freno *f*
Bremspedal ['brɛmspədaːl] *n TECH* pedal de freno *m*
Bremsscheibe ['brɛmsʃaɪbə] *f TECH* disco de freno *m*, polea de freno *f*
Bremsspur ['brɛmsʃpuːr] *f TECH* huella de frenado *f*, huellas del frenado *f/pl*
Bremsung ['brɛmzuŋ] *f* frenado *m*
Bremsweg ['brɛmsveːk] *m TECH* distancia de frenado *f*, recorrido de frenado *m*
brennbar ['brɛnbaːr] *adj* combustible, inflamable
Brennbarkeit ['brɛnbaːrkaɪt] *f* inflamabilidad *f*
brennen ['brɛnən] *v irr 1.* quemar, arder; *2. (Licht)* estar encendida; *3. (Wunde)* escocer, arder; *4. (Schnaps)* destilar
Brenner ['brɛnər] *m TECH* quemador *m*, mechero *m*
Brennglas ['brɛnglaːs] *n* vidrio ustorio *m*
Brennholz ['brɛnhɔlts] *n* leña *f*
Brennmaterial ['brɛnmaterjaːl] *n* combustible *m*
Brennnessel ['brɛnnɛsəl] *f BOT* ortiga *f*
Brennpunkt ['brɛnpuŋkt] *m* foco *m*
Brennstab ['brɛnʃtaːp] *m TECH* barra combustible *f*
Brennstoff ['brɛnʃtɔf] *m* combustible *m*
Brennweite ['brɛnvaɪtə] *f FOTO* distancia focal *f*
brenzlig ['brɛntslɪç] *adj* oler a quemado, saber a quemado
Bresche ['brɛʃə] *f (fig)* brecha *f; für jdn in die – springen sustituir a alguien*
Bretagne [brə'tanjə] *f GEO* Bretaña *f*
Brett [brɛt] *n 1.* tabla *f*, plancha *f; ein ~ vor dem Kopf haben (fig)* ser corto; *2. (Spielfeld)* tablero *m*
Bretterboden ['brɛtərboːdən] *m* tablado *m*, entarimado *m*, suelo de tablas *m*
Bretterzaun ['brɛtərtsaun] *m* valla *f*, cerca *f*, empalizada *f*
Brettspiel ['brɛtʃpiːl] *n* juego de tablas *m*
Brevier [bre'viːə] *n* guía *f*
Brezel ['breːtsəl] *f* rosquilla *f*, rosca *f*
Brief [briːf] *m* carta *f; ~ und Siegel geben* comprometerse a hacer algo; *blauer ~* aviso de despido *m*/amonestación escolar *f*
Briefbeschwerer ['briːfbəʃveːrər] *m* pisapapeles *m*
Briefblock ['briːfblɔk] *m* bloc de papel de carta *m*
Briefbogen ['briːfboːgən] *m* pliego *m*
Briefbombe ['briːfbɔmbə] *f* carta bomba *f*
Briefgeheimnis ['briːfgəhaɪmnɪs] *n* secreto postal *m*
Briefing ['briːfiŋ] *n* intercambio informativo entre empresas *m*
Briefkasten ['briːfkastən] *m* buzón *m*
Briefkastenfirma ['briːfkastənfɪrma] *f ECO* empresa buzón *f*
Briefkopf ['briːfkɔpf] *m 1.* encabezamiento *m; 2. (gedruckt)* membrete *m*
brieflich ['briːflɪç] *adj* por carta
Briefmarke ['briːfmarkə] *f* sello postal *m*, estampilla *f* (LA)
Brieföffner ['briːfœfnər] *m* abrecartas *m*
Briefpapier ['briːfpapiːr] *n* papel de cartas *m*
Briefporto ['briːfpɔrto] *n* franqueo *m*
Brieftasche ['briːftaʃə] *f* cartera *f*, billetero *m*
Brieftaube ['briːftaubə] *f* paloma mensajera *f*
Briefträger(in) ['briːftrɛːgər(ɪn)] *m/f* cartero/cartera *m/f*
Briefumschlag ['briːfumʃlaːk] *m* sobre *m*, cierro *m*
Briefwahl ['briːfvaːl] *f POL* voto por correo *m*
Briefwechsel ['briːfvɛksəl] *m* correspondencia *f*, carteo *m*
Brikett [bri'kɛt] *n* briqueta *f*, aglomerado de carbón *m*
brillant [brɪl'jant] *adj* brillante, reluciente
Brillant [brɪl'jant] *m* brillante *m*

Brillantine [brɪljan'tiːnə] *f* brillantina *f*
Brillanz [brɪl'jants] *f* brillo *m*
Brille ['brɪlə] *f* gafas *f/pl,* anteojos *m/pl,* lentes *m/pl* (LA)
Brillenetui ['brɪlənɛtviː] *n* estuche para gafas *m*
Brillengestell ['brɪləngəʃtɛl] *n* montura *f*
Brillengläser ['brɪlənglɛzər] *pl* cristales de gafas *m/pl*
Brillenschlange ['brɪlənʃlaŋə] *f* *1. ZOOL* cobra *f,* serpiente de anteojos *m; 2. (fam: Brillenträger)* cuatroojos *m/pl*
Brillenträger(in) ['brɪləntrɛːgər(ɪn)] *m/f* portador(a) de gafas *m/f,* persona que lleva gafas *f*
bringen ['brɪŋən] *v 1.* llevar, transportar; *2. (begleiten)* acompañar a, ir con; *3. (Gewinn)* producir, arrojar; *4. (veröffentlichen)* publicar
Bringschuld ['brɪŋʃult] *f FIN* obligación de aportar *f*
brisant [bri'zant] *adj* explosivo; *ein ~ Thema* un tema explosivo *m*
Brisanz [bri'zants] *f* actualidad *f*
Brise ['briːzə] *f* brisa *f*
Brite ['briːtə] *m* británico *m*
Britin ['briːtɪn] *f* británica *f*
britisch ['briːtɪʃ] *adj* inglés, británico
Britische Inseln ['briːtɪʃə 'ɪnzəln] *pl GEO* Islas Británicas *f/pl*
bröckeln ['brœkəln] *v* desmigar/desmigarse, desmenuzar/desmenuzarse, desmigajar/desmigajarse
Brocken ['brɔkən] *m 1.* trozo *m,* pedazo *m; 2. (fam: Bissen)* bocado *m*
brodeln ['broːdəln] *v* hervir a borbotones, burbujear
Brokat [bro'kaːt] *m* brocado *m*
Brokkoli ['brokolɪ] *m BOT* brécoles *m/pl*
Brom [broːm] *n CHEM* bromo *m*
Brombeere ['brɔmbeːrə] *f BOT* zarzamora *f*
bronchial [brɔn'çjaːl] *adj* bronquial
Bronchialasthma [brɔn'çjaːlastma] *n MED* asma bronquial *f/el*
Bronchialkatarr [brɔnç'jaːlkatar] *m MED* catarro bronquial *m,* bronquitis *f*
Bronchien ['brɔnçiən] *f/pl ANAT* bronquios *m/pl*
Bronchitis [brɔn'çiːtɪs] *f MED* bronquitis *f*
Bronze ['brɔ̃sə] *f MET* bronce *m*
Bronzezeit ['brɔ̃sətsaɪt] *f HIST* edad del bronze *f*
Brosche ['brɔʃə] *f* prendedor *m,* broche *m*
Broschüre [brɔ'ʃyːrə] *f* folleto *m*
Brösel ['brøːzəl] *m* migajas *f/pl,* miga *f*
bröseln ['brøːzəln] *v* desmigajarse
Brot [broːt] *n* pan *m; sich sein tägliches ~ verdienen* ganarse el pan de cada día
Brötchen ['brøːtçən] *n* panecillo *m,* pancito *m* (LA)
Brötchengeber ['brøːtçəngeːbər] *m (fam)* patrono *m*
Broteinheit ['broːtaɪnhaɪt] *f MED* unidad pan *f*
Broterwerb ['broːtɛrvɛrp] *m* ganapán *m*
Brotkruste ['broːtkrustə] *f* borde del pan *m*
brotlos ['broːtloːs] *adj* sin pan, sin recursos
Browser ['braʊzər] *m INFORM* sistema de investigación casual, Browser *m*
Bruch [brux] *m 1.* rotura *f; zu ~ gehen* quedar destrozado; *2. (Vertragsbruch) JUR* violación *f; 3. MATH* fracción *f; 4. (Knochenbruch) MED* fractura *f*
bruchfest ['bruxfɛst] *adj* resistente a la rotura
brüchig ['bryçɪç] *adj* quebradizo, frágil
Bruchlandung ['bruxlanduŋ] *f* aterrizaje con avería *m,* aterrizaje con daños *m*
Bruchrechnung ['bruxrɛçnuŋ] *f MATH* cálculo de fracciones *m*
Bruchschaden ['bruxʃaːdən] *m* daños por rotura *m/pl,* roturas *f/pl*
bruchsicher ['bruxzɪçər] *adj* a prueba de rotura
Bruchstelle ['bruxʃtɛlə] *f* punto de rotura *m,* sitio de fractura *m*
Bruchstrich ['bruxʃtrɪç] *m MATH* raya *f*
Bruchstück ['bruxʃtyk] *n (fig)* fragmento *m*
bruchstückhaft ['bruxʃtykhaft] *adj* fragmentario
Bruchteil ['bruxtaɪl] *m* fracción *f*
Brücke ['brykə] *f 1.* puente *m; alle ~n hinter sich abbrechen* quemar las naves; *2. (Teppich)* alfombra pequeña *f,* alfombra corta *f; 3. (Zahnbrücke) MED* puente *m*
Brückenbau ['brykənbau] *m TECH* construcción de puentes *f*
Brückengeländer ['brykəngəlɛndər] *n* baranda *f,* pretil *m*
Brückenkopf ['brykənkɔpf] *m MIL* cabeza de puente *f*
Brückenpfeiler ['brykənpfaɪlər] *m* pilar de puente *m*
Bruder ['bruːdər] *m* hermano *m*
brüderlich ['bryːdərlɪç] *adj* fraternal, fraterno

Brüderlichkeit ['bry:dərlıçkaıt] *f* fraternidad *f*
Brüderschaft ['bry:dərʃaft] *f* *mit jdm ~ trinken* beber a la fraternidad con alguien
Brühe ['bry:ə] *f* caldo *m*
Brühwürfel ['bry:vyrfəl] *m* *GAST* cubito de caldo *m*
brüllen ['brylən] *v* *1.* rugir; *zum ~ sein* estar para morirse de la risa; *~ wie am Spieß* llorar a grito pelado; *2. (Stier)* bramar
brummen ['brumən] *v* *1. (Lebewesen)* gruñir; *in den Bart ~* hablar entre dientes; *2. (Instrument) MUS* vibrar
brummig ['brumıç] *adj* gruñón, renegón
Brummschädel ['brumʃɛ:dəl] *m* *einen ~ haben* tener la cabeza como un bombo
brünett [bry'nɛt] *adj* castaño, moreno
Brunft [brunft] *f* *ZOOL* época de celo *f*
Brunnen ['brunən] *m* pozo *m*, fuente *f*, manantial *m*
Brunst ['brunst] *f* celo *m*, ardor *m*
brüsk ['brysk] *adj* brusco, grosero
brüskieren [brys'ki:rən] *v* desairar, provocar
Brüssel ['brysəl] *n* Bruselas *f*
Brust [brust] *f* *1.* pecho *m*; *mit geschwellter ~* todo orgulloso; *einen zur ~ nehmen (fig)* tomarse unas copas/darle al frasco; *2. (Busen)* seno *m*
Brustbein ['brustbaın] *n* *ANAT* esternón *m*
brüsten ['brystən] *v* *sich ~* pavonearse, ufanarse, vanagloriarse
Brustkorb ['brustkɔrp] *m* *ANAT* tórax *m*
Brustkrebs ['brustkre:ps] *m* *MED* cáncer de mama *m*
Brustschwimmen ['brustʃvımən] *n* *SPORT* natación a braza *f*
Brusttasche ['brusttaʃə] *f* bolsillo interior *m*
Brüstung ['brystuŋ] *f* pretil *m*, baranda *f*
Brustwarze ['brustvartsə] *f* *1. (weibliche) ANAT* pezón *m*; *2. (männliche) ANAT* tetilla *f*
Brut [bru:t] *f* incubación *f*
brutal [bru'ta:l] *adj* brutal, salvaje
Brutalität [brutalı'tɛ:t] *f* brutalidad *f*, salvajismo *m*
brüten ['bry:tən] *v* incubar, empollar
Brüter ['bry:tər] *m* *Schneller ~ TECH* reactor rápido *m*, superregenerador *m*
Brutkasten ['bru:tkastən] *m* *MED* incubadora *f*
Brutpflege ['bru:tpfle:gə] *f* *ZOOL* cuidados de reproducción *m/pl*
brutto ['bruto] *adj* bruto
Bruttoeinkommen ['brutoaınkɔmən] *n* *FIN* ingreso bruto *m*
Bruttoertrag ['brutoɛrtra:k] *m* *ECO* producto bruto *m*
Bruttogewicht ['brutogəvıçt] *n* peso bruto *m*
Bruttogewinn ['brutogəvın] *m* *FIN* beneficio bruto *m*, ganancia bruta *f*
Bruttoinlandsprodukt [bruto'ınlantsprodukt] *n* *ECO* producto interior bruto *m*
Bruttolohn ['brutolo:n] *m* *FIN* salario bruto *m*
Bruttopreis ['brutopraıs] *m* *FIN* precio bruto *m*
Bruttosozialprodukt ['brutozo'tsja:lprodukt] *n* *(BSP) ECO* producto nacional bruto (PNB) *m*
Bruttoverdienst ['brutofɛrdi:nst] *m* *ECO* ingreso bruto *m*
Bub [bu:b] *m* chico *m*, muchacho *m*
Bubenstreich ['bu:bənʃtraıç] *m* *1.* chiquillada *f*; *2. (harmloser Streich)* pillada *f*, picardía *f*
Buch [bu:x] *n* libro *m*; *wie ein ~ reden* hablar como un sacamuelas; *wie es im ~e steht* modélico; *ein ~ mit sieben Siegeln* un misterio *m*; *ein offenes ~ für jdn sein* ser para alguien como un libro abierto
Buchbinder(in) ['bu:xbındər(ın)] *m/f* encuadernador(a) *m/f*
Buchdruck ['bu:xdruk] *m* *1.* impresión *f*; *2. (Druckverfahren)* tipografía *f*
Buche ['bu:xə] *f* *BOT* haya *m*
Bucheinband ['bu:xaınbant] *m* encuadernación *f*
buchen ['bu:xən] *v* contabilizar, sentar en cuenta
Bücherei [by:çə'raı] *f* biblioteca *f*
Bücherregal ['by:çərrega:l] *n* estante *m*, estantería *m*, librería *f*
Bücherschrank ['by:çərʃraŋk] *m* armario para libros *m*, librería *f*
Büchersendung ['by:çərzɛnduŋ] *f* envío de libros *m*
Buchfink ['bu:xfıŋk] *m* *ZOOL* pinzón *m*
buchführen ['bu:xfy:rən] *v* contabilizar
Buchführung ['bu:xfy:ruŋ] *f* *ECO* teneduría de libros *f*, contabilidad *f*
Buchhalter(in) ['bu:xhaltər(ın)] *m/f* *ECO* contable *m/f*, contador *m* (LA)
Buchhaltung ['bu:xhaltuŋ] *f* *ECO* contabilidad *f*, servicio de contabilidad *m*
Buchhandel ['bu:xhandəl] *m* comercio de libros *m*

Buchhändler(in) ['buːxhɛndlər(ɪn)] *m/f* librero/librera *m/f*
Buchhandlung ['buːxhandluŋ] *f* librería *f*
Buchmesse ['buːxmɛsə] *f* feria del libro *f*
Buchprüfung ['buːxpryːfuŋ] *f ECO* revisión de cuentas *f,* control de cuentas *m*
Buchsbaum ['buːksbaum] *m BOT* boj/boje *m*
Buchse ['buksə] *f TECH* casquillo *m,* manguito *m*
Büchse ['byksə] *f 1.* caja *f,* bote *m; 2. (Blechbüchse)* lata *f*
Büchsenöffner ['byksənœfnər] *m* abrelatas *m*
Buchstabe ['buːxʃtaːbə] *m* letra *f; sich auf seine vier ~n setzen (fam)* ponerse sobre sus asentaderas
buchstabieren [buːxʃta'biːrən] *v* deletrear
buchstäblich ['buːxʃtɛːplɪç] *adj* literal, textual
Bucht [buxt] *f* bahía *f,* ensenada *f,* rada *f,* abra *f*
Buchumschlag ['buːxumʃlaːk] *m* tapas *f/pl*
Buchung ['buːxuŋ] *f 1. (Bestellung)* reserva *f; 2. ECO* contabilización *f*
Buchweizen ['buːxvaɪtsən] *m BOT* trigo morisco *m,* alforfón *m*
Buckel ['bukəl] *m* joroba *f,* corcova *f,* gibosidad *f; einen breiten ~ haben* tener mucho aguante; *etw auf dem ~ haben* llevar algo sobre las espaldas; *Rutsch mir den ~ runter!* ¡Vete al diablo!
bücken ['bykən] *v sich ~* inclinarse, agacharse
bucklig ['buklɪç] *adj* jorobado, gibado
Bückling ['byklɪŋ] *m 1.* reverencia *f,* cortesía *f; 2. (Hering)* arenque ahumado *m*
Buddhismus [bu'dɪsmus] *m REL* budismo *m*
Buddhist/Buddhistin [bu'dɪst/bu'dɪstɪn] *m/f REL* budista *m/f*
buddhistisch [bu'dɪstɪʃ] *adj REL* budista
Bude ['buːdə] *f* puesto *m,* caseta *f; jdm auf die ~ rücken* personarse en casa de alguien para pedirle aclaraciones; *jdm die ~ einrennen* visitar a alguien permanentemente; *eine sturmfreie ~ haben* tener un cuarto independiente; *die ~ auf den Kopf stellen* poner la casa patas arriba
Budget [by'dʒeː] *n ECO* presupuesto *m*
Büfett [by'feː] *n* aparador *m,* bufete *m; kaltes ~* bufete frío *m*
Büffel ['byfəl] *m ZOOL* búfalo *m*
büffeln ['byfəln] *v* empollar (fam), memorizar, repasar; *~ wie ein Stier* quemarse las pestañas/cejas
Bug [buːk] *m NAUT* proa *f*
Bügel ['byːgəl] *m* arco *m*
Bügelbrett ['byːgəlbrɛt] *n* tabla de planchar *f*
Bügeleisen ['byːgəlaɪzən] *n* plancha *f*
Bügelfalte ['byːgəlfaltə] *f* raya del pantalón *f*
bügelfrei ['byːgəlfraɪ] *adj* que no necesita plancha, que no necesita ser planchado
bügeln ['byːgəln] *v* planchar
bugsieren [buk'siːrən] *v 1. (Schiff)* sirgar; *2. (jdn ~)* empujar
Bühne ['byːnə] *f* teatro *m; etw glatt über die ~ bringen* despachar algo rápidamente; *über die ~ sein* estar concluído
Bühnenbild ['byːnənbɪlt] *n THEAT* decorado *m,* escenografía *f*
Bühnenbildner ['byːnənbɪltnər] *m THEAT* escenógrafo *m*
Bühneneingang ['byːnənaɪngaŋ] *m THEAT* entrada de artistas *f*
bühnenreif ['byːnənraɪf] *adj (Stück) THEAT* maduro para la escena
Bühnenstar ['byːnənstaːr] *m THEAT* estrella de teatro *f*
Buhruf ['buːruːf] *m* abucheo *m,* chifla *f,* pita *f*
Bukarest ['bukarɛst] *n GEO* Bucarest *m*
Bulgare [bul'gaːrə] *m* búlgaro *m*
Bulgarien [bul'gaːrjən] *n GEO* Bulgaria *f*
Bulgarin [bul'gaːrɪn] *f* búlgara *f*
Bulimie [buli'miː] *f MED* bulimia *f*
Bullauge ['bulaugə] *n NAUT* ojo de buey *m,* portilla *f*
Bulldozer ['buldoːzər] *m TECH* niveladora *f,* buldozer *m*
Bulle ['bulə] *m 1. ZOOL* toro *m; 2. (fam: Polizist)* polizonte *m*
bullig ['bulɪç] *adj* fornido, atlético
Bumerang ['buːməraŋ] *m* bumerán *m; 2. (fig)* bumerán *m*
Bummel ['buməl] *m* paseo ocioso *m,* callejeo *m*
bummeln ['buməln] *v* callejear, vagar, gandulear
Bummelzug ['buməltsuːk] *m (fam)* tren lento *m*
Bums [bums] *m* cataplún
bumsen ['bumzən] *v 1. (stoßen)* estrellarse, dar contra algo; *2. (fam)* follar, joder, coger (Argentinien)

Bund [bunt] *m* *1. (Rockbund)* pretina *f*; *2. POL* alianza *f*, confederación *f*; *den ~ fürs Leben schließen* contraer matrimonio; *mit jdm im ~ stehen* estar aliado con alguien
Bündchen ['byntçən] *n* puño *m*
Bündel ['byndəl] *n* envoltorio *m*
Bundes... ['bundəs] *adj* federal
Bundesamt ['bundəsamt] *n* *POL* oficina federal para funcionarios *f*
Bundesbank ['bundəsbaŋk] *f* Banco Federal Alemán *m*
Bundesbehörde ['bundəsbehœrdə] *f* autoridad federal *f*
Bundesbürger(in) ['bundəsbyrgər(ɪn)] *m/f* ciudadano/ciudadana de la República Federal de Alemania *m/f*
bundesdeutsch ['bundəsdɔytʃ] *adj* alemán federal
Bundesgebiet ['bundəsgəbiːt] *n* territorio federal *m*
Bundesgerichtshof ['bundəsgərɪçtshoːf] *m* *JUR* Corte Federal de Justicia *f*, Tribunal Supremo *m*
Bundesgrenzschutz [bundəs'grɛntsʃuts] *m* Policía de Fronteras de la República Federal de Alemania *f*
Bundeskanzler(in) ['bundəskantslər(ɪn)] *m/f* *POL* canciller federal/cancillesa federal *m/f*
Bundeskriminalamt [bundəskrɪmi'naːlamt] *n* Oficina Federal de investigación criminal *f*
Bundesland ['bundəslant] *n* *POL* estado federal *m*
Bundesliga ['bundəsliːga] *f* *SPORT* liga *f*, primera división *f*
Bundesminister(in) ['bundəsminɪstər(ɪn)] *m/f* *POL* ministro federal/ministra federal *m/f*, mujer ministro federal *f*
Bundesministerium ['bundəsminɪsteːrjum] *n* *POL* ministerio federal *m*
Bundespräsident(in) ['bundəsprɛzidɛnt(ɪn)] *m/f* *POL* presidente federal/presidenta federal *m/f*
Bundesrat ['bundəsraːt] *m* *POL* Consejo Federal *m*, Cámara Alta Alemana *f*
Bundesregierung ['bundəsregiːruŋ] *f* *POL* gobierno federal *m*
Bundesrepublik ['bundəsrepubliːk] *f* *POL* República Federal de Alemania *f*
bundesrepublikanisch ['bundəsrepublikaːnɪʃ] *adj* federal
Bundesstaat ['bundəsʃtaːt] *m* estado federal *m*
Bundesstraße ['bundəsʃtraːsə] *f* carretera federal/nacional *f*
Bundestag ['bundəstaːk] *m* *POL* Parlamento Federal *m*
Bundestrainer(in) ['bundəstreɪnər(ɪn)] *m/f* entrenador(a) federal *m/f*
Bundesverfassungsgericht [bundəsfɛr'fasuŋsgərɪçt] *n* *JUR* Tribunal Constitucional Federal *m*
Bundesversammlung ['bundəsfɛrzamluŋ] *f* *POL* Asamblea Federal *f*
Bundeswehr ['bundəsveːr] *f* *MIL* Ejército federal *m*
bundesweit ['bundəsvaɪt] *adj* en todo el territorio federal
bündig ['byndɪç] *adj* *1. (kurz)* conciso, breve; *2. ~ abschließen* enrasado, a ras
Bündnis ['byntnɪs] *n* *POL* alianza *f*
Bündnispolitik ['byntnɪspolitiːk] *f* *POL* política de alianzas *f*
Bündnissystem ['byntnɪszysteːm] *n* *POL* sistema de alianzas *m*
Bündnisvertrag ['byntnɪsfɛrtraːk] *m* *POL* contrato de alianzas *m*
Bungalow ['buŋgalo] *m* bungalow *m*
Bunker ['buŋkər] *m* *MIL* fortín *m*, refugio antiaéreo *m*
bunt [bunt] *adj* en colores, multicolor, de colores; *Mir wird es jetzt zu ~!* ¡Eso pasa de castaño oscuro!
Buntspecht ['buntʃpɛçt] *m* *ZOOL* picapinos *m*, pico manchado *m*
Buntstift ['buntʃtɪft] *m* lápiz de color *m*
Buntwäsche ['buntvɛʃə] *f* ropa de color *f*
Bürde ['byrdə] *f* carga *f*, peso *f*
Burg [burk] *f* *1.* castillo *m*, fortaleza *f*; *2. (fig)* refugio *m*
Bürge ['byrgə] *m* *ECO* fiador *m*, garante *m*
bürgen ['byrgən] *v* fiar, garantizar, responder por
Bürger(in) ['byrgər(ɪn)] *m/f* ciudadano/ciudadana *m/f*
Bürgerbewegung ['byrgərbəveːguŋ] *f* *POL* movimiento ciudadano *m*
Bürgerinitiative ['byrgərinitsjatiːvə] *f* iniciativa ciudadana *f*, iniciativa de ciudadanos *f*, iniciativa popular *f*
Bürgerkrieg ['byrgərkriːk] *m* *MIL* guerra civil *f*
bürgerlich ['byrgərlɪç] *adj* *1. (mittelständisch)* burgués, de la clase media; *2. (gesetzlich) JUR* civil
Bürgermeister(in) ['byrgərmaɪstər(ɪn)] *m/f* alcalde(sa) *m/f*

Bürgernähe ['byrgərnɛːə] *f POL* proximidad al pueblo *f*
Bürgerrecht ['byrgərrɛçt] *n* derecho civil *m*
Bürgerschaft ['byrgərʃaft] *f POL* ciudadanía *f*
Bürgersteig ['byrgərʃtaɪk] *m* acera *f,* vereda *f* (LA)
Bürgertum ['byrgərtuːm] *n* ciudadanía *f*
Bürgerversammlung ['byrgərfɛrzamluŋ] *f* reunión ciudadana *f*
Burgfriede ['burkfriːdə] *m (fig)* tregua política *f*
Burgruine ['burkruiːnə] *f* castillo en ruinas *m*
Bürgschaft ['byrkʃaft] *f* fianza *f,* caución *f*
Büro [by'roː] *n* oficina *f,* despacho *m*
Büroangestellte(r) [by'roːangəʃtɛltə(r)] *m/f* empleado de oficina/empleada de oficina *m/f,* oficinista *m/f*
Büroarbeit [by'roːarbaɪt] *f* trabajo de oficina *m*
Bürobedarf [by'roːbədarf] *m* artículos de escritorio *m/pl,* material de oficina *m*
Bürohaus [by'roːhaus] *n* edificio de oficinas *m*
Bürohengst [by'roːhɛŋst] *m (fam)* chupatintas *m*
Bürokauffrau [by'roːkauffrau] *f ECO* administrativa *f*
Bürokaufmann [by'roːkaufman] *m ECO* administrativo *m*
Büroklammer [by'roːklamər] *f* sujetapapeles *m,* clip *m*
Bürokrat(in) [byro'kraːt(ɪn)] *m/f* burócrata *m/f*
Bürokratie [byrokra'tiː] *f* burocracia *f*
bürokratisch [byro'kraːtɪʃ] *adj* burocrático
Büromaterial [by'roːmaterjaːl] *n* material de oficina *m*
Büromöbel [by'roːmøːbəl] *pl* muebles de oficina *m/pl*
Büroraum [by'roːraum] *m* oficina *f*
Bürozeit [by'roːtsaɪt] *f* horas de oficina *f/pl*
Bursche ['burʃə] *m* muchacho *m,* chico *m,* joven *m,* mozo *m*
Burschenschaft ['burʃənʃaft] *f* asociación de estudiantes *f*
burschikos [burʃi'koːs] *adj* desenvuelto, campechano
Bürste ['byrstə] *f* cepillo *m*
bürsten ['byrstən] *v* cepillar
Bus [bus] *m* bus *m,* autobús *m*
Busbahnhof ['busbaːnhoːf] *m* estación de autobuses *f*
Busch [buʃ] *m 1.* mata *f,* arbusto *m; Da ist etw im ~. (fig)* Allí hay gato encerrado. *2. (Urwald)* selva *f*
Büschel ['byʃəl] *n 1.* fleco *m; 2. (Haar, Gras)* mechón *m,* copo *m*
büschelweise ['byʃəlvaɪzə] *adj* en haces
Buschmann ['buʃman] *m* bosquimán *m*
Buschmesser ['buʃmɛsər] *n* machete *m*
Busen ['buːzən] *m ANAT* seno *m,* pecho *m; am ~ der Natur* en plena naturaleza
Busfahrer(in) ['busfaːrər(ɪn)] *m/f* conductor(a) de autobús *m/f*
Bushaltestelle ['bushaltəʃtɛlə] *f* parada de autobuses *f*
Buß- und Bettag ['buːsunt'beːttaːk] *m REL* día de ayuno y oración *m*
Bussard ['busart] *m ZOOL* águila ratonera *f/el,* buteo *m*
Buße ['buːsə] *f* penitencia *f*
büßen ['byːsən] *v* expiar, hacer penitencia
Bußgeld ['buːsgɛlt] *n* multa *f*
Bußgeldbescheid ['buːsgɛltbəʃaɪt] *m* aviso de multa *m*
Büste ['byːstə] *f* busto *m*
Büstenhalter ['byːstənhaltər] *m* sostén *m,* brasier *m* (LA), sujetador *m*
Busunternehmen ['busuntərneːmən] *n* empresa de autobuses *f*
Butan [bu'taːn] *n CHEM* butano *m*
Butter ['butər] *f* mantequilla *f; sich nicht die ~ vom Brot nehmen lassen (fig)* no dejarse quitar el pan de la boca; *Alles in ~.* Todo va a pedir de boca./Todo va sobre ruedas.
Butterblume ['butərbluːmə] *f BOT* diente de león *m*
Butterbrot ['butərbroːt] *n* pan con mantequilla *m; jdm etw aufs ~ schmieren* reprochar algo a alguien
Butterdose ['butərdoːzə] *f* mantequera *f,* mantequillera *f* (LA)
Buttermilch ['butərmɪlç] *f* leche batida *f*
Buttersäure ['butərzɔyrə] *f BIO* ácido butírico *m*
Bypassoperation ['baɪpaːsoperatsjoːn] *f MED* injerto de un bypass *m*
Byte [baɪt] *n INFORM* byte *m*
Byzantiner(in) [bytsan'tiːnər(ɪn)] *m/f HIST* bizantino/bizantina *m/f*
byzantinisch [bytsan'tiːnɪʃ] *adj HIST* bizantino
Byzanz [by'tsants] *n HIST* Bizancio *m*

C

Cadmium ['katmɪum] *n CHEM* cadmio *m*
Café [ka'feː] *n* café *m*
Cafeteria [kafete'riːa] *f* cafetería *f*
Callgirl ['kɔːlgœːrl] *n* call-girl *f*
Calzium ['kaltsjum] *n CHEM* calcio *m*
Calziumbedarf ['kaltsjumbədarf] *m MED* necesidad de calcio *f*
Calziummangel ['kaltsjummaŋəl] *m MED* falta de calcio *f*
Camcorder ['kɛmkɔːdə] *m TECH* camcórder *m*
Camembert [kamɑ̃'bɛːr] *m GAST* camembert *m*
campen ['kɛmpən] *v* acampar, hacer camping
Camper ['kɛmpər] *m* acampador *m,* campista *m*
Camping ['kɛmpɪŋ] *n* camping *m*
Campinganhänger ['kɛmpɪŋanhɛŋər] *m* partidario de hacer camping *m*
Campingartikel ['kɛmpɪŋartɪkəl] *m* artículo de camping *m*
Campingausrüstung ['kɛmpɪŋausrystuŋ] *f* equipo de camping *m*
Campingbus ['kɛmpɪŋbus] *m* caravana *f*
Campingführer ['kɛmpɪŋfyːrər] *m* guía de camping *m*
Campingplatz ['kɛmpɪŋplats] *m* lugar de camping *m*
Cannabis ['kanabɪs] *m 1. BOT* cáñamo *m; 2. (Droge)* hachís *m*
Cappuccino [kapu'tʃiːno] *m GAST* capuchino *m*
Carbonat [karbo'naːt] *n CHEM* carbonato *m*
Cartoon [kar'tuːn] *m/n ART (Bildgeschichte)* historieta de dibujos animados *f*
Cartoonist/Cartoonistin [kartuː'nɪst/kartuːnɪstɪn] *m/f ART* caricaturista *m/f*
Cashewnuss ['kɛʃunus] *f GAST* anacardo *m*
Cäsium ['tsɛːzɪum] *n CHEM* cesio *m*
Cayennepfeffer ['ka'jɛnpfɛfər] *m GAST* pimienta cayena *f*
CB-Funk [tseː'beːfuŋk] *m TECH* citizen band *f*
CD [tse'deː] *f (Compact Disk)* disco compacto *m*
CD-ROM [tseːdeː'rɔm] *f INFORM* CD-ROM *m*
CD-Spieler [tse'deːʃpiːlər] *m* reproductor de disco compacto *m*
Cellist(in) [tʃɛ'lɪst(ɪn)] *m/f MUS* violonc(h)elista *m/f,* tocador(a) de c(h)ello *m/f*
Cello ['tʃɛloː] *n MUS* violonc(h)elo *m*
Cellophan [tsɛlo'faːn] *n* celofán *m*
Celsius ['tsɛlzjus] *n* celsio *m*
Celsiusgrad ['tsɛlzjusgraːt] *m PHYS* grados centígrados *m/pl,* grados celsios *m/pl*
Cembalo ['tʃɛmbalo] *n MUS* clavicémbalo *m*
Chaiselongue [ʃɛzə'lɔŋ] *f* sofá *m,* diván *m*
Chalet [ʃa'leː] *n* chalet *m*
Chamäleon [ka'mɛːljon] *n ZOOL* camaleón *m*
Champagner [ʃam'panjər] *m GAST* champaña *m,* champán *m*
Champignon ['ʃampɪnjɔ̃] *m BOT* champiñón *m*
Champion ['tʃæmpɪən] *m SPORT* campeón *m*
Chance ['ʃ ɑsə] *f* oportunidad *f,* ocasión *f,* chance *m*
Chancengleichheit ['ʃ ɑsənglaɪçhaɪt] *f* igualdad de oportunidades *f*
Chaos ['kaːɔs] *n* caos *m*
Chaot(in) [ka'oːt(ɪn)] *m/f* caótico/caótica *m/f*
chaotisch [ka'oːtɪʃ] *adj 1.* caótico; *adv 2.* caoticamente
Charade [ʃa'raːdə] *f* charada *f*
Charakter [ka'raktər] *m* carácter *m*
Charakterdarsteller(in) [ka'raktərdaːrʃtɛlər(ɪn)] *m/f THEAT* característico/característica *m/f*
Charaktereigenschaft [ka'raktəraɪgənʃaft] *f* rasgo característico *m*
Charakterfehler [ka'raktərfeːlər] *m* defecto de carácter *m*
charakterfest [ka'raktərfɛst] *adj* entero, de carácter firme
charakterisieren [karaktəri'ziːrən] *v* caracterizar
Charakteristik [karaktə'rɪstɪk] *f* característica *f*
charakteristisch [karaktə'rɪstɪʃ] *adj* característico
charakterlos [ka'raktərloːs] *adj* sin carácter, sin principios morales

Charakterlosigkeit [ka'raktərlo:zıçkaıt] *f* falta de carácter *f*
Charakterschwäche [ka'raktərʃvɛçə] *f* debilidad de carácter *f*
Charakterstärke [ka'raktərʃtɛrkə] *f* fuerza de carácter *f,* entereza *f*
Charakterstudie [ka'raktərʃtu:dje] *f* análisis del carácter *m*
Charakterzug [ka'raktərtsu:k] *m* rasgo característico *m*
Charisma [ka:'rısma] *n* carisma *m*
charismatisch [karıs'ma:tıʃ] *adj* carismático *m*
charmant [ʃar'mant] *adj* encantador, atractivo, agradable
Charme ['ʃarm] *m* encanto *m,* atractivo *m; Ich kann deinem ~ nicht widerstehen.* No puedo resistir tus encantos.
Charmeur [ʃar'mø:r] *m* lisonjero *m,* zalamero *m*
Charta ['karta] *f POL* carta *f*
Charterflug ['tʃartərflu:k] *m* vuelo chárter *m,* avión fletado *m*
Charterflugzeug ['tʃartərflu:ktsɔyk] *n ECO* vuelo fletado *m*
Chartergesellschaft ['tʃartərgəzɛlʃaft] *f ECO* compañía aerea de vuelos fletados *f*
Chartermaschine ['tʃartərmaʃi:nə] *f ECO* avión chárter *m*
chartern ['tʃartərn] *v* ir en vuelo chárter
Chassis [ʃa'si:] *n TECH* chasis *m,* bastidor *m*
Chauffeur [ʃɔ'fø:r] *m* chófer *m,* conductor *m*
chauffieren [ʃɔ'fi:rən] *v* conducir
Chauvinismus [ʃovi'nısmus] *m* chauvinismo *m,* patriotería *f*
Chauvinist [ʃovi'nıst] *m* chovinista *m; 2. (Macho)* machista *m*
chauvinistisch [ʃovi'nıstıʃ] *adj* chauvinista, patriotero
checken ['tʃɛkən] *v 1. TECH* comprobar, controlar; *2. (fam: prüfen)* controlar; *3. (fam: verstehen)* captar
Checkliste ['tʃɛklıstə] *f (Notizzettel)* recordatorio *m*
Chef(in) [ʃɛf/'ʃɛfın] *m/f* jefe/jefa *m/f*
Chefarzt ['ʃɛfartst] *m MED* médico-jefe *m*
Chefdirigent ['ʃɛfdirigɛnt] *m MUS* dirigente jefe *m*
Chefetage ['ʃɛfeta:ʒə] *f* dirección ejecutiva *f*
Chefingenieur ['ʃɛfınʒenjø:r] *m TECH* ingeniero jefe *m*
Chefredakteur(in) ['ʃɛfredaktø:r(ın)] *m/f* redactor-jefe/redactor-jefa *m/f,* jefe de redacción/jefa de redacción *m/f*
Chefsekretär(in) ['ʃɛfzekretɛ:r(ın)] *m/f* secretario de dirección/secretaria de dirección *m/f*
Cheftrainer(in) ['ʃɛftreınər(ın)] *m/f SPORT* entrenador(a) jefe *m/f*
Chemie [çe'mi:] *f* química *f*
Chemiearbeiter(in) [çe'mi:arbaıtər(ın)] *m/f* operario/operaria de química *m/f*
Chemiefaser [çe'mi:fa:zər] *f* fibra química *f*
Chemieindustrie [çe'mi:industri:] *f* industria química *f*
Chemielabor [çe'mi:labo:r] *n CHEM* laboratorio químico *m*
Chemikalie [çemı'ka:ljə] *f* productos químicos *m/pl,* sustancias químicas *f/pl*
Chemiker(in) ['çe:mıkər(ın)] *m/f* químico/química *m/f*
chemisch ['çe:mıʃ] *adj* químico; *~e Reinigung f* limpieza en seco *f*
chemotherapeutisch ['çe:mote:rapɔytıʃ] *adj MED* quimioterápico
Chemotherapie ['çe:mote:rapi:] *f MED* quimioterapia *f*
Chicorée [ʃıko're:] *m BOT* endibia *f,* achicoria de Bruselas *f*
Chiffre ['ʃıfrə] *f* cifra *f*
chiffrieren [ʃı'fri:rən] *v* cifrar
Chile ['tʃi:le] *n GEO* Chile *m*
Chilene [tʃı'le:nə] *m* chileno *m*
Chilenin [tʃı'le:nın] *f* chilena *f*
chilenisch [tʃı'le:nıʃ] *adj* chileno
Chili ['tʃi:li] *m GAST* chile *m*
Chilipulver ['tʃi:lipulvər] *n GAST* chilí en polvo *m*
China ['çi:na] *n GEO* China *f*
Chinakohl ['çi:nako:l] *m BOT* col rizada *f*
Chinese [çı'ne:zə] *m* chino *m*
Chinesin [çı'ne:zın] *f* china *f*
chinesisch [çı'ne:zıʃ] *adj* chino
Chinesisch [çı'ne:zıʃ] *n* chino *m*
Chinin [çı'ni:n] *n MED* quinina *f*
Chip [tʃıp] *m 1. GAST (Kartoffelchip)* patatas fritas *f/pl,* papitas *f/pl* (LA); *2. INFORM* chip *m*
Chipkarte ['tʃıpkartə] *f INFORM* tarjeta chip *f*
Chipkarte ['tʃıpkartə] *f INFORM* tarjeta chip *f*
Chiropraktiker(in) [çiro'praktıkər(ın)] *m/f MED* quiropráctico/quiropráctica *m/f*

Chirurg(in) [çi'rurg(ɪn)] *m/f* MED cirujano/cirujana *m/f*
Chirurgie [çirur'giː] *f* MED cirugía *f*
chirurgisch [çi'rurgɪʃ] *adj* MED quirúrgico
Chitinpanzer [çi'tiːnpantsər] *m* ZOOL caparazón de quitina *m*
Chlor [kloːr] *n* CHEM cloro *m*
chloren ['kloːrən] *v* clorar
chlorhaltig ['kloːrhaltɪç] *adj* CHEM clorado, cloroso
Chlorkalk ['kloːrkalk] *m* CHEM cloruro de cal *m,* polvos blanqueantes *m/pl*
Chlorkalzium ['kloːrkaltsjum] *n* CHEM cloro cálcico *m*
Chloroform [kloːro'fɔrm] *n* CHEM cloroformo *m*
Chlorophyll [kloːro'fyl] *n* CHEM clorofila *f*
Chlorung ['kloːruŋ] *f* CHEM clorado *m*
Cholera ['koːləra] *f* MED cólera *m*
Choleraepidemie ['koːləraɛpɪde'miː] *f* MED epidemia de cólera *f*
Choleriker [ko'leːrɪkər] *m* colérico *m*
cholerisch [ko'leːrɪʃ] *adj* colérico
Cholesterin [koləstə'riːn] *n* MED colesterol *m*
Cholesterinspiegel [koləstə'riːnʃpiːgəl] *m* MED grado del colesterol *m*
Chor [koːr] *m* coro *m*
Choral [ko'raːl] *m* MUS canto coral *m*
Choreograf(in) [koːrjɔ'graːf(ɪn)] *m/f* THEAT coreógrafo/coreógrafa *m/f*
Choreografie [koːreogra'fiː] *f* THEAT coreografía *f*
choreografieren [koːrjɔgra'fiːrən] *v* THEAT hacer una coreografía
Chorgesang ['koːrgəzaŋ] *m* MUS canto coral *m*
Chorleiter(in) ['koːrlaɪtər(ɪn)] *m/f* MUS director(a) de coro *m/f,* directora de coro *f*
Christ(in) [krɪst/'krɪstɪn] *m/f* REL cristiano/cristiana *m/f*
Christbaum ['krɪstbaum] *m* árbol de Navidad *m*
Christdemokrat(in) ['krɪstdemokraːt(ɪn)] *m/f* POL cristianodemócrata *m/f*
christdemokratisch ['krɪstdemokraːtɪʃ] *adj* POL cristianodemocrático
Christenheit ['krɪstənhaɪt] *f* REL cristiandad *f*
Christentum ['krɪstəntuːm] *n* cristianismo *m*
Christenverfolgung ['krɪstənfɛrfɔlguŋ] *f* REL persecución de los cristianos *m*
Christi Himmelfahrt ['krɪstɪ 'hɪməlfaːrt] *f* REL Ascensión de Cristo *f,* Ascención *f*
Christkind ['krɪstkɪnt] *n das ~* el niño Jesús *m*
christlich ['krɪstlɪç] *adj* REL cristiano
Christus ['krɪstus] *m* REL Cristo *m,* Jesucristo *m*
Chrom [kroːm] *m* CHEM cromo *m*
Chromatik [kro'maːtɪk] *f 1.* PHYS cromatismo *m; 2.* MUS cromática *f*
Chromosom [kromo'zoːm] *n* BIO cromosoma *m*
Chronik ['kroːnɪk] *f* crónica *f*
chronisch ['kroːnɪʃ] *adj* crónico
Chronist(in) [kro'nɪst(ɪn)] *m/f* HIST cronista *m/f*
chronologisch [krono'loːgɪʃ] *adj* cronológico
Chrysantheme [kryzan'teːmə] *f* BOT crisantemo *m*
Cidre ['siːdrə] *m* GAST sidra *f,* vino de manzana *m*
Cineast(in) [siːne'ast] *m/f* CINE *1. (Fan)* aficionado/aficionada al cine *m/f; 2. (Filmemacher(in))* cineasta *m/f*
cineastisch [sine'astɪʃ] *adj* CINE cinenomatográfico
circa ['tsɪrka] *adv* aproximadamente
Claqueur [kla'køːr] *m* alarbadero *m*
clean [kliːn] *adj (fam: ohne Alkohol oder Drogen)* limpio; *~ werden* desengancharse
Cleverness ['klɛvərnɛs] *f* habilidad *f*
Clip [klɪp] *m* CINE video-clip *m*
Clique ['klɪkə] *f 1.* camarilla *f; 2. (im positiven Sinne)* pandilla *f,* grupo *m*
Cliquenwirtschaft ['klɪkənvɪrtʃaft] *f* nepotismo *m,* caciquismo *m*
Clou [kluː] *m* atracción principal *f*
Clown [klaun] *m* payaso *m*
Coach [kəʊːtʃ] *m* SPORT entrenador *m*
coachen ['kəʊːtʃən] *v* SPORT entrenar
Cockpit ['kɔkpɪt] *n* TECH cabina de pilotaje *f*
Cocktail ['kɔkteɪl] *m* GAST cóctel *m*
Cocktailkleid ['kɔkteɪlklaɪt] *n* vestido de cóctel *m*
Cocktailparty ['kɔkteɪlpaːrti] *f* cóctel *m*
Code [koːd] *m* INFORM código *m; (Geheimcode)* cifra *f*
Collage [kɔ'laːʒə] *f* ART colage *m*
Comic ['komɪk] *m* cómic *m*
Comicheft ['kɔmɪkhɛft] *n* tebeo *m*
Comics ['kɔmɪks] *pl* comics *m/pl,* tiras cómicas *f/pl,* tebeos *m/pl*

Computer [kom'pjuːtər] *m INFORM* ordenador *m,* computadora *f* (LA)
computergesteuert [kom'pjuːtərgəʃtɔyərt] *adj* controlado por ordenador
computergestützt [kom'pjuːtərgəʃtytst] *adj TECH* asistido por ordenador
Computergrafik [kom'pjuːtərgraːfɪk] *f INFORM* gráfica del ordenador *f*
Computerindustrie [kom'pjuːtərɪndustriː] *f INFORM* industria informática *f*
Computerspiel [kom'pjuːtərʃpiːl] *n INFORM* juego de ordenador *m*
Computertomographie [kom'pjutərtɔmɔgrafiː] *f MED* tomografía *f*
Computervirus [kom'pjuːtərviːrus] *n INFORM* virus informático *m,* virus eletrónico *m*
Container [kɔn'teɪnər] *m* contenedor *m*
Containerbahnhof [kɔn'teɪnərbaːnhoːf] *m* terminal para ordenadores *f*
Copyright ['kɔpɪraɪt] *n JUR* derechos de autor *m/pl*
Cornflakes ['kornfleɪks] *pl GAST* copos de maiz tostado *m/pl*
Cortison [kɔrti'zoːn] *n MED* cortisona *f*
Costa Rica [kɔsta'riːka] *n GEO* Costa Rica *f*
Costa-Ricaner(in) [kɔstari'kaːnər(ɪn)] *m/f* costarricense *m/f,* costarriqueño/costarriqueña *m/f*
costaricanisch [kɔstari'kaːnɪʃ] *adj* costarriqueño
Couch [kaʊtʃ] *f* diván *m,* sofá *m*
Couchgarnitur ['kautʃgarnituːr] *f* tresillo *m*
Couchtisch ['kautʃtɪʃ] *m* mesilla de tresillo *f*
Countdown ['kaʊntdaʊn] *m* cuenta atrás *f*
Coup [kuː] *m 1.* golpe *m; 2. einen ~ landen* salir perfecto
Coupé [ku'peː] *n (Sportwagen)* cupé *m,* berlina *f*
Coupon [kuː'pɔ̃] *m* cupón *m*
Cousin(e) [ku'zɛ̃/ku'ziːnə] *m/f* primo/prima *m/f*
Couturier [kuty'rjeː] *m* modisto de alta costura *m*
Crack [kræk] *m/f 1. (fam: Sportler(in))* deportista de primera categoría *m/f; m 2. (Rauschgift)* crack *m*
Cracker ['krɛkər] *m GAST* craker *m*
Creme ['kreːmə] *f* crema *f; zur ~ der Gesellschaft gehören* ser de la crema de la sociedad, pertenecer a la flor y nata de la sociedad
Crème [krɛm] *f die ~ de la ~* la flor y nata
cremefarben ['kreːmfarbən] *adj* de color crema
Cremetorte ['kreːmtɔrtə] *f GAST* torta de crema *f*
cremig ['kreːmɪç] *adj* cremoso
Curry ['kœri] *m/n GAST* curry *m*
Currywurst ['kœrivurst] *f GAST* salchicha con salsa de curry *f*
Cursor ['kœːrsər] *m INFORM* cursor *m*
Cutter(in) ['kʊtər(ɪn)] *m/f CINE* montador(a) *m/f*
C-Waffe ['tseːvafə] *f MIL* arma C *f*
Cyberspace ['saɪbərspeɪs] *m INFORM* espacio cibernético *m,* cyberspace *m*

D

da [daː] *adv 1. (örtlich, dort)* allí/allá, ahí, aquí/acá; *~ oben* allá arriba; *Da bin ich!* ¡Aquí estoy! *~ sein* estar presente; *2. (zeitlich)* entonces, en aquel tiempo, en aquel momento, en aquella ocasión; *Da schaute er mich an.* Entonces él me miró. *konj 3. (Grund)* puesto que, ya que; *Da er das behauptet hat, ...* Puesto que él lo ha afirmado, ...; *4. (Zeit)* cuando, mientras

dabei [da'baɪ] *adv 1. (zeitlich)* entretanto, en esto; *2. (örtlich)* junto, cerca; *Ich habe kein Geld ~.* No tengo dinero encima.

dabeibleiben [da'baɪblaɪbən] *v irr 1.* continuar, permanecer; *2.* quedar, permanecer; *Es bleibt dabei!* ¡Quedamos en eso!

dabeihaben [da'baɪhaːbən] *v irr etw ~ (fig: mit sich führen)* llevar consigo

dabeistehen [da'baɪʃteːən] *v irr* estar ahí

dableiben ['daːblaɪbən] *v* quedarse, permanecer

Dach [dax] *n* techo *m,* tejado *m; kein ~ über dem Kopf haben* no tener donde caerse muerto (fig); *mit jdm unter einem ~ leben* vivir con alguien bajo el mismo techo; *einem aufs ~ steigen (fam)* decirle cuatro verdades a alguien

Dachboden ['daxboːdən] *m* desván *m*

Dachdecker ['daxdɛkər] *m* techador *m*

Dachfenster ['daxfɛnstər] *n* tragaluz *m,* claraboya *f,* lumbrera *f*

Dachgeschoss ['daxgəʃɔs] *m* ático *m*

Dachlawine ['daxlaviːnə] *f* masa de nieve acumulada en el tejado *f*

Dachorganisation ['daxɔrganizatsjoːn] *f* organización central *f*

Dachs ['daks] *m ZOOL* tejón *m*

Dachstuhl ['daxsʃtuːl] *m* entramado del tejado *m*

Dachterrasse ['daxtɛrasə] *f* azotea *f*

Dachträger ['daxtrɛːgər] *m* portaequipajes *m,* portamaletas *m*

Dachverband ['daxfɛrbant] *m* federación central *f*

Dachwohnung ['daxvoːnuŋ] *f 1.* ático *m; 2. (Penthouse)* ático *m*

Dachziegel ['daxtsiːgəl] *m* teja *f*

Dackel ['dakəl] *m ZOOL* perro pachón *m,* perro salchicha *m* (LA)

dadurch ['adurç] *adv 1. (folglich)* por ello, con tal motivo; *2. (auf diese Weise)* de esa manera, así

dafür [da'fyːr] *adv 1.* por ello/esto; *Er kann nichts ~.* Él no tiene la culpa por esto. *2. (anstatt)* en lugar de, en vez de; *3. (als Ausgleich)* en recompensa de ello, a cambio; *Ich gebe Ihnen Geld ~.* Le doy dinero a cambio.

Dafürhalten [da'fyːrhaltən] *n nach meinem ~* en mi opinión, a juicio mío, según me parece

dagegen [da'geːgən] *adv 1. (örtlich)* contra ello, contra esto; *2. (im Vergleich)* en comparación; *3. (dafür)* en contra, en contra de; *Ich bin strikt ~.* Estoy totalmente en contra de ello. *konj 4. (hingegen)* por el contrario, en cambio

dagegenhalten [da'geːgənhaltən] *v irr* objetar

dagegensetzen [da'geːgənzɛtsən] *v (fig)* objetar, argumentar en contra

dagegenstellen [da'geːgənʃtɛlən] *v (gegenüberstellen)* confrontar con

daheim [da'haɪm] *adv* en casa

daher [da'heːr] *adv 1. (örtlich)* de allí, de allá; *2. (kausal)* de ahí, por eso; *konj 3.* de ahí que, por eso/ello, por consiguiente; *Rauchen ist ungesund, ~ ist es ratsam nicht zu rauchen.* Fumar es dañino, por eso se aconseja no fumar.

daherkommen [da'heːrkɔmən] *v irr 1.* venir, llegar; *2. (auftreten)* aparecer

daherreden [da'heːrreːdən] *v (fig)* hablar sin ton ni son

dahin [da'hɪn] *adv* hacia allí, hacia allá

dahingehend [daːhɪngeːənt] *adv* de paso

dahingestellt [da'hɪngəʃtelt] *adj* indeciso; *das bleibt ~* queda en tela de juicio; *etw ~ sein lassen* no entrar ni salir en algo

dahinraffen [da'hɪnrafən] *v (fig)* arrebatar, sorprender

dahinschwinden [da'hɪnʃwɪndən] *v irr 1.* pasar volando; *2. (Mensch)* decaer

dahinsiechen [da'hɪnziːçən] *v* languidecer, consumirse

dahinter [da'hɪntər] *adv 1.* atrás de, detrás de, por trás de, a las espaldas de; *2. ~ kommen* averiguar el secreto, descubrir el secreto; *3. ~ stecken (örtlich)* estar detrás; *4. ~ stecken (fig)* estar escondido, haber algo oculto; *Da steckt etw dahinter.* Aquí hay gato encerrado. *5. v irr (fig) ~ stehen* tener algo que ver, estar detrás de algo

Dahlie ['da:ljə] *f BOT* dalia *f*
Dalai-Lama ['da:laɪ'la:ma] *m REL* Dalai-lama *m*
dalassen ['da:lasən] *v etw ~* dejar algo en un sitio
daliegen ['da:li:gən] *v irr (fig)* yacer, estar postrado
damalig ['da:malɪç] *adj* de entonces, de aquel tiempo
damals ['da:mals] *adv* entonces, en aquel tiempo
Damast [da'mast] *m* damasco *m*
Dame ['da:mə] *f 1.* dama *f; eine ~ von Welt sein* ser una mujer de mundo; *2. (Schachfigur)* reina *f*
Damenbinde ['da:mənbɪndə] *f* compresa *f,* toalla higiénica/sanitaria *f* (LA)
Damenfahrrad ['da:mənfa:ra:t] *n* bicicleta de señora *f*
Damenfriseur ['da:mənfrɪzø:r] *m* peluquero de señoras *m*
damenhaft ['da:mənhaft] *adj* mujeril
Damespiel ['da:məʃpi:l] *n* juego de damas *m*
damit [da'mɪt] *adv 1.* con ello, con eso; *2. (dadurch)* por eso, por esto; *konj 3.* a fin de que, para que; *Otto zahlte das Flugticket, ~ sie kommen konnte.* Otto pagó el billete del avión, para que ella pudiese venir.
dämlich ['dɛ:mlɪç] *adj (fam)* tonto, estúpido, imbícil
Damm [dam] *m* presa, represa *f; auf dem ~ sein* sentirse bien
dämmen ['dɛmən] *v* terraplenar
dämmerig ['dɛmərɪç] *adj* crepuscular
Dämmerlicht ['dɛmərlɪçt] *n 1. (morgens)* luz del alba *f; 2. (abends)* luz crepuscular *f*
dämmern ['dɛmərn] *v 1. (morgens)* amanecer, alborear; *2. (abends)* atardecer, anochecer
Dämmerung ['dɛməruŋ] *f 1. (Morgendämmerung)* alba *f/pl,* crepúsculo matutino *m,* amanecer *m; 2. (Abenddämmerung)* ocaso *m,* crepúsculo vespertino *m,* anochecer *m,* atardecer *m*
Dämmerzustand ['dɛmərtsu:ʃtant] *m (Halbschlaf)* duermevela *f*
Dämmung ['dɛmuŋ] *f TECH* insonorización *f*
Dämon ['dɛ:mɔn] *m* demonio *m*
dämonisch [dɛ'mo:nɪʃ] *adj* demoníaco
Dampf [dampf] *m* vapor *m; ~ hinter etw machen* darse prisa en algo; *~ ablassen* desahogarse
Dampfbad ['dampfba:t] *n* baño turco *m,* baño de vapor *m*
dampfen ['dampfən] *v* echar vapores
dämpfen ['dɛmpfən] *v 1. (verringern)* reducir, bajar; *2. GAST* rehogar, estofar
Dampfer ['dampfər] *m* barco de vapor *m; auf dem falschen ~ sein* estar equivocado
Dämpfer ['dɛmpfər] *m 1.* amortiguador *m; 2. (fam: Rückschlag)* chasco *m; einen ~ bekommen* llevarse un chasco
Dampfheizung ['dampfhaɪtsuŋ] *f TECH* calefacción a vapor *f*
Dampfkessel ['dampfkɛsəl] *m* caldera de vapor *f*
Dampfkochtopf ['dampfkɔxtɔpf] *m* olla a presión *f,* olla exprés *f*
Dampfmaschine ['dampfmaʃi:nə] *f* máquina de vapor *f,* máquina a vapor *f*
Dampfschiff ['dampfʃɪf] *n NAUT* buque de vapor *m*
Dampfschifffahrt ['dampfʃɪffa:rt] *f* navegación a vapor *f*
Dämpfung ['dɛmpfuŋ] *f 1. (Verringerung)* reducción *f,* disminución *f; 2. TECH* amortiguación *f*
Dampfwalze ['dampfvaltsə] *f* apisonadora de vapor *f*
danach [da'na:x] *adv 1. (zeitlich)* después, luego; *2. (dementsprechend)* conforme a ello, de acuerdo con ello, según ello; *3. (örtlich)* detrós, despuies
Däne ['dɛ:nə] *m* danés *m*
daneben [da'ne:bən] *adv 1. (örtlich)* junto a, al lado de; *2. (fig: außerdem)* además, fuera de ello
danebenbenehmen [da'ne:bənbəne:mən] *v sich ~* comportarse mal
danebengehen [da'ne:bənge:ən] *v irr 1.(Schuss)* errar en el blanco; *2. (fig)* irse al traste
danebenliegen [da'ne:bənli:gən] *v irr (fig)* andar equivocado
danebentreffen [da'ne:bəntrɛfən] *v (fig)* errar el tiro, no acertar
Dänemark ['dɛ:nəmark] *n GEO* Dinamarca *f*
daniederliegen [da'ni:dərli:gən] *v irr (fig)* estar abatido
Dänin ['dɛ:nɪn] *f* danesa *f*
dänisch ['dɛ:nɪʃ] *adj* danés
dank [daŋk] *prep* gracias a, debido a
Dank [daŋk] *m* gracias *f/pl*
dankbar ['daŋkba:r] *adj* agradecido; *Ich bin Ihnen sehr ~.* Le estoy muy agradecido.

Dankbarkeit ['daŋkbaːrkaɪt] *f* agradecimiento *m*, gratitud *f*, reconocimiento *m*
danke ['daŋkə] *interj* ¡Gracias! *Vielen Dank!* ¡Muchas gracias! *Nein, ~!* ¡No, gracias!
danken ['daŋkən] *v* agradecer, dar las gracias; *Ich danke Ihnen für den herzlichen Empfang.* Le agradezco la cordial; bienvenida.
dankenswert ['daŋkənsveːrt] *adj* digno de agradecimiento, digno de gratitud
Dankeschön ['daŋkəʃøːn] *n* gracias
Danksagung ['daŋkzaːguŋ] *f* agradecimiento *m*
Dankschreiben ['daŋkʃraɪbən] *n* carta de agradecimiento *f*
dann [dan] *adv* luego, después
daran [da'ran] *adv 1.* en ello; *Ich denke daran!* Yo pienso en ello! *gut ~ tun* hacer bien en; *Du wirst ~ glauben müssen.* Tú tendrás que asumir la responsabilidad./Te tocará a ti. *2. ~ hängen* depender de ello
darangehen [da'rangeːən] *v* comenzar a, ponerse a hacer
daranhalten [da'ranhaltən] *v sich ~* atenerse a
daranmachen [da'ranmaxən] *v sich ~ (fig)* ponerse a hacer
daransetzen [da'ranzɛtsən] *v* arriesgar, exponer
darauf [da'rauf] *adv 1. (örtlich)* encima, sobre; *gut ~ sein (fam)* estar de buen humor; *nichts ~ haben (fam)* no tener ni idea de algo; *2. (zeitlich)* después, luego; *3. (folglich)* a continuación, seguidamente; *4. ~ folgend* siguiente
daraufhin [darauf'hɪn] *adv 1. (zeitlich)* después de, luego de; *2. (folglich)* a continuación, seguidamente, acto seguido
daraus [da'raus] *adv* de ahí, de ello
darbieten ['daːrbiːtən] *v 1. (anbieten)* ofrecer; *2. (aufführen)* representar
Darbietung ['daːrbiːtuŋ] *f 1. (Angebot)* oferta *f*; *2. (Aufführung)* representación *f*, función *f*
darbringen ['daːrbrɪŋən] *v irr* ofrecer, obsequiar con
darein [da'raɪn] *adv* en eso, allí dentro
darin [da'rɪn] *adv 1. (örtlich)* en, dentro; *2. (diesbezüglich)* referente a ello
darlegen ['daːrleːgən] *v* exponer, explicar
Darlegung ['daːrleːguŋ] *f* exposición *f*, explicación *f*
Darlehen ['daːrleːən] *n ECO* préstamo *m*, crédito *m*
Darm [darm] *m ANAT* intestino *m*
Darmflora ['darmfloːra] *f MED* flora intestinal *f*
Darmgrippe ['darmgrɪpə] *f MED* fiebre intestinal *f*
Darminfektion ['darmɪnfɛktsjoːn] *f MED* enteritis *f*
Darmtätigkeit ['darmtɛːtɪçkaɪt] *f MED* actividad intestinal *f*
Darmtrakt ['darmtrakt] *m MED* intestinos *m/pl*
Darmverstopfung ['darmfɛrʃtɔpfuŋ] *f MED* estreñimiento *m*
darreichen ['daːrraɪçən] *v* servir, ofrecer
darstellbar ['daːrʃtɛlbaːr] *adj* representable, descriptible
darstellen ['daːrʃtɛlən] *v 1. (beschreiben)* describir, definir, presentar; *symbolisch ~* simbolizar; *2. (fig: bedeuten)* significar; *3. CINE* representar
Darsteller(in) ['daːrʃtɛlər(ɪn)] *m/f CINE* actor/actriz *m/f*
darstellerisch ['daːrʃtɛlərɪʃ] *adj eine ausgezeichnete ~e Leistung* una interpretación magistral *f*
Darstellung ['daːrʃtɛluŋ] *f 1.* presentación *f*; *2. CINE* representación *f*
darüber [dar'yːbər] *adv (örtlich)* por encima, encima; *~ stehen (fig)* estar por encima de; *~ hinaus* además, encima
darum [da'rum] *adv 1. (örtlich)* alrededor de, en torno a; *konj 2. (kausal)* por eso, por ello; *Ich handle umweltfreundlich, ~ fahre ich wenig mit dem Auto.* Soy ecologista, por eso salgo poco en coche.
darunter [da'runtər] *adv 1. (örtlich)* debajo, por debajo; *drunter und drüber* patas arriba; *~ fallen (fig)* caer bajo, pertenecer a; *2. (mengenmäßig)* menos
das [das] *art 1.* lo; *pron 2. (dem)* ese, este, esto; *3. (rel)* lo cual, que
Dasein ['daːzaɪn] *n* existencia *f*
Daseinsform ['daːzaɪnsfɔrm] *f* forma de ser *f*
Daseinskampf ['daːzaɪnskampf] *m* lucha por la vida *f*
dasitzen ['daːzɪtsən] *v irr* estar sentado allí
dasjenige ['dasjeːnɪgə] *pron (siehe „derjenige")*
dass [das] *konj* que; *Ich weiß, ~ du mich liebst.* Sé que tú me quieres.
dasselbe [das'zɛlbə] *pron* lo mismo
dastehen ['daːʃteːən] *v irr* estar allí de pie

Datei [da'taɪ] *f 1.* archivo *m; 2. INFORM* file *m*
Daten ['daːtən] *pl* datos *m/pl*
Datenautobahn ['daːtənautobaːn] *f INFORM* vía de datos *f,* autopista de la información *f*
Datenbank ['daːtənbaŋk] *f INFORM* banco de datos *m*
Datenerfassung ['daːtənɛrfasuŋ] *f INFORM* recolección de datos *f*
Datenmissbrauch ['daːtənmɪsbraux] *m* abuso de datos *m,* abuso de expedientes informáticos *m*
Datennetz ['daːtənnɛts] *n INFORM* red de datos *f*
Datenschutz ['daːtənʃuts] *m* protección de los datos informatizados *m*
Datenträger ['daːtəntrɛːgər] *m INFORM* soporte de datos *m*
Datenübertragung ['daːtənyːbərtraːguŋ] *f INFORM* comunicación de datos *m,* traslado de datos *m*
Datenverarbeitung ['daːtənfɛrarbaɪtuŋ] *f INFORM* elaboración de datos *f*
Datenzentrale ['daːtəntsɛntraːlə] *f INFORM* central de procesamiento de datos *f*
datieren [da'tiːrən] *v* fechar, datar
Datierung [da'tiːruŋ] *f* datación *f*
Dativ ['daːtiːf] *m GRAMM* dativo *m*
dato ['daːtoː] *adv bis ~* hasta el día de hoy, hasta la fecha
Dattel ['datəl] *f BOT* dátil *m*
Dattelpalme ['datəlpalmə] *f BOT* palmera de dátiles *f*
Datum ['daːtum] *n* fecha *f*
Datumsangabe ['daːtumsangaːbə] *f* indicación de fecha *f*
Dauer ['dauər] *f* duración *f; auf ~* a la larga
dauerarbeitslos ['dauərarbaɪtsloːs] *adj ECO* en paro durante largo tiempo
Dauerarbeitslose(r) ['dauərarbaɪtsloːzə(r)] *m/f ECO* parado/parada de larga duración *m/f*
Dauerauftrag ['dauərauftrak] *m ECO* orden rotativa *f,* orden permanente *f*
Dauerbeschäftigung ['dauərbəʃɛftɪguŋ] *f ECO* empleo permanente *m*
dauerhaft ['dauərhaft] *adj 1. (anhaltend)* duradero, estable; *2. (widerstandsfähig)* resistente a
Dauerlauf ['dauərlauf] *m SPORT* carrera de resistencia *f*
dauern ['dauərn] *v* durar, continuar; *Wie lange wird es ~?* ¿Cuánto tiempo durará?
dauernd ['dauərnt] *adj 1.* continuo, duradero; *adv 2.* continuamente
Dauerregen ['dauərreːgən] *m METEO* lluvia continua *f*
Dauerwelle ['dauərvɛlə] *f* permanente *f*
Dauerzustand ['dauərtsuːʃtant] *m* estado permanente *m*
Daumen ['daumən] *m ANAT* pulgar *m; jdm den ~ aufs Auge drücken* apretarle a alguien las clavijas; *etw über den ~ peilen* calcular a ojo de buen cubero; *den ~ auf etw halten* empeñarse en algo; *per ~* a dedo; *jdm den ~ drücken* desear suerte a alguien
Daumennagel ['daumənnaːgəl] *m ANAT* uña del pulgar *f*
Däumling ['dɔymlɪŋ] *m 1. (eines Handschuhs)* dedal *m; 2. (Märchengestalt)* Pulgarcito *m*
Daune ['daunə] *f* plumón *m,* pluma *f*
Daunenbett ['daunənbɛt] *n* plumazo *m,* plumón *m*
Daunendecke ['daunəndɛkə] *f* edredón *m*
Daunenjacke ['daunənjakə] *f* cazadora de plumas *f,* anorak *m*
Daunenkissen ['daunənkɪsən] *n* almohada de plumas *f*
davon [da'fɔn] *adv 1. (örtlich)* de allí, de allá; *2. ein Teil ~* una parte de ello
davonfahren [da'fɔnfaːrən] *v im Auto ~* escapar en coche de, irse en coche, escaparse en coche de
davongehen [da'fɔngeːən] *v irr* escapar de, irse, escaparse de
davonkommen [da'fɔnkɔmən] *v irr (fig)* salvarse, ponerse a salvo
davonlassen [da'fɔnlasən] *v irr die Finger ~* no tocar algo
davonlaufen [da'fɔnlaufən] *v irr* escapar de, escaparse de
davonmachen [da'fɔnmaxən] *v sich ~* escaparse, largarse
davonstehlen [da'fɔnʃteːlən] *v irr* escabullirse, ausentarse
davontragen [da'fɔntraːgən] *v irr 1. (wegtragen)* llevar; *2. (fig: Schaden)* sufrir; *3. (fig: Sieg)* triunfar, salir triunfador
davor [da'foːr] *adv 1. (örtlich)* delante de; *2. (zeitlich)* antes de, anteriormente
dazu [da'tsuː] *adv 1. (Sache)* respecto a eso, para, a, con; *2. (Zweck)* para eso, para ello, con tal efecto; *3. (außerdem)* además de eso/además de ello, fuera de eso
dazugeben [da'tsuːgeːbən] *v irr (beim Kochen)* añadir a

dazugehören [da'tsu:gəhø:rən] *v* pertenecer a
dazugehörig [da'tsu:gəhø:rɪç] *adj* perteneciente a
dazukommen [da'tsu:kɔmən] *v irr 1.* llegar; *2. Kommt noch etw dazu?* ¿Viene algo más? *3. (Zeit finden)* encontrar tiempo suficiente
dazulernen [da'tsu:lɛrnən] *v (fig)* aprender algo nuevo
dazurechnen [da'tsu:rɛçnən] *v 1.* añadir; *2. (fig)* sumar, calcular
dazutun [da'tsu:tu:n] *v irr* añadir, agregar
Dazutun [da'tsu:tu:n] *n* intervención *f,* ayuda *f; ohne sein ~* sin su intervención
dazuverdienen [da'tsu:fɛrdi:nən] *v* ganar algo extra, añadir a la ganancia, añadir al salario
dazwischen [da'tsvɪʃən] *adv 1. (örtlich)* en medio; *2. (zeitlich)* entretanto
dazwischenkommen [da'tsvɪʃənkɔmən] *v irr (fig)* ocurrir, suceder; *wenn nichts dazwischenkommt* si Dios quiere
dazwischenliegen [da'tsvɪʃənli:gən] *v irr* hallarse entre, encontrarse en el medio
dazwischenreden [da'tsvɪʃənre:dən] *v* interrumpir
dazwischenrufen [da'tsvɪʃənru:fən] *v irr* interrumpir a gritos
dazwischentreten [da'tsvɪʃəntre:tən] *v irr* interponerse, intervenir
dealen ['di:lən] *v (fam: mit Rauschgift handeln)* traficar
Debakel [de'ba:kəl] *n* desastre *m*
Debatte [de'batə] *f 1.* discusión *f,* disputa *f; 2. POL* debate *m*
debattieren [deba'ti:rən] *v* discutir, debatir, disputar
debil [de'bi:l] *adj* retrasado mental
Debüt [de'by:] *n* estreno *m,* debut *m*
Debütant(in) [deby:'tant(ɪn)] *m/f* principiante *m/f,* debuntante *m/f.*
debütieren [deby'ti:rən] *v* debutar
dechiffrieren [deʃɪ'fri:rən] *v* descifrar
Dechiffrierung [deʃɪ'fri:ruŋ] *f* desciframiento *m*
Deck [dɛk] *n* cubierta *f*
Deckblatt ['dɛkblat] *n* cubierta *f*
Decke ['dɛkə] *f 1. (Bettdecke)* manta *f,* frazada *f; 2. (Tischdecke)* mantel de mesa *m; 3. (Zimmerdecke)* techo *m; sich nach der ~ strecken (fig)* medir los gastos; *vor Freude an die ~ springen* dar saltos de alegría; *an die ~ gehen* subirse por las paredes; *Mir fällt langsam die ~ auf den Kopf.* Se me está cayendo poco a poco la casa encima.
Deckel ['dɛkəl] *m* tapa *f; eins auf den ~ bekommen* recibir una bronca (fam)
decken ['dɛkən] *v 1. (zu~)* tapar, cubrir; *2. den Tisch ~* poner la mesa; *3. (fig)* proteger, encubrir; *4. ZOOL* montar, acaballar
Deckengemälde ['dɛkəngəmɛ:ldə] *n ART* pintura de techo *f,* fresco de techo *m*
Deckhaar ['dɛkha:r] *n* cabello *m,* pelo *m*
Deckname ['dɛkna:mə] *m* nombre falso *m*
Deckoffizier ['dɛkɔfɪtsi:r] *m NAUT* suboficial de marina *m*
Deckung ['dɛkuŋ] *f 1. (fig: Schutz)* protección *f; 2. ECO* covertura *f,* provisión *f; 3. SPORT* defensa *f*
Deckungsbetrag ['dɛkuŋsbətra:k] *m ECO* suma asegurada *f,* montaje máximo garantizado *m*
deckungsgleich ['dɛkuŋsglaɪç] *adj* congruente
Decoder [de'ko:dər] *m* descodificador *m*
decodieren [deko'di:rən] *v* descodificar
defekt [de'fɛkt] *adj* averiado, defectuoso, malogrado
Defekt [de'fɛkt] *m* avería *f,* defecto *m*
defensiv [defɛn'zi:f] *adj 1.* defensivo; *adv 2.* defensivamente, a la defensiva
Defensive [defɛn'zivə] *f* defensiva *f*
definierbar [defɪ'ni:rba:r] *adj* definible
definieren [defɪ'ni:rən] *v* definir, aclarar, precisar
Definition [defɪnɪ'tsjo:n] *f* definición *f*
definitiv [defɪnɪ'ti:f] *adj* definitivo, irrevocable
Defizit ['de:fɪtsɪt] *n* déficit *m*
defizitär [de:fɪtsɪ'tɛ:r] *adj 1.* deficitario; *2. FIN* deficitario
Deflation [defla'tsjo:n] *f ECO* deflación *f*
Deformation [defɔrma'tsjo:n] *f* deformación *f,* desfiguración *f*
deformieren [defɔr'mi:rən] *v* deformar, desfigurar
deftig ['dɛftɪç] *adj* robusto, sólido
Deftigkeit ['dɛftɪçkaɪt] *f 1.* tosquedad *f; 2. GAST* comida fuerte *f*
Degen [de:gən] *m* espada *f*
Degeneration [degenera'tsjo:n] *f* degeneración *f,* decadencia *f*
degenerieren [degenə'ri:rən] *v* degenerar, decaer
degoutant [degu'tant] *adj* asqueroso
degradieren [degra'di:rən] *v 1.* degradar a; *2. MIL* degradar a

dehnbar ['deːnbaːr] *adj 1.* extensible, alargable; *2. (fig)* flexible
Dehnbarkeit ['deːnbaːrkaɪt] *f 1.* extensión *f; 2. (fig)* flexibilidad *f*
dehnen ['deːnən] *v 1. (strecken)* estirar; *2. (verlängern)* alargar; *3. (erweitern)* ensanchar
Dehnung ['deːnuŋ] *f 1. (Strecken)* estiramiento *m; 2. (Verlängerung)* alargamiento *m; 3. (Erweiterung)* ensanche *m*
Deich [daɪç] *m* dique *m*
Deichbruch ['daɪçbrux] *m* rotura del dique *f*
Deichsel ['daɪksəl] *f* lanza *f*
deichseln ['daɪksəln] *v (fam)* manejar un asunto
dein(e) [daɪn/'daɪnə] *pron 1. (Singular)* tu; *2. (Plural)* tus
deinerseits ['daɪnərzaɪts] *adv* por tu parte
deinesgleichen ['daɪnəs'glaɪçən] *pron* tus semejantes
deinetwegen ['daɪnətveːgən] *adv* por ti, por tu causa
deinige ['daɪnigə] *pron 1. (Singular) der/die/das ~* el tujo/la tuya; *2. (Plural) die ~ n* los tuyos/las tuyas
Deismus [de'ɪsmus] *m REL* deísmo *m*
Dekade [de'kaːdə] *f* década *f*
dekadent [deka'dɛnt] *adj* decadente
Dekadenz [deka'dɛnts] *f 1.* decadencia *f; 2. BIO* degeneración *f*
Dekan [de'kaːn] *m* decano *m*
Deklamation [deklama'tsjoːn] *f* declamación *f*
deklamieren [dekla'miːrən] *v LIT* declamar
Deklaration [deklara'tsjoːn] *f POL* declaración *f*
deklarieren [dekla'riːrən] *v* declarar, prestar declaración
deklassieren [dekla'siːrən] *v* rebajar, desclasificar, bajar de categoría
Deklination [deklina'tsjoːn] *f GRAMM* declinación *f*
deklinieren [dekli'niːrən] *v GRAMM* declinar
Dekolleté [dekɔl'teː] *n* escote *m*
Dekolonisation [dekoloniza'tsjoːn] *f POL* descolonización *f*
Dekontamination [dekɔntamina'tsjoːn] *f CHEM* descontaminación *f*
dekontaminieren [dekɔntamɪ'niːrən] *v* descontaminar
Dekor [de'koːr] *n* decoración *f,* adorno *m*
Dekorateur(in) [dekɔra'tøːr(ɪn)] *m/f* decorador(a) *m/f*
Dekoration [dekɔra'tsjoːn] *f* decoración *f*
dekorativ [dekɔra'tiːf] *adj* decorativo, ornamental
dekorieren [deko'riːrən] *v* decorar, adornar
Dekret [de'kreːt] *n JUR* decreto *m*
Delegation [delega'tsjoːn] *f 1. (von Personen)* delegación *f; 2. (Übertragung) ~ eines Rechtes* delegación de un derecho *f*
Delegationsleiter(in) [delega'tsjoːnslaɪtər(ɪn)] *m/f* jefe/jefa de delegación *m/f*
delegieren [dele'giːrən] *v* delegar
Delegierte(r) [dele'giːrtə(r)] *m/f POL* delegado/delegada *m/f*
Delfin [dɛl'fiːn] *m ZOOL* delfín *m*
delikat [delɪ'kaːt] *adj* delicado
Delikatesse [delɪka'tɛsə] *f 1. (fig)* delicadeza *f; 2. GAST* manjar *m*
Delikatessengeschäft [delɪka'tɛsəngəʃɛft] *n GAST* tienda de comestibles finos *f*
Delikt [de'lɪkt] *n JUR* delito *m,* hecho punible *m*
Delinquent(in) [delɪŋ'kvɛnt(ɪn)] *m/f* delincuente *m/f*
delirieren [deli'riːrən] *v MED* delirar
Delirium [de'liːrɪum] *n* delirio *m*
deliziös [deli'tsjøːs] *adj* delicioso
Delle ['dɛlə] *f* abolladura *f,* bollo *m*
Delta ['dɛlta] *n GEO* delta *m*
dem [deːm] *art 1.* al, a la; *pron 2.* a él, a ella
Demagoge [dema'goːgə] *m* demagogo *m*
Demagogie [demago'giː] *f POL* demagogía *f*
demagogisch [dema'goːgɪʃ] *adj* demagógico
Demarkationslinie [demarka'tsjoːnsliːnjə] *f POL* línea de demarcación *f*
demaskieren [demas'kiːrən] *v* desenmascarar
Demaskierung [demas'kiːruŋ] *f Um Mitternacht war die ~.* A media noche se quitaron los disfraces.
Dementi [de'mɛnti] *n* mentís *m,* desmentido *m*
dementieren [demɛn'tiːrən] *v* desmentir
dementsprechend ['deːmɛnt'ʃprɛçənt] *adj 1.* relativo; *adv 2.* conforme a eso/conforme a ello, de acuerdo con
demgegenüber ['deːmgeːgən'yːbər] *adv 1. (im Vergleich dazu)* en comparación; *2. (andererseits)* por otro lado, en cambio
demgemäß ['deːmgəmɛːs] *adv* por tanto
demilitarisieren [demilitari'ziːrən] *v POL* desmilitarizar

demnach ['de:mnax] *adv* *1. (Folge)* por consiguiente; *2. (entsprechend)* según eso
demnächst ['de:mnɛ:çst] *adv* próximamente, en breve
Demo ['demo] *f* *(fam: Demonstration)* manifestación *f*
demobilisieren [demobili'zi:rən] *v* desmovilizar
Demographie [demogra'fi:] *f* demografía *f*
demographisch [demo'grafɪʃ] *adj* demográfico
Demokrat [demo'kra:t] *m* *POL* demócrata *m/f*
Demokratie [demokra'ti:] *f* *POL* democracia *f*
demokratisch [demo'kra:tɪʃ] *adj* *POL* democrático
demokratisieren [demokrati'zi:rən] *v* *POL* democratizar
Demokratisierung [demokrati'zi:ruŋ] *f* *POL* democratización *f*
demolieren [demo'li:rən] *v* demoler
Demolierung [demo'li:ruŋ] *f* demolición *f*
Demonstration [demɔnstra'tsjo:n] *f* *1. (Darlegung)* demostración *f*; *2. POL* manifestación *f*
Demonstrationsrecht [demɔnstra'tsjo:nsrɛçt] *n* *POL* derecho de manifestación *m*
Demonstrationsverbot [demɔnstra'tsjo:nsfɛrbo:t] *n* *POL* prohibición de manifestación *f*
demonstrativ [demɔnstra'ti:f] *adj* demostrativo
Demonstrativpronomen [demɔnstra'ti:fprono:mən] *n* *GRAMM* pronombre demostrativo *m*
demonstrieren [demɔn'stri:rən] *v* *1. (darlegen)* demostrar; *2. POL* manifestarse
Demontage [demɔn'ta:ʒə] *f* desmontaje *m*, desmantelamiento *m*
demontieren [demɔn'ti:rən] *v* desmontar, desmantelar
Demontierung [demɔn'ti:ruŋ] *f* desmontaje *m*
demoralisieren [demoralɪ'zi:rən] *v* desmoralizar
Demoralisierung [demoralɪ'zi:ruŋ] *f* desmoralización *f*
Demoskopie [demɔsko'pi:] *f* sondeo de opinión *m*, sondeo de la opinión pública *m*
demoskopisch [demɔs'ko:pɪʃ] *adj* demoscópico
demselben [de:m'zɛlbən] *pron* al mismo
Demut ['de:mu:t] *f* humildad *f*
demütig ['de:my:tɪç] *adj* humilde, sumiso
demütigen ['de:my:tɪgən] *v* humillar, vejar
Demütigung ['de:my:tɪguŋ] *f* humillación *f*
demzufolge ['de:mtsu'fɔlgə] *adv* a consecuencia de eso, como consecuencia de ello
den [de:n] *art* el, al
Den Haag [den ha:k] *n* *GEO* La Haya *f*
Denkansatz ['dɛŋkanzats] *m* punto de arranque de una teoría *m*
Denkanstoß ['dɛŋkanʃto:s] *m* estímulo para reflexionar *m*
Denkart ['dɛŋka:rt] *f* manera de pensar *f*
denkbar ['dɛŋkba:r] *adj* imaginable, concebible
denken ['dɛŋkən] *v irr* pensar, meditar, reflexionar; *jdm zu ~ geben* dar a alguien que pensar; *Wo denkst du hin?* ¿Qué te crees tú? *Ich denke nicht daran!* ¡Ni soñarlo!
Denken ['dɛŋkən] *n* pensamiento *m*, meditación *f*, reflexión *f*
Denker(in) ['dɛŋkər(ɪn)] *m/f* *PHIL* pensador(a) *m/f*
Denkfähigkeit ['dɛŋkfɛ:ɪçkaɪt] *f* capacidad de pensar *f*, intelecto *m*
denkfaul ['dɛŋkfaul] *adj* tardo de inteligencia
Denkfehler ['dɛŋkfe:lər] *m* falta de lógica *f*
Denkmal ['dɛŋkma:l] *n* monumento *m*; *sich ein ~ setzen* pasar a la posteridad
Denkmalpflege ['dɛŋkma:lpfle:gə] *f* conservación de monumentos *f*
Denkmalschutz ['dɛŋkma:lʃuts] *m* conservación de monumentos *f*
Denkpause ['dɛŋkpauzə] *f* pausa de reflexión *f*
Denkschrift ['dɛŋkʃrɪft] *f* memoria *f*
denkste ['dɛŋkstə] *interj* *(fam)* ¡ni pensar!
Denkstein ['dɛŋkʃtaɪn] *m* lápida conmemorativa *f*
Denkvermögen ['dɛŋkfərmø:gən] *n* inteligencia *f*, capacidad intelectiva *f*
Denkweise ['dɛŋkvaɪzə] *f* mentalidad *f*, ideología *f*
denkwürdig ['dɛŋkvyrdɪç] *adj* memorable
Denkwürdigkeit ['dɛŋkvyrdɪçkaɪt] *f* hecho memorable *m*
denn [dɛn] *konj* pues, porque, puesto que; *Ich liebe dich mehr ~ je.* Te quiero, pues, más que nunca.
dennoch ['dɛnɔx] *konj* sin embargo, no obstante; *Es wurde schönes Wetter angesagt,*

~ *regnete es.* Se anunció buen tiempo, sin embargo llovió.
Denunziant(in) [denun'tsjant(ɪn)] *m/f POL* denunciante *m/f,* delator(a) *m/f*
Denunziation [denuntsja'tsjoːn] *f POL* denuncia *f*
denunzieren [denun'tsiːrən] *v* denunciar
Deodorant [deodo'rant] *n* desodorante *m*
Depesche [de'pɛʃə] *f* telegrama *m*
deplatziert ['deplatsiːrt] *adj* impropio, fuera de lugar
Deponie [depo'niː] *f (Mülldeponie)* vertedero de basuras *m*
deponieren [depo'niːrən] *v* depositar
Deportation [depɔrta'tsjoːn] *f POL* deportación *f,* destierro *m*
deportieren [depɔr'tiːrən] *v* deportar
Depot [de'poː] *n* depósito *m*
Depp [dɛp] *m (Vollidiot)* hombre estúpido *m*
Depression [deprɛs'joːn] *f* depresión *f*
depressiv [deprɛ'siːf] *adj* depresivo
Depressivität [deprɛsivi'tɛːt] *f* depresión *f*
deprimieren [deprɪ'miːrən] *v* deprimir
deprimierend [deprɪ'miːrənt] *adj* deprimente
deprimiert [deprɪ'miːrt] *adj* deprimido
der [deːr] *art 1.* el; *2. (Genitiv)* de la; *die Farbe ~ Tür* el color de la puerta; *pron 3. (dem)* este, ese, aquel; *4. (rel)* el cual, que
derart ['deːraːrt] *adv* tanto, de tal modo
derartig ['deːraːrtɪç] *adj 1.* tal, semejante; *adv 2.* de tal manera, de semejante modo
derb [dɛrp] *adj* recio, áspero
Derbheit ['dɛrphaɪt] *f* vulgaridad *f,* grosería *f*
deren ['deːrən] *pron 1. (Relativpronomen)* cuyo; *(einer Sache)* del cual; *2. (Possessivpronomen)* de; *(einer Sache)* del cual, de la cual; *(Plural)* de los cuales, de las cuales
derentwillen [deːrənt'vɪlən] *adv 1. (wegen der Personen) um ~* por su causa; *2. (wegen der Frau) um ~* por su causa
dergleichen [deːr'glaɪçən] *adj 1.* el mismo, la misma, lo mismo; *pron 2.* tal
Derivat [deri'vaːt] *n CHEM* derivado *m*
derjenige ['deːrjeːnɪgə] *pron* él, éste, aquél
Dermatologe [dɛrmato'loːgə] *m MED* dermatólogo *m*
dermatologisch [dɛrmato'loːgɪʃ] *adj MED* dermatológico
derselbe [deːr'zɛlbə] *pron* el mismo
derzeit ['deːrtsaɪt] *adv* por el momento
derzeitig ['deːrtsaɪtɪç] *adj* actualmente, ahora, en este momento
des [dɛs] *art* del, de lo; *die Farbe ~ Autos* el color del coche
Desaster [de'zastər] *n* desastre *m*
Deserteur [dezɛr'tøːr] *m MIL* desertor *m*
desertieren [dezɛr'tiːrən] *v MIL* desertar
desgleichen [dɛs'glaɪçən] *konj* del mismo modo que, de la misma manera que
deshalb ['dɛshalp] *konj 1.* por eso, por cuyo motivo; *Ana kam zu spät, ~ war ich nicht mehr da.* Ana vino muy tarde, por eso yo ya no estaba. *adv 2.* por eso, por lo tanto, por esa razón
Design [di'zaɪn] *n* diseño *m*
Designer(in) [dɪ'zaɪnər(ɪn)] *m/f* diseñador(a) *m/f*
desillusionieren [dɛsɪluzjoː'niːrən] *v* desilusionar
Desinfektion [dɛsɪnfɛk'tsjoːn] *f MED* desinfección *f*
Desinfektionsmittel [dɛsɪnfɛk'tsjoːnsmɪtəl] *n MED* desinfectante *m*
desinfizieren [dɛsɪnfi'tsiːrən] *v* desinfectar
Desinformation [dɛsɪnfɔrma'tsjoːn] *f* desinformación *f*
Desinteresse ['dɛsɪntərɛsə] *n* desinterés *m,* falta de interés *f*
desinteressiert ['dɛsɪntərɛsiːrt] *adj* falto de interés
desolat [deso'laːt] *adj* desolador, desastroso
desorientiert ['desoriɛntiːrt] *adj* desorientado
despektierlich [despɛk'tiːrlɪç] *adj* despectivo
Despot [dɛs'poːt] *m* déspota
despotisch [dɛs'poːtɪʃ] *adj POL* despótico
dessen ['dɛsən] *pron* cuyo, cuya; *Er ist der Mann, ~ Frau ich kenne.* Él es el hombre cuya mujer yo conozco. *~ ungeachtet* no obstante
dessentwegen ['dɛsənt'veːgən] *adv 1. (demonstrativ)* por cuyo motivo, por cuya causa; *2. (relativ)* por cuyo motivo, por cuya causa
dessentwillen ['dɛsənt'vɪlən] *adv um ~* por cuya causa
Dessert [dɛ'sɛːr] *n* postre *m*
Dessin [dɛ'sɛ̃ː] *n* dibujo *m*
Dessous [dɛ'suː] *n* ropa interior *f*
Destabilisierung [deʃtabili'ziːruŋ] *f POL* desestabilización *f*
Destillat [dɛstɪ'laːt] *n CHEM* producto destilado *m*
destillieren [dɛstɪ'liːrən] *f* destilar

desto ['dɛsto] *adv* más, tanto; ~ *früher* tanto antes; ~ *besser* tanto mucho mejor; *je mehr ~ mehr* cuanto más ... tanto más
destruktiv [destruk'tiːf] *adj* destructivo
Destruktivität [destruktivi'tɛːt] *f* destructividad *f*
deswegen ['dɛsveːgən] *konj* por esa causa, por eso; *Ana kam zu spät, ~ war ich nicht mehr da.* Ana vino muy tarde, por eso yo ya no estaba.
Detail [de'tai] *n* detalle *m*
detailgetreu [deː'taɪgətrɔy] *adj* al detalle
Detailkenntnis [de'taɪkɛntnɪs] *f* conocimiento al detalle *m*
detailliert [deːtaɪ'jiːrt] *adj 1.* detallado; *adv 2.* detalladamente
Detektei [detɛk'taɪ] *f* agencia de informes *f*
Detektiv(in) [detɛk'tiːf(ɪn)] *m/f* detective *m/f*
Detektivbüro [detɛk'tiːfbyroː] *n* agencia de detectives *f*
Detektivgeschichte [detɛk'tiːfgeʃɪçtə] *f* historia de detectives *f*
detektivisch [detɛk'tiːvɪʃ] *adj* detectivesco, policíaco
Detektivroman [detɛk'tiːfromaːn] *m LIT* novela policíaca *f*
Detektor [de'tɛktɔr] *m TECH* detector *m*
Determinante [determi'nantə] *f* determinante *m*
Detonation [detona'tsjoːn] *f* detonación *m*
detonieren [deto'niːrən] *v* detonar
deuten ['dɔytən] *v 1. (auf etw zeigen)* señalar a, apuntar a; *2. (auslegen)* interpretar
deutlich ['dɔytlɪç] *adj* claro, evidente
Deutlichkeit ['dɔytlɪçkaɪt] *f* claridad *f*
deutsch [dɔytʃ] *adj* alemán
Deutsch [dɔytʃ] *n* alemán *m; auf gut ~* hablando en plata
Deutsche(r) ['dɔytʃə(r)] *m/f* alemán/alemana *m/f*
Deutschland ['dɔytʃlant] *n GEO* Alemania *f*
Deutschlehrer(in) ['dɔytʃleːrər(ɪn)] *m/f* profesor(a) de alemán *m/f*
deutschsprachig ['dɔytʃʃpraːxɪç] *adj* que habla alemán
deutschstämmig ['dɔytʃʃtɛmɪç] *adj* descendiente de alemanes
Deutschtümelei [dɔytʃtyːmə'laɪ] *f* germanismo *m*, teutomanía *f*
Deutschunterricht ['dɔytʃuntərrɪçt] *m* clase de alemán *f*
Deutung ['dɔytuŋ] *f* interpretación *f*
Devise [de'viːzə] *f 1. (Motto)* divisa *f*, lema *m; 2. ~n pl FIN* divisas *f/pl*
Devisen [de'viːzən] *pl FIN* divisas *f/pl*
Devisenankauf [de'viːzənankauf] *m ECO* compra de divisas *f*
Devisenbeschränkung [de'viːzənbəʃrɛŋkuŋ] *f FIN* control de divisas *m*, control de los cambios *m*
Devisenbewirtschaftung [de'viːzənbəvɪrtʃaftuŋ] *f FIN* reglamentación de divisas *f*, control de divisas *m*
Devisenbörse [de'viːzənbøːrzə] *f FIN* Bolsa de divisas *f*
Devisengeschäft [de'viːzəngəʃɛft] *n FIN* operación de cambio *f*
Devisenhandel [de'viːzənhandəl] *m FIN* comercio de divisas *m*
Devisenkurs [de'viːzənkurs] *m FIN* cotización *f*, tipo de cambio *m*
Devisenmarkt [de'viːzənmarkt] *m FIN* mercado de cambios *m*, mercado de divisas *m*
Devisenschmuggel [de'viːzənʃmugəl] *m* contrabando de divisas *m*
Devisenverkehr [de'viːzənfɛrkeːr] *m FIN* tráfico de divisas *m*
devot [de'voːt] *adj* devoto, sumiso, servil
Dezember [de'tsɛmbər] *m* diciembre *m*
dezent [de'tsɛnt] *adj* discreto, decente
dezentralisieren [detsɛntralɪ'ziːrən] *v* descentralizar
Dezentralisierung [detsɛntralɪ'ziːruŋ] *f POL* descentralización *f*
Dezernat [detsɛr'naːt] *n* negociado de sección *m*
Dezibel [detsi'bɛl] *n* decibelio *m*
dezidiert [detsi'diːrt] *adj* decidido
dezimal [detsi'maːl] *adj MATH* decimal
Dezimalbruch [detsi'maːlbrux] *m MATH* fracción decimal *f*
Dezimalstelle [detsi'maːlʃtɛlə] *f MATH* decimal *m*
Dezimalsystem [detsi'maːlzysteːm] *n MATH* sistema decimal *m*
Dezimeter [detsi'meːtər] *m* decímetro *m*
dezimieren [detsi'miːrən] *v* diezmar, mermar
Dezimierung [detsi'miːruŋ] *f* diezmo *m*
Dia ['diːa] *n* diapositiva *f*
Diabetes [dia'beːtəs] *m MED* diabetis *f*, diabetes *f*
Diabetiker(in) [dia'beːtikər(ɪn)] *m/f MED* diabético/diabética *m/f*

diabetisch [dia'beːtɪʃ] *adj MED* diabetico
diabolisch [dia'boːlɪʃ] *adj* diabólico, maligno
Diadem [dia'deːm] *n* diadema *f*
Diagnose [dia'gnoːzə] *f* diagnóstico *m*
diagnostisch [dia'gnɔstɪʃ] *adj MED* diagnóstico
diagnostizieren [diagnɔstɪ'tsiːrən] *v* diagnosticar
diagonal [diago'naːl] *adj* diagonal
Diagonale [diago'naːlə] *f* diagonal *f*
Diagramm [dia'gram] *n* diagrama *m*
Diakon [dia'koːn] *m REL* diácono *m*
Diakonie [diako'niː] *f REL* diaconato *m*
Dialekt [dia'lɛkt] *m LING* dialecto *m*
dialektal [dialɛk'taːl] *adj* dialectal
dialektfrei [dia'lɛktfraɪ] *adj* libre de acento
Dialektik [dia'lɛktɪk] *f PHIL* dialéctica
dialektisch [dia'lɛktɪʃ] *adj PHIL* dialéctico
Dialog [dia'loːk] *m* diálogo *m*
Dialogbereitschaft [dia'loːkbəraɪtʃaft] *f* disposición de diálogo *f*
Dialyse [dia'lyːzə] *f MED* diálisis *f*
Dialysezentrum [dia'lyːzətsɛntrum] *n MED* centro de diálisis *m*
Diamant [dia'mant] *m MIN* diamante *m*
diametral [diame'traːl] *adj* diametral
Diaphragma [dia'fragma] *n MED* diafragma *f*
Diät [di'ɛːt] *f* dieta *f; ~ halten* estar a dieta
Diäten [di'ɛːtən] *pl POL* dietas *f/pl*
diätetisch [diɛ'teːtɪʃ] *adj* dietético
Diathek [dia'teːk] *f* colección de diapositivas *f*
Diätkost [di'ɛːtkɔst] *f* comida de régimen *f,* alimentos dietéticos *m/pl*
Diätplan [di'ɛːtplaːn] *m* régimen dietético *m*
dich [dɪç] *pron* te, a ti
dicht [dɪçt] *adj 1. (kompakt)* denso, consistente, concentrado; *~ bevölkert* densamente poblado; *~ bewachsen* frondoso; *~ gedrängt* apretado, muy lleno; *2. (undurchlässig)* impermeable
Dichte ['dɪçtə] *f 1. (Kompaktheit)* consistencia *f; 2. (Undurchlässigkeit)* impermeabilidad *f*
dichten ['dɪçtən] *v* impermeabilizar
Dichter ['dɪçtər] *m* poeta *m,* poetisa *f,* escritor *m*
dichterisch ['dɪçtərɪʃ] *adj* poético
dichthalten ['dɪçthaltən] *v irr (fam)* no decir nada, no delatar, permanecer hermético
Dichtkunst ['dɪçtkunst] *f LIT* poesía *f*
dichtmachen ['dɪçtmaxən] *v 1. (fam: schließen)* cerrar; *2. (beim Fußball) SPORT* bloquear
Dichtung ['dɪçtuŋ] *f 1. LIT* poesía *f; 2. TECH* guarnición *f,* empaquetadura *f*
dick [dɪk] *adj 1. (Gegenstand)* grueso, macizo; *2. (Person)* gordo, grueso; *3. (Flüssigkeit)* espeso; *4. etw ~ haben (fam)* estar harto de algo; *mit jdm durch ~ und dünn gehen* seguir a alguien incondicionalmente
Dickdarm ['dɪkdarm] *m ANAT* intestino grueso *m*
Dicke ['dɪkə] *f (Material)* grosor *m*
dickfellig ['dɪkfɛlɪç] *adj (fam)* indiferente, insensible
dickflüssig ['dɪkflyːsɪç] *adj* espeso
Dickhäuter ['dɪkhɔytər] *m ZOOL* paquidermo *m*
Dickicht ['dɪkɪçt] *n* espesura *f,* matorral *m*
Dickkopf ['dɪkkɔpf] *m* testarudo *m*
dicklich ['dɪklɪç] *adj* corpulento
Dickmilch ['dɪkmɪlç] *f* leche cuajada *f*
didaktisch [di'daktɪʃ] *adj* didáctico
die [diː] *art 1.* la *f,* las *f/pl,* los *m/pl; pron 2. (Relativpronomen)* la cual/los cuales, la que/los que, que
Dieb(in) [diːp/diːbɪn] *m/f* ladrón/ladrona *m/f,* ratero/ratera *m/f (LA)*
Dieberei [diːbə'raɪ] *f* robo *m,* hurto *m,* ratería *f*
Diebesbeute ['diːbəsbɔytə] *f* botín *m*
Diebesgut ['diːbəsguːt] *n* botín *m,* objetos robados *m/pl*
diebisch ['diːbɪʃ] *adj* ladrón, inclinado al robo
Diebstahl ['diːpʃtaːl] *m* robo *m,* hurto *m,* latrocinio *m; Ich möchte den ~ meines Autos anzeigen.* Quisiera denunciar el robo de mi coche.
Diebstahlversicherung ['diːpʃtaːlfɛrzɪçəruŋ] *f* seguro contra el robo *m,* seguro a prueba de robos *m*
diejenige ['diːjeːnɪgə] *pron (siehe „derjenige")*
Diele ['diːlə] *f* vestíbulo *m,* hall *m*
dienen ['diːnən] *v* servir, atender
Diener ['diːnər] *m* criado *m,* sirviente *m*
Dienerschaft ['diːnərʃaft] *f* servicio *m,* criados *m/pl*
dienlich ['diːnlɪç] *adj* útil, utilizable
Dienst ['diːnst] *m 1.* servicio *m; sich in den ~ einer Sache stellen* dedicarse a algo; *gute ~e leisten* hacer un buen servicio; *guter ~e sein* estar de buen humor, estar como abeja

en flor (fig); *unverrichteter ~e* sin lograr su propósito; *über den ~en stehen* no perder la sangre fría; *~ habend* de turno, de guardia; *2. Öffentlicher ~* servicio público *m/pl*
Dienstag ['di:nsta:k] *m* martes *m*
dienstags ['di:nsta:ks] *adv* los martes
Dienstälteste(r) ['di:nstɛltəstə(r)] *m/f* decano/decana de servicio *m/f*
Dienstantritt ['di:nstantrɪt] *m* entrada en funciones *f,* toma del cargo *f*
Dienstausweis ['di:nstausvaɪs] *m* tarjeta de identidad *f*
dienstbereit ['di:nstbəraɪt] *adj* dispuesto a servir, servicial
Dienstbote(in) ['di:nstbo:tə(ɪn)] *m/f* criado/criada *m/f,* sirviente/sirvienta *m/f*
diensteifrig ['di:nstaɪfrɪç] *adj* entregado al servicio
dienstfrei ['di:nstfraɪ] *adj* libre de servicio
Dienstgeheimnis ['di:nstgəhaɪmnɪs] *n* secreto profesional *m*
Dienstgrad ['di:nstgra:t] *m MIL* grado *m*
Diensthabende(r) ['di:nstha:bəndə(r)] *m/f* el que esta de servicio
Dienstleistung ['di:nstlaɪstuŋ] *f* prestación de servicio *f*
dienstlich ['di:nstlɪç] *adj 1.* de servicio, oficial; *adv 2.* por razones de servicio
Dienstreise ['di:nstraɪzə] *f* viaje por razones de servicio *m,* viaje de servicio *m*
Dienstschluss ['di:nstʃlus] *m* hora de cierre *f*
Dienststelle ['di:nstʃtɛlə] *f* oficina *f,* despacho *m,* negociado *m*
diensttauglich ['di:nsttauglɪç] *adj* apto para el servicio
Dienstunfähigkeit ['di:nstunfɛ:ɪçkaɪt] *f* incapacidad *f,* invalidez *f*
Dienstwaffe ['di:nstvafə] *f* arma de servicio *f*
Dienstweg ['di:nstvɛk] *m* vía oficial *f,* trámite oficial *m,* vía jerárquica *f*
dies [di:z] *adj* (siehe „diese(r,s)")
diese(r,s) [di:zə(r,s)] *pron 1.* ésta/éste/esto, ésa/ése/eso, aquélla/aquél/aquello; *adj 2.* esta/este/esto, esa/ese/eso, aquella/aquel/aquello
diesbezüglich ['di:sbətsy:klɪç] *adj* referente a esto
dieselbe [di:'zɛlbə] *pron* la misma
Dieselmotor ['di:zəlmo:tɔr] *m* motor diesel *m*
Dieselöl ['di:zəlø:l] *n* gasoil *m*
diesig ['di:zɪç] *adj* calinoso, brumoso
diesjährig ['di:sjɛ:rɪç] *adj* en este año, de este año
diesmal ['di:sma:l] *adv* esta vez, en esta ocasión
diesseitig ['di:szaɪtɪç] *adj 1.* de este lado; *2. REL* de este mundo
diesseits ['di:szaɪts] *adv* de este lado
Diesseits ['di:szaɪts] *n* este mundo *m,* vida terrenal *f*
Dietrich ['di:trɪç] *m* ganzúa *f*
diffamieren [dɪfa'mi:rən] *v* difamar
Diffamierung [dɪfa'mi:ruŋ] *f* calumnia *f*
Differenz [dɪfə'rɛnts] *f 1. (Unterschied)* diferencia *f; 2. (Streit)* pelea *f,* disputa *f*
Differenzial [dɪfərɛn'tsja:l] *n 1. MATH* cantidad diferencial *f; 2. TECH* diferencial *f*
Differenzialrechnung [dɪfərɛn'tsja:lrɛçnuŋ] *f MATH* cálculo diferencial *f*
differenzieren [dɪfərɛn'tsi:rən] *v* diferenciar
Differenziertheit [dɪfərɛn'tsi:rthaɪt] *f* diferencia *f*
differieren [dɪfə'ri:rən] *v* diferir
diffus [dɪ'fu:s] *adj 1.* difuso; *2. (unklar)* sin conturas
digital [digi'ta:l] *adj* digital
digitalisieren [digitali'zi:rən] *v TECH* digitalizar
Digitaluhr [digi'ta:lu:r] *f 1.* reloj digital *m; 2. (Armbanduhr)* reloj de pulsera digital *m*
Diktaphon [dɪkta'fo:n] *n* dictáfono *m*
Diktat [dɪk'ta:t] *n 1.* dictado *m; 2. (Zwang)* coacción *f*
Diktator [dɪk'ta:tɔr] *m POL* dictador *m*
diktatorisch [dɪkta'to:rɪʃ] *adj POL* dictatorial
Diktatur [dɪkta'tu:r] *f POL* dictadura *f*
diktieren [dɪk'ti:rən] *v 1.* dictar; *2. (aufzwingen)* coaccionar, obligar
Diktiergerät [dɪk'ti:rgərɛ:t] *n* dictáfono *m*
Dilemma [dɪ'lɛma] *n* dilema *m*
Dilettant(in) [dɪlɛ'tant(ɪn)] *m/f* diletante *m/f,* aficionado/aficionada *m/f*
dilettantieren [dɪlɛtan'ti:rən] *v* diletar
dilettantisch [dɪlɛ'tantɪʃ] *adj 1.* diletante, aficionado; *adv 2.* a modo de afición
Dilettantismus [dɪlɛtan'tɪsmus] *m* diletantismo *m*
Dill [dɪl] *m BOT* eneldo *m*
Dimension [dɪmɛn'zjo:n] *f* dimensión *f*
dimensionieren [dɪmɛnzjo'ni:rən] *v* dimensionar
Dimmer ['dɪmər] *m TECH* interruptor con regulador de voltaje *m*

Ding [dɪŋ] *n* cosa *f; ein ~ drehen* dar un golpe (fam); *jdm ein ~ verpassen* jugar a alguien una mala pasada; *nicht mit rechten ~en zugehen* haber gato encerrado; *Aller guten ~e sind drei.* A la tercera va la vencida.
dingfest ['dɪŋfɛst] *adj jdn ~ machen* meter a alguien entre rejas (fam)
dinglich ['dɪŋlɪç] *adj JUR* real, de índole real
Dingsda ['dɪŋsdaː] *n 1.* chisme *m,* trasto *m,* cosa *f; m/f 2. (Person)* fulano/fulana *m/f,* mengano/mengana *m/f*
dinieren [di'niːrən] *v (abends) GAST* cenar
Dinkel ['dɪŋkəl] *m BOT* escanda *f,* espelta *f*
Dinosaurier [dino'zauriər] *m ZOOL* dinosaurio *m*
Diode [dɪ'oːdə] *f TECH* diodo *m*
Dioxid ['diːɔksyːt] *n CHEM* dióxido *m*
Dioxin [diɔk'sin] *n CHEM* dioxina *f*
Diözese [diø'tseːzə] *f REL* diócesis *f*
Dip [dɪp] *m GAST* salsa *f*
Diphtherie [diftə'riː] *f MED* difteria *f*
Diphthong [dif'tɔŋ] *m LING* diptongo *m*
Diplom [di'ploːm] *n* diploma *m*
Diplomand(in) [diplo'mant/diplo'mandɪn] *m/f* diplomado/diplomada *m/f*
Diplomarbeit [di'ploːmarbaɪt] *f* tesina *f,* tesis *f* (LA)
Diplomat(in) [diplo'maːt(ɪn)] *m/f POL* diplomático/diplomática *m/f*
Diplomatie [diploma'tiː] *f POL* diplomacia *f*
diplomatisch [diplo'maːtɪʃ] *adj* diplomático
Diplombiologe [di'ploːmbioloːgə] *m* licenciado en biología *m*
Diplombiologin [di'ploːmbioloːgɪn] *f* licenciada en biología *f*
Diplomingenieur(in) [di'ploːmɪnʒenjøːr(ɪn)] *m/f* ingeniero/ingeniera diplomado/diplomada *m/f*
Diplomkauffrau [di'ploːmkauffrau] *f ECO* perita mercantil *f*
Diplomkaufmann [di'ploːmkaufman] *m ECO* perito mercantil *m*
dir [diːr] *pron* te, a ti
direkt [di'rɛkt] *adj* directo
Direktflug [di'rɛktfluːk] *m* vuelo directo *m*
Direktion [dirɛk'tsjoːn] *f* dirección *f*
Direktive [dirɛk'tiːvə] *f* directiva *f*
Direktmandat [di'rɛktmandaːt] *n POL* mandato directo *m*
Direktor(in) [di'rɛktɔr(ɪn)] *m/f* director(a) *m/f*
Direktorat [dirɛktɔ'raːt] *n 1.* directorado *m; 2. (Zimmer)* oficina de dirección *f*
Direktorium [dirɛk'toːrjum] *n* directorio *m*
Direktverkauf [di'rɛktfɛrkauf] *m ECO* venta directa *f*
Dirigent(in) [diri'gɛnt(ɪn)] *m/f MUS* director(a) de orquesta *m/f*
dirigieren [diri'giːrən] *v* dirigir
dirigistisch [diri'gɪstɪʃ] *adj POL* dirigista
Dirndl ['dɪrndl] *n 1. (Kleid)* traje tirolés *m; 2. (Mädchen)* mocita *f,* aldeana *f,* campesina *f*
Dirne ['dɪrnə] *f* prostituta *f,* ramera *f,* mujer de vida alegre *f* (fam)
Discount [dɪs'kaunt] *m ECO* discount *m*
Disharmonie [dɪsharmo'niː] *f* disonancia *f,* discordancia *f*
disharmonisch ['dɪsharmoːnɪʃ] *adj 1. MUS* disonante; *2.* desarmonizante
Diskette [dɪs'kɛtə] *f INFORM* disquete *m*
Diskettenlaufwerk [dis'kɛtənlaufvɛrk] *n INFORM* unidad de lectura de disquetes *f,* floppy *m*
Diskjockey ['dɪskdʒɔkɪ] *m* pinchadiscos *m*
Disko ['dɪsko] *f* discoteca *f*
Diskomusik ['dɪskɔmuziːk] *f* música disco *f*
Diskont [dɪs'kɔnt] *m ECO* descuento *m,* rebaja *f*
diskontieren [dɪskɔn'tiːrən] *v ECO* descontar
diskontinuierlich [dɪskɔntinu'iːrlɪç] *adj* discontinuo
Diskontinuität [dɪskɔntinui'tɛːt] *f* discontinuidad *f*
Diskontsatz [dɪs'kɔntzats] *m ECO* tipo de descuento *m,* tasa de descuento *f*
Diskothek [dɪsko'teːk] *f* discoteca *f*
Diskrepanz [dɪskre'pants] *f* discrepancia *f,* desigualdad *f,* diferencia *f*
diskret [dɪs'kreːt] *adj* discreto, decente
Diskretion [dɪskre'tsjoːn] *f* discreción *f*
diskriminieren [dɪskrɪmɪ'niːrən] *v* discriminar, diferenciar
Diskriminierung [dɪskrɪmɪ'niːruŋ] *f* discriminación *f*
Diskurs [dɪs'kurs] *m* discurso *m*
Diskus ['dɪskus] *m SPORT* disco *m*
Diskussion [dɪskus'joːn] *f* discusión *f,* debate *m*
Diskussionsleiter(in) [dɪskus'joːnslaɪtər(ɪn)] *m/f* moderador(a) *m/f*
Diskussionsrunde [dɪskus'joːnsrundə] *f* debate *m*

Diskussionsthema [dɪskus'joːnsteːma] *n* tema de debate *f*
diskutabel [dɪsku'taːbəl] *adj* discutible
diskutieren [dɪsku'tiːrən] *v* discutir, debatir
Display ['dɪspleː] *n* *TECH* visualizador *m*
disponieren [dɪspɔ'niːrən] *v* disponer
Disposition [dɪspɔzɪ'tsjoːn] *f* *1. (Vorbereitung)* preparación *f;* *2. (Verfügung)* disposición *f;* *3. (Gliederung)* alienación *f;* *4. (Empfänglichkeit)* apertura *f*
disproportioniert [dɪsproprɔrtsjo'niːrt] *adj* desproporcionado
Disput [dɪs'puːt] *m* disputa *f,* riña *f*
Disqualifikation [dɪskvalɪfɪka'tsjoːn] *f* *SPORT* descalificación *f*
disqualifizieren [dɪskvalɪfɪ'tsiːrən] *v* descalificar
Dissertation [dɪsɛrta'tsjoːn] *f* disertación *f*
Dissident(in) [dɪsɪ'dɛnt(ɪn)] *m/f* *POL* disidente *m/f*
dissonant [dɪso'nant] *adj* *MUS* disonante
Dissonanz [dɪso'nants] *f* *irr* *1.* disonancia *f;* *2. MUS* cacofonía *f*
Distanz [dɪs'tants] *f* distancia *f*
distanzieren [dɪstan'tsiːrən] *v* *sich ~ von* distanciarse de
distanziert [dɪstan'tsiːrt] *adj* distante
Distel ['dɪstəl] *f* *BOT* cardo *m*
distinguiert [dɪstɪŋ'giːrt] *adj* distinguido
Distinguiertheit [dɪstɪŋ'giːrthaɪt] *f* distinción *f*
Distrikt ['dɪstrɪkt] *m* distrito *m*
Disziplin [dɪstsi'pliːn] *f* disciplina *f*
disziplinarisch [dɪstsipli'naːrɪʃ] *adj* disciplinario
Disziplinarverfahren [dɪstsi'plinaːrfɛrfaːrən] *n* *JUR* procedimiento disciplinario *m*
disziplinieren [dɪstsipli'niːrən] *v* disciplinar
diszipliniert [dɪstsipli'niːrt] *adj* disciplinado
Diszipliniertheit [dɪstsipli'niːrthaɪt] *f* disciplina *f*
disziplinlos [dɪstsi'pliːnloːs] *adj* indisciplinado
Disziplinlosigkeit [dɪstsi'pliːnloːzɪçkaɪt] *f* falta de disciplina *f*
Diva ['diːva] *f* *CINE* diva *f,* estrella *f*
divergieren [divɛr'giːrən] *v* divergir
divers [di'vɛrs] *adj* diverso
Dividende [divi'dɛndə] *f* *ECO* dividendo *m,* renta variable *f*
dividieren [divi'diːrən] *v* *MATH* dividir
Division [dɪvɪ'zjoːn] *f* *1. MATH* división *f;* *2. MIL* división *f*
D-Mark ['deːmark] *f* marco alemán *m*
doch [dɔx] *konj* *1. (aber)* pero; *2. (dennoch)* sin embargo; *adv* *3.* sí
Docht [dɔxt] *m* mecha *f*
Dock [dɔk] *n* *NAUT* dique *m,* dock *m*
Dockarbeiter ['dɔkarbaɪtər] *m* *ECO* cargador de muelle *m*
Dogge ['dɔgə] *f* *ZOOL* dogo *m*
Dogma ['doːgma] *n* dogma *m*
Dogmatiker(in) [dɔg'maːtɪkər(ɪn)] *m/f* dogmático/dogmática *m/f*
dogmatisch [dɔg'maːtɪʃ] *adj* dogmático
Dogmatismus [dɔgma'tɪsmus] *m* dogmatismo *m*
Dohle ['doːlə] *f* *ZOOL* grajilla *f*
Doktor(in) ['dɔktɔr(ɪn)] *m/f* doctor(a) *m*
Doktorand(in) [dɔktɔ'rant/dɔktɔ'randɪn] *m/f* doctorando/doctoranda *m/f*
Doktorarbeit ['dɔktɔrarbaɪt] *f* tesis doctoral *f*
Doktorexamen ['dɔktɔrɛksaːmən] *n* lectura de la tesis doctoral *f*
Doktorgrad ['dɔktɔrgraːt] *m* grado de doctor *m*
Doktorhut ['dɔktɔrhuːt] *m* *1.* bonete de doctor *m;* *2. (fig)* título de doctor *m*
Doktortitel ['dɔktɔrtɪtəl] *m* título de doctor *m*
Doktorwürde ['dɔktɔrvyrdə] *f* título de doctor *m*
Doktrin [dɔk'triːn] *f* doctrina *f*
doktrinär [dɔktri'nɛːr] *adj* doctrinario
Dokument [doku'mɛnt] *n* documento *m*
Dokumentarfilm [dokumɛn'taːrfɪlm] *m* *CINE* documental *m*
dokumentarisch [dokumɛn'taːrɪʃ] *adj* documental
Dokumentation [dokumɛnta'tsjoːn] *f* documentación *f*
dokumentieren [dokumɛn'tiːrən] *v* documentar
Dolch [dɔlç] *m* puñal *m*
Dollar ['dɔlar] *m* dólar *m*
Dollarkurs ['dɔlarkurs] *m* *ECO* cotización del dólar *f*
Dollarzeichen ['dɔlartsaɪçən] *n* signo del dólar *m*
dolmetschen ['dɔlmɛtʃən] *v* actuar de intérprete, interpretar
Dolmetscher(in) ['dɔlmɛtʃər(ɪn)] *m/f* intérprete *m/f*

Dolmetscherbüro ['dɔlmɛtʃərbyroː] *n* oficina de interpretación *f*
Dolomiten [dolo'miːtən] *pl GEO* Dolomitas *f/pl*
Dom [doːm] *m* catedral *f*
Domäne [do'mɛːnə] *f* finca pública *f*
domestizieren [domɛstɪ'tsiːrən] *v ZOOL* domesticar
Domina ['doːmina] *f (Prostituierte)* mujer sádica *f*
dominant [domɪ'nant] *adj* dominante
Dominanz [domɪ'nants] *f* dominancia *f*
dominieren [domi'niːrən] *v* dominar
Dominikaner [domini'kaːnər] *m REL* fraile dominico *m*
Dominikanische Republik [domini'kaːniʃə rɛpu'plik] *f GEO* República Dominicana *f*
Domizil [domi'tsiːl] *n* domicilio *m*
Dompteur [domp'tøːr] *m* domador *m*
Dompteuse [domp'tøːzə] *f* domadora *f*
Donau ['doːnau] *f GEO* Danubio *m*
Dönerkebab [døːnər'kebab] *m* especialidad turca de carne
Donner ['dɔnər] *m* trueno *m; wie vom ~ gerührt* atónito
donnern ['dɔnərn] *v* tronar
Donnerstag ['dɔnərstaːk] *m* jueves *m*
donnerstags ['dɔnərstaːks] *adv* los jueves
doof [doːf] *adj (fam)* bobo, estúpido, aburrido
dopen ['doːpən] *v SPORT* dopar
Doping ['doːpɪŋ] *n SPORT* doping *m*
Dopingkontrolle ['doːpɪŋkɔntrɔlə] *f SPORT* control de doping *m*
Doppel ['dɔpəl] *n 1. (Duplikat)* duplicado *m; 2. SPORT* doble *m*
Doppelagent(in) ['dɔpəlagɛnt(ɪn)] *m/f POL* agente doble *m/f*
Doppelbeschluss ['dɔpəlbəʃlus] *m POL* opción doble *f*
Doppelbett ['dɔpəlbɛt] *n* cama de matrimonio *f,* cama de dos plazas *f*
Doppeldecker ['dɔpəldɛkər] *m 1.* autobús de dos pisos *m; 2. (Flugzeug)* biplano *m*
doppeldeutig ['dɔpəldɔytɪç] *adj* ambiguo, de doble sentido
Doppeldeutigkeit ['dɔpəldɔytɪçkaɪt] *f* ambigüedad *f,* ambivalencia *f*
Doppelgänger(in) ['dɔpəlgɛŋər(ɪn)] *m/f* doble *m,* comparsa *m/f,* figurante *m/f*
Doppelhaushalt ['dɔpəlhaushalt] *m* domicilio doble *m*
Doppelkinn ['dɔpəlkɪn] *n ANAT* papada *f*
Doppelname ['dɔpəlnaːmə] *m* nombre compuesto *m*
Doppelpunkt ['dɔpəlpuŋkt] *m GRAMM* dos puntos *m/pl*
doppelsinnig ['dɔpəlzɪnɪç] *adj* de doble sentido
Doppelstecker ['dɔpəlʃtɛkər] *m TECH* enchufe doble *m*
doppelt ['dɔpəlt] *adj* doble; *~ sehen* ver doble
Doppelverdiener ['dɔpəlfɛrdiːnər] *m 1. (Ehepaar)* matrimonio donde ambos trabajan *m; 2. (Lediger)* persona que recibe dos sueldos *f,* persona que tiene dos empleos *f*
Doppelzentner ['dɔpəltsɛntnər] *m* quintal métrico *m*
Doppelzimmer ['dɔpəltsɪmər] *n* habitación doble *f*
doppelzüngig ['dɔpəltsyŋɪç] *adj* doble, ambiguo
Dorf [dɔrf] *n* pueblo *m,* aldea *f*
Dorfbewohner(in) ['dɔrfbəvoːnər(ɪn)] *m/f* pueblerino/pueblerina *m/f,* aldeano/aldeana *m/f*
Dorn [dɔrn] *m 1. BOT* espina *f; jdm ein ~ im Auge sein* no poder ver a alguien ni en pintura; *2. TECH* mandril *m*
dornig ['dɔrnɪç] *adj* espinoso
dörren ['dœrən] *v* secar
Dörrfleisch ['dœrflaɪʃ] *n GAST* cecina *f*
Dörrgemüse ['dœrgəmyːzə] *n GAST* legumbres secas *m/pl*
Dörrobst ['dœroːpst] *n GAST* fruta seca *f*
Dorsch [dɔrʃ] *m ZOOL* bacalao *m*
dort [dɔrt] *adv* allí, allá
dorther ['dɔrtheːr] *adv* de allí
dorthin ['dɔrthɪn] *adv* por allí, por allá
dortig ['dɔrtɪç] *adj die ~en Lebensverhältnisse* las condiciones de vida de allí
Dose ['doːzə] *f 1.* caja *f; 2. (Konservendose)* lata *f*
dösen ['døːzən] *v* estar medio dormido
Dosenmilch ['doːzənmɪlç] *f GAST* leche condensada *f*
Dosenöffner ['doːzənœfnər] *m* abridor *m,* destapador *m* (LA), abrelatas *m*
dosieren [do'ziːrən] *v* dosificar
Dosierung [do'ziːruŋ] *f MED* dosis *f*
Dosis ['doːzɪs] *f* dosis *f*
dotieren [do'tiːrən] *v ECO* dotar
dotiert [dotiːrt] *adj hoch ~* dotado
Dotierung [do'tiːruŋ] *f ECO* retribución *f,* dotación *f,* provisión *f*
Dotter ['dɔtər] *m* yema *f*

Double [duːbl] *n CINE* doble *m*
Dozent(in) [do'tsɛnt(ɪn)] *m/f* profesor universitario/profesora universitaria *m/f*
dozieren [do'tsiːrən] *v 1. (fig: belehrend vorbringen)* explicar con tono doctoral; *2.* explicar, enseñar, dar clases magistrales
Drache ['draxə] *m ZOOL* dragón *m*
Drachen ['draxən] *m (Spielzeug)* cometa *f*
Drachenfliegen ['draxənfliːgən] *n SPORT* vuelo en ala delta *m*
Dragee [dra'ʒeː] *n MED* gragea *f*
Draht [draːt] *m* alambre *m; auf ~ sein* estar preparado, estar en condiciones, estar en onda; *einen guten ~ zu jdm haben* tener buenas relaciones con alguien; *jdn auf ~ bringen* poner a alguien en firme
Drahtesel ['draːteːzəl] *m (fam: Fahrrad)* bici *f*
drahtig ['draːtɪç] *adj (fig)* nervudo, vigoroso
drahtlos ['draːtloːs] *adj 1. TECH* inalámbrico, sin hilos; *adv 2. TECH* sin hilos, inalámbricamente
Drahtseilakt ['draːtzaɪlakt] *m (fig)* acto peligroso *m*
Drahtseilbahn ['draːtzaɪlbaːn] *f TECH* funicular *m,* teleférico *m*
Drahtzange ['draːttsaŋə] *f* cortaalambres *m,* alicates para cortar alambres *m/pl*
Drahtzaun ['draːttsaun] *m* cerca de alambre *f,* alambrada *f*
Drahtzieher ['draːttsiːər] *m (fig)* instigador oculto *m,* maquinador *m*
Drainage [drɛ'naːʒə] *f TECH* drenaje *m*
drall [dral] *adj* robusto, metido en carnes
Drama ['draːma] *n LIT* drama *m*
Dramatik [dra'maːtɪk] *f THEAT* poesía dramática *f*
Dramatiker(in) [dra'maːtɪkər(ɪn)] *m/f LIT* dramaturgo *m,* escritor(a) de obras dramáticas *m/f,* escritor dramático/escritora dramática *m/f*
dramatisch [dra'maːtɪʃ] *adj* dramático
dramatisieren [dramatɪ'ziːrən] *v* dramatizar
Dramaturg [drama'turk] *m THEAT* director artístico *m*
Dramaturgie [dramatur'giː] *f THEAT* dramaturgia *f,* dramática *f*
dramaturgisch [drama'turgɪʃ] *adj THEAT* dramático
dran *adv (siehe „daran")*
Drang [draŋ] *m* impulso *m*
drängeln ['drɛŋəln] *v* apretujar, apretujarse
drängen ['drɛŋən] *v* apretar, estrechar
Drangsal ['draŋzaːl] *f* pena *f,* tormento *m,* sufrimiento *m*
drangsalieren [draŋza'liːrən] *v* vejar, humillar
drankommen ['drankɔmən] *v irr 1. (an der Reihe sein)* tocar el turno; *2. (abgefragt werden)* ser interrogado
drastisch ['drastɪʃ] *adj* drástico, severo
drauf *adv (siehe „darauf")*
Draufgänger ['draufgɛŋər] *m* hombre de pelo en pecho *m* (fam), emprendedor *m*
draufgängerisch ['draufgɛŋərɪʃ] *adj* arrojado, valiente, corajudo
draufgehen ['draufgeːən] *v irr (fam: sterben)* palmarlas, quedarse, morir
draufhaben ['draufhaːbən] *v irr (fam) etw ~* tener idea de algo
drauflos [drauf'loːs] *adv* a ciegas
drauflosreden [drauf'loːsreːdən] *v* hablar sin pensar, hablar sin cortarse
draufzahlen ['drauftsaːlən] *v (fig)* pagar demasiado, pagar sobreprecio
draußen ['drausən] *adv* fuera, afuera
Drechsler ['drɛkslər] *m* tornero de madera *m*
Dreck [drɛk] *m* suciedad *f,* porquería *f,* inmundicia *f; ~ am Stecken haben* tener algún marrón (fam); *der letzte ~ sein* ser el último mono; *jdn aus dem ~ ziehen* sacar a alguien de un apuro; *stehen vor ~* estar muy sucio
dreckig ['drɛkɪç] *adj* sucio, inmundo
Dreckskerl ['drɛkskɛrl] *m (fam)* tipo asqueroso *m*
Drehachse ['dreːaksə] *f TECH* eje de giro *m,* eje de rotación *m*
Dreharbeiten ['dreːarbaɪtən] *pl CINE* rodaje *m*
drehbar ['dreːbaːr] *adj* giratorio, rotatorio
Drehbuch ['dreːbuːx] *n CINE* guión *m*
Drehbuchautor(in) ['dreːbuːxautɔr(ɪn)] *m/f CINE* guionista *m/f*
drehen ['dreːən] *v 1.* girar, virar; *2. CINE* rodar
Dreher ['dreːər] *m TECH* tornero *m*
Drehknopf ['dreːknɔpf] *m* botón giratorio *m*
Drehkreuz ['dreːkrɔyts] *n* torniquete *m,* molinete *m,* torno *m*
Drehscheibe ['dreːʃaɪbə] *f 1. TECH* placa giratoria *f; 2. (eines Töpfers)* torno del alfarero *m; 3. (eines Werkzeugmachers)* disco giratorio *m*

Drehstrom ['dreːʃtroːm] *m TECH* corriente trifásica *f*
Drehtür ['dreːtyːr] *f* puerta giratoria *f*
Drehung ['dreːuŋ] *f* vuelta *f,* giro *m*
Drehzahl ['dreːtsaːl] *f TECH* número de revoluciones *m*
Drehzahlmesser ['dreːtsaːlmɛsər] *m* cuentarrevoluciones *m/pl*
drei [draɪ] *num* tres; ~ *viertel* tres cuartos
dreidimensional ['draɪdimɛnzjonaːl] *adj* tridimensional
Dreieck ['draɪɛk] *n MATH* triángulo *m*
dreieckig ['draɪɛkɪç] *adj* triangular
Dreiecksverhältnis ['draɪɛksfɛrhɛltnɪs] *n* triángulo amoroso *m*
Dreieinigkeit [draɪ'aɪnɪçkaɪt] *f REL* Trinidad *f*
dreifach ['draɪfax] *adj* triple
Dreifaltigkeit [draɪ'faltɪçkaɪt] *f* la Santísima Trinidad *f*
dreihundert ['draɪhundərt] *num* trescientos
Dreiklang ['draɪklaŋ] *m MUS* trítono *m*
dreimal ['draɪmaːl] *adv* tres veces; *Dreimal darfst du raten.* Seguro que adivinas.
dreimalig ['draɪmaːlɪç] *adj* triple
Dreirad ['draɪraːt] *n* triciclo *m*
Dreisatz ['draɪzats] *m MATH* regla de tres *f*
Dreisprung ['draɪʃpruŋ] *m SPORT* triple salto *m*
dreißig ['draɪsɪç] *num* treinta
Dreißiger ['draɪsɪgər] *pl 1. in den ~n sein (Mensch)* estar en los treinta; *2. die ~ (Jahre)* los años treinta
dreißigste(r,s) ['draɪsɪçstə(r,s)] *adj* trigésimo
dreist [draɪst] *adj* audaz, osado
Dreistigkeit ['draɪstɪgkaɪt] *f* impertinencia *f,* insolencia *f*
dreiteilig ['draɪtaɪlɪç] *adj 1.* de tres partes; *2. (Kostüm)* de tres piezas
dreizehn ['draɪtseːn] *num* trece; *Jetzt schlägt's ~!* ¡Eso sí que es el colmo!
dreizehnte(r,s) ['draɪtseːntə(r,s)] *adj* decimotercero
dreschen ['drɛʃən] *v irr* trillar
Dress [drɛs] *m SPORT* traje de deporte *m*
dressieren [drɛ'siːrən] *v* adiestrar, amaestrar, domar
Dressing ['drɛsɪŋ] *n* salsa *f*
Dressur [drɛ'suːr] *f* adiestramiento *m,* amaestramiento *m*
dribbeln ['drɪbəln] *v SPORT* regatear, diblar
driften ['drɪftən] *v* estar a la deriva
drillen ['drɪlən] *v* instruir, ejercitar intensivamente
Drillinge ['drɪlɪŋə] *pl* trillizos *m/pl*
drin *adv (siehe „darin")*
dringen ['drɪŋən] *v irr 1.* penetrar; *2. (Wasser)* escapar; *3. in jdn ~* asediar, acosar; *4. auf etw ~* insistir en algo
dringend ['drɪŋənt] *adj 1.* urgente, apremiante; *adv 2.* urgentemente, con apremio
dringlich ['drɪŋlɪç] *adj* urgente, apremiante
Dringlichkeit ['drɪŋlɪçkaɪt] *f* urgencia *f,* apremio *m*
drinnen ['drɪnən] *adv* dentro, adentro, en el interior
dritte(r,s) ['drɪtə(r,s)] *adj* tercero; *der lachende Dritte* el que ríe el último; *die Dritte Welt* el tercer Mundo *m*
Drittel ['drɪtəl] *n* tercio *m,* tercera parte *f*
drittens ['drɪtəns] *adv* en tercer lugar, tercero
Droge ['droːgə] *f 1. (Rauschgift)* droga *f,* estupefaciente *m; 2. MED* fármaco *m,* droga *f*
drogenabhängig ['droːgənaphɛŋɪç] *adj* drogadicto, drogodependiente
Drogenabhängige(r) ['droːgənaphɛŋɪgə(r)] *m/f* drogadicto/drogadicta *m/f,* drogodependiente *m/f*
Drogenabhängigkeit ['droːgənaphɛŋɪçkaɪt] *f* toxicomanía *f,* drogadicción *f*
Drogenhändler ['droːgənhɛndlər] *m* narcotraficante *m,* narco *m* (fam), camello *m* (fam)
Drogenkartell ['droːgənkartɛl] *n* cartell de drogas *m*
Drogenkonsum ['droːgənkɔnzuːm] *m* consumo de drogas *m*
Drogenmissbrauch ['droːgənmɪsbraux] *m* abuso de drogas *m*
Drogenschmuggler(in) ['droːgənʃmuglər(ɪn)] *m/f* contrabandista de drogas *m/f; ~ sein* hacer de camello
drogensüchtig ['droːgənzyxtɪç] *adj* drogadicto *m*
Drogenszene ['droːgənstseːnə] *f* ambiente de las drogas *m*
Drogerie [droːgə'riː] *f* droguería *f*
Drohbrief ['droːbriːf] *m* carta conminatoria *f*
drohen ['droːən] *v* amenazar, intimidar
Drohne ['droːnə] *f ZOOL* zángano *m,* abejón *m*
dröhnen ['drøːnən] *v* retumbar, resonar
Drohung ['droːuŋ] *f* amenaza *f*

drollig ['drɔlɪç] *adj* jocoso, cómico, gracioso, chistoso
Dromedar [dromə'dar] *n ZOOL* dromedario *m*
Droschke ['drɔʃkə] *f* coche de alquiler *m*
Drossel ['drɔsəl] *f ZOOL* tordo *m*
drosseln ['drɔsəln] *v TECH* estrangular
Drosselung ['drɔsəluŋ] *f 1. TECH* estrangulación *f; 2. (fig: Abschwächung)* reducción *f*
drüben ['dryːbən] *adv* al otro lado
drüber *(siehe „darüber")*
Druck [druk] *m 1. (fig)* opresión *f,* dominio *m,* coacción *f; 2. TECH* presión *f; unter ~ stehen* estar agobiado (fam); *jdn unter ~ setzen* presionar a alguien
Druckabfall ['drukapfal] *m TECH* reducción de presión *f*
Druckanstieg ['drukanʃtiːk] *m TECH* aumento de presión *f*
Druckausgleich ['drukausglaɪç] *m TECH* compensación de presión *f*
Druckbuchstabe ['drukbuxʃtaːbə] *m* letra de molde *f,* caracteres tipográficos *m/pl*
drucken ['drukən] *v* imprimir, tirar
drücken ['drykən] *v 1.* empujar, comprimir; *2. (umarmen)* abrazar fuertemente, estrechar en los brazos; *3. (fig: be~)* oprimir, coaccionar; *4. (Preise) ECO* hacer bajar
drückend ['drykənt] *adj 1. (schwer)* abrumador; *2. (Hitze)* sofocante
Drucker ['drukər] *m 1. (Person)* impresor *m,* tipógrafo *m; 2. (Gerät) INFORM* impresora *f*
Drücker ['drykər] *m 1. (am Gewehr)* gatillo; *2. (Klinke)* picaporte *m; 3. (Türschloss)* portero automático *m*
Druckerei [drukə'raɪ] *f* imprenta *f*
Druckfehler ['drukfeːlər] *m* error de imprenta *m,* errata de imprenta *f*
druckfertig ['drukfɛrtɪç] *adj* listo para imprimir
druckfrisch ['drukfrɪʃ] *adj 1.* recién impreso; *2. (fig)* recién sacado del horno
Druckknopf ['drukknɔpf] *m 1. (am Kleid)* botón de presión *m,* broche *m; 2. TECH* pulsador *m*
Druckluft ['drukluft] *f TECH* aire comprimido *m*
Druckmittel ['drukmɪtəl] *n* medio de presión *m,* medios de coacción *m/pl*
druckreif ['drukraɪf] *adj* listo para la imprenta, listo para ser impreso; *nicht ~ (fig)* vulgar
Drucksache ['drukzaxə] *f* impreso *m*
Druckschrift ['drukʃrɪft] *f* letra de molde *f*
Druckverband ['drukfɛrbant] *m MED* vendaje comprensivo *m*
drum *(siehe „darum")*
Drumherum [drumhɛ'rum] *n (fam) das ganze ~* todo lo que hace parte
drunter ['druntər] *adv (siehe „darunter")*
Drüse ['dryːzə] *f ANAT* glándula *f*
Dschungel ['dʒuŋəl] *m* selva *f,* jungla *f*
du [duː] *pron* tú
dual [du'aːl] *adj* binario, dual
Dualismus [dua'lɪsmus] *m* dualismo *m*
Dübel ['dyːbəl] *m TECH* tarugo *m*
dubios [dubi'oːs] *adj* dudoso
ducken ['dukən] *v 1.* inclinar, bajar; *2. sich ~* agacharse, agazaparse
Duckmäuser ['dukmɔyzər] *m* apocado *m,* acoquinado *m*
Dudelsack ['duːdəlzak] *m MUS* gaita *f*
Duell [du'ɛl] *n* duelo *m*
duellieren [duɛ'liːrən] *v sich ~ HIST* batirse en duelo
Duett [du'ɛt] *n MUS* dúo *m,* dueto *m*
Duft [duft] *m* aroma *m,* olor *m,* perfume *m,* fragancia *f*
duften ['duftən] *v* oler bien, despedir un aroma; *nach etw ~* oler a algo
duftig ['duftɪç] *adj* vaporoso
Duftnote ['duftnoːtə] *f* aroma *m*
Duftstoff ['duftʃtɔf] *m 1.* aroma *m; 2. BIO* sustancia aromática *f*
Duftwolke ['duftvɔlkə] *f* nube de perfume *f*
dulden ['duldən] *v 1. (hinnehmen)* tolerar, permitir; *2. (ertragen)* soportar, aguantar, sobrellevar
duldsam ['duldzam] *adj* indulgente
Duldsamkeit ['duldzamkaɪt] *f* indulgencia *f*
Duldung ['dulduŋ] *f* tolererancia *f*
dumm [dum] *adj* tonto, estúpido; *gar nicht so ~ sein* no tener ni un pelo de tonto; *jdn für ~ verkaufen* haber visto a alguien con cara de tonto; *jdm ~ kommen* venir a alguien con tonterías; *Das ist mir zu ~.* Ya me estoy cansando.
Dumme(r) ['dumə(r)] *m/f der Dumme sein* ser el tonto, ser el primo; *einen Dummen finden* encontrar al primo, encontrar al tonto
dummerweise ['dumərvaɪzə] *adv* desafortunadamente, desgraciadamente
Dummheit ['dumhaɪt] *f* estupidez *f,* tontería *f,* necedad *f*
Dummkopf ['dumkɔpf] *m* estúpido *m,* idiota *m*
dümmlich ['dymlɪç] *adj* poco inteligente

Dummy ['damɪ] *m (Testpuppe)* maniquí para ensayo de choque *m*
dumpf [dumpf] *adj 1. (Stimme)* sordo; *2. (Luft)* pesado; *3. (fig)* vago
Düne ['dyːnə] *f* duna *f*
Dung [duŋ] *m AGR* abono *m,* estiercol *m*
Düngemittel ['dyŋəmɪtəl] *n AGR* abono *m,* fertilizante *m*
düngen ['dyŋən] *v AGR* abonar
Dünger ['dyŋər] *m AGR* abono *m*
Düngung ['dyŋuŋ] *f AGR* abono *m*
dunkel ['duŋkəl] *adj* oscuro
dunkelblau ['duŋkəlblau] *adj* azul oscuro
dunkelgrün ['duŋkəlgryːn] *adj* verde oscuro
dunkelhaarig ['duŋkəlhaːrɪç] *adj* moreno
dünkelhaft ['dyŋkəlhaft] *adj* presuntuoso, arrogante
dunkelhäutig ['duŋkəlhɔytɪç] *adj* de piel oscura, moreno
Dunkelheit ['duŋkəlhaɪt] *f* oscuridad *f*
Dunkelkammer ['duŋkəlkamər] *f FOTO* cámara oscura *f*
dunkelrot ['duŋkəlroːt] *adj* rojo oscuro
Dunkelziffer ['duŋkəltsɪfər] *f* cifra no publicada *m,* dato mantenido en secreto *m*
dünn [dyn] *adj 1. (Sache)* fino; *2. (Person)* delgado, flaco; *3. (Flüssigkeit)* fluido; *4. (spärlich)* escaso; *~ gesät sein* ser escaso/no abundar
Dünndarm ['dyndarm] *m ANAT* intestino delgado *m*
dünnflüssig ['dynflysɪç] *adj* muy fluido
dünnwandig ['dynvandɪç] *adj* de pared fina
Dunst [dunst] *m* vaho *m,* vapor *m; keinen blassen ~ von etw haben* no tener ni la menor idea de algo
dünsten ['dynstən] *v GAST* estofar, rehogar
dunstig ['dunstɪç] *adj 1. (Wetter)* nebuloso, brumoso; *2. (Raum)* cargado de humo
Dunstkreis ['dunstkraɪs] *m 1.* atmósfera *f; 2. (fig)* ambiente *m*
Duplikat [dupli'kaːt] *n* duplicado *m*
Dur [duːr] *n MUS* tono mayor *m*
durch [durç] *prep 1. (örtlich)* por, a través de; *~ die Straßen gehen* andar por la calle; *~ die ganze Welt* por todo el mundo; *Hier darf man nicht ~!* ¡Por aquí no se puede pasar! *Das geht mir ~ und ~!* ¡Eso me parte el alma! *bei jdn unten ~ sein* haber perdido todo crédito de alguien; *2. (zeitlich)* durante; *3. (mittels)* por medio de, mediante; *4. (kausal)* por; *5. neun ~ drei MATH* nueve dividido entre tres
durcharbeiten ['durçarbaɪtən] *v 1.* trabajar sin pausa; *2. etw ~* estudiar a fondo; *3. sich durch etw ~* vencer, luchar
durchatmen ['durçaːtmən] *v* respirar hondo
durchaus [durç'aus] *adv* absolutamente, del todo, por completo
durchbiegen ['durçbiːgən] *v irr sich ~* doblarse, plegarse, adaptarse
durchblättern ['durçblɛtərn] *v* hojear
Durchblick ['durçblɪk] *m (fig)* perspectiva *f; ~ haben* estar al tanto, estar enterado
durchblicken ['durçblɪkən] *v 1. (hindurchblicken)* mirar por; *2. (fam: verstehen)* comprender, entender; *3. etw ~ lassen* dejar entrever algo
Durchblutung [durç'bluːtuŋ] *f MED* riego sanguíneo *m*
Durchblutungsstörung [durç'bluːtuŋsʃtøːruŋ] *f MED* trastorno circulatorio *m*
durchbohren [durç'boːrən] *v* taladrar
durchboxen ['durçbɔksən] *v sich ~ (fam)* abrirse camino duramente
durchbraten ['durçbraːtən] *v irr GAST* asar a punto
durchbrechen ['durçbrɛçən] *v irr 1. (fig: durchstoßen)* quebrar; *2. (fig: übertreffen)* abrir brecha
durchbrennen ['durçbrɛnən] *v irr 1. (Sicherung)* fundirse; *2. (fig: davonlaufen)* escaparse, huir
durchbringen ['durçbrɪŋən] *v irr 1.* conducir a través de; *2. (Kinder)* hacer pasar por; *3. (verschwenden)* gastar
Durchbruch ['durçbrux] *m 1. (Öffnung)* abertura *f,* boquete *m; 2. (fig)* apertura *f*
durchdenken [durç'dɛŋkən] *v irr* examinar a fondo
durchdrängen ['durçdrɛŋən] *v 1.* insistir; *2. sich ~* abrirse paso
durchdrehen ['durçdreːən] *v 1. (Räder)* hacer girar; *2. (fam)* volverse loco
durchdringen [durç'drɪŋən] *v irr* penetrar, meterse
durcheinander [durçaɪn'andər] *adj 1. (unordentlich)* desordenado; *2. (fam: verwirrt)* confuso; *adv 3. ~ rufen* vociferar; *~ werfen* poner en desorden; *adv (fig) ~ werfen* confundir; *4. ~ bringen* revolver; *~ reden* hablar todos a la vez; *5. (verwirren) ~ bringen* confundir
durchfahren [durç'faːrən] *v irr 1.* pasar por algún sitio; ['durçfaːrən] *2. (ohne Stopp)* viajar de largo, viajar sin parar

Durchfahrt ['durçfa:rt] *f* travesía *f*; ~ *für Fahrzeuge aller Art verboten!* ¡Prohibido el paso de vehículos!

Durchfall ['durçfal] *m MED* diarrea *f*

durchfallen ['durçfalən] *v irr (Prüfung)* no aprobar

durchfechten ['durçfɛçtən] *v irr 1. etw* ~ defender con éxito; *2. sich* ~ imponerse

durchfinden ['durçfɪndən] *v irr* encontrar

durchfließen ['durçfli:sən] *v irr 1.* pasar, correr; [durç'fli:sən] *2. (Fluss)* pasar por

durchfluten [durç'flutən] *v* inundar

durchforsten [durç'fɔrstən] *v (fig)* examinar

durchfragen ['durçfra:gən] *v sich* ~ *(fam)* abrirse camino a preguntas

Durchfuhr ['durçfu:r] *f ECO* tránsito de mercancías *m*

durchführbar ['durçfyrba:r] *adj* factible, realizable, ejecutable

durchführen ['durçfy:rən] *v 1. (leiten)* conducir; *2. (ausführen)* ejecutar, realizar

Durchführung ['durçfy:ruŋ] *f* ejecución *f*, realización *f*

Durchgang ['durçgaŋ] *m 1. (Weg)* pasaje *m*, paso *m*; *2. (Runde)* ronda *f*

durchgängig ['durçgɛŋɪç] *adj* general, universal

Durchgangslager ['durçgaŋsla:gər] *n* depósito de tránsito *m*

Durchgangsverkehr ['durçgaŋsfɛrke:r] *m* tránsito *m*

durchgeben ['durçge:bən] *v irr* tra(n)smitir, pasar

durchgehen ['durçge:ən] *v irr 1. (überprüfen)* controlar, revisar; *2. (fam: weglaufen)* huir, escaparse

durchgehend ['durçge:ənt] *adj* permanente, continuo; ~ *geöffnet* abierto todo el día

durchgeistigt [durç'gaɪstɪgt] *adj* inteligente, espiritualizado

durchgreifen ['durçgraɪfən] *v irr* pasar la mano

durchhalten ['durçhaltən] *v irr* resistir, mantenerse firme

durchhelfen ['durçhɛlfən] *v irr* ayudar a pasar

durchkämpfen ['durçkɛmpfən] *v 1.* lograr; *2. etw* ~ hacer valer; *3. sich* ~ abrirse paso

durchkommen ['durçkɔmən] *v irr 1.* pasar; *2. (finanziell)* sobrevivir; *3. (sich zurechtfinden)* arreglárselas; *4. (bei jdm)* aprobar; *5. mit etw* ~ tener éxito

durchkreuzen ['durçkrɔytsən] *v 1.* cruzar, atravesar; *2. (fig: Pläne)* estorbar

Durchlass ['durçlas] *m 1.* paso *m*, pasaje *m*; *2. (Leitung)* alcantarilla *f*

durchlassen ['durçlasən] *v irr* dejar pasar

durchlässig ['durçlɛsɪç] *adj* permeable

Durchlässigkeit ['durçlɛsɪçkaɪt] *f* transparencia *f*

durchlaufen ['durçlaufən] *v irr* pasar corriendo

durchleben [durç'le:bən] *v (fig)* vivir, pasar

durchlesen ['durçle:zən] *v irr* leer

durchleuchten [durç'lɔyçtən] *v 1. (fig: überprüfen)* examinar, revisar; *2. MED* radiografiar, examinar con rayos X

durchlüften ['durçlyftən] *v* ventilar, airear

durchmachen ['durçmaxən] *v 1. die ganze Nacht* ~ pasar la noche sin dormir; *2. (etw ~)* soportar, padecer; *3. (Operation, Wandlung)* sufrir

Durchmesser ['durçmɛsər] *m* diámetro *m*

durchnässen [durç'nɛsən] *v* empapar

durchorganisieren ['durçɔrgani'zi:rən] *v* organizar hasta los últimos detalles

durchpausen ['durçpauzən] *v* calcar, copiar

durchqueren [durç'kve:rən] *v 1.* atravesar, cruzar; *2. (fig: durchkreuzen)* cruzar

Durchreise ['durçraɪzə] *f* paso *m*, tránsito *m*, pasaje *m*

durchringen ['durçrɪŋən] *v irr sich zu etw* ~ decidirse finalmente a

Durchsage ['durçza:gə] *f (im Radio oder TV)* mensaje *m*, anuncio *m*

durchsägen ['durçzɛ:gən] *v* serrar, aserrar

durchschauen ['durçʃauən] *v 1. (prüfen)* revisar; *2. (fig: erkennen)* descubrir las intenciones de

durchschlafen ['durçʃla:fən] *v irr* dormir sin despertarse

Durchschlag ['durçʃla:k] *m* colador *m*, pasador *m*

durchschlagen [durç'ʃla:gən] *v irr 1.* romper, atravesar; *2. (zerteilen)* partirse; *3. (durchpassieren)* filtrarse; *4. sich* ~ ir tirando

Durchschlagskraft ['durçʃla:kskraft] *f* fuerza de percusión *f*

durchschneiden ['durçʃnaɪdən] *v irr 1.* cortar; [durç'ʃnaɪdən] *2. (Meer)* surcar; *3. (fig: Schrei)* romper

Durchschnitt ['durçʃnɪt] *m* promedio *m*, media *f*

durchschnittlich ['durçʃnɪtlɪç] *adj 1.* medio, común; *adv 2.* por término medio, en promedio
Durchschnittsalter ['durçʃnɪtsaltər] *n* promedio de edad *m*
Durchschnittsbürger ['durçʃnɪtsbyrgər] *m* ciudadano medio *m*
Durchschnittseinkommen ['durçʃnɪtsaɪnkɔmən] *n* ingresos medios *m/pl*
Durchschnittsgeschwindigkeit ['durçʃnɪtsgəʃvɪndɪçkaɪt] *f* velocidad media *f*
Durchschnittswert ['durçʃnɪtsveːrt] *m* *MATH* valor medio *m*
durchsehen ['durçzeːən] *v irr* mirar por, ojear por
durchsetzen ['durçzɛtsən] *v sich ~* imponerse, afirmarse
Durchsetzungsvermögen ['durçzetsuŋsfɛrmøːgən] *n* capacidad de imponerse *f*
Durchsicht ['durçzɪçt] *f* inspección *f*, revisión *f*
durchsichtig ['durçzɪçtɪç] *adj* tra(n)sparente
durchsickern ['durçzɪkərn] *v 1. (Flüssigkeit)* filtrarse por; *2. (Nachricht)* transcender, difundirse
durchsieben ['durçziːbən] *v* tamizar
durchstehen ['durçʃteːən] *v irr (fig)* aguantar
durchstellen ['durçʃtɛlən] *v (fig: telefonisch) TEL* comunicar
durchstöbern [durç'ʃtøːbərn] *v* husmear, registrar
durchstreichen ['durçʃtraɪçən] *v irr* tachar, rayar
durchstreifen [durç'ʃtraɪfən] *v* vagar por
durchsuchen [durç'zuːxən] *v* rebuscar, registrar
Durchsuchung [durç'zuːxuŋ] *f* cacheo *m*, registro *m*
Durchsuchungsbefehl [durç'zuːxuŋsbəfeːl] *m JUR* auto de allanamiento *m*
durchtrennen [durç'trɛnən] *v* cortar, separar
durchtrieben [durç'triːbən] *adj* astuto, pícaro
Durchtriebenheit [durç'triːbənhait] *f* astucia *f*
durchwachen [durç'waxen] *v die Nacht ~* velar
Durchwahl ['durçvaːl] *f TEL* línea directa *f*
durchweg ['durçveːk] *adv* por lo general
durchweichen ['durçvaɪçən] *v 1.* empapar; *2.* ablandar
durchwühlen [durç'vyːlən] *v (durchsuchen)* registrar
durchzählen ['durçtsɛːlən] *v 1.* hacer recuento; *2. (etw ~)* contar
durchziehen ['durçtsiːən] *v irr 1. (hindurchziehen)* hacer pasar por; *2. (Luft)* penetrar; *3. (etw ~)* acabar; *(Plan)* llevar a cabo; [durç'tsiːən] *4. (Land)* atravesar, recorrer
Durchzug ['durçtsuːk] *m 1. (das Durchziehen)* paso *m*; *2. (Luft)* corriente de aire *f*
dürfen ['dyrfən] *v irr* tener permiso para, tener derecho a, poder; *Darf ich Ihren Pass sehen, bitte!* ¡Me permite ver su pasaporte, por favor!
dürftig ['dyrftɪç] *adj* pobre, escaso
Dürftigkeit ['dyrftɪçkaɪt] *f* miseria *f*, necesidad *f*
dürr [dyr] *adj* muy seco
Dürre ['dyrə] *f* sequía *f*, aridez *f*
Durst [durst] *m* sed *f*
dürsten ['dyrstən] *v 1. Mich dürstet.* Tengo sed. *2. (fig) ~ nach* estar sediento de, anhelar
durstig ['durstɪç] *adj* sediento
durststillend ['durstʃtɪlənt] *adj* que calma la sed
Duschbad ['duːʃbaːt] *n* baño-ducha *m*
Dusche ['duːʃə] *f* ducha *f*
duschen ['duːʃən] *v* duchar
Duschgel ['duːʃgeːl] *n* gel de baño *m*
Duschkabine ['duːʃkabiːnə] *f* cabina de ducha *f*
Düse ['dyːzə] *f TECH* tobera *f*
Dusel ['duːzəl] *m 1. (Glück)* suerte *f*; *2. (Schlaftrunkenheit, Schwindel)* somnolencia *f*
Düsenflugzeug ['dyːzənfluːktsɔyk] *n* avión de reacción *m*
düster ['dyːstər] *adj 1.* o(b)scuro, sombrío, lúgubre; *adv 2.* de manera sombría
Düsterkeit ['dyːstərkaɪt] *f* oscuridad *f*, tenebrez *f*
Dutzend ['dutsənt] *n* docena *f*
dutzendfach ['dutsəntfax] *adv* una y mil veces
dutzendweise ['dutsəntvaɪzə] *adv* a docenas
duzen ['duːtsən] *v* tutear, tratar de tú
Dynamik [dy'naːmɪk] *f* dinámica *f*
dynamisch [dy'naːmɪʃ] *adj* dinámico
Dynamit [dyna'miːt] *n* dinamita *f*
Dynamo [dy'naːmo] *m TECH* dínamo *m*
Dynastie [dynas'tiː] *f HIST* dinastía *f*
D-Zug ['deːtsuːk] *m* tren directo *m*, expreso *m*

E

Ebbe ['ɛbə] *f* marea baja *f,* reflujo *m; Es herrscht ~ in meinem Geldbeutel.* Estoy sin un duro.
eben ['eːbən] *adj 1.* llano, plano; *adv 2.* ahora mismo, precisamente, justamente
Ebenbild ['eːbənbɪlt] *n* fiel retrato *m,* viva imagen *f*
ebenbürtig ['eːbənbyrtɪç] *adj* igual
Ebenbürtigkeit ['eːbənbyrtɪçkaɪt] *f* de igual abolengo, de igual condición
Ebene ['eːbənə] *f 1. GEOL* llanura *f,* llano *m,* pampa *f; 2. (fig)* nivel *m,* categoría *f*
ebenerdig ['eːbəneːrdɪç] *adj* a nivel del suelo, de planta baja
ebenfalls ['eːbənfals] *adv* asimismo, de igual manera, igualmente, también
Ebenholz ['eːbənhɔlts] *n* madera de ébano *f*
Ebenmaß ['eːbənmaːs] *n* armonía *f*
ebenmäßig ['eːbənmɛːsɪç] *adj* simétrico, proporcionado
ebenso ['eːbənzoː] *adv* lo mismo, del mismo modo, de la misma manera; *~ lang wie* el mismo tiempo que; *~ gut* de igual manera; *~ sehr* indistintamente; *~ wenig* tan poco
Eber ['eːbər] *m ZOOL* verraco *m*
ebnen ['eːbnən] *v 1.* allanar, aplanar, alisar; *2. (fig)* allanar, resolver los problemas, zanjar diferencias
Ebola-Virus [eː'bolaviːrus] *n MED* virus del ébola *m*
Echo ['ɛço] *n* eco *m*
echoen ['ɛçoən] *v* sonar
Echolot ['ɛçoloːt] *n NAUT* sonar *m*
Echse ['ɛksə] *f ZOOL* saurio *m*
echt [ɛçt] *adj 1.* verdadero, genuino; *2. (getreu)* auténtico; *3. (rechtmäßig)* legítimo
Echtheit ['ɛçthaɪt] *f* autenticidad *f,* legitimidad *f,* genuinidad *f*
Eckbank ['ɛkbaŋk] *f* banco rinconero *m*
Eckdaten ['ɛkdaːtən] *pl ECO* datos de referencia *m/pl,* datos referenciales *m/pl*
Ecke ['ɛkə] *f* esquina *f,* rincón *m; jdn um die ~ bringen (fig)* cepillarse a alguien *(fam); an allen ~en und Enden* por los cuatro costados; *mit jdm um fünf ~en verwandt sein* ser pariente muy lejano de alguien
eckig ['ɛkɪç] *adj 1.* esquinado, angular; *2. (fig: unbeholfen)* torpe, desgarbado
Eckpfeiler ['ɛkpfaɪlər] *m* pilastra angular *f*
Eckstein ['ɛkʃtaɪn] *m 1.* piedra angular *f; 2. (Karo)* hito *m*
Eckzahn ['ɛktsaːn] *m ANAT* colmillo *m,* diente canino *m*
Ecuador [ekva'doːr] *n GEO* Ecuador *m*
Ecuadorianer(in) [ekvado'rjaːnər(ɪn)] *m/f* ecuatoriano/ecuatoriana *m/f*
ecuadorianisch [ekvado'rjaːnɪʃ] *adj* ecuatoriano
edel ['eːdəl] *adj* noble, precioso
Edelgas ['eːdəlgaːs] *n CHEM* gas noble *m*
Edelholz ['eːdəlhɔlts] *n BOT* madera preciosa *f*
Edelmann ['eːdəlman] *m* noble *m*
Edelmetall ['eːdəlmetal] *n MIN* metal precioso *m,* metal noble *m*
edelmütig ['eːdəlmyːtɪç] *adj* magnánimo, noble
Edelstahl ['eːdəlʃtaːl] *m MET* acero inoxidable *m*
Edelstein ['eːdəlʃtaɪn] *m MIN* piedra preciosa *f*
Edelweiß ['eːdəlvaɪs] *n BOT* edelweiss *m*
Eden ['eːdən] *n REL* edén *m,* paraíso terrenal *m*
edieren [e'diːrən] *v* publicar, editar
Edikt [e'dɪkt] *n* edicto *m*
Edition [edi'tsjoːn] *f* edición *f*
EDV [eːdeː'fau] *f (elektronische Datenverarbeitung)* proceso electrónico de datos *m*
Efeu ['eːfɔy] *m BOT* hiedra *f,* yedra *f*
Effekt [e'fɛkt] *m* efecto *m,* resultado *m,* consecuencia *f*
Effekten [e'fɛktən] *pl ECO* valores *m/pl,* títulos *m/pl*
Effektenbörse [e'fɛktənbœrzə] *f ECO* Bolsa de valores *f*
Effektenhandel [e'fɛktənhandəl] *m ECO* negociación de efectos *f*
effektiv [efɛk'tiːf] *adj 1.* efectivo; *adv 2.* con eficiencia
Effektivität [efɛktivi'tɛːt] *f* efectividad *f,* eficacia *f*
effektvoll [e'fɛktfɔl] *adj* espectacular, sensacional
effizient [ɛfi'tsjɛnt] *adj* eficiente
Effizienz [efi'tsjɛnts] *f* eficiencia *f*
egal [e'gaːl] *adj* igual, indiferente; *Mir ist alles ~.* Todo me es indiferente. *Das ist mir völlig ~.* Me importa un bledo.

egalisieren [egaːli'ziːrən] *v* igualar
egalitär [egali'tɛːr] *adj* igualitario
Ego ['eːgo] *n* ego *m*
Egoismus [ego'ɪsmus] *m* egoísmo *m*
Egoist [ego'ɪst] *m* egoísta *m/f*
egoistisch [ego'ɪstɪʃ] *adj* egoísta
egozentrisch [ego'tsɛntrɪʃ] *adj* egocéntrico
eh [eː] *adv 1. seit ~ und je* desde siempre; *2. (sowieso)* de todas formas
ehe ['eːə] *konj* antes que, antes de; *Ehe du handelst, solltest du genau überlegen.* Antes de actuar, debes pensar.
Ehe ['eːə] *f* matrimonio *m*
Eheberatung ['eːəbəraːtuŋ] *f* orientación matrimonial *f*
Ehebett ['eːəbɛt] *n* cama de matrimonio *f*, lecho matrimonial *m*
Ehebrecher ['eːəbrɛçər] *m* adúltero *m*
Ehebruch ['eːəbrux] *m* adulterio *m*
Ehefrau ['eːəfrau] *f* esposa *f*, señora *f*
Ehegatte ['eːəgatə] *m* marido *m*, esposo *m*, cónyuge *m/f*
Ehegattin ['eːəgatɪn] *f* mujer *f*, esposa *f*, cónyuge *m/f*
ehelich ['eːəlɪç] *adj 1.* conyugal, matrimonial; *2. ~es Kind* hijo legítimo
ehelichen ['eːəlɪçən] *v* contraer matrimonio
ehemalig ['eːəmaːlɪç] *adj* anterior, antiguo, ex; *Er ist ihr ~er Freund.* Él es su ex novio.
ehemals ['eːəmaːls] *adv* en otro tiempo, antiguamente
Ehemann ['eːəman] *m* esposo *m*, marido *m*
Ehepaar ['eːəpaːr] *n* matrimonio *m*
Ehepartner ['eːəpartnər] *m* pareja *f*, cónyuge *m/f*
eher ['eːər] *adv 1. (früher)* antes, anteriormente; *2. (lieber)* más bien, mejor
Ehering ['eːərɪŋ] *m* anillo de boda *m*, aro matrimonial *m*
Ehescheidung ['eːəʃaɪduŋ] *f* divorcio *m*
Eheschließung ['eːəʃliːsuŋ] *f* enlace matrimonial *m*
eheste(r,s) ['eːəstə(r,s)] *adj So funktioniert es am ehesten.* Es la forma más probable de que funcione.
ehestens ['eːəstəns] *adv* lo antes posible, cuanto antes
Ehevertrag ['eːəfɛrtraːk] *m* contrato matrimonial *m*
ehrbar ['eːrbaːr] *adj* honrado, respetable, honorable, íntegro
Ehrbarkeit ['eːrbaːrkaɪt] *f* honradez *f*, honestidad *f*, integridad *f*
Ehrbegriff ['eːrbəgrɪf] *m* concepto del honor *m*
Ehre ['eːrə] *f* honor *m*, honra *f*; *etw in ~n halten* guardar algo con cuidado; *sich alle ~ machen* honrarse; *jdm die letzte ~ erweisen* acompañarle a alguien en su última morada, rendirle a alguien los últimos honores; *jdn bei seiner ~ packen* apelar a la conciencia de alguien
ehren ['eːrən] *v* honrar, respetar
ehrenamtlich ['eːrənamtlɪç] *adj 1.* honorífico, honorario; *adv 2.* a título honorífico, a título honorario
Ehrenbürger(in) ['eːrənbyrgər(ɪn)] *m/f* hijo predilecto de una ciudad *m*, ciudadano honorario/ciudadana honoraria *m/f*
Ehrengast ['eːrəngast] *m* huésped de honor *m*, invitado de honor *m*
ehrenhaft ['eːrənhaft] *adj* honorable, respetable
Ehrenhaftigkeit ['eːrənhaftɪçkaɪt] *f* honradez *f*, honorabilidad *f*
Ehrenkodex ['eːrənkoːdɛks] *m* código del honor *m*
Ehrenlegion ['eːrənlegjoːn] *f* legión de honor *f*
Ehrenmal ['eːrənmaːl] *n* monumento conmemorativo *m*
Ehrenmitglied ['eːrənmɪtgliːt] *n* miembro de honor *m*
ehrenrührig ['eːrənryːrɪç] *adj* difamatorio, injurioso, infamante
Ehrenrunde ['eːrənrundə] *f* vuelta de honor *f*; *eine ~ drehen (fig)* repetir un curso
Ehrensache ['eːrənzaxə] *f* cuestión de honor *f*
Ehrentribüne ['eːrəntribyːnə] *f* tribuna de honor *f*
Ehrenurkunde ['eːrənuːrkundə] *f* diploma de honor *m*
ehrenvoll ['eːrənfɔl] *adj* honroso, honorable, honorífico
ehrenwert ['eːrənveːrt] *adj* honorable
Ehrenwort ['eːrənvɔrt] *n* palabra de honor *f*
ehrerbietig ['eːrɛrbiːtɪç] *adj* respetuoso, deferente
Ehrerbietung ['eːrɛrbiːtuŋ] *f* deferencia *f*
Ehrfurcht ['eːrfurçt] *f* profundo respeto *m*, veneración *f*; *~ gebietend* imponente, majestuoso
ehrfürchtig ['eːrfyrçtɪç] *adj* respetuoso
Ehrgeiz ['eːrgaɪts] *m* ambición *f*

ehrgeizig ['eːrgaɪtsɪç] *adj* ambicioso
ehrlich ['eːrlɪç] *adj* honrado, sincero, honesto
Ehrlichkeit ['eːrlɪçkaɪt] *f* honradez *f,* sinceridad *f,* honestidad *f*
ehrlos ['eːrloːs] *adj* deshonrado, sin honor
Ehrlosigkeit ['eːrloːzɪçkaɪt] *f* deshonor *m,* falta de honor *f*
Ehrung ['eːruŋ] *f* homenaje a *m*
ehrwürdig ['eːrvyrdɪç] *adj* venerable, respetable
Ei [aɪ] *n* huevo *m; wie aus dem ~ gepellt* muy bonito, muy elegante; *sich gleichen wie ein ~ dem anderen* parecerse como dos gotas de agua; *jdn wie ein rohes ~ behandeln* tratar a alguien con guante blanco; *wie auf ~ern gehen* andar pisando huevos; *nicht das Gelbe vom ~ sein* no ser nada del otro jueves
Eibe ['aɪbə] *f BOT* tejo *m*
Eiche ['aɪçə] *f BOT* roble *m*
Eichel ['aɪçəl] *f BOT* bellota *f*
eichen ['aɪçən] *v 1. TECH* contrastar, aforar; *2. (kalibrieren) TECH* calibrar
Eichhörnchen ['aɪçhœrnçən] *n ZOOL* ardilla *f*
Eichung ['aɪçuŋ] *f TECH* contraste *m,* aforo *m*
Eid [aɪt] *m JUR* juramento *m*
Eidbruch ['aɪtbrux] *m* perjurio *m*
eidbrüchig ['aɪtbryçɪç] *adj ~ werden* cometer perjurio
Eidechse ['aɪdɛksə] *f 1. ZOOL (klein)* lagartija *f; 2. (groß)* lagarto *m*
Eidesformel ['aɪdəsfɔrməl] *f* fórmula de juramento *f*
eidesstattlich ['aɪdəsʃtatlɪç] *adj JUR* jurado; *eine ~e Erklärung* una declaración jurada *f*
Eidgenossenschaft ['aɪtgənɔsənʃaft] *f (in der Schweiz) HIST* Confederación Helvética *f*
eidgenössisch ['aɪtgənœsɪʃ] *adj (schweizerisch)* suizo
eidlich ['aɪtlɪç] *adj 1.* jurado; *adv 2.* bajo juramento
Eidotter ['aɪdɔtər] *m* yema de huevo *f*
Eierbecher ['aɪərbɛçər] *m* huevera *f*
Eierlikör ['aɪərlikøːr] *m GAST* licor de huevo *m*
eiern ['aɪərn] *v* tambalearse
Eierschale ['aɪərʃaːlə] *f* cáscara de huevo *f*
Eierspeise ['aɪərʃpaɪzə] *f GAST* plato de huevos *m*
Eierstock ['aɪərʃtɔk] *m ANAT* ovario *m*
Eifer ['aɪfər] *m* celo *m,* empeño *m,* entusiasmo *m*
Eiferer ['aɪfərər] *m* fanático *m*
eifern ['aɪfərn] *v* ambicionar, ansiar
Eifersucht ['aɪfərzuxt] *f* celos *m/pl*
eifersüchtig ['aɪfərzyçtɪç] *adj* celoso; *~ sein* tener celos
eiförmig ['aɪfœrmɪç] *adj* oval, ovalado, ovoide
eifrig ['aɪfrɪç] *adj 1.* empeñoso, apasionado, diligente; *adv 2.* con empeño, con ahínco, diligentemente
Eigelb ['aɪgɛlp] *n GAST* yema *f*
eigen ['aɪgən] *adj* propio, personal
Eigenart ['aɪgənaːrt] *f 1. (Besonderheit)* peculiaridad *f; 2. (Wesensmerkmal)* característica *f*
eigenartig ['aɪgənaːrtɪç] *adj* particular, singular, peculiar
Eigenartigkeit ['aɪgənaːrtɪçkaɪt] *f* peculiaridad *f,* singularidad *f*
Eigenbedarf ['aɪgənbədarf] *m* consumo propio *m*
Eigenbeteiligung ['aɪgənbətaɪliguŋ] *f* participación propia *f*
Eigenfinanzierung ['aɪgənfinantsiːruŋ] *f ECO* autofinanciación *f*
Eigengewicht ['aɪgəngəvɪçt] *n ECO* peso propio *m*
eigenhändig ['aɪgənhɛndɪç] *adj* por su propia mano, con su puño y letra
Eigenheim ['aɪgənhaɪm] *n* casa propia *f*
Eigenheit ['aɪgənhaɪt] *f* particularidad *f,* singularidad *f,* peculiaridad *f*
Eigeninitiative ['aɪgəninitsjatiːvə] *f* iniciativa propia *f*
Eigenkapital ['aɪgənkapitaːl] *n ECO* capital propio *m*
eigenmächtig ['aɪgənmɛçtɪç] *adj 1.* arbitrario; *adv 2.* arbitrariamente
Eigenmächtigkeit ['aɪgənmɛçtɪçkaɪt] *f* arbitrariedad *f*
Eigenname ['aɪgənnaːmə] *m* nombre propio *m*
Eigennutz ['aɪgənnuts] *m* interés personal *m*
eigennützig ['aɪgənnytsɪç] *adj* egoísta, interesado
eigens ['aɪgəns] *adv* especialmente, expresamente
Eigenschaft ['aɪgənʃaft] *f* propiedad *f,* calidad *f,* característica *f*
Eigenschaftswort ['aɪgənʃaftsvɔrt] *n GRAMM* adjetivo

Eigensinn ['aɪgənzɪn] *m* obstinación *f*, porfía *f*, capricho *m*
eigensinnig ['aɪgənzɪnɪç] *adj* obstinado, porfiado, caprichoso
eigenständig ['aɪgənʃtɛndɪç] *adj* independiente
Eigenständigkeit ['aɪgənʃtɛndɪçkaɪt] *f* autonomía *f*
Eigensucht ['aɪgənzuxt] *f* egoísmo *m*
eigensüchtig ['aɪgənzyçtɪç] *adj* egoísta
eigentlich ['aɪgəntlɪç] *adj 1.* propio, verdadero; *adv 2.* en realidad, verdaderamente, en el fondo
Eigentor ['aɪgənto:r] *n SPORT* autogol *m*
Eigentum ['aɪgəntu:m] *n* propiedad *f*
Eigentümer(in) ['aɪgənty:mər(ɪn)] *m/f* propietario/propietaria *m/f*, dueño/dueña *m/f*
eigentümlich ['aɪgənty:mlɪç] *adj* propio de, particular, característico
Eigentümlichkeit ['aɪgənty:mlɪçkaɪt] *f* propiedad *f*, particularidad *f*, peculiaridad *f*
Eigentumsdelikt ['aɪgəntu:msdelɪkt] *n JUR* delito contra la propiedad *m*
Eigentumsrecht ['aɪgəntu:msrɛçt] *n* derecho de propiedad *m*
Eigentumswohnung ['aɪgəntu:msvo:-nuŋ] *f* piso de propiedad *m*
eigenverantwortlich ['aɪgənfɛrantvɔrt-lɪç] *adj* de responsabilidad propia
Eigenverantwortung ['aɪgənfɛrantvɔr-tuŋ] *f* responsabilidad propia *f*
eigenwillig ['aɪgənvɪlɪç] *adj* voluntarioso, arbitrario
Eigenwilligkeit ['aɪgənvɪlɪçkaɪt] *f* capricho *m*, obstinación *m*
eignen ['aɪgnən] *v sich ~ für* ser adecuado para, servir para, ser apto para
Eigner(in) ['aɪgnər(ɪn)] *m/f (Eigentümer(in))* propietario/propietaria *m/f*
Eignung ['aɪgnuŋ] *f* aptitud *f*, idoneidad *f*
Eignungsprüfung ['aɪgnuŋspry:fuŋ] *f* examen de aptitud *m*, examen psicotécnico *m*
Eilbote ['aɪlbo:tə] *m durch ~n* envío por expreso *m*, entrega inmediata *f* (LA)
Eilbrief ['aɪlbri:f] *m* carta urgente *f*
Eile ['aɪlə] *f* prisa *f*, apuro *m* (LA)
Eileiter ['aɪlaɪtər] *m ANAT* trompa de Falopio *f*, oviducto *m*
eilen ['aɪlən] *v* correr prisa, ser urgente
eilends ['aɪlənts] *adv* urgente
Eilgut ['aɪlgu:t] *n ECO* mercancías en gran velocidad *f/pl*
eilig ['aɪlɪç] *adj 1. (dringend)* urgente; *2. (schnell)* rápido; *3. (überstürzt)* apresurado
eiligst ['aɪlɪçst] *adv* urgentemente, lo más pronto posible, muy de prisa
Eilschrift ['aɪlʃrɪft] *f* taquigrafía *f*, estenografía *f*
Eiltempo ['aɪltɛmpo] *n im ~* a toda velocidad
Eilzug ['aɪltsu:k] *m* tren expreso *m*, tren rápido *m*
Eilzustellung ['aɪltsu:ʃtɛluŋ] *f* entrega por expreso *f*, entrega urgente *f*
Eimer ['aɪmər] *m* cubo *m*, balde *m* (LA); *im ~ sein* estar hecho polvo (fam)
ein(e) [aɪn/'aɪnə] *art* un/una/uno
Einakter ['aɪnaktər] *m THEAT* pieza en un acto *f*
einander [aɪ'nandər] *adv* uno(s) a otro(s), recíprocamente, mutuamente
einarbeiten ['aɪnarbaɪtən] *v 1. etw ~* incorporar algo, insertar algo; *2. sich ~* adiestrarse en, ponerse al día, familiarizarse
Einarbeitung ['aɪnarbaɪtuŋ] *f* adiestramiento *m*
einarmig ['aɪnarmɪç] *adj* manco
einäschern ['aɪnɛʃərn] *v 1.* incendiar; *2. (Leichnam)* incinerar
Einäscherung ['aɪnɛʃəruŋ] *f* incineración *f*, cremación *f*
einatmen ['aɪna:tmən] *v* aspirar, inhalar
einäugig ['aɪnɔygɪç] *adj* tuerto
Einbahnstrasse ['aɪnba:nʃtra:sə] *f* calle de un solo sentido *f*, dirección única *f*
einbalsamieren ['aɪnbalzami:rən] *v* embalsamar
Einbalsamierung ['aɪnbalzami:ruŋ] *f* embalsamiento *m*
Einband ['aɪnbant] *m* encuadernación *f*
Einbau ['aɪnbau] *m* montaje *m*, instalación *f*
einbauen ['aɪnbauən] *v* montar, instalar
Einbauküche ['aɪnbaukyçə] *f* cócina de módulos *f*
einbehalten ['aɪnbəhaltən] *v irr* retener, conservar
einbeinig ['aɪnbaɪnɪç] *adj* de una sola pierna
einberechnen ['aɪnbərɛçnən] *v etw mit ~* calcular
einberufen ['aɪnbəru:fən] *v irr 1. (Versammlung)* convocar; *2. MIL* llamar a filas, enrolar (LA)
Einberufung ['aɪnbəru:fuŋ] *f 1. (einer Versammlung)* convocatoria *f*; *2. MIL* llamada a filas *f*, reclutamiento *m*, movilización *f*, enrolamiento *m* (LA)

einbetonieren ['aınbetoni:rən] *v* incustrar en hormigón
einbetten ['aınbɛtən] *v* *1.* enterrar; *2.* *(Rohr)* empotrar
Einbettung ['aınbɛtuŋ] *f* intercalación *f*
einbeziehen ['aınbətsi:ən] *v irr* incluir, abarcar
Einbeziehung ['aınbətsi:uŋ] *f* inclusión *f*
einbiegen ['aınbi:gən] *v irr* doblar hacia adentro
einbilden ['aınbıldən] *v sich ~* imaginarse, creerse
Einbildung ['aınbılduŋ] *f* imaginación *f,* fantasía *f*
Einbildungskraft ['aınbılduŋskraft] *f* imaginación *f,* fantasía *f,* fuerza imaginativa *f*
einbinden ['aınbındən] *v irr 1. (Buch)* encuadernar; *2. (fig)* sugerir, insinuar
Einbindung ['aınbınduŋ] *f* ilusión *f,* quimera *f*
einblenden ['aınblɛndən] *v CINE* presentar en sobreimpresión
Einblick ['aınblık] *m* mirada *f*
einbrechen ['aınbrɛçən] *v irr 1. (stehlen)* robar, hurtar; *2. (durchbrechen)* romper
Einbrecher ['aınbrɛçər] *m* ladrón *m,* desvalijador *m*
einbringen ['aınbrıŋən] *v irr* acarrear, recoger
Einbruch ['aınbrux] *m 1. (Diebstahl)* robo con fractura *m; 2. (Einsturz)* irrupción *f*
einbruchsicher ['aınbruxzıçər] *adj* a prueba de robo, antirrobo
einbürgern ['aınbyrgərn] *v POL* nacionalizar
Einbürgerung ['aınbyrgəruŋ] *f POL* nacionalización *f*
Einbuße ['aınbu:sə] *f* pérdida *f,* merma *f,* mengua *f*
einbüßen ['aınby:sən] *v* perder, sufrir pérdida
einchecken ['aıntʃɛkən] *v* despachar
eincremen ['aınkre:mən] *v* encremar
eindämmen ['aındɛmən] *v* poner diques a, contener
Eindämmung ['aındɛmuŋ] *f* contención *f,* restrinción *f*
eindecken ['aındɛkən] *v 1. sich mit etw ~* aprovisionarse de, abastecerse de; *2. jdn mit etw ~* proveer
eindeutig ['aındɔytıç] *adj* inequívoco, claro, evidente
Eindeutigkeit ['aındɔytıçkaıt] *f* claridad *f,* evidencia *f*
eindeutschen ['aındɔytʃən] *v* germanizar, alemanizar
eindimensional ['aındımɛnzjona:l] *adj* unidimensional
eindringen ['aındrıŋən] *v irr ~ in* penetrar en, entrar en
eindringlich ['aındrıŋlıç] *adj 1.* insistente; *adv 2.* encarecidamente, insistentemente
Eindringlichkeit ['aındrıŋlıçkaıt] *f* insistencia *f*
Eindringling ['aındrıŋlıŋ] *m* intruso *m*
Eindruck ['aındruk] *m 1.* impresión *f; 2. (fig)* sensación *f*
eindrücken ['aındrykən] *v 1.* apretar; *2. (Fenster)* romper
eindrucksvoll ['aındruksfɔl] *adj* impresionante
eine(r,s) ['aınə(r,s)] *art* un(o,a); *Du bist vielleicht ~r!* ¡Éres un cabrón! (fam)
einebnen ['aıne:bnən] *v* allanar, aplanar, nivelar
eineinhalb [aınaın'halp] *num* uno y medio
einen ['aınən] *v* unir
einengen ['aınɛŋən] *v* estrechar, limitar, restringir
Einengung ['aınɛŋuŋ] *f* limitación *f*
Einer ['aınər] *m SPORT (Boot)* esquife de un remero *m*
einerlei [aınər'laı] *adj* igual, de la misma clase
einerseits ['aınərzaıts] *adv* por un lado, de una parte
einesteils ['aınəs'taıls] *adv* por un lado, por otra parte
einfach ['aınfax] *adj 1.* sencillo, simple, modesto; *adv 2.* sencillamente, modestamente
Einfachheit ['aınfaxhaıt] *f* sencillez *f,* simplicidad *f*
einfädeln ['aınfɛ:dəln] *v 1.* enhebrar, ensartar; *2. (fig)* tramar, urdir
einfahren ['aınfa:rən] *v irr 1. (Auto)* rodar; *2. NAUT* entrar, efectuar su entrada; *3. (fig: Sieg)* tomar lugar
Einfahrt ['aınfa:rt] *f 1. (Ankunft)* llegada *f; 2. (Zufahrt)* entrada *f*
Einfall ['aınfal] *m 1. (Idee)* idea *f; 2. MIL* invasión *f*
einfallen ['aınfalən] *v irr 1. (Idee haben)* tener una idea, ocurrírsele; *Mir ist gerade etw eingefallen.* Se me acaba de pasar algo por la cabeza./Se me acaba de ocurrir una cosa. *2. MIL* invadir
einfallslos ['aınfalslo:s] *adj* sin imaginación

Einfallslosigkeit ['aɪnfalsloːzɪçkaɪt] *f* pobreza en ideas *f*
einfallsreich ['aɪnfalsraɪç] *adj* ocurrente, imaginativo
Einfallsreichtum ['aɪnfalsraɪçtuːm] *m* riqueza de ideas *f*
Einfalt ['aɪnfalt] *f* ingenuidad *f*, candor *m*, simplicidad *f*
einfältig ['aɪnfɛltɪç] *adj* inocente, cándido, ingenuo, bobo
Einfaltspinsel ['aɪnfaltspɪnzəl] *m* bobo *m*
Einfamilienhaus ['aɪnfamiːljənhaus] *n* casa *f*, chalet unifamiliar *m*
einfangen ['aɪnfaŋən] *v irr 1. (Tier, Verbrecher)* atrapar, capturar; *2. (fig: Krankheit)* cogerse una enfermedad
einfärben ['aɪnfɛrbən] *v* teñir
einfarbig ['aɪnfarbɪç] *adj* de un solo color, monocolor, unicolor
einfassen ['aɪnfasən] *v* guarnecer
Einfassung ['aɪnfasuŋ] *f* guarnición *f*, ribete *m*
einfetten ['aɪnfɛtən] *v 1.* engrasar; *2. (Haut)* encremar
einfinden ['aɪnfɪndən] *v irr sich ~* acudir, presentarse, concurrir
einflechten ['aɪnflɛçtən] *v irr 1.* entretejer, entrelazar; *2. (fig)* aludir, mencionar de paso
einfliegen ['aɪnfliːgən] *v irr* traer en avión
einfließen ['aɪnfliːsən] *v irr 1.* desaguar, desembocar en, confluir con; *2. (fig: mit in etw eingehen)* aludir, tocar un asunto
einflößen ['aɪnfløːsən] *v 1. (Vertrauen)* inspirar; *2. (fig) jdm etw ~* imponer
Einfluss ['aɪnflus] *m* influencia *f*, poder *m*, peso *m*
Einflussnahme ['aɪnflusnaːmə] *f* ejercicio de influencia *m*
einflussreich ['aɪnflusraɪç] *adj* influyente, poderoso
einflüstern ['aɪnflystərn] *v jdm etw ~* susurrar, decir al oído
Einflüsterung ['aɪnflystəruŋ] *f* insinuación *f*, sugestión *f*
einfordern ['aɪnfɔrdərn] *v FIN* exigir, pedir, reclamar
einförmig ['aɪnfœrmɪç] *adj* uniforme, monótono
Einfriedung ['aɪnfriːduŋ] *f* vallado *m*, cercado *m*
einfrieren ['aɪnfriːrən] *v irr 1. (Nahrungsmittel)* congelar, refrigerar; *2. (Verhandlung) ECO* congelar, paralizar
einfügen ['aɪnfyːgən] *v ~ in* incluir en, agregar en
einfühlen ['aɪnfyːlən] *v sich ~ in* tratar de comprender
einfühlsam ['aɪnfyːlzaːm] *adj* comprensivo
Einfühlungsvermögen ['aɪnfyːluŋsfɛrmøːgən] *n* comprensión *f*, compenetración *f*, capacidad de compresión *f*
Einfuhr ['aɪnfuːr] *f ECO* importación *f*
Einfuhrbeschränkung ['aɪnfuːrbəʃrɛnkuŋ] *f ECO* restricción a la importación *f*
einführen ['aɪnfyːrən] *v 1. (etw Neues)* lanzar, introducir; *2. (hineinschieben)* meter, introducir, penetrar; *3. (importieren) ECO* importar
Einfuhrerklärung ['aɪnfuːrɛrklɛːruŋ] *f ECO* declaración de entrada *f*, declaración de importación *f*
Einführung ['aɪnfyːruŋ] *f 1. (von etw Neuem)* lanzamiento *m*, introducción *f*; *2. (Hineinschieben)* introducción *f*, penetración *f*
Einführungspreis ['aɪnfyːruŋspraɪs] *m ECO* precio de introducción *m*, precio de lanzamiento *m*
Einfuhrverbot ['aɪnfuːrfɛrboːt] *n ECO* prohibición a la importación *f*
Einfuhrzoll ['aɪnfuːrtsɔl] *m ECO* derechos de importación *m/pl*, derechos de entrada *m/pl*
einfüllen ['aɪnfylən] *v* llenar, echar
Einfüllstutzen ['aɪnfylʃtutsən] *m TECH* tubuladura de relleno *f*
Eingabe ['aɪngaːbə] *f 1. (von Daten) INFORM* entrada *f*, ingreso *m*; *2. (Ersuchen) POL* petición *f*, memorial *m*
Eingang ['aɪngaŋ] *m 1.* entrada *f*; *2. (Wareneingang) ECO* llegada *f*; *3. (Geldeingang) ECO* ingreso *m*
eingängig ['aɪngɛŋɪç] *adj* de paso simple
eingangs ['aɪngaŋs] *adv 1.* al principio, al comienzo; *prep 2.* el principio de
Eingangshalle ['aɪngaŋshalə] *f* vestíbulo *m*, hall *m*
Eingangsstempel ['aɪngaŋsʃtɛmpəl] *m ECO* sello de entrada *m*
Eingangstür ['aɪngaŋstyːr] *f* puerta de entrada *f*
eingeben ['aɪngeːbən] *v irr 1. (einreichen)* entregar, dar; *2. (Daten) INFORM* introducir, meter; *3. (verabreichen) MED* administrar, dar, suministrar
eingebettet ['aɪngəbɛtət] *adj* enterrado, empotrado

eingebildet ['aɪngəbɪldət] *adj 1. (überheblich)* presuntuoso, fatuo, creído; *2. (unwirklich)* imaginario, ficticio
Eingeborene(r) ['aɪngəboːrənə(r)] *m/f* indígena *m/f,* natural *m/f*
Eingebung ['aɪngeːbuŋ] *f (fig)* inspiración *f,* sugestión *f*
eingedenk ['aɪngədɛŋk] *adj einer Sache ~* acordarse de, recordar
eingefallen ['aɪngəfalən] *adj 1. (Gesicht)* enflaquecido; *2. (Augen)* hundido; *3. (Wangen)* hundido; *- en Wangen* mejillas hundidas
eingehen ['aɪngeːən] *v irr 1. (ankommen)* llegar; *2. (sterben, absterben)* morir, perecer; *3. (kleiner werden)* encogerse; *4. (auf einen Vorschlag)* aceptar; *5. auf jdn ~ (fam)* seguir el humor a alguien; *6. (Verpflichtung)* afrontar, contraer
eingehend ['aɪngeːənt] *adj (ausführlich)* detallado, minucioso
eingenommen ['aɪngənɔmən] *adj (befangen)* prevenido de, contra
eingerahmt ['aɪngəraːmt] *adj* enmarcado
eingeschlossen ['aɪngəʃlɔsən] *adj 1. (eingesperrt)* encerrado; *2. (umgeben)* rodeado; *3. (inbegriffen)* inclusive
eingespielt ['aɪngəʃpiːlt] *adj* armonizado, sincronizado
Eingeständnis ['aɪngəʃtɛntnɪs] *n* confesión *f*
eingestehen ['aɪngəʃteːən] *v* confesar, admitir
eingetragen ['aɪngətraːgən] *adj* declarado, registrado
Eingeweide ['aɪngəvaɪdə] *pl ANAT* vísceras *f/pl,* entrañas *f/pl*
Eingeweihte(r) ['aɪngəvaɪːtə(r)] *m/f* iniciado/iniciada *m/f*
eingewöhnen ['aɪngəvøːnən] *v sich ~* acostumbrarse a, habituarse a
Eingewöhnung ['aɪngəvøːnuŋ] *f* costumbre *f*
eingießen ['aɪngiːsən] *v irr* echar, verter
eingipsen ['aɪngɪpsən] *v 1.* enyesar; *2. MED* poner una escayola, enyesar
eingleisig ['aɪnglaɪzɪç] *adj 1. (Strecke)* de una sola vía; *2. (fig)* unilateral
eingraben ['aɪngraːbən] *v irr 1.* enterrar; *2. (eingravieren)* grabar; *3. sich ~ MIL* atrincherarse; *4. sich ~ (sich einprägen)* grabarse
eingravieren ['aɪngraviːrən] *v* grabar
eingreifen ['aɪngraɪfən] *v irr 1. (einschreiten)* intervenir, mediar, actuar; *2. TECH* engranar, encajar
Eingriff ['aɪngrɪf] *m 1. (Einschreiten)* intervención *f; 2. MED* operación quirúrgica *f; 3. TECH* engranaje *m*
einhaken ['aɪnhaːkən] *v 1. (unterbrechen)* cortar; *2. (etw ~)* picotear; *3. sich bei jdm ~* importunar
Einhalt ['aɪnhalt] *m ~ gebieten* contener
einhalten ['aɪnhaltən] *v irr 1. (befolgen)* atenerse a, cumplir con; *2. (beibehalten)* mantener, conservar; *3. (anhalten)* detenerse, pararse
Einhaltung ['aɪnhaltuŋ] *f 1. (Befolgung)* cumplimiento *m; 2. (Beibehaltung)* mantenimiento *m*
einhändig ['aɪnhɛndɪç] *adj 1. (mit einer Hand)* con una sola mano; *2. (handamputiert)* manco
einhängen ['aɪnhɛŋən] *v 1. (auflegen)* colgar; *2. (Tür)* enquiciar; *3. sich bei jdm ~* colgarse de alguien
einheften ['aɪnhɛftən] *v (Akten)* archivar
einheimisch ['aɪnhaɪmɪʃ] *adj* aborigen, autóctono, nacional, indígena
Einheimische(r) ['aɪnhaɪmɪʃə(r)] *m/f* naturales de un país *pl,* indígena *m/f,* nativo *m*
Einheit ['aɪnhaɪt] *f* unidad *f*
einheitlich ['aɪnhaɪtlɪç] *adj* uniforme, homogéneo, unitario
Einheitlichkeit ['aɪnhaɪtlɪçkaɪt] *f* uniformidad *f*
einheizen ['aɪnhaɪtsən] *v 1.* calentar, poner la calefacción; *2. (Feuer machen)* hacer fuego; *3. etw ~* calentar; *4. jdm ~ (fig)* cantarle a alguien las cuarenta
einhellig ['aɪnhɛlɪç] *adj* unánime
Einhelligkeit ['aɪnhɛlɪçkaɪt] *f* unanimidad *f*
einhergehen [aɪn'heːrgeːən] *v irr 1.* ir acompañado; *2. mit gutem Gewissen einhergehen* tener buena conciencia
einholen ['aɪnhoːlən] *v 1. (Läufer)* alcanzar; *2. (Vorsprung, Zeit)* ganar; *3. (empfangen)* recibir; *4. (Netze)* recoger; *5. (Fahne)* arriar; *6. (erbitten)* pedir
Einhorn ['aɪnhɔrn] *n* unicornio *m*
einhüllen ['aɪnhylən] *v* envolver
einhundert ['aɪnhundərt] *num* cien
einig ['aɪnɪç] *adj* conforme, acorde
einige ['aɪnɪgə] *pron* algunos, algunas, unos, unas
einigen ['aɪnɪgən] *v sich ~ über* ponerse de acuerdo, convenir sobre, convenir en
einigermaßen [aɪnɪgər'maːsən] *adv* más o menos, en cierto modo, hasta cierto punto

Einigkeit ['aınıçkaıt] *f* unidad *f*
Einigung ['aınıguŋ] *f* *1.* acuerdo *m,* concordancia *f; 2. POL* unión *f,* unificación *f*
Einigungsbestrebung ['aınıguŋsbəʃtreːbuŋ] *f POL* tendencia de unificación *f*
Einigungsvertrag ['aınıguŋsfɛrtraːk] *m POL* contrato de unificación *m*
einimpfen ['aınımpfən] *v 1.* inocular, vacunar; *2. (fig)* imbuir
einjagen ['aınjaːgən] *v jdm Angst ~* infudir miedo a alguien
einjährig ['aınjɛːrıg] *adj 1.* anual; *2. (Kind)* de un año; *3. (Pflanze)* anual
einkalkulieren ['aınkalkuliːrən] *v* incluir en el cálculo
einkassieren ['aınkasiːrən] *v* cobrar
Einkauf ['aınkauf] *m* compra *f*
einkaufen ['aınkaufən] *v* hacer compras, ir de compras
Einkäufer(in) ['aınkɔyfər(ın)] *m/f ECO* comprador(a) *m/f*
Einkaufsbummel ['aınkaufsbuməl] *m* compra *f,* el ir de tiendas
Einkaufspreis ['aınkaufspraıs] *m ECO* precio de compra *m*
Einkaufstasche ['aınkaufstaʃə] *f* bolsa de compras *f*
Einkaufswagen ['aınkaufsvaːgən] *m* carrito de la compra *m*
Einkaufszentrum ['aınkaufstsɛntrum] *n* centro comercial *m*
einkehren ['aınkeːrən] *v 1. (im Gasthaus)* ir a un restaurante, ir a tomar algo; *2. (fig: kommen)* llegar
einkerben ['aınkɛrbən] *v* hacer muescas, entallar, muescar
Einkerbung ['aınkɛrbuŋ] *f* muesca *f,* incisión *f*
einkesseln ['aınkɛsəln] *v MIL* copar
einklagen ['aınklaːgən] *v* reclamar judicialmente
einklammern ['aınklamərn] *v* poner entre paréntesis
Einklang ['aınklaŋ] *m* acorde *m,* unisonancia *f*
einkleben ['aınkleːbən] *v* pegar
einklemmen ['aınklɛmən] *v etw in etw ~* pillar
einklinken ['aınklıŋkən] *v 1. (Tür)* cerrar una puerta con el picaporte; *2. sich bei etw ~ (fig: mitmachen)* participar en algo
einknicken ['aınknıkən] *v 1. (brechen)* quebrar en; *2. (Knie)* flexionar la rodilla; *3. (etw ~)* doblar; *4. (Papier)* doblar
Einkommen ['aınkɔmən] *n* ingresos *m/pl,* renta *f*
einkommensschwach ['aınkɔmənsʃvax] *adj ECO* de pocos ingresos
Einkommenssteuer ['aınkɔmənsʃtɔyər] *f ECO* impuestos sobre la renta *m/pl*
Einkommensverhältnisse ['aınkɔmənsfɛrhɛltnısə] *pl* ingresos *m/pl*
einkreisen ['aınkraızən] *v* envolver, cercar
Einkreisung ['aınkraızuŋ] *f* cerco *m,* aislamiento *m*
Einkünfte ['aınkynftə] *pl* ingresos *m/pl,* ventas *f/pl,* ganancias *f/pl*
einladen ['aınlaːdən] *v irr 1. (Gäste) ~ zu* invitar a, convidar a, ofrecer a; *2. (Gepäck)* cargar
Einladung ['aınlaːduŋ] *f* invitación *f,* convite *m*
Einlage ['aınlaːgə] *f 1. (Programmeinlage)* número especial del programa *m; 2. (Suppeneinlage)* tropiezos *m/pl,* tropezones *m/pl; 3. FIN* depósito *m,* imposición *f*
einlagern ['aınlaːgərn] *v* almacenar, depositar
Einlagerung ['aınlaːgəruŋ] *f* almacenamiento *m*
Einlass ['aınlas] *m 1. (Zulassung)* admisión *f; 2. (Tür)* puerta de entrada *f*
einlassen ['aınlasən] *v irr 1. (hereinlassen)* dejar entrar, dejar pasar; *2. (einlaufen lassen)* rodar; *3. sich ~ auf* meterse en, comprometerse en
Einlauf ['aınlauf] *m 1. SPORT* llegada a la línea de meta *f; 2. MED* lavativa *f*
einlaufen ['aınlaufən] *v irr 1. (Mannschaft)* entrar; *2. (hineinfließen)* fluir; *3. (in den Hafen) NAUT* arribar; *4. (Stoff)* encogerse; *5. (eingehen)* encogerse; *6. (Schuhe)* adaptar al pie; *7. sich ~* calentar, hacer ejercicios de precalentamiento; *8. jdm das Haus ~* no dejar en paz a alguien
einleben ['aınleːbən] *v sich an etw gewöhnen* adaptarse a algo, acostumbrarse a algo
einlegen ['aınleːgən] *v 1.* meter; *2. (Geld)* investir; *3. (Haar)* marcar; *4. (Holz)* taracear; *5. (Heringe)* marinar, macerar
einleiten ['aınlaıtən] *v 1. (einführen)* introducir; *2. (beginnen)* iniciar, comenzar
Einleitung ['aınlaıtuŋ] *f 1. (Einführung)* introducción *f; 2. (Beginn)* inicio *m,* comienzo *m*
einlesen ['aınleːzən] *v irr 1. sich ~ in* familiarizarse con; *2. INFORM* leer

einleuchten ['aınlɔyçtən] *v jdm ~ (fig)* convencer a alguien
einleuchtend ['aınlɔyçtənt] *adj* obvio, evidente, claro
einliefern ['aınli:fərn] *v 1. (Krankenhaus)* hospitalizar, ingresar al hospital; *2. (Gefängnis)* encarcelar, conducir a la cárcel
Einlieferung ['aınli:fəruŋ] *f (ins Krankenhaus)* ingreso *m*
einloggen ['aınlɔgən] *v sich ~ INFORM* cadastrarse
einlösen ['aınlø:zən] *v 1. (Scheck)* cobrar, hacer efectivo; *2. (Versprechen)* cumplir
einmachen ['aınmaxən] *v (Früchte) GAST* confitar, conservar en almíbar
einmal ['aınma:l] *adv* una vez
Einmaleins ['aınma:laıns] *n 1.* tabla de multiplicar *f; 2. (fig: Grundwissen)* el abc *m*
einmalig ['aınma:lıç] *adj* único, extraordinario
Einmarsch ['aınmarʃ] *m MIL* ocupación *f*
einmarschieren ['aınmarʃi:rən] *v* invadir, entrar por la fuerza
einmassieren ['aınmasi:rən] *v* aplicar, poner
einmieten ['aınmi:tən] *v sich bei jdm ~* alojarse
einmischen ['aınmıʃən] *v sich ~* entrometerse en, inmiscuirse en
Einmischung ['aınmıʃuŋ] *f* intromisión *f,* injerencia *f*
einmünden ['aınmyndən] *v (Fluss)* desembocar
Einmündung ['aınmynduŋ] *f 1. (eines Flusses)* desembocadura *f; 2. (einer Straße)* cruce *m*
einmütig ['aınmy:tıç] *adj* unánime, concorde
Einmütigkeit ['aınmy:tıçkaıt] *f* unanimidad *f*
einnähen ['aınnɛ:ən] *v* coser en
Einnahme ['aınna:mə] *f 1. (Ertrag)* entrada *f,* ingreso *m; 2. MIL* toma *f*
einnehmen ['aınne:mən] *v irr 1. (verdienen)* ganar; *2. (Arznei)* tomar, ingerir; *3. (Platz)* ocupar, llenar; *4. MIL* tomar, conquistar
einnicken ['aınnıkən] *v (fam)* adormitarse, dar una cabezada
einnisten ['aınnıstən] *v sich ~ (fig)* instalarse, anidar
Einöde ['aınø:də] *f* soledad *f*
einölen ['aınø:lən] *v 1. TECH* dar aceite; *2. (Haut)* untar, encremar
einordnen ['aınɔrdnən] *v 1.* ordenar, poner en su sitio; *2. sich ~* enfilarse, colocarse en una fila
einpacken ['aınpakən] *v* empaquetar, embalar, envolver; *Damit kannst du ~.* Eso no te sirve para nada./Olvídate del tango. (fig)
einparken ['aınparkən] *v* aparcar
Einparteiensystem [aınpar'taıənzyste:m] *n POL* sistema de partido único *f*
einpferchen ['aınpfɛrçən] *v (fig)* acorralar; *eingepfercht wie die Heringe* apretados como las sardinas
einpflanzen ['aınpflantsən] *v 1.* plantar; *2. MED* implantar; *3. (fig)* inculcar
einplanen ['aınpla:nən] *v* planear
einprägen ['aınprɛ:gən] *v sich etw ~* grabarse algo en la memoria
einrahmen ['aınra:mən] *v* encuadrar
einrasten ['aınrastən] *v* encajar, engatillar
einräumen ['aınrɔymən] *v 1. (wegräumen)* guardar; *2. (füllen)* conceder; *3. (zugeben)* admitir
einreiben ['aınraıbən] *v irr* restregar, frotar
einreichen ['aınraıçən] *v* presentar, entregar
einreihig ['aınraıhıç] *adj (Jackett)* de una hilera
Einreise ['aınraızə] *f* entrada *f,* ingreso *m*
einreisen ['aınraızən] *v ~ in ein Land* entrar a un país, ingresar a un país
einreißen ['aınraısən] *v irr 1.* romperse; *2. etw ~ lassen (fig)* tolerar algo
einrenken ['aınrɛŋkən] *v 1. MED* reponer un hueso dislocado; *2. (fig)* arreglar, componer, ajustar
einrichten ['aınrıçtən] *v* arreglar, organizar
Einrichtung ['aınrıçtuŋ] *f* arreglo *m,* organización *f*
einrühren ['aınry:rən] *v* mezclar agitando
eins [aıns] *num* uno
einsam ['aınza:m] *adj* solo, solitario
Einsamkeit ['aınza:mkaıt] *f* soledad *f*
einsammeln ['aınzaməln] *v* recoger, reunir
Einsatz ['aınzats] *m 1. (beim Glücksspiel)* apuesta *f; 2. (Aufwand)* esfuerzo *m; ~ im Sport zeigen* sudar la camiseta; *3. (Anwendung)* empleo *m,* uso *m; 4. (Topfeinsatz)* accesorios de la olla *m/pl; 5. MIL* ataque *m,* entrada en acción *f*
einsatzbereit ['aınzatsbəraıt] *adj* disponible
Einsatzbereitschaft ['aınzatsbəraıtʃaft] *f* disponibilidad *f,* disposición *f*

Einsatzleiter(in) ['aɪnzatslaɪtər(ɪn)] *m/f* jefe/jefa de operaciones *m/f*
Einsatzzentrale ['aɪnzatstsɛntraːlə] *f* central de operaciones *f*
einschalten ['aɪnʃaltən] *v 1. (anschalten)* conectar, encender; *2. (hinzuziehen)* incluir, insertar; *3. sich ~* intervenir en, mediar
Einschaltquote ['aɪnʃaltkvoːtə] *f (im Fernsehen)* índice de audiencia *m*
einschätzen ['aɪnʃɛtsən] *v* calcular, valorar
Einschätzung ['aɪnʃɛtsuŋ] *f* tasación *f*
einschenken ['aɪnʃɛŋkən] *v* echar de beber, servir
einschieben ['aɪnʃiːbən] *v irr 1.* interponer; *2. (Satz)* intercalar; *3. (in einen Zeitplan)* introducir
einschlafen ['aɪnʃlaːfən] *v irr* dormirse; *~ können* conciliar el sueño
einschläfern ['aɪnʃlɛːfərn] *v 1.* adormecer; *2. (Gewissen)* acallar la conciencia
Einschlag ['aɪnʃlaːk] *m 1.* doblez *m,* pliegue *m; 2. MIL* impacto *m,* caída *f*
einschlagen ['aɪnʃlaːgən] *v irr 1. (Nagel)* clavar; *2. (Fenster)* romper; *3. Richtung ~* tomar una dirección, seguir una dirección; *4. (Blitz)* caer; *wie ein Blitz ~* hacer estragos
einschlägig ['aɪnʃlɛːgɪç] *adj* pertinente a, relativo a
einschleichen ['aɪnʃlaɪçən] *v irr 1. sich ~* introducirse furtivamente; *2. sich ~ (fig: Fehler)* colarse
einschleppen ['aɪnʃlɛpən] *v (Krankheit)* arrastrar, llevar consigo
einschleusen ['aɪnʃlɔyzən] *v etw ~* hacer entrar en una esclusa
einschließen ['aɪnʃliːsən] *v irr 1.* encerrar, acorralar; *2. (fig)* comprender, abarcar
einschließlich ['aɪnʃliːslɪç] *adv 1.* incluso, inclusive; *prep 2.* con inclusión de
einschmeicheln ['aɪnʃmaɪçəln] *v sich bei jdm ~* captarse la simpatías de alguien
einschmelzen ['aɪnʃmɛltsən] *v irr* fundir, derretir
einschneiden ['aɪnʃnaɪdən] *v irr (Holz, Stein)* cortar en, entallar
einschneidend ['aɪnʃnaɪdənt] *adj (fig)* terminante, drástico
Einschnitt ['aɪnʃnɪt] *m 1. (Schnitt)* corte *m; 2. (fig: Erlebnis)* momento crucial *m,* momento decisivo *m*
einschränken ['aɪnʃrɛŋkən] *v* limitar, restringir
Einschränkung ['aɪnʃrɛŋkuŋ] *f 1.* limitación *f; 2. (Vorbehalt)* reserva *f*
Einschreibebrief ['aɪnʃraɪbəbriːf] *m* carta certificada *f*
einschreiben ['aɪnʃraɪbən] *v irr sich ~* inscribirse, matricularse
Einschreiben ['aɪnʃraɪbən] *n per ~* certificado *m*
Einschreibung ['aɪnʃraɪbuŋ] *f* inscripción *f,* matrícula *f*
einschreiten ['aɪnʃraɪtən] *v irr* intervenir, tomar medidas
einschrumpfen ['aɪnʃrumpfən] *v* arrugarse
einschüchtern ['aɪnʃyçtərn] *v* intimidar
Einschüchterung ['aɪnʃyçtəruŋ] *f* intimidación *f*
Einschulung ['aɪnʃuːluŋ] *f* escolarización *f*
einschweißen ['aɪnʃvaɪsən] *v 1. (Metall)* soldar; *2. (Buch)* plastificar
einsehen ['aɪnzeːən] *v irr 1. (Einblick nehmen)* examinar, observar, reconocer, mirar; *2. (fig: verstehen)* entender, comprender
Einsehen ['aɪnzeːən] *n ein ~ haben* tener comprensión
einseifen ['aɪnzaɪfən] *v 1.* enjabonar; *2. (fam: betrügen)* embaucar, engañar
einseitig ['aɪnzaɪtɪç] *adj* unilateral, parcial, de un lado
Einseitigkeit ['aɪnzaɪtɪçkaɪt] *f* parcialidad *f,* criterio unilateral *m*
einsenden ['aɪnzɛndən] *v irr* enviar, remitir
Einsender ['aɪnzɛndər] *m* remitente *m*
Einsendung ['aɪnzɛnduŋ] *f* envío *m*
einsetzen ['aɪnzɛtsən] *v 1. (einfügen)* insertar, agregar; *2. (anwenden)* usar, emplear; *3. (Amt übertragen)* encomendar, encargar; *4. (riskieren)* arriesgar, exponer
Einsetzung ['aɪnzɛtsuŋ] *f* investidura *f*
Einsicht ['aɪnzɪçt] *f (fig)* juicio *m,* discernimiento *m*
einsichtig ['aɪnzɪçtɪç] *adj* razonable, juicioso
Einsichtnahme ['aɪnzɪçtnaːmə] *f* inspección *f*
einsichtsvoll ['aɪnzɪçtsfɔl] *adj* razonable
Einsiedler(in) ['aɪnziːdlər(ɪn)] *m/f* ermitaño/ermitaña *m/f,* anacoreta *m/f*
einsilbig ['aɪnsɪlbɪç] *adj* monosílabo
Einsilbigkeit ['aɪnzɪlbɪçkaɪt] *f* monosilabismo *m*
einsortieren ['aɪnzɔrtiːrən] *v* clasificar
einsparen ['aɪnʃpaːrən] *v* ahorrar, economizar

Einsparung ['aɪnʃpaːruŋ] *f* ahorro *m*
einsperren ['aɪnʃpɛrən] *v* encerrar, recluir, internar
einsprachig ['aɪnʃpraːxɪç] *adj* monolingüe
Einsprachigkeit ['aɪnʃpraːxɪçkaɪt] *f* monolingüismo *m*
einspringen ['aɪnʃprɪŋən] *v irr* entrar de un salto
Einspritzmotor ['aɪnʃprɪtsmoːtɔr] *m* *TECH* motor de inyección *m*
Einspruch ['aɪnʃprux] *m* objeción *f,* protesta *f,* reclamación *f*
einspurig ['aɪnʃpuːrɪç] *adj 1. (Straße)* de un solo carril; *2. (Gleis)* de una sola vía
einst [aɪnst] *adv 1. (Vergangenheit)* antiguamente, antaño; *2. (Zukunft)* algún día, alguna vez
Einstand ['aɪnʃtant] *m 1. (Arbeitstelle)* ingreso *m; 2. (Tennis)* empate *m*
einstauben ['aɪnʃtaubən] *v* empolvar
einstecken ['aɪnʃtɛkən] *v irr 1. (in die Tasche)* meter en el bolsillo; *2. (~ und mitnehmen)* comprar y llevar; *3. (Stecker)* enchufar; *4. (fig: hinnehmen)* aguantar
einsteigen ['aɪnʃtaɪgən] *v irr ~ in* subir a, entrar a
Einsteiger(in) ['aɪnʃtaɪgər(ɪn)] *m/f* nuevo/nueva socio/socia de una empresa *m/f*
einstellen ['aɪnʃtɛlən] *v 1. (Arbeitskräfte)* emplear, contratar, dar empleo a, colocar; *2. (beenden)* terminar, cesar, acabar, finalizar; *3. (Zahlungen)* suspender, interrumpir; *4. (Rekord)* igualar una marca; *5. (regulieren)* regular, ajustar
Einstellung ['aɪnʃtɛluŋ] *f 1. (von Arbeitskräften)* empleo *m,* colocación *f; 2. (Beendigung)* cese *m; 3. (von Zahlungen)* suspensión *f; 4. (Rekord)* igualación de un récord *f; 5. (Regulierung)* regulación *f,* ajuste *m; 6. (Denkhaltung)* manera de pensar *f,* punto de vista *m,* opinión *f*
Einstieg ['aɪnʃtiːk] *m* subida *f,* entrada *f*
einstig ['aɪnstɪç] *adj* antiguo, pasado
einstimmig ['aɪnʃtɪmɪç] *adj 1.* unísono, unánime; *adv 2. (fig)* unánimemente, por unanimidad
Einstimmigkeit ['aɪnʃtɪmɪçkaɪt] *f (fig)* unanimidad *f*
einstöckig ['aɪnʃtœkɪç] *adj* de un solo piso
einströmen ['aɪnʃtrøːmən] *v* fluir
einstudieren ['aɪnʃtudiːrən] *v* estudiar de memoria
einstufen ['aɪnʃtuːfən] *v* clasificar, escalonar
einstufig ['aɪnʃtuːfɪç] *adj* de un solo escalón
Einstufung ['aɪnʃtuːfuŋ] *f* clasificación *f,* asignación a una categoría *f*
Einsturz ['aɪnʃturts] *m* desmoronamiento *m,* derrumbamiento *m*
einstürzen ['aɪnʃtyrtsən] *v* desmoronarse, derrumbarse
einstweilig ['aɪnstvaɪlɪç] *adj* temporal, provisional
eintauschen ['aɪntauʃən] *v ~ gegen* cambiar por, trocar por
eintausend ['aɪntauzənt] *num* mil
einteilen ['aɪntaɪlən] *v* dividir, distribuir, repartir
Einteilung ['aɪntaɪluŋ] *f* división *f,* distribución *f,* reparto *m*
eintippen ['aɪntɪpən] *v* entrar, meter
eintönig ['aɪntøːnɪç] *adj* monótono, aburrido
Eintönigkeit ['aɪntøːnɪçkaɪt] *f* monotonía *f*
Eintopf ['aɪntɔpf] *m GAST* potaje *m,* cocido *m*
Eintracht ['aɪntraxt] *f* concordia *f,* armonía *f*
einträchtig ['aɪntrɛçtɪç] *adv* de acuerdo total, en armonía
Eintrag ['aɪntraːk] *m* asiento *m*
eintragen ['aɪntraːgən] *v irr* asentar, registrar, inscribir
einträglich ['aɪntrɛːkliç] *adj* lucrativo, rentable
Einträglichkeit ['aɪntrɛːklɪçkaɪt] *f* rentabilidad *f*
Eintragung ['aɪntraːguŋ] *f* inscripción *f*
eintreffen ['aɪntrɛfən] *v irr* llegar, arribar, realizarse
eintreiben ['aɪntraɪbən] *v irr 1. (Hühner)* acorralar; *2. (Gelder)* recaudar
eintreten ['aɪntreːtən] *v irr 1. (beitreten)* ingresar en; *2. (sich einsetzen) ~ für* interceder por, mediar por; *3. (eintreffen)* llegar; *4. (hineingehen) ~ in* entrar en
Eintritt ['aɪntrɪt] *m 1. (Beitritt)* ingreso en *m; 2. (Betreten)* entrada *f; ~ frei* entrada libre
Eintrittsgeld ['aɪntrɪtsgɛlt] *n* entrada *f*
Eintrittskarte ['aɪntrɪtskartə] *f* entrada *f,* boleto *m* (LA)
eintrocknen ['aɪntrɔknən] *v* secar
einüben ['aɪnyːbən] *v 1. (lernen)* estudiar; *2. mit jdm etw ~* ensayar, repetir

einverleiben ['aɪnfɛrlaɪbən] *v* incorporar a

Einvernehmen ['aɪnfɛrneːmən] *n* acuerdo *m,* conformidad *f*

einvernehmlich ['aɪnfɛrneːmlɪç] *adj* de acuerdo, en conformidad

einverstanden ['aɪnfɛrʃtandən] *adj ~ sein mit* estar de acuerdo con

Einverständnis ['aɪnfɛrʃtɛntnɪs] *n* conformidad *f,* aprobación *f*

Einwand ['aɪnvant] *m* objeción *f,* reparo *m*

Einwanderer ['aɪnvandərər] *m* inmigrante *m/f*

einwandern ['aɪnvandərn] *v* inmigrar

Einwanderung ['aɪnvandəruŋ] *f* inmigración *f*

einwandfrei ['aɪnvantfraɪ] *adj* correcto, impecable; *Seine Geschäfte scheinen mir nicht ganz ~ zu sein.* Sus negocios no me parecen muy limpios.

einwärts ['aɪnvɛrts] *adv* hacia adentro

Einwegflasche ['aɪnveːkflaʃə] *f* botella de un solo uso *f*

Einwegverpackung ['aɪnveːkfɛrpakuŋ] *f* envase no recuperable *m,* envase no retornable *m*

einweichen ['aɪnvaɪçən] *v* macerar

einweihen ['aɪnvaɪən] *v* inaugurar

Einweihung ['aɪnvaɪuŋ] *f* inauguración *f*

einweisen ['aɪnvaɪzən] *v irr 1. (anleiten)* dar instrucciones; *2. (einliefern)* hacer ingresar

Einweisung ['aɪnvaɪzuŋ] *f 1. (Instruktionen)* instrucción *f; 2. (in ein Krankenhaus) MED* hospitalización *f*

einwenden ['aɪnvɛndən] *v irr ~ gegen* objetar, poner reparos a

einwerfen ['aɪnvɛrfən] *v irr 1. (einschlagen)* romper a pedradas; *2. (Post)* echar; *3. (Münze)* introducir, meter; *4. (fig)* objetar, alegar

einwickeln ['aɪnvɪkəln] *v* envolver en, empaquetar; *jdn ~* liar a alguien, envolver a alguien

einwilligen ['aɪnvɪlɪgən] *v* aceptar, asentir, aprobar; *~ etw zu tun* consentir en hacer algo

Einwilligung ['aɪnvɪlɪguŋ] *f* consentimiento *m,* aprobación *f*

einwirken ['aɪnvɪrkən] *v* obrar, actuar

Einwirkung ['aɪnvɪrkuŋ] *f* influencia *f,* influjo *m*

Einwohner(in) ['aɪnvoːnər(ɪn)] *m/f* habitante *m/f*

Einwohnermeldeamt [aɪnvoːnər'mɛldəamt] *n* oficina de empadronamiento *f*

Einwohnerzahl ['aɪnvoːnərtsaːl] *f* número de habitantes *m*

Einwurf ['aɪnvurf] *m 1. (Bemerkung)* objeción *f,* reparo *m; 2. (Öffnung)* abertura *f; 3. SPORT* saque de banda *m*

einzahlen ['aɪntsaːlən] *v* pagar, abonar; *~ auf ein Konto* ingresar a una cuenta

Einzahlung ['aɪntsaːluŋ] *f* pago *m,* ingreso *m*

einzäunen ['aɪntsɔynən] *v* cercar

einzeichnen ['aɪntsaɪçnən] *v* dibujar en

einzeilig ['aɪntsaɪlɪç] *adj* de una sola línea

Einzel ['aɪntsəl] *n SPORT* partido individual *m*

Einzelfall ['aɪntsəlfal] *m* caso particular *m,* caso individual *m*

Einzelgänger(in) ['aɪntsəlgɛŋər(ɪn)] *m/f* solitario/solitaria *m/f*

Einzelhaft ['aɪntsəlhaft] *f JUR* aislamiento celular *m,* incomunicación *f*

Einzelhandel ['aɪntsəlhandəl] *m ECO* comercio al por menor *m*

Einzelhändler(in) ['aɪntsəlhɛndlər(ɪn)] *m/f ECO* minorista *m,* comerciante al por menor *m/f*

Einzelheit ['aɪntsəlhaɪt] *f* detalle *m,* pormenor *m,* particularidad *f*

Einzelkämpfer ['aɪntsəlkɛmpfər] *m 1. (fig)* individualista *m/f; 2. MIL* combatiente *m*

Einzelkind ['aɪntsəlkɪnt] *n* hijo único *m*

Einzeller ['aɪntsɛlər] *m BIO* organismo unicelular *m*

einzeln ['aɪntsəln] *adj 1.* solo, único, singular; *adv 2.* uno por uno, individualmente, uno a uno

Einzelne(r) ['aɪntsəlnə(r)] *m/f* individuo *m,* particular *m*

Einzelstück ['aɪntsəlʃtyk] *n* pieza única *f*

Einzelzimmer ['aɪntsəltsɪmər] *n* habitación individual *f*

einziehen ['aɪntsiːən] *v irr 1. (Wohnung)* mudarse a, instalarse en un piso; *2. (Informationen)* tomar, pedir; *3. (einbauen)* instalar; *4. (Geld, Steuern) ECO* cobrar, recaudar; *5. MIL* llamar a filas

einzig ['aɪntsɪç] *adj 1.* solo, particular, único; *adv 2.* tan sólo, únicamente

einzigartig ['aɪntsɪçartɪç] *adj* único, singular, particular

Einzigartigkeit ['aɪntsɪçartɪçkaɪt] *f* unicidad *f*

Einzug ['aɪntsuːk] *m 1. (in eine Wohnung)* mudanza *f,* instalación *f; 2. (von Informationen)* pedido *m,* toma *f; 3. (Einbau)* instala-

ción *f; 4. (Geld, Steuern) ECO* cobro *m,* recaudación *f; 5. MIL* llamamiento a filas *m*
Einzugsgebiet ['aɪntsuːksgəbiːt] *n* área de aprovechamiento *f*
einzwängen ['aɪntsvɛŋən] *v 1.* apretar, estrechar; *2. (fig)* constringir
Eis [aɪs] *n 1.* hielo *m; das ~ brechen* romper el hielo; *etw auf ~ legen (fig)* dejar algo para más tarde; *~ laufen* patinar sobre hielo; *2. (Speiseeis) GAST* helado *m*
Eisbär ['aɪsbɛːr] *m ZOOL* oso polar *m,* oso blanco *m*
Eisbecher ['aɪsbɛçər] *m GAST* copa de helado *f*
Eisberg ['aɪsbɛrk] *m GEOL* iceberg *m*
Eisbrecher ['aɪsbrɛçər] *m NAUT* rompehielos *m*
Eiscafé ['aɪskafeː] *n 1. (Eisdiele)* heladería *f; m 2. (Getränk)* café con hielo *m*
Eischnee ['aɪʃneː] *m GAST* clara a punto de nieve *f*
Eiscreme ['aɪskreːm] *f* helado *m*
Eisdecke ['aɪsdɛkə] *f* capa de hielo *f*
Eisdiele ['aɪsdiːlə] *f GAST* heladería *f*
Eisen ['aɪzən] *n* hierro *m; zum alten ~ gehören (fig)* ser un viejo decrépito; *mehrere ~ im Feuer haben* encender una vela a Dios y otra al diablo
Eisenbahn ['aɪzənbaːn] *f* ferrocarril *m; Es ist höchste ~!* ¡Hay que darse prisa!
Eisenbahnnetz ['aɪzənbaːnnɛts] *n* red de ferrocarriles *f*
Eisenbahnschaffner ['aɪzənbaːnʃafnər] *m* revisor *m,* controlador *m*
Eisenbahnwagen ['aɪzənbaːnvaːgən] *m* vagón *m,* coche *m*
Eisenerz ['aɪzənɛrts] *n MIN* mineral de hierro *m*
eisenhaltig ['aɪzənhaltɪç] *adj* ferruginoso, ferrífero
Eisenhütte ['aɪzənhytə] *f* planta siderúrgica *f*
Eisenindustrie ['aɪzənɪndustriː] *f* industria siderúrgica *f*
Eisenmangel ['aɪzənmaŋəl] *m MED* falta de hierro *f*
Eisenwaren ['aɪzənvaːrən] *pl* artículos de ferretería *m/pl*
Eisenzeit ['aɪzəntsaɪt] *f HIST* edad del hierro *f*
eisern ['aɪzərn] *adj 1. (aus Eisen)* férreo, de hierro; *2. (fig)* inflexible, rígido; *adv 3. (fig)* rígidamente
Eisfach ['aɪsfax] *n* congelador *m*
Eisfläche ['aɪsflɛçə] *f* mar de hielo *m,* nevero *m*
eisfrei ['aɪsfraɪ] *adj* libre de hielo
eisgekühlt ['aɪsgəkyːlt] *adj* helado
Eisglätte ['aɪsglɛtə] *f METEO* helada *f*
Eisheiligen ['aɪshaɪlɪgən] *pl METEO* santos del frío *m/pl*
Eishockey ['aɪshɔkeɪ] *n SPORT* hockey sobre hielo *m*
eisig ['aɪzɪç] *adj 1. (kalt)* helado; *2. (fig)* glacial
Eiskaffee ['aɪskafeː] *m GAST* café helado *m*
eiskalt ['aɪs'kalt] *adj 1. (kalt)* helado; *2. (fig)* glacial, inmutable, frío como el hielo
Eiskunstlauf ['aɪskunstlauf] *m SPORT* patinaje artístico sobre hielo *m*
Eiskunstläufer(in) ['aɪskunstlɔyfər(ɪn)] *m/f SPORT* patinador(a) *m/f*
Eislauf ['aɪslauf] *m* patinaje sobre hielo *m*
Eismeer ['aɪsmeːr] *n* Mar Glacial *m*
Eisprung ['aɪʃpruŋ] *m BIO* ovulación *f*
Eisrevue ['aɪsrevyː] *f* revista sobre hielo *f*
Eisscholle ['aɪsʃɔlə] *f* témpano de hielo *m*
Eisschrank ['aɪsʃraŋk] *m* nevera *f,* refrigerador *m*
Eisvogel ['aɪsfoːgəl] *m ZOOL* martín pescador *m*
Eiswürfel ['aɪsvyrfəl] *m* cubito de hielo *m*
Eiszapfen ['aɪstsapfən] *m* carámbano *m,* canelón *m*
Eiszeit ['aɪstsaɪt] *f GEOL* período glacial *m,* época glacial *f*
eitel ['aɪtəl] *adj* vanidoso
Eitelkeit ['aɪtəlkaɪt] *f* vanidad *f*
Eiter ['aɪtər] *m MED* pus *f*
eitern ['aɪtərn] *v MED* supurar, formar pus
eitrig ['aɪtrɪç] *adj MED* purulento
Eiweiß ['aɪvaɪs] *n 1. (vom Ei)* clara de huevo *f; 2. BIO* proteína *f*
Eiweißbedarf ['aɪvaɪsbədarf] *m MED* necesidad de proteínas *f*
Eiweißgehalt ['aɪvaɪsgəhalt] *m BIO* contenido de albumina *m*
eiweißhaltig ['aɪvaɪshaltɪç] *adj* albuminoso
Eiweißmangel ['aɪvaɪsmaŋəl] *m MED* carencia proteínica *f*
eiweißreich ['aɪvaɪsraɪç] *adj* rico en proteínas
Eizelle ['aɪtsɛlə] *f BIO* óvulo *m*
Ejakulation [ejakula'tsjoːn] *f BIO* eyaculación *f*
Ekel ['eːkəl] *m* asco *m; ~ erregend* asqueroso, que da asco

ekelhaft ['eːkəlhaft] *adj* asqueroso, repugnante; *Wie ~!* ¡Qué asco!
ekeln ['eːkəln] *v sich ~* sentir asco, tomar asco
Eklat [e'klaː] *m* escándalo *m,* sensación *f*
eklatant [ekla'tant] *adj 1. (Aufsehen erregend)* sensacional, espectacular; *2. (offenkundig)* evidente
eklig ['eːklɪç] *adj 1.* asqueroso; *2. (unangenehm)* fastidioso, penoso
Ekstase [ɛk'staːzə] *f* éxtasis *m*
ekstatisch [ɛk'staːtɪʃ] *adj* estático
Ekzem [ɛk'tseːm] *n MED* eczema *m,* eccema *m*
El Salvador [ɛl zalva'doːr] *n GEO* El Salvador
Elan [e'laːn] *m* brío *m,* ímpetu *m*
elastisch [e'lastɪʃ] *adj* elástico
Elastizität [elastɪtsɪ'tɛːt] *f* elasticidad *f*
Elbe ['ɛlbə] *f GEO* Elba *m*
Elch [ɛlç] *m ZOOL* alce *m*
Elchtest ['ɛlçtest] *m* prueba de los alces *f (de un coche en caso de desvío repentino)*
Elefant [ele'fant] *m* elefante *m; sich wie der ~ im Porzellanladen benehmen* ser un torpe, ser un bocazas
elegant [ele'gant] *adj* elegante
Eleganz [ele'gants] *f* elegancia *f*
elektrifizieren [elɛktrifi'tsiːrən] *v* electrificar
Elektrifizierung [elɛktrifi'tsiːruŋ] *f TECH* electrificación *f*
Elektrik [e'lɛktrɪk] *f 1. TECH* sistema eléctrico *m; 2. (Elektrotechnik)* electrotécnica *f*
Elektriker(in) [e'lɛktrɪkər(ɪn)] *m* electricista *m/f*
elektrisch [e'lɛktrɪʃ] *adj* eléctrico
Elektrizität [elɛktritsi'tɛːt] *f* electricidad *f*
Elektrizitätswerk [elɛktritsi'tɛːtsvɛrk] *n* central eléctrica *f*
Elektroauto [e'lɛktroauto] *n TECH* auto eléctrico *m*
Elektrode [elɛk'troːdə] *f PHYS* electrodo *m,* eléctrodo *m*
Elektrofahrzeug [e'lɛktrofaːrtsɔyk] *n TECH* coche eléctrico *m*
Elektrogerät [e'lɛktrogərɛːt] *n TECH* aparato eléctrico *m*
Elektroherd [e'lɛktroheːrt] *m TECH* cocina eléctrica *f*
Elektroinstallateur(in) [e'lɛktroɪnstalatøːr(ɪn)] *m/f* electricista *m/f*
Elektrolyse [elɛktro'lyːzə] *f CHEM* electrólisis *f*
Elektromotor ['elɛktromoːtɔr] *m TECH* motor eléctrico *m*
Elektron [elɛk'troːn] *n PHYS* electrón *m*
Elektronik [elɛk'troːnɪk] *f* electrónica *f*
elektronisch [elɛk'troːnɪʃ] *adj* electrónico
Elektroschock [e'lɛktroʃɔk] *m* electroschock *m*
Elektrotechnik [e'lɛktrotɛçnɪk] *f TECH* electrotécnica *f*
Elektrotechniker [e'lɛktrotɛçnɪkər] *m* electrotécnico *m*
elektrotechnisch [e'lɛktrotɛçnɪʃ] *adj TECH* electrotécnico
Element [ele'mɛnt] *n* elemento *m; in seinem ~ sein* estar en su elemento
elementar [elemɛn'taːr] *adj* elemental
elend ['eːlɛnt] *adj* pobre, miserable, deplorable
Elend ['eːlɛnt] *n* miseria *f; wie ein Häufchen ~* que da pena/como un pobre infeliz
Elendsviertel ['eːlɛntsfɪrtəl] *n* barrios pobres *m/pl,* barriadas *f/pl* (in Peru), rancho *m* (in Venezuela), callampa *f* (in Chile)
elf [ɛlf] *num* once
Elfe ['ɛlfə] *f* sílfide *f*
Elfenbein ['ɛlfənbaɪn] *n* marfil *m*
elfenbeinfarben ['ɛlfənbaɪnfarbən] *adj* de color marfil
Elfenbeinküste ['ɛlfənbaɪnkystə] *f GEO* Costa de Marfil *f*
Elfmeter [ɛlf'meːtər] *m SPORT* penalty *m*
elfte(r,s) ['ɛlftə(r,s)] *adj* undécimo
eliminieren [elimi'niːrən] *v* eliminar
Eliminierung [elimi'niːruŋ] *f* eliminación *f*
elitär [elɪ'tɛːr] *adj* elitista
Elite [e'liːtə] *f* élite *f,* lo mas selecto
Eliteeinheit [e'liːtəaɪnhaɪt] *f MIL* tropa de élite *f*
Ellbogen ['ɛlboːgən] *m ANAT* codo *m*
Elle ['ɛlə] *f ANAT* cúbito *m*
Ellenbogen ['ɛlənboːgən] *m (siehe „Ellbogen")*
eloquent [elo'kvɛnt] *adj* elocuente
Eloquenz [elo'kvɛnts] *f* elocuencia *f*
Elsass ['ɛlzas] *n GEO* Alsacia *f*
Elsässer(in) ['ɛlzɛsər(ɪn)] *m/f* alsaciano/alsaciana *m/f*
elsässisch ['ɛlzɛsɪʃ] *adj* alsaciano
Elster ['ɛlstər] *f ZOOL* urraca *f*
elterlich ['ɛltərlɪç] *adj* paterno
Eltern ['ɛltərn] *pl* padres *m/pl,* viejos *m/pl* (fam); *nicht von schlechten ~ sein (fig)* ser francamente bueno, tener buena madera, ser de buena familia

Elternbeirat ['ɛltərnbaɪraːt] *m* asociación de padres de alumnos *f*
Elternhaus ['ɛltərnhaus] *n* casa paterna *f*
Elternteil ['ɛltərntaɪl] *m* uno de los padres
Email [e'maːj] *n* esmalte *m*
E-Mail [i'mɛil] *n* e-mail *m*
Emanze [e'mantsə] *f (fam)* mujer emancipada *f*
Emanzipation [emantsɪpa'tsjoːn] *f* emancipación *f*
emanzipatorisch [emantsɪpa'toːrɪʃ] *adj* emanzipatorio
emanzipieren [ɛmantsɪ'piːrən] *v sich ~* emanciparse
emanzipiert [emantsɪ'piːrt] *adj* emancipado
Embargo [ɛm'bargo] *n POL* embargo *m*
Embolie [ɛmbo'liː] *f MED* embolia *f*
Embryo ['ɛmbryo] *m BIO* embrión *m*
embryonal [ɛmbryo'naːl] *adj BIO* embrionario
Emigrant(in) [emi'grant(ɪn)] *m/f 1.* emigrante *m/f; 2. POL* emigrado/emigrada *m/f,* refugiado político/refugiada política *m/f*
Emigration [emigra'tsjoːn] *f 1.* emigración *f; 2. POL* exilio *m,* emigración *f*
emigrieren [emi'griːrən] *v POL* emigrar
eminent [emi'nɛnt] *adj* eminente
Eminenz [emi'nɛnts] *f Eure ~* su Eminencia
Emir ['eːmɪr] *m* emir *m*
Emission [emɪs'joːn] *f 1. ECO* emisión *f; 2. PHYS* emisión *f*
Emotion [emo'tsjoːn] *f* emoción *f*
emotional [emotsjo'naːl] *adj* emocional
Empfang [ɛm'pfaŋ] *m 1. (Erhalt)* recepción *f,* recibo *m; 2. (Begrüßung)* acogida *f,* saludo *m,* recibimiento *m; 3. (Veranstaltung)* recepción *f; 4. (Rezeption)* recepción *f; 5. TEL* recepción *f*
empfangen [ɛm'pfaŋən] *v irr 1. (erhalten)* recibir, tomar, aceptar; *2. (begrüßen)* acoger, saludar; *3. TEL* recibir
Empfänger [ɛm'pfɛŋər] *m 1. (Anschrift)* destinatario *m,* consignatario *m; 2. (Gerät) TECH* receptor *m*
empfänglich [ɛm'pfɛŋlɪç] *adj 1.* susceptible; *2. (aufnahmebereit)* accesible a
Empfänglichkeit [ɛm'pfɛŋlɪçkaɪt] *f* susceptibilidad *f*
Empfängnis [ɛm'pfɛŋnɪs] *f BIO* concepción *f*
empfängnisverhütend [ɛm'pfɛŋnɪsfɛrhyːtənt] *adj BIO* anticonceptivo
Empfängnisverhütung [ɛm'pfɛŋnɪsfɛrhyːtuŋ] *f* anticoncepción *f*
empfangsberechtigt [ɛm'pfaŋsbərɛçtɪçt] *adj* autorizado para recibir
Empfangsbescheinigung [ɛm'pfaŋsbəʃaɪnɪguŋ] *f* recibo *m,* resguardo *m*
Empfangsdame [ɛm'pfaŋsdaːmə] *f* azafata *f*
empfehlen [ɛm'pfeːlən] *v irr* recomendar; *es empfiehlt sich, etw zu tun* se recomienda hacer siempre
empfehlenswert [ɛm'pfeːlənsveːrt] *adj* recomendable
Empfehlung [ɛm'pfeːluŋ] *f* recomendación *f*
empfinden [ɛm'pfɪndən] *v irr* sentir, percibir, experimentar
empfindlich [ɛm'pfɪntlɪç] *adj 1.* sensible, susceptible; *adv 2.* sensiblemente
Empfindlichkeit [ɛm'pfɪntlɪçkaɪt] *f* sensibilidad *f*
empfindsam [ɛm'pfɪntzaːm] *adj* sensible
Empfindsamkeit [ɛm'pfɪntzaːmkaɪt] *f* sensibilidad *f*
Empfindung [ɛm'pfɪnduŋ] *f* sensación *f,* sentimiento *m*
Empiriker(in) [ɛm'piːrikər(ɪn)] *m/f* empírico/empírica *m/f*
empirisch [ɛm'piːrɪʃ] *adj* empírico
empor [ɛm'poːr] *adv* hacia arriba, arriba
empören [ɛm'pøːrən] *v sich ~* sublevarse, rebelarse
empörend [ɛm'pøːrənt] *adj* indignante, vergonzante
emporkommen [ɛm'poːrkɔmən] *v irr* subir, levantarse
Emporkömmling [ɛm'poːrkœmlɪŋ] *m* advenedizo *m,* arribista *m*
emporragen [ɛm'poːraːgən] *v* sobresalir
empört [ɛm'pøːrt] *adj 1.* indignado; *adv 2.* con indignación
Empörung [ɛm'pøːruŋ] *f* sublevación *f,* rebelión *f; aus ~ aufschreien* poner el grito en el cielo
emsig ['ɛmzɪç] *adj* activo, aplicado
Emu ['eːmu] *m ZOOL* emú *m*
Emulsion [emul'zjoːn] *f CHEM* emulsión *f*
Endabrechnung ['ɛndaprɛçnuŋ] *f* saldo *m,* cuenta final *f*
Endausscheidung ['ɛntausʃaɪduŋ] *f SPORT* final *f*
Endbetrag ['ɛntbətraːk] *m* total *m*
Ende ['ɛndə] *n* fin *m,* final *m; das ~ vom Lied* el final triste *m; zu ~ gehen* tocar a su

fin; *das dicke ~* lo peor *m; am ~ sein* estar agotado; *kein ~ finden* ser el cuento de nunca acabar (fig); *Mit ihm geht es zu ~.* Está para morirse.
enden ['ɛndən] *v* acabar, terminar, terminarse, finalizar
Endergebnis ['ɛndɛrgeːpnɪs] *n* resultado final *m*
Endfassung ['ɛntfasuŋ] *f* versión final *f*
endgültig ['ɛntgyltɪç] *adj 1.* definitivo; *adv 2.* definitivamente
Endgültigkeit ['ɛntgyltɪçkaɪt] *f* definitiva *f*
Endhaltestelle ['ɛnthaltəʃtɛlə] *f* parada final *f*
Endivie [ɛn'diːvjə] *f BOT* escarola *f,* endibia *f*
endlagern ['ɛntlaːgərn] *v PHYS* depositar, almacenar
Endlagerung ['ɛntlaːgəruŋ] *f* almacenamiento definitivo *m*
endlich ['ɛntlɪç] *adj 1.* final, definitivo; *adv 2.* finalmente, por fin
endlos ['ɛntloːs] *adj 1.* infinito, interminable; *adv 2.* infinitamente
Endoskop [ɛndo'skoːp] *n MED* endoscopio *m*
Endphase ['ɛntfaːzə] *f* fase final *f*
Endpunkt ['ɛntpuŋkt] *m* punto final *m*
Endrunde ['ɛntrundə] *f SPORT* fase final *f*
Endspiel ['ɛntʃpiːl] *n SPORT* encuentro final *m*
Endstadium ['ɛntʃtaːdjum] *n* última fase *f*
Endstation ['ɛntʃtatsjoːn] *f* estación final *f*
Endung ['ɛnduŋ] *f LING* terminación *f,* desinencia *f*
Endverbraucher ['ɛntfɛrbrauxər] *m ECO* consumidor final *m*
Endzeit ['ɛnttsaɪt] *f* final de los tiempos *f*
endzeitlich ['ɛnttsaɪtlɪç] *adj* apocalíptico
Endziffer ['ɛnttsɪfər] *f MATH* última cifra *f*
Energie [enɛr'giː] *f* energía *f*
energiearm [enɛr'giːarm] *adj PHYS* pobre en energía
Energiebedarf [enɛr'giːbədarf] *m* demanda energética *f,* energía requerida *f*
energiebewusst [enɛr'giːbəvust] *adj* consciente de la necesidad de reducción del gasto energético
Energieersparnis [enɛr'giːɛrʃpaːrnɪs] *f* ahorro energético *f*
Energiequelle [enɛr'giːkvɛlə] *f TECH* fuente energética *f*
Energieverbrauch [enɛr'giːfɛrbraux] *m* consumo de energía *m*
Energieversorgung [enɛr'giːfɛrzɔrguŋ] *f* abastecimiento energético *m,* suministro de energía *m*
Energiewirtschaft [enɛr'giːvɪrtʃaft] *f* economía energética *f*
energisch [e'nɛrgɪʃ] *adj 1.* enérgico; *adv 2.* enérgicamente
eng [ɛŋ] *adj* estrecho, angosto; *etw nicht so ~ sehen* no tomarse algo tan a pecho (fig)
Engagement [ãngaʒ'mã] *n 1. (Einsatz)* lucha por *f; 2. (Verpflichtung)* compromiso *m; 3. (Anstellung) THEAT* contrata *f*
engagieren [ãnga'ʒiːrən] *n 1. jdn ~* contratar a alguien; *2. sich ~* abogar, comprometerse, luchar
engagiert [ãnga'ʒiːrt] *adj* comprometido
Enge ['ɛŋə] *f* estrechez *f; jdn in die ~ treiben* poner a alguien entre la espada y la pared (fig)
Engel ['ɛŋəl] *m* ángel *m*
Engelsgeduld ['ɛŋəlsgədult] *f* paciencia divina *f,* paciencia de un santo *f*
engherzig ['ɛŋhɛrtsɪç] *adj* mezquino, poco generoso
Engherzigkeit ['ɛŋhɛrtsɪçkaɪt] *f* mezquindad *f,* pequeñez *f*
England ['ɛŋlant] *n GEO* Inglaterra *f*
Engländer(in) ['ɛŋlɛndər(ɪn)] *m/f* inglés/inglesa *m/f*
englisch ['ɛŋlɪʃ] *adj* inglés
engmaschig ['ɛŋmaʃɪç] *adj* de malla estrecha; *2. (fig)* denso
Engpass ['ɛŋpas] *m* desfiladero *m,* cañada *f,* collado *m*
engstirnig ['ɛŋʃtɪrnɪç] *adj* estrecho de miras
Engstirnigkeit ['ɛŋʃtɪrnɪçkaɪt] *f* estrechez de miras *f*
Enkel(in) ['ɛŋkəl(ɪn)] *m/f* nieto/nieta *m/f*
Enkelkind ['ɛŋkəlkɪnd] *n* nieto *m*
enorm [e'nɔrm] *adj* enorme, inmenso
Ensemble [ã'sãːbl] *n THEAT* compañía teatral *f*
entarten [ɛnt'artən] *v* degenerar
entäußern [ɛnt'ɔysərn] *v sich einer Sache ~* privarse de
entbehren [ɛnt'beːrən] *v* carecer de, estar privado de
entbehrlich [ɛnt'beːrlɪç] *adj* prescindible, innecesario
Entbehrlichkeit [ɛnt'beːrlɪçkaɪt] *f* superfluidad *f*

Entbehrung [ɛnt'beːruŋ] *f* privación *f*
entbinden [ɛnt'bɪndən] *v irr 1. (befreien)* dispensar, relevar; *2. MED* asistir en el parto
Entbindung [ɛnt'bɪnduŋ] *f 1. (Befreiung)* dispensa *f; 2. MED* parto *m,* alumbramiento *m*
entblößen [ɛnt'bløːsən] *v (Körperteil)* descubrir, desnudar
entbrennen [ɛnt'brɛnən] *v irr* desencadenarse; *2. (fig: Gefühle für jdn)* encenderse
entdecken [ɛnt'dɛkən] *v* descubrir
Entdecker(in) [ɛnt'dɛkər(ɪn)] *m/f* descubridor(a) *m/f*
Entdeckung [ɛnt'dɛkuŋ] *f* descubrimiento *m; die ~ Amerikas* el descubrimiento de América *m*
Entdeckungsreise [ɛnt'dɛkuŋsraɪzə] *f* viaje de exploración *m*
Ente ['ɛntə] *f 1. ZOOL* pato *m; eine lahme ~ sein (fig)* ser más lento que una tortuga, ser más lento que un desfile de cojos; *2. (fig: Zeitungsente)* bola *f,* noticia falsa *f*
entehren [ɛnt'eːrən] *v* deshonrar
enteignen [ɛnt'aɪgnən] *v JUR* expropiar
Enteignung [ɛnt'aɪgnuŋ] *f JUR* expropiación *f,* confiscación *f,* desposeimiento *f*
enterben [ɛnt'ɛrbən] *v* desheredar
Enterich ['ɛntərɪç] *m ZOOL* pato macho *m*
entfachen [ɛnt'faxən] *v 1. (Feuer)* atizar; *2. (fig: Streit)* desatar
entfallen [ɛnt'falən] *v irr 1. (fallen lassen)* dejar caer, soltar; *2. (ausfallen)* suprimirse, abolirse; *3. (fig: vergessen)* olvidarse
entfalten [ɛnt'faltən] *v (Kräfte, Talent)* revelar, desarrollar, mostrar
entfärben [ɛnt'fɛrbən] *v* decolorar, desteñir
Entfärber [ɛnt'fɛrbər] *m CHEM* decolorante *m*
entfernen [ɛnt'fɛrnən] *v 1. (weggehen)* alejarse; *2. (wegnehmen)* eliminar, quitar, retirar
entfernt [ɛnt'fɛrnt] *adj* apartado, distante, alejado
Entfernung [ɛnt'fɛrnuŋ] *f 1. (Distanz)* distancia *f; 2. (Wegnahme)* eliminación *f,* retiro *m*
entfesseln [ɛnt'fɛsəln] *v (fig)* desatar, motivar
entflammbar [ɛnt'flambaːr] *adj* inflamable
entflammen [ɛnt'flamən] *v 1. (entzünden)* encender; *2. (fig: für jdn)* entusiasmarse por alguien
entfliehen [ɛnt'fliːən] *v irr* huir, fugarse
entfremden [ɛnt'frɛmdən] *v 1.* enajenar; *2. etw von seinem Zweck ~* distanciarse; *3. sich ~* alienarse
Entfremdung [ɛnt'frɛmduŋ] *f* distanciamiento *m,* alienación *f*
entführen [ɛnt'fyːrən] *v* secuestrar, raptar
Entführer [ɛnt'fyːrər] *m* secuestrador *m*
Entführung [ɛnt'fyːruŋ] *f* secuestro *m,* rapto *m*
entgegen [ɛnt'geːgən] *prep 1. (örtlich)* al encuentro de; *sie lief ihm ~* ella corrió a su encuentro; *2. (wider)* en contra de
entgegenblicken [ɛnt'geːgənblɪkən] *v 1.* mirar; *2. (fig)* hacer frente
entgegengehen [ɛnt'geːgəngeːən] *v irr* ir al encuentro de, ir hacia
entgegengesetzt [ɛnt'geːgəngəzɛtst] *adj 1. (örtlich)* opuesto, contrario; *2. (gegensätzlich)* antagónico, contradictorio
entgegenhalten [ɛnt'geːgənhaltən] *v irr 1. die Arme ~* extender los brazos hacia; *2. (fig: einwenden)* oponer, objetar
entgegenkommen [ɛnt'geːgənkɔmən] *v irr 1.* salir al encuentro de, venir al encuentro de; *2. (fig: eingehen)* transigir, hacer concesiones; *Die Bank ist in Kreditfragen sehr ~d.* El banco da muchas facilidades en cuestión de créditos.
Entgegenkommen [ɛnt'geːgənkɔmən] *n* complacencia *f,* amabilidad *f*
entgegennehmen [ɛnt'geːgənneːmən] *v irr* recibir, aceptar
entgegensehen [ɛnt'geːgənzeːən] *v irr 1.* aguardar; *2. einer Sache ~ müssen* esperar a que algo se cumpla; *3.* aguardar, esperar
entgegensetzen [ɛnt'geːgənzɛtsən] *v 1. Widerstand ~* oponer; *2. einer Sache etw ~* contraponer
entgegentreten [ɛnt'geːgəntreːtən] *v irr 1. jdm ~* acercase a alguien; *2. einer Sache ~* oponerse a algo
entgegenwirken [ɛnt'geːgənvɪrkən] *v* contrarrestar
entgegnen [ɛnt'geːgnən] *v* replicar, contestar
Entgegnung [ɛnt'geːgnuŋ] *f* respuesta *f,* contestación *f*
entgehen [ɛnt'geːən] *v irr* escapar de, huir de
entgeistert [ɛnt'gaɪstərt] *adj 1.* atónito, estupefacto; *adv 2.* con estupefacción
Entgelt [ɛnt'gɛlt] *n* pago *m*
entgleisen [ɛnt'glaɪzən] *v 1. (Zug)* descarrilar; *2. (fig)* salirse de tono

Entgleisung [ɛntˈglaɪzuŋ] *f* *1. (Zug)* descarrilamiento *m;* *2. (fig)* desaire *m,* salida de tono *f*

enthaaren [ɛntˈhaːrən] *v* depilar

enthalten [ɛntˈhaltən] *v irr 1. (beinhalten)* contener; *2. sich ~* abstenerse de, contenerse

enthaltsam [ɛntˈhaltzaːm] *adj* abstinente, moderado

Enthaltsamkeit [ɛntˈhaltzaːmkaɪt] *f* abstinencia *f*

Enthaltung [ɛntˈhaltuŋ] *f* abstención *f*

enthärten [ɛntˈhɛrtən] *v* ablandar

Enthärter [ɛntˈhɛrtər] *m* ablandador *m*

enthaupten [ɛntˈhauptən] *v* desollar

entheben [ɛntˈheːbən] *v irr 1. (Verantwortung) einer Sache ~* eximir de algo, dispensar de algo; *2. (Amt)* separar del cargo

enthüllen [ɛntˈhylən] *v 1. (Denkmal)* inaugurar; *2. (fig)* revelar, sacar a la luz, destapar

Enthüllung [ɛntˈhyluŋ] *f 1. (Denkmal)* inauguración *f;* *2. (fig)* revelación *f,* destape *m*

Enthusiasmus [ɛntuˈzjasmus] *m* entusiasmo *m*

enthusiastisch [ɛntuˈzjastɪʃ] *adj* entusiasta

entjungfern [ɛntˈjuŋfərn] *v* desflorar, desvirgar

entkalken [ɛntˈkalkən] *v* descalcificar

entkernen [ɛntˈkɛrnən] *v* deshuesar, despepitar

entkleiden [ɛntˈklaɪdən] *v* desvestir, desnudar

entkoffeiniert [ɛntkɔfeiˈniːrt] *adj* descafeinado

entkommen [ɛntˈkɔmən] *v irr* escapar, escaparse, huir

Entkommen [ɛntˈkɔmən] *n* huida *f,* fuga *f*

entkorken [ɛntˈkɔrkən] *v* descorchar

entkräften [ɛntˈkrɛftən] *v 1.* debilitar, extenuar; *2. (widerlegen)* desvirtuar, debilitar

Entkräftung [ɛntˈkrɛftuŋ] *f* debilitamiento *m*

entladen [ɛntˈlaːdən] *v irr 1. (abladen)* descargar; *2. (fig: befreien)* liberar, eximir

Entladung [ɛntˈlaːduŋ] *f 1. (im Transportwesen)* descarga *f;* *2. TECH (elektrisch)* descarga eléctrica *f*

entlang [ɛntˈlaŋ] *prep* a lo largo de

entlangfahren [ɛntˈlaŋfaːrən] *v irr 1.* viajar a lo largo de; *2. (am Ufer ~)* costear

entlanggehen [ɛntˈlaŋgeːən] *v irr* pasear, caminar

entlarven [ɛntˈlarfən] *v* desenmascarar, destapar, descubrir

Entlarvung [ɛntˈlarfuŋ] *f* descubrimiento *m*

entlassen [ɛntˈlasən] *v irr 1. (Arbeitskraft)* despedir; *2. (Gefangene)* poner en libertad, excarcelar; *3. (Kranke)* dar de alta; *4. MIL* licenciar

Entlassung [ɛntˈlasuŋ] *f 1. (von Arbeitskräften)* despido *m;* *2. (von Gefangenen)* puesta en libertad *f,* excarcelación *f;* *3. (aus dem Krankenhaus)* alta *f;* *4. MIL* licenciamiento *m*

entlasten [ɛntˈlastən] *v 1.* aliviar, descargar; *2. JUR* exculpar, descargar

entlastend [ɛntˈlastənt] *adj 1.* aliviante, aligerante; *2. JUR* exculpatorio

Entlastung [ɛntˈlastuŋ] *f 1.* alivio *m,* descarga *f;* *2. (eines Angeklagten) JUR* exculpación *f*

Entlastungszeuge [ɛntˈlastuŋstsɔygə] *m JUR* testigo de descargo *m*

entleeren [ɛntˈleːrən] *v* vaciar

Entleerung [ɛntˈleːruŋ] *f 1. (eines Gefäßes)* vaciamiento *m;* *2. BIO* deposición *f,* evacuación *f*

entlegen [ɛntˈleːgən] *adj* distante, lejano, remoto

entlocken [ɛntˈlɔkən] *v 1. jdm etw ~* arrebatar algo a alguien; *2. jdm etw ~ (Geständnis, Geheimnis)* sonsacar

entlohnen [ɛntˈloːnən] *v* remunerar, retribuir

Entlohnung [ɛntˈloːnuŋ] *f* remuneración *f,* retribución *f*

entlüften [ɛntˈlyftən] *v* ventilar, airear

Entlüftung [ɛntˈlyftuŋ] *f TECH* ventilación *f*

entmachten [ɛntˈmaxtən] *v jdn ~* privar del poder

Entmachtung [ɛntˈmaxtuŋ] *f POL* derrocamiento *m,* destitución *f*

entmilitarisieren [ɛntmilitariˈziːrən] *v POL* desmilitarizar

entmündigen [ɛntˈmyndɪgən] *v JUR* incapacitar

Entmündigung [ɛntˈmyndɪguŋ] *f JUR* incapacitación *f*

entmutigen [ɛntˈmuːtɪgən] *v* desanimar, desalentar

entmutigend [ɛntˈmuːtɪgənt] *adj* desalentador

Entnahme [ɛntˈnaːmə] *f* toma *f,* extracción *f*

Entnazifizierung [ɛntnatsifiˈtsiːruŋ] *f POL* desnacificación *f*

entnehmen [ɛnt'neːmən] *v irr 1. (herausnehmen)* sacar, extraer; *2. (fig: schließen)* concluir, deducir
enträtseln [ɛnt'rɛːtsəln] *v* descifrar
entrichten [ɛnt'rɪçtən] *v* pagar, tributar
entrinnen [ɛnt'rɪnən] *v irr* huir, escapar
entrollen [ɛnt'rɔlən] *v* desarrollar, despegar
entrücken [ɛnt'rykən] *v jdn einer Sache ~* apartar de, alejar de
entrüsten [ɛnt'rystən] *v sich ~ über* indignarse por, indignarse de
Entrüstung [ɛnt'rystuŋ] *f* indignación *f*
entschädigen [ɛnt'ʃɛːdɪgən] *v* indemnizar, compensar
Entschädigung [ɛnt'ʃɛːdɪguŋ] *f* indemnización *f,* compensación *f*
entschärfen [ɛnt'ʃɛrfən] *v 1. (Bombe)* desactivar, inactivar; *2. (fig: Situation)* calmar
entscheiden [ɛnt'ʃaɪdən] *v irr* decidir, determinar
entscheidend [ɛnt'ʃaɪdənt] *adj* decisivo, determinante
Entscheidung [ɛnt'ʃaɪduŋ] *f* decisión *f,* determinación *f*
Entscheidungsfreiheit [ɛnt'ʃaɪduŋsfraɪhaɪt] *f* libertad de decisión *f*
entscheidungsfreudig [ɛnt'ʃaɪduŋsfrɔydɪç] *adj* enérgico, decidido
entschieden [ɛnt'ʃiːdən] *adj 1.* decidido, resuelto; *adv 2.* decididamente, sin duda
Entschiedenheit [ɛnt'ʃiːdənhaɪt] *f* decisión *f,* determinación *f,* firmeza *f*
entschließen [ɛnt'ʃliːsən] *v irr sich ~* decidirse, resolverse
Entschließung [ɛnt'ʃliːsuŋ] *f* resolución *f*
entschlossen [ɛnt'ʃlɔsən] *adj* decidido, resuelto, determinado
Entschlossenheit [ɛnt'ʃlɔsənhaɪt] *f* tenacidad *f*
Entschluss [ɛnt'ʃlus] *m* decisión *f,* resolución *f,* determinación *f*
Entschlusskraft [ɛnt'ʃluskraft] *f* determinación *f,* fuerza de resolución *f*
entschuldbar [ɛnt'ʃultbaːr] *adj* disculpable, perdonable, excusable
entschuldigen [ɛnt'ʃuldɪgən] *v 1. etw ~* disculpar algo, excusar algo, perdonar algo; *2. sich ~* disculparse, excusarse
Entschuldigung [ɛnt'ʃuldɪguŋ] *f* disculpa *f,* excusa *f,* perdón *m*
entsenden [ɛnt'zɛndən] *v irr* enviar, mandar
entsetzen [ɛnt'zɛtsən] *v* espantar, horrorizar
Entsetzen [ɛnt'zɛtsən] *n* horror *m,* espanto *m,* terror *m,* pavor *m*
entsetzlich [ɛnt'zɛtslɪç] *adj* horrible, espantoso, terrible
entsetzt [ɛnt'zɛtst] *adj 1.* aterrado, espantado; *adv 2.* con horror, con espanto, lleno de pavor
entseuchen [ɛnt'zɔyçən] *v* descontaminar, desinfectar
entsinnen [ɛnt'zɪnən] *v irr sich einer Sache ~* acordarse de algo, recordar a algo
entsorgen [ɛnt'zɔrgən] *v* eliminar desechos
Entsorgung [ɛnt'zɔrguŋ] *f* eliminación de desechos *f*
entspannen [ɛnt'ʃpanən] *v sich ~* relajarse
entspannend [ɛnt'ʃpanənt] *adj* relajante
Entspannung [ɛnt'ʃpanuŋ] *f 1.* relajación *f,* relajamiento *m; 2. POL* distensión *f*
Entspannungspolitik [ɛnt'ʃpanuŋspoliтiːk] *f POL* política de distensión *f*
entsprechen [ɛnt'ʃprɛçən] *v* corresponder a, pertenecer a
entsprechend [ɛnt'ʃprɛçənt] *adj* correspondiente, perteneciente
Entsprechung [ɛnt'ʃprɛçuŋ] *f 1. (Übereinstimmung)* correspondencia *f,* concordancia *f; 2. (Äquivalent)* equivalente *m*
entspringen [ɛnt'ʃprɪŋən] *v irr 1. (Fluss)* nacer; *2. (herrühren) ~ aus* originarse en, provenir de
entstammen [ɛnt'ʃtamən] *v einer Sache ~* proceder de
entstehen [ɛnt'ʃteːən] *v irr* originarse, surgir
Entstehung [ɛnt'ʃteːuŋ] *f* origen *m*
entstellen [ɛnt'ʃtɛlən] *v* desproporcionar, deformar
entstellt [ɛnt'ʃtɛlt] *adj* desfigurado, deformado
entstören [ɛnt'ʃtøːrən] *v TECH* eliminar perturbaciones
Entstörung [ɛnt'ʃtøːruŋ] *f TECH* eliminación de las perturbaciones *f*
enttäuschen [ɛnt'tɔyʃən] *v* desengañar, desilusionar
enttäuscht [ɛnt'tɔyʃt] *adj* desengañado, desilusionado
Enttäuschung [ɛnt'tɔyʃuŋ] *f* desengaño *m,* desilusión *f*
entthronen [ɛnt'troːnən] *v POL* destronar
entvölkern [ɛnt'fœlkərn] *v* despoblar
entwachsen [ɛnt'vaksən] *v irr* salir, emanar

entwaffnen [ɛnt'vafnən] *v* *1. MIL* desarmar; *2. (fig) jdn ~* vencer la resistencia de alguien
entwaffnend [ɛnt'vafnənt] *adj* que desarma
entwarnen [ɛnt'varnən] *v* dar el toque de cese de alarma
Entwarnung [ɛnt'varnuŋ] *f* cese de alarma *m*
entwässern [ɛnt'vɛsərn] *v* *1. (Sumpf)* desaguar, drenar; *2. MED* drenar
Entwässerung [ɛnt'vɛsəruŋ] *f* deshidratación *f*
entweder ['ɛntveːdər] *konj ~ ... oder* o bien ... o; *~ du bleibst oder du gehst.* O bien te quedas o te vas.
entweichen [ɛnt'vaɪçən] *v irr* huir, fugarse
entweihen [ɛnt'vaɪən] *v REL* profanar
Entweihung [ɛnt'vaɪuŋ] *f REL* profanación *f*
entwenden [ɛnt'vɛndən] *v irr* robar, quitar
entwerfen [ɛnt'vɛrfən] *v irr* idear, diseñar, proyectar
entwerten [ɛnt'vɛrtən] *v* *1. (Fahrkarte)* fechar, marcar, picar; *2. (fig)* perder su valor; *3. (Geld) ECO* desvalorizar
Entwertung [ɛnt'vɛrtuŋ] *f ECO* desvalorización *f*
entwickeln [ɛnt'vɪkəln] *v* desarrollar, desenvolver
Entwickler [ɛnt'vɪklər] *m FOTO* revelador *m*
Entwicklung [ɛnt'vɪkluŋ] *f* desarrollo *m,* desenvolvimiento *m*
entwicklungsgeschichtlich [ɛnt'vɪkluŋsgəʃɪçtlɪç] *adj BIO* ontogénico
Entwicklungshelfer [ɛnt'vɪkluŋshɛlfər] *m* cooperante *m,* voluntario *m*
Entwicklungshilfe [ɛnt'vɪkluŋshɪlfə] *f* ayuda a los países en vías de desarrollo *f*
Entwicklungsland [ɛnt'vɪkluŋslant] *n* país en vías de desarrollo *m*
Entwicklungsstand [ɛnt'vɪkluŋsʃtant] *m* nivel de desarrollo *m*
Entwicklungsstufe [ɛnt'vɪkluŋsʃtuːfə] *f* grado de desarrollo *m*
entwinden [ɛnt'vɪndən] *v irr jdm etw ~* arrancar de las manos
entwirren [ɛnt'vɪrən] *v* *1.* desenredar, desenlazar; *2. (fig)* aclarar, clarificar
entwischen [ɛnt'vɪʃən] *v* escaparse
entwöhnen [ɛnt'vøːnən] *v* *1.* desacostumbrar, deshabituar; *2. (ein Kind ~)* destetar
entwürdigend [ɛnt'vyrdɪgənt] *adj* degradante, humillante
Entwurf [ɛnt'vurf] *m* diseño *m,* bosquejo *m,* borrador *m*
entwurzeln [ɛnt'vurtsəln] *v* *1. (fig)* desarraigar, expatriar, alejar; *2. BOT* arrancar de raíz, desarraigar
Entwurzelung [ɛnt'vurtsəluŋ] *f (fig)* desarraigo *m,* expatriación *f*
entziehen [ɛnt'tsiːən] *v irr* *1. sich einer Sache ~* evitar, rehuir; *2. (etw ~)* retirar; *3. (Unterstützung, Erlaubnis)* quitar
Entziehungskur [ɛnt'tsiːuŋskuːr] *f MED* cura de desintoxicación *f,* cura de privación *f*
entziffern [ɛnt'tsɪfərn] *v* descifrar
entzücken [ɛnt'tsykən] *v* encantar, entusiasmar
Entzücken [ɛnt'tsykən] *n* encanto *m,* fascinación *f*
entzückend [ɛnt'tsykənt] *adj* encantador, fascinador, cautivador
entzückt [ɛnt'tsykt] *adj* encantado, cautivado, fascinado
Entzug [ɛnt'tsuːk] *m MED* privación *f*
entzündbar [ɛnt'tsyndbaːr] *adj* inflamable
entzünden [ɛnt'tsyndən] *v* *1. (Feuer)* encender, prender, inflamar; *2. sich ~ MED* inflamarse, infectarse
Entzündung [ɛnt'tsynduŋ] *f MED* inflamación *f,* infección *f*
entzündungshemmend [ɛnt'tsynduŋshɛmənt] *adj MED* antiinflamatorio
entzwei [ɛnt'tsvaɪ] *adj* roto, destrozado
entzweien [ɛnt'tsvaɪən] *v* desunir, enemistar
entzweigehen [ɛnt'tsvaɪgeːən] *v* partirse en dos
Entzweiung [ɛnt'tsvaɪuŋ] *f* *1.* fractura *f;* *2. (Streit)* desavenencia *f,* discordia *f,* desunión *f*
Enzian ['ɛntsjan] *m BOT* genciana *f*
Enzyklopädie [ɛntsyklopɛ'diː] *f* enciclopedia *f*
Enzym [ɛn'tsyːm] *n BIO* enzima *f*
Epidemie [epide'miː] *f MED* epidemia *f*
epidemisch [epi'deːmɪʃ] *adj irr MED* epidémico
Epik ['eːpɪk] *f LIT* poesía épica *f*
Epilepsie [epilɛp'ziː] *f MED* epilepsia *f*
epileptisch [epi'lɛptɪʃ] *adj MED* epiléptico
Epilog [epi'loːk] *m* epilógo *m*
episch ['epɪʃ] *adj* épico
Episode [epi'zoːdə] *f* episodio *m*
episodisch [epi'zoːdɪʃ] *adj* episódico

Epizentrum [epi'tsɛntrum] *n* epicentro *m*
epochal [epɔ'xaːl] *adj* memorable
Epoche [e'pɔxə] *f* época *f*
Epos ['epɔs] *n* epopeya *f*
er [eːr] *pron (Person)* él
erachten [ɛr'axtən] *v* considerar, juzgar
erahnen [ɛr'aːnən] *v* intuir, preveer
erarbeiten [ɛr'arbaɪtən] *v* conseguir trabajando, ganar a fuerza de trabajo
Erbanlagen ['ɛrpanlaːgən] *pl BIO* factor hereditario *m*
erbarmen [ɛr'barmən] *v sich jds ~* compadecerse de alguien, apiadarse de alguien; *Herr, erbarme dich unser!* ¡Señor, ten piedad de nosostros!
Erbarmen [ɛr'barmən] *n* compasión *f*, piedad *f*
erbärmlich [ɛr'bɛrmlɪç] *adj* deplorable, lastimoso, miserable
erbarmungslos [ɛr'barmuŋsloːs] *adj* despiadado
erbauen [ɛr'bauən] *v* construir, edificar
Erbauer [ɛr'bauər] *m* constructor *m*
erbaulich [ɛr'baulɪç] *adj* edificante
Erbauung [ɛr'bauuŋ] *f 1. (Gebäude)* construcción *f*, edificación *f*; *2. REL* edificación *f*
erbberechtigt ['ɛrpbərɛçtɪçt] *adj JUR* capaz de heredar
Erbe ['ɛrbə] *n 1. (Sache)* herencia *f*; *m 2. (Person)* heredero *m*
erbeben [ɛr'beːbən] *v* temblar, estremecerse
erben ['ɛrbən] *v* heredar
erbeuten [ɛr'bɔytən] *v* apresar, capturar
Erbfolge ['ɛrpfɔlgə] *f* sucesión *f*
Erbgut ['ɛrpguːt] *n BIO* patrimonio hereditario *m*
erbieten [ɛr'biːtən] *v irr sich ~, etw zu tun* ofrecerse para hacer algo
Erbin ['ɛrbɪn] *f* heredera *f*, sucesora *f*
erbitten [ɛr'bɪtən] *v irr 1. sich etw von jdm ~* hacerse rogar por alguien; *2. sich ~ lassen* dejarse ablandar, ceder a las súplicas
erbittern [ɛr'bɪtərn] *v* irritar
erbittert [ɛr'bɪtərt] *adj 1.* exasperado, enconado; *adv 2.* con exasperación
Erbitterung [ɛr'bɪtəruŋ] *f* irritación *f*, exasperación *f*
Erbkrankheit ['ɛrpkrankhaɪt] *f MED* enfermedad hereditaria *f*
erblassen ['ɛrplasən] *v (blass werden)* palidecer
Erblasser(in) ['ɛrplasər(ɪn)] *m/f* testador(a) *m/f*
erblich ['ɛrplɪç] *adj* hereditario
Erblichkeit ['ɛrplɪçkaɪt] *f* herencia *f*
erblinden [ɛr'blɪndən] *v* cegar, perder la vista
Erblindung [ɛr'blɪnduŋ] *f* ceguera *f*, pérdida de la vista *f*
Erbmasse ['ɛrpmasə] *f 1. BIO* masa hereditaria *f*; *2. JUR* herencia *f*
erbrechen [ɛr'brɛçən] *v irr* vomitar
Erbrechen [ɛr'brɛçən] *n 1.* vómito *m*; *2. bis zum ~ (fig)* hasta la saciedad
Erbrecht ['ɛrprɛçt] *n JUR* derecho sucesorio *m*
Erbschaft ['ɛrpʃaft] *f* herencia *f*
Erbschaftssteuer ['ɛrpʃaftsʃtɔyər] *f* impuesto sobre sucesiones *m*
Erbschleicher(in) ['ɛrpʃlaɪçər(ɪn)] *m/f* captador(a) de herencias *m/f*
Erbse ['ɛrpsə] *f* guisante *m*, arveja *f* (LA)
Erbstück ['ɛrpʃtyk] *n* objeto heredado *m*
Erbsünde ['ɛrpzyndə] *f REL* pecado original *m*
Erbteil ['ɛrptaɪl] *n* parte hereditaria *f*
Erdachse ['eːrtaksə] *f GEO* eje terrestre *m*
Erdanziehung ['eːrtantsiːuŋ] *f PHYS* fuerza de atracción terrestre *f*, gravedad *f*
Erdanziehungskraft ['eːrdantsiːuŋskraft] *f* gravedad *f*, fuerza de gravedad *f*, atracción terrestre *f*
Erdatmosphäre ['eːrtatmɔsfɛːrə] *f PHYS* atmósfera terrestre *f*
Erdbeben ['eːrtbeːbən] *n 1.* seísmo *m*, terremoto *m*; *2. (leichtes ~)* temblor *m*
Erdbeere ['eːrtbeːrə] *f BOT* fresa *f*
Erdbevölkerung ['eːrtbəfœlkəruŋ] *f* población mundial *f*
Erdboden ['eːrtboːdən] *m* tierra *f*, suelo *m*; *dem ~ gleichmachen (fig)* no dejar piedra sobre piedra; *vom ~ verschwinden* desaparecer de la faz de la tierra
Erde ['eːrdə] *f* tierra *f*; *jdn unter die ~ bringen* llevar a alguien a la tumba; *auf der ~ bleiben* pisar tierra/no hacerse ilusiones; *etw aus der ~ stampfen* sacar algo de la nada
erden ['eːrdən] *v TECH* conectar a tierra
erdenklich [ɛr'dɛŋklɪç] *adj* imaginable, concebible
Erdgas ['eːrtgaːs] *n* gas natural *m*
Erdgeschoss ['eːrtgəʃɔs] *n* piso bajo *m*, planta baja *f*
erdichten [ɛr'dɪçtən] *v* imaginar, idear
erdig ['eːrdɪç] *adj* terroso, térreo
Erdkruste ['eːrtkrustə] *f GEO* corteza terrestre *f*

Erdkugel ['eːrtkuːgəl] *f* globo terráqueo *m,* globo *m*
Erdkunde ['eːrtkundə] *f* geografía *f*
erdkundlich ['eːrtkuntlɪç] *adj* geográfico
Erdnuss ['eːrtnus] *f BOT* cacahuete *m,* maní *m* (LA)
Erdoberfläche ['eːrtoːbərflɛçə] *f GEO* superficie terrestre *f*
Erdöl ['eːrtøːl] *n* petróleo *m*
Erdölförderung ['eːrtøːlfœrdəruŋ] *f* subvención petrolera *f*
Erdölvorkommen ['eːrtøːlfoːrkɔmən] *f* yacimiento petrolífero *m*
Erdreich ['eːrtraɪç] *n* tierra *f,* terruño *m*
erdrosseln [ɛr'drɔsəln] *v* estrangular
erdrücken [ɛr'drykən] *v* aplastar, ahogar
Erdrutsch ['eːrtrutʃ] *m* corrimiento de tierras *m,* desprendimiento de tierras *m*
Erdteil ['eːrttaɪl] *m GEO* continente *m*
erdulden [ɛr'duldən] *v* aguantar, soportar
Erdumkreisung ['eːrtumkraɪzuŋ] *f ASTR* vuelo orbital *m*
Erdung ['eːrduŋ] *f TECH* toma de tierra *f*
Erdwärme ['eːrtvɛrmə] *f* geotermia *f*
ereifern [ɛr'aɪfərn] *v sich ~* acalorarse, alterarse
ereignen [ɛr'aɪgnən] *v sich ~* ocurrir, suceder, pasar
Ereignis [ɛr'aɪgnɪs] *n* acontecimiento *m,* suceso *m*
ereilen [ɛr'aɪlən] *v* alcanzar, sorprender
Erektion [erɛk'tsjoːn] *f* erección *f*
Eremit [ere'miːt] *m* eremita *m*
erfahren [ɛr'faːrən] *v irr 1.* llegar a saber, experimentar; *adj 2.* experimentado, experto
Erfahrung [ɛr'faːruŋ] *f* experiencia *f*
erfahrungsgemäß [ɛr'faːruŋsgəmɛːs] *adv* por experiencia
erfassen [ɛr'fasən] *v 1. (greifen)* asir, coger, agarrar; *2. (statistisch)* registrar estadísticamente; *3. (fig: verstehen)* comprender, entender, captar
Erfassung [ɛr'fasuŋ] *f (Statistik)* estadística *f*
erfinden [ɛr'fɪndən] *v irr* inventar, crear
Erfinder [ɛr'fɪndər] *m* inventor *m*
erfinderisch [ɛr'fɪndərɪʃ] *adj* inventivo, ingenioso
Erfindung [ɛr'fɪnduŋ] *f 1.* invento *m,* invención *f; 2. (Lüge)* mentira *f,* invención *f*
Erfolg [ɛr'fɔlk] *m* éxito *m; ~ versprechend* prometedor
erfolgen [ɛr'fɔlgən] *v* resultar, desarrollarse
erfolglos [ɛr'fɔlkloːs] *adj 1.* desafortunado, infructuoso; *adv 2.* desafortunadamente, infructuosamente, sin éxito
Erfolglosigkeit [ɛr'fɔlkloːzɪçkaɪt] *f* fracaso *m,* ineficacia *f*
erfolgreich [ɛr'fɔlkraɪç] *adj* afortunado, (LA) exitoso
Erfolgsaussicht [ɛr'fɔlksauszɪçt] *f* perspectiva de éxito *f*
erforderlich [ɛr'fɔrdərlɪç] *adj* necesario, requerido
erfordern [ɛr'fɔrdərn] *v* requerir, pedir, necesitar
Erfordernis [ɛr'fɔrdərnɪs] *n* exigencia *f,* requisito *m*
erforschen [ɛr'fɔrʃən] *v 1.* explorar, investigar; *2. (prüfen)* estudiar, examinar
Erforschung [ɛr'fɔrʃuŋ] *f 1.* exploración *f,* investigación *f; 2. (prüfen)* estudio *m,* investigación *f,* examen *m*
erfragen [ɛr'fraːgən] *v* preguntar, averiguar
erfreuen [ɛr'frɔyən] *v* alegrar, causar alegría
erfreulich [ɛr'frɔylɪç] *adj* agradable, alentador
erfreut [ɛr'frɔyt] *adj* contento, encantado; *Sehr ~!* ¡Encantado!
erfrieren [ɛr'friːrən] *v irr 1. (Person)* morirse de frío; *2. (Pflanze)* helarse
Erfrierung [ɛr'friːruŋ] *f MED* cogelación *f*
erfrischen [ɛr'frɪʃən] *v sich ~* refrescarse, tomar aire fresco
erfrischend [ɛr'frɪʃənt] *adj* refrescante
Erfrischung [ɛr'frɪʃuŋ] *f* refresco *m*
erfüllbar [ɛr'fylbaːr] *adj* recargable
erfüllen [ɛr'fylən] *v 1. erfüllt sein* estar lleno; *2. Pflicht ~* cumplir una obligación; *3. Wunsch ~* satisfacer un deseo
Erfüllung [ɛr'fyluŋ] *f 1. (Realisierung)* realización *f,* consumación *f; 2. (einer Pflicht)* cumplimiento *m; 3. (eines Wunsches)* satisfacción *f*
Erfüllungsort [ɛr'fyluŋsɔrt] *m ECO* lugar de cumplimiento *m*
ergänzen [ɛr'gɛntsən] *v* completar, complementar, añadir
Ergänzung [ɛr'gɛntsuŋ] *f* complemento *m,* suplemento *m,* añadidura *f*
ergeben [ɛr'geːbən] *v irr 1.* dar, arrojar; *2. (sich erweisen)* probarse; *3. (abwerfen)* arrojar; *4. (betragen)* ascender; *5. sich ~ (hingeben)* abandonarse; *6. sich ~ (aufgeben)* rendirse, darse por vencido; *7. sich einer Sache ~* darse a algo; *sich dem Alkohol ~* darse a la bebida

Ergebenheit [ɛr'geːbənhaɪt] *f* afección *f*, apego *m*
Ergebnis [ɛr'geːpnɪs] *n* resultado *m*, producto *m*
ergebnislos [ɛr'geːpnɪsloːs] *adj* sin resultado
Ergebnislosigkeit [ɛr'geːpnɪsloːzɪçkaɪt] *f* infructuosidad *f*
ergehen [ɛr'geːən] *v irr 1. Wie ist es ihm ergangen?* ¿Cómo le ha ido? *2. (erteilt werden)* publicarse, promulgarse; *3. etw über sich ~ lassen* sufrir, aguantar, soportar; *4. sich ~ in (fig)* desatarse; *5. sich an der Luft ~* tomar el aire, orearse
ergiebig [ɛr'giːbɪç] *adj* productivo
Ergiebigkeit [ɛr'giːbɪçkaɪt] *f* fertilidad *f*, fecundidad *f*
ergießen [ɛr'giːsən] *v irr sich ~ in* desembocar
Ergonomie [ɛrgono'miː] *f* ergonomía *f*
ergonomisch [ɛrgɔ'noːmɪʃ] *adj* ergonómico
ergötzen [ɛr'gœtsən] *v 1.* divertir, deleitar, regocijar; *2. sich an etw ~* divertirse, deleitarse
ergreifen [ɛr'graɪfən] *v irr 1. (greifen)* coger, tomar, agarrar; *eine Gelegenheit ~* aprovechar la ocasión; *2. (anwenden)* adoptar, tomar; *3. (festnehmen)* capturar, prender, tomar preso; *4. (fig: bewegen)* conmover, enternecer
ergreifend [ɛr'graɪfənt] *adj (fig)* conmovedor, enternecedor
Ergreifung [ɛr'graɪfuŋ] *f* captura *f*, aprehensión *f*
Ergriffenheit [ɛr'grɪfənhaɪt] *f* profunda emoción *f*
ergründen [ɛr'gryndən] *v 1.* sondear, indagar; *2. (erforschen)* profundizar
erhaben [ɛr'haːbən] *adj 1.* elevado, alto; *2. (über anderen stehend)* por encima, superior; *3. über etw ~ sein* estar por encima de; *4. (Anblick)* sublime, imponente
erhalten [ɛr'haltən] *v irr 1. (bekommen)* recibir, aceptar; *2. (bewahren)* conservar, guardar
erhaltenswert [ɛr'haltənsveːrt] *adj* digno de mantener
erhältlich [ɛr'hɛltlɪç] *adj* adquirible, que se puede adquirir
Erhaltung [ɛr'haltuŋ] *f 1. (Bewahrung)* conservación *f*; *2. (Instandhaltung)* mantenimiento *m*
erhängen [ɛr'hɛŋən] *v irr sich ~* ahorcarse, estrangularse
erhärten [ɛr'hɛrtən] *v 1.* endurecer; *2. (bestätigen)* corroborar
erheben [ɛr'heːbən] *v irr 1. (hochheben)* levantar, alzar; *2. sich ~* levantarse, ponerse de pie; *3. (Steuern) ECO* recaudar, cobrar; *4. (Klage) JUR* demandar a alguien
erhebend [ɛr'heːbənt] *adj* levantar, alzar
erheblich [ɛr'heːplɪç] *adj* considerable
Erhebung [ɛr'heːbuŋ] *f 1. (eines Berges)* elevación *f*; *2. (Statistik)* censo *m*; *3. (von Steuern) ECO* recaudación *f*, cobro *m*; *4. JUR* demanda *f*
erheitern [ɛr'haɪtərn] *v* alegrar, divertir
Erheiterung [ɛr'haɪtəruŋ] *f* diversión *f*
erhellen [ɛr'hɛlən] *v 1.* aclarar; *2. (fig: aufklären)* esclarecer; *3. sich ~* despejarse
erhitzen [ɛr'hɪtsən] *v* calentar
Erhitzung [ɛr'hɪtsuŋ] *f 1.* calentamiento *m*; *2. (fig)* acaloramiento *m*
erhoffen [ɛr'hɔfən] *v* esperar, confiar en que
erhöhen [ɛr'høːən] *v 1.* levantar, alzar, elevar; *2. (Preise) ECO* aumentar, subir, alzar, incrementar
Erhöhung [ɛr'høːuŋ] *f 1.* elevación *f*; *2. (von Preisen) ECO* aumento *m*, subida *f*
erholen [ɛr'hoːlən] *v sich ~* descansar, recrear, recuperarse
Erholung [ɛr'hoːluŋ] *f* descanso *m*
erholungsbedürftig [ɛr'hoːluŋsbədyrftɪç] *adj* necesitado de reposo
Erholungsgebiet [ɛr'hoːluŋsgəbiːt] *n* zona de descanso *f*
Erholungsurlaub [ɛr'hoːluŋsurlaup] *m 1.* vacaciones de recreo *f/pl*; *2. (aus gesundheitlichen Gründen)* vacaciones de reposo *f/pl*
erhören [ɛr'høːrən] *v* levantar, alzar
erinnerlich [ɛr'ɪnərlɪç] *adj Es ist mir nicht ~.* No lo recuerdo.
erinnern [ɛr'ɪnərn] *v 1. jdn an etw ~* recordar alguien a algo; *2. sich ~* acordarse de, recordar a; *Versuche dich zu ~!* ¡Trata de hacer memoria!
Erinnerung [ɛr'ɪnəruŋ] *f* recuerdo *m*
Erinnerungswert [ɛr'ɪnəruŋsveːrt] *m* recuerdo personal *m*, objeto que tiene valor intrínseco *m*
erkalten [ɛr'kaltən] *v 1.* enfriarse; *2. (fig: Gefühle)* enfriarse
erkälten [ɛr'kɛltən] *v sich ~* resfriarse, constiparse
Erkältung [ɛr'kɛltuŋ] *f MED* resfriado *m*, constipado *m*, resfrío *m* (LA)
erkämpfen [ɛr'kɛmpfən] *v* ganar, obtener

erkaufen [ɛr'kaufən] *v* pagar por
erkennbar [ɛr'kɛnbaːr] *adj* reconocible
erkennen [ɛr'kɛnən] *v irr* reconocer, distinguir
erkenntlich [ɛr'kɛntlɪç] *adj* reconocido, agradecido
Erkenntnis [ɛr'kɛntnɪs] *f* conocimiento *m*
erkennungsdienstlich [ɛr'kɛnuŋsdiːnstlɪç] *adj* para el servicio de idenficación policial
Erker ['ɛrkər] *m* mirador *m,* balcón *m*
Erkerfenster ['ɛrkərfɛnstər] *n* ventana del mirador *f*
erklärbar [ɛr'klɛːrbaːr] *adj* explicable
Erklärbarkeit [ɛr'klɛːrbaːrkaɪt] *f* explicabilidad *f*
erklären [ɛr'klɛːrən] *v 1. (verdeutlichen)* aclarar, especificar; *2. (verkünden)* proclamar, anunciar
erklärlich [ɛr'klɛːrlɪç] *adj* aclarable, claro, evidente
erklärt [ɛr'klɛːrt] *adj* declarado
Erklärung [ɛr'klɛːruŋ] *f 1. (Verdeutlichung)* aclaración *f,* especificación *f; 2. (Verkündung)* proclamación *f,* anuncio *m*
erklimmen [ɛr'klɪmən] *v irr* escalar
erklingen [ɛr'klɪŋən] *v irr* sonar, resonar
erkranken [ɛr'kraŋkən] *v ~ an* enfermar de
Erkrankung [ɛr'kraŋkuŋ] *f MED* enfermedad *f*
erkunden [ɛr'kundən] *v 1.* examinar, explorar; *2. (feststellen)* averiguar
erkundigen [ɛr'kundɪgən] *v sich ~ nach* informarse de
Erkundigung [ɛr'kundɪguŋ] *f* información *f*
Erkundung [ɛr'kunduŋ] *f* exploración *f*
erlahmen [ɛr'laːmən] *v 1.* tullirse, volverse paralítico; *2. (nachlassen)* disminuir, decaer
erlangen [ɛr'laŋən] *v* alcanzar, obtener
Erlass [ɛr'las] *m 1. (Verordnung)* decreto *m; 2. (Befreiung)* exención *f,* dispensa *f*
erlassen [ɛr'lasən] *v irr 1. (verordnen)* decretar, dictar; *2. (befreien)* dispensar, eximir, librar
erlauben [ɛr'laubən] *v jdm etw ~* permitir algo a alguien, dar permiso a alguien para algo, autorizar algo a alguien; *Was ~ Sie sich?* ¿Pero, qué se ha creído usted?
Erlaubnis [ɛr'laupnɪs] *f* permiso *m,* autorización *f*
erläutern [ɛr'lɔytərn] *v* explicar, aclarar
Erläuterung [ɛr'lɔytəruŋ] *f* explicación *f*
Erle ['ɛrlə] *f BOT* aliso *m*
erleben [ɛr'leːbən] *v* vivir, experimentar; *Du kannst was ~! (fam)* ¡Prepárate!
Erlebnis [ɛr'leːpnɪs] *n* vivencia *f,* experiencia *f*
erledigen [ɛr'leːdɪgən] *v 1. (ausführen)* ejecutar, llevar a cabo, realizar; *2. (beenden)* acabar, terminar, concluir
erledigt [ɛr'leːdɪçt] *adj 1. (abgeschlossen)* solucionado, listo; *2. (ruiniert)* acabado, en la ruina
Erledigung [ɛr'leːdɪguŋ] *f 1. (Ausführung)* ejecución *f,* realización *f; 2. (Beenden)* terminación *f,* finalización *f*
erlegen [ɛr'leːgən] *v (Tier)* matar, cazar
erleichtern [ɛr'laɪçtərn] *v* aliviar, mitigar, calmar
erleichtert [ɛr'laɪçtərt] *adj* aliviado, calmado
Erleichterung [ɛr'laɪçtəruŋ] *f* alivio *m,* facilidades *f/pl*
erleiden [ɛr'laɪdən] *v irr* soportar, aguantar, sufrir
erlernbar [ɛr'lɛrnbaːr] *adj (leicht ~)* fácil de aprender
erlernen [ɛr'lɛrnən] *v* aprender, estudiar, cultivar
erlesen [ɛr'leːzən] *adj 1. (Essen)* exquisito; *2. (Gruppe)* selecto
erleuchten [ɛr'lɔyçtən] *v* alumbrar, iluminar
erliegen [ɛr'liːgən] *v irr 1. (einem Gegner)* rendirse, sucumbir; *2. (einer Krankheit)* morir
Erlös [ɛr'løːs] *m ECO* recaudación *f,* ingresos *m/pl*
erlöschen [ɛr'lœʃən] *v irr* apagarse, extinguirse
erlösen [ɛr'løːzən] *v* salvar, redimir
Erlöser [ɛr'løːzər] *m REL* salvador *m,* redentor *m*
Erlösung [ɛr'løːzuŋ] *f 1.* salvación *f; 2. REL* redención *f*
ermächtigen [ɛr'mɛçtɪgən] *v ~ zu* autorizar para, dar poder para, habilitar para
Ermächtigung [ɛr'mɛçtɪguŋ] *f* autorización *f,* poder *m*
ermahnen [ɛr'maːnən] *v* exhortar, amonestar
Ermahnung [ɛr'maːnuŋ] *f* exhortación *f,* amonestación *f*
ermangeln [ɛr'maŋəln] *v* carecer, tener falta de
ermäßigen [ɛr'mɛːsɪgən] *v* disminuir, rebajar

Ermäßigung [ɛr'mɛːsɪguŋ] *f* descuento *m*, rebaja *f*; *Gibt es ~en für Studenten?* ¿Hay descuentos para estudiantes?
ermatten [ɛr'matən] *v* cansar, fatigar
ermessen [ɛr'mɛsən] *v irr* medir
Ermessen [ɛr'mɛsən] *n* juicio *m*, parecer *m*, criterio *m*; *nach menschlichem ~* según la humana prevención
ermitteln [ɛr'mɪtəln] *v 1.* averiguar, indagar, buscar; *2. gegen jdn ~ JUR* instruir el sumario contra alguien
Ermittlung [ɛr'mɪtluŋ] *f 1.* averiguación *f*; *2. JUR* pesquisa *f*, instrucción *f*
ermöglichen [ɛr'møːklɪçən] *v* hacer posible, posibilitar
ermorden [ɛr'mɔrdən] *v* asesinar, matar
Ermordung [ɛr'mɔrduŋ] *f* asesinato *m*, homicidio *m*, crimen *m*
ermüden [ɛr'myːdən] *v* fatigar, fatigarse, cansar, cansarse
ermüdend [ɛr'myːdənt] *adj* fatigoso
Ermüdung [ɛr'myːduŋ] *f 1.* fatiga *f*, cansancio *m*; *2. (Erschöpfung) TECH* agotamiento *m*
ermuntern [ɛr'muntərn] *v* despertar, animar, alentar
ermutigen [ɛr'muːtɪgən] *v* animar, alentar, estimular
ernähren [ɛr'nɛːrən] *v* alimentar, nutrir
Ernährung [ɛr'nɛːruŋ] *f 1. (Produkt)* alimento *m*; *2. (Vorgang)* alimentación *f*, nutrición *f*
Ernährungslehre [ɛr'nɛːruŋsleːrə] *f MED* dietética *f*
ernennen [ɛr'nɛnən] *v irr* nombrar, designar
Ernennung [ɛr'nɛnuŋ] *f* nombramiento *m*, designación *f*
Ernennungsurkunde [ɛr'nɛnuŋsuːrkundə] *f* nombramiento *m*
erneuern [ɛr'nɔyərn] *v* renovar
Erneuerung [ɛr'nɔyəruŋ] *f* renovación *f*
erneut [ɛr'nɔyt] *adv* de nuevo, nuevamente, otra vez
erniedrigen [ɛr'niːdrɪgən] *v* rebajar, humillar
erniedrigend [ɛr'niːdrɪgənt] *adj* degradante, humillante
Erniedrigung [ɛr'niːdrɪguŋ] *f* degradación *f*, humillación *f*, rebajamiento *m*
ernst [ɛrnst] *adj 1.* serio; *Nimm es nicht so ~!* ¡No te lo tomes tan a pecho! *etw nicht ~ nehmen* tomar algo a broma; *adv 2.* en serio, seriamente
Ernst [ɛrnst] *m* seriedad *f*; *der ~ des Lebens* la vida cotidiana *f*; *mit etw ~ machen* hacer algo como una hoja
Ernstfall ['ɛrnstfal] *m* emergencia *f*, caso grave *m*
ernsthaft ['ɛrnsthaft] *adj* serio
Ernsthaftigkeit ['ɛrnsthaftɪçkaɪt] *f* seriedad *f*, formalidad *f*
ernstlich ['ɛrnstlɪç] *adj* serio, grave
Ernte ['ɛrntə] *f 1. (Tätigkeit)* cosecha *f*, recolección *f*; *2. (Ertrag)* producto *m*
Erntedankfest [ɛrntə'daŋkfɛst] *n REL* acción de gracias por la cosecha *f*
ernten ['ɛrntən] *v* cosechar
Erntezeit ['ɛrntətsaɪt] *f* tiempo de la cosecha *m*
ernüchtern [ɛr'nyçtərn] *v (fig)* desengañar, desilusionar
Ernüchterung [ɛr'nyçtəruŋ] *f (fig)* desengaño *m*, desilusión *f*
Eroberer [ɛr'oːbərər] *m* conquistador *m*
erobern [ɛr'oːbərn] *v* conquistar
Eroberung [ɛr'oːbəruŋ] *f* conquista *f*, toma *f*
Eroberungskrieg [ɛr'oːbəruŋskriːk] *m POL* guerra de conquista *f*
erodieren [ero'diːrən] *v GEOL* erosionar
eröffnen [ɛr'œfnən] *v* abrir
Eröffnung [ɛr'œfnuŋ] *f 1.* abertura *f*, apertura *f*; *2. (Einweihung)* inauguración *f*; *3. (Mitteilung)* comunicación *f*, notificación *f*
Eröffnungsrede [ɛr'œfnuŋsreːdə] *f* discurso inaugural *m*
erogen [ero'geːn] *adj* erógeno
erörtern [ɛr'œrtərn] *v* discutir, debatir
Erörterung [ɛr'œrtəruŋ] *f* discusión *f*, debate *m*
Erosion [ero'zjoːn] *f* erosión *f*
erosiv [ero'ziːf] *adj* erosivo
Erotik [e'roːtɪk] *f* erotismo *m*
erotisch [e'roːtɪʃ] *adj* erótico
erpicht [ɛr'pɪçt] *adj auf etw ~ sein* encaprichado en
erpressen [ɛr'prɛsən] *v jdn ~* extorsionar a alguien, chantajear a alguien
Erpresser(in) [ɛr'prɛsər(ɪn)] *m/f* extorsionista *m/f*, chantajista *m/f*
erpresserisch [ɛr'prɛsərɪʃ] *adj* chantajista, extorsionista
Erpressung [ɛr'prɛsuŋ] *f* extorsión *f*, chantaje *m*
erproben [ɛr'proːbən] *v* probar, ensayar
Erprobung [ɛr'proːbuŋ] *f* prueba *f*, ensayo *m*

erquickend [ɛr'kvɪkənt] *adj* refrescante, recreativo
erraten [ɛr'ra:tən] *v irr* adivinar, acertar, atinar
errechnen [ɛr'rɛçnən] *v* calcular, computar
erregbar [ɛr're:kba:r] *adj* impresionable, susceptible
Erregbarkeit [ɛr're:kba:rkaɪt] *f* impresionabilidad *f,* susceptibilidad *f*
erregen [ɛr're:gən] *v 1. Aufsehen ~* causar sensación; *2. (aufregen)* incitar, excitar; *3. sich ~* excitarse
Erreger [ɛr're:gər] *m MED* agente patógeno *m*
Erregung [ɛr're:guŋ] *f* excitación *f*
erreichbar [ɛr'raɪçba:r] *adj* asequible, accesible; *leicht ~ sein* estar al alcance de la mano
Erreichbarkeit [ɛr'raɪçba:rkaɪt] *f 1.* posibilidad de localizar *f; 2. (Verfügbarkeit)* accesibilidad *f*
erreichen [ɛr'raɪçən] *v* alcanzar, lograr, conseguir
errichten [ɛr'rɪçtən] *v 1.* erigir, levantar; *2. (gründen)* establecer, fundar
Errichtung [ɛr'rɪçtuŋ] *f 1.* edificación *f; 2. (Gründung)* fundación *f*
erringen [ɛr'rɪŋən] *v irr* obtener, conseguir luchando
erröten [ɛr'rø:tən] *v 1.* sonrojarse, ruborizarse, ponerse rojo; *2. (vor Verlegenheit)* avergonzarse
Errungenschaft [ɛr'ruŋənʃaft] *f* adquisición *f,* logro *m*
Ersatz [ɛr'zats] *m* sustitución *f,* reemplazo *m*
Ersatzanspruch [ɛr'zatsanʃprux] *m* derecho a indemnización *m*
Ersatzdienst [ɛr'zatsdi:nst] *m MIL* servicio sustitutorio *m*
Ersatzhandlung [ɛr'zatshandluŋ] *f* sublimación *f,* acto sustitutivo *m*
Ersatzkasse [ɛr'zatskasə] *f* seguridad social equiparada a la estatal *f*
Ersatzmann [ɛr'zatsman] *m* sustituto *m,* reemplazante *m*
Ersatzreifen [ɛr'zatsraɪfən] *m* neumático de repuesto *m,* llanta de repuesto *f* (LA)
Ersatzteil [ɛr'zatstaɪl] *n* pieza de recambio *f,* repuesto *m*
ersäufen [ɛr'zɔyfən] *v (fam)* ahogar
erschaffen [ɛr'ʃafən] *v irr* crear, formar, establecer
Erschaffung [ɛr'ʃafuŋ] *f* creación *f,* formación *f*
erscheinen [ɛr'ʃaɪnən] *v irr 1. (sich sehen lassen)* mostrarse, dejarse ver; *2. (veröffentlicht werden)* ser publicado; *3. vor Gericht ~* comparecer en juicio, comparecer ante el juez; *4. (scheinen)* aparecer, surgir, emerger
Erscheinung [ɛr'ʃaɪnuŋ] *f 1. (Phänomen)* fenómeno *m; 2. (Aussehen)* aspecto *m,* apariencia *f; 3. Das sind Alterserscheinungen.* Son cosas de la edad.
erschießen [ɛr'ʃi:sən] *v irr* matar a tiros, matar con arma de fuego
Erschießung [ɛr'ʃi:suŋ] *f* fusilamiento *m*
erschlagen [ɛr'ʃla:gən] *v irr* matar; *Ich bin völlig ~.* Estoy hecho polvo.
erschließbar [ɛr'ʃli:sba:r] *adj 1. (Rohstoffe)* explotable; *2. (Gedanken)* deducible
erschließen [ɛr'ʃli:sən] *v irr 1. (Baugelände)* urbanizar; *2. (Märkte) ECO* abrir
Erschließung [ɛr'ʃli:suŋ] *f 1. (von Baugelände)* urbanización *f; 2. (von Märkten) ECO* apertura *f*
erschöpfen [ɛr'ʃœpfən] *v 1.* agotar, consumir; *2. sich ~* agotarse, extenuarse; *3. sich in etw ~* perderse en
erschöpft [ɛr'ʃœpft] *adj* agotado, muy cansado
Erschöpfung [ɛr'ʃœpfuŋ] *f* agotamiento *m*
erschrecken [ɛr'ʃrɛkən] *v irr* asustar, dar un susto
erschreckend [ɛr'ʃrɛkənt] *adj* espantoso, terrible
erschüttern [ɛr'ʃytərn] *v 1.* sacudir, zarandear; *2. (fig)* estremecer, emocionar
erschütternd [ɛr'ʃytərnt] *adj* estremecedor, emocionante
Erschütterung [ɛr'ʃytəruŋ] *f 1.* sacudida *f,* zarandeo *m; 2. (fig)* emoción *f,* estremecimiento *m*
erschweren [ɛr'ʃve:rən] *v* dificultar, complicar
erschwerend [ɛr'ʃve:rənt] *adj* agravante
Erschwernis [ɛr'ʃve:rnɪs] *f* dificultad *f,* complicación *f*
erschwingen [ɛr'ʃvɪŋən] *v irr (Geld)* reunir
erschwinglich [ɛr'ʃvɪŋlɪç] *adj* accesible, asequible, abordable; *für jedermann ~* al alcance de todo bolsillo
ersehen [ɛr'ze:ən] *v irr ~ aus* saber por, enterarse por
ersehnen [ɛr'ze:nən] *v* anhelar, añorar, desear
ersetzbar [ɛr'zɛtsba:r] *adj* reemplazable, sustituible

Ersetzbarkeit [ɛr'zɛtsba:rkaɪt] *f* reemplazabilidad *f*
ersetzen [ɛr'zɛtsən] *v* *1. (austauschen)* cambiar, reemplazar; *2. (entschädigen)* indemnizar, compensar
ersichtlich [ɛr'zɪçtlɪç] *adj* visible, evidente; *Es ist ~.* Salta a la vista.
ersinnen [ɛr'zɪnən] *v irr* imaginar, idear
ersparen [ɛr'ʃpa:rən] *v jdm etw ~ (fig)* evitar algo a alguien
Ersparnis [ɛr'ʃpa:rnɪs] *f* ahorro *m*
erst [e:rst] *adv* primero, en primer lugar, primeramente
erstarren [ɛr'ʃtarən] *v 1. (vor Kälte)* helarse, quedarse helado; *2. (vor Schreck)* quedarse de una piedra; *3. (Zement)* solidificarse; *4. (Flüssigkeit)* congelarse; *5. (Fett)* cuajarse; *6. (fig: person)* ponerse rígido
Erstarrung [ɛr'ʃtaruŋ] *f* estupefacción *f,* pasmo *m*
erstatten [ɛr'ʃtatən] *v 1. (Kosten)* reembolsar; *2. Anzeige ~* denunciar; *3. Bericht ~* informar, dar cuenta
Erstattung [ɛr'ʃtatuŋ] *f (Kosten)* restitución *f,* devolución *f*
Erstaufführung ['e:rstauffy:ruŋ] *f THEAT* estreno *m,* premiere *f*
Erstauflage ['e:rstaufla:gə] *f* primera edición *f*
erstaunen [ɛr'ʃtaunən] *v 1.* admirarse, asombrarse; *2. jdn ~* sorprender
Erstaunen [ɛr'ʃtaunən] *n* admiración *f,* asombro *m*
erstaunlich [ɛr'ʃtaunlɪç] *adj* asombroso, sorprendente
Erstausgabe ['e:rstausga:bə] *f* primera edición *f*
Erstbezug ['e:rstbətsu:k] *m* de primera mano
erste(r,s) ['e:rstə(r,s)] *adj* primero; *das ~ Mal* la primera vez *f*
erstechen [ɛr'ʃtɛçən] *v irr* apuñalar, matar a estocadas
erstehen [ɛr'ʃte:ən] *v irr (kaufen)* comprar, adquirir
ersteigen [ɛr'ʃtaɪgən] *v irr* subir, ascender
ersteigern [ɛr'ʃtaɪgərn] *v* adquirir en una subasta
erstellen [ɛr'ʃtɛlən] *v 1.* construir, fabricar; *2. (Rechnung, Übersicht)* elaborar
Erstellung [ɛr'ʃtɛluŋ] *f* construcción *f,* fabricación *f*
erstens ['e:rstəns] *adv* primeramente, en primer lugar
Erstgeborene(r) ['e:rstgəbo:rənə] *m/f* primogénito/primogénita *m/f*
ersticken [ɛr'ʃtɪkən] *v* asfixiarse
Erstickungsanfall [ɛr'ʃtɪkuŋsanfal] *m MED* sofoco *m,* ahogo *m*
erstklassig ['e:rstklasɪç] *adj 1.* de primera clase, de primera categoría; *adv 2.* de primera
Erstkommunion ['e:rstkɔmunjon] *f REL* Primera Comunión *f*
Erstlingsfilm ['e:rstlɪŋsfɪlm] *m CINE* opera prima *f*
Erstlingswerk ['e:rstlɪŋsvɛrk] *n* primera obra *f*
erstmals ['e:rstma:ls] *adv* por primera vez
erstreben [ɛr'ʃtre:bən] *v* aspirar a, ambicionar
erstrebenswert [ɛr'ʃtre:bənsvert] *adj* digno de esfuerzo, deseable
erstrecken [ɛr'ʃtrɛkən] *v 1. sich ~ auf* comprender, abarcar; *2. sich ~ (betreffen)* referirse a
Erstsemester ['e:rstzemɛstər] *n* estudiante de primer semestre *m/f*
erstürmen [ɛr'ʃtyrmən] *v MIL* tomar por asalto
Erstürmung [ɛr'ʃtyrmuŋ] *f MIL* asalto *m*
Erstwähler ['e:rstvɛ:lər] *m POL* elector primerizo *m,* elector novicio *m*
ersuchen [ɛr'zu:xən] *v* pedir, solicitar
ertappen [ɛr'tapən] *v* sorprender; *auf frischer Tat ~* sorprender en flagrante delito
erteilen [ɛr'taɪlən] *v 1. (geben)* dar, entregar; *2. (gewähren)* conceder, otorgar
ertönen [ɛr'tø:nən] *v* sonar, tocar
Ertrag [ɛr'tra:k] *m ECO* beneficio *m,* ganancia *f*
ertragen [ɛr'tra:gən] *v irr* soportar, aguantar, sufrir
Ertragfähigkeit [ɛr'tra:kfɛ:ɪçkaɪt] *f ECO* productividad *f,* rentabilidad *f*
erträglich [ɛr'trɛ:klɪç] *adj* soportable, sufrible
ertragreich [ɛr'tra:kraɪç] *adj* productivo
ertragsabhängig [ɛr'tra:ksaphɛŋɪç] *adj ECO* dependiente de la participación en las ganancias
Ertragseinbruch [ɛr'tra:ksaɪnbrux] *m ECO* merma de beneficios *f*
Ertragslage [ɛr'tra:ksla:gə] *f ECO* situación de rentabilidad *f*
ertränken [ɛr'trɛŋkən] *v* ahogarse
erträumen [ɛr'trɔymən] *v sich etw ~* imaginarse, soñar con

ertrinken [ɛr'trɪŋkən] *v irr* ahogarse
Ertrinkende(r) [ɛr'trɪŋkəndə(r)] *m/f* ahogado/ahogada *m/f*
erübrigen [ɛr'yːbrɪgən] *v 1. (Geld)* ahorrar, economizar; *2. (Zeit)* tener tiempo; *3. sich ~* sobrar, ser superfluo
Eruption [erup'tsjoːn] *f* erupción *f*
erwachen [ɛr'vaxən] *v* despertar, despertarse
Erwachen [ɛr'vaxən] *n* despertar *m*
erwachsen [ɛr'vaksən] *adj* adulto
Erwachsene(r) [ɛr'vaksənə(r)] *m/f* adulto/adulta *m/f*
Erwachsenenbildung [ɛr'vaksənənbɪldʊŋ] *f* educación de adultos *f*
erwägen [ɛr'vɛːgən] *v irr* ponderar, tomar en consideración
Erwägung [ɛr'vɛːgʊŋ] *f* ponderación *f*, consideración *f*
erwähnen [ɛr'vɛːnən] *v* mencionar
erwähnenswert [ɛr'vɛːnənsveːrt] *adj* digno de mencionar
Erwähnung [ɛr'vɛːnʊŋ] *f* mención *f*
erwärmen [ɛr'vɛrmən] *v* calentar
Erwärmung [ɛr'vɛrmʊŋ] *f* calentamiento *m*, calefacción *f*
erwarten [ɛr'vaːrtən] *v* esperar, aguardar, estar a la expectativa; *nichts zu ~ haben* no poder esperar
Erwartung [ɛr'vartʊŋ] *f* espera *f*, expectativa *f*; *in ~ Ihrer baldigen Nachricht* en espera de su noticia pronta
erwartungsvoll [ɛr'vartʊŋsfɔl] *adj* lleno de expectación
erwecken [ɛr'vɛkən] *v 1. (wecken)* despertar; *2. (fig)* provocar, motivar, dar pie; *3. vom Tode ~* resucitar
erwehren [ɛr'veːrən] *v sich ~* defenderse
erweichen [ɛr'vaɪçən] *v 1.* ablandar; *2. (fig: überreden)* convencer
erweisen [ɛr'vaɪzən] *v irr* demostrar, comprobar
erweitern [ɛr'vaɪtərn] *v* ensanchar, ampliar
erweitert [ɛr'vaɪtərt] *adj 1.* ensachando, alargado; *2. (Pupillen)* dilatado
Erweiterung [ɛr'vaɪtərʊŋ] *f* ensanchamiento *m*, ensanche *m*, ampliación *f*
erweiterungsfähig [ɛr'vaɪtərʊŋsfɛːɪç] *adj* ampliable
Erwerb [ɛr'vɛrp] *m 1. (Beruf)* profesión *f*; *2. (Kauf) ECO* adquisición *f*, compra *f*
erwerben [ɛr'vɛrbən] *v irr* adquirir, comprar
erwerbsfähig [ɛr'vɛrpsfɛːɪç] *adj* apto para el trabajo
Erwerbsleben [ɛr'vɛrpsleːbən] *n* vida laboral *f*
erwerbslos [ɛr'vɛrpsloːs] *adj* parado *m*, desempleado *m*
erwerbstätig [ɛr'vɛrpstɛːtɪç] *adj* activo
Erwerbstätige(r) [ɛr'vɛrpʃtɛtɪgə(r)] *m/f* activo/activa *m/f*, asalariado/asalariada *m/f*
erwerbsunfähig [ɛr'vɛrpsunfɛːɪç] *adj* incapacitado para el trabajo, incapacitado para trabajar
Erwerbsunfähigkeit [ɛr'vɛrpsunfɛːɪçkaɪt] *f* incapacidad laboral *f*
erwidern [ɛr'viːdərn] *v 1. (antworten)* contestar, responder; *2. (Gleiches zurückgeben)* corresponder a, responder
Erwiderung [ɛr'viːdərʊŋ] *f* contestación *f*, respuesta *f*, réplica *f*
erwirken [ɛr'vɪrkən] *v* obtener, conseguir
erwirtschaften [ɛr'vɪrtʃaftən] *v ECO* producir, generar beneficios
Erwirtschaftung [ɛr'vɪrtʃaftʊŋ] *f ECO* producción de beneficios *f*
erwischen [ɛr'vɪʃən] *v* atrapar, coger (nicht in Argentinien)
erwünschen [ɛr'vynʃən] *v* desear, aspirar, querer, ambicionar
erwünscht [ɛr'vynʃt] *adj* deseado, aspirado
erwürgen [ɛr'vyrgən] *v* ahogar, estrangular
Erz [ɛrts] *n MIN* mineral *m*
erzählen [ɛr'tsɛːlən] *v* contar, narrar
Erzähler(in) [ɛr'tsɛːlər(ɪn)] *m/f LIT* narrador(a) *m/f*
erzählerisch [ɛr'tsɛːlərɪʃ] *adj LIT* narrativo
Erzählung [ɛr'tsɛːlʊŋ] *f* cuento *m*, narración *f*
Erzbischof ['ɛrtsbɪʃɔf] *m REL* arzobispo *m*
erzeugen [ɛr'tsɔygən] *v 1. (herstellen)* producir, fabricar; *2. (hervorrufen)* causar, provocar, originar
Erzeugerland [ɛr'tsɔygərlant] *n ECO* país productor *m*
Erzeugnis [ɛr'tsɔyknɪs] *n* producto *m*
Erzfeind(in) ['ɛrtsfaɪnt/'ɛrtsfaɪntɪn] *m/f* enemigo mortal/enemiga mortal *m/f*
erziehen [ɛr'tsiːən] *v irr 1.* educar, formar; *2. (aufziehen)* criar
Erzieher(in) [ɛr'tsiːər(ɪn)] *m/f* educador(a) *m/f*, pedagogo/pedagoga *m/f*
erzieherisch [ɛr'tsiːərɪʃ] *adj* educativo, educacional, pedagógico

Erziehung [ɛr'tsiːuŋ] *f* *1. (Aufziehen)* crianza *f*; *2. (Ausbildung)* educación *f*, formación *f*

Erziehungsberatung [ɛr'tsiːuŋsbəraːtuŋ] *f* orientación educacional *f*

erziehungsberechtigt [ɛr'tsiːuŋsbərɛçtɪçt] *adj JUR* que tiene derecho de educación

Erziehungsgeld [ɛr'tsiːuŋsgɛlt] *n POL* ayuda estatal por hijos *f*

Erziehungsurlaub [ɛr'tsiːuŋsuːrlaup] *m* *1. (der Mutter)* baja por maternidad *f*; *2. (des Vaters)* baja por paternidad *f*

erzielen [ɛr'tsiːlən] *v* obtener, lograr, conseguir

erzwingen [ɛr'tsvɪŋən] *v irr* forzar, conseguir por la fuerza

es [ɛs] *pron 1. (Person)* le, la; *2. (Sache)* el, la, lo; *3. (betont)* esto, eso, ello, aquello

Esche ['ɛʃə] *f BOT* fresno *m*

Esel ['eːzəl] *m* asno *m*, burro *m*, borrico *m*

Eselsbrücke ['eːzəlsbrykə] *f 1.* regla mnemotécnica *f*; *2. (Spickzettel)* chuleta *f*

Eskalation [ɛskala'tsjoːn] *f POL* escalación *f*

eskalieren [ɛska'liːrən] *v POL* escalar

Eskapade [ɛska'paːdə] *f* escapada *f*

Eskimo ['ɛskimo] *m* esquimal *m/f*

Eskorte [ɛs'kɔrtə] *f* escolta *f*

Esoterik [ezo'teːrɪk] *f* esoterismo *m*

esoterisch [ezo'teːrɪʃ] *adj* esotérico

Espe ['ɛspə] *f BOT* álamo *m*

Esperanto [ɛspə'ranto] *n LING* esperanto *m*

Espresso [ɛs'prɛso] *m* café solo *m*

Essay ['ɛseː] *n* ensayo *m*

Essayist(in) [ɛse'ɪst(ɪn)] *m/f LIT* esayista *m/f*

essbar ['ɛsbaːr] *adj* comestible

Essbesteck ['ɛsbəʃtɛk] *n* cubierto *m*

Essecke ['ɛsɛkə] *f* rinconera *f*

essen ['ɛsən] *v irr* comer; *sich dick und rund ~* darse una panzada

Essen ['ɛsən] *n* comida *f*

essentiell [ɛsɛn'tsjɛl] *adj* esencial

Essenz [ɛ'sɛnts] *f* esencia *f*; *CHEM* esencia *f*

Essgeschirr ['ɛsgəʃɪr] *n* vajilla *f*

Essig ['ɛsɪç] *m* vinagre *m*

Essiggurke ['ɛsɪçgurkə] *f GAST* pepinillo en vinagre *m*

Essiglösung ['ɛsɪçløːzuŋ] *f CHEM* disolución de ácido acético *f*

Essigsäure ['ɛsɪçzɔyrə] *f CHEM* ácido acético *m*

Esskastanie ['ɛskastːanjə] *f BOT* castaña *f*

Esslöffel ['ɛslœfəl] *m* cuchara *f*

Essstörung ['ɛsʃtøːruŋ] *f MED* trastorno en los hábitos alimenticios *m*

Esstisch ['ɛstɪʃ] *m* mesa de comedor *f*

Esswaren ['ɛsvaːrən] *pl* comestibles *m/pl*

Esszimmer ['ɛstsɪmər] *n* comedor *m*

Este ['ɛstə] *m* estonio *m*

Estin ['ɛstɪn] *f* estonia *f*

Estland ['ɛstlant] *n GEO* Estonia *f*

Estrich ['ɛstrɪç] *m* pavimento *m*, solado *m*

etablieren [eta'bliːrən] *v sich ~* establecerse, afincarse, asentarse, instalarse

Etage [e'taːʒə] *f* piso *m*

Etagenheizung [e'taːʒənhaɪtsuŋ] *f* calefacción individual *f*

Etagenkellner [e'taːʒənkɛlnər] *m* camarero de planta *m*

Etagenwohnung [e'taːʒənvoːnuŋ] *f* piso *m*, apartamento *m*

Etappe [e'tapə] *f 1.* etapa *f*; *2. (Stufe)* período *m*

etappenweise [e'tapənvaɪzə] *adj* por etapas

Etat [e'taː] *m* presupuesto *m*

Etatkürzung [e'taːkyrtsuŋ] *f* reducción presupuestaria *f*, reducción del presupuesto *f*

etatmäßig [e'taːmɛːsɪç] *adj* presupuestario

Ethik ['eːtɪk] *f* ética *f*

ethisch ['eːtɪʃ] *adj* ético

Ethnie [eːt'niːə] *f* étnia *f*

ethnisch ['eːtnɪʃ] *adj* étnico

Ethnologe [etno'loːgə] *m* etnólogo *m*

Ethnologie [etnolo'giː] *f* etnología *f*

Ethnologin [etno'loːgɪn] *f* etnóloga *f*

ethnologisch [etno'loːgɪʃ] *adj* etnológico

Etikett [eti'kɛt] *n* etiqueta *f*, rótulo *m*

Etikette [eti'kɛtə] *f* etiqueta ceremonial *f*, reglas de urbanidad *f/pl*

etikettieren [etikɛ'tiːrən] *v* etiquetar

Etikettierung [etikɛ'tiːruŋ] *f* etiquetaje *f*

etliche ['ɛtlɪçə] *pron* algunos, algunas, unos, unas

Etrusker [e'truskər] *m HIST* etrusco *m*

etruskisch [e'truskɪʃ] *adj* etrusco

Etui [e'tviː] *n* estuche *m*

etwa ['ɛtva] *adv* cerca de, aproximadamente, más o menos

etwaig ['ɛtvaɪç] *adj* posible, eventual

etwas ['ɛtvas] *pron 1.* algo; *Möchten Sie noch ~?* ¿Desea usted algo más? *adv 2.* algo, un poco; *Ich bin ~ müde.* Estoy un poco cansado.

Etymologie [etymolo'giː] *f* etimología *f*
euch [ɔyç] *pron* os, a vosotros, a vosotras
Eucharistie [ɔyçarɪs'tiː] *f REL* eucaristía *f*
euer ['ɔyər] *pron* vuestro/vuestra, vuestros/vuestras, de vosotros/de vosotras
Eukalyptus [ɔyka'lyptus] *m BOT* eucalipto *m*
Eule ['ɔylə] *f ZOOL* lechuza *f*
Eunuch [ɔy'nuːx] *m* eunuco *m*
Euphemismus [ɔyfe'mɪsmus] *m LIT* eufemismo *m*
Euphorie [ɔyfo'riː] *f* euforia *f*
euphorisch [ɔy'foːrɪʃ] *adj* eufórico
eure(r,s) ['ɔyrə(r,s)] *pron 1.* vuestra, vuestros/vuestras; *2. (Singular)* vuestro/vuestra
eurerseits ['ɔyrerzaɪts] *adv* por vuestra parte
euresgleichen ['ɔyrəsglaɪçən] *pron* vuestros semejantes
euretwegen ['ɔyrətveːgən] *adv* por vosotros, por vuestra causa
Euro ['ɔyro] *m FIN* euro *m*
Eurokennzeichen ['ɔyrokɛntsaɪçən] *n* matrícula europea *f*
Europa [ɔy'roːpa] *n GEO* Europa *f*
Europäer(in) [ɔyro'pɛːər(ɪn)] *m/f* europeo/europea *m/f*
europäisch [ɔyro'pɛːɪʃ] *adj* europeo
Europäische Gemeinschaft [ɔyro'pɛːɪʃə gə'maɪnʃaft] *f POL* Comunidad Europea *f*
Europäische Union [ɔyro'pɛːɪʃə un'-joːn] *f POL* Unión Europea *f*
Europameisterschaft [ɔy'roːpamaɪstərʃaft] *f SPORT* campeonato de Europa *m* Copa de Europa *f*
Europaparlament [ɔy'roːpaparlamɛnt] *n POL* Parlamento Europeo *m*
Europarat [ɔy'roːparaːt] *m POL* Consejo de Europa *m*
Europawährung [ɔy'roːpavɛːruŋ] *f* moneda europea *f*
Euroscheck ['ɔyroʃɛk] *m FIN* eurocheque *m*
Euroscheckkarte ['ɔyroʃɛkkartə] *f FIN* tarjeta eurocheque *f*
Eurotunnel ['ɔyrotunəl] *m* Eurotúnel *m*
Euter ['ɔytər] *n ZOOL* ubre *f*
Euthanasie [ɔytana'ziː] *f* eutanasia *f*
evakuieren [evaku'iːrən] *v* evacuar
Evakuierung [evaku'iːruŋ] *f* evacuación *f*, desalojo *m*
evangelisch [evan'geːlɪʃ] *adj REL* protestante, evangelista
Evangelium [evan'geːljum] *n REL* evangelio *m*
Eventualität [evɛntuali'tɛːt] *f* eventualidad *f*
eventuell [evɛntu'ɛl] *adj 1.* eventual, ocasional; *adv 2.* eventualmente, si fuera necesario, en tal caso
evident [evi'dɛnt] *adj* evidente
Evidenz [evi'dɛnts] *f* evidencia *f*
Evolution [evolu'tsjoːn] *f* evolución *f*, desarrollo *m*
evolutionär [evolutsjo'nɛːr] *adj 1.* evolucionista; *2. BIO* evolucionista
ewig ['eːvɪç] *adj* eterno, sempiterno; *auf immer und ~* por siempre jamás; *~ und drei Tage (fig)* una eternidad
Ewigkeit ['eːvɪçkaɪt] *f* eternidad *f*; *von ~ zu ~* por los siglos de los siglos
exakt [ɛ'ksakt] *adj 1.* exacto, preciso; *adv 2.* con exactitud, exactamente
Exaktheit [ɛ'ksakthaɪt] *f* exactitud *f*, precisión *f*
exaltiert [ɛksal'tiːrt] *adj* exaltado
Exaltiertheit [ɛksal'tiːrthaɪt] *f* exaltación *f*
Examen [ɛ'ksaːmən] *n* examen *m*, prueba *f*
Exekutive [ɛkseku'tiːvə] *f POL* Poder Ejecutivo *m*
Exempel [ɛ'ksɛmpəl] *n* ejemplo *m*; *ein ~ statuieren* hacer un escarmiento
Exemplar [ɛksɛm'plaːr] *n* ejemplar *m*
exemplarisch [ɛksɛm'plaːrɪʃ] *adj* ejemplar
exerzieren [ɛkser'tsiːrən] *v* ejercitar, instruir
Exerzierplatz [ɛkser'tsiːrplats] *m* plaza de armas *f*
Exfreund(in) ['ɛksfrɔynt/'ɛksfrɔyndɪn] *m/f* exnovio/exnovia *m/f*
Exhibitionismus [ɛkshibitsjo'nɪsmus] *m* exhibicionismo *m*
Exhibitionist [ɛkshɪbɪtsjo'nɪst] *m* exhibicionista *m*
Exil [ɛ'ksiːl] *n POL* exilio *m*, destierro *m*
Exilliteratur [ɛ'ksiːllɪtəratuːr] *f LIT* literatura en el exilio *f*
Exilregierung [ɛ'ksiːlregiːruŋ] *f POL* gobierno en el exilio *m*
existent [ɛksɪs'tɛnt] *adj* existente
Existentialismus [ɛksɪstɛntsja'lɪsmus] *m* esistencialismo *m*
existentiell [ɛksɪstɛn'tsjɛl] *adj* existencial
Existenz [ɛksɪs'tɛnts] *f* existencia *f*
Existenzangst [ɛksɪs'tɛntsaŋst] *f* angustia existencial *f*

Existenzgrundlage [ɛksɪs'tɛntsgruntla:gə] *f* fundamento de la existencia *m*, base de subsistencia *f*
Existenzminimum [ɛksɪs'tɛntsminimum] *n* mínimo vital *m*
existieren [ɛksis'ti:rən] *v 1. (leben)* vivir, existir; *2. (bestehen)* existir, haber
exklusiv [ɛksklu'zi:f] *adj 1.* exclusivo, selecto; *adv 2.* exclusivamente
Exklusivität [ɛkskluzivi'tɛ:t] *f* exclusividad *f*
Exklusivrechte [ɛksklu'zi:frɛçtə] *pl ECO* derechos de exclusiva *m/pl*
Exklusivvertrag [ɛksklu'zi:ffɛrtrak] *m ECO* contrato en exclusiva *m*
Exkommunikation [ɛkskɔmunika'tsjo:n] *f REL* excomunión *f*
exkommunizieren [ɛkskɔmuni'tsi:rən] *v REL* excomulgar
Exkrement [ɛkskre'mɛnt] *n* excremento *m*
Exkurs [ɛks'kurs] *m 1. (Abschweifung)* digresión *f*; *2. (Anhang)* apéndice *m*
Exkursion [ɛkskur'zjo:n] *f* excursión *f*
exmatrikulieren [ɛksmatriku'li:rən] *v sich ~ lassen* no renovar la matrícula de estudiante
Exot(in) [ɛ'kso:t(ɪn)] *m (Tier)* animal exótico *m*
Exotik [ɛ'kso:tɪk] *f* exótica *f*
exotisch [ɛ'kso:tɪʃ] *adj* exótico
expandieren [ɛkspan'di:rən] *v ECO* expandirse
Expansion [ɛkspan'zjo:n] *f ECO* expansión *f*
expansiv [ɛkspan'zi:f] *adj* expansivo
expedieren [ɛkspe'di:rən] *v* expedir
Expedition [ɛkspedɪ'tsjo:n] *f* expedición *f*
Experiment [ɛksperɪ'mɛnt] *n* experimento *m*
experimentell [ɛksperimɛn'tɛl] *adj* experimental
experimentieren [ɛkspɛrɪmɛn'ti:rən] *v* experimentar
Experte [ɛks'pɛrtə] *m* experto *m*, périto *m*
Expertensystem [ɛks'pɛrtənzyste:m] *n INFORM* sistema de experto *f*
Expertin [ɛks'pɛrtɪn] *f* experta *f*, périta *f*
Expertise [ɛkspɛr'ti:zə] *f* peritaje *m*, dictamen *m*
explodieren [ɛksplo'di:rən] *v* explotar, estallar, explosionar, reventar
Explosion [ɛksplo'zjo:n] *f* explosión *f*
explosiv [ɛksplo'zi:f] *adj 1. (Sache)* explosivo; *2. (Person)* colérico, irritable
Explosivität [ɛksplozivi'tɛ:t] *f 1.* explosividad *f*; *2. (fig) SPORT* dinamismo *m*
Exponat [ɛkspo'na:t] *n ART* obra expuesta *f*
Export [ɛks'pɔrt] *m ECO* exportación *f*
Exportartikel [ɛks'pɔrtartɪkəl] *m ECO* artículo de exportación *m*
Exporteur [ɛkspɔr'tø:r] *m ECO* exportador *m*
Exportgeschäft [ɛks'pɔrtgəʃɛft] *n ECO* negocio de exportación *m*
exportieren [ɛkspɔr'ti:rən] *v ECO* exportar
Exportwirtschaft [ɛks'pɔrtvɪrtʃaft] *f ECO* comercio de exportación *m*
Expressgut [ɛks'prɛsgu:t] *n* envío por expreso *m*
Expressionismus [ɛksprɛsjo'nɪsmus] *m ART* expresionismo *m*
expressionistisch [ɛksprɛsjo'nɪstɪʃd] *adj ART* expresionista
expressiv [ɛksprɛ'si:f] *adj* expresivo
Expressivität [ɛksprɛsifi'tɛ:t] *f* expresividad *f*
extern [ɛks'tɛrn] *adj* externo
extra ['ɛkstra] *adj 1.* separado, especial; *adv 2.* por separado, aparte, extra
Extrablatt ['ɛkstrablat] *n (Sonderausgabe)* edición especial *f*
Extrakt [ɛks'trakt] *m* extracto *m*, esencia *f*
extravagant [ɛkstrava'gant] *adj* extravagante
Extravaganz ['ɛkstravagants] *f* extravagancia *f*
extrem [ɛks'tre:m] *adj* extremo
Extremismus [ɛkstre'mɪsmus] *m POL* extremismo *m*
Extremist(in) [ɛkstre'mɪst(ɪn)] *m/f* extremista *m/f*
extremistisch [ɛkstre'mɪstɪʃ] *adj POL* extremista, radical
Extremität [ɛkstremi'tɛ:t] *f 1. (äußerstes Ende)* extremidad *m*; *pl 2. ~en (Gliedmaßen) ANAT* extremidades *f/pl*
extrovertiert [ɛkstrovɛr'ti:rt] *adj* extrovertido
exzellent [ɛkstsɛ'lɛnt] *adj* excelente, magnífico
Exzellenz [ɛkstsɛ'lɛnts] *f Eure ~* Su Excelencia
Exzentriker(in) [ɛks'tsɛntrɪkər(ɪn)] *m/f* excéntrico/excéntrica *m/f*
exzentrisch [ɛks'tsɛntrɪʃ] *adj* excéntrico, original
Exzess [ɛks'tsɛs] *m* exceso *m*, abuso *m*

F

Fabel ['faːbəl] *f* fábula *f*
fabelhaft ['faːbəlhaft] *adj 1.* fabuloso, maravilloso; *adv 2.* fabulosamente
Fabrik [fa'briːk] *f* fábrica *f*
Fabrikant(in) [fabri'kant(ɪn)] *m/f* fabricante *m/f*
Fabrikarbeit [fab'riːkarbaɪt] *f 1.* trábajo en la fábrica *m; 2. (Erzeugnis)* manufactura *f*
Fabrikarbeiter(in) [fa'briːkarbaɪtər(ɪn)] *m/f* obrero/obrera *m/f*, operario/operaria *m/f*
Fabrikation [fabrika'tsjoːn] *f ECO* fabricación *f*
Fabrikationsfehler [fabrika'tsjoːnsfeːlər] *m* defecto de fábrica *m*
Fabrikgelände [fa'briːkgəlɛndə] *n* zona industrial *f*
Fabrikhalle [fa'briːkhalə] *f ECO* nave industrial *f*
fabrikmäßig [fa'briːkmɛːsɪç] *adj ECO* en serie
Fabrikpreis [fa'briːkpraɪs] *m ECO* precio de fábrica *m*
Facette [fa'sɛtə] *f* faceta *f*
Fach [fax] *n 1. (Ablagefach)* estante *m; 2. (Unterrichtsfach)* materia *f*, asignatura *f; 3. (Wissensgebiet)* materia *f*, disciplina *f*
Facharbeiter(in) ['faxarbaɪtər(ɪn)] *m/f* obrero especializado/obrera especializada *m/f*
Facharzt ['faxartst] *m ~ für MED* especialista en *m/f*
Fachausbildung ['faxausbɪlduŋ] *f* educación profesional *f*, especialización *f*
Fachausdruck ['faxausdruk] *m* tecnicismo *m*, término técnico *m*
Fachbereich ['faxbəraɪç] *m* ramo profesional *m*
Fachbuch ['faxbuːx] *n* libro especializado *m*
Fächer ['fɛçər] *m* abanico *m*
Fachfrau ['faxfrau] *f* especialista *f*, experta *f*
Fachgebiet ['faxgəbiːt] *n* especialidad *f*
Fachgeschäft ['faxgəʃɛft] *n ECO* establecimiento del ramo *m*, establecimiento especializado *m*
Fachhandel ['faxhandəl] *m* comercio especializado *m*
Fachhochschule ['faxhoːxʃuːlə] *f* escuela técnica especializada *f*
Fachkenntnisse ['faxkɛntnɪs] *pl* conocimientos especializados *m/pl*
fachkundig ['faxkundɪç] *adj 1.* competente; *2. (fachmännisch)* experto
fachlich ['faxlɪç] *adj* profesional, técnico, especializado
Fachliteratur ['faxlitəratuːr] *f* literatura técnica *f*
Fachmann ['faxman] *m* profesional *m*, técnico *m*, perito *m*, experto *m*
fachmännisch ['faxmɛnɪʃ] *adj* competente, profesional
Fachpresse ['faxprɛsə] *f* prensa especializada *f*
Fachrichtung ['faxrɪçtuŋ] *f* rama *f*, especialización académica *f*
Fachschaft ['faxʃaft] *f* organización estudiantil *f*
fachsimpeln ['faxzɪmpəln] *v* hablar del oficio
Fachsprache ['faxʃpraːxə] *f* lenguaje técnico *m*
Fachwerkhaus ['faxvɛrkhaus] *n* casa con paredes entramadas *f*
Fachzeitschrift ['faxtsaɪtʃrɪft] *f* revista especializada *f*
Fackel ['fakəl] *f* antorcha *f*
fade ['faːdə] *adj 1. (geschmacklos)* insípido, desabrido; *2. (langweilig) ~ Person* persona aburrida
Faden ['faːdən] *m* hilo *m; den ~ verlieren* perder el hilo
fadenscheinig ['faːdənʃaɪnɪç] *adj (fig)* endeble, flojo, débil; *~e Ausrede* pretexto flojo *m*
Fagott [fa'gɔt] *n MUS* fagot *m*
fähig ['fɛːɪç] *adj ~ zu/~ für* capaz de, apto para
Fähigkeit ['fɛːɪçkaɪt] *f* capacidad *f*, habilidad *f*, aptitud *f; (angeborene Fähigkeit eines Menschen)* talento *m*
fahl [faːl] *adj* pálido
fahnden ['faːndən] *v ~ nach* perseguir a alguien, buscar
Fahnder(in) ['faːndər(ɪn)] *m/f* perseguidor(a) *m/f*
Fahndung ['faːnduŋ] *f* pesquisa *f*, persecución *f*, búsqueda *f*
Fahndungsbuch ['faːnduŋsbuːx] *n* requisitoria *f*

Fahndungsfoto ['fa:ndUŋsfo:to] *n* foto de búsqueda *f*
Fahndungsliste ['fa:ndUŋslIstə] *f* lista de personas buscadas *f*
Fahne ['fa:nə] *f* bandera *f; die ~ hochhalten* alzar la bandera (fig); *die ~ nach dem Winde drehen* irse con el viento que corre (fig); *mit fliegenden ~n zu etw übergehen* proceder a algo a banderas desplegadas
Fahnenflucht ['fa:nənfluxt] *f MIL* deserción *f*
Fahnenstange ['fa:nənʃtaŋgə] *f* asta de la bandera *f*
Fahrbahn ['fa:rba:n] *f* calzada *f*
Fahrbahnmarkierung ['fa:rba:nmarki:ruŋ] *f* señalización de la vía *f*
Fahrbahnverengung ['fa:rba:nfɛrɛŋuŋ] *f* estrechamiento de la vía *m*
fahrbereit ['fa:rbəraɪt] *adj* dispuesto para salir, listo para viajar
Fähre ['fɛ:rə] *f* barca de pasaje *f,* transbordador *m*
fahren ['fa:rən] *v irr 1. ~ mit* ir en, viajar en; *nach ... ~* ir a/viajar a ... *2. (steuern)* conducir, dirigir
Fahrer(in) ['fa:rər(ɪn)] *m/f* conductor(a) *m/f*
Fahrerflucht ['fa:rərfluxt] *f JUR* delito de fuga *m*
fahrerisch ['fa:rərɪʃ] *adj Das ~e Können von Schumacher ist extrem gut.* El modo de conducir de Schumacher ist extremadamente bueno.
Fahrersitz ['fa:rərzɪts] *m* asiento del conductor *m*
Fahrgast ['fa:rgast] *m* pasajero *m*
Fahrgestell ['fa:rgəʃtɛl] *n (beim Auto)* chasis *m*
fahrig ['fa:rɪç] *adj* inquieto, nervioso
Fahrkarte ['fa:rkartə] *f* billete *m,* boleto *m (LA); Bitte eine Hin- und Rückfahrkarte nach Sevilla!* ¡Por favor, un billete de ida y vuelta a Sevilla!
Fahrkartenautomat ['fa:rkartənautoma:t] *m* distribuidor automático de billetes *m*
Fahrkartenschalter ['fa:rkartənʃaltər] *m* despacho de billetes *m,* taquilla *f,* boletería *f* (LA)
Fahrkosten ['fa:rkɔstən] *pl* gastos de viaje *m/pl*
fahrlässig ['fa:rlɛsɪç] *adj 1.* descuidado, negligente; *2. JUR* culpable por imprudencia
Fahrlässigkeit ['fa:rlɛsɪçkaɪt] *f 1.* descuido *m,* negligencia *f; 2. JUR* imprudencia *f*
Fahrlehrer(in) ['fa:rle:rər(ɪn)] *m/f* profesor(a) de conducción *m/f*
Fahrplan ['fa:rpla:n] *m* horario de trenes *m,* horario de autobuses *m*
Fahrpreis ['fa:rpraɪs] *m* precio del billete *m,* precio del boleto *m* (LA)
Fahrprüfung ['fa:rpry:fuŋ] *f* examen de conducción *m,* examen de manejo *m* (LA)
Fahrrad ['fa:ra:t] *n* bicicleta *f*
Fahrradpumpe ['fa:ra:tpumpə] *f* inflador *m*
Fahrradreifen ['fa:ra:traɪfən] *m* rueda de bicicleta *f*
Fahrradweg ['fa:ra:tve:k] *m* calzada de bicicletas *f*
Fahrschein ['fa:rʃaɪn] *m* billete *m,* boleto *m* (LA)
Fahrschule ['fa:rʃu:lə] *f* escuela de chóferes *f,* escuela de manejo *f* (LA), autoescuela *f,* escuela de conducir
Fahrschüler(in) ['fa:rʃy:lər(ɪn)] *m/f* aspirante a conductor *m/f*
Fahrspur ['fa:rʃpu:r] *f* carril de marcha *m*
Fahrstuhl ['fa:rʃtu:l] *m* ascensor *m*
Fahrstunde ['fa:rʃtundə] *f* clase de conducir *f*
Fahrt [fa:rt] *f* viaje *m*
fahrtauglich ['fa:rtauklɪç] *adj* en condiciones de conducir
Fährte ['fɛ:rtə] *f* huella *f,* rastro *m,* pista *f; jdn auf die falsche ~ führen* despistar a alguien
Fahrtrichtung ['fa:rtrɪçtuŋ] *f* dirección *f,* sentido *m*
fahrtüchtig ['fa:rtyçtɪç] *adj 1. (Person)* capaz de conducir; *2. (Auto)* en estado de marcha
Fahrverbot ['fa:rfɛrbo:t] *n 1. (Durchfahrverbot)* circulación prohibida *f; 2. (Führerscheinentzug)* retiro del permiso de conducir *m*
Fahrwasser ['fa:rvasər] *n 1. NAUT* aguas navegables *f/pl; 2. (fig) in seinem ~ sein* estar en su elemento
Fahrwerk ['fa:rvɛrk] *n 1. (eines Autos)* chasis con ruedas *m; 2. (eines Flugzeugs) TECH* tren de aterrizaje *m*
Fahrzeug ['fa:rtsɔyk] *n* vehículo *m*
Fahrzeugbau ['fa:rtsɔykbau] *m TECH* construcción de vehículos *f*
Fahrzeugbrief ['fa:rtsɔykbri:f] *m* documentación del automóvil *f*
Fahrzeughalter ['fa:rtsɔykhaltər] *m* titular del vehículo *m*
Fahrzeugschein ['fa:rtsɔykʃaɪn] *m* documentación del vehículo *f*

fair [fɛːr] *adj* leal, correcto
Fairness ['fɛːrnɛs] *f* juego limpio *m*
Fäkalien [fɛ'kaːljən] *pl* materias fecales *f/pl,* heces *f/pl*
Fakt [fakt] *m* hecho *m*
faktisch ['faktɪʃ] *adv 1.* de hecho; *adj 2.* real, efectivo
Faktor ['faktɔr] *m* factor *m*
Faktotum [fak'toːtum] *n* factótum *m*
Faktur [fak'tuːr] *f ECO* factura *f,* nota *f*
Fakultät [fakul'tɛːt] *f* facultad *f*
Falke ['falkə] *m ZOOL* halcón *m*
Fall[1] [fal] *m 1. (Sturz)* caída *f; 2. (fig: Niedergang)* ruina *f,* decadencia *f; jdn zu ~ bringen* causar la perdición de alguien; *eine Regierung zu ~ bringen* derribar a un gobierno
Fall[2] [fal] *m 1. (Umstand)* circunstancia *f,* condición *f; 2. JUR* caso *m; Auf keinen ~!* ¡De ninguna manera! *ein hoffnungsloser ~* un caso sin remedio *m; jds ~ sein* ser el caso de alguien
Fallbeispiel ['falbaɪʃpiːl] *n* caso ejemplar *m*
Falle ['falə] *f* trampa *f*
fallen ['falən] *v irr 1. (stürzen) ~ auf/~ in* caer a/caer en; *2. (fig: sinken)* bajar, descender; *3. etw ~ lassen* dejar caer algo; *Er ließ das Messer fallen.* Él dejó caer el cuchillo. *4. jdn ~ lassen (fig)* renunciar a alguien, dejar a alguien; *sich ~ lassen (fig)* dejarse caer; *5. (im Krieg)* caer, morir
fällen ['fɛlən] *v 1. (Baum)* talar, cortar un árbol; *2. (Entscheidung)* tomar una decisión; *3. (Urteil) JUR* dictar una sentencia, dictaminar, sentenciar
fällig ['fɛlɪç] *adj ECO* pagadero, a pagar, vencido
Fälligkeit ['fɛlɪçkaɪt] *f ECO* vencimiento *m,* expiración *f*
Fälligkeitsdatum ['fɛlɪçkaɪtsdaːtum] *n ECO* fecha de vencimiento *f*
Fallobst ['faloːpst] *n* frutas caídas del árbol *f/pl*
Fallout ['fɔːlaʊt] *m PHYS* precipitación radioactiva *f*
Fallreep ['falreːp] *n 1.* escalerilla *f; 2. (Treppe)* escalerilla de portalón *f*
falls [fals] *konj* en el caso de que
Fallschirm ['falʃɪrm] *m* paracaídas *m*
Fallschirmspringer(in) ['falʃɪrmʃprɪŋər(ɪn)] *m/f* paracaidista *m/f*
Fallstrick ['falʃtrɪk] *m* trampa *f,* lazo *m*
Falltür ['faltyːr] *f* trampilla *f,* escotilla *f*
Fallwind ['falvɪnt] *m METEO* viento descendente *m*
falsch [falʃ] *adj 1. (unwahr)* inexacto, falso; *an den Falschen kommen* equivocarse de persona; *2. (fehlerhaft)* incorrecto, equivocado; *3. (unecht)* falso, falsificado; *4. (fig: unaufrichtig)* insincero, falso; *adv 5. ~ liegen* estar equivocado; *~ parken* aparcar en lugar prohibido; *~ spielen* hacer trampas a las cartas
Falschaussage ['falʃauszaːgə] *f JUR* falso testimonio *m*
fälschen ['fɛlʃən] *v* falsear, falsificar
Fälscher(in) ['fɛlʃər(ɪn)] *m/f* falsificador(a) *m/f*
Falschgeld ['falʃgɛlt] *n* moneda falsa *f,* moneda falsificada *f*
Falschheit ['falʃhaɪt] *f 1.* falsedad *f; 2. (einer Person)* alevosía *f*
fälschlich ['fɛlʃlɪç] *adj* erróneo, falso
fälschlicherweise ['fɛlʃlɪçərvaɪzə] *adv* por error, falsamente
Falschmeldung ['falʃmelduŋ] *f* noticia falsa *f*
Falschspieler(in) ['falʃʃpiːlər(ɪn)] *m/f* tramposo/tramposa *m/f,* fullero/fullera *m/f,* tahúr(a) *m/f*
Fälschung ['fɛlʃuŋ] *f* falsificación *f,* falsedad *f*
fälschungssicher ['fɛlʃuŋszɪçər] *adj* a prueba de falsificación
faltbar ['faltbaːr] *adj* plegable
Faltblatt ['faltblat] *n* folleto *m*
Falte ['faltə] *f 1.* pliegue *m,* rugosidad *f,* plisado *m; 2. (Hautfalte)* arruga *f*
falten ['faltən] *v 1.* plegar, doblar; *2. Hände ~* juntar las manos, entrelazar las manos
faltig ['faltɪç] *adj 1.* plisado, plegado; *2. (Haut)* arrugado; *3. (zerknittert)* arrugado
Faltschachtel ['faltʃaxtəl] *f* caja plegable *f*
Faltschiebedach ['faltʃiːbədax] *n TECH* techo corredizo plegable *m*
Falz [falts] *f (Buchbinderei)* pliegue *m*
falzen ['faltsən] *v* plegar
familiär [famil'jɛːr] *adj* familiar, íntimo
Familie [fa'miːljə] *f* familia *f; in der ~ bleiben* quedar en la familia; *Das kommt in den besten ~n vor.* Esto sucede en las mejores familias.
Familienangehörige(r) [fa'miːljənangəhørɪgə(r)] *m/f* familiar *m,* pariente *m/f*
Familienbetrieb [fa'miːljənbətriːp] *m* empresa familiar *f*
Familienfeier [fa'miːljənfaɪər] *f* fiesta familiar *f*

Familiengrab [fa'miːljəngraːp] *n* panteón de familia *m*
Familienleben [fa'miːljənleːbən] *n* vida familiar *f*
Familienname [fa'miːljənnaːmə] *m* apellido *m*
Familienoberhaupt [fa'miːljənoːbərhaupt] *n* cabeza de familia *m*
Familienpackung [fa'miːljənpakuŋ] *f* tamaño familiar *m*
Familienplanung [fa'miːljənplaːnuŋ] *f* planificación familiar *f*
Familienpolitik [fa'miːljənpolitiːk] *f* política familiar *f*
Familienstand [fa'miːljənʃtant] *m* estado civil *m*
Familienzusammenführung [fa'miːljəntsuzamənfyːruŋ] *f* reagrupación familiar *f*
famos [fa'moːs] *adj* excelente, magnífico, estupendo
Fan [fæn] *m* fan *m/f*
Fanatiker(in) [fa'naːtɪkər(ɪn)] *m/f* fanático/fanática *m/f*
fanatisch [fa'naːtɪʃ] *adj* fanático
Fanatismus [fana'tɪsmus] *m* fanatismo *m*
Fanfare [fan'faːrə] *f MUS* fanfarria *f*
Fang [faŋ] *m 1. (Jagd u. Fischerei)* caza y pesca *f; 2. (Todesstoß)* golpe mortal *m,* remate *m; 3. ZOOL (Kralle)* garra *f; 4. (Falle)* trampa *f; 5. ZOOL (Reißzahn)* colmillo *m; 6. auf ~ gehen* ir de caza
fangen ['faŋən] *v* coger, tomar
Fänger(in) ['fɛŋər(ɪn)] *m/f SPORT* cazador(a) *m/f*
Fangfrage ['faŋfraːgə] *f* pregunta capciosa *f*
Fangopackung ['faŋgopakuŋ] *f MED* compresa de fango *f*
Fanklub ['fɛnklup] *m* club de fans *m*
Fantasie [fanta'ziː] *f* fantasía *f,* imaginación *f*
fantasiebegabt [fanta'ziːbəgaːpt] *adj* dotado de fantasía
fantasielos [fanta'ziːloːs] *adj* sin fantasía, sin imaginación
fantasieren [fanta'ziːrən] *v* fantasear, imaginar
fantasievoll [fanta'ziːvol] *adj* lleno de fantasía, imaginativo
Fantasterei [fantastə'raɪ] *f* ilusiones *f/pl,* fantasías *f/pl*
fantastisch [fan'tastɪʃ] *adj 1.* fantástico; *adv 2.* fantásticamente
Fantasyroman ['fɛntəziromaːn] *m LIT* novela fantástica *f*
Farbband ['farpbant] *n* cinta mecanográfica *f,* cinta para máquina de escribir *f*
Farbe ['farbə] *f* color *m; Blut hat die ~ Rot.* La sangre es de color rojo./La sangre tiene el color rojo.
farbecht ['farpɛçt] *adj* de color estable
Färbemittel ['fɛrbəmɪtəl] *n CHEM* tinte *m*
färben ['fɛrbən] *v* colorar, colorear
farbenblind ['farbənblɪnt] *adj* daltónico, acromatóptico
farbenfroh ['farbənfroː] *adj* rico en colores, colorido
Farbfernsehen ['farpfɛrnzeːən] *n* televisión en color *f*
Farbfernseher ['farpfɛrnzeːər] *m* televisor a color *m*
Farbfilm ['farpfɪlm] *m FOTO* película en color *f*
Farbfoto ['farpfoːto] *n FOTO* fotografía en color *f*
farbig ['farbɪç] *adj* de color, en color(es)
Farbige(r) ['farbɪgə(r)] *m/f* hombre/mujer de color *m/f*
Farbkopierer ['farpkopiːrər] *m* fotocopiadora en color *f*
farblos ['farploːs] *adj 1. (Sache)* incoloro; *2. (Person)* pálido; *3. (Charakter)* soso
Farbstift ['farpʃtɪft] *m 1.* lápiz de color *m; 2. (Buntstift)* pintura *f*
Farbstoff ['farpʃtof] *m* colorante *m*
Farbton ['farptoːn] *m* matiz *m,* tono *m*
Farbtönung ['farptøːnuŋ] *f* mecha *f*
Färbung ['fɛrbuŋ] *f* coloración *f,* colorido *m*
Farce [fars] *f* farsa *f*
Farinzucker [fa'riːntsukər] *m GAST* azúcar moreno *m*
Farn [farn] *m BOT* helecho *m*
Fasan [fa'zaːn] *m ZOOL* faisán *m*
Fasching ['faʃɪŋ] *m* carnaval *m*
Faschingskostüm ['faʃɪŋskostyːm] *n* disfraz de carnaval *m*
Faschismus [fa'ʃɪsmus] *m POL* fascismo *m*
faschistisch [fa'ʃɪstɪʃ] *adj POL* fascista
Faselei [faːzə'laɪ] *f* chochez *f,* puerilidad *f*
faseln ['faːzəln] *v* parir, tener crías
Faser ['faːzər] *f* fibra *f; mit jeder ~ ihres Herzens* por entero/de todo corazón
faserig ['faːzərɪç] *adj* fibroso
Fass [fas] *n* tonel *m,* barril *m,* cuba *f; ein ~ ohne Boden sein* ser un saco sin fondo; *Das*

schlägt dem ~ den Boden aus! ¡Éso es el colmo!

Fassade [fa'saːdə] *f* fachada *f,* portada *f*

Fassadenkletterer [fa'saːdənklɛtərər] *m* hombre mosca *m,* escalador de fachadas *m*

Fassbier ['fasbiːr] *n* cerveza de barril *m*

fassen ['fasən] *v 1. (greifen)* coger (nicht in Argentinien), asir, agarrar; *2. (beinhalten)* contener; *3. (geistig ergreifen)* comprender, concebir; *4. sich ~ (fig)* contenerse, reprimirse, dominarse; *Fassen Sie sich kurz!* ¡Sea breve!

Fasson [fa'sɔŋ] *f* forma *f,* modelo *m,* manera *f; aus der ~ geraten* ponerse como una vaca (fam)

Fassung ['fasuŋ] *f 1. (bei Lampen)* portalámparas *m; 2. (bei Schmuck)* engaste *m; 3. (Selbstbeherrschung)* dominio de sí mismo *m; Er lässt sich nicht so leicht aus der ~ bringen.* No se deja desconcertar fácilmente. *4. (bei Brillen)* montura *f,* armadura *f; 5. (Version)* versión *f; die spanische ~* la versión española *f*

fassungslos ['fasuŋsloːs] *adj* consternado, atónito, perplejo

Fassungslosigkeit ['fasuŋsloːzɪçkaɪt] *f* desconcierto *m,* perplejidad *f*

Fassungsvermögen ['fasuŋsfɛrmøːgən] *n* cabida *f,* capacidad *f*

fast [fast] *adv 1.* casi, cerca de, alrededor de, por poco; *Fast hätte ich den Fehler übersehen.* Por poco no me doy cuenta del error. *2. ~ nicht* apenas; *3. ~ nur* casi únicamente, tan sólo un ..., tan sólo unos ...

fasten ['fastən] *v 1.* guardar dieta, estar de régimen; *2. REL* ayunar

Fastenzeit ['fastəntsaɪt] *f REL* cuaresma *f*

Fastnacht ['fastnaxt] *f* martes de carnaval *m*

Faszination [fastsɪna'tsjoːn] *f* fascinación *f*

faszinieren [fastsɪ'niːrən] *v* fascinar

faszinierend [fastsɪ'niːrənt] *adj* fascinante, fascinador

fatal [fa'taːl] *adj 1. (peinlich)* desagradable, molesto; *2. (verhängnisvoll)* fatal, funesto

Fatalismus [fata'lɪsmus] *m* fatalismo *m*

fauchen ['fauxən] *v* bufar

faul [faul] *adj 1. (verdorben)* podrido, descompuesto; *2. (träge)* vago, perezoso, holgazán; *~ herumlümmeln* echarse a la bartola; *3. (fig: bedenklich)* sospechoso, raro; *eine ~e Ausrede* una disculpa dudosa *f; 4. (Zahn)* cariado

faulen ['faulən] *v* pudrirse, descomponerse, *(Zahn)* cariarse

faulenzen ['faulɛntsən] *v* holgazanear

Faulenzer(in) ['faulɛntsər(ɪn)] *m/f* holgazán *m,* vago/vaga *m/f*

Faulheit ['faulhaɪt] *f* pereza *f; vor ~ stinken* ser un vago redomado

faulig ['faulɪç] *adj 1.* podrido, putrefacto; *2. (Wasser)* pútrido; *3. (Geruch)* maloliente, fétido

Fäulnis ['fɔylnɪs] *f* podredumbre *f,* putrefacción *f*

Faulpelz ['faulpɛlts] *m* holgazán *m,* haragán *m*

Faulschlamm ['faulʃlam] *m BIO* cieno de pudricción *m*

Faultier ['faultiːr] *n 1. ZOOL* animal perezoso *m; 2. (fam: Mensch)* vago *m*

Fauna ['fauna] *f* fauna *f*

Faust [faust] *f* puño *m; die ~ im Nacken spüren (fig)* sentir el toro a sus espaldas; *auf eigene ~* por su propia cuenta; *sich ins Fäustchen lachen* reírse disimuladamente; *mit der ~ auf den Tisch hauen* dar un puñetazo encima de la mesa, tomar cartas en el asunto, actuar enérgicamente

Fäustchen ['fɔystçən] *n sich ins ~ lachen* reírse maliciosamente

faustdick ['faust'dɪk] *adj* gordo; *Er hat es ~ hinter den Ohren.* Es de armas tomar./Es uno que se las trae./Es pequeño pero matón.

Faustfeuerwaffe ['faustfɔyərvafə] *f* arma de fuego manual *f*

faustgroß ['faustgroːs] *adj* del tamaño de un puño

Fausthieb ['fausthiːp] *m* puñetazo *m*

Fäustling ['fɔystlɪŋ] *m* mitón *m*

Faustregel ['faustreːgəl] *f* regla empírica *f*

Faustschlag ['faustʃlaːk] *m* puñetazo *m*

favorisieren [favori'ziːrən] *v* favorecer

Favorit(in) [favo'riːt(ɪn)] *m/f* favorito/favorita *m/f*

Fax [faks] *n INFORM* telefax *m*

faxen ['faksən] *v INFORM* enviar por telefax

Faxen ['faksən] *pl (fam)* aspavientos *m/pl,* payasadas *f/pl; ~ im Kopf haben* no pensar más que en tonterías

Faxgerät ['faksgərɛːt] *n* fax *m*

Fazit ['faːtsɪt] *n* resultado final *m,* resumen *m,* conclusión *f*

FCKW [ɛftseːkaː'veː] *m CHEM* hidrocarburo fluoclorado *m*

Februar ['feːbruar] *m* febrero *m*

fechten ['fɛçtən] *v irr 1. SPORT* esgrimir; *2. (fam: betteln)* vivir de gorra

Fechten ['fɛçtən] *n SPORT* esgrima *m*

Fechter ['fɛçtər] *m 1. HIST* gladiador *m; 2. SPORT* esgrimidor *m*

Feder ['feːdər] *f 1. ZOOL* pluma *f; ~n lassen müssen (fig)* tener que dejar la piel; *sich mit fremden ~n schmücken* engalanarse con plumas ajenas; *2. (Bettfeder)* pluma *f; in den ~n* en la cama; *aus den ~n müssen* tener que levantarse/tener que dejar las sábanas; *3. (Schreibfeder)* pluma *f; 4. TECH* muelle *m,* resorte *m*

Federball ['feːdərbal] *m SPORT* badminton *m*

Federbett ['feːdərbɛt] *n* colchón de plumas *m,* plumazo *m,* edredón *m*

Federbusch ['feːdərbuʃ] *m 1.* plumero *m; 2. (von Vögeln)* penacho de plumas *m; 3. (von einem Helm)* llorón *m*

federführend ['feːdərfyːrənt] *adj* responsable, competente

Federgewicht ['feːdərgəvɪçt] *n* peso pluma *m*

Federhalter ['feːdərhaltər] *m* portaplumas *m*

federleicht ['feːdər'laɪçt] *adj* ligero como una pluma

Federmäppchen ['feːdərmɛpçən] *n* portaplumas *m*

federn ['feːdərn] *v 1.* ser elástico; *2. (mit Federung ausstatten)* equipar con una suspensión; *3. (rupfen)* desplumar; *4. (als Strafe) HIST* cubrir con alquitrán y emplumar; *5. sich ~* desplumarse

Federstrich ['feːdərʃtrɪç] *m* raya *f,* trazo *m,* plumada *f*

Federung ['feːdəruŋ] *f TECH* muelles *m/pl*

Federvieh ['feːdərfiː] *n* aves de corral *f/pl*

Federzeichnung ['feːdərtsaɪçnuŋ] *f* dibujo a pluma *m*

Fee [feː] *f* hada *f/el*

Fegefeuer ['feːgəfɔyər] *n REL* purgatorio *m*

fegen ['feːgən] *v* barrer

Fehde ['feːdə] *f* querella *f,* riña *f*

fehl ['feːl] *adv ~ am Platz* fuera de lugar

Fehl [feːl] *m ohne ~* sin tacha, intachable

Fehlanzeige ['feːlantsaɪgə] *f* indicación errónea *f,* indicación falsa *f*

fehlbar ['feːlbaːr] *adj* falible

fehlbesetzen ['feːlbəzɛtsən] *v* ocupar un cargo erróneamente

Fehlbesetzung ['feːlbəzɛtsuŋ] *f 1. THEAT* mal reparto de papeles *m; 2. (Mensch) Er war eine ~.* Fue elegido para ese papel erroneamente.

Fehlbetrag ['feːlbətraːk] *m ECO* déficit *m*

Fehldiagnose ['feːldiagnoːzə] *f* diagnóstico erróneo *m*

fehlen ['feːlən] *v* faltar, carecer; *Das fehlte gerade noch!* ¡No faltaba más!/¡Lo que nos faltaba! *Weit gefehlt!* ¡Nada que ver!/¡Todo lo contrario!

Fehlentwicklung ['feːlɛntvɪkluŋ] *f* desarrollo perjudicial *m*

Fehler ['feːlər] *m 1.* error *m; 2. (Defekt)* defecto *m*

fehlerfrei ['feːlərfraɪ] *adj* correcto, perfecto, sin faltas

fehlerhaft ['feːlərhaft] *adj* defectuoso, incorrecto

fehlerlos ['feːlərloːs] *adj* sin defecto

Fehlgeburt ['feːlgəburt] *f MED* aborto espontáneo *m*

Fehlgriff ['feːlgrɪf] *m* equivocación *f,* error *m,* yerro *m*

Fehlinformation ['feːlɪnfɔrmatsjoːn] *f* información errónea *f*

Fehlinvestition ['feːlɪnvɛstɪtsjoːn] *f ECO* inversión improductiva *f*

Fehlkonstruktion ['feːlkɔnstruktsjoːn] *f TECH* construcción defectuosa *f*

Fehlschlag ['feːlʃlaːk] *m* fracaso *m*

fehlschlagen ['feːlʃlaːgən] *v irr* fracasar, no tener éxito

Fehlschuss ['feːlʃus] *m* tiro perdido *m*

Fehlstart ['feːlʃtart] *m SPORT* salida en falso *f*

fehltreten ['feːltreːtən] *v irr* resbalar

Fehltritt ['feːltrɪt] *m* paso en falso *m,* traspié *m*

Fehlurteil ['feːlurtaɪl] *n JUR* sentencia errónea *f*

Fehlverhalten ['feːlfɛrhaltən] *n* comportamiento incorrecto *m*

Feier ['faɪər] *f* fiesta *f*

Feierabend ['faɪəraːbənt] *m* fin del trabajo *m,* hora de cierre *f; Damit ist ~.* Eso se acabó./Ya está bien con eso./Basta con eso.

feierlich ['faɪərlɪç] *adj 1.* festivo; *Das ist schon nicht mehr ~!* ¡Eso ya se pasa de castaño oscuro! (fig); *adv 2.* en tono festivo, de modo festivo

Feierlichkeit ['faɪərlɪçkaɪt] *f 1.* fiesta *f,* festejo *m; 2. ~en pl* ceremonias *f/pl*

feiern ['faɪərn] *v* celebrar, festejar

Feiertag ['faɪərtaːk] *m* día feriado *m*, día de fiesta *m*
feiertags ['faɪərtaːks] *adv* en días festivos
feig [faɪk] *adj* cobarde
Feige ['faɪgə] *f* *BOT* higo *m*
Feigenbaum ['faɪgənbaum] *m* *BOT* higuera *f*
Feigenblatt ['faɪgənblat] *n* *BOT* hoja de higuera *f*
Feigheit ['faɪkhaɪt] *f* cobardía *f*
Feigling ['faɪklɪŋ] *m* cobarde *m*
feilbieten ['faɪlbiːtən] *v irr* vender, exponer, ofrecer
Feile ['faɪlə] *f* lima *f*
feilen ['faɪlən] *v* limar
feilschen ['faɪlʃən] *v* regatear
fein [faɪn] *adj 1. (dünn)* delgado; *2. (zart)* delicado, suave; *3. (vornehm)* distinguido, fino, con distinción; *4. (präzise)* preciso, exacto; *5. ~ heraus sein (fam)* estar en una situación envidiable
Feind [faɪnt] *m* enemigo *m*
Feindberührung ['faɪntbəryːruŋ] *f* *MIL* contacto con el enemigo *m*
feindlich ['faɪntlɪç] *adj* enemigo, hostil
Feindschaft ['faɪntʃaft] *f* enemistad *f*
feindselig ['faɪntzeːlɪç] *adj* hostil
Feindseligkeit ['faɪntzeːlɪçkaɪt] *f* hostilidad *f*
feinfühlig ['faɪnfyːlɪç] *adj* sensible
Feingefühl ['faɪngəfyːl] *n* tacto *m*, delicadeza *f*
Feingehalt ['faɪngəhalt] *m* *MET* quilate *m*
Feinheit ['faɪnhaɪt] *f 1. (Nuance)* detalle *m*, pormenor *m; 2. (Zartheit)* fineza *f*, finura *f*
Feinkost ['faɪnkɔst] *f* *GAST* comestibles finos *m/pl*
feinmaschig ['faɪnmaʃɪç] *adj* de malla fina
Feinmechanik ['faɪnmeçaːnɪk] *f* *TECH* mecánica de precisión *f*
Feinmechaniker ['faɪnmeçaːnɪkər] *m* mecánico de precisión *m*
Feinschmecker(in) ['faɪnʃmɛkər(ɪn)] *m/f* gastrónomo *m*, aficionado a la buena cocina/aficionada a la buena cocina *m/f*
Feinstrumpfhose ['faɪnʃtrumpfhoːzə] *f* medias finas *f/pl*
Feinwaschmittel ['faɪnvaʃmɪtəl] *n* detergente para ropa delicada *m*
feist [faɪst] *adj* gordo, obeso
feixen ['faɪksən] *v* reír sarcasticamente
Feld [fɛlt] *n AGR* campo *m; ein weites ~ sein* ser un campo muy amplio; *das ~ behaupten* hacerse dueño del campo; *das ~ räumen* abandonar el campo; *jdm das ~ überlassen* ceder el campo a alguien; *gegen jdn zu ~e ziehen* iniciar una campaña contra alguien
Feldarbeit ['fɛltarbaɪt] *f* *AGR* faena *f*, trabajo agrícola *m*
Feldbett ['fɛltbɛt] *n* cama de campaña *f*, catre *m*
Feldblume ['fɛltbluːmə] *f* *BOT* flor campestre *m*
Feldflasche ['fɛltflaʃə] *f* cantimplora *f*
Feldherr ['fɛldhɛr] *m* *MIL* jefe del ejército *m*
Feldmarschall ['fɛltmarʃal] *m* *MIL* mariscal de campo *m*
Feldmaus ['fɛltmaus] *f* *ZOOL* ratón del campo *m*
Feldmesser ['fɛltmɛsər] *n* cuchillo de campaña *m*
Feldsalat ['fɛltzalaːt] *m* *BOT* milamores *f*
Feldspat ['fɛltʃpaːt] *m* *MIN* feldespato *m*
Feldspieler ['fɛltʃpiːlər] *m (beim Fußball)* *SPORT* jugador de campo *m*
Feldstecher ['fɛltʃtɛçər] *m* gemelos *m/pl*, prismáticos *m/pl*
Feldwebel ['fɛltveːbəl] *m* *MIL* primer sargento *m*
Feldweg ['fɛltveːk] *m* camino vecinal *m*
Feldzug ['fɛlttsuːk] *m* *MIL* campaña militar *f*
Felge ['fɛlgə] *f (eines Rades)* llanta *f*
Fell [fɛl] *n (Haut, Pelz)* piel *m*, pellejo *m; ein dickes ~ haben (fig)* tener mucho aguante; *jdm das ~ gerben* moler a golpes a alguien; *Dich juckt das ~.* Necesitas que te den una manta de palos
Fels [fɛls] *m* roca *f; ein ~ in der Brandung sein (fig)* ser el que aguanta la marea
Felsblock ['fɛlsblɔk] *m* peñasco *m*, risco *m*
Felsen ['fɛlzən] *m* roca *f*
felsenfest ['fɛlzənfɛst] *adj* firme como una roca
Felsenküste ['fɛlzənkystə] *f* costa acantilada *f*
felsig ['fɛlzɪç] *adj* rocoso, peñascoso
Felsspalte ['fɛlsʃpaltə] *f* quebradura *f*, grieta *f*
Felswand ['fɛlsvant] *f* pared de una roca *f*, despeñadero *m*, peña escarpada *f*
feminin [femɪ'niːn] *adj* femenino
Feminismus [femɪ'nɪsmus] *m* feminismo *m*
Feministin [femɪ'nɪstɪn] *f* feminista *f*
feministisch [femɪ'nɪstɪʃ] *adj* feminista
Fenchel ['fɛnçəl] *m* *BOT* hinojo *m*

Fenster ['fɛnstər] *n* ventana *f*
Fensterbank ['fɛnstərbaŋk] *f* repisa de la ventana *f*
Fensterbrett ['fɛnstərbrɛt] *n* alfeizar *m*
Fensterflügel ['fɛnstərfly:gəl] *m* batiente *m,* hoja de ventana *f*
Fensterkitt ['fɛnstərkɪt] *m* masilla de vidriero *f,* almáciga *f*
Fensterladen ['fɛnstərla:dən] *m* postigo *m,* contraventana *f*
Fensterputzer ['fɛnstərputsər] *m* limpiaventanas *m*
Fensterrahmen ['fɛnstərra:mən] *m* marco *m,* bastidor *m*
Fensterscheibe ['fɛnstərʃaɪbə] *f* vidrio de la ventana *m,* cristal *m*
Fenstersims ['fɛnstərzɪms] *m/n* repisa *f*
Ferien ['fe:rjən] *pl* vacaciones *f/pl*
Ferienhaus ['fe:rjənhaus] *n* chalet *m; ~ auf dem Land* casa de campo *f; ~ am Strand* casa en la playa *f*
Ferienjob ['fe:rjəndʒɔp] *m* trabajo durante las vacaciones *m*
Ferienort ['fe:rjənɔrt] *m* lugar de vacaciones *m,* centro vacacional *m*
Ferienwohnung ['fe:rjənvo:nuŋ] *f* apartamento en la playa *m,* piso en la playa *m*
Ferkel ['fɛrkəl] *n 1. ZOOL* cochinillo *m; 2. (fig)* guarro *m,* cochino *m*
fern [fɛrn] *adj 1. (örtlich)* lejano, distante, remoto; *2. (zukünftig)* futuro, por venir; *3. (vergangen)* remoto, pasado; *prep 4.* alejado de; *adv 5. sich ~ halten* mantenerse alejado de
Fernamt ['fɛrnamt] *n TEL* central interurbana *f*
Fernbedienung ['fɛrnbədi:nuŋ] *f* mando a distancia *m,* telemando *m*
fernbleiben ['fɛrnblaɪbən] *v irr* ausentarse, alejarse, faltar
Ferne ['fɛrnə] *f* lejanía *f*
ferner ['fɛrnər] *konj* además, fuera de ello; *unter ~ liefen sein* ser inferior
Fernfahrer ['fɛrnfa:rər] *m* camionero de larga distancia *m*
ferngelenkt ['fɛrngəlɛŋkt] *adj TECH* teledirigido
Ferngespräch ['fɛrngəʃprɛ:ç] *n* conversación interurbana *f,* conferencia interurbana *f; Ich erwarte ein wichtiges ~ aus Deutschland.* Estoy esperando una llamada importante de Alemania.
ferngesteuert ['fɛrngəʃtɔyərt] *adj TECH* teledirigido
Fernglas ['fɛrngla:s] *n* gemelos *m/pl,* prismáticos *m/pl*
Fernkurs ['fɛrnkurs] *m* curso por correspondencia *m,* curso a distancia *m*
Fernlenkung ['fɛrnlɛŋkuŋ] *f TECH* teledirección *f*
Fernlicht ['fɛrnlɪçt] *n (beim Auto)* luz larga *f,* luz de carretera *f*
Fernmeldeamt ['fɛrnmɛldəamt] *n TEL* oficina de telecomunicaciones *f,* central telefónica *f*
Fernost ['fɛrn'ɔst] *m GEO* Extremo Oriente *m*
fernöstlich ['fɛrnœstlɪç] *adj* del Extremo Oriente
Fernrohr ['fɛrnro:r] *n* catalejo *m,* telescopio *m*
Fernschreiber ['fɛrnʃraɪbər] *m* télex *m,* teletipo *m*
Fernsehansager(in) ['fɛrnze:anza:gər(ɪn)] *m/f* locutor(a) de televisión *m/f*
Fernsehantenne ['fɛrnze:antɛnə] *f TECH* antena de televisión *f*
Fernsehbild ['fɛrnze:bɪlt] *n TECH* imagen televisiva *f*
fernsehen ['fɛrnze:ən] *v irr* ver la televisión, ver la tele (fam)
Fernsehen ['fɛrnze:ən] *n* televisión *f*
Fernseher ['fɛrnze:ər] *m 1.* televisor *m; 2. (Zuschauer)* espectador *m*
Fernsehfilm ['fɛrnze:fɪlm] *m CINE* película televisiva *f*
Fernsehgerät ['fɛrnze:gərɛ:t] *n TECH* receptor de televisión *m,* televisor *m*
Fernsehinterview ['fɛrnze:ɪntɛrvju:] *n* entrevista televisiva *f*
Fernsehkamera ['fɛrnze:kamәra] *f CINE* cámara de televisión *f*
Fernsehprogramm ['fɛrnze:program] *n* programa de televisión *m*
Fernsehreportage ['fɛrnze:repɔrta:ʒə] *f* reportaje televisivo *m*
Fernsehspiel ['fɛrnze:ʃpi:l] *n* telenovela *f*
Fernsehstudio ['fɛrnze:ʃtu:djo] *n* estudio de televisión *m*
Fernsehzeitung ['fɛrnze:tsaɪtuŋ] *f* revista de televisión *f*
Fernsprechamt ['fɛrnʃprɛçamt] *n TEL* central telefónica *f*
Fernsprecher ['fɛrnʃprɛçər] *m TEL* teléfono *m*
Fernsteuerung ['fɛrnʃtɔyəruŋ] *f TECH* telemando *m,* mando a distancia *m,* control remoto *m*

Fernverkehr ['fɛrnfɛrkeːr] *m* tráfico interurbano *m*
Fernwärme ['fɛrnvɛrmə] *f* sistema de calefacción a distancia *m*
Ferse ['fɛrzə] *f ANAT* talón *m; sich an jds ~n heften (fig)* pegarse a los talones de alguien; *jdm auf den ~n bleiben* seguirle los talones a alguien
Fersengeld ['fɛrzəngɛlt] *n ~ geben* pirárselas, tomar las de Villadiego, escaparse, poner los pies en polvorosa
fertig ['fɛrtɪç] *adj 1. (beendet)* acabado, concluido; *etw ~ machen* terminar algo, concluir algo, acabar algo; *mit jdm ~ sein* terminar con alguien (fig); *2. (bereit)* listo, preparado; *3. (fam: erschöpft)* rendido, cansadísimo; *Ich bin total ~.* Estoy completamente muerto. *4. jdn ~ machen* hacer polvo a alguien; *v irr 5. ~ bringen* conseguir, lograr, llevar a cabo; *6. ~ stellen* concluir, terminar; *7. (imstande sein) ~ bringen* llegar a terminar
Fertiggericht ['fɛrtɪçgərɪçt] *n GAST* plato precocinado *m,* plato precocido *m*
Fertighaus ['fɛrtɪçhaus] *n* casa prefabricada *f*
Fertigkeit ['fɛrtɪçkaɪt] *f* habilidad *f,* destreza *f*
Fertigprodukt ['fɛrtɪçprɔdukt] *n* producto manufacturado *m*
Fertigstellung ['fɛrtɪçʃtɛluŋ] *f* conclusión *m,* terminación *m*
Fertigung ['fɛrtɪguŋ] *f* fabricación *f,* producción *f,* manufactura *f*
Fertigungskosten ['fɛrtɪguŋskɔstən] *pl ECO* costes de producción *m/pl*
Fertigware ['fɛrtɪçwaːrə] *f* producto acabado, manufacturado *m*
fesch [fɛʃ] *adj 1.* elegante, guapo, chic; *2. (lieb) Sei ~!* amable
Fessel ['fɛsəl] *f 1.* cadena *f,* hierros *m/pl; 2. (fig)* atadura *f,* ligadura *f; 3. ANAT* empeine *m*
Fesselballon ['fɛsəlbalɔ̃] *m SPORT* globo amarrado a la tierra *m*
fesseln ['fɛsəln] *v 1.* encadenar, atar; *2. (fig)* cautivar
fesselnd ['fɛsəlnt] *adj* atractivo, cautivador
fest [fɛst] *adj 1. (hart)* duro; *2. (stark)* fuerte; *3. (dicht)* denso, espeso; *4. (gleich bleibend)* fijo, firme, seguro
Fest [fɛst] *n* fiesta *f*
Festakt ['fɛstakt] *m* ceremonia *f*
Festangestellte(r) ['fɛstangəʃtɛltə(r)] *m/f* empleado fijo/empleada fija *m/f*
Festansprache ['fɛstanʃpraːxə] *f* discurso de ceremonia *m*
Festbetrag ['fɛstbətraːk] *m* cantidad fija *f*
festbinden ['fɛstbɪndən] *v irr* atar, anudar
Festessen ['fɛstɛsən] *n* banquete *m,* comida de gala *f*
festfahren ['fɛstfaːrən] *v irr 1.* atascarse; *2. NAUT* embarrancar, tocar fondo; *3. (fig)* paralizarse, estancarse
Festhalle ['fɛsthalə] *f* salón de fiestas *m*
festhalten ['fɛsthaltən] *v irr 1.* sujetar, asegurar, fijar; *2. (merken)* fijarse, reparar, observar; *3. sich ~ an etw* agarrarse a algo, agarrarse de algo, cogerse de algo (nicht in Argentinien)
festigen ['fɛstɪgən] *v 1. (stärken)* fortalecer, fortificar, reforzar; *2. sich ~* afirmarse, consolidarse
Festiger ['fɛstɪgər] *m* fijador *m*
Festigkeit ['fɛstɪçkaɪt] *f* solidez *f,* resistencia *f*
Festival ['fɛstɪval] *n* festival *m*
festkleben ['fɛstkleːbən] *v 1.* pegarse; *2. (etw ~)* estar pegado
Festland ['fɛstlant] *n* tierra firme *f*
festlegen ['fɛstleːgən] *v 1.* fijar, disponer, establecer; *2. (verpflichten)* obligar; *3. sich ~* comprometerse
festlich ['fɛstlɪç] *adj* de fiesta
festmachen ['fɛstmaxən] *v 1. (befestigen)* sujetar, afianzar; *2. (Boot)* amarrar; *3. (vereinbaren)* concertar; *4. etw an etw ~* atar
Festmahl ['fɛstmaːl] *n* banquete *m*
Festnahme ['fɛstnaːmə] *f* detención *f,* arresto *m,* captura *f*
festnehmen ['fɛstneːmən] *v irr* detener, capturar, arrestar, tomar preso
Festplatte ['fɛstplatə] *f INFORM* disco fijo *m*
Festpreis ['fɛstpraɪs] *m ECO* precio fijo *m*
festsetzen ['fɛstzɛtsən] *v* fijar, establecer, determinar
festsitzen ['fɛstzɪtsən] *v irr 1.* quedar fijo; *2. (fig)* estar inmovilizado
feststehen ['fɛstʃteːən] *v irr* ser cierto, ser seguro
feststellen ['fɛstʃtɛlən] *v* comprobar, verificar
Feststellung ['fɛstʃtɛluŋ] *f 1. (Bemerkung)* constatación *f; 2. (Erkenntnis)* observación *f; 3. (Ermitteln)* averiguación *f,* investigación *f*
Feststoff ['fɛstʃtɔf] *m CHEM* sustancia sólida *f*

Festtag ['fɛsttaːk] *m 1.* día festivo *m; 2. REL* día de fiesta *f; 3. (Tag mit einem besonderen Ereignis)* día de regocijo *f*
Festung ['fɛstuŋ] *f* fortaleza *f*
festverzinslich ['fɛstfɛrtsɪnslɪç] *adj FIN* a renta fija
Festzug ['fɛstsuːk] *m* desfile *m,* cabalgata *f*
Fete ['feːtə] *f (fam)* fiesta *f,* guateque *m*
Fetisch ['feːtɪʃ] *m* fetiche *m*
fett [fɛt] *adj 1.* graso; *2. (Person)* gordo
Fett [fɛt] *n* grasa *f; das ~ abschöpfen (fig)* llevarse la mejor parte; *sein ~ abbekommen* recibir su merecido; *sein ~ weghaben* recibir su merecido
fettarm ['fɛtarm] *adj* bajo en grasa
fetten ['fɛtən] *v 1.* ser grasiento; *2. etw ~* engrasar
Fettfleck ['fɛtflɛk] *m* mancha de grasa *f*
Fettgewebe ['fɛtgəveːbə] *n ANAT* tejido adiposo *m*
fettig ['fɛtɪç] *adj* graso, grasiento
Fettnäpfchen ['fɛtnɛpfçən] *n ins ~ treten* meter la pata (fam)
Fettpolster ['fɛtpɔlstər] *n ANAT* panículo adiposo *m*
Fettschicht ['fɛtʃɪçt] *f* capa de grasa *f*
Fettstift ['fɛtʃtɪft] *m* pintalabios para el cuidado de labios secos *m*
Fetzen ['fɛtsən] *m 1.* jirón *m,* retazo *m; 2. (Lumpen)* harapos *m/pl*
feucht [fɔyçt] *adj* húmedo
Feuchtbiotop ['fɔyçtbiotoːp] *m/n BIO* biotopo húmedo *m*
Feuchtigkeit ['fɔyçtɪçkaɪt] *f* humedad *f*
Feuer ['fɔyər] *n* fuego *m; für jdn die Hand ins ~ legen (fig)* poner las manos en el fuego por alguien; *Öl ins ~ gießen* echar leña al fuego; *Haben Sie ~?* ¿Tiene fuego? *~ und Flamme sein* arder de entusiasmo; *~ fangen (fig)* entusiasmarse; *~ hinter etw machen* meter fuego a un asunto; *für jdn durchs ~ gehen* pasar la mano por el fuego por alguien; *mit dem ~ spielen* jugar con fuego
Feueralarm ['fɔyəralaːrm] *m* alarma de incendio *f*
feuerbeständig ['fɔyərbəʃtɛndɪç] *adj* resistente a la humedad
Feuerbestattung ['fɔyərbəʃtatuŋ] *f* incineración *f,* cremación *f*
Feuereifer ['fɔyəraɪfər] *m* celo *m,* fervor *m*
feuerfest ['fɔyərfɛst] *adj* resistente al fuego
Feuergefahr ['fɔyərsgəfaːr] *f* peligro de incendio *m*
feuergefährlich ['fɔyərgəfɛːrlɪç] *adj* inflamable, combustible
Feuerholz ['fɔyərhɔlts] *n* leña *f*
Feuerleiter ['fɔyərlaɪtər] *f* escalera de incendios *f*
Feuerlöscher ['fɔyərlœʃər] *m* extintor de incendios *m,* extinguidor *m* (LA)
Feuermelder ['fɔyərmɛldər] *m* señalador de incendios *m*
feuern ['fɔyərn] *v jdm eine ~ (fam)* darle una hostia a alguien; *jdn ~* poner a uno de patitas en la calle
Feuerpause ['fɔyərpauzə] *f MIL* alto el fuego *m,* tregua *f*
Feuerprobe ['fɔyərproːbə] *f die ~ bestehen* pasar la prueba de fuego
feuersicher ['fɔyərzɪçər] *adj* incombustible, resistente al fuego
Feuerstein ['fɔyərʃtaɪn] *m MIN* pedernal *m,* piedra de lumbre *f*
Feuerstelle ['fɔyərʃtɛlə] *f* hogar *m*
Feuerwehr ['fɔyərveːr] *f* cuerpo de bomberos *m*
Feuerwehrmann ['fɔyərveːrman] *m* bombero *m*
Feuerwerk ['fɔyərvɛrk] *n* fuegos artificiales *m/pl*
Feuerzangenbowle ['fɔyərtsaŋənboːlə] *f GAST* ponche de vino, ron y azúcar *m*
Feuerzeug ['fɔyərtsɔyk] *n* encendedor *m,* mechero *m*
feurig ['fɔyrɪç] *adj 1. (temperamentvoll)* vivo, impetuoso; *2. (Wein)* generoso
Fiasko ['fjasko] *n* fracaso *m*
Fibel ['fiːbəl] *f (Buch)* cartilla *f,* catón *m,* silabario *m*
Fichte ['fɪçtə] *f BOT* abeto rojo *m*
fidel [fi'deːl] *adj* alegre, festivo
Fieber ['fiːbər] *n* fiebre *f*
fieberfrei ['fiːbərfraɪ] *adj MED* sin fiebre
fieberhaft ['fiːbərhaft] *adj* febril, calenturiento
fieberkrank ['fiːbərkraŋk] *adj* calenturiento, enfermo de fiebre
fiebern ['fiːbərn] *v 1.* tener fiebre; *2. (fig) ~ nach* delirar, desvariar
Fieberthermometer ['fiːbərtɛrmomeːtər] *n* termómetro clínico *m*
fiebrig ['fiːbrɪç] *adj* febril, calenturiento
fies [fiːs] *adj (fam)* asqueroso, repugnante
Figur [fi'guːr] *f 1. (Körperfigur)* figura *f,* estatura *f; 2. (einer Statue) ART* estatua *f*
figurativ [figura'tiːf] *adj* figurado, metafórico

Fiktion [fɪk'tsjoːn] *f* *1.* ficción *f*; *2. LIT* ficción *f*
fiktiv [fɪk'tiːf] *adj* fictivo
Filet [fi'leː] *n GAST* filete *m*
Filiale [fil'jaːlə] *f ECO* sucursal *f*, agencia *f*, filial *f*
Filialleiter [fil'jaːllaɪtər] *m ECO* gerente de una sucursal *m*
filigran [fili'graːn] *adj* filigrana *f*
Film [fɪlm] *m 1. (dünne Schicht)* película *f*, capa delgadísima *f*; *2. CINE* película *f*, film *m*
Filmatelier ['fɪlmatəljeː] *n CINE* estudio cinematográfico *m*
Filmbranche ['fɪlmbrɑ̃ːʃə] *f* industria del cine *f*, industria cinematográfica *f*
Filmemacher(in) ['fɪlməmaxər(ɪn)] *m/f CINE* director(a) de cine *m/f*
filmen ['fɪlmən] *v* rodar, filmar
Filmfestspiele ['fɪlmfɛstʃpiːlə] *pl CINE* festival cinematográfico *m*
Filmgesellschaft ['fɪlmgəzɛlʃaft] *f CINE* compañía cinematográfica *f*
Filmindustrie ['fɪlmɪndustriː] *f CINE* industria cinematográfica *f*
filmisch ['fɪlmɪʃ] *adj CINE* fílmico
Filmkamera ['fɪlmkamərа] *f CINE* cámara cinematográfica *f*, tomavistas *m*
Filmproduktion ['fɪlmproduktjoːn] *f* producción cinematográfica *f*
Filmproduzent(in) ['fɪlmprodutsɛnt(ɪn)] *m/f CINE* productor(a) de cine *m/f*
Filmrechte ['fɪlmrɛçtə] *pl CINE* derechos cinematográficos *m/pl*
Filmschauspieler(in) ['fɪlmʃauʃpiːlər(ɪn)] *m/f* actor de cine/actriz de cine *m/f*
Filmstudio ['fɪlmʃtuːdjo] *n CINE* estudio de cine *m*
Filter ['fɪltər] *m/n* filtro *m*
filterfein ['fɪltərfaɪn] *adj den Kaffee ~ mahlen* moler el café listo para el filtro
Filterkaffee ['fɪltərkafeː] *m* café filtrado *m*
filtern ['fɪltərn] *v* filtrar
Filterpapier ['fɪltərpapiːr] *n* papel de filtro *m*
Filterzigarette ['fɪltərtsigarɛtə] *f* cigarrillo con filtro *m*
Filz [fɪlts] *m* fieltro *m*
Filzlaus ['fɪltslaus] *f ZOOL* ladilla *f*, piojo del pubis *m*
Filzstift ['fɪltsʃtɪft] *m* rotulador *m*
Finale [fɪ'naːlə] *n 1.* final *m*; *2. SPORT* final *f*
Finalist(in) [fina'lɪst(ɪn)] *m/f SPORT* finalista *m/f*
Finanzamt [fɪ'nantsamt] *n* delegación de Hacienda *f*, oficina de recaudación *f*
Finanzausgleich [fɪ'nantsausglaɪç] *m ECO* compensación financiera *f*
Finanzbeamte(r) [fɪ'nantsbəamtə(r)] *m/f* funcionario de Hacienda/funcionaria de Hacienda *m/f*
Finanzbuchhaltung [fɪ'nantsbuːxhaltuŋ] *f ECO* contabilidad financiera *f*
Finanzen [fɪ'nantsən] *pl* finanzas *f/pl*
Finanzexperte [fɪ'nantsɛkspɛrtə] *m FIN* experto financiero *m*
Finanzexpertin [fɪ'nantsɛkspɛrtɪn] *f FIN* experta financiera *f*
Finanzhoheit [fɪ'nantshoːhaɪt] *f* soberanía financiera *f*
finanziell [fɪnan'tsjɛl] *adj 1.* financiero, pecuniario; *adv 2.* económicamente, financieramente
Finanzier [fɪnan'tsjeː] *m* financiero/financiera *m/f*
finanzieren [fɪnan'tsiːrən] *v* financiar, costear
Finanzierung [fɪnan'tsiːruŋ] *f* financiamiento *m*, financiación *f*
finanzkräftig [fɪ'nantskrɛftɪç] *adj* con capacidad financiera
Finanzkrise [fɪ'nantskriːzə] *f ECO* crisis financiera *f*
Finanzlage [fɪ'nantslaːgə] *f* situación financiera *f*
Finanzmärkte [fɪ'nantsmɛrktə] *pl FIN* mercados financieros *m/pl*
Finanzminister [fɪ'nantsministər] *m POL* ministro de Hacienda *m*, ministro de Finanzas *m* (LA)
Finanzplatz [fɪ'nantsplats] *m FIN* plaza financiera *f*
Finanzpolitik [fɪ'nantspolitiːk] *f POL* política financiera *f*
Finanzverwaltung [fɪ'nantsfɛrvaltuŋ] *f* administración financiera *f*
Finanzwesen [fɪ'nantsveːzən] *n* hacienda *f*
Findelkind ['fɪndəlkɪnt] *n* expósito/expósita *m/f*
finden ['fɪndən] *v irr 1.* encontrar, hallar; *2. (fig)* estimar, considerar, encontrar; *Ich finde ihn nett.* Lo encuentro muy simpático.
Finder(in) ['fɪndər(ɪn)] *m/f* persona que encuentra algo *f*
Finderlohn ['fɪndərloːn] *m* recompensa por la devolución de algo hallado *f*, gratificación por un hallazgo *f*

findig ['fɪndɪç] *adj* ingenioso, listo
Finger ['fɪŋgər] *m ANAT* dedo *m; keinen ~ krumm machen* no mover un dedo; *lange ~ machen* robar, tener la mano larga; *den ~ draufhaben* estar encima; *die ~ im Spiel haben* tener los dedos metidos en el asunto, estar en el ajo *(fam); die ~ von jdm lassen* quitarle los dedos de encima a alguien; *sich nicht die ~ schmutzig machen (fig)* no ensuciarse las manos; *sich die ~ verbrennen* quemarse los dedos; *etw an zehn ~n abzählen können* poder contar algo con los dedos de las manos; *jdm auf die ~ klopfen* llamar al orden a alguien; *jdm auf die ~ schauen* estar encima de alguien, controlar a alguien; *sich etw aus den ~n saugen* sacarse algo de la manga; *etw mit dem kleinen ~ machen* hacer algo con el meñique; *mit dem ~ auf jdn zeigen* señalar a alguien con el dedo; *nur mit dem kleinen ~ zu winken brauchen* sólo tener que decir „a“
Fingerabdruck ['fɪŋərapdruk] *m* huella digital *f,* huella dactilar *f*
fingerbreit ['fɪŋərbraɪt] *adj* del grueso de un dedo; *drei ~* tres pulgadas; *keinen ~ nachgeben* no ceder ni un ápice
Fingerfertigkeit ['fɪŋərfɛrtɪçkaɪt] *f* destreza manual *f,* habilidad manual *f*
Fingerhut ['fɪŋərhu:t] *m* dedal *m*
Fingerkuppe ['fɪŋərkupə] *f ANAT* yema del dedo *f*
Fingernagel ['fɪŋərna:gəl] *m ANAT* uña *f*
Fingerspitze ['fɪŋərʃpɪtsə] *f* punta del dedo *f; an den ~n herzählen können* poder contar con los dedos; *in den ~n haben* tener en la punta de los dedos
Fingerspitzengefühl ['fɪŋərʃpɪtsəngəfy:l] *n* tacto *m,* tino *m*
Fingerzeig ['fɪŋərtsaɪk] *m 1.* seña *f; 2. (~ Gottes)* el dedo de Dios
fingieren [fɪŋ'gi:rən] *v* fingir, simular
Fink [fɪŋk] *m ZOOL* pinzón *m*
Finne[1] ['fɪnə] *m* finlandés *m*
Finne[2] ['fɪnə] *f (Knötchen, Pustel) MED* pápula *f,* comedón *m*
Finne[3] ['fɪnə] *f (Rückenflosse beim Wal) ZOOL* aleta dorsal *f*
Finnin ['fɪnɪn] *f* finlandesa *f*
finnisch ['fɪnɪʃ] *adj* finlandés
Finnland ['fɪnlant] *n GEO* Finlandia *f*
Finnwal ['fɪnva:l] *m ZOOL* rorcual *m*
finster ['fɪnstər] *adj 1. (dunkel)* obscuro, tenebroso, lóbrego; *2. (grimmig)* hosco, adusto, huraño, esquivo
Finsternis ['fɪnstərnɪs] *f* obscuridad *f,* tinieblas *f/pl*
Finte ['fɪntə] *f 1.* finta *f,* pase de esgrima *m; 2. (fig)* ardid *m,* treta *f,* truco *m*
Firma ['fɪrma] *f ECO* negocio *m,* empresa *f,* casa *f,* firma *f*
Firmament [fɪrma'mɛnt] *n ASTR* firmamento *m*
Firmenchef(in) ['fɪrmənʃɛf(ɪn)] *m/f ECO* jefe/jefa de una empresa *m/f*
Firmeninhaber(in) ['fɪrmənɪnha:bər(ɪn)] *m/f ECO* propietario/propietaria de una empresa *m/f*
Firmenname ['fɪrmənna:mə] *m ECO* razón social *f*
Firmenregister ['fɪrmənregɪstər] *n ECO* registro comercial *m*
Firmenschild ['fɪrmənʃɪlt] *n ECO* letrero *m,* rótulo *m*
Firmenstempel ['fɪrmənʃtɛmpəl] *m* sello de la empresa *m*
Firmenwagen ['fɪrmənva:gən] *m* coche de la empresa *m*
Firmpate ['fɪrmpa:tə] *m* padrino de la confirmación *m*
Firmpatin ['fɪrmpa:tɪn] *f* madrina de la confirmación *f*
Firmung ['fɪrmuŋ] *f REL* confirmación *f*
Firn [fɪrn] *m* ventisca *f*
Firnis ['fɪrnɪs] *m ART* barniz *m*
Fisch [fɪʃ] *m 1. (lebendig) ZOOL* pez *m; ein dicker ~* un pez gordo *m; weder ~ noch Fleisch sein (fig)* no ser ni carne ni pescado, no ser ni chicha ni limoná; *Das sind kleine ~e.* Eso son bagatelas. *2. (gefischt)* pescado *m*
Fischbestand ['fɪʃbəʃtant] *m* existencia de peces *f*
fischen ['fɪʃən] *v* pescar; *im Trüben ~ (fig)* pescar en aguas turbias
Fischer(in) ['fɪʃər(ɪn)] *m/f* pescador(a) *m/f*
Fischerboot ['fɪʃərbo:t] *n NAUT* barco pesquero *m,* lancha pesquera *f*
Fischerdorf ['fɪʃərdɔrf] *n* pueblo pesquero *m*
Fischerei [fɪʃə'raɪ] *f ECO* pesca *f*
Fischgericht ['fɪʃgərɪçt] *n GAST* plato de pescado *m*
Fischgeschäft ['fɪʃgəʃɛft] *n* pescadería *f*
Fischgräte ['fɪʃgrɛ:tə] *f* espina de pescado *f*
Fischkonserve ['fɪʃkɔnzɛrvə] *f GAST* pescado en conserva *m,* conserva de pescado *f*

Fischkutter ['fɪʃkutər] *m NAUT* pesquero *m*
Fischlaich ['fɪʃlaɪç] *m ZOOL* freza *f,* huevas *f/pl*
Fischmehl ['fɪʃmeːl] *n* harina de pescado *f*
Fischotter ['fɪʃɔtər] *m ZOOL* nutria *f*
Fischsterben ['fɪʃʃtɛrbən] *n* mortandad piscícola *f*
Fischsuppe ['fɪʃzuːpə] *f GAST* sopa de pescado *f*
Fischvergiftung ['fɪʃfɛrgɪftuŋ] *f MED* intoxicación por pescado *f*
fiskalisch [fɪs'kaːlɪʃ] *adj* fiscal
Fiskus ['fɪskus] *m* fisco *m,* Tesoro público *m*
fit [fɪt] *adj* en forma, bien entrenado
Fitness ['fɪtnɛs] *f* buena forma *f*
Fitnesscenter ['fɪtnɛssɛntər] *n SPORT* centro de culturismo *m*
Fittich ['fɪtɪç] *m* ala *f; jdn unter die ~e nehmen* proteger a alguien
fix [fɪks] *adj 1. (feststehend)* fijo; *2. (schnell)* rápido; *3. (aufgeweckt)* vivo; *4. ~ und fertig (bereit)* estar listo; *5. ~ und fertig (erschöpft)* estar hecho polvo
fixen ['fɪksən] *v (fam: sich Rauschgift spritzen)* pincharse
Fixer(in) ['fɪksər(ɪn)] *m/f* drogadicto/drogadicta *m/f,* yonqui *m/f,* heroinómano *m*
fixieren [fɪ'ksiːrən] *v 1. (festmachen)* sujetar, fijar, asegurar, sostener; *2. (festlegen)* concretar, fijar; *3. (anstarren)* mirar fijamente; *4. FOTO* fijar
Fixkosten ['fɪkskɔstən] *pl ECO* costes fijos *m/pl*
Fixpreis ['fɪkspraɪs] *m ECO* precio fijo *m*
Fixstern ['fɪksʃtɛrn] *m ASTR* estrella fija *f*
Fixum ['fɪksum] *n* cantidad fija *f,* importe fijo *m*
Fjord [fjɔrt] *m GEO* fiordo *m*
FKK-Strand [ɛfkaː'kaːʃtrant] *m* playa nudista *f*
flach [flax] *adj* llano, plano
Flachdach ['flaxdax] *n* tejado plano *m*
Fläche ['flɛçə] *f* superficie *f,* área *f/el*
Flächenbrand ['flɛçənbrant] *m* incendio de rápida propagación *m*
flächendeckend ['flɛçəndɛkənt] *adj* que cubre toda la superficie, que cubre todo el área
Flächeninhalt ['flɛçənɪnhalt] *m* superficie *f,* área *m*
Flächenmaß ['flɛçənmaːs] *n MATH* medida de superficie *f*
Flachküste ['flaxkystə] *f GEO* costa plana *f*
Flachland ['flaxlant] *n* llanura *f*
Flachs [flaks] *m BOT* lino *m*
Flachzange ['flaxtsaŋə] *f TECH* alicates de boca plana *m/pl*
flackern ['flakərn] *v* oscilar, flamear
Fladen ['flaːdən] *m 1. (Pfannkuchen)* filloa *f,* torta *f; 2. (Brot)* pan árabe *m; 3. (Kuhfladen)* boñiga *f*
Flagge ['flagə] *f* bandera *f,* pabellón *m; ~ zeigen (fig)* sacar la bandera/jugar honradamente; *unter falscher ~ segeln* disfrazar el navío
Flaggschiff ['flagʃɪf] *n* buque insignia *m*
Flair [flɛːr] *n* encanto *m*
Flak [flak] *f 1. (Kanone) MIL* cañón *m; 2. (Artillerie) MIL* cañón antiaéreo *m*
Flakon [fla'kɔː] *m* frasco *m*
flambieren [flam'biːrən] *v GAST* flamear
Flame ['flaːmə] *m* llama *f*
Flämin ['flɛːmɪn] *f* flamenca *f*
Flamingo [fla'mɪŋgo] *m ZOOL* flamenco *m*
Flamme ['flamə] *f 1. (eines Feuers)* llama *f; in ~n stehen* estar en llamas; *2. (eines Herds)* fuego *m*
Flammenmeer ['flamənmeːr] *n (fig)* hogueras *f/pl,* llamaradas *f/pl*
Flandern ['flandərn] *n GEO* Flandes *m*
Flanell [fla'nɛl] *m* franela *f*
Flanellhemd [fla'nɛlhɛmt] *n* camisa de franela *f*
Flanke ['flaŋkə] *f 1.* ijada *f; 2. (Zuspiel) SPORT* flanco *m*
Flasche ['flaʃə] *f 1.* botella *f,* frasco *m,* redoma *f; zu tief in die ~ schauen (fig)* darle mucho al frasco; *2. (fam: Trottel)* papanatas *m,* idiota *m*
Flaschenhals ['flaʃənhals] *m* cuello de botella *m*
Flaschenöffner ['flaʃənœfnər] *m* abridor *m,* destapador *m*
Flaschenpfand ['flaʃənpfant] *n* depósito *m*
Flaschenwein ['flaʃənvaɪn] *m* vino de botella *m*
Flaschenzug ['flaʃəntsuːk] *m TECH* aparejo *m,* sistema de poleas *m*
flatterhaft ['flatərhaft] *adj* inconstante, voluble, veleidoso
flattern ['flatərn] *v* revolotear, aletear
flau [flau] *adj 1.* débil, flojo; *adv 2.* mareado, un poco mal
Flaum [flaum] *m 1.* vello *m,* pelusilla *f; 2. (Bartwuchs)* bozo *m*
flaumig ['flaumɪç] *adj* velloso

flauschig ['flauʃɪç] *adj* suave, blando
Flausen ['flauzən] *pl* pretexto *m*, patraña *f*; *~ im Kopf haben* tener pajaritos en la cabeza (fig)
Flaute ['flautə] *f* *1. (Windstille)* calma *f*; *2. ECO* desanimación *f*, languidez *f*
Flechte ['flɛçtə] *f* *MED* herpes *m*, dermatomicosis *f*
flechten ['flɛçtən] *v irr* trenzar
Fleck [flɛk] *m* *1. (Schmutzfleck)* mancha *f*, churrete *m*; *einen ~ auf der weißen Weste haben* tener una mancha en la honra; *am falschen ~* fuera de lugar; *vom ~ weg* sin vacilar/en el acto; *nicht vom ~ kommen* no adelantar un paso; *2. (blauer ~)* moratón *m*, cardenal *m*; *3. (Flicken)* parche *m*; *4. (Ort)* sitio *m*, lugar *m*, zona *f*
Fleckentferner ['flɛkɛntfɛrnər] *m* quitamanchas *m*
Fleckfieber ['flɛkfi:bər] *n* *MED* tifus *m*
fleckig ['flɛkɪç] *adj* manchado, sucio
Fledermaus ['fle:dərmaus] *f* *ZOOL* murciélago *m*
Flegel ['fle:gəl] *m* mayal *m*, trillo *m*
flegelhaft ['fle:gəlhaft] *adj* grosero, zafio
Flegeljahre ['fle:gəlja:rə] *pl* edad de la rebeldía *f*, edad en que se rompe el cascarón *f*
flehen ['fle:ən] *v* suplicar, implorar, rogar
flehentlich ['fle:əntlɪç] *adj* suplicante
Fleisch [flaɪʃ] *n* carne *f*; *sein eigen ~ und Blut sein (fig)* ser de su misma sangre; *jdm in ~ und Blut übergehen* metérsele a alguien en el cuerpo; *sich ins eigene ~ schneiden* perjudicarse a sí mismo; *vom ~ fallen* adelgazar/quedarse en los huesos
Fleischbrühe ['flaɪʃbry:ə] *f* *GAST* caldo de carne *m*
Fleischeinwaage ['flaɪʃaɪnva:gə] *f* *GAST* peso de la carne *m*
Fleischer(in) ['flaɪʃər] *m* carnicero(a) *m/f*
Fleischfresser ['flaɪʃfrɛsər] *m* *ZOOL* carnívoro *m*
fleischig ['flaɪʃɪç] *adj* carnoso
fleischlich ['flaɪʃlɪç] *adj* *1. (aus Fleisch)* cárnico, de carne; *2. (körperlich) REL* carnal
Fleischvergiftung ['flaɪʃfɛrgɪftuŋ] *f* intoxicación por consumo de carne *f*
Fleischwolf ['flaɪʃvɔlf] *m* triturador de carne *m*
Fleiß [flaɪs] *m* aplicación *f*, celo *m*, diligencia *f*
fleißig ['flaɪsɪç] *adj* aplicado, diligente
fletschen ['flɛtʃən] *v* *die Zähne ~* rechinar los dientes
flexibel [flɛk'si:bəl] *adj* flexible, adaptable, amoldable
flexibilisieren [flɛksibɪlɪ'zi:rən] *v* flexibilizar
Flexibilisierung [flɛksibɪlɪ'zi:ruŋ] *f* flexibilización *f*
Flexibilität [flɛksibɪlɪ'tɛ:t] *f* flexibilidad *f*, adaptabilidad *f*
flicken ['flɪkən] *v* remendar, recoser
Flicken ['flɪkən] *m* remiendo *m*, zurcido *m*, parche *m*
Flickwerk ['flɪkvɛrk] *n* remiendo *m*, zurcido *m*
Flieder ['fli:dər] *m* *BOT* lila *f*
Fliege ['fli:gə] *f* *1. ZOOL* mosca *f*; *zwei ~n mit einer Klappe schlagen (fig)* matar dos pájaros de un tiro; *2. (Bekleidungsstück)* corbata de lazo *m*, pajarita *f*, moño *m* (LA); *3. eine ~ machen (fam)* ahuecar el ala
fliegen ['fli:gən] *v irr* volar
Fliegenfenster ['fli:gənfɛnstər] *n* ventana con tela metálica *f*, alambrera *f*
Fliegengewicht ['fli:gəngəvɪçt] *n* *SPORT* peso mosca *m*
Fliegengitter ['fli:gəngɪtər] *n* tela metálica *f*
Fliegenklappe ['fli:gənklapə] *f* matamoscas *m*
Fliegenpilz ['fli:gənpɪlts] *m* *BOT* oronja falsa *f*
Flieger ['fli:gər] *m* *1. (Pilot)* aviador *m*; *2. (Soldat der Fliegertruppe)* aviador militar *m*; *3. (Radrennfahrer) SPORT* ciclista de alta velocidad *m*; *4. (fam: Flugzeug)* avión *m*
Fliegerabwehr ['fli:gərabvɛ:r] *f* *MIL* defensa antiaérea *f*
Fliegeralarm ['fli:gəralarm] *m* *MIL* alarma aérea *f*
Fliegerhorst ['fli:gərhɔrst] *m* *MIL* base aérea *f*
fliehen ['fli:ən] *v irr ~ vor* huir de, escapar de
Fliehkraft ['fli:kraft] *f* *PHYS* fuerza centrífuga *f*
Fliese ['fli:zə] *f* baldosa *f*, losa *f*
fliesen ['fli:zən] *v* azujelar, embaldosar, enlosar
Fliesenleger ['fli:zənle:gər] *m* solador *m*, embaldosador *m*
Fließband ['fli:sbant] *n* cadena de montaje *f*, cinta continua *f*
Fließbandarbeiter ['fli:sbantarbaɪtər] *m* *ECO* trabajador en cádena *m*
fließen ['fli:sən] *v irr* correr, fluir, manar

fließend ['fliːsənt] *adj 1. (Sprache)* fluido; *adv 2. Er spricht ~ Englisch.* El habla inglés con fluidez.
Fließheck ['fliːshɛk] *n TECH* parte trasera aerodinámica *f*
flimmern ['flɪmərn] *v* centellear, brillar
flink [flɪŋk] *adj* ágil, ligero, pronto
Flinkheit ['flɪŋkhaɪt] *f* agilidad *f,* ligereza *f*
Flinte ['flɪntə] *f (Schrotflinte)* fusil *m,* escopeta *f*
Flirt [flɪrt] *m* coqueteo *m,* flirteo *m*
flirten ['flœrtən] *v* coquetear, flirtear
Flittchen ['flɪtçən] *n* mujer fácil *f,* mujerzuela *f*
Flitterwochen ['flɪtərvɔxən] *pl* luna de miel *f*
flitzen ['flɪtsən] *v* volar, pasar como un rayo
Flocke ['flɔkə] *f* copo *m*
Floh [floː] *m ZOOL* pulga *f; jdm einen ~ ins Ohr setzen (fig)* comerle la oreja a alguien (fam)/comerle el coco a alguien
Flohmarkt ['floːmarkt] *m* mercadillo de viejo *m,* rastro *m* (Madrid), mercado de pulgas *m*
Flop [flɔp] *m 1. (fam: Misserfolg)* fracaso *m; 2. (Hochsprungtechnik) SPORT* flop *m*
Floppy disk ['flɔpɪ dɪsk] *f INFORM* disco flexible *m*
Florett [flo'rɛt] *n SPORT* florete *m*
florieren [flo'riːrən] *v* florecer
Florist(in) [flo'rɪst(ɪn)] *m/f* florista *m/f*
Floskel ['flɔskəl] *f* flor retórica *f*
Floß [floːs] *n* balsa *f,* almadía *f*
Flosse ['flɔsə] *f 1. ZOOL* aleta *f; 2. (Taucherflosse)* aleta *f*
Floßfahrt ['floːsfaːrt] *f* viaje en balsa *m*
Flöte ['fløːtə] *f MUS* flauta *f*
flöten ['fløːtən] *v ~ gehen* irse al traste
Flötist(in) [fløː'tɪst(ɪn)] *m/f MUS* flautista *m/f*
flott [flɔt] *adj 1. (schnell)* ágil, rápido, ligero; *2. (schick)* elegante
Flotte ['flɔtə] *f* flota *f,* armada *f*
Flottenstützpunkt ['flɔtənstytspuŋkt] *m NAUT* base naval *f*
Fluch [fluːx] *m* maldición *f,* imprecación *f*
fluchen ['fluːxən] *v* maldecir, imprecar, renegar
Flucht [fluxt] *f* fuga *f,* huida *f; die ~ ergreifen* darse a la fuga; *jdn in die ~ schlagen* ahuyentar a alguien
fluchtartig ['fluxtartɪç] *adj 1.* precipitado; *adv 2.* a la desbandada, precipitadamente
flüchten ['flyçtən] *v* huir, escapar, fugarse
Fluchtfahrzeug ['fluxtfaːrtsɔyk] *n* vehículo de fuga *m*
Fluchtgefahr ['fluxtgəfaːr] *f* peligro de fuga *m*
Fluchthelfer(in) ['fluxthɛlfər(ɪn)] *m/f* ayudante de fuga *m/f*
flüchtig ['flyçtɪç] *adj 1. (fliehend)* fugitivo; *2. (kurz)* breve, corto; *3. (oberflächlich)* superficial
Flüchtigkeit ['flyçtɪçkaɪt] *f 1.* fugacidad *f; 2. (Oberflächlichkeit)* superficialidad *f*
Flüchtigkeitsfehler ['flyçtɪçkaɪtsfeːlər] *m* descuido *m,* negligencia *f*
Flüchtling ['flyçtlɪŋ] *m* fugitivo *m*
Flüchtlingslager ['flyçtlɪŋslaːgər] *n* campo de refugiados *m*
Flüchtlingsstrom ['flyçtlɪŋsʃtroːm] *m* flujo de refugiados *m*
Fluchtpunkt ['fluxtpuŋkt] *m ART* punto de fuga *m*
Fluchtversuch ['fluxtfɛrzuːx] *m* intento de fuga *m*
Fluchtweg ['fluxtveːk] *m 1. (im Notfall)* salida de emergencia *f; 2. (eines Diebes)* ruta de fuga *f*
Flug [fluːk] *m* vuelo *m; wie im ~e* volando
Flugabwehr ['fluːkapveːr] *f MIL* defensa antiaérea *f,* defensa contra ataques aéreos *f*
Flugbahn ['fluːkbaːn] *f* trayectoria *f*
Flugbegleiter(in) ['fluːkbəglaɪtər(ɪn)] *m/f* auxiliar de vuelo *m/f*
Flugbenzin ['fluːkbɛntsiːn] *n TECH* gasolina para los aviones *f*
Flugblatt ['fluːkblat] *n* octavilla *f,* hoja informativa *f,* folleto *m,* volante *m* (LA)
Flügel ['flyːgəl] *m 1.* ala *f/pl; jdm die ~ stutzen* cortar las alas a alguien (fig); *2. MUS (Klavier)* piano de cola *m*
Flügelschraube ['flyːgəlʃraubə] *f TECH* palomilla *f*
Flügeltür ['flyːgəltyːr] *f* puerta de dos hojas *f*
Fluggast ['fluːkgast] *m* pasajero de avión *m*
flügge ['flygə] *adj ZOOL* volantón *m*
Fluggesellschaft ['fluːkgəzɛlʃaft] *f* compañía de aviación *f,* línea aérea *f*
Flughafen ['fluːkhaːfən] *m* aeropuerto *m*
Fluglinie ['fluːkliːnjə] *f 1. (Strecke)* circuito aéreo *m; 2. (Fluggesellschaft)* línea aérea *f*
Fluglotse ['fluːkloːtsə] *m* controlador aéreo *m*

Flugplan ['flu:kpla:n] *m* horario de salida de aviones *m,* horario de vuelo *m*
Flugplatz ['flu:kplats] *m* aeródromo *m*
Flugreise ['flu:kraɪzə] *f* viaje en avión *m*
Flugsicherung ['flu:kzɪçəruŋ] *f* control aéreo *m*
Flugsteig ['flu:kʃtaɪk] *m* salida de embarque *f*
Flugstunde ['flu:kʃtundə] *f* hora de vuelo *f*
Flugverbindung ['flu:kvɛrbɪnduŋ] *f* comunicación aérea *f*
Flugverkehr ['flu:kvɛrke:r] *m* tráfico aéreo *m*
Flugwesen ['flu:kve:zən] *n* aviación *f*
Flugzeug ['flu:ktsɔyk] *n* avión *m*
Flugzeugabsturz ['flu:ktsɔykapʃturts] *m* caída de un avión *f*
Flugzeugbau ['flu:ktsɔykbau] *m* construcción aeronáutica *f,* construcción de aviones *f*
Flugzeugentführer(in) ['flu:ktsɔykɛntfy:rər(ɪn)] *m/f* pirata aéreo *m/f*
Flugzeugentführung ['flu:ktsɔykɛntfy:ruŋ] *f* secuestro aéreo *m*
Flugzeugträger ['flu:ktsɔyktrɛ:gər] *m* portaaviones *m*
Fluktuation [fluktua'tsjo:n] *f* fluctuación *f*
fluktuieren [fluktu'i:rən] *v ECO* fluctuar
Flunder ['flundər] *f ZOOL* platija *f*
Flunkerei [fluŋkə'raɪ] *f 1.* fanfarronada *f,* majadería *f; 2. (kleine Lüge)* trola *f,* cuento chino *m,* embuste *m*
flunkern ['fluŋkərn] *v* mentir
Fluor ['flu:ɔr] *n CHEM* flúor *m*
Fluorkohlenwasserstoff ['flu:ɔrko:lənvasərʃtɔf] *m CHEM* hidrocarburo fluorado *m,* clorofluorcarburo (CFC) *m*
Flur¹ [flu:r] *m* corredor *m,* pasillo *m*
Flur² [flu:r] *f* campo *m; allein auf weiter ~ (fig)* solo y abandonado
Flurbereinigung ['flu:rbəraɪnɪguŋ] *f* concentración parcelaria *f*
Fluss [flus] *m 1. GEO* río *m; 2. (fig: Fließen)* flujo *m*
flussabwärts [flus'apvɛrts] *adv* río abajo
Flussarm ['flusarm] *m GEO* brazo de río *m*
flussaufwärts [flus'aufvɛrts] *adv* río arriba
Flussbett ['flusbɛt] *n* lecho de un río *m,* cauce de un río *m*
flüssig ['flysɪç] *adj 1. (nicht fest)* líquido; *2. (fig: fließend)* fluido
Flüssigkeit ['flysɪçkaɪt] *f* liquidez *f,* fluidez *f,* líquido *m*
Flusslandschaft ['fluslantʃaft] *f* zona fluvial *f*
Flusslauf ['fluslauf] *m* curso de un río *m*
Flussmündung ['flusmynduŋ] *f* desembocadura de un río *f*
Flusspferd ['fluspfe:rt] *n ZOOL* hipopótamo *m*
Flussregulierung ['flusreguli:ruŋ] *f* regularización fluvial *f*
Flussufer ['flusu:fər] *n* orilla de un río *f,* ribera *f*
flüstern ['flystərn] *v* cuchichear, susurrar, murmurar; *ins Ohr ~* hablar al oído
Flüsterton ['flystərto:n] *m* voz baja *f*
Flut [flu:t] *f 1. (Wasserhochstand)* pleamar *f,* marea alta *f; 2. (fig: große Menge)* oleada *f,* caudal *m,* torrente *m*
fluten ['flu:tən] *v* inundar
Flutkatastrophe ['flu:tkatastro:fə] *f* inundación *f*
Flutlicht ['flu:tlɪçt] *n* luz de profusión *f,* luz de proyectores *f*
Flutwelle ['flu:tvɛlə] *f* ola de la marea *f,* onda de pleamar *f*
föderal [fødə'ra:l] *adj POL* federal
Föderalismus [fødəra'lɪsmus] *m POL* federalismo *m*
Föderation [fødəra'tsjo:n] *f POL* federación *f*
föderativ [fødəra'ti:f] *adj POL* federativo
Fohlen ['fo:lən] *n ZOOL* potro *m,* potranco *m*
Föhn¹ [fø:n] *m (Fallwind)* foehn *m,* viento cálido del sur *m*
Föhn² [fø:n] *m* secador de mano *m*
föhnen ['fø:nən] *v* secar con secador de mano
Fokus ['fo:kus] *m FOTO* foco *m*
Folge ['fɔlgə] *f 1. (Auswirkung)* efecto *m,* consecuencia *f; 2. (Reihenfolge)* serie *f; 3. (Fortsetzung)* continuación *f,* sucesión *f*
Folgelasten ['fɔlgəlastən] *pl* costes consecutivos *m/pl*
folgen ['fɔlgən] *v 1. (hinterhergehen)* seguir a, ir detrás de; *2. (gehorchen)* obedecer; *3. (aufeinander ~)* suceder a, continuar
folgendermaßen ['fɔlgəndər'ma:sən] *adv* como sigue
folgenreich ['fɔlgənraɪç] *adj ~ sein* ser de gran trascendencia
folgenschwer ['fɔlgənʃve:r] *adj* de graves consecuencias

folgerichtig ['fɔlgərɪçtɪç] *adj* consecuente, lógico
Folgerichtigkeit ['fɔlgərɪçtɪçkaɪt] *f* consecuencia lógica *f*
folgern ['fɔlgərn] *v ~ aus* deducir de, concluir de
Folgerung ['fɔlgəruŋ] *f* deducción *f*, conclusión *f*, argumento *m*
Folgezeit ['fɔlgətsaɪt] *f in der ~* en lo sucesivo
folglich ['fɔlklɪç] *konj* por consiguiente, por (lo) tanto
folgsam ['fɔlkzaːm] *adj* obediente, dócil
Folie ['foːljə] *f* hoja *f*
folienverpackt ['foːljənfɛrpakt] *adj* empaquetado
Folklore ['fɔlkloːrə] *f* folklore *m*
folkloristisch [fɔlklo'rɪstɪʃ] *adj* folclórico, folklórico
Folter ['fɔltər] *f* tortura *f*, suplicio *m*
Folterkammer ['fɔltərkamər] *f* *1.* cámara de tortura *f*; *2. (fig: Kraftraum)* lugar del gimnasio dónde se encuentran los aparatos de entrenamiento
foltern ['fɔltərn] *v* torturar, martirizar
Folterung ['fɔltəruŋ] *f* tormento *m*, suplicio *m*, tortura *f*
Fond [fɔ̃] *m 1. (eines Autos)* asientos traseros *m/pl*; *2. THEAT* fondo *m*
Fonds [fɔ̃] *m ECO* fondos *m/pl*, capital con un fin concreto *m*
Fontäne [fon'tɛːnə] *f* fuente *f*, surtidor *m*
foppen ['fɔpən] *v 1. jdn ~* tomar el pelo a alguien; *2. (täuschen)* dar un chasco a alguien
forcieren [fɔr'siːrən] *v* forzar, obligar
forciert [fɔr'siːrt] *adj* forzado
Förderanlage ['fœrdəranlaːgə] *f TECH* instalación de transporte *f*, instalación transportadora *f*
Förderband ['fœrdərbant] *n* cinta transportadora *f*
Förderer ['fœrdərər] *m* transportador *m*
förderlich ['fœrdərlɪç] *adj* conveniente, favorable
Fördermenge ['fœrdərmɛŋgə] *f* cantidad extraída *f*
fördern ['fœrdərn] *v 1. (unterstützen)* fomentar, promover; *2. (abbauen)* extraer
fordern ['fɔrdərn] *v* pedir, solicitar
Förderung ['fœrdəruŋ] *f 1. (Unterstützung)* fomento *m*; *2. (Abbau)* extracción *f*
Forderung ['fɔrdəruŋ] *f 1. (Verlangen)* exigencia *f*, petición *f*, solicitud *f*; *2. (Geldforderung) ECO* crédito *m*, deuda activa *f*
Forelle [fo'rɛlə] *f ZOOL* trucha *f*
Form [fɔrm] *f 1.* forma *f*; *zu großer ~ auflaufen* mejorar su forma física; *2. (Stil)* estilo *m*; *in aller ~* formalmente; *3. (Gussform)* molde *m*
formal [fɔr'maːl] *adj* formal
Formaldehyd ['fɔrmaldəhyːd] *n CHEM* formaldehído *m*
Formalität [fɔrmali'tɛːt] *f 1. (Formvorschrift)* formalidad *f*, requisito *m*, trámite *m*; *2. (Förmlichkeit)* formalidad *f*, compostura *f*
Format [fɔr'maːt] *n 1. (Maß)* tamaño *m*, dimensión *f*; *2. (fig)* talla *f*
formatieren [fɔrma'tiːrən] *v INFORM* formatear
Formatierung [fɔrma'tiːruŋ] *f INFORM* formateo *m*
formbar ['fɔrmbaːr] *adj* moldeable
Formbarkeit ['fɔrmbaːrkaɪt] *f* moldeabilidad *f*
formbeständig ['fɔrmbəʃtɛndɪç] *adj* indeformable
Formblatt ['fɔrmblat] *n* formulario *m*
Formel ['fɔrməl] *f* fórmula *f*
formelhaft ['fɔrməlhaft] *adj* como una fórmula; *~e Wendung* giro *m*
formell [fɔr'mɛl] *adj* formal, oficial
formen ['fɔrmən] *v* formar, amoldar
Formenreichtum ['fɔrmənraɪçtuːm] *m* riqueza de formas *f*
Formfehler ['fɔrmfeːlər] *m 1.* defecto de forma *m*; *2. (gesellschaftlich)* quebrantamiento de las formas *m*
formieren [fɔr'miːrən] *v 1.* formar; *2. MIL* formar; *Truppen auf der Straße ~* hacer la calle
förmlich ['fœrmlɪç] *adj 1.* formal; *adv 2.* formalmente
Förmlichkeit ['fœrmlɪçkaɪt] *f* formalidad *f*, compostura *f*, seriedad *f*
formlos ['fɔrmloːs] *adj 1.* amorfo, sin forma; *2. (fig)* sin ceremonia, informal
Formlosigkeit ['fɔrmloːzɪçkaɪt] *f (fig)* falta de cortesía *f*, grosería *f*
Formsache ['fɔrmzaxə] *f* formalidad *f*
formschön ['fɔrmʃøːn] *adj* de formas armoniosas
Formular [fɔrmu'laːr] *n* formulario *m*
formulieren [fɔrmu'liːrən] *v* formular
Formulierung [fɔrmu'liːruŋ] *f* formulación *f*, articulación *f*
formvollendet ['fɔrmfɔlɛndət] *adj 1.* de forma(s) perfecta(s); *adv 2.* con exquisitez de las formas

forsch [fɔrʃ] *adj 1.* enérgico; *2. (flott)* de rompe y rasga; *3. (wagemutig)* intrépido, arrojado
forschen ['fɔrʃən] *v (nach etw ~)* investigar
Forscher(in) ['fɔrʃər(ɪn)] *m/f* investigador(a) *m/f*
Forschung ['fɔrʃuŋ] *f* investigación *f*
Forschungsinstitut ['fɔrʃuŋsɪnstituːt] *n* instituto de investigación *m*
Forschungslabor ['fɔrʃuŋslaboːr] *n* laboratorio de investigación *m*
Forschungsreaktor ['fɔrʃuŋsreaktɔr] *m* *TECH* reactor de investigación *m*
Forschungszentrum ['fɔrʃuŋstsɛntrum] *n* centro de investigación *m*
Forst [fɔrst] *m* bosque *m,* monte *m*
Förster ['fœrstər] *m* guarda forestal *m*
Forstwesen ['fɔrstveːzən] *n* silvicultura *f*
Forstwirtschaft ['fɔrstvɪrtʃaft] *f AGR* explotación forestal *f,* silvicultura *f*
fort [fɔrt] *adv* ausente, distante
Fortbestand ['fɔrtbəʃtant] *m* subsistencia *f*
fortbestehen ['fɔrtbəʃteːən] *v irr* continuar existiendo, subsistir
fortbewegen ['fɔrtbəveːgən] *v* desplazar, mover
Fortbewegung ['fɔrtbəveːguŋ] *f* locomoción *f*
fortbilden ['fɔrtbɪldən] *v sich ~* perfeccionarse, reciclarse
Fortbildung ['fɔrtbɪlduŋ] *f* perfeccionamiento *m,* reciclaje *m*
Fortdauer ['fɔrtdauər] *f* continuación *f,* persistencia *f*
fortdauern ['fɔrtdauərn] *v* perdurar, persistir, subsistir
fortfahren ['fɔrtfaːrən] *v irr 1. (wegfahren) ~ nach* partir para; *2. (fortsetzen)* continuar
fortführen ['fɔrtfyːrən] *v 1.* transportar, conducir, llevar; *2. (wegführen)* llevarse a parte
Fortgang ['fɔrtgaŋ] *m 1.* continuación *f; 2. (Weiterentwicklung)* progreso *m,* adelanto *m; 3. (Weggang)* salida *f*
fortgehen ['fɔrtgeːən] *v irr* irse, marcharse
fortgeschritten ['fɔrtgəʃrɪtən] *adj* avanzado, adelantado
Fortgeschrittene(r) ['fɔrtgəʃrɪtənə(r)] *m/f* adelantado/adelantada *m/f*
fortjagen ['fɔrtjaːgən] *v* echar fuera, ahuyentar
fortkommen ['fɔrtkɔmən] *v irr 1. (wegkommen)* escapar; *2. (vorankommen)* avanzar, abrirse paso
fortlaufen ['fɔrtlaufən] *v irr* escaparse, ponerse a salvo, huir, librarse
fortlaufend ['fɔrtlaufənt] *adj* seguido, continuo
fortpflanzen ['fɔrtpflantsən] *v sich ~* reproducirse
Fortpflanzung ['fɔrtpflantsuŋ] *f* reproducción *f*
fortreißen ['fɔrtraɪsən] *v irr 1.* arrastrar; *2. (Strom)* dejarse llevar
fortschreiten ['fɔrtʃraɪtən] *v irr* avanzar, progresar
fortschreitend ['fɔrtʃraɪtənt] *adj* progresivo
Fortschritt ['fɔrtʃrɪt] *m* progreso *m*
fortschrittlich ['fɔrtʃrɪtlɪç] *adj* progresista, avanzado
fortschrittsfeindlich ['fɔrtʃrɪtsfaɪntlɪç] *adj* hostil al progreso
Fortschrittsglaube ['fɔrtʃrɪtsglaubə] *m* fe en el progreso *f*
fortsetzen ['fɔrtzɛtsən] *v* continuar, proseguir
Fortsetzung ['fɔrtzɛtsuŋ] *f* continuación *f*
Fortsetzungsroman ['fɔrtzɛtsuŋsromaːn] *m* novela por entregas *f,* serial *f*
fortwährend ['fɔrtvɛːrənt] *adv* continuamente, sin interrupción
Forum ['foːrum] *n (fig)* foro *m*
fossil [fɔ'siːl] *adj* fósil
Fossil [fɔ'siːl] *m* fósil *m*
Foto ['foːto] *n* foto *f*
Foto CD ['foːtotseːdeː] *f* disco compacto para fotos *m*
Fotoalbum ['foːtoalbum] *n* álbum de fotos
Fotoapparat ['foːtoaparaːt] *m* máquina fotográfica *f,* cámara fotográfica *f*
fotogen [foːto'geːn] *adj* fotogénico
Fotograf(in) [foːto'graːf(ɪn)] *m/f* fotógrafo/fotógrafa *m/f*
Fotografie [foːtogra'fiː] *f FOTO* fotografía *f*
fotografieren [foːtogra'fiːrən] *v* fotografiar
Fotokopie [foːtoko'piː] *f* fotocopia *f*
fotokopieren [foːtoko'piːrən] *v* fotocopiar
Fotokopierer [foːtoko'piːrər] *m* fotocopiador *m*
Fotomodell ['foːtomodɛl] *n* modelo fotográfico *m/f*

Fotomontage ['fo:tomɔnta:ʒə] *f FOTO* montaje fotográfico *m*
Fötus ['fø:tus] *m BIO* feto *m*
Foul [faul] *n SPORT* falta *f,* penal *m*
Foyer [fɔ'je:] *n THEAT* foyer *m*
Fracht [fraxt] *f 1. (Ware) ECO* flete *m,* carga *f; 2. (Gebühr) ECO* precio del transporte *m,* flete *m,* porte *m*
Frachtbrief ['fraxtbri:f] *m ECO* carta de porte *f,* conocimiento *m*
Frachter ['fraxtər] *m* buque de carga *m,* carguero *m*
frachtfrei ['fraxtfraɪ] *adj ECO* franco de porte, porte pagado, libre de flete
Frachtführer ['fraxtfy:rər] *m ECO* porteador *m*
Frachtgut ['fraxtgu:t] *n ECO* carga *f,* mercancía *f,* flete *m*
Frachtraum ['fraxtraum] *m NAUT* bodega de carga *f*
Frachtschiff ['fraxtʃɪf] *n NAUT* buque de carga *m,* carguero *m*
Frack [frak] *m* frac *m*
Frage ['fra:gə] *f 1.* pregunta *f; 2. (Angelegenheit)* cuestión *f,* problema *m; eine ~ der Zeit sein* ser sólo una cuestión de tiempo; *außer ~ stehen* ser indudable, estar fuera de duda
Fragebogen ['fra:gəbo:gən] *m* cuestionario *m*
fragen ['fra:gən] *v* preguntar
Fragesatz ['fra:gəzats] *m GRAMM* frase interrogativa *f*
Fragestellung ['fra:gəʃtɛluŋ] *f* planteamiento de un problema *m,* problema *m*
Fragestunde ['fra:gəʃtundə] *f* hora de interpelaciones *f*
Fragezeichen ['fra:gətsaɪçən] *n* signo de interrogación *m*
fragil [fra'gi:l] *adj* frágil
fraglich ['fra:klɪç] *adj* incierto, dudoso
fraglos ['fra:klo:s] *adv* sin duda alguna, sin lugar a dudas
Fragment [frak'mɛnt] *n* fragmento *m*
fragmentarisch [fragmɛn'ta:rɪʃ] *adj* fragmentario
fragwürdig ['fra:kvyrdɪç] *adj* dudoso, cuestionable
Fragwürdigkeit ['fra:kvyrdɪçkaɪt] *f* calidad dudosa *f,* moral dudosa *f*
Fraktion [frak'tsjo:n] *f POL* grupo parlamentario *m*
Fraktionsausschuss [frak'tsjo:nsausʃus] *m POL* comisión parlamentaria *f*
Fraktionsvorsitzende(r) [frak'tsjo:msfo:rzɪtsəndə(r)] *m/f POL* presidente del partido/presidenta del partido *m/f*
Fraktur [frak'tu:r] *f MED* fractura *f*
frank [fraŋk] *adj ~ und frei* franco y sincero
frankieren [fraŋ'ki:rən] *v* franquear, poner los sellos a
Frankokanadier(in) ['fraŋkokana:djər(ɪn)] *m/f* francocanadiense *m/f*
frankophon [fraŋko'fo:n] *adj* francófilo
Frankreich ['fraŋkraɪç] *n* Francia *f*
Franse ['franzə] *f 1.* franja *f; 2. (loser Faden)* fleco *m*
Franziskaner [frantsɪs'ka:nər] *m REL* franciscano *m,* religioso de la orden de San Francisco *m*
Franzose [fran'tso:zə] *m* francés *m*
Französin [fran'tsø:zɪn] *f* francesa *f*
französisch [fran'tsø:zɪʃ] *adj* francés
Französisch [fran'tsø:zɪʃ] *n* francés *m*
Fräse ['frɛ:zə] *f TECH* fresa *f*
fräsen ['frɛ:zən] *v 1.* fresar; *2. (Holz)* fresar
Fraß [fras] *m 1.* pasto *m,* cebo *m; 2. (fam: schlechtes Essen)* bazofia *f,* comida poco sabrosa *f*
Fratze ['fratsə] *f 1. (Grimasse)* mueca *f,* visaje *m; 2. (fam: Gesicht)* facha *f; 3. (entstelltes Gesicht)* facha *f*
Frau [frau] *f 1.* mujer *f; eine ~ von Welt sein* ser una mujer de mundo; *2.* esposa *f,* señora *f,* mujer *f; 3. (Anrede)* señora *f*
Frauenarzt ['frauənartst] *m* ginecólogo *m*
Frauenbeauftragte ['frauənbəauftra:gtə] *m/f* delegada de la mujer *f*
Frauenbewegung ['frauənbəve:guŋ] *f* movimiento feminista *m*
frauenfeindlich ['frauənfaɪntlɪç] *adj* misógino
Frauenhaus ['frauənhaus] *n* casa refugio para mujeres maltratadas *f*
Frauenklinik ['frauənkli:nɪk] *f* clínica ginecológica *f*
Frauenrechtlerin ['frauənrɛçtlərɪn] *f* feminista *f*
Frauenzeitschrift ['frauəntsaɪtʃrɪft] *f* revista femenina *f*
Fräulein ['frɔylaɪn] *n* señorita *f*
frech [frɛç] *adj* atrevido, insolente; *rotzsein* quedarse fresco como una lechuga
Frechdachs ['frɛçdaks] *m (fam)* fresco *m,* sinvergüenza *m*
Frechheit ['frɛçhaɪt] *f* insolencia *f,* impertinencia *f,* descaro *m*
Fregatte [fre'gatə] *f NAUT* fragata *f*

frei [fraɪ] *adj 1. (ungebunden)* libre; *sich ~ machen von* librarse de; *2. (nicht besetzt)* desocupado; *Ist dieser Platz noch ~?* ¿Está libre este asiento? *3. (kostenlos)* gratuito; *v irr 4. (Platz) ~ halten* dejar libre; *5. Ausfahrt ~ halten* ¡no aparcar!

Freibad ['fraɪbaːt] *n* piscina al aire libre *f*

freibekommen ['fraɪbəkɔmən] *v irr 1. (aus der Haft)* liberar; *2. (von der Arbeit)* tener el día libre

freiberuflich ['fraɪbəruːflɪç] *adj 1.* que ejerce una profesión liberal, autónomo; *adv 2.* a modo de profesión liberal

Freibetrag ['fraɪbətraːk] *m* importe exento de impuestos *m*

freibleibend ['fraɪblaɪbənt] *adj ECO* sin compromiso, sujeto a confirmación

Freibrief ['fraɪbriːf] *m einen ~ für etw haben* tener un salvoconducto para algo

Freidenker(in) ['fraɪdɛŋkər(ɪn)] *m/f* librepensador(a) *m/f*

Freifrau ['fraɪfrau] *f* baronesa *f*

Freigabe ['fraɪgaːbə] *f* restitución *f*

Freigänger(in) ['fraɪgɛŋər(ɪn)] *m/f JUR* recluso/reclusa en régimen abierto *m/f*

freigeben ['fraɪgeːbən] *v irr 1.* libertar, dejar libre; *2. (entlassen)* despedir; *3. (beurlauben) jdm ~* licenciar

freigebig ['fraɪgeːbɪç] *adj* generoso, desprendido

Freihandel ['fraɪhandəl] *m ECO* comercio libre *m*

Freihandelszone ['fraɪhandəlstsoːnə] *f ECO* zona de libre cambio *f,* zona de libre comercio *f*

freihändig ['fraɪhɛndɪg] *adv* a pulso

Freiheit ['fraɪhaɪt] *f* libertad *f; sich die ~ nehmen, etw zu tun* tener la libertad de hacer algo

Freiheitsberaubung ['fraɪhaɪtsbərau-buŋ] *f JUR* privación de la libertad *f*

Freiheitsbewegung ['fraɪhaɪtsbəveː-guŋ] *f POL* movimiento de independencia *m,* movimiento de liberación *m*

Freiheitsdrang ['fraɪhaɪtsdraŋ] *m* anhelo de libertad *m,* sed de libertad *f*

Freiheitsentzug ['fraɪhaɪtsɛntsuːk] *m JUR* reclusión *f*

Freiheitskampf ['fraɪhaɪtskampf] *m POL* lucha por la independencia *f*

Freiheitsstatue ['fraɪhaɪtsʃtaːtuə] *f die ~* la estatua de la libertad *f*

Freiheitsstrafe ['fraɪhaɪtsʃtrafə] *f JUR* pena privativa de la libertad *f*

Freiherr ['fraɪhɛr] *m* barón *m*

Freikarte ['fraɪkartə] *f* billete gratuito *m*

freikommen ['fraɪkɔmən] *v irr* quedar exento del servicio militar

Freikörperkultur ['fraɪkœrpərkultuːr] *f* nudismo *m*

freilassen ['fraɪlasən] *v irr* poner en libertad, dejar libre

Freilassung ['fraɪlasuŋ] *f* liberación *f*

freilegen ['fraɪleːgən] *v* despejar, desnudar

freilich ['fraɪlɪç] *adv 1. (einräumend)* por cierto, ciertamente; *2. (bestätigend)* desde luego, claro que sí, claro está, por supuesto

Freilichtbühne ['fraɪlɪçtbyːnə] *f THEAT* teatro al aire libre *m*

freimachen ['fraɪmaxən] *v 1. (frankieren)* franquear; *2. (entkleiden) sich ~* desvestirse, desnudarse

freimütig ['fraɪmyːtɪç] *adj 1.* franco, sincero; *adv 2.* con franqueza, sinceramente

Freimütigkeit ['fraɪmyːtɪçkaɪt] *f* franqueza *f,* sinceridad *f*

Freiraum ['fraɪraum] *m* libertad de movimiento (o de acción) *f*

freischaffend ['fraɪʃafənt] *adj* libre, independiente

Freischärler ['fraɪʃɛːrlər] *m MIL* franco tirador *m,* guerrillero *m*

freisprechen ['fraɪʃprɛçən] *v irr 1.* declarar inocente; *2. (von Schuld)* absolver; *3. jdn von einem Verdacht ~* liberar; *4. (Lehrling)* licenciar

Freispruch ['fraɪʃprux] *m JUR* sentencia absolutoria *f,* absolución *f*

freistellen ['fraɪʃtɛlən] *v 1. jdn von etw ~* eximinir de, dispensar de; *2. jdm etw ~* dejar optar, elegir; *3. sich ~ SPORT* abrirse camino

Freistellung ['fraɪʃtɛluŋ] *f* excedencia *f*

Freistoß ['fraɪʃtoːs] *m SPORT* lanzamiento de falta *m*

Freitag ['fraɪtaːk] *m* viernes *m*

freitags ['fraɪtaːks] *adv* los viernes

Freitod ['fraɪtoːt] *m* suicidio *m*

freiwillig ['fraɪvɪlɪç] *adj* voluntario

Freiwillige(r) ['fraɪvɪlɪgə(r)] *m/f* voluntario/voluntaria *m/f*

Freiwilligkeit ['fraɪvɪlɪçkaɪt] *f* espontaneidad *f*

Freizeichen ['fraɪtsaɪçən] *n TEL* señal para marcar *f*

Freizeit ['fraɪtsaɪt] *f* tiempo libre *m*

Freizeitbeschäftigung ['fraɪtsaɪtsbəʃɛftɪguŋ] *f* ocupación del ocio *f*

freizügig ['fraɪtsyːgɪç] *adj 1.* desenfadado, libre, desembarazado; *2. (moralisch ~)* liberal; *3. (reichlich)* generoso
Freizügigkeit ['fraɪtsyːgiçkaɪt] *f* generosidad *f*
fremd [frɛmt] *adj 1. (unbekannt)* desconocido, extraño, forastero; *2. (ausländisch)* extranjero; *3. (anderen gehörig)* ajeno
fremdartig ['frɛmtaːrtɪç] *adj* extraño, exótico, inusitado
Fremdartigkeit ['frɛmtaːrtɪçkaɪt] *f* extrañeza *f,* heterogenidad *f*
Fremde ['frɛmdə] *f* país extranjero *m,* tierra extraña *f; in der ~* en el extranjero
Fremde(r) ['frɛmdə(r)] *m/f* extranjero *m,* extranjera *f*
Fremdenführer ['frɛmdənfyːrər] *m 1. (Buch)* guía turística *f; 2. (Person)* guía turístico *m*
Fremdenlegion ['frɛmdənlegjoːn] *f* legión extranjera *f*
Fremdenverkehr ['frɛmdənfɛrkeːr] *m* turismo *m*
Fremdenverkehrsbüro ['frɛmdənfɛrkeːrsbyro] *n* oficina de turismo *f*
Fremdenzimmer ['frɛmdəntsɪmər] *n* habitación para huéspedes *f*
Fremdfinanzierung ['frɛmtfɪnantsiːruŋ] *f ECO* financiación con fondos de fuentes externas *f*
fremdgehen ['frɛmtgeːən] *v (fam)* ser infiel
Fremdherrschaft ['frɛmthɛrʃaft] *f POL* dominación extranjera *f*
Fremdkapital ['frɛmtkapitaːl] *n ECO* capital ajeno *m*
Fremdkörper ['frɛmtkœrpər] *m 1.* cuerpo extraño *m; 2. (fig) Er fühlt sich als ~.* Se siente como un cuerpo extraño.
fremdländisch ['frɛmtlɛndɪʃ] *adj 1.* extranjero; *2. (exotisch)* exótico
Fremdsprache ['frɛmtʃpraːxə] *f* lengua extranjera *f,* idioma extranjero *m*
Fremdverschulden ['frɛmtfɛrʃuldən] *n* culpa ajena *f*
Fremdwort ['frɛmtvɔrt] *n* palabra extranjera *f,* extranjerismo *m*
Fremdwörterbuch ['frɛmtvœrtərbuːx] *n* diccionario de extranjerismos *m*
frenetisch [fre'neːtɪʃ] *adj* frenético
Frequenz [fre'kvɛnts] *f TECH* frecuencia *f*
Frequenzbereich [fre'kvɛntsbəraɪç] *m TECH* margen de frencuencias *m*
Fresko ['frɛsko] *n ART* fresco *m*
fressen ['frɛsən] *v irr 1. (Tier)* devorar, comer; *2. jdn zum Fressen gern haben (fam)* querer a alguien con locura
Fressen ['frɛsən] *n 1. (für Tiere)* pasto *m,* cebo *m; 2. (Fresserei)* comilona *f*
Fressnapf ['frɛsnapf] *m* comedero *m*
Freude ['frɔydə] *f* alegría *f; Er platzt vor ~.* No cabe en su pellejo de alegría.
Freudenbotschaft ['frɔydənboːtʃaft] *f* buena noticia *f,* buena nueva *f*
Freudenfest ['frɔydənfɛst] *n* fiesta de regocijo *f*
Freudenfeuer ['frɔydənfɔyər] *n* fogata *f,* hoguera *f*
Freudenhaus ['frɔydənhaus] *n* burdel *m,* prostíbulo *m*
Freudentaumel ['frɔydəntauməl] *m* arrebato de alegría *m*
freudig ['frɔydɪç] *adj 1.* alegre, contento; *adv 2.* alegremente, con alegría
freudlos ['frɔytloːs] *adj* sin alegría, tristón
Freudlosigkeit ['frɔytloːzɪçkaɪt] *f* tristeza *f,* melancolía *f*
freuen ['frɔyən] *v sich ~* alegrarse
Freund(in) ['frɔynt/'frɔyndɪn] *m/f 1.* amigo/amiga *m/f; Sie sind nicht gerade dicke Freunde.* No son realmente amigos íntimos. *2. (Partner(in))* novio/novia *m/f*
freundlich ['frɔyntlɪç] *adj* amable, gentil, complaciente
Freundlichkeit ['frɔyntlɪçkaɪt] *f* amabilidad *f,* gentileza *f*
Freundschaft ['frɔyntʃaft] *f* amistad *f*
freundschaftlich ['frɔyntʃaftlɪç] *adj 1.* amistoso, de amigo; *adv 2.* amistosamente
Freundschaftsdienst ['frɔyntʃaftsdiːnst] *m* rasgo de amistad *m*
Freundschaftsvertrag ['frɔyntʃaftsfɛrtraːk] *m POL* pacto de amistad *m*
Frevel ['freːfəl] *m 1.* crimen *m,* atentado *m; 2. (Untat)* delito *m,* desafuero *m*
frevelhaft ['freːfəlhaft] *adj 1.* ofensivo, ultrajante; *2. (kriminell)* criminal, sacrílego
Frevler(in) ['freːflər(ɪn)] *m/f* malhechor(a) *m/f,* criminal *m/f*
Frieden ['friːdən] *m* paz *f; dem ~ nicht trauen* desconfiar; *jdn in ~ lassen* dejar en paz a alguien
Friedensbedingungen ['friːdənsbədɪŋuŋən] *pl POL* condiciones de paz *m/pl*
Friedensbewegung ['friːdənsbəveːguŋ] *f POL* movimiento pacifista *m*
Friedensbruch ['friːdənsbrux] *m* violación de la paz *f*

Friedenskonferenz ['fri:dənskɔnferɛnts] *f POL* conferencia de la paz *f*
Friedensmission ['fri:dənsmisjo:n] *f* misión pacifista *f*
Friedensnobelpreis [fri:dənsno'bɛlpraɪs] *m* premio Nobel de la paz *m*
Friedenspolitik ['fri:dənspoliti:k] *f POL* política de la paz *f*
Friedensschluss ['fri:dənsʃlus] *m POL* conclusión del tratado de paz *f*
Friedensstifter(in) ['fri:dənsʃtɪftər(ɪn)] *m/f* pacificador(a) *m/f*
Friedensverhandlungen ['fri:dənsfɛrhandluŋən] *pl POL* negociación de paz *f*
Friedensvertrag ['fri:dənsfɛrtra:k] *m POL* tratado de paz *m*
friedfertig ['fri:tfɛrtɪç] *adj* pacífico
Friedfertigkeit ['fri:tfɛrtɪçkaɪt] *f* carácter apacible (o pacífico) *m*
Friedhof ['fri:tho:f] *m* cementerio *m,* camposanto *m*
friedlich ['fri:tlɪç] *adj 1.* pacífico; *adv 2.* pacíficamente, en paz
frieren ['fri:rən] *v irr 1. (Person)* tener frío, pasar frío; *2. (ge~)* helar, congelar
Fries [fri:s] *m* friso *m*
Friesland ['fri:slant] *n GEO* Frisia *f*
frigide [fri'gi:də] *adj* frígido
Frigidität [frigidi'tɛ:t] *f* frigidez *f*
Frikadelle [frɪka'dɛlə] *f GAST* hamburguesa *f*
frisch [frɪʃ] *adj* fresco
Frische ['frɪʃə] *f* frescura *f,* vigor *m; in alter ~* como hoy libre de toda preocupación
Frischhaltebeutel ['frɪʃhaltəbɔytəl] *m* bolsa de conservación fresca *f*
Frischluft ['frɪʃluft] *f* aire fresco *m*
Frischmilch ['frɪʃmɪlç] *f GAST* leche fresca *f*
Friseur(in) [frɪ'zø:r(ɪn)] *m/f* peluquero/peluquera *m/f*
Friseursalon [frɪ'zø:rzalɔ̃] *m* salón de peluquería *m*
frisieren [frɪ'zi:rən] *v 1.* peinar, peinarse, arreglar el pelo, arreglarse el pelo; *2. (fig)* amañar, falsear
Frisierkommode [frɪ'zi:rkɔmo:də] *f* tocador *m*
Frist [frɪst] *f* plazo *m,* término *m*
fristen ['frɪstən] *v ein kümmerliches Dasein ~* ir tirando, pasar la vida a tragos
Fristenlösung ['frɪstənlø:zuŋ] *f POL* reglamentación del plazo *f*
fristgerecht ['frɪstgərɛçt] *adj* a tiempo
fristlos ['frɪstlo:s] *adj 1.* inmediato; *adv 2.* sin aviso, en el acto, inmediatamente
Frisur [fri'zu:r] *f* peinado *m*
Friteuse [frɪ'tø:zə] *f GAST* freidora *f*
frittieren [frɪ'ti:rən] *v GAST* freír
frivol [fri'vo:l] *adj 1. (schlüpfrig)* lascivo; *2. (leichtfertig)* frívolo
Frivolität [frivoli'tɛ:t] *f 1. (Schlüpfrigkeit)* lascivia *f; 2. (Äußerung)* banalidad *f; 3. (Leichtfertigkeit)* frivolidad *f*
froh [fro:] *adj* contento, satisfecho, alegre
fröhlich ['frø:lɪç] *adj 1.* alegre, contento; *adv 2.* con alegría
Fröhlichkeit ['frø:lɪçkaɪt] *f* alegría *f*
Frohnatur ['fro:natu:r] *f* persona risueña *f*
Frohsinn ['fro:zɪn] *m* alegría *f,* buen humor *m*
fromm [frɔm] *adj REL* piadoso, devoto, pío
Frömmelei [frœmə'laɪ] *f* santurronería *f,* devoción *f*
Frömmigkeit ['frœmɪçkaɪt] *f REL* piedad *f,* devoción *f*
Fronarbeit ['fro:narbaɪt] *f (fig)* servidumbre *f,* exclavitud *f*
Fronleichnam [fro:n'laɪçna:m] *m REL* el Corpus Christi
Front [frɔnt] *f 1. (Vorderseite)* fachada *f; 2. MIL* frente *m*
Frontabschnitt ['frɔntapʃnɪt] *m MIL* sector del frente *m*
frontal [frɔn'ta:l] *adj* frontal
Frontalzusammenstoß [frɔn'ta:ltsuzamənʃto:s] *m* colisión *f,* choque frontal *m*
Frontantrieb ['frɔntantri:p] *m TECH* tracción delantera *f*
Fronteinsatz ['frɔntaɪnzats] *m MIL* servicio en el frente *m*
Frontlinie ['frɔntli:njə] *f MIL* frente *m*
Frontsoldat ['frɔntzɔlda:t] *m MIL* combatiente *m*
Frosch [frɔʃ] *m ZOOL* rana *f; einen ~ im Hals haben (fig)* estar ronco; *Sei kein ~!* ¡No seas gallina!
Froschmann ['frɔʃman] *m* hombre rana *m*
Frost [frɔst] *m* helada *f*
frösteln ['frœstəln] *v* tiritar de frío, temblar de frío
Frostgefahr ['frɔstgəfa:r] *f METEO* peligro de helada *m*
frostig ['frɔstɪç] *adj 1. (kalt)* frío helado; *2. (fig)* glacial, indiferente, frío
Frostschutzmittel ['frɔstʃutsmɪtəl] *n TECH* anticongelante *m*
Frottee [frɔ'te:] *n* tejido de felpa *m*

Frotteehandtuch [frɔ'te:hanttu:x] *n* toalla de rizo *f*
frottieren [frɔ'ti:rən] *v* frotar, restregar
Frucht [fruxt] *f* fruto *m*
fruchtbar ['fruxtba:r] *adj* fértil, fecundo
Fruchtbarkeit ['fruxtba:rkaɪt] *f* fertilidad *f*, fecundidad *f*
Fruchtblatt ['fruxtblat] *n BOT* carpelo *m*
Fruchtfleisch ['fruxtflaɪʃ] *n BOT* sarcocapio *m*
Fruchtfliege ['fruxtfli:gə] *f ZOOL* drosófila *f*
fruchtig ['fruxtɪç] *adj* afrutado
Fruchtsaft ['fruxtzaft] *m GAST* zumo de frutas *m*, jugo de frutas *m* (LA)
Fruchtwasser ['fruxtvasər] *n MED* líquido amnótico *m*
Fruchtzucker ['fruxttsukər] *m CHEM* fructosa *f*, levulosa *f*
früh [fry:] *adj 1.* temprano; *adv 2.* por la mañana
Frühaufsteher ['fry:aufʃte:ər] *m* madrugador *m*
Frühe ['fry:ə] *f 1. in der ~* de madrugada; *2. (Anfang)* mañana *f*
früher ['fry:ər] *adj 1.* anterior; *adv 2.* más temprano, anteriormente, mucho antes
Früherkennung ['fry:ɛrkɛnuŋ] *f MED* diagnóstico precoz *m*
frühestens ['fry:əstəns] *adv* como muy temprano
Frühgeburt ['fry:gəburt] *f* parto prematuro *m*
Frühgeschichte ['fry:gəʃɪçtə] *f HIST* protohistoria *f*
frühgeschichtlich ['fry:gəʃɪçtlɪç] *adj 1. HIST* protohistórico; *2. (Studien)* inicial
Frühinvalide ['fry:ɪnvali:də] *m* inválido prematuro *m*
Frühjahr ['fry:ja:r] *n* primavera *f*
Frühjahrsputz ['fry:ja:rsputs] *m* limpieza de primavera *f*
Frühling ['fry:lɪŋ] *m* primavera *f*
Frühlingsrolle ['fry:lɪŋsrɔlə] *f GAST* rollito de primavera *m*
frühmorgens [fry:'mɔrgəns] *adv* por la mañana temprano
frühreif ['fry:raɪf] *adj (fig)* precoz
Frührentner(in) ['fry:rɛntnər(ɪn)] *m/f* pensionista anticipado/anticipada *m/f*
Frühschicht ['fry:ʃɪçt] *f ECO* turno de mañana *m*
Frühstadium ['fry:ʃta:djum] *n 1.* fase inicial *f*; *2. MED* estadio temprano *m*
Frühstück ['fry:ʃtyk] *n* desayuno *m*
frühstücken ['fry:ʃtykən] *v* desayunar
Frühstücksfernsehen ['fry:ʃtyksfɛrnze:ən] *n* programación televisiva matinal *f*
Frühwarnsystem ['fry:varnzyste:m] *n MIL* sistema de alarma *m*
frühzeitig ['fry:tsaɪtɪç] *adj 1. (vorzeitig)* temprano, prematuro; *adv 2.* demasiado temprano, antes de tiempo
Frust [frust] *m (fam)* frustación *f*
Frustration [frustra'tsjo:n] *f* frustración *f*
frustrieren [frus'tri:rən] *v* frustrar
Fuchs [fuks] *m ZOOL* zorro *m*
Fuchsie ['fuksjə] *f BOT* fucsia *f*
Fuchsschwanz ['fuksʃvants] *m TECH* serrucho *m*
fuchsteufelswild ['fukstɔyfəlsvɪlt] *adj* rabioso, furioso, como un demonio
Fuchtel ['fuxtəl] *f jdn unter der ~ haben* tener a uno a raya
fuchteln ['fuxtəln] *v ~ mit* gesticular, bracear
Fuge ['fu:gə] *f 1.* ranura *f*, hendidura *f*; *2. MUS* fuga *f*; *aus den ~n geraten* quedar desorganizado, perder el cauce, salir de madre (fam)
fügen ['fy:gən] *v sich ~* someterse, rendirse, supeditarse
fugenlos ['fu:gənlo:s] *adj* sin hendiduras
Fügung ['fy:guŋ] *f (des Schicksals)* providencia *f*
fühlbar ['fy:lba:r] *adj 1. (tastbar)* palpable; *2. (spürbar)* sensible; *3. (deutlich)* notable, patente
fühlen ['fy:lən] *v* sentir, experimentar; *Wir ~ uns sehr wohl.* Nos encontramos muy a gusto.
Fühler ['fy:lər] *m ZOOL* antena *f*
Fühlung ['fy:luŋ] *f* contacto *m*
führen ['fy:rən] *v* dirigir, conducir, guiar, llevar
Führer(in) ['fy:rər(ɪn)] *m/f 1. (Chef(in))* jefe/jefa *m/f*, director(a) *m/f*; *2. (Fahrer(in))* conductor(a) *m/f*; *3. (Fremdenführer(in))* guía turístico/guía turística *m/f*
führerlos ['fy:rərlo:s] *adj* sin líder
Führerschein ['fy:rərʃaɪn] *m* permiso de conducir *m*, carnet de conducir *m*
Führerscheinentzug ['fy:rərʃaɪnɛntsu:k] *m* privación del permiso de conducir *f*
Fuhrpark ['fu:rpark] *m* parque móvil *m*
Führung ['fy:ruŋ] *f 1. (Leitung)* dirección *f*; *2. (Fremdenführer)* visita guiada/con guía *f*; *3. (Benehmen)* conducta *f*, comportamiento *m*

Führungskraft ['fyːruŋskraft] *f* personal directivo *m,* altos empleados *m/pl*
Führungsposition ['fyːruŋspositsjoːn] *f* puesto directivo *m*
Führungsstil ['fyːruŋsʃtiːl] *m* estilo de dirección *m*
Führungswechsel ['fyːruŋsvɛksəl] *m* cambio en la ejecutiva *m*
Führungszeugnis ['fyːruŋstsɔyknɪs] *n* certificado de buena conducta *m*
Fuhrunternehmen ['fuːruntərneːmən] *n* empresa de transportes *f*
Fuhrwerk ['fuːrvɛrk] *n 1.* vehículo *m,* coche *m; 2. (Pferdefuhrwerk)* carruaje *m*
Fülle ['fylə] *f 1.* plenitud *f; 2. (volles Maß)* abundancia *f; 3. (Leibesumfang)* corpulencia *f*
füllen ['fylən] *v mit etw ~* llenar con algo, llenar de algo
Füller ['fylər] *m* pluma estilográfica *f*
Füllfederhalter ['fylfeːdərhaltər] *m* pluma estilográfica *f*
füllig ['fylɪç] *adj* relleno, gordo
Füllmaterial ['fylmaterjaːl] *n* material de relleno *m*
Füllung ['fyluŋ] *f 1. (das Füllen)* llenado *m; 2. (Polsterung)* relleno *m,* acolchado *m; 3. GAST* relleno *m; 4. (Zahnfüllung) MED* empaste *m,* curación *f* (LA)
fulminant [fulmɪ'nant] *adj* fulminante
fummeln ['fuməln] *v (fam)* manosear, sobar
Fund [funt] *m* hallazgo *m,* descubrimiento *m*
Fundament [funda'mɛnt] *n 1. (eines Hauses)* cimientos *m/pl,* cimentación *f; 2. (fig: Grundlage)* fundamento *m,* base *f*
fundamental [fundamɛn'taːl] *adj* fundamental, básico
Fundamentalist(in) [fundamɛnta'lɪst(ɪn)] *m/f POL* fundamentalista *m/f*
Fundbüro ['funtbyroː] *n* oficina de objetos perdidos *f*
Fundgrube ['funtgruːbə] *f* filón *m,* mina *f,* cantera *f*
fundiert [fun'diːrt] *adj* fundado
Fundort ['fundɔrt] *m* lugar del hallazgo *m*
Fundus ['fundus] *m THEAT* vestuario *m*
fünf [fynf] *num* cinco; *~ gerade sein lassen* hacer la vista gorda; *Es ist ~ Minuten vor zwölf. (fig)* Ha llegado definitivamente la hora.
Fünfeck ['fynfɛk] *n* pentágono *m*
Fünfkampf ['fynfkampf] *m SPORT* pentatlón *m*
fünfte(r,s) ['fynftə(r,s)] *adj* quinto
fünftens ['fynftəns] *adv* en quinto lugar
fünfzehn ['fynftseːn] *num* quince
fünfzehnte(r,s) ['fynftseːntə(r,s)] *adj* decimoquinto
fünfzig ['fynftsɪç] *num* cincuenta
Fünfziger ['fynftsɪgər] *m 1. (Geldschein)* billete de cincuenta marcos *m; 2. in den ~n sein (Mensch)* estar en la cincuentena; *pl 3. die ~ (Jahrzehnt)* los años cincuenta *m/pl*
fünfzigste(r,s) ['fynftsɪçstə(r,s)] *adj* quincuagésimo
fungieren [fuŋ'giːrən] *v ~ als* oficiar de
Fungizid [fuŋgi'tsiːt] *n CHEM* fungizida *m*
Funk [fuŋk] *m* radio *f*
Funkamateur(in) ['fuŋkamatøːr(ɪn)] *m/f* radioaficionado/radioaficionada *m/f*
Funkanlage ['fuŋkanlaːgə] *f* instalación de radio *f*
Funke ['fuŋkə] *m* chispa *f*
funkeln ['fuŋkəln] *v* brillar, resplandecer
funken ['fuŋkən] *v 1. (übermitteln)* transmitir por radio; *2. (kapieren) Bei ihr hat es gefunkt.* Ha comprendido
Funker ['fuŋkər] *m* radiotelegrafista *m/f,* radiotelegráfico *m,* radiomensaje *m*
Funkfrequenz ['fuŋkfrɛkvɛnts] *f TECH* frecuencia de radio *f*
Funkgerät ['fuŋkgərɛːt] *n* aparato de radio *m*
Funkspruch ['fuŋkʃprux] *m* mensaje radiotelegráfico *m,* radiomensaje *m*
Funkstille ['fuŋkʃtɪlə] *f 1. TECH* silencio de radio *m; 2. (fig)* falta de noticias *f*
Funkstörung ['fuŋkʃtøːruŋ] *f TECH* interferencia de radio *f*
Funkstreife ['fuŋkʃtraɪfə] *f* radiopatrulla *f*
Funktion [fuŋk'tsjoːn] *f* función *f*
funktional [fuŋktsjo'naːl] *adj 1.* funcional; *adv 2.* de manera funcional, de modo práctico
Funktionär(in) [fuŋktsjo'nɛːr(ɪn)] *m/f* funcionario/funcionaria *m/f*
funktionell [fuŋktsjo'nɛl] *adj* funcional
funktionieren [fuŋktjo'niːrən] *v* funcionar
funktionstüchtig [fuŋk'tsjoːnstyçtɪç] *adj* que funciona bien
Funkturm ['fuŋkturm] *m* torre de radiodifusión *m*
Funkverkehr ['fuŋkfɛrkeːr] *m TECH* radiocomunicaciones *m/pl*
für [fyːr] *prep* para, por; *Das Geschenk ist ~ dich.* El regalo es para ti. *Er kämpft ~ die Freiheit.* Lucha por la libertad. *Tag ~ Tag* día a día; *an und ~ sich* en sí; *eine Sache ~ sich* la cosa en sí

Fürbitte ['fy:rbɪtə] *f* petición *f*
Furche ['furçə] *f* surco *m*
Furcht [furçt] *f* temor *m,* miedo *m*
furchtbar ['furçtba:r] *adj* horroroso, horrible
fürchten ['fyrçtən] *v* temer, tener miedo
fürchterlich ['fyrçtərlɪç] *adj* temible, horrible
furchtlos ['furçtlo:s] *adj* sin temor, intrépido
furchtsam ['furçtza:m] *adj* temeroso, miedoso
füreinander [fy:raɪ'nandər] *adv* uno para el otro
Furie ['fu:rjə] *f* furia *f*
furios [fu'rjo:s] *adj* furioso
Furnier [fur'ni:r] *n* chapa *f,* enchapado *m*
Furnierholz [fur'ni:rhɔlts] *n* lámina de madera *f*
Furore [fu'ro:rə] *f/n ~ machen* causar furor
Fürsorge ['fy:rzɔrgə] *f* solicitud *f,* asistencia *f,* cuidados *m/pl*
Fürsorgeamt ['fy:rzɔrgəamt] *n* oficina de asistencia social *f*
fürsorglich ['fy:rzɔrglɪç] *adj* solícito, cuidadoso
Fürsprecher(in) [fy:rʃprɛçər(ɪn)] *m/f* intercesor(a) *m/f,* abogado/abogada *m/f*
Fürst(in) [fyrst/fyrstin] *m/f* príncipe *m,* princesa *f*
Fürstenhaus ['fyrstənhaus] *n* dinastía principesca *f*
Fürstentum ['fyrstəntu:m] *n* principado *m*
fürstlich ['fyrstlɪç] *adj 1.* principesco, de príncipe; *2. (fig: üppig)* regio, suntuoso
Fürstlichkeit ['fyrstlɪçkaɪt] *f 1.* realeza *f; 2. (Person)* el príncipe *m,* la princesa f
Furunkel [fu'ruŋkəl] *m MED* furúnculo *m,* forúnculo *m*
Fürwort ['fy:rvɔrt] *n GRAMM* pronombre *m*
Fusion [fu'zjo:n] *f* fusión *f*
fusionieren [fuzjo'ni:rən] *v 1. ECO* fusionar; *2. TECH* fusionar(se)
Fuß [fu:s] *m 1. ANAT* pie *m; zu ~ gehen* ir andando; *~ fassen* consolidarse; *auf freiem ~ sein* estar en la calle; *auf großem ~ leben* vivir a lo grande; *mit einem ~ im Grabe stehen* estar con un pie en la tumba; *mit dem linken ~ zuerst aufstehen* levantarse con el pie izquierdo; *sich die Füße nach etw wund laufen* deshollarse los pies buscando algo; *kalte Füße bekommen (fig)* arrepentirse; *sich die Füße vertreten* estirar las piernas; *jdm auf die Füße treten* ofender a alguien; *sich auf eigene Füße stellen* independizarse; *etw mit Füßen treten* hollar algo/despreciar algo; *jdm zu Füßen liegen* estar a los pies de alguien; *2. (Sockel)* pedestal *m; 3. (Maßeinheit)* pie *m*
Fußabstreifer ['fu:sapʃtraɪfər] *m 1.* limpiapiés *m,* limpiabarros *m; 2. (Matte)* felpudo *m*
Fußball ['fu:sbal] *m 1. (Sportart)* fútbol *m,* balompié *m; 2. (Ball) SPORT* balón de fútbol *m,* pelota de fútbol *m*
Fußballfeld ['fu:sbalfɛlt] *n SPORT* campo de fútbol *m*
Fußballmannschaft ['fu:sbalmanʃaft] *f SPORT* equipo de fútbol *m*
Fußballspiel ['fu:sbalʃpi:l] *n SPORT* partido de fútbol *m*
Fußballspieler ['fu:sbalʃpi:lər] *m SPORT* jugador de fútbol *m*
Fußballstadion ['fu:sbalʃta:djɔn] *n* estadio de fútbol *m*
Fußboden ['fu:sbo:dən] *m* suelo *m,* piso *m*
Fussel ['fusəl] *m/f* pelusa *f,* mota *f*
fusseln ['fusəln] *v* soltar pelo, deshilacharse
Fußgänger(in) ['fu:sgɛŋər(ɪn)] *m/f* peatón/peatona *m/f,* transeúnte *m/f*
Fußgängerzone ['fu:sgɛŋərtso:nə] *f* zona de peatones *f,* zona peatonal *f*
Fußgelenk ['fu:sgəleŋk] *n* articulación del pie *f*
Fußmarsch ['fu:smarʃ] *m* caminata *f*
Fußnote ['fu:sno:tə] *f* nota a pie de página *f*
Fußpflege ['fu:spfle:gə] *f* pedicura *f*
Fußpilz ['fu:spɪlts] *m MED* hongos en los pies *m/pl*
Fußsohle ['fu:szo:lə] *f* planta del pie *f*
Fußspur ['fu:sʃpu:r] *f* huella del pie *f*
Fußstapfen ['fu:sʃtapfən] *m* pisada *f*
Fußtritt ['fu:strɪt] *m* puntapié *m*
Fußvolk ['fu:sfɔlk] *n 1.* populacho *m,* plebe *f; 2. MIL* tropas de a pié *f/pl,* infantería *f*
Fußweg ['fu:sve:k] *m* camino de peatones *m*
Futter[1] ['futər] *n (Nahrung)* comida *f,* alimento *m*
Futter[2] ['futər] *n (Material)* forro *m*
Futteral ['futəra:l] *n* funda *f*
füttern ['fytərn] *v* alimentar, dar de comer, forrar
Fütterung ['fytəruŋ] *f (Tierfütterung)* alimentación del ganado *f*
Futur [fu'tu:r] *n GRAMM* futuro *m*
futuristisch [futu'rɪstɪʃ] *adj* futurista

G

Gabe ['ga:bə] *f 1. (Geschenk)* regalo *m,* presente *m,* obsequio *m; 2. (fig: Talent)* don *m,* talento *m*
Gabel ['ga:bəl] *f* tenedor *m*
Gabelstapler ['ga:bəlʃta:plər] *m TECH* carretilla elevadora de horquilla *f*
Gabelung ['ga:bəluŋ] *f* bifurcación *f*
gackern ['gakərn] *v* cacarear
gaffen ['gafən] *v* mirar con la boca abierta, quedarse boquiabierto
Gaffer ['gafər] *m* mirón *m,* curioso *m*
Gag [gæg] *m* truco *m,* gag *m*
Gage ['ga:ʒə] *f* sueldo *m*
gähnen ['gɛ:nən] *v* bostezar, badallar
Galaempfang ['ga:laɛmpfaŋ] *m* recepción de gala *f*
galaktisch [ga'laktɪʃ] *adj ASTR* galáctico
galant [ga'lant] *adj* galante, amabilísimo
Galaxis [ga'laksɪs] *f ASTR* galaxia *f*
Galeere [ga'le:rə] *f HIST* galera *f*
Galerie [galə'ri:] *f 1. (Passage)* pasaje *m; 2. ART* galería *f; 3. THEAT* paraíso *m,* gallinero *m*
Galerist(in) [galə'rɪst(ɪn)] *m/f* galerista *m/f*
Galgen ['galgən] *m* horca *f,* patíbulo *m; jdn an den ~ bringen (fig)* llevar a alguien a la horca
Galgenfrist ['galgənfrɪst] *f* respiro de gracia *m; jdm eine ~ geben* darle a alguien un plazo perentorio
Galgenhumor ['galgənhumo:r] *m* humor macabro *m,* humor negro *m*
Galle ['galə] *f ANAT* vesícula biliar *f; Da läuft mir die ~ über. (fam)* Se me revuelve la bilis.
Gallenblase ['galənbla:zə] *f ANAT* vesícula biliar *f*
Gallenleiden ['galənlaɪdən] *n MED* padecimiento de vesícula biliar *m*
Gallenstein ['galənʃtaɪn] *m MED* cálculo biliar *m*
Gallert ['galɛrt] *n* jalea *f,* gelatina *f*
gallertartig ['galɛrta:rtɪç] *adj* gelatinoso
Gallien ['galjən] *n HIST* Galia *f*
Galopp [ga'lɔp] *m* galope *m*
galoppieren [galɔp'pi:rən] *v* galopar
Galvanisation [galvanɪza'tsjo:n] *f TECH* galvanización *f*
galvanisieren [galvanɪ'zi:rən] *v TECH* galvanizar
Gammastrahlung ['gamaʃtra:luŋ] *f PHYS* radiación de rayos gamma *f*
Gammler ['gamlər] *m (fam)* pasota *m*
gang [gaŋ] *adj ~ und gäbe sein* usual, normal, corriente
Gang [gaŋ] *m 1. (Gehen)* modo de andar *m; 2. (Verlauf)* curso *m,* transcurso *m; in ~ sein* estar en marcha; *in ~ kommen* ponerse en marcha; *etw in ~ setzen* poner algo en marcha; *seinen ~ gehen* seguir su curso; *im ~e sein* estar en marcha; *3. (Flur)* pasillo *m,* corredor *m,* pasadizo *m; 4. (Kupplung)* marcha *f; einen ~ zulegen* meter una marcha; *einen ~ zurückschalten* reducir la marcha; *5. GAST* plato *m*
Gangart ['gaŋa:rt] *f 1.* modo de andar *m; 2. (Tempo)* paso *m*
gangbar ['gaŋba:r] *adj 1.* transitable; *2. (fig)* frecuentado, concurrido
gängeln ['gɛŋəln] *v jdn ~* llevar por los andadores
gängig ['gɛŋɪç] *adj* de uso corriente, usual
Gangschaltung ['gaŋʃaltuŋ] *f (eines Fahrzeuges)* cambio de velocidad *m*
Gangster ['gæŋstər] *m* gángster *m*
Gangsterbande ['gæŋstərbandə] *f* banda de gángsters *f*
Ganove [ga'no:və] *m* tunante *m*
Gans [gans] *f ZOOL* ganso *m; eine dumme ~* una pava *f*
Gänseblümchen ['gɛnzəbly:mçən] *n BOT* margarita *f*
Gänsefüßchen ['gɛnzəfy:sçən] *pl* comillas *f/pl; in ~ setzen* poner entre comillas
Gänsehaut ['gɛnzəhaut] *f* carne de gallina *f; eine ~ bekommen* ponérsele a uno la carne de gallina
Gänseleberpastete ['gɛnzəle:bərpaste:tə] *f GAST* paté de foie-gras *m,* pasta de hígado de ganso *f*
Gänsemarsch ['gɛnzəmarʃ] *m* fila india *f*
Gänserich ['gɛnzərɪç] *m* ganso *m,* ansarón *m*
ganz [gants] *adj 1.* todo, completo; *adv 2.* completamente, del todo, por entero
Gänze ['gɛntsə] *f (zur ~)* en su totalidad, totalmente
Ganzes ['gantsəs] *n* todo *m,* total *m; aufs Ganze gehen* ir a por todas; *ums Ganze gehen* jugar el todo por el todo

Ganzheit ['gantshaɪt] *f* totalidad *f*, globalidad *f*
ganzheitlich ['gantshaɪtlɪç] *adj* global
ganzjährig ['gantsjɛːrɪç] *adj* durante todo el año, anual
gänzlich ['gɛntslɪç] *adj 1.* total, completo; *adv 2.* del todo, por completo
ganztägig ['gantstɛːgɪç] *adj* de todo el día
ganztags ['gantstaːks] *adv 1.* durante todo el día; *2. (arbeiten)* jornada completa *m*
Ganztagsschule ['gantstaːksʃuːlə] *f* escuela de todo el día *f*
gar [gaːr] *adj 1. (gekocht)* en su punto, a punto; *adv 2. ~ nicht* de ningún modo, de ninguna manera
Garage [ga'raːʒə] *f* garaje *m*
Garagentor [ga'raːʒəntoːr] *n* puerta de garaje *f*
Garantie [garan'tiː] *f* garantía *f; unter ~* garantizado, con toda seguridad
garantieren [garan'tiːrən] *v* garantizar, avalar
Garaus ['gaːraus] *m jdm den ~ machen* acabar con, terminar con
Garbe ['garbə] *f 1. (Korngarbe)* gavilla *f; 2. (fig: Schüsse)* ráfaga *f*
Garde ['gardə] *f* guardia *f*, escolta .f
Garderobe [gardə'roːbə] *f 1. (Kleidung)* ropa *f*, vestuario *m; 2. (Ablage) THEAT* vestuario *m; 3. (Kleiderabgabe)* guardarropa *m*
Garderobenschrank [gardə'roːbənʃraŋk] *m* armario ropero *m*
Gardine [gar'diːnə] *f* cortina *f; hinter schwedischen ~n sein (fig)* estar entre rejas/ estar a la sombra
Gardinenstange [gar'diːnənʃtaŋə] *f* varilla para las cortinas *f*
Gardist [gar'dɪst] *m MIL* guardia de corps *m*, soldado de guardia *m*
garen ['gaːrən] *v GAST* cocer; *auf kleiner Flamme ~* cocer a fuego lento
gären ['gɛːrən] *v irr* cocer a fuego lento
Garn [garn] *n* hilo *m*
Garnele [gar'neːlə] *f ZOOL* gamba *f*, camarón *m*
garnieren [gar'niːrən] *v (mit)* adornar, decorar
Garnison [garni'zoːn] *f (Besatz) MIL* guarnición *f*
Garnitur [garni'tuːr] *f (Wäsche)* juego completo *m*
garstig ['garstɪç] *adj (hässlich)* feo
Garten ['gartən] *m* jardín *m*
Gartenarbeit ['gartənarbaɪt] *f* trabajo en el jardín *m*
Gartenbau ['gartənbau] *m* horticultura *f*
Gartenfest ['gartənfɛst] *n* verbena *f*, fiesta en el jardín *f*
Gartenhaus ['gartənhaus] *n* pabellón *m*
Gartenwirtschaft ['gartənvɪrtʃaft] *f* restaurante con jardín *m*, café con jardín *m*, cervecería con jardín *f*
Gartenzaun ['gartəntsaun] *m* cerca *f*, seto *m*, valla *f*
Gärtner(in) ['gɛrtnər(ɪn)] *m/f* jardinero/ jardinera *m/f*
Gärtnerei [gɛrtnə'raɪ] *f* jardinería *f*
Gärung ['gɛːruŋ] *f* fermentación *f*
Garzeit ['gaːrtsaɪt] *f GAST* tiempo de cocción *m*
Gas [gaːs] *n* gas *m*
Gasexplosion ['gaːsɛksplozjoːn] *f* explosión de gas *f*
Gasfeuerzeug ['gaːsfɔyərtsɔyk] *n* mechero de gas *m*
Gasflasche ['gaːsflaʃə] *f* botella de gas *f*, bombona de gas *f*
gasförmig ['gaːsfœrmɪç] *adj* gaseoso, gaseiforme
Gasgemisch ['gaːsgəmɪʃ] *n TECH* mezcla de gas *f*
Gashahn ['gaːshaːn] *m* llave del gas *f*
Gasheizung ['gaːshaɪtsuŋ] *f* calefacción de gas *f*
Gasherd ['gaːsheːrt] *m* cocina de gas *f*
Gaskocher ['gaːskɔxər] *m* hornillo de gas *m*
Gasmaske ['gaːsmaskə] *f* máscara antigás *f*
Gaspedal ['gaːspedaːl] *n* pedal del acelerador *m*
Gasse ['gasə] *f* callejón *m*, calle *f*
Gast [gast] *m* huésped *m*, invitado *m*
Gastarbeiter(in) ['gastarbaɪtər(ɪn)] *m/f* trabajador extranjero/trabajadora extranjera *m/f*
Gästebett ['gɛstəbɛt] *n* cama de invitados *f*
Gästehaus ['gɛstəhaus] *n* fonda *f*, posada *f*, casa de huéspedes *f*, pensión *f*
Gästezimmer ['gɛstətsɪmər] *n* habitación para huéspedes *f*
gastfreundlich ['gastfrɔyntlɪç] *adj* hospitalario
Gastfreundschaft ['gastfrɔyntʃaft] *f* hospitalidad *f*
Gastgeber(in) ['gastgeːbər(ɪn)] *m/f* anfitrión/anfitriona *m/f*

Gasthaus ['gasthaus] *n* fonda *f*, posada *f*, casa de huéspedes *f*
Gasthof ['gasthoːf] *m* *GAST* posada *f*, fonda *f*
Gasthörer(in) ['gasthøːrər(ɪn)] *m/f* alumno oyente/alumna oyente *m/f*
gastieren [gas'tiːrən] *v* *THEAT* actuar como actor invitado
gastlich ['gastlɪç] *adj* hospitalario
Gastlichkeit ['gastlɪçkaɪt] *f* hospitalidad *f*
Gastritis [gas'triːtɪs] *f* *MED* gastritis *f*
Gastronomie [gastrono'miː] *f* gastronomía *f*
gastronomisch [gastro'noːmɪʃ] *adj* gastronómico
Gastspiel ['gastʃpiːl] *n* *1. SPORT* partido fuera de casa *m*; *2. THEAT* actuación de una compañía foránea *f*
Gaststätte ['gastʃtɛtə] *f* restaurante *m*
Gastwirt ['gastvɪrt] *m* fondista *m*, hostelero *m*
Gastwirtschaft ['gastvɪrtʃaft] *f* hostería *f*, mesón *m*
Gasvergiftung ['gaːsfɛrgɪftuŋ] *f* *MED* intoxicación por gases *f*
Gaswerk ['gaːsvɛrk] *n* fábrica de gas *f*
Gaszähler ['gaːstsɛːlər] *m* contador de gas *m*
Gatte ['gatə] *m* esposo *m*, marido *m*
Gatter ['gatər] *n* *(Zaun)* verja *f*
Gattin ['gatɪŋ] *f* esposa *f*, mujer *f*
Gattung ['gatuŋ] *f* género *m*, clase *f*
Gattungsname ['gatuŋsnaːmə] *m* *BIO* nombre genérico *m*
Gaukler(in) ['gauklər(ɪn)] *m/f* juglar *m*, artista callejero/artista callejera *m/f*
Gaul [gaul] *m* *ZOOL* caballo *m*, rocín *m*
Gaumen ['gaumən] *m* *ANAT* paladar *m*; *einen feinen ~ haben* tener el morrito muy fino (fam)
Gaumenfreude ['gaumənfrɔydə] *f* placer del paladar *m*
Gauner(in) ['gaunər(ɪn)] *m/f* estafador(a) *m/f*, timador(a) *m/f*
Gaze ['gaːzə] *f* *1. (Stoff)* gasa *f*, tul *m*; *2. (Drahtgaze)* alambrada *f*
Gazelle [ga'tsɛlə] *f* *ZOOL* gacela *f*
geächtet [gə'ɛçtət] *adj* desterrado, proscrito; *2. (fig)* desterrado
Geächtete(r) [gə'ɛçtətə(r)] *m/f* *1.* desterrado/desterrada *m/f*, proscrito/proscrita *m/f*; *2. (fig)* renegado/renegada *m/f*
Geäst [gə'ɛst] *n* *(am Baum)* *BOT* ramaja *m*
Gebäck [gə'bɛk] *n* pastelería *f*, pasteles *m/pl*
Gebälk [gə'bɛlk] *n* vigas *f/pl*
Gebärde [gə'bɛːrdə] *f* gesto *m*, ademán *m*
gebärden [gə'bɛːrdən] *v* *sich ~* comportarse, conducirse
gebären [gə'bɛːrən] *v irr* dar a luz, parir
Gebärmutter [gə'bɛːrmutər] *f* *ANAT* útero *m*, matriz *f*
Gebäude [gə'bɔydə] *n* edificio *m*
geben ['geːbən] *v irr* *1.* dar, entregar; *viel darum ~* dar mucho por algo; *es jdm ~* cantarle a uno la cuarenta; *auf etw nichts ~* no dar un duro por algo; *2. (es gibt)* haber; *Es gab wenig Publikum.* Había muy poco público. *Was gibt's?* ¿Qué hay? *Es gibt Wasser.* Hay agua. *Um die Ecke gibt es ein Restaurant.* A la vuelta de la esquina hay un restaurante. *Wo gibt's denn so was?* ¿Habráse visto?
Gebet [gə'beːt] *n* *REL* oración *f*, rezo *m*; *jdn ins ~ nehmen* echar un sermón a alguien
Gebetbuch [gə'beːtsbuːx] *n* *REL* devocionario *m*
Gebiet [gə'biːt] *n* *1.* zona *f*, región *f*, territorio *m*; *2. (fig: Sachgebiet)* campo *m*, rama *f*, materia *f*
gebieten [gə'biːtən] *v irr* *1.* ordenar; *2. (befehlen)* mandar; *3. über etw ~* ser dueño de, disponer de, reinar sobre; *4. (Gefühl)* regir, ser dueño
Gebieter(in) [gə'biːtər(ɪn)] *m/f* señor/señora *m/f*, amo/ama *m/f*, dueño/dueña *m/f*
gebieterisch [gə'biːtərɪʃ] *adj* imperioso, autoritario
Gebietsanspruch [gə'biːtsanʃprux] *m* *POL* reivindicación territorial *f*
Gebietserweiterung [gə'biːtsɛrvaɪtəruŋ] *f* *POL* aumento de territorio *m*
Gebietshoheit [gə'biːtshohaɪt] *f* *POL* soberanía territorial *f*, soberanía nacional *f*
Gebilde [gə'bɪldə] *n* obra *f*, creación *f*
gebildet [gə'bɪldət] *adj* culto, instruido
Gebirge [gə'bɪrgə] *n* *GEO* montaña *f*, montes *m/pl*
gebirgig [gə'bɪrgɪç] *adj* montañoso
Gebirgskette [gə'bɪrgskɛtə] *f* *GEO* cadena de montañas *f*, cordillerra *f*
Gebirgsklima [gə'bɪrksklіːma] *n* clima de montaña *m*
Gebirgslandschaft [gə'bɪrkslantʃaft] *f* *GEO* paisaje montañoso *m*
Gebirgsmassiv [gə'bɪrksmasiːf] *n* *GEO* macizo montañoso *m*
Gebiss [gə'bɪs] *n* *1. ANAT* dentadura *f*; *2. künstliches ~* dentadura postiza *f*

Gebläse [gə'blɛːzə] *n TECH* soplante *m*
geblümt [gə'blyːmt] *adj (Stoff)* floreado
gebogen [gə'boːgən] *adj* curvo, doblado, arqueado
geboren [gə'boːrən] *adj* nacido; *~ in Buenos Aires am 20. Juli* nacido en Buenos Aires el 20 de julio
geborgen [gə'bɔrgən] *adj 1. (sicher)* seguro; *2. (Wrack)* hundido
Geborgenheit [gə'bɔrgənhaɪt] *f* seguridad *f,* protección *f,* sentimiento de seguridad *m*
Gebot [gə'boːt] *n 1. (Befehl)* orden *f,* mandato *m; 2. REL* mandamiento *m*
gebraten [gə'braːtən] *adj* asado *m*
Gebratenes [gə'braːtənəs] *n 1. (im Ofen ~) GAST* asado *m; 2. (in Fett ~)* frito *m*
Gebräu [gə'brɔy] *n* brebaje *m,* pócima *f,* mejunje *m*
Gebrauch [gə'braux] *m* uso *m,* empleo *m; in ~ kommen* hacer uso/utilizarse
gebrauchen [gə'brauxən] *v* usar, utilizar, emplear
gebräuchlich [gə'brɔyçlɪç] *adj* en uso, usual
Gebrauchsanweisung [gə'brauxsanvaɪzuŋ] *f* modo de empleo *m,* instrucciones para el uso *f/pl*
Gebrauchsartikel [gə'brauxsartiːkəl] *m ECO* artículo de uso corriente *m*
gebrauchsfertig [gə'brauxsfɛrtɪç] *adj* listo para utilizar
Gebrauchsgegenstand [gə'brauxsgeːgənʃtant] *m* objeto de uso corriente *m*
gebraucht [gə'brauxt] *adj* usado
Gebrauchtwagen [gə'brauxtvaːgən] *m (Auto)* coche usado *m,* carro usado *m* (LA)
Gebrechen [gə'brɛçən] *n MED* defecto físico *m,* imperfección *f*
gebrechlich [gə'brɛçlɪç] *adj MED* enfermizo
gebrochen [gə'brɔxən] *adj 1. (zerbrochen)* roto; *2. (sprechen)* entrecortado; *3. (psychisch)* destrozado
Gebrüder [gə'bryːdər] *pl* hermanos *m/pl*
Gebrüll [gə'bryl] *n* vociferación *f,* griterío *m*
Gebühr [gə'byːr] *f* derecho *m,* tarifa *f*
gebührend [gə'byːrənt] *adj* debido, conveniente, justo
gebührenfrei [gə'byːrənfraɪ] *adj* exento de derechos
Gebührenordnung [gə'byːrənɔrdnuŋ] *f* tarifa *f,* arancel *m*
gebührenpflichtig [gə'byːrənpflɪçtɪç] *adj* sujeto a derechos
gebunden [gə'bundən] *adj 1. (gefesselt)* atado; *2. (fig: in einer Zweierbeziehung)* unido, (fam) liado; *3. (fig) Mir sind die Hände ~.* Tengo las manos atadas.
Geburt [gə'burt] *f* nacimiento *m,* parto *m; eine schwere ~ (fig)* un mal parto
Geburtenkontrolle [gə'burtənkɔntrɔlə] *f* control de la natalidad *m*
Geburtenrate [gə'burtənraːtə] *f* tasa de natalidad *f,* índice de natalidad *m*
Geburtenregelung [gə'burtənreːgəluŋ] *f* regulación de la natalidad *f*
Geburtenziffer [gə'burtəntsɪfər] *f* número de nacimientos *m*
gebürtig [gə'byrtɪç] *adj* oriundo, natural, de nacimiento
Geburtsanzeige [gə'burtsantsaɪgə] *f* anuncio de nacimiento *m*
Geburtsdatum [gə'burtsdaːtum] *n* fecha de nacimiento *f*
Geburtsfehler [gə'burtsfeːlər] *m* defecto congénito *m*
Geburtshelfer(in) [gə'burtshɛlfər(ɪn)] *m/f MED* asistente de parto *m/f*
Geburtshilfe [gə'burtshɪlfə] *f* asistencia al parto *f,* obstetricia *f*
Geburtsjahr [gə'burtsjaːr] *n* año de nacimiento *m*
Geburtsort [gə'burtsɔrt] *m* lugar de nacimiento *m*
Geburtstag [gə'burtstaːk] *m* cumpleaños *m*
Geburtstagsfeier [gə'burtstaːksfaɪər] *f* fiesta de cumpleaños *f*
Geburtstagskind [gə'burtstaːkskɪnt] *n* el que celebra cumpleaños
Geburtsurkunde [gə'burtsuːrkundə] *f* partida de nacimiento *f*
Gebüsch [gə'byʃ] *n BOT* matorral *m,* maleza *f*
Gecko ['gɛko] *m ZOOL* salamanquesa *f*
Gedächtnis [gə'dɛçtnɪs] *n* memoria *f; ein gutes/schlechtes ~ haben* tener buena/mala memoria; *ein ~ wie ein Sieb haben* tener muy mala memoria, tener una memoria de grillo
Gedächtnisfeier [gə'dɛçtnɪsfaɪər] *f 1.* fiesta conmemorativa *f; 2. kirchliche ~* conmemoración *f*
Gedächtnislücke [gə'dɛçtnɪslykə] *f* laguna en la memoria *f*
Gedächtnisschwund [gə'dɛçtnɪsʃvunt] *m* pérdida de la memoria *f*
Gedächtnisstütze [gə'dɛçtnɪsʃtytsə] *f* ayuda mnemotécnica *f*

Gedanke [gə'daŋkə] *m* pensamiento *m*, idea *f*; *~n lesen können* poder leer los pensamientos; *mit dem ~n beisammen haben* estar concentrado; *etw in ~n tun* hacer algo distraído; *sich mit einem ~n anfreunden* hacerse a la idea
Gedankenaustausch [gə'daŋkənaustauʃ] *m* intercambio de ideas *m*
Gedankenfreiheit [gə'daŋkənfraɪhaɪt] *f* libertad de pensamiento *f*
Gedankengang [gə'daŋkəngaŋ] *m* asociación de ideas *f*, racionamiento *f*
gedankenlos [gə'daŋkənlo:s] *adj* irreflexivo, aturdido
Gedankenlosigkeit [gə'daŋkənlo:zɪçkaɪt] *f* irreflexión *f*, aturdimiento *m*
Gedankenstrich [gə'daŋkənʃtrɪç] *m* guión *m*
gedankenverloren [gə'daŋkənfɛrlo:rən] *adj* ensimismado
gedankenvoll [gə'daŋkənfɔl] *adj* pensativo, reflexivo, ensimismado
gedanklich [gə'daŋklɪç] *adj* ideológico, mental
Gedärm [gə'dɛrm] *n* *ANAT* intestinos *m/pl*
Gedeck [gə'dɛk] *n* cubierto *m*
gedeihen [gə'daɪən] *v irr* prosperar, progresar, florecer, mejorar
gedenken [gə'dɛŋkən] *v irr 1. (erinnern)* acordarse de, recordar a; *2. (vorhaben)* proponerse, pensar; *3. ~, etw zu tun* tener la intención de hacer algo
Gedenkfeier [gə'dɛŋkfaɪər] *f* acto conmemorativo *m*, homenaje *m*
Gedenkgottesdienst [gə'dɛŋkgɔtəsdi:nst] *m* *REL* misa mayor *f*
Gedenkstätte [gə'dɛŋkʃtɛtə] *f* lugar conmemorativo *m*
Gedenktafel [gə'dɛŋkta:fəl] *f* lápida conmemorativa *f*
Gedicht [gə'dɪçt] *n* poesía *f*, versos *m/pl*; *ein ~ sein (gut schmecken)* ser un poema
gediegen [gə'di:gən] *adj 1. (Metall)* puro, virgen; *2. (geschmackvoll)* elegante; *3. (haltbar)* robusto
Gediegenheit [gə'di:gənhaɪt] *f* pureza *f*, solidez *f*, elegancia *f*
Gedränge [gə'drɛŋə] *n* apretura *f*, agolpamiento *m*
gedrängt [gə'drɛŋt] *adj* apretado, denso
gedrungen [gə'druŋən] *adj* compacto
Geduld [gə'dult] *f* paciencia *f*
geduldig [gə'duldɪç] *adj 1.* paciente; *adv 2.* pacientemente, con paciencia
Geduldsfaden [gə'dultsfa:dən] *m* *Mir reißt der ~!* ¡Se me acaba la paciencia!
Geduldsspiel [gə'dultsʃpi:l] *n* juego de paciencia *m*
geehrt [gə'e:rt] *adj* *Sehr ~er Herr Meier!* ¡Estimado Sr. Meier!
geeignet [gə'aɪgnət] *adj ~ für* apropiado para, indicado para
Gefahr [gə'fa:r] *f* peligro *m*; *sich in ~ begeben* meterse en la boca del lobo; *~ laufen* correr el peligro; *auf eigene ~* por su propio riesgo/por su propia cuenta
gefährden [gə'fɛ:rdən] *v* poner en peligro, hacer peligrar
Gefährdung [gə'fɛ:rduŋ] *f* amenaza *f*
Gefahrenbereich [gə'fa:rənbəraɪç] *m* alcance de peligro *m*
Gefahrenquelle [gə'fa:rənkvɛlə] *f* fuente de peligros *f*
Gefahrenzone [gə'fa:rəntso:nə] *f* zona peligrosa *f*
Gefahrenzulage [gə'fa:rəntsu:la:gə] *f* plus de peligrosidad *m*, plus por trabajo peligroso *m*
gefährlich [gə'fɛ:rlɪç] *adj* peligroso
Gefährlichkeit [gə'fɛ:rlɪçkaɪt] *f* peligrosidad *f*
gefahrlos [gə'fa:rlo:s] *adj* sin riesgo, seguro
Gefahrlosigkeit [gə'fa:rlo:zɪçkaɪt] *f* ausencia de peligro *f*
Gefährt [gə'fɛ:rt] *n* coche *m*, vehículo *m*
Gefährte [gə'fɛ:rtə] *m* compañero *m*
Gefährtin [gə'fɛ:rtɪn] *f* compañera *f*, camarada *f*, amiga *f*
Gefälle [gə'fɛlə] *n* desnivel *m*
gefallen [gə'falən] *v irr jdm ~* agradar a alguien, gustar a alguien; *sich etw ~ lassen* consentir en algo
Gefallen [gə'falən] *m* favor *m*, servicio *m*
Gefallener [gə'falənər] *m* caído *m*, muerto en la guerra *m*
gefällig [gə'fɛlɪç] *adj 1. (zuvorkommend)* atento, amable; *2. (angenehm)* agradable
Gefälligkeit [gə'fɛlɪçkaɪt] *f* amabilidad *f*, complacencia *f*
gefangen [gə'faŋən] *adv ~ halten* retener en prisión, tener encarcelado, tener cautivo; *~ nehmen* detener, tomar prisionero, apresar
Gefangene(r) [gə'faŋənə(r)] *m/f 1.* cautivo *m*, preso *m*; *2. MIL* prisionero de guerra/prisionera de guerra *m/f*
Gefangenenaustausch [gə'faŋənənaustauʃ] *m* intercambio de prisioneros *m*

Gefangenenlager [gə'faŋənənla:gər] *n* *MIL* campo de prisioneros de guerra *m*
Gefangenschaft [gə'faŋənʃaft] *f* *MIL* cautiverio *m*
Gefängnis [gə'fɛŋnɪs] *n* prisión *f*, cárcel *f*
Gefängnisstrafe [gə'fɛŋnɪsʃtra:fə] *f* pena de prisión *f*, pena de cárcel *f*
Gefängniswärter [gə'fɛŋnɪsvɛrtər] *m* carcelero *m*
Gefängniszelle [gə'fɛŋnɪstsɛlə] *f* celda *f*
Gefäß [gə'fɛ:s] *n* *1.* recipiente *m; 2. ANAT* vaso *m*
Gefäßchirurgie [gə'fɛ:sçirurgi:] *f* *MED* cirugía vascular *f*
Gefäßkrankheit [gə'fɛ:skraŋkhaɪt] *f* *MED* enfermedad vascular *f*
gefasst [gə'fast] *adj ~ sein auf* estar preparado para
Gefecht [gə'fɛçt] *n* *MIL* combate *m; außer ~ setzen* poner fuera de combate; *jdn außer ~ setzen* poner a alguien fuera de combate
Gefechtsbereitschaft [gə'fɛçtsbəraɪtʃaft] *f* *MIL* disposición de combate *f*
gefeit [gə'faɪt] *adj ~ sein gegen* ser invulnerable contra
Gefieder [gə'fi:dər] *n* *ZOOL* plumaje *m*
gefiedert [gə'fi:dərt] *adj ZOOL* emplumado, con plumas
Geflecht [gə'flɛçt] *n* enrejado *m*
gefleckt [gə'flɛkt] *adj* manchado, pintado
Geflimmer [gə'flɪmər] *n* centelleo *m*
geflissentlich [gə'flɪsəntlɪç] *adj* intencionado, premeditado
Geflügel [gə'fly:gəl] *n* *ZOOL* aves de corral *f/pl*
Geflügelfarm [gə'fly:gəlfarm] *f* granja avícola *f*
Geflüster [gə'flystər] *n* cuchicheo *m*
Gefolge [gə'fɔlgə] *n* comitiva *f*, séquito *m*
Gefolgschaft [gə'fɔlkʃaft] *f* *1. (Treue)* vasallaje *m; 2. (Leute)* seguidores *m/pl; 3. (fig)* aficionados *m/pl*
Gefolgsmann [gə'fɔlksman] *m* *HIST* vasallo *m*
gefragt [gə'fra:kt] *adj ~ sein* ser solicitado, ser buscado
gefräßig [gə'frɛsɪç] *adj* glotón, tragón, comilón
Gefräßigkeit [gə'frɛ:sɪçkaɪt] *f* glotonería *f*, voracidad *f*
Gefreite(r) [gə'fraɪtə(r)] *m/f* *MIL* cabo segundo *m/f*
gefrieren [gə'fri:rən] *v irr* helar, helarse, congelar
Gefrierfach [gə'fri:rfax] *n* compartimiento congelador *m*
gefriergetrocknet [gə'fri:rgətrɔknət] *adj* liofilizado
Gefrierpunkt [gə'fri:rpuŋkt] *m* punto de congelación *m*
Gefrierschrank [gə'fri:rʃraŋk] *m* congelador *m*
Gefriertruhe [gə'fri:rtru:ə] *f* arcón congelador *m*, congelador horizontal *m*
Gefüge [gə'fy:gə] *n* estructura *f*, contextura *f*
gefügig [gə'fy:gɪç] *adj* dócil, flexible, manejable, dúctil
Gefügigkeit [gə'fy:gɪçkaɪt] *f* flexibilidad *f*, docilidad *f*, ductilidad *f*
Gefühl [gə'fy:l] *n* *1. (körperlich)* sensación *f; mit gemischten ~en* medio triste, medio contento; *das höchste der ~e* el súmmum; *etw im ~ haben* presentir algo; *2. (seelisch)* sentimiento *m; 3. (Ahnung)* presentimiento *m*
gefühllos [gə'fy:llo:s] *adj* *1. (körperlich)* insensible; *2. (seelisch)* duro, sin corazón, insensible
Gefühllosigkeit [gə'fy:llo:zɪçkaɪt] *f* insensibilidad *f*
Gefühlsausbruch [gə'fy:lsausbrux] *m* efusión sentimental *f*
gefühlsbetont [gə'fy:lsbəto:nt] *adj* sentimental
Gefühlsduselei [gəfy:lsduzə'laɪ] *f* sentimentalismo *m*, sensiblería *f*
gefühlsmäßig [gə'fy:lsmɛ:sɪç] *adv* intuitivamente, por intuición
Gefühlsmensch [gə'fy:lsmɛnʃ] *m* hombre sentimental *m*
Gefühlsregung [gə'fy:lsre:guŋ] *f* emoción *f*, sentimiento *m*
gefühlvoll [gə'fy:lfɔl] *adj* lleno de sentimiento, sentimental
gegebenenfalls [gə'ge:bənənfals] *adv* si se diera el caso, eventualmente
Gegebenheit [gə'ge:bənhaɪt] *f* hecho *m*, dato *m*, realidad *f*
gegen ['ge:gən] *prep* *1. (zeitlich)* alrededor de, a eso de; *~ sieben Uhr* alrededor de las siete; *2. (örtlich)* hacia, contra, en dirección a; *3. (wider)* contra, en contra de; *~ seinen Willen* en contra de su voluntad; *etw ~ jdn haben* tener algo en contra de alguien; *4. (im Austausch)* a cambio de, por; *~ Quittung* contra recibo
Gegenangebot ['ge:gənangəbo:t] *n* *ECO* contraoferta *f*

Gegenangriff ['geːgənangrɪf] *m MIL* contrataque *m,* contraofensiva *f*
Gegenanzeige ['geːgənantsaɪgə] *f MED* contraindicación *f*
Gegenargument ['geːgənargumɛnt] *n* argumento contrario *m*
Gegenbesuch ['geːgənbəzuːx] *m jdm einen ~ abstatten* devolver la visita a alguien
Gegenbeweis ['geːgənbəvaɪs] *m JUR* contraprueba *f*
Gegend ['geːgənt] *f 1. (Landschaft)* paisaje *m; 2. (Nähe)* alrededores *m/pl,* cercanías *f/pl; die ~ unsicher machen* ser el terror del lugar
Gegendarstellung ['geːgəndarʃtɛluŋ] *f* rectificación *f,* escrito de réplica *m*
gegeneinander ['geːgənaɪnandər] *adv* uno contra otro, uno en contra del otro
Gegenfahrbahn ['geːgənfaːrbaːn] *f* carril contrario *m*
Gegenfrage ['geːgənfraːgə] *f eine ~ stellen* responder a una pregunta con otra
Gegengerade ['geːgəngəraːdə] *f SPORT* recta del lado opuesto *f*
Gegengewicht ['geːgəngəvɪçt] *n* contrapeso *m*
Gegengift ['geːgəngɪft] *n* antídoto *m*
Gegenkandidat ['geːgənkandidaːt] *m POL* candidato de la oposición *m*
gegenläufig ['geːgənlɔyfɪç] *adj* en contrasentido, en sentido contrario
Gegenleistung ['geːgənlaɪstuŋ] *f* contraprestación *f,* contrapartida *f*
Gegenlicht ['geːgənlɪçt] *n* contraluz *f*
Gegenliebe ['geːgənliːbə] *f* amor recíproco *m; Anklang ~ finden* ser correspondido
Gegenmaßnahme ['geːgənmasnaːmə] *f* contramedida *f*
Gegenmittel ['geːgənmɪtəl] *n* antídoto *m,* remedio *m*
Gegensatz ['geːgənzats] *m* oposición *f; Gegensätze ziehen sich an.* Polos opuestos se atraen. *im ~ zu* al contrario de/en contraposición
gegensätzlich ['geːgənzɛtslɪç] *adj 1.* contrario, opuesto; *adv 2.* opuestamente, por el contrario
Gegensätzlichkeit ['geːgənzɛtslɪçkaɪt] *f* contraste *m,* divergencia *f*
gegenseitig ['geːgənzaɪtɪç] *adj 1.* mutuo, recíproco; *adv 2.* mutuamente, recíprocamente
Gegenseitigkeit ['geːgənzaɪtɪçkaɪt] *f* reciprocidad *f*
Gegenspieler(in) ['geːgənʃpiːlər(ɪn)] *m/f* adversario/adversaria *m/f,* antagonista *m/f,* rival *m/f*
Gegensprechanlage [geːgənʃprɛçanlaːgə] *f* intercomunicador *m*
Gegenstand ['geːgənʃtant] *m 1.* objeto *m,* cosa *f; 2. (Thema)* tema *f,* asunto *m,* materia *f*
gegenständlich ['geːgənʃtɛntlɪç] *adj ART* figurativo
Gegenstimme ['geːgənʃtɪmə] *f POL* voz contraria *f,* voto contrario *m*
Gegenstück ['geːgənʃtyk] *n* equivalente *m,* pareja *f*
Gegenteil ['geːgəntaɪl] *n* lo contrario, antónimo *m*
gegenteilig ['geːgəntaɪlɪç] *adj* contrario, opuesto
gegenüber [geːgən'yːbər] *prep 1. (örtlich)* enfrente de, frente a; *2. (im Hinblick)* con respecto a; *3. (im Vergleich)* en comparación con
Gegenüber [geːgən'yːbər] *n 1. (Person)* el de enfrente *m,* la de enfrente *f,* vecino/vecina *m/f; 2. (Haus)* la casa de enfrente, la casa vecina
gegenüberliegen [geːgən'yːbərliːgən] *v* estar situado en frente de
gegenüberstehen [geːgən'yːbərʃteːən] *v 1.* estar frente, hallarse en frente de; *2. etw ~ (fig)* afrontar algo
gegenüberstellen [geːgən'yːbərʃtɛlən] *v 1. (vergleichen)* comparar, contraponer; *2. (konfrontieren)* confrontar, carear
Gegenüberstellung [geːgən'yːbərʃtɛluŋ] *f 1. (Vergleich)* comparación *f,* contraposición *f; 2. (Konfrontation)* confrontación *f,* careo *m*
Gegenverkehr ['geːgənfɛrkeːr] *m* circulación en sentido contrario *f*
Gegenwart ['geːgənvart] *f 1. (Anwesenheit)* presencia *f; 2. GRAMM* presente *m*
gegenwärtig ['geːgənvɛrtɪç] *adj 1. (jetzig)* actual; *2. (anwesend)* presente, existente
Gegenwärtigkeit ['geːgənvɛrtɪçkaɪt] *f* contemporaneidad *f*
Gegenwehr ['geːgənveːr] *f* defensa *f*
Gegenwert ['geːgənvɛrt] *m* contravalor *m,* equivalente *m*
Gegenwind ['geːgənvɪnt] *m* viento contrario *m*
gegenzeichnen ['geːgəntsaɪçnən] *v* contrafirmar, contrasignar
Gegenzug ['geːgəntsuːk] *m (Wind)* corriente de aire *f*

Gegner ['geːgnər] *m* adversario *m,* contrario *m*

gegnerisch ['geːgnərɪʃ] *adj* contrario, opuesto

Gegröle [gə'grøːlə] *n* griterío *m,* algarabía *f*

Gehabe [gə'haːbə] *n* conducta *f,* modo de comportarse *m*

Gehalt [gə'halt] *n 1. (Lohn)* sueldo *m; 2. (Inhalt)* contenido *m*

gehaltlos [gə'haltloːs] *adj 1. (Essen)* sin sustancia; *2. (fig)* insignificante, sin valor

Gehaltlosigkeit [gə'haltloːzɪçkaɪt] *f* insignificancia *f*

Gehaltsempfänger(in) [gə'haltsɛmpfɛŋər(ɪn)] *m/f ECO* asalariado/asalariada *m/f*

Gehaltserhöhung [gə'haltsɛrhøːuŋ] *f* aumento de sueldo *m*

Gehaltsgruppe [gə'haltsgrupə] *f* grupo salarial *m,* categoría de sueldo *f*

Gehaltszulage [gə'haltstsuːlaːgə] *f* sobresueldo *m*

gehaltvoll [gə'haltfɔl] *adj* rico en

gehässig [gə'hɛsɪç] *adj* lleno de odio, resentido, odioso

Gehässigkeit [gə'hɛsɪçkaɪt] *f* odiosidad *f*

Gehäuse [gə'hɔyzə] *n* caja *f,* estuche *m*

gehbehindert ['geːbəhɪndərt] *adj* impedido

Gehbehinderte(r) ['geːbəhɪndərtə(r)] *m/f* inválido/inválida *m/f*

Gehbehinderung ['geːbəhɪndəruŋ] *f* invalidez *f*

Gehege [gə'heːgə] *n* cercado *m*

geheim [gə'haɪm] *adj* secreto, escondido; *~ halten* mantener en secreto, ocultar

Geheimabkommen [gə'haɪmapkɔmən] *n POL* acuerdo secreto *m*

Geheimagent(in) [gə'haɪmagɛnt(ɪn)] *m/f POL* agente secreto/agente secreta *m/f*

Geheimbund [gə'haɪmbunt] *m POL* pacto secreto *m,* alianza secreta *f*

Geheimdienst [gə'haɪmdiːnst] *m POL* servicio secreto *m*

Geheimfach [gə'haɪmfax] *n* secreto de armario *m*

Geheimhaltung [gə'haɪmhaltuŋ] *f* ocultación *f,* encumbrimiento *f; unter strengster ~* con la máxima discreción

Geheimnis [gə'haɪmnɪs] *n* secreto *m; ein offenes ~* un secreto a voces *m*

Geheimnisträger(in) [gə'haɪmnɪstrɛːgər(ɪn)] *m/f* sabedor(a) de un secreto *m/f*

Geheimnistuer(in) [gə'haɪmnɪstuːər(ɪn)] *m/f (fam)* secreteo *m*

geheimnisvoll [gə'haɪmnɪsfɔl] *adj* misterioso

Geheimnummer [gə'haɪmnumər] *f* número secreto *m*

Geheimpolizei [gə'haɪmpɔli'tsaɪ] *f* policía secreta *f*

Geheimratsecken [gə'haɪmratsɛkən] *pl (fam)* entradas de la frente *f/pl*

Geheimrezept [gə'haɪmretsɛpt] *n 1.* receta secreta *f; 2. (fig)* receta secreta *f*

Geheiß [gə'haɪs] *n* orden *f,* decreto *m,* mandato *m*

gehemmt [gə'hɛmt] *adj ~ sein* estar cohibido

Gehemmtheit [gə'hɛmthaɪt] *f* cohibición *f*

gehen ['geːən] *v irr* ir, caminar, andar; *Wie geht es Ihnen?* ¿Cómo está usted? *etw mit~ lassen* llevarse algo; *in sich ~* volver sobre sí; *sich ~ lassen* descuidarse, darse al abandono; *~ lassen (in Ruhe lassen)* dejar en paz, dejar tranquilo

Geher(in) ['geːər(ɪn)] *m/f SPORT* atleta de marcha *m/f*

geheuer [gə'hɔyər] *adj nicht ~ sein* sospechoso, inseguro, peligroso

Gehgips ['geːgɪps] *m MED* escayola *f*

Gehilfe [gə'hiːlfə] *m* ayudante *m,* asistente *m,* auxiliar *m*

Gehilfin [gə'hiːlfɪn] *f* ayudanta *f,* auxiliar *f,* asistente *f*

Gehirn [gə'hɪrn] *n ANAT* cerebro *m*

Gehirnchirurgie [gə'hɪrnçirurgiː] *f MED* cirugía cerebral *f*

Gehirnerschütterung [gə'hɪrnɛrʃyːtəruŋ] *f MED* conmoción cerebral *f*

Gehirnschlag [gə'hɪrnʃlaːk] *m MED* ataque cerebral *m*

Gehirntumor [gə'hɪrntuːmɔr] *m MED* tumor cerebral *m*

Gehirnwäsche [gə'hɪrnvɛʃə] *f* lavado de cerebro *m*

Gehöft [gə'hœft] *n* cortijo *m,* casa de labor *f*

Gehölz [gə'hœlts] *n 1. (Forst)* monte *m; 2. (Dickicht)* maquia *f*

Gehör [gə'høːr] *n* oído *m; ~ finden* tener audiencia/ser escuchado; *jdm ~ schenken* prestar oídos a alguien; *sich ~ verschaffen* llegar a ser atendido; *um ~ bitten* pedir la atención

gehorchen [gə'hɔrçən] *v* obedecer a alguien, ser dócil, acatar las órdenes de alguien

gehören [gə'høːrən] *v (besitzen)* pertenecer a, ser de; *zu etw ~* ser de, formar parte de

Gehörgang [gə'høːrgaŋ] *m* *ANAT* conducto auditivo *m*
gehörlos [gə'høːrloːs] *adj* *MED* sordo
Gehörlose(r) [gə'høːrloːzə(r)] *m/f* sordo/sorda *m/f*
Gehörlosigkeit [gə'høːrloːzɪçkaɪt] *f* sordera *f*
gehorsam [gə'hoːrzaːm] *adj* obediente, dócil
Gehorsam [gə'hoːrzaːm] *m* obediencia *f*
Gehrung ['geːruŋ] *f* *TECH* inglete *m*
Gehsteig ['geːʃtaɪk] *m* acera *f*
Gehweg ['geːveːk] *m* acera *f*, vereda *f*
Geier ['gaɪər] *m* *ZOOL* buitre *m; Weiß der ~!* ¡Ni idea!
Geige ['gaɪgə] *f* *MUS* violín *m; die erste ~ spielen (fig)* llevar la voz cantante; *nach jds ~ tanzen* bailar al son que toca alguien; *Der Himmel hängt ihm voller ~n.* Ve el cielo abierto./Escucha música de violines./Es tremendamente feliz.
geigen ['gaɪgən] *v* tocar el violín
Geigenbogen ['gaɪgənboːgən] *m* *MUS* arco del violín *m*
Geigenkasten ['gaɪgənkastən] *m* *MUS* estuche del violín *m*
Geiger(in) ['gaɪgər(ɪn)] *m/f* *MUS* violinista *m/f*
Geigerzähler ['gaɪgərtsɛːlər] *m* *TECH* contador *m*
geil [gaɪl] *adj 1. (erregt)* excitado; *2. (fam: toll)* genial, guay
Geisel ['gaɪzəl] *f* rehén *m/f*
Geiselnahme ['gaɪzəlnaːmə] *f* toma de rehenes *f*
Geiselnehmer(in) ['gaɪzəlneːmər(ɪn)] *m/f* secuestrador(a) *m/f*
Geißel ['gaɪsəl] *f 1. (Plage)* plaga *f; 2. (Peitsche)* azote *m; 3. BIO* flagelo *m*
geißeln ['gaɪsəln] *v 1.* flagelar, azotar; *2. (fig)* castigar, censurar, estigmatizar
Geist [gaɪst] *m 1. (Seele)* espíritu *m; seinen ~ aufgeben (fig)* pasar a mejor vida, expirar; *2. (Verstand)* inteligencia *f; auf den ~ gehen* sacar de quicio; *3. (Gespenst)* fantasma *m; von allen guten ~ern verlassen sein* volverse loco
Geisterbahn ['gaɪstərbaːn] *f* túnel de los sustos *m*, tren fantasma *m*
Geisterbeschwörung ['gaɪstərbəʃvøːruŋ] *f* nigromancia *f*
Geisterfahrer(in) ['gaɪstərfaːrər(ɪn)] *m/f* conductor(a) que circula en el carril equivocado *m/f*
geisterhaft ['gaɪstərhaft] *adj* misterioso, espectral, fantasmagórico
Geisterhand [gaɪstər'hant] *f wie von ~* por arte de magia
Geisterstunde ['gaɪstərʃtundə] *f* hora de los fantasmas *f*
geistesabwesend ['gaɪstəsapveːzənt] *adj 1.* distraído, ausente, perdido; *adv 2.* ausente, ido; *~ sein* estar en la luna
Geistesabwesenheit ['gaɪstəsapveːzənhaɪt] *f* distracción *f*
Geistesblitz ['gaɪstəsblɪts] *m* salida *f*, ocurrencia *f*
Geistesgegenwart ['gaɪstəsgeːgənvart] *f* presencia de ánimo *f*
geistesgegenwärtig ['gaɪstəsgeːgənvɛrtɪç] *adj 1.* sereno; *adv 2.* serenamente, con serenidad
geistesgestört ['gaɪstəsgəʃtøːrt] *adj* *MED* demente, alienado
Geistesgestörte(r) ['gaɪstəsgəʃtøːrtə(r)] *m/f* loco/loca *m/f*, demente *m/f*, desequilibrado/desequilibrada *m/f*
geisteskrank ['gaɪstəskraŋk] *adj* loco, demente, desequilibrado
Geisteskranke(r) ['gaɪstəskraŋkə(r)] *m/f* *MED* enfermo mental/enferma mental *m/f*
Geisteskrankheit ['gaɪstəskraŋkhaɪt] *f* *MED* enfermedad mental *f*
Geisteswissenschaften ['gaɪstəsvɪsənʃaftən] *pl* ciencias filosóficas *f/pl*, letras *f/pl*, ciencias humanas *f/pl*
Geisteszustand ['gaɪstəstsuːʃtant] *m* estado mental *m*
geistig ['gaɪstɪç] *adv* mentalmente, con la mente
geistlich ['gaɪstlɪç] *adj* espiritual
Geistliche(r) ['gaɪstlɪçə(r)] *m/f* *REL* eclesiástico/eclesiástica *m/f*, clérigo/clériga *m/f*
Geistlichkeit ['gaɪstlɪçkaɪt] *f* *REL* clero *m*
geistlos ['gaɪstloːs] *adj* trivial, poco ingenioso, tonto
geistreich ['gaɪstraɪç] *adj* ingenioso
geistvoll ['gaɪstfɔl] *adj* ingenioso, con gracia
Geiz [gaɪts] *m* avaricia *f*
Geizhals ['gaɪtshals] *m* avaro *m*, mezquino *m*, (fam) agarrado *m*
geizig ['gaɪtsɪç] *adj* avaro, mezquino
Gejammer [gə'jamər] *n* lamentaciones *f/pl*
Gejohle [gə'joːlə] *n* griterío *m*, vociferio *m*
Gekicher [gə'kɪçər] *n* risas sofocadas *f/pl*, risitas *f/pl*

Geklimper [gə'klɪmpər] *n 1. (fam: am Klavier)* tecleo *m; 2. (auf der Gitarre)* pulseo *m; 3. (von Münzen)* tintineo *m*

geknickt [gə'knɪkt] *adj 1. (abgebrochen)* quebrado; *2. (fig)* abatido, deprimido

Gekreische [gə'kraɪʃə] *n (fam)* griterío *m*

Gekritzel [gə'krɪtsəl] *n* garabatos *m/pl*

gekünstelt [gə'kynstəlt] *adj* artificial, rebuscado

Gel [geːl] *n* gel *m*

Gelächter [gə'lɛçtər] *n* risa *f,* carcajada *f*

geladen [gə'laːdən] *adj 1. (ein~)* invitado; *2. (fig: sauer sein mit jdm) ~ sein* estar enojado

Gelage [gə'laːgə] *n 1. (Gastmahl)* banquete *m; 2. (Saufgelage)* francachela *f*

gelähmt [gə'lɛːmt] *adj MED* impedido, paralizado, paralítico

Gelähmte(r) [gə'lɛːmtə(r)] *m/f* paralítico/paralítica *m/f*

Gelände [gə'lɛndə] *n* terreno *m,* área *f*

Geländer [gə'lɛndər] *n* baranda *f*

Geländewagen [gə'lɛndəvaːgən] *m* vehículo todo terreno *m*

gelangen [gə'laŋən] *v (~ an, ~ nach, ~ zu)* llegar a, alcanzar a

gelangweilt [gə'laŋvaɪlt] *adj* aburrido

gelassen [gə'lasən] *adj ~ sein* estar sereno, estar tranquilo

Gelassenheit [gə'lasənhaɪt] *f* calma *f,* placidez *f,* serenidad *f*

Gelatine [ʒela'tiːnə] *f GAST* gelatina *f*

geläufig [gə'lɔyfɪç] *adj* usual, habitual, de costumbre

gelaunt [gə'launt] *adj 1. schlecht ~ sein* estar de mal humor; *2. gut ~ sein* estar de buen humor

geläutert [gə'lɔytərt] *adj (fig)* purificado

gelb [gɛlp] *adj* amarillo

Gelbfieber ['gɛlpfiːbər] *n MED* fiebre amarilla *f*

gelblich ['gɛlplɪç] *adj* amarillento

Gelbsucht ['gɛlpzuxt] *f MED* ictericia *f,* hepatitis *f*

gelbsüchtig ['gɛlpzyçtɪç] *adj MED* ictérico

Geld [gɛlt] *n* dinero *m,* plata *f* (LA); *~ oder Leben!* ¡La bolsa o la vida! *im ~ schwimmen* nadar en oro, nadar en la abundancia; *~ wie Heu haben* tener mucha pasta; *das ~ unter die Leute bringen* gastar el dinero con impulsividad; *etw zu ~ machen* sacar dinero por algo, vender algo; *ins ~ gehen* resultar caro; *nicht mit ~ zu bezahlen sein* no hay dinero que lo pague; *sich für ~ sehen lassen können* ser un original; *Ihm rinnt das ~ durch die Finger.* Se le escurre el dinero de las manos. *~ stinkt nicht.* El dinero no hace daño.

Geldangelegenheit ['gɛltangəleːgənhaɪt] *f* asunto pecuniario *m*

Geldanlage ['gɛltanlaːgə] *f* inversión de capital *f*

Geldautomat ['gɛltautomaːt] *m* cajero automático *m,* telebanco *m*

Geldbetrag ['gɛltbətraːk] *m* suma de dinero *f,* cantidad *f,* importe *m*

Geldbeutel ['gɛltbɔytəl] *m* bolsa *f,* monedero *m*

Geldbörse ['gɛltbœrzə] *f* monedero *m,* portamonedas *m*

Geldbuße ['gɛltbuːsə] *f* multa *f*

Geldgeber(in) ['gɛltgeːbər(ɪn)] *m/f* capitalista *m/f,* financiero/financiera *m/f,* prestamista *m/f*

Geldgier ['gɛltgiːr] *f* avaricia *f*

geldgierig ['gɛltgiːrɪç] *adj* codicioso

Geldhahn ['gɛlthaːn] *m jmd den ~ zudrehen* cerrar el grifo del dinero a alguien

Geldinstitut ['gɛltɪnstituːt] *n ECO* instituto monetario *m,* instituto bancario *m*

Geldmarkt ['gɛltmarkt] *m FIN* mercado monetario *m*

Geldmenge ['gɛltmɛŋə] *f FIN* volumen de dinero *m*

Geldpolitik ['gɛltpolitiːk] *f POL* política monetaria *f*

Geldquelle ['gɛltkvɛlə] *f* recursos financieros *m/pl,* fuente de recursos *f*

Geldschein ['gɛltʃaɪn] *m* billete de banco *m*

Geldschrank ['gɛltʃraŋk] *m* caja de caudales *f*

Geldstrafe ['gɛltʃtraːfə] *f* multa *f,* pena pecuniaria *f*

Geldstück ['gɛltʃtyk] *n* moneda *f*

Geldverlegenheit ['gɛltfɛrleːgənhaɪt] *f* dificultades econonómicas *f/pl*

Geldverschwendung ['gɛltfɛrʃvɛnduŋ] *f* derroche de dinero *m,* despilfarro *m*

Geldwäsche ['gɛltvɛʃə] *f* blanqueo de dinero *m*

Geldwechsel ['gɛltvɛksəl] *m* cambio *m*

Gelee [ʒe'leː] *n* jalea *f*

gelegen [gə'leːgən] *adj 1. (liegend)* situado, ubicado (LA); *2. (fig: passend)* muy a propósito, muy bien, conveniente; *~ kommen* venir de perilla

Gelegenheit [gə'leːgənhaɪt] *f* ocasión *f,* oportunidad *f; die ~ beim Schopfe packen* estar perdido

Gelegenheitsarbeit [gə'leːgənhaɪtsarbaɪt] *f* trabajo eventual *m,* trabajo de ocasión *m*
Gelegenheitsarbeiter [gə'leːgənhaɪtsarbaɪtər] *m* trabajador ocasional *m*
Gelegenheitskauf [gə'leːgənhaɪtskauf] *m* ocasión *f,* ganga *f*
gelegentlich [gə'leːgəntlɪç] *adj 1.* ocasional, eventual; *adv 2.* de vez en cuando, a veces, en ocasiones
gelehrsam [gə'leːrzaːm] *adj* erudito, sabio
Gelehrsamkeit [gə'leːrzamkaɪt] *f* erudición *f,* saber *m,* ciencia *f*
gelehrt [gə'leːrt] *adj* sabio, erudito
Gelehrte(r) [gə'leːrtə(r)] *m/f* sabio/sabia *m/f,* erudito/erudita *m/f*
Gelehrtheit [gə'leːrthaɪt] *f* erudición *f,* sabiduría *f*
geleiten [gə'laɪtən] *v (gehen)* llevar, conducir
Geleitschutz [gə'laɪtʃuts] *m* escolta *f*
Geleitzug [gə'laɪttsuːk] *m* convoy *m,* escolta *f*
Gelenk [gə'lɛŋk] *n 1. ANAT* articulación *f; 2. TECH* juntura *f*
gelenkig [gə'lɛŋkɪç] *adj* articulado
Gelenkrheumatismus [gə'lɛŋkrɔymatɪsmus] *m MED* reumatismo articular *m*
gelernt [gə'lɛrnt] *adj* aprendido
Geliebte(r) [gə'liːptə(r)] *m/f* amante *m/f*
geliefert [gə'liːfərt] *v ~ sein* estar apañado; *wenn meine Mutter das erfährt, bin ich ~* si se entera mi madre de esto estoy apañada
gelinde [gə'lɪndə] *adj 1. (sanft)* suave, dulce, benigno; *adv 2. ~ gesagt* cuando menos, dicho con buenas palabras
gelingen [gə'lɪŋən] *v irr* salir bien, tener éxito, resultar un éxito
Gelingen [gə'lɪŋən] *n* éxito *m*
gell [gɛl] *interj* ¿verdad?, ¿no es cierto?
gellend ['gɛlənt] *adj* agudo, penetrante
geloben [gə'loːbən] *v* hacer voto de, hacer promesa de
Gelöbnis [gə'løːbnɪs] *n* promesa *f,* voto *m*
gelockt [gə'lɔkt] *adj* suelto, flojo
gelöst [gə'løːst] *adj 1. (entspannt)* relajado; *2. (enträtselt)* solucionado; *3. (Knoten)* desatado
gelten ['gɛltən] *v irr* valer, ser válido
geltend ['gɛltənt] *adj* valedero, válido
Geltung ['gɛltuŋ] *f 1. (Gültigkeit)* validez *f,* vigencia *f; 2. (Ansehen)* autoridad *f,* prestigio *m; jdm ~ verschaffen* sentar el crédito de alguien; *etw zur ~ bringen* poner de relieve algo; *zur ~ kommen* destacarse
Geltungsbereich ['gɛltuŋsbəraɪç] *m* campo de aplicación *m,* campo de vigencia *m*
Gelübde [gə'lypdə] *n REL* voto *m*
gelungen [gə'luŋən] *adj* acertado, conveniente, adecuado, idóneo
Gelüste [gə'lystə] *pl* deseos *m/pl,* antojos *m/pl*
gemächlich [gə'mɛːçlɪç] *adj 1. (ruhig)* sosegado, tranquilo; *2. (bequem)* cómodo
Gemahl(in) [gə'maːl(ɪn)] *m/f* esposo/esposa *m/f*
Gemälde [gə'mɛːldə] *n* pintura *f,* cuadro *m*
gemasert [gə'maːzərt] *adj (Holz)* veteado
gemäß [gə'mɛːs] *prep* conforme a, de acuerdo con
gemäßigt [gə'mɛːsɪçt] *adj* moderado
Gemäuer [gə'mɔyər] *n* murallas *f/pl,* muros *m/pl*
gemein [gə'maɪn] *adj 1. (allgemein)* común, corriente, frecuente; *2. (böse)* malo, vil
Gemeinde [gə'maɪndə] *f 1. (Gemeinschaft)* comunidad *f; 2. POL* municipio *m*
Gemeindeordnung [gə'maɪndəɔrdnuŋ] *f POL* reglamento municipal *m*
Gemeinderat [gə'maɪndəraːt] *m POL* consejo municipal *m*
Gemeindesteuer [gə'maɪndəʃtɔyər] *f* impuestos municipales *m/pl*
Gemeindeverwaltung [gə'maɪndəfɛrvaltuŋ] *f* ayuntamiento *m*
gemeingefährlich [gə'maɪngəfɛːrlɪç] *adj* que constituye un peligro público
Gemeingut [gə'maɪnguːt] *n* bien común *m,* bien público *m*
Gemeinheit [gə'maɪnhaɪt] *f* bajeza *f,* vileza *f*
gemeinhin [gə'maɪnhɪn] *adv* en general, por regla general, de ordinario
Gemeinkosten [gə'maɪnkɔstən] *pl ECO* gastos generales *m/pl*
gemeinnützig [gə'maɪnnytsɪç] *adj* de interés común, de interés público
Gemeinplatz [gə'maɪnplats] *m* trivialidad *f*
gemeinsam [gə'maɪnzaːm] *adj 1.* común, colectivo; *adv 2.* en común, juntos
Gemeinsamkeit [gə'maɪnzaːmkaɪt] *f* punto común *m,* similitud *f*
Gemeinschaft [gə'maɪnʃaft] *f* comunidad *f,* asociación *f,* agrupación *f*
Gemeinwohl [gə'maɪnvoːl] *n* bien común *m,* interés público *m*

Gemenge [gə'mɛŋə] *n* mezcla *f*, mixtura *f*
gemessen [gə'mɛsən] *adj 1.* reservado, comedido; *2. (an~)* conveniente, adecuado, correspondiente
Gemessenheit [gə'mɛsənhaɪt] *f* reserva *f*, comedimiento *m*, mesura *f*
Gemetzel [gə'mɛtsəl] *n* carnicería *f*, matanza *f*, masacre *f*
Gemisch [gə'mɪʃ] *n* mezcla *f*
gemischt [gə'mɪʃt] *adj 1.* mezclado, mixto; *2. (fig)* revuelto
Gemurmel [gə'murməl] *n* murmullo *m*
Gemüse [gə'myːzə] *n* verdura *f*, legumbres *f/pl*
Gemüsebeilage [gə'myːzəbaɪlaːgə] *f GAST* guarnición *f*
Gemüsegarten [gə'myːzəgartən] *m* huerto *m*, huerta *f*
gemustert [gə'mustərt] *adj* con dibujos
Gemüt [gə'myːt] *n* ánimo *m*, alma *f/el; sich etw zu ~e führen* tomarse algo a pecho; *ein sonniges ~ haben* ser un ingenuo; *aufs ~ schlagen* llegar al alma
gemütlich [gə'myːtlɪç] *adj 1. (Person)* jovial, agradable, de fácil trato; *2. (Sache)* cómodo, confortable; *adv 3.* a gusto, cómodamente
Gemütlichkeit [gə'myːtlɪçkaɪt] *f* comodidad *f*, confort *m*
gemütskrank [gə'myːtskraŋk] *adj MED* maníaco-depresivo
Gemütsruhe [gə'myːtsruːə] *f* tranquilidad de ánimo *f*, serenidad *f*
Gen [geːn] *n BIO* gen *m*
genau [gə'nau] *adj 1.* exacto, preciso, justo; *~ genommen* siendo exacto, en realidad; *adv 2.* exactamente, con exactitud; *interj 3.* exacto, justo
Genauigkeit [gə'nauɪçkaɪt] *f* exactitud *f*, precisión *f*
genauso [gə'nauzoː] *adv* del mismo modo, lo mismo; *Wir sind ~ weit wie vorher.* Estamos igual que antes.
Genbank ['geːnbaŋk] *f* banco de genes *m*
genehmigen [gə'neːmɪgən] *v* permitir, autorizar, aprobar; *sich einen ~* permitirse un trago
Genehmigung [gə'neːmɪguŋ] *f* permiso *m*, autorización *f*, aprobación *f*
geneigt [gə'naɪgt] *adj* estar dispuesto; *zu etwas ~ sein* estar dispuesto a hacer algo
General [genə'raːl] *m MIL* general *m*
Generalamnestie [genə'raːlamnɛstiː] *f JUR* amnistía general *f*
Generalbevollmächtigte(r) [genə'raːlbəfɔlmɛçtɪçtə(r)] *m/f* apoderado general/ apoderada general *m/f*
Generaldirektor(in) [genə'raːldirɛktɔr(ɪn)] *m/f* director(a) general *m/f*
Generalinspekteur [genə'raːlɪnspɛktøːr] *m MIL* inspector general *m*
generalisieren [genərali'ziːrən] *v* generalizar
Generalkonsulat [genə'raːlkɔnzulaːt] *n POL* consulado general *m*
Generalprobe [genə'raːlproːbə] *f THEAT* ensayo general *m*
Generalsrang [genə'raːlsraŋ] *m MIL* rango de general *m*
Generalstab [genə'raːlʃtaːp] *m MIL* Estado Mayor *m*
Generalstreik [genə'raːlʃtraɪk] *m* huelga general *f*
Generalüberholung [genə'raːlyːbərhoːluŋ] *f TECH* revisión general *f*
Generalversammlung [genə'raːlfɛrzamluŋ] *f* asamblea general *f*
Generalvertretung [genə'raːlfɛrtreːtuŋ] *f ECO* representación general *f*
Generalvollmacht [genə'raːlfɔlmaxt] *f JUR* pleno poder *m*, poder general *m*, plenipotencia *f*
Generation [genəra'tsjoːn] *f* generación *f*, *~skonflikt m* conflicto generacional *m*
Generationswechsel [genəra'tsjoːnsvɛksəl] *m* alternación de generaciones *f*
Generator [gɛnə'raːtɔr] *m TECH* generador *m*
generell [gɛnə'rɛl] *adj 1.* general; *adv 2.* generalmente, por lo general
generös [genə'røːs] *adj* generoso
Genese [ge'neːzə] *f* génesis *f*
Genesung [gə'neːzuŋ] *f MED* convalecencia *f*, restablecimiento *m*
Genetik [ge'neːtɪk] *f BIO* genética *f*
genetisch [gə'neːtɪʃ] *adj BIO* genético
Genforschung ['geːnfɔrʃuŋ] *f BIO* genética *f*
genial [gen'jaːl] *adj* genial
Genialität [genjalɪ'tɛːt] *f* genialidad *f*
Genick [gə'nɪk] *n ANAT* nuca *f*, cerviz *f*; *sich das ~ brechen (fig)* arruinarse, fracasar
Genie [ʒe'niː] *n* genio *m*
genieren [ʒe'niːrən] *v sich ~* tener vergüenza de; *Ich geniere mich, mit dem Chef darüber zu sprechen.* Tengo reparos de hablar con el jefe sobre ello.
genießbar [gə'niːsbaːr] *adj* comestible

Genießbarkeit [gə'niːsbaːrkaɪt] *f* comestibilidad *f*
genießen [gə'niːsən] *v irr 1. etw ~* gozar de algo; *2. (fig: etw erhalten)* recibir
Genießer(in) [gə'niːsər(ɪn)] *m/f* vividor(a) *m/f*
Genitalien [geni'taːljən] *pl ANAT* genitales *m/pl*
Genitiv ['geːnitif] *m GRAMM* genitivo *m*
Genmanipulation ['geːnmanipulatsjoːn] *f BIO* manipulación genética *f*
Genmutation ['geːnmutatsjoːn] *f BIO* mutación genética *f*
Genörgel [gə'nœrgəl] *n (fam)* refunfuño *m*
genormt [gə'nɔrmt] *adj* normalizado, estandarizado
Genosse [gə'nɔsə] *m 1.* compañero *m; 2. POL* camarada *m/f*
Genossenschaft [gə'nɔsənʃaft] *f* sociedad *f,* cooperativa *f*
Genossin [gə'nɔsɪn] *f* compañera *f*
Genozid [geno'tsiːt] *m* genocidio *m*
Genre ['ʒ ɑːrə] *n* género *m*
Gentechnik ['geːntɛçnɪk] *f BIO* ingeniería genética *f*
gentechnisch ['geːntɛçnɪʃ] *adj BIO* tecnogenético
Gentechnologie ['gɛntɛçnologiː] *f* ingeniería genética *f*
genug [gə'nuːk] *adv* suficiente, bastante; *Jetzt ist es aber ~!* ¡Ya basta!
Genüge [gə'nyːgə] *f zur ~* suficientemente, bastante, lo suficiente
genügen [gə'nyːgən] *v* ser suficiente, bastar
genügsam [gə'nyːkzaːm] *adj* contentadizo
Genügsamkeit [gə'nyːkzaːmkaɪt] *f* moderación *f,* frugalidad *f,* sobriedad *f*
Genugtuung [gə'nuːktuːuŋ] *f* satisfacción *f*
Genus ['geːnus] *n 1.* género *m; 2. GRAMM* género gramatical *m*
Genuss [gə'nus] *m* gozo *m,* placer *m; in den ~ von etw kommen* coger el gusto a algo
genüsslich [gə'nyslɪç] *adj* gozoso, voluptuoso
Genussmittel [gə'nusmɪtəl] *n* estimulante *m*
geöffnet [gə'œfnət] *adj* abierto
Geograf(in) [geo'graːf(ɪn)] *m/f* geógrafo/geógrafa *m/f*
Geografie [geogra'fiː] *f* geografía *f*
geografisch [geo'graːfɪʃ] *adj* geográfico
Geologe [geo'loːgə] *m* geólogo *m*
Geologie [geolo'giː] *f* geología *f*
Geologin [geo'loːgɪn] *f* geóloga *f*
geologisch [geo'loːgɪʃ] *adj* geológico
Geometrie [geome'triː] *f* geometría *f*
geometrisch [geo'meːtrɪʃ] *adj* geométrico
Geophysik [geofy'ziːk] *f GEO* geofísica *f*
geopolitisch [geopo'liːtɪʃ] *adj POL* geopolítico
geordnet [gə'ɔrdnət] *adj* ordenado
Georgien [ge'ɔrgjən] *n GEO* Georgia *f*
Georgier(in) [ge'ɔrgjər(ɪn)] *m/f* georgiano/georgiana *m/f*
Gepäck [gə'pɛk] *n* equipaje *m; Wie viel kostet das Übergepäck?* ¿Cuánto cuesta el exceso de equipaje? *Ist das ~ schon auf dem Zimmer?* ¿Ya está el equipaje en la habitación?
Gepäckabfertigung [gə'pɛkapfɛrtɪguŋ] *f* despacho de equipajes *m*
Gepäckaufbewahrung [gə'pɛkaufbəvaːruŋ] *f (Stelle)* consigna de equipajes *f*
Gepäckausgabe [gə'pɛkausgaːbə] *f* entrega de equipajes *f*
Gepäckkontrolle [gə'pɛkkɔntrɔlə] *f* control de equipajes *m*
Gepäcknetz [gə'pɛknets] *n* red para equipajes *f*
Gepäckschalter [gə'pɛkʃaltər] *m* ventanilla de equipajes *f*
Gepäckschein [gə'pɛkʃaɪn] *m* resguardo de consigna *m*
Gepäckstück [gə'pɛkʃtyk] *n* bulto *m*
Gepäckträger [gə'pɛktrɛːgər] *m* maletero *m*
Gepard [ge'part] *m ZOOL* guepardo *m*
gepflegt [gə'pfleːkt] *adj 1. (Person)* aseado, pulcro; *Du hast ein ~es Auftreten.* Estás hecho un anís. *2. (Sache)* bien cuidada; *3. (fig: Sprache)* selecto
Gepflogenheit [gə'pfloːgənhaɪt] *f* costumbre *f*
Geplapper [gə'plapər] *n* pablabrería *f,* cháchara *f*
Geplauder [gə'plaudər] *n* charla *f,* plática *f*
Gepräge [gə'prɛːgə] *n 1.* cuño *m,* sello *m; 2. (fig)* impresión *f,* marca *f*
gerade [gə'raːdə] *adj 1.* derecho; *2. MATH* par; *adv 3. (im Augenblick)* en este momento, ahorita (LA); *4. ~ biegen* enderezar, poner derecho; *5. (fig: eine Sache ~ biegen)* arreglar un asunto
Gerade [gə'raːdə] *f MATH* recta *f*
geradeaus [gəraːdə'aus] *adv* de frente, todo derecho

geradeheraus [gəraːdəhɛ'raus] *adv* francamente, con toda franqueza
geradestehen [gə'raːdəʃteːən] *v irr* *1.* estar derecho, estar de pie; *2. für etw ~* responder de algo
geradewegs [gə'raːdəveːks] *adv* directamente, todo derecho
geradezu [gə'raːdətsuː] *adv* directamente, derecho
geradlinig [gə'raːtliːnɪç] *adj (fig)* franco
Geradlinigkeit [gə'raːtliːnɪçkaɪt] *f* rectitud *f,* sinceridad *f*
Geranie [gə'raːnjə] *f BOT* geranio *m*
Geraschel [gə'raʃəl] *n* susurro *m,* crepitación *f*
Gerassel [gə'rasəl] *n* carraca *f,* matraca *f*
Gerät [gə'rɛːt] *n* aparato *m,* utensilio *m*
geraten [gə'raːtən] *v irr* *1. (ausfallen)* suspender; *2. (sich entwickeln)* desarrollarse; *3. (zufällig gelangen)* llegar a, ir a parar a; *4. (stoßen auf)* tropezar con, topar con
Geräteturnen [gə'rɛːtəturnən] *n SPORT* gimnasia por aparatos *f*
Geratewohl [gə'raːtəvoːl] *n aufs ~* al azar, a la aventura, a la buena de Dios
Gerätschaft [gə'rɛːtʃaft] *f* aparatos *m/pl*
geräumig [gə'rɔymɪç] *adj* espacioso, amplio
Geräumigkeit [gə'rɔymɪçkaɪt] *f* amplitud *f,* extensión *f,* gran capacidad *f*
Geräusch [gə'rɔyʃ] *n* ruido *m*
Geräuschkulisse [gə'rɔyʃkulɪsə] *f* fondo sonoro *m*
geräuschlos [gə'rɔyʃloːs] *adj* silencioso, sin ruido
Geräuschlosigkeit [gə'rɔyʃloːzɪçkaɪt] *f* silencio *m,* ausencia de ruido *f*
geräuschvoll [gə'rɔyʃfɔl] *adj* ruidoso
gerben ['gɛrbən] *v* adobar, aderezar, curtir
gerecht [gə'rɛçt] *adj* justo
gerechtfertigt [gə'rɛçtfɛrtɪçt] *adj* justificado
Gerechtigkeit [gə'rɛçtɪçkaɪt] *f* justicia *f*
Gerede [gə'reːdə] *n* *1.* habladurías *f/pl,* cuentos *m/pl; 2. (Gerücht)* rumores *m/pl; 3. (fam: Klatsch)* chismes *m/pl; jdn ins ~ bringen* propagar chismes acerca de alguien; *ins ~ kommen* andar en lenguas
geregelt [gə'reːgəlt] *adj* *1.* organizado; *2. (Katalysator) TECH* regulado
gereizt [gə'raɪtst] *adj* irritado, molesto
Gereiztheit [gə'raɪtsthaɪt] *f* irritación *f*
Geriatrie [gerja'triː] *f MED* geriatría *f*
geriatrisch [ge'rjaːtrɪʃ] *adj MED* geriátrico
Gericht [gə'rɪçt] *n* *1. GAST* plato *m; 2. JUR* tribunal *m,* audiencia *f,* corte *f* (LA); *mit jdm ins ~ gehen* echar un sermón a alguien (fam)
gerichtlich [gə'rɪçtlɪç] *adj 1. JUR* judicial; *adv 2. JUR* judicialmente
Gerichtsbarkeit [gə'rɪçtsbaːrkaɪt] *f JUR* jurisdicción *f*
Gerichtsbeschluss [gə'rɪçtsbəʃlus] *m JUR* decisión judicial *f*
Gerichtsgebäude [gə'rɪçtsgəbɔydə] *n* Palacio de Justicia *m*
Gerichtshof [gə'rɪçtshoːf] *m JUR* tribunal de justicia *m,* corte de justicia *f*
Gerichtskosten [gə'rɪçtskɔstən] *pl JUR* costes judiciales *f/pl*
Gerichtsmedizin [gə'rɪçtsmeditsiːn] *f JUR* medicina forense *f*
Gerichtssaal [gə'rɪçtszaːl] *m* sala de audiencias *f*
Gerichtsverfahren [gə'rɪçtsfɛrfaːrən] *n JUR* procedimiento judicial *m*
Gerichtsverhandlung [gə'rɪçtsfɛrhandluŋ] *f JUR* vista de una causa *f*
Gerichtsvollzieher [gə'rɪçtsfɔltsiːər] *m JUR* agente ejecutivo *m,* alguacil *m* (Spanien)
geriffelt [gə'rɪfəlt] *adj* ondulado
gering [gə'rɪŋ] *adj 1. (wenig)* poco, escaso; *2. (niedrig)* bajo; *kein Geringerer als* un hombre tan señalado como; *3. (kurz)* corto
geringelt [gə'rɪŋəlt] *adj* anillado
geringfügig [gə'rɪŋfyːgɪç] *adj 1.* insignificante; *adv 2.* sin importancia
Geringfügigkeit [gə'rɪŋfyːgɪçkaɪt] *f* insignificancia *f*
gering halten [gə'rɪŋhaltən] *v irr* mantener en pequeño
geringschätzig [gə'rɪŋʃɛtsɪç] *adj* despreciativo, desdeñoso
Geringschätzigkeit [gə'rɪŋʃɛtsɪçkaɪt] *f* desdén *m,* menoscabo *m*
Geringschätzung [gə'rɪŋʃɛtsuŋ] *f* desdén *m,* menosprecio *m*
gerinnen [gə'rɪnən] *v irr* coagular, coagularse
Gerinnsel [gə'rɪnzəl] *n (Blutgerinnsel) MED* coágulo *m*
Gerinnung [gə'rɪnuŋ] *f 1. MED* coagulación *f; 2. (von Milch)* coagulación *f*
Gerippe [gə'rɪpə] *n ANAT* esqueleto *m*
gerippt [gə'rɪpt] *adj* acanalado, estriado
gerissen [gə'rɪsən] *adj* astuto, taimado, listo

Gerissenheit [gə'rɪsənhaɪt] *f* picardía *f,* astucia *f*
Germane [gɛr'maːnə] *m HIST* germano *m*
Germanin [gɛr'maːnɪn] *f HIST* germana *f*
Germanist(in) [gɛrma'nɪst(ɪn)] *m/f LIT* germanista *m/f*
Germanistik [gɛrma'nɪstɪk] *f* germanística *f,* filología germánica *f*
gern [gɛrn] *adv* gustosamente, con mucho gusto, con agrado; *Der kann mich ~ haben. (fam)* ¡Qué se vaya a paseo!
Geröll [gə'rœl] *n GEOL* guijarros *m/pl,* pedregullo *m* (LA)
Geröllhalde [gə'rœlhaldə] *f* escorial *m*
geröstet [gə'rœstət] *adj GAST 1.* salteado; *2. (fig: sonnengebräunt)* moreno
Gerste ['gɛrstə] *f BOT* cebada *f*
Gerstenkorn ['gɛrstənkorn] *n MED* orzuelo *m*
Gerte ['gɛrtə] *f 1.* vara delgada *f,* varilla *f; 2. (Reitgerte)* fusta *f*
Geruch [gə'rux] *m* olor *m*
geruchlos [gə'ruxloːs] *adj* inodoro, sin olor
Geruchlosigkeit [gə'ruxloːzɪçkaɪt] *f* inodoridad *f,* falta de olor *f*
Geruchssinn [gə'ruxzɪn] *m* sentido del olfato *m*
Gerücht [gə'ryçt] *n* rumor *m; Das ~ verbreitete sich wie ein Lauffeuer.* El rumor corrió como un reguero de pólvora. *zu ~en Anlass geben* dar que hablar
gerüchtweise [gə'ryçtvaɪzə] *adj* como un rumor
gerührt [gə'ryːrt] *adj (fig)* emocionado, conmovido
geruhsam [gə'ruːzaːm] *adj* sosegado, tranquilo
Gerümpel [gə'rympəl] *n* trastos *m/pl,* cachivaches *m/pl*
Gerundium [ge'rundium] *n GRAMM* gerundio *m*
Gerüst [gə'ryst] *n 1. (Baugerüst)* andamio *m,* andamiaje *m; 2. (fig)* estructura *f*
Gerüstbau [gə'rystbau] *m TECH* andamio *m*
gesalzen [gə'zaltsən] *adj 1. GAST* salado; *2. (fig: Preise)* precios desorbitantes *m/pl*
gesamt [gə'zamt] *adj* total, todo, completo, entero
Gesamtbetrag [gə'zamtbətraːk] *m* importe total *m*
gesamtdeutsch [gə'zamtdɔytʃ] *adj* de toda Alemania, panalemán
Gesamteindruck [gə'zamtaɪndruk] *m* impresión general de conjunto *f*
Gesamtheit [gə'zamthaɪt] *f* totalidad *f,* conjunto *m*
Gesandte(r) [gə'zantə(r)] *m/f POL* enviado/enviada *m/f*
Gesandter [gə'zantər] *m POL* ministro plenipotenciario *m,* embajador *m*
Gesandtschaft [gə'zantʃaft] *f POL* legación *f*
Gesang [gə'zaŋ] *m* canto *m*
Gesangbuch [gə'zaŋbuːx] *n REL* libro de cánticos *m*
Gesangsstunde [gə'zaŋsʃtundə] *f MUS* lección de canto *f*
Gesangsunterricht [gə'zaŋsuntərɪçt] *m MUS* lección de canto *f*
Gesangverein [gə'zaŋvəraɪn] *m* sociedad coral *f,* orfeón *m*
Gesäß [gə'zɛːs] *n* nalgas *f/pl,* trasero *m,* posaderas *f/pl*
Gesäßtasche [gə'zɛːstaʃə] *f* bolsillo trasero *m*
gesättigt [gə'zɛtɪçt] *adj 1. (satt)* saciado; *2. CHEM* saturado; *3. ECO* saturado
Geschäft [gə'ʃɛft] *n 1. (Laden)* tienda *f,* comercio *m; 2. (Handelsgeschäft) ECO* negocio *m; seine ~e machen* hacer su agosto; *ein ~ mit etw machen* hacer un negocio con algo; *3. JUR* arreglo *m,* acuerdo *m*
Geschäftemacher [gə'ʃɛftəmaxər] *m (fam)* negociante *m*
geschäftig [gə'ʃɛftɪç] *adj 1.* activo, dinámico, diligente; *adv 2.* con dinamismo, activamente
Geschäftigkeit [gə'ʃɛftɪçkaɪt] *f* diligencia para los negocios *f*
geschäftlich [gə'ʃɛftlɪç] *adj 1.* de negocios, comercial; *adv 2.* comercialmente, por asuntos de negocios
Geschäftsabschluss [gə'ʃɛftsapʃlus] *m 1. ECO* conclusión de un negocio *f,* conclusión de una operación *f; 2. (Bilanz) ECO* balance *m,* cierre de ejercicio *m*
Geschäftsauflösung [gə'ʃɛftsaufløːzuŋ] *f ECO* cese de negocio *m,* liquidación de negocio *m*
Geschäftsbedingung [gə'ʃɛftsbədɪŋuŋ] *f ECO* condiciones de negocio *f/pl*
Geschäftsbericht [gə'ʃɛftsbərɪçt] *m ECO* memoria *f*
Geschäftseröffnung [gə'ʃɛftsɛrœfnuŋ] *f 1. ECO* apertura de un negocio *f; 2. (eines Ladens)* apertura de una tienda *f*

Geschäftsfähigkeit [gə'ʃɛftsfɛːɪçkaɪt] *f* *JUR* capacidad para contratar *f,* capacidad de celebrar negocios jurídicos *f*
Geschäftsfrau [gə'ʃɛftsfrau] *f* *ECO* mujer de negocios *f*
Geschäftsführer(in) [gə'ʃɛftsfyːrər(ɪn)] *m/f* *ECO* gerente *m/f,* administrador(a) *m/f*
Geschäftsführung [gə'ʃɛftsfyːruŋ] *f* *1. ECO* gerencia *f,* gestión *f; 2. (Personen)* gerentes *m/pl,* gestores *m/pl*
Geschäftsinhaber(in) [gə'ʃɛftsɪnhaːbər(ɪn)] *m/f* *ECO* propietario/propietaria de un negocio *m/f*
Geschäftsjahr [gə'ʃɛftsjaːr] *n* *ECO* ejercicio *m*
Geschäftsleitung [gə'ʃɛftslaɪtuŋ] *f* *ECO* dirección *f,* gerencia *f*
Geschäftsmann [gə'ʃɛftsman] *m* *ECO* hombre de negocios *m,* comerciante *m*
Geschäftspartner(in) [gə'ʃɛftspartnər(ɪn)] *m/f* *ECO* socio/socia *m/f*
Geschäftsreise [gə'ʃɛftsraɪzə] *f* viaje de negocios *m; Rodrigo ist auf ~.* Rodrigo hace un viaje de negocios.
geschäftsschädigend [gə'ʃɛftsʃɛːdɪgənt] *adj* perjudicial para el negocio
Geschäftsstelle [gə'ʃɛftsʃtɛlə] *f* oficina *f,* despacho *m*
geschäftstüchtig [gə'ʃɛftstyçtɪç] *adj* ducho en los negocios, hábil para el comercio
Geschäftsumsatz [gə'ʃɛftsumzats] *m* *ECO* cifra de ventas *f*
geschäftsunfähig [gə'ʃɛftsunfɛːɪç] *adj* *JUR* incapaz para los negocios
Geschäftsunfähigkeit [gə'ʃɛftsunfɛːɪçkaɪt] *f* *JUR* incapacidad de contratar *f*
Geschäftsverbindung [gə'ʃɛftsfɛrbɪnduŋ] *f* *ECO* relación comercial *f*
Geschäftsviertel [gə'ʃɛftsfɪːrtəl] *n* barrio comercial *m,* zona comercial *f*
Geschäftszeit [gə'ʃɛftstsaɪt] *f* horario comercial *m*
geschehen [gə'ʃeːən] *v irr* suceder, ocurrir, acontecer; *~ ist ~* a lo hecho pecho; *Es ist um ihn ~.* Está acabado. *als ob nichts ~ wäre* como si no hubiera pasado nada
Geschehen [gə'ʃeːən] *n* sucesos *m/pl,* acontecimientos *m/pl*
Geschehnis [gə'ʃeːnɪs] *n* acontecimiento *m,* suceso *m*
gescheit [gə'ʃaɪt] *adj* inteligente, listo; *Du bist wohl nicht recht ~!* ¡Tú no estás bien de la cabeza!
Geschenk [gə'ʃɛŋk] *n* regalo *m,* obsequio *m,* presente *m; ein ~ des Himmels* un regalo del cielo *m*
Geschenkartikel [gə'ʃɛŋkartɪkəl] *m* artículo de regalo *m*
Geschenkpackung [gə'ʃɛŋkpakuŋ] *f* presentación de regalo *f*
Geschenkpapier [gə'ʃɛŋkpapiːr] *n* papel de regalo *m*
Geschichte [gə'ʃɪçtə] *f* *1. (Vergangenheit)* historia *f; ~ machen* pasar a la historia; *2. (Erzählung)* cuento *m*
geschichtlich [gə'ʃɪçtlɪç] *adj* histórico
Geschichtsbuch [gə'ʃɪçtsbuːx] *n* libro de historia *m*
Geschichtsschreibung [gə'ʃɪçtsʃraɪbuŋ] *f* historiografía *f*
geschichtsträchtig [gə'ʃɪçtstrɛçtɪç] *adj* cargado de historia
Geschichtsunterricht [gə'ʃɪçtsuntərɪçt] *m* enseñanza de la historia *f*
Geschick [gə'ʃɪk] *n* destino *m,* suerte *f*
Geschicklichkeit [gə'ʃɪklɪçkaɪt] *f* habilidad *f,* destreza *f*
geschickt [gə'ʃɪkt] *adj* hábil, diestro
geschieden [gə'ʃiːdən] *adj* divorciado
Geschirr [gə'ʃɪr] *n* vajilla *f; sich ins ~ legen* ponerse manos a la obra
Geschirrspülmaschine [gə'ʃɪrʃpyːlmaʃiːnə] *f* lavavajillas *m*
Geschlecht [gə'ʃlɛçt] *n* *1. (weiblich/männlich)* sexo *m; 2. (Adelsgeschlecht)* linaje *m,* abolengo *m,* estirpe *f*
geschlechtlich [gə'ʃlɛçtlɪç] *adj* sexual, genérico
Geschlechtsakt [gə'ʃlɛçtsakt] *m* acto sexual *m*
Geschlechtskrankheit [gə'ʃlɛçtskraŋkhaɪt] *f* *MED* enfermedad venérea *f*
Geschlechtsorgan [gə'ʃlɛçtsɔrgaːn] *n* *ANAT* órgano sexual *m*
geschlechtsreif [gə'ʃlɛçtsraɪf] *adj* *BIO* maduro sexualmente
geschlechtsspezifisch [gə'ʃlɛçtsʃpetsiːfɪʃ] *adj* específico del sexo
Geschlechtsteil [gə'ʃlɛçtstaɪl] *n* órgano sexual *m (o genital)*
Geschlechtstrieb [gə'ʃlɛçtstriːp] *m* instinto sexual *m*
Geschlechtsumwandlung [gə'ʃlɛçtsumvandluŋ] *f* cambio de sexo *m,* operación de sexo *m*
Geschlechtsverkehr [gə'ʃlɛçtsfɛrkeːr] *m* relaciones sexuales *f/pl*

Geschlechtswort [gəˈʃlɛçtsvɔrt] *n GRAMM* artículo *m*
geschliffen [gəˈʃlɪfən] *adj 1. (Edelstein)* pulido; *2. (fig: Rede)* refinado
geschlossen [gəˈʃlɔsən] *adj* cerrado; *~e Gesellschaft* reunión privada
Geschlossenheit [gəˈʃlɔsənhaɪt] *f 1. (Form)* conjunto *m; 2. (Einheit)* unidad *f*
Geschmack [gəˈʃmak] *m 1. (von Speisen)* sabor *m; 2. (Sinn für Schönes)* gusto *m,* estilo *m,* sensibilidad *f; ~ an etw finden* tomar afición a algo, tomar el gusto a algo; *auf den ~ kommen* coger el gusto
geschmacklos [gəˈʃmakloːs] *adj 1. (fade)* insípido, soso; *2. (fig: hässlich)* de mal gusto, feo; *3. (fig: taktlos)* falto de delicadeza, de mal gusto
Geschmacklosigkeit [gəˈʃmakloːzɪçkaɪt] *f 1. (fig: Hässlichkeit)* mal gusto *m,* fealdad *f; 2. (fig: Taktlosigkeit)* falta de delicadeza *f*
Geschmacksrichtung [gəˈʃmaksrɪçtuŋ] *f* tendencia del gusto *f*
Geschmackssache [gəˈʃmakzaxə] *f* cuestión de gusto *f*
Geschmacksstoff [gəˈʃmaksʃtɔf] *m GAST* emulgante *m*
geschmackvoll [gəˈʃmakfɔl] *adj (fig)* de buen gusto, de gusto exquisito
geschmeidig [gəˈʃmaɪdɪç] *adj 1.* flexible; *2. (elastisch)* elástico; *3. (glatt)* escurridizo; *4. (gewandt)* deferente
Geschmeidigkeit [gəˈʃmaɪdɪçkaɪt] *f 1.* flexibilidad *f; 2. (Elastizität)* elasticidad *f; 3. (Glätte)* agilidad *f; 4. (Gewandtheit)* deferencia *f*
Geschnatter [gəˈʃnatər] *n 1. (Gänse)* graznido *m; 2. (fig)* charla *f,* parloteo *m*
Geschöpf [gəˈʃœpf] *n* criatura *f*
Geschoss [gəˈʃɔs] *n 1. (Stockwerk)* piso *m,* planta *f; 2. (Projektil)* proyectil *m*
Geschrei [gəˈʃraɪ] *n* gritos *m/pl,* gritería *f,* vocerío *m*
Geschütz [gəˈʃyts] *n MIL* cañón *m; schweres ~ auffahren (fig)* sacar toda la artillería pesada
geschützt [gəˈʃytst] *adj 1.* protegido; *2. gesetzlich ~ JUR* patentado, registrado legalmente
Geschwader [gəˈʃwaːdər] *n MIL* escuadra *f*
Geschwafel [gəˈʃvaːfəl] *n (fam)* habladurías *f/pl*
Geschwätz [gəˈʃvɛts] *n* palabrería *f*
geschwätzig [gəˈʃvɛtsɪç] *adj* hablador
geschweige [gəˈʃvaɪgə] *konj ~ denn* ni mucho menos, menos aún, por no hablar de; *Er hat kein Geld für ein gebrauchtes Auto, ~ denn für ein neues.* No tiene dinero para un coche usado, menos aún para un nuevo.
geschwind [gəˈʃvɪnt] *adj 1.* rápido, veloz; *adv 2.* rápidamente, de prisa
Geschwindigkeit [gəˈʃvɪndɪçkaɪt] *f* velocidad *f*
Geschwindigkeitsbegrenzung [gəˈʃvɪndɪçkaɪtsbəgrɛntsuŋ] *f* limitación de velocidad *f*
Geschwindigkeitsüberschreitung [gəˈʃvɪndɪçkaɪtsyːbərʃraɪtuŋ] *f* exceso de velocidad *m*
Geschwister [gəˈʃvɪstər] *pl* hermanos *m/pl*
geschwisterlich [gəˈʃvɪstərlɪç] *adj 1.* fraternal; *adv 2.* fraternalmente
geschwollen [gəˈʃvɔlən] *adj* inflado
Geschworene(r) [gəˈʃvoːrənə(ɪn)] *m/f JUR* jurado/jurada *m/f*
Geschwulst [gəˈʃvulst] *f 1.* hinchazón *f; 2. (Tumor)* tumor *m*
geschwungen [gəˈʃvuŋən] *adj 1. (fig: Form)* agitado; *2.* vibrado
Geschwür [gəˈʃvyːr] *n MED* úlcera *f*
Geselle [gəˈzɛlə] *f* oficial *m*
gesellig [gəˈzɛlɪç] *adj 1. (Person)* sociable, comunicativo; *2. ~es Beisammensein* una velada amena *f; das ~e Leben* la vida social *f*
Gesellin [gəˈzɛlɪn] *f* oficiala *f*
Gesellschaft [gəˈzɛlʃaft] *f 1.* sociedad *f; 2. (Begleitung)* compañía *f; jdm ~ leisten* hacer compañia a alguien; *Da befindest du dich in guter ~!* ¡Sé bienvenido al club! *3. ECO* sociedad *f,* compañía *f*
Gesellschafter(in) [gəˈzɛlʃaftər(ɪn)] *m/f ECO* participante *m/f,* socio/socia *m/f*
gesellschaftlich [gəˈzɛlʃaftlɪç] *adj* social
Gesellschaftskritik [gəˈzɛlʃaftskritiːk] *f* crítica social *f*
Gesellschaftsschicht [gəˈzɛlʃaftsʃɪçt] *f* estrato social *m,* clase social *f* (LA)
Gesellschaftsspiel [gəˈzɛlʃaftsʃpiːl] *n* juego de sociedad *m*
Gesellschaftssystem [gəˈzɛlʃaftszysteːm] *n POL* sistema social *m*
Gesetz [gəˈzɛts] *n* ley *f*
Gesetzbuch [gəˈzɛtsbuːx] *n 1. JUR* código *m; 2. bürgerliches ~ JUR* código civil *m; 3. Strafgesetzbuch JUR* código penal *m*
Gesetzentwurf [gəˈzɛtsɛntvurf] *m POL* proyecto de ley *m*

Gesetzesänderung [gə'zɛtsəsɛndəruŋ] *f POL* enmienda de la ley *f*, modificación de la ley *f*
Gesetzesbrecher(in) [gə'zɛtsəsbrɛçər(ɪn)] *m/f* infractor(a) de la ley *m/f*
gesetzgebend [gə'zɛtsge:bənt] *adj POL* legislativo
Gesetzgeber(in) [gə'zɛtsge:bər(ɪn)] *m/f POL* legislador(a) *m/f*
Gesetzgebung [gə'zɛtsge:buŋ] *f POL* legislación *f*
gesetzlich [gə'zɛtslɪç] *adj 1.* legal, de ley; *adv 2.* legalmente
Gesetzlichkeit [gə'zɛtslɪçkaɪt] *f* legalidad *f*, legitimidad *f*
gesetzlos [gə'zɛtslo:s] *adj* ilegal
gesetzmäßig [gə'zɛtsmɛ:sɪç] *adj 1.* legal, conforme a la ley; *adv 2.* con conformidad a la ley
gesetzt [gə'zɛtst] *adj 1. (ruhig)* sosegado, sereno; *prep 2. ~ den Fall ...* suponiendo que ..., dado el caso que ...
gesetzwidrig [gə'zɛtsvi:drɪç] *adj* ilegal, contrario a la ley
Gesicht [gə'zɪçt] *n* cara *f*, faz *f*, rostro *m*; *ein langes ~ machen* poner cara larga; *den Tatsachen ins ~ sehen* afrontar la realidad; *jdm nicht ins ~ sehen können* no poder mirar a alguien a la cara; *das ~ verlieren* caérsele la cara de vergüenza, perder su reputación; *sein wahres ~ zeigen* quitarse la máscara, mostrar su verdadero yo; *jdm im ~ geschrieben stehen* llevarlo escrito en la frente, vérselo en la cara; *jdm etw ins ~ sagen* echar algo en cara a alguien; *sein ~ wahren* guardar su reputación; *jdm wie aus dem ~ geschnitten sein* ser el vivo retrato de alguien
Gesichtsausdruck [gə'zɪçtsausdruk] *m* expresión facial *f*
Gesichtskreis [gə'zɪçtskraɪs] *m 1.* campo visual *m*; *2. (fig)* horizonte *m*
Gesichtsmaske [gə'zɪçtsmaskə] *f* mascarilla facial *f*
Gesichtspunkt [gə'zɪçtspuŋkt] *m* punto de vista *m*
Gesichtswasser [gə'zɪçtsvasər] *n* loción para la cara *f*
Gesichtszüge [gə'zɪçtstsy:gə] *pl* rasgos fisonómicos *m/pl*, facciones *f/pl*
Gesinde [gə'zɪndə] *n* servidumbre *f*, servicio *m*, criados *m/pl*
Gesindel [gə'zɪndəl] *n* chusma *f*, gentuza *f*
Gesinnung [gə'zɪnuŋ] *f* convicciones *f/pl*; *politische ~* credo político
gesittet [gə'zɪtət] *adj 1. (Person)* decente; *2. (zivilisiert)* de buenos modales, urbano
gespalten [gə'ʃpaltən] *adj 1.* dividido; *2. (fig: psychisch)* doble personalidad
Gespann [gə'ʃpan] *n 1. (Pferdegespann)* tiro *m*, tronco *m*; *2. (fig)* pareja *f*
gespannt [gə'ʃpant] *adj 1.* tenso, tirante; *2. (fig: Beziehung)* tirante; *3. (fig: erwartungsvoll)* ansioso
Gespenst [gə'ʃpɛnst] *n* fantasma *m*; *~er sehen* tener alucinaciones/ver fantasmas
gespenstisch [gə'ʃpɛnstɪʃ] *adj* fantasmal
gesperrt [gə'ʃpɛrt] *adj 1. (verboten)* prohibido el paso, cerrado; *2. (Konto) ECO* bloqueada
Gespinst [gə'ʃpɪnst] *n 1.* hilado *m*, hilaza *f*; *2. (einer Raupe)* capullo *m*; *3. (Garn)* tejido *m*, tela *f*
Gespött [gə'ʃpœt] *n* ironía *f*, sarcasmo *m*, burla *f*; *jdm zum ~ machen* poner en ridículo a alguien; *zum ~ werden* servir de escarnio, convertirse en el hazmerreír
Gespräch [gə'ʃprɛ:ç] *n 1. (Unterhaltung)* conversación *f*; *2. (Unterredung)* conferencia *f*; *im ~ sein* estar en boca de todos; *3. (Dialog)* diálogo *m*; *mit jdm im ~ bleiben* mantener el contacto con alguien
gesprächig [gə'ʃprɛ:çɪç] *adj* comunicativo
Gesprächsbereitschaft [gə'ʃprɛ:çsbəraɪtʃaft] *f* disposición para conversar *f*
Gesprächspartner(in) [gə'ʃprɛ:çspartnər(ɪn)] *m/f* interlocutor(a) *m/f*
Gesprächsstoff [gə'ʃprɛçsʃtɔf] *m* tema de conversación *m*
gesprungen [gə'ʃpruŋən] *adj* saltado, desportillado
Gespür [gə'ʃpy:r] *n* olfato *m*, sentimiento *m*, sentido *m*
Gestalt [gə'ʃtalt] *f 1. (Figur)* figura *f*, forma *f*; *2. (Aussehen)* aspecto físico *m*; *3. (fig: in ~ von)* forma *f*; *in ~ des Teufels* el diablo en persona
gestalten [gə'ʃtaltən] *v 1. (formen)* formar, hacer, moldear, delinear; *2. (verwirklichen)* realizar, ejecutar; *3. (einrichten)* decorar artísticamente
gestalterisch [gə'ʃtaltərɪʃ] *adj* creativo
Gestaltung [gə'ʃtaltuŋ] *f 1. (Formgebung)* delineación *f*; *2. (Verwirklichung)* realización *f*; *3. (Einrichtung)* decoración *f*
Gestammel [gə'ʃtaməl] *n* balbuceo *m*, tartamudeo *m*
gestanden [gə'ʃtandən] *adj 1.* alzado; *2. ~es Mannsbild* un hombre de verdad

gestándig [gə'ʃtɛndɪç] *adj JUR* confeso; *überführt und ~* convicto y confeso
Geständnis [gə'ʃtɛntnɪs] *n JUR* confesión *f*
Gestänge [gə'ʃtɛŋə] *n* varillaje *m*
Gestank [gə'ʃtaŋk] *m* hedor *m,* mal olor *m,* fetidez *f,* pestilencia *f*
gestatten [gə'ʃtatən] *v* permitir, autorizar; *Gestatten Sie?* ¿Me permite usted?
Geste ['gɛstə] *f* gesto *m,* ademán *m*
gestehen [gə'ʃteːən] *v* confesar, declarar, reconocer
Gestein [gə'ʃtaɪn] *n* roca *f*
Gesteinsart [gə'ʃtaɪnsaːrt] *f MIN* especie de roca *f,* clase de piedra *f*
Gesteinsschicht [gə'ʃtaɪnsʃɪçt] *f MIN* estrato de roca *m*
Gestell [gə'ʃtɛl] *n* soporte *m,* marco *m*
gestern ['gɛstərn] *adv* ayer; *~ Abend* ayer por la noche; *nicht von ~ sein* no ser de ayer (fig)
Gestik ['gɛstɪk] *f* gestos *m/pl,* ademanes *m/pl*
Gestikulation [gɛstɪkula'tsjoːn] *f* gesticulación *f*
gestikulieren [gɛstɪku'liːrən] *v* gesticular, hacer gestos
Gestirn [gə'ʃtɪrn] *n ASTR* astro *m*
gestohlen [gə'ʃtoːlən] *adj* robado; *Er kann mir ~ bleiben!* ¡Qué se vaya al diablo!
gestreift [gə'ʃtraɪft] *adj* a rayas, rayado
gestrig ['gɛstrɪg] *adj* de ayer, pasado de moda
Gestrüpp [gə'ʃtryp] *n BOT* matorral *m,* maleza *f*
Gestüt [gə'ʃtyːt] *n* acaballadero *m*
Gesuch [gə'zuːx] *n* solicitud *f,* petición *f,* instancia *f*
gesund [gə'zunt] *adj 1. (Person)* sano, bien de salud; *2. (Nahrungsmittel)* saludable, bueno para la salud
Gesundheit [gə'zunthaɪt] *f* salud *f*
gesundheitlich [gə'zunthaɪtlɪç] *adj* de salud, sanitario
Gesundheitsamt [gə'zunthaɪtsamt] *n* delegación de sanidad *f,* Servicio de Higiene Pública *m*
Gesundheitsapostel [gə'zunthaɪtsapɔstəl] *m (fam)* fanático de la salud *m*
Gesundheitspflege [gə'zunthaɪtspfleːgə] *f* higiene *f,* régimen sanitario *m*
Gesundheitsreform [gə'zunthaɪtsrefɔrm] *f* reforma de la sanidad *f*
gesundheitsschädlich [gə'zunthaɪtsʃɛːdlɪç] *adj* perjudicial para la salud
Gesundheitszustand [gə'zunthaɪtstsuʃtant] *m* estado de salud *m,* estado sanitario *m*
gesundstoßen [gə'zuntʃtoːsən] *v irr sich ~* hacer su agosto
getauft [gə'tauft] *adj 1. REL* bautizado; *2. (benannt)* bautizado
geteilt [gə'taɪlt] *adj 1.* repartido; *2. (Meinung)* dividido
Getöse [gə'tøːzə] *n* estruendo *m,* ruido *m,* estrépito *m*
getragen [gə'traːgən] *adj 1. (Kleidung)* usado; *2. (feierlich)* serio
Getränk [gə'trɛŋk] *n* bebida *f*
Getränkeautomat [gə'trɛŋkəautomaːt] *m* automático de bebidas *m*
getrauen [gə'trauən] *v sich ~* atreverse a, osar
Getreide [gə'traɪdə] *n AGR* cereales *m/pl*
Getreidefeld [gə'traɪdəfɛlt] *n AGR* campo de cereales *m*
getrennt [gə'trɛnt] *adj* separado
Getrenntschreibung [gə'trɛntʃraɪbuŋ] *f GRAMM* escritura separada *f*
getreu [gə'trɔy] *adj* fiel, leal
Getriebe [gə'triːbə] *n 1. (fig)* agitación *f,* movimiento *m,* animación *f; 2. TECH* engranaje *m,* mecanismo *m,* caja de cambios *f; Aus dem ~ tropft ein wenig Öl.* Gotea un poco de aceite de la caja de cambios.
getrost [gə'troːst] *adj 1.* seguro; *adv 2. (unbesorgt)* confiado
Getue [gə'tuːə] *n 1.* afectación *f,* gestos afectados *m/pl; 2. (umständliches Gehabe)* aspavientos *m/pl*
Getümmel [gə'tyməl] *n (fam)* mogollón *m*
Gewächs [gə'vɛks] *n 1. BOT* planta *f,* vegetal *m; 2. (Auswuchs) MED* excrecencia *f,* vegetación *f*
gewachsen [gə'vaksən] *v jdm ~ sein (fig)* poder competir con alguien, estar a la altura de alguien
Gewächshaus [gə'vɛkshaus] *n* invernadero *m*
gewachst [gə'vakst] *adj* crecido
gewagt [gə'vaːkt] *adj* osado, atrevido, arriesgado
gewählt [gə'vɛːlt] *adj* escogido, selecto, elegido
Gewähr [gə'vɛːr] *f* garantía *f,* caución *f,* fianza *f*
gewähren [gə'vɛːrən] *v* conceder, otorgar
gewährleisten [gə'vɛːrlaɪstən] *v* garantizar, asegurar

Gewährleistungsfrist [gə'vɛːrlaɪstuŋsfrɪst] *f* plazo de garantía *m*
Gewahrsam [gə'vaːrzaːm] *m* custodia *f*, depósito *m*; *jdn in ~ nehmen* detener a alguien
Gewährsmann [gə'vɛːrsman] *m* garante *m*, avalador *m*
Gewalt [gə'valt] *f* *1.* violencia *f*; *mit aller ~* a toda costa; *2. (Macht)* poder *m*; *höhere ~* fuerza mayor; *sich in der ~ haben* dominarse, mantener el control de si mismo
Gewaltanwendung [gə'valtanvɛnduŋ] *f* empleo de la fuerza *m*
Gewaltenteilung [gə'valtəntaɪluŋ] *f* *POL* separación de poderes *f*, división de poderes *f*
Gewaltherrschaft [gə'valthɛrʃaft] *f* *POL* tiranía *f*, dictadura *f*, régimen totalitario *m*
gewaltig [gə'valtɪç] *adj 1.* poderoso; *adv 2.* de forma impresionante
Gewaltlosigkeit [gə'valtloːzɪçkaɪt] *f* no violencia *f*, renuncia a la violencia *f*
gewaltsam [gə'valtzaːm] *adj 1.* violento; *adv 2.* violentamente, a la fuerza
gewalttätig [gə'valttɛtɪç] *adj* violento, brutal
Gewaltverbrecher [gə'valtfərbrɛçər] *m* criminal peligroso *m*
Gewaltverzicht [gə'valtfɛrtsɪçt] *m* renuncia a la violencia *f*
Gewand [gə'vant] *n 1.* manto *m*, túnica *f*; *2. (fig: äußere Erscheinung)* apariencia *f*
gewandt [gə'vant] *adj* ágil, ligero, desenvuelto; *~es Auftreten* una postura desenvuelta
Gewandtheit [gə'vanthaɪt] *f* *1.* habilidad *f*, destreza *f*, soltura *f*; *2. (des Ausdrucks)* fluidez *f*
Gewäsch [gə'vɛʃ] *n* planta *f*, vegetal *m*
Gewässer [gə'vɛsər] *n* aguas *f/pl*
Gewebe [gə'veːbə] *n 1. (Stoff)* tela *f*; *2. BIO* tejido *m*
Gewehr [gə'veːr] *n* fusil *m*; *~ bei Fuß stehen (fig)* descansar armas
Gewehrkolben [gə'veːrkɔlbən] *m* culata del fusil *f*
Gewehrlauf [gə'veːrlauf] *m* cañón de fusil *m*
Geweih [gə'vaɪ] *n* cornamenta *f*, cuernos *m/pl*
Gewerbe [gə'vɛrbə] *n* *ECO* actividad industrial *f*, actividad comercial *f*
Gewerbebetrieb [gə'vɛrbəbətriːp] *m* *ECO* empresa industrial *f*
Gewerbegebiet [gə'vɛrbəgəbiːt] *n* *ECO* zona industrial *f*
Gewerbeschein [gə'vɛrbəʃaɪn] *m 1. (Beruf) ECO* licencia profesional *f*; *2. ECO* concesión de una industria *f*, patente profesional *f*
Gewerbesteuer [gə'vɛrbəʃtɔyər] *f* *ECO* impuesto industrial *m*
Gewerbetreibende(r) [gə'vɛrbətraɪbəndə(r)] *m/f* *ECO* industrial *m/f*, fabricante *m/f*
gewerblich [gə'vɛrblɪç] *adj ECO* comercial, industrial, profesional
Gewerkschaft [gə'vɛrkʃaft] *f* sindicato *m*
Gewerkschaftler(in) [gə'vɛrkʃaftlər(ɪn)] *m/f* sindicalista *m/f*
Gewerkschaftsbund [gə'vɛrkʃaftsbunt] *m* confederación de sindicatos *f*
Gewerkschaftsmitglied [gə'vɛrkʃaftsmɪtgliːt] *n* miembro de un sindicato *m*, trabajador sindicado *m*
Gewicht [gə'vɪçt] *n 1.* peso *m*; *ins ~ fallen* tener importancia; *auf etw ~ legen* dar importancia a algo; *2. (fig: Wichtigkeit)* importancia *f*
Gewichtheben [gə'vɪçtheːbən] *n* *SPORT* levantamiento de pesos *m*, halterofilia *f*
Gewichtheber [gə'vɪçtheːbər] *m* *SPORT* levantador de pesos *m*, atleta halterófilo *m*
gewichtig [gə'vɪçtɪç] *adj 1.* pesado; *2. (einflussreich)* de peso; *3. (wichtig tuend)* importante
Gewichtsklasse [gə'vɪçtsklasə] *f* *SPORT* clase de peso *f*
gewillt [gə'vɪlt] *adj ~ sein* estar dispuesto a, tener la intención de
Gewimmel [gə'vɪməl] *n 1.* hormigueo *m*; *2. (Menge)* hervidero *m*
Gewinde [gə'vɪndə] *n 1. (Blumengewinde)* guirnalda *f*; *2. (Schraubengewinde) TECH* rosca *f*
Gewinn [gə'vɪn] *m 1. (Spiel)* premio *m*; *~ bringend* beneficioso, lucrativo, renumerativo; *2. (fig: Nutzen)* ventaja *f*, provecho *m*; *3. ECO* beneficio *m*, ganancia *f*
Gewinnausschüttung [gə'vɪnausʃytuŋ] *f* *ECO* reparto de beneficios *m*
Gewinnbeteiligung [gə'vɪnbətaɪlɪguŋ] *f* *ECO* participación en los beneficios *f*, participación en las utilidades *f*
gewinnen [gə'vɪnən] *v irr 1. (verdienen)* ganar; *2. (siegen)* vencer, derrotar; *3. (fig: profitieren)* aprovechar, utilizar; *4. (fördern) MIN* extraer
gewinnend [gə'vɪnənt] *adj (fig)* agradable, simpático
Gewinner(in) [gə'vɪnər(ɪn)] *m/f* ganador(a) *m/f*, vencedor(a) *m/f*

Gewinnquote [gəˈvɪnkvoːtə] *f* *1. ECO* cuota de ganancia *f*; *2. (bei einer Lotterie)* cuota de ganancia *f*
Gewinnspanne [gəˈvɪnʃpanə] *f* *ECO* margen de beneficios *m*, margen de las ganancias *m*
Gewinnstreben [gəˈvɪnʃtreːbən] *n* ánimo de lucro *m*
Gewinsel [gəˈvɪnzəl] *n* *(fam)* aullido *m*
Gewirr [gəˈvɪr] *n* *1. (Durcheinander)* confusión *f*, enredo *m*, barullo *m*; *2. (Straßengewirr)* laberinto *m*
gewiss [gəˈvɪs] *adj* *1.* cierto, seguro; *das ~e Etwas haben* tener ese algo de; *adv* *2.* por cierto, seguramente
Gewissen [gəˈvɪsən] *n* conciencia *f*; *jdm ins ~ reden* apelar a la conciencia de alguien; *ein gutes ~ haben* tener la conciencia tranquila; *etw auf dem ~ haben* tener algo sobre la conciencia, tener remordimientos de conciencia; *kein ~ haben* no tener excrúpulos; *jdn auf dem ~ haben* ser culpable de la muerte de alguien
gewissenhaft [gəˈvɪsənhaft] *adj* concienzudo, escrupuloso
gewissenlos [gəˈvɪsənloːs] *adj* sin conciencia, sin escrúpulos
Gewissenlosigkeit [gəˈvɪsənloːzɪçkaɪt] *f* falta de conciencia *f*
Gewissensbisse [gəˈvɪsənsbɪsə] *pl* remordimientos *m/pl*; *Hast du keine ~?* ¿No te remuerde la conciencia?
Gewissensfrage [gəˈvɪsənsfraːgə] *f* caso de conciencia *m*, cuestión de conciencia *f*
Gewissenskonflikt [gəˈvɪsənskɔnflɪkt] *m* conflicto de conciencia *m*
gewissermaßen [gəˈvɪsərmaːsən] *adv* en cierto modo, hasta cierto punto
Gewissheit [gəˈvɪshaɪt] *f* certeza *f*, seguridad *f*, certidumbre *f*
Gewitter [gəˈvɪtər] *n* tormenta *f*; *Es wird ~ geben.* Va a haber tormenta.
Gewitterschauer [gəˈvɪtərʃauər] *m* aguacero tormentoso *m*, chubasco *m*
Gewitterstimmung [gəˈvɪtərʃtɪmuŋ] *f* *1.* amenaza de tormenta *f*; *2. (fig)* ambiente cargado *m*
Gewitterwolke [gəˈvɪtərvɔlkə] *f* *METEO* nube cargada *f*, nube de tormenta *f*
gewittrig [gəˈvɪtrɪç] *adj* *METEO* tormentoso
gewogen [gəˈvoːgən] *adj* *1. (Gewicht)* pesado; *2. (jdn gerne haben) jdm ~ sein* tener simpatía por alguien
gewöhnen [gəˈvøːnən] *v* *1. sich ~* acostumbrarse, habituarse; *2. jdn an etw ~* habituar a alguien a algo
Gewohnheit [gəˈvoːnhaɪt] *f* hábito *m*, costumbre *f*
gewohnheitsmäßig [gəˈvoːnhaɪtsmɛːsɪç] *adj* *1.* habitual, acostumbrado; *adv* *2.* habitualmente, de costumbre
Gewohnheitsrecht [gəˈvoːnhaɪtsrɛçt] *n* *JUR* derecho consuetudinario *m*
gewöhnlich [gəˈvøːnlɪç] *adj* *1. (gebräuchlich)* usual, de uso corriente; *2. (normal)* normal; *3. (unfein)* ordinario, vulgar, bajo; *adv* *4. (üblicherweise)* acostumbradamente, por costumbre; *5. (unfein)* vulgarmente, con vulgaridad
Gewöhnlichkeit [gəˈvøːnlɪçkaɪt] *f* *1.* falta de cultura *f*, trivialidad *f*, mal gusto *m*; *2. (niederer Charakter)* ordinariez
gewohnt [gəˈvoːnt] *adj* *etw ~ sein* estar habituado a algo, estar acostumbrado a algo
Gewöhnung [gəˈvøːnuŋ] *f* habituación *f*
Gewölbe [gəˈvœlbə] *n* bóveda *f*
Gewühl [gəˈvyːl] *n* *(Gedränge)* multitud *m*
Gewürze [gəˈvyrtsə] *pl* especias *f/pl*
Gewürzmischung [gəˈvyrtsmɪʃuŋ] *f* *GAST* mezcla de especias *f*
Gewürznelke [gəˈvyrtsnɛlkə] *f* *GAST* clavo *m*
Geysir [gaɪˈziːr] *m* *GEO* géiser *m*
gezackt [gəˈtsakt] *adj* dentado, dentellado
Gezanke [gəˈtsaŋkə] *n* altercado *m*, disputa *f*
Gezappel [gəˈtsapəl] *n* *(fam)* aspaviento *m*
gezeichnet [gəˈtsaɪçnət] *adj* *(fig)* marcado
Gezeiten [gəˈtsaɪtən] *pl* marea *f*
gezielt [gəˈtsiːlt] *adj* *1.* bien calculado, intencionado; *adv* *2.* con puntería
geziert [gəˈtsiːrt] *adj* *(fig)* remilgado, melindroso
Gezwitscher [gəˈtsvɪtʃər] *n* gorjeo *m*
gezwungen [gəˈtsvuŋən] *adj* *1.* obligado; *2. (Stimmung)* afectado
gezwungenermaßen [gəˈtsvuŋənərmaːsən] *adv* forzosamente, a la fuerza
Ghana [ˈgaːna] *n* *GEO* Ghana *m*
Ghetto [ˈgɛto] *n* Getto *m*
Gibbon [ˈgɪbɔn] *m* *ZOOL* gibón *m*
Gibraltar [giˈbraltar] *n* *GEO* Gibraltar *m*
Gicht [gɪçt] *f* *MED* gota *f*
Giebel [ˈgiːbəl] *m* frontón *m*, frontispicio *m*
Gier [giːr] *f* avidez *f*, afán *m*
gierig [ˈgiːrɪç] *adj* *1. ~ nach* ávido de; *adv* *2.* con avidez

gießen ['giːsən] *v irr 1. (einschenken)* verter, echar en; *2. (Blumen)* regar; *3. in Strömen ~* llover a cántaros, caer chuzos de punta; *4. (schmelzen) TECH* fundir
Gießerei [giːsə'raɪ] *f TECH* fundición *f*
Gießkanne ['giːskanə] *f* regadera *f*
Gift [gɪft] *n* veneno *m; ~ für jdn sein* ser veneno para alguien; *~ und Galle spucken* echar sapos y culebras; *Darauf kannst du ~ nehmen!* ¡Lo juro por todos los Santos!
Giftgas ['gɪftgaːs] *n CHEM* gas tóxico *m*
giftig ['gɪftɪç] *adj* venenoso, tóxico
Giftmord ['gɪftmɔrt] *m* homicidio por envenenamiento *m*
Giftmüll ['gɪftmyl] *m* residuos tóxicos *m/pl*
Giftmüllexport ['gɪftmylekspɔrt] *m* exportación de desechos tóxicos *f*
Giftschlange ['gɪftʃlaŋə] *f ZOOL* serpiente venenosa *f*
Giftstoffe ['gɪftʃtɔfə] *pl* sustancia tóxica *f*
Gigant [gɪ'gant] *m* gigante *m*
gigantisch [gɪ'gantɪʃ] *adj* gigantesco
Gimpel ['gɪmpəl] *m 1.* bobo *m,* tonto *m,* imbécil *m; 2. (fig: Einfaltspinsel)* simplón *m*
Gin [dʒɪn] *m GAST* ginebra *f*
Ginseng ['gɪnzɛŋ] *m BOT* ginseng *m*
Ginster ['gɪnstər] *m BOT* retama *f*
Gipfel ['gɪpfəl] *m 1. (fig: Höhepunkt)* apogeo *m,* cúspide *f,* culminación *f,* cumbre *f; 2. GEO* cima *f,* cumbre *f; 3. POL* cumbre *f*
Gipfelkonferenz ['gɪpfəlkɔnferɛnts] *f POL* conferencia cumbre *f*
gipfeln ['gɪpfəln] *v in etw ~* culminar en
Gips [gɪps] *m* yeso *m*
Gipsverband ['gɪpsfɛrbant] *m MED* vendaje de yeso *m*
Giraffe [gi'rafə] *f ZOOL* jirafa *f*
Girlande [gɪr'landə] *f* guirnalda *f*
Giro ['ʒiːro] *n FIN* transferencia *f,* giro *m*
Girokonto ['ʒiːrokɔnto] *n FIN* cuenta corriente *f,* cuenta de giros *f*
Girozentrale ['ʒiːroːtsɛntraːlə] *f FIN* central de giros *f*
Gischt [gɪʃt] *f* cresta de espuma *f*
Gitarre [gi'tarə] *f MUS* guitarra *f*
Gitarrist(in) [gita'rɪst(ɪn)] *m/f MUS* guitarrista *m/f*
Gitter ['gɪtər] *n* reja *f,* verja *f; hinter ~n sitzen (fig)* estar entre rejas; *jdn hinter ~ bringen* meter a alguien en chirona
Gitterbett ['gɪtərbɛt] *n* cama enrejada *f*
Gitterrost ['gɪtərrɔst] *m* óxido de verja *m*
Gladiator [gla'djaːtɔr] *m HIST* gladiador *m*
Gladiole [glad'joːlə] *f BOT* gladiolo *m*
Glanz [glants] *m* brillo *m,* brillantez *f,* resplandor *m; mit ~ und Gloria* magníficamente
glänzen ['glɛntsən] *v* brillar, resplandecer
glänzend ['glɛntsənt] *adj 1.* brillante, respladenciente; *adv 2.* brillantemente
Glanzleistung ['glantslaɪstuŋ] *f* actuación brillante *f*
Glanzzeit ['glantstsaɪt] *f* época brillante *f,* apogeo *m*
Glas [glaːs] *n 1. (Material)* vidrio *m,* cristal *m; 2. (Trinkglas)* vaso *m,* copa *f; zu tief ins ~ schauen* darle mucho al frasco (fam); *ein ~ über den Durst trinken* beber más de la cuenta, empinar el codo (fam)
Glaser ['glaːzər] *m* vidriero *m*
gläsern ['glɛːzərn] *adj* de vidrio, vitreo
Glasfaser ['glaːsfaːzər] *f* fibra de vidrio *f*
Glasfaserkabel ['glaːsfaːzərkaːbəl] *n TECH* cable fibroóptico *m*
Glasflasche ['glaːsflaʃə] *f* botella de vidrio *f,* frasco *m*
glasieren [gla'ziːrən] *v 1. GAST* glasear; *2. TECH* vidriar, vitrificar
glasklar ['glaːsklaːr] *adj* claro como el cristal, transparente
Glasscheibe ['glaːsʃaɪbə] *f* cristal *m,* vidrio *m*
Glasur [gla'zuːr] *f 1. GAST* glaseado *m; 2. TECH* vidriado *m*
glatt [glat] *adj 1. (faltenlos)* liso; *2. (rutschig)* resbaladizo; *3. (fig: mühelos)* fácil, sencillo; *4. (fig: heuchlerisch)* hipócrita, meloso; *5. (fig: eindeutig)* claro; *Er hat es ~ geschafft.* Lo consiguió realmente.
Glätte ['glɛtə] *f (Schneeglätte)* nieve resbaladiza *f*
Glatteis ['glataɪs] *n* hielo resbaladizo *m; jdn aufs ~ führen* engañar a alguien
Glatteisbildung ['glataɪsbɪlduŋ] *f METEO* formación de hielo *f*
glätten ['glɛtən] *v 1. (glattmachen)* alisar, aplanar; *2. (fig: beruhigen)* tranquilizar, calmar
Glatze ['glatsə] *f* calva *f*
Glatzkopf ['glatskɔpf] *m 1.* calva *f; 2. (Kopf)* calvo *m*
glatzköpfig ['glatskœpfɪç] *adj* calvo
Glaube ['glaubə] *m ~ an REL* fe en *f,* creencia en *f; in gutem ~n* con toda la buena fe
glauben ['glaubən] *v* creer; *jdm ~* creer a alguien; *Es fällt mir schwer, das zu ~.* Me cuesta trabajo creerlo. *jdn etw ~ machen* pretender convencer a alguien de algo; *Das ist doch nicht zu ~!* ¡Pero, habráse visto!

Glaubensbekenntnis ['glaubənsbəkɛntnɪs] *n REL* credo *m,* confesión *f,* profesión de fe *f*
Glaubensfreiheit ['glaubənsfraɪhaɪt] *f REL* libertad de culto *f*
Glaubensgemeinschaft ['glaubənsgəmaɪnʃaft] *f REL* comunidad religiosa *f*
Glaubenskrieg ['glaubənskriːk] *m REL* guerra de religión *f*
glaubhaft ['glauphaft] *adj* creíble, digno de fe
Glaubhaftigkeit ['glauphaftɪçkaɪt] *f* credibilidad *f*
gläubig ['glɔybɪç] *adj REL* creyente, fiel
Gläubige(r) ['glɔybɪgə(r)] *m/f REL* creyente *m/f,* fiel *m/f*
Gläubiger(in) ['glɔybɪgər(ɪn)] *m/f ECO* acreedor(a) *m/f*
Gläubigkeit ['glɔybɪçkaɪt] *f REL* confianza *f,* fe *f*
glaubwürdig ['glaupvyrdɪç] *adj* digno de crédito
Glaubwürdigkeit ['glaupvyrdɪçkaɪt] *f* credibilidad *f*
gleich [glaɪç] *adj 1.* igual; *Immer die ~e Leier.* Siempre la misma canción. *Gleich und Gleich gesellt sich gern.* Dios los crea y ellos se juntan. *aufs Gleiche hinauslaufen* venir a ser lo mismo; *Gleiches mit Gleichem vergelten* pagar con la misma moneda; *~ bleibend* invariable, estable, constante; *~ gesinnt* de las mismas ideas, de la misma opinión; *adv 2.* igualmente; *3. (sofort)* inmediatamente, en seguida
gleichaltrig ['glaɪçaltrɪç] *adj* de la misma edad
gleichartig ['glaɪçaːrtɪç] *adj 1.* de la misma clase, homogéneo; *2. (ähnlich)* parecido
gleichbedeutend ['glaɪçbədɔytənt] *adj 1.* del mismo valor; *2. (fig)* equivalente
gleichberechtigt ['glaɪçbərɛçtɪçt] *adj* con los mismos derechos, con igualdad de derechos
Gleichberechtigung ['glaɪçbərɛçtɪguŋ] *f* igualdad de derechos *f*
gleichen ['glaɪçən] *v irr jdm ~* igualarse a alguien, asemejarse a alguien
gleichfalls ['glaɪçfals] *adv* igualmente, de igual manera; *Danke, ~!* ¡Gracias, igualmente!
gleichfarbig ['glaɪçfarbɪç] *adj* del mismo color
gleichförmig ['glaɪçfœrmɪç] *adj* de la misma forma, uniforme, igual
Gleichförmigkeit ['glaɪçfœrmɪçkaɪt] *f* uniformidad *f,* igualdad *f*
gleichgestellt ['glaɪçgəʃtɛlt] *adj* equiparado, al mismo nivel que
Gleichgewicht ['glaɪçgəvɪçt] *n* equilibrio *m; jdn aus dem ~ bringen* sacar de quicio a alguien
gleichgültig ['glaɪçgyltɪç] *adj 1.* indiferente; *adv 2.* con indiferencia; *~ sein* como quien oye llover
Gleichgültigkeit ['glaɪçgyltɪçkaɪt] *f* indiferencia *f*
Gleichheit ['glaɪçhaɪt] *f 1.* igualdad *f; 2. (Übereinstimmung)* conformidad *f; 3. (Ähnlichkeit)* igualdad *f*
Gleichheitsprinzip ['glaɪçhaɪtsprɪntsiːp] *n* principio de igualdad *m*
Gleichklang ['glaɪçklaŋ] *m* consonancia *f*
gleichkommen ['glaɪçkɔmən] *v irr jdm ~* igualar a
gleichlaufend ['glaɪçlaufənd] *adj* paralelo, síncrono
gleichmäßig ['glaɪçmɛːsɪç] *adj* uniforme, simétrico
Gleichmäßigkeit ['glaɪçmɛːsɪçkaɪt] *f* regularidad *f,* constancia *f*
Gleichmut ['glaɪçmuːt] *m* impasibilidad *f,* ecuanimidad *f*
gleichmütig ['glaɪçmyːtɪç] *adj* impasible, ecuánime
gleichnamig ['glaɪçnaːmɪç] *adj* del mismo nombre, del mismo apellido
Gleichnis ['glaɪçnɪs] *n* parábola *f,* símil *m,* semejanza *f*
gleichrangig ['glaɪçraŋɪç] *adj* de la misma categoría
gleichschalten ['glaɪçʃaltən] *v* coordinar, unificar
gleichsetzen ['glaɪçzɛtsən] *v* equiparar a
Gleichstellung ['glaɪçʃtɛluŋ] *f* equiparación *f,* igualación *f*
Gleichstrom ['glaɪçʃtroːm] *m TECH* corriente continua *f*
Gleichung ['glaɪçuŋ] *f MATH* ecuación *f*
gleichwertig ['glaɪçvertɪç] *adj* del mismo valor, equivalente
gleichwohl [glaɪç'voːl] *adv* no obstante, sin embargo
gleichzeitig ['glaɪçtsaɪtɪç] *adj 1.* simultáneo; *adv 2.* al mismo tiempo
Gleis [glaɪs] *n (Schiene)* raíl *m; ~ 19* vía 19/andén 19; *jdn aus dem ~ werfen* trastornar profundamente a alguien; *etw ins rechte ~ bringen* poner en orden algo

Gleisarbeiter ['glaɪsarbaɪtər] *m* trabajador de vía *m*
gleiten ['glaɪtən] *v irr* deslizarse, resbalarse
gleitend ['glaɪtənt] *adj* movible
Gleitflug ['glaɪtfluːk] *m* planeo *m*, descenso *m*
Gleitmittel ['glaɪtmɪtəl] *n* lubricante *m*
Gleitzeit ['glaɪttsaɪt] *f* jornada flexible *f*
Gletscher ['glɛtʃər] *m* glaciar *m*, helero *m*
Gletscherspalte ['glɛtʃərʃpaltə] *f* grieta glaciar *f*
Glied [gliːt] *n 1. (Bestandteil)* elemento *m*, parte *f*; *in den ~ern stecken* llevar metido en el cuerpo; *jdm in die ~er fahren* impresionar a alguien; *2. (Kettenglied)* eslabón *m*; *3. (Mitglied)* miembro *m*
gliedern ['gliːdərn] *v 1. (aufteilen)* repartir, distribuir; *2. (anordnen)* disponer, ordenar, determinar
Gliederschmerzen ['gliːdərʃmɛrtsən] *pl MED* dolores en los miembros *m/pl*
Gliederung ['gliːdəruŋ] *f 1. (Aufbau)* estructuración *f*; *2. (Anordnung)* disposición *f*, determinación *f*
Gliedmaßen ['gliːtmaːsən] *pl ANAT* extremidades *f/pl*
glimmen ['glɪmən] *v irr* arder sin llama
glimpflich ['glɪmpflɪç] *adj 1.* indulgente; *adv 2.* con indulgencia
glitschig ['glɪtʃɪç] *adj (fam)* resbaladizo, escurridizo
glitzern ['glɪtsərn] *v* destellar, centellear
global [glo'baːl] *adj 1.* global, total; *adv 2.* globalmente, totalmente
Globus [gloːbus] *m* globo *m*
Glocke ['glɔkə] *f* campana *f*; *etw an die große ~ hängen* pregonar un asunto más de lo necesario
Glockenblume ['glɔkənbluːmə] *f BOT* campánula *f*, farolillo *m*
glockenhell ['glɔkənhɛl] *adj* argentino
Glockenschlag ['glɔkənʃlaːk] *m* campanada *f*
Glockenspiel ['glɔkənʃpiːl] *n* carillón *m*
Glockenturm ['glɔkənturm] *m* campanario *m*
glorifizieren [glorifi'tsiːrən] *v* glorificar
glorreich ['gloːrraɪç] *adj 1. (ruhmreich)* glorioso, famoso, ilustre; *2. (glanzvoll)* brillante, estupendo, magnífico
Glossar [glɔ'saːr] *n* glosario *m*
Glosse ['glɔsə] *f (Zeitungsglosse)* glosa *f*, comentario *m*
glotzen ['glɔtsən] *v (fam)* ver la televisión
Glück [glyk] *n 1. (Schicksal)* suerte *f*, fortuna *f*; *sein ~ versuchen* probar fortuna; *mehr ~ als Verstand* más suerte que cordura; *auf gut ~* al azar, al tuntún (fam); *noch nichts von seinem ~ wissen* no saber lo que le espera a uno; *kein ~ haben* tener mala suerte; *2. (Glücklichsein)* felicidad *f*, dicha *f*
Glucke ['glukə] *f* gallina clueca *f*
glücken ['glykən] *v* salir bien, dar buen resultado
gluckern ['glukərn] *v* borbotear, gorgotear
glücklich ['glyklɪç] *adj 1.* afortunado; *2. ~ sein* ser feliz, estar feliz, ser dichoso; *adv 3.* felizmente
glücklicherweise [glyklɪçər'vaɪzə] *adv* afortunadamente, por fortuna
Glücksbringer ['glyksbrɪŋər] *m* portafortuna *m*, amuleto *m*
glückselig [glyk'zeːlɪç] *adj* muy feliz, felicísimo
Glückseligkeit [glyk'zeːlɪçkaɪt] *f* felicidad *f*
glucksen ['gluksən] *v 1.* borbotear; *2. (Henne)* cloquear; *3. (lachen)* reír
Glückskind ['glykskɪnt] *n* hombre afortunado *m*; *ein ~ sein* haber nacido con buena estrella
Glückspilz ['glykspɪlts] *m* hombre afortunado *m*, suertudo *m*
Glückssache ['glykszaxə] *f* cuestión de suerte *f*
Glücksspiel ['glyksʃpiːl] *n* juego de azar *m*
glückstrahlend ['glykʃtraːlənt] *adj* radiante de felicidad
Glückwunsch ['glykvunʃ] *m* felicitación *f*, enhorabuena *f*; *Herzlichen ~ zum Geburtstag!* ¡Todo lo mejor por tu cumpleaños! *Herzlichen ~!* ¡Mi más cordial enhorabuena!
Glückwunschkarte ['glykvunʃkartə] *f* tarjeta de felicitación *f*
Glühbirne ['glyːbɪrnə] *f* bombilla *f*, foco *m* (LA), bombillo *m* (LA)
glühen ['glyːən] *v* estar incandescente, estar candente
Glühwein ['glyːvaɪn] *m GAST* vino caliente *m*
Glühwürmchen ['glyːvyrmçən] *n ZOOL* luciérnaga *f*
Glukose [glu'koːzə] *f CHEM* glucosa *f*
Glut [gluːt] *f 1. (des Feuers)* fuego *m*, brazas *f/pl*, hoguera *f*; *2. (Hitzeglut)* calor *m*; *3. (fig)* ardor *m*, pasión *f*
Glutamat [gluta'maːt] *n GAST* glutamato *m*
Glykose [gly'koːzə] *f CHEM* glicosis *f*

Gnade ['gnaːdə] *f 1. (Nachsicht)* indulgencia *f,* comprensión *f; ~ vor Recht ergehen lassen* optar por la clemencia; *2. JUR* indulto *m,* medida de gracia *f; 3. REL* gracia *f,* misericordia *f*
Gnadenerlass ['gnaːdənɛrlas] *m JUR* indulto *m,* medida de gracia *f*
Gnadenfrist ['gnaːdənfrɪst] *f* plazo de gracia *m*
Gnadengesuch ['gnaːdəngəzuːx] *n JUR* petición de gracia *f,* recurso de gracia *m*
gnadenlos ['gnaːdənloːs] *adj 1.* sin misericordia, sin piedad; *adv 2.* sin misericordia
Gnadenstoß ['gnaːdənʃtoːs] *m jdm den ~ geben* rematar con, acabar con, dar la puntilla
gnädig ['gnɛːdɪç] *adj 1. (nachsichtig)* indulgente, comprensivo; *2. REL* lleno de gracia; *Gott sei uns ~!* ¡Dios nos libre! *adv 3. (wohlwollend)* benévolamente, con benevolencia; *4. REL* benévolamente, misericordiosamente
Gnom [gnoːm] *m* gnomo *m,* duende *m*
Gnu [gnuː] *n ZOOL* ñu *m*
Gold [gɔlt] *n* oro *m; Das ist ~ wert.* Eso vale un imperio. *~ wert sein* pagarse en oro
Goldbarren ['gɔltbarən] *m* lingote de oro *m,* barra de oro *f*
golden ['gɔldən] *adj* de oro
Goldfisch ['gɔltfɪʃ] *m ZOOL* pez dorado *m*
Goldgehalt ['gɔltgəhalt] *m* contenido de oro *m,* quilate *m*
Goldgräber ['gɔltgrɛːbər] *m* buscador de oro *m*
Goldgrube ['gɔltgruːbə] *f (fig)* filón *m,* fuente de riquezas *f*
goldig ['gɔldɪç] *adj 1.* delicioso, encantador; *adv 2.* con encanto
Goldmedaille ['gɔltmedaljə] *f* medalla de oro *f*
Goldmine ['gɔltmiːnə] *f* mina de oro *f*
Goldmünze ['gɔltmyntsə] *f* moneda de oro *f*
Goldreserve ['gɔltrəzɛrvə] *f ECO* reserva de oro *f*
goldrichtig ['gɔlt'rɪçtɪç] *adj* absolutamente correcto; *das ist ~!* ¡estupendo! ¡magnífico!
Goldschmied ['gɔltʃmiːt] *m* orfebre *m*
Goldschmuck ['gɔltʃmuk] *m* joya de oro *f*
Goldwaage ['gɔltvaːgə] *f jedes Wort auf die ~ legen* pesar las palabras
Goldwährung ['gɔltvɛːruŋ] *f ECO* moneda de oro *f*
Golf[1] [gɔlf] *m GEO* golfo *m*
Golf[2] [gɔlf] *n SPORT* golf *m*
Golfkrieg ['gɔlfkriːg] *m* guerra del Golfo *f*
Golfkrise ['gɔlfkriːzə] *f* crisis del Golfo *f*
Golfplatz ['gɔlfplats] *m SPORT* campo de golf *m*
Golfschläger ['gɔlfʃlɛːgər] *m SPORT* palo de golf *m*
Golfstaaten ['gɔlfʃtaːtən] *pl POL* Estados del Golfo Pérsico *m/pl*
Golfstrom ['gɔlfʃtroːm] *m GEO* corriente de Golfo *f*
Gondel ['gɔndəl] *f* góndola *f*
gönnen ['gœnən] *v 1. sich etw ~* permitirse algo, darse un gusto con algo; *2. jdm etw ~* no envidiar algo a alguien, desearle a alguien algo bueno
Gönner(in) ['gœnər(ɪn)] *m/f* mecenas *m/f,* patrocinador(a) *m/f*
gönnerhaft ['gœnərhaft] *adj 1.* altanero, arrogante, soberbio, desdeñoso; *adv 2.* altaneramente
Gör [gøːr] *n 1.* mocoso *m,* pilluelo *m,* nene *m; 2. (Balg)* diablillo *m,* churumbel *m*
gordisch ['gɔrdɪʃ] *adj ~er Knoten* el nudo gordiano *m*
Gorilla [go'rɪla] *m ZOOL* gorila *f*
Gosse ['gɔsə] *f 1.* acequia *f,* arroyo *m,* alcantarilla *f,* albañal *m; 2. (fig)* cloaca *f,* albañal *m,* arroyo *m; in der ~ enden* acabar en la calle; *jdn aus der ~ auflesen* recoger de la calle a alguien
Gott [gɔt] *m REL* Dios *m; Um ~es Willen!* ¡Por el amor de Dios! *wie ein junger ~* como un santo; *von allen Göttern verlassen sein* haber sido abandonado por todos los dioses, haber sido dejado de la mano de Dios; *den lieben ~ einen frommen Mann sein lassen* dejarlo todo de la mano de Dios; *leider ~es* desgraciadamente; *In ~es Namen!* ¡En el nombre de Dios! *Bei ~!* ¡Por Dios! *~ bewahre!* ¡Que Dio te perdone! *~ und die Welt* todo el mundo
Gottesdienst ['gɔtəsdiːnst] *m REL* oficio divino *m,* misa *f; Wann findet ein ~ statt?* ¿A qué hora es la misa?
gottesfürchtig ['gɔtəsfyrçtɪç] *adj REL* temeroso de Dios
Gottesgabe ['gɔtəsgaːbə] *f* don divino *m*
gotteslästerlich ['gɔtəslɛstərlɪç] *adj REL* blasfemo, sacrílego
Gotteslästerung ['gɔtəslɛstəruŋ] *f REL* blasfemia *f,* sacrilegio *m*
Gottheit ['gɔthaɪt] *f REL* divinidad *f*

Göttin ['gœtɪn] *f* diosa *f*
göttlich ['gœtlɪç] *adj 1. (köstlich)* delicioso; *2. REL* divino
gottlos ['gɔtloːs] *adj 1.* ateo, ímpio; *adv 2.* sin piedad, con maldad
Götze ['gœtsə] *m* ídolo *m,* fetiche *m*
Götzendienst ['gœtsəndiːnst] *m* idolatría *f,* fetichismo *m*
Gourmet [gur'meː] *m GAST* gastrónomo *m,* gourmet *m*
Gouverneur(in) [guvɛr'nøːr(ɪn)] *m/f POL* gobernador(a) *m/f*
Grab [graːp] *n* tumba *f,* fosa *f,* sepulcro *m; sich sein eigenes ~ schaufeln* cavarse su propia tumba (fig); *jdn ins ~ bringen* llevar a alguien a la tumba; *etw mit ins ~ nehmen* llevarse algo hasta la tumba; *sich im ~ umdrehen* levantar la cabeza
Grabbeigabe ['graːpbaɪgaːbə] *f* oferta mortuoria *f*
graben ['graːbən] *v irr* cavar, perforar
Graben ['graːbən] *m* foso *m,* zanja *f*
Grabesstille ['graːbəsʃtɪlə] *f* silencio sepulcral *m*
Grabmal ['graːpmaːl] *n 1.* sepulcro *m; 2. (Grabstein)* tumba *f*
Grabrede ['graːpreːdə] *f* oración fúnebre *f,* responso *m*
Grabstätte ['graːpʃtɛtə] *f* fosa *f,* tumba *f*
Grabstein ['graːpʃtaɪn] *m* lápida *f,* piedra sepulcral *f*
Grabung ['graːbuŋ] *f* excavación *f*
Grad [graːt] *m 1. (Maßeinheit)* grado *m; sich um hundertachtzig ~ drehen* cambiar de opinión radicalmente; *2. (Abstufung)* matiz *m,* graduación *f*
graduell [gradu'ɛl] *adj 1.* gradual; *adv 2.* gradualmente
graduiert [gradu'iːrt] *adj* graduado
Graf [graːf] *m* conde *m*
Graffiti [gra'fɪti] *pl* pintadas *f/pl,* graffiti *m*
Grafik ['graːfik] *f* gráfico *m*
Grafiker(in) ['graːfikər(ɪn)] *m/f* dibujante publicitario *m,* grafista *m*
Gräfin ['grɛfɪn] *f* condesa *f*
grafisch ['graːfɪʃ] *adj* gráfico
gräflich ['grɛːflɪç] *adj* condal
Grafschaft ['graːfʃaft] *f* condado *m*
Gram [graːm] *f* pena *f,* pesar *m,* aflicción *f*
grämen ['grɛːmən] *v sich ~* afligirse, entristecerse
Gramm [gram] *n* gramo *m*
Grammatik [gra'matɪk] *f* gramática *f*
grammatisch [gra'matɪʃ] *adj* gramatical
Granate [gra'naːtə] *f MIL* granada *f,* obús *m*
grandios [grandɪ'oːs] *adj* grandioso
Granit [gra'niːt] *m MIN* granito *m; bei jdm auf ~ beißen (fig)* morder con alguien en hueso
Granulat [granu'laːt] *n TECH* granulado *m*
Grapefruit ['greɪpfruːt] *f BOT* pomelo *m*
Graphit [gra'fiːt] *m* grafito *m*
Gras [graːs] *n* hierba *f; ins ~ beißen (fam)* irse al otro barrio; *über etw ~ wachsen lassen* echar tierra a algo
grasen ['graːzən] *v* pacer, pastar
Grashalm ['graːshalm] *m* tallo de hierba *m*
grassieren [gra'siːrən] *v* reinar, extenderse
grässlich ['grɛslɪç] *adj 1.* horrible, espantoso; *adv 2.* espantosamente, con horror
Grassteppe ['graːsʃtɛpə] *f* estepa de hierba *f*
Grat [graːt] *m 1. (Bergkamm)* cresta *f,* cumbre *f; 2. (überstehende Kante)* barba *f*
Gräte ['grɛːtə] *f* espina de pescado *f*
Gratifikation [gratɪfɪka'tsjoːn] *f* gratificación *f*
Gratin [gra't ɛː] *n GAST* gratinado *m*
gratis ['graːtɪs] *adj* gratis
Gratisprobe ['graːtɪsproːbə] *f* muestra gratis *f*
grätschen ['grɛːtʃən] *v (spreizen)* abrir las piernas
Gratulant(in) [gratu'lant(ɪn)] *m/f* congratulante *m/f,* felicitante *m/f*
Gratulation [gratula'tsjoːn] *f* congratulaciones *f/pl,* felicitación *f*
gratulieren [gratu'liːrən] *v* felicitar a alguien por, dar la enhorabuena; *sich ~ können* poderse dar la enhorabuena
Gratwanderung ['graːtvandəruŋ] *f (fig)* paso delicado *m,* situación sumamente delicada *f; eine ~ machen* caminar por el filo de una navaja
grau [grau] *adj* gris
Gräuel ['grɔyəl] *m* horror *m,* abominación *f; jdm ein ~ sein* causar horror a alguien
Gräueltat ['grɔyəltaːt] *f* atrocidad *f,* crueldad *f,* salvajada *f*
grauen ['grauən] *v (Furcht haben) Mir graut vor ...* Me horroriza ...
Grauen ['grauən] *n* miedo *m,* pavor *m,* horror *m*
grauenhaft ['grauənhaft] *adj 1.* horroroso, espantoso, atroz
grauenvoll ['grauənfɔl] *adj* horrible, espantoso, atroz
grauhaarig ['grauhaːrɪç] *adj* canoso

graupeln ['graupəln] *v* *Es graupelt.* Graniza.
Graupelschauer ['graupəlʃauər] *m* *METEO* granizada *f,* chaparrón de granizo *m*
grausam ['grauzaːm] *adj* cruel, atroz
Grausamkeit ['grauzaːmkaɪt] *f* crueldad *f,* atrocidad *f*
grausen ['grauzən] *v* *jdm ~* dar miedo a alguien
grausig ['grauzɪç] *adj* horroroso, terrible, espantoso
gravieren [gra'viːrən] *v* gravar
gravierend [gra'viːrənt] *adj* *1.* agravante; *2.* grave; *ein ~er Fehler* una falta grave
Gravitation [gravita'tsjoːn] *f* *PHYS* gravitación *f*
Gravur [gra'vuːr] *f* grabación *f*
Grazie ['graːtsjə] *f* gracia *f,* donaire *m,* garbo *m,* elegancia *f*
grazil [gra'tsiːl] *adj* grácil, esbelto
graziös [gra'tsjøːs] *adj* *1.* gracioso, airoso, garboso, elegante; *adv* *2.* con gracia, con donaire, con garbo, con elegancia
greifbar ['graɪfbaːr] *adj* *(fig)* palpable, visible
greifen ['graɪfən] *v* *irr* tomar, coger, asir; *zum Greifen nah sein* estar a mano, estar a tiro de piedra
Greis(in) [graɪs/'graɪz(in)] *m/f* anciano/anciana *m/f,* viejo/vieja *m/f*
grell [grɛl] *adj* *1.* agudo, penetrante; *2.* *(fig)* chillón
Gremium ['greːmjum] *n* *1.* *(Körperschaft)* *POL* gremio *m;* *2.* *(Ausschuss)* comisión *f*
Grenadine [grena'diːnə] *f* *GAST* granadina *f*
Grenzbeamte(r) ['grɛntsbəamtə(r)] *m/f* aduanero/aduanera *m/f,* funcionario de aduana/funcionaria de aduena *m/f*
Grenzbereich ['grentsbəraɪç] *m* *(fig)* límite de lo conocido *m*
Grenzbezirk ['grɛntsbətsɪrk] *m* zona fronteriza *f,* distrito fronterizo *m*
Grenze ['grɛntsə] *f* *1.* frontera *f;* *keine ~n kennen* ser ilimitado; *sich in ~n halten* contenerse, refrenarse, comedirse; *2.* *(fig)* límite *m,* *an seine ~n stoßen* llegar a sus límites
grenzen ['grɛntsən] *v* *1.* *~ an* lindar con, colindar con, limitar con; *2.* *(fig)* rozar, acercarse
grenzenlos ['grɛntsənloːs] *adj* *1.* ilimitado, sin límites; *adv* *2.* ilimitadamente; *adj* *3.* *(fig)* inmenso, infinito; *adv* *4.* *(fig)* inmensamente, infinitamente
Grenzenlosigkeit ['grɛntsənloːzɪçkaɪt] *f* inmensidad *f,* enormidad *f*
Grenzfall ['grɛntsfal] *m* caso límite *m,* caso extremo *m*
Grenzkontrolle ['grɛntskɔntrɔlə] *f* revisión de aduana *f,* control de aduana *m*
Grenzland ['grɛntslant] *n* *1.* *(Land)* país limítrofe *m;* *2.* *(Gegend)* región fronteriza *f*
Grenzübergang ['grɛntsybərgaŋ] *m* *1.* puesto fronterizo *m;* *2.* *(Grenzübertritt)* paso de frontera *m*
grenzüberschreitend ['grɛntsyːbərʃraɪtənt] *adj* internacional
Grenzübertritt ['grɛntsyːbərtrɪt] *m* paso de la frontera *m*
Grenzverkehr ['grɛntsfɛrkeːr] *m* tráfico fronterizo *m*
Grenzverletzung ['grɛntsfɛrlɛtsuŋ] *f* violación de la frontera *f*
Grenzwert ['grɛntsveːrt] *m* valor límite *m*
Griebenschmalz ['griːbənʃmalts] *m* *GAST* chicharrón *m*
Grieche ['griːçə] *m* griego *m*
Griechenland ['griːçənlant] *n* *GEO* Grecia *f*
Griechin ['griːçɪn] *f* griega *f*
griechisch ['griːçɪʃ] *adj* griego
griesgrämig ['griːsgrɛːmɪç] *adj* malhumorado, gruñón
Grieß [griːs] *m* sémola *f*
Griff [grɪf] *m* *1.* *(Stiel)* mango *m;* *2.* *(Türgriff)* picaporte *m,* pasador *m,* manija *f* (LA); *3.* *(Zugriff)* asidero *m;* *etw in den ~ bekommen* coger práctica en algo/aprender a manejar algo
griffbereit ['grɪfbəraɪt] *adj* al alcance de la mano
griffig ['grɪfɪç] *adj* *1.* *(handlich)* manejable; *2.* *(nicht rutschig)* antideslizante
Grill [grɪl] *m* parrilla *f,* asador *m*
Grille ['grɪlə] *f* *ZOOL* grillo *m*
grillen ['grɪlən] *v* asar a la parrilla
Grimasse [grɪ'masə] *f* mueca *f,* gesto *m;* *~n schneiden* hacer muecas
grimmig ['grɪmɪç] *adj* *1.* *(fig)* excesivo, inaudito, descomunal; *2.* *(zornig)* furioso, rabioso; *3.* *(sehr schlimm)* terrible
grinsen ['grɪnzən] *v* *(fam)* sonreírse irónicamente, sonreírse maliciosamente
Grinsen ['grɪnzən] *n* *1.* reírse irónicamente; *2.* *(höhnisches ~)* risa sardónica *f*
Grippe ['grɪpə] *f* *MED* gripe *f*
Grippevirus ['grɪpəviːrus] *m* *MED* virus de la gripe *m*

grob [groːp] *adj 1. (derb)* grosero, soez, vulgar; *aus dem Gröbsten heraus sein* haber pasado ya lo peor; *2. (rau)* áspero; *3. (fig: unhöflich)* descortés, grosero, mal educado; *4. (fig: ungefähr)* aproximado

Grobheit ['groːphaɪt] *f 1. (Benehmen)* grosería *f; 2. jdm ~en sagen* decirse groserías

Grobian ['groːbiaːn] *m* grosero *m,* patán *m*

grobschlächtig ['groːpʃlɛçtɪç] *adj* grosero

grölen ['grøːlən] *v* gritar, vocear

Groll [grɔl] *m* rencor *m,* encono *m,* resentimiento *m*

grollen ['grɔlən] *v jdm ~* guardar rencor a alguien

Grönland ['grøːnlant] *n GEO* Groenlandia *f*

Groschen ['grɔʃən] *m (fig) keinen ~ haben* no tener ni blanca

groß [groːs] *adj 1.* gran, grande; *der ~e Dichter* el gran poeta; *2. (groß gewachsen)* alto; *3. (fig: älter)* mayor, *meine ~e Schwester* mi hermana mayor; *4. (fig: ernst)* importante, serio; *5. (fig: berühmt)* famoso, célebre

Großaktionär ['groːsaktsjonɛːr] *m FIN* actionista mayoritario *m*

großartig ['groːsaːrtɪç] *adj 1.* grandioso, imponente; *adv 2.* grandiosamente

Großartigkeit ['groːsaːrtɪçkaɪt] *f* gradiosidad *f*

Großaufnahme ['groːsaufnaːmə] *m CINE* primer plano *m*

Großauftrag ['groːsauftraːk] *m ECO* pedido de gran volumen *m*

Großbetrieb ['groːsbətriːp] *m ECO* explotación a gran escala *f*

Großbritannien [groːsbri'tanjən] *n GEO* Gran Bretaña *f*

Großbuchstabe ['groːsbuːxʃtaːbə] *m* letra mayúscula *f*

Größe ['grøːsə] *f 1.* grandeza *f; 2. (Körpergröße)* estatura *f; 3. (Kleidergröße)* talla *f; 4. (fig: Wichtigkeit)* importancia *f*

Großeinkauf ['groːsaɪnkauf] *m ECO* compra al por mayor *f*

Großeltern ['groːsɛltərn] *pl* abuelos *m/pl*

Größenordnung ['grøːsənɔrtnuŋ] *f* dimensión *f,* magnitud *f*

großenteils ['groːsəntaɪls] *adv* en su mayoría, en su mayor parte

Größenwahn ['grøːsənvaːn] *m* delirio de grandeza *m,* megalomanía *f*

Großgrundbesitzer(in) ['groːsgruntbəzɪtsər(ɪn)] *m/f* terrateniente *m/f,* latifundista *m/f,* hacendado/hacendada *m/f*

Großhandel ['groːshandəl] *m ECO* comercio al por mayor *m*

Großhändler(in) ['groːshɛːndlər(ɪn)] *m/f ECO* mayorista *m/f,* comerciante al por mayor *m/f*

Großherzigkeit ['groːshɛrtsɪçkaɪt] *f* generosidad *f*

Großherzog(in) ['groːshɛrtsoːk/'groːshɛrtsoːgɪn] *m/f* gran duque(sa) *m/f*

Großhirn ['groːshɪrn] *n ANAT* cerebro *m*

Großindustrie ['groːsɪndustriː] *f* gran industria *f*

Großmacht ['groːsmaxt] *f POL* gran potencia *f,* superpotencia *f*

Großmaul ['groːsmaul] *n* fanfarrón *m*

großmütig ['groːsmyːtɪç] *adj* generoso, magnánimo

Großmutter ['groːsmutər] *f* abuela *f*

Großraumbüro ['groːsraumbyroː] *n ECO* oficina colectiva *f*

Großstadt ['groːsʃtat] *f* gran ciudad *f,* metrópoli *f,* urbe *f*

Großtante ['groːstantə] *f* tía abuela *f*

größtenteils ['grøːstəntaɪls] *adv* por la mayor parte, en su mayoría

großtun ['groːstuːn] *v irr 1. sich ~* darse importancia; *2. mit etw ~* jactarse de

Großvater ['groːsfaːtər] *m* abuelo *m*

Großverdiener(in) ['groːsfɛrdiːnər(ɪn)] *m/f* persona con altos ingresos *f*

Großwild ['groːsvɪlt] *n* caza mayor *f*

großziehen ['groːstsiːən] *v irr* educar, criar

großzügig ['groːstsyːgɪç] *adj* generoso, desprendido, liberal; *~es Denken* manera de pensar muy liberal

Großzügigkeit ['groːstsyːgɪçkaɪt] *f* generosidad *f*

grotesk [gro'tɛsk] *adj* grotesco, ridículo

Grotte ['grɔtə] *f* gruta *f*

Grübchen ['gryːbçən] *n* hoyuelo *m,* hoyito de la simpatía *m*

Grube ['gruːbə] *f 1.* hoyo *m,* fosa *f,* zanja *f; 2. MIN* mina *f*

grübeln ['gryːbəln] *v* pensar profundamente, cavilar

Grubenarbeiter ['gruːbənarbaɪtər] *m ECO* minero *m*

Grubenunglück ['gruːbənunglyk] *n* accidente minero *m,* catástrofe minera *f*

Gruft [gruft] *f* tumba *f,* sepulcro *m*

grün [gryːn] *adj* verde; *jdn ~ und blau schlagen* dar una paliza a alguien; *dasselbe in Grün sein* ser prácticamente lo mismo

Grünanlage ['gryːnanlaːgə] *f* zona ajardinada *f*, zonas verdes *f/pl*
Grund [grunt] *m 1. (Erdboden)* suelo *m*, tierra *f*; *festen ~ unter den Füßen haben* tener pies y cabeza (fig), tener una base sólida; *2. (Meeresboden)* fondo *m*; *3. (Motiv)* razón *f*, motivo *m*; *Das muss einen ~ haben.* Por algo será. *einer Sache auf den ~ gehen* examinar algo a fondo
Grundausstattung ['gruntausʃtatuŋ] *f* equipamiento básico *m*
Grundbegriff ['gruntbəgrɪf] *m* término básico *m*
Grundbesitz ['gruntbəzɪts] *m* propiedad inmueble *f*, bienes raíces *m/pl*
Grundbuch ['gruntbuːx] *n* registro de la propiedad *m*
Grundeigentum ['gruntaɪgəntuːm] *n* propiedad inmobiliaria *f*, bienes raíces *m/pl*
gründen ['gryndən] *v* fundar, establecer, crear
Gründer(in) ['gryndər(ɪn)] *m/f* fundador(a) *m/f*
Grundfläche ['gruntflɛçə] *f* base *f*
Grundgedanke ['gruntgədaŋkə] *m* idea fundamental *f*
Grundgesetz ['gruntgəzɛts] *n POL* ley fundamental *f*, ley orgánica *f*
grundieren [grun'diːrən] *v* dar la primera capa, imprimar
Grundierung [grun'diːruŋ] *f* imprimación *f*, capa de fondo *f*
Grundlage ['gruntlaːgə] *f* base *f*, fundamento *m*
grundlegend ['gruntleːgənt] *adj 1.* fundamental, básico; *adv 2.* fundamentalmente
gründlich ['gryntlɪç] *adj 1.* profundo; *adv 2.* profundamente, con profundidad
Gründlichkeit ['gryntlɪçkaɪt] *f* minuciosidad *f*, solidez *f*, profundidad *f*
grundlos ['gruntloːs] *adj 1.* sin fondo, insondable; *adv 2.* sin fundamento, sin razón alguna
Grundnahrungsmittel ['gruntnaːruŋsmɪtəl] *n* alimento básico *m*, producto alimenticio básico *m*
Grundrecht ['gruntrɛçt] *n POL* derecho fundamental *m*
Grundriss ['gruntrɪs] *m* planta *f*
Grundsatz ['gruntzats] *m* principio *m*
grundsätzlich ['gruntzɛtslɪç] *adj* fundamental, de principio
Grundschule ['gruntʃuːlə] *f* escuela primaria *f*
Grundstein ['gruntʃtaɪn] *m 1.* piedra fundamental *f*; *2. (fig)* base *f*, cimiento *m*; *den ~ zu etw legen* sentar las bases de algo
Grundsteuer ['gruntʃtɔyər] *f* contribución territorial *f*
Grundstück ['gruntʃtyk] *n* inmueble *m*, terreno *m*
Gründung ['grynduŋ] *f* fundación *f*, establecimiento *m*
Gründungsmitglied ['grynduŋsmɪtgliːt] *n* miembro fundador *m*
Grundwortschatz ['gruntvɔrtʃats] *m* vocabulario básico *m*
Grüne(r) ['gryːnə(r)] *POL* perteneciente al partido ecologista *m/f*; *pl POL* partido ecologista *m*
Grünfläche ['gryːnflɛçə] *f* superficie verde *f*
Grünschnabel ['gryːnʃnaːbəl] *m (fam)* mozalbete presumido *m*
grunzen ['gruntsən] *v* gruñir
Gruppe ['grupə] *f* grupo *m*
Gruppentherapie ['grupənterapiː] *f* terapia de grupo *f*
gruppieren [gru'piːrən] *v* agrupar, congregar, conglomerar
gruselig ['gruːzəlɪç] *adj* horripilante, terrorífico, escalofriante
Gruß [gruːs] *m* saludo *m*, salutación *f*; *Mit herzlichen Grüßen!* ¡Con un cordial saludo! *mit freundlichen Grüßen* atentamente/con cordiales saludos; *jdm einen schönen ~ ausrichten* dar recuerdos a alguien
grüßen ['gryːsən] *v* saludar; *Grüß Gott!* ¡Hola! *Grüß dich!* ¡Hola! ¿Cómo estás?
Grütze ['grytsə] *f 1. (Götterspeise) GAST* jalea de sémola con zumo de frambuesa *f*; *2. (fam) ~ im Kopf haben* ser inteligente, tener buenas entendederas
Guatemala [guate'maːla] *f GEO* Guatemala
guatemaltekisch [gu̯atəmalteːkɪʃ] *adj* guatemalteco
gucken ['gukən] *v* mirar, ver
Gulasch ['gulaʃ] *n GAST* estofado de carne *m*, gulach *m*
Gully ['guli] *m* sumidero *m*
gültig ['gyltɪç] *adj* válido, valedero
Gültigkeit ['gyltɪçkaɪt] *f* validez *f*
Gummi ['gumi] *m* goma *f*
Gummiband ['gumibant] *n* cinta elástica *f*
Gummibärchen ['gumibɛːrçən] *n* caramelo en forma de osito *m*
Gummibaum ['gumibaum] *m* ficus *m*

Gummierung [gu'mi:ruŋ] *f* engomado *m*
Gummistiefel ['gumiʃti:fəl] *m* botas de goma *f/pl*
Gunst [gunst] *f* favor *m,* gracia *f; die ~ der Stunde* un golpe de suerte *m; zu jds ~en* a favor de alguien
günstig ['gynstɪç] *adj* favorable, propicio, oportuno
Günstling ['gynstlɪŋ] *m* favorito *m*
Gurgel ['gurgəl] *f* garganta *f,* gargantero *m,* gaznate *m*
gurgeln ['gurgəln] *v 1.* hacer gárgaras; *2. (Geräusch)* borbotear
Gurke ['gurkə] *f BOT* pepino *m*
Gurt [gurt] *m 1.* ceñidor *m,* faja *f; 2. (Sicherheitsgurt)* cinturón de seguridad *m*
Gürtel ['gyrtəl] *m* cinturón *m,* correa *f; den ~ enger schnallen (fig)* apretarse el cinturón
Guss [gus] *m 1. (Gießen)* fundición *f,* colada *f; 2. (Regenguss)* chaparrón *m,* aguacero *m; 3. (Zuckerguss)* baño de azúcar *m*
Gusseisen ['gusaɪzən] *n* hierro colado *m,* hierro fundido *m*
gusseisern ['gusaɪzərn] *adj TECH* de hierro fundido
gut [gu:t] *adj 1.* buen, bueno; *es mit etw ~ sein lassen* dejar algo estar; *Sie haben ~ lachen!* ¡Bien puede reír usted! *~ daran tun* hacer bien en; *~ und gern* con razón; *für etw ~ sein* servir para su lado bueno; *zu viel des Guten sein* ser de lo bueno mucho; *Du bist ~!* ¡Eres increíble! *~ aussehend* guapo, de buena presencia; *~ bezahlt* bien pagado, bien remunerado; *~ gelaunt* de buen humor; *adv 2.* bien; *mir geht's ~* a mí me va bien
Gut [gu:t] *n 1. (Ware) ECO* bien *m,* producto *m,* mercancía *f,* mercadería *f* (LA); *2. (Besitz)* propiedad *f,* bienes *m/pl*
Gutachten ['gu:taxtən] *n* dictamen *m,* peritaje *m,* informe *m*
Gutachter(in) ['gu:taxtər(ɪn)] *m/f* experto/experta *m/f,* perito/perita *m/f*
gutartig ['gu:ta:rtɪç] *adj 1.* de buen genio; *2. MED* benigno
Gutartigkeit ['gu:ta:rtɪçkaɪt] *f 1. (Geschwür) MED* benignidad *f; 2. (charakterlich)* buen natural *m*
Gutdünken ['gu:tdyŋkən] *n* buen parecer *m,* buen criterio *m*
Güte ['gy:tə] *f 1.* bondad *f,* benevolencia *f; 2. (Qualität)* calidad *f*
Gutenachtlied [gu:tə'naxtli:t] *n* nana *f,* canción de cuna *f*
Güterbahnhof ['gy:tərba:nho:f] *m* estación de mercancías *f,* estación de carga *f* (LA)
Güterstand ['gy:tərʃtant] *m JUR* régimen de bienes *m*
Gütertrennung ['gy:tərtrɛnuŋ] *f JUR* separación de bienes *f*
Güterverkehr ['gy:tərfɛrke:r] *m* transporte de mercancías *m,* transporte de carga *m*
Güterwagen ['gy:tərva:gən] *m* vagón de mercancías *m,* vagón de carga *m*
Güterzug ['gy:tərtsu:k] *m* tren de mercancías *m,* tren de carga *m*
gutgläubig ['gu:tglɔybɪç] *adj* de buena fe
Gutgläubigkeit ['gu:tglɔybɪçkaɪt] *f* buena fe *f*
Guthaben ['gu:tha:bən] *n ECO* haber *m,* saldo *m,* activo *m*
gutheißen ['gu:thaɪsən] *v irr* aprobar, dar por bueno
gutherzig ['gu:thɛrtsɪç] *adj* de buen corazón, bondadoso
gütig ['gy:tɪç] *adj* bondadoso
gütlich ['gy:tlɪç] *adj 1.* amistoso; *2. sich an etw ~ tun* comer algo con gusto
gutmütig ['gu:tmy:tɪç] *adj* bondadoso
Gutmütigkeit ['gu:tmy:tɪçkaɪt] *f* bondad *f*
Gutschein ['gu:tʃaɪn] *m* vale *m,* bono *m*
gutschreiben ['gu:tʃraɪbən] *v* abonar, acreditar
Gutschrift ['gu:tʃrɪft] *f* abono en cuenta *m*
Gutsherr(in) ['gu:tshɛr(ɪn)] *m/f* hacendado/hacendada *m/f*
Gutshof ['gu:tsho:f] *m* finca *f,* hacienda *f*
gutwillig ['gu:tvɪlɪç] *adj* de buena voluntad, manso, voluntario
Gymnasiallehrer(in) [gymna'zja:lle:rər(ɪn)] *m/f* profesor(a) de Enseñanza Media *m/f*
Gymnasiast(in) [gymna:zj'ast(ɪn)] *m/f* alumno/alumna de Enseñanza Media *m/f*
Gymnasium [gym'na:zjum] *n* instituto de enseñanza media *m,* instituto de bachillerato *m,* colegio de liceo *m* (LA), escuela secundaria *f* (LA)
Gymnastik [gym'nastɪk] *f SPORT* gimnasia *f*
gymnastisch [gym'nastɪʃ] *adj SPORT* gimnástico
Gynäkologe [gynɛkɔ'lo:gə] *m MED* ginecólogo *m*
Gynäkologin [gynɛkɔ'lo:gɪn] *f* ginecóloga *f*
gynäkologisch [gynɛko'lo:gɪʃ] *adj MED* ginecológico

H

Haar [haːr] *n 1. (auf dem Kopf)* pelo *m,* cabello *m; ~e auf den Zähnen haben (fig)* ser una persona muy resuelta; *ein ~ in der Suppe finden* tener algo de objetar; *sich die ~e raufen* tirarse de los pelos (fam); *kein ~ krümmen können* no ser capaz ni de matar a una mosca; *sich keine grauen ~e wachsen lassen* tenerle a uno sin cuidado; *an einem ~ hängen* pender de un hilo; *jdm die ~e vom Kopf fressen (fam)* desplumar a alguien; *etw an den ~en herbeiziehen* traer algo por los pelos; *sich in die ~e geraten* desgreñarse; *sich in den ~en liegen* tirarse de los pelos; *um ein ~* por un pelo; *Mir stehen die ~e zu Berge.* Se me ponen los pelos de punta. *2. (Körperbehaarung)* vello *m*

Haarausfall ['haːrausfal] *m* caída del cabello *f,* alopecia *f*

Haarbürste ['haːrbyrstə] *f* cepillo para el cabello *m*

Haarfarbe ['haːrfarbə] *f* color de cabello *m,* color de pelo *m*

haarfein ['haːrfaɪn] *adj* muy fino, como un cabello

haargenau ['haːrgə'nau] *adj 1.* exacto; *adv 2.* exactamente

haarig ['haːrɪç] *adj* peludo, cabelludo, velludo

Haarklammer ['haːrklamər] *f* horquilla *f*

haarklein ['haːr'klaɪn] *adj 1.* detallado; *adv 2.* con todo lujo de detalles; *etw ~ erzählen* contar con pelos y señales

Haarpflege ['haːrpfleːgə] *f* cuidado del cabello *m*

haarscharf ['haːrʃarf] *adj 1.* afilado, muy cortante; *2. (Beschreibung)* preciso, exacto; *3. (Gedächtnis)* detallado

Haarschnitt ['haːrʃnɪt] *m* corte de pelo *m*

Haarspange ['haːrʃpaŋə] *f* pasador *m*

Haarspitze ['haːrʃpɪtsə] *f* punta del cabello *f*

Haarspray ['haːrspreɪ] *n* laca *f*

haarsträubend ['haːrʃtrɔybənt] *adj* horripilante, espeluznante

Haartrockner ['haːrtrɔknər] *m* secador de pelo *m*

Haarwurzel ['haːrvurtsəl] *f* raíz capilar *f*

Habe ['haːbə] *f* propiedad *f,* bienes *m/pl*

haben ['haːbən] *v irr 1. (Hilfsverb)* haber; *Ich habe ein Buch geschrieben.* He escrito un libro. *Wenn ich das gewusst hätte, ...* Si lo hubiese sabido, ... *Sie hätten es mir sagen sollen!* ¡Habría tenido que decirmelo! *Ich habe dich lieb.* Yo te quiero. *etw an sich haben* tener algo de suyo; *etw für sich haben* tener algo de positivo; *noch zu ~ sein* estar todavía disponible; *für etw zu ~ sein* estar disponible para algo; *etw gegen jdn ~* tener algo contra alguien; *etw hinter sich ~* dejar atrás algo; *etw mit jdm ~* estar liado con alguien; *etw von etw ~* ser la consecuencia de algo; *wie gehabt* como anteriormente; *2. (besitzen)* tener, poseer; *Ich habe kein Geld.* No tengo dinero. *Antonieta hat Arbeit.* Antonieta tiene trabajo.

Haben ['haːbən] *n ECO* haber *m,* crédito *m*

Habgier ['haːpgiːr] *f* codicia *f*

habgierig ['haːpgiːrɪç] *adj* codicioso

habhaft ['haːphaft] *adj jds ~ werden* apoderarse de, lograr coger

Habicht ['haːbɪçt] *m* azor *m*

Habseligkeiten ['haːpzeːlɪçkaɪtən] *pl* efectos personales *m/pl*

Habsucht ['haːpzuxt] *f* codicia *f,* avidez *f*

habsüchtig ['haːpzyçtɪç] *adj* codicioso

Hachse ['haksə] *f 1.* pierna de ternera (o de cerdo) *f; 2. (fam: Fuß)* zanca *m*

Hacke ['hakə] *f 1. (Absatz)* tacón *m; 2. (Werkzeug)* azada *f,* azadón *m; 3. ANAT* talón *m*

hacken ['hakən] *v 1. (Holz)* partir, cortar; *2. (Erde)* cavar, azadonar; *3. (picken)* picar

Hacker ['hakər] *m INFORM* pirata de la informática *m*

Hackfleisch ['hakflaɪʃ] *n* carne picada *f; aus jdm ~ machen* hacer picadillo a alguien

Hackordnung ['hakɔrdnuŋ] *f* jerarquía de picoteo *f; 2. (fig)* ley del más fuerte *f*

Hacksteak ['hakʃteːk] *n GAST* filete de carne picada *m,* hamburguesa *f*

hadern ['haːdərn] *v* reñir con

Hafen ['haːfən] *m* puerto *m; Welche Häfen werden angelaufen?* ¿En qué puertos haremos escala? *in den ~ der Ehe einlaufen* contraer matrimonio

Hafenanlagen ['haːfənanlaːgən] *pl NAUT* muelles *m/pl,* dársenas *f/pl,* instalaciones portuarias *f/pl*

Hafenarbeiter ['haːfənarbaɪtər] *m* obrero *m,* trabajador portuario *m*

Hafeneinfahrt ['ha:fənaɪnfa:rt] *f NAUT* entrada del puerto *f*
Hafenrundfahrt ['ha:fənruntfa:rt] *f* paseo por el puerto *m,* vuelta por el puerto *f*
Hafenstadt ['ha:fənʃtat] *f* ciudad portuaria *f*
Hafenviertel ['ha:fənfɪrtəl] *n* barrio portuario *m*
Hafer ['ha:fər] *m BOT* avena *f*
Haferbrei ['ha:fərbraɪ] *m GAST* papilla de avena *f*
Haferflocken ['ha:fərflɔkən] *pl* copos de avena *m/pl*
Haft [haft] *f JUR* arresto *m*
Haftanstalt ['haftanʃtalt] *f JUR* centro de reclusión *m,* penitenciaría *f*
haftbar ['haftba:r] *adj 1. ~ sein* ser responsable; *2. jmd ~ machen* hacer responsable a alguien
Haftbefehl ['haftbəfe:l] *m* orden de detención *m,* requisitoria *f*
Haftdauer ['haftdauər] *f JUR* duración de la detención *f*
haften ['haftən] *v 1. (kleben)* pegar, estar sujeto; *2. (bürgen für)* salir garante, responder, avalar
Haftentlassung ['haftɛntlasuŋ] *f JUR* excarcelación *f,* libertad *f*
Häftling ['hɛftlɪŋ] *m* preso *m,* encarcelado *m,* detenido *m*
Haftpflicht ['haftpflɪçt] *f JUR* responsabilidad civil *f*
Haftpflichtversicherung ['haftpflɪçtfɛrzɪçəruŋ] *f JUR* seguro de responsabilidad civil *m*
Haftschalen ['haftʃa:lən] *pl MED* lentes de contacto *f/pl,* lentillas *f/pl*
Haftstrafe ['haftʃtra:fə] *f JUR* arresto menor *m*
Haftung ['haftuŋ] *f JUR* responsabilidad *f*
Hagebutte ['ha:gəbutə] *f BOT* escaramujo *m,* agaravanza *f*
Hagel ['ha:gəl] *m* granizo *m*
Hagelkorn ['ha:gəlkɔrn] *n* granizo *m*
hageln ['ha:gəln] *v* granizar
Hagelschaden ['ha:gəlʃa:dən] *m* daño causado por el granizo *m*
Hagelschauer ['ha:gəlʃauər] *m* granizada *f*
hager ['ha:gər] *adj* flaco, magro
Hahn [ha:n] *m 1. (Wasserhahn)* grifo *m; 2. ZOOL* gallo *m; Kein ~ kräht danach. (fig)* A nadie le importa.
Hähnchen ['hɛ:nçən] *n GAST* pollo *m*
Hahnenkampf ['ha:nənkampf] *m* pelea de gallos *f*
Hai [haɪ] *m ZOOL* tiburón *m*
Hain [haɪn] *m* soto *m,* bosquecillo *m*
Haiti [ha'i:ti] *n GEO* Haití *m*
häkeln ['hɛ:kəln] *v* hacer ganchillo, hacer labor de gancho
Häkelnadel ['hɛkəlna:dəl] *f* ganchillo *m*
Haken ['ha:kən] *m* gancho *m; einen ~ schlagen* darse la media vuelta
Hakenkreuz ['ha:kənkrɔyts] *n POL* cruz gamada *f,* cruz svástica *f,* cruz esvástica *f*
halb [halp] *adj 1.* medio; *eine ~e Portion sein* ser un medio hombre; *nichts Halbes und nichts Ganzes* ni chicha, ni limoná (fam); *~ fertig* semiacabado, a medio hacer; *~ gar* medio cocido; *~ voll* a medio llenar, medio lleno; *adv 2.* a medias, por mitad, por mitades
Halbaffe ['halpafə] *m ZOOL* maki *m*
Halbbruder ['halpbru:dər] *m (mütterlicherseits)* hermano uterino *m, (väterlicherseits)* hermano consanguíneo *m,* medio hermano *m*
halbdunkel ['halpduŋkəl] *adj* crepúsculo *m*
Halbedelstein ['halpe:dəlʃtaɪn] *m MIN* piedra fina *f*
halber ['halbər] *prep* por razones de, por, a causa de; *der Einfachheit ~* por la sencillez
Halbfinale ['halpfɪna:lə] *n SPORT* semifinal *f*
halbherzig ['halphɛrtsɪç] *adj 1.* poco entusiamado, de mala gana; *adv 2.* no muy decidido, poco entusiasmado, de mala gana
Halbherzigkeit ['halphɛrtsɪçkaɪt] *f* poco entusiasmo *m*
halbieren [hal'bi:rən] *v* partir en dos partes iguales, partir por la mitad
Halbinsel ['halpɪnzəl] *f* península *f*
Halbjahr ['halpja:r] *n* semestre *m*
halbjährlich ['halpjɛ:rlɪç] *adj 1.* semestral; *adv 2.* semestralmente, cada seis meses
Halbkreis ['halpkraɪs] *m* semicírculo *m,* semicircunferencia *f*
Halbkugel ['halpku:gəl] *f* hemisferio *m*
halblaut ['halplaut] *adj* a media voz
Halbleiter ['halplaɪtər] *m INFORM* semiconductor *m*
halbmast ['halpmast] *adv auf ~* a media asta
Halbmond ['halpmo:nt] *m* media luna *f,* cuarto creciente *m,* cuarto menguante *m*
Halbpension ['halppɛnsjo:n] *f* media pensión *f*

Halbschlaf ['halpʃla:f] *m* entresueño *m*
Halbschwester ['halpʃvɛstər] *f (mütterlicherseits)* hermana uterina *f, (väterlicherseits)* hermana consanguínea *f,* media hermana *f*
halbtags ['halpta:ks] *adv* a media jornada, la mitad del día
Halbtagsbeschäftigung ['halpta:ksbəʃɛftɪguŋ] *f* trabajo de media jornada *m,* empleo de media jornada *m*
Halbwaise ['halpvaɪzə] *m/f* huérfano de padre/huérfano de madre *m*
Halbwertszeit ['halpve:rtstsaɪt] *f PHYS* período de semidesintegración *m*
halbwüchsig ['halpvy:ksɪç] *adj* a medio crecer
Halbzeit ['halptsaɪt] *f SPORT* medio tiempo *m; erste ~/zweite ~* primer tiempo/segundo tiempo *m*
Halde ['haldə] *f 1. (Hang)* colina *f,* loma *f; 2. (Abbauhalde)* escorial *m,* escombrera *f; 3. auf ~ nehmen (Ware)* tomar en depósito
Hälfte ['hɛlftə] *f* mitad *f*
Halfter ['halftər] *m/n 1. (Pferde~)* ronzal *m; 2. (für Pistole)* pistolera *f,* cañonera *f*
Halle ['halə] *f* sala *f,* hall *m*
hallen ['halən] *v* resonar, retumbar
Hallenbad ['halənba:t] *n* piscina cubierta *f*
Hallenfußball ['halənfu:sbal] *m SPORT* fútbol sobre pista cubierta *m*
Hallenhandball ['halənhantbal] *m SPORT* balonmano a siete *m*
hallo ['halo:] *interj 1.* hola; *2. (am Telefon)* diga, aló (LA)
Halluzination [halutsɪna'tsjo:n] *f* alucinación *f*
halluzinieren [halutsi'ni:rən] *v* alucinar
Halm [halm] *m BOT* paja *f*
Halogen [halo'ge:n] *n CHEM* halógeno *m*
Hals [hals] *m 1. ANAT* cuello *m; den ~ kosten* costar el pellejo (fam); *den ~ aus der Schlinge ziehen (fig)* librarse de un apuro; *den ~ nicht voll kriegen* no tener suficiente; *sich jdm an den ~ werfen* echarse al cuello de alguien; *bis über den ~ ins Schulden stecken* estar metido en deudas hasta el cuello; *jdm jdn auf den ~ schicken* endosarle a uno alguien; *etw in den falschen ~ bekommen* tomar algo a mal/interpretar algo mal; *jdm mit etw vom ~ bleiben* dejar en paz a alguien con algo; *sich etw vom ~ halten* librarse de algo, desembarazarse de algo; *jdm zum ~ heraushängen* tenerle a alguien harto; *jdm bis zum ~ stehen* tenerle a alguien hasta las narices (fam); *~ über Kopf* de golpe y porrazo (fam); *2. (Kehle) ANAT* garganta *f; 3. (Flaschenhals)* gollete *m,* cuello *m*
Halsband ['halsbant] *n 1. (Hundehalsband)* collar *m; 2. (Schmuck)* gargantilla *f*
halsbrecherisch ['halsbrɛçərɪʃ] *adj* peligrosísimo, arriesgado
Halskette ['halskɛtə] *f* collar *m*
Hals-Nasen-Ohrenarzt [hals-na:zən-'o:rənartst] *m MED* otorrinolaringólogo *m*
Halsschlagader ['halsʃla:ka:dər] *f ANAT* arteria carótida *f*
Halsschmerzen ['halsʃmɛrtsən] *m/pl MED* dolor de garganta *m*
halsstarrig ['halsʃtarɪç] *adj* terco, testarudo
Halstuch ['halstu:x] *n* pañuelo de cuello *m,* bufanda *f*
Halswirbel ['halsvɪrbəl] *m ANAT* vértebra cervical *f*
halt [halt] *interj Halt!* ¡Alto!
Halt [halt] *m 1.* parada *f; ~ machen* detenerse, pararse, hacer una pausa; *vor etw nicht ~ machen* no retroceder ante algo; *2. (Stütze)* apoyo *m,* sostén *m; 3. (Aufenthalt)* alto *m,* parada *f*
haltbar ['haltba:r] *adj* duradero, conservable
Haltbarkeit ['haltba:rkaɪt] *f* conservabilidad *f*
Haltbarkeitsdatum ['haltba:rkaɪtsda:tum] *n* fecha límite de conservación *f*
halten ['haltən] *v irr 1. (festhalten)* sujetar, asegurar, fijar; *sich vor Lachen nicht ~ können* no poder aguantar de la risa; *2. (Rede)* pronunciar; *3. (dauern)* durar
Haltepunkt ['haltəpuŋkt] *m (Haltestelle)* punto de detención *m*
Halterung ['haltəruŋ] *f* dispositivo fijador *m*
Haltestelle ['haltəʃtɛlə] *f* parada *f*
Halteverbot ['haltəfɛrbo:t] *n* prohibición de estacionamiento *f; ~!* ¡Prohibido el estacionamiento!
haltlos ['haltlo:s] *adj 1. (unbeständig)* inconsistente; *2. (unbegründet)* infundado
Haltlosigkeit ['haltlo:zɪçkaɪt] *f 1.* inestabilidad *f; 2. (Unbegründetheit)* inconsistencia *f*
Haltung ['haltuŋ] *f 1. (Körperhaltung)* postura *f; 2. (Verhalten)* conducta *f; ~ annehmen* ponerse firme; *3. (Selbstbeherrschung)* autocontrol *m,* dominio de sí *m*
Halunke [ha'luŋkə] *m (fam)* bribón *m,* pillo *m*

Hämatom [hɛma'to:m] *n MED* hematoma *f*
Hamburger ['hamburgər] *m GAST* hamburguesa *f*
hämisch ['hɛ:mɪʃ] *adj 1.* malicioso; *adv 2.* maliciosamente
Hammel ['haməl] *m ZOOL* carnero *m*
Hammer ['hamər] *m* martillo *m; unter den ~ kommen (fig)* venderse en subasta; *einen ~ haben* estar loco de remate
Hammerhai ['hamərhaɪ] *m ZOOL* pez martillo *m*
hämmern ['hɛmərn] *v* martillear
Hämoglobin [hɛmoglo'bi:n] *n BIO* hemoglobina *f*
Hämorriden [hɛmɔr'i:dən] *pl MED* hemorroides *f; MED* hemorroides *f*
Hampelmann ['hampəlman] *m* títere *m*
Hamster ['hamstər] *m ZOOL* hámster *m*
hamstern ['hamstərn] *v* acaparar
Hand [hant] *f ANAT* mano *f; freie ~ haben* tener carta blanca, tener libertad de acción; *jds rechte ~ sein* ser el brazo derecho de alguien; *~ in ~* cogidos de la mano; *sich für etw die ~ abhacken lassen* dejarse cortar la mano por algo, dar un ojo de la cara por algo; *selbst mit ~ anlegen* echar una mano; *seine ~ aufhalten* poner la mano (para pedir); *die ~ gegen jdn erheben* levantarle la mano a alguien; *~ und Fuß haben* tener fundamento; *die ~ auf etw halten* disponer de algo; *die ~ für etw ins Feuer legen* poner la mano en el fuego por algo; *eine glückliche ~ haben* tener buena mano; *auf der ~ liegen* ser evidente; *aus erster ~* de primera mano; *mit der linken ~* con la izquierda; *sich in der ~ haben* poder dominarse; *sich nicht von der ~ weisen lassen* no poder negarse; *jdm zur ~ gehen* secundar a alguien; *etw zur ~ haben* tener a la mano; *von der ~ in den Mund leben* vivir al día; *Ihm rutscht leicht die ~ aus.* Se le escapa la mano en seguida. *in die Hände fallen* caer en las manos; *in guten Händen sein* estar en buenas manos; *in die Hände spucken* ponerse manos a la obra; *mit Händen und Füßen* con pies y manos; *die Hände in den Schoß legen* estarse con las manos cruzadas; *sich mit Händen und Füßen wehren* defenderse con uñas y dientes; *die Hände über dem Kopf zusammenschlagen* llevarse las manos a la cabeza; *sich die Hände reiben* frotarse las manos (maliciosamente); *seine Hände in Unschuld waschen* no ser culpable; *sich etw an beiden Händen abzählen können* poder contar algo con los dedos de las manos; *jdn auf Händen tragen* llevar a al-guien en palmitas; *Mir sind die Hände gebunden.* Tengo las manos atadas. *eine ~ voll* un puñado *m*
Handarbeit ['hantarbaɪt] *f* trabajo manual *m*
Handarbeiter(in) ['hantarbaɪtər(ɪn)] *m/f* trabajador(a) manual *m/f*
Handball ['hantbal] *m SPORT* balonmano *m*
Handbesen ['hantbe:zən] *m* escoba de mano *f,* escobilla *f*
Handbetrieb ['hantbətri:p] *m TECH* accionamiento manual *m*
Handbewegung ['hantbəve:guŋ] *f* movimiento de la mano *m,* ademán *m*
Handbremse ['hantbrɛmzə] *f (beim Auto)* freno de mano *m*
Handbuch ['hantbu:x] *n* manual *m*
Handcreme ['hantkre:m] *f* crema de manos *f*
Händedruck ['hɛndədruk] *m* apretón de manos *m*
Handel ['handəl] *m ECO* comercio *m,* negocio *m*
handeln ['handəln] *v 1. (tätig sein)* actuar, obrar; *2. (Handel treiben)* comerciar, negociar, hacer negocios; *3. (feilschen)* regatear, mercadear; *4. sich ~ um* tratarse de; *es handelt sich um einen Notfall* se trata de un caso de emergencia
Handelsabkommen ['handəlsapkɔmən] *n POL* acuerdo comercial *m,* convenio mercantil *m*
Handelsbeziehungen ['handəlsbətsi:uŋən] *pl POL* relaciones comerciales *f/pl*
Handelsbilanz ['handəlsbilants] *f ECO* balanza comercial *f,* balanza de comercio *f*
handelseinig ['handəlsaɪnɪç] *adj ~ werden* estar (ponerse) de acuerdo
Handelsembargo ['handəlsɛmbargo] *n POL* embargo comercial *m*
Handelsgericht ['handəlsgərɪçt] *n ECO* tribunal comercial *f*
Handelskammer ['handəlskamər] *f ECO* Cámara de Comercio *f*
Handelsmarine ['handəlsmari:nə] *f* marina mercante *f*
Handelsplatz ['handəlsplats] *m ECO* plaza comercial *f*
Handelspolitik ['handəlspoliti:k] *f POL* política comercial *f*
Handelsregister ['handəlsregɪstər] *n ECO* registro mercantil *m*

Handelsschiff ['handəlsʃɪf] *n* *NAUT* buque mercante *m*
handelsüblich ['handəlsyːplɪç] *adj* *ECO* habitual en el comercio
Handelsvertrag ['handəlsfɛrtraːk] *m* contrato comercial *m*
Handelsvertreter ['handəlsfɛrtreːtər] *m* *ECO* representación comercial *f,* agencia comercial *f*
händeringend ['hɛndərɪŋənt] *adv* *1. (flehentlich)* suplicante; *2. (verzweifelt)* desesperado
Händeschütteln ['hɛndəʃytəln] *n* apretón de manos *m*
Handfertigkeit ['hantfɛrtɪçkaɪt] *f* habilidad manual *f*
handfest ['hantfɛst] *adj* *1. (robust)* robusto, vigoroso; *2. (fig)* sólido
Handfeuerwaffe ['hantfɔyərvafə] *f* arma de fuego manual *f*
Handfläche ['hantflɛçə] *f* *ANAT* palma de la mano *f*
handgearbeitet ['hantgəarbaɪtət] *adj* hecho a mano
Handgebrauch ['hantgəbraux] *m* *(zum ~)* para uso diario
Handgelenk ['hantgəlɛŋk] *n* *ANAT* muñeca *f; aus dem ~ heraus* sin dificultad, con la izquierda
Handgemenge ['hantgəmɛŋə] *n* pelea *f,* riña *f*
Handgepäck ['hantgəpɛk] *n* equipaje de mano *m*
Handgranate ['hantgranaːtə] *f* *MIL* granada de mano *f*
handgreiflich ['hantgraɪflɪç] *adj* *~ werden* llegar a las manos, irse a las manos
Handgriff ['hantgrɪf] *m* *1. (Griff)* asidero *m,* asa *f/el; 2. (kleine Mühe)* tris *m,* santiamén *m; Es ist nur ein ~.* Está hecho en un santiamén.
handhaben ['hanthaːbən] *v* manejar, manipular
Handhabung ['hanthaːbuŋ] *f* manejo *m*
Handikap ['hɛndɪkɛp] *n* handicap *m,* desventaja *f*
Handkoffer ['hantkɔfər] *m* maleta pequeña *f*
Handkuss ['hantkus] *m* besamanos *m,* beso en la mano *m*
Handlanger ['hantlaŋər] *m* peón *m,* bracero *m*
Händler(in) ['hɛndlər(ɪn)] *m/f* comerciante *m/f,* negociante *m,* vendedora *f*
handlich ['hantlɪç] *adj* manuable, manejable
Handlichkeit ['hantlɪçkaɪt] *f* manejabilidad *f*
Handlung ['handluŋ] *f* *1. (Tat)* hecho *m,* acción *f; 2. (Laden)* tienda *f,* comercio *m; 3. (Geschehen) LIT* argumento *m*
Handlungsbedarf ['handluŋsbədarf] *m* necesidad de actuación *f*
Handlungsbevollmächtigte(r) ['handluŋsbəfɔlmɛçtɪçtə(r)] *m/f* *JUR* apoderado especial/apoderada especial *m/f*
handlungsfähig ['handluŋsfɛːɪç] *adj* *JUR* capacidad de obrar *f*
Handlungsfähigkeit ['handluŋsfɛːɪçkaɪt] *f* capacidad de actuación *f*
Handlungsspielraum ['handluŋsʃpiːlraum] *m* margen de acción *m; ~ haben* tener campo libre
Handlungsweise ['handluŋsvaɪzə] *f* modo de obrar *m,* manera de actuar *f*
Handrücken ['hantrykən] *m* *ANAT* dorso de la mano *m*
Handschellen ['hantʃɛlən] *pl* esposas *f/pl*
Handschrift ['hantʃrɪft] *f* escritura *f,* letra *f*
handschriftlich ['hantʃrɪftlɪç] *adj* *1.* escrito a mano; *adv 2.* por escrito
Handschuh ['hantʃuː] *m* guante *m*
handsigniert ['hantzɪgniːrt] *adj* firmado a mano
Handstreich ['hantʃtraɪç] *m* golpe de mano *m*
Handtasche ['hanttaʃə] *f* bolso *m,* cartera *f* (LA)
Handteller ['hanttɛlər] *m* *ANAT* palma de la mano *f*
Handtuch ['hanttuːx] *n* toalla *f; das ~ werfen* tirar la toalla
Handwagen ['hantvaːgən] *m* carro de mano *m*
Handwäsche ['hantvɛʃə] *f* ropa que se debe lavar a mano *f*
Handwerk ['hantvɛrk] *n* oficio *m,* artesanía *f; jdm ins ~ pfuschen* estorbar en el trabajo a alguien
Handwerker ['hantvɛrkər] *m* artesano *m,* trabajador manual *m*
handwerklich ['hantvɛrklɪç] *adj* artesanal
Handwerksbetrieb ['hantvɛrksbətriːp] *m* empresa artesanal *f*
Handwerkskammer ['hantvɛrkskamər] *f* *ECO* Cámara de Artesanía *f,* Gremio de artesanos *m*

Handy ['hɛːndiː] *n TEL* móvil *m*
Handzeichen ['hanttzaɪçən] *n* marca *f*, señal con la mano *f*
Handzettel ['hanttsɛtəl] *m* folleto *m*, manual *m*, octavilla *f*, volante *m*
Hanf [hanf] *m BOT* cáñamo *m*
Hang [haŋ] *m 1. (Abhang)* pendiente *f*, cuesta *f*; *2. (fig: Neigung) ~ zu* inclinación a *f*, propensión a *f*
Hängebrücke ['hɛŋəbrykə] *f* puente colgante *m*
Hängematte ['hɛŋəmatə] *f* hamaca *f*
hängen ['hɛŋən] *v irr 1. (befestigt sein an)* estar pegado a, estar fijo, estar colgado de; *mit Hängen und Würgen* a duras penas, a trancas a barrancas; *2. (herabhängen)* pender; *3. (aufhängen)* colgar; *4. (fig: gern haben) an jdm ~* tener cariño, estimar a alguien; *5. (fig) jdn ~ lassen* dejar a alguien plantado; *6. ~ bleiben* quedar suspendido (enganchado), quedar pegado (adherido); *7. im Gedächtnis ~ bleiben* quedar grabado en la memoria; *8. (in der Schule) ~ bleiben* quedar suspendido, perder curso
hänseln ['hɛnzəln] *v jdn ~* burlarse de alguien
Hansestadt ['hanzəʃtat] *f* ciudad hanseática *f*
Hantel ['hantəl] *f* pesas *f/pl*
hantieren [han'tiːrən] *v* manejar, ocuparse de
hapern ['haːpərn] *v (fam) es hapert an etw* le falta algo; *Bei ihm hapert es an der Aussprache.* Lo que le falta es la pronunciación.
Happen ['hapən] *m* bocado *m*
Happyend ['hæpɪ'ɛnd] *n* final feliz *m*
Hardware ['haːrdwɛːr] *f INFORM* material de informática *m*, hardware *m*
Harem ['haːrɛm] *m* harén *m*
Harfe ['harfə] *f MUS* arpa *f/el*
Harke ['harkə] *f* rastrillo *m*, rastro *m*
harmlos ['harmloːs] *adj 1. (ungefährlich)* inofensivo; *Er spielt den Harmlosen.* Se pone como quien no hace nada. *adv 2.* inofensivamente
Harmlosigkeit ['harmloːzɪçkaɪt] *f (Ungefährlichkeit)* carácter inofensivo *m*
Harmonie [harmo'niː] *f* armonía *f*
harmonieren [harmo'niːrən] *v* estar en armonía, concordar
Harmonika [har'moːnik] *f* armónica *f*
harmonisch [har'moːnɪʃ] *adj* armónico
harmonisieren [harmonɪ'ziːrən] *v* armonizar
Harmonium [har'monjum] *n MUS* armonio *m*
Harn [harn] *m* orina *f*
Harnblase ['harnblaːzə] *f ANAT* vejiga *f*
Harnröhre ['harnrøːrə] *f ANAT* uretra *f*
Harnsäure ['harnzɔyrə] *f MED* ácido úrico *m*
Harpune [har'puːnə] *f* arpón *m*
harren ['harən] *v* aguardar, esperar
harsch [harʃ] *adj* áspero, rudo
hart [hart] *adj 1.* duro, sólido, compacto; *2. (streng)* riguroso, severo
Härte ['hɛrtə] *f 1.* dureza *f*; *2. (Strenge)* rigor *m*, severidad *f*
Härtefall ['hɛrtəfal] *m* caso extremo *m*
hartherzig ['harthɛrtsɪç] *adj 1.* duro de corazón; *adv 2.* con dureza de corazón, duramente
Hartherzigkeit ['harthɛrtsɪçkaɪt] *f* dureza de corazón *f*
hartnäckig ['hartnɛkɪç] *adj* tenaz, porfiado, terco
Hartnäckigkeit ['hartnɛkɪçkaɪt] *f* tenacidad *f*, porfía *f*, terquedad *f*
Harz [harts] *m* resina *f*
harzig ['hartsɪç] *adj* resinoso
haschen ['haʃən] *v* agarrar, atrapar, coger
Haschisch ['haʃɪʃ] *n* hachís *m*, chocolate *m* (fam)
Hase ['haːzə] *m ZOOL* liebre *f*; *ein alter ~ sein (fig)* ser un viejo zorro; *Mein Name ist ~, ich weiß von nichts.* Me llamo andana. (fam)/No tener ni idea de algo.
Haselnuss ['haːzəlnus] *f BOT* avellana *f*
Hasenfuß ['haːzənfuːs] *m (fig)* cobarde *m*, miedoso *m*
Hasenscharte ['haːzənʃartə] *f MED* labio leporino *m*
Hass [has] *m* odio *m*; *aus ~ gegen dich* por odio hacia ti
hassen ['hasən] *v* odiar
hasserfüllt ['hasɛrfylt] *adj* lleno de odio
hässlich ['hɛslɪç] *adj* feo
Hässlichkeit ['hɛslɪçkaɪt] *f* fealdad *f*
Hast [hast] *f* prisa *f*, precipitación *f*
hasten ['hastən] *v* apresurarse, andar deprisa
hastig ['hastɪç] *adj 1.* presuroso, precipitado; *adv 2.* a toda prisa, precipitadamente
Hastigkeit ['hastɪçkaɪt] *f* precipitación *f*
hätscheln ['hɛtʃəln] *v* acariciar, hacer caricias
Haube ['haubə] *f* cofia *f*; *jdn unter die ~ bringen* casar a alguien

Hauch [haux] *m 1. (Atemhauch)* aliento *m; 2. (Lufthauch)* soplo *m; 3. (~ von Duft)* perfume *m,* aroma *m; 4. (geringe Menge)* pizca *f,* toque *m*

hauchdünn ['hauxdyn] *adj* muy delgado, finísimo

hauchen ['hauxən] *v* soplar

hauchzart ['haux'tsa:rt] *adj* fino, ténue, delicado

Haudegen ['haude:gən] *m 1.* espadón *m,* mandoble *m; 2. (fig)* valentón *m,* espadachín *m*

hauen ['hauən] *v gegen etw ~* golpear contra algo

Haufen ['haufən] *m* montón *m,* pila *f,* gran cantidad *f; (fam: Leute)* muchedumbre *f; jdn über den ~ fahren* atropellar a alguien; *etw über den ~ werfen* desbaratar algo, echar abajo algo

häufen ['hɔyfən] *v* acumular, acumularse, amontonar, amontonarse

häufig ['hɔyfɪç] *adj 1.* frecuente; *adv 2.* frecuentemente, a menudo

Häufigkeit ['hɔyfɪçkaɪt] *f* frecuencia *f*

Häufung ['hɔyfuŋ] *f* acumulación *f*

Haupt [haupt] *n* cabeza *f,* jefe *f*

hauptamtlich ['hauptamtlɪç] *adj 1.* profesional, de carrera; *adv 2.* profesionalmente

Hauptanschluss ['hauptanʃlus] *m 1. TEL* conexión principal *f; 2. TECH* línea principal *f*

Hauptbahnhof ['hauptba:nho:f] *m* estación central *f*

hauptberuflich ['hauptbəru:flɪç] *adj 1.* profesional, de primer oficio; *adv 2.* profesionalmente, como primer oficio

Hauptdarsteller(in) ['hauptdarʃtɛlər(ɪn)] *m/f CINE* protagonista *m/f*

Haupteingang ['hauptaɪngaŋ] *m* entrada principal *f*

Hauptfach ['hauptfax] *n* asignatura principal *f*

Hauptfigur ['hauptfigu:r] *f LIT* figura principal *f*

Hauptgebäude ['hauptgəbɔydə] *n* edificio principal *m*

Hauptgericht ['hauptgərɪçt] *n GAST* plato principal *m,* plato fuerte *m*

Hauptgewinn ['hauptgəvɪn] *m* primer premio *m*

Hauptgrund ['hauptgrunt] *m* causa principal *f*

Häuptling ['hɔyptlɪŋ] *m* jefe de tribu *m*

Hauptmann ['hauptman] *m* capitán *m*

Hauptperson ['hauptpɛrzo:n] *f* personaje principal *m*

Hauptquartier ['hauptkvarti:r] *n MIL* cuartel general *m*

Hauptrolle ['hauptrɔlə] *f CINE* papel principal *m,* papel de protagonista *m*

Hauptsache ['hauptzaxə] *f* cosa principal *f,* cuestión esencial *f; in der ~* sobre todo, principalmente

hauptsächlich ['hauptzɛçlɪç] *adj 1.* principal, esencial, capital; *adv 2.* principalmente, ante todo, sobre todo

Hauptsaison ['hauptsɛzɔ̃] *f* temporada alta *f*

Hauptsatz ['hauptzats] *m 1. GRAMM* proposición principal *f; 2. (allein stehend) GRAMM* oración principal *f; 3. PHYS* término principal *m*

Hauptschlagader ['hauptʃla:ka:dər] *f ANAT* aorta *f*

Hauptschule ['hauptʃu:lə] *f* escuela de enseñanza básica *f,* escuela primaria superior *f*

Hauptstadt ['hauptʃtat] *f* capital *f*

hauptstädtisch ['hauptʃtɛtɪʃ] *adj* de la capital, capitalino

Hauptstraße ['hauptʃtra:sə] *f* calle principal *f,* calle central *f*

Hauptverhandlung ['hauptfɛrhandluŋ] *f JUR* juicio oral *m,* vista de la causa *f*

Hauptverkehrszeit ['hauptfɛrke:rstsaɪt] *f* horas punta *f/pl,* horas de mayor tráfico *f/pl*

Hauptversammlung ['hauptfɛrzamluŋ] *f* asamblea general *f*

Hauptverwaltung ['hauptfɛrvaltuŋ] *f* administración central *f*

Hauptwohnsitz ['hauptvo:nzɪts] *m* domicilio principal *m*

Hauptwort ['hauptvɔrt] *m GRAMM* sustantivo *m*

Haus [haus] *n* casa *f,* edificio *m; Ich gehe nach ~e.* Me voy a casa. *Ich bin zu ~e.* Estoy en casa. *jdm das ~ einrennen (fig)* sacar a alguien de sus casillas; *jdm das ~ verbieten* prohibirle a alguien la entrada en casa; *mit der Tür ins ~ fallen* hablar a alguien sin rodeos; *ins ~ stehen* estar a la puerta de casa, avecinarse; *jdm ins ~ schneien* dejarse caer por casa de uno (fam); *außer ~ sein* estar fuera de casa

Hausangestellte(r) ['hausangəʃtɛltə(r)] *m/f* empleado de hogar/empleada de hogar *m/f,* sirvienta *f*

Hausarbeit ['hausarbaɪt] *f* quehaceres domésticos *m/pl,* labores domésticas *f/pl*

Hausarrest ['hausarɛst] *m* arresto domiciliario *m*

Hausarzt ['hausartst] *m* médico de cabecera *m,* médico de familia *m*
Hausaufgaben ['hausaufga:bən] *pl* deberes *m/pl,* tareas escolares *f/pl*
hausbacken ['hausbakən] *adj (fig)* trivial, banal
Hausbesetzer(in) ['hausbəzɛtsər(ɪn)] *m/f* okupa *m/f*
Hausbesetzung ['hausbəzɛtsuŋ] *f* ocupación ilegal de casas *f*
Hausbesitzer(in) ['hausbəzɪtsər(ɪn)] *m/f* propietario/propietaria de una casa *m/f,* dueño/dueña *m/f*
Hausbewohner ['hausbəvo:nər] *m* morador *m,* vecino *m*
Hausdurchsuchung ['hausdurçzu:çuŋ] *f JUR* registro domiciliario *m*
Häuserblock ['hɔyzərblɔk] *m* conjunto de casas *m*
Häuserreihe ['hɔyzərraɪə] *f* hilera de casas *f*
Hausfrau ['hausfrau] *f* ama de casa *f/el*
Hausfriedensbruch ['hausfri:dənsbrux] *m JUR* allanamiento de morada *m*
Hausgebrauch ['hausgəbraux] *m für den ~* para el uso doméstico
hausgemacht ['hausgəmaxt] *adj* casero, doméstico
Haushalt ['haushalt] *m 1.* hogar *m,* casa *f; 2. (Staatshaushalt)* presupuesto *m*
haushalten ['haushaltən] *v irr 1.* llevar la casa; *2. (sparsam sein)* ser ahorrativo, economizar
Haushälterin ['haushɛltərɪn] *f* ama de llaves *f/el*
Haushaltsdebatte ['haushaltsdebatə] *f POL* debate presupuestario *m*
Haushaltsdefizit ['haushaltsde:fizɪt] *n* déficit presupuestario *m*
Haushaltsführung ['haushaltsfy:ruŋ] *f* gestión presupuestaria *f*
Haushaltsgerät ['haushaltsgərɛ:t] *n 1.* aparato doméstico *m,* utensilio doméstico *m; 2. (elektrisches ~)* electrodoméstico *m*
Haushaltswaren ['haushaltsva:rən] *pl* artículos domésticos *m/pl*
Hausherr(in) ['haushɛr(ɪn)] *m/f 1. (Familienoberhaupt)* cabeza de familia *m/f; 2. (Gastgeber(in))* señor(a) de la casa *m/f; 3. (Vermieter(in))* dueño/dueña de la casa *m/f*
hausieren [hau'zi:rən] *v* hacer el comercio ambulante, vender por las casas
Hausierer [hau'zi:rər] *m* vendedor ambulante *m*
häuslich ['hɔyslɪç] *adj* casero, doméstico, hogareño
Häuslichkeit ['hɔyslɪçkaɪt] *f 1. (hauswirtschaftliche Tätigkeit)* actividad doméstica *f; 2. (Zuhause)* vida familiar *f*
Hausmädchen ['hausmɛdçən] *n* criada *f,* sirvienta *f,* muchacha *f*
Hausmann ['hausman] *m* „amo“ de casa *m,* hombre ama de casa *m*
Hausmannskost ['hausmanskɔst] *f* comida casera *f*
Hausmeister(in) ['hausmaɪstər(ɪn)] *m/f* conserje *m,* portero/portera *m/f*
Hausnummer ['hausnumər] *f* número de la casa *m*
Hausordnung ['hausɔrdnuŋ] *f* reglamento interior del edificio *m*
Hausschlüssel ['hausʃlysəl] *m* llaves de la casa *f/pl*
Hausschuh ['hausʃu:] *m* zapatillaf chinelas *f/pl*
Haustier ['hausti:r] *n* animal doméstico *m*
Haustür ['hausty:r] *f* puerta de la casa *f*
Hausverbot ['hausfɛrbo:t] *n* entrada prohibida *f,* admisión prohibida *f*
Hausverwaltung ['hausfɛrvaltuŋ] *f* administración de la casa *f*
Haut [haut] *f ANAT* piel *f; nur noch ~ und Knochen sein* estar en los huesos; *seine eigene ~ retten* poner a salvo su propio pellejo (fam); *sich seiner ~ wehren* defender su pellejo (fam); *sich auf die faule ~ legen* tumbarse a la bartola (fam); *aus der Haut fahren* reventar de rabia; *Niemand kann aus seiner ~ heraus.* La cabra siempre tira al monte. *nicht in jds ~ stecken mögen* no envidiar la suerte de alguien, no querer estar en el pellejo de alguien; *mit heiler ~ davonkommen* salir bien librado, salvar el pellejo (fam); *mit ~ und Haaren* hasta la médula; *unter die ~ gehen* llegar al alma
Hautabschürfung ['hautapʃyrfuŋ] *f MED* excoriación *f,* desolladura *f,* erosión *f*
Hautarzt ['hautartst] *m MED* dermatólogo *m*
Hautausschlag ['hautausʃla:k] *m MED* sarpullido *m,* erupción cutánea *f*
Hautcreme ['hautkre:m] *f* crema para la piel *f*
Haute Couture ['o:tku'ty:r] *f* alta costura *f*
häuten ['hɔytən] *v* despellejar, deshollar
hauteng ['hautɛŋ] *adj* pegado al cuerpo
Hautfarbe ['hautfarbə] *f* color de la piel *m*

hautfreundlich ['hautfrɔyntlɪç] *adj* agradable a la piel
Hautkrankheit ['hautkraŋkhaɪt] *f MED* dermatosis *f,* enfermedad de la piel *f*
Hautkrebs ['hautkre:ps] *m MED* cáncer de la piel *m*
hautnah ['hautna:] *adj* muy realista
Hautpflege ['hautpfle:gə] *f* cuidado de la piel *m*
hautverträglich ['hautfɛrtrɛ:klɪç] *adj* que no irrita la piel
Havarie [hava'ri:] *f NAUT* avería *f*
havarieren [hava'ri:rən] *v* averiar
Hebamme ['he:bamə] *f* comadrona *f,* partera *f*
Hebebühne ['he:bəby:nə] *f TECH* plataforma elevadora *f*
Hebel ['he:bəl] *m TECH* palanca *f; alle ~ in Bewegung setzen (fig)* hacer lo humanamente posible, tocar todos los resortes; *am längeren ~ sitzen* tener la sarten (cogida) por el mango
heben ['he:bən] *v irr 1. (hoch~)* levantar, alzar; *einen ~ (fam)* echar un trago; *2. (Schatz bergen)* desenterrar; *3. (steigern)* aumentar, acrecentar
Hebräer(in) [he'brɛ:ər(ɪn)] *m/f HIST* hebreo/hebrea *m/f,* judío/judía *m/f*
hebräisch [he'brɛ:ɪʃ] *adj* hebreo
Hebräisch [he'brɛ:ɪʃ] *n LING* hebreo *m,* hebráico *m*
Hebung ['he:buŋ] *f 1. (fig: Verbesserung)* mejora *f,* realce *m; 2. (Bergung)* levantamiento *m; 3. (Bewegung nach oben)* elevación *f*
Hecht [heçt] *m ZOOL* lucio *m*
hechten ['hɛçtən] *v* saltar, zambullirse
Heck [hɛk] *n 1. (Autoheck)* parte trasera *f,* parte posterior *f; 2. (Schiffsheck)* popa *f*
Heckantrieb ['hɛkantri:p] *m TECH* propulsión *f,* accionamiento *m*
Hecke ['hɛkə] *f BOT* seto *m*
Heckenschütze ['hɛkənʃytsə] *m* emboscado *m,* tirador parapetado en el bosque *m*
Heckklappe ['hɛkklapə] *f TECH* puerta del maletero *f*
Heckmotor ['hɛkmo:tɔr] *m TECH* motor trasero *m*
Heckscheibe ['hɛkʃaɪbə] *f (eines Autos)* luna trasera *f*
Heer [he:r] *n MIL* ejército *m*
Heerführer ['he:rfy:rər] *m MIL* general *m,* jefe del ejército *m*
Heerwesen ['he:rve:zən] *n das ~ MIL* ejército *m,* régimen militar *m,* milicia *f*
Hefe ['he:fə] *f* levadura *f*
Hefeteig ['he:fətaɪk] *m GAST* masa de levadura *f*
Hefezopf ['he:fətsɔpf] *m GAST* trenza de levadura *f*
Heft [hɛft] *n* cuaderno *m*
heften ['hɛftən] *v 1. (befestigen)* sujetar, fijar; *2. (nähen)* coser, hilvanar
Hefter ['hɛftər] *m* clasificador *m*
heftig ['hɛftɪç] *adj* violento
Heftklammer ['hɛftklamər] *f* grapa *f,* clip *m*
Heftpflaster ['hɛftpflastər] *n* esparadrapo *m*
hegemonial [hegemo'nja:l] *adj POL* hegemónico
Hegemonie [hegemo'ni:] *f POL* hegemonía *f*
hegen ['he:gən] *v 1. (pflegen)* cuidar de; *2. (empfinden)* sentir
Hehl [he:l] *m keinen ~ aus etw machen* no ocultar algo
Hehler(in) ['he:lər(ɪn)] *m/f* encubridor(a) *m/f*
Hehlerei [he:lə'raɪ] *f JUR* encubrimiento *m*
Heide[1] ['haɪdə] *m REL* pagano *m*
Heide[2] ['haɪdə] *f GEOL* prado *m,* brezal *m*
Heidelbeere ['haɪdəlbe:rə] *f BOT* arándano *m,* mirtillo *m*
Heidentum ['haɪdəntum] *n* paganismo *m*
heidnisch ['haɪdnɪʃ] *adj REL* impío, ateo; pagano
heikel ['haɪkəl] *adj* delicado
heil [haɪl] *adj* sano y salvo
Heil [haɪl] *n* salvación *f*
Heiland ['haɪlant] *m REL* Salvador *m*
Heilanstalt ['haɪlanʃtalt] *f* clínica psiquiátrica *f,* sanatorio *m*
heilbar ['haɪlba:r] *adj* curable
Heilbarkeit ['haɪlba:rkaɪt] *f MED* curabilidad *f*
heilen ['haɪlən] *v 1. jdn ~ von* curar a alguien de; *2. (Wunde)* sanar, sanarse
Heilerfolg ['haɪlɛrfɔlk] *m MED* éxito terapeútico *m*
Heilgymnastik ['haɪlgymnastɪk] *f* gimnasia terapéutica *f,* fisioterapia *f*
heilig ['haɪlɪç] *adj REL* santo; *~ sprechen* canonizar
Heiligabend [haɪlɪç'a:bənt] *m REL* Nochebuena *f,* Noche Buena *f*
Heilige(r) ['haɪlɪgə(r)] *m/f REL* santo/santa *m/f; der Heilige Antonius* San Antonio *m*

Heiligenbild ['haɪlɪgənbɪlt] *n* *REL* imagen sagrada *f,* estampa *f*
Heiligenschein ['haɪlɪgənʃaɪn] *m* *REL* aureola *f,* nimbo *m*
Heiligtum ['haɪlɪçtu:m] *n* santuario *m*
Heilkraft ['haɪlkraft] *f* *MED* fuerza curativa *f*
heilkräftig ['haɪlkrɛftɪç] *adj* *MED* curativo, saludable
Heilkunde ['haɪlkundə] *f* *MED* medicina *f,* ciencia médica *f*
heillos ['haɪllo:s] *adj* *(fam)* terrible, infernal, desastroso
Heilmittel ['haɪlmɪtəl] *n* *1. (fig)* remedio *m; 2. MED* medicina *f,* medicamento *m*
Heilpflanze ['haɪlpflantsə] *f* *MED* planta medicinal *f*
Heilpraktiker(in) ['haɪlpraktɪkər(ɪn)] *m/f* curandero/curandera *m/f*
Heilquelle ['haɪlkvɛlə] *f* aguas minerales *f/pl*
heilsam ['haɪlza:m] *adj* sano, saludable
Heilsarmee ['haɪlsarme:] *f* Ejército de salvación *m*
Heilung ['haɪluŋ] *f* *MED* curación *f,* cura *f*
Heilverfahren ['haɪlfɛrfa:rən] *n* *MED* método curativo *m*
heim [haɪm] *adv* a casa
Heim [haɪm] *n* hogar *m*
Heimarbeit ['haɪmarbaɪt] *f* trabajo a domicilio *m*
Heimat ['haɪmat] *f* país natal *m,* país de origen *m,* patria *f*
Heimathafen ['haɪmatha:fən] *m* *NAUT* puerto de matrícula *m*
Heimatkunde ['haɪmatkundə] *f* geografía de la región *f*
heimatlich ['haɪmatlɪç] *adj* patrio, nacional
heimatlos ['haɪmatlo:s] *adj* sin patria, apátrida
heimbringen ['haɪmbrɪŋən] *v irr* acompañar a alguien a casa
Heimchen ['haɪmçən] *n* *1. (Grille)* grillo doméstico *m; 2. (fig) ~ am Herd* cocinilla *f*
Heimfahrt ['haɪmfa:rt] *f* viaje de regreso a casa *m*
heimgehen ['haɪmge:ən] *v irr* regresar a casa
heimisch ['haɪmɪʃ] *adj* *1. (heimatlich)* del país, nacional, local; *2. (vertraut)* familiar
Heimkehr ['haɪmke:r] *f* regreso a casa *m,* vuelta al hogar *f*
heimkehren ['haɪmke:rən] *v* regresar a casa, volver al hogar
Heimkehrer(in) ['haɪmke:rər(ɪn)] *m/f* *1.* persona que vuelve a casa *m/f; 2. POL* repatriado/repatriada *m/f*
Heimkind ['haɪmkɪnt] *n* niño de una residencia *m,* niño de orfanatorio *m*
Heimleiter(in) ['haɪmlaɪtər(ɪn)] *m/f* director(a) de sanatario *m/f*
heimlich ['haɪmlɪç] *adj* *1.* secreto, oculto; *adv 2.* secretamente, en secreto
Heimlichkeit ['haɪmlɪçkaɪt] *f* secreto *m,* misterio *m*
Heimlichtuer ['haɪmlɪçtu:ər] *m* secretista *m*
Heimspiel ['haɪmʃpi:l] *n* *SPORT* partido en casa *m*
Heimsuchung ['haɪmzu:xuŋ] *f* aflicción *f,* tribulación *f*
Heimtücke ['haɪmtykə] *f* alevosía *f,* perfidia *f*
heimtückisch ['haɪmtykɪʃ] *adj* *1.* alevoso, pérfido; *adv 2.* con alevosía, con perfidia
Heimvorteil ['haɪmfɔrtaɪl] *m* *1. SPORT* ventaja de jugar en casa *f; 2. (Basketball, Handball) SPORT* ventaja de jugar en campo propio *f*
Heimweg ['haɪmve:k] *m* camino de regreso a casa *m*
Heimweh ['haɪmve:] *n* nostalgia *f,* añoranza *f; ~ haben* echar de menos, tener morriña (Galicia), extrañar su casa, extrañar su patria
Heimwerker(in) ['haɪmvɛrkər(ɪn)] *m/f* artesano/artesana *m/f,* aficionado/aficionada a la artesanía *m/f*
heimzahlen ['haɪmtsa:lən] *v* devolver con creces; *Du wirst es mir ~!* ¡Me lo pagarás!
Heinzelmännchen ['haɪntsəlmɛnçən] *n* duendecillo *m*
Heirat ['haɪra:t] *f* casamiento *m*
heiraten ['haɪra:tən] *v* *jdn ~* casarse con alguien, contraer matrimonio con alguien
Heiratsantrag ['haɪra:tsantra:k] *m* petición de mano *f,* propuesta de matrimonio *f*
Heiratsanzeige ['haɪra:tsantsaɪgə] *f* anoncio de boda *f*
heiratsfähig ['haɪratsfɛ:ɪç] *adj* apto para el matrimonio
Heiratsschwindler ['haɪra:tsʃvɪndlər] *m* estafador de novias *m*
Heiratsurkunde ['haɪra:tsu:rkundə] *f* *JUR* acta de matrimonio *f/el,* partida de matrimonio *f*
Heiratsvermittler(in) ['haɪra:tsfɛrmɪtlər(ɪn)] *m/f* casamentero/casamentera *m/f,* agente matrimonial *m/f*

Heiratsvermittlung ['haɪraːtsfɛrmɪtluŋ] *f* agencia matrimonial *f*
heiser ['haɪzər] *adj* ronco, bronco
Heiserkeit ['haɪzərkaɪt] *f* *MED* ronquera *f,* enronquecimiento *m*
heiß [haɪs] *adj 1.* muy caliente; *ein ~es Eisen (fig)* un asunto delicado *m; ~e Luft* promesas vacias; *Da läuft es einem ~ und kalt über den Rücken.* A uno se le ponen los pelos de punta. *~ geliebt* amado apasionadamente; *~ umstritten* muy controvertido; *2. (heftig)* violento; *~ ersehnt* vivamente deseado
heißblütig ['haɪsblytɪç] *adj* ardiente, fogoso, apasionado, temperamental
heißen ['haɪsən] *v irr 1. (bezeichnen)* llamar, denominar, calificar; *Wie ~ Sie?* ¿Cómo se llama usted? *2. (bedeuten)* querer decir, significar; *das heißt ...* esto quiere decir .../esto significa ... *Was soll das ~?* ¿Qué significa esto?
Heißluft ['haɪsluft] *f* *TECH* aire caliente *m*
heiter ['haɪtər] *adj 1. (fröhlich)* alegre, jovial; *Das kann ja ~ werden!* ¡La que nos espera! *2. (sonnig)* despejado, claro
Heiterkeit ['haɪtərkaɪt] *f* serenidad *f,* claridad *f,* alegría *f*
heizbar ['haɪtsbaːr] *adj* con calefacción
heizen ['haɪtsən] *v* calentar, caldear
Heizgerät ['haɪtsgərɛːt] *n* calefactor *m*
Heizkeller ['haɪtskɛlər] *m* caldera *f*
Heizkörper ['haɪtskœrpər] *m* radiador *m*
Heizkosten ['haɪtskɔstən] *pl* costos de calefacción *m/pl*
Heizkraftwerk ['haɪtskraftvɛrk] *n* central de calefacción *f*
Heizöl ['haɪtsøːl] *n* fuel *m,* aceite combustible *m*
Heizung ['haɪtsuŋ] *f* calefacción *f*
Hektar ['hɛktar] *n* hectárea *f*
Hektik ['hɛktɪk] *f* ajetreo *m,* trajín *m,* agitación *f*
hektisch ['hɛktɪʃ] *adj 1.* agitado; *adv 2.* agitadamente, con agitación
Hektoliter ['hɛktoliːtər] *m* hectolitro *m*
Held [hɛlt] *m* héroe *m*
heldenhaft ['hɛldənhaft] *adj 1.* heroico; *adv 2.* heroicamente
heldenmütig ['hɛldənmyːtɪç] *adj* heroico, valiente, bizarro
Heldentat ['hɛldəntaːt] *f* acción heroica *f,* hazaña *f,* proeza *f*
Heldentod ['hɛldəntoːt] *m 1.* muerte heróica *f; 2. den ~ sterben MIL* morir como un héroe
Heldentum ['hɛldəntum] *n* heroísmo *m*
helfen ['hɛlfən] *v irr jdm ~ bei* ayudar a alguien en; *Können Sie mir bitte ~?* ¿Puede usted ayudarme, por favor?
Helfer(in) ['hɛlfər(ɪn)] *m/f* ayudante *m/f,* asistente *m/f,* auxiliador(a) *m/f*
Helikopter [heli'kɔptər] *m* *TECH* helicóptero *m*
Helium ['heːlium] *n* *CHEM* helio *m*
hell [hɛl] *adj 1. (Licht)* iluminado; *2. (Klang)* agudo; *3. (fig: aufgeweckt)* vivo, despierto
hellblau ['hɛlblau] *adj* azul claro, celeste
Heller ['helər] *m* ardite *f; auf ~ und Pfennig* hasta el último céntimo; *seinen letzten ~ weggeben* regalar hasta el último céntimo
hellhörig ['hɛlhøːrɪç] *adj 1. (schalldurchlässig)* de paredes delgadas; *2. (fig: wachsam)* perspicaz, inteligente
Hellhörigkeit ['hɛlhøːrɪçkaɪt] *f 1. (scharfes Gehör)* oído muy fino *m; 2. (Schalldurchlässigkeit)* clarividente, perspicaz; *3. (fig: Aufmerksamkeit)* atención desmesurada *f*
Helligkeit ['hɛlɪçkaɪt] *f* claridad *f*
Hellseher(in) ['hɛlzeːər(ɪn)] *m/f* clarividente *m/f*
hellseherisch ['hɛlzeːərɪʃ] *adj (fam: prophetisch)* profético
hellsichtig ['hɛlzɪçtɪç] *adj (fig)* clarividente, perspicaz
hellwach ['hɛl'vax] *adj* completamente despierto, con los cinco sentidos
Helm [hɛlm] *m 1. (Sturzhelm)* casco protector *m; 2. MIL* casco *m*
Hemd [hɛmt] *n* camisa *f; sein letzes ~ hergeben* dar hasta las entrañas; *kein ~ mehr auf dem Leib haben* no tener ya camisa que ponerse
Hemdbluse [hɛmtbluːzə] *f* blusa camisera *f*
Hemdkragen ['hɛmtkraːgən] *m* cuello de camisa *m*
Hemisphäre [hemi'sfɛːrə] *f* *ASTR* hemisferio *m*
hemmen ['hɛmən] *v* detener, parar
Hemmnis ['hɛmnɪs] *n* obstáculo *m,* impedimento *m*
Hemmschwelle ['hɛmʃvɛlə] *f* *PSYCH* umbral de la inhibición *m*
Hemmung ['hɛmuŋ] *f* *PSYCH* inhibición *f*
hemmungslos ['hɛmuŋsloːs] *adj 1.* sin escrúpulos; *adv 2.* sin escrúpulos
Hemmungslosigkeit ['hɛmuŋsloːzɪçkaɪt] *f (Bedenkenlosigkeit)* falta de escrúpulos *f*

Hengst [hɛŋst] *m ZOOL* caballo padre *m,* semental *m*
Henkel ['hɛŋkəl] *m* agarradero *m,* asa *f*
Henker ['hɛŋkər] *m* verdugo *m*
Henne ['hɛnə] *f ZOOL* gallina *f*
Hepatitis [hɛpa'tiːtis] *f MED* hepatitis *f*
her [heːr] *adv 1. (örtlich)* hacia aquí, hacia acá; *hinter jdm ~ sein* perseguir a alguien; *Mit ihm ist nicht viel ~.* No hace mucho con él. *2. (zeitlich)* hace, desde
herab [hɛ'rap] *adv* abajo, hacia abajo, para abajo
herabhängen [hɛ'raphɛŋən] *v irr* pender, colgar
herablassen [hɛ'raplasən] *v irr* bajar, descender
herablassend [hɛ'raplasənt] *adj 1.* desdeñoso, pedante, creído; *adv 2.* con desprecio, desdeñosamente
Herablassung [hɛ'raplasuŋ] *f* desprecio *m,* actitud desdeñosa *f*
herabsehen [hɛ'rapzeːən] *v irr (fig) ~ auf* mirar a alguien con desprecio
herabsetzen [hɛ'rapzɛtsən] *v 1. (vermindern)* reducir, disminuir; *2. (herabwürdigen)* denigrar, deshonrar
herabsetzend [hɛ'rapzɛtsənt] *adj 1.* despectivo, denigrante; *adv 2.* despectivamente, de manera denigrante
Herabsetzung [hɛ'rapzɛtsuŋ] *f 1. (Preis)* rebaja *f; 2. (fig: eines Menschen)* descrédito *m,* desprestigio *m*
herabsteigen [hɛ'rapʃtaɪgən] *v irr ~ von* bajar de, descender de
herabstürzen [hɛ'rapʃtyrtsən] *v ~ von* caer de, despeñarse de
herabwürdigen [hɛ'rapvyːrdɪgən] *v 1.* denigrar, desacreditar; *2. sich ~* desacreditarse
heran [hɛ'ran] *adv 1. (örtlich)* por aquí, por este lado; *2. (zeitlich)* cerca
heranbilden [hɛ'ranbɪldən] *v* formar
heranfahren [hɛ'ranfaːrən] *v irr 1.* acercarse a, aproximarse a; *2. (mit der Kamera) CINE* acercarse con
heranführen [hɛ'ranfyːrən] *v jdn an etw ~* conducir hasta
herankommen [hɛ'rankɔmən] *v irr 1. (etw erreichen)* alcanzar; *2. (sich nähern)* acercarse
heranmachen [hɛ'ranmaxən] *v sich an jdn ~* acercarse a alguien
heranschleichen [hɛ'ranʃlaɪçən] *v irr* acercarse furtivamente, acercarse sigilosamente
herantasten [hɛ'rantastən] *v sich an etw ~* acercarse tentando
herantragen [hɛ'rantraːgən] *v irr 1.* traer, trasladar; *2. (fig)* proponer, sugerir
herantreten [hɛ'rantreːtən] *v irr (fig) an jdn ~* dirigirse a alguien, abordar a alguien
heranwachsen [hɛ'ranvaksən] *v irr* crecer, ir creciendo
Heranwachsende(r) [hɛ'ranvaksəndə(r)] *m/f* adolescente *m/f*
herauf [hɛ'rauf] *adv* hacia arriba
heraufbeschwören [hɛ'raufbəʃvøːrən] *v* evocar
heraufholen [hɛ'raufhoːlən] *v* subir, hacer subir
heraufkommen [hɛ'raufkɔmən] *v irr* llegar arriba, subir
heraufsetzen [hɛ'raufzɛtsən] *v (erhöhen)* subir, elevar, aumentar
heraufsteigen [hɛ'raufʃtaɪgən] *v irr* subir
heraufziehen [hɛ'rauftsiːən] *v irr 1. (etw ~)* tirar hacia arriba, alzar, elevar; *2. (Gewitter)* anunciarse, cernerse
heraus [hɛ'raus] *adv* fuera, afuera, hacia afuera
herausbekommen [hɛ'rausbəkɔmən] *v irr 1. (Geld)* recibir de vuelta; *2. (fig: herausfinden)* descubrir, revelar
herausbeugen [hɛ'rausbɔygən] *v sich ~* asomarse
herausbilden [hɛ'rausbɪldən] *v sich ~* formarse
herausbrechen [hɛ'rausbrɛçən] *v irr* arrancar, quitar rompiendo
herausbringen [hɛ'rausbrɪŋən] *v irr 1.* sacar, llevar afuera; *2. (fam: entfernen)* quitar, sacar, retirar; *3. (veröffentlichen)* publicar, editar; *4. (fig: herausfinden)* descubrir, revelar
herausfinden [hɛ'rausfɪndən] *v irr* descubrir, revelar, llegar a saber
Herausforderer(in) [hɛ'rausfɔrdərər(ɪn)] *m/f SPORT* desafiador(a) *m/f*
herausfordern [hɛ'rausfɔrdərn] *v* provocar, desafiar, retar
herausfordernd [hɛ'rausfɔrdərnt] *adj 1.* provocador, desafiante, provocativo; *adv 2.* provocativamente
Herausforderung [hɛ'rausfɔrdəruŋ] *f* provocación *f,* desafío *m,* reto *m*
herausgeben [hɛ'rausgeːbən] *v irr* publicar, editar
Herausgeber(in) [hɛ'rausgeːbər(ɪn)] *m/f* editor(a) *m/f*

heraushalten [hɛ'raushaltən] *v irr 1.* dejar afuera; *2. sich ~ aus* mantenerse al margen de, no inmiscuirse en
herausholen [hɛ'rausho:lən] *v 1. (herausnehmen)* sacar de; *2. etw aus jdm ~* sonsacar algo a alguien; *3. (Gewinn erzielen)* sacar provecho
herauskommen [hɛ'rauskɔmən] *v irr 1. ~ aus* salir de; *2. (veröffentlichen)* publicarse, aparecer; *3. (bekannt werden)* hacerse público, hacer llegar a saber; *4. (fig: erscheinen)* aparecer, surgir; *5. aufs Gleiche ~* venir a ser lo mismo
herauskönnen [hɛ'rauskœnən] *v irr* poder salir
herausnehmen [hɛ'rausne:mən] *v irr 1. ~ aus* sacar de; *2. (fig) sich etw ~* permitirse algo
herausragen [hɛ'rausra:gən] *v 1.* sobresalir de; *2. (fig)* destacarse de
herausragend [hɛ'rausra:gənt] *adj* sobresaliente
herausreden [hɛ'rausre:dən] *v sich ~* buscar pretextos, poner excusas
herausreißen [hɛ'rausraɪsən] *v irr* arrancar, quitar, extraer, extirpar
herausschauen [hɛ'rausʃauən] *v 1.* mirar hacia afuera; *2. (hervorschauen)* aparecer, entreverse
herausstellen [hɛ'rausʃtɛlən] *v 1.* hacer salir; *2. (hervorheben)* hacer evidente, mostrar; *3. sich ~ als* resultar
herausstrecken [hɛ'rausʃtrɛkən] *v* sacar, extender; *die Zunge ~* sacar la lengua
herausstreichen [hɛ'rausʃtraɪçən] *v irr 1. (rühmen)* enaltecer, alabar, exaltar; *2. (hervorheben)* realzar, resaltar, poner de relieve
heraustreten [hɛ'raustre:tən] *v irr* salir, salirse
herauswerfen [hɛ'rausvɛrfən] *v irr* arrojar, echar fuera, echar afuera
herauswinden [hɛ'rausvɪndən] *v irr sich ~ aus* salir de; *sich aus einer heiklen Lage ~* salir de una situación comprometida
herausziehen [hɛ'raustsi:ən] *v irr 1.* sacar de; *2. (Zahn) MED* extraer
herb [hɛrp] *adj 1. (Geschmack)* ácido, agrio; *2. (Wein)* seco; *3. (fig)* austero
herbei [hɛr'baɪ] *adv* aquí, acá, por aquí/por acá, hacia aquí
herbeieilen [hɛr'baɪaɪlən] *v* acudir de prisa, llegar corriendo
herbeiführen [hɛr'baɪfy:rən] *v* traer, trasladar
herbeireden [hɛr'baɪre:dən] *v Probleme ~* atraer problemas
herbeischaffen [hɛr'baɪʃafən] *v* traer, trasladar
herbeisehnen [hɛr'baɪze:nən] *v* anhelar la llegada de
Herberge ['hɛrbɛrgə] *f 1.* albergue *m,* hospedería *f; 2. (Jugendherberge)* albergue juvenil *m*
herbestellen ['he:rbəʃtɛlən] *v (Person)* llamar a alguien, hacer venir a alguien, citar a alguien
Herbizid [hɛrbi'tsi:t] *n CHEM* herbicida *f*
herbringen ['he:rbrɪŋən] *v irr* traer hacia acá
Herbst [hɛrpst] *m* otoño *m*
Herbstanfang ['hɛrpstanfaŋ] *m* comienzo del otoño *m*
herbstlich ['hɛrpstlɪç] *adj* otoñal
Herbstmesse ['hɛrpstmɛsə] *f* feria de otoño *f*
Herbstmode ['hɛrpstmo:də] *f* moda de otoño *f*
Herbsttag ['hɛrpstta:k] *m* día otoñal *f*
Herd [he:rt] *m* cocina *f,* fogón *m*
Herde ['he:rdə] *f* manada *f*
Herdplatte ['he:rtplatə] *f* placa eléctrica *f*
herein [hɛ'raɪn] *adv 1.* adentro, hacia adentro, hacia el interior; *interj 2. Herein!* ¡Adelante!
hereinbitten [hɛ'raɪnbɪtən] *v irr* pedir a alguien que entre
hereinbrechen [hɛ'raɪnbrɛçən] *v irr 1.* entrar violentamente; *2. (fig)* irrumpir
hereinfallen [hɛ'raɪnfalən] *v irr 1.* llevarse un chasco; *2. (fig: getäuscht werden)* dejarse engañar, caer en la trampa; *Lucho ist auf etw hereingefallen.* Lucho se tragó el anzuelo.
hereinholen [hɛ'raɪnho:lən] *v 1. (hereinbringen)* entrar, meter; *2. (aufholen)* recoger, ir a buscar
hereinkommen [hɛ'raɪnkɔmən] *v irr* entrar, pasar
hereinlassen [hɛ'raɪnlasən] *v irr* dejar entrar, hacer pasar
hereinlegen [hɛ'raɪnle:gən] *v jdn ~* estafar a alguien, engañar a alguien
hereinrufen [hɛ'raɪnru:fən] *v irr jdn ~* llamar
hereintreten [hɛ'raɪntre:tən] *v irr* entrar
herfahren ['he:rfa:rən] *v irr 1.* llegar, venir; *2. Ich bin mit dem Zug hergefahren.* He venido con el tren. *3. hinter jdm ~* seguir a alguien, ir detrás de alguien

Herfahrt ['heːrfaːrt] *f* venida *f*
herfallen ['heːrfalən] *v irr 1. über jdn ~* asaltar a alguien, abalanzarse sobre alguien; *2. über etw ~* criticar despiadadamente
Hergang ['heːrgaŋ] *m* curso de los acontecimientos *m*
hergeben ['heːrgeːbən] *v irr* dar, soltar
herhalten ['heːrhaltən] *v 1. (die Folgen tragen)* aguantar, tener que sufrir; *2. ~ als (benutzt werden)* ser utilizado; *3. (etw ~)* ofrecer, presentar
herholen ['heːrhoːlən] *v 1.* ir a buscar, ir por; *2. (fig) weit hergeholt* poco razonable; *3. FOTO* sacar de
Hering ['heːrɪŋ] *m ZOOL* arenque *m*
herkommen ['heːrkɔmən] *v irr 1. (näher kommen)* acercarse, venir aquí, venir acá; *2. (herstammen)* descender, ser natural
herkömmlich ['heːrkœmlɪç] *adj* tradicional, convencional
Herkunft ['heːrkunft] *f* origen *m,* procedencia *f*
Herkunftsland ['heːrkunftslant] *n* país de origen *m,* país de procedencia *m*
herleiten ['heːrlaɪtən] *v 1.* conducir hacia, llevar hasta aquí; *2. (folgern)* seguir; *3. sich von etw ~* dejarse llevar
Hermelin [hɛrmə'liːn] *n ZOOL* armiño *m*
hermeneutisch [hɛrme'nɔytɪʃ] *adj PHIL* hermenéutica *f*
hermetisch [hɛr'meːtɪʃ] *adj* hermético
Heroin [hero'iːn] *n CHEM* heroína *f*
heroinsüchtig [hero'iːnzyçtɪç] *adj* dependiente de heroína
Heroinsüchtige(r) [hero'iːnzyçtɪgə(r)] *m/f* dependiente de la heroína *m/f*
heroisch [he'roːɪʃ] *adj* heróico
heroisieren [heroi'ziːrən] *v* heroizar
Herpes ['hɛrpɛs] *m MED* herpes *m*
Herr [hɛr] *m* señor *m,* caballero *m; der ~ im Haus sein* ser el hombre en casa; *über jdn ~ werden* ser superior a alguien
Herrenausstatter ['hɛrənausʃtatər] *m* tienda de ropa para caballeros *f*
Herrenbekleidung ['hɛrənbəklaɪduŋ] *f* ropa de caballero *f*
Herrenfahrrad ['hɛrənfaːraːt] *n* bicicleta de señor *f*
Herrenhaus ['hɛrənhaus] *n* residencia señorial *f*
Herrenkonfektion ['hɛrənkɔnfɛktsjoːn] *f* confección para caballero *f*
herrenlos ['hɛrənloːs] *adj 1. (Besitz)* abandonado; *2. (Hund)* sin amo
Herrentoilette ['hɛrəntoalɛtə] *f* lavabos para caballeros *m/pl*
Herrenzimmer ['hɛrəntsɪmər] *n* despacho *m,* gabinete *m,* estudio *m*
herrichten ['heːrrɪçtən] *v* preparar, disponer, alistar (LA)
Herrin ['hɛrɪn] *f* señora *f,* ama *f,* dueña *f*
herrisch ['hɛrɪʃ] *adj* imperioso, autoritario
herrlich ['hɛrlɪç] *adj* magnífico, excelente, espléndido
Herrlichkeit ['hɛrlɪçkaɪt] *f* magnificencia *f,* excelencia *f,* esplendor *m*
Herrschaft ['hɛrʃaft] *f 1.* dominación *f,* dominio *m,* imperio *m; 2. die ~en f/pl* los señores *m/pl*
herrschaftlich ['hɛrʃaftlɪç] *adj* señorial
Herrschaftsform ['hɛrʃaftsfɔrm] *f POL* forma de dominio *f,* forma de gobierno *f,* forma de poder *f*
herrschen ['hɛrʃən] *v 1. (regieren)* gobernar, mandar; *2. (bestehen)* reinar, existir
Herrscher(in) ['hɛrʃər(ɪn)] *m/f* soberano/soberana *m/f,* gobernante *m*
Herrscherhaus ['hɛrʃərhaus] *n POL* dinastía *f*
Herrschsucht ['hɛrʃzuxt] *f* despotismo *m,* espíritu dominador *m,* tiranía *f*
herrschsüchtig ['hɛrʃzyxtɪç] *adj* despótico, dominante
herrühren ['heːrryːrən] *v ~ von* venir de, provenir de, proceder de
hersagen ['heːrzaːgən] *v* recitar, reclamar
herschauen ['heːrʃauən] *v* mirar aquí
herstammen ['heːrʃtamən] *v ~ von* proceder de
herstellen ['herʃtɛlən] *v 1. (erzeugen)* producir, elaborar, fabricar; *2. (fig: realisieren)* realizar, ejecutar, efectuar
Hersteller(in) ['herʃtɛlər(ɪn)] *m/f* fabricante *m/f,* productor(a) *m/f*
Herstellung ['herʃtɛluŋ] *f 1. (Erzeugung)* producción *f,* fabricación *f; 2. (Realisierung)* realización *f*
Herstellungskosten ['heːrʃtɛluŋskɔstən] *pl ECO* gastos de fabricación *m/pl*
Hertz [hɛrts] *n PHYS* hertz *m,* hertzio *m*
herüber [hɛ'ryːbər] *adv* a este lado, hacia aquí, hacia acá
herüberblicken [hɛ'ryːbərblɪkən] *v* mirar hacia aquí, mirar hacia acá
herüberkommen [hɛ'ryːbərkɔmən] *v irr* venir del otro lado, venir acá
herübersteigen [hɛ'ryːbərʃtaɪgən] *v irr* subir de allá hacia acá

herum [hɛ'rum] *adv* alrededor
herumalbern [hɛ'rumalbərn] *v* decir bobadas
herumbekommen [hɛ'rumbəkɔmən] *v irr 1. jdn ~* persuadir a alguien; *2. (Zeit)* matar el tiempo
herumdrehen [hɛ'rumdreːən] *v* dar vuelta a, volver
herumführen [hɛ'rumfyːrən] *v 1. (um etw)* dar la vuelta; *2. jmd ~* acompañar a alguien
herumgehen [hɛ'rumgeːən] *v irr (umherlaufen)* andar de acá para allá
herumkommen [hɛ'rumkɔmən] *v irr 1. (reisen)* ver mucho del mundo; *2. (fig) um etw ~* lograr evitar algo
herumkriegen [hɛ'rumkriːgən] *v jdn ~* convencer a alguien, persuadir a alguien
herumlaufen [hɛ'rumlaufən] *v irr* correr de un lado para otro
herumlungern [hɛ'rumluŋərn] *v* andar ocioso, haraganear
herumreichen [hɛ'rumraɪçən] *v* hacer circular, pasar de mano en mano
herumsitzen [hɛ'rumzɪtsən] *v irr* sentarse
herumsprechen [hɛ'rumʃprɛçən] *v irr sich ~* divulgarse, correr la voz
herumtreiben [hɛ'rumtraɪbən] *v irr sich ~* corre de allá para acá
Herumtreiber(in) [hɛ'rumtraɪbər(ɪn)] *m/f* vagabundo/vagabunda *m/f,* merodeador(a) *m/f*
herunter [hɛ'runtər] *adv* abajo, hacia abajo
herunterbringen [hɛ'runtərbrɪngən] *v irr* arruinar, hundir
herunterdrücken [hɛ'runtərdrykən] *v 1.* apretar hacia abajo; *2. (Preise herabsetzen)* hacer bajar
herunterfallen [hɛ'runtərfalən] *v irr* caer, caerse, caer al suelo
heruntergekommen [hɛ'runtərgəkɔmən] *adj* arruinado, decadente
herunterklappen [hɛ'runtərklapən] *v* bajar
herunterkommen [hɛ'runterkɔmən] *v irr 1.* bajar; *2. (fig)* venir a menos
heruntermachen [hɛ'runtərmaxən] *v 1. (schlecht machen)* difamar; *2. (kritisieren)* criticar
herunterreißen [hɛ'runtərraɪsən] *v irr 1.* arrancar, quitar bruscamente; *2. (heftig stoßen)* chocar bruscamente; *3. (kritisieren)* criticar
herunterschlucken [hɛ'runtərʃlukən] *v* tragar
herunterspielen [hɛ'runtərʃpiːlən] *v (fam) etw ~* restar importancia a algo, minimizar
herunterwerfen [hɛ'runtərvɛrfən] *v irr* tirar abajo
herunterwirtschaften [hɛ'runtərvɪrtʃaftən] *v* arruinar
hervor [hɛr'foːr] *adv* adelante, hacia adelante
hervorbringen [hɛr'foːrbrɪŋən] *v irr 1. (erzeugen)* producir, engendrar; *2. (sagen)* proferir, articular
hervorgehen [hɛr'foːrgeːən] *v irr 1. aus etw ~* salir de, proceder de, tener su origen; *2. (zu folgern sein)* resultar de, deducir de
hervorheben [hɛr'foːrheːbən] *v irr* acentuar, recalcar, poner de relieve
hervorholen [hɛr'foːrhoːlən] *v* sacar
hervorragen [hɛr'foːrraːgən] *v 1.* elevarse sobre; *2. (fig)* sobresalir, resaltar
hervorragend [hɛr'foːrraːgənt] *adj* destacado, notable, sobresaliente
hervorrufen [hɛr'foːrruːfən] *v irr 1.* llamar; *2. (fig)* causar
hervorstechen [hɛr'foːrʃtɛçən] *v irr (fig)* sobresalir, destacar, resaltar
Herz [hɛrts] *n ANAT* corazón *m; Es bricht mir das ~.* Se me parte el alma. *ein ~ und eine Seele sein* ser uña y carne; *jdm sein ~ ausschütten* abrir su corazón a alguien; *jdm das ~ brechen* romper el corazón a alguien, partir el alma a alguien; *sich ein ~ nehmen* armarse de valor; *das ~ auf der Zunge tragen* llevar el corazón en la mano; *jdm sein ~ schenken* brindar a alguien su corazón; *jdm das ~ schwer machen* causar mucha pena a alguien; *seinem ~en Luft machen* aliviar su corazón; *jdm am ~en liegen* interesarle mucho a alguien, preocuparle mucho a alguien; *jdm ans ~ wachsen* cogerle cariño a alguien; *etw auf dem ~en haben* tener algo que oprime el corazón; *jdm aus dem ~en sprechen* hablar a alguien de corazón; *aus tiefstem ~en* de todo corazón; *jdn in sein ~ schließen* cogerle cariño a alguien; *jdn ins ~ treffen* hacer mucho daño a alguien; *es nicht übers ~ bringen* no atraverse a hacer algo; *sich etw zu ~en nehmen* tomarse algo a pecho; *leicht ums ~ werden* aliviar el corazón; *Das ~ ist ihm in die Hose gerutscht.* Se le ha caído el alma a los pies. *Das ~ wurde ihr schwer.* Se puso muy triste.

Herzanfall ['hɛrtsanfal] *m* MED ataque cardíaco *m*, ataque al corazón *m*
Herzensbrecher ['hɛrtsənsbrɛçər] *m* rompecorazones *m*, mujeriego *m*
Herzenslust ['hɛrtsənslust] *f nach ~* a su gusto, a su antojo, a sus anchas
Herzenswunsch ['hɛrtsənsvunʃ] *m* deseo ardiente *m*, vivo deseo *m*
herzerfrischend ['hɛrtsɛrfrɪʃənt] *adj* confortante, alentador
herzergreifend ['hɛrtsɛrgraɪfənt] *adj* conmovedor, emocionante
herzerweichend ['hɛrtsɛrvaɪçənt] *adj* conmovedor
Herzfehler ['hɛrtsfeːlər] *m* MED defecto cardíaco *m*, lesión cardíaca *f*
herzhaft ['hɛrtshaft] *adj 1. (Geschmack)* de buen sabor, agradable; *2. (Lachen)* vigoroso, sonoro
herzig ['hɛrtsɪç] *adj* encantador, delicioso
Herzinfarkt ['hɛrtsɪnfarkt] *m* infarto del miocardio *m*, infarto *m*
Herzkammer ['hɛrtskamər] *f* ANAT ventrículo *m*
Herzklopfen ['hɛrtsklɔpfən] *n* palpitaciones *f/pl*
herzkrank ['hɛrtskraŋk] *adj ~ sein* MED padecer del corazón
herzlich ['hɛrtslɪç] *adj* cordial, cariñoso; *jdn ~ Willkommen heißen* acoger con calor a alguien, saludar cordialmente a alguien
Herzlichkeit ['hɛrtslɪçkaɪt] *f* cordialidad *f*, efusión *f*, afectuosidad *f*
herzlos ['hɛrtsloːs] *adj* sin corazón, desalmado, insensible
Herzlosigkeit ['hɛrtsloːzɪçkaɪt] *f* falta de corazón *f*
Herzog(in) ['hɛrtsoːk/'hɛrtzogɪn] *m/f* duque/duquesa *m/f*
herzoglich ['hɛrtsoːklɪç] *adj* ducal
Herzogtum ['hɛrtsoːktum] *n* ducado *m*
Herzschlag ['hɛrtsʃlaːk] *m 1.* latido del corazón *m; 2.* MED paro cardíaco *m*, ataque de apoplejía *m*
Herzschrittmacher ['hɛrtsʃrɪtmaxər] *m* MED marcapasos *m*
Herzschwäche ['hɛrtsʃvɛçə] *f* MED insuficiencia cardiaca *f*
Herzstillstand ['hɛrtsʃtɪlʃtant] *m* MED parada del corazón *f*
Herztransplantation ['hɛrtstransplantatsjoːn] *f* MED trasplante de corazón *m*
Herztropfen ['hɛrtstrɔpfən] *pl* MED gotas cardioactivas *f/pl*
heterogen [hetero'geːn] *adj* heterogéneo
heterosexuell [heterozɛksu'ɛl] *adj* heterosexual
hetzen ['hɛtsən] *v 1. (eilen)* apresurarse; *2. ~ gegen (fig)* azuzar contra, agitar los ánimos contra
Hetzkampagne ['hɛtskampanjə] *f* POL campaña difamatoria *f*
Heu [hɔy] *n* BOT heno *m*
Heuchelei [hɔyçə'laɪ] *f* hipocresía *f*
heucheln ['hɔyçəln] *v* ser hipócrita, fingir
Heuchler(in) ['hɔyçlər(ɪn)] *m/f* hipócrita *m/f*
heuer ['hɔyər] *adv* en este año, hogaño
heulen ['hɔylən] *v 1. (fam: weinen)* llorar; *wie ein Schlosshund ~* llorar como una Magdalena; *zum Heulen sein* ser para llorar; *2. (Sirene)* ulular
Heuschnupfen ['hɔyʃnupfən] *m* MED rinitis alérgica *f*, fiebre del heno *f*
Heuschrecke ['hɔyʃrɛkə] *f* ZOOL langosta *f*
heute ['hɔytə] *adv* hoy; *von ~ auf morgen* de hoy a mañana/de un día para otro
heutig ['hɔytɪç] *adj* de hoy, actual
heutzutage ['hɔytsutaːgə] *adv* hoy en día, actualmente
Hexe ['hɛksə] *f* bruja *f*
Hieb [hiːp] *m* golpe *m*
hier [hiːr] *adv* aquí, acá; *~ bleiben* quedarse aquí
hieran ['hiːran] *adv (räumlich)* aquí mismo
Hierarchie [hiːerar'çiː] *f* jerarquía *f*
hierarchisch [hiː'rarçɪʃ] *adj* jerárquico
hierauf ['hiːrauf] *adv* a esto, sobre esto, sobre ello
hieraus ['hiːraus] *adv (räumlich)* de aquí
hierbei ['hiːrbaɪ] *adv* en esto, con esto, en esta ocasión
hierdurch ['hiːrdurç] *adv (kausal)* por esto, por ello
hierher ['hiːrheːr] *adv* para acá, hacia aquí
hiermit ['hiːrmɪt] *adv* con esto, con ello
Hieroglyphe [hiːro'glyːfə] *f* HIST jeroglífico *m*
hiervon ['hiːrfɔn] *adv* de esto, de ello, de eso
hierzu ['hiːrtsuː] *adv* a esto, a ello
hiesig ['hiːzɪç] *adj* de aquí, local, del país
Hightech-Industrie ['haɪtɛkɪndustriː] *f* ECO industria de alta tecnología *f*
Hilfe ['hɪlfə] *f 1.* ayuda *f; Ich kann auf deine ~ verzichten.* No necesito de tu ayuda. *2. erste ~* primeros auxilios *m/pl; 3. (soziale ~)*

asistencia *f; interj 4. Hilfe!* ¡Socorro!/ ¡Auxilio! *f 5. (Katastrophenhilfe)* medida de socorro *f*
Hilfeleistung ['hɪlfəlaɪstuŋ] *f* prestación de auxilio *f*
Hilferuf ['hɪlfəruːf] *m* grito de auxilio (de socorro) *m*
hilflos ['hɪlfloːs] *adj (ohne Hilfe)* desamparado, abandonado
Hilflosigkeit ['hɪlfloːzɪçkaɪt] *f* desamparo *m,* abandono *m*
hilfreich ['hɪlfraɪç] *adj* bondadoso, solícito, altruista
Hilfsaktion ['hɪlfsaktsjoːn] *f* acción de socorro *f*
Hilfsarbeiter ['hɪlfsarbaɪtər] *m* peón *m,* trabajador auxiliar *m*
hilfsbedürftig ['hɪlfsbədyrftɪç] *adj* necesitado, menesteroso
Hilfsbedürftigkeit ['hɪlfsbədyrftɪçkaɪt] *f* necesidad *f*
hilfsbereit ['hɪlfsbəraɪt] *adj* dispuesto a ayudar, servicial, complaciente
Hilfsbereitschaft ['hɪlfsbəraɪtʃaft] *f* complacencia *f,* altruismo *m*
Hilfskraft ['hɪlfskraft] *f* auxiliar *m/f,* ayudante *m/f*
Hilfsmittel ['hɪlfsmɪtəl] *n* medio auxiliar *m,* remedio *m*
Hilfsorganisation ['hɪlfsɔrganizatsjoːn] *f* organización de socorro *f*
Hilfsverb ['hɪlfsvɛrp] *v GRAMM* verbo auxiliar *m*
Hilfswerk ['hɪlfsvɛrk] *n* institución benéfica *f*
Himbeere ['hɪmbeːrə] *f BOT* frambuesa *f*
Himmel ['hɪməl] *m 1. (Firmament)* firmamento *m; 2. REL* cielo *m; in den ~ kommen* irse al cielo; *der ~ auf Erden* el paraíso terrenal *m; jdm den ~ auf Erden versprechen* prometer el oro y el moro a alguien; *aus heiterem ~* a bocajarro, como llovido del cielo; *aus allen ~n gefallen* estupefacto, costernado; *im siebten ~ sein* estar en el séptimo cielo; *zum ~ schreien* clamar al cielo; *Ach du lieber ~!* ¡Dios mío!/¡Benedito sea Dios! *Weiß der ~!* ¡Quién sabe! *Um ~s willen!* ¡Por amor de Dios!
Himmelbett ['hɪməlbɛt] *n* cama con dosel *f*
Himmelfahrt ['hɪməlfaːrt] *f 1. Christi ~ REL* Ascensión del Señor *f; 2. Maria ~ REL* Asunción de María Santísima *f*
himmelhoch ['hɪməlhoːx] *adj ~ jauchzend* lleno de júbilo
Himmelskörper ['hɪməlskœrpər] *m* cuerpo celeste *m*
Himmelsrichtung ['hɪməlsrɪçtuŋ] *f ASTR* punto cardinal *m*
himmlisch ['hɪmlɪʃ] *adj 1. (fig)* magnífico, delicioso, divino; *2. REL* celestial, divino
hin [hɪn] *adv* hacia allí, hacia allá, para allá; *~ und her* de acá para allá; *nach langem Hin und Her* después de mucho cavilar
hinab [hɪn'ap] *adv* para abajo, hacia abajo
hinauf [hɪn'auf] *adv* hacia arriba, arriba
hinaufgehen [hɪn'aufgeːən] *v irr* subir
hinaufsteigen [hɪn'aufʃtaɪgən] *v irr* subir, ascender
hinaus [hɪn'aus] *adv* hacia afuera, afuera
hinausbegleiten [hɪ'nausbəglaɪtən] *v jdn ~* acompañar hacia fuera
hinausgehen [hɪn'ausgeːən] *v irr* salir
hinauslaufen [hɪn'auslaufən] *v irr 1.* salir corriendo; *2. (fig) auf etw ~* terminar, acabar
hinausschieben [hɪn'ausʃiːbən] *v irr* empujar hacia afuera
hinauswerfen [hɪn'ausvɛrfən] *v irr* tirar, echar
hinauswollen [hɪn'ausvɔlən] *v irr (fig) Worauf willst du hinaus?* ¿Qué es lo que pretendes?
hinauszögern [hɪ'naustsøːgərn] *v 1. etw ~* retrasar, aplazar, retardar; *2. sich ~* retrasarse, atrasarse
Hinblick ['hɪnblɪk] *m im ~ auf* en vista de, considerando que
hinbringen ['hɪnbrɪŋən] *v irr* llevar
hinderlich ['hɪndərlɪç] *adj ~ sein* ser un estorbo
hindern ['hɪndərn] *v* impedir, estorbar, obstaculizar
Hindernis ['hɪndərnɪs] *n* obstáculo *m*
Hindernislauf ['hɪndərnɪslauf] *m SPORT* carrera de obstáculos *f*
Hindu ['hɪndu] *n 1. (Sprache)* hindú *m; m/f 2. (Religionsangehörige(r)) REL* hindú *m/f*
Hinduismus [hɪndu'ɪsmus] *m REL* hinduismo
hinduistisch [hɪndu'ɪstɪʃ] *adj REL* hinduista
hindurch [hɪn'durç] *adv* a través de
hinein [hɪ'naɪn] *adv* dentro, hacia adentro, para adentro
hineinflüchten [hɪ'naɪnflyçtən] *v 1.* huir; *2. (fig) sich in etw ~* darse a algo
hineingehen [hɪn'aɪngeːən] *v irr* entrar
hineingeraten [hɪn'aɪngəraːtən] *v irr ~ in* ir a dar en, ir a parar en, caer en

hineinpassen [hɪn'aɪnpasən] *v* ~ *in* caber en

hineinplatzen [hɪn'aɪnplatsən] *v* aparecer inesperadamente

hineinreden [hɪn'aɪnreːdən] *v jdm* ~ interrumpir a alguien

hineinstecken [hɪn'aɪnʃtɛkən] *v 1.* ~ *in* meter en, introducir en; *2. investieren in (fig)* invertir en

hineinsteigern [hɪn'aɪnʃtaɪgərn] *v sich* ~ *in* enfrascarse en, acabar por

hineinversetzen [hɪn'aɪnfɛrzɛtsən] *v sich in jdn* ~ ponerse en el lugar de alguien

hineinziehen [hɪn'aɪntsiːən] *v irr 1.* tirar hacia adentro; *2. (fig: jdn in etw ~)* implicar, envolver

hinfahren ['hɪnfaːrən] *v irr* ir en coche, viajar

Hinfahrt ['hɪnfaːrt] *f* viaje de ida *m*

hinfallen ['hɪnfalən] *v irr* caer al suelo, caerse al suelo

hinfällig ['hɪnfɛlɪç] *adj (gegenstandslos)* caducado, nulo, sin validez

hinfinden ['hɪnfɪndən] *v irr* encontrar, saber el camino

Hinflug ['hɪnfluːk] *m* vuelo de ida *m*

Hingabe ['hɪngaːbə] *f* entrega *f,* abnegación *f*

hingegen [hɪn'geːgən] *konj* sin embargo, no obstante; por el contrario

hingehen ['hɪngeːən] *v irr 1.* ir, dirigirse; *2. (sterben)* fallecer, morir, perecer; *3. (vorübergehen)* pasar, ser fugaz; *4. (erträglich sein)* padecer

hingerissen ['hɪngərɪsən] *v von etw* ~ *sein* estar cautivado (maravillado, absorto)

hinhalten ['hɪnhaltən] *v irr 1.* presentar, ofrecer; *2. jdn* ~ entretener a alguien

hinhängen ['hɪnhɛŋən] *v 1.* colgar, suspender; *2. (fam: jdn denunzieren)* denunciar a alguien

hinken ['hɪŋkən] *v* cojear; *auf einem Fuß* ~ cojear de un pie

hinkommen ['hɪnkɔmən] *v irr 1.* llegar, ir; *2. (erreichen können)* poder lograr; *3. (klappen)* funcionar; *4. (auskommen)* alcanzar; *5. (hingehören)* pertenecer

hinlänglich ['hɪnlɛŋlɪç] *adj 1.* suficiente, bastante; *adv 2.* suficientemente

hinlegen ['hɪnleːgən] *v 1. etw* ~ poner algo, colocar algo; *2. sich* ~ acostarse, echarse

hinnehmen ['hɪnneːmən] *v irr* tomar, aceptar

hinreichend ['hɪnraɪçənt] *adj* suficiente

hinreißend ['hɪnraɪsənt] *adj* arrebatador, irresistible

hinrichten ['hɪnrɪçtən] *v* ejecutar, ajusticiar

Hinrichtung ['hɪnrɪçtuŋ] *f* ejecución *f,* ajusticiamiento *m*

hinschicken ['hɪnʃɪkən] *v* mandar, enviar a

hinsehen ['hɪnzeːən] *v irr* mirar hacia (sobre); *genau* ~ fijarse bien

hinsetzen ['hɪnzɛtsən] *v sich* ~ sentarse, tomar asiento

Hinsicht ['hɪnzɪçt] *f in gewisser* ~ en cierto sentido, respecto, en cierta manera

hinsichtlich ['hɪnzɪçtlɪç] *prep* con respecto a, en lo que concierne a

hinstellen ['hɪnʃtɛlən] *v 1.* colocar verticalmente; *2. (fig)* ~ *als* declarar por, presentar como

hinten ['hɪntən] *adv* detrás, atrás, en la parte posterior; *Ich weiß nicht mehr wo ~ und vorne ist!* ¡Yo no sé ni cómo me llamo!/¡Yo no sé dónde tengo la cabeza!

hinter ['hɪntər] *prep* detrás de, tras; *etw ~ sich lassen* dejar algo atrás; *~ den anderen zurückbleiben* quedar rezagado de los demás; *zwei Km ~ München* dos km pasando Munich; *~ jdm zurückstehen* ceder su lugar a otro, quedar atrás de alguien

Hinterachse ['hɪntəraksə] *f (eines Autos)* eje trasero *m,* eje posterior *m*

Hinterausgang ['hɪntərausgaŋ] *m* salida posterior *f*

Hinterbein ['hɪntərbaɪn] *n* pierna posterior *f,* pata trasera *f*

Hinterbliebene(r) ['hɪntərbliːbənə(r)] *m/f* familiar del difunto *m/f,* deudo/deuda *m/f*

hinterbringen ['hɪntərbrɪŋən] *v irr 1. (schlucken)* tragar; [hɪntər'brɪŋən] (po,ve) irr *2. jdm etw* ~ informar a alguien

hintere(r,s) ['hɪntərə(r,s)] *adj* trasero/ trasera, posterior

hintereinander [hɪntəraɪ'nandər] *adv* uno detrás de otro

Hintereingang ['hɪntəraɪngaŋ] *m* entrada trasera *f*

hinterfragen [hɪntər'fraːgən] *v* analizar, ir al fondo del asunto

hintergehen [hɪntər'geːən] *v irr jdn* ~ engañar a alguien, embaucar a alguien

Hintergrund ['hɪntərgrunt] *m 1.* fondo *m; in den ~ treten* ser relegado a segundo término; *2. (fig)* trasfondo *m*

hintergründig ['hɪntərgryndɪç] *adj* enigmático, oculto

Hinterhalt ['hɪntərhalt] *m* emboscada *f*

hinterhältig ['hɪntərhɛltɪç] *adj* insidioso
Hinterhältigkeit ['hɪntərhɛltɪçkaɪt] *f* ruindad *f*, alevosía *f*
hinterher [hɪntər'heːr] *adv 1. (zeitlich)* luego, más tarde; *2. (örtlich)* detrás
hinterherlaufen [hɪntər'heːrlaufən] *v irr* correr detrás de, perseguir a
Hinterhof ['hɪntərhoːf] *m* patio trasero *m*
hinterlassen [hɪntər'lasən] *v irr* dejar
Hinterlassenschaft [hɪntər'lasənʃaft] *f* herencia *f*
hinterlegen [hɪntər'leːgən] *v etw ~* depositar algo; *Wie viel muss ich als Kaution ~?* ¿Cuánto debo depositar como fianza?
Hinterlist ['hɪntərlɪst] *f* insidia *f*, perfidia *f*
hinterlistig ['hɪntərlɪstɪç] *adj* insidioso, pérfido
Hintermann ['hɪntərman] *m 1.* el que está detrás, el que sigue; *2. (der aus dem Hintergrund handelt)* inspirador *m*, maquinador *m; 3. FIN* mediador *m*
Hintern ['hɪntərn] *m (fam)* trasero *m*, popo *m*, poto *m; sich auf den ~ setzen* quedarse pasmado; *sich in den ~ beißen* darse de bofetadas; *jdm in den ~ treten* dar una patada en el culo a alguien; *jdm in den ~ kriechen* lamer el culo a alguien
Hinterrad ['hɪntərraːt] *n* rueda trasera *f*
hinterrücks ['hɪntərryks] *adv* por detrás, de espaldas
Hinterteil ['hɪntərtaɪl] *n 1.* parte trasera *f; 2. (Gesäß)* trasero *m*
hintertreiben [hɪntər'traɪbən] *v irr* frustar, hacer fracasar
Hintertreppe ['hɪntərtrɛpə] *f* escalera de servicio *f*
Hintertür ['hɪntərtyːr] *f* puerta de servicio *f; sich eine ~ offen halten (fig)* reservarse otra salida; *durch die ~* por la de atrás/a escondidas
hinterziehen [hɪntər'tsiːən] *v irr Steuern ~* evadir el pago de impuestos
hinüber [hɪ'nyːbər] *adv* hacia el otro lado, hacia allá
hinüberwerfen [hɪ'nyːbərvɛrfən] *v irr etw ~* arrojar por encima, echar al otro lado
hinunter [hɪ'nuntər] *adv* abajo, hacia abajo
hinunterblicken [hɪ'nuntərblɪkən] *v* mirar hacia abajo
hinuntereilen [hɪ'nuntəraɪlən] *v* bajar corriendo
hinuntergehen [hɪ'nuntərgeːən] *v irr* bajar, descender
hinunterschlucken [hɪ'nuntərʃlukən] *v 1.* tragar; *2. (fig)* soportar algo en silencio
hinunterwerfen [hɪ'nuntərvɛrfən] *v irr* tirar, arrojar hacia abajo
Hinweg ['hɪnweːk] *m* viaje de ida *m*
hinweghelfen [hɪn'vɛkhɛlfən] *v irr* consolar en una crisis, ayudar a salir de una crisis; *jdm über eine Schwierigkeit ~* ayudar a alguien a salir de una situación difícil
hinwegkommen [hɪn'vɛkkɔmən] *v irr über etw ~* olvidar; *ich komme nicht darüber hinweg* no lo puedo olvidar
hinwegsehen [hɪn'vɛkzeːən] *v irr 1. über etw ~* hacer la vista gorda; *2. (fig) über etw ~* no hacer caso de, ignorar
hinwegsetzen [hɪn'vɛkzɛtsən] *v sich ~ über* no hacer caso de
Hinweis ['hɪnvaɪs] *m* indicación *f*, advertencia *f*
hinweisen ['hɪnvaɪzən] *v irr ~ auf* indicar, señalar
hinwerfen ['hɪnvɛrfən] *v irr 1. (wegwerfen)* tirar, echar; *2. (Worte)* dejar caer; *3. sich ~* tirarse al suelo
hinziehen ['hɪntsiːən] *v irr (dauern)* extenderse, prolongarse
hinzu [hɪn'tsuː] *adv* a eso, a ello
hinzufügen [hɪn'tsuːfyːgən] *v* añadir, agregar
hinzuziehen [hɪn'tsuːtsiːən] *v irr* incluir; *einen Arzt ~* consultar un medico
Hiobsbotschaft ['hiɔpsboːtʃaft] *f* mala noticia *f*
Hirn [hɪrn] *n ANAT* cerebro *m*
Hirngespinst ['hɪrngəʃpɪnst] *n* quimera *f*, fantasmagoría *f*
Hirnverletzung ['hɪrnfɛrlɛtsuŋ] *f MED* traumatismo cerebral *m*
Hirsch [hɪrʃ] *m ZOOL* ciervo *m*
Hirschkuh ['hɪrʃkuː] *f* cierva *f*
Hirse ['hɪrzə] *f BOT* mijo *m*
Hirsebrei ['hɪrzəbraɪ] *m GAST* papilla de mijo *f*
Hirte [hɪrtə] *m* pastor *m*
Hirtenhund ['hɪrtənhunt] *m* perro pastor *m*
Hirtenvolk ['hɪrtənfɔlk] *n* pueblo de pastores *m*, pueblo nómada *m*
hissen ['hɪsən] *v* izar, enarbolar
Historiker(in) [hɪ'stoːrɪkər(ɪn)] *m/f* historiador(a) *m/f*
historisch [hɪ'stoːrɪʃ] *adj* histórico
Hitparade ['hɪtparaːdə] *f MUS* lista de éxitos principales *f*, los cuarenta principales *m/pl*

Hitze ['hɪtsə] *f* calor *m; Ich vertrage die ~ nicht.* No soporto el calor. *in der ~ des Gefechts* con las prisas
hitzebeständig ['hɪtsəbəʃtɛndɪç] *adj* resistente al calor
hitzefrei ['hɪtsəfraɪ] *adj* canicular, de canícula; *~ haben* tener vacaciones de canícula
Hitzewelle ['hɪtsəvɛlə] *f* ola de calor *f*
hitzig ['hɪtsɪç] *adj* caliente
Hitzkopf ['hɪtskɔpf] *m* cascarrabias *m*
hitzköpfig ['hɪtskœpfɪç] *adj* gruñón
Hitzschlag ['hɪtsʃlaːk] *m MED* insolación *f*
HIV-positiv [haːiːvau'pozitiːf] *adj MED* seropositivo
Hobby ['hɔbi] *n* hobby *m,* afición *f*
Hobbykoch ['hɔbikɔç] *m* cocinero aficionado *m*
Hobel ['hoːbəl] *m 1. (Küchenhobel)* raspador *m; 2. TECH* cepillo de carpintero *m*
hobeln ['hoːbəln] *v 1. (Gemüse)* cortar en capas delgadas, rallar; *2. TECH* cepillar
hoch [hoːx] *adj* alto, elevado; *jdm etw ~ und heilig versprechen* prometer algo a alguien solemnemente; *Das ist mir zu ~!* ¡Es superior a mis facultades!/¡Es superior a mi entendimiento!/¡Eso no me entra! (fam); *~ entwickelt* muy desarrollado, muy adelantado; *~ gewachsen* muy crecido, espigado; *~ schätzen* estimar, apreciar
Hochachtung ['hoːxaxtuŋ] *f* gran aprecio *m,* alta consideración *f*
hochachtungsvoll ['hoːxaxtuŋsfɔl] *adv (im Brief)* le saluda atentamente, respetuosamente
Hochamt ['hoːxamt] *n REL* misa mayor *f*
hochanständig ['hoːxanʃtɛndɪç] *adj 1.* muy decente; *adv 2.* con mucha decencia
hochauflösend ['hoːxaufløːzənt] *adj INFORM* de alta resolución
Hochbahn ['hoːxbaːn] *f* ferrocarril elevado *m*
Hochbau ['hoːxbau] *m* construcción alta *f*
Hochbetrieb ['hoːxbətriːp] *m* período punta *m,* período de gran actividad *m*
Hochdeutsch ['hoːxdɔytʃ] *n* alto alemán *m*
Hochdruck ['hoːxdruk] *m* alta presión *f*
Hochebene ['hoːxeːbənə] *f* meseta *f,* altiplano *m*
hocherfreut ['hoːxɛrfrɔyt] *adj 1.* muy encantado, muy contento, contentísimo; *adv 2.* con mucho gusto
hochexplosiv ['hoːxɛksploziːf] *adj* altamente explosivo
hochfahren ['hoːxfaːrən] *v irr 1.* subir; *2. aus dem Schlaf ~* despertarse súbitamente; *3. (plötzlich aufbrausen)* ponerse furioso, perder los nervios; *4. (jdn ~)* subir a
hochfahrend ['hoːxfaːrənt] *adj (überheblich)* arrogante, altanero, altivo
Hochfinanz ['hoːxfɪnants] *f (die ~) FIN* el capital *m,* la plutocracia *f,* los grandes capitalistas *m/pl*
Hochform ['hoːxfɔrm] *f* plena forma *f; in ~ sein* estar en plena forma
Hochfrequenz ['hoːxfrekvɛnts] *f* alta frecuencia *f*
Hochgebirge ['hoːxgəbɪrgə] *n* montaña alta *f*
Hochgenuss ['hoːxgənus] *m* delicia *f*
Hochgeschwindigkeitszug ['hoːxgəʃwɪndɪçkaɪtstsuːk] *m* tren de alta velocidad *m*
Hochglanz ['hoːxglants] *m etw auf ~ bringen* dar lustre a algo
hochgradig ['hoːxgraːdɪç] *adj 1.* de alta concentración; *2. (fig)* avanzado, intenso
Hochhaus ['hoːxhaus] *n* edificio *m,* casa de varios pisos *f,* rascacielo *m*
hochinteressant ['hoːxɪntərəsant] *adj* altamente interesante
hochkarätig ['hoːxkarɛːtɪç] *adj* de alto quilate
hochklappen ['hoːxklapən] *v* subir, levantar
Hochkonjunktur ['hoːxkɔnjuŋktuːr] *f 1. ECO* conyuntura favorable para los negocios *f; 2. (fig)* período de gran prosperidad económica *m*
Hochkultur ['hoːxkultuːr] *f* civilización muy desarrollada *f*
Hochland ['hoːxlant] *n* tierra montañosa *f,* altiplano *m,* altiplanicie *f*
hochleben ['hoːxleːbən] *v jdn ~ lassen* dar vivas a alguien, beber a la salud de alguien, brindar por alguien
Hochleistung ['hoːxlaɪstuŋ] *f* alto rendimiento *m*
hochmodisch ['hoːxmoːdɪʃ] *adj* a la última moda
Hochmut ['hoːxmuːt] *m* soberbia *f,* altanería *f,* orgullo *m*
hochmütig ['hoːxmyːtɪç] *adj* soberbio, altanero, orgulloso
Hochmütigkeit ['hoːxmyːtɪçkaɪt] *f* arrogancia *f,* altanería *f,* orgullo *m*
hochnäsig ['hoːxnɛːzɪç] *adj* altanero, orgulloso, arrogante

hochnehmen ['ho:xne:mən] *v irr jdn ~* hacer sudar la gota gorda a alguien
Hochofen ['ho:xo:fən] *m TECH* alto horno *m*
hochoffiziell ['ho:xɔfɪtsjɛl] *adj* muy oficial
Hochparterre ['ho:xpartɛr] *n* entresuelo *m*
hochprozentig ['ho:xprotsɛntɪç] *adj 1.* de elevado porcentaje; *2. (Bier)* muy concentrado, de gran porcentaje de alcohol
hochrangig ['ho:xraŋɪç] *adj 1. (berühmt)* eminente; *2. (mit hohem Rang)* de alto rango
Hochrechnung ['ho:xrɛçnuŋ] *f* proyección *f,* extrapolación *f*
hochrüsten ['ho:xrystən] *v* armar, rearmar
Hochsaison ['ho:xzɛz ɔ] *f* temporada alta *f*
Hochschule ['ho:xʃu:lə] *f* universidad *f,* escuela superior *f*
Hochschulreife ['ho:xʃu:lraɪfə] *f* bachillerato *m*
Hochsommer ['ho:xzɔmər] *m* canícula *f,* pleno verano *m*
Hochspannung ['ho:xʃpanuŋ] *f TECH* alta tensión *f*
Hochspannungsleitung ['ho:xʃpanuŋslaɪtuŋ] *f TECH* línea de alta tensión *f*
Hochsprung ['ho:xʃpruŋ] *m SPORT* salto de altura *m*
höchst [hø:çst] *adv* como máximo, máximo
Hochstapler(in) ['ho:xʃta:plər(ɪn)] *m/f* impostor(a) *m/f,* estafador(a) *m/f*
Höchstbetrag ['hø:çstbətra:k] *m* suma máxima *f*
höchste(r,s) ['hø:çstə(r,s)] *adj* más alto, máximo
höchstens ['hø:çstəns] *adv* a lo más, a lo sumo
Höchstform ['hø:çstfɔrm] *f (in ~)* en la mejor forma, a tope
Höchstgeschwindigkeit ['hø:çstgəʃvɪndɪçkaɪt] *f* velocidad máxima *f*
hochstilisieren ['ho:xʃtili'zi:rən] *v* realzar inmerecidamente
Höchstleistung ['hø:çstlaɪstuŋ] *f* rendimiento máximo *m*
höchstpersönlich ['hø:çstpɛr'zø:nlɪç] *adj 1.* en persona; *adv 2.* en persona
Höchstpreis ['hø:çstpraɪs] *m* precio máximo *m,* precio límite *m,* precio tope *m*
höchstwahrscheinlich ['hø:çstva:rʃaɪnlɪç] *adv* muy probable, casi seguro
höchstzulässig ['hø:çstsu:lɛsɪç] *adj* máximo admisible
Hochverrat ['ho:xfɛra:t] *m POL* alta traición *f*
Hochwasser ['ho:xvasər] *n* crecida *f,* inundación *f*
hochwertig ['ho:xvertɪç] *adj* de gran valor, de alta calidad
Hochwürden ['ho:xvyrdən] *m REL* reverendo *m*
Hochzeit ['hɔxtsaɪt] *f* boda *f,* casamiento *m; auf allen ~en tanzen* meter la nariz en todo (fam)
Hochzeitsfeier ['hɔxtsaɪtsfaɪər] *f* celebración de la boda *f*
Hochzeitsgeschenk ['hɔxtsaɪtsgəʃɛŋk] *n* regalo de boda *m*
Hochzeitsnacht ['hɔxtsaɪtsnaxt] *f* noche de bodas *f*
Hochzeitsreise ['hɔxtsaɪtsraɪzə] *f* viaje de novios *m,* luna de miel *f*
Hochzeitstag ['hɔxtsaɪtsta:k] *m 1. (Tag der Hochzeit)* día de la boda *f; 2. (Jahrestag)* aniversario de boda *m*
Hocke ['hɔkə] *f 1. (Garbe)* pila *f,* gavilla *f; 2. (Sprung)* salto con las piernas encogidas *m*
hocken ['hɔkən] *v 1.* estar en cuclillas; *2. (fam: sitzen)* estar sentado
Hocker ['hɔkər] *m* taburete *m*
Höcker ['hœkər] *m* chepa *f,* joroba *f,* giba *f*
Hockey ['hɔkeɪ] *n SPORT* hockey *m*
Hoden ['ho:dən] *pl ANAT* testículos *m/pl*
Hof [ho:f] *m 1. (Hinterhof)* patio *m; 2. (Königshof)* corte *f; 3. (Bauernhof)* granja *f,* finca *f; 4. jdm den ~ machen* hacer la corte a alguien
Hofdame ['ho:fda:mə] *f* cortesana *f,* menina *f*
hoffen ['hɔfən] *v* esperar, tener la esperanza de
hoffentlich ['hɔfəntlɪç] *adv* espero que, así lo espero, ojalá
Hoffnung ['hɔfnuŋ] *f* esperanza *f; ~en wecken* alimentar esperanzas; *guter ~ sein* estar encinta
hoffnungslos ['hɔfnuŋslo:s] *adj* desesperado, sin esperanzas
Hoffnungslosigkeit ['hɔfnuŋslo:zɪçkaɪt] *f* desesperación *f,* desesperanza *f*
hoffnungsvoll ['hɔfnuŋsfɔl] *adj 1.* esperanzado; *adv 2.* lleno de esperanzas
höfisch ['hø:fɪʃ] *adj HIST* cortesano, palaciego, de la corte
höflich ['hø:flɪç] *adj* cortés, atento

Höflichkeit ['hø:flıçkaıt] *f* cortesía *f*
Hofstaat ['ho:fʃta:t] *m 1. (fürstliches Gefolge) HIST* corte *f; 2. (fürstlicher Haushalt)* corte *f*
Höhe ['hø:ə] *f* altura *f; auf der ~ sein* estar al tanto; *in die ~ gehen (fig)* subirse por las paredes; *Das ist doch die ~!* ¡Eso ya es el colmo!
Hoheit ['ho:haıt] *f 1. (Anrede)* alteza *f; 2. POL* soberanía *f*
Hoheitsgebiet ['ho:haıtsgəbi:t] *n POL* zona de soberanía *f,* soberanía territorial *f*
Hoheitsgewässer ['ho:haıtsgəvɛsər] *pl* aguas jurisdiccionales (territoriales) *f/pl*
Höhenangst ['hø:ənaŋst] *f* vértigo *m*
Höhenflug ['hø:ənflu:k] *m 1.* vuelo de altura *m; 2. (fig)* altos vuelos *m/pl*
Höhenluft ['hø:ənluft] *f* aire de las montañas *m,* clima de altura *f*
Höhenmesser ['hø:ənmɛsər] *m* altímetro *m*
Höhensonne ['hø:ənzɔnə] *f* sol de alturas *m,* lámpara de luz solar *f*
Höhenunterschied ['hø:ənuntərʃi:t] *m* diferencia de nivel *f,* desnivel *m*
Höhepunkt ['hø:əpuŋkt] *m* punto culminante *m,* momento culminante *m*
höher ['hø:ər] *adj* más alto, superior
hohl [ho:l] *adj 1.* hueco; *2. (fig: gehaltlos)* vacío
Höhle ['hø:lə] *f* cueva *f,* caverna *f; sich in die ~ des Löwen wagen* meterse en la cueva del lobo
Hohlkopf ['ho:lkɔpf] *m (fam)* cabeza huera *f*
Hohlkörper ['ho:lkœrpər] *m* cuerpo hueco *m*
Hohlmaß ['ho:lma:s] *n* medida de capacidad *f*
Hohlraum ['ho:lraum] *m* cavidad *f,* hueco *m,* vacío *m*
Hohn [ho:n] *m* burla *f,* mofa *f; der reinste ~* una verdadera ironía *f*
höhnen ['hø:nən] *v* burlarse de, guasearse
höhnisch ['hø:nıʃ] *adj 1.* burlón; *adv 2.* burlonamente, con burla
hökern ['hø:kərn] *v* baratijear
Hokuspokus [ho:kus'po:kus] *m* abracadabra *m*
holen ['ho:lən] *v* ir a buscar, venir a buscar; *Bei ihm ist nichts zu holen.* A él no se puede sacar nada.
Holland ['hɔlant] *n GEO* Holanda *f*
Holländer(in) ['hɔlɛndər(ın)] *m/f* holandés/holandesa *m/f*
holländisch ['hɔlɛndıʃ] *adj* holandés
Hölle ['hœlə] *f* infierno *m; jdn zur ~ schicken* mandar a alguien al infierno; *jdm die ~ heiß machen* atormentar a alguien; *die ~ auf Erden haben* vivir un infierno, llevar una vida insoportable; *jdm das Leben zur ~ machen* hacerle la vida imposible a alguien; *Zur ~ mit ihm!* ¡Que se vaya al infierno!
Höllenlärm [hœlən'lɛrm] *m* ruido infernal *m*
höllisch ['hœlıʃ] *adj 1. (fam)* endemoniado; *adv 2.* infernal
Holm [hɔlm] *m* barra *f*
holperig ['hɔlpərıç] *adj 1.* áspero, desigual, accidentado; *2. (fig: stockend)* entrecortado; *3. (Stil)* duro
Holperigkeit ['hɔlpərıçkaıt] *f* tosquedad *f,* aspereza *f*
holpern ['hɔlpərn] *v 1.* atropellarse; *2. (stolpern)* tropezarse
Holunder [ho'lundər] *m BOT* saúco *m*
Holz [hɔlts] *n 1.* madera *f; 2. (Brennholz)* leña *f; ~ in den Wald tragen (fig)* estar perdiendo el tiempo
Holzblasinstrument ['hɔltsbla:sınstrumɛnt] *n MUS* instrumento de viento de madera *m*
hölzern ['hœltsərn] *adj 1.* de madera; *2. (fig)* seco, áspero
Holzfäller ['hɔltsfɛlər] *m* leñador *m*
holzfrei ['hɔltsfraı] *adj* sin madera (celulosa)
Holzkiste ['hɔltskıstə] *f* caja de madera *f*
Holzkohle ['hɔltsko:lə] *f* carbón vegetal *m*
Holzstoß ['hɔltsʃto:s] *m* pila de madera *f*
Holzwirtschaft ['hɔltsvırtʃaft] *f* industria maderera *f*
Holzwurm ['hɔltsvurm] *m ZOOL* carcoma *f*
Homepage ['həʊmpeıdʒ] *f INFORM* página de acogida/página de recepción *f,* home page *f*
Hommage [ɔ'ma:ʒ] *f* homenaje *m*
homogen [homo'ge:n] *adj* homogéneo
Homogenität [homogeni'tɛ:t] *f* homogeneidad *f*
Homonym [homo'ny:m] *n LING* homónimo *m*
Homöopathie [homøopa'ti:] *f MED* homeopatía *f*
homöopathisch [homøo'pa:tıʃ] *adj MED* homeopático
Homosexualität [homozɛksualı'tɛ:t] *f* homosexualidad *f*
homosexuell [homozɛksu'ɛl] *adj* homosexual

Homosexuelle(r) [homozɛksu'ɛlə(r)] *m/f* homosexual *m/f*
Honduraner(in) [hɔndu'raːnər(ɪn)] *m/f* hondureño/hondureña *m/f*
honduranisch [hɔndu'raːnɪʃ] *adj* hondureño
Honduras [hɔn'duːras] *n (Staat) GEO* Honduras *m*
Honig ['hoːnɪç] *m* miel *f; jdm ~ ums Maul schmieren (fig)* dorar la píldora a alguien (fam), dar coba a alguien
Honigwabe ['hoːnɪçvaːbə] *f* panal *f*
Honorar [hono'raːr] *n* honorarios *m/pl*
Honoratioren [honora'tsjoːrən] *pl* ciudadanos notables *m/pl,* ciudadanos importantes *m/pl*
honorieren [hono'riːrən] *v 1. (bezahlen)* pagar honorarios; *2. (anerkennen)* apreciar, reconocer
Hopfen ['hɔpfən] *m BOT* lúpulo *m; Bei ihr ist ~ und Malz verloren.* Es un caso perdido./No tiene remedio.
hopp [hɔp] *interj Hopp, ~!* ¡arriba!
hoppsa ['hɔpsaː] *interj* ¡ahí va!
hörbar ['høːrbaːr] *adj* audible
horchen ['hɔrçən] *v* escuchar, oir
Horde ['hɔrdə] *f* banda *f,* tribu nómada *f,* horda *f*
hören ['høːrən] *v 1.* oír; *Das kann sich ~ lassen!* Estas son palabras mayores! *etw von sich ~ lassen* mandar noticias suyas; *von jdm ~* tener noticias de alguien; *etw von jdm zu ~ bekommen* tener que oírle a alguien; *Da vergeht einem Hören und Sehen!* ¡Que se queda uno viendo las estrellas! *2. (zuhören)* escuchar, atender, prestar atención; *3. (aufschnappen)* coger al vuelo
Hörer ['høːrər] *m (Telefonhörer)* auricular *m,* receptor *m*
Hörer(in) ['høːrər(ɪn)] *m/f (Person)* oyente *m/f,* escucha *m/f*
Hörfehler ['høːrfeːlər] *m MED* defecto del oído *m,* insuficiencia auditiva *f*
Hörfunk ['høːrfuŋk] *m* radio *f,* radiodifusión *f*
Hörgerät ['høːrgərɛːt] *n* audífono *m,* prótesis acústica *f*
hörgeschädigt ['høːrgəʃɛːdɪçt] *adj* duro de oído
hörig ['høːrɪç] *adj* esclavo de
Hörigkeit ['høːrɪçkaɪt] *f* dependencia *f,* sumisión *f*
Horizont [hori'tsɔnt] *m* horizonte *m*
horizontal [horitsɔn'taːl] *adj* horizontal
Horizontale [horitsɔn'taːlə] *f* línea horizontal *f*
Hormon [hɔr'moːn] *n* hormona *f*
Hormonbehandlung [hɔr'moːnbəhandluŋ] *f MED* tratamiento hormonal *m*
hormonell [hɔrmo'nɛl] *adj BIO* hormonal
Hörmuschel ['høːrmuʃəl] *f TEL* auricular *m*
Horn [hɔrn] *n 1. (Material)* cuerno *m; 2. MUS* trompeta *f; ins gleiche ~ blasen (fig)* estar de acuerdo, simpatizar; *3. ZOOL* cuerno *m,* cacho *m; sich die Hörner abstoßen* correr sus mocedades; *jdm Hörner aufsetzen (fig)* poner los cuernos a alguien
Hornbrille ['hɔrnbrɪlə] *f* gafas de concha *f/pl*
Hornhaut ['hɔrnhaut] *f 1. (Schwiele)* callosidad *f; 2. (des Auges) ANAT* córnea *f*
Hornisse [hɔr'nɪsə] *f ZOOL* avispón *m*
Hornist(in) [hɔr'nɪst(ɪn)] *m/f MUS* trompa *m/f*
Hornvieh ['hɔrnfiː] *n* ganado de asta *m*
Horoskop [horos'koːp] *n* horóscopo *m*
horrend [hɔ'rɛnt] *adj* horrendo, tremendo, enorme
Horrorfilm ['hɔrɔrfɪlm] *m CINE* película de horror *f*
Hörsaal ['høːrsaːl] *m* aula universitaria *f/el*
Hörspiel ['høːrʃpiːl] *n* radiocomedia *f,* radioteatro *m*
Hörsturz ['høːrʃturts] *m MED* pérdida repentina del oído *f*
Hort [hɔrt] *m 1. (Zuflucht)* refugio *m,* asilo *m; 2. (Kinderhort)* guardería infantil *f*
horten ['hɔrtən] *v (Geld)* acumular, atesorar
Hörweite ['høːrvaɪtə] *f* alcance de oído *m*
Hose ['hoːzə] *f* pantalón *m; die ~n anhaben* llevar los pantalones (fig); *jdm die ~n stramm ziehen* dar una tunda a alguien; *in die ~ gehen* fracasar; *sich in die ~ machen* cagarse de miedo (fam)
Hosenbein ['hoːzənbaɪn] *n* pernera del pantalón *f*
Hosentasche ['hoːzəntaʃə] *f* bolsillo del pantalón *m*
Hosenträger ['hoːzəntrɛːgər] *m* tirantes *m/pl*
Hospital [hɔspɪ'taːl] *n* hospital *m*
Hostess [hɔs'tɛs] *f* azafata de congreso *f*
Hostie ['hɔstjə] *f REL* hostia *f*
Hotel [ho'tɛl] *n* hotel *m*
Hotelbar [ho'tɛlbaːr] *f* bar del hotel *m*
Hotelbetrieb [ho'tɛlbətriːp] *m* empresa hotelera *f*

Hoteldirektor(in) [ho'tɛldirɛktɔr(ɪn)] *m/f* director(a) de hotel *m/f*
Hotelgewerbe [ho'tɛlgəvɛrbə] *n* industria hotelera *f*
Hotelier [hotəl'jeː] *m* hotelero *m*
Hotelrechnung [ho'tɛlrɛçnuŋ] *f* cuenta de hotel *f*
Hotelzimmer [ho'tɛltsɪmər] *n* habitación de hotel *f*
Hub [huːp] *m 1. (Heben)* elevación *f,* alzamiento *m; 2. TECH* carrera *f*
Hubraum ['huːpraum] *m (eines Autos)* cilindrada *f*
hübsch [hypʃ] *adj* bonito, lindo, guapo, precioso
Hubschrauber ['huːpʃraubər] *m* helicóptero *m*
Huf [huːf] *m ZOOL* casco *m*
Hufeisen ['huːfaɪzən] *n* herradura *f*
Huflattich ['huːflatɪç] *m BOT* uña de caballo *f,* tusilago *m*
Hüfte ['hyftə] *f ANAT* cadera *f*
Hüftgelenk ['hyftgəlɛŋk] *n ANAT* articulación de la cadera *f*
hüfthoch ['hyfthoːx] *adj* hasta la cadera
Hüftknochen ['hyftknɔxən] *m ANAT* hueso ilíaco *m*
Hügel ['hyːgəl] *m* colina *f,* cerro *m,* loma *f*
hügelig ['hyːgəlɪç] *adj* montuoso, cubierto de colinas
Huhn [huːn] *n ZOOL* gallina *f; mit den Hühnern ins Bett gehen (fig)* acostarse con las gallinas; *mit den Hühnern aufstehen* levantarse con las gallinas
Hühnchen ['hyːnçən] *n* pollo *m*
Hühnerauge ['hyːnəraugə] *n (am Fuß) MED* callo *m*
Hühnerbrühe ['hyːnərbryːə] *f* caldo de pollo *f*
Hühnerfarm ['hyːnərfarm] *f* granja avícola *f*
huldigen ['huldɪgən] *v jdm ~* rendir homenaje a alguien
Huldigung ['huldɪguŋ] *f* homenaje *m*
Hülle ['hylə] *f* envoltura *f*
hüllen ['hylən] *v* cubrir, envolver
Hülse ['hylzə] *f 1. (Behälter)* vaina *f,* estuche *m; 2. (Waffenhülse)* vaina *f,* cartucho *m; 3. BOT* vaina *f*
Hülsenfrucht ['hylzənfruxt] *f BOT* legumbre *f*
human [hu'maːn] *adj* humano
humanisieren [humani'ziːrən] *v* humanizar
Humanisierung [humani'ziːruŋ] *f* humanización *f*
Humanismus [huma'nɪsmus] *m HIST* humanismo *m*
Humanist [huma'nɪst] *m HIST* humanista *m*
humanistisch [huma'nɪstɪʃ] *adj* humanista
humanitär [humani'tɛːr] *adj* humanitario
Humanität [humanɪ'tɛːt] *f* humanidad *f*
Hummel ['huməl] *f ZOOL* abejorro *m; ~n im Hintern haben (fam)* tener un petardo en el culo
Hummer ['humər] *m ZOOL* langosta *f*
Humor [hu'moːr] *m* humor *m*
humoristisch [humo'rɪstɪʃ] *adj 1.* humorístico, cómico; *adv 2.* cómicamente
humorlos [hu'moːrloːs] *adj* sin humor
Humorlosigkeit [hu'moːrloːzɪçkaɪt] *f* falta de humor *f*
humorvoll [hu'moːrfɔl] *adj (Person)* jovial, gracioso, chistoso; *eine ~e Geschichte* una historia muy divertida *f*
humpeln ['humpəln] *v* cojear
Humus ['huːmus] *m* humus *m,* tierra vegetal *f*
Hund [hunt] *m ZOOL* perro *m; auf den ~ kommen (fig)* ir de mal en peor
hundeelend [hundə'eːlɛnt] *adv sich ~ fühlen* sentirse muy mal
Hundeleine ['hundəlaɪnə] *f* cadena para atar al perro *f*
Hundemarke ['hundəmarkə] *f* matrícula de perro *f*
hundemüde ['hundə'myːdə] *adj (fam)* cansadísimo
Hunderasse ['hundərasə] *f ZOOL* raza canina *f*
hundert ['hundərt] *num* cien, ciento
Hunderter ['hundərtər] *m (Geldschein)* billete de cien *m*
Hundertjahrfeier [hundərt'jaːrfaɪər] *f* centenario *m*
hundertprozentig ['hundərtprotsɛntɪç] *adj 1.* completo, cien por cien; *adv 2.* por completo, al cien por cien
Hundertschaft ['hundərtʃaft] *f MIL* centuria *f*
hundertste(r,s) ['hundərtstə(r,s)] *adj* centésimo
Hundesteuer ['hundəʃtɔyər] *f* impuesto sobre los perros *m*
Hundezwinger ['hundətsvɪŋər] *m* perrera *f*
Hündin ['hyndɪn] *f* perra *f*

hundsgemein [hundsgə'maɪn] *adj 1. (fam: Mensch)* perro, canalla; *2. (Wetter, Schmerz)* infame, canalla
Hüne ['hyːnə] *m* gigante *m*
hünenhaft ['hyːnənhaft] *adj* gigantesco
Hunger ['huŋər] *m* hambre *m; ~ haben* tener hambre
Hungergefühl ['huŋərgəfyːl] *n* ganas de comer *f/pl,* sensación de hambre *f*
Hungerleider(in) ['huŋərlaɪdər(ɪn)] *m/f* hambriento/hambrienta *m/f*
Hungerlohn ['huŋərloːn] *m* salario de hambre *m*
hungern ['huŋərn] *v 1.* tener hambre, estar hambriento; *2. (fig) ~ nach* estar hambriento de, estar ávido de, estar sediento de
Hungersnot ['huŋərsnoːt] *f* hambre *m,* hambruna *f* (LA)
Hungerstreik ['huŋərʃtraɪk] *m* huelga de hambre *f*
Hungertod ['huŋərtoːt] *m den ~ sterben* morir por inanición
hungrig ['huŋrɪç] *adj* hambriento; *~ wie ein Wolf* muerto de hambre
Hunne ['hunə] *m HIST* huno *m*
Hupe ['huːpə] *f (beim Auto)* bocina *f,* claxon *m*
hupen ['huːpən] *v* tocar la bocina, tocar el claxon, pitar
hüpfen ['hypfən] *v* brincar, saltar, dar saltitos
Hürde ['hyrdə] *f* valla *f*
Hürdenlauf ['hyrdənlauf] *m SPORT* carrera de vallas *f*
Hure ['huːrə] *f* puta *f,* ramera *f*
huren ['huːrən] *v* ir de putas
hurra [hu'raː] *interj* viva, hurra, bravo
Hurrikan ['harɪkən] *m* huracán *m*
hurtig ['hurtɪç] *adj* rápido, ligero
husch [huʃ] *interj 1. (Weg da!)* ¡chitón! *2. (Schnell!)* ¡zas, zas!
huschen ['huʃən] *v* pasar rápidamente, deslizarse
hüsteln ['hyːstəln] *v* toser ligeramente, carraspear
husten ['huːstən] *v* toser; *Ich werde dir was ~!* ¡Ni lo sueñes!
Husten ['huːstən] *m MED* tos *f*
Hustensaft ['hustənzaft] *m* jarabe contra la tos *m*
Hut¹ [huːt] *m* sombrero *m; ein alter ~ sein (fig)* ser cosa sabida; *vor jdm den ~ ziehen* descubrirse ante alguien; *sich etw an den ~ stecken können* poderse guardar algo; *mit jdm nichts am ~ haben* no querer saber nada de alguien; *jdm eins auf den ~ geben* reñir a alguien; *etw unter einen ~ bringen* conciliar algo, poner de acuerdo algo
Hut² [huːt] *f* custodia, guardia; *auf der ~ sein* andar con cuidado, estar ojo alerta
hüten ['hyːtən] *v* guardar, velar por; *etw wie seinen Augapfel ~* cuidar algo como la niña de sus ojos; *sich vor etw ~* guardarse de algo
Hüter(in) ['hyːtər(ɪn)] *m/f* cuidador(a) *m/f*
Hütte ['hytə] *f 1. (Häuschen)* choza *f,* cabaña *f; 2. (Eisenhütte)* planta metalúrgica *f; 3. (Stahlhütte)* planta siderúrgica *f*
Hüttenindustrie ['hytənɪndustriː] *f ECO* industria metalúrgica *f*
Hyäne [hy'ɛːnə] *f ZOOL* hiena *f*
Hyazinthe [hyat'sɪntə] *f BOT* jacinto *m*
Hydrant [hy'drant] *m* boca de riego *f,* boca de incendio *f*
Hydraulik [hy'draulɪk] *f PHYS* hidráulica *f*
hydraulisch [hy'draulɪʃ] *adj PHYS* hidráulico
Hydrokultur [hydrokul'tuːr] *f* hidrocultivo *m*
Hygiene [hyg'jeːnə] *f* higiene *f*
hygienisch [hyg'jeːnɪʃ] *adj* higiénico
Hymne ['hymnə] *f* himno *m*
hypermodern [hypərmo'dɛrn] *adj* ultramoderno, supermoderno
hypersensibel ['hypərzɛnziːbəl] *adj* supersensible
Hypnose [hyp'noːzə] *f* hipnosis *f*
hypnotisch [hyp'noːtɪʃ] *adj* hipnótico
Hypnotiseur [hypnoːti'zøːr] *m* hipnotizador *m*
hypnotisieren [hypnoːti'ziːrən] *v* hipnotizar
Hypochonder(in) [hypo'xɔndər(ɪn)] *m/f* hipocondriaco/hipocondriaca *m/f*
hypochondrisch [hypo'xɔndrɪʃ] *adj* hipocondriaco
Hypotenuse [hypote'nuːzə] *f MATH* hipotenusa *f*
Hypothek [hypo'teːk] *f* hipoteca *f*
Hypothese [hypo'teːzə] *f* hipótesis *f*
hypothetisch [hypo'teːtɪʃ] *adj 1.* hipotético; *adv 2.* hipotéticamente, como hipótesis
Hysterie [hyste'riː] *f PSYCH* histeria *f*
Hysteriker(in) [hys'teːrɪkər(ɪn)] *m/f* histérico/histérica *m/f*
hysterisch [hys'teːrɪʃ] *adj PSYCH* histérico

I

iberisch [i'beːrɪʃ] *adj* ibérico
Ibis ['iːbɪs] *m ZOOL* ibis *f*
ich [ɪç] *pron* yo
Ich [ɪç] *n* yo *m,* Ego *m*
ichbezogen ['ɪçbətsoːgən] *adj* egocéntrico
Icherzähler ['ɪçɛrtsɛːlər] *m LIT* narrador en primera persona *m*
Ichform ['ɪçfɔrm] *f* primera persona; *in der ~ geschrieben* escrito en primera persona
ideal [ide'aːl] *adj* ideal
Ideal [ide'aːl] *n* ideal *m*
idealisieren [ideali'ziːrən] *v* idealizar
Idealisierung [ideali'ziːruŋ] *f* idealización *f*
Idealismus [idea'lɪsmus] *m* idealismo *m*
Idealist(in) [idea'lɪst(ɪn)] *m/f* idealista *m/f*
idealistisch [idea'lɪstɪʃ] *adj* idealista
Ideallösung [ide'aːlløːzuŋ] *f* solución ideal *f*
idealtypisch [ide'aːltyːpɪʃ] *adj* de tipo ideal
Idealzustand [ide'aːltsuːʃtant] *m* estado ideal *m*
Idee [i'deː] *f* idea *f,* concepto *m; nicht die leiseste ~ von etw haben* no tener ni la menor idea de algo
ideell [ide'ɛl] *adj* ideal
ideenlos [i'deːənloːs] *adj* pobre de ideas
Ideenlosigkeit [i'deːənloːzɪçkaɪt] *f* pobreza imaginativa *f*
Ideenreichtum [i'deːənraɪçtuːm] *m* riqueza imaginativa *f*
Identifikation [idɛntifika'tsjoːn] *f* identificación *f,* reconocimiento *m*
identifizieren [idɛntifi'tsiːrən] *v* identificar, reconocer, verificar
identisch [i'dɛntɪʃ] *adj* idéntico, igual, mismo
Identität [idɛnti'tɛːt] *f* identidad *f*
Identitätskrise [idɛnti'tɛːtskriːzə] *f* crisis de identidad *f*
Ideologe [ideo'loːgə] *m POL* idéologo *m*
Ideologie [ideolo'giː] *f* ideología *f*
ideologisch [ideo'loːgɪʃ] *adj* ideológico
ideologisieren [ideologi'ziːrən] *v* ideologizar
idiomatisch [idjo'maːtɪʃ] *adj* idiomático
Idiot(in) [id'joːt(ɪn)] *m/f* idiota *m/f,* retrasado mental/retrasada mental *m/f,* imbécil *m/f*
idiotisch [id'joːtɪʃ] *adj* idiota
Idol [i'doːl] *n* ídolo *m*
Idyll [i'dyl] *n* idilio *m*
Idylle [i'dylə] *f LIT* idilio *m*
idyllisch [i'dylɪʃ] *adj* idílico
I-förmig ['iːfœrmɪç] *adj* con forma de i
Igel ['iːgəl] *m ZOOL* erizo *m*
Iglu ['iːglu] *m* iglú *m*
ignorant [igno'rant] *adj* ignorante
Ignorant(in) [igno'rant(ɪn)] *m/f* ignorante *m/f*
Ignoranz [igno'rants] *f* ignorancia *f*
ignorieren [igno'riːrən] *v* ignorar
ihm [iːm] *pron 1.* le; *2. (betont)* a él
ihn [iːn] *pron 1. (Sache)* lo; *Ich habe ~ (den Mantel) aufgehängt.* Lo (el abrigo) he colgado. *2. (Person)* le, a él
ihnen ['iːnən] *pron 1.* les; *2. (betont)* a ellos/a ellas
Ihnen ['iːnən] *pron 1. (Höflichkeitsform)* le, a usted; *2. (Höflichkeitsform, Plural)* les, a ustedes
ihr [iːr] *pron 1.* vosotros/vosotras; *2. (weiblich, Dativ)* le, a ella
Ihr [iːr] *pron 1. (Höflichkeitsform)* su, de usted; *2. (Höflichkeitsform, Plural)* sus, de ustedes
ihre(r,s) ['iːrə(r,s)] *pron 1.* su(s), de ella; *2. (Plural)* sus, de ustedes; *3. (ohne Substantiv)* suyo(s), suya(s)
Ihre(r,s) ['iːrə(r,s)] *pron 1. (Höflichkeitsform, Singular)* su(s), de usted; *2. (Höflichkeitsform, Plural)* sus, de ellos, de ellas
ihrerseits ['iːrərzaɪts] *adv* de su parte, por su parte, en cuanto a ella, en cuanto a ellos/ellas
ihresgleichen ['iːrəs'glaɪçən] *adj 1. (Frau)* de su condición, su igual; *2. (mehrere Personen)* otro como ella, ellos, ellas (Vds)
ihretwegen ['iːrətveːgən] *adv 1.* por su causa, por causa de ella; *2. (Plural)* por causa de ellos, por causa de ellas
Ihretwegen ['iːrətveːgən] *adv 1. (Höflichkeitsform)* por su causa, por usted; *~ habe ich Deutsch gelernt.* Por usted aprendí el alemán. *2. (Höflichkeitsform, Plural)* por su causa, por ustedes
Ikebana [ike'baːna] *n* macramé *m*
Ikone [i'koːnə] *f ART* icono *m*
Ikonenmalerei [i'koːnənmaːləraɪ] *f ART* pintura de iconos *f*

illegal ['ilega:l] *adj 1.* ilegal; *adv 2.* ilegalmente
Illegalität [ɪlegali'tɛ:t] *f JUR* ilegalidad *f*
illegitim ['ilegiti:m] *adj* ilegítimo
Illegitimität [ɪlegitimi'tɛ:t] *f JUR* ilegitimidad *f*
illoyal ['ɪlɔy'ja:l] *adj* desleal
Illoyalität [ɪlɔyjali'tɛ:t] *f* deslealtad *f*
Illusion [ɪluz'jo:n] *f* ilusión *f*
illusionär [ɪluzjo'nɛ:r] *adj* ilusorio
Illusionist(in) [ɪluzjo'nɪst(ɪn)] *m/f* ilusionista *m/f*
illusionslos [ɪlu'zjo:nslo:s] *adj ~ sein* sin ilusiones, desilusionado
illusorisch [ɪlu'zo:rɪʃ] *adj* ilusorio
illuster [ɪ'lustər] *adj* ilustre
Illustration [ɪlustra'tsjo:n] *f* ilustración *f*
illustrativ [ɪlustra'ti:f] *adj* ilustrativo
Illustrator(in) [ɪlus'tra:tɔr(ɪn)] *m/f* ilustrador(a) *m/f*
illustrieren [ɪlu'stri:rən] *v* ilustrar
Illustrierte [ɪlu'stri:rtə] *f* revista ilustrada *f*
Iltis ['ɪltɪs] *m ZOOL* turón *m*
im *(= in dem) (siehe „in")*
Image ['ɪmɪdʒ] *n* imagen *f*
Imagepflege ['ɪmɪdʒpfle:gə] *f* cuidado de la imagen *m,* promoción de la imagen pública *f*
imaginär [imagi'nɛ:r] *adj* imaginario
Imagination [imagina'tsjo:n] *f* imaginación *f*
Imam [ɪ'ma:m] *m REL* imán *m*
Imbiss ['ɪmbɪs] *m* refrigerio *m,* merienda *f,* pequeña comida *f*
Imbissstand ['ɪmbɪsʃtant] *m* chiringuito *m*
Imbissstube ['ɪmbisʃtu:bə] *f* puesto ambulante *m,* snack-bar *m*
Imitat [ɪmɪ'ta:t] *n* imitación *f*
Imitation [ɪmɪta'tsjo:n] *f* imitación *f,* emulación *f,* parodia *f*
Imitator(in) [ɪmɪ'ta:tɔr(ɪn)] *m/f* imitador(a) *m/f*
imitieren [ɪmɪ'ti:rən] *v* imitar, emular, remedar
Imker ['ɪmkər] *m* apicultor *m,* colmenero *m*
immanent [ima'nɛnt] *adj* inmanente, inherente a, esencial
Immatrikulation [ɪmatrikula'tsjo:n] *f* matrícula *f*
immatrikulieren [ɪmatriku'li:rən] *v* matricularse
immens [ɪ'mɛns] *adj* inmenso, enorme, colosal
Immensität [ɪmɛnzi'tɛ:t] *f* inmensidad *f*
immer ['ɪmər] *adv* siempre; *auf ~ und ewig* para siempre; *wie auch ~* como sea
immerfort ['imərfɔrt] *adv* continuamente, sin interrupción, sin cesar
Immergrün ['ɪmərgry:n] *n BOT* siempreviva *f*
immerhin ['ɪmərhɪn] *adv* de todos modos, sea como que sea
immerzu [ɪmər'tsu:] *adv* siempre, continuamente, sin interrupción
Immigrant(in) [ɪmi'grant(ɪn)] *m/f* inmigrante *m/f*
Immigration [ɪmigra'tsjo:n] *f* inmigración *f*
immigrieren [ɪmi'gri:rən] *v* inmigrar
Immission [ɪmɪs'jo:n] *f 1. (im Umweltschutz)* inmisión *f; 2. JUR* intromisión *f*
immobil ['ɪmobi:l] *adj* inmóvil
Immobilien [ɪmo'bi:ljən] *pl* bienes inmuebles *m/pl,* propiedad inmobiliaria *f*
Immobilienhandel [ɪmo'bi:ljənhandəl] *m ECO* compraventa de bienes inmuebles *f*
Immobilienmakler [ɪmo'bi:ljənma:klər] *m* agente de la propiedad inmobiliaria m.
Immobilienmarkt [ɪmo'bi:ljənmarkt] *m ECO* mercado inmobiliario *m*
immun [ɪ'mu:n] *adj ~ gegen etw* inmune contra algo
immunisieren [ɪmuni'zi:rən] *v MED* inmunizar
Immunisierung [ɪmuni'zi:ruŋ] *f MED* inmunización *f*
Immunität [ɪmu:ni'tɛ:t] *f 1. MED* inmunidad *f; 2. POL* inmunidad parlamentaria *f,* inmunidad diplomática *f*
Immunkörper [ɪ'mu:nkœrpər] *m MED* cuerpo inmune *m*
Immunschwäche [ɪ'mu:nʃvɛçə] *f MED* inmunodeficiencia *f*
Immunsystem [ɪ'mu:nsystɛm] *n* sistema inmunológico *m*
Imperativ ['ɪmperati:f] *m 1. GRAMM* imperativo *m; 2. kategorischer ~ PHIL* imperativo categórico *m*
Imperativsatz ['ɪmperati:fzats] *m GRAMM* frase de imperativo *f*
Imperfekt ['ɪmpɛrfɛkt] *n GRAMM* imperfecto *m*
Imperialismus [ɪmperja'lɪsmus] *m POL* imperialismo *m*
Imperialist(in) [ɪmperja'lɪst(ɪn)] *m/f POL* imperialista *m/f*
imperialistisch [ɪmperja'lɪstɪʃ] *adj POL* imperialista

Imperium [ɪm'pɛrjum] *n* imperio *m*
impertinent [ɪmpɛrti'nɛnt] *adj* impertinente, sinvergüenza
Impertinenz [ɪmpɛrti'nɛnts] *f* impertinenencia *f*, atrevimiento *m*
Impfaktion ['ɪmpfaktsjoːn] *f MED* campaña de vacunación *f*
impfen ['ɪmpfən] *v ~ gegen* vacunar contra
Impfpass ['ɪmpfpas] *m MED* carnet de vacunación *m*
Impfpistole ['ɪmpfpɪstoːlə] *f MED* pistola de vacunar *f*
Impfschein ['ɪmpfʃaɪn] *m* certificado de vacunación *m*
Impfstoff ['ɪmpfʃtɔf] *m* vacuna *f*
Impfung ['ɪmpfuŋ] *f* vacunación *f*
Implantat [ɪmplan'taːt] *n MED* injerto *m*
implizieren [ɪmpli'tsiːrən] *v* implicar
implodieren [ɪmplo'diːrən] *v* implotar
Implosion [ɪmplo'zjoːn] *f TECH* implosición *f*
imponieren [impo'niːrən] *v* imponer, infundir respeto, impresionar
imponierend [impo'niːrənt] *adj* imponente, impresionante
Import [ɪm'pɔrt] *m* importación *f*
importabhängig [ɪm'pɔrtaphɛŋɪç] *adj ECO* dependiente de la importación
Importabhängigkeit [ɪm'pɔrtaphɛŋɪçkaɪt] *f ECO* dependencia de la importación *f*
Importartikel [ɪm'pɔrtartɪkəl] *m* artículo de importación *m*
Importbeschränkung [ɪm'pɔrtbəʃrɛŋkuŋ] *f ECO* restricción a la importación *f*
Importeur [ɪmpɔr'tøːr] *m* importador *m*
importieren [ɪmpɔr'tiːrən] *v* importar
imposant [ɪmpo'zant] *adj* imponente, impresionante
impotent ['ɪmpotɛnt] *adj* impotente
Impotenz ['ɪmpotɛnts] *f MED* impotencia *f*
imprägnieren [ɪmprɛg'niːrən] *v* impregnar, empapar, mojar
imprägniert [ɪmprɛ'gniːrt] *adj 1.* impregnado; *2. (gegen Wasser)* impermeabilizado
Imprägnierung [ɪmprɛ'gniːruŋ] *f* impemeabilidad *f*
Impression [ɪmprɛ'sjoːn] *f* impresión *m*, sensación *f*, efecto *m*
Impressionismus [ɪmprɛsjo'nismus] *m ART* impresionismo *m*
Impressionist(in) [ɪmprɛsjo'nɪst] *m/f ART* impresionista *m/f*
impressionistisch [ɪmprɛsjo'nɪstɪʃ] *adj ART* impresionista
Impressum [ɪm'prɛsum] *n* pie de imprenta *m*
Improvisation [ɪmprovɪza'tsjoːn] *f* improvisación *f*
improvisieren [ɪmprovi'ziːrən] *v* improvisar, hacer sobre la marcha
Impuls [ɪm'puls] *m* impulso *m*
impulsiv [ɪmpul'ziːf] *adj* impulsivo
im Stande [im'ʃtandə] *adj ~ sein zu* estar en condiciones de
in [ɪn] *prep 1. (örtlich)* en, dentro de; *~ die Stadt gehen* ir a la ciudad; *~ Brasilien* en Brasil; *2. (zeitlich)* en, dentro de; *Wir sehen uns ~ einer Stunde.* Nos vemos dentro de una hora. *Ich komme ~ zehn Tagen zurück.* Regreso en diez días. *im Dezember* en Diciembre; *~ Kraft treten* entrar en vigor
inadäquat ['ɪnadɛkvaːt] *adj* inadecuado
Inadäquatheit ['ɪnadɛkvaːthaɪt] *f* impropiedad *f*, desacierto *m*
inaktiv ['ɪnaktiːf] *adj* inactivo
Inaktivität [ɪnaktivi'tɛːt] *f* inactividad *f*
inakzeptabel ['ɪnaktsɛptaːbəl] *adj* inaceptable
Inangriffnahme [ɪn'angrɪfnaːmə] *f* iniciación *f*, comienzo *m*
Inanspruchnahme [ɪn'anʃpruxnaːmə] *f* utilización *f*, empleo *m*
Inbegriff ['ɪnbəgrɪf] *m* esencia *f*
inbegriffen ['ɪnbəgrɪfən] *adj* incluido, comprendido, inclusive; *Ist der Service ~?* ¿Va incluido el servicio?
Inbesitznahme [ɪnbə'zɪtsnaːmə] *f 1. (Einnahme)* toma de posesión *f*; *2. (Übernahme)* toma de posesión *f*
Inbetriebnahme [ɪnbə'triːpnaːmə] *f* puesta en marcha *f*, puesta en servicio *f*
Inbrunst ['ɪnbrunst] *f* ardor *m*, fervor *m*
inbrünstig ['ɪnbrynstɪç] *adj 1.* ardiente, ferviente; *adv 2.* ardientemente, fervientemente
Imbusschlüssel ['ɪnbusʃlysəl] *m TECH* llave con macho hexagonal *f*
indem [ɪn'deːm] *konj 1. (während)* mientras, durante; *2. (dadurch, dass)* por
Indemnität [ɪndɛmni'tɛːt] *f* indemnidad *f*
Inder(in) ['ɪndər(ɪn)] *m/f* indio/india *m/f*, hindú *m/f*
indessen [ɪn'dɛsən] *adv 1.* en eso, mientras tanto; *konj 2.* entre tanto, mientras tanto
Index ['ɪndɛks] *m* índice *m*
indezent ['ɪndetsɛnt] *adj* indecente
Indianer(in) [ɪn'djaːnər(ɪn)] *m/f* indio/india *m/f*

indianisch [ɪn'dja:nɪʃ] *adj* indio
Indien ['ɪndjən] *n GEO* India *f*
indifferent ['ɪndɪfərɛnt] *adj* indiferente
Indifferenz ['ɪndɪfərɛnts] *f* indiferencia *f*
Indignation [ɪndɪgna'tsjo:n] *f* indignación *f*
indigniert [ɪndɪ'gni:rt] *adj* indignado
Indigo ['ɪndigo] *m/n* índigo *m,* añil *m*
Indigoblau ['ɪndigoblau] *n* azul de añil *m*
Indikation [ɪndika'tsjo:n] *f MED* indicación *f*
Indikativ ['ɪndikati:f] *m GRAMM* indicativo *m*
Indikator [ɪndi'ka:tɔr] *m* indicador *m*
Indio ['ɪndjo] *m* indio *m*
indirekt ['ɪndɪrɛkt] *adj* indirecto
indisch ['ɪndɪʃ] *adj* indio
indiskret ['ɪndɪskre:t] *adj 1.* indiscreto, impertinente, entrometido; *adv 2.* indiscretamente, sin discreción
Indiskretion [ɪndɪskrɛ'tsjo:n] *f* indiscreción *f,* impertinencia *f*
indiskutabel ['ɪndiskuta:bəl] *adj* indiscutible, innegable, incuestionable
indisponiert ['ɪndɪsponi:rt] *adj* indispuesto
Indisponiertheit ['ɪndɪsponi:rthaɪt] *f* indisposición *f*
Individualismus [ɪndividua'lɪsmus] *m* individualismo *m*
Individualist(in) [ɪndividua'lɪst(ɪn)] *m/f* individualista *m/f*
individualistisch [ɪndividua'lɪstɪʃ] *adj* individualista
Individualität [ɪndividuali'tɛ:t] *f* individualidad *f*
individuell [ɪndividu'ɛl] *adj 1.* individual, particular, personal; *adv 2.* individualmente, de modo individual
Individuum [ɪndi'vi:duum] *n* individuo *m*
Indiz [ɪn'di:ts] *n* indicio *m*
Indizienbeweis [ɪn'di:tsjɪənbəvaɪs] *m JUR* prueba indiciaria (basada en indicios) *f*
Indizienprozess [ɪn'di:tsjənprotsɛs] *m JUR* proceso judicial basado en indicios *m*
Indochina [ɪndo'çi:na] *n GEO* Indochina *f*
indoeuropäisch ['ɪndoɔyropɛ:ɪʃ] *adj* indoeuropeo
indogermanisch ['ɪndogɛrma:nɪʃ] *adj* indogermano
Indoktrination [ɪndɔktrina'tsjo:n] *f* adoctrinamiento *m*
indoktrinieren [ɪndɔktri'ni:rən] *v* adoctrinar
Indonesien [ɪndɔ'ne:zjən] *n GEO* Indonesia *f*
Indonesier(in) [ɪndo'ne:zjər(ɪn)] *m/f* indonesio/indoneseia *m/f*
indonesisch [ɪndo'ne:zɪʃ] *adj* indonesio
Induktion [ɪnduk'tsjo:n] *f TECH* inducción *f*
induktiv [ɪnduk'ti:f] *adj* inductivo
industrialisieren [ɪndustriali'zi:rən] *v ECO* industrializar
Industrialisierung [ɪndustriali'zi:ruŋ] *f* industrialización *f*
Industrie [ɪndus'tri:] *f* industria *f*
Industrie- und Handelskammer [ɪndus'tri:unt'handəlskamər] *f* Cámara de Comercio e Industria *f*
Industrieanlagen [ɪndus'tri:anla:gən] *pl ECO* planta industrial *f*
Industriearbeiter(in) [ɪndus'tri:arbaɪtər(ɪn)] *m/f ECO* obrero/obrera industrial *m/f*
Industriebetrieb [ɪndus'tri:bətri:p] *m ECO* empresa industrial *f*
Industriedesign [ɪndus'tri:dizaɪn] *n ECO* diseño industrial *m*
Industrieerzeugnis [ɪndus'tri:ɛrtsɔyknɪs] *n* producto industrial *m*
Industriegebiet [ɪndus'tri:gəbi:t] *n* región industrial *f,* zona industrial *f*
Industriegewerkschaft [ɪndus'tri:gəvɛrkʃaft] *f ECO* sindicato obrero (industrial) *m*
Industriekauffrau [ɪndus'tri:kauffrau] *f* perita industrial *f*
Industriekaufmann [ɪndus'tri:kaufman] *m ECO* perito industrial *m*
Industrieland [ɪndus'tri:lant] *n* país industrial *m*
industriell [ɪndustri'ɛl] *adj* industrial
Industrielle(r) [ɪndustri'ɛlə(r)] *m/f* industrial *m*
Industriemüll [ɪndus'tri:myl] *m ECO* basura industrial *f,* residuos industriales *m/pl*
Industrienation [ɪndus'tri:natsjo:n] *f* país industrializado *m*
Industrieroboter [ɪndus'tri:rɔbɔtər] *m TECH* robot industrial *m*
Industriestaat [ɪndu'stri:ʃta:t] *m* estado industrial *m*
Industriestadt [ɪndus'tri:ʃtat] *f* ciudad industrial *f*
Industriestandort [ɪndus'tri:ʃtantɔrt] *m* punto de concentración industrial *m*
Industrieunternehmen [ɪndus'tri:untərne:mən] *n* empresa industrial *f*

Industriezweig [ɪndus'triːtsvaɪk] *m* ramo de la industria *m,* sector industrial *m*
ineffektiv ['ɪnɛfɛktiːf] *adj* inefectivo, ineficaz
Ineffektivität [ɪnɛfɛktivi'tɛːt] *f* inefectividad *f,* ineficacia *f*
ineinander [ɪnaɪ'nandər] *adj 1.* uno dentro de otro, unos dentro de otros; *~ greifen* engranar; *2. ~ fließen* confluir; *~ stecken* enchufar; *3. (fig) ~ fließen* mezclarse, confundirse
inexistent ['ɪnɛksɪstɛnt] *adj* inexistente
infam [ɪn'faːm] *adj* infame
Infamie [ɪnfa'miː] *f* infamia *f*
Infanterie [ɪnfan'triː] *f MIL* infantería *f*
Infanterist [ɪnfan'trɪst] *m MIL* soldado de infantería *m*
infanteristisch [ɪnfan'trɪstɪʃ] *adj MIL* de infantería
infantil [ɪnfan'tiːl] *adj* infantil
Infantilität [ɪnfantili'tɛːt] *f* infantibilidad *f*
Infarkt [ɪn'farkt] *m MED* infarto *m*
Infektion [ɪnfek'tsjoːn] *m MED* infección *f*
Infektionsgefahr [ɪnfɛk'tsjoːnsgəfaːr] *f MED* peligro de infección *m*
Infektionsherd [ɪnfɛk'tsjoːnsheːrt] *m MED* foco infeccioso *m*
Infektionskrankheit [ɪnfek'tsjoːnskraŋkhaɪt] *f MED* enfermedad infecciosa *f*
Inferno [ɪn'fɛrno] *n* infierno *m*
Infiltration [ɪnfɪltra'tsjoːn] *f POL* infiltración *f*
infiltrieren [ɪnfɪl'triːrən] *v POL* infiltrar
Infinitiv ['infinitiːf] *m GRAMM* infinitivo
infizieren [ɪnfi'tsiːrən] *v* infectar
in flagranti [in fla'granti] *adv* in fraganti
Inflation [ɪnflats'joːn] *f ECO* inflación *f*
inflationär [ɪnflatsjo'nɛːr] *adj* inflacionario, inflacionista
Inflationsrate [ɪnfla'tsjoːnsraːtə] *f ECO* tasa de inflación *f,* índice de inflación *m*
infolge [ɪn'fɔlgə] *prep* a consecuencia de, debido a, a raíz de
infolgedessen [ɪnfɔlgə'dɛsən] *konj* por consiguiente, por lo tanto
Informant(in) [ɪnfɔr'mant(ɪn)] *m/f* informante *m/f*
Informatik [ɪnfɔr'maːtɪk] *f* informática *f*
Informatiker(in) [ɪnfɔr'maːtɪkər(ɪn)] *m/f* experto/experta en informática *m/f*
Information [ɪnfɔrma'tsjoːn] *f* información *f,* informe *m*
Informationsblatt [ɪnfɔrma'tsjoːnsblat] *n* hoja informativa *f*
Informationsbüro [ɪnfɔrma'tsjoːnsbyroː] *n* oficina de información *f*
Informationsfluss [ɪnfɔrma'tsjoːnsflus] *m* flujo de comunicaciones *m*
Informationsmaterial [ɪnfɔrma'tsjoːnsmaterjaːl] *n* material informativo *m*
Informationsquelle [ɪnfɔrma'tsjoːnskvɛlə] *f* fuente de información *f*
informativ [ɪnfɔrma'tiːf] *adj* informativo
informell [ɪnfɔr'mɛl] *adj* informal
informieren [ɪnfɔr'miːrən] *v* informar; *Ich bin informiert.* Estoy al corriente./Estoy al día.
infrarot ['ɪnfraroːt] *adj PHYS* infrarrojo
Infrarot ['ɪnfraroːt] *n PHYS* infrarrojo *m*
Infrarotfilm ['ɪnfraroːtfɪlm] *m TECH* film infrarrojo *m*
Infrarotlicht ['ɪnfra'roːtlɪçt] *n TECH* luz infrarroja *f*
Infrarotstrahler ['ɪnfraroːtʃtraːlər] *m TECH* radiador infrarrojo *m*
Infrarotstrahlung ['ɪnfraroːtʃtraːluŋ] *f TECH* radiación infrarroja *f*
Infrastruktur ['ɪnfraʃtruktuːr] *f* infraestructura *f*
infrastrukturell ['ɪnfraʃtrukturɛl] *adj* infraestructural
Infusion [ɪnfu'szjoːn] *f MED* infusión *f*
Ingenieur [ɪnʒɛn'jøːr] *m* ingeniero *m*
Ingenieurwesen [ɪnʒən'jøːrveːzən] *n* ingeniería *f*
Ingredienz [ɪngre'djɛnts] *f* ingrediente *m*
Ingrimm ['ɪngrɪm] *m* rabia *f,* ira contenida *f*
Ingwer ['ɪŋvər] *m GAST* jengibre *m*
Inhaber(in) ['ɪnhaːbər(ɪn)] *m/f 1. (Eigentümer(in))* propietario/propietaria *m/f,* patrón/patrona *m/f* (LA); *2. (Besitzer(in))* poseedor/poseedora *m/f; 3. (Amtsinhaber(in))* titular *m/f*
inhaftieren [ɪnhaf'tiːrən] *v* detener, encarcelar
inhaftiert [ɪnhaf'tiːrt] *adj* encarcelado, arrestado, detenido
Inhaftierung [ɪnhaf'tiːruŋ] *f* encarcelación *f,* arresto *m,* detención *f*
Inhalation [ɪnhala'tsjoːn] *f MED* inhalación *f*
Inhalationsapparat [ɪnhala'tsjoːnsaparaːt] *m MED* inhalador *m,* aparato inhalador *m*
inhalieren [ɪnha'liːrən] *v MED* inhalar
Inhalt ['ɪnhalt] *m 1.* contenido *m; 2. (fig)* tema *m,* asunto *m*
inhaltlich ['ɪnhaltlɪç] *adv* en cuanto al contenido

Inhaltsangabe ['ɪnhaltsangaːbə] *f* sumario *m,* resumen *m*
inhaltslos ['ɪnhaltsloːs] *adj* vacío de contenido, hueco
inhaltsreich ['ɪnhaltsraɪç] *adj 1.* substancial, de gran alcance, trascendental; *2. (Leben)* denso
Inhaltsübersicht ['ɪnhaltsyːbərzɪçt] *f* índice *m,* sumario *m*
Inhaltsverzeichnis ['ɪnhaltsfɛrtsaɪçnɪs] *n* índice *m*
inhuman ['ɪnhumaːn] *adj* inhumano
Initialen [ɪnɪ'tsjaːlən] *pl* iniciales *f/pl*
initiativ [ɪnɪtsja'tiːf] *adj* iniciativo
Initiative [ɪnɪtsja'tiːvə] *f* iniciativa *f*
Initiator [ɪnɪts'jaːtoːr] *m* iniciador *m*
initiieren [ɪnɪ'tsiiːrən] *v* iniciar
Injektion [ɪnjɛk'tsjoːn] *f MED* inyección *f*
injizieren [ɪnji'tsiːrən] *v MED* inyectar
Inkarnation [ɪnkarna'tsjoːn] *f REL* encarnación *f*
Inkasso [ɪn'kaso] *n FIN* cobro *m*
inklusive [ɪnklu'ziːvə] *prep* incluso, inclusive
inkognito [ɪn'kɔgnitoː] *adv* incógnito
inkompatibel [ɪnkɔmpa'tiːbəl] *adj INFORM* incompatible
Inkompetenz ['ɪnkɔmpətɛnts] *f* incompetencia *f*
inkongruent ['ɪnkɔngruɛnt] *adj MATH* incongruente
Inkonsequenz [ɪnkɔnzə'kvɛnts] *f* inconsecuencia *f*
Inkubationszeit [ɪnkuba'tsjoːnstsaɪt] *f MED* período de incubación *m*
Inland ['ɪnlant] *n* interior del país *m*
inländisch ['ɪnlɛndɪʃ] *adj* del país, nacional
Inlett ['ɪnlɛt] *n* colchón de plumas *m*
Inline-Skates ['ɪnlaɪnskeɪts] *pl* Inline-Skates *m/pl*
inmitten [ɪn'mɪtən] *prep* en medio de
innehaben ['ɪnəhaːbən] *v irr* poseer, tener
innehalten ['ɪnəhaltən] *v irr* parar, pararse, detenerse
innen ['ɪnən] *adv* dentro, en el interior
Innenarchitekt(in) ['ɪnənarçɪtɛkt(ɪn)] *m/f* arquitecto de interiores/arquitecta de interiores *m/f*
Innenaufnahme ['ɪnənaufnaːmə] *f 1. CINE* toma de interiores *f; 2. FOTO* fotografía de interiores *m*
Innenausschuss ['ɪnənausʃus] *m* comisión interna *f*
Innenausstattung ['ɪnənausʃtatuŋ] *f 1.* decoración de interiores *f; 2. (eines Autos)* instalación interior *f*
Innendienst ['ɪnəndiːnst] *m* servicio interno *m,* servicio de oficina *m*
Inneneinrichtung ['ɪnənaɪnrɪçtuŋ] *f* decoración de interiores *f*
Innenhof ['ɪnənhoːf] *m* patio interior *m*
Innenleben ['ɪnənleːbən] *n (fig) jds* ~ vida interior *f*
Innenminister(in) ['ɪnənministər(ɪn)] *m/f POL* Ministro/Ministra del Interior *m/f*
Innenministerium ['ɪnənmɪnɪsteːrjum] *n POL* Ministerio del Interior *m*
Innenpolitik ['ɪnənpolitiːk] *f POL* política interior *f,* política nacional *f*
innenpolitisch ['ɪnənpoliːtɪʃ] *adj POL* de la política interior, en materia de política interior
Innenraum ['ɪnənraum] *m* espacio interior *m*
Innenseite ['ɪnənzaɪtə] *f* lado interior *m*
Innenspiegel ['ɪnənʃpiːgəl] *m (im Auto)* espejo retrovisor *m*
Innenstadt ['ɪnənʃtat] *f* centro de la ciudad *m,* centro urbano *m*
Innentasche ['ɪnəntaʃə] *f* bolsillo interior *m*
Innerasien [ɪnər'aːzjən] *n GEO* Asia interior *m*
innerbetrieblich ['ɪnərbətriːplɪç] *adj* dentro de la empresa
innere(r,s) ['ɪnər(r,s)] *adj 1.* interior, interno; *2. (fig)* íntimo
Innereien [ɪnər'aɪən] *pl (von Tieren) GAST* asaduras *f/pl,* menudillos *m/pl*
innerhalb ['ɪnərhalp] *prep 1. (örtlich)* dentro de; *2. (zeitlich)* dentro de, en el término de, en el plazo de; *Innerhalb einer Woche werde ich mit der Arbeit fertig sein.* En una semana estaré listo con el trabajo.
innerlich ['ɪnərlɪç] *adj* interior, íntimo
Innerlichkeit ['ɪnərlɪçkaɪt] *f* interioridad *f*
innerparteilich ['ɪnərpartaɪlɪç] *adj POL* en el seno del partido, dentro del partido
innerstaatlich ['ɪnərʃtaːtlɪç] *adj POL* dentro de los límites del Estado
innewohnen ['ɪnəvoːnən] *v* ser inherente
innig ['ɪnɪç] *adj 1.* íntimo, entrañable; *adv 2.* íntimamente
Innovation [ɪnnova'tsjoːn] *f* innovación *f,* novedad *f,* descubrimiento *m*
innovativ [ɪnnova'tiːf] *adj* innovativo, novedoso

Innung ['ɪnuŋ] *f* corporación *f*, gremio *m*
inoffiziell [ɪnɔfi'tsjɛl] *adj* no oficial
inoperabel [ɪnɔpə'ra:bəl] *adj* inoperable
Inquisition [ɪnkvizi'tsjo:n] *f* *HIST* inquisición *f*
inquisitorisch [ɪnkvizi'to:rɪʃ] *adj* inquisitorio, inquiridor, inquisidor
ins *(= in das) (siehe „in")*
Insasse ['ɪnzasə] *m* *1. (einer Anstalt)* acogido *m*, recluso *m*; *2. (Fahrgast)* pasajero *m*
Insassenversicherung ['ɪnzasənfɛrzɪçəruŋ] *f* seguro de ocupantes *m*
insbesondere [ɪnsbə'zɔndərə] *adv* particularmente, sobre todo
Inschrift ['ɪnʃrɪft] *f* inscripción *f*
Insekt [ɪn'zɛkt] *n* insecto *m*
Insektenpulver [ɪn'zɛktənpulvər] *n* *CHEM* polvo insecticida *m*
Insektenstich [ɪn'zɛktənʃtɪç] *m* picadura de insecto *f*
Insektenvertilgungsmittel [ɪn'zɛktənfɛrtɪlguŋsmɪtəl] *f* insecticida *m*
Insektizid [ɪnzɛkti'tsi:t] *n* *CHEM* insecticida *f*
Insel ['ɪnzəl] *f* isla *f*; *reif für die ~ sein* necesitar unas vacaciones
Inselbewohner ['ɪnzəlbəvo:nər] *m* isleño *m*, insular *m*
Inselgruppe ['ɪnzəlgrupə] *f* *GEO* grupo de islas *m*, archipielago *m*
Inselstaat ['ɪnzəlʃta:t] *m* *POL* Estado insular *m*
Inselwelt ['ɪnzəlvɛlt] *f* archipiélago *m*
Inserat [ɪnzə'ra:t] *n* anuncio *m*
Inserent [ɪnzə'rɛnt] *m* anunciante *m*
inserieren [ɪnzə'ri:rən] *v* poner un anuncio
insgeheim [ɪnsgə'haɪm] *adv* secretamente, a escondidas
insgesamt [ɪnsgə'zamt] *adv* en total, en suma
Insider ['ɪnsaɪdər] *m* persona bien informada *f*, conocedor *m*
insistieren [ɪnzɪs'ti:rən] *v* insistir en, empeñarse en
insofern [ɪnzo'fɛrn] *konj 1.* por cuanto que, en tanto que, en la medida que; *adv 2.* en tanto, en la medida que
insolvent ['ɪnzɔlvɛnt] *adj* *ECO* insolvente
Insolvenz ['ɪnzɔlvɛnts] *f* *ECO* insolvencia *f*
Inspektion [ɪnspɛk'tsjo:n] *f* inspección *f*
Inspektionsreise [ɪnspɛk'tsjo:nsraɪzə] *f* viaje de inspección *m*
Inspektor(in) [ɪn'spɛktɔr(ɪn)] *m/f 1.* inspector(a) *m/f*; *2. (Aufseher(in))* vigilante *m/f*
Inspiration [ɪnspira'tsjo:n] *f* inspiración *f*
inspirieren [ɪnspi'ri:rən] *v* inspirar
inspizieren [ɪnspi'tsi:rən] *v* inspeccionar
instabil ['ɪnʃtabi:l] *adj* inestable
Instabilität ['ɪnʃtabili'tɛ:t] *f* inestabilidad *f*
Installateur [ɪnstala'tø:r] *m* instalador *m*
Installation [ɪnstala'tsjo:n] *f* instalación *f*
installieren [ɪnsta'li:rən] *v* instalar, montar
Instandhaltung [ɪn'ʃtanthaltuŋ] *f* mantenimiento *m*
inständig ['ɪnʃtɛndɪç] *adj 1.* insistente; *adv 2.* encarecidamente, insistentemente
Instandsetzung [ɪn'ʃtantzɛtsuŋ] *f* arreglo *m*, reparación *f*
Instantgetränk ['ɪnstantgətrɛŋk] *n* bebida instantánea *f*
Instantkaffee ['ɪnstantkafe:] *m* café instantáneo *m*
Instantprodukt ['ɪnstantprodukt] *n* producto instantáneo *m*
Instanz [ɪn'stants] *f* *JUR* instancia *f*
Instanzenweg [ɪn'stantsənve:k] *m* *JUR* trámite *m*, tramitación *f*
Instinkt [ɪn'stɪŋkt] *m* instinto *m*
Instinkthandlung [ɪn'stɪŋkthandluŋ] *f* acto instintivo *m*
instinktiv [ɪnstɪŋk'ti:f] *adj 1.* instintivo; *adv 2.* instintivamente
Institut [ɪnsti'tu:t] *n* instituto *m*
Institution [ɪnstitu'tsjo:n] *f* institución *f*
institutionell [ɪnstitutsjo'nɛl] *adj* *POL* institucional
Institutsleiter(in) [ɪnsti'tu:tslaɪtər(ɪn)] *m/f* director(a) de instituto *m/f*
instruieren [ɪnstru'i:rən] *v 1. (Anweisungen geben)* instruir; *2. (informieren)* informar
Instruktion [ɪnstruk'tsjo:n] *f* instrucción *f*
instruktiv [ɪnstruk'ti:f] *adj* instructivo
Instrument [ɪnstru'mɛnt] *n* *MUS* instrumento *m*, utensilio *m*
instrumental [ɪnstrumɛn'ta:l] *adj* *MUS* instrumental
Instrumentalbegleitung [ɪnstrumɛn'ta:lbəglaɪtuŋ] *f* *MUS* acompañamiento de orquesta *m*
Instrumentalmusik [ɪnstrumɛn'ta:lmuzi:k] *f* *MUS* música instrumental *f*
Instrumentenbau [ɪnstru'mɛntənbau] *m* construcción de instrumentos *f*
Instrumentenbrett [ɪnstru'mɛntənbrɛt] *n* tablero de mando *m*

Insulaner(in) [ɪnzu'laːnər(ɪn)] *m/f* isleño/isleña *m/f*, insular *m/f*
Insulin [ɪnzu'liːn] *n MED* insulina *f*
inszenieren [ɪnstse'niːrən] *v* escenificar, poner en escena
Inszenierung [ɪnstse'niːruŋ] *f* escenificación *f*, puesta en escena *f*
intakt [ɪn'takt] *adj* intacto, íntegro
Intarsie [ɪn'tarzjə] *f ART* taracea *f*, marquetería *f*
integer [ɪn'teːgər] *adj* íntegro, *ein integrer Mann* un hombre íntegro
Integralhelm [ɪnte'graːlhɛlm] *m TECH* casco integral *m*
Integration [ɪntegra'tsjoːn] *f* integración *f*, asimilación *f*
integrieren [ɪnte'griːrən] *v* integrar, asimilar
Integrität [ɪntegri'tɛːt] *f* integridad *f*
Intellekt [ɪntɛ'lɛkt] *m* intelecto *m*
intellektuell [ɪntɛlɛktu'ɛl] *adj* intelectual
Intellektuelle(r) [ɪntɛlɛktu'ɛlə(r)] *m/f* intelectual *m/f*
intelligent [ɪntɛli'gɛnt] *adj 1.* inteligente; *adv 2.* inteligentemente, con inteligencia
Intelligenz [ɪntɛli'gɛnts] *f* inteligencia *f*; *INFORM künstliche ~* inteligencia artificial
Intelligenzquotient [ɪntɛli'gɛntskvotsjənt] *m* cociente de inteligencia *m*, cociente intelectual *m*
Intelligenztest [ɪntɛli'gɛntstɛst] *m* test de inteligencia *m*
Intendant(in) [ɪntɛn'dant(ɪn)] *m/f* director(a) de un teatro *m/f*, director(a) de una emisora *m/f*
Intensität [ɪntɛnzi'tɛːt] *f* intensidad *f*
intensiv [ɪntɛn'ziːf] *adj 1.* intensivo, intenso; *adv 2.* intensivamente
intensivieren [ɪntɛnzi'viːrən] *v* intensificar, activar
Intensivierung [ɪntɛnzi'viːruŋ] *f* intensificación *f*
Intensivkurs [ɪntɛn'ziːfkurs] *m* curso intensivo *m*
Intensivstation [ɪntɛn'ziːfʃtatsjoːn] *f MED* unidad de cuidados intensivos *f*
Interaktion [ɪntərak'tsjoːn] *f* interacción *f*
interaktiv [ɪntərak'tiːf] *adj* interactivo
Intercity [ɪnter'sɪti] *m* tren rápido interurbano *m*
interessant [ɪntərɛ'sant] *adj 1.* interesante; *adv 2.* muy interesante
interessanterweise [ɪntərɛsantər'vaɪzə] *adv* de manera interesante
Interesse [ɪntə'rɛsə] *n ~ an* interés por *m*; *Ich habe kein ~ an Opern.* La ópera no es santo de mi devoción.
interesselos [ɪntə'rɛsəloːs] *adj* sin interés
Interessenausgleich [ɪntə'rɛsənausglaɪç] *m* compensación de intereses *f*
Interessengebiet [ɪntə'rɛsəngəbiːt] *n* especialidad *f*, zona de influencia *f*
Interessenkonflikt [ɪntə'rɛsənkɔnflɪkt] *m* conflicto de intereses *m*
Interessent(in) [ɪntərɛ'sɛnt(ɪn)] *m/f* interesado/interesada *m/f*
interessieren [ɪntərɛ'siːrən] *v 1.* interesar, atraer; *2. sich ~ für* interesarse por
Interferenz [ɪntərfe'rɛnts] *f* interferencia *f*
intergalaktisch [ɪnterga'laktɪʃ] *adj ASTR* intergaláctico
interkonfessionell [ɪntərkɔnfɛsjo'nɛl] *adj REL* interconfesional
interkontinental [ɪntərkɔntɪnɛn'taːl] *adj* intercontinental
intern [ɪn'tɛrn] *adj* interno, interior
Internat [ɪntɛr'naːt] *n* internado *m*
international [ɪntɛrnatsjo'naːl] *adj* internacional
Internationaler Währungsfonds ['ɪntɛrnatsjonaːlər 'vɛːruŋsfɔ̃] *m FIN* Fondo Monetario Internacional
Internet ['ɪntərnɛt] *n INFORM* Internet *m/f*
Internist(in) [ɪntɛr'nɪst(ɪn)] *m/f MED* médico internista/médica internista *m/f*
interplanetarisch [ɪntərplane'taːrɪʃ] *adj ASTR* interplanetario
Interpret(in) [ɪntɛr'preːt(ɪn)] *m/f* intérprete *m/f*
Interpretation [ɪntɛrprɛta'tsjoːn] *f* interpretación *f*
interpretieren [ɪntɛrprɛ'tiːrən] *v* interpretar
Interpunktion [ɪntɛrpuŋk'tsjoːn] *f* puntuación *f*
Interregiozug [ɪntər're:giotsuːk] *m* tren rápido interregional *m*
Intervall [ɪntɛr'val] *m* intervalo *m*
intervenieren [ɪntɛrve'niːrən] *v* intervenir, mediar
Intervention [ɪntɛrven'tsjoːn] *f* intervención *f*
Interview [ɪntɛr'vjuː] *n* interviú *f*, entrevista *f*
interviewen [ɪntɛr'vjuːən] *v* entrevistar a alguien
intim [ɪn'tiːm] *adj* íntimo
Intimität [ɪntimi'tɛːt] *f* intimidad *f*

Intimsphäre [ɪn'tiːmsfɛːrə] *f* esfera íntima *f*, esfera personal *f*
intolerant ['ɪntɔlərant] *adj* intolerante, intransigente
Intoleranz ['ɪntolərants] *f* intolerancia *f*, intransigencia *f*
intransitiv ['ɪntranzitiːf] *adj* intransitivo
intravenös [ɪntrave'nøːs] *adj MED* intravenoso
intrigant [ɪntri'gant] *adj* intrigante
Intrigant(in) [ɪntri'gant(ɪn)] *m/f* intrigante *m/f*
Intrige [ɪn'triːgə] *f* intriga *f*
intrigieren [ɪntri'giːrən] *v* intrigar
Intubation [ɪntuba'tsjoːn] *f MED* intubación *f*
intus ['ɪntus] *adj etw ~ haben* haber comprendido algo, haber tomado algo
Invalide [ɪnva'liːdə] *m* inválido *m*, minusválido *m*, impedido *m*
Invalidenrente [ɪnva'liːdənrɛntə] *f* pensión de invalidez *f*
Invalidin [inva'liːdɪn] *f* inválida *f*, minusválida *f*, impedida *f*
Invasion [ɪnva'zjoːn] *f POL* invasión *f*, incursión *f*, penetración *f*
Inventar [ɪnvɛn'taːr] *n* inventario *m*
Inventur [ɪnvɛn'tuːr] *f* levantamiento de inventario *m*, inventario *m*; *~ machen* hacer inventario
investieren [ɪnvɛ'stiːrən] *v* invertir
Investition [ɪnvɛsti'tsjoːn] *f* inversión *f*
Investitionshilfe [ɪnvɛsti'tsjoːnshɪlfə] *f ECO* ayuda a la inversión *f*
Investitionsprogramm [ɪnvɛsti'tsjoːnsprogram] *n ECO* programa de inversión *f*
Investmentfonds [ɪn'vɛstmɛntfɔ̃] *m ECO* fondo de inversión *m*
Investor(in) [ɪn'vɛstɔr(ɪn)] *m/f ECO* inversor(a) *m/f*
inwiefern [ɪnvi'fɛrn] *adv* en qué medida, hasta qué punto
inwieweit [ɪnvi'vaɪt] *adv* en qué medida, hasta qué punto
Inzest ['ɪntsɛst] *m* incesto *m*
Inzucht ['ɪntsuxt] *f* procreación consanguínea *f*
inzwischen [ɪn'tsvɪʃən] *adv* entretanto, mientras tanto
Ion [i'oːn] *n PHYS* ion *m*
Ionisation [joniza'tsjoːn] *f PHYS* ionización *f*
Irak [i'raːk] *m GEO* Irak *m*
Iraker(in) [i'raːkər(ɪn)] *m/f* iraquí *m/f*
irakisch [i'raːkɪʃ] *adj* irakí
Iran [i'raːn] *m GEO* Irán *m*
Iraner(in) [i'raːnər(ɪn)] *m/f* iraní *m/f*
iranisch [i'raːnɪʃ] *adj* iraní
irden ['ɪrdən] *adj 1.* de barro; *2. (Geschirr)* loza *f*
irdisch ['ɪrdɪʃ] *adj* terrestre, terrenal
Ire ['iːrə] *m* irlandés *m*
irgend ['ɪrgənt] *adv (~ oder ~ so etwas)* o cualquier cosa por el estilo
irgendein ['ɪrgəntaɪn] *adj* cualquiera, algún, cualquier
irgendetwas ['ɪrgənt'ɛtvas] *adj* alguna cosa, cualquier cosa
irgendjemand ['ɪrgənt'jeːmant] *adj* alguien, cualquier persona, cualquier ser humano
irgendwann ['ɪrgəntvan] *adv* algún día
irgendwelche(r,s) ['ɪrgəndvɛlçə(r,s)] *pron* alguno/alguna, cualquier/cualquiera
irgendwie ['ɪrgəntviː] *adv* de cualquier modo, sea como sea, en cierta forma
irgendwo ['ɪrgəntvoː] *adv* en alguna parte, en cualquier parte, en algún sitio; *Ich habe es ~ schon mal gehört.* Lo he oído por ahí.
Irin ['iːrɪn] *f* irlandesa *f*
Iris ['iːrɪs] *f ANAT* iris *m*, lirio *m*
irisch ['iːrɪʃ] *adj* irlandés
Irland ['ɪrlant] *n GEO* Irlanda *f*
Irokese [iro'keːzə] *m* iroqués
Irokesenschnitt [ɪrɔ'keːzənʃnɪt] *m* corte de pelo iroqués *m*
Ironie [iro'niː] *f* ironía *f*
ironisch [i'roːnɪʃ] *adj* irónico
irrational ['ɪratsjonaːl] *adj* irracional
Irrationalität [ɪratsjonali'tɛːt] *f* irracionalidad *f*
irre ['ɪrə] *adj* confuso, demente, loco
Irre(r) ['ɪrə(r)] *m/f* loco/loca *m/f*, demente *m/f*; *jdn in die ~ führen* engañar a alguien/desorientar a alguien
irreführen ['ɪrəfyːrən] *v* extraviar, desviar, despistar
irregehen ['ɪrəgeːən] *v irr 1. (sich verlaufen)* extraviarse, perderse, errar el camino; *2. (sich irren)* equivocarse
irregulär ['ɪregulɛːr] *adj* irregular
irrelevant ['ɪrelevant] *adj* irrelevante
irremachen ['ɪrəmaxən] *v* confundir, desconcertar
irren ['ɪrən] *v* equivocarse, cometer un error
Irrenanstalt ['ɪrənanʃtalt] *f* manicomio *m*, casa de locos *f*

Irrenarzt ['ɪrənartst] *m (fam)* psiquiatra *m*
Irrenhaus ['ɪrənhaus] *n* manicomio *m*
irrereden ['ɪrəre:dən] *v* delirar, desvariar
irreversibel [ɪrəvɛr'zi:bəl] *adj* irreversible
Irrfahrt ['ɪrfa:rt] *f* odisea *f*
Irrgarten ['ɪrgartən] *m 1.* laberinto *m; 2. (fig)* laberinto *m*
irrgläubig ['ɪrglɔybɪç] *adj* erróneo, equivocado, errado
irrig ['ɪrɪç] *adj* equivocado, erróneo
Irritation [ɪrita'tsjo:n] *f* irritación *f*
irritieren [ɪri'ti:rən] *v 1.* irritar, excitar; *2.* molestar; *3. (verwirren)* desconcentar
Irrlehre ['ɪrle:rə] *f REL* herejía *f*
Irrlicht ['ɪrlɪçt] *n* fuego fatuo *m*
Irrsinn ['ɪrzɪn] *m* locura *f,* demencia *f*
irrsinnig ['ɪrzɪnɪç] *adj 1. MED* demente; *2. (fig)* loco
Irrtum ['ɪrtum] *m* error *m,* equivocación *f; ~ vorbehalten* salvo error u omisión; *sich im ~ befinden* estar equivocado
irrtümlich ['ɪrty:mlɪç] *adj* erróneo, equivocado
Irrweg ['ɪrve:k] *m (fig)* extravío *m*
Ischias ['ɪʃias] *m ANAT* ciática *f*
ISDN [i:ɛsde:'ɛn] *n (Integrated Services Digital Network) INFORM* Red Digital de Servicios Integrados *f*
Islam [ɪs'la:m] *m REL* islam *m*
islamisch [ɪs'la:mɪʃ] *adj REL* islámico
islamistisch [ɪsla'mɪstɪʃ] *adj* islámico
islamit(in) [ɪsla'mɪt(ɪn)] *m/f* islamista *m/f*
Island ['i:slant] *n GEO* Islandia *f*
Isländer(in) ['i:slændər(ɪn)] *m/f* islandés/islandesa *m/f*
Isolation [izola'tsjo:n] *f* aislamiento *m*
Isolationshaft [izola'tsjo:nshaft] *f JUR* incomunicación *f*
Isolator [izo'la:tɔr] *m TECH* aislador *m*
Isolierband [izo'li:rbant] *n TECH* cinta aislante *f*
isolieren [izo'li:rən] *v* aislar
Isoliermaterial [izo'li:rmaterja:l] *n TECH* material aislante *m*
Isoliertheit [izo'li:rthaɪt] *f* aislamiento *m*
Isolierung [izo'li:ruŋ] *f* aislamiento *m*
isotonisch [izo'to:nɪʃ] *adj* isotónico
Isotop [ɪzo'to:p] *n CHEM* isótopo *m*
Israel ['ɪsrae:l] *n GEO* Israel *m*
Israeli [ɪsra'e:li] *m* israelita *m/f*
israelisch [ɪsra'e:lɪʃ] *n* israelita *m*
israelitisch [ɪsrae'li:tɪʃ] *adj* israelita
Isthmus ['ɪstmus] *m GEO* istmo *m*
Iststärke ['ɪstʃtɛrkə] *f MIL* fuerza efectiva *f*
Italien [i'ta:ljən] *n GEO* Italia *f*
Italiener(in) [ital'je:nər(ɪn)] *m/f* italiano/italiana *m/f*
italienisch [ital'je:nɪʃ] *adj* italiano
Italienisch [ital'je:nɪʃ] *n* italiano *m*
i-Tüpfelchen ['i:tupfəlçən] *n* el punto sobre la i

J

ja [jaː] *adv* sí; *Ich sage ~.* Digo que sí.
Jacht [jaxt] *f* yate *m*
Jachtklub ['jaxtklup] *m* club náutico *m*
Jacke ['jakə] *f 1. (Stoffjacke)* chaqueta *f,* saco *m* (LA); *~ wie Hose sein* dar lo mismo; *die ~ vollkriegen* recibir una paliza; *2. (Wolljacke)* cardigán *m,* chaqueta de lana *f*
Jackentasche ['jakəntaʃə] *f* bolsillo de la americana *m*
Jackett [ʒa'kɛt] *n* chaqueta *f,* americana *f,* saco *m* (LA)
Jackpot ['dʒɛkpɔt] *m* bote *m*
Jade ['jaːdə]] *m/f MIN* jade *m*
Jagd [jaːkt] *f* caza *f*
Jagdbomber ['jaːktbɔmbər] *m MIL* cazabombardero *m*
Jagdfieber ['jaːktfiːbər] *n* fiebre de caza *m*
Jagdflieger ['jaːktfliːgər] *m MIL* aviador de caza *m*
Jagdflinte ['jaːktflɪntə] *f* escopeta de caza *f*
Jagdflugzeug ['jaːktfluːktsɔyk] *n MIL* avión de caza *m,* caza *m*
Jagdgeschwader ['jaːktgəʃvaːdər] *n MIL* escuadrilla de caza *f*
Jagdgewehr ['jaːktgəveːr] *n* escopeta de caza *f,* rifle *m*
Jagdgründe ['jaːktgryndə] *pl in die ewigen ~ eingehen* pasar a otro mundo, palmarlas
Jagdrennen ['jaːktrɛnən] *n* carrera de obstáculos *f*
Jagdrevier ['jaːktreviːr] *n* cazadero *m,* coto *m*
Jagdschein ['jaːktʃaɪn] *m* licencia de caza *f,* permiso para cazar *m*
jagen ['jaːgən] *v* cazar; *jdn mit etw ~ können* matar a alguien con algo (fam)
Jäger(in) ['jɛːgər(ɪn)] *m/f* cazador(a) *m/f*
Jägerlatein ['jɛːgərlataɪn] *n* jerga de los cazadores *f*
Jaguar ['jaːguaːr] *m* jaguar *m*
jäh [jɛː] *adj 1. (plötzlich)* repentino, súbito; *2. (steil)* escarpado, empinado
Jahr [jaːr] *n* año *m; in die ~e kommen* entrar en edad, entrar en años; *in den besten ~en* en los mejores años, en la flor de la vida; *Frohes neues Jahr!* ¡Feliz año nuevo!
Jahrbuch ['jaːrbuːx] *n* dietario *m,* anuario *m,* crónica *f*
jahrelang ['jaːrəlaŋ] *adj 1.* de muchos años; *adv 2.* durante muchos años, años y años
jähren ['jɛːrən] *v* renovar, celebrar
Jahresabonnement ['jaːrəsabɔnəmɑ̃] *n* abono anual *m,* suscripción anual *f*
Jahresabschluss ['jaːrəsapʃlus] *m ECO* cierre de cuentas *f,* liquidación *f,* balance anual *m*
Jahresbeginn ['jaːrəsbəgɪn] *m am ~* a principios de año
Jahresbericht ['jaːrəsbərɪçt] *m ECO* informe anual *m,* memoria anual *f*
Jahreseinkommen ['jaːrəsaɪnkɔmən] *n* renta anual *f*
Jahresende ['jaːrəsɛndə] *n* fin de año *m*
Jahreskarte ['jaːrəskartə] *f* carnet de abono anual *m*
Jahrestag ['jaːrəstaːk] *m* aniversario *m*
Jahresurlaub ['jaːrəsuːrlaup] *m* vacaciones anuales *f/pl*
Jahreswagen ['jaːrəsvaːgən] *m* coche utilizado durante un año *m*
Jahreswechsel ['jaːrəsvɛksəl] *m* entrada de un nuevo año *f*
Jahreswende ['jaːrəsvɛndə] *f zur ~* para fin de año
Jahreszahl ['jaːrəstsaːl] *f* número del año *m,* fecha *f*
Jahreszeit ['jaːrəstsaɪt] *f* estación del año *f*
jahreszeitlich ['jaːrəstsaɪtlɪç] *adj* estacional, de la temporada
Jahrgang ['jaːrgaŋ] *m* año *m,* promoción *f*
Jahrhundert [jaːr'hundərt] *n* siglo *m*
jahrhundertelang [jaːr'hundərtəlaŋ] *adj* de varios siglos, secular
Jahrhundertereignis [jaːr'hundərtɛraɪknɪs] *n (fig)* acontecimiento del siglo *m*
Jahrhundertmitte [jaːr'hundərtmɪtə] *f* mitad del siglo *f*
Jahrhundertwende [jaːr'hundərtvɛndə] *f* fin de siglo *m*
jährlich ['jɛːrlɪç] *adj 1.* anual; *adv 2.* anualmente, cada año
Jahrmarkt ['jaːrmarkt] *m* feria *f*
Jahrtausend [jaːr'tauzənt] *n* milenio *m*
Jahrzehnt [jaːr'tseːnt] *n* decenio *m,* década *f*
Jähzorn ['jɛːtsɔrn] *m* arrebato de cólera

jähzornig ['jɛːtsɔrnɪç] *adj* colérico, irascible, irritable
Jak [jak] *m ZOOL* yac *m*
Jalousie [ʒalu'ziː] *f* persiana *f*
Jamaika [ja'maɪka] *n GEO* Jamaica *f*
Jamaikaner(in) [jamaɪ'kaːnər(ɪn)] *m/f* jamaicano/jamaicanca *m/f*
jamaikanisch [jamaɪ'kaːnɪʃ] *adj* jamaicano
Jammer ['jamər] *m 1. (Klagen)* lamento *m,* lamentación *f; ein ~ sein* ser una lástima; *2. (Elend)* miseria *f*
Jammergestalt ['jamərgəʃtalt] *f* triste figura *f,* hombre que da pena *m*
jämmerlich ['jɛmərlɪç] *adj 1.* lastimoso, miserable; *adv 2.* lastimosamente
Jämmerlichkeit ['jɛmərlɪçkaɪt] *f* miseria *f,* estado deplorable *m*
jammern ['jamərn] *v ~ über* lamentarse de, quejarse de
jammerschade ['jamər'ʃaːdə] *adj* verdadera lástima; *Es ist ~, dass ...* Es una verdadera lástima que ...
jammervoll ['jamərfɔl] *adj* lastimoso, lamentable, deplorable
Jänner ['jɛnər] *m* enero *m*
Januar ['januaːr] *m* enero *m*
Japan ['jaːpan] *n GEO* Japón *m*
Japaner(in) [ja'paːnər(ɪn)] *m/f* japonés/japonesa *m/f*
japanisch [ja'paːnɪʃ] *adj* japonés
japsen ['japsən] *v (fam)* jadear
Jargon [ʒar'g ɔ] *m* jerga *f,* argot *m*
Jasager ['jaːzaːgər] *m* conformista *m*
Jasmin [jas'miːn] *m BOT* jazmín *m*
Jastimme ['jaːʃtɪmə] *f* voto afirmativo *m*
jäten ['jɛːtən] *v* escardar, desherbar
Jauche ['jauxə] *f* estiércol líquido *m,* purín *m*
Jauchegrube ['jauxəgruːbə] *f* pozo de purín *m*
jauchzen ['jauxtsən] *v* lanzar gritos de júbilo
Jauchzer ['jauxtsər] *m* grito de júbilo *m*
jaulen ['jaulən] *v 1.* gemir; *2. (Hund)* aullar
jawohl [ja'voːl] *interj* ciertamente, por cierto
Jawort ['jaːvɔrt] *n 1. jdm das ~ geben* dar el consentimiento a alguien; *2. jdm das ~ geben (bei der Trauung)* dar el sí a alguien
Jazzgymnastik ['dʒɛsgymnastɪk] *f SPORT* gym-jazz *m*
Jazzkeller ['dʒɛskɛlər] *m MUS* club de jazz *m*
Jazztrompeter ['dʒɛstrɔmpeːtər] *m MUS* trompetista de jazz *m*
je [jeː] *konj 1. ~ mehr* cuanto más; *2. (entsprechend)* según; *~ nachdem* depende de; *adv 3. (~mals)* alguna vez, jamás; *Hast du ~ so etwas Hübsches gesehen?* ¿Has visto alguna vez cosa más bonita? *prep 4. (pro)* por; *~ Person* por persona
Jeansjacke ['dʒiːnsjakə] *f* cazadora vaquera *f*
Jeansstoff ['dʒiːnsʃtɔf] *m* tejido vaquero *m*
jede(r,s) ['jeːdə(r,s)] *pron 1.* cada uno, cada cual, todo el mundo; *adj 2.* cualquier, todo, cada; *~s Mal* cada vez
jedenfalls ['jeːdənfals] *adv* en todo caso, en cualquier caso
jedermann ['jeːdərman] *pron 1.* todos, todo el mundo; *das ist nichts ~s Sache* esto no es para todos los gustos; *2. (jeder Beliebige)* cada uno, cada cual
jederzeit ['jeːdərtsaɪt] *adv* en cualquier momento, siempre
jedoch [je'dɔx] *konj* sin embargo, no obstante
jedwede(r) [jed'vedə(r)] *pron (siehe „jeder")* cada, todo/toda, cualquier/cualquiera; *~n Monat* cada mes, todos los meses; *~ Mann* todo hombre, todos los hombres; *zu ~ (beliebigen) Tageszeit* a cualquier hora del día
jeglicher ['jeːklɪçər] *pron* cualquier tipo (clase) de; *ich verbitte mir jeglichen Kommentar* no admito comentario alguno
jeher ['jeː'her] *adv seit ~* desde siempre, desde tiempos remotos
jemals ['jeːmals] *adv* alguna vez; *Habe ich dich ~ angelogen?* ¿Te he mentido alguna vez?
jemand ['jeːmant] *pron* alguien
Jemen ['jeːmən] *m GEO* el Yemen
Jemenit(in) [jeme'niːt(ɪn)] *m/f* yemení/yemenita *m/f*
jemenitisch [jeme'niːtɪʃ] *adj* yemení
jene(r,s) ['jeːnə(r,s)] *pron (allein stehend für Person)* ése/ésa, aquél, aquéllo/aquélla
jenseitig ['jeːnzaɪtɪç] *adj 1.* del otro lado; *2. REL* del más allá
Jenseitigkeit ['jeːnzaɪtɪçkaɪt] *f REL* ultraterrenalidad *f*
jenseits ['jeːnzaɪts] *prep* del otro lado, al otro lado de
Jenseits ['jeːnzaɪts] *n* el más allá *m,* el otro mundo *m,* la otra vida *f,* allende *m*
Jesuit(in) [jezu'iːt(ɪn)] *m/f REL* jesuita *m/f*

Jesuitenpater [jezu'iːtənpaːtər] *m* *REL* padre jesuita *m*
jetten ['dʒɛtən] *v* viajar en jet
jetzig ['jɛtsɪç] *adj* actual, presente, moderno, contemporáneo
jetzt [jɛtst] *adv* ahora
Jetzt [jɛtst] *n das ~* ahora *m,* presente *m*
jeweilig ['jeːvaɪlɪç] *adj 1.* correspondiente, respectivo; *2. (vorherrschend)* actual
jeweils ['jeːvaɪls] *adv* en cada caso, respectivamente
jiddisch ['jɪdɪʃ] *adj* yidisch, judeoalemán
jobben ['dʒɔbən] *v* trabajar pasajeramente
Joch [jɔx] *n* yugo *m*
Jochbein ['jɔxbaɪn] *n* pómulo *m*
Jockei ['dʒɔkeɪ] *m* jockey *m*
Jod [joːt] *n* *CHEM* yodo *m*
jodeln ['joːdəln] *v* cantar a la tirolesa
jodhaltig ['joːthaltɪç] *adj* *CHEM* rico en jodo, yodado
Joga ['joːga] *m/n* yoga *m*
joggen ['dʒɔgən] *v* *SPORT* hacer footing
Jogginganzug ['dʒɔgɪŋantsuːk] *m* *SPORT* chándal *m*
Joggingschuhe ['dʒɔgɪŋʃuːə] *pl* *SPORT* deportivos *m/pl,* zapatillas de hacer footing *f/pl*
Joghurt ['joːgurt] *m/n* *GAST* yogur *m,* yogurt *m*
Johannisbeere [jo'hanɪsbeːrə] *f* *BOT* grosella *f*
Johannistag [jo'hanɪstaːk] *m* día de San Juan *m*
johlen ['joːlən] *v* dar voces, gritar
Jolle ['jɔlə] *f (Segelboot) NAUT* yate de vela *m*
Jongleur [ʒɔŋ'gløːr] *m* malabarista *m/f*
jonglieren [ʒɔŋ'gliːrən] *v* hacer juegos malabares
Jordanien [jor'daːnjən] *n* *GEO* Jordania *f*
Jordanier(in) [jor'daːnjər(ɪn)] *m/f* jordano/jordana *m/f*
jordanisch [jor'daːnɪʃ] *adj* jordano
Journal [ʒur'naːl] *n* revista *f,* diario *m*
Journalismus [ʒurna'lɪsmus] *n* periodismo *m*
Journalist(in) [ʒurna'lɪst(ɪn)] *m/f* periodista *m/f*
journalistisch [ʒurna'lɪstɪʃ] *adj* periodístico
jovial [jo'vjaːl] *adj 1.* jovial, alegre; *adv 2.* jovialmente, alegremente
Jovialität [jovjali'tɛːt] *f* jovialidad *f,* alegría *f*
Jubel ['juːbəl] *m* júbilo *m,* alegría *f*
jubeln ['juːbəln] *v* dar gritos de júbilo, dar gritos de alegría
Jubilar [juːbi'laːr] *m* homenajeado *m*
Jubiläum [juːbi'lɛːum] *n* aniversario *m*
jucken ['jukən] *v* picar, escocer
Juckpulver ['jukpulvər] *n* polvos de picapica *m*
Juckreiz ['jukraɪts] *m* *MED* picor *m,* comezón *m*
Jude ['juːdə] *m* judío *m*
Judenstern ['juːdənʃtɛrn] *m* *REL* estrella de David *f*
Judentum ['juːdəntuːm] *n* *REL* judaísmo *m*
Judenverfolgung ['juːdənfɛrfɔlguŋ] *f* persecución de los judíos *f*
Judikative [judika'tiːvə] *f* *POL* poder judicial *m*
Jüdin ['jyːdɪn] *f* judía *f*
jüdisch ['jyːdɪʃ] *adj* judío
Judo ['juːdo] *n* *SPORT* judo *m,* yudo *m*
Jugend ['juːgənt] *f* juventud *f*
Jugendamt ['juːgəntamt] *n* oficina de protección de menores *f*
Jugendarbeitslosigkeit ['juːgəntarbaɪtsloːzɪçkaɪt] *f* paro juvenil *m*
Jugendbewegung ['juːgəntbəveːguŋ] *f* movimiento de la juventud *m*
Jugenderinnerung ['juːgəntɛrɪnəruŋ] *f* recuerdo de juventud *m*
jugendfrei ['juːgəntfraɪ] *adj* apto para menores
Jugendfreund(in) ['juːgəntfrɔynt/'juːgəntfrɔyndɪn] *m/f* amigo/amiga de juventud *m/f*
Jugendgruppe ['juːgəntgrupə] *f* grupo juvenil *m*
Jugendherberge ['juːgənthɛrbɛrgə] *f* albergue juvenil *m*
Jugendkriminalität ['juːgəntkrɪminalitɛːt] *f* delincuencia juvenil *f*
jugendlich ['juːgəntlɪç] *adj* juvenil
Jugendliche(r) ['juːgəntlɪçə(r)] *m/f* menor de edad *m/f,* joven *m/f*
Jugendlichkeit ['juːgəntlɪçkaɪt] *f* juventud *f,* mocedad *f*
Jugendliebe ['juːgəntliːbə] *f 1.* primer amor *m,* primeros amores *m/pl; 2. (Geliebte)* amante *m/f; 3. (erste Liebe)* primer amor *m*
Jugendorganisation ['juːgəntɔrganizatsjoːn] *f* organización juvenil *f*
Jugendrichter(in) ['juːgəntrɪçtər(ɪn)] *m/f* *JUR* juez de menores *m/f*

Jugendschutzgesetz ['juːgəntʃutsgəzɛts] *n JUR* ley de protección de menores *f*
Jugendstil ['juːgəntʃtiːl] *m ART* Arte Nuevo *m*
Jugendstrafanstalt ['juːgəntʃtraːfanʃtalt] *f JUR* correccional *m,* centro penitenciario de menores *m*
Jugendstreich ['juːgəntʃtraɪç] *m* muchachada *f*
Jugendsünde ['juːgəntzyndə] *f* pecado de juventud *m,* muchachada *f*
Jugendwerk ['juːgəntveːrk] *n 1.* frente juvenil *m,* organización juvenil *f; 2. LIT* obra de juventud *f*
Jugendzeit ['juːgənttsaɪt] *f* juventud *f*
Jugendzentrum ['juːgənttsɛntrum] *n* centro juvenil *m*
Jugoslawe [juːgos'laːvə] *m* yugoslavo *m*
Jugoslawien [juːgo'slaːvjən] *n GEO* Yugoslavia *f*
Jugoslawin [juːgos'laːvɪn] *f* yugoslava *f*
jugoslawisch [juːgo'slaːvɪʃ] *adj* yugoslavo
Juli ['juːli] *m* julio *m*
jung [juŋ] *adj* joven; *~es Gemüse* jóvenes inexpertos; *der Jüngste Tag* el día del juicio final
Junge ['juŋə] *m* muchacho *m,* chico *m*
jungenhaft ['juŋənhaft] *adj* pueril, de pilluelo, (LA) de chiquito
Jünger ['jyŋər] *m REL* discípulo *m*
Junges ['juŋəs] *n (Tier)* cría *f*
Jungfer ['juŋfər] *f (alte ~)* solterona *f*
Jungfernfahrt ['juŋfərnfaːrt] *f* viaje inaugural *m,* primer viaje *m*
Jungfernhäutchen ['juŋfərnhɔytçən] *n ANAT* himen *m*
Jungfrau ['juŋfrau] *f* virgen *f*
jungfräulich ['juŋfrɔylɪç] *adj 1.* virgen; *2. (fig)* virginal, virgen
Jungfräulichkeit ['juŋfrɔylɪçkaɪt] *f 1.* virginidad *f,* doncellez *f; 2. (fig)* pureza *f*
Junggeselle ['juŋgəzɛlə] *m* soltero *m*
Junggesellendasein ['juŋgəzɛləndaːzaɪn] *n* vida de soltero *f*
Jüngling ['jyŋlɪŋ] *m* adolescente *m,* joven *m*
jüngst ['jyŋst] *adv* recientemente, hace poco
jüngste(r,s) ['jyŋstə(r,s)] *adj* el más joven/la más joven
Jungsteinzeit ['juŋʃtaɪntsaɪt] *f HIST* neolítico *m*
jungsteinzeitlich ['juŋʃtaɪntsaɪtlɪç] *adj HIST* de época neolítica
Jungtier ['juŋtiːr] *n ZOOL* animal joven *m*
Jungunternehmer(in) ['juŋuntərneːmər(ɪn)] *m ECO* empresario joven *m*
Jungverheiratete(r) ['juŋfɛrhaɪratətə(r)] *m/f* recién casado/recién casada *m/f*
Jungwähler(in) ['juŋvɛːlər(ɪn)] *m/f* votante joven *m/f*
Juni ['juːni] *m* junio *m*
Junikäfer ['juːnikɛːfər] *m ZOOL* escarabajo de San Juan *m,* rizotrogo *m*
Junior ['juːnjɔr] *m* hijo *m,* júnior *m*
Juniorchef ['juːnjɔrʃɛf] *m* hijo del jefe *m*
Juniorpartner(in) ['juːnjɔrpartnər(ɪn)] *m/f ECO* socio/socia *m/f*
Junker ['juŋkər] *m HIST* junker *m,* hacendado de origen noble *m*
Junta ['xunta] *f POL* junta *f*
Jura ['juːra] *n 1. JUR* derecho *m,* jurisprudencia *f; m 2. GEO* Jura *m*
Jurastudent(in) ['juːraʃtudɛnt(ɪn)] *m/f* estudiante de Derecho *m/f*
Jurisdiktion [jurɪsdɪk'tsjoːn] *f JUR* jurisdición *f*
Jurist(in) [juː'rɪst(ɪn)] *m/f* jurista *m/f,* jurisconsulto *m*
juristisch [ju'rɪstɪʃ] *adj* jurídico
Juror(in) ['juːrɔr(ɪn)] *m/f JUR* miembro de jurado *m/f*
Jury [ʒy'riː] *f* jurado *m*
just [just] *adv* precisamente, justamente, exactamente
justieren [jus'tiːrən] *v* ajustar, asegurar
Justiz [jus'tiːts] *f* justicia *f*
Justizbeamter [jus'tiːtsbəamtər] *m* funcionario judicial *m,* magistrado *m*
Justizbehörde [jus'tiːtsbəhøːrdə] *f* autoridad judicial *f*
Justizirrtum [jus'tiːtsɪrtum] *m* error judicial *m*
Justizminister(in) [jus'tiːtsminɪstər(ɪn)] *m/f POL* Ministro/Ministra de Justicia *m/f*
Justizministerium [jus'tiːtsminɪsterjum] *n* Ministerio de Justicia *m*
Jute ['juːtə] *f BOT* yute *m*
Jutesack ['juːtəzak] *m* saco de yute *m*
Jutetasche ['juːtətaʃə] *f* bolsa de yute *f*
Juwel [ju'veːl] *n* joya *f*
Juwelier(in) [juvə'liːr(ɪn)] *m/f* joyero/joyera *m/f*
Juweliergeschäft [juvə'liːrgəʃɛft] *n* joyería *f*
Jux [juks] *m* chanza *f,* broma *f; aus lauter ~ und Tollerei* simplemente por gusto/simplemente por placer
juxen ['juksən] *v* gastar bromas

K

Kabarett [kaba'rɛt] *n THEAT* cabaret *m*

Kabarettist(in) [kabarə'tɪst(ɪn)] *m/f THEAT* artista de cabaret *m/f*, cabaretero *m*

kabarettistisch [kabarɛ'tɪstɪʃ] *adj THEAT* de cabaret

Kabel ['ka:bəl] *n* cable *m*

Kabelfernsehen ['ka:bəlfɛrnze:ən] *n* televisión por cable *f*

Kabeljau ['ka:bəljau] *m ZOOL* bacalao *m*, abadejo fresco *m*

Kabine [ka'bi:nə] *f* cabina *f*, camarote *m*

Kabinett [kabi'nɛt] *n POL* gabinete *m*, consejo de ministros *m*

Kabinettsbildung [kabi'nɛtsbɪlduŋ] *f POL* constitución del gabinete *f*

Kabinettssitzung [kabi'nɛtzɪtsuŋ] *f POL* sesión del consejo de ministros *f*

Kabriolett [ka:brio'lɛt] *n (Auto)* descapotable *m*, convertible *m* (LA)

Kachel ['kaxel] *f* azulejo *m*, baldosa *f*

kacheln ['kaxəln] *v* colocar azulejos

Kachelofen ['kaxəlo:fən] *m* estufa de azulejos *f*

Kadaver [ka'da:vər] *m* cadáver *m*

Kadenz [ka'dɛnts] *f MUS* candencia *f*

Kader ['ka:dər] *m 1.* cuadro *m*; *2. SPORT* cuadro deportivo *m*

Kadett [ka'dɛt] *m MIL* cadete *m*

Kadmium ['katmium] *n CHEM* cadmio *m*

Käfer ['kɛ:fər] *m ZOOL* escarabajo *m*

Kaffee ['kafe:] *m* café *m*; *Das ist alles kalter ~!* ¡Eso no son más que cuentos de hadas!

Kaffeebohne ['kafebo:nə] *f* grano de café *m*

Kaffeefahrt ['kafefa:rt] *f (Werbeveranstaltung)* excursión con café y presentación publicitaria *f*

Kaffeefilter ['kafefɪltər] *m* filtro de café *m*

Kaffeekanne ['kafekanə] *f* cafetera *f*

Kaffeeklatsch ['kafeklatʃ] *m* reunión de señoras *f*, té de tías *m* (LA)

Kaffeelöffel ['kafelœfəl] *m* cucharilla de café *f*

Kaffeemaschine ['kafemaʃi:nə] *f* cafetera automática *f*

Kaffeemühle ['kafemy:lə] *f* molinillo de café *m*

Kaffeesatz ['kafezats] *m* poso del café *m*

Kaffeeservice ['kafezɛrvi:s] *n* servicio de café *m*, juego de café *m*

Kaffeetasse ['kafetasə] *f* tasa de café *f*

Käfig ['kɛ:fɪç] *m* jaula *f*; *im goldenen ~ sitzen (fig)* ser un rico infeliz

kahl [ka:l] *adj 1. (unbewachsen)* árido; *2. (glatzköpfig)* calvo; *3. (ohne Blätter)* deshojado; *4. (leer)* vacío; *Die Wände sind ~.* Las paredes están desnudas. *5. ~ fressen* pelar, deshojar; *6. ~ fressen (fig: auf jds Kosten leben)* vivir de alguien

Kahlkopf ['ka:lkɔpf] *m 1.* calva *f*; *2. (Mensch)* calvo *m*, cabeza de melón *f*, pelón *m*

kahlköpfig ['ka:lkœpfɪç] *adj* calvo, pelón

Kahlschlag ['ka:lʃla:k] *m 1. (Lichtung)* claro *m*, espacio talado *m*; *2. (fig: radikale Verringerung)* desmonte completo *m*

Kahn [ka:n] *m* bote *m*, barca *f*; *einen im ~ haben (fam)* tener una moña

Kai [kaɪ] *m* muelle *m*

Kaiser(in) ['kaɪzər(ɪn)] *m/f* emperador/ emperatriz *m/f*

kaiserlich ['kaɪzərlɪç] *adj* imperial

Kaiserreich ['kaɪzərraɪç] *n* imperio *m*

Kaiserschnitt ['kaɪzərʃnɪt] *m MED* cesárea *f*

Kajak ['ka:jak] *n SPORT* kayac *m*

Kajal [ka'ja:l] *m* rimel *m*

Kajüte [ka'jy:tə] *f* camarote *m*, cabina *f*

Kakao [ka'kau] *m* cacao *m*; *jdn durch den ~ ziehen (fig)* tomar el pelo a alguien

Kakaogetränk [ka'kaugətrɛŋk] *n GAST* bebida de cacao *f*

Kakaopulver [ka'kaupulfər] *n GAST* cacao en polvo *m*

Kakerlake ['ka:kərlakə] *f ZOOL* cucaracha *f*

Kaktus ['kaktus] *m BOT* cactus *m*, cacto *m*

Kalauer ['ka:lauər] *m (fam)* retruécano *m*, juego de palabras *m*

Kalb [kalp] *n ZOOL* ternero *m*, becerro *m*, ternera *f*

Kalbfleisch ['kalpflaɪʃ] *n GAST* carne de ternera *f*; *Ich möchte ~.* Deseo carne de ternera.

Kalbsbraten ['kalpsbra:tən] *m GAST* asado de ternera *m*, ternera asada *f*

Kalbsschnitzel ['kalpsʃnɪtsəl] *n GAST* escalope de ternera *m*

Kalender [ka'lɛndər] *m* calendario *m*; *etw rot im ~ anstreichen* apuntar algo en rojo en el calendario

Kalenderjahr [ka'lɛndərjaːr] *n* año civil *m*
Kaliber [ka'liːbər] *n* calibre *m*
Kalium ['kaːljum] *n CHEM* potasio *m*
Kalk [kalk] *m CHEM* cal *f*
Kalkstein ['kalkʃtaɪn] *m* piedra caliza *f*
Kalkül [kal'kyːl] *n* cálculo *m*
Kalkulation [kalkula'tsjoːn] *f* cálculo *m*
kalkulierbar [kalku'liːrbaːr] *adj* calculable
kalkulieren [kalku'liːrən] *v* calcular
Kalorie [kalo'riː] *f PHYS* caloría *f*
kalorienarm [kalo'riːənarm] *adj* bajo en calorías, pobre en calorías
kalorienbewusst [kalo'riːənbəvust] *adv sich ~ ernähren* alimentarse prestando atención a las calorías, alimentarse sanamente
Kalorientabelle [kalo'riːəntabɛlə] *f* tabla de calorías *f*
kalt [kalt] *adj 1.* frío; *Kalter Krieg* guerra fría *f; ~ lassen (fam)* no inmutarse; *~ stellen (fig)* privar de toda influencia; *2. (fig)* indiferente
kaltblütig ['kaltblyːtɪç] *adj 1.* de sangre fría; *adv 2.* a sangre fría
Kälte ['kɛltə] *f 1.* frío *m; 2. (fig)* frialdad *f,* indiferencia *f*
Kälteeinbruch ['kɛltəaɪnbrux] *m* descenso abrupto de temperatura *m*
Kälteperiode ['kɛltəperjoːdə] *f 1. METEO* período de frío *m; 2. (fig: in politischen Beziehungen) POL* enfriamiento de las relaciones *m*
Kältewelle ['kɛltəvɛlə] *f METEO* ola de frío *f*
Kaltfront ['kaltfrɔnt] *f METEO* frente frío *m*
kaltherzig ['kalthɛrtsɪç] *adj* de corazón frío
Kaltluft ['kaltluft] *f* aire frío *m*
Kaltmiete ['kaltmiːtə] *f* alquiler sin gastos añadidos *m*
kaltschnäuzig ['kaltʃnɔytsɪç] *adj (fam)* insensible, desalmado
Kaltschnäuzigkeit ['kaltʃnɔytsɪçkaɪt] *f* impasibilidad *f,* indiferencia *f*
Kaltstart ['kaltʃtart] *m TECH* arranque en frío *m*
Kaltwasser ['kaltvasər] *n* agua fría *f*
Kalzium ['kaltsjum] *n CHEM* calcio *m*
Kambodscha [kam'bɔdʃa] *n GEO* Camboya *f*
Kambodschaner(in) [kambo'dʒaːnər(ɪn)] *m/f* camboyano/camboyana *m/f*
kambodschanisch [kambo'dʒaːnɪʃ] *adj* camboyano
Kamel [ka'meːl] *n ZOOL* camello *m*
Kamera ['kamәra] *f 1. (Fotokamera)* cámara fotográfica *f,* máquina fotográfica *f; 2. (Fernsehkamera) CINE* cámara de televisión *f; 3. (Filmkamera) CINE* cámara cinematográfica *f*
Kamerad [kamə'raːt] *m* camarada *m,* compañero *m*
Kameradschaft [kamə'raːtʃaft] *f* camaradería *f,* compañerismo *m*
kameradschaftlich [kamə'raːtʃaftlɪç] *adj 1.* de camarada, de compañero; *adv 2.* con camaradería, con compañerismo
Kameramann ['kaməraman] *m CINE* operador *m,* cámara *m*
Kamille [ka'mɪlə] *f BOT* manzanilla *f*
Kamillentee [ka'mɪlənteː] *m GAST* infusión de manzanilla *f*
Kamin [ka'miːn] *m* chimenea *f*
Kaminkehrer [ka'miːnkeːrər] *m* deshollinador *m,* limpiachimeneas *m*
Kamm [kam] *m 1. (Haarkamm)* peine *m; alles über einen ~ scheren (fig)* medir todo por el mismo rasero; *2. (Bergkamm)* cresta *f,* cima *f,* cumbre *f; 3. (Hahnenkamm)* cresta *f; Mir schwillt der ~!* Se me alza la cresta!
kämmen ['kɛmən] *v* peinar, peinarse
Kammer ['kamər] *f 1.* cuarto de depósito *m; 2. (Herzkammer) ANAT* ventrículo *m; 3. POL* cámara *f*
Kammerjäger ['kamərjɛːgər] *m* cazaratones *m,* fumigador *m,* desinsectador *m*
Kammerkonzert ['kamərkɔntsɛrt] *n MUS* concierto de cámara *m*
Kammerorchester ['kamərɔrkɛstər] *n MUS* orquesta de cámara *f*
Kammersänger(in) ['kamərzɛŋər(ɪn)] *m/f MUS* cantor(a) de cámara *m/f*
Kammerspiel ['kamərʃpiːl] *n THEAT* teatro de salón *m*
Kampagne [kam'panjə] *f* campaña *f*
Kampf [kampf] *m 1.* lucha *f,* combate *m; 2. (Wettkampf)* lucha *f,* encuentro *m,* torneo *m*
Kampfansage ['kampfanzaːgə] *f* reto *m,* desafío *m*
kämpfen ['kɛmpfən] *v* luchar, combatir
Kämpfer(in) ['kɛmpfər(ɪn)] *m/f 1.* luchador(a) *m/f,* combatiente *m/f; 2. (Wettkämpfer(in))* atleta *m/f,* jugador(a) *m/f*
kämpferisch ['kɛmpfərɪʃ] *adj* combativo, luchador
Kampfgeist ['kampfgaɪst] *m* espíritu de lucha *m,* ánimo combativo *m*
Kampfkraft ['kampfkraft] *f MIL* fuerza combativa *f*

Kampfrichter ['kampfrıçtər] *m SPORT* árbitro *m*
kampfunfähig ['kampfunfɛːıç] *adj* incapaz de combatir, imposibilitado para combatir
kampieren [kam'piːrən] *v* acampar
Kanada ['kanada] *n GEO* Canadá *m*
Kanadier(in) [ka'naːdjər(ın)] *m/f* canadiense *m/f*
kanadisch [ka'naːdıʃ] *adj* canadiense
Kanal [ka'naːl] *m* canal *m; (fam) den ~ voll haben (fam)* estar borracho, estar harto de algo; *sich den ~ voll laufen lassen* ponerse morado de alcohol
Kanaldeckel [ka'naːldɛkəl] *m* tapa de alcantarillado *f*
Kanalisation [kanaliza'tsjoːn] *f* canalización *f*
Kanarienvogel [ka'naːrjənfoːgəl] *m ZOOL* canario *m*
Kanarische Inseln [ka'naːrıʃə 'ınzəln] *pl GEO* Islas Canarias *f/pl*
Kandare [kan'daːrə] *f* bocado de freno *m; jdn an die ~ nehmen* echar un párrafo aparte con alguien
Kandidat(in) [kandi'daːt(ın)] *m/f* candidato/candidata *m/f*
kandidieren [kandi'diːrən] *v* presentar su candidatura
kandiert [kan'diːrt] *adj* azucarado, acaramelado
Kandiszucker ['kandıstsukər] *m GAST* azúcar cande *m*
Kanditatur [kandita'tuːr] *f* candidatura *f*
Känguru ['kɛŋguruː] *n ZOOL* canguro *m*
Kaninchen [ka'niːnçən] *n ZOOL* conejo *m*
Kanister [ka'nıstər] *m* lata *f*, bidón *m*
Kanne ['kanə] *f* jarra *f*
Kannibale [kani'baːlə] *m* caníbal *m/f*, antropófago *m*
Kanon ['kaːnɔn] *m MUS* canon *m*
Kanone [ka'noːnə] *f MIL* cañón *m*
Kanonenfutter [ka'noːnənfutər] *n* carne de cañón *f*
Kanonenkugel [ka'noːnənkuːgəl] *f* bala de cañón *f*
kanonisch [ka'noːnıʃ] *adj REL* canónico
Kantate [kan'taːtə] *f MUS* cantata *f*
Kante ['kantə] *f 1.* canto *m*, esquina *f; 2. (Rand)* borde *m; auf die hohe ~ legen (fig)* hacer ahorros; *auf der hohen ~ haben* tener ahorrado
Kanten ['kantən] *m* canto *m*, cantero *m*
Kantersieg ['kantərziːk] *m SPORT* victoria sin esfuerzo *f*
kantig ['kantıç] *adj* esquinado
Kantine [kan'tiːnə] *f* cantina *f*, comedor colectivo *m*
Kantinenessen [kan'tiːnənɛsən] *n* comida de cantina *f*
Kanton [kan'toːn] *m* cantón *m*, distrito *m*, comarca *f*
Kanu ['kaːnu] *n* canoa *f*
Kanüle [ka'nyːlə] *f MED* cánula *f*
Kanzel ['kantsəl] *f REL* púlpito *m*
Kanzelredner(in) ['kantsəlreːdnər] *m/f* predicador(a) *m/f*
Kanzlei [kants'laı] *f* cancillería *f*
Kanzler(in) ['kantslər(ın)] *m/f POL* canciller/cancillesa *m/f*
Kanzleramt ['kantsləramt] *n POL* cancillería *f*
Kanzlerkandidat(in) ['kantslərkandidaːt(ın)] *m POL* candidato/candidata a la presidencia del gobierno *m/f*
Kanzlerschaft ['kantslərʃaft] *f POL* cargo de canciller *m*, cancillería *f*
Kap [kap] *n GEO* cabo *m*
Kapazität [kapatsi'tɛːt] *f 1.* capacidad *f; 2. (fig)* eminencia *f*, autoridad *f*
Kapelle [ka'pɛlə] *f 1. MUS* orquesta *f; 2. REL* capilla *f*
Kaper ['kaːpər] *f BOT* alcaparra *f*
kapern ['kaːpərn] *v (fam)* coger, agarrar, apropiarse de algo
kapieren [ka'piːrən] *v (fam)* comprender, entender
Kapillargefäß [kapi'laːrgəfɛːs] *n ANAT* vaso capilar *m*
kapital [kapi'taːl] *adj* capital
Kapital [kapi'taːl] *n* capital *m; aus etw ~ schlagen* sacar provecho de algo
Kapitalanlage [kapi'taːlanlaːgə] *f ECO* colocación *f*, inversión de capital *f*
Kapitalertragssteuer [kapi'taːlɛrtraːksʃtɔyər] *f ECO* impuesto sobre la renta del capital *m*
Kapitalflucht [kapi'taːlfluxt] *f ECO* evasión de capital *f*
Kapitalgesellschaft [kapi'taːlgəzɛlʃaft] *f ECO* sociedad capitalista *f*
Kapitalismus [kapita'lısmus] *m* capitalismo *m*
Kapitalist(in) [kapita'lıst(ın)] *m/f* capitalista *m/f*
kapitalistisch [kapita'lıstıʃ] *adj* capitalista
kapitalkräftig [kapi'taːlkrɛftıç] *adj ECO* rico, adinerado

Kapitalverbrechen [kapi'taːlfɛrbrɛçən] *n JUR* crimen capital *m*
Kapitalverkehr [kapi'taːlfɛrkeːr] *m ECO* circulación de capital *f,* movimiento de capital *m*
Kapitän [kapi'tɛːn] *m 1. (Schiffskapitän)* capitán *m; 2. (Flugkapitän)* comandante de abordo *m,* capitán *m* (LA)
Kapitel [ka'pɪtəl] *n* capítulo *m*
kapitelweise [ka'pɪtəlvaɪzə] *adj* capitular
Kapitulation [kapitula'tsjoːn] *f* capitulación *f,* rendición *f*
kapitulieren [kapitu'liːrən] *v* capitular, rendirse, claudicar, entregarse
Kaplan [kap'laːn] *m REL* capellán *m*
Kappe ['kapə] *f 1. (Kopfbedeckung)* gorra *f; etw auf seine ~ nehmen (fig)* asumir su responsabilidad en algo, correr por su cuenta algo; *2. (Verschlusskappe)* tapa *f*
kappen ['kapən] *v* recortar, desmochar
Kapriole [kapri'oːlə] *f 1.* cabriola *f,* pirueta *f; 2. (fig)* capricho *m*
kapriziös [kapri'tsjøːs] *adj* caprichoso
Kapsel ['kapsəl] *f* cápsula *f*
kaputt [ka'put] *adj 1. (entzwei)* roto, estropeado, destrozado; *2. (fam: müde)* reventado, rendido, muerto de cansancio
kaputtgehen [ka'putgeːən] *v* romperse, estropearse, destrozarse
kaputtlachen [ka'putlaxən] *v sich ~ (fam)* morirse de risa, desternillarse de risa
kaputtmachen [ka'putmaxən] *v 1.* romper, estropear, destrozar; *2. sich ~* matarse
kaputtschlagen [ka'putʃlaːgən] *v irr* despedazar, machacar a golpes, desbaratar
Kapuze [ka'puːtsə] *f* capucha *f*
Kapuziner [kapu'tsiːnər] *m (Mönch)* fraile capuchino *m*
Karabiner [kara'biːnər] *m MIL* carabina *f*
Karabinerhaken [kara'biːnərhaːkən] *m* portacarabina *f*
Karacho [ka'raxo] *n (fam) mit ~* a toda velocidad, a toda leche (fam)
Karaffe [ka'rafə] *f* garrafa *f*
Karambolage [karambo'laːʒə] *f (fam)* colisión *f,* choque *m*
Karamell [kara'mɛl] *m* caramelo *m*
Karamellpudding [kara'mɛlpudɪŋ] *m GAST* flan de caramelo *m*
Karat [ka'raːt] *n* quilate *m*
Karate [ka'raːtə] *n SPORT* karate *m*
Karawane [kara'vaːnə] *f* caravana *f*
Karbidlampe [kar'biːtlampə] *f* lámpara de carburo (acetileno) *f*
Kardamom ['kardamoːm] *m/n GAST* cardamomo *m*
Kardanwelle [kar'danvɛlə] *f TECH* árbol cardán *m*
Kardinal [kardi'naːl] *m REL* cardenal *m*
Kardinalfehler [kardi'naːlfeːlər] *m* error fundamental *m,* error garrafal *m*
Kardinalzahl [kardi'naːltsaːl] *f MATH* número cardinal *m*
Kardiologie [kardjolo'giː] *f MED* cardiología *f*
Karenz [ka'rɛnts] *f 1.* carencia *f,* pobreza *f; 2. MED* carencia *f*
Karenztage [ka'rɛntstaːgə] *pl ECO* días de carencia *f/pl*
Karfreitag [kaːr'fraɪtaːk] *m REL* Viernes Santo *m*
karg [kark] *adj* escaso, raro
Kargheit ['karkhaɪt] *f* pobreza *f,* escasez *f*
kärglich ['kɛːrglɪç] *adj* escaso
Kärglichkeit ['kɛrklɪçkaɪt] *f* escasez *f*
Karibik [ka'riːbɪk] *f die ~ GEO* el Caribe *m*
karibisch [ka'riːbɪʃ] *adj* caribeño
kariert [ka'riːrt] *adj* cuadriculado, de cuadros
Karies ['kaːriɛs] *f MED* caries *f*
Karikatur [karika'tuːr] *f* caricatura *f*
Karikaturist(in) [karikatu'rɪst(ɪn)] *m/f* caricaturista *m/f*
karikieren [kari'kiːrən] *v* caricaturizar, hacer la caricatura de
kariös [ka'rjøːs] *adj MED* cariado
karitativ [karita'tiːf] *adj* caritativo
karminrot [kar'miːnroːt] *adj* rojo carmín *m*
Karneval ['karnəval] *m* carnaval *m*
Karnevalszug ['karnəvalstsuːk] *m* desfile de carnaval *m*
Karo ['kaːro] *n 1.* cuadrado *m; 2. (Muster)* cuadro *m; 3. (Kartenspiel)* oros *m/pl,* diamantes *m/pl*
Karosserie [karɔsə'riː] *f TECH* carrocería *f*
Karosseriebau [karɔsə'riːbau] *m TECH* construcción de carrocerías *f*
Karotte [ka'rɔtə] *f BOT* zanahoria *f*
Karpfen ['karpfən] *m ZOOL* carpa *f*
Karree [ka'reː] *n im ~ springen (fig)* subirse por las paredes
Karren ['karən] *m* carro *m,* carreta *f,* carromato *m; den ~ aus dem Dreck ziehen (fig)* sacar las castañas del fuego; *jdm an den ~ fahren* poner mal a alguien (fam), hablar mal de alguien
Karriere [ka'rjɛːrə] *f* carrera *f; ~ machen* hacer carrera

Karrierefrau [ka'rjɛːrəfrau] *f* mujer que enfoca su vida desde el punto de vista profesional *f*
Karrierist(in) [karje'rɪst(ɪn)] *m/f* arribista *m/f*
karrieristisch [karjə'rɪstɪʃ] *adj* arribista
Karte ['kartə] *f* *1. (Eintrittskarte)* entrada *f; 2. (Ansichtskarte)* tarjeta postal *f; 3. (Speisekarte)* carta *f,* menú *m; 4. (Spielkarte)* carta *f,* naipe *m; alle ~n in der Hand haben (fig)* tener la sartén por el mango; *schlechte ~n haben* tener malas cartas, tener pocas probabilidades de éxito; *seine ~n offen auf den Tisch legen* poner las cartas sobre la mesa; *alles auf eine ~ setzen* jugar el todo por todo, jugar todo a una carta; *jdm in die ~n schauen* ver las intenciones de alguien; *mit offenen ~n spielen* jugar a cartas vistas; *mit gezinkten ~n spielen* jugar con cartas trucadas; *5. (Landkarte)* mapa *m; Zeigen Sie mir bitte den Weg auf der ~.* Por favor, enséñeme el camino en el mapa.
Kartei [kar'taɪ] *f* fichero *m*
Karteikarte [kar'taɪkartə] *f* ficha *f*
Karteileiche [kar'taɪlaɪçə] *f (fig)* ficha con datos no actualizados *f*
Kartell [kar'tɛl] *n ECO* cártel *m,* consorcio *m*
Kartellamt [kar'tɛlamt] *n ECO* oficina de control de cártels *f,* oficina de cártel *f*
Kartenhaus ['kartənhaus] *n 1.* castillo de naipes *m; 2. NAUT* caseta de derrota *f*
Kartenleger(in) ['kartənleːgər(ɪn)] *m/f* echador(a) de cartas *m/f*
Kartenspiel ['kartənʃpiːl] *n* juego de cartas *m,* juego de naipes *m*
Kartentelefon ['kartəntelefoːn] *n* teléfono de tarjetas *m*
Kartenvorverkauf [kartən'foːrfɛrkauf] *m* venta anticipada de localidades *f*
Kartoffel [kar'tɔfəl] *f BOT* patata *f,* papa *f* (LA); *jdn fallen lassen wie eine heiße ~* dejar plantado a alguien
Kartoffelbrei [kar'tɔfəlbraɪ] *m GAST* puré de patatas *m,* puré de papas *m* (LA)
Kartoffelchips [kar'tɔfəltʃips] *pl GAST* patatas fritas *f/pl,* papitas chip *f/pl* (LA)
Kartoffelkäfer [kar'tɔflkɛːfər] *m ZOOL* escarabajo de la patata *m,* dorífora *f,* colorado *m*
Kartoffelpuffer [kar'tɔfəlpufər] *m GAST* patatas ralladas fritas *f/pl*
Kartoffelsack [kar'tɔfəlzak] *m* saco de patatas *m*
Kartoffelsalat [kar'tɔfəlzalaːt] *m GAST* ensalada de patatas *f,* ensalada de papas *f* (LA)
Kartografie [kartɔgra'fiː] *f* cartografía *f*
Karton [kar'tɔŋ] *m 1. (Material)* cartón *m; 2. (Schachtel)* caja de cartón *f*
kartoniert [karto'niːrt] *adj (Buch)* encuadernado en pasta de cartón
Karussell [karu'sɛl] *n* carrusel *m,* tiovivo *m*
Karwoche ['kaːrvɔxə] *f REL* Semana Santa *f*
Karzinom [kaːrtsi'noːm] *n MED* carcinoma *m*
kaschieren [ka'ʃiːrən] *v* disimular, ocultar, escamotear
Kaschmir ['kaʃmiːr] *m* casimir *m,* casimira *f,* (gall) cachemir *m*
Käse ['kɛːzə] *m 1. GAST* queso *m; 2. (fam: Unsinn)* tonterías *f/pl,* bobadas *f/pl*
Käseblatt ['kɛːzəblat] *n (fam)* períodico de mala muerte *m*
Käsegebäck ['kɛːzəgəbɛk] *n GAST* pastas al queso *f/pl*
Käsekuchen ['kɛːzəkuːxən] *m GAST* tarta de queso *f*
Käsereibe ['kɛːzəraɪbə] *f* rallador de queso *m*
Kaserne [ka'zɛrnə] *f MIL* cuartel *m,* acuartelamiento *m*
käsig ['kɛːzɪç] *adj* pálido, descolorido
Kasino [ka'ziːnoː] *n (Spielkasino)* casino *m*
Kaskoversicherung ['kaskofɛrzɪçəruŋ] *f* seguro a todo riesgo *m*
Kasper ['kaspər] *m* títere *m,* marioneta *f*
Kasperletheater ['kaspərlteaːtər] *n THEAT* guiñol *m,* teatro de títeres *m,* teatro de marionetas *m*
Kasse ['kasə] *f 1.* caja *f; bei ~ sein* tener fondos; *tief in die ~ greifen müssen* tener que desembolsar un dineral; *jdn zur ~ bitten* pedir dinero a alguien; *2. (Theater~)* taquilla *f; 3. (Krankenkasse)* caja de enfermedad *f; 4. (Sparkasse)* caja de ahorros *f*
Kasseler ['kasələr] *n GAST* carne de cerdo cocida y ahumada *f,* lacón *m*
Kassenarzt ['kasənartst] *m* médico del seguro *m,* médico de una caja de enfermedad *m*
Kassenbestand ['kasənbəʃtant] *m* fondos en caja *m/pl,* efectivos de caja *m*
Kassenbon ['kasənbɔ̃] *m* resguardo de caja *m,* tíquet de compra *m,* tique *m*
Kassenmagnet ['kasənmagneːt] *m (fig) CINE* éxito de taquilla *m*

Kassenschalter ['kasənʃaltər] *m* *1.* taquilla *f,* caja *f;* *2. (in einer Bank)* ventanilla *f;* *3. THEAT* taquilla *f*
Kassenzettel ['kasəntsɛtəl] *m* bono de caja *m*
Kassette [ka'sɛtə] *f* cajita *f,* cofrecillo *m*
Kassettendeck [ka'sɛtəndɛk] *n* platina *f*
Kassettenrekorder [ka'sɛtənrekɔrdər] *m* cassette *m,* tocacassettes *m* (LA)
kassieren [ka'siːrən] *v* cobrar
Kassierer(in) [ka'siːrər(ɪn)] *m/f* cajero/cajera *m/f*
Kastagnette [kastan'jɛtə] *f* castañuela *f*
Kastanie [kas'taːnjə] *f* *BOT* castaña *f;* *für jdn die ~n aus dem Feuer holen (fig)* sacarla las castañas del fuego a alguien
Kastanienbaum [kas'taːnjənbaum] *m* *BOT* castaño *m*
Kästchen ['kɛstçən] *n* *1. (kleine Kiste)* cajita *f;* *2. (auf Schreibpapier)* estuche *m*
Kaste ['kastə] *f* casta *f,* clase *f,* raza *f*
Kastell [kas'tɛl] *n* *HIST* castillo *m*
Kasten ['kastən] *m* caja *f,* cofre *m;* *etw auf dem ~ haben (fam)* tener algo en la mollera; *etw im ~ haben* tener algo en la caja
Kastenwagen ['kastənvaːgən] *m* vagón cerrado *m*
Kastration [kastra'tsjoːn] *f* *MED* castración *f*
kastrieren [kas'triːrən] *v* *MED* castrar, capar
Kasus ['kaːzus] *m* *GRAMM* caso *m*
Katakombe [kata'kɔmbə] *f* catacumba *f*
Katalog [kata'loːk] *m* catálogo *m*
Katalonien [kata'loːnjən] *n* *GEO* Cataluña *f*
Katalysator [kataly'zaːtoːr] *m* *1. TECH* catalizador *m;* *2. CHEM* catalizador *m*
Katarr [ka'tar] *m* *MED* catarro *m*
katastrophal [katastro'faːl] *adj* catastrófico, funesto
Katastrophe [kata'stroːfə] *f* catástrofe *f*
Katastrophenalarm [katas'troːfənalarm] *m* alarma en caso de catástrofe *f*
Katastrophengebiet [katas'troːfəngəbiːt] *n* zona de catástrofe *f*
Katastrophenschutz [katas'troːfənʃuts] *m* protección civil *f,* defensa civil *f* (LA)
Katechismus [katɛ'çɪsmus] *m* *REL* catecismo *m*
Kategorie [katego'riː] *f* categoría *f*
kategorisch [kate'goːrɪʃ] *adj* *1.* categórico; *adv* *2.* categóricamente
Kater¹ ['kaːtər] *m* *ZOOL* gato *m*
Kater² ['kaːtər] *m* *(fam)* resaca *f*
Kathedrale [kate'draːlə] *f* *REL* catedral *f*
Katheter [ka'teːtər] *m* *MED* catéter *m,* sonda *f*
Kathode [ka'toːdə] *f* *PHYS* cátodo *m*
Katholik(in) [kato'liːk(ɪn)] *m/f* *REL* católico/católica *m/f*
katholisch [ka'toːlɪʃ] *adj* *REL* católico
Katholizismus [katoli'tsɪsmus] *m* *REL* catolicismo *m*
Katze ['katsə] *f* *ZOOL* gata *f;* *die ~ im Sack kaufen (fig)* comprar gato por liebre; *die ~ aus dem Sack lassen* confesarlo; *mit jdm Katz und Maus spielen* jugar con alguien al ratón y al gato; *für die Katz sein* ser para el gato, ser inútil
Katzenjammer ['katsənjamər] *m* resaca *f*
Katzensprung ['katsənʃpruŋ] *m* *(fam)* camino corto *m,* distancia corta *f;* *Es ist nur einen ~ entfernt.* Está a dos pasos.
Katzenwäsche ['katsənvɛʃə] *f* *(fam)* *~ machen* lavarse como los gatos
Kauderwelsch ['kaudərvɛlʃ] *n* jerga *f,* galimatías *m*
kauen ['kauən] *v* masticar, mascar
kauern ['kauərn] *v* acuclillarse, ponerse en cuclillas
Kauf [kauf] *m* compra *f,* adquisición *f;* *etw in ~ nehmen* conformarse con algo
kaufen ['kaufən] *v* comprar, adquirir; *sich jdn ~ (fig)* granjearse las simpatías de alguien
Käufer(in) ['kɔyfər(ɪn)] *m/f* comprador(a) *m/f*
Kauffrau ['kauffrau] *f* *ECO* perita comercial (mercantil) *f,* comerciante *f*
Kaufhaus ['kaufhaus] *n* grandes almacenes *m/pl*
Kaufkraft ['kaufkraft] *f* *ECO* poder adquisitivo *m*
käuflich ['kɔyflɪç] *adj* *1.* comprable, adquirible; *2. (fig: bestechlich)* sobornable, comprable
Kaufmann ['kaufman] *m* comerciante *m,* negociante *m*
kaufmännisch ['kaufmɛnɪʃ] *adj* comercial, mercantil
Kaufpreis ['kaufpraɪs] *m* precio de compra *m*
Kaufvertrag ['kauffɛrtraːk] *m* contrato de compraventa *m*
Kaugummi ['kaugumi] *m* *GAST* chicle *m,* goma de mascar *f*
Kaulquappe ['kaulkvapə] *f* *ZOOL* renacuajo *m*

kaum [kaum] *adv 1.* apenas, difícilmente; *konj 2.* casi, por poco, apenas; *Kaum war ich aus der Wohnung, fing es an zu regnen.* Apenas salí del piso, empezó a llover.
kausal [kau'zaːl] *adj* causal
Kausalzusammenhang [kau'zaːltsuzamənhaŋ] *m* relación causa-efecto *f*
Kaution [kau'tsjoːn] *f* caución *f,* fianza *f*
Kautschuk ['kautʃuk] *m* caucho *m*
Kauz [kauts] *m 1. (fig)* tío *m,* tipo estrafalario *m; 2. ZOOL* lechuza *f,* mochuelo *m*
kauzig ['kautsɪç] *adj* estrafalario, raro
Kavalier [kava'liːr] *m* caballero *m*
Kavaliersdelikt [kava'liːrsdelɪkt] *n* delito menor *m,* peccata minuta *f*
Kavallerie [kavalə'riː] *f MIL* caballería *f*
Kaviar ['kaːviaːr] *m GAST* caviar *m*
Kebab ['keːbap] *m GAST* kébab *m*
keck [kɛk] *adj 1.* audaz, osado, atrevido
Kefir ['keːfir] *m GAST* kéfir *m*
Kegel ['keːgəl] *m 1. (zum Spiel)* bolo *m; 2. MATH* cono *m*
Kegelbahn ['keːgəlbaːn] *f* bolera *f,* cancha de bolos *f*
kegeln ['keːgəln] *v* jugar a los bolos
Kegeln ['keːgəln] *n (Spiel)* juego de bolos *m*
Kegler(in) ['keːglər(ɪn)] *m/f* jugador(a) de bolos *m/f*
Kehle ['keːlə] *f ANAT* garganta *f; jdm die ~ zuschnüren (fig)* apretar la garganta a alguien; *sich die ~ aus dem Hals schreien* desgañitarse; *eine trockene ~ haben* tener la garganta seca; *etw in die falsche ~ bekommen* interpretar algo mal, tomar algo a mal; *Jetzt geht es ihm an die ~.* Tiene un cuchillo en el cuello. (fig)/Está amenazado.
Kehlkopf ['keːlkɔpf] *m ANAT* laringe *f*
Kehrbesen ['keːrbeːzən] *m* escoba *f*
Kehre ['keːrə] *f (Wendekurve)* recodo *m,* recoveco *m*
kehren[1] ['keːrən] *v (fegen)* barrer
kehren[2] ['keːrən] *v (wenden)* volver; *in sich gekehrt* ensimismado, absorto; *jdm den Rücken ~* volver a alguien la espalda
Kehrschaufel ['keːrʃaufəl] *f* pala *f*
Kehrseite ['keːrzaɪtə] *f 1. (Rückseite)* revés *m; 2. (fig)* aspecto negativo de algo *m; die ~ der Medaille* el otro lado de la medalla *m*
kehrtmachen ['keːrtmaxən] *v* volver atrás, dar la vuelta
Kehrtwendung ['keːrtvɛnduŋ] *f (fig)* viraje *m,* cambio completo *m*
Kehrwert ['keːrveːrt] *m MATH* valor inverso de una fracción *m*
keifen ['kaɪfən] *v* vociferar, gritar
Keil [kaɪl] *m* cuña *f*
Keiler ['kaɪlər] *m ZOOL* jabalí macho mayor de dos años *m*
Keilerei [kaɪlə'raɪ] *f (fam)* pelea *f,* riña *f*
keilförmig ['kaɪlfœrmɪç] *adj* cuneiforme, en forma de cuña
Keilriemen ['kaɪlriːmən] *m (beim Auto) TECH* correa trapezoidal *f*
Keim [kaɪm] *m 1. (fig)* origen *m; 2. BIO* germen *m; etw im ~ ersticken (fig)* cortar algo de raíz; *3. MED* agente patógeno *m*
Keimdrüse ['kaɪmdryːzə] *f BIO* glándula sexual (germinativa) *f*
keimen ['kaɪmən] *v BIO* germinar
keimfrei ['kaɪmfraɪ] *adj MED* libre de gérmenes
Keimzelle ['kaɪmtsɛlə] *f 1. (fig)* foco *m; 2. BIO* célula germinal *f*
kein(e) [kaɪn/'kaɪnə] *adj* ningún/ninguna
keine(r,s) ['kaɪnə(r,s)] *pron* ningún/ninguno
keinerlei ['kaɪnərlaɪ] *adj* ningún, de ninguna clase
keinesfalls ['kaɪnəsfals] *adv* de ningún modo, en ningún caso
keineswegs ['kaɪnəsveːks] *adv* de ninguna manera, en absoluto, de manera alguna
Keks [keːks] *m GAST* galleta *f; jdm auf den ~ gehen* tener a alguien harto
Keksdose ['keːksdoːzə] *f* caja de galletas *f*
Kelch [kɛlç] *m 1. (Trinkgefäß)* copa *f; 2. BOT* sépalo *m*
Kelle ['kɛlə] *f 1. (Schöpfkelle)* cucharón *m; 2. (Maurerkelle)* paleta *f*
Keller ['kɛlər] *m* sótano *m*
Kellerei [kɛlə'raɪ] *f* bodega *f*
Kellerfenster ['kɛlərfɛnstər] *n* tragaluz *m,* respiradero *m*
Kellergeschoss ['kɛlərgəʃɔs] *n* sótano *m,* subsuelo *m*
Kellertreppe ['kɛlərtrɛpə] *f* escalera del sótano *f*
Kellertür ['kɛlərtyːr] *f* puerta del sótano *f*
Kellerwohnung ['kɛlərvoːnuŋ] *f* vivienda en el sótano *f*
Kellner(in) ['kɛlnər(ɪn)] *m/f* camarero/camarera *m/f,* mozo/moza *m/f*
Kelte ['kɛltə] *m HIST* celta *m*
keltern ['kɛltərn] *v* pisar la uva
Keltin ['kɛltɪn] *f HIST* celta *f*
keltisch ['kɛltɪʃ] *adj HIST* céltico
Kenia ['keːnja] *n GEO* Kenia *f*
kenianisch [ke'njaːnɪʃ] *adj* keniano

kennen ['kɛnən] *v irr* conocer, saber; *Da kennt er gar nichts!* ¡Ahí no hay quien le pare! *jdn ~ lernen* llegar a conocer a alguien, trabar amistad con alguien
Kenner(in) ['kɛnər(ɪn)] *m/f* conocedor(a) *m/f*, entendido/entendida *m/f*
Kennkarte ['kɛnkartə] *f* carnet de identidad *m*, tarjeta de identidad *f*
Kennnummer ['kɛnnumər] *f* código de identificación *m*
kenntlich ['kɛntlɪç] *adj* reconocible; *~ machen* marcar, hacer distinguible, remarcar
Kenntnis ['kɛntnɪs] *f* conocimiento *m*; *etw zur ~ nehmen* tomar nota de algo; *sich jds ~ entziehen* no tener conocimiento de algo; *jdn von etw in ~ setzen* informar a alguien de algo
Kenntnisnahme ['kɛntnɪsna:mə] *f zur ~* para información *f*, para conocimiento *m*
Kennwort ['kɛnvɔrt] *n* lema *m*, contraseña *f*, consigna *f*
Kennzeichen ['kɛntsaɪçən] *n 1. (Merkmal)* marca *f*, señal *f*; *2. (eines Autos)* placa de matrícula *f*
kennzeichnen ['kɛntsaɪçnən] *v* marcar, señalar
Kennziffer ['kɛntsɪfər] *f* índice *m*, cifra índice *f*, coeficiente *m*
kentern ['kɛntərn] *v* zozobrar, hundirse
Keramik [ke'ra:mɪk] *f* cerámica *f*
Kerbe ['kɛrbə] *f* muesca *f*, entalladura *f*; *in die gleiche ~ hauen (fig)* tirar de la misma cuerda
kerben ['kɛrbən] *v 1.* hacer muescas, entallar; *2. (Inschrift)* inscribir
Kerbholz ['kɛrphɔlts] *n etw auf dem ~ haben (fig)* haber cometido un crimen, haber cometido una travesura, no tener la conciencia limpia
Kerker ['kɛrkər] *m* calabozo *m*, mazmorra *f*
Kerl [kɛrl] *m (fam)* tío *m*, tipo *m*
Kern [kɛrn] *m 1. (Obstkern)* pepita *f*, pepa *f* (LA); *der harte ~ (fig)* la vieja guardia *f*, los cabecillas *m/pl* (fam), el hueso *m*; *2. (fig: Mittelpunkt)* centro *m*, punto central *m*; *3. (fig: Wesentliches)* esencia *f*; *4. PHYS* núcleo *m*
Kernenergie ['kɛrnenɛrgi:] *f PHYS* energía nuclear *f*
Kernforschung ['kɛrnfɔrʃuŋ] *f PHYS* investigación nuclear *f*
Kernfusion ['kɛrnfuzjo:n] *f PHYS* fusión nuclear *f*
Kerngedanke ['kɛrngədaŋkə] *m* pensamiento central *m*
kerngesund [kɛrngə'zunt] *adj* rebosante de salud
kernig ['kɛrnɪç] *adj 1. BOT* pepitoso; *2. (robust)* robusto; *3. (Sprüche)* fuerte, vigoroso
Kernkraft ['kɛrnkraft] *f PHYS* fuerza nuclear *f*
Kernkraftwerk ['kɛrnkraftvɛrk] *n* central nuclear *f*
Kernobst ['kɛrno:pst] *n BOT* fruta de pepita *f*, fruta con pepa *f* (LA)
Kernphysik ['kɛrnfyzi:k] *f PHYS* física nuclear *f*
Kernphysiker(in) ['kɛrnfy:zɪkər(ɪn)] *m/f PHYS* físico/física nuclear *m/f*
Kernpunkt ['kɛrnpuŋkt] *m* punto esencial *m*, nudo de la cuestión *m*
Kernreaktor ['kɛrnreaktor] *m* reactor nuclear *m*
Kernseife ['kɛrnzaɪfə] *f* jabón de piedra *m*
Kernspaltung ['kɛrnʃpaltuŋ] *f PHYS* fisión nuclear *f*
Kernwaffen ['kɛrnvafən] *pl MIL* armas atómicas *f/pl*
Kerosin [kero'zi:n] *n TECH* queroseno *m*
Kerze ['kɛrtsə] *f* vela *f*
kerzengerade ['kɛrtsəngəra:də] *adj* derecho como una vela
Kerzenlicht ['kɛrtsənlɪçt] *n* luz de vela *f*
Kerzenständer ['kɛrtsənʃtɛndər] *m* candelabro *m*, portavelas *m*
kess ['kɛs] *adj* coqueto, bonito y algo atrevido
Kessel ['kɛsəl] *m 1. (Kochgefäß)* olla *f*; *2. (Heizkessel)* caldera *f*
Ketchup ['kɛtʃap] *m/n* catsup *m*
Kette ['kɛtə] *f 1.* cadena *f*; *jdn an die ~ legen (fig)* amarrar a alguien; *an der ~ liegen* estar amarrado; *2. (Halskette)* collar *m*; *3. (Serie)* serie *f*
Kettenhund ['kɛtənhunt] *m* mastín *m*, perro de cadena *m*
Kettenraucher ['kɛtənrauxər] *m* fumador empedernido *m*
Kettenreaktion ['kɛtənreaktsjo:n] *f PHYS* reacción en cadena *f*
Ketzer(in) ['kɛtsər(ɪn)] *m/f REL* hereje *m/f*
ketzerisch ['kɛtsərɪʃ] *adj REL* herético, hereje
keuchen ['kɔyçən] *v* jadear, respirar con dificultad
Keuchhusten ['kɔyçhu:stən] *m MED* tos ferina *f*, tos convulsiva *f* (LA)

Keule ['kɔylə] *f* *1.* maza *f,* porra *f; 2. GAST* pierna *f*
Keulenschlag ['kɔylənʃlaːk] *m* porrazo *m,* mazazo *m*
keusch ['kɔyʃ] *adj* casto, púdico
Keuschheit ['kɔyʃhaɪt] *f* castidad *f*
kichern ['kɪçərn] *v* reír para sus adentros, reír a socapa
kicken ['kɪkən] *v 1. (fam)* chutar; *2. (Fußball spielen) SPORT* jugar al fútbol
kidnappen ['kɪtnɛpən] *v* secuestrar
Kidnapper ['kɪtnɛpər] *m* secuestrador *m*
Kiebitz ['kiːbɪts] *m 1. (Vogel)* avefría *f; 2. (Zuschauer beim Kartenspiel)* mirón *m,* curioso *m,* espectador *m*
Kiefer[1] ['kiːfər] *f BOT* pino *m*
Kiefer[2] ['kiːfər] *m ANAT* maxilar *m,* mandíbula *f,* quijada *f*
Kieferbruch ['kiːfərbrux] *m MED* rotura de mandíbula *f*
Kieferhöhlenentzündung ['kiːfərhøːlənɛnttsyndʊŋ] *f MED* infección maxilar *f*
Kieferknochen ['kiːfərknɔxən] *m ANAT* hueso maxilar *m*
Kieferorthopädie ['kiːfərɔrtopɛdiː] *f MED* ortodoncia *f*
Kiel [kiːl] *m NAUT* quilla *f*
Kielwasser ['kiːlvasər] *n* estela *f,* aguas del timón *f; in jds ~ segeln* seguir la corriente a alguien
Kieme ['kiːmə] *f ZOOL* agalla *f; etw zwischen die ~n bekommen* echarse algo entre dientes (fam)
Kies [kiːs] *m 1.* grava *f,* casquijo *m; 2. (fam: Geld)* pasta *f,* tela *f*
Kieselsäure ['kiːzəlzɔyrə] *f CHEM* ácido silícico *m*
Kieselstein ['kiːzəlʃtaɪn] *m* guijarro *m,* canto rodado *m*
Kiesweg ['kiːsveːk] *m*camino de gravilla *m*
kiffen ['kɪfən] *v (fam)* fumar porros
Kilobyte ['kilobaɪt] *n INFORM* kilobyte *m*
Kilogramm ['kilogram] *n* kilogramo *m*
Kilometer [kilo'meːtər] *m* kilómetro *m*
Kilometergeld [kilo'meːtərgɛlt] *n* kilometraje *m*
Kilometerpauschale [kilo'meːtərpauʃaːlə] *f* kilometraje *m*
Kilometerzähler [kiːlo'meːtərtsɛːlər] *m (beim Auto)* cuentakilómetros *m,* contador de kilómetros *m*
Kilowatt ['kilovat] *n* kilovatio *m*
Kilowattstunde ['kilovatʃtundə] *f TECH* kilovatiohora *m*
Kimme ['kɪmə] *f 1. (einer Handfeuerwaffe)* brújula *f; 2. jdn auf der ~ haben* tener un pique con alguien
Kind [kɪnt] *n* niño *m,* niña *f; kein ~ von Traurigkeit* ningún niño triste *m; das ~ beim richtigen Namen nennen (fig)* hablar en cristiano; *mit ~ und Kegel* con todos los trastos; *Wir werden das ~ schon schaukeln!* ¡Ya nos arreglaremos!
Kinderarbeit ['kɪndərarbaɪt] *f* trabajo infantil *m*
Kinderarzt ['kɪndərartst] *m* pediatra *m/f*
Kinderermäßigung ['kɪndərɛrmɛːsɪgʊŋ] *f* reducción para niños *f,* rebaja infantil *f*
Kindererziehung ['kɪndərɛrtsiːuŋ] *f* educación infantil *f*
kinderfeindlich ['kɪndərfaɪntlɪç] *adj* negativo (nocivo) para los niños
Kinderfreibetrag ['kɪndərfraɪbətraːk] *m* desgravación por cargas familiares *f*
Kindergarten ['kɪndərgartən] *m* jardín de infancia *m*
Kindergärtnerin ['kɪndərgɛrtnərɪn] *f* maestra de jardín de infancia *f*
Kindergeld ['kɪndərgɛlt] *n* subsidio familiar por hijos *m,* subsidio por hijos *m*
Kinderheim ['kɪndərhaɪm] *n* hogar para niños *m,* orfanato *m*
Kinderhort ['kɪndərhɔrt] *m* casa-cuna *f,* guardería infantil *f*
Kinderkrankheit ['kɪndərkraŋkhaɪt] *f* enfermedad infantil *f*
Kinderlähmung ['kɪndərlɛːmuŋ] *f MED* poliomielitis *f*
kinderleicht [kɪndər'laɪçt] *adj* facilísmo; *das ist doch ~* eso está chupado
kinderlos ['kɪndərloːs] *adj* sin hijos
Kinderlosigkeit ['kɪndərloːzɪçkaɪt] *f* esterilidad *f*
Kindermädchen ['kɪndərmɛːtçən] *n* niñera *f*
Kinderpornographie ['kɪndərpɔrnografiː] *f* pornografía infantil *f*
kinderreich ['kɪndərraɪç] *adj* de familia numerosa, de muchos hijos
Kinderschuhe ['kɪndərʃuːə] *pl* zapatos de niños *m/pl; noch in den ~n stecken* no haber salido de los pañales
Kinderspiel ['kɪndərʃpiːl] *n 1.* juego de niños *m; 2. ein ~ (fig)* bagatela *f,* coser y cantar
Kinderwagen ['kɪndərvaːgən] *m* cochecito de niños *m*
Kinderzimmer ['kɪndərtsɪmər] *n* cuarto de los niños *m*

Kindesbeine ['kɪndəsbaɪnə] *pl von ~n an* desde niño
Kindesmisshandlung ['kɪndəsmɪshandlʊŋ] *f* malos tratos a niños *m/pl*
kindgerecht ['kɪntgərɛçt] *adj* apropiado para los niños
Kindheit ['kɪnthaɪt] *f* infancia *f*
kindisch ['kɪndɪʃ] *adj* infantil
kindlich ['kɪndlɪç] *adj 1.* de niño, cándido, inocente; *adv 2.* de niño, cándidamente
Kindstod ['kɪntsto:t] *m plötzlicher ~ MED* muerte repentina infantil *f*
kinetisch [ki'ne:tɪʃ] *adj PHYS* cinético
Kinkerlitzchen ['kɪŋkərlɪtsçən] *n ~ machen* hacer tonterías
Kinn [kɪn] *n ANAT* barbilla *f*, mentón *m*
Kinnhaken ['kɪnha:kən] *m* gancho a la mandíbula *m*
Kinnlade ['kɪnla:də] *f* mandíbula *f*
Kino ['ki:no] *n CINE* cine *m*
Kinobesucher(in) ['ki:nobəzu:xər(ɪn)] *m/f* espectador(a) de cine *m/f*
Kinokarte ['ki:nokartə] *f CINE* entrada de cine *f*, boleto *m* (LA)
Kinoprogramm ['ki:noprogram] *n CINE* cartelera de cine *f*
Kinoreklame ['ki:norekla:mə] *f* publicidad cinematográfica *f*
Kiosk ['kiɔsk] *m* kiosco *m*, quiosco *m*
Kippe[1] ['kɪpə] *f (fam: Zigarettenrest)* colilla *f*
Kippe[2] ['kɪpə] *f auf der ~ stehen* estar en peligro
kippen ['kɪpən] *v* volcar, tumbar
Kippfenster ['kɪpfɛnstər] *n* ventana basculante *f*
Kippschalter ['kɪpʃaltər] *m TECH* interruptor basculante *m*
Kirche ['kɪrçə] *f* iglesia *f*; *die ~ im Dorf lassen (fig)* poner las cosas en su sitio; *die ~ ums Dorf tragen (fig)* andarse por las ramas
Kirchenchor ['kɪrçənko:r] *m* coro de iglesia *m*
Kirchendiener ['kɪrçəndi:nər] *m* sacristán *m*
Kirchenlied ['kɪrçənli:t] *n* cántico *m*
Kirchenmusik ['kɪrçənmuzi:k] *f MUS* música sacra *f*
Kirchenstaat ['kɪrçənʃta:t] *m* Estados Pontificios *m/pl*
Kirchensteuer ['kɪrçənʃtɔyər] *f FIN* impuesto religioso *m*
Kirchentag ['kɪrçənta:k] *m* día commemorativo de las iglesias *f*
Kirchhof ['kɪrçho:f] *m* cementerio *m*, camposanto *m*
kirchlich ['kɪrçlɪç] *adj* eclesiástico, de la iglesia
Kirchturm ['kɪrçturm] *m* campanario *m*, torre de la iglesia *m*
Kirchweih ['kɪrçvaɪ] *f* fiesta patronal *f*
Kirschbaum ['kɪrʃbaum] *m BOT* cerezo *m*
Kirsche ['kɪrʃə] *f BOT* cereza *f*; *Mit ihm ist nicht gut ~n essen!* ¡Ni en burlas ni en veras con él partas peras!
Kirschkern ['kɪrʃkɛrn] *m* hueso de la cereza *m*
Kirschsaft ['kɪrʃzaft] *m GAST* zumo de cereza *m*
Kirschwasser ['kɪrʃvasər] *n* kirsch *m*
Kissen ['kɪsən] *n 1.* cojín *m*, almohadón *m; 2. (Kopfkissen)* almohada *f*
Kissenbezug ['kɪsənbətsu:k] *m* funda de almohada *f*
Kiste ['kɪstə] *f* caja *f*, cajón *m*
Kitsch [kɪtʃ] *m* cursilería *f*, kitsch *m*
kitschig ['kɪtʃɪç] *adj* cursi
Kitt [kɪt] *m 1. (Klebkitt)* cemento *m; 2. (Fensterkitt)* masilla *f*
Kittchen ['kɪtçən] *n (fam)* chirona *f*, sombra *f*; *jdn ins ~ bringen* poner a la sombra a alguien
Kittel ['kɪtəl] *m* bata *f*
kitten ['kɪtən] *v 1.* enmasillar; *2. (fig)* componer, arreglar
kitzelig ['kɪtsəlɪç] *adj* cosquilloso
kitzeln ['kɪtsəln] *v* cosquillear, hacer cosquillas
Kiwi ['ki:vi:] *f BOT* kiwi *m*
klaffen ['klafən] *v* estar abierto, estar mal unido
kläffen ['klɛfən] *v* ladrar, aullar
klagbar ['kla:kba:r] *adj 1.* acusable; *2. (Anspruch)* procesable
Klage ['kla:gə] *f 1.* queja *f*, lamentación *f*, lamento *m; 2. JUR* demanda *f*
klagen ['kla:gən] *v 1. ~ über* quejarse de; *2. ~ gegen JUR* demandar a
Kläger(in) ['klɛ:gər(ɪn)] *m/f JUR* demandante *m/f*
Klageschrift ['kla:gəʃrɪft] *f JUR* escrito de demanda *m*
kläglich ['klɛ:klɪç] *adj* lastimoso, lamentable
Klamauk [kla'mauk] *m 1.* barullo *m; 2. (Aufregung)* jaleo *m*
klamm [klam] *adj 1. (Wetter)* húmedo; *2. (Finger)* rígido, tieso

Klammer ['klamər] *f 1. (Büroklammer)* sujetapapeles *m,* clip *m; 2. (Heftklammer)* grapa *f; 3. (Wäscheklammer)* pinza para la ropa *f; 4. GRAMM* paréntesis *m*

Klammeraffe ['klamərafə] *m INFORM* número 64 del código de ASCII

klammern ['klamərn] *v 1.* fijar, sujetar; *2. sich ~ an* aferrarse a, agarrarse a

klammheimlich [klam'haɪmlɪç] *adj (fam)* muy secreto, a escondidas

Klamotten [kla'mɔtən] *pl (fam)* trapos *m/pl,* ropa *f*

Klang [klaŋ] *m* sonido *m*

klanglos ['klaŋloːs] *adj sang- und ~ verschwinden* despedirse a la francesa

klangvoll ['klaŋfɔl] *adj 1.* sonoro; *2. (fig)* prestigioso, famoso

Klappbett ['klapbɛt] *n* cama plegable *f*

Klappe ['klapə] *f* tapa *f; eine große ~ haben* ser un bocazas (fam); *jdm eine auf die ~ geben* darle a alguien en el morro (fam)

klappen ['klapən] *v (fig: gelingen)* salir bien, ir bien

klapperdürr ['klapərdyr] *adj* esquelético

klapperig ['klapərɪç] *adj 1. (Sache)* destartalado; *2. (Person)* muy débil, delicado de salud

klappern ['klapərn] *v* matraquear

Klapperschlange ['klapərʃlaŋə] *f ZOOL* serpiente de cascabel *f*

Klappfenster ['klapfɛnstər] *n* ventana rebatible *f*

Klappmesser ['klapmɛsər] *n* navaja de muelle *f*

Klappstuhl ['klapʃtuːl] *m* silla plegable *f*

Klapptisch ['klaptɪʃ] *m* mesa plegable *f*

Klaps [klaps] *m* cachete *m,* palmadita *f*

Klapsmühle ['klapsmyːlə] *f (fam)* manicomio *m*

klar [klaːr] *adj 1. (Flüssigkeit)* transparente; *Das ist ~ wie Kloßbrühe!* ¡Está tan claro como el agua! *2. (Luft)* diáfano, puro; *3. (Aussage)* preciso, claro; *4. (Wetter)* despejado *~ sehen (verstehen)* entender *~ werden* empezar a entender, caer en algo; *Mir wurde langsam klar, wie alles zusammenhing.* Poco a poco empecé a entender cómo todo estaba relacionado.

Kläranlage ['klɛːranlaːgə] *f* planta depuradora *f*

klären ['klɛːrən] *v 1. (reinigen)* clarificar; *2. (Situation)* aclarar, poner en claro; *Es hat sich geklärt.* Ya está claro.

klargehen ['klaːrgeːən] *v irr (fam)* ir bien

Klarheit ['klaːrhaɪt] *f 1. (einer Flüssigkeit)* transparencia *f; 2. (der Luft)* pureza *f; 3. (des Verstandes)* lucidez *f*

Klarinette [klari'nɛtə] *f MUS* clarinete *m*

klarkommen ['klaːrkɔmən] *v irr (fam)* entenderse con, entender, comprender, arreglárselas

klarmachen ['klaːrmaxən] *v 1. (erklären)* explicar; *2. (bereitmachen)* prepararse, alistarse

Klarsichtfolie ['klaːrzɪçtfoːljə] *f* película transparente *f*

Klarsichthülle ['klaːrzɪçthylə] *f* funda trasparente *f*

klarstellen ['klaːrʃtɛlən] *v* aclarar, poner en claro, explicar

Klarstellung ['klaːrʃtɛluŋ] *f* aclaración *f,* explicación *f*

Klartext ['klaːrtɛkst] *m ~ sprechen* hablar claro

Klärung ['klɛːruŋ] *f 1. (Reinigung)* clarificación *f; 2. (Klarstellung)* aclaración *f,* explicación *f*

klasse ['klasə] *adj (fam)* estupendo, guay

Klasse ['klasə] *f 1. (Kategorie)* categoría *f,* clase *f; 2. (Schulklasse)* clase *f; 3. (soziale ~)* clase social *f*

Klassement [klas'mɑ̃ː] *n SPORT* clasificación *f*

klassenbewusst ['klasənbəvust] *adj* con conciencia de clase

Klassenkamerad ['klasənkaməraːt] *m* compañero/compañera de clase *m/f*

Klassensprecher(in) ['klasənʃprɛçər(ɪn)] *m/f* representante de la clase *m/f*

Klassentreffen ['klasəntrɛfən] *n* reencuentro estudiantil *m,* reencuentro de la clase *m*

Klassenziel ['klasəntsiːl] *n* objetivo de aprendizaje *m*

Klassenzimmer ['klasəntsɪmər] *n* clase *f,* aula *f*

Klassifikation [klasifika'tsjoːn] *f* clasificación *f*

Klassifizierung [klasifi'tsiːruŋ] *f 1.* clasificación *f; 2. SPORT* clasificación *f*

Klassik ['klasɪk] *f 1. (Zeitabschnitt)* época clásica *f; 2. (Stil)* clasicismo *m; 3. MUS* música clásica *f*

Klassiker ['klasɪkər] *m 1. (Person)* autor clásico *m; 2. (Werk)* obras clásicas *f/pl,* clásico *m*

klassisch ['klasɪʃ] *adj* clásico

Klatsch [klatʃ] *m (fam)* comadreo *m,* chismorreo *m*

klatschen ['klatʃən] *v* *1. (Geräusch)* chasquear; *2. (Beifall ~)* aplaudir, aclamar, vitorear; *jdm eine ~* pegarle una bofetada a alguien; *3. (negativ reden)* comadrear, chismear

Klatschkolumne ['klatʃkolumnə] *f* columna de cotilleo *f,* página social *f*

klatschnass ['klatʃ'nas] *adj* hecho una sopa, mojado como un pollo

Klatschspalte ['klatʃʃpaltə] *f* columna de chismografía *f*

Klaue ['klauə] *f* *1. (Raubtieren, Vögeln)* garra *f;* *2. (Huf)* pezuña *f;* *3. (fam: Hand)* garra *f,* zarpa *f;* *4. (fam: schlechte Schrift)* mala letra *f*

klauen ['klauən] *v* *(fam)* robar, hurtar

Klause ['klauzə] *f* ermita *f,* retiro *m*

Klausel ['klauzəl] *f* *JUR* cláusula *f*

Klausur [klau'zu:r] *f* *1. (Abgeschiedenheit)* clausura *f;* *2. (Prüfung)* examen escrito *m*

Klavier [kla'vi:r] *n* *MUS* piano *m*

Klavierkonzert [kla'vi:rkɔntsɛrt] *n* concierto de piano *m*

Klavierstimmer(in) [kla'vi:rʃtɪmər(ɪn)] *m/f* afinador(a) de pianos *m/f*

Klavierstunde [kla'vi:rʃtundə] *f* clase de piano *f*

Klebeband ['kle:bəbant] *n* cinta adhesiva *f*

kleben ['kle:bən] *v* *1.* adherir, adherirse, pegar, pegarse; *2. (ankleben)* pegar, fijar; *jdm eine ~* darle una torta a alguien; *3. ~ bleiben* quedar pegado, pegar; *4. ~ bleiben (fig: nicht versetzt werden)* permanecer en un lugar

Kleber ['kle:bər] *m* *(fam)* pegamento *m,* goma de pegar *f*

Klebestreifen ['kle:bəʃtraɪfən] *m* cinta adhesiva *f*

klebrig ['kle:brɪç] *adj* pegajoso

Klebstoff ['kle:pʃtɔf] *m* pegamento *m,* adhesivo *m*

kleckern ['klɛkərn] *v* *(fam)* marranear, ensuciar al comer, ensuciarse al comer

Klecks [klɛks] *m* mancha *f*

Klee [kle:] *m* *1. BOT* trébol *m; BOT* trébol *m; 2. jdn über den grünen ~ loben* poner a alguien por las nubes

Kleeblatt ['kle:blat] *n* *BOT* hoja de trébol *f*

Kleid [klaɪt] *n* vestido *m,* traje *m*

kleiden ['klaɪdən] *v* *1. sich ~* vestirse, ponerse la ropa; *2. (gut aussehen)* sentar bien, ir bien

Kleiderbügel ['klaɪdərby:gəl] *m* percha *f,* colgador *m*

Kleiderbürste ['klaɪdərby:rstə] *f* cepillo para la ropa *m*

Kleiderhaken ['klaɪdərha:kən] *m* colgador *m,* gancho *m*

Kleiderschrank ['klaɪdərʃraŋk] *m* ropero *m,* guardarropa *m,* armario ropero *m*

Kleiderständer ['klaɪdərʃtɛndər] *m* perchero *m*

kleidsam ['klaɪtza:m] *adj* elegante

Kleidung ['klaɪduŋ] *f* ropa *f,* vestuario *m*

Kleidungsstück ['klaɪduŋsʃtyk] *n* prenda de vestir *f*

Kleie [klaɪə] *f* *BOT* salvado *m,* afrecho *m*

klein [klaɪn] *adj* pequeño

Kleinanzeige ['klaɪnantsaɪgə] *f* anuncio breve *m*

Kleinasien [klaɪn'a:zjən] *n* *GEO* Asia Menor *f*

Kleinbildkamera ['klaɪnbɪltkaməra] *f* *FOTO* cámara fotográfica de pequeña imagen *f*

Kleinbuchstabe ['klaɪnbu:xʃta:bə] *m* letra minúscula *f*

kleinbürgerlich ['klaɪnbyrgərlɪç] *adj* pequeño burgués

Kleinfamilie ['klaɪnfami:ljə] *f* familia reducida *f,* pequeña familia *f*

Kleingedrucktes ['klaɪngədruktəs] *n* letra menuda *f*

Kleingeld ['klaɪngɛlt] *n* suelto *m,* sencillo *m* (LA)

kleingläubig ['klaɪnglɔybɪç] *adj* de poca fe, pusilánime

Kleinhirn ['klaɪnhɪrn] *n* *ANAT* cerebelo *m*

Kleinholz ['klaɪnhɔlts] *n* leña menuda *f,* astillas *f/pl*

Kleinigkeit ['klaɪnɪçkaɪt] *f* pequeñez *f,* insignificancia *f*

kleinkariert ['klaɪnkari:rt] *adj* *(fig)* de miras estrechas

Kleinkind ['klaɪnkɪnt] *n* niño pequeño *m*

Kleinkrieg ['klaɪnkri:k] *m* *1. MIL* guerra de guerrillas *f;* *2. (fig)* guerra privada *f*

kleinlaut ['klaɪnlaut] *adj* apocado, abatido

kleinlich ['klaɪnlɪç] *adj* *1. (engstirnig)* de miras estrechas; *2. (geizig)* tacaño, mezquino

kleinmütig ['klaɪnmy:tɪç] *adj* *1.* pusilánime, apocado; *adv* *2.* desalentado

Kleinod ['klaɪno:t] *n* joya *f,* alhaja *f*

Kleinstadt ['klaɪnʃtat] *f* villa *f,* pequeña ciudad *f*

Kleinvieh ['klaɪnfi:] *n* ganado menor *m*

Kleinwagen ['klaɪnva:gən] *m* coche pequeño *m*

Kleister ['klaɪstər] *m* engrudo *m*

kleistern ['klaɪstərn] *v* engrudar, pegar

Klemme ['klɛmə] *f* *1.* pinza *f;* *2.* *(fig)* apuro *m,* aprieto *m;* *in der ~ sitzen* estar en un aprieto

klemmen ['klɛmən] *v* *1.* *(festsitzen)* bloquearse; *2.* *(einzwängen)* apretar, ajustar

Klempner ['klɛmpnər] *m* hojalatero *m,* fontanero *m,* plomero *m* (LA)

klerikal [kleri'ka:l] *adj* *REL* clerical

Kleriker ['kle:rikər] *m* *REL* clérigo *m,* religioso *m,* eclesiástico *m*

Klerus ['kle:rus] *m* *REL* clero *m*

Klette ['klɛtə] *f* *1.* *BOT* lampazo *m,* lapa *f;* *2.* *(fam)* lapa *f,* pegajoso *m;* *eine ~ sein* ser muy pegadizo

klettern ['klɛtərn] *v* *~ auf* trepar a, subir a

Kletterpflanze ['klɛtərpflantsə] *f* *BOT* planta trepadora *f*

Klettertour ['klɛtərtu:r] *f* circuito de escalada *m*

Klettverschluss ['klɛtfɛrʃlus] *m* cierre adhesivo *m,* velcro *m*

klicken ['klɪkən] *n* tintinear

Klient(in) [kli'ɛnt(ɪn)] *m/f* cliente/clienta *m/f*

Klima ['kli:ma] *n* clima *m*

Klimaanlage ['kli:maanla:gə] *f* aire acondicionado *m*

Klimaschwankung ['kli:maʃvaŋkuŋ] *f* *METEO* oscilación climática *f*

klimatisch [kli'ma:tɪʃ] *adj* climático

Klimaveränderung ['kli:mafɛrɛndəruŋ] *f* cambio de clima *m*

Klimawechsel ['kli:mavɛksəl] *m* *METEO* cambio de clima *m,* cambio de aires *m*

Klimazone ['kli:matso:nə] *f* zona climática *f*

Klimmzug ['klɪmtsu:k] *m* *SPORT* flexión *f*

klimpern ['klɪmpərn] *v* *1.* tintinear; *2.* *(schlecht Klavier spielen)* aporrear las teclas; *3.* *mit den Wimpern ~* pestañear

Klinge ['klɪŋə] *f* cuchilla *f,* hoja de afeitar *f;* *eine scharfe ~ führen (fig)* ser de armas; *jdn über die ~ springen lassen* pasar a alguien por las armas

Klingel ['klɪŋəl] *f* timbre *m*

klingeln ['klɪŋəln] *v* tocar el timbre; *Jetzt klingelt's bei mir!* ¡Ahora lo entiendo!

klingen ['klɪŋən] *v irr* sonar, tintinear; *Das klingt merkwürdig.* Eso me suena extraño.

Klinik ['kli:nɪk] *f* clínica *f*

Klinikum ['kli:nɪkum] *n* centro clínico *m,* policlínico *m*

klinisch ['kli:nɪʃ] *adj* *1.* clínico; *adv* *2.* clínicamente

Klinke ['klɪŋkə] *f* picaporte *m,* manija *f* (LA); *sich die ~ in die Hand geben (fig)* estar entrando y saliendo permanentemente; *~n putzen* ir de casa en casa

Klippe ['klɪpə] *f* *1.* peña *f,* roca *f;* *2.* *(fig)* escollo *m,* tropiezo *m*

klirren ['klɪrən] *v* *(Ton)* sonar, tintinear

klirrend ['klɪrənt] *adj* *1.* *(Ton)* sonoro, tintineante; *2.* *~e Kälte* frío intenso

Klischee [klɪ'ʃe:] *n* cliché *m,* clisé *m*

klischeehaft [klɪ'ʃe:haft] *adj* tópico

Klistier [kli'sti:r] *n* *MED* clistel *m,* clister *m*

Klitoris ['kli:torɪs] *f* *ANAT* clítoris *m*

Klo [klo:] *n* *(fam)* retrete *m,* excusado *m,* water *m*

Kloake [klo'a:kə] *f* *1.* cloaca *f,* alcantarilla *f;* *2.* *BIO* cloaca *f*

klobig ['klo:bɪç] *adj* *(Sache)* macizo

Klobrille ['klo:brɪlə] *f* asiento del wáter *m*

klonen ['klo:nən] *v* *BIO* clonar

klopfen ['klɔpfən] *v* *1.* golpear, dar golpes; *2.* *(Herz)* palpitar; *3.* *(Motor)* picar

Klopfzeichen ['klɔpftsaɪçən] *n* *(~ geben)* manifestar su presencia golpeando

Klosett [klo'zɛt] *n* retrete *m,* excusado *m,* baño *m* (LA)

Klosettbürste [klo'zɛtbyrstə] *f* escoba para limpiar retretes *f*

Kloß [klo:s] *m* *GAST* bolilla de pan *f,* bolilla de patatas *f;* *einen ~ im Hals haben* tener un nudo en la garganta

Kloßbrühe ['klo:sbry:ə] *f* *Das ist klar wie ~!* Esta claro como el agua.

Kloster ['klo:stər] *n* *1.* *(Nonnenkloster) REL* convento *m;* *2.* *(Mönchskloster) REL* monasterio *m*

Klosterschule ['klo:stərʃu:lə] *f* escuela conventual *f*

Klotz [klɔts] *m* *1.* bloque *m;* *sich einen ~ ans Bein binden* cargarse con un muerto (fam); *einen ~ am Bein haben* tener un muerto encima (fam); *2.* *(Spielklotz)* piezas para armar *m/pl;* *3.* *(Mensch)* patán *m,* zopenco *m*

Klub [klup] *m* club *m*

Klubhaus ['kluphaus] *n* local del club *m*

Klubmitglied ['klupmɪtgli:t] *n* socio de un club *m*

Kluft [kluft] *f* *1.* *(Abgrund)* abismo *m,* precipicio *m;* *2.* *(fam: Kleidung)* uniforme *m;* *3.* *(fig: Gegensatz)* abismo *m,* diferencia exagerada *f*

klug [klu:k] *adj* inteligente, listo; *aus jdm nicht ~ werden* no poder verle el juego a alguien, no poder adivinar sus intenciones

Klugheit ['klu:khaɪt] *f* inteligencia *f*
Klumpen ['klumpən] *m 1.* pedazo *m,* trozo *m; 2. (Blutklumpen)* coágulo *m; 3. (Goldklumpen)* pepita *f; 4. (Leute)* masa *f*
klumpen ['klumpən] *v 1.* aglomerarse; *2. GAST* formarse grumos
Klumpfuß ['klumpfu:s] *m* pie zopo *m*
knabbern ['knabərn] *v* mordiscar, mordisquear; *etw zu ~ haben* tener algo para picar
Knabe ['kna:bə] *m* muchacho *m,* chico *m*
Knäckebrot ['knɛkəbro:t] *n GAST* pan crujiente *m,* pan sueco *m*
knacken ['knakən] *v 1. (knarren)* crujir; *2. (Nüsse)* cascar; *3. (fam: aufbrechen)* forzar, romper
knackig ['knakɪç] *adj 1. (Wurst)* crujiente; *2. (fam: Mädchen)* apetitoso
Knacks [knaks] *m 1. (Sprung)* grieta *f; 2. (fig)* daño leve *m*
Knall [knal] *m* estallido *m,* explosión *f*
knallbunt [knal'bunt] *adj* colorido
knallen ['knalən] *v* estallar, hacer explosión, explosionar; *jdm eine ~* darle un bofetón a alguien
knalleng [knal'ɛŋ] *adj (fam)* muy apretado, estrechísimo
Knallfrosch ['knalfrɔʃ] *m* petardo *m*
knallhart [knal'hart] *adj 1.* violento, brutal; *adv 2.* con violencia, brutalmente
Knallkörper ['knalkœrpər] *m* petardo *m*
knapp [knap] *adj 1. (gering)* escaso, poco, mínimo; *2. (eng)* estrecho; *3. (fig: kurz gefasst)* conciso, breve; *4. mit ~er Not* a duras penas; *(fam) jdn ~ halten,* dejar poca libertad a alguien; *adv 5.* apenas, escasamente
Knappheit ['knaphaɪt] *f* escasez *f*
Knarre ['knarə] *f 1.* carraca *f,* matraca *f; 2. (fam: Gewehr)* fusil *m*
knarren ['knarən] *v* rechinar
Knast [knast] *m (fam)* trena *f,* chirona *f; Er ist in den ~ gesteckt worden.* Le han puesto a la sombra.
knattern ['knatərn] *v* crepitar
Knäuel ['knɔyəl] *n 1. (Wollknäuel)* ovillo *m; 2. (fig: Menschenansammlung)* aglomeración *f,* multitud *f*
Knauf [knauf] *m* pomo *m,* puño *m*
knauserig ['knauzərɪç] *adj (fam)* tacaño, cicatero
knausern ['knauzərn] *v (fam) mit etw ~* tacañear, escatimar
knautschen ['knautʃən] *v* arrugar, chafar
Knautschzone ['knautʃtso:nə] *f (beim Auto)* zona comprimible de seguridad *f*
Knebel ['kne:bəl] *m* garrote *m*
knebeln ['kne:bəln] *v* amordazar
Knecht [knɛçt] *m* gañán *m,* mozo *m*
knechten ['knɛçtən] *v* esclavizar, subyugar
Knechtschaft ['knɛçtʃaft] *f* servidumbre *f*
kneifen ['knaɪfən] *v irr 1. (zwicken)* pellizcar; *2. (fam: sich drücken)* sustraerse de una obligación, eludir una responsabilidad, zafarse
Kneipe ['knaɪpə] *f* taberna *f,* bar *m,* tasca *f*
Kneipenwirt ['knaɪpənvɪrt] *m GAST* tabernero *m*
kneten ['kne:tən] *v* amasar
Knetmasse ['kne:tmasə] *f* plastilina *f,* masa plástica *f*
Knick [knɪk] *m 1. (Straßenknick)* recodo *m; 2. (Papierknick)* doblez *m; 3. (fam) einen ~ in der Optik haben* tener problemas de vista
knicken ['knɪkən] *v 1. (falten)* doblar; *2. (abknicken)* quebrar
knickrig ['knɪkrɪç] *adj (fam)* tacaño, roñoso, mezquino
Knicks [knɪks] *m* reverencia *f*
Knie [kni:] *n ANAT* rodilla *f; weiche ~ bekommen (fig)* tener miedo, temblar de miedo; *jdn auf die ~ zwingen* obligar a alguien a ponerse de rodillas; *vor jdm auf den ~n rutschen* estar arrodillado ante alguien; *jdn übers ~ legen* dar una paliza a alguien; *etw übers ~ brechen* obrar atropelladamente en algo
Kniebeuge ['kni:bɔygə] *f* movimiento de rodilla *m*
Kniebeugen ['kni:bɔygən] *pl* flexión de rodillas *f*
kniefrei ['kni:fraɪ] *adj* de media pierna
Kniegelenk ['kni:gəlɛŋk] *n ANAT* articulación de la rodilla *f*
Kniekehle ['kni:ke:lə] *f ANAT* corva *f*
knien [kni:n] *v 1.* estar arrodillado; *2. (sich nieder~)* arrodillarse
Kniescheibe ['kni:ʃaɪbə] *f ANAT* rótula *f*
Kniestrumpf ['kni:ʃtrumpf] *m* media corta *f*
knietief ['kni:ti:f] *adj* hasta las rodillas
Knieverletzung ['kni:fɛrlɛtsuŋ] *f MED* daño en la rodilla *m*
Kniff [knɪf] *m 1. (Trick)* truco *m; 2. (Knick)* doblez *m,* pliegue *m*
kniffelig ['knɪfəlɪç] *adj (fam)* complicado, delicado
knipsen ['knɪpsən] *v 1. (fotografieren)* hacer una foto; *2. (Fahrkarte)* picar, perforar

Knirps [knɪrps] *m 1. (Kind)* chiquillo *m,* chiquito *m* (LA); *2. (kleiner Mensch)* hombrecillo *m,* hombrecito *m*
knirpsig ['knɪrpsɪç] *adj* de chiquillo
knirschen ['knɪrʃən] *v* crujir
knistern ['knɪstərn] *v 1. (Papier)* crujir; *2. (Feuer)* crepitar; *3. ~ vor Spannung (fig)* estar en tensión, estar en estado de excitación
knitterfrei ['knɪtərfraɪ] *adj* inarrugable
knitterig ['knɪtərɪç] *adj* arrugable
knittern ['knɪtərn] *v* arrugar, ajar
knobeln ['knoːbəln] *v 1. (nachdenken)* romperse la cabeza; *2. (würfeln)* jugar a los dados; *3. (Stein, Schere, Papier)* rifar
Knoblauch ['knoːblaux] *m BOT* ajo *m*
Knoblauchbutter ['knoːblauxbutər] *f GAST* mantequilla de ajo *f*
Knoblauchzehe ['knoːblauxtseːə] *f GAST* diente de ajo *m*
Knöchel ['knœçəl] *m 1. (Fußknöchel) ANAT* tobillo *m; 2. (Fingerknöchel) ANAT* nudillo *m*
knöchellang ['knœçəllaŋ] *adj* hasta los tobillos
Knochen ['knɔxən] *m ANAT* hueso *m; bis auf die ~* hasta los huesos; *in die ~ fahren* llegar al alma; *Das steckte mir in den ~.* Eso me impresionó mucho. *über die ~ gehen* quemar mucho (fam)
Knochenbau ['knɔxənbau] *m ANAT* estructura ósea *f*
Knochenbruch ['knɔxənbrux] *m MED* fractura ósea *f*
Knochenmark ['knɔxənmark] *n* médula ósea *f,* tuétano *m*
Knochenschwund ['knɔxənʃvunt] *m MED* atrofia osea *f*
knochentrocken [knɔxən'trɔkən] *adj (fig: unbeeindruckt)* muy seco, impasible
knöchern ['knœçərn] *adj* huesudo
knochig ['knɔxɪç] *adj* huesudo
Knödel ['knøːdəl] *m GAST* bolilla de pan *f,* bolilla de patatas *f*
Knolle ['knɔlə] *f BOT* tubérculo *m*
Knopf [knɔpf] *m* botón *m*
Knopfdruck ['knɔpfdruk] *m* pulsación de un botón *f*
knöpfen ['knœpfən] *v* abotonar
Knopfloch ['knɔpflɔx] *n* ojal *m*
Knorpel ['knɔrpəl] *m* cartílago *m*
knorpelig ['knɔrpəlɪç] *adj* cartilaginoso
knorrig ['knɔrɪç] *adj 1. (Baum)* nudoso; *2. (Holz)* nudoso; *3. (fig: eigenwillig)* cabezota
Knospe ['knɔspə] *f 1. (eines Blattes) BOT* yema *f; 2. (einer Blüte) BOT* capullo *m*
knoten ['knoːtən] *v* anudar
Knoten ['knoːtən] *m 1.* nudo *m; sich einen ~ ins Taschentuch machen* hacerse un nudo en el pañuelo; *Der ~ ist geplatzt.* Se encendió la bombilla. *2. MED* nudosidad *f*
Knüller ['knylər] *m (fam)* exitazo *m*
knüpfen ['knypfən] *v 1. (binden)* atar, ligar; *2. (Teppich)* anudar; *3. (fig: Beziehung)* enlazar, tramar
Knüppel ['knypəl] *m 1. (Stock)* garrote *m,* palo *m; 2. (Schaltknüppel)* palanca de mando *f; jdm einen ~ zwischen die Beine werfen (fig)* ponerle la zancadilla a
knurren ['knurən] *v 1. (Hund)* gruñir; *2. (fig: meckern)* refunfuñar; *3. (fig: Magen)* sonar
knusprig ['knusprɪç] *adj* crujiente
knutschen ['knuːtʃən] *v (fam)* besuquear
Koalabär [ko'aːlabɛːr] *m ZOOL* coala *m*
koalieren [koa'liːrən] *v POL* coligarse, formar coalición
Koalition [koali'tsjoːn] *f POL* coalición *f*
Koalitionspartner [koali'tsjoːnspartnər] *m POL* partido integrante de la coalición *m*
Kobalt ['koːbalt] *n CHEM* cobalto *m*
Kobold ['koːbɔlt] *m* duende *m*
Kobra ['koːbra] *f ZOOL* cobra *f*
Koch [kɔx] *m* cocinero *m*
Kochbuch ['kɔxbuːx] *n* libro de cocina *m*
kochen ['kɔxən] *v 1. (zubereiten)* guisar, cocinar, preparar la comida; *2. (garen)* cocer a fuego lento; *3. (sieden)* hervir
kochend ['kɔxənt] *adj* hirviendo
Köcher ['kœçər] *m* estuche *m*
Kocher ['kɔxər] *m* hervidor *m,* cocinilla *f*
Kochgelegenheit ['kɔxgəleːgənhaɪt] *f* posibilidad de cocinar *f*
Kochgeschirr ['kɔxgəʃɪr] *n* batería de cocina *f*
Köchin ['kœçɪn] *f* cocinera *f*
Kochlöffel ['kɔxlœfəl] *m* cucharón *m*
Kochrezept ['kɔxretsɛpt] *n* receta de cocina *f*
Kochsalz ['kɔxzalts] *n GAST* sal común *f*
Kochtopf ['kɔxtɔpf] *m* olla *f,* cacerola *f,* cazuela *f*
Kochwäsche ['kɔxvɛʃə] *f* colada a 90 grados *f*
Köder ['køːdər] *m 1.* cebo *m; 2. (fig)* gancho *m,* aliciente *m*
ködern ['køːdərn] *v (Tieren)* echar el cebo
kodieren [ko'diːrən] *v INFORM* cifrar, codificar
Kodierung [ko'diːruŋ] *f* codificación *f*

Koeffizient [koɛfi'tsjɛnt] *m MATH* coeficiente *m*
Koffein [kɔfe'i:n] *n* cafeína *f*
koffeinfrei [kɔfe'i:nfraɪ] *adj* sin cafeína, descafeinado
koffeinhaltig [kɔfe'i:nhaltɪç] *adj* que contiene cafeína, con cafeína
Koffer ['kɔfər] *m* maleta *f; ~ packen* hacer la maleta; *Pack den ~! (fig)* ¡Apaga y vámonos!
Kofferkuli ['kɔfərku:li] *m* carrito portaequipajes *m*
Kofferradio ['kɔfərra:djo] *n* radio portátil *m*
Kofferraum ['kɔfərraum] *m* maletero *m*
Kognak ['kɔnjak] *m 1. GAST* coñac *m; v 2. (in ~ hergestellt)* fabricado en Coñac
Kognakglas ['kɔnjakgla:s] *n* vaso de coñac *m*
Kohl [ko:l] *m BOT* col *f,* repollo *m,* berza *f*
Kohldampf ['ko:ldampf] *m ~ schieben* tener un hambre canina
Kohle ['ko:lə] *f* carbón *m; wie auf glühenden ~n sitzen* estar sobre ascuas
Kohlebergwerk ['ko:ləbɛrkvɛrk] *n* mina de carbón *f*
Kohlefaser ['ko:ləfa:zər] *f TECH* fibra de carbón *f*
Kohlehydrat ['ko:ləhydra:t] *n CHEM* hidrato de carbono *m*
Kohlekraftwerk ['ko:ləkraftvɛrk] *n TECH* central térmica carbonera *f*
Kohlendioxid [ko:lən'djɔksy:t] *n CHEM* anhídrido carbónico *m,* dióxido de carbono *m*
Kohlenmonoxid [ko:lən'monɔksy:t] *n CHEM* monóxido de carbono *m*
Kohlensäure ['ko:lənsɔyrə] *f CHEM* ácido carbónico *m*
Kohlenstoff ['ko:lənʃtɔf] *m CHEM* carbono *m*
Kohlenwasserstoff [ko:lən'vasərʃtɔf] *m CHEM* hidrocarburo *m*
Kohlepapier ['ko:ləpapi:r] *n* papel carbón *m*
Kohlkopf ['ko:lkɔpf] *m* repollo *m*
Kohlmeise ['ko:lmaɪzə] *f ZOOL* carbonero común *m*
kohlrabenschwarz [ko:lrabən'ʃvarts] *adj* negro como el carbón
Kohlrabi [ko:l'ra:bi] *m BOT* colinabo *m*
Kohlrübe ['ko:lry:bə] *f* nabo *m*
Koje ['ko:jə] *f* camarote *m,* litera *f*
Kojote [ko'jo:tə] *m ZOOL* coyote *m*
Kokain [koka'i:n] *n* cocaína *f*
kokett [ko'kɛt] *adj* coqueto
kokettieren [kokɛ'ti:rən] *v* coquetear
Kokon [ko'kɔ:] *m ZOOL* capullo *m*
Kokosmilch ['ko:kɔsmɪlç] *f GAST* leche de coco *f*
Kokosnuss ['ko:kɔsnus] *f BOT* coco *m*
Kokospalme ['ko:kɔspalmə] *f BOT* cocotero *m*
Koks [ko:ks] *m* cocaína *f*
Kolben ['kɔlbən] *m 1. (Motorkolben) TECH* émbolo *m,* pistón *m; 2. (Gewehrkolben)* culata *f; 3. (Maiskolben) BOT* mazorca *f*
Kolbenfresser ['kɔlbənfrɛsər] *m TECH* agarrotamiento del pistón *m*
Kolik ['ko:lɪk] *f MED* cólico *m*
kollabieren [kɔla'bi:rən] *v MED* colapsar, caer
kollaborieren [kɔlabo'ri:rən] *v POL* colaborar con el enemigo
Kollaps ['kɔlaps] *m MED* colapso *m*
Kollege [kɔ'le:gə] *m* colega *m,* compañero *m*
kollegial [kɔle'gjal] *adj 1.* colegial; *adv 2.* de manera colegial
Kollegin [kɔ'le:gɪn] *f* compañera *f*
Kollegium [kɔ'le:gjum] *n* colegio *m*
Kollekte [kɔ'lɛktə] *f REL* colecta *f*
Kollektion [kɔlɛk'tsjo:n] *f* colección *f*
kollektiv [kɔlɛk'ti:f] *adj* colectivo
Kollektor [kɔ'lɛkto:r] *m TECH* colector *m*
Koller ['kɔlər] *m (Wutausbruch)* estallido de cólera *m*
kollern ['kɔlərn] *v (kullern)* rodar, revolcarse por el suelo
kollidieren [kɔli'di:rən] *v 1. (zusammenstoßen)* colisionar contra; *2. (in Konflikt geraten)* chocar con, estar en pugna con
Kollision [kɔlizj'o:n] *f* colisión *f,* choque *m*
Kolonialherrschaft [kolo'nja:lhɛrʃaft] *f POL* dominio colonial *m*
Kolonialismus [kolonja'lɪsmus] *m POL* colonialismo *m*
Kolonialpolitik [kolo'nja:lpoliti:k] *f POL* política colonial *f*
Kolonie [kolo'ni:] *f POL* colonia *f*
Kolonne [ko'lɔnə] *f* columna *f*
kolorieren [kolo'ri:rən] *v 1.* colorar, pintar, dar color; *2. (Haare)* teñir
Kolorierung [kolo'ri:ruŋ] *f* colorido *m*
Koloss [ko'lɔs] *m* coloso *m,* gigante *m*
kolossal [kolo'sa:l] *adj 1.* colosal; *adv 2. (fam)* estupendamente, formidablemente, tremendo
Kölsch [kœlʃ] *n (Bier)* cerveza de Colonia *f*

Kolumbianer(in) [kolum'bjaːnər(ɪn)] *m/f* colombiano/colombiana *m/f*
kolumbianisch [kolum'bjaːnɪʃ] *adj* colombiano
Kolumbien [ko'lumbjən] *n GEO* Colombia *f*
Kolumne [ko'lumnə] *f (einer Zeitung)* columna *f*
Koma ['koːma] *n MED* coma *m*
Kombination [kɔmbina'tsjoːn] *f 1. (Verknüpfung)* asociación *f; 2. (Vermutung)* conjetura *f,* suposición *f; 3. (Kleidung)* conjunto *m*
kombinieren [kɔmbi'niːrən] *v 1. (verknüpfen)* asociar, relacionar; *2. (vermuten)* suponer, conjeturar; *3. (zusammenstellen)* combinar
Kombiwagen ['kɔmbivaːgən] *m* camioneta *f*
Kombizange ['kɔmbitsaŋə] *f TECH* alicates universales *m/pl*
Kombüse [kɔm'byːzə] *f NAUT* cocina de un barco *f*
Komet [ko'meːt] *m ASTR* cometa *m*
kometenhaft [ko'meːtənhaft] *adj (fig)* vertical
Komfort [kɔm'foːr] *m* confort *m,* comodidad *f*
komfortabel [kɔmfɔr'taːbəl] *adj* confortable, cómodo
Komik ['koːmɪk] *f* comicidad *f,* lo cómico
Komiker(in) ['koːmɪkər(ɪn)] *m/f* cómico/cómica *m/f*
komisch ['koːmɪʃ] *adj 1. (spaßig)* cómico; *2. (eigenartig)* raro, extraño
Komitee [kɔmi'teː] *n* comité *m*
Komma ['kɔma] *n GRAMM* coma *f*
Kommandeur(in) [kɔman'døːr(ɪn)] *m/f* comandante *m/f*
kommandieren [kɔman'diːrən] *v* comandar, tener el mando
Kommanditgesellschaft [kɔman'ditgəzɛlʃaft] *f ECO* sociedad en comandita *f,* sociedad comanditaria *f*
Kommando [kɔ'mando] *n* mando *m*
Kommandozentrale [kɔ'mandotsɛntraːlə] *f* central de comando *f*
Kommaregel ['kɔmareːgəl] *f GRAMM* regla de la coma *f*
kommen ['kɔmən] *v irr* venir, ir; *auf jdn nichts ~ lassen* defender alguien; *im Kommen sein* estar al llegar, ser inminente; *wieder zu sich ~* volver en sí; *wenn's hoch kommt* a lo sumo; *Das kommt davon!* ¡Ahí tienes la consecuencia!
Kommentar [kɔmen'taːr] *m* comentario *m*
kommentarlos [kɔmen'taːrloːs] *adj* sin comentario
Kommentator(in) [kɔmen'taːtɔr(ɪn)] *m/f* comentarista *m/f,* comentador(a) *m/f*
kommentieren [kɔmen'tiːrən] *v* comentar, expresar una opinión
Kommerz [kɔ'mɛrts] *m* comercio *m*
kommerzialisieren [kɔmɛrtsjali'ziːrən] *v* comercializar
Kommerzialisierung [kɔmɛrtsjali'ziːruŋ] *f* comercialización *f*
kommerziell [kɔmɛrts'jɛl] *adj 1.* comercial; *adv 2.* comercialmente
Kommilitone [kɔmili'toːnə] *m* compañero de estudios *m*
Kommilitonin [kɔmili'toːnɪn] *f* compañera de estudios *f*
Kommissar(in) [kɔmɪ'saːr(ɪn)] *m/f* comisario *m*
Kommission [kɔmɪs'joːn] *f 1. (Ausschuss)* comisión *f,* comité *m; 2. (Auftrag) ECO* comisión *f*
Kommode [kɔ'moːdə] *f* cómoda *f*
kommunal [kɔmu'naːl] *adj* comunal, municipal
Kommunalpolitik [kɔmu'naːlpolitiːk] *f POL* política municipal *f*
Kommunalwahl [kɔmu'naːlvaːl] *f POL* elecciones municipales *f/pl*
Kommune [kɔ'muːnə] *f 1. (Wohngemeinschaft)* comuna *f; 2. (Gemeinde) POL* municipio *m*
Kommunikation [kɔmunika'tsjoːn] *f* comunicación *f*
Kommunikationstechnologie [kɔmunika'tsjoːnstɛçnologiː] *f TECH* tecnología de la comunicación *f*
kommunikativ [kɔmunika'tiːf] *adj* comunicativo
Kommunion [kɔmun'joːn] *f REL* comunión *f*
Kommunismus [kɔmu'nɪsmus] *m POL* comunismo *m*
Kommunist [kɔmu'nɪst] *m POL* comunista *m*
kommunistisch [kɔmu'nɪstɪʃ] *adj POL* comunista
kommunizieren [kɔmuni'tsiːrən] *v 1.* comunicar, informar; *2. REL* recibir la Sagrada Comunión, comulgar
Komödiant(in) [kɔmød'jant(ɪn)] *m/f* comediante/comedianta *m/f*
Komödie [kɔ'møːdjə] *f* comedia *f*

Kompagnon [kɔmpa'njɔ̃] *m ECO* socio *m*
kompakt [kɔm'pakt] *adj* compacto
Kompanie [kɔmpa'niː] *f MIL* compañía *f*
Komparativ ['kɔmparatiːf] *m GRAMM* comparativo *m*
Komparse [kɔm'parzə] *m CINE* extra *m*
Kompass ['kɔmpas] *m* brújula *f*
kompatibel [kɔmpa'tiːbəl] *adj INFORM* compatible
Kompatibilität [kɔmpatibili'tɛːt] *f* compatibilidad *f*
Kompensation [kɔmpenza'tsjoːn] *f* compensación *f,* satisfacción *f*
kompensieren [kɔmpen'ziːrən] *v* compensar, satisfacer
kompetent [kɔmpə'tɛnt] *adj* competente, autorizado
Kompetenz [kɔmpə'tɛnts] *f* competencia *f*
komplett [kɔm'plɛt] *adj* completo
komplettieren [kɔmplɛ'tiːrən] *v* completar
komplex [kɔm'plɛks] *adj* complejo
Komplex [kɔm'plɛks] *m 1.* conjunto *m,* complejo *m,* grupo *m; 2. PSYCH* complejo *m*
Komplexität [kɔmplɛksi'tɛːt] *f* complejidad *f*
Komplikation [kɔmplika'tsjoːn] *f* complicación *f*
Kompliment [kɔmpli'mɛnt] *n* cumplido *m; ~e machen* echar flores
Komplize [kɔm'pliːtsə] *m* cómplice *m*
komplizieren [kɔmpli'tsiːrən] *v* complicar, dificultar
kompliziert [kɔmpli'tsiːrt] *adj* complicado, difícil
Komplott [kɔm'plɔt] *n POL* complot *m,* confabulación *f,* conspiración *f; ein ~ schmieden* formar un complot
Komponente [kɔmpo'nɛntə] *f* componente *m*
komponieren [kɔmpo'niːrən] *v MUS* componer
Komponist(in) [kɔmpo'nɪst(ɪn)] *m/f MUS* compositor(a) *m/f*
Komposition [kɔmpozɪ'tsjoːn] *f 1. (Zusammenstellung)* composición *f; 2. MUS* composición *f*
Kompost [kɔm'pɔst] *m AGR* compost *m*
kompostieren [kɔmpɔs'tiːrən] *v* convertir en compost
Kompostierung [kɔmpɔs'tiːruŋ] *f* elaboración de compost *f,* compostaje *m*
Kompott [kɔm'pɔt] *n GAST* compota *f*
Kompresse [kɔm'prɛsə] *f MED* compresa *f*
Kompressor [kɔm'prɛsɔr] *m TECH* compresor *m*
komprimieren [kɔmpri'miːrən] *v 1.* comprimir; *2. (fig)* condensar
Kompromiss [kɔmpro'mɪs] *m* compromiso *m,* arreglo *m*
Kompromissbereitschaft [kɔmpro'mɪsbəraɪtʃaft] *f* disposición a transigir *f*
kompromisslos [kɔmpro'mɪsloːs] *adj 1.* intransigente; *adv 2.* sin compromiso
Kompromisslosigkeit [kɔmpro'mɪsloːzɪçkaɪt] *f* falta de compromiso *f*
kompromittieren [kɔmpromɪ'tiːrən] *v* comprometer
Kondensator [kɔndɛn'zaːtor] *m TECH* condensador *m*
Kondensmilch [kɔn'dɛnsmɪlç] *f GAST* leche condensada *f*
Kondenswasser [kɔn'dɛnsvasər] *n* agua de condensación *f/el*
Kondition [kɔndi'tsjoːn] *f 1. (Bedingung)* condición *f,* requisito *m; 2. (Leistungsfähigkeit)* capacidad de rendimiento *f*
Konditor(in) [kɔn'diːtɔr(ɪn)] *m/f* pastelero/pastelera *m/f,* confitero/confitera *m/f*
Konditorei [kɔndito'raɪ] *f* confitería *f,* pastelería *f,* repostería *f*
Kondolenzschreiben [kɔndo'lɛntsʃraɪbən] *n* carta de pésame *f*
kondolieren [kɔndo'liːrən] *v* dar el pésame
Kondom [kɔn'doːm] *n* condón *m,* preservativo *m*
Konfekt [kɔn'fɛkt] *n GAST* dulces *m/pl,* bombones *m/pl*
Konfektion [kɔnfɛk'tsjoːn] *f* confección *f,* hecha *f,* ropa *f*
Konfektionsgröße [kɔnfɛk'tsjoːnsgrøːsə] *f* talla de confección *f*
Konferenz [kɔnfe'rɛnts] *f* conferencia *f*
Konferenzschaltung [kɔnfe'rɛntsʃaltuŋ] *f* conexión de conferencias simultáneas *f*
Konferenzteilnehmer(in) [kɔnfe'rɛntstaɪlneːmər(ɪn)] *m/f* participante en la conferencia *m*
Konferenzzimmer [kɔnfe'rɛntstsɪmər] *n* sala de conferencias *f*
Konfession [kɔnfɛs'joːn] *f REL* confesión religiosa *f,* religión *f*
konfessionell [kɔnfɛsjo'nɛl] *adj* confesional
konfessionslos [kɔnfɛs'joːnsloːs] *adj* sin religión
Konfetti [kɔn'fɛti] *n* confeti *m*

Konfiguration [kɔnfigura'tsjoːn] *f INFORM* configuración *f*
Konfirmand(in) [kɔnfɪr'mant/kɔnfɪr'mandɪn] *m/f REL* confirmando/confirmanda *m/f*
Konfirmation [kɔnfɪrma'tsjoːn] *f REL* confirmación *f*
konfiszieren [kɔnfɪs'tsiːrən] *v* confiscar
Konfitüre [kɔnfi'tyːrə] *f GAST* confitura *f*
Konflikt [kɔn'flɪkt] *m* conflicto *m*
Konfliktstoff [kɔn'flɪktʃtɔf] *m* materia de conflicto *f*
Konföderation [kɔnfødəra'tsjoːn] *f POL* confederación *f*
konform [kɔn'fɔrm] *adj* conforme
Konfrontation [kɔnfrɔnta'tsjoːn] *f* confrontación *f*, enfrentamiento *m*
konfrontieren [kɔnfrɔn'tiːrən] *v* confrontar, enfrentar
konfus [kɔn'fuːs] *adj* confuso
Konfusion [kɔnfu'zjoːn] *f* confusión *f*, desorden *m*
Kongo ['kɔŋgoː] *m GEO* el Congo
Kongress [kɔn'grɛs] *m* congreso *m*
Kongresshalle [kɔn'grɛshaːlə] *f* sala de congresos *f*
König(in) ['køːnɪç/'køːnɪgɪn] *m/f* rey/reina *m/f*
königlich ['køːnɪklɪç] *adj 1.* real, regio; *adv 2.* regiamente; *~ bewirten* atender a cuerpo de rey
Königreich ['køːnɪkraɪç] *n* reino *m*
königsblau ['køːnɪksblau] *adj* azul real
Königshaus ['køːnɪkshaus] *n POL* casa real *f*
Königskerze ['køːnɪkskɛrtsə] *f BOT* candelaria *f*, verbasco *m*, gordolobo *m*
Königtum ['køːnɪktuːm] *n POL* reinado *m*
konisch ['koːnɪʃ] *adj* cónico
Konjugation [kɔnjuga'tsjoːn] *f GRAMM* conjugación *f*
konjugieren [kɔnju'giːrən] *v GRAMM* conjugar
Konjunktion [kɔnjuŋk'tsjoːn] *f GRAMM* conjunción *f*
Konjunktiv ['kɔnjuŋktiːf] *m GRAMM* subjuntivo *m*
Konjunktur [kɔnjuŋk'tuːr] *f ECO* coyuntura *f*, ciclo económico *m*
Konjunkturentwicklung [kɔnjuŋk'tuːrɛntvɪkluŋ] *f* desarrollo coyuntural *m*
konkret [kɔn'kreːt] *adj* concreto
konkretisieren [kɔnkreti'ziːrən] *v* concretar
Konkurrent(in) [kɔnku'rɛnt(ɪn)] *m/f* competidor(a) *m/f*, rival *m/f*
Konkurrenz [kɔnku'rɛnts] *f 1. (Wettbewerb)* competición *f*; *2. ECO* competencia *f*
konkurrenzfähig [kɔnku'rɛntsfɛːɪç] *adj* competitivo, capaz de competir
Konkurrenzkampf [kɔnku'rɛntskampf] *m* competencia *f*, rivalidad *f*
konkurrenzlos [kɔnku'rɛntsloːs] *adj* fuera de competencia
konkurrieren [kɔnku'riːrən] *v ~ mit* competir con, rivalizar con
Konkurs [kɔn'kurs] *m JUR* quiebra *f*
Konkursmasse [kɔn'kursmasə] *f JUR* masa activa *f*, masa de la quiebra *f*
Konkursverfahren [kɔn'kursfɛrfaːrən] *n JUR* procedimiento de quiebra *m*
Konkursverwalter(in) [kɔn'kursfɛrvaltər(ɪn)] *m/f 1. JUR* síndico de la quiebra *m*; *2. (von Gläubigern eingesetzt) JUR* comisario/comisaria de la quiebra *m/f*
können ['kœnən] *v irr 1. (in der Lage sein)* poder, estar en condiciones de; *für etw nichts ~* no tener la culpa de algo; *2. (beherrschen, wissen)* saber, dominar una materia; *3. (dürfen)* tener permiso; *4. Du kannst mich mal!* ¡Vete a la mierda!
Können ['kœnən] *n* poder *m*, saber *m*, capacidad *f*
Könner(in) ['kœnər(ɪn)] *m/f* experto/experta *m/f*, conocedor(a) *m/f*
Konsens [kɔn'zɛns] *m 1. (Einwilligung)* consenso *m*; *2. (Übereinstimmung)* unanimidad de opinión *f*
konsequent [kɔnze'kvɛnt] *adj 1.* consecuente; *adv 2.* consecuentemente
Konsequenz [kɔnze'kvɛnts] *f 1. (Folgerichtigkeit)* lógica *f*; *2. (Folge)* consecuencia *f*, efecto *m*, resultado *m*; *aus etw ~en ziehen* sacar las consecuencias de algo
konservativ [kɔnzɛrva'tiːf] *adj 1.* conservador; *adv 2.* de modo conservador
Konservative(r) [kɔnzɛrva'tiːvə(r)] *m/f POL* conservador(a) *m/f*
Konservatorium [kɔnzɛrva'toːrjum] *n MUS* conservatorio *m*
Konserve [kɔn'zɛrvə] *f* conserva *f*
Konservendose [kɔn'zɛrvəndoːzə] *f* lata de conservas *f*
konservieren [kɔnzɛr'viːrən] *v* conservar
Konservierungsmittel [kɔnzɛr'viːruŋsmɪtəl] *n* conservante *m*
Konsistenz [kɔnzɪs'tɛnts] *f* consistencia *f*
Konsole [kɔn'zoːlə] *f* consola *f*

konsolidieren [kɔnzoli'diːrən] *v* consolidar
Konsolidierung [kɔnzoli'diːruŋ] *f ECO* consolidación *f*
Konsonant [kɔnzo'nant] *m LING* consonante *f*
Konsortium [kɔn'zɔrtsjum] *n ECO* consorcio *m*
Konspiration [kɔnspira'tsjoːn] *f POL* conspiración *f*
konspirativ [kɔnspira'tiːf] *adj* conspirativo
konstant [kɔns'tant] *adj* constante
Konstante [kɔn'stantə] *f 1. MATH* constante *f; 2.* constante *f*
Konstellation [kɔnstɛla'tsjoːn] *f 1.* situación *f; 2. ASTR* constelación *f*
konstituieren [kɔnstitu'iːrən] *v* constituir
konstitutionell [kɔnstitutsjo'nɛl] *adj POL* constitucional
konstruieren [kɔnstru'iːrən] *v* construir, edificar
Konstrukteur [kɔnstruk'tøːr] *m TECH* constructor *m*
Konstruktion [kɔnstruk'tsjoːn] *f* construcción *f*
konstruktiv [kɔnstruk'tiːf] *adj* constructivo, edificante
Konsul ['kɔnzuːl] *m POL* cónsul *m*
Konsulat [kɔnzu'laːt] *n POL* consulado *m*
konsultieren [kɔnzul'tiːrən] *v* consultar, conferenciar
Konsum [kɔn'zuːm] *m* consumo *m*
Konsument(in) [kɔnzu'mɛnt(ɪn)] *m/f* consumidor(a) *m/f*
Konsumgesellschaft [kɔn'zuːmgəzɛlʃaft] *f* sociedad de consumo *f*
Konsumgüter [kɔn'zuːmgyːtər] *pl* bienes de consumo *m/pl*
konsumieren [kɔnzu'miːrən] *v* consumir
Kontakt [kɔn'takt] *m* contacto *m*
kontaktarm [kɔn'taktarm] *adj* poco relacionado, de poco contacto social
Kontaktaufnahme [kɔn'taktaufnaːmə] *f* toma de contacto *f*
kontaktfreudig [kɔn'taktfrɔydɪç] *adj* sociable
kontaktieren [kɔntak'tiːrən] *v* contactar
Kontaktlinsen [kɔn'taktlɪnzən] *f/pl* lentes de contacto *f/pl*
Kontaktperson [kɔn'taktpɛrzoːn] *f* persona de contacto *f*
kontern ['kɔntərn] *v 1. (Boxen) SPORT* contragolpear; *2. (fig)* replicar inmediatamente
Kontext ['kɔntɛkst] *m* contexto *m*
Kontinent [kɔnti'nɛnt] *m* continente *m*
kontinental [kɔntinɛn'taːl] *adj* continental
Kontinentalklima [kɔntinɛn'taːlkliːma] *n METEO* clima continental *f*
Kontingent [kɔntɪŋ'gɛnt] *n* contingente *m*
kontinuierlich [kɔntinu'iːrlɪç] *adj 1.* continuo, continuado; *adv 2.* continuamente
Kontinuität [kɔntinui'tɛːt] *f* continuidad *f*
Konto ['kɔnto] *n* cuenta *f; auf jds ~ gehen* correr a cuenta de alguien
Kontoauszug ['kɔntoaustsuːk] *m* extracto de cuenta *m*
Kontoinhaber(in) ['kɔntoɪnhaːbər(ɪn)] *m/f* titular de cuenta bancaria *m/f*
Kontonummer ['kɔntonumər] *f* número de la cuenta *m*
Kontostand ['kɔntoʃtant] *m* estado de la cuenta *m,* saldo de cuenta *m*
Kontrahent(in) [kɔntra'hɛnt(ɪn)] *m/f JUR* parte contratante *f*
Kontrakt [kɔn'trakt] *m* contrato *m*
konträr [kɔn'trɛːr] *adj* contrario, opuesto
Kontrast [kɔn'trast] *m* contraste *m*
kontrastreich [kɔn'trastraɪç] *adj* rico en contrastes
Kontrollbehörde [kɔn'trɔlbəhøːrdə] *f* comisión interventora *f*
Kontrolle [kɔn'trɔlə] *f* control *m,* inspección *f,* intervención *f*
Kontrollleuchte [kɔn'trɔllɔyçtə] *f TECH* lampara *f,* piloto *m*
Kontrolleur(in) [kɔntrɔ'løːr(ɪn)] *m/f* inspector(a) *m/f,* revisor(a) *m/f*
kontrollieren [kɔntrɔ'liːrən] *v* controlar, inspeccionar, vigilar, supervisar
kontrovers [kɔntro'vɛrs] *adj* controvertido
Kontroverse [kɔntro'vɛrzə] *f* controversia *f*
Kontur [kɔn'tuːr] *f* contorno *m,* perfil *m*
Konvention [kɔnvɛn'tsjoːn] *f 1. (Brauch)* convención *f,* uso *m; 2. POL* convenio *m;* tratado *m*
konventionell [kɔnvɛntsjo'nɛl] *adj 1.* convencional; *adv 2.* convencionalmente
Konversation [kɔnvɛrza'tsjoːn] *f* conversación *f,* charla *f*
konvertieren [kɔnvɛr'tiːrən] *v 1. FIN* convertir; *2. (Daten) INFORM* convertir; *3. REL* convertir
Konvoi ['kɔnvɔy] *m MIL* convoy *m*
Konzentrat [kɔntsɛn'traːt] *n* concentrado *m*

Konzentration [kɔntsɛntra'tsjo:n] *f* concentración *f*
Konzentrationslager [kɔntsɛntra'tsjo:nsla:gər] *n POL* campo de concentración *m*
Konzentrationsschwäche [kɔntsɛntra'tsjo:nsʃvɛçə] *f* deficiencia de concentración *f*
konzentrieren [kɔntsɛn'tri:rən] *v 1.* concentrar, concentrarse; *2. sich ~* centrarse
konzentrisch [kɔn'tsɛntrɪʃ] *adj* concéntrico
Konzept [kɔn'tsɛpt] *n 1. (Plan)* plan *m,* concepto *m; jdm nicht ins ~ passen* no cuadrar en los planes de alguien; *jdn aus dem ~ bringen* sacar de tino a alguien; *aus dem ~ kommen* perder el hilo; *2. (Entwurf)* borrador *m,* boceto *m,* esquema *m*
Konzeption [kɔntsɛp'tsjo:n] *f* concepción *f*
Konzern [kɔn'tsɛrn] *m ECO* consorcio *m,* grupo empresarial *m*
Konzert [kɔn'tsɛrt] *n MUS* concierto *m*
konzertiert [kɔntsɛr'ti:rt] *adj POL* concertado
Konzertsaal [kɔn'tsɛrtza:l] *m* sala de conciertos *f*
Konzession [kɔntsɛ'sjo:n] *f 1. (Erlaubnis)* licencia *f; 2. (Zugeständnis)* concesión *f*
Konzil [kɔn'tsi:l] *n REL* concilio *m*
konzipieren [kɔntsi'pi:rən] *v* concebir, imaginar, idear, crear
Kooperation [koɔpəra'tsjo:n] *f* cooperación *f*
kooperativ [koɔpəra'ti:f] *adj* cooperativo
kooperieren [koɔpə'ri:rən] *v* cooperar
Koordinaten [koɔrdɪ'na:tən] *pl MATH* coordenadas *f/pl*
Koordination [koɔrdina'tsjo:n] *f* coordinación *f*
koordinieren [koɔrdi'ni:rən] *v* coordinar
Kopf [kɔpf] *m ANAT* cabeza *f; seinen ~ darauf verwetten* apostar la cabeza; *den ~ kosten* costar el pellejo; *den ~ aus der Schlinge ziehen* salir del apuro; *sich den ~ einrennen* darse de cabezazos contra la pared; *seinen ~ durchsetzen* salirse con la suya; *den ~ hängen lassen* perder el ánimo; *sich die Köpfe heißreden* discutir acaloradamente; *seinen ~ hinhalten* poner su cabeza, responder por, responsabilizarse por; *den ~ in den Sand stecken* volver la espalda a la realidad; *~ und Kragen kosten* costarle a uno el pellejo, costarle a uno la vida; *jdm den ~ verdrehen* volver loco a alguien; *den ~ voll haben* tener la cabeza llena; *sich einen ~ um etw machen* darle vueltas a algo, preocuparse por algo; *jdm den ~ zurechtrücken* poner a alguien los puntos sobre las pies; *einen kühlen ~ bewahren* conservar la sangre fría; *nicht auf den ~ gefallen sein* no ser tonto; *Geld auf den ~ hauen* tirar el dinero; *aus dem ~* de memoria; *jdm nicht aus dem ~ gehen* no quitarse de la cabeza a alguien; *sich etw aus dem ~ schlagen* quitarse algo de la cabeza; *in den ~ steigen* subir a la cabeza; *über jds ~ hinweg* por encima de su cabeza; *über den ~ wachsen* subirse a la cabeza; *von ~ bis Fuß* de la cabeza a los pies; *jdn vor den ~ stoßen* ofender a alguien en su amor proprio; *jdm den ~ waschen* echar un sermón a alguien; *jdm etw an den ~ werfen* echar en cara algo a alguien; *sich etw durch den ~ gehen lassen* reflexionar sobre algo, pensarlo bien; *etw im ~ haben* tener algo en la cebeza; *etw im ~ behalten* retener algo en la memoria; *Mir schwirrt der ~.* La cabeza me da vueltas. *~ hoch!* ¡Arriba ese ánimo!
Kopf-an-Kopf-Rennen ['kɔpfan'kɔpfrɛnən] *n* carrera codo a codo *f*
Kopfarbeit ['kɔpfarbaɪt] *f* trabajo intelectual *m*
Kopfball ['kɔpfbal] *m SPORT* cabezazo *m*
köpfen ['kœpfən] *v 1. (enthaupten)* decapitar, cortar la cabeza; *2. (Blumen)* descabezar; *3. (Fußball) SPORT* rematar de cabezar, cabezar
Kopfhaut ['kɔpfhaut] *f ANAT* cuero cabelludo *m*
Kopfhörer ['kɔpfhø:rər] *m* auriculares *m/pl,* audífonos *m/pl*
Kopfkissen ['kɔpfkɪsən] *n* almohada *f*
kopflos ['kɔpflo:s] *adj 1. (fig)* aturdido, atolondrado; *adv 2.* atolondradamente, aturdidamente
Kopfnicken ['kɔpfnɪkən] *n* señal afirmativa con la cabeza *f,* inclinación de la cabeza *f*
Kopfrechnen ['kɔpfrɛçnən] *n MATH* cálculo mental *m*
Kopfsalat ['kɔpfzala:t] *m BOT* lechuga *f*
Kopfschmerzen ['kɔpfʃmɛrtsən] *pl MED* dolor de cabeza *m; jdm ~ bereiten (fig)* dar dolor de cabeza a alguien
Kopfschutz ['kɔpfʃuts] *m* casco protector *f*
Kopfsprung ['kɔpfʃpruŋ] *m SPORT* salto de cabeza *m*
Kopfsteinpflaster ['kɔpfʃtaɪnpflastər] *n* adoquinado *m,* empedrado *m*

Kopfstütze ['kɔpfʃtytsə] *f* reposacabezas *m*, apoyacabezas *m*
Kopftuch ['kɔpftu:x] *n* pañuelo de cabeza *m*
kopfüber [kɔpf'y:bər] *adv* de cabeza
Kopie [ko'pi:] *f* copia *f*
kopieren [ko'pi:rən] *v* copiar
Kopierer [ko'pi:rər] *m* fotocopiadora *f*
Kopilot ['ko:pilo:t] *m* copiloto *m*
Koppel ['kɔpəl] *f* 1. *(Weide)* parcela de pastos *f*, dehesa *f*; 2. *(Gürtel)* cinturón *m*
koppeln ['kɔpəln] *v* 1. acoplar; 2. *(Ziele)* conectar; 3. *(Hunde)* atraillar; 4. *(Pferde)* poner de reata, poner en yunta; 5. *(Wörter)* relacionar
Koralle [ko'ralə] *f* BOT coral *m*
Korallenriff [ko'ralənrɪf] *n* GEO arrecife de coral *m*
Korb [kɔrp] *m* canasta *f*; *jdm einen ~ geben (fig)* darle calabazas a alguien
Korbmöbel ['kɔrpmø:bəl] *pl* muebles de mimbre *m/pl*
Korbwurf ['kɔrpvurf] *m* SPORT lanzamiento de canasta *m*
Kord [kɔrt] *m* pana *f*
Kordel ['kɔrdəl] *f* cordón *m*
Kordhose ['kɔrtho:zə] *f* pantalón de pana *m*
Koreakrieg [ko're:akri:k] *m* HIST guerra de Corea *f*
Koreaner(in) [kore'a:nər(ɪn)] *m/f* coreano/coreana *m/f*
koreanisch [kore'a:nɪʃ] *adj* coreano
Koriander [kori'andər] *m* GAST cilantro *m*
Korinthe [ko'rɪntə] *f* pasa de Corinto *f*
Kork [kɔrk] *m* BOT corcho *m*
Korken ['kɔrkən] *m* tapón de corcho *m*
Korkenzieher ['kɔrkəntsi:ər] *m* sacacorchos *m*
Korn [kɔrn] *n* 1. *(Getreide)* cereales *m/pl*; 2. *(Krümchen)* migas *f/pl*, migajas *f/pl*; 3. *jdn aufs ~ nehmen* fijar su atención en alguien, no perder de vista a alguien
Kornblume ['kɔrnblu:mə] *f* BOT aciano *m*, centaura azul *f*
Kornfeld ['kɔrnfɛlt] *n* trigal *m*
körnig ['kœrnɪç] *adj* granular, granulado
Kornkammer ['kɔrnkamər] *f* granero *m*
Körper ['kœrpər] *m* 1. sólido *m*, cuerpo *m*; 2. ANAT cuerpo *m*
Körperbau ['kœrpərbau] *m* constitución física *f*
körperbehindert ['kœrpərbəhɪndərt] *adj* minusválido, físicamente impedido
Körperbehinderte(r) ['kœrpərbəhɪndərtə(r)] *m/f* impedido/impedida *m/f*, minusválido/minusválida *m/f*
körpereigen ['kœrpəraɪgən] *adj* BIO endógeno
Körperfülle ['kœrpərfylə] *f* corpulencia *f*, obesidad *f*, gordura
Körpergeruch ['kœrpərgərux] *m* olor corporal *m*
Körpergewicht ['kœrpərgəvɪçt] *n* peso corporal *m*
Körpergröße ['kœrpərgrø:sə] *f* talla *f*, estatura *f*
körperlich ['kœrpərlɪç] *adj* 1. corporal; *adv* 2. corporalmente
Körperpflege ['kœrpərpfle:gə] *f* higiene personal *f*
Körperschaft ['kœrpərʃaft] *f* corporación *f*, cuerpo *m*, entidad *f*
Körperteil ['kœrpərtaɪl] *n* parte del cuerpo *f*, miembro *m*
Körpertemperatur ['kœrpərtɛmperatu:r] *f* BIO temperatura corporal *f*
Körperverletzung ['kœrpərfɛrlɛtsuŋ] *f* JUR lesión corporal *f*
korpulent [kɔrpu'lɛnt] *adj* corpulento, gordo
korrekt [kɔ'rɛkt] *adj* 1. correcto, exacto; *adv* 2. correctamente
Korrektur [kɔrɛk'tu:r] *f* corrección *f*, enmienda *f*
Korrelation [kɔrela'tsjo:n] *f* correlación *f*
Korrespondent(in) [kɔrɛspɔn'dɛnt(ɪn)] *m/f* corresponsal *m/f*
Korrespondenz [kɔrɛspɔn'dɛnts] *f* correspondencia *f*
korrespondieren [kɔrɛspɔn'di:rən] *v* 1. *~ mit* corresponder con, sostener correspondencia, escribirse; 2. *(übereinstimmen)* corresponder, ajustarse
Korridor ['kɔrido:r] *m* corredor *m*
korrigieren [kɔri'gi:rən] *v* corregir, enmendar
Korrosion [kɔro'zjo:n] *f* CHEM corrosión *f*
korrupt [kɔ'rupt] *adj* corrupto
Korruption [kɔrup'tsjo:n] *f* corrupción *f*
Korsett [kɔr'zɛt] *n* corsé *m*
Korsika ['kɔrzika] *n* GEO Córcega *f*
korsisch ['kɔrzɪʃ] *adj* corso
Kortison [ɪɔrti'zo:n] *n* MED cortisona *f*
Kosak [ko'zak] *m* HIST cosaco *m*
kosen ['ko:zən] *v* *(liebkosen)* acariciar, hacer caricias

Kosename ['koːzənaːmə] *m* apodo cariñoso *m*
Kosewort ['koːzəvɔrt] *n* palabra cariñosa *f*
Kosmetik [kɔs'meːtɪk] *f* cosmética *f*
Kosmetika [kɔs'meːtɪka] *pl* productos cosméticos *m/pl*
Kosmetikerin [kɔs'meːtɪkərɪn] *f* esteticista *f,* cosmetóloga *f*
kosmetisch [kɔs'meːtɪʃ] *adj* cosmético
kosmisch ['kɔzmɪʃ] *adj* cósmico
Kosmopolit(in) [kɔsmopo'liːt(ɪn)] *m/f* cosmopolita *m/f*
kosmopolitisch [kɔsmopo'liːtɪʃ] *adj* cosmopolita
Kosmos ['kɔsmɔs] *m* cosmos *m*
Kost [kɔst] *f* alimentación *f,* nutrición *f,* dieta *f*
kostbar ['kɔstbaːr] *adj* costoso, valioso
Kostbarkeit ['kɔstbaːrkaɪt] *f* gran valor *m,* preciosidad *f*
kosten[1] ['kɔstən] *v 1. (Preis)* costar, tener un precio; *Wie viel kostet das?* ¿Cuánto cuesta esto? *Wie viel kostet eine Reise nach Rom?* ¿Cuánto vale un viaje a Roma? *sich eine Sache etw ~ lassen* no escatimar dinero para algo; *2. (wert sein)* valer
kosten[2] ['kɔstən] *v (versuchen)* probar, gustar, degustar
Kosten ['kɔstən] *pl (Ausgaben)* costos *m/pl,* gastos *m/pl; auf ~ anderer* a expensas de otros; *für die ~ aufkommen* correr con los gastos; *auf seine ~ kommen* quedar satisfecho
kostendeckend ['kɔstəndɛkənt] *adj ECO* que cubre los gastos; *~ wirtschaften* administra para cubrir gastos
kostenlos ['kɔstənloːs] *adj* gratuito, sin gastos
kostenpflichtig ['kɔstənpflɪçtɪç] *adj* pagando; *~ verurteilen* condenar en costas
Kostenpunkt ['kɔstənpuŋkt] *m ECO* precio *m,* coste *m*
Kostenvoranschlag ['kɔstənvoːranʃlaːk] *m* presupuesto (de gastos) *m,* estimación de costos/costes *f*
Kostgeld ['kɔstgɛlt] *n* pensión *f*
köstlich ['kœstlɪç] *adj 1. (hervorragend)* delicioso, exquisito; *2. (amüsant)* divertido, gracioso; *adv 3.* de lo lindo, divinamente; *Ich habe mich ~ amüsiert.* Me divertí de lo lindo.
Kostprobe ['kɔstproːbə] *f* degustación *f,* prueba *f,* bocadito *m*
kostspielig ['kɔstʃpiːlɪç] *adj* caro, costoso
Kostüm [kɔ'styːm] *n 1. (Kleidungsstück)* traje *m; 2. (Maskenkostüm)* disfraz *m*
Kostümball [kɔ'styːmbal] *m* baile de disfraces *m*
Kostümierung [kɔsty'miːruŋ] *f* disfraz *m*
Kot [koːt] *m 1. (Straßenkot)* barro *m,* lodo *m; 2. (Exkremente)* excrementos *m/pl*
Kotelett [kɔt'lɛt] *n GAST* chuleta *f*
Koteletten [kɔt'lɛtən] *pl (Frisur)* patillas *f/pl*
Kotflügel ['koːtflyːgəl] *m (eines Autos)* guardabarros *m,* guardafangos *m*
kotzen ['kɔtsən] *v (fam)* vomitar, echar la pota; *es ist zum ~* es para vomitar, da náuseas
Krabbe ['krabə] *f 1. (Garnele) ZOOL* camarón *m; 2. (Krebs) ZOOL* cangrejo de mar *m*
krabbeln ['krabəln] *v* gatear
Krach [krax] *m 1. (Lärm)* ruido ensordecedor *m,* bulla *f; 2. (Streit)* disputa *f,* altercado *m*
krachen ['kraxən] *v (knallen)* estallar, reventar
krächzen ['krɛçtsən] *v 1. (Mensch)* hablar con voz ronca; *2. (Vogel)* graznar
kraft [kraft] *prep* en virtud de
Kraft [kraft] *f* fuerza *f; außer ~* sin fuerza; *in ~* en vigor; *über jds ~ gehen* ser superior a las fuerzas de alguien; *die treibende ~ sein* ser la fuerza motriz; *mit jdm seine Kräfte messen* medir sus fuerzas con alguien; *zu Kräften kommen* ganar fuerzas, reponerse; *bei Kräften sein* estar con fuerzas
Kraftbrühe ['kraftbryːə] *f* caldo de carne *m,* consomé *m*
Kräfteverhältnis ['krɛftəfɛrhɛltnɪs] *n* relación de fuerzas *f*
Kraftfahrer(in) ['kraftfaːrər(ɪn)] *m/f* conductor(a) *m/f,* automovilista *m/f*
Kraftfahrzeug ['kraftfaːrtsɔyk] *n* vehículo *m,* automóvil *m*
Kraftfahrzeugbrief ['kraftfaːrtsɔykbriːf] *m* carta de vehículo *f*
Kraftfahrzeughalter(in) ['kraftfaːrtsɔykhaltər(ɪn)] *m/f* propietario/propietaria de un vehículo automóvil *m/f*
Kraftfahrzeugschein ['kraftfaːrtsɔykʃaɪn] *m* permiso de circulación *m*
Kraftfahrzeugsteuer ['kraftfaːrtsɔykʃtɔyər] *f* impuesto sobre vehículos *m,* impuesto de automóviles *m*
Kraftfahrzeugversicherung ['kraftfaːrtsɔykfɛrzɪçəruŋ] *f* seguro de automóviles *m*
Kraftfeld ['kraftfɛlt] *n PHYS* campo de fuerza *m*
kräftig ['krɛftɪç] *adj 1.* fuerte, vigoroso; *adv 2.* fuertemente, vigorosamente

kräftigen ['krɛftɪgən] *v* fortalecer, vitalizar, robustecer
Kräftigung ['krɛftɪguŋ] *f* fortalecimiento *m*
kraftlos ['kraftloːs] *adj* sin fuerza, débil
Kraftlosigkeit ['kraftloːzɪçkaɪt] *f 1.* debilidad *f,* flaqueza *f,* flojedad *f; 2. (Ungültigkeit)* pasividad *f*
Kraftprobe ['kraftproːbə] *f* prueba de fuerza *f*
Kraftsport ['kraftʃpɔrt] *m* deporte de fuerza *m*
Kraftstoff ['kraftʃtɔf] *m* combustible *m*
Kraftstoffpumpe ['kraftʃtɔfpumpə] *f TECH* bomba de carburante *f*
Kraftstoffverbrauch ['kraftʃtɔffɛrbraux] *m TECH* consumo de combustible *m*
kraftvoll ['kraftfɔl] *adj* vigoroso, fuerte
Kraftwagen ['kraftvaːgən] *m* automóvil *m,* coche *m,* auto (LA) *m,* carro (LA) *m*
Kraftwerk ['kraftvɛrk] *n* central eléctrica *f*
Kragen ['kraːgən] *m* cuello *m; jdm den ~ kosten* costarle a alguien el cuello; *jdn beim ~ packen* cogerle a uno del cuello, coger a alguien por las solapas; *jdm an den ~ wollen* querer retorcer el pescuezo a alguien; *Jetzt geht es ihm an den ~!* ¡Le va a costar la existencia! *Ihm ist der ~ geplatzt.* Ha perdido la paciencia.
Kragenweite ['kraːgənvaɪtə] *f* medida del cuello *f; (fig) jds ~ sein* ser de la medida de alguien
Krähe ['krɛːə] *f ZOOL* corneja *f*
krähen ['krɛːən] *v 1. ZOOL* cacarear; *2. (Hahn)* cantar
Krähenfüße ['krɛːənfyːsə] *pl 1. (Augenfalten)* patas de gallo *f/pl; 2. (Geschriebenes)* garabatos *m/pl*
Krake ['kraːkə] *f ZOOL* pulpo *m*
Kralle ['kralə] *f ZOOL* garra *f; jdm die ~n zeigen (fig)* enseñar las uñas a alguien; *etw in die ~n bekommen* caer algo en sus garras
Kram [kraːm] *m (fam)* baratijas *f/pl,* trastos *m/pl; jdm nicht in den ~ passen* no venirle bien a alguien
kramen ['kraːmən] *v ~ in etw* revolver algo
Krampf [krampf] *m MED* calambre *m,* espasmo *m*
Krampfader ['krampfaːdər] *f MED* variz *f,* varice *f*
krampfhaft ['krampfhaft] *adj* convulsivo, espasmódico
Kran [kraːn] *m* grúa *f*
Kranich ['kraːnɪç] *m ZOOL* grulla *f*
krank [kraŋk] *adj* enfermo
Kranke(r) ['kraŋkə(r)] *m/f* enfermo/enferma *m/f*
kranken ['kraŋkən] *v an etw ~* adolecer
kränken ['krɛŋkən] *v* ofender, herir
Krankenbericht ['kraŋkənbərɪçt] *m MED* boletín médico *m,* parte falcultativo *m*
Krankenbesuch ['kraŋkənbəzuːx] *m* visita a un enfermo *f*
Krankenbett ['kraŋkənbɛt] *n* cama del enfermo *f*
Krankengymnastik ['kraŋkəngymnastɪk] *f* fisioterapia *f*
Krankenhaus ['kraŋkənhaus] *n* hospital *m*
Krankenkasse ['kraŋkənkasə] *f* caja de enfermedad *f*
Krankenpflege ['kraŋkənpfleːgə] *f* asistencia médica *f*
Krankenpfleger(in) ['kraŋkənpfleːgər(ɪn)] *m/f* enfermero/enfermera *m/f*
Krankenschein ['kraŋkənʃaɪn] *m* volante del seguro *m*
Krankenschwester ['kraŋkənʃvɛstər] *f* enfermera *f*
Krankentransport ['kraŋkəntranspɔrt] *m MED* transporte de enfermos *m*
Krankenversicherung ['kraŋkənfɛrzɪçəruŋ] *f* seguro de enfermedad *m*
Krankenwagen ['kraŋkənvaːgən] *m* ambulancia *f; Rufen Sie sofort einen ~!* ¡Llame en seguida una ambulancia!
krankhaft ['kraŋkhaft] *adj 1. MED* enfermizo; *2. (fig)* patológico, morboso; *adv 3. (fig)* con morbosidad, patológicamente
Krankheit ['kraŋkhaɪt] *f* enfermedad *f*
Krankheitsbild ['kraŋkhaɪtsbɪlt] *n MED* cuadro clínico *m*
Krankheitserreger ['kraŋkhaɪtsɛrreːgər] *m MED* germen patógeno *m*
kränklich ['krɛŋklɪç] *adj* enfermizo
krankmelden ['kraŋkmɛldən] *v sich ~* darse de baja por enfermedad
krankschreiben ['kraŋkʃraɪbən] *v irr* dar de baja por enfermedad
Kränkung ['krɛŋkuŋ] *f* ofensa *f,* agravio *m*
Kranz [krants] *m* corona *f*
Krapfen ['krapfən] *m* bollo de Berlín *m,* bollo relleno de mermelada *m,* berlinés *m*
krass [kras] *adj* craso
Krater ['kraːtər] *m GEOL* cráter *m*
kratzbürstig ['kratsbyrstɪç] *adj* renitente, reacio
kratzen ['kratsən] *v* rascar, rasguñar, *(Tier)* arañar

kraulen ['kraulən] *v 1. (schwimmen)* nadar a crawl, nadar a crol; *2. (streicheln)* acariciar
kraus [kraus] *adj 1. (gelockt)* crespo, rizado; *2. (fig)* confuso, desordenado
kräuseln ['krɔyzəln] *v 1. (Haar)* rizar; *2. (Wasser)* encresparse
Kraut [kraut] *n 1. (Würzkraut)* hierba fina *f; wie ~ und Rüben* como un dormitorio de monas; *das ~ nicht fett machen (fig)* ni mejorar ni empeorar la situación; *ins ~ schießen* crecer rápidamente; *2. (Heilkraut)* planta medicinal *f; Dagegen ist kein ~ gewachsen.* No tiene remedio. *3. (Kohl)* col *f*
Kräuteressig ['krɔytərɛsıç] *m* vinagre de hierbas *m*
Krawall [kra'val] *m* tumulto *m,* alboroto *m,* bochinche *m*
Krawatte [kra'vatə] *f* corbata *f*
Kreation [krea'tsjoːn] *f* creación *f*
kreativ [krea'tiːf] *adj* creativo
Kreativität [kreativi'tɛːt] *f* creatividad *f*
Kreatur [krea'tuːr] *f* criatura *f*
Krebs [kreːps] *m 1. ZOOL* cangrejo *m; 2. MED* cáncer *m; ~ erregend* cancerógeno
Krebsforschung ['kreːpsfɔrʃuŋ] *f MED* cancerología *f,* investigación del cáncer *f*
Kredit [kre'diːt] *m ECO* crédito *m*
Kreditaufnahme [kre'diːtaufnaːmə] *f ECO* utilización del crédito *f,* apelación al crédito *f*
Kreditinstitut [kre'diːtınstituːt] *n FIN* instituto de crédito *m*
Kreditkarte [kre'diːtkartə] *f ECO* tarjeta de crédito *f*
kreditwürdig [kre'diːtvyrdıç] *adj* solvente
Kreide ['kraıdə] *f 1. (Schreibkreide)* tiza *f; 2. GEOL* creta *f,* greta *f; 3. (fig) in der ~ stehen* estar en apuros; *in die ~ geraten* meterse en apuros
kreieren [kre'iːrən] *v* crear
Kreis [kraıs] *m 1.* círculo *m; sich im ~ bewegen* no adelantar; *immer weitere ~e ziehen* extenderse cada vez más, aumentar su radio de acción; *2. (Verwaltung)* distrito *m,* circunscripción *f; 3. (Freundeskreis)* círculo de amistades *m,* amigos *m/pl*
kreischen ['kraıʃən] *v* chillar
Kreisel ['kraızəl] *m* peonza *f,* peón *m*
kreisen ['kraızən] *v* dar vueltas, girar
kreisförmig ['kraısfœrmıç] *adj* circular
Kreislauf ['kraıslauf] *m 1. (fig)* ciclo *m; 2. MED* circulación *f*
Kreislaufstörung ['kraıslaufʃtøːruŋ] *f MED* trastorno de la circulación *m*
Kreissäge ['kraıszɛːgə] *f* sierra circular *f*
Kreißsaal ['kraıszaːl] *m MED* sala de partos *f,* sala obstétrica *f*
Kreisstadt ['kraısʃtat] *f* capital de distrito *f*
Kreisumfang ['kraısumfaŋ] *m MATH* perímetro de la circunferencia *m*
Kreisverkehr ['kraısfɛrkeːr] *m* tráfico circular *m*
Krematorium [krema'toːrjum] *n* crematorio *m*
Krempe ['krɛmpə] *f (Hutkrempe)* ala del sombrero *f*
krempeln ['krɛmpəln] *v (hoch~)* arremangarse
Kreole [kre'oːlə] *m* criollo *m*
Kreolin [kre'oːlın] *f* criolla *f*
krepieren [kre'piːrən] *v 1. (fam: eingehen)* morirse, estirar la pata, diñarlas; *2. (fam: elend sterben)* morir en la miseria
Krepp [krɛp] *m* crespón *m,* tela de crepé *f*
Krepppapier ['krɛppapiːr] *n* papel crepé *m*
Kresse ['krɛsə] *f BOT* berro *m*
Kreuz [krɔyts] *n* cruz *f; drei ~e machen* hacer tres cruces; *sein ~ auf sich nehmen* llevar su cruz a cuestas; *aufs ~ fallen* caer de bruces; *jdn aufs ~ legen* tomar el pelo a alguien; *sich etw aus dem ~ leiern* romperse la crisma para conseguir algo
Kreuzband ['krɔytsbant] *n ANAT* ligamento cruzado *m*
kreuzen ['krɔytsən] *v 1. NAUT* navegar de bolina; *2. (verschränken)* cruzar; *3. BIO* cruzar
Kreuzer ['krɔytsər] *m* crucero *m*
Kreuzfahrer ['krɔytsfaːrər] *m HIST* cruzado *m*
Kreuzfahrt ['krɔytsfaːrt] *f* crucero *m*
Kreuzfeuer ['krɔytsfɔyər] *n ins ~ geraten* ser el blanco de las críticas
Kreuzigung ['krɔytsıguŋ] *f REL* crucifixión *f*
Kreuzotter ['krɔytsɔtər] *f ZOOL* víbora común *f*
Kreuzritter ['krɔytsrıtər] *m 1.* caballero cruzado *m; 2. (Mitglied des Deutschen Ordens)* caballero de la Orden Teutónica *m*
Kreuzschmerz ['krɔytsʃmɛrts] *m ~en pl MED* dolores en la región lumbar *m/pl,* lumbago *m*
Kreuzspinne ['krɔytsʃpınə] *f* araña de jardín *f*
Kreuzung ['krɔytsuŋ] *f 1. (Straßenkreuzung)* intersección *f,* cruce *m; 2. BIO* cruce *m*

Kreuzverhör ['krɔytsfɛrhøːr] *n JUR* interrogatorio cruzado *m,* interrogatorio contradictorio *m*
Kreuzweg ['krɔytsvɛk] *m 1. (fig)* encrucijada *f; 2. REL* Vía Crucis *f,* Camino al Calvario *m*
kreuzweise ['krɔytsvaɪzə] *adv* en forma de cruz
Kreuzworträtsel ['krɔytsvɔrtrɛːtsəl] *n* crucigrama *m*
Kreuzzeichen ['krɔytstsaɪçən] *n REL* señal de la cruz *f*
Kreuzzug ['krɔytstsuːk] *m 1. HIST* cruzada *f; 2. (fig) ~ für* campaña en favor de *f*
kribbelig ['krɪbəlɪç] *adj (fam)* nervioso, impaciente
kribbeln ['krɪbəln] *v* picar
kriechen ['kriːçən] *v irr* arrastrarse, reptar
kriecherisch ['kriːçərɪʃ] *adj (fig)* rastrero
Kriechtier ['kriːçtiːr] *n ZOOL* reptil *m*
Krieg [kriːk] *m* guerra *f*
kriegen ['kriːgən] *v 1. (bekommen)* recibir; *2. (fangen)* coger (nicht in Argentinien!), atrapar
Krieger(in) ['kriːgər(ɪn)] *m/f* guerrero/guerrera *m/f*
Kriegerdenkmal ['kriːgərdɛŋkmaːl] *n* monumento a los muertos de la guerra *m*
kriegerisch ['kriːgərɪʃ] *adj* guerrero, belicoso
Kriegführung ['kriːkfyːruŋ] *f MIL* estrategia de guerra *f*
Kriegsausbruch ['kriːksausbrux] *m* comienzo de la guerra *m*
kriegsbeschädigt ['kriːksbəʃɛːdɪçt] *adj* lisiado (mutilado) de guerra
Kriegsdienst ['kriːksdiːnst] *m* servicio militar *m*
Kriegsdienstverweigerer ['kriːksdiːnstfɛrvaɪgərər] *m* objetor de conciencia *m*
Kriegsende ['kriːksɛndə] *n* fin de la guerra *m*
Kriegserklärung ['kriːksɛrklɛːruŋ] *f* declaración de guerra *f*
Kriegsfuß ['kriːksfuːs] *m (fig) mit jdm auf ~ stehen* estar en pie de guerra con alguien
Kriegsgefangene(r) ['kriːksgəfaŋənə(r)] *m/f* prisionero/prisionera de guerra *m/f*
Kriegsgefangenschaft ['kriːksgəfaŋənʃaft] *f* cautiverio *m,* cautividad *f*
Kriegsgegner(in) ['kriːksgeːgnər(ɪn)] *m/f* pacifista *m/f*
Kriegsgericht ['kriːksgərɪçt] *n* tribunal de guerra *m*
Kriegsinvalide ['kriːksɪnvaliːdə] *m* mutilado de guerra *m*
Kriegslist ['kriːkslɪst] *f* ardid de guerra *m*
Kriegsopfer ['kriːksɔpfər] *n* víctima de la guerra *f*
Kriegsteilnehmer ['kriːkstaɪlneːmər] *m 1.* combatiente de guerra *m; 2. (ehemaliger Soldat)* veterano de guerra *m*
Kriegsverbrecher(in) ['kriːksfɛrbrɛçər(ɪn)] *m/f* criminal de guerra *m/f*
kriegsversehrt ['kriːksvɛrzeːrt] *adj* mutilado de guerra, lisiado de guerra
Krimi ['krɪmi] *m 1. (Roman)* novela policiáca *f; 2. (Film)* película policíaca *f*
Kriminalbeamter [krɪmi'naːlbəamtər] *m* agente de la brigada de investigación criminal *m*
Kriminalbeamtin [krɪmi'naːlbəamtɪn] *f* agente de la brigada de investigación criminal *f*
Kriminalfilm [krɪmi'naːlfɪlm] *m 1.* película policíaca *f; 2. (Detektivgeschichte)* película policíaca *f*
Kriminalität [krɪminali'tɛːt] *f* criminalidad *f,* delincuencia *f*
Kriminalpolizei [krɪmi'naːlpolitsaɪ] *f* Brigada de Investigación Criminal *f,* policía judicial *f* (LA)
Kriminalroman [krɪmi'naːlromaːn] *m 1.* novela policíaca *f; 2. (Detektivgeschichte)* novela policíaca *f*
kriminell [krɪmi'nɛl] *adj* criminal
Kriminelle(r) [krɪmi'nɛlə(r)] *m/f* criminal *m/f,* delincuente *m/f*
Krippe ['krɪpə] *f 1. (Kinderkrippe)* guardería infantil *f; 2. (Futterkrippe)* pesebre *m,* comedero *m; 3. REL* belén *m,* nacimiento *m*
Krise ['kriːzə] *f* crisis *f*
krisenfest ['kriːzənfɛst] *adj* a prueba de crisis
Krisengebiet ['kriːzəngəbiːt] *n POL* foco de crisis *m*
Krisenherd ['kriːzənheːrt] *m POL* foco de crisis *m,* foco explosivo *m,* foco subversivo *m*
Krisenmanagement ['kriːzənmɛnɪdʒmənt] *n* gestión de la crisis *f*
Krisensituation ['kriːzənzɪtuatsjoːn] *f* situación de crisis *f*
Krisenstab ['kriːzənʃtaːp] *m* estado mayor de crisis *m*
Kristall [krɪs'tal] *n 1. (Glas)* cristal *m; m 2. MIN* cristal *m*
kristallisieren [krɪstali'ziːrən] *v CHEM* cristalizar

Kriterium [kri'te:rjum] *n* criterio *m,* discernimiento *m*
Kritik [kri'ti:k] *f 1. (Tadel)* censura *f,* crítica *f; 2. (Beurteilung)* crítica *f,* apreciación *f,* juicio *m*
Kritiker ['kri:tikər] *m* crítico *m,* censor *m*
kritiklos [kri'ti:klo:s] *adj* sin crítica
kritisch ['kri:tɪʃ] *adj* crítico
kritisieren [kriti'zi:rən] *v* criticar, analizar, juzgar
Kritzelei [krɪtsə'laɪ] *f* garabato *m*
kritzeln ['krɪtsəln] *v* garabatear, garrapatear
Kroate [kro'a:tə] *m* croata *m*
Kroatien [kro'a:tsjən] *n GEO* Croacia *f*
Kroatin [kro'a:tɪn] *f* croata *f*
Krokant [kro'kant] *m GAST* crocante *m*
Krokodil [kroko'di:l] *n ZOOL* cocodrilo *m*
Krokus ['kro:kus] *m BOT* rosa del azafrán *f*
Krone ['kro:nə] *f* corona *f; Das setzt doch allem die ~ auf!* ¡Es increíble!
krönen ['krø:nən] *v 1.* coronar; *2. (fig)* culminar con éxito
Kronkorken ['kro:nkɔrkən] *m* chapa *f*
Kronleuchter ['kro:nlɔyçtər] *m* araña de cristal *f*
Kronprinz(essin) ['kro:nprɪnts(esɪn)] *m/f* príncipe heredero/princesa heredera *m/f*
Krönung ['krø:nuŋ] *f* coronación *f*
Kronzeuge ['kro:ntsɔygə] *m JUR* testigo de cargo *m,* testigo principal *m*
Kropf [krɔpf] *m 1. (eines Vogels)* buche *m; 2. MED* bocio *m*
Kröte ['krø:tə] *f ZOOL* sapo *m*
Krücke ['krykə] *f* muleta *f*
Krug [kru:k] *m* jarro *m*
Krume ['kru:mə] *f 1.* migaja *f; 2. (Schicht des Erdbodens)* tierra vegetal *f*
Krümel ['kry:məl] *m* migaja *f,* miga *f*
krümeln ['kry:məln] *v* desmigajar, hacer migas de
krumm [krum] *adj* corvo; *jdm etw ~ nehmen* tomar a alguien algo a mal; *sich ~ und schief lachen* desternillarse de risa
krummbeinig ['krumbaɪnɪç] *adj* con las piernas torcidas, zanquituerto
krümmen ['krymən] *v* encorvar, encorvarse, doblar, doblarse
Krümmung ['krymuŋ] *f 1. (Wölbung)* curvatura *f; 2. (Biegung)* curva *f*
Krüppel ['krypəl] *m* inválido *m,* lisiado *m,* paralítico *m*
Kruste ['krustə] *f 1. (Rinde)* corteza *f; 2. (Schicht)* capa *f*
Krustentier ['krustənti:r] *n ZOOL* crustáceo *m*
Kruzifix [krutsi'fɪks] *n REL* crucifijo *m*
Kuba ['ku:ba] *n GEO* Cuba *f*
Kubaner(in) [ku'ba:nər(ɪn)] *m/f* cubano/cubana *m/f*
kubanisch [ku'ba:nɪʃ] *adj* cubano
Kübel ['ky:bəl] *m* artesa *f,* cubo *m,* cubeta *f*
Kubikmeter [ku'bi:kme:tər] *m* metro cúbico *m*
Kubismus [ku'bɪsmus] *m ART* cubismo *m*
Küche ['kyçə] *f 1. (Raum)* cocina *f; 2. (Kochkunst)* arte culinario *m,* cocina *f*
Kuchen ['ku:xən] *m GAST* tarta *f,* pastel *m*
Küchenabfall ['kyçənapfal] *m* desperdicios de cocina *m/pl*
Kuchenblech ['ku:xənblɛç] *n* bandeja de horno *f*
Küchenchef(in) ['kyçənʃɛf(ɪn)] *m/f GAST* jefe/jefa de cocina *m/f*
Kuchengabel ['ku:xənga:bəl] *f* tenedor para pasteles *m*
Küchenherd ['kyçənhe:rt] *m 1.* cocina *f; 2. (mit Gas)* cocina de gas *f*
Küchenhilfe ['kyçənhɪlfə] *f* asistente de cocina *m/f*
Küchenmaschine ['kyçənmaʃi:nə] *f* máquina de cocina *f*
Küchenschrank ['kyçənʃraŋk] *m* armario de cocina *m*
Kuchenteig ['ku:xəntaɪk] *m GAST* masa para pasteles *f*
Kuckuck ['kukuk] *m ZOOL* cuco *m; Das weiß der ~!* ¡Y yo que sé!
Kufe ['ku:fə] *f 1. (Gleitschiene)* patín *m,* cuba *f,* cuchilla *f; 2. (eines Flugzeuges)* patín *m*
Kugel ['ku:gəl] *f 1. (Spiel)* bolo *m,* bola *f; eine ruhige ~ schieben (fam)* no esforzarse especialmente trabajando; *2. MATH* esfera *f; 3. MIL* bala *f; eine verirrte ~* una bala perdida *f*
Kugelblitz ['ku:gəlblɪts] *m METEO* relámpago esférico *m*
kugelförmig ['ku:gəlfœrmɪç] *adj* esférico, globular
Kugellager ['ku:gəlla:gər] *n TECH* rodamiento de bolas *m*
Kugelschreiber ['ku:gəlʃraɪbər] *m* bolígrafo *m,* lapicero *m* (LA)
kugelsicher ['ku:gəlzɪçər] *adj* antibalas, a prueba de balas; *~e Weste* chaleco antibalas *m*
Kugelstoßen ['ku:gəlsto:sən] *n SPORT* lanzamiento de peso *m*

Kugelstoßer(in) ['kuːgəlʃtoːsər(ɪn)] *m/f* *SPORT* lanzador(a) de peso *m/f*
Kuh [kuː] *f* *ZOOL* vaca *f*; *blinde ~* gallinita ciega *f*
Kuhfladen ['kuːflaːdən] *m* boñigo *m*
Kuhhaut ['kuːhaut] *f* *Das geht auf keine ~!* ¡Esto ya pas de castaño oscuro!
kühl [kyːl] *adj 1. (kalt)* fresco; *2. (fig)* frío, seco
kühlen ['kyːlən] *v* refrescar, enfriar, refrigerar
Kühler ['kyːlər] *m (Autokühler)* radiador *m*; *Der ~ ist undicht.* Gotea agua del radiador.
Kühlergrill ['kyːlərgrɪl] *m* *TECH* rejilla del radiador *f*
Kühlerhaube ['kyːlərhaubə] *f (eines Autos)* capó *m*, tapa del motor *f*
Kühlfach ['kyːlfax] *n* compartimiento refrigerador *m*
Kühlflüssigkeit ['kyːlflysɪçkaɪt] *f* *TECH* líquido refrigerante *m*
Kühlschrank ['kyːlʃraŋk] *m* refrigerador *m*, nevera *f*
Kühltasche ['kyːltaʃə] *f* nevera portátil *f*
Kühltruhe ['kyːltruːə] *f* congelador *m*
Kühlung ['kyːluŋ] *f* refrigeración *f*
Kühlwasser ['kyːlvasər] *n (beim Auto)* agua del radiador *f*; *Ich benötige ~.* Necesito agua para el radiador.
Kuhmilch ['kuːmɪlç] *f* leche de vaca *f*
kühn [kyːn] *adj 1.* atrevido, osado, audaz; *adv 2.* osadamente, audazmente
Kühnheit ['kyːnhaɪt] *f 1.* audacia *f*, osadía *f*; *2. (Keckheit)* intrepidez *f*
Küken ['kyːkən] *n* *ZOOL* polluelo *m*, pollito *m*
kulant [ku'lant] *adj 1.* complaciente, afable; *2. (Bedingungen)* aceptable
Kulanz [ku'lants] *f* buena voluntad *f*
Kuli ['kuːliː] *m* culi *m*
kulinarisch [kuli'naːrɪʃ] *adj* culinario
Kulisse [ku'lɪsə] *f 1.* *THEAT* bastidor *m*; *2. (fig)* bastidor *m*; *hinter den ~n* entre bastidores
kullern ['kulərn] *v* rodar
kulminieren [kulmi'niːrən] *v* culminar
Kult [kult] *m* culto *m*
Kultfigur ['kultfiguːr] *f* figura de culto *f*
Kultfilm ['kultfɪlm] *m* *CINE* película de culto *f*
kultisch ['kultɪʃ] *adj* de culto
kultivieren [kulti'viːrən] *v* cultivar
kultiviert [kulti'viːrt] *adj* cultivado; *~e Person* persona cultivada *f*, persona culta *f*
Kultur [kul'tuːr] *f 1.* cultura *f*; *2. BIO* cultivo *m*
Kulturaustausch [kul'tuːraustauʃ] *m* intercambio cultural *m*
kulturell [kultu'rɛl] *adj* cultural
Kulturgeschichte [kul'tuːrgəʃɪçtə] *f* historia de la civilización *f*
Kulturgut [kul'tuːrguːt] *n* patrimonio cultural *m*
Kulturkampf [kul'tuːrkampf] *m* *HIST* conflicto entre la Iglesia y el Estado en Alemania *m*
Kultusministerium ['kultusmɪnɪsteːrjum] *n* *POL* Ministerio de Cultura *m*
Kümmel ['kyməl] *m* *BOT* comino *m*
Kummer ['kumər] *m* pena *f*, pesadumbre *f*; *jdm ~ bereiten* causarle preocupaciones a alguien
kümmerlich ['kymərlɪç] *adj 1.* miserable, mísero; *adv 2.* en la miseria, miserablemente
kümmern ['kymərn] *v sich ~ um* preocuparse de, mirar por, interesarse por
kummervoll ['kumərfɔl] *adj 1.* preocupado, apesadumbrado; *adv 2.* muy preocupado, preocupadamente
Kumpan [kum'paːn] *m* cómplice *m*, compinche *m*
Kumpel ['kumpəl] *m 1. (Bergmann)* minero *m*; *2. (fam)* compañero *m*, tronco *m*
kündbar ['kyntbaːr] *adj* revocable
Kunde ['kundə] *m* cliente *m*
Kundendienst ['kundəndiːnst] *m* asistencia técnica *f*, servicio de post-venta *m*
Kundenkreis ['kundənkraɪs] *m* *ECO* clientela *f*
Kundgebung ['kuntgeːbuŋ] *f* manifestación *f*
kundig ['kundɪç] *adj* experimentado, experto, perito
kündigen ['kyndɪgən] *v 1. (Vertrag)* rescindir, revocar, anular; *2. (vom Arbeitnehmer aus)* renunciar al puesto; *3. (vom Arbeitgeber aus)* despedir del puesto
Kündigung ['kyndɪguŋ] *f 1. (eines Vertrages)* rescisión *f*; *2. (einer Stellung)* despido *m*, renuncia *f*
Kündigungsfrist ['kyndɪguŋsfrɪst] *f 1. (des Arbeitgebers)* plazo previo al despido *m*; *2. (des Arbeitnehmers)* plazo previo a la renuncia *m*
Kündigungsgrund ['kyndɪguŋsgrunt] *m* motivo de despido *m*
Kündigungsschutz ['kyndɪguŋsʃuts] *m* *ECO* protección contra el despido *f*

Kundin ['kundɪn] *f* clienta *f*
Kundschaft ['kuntʃaft] *f* clientela *f*
künftig ['kynftɪç] *adj 1.* futuro; *adv 2.* a partir de ahora, de ahora en adelante, en lo futuro
Kunst [kunst] *f* arte *m; eine brotlose ~* un arte que no da para comer *m; mit seiner ~ am Ende sein* no saber más; *Das ist keine ~!* ¡Eso no es ningún misterio!/¡Eso no es ningún arte!
Kunstausstellung ['kunstausʃtɛluŋ] *f* exposición de arte *f*
Kunstdünger ['kunstdyŋər] *m AGR* abono químico *m*
Kunsterziehung ['kunstɛrtsiːuŋ] *f* formación artística *f*
Kunstfaser ['kunstfaːzər] *f CHEM* fibra sintética *f*
Kunstfehler ['kunstfeːlər] *m MED* error quirúrgico *m*
kunstfertig ['kunstfɛrtɪç] *adj* mañoso *m,* habil
Kunstgegenstand ['kunstgeːgənʃtant] *m* objeto de arte *m*
kunstgerecht ['kunstgərɛçt] *adj* pericial, técnico
Kunstgeschichte ['kunstgəʃɪçtə] *f* historia del arte *f*
Kunstgewerbe ['kunstgəvɛrbə] *n* artes industriales *f/pl*
Kunsthändler(in) ['kunsthɛndlər(ɪn)] *m/f* comerciante de objetos de arte *m/f*
Kunstleder ['kunstleːdər] *n* cuero artificial *m,* imitación de cuero *f*
Künstler(in) ['kynstlər(ɪn)] *m/f* artista *m/f*
künstlerisch ['kynstlərɪʃ] *adj* artístico
Künstlername ['kynstlərnaːmə] *m 1.* nombre de artista *m,* pseudónimo *m; 2. (fam)* nombre de guerra *m*
künstlich ['kynstlɪç] *adj 1.* artificial *(unecht)* falso, sintetico; *2. ~e Intelligenz INFORM* inteligencia artificial *f*
Kunstliebhaber(in) ['kunstliːphaːbər(ɪn)] *m/f* aficionado a las artes/aficionada a las artes *m/f*
Kunstmaler(in) ['kunstmaːlər(ɪn)] *m/f* pintor(a) *m/f*
Kunstsammlung ['kunstzamluŋ] *f* colección de arte *f*
Kunstschätze ['kunstʃɛtsə] *pl* tesoros de arte *m/pl*
Kunststoff ['kunstʃtɔf] *m* plástico *m*
Kunststoffrecycling ['kunstʃtɔfriːsaɪklɪŋ] *n* reciclaje de productos de plástico *m*
Kunststück ['kunstʃtyk] *n* truco *m,* muestra de habilidad *f*
Kunststudent(in) ['kunstʃtudɛnt(ɪn)] *m/f* estudiante de Bellas Artes *m/f*
kunstvoll ['kunstfɔl] *adj* artístico, hecho con arte, primoroso
Kunstwerk ['kunstvɛrk] *n* obra de arte *f*
kunterbunt ['kuntərbunt] *adj 1. (vielfarbig)* muy colorido; *2. (Gruppe)* variado; *3. ein ~es Durcheinander* a tontas y a locas
Kupfer ['kupfər] *n CHEM* cobre *m*
Kupferdraht ['kupfərdraːt] *m* alambre de cobre *m*
kupfern ['kupfərn] *adj* de cobre, cobrizo
Kupferstein ['kupfərʃtaɪn] *m* piedra de cobre *f*
Kupferstich ['kupfərʃtɪç] *m ART* grabado de cobre *m*
Kupon [ku'p ɔː] *m* cupón *m*
Kuppe ['kupə] *f 1. (Bergkuppe)* cima *f,* cumbre *f; 2. (Fingerkuppe)* yema del dedo *f*
Kuppel ['kupəl] *f ARCH* cúpula *f*
Kuppelei [kupə'laɪ] *f 1. (fam)* alcahuetería *f; 2. JUR* favorecimiento de proxenetismo *m,* favorecimiento de lenocinio *m*
kuppeln ['kupəln] *v 1. (fam)* alcahuetar; *2. (verbinden)* acoplar, unir; *3. (Auto)* embragar
Kuppler(in) ['kuplər(ɪn)] *m/f* alcahuete/ alcuheta *m/f,* casamentero/casamentera *m/f*
Kupplung ['kupluŋ] *f (eines Autos) TECH* embrague *m*
Kur [kuːr] *f MED* cura *f*
Kür [kyːr] *f 1. SPORT* ejercicio libre *m; 2. (beim Eiskunstlauf)* figura libre *f*
Kuratorium [kura'toːrjum] *n* consejo de patronato *m*
Kurbel ['kurbəl] *f* manivela *f,* manubrio *m*
kurbeln ['kurbəln] *v* dar a la manivela
Kurbelwelle ['kurbəlvɛlə] *f TECH* cigüeñal *m*
Kürbis ['kyrbɪs] *m BOT* calabaza *f,* zapallo *m*
Kurde ['kurdə] *m* kurdo *m*
Kurdin ['kurdɪn] *f* kurda *f*
kurdisch ['kurdɪʃ] *adj* kurdo
küren ['kyːrən] *v irr* elegir como
Kurgast ['kuːrgast] *m* huésped(a) de un balneario *m/f*
Kurier [ku'riːr] *m* correo *m*
kurieren [ku'riːrən] *v* curar, sanar
kurios [kur'joːs] *adj* curioso, raro, extraño
Kurort ['kuːrɔrt] *m* balneario *m*
Kurpfuscher ['kuːrpfuʃər] *m* charlatán *m,* curandero *m*

Kurs [kurs] *m 1. (Kursus)* curso *m; 2. (Richtung)* rumbo *m*, dirección *f; 3. (Aktienkurs) FIN* cotización *f*, precio *m*
Kursänderung ['kursɛndəruŋ] *f 1. NAUT* cambio de rumbo *m; 2. (fig)* cambio radical *m*
Kursgewinn ['kursgəvɪn] *m FIN* plusvalía *f*, ganacia en el cambio *f*
kursieren [kur'ziːrən] *v* circular, estar en circulación
kursiv [kur'ziːf] *adj* en itálica, en cursiva
Kursivschrift [kur'ziːfʃrɪft] *f* letra cursiva *f*
Kursteilnehmer(in) ['kurstaɪlneːmər(in)] *m/f* cursillista *m/f*, cursista *m/f*
Kurswechsel ['kursvɛksəl] *m POL* cambio de línea *m*
Kurswert ['kursveːrt] *m* cotización en bolsa *f*
Kurve ['kurfə] *f* curva *f; Gefährliche ~n!* ¡Curvas peligrosas! *die ~ kratzen (fig)* rascar (en) las curvas; *die ~ kriegen* coger la curva
kurven ['kurfən] *v (fam: herumkurven)* viajar, andar por
kurvenförmig ['kurfənfœrmɪç] *adj* curvo
kurvenreich ['kurfənraɪç] *adj* con muchas curvas, lleno de curvas
kurvig ['kurfɪç] *adj* curvo
kurz [kurts] *adj 1. (zeitlich)* breve; *Die Pressekonferenz wird ~ nach neun Uhr beginnen.* La conferencia de prensa empezará a las nueve y pico. *zu ~ kommen* quedarse con las ganas; *~ und bündig* breve y suscintamente; *~ und gut* en fin, en suma, en una palabra; *~ und schmerzlos* rapidamente; *seit ~em* desde hace poco; *vor ~em* hace poco; *2. (räumlich)* corto; *den Kürzeren ziehen* perder en el negocio; *etw ~ und klein schlagen* destrozar algo; *~ treten (fig)* moderarse, mantenerse reservado
Kurzarbeit ['kurtsarbaɪt] *f* trabajo a jornada reducida *m*
kurzärmelig ['kurtsɛrməlɪç] *adj* de manga corta
kurzatmig ['kurtsaːtmɪç] *adj MED* corto de respiración
Kürze ['kyrtsə] *f 1. (zeitlich)* brevedad *f*, corta duración *f; 2. (räumlich)* corta extensión *f*, corta distancia *f*
Kürzel ['kyrtsəl] *n* abreviatura *f*
kürzen ['kyrtsən] *v 1. (kürzer machen)* acortar; *2. (zeitlich)* abreviar; *3. (herabsetzen)* recortar, reducir, disminuir
kurzerhand ['kurtsərhant] *adv* sin vacilar, sin más ni más
Kurzfassung ['kurtsfasuŋ] *f* resumen *m*, versión reducida *f*
Kurzfilm ['kurtsfɪlm] *m* cortometraje *m*, corto *m*
kurzfristig ['kurtsfrɪstɪç] *adj 1.* de corta duración, de plazo corto; *adv 2.* de un momento a otro, a corto plazo
Kurzgeschichte ['kurtsgəʃɪçtə] *f* relato corto *m*
Kurzhaarschnitt ['kurtshaːrʃnɪt] *m* corte de pelo corto *m*
kurzlebig ['kurtsleːbɪç] *adj* de corta vida
kürzlich ['kyrtslɪç] *adv* recientemente, hace poco
Kurzmeldung ['kurtsmɛlduŋ] *f* noticia abreviada *f*
kurzschließen ['kurtsʃliːsən] *v irr sich mit jdm ~* tener un roce con alguien
Kurzschluss ['kurtsʃlus] *m 1. TECH* cortocircuito *m; 2. (fig)* acción irreflexiva *f*
kurzsichtig ['kurtszɪçtɪç] *adj 1. MED* miope; *2. (fig)* de horizontes limitados
Kurzstreckenwaffen ['kurtsʃtrɛkənvafən] *pl MIL* armas de corto alcance *f/pl*
kurzum [kurts'um] *adv* en una palabra, resumiendo
Kürzung ['kyrtsuŋ] *f 1.* abreviación *f*, acortamiento *m*, abreviatura *f; 2. (Streichung)* reducción *f*
kurzweilig ['kurtsvaɪlɪç] *adj* divertido, entretenido, placentero
kurzzeitig ['kurtstsaɪtɪç] *adj 1.* breve, de corto tiempo; *adv 2.* brevemente
kuscheln ['kuʃəln] *v* acurrucarse
Kuscheltier ['kuʃəltiːr] *n* animal de peluche *f*
Kusine [ku'ziːnə] *f* prima *f*
Kuss [kus] *m* beso *m*
kussecht ['kusɛçt] *adj* indeleble
küssen ['kysən] *v* besar
Küste ['kystə] *f* costa *f*
Küster ['kystər] *m REL* sacristán *m*
Kutsche ['kutʃə] *f 1.* coche *m; 2. (Brautkutsche)* carroza *f*
Kutscher(in) ['kutʃər(ɪn)] *m/f* cochero/cochera *m/f*
Kutte ['kutə] *f REL* hábito *m*
Kutter ['kutər] *m NAUT* balandro *m*, cúter *m*
Kuvert [ku'veːr] *n (eines Briefes)* sobre *m*
Kuwait [ku'vaɪt] *n GEO* Kuwait *m*
Kuwaiter(in) [kuː'vaɪtər(ɪn)] *m/f* kuwaití *m/f*
Kybernetik [kybɛr'neːtɪk] *f* cibernética *f*
kyrillisch [ky'rɪlɪʃ] *adj* cirílico

L

laben ['la:bən] *v sich an etw ~* saborear
labil [la'bi:l] *adj* lábil
Labilität [labili'tɛ:t] *f* labilidad *f*
Labor [la'bo:r] *n* laboratorio *m*
Laborant(in) [labo'rant(ɪn)] *m/f* ayudante de laboratorio/ayudanta de laboratorio *m/f*
Laboratorium [labora'to:rium] *n* laboratorio *m*
laborieren [labo'ri:rən] *v* esforzarse
Labyrinth [laby'rɪnt] *n* laberinto *m*
Lache[1] ['la:xə] *f (Pfütze)* charco *m*
Lache[2] ['laxə] *f (fam: Lachen)* risotada *f,* carcajada *f*
lächeln ['lɛçəln] *v* sonreír, sonreírse
Lächeln ['lɛçəln] *n* sonrisa *f*
Lachen ['laxən] *n* risa *f; sich vor ~ biegen* mondarse de risa; *Dir wird das ~ noch vergehen!* ¡Se te quitará la risa! *zum Lachen sein* ser gracioso
lachen ['laxən] *v* reír, reírse; *nichts zu ~ haben* no tener por que reírse
lächerlich ['lɛçərlɪç] *adj* ridículo
Lächerlichkeit ['lɛçərlɪçkaɪt] *f* ridículo *m,* ridiculez *f*
lachhaft ['laxhaft] *adj* ridículo
Lachs [laks] *m ZOOL* salmón *m*
Lack [lak] *m 1.* laca *f; 2. (Firnis)* barniz *m*
lackieren [la'ki:rən] *v* barnizar
Lackierung [la'ki:ruŋ] *f* barnizado *m*
Lackmus ['lakmus] *m/f CHEM* tornasol *m*
Lackschaden ['lakʃa:dən] *m (am Auto)* rayas en la carrocería *f/pl*
Ladefläche ['la:dəflɛçə] *f* superficie de carga *f*
Ladegerät ['la:dəgərɛ:t] *n TECH* cargador de baterías *m*
Ladehemmung ['la:dəhɛmuŋ] *f* encasquillamiento *m*
laden ['la:dən] *v irr 1.* cargar, llenar; *einen ge~ haben* tener una trompa (fig); *2. JUR* citar
Laden ['la:dən] *m* tienda *f,* negocio *m,* comercio *m; den ~ schmeißen* sacar el negocio adelante; *Er kann seinen ~ dichtmachen.* Puede cerrar el negocio.
Ladendiebstahl ['la:dəndi:pʃta:l] *m* robo de tienda *m*
Ladenkasse ['la:dənkasə] *f* caja registradora *f*
Ladenschluss ['la:dənʃlus] *m* cierre de los comercios *m*
Ladentisch ['la:dəntɪʃ] *m* mostrador *m*
Ladeplatz ['la:dəplats] *m* lugar de cargamento *m*
Laderaum ['la:dəraum] *m* almacén *m,* cámara *f*
lädieren [lɛ'di:rən] *v* deteriorar, estropear
Ladung ['la:duŋ] *f 1.* carga *f; 2. (elektrische ~)* carga *f; 3. JUR* citación *f*
Lage ['la:gə] *f 1. (Position)* posición *f; 2. (Situation)* situación *f; aus einer schwierigen ~ herauskommen* salir a flote; *Herr der ~ sein* ser el amo de la barraca (fam); *die ~ peilen* tantear el terreno; *nach ~ der Dinge* según el estado de las cosas; *3. (Schicht)* capa *f,* estrato *m*
Lagebericht ['la:gəbərɪçt] *m* informe sobre la situación *m*
Lageplan ['la:gəpla:n] *m* plano general *m*
Lager ['la:gər] *n 1. (Warenlager) ECO* almacén *m,* depósito *m; 2. TECH* soporte *m,* cojinete *m; 3. (Bett)* cama *f,* lecho *m*
Lagerbestand ['la:gərbəʃtant] *m ECO* existencias disponibles *f/pl,* inventario *m*
Lagerfeuer ['la:gərfɔyər] *n* hoguera *f,* fogata *f*
Lagerhalle ['la:gərhalə] *f* almacén *m*
Lagerhaltung ['la:gərhaltuŋ] *f* almacenamiento *m,* almacenaje *f*
Lagerhaus ['la:gərhaus] *n* almacén *m,* depósito *m*
lagern ['la:gərn] *v ECO* almacenar, depositar
Lagerplatz ['la:gərplats] *m 1.* ubicación *f; 2. ECO* almacén *m,* depósito *m*
Lagerraum ['la:gərraum] *m* depósito *m,* bodega *f,* almacén *m*
Lagerung ['la:gəruŋ] *f ECO* almacenaje *m,* depósito *m*
Lagune [la'gu:nə] *f GEOL* laguna *f*
lahm [la:m] *adj 1. (fam: langweilig)* aburrido; *2. (gelähmt) MED* paralítico, tullido; *3. (hinkend) MED* cojo; *v 4. ~ legen* paralizar, parar
lahmen ['la:mən] *v* cojear
lähmen ['lɛ:mən] *v* entullecer, entumecer
Lähmung ['lɛ:muŋ] *f MED* parálisis *f*
Laib [laɪp] *m 1. (Brotlaib)* hogaza *f; 2. (Käselaib)* queso *m*
laichen ['laɪçən] *v BIO* desovar, frezar
Laie ['laɪə] *m 1.* profano *m; 2. REL* lego *m,* laico *m,* seglar *m*

laienhaft ['laɪənhaft] *adj* profano, laico
Lakai [la'kaɪ] *m* lacayo *m*
Lake ['laːkə] *f GAST* salmuera *f*
Laken ['laːkən] *n* sábana *f*
Lakritze [la'krɪtsə] *f* regaliz *m*
Lama[1] ['laːma] *n ZOOL* llama *f*
Lama[2] ['laːma] *m REL* lama *m*
Lamelle [la'mɛlə] *f* laminilla *f*
lamentieren [lamɛn'tiːrən] *v* lamentarse, quejarse
Lametta [la'mɛta] *n 1. (Christbaumschmuck)* tiras que adornan el árbol de Navidad *f/pl; 2. (fam: militärische Auszeichnungen) MIL* orden militar *m*
Lamm [lam] *n ZOOL* cordero *m*
Lammfleisch ['lamflaɪʃ] *n GAST* carne de cordero *f*
lammfromm ['lam'frɔm] *adj* manso como un cordero
Lampe ['lampə] *f* lámpara *f*
Lampenlicht ['lampənlɪçt] *n* luz de la lámpara *f*
Lampenschirm ['lampənʃɪrm] *m* pantalla *f*
Lampion ['lampjɔŋ] *m* farolillo de papel *m*
lancieren [l ɑ'siːrən] *v* lanzar
Land [lant] *n 1. (Staat)* país *m,* estado *m; 2. (Grundstück)* terreno *m; 3. (ländliche Gegend)* campo *m; 4. (fig) wieder ~ sehen* tener un respiro; *jdn an ~ ziehen* traerse a alguien; *~ gewinnen* ganar terreno
Landarbeit ['lantarbaɪt] *f* faenas del campo *f/pl*
Landarbeiter(in) ['lantarbaɪtər(ɪn)] *m/f* campesino/campesina *m/f*
landauf [lant'auf] *adv ~, landab* a lo largo y ancho del país
Landbesitz ['lantbəzɪts] *m* fincas rústicas *f/pl*
Landbevölkerung ['lantbəfœlkəruŋ] *f* población rural *f*
Landebahn ['landəbaːn] *f* pista de aterrizaje *f*
landen ['landən] *v 1. (Flugzeug)* aterrizar; *2. (Schiff)* arribar, atracar, tocar puerto; *3. (fam)* ir a parar; *Wo ist mein Füller gelandet?* ¿Dónde ha ido a parar mi pluma?
Landenge ['lantɛŋə] *f* istmo *m*
Landeplatz ['landəplats] *m 1. NAUT* embarcadero *m; 2. (eines Flugzeuges)* pista de aterrizaje *f*
Ländereien [lɛndə'raɪən] *pl* tierras *f/pl*
Länderfinanzausgleich [lɛndərfi'nantsausglaɪç] *m POL* regulación financiera entre los Estados Federales *f*
Landesgrenze ['landəsgrɛntsə] *f* frontera nacional *f*
Landeshauptstadt ['landəshauptʃtat] *f* capital *f*
Landesinnere ['landəsɪnərə] *n* interior del país *m*
Landeskunde ['landəskundə] *f* ciencias sociales *f/pl*
landeskundlich ['landəskuntlɪç] *adj* relativo a la civilización de un país
Landesregierung ['landəsrɛgiːruŋ] *f (in Deutschland) POL* gobierno de una Comunidad Autónoma *m*
Landessprache ['landəsʃpraːxə] *f* idioma nacional *m*
landesüblich ['landəsyːplɪç] *adj* habitual, según las costumbres de un país
Landesverrat ['landəsfɛrraːt] *m JUR* alta traición *f*
Landeswährung ['landəsvɛːruŋ] *f* moneda nacional *f*
landesweit ['landəsvaɪt] *adj* en todo el país
Landflucht ['lantfluxt] *f* éxodo rural *m*
Landfriedensbruch ['lantfriːdənsbrux] *m JUR* perturbación del orden público *f*
Landgericht ['lantgərɪçt] *n JUR* Audiencia Provincial *f,* Tribunal Regional *m*
Landgut ['lantguːt] *n* finca *f,* hacienda *f*
Landhaus ['lanthaus] *m* casa de campo *f*
Landkarte ['lantkartə] *f* mapa *m*
Landkreis ['lantkraɪs] *m POL* distrito rural *m*
landläufig ['lantlɔyfɪç] *adj* común, generalmente aceptado
Landleben ['lantleːbən] *n* vida rural *f*
ländlich ['lɛndlɪç] *adj* rural, del campo
Ländlichkeit ['lɛndlɪçkaɪt] *f* vida rural *f,* carácter rural *m*
Landplage ['lantplaːgə] *f* calamidad pública *f*
Landrat ['lantraːt] *m POL* jefe de distrito *m,* prefecto *m*
Landratte ['lantratə] *f* marinero de agua dulce *m*
Landschaft ['lantʃaft] *f* paisaje *m*
landschaftlich ['lantʃaftlɪç] *adj* regional, del distrito
Landsitz ['lantzɪts] *m* finca *f,* casa de campo *f*
Landsmann ['lantsman] *m 1.* compatriota *m; 2. (fam)* paisano *m*
Landstraße ['lantʃtraːsə] *f* carretera nacional *f,* carretera rural *f*

Landstreicher(in) ['lantʃtraɪçər(ɪn)] *m/f* vagabundo/vagabunda *m/f*
Landtag ['lantta:k] *m (in Deutschland) POL* Parlamento de un Estado Federal *m*
Landtagswahl ['lantta:ksva:l] *f POL* elecciones al parlamento de cada estado federal *f/pl*
Landung ['landuŋ] *f 1. (eines Flugzeuges)* aterrizaje *m; 2. (Schiffslandung)* arribada *f; 3. MIL* desembarco *m*
Landvermesser(in) ['lantfɛrmɛsər(ɪn)] *m/f* agrimensor(a) *m/f*
landwärts ['landvɛrts] *adv* tierra adentro, hacia terra
Landweg ['lantve:k] *m auf dem ~* por vía terrestre, por tierra
Landwein ['lantvaɪn] *m GAST* vino del país *m*
Landwirt(in) ['lantvɪrt(ɪn)] *m/f* agricultor(a) *m/f,* labrador(a) *m/f*
Landwirtschaft ['lantvɪrtʃaft] *f* agricultura *f*
landwirtschaftlich ['lantvɪrtʃaftlɪç] *adj* agrícola, agrario
Landwirtschaftsministerium ['lantvɪrtʃaftsmɪnɪste:rjum] *n* Ministerio de Agricultura *m*
lang [laŋ] *adj 1. (örtlich)* extenso, alto; *~ gestreckt* extendido; *2. (zeitlich)* largo, de larga duración
langärmelig ['laŋɛrməlɪç] *adj* de mangas largas
langarmig ['laŋarmɪç] *adj* de manga larga
langatmig ['laŋa:tmɪç] *adj* extenso, muy detallado
langbeinig ['laŋbaɪnɪç] *adj* de piernas largas
lange ['laŋə] *adv* largo, mucho tiempo; *Wie ~ sind Sie schon in München?* ¿Cuánto tiempo hace que está usted en Múnich?
Länge ['lɛŋə] *f 1. (örtlich)* largo *m; 2. (zeitlich)* duración *f; etw in die ~ ziehen* prolongar algo, dilatar algo
langen ['laŋən] *v 1. (genügen)* ser suficiente, bastar; *Jetzt langt es!* ¡Basta ya! *2. (greifen) nach etw ~* alargar la mano para agarrar algo; *jdm eine ~ (fam)* pegar un bofetón a alguien
Längengrad ['lɛŋəngra:t] *m GEO* grado de longitud *m*
Längenmaß ['lɛŋənma:s] *n* medida de longitud *f*
längerfristig ['lɛŋərfrɪstɪç] *adj* a largo plazo
Langeweile ['laŋəvaɪlə] *f* aburrimiento *m,* tedio *m*
langfingerig ['laŋfɪŋərɪç] *adj 1.* con dedos largos; *2. (diebisch)* largo de uñas
langfristig ['laŋfrɪstɪç] *adj* a largo plazo
langhaarig ['laŋha:rɪç] *adj* de pelo largo
langjährig ['laŋjɛ:rɪç] *adj* de muchos años
Langlauf ['laŋlauf] *m SPORT* esquí de fondo *m*
langlebig ['laŋle:bɪç] *adj* de larga vida, longevo
Langlebigkeit ['laŋle:bɪçkaɪt] *f* longevidad *f*
länglich ['lɛŋlɪç] *adj* alargado
längs [lɛŋs] *prep 1.* a lo largo de; *adv 2.* a lo largo de
langsam ['laŋza:m] *adj 1.* lento; *adv 2.* lentamente, despacio
Langsamkeit ['laŋza:mkaɪt] *f* lentitud *f,* tardanza *f*
längsseits ['lɛŋszaɪts] *prep* de costado
längst [lɛŋst] *adv 1. (schon lange)* hace mucho tiempo; *2. ~ nicht* todavía no, ni con mucho
längstens ['lɛŋstəns] *adv 1. (höchstens)* a lo sumo, a lo más; *2. (spätestens)* a más tardar, como muy tarde
langweilen ['laŋvaɪlən] *v sich ~* aburrirse, fastidiarse
Langweiler(in) ['laŋvaɪlər(ɪn)] *m/f* aburrido/aburrida *m/f*
langweilig ['laŋvaɪlɪç] *adj* aburrido, tedioso, pesado
Langweiligkeit ['laŋvaɪlɪçkaɪt] *f* aburrimiento *m*
langwierig ['laŋvi:rɪç] *adj* de larga duración
Langwierigkeit ['laŋvi:rɪçkaɪt] *f* larga duración *f,* dilación *f*
Langzeitarbeitslose(r) ['laŋtsaɪtarbaɪtslo:zə(r)] *m/f ECO* parado/parada durante largo tiempo *m/f*
Langzeitgedächtnis ['laŋtsaɪtgədɛçtnɪs] *n* memoria de larga duración *f*
Lanze ['lantsə] *f* lanza *f*
lapidar [lapi'da:r] *adj* lapidario
Lappalie [la'pa:ljə] *f* bagatela *f,* pequeñez *f,* friolera *f*
Lappen ['lapən] *m* trapo *m,* estropajo *m; jdm durch die ~ gehen* escapársele a uno de las manos
läppisch ['lɛpɪʃ] *adj* tonto, necio
Lappländer(in) ['laplɛndər(ɪn)] *m/f* lapón/lapona *m/f*

Lärche ['lɛrçə] *f BOT* alerce *m,* lárice *m*
Lärm [lɛrm] *m* ruido *m,* bulla *f; ~ schlagen* dar la alarma
Lärmbekämpfung ['lɛrmbəkɛmpfuŋ] *f* lucha contra el ruido *f*
Lärmbelästigung ['lɛrmbəlɛstɪguŋ] *f* contaminación sonora *f,* bulla *f*
lärmempfindlich ['lɛrmɛmpfɪntlɪç] *adj* sensible al ruido
lärmen ['lɛrmən] *v* hacer ruido
larmoyant [larmwa'j a] *adj* llorón, lleno de compasión consigo mismo
Lärmschutz ['lɛrmʃuts] *m* protección contra el ruido *f*
Larve ['larvə] *f 1. (Maske)* máscara *f,* careta *f; 2. ZOOL* larva *f*
lasch [laʃ] *adj 1. (lässig)* relajado; *2. (schlaff)* flojo, poco activo
Laschheit ['laʃhaɪt] *f* flojedad *f*
Laserdrucker ['leɪzərdrukər] *m INFORM* impresora láser *f*
Laserstrahl ['leɪzərʃtraːl] *m* rayo láser *m*
lasieren [la'ziːrən] *v* barnizar
lassen ['lasən] *v irr 1. (zu~)* permitir, autorizar, admitir; *es nicht ~ können* no poder dejar algo; *2. (veran~)* ocasionar, originar, causar; *3. (aufhören)* dejar de, cesar de; *Lass mich in Ruhe!* ¡Déjame en paz! *4. (über~)* dejar, ceder; *Das muss man ihr ~.* Hay que dejarla.
lässig ['lɛsɪç] *adj 1.* indolente, indiferente; *adv 2.* indolentemente, con indiferencia
Lässigkeit ['lɛsɪçkaɪt] *f* indolencia *f,* indiferencia *f*
Last ['last] *f* carga *f,* cargamento *m; jdm zur ~ fallen* ser una carga para alguien; *jdm etw zur ~ legen* acusar a alguien de algo; *mit jdm seine liebe ~ haben* tener su cruz con alguien (fam)
Lasten ['lastən] *pl* carga *f,* gravamen *m*
lasten ['lastən] *v (fig) ~ auf* gravar sobre
Lastenaufzug ['lastənauftsuːk] *m* montacargas *m,* elevador *m*
Lastenausgleich ['lastənausglaɪç] *m* compensación de cargas *f*
Laster[1] ['lastər] *n* vicio *m,* mala costumbre *f*
Laster[2] ['lastər] *m* camión *m*
lasterhaft ['lastərhaft] *adj* vicioso, de malas costumbres
lästerlich ['lɛstərlɪç] *adj 1.* difamador, calumniador; *2. (gottes~)* blasfemador
lästern ['lɛstərn] *v 1.* difamar a, hablar mal de; *über alles ~* tener una lengua viperina; *2. REL* blasfemar contra Dios
lästig ['lɛstɪç] *adj* importuno, desagradable; *~ fallen* dar la lata
Lästigkeit ['lɛstɪçkaɪt] *f* incomodidad *f,* pesadez *f*
Lastkraftwagen ['lastkraftvaːgən] *m* camión *m*
Lastschrift ['lastʃrɪft] *f ECO* nota de débito *f,* cargo (en cuenta) *m*
Lastzug ['lasttsuːk] *m* camión con remolque *m*
lasziv [las'tsiːf] *adj* lascivo
Latein [la'taɪn] *n* latín *m; mit seinem ~ am Ende sein (fig)* acabársele el repertorio
Lateinamerika [la'taɪnameːrɪka] *n GEO* Latinoamérica *f,* América Latina *f,* Hispanoamérica *f*
Lateinamerikaner(in) [la'taɪnamerikaːnər(ɪn)] *m/f* latinoamericano/latinoamericana *m/f*
lateinamerikanisch [la'taɪnamerikaːnɪʃ] *adj* latinoamericano
latent [la'tɛnt] *adj* latente
Laterne [la'tɛrnə] *f 1.* linterna *f; 2. (Straßenlaterne)* farol *m*
Laternenpfahl [la'tɛrnənpfaːl] *m* poste de farol *m; ein Wink mit dem ~* una indirecta *f*
Latex ['laːtɛks] *m CHEM* látex *m*
Latrine [la'triːnə] *f* letrina *f*
latschen ['laːtʃən] *v (schlurfen)* arrastrar los pies
Latsche[1] ['laːtʃə] *f* zapato *m,* pantuflo *m; aus den ~n kippen* desmayarse
Latsche[2] ['laːtʃə] *f BOT* pino mugo *m*
Latte ['latə] *f* viga *f*
Lattenkiste ['latənkɪstə] *f* jaula *f*
Lattenrost ['latənrɔst] *m* rejilla *f*
Latz [lats] *m 1.(Lätzchen)* babero *m; 2. jdm eine vor den ~ donnern* soltarle a uno un golpe en la cara
Lätzchen ['lɛtsçən] *n* babero *m*
Latzhose ['latshoːzə] *f* pantalón de peto *m*
lau [lau] *adj 1. (lauwarm)* tibio; *2. (mild)* templado
Laub [laup] *n* follaje *m,* hojas *f/pl*
Laubbaum ['laupbaum] *m BOT* árbol frondoso *m*
Laube ['laubə] *f* glorieta *f*
Laubengang ['laubəngaŋ] *m (Bäume)* alameda *f*
Laubsäge ['laupzɛːgə] *f* sierra de marquetería *f*
Laubwald ['laupvalt] *m BOT* bosque frondoso *m*

Lauch [laux] *m BOT* puerro *m*
Lauer ['lauər] *f auf der ~ liegen* estar al acecho; *sich auf die ~ legen* ponerse al acecho
lauern ['lauərn] *v* acechar, estar al acecho
Lauf [lauf] *m 1. (~en) SPORT* corrida *f,* carrera *f; 2. (Gewehrlauf)* cañón *m; 3. (fig: Verlauf)* transcurso *m,* curso *m*
Laufbahn ['laufbaːn] *f (fig)* carrera *f*
laufen ['laufən] *v 1. (rennen)* correr; *2. (gehen)* caminar, andar; *3. (fließen)* huir, escaparse; *~ lassen* dejar escapar
laufend ['laufənt] *adj* corriente; *auf dem Laufenden sein* estar al corriente
Läufer ['lɔyfər] *m 1. (Teppich)* alfombra continua *f; 2. SPORT* corredor *m*
läuferisch ['lɔyfərɪʃ] *adj SPORT* de corredor
Lauffeuer ['lauffɔyər] *n sich wie ein ~ ausbreiten* extenderse con la rapidez de un rayo
Laufgitter ['laufgɪtər] *n* parque *m,* corralito *m*
läufig ['lɔyfɪç] *adj ZOOL* en celo
Laufkundschaft ['laufkuntʃaft] *f ECO* clientela ocasional *f,* clientela de paso *f*
Laufmasche ['laufmaʃə] *f* carrera *f*
Laufpass ['laufpas] *m (fam) jdm den ~ geben* mandar a paseo a alguien, mandar a freír espárragos; *den ~ bekommen* ser despedido
Laufrad ['laufraːt] *n* rueda *f*
Laufschritt ['laufʃrɪt] *m 1.* paso ligero *m; 2. MIL* paso redoblado *m*
Laufsteg ['laufʃteːk] *m* pasarela *f*
Laufwerk ['laufvɛrk] *n INFORM* unidad de lectura *f,* drive *m*
Laufwettbewerb ['laufvɛtbəvɛrp] *m SPORT* competición de atletismo *f*
Laufzeit ['lauftsaɪt] *f ECO* vencimiento *m,* validez *f*
Lauge ['laugə] *f 1. (Seifenlauge)* jabón de lejía *m; 2. CHEM* lejía *f*
Laune ['launə] *f* humor *m; schlechte ~ haben* tener un humor de perros; *~ machen* ser divertido; *jdn bei ~ halten* tener a alguien contento; *jdm die ~ verderben* quitarle a uno el buen humor
launisch ['launɪʃ] *adj* caprichoso, lunático
Laus [laus] *f ZOOL* piojo *m; Ihm ist eine ~ über die Leber gelaufen. (fig)* Está enojado./Está que echa chispas. *(fam)*
Lausbub ['lausbuːp] *m (fam)* pilluelo *m*
Lauschangriff ['lauʃangrɪf] *m POL* vigilancia secreta *f*
lauschen ['lauʃən] *v 1. (zuhören)* escuchar atentamente, escuchar con atención; *2. (horchen)* aguzar el oído
lauschig ['lauʃɪç] *adj* ameno, apacible
lausig ['lauzɪç] *adj 1. (armselig)* miserable, paupérrimo; *2. ~e Kälte* frío que pela *m*
laut[1] [laut] *adj 1.* alto; *2. (geräuschvoll)* ruidoso; *adv 3.* en voz alta, en tono alto; *4. (geräuschvoll)* ruidosamente, muy alto
laut[2] [laut] *prep* según, conforme a
Laut [laut] *m 1. (Ton)* sonido *m; 2. (Geräusch)* ruido *m*
lauten ['lautən] *v (besagen)* decir, rezar
läuten ['lɔytən] *v 1. (campana)* tocar; *von etw ~ hören* oir decir de algo; *2. (la campanilla)* hacer sonar
lauter ['lautər] *adv (nichts als)* nada más que, no ... más que
läutern ['lɔytərn] *v* purificar, mejorar
Läuterung ['lɔytəruŋ] *f* purificación *f*
lautlos ['lautloːs] *adj 1.* silencioso; *adv 2.* silenciosamente, sin hacer ruido
Lautlosigkeit ['lautloːzɪçkaɪt] *f* silencio absoluto *m,* mutismo *m,* mudez *f*
lautmalerisch ['lautmaːlərɪʃ] *adj* onomatopéyico
Lautschrift ['lautʃrɪft] *f* transcripción fonética *f*
Lautsprecher ['lautʃprɛçər] *m* altavoz *m,* altoparlante *m* (LA)
lautstark ['lautʃtark] *adj 1.* potente, fuerte, intenso; *adv 2.* fuertemente, intensamente
Lautstärke ['lautʃtɛrkə] *f* intensidad de sonido *f,* volumen *m*
lauwarm ['lauvarm] *adj* tibio
Lava ['laːva] *f GEOL* lava *f*
Lavendel [la'vɛndəl] *m BOT* lavanda *f,* espliego *m*
lavieren [la'viːrən] *v ART* retocar con un pincel húmedo un color para crear un efecto
Lawine [la'viːnə] *f* avalancha *f,* alud *m*
Lawinengefahr [la'viːnəngəfaːr] *f* peligro de aludes *m*
lax [laks] *adj* relajado, flojo
Layout ['leɪaut] *n* composición *f,* maqueta *f*
LCD-Anzeige [ɛltse'deːantsaɪgə] *f* visualización por cristal líquido *f*
leasen ['liːzən] *v* alquiler con opción de compra
Leasingrate ['liːzɪŋraːtə] *f* plazo de leasing *m*
leben ['leːbən] *v* vivir, existir; *nach seiner Fasson ~* vivir a su manera; *wie er leibt und lebt* en su vivo retrato

Leben ['leːbən] *n* vida *f*, existencia *f*; *etw für sein ~ gern tun* desvivirse por algo; *etw ins ~ rufen* crear algo/fundar algo; *mit dem ~ davonkommen* escapar con vida; *jdm nach dem ~ trachten* atentar contra la vida de alguien; *nie im ~* jamás en la vida; *sich das ~ nehmen* quitarse la vida; *mit seinem ~ spielen* jugarse la vida; *jdm das ~ schenken* perdonar la vida a alguien; *sein ~ lassen* dejar la vida; *auf ~ und Tod* a vida o muerte/hasta la muerte; *wie aus dem ~ gegriffen* real como la vida misma; *zeit seines ~s* durante toda su vida

lebendig [le'bɛndɪç] *adj 1. (lebend)* vivo, viviente; *2. (lebhaft)* vivaz, lleno de vida

Lebendigkeit [le'bɛndɪçkaɪt] *f 1. (Lebendigsein)* vida *f*, actividad *f*; *2. (Lebhaftigkeit)* vivacidad *f*, viveza *f*

Lebensalter ['leːbənsaltər] *n* edad de la vida *f*

Lebensanschauung ['leːbənsanʃauuŋ] *f* concepción de la vida *f*

Lebensart ['leːbənsaːrt] *f 1.* manera de vivir *f*, modo de vivir *m; 2. (gute Umgangsformen)* modales finos *m/pl*, buenas maneras *f/pl; 3. (Stil)* estilo *m*

Lebensaufgabe ['leːbənsaufgaːbə] *f* trabajo de toda una vida *m*

Lebensbedingungen ['leːbənsbədɪŋuŋən] *pl* condiciones de vida *f/pl*

lebensbedrohend ['leːbənsbədroːənt] *adj* muy peligroso, que amenaza la vida

Lebensdauer ['leːbensdauər] *f 1.* duración de la vida *f; 2. (einer Sache)* durabilidad *f*

Lebensende ['leːbənsɛndə] *n* fin de la vida *m*

Lebenserfahrung ['leːbənsɛrfaːruŋ] *f* experiencia *f*, saber *m; ~ haben* ser un perro viejo

Lebenserwartung ['leːbənsɛrvaːrtuŋ] *f* expectativa de vida *f*

Lebensform ['leːbənsfɔrm] *f* forma de vida *f*

Lebensfreude ['leːbənsfrɔydə] *f* alegría de vivir *f*

Lebensgefahr ['leːbənsgəfaːr] *f* riesgo de vida *m*, peligro de muerte *m*

lebensgefährlich ['leːbənsgəfɛːrlɪç] *adj* peligroso, arriesgado

Lebensgefährte ['leːbənsgəfɛːrtə] *m* compañero de la vida *m*

Lebensgefährtin ['leːbənsgəfɛːrtɪn] *f* compañera de la vida *f*

lebensgroß ['leːbənsgroːs] *adj* de tamaño natural

Lebensgröße ['leːbənsgrøːsə] *f* tamaño natural *m*

Lebenshaltungskosten ['leːbənshaltuŋskɔstən] *pl* coste de vida *m*

Lebenskraft ['leːbənskraft] *f* fuerza vital *f*

Lebenskünstler(in) ['leːbənskynstlər(ɪn)] *m/f* persona que sabe vivir *f*

lebenslänglich ['leːbənslɛŋlɪç] *adj* perpetuo, vitalicio, de toda la vida

Lebenslauf ['leːbənslauf] *m* curriculum vitae *m*

Lebenslicht ['leːbənsliçt] *n jdm das ~ ausblasen* matar a alguien

lebenslustig ['leːbənslustɪç] *adj* vital, lleno de vida

Lebensmittel ['leːbənsmɪtəl] *pl* alimentos *m/pl*, comestibles *m/pl*

Lebensmittelgeschäft ['leːbənsmɪtəlgəʃɛft] *n* tienda de comestibles *f*

lebensmüde ['leːbənsmyːdə] *adj* cansado de la vida, cansado de vivir, harto de la vida

lebensnotwendig ['leːbənsnoːtvɛndɪç] *adj* vital

Lebensqualität ['leːbənskvali'tɛːt] *f* calidad de vida *f*

Lebensretter(in) ['leːbənsrɛtər(ɪn)] *m/f* socorrista *m/f*, salvavidas *m*

Lebensstandard ['leːbənsʃtandart] *m* nivel de vida *m*

Lebensunterhalt ['leːbənsuntərhalt] *m* sustento *m*, medios de subsistencia *m/pl*

Lebensversicherung ['leːbənsfɛrzɪçəruŋ] *f* seguro de vida *m*

lebenswert ['leːbənsveːrt] *adj* digno de vivir

lebenswichtig ['leːbənsvɪçtɪç] *adj* vital, fundamental

Lebenszeichen ['leːbənstsaɪçən] *n* señal de vida *f*

Leber ['leːbər] *f ANAT* hígado *m; frei von der ~ weg sprechen* no tener pelos en la lengua (fig)

Leberfleck ['leːbərflɛk] *m 1. (Muttermal)* lunar *m; 2. (Hautfärbung)* mancha hepática *f*

Leberpastete ['leːbərpasteːtə] *f GAST* paté de hígado *m*

Leberwerte ['leːbərveːrtə] *pl MED* índices hepáticos *m/pl*

Leberwurst ['leːbərvurst] *f* paté de hígado *m*

Leberzirrhose ['leːbərtsɪroːzə] *f MED* cirrosis hepática *f*

Lebewesen ['leːbəveːzən] *n* ser vivente *m*, organismo viviente *m*

Lebewohl [leːbə'voːl] *n* adiós *m,* despedida *f*
lebhaft ['leːphaft] *adj 1. (munter)* vivaracho, listo, despierto; *2. (rege)* vivaz; *3. (begeistert)* entusiasmado
Lebhaftigkeit ['leːphaftɪçkaɪt] *f 1. (Munterkeit)* alegría *f,* viveza *f,* despabilamiento *m; 2. (Aktivität)* actividad *f; 3. (Begeisterung)* animación *f; 4. (von Farben)* viveza *f*
leblos ['leːploːs] *adj* sin vida, muerto, inanimado
Lebzeiten ['leːptsaɪtən] *pl zu seinen ~* en su época
lechzen ['lɛçtsən] *v nach etw ~* anhelar, esperar con ansia, suspirar por algo
leck [lɛk] *adj* agujereado, que hace agua
Leck [lɛk] *n* fuga *f,* escape *m,* filtración *f,* derrame *m*
lecken¹ ['lɛkən] *v (sch~)* lamer, chupar
lecken² ['lɛkən] *v (auslaufen)* derramarse, tener fuga
lecker ['lɛkər] *adj 1.* sabroso, rico, apetitoso, delicioso; *adv 2.* sabrosamente, deliciosamente
leckschlagen ['lɛkʃlaːgən] *v irr NAUT* hacer agua
Leder ['leːdər] *n* cuero *m,* piel *f; jdm ans ~ wollen* querer zurrar la badana a uno
Lederjacke ['leːdərjakə] *f* chaqueta de cuero *f*
Ledermantel ['leːdərmantəl] *m* abrigo de cuero *m*
ledern ['leːdərn] *adj 1.* de cuero, de piel; *2. (zäh)* insípido, seco, soso
Ledersessel ['leːdərzɛsəl] *m* sillón de cuero *m*
Ledertasche ['leːdərtaʃə] *f* bolso de cuero *m*
Lederwaren ['leːdərvaːrən] *pl* artículos de cuero *m/pl,* artículos de piel *m/pl*
ledig ['leːdɪç] *adj 1.* soltero; *2. (fig) einer Sache ~ sein* estar libre (de)
Ledige(r) ['leːdɪgə(r)] *m/f* soltero/soltera *m/f*
lediglich ['leːdɪglɪç] *adv* sólo, meramente, solamente
leer [leːr] *adj 1. (nichts enthaltend)* vacío; *2. (frei)* libre; *3. (unbeschrieben)* en blanco; *4. ~ stehend* vacante, vacío, desocupado
Leere ['leːrə] *f* vacío *m; ins ~ reden hablar* al vacío
leeren ['leːrən] *v* vaciar, verter, arrojar
Leergewicht ['leːrgəvɪçt] *n* peso en vacío *m*
Leergut ['leːrguːt] *n* envases de vuelta *m/pl*
Leerlauf ['leːrlauf] *m 1. (beim Auto)* marcha en vacío *f,* marcha sin carga *f; 2.* punto muerto *m*
Leertaste ['leːrtastə] *f* espaciador *m*
Leerung ['leːruŋ] *f* vaciado *m*
legal [le'gaːl] *adj 1.* legal; *adv 2.* legalmente
legalisieren [legali'ziːrən] *v* legalizar
Legalisierung [legali'ziːruŋ] *f* legalización *m*
Legalität [legali'tɛːt] *f* legalidad *f*
Legasthenie [legaste'niː] *f* legastenia *f*
Legat [le'gaːt] *n (Vermächtnis) JUR* legado *m,* testamento *m,* herencia *f*
Legebatterie ['leːgəbatəriː] *f* batería ponedora *f*
Legehenne ['leːgəhɛnə] *f* gallina ponedora *f*
legen ['leːgən] *v* poner, colocar horizontalmente
legendär [legɛn'dɛːr] *adj* legendario
Legende [le'gɛndə] *f* leyenda *f*
leger [le'ʒeːr] *adj 1. (salopp)* ligero; *2. (breit)* amplio; *3. (bequem)* cómodo
legieren [le'giːrən] *v 1. (Metall)* alear; *2. GAST* espesar
Legierung [le'giːruŋ] *f MET* aleación *f*
legislativ [legisla'tiːf] *adj POL* legislativo
Legislative [legisla'tiːvə] *f POL* poder legislativo *m*
Legislaturperiode [legisla'tuːrperjoːdə] *f POL* legislatura *f,* período legislativo *m*
legitim [leːgi'tiːm] *adj* legítimo
Legitimation [legitima'tsjoːn] *f* legitimación *f,* legitimidad *f*
legitimieren [legiti'miːrən] *v sich ~* identificarse, probar su identidad
Legitimität [legitimi'tɛːt] *f* legitimidad *f*
Lehm [leːm] *m* barro *m,* lodo *m*
Lehmboden ['leːmboːdən] *m* terreno barroso *m,* terreno fangoso *m*
lehmig ['leːmɪç] *adj 1. (lehmhaltig)* barroso, lodoso, arcilloso; *2. (mit Lehm beschmiert)* embarrado, manchado de barro; *3. (lehmartig)* barroso, fangoso
Lehne ['leːnə] *f 1. (Armlehne)* brazo *m; 2. (Rückenlehne)* respaldar *m*
lehnen ['leːnən] *v 1.* apoyar, arrimar; *2. sich ~* apoyarse, arrimarse
Lehnstuhl ['leːnʃtuːl] *m* butaca *f*
Lehramt ['leːramt] *n 1. (Beruf)* docencia *f,* carrera docente *f; 2. (Stelle)* cargo de profesor *m; 3. (Beamtenstatus)* cargo de profesor de secundaria *m*

Lehrberuf ['leːrbəruːf] *m* *1. (Beruf des Lehrers)* profesión docente *f; 2. (lehrzeitabhängiger Beruf)* profesión docente *f*

Lehrbuch ['leːrbuːx] *n* manual *m,* libro de texto *m*

Lehre ['leːrə] *f* *1. (Lehrsatz)* doctrina *f,* dogma *m; 2. (Ausbildung)* aprendizaje *m,* instrucción *f; 3. (fig: Ermahnung)* enseñanza *f,* lección *f,* escarmiento *m; Lass dir das eine ~ sein!* ¡Que te sirva de escarmiento! *bei jdm in die ~ gehen können* poder aprender con alguien; *jdm eine ~ sein* servir a alguien de lección; *4. (Maßlehre) TECH* calibre *m,* calibrador *m*

lehren ['leːrən] *v* enseñar, instruir a alguien en algo

Lehrer(in) ['leːrər(ɪn)] *m/f* *1. (einer Grundschule)* maestro/maestra *m/f; 2. (einer höheren Schule)* profesor(a) *m/f*

Lehrfach ['leːrfax] *n* asignatura *f,* materia *f*

Lehrgang ['leːrgaŋ] *m* curso *m,* cursillo *m*

Lehrgeld ['leːrgɛlt] *n (fig)* escarmiento en cuerpo propio *m; ~ zahlen* pagar caro el aprendizaje

Lehrjahr ['leːrjaːr] *n* año de aprendizaje *m*

Lehrkörper ['leːrkœrpər] *m* cuerpo docente *m*

Lehrkraft ['leːrkraft] *f* *1.* profesor *m; 2. (an Universität)* docente *m,* profesor *m*

Lehrling ['leːrlɪŋ] *m* aprendiz *m*

Lehrmethode ['leːrmetoːdə] *f* método de aprendizaje *m*

Lehrplan ['leːrplaːn] *m* currículo *m*

lehrreich ['leːrraɪç] *adj* instructivo

Lehrsatz ['leːrzats] *m* dogma *m,* doctrina *f*

Lehrstelle ['leːrʃtɛlə] *f* puesto de aprendiz *m*

Lehrstoff ['leːrʃtɔf] *m* materia de enseñanza *f*

Lehrstuhl ['leːrʃtuːl] *m* cátedra *f*

Lehrzeit ['leːrtsaɪt] *f* tiempo de aprendizaje *m*

Leib [laɪp] *m* cuerpo *m; etw zu ~e rücken* combatir algo; *jdm wie auf den ~ geschnitten sein* venirle a alguien clavado/venirle a alguien como el anillo al dedo; *etw am eigenen ~ erfahren* experimentar algo en las propias carnes (fam); *mit ~ und Seele* en cuerpo y alma; *aus ~eskräften* a más no poder

Leibeigenschaft ['laɪpaɪgənʃaft] *f HIST* esclavitud *f,* servidumbre *f*

leiben ['laɪbən] *v Das ist sie wie sie leibt und lebt!* ¡Es su vivo retrato!

Leibesfülle ['laɪbəsfylə] *f* obesidad *f,* corpulencia *f*

Leibeskräfte ['laɪbəskrɛftə] *pl aus ~n* fuerza corporal *f*

Leibesübungen ['laɪbəsyːbuŋən] *pl 1.* ejercicios físicos *m/pl; 2. (Sportunterricht)* gimnasia *f*

Leibgericht ['laɪpgərɪçt] *n* plato favorito *m*

leibhaftig ['laɪphaftɪç] *adj 1.* personificado, en persona; *adv 2.* en persona, personalmente

leiblich ['laɪplɪç] *adj* corporal, físico

Leiblichkeit ['laɪplɪçkaɪt] *f* corporalidad *f*

Leibrente ['laɪprɛntə] *f* renta vitalicia *f,* pensión vitalicia *f*

Leibschmerzen ['laɪpʃmɛrtsən] *pl* dolores de barriga *m/pl*

Leibwächter ['laɪpvɛçtər] *m* guardaespaldas *m*

Leiche ['laɪçə] *f* cadáver *m,* cuerpo muerto *m; ~n im Keller haben (fig)* tener un muerto encima; *über ~n gehen* pasar por encima de todo; *Nur über meine ~!* ¡Sólo pasando por encima de mi cadáver!

Leichenbeschauer ['laɪçənbəʃauər] *m* *1.* médico forense *m; 2. (bei unnatürlichen Todesfällen)* médico forense *m*

Leichenbestatter ['laɪçənbəʃtatər] *m* enterrador *m*

leichenblass ['laɪçənblas] *adj* pálido como un muerto

Leichenhalle ['laɪçənhalə] *f* depósito de cadáveres *m*

Leichenschauhaus [laɪçən'ʃauhaus] *n* depósito de cadáveres *m*

Leichentuch ['laɪçəntuːx] *n* mortaja *f,* sudario *m*

Leichenwagen ['laɪçənvaːgən] *m* coche fúnebre *m,* carroza *f*

Leichnam ['laɪçnam] *m* cadáver *m,* muerto *m*

leicht [laɪçt] *adj 1. (nicht schwer)* ligero, liviano; *2. (nicht schwierig)* fácil, sencillo; *ein Leichtes sein* ser fácil; *3. (geringfügig)* leve; *adv 4. (nicht schwierig)* fácilmente; *~ reden haben* bien poder hablar; *Das ist ~ gesagt.* Se dice pronto. *etw ~ nehmen* tomar algo a la ligera; *5. (geringfügig)* levemente

Leichtathlet(in) ['laɪçtatleːt(ɪn)] *m/f* *SPORT* atleta *m/f*

Leichtathletik ['laɪçtatleːtɪk] *f SPORT* atletismo *m*

Leichtbauweise ['laɪçtbauvaɪzə] *f* modo de construir ligeramente *m*

leichtfertig ['laɪçtfɛrtɪç] *adj 1.* ligero, irreflexivo, frívolo; *adv 2.* a la ligera
Leichtfertigkeit ['laɪçtfɛrtɪçkaɪt] *f* ligereza *f*, frivolidad *f*, irreflexión *f*
leichtfüßig ['laɪçtfyːsɪç] *adj* ligero de pies, rápido
Leichtgewicht ['laɪçtgəvɪçt] *n SPORT* peso ligero *m*
leichtgläubig ['laɪçtglɔybɪç] *adj 1.* crédulo, cándido, ingenuo; *~er Mensch* un hombre de buena fe; *adv 2.* crédulamente
Leichtgläubigkeit ['laɪçtglɔybɪçkaɪt] *f* credulidad *f*
leichthin ['laɪçthɪn] *adv* ligeramente, superficialmente, a la ligera
Leichtigkeit ['laɪçtɪçkaɪt] *f 1. (Ungezwungenheit)* naturalidad *f*, espontaneidad *f*; *2. (Mühelosigkeit)* facilidad *f*, simplicidad *f*, comodidad *f*
leichtlebig ['laɪçtleːbɪç] *adj* frívolo
Leichtsinn ['laɪçtzɪn] *m* irreflexión *f*, imprudencia *f*
leichtsinnig ['laɪçtzɪnɪç] *adj* irreflexivo, imprudente
Leichtverletzte(r) ['laɪçtfɛrlɛtstə(r)] *m/f MED* herido/herida de poca consideración *m/f*
Leid [laɪt] *n 1.* pesar *m*, pena *f*; *2. ~ tun (bedauern)* sentirlo, lamentarlo; *Es tut mir ~.* Lo siento. *3. ~ tun (bemitleiden)* dar lástima, dar pena; *Dieser Mann tut mir ~.* Este hombre me da lástima.
Leiden ['laɪdən] *n 1. (Kummer)* sufrimiento *m*, pena *f*; *2. MED* afección *f*, dolencia *f*
leiden ['laɪdən] *v irr* sufrir, padecer
Leidenschaft ['laɪdənʃaft] *f* pasión *f*
leidenschaftlich ['laɪdənʃaftlɪç] *adj 1.* apasionado; *adv 2.* apasionadamente
Leidensgefährte ['laɪdənsgəfɛːrtə] *m* compañero de infortunio *m*, compañero de desgracias *m*
Leidensweg ['laɪdənsveːk] *m 1. (Zeit des Leidens)* tiempo de sufrimiento *m*; *2. (~ Christi) REL* vía crucis *m*, calvario *m*
Leidenszeit ['laɪdənstsaɪt] *f* tiempo de infortunio (sufrimiento) *m*
leider ['laɪdər] *adv* desgraciadamente, lamentablemente
leidlich ['laɪdlɪç] *adj 1.* soportable, tolerable; *adv 2.* tolerablemente
Leidtragende(r) ['laɪttraːgəndə(r)] *m/f 1. (Trauernde(r))* familiar del difunto *m/f*, deudo/deuda *m/f*; *m/f 2. (Geschädigte)* víctima *f*
Leier ['laɪər] *f die alte ~* siempre la misma cancíon (fig), el cuento de nunca acabar
Leierkasten ['laɪərkastən] *m* organillo *m*
leiern ['laɪərn] *v 1. (kurbeln)* dar vueltas a la manivela de algo; *2. (Kassette)* escuchar una cinta hasta la saciedad
Leihbibliothek ['laɪbiblioteːk] *f* biblioteca circulante *f*
leihen ['laɪən] *v irr 1. etw an jdn ver~* prestar algo a alguien; *2. (sich etw ~)* tomar prestado
Leihgabe ['laɪgaːbə] *f* préstamo *m*
Leihgebühr ['laɪgəbyːr] *f* derechos de alquiler *m/pl*
Leihmutter ['laɪmutər] *f* madre de alquiler *f*
Leihwagen ['laɪvaːgən] *m* coche de alquiler *m*
leihweise ['laɪvaɪzə] *adv* prestado, a título de préstamo
Leim [laɪm] *m* cola *f*, pegamento *m*; *jdm auf den ~ gehen* caer en la trampa de alguien; *aus dem ~ gehen* deshacerse/crecer a lo ancho
leimen ['laɪmən] *v 1. (kleben)* pegar con cola, encolar; *2. (fam) jdn ~* engañar a alguien
Leine ['laɪnə] *f 1.* cuerda *f*; *2. (Hundeleine)* correa *f*; *an der langen ~ sein* gozar más libertad
Leinen ['laɪnən] *n* lino *m*
Leintuch ['laɪntuːx] *n* tela de lino *f*, sábana de lino *f*, lienzo de lino *f*
Leinwand ['laɪnvant] *f 1. ART* lienzo *m*; *2. CINE* pantalla *f*
leise ['laɪzə] *adj 1. (nicht laut)* bajo, silencioso, quedo, despacio; *2. (ruhig)* tranquilo, quieto, apacible; *3. (schwach)* débil; *adv 4. (nicht laut)* bajo, sin hacer ruido; *5. (ruhig)* tranquilamente, apaciblemente
Leiste ['laɪstə] *f 1.* varilla *f*; listón *m*; *2. ANAT* ingle *f*
leisten ['laɪstən] *v 1.* efectuar, hacer; *2. sich etw ~* darse el lujo de comprar algo/permitirse algo
Leistenbruch ['laɪstənbrux] *m MED* hernia inguinal *f*
Leistung ['laɪstuŋ] *f 1. ECO* rendimiento *m*, prestación de servicio *f*; *2. TECH* potencia *f*, rendimiento *m*
leistungsfähig ['laɪstuŋsfɛːɪç] *adj* productivo, capaz, eficiente
Leistungsfähigkeit ['laɪstuŋsfɛːɪçkaɪt] *f* capacidad de rendimiento *f*
Leistungsgesellschaft ['laɪstuŋsgəzɛlʃaft] *f* sociedad competitiva *f*

Leistungssport ['laɪstuŋsʃpɔrt] *m SPORT* deporte de competición *m*
Leistungssportler(in) ['laɪstuŋsʃpɔrtlər(ɪŋ)] *m/f SPORT* deportista de alta competición *m/f*
Leistungssteigerung ['laɪstuŋsʃtaɪgəruŋ] *f* incremento del rendimiento *m*
Leistungstest ['laɪstuŋstɛst] *m 1. (in der Schule)* test de rendimiento *m; 2. TECH* prueba de redimiento *f*
Leitartikel ['laɪtartɪkəl] *m* editorial *m,* artículo de fondo *m*
Leitbild ['laɪtbɪlt] *n* ideal *m,* modelo *m,* pauta *f*
leiten ['laɪtən] *v 1. (führen)* guiar, llevar; *2. (lenken)* dirigir, conducir, orientar; *3. TECH* conducir
Leiter[1] ['laɪtər] *f* escalera *f*
Leiter[2] ['laɪtər] *m TECH* conductor *m*
Leiter(in) ['laɪtər(ɪn)] *m/f (Vorgesetzte(r))* director(a) *m/f,* gerente *m/f,* jefe/jefa *m/f*
Leitfaden ['laɪtfaːdən] *m* guía *f*
leitfähig ['laɪtfɛːɪç] *adj TECH* conductivo
Leitfähigkeit ['laɪtfɛːɪçkaɪt] *f TECH* conductibilidad *f*
Leitfigur ['laɪtfiguːr] *f* figura clave *f*
Leitgedanke ['laɪtgədaŋkə] *m* idea dominante *f,* motivo principal *m*
Leitmotiv ['laɪtmotiːf] *n 1. LIT* leitmotiv *m,* motivo principal *m; 2. MUS* tema principal *m*
Leitplanke ['laɪtplaŋkə] *f* bordillo guía *m,* banda de guía *f,* valla protectora *f*
Leitspruch ['laɪtʃprux] *m* lema *m*
Leitstrahl ['laɪtʃtraːl] *m MATH* radio vector *m*
Leitung ['laɪtuŋ] *f 1. (Geschäftsleitung)* dirección *f,* gerencia *f; 2. (Rohrleitung)* tubería *f,* cañería *f; 3. (Kabel)* conducción *f; eine lange ~ haben (fig)* tener malas entendederas
Leitungsnetz ['laɪtuŋsnɛts] *n 1. (Versorgungsnetz) TECH* red de conductores *f; 2. (Stromnetz) TECH* red eléctrica *f*
Leitungsrohr ['laɪtuŋsroːr] *n TECH* conducto *m,* tubo *m*
Leitungswasser ['laɪtuŋsvasər] *n* agua potable *f/el,* agua del grifo *f/el*
Leitzins ['laɪttsɪns] *m FIN* interés básico *m*
Lektion [lɛk'tsjoːn] *f* lección *f*
Lektor(in) ['lɛktor/lɛk'toːrɪn] *m/f* lector(a) *m/f*
Lektorat [lɛkto'raːt] *n 1. (Verlagsabteilung)* lectorado *m; 2. (Gutachten)* lectorado *m*
Lektüre [lɛk'tyːrə] *f* lectura *f*
Lende ['lɛndə] *f 1. ANAT* región lumbar *f,* cadera *f; 2. GAST* lomo *m*
Lendenschurz ['lɛndənʃurts] *m* taparrabo *m*
Lendenwirbel ['lɛndənvɪrbəl] *m ANAT* vértebra lumbar *f*
lenkbar ['lɛŋkbaːr] *adj 1. TECH* manejable; *(Rakete)* dirigible; *2. (Mensch)* dúctil, dócil
lenken ['lɛŋkən] *v 1. (steuern)* llevar, guiar, orientar; *2. (leiten)* dirigir, conducir; *3. (Aufmerksamkeit, Blick)* prestar atención a, dirigir la mirada hacia
Lenker ['lɛŋkər] *m (am Auto)* volante *m*
Lenker(in) ['lɛŋkər(ɪn)] *m/f (Fahrer(in))* conductor(a) *m/f*
Lenkrad ['lɛŋkraːt] *n (eines Autos)* volante *m*
Lenkstange ['lɛŋkʃtaŋə] *f (beim Fahrrad)* guía *f,* manillar *m*
Lenkung ['lɛŋkuŋ] *f (beim Auto)* dirección *f*
Lenz [lɛnts] *m* primavera *f*
Leopard [leo'part] *m ZOOL* leopardo *m*
Lepra ['leːpra] *f MED* lepra *f*
Lerche ['lɛrçə] *f ZOOL* alondra *f*
Lerneifer ['lɛrnaɪfər] *m* aplicación *f*
lernen ['lɛrnən] *v* aprender, asimilar
lernfähig ['lɛrnfɛːɪç] *adj* capaz de aprender
Lernprozess ['lɛrnprotsɛs] *m* proceso de aprendizaje *m*
lesbar ['leːsbaːr] *adj 1. (leserlich)* leíble; *2. (Stil)* compresible
Lesbarkeit ['leːsbaːrkaɪt] *f 1. (Leserlichkeit)* legibilidad *f; 2. (Stil)* comprensibilidad *f*
Lesbierin ['lɛsbiərɪn] *f* lesbiana *f*
lesbisch ['lɛsbɪʃ] *adj* lesbiano
Lesebrille ['leːzəbrɪlə] *f* gafas para leer *f/pl*
Lesebuch ['leːzəbuːx] *n* libro de lecturas *m*
lesen ['leːzən] *v* leer
lesenswert ['leːzənsveːrt] *adj* digno de leer, que vale la pena leer
Leser ['leːzər] *m* lector *m*
Leserbrief ['leːzərbriːf] *m (einer Zeitung)* carta del lector *f*
Leserkreis ['leːzərkraɪs] *m* círculo de lectores *m*
leserlich ['leːzərlɪç] *adj 1.* legible; *adv 2.* de manera legible
Leserlichkeit ['leːzərlɪçkaɪt] *f* legibilidad *f*
Lesesaal ['leːzəzaːl] *m* salón de lectura *m,* gabinete de lectura *m*

Lesestoff ['leːzəʃtɔf] *m* contenido de lectura *m*
Lesezeichen ['leːzətsaɪçən] *n* señal de lectura *f*
Lesung ['leːzuŋ] *f* *1.* lectura *f; 2. POL* lectura *f; 3. REL* lectura *f,* interpretación *f*
Lethargie [letar'giː] *f* letargo *m*
lethargisch [le'targɪʃ] *adj* letárgico
Lette ['lɛtə] *m* letón *m*
Lettin ['lɛtɪn] *f* letona *f*
Lettisch ['lɛtɪʃ] *n* letón *m*
Lettland ['lɛtlant] *n GEO* Letonia *f*
letzte(r,s) ['lɛtstə(r,s)] *adj 1.* último/última; *zu guter Letzt* por último; *das Letzte sein* ser lo último/ser el colmo; *bis aufs Letzte* por completo; *2. (vorig)* pasado; *~s Jahr* el año pasado *m*
letztendlich ['lɛtst'ɛntlɪç] *adv* finalmente, a fin de cuentas
letztens ['lɛtstəns] *adv* últimamente, recientemente
letztgenannt ['lɛtstgənant] *adj* citado en último lugar, últimamente citado
letztlich ['lɛtstlɪç] *adv* finalmente, por fin
Leuchtanzeige ['lɔyçtantsaɪgə] *f* lámpara de señales *f,* indicador luminoso *m*
Leuchte ['lɔyçtə] *f* *1.* luz *f,* lámpara *f; 2. (fig)* genio *m; keine große ~ sein* no ser ninguna lumbrera
leuchten ['lɔyçtən] *v 1. (Licht)* alumbrar, iluminar; *2. (Sonne)* brillar
Leuchter ['lɔyçtər] *m* candelabro *m*
Leuchtfeuer ['lɔyçtfɔyər] *n* luz *f,* fuego *m,* fanal *f*
Leuchtrakete ['lɔyçtrakeːtə] *f* cohete luminoso *m*
Leuchtreklame ['lɔyçtreklaːmə] *f* publicidad luminosa *f*
Leuchtsignal ['lɔyçtzɪgnaːl] *n* señal luminosa *f*
Leuchtturm ['lɔyçtturm] *m* faro *m*
leugnen ['lɔygnən] *v* negar, denegar
Leukämie [lɔykɛ'miː] *f MED* leucemia *f*
Leukoplast [lɔyko'plast] *n* esparadrapo *m*
Leumund ['lɔymunt] *m* reputación *f,* fama *f*
Leumundszeugnis ['lɔymuntstsɔyknɪs] *n* certificado de buena conducta *m*
Leute ['lɔytə] *pl* gente *f; unter die ~ kommen* divulgarse/circular
Leutnant ['lɔytnant] *m MIL* alférez *m*
leutselig ['lɔytzeːlɪç] *adj 1.* afable, amable, gentil; *adv 2.* afablemente, con gentileza
Leviten [leː'vitən] *pl jdm die ~ lesen* leerle la cartilla a alguien
Lexikon ['lɛksɪkɔn] *n 1. (Wörterbuch)* diccionario *m; 2. (Enzyklopädie)* enciclopedia *f*
Libanese [liba'neːzə] *m* libanés *m*
Libanesin [liba'neːzɪn] *f* libanesa *f*
libanesisch [liba'neːzɪʃ] *adj* libanés
Libanon ['liːbanɔn] *m GEO* Líbano *m*
Libelle [li'bɛlə] *f ZOOL* libélula *f*
liberal [libə'raːl] *adj 1.* liberal; *adv 2.* liberalmente
Liberale(r) [libe'raːlə(r)] *m/f 1.* liberal *m/f; 2. (Mitglied einer liberalen Partei) POL* miembro de un partido liberal *m/f*
liberalisieren [liberaːli'ziːrən] *v 1. (freier gestalten) POL* liberalizar; *2. (beseitigen) ECO* liberalizar el mercado económico
Liberalisierung [libərali'ziːruŋ] *f POL* liberalización *f*
Liberalismus [libəra'lɪsmus] *m POL* liberalismo *m*
Liberia [li'beːrja] *n GEO* Liberia *f*
liberianisch [libe'rjaːnɪʃ] *adj* liberiano
Libyen ['liːbɪən] *n GEO* Libia *f*
Libyer(in) ['libyər(ɪn)] *m/f* libio/libia *m/f*
libysch ['liːbyʃ] *adj* libio
licht [lɪçt] *adj 1. (hell)* claro, luminoso; *2. (nicht dicht)* ralo
Licht [lɪçt] *n* luz *f; kein großes ~ sein* no ser ninguna lumbrera; *sich ins rechte ~ setzen* favorecerse; *sein ~ unter den Scheffel stellen* callar sus méritos; *jdn hinters ~ führen* engañar a alguien, dar a alguien gato por liebre (fig); *kein gutes ~ auf jdn werfen* no hablar en favor de alguien; *Jetzt geht mir ein ~ auf!* ¡Ahora caigo!/¡Ahora se me ha encendido la bombilla!
Lichtbild ['lɪçtbɪlt] *n 1. (Foto)* foto *f,* fotografía *f; 2. (Dia)* diapositiva *f*
Lichtblick ['lɪçtblɪk] *m (fig)* rayo de luz *m,* rayo de esperanza *m*
Lichteinfall ['lɪçtaɪnfal] *m* incidencia de la luz *f*
lichtempfindlich ['lɪçtɛmpfɪndlɪç] *adj* sensible a la luz
lichten ['lɪçtən] *v 1. (Wald)* aclarar; *2. sich ~* disiparse, disminuir; *3. sich ~ (Nebel)* disiparse; *4. den Anker ~ NAUT* levar anclas
Lichtgeschwindigkeit ['lɪçtgəʃvɪndɪçkaɪt] *f PHYS* velocidad de la luz *f*
Lichthupe ['lɪçthuːpə] *f (beim Auto)* aviso luminoso *m,* avisador luminoso *m*
Lichtjahr ['lɪçtjaːr] *n ASTR* año luz *m*
Lichtmaschine ['lɪçtmaʃiːnə] *f 1. (Gleichstrom) TECH* dínamo *m; 2. (Drehstrom) TECH* transformador *m*

Lichtpause ['lɪçtpauzə] *f* calco heliográfico *m*
Lichtquelle ['lɪçtkvɛlə] *f* fuente de luz *f*
Lichtschalter ['lɪçtʃaltər] *m* interruptor de la luz *m*
Lichtschutzfaktor ['lɪçtʃutsfaktɔr] *m* factor de protección solar *m*
Lichtstrahl ['lɪçtʃtraːl] *m* rayo de luz *m*
Lichtung ['lɪçtuŋ] *f* *(Waldlichtung)* calvero *m*
Lid [liːt] *n* párpado *m*
Lidschatten ['liːtʃatən] *m* sombra de ojos *f*
Lidstrich ['liːtʃtrɪç] *m* raya con el lápiz de ojos *f; 2. (Eyeliner)* lápiz de ojos *m*
lieb [liːp] *adj* querido, amoroso; *jdm ~ und teuer sein* tener mucha estima a alguien; *~ gewinnen* tomar cariño, encariñarse con; *~ haben* querer, amar
liebäugeln ['liːpɔygəln] *v* coquetear
Liebe ['liːbə] *f* amor *m; bei aller ~* aunque me empeñe; *~ auf den ersten Blick* amor a primera vista *m*
liebebedürftig ['liːbəbədyrftɪç] *adj* que necesita mucho afecto, que necesita mucho cariño
lieben ['liːbən] *v* amar, querer (mucho); *Ich liebe dich.* Yo te quiero mucho./Yo te amo.
liebenswert ['liːbənsveːrt] *adj* digno de ser amado, muy simpático
liebenswürdig ['liːbənsvyrdɪç] *adj* gentil, amable, afable
Liebenswürdigkeit ['liːbənsvyrdɪçkaɪt] *f* gentileza *f,* amabilidad *f*
lieber ['liːbər] *adv* más bien, mejor
Liebesaffäre ['liːbəsafɛːrə] *f* amorío *m*
Liebesbrief ['liːbəsbriːf] *m* carta amorosa *f,* carta de amor *f*
Liebesdienst ['liːbəsdiːnst] *m (Gefallen)* favor *m*
Liebeserklärung ['liːbəserklɛːruŋ] *f* declaración de amor *f,* declaración amorosa *f*
Liebesgedicht ['liːbəsgədɪçt] *n LIT* poema de amor *f*
Liebesgeschichte ['liːbəsgəʃɪçtə] *f* historia de amor *f*
Liebesheirat ['liːbəshaɪraːt] *f* casamiento por amor *m*
Liebeskummer ['liːbəskumər] *m* penas de amor *f/pl,* penas del corazón *f/pl*
Liebeslied ['liːbəsliːt] *n* canción de amor *f*
Liebesnest ['liːbəsnɛst] *n* nido de amor *m*
Liebespaar ['liːbəspaːr] *n* pareja de enamorados *f*
Liebesroman ['liːbəsromaːn] *m LIT* novela de amor *f*
liebevoll ['liːbəfɔl] *adj 1.* amoroso, cariñoso; *adv 2.* amorosamente
Liebhaber ['liːphabər] *m 1. (Geliebter)* amante *m/f; 2. (Kenner)* aficionado *m*
Liebhaberei [liːphaːbə'raɪ] *f* afición *f*
Liebhaberwert ['liːphaːbərveːrt] *m* valor de curiosidad *m*
liebkosen [liːp'koːzən] *v* acariciar, hacer caricias
Liebkosung [liːp'koːzuŋ] *f* caricia *f*
lieblich ['liːplɪç] *adj* agradable, simpático
Lieblichkeit ['liːplɪçkaɪt] *f 1. (Anmut)* gracia *f; 2. (von Wein) GAST* exquisitez *f; 3. (Wohlklang) MUS* armonía *f; 4. (eines Duftes)* dulzura *f*
Liebling ['liːplɪŋ] *m 1.* favorito *m; 2. (Anrede)* querido *m*
Lieblingsbeschäftigung ['liːplɪŋsbəʃɛftɪguŋ] *f* ocupación favorita *f*
Lieblingsfarbe ['liːplɪŋsfarbə] *f* color favorito *m*
Lieblingsspeise ['liːblɪŋsʃpaɪzə] *f* plato favorito *m*
lieblos ['liːploːs] *adj 1.* desamoroso, falto de amor; *adv 2.* sin amor, fríamente, con desamor
Lieblosigkeit ['liːploːzɪçkaɪt] *f* desamor *m,* falta de amor *f*
Liebreiz ['liːpraɪts] *m* atractivo *m,* encanto *m*
liebreizend ['liːpraɪtsənt] *adj 1. (Person)* encantador, lleno de atractivos; *2. (Bewegung)* gracil; *3. (Aussehen)* atractivo
Liebste(r) ['liːpstə(r)] *f/m* más querida *f,* más querido *m*
Lied [liːt] *n* canción *f; immer wieder das alte ~ anstimmen* volver siempre a la misma canción, venir siempre con el mismo cuento
Liederabend ['liːdəraːbənt] *m* recital *m*
Liederbuch ['liːdərbuːx] *n* cancionero *m*
liederlich ['liːdərlɪç] *adj 1.* desordenado, descuidado; *adv 2.* desordenadamente, sin esmero
Liedermacher(in) ['liːdərmaxər(ɪn)] *m/f* cantautor(a) *m/f,* compositor(a) de canciones *m/f*
Lieferant(in) [liːfə'rant(ɪn)] *m/f* proveedor(a) *m/f,* suministrador(a) *m/f*
lieferbar ['liːfərbaːr] *adj* suministrable, disponible
Lieferbedingung ['liːfərbədɪŋuŋ] *f ECO* condiciones de entrega *f/pl*
Lieferfrist ['liːfərfrɪst] *f ECO* plazo de entrega *m*

liefern ['liːfərn] *v* suministrar, entregar, proveer; *geliefert sein* estar perdido
Lieferschein ['liːfərʃaɪn] *m ECO* talón de entrega *m,* recibo de entrega *m*
Liefertermin ['liːfərtɛrmiːn] *m ECO* fecha de entrega *f,* día de entrega *m*
Lieferung ['liːfəruŋ] *f* entrega *f,* suministro *m*
Lieferwagen ['liːfərvaːgən] *m* camioneta de reparto *f*
Lieferzeit ['liːfərtsaɪt] *f 1. (Zeitraum) ECO* plazo de entrega *m; 2. (Termin) ECO* fecha de entrega *f*
Liege ['liːgə] *f* diván *m*
liegen ['liːgən] *v irr 1.* estar tendido, yacer; *2. (sich befinden)* encontrarse, estar; *Das Buch liegt in der Schublade.* El libro está en el cajón. *3. richtig ~* estar en lo cierto; *4. ~ lassen (vergessen)* olvidar algo, dejar algo olvidado; *alles stehen- und ~* abandonar todo;
liegen ['liːgən] *v irr 1. ~ bleiben (im Bett bleiben)* quedarse acostado; *2. ~ bleiben (Schnee)* cuajar; *3. ~ bleiben (vergessen werden)* quedar olvidado; *4. ~ bleiben (Arbeit)* quedar pendiente; *5. ~ bleiben (Auto)* quedar parado
liegend ['liːgənt] *adj 1.* yaciente, tendido en el suelo, postrado; *adv 2.* modo de yacer
Liegenschaften ['liːgənʃaftən] *pl* inmuebles *m/pl,* bienes raíces *m/pl,* terrenos *m/pl*
Liegesitz ['liːgəzɪts] *m* asiento reclinable *m*
Liegestuhl ['liːgəʃtuːl] *m* silla extensible *f,* tumbona *f,* gandula *f*
Liegestütz ['liːgəstyts] *f* flexión *f*
Liegewagen ['liːgəvaːgən] *m* vagón de literas *m,* coche de asientos, coche cama *m*
Lift [lɪft] *m* ascensor *m*
liften ['lɪftən] *v* estirar la piel quirúrgicamente, hacer lifting
Liga ['liːga] *f* liga *f*
Likör [li'køːr] *m* licor *m*
lila ['liːla] *adj* de color lila
Lilie ['liːljə] *f BOT* lirio *m*
Limit ['lɪmɪt] *n 1. (Beschränkung)* límite *m; 2. FIN* límite *m*
limitieren [lɪmɪ'tiːrən] *v 1. (beschränken) FIN* limitar; *2.* limitar, demarcar, fijar
Limonade [limo'naːdə] *f* limonada *f*
Limone [li'moːnə] *f* limón *m*
Limousine [limu'ziːnə] *f (Auto)* limusina *f*
Linde ['lɪndə] *f BOT* tilo *m*
lindern ['lɪndərn] *v* aliviar, mitigar, calmar
Linderung ['lɪndəruŋ] *f* alivio *m,* mitigación *f*
Lindwurm ['lɪndvurm] *m* dragón *m*
Lineal [line'aːl] *n* regla *f; ein ~ verschluckt haben (fig)* ir tieso como un palo
linear [line'aːr] *adj* lineal
Linguist(in) [lɪŋ'gwɪst(ɪn)] *m/f* lingüista *m/f*
Linguistik [lɪŋ'gwɪstɪk] *f* lingüística *f*
linguistisch [lɪŋ'gwɪstɪʃ] *adj* lingüístico
Linie ['liːnjə] *f 1. (Strich)* raya *f,* línea *f; auf der ganzen ~* en toda regla; *2. (Zeile)* renglón *m; 3. (Reihe)* fila *f*
Linienflug ['liːnjənfluːk] *m* vuelo regular *m,* vuelo de línea *m*
Linienverkehr ['liːnjənfɛrkeːr] *m* tráfico regular *m,* servicio regular *m*
Liniment [lini'mɛnt] *n* linimento *m*
linke(r,s) ['lɪŋkə(r,s)] *adj 1.* izquierda; *2. (Rückseite)* revés
Linke(r) ['lɪŋkə(r)] *f/m POL* izquierdista *m/f*
linken ['lɪŋkən] *v (fam)* engañar
linkisch ['lɪŋkɪʃ] *adj* torpe, patoso, desmañado
links [lɪŋks] *adv 1.* a la izquierda, por la izquierda; *jdn ~ liegen lassen (fig)* hacer caso omiso de alguien; *etw mit ~ machen* hacer algo con la izquierda; *2. (Rückseite)* al revés, por el revés
Linkshänder(in) ['lɪŋkshɛndər(ɪn)] *m/f* zurdo/zurda *m/f*
linkshändig ['lɪŋkshɛndɪç] *adj* zurdo
Linoleum [li'noːleum] *n* linóleo *m*
Linse ['lɪnzə] *f 1. (in der Optik)* lente *m; 2. BOT* lenteja *f*
Linsengericht ['lɪnzəngərɪçt] *n 1. GAST* plato guisado de lentejas *m; 2. REL* plato de lentejas causante de la primogenitura de Jacob *m*
Lippe ['lɪpə] *f* labio *m; eine dicke ~ riskieren* meterse en una conversación; *etw nicht über die ~n bringen* no atreverse a decir algo; *leicht von den ~n gehen* escaparse de la lengua
Lippenbekenntnis ['lɪpənbəkɛntnɪs] *n (fig) ~ zu etw ablegen* decir algo con la boca pequeña
Lippenstift ['lɪpənʃtɪft] *m* lápiz labial *m,* pintalabios *m* (LA)
liquid [lɪ'kviːt] *adj 1. (Mittel)* líquido; *2. (Person)* solvente
Liquidation [lɪkvɪda'tsjoːn] *f ECO* liquidación *f*
liquidieren [lɪkvɪ'diːrən] *v ECO* liquidar, entrar en liquidación
Liquidierung [lɪkvɪ'diːruŋ] *f (Erschießung)* liquidación *f*

Liquidität [lɪkvɪdi'tɛːt] *f 1. (Zahlungsfähigkeit) ECO* liquidez *f; 2. (Zahlungsmittel) ECO* moneda en efectivo *m*
lispeln ['lɪspəln] *v* cecear
Lissabon ['lɪsabon] *n GEO* Lisboa *f*
List [lɪst] *f* astucia *f,* sutileza *f; ~ geht über Kraft.* Más vale maña que fuerza.
Liste ['lɪstə] *f* lista *f*
Listenpreis ['lɪstənpraɪs] *m ECO* precio de lista *m*
listig ['lɪstɪç] *adj 1.* astuto, sutil; *adv 2.* con astucia, astutamente, con sutileza
Litanei [lita'naɪ] *f 1. REL* letanía *f; 2. (fam)* retahíla *f,* sarta *f*
Litauen ['lɪtauən] *n GEO* Lituania *f*
Litauer(in) ['lɪtauər(ɪn)] *m/f* lituano/lituana *m/f*
litauisch ['lɪtauɪʃ] *adj* lituano
Liter ['liːtər] *m* litro *m*
literarisch [litə'raːrɪʃ] *adj* literario
Literat(in) [lɪtə'raːt(ɪn)] *m/f LIT* literato/literata *m/f*
Literatur [litəra'tuːr] *f* literatura *f*
Literaturangabe [lɪtəra'tuːrangaːbə] *f* nota bibliográfica *f*
Literaturgeschichte [litəra'tuːrgəʃɪçtə] *f* historia de la literatura *f*
Literaturhinweis [lɪtəra'tuːrhɪnvaɪs] *m* indicación literaria *f*
Literaturpreis [litəra'tuːrpraɪʃ] *m* premio de literatura *m*
Literaturverzeichnis [litəra'tuːrfɛrtsaɪçnɪs] *n* bibliografía *f*
Literflasche ['liːtərflaʃə] *f* botella de litro *f*
literweise ['liːtərvaɪzə] *adv 1.* por litros; *adj 2. (fig)* a cántaros
Litfasssäule ['lɪtfaszɔylə] *f* columna de anuncios *f*
Lithium ['liːtsium] *n CHEM* litio *m*
Lithograf(in) [lɪto'graːf(ɪn)] *m/f* litógrafo/litógrafa *m/f*
Lithografie [litogra'fiː] *f ART* litografía *f*
lithografisch [lɪto'graːfɪʃ] *adj* litográfico
Litschi ['lɪtʃi] *f BOT* lichi *m*
Liturgie [litur'giː] *f REL* liturgia *f*
liturgisch [li'turgɪʃ] *adj REL* litúrgico
Litze ['lɪtsə] *n 1.* cordón *m,* cordel *m; 2. TECH* torzal *m*
Livesendung ['laɪfzɛnduŋ] *f* emisión en vivo *f,* transmisión en vivo y en directo *f*
Lizenz [li'tsɛnts] *f* licencia *f*
Lizenzgebühr [li'tsɛntsgəbyːr] *f* tasa de licencia *f*
Lob [loːp] *n* alabanza *f,* elogio *m*
Lobby ['lɔbi] *f POL* lobby *m,* grupo de presión *m*
loben ['loːbən] *v* alabar, elogiar; *jdn über alle Maßen ~* deshacerse a alguien en elogios
lobenswert ['loːbənsvɛrt] *adj* digno de alabanza, elogiable
Loch [lɔx] *n* agujero *m,* hueco *m; aus dem letzten ~ pfeifen (fig)* estar en las últimas; *jdm ein ~ in den Bauch reden* meter un rollo a alguien; *ein ~ in die Luft starren* estar en la higuera
lochen ['lɔxən] *v* agujerear, perforar
Locher ['lɔxər] *m* perforador *m,* taladror *m*
löchern ['lœçərn] *v (fam) jdn ~* atosigar a alguien a preguntas
löchrig ['lœçrɪç] *adj* agujereado, perforado
Locke ['lɔkə] *f* rizo *m,* bucle *m*
locken[1] ['lɔkən] *v (Haare)* rizar, rizarse, hacerse rizos
locken[2] ['lɔkən] *v* atraer, seducir
Lockenwickler ['lɔkənvɪklər] *m* bigudí *m,* rulo *m,* rulero (LA) *m*
locker ['lɔkər] *adj 1. (lose)* suelto; *2. (entspannt)* flojo; *3. (fig: ungezwungen)* natural
Lockerheit ['lɔkərhaɪt] *f 1. (Gewebe)* flojedad *f; 2. (Erde)* porosidad *f; 3. (Seil)* flojedad *f; 4. (Kuchen)* blandura *f; 5. (Wesen)* incoherencia *f*
lockerlassen ['lɔkərlasən] *v irr nicht ~* no decaer
Lockerung ['lɔkəruŋ] *f 1. (Seil)* aflojamiento *m; 2. (Vorschrift)* relajamiento *m*
lockig ['lɔkɪç] *adj* rizado, ensortijado
Lockruf ['lɔkruːf] *m 1. (eines Tieres) ZOOL* reclamo *m; 2. (des Jägers)* silbato *m*
Lockvogel ['lɔkfoːgəl] *m (fig)* gancho *m,* señuelo *m*
lodern ['loːdərn] *v* llamear, arder
Löffel ['lœfəl] *m* cuchara *f*
löffeln ['lœfəln] *v 1. (mit dem Löffel essen)* comer con cuchara; *2. (fam: begreifen)* entender
Logarithmus [loga'rɪtmus] *m MATH* logaritmo *m*
Logbuch ['lɔkbuːx] *n NAUT* diario de navegación *m*
Loge ['loːʒə] *f 1. (Vereinigung)* logia *f; 2. THEAT* palco *m*
Loggia ['lɔdʒa] *f* logia *f,* solana *f,* galería *f*
logieren [lo'ʒiːrən] *v* alojarse, hospedarse, pasar la noche en
Logik ['loːgɪk] *f* lógica *f*
Logis [lo'ʒiː] *n* alojamiento *m,* cuarto *m,* habitación *f*

logisch ['lo:gɪʃ] *adj 1.* lógico; *adv 2.* lógicamente, por lógica
Logistik [lo'gɪstɪk] *f* logística *f*
logistisch [lo'gɪstɪʃ] *adj* logístico
logo ['lo:go:] *interj (fam)* lógico, claro
Logopäde [logo'pɛ:də] *m* logopeda *m*
Logopädin [logo'pɛ:dɪn] *f* logopeda *f*
Lohn [lo:n] *m 1. (Bezahlung)* salario *m,* paga *f; 2. (Belohnung)* recompensa *f*
Lohnausgleich ['lo:nausglaɪç] *m* reajuste de salarios *m*
Lohnbuchhaltung ['lo:nbu:xhaltuŋ] *f 1. (Lohnbuchführung) ECO* contabilidad de salarios *f; 2. (Betriebsabteilung) ECO* contabilidad *f*
Lohnempfänger(in) ['lo:nɛmpfɛŋər(ɪn)] *m/f* asalariado/asalariada *m/f*
lohnen ['lo:nən] *v sich ~* valer la pena, ser rentable
lohnenswert ['lo:nənsve:rt] *adj* que vale la pena
Lohnerhöhung ['lo:nɛrhø:uŋ] *f* aumento salarial *m*
Lohnforderung ['lo:nfɔrdəruŋ] *f* reivindicación salarial *f*
Lohnfortzahlung ['lo:nfɔrttsa:luŋ] *f ~ im Krankheitsfall* mantenimiento del salario en caso de enfermidad *m*
Lohnkürzung ['lo:nkyrtsuŋ] *f ECO* recorte salarial *m*
Lohnniveau ['lo:nnivo:] *n ECO* nivel salarial *m*
Lohnsteuer ['lo:nʃtɔyər] *f* impuesto sobre salarios *m,* impuesto sobre los rendimientos del trabajo personal (IRTP) *m*
Lohnsteuerkarte ['lo:nʃtɔyərkartə] *f* tarjeta de impuesto sobre el salario *f*
Lohnstopp ['lo:nʃtɔp] *m ECO* congelación salarial *f*
Lohntüte ['lo:nty:tə] *f* salario *m*
lokal [lo'ka:l] *adj* local
Lokal [lo'ka:l] *n* local *m,* establecimiento *m*
Lokalität [lokali'tɛ:t] *f 1. (örtliche Beschaffenheit)* localidad *f,* lugar *m; 2. (Raum)* espacio *m; 3. (Toilette)* servicios *m/pl,* lavabos *m/pl*
Lokalnachrichten [lo'ka:lna:xrɪçtən] *pl* noticias locales *f/pl*
Lokaltermin [lo'ka:ltɛrmi:n] *m JUR* inspección ocular *f,* inspección del lugar de los hechos *f*
Lokomotive [lokomo'ti:və] *f* locomotora *f*
Lokomotivführer [lokomo'ti:ffy:rər] *m* maquinista *m*
Lombardsatz ['lɔmbartzats] *m FIN* tipo de interés de pignoración *m*
Lorbeer ['lɔrbe:r] *m BOT* laurel *m; ~en ernten* llevarse laureles; *sich auf seinen ~en ausruhen (fig)* dormirse sobre sus laureles
los [lo:s] *adj 1.* suelto, flojo; *2. etw ~ sein* haberse librado de algo/alguien; *3. es ist etw ~* ¡ahí, pasa algo! *Was ist ~?* ¿Qué pasa? *Mit ihm ist nicht viel ~.* No sirve para hacer gran cosa. *interj 4.* ¡venga! *adv 5. Wir müssen ~!* ¡venga, vamos!
Los [lo:s] *n 1. (Lotterielos)* billete de lotería *m; mit jdm das große ~ gezogen haben* haberle tocado la lotería con alguien; *2. (Schicksal)* suerte *f,* destino *m*
lösbar ['lø:sbar] *adj 1. (Problem)* solucionable; *2. CHEM* soluble
Lösbarkeit ['lø:sba:rkaɪt] *f* solubilidad *f*
losbinden ['lo:sbɪndən] *v irr* desatar, desligar
losbrechen ['lo:sbrɛçən] *v irr 1.* romperse, quebrarse; *2. etw ~* separar, romper
löschen ['lœʃən] *v 1. (Feuer)* extinguir, apagar, sofocar; *2. (Licht)* apagar; *3. (Fracht)* descargar, desembarcar; *4. INFORM* borrar, cancelar
Löschfahrzeug ['lœʃfa:rtsɔyk] *n* coche de bomberos *m*
Löschtaste ['lœʃtastə] *f INFORM* tecla para borrar *f*
lose ['lo:zə] *adj 1. (locker)* flojo, suelto; *2. (unverpackt)* sin empacar, a granel; *3. (fig: leichtfertig)* frívolo, ligero
Lösegeld ['lø:zəgɛlt] *n* rescate *m*
lösen ['lø:zən] *v 1. (losbinden)* desatar, desligar; *2. (beenden)* finalizar, terminar, acabar; *3. (klären)* resolver, solucionar, aclarar; *4. (zergehen lassen)* diluir, disolver
losen ['lo:zən] *v* sortear, echar suertes
Losentscheid ['lo:sɛntʃaɪt] *m* rifa *f,* sorteo *m*
losfahren ['lo:sfa:rən] *v irr* salir, partir
losgehen ['lo:sge:ən] *v irr 1. (weggehen)* irse, marcharse; *2. (Schuss)* dispararse; *3. auf jdn ~* abalanzarse sobre; *4. (anfangen)* empezar, comenzar
loskaufen ['lo:skaufən] *v 1. sich ~* redimirse; *2. (eine entführte Person)* rescatar
loskommen ['lo:skɔmən] *v irr (wegkommen)* poder irse
loslassen ['lo:slasən] *v irr* soltar, desasir
loslaufen ['lo:slaufən] *v irr 1. (losgehen)* ponerse en marcha; *2. (losrennen)* echar a correr

löslich ['lø:slɪç] *adj* soluble
Löslichkeit ['lø:slɪçkaɪt] *f* solubilidad *f*
loslösen ['lo:slø:zən] *v (sich ~)* desatarse
losreißen ['lo:sraɪsən] *v irr 1.* arrancar, quitar; *2. (fig)* desprenderse, separarse
lossagen ['lo:sza:gən] *v sich ~ von* abjurar de, renegar de
lossprechen ['lo:sʃprɛçən] *v irr 1. ~ von* exonerar de; *2. REL* absolver, dejar absuelto
losstürzen ['lo:sʃtyrtsən] *v 1. (~ auf)* arrojarse sobre, arremeter contra; *2. (losstürmen)* salir corriendo
Lösung ['lø:zuŋ] *f 1. (Losmachen)* desprendimiento *m,* separación *f; 2. (Beendigung)* finalización *f; 3. (Klärung)* solución *f; 4. CHEM* solución *f; 5. (Vorgang) CHEM* disolución *f*
Lösungsmittel ['lø:zuŋsmɪtəl] *n* disolvente *m*
loswerden ['lo:sve:rdən] *v irr (fam)* librarse de
Lot [lo:t] *n 1. (Senkrechte) MATH* línea perpendicular *f,* vertical *f; 2. (Senkblei) TECH* plomada *f; etw wieder ins rechte ~ bringen* poner de nuevo algo en orden; *ins ~ kommen* arreglarse
löten ['lø:tən] *v* soldar con estaño
lotrecht ['lo:trɛçt] *adj* vertical
Lotse ['lo:tsə] *m 1. (Schiffslotse)* práctico *m; 2. (Flugzeuglotse)* operador de radar *m*
lotsen ['lo:tsən] *v 1.* pilotar, pilotear, practicar; *2. (fig)* seducir a venir, arrastrar
Lotterie [lɔtə'ri:] *f* lotería *f*
Lotto ['lɔto:] *n* lotería primitiva *f*
Lottogewinn ['lɔtogəvɪn] *m 1. (Geld)* ganancia en la lotería primitiva *f; 2. (Gewinnen)* ganar a la lotería
Lottozahlen ['lɔtotsa:lən] *pl* números de la lotería primitiva *m/pl*
Löwe ['lø:və] *m ZOOL* león *m*
Löwenanteil ['lø:vənantaɪl] *m* parte del león *f,* parte más grande *f,* mayor parte *f*
Löwenmaul ['lø:vənmaul] *n BOT* becerra *f*
Löwenzahn ['lø:vəntsa:n] *m BOT* diente de león *m*
Löwin ['lø:vɪn] *f* leona *f*
loyal [lo'ja:l] *adj* leal
Loyalität [loja:lɪ'tɛ:t] *f* lealtad *f*
Luchs [luks] *m ZOOL* lince *m*
Lücke ['lykə] *f* vacío *m,* hueco *m*
Lückenbüßer ['lykənby:sər] *m* suplente *m*
lückenhaft ['lykənhaft] *adj 1.* defectuoso, incompleto; *adv 2.* defectuosamente, de manera incompleta
lückenlos ['lykənlo:s] *adj 1.* completo, ininterrumpido; *adv 2.* por completo, ininterrumpidamente
Luft [luft] *f* aire *m; in der ~ hängen (fig)* estar en el aire/estar por decidir; *dicke ~* ambiente cargado; *die ~ rauslassen* dejar salir el aire; *jdn wie ~ behandeln* hacer caso omiso de alguien; *die ~ anhalten* contener la respiración; *jdn an die frische ~ befördern* mandar a alguien con viento fresco, poner a alguien de patitas en la calle; *aus der ~ gegriffen sein* ser puro invento; *in die ~ gehen* saltar (fam), explotar; *sich ~ machen* desahogarse, aliviarse; *Da bleibt mir die ~ weg!* ¡Se me quita la respiración!
Luftangriff ['luftangrɪf] *m MIL* ataque aéreo *m*
Luftballon ['luftbalɔŋ] *m* globo *m,* globo aerostático *m*
Luftblase ['luftbla:zə] *f* burbuja de aire *f*
Luftbrücke ['luftbrykə] *f* puente aéreo *m*
luftdicht ['luftdɪçt] *adj 1.* hermético, impenetrable al aire; *adv 2.* herméticamente
Luftdruck ['luftdruk] *m* presión atmosférica *f*
lüften ['lyftən] *v 1. (Raum)* ventilar, airear; *2. (Kleider)* poner al aire; *3. (fig: enthüllen)* revelar, desvelar
Luftfahrt ['luftfa:rt] *f* aviación *f,* aeronavegación *f,* aeronáutica *f*
Luftfeuchtigkeit ['luftfɔyçtɪçkaɪt] *f* humedad atmosférica *f*
Luftfilter ['luftfɪltər] *m* filtro de aire *m*
Luftfracht ['luftfraçt] *f* carga aérea *f,* flete aéreo *m*
luftgetrocknet ['luftgətrɔknət] *adj* curado al aire, secado al aire
Luftgewehr ['luftgəve:r] *n* escopeta de aire comprimido *f*
luftig ['luftɪç] *adj 1.* aéreo; *2. in ~er Höhe* en la cima
Luftkissen ['luftkɪsən] *n* almohada neumática *f*
Luftklappe ['luftklapə] *f 1. TECH* vávula de aire *f; 2. (Maschine) TECH* ventilador *m; 3. (Choke) TECH* lengüeta *f*
Luftkorridor ['luftkɔrido:r] *m* corredor aéreo *m*
Luftkrankheit ['luftkraŋkhaɪt] *f MED* mareo de los aviadores *m*
Luftkrieg ['luftkri:k] *m MIL* guerra aérea *f*
luftleer ['luftle:r] *adj* vacío de aire
Luftlinie ['luftli:njə] *f* línea aérea *f,* línea directa *f*

Luftloch ['luftlɔx] *n 1.* respiradero *m; 2. (fam: Fallwind)* vacío de aire *m,* bolsa de aire *f*
Luftmatratze ['luftmatratsə] *f* colchoneta *f*
Luftpost ['luftpɔst] *f* correo aéreo *m*
Luftpumpe ['luftpumpə] *f* bomba neumática *f,* bomba de aire *f*
Luftraum ['luftraum] *m* espacio aéreo *m*
Luftröhre ['luftrøːrə] *f ANAT* tráquea *f*
Luftschiff ['luftʃɪf] *n* aeronave *f*
Luftschlange ['luftʃlaŋə] *f* serpentina de papel *f*
Luftschutzkeller ['luftʃutskɛlər] *m* refugio subterráneo antiaéreo *m*
Lüftung ['lyftuŋ] *f* ventilación *f,* aireación *f*
Luftveränderung ['luftfɛrɛndəruŋ] *f 1.* cambio atmosférico *m; 2. (fig)* cambio de aires *m*
Luftverkehr ['luftfɛrkeːr] *m* tráfico aéreo *m*
Luftverschmutzung ['luftfɛrʃmutsuŋ] *f* contaminación atmosférica *f*
Luftwaffe ['luftvafə] *f MIL* fuerza aérea *f,* aviación militar *f*
Luftwiderstand ['luftviːdərʃtant] *m 1.* resistencia del aire *f; 2. MIL* resistencia aérea *f*
Luftzug ['lufttsuːk] *m* corriente de aire *f*
Lüge ['lyːgə] *f* mentira *f,* patrania *f,* embuste *m*
lügen ['lyːgən] *v irr* mentir, decir embustes, engañar; *wie gedruckt ~* mentir más que la gaceta, miente más que habla.
lügenhaft ['lyːgənhaft] *adj 1. (unwahr)* falso; *2. (lügnerisch)* mentiroso
Lügenmaul ['lyːgənmaul] *n (fam)* mentiroso *m,* embustero *m*
Lügner(in) ['lyːgnər(ɪn)] *m/f* mentiroso/mentirosa *m/f,* embustero/embustera *m/f,* farsante *m/f*
Luke ['luːkə] *f 1.* claraboya *f; 2. (Dachluke)* tragaluz *m,* lumbrera *f*
lukrativ [lukra'tiːf] *adj* lucrativo
Lümmel ['lyməl] *m* bruto *m,* grosero *m*
Lump [lump] *m 1. (gewissenloser Mensch)* sinvergüenza *m; 2. (Schlingel)* granuja *m*
lumpen ['lumpən] *v sich nicht ~ lassen* ser rumbroso
Lumpen ['lumpən] *m* harapo *m,* andrajo *m,* trapo *m*
Lunge ['luŋə] *f ANAT* pulmón *m*
Lungenentzündung ['luŋənɛntsynduŋ] *f MED* pulmonía *f,* neumonía *f*
Lungenflügel ['luŋənflyːgəl] *m ANAT* lóbulos del pulmón *m/pl*
lungenkrank ['luŋənkraŋk] *adj* enfermo del pulmón
Lunte ['luntə] *f 1. (Zündschnur)* mecha *f; 2. (Schwanz des Fuchses)* rabo de zorro *m; 3 ~ riechen* oler el pastel
Lupe ['luːpə] *f* lupa *f,* lente de aumento *f; etw mit der ~ suchen können* poder buscar algo con lupa; *jdn unter die ~ nehmen (fig)* indagar sobre alguien
lupenrein ['luːpənraɪn] *adj (fig)* sin defecto, perfecto
Lust [lust] *f 1. (Freude)* placer *m,* alegría *f; nach ~ und Laune* a su gusto; *2. (Verlangen)* deseo *m; Ich habe ~ auf eine Pizza.* Tengo ganas de comer una pizza.
lüstern ['lystərn] *adj ~ nach etw sein* ser codicioso de algo
lustig ['lustɪç] *adj 1. (fröhlich)* alegre, contento, divertido; *2. (komisch)* chistoso, gracioso, cómico
Lustigkeit ['lustɪçkaɪt] *f 1. (Fröhlichkeit)* alegría *f,* contento *m; 2. (Komik)* entretenimiento *m*
lustlos ['lustloːs] *adj 1.* desanimado, desganado; *adv 2.* con desgano
Lustlosigkeit ['lustloːzɪçkaɪt] *f 1.* desaliento *m,* desánimo *m; 2. FIN* malestar *m,* desanimación *f*
Lustmolch ['lustmɔlç] *m* libertino *m*
Lustobjekt ['lustɔpjɛkt] *n* objeto de deseo *m*
Lustspiel ['lustʃpiːl] *n THEAT* comedia *f*
lustvoll ['lustfɔl] *adj 1.* lleno de ganas, placentero; *adv 2.* placenteramente
lutherisch ['lutərɪʃ] *adj REL* luterano
lutschen ['lutʃən] *v* chupar, chupetear
Lutscher ['lutʃər] *m* pirulí *m,* chupete *m* (LA)
Luxation [luksa'tsjoːn] *f MED* astillamiento de un hueso *m,* luxación *f*
luxuriös [luksur'jøːs] *adj 1.* lujoso, suntuoso; *adv 2.* lujosamente, suntuosamente
Luxus ['luksus] *m* lujo *m*
Luxusartikel ['luksusartɪkəl] *m* artículo de lujo *m*
Luxusjacht ['luksusjaxt] *f* jate de lujo *m*
Luxuslimousine ['luksuslimuziːnə] *f* limosina de lujo *f*
Lymphdrüse ['lympfdryːzə] *f ANAT* ganglio linfático *m*
Lynchjustiz ['lynçjustiːts] *f* linchamiento *m*
Lyrik ['lyːrɪk] *f LIT* lírica *f*
lyrisch ['lyːrɪʃ] *adj LIT* lírico

M

Maat [maːt] *m NAUT* cabo de mar *m*
Machart ['maxaːrt] *f* hechura *f*
machbar ['maxbar] *adj* factible
Machbarkeit ['maxbarkaɪt] *f* factibilidad *f*
Mache ['maxə] *f (Schein)* presunción *f,* petulancia *f; jdn in die ~ nehmen* tener a alguien en las manos; *etw in der ~ haben* tener algo entre manos
machen ['maxən] *v* hacer, realizar, ejecutar; *blau ~* hacer domingo (LA); *sich wenig aus etw ~* no pirrarse por algo (fam); *es mit jdm ~ können* poderlo hacer con alguien; *Mach dir nichts draus!* ¡Que no te importe!/¡Que no te moleste! *Gut gemacht!* ¡Bien hecho!
Machenschaften ['maxənʃaftən] *pl* maquinaciones *f/pl,* intrigas *f/pl*
Macher(in) ['maxər(ɪn)] *m/f (fam)* inspirador(a) *m/f,* hombre/mujer de acción *m/f*
Machete [ma'tʃeːtə] *f* machete *m*
Macho ['matʃo] *m* machista *m*
Macht [maxt] *f 1. (Stärke)* fuerza *f; 2. (Herrschaft)* poderío *m,* poder *m; 3. (Einfluss)* influencia *f*
Machthaber ['maxthaːbər] *m* gobernante *m,* dirigente *m*
mächtig ['mɛçtɪç] *adj 1. (stark)* fuerte; *seiner selbst nicht mehr ~ sein* ya no ser dueño de si mismo, estar fuera de sus casillas (fig); *2. (gewaltig)* poderoso; *3. (einflussreich)* influyente; *4. (fig: sehr groß)* colosal, tremendo; *adv 5. (fig)* muy, mucho, enormemente
Machtkampf ['maxtkampf] *m* lucha de poder *f*
machtlos ['maxtloːs] *adj* impotente
Machtlosigkeit ['maxtloːzɪçkaɪt] *f* impotencia *f*
Machtprobe ['maxtproːbə] *f* prueba de fuerza *f*
Machtstellung ['maxtʃtɛluŋ] *f* poderío *m*
Machtstreben ['maxtʃtreːbən] *n* imperialismo *m,* ansia de poder *f*
Machtübernahme ['maxtyːbərnaːmə] *f POL* toma del poder *f*
Machtwechsel ['maxtvɛksəl] *m POL* cambio de poder *m*
Machtwort ['maxtvɔrt] *n* palabra enérgica *f,* decisión terminante *f*
Machwerk ['maxveːrk] *n* obra mal hecha *f,* (fam) chapucería *f,* (fam) churro *m*
Macke ['makə] *f (Verrücktheit)* manía *f; du hast wohl eine ~!* ¡estás loco! ¡estás chiflado!
Madagaskar [mada'gaskaːr] *n GEO* Madagascar *m*
Mädchen ['mɛːtçən] *n* chica *f,* muchacha *f; Carolina ist ein junges ~ von fünfzehn Jahren.* Carolina es una chica de quince años. *~ für alles sein (fig)* ser chica para todo
mädchenhaft ['mɛːtçənhaft] *adj 1.* de muchacha, juvenil; *adv 2.* juvenilmente
Mädchenname ['mɛːtçənnaːmə] *m* apellido de soltera *m*
Made ['maːdə] *f ZOOL* cresa *f*
madig ['maːdɪç] *adj 1.* lleno de cresas; *2. (Obst)* picado; *3. jdm etw ~ machen* quitarle a alguien las ganas de algo; *4. jdn ~ machen* desacreditar a alguien, dejar mal a alguien
Madonna [ma'dɔna] *f REL* Virgen *f*
Mafia ['mafia] *f* mafia *f*
Magazin [maga'tsiːn] *n 1. (Lager)* almacén *m,* depósito *m; 2. (einer Waffe)* cargador *m; 3. (Zeitschrift)* revista *f*
Magd [maːkt] *f* criada *f,* sirvienta *f,* doncella *f*
Magen ['maːgən] *m ANAT* estómago *m; jdm auf den ~ schlagen* producir a alguien dolor de estómago; *Da dreht sich mir der ~ um!* ¡Se me revuelve el estómago!
Magenbeschwerden ['maːgənbəʃveːrdən] *pl MED* problemas del estómago *m/pl,* indigestión *f*
Magenbitter ['maːgənbɪtər] *m* estomacal *m,* licor estomacal *m*
Magengeschwür ['maːgəngəʃvyːr] *n MED* úlcera de estómago (gástrica) *f*
Magensäure ['maːgənzɔyrə] *f* ácido gástrico *m*
Magenschmerzen ['maːgənʃmɛrtsən] *pl MED* cólico *m,* dolor de estómago *m*
mager ['maːgər] *adj 1. (dünn)* flaco, descarnado, escualido; *2. (dürftig)* escaso, insuficiente, pobre
Magersucht ['maːgərzuxt] *f MED* anorexia *f*
magersüchtig ['maːgərzyçtɪç] *adj MED* anoréxico
Magie [ma'giː] *f* magia *f*
Magier ['maːgjər] *m* mago *m,* nigromante *m*
magisch ['maːgɪʃ] *adj 1.* mágico; *adv 2.* por arte de magia

Magister [ma'gɪstər] *m 1. ~ Artium* magister artium *m; 2. ~ pharmaciae* farmacéutico *m*
Magma ['magma] *n GEO* magma *f*
Magnet [mag'neːt] *m* imán *m*
Magnetband [mag'neːtbant] *n* cinta magnética *f*
magnetisch [mag'neːtɪʃ] *adj* magnético
Mahagoni [maha'goːni] *n* caoba *f*
Mähdrescher ['mɛːdrɛʃər] *m* segadora *f,* trilladora *f*
mähen ['mɛːən] *v (Gras)* segar, cortar
Mahl [maːl] *n* comida *f,* cena *f*
mahlen ['maːlən] *v irr* moler
Mahlzeit ['maːltsaɪt] *f* comida *f*
Mahnbescheid ['maːnbəʃaɪt] *m JUR* orden de pago judicial *f*
Mähne ['mɛːnə] *f* melena *f*
mahnen ['maːnən] *v 1. (warnen)* advertir, recordar, hacer presente; *2. (auffordern)* requerir, apremiar, reclamar
Mahngebühr ['maːngəbyːr] *f* gasto de requerimiento *m*
Mahnmal ['maːnmaːl] *n* monumento conmemorativo *m*
Mahnung ['maːnuŋ] *f 1. (Warnung)* advertencia *f,* recordatorio *m; 2. (Aufforderung)* requerimiento *m,* reclamación *f*
Mai [maɪ] *m* mayo *m*
Maibaum ['maɪbaum] *m* árbol de mayo *m*
Maiglöckchen ['maɪglœkçən] *n BOT* lirio de los valles *m,* campanillas *f/pl*
Maikäfer ['maɪkɛːfər] *m ZOOL* abejorro *m*
Mailbox ['meɪlbɔks] *f INFORM* caja de correos *f,* buzón *m*
Mais [maɪs] *m BOT* maíz *m*
Maiskolben ['maɪskɔlbən] *m* mazorca *f*
Maismehl ['maɪsmeːl] *n GAST* harina de maíz *f*
Majestät [majɛs'tɛːt] *f* majestad *f*
majestätisch [majɛs'tɛːtɪʃ] *adj 1.* majestuoso, regio; *adv 2.* majestuosamente
Majonäse [majɔ'nɛːzə] *f GAST* mayonesa *f*
Major [ma'joːr] *m MIL* comandante *m*
Majoran [majo'raːn] *m BOT* mejorana *f*
makaber [ma'kaːbər] *adj* macabro
Makel ['maːkəl] *m* mácula *f,* mancha *f*
makellos ['maːkəlloːs] *adj* intachable, sin defecto, inmaculado
Makellosigkeit ['maːkəlloːzɪçkaɪt] *f 1. (Fehlerlosigkeit)* perfección *f; 2. (moralisch)* integridad *f; 3. (Reinheit)* pureza *f; 4. (Haut)* pureza *f; 5. (Kleidung)* inmaculado
mäkeln ['mɛːkəln] *v ~ an* poner faltas, tachar algo
Make-up ['meɪkʊp] *n* maquillaje *m*
Makler(in) ['maːklər(ɪn)] *m/f* corredor(a) *m/f,* comisionista *m/f,* agente *m/f*
Makrele [ma'kreːlə] *f ZOOL* caballa *f*
Makulatur [makula'tuːr] *f 1.* maculatura *f; 2. (fig)* papel de desecho *m*
mal [maːl] *adv 1. (fam: einmal)* una vez; *zwei ~ vier ist acht* dos por cuatro son ocho; *2. (früher)* antes; *3. (in Zukunft)* alguna vez, un día; *4. (multipliziert mit)* mutiplicado por
Mal [maːl] *n 1. (Zeichen)* marca *f,* señal *f; 2. (Zeitpunkt)* vez *f; nur ein einziges ~ im Leben* sólo una vez en la vida; *mit einem ~* de una vez; *von ~ zu ~* de vez en cuando; *ein für alle ~* de una vez por todas
Malaie [ma'laɪə] *m* malayo *m*
Malaiin [ma'laɪɪn] *f* malaya *f*
Malaria [ma'laːria] *f MED* malaria *f*
Malaysia [ma'laɪzja] *n GEO* Malasia *f*
Malediven [malɛ'diːvən] *pl die ~ GEO* las Islas Maldivias
malen ['maːlən] *v* pintar
Maler ['maːlər] *m 1. (Künstler)* pintor *m; 2. (Anstreicher)* pintor de brocha gorda *m*
Malerei [maːlə'raɪ] *f* pintura *f*
Malerfarbe ['maːlərfarbə] *f* pintura *f*
malerisch ['maːlərɪʃ] *adj 1.* pictórico; *adv 2.* de manera pintoresca
Malermeister(in) ['maːlərmaɪstər(ɪn)] *m/f* maestro pintor/maestra pintora *m/f*
Malheur [ma'løːr] *n* desgracia *f,* accidente *m*
malnehmen ['maːlneːmən] *v irr* multiplicar
Malve ['malvə] *f BOT* malva *f*
Malz [malts] *n* malta *f*
Malzbier ['maltsbiːr] *n GAST* cerveza de malta *f*
Malzeichen ['maːltsaɪçən] *n MATH* signo de multiplicación *m*
Mama ['mama] *f (fam)* mamá *f,* mami *f*
Mamba ['mamba] *f ZOOL* mamba *f*
Mammon ['mamɔn] *m* el dios Dinero
Mammut ['mamut] *n* mamut *m*
Mammutbaum ['mamutbaum] *m BOT* secoya *f*
mampfen ['mampfən] *v (fam)* jalar
man [man] *pron* se, uno; *Man spricht Italienisch.* Se habla italiano.
Management ['mɛnɛdʒmənt] *n ECO* gestión *f*
managen ['mɛnɛdʒən] *v (fam)* gestionar
Manager(in) ['mɛnɛdʒər(ɪn)] *m/f ECO* gerente *m/f,* manager *m,* director(a) de una empresa *m/f*

manch [manç] *pron 1.* varios, muchos, algún; *2. ~ ein* alguno que otro
manche(r,s) ['mançə(r,s)] *adj* algún, más de un(o), varios
mancherlei ['mançərlaɪ] *adv* diversos
manchmal ['mançmaːl] *adv* a veces, de vez en cuando, algunas veces
Mandant(in) [man'dant(ɪn)] *m/f JUR* mandante *m/f,* cliente/clienta *m/f*
Mandarine [manda'riːnə] *f BOT* mandarina *f*
Mandat [man'daːt] *n 1. JUR* mandato *m, ein ~ übernehmen* tomar posesión de un mandato; *2. POL* mandato *m,* decreto *m*
Mandel ['mandəl] *f 1. ANAT* tonsila *f,* amígdala *f; 2. BOT* almendra *f*
Mandelentzündung ['mandəlɛnttsynduŋ] *f MED* amigdalitis *f*
Mandeloperation ['mandəloparatsjoːn] *f MED* operación de amígdalas *f,* operación de anginas *f*
Mandrill [man'drɪl] *m ZOOL* mandril *m*
Mandschurei [mandʃu'raɪ] *f die ~ GEO* Manchuria *f*
Manege [ma'neːʒə] *f* pista de circo *f*
Mangan [maŋ'gaːn] *n MIN* manganeso *m*
Mangel[1] ['maŋəl] *m 1. (Fehlen)* falta *f,* ausencia *f,* carencia *f; 2. (Fehler)* defecto *m,* desperfecto *m*
Mangel[2] ['maŋəl] *f* calandria de aire caliente *f; jdn in die ~ nehmen (fig)* acosar a alguien
Mangelerscheinung ['maŋəlɛrʃaɪnuŋ] *f MED* síntoma carencial *m*
mangelhaft ['maŋəlhaft] *adj 1. (unvollständig)* incompleto; *2. (fehlerhaft)* imperfecto, deficiente; *3. (Schulnote)* insuficiente, desaprobado
mangeln[1] ['maŋəln] *v (fehlen)* faltar, carecer
mangeln[2] ['maŋəln] *v (Wäsche)* calandrar
Mängelrüge ['mɛŋgəlryːgə] *f ECO* reclamación por defecto *f*
mangels ['maŋəls] *prep* por falta de, a falta de; *Mangels Medikamenten sterben viele Menschen.* A falta de medicamentos mueren muchas personas.
Mangelware ['maŋəlvaːrə] *f* bienes escasos *m/pl*
Mango ['maŋgo] *f BOT* mango *m*
Mangold ['maŋgɔlt] *m BOT* acelga *f*
Mangrove [maŋ'groːvə] *f BOT* mangle *m*
Manie [ma'niː] *f* manía *f*
Manieren [ma'niːrən] *pl* modales *m/pl,* maneras *f/pl*
manierlich [ma'niːrlɪç] *adj 1.* formal, de buenos modales; *adv 2.* formalmente, de buenas maneras
Manifest [manɪ'fɛst] *f POL* manifiesto *m*
Manifestation [manɪfɛsta'tsjoːn] *f* manifestación *f*
manifestieren [manɪfɛs'tiːrən] *v 1.* manifestar; *2. sich ~* manifestarse
Maniküre [mani'kyːrə] *f* manicura *f,* cuidado de las manos *m*
Maniokwurzel ['manjɔkvurtsəl] *f BOT* raíz de la mandioca *f*
Manipulation [manipula'tsjoːn] *f* manipulación *f*
manipulieren [manipu'liːrən] *v* manipular
manisch ['maːnɪʃ] *adj* maníaco
Manko ['maŋko] *n 1. (Mangel)* defecto *m; 2. (Fehlbetrag) ECO* déficit *m*
Mann [man] *m 1.* hombre *m; der kleine ~* el hombre común *m; der ~ auf der Straße* el hombre de la calle *m; ein ~ von Welt* un hombre de mundo *m; ein gemachter ~* un hombre hecho y derecho *m,* un hombre caval *m; ein toter ~ sein* ser un hombre muerto; *den starken ~ markieren* hacerse el macho; *seinen ~ stehen* mostrarse valiente; *mit ~ und Maus* con toda la tripulación, con todo el equipo; *etw an den ~ bringen* vender algo; *2. (Ehemann)* esposo *m,* marido *m*
Männchen ['mɛnçən] *n 1. (kleiner Mann)* hombrecillo *m; 2. ~ bauen (Soldat)* tomar posición; *3. (Tier)* macho *m; 4. ~ machen (Hund)* hacer posturas
Mannequin [manə'k ɛ] *n* maniquí *m,* modelo *m*
männerfeindlich ['mɛnərfaɪntlɪç] *adj* en contra de los hombres
Männerstimme ['mɛnərʃtɪmə] *f 1.* voz de hombre *f; 2. (Gesang) MUS* voz masculina *f*
mannhaft ['manhaft] *adj 1.* viril; *m 2. (entschlossen)* decidido, resuelto; *adj 3. (tapfer)* valiente
mannigfach ['manɪçfax] *adv* varias veces, en muchas ocasiones
mannigfaltig ['manɪçfaltɪç] *adj* diverso, variado, múltiple
männlich ['mɛnlɪç] *adj* masculino
Männlichkeit ['mɛnlɪçkaɪt] *f* masculinidad *f*
Mannschaft ['manʃaft] *f 1. (Besatzung)* tripulación *f; 2. SPORT* equipo *m*
Mannschaftsaufstellung ['manʃaftsaufʃtɛluŋ] *f 1.* composición de equipo *f; 2. (das Aufstellen)* formación de equipo *f*

Manometer ['manome:tər] *n PHYS* manómetro *m*
Manöver [ma'nø:vər] *n* maniobra *f*
manövrieren [manø'vri:rən] *v* maniobrar, hacer maniobras
manövrierunfähig [manø'vri:runfɛ:ɪç] *adj* maniobrable
Mansarde [man'zardə] *f* guardilla *f,* buhardilla *f,* mansarda *f* (LA)
manschen ['manʃən] *v* mezclar, revolver con las manos
Manschette [man'ʃɛtə] *f 1. (eines Hemdes)* puño *m; 2. (eines Blumentopfes)* cubretiestos *m,* macetero *m; 3. (~ndichtung)* guarnición de cuero *f*
Manschettenknopf [man'ʃɛtənknɔpf] *m* gemelo *m*
Mantel ['mantəl] *m 1. (Kleidung)* abrigo *m; 2. TECH* revestimiento *m*
Manteltarif ['mantəltari:f] *m ECO* convenio básico *m,* convenio colectivo *m*
Manteltasche ['mantəltaʃə] *f* bolsillo del abrigo *m*
manuell [manu'ɛ:l] *adj* manual
Manuskript [manus'krɪpt] *n* manuscrito *m,* original *m*
Mappe ['mapə] *f 1. (Tasche)* cartera *f; 2. (Sammelmappe)* carpeta *f*
Maracuja [mara'ku:ja] *f BOT* maracuyá *f,* fruta de la pasión *f*
Marathon ['ma:ratɔn] *m SPORT* maratón *m*
Marathonläufer(in) ['ma:ratɔnlɔyfər(ɪn)] *m/f SPORT* corredor(a) de maratón *m/f*
Märchen ['mɛ:rçən] *n* cuento *m*
Märchenbuch ['mɛ:rçənbu:x] *n LIT* libro de cuentos *m*
Märchenfilm ['mɛ:rçənfɪlm] *m CINE* película infantil *f*
märchenhaft ['mɛ:rçənhaft] *adj 1.* maravilloso, fabuloso, fantástico; *adv 2.* fabulosamente, de fábula
Märchenstunde ['mɛ:rçənʃtundə] *f* espacio infantil con cuentos *m*
Marder ['mardər] *m ZOOL* marta *f*
Margarine [marga'ri:nə] *f GAST* margarina *f*
Marge ['marʒə] *f ECO* margen *m*
Margerite [margə'ri:tə] *f BOT* margarita *f*
marginal [margi'na:l] *adj* marginal
Marginalie [margi'na:ljə] *f* nota marginal *f*
Marienbild [ma'ri:ənbɪlt] *n REL* imagen de la Virgen *f*
Marienkäfer [ma'ri:ənkɛ:fər] *m ZOOL* mariquita *f*
Marienkult [ma'ri:ənkult] *m REL* culto mariano *m*
Marihuana [marihu'a:na] *n* marihuana *f*
Marinade [marɪ'na:də] *f GAST* escabeche *m*
Marine [ma'ri:nə] *f* marina *f*
marinieren [mari'ni:rən] *v GAST* macerar, escabechar, marinar
Marionette [mario'nɛtə] *f* marioneta *f,* títere *m*
Marionettenregierung [marjo'nɛtənregi:ruŋ] *f (fig) POL* gobierno títere *m*
maritim [mari'ti:m] *adj* marítimo
Mark¹ [mark] *f Deutsche ~* marco alemán *m; keine müde ~ (fig)* ni un duro; *mit jeder ~ rechnen müssen* tener que mirar por la peseta; *jede ~ dreimal umdrehen* ser muy ahorrativo
Mark² [mark] *f (Gebiet)* territorio fronterizo *m,* zona limítrofe *f*
Mark³ [mark] *n 1. ANAT* médula *f,* tuétano *m; durch ~ und Bein dringen (fig)* penetrar hasta la médula; *jdm das ~ aus den Knochen saugen* sacarle a uno las entrañas; *bis ins ~* hasta la médula; *2. GAST* pulpa *f*
markant [mar'kant] *adj* marcado, destacado, señalado
Marke ['markə] *f* marca *f*
Markenartikel ['markənartɪkəl] *m ECO* artículo de marca *m*
Markenschutz ['markənʃuts] *m ECO* protección de las marcas de fábrica *f*
Markenzeichen ['markəntsaɪçən] *n ECO* emblema *f; 2. (fig: Charakteristisches)* seño personal *m*
Marker ['markər] *m* marcador *m*
Marketing ['markətɪŋ] *n ECO* marketing *m*
markieren [mar'ki:rən] *v 1. (kennzeichnen)* señalar, marcar; *2. (fam: vortäuschen)* simular, aparentar
Markierung [mar'ki:ruŋ] *f* marca *f,* marcación *f,* señalización *f*
markig ['markɪç] *adj 1.* meduloso, con tuétano; *2. (Sprüche)* vigoroso, lapidario
Markise [mar'ki:zə] *f* toldo *m,* marquesina *f*
Markstück ['markʃtyk] *n* pieza de un marco *f*
Markt [markt] *m* mercado *m*
Marktanalyse ['marktanaly:zə] *f ECO* análisis del mercado *m*
Marktanteil ['marktantaɪl] *m ECO* participación en el mercado *f*
marktfähig ['marktfɛ:ɪç] *adj* negociable, comerciable, vendible

Marktforschung ['marktfɔrʃuŋ] *f ECO* análisis de mercado *m,* estudio del mercado *m*
Markthalle ['markthalə] *f* mercado cubierto *m*
Marktlücke ['marktlykə] *f ECO* hueco en el mercado *m*
Marktschreier(in) ['marktʃraɪər(ɪn)] *m/f* charlatán/charlatana *m/f,* verdulero(a) *m/f*
Marktwirtschaft ['marktvɪrtʃaft] *f ECO* economía de mercado *f*
Marmelade [marmə'la:də] *f GAST* mermelada *f*
Marmor ['marmor] *m* mármol *m*
marmoriert [marmo'ri:rt] *adj* marmolado, veteado
Marokko [ma'rɔko] *n GEO* Marruecos *m*
Marone [ma'ro:nə] *f BOT* castaña *f*
Marotte [ma'rɔtə] *f* capricho *m*
Mars [mars] *m der ~ ASTR* Marte *m*
Marsch [marʃ] *m 1. (Wanderung)* caminata *f; 2. MIL* marcha *f; 3. MUS* marcha *f; 4. jdm den ~ blasen* poner firme a alguien/echar una bronca a alguien
Marschall ['marʃal] *m MIL* mariscal *m*
Marschbefehl ['marʃbəfe:l] *m MIL* orden de marcha *m*
marschbereit ['marʃbəraɪt] *adj* pronto para marchar
Marschflugkörper ['marʃflu:kkœrpər] *m MIL* misil de crucero *m*
marschieren [mar'ʃi:rən] *v* marchar
Marschland ['marʃlant] *n* marisma *f*
Marslandung ['marslanduŋ] *f* aterrizaje en el planeta Marte *f*
Marter ['martər] *f* martirio *m,* tormento *m,* tortura *f*
martern ['martərn] *v* atormentar, torturar
martialisch [mar'tsja:lɪʃ] *adj* marcial
Märtyrer ['mɛrtyrər] *m* mártir *m*
Marxismus [mark'sɪsmus] *m POL* marxismo *m*
Marxist(in) [mar'ksɪst(ɪn)] *m/f POL* marxista *m/f*
März [mɛrts] *m* marzo *m*
Marzipan ['martsipa:n] *n GAST* mazapán *m*
Masche ['maʃə] *f 1. (in der Handarbeit)* punto *m; 2. (fig)* ardid *m,* artimaña *f,* treta *f*
Maschendraht ['maʃəndra:t] *m* tela metálica *f*
Maschine [ma'ʃi:nə] *f* máquina *f; ~ schreiben* escribir a máquina
maschinell [maʃi'nɛl] *adj 1.* mecánico; *adv 2.* mecánicamente, por medio de una máquina
Maschinenbau [ma'ʃi:nənbau] *m* construcción mecánica *f,* construcción de máquinas *f*
Maschinengewehr [ma'ʃi:nəngəve:r] *n* ametralladora *f*
Maschinenpistole [ma'ʃi:nənpɪsto:lə] *f* metralleta *f*
Maschinenschlosser [ma'ʃi:nənʃlɔsər] *m* montador *m,* ajustador *m,* cerrajero *m,* mecánico *m*
maschinenschriftlich [ma'ʃi:nənʃrɪftlɪç] *adj* a máquina de escribir
Maschinist [maʃi'nɪst] *m* maquinista *m*
Masern ['ma:zərn] *pl MED* sarampión *m*
Maserung ['ma:zəruŋ] *f* vetas *f/pl,* veteado *m*
Maske ['maskə] *f* máscara *f; die ~ fallen lassen (fig)* quitarse la máscara; *jdm die ~ vom Gesicht reißen* desenmascarar a alguien
Maskenball ['maskənbal] *m* baile de máscaras *m,* baile de disfraces *m*
Maskenbildner(in) ['maskənbɪltnər(ɪn)] *m/f* maquillador(a) de artistas *m/f*
Maskerade [maskə'ra:də] *f 1.* mascarada *f; 2. (Maskenball)* baile de máscaras *m; 3. (fig: Täuschung)* engaño *m,* fraude *m*
maskieren [mas'ki:rən] *v sich ~* enmascararse, disfrazarse
Maskierung [mas'ki:ruŋ] *f (Verkleidung)* disfraz *m*
Maskottchen [mas'kɔtçən] *n* mascota *f*
maskulin ['maskuli:n] *adj* masculino; *2. (grammatikalisches Geschlecht) GRAMM* masculino
Masochismus [mazɔ'xɪsmus] *m* masoquismo *m*
masochistisch [mazɔ'xɪstɪʃ] *adj* masoquista
Maß [ma:s] *n 1. (~einheit)* unidad de medida *f; mit zweierlei ~ messen (fig)* medir con dos escalas diferentes; *über alle ~en* sobre todas las cosas a medida; *Das ~ ist voll!* ¡Se ha colmado el vaso! *~ halten* moderarse, contenerse, controlarse; *2. (Abmessung)* dimensión *f,* medida *f*
Massage [ma'sa:ʒə] *f* masaje *m*
Massagesalon [ma'sa:ʒəzalɔ̃] *m* salón de masajes *m*
Massaker [ma'sa:kər] *n* masacre *f,* asesinato en masa *m,* matanza *f,* carnicería *f*
Maßanzug ['ma:santsu:k] *m* traje a medida *m*
Maßarbeit ['ma:sarbaɪt] *f* trabajo a medida *m*

Maßband ['maːsbant] *n* cinta métrica *f*
Masse ['masə] *f* *1. (Stoff)* materia *f*; *2. (große Menge)* gran cantidad *f*; *3. (Volksmenge)* muchedumbre *f*, multitud *f*; *4. PHYS* masa *f*, volumen *m*
Maßeinheit ['maːsaɪnhaɪt] *f* unidad de medida *f*
Massenabfertigung ['masənapfɛrtɪguŋ] *f* producción en masa, en serie, a gran escala *f*
Massenarbeitslosigkeit ['masənarbaɪtsloːzɪçkaɪt] *f* *ECO* desempleo masivo *m*
Massenentlassung ['masənɛntlasuŋ] *f* despido en masa *m*
Massenfabrikation ['masənfabrikatsjoːn] *f* *ECO* producción en masa *f*
massenhaft ['masənhaft] *adj* enorme, inmenso, en masa
Massenmedien ['masənmeːdjən] *pl* medios de comunicación de masas *m/pl*
Massentourismus ['masənturɪsmus] *m* turismo en grandes masas *m*
Masseur(in) [ma'søːr(ɪn)] *m/f* masajista *m/f*
maßgebend ['maːsgeːbənt] *adj 1.* determinante, decisivo; *adv 2.* de manera decisiva
maßgeblich ['maːsgeːplɪç] *adj* determinante, decisivo
massieren [ma'siːrən] *v* masajear, dar masajes
massig ['masɪç] *adj 1.* voluminoso, compacto, macizo; *adv 2. (sehr viel)* en masa, profuso
mäßig ['mɛːsɪç] *adj* moderado
mäßigen ['mɛːsigən] *v 1.* moderar, atenuar, mitigar; *2. sich ~* moderarse
Mäßigung ['mɛːsiguŋ] *f* moderación *f*, templanza *f*, contención *f*
massiv [ma'siːf] *adj* macizo, sólido, compacto
Massiv [ma'siːf] *n* *GEO* macizo *m*
maßlos ['maːsloːs] *adj* inmenso, enorme, excesivo, desmesurado
Maßlosigkeit ['maːsloːzɪçkaɪt] *f* inmensidad *f*, desmesura *f*
Maßnahme ['maːsnaːmə] *f* medida *f*, diligencia *f*
Maßstab ['maːsʃtaːp] *m 1.* regla graduada *f*; *2. (fig)* escala *f*, medida *f*, proporción *f*
maßstabsgerecht ['maːsʃtaːpsgərɛçt] *adj* a escala
maßvoll ['maːsfɔl] *adj* moderado, comedido
Mast [mast] *m 1. (Schiffsmast)* mástil *m*; *2. (Telefonmast)* poste *m*; *3. (Fahnenmast)* asta *f/pl*
Mastdarm ['mastdarm] *m* *ANAT* intestino recto *m*
mästen ['mɛstən] *v 1.* cebar; *2. (fig)* engordar
masturbieren [mastur'biːrən] *v* masturbar
Material [mate'rjaːl] *n* material *m*, instrumental *m*, enseres *m/pl*
Materialismus [materja'lɪsmus] *m* materialismo *m*
materialistisch [materja'lɪstɪʃ] *adj 1.* materialista; *adv 2.* materialmente
Materialkosten [mate'rjaːlkɔstən] *pl* gastos de material *m/pl*
Materie [ma'teːrjə] *f* materia *f*
materiell [mate'rjɛl] *adj* material
Mathe ['matə] *f* matemáticas *f/pl*
Mathematik [matema'tiːk] *f* matemáticas *f/pl*
Mathematiker [mate'maːtɪkər] *m* matemático *m*
mathematisch [mate'maːtɪʃ] *adj* matemático
Matratze [ma'tratsə] *f* colchón *m*
Mätresse [mɛ'trɛsə] *f* querida *f*, favorita *f*
matriarchalisch [matriar'çaːlɪʃ] *adj* matriarcal
Matrix ['maːtrɪks] *f* *MATH* matriz *f*
Matrize [ma'triːtsə] *f* matriz *f*
Matrone [ma'troːnə] *f* matrona *f*
Matrose [ma'troːzə] *m* marinero *m*
Matsch [matʃ] *m* *(Straßendreck)* cieno *m*, lodo *m*, barro *m*
matschig ['matʃɪç] *adj* fangoso, cenagoso
matt [mat] *adj 1. (schwach)* débil, flojo; *2. (trübe)* mate, deslustrado; *3. jdn ~ setzen* poner a uno en jaque
Matte ['matə] *f* estera *f*, felpudo *m*; *jdn auf die ~ legen (fig)* engañar a alguien; *auf der ~ stehen* estar en su puesto
Mattigkeit ['matɪçkaɪt] *f* fatiga *f*, agotamiento *m*, cansancio *m*
Mattscheibe ['matʃaɪbə] *f 1. FOTO* vidrio esmerilado *m*; *2. (fam: Fernseher)* pantalla de la televisión *f*; *3. (fig) ~ haben* estar ausente, estar atontado; estar medio mareado, estar perturbado
Mätzchen ['mɛtsçən] *n ~ machen* hacer tonterías
Mauer ['mauər] *f 1.* muro *m*; *2. (Stadtmauer)* muralla *f*; *3. gegen eine ~ reden (fig)* hablar contra un muro
Mauersegler ['mauərzeːglər] *m* *ZOOL* vencejo común *m*

Mauerwerk ['mauərvɛrk] *n* obra de albañilería *f*
Maul [maul] *n 1. (Tier)* boca *f; 2. (Hund)* hocico *m; 3. (fam: Mund)* morro *m; 4. den Leuten aufs ~ schauen (fig)* aprender el idioma y las costumbres de la gente; *jdm das ~ stopfen* tapar la boca a alguien
Maulaffen ['maulafən] *pl ~ feilhalten* estar con la boca abierta
maulen ['maulən] *v* manifestar su desagrado, estar de malhumor, (fam) estar de morros
Maulesel ['mauleːzəl] *m ZOOL* mulo *m*
maulfaul ['maulfaul] *adj* callado
Maulheld ['maulhɛlt] *m* fanfarrón *m,* bocazas *m*
Maulkorb ['maulkɔrp] *m 1.* bozal *m; 2. (fig)* mordaza *f*
Maultier ['maultiːr] *n ZOOL* mulo *m*
Maulwurf ['maulvurf] *m ZOOL* topo *m*
Maurer ['maurər] *m* albañil *m*
Maurerkelle ['maurərkɛlə] *f* paleta de albañil *f*
Mauretanien [maurɛ'taːnjən] *n GEO* Mauritania *f*
maurisch ['maurɪʃ] *adj HIST* moro, árabe
Maus [maus] *f 1. ZOOL* ratón *m; 2. INFORM* ratón *m*
Mäuschen ['mɔysçən] *n* ratoncito *m; ~ spielen* escuchar a la pared
Mausefalle ['mauzəfalə] *f* ratonera *f*
mausern ['mauzərn] *v 1. sich ~* cambiar de opinión; *2. sich zu etw ~ (fig)* convertirse, transformarse
Mautgebühr ['mautgəbyːr] *f* derechos de peaje *m/pl*
Mautstelle ['mautʃtɛlə] *f* puesto de peaje *m*
maximal [maksi'maːl] *adj 1.* máximo; *adv 2.* a lo sumo, como máximo
Maximalgewicht [maksi'maːlgəvɪçt] *n* peso máximo *m*
Maxime [mak'siːmə] *f* máxima *f*
Maximum ['maksimum] *n* máximo *m,* máximum *m*
Maya ['maːja] *m/f HIST* maya *m/f*
Mazedonien [matse'doːnjən] *n GEO* Macedonia *f*
Mäzen [mɛ'tseːn] *m ART* mecenas *m*
Mechanik [me'çaːnɪk] *f* mecánica *f*
Mechaniker(in) [me'çaːnɪkər(ɪn)] *m/f* mecánico/mecánica *m/f*
mechanisch [me'çaːnɪʃ] *adj* mecánico
Mechanisierung [meçani'ziːruŋ] *f* mecanización *f*
Mechanismus [meçaː'nɪsmus] *m* mecanismo *m*
meckern ['mɛkərn] *v 1. (Ziege)* balar; *2. (fig: nörgeln)* criticarlo todo
Mecklenburg-Vorpommern ['mɛklənburk'foːrpɔmərn] *n GEO* Mecklemburgo-Pomenaria occidental *m*
Medaille [me'daljə] *f* medalla *f*
Medaillon [medal'j ɔ] *n 1. (Schmuck)* medallón *m; 2. GAST* medallón *m*
Medien ['meːdjən] *pl* medios de comunicación *m/pl*
Medienlandschaft ['meːdjənlantʃaft] *f (fig)* medios de comunicación *m/pl*
Medikament [medika'mɛnt] *n* medicamento *m,* medicina *f,* remedio *m,* fármaco *m*
medikamentös [medikamɛn'tøːs] *adj MED* con medicamentos
Meditation [medita'tsjoːn] *f* meditación *f*
meditativ [medita'tiːf] *adj* meditativo
mediterran [meditɛ'raːn] *adj GEO* mediterráneo
meditieren [medi'tiːrən] *v* meditar
Medium ['mɛdjum] *n 1. (Mittel)* medio *m,* medios *m/pl; 2. (im Okkultismus)* médium *m*
Medizin [medi'tsiːn] *f 1. (Heilkunde)* medicina *f; 2. (Medikament)* medicamento *m,* medicina *f,* remedio *m*
Mediziner(in) [medi'tsiːnər(ɪn)] *m/f MED* médico/médica *m/f*
medizinisch [medi'tsiːnɪʃ] *adj 1. (arzneilich)* medicinal; *2. (ärztlich)* médico
Medizintechnik [medi'tsiːntɛçnɪk] *f MED* técnica médica *f*
Meer [meːr] *n* mar *m*
Meerbusen ['meːrbuːzən] *m GEOL* golfo *m,* bahía *f,* ensenada *f*
Meerenge ['meːreŋə] *f* estrecho *m*
Meeresbiologie ['meːrəsbiologiː] *f BIO* biología marina *f*
meeresbiologisch ['meːrəsbioloːgɪʃ] *adj BIO* marino-biológico
Meeresbucht ['meːrəsbuxt] *f* golfo *m,* bahía *f*
Meeresfrüchte ['meːrəsfryçtə] *pl GAST* mariscos *m/pl*
Meeresgrund ['meːrəsgrunt] *m* fondo marino *m*
Meeresspiegel ['meːrəsʃpiːgəl] *m* nivel del mar *m*
Meeresströmung ['meːrəsʃtrøːmuŋ] *f* corriente marina *f*
Meerestiefe ['meːrəstiːfə] *f* profundidad marina *f*

Meerkatze ['meːrkatsə] *f* *ZOOL* macaco *m,* cercopiteco *m*
Meerrettich ['meːrrɛtɪç] *m* *BOT* rábano picante *m*
Meerschaum ['meːrʃaum] *m* *MIN* espuma marina *f*
Meerschweinchen ['meːrʃvaɪnçən] *n* *ZOOL* cobayo *m,* cuy *m* (en Perú)
Megabyte ['megabaɪt] *n* *INFORM* megabyte *m*
Megaphon [mega'foːn] *n* megáfono *m*
Megatonne ['megatɔnə] *f* megatonelada *f*
Mehl [meːl] *n* harina *f*
mehlig ['meːlɪç] *adj* harinoso
mehr [meːr] *adv* más; *~ und ~* más y más, cada vez más; *~ oder minder* más o menos; *nicht ~ und nicht weniger* ni más ni menos; *Ich habe es ~ als satt.* Ya estoy más que harto.
Mehrarbeit ['meːrarbaɪt] *f* trabajo suplementario *m*
Mehraufwand ['meːraufvant] *m* exceso de gastos *m*
mehrdeutig ['meːrdɔytɪç] *adj* ambiguo, de muchos significados
Mehrdeutigkeit ['meːrdɔytɪçkaɪt] *f* ambigüedad *f*
Mehreinnahme ['meːraɪnnaːmə] *f* *ECO* aumento de ingresos *m,* superávit *m*
mehren ['meːrən] *v* aumentar
mehrere ['meːrərə] *pron* varios
mehrfach ['meːrfax] *adj* *1.* múltiple, repetido, reiterado; *adv* *2.* repetidas veces, reiteradamente
mehrfarbig ['meːrfarbɪç] *adj* policromo, multicolor, de varios colores
Mehrheit ['meːrhaɪt] *f* mayoría *f*
mehrheitlich ['meːrhaɪtlɪç] *adj* mayoritario
Mehrheitsbeschluss ['meːrhaɪtsbəʃlus] *m* acuerdo mayoritario *m*
Mehrheitsbeteiligung ['meːrhaɪtsbətaɪlɪguŋ] *f* *ECO* participación mayoritaria *f*
Mehrheitswahlrecht ['meːrhaɪtsvaːlrɛçt] *n* *POL* sistema mayoritario *m*
mehrjährig ['meːrjɛːrɪç] *adj* de varios años, plurianual
Mehrkämpfer(in) ['meːrkɛmpfər(ɪn)] *m/f* *SPORT* deportista de pruebas combinadas *m/f*
Mehrkosten ['meːrkɔstən] *pl* gastos adicionales *m/pl*
mehrmalig ['meːrmaːlɪç] *adj* repetido, reiterado
Mehrpreis ['meːrpraɪs] *m* precio adicional *m,* recargo *m*
mehrsprachig ['meːrʃpraːxɪç] *adj* políglota, multilingüe
mehrstellig ['meːrʃtɛlɪç] *adj* de varias cifras
Mehrwegflasche ['meːrveːkflaʃə] *f* botella retornable *f*
Mehrwertsteuer ['meːrvɛrtʃtɔyər] *f* impuesto sobre el valor añadido (IVA) *m,* impuesto sobre el valor agregado *m* (LA)
Mehrzahl ['meːrtsaːl] *f* *1.* *GRAMM* plural *m;* *2.* *(Mehrheit)* mayoría *f,* generalidad *f*
meiden ['maɪdən] *v irr* evitar, eludir
Meile ['maɪlə] *f* *1.* legua *f;* *2.* *NAUT* milla *f,* legua marina *f*
meilenweit ['maɪlənvaɪt] *adv* muy lejos, a muchas leguas
Meiler ['maɪlər] *m* *1.* *(Atommeiler)* reactor *m;* *2.* *(Kohlenmeiler)* carbonera *f*
meine(r,s) ['maɪnə(r,s)] *pron* *1.* mi, mío/mía, míos/mías; *adj* *2.* mío/mía, míos/mías
Meineid ['maɪnaɪt] *m* *JUR* perjurio *m*
meinen ['maɪnən] *v* opinar, estimar, pensar, etender; *Ich meine, dass der Krieg etwas Schreckliches ist.* Yo pienso que la guerra es algo terrible.
meinerseits ['maɪnərzaɪts] *adv* de mi parte, por mi parte
meinetwegen ['maɪnətveːgən] *adv* por mí, por mi causa, por mi culpa
Meinung ['maɪnuŋ] *f* opinión *f;* *meiner ~ nach* a mi juicio; *Ich bin nicht der gleichen ~ wie du.* No comulgo con tus ideas. *jdm gehörig die ~ sagen* decirle cuatro verdades a alguien
Meinungsäußerung ['maɪnuŋsɔysəruŋ] *f* manifestación de una opinión *f*
Meinungsaustausch ['maɪnuŋsaustauʃ] *m* intercambio de opiniones *m*
Meinungsforschungsinstitut ['maɪnuŋsfɔrʃuŋsɪnstituːt] *n* instituto demoscópico *m*
Meinungsfreiheit ['maɪnuŋsfraɪhaɪt] *f* libertad de opinión *f*
Meinungsumfrage ['maɪnuŋsumfraːgə] *f* encuesta demoscópica *f,* sondeo de opiniones *m*
Meinungsverschiedenheit ['maɪnuŋsfɛrʃiːdənhaɪt] *f* discrepancia *f*
Meise ['maɪzə] *f* *ZOOL* paro *m*
Meißel ['maɪsəl] *m* *1.* *(des Bildhauers)* cincel *m;* *2.* *(des Tischlers)* escoplo *m*
meißeln ['maɪsəln] *v* esculpir, cincelar
meist [maɪst] *adj* *1.* la mayor parte de; *adv* *2.* la mayoría de las veces, las más de las veces

Meistbegünstigungsklausel ['maɪstbəgynstɪguŋsklauzəl] *f ECO* cláusula de la nación más favorecida *f*
meistbietend ['maɪstbiːtənt] *adj* mejor postor, que ofrece más
meistens ['maɪstəns] *adv* las más de las veces, la mayoría de las veces, la mayor parte del tiempo, mayormente
meistenteils ['maɪstəntaɪls] *adv* la mayoría de las veces, la mayor parte del tiempo, en la mayoría de los casos
Meister(in) ['maɪstər(ɪn)] *m/f 1. (eines Handwerks)* maestro/maestra *m/f; 2. (Könner(in))* persona que hace algo con maestría *f*, maestro/maestra *m/f; Es ist noch kein ~ vom Himmel gefallen.* Nadie nace sabiendo. *3. SPORT* campeón/campeona *m/f*, as *m*
Meisterbrief ['maɪstərbriːf] *m* diploma de maestría *f*
meisterhaft ['maɪstərhaft] *adj* magistral, de maestro, perfecto
meisterlich ['maɪstərlɪç] *adj* magistral, de maestro
meistern ['maɪstərn] *v* dominar, controlar, ser dueño de
Meisterprüfung ['maɪstərpryːfuŋ] *f* examen de maestría *m*
Meisterschaft ['maɪstərʃaft] *f SPORT* campeonato *m*
Mekka ['mɛka] *n* la Meca
Melancholie [melaŋkɔ'liː] *f* melancolía *f*
Melancholiker(in) [melaŋ'koːlɪkər(ɪn)] *m/f* hombre melancólico/mujer melancólica *m/f*
melancholisch [melaŋ'koːlɪʃ] *adj 1.* melancólico; *adv 2.* melancólicamente, con melancolía
Melanesien [mela'neːzjən] *n GEO* Melanesia *f*
Melanom [mela'noːm] *n MED* melanoma *f*
Meldebehörde ['mɛldəbəhœrdə] *f* oficina de empadronamiento *f*
Meldefrist ['mɛldəfrɪst] *f* plazo de inscripción *m*
melden ['mɛldən] *v 1. (an~)* dar parte de, dar aviso de, registrarse; *2. (ankündigen)* anunciar, manifestar, publicar; *3. (mitteilen)* comunicar, participar; *nichts zu ~ haben* no tener nada que decir
Meldepflicht ['mɛldəpflɪçt] *f* declaración obligatoria *f*, registro obligatorio *m*
meldepflichtig ['mɛldəpflɪçtɪç] *adj 1.* sujeto a declaración obligatoria; *2. (Krankheit) MED* de declaración obligatoria
Meldung ['mɛlduŋ] *f 1. (Anmeldung)* registro *m*, parte *m; 2. (Ankündigung)* aviso *m*, manifestación *f; 3. (Mitteilung)* comunicación *f*, participación *f*
Melisse [me'lɪsə] *f BOT* melisa *f*, toronjil *m*
melken ['mɛlkən] *v irr* ordeñar
Melodie [mɛlo'diː] *f* melodía *f*
melodiös [melo'djøːs] *adj MUS* melodioso
Melodrama [melo'draːmaː] *n LIT* melodrama *f*
melodramatisch [melodra'maːtɪʃ] *adj* melodramático
Melone [me'loːnə] *f 1. (Honigmelone) BOT* melón *m; 2. (Wassermelone)* sandía *f*
Membran [mɛm'braːn] *f 1.* membrana *f; 2. TECH* diafragma *f*
Memme ['mɛmə] *f* cobarde *m*, gallina *m*
Memoiren [me'mwaːrən] *pl* memorias *f/pl*, recuerdos de la vida *m/pl*
Memorandum [memo'randum] *n POL* memorándum *m*, libro de notas *m*
Menge ['mɛŋə] *f 1. (bestimmte Anzahl)* cantidad *f; 2. (große Anzahl)* gran número *m*, monton *m; 3. (Volksmenge)* muchedumbre *f*, multitud *f*
Mengenangabe ['mɛŋənangaːbə] *f* indicación de las cantidades *f*
Mengenlehre ['mɛŋənleːrə] *f MATH* teoría de conjuntos *f*
Mengenrabatt ['mɛŋənrabat] *m ECO* bonificación por cantidad *f*, rebaja por cantidad *f*
Meniskus [mɛ'nɪskus] *m MED* menisco *m*
Mensa ['mɛnza] *f* comedor universitario *m*
Mensch [mɛnʃ] *m 1.* ser humano *m*, hombre *m; wie der erste ~* como un pato; *nur noch ein halber ~ sein* no ser ya persona; *ein neuer ~ werden* ser otra persona; *von ~ zu ~* a solas, de hombre a hombre; *2. (Person)* persona *f*, individuo *m*
Menschenaffe ['mɛnʃənafə] *m ZOOL* antropoide *m*, antropomorfo *m*
Menschenauflauf ['mɛnʃənauflauf] *m* afluencia *f*, concurrencia *f*
Menschenfreund ['mɛnʃənfrɔynt] *m* filántropo *m*
Menschenführung ['mɛnʃənfyːruŋ] *f* conducta humana *f*
Menschenhandel ['mɛnʃənhandəl] *m* trata de seres humanos *f*
Menschenkenner(in) ['mɛnʃənkɛnər(ɪn)] *m/f* conecedor(a) del corazón humano *m/f*
Menschenkenntnis ['mɛnʃənkɛntnɪs] *f* conocimiento del ser humano *m*

menschenleer ['mɛnʃənleːr] *adj* despoblado, desierto
Menschenliebe ['mɛnʃənliːbə] *f* filantropía *f,* amor a la humanidad *m*
Menschenmenge ['mɛnʃənmɛŋə] *f* multitud *f,* muchedumbre *f*
menschenmöglich ['mɛnʃən'møkliç] *adj alles Menschenmögliche tun* hacer todo lo humanamente posible
Menschenrechte ['mɛnʃənrɛçtə] *pl* derechos humanos *m/pl*
menschenscheu ['mɛnʃənʃɔy] *adj* tímido, retraído, huraño
Menschenschlange ['mɛnʃənʃlaŋə] *f* cola *f*
Menschenskind ['mɛnʃənskɪnt] *interj* ¡hombre!
menschenunwürdig ['mɛnʃənunvyrdɪç] *adj* indigno de un ser humano, inhumano
Menschenwürde ['mɛnʃənvyrdə] *f* dignidad humana *f*
menschenwürdig ['mɛnʃənvyrdɪç] *adj* digno
Menschheit ['mɛnʃhaɪt] *f* humanidad *f*
menschlich ['mɛnʃlɪç] *adj 1.* humano; *adv 2.* humanamente, como a un ser humano
Menschlichkeit ['mɛnʃlɪçkaɪt] *f* humanidad *f*
Menstruation [mɛnstrua'tsjoːn] *f* menstruación *f,* período *m,* regla *f*
Mensur [mɛn'zuːr] *f 1. (Messglas)* probeta *f; 2. (studentischer Zweikampf)* duelo entre estudiantes *m; 3. (Abstand zweier Fechter) SPORT* distancia entre dos combatientes de esgrima *f; 4. MUS* mesura *f*
mental [mɛn'taːl] *adj* mental
Mentalität [mentali'tɛːt] *f* mentalidad *f*
Menthol [mɛn'toːl] *n* mentol *m*
Menü [me'nyː] *n 1. GAST* menú *m,* minuta *f; 2. INFORM* menú *m*
Meridian [meri'djaːn] *m GEO* meridiano *m*
Merkblatt ['mɛrkblat] *n* hoja informativa *f*
merken ['mɛrkən] *v 1. (wahrnehmen)* notar, advertir, percibir, percatarse de; *Man merkt an seiner Aussprache, dass er kein Deutscher ist.* Se lo nota en su pronunciación que no es alemán. *Das merkt man.* Se lo nota. *Sie merken aber auch alles.* Usted percíbelo todo. *2. sich ~* tomar nota de, acordarse de, tener presente que
merklich ['mɛrklɪç] *adj 1.* perceptible, apreciable; *adv 2.* perceptiblemente, visiblemente
Merkmal ['mɛrkmaːl] *n* marca *f,* señal *f*
merkwürdig ['mɛrkvyrdɪç] *adj 1.* curioso, singular, extraño, raro; *Wie ~!* ¡Qué cosa más rara! *adv 2.* singularmente, de manera particular, extrañamente
merkwürdigerweise [mɛrkvyrdɪgər'vaɪzə] *adv* curiosamente, es extraño que ...
Merkwürdigkeit ['mɛrkvyrdɪçkaɪt] *f* cosa curiosa/rara *f*
Merkzettel ['mɛrktsɛtəl] *m* chuleta *f,* nota *f*
meschugge [me'ʃugə] *adj* chiflado, loco, tocado
Mesopotamien [mezopo'taːmjən] *n GEO* Mesopotamia *f*
messbar ['mɛsbaːr] *adj* mensurable, que se puede medir
Messbecher ['mɛsbɛçər] *m* copa graduable *f*
Messdaten ['mɛsdaːtən] *pl* datos de medición *m/pl*
Messdiener ['mɛsdiːnər] *m REL* acólito *m,* monaguillo *m*
Messe ['mɛsə] *f 1. (Ausstellung)* feria *f,* exposición *f; 2. REL* misa *f*
Messegelände ['mɛsəgəlɛndə] *n* recinto ferial *m,* terreno de una feria *m*
Messen ['mɛsən] *n* medición *f*
messen ['mɛsən] *v irr 1.* medir; *2. (fig) sich ~ mit* medirse con, compararse con
Messer ['mɛsər] *n* cuchillo *m; auf des ~s Schneide stehen* estar en un hilo; *jdm das ~ an die Kehle setzen* ponerle a alguien el cuchillo en el cuello; *bis aufs ~* a muerte; *unters ~ kommen* pasar por el quirófano
messerscharf ['mɛsərʃarf] *adj 1.* cortante, afilado como un cuchillo; *2. (fig: Verstand)* preciso, lógico, agudo
Messerschmied ['mɛsərʃmiːt] *m* cuchillero *m*
Messerspitze ['mɛsərʃpɪtsə] *f 1.* punta de cuchillo *f; 2. (Maßangabe)* pizca *f*
Messerstich ['mɛsərʃtɪç] *m 1.* cuchillada *f,* navajazo *m; 2. (Wunde)* herida de navaja *f*
Messestand ['mɛsəʃtant] *m* stand *m,* puesto *m*
Messing ['mɛsɪŋ] *n MET* latón *m*
Messinstrument ['mɛsɪnstrumɛnt] *n* instrumento de medición *m*
Messtechnik ['mɛstɛçnɪk] *f* técnica de medición *f*
Messung ['mɛsuŋ] *f* medición *f,* toma de medida *f*
Messwert ['mɛsveːrt] *m* valor registrado *m*
Mestize [mɛs'tiːtsə] *m* mestizo *m*

Mestizin [mɛs'tiːtsɪn] *f* mestiza *f*
Metall [me'tal] *n* metal *m*
Metallarbeiter(in) [me'talarbaɪtər(ɪn)] *m/f ECO* trabajador(a) del metal *m/f*
Metallindustrie [me'talɪndustriː] *f ECO* industria de metal *f*
metallisch [me'talɪʃ] *adj* metálico
Metalllegierung [me'tallegiːruŋ] *f TECH* metalización *f*
Metallurgie [metalur'giː] *f* metalurgia *f*
Metapher [me'tafər] *f LIT* metáfora *f*
metaphorisch [meta'foːrɪʃ] *adj* metafórico
Metastase [meta'staːzə] *f MED* metástasis *f*
Meteor [mete'oːr] *m* meteoro *m*
Meteorit [meteo'riːt] *m* meteorito *m*
Meteorologe [meteoro'loːgə] *m* meteorólogo *m*
Meteorologin [meteoro'loːgɪn] *f* meteoróloga *f*
Meter ['meːtər] *m* metro *m*
Metermaß ['meːtərmaːs] *n* metro *m,* cinta métrica *f*
Methode [me'toːdə] *f* método *m*
methodisch [me'toːdɪʃ] *adj* metódico
Metropole [metro'poːlə] *f* metrópoli *f,* urbe *f*
Metzelei [mɛtsə'laɪ] *f* carnicería *f*
Metzger ['mɛtsgər] *m* carnicero *m*
Metzgerei [mɛtsgə'raɪ] *f* carnicería *f*
Meute ['mɔytə] *f 1. (Hundemeute)* jauría *f; 2. (fig: von Menschen)* turba *f*
Meuterei [mɔytə'raɪ] *f* motín *m,* amotinamiento *m*
meutern ['mɔytərn] *v 1. (Gehorsam verweigern)* amotinarse, sublevarse, insubordinarse; *2. (fig: murren)* refunfuñar
Mexikaner(in) [mɛksi'kaːnər(ɪn)] *m/f* mexicano/mexicana *m/f,* mejicano/mejicana *m/f*
mexikanisch [mɛksi'kaːnɪʃ] *adj* mexicano, mejicano
Mexiko ['mɛksikoː] *n GEO* México *m* (LA), Méjico *m*
Mezzosopran [mɛtsozo'praːn] *m MUS* contralto *f*
miauen [mi'auən] *v* maullar
mich [mɪç] *pron 1.* me; *2. (betont)* a mí
mickerig ['mɪkərɪç] *adj* esmirriado, canijo, enclenque
Miederwaren ['miːdərvaːrən] *pl* corsetería *f*
miefen ['miːfən] *v 1. (fam)* apestar, atufar; *2. (verbrauchte Luft)* enviciar el aire
Miene ['miːnə] *f* gesto *m; keine ~ verziehen* sin inmutarse, sin pestañear
mies [miːs] *adj (fam)* malo, feo; *etw/jdn ~ machen* hablar mal de algo/alguien
Miesmacher ['miːsmaxər] *m (fam)* aguafiestas *m/f*
miesepetrig ['miːzəpeːtrɪç] *adj* enfermizo
Miesmuschel ['miːsmuʃəl] *f ZOOL* mejillón *m*
Miete ['miːtə] *f 1. (~n)* alquiler *m; 2. (Mietzins)* alquiler *m,* renta de arrendamiento *f; die halbe ~ sein* estar la mitad ganada
mieten ['miːtən] *v* alquilar, tomar en alquiler, arrendar; *Ich möchte ein Auto ~.* Quisiera alquilar un coche.
Mieter(in) ['miːtər(ɪn)] *m/f* inquilino/inquilina *m/f,* arrendatario/arrendataria *m/f*
Mieterschutz ['miːtərʃuts] *m* protección de inquilinos *f,* protección al inquilino *f*
Mietpreis ['miːtpraɪs] *m* precio de alquiler *m*
Mietshaus ['miːtshaus] *n* casa de alquiler *f*
Mietspiegel ['miːtʃpiːgəl] *m* media de alquiler *f*
Mietvertrag ['miːtfɛrtraːk] *m* contrato de inquilinato *m,* contrato de arrendamiento *m*
Mietwagen ['miːtvaːgən] *m* coche de alquiler *m,* vehículo de alquiler *m*
Mietwohnung ['miːtvoːnuŋ] *f* piso de alquiler *m,* apartamento de alquiler *m*(LA)
Mieze ['miːtsə] *f 1. (Katze)* gato *m; 2. (fam: Mädchen)* gatita *f*
Migräne [mi'grɛːnə] *f MED* jaqueca *f*
Mikrobe [mi'kroːbə] *f BIO* microbio *m*
Mikrochip ['miːkrotʃɪp] *m INFORM* microchip *m*
Mikroelektronik [miːkroelɛk'troːnɪk] *f TECH* microelectrónica *f*
Mikrofiche ['miːkrofɪʃ] *m/n* microficha *f*
Mikrofilm ['miːkrofɪlm] *m* microfilm *m*
Mikrofon [miːkro'foːn] *n* micrófono *m*
Mikrokosmos [miːkro'koːsmos] *m* microcosmo *m*
Mikroorganismus ['miːkroɔrganɪsmus] *m BIO* microorganismo *m*
Mikroprozessor [miːkropro'tsɛsɔr] *m INFORM* micro-procesador *m*
Mikroskop [mikros'koːp] *n* microscopio *m*
mikroskopisch [mikros'koːpɪʃ] *adj 1.* microscópico; *adv 2.* con el microscopio, bajo el microscopio
Mikrowellenherd ['miːkrovɛlənheːrt] *m* horno microondas *m*
Milbe ['mɪlbə] *f* ácaro *m*

Milch [mɪlç] *f* leche *f; Da wird bei mir aber die ~ sauer. (fig)* Ya se me está acabando poco a poco la paciencia.
Milchbart ['mɪlçbaːrt] *m (fig: Jüngling)* barba incipiente *f,* bozo *m*
Milchflasche ['mɪlçflaʃə] *f 1.* botella de leche *f; 2. (Babyflasche)* biberón *m*
Milchglas ['mɪlçglaːs] *n (Glasart)* vidrio opalino *m*
Milchkanne ['mɪlçkanə] *f* jarro para la leche *m*
Milchmann ['mɪlçman] *m* lechero *m*
Milchpulver ['mɪlçpulvər] *n* leche en polvo *f*
Milchshake ['mɪlçʃeɪk] *m GAST* batido *m*
Milchstraße ['mɪlçʃtraːsə] *f ASTR* Vía Láctea *f*
Milchzahn ['mɪlçtsaːn] *m ANAT* diente de leche *m*
mild [mɪlt] *adj 1. (Wetter)* apacible, agradable, templado; *2. (Wesen)* benévolo, benigno
Milde ['mɪldə] *f 1. (des Wetters)* apacibilidad *f; 2. (des Wesens)* benevolencia *f*
mildern ['mɪldərn] *v 1. (abschwächen)* atenuar, suavizar; *2. (lindern)* aliviar, mitigar, calmar
mildherzig ['mɪlthɛrtsɪç] *adj* caritativo, piadoso
mildtätig ['mɪlttɛːtɪç] *adj* caritativo
Milieu [mɪ'ljøː] *n* medio social *m*
militant [mili'tant] *adj* militante *m*
Militär [mili'tɛːr] *n* militares *m/pl,* soldados *m/pl*
Militärbündnis [mili'tɛːrbyntnɪs] *n POL* alianza militar *f,* pacto militar *m,* convenio militar *m*
Militärdiktatur [mili'tɛːrdɪktatuːr] *f POL* dictadura militar *f*
Militärflughafen [mili'tɛːrfluːkhaːfən] *m MIL* aeropuerto militar *m*
militärisch [mili'tɛːrɪʃ] *adj* militar
militaristisch [milita'rɪstɪʃ] *adj* militarista
Militärputsch [mili'tɛːrputʃ] *m POL* pronunciamiento militar *m,* golpe de militar *m,* Golpe de Estado *m*
Militärregierung [mili'tɛːrregiːruŋ] *f POL* gobierno militar *m*
Miliz [mi'liːts] *f 1.* milicia *f; 2. (in kommunistischen Ländern)* guardia nacional *f*
Milliardär(in) [mɪljar'dɛːr(ɪn)] *m/f* multimillonario/multimillonaria *m/f*
Milliarde [mil'jardə] *f* mil millones *m/pl*
Milligramm ['mɪligram] *n* miligramo *m*
Milliliter ['mɪliliːtər] *m* milímetro *m*
Millimeter [mili'meːtər] *m* milímetro *m*
Million [mil'joːn] *f* millón *m*
Millionär(in) [mɪljo'nɛːr(ɪn)] *m/f* millonario/millonaria *m/f*
Milz [mɪlts] *f ANAT* bazo *m*
Mimik ['miːmɪk] *f* mímica *f*
Mimose [mi'moːzə] *f 1. BOT* sensitiva *f; 2. (fig)* persona muy sensible *f*
Minarett [mina'rɛt] *n ARCH* minarete *m*
minderbemittelt ['mɪndərbəmɪtəlt] *adj 1. (finanziell ~)* economicamente débil, escaso de recursos; *2. (geistig schwach)* débil mentalmente, corto de mollera
Minderheit ['mɪndərhaɪt] *f* minoría *f*
minderjährig ['mɪndərjɛːrɪç] *adj* menor de edad
Minderjährige(r) ['mɪndərjɛːrɪgə(r)] *m/f* menor de edad *m/f*
mindern ['mɪndərn] *v 1. (verringern)* disminuir, reducir, aminorar; *2. (mildern)* moderar, atenuar
Minderung ['mɪndəruŋ] *f 1. (Verringerung)* disminución *f,* reducción *f,* aminoración *f,* moderación *f; 2. (Mildern)* moderación *f,* atenuación *f*
minderwertig ['mɪndərveːrtɪç] *adj* inferior, de menor valor, de calidad inferior, de escaso valor
Minderwertigkeitskomplex ['mɪndərveːrtɪçkaɪtskɔmplɛks] *m* complejo de inferioridad *m*
Mindest... ['mɪndəst] *pref* el menor/la menor, mínimo
Mindestabstand ['mɪndəstapʃtant] *m* distancia mínima *f*
Mindestalter ['mɪndəstaltər] *n* edad mínima *f*
Mindestbetrag ['mɪndəstbətraːk] *m ECO* importe mínimo *m*
mindeste(r,s) ['mɪndəstə] *adj* mínimo/mínima
mindestens ['mɪndəstəns] *adv* como mínimo, por lo menos
Mindestgebot ['mɪndəstgəboːt] *n* oferta mínima *f,* puja mínima *f*
Mindestlohn ['mɪndəstloːn] *m* salario mínimo *m*
Mindestmaß ['mɪndəstmaːs] *n* mínimo *m*
Mine ['miːnə] *f 1. (Sprengkörper)* mina *f; 2. (Bergwerk)* mina *f; 3. (im Kugelschreiber)* recambio *m,* mina *f*
Minenfeld ['miːnənfɛlt] *n MIL* campo de minas *m*

Mineral [minə'raːl] *n* mineral *m*
mineralisch [mine'raːlɪʃ] *adj* mineral
Mineralöl [mine'raːløːl] *n (Erdöl)* petróleo *m*
Mineralölsteuer [mine'raːløːlʃtɔyər] *f* impuesto sobre el aceite mineral *m*
Mineralwasser [minə'raːlvasər] *n* agua mineral *f/el*
mini ['mɪni] *adj* mini
Miniatur [minja'tuːr] *f ART* miniatura *f*
Minigolf ['mɪnigɔlf] *n* minigolf *m*
minimal [mini'maːl] *adj* mínimo
Minimum ['minimum] *n* mínimo *m,* mínimum *m*
Minirock ['mɪnirɔk] *m* minifalda *f*
Minister(in) [mi'nɪstər(ɪn)] *m/f POL* ministro/ministra *m/f*
ministeriell [minɪste'rjɛl] *adj irr POL* ministerial, del ministro
Ministerium [minɪs'teːrjum] *n POL* ministerio *m*
Ministerpräsident(in) [mi'nɪstərprɛzidɛnt(ɪn)] *m/f 1. POL* presidente del gobierno *m/f; 2. (eines Bundeslandes) POL* Presidente de un Estado Federal *m/f*
minus ['miːnus] *adv* menos
Minus ['miːnus] *n ECO* déficit *m,* saldo negativo *m*
Minuspol ['miːnuspoːl] *m PHYS* polo negativo *m*
Minuszeichen ['miːnustsaɪçən] *n MATH* menos *m,* signo negativo *m*
Minute [mi'nuːtə] *f* minuto *m; in letzter ~* en el último minuto; *auf die ~ genau* al minuto
minutenlang [mi'nuːtənlaŋ] *adj 1.* de varios minutos de duración; *adv 2.* durante algunos minutos, durante varios minutos
minutiös [minu'tsjøːs] *adj* minucioso
mir [miːr] *pron 1.* me; *2. (betont)* para mí
Mirabelle [mira'belə] *f BOT* ciruela amarilla *f*
Mischbatterie ['mɪʃbatəriː] *f* grifo mezclador *m*
Mischehe ['mɪʃeːə] *f* matrimonio mixto *m*
mischen ['mɪʃən] *v* mezclar
Mischmasch ['mɪʃmaʃ] *n* (fam) mezcolanza *f*
Mischung ['mɪʃuŋ] *f 1. (Mischen)* mezcla *f; 2. (Gemenge)* mixtura *f*
Mischwald ['mɪʃvalt] *m* bosque mixto *m*
miserabel [mizə'raːbəl] *adj 1.* miserable; *adv 2.* miserablemente
Misere [mi'zeːrə] *f* miseria *f*
missachten [mɪs'axtən] *v* menospreciar, despreciar, subestimar
Missachtung [mɪs'axtuŋ] *f* menosprecio *m,* desdén *m*
Missbildung ['mɪsbɪlduŋ] *f* deformación *f,* malformación *f*
missbilligen [mɪs'bɪlɪgən] *v* desaprobar, reprobar
Missbilligung ['mɪsbɪlɪguŋ] *f* desaprobación *f,* reprobación *f*
Missbrauch ['mɪsbraux] *m* abuso *m,* exceso *m,* extralimitación *f*
missbrauchen [mɪs'brauxən] *v* abusar de, excederse, extralimitarse
missdeuten [mɪs'dɔytən] *v* interpretar en sentido desfavorable
missen ['mɪsən] *v* sentir la falta de, echar de menos, extrañar (LA)
Misserfolg ['mɪsɛrfɔlk] *m* fracaso *m*
Missernte ['mɪsɛrntə] *f AGR* mala cosecha *f*
Missetat ['mɪsətaːt] *f* fechoría *f,* delito *m*
Missetäter(in) ['mɪsətɛtər(ɪn)] *m/f* malhechor(a) *m/f,* delincuente *m/f*
Missfallen ['mɪsfalən] *n* desagrado *m,* disgusto *m*
missfallen [mɪs'falən] *v irr jdm ~* desagradar a alguien, disgustar a alguien
missgebildet ['mɪsgəbɪldət] *adj* deforme, malformado
Missgeburt ['mɪsgəburt] *f* criatura deforme *f*
Missgeschick ['mɪsgəʃɪk] *n* adversidad *f,* infortunio *m,* contratiempo *m,* mala suerte *f*
missgestimmt ['mɪsgəʃtimt] *adj* de mal humor, malhumorado
missglücken [mɪs'glykən] *v* fracasar, malograrse, fallar, salir mal
Missgriff ['mɪsgrɪf] *m* desacierto *m,* error *m,* equivocación *f*
Missgunst ['mɪsgunst] *f* envidia *f*
missgünstig ['mɪsgynstɪç] *adj* envidioso, celoso
misshandeln [mɪs'handəln] *v* maltratar, castigar, golpear
Misshandlung [mɪs'handluŋ] *f* maltrato *m*
Mission [mis'joːn] *f 1. (Auftrag)* misión *f,* cometido *m; 2. (Einrichtung)* misión *f*
Missionar(in) [misjo'naːr(ɪn)] *m/f REL* misionero/misionera *m/f*
missionieren [mɪsjo'niːrən] *v REL* misionar, evangelizar
Missklang ['mɪsklaŋ] *m* disonancia *f*
Misskredit ['mɪskrediːt] *m* descrédito *m,* mala reputación *f; in ~ kommen* caer en descrédito

misslingen [mɪs'lɪŋən] *v irr* fracasar, salir mal, fallar
Misslingen [mɪs'lɪŋən] *n* fracaso *m,* malogro *m*
Missmut ['mɪsmuːt] *m* mal humor *m*
missmutig ['mɪsmuːtɪç] *adj* malhumorado, de mal humor
missraten [mɪs'raːtən] *v irr* salir mal, ir mal
Missstand ['mɪsʃtant] *m* inconveniente *m*
Missstimmung ['mɪsʃtɪmuŋ] *f* mal humor *m,* descontento *m*
Misston ['mɪstoːn] *m 1. MUS* disonancia *f,* tono falso *m; 2. (fig)* desentono *m,* disonancia *f*
Misstrauen ['mɪstrauən] *n* desconfianza *f,* suspicacia *f*
misstrauen [mɪs'trauən] *v* desconfiar de, no fiarse de
Misstrauensvotum ['mɪstrauənsvoːtum] *n POL* voto de censura *m,* voto de desconfianza *m,* retirada de confianza *f,* moción de censura *f*
misstrauisch ['mɪstrauɪʃ] *adj 1.* desconfiado; *adv 2.* con desconfianza
Missverhältnis ['mɪsfɛrhɛltnɪs] *n* desproporción *f,* desequilibrio *m*
Missverständnis ['mɪsfɛrʃtɛntnɪs] *n* malentendido *m,* equivocación *f*
missverstehen ['mɪsfɛrʃteːən] *v irr* malentender, interpretar mal
Misswirtschaft ['mɪsvɪrtʃaft] *f* mala administración *f,* mala gestión económica *f,* desgobierno *m*
Mist [mɪst] *m 1. (Pferdemist)* estiércol *m; Das ist nicht auf meinem ~ gewachsen.* Eso no es de mi cosecha. *2. (fig: Unsinn)* tontería *f,* disparate *m,* estupidez *f; ~ bauen* cagarla (fam)
Mistel ['mɪstəl] *f BOT* muérdago *m*
Misthaufen ['mɪsthaufən] *m* estercolero *m,* montón de estiércol *m*
Mistkerl ['mɪstkɛrl] *m (fam)* canalla *m,* hijo de puta *m*
mit [mɪt] *prep* con; *Ich gehe ~ dir.* Yo me voy contigo. *Ich fahre ~ dem Auto.* Me voy en coche./Me voy con el coche. *Ich habe das ~ berücksichtigt.* Ya he contado con ello.
Mitarbeit ['mɪtarbaɪt] *f* cooperación *f,* colaboración *f*
mitarbeiten ['mɪtarbaɪtən] *v* cooperar, colaborar
Mitarbeiter(in) ['mɪtarbaɪtər(ɪn)] *m/f* cooperador(a) *m/f,* colaborador(a) *m/f,* compañero de trabajo/compañera de trabajo *m/f*
Mitbegründer(in) ['mɪtbəgryndər(ɪn)] *m/f* cofundador(a) *m/f*
mitbekommen ['mɪtbəkɔmən] *v irr 1. etw ~* enterarse de; *2. (fam: verstehen)* entender
Mitbenutzung ['mɪtbənutsuŋ] *f* usufructo común *m*
mitbestimmen ['mɪtbəʃtɪmən] *v* contribuir a una decisión, participar en la gestión
Mitbestimmung ['mɪtbəʃtɪmuŋ] *f* cogestión *f*
Mitbewerber(in) ['mɪtbəvɛrbər(ɪn)] *m/f* competidor(a) *m/f,* rival *m/f*
Mitbewohner(in) ['mɪtbəvoːnər(ɪn)] *m/f* compañero/compañera de piso *m/f*
mitbringen ['mɪtbrɪŋən] *v irr 1. (herbringen)* traer; *2. (hinbringen)* llevar
Mitbringsel ['mɪtbrɪŋzəl] *n* regalito *m,* recuerdo *m*
Mitbürger(in) ['mɪtbyrgər(ɪn)] *m/f* conciudadano/conciudadana *m/f,* compatriota *m/f*
miteinander [mɪtaɪ'nandər] *adv* conjuntamente, uno(s) con otro(s)
miterleben ['mɪtɛrleːbən] *v* presenciar, estar presente (en), vivir
Mitesser ['mɪtɛsər] *m MED* espinilla *f,* comedón *m*
mitfahren ['mɪtfaːrən] *v irr* ir con, viajar con
Mitfahrgelegenheit ['mɪtfaːrgəleːgənhaɪt] *f eine ~* contacto para un viaje *m*
mitfühlend ['mɪtfyːlənt] *adj 1.* compasivo, condolente; *adv 2.* compasivamente
mitführen ['mɪtfyːrən] *v (dabeihaben)* llevar (traer) consigo
mitgeben ['mɪtgeːbən] *v irr jdm etw ~* dar, entregar
Mitgefangene(r) ['mɪtgəfaŋənə(r)] *m/f* compañero/compañera de prisión *m/f*
Mitgefühl ['mɪtgəfyːl] *n* compasión *f,* condolencia *f*
mitgehen ['mɪtgeːən] *v irr mit jdm ~* ir con alguien, caminar con alguien, acompañar a alguien; *etw ~ lassen* llevarse algo/robar algo
mitgenommen ['mɪtgənɔmən] *adj (fig: erschöpft)* cansado, rendido
Mitgift ['mɪtgɪft] *f* dote *m/f*
Mitglied ['mɪtgliːt] *n* miembro *m,* socio *m*
Mitgliedsbeitrag ['mɪtgliːtsbaɪtraːk] *m* cuota de socio *f*
Mitgliedschaft ['mɪtgliːtʃaft] *f* cualidad de socio *f,* filiación *f*
Mitgliedskarte ['mɪtgliːtskartə] *f* carnet de socio *m*

Mitgliedsland ['mɪtgliːtslant] *n* país miembro *m*
Mithilfe ['mɪthɪlfə] *f* ayuda *f,* asistencia *f,* cooperación *f*
mithin [mɪt'hɪn] *adv* por consiguiente, por lo tanto
Mitinhaber(in) ['mɪtinhaːbər(ɪn)] *m/f* copropietario/copropietaria *m/f*
mitkommen ['mɪtkɔmən] *v irr 1.* venir con, venir en compañía de; *2. (fam: begreifen)* entender, poder seguir
Mitläufer(in) ['mɪtlɔyfər(ɪn)] *m/f* simpatizante *m/f,* partidario/partidaria *m/f*
Mitlaut ['mɪtlaut] *m GRAMM* consonante *m*
Mitleid ['mɪtlaɪt] *n* piedad *f,* compasión *f,* lástima *f; ~ erregend* que da lástima/que despierta compasión
Mitleidenschaft ['mitlaɪdənʃaft] *f etw in ~ ziehen* influir en algo
mitleidig ['mɪtlaɪdɪç] *adj 1.* compasivo, piadoso; *adv 2.* compasivamente, con compasión
mitleidslos ['mɪtlaɪtsloːs] *adj* despiadado, sin compasión
mitmachen ['mɪtmaxən] *v 1. (sich beteiligen)* tomar parte en, participar en; *2. (fig: leiden)* sufrir, padecer
Mitmensch ['mɪtmɛnʃ] *m* prójimo *m*
mitnehmen ['mɪtneːmən] *v irr 1. (hinbringen)* llevar; *2. (herbringen)* traer; *3. (fig: strapazieren)* deteriorar, estropear
mitreden ['mɪtreːdən] *v 1.* tomar parte en la conversación; *2. ein Wörtchen ~* tener voz en un asunto
mitreißen ['mɪtraɪsən] *v irr* arrastrar en la caída
mitschreiben ['mɪtʃraɪbən] *v irr 1.* tomar apuntes; *2. etw ~* apuntar
Mitschuld ['mɪtʃult] *f* complicidad *f*
mitschuldig ['mɪtʃuldɪç] *adj* cómplice de, coautor
Mitschüler(in) ['mɪtʃyːlər(ɪn)] *m/f* compañero/compañera *m/f,* condiscípulo/condiscípula *m/f*
mitspielen ['mɪtʃpiːlən] *v 1.* participar, tomar parte en el juego; *2. (in einem Theaterstück)* actuar; *3. (wichtig sein)* jugar un papel importante; *4. jdm ~* jugar una mala pasada a alguien, tratar mal
Mitspieler(in) ['mɪtʃpiːlər(ɪn)] *m/f 1.* compañero/compañera de juego *m/f; 2. (Mannschaftssport) SPORT* contrincante *m/f*
Mitspracherecht ['mɪtʃpraxərɛçt] *n* derecho de intervención *m*
Mittag ['mɪtaːk] *m* mediodía *m; gestern ~* ayer al mediodía; *heute ~* hoy al mediodía
Mittagessen ['mɪtaːkɛsən] *n* almuerzo *m,* comida *f*
mittags ['mɪtaːks] *adv* al mediodía
Mittagshitze ['mɪtaːkshɪtsə] *f* calor de mediodía *m*
Mittagspause ['mɪtaːkspauzə] *f* descanso para comer *m,* descanso de mediodía *m*
Mittagszeit ['mɪtaːkstsaɪt] *f* mediodía *f,* hora de comer *f*
Mittäter(in) ['mɪttɛːtər(ɪn)] *m/f* cómplice *m/f,* coautor(a) *m/f,* codelincuente *m/f*
Mitte ['mɪtə] *f 1. (örtlich)* centro *m,* medio *m; die goldene ~ wählen* elegir el justo medio; *2. (zeitlich)* a mitad de, a mediados de; *~ Mai* a mediados de mayo
mitteilen ['mɪttaɪlən] *v* comunicar, participar, informar
Mitteilung ['mɪttaɪluŋ] *f* comunicación *f,* participación *f,* informe *m,* aviso *m*
Mittel ['mɪtəl] *n 1. (Hilfsmittel)* recurso *m; ~ zum Zweck sein* ser el medio para el fin; *~ und Wege suchen* buscar los medios; *2. (Heilmittel)* remedio *m; 3. im ~* por término medio, en promedio; *pl 4. (Geld)* recursos *m/pl,* medios *m/pl,* fondos *m/pl*
Mittelalter ['mɪtəlaltər] *n* Edad Media *f,* Medioevo *m*
mittelalterlich ['mɪtəlaltərlɪç] *adj* medieval
Mittelamerika [mɪtəla'meːrika] *n irr GEO* Centroamérica *f,* América Central *f*
mittelamerikanisch ['mɪtəlamerikaːnɪʃ] *adj* centroamericano
mittelbar ['mɪtəlbaːr] *adj 1.* indirecto; *adv 2.* indirectamente
Mitteleuropa ['mɪtəlɔyroːpa] *n GEO* Europa Central *f*
mitteleuropäisch ['mɪtəlɔyropɛːɪʃ] *adj* centroeuropeo
Mittelfeld ['mɪtəlfɛlt] *n 1. (Mitte des Spielfeldes) SPORT* medio campo *m,* fondo *m; 2. (der Tabelle) SPORT* mitad de la clasificación *f*
Mittelfinger ['mɪtəlfɪŋər] *m ANAT* dedo del corazón *m*
mittelfristig ['mɪtəlfrɪstɪç] *adj* a medio plazo, a mediano plazo
Mittelgebirge ['mɪtəlgəbɪrgə] *n* montaña de media altura *f*
Mittelgewicht ['mɪtəlgəvɪçt] *n* peso medio *m*
mittelgroß ['mɪtəlgroːs] *adj* mediano

mittellos ['mɪtəlloːs] *adj* falto de recursos, indigente
mittelmäßig ['mɪtəlmɛːsɪç] *adj* mediano, regular, mediocre
Mittelmeer ['mɪtəlmeːr] *n* *GEO* Mar Mediterráneo *m*
Mittelmeerraum ['mɪtəlmeːrraum] *m* zona del Mediterráneo *f*
Mittelohrentzündung ['mɪtəloːrɛnttsyndʊŋ] *f* *MED* otitis media *f*
Mittelpunkt ['mɪtəlpuŋkt] *m* centro *m,* punto central *m; im ~ stehen* ser el centro de interés/de atención
mittels ['mɪtəls] *prep* por medio de, mediante
Mittelsmann ['mɪtəlsman] *m* intermediario *m,* mediador *m*
Mittelstand ['mɪtəlʃtant] *m* clase media *f*
mittelständisch ['mɪtəlʃtɛndɪʃ] *adj* de la clase media
Mittelstreifen ['mɪtəlʃtraɪfən] *m* franja central *f*
Mittelstürmer ['mɪtəlʃtyːrmər] *m* *SPORT* delantero centro *m*
Mittelwort ['mɪtəlvɔrt] *n* *GRAMM* participio *m*
mitten ['mɪtən] *adv ~ in/bei/an/auf* en, en medio de, entre
mittendrin [mɪtən'drɪn] *adv* justamente en el medio
Mitternacht ['mɪtərnaxt] *f* media noche *f*
mitternächtlich ['mɪtərnɛçtlɪç] *adj* de medianoche
Mittler(in) ['mɪtlər(ɪn)] *m/f* mediador(a) *m/f,* intermediario/intermediaria *m/f*
mittlere(r,s) ['mɪtlərə(r,s)] *adj* mediano(s), mediana(s)
mittlerweile ['mɪtlərvaɪlə] *adv* entretanto, mientras tanto
Mittwoch ['mɪtvɔx] *m* miércoles *m*
mittwochs ['mɪtvɔxs] *adv* los miércoles
mitunter [mɪt'untər] *adv* de vez en cuando, de cuando en cuando
mitverantwortlich ['mɪtfɛrantvɔrtliç] corresponsable, igualmente responsable
mitversichert ['mɪtfɛrzɪçərt] *adj* coasegurado
Mitwelt ['mɪtvɛlt] *f* mundo contemporáneo *m*
mitwirken ['mɪtvɪrkən] *v* contribuir a, cooperar con, colaborar en
Mitwirkung ['mɪtvɪrkuŋ] *f* contribución *f,* cooperación *f;* participación *f; unter ~ von* con la colaboración de
Mitwisser ['mɪtvɪsər] *m* consabidor *m,* cómplice *m*
Mixbecher ['mɪksbɛçər] *m* coctelera *f*
mixen ['mɪksən] *v* mezclar, batir
Mixer ['mɪksər] *m* *1. (Gerät)* batidora *f; 2. (Barmixer)* coctelero *m; 3. (Tonmeister)* mezclador de sonido *m*
Mob [mɔp] *m* chusma *f,* populacho *m,* gentuza *f*
Möbel ['møːbəl] *pl* muebles *m/pl*
Möbelwagen ['møːbəlvaːgən] *m* camión de mudanza *m*
mobil [mo'biːl] *adj* móvil; *~ machen* movilizar
Mobilfunk [mo'biːlfuŋk] *m* telefonía móvil *f*
Mobiliar [mobili'aːr] *n* mobiliario *m,* muebles *m/pl*
mobilisieren [mobili'ziːrən] *v* movilizar
Mobilität [mobili'tɛːt] *f* movilidad *f*
Mobilmachung [mo'biːlmaxuŋ] *f* *MIL* movilización *f*
Mobiltelefon [mo'biːltelefoːn] *n* *TEL* teléfono móvil *m*
möblieren [mø'bliːrən] *v* amueblar, amoblar (LA)
möbliert [mø'bliːrt] *adj* amueblado, amoblado (LA)
Möblierung [mø'bliːruŋ] *f* muebles *m/pl*
Möchtegern ['mœçtəgɛrn] *m* persona que desea ser o parecer algo pero le faltan las condiciones para ello
Mode ['moːdə] *f* moda *f*
Modedesigner(in) ['moːdədɪzaɪnər(ɪn)] *m/f* diseñador(a) de moda *m/f*
Modehaus ['moːdəhaus] *n* casa de modas *f*
Modejournal ['moːdəʒurnaːl] *n* revista de modas *f*
Model ['moːdəl] *m (Hohlform) GAST* molde *m*
Modell [mo'dɛl] *n* *1. (Vorbild)* modelo *m,* ejemplo *m,* ideal *m; 2. (Mannequin)* modelo *m,* maniquí *m; ~ stehen* poser
Modellbau [mo'dɛlbau] *m* construcción de modelos en miniatura *f*
modellieren [modɛ'liːrən] *v* modelar, formar
Modellversuch [mo'dɛlfɛrzuːx] *m* experimento piloto *m*
Modem ['moːdɛm] *n* *INFORM* modem *m*
Modemacher(in) ['moːdəmaxər(ɪn)] *m/f* modista *m/f*
Modenschau ['moːdənʃau] *f* desfile de modas *m*

Moder ['mo:dər] *m* moho *m*
moderieren [mode'ri:rən] *v* moderar
moderig ['mo:dərɪç] *adj 1.* mohoso; *2. (faulig)* podrido
modern [mo'dɛrn] *adj* moderno
Moderne [mo'dɛrnə] *f* modernidad *f*
modernisieren [modɛrni'zi:rən] *v* modernizar, actualizar
Modeschmuck ['mo:dəʃmuk] *m* bisutería *f*
Modeschöpfer(in) ['mo:dəʃœpfər(ɪn)] *m/f* modisto/modista *m/f,* creador(a) de alta costura *m/f*
modifizieren [modifi'tsi:rən] *v* modificar
modisch ['mo:dɪʃ] *adj 1.* moderno, de moda; *adv 2.* a la moda, modernamente
Modul [mo'du:l] *n* módulo *m*
Modus ['mo:dus] *m* modo *m,* manera *f*
Mofa ['mo:fa] *n* moto *f*
mogeln ['mo:gəln] *v* hacer trampas, engañar, embaucar
mögen ['mø:gən] *v irr 1. (gern haben)* tener cariño, tener estima, apreciar, estimar; *Ich mag ihn.* Yo le tengo cariño. *2. (wollen)* querer, desear; *Ich möchte ein Ticket nach München.* Deseo un billete para Múnich.
möglich ['mø:klɪç] *adj* posible, factible
möglicherweise ['mø:klɪçərvaɪzə] *adv* posiblemente, probablemente
Möglichkeit ['mø:klɪçkaɪt] *f* posibilidad *f,* factibilidad *f*
möglichst ['mø:klɪçst] *adv* en lo posible, a ser posible
Mohair [mo'hɛ:r] *m* mohair *m*
Mohammedaner(in) [mohamə'da:nər(ɪn)] *m/f* mahometano/mahometana *m/f*
mohammedanisch [mohame'da:nɪʃ] *adj REL* mahometano, musulmán
Mohnblume ['mo:nblu:mə] *f BOT* amapola *f*
Möhre ['mø:rə] *f BOT* zanahoria *f*
Mohrrübe ['mo:rry:bə] *f BOT* zanahoria *f*
mokieren [mo'ki:rən] *v sich ~ über* burlarse de
Mokka ['mɔka] *m GAST* moca *m*
Molch [mɔlç] *m ZOOL* salamandra *f*
Moldawien [mɔl'da:vjən] *n GEO* Moldavia *f*
Mole ['mo:lə] *f 1. (Hafen)* malecón *m; 2. (Kai)* muelle *m*
Molekül [mole'ky:l] *n CHEM* molécula *f*
molekular [moleku'la:r] *adj CHEM* molecular
Molekulargenetik [moleku'la:rgene:tɪk] *f BIO* genética molecular *f*
Molke ['mɔlkə] *f GAST* suero de la leche *m*
Molkerei [mɔlkə'raɪ] *f* lechería *f*
Moll [mɔl] *n MUS* modo menor *m*
mollig ['mɔlɪç] *adj 1. (behaglich)* confortable, agradable; *2. (dick)* rellenito, regordete
Molybdän [molyb'dɛ:n] *n CHEM* molibdeno *m*
Moment [mo'mɛnt] *m 1.* momento *m,* instante *m; n 2. (fig: Umstand)* situación *f,* circunstancia *f; 3. PHYS* momento *m*
momentan [momɛn'ta:n] *adj 1.* momentáneo; *adv 2.* por el momento, de momento
Momentaufnahme [mo'mɛntaufna:mə] *f 1. FOTO* fotografía instantánea *f; 2. (fig: Stand in bestimmtem Moment)* toma instantánea *f*
Monarch(in) [mo'narç(ɪn)] *m/f* monarca *m/f*
Monarchie [monar'çi:] *f* monarquía *f*
monarchisch [mo'narçɪʃ] *adj POL* monárquico
Monat ['mo:nat] *m* mes *m*
monatelang ['mo:natəlaŋ] *adj 1.* de meses, que dura meses; *adv 2.* durante meses, meses y meses
monatlich ['mo:natlɪç] *adj 1.* mensual; *adv 2.* mensualmente
Monatsanfang ['mo:natsanfaŋ] *m* principio de mes *m*
Monatsbeitrag ['mo:natsbaɪtra:k] *m* tasa mensual *f*
Monatskarte ['mo:natskartə] *f* billete mensual *m,* abono mensual *m*
Mönch [mœnç] *m REL* monje *m,* fraile *m*
Mönchsorden ['mœnçsɔrdən] *m* orden monástica *f*
Mond [mo:nt] *m* luna *f; jdn auf den ~ schießen (fig)* mandar a alguien a la luna; *hinter dem ~ leben* vivir en la luna
mondän [mon'dɛ:n] *adj* mundano, de mundo; *~ sein* ser persona de mundo
Mondfinsternis ['mo:ntfɪnstərnɪs] *f* eclipse lunar *m*
Mondlandung ['mo:ntlanduŋ] *f ASTRO* alunizaje *m*
Mondlicht ['mo:ntlɪçt] *n* luz de la luna *f*
Mondschein ['mo:ntʃaɪn] *m* claro de luna *m*
Mondsonde ['mo:ntzɔndə] *f* sonda lunar *f*
mondsüchtig ['mo:ntzyçtɪç] *adj* sonámbulo
Mongole [mɔŋ'go:lə] *m* mongol *m*
Mongolei [mɔŋgo'laɪ] *f die ~ GEO* Mongolia *f*

Mongolin [mɔŋ'golɪn] *f* mongol *m/f*
Monitor ['moːnɪtoːr] *m* monitor *m*
Monogamie [monoga'miː] *f* monogamia *f*
Monogramm [mono'gram] *n* monograma *m*
Monokultur ['moːnokultuːr] *f AGR* monocultivo *m*
Monolog [mono'loːk] *m* monólogo *m*
Monopol [mono'poːl] *n* monopolio *m*
monoton [mono'toːn] *adj 1.* monótono, aburrido, pesado; *adv 2.* monótonamente, con monotonía
Monotonie [monoto'niː] *f* monotonía *f*
Monstrum ['mɔnstrum] *n* monstruo *m*
Monsun [mɔn'zuːn] *m* monzón *m*
Montag ['moːntaːk] *m* lunes *m*
Montage [mɔn'taːʒə] *f* montaje *m*
Montagehalle [mɔn'taːʒəhalə] *f TECH* nave de montaje *f*
montags ['moːntaks] *adv* los lunes
Montanindustrie [mɔn'taːnɪndustriː] *f ECO* industria minera *f*
Monteur [mɔn'tøːr] *m* montador *m*, ajustador *m*
montieren [mɔn'tiːrən] *v* montar, instalar, ajustar
Montur [mɔn'tuːr] *f* uniforme *m*
Monument [monu'mɛnt] *n* monumento *m*, edificio *m*
monumental [monumɛn'taːl] *adj* monumental
Moor [moːr] *n* pantano *m*, cenagal *m*
Moorbad ['moːrbaːt] *n* baño de fango *m*, baño de lodo *m*
Moos [moːs] *n BOT* musgo *m*
Moped ['moːpɛt] *n* ciclomotor *m*, motociclo *m*
Mopp [mɔp] *m* fregona *f*
Mopps [mɔps] *m* carlino *m*
mopsen ['mɔpsən] *v 1. sich ~* aburrirse; *2. (mausen)* escamotear
Moral [mo'raːl] *f* moral *f*
moralisch [mo'raːlɪʃ] *adj 1.* moral; *adv 2.* moralmente
Moralpredigt [mo'raːlpreːdɪkt] *f* sermón moralizador *m*
morbid [mɔr'biːt] *adj* morbido
Morbidität [mɔrbidi'tɛːt] *f 1. (Brüchigkeit)* decadencia *f*; *2. MED* morbilidad *f*
Mord [mɔrt] *m* asesinato *m*, crimen *m*, homicidio *m*; *~ und Totschlag* tiros y puñaladas
Morddrohung ['mɔrtdroːuŋ] *f* amenaza de muerte *f*
Mörder(in) ['mœrdər(ɪn)] *m/f* asesino/asesina *m/f*, homicida *m/f*
mörderisch ['mœrdərɪʃ] *adj 1.* asesino, criminal; *2. (fig: furchtbar)* terrible, horrible, espantoso
Mordfall ['mɔrtfal] *m* asesinato *m*
Mordkommission ['mɔrtkɔmɪsjoːn] *f* brigada de homicidios *f*
mordsmäßig ['mɔrtsmɛːsɪç] *adj (fam)* tremendo, terrible
Mordsspaß [mɔrts'ʃpaːs] *m ein ~* juerga *f*, jolgorio *m*
Mordverdacht ['mɔrtfɛrdaxt] *m* sospecha de asesinato *f*
Mordversuch ['mɔrtfɛrzuːx] *m 1.* intento de asesinato *m*; *2. (versuchtes Attentat)* atentado *m*
morgen ['mɔrgən] *adv* mañana
Morgen ['mɔrgən] *m* mañana *f*; *am ~* en la mañana; *gegen ~* por la mañana; *Guten Morgen!* ¡Buenos días!
Morgendämmerung ['mɔrgəndɛməruŋ] *f* crepúsculo *m*, amanecer *m*, alba *f*
morgendlich ['mɔrgəntlɪç] *adj* matutino, matinal
Morgengrauen ['mɔrgəngrauən] *n* amanecer *m*, crepúsculo matutino *m*
Morgenland ['mɔrgənlant] *n* Oriente *m*
Morgenmantel ['mɔrgənmantəl] *m* albornoz *m*, bata *f*
Morgenrot ['mɔrgənroːt] *n* aurora *f*
morgens ['mɔrgəns] *adv* de mañana, por la mañana
Mormone [mɔr'moːnə] *m REL* mormón *m*
Morphium ['mɔrfjum] *n MED* morfina *f*
morsch ['mɔrʃ] *adj* podrido, pútrido, corrompido
morsen ['mɔrzən] *v NAUT* utilizar el alfabeto morse
Mörser ['mœrzər] *m* mortero *m*
Morsezeichen ['mɔrzətsaɪçən] *n NAUT* signo del alfabeto morse *m*, señal morse *f*
Mörtel ['mœrtəl] *m* mortero *m*
Mosaik [moza'iːk] *n* mosaico *m*
mosaikartig [moza'iːkartɪç] *adj* de mosaico
Mosambik [mozam'biːk] *n GEO* Mozambique *m*
Moschee [mo'ʃeː] *f* mezquita *f*
Moschusochse ['mɔʃusɔksə] *m ZOOL* buey almizclero *m*
Moskito [mɔs'kiːto] *m ZOOL* mosquito *m*
Moskitonetz [mɔs'kiːtonɛts] *n* mosquitero *m*

Moslem ['mɔslɛm] *m* musulmán *m*, muslimo *m*
moslemisch [mɔs'leːmɪʃ] *adj* musulmán
Most [mɔst] *m* mosto *m*
Motiv [mo'tiːf] *n* motivo *m*, causa *f*, razón *f*
Motivation [motiva'tsjoːn] *f* motivación *f*
motivieren [moti'viːrən] *v* motivar, incentivar
Motor ['moːtɔr] *m* motor *m*; *Der ~ stottert.* El motor da sacudidas. *Der ~ läuft heiß.* El motor se calienta.
Motorblock ['moːtɔrblɔk] *m* *TECH* bloque de motor *m*
Motorboot ['moːtɔrboːt] *n* lancha a motor *f*
Motorhaube ['moːtɔrhaubə] *f* *1.* capó *m*; *2. (eines Flugzeuges)* chapa de cubierta *f*
Motorik [mo'toːrɪk] *f* *1. (Bewegungen) MED* motricidad *f*; *2. (Lehre) MED* teoría motórica *f*
motorisch [mo'toːrɪʃ] *adj* *MED* motor
motorisiert [motɔri'ziːrt] *adj* motorizado
Motoröl ['moːtɔrøːl] *n* aceite para motores *m*
Motorrad ['moːtɔrraːt] *n* motocicleta *f*
Motorroller ['moːtɔrrɔlər] *m* escúter *m*, scooter *m*, motoreta *f*
Motorsäge ['moːtɔrzɛːgə] *f* motosierra *f*, sierra de motor *f*
Motorsport ['moːtɔrʃpɔrt] *m* motociclismo *m*
Motte ['mɔtə] *f* *ZOOL* polilla *f*
Mottenkugel ['mɔtənkuːgəl] *f* bolitas de naftalina *f/pl*
Motto ['mɔto] *n* lema *m*
Möwe ['møːvə] *f* *ZOOL* gaviota *f*
Mücke ['mykə] *f* *ZOOL* mosquito *m*; *eine ~ machen (fam)* ahuecar el ala; *aus einer ~ einen Elefanten machen* hacer una montaña de un grano de arena
Mückenstich ['mykənʃtɪç] *m* picadura de mosquito *f*
müde ['myːdə] *adj* cansado, fatigado
Müdigkeit ['myːdɪçkaɪt] *f* cansancio *m*, fatiga *f*
muffelig ['mufəlɪç] *adj* que huele a enmohecido
muffeln[1] ['mufəln] *v* *1. (fam: kauen)* masticar con la boca llena; *2. (fam: mürrisch sein)* gruñir, regonzar
muffig ['mufɪç] *adj* *1.* regañón, gruñón, regonzón; *2. (muffelig)* que huele a enmohecido
Mühe ['myːə] *f* esfuerzo *m*; *sich ~ geben* tomarse la molestia; *die ~ wert sein* merecer la pena/la molestia; *mit Müh und Not* a duras penas
mühelos ['myːəloːs] *adj* sin esfuerzo, fácil
Mühelosigkeit ['myːəloːzɪçkaɪt] *f* facilidad *f*
mühen ['myːən] *v* *sich ~* esforzarse, trabajar
mühevoll ['myːəfɔl] *adj* penoso, fatigoso, difícil
Mühle ['myːlə] *f* *1.* molino *m*; *2. (Kaffeemühle)* molinillo *m*
Mühsal ['myːzaːl] *f* pena *f*, trabajo penoso *m*, agobio *m*
mühsam ['myːzaːm] *adj* *1.* penoso, trabajoso; *adv* *2.* penosamente, trabajosamente
mühselig ['myːzeːlɪç] *adj* penoso, fatigoso
Mulatte [mu'latə] *m* mulato *m*
Mulattin [mu'latɪn] *f* mulata *f*
Mulde ['muldə] *f* artesa *f*, cubeta *f*
Müll [myl] *m* basura *f*
Müllabfuhr ['mylapfuːr] *f* recogida de basura *f*, servicio de limpieza *m*
Müllbeutel ['mylbɔytəl] *m* bolsa de basura *f*
Mullbinde ['mulbɪndə] *f* venda de gasa *f*
Müllcontainer ['mylkɔnteɪnər] *m* contenedor de basura *m*
Mülldeponie ['myldeponiː] *f* vertedero *m*, basurero *m*, escombrera *m*
Mülleimer ['mylaɪmər] *m* cubo de la basura *m*, tacho de basura *m* *(LA)*
Müller ['mylər] *m* molinero *m*
Müllkippe ['mylkɪpə] *f* vertedero de basuras *m*
Müllschlucker ['mylʃlukər] *m* tolva de basuras *f*, evacuador de basuras *m*
Mülltonne ['myltɔnə] *f* cubo de la basura *m*
Müllverbrennung ['mylfɛrbrɛnuŋ] *f* incineración de basuras *f*
Müllvermeidung ['mylfɛrmaɪduŋ] *f* limitación de la basura *f*
mulmig ['mulmɪç] *adj* *(fam)* desagradable, crítico
multifunktional [multifuŋktsjo'naːl] *adj* multifuncional
multikulturell [multikultu'rɛl] *adj* multicultural
multilateral [multilatə'raːl] *adj* multilateral
Multimedia [multi'meːdja] *pl* *INFORM* multimedia *f*
multimedial [multimeː'djal] *adj* multimedial
Multiplikation [multiplika'tsjoːn] *f* *MATH* multiplicación *f*

multiplizieren [multipli'tsi:rən] *v MATH* multiplicar
Mumie ['mu:mjə] *f* momia *f*
Mumm [mum] *m (fam)* coraje *m,* valor *m, den ~ zu etw haben* tener valor para algo
Mumps [mumps] *m MED* paperas *f/pl*
Mund [munt] *m* boca *f; sich den ~ verbrennen (fig)* quemarse la lengua, hacer una plancha; *den ~ nicht aufbekommen* no decir ni pío, no decir ni esta boca es mía; *den ~ voll nehmen* fanfarronear, hacer alarde de; *einen großen ~ haben* ser un bocazas; *den ~ halten* callar la boca; *sich den ~ fusselig reden* hablar hasta por los codos; *jdm den ~ verbieten* prohibir a alguien el habla; *jdm den ~ wässrig machen* hacérsele la boca agua a alguien; *nicht auf den ~ gefallen sein* no tener un pelo de tonto; *in aller ~e sein* andar en boca de todos; *jdm nach dem ~ reden* hablar al paladar de alguien; *jdm über den ~ fahren* contestar a alguien; *von ~ zu ~ gehen* ir de boca en boca
Mundart ['munta:rt] *f* dialecto *m*
Mundddusche ['muntdu:ʃə] *f* ducha bucal *f*
Mündel ['myndəl] *n JUR* pupilo *m,* persona bajo tutela *f,* tutelado *m*
münden ['myndən] *v ~ in 1. (Fluss, Straße)* desembocar en; *2. (Gespräch)* acabar en
mundgerecht ['muntgərɛçt] *adj 1.* picado en trozos; *2. jdm etw ~ machen* acomodar al gusto de
Mundharmonika ['muntharmo:nɪka] *f MUS* armónica *f*
Mundhöhle ['munthø:lə] *f* cavidad bucal *f*
mündig ['myndɪç] *adj* mayor de edad
Mündigkeit ['myndɪçkaɪt] *f JUR* mayoría de edad *f*
mündlich ['myndlɪç] *adj 1.* oral, verbal; *adv 2.* oralmente, verbalmente
Mundpflege ['muntpfle:gə] *f* higiene bucal *f*
Mundstück ['muntʃtyk] *n 1.* boca *f,* embocadura *f; 2. (einer Zigarette)* boquilla *f*
mundtot ['muntto:t] *adj ~ machen* obligar a callar, tapar la boca
Mündung ['myndʊŋ] *f 1. (Flussmündung)* desembocadura *f; 2. (Gewehrmündung)* boca *f*
Mundwasser ['muntvasər] *n* agua dentrífica *f*
Mundwerk ['muntve:rk] *n (fam: Mund)* pico *m,* labia *f*
Mundwerkzeuge ['muntvɛrktsɔygə] *pl ZOOL* instrumentos dentríficos *m/pl*
Munition [muni'tsjo:n] *f* munición *f*
munkeln ['muŋkəln] *v* cuchichear, murmurar
Münster ['mynstər] *n* catedral *f*
munter ['muntər] *adj 1. (wach)* despierto, despabilado; *adv 2.* completamente despierto
Munterkeit ['muntərkaɪt] *f* alegría *f,* viveza *f,* lozanía *f*
Muntermacher ['muntərmaxər] *m 1. (fam: Aufputschmittel)* estimulante *m; 2. (fam: geistig Anregendes)* estimulante *m*
Münzautomat ['myntsautoma:t] *m* distribuidor automático *m*
Münze ['myntsə] *f* moneda *f; klingende ~* dinero contante y sonante *m; etw mit gleicher ~ heimzahlen* pagar algo con la misma moneda
Münzfernsprecher ['myntsfɛrnʃprɛçər] *m* teléfono público de monedas *m*
Münzsammlung ['myntszamluŋ] *f* colección numismática *f*
mürbe ['myrbə] *adj 1.* tierno, ablandado, blando; *2. (fig)* desmoralizado, sin fuerzas para resistir
Mürbteig ['myrbətaɪk] *m GAST* pastaflora *f*
Murmel ['murməl] *f* canica *f*
murmeln ['murməln] *v* murmurar, refunfuñar
Murmeltier ['murməlti:r] *n ZOOL* marmota *f; schlafen wie ein ~* dormir como un tronco
murren ['murən] *v* gruñir
mürrisch ['myrɪʃ] *adj 1.* gruñón; *adv 2.* de mal humor
Mus [mu:s] *n 1.* puré *m; 2. (aus Obst)* compota *f*
Muschel ['muʃəl] *f ZOOL* concha *f*
Muse ['mu:zə] *f* musa *f*
Museum [mu'ze:um] *n* museo *m*
Musik [mu'zi:k] *f* música *f*
musikalisch [muzi'ka:lɪʃ] *adj* musical
Musikalität [muzikali'tɛ:t] *f* musicalidad *f*
Musikautomat [mu'zi:kautoma:t] *m* caja de música *f*
Musikbox [mu'zi:kbɔks] *f* tocadiscos *m*
Musiker(in) ['mu:zikər(ɪn)] *m/f* músico/ música *m/f*
Musikhochschule [mu'zi:kho:xʃu:lə] *f* escuela superior de música *f,* conservatorio *m*
Musikinstrument [mu'zi:kɪnstrumɛnt] *n* instrumento musical *m*
Musikkapelle [mu'zi:kkapɛlə] *f* orquesta *f,* banda de música *f*
Musikkassette [mu'zi:kkasɛtə] *f* casete *f,* cinta de música *f*

Musikunterricht [mu'ziːkuntərɪçt] *m* *1. (Schulfach)* clases de música *f/pl; 2. (Stunden)* clase de música *f*
musizieren [muzi'tsiːrən] *v* hacer música, tocar
Muskatnuss [mus'kaːtnus] *f BOT* nuez moscada *f*
Muskel ['muskəl] *m* músculo *m; seine ~n spielen lassen* enseñar sus músculos
Muskelkater ['muskəlkaːtər] *m* agujetas *f/pl*
Muskelkraft ['muskəlkraft] *f* fuerza muscular *f*
Muskelprotz ['muskəlprɔts] *m* forzudo *m*
Muskelzerrung ['muskəltsɛruŋ] *f MED* distensión muscular *f*
Muskulatur [muskula'tuːr] *f* musculatura *f*
muskulös [musku'løːs] *adj* musculoso
Müsli ['myːsli] *n* musli *m*
Muss [mus] *n ein ~* obligación *f*
Muße ['muːsə] *f* ocio *m,* desocupación *f,* tiempo libre *m*
müssen ['mysən] *v irr* tener que, deber; *Man muss das Auto sauber machen.* Hay que limpiar el coche. *Da muss man durch.* Hay que superarlo.
müßig ['myːsɪç] *adj* ocioso, moroso, tedioso
Müßiggang ['myːsɪçgaŋ] *m* ociosidad *f*
Muster ['mustər] *n 1. (Vorlage)* modelo *m,* ejemplo *m; 2. (Probe)* muestra *f,* prueba *f; 3. (Design)* diseño *m*
Musterbeispiel ['mustərbaɪʃpiːl] *n* ejemplo *m,* botón de muestra *m*
mustergültig ['mustərgyltɪç] *adj 1.* ejemplar, modelo; *adv 2.* por ejemplo
musterhaft ['mustərhaft] *adj* ejemplar, modelo
Musterknabe ['mustərknaːbə] *m* niño modelo *m*
Musterkoffer ['mustərkɔfər] *m ECO* muestrario *m*
mustern ['mustərn] *v 1.* examinar; *2. (Truppen) MIL* pasar revista a; *3. jdn ~ (für Wehrdienst)* reconocer
Musterung ['mustəruŋ] *f MIL* revista *f,* inspección *m*
Mut [muːt] *m* valor *m,* coraje *m,* arrojo *m,* valentía *f; frohen ~es sein* estar contento, estar de buen humor; *mit frohem ~* de buen humor
Mutation [muta'tsjoːn] *f BIO* mutación *f*
mutig ['muːtɪç] *adj 1.* valiente, valeroso; *adv 2.* valientemente, con arrojo, con valor
mutlos ['muːtloːs] *adj 1.* desalentado, desmoralizado; *adv 2.* con desaliento
Mutlosigkeit ['muːtloːzɪçkaɪt] *f* desaliento *m*
mutmaßen ['muːtmaːsən] *v* presumir, conjeturar, suponer
mutmaßlich ['muːtmaːslɪç] *adj* presunto, supuesto
Mutmaßung ['muːtmaːsuŋ] *f* suposición *f,* presunción *f*
Mutprobe ['muːtproːbə] *f* prueba de valor *f; eine ~ bestehen* pasar una prueba de valor
Mutter ['mutər] *f 1.* madre *f; wie bei ~n* como en casa; *2. TECH* tuerca *f*
Muttergesellschaft ['mutərgəzɛlʃaft] *f ECO* sociedad matriz *f*
Mutterleib ['mutərlaɪp] *m* seno materno *m*
mütterlich ['mytərlɪç] *adj 1.* materno, maternal; *adv 2.* maternalmente, como una madre
mütterlicherseits ['mytərlɪçərzaɪts] *adv* por parte de madre
Mütterlichkeit ['mytərlɪçkaɪt] *f* maternidad *f,* instinto maternal *m*
Muttermal ['mutərmaːl] *n* lunar *m*
Muttermilch ['mutərmɪlç] *f* leche materna *f; etw mit der ~ einsaugen (fam)* saber hacer algo desde pequeño
Mutterschaft ['mutərʃaft] *f* maternidad *f*
Mutterschutz ['mutərʃuts] *m* protección de la madre *f,* protección de la maternidad *f*
mutterseelenallein [mutər'zeːlənaʼlaɪn] *adj* solito en el mundo, desamparado
Muttersprache ['mutərʃpraːxə] *f* lengua materna *f*
Muttertag ['mutərtaːk] *m* día de la madre *m*
mutwillig ['muːtvɪlɪç] *adj 1.* intencionado; *2. (böswillig)* malicioso
Mütze ['mytsə] *f* gorro *m,* gorra *f; eine ~ voll Schlaf bekommen* poder hacer una siestecilla
mysteriös [myster'jøːs] *adj* misterioso
Mysterium [mys'teːrjum] *n* misterio *m*
Mystifikation [mystifika'tsjoːn] *f* mistificación *f*
Mystik ['mystɪk] *f* mística *f*
mystisch ['mystɪʃ] *adj 1.* místico; *adv 2.* místicamente, con misticismo
Mythenbildung ['myːtənbɪlduŋ] *f* construcción de mitos *f*
Mythologie [mytolo'giː] *f* mitología *f*
mythologisch [myto'loːgɪʃ] *adj* mitológico
Mythos ['mytɔs] *m* mito *m*

N

na [na] *interj* vaya, caramba, hombre, bueno
Nabe ['na:bə] *f* cubo *m,* buje *m*
Nabel ['na:bəl] *m* ombligo *m; der ~ der Welt* el ombligo del mundo *m*
Nabelschnur ['na:bəlʃnu:r] *f ANAT* cordón umbilical *m*
nach [na:x] *prep 1. (örtlich)* a, hacia, para, con destino a; *Ich fahre ~ Sevilla.* Viajo a Sevilla. *Ich gehe ~ Hause.* Me voy a casa. *Mir ~!* ¡Sígueme!/¡Seguídme! *2. (zeitlich)* después de, más allá de, tras; *Wir treffen uns ~ der Arbeit.* Nos encontramos después del trabajo. *3. (gemäß)* según, conforme a; *~ Meinung des Professors* según la opinión del profesor; *meiner Meinung ~* en mi opinión; *4. (Abfolge) einer ~ dem anderen* uno después el otro
nachäffen ['na:xɛfən] *v (fam)* imitar sin gracia
nachahmen ['na:xa:mən] *v* remedar, imitar, parodiar
nachahmenswert ['na:xa:mənsve:rt] *adj* digno de ser imitado
Nachahmer(in) ['na:xa:mər(ɪn)] *m/f* imitador(a) *m/f*
Nachahmung ['na:xa:muŋ] *f* remedo *m,* imitación *f,* parodia *f*
Nachbar(in) ['naxba:r(ɪn)] *m/f* vecino/ vecina *m/f*
Nachbarschaft ['naxba:rʃaft] *f* vecindad *f*
Nachbarstaat ['na:xba:rʃta:t] *m* Estado vecino *m,* Estado limítrofe *m*
Nachbeben ['na:xbe:bən] *n* terremoto secundario *m*
nachbehandeln ['na:xbəhandəln] *v MED* tratar posteriormente
Nachbehandlung ['na:xbəhandluŋ] *f* tratamiento posterior *m*
nachberechnen ['na:xbərɛçnən] *v* recargar, poner un recargo sobre
nachbereiten ['na:xbəraɪtən] *v (auswerten)* valorar
Nachbereitung ['na:xbəraɪtuŋ] *f (Auswertung)* valoración *f*
nachbessern ['na:xbɛsərn] *v* retocar
nachbestellen ['na:xbəʃtɛlən] *v* repetir la orden, volver a encargar, hacer un pedido
Nachbestellung ['na:xbəʃtɛluŋ] *f* nueva orden *f,* pedido suplementario *m*
nachbilden ['na:xbɪldən] *v* copiar, reproducir
Nachbildung ['na:xbɪlduŋ] *f* copia *f,* reproducción *f*
nachblicken ['na:xblɪkən] *v jdm ~* seguir a alguien con la mirada
nachbohren ['na:xbo:rən] *v 1. (Loch)* ensanchar con la broca; *2. (fig: nachfragen)* preguntar insistentemente a alguien
nachdem [na:x'de:m] *konj* después que, después de; *Nachdem er gegessen hatte, ging er.* Después de comer se marchó.
nachdenken ['na:xdɛŋkən] *v irr ~ über* meditar sobre, reflexionar sobre, considerar detenidamente; *Ich denke darüber nach und gebe Ihnen morgen eine Antwort.* Lo voy a consultar con la almohada y mañana le aviso.
nachdenklich ['na:xdɛŋklɪç] *adj 1.* meditabundo, pensativo; *adv 2.* meditativamente
Nachdenklichkeit ['na:xdɛŋklɪçkaɪt] *f* reflexión *f,* contemplación *f,* meditación *f*
Nachdruck ['na:xdruk] *m 1. (Betonung)* énfasis *m,* insistencia *f; einer Sache ~ verleihen* hacer hincapié en algo; *2. (Kopie)* reimpresión *f*
nachdrücklich ['na:xdryklɪç] *adj 1.* enfático, insistente; *adv 2.* con insistencia, enfáticamente
nacheifern ['na:xaɪfərn] *v jdm ~* emular a alguien
nacheinander [na:xaɪ'nandər] *adv* uno(s) tras otro(s)
nachempfinden ['na:xɛmpfɪndən] *v irr* sentir lo mismo, comprender sentimientos ajenos
nacherzählen ['na:xɛrtsɛ:lən] *v* repetir una narración, repetir una historia
Nacherzählung ['na:xɛrtsɛ:luŋ] *f* narración *f,* repetición de una narración *f*
Nachfahre ['na:xfa:rə] *m* descendiente de la familia *m/f*
nachfahren ['na:xfa:rən] *v irr jdm ~* ir en un vehículo tras alguien, seguir a alguien en un vehículo
Nachfolge ['na:xfɔlgə] *f* sucesión *f*
nachfolgen ['na:xfɔlgən] *v jdm ~* seguir a alguien, suceder a alguien
Nachfolger(in) ['na:xfɔlgər(ɪn)] *m/f* sucesor(a) *m/f*
nachforschen ['na:xfɔrʃən] *v* investigar, hacer indagaciones sobre, indagar

Nachforschung ['na:xfɔrʃuŋ] *f* investigación *f,* indagación *f*
Nachfrage ['na:xfra:gə] *f* *1. (Erkundigung)* información *f,* informe *m; 2. (Bedarf) ECO* demanda *f*
nachfragen ['na:xfra:gən] *v ~ nach* informarse de acerca, preguntar por
nachfühlen ['na:xfy:lən] *v jdm etw ~* comprender los sentimientos de alguien
nachfüllen ['na:xfylən] *v* rellenar, recargar
nachgeben ['na:xge:bən] *v irr 1. (erschlaffen)* aflojarse, debilitarse; *2. (fig)* ceder, claudicar, condescender; *nicht ~ wollen* no dar su brazo a torcer
Nachgeburt ['na:xgəburt] *f MED* secundinas *f/pl*
nachgehen ['na:xge:ən] *v irr 1. (Uhr)* ir atrasado; *2. (folgen) jdm ~* seguir a alguien, ir tras alguien; *3. (erforschen) einer Sache ~* andar tras algo, investigar algo
nachgiebig ['na:xgi:bɪç] *adj (fig)* dócil, condescendiente
Nachgiebigkeit ['na:xgi:bɪçkaɪt] *f* docilidad *f,* condescendencia *f*
nachgießen ['na:xgi:sən] *v irr 1.* servir más; *2. jdm ~* servir a alguien
nachgrübeln ['na:xgry:bəln] *v ~ über* cavilar sobre
nachhaltig ['na:xhaltɪç] *adj 1.* duradero, persistente, durable; *adv 2.* con efecto duradero, de manera persistente
nachhängen ['na:xhɛŋən] *v irr jdm ~* entregarse a alguien
nachhelfen ['na:xhɛlfən] *v irr* ayudar
nachher [na:x'he:r] *adv* después, luego, más tarde
Nachhilfe ['na:xhɪlfə] *f* ayuda *f*
nachholen ['na:xho:lən] *v* recuperar, recobrar
Nachhut ['na:xhu:t] *f MIL* retaguardia *f*
Nachimpfung ['na:xɪmpfuŋ] *f MED* revacunación *f*
nachkaufen ['na:xkaufən] *v* comprar más tarde
Nachklang ['na:xklaŋ] *m* resonancia *f,* repercusión *f*
nachklingen ['na:xklɪŋən] *v irr* resonar
Nachkomme ['na:xkɔmə] *m* descendiente *m*
nachkommen ['na:xkɔmən] *v irr 1.* llegar más tarde, llegar después; *2. (fig) nicht ~ mit* no darse abasto con
Nachkommenschaft ['na:xkɔmənʃaft] *f* descendencia *f*
nachkontrollieren ['na:xkɔntrɔli:rən] *v* controlar, revisar
Nachkriegszeit ['na:xkri:kstsaɪt] *f* posguerra *f,* tiempo después de la guerra *m*
Nachlass ['na:xlas] *m 1. (Preisnachlass)* rebaja *f,* reducción *f,* descuento *m; 2. (Erbe)* herencia *f,* legado *m,* sucesión *f*
nachlassen ['na:xlasən] *v irr 1. (Preis)* rebajar, reducir, ceder; *2. (lockern)* aflojar, soltar; *3. (aufhören)* cesar, parar, dejar de
nachlässig ['na:xlɛsɪç] *adj 1.* negligente, descuidado, despreocupado; *adv 2.* negligentemente, con descuido
Nachlässigkeit ['na:xlɛsɪçkaɪt] *f* negligencia *f,* descuido *m*
nachlaufen ['na:xlaufən] *v irr jdm ~* correr tras alguien, perseguir a alguien
nachlegen ['na:xle:gən] *v* echar leña al fuego
nachliefern ['na:xli:fərn] *v* suministrar posteriormente, completar la entrega
Nachlieferung ['na:xli:fəruŋ] *f* suministro posterior *m*
nachlösen ['na:xlø:zən] *v* pagar un suplemento
nachmachen ['na:xmaxən] *v* imitar, copiar
nachmessen ['na:xmɛsən] *v irr* medir
Nachmittag ['na:xmɪta:k] *m* tarde *f*
nachmittags ['na:xmɪta:ks] *adv* por la tarde
Nachnahme ['na:xna:mə] *f* reembolso *m*
Nachname ['na:xna:mə] *m* apellido *m*
nachprüfbar ['na:xpry:fba:r] *adj* comprobable
Nachprüfbarkeit ['na:xpry:fba:rkaɪt] *f* comprobabilidad *f*
nachprüfen ['na:xpry:fən] *v* verificar, controlar, revisar, comprobar
nachrechnen ['na:xrɛçnən] *v* comprobar un cálculo, repasar la cuenta
Nachrede ['na:xre:də] *f üble ~* difamación *f*
nachreichen ['na:xraɪçən] *v* entregar en fecha posterior
nachreisen ['na:xraɪzən] *v* viajar detrás de alguien
Nachricht ['na:xrɪçt] *f 1.* noticia *f,* novedad *f; 2. ~en pl* noticias *f/pl*
Nachrichtenagentur ['na:xrɪçtənagɛntu:r] *f* agencia de noticias *f*
Nachrichtensatellit ['na:xrɪçtənzatəli:t] *n TECH* satélite de comunicaciones *m*
Nachrichtensendung ['na:xrɪçtənzɛnduŋ] *f* emisión de noticias *f*

Nachrichtensprecher(in) ['naːxrɪçtənʃprɛçər(ɪn)] *m/f* locutor(a) *m/f*
Nachrichtentechnik ['naːxrɪçtəntɛçnɪk] *f* técnica de comunicaciones *f*
nachrücken ['naːxrykən] *v 1.* seguir; *2. (an jds Stelle)* ascender; *3. (Truppen)* avanzar
Nachruf ['naːxruːf] *m* necrología *f*
Nachruhm ['naːxruːm] *m* gloria póstuma *f*
nachrüsten ['naːxrystən] *v 1. (Gerät) TECH* equipar posteriormente; *2. MIL* rearmar
nachsagen ['naːxzaːgən] *v 1.* repetir; *2. jdm etw ~* atribuir algo a alguien
Nachsaison ['naːxzɛzɔŋ] *f* temporada baja *f*
nachsalzen ['naːxzaltsən] *v GAST* salar posteriormente
Nachschlag ['naːxʃlaːk] *m 1. (fam: Essen)* segunda ración *f; 2. MUS* mordento *m*
nachschlagen ['naːxʃlaːgən] *v irr in einem Buch ~* consultar en un libro, buscar en libros
Nachschlagewerk ['naːxʃlaːgəvɛrk] *n* obra de consulta *f*
Nachschlüssel ['naːxʃlysəl] *m* llave duplicada *f,* sobrellave *f*
Nachschrift ['naːxʃrɪft] *f 1. (Protokoll)* protocolo *m; 2. (Postskriptum)* postdata *f*
Nachschub ['naːxʃuːp] *m* refuerzo *m,* avituallamiento *m*
Nachschuss ['naːxʃus] *m 1. (an der Börse) FIN* pago adicional *m; 2. SPORT* tiro adicional *m*
nachsehen ['naːxzeːən] *v irr 1. (nachblicken)* seguir a alguien con la vista; *2. (kontrollieren)* inspeccionar, examinar, revisar, comprobar; *3. (fig: verzeihen)* dispensar, ser indulgente con
nachsenden ['naːxzɛndən] *v irr* reexpedir, enviar de nuevo
nachsetzen ['naːxzɛtsən] *v jdm ~ (jdn schnell verfolgen)* salir en persecución de, perseguir a
Nachsicht ['naːxzɪçt] *f* indulgencia *f*
nachsichtig ['naːxzɪçtɪç] *adj 1.* indulgente; *adv 2.* con indulgencia, indulgentemente
Nachsilbe ['naːxzɪlbə] *f LING* sufijo *m,* postfijo *m*
nachsitzen ['naːxzɪtsən] *v irr* quedarse retenido en clase
Nachspann ['naːxʃpan] *m CINE* genéricos de fin *m/pl,* títulos de fin *m/pl*
Nachspeise ['naːxʃpaɪzə] *f GAST* postre *m*
Nachspiel ['naːxʃpiːl] *n THEAT* epílogo *m*
nachspionieren ['naːxʃpioniːrən] *v* espiar a alguien
nachsprechen ['naːxʃprɛçən] *v irr* repetir lo dicho por otro
nachspülen ['naːxʃpyːlən] *v* enjuagar, lavar, irrigar
nächstbeste(r,s) ['nɛːçstbɛstə(r,s)] *adj* el mejor de los que siguen, el/la siguiente que venga
nächste(r,s) ['nɛːçstə(r,s)] *adj 1. (Zeit, Reihenfolge)* primero/primera; *2. (nächstgelegen)* próximo/próxima, cercano/cercana
nachstehen ['naːxʃteːən] *v irr jdm ~* inferior a alguien, ser menos que alguien
nachstellen ['naːxʃtɛlən] *v 1. (regulieren)* reajustar, regular; *2. (fig) jdm ~* perseguir a alguien
Nächstenliebe ['nɛːçstənliːbə] *f* amor al prójimo *m*
nächstens ['nɛːçstəns] *adv* próximamente, en breve
nächstmöglich ['nɛːçstmøːklɪç] *adj* lo más próximo posible
nachsuchen ['naːxzuːxən] *v 1.* rebuscar, buscar por todas partes; *2. um etw ~* solicitar
Nacht [naxt] *f* noche *f; hässlich wie die ~* más feo que el pecado; *Gute ~!* ¡Buenas noches! *die ~ zum Tage machen* hacer de la noche el día; *sich die ~ um die Ohren schlagen* pasar la noche sin dormir/trasnochar; *jdm schlaflose Nächte bereiten* quitarle el sueño a alguien; *bei ~ und Nebel* al amparo de la noche; *über ~* de la noche a la mañana
Nachtarbeit ['naxtarbaɪt] *f ECO* trabajo nocturno *m*
Nachtasyl ['naxtasyːl] *n* asilo nocturno *m*
nachtblind ['naxtblɪnt] *adj* hemerálope, ciego nocturno *m*
Nachtblindheit ['naxtblɪnthaɪt] *f* hemeralopia *f,* ceguera nocturna *f*
Nachtdienst ['naxtdiːnst] *m* servicio nocturno *m*
Nachteil ['naːxtaɪl] *m* desventaja *f,* inconveniente *m*
nachteilig ['naːxtaɪlɪç] *adj* desventajoso, desfavorable
nächtelang ['nɛçtəlaŋ] *adv* noches enteras, noches y noches
Nachtfrost ['naxtfrɔst] *m* helada nocturna *f*
Nachtgebet ['naxtgəbeːt] *n* oración antes de acostarse *f*
Nachthemd ['naxthɛmt] *n* camisón *m,* camisa de dormir *f*

Nachtigall ['naxtɪgal] *f* *ZOOL* ruiseñor *m*
nächtigen ['nɛçtɪgən] *v* pasar la noche, pernoctar
Nachtisch ['na:xtɪʃ] *m* *GAST* postre *m*
Nachtklub ['naxtklup] *m* club nocturno *m,* cabaret *m,* boite *f*
nächtlich ['nɛ:çtlɪç] *adj* nocturno, de noche
Nachtlokal ['naxtlɔka:l] *n* club nocturno *m,* cabaret *m,* boite *f*
Nachtluft ['naxtluft] *f* aire fresco de la noche *m*
Nachtportier ['naxtpɔrtje:] *m* portero de noche *m*
Nachtquartier ['naxtkvarti:r] *n* alojamiento nocturno *m*
Nachtrag ['na:xtra:k] *m* suplemento *m,* apéndice *m*
nachtragen ['na:xtra:gən] *v irr 1. (hinterhertragen) jdm etw ~* llevar algo detrás de alguien; *2. (ergänzen)* añadir, agregar; *3. (fig) jdm etw ~* guardar rencor a alguien por algo
nachträglich ['na:xtrɛ:klɪç] *adj 1.* posterior, ulterior, suplementario
nachtrauern ['na:xtrauərn] *v* lamentar la pérdida de alguien
Nachtruhe ['naxtru:ə] *f 1. (Schlaf)* reposo nocturno *m; 2. (Anstaltsvorschrift)* calma nocturna *f*
nachts [naxts] *adv* de noche, por la noche
Nachtschicht ['naxtʃɪçt] *f* turno de noche *m*
Nachtschwester ['naxtʃvɛstər] *f* *MED* enfermera de noche *f*
Nachttarif ['naxttari:f] *m* tarifa nocturna *f*
Nachttisch ['naxttɪʃ] *m* mesita de noche *f*
Nachtwächter(in) ['naxtvɛçtər(ɪn)] *m/f* vigilante nocturno *m/f,* sereno *m*
Nachuntersuchung ['na:xuntərzu:xuŋ] *f* *MED* examen ulterior *m,* examen de control *m*
nachvollziehbar ['na:xfɔltsi:ba:r] *adj* deducible, comprensible
nachvollziehen ['na:xfɔltsi:ən] *v irr* comprender, entender
nachwachsen[1] ['na:xvaksən] *v irr (Generation)* reproducirse, volver a crecer
nachwachsen[2] ['na:xvaksən] *v irr (Wachsschicht erneuern)* encerar de nuevo
Nachwehen ['na:xve:ən] *pl 1. (nach der Geburt) MED* contracciones de sobreparto *f/pl; 2. (fig: Folgewirkung)* consecuencias *f/pl,* efectos *m/pl*
nachweinen ['na:xvaɪnən] *v jmd ~* llorar a alguien
Nachweis ['na:xvaɪs] *m* prueba *f,* comprobación *f*
nachweisbar ['na:xvaɪsba:r] *adj* comprobable, demostrable
nachweisen ['na:xvaɪzən] *v irr* probar, comprobar, demostrar
nachweislich ['na:xvaɪslɪç] *adj 1.* comprobable, demostrable; *adv 2. Es ist ~ ...* como puede comprobarse, según queda comprobado
Nachwelt ['na:xvɛlt] *f* posteridad *f*
nachwerfen ['na:xvɛrfən] *v irr 1. (hinterherwerfen)* arrojar/echar detrás de; *2. (fig: Münzen einwerfen)* intentar la buena suerte
nachwirken ['na:xvɪrkən] *v ~ auf* seguir produciendo efecto sobre
Nachwirkung ['na:xvɪrkuŋ] *f* efecto ulterior *m*
Nachwort ['na:xvɔrt] *n* epílogo *m*
Nachwuchs ['na:xvu:ks] *m* descendencia *f,* prole *f*
Nachwuchskräfte ['na:xvu:kskrɛftə] *pl* nueva generación *f,* generación futura *f*
nachwürzen ['na:xvyrtsən] *v* *GAST* condimentar posteriormente
nachzahlen ['na:xtsa:lən] *v* pagar posteriormente, completar el pago, pagar un suplemento
nachzählen ['na:xtsɛ:lən] *v* volver a contar, recontar
Nachzahlung ['na:xtsa:luŋ] *f* pago posterior *m,* suplemento *m*
nachziehen ['na:xtsi:ən] *v irr 1. (hinterherziehen)* arrastrar, llevar tras de sí; *2. (Schraube)* apretar, ajustar; *3. (nach sich ziehen)* atraer hacia sí, llevar consigo
Nachzügler(in) ['na:xtsy:glər(ɪn)] *m/f* retrasado/retrasada *m/f*
Nacken ['nakən] *m* *ANAT* nuca *f,* cogote *m; jdm im ~ sitzen (fig)* pisarle los talones a alguien; *jdn im ~ haben* tener a alguien en los talones; *jdm den ~ stärken* cubrirle las espaldas a alguien; *Ihm sitzt der Schalk im ~.* Es un pícaro.
nackt [nakt] *adj* desnudo, desvestido
Nacktbaden ['naktba:dən] *n* nudismo *m*
Nacktfoto ['naktfo:to] *n* *FOTO* foto al desnudo *m*
Nacktheit ['nakthaɪt] *f 1. (eines Menschen)* desnudez *f; 2. (einer Landschaft)* desnudez *f*
Nadel ['na:dəl] *f* aguja *f; an der ~ hängen (fam)* estar colgado
Nadelbaum ['na:dəlbaum] *m* *BOT* conífera *f*

Nadeldrucker ['na:dəldrukər] *m INFORM* impresora de matriz *f*
Nadelholz ['na:dəlhɔlts] *n* madera de coníferas *f*
Nadelöhr ['na:dəlø:r] *n* ojo de la aguja *m*
Nadelstich ['na:dəlʃtɪç] *m 1. (beim Nähen)* puntada *f; 2. (fig)* pinchazo *m,* alfilerazo *m*
Nadelwald ['na:dəlvalt] *m BOT* bosque de coníferas *m*
Nagel ['na:gəl] *m 1. (Fingernagel) ANAT* uña *f; jdm unter den Nägeln brennen (fig)* correrle prisa a alguien; *2. TECH* clavo *m; den ~ auf den Kopf treffen (fig)* dar en el blanco; *etw an den ~ hängen* renunciar a algo; *Nägel mit Köpfen machen (fig)* hacer las cosas bien
Nagelbett ['na:gəlbɛt] *n ANAT* lecho de la uña *m*
Nagelfeile ['na:gəlfaɪlə] *f* lima para las uñas *f*
Nagellack ['na:gəllak] *m* esmalte para uñas *m,* esmalte de uñas *m*
nageln ['na:gəln] *v* clavar
nagelneu ['na:gəl'nɔy] *adj* nuevo, novísimo, flamante
Nagelpflege ['na:gəlpfle:gə] *f* manicura *f*
Nagelschere ['na:gəlʃe:rə] *f* tijeras para uñas *f/pl*
nagen ['na:gən] *v 1.* roer; *2. (fig)* roer, remorder
Nagetier ['na:gəti:r] *n ZOOL* roedor *m*
nah(e) [na:(ə)] *adj 1.* próximo, cercano, vecino; *jdm zu ~e treten* ofender a alguien (en su amor propio); *jdm ~ sein* estar cerca de alguien; *jdm etw ~e bringen* hacer comprender algo a alguien; *jdm etw ~e legen* sugerir algo a alguien, insinuar algo a alguien; *~e liegend* ser obvio; *adv 2. (benachbart)* cerca, próximamente; *prep 3.* cerca a, cerca de, próximo a
Näharbeit ['nɛ:arbaɪt] *f* trabajo de costura *m,* labor de cosido *f*
Nahaufnahme ['na:aufna:mə] *f FOTO* primer plano *m*
nahe ['na:ə] *adj irr jdm ~ kommen* acercarse a, aproximarse a; *~ liegen* ser dovio, ser de suponer
Nähe ['nɛ:ə] *f* proximidad *f,* cercanía *f,* vecindad *f; ganz in der ~ sein* estar a la vuelta de la esquina
nahen ['na:ən] *v* acercarse, aproximarse
nähen ['nɛ:ən] *v* coser
näher kommen ['nɛ:ərkɔmən] *v irr 1.* llegar a un acuerdo; *2. sich ~ (fig)* conocerse mutuamente
Näherin ['nɛ:ərɪn] *f* costurera *f*
nähern ['nɛ:ərn] *v sich ~* acercarse, aproximarse
nähertreten ['nɛ:ərtre:tən] *v irr einer Sache ~* familiarizarse con una idea
Näherungswert ['nɛ:əruŋsve:rt] *m* valor aproximado *m*
nahezu ['na:ə'tsu:] *adv* casi
Nähfaden ['nɛ:fa:dən] *m* hilo de coser *m*
Nähgarn ['nɛ:garn] *n* hilo de coser *m*
Nähmaschine ['nɛ:maʃi:nə] *f* máquina de coser *f*
Nähnadel ['nɛ:na:dəl] *f* aguja de coser *f*
Nährboden ['nɛ:rbo:dən] *m 1.* suelo nutritivo *m; 2. (fig: für Gedanken)* ambiente *m*
nähren ['nɛ:rən] *v* nutrir, alimentar
nahrhaft ['na:rhaft] *adj* nutritivo
Nährlösung ['nɛ:rlø:zuŋ] *f BIO* solución nutritiva *f*
Nährmittel ['nɛ:rmɪtəl] *n GAST* alimento *m*
Nährstoff ['nɛ:rʃtɔf] *m BIO* substancia nutritiva *f*
Nahrung ['na:ruŋ] *f* nutrición *f*
Nahrungsaufnahme ['na:ruŋsaufna:mə] *f BIO* ingestión de alimentos *f*
Nahrungsmittel ['na:ruŋsmɪtəl] *n* alimentos *m/pl,* productos alimenticios *m/pl*
Nährwert ['nɛ:rve:rt] *m BIO* valor nutritivo *m*
Naht [na:t] *f* costura *f; aus allen Nähten platzen (fig)* ponerse como una vaca
nahtlos ['na:tlo:s] *adj 1.* sin costura; *2. (fig)* ininterrumpido, continuo
Nahverkehr ['na:fɛrke:r] *m* tráfico de cercanías *m,* tráfico local *m*
Nahverkehrszug ['na:fɛrke:rstsu:k] *m* tren de cercanías *m*
naiv [na'i:f] *adj* ingenuo, cándido
Naivität [naivi'tɛ:t] *f* ingenuidad *f,* candidez *f*
Name ['na:mə] *m* nombre *m; etw beim ~n nennen* llamar a cada cosa por su nombre; *dem ~n nach kennen* no conocer más que de nombre; *in seinem ~n* en su nombre; *einen guten ~n haben* tener una buena reputación; *seinem ~n alle Ehre machen* hacer todos los honores a su nombre
Namengebung ['na:məŋge:buŋ] *f* nombramiento *m*
namenlos ['na:mənlo:s] *adj* sin nombre
namens ['na:məns] *prep* llamado
Namensschild ['na:mənsʃɪlt] *n* placa *f*
Namenstag ['na:mənsta:k] *m* día del santo *m*

Namenszug ['naːmənstsuːk] *m 1.* firma *f; 2. (Monogramm)* cifra *f,* monograma *f*
namentlich ['naːməntlɪç] *adj 1.* nominal, nominativo; *adv 2.* nominalmente, por el nombre
namhaft ['naːmhaft] *adj* notable, renombrado
nämlich ['nɛːmlɪç] *konj* es decir que, es que
Napalmbombe ['naːpalmbɔmbə] *f MIL* bomba napalm *f*
Napf [napf] *m* escudilla *f*
Nappaleder ['napaleːdər] *n* napa *m*
Narbe ['narbə] *f* cicatriz *f*
narbig ['narbɪç] *adj* lleno de cicatrices
Narkose [nar'koːzə] *f MED* narcosis *f,* anestesia *f*
Narkosearzt [nar'koːzəartst] *m MED* anestesista *m*
Narkoseärztin [nar'koːzəɛːrtstɪn] *m/f MED* anestesista *f*
Narkotikum [nar'koːtikum] *n MED* narcótico *m*
Narr [nar] *m 1. (Spaßmacher)* bufón *m,* payaso *m; jdn zum ~en halten* tomar el pelo a alguien, burlarse de alguien; *an jdm einen ~en gefressen haben* estar loco por alguien; *~enfreiheit* poder hacer todas las locuras; *2. (Tor)* loco *m,* testarudo *m*
Narrenhaus ['narənhaus] *n* casa de locos *f*
Narrenkappe ['narənkapə] *f* gorro de bufón *m*
narrensicher ['narənzɪçər] *adj* a prueba de empleo incorrecto, a prueba de inútiles
Narrenstreich ['narənʃtraɪç] *m 1.* arlequinada *f; 2. (Streich)* chiquillada *f,* tontería *f*
Närrin ['nɛrɪn] *f* loca *f,* chiflada *f*
närrisch ['nɛrɪʃ] *adj* loco
Narzisse [nar'tsɪsə] *f BOT* narciso *m*
narzisstisch [nar'tsɪstɪʃ] *adj* narcisista
nasal [na'zaːl] *adj* nasal
Nasallaut [na'zaːllaut] *m LING* sonido nasal *m*
naschen ['naʃən] *v* comer golosinas, golosinar
naschhaft ['naʃhaft] *adj 1.* goloso; *2. (bei herzhaften Dingen)* sabroso; *3. ein ~er Mensch* un hombre goloso
Naschhaftigkeit ['naʃhaftɪçkaɪt] *f 1.* golosina *f; 2. (nach herzhaften Dingen)* chuchería *f*
Naschsucht ['naʃzuxt] *f 1.* adicción a las golosinas *f; 2. (nach herzhaften Dingen)* adicción a las chucherías *f*
Nase ['naːzə] *f* nariz *f; die ~ rümpfen* hacer ascos; *sich an die eigene ~ fassen (fig)* no meterse en lo que no le importa; *jdm auf der ~ herumtanzen* tomar el pelo a alguien; *jdm etw auf die ~ binden* revelar un secreto a alguien; *jdm etw unter die ~ reiben* refregarle a alguien algo por los morros; *(fam) echarle a alguien algo en cara; überall seine ~ hineinstecken* meter sus narices en todas partes; *jdm etw vor der ~ wegschnappen* quitarle algo a alguien delante de sus narices; *sich eine goldene ~ verdienen* hacerse de oro; *eins auf die ~ bekommen* recibir una en el morro (fam); *direkt vor deiner ~* delante de tus narices
näseln ['nɛːzəln] *v* hablar por las narices, ganguear
Nasenbluten ['naːzənbluːtən] *n MED* hemorragia nasal *f*
Nasenflügel ['naːzənflyːgəl] *m ANAT* aleta nasal *f*
Nasenloch ['naːzənlɔx] *n ANAT* ventana nasal *f*
Nasenring ['naːzənrɪŋ] *m* anillo de la nariz *m*
Nasenspitze ['naːzənʃpɪtsə] *f ANAT* punta de la nariz *f*
naseweis ['naːzəvaɪs] *adj* indiscreto, impertinente, entrometido
Nashorn ['naːshɔrn] *n ZOOL* rinoceronte *m*
nass [nas] *adj 1.* mojado, empapado; *2. (Wetter)* húmedo
Nass [nas] *n Hinein ins kühle ~!* ¡Vamos, todos al agua!
Nässe ['nɛsə] *f* humedad *f*
nässen ['nɛsən] *v (einer Wunde)* segregar, rezumar
nasskalt ['naskalt] *adj* frío, húmedo
Nassrasur ['nasrazuːr] *f* afeitado a cuchillo *m*
Nasszelle ['nastsɛlə] *f* cuarto de baño *m*
Nation [na'tsjoːn] *f* nación *f,* patria *f*
national [natsjo'naːl] *adj* nacional
Nationalelf [natsjo'naːlɛlf] *f* selección nacional *f*
Nationalfeiertag [natsjo'naːlfaɪərtaːk] *m* fiesta nacional *f,* día de la patria *m*
Nationalflagge [natsjo'naːlflagə] *f* bandera nacional *f*
Nationalhymne [natsjo'naːlhymnə] *f* himno nacional *m*
Nationalismus [natsjona'lɪsmus] *m* nacionalismo *m*
Nationalist(in) [natsjona'lɪst(ɪn)] *m/f POL* nacionalista *m/f*

nationalistisch [natsjona'lɪstɪʃ] *adj POL* nacionalista
Nationalität [natsjonali'tɛːt] *f* nacionalidad *f*
Nationalmannschaft [natsjo'naːlmanʃaft] *f SPORT* selección nacional *f*
Nationalpark [natsjo'naːlpark] *m* parque nacional *m*
Nationalsozialismus [natsjo'naːlzotsɪalɪsmus] *m POL* nacionalsocialismo *m*
Nationalsozialist(in) [natsjo'naːlzotsjalɪst(ɪn)] *m/f POL* nacionalsocialista *m/f*
nationalsozialistisch [natsjo'naːlzotsjalɪstɪʃ] *adj POL* nacionalsocialista
Nationalspieler [natsjo'naːlʃpiːlər] *m SPORT* jugador nacional *m*
Nationalstaat [natsjo'naːlʃtaːt] *m POL* nación *f*
Natrium ['naːtrium] *n CHEM* sodio *m*
Natriumchlorid ['naːtriumkloriːt] *n CHEM* cloruro sódico *m*
Natron ['naːtrɔn] *n CHEM* natrón *m,* sosa *f,* bicarbonato *m*
Natter ['natər] *f 1.* culebra *f; 2. (fig)* víbora *f*
Natur [na'tuːr] *f* naturaleza *f; in der ~ von etw liegen* estar en la naturaleza de algo
Naturalien [natu'raːljən] *pl* productos naturales *m/pl,* productos del suelo *m/pl*
naturalisieren [naturali'ziːrən] *v* naturalizar, nacionalizar
Naturdünger [na'tuːrdyŋər] *m AGR* fertilizante natural *m*
Naturell [natu'rɛl] *n* natural
Naturereignis [na'tuːrɛraɪknɪs] *n* fenómeno natural *m*
naturfarben [na'tuːrfarbən] *adj* de color natural
Naturfaser [na'tuːrfaːzər] *f* fibra natural *f*
Naturforscher(in) [na'tuːrfɔrʃər(ɪn)] *m/f* naturalista *m/f*
naturgemäß [na'tuːrgəmɛːs] *adj 1.* natural; *adv 2.* conforme a las leyes naturales
Naturgesetz [na'tuːrgəzɛts] *n* ley de la naturaleza *f*
naturgetreu [na'tuːrgətrɔy] *adj* natural
Naturheilkunde [na'tuːrhaɪlkundə] *f MED* medicina naturista *f*
Naturkatastrophe [na'tuːrkatastroːfə] *f* catástrofe natural *f*
Naturkunde [na'tuːrkundə] *f* ciencias naturales *f/pl*
naturkundlich [na'tuːrkuntlɪç] *adj* de las ciencias naturales
natürlich [na'tyːrlɪç] *adj* natural
Natürlichkeit [na'tyːrlɪçkaɪt] *f* naturalidad *f*
naturnah [na'tuːrnaː] *adj* natural
Naturprodukt [na'tuːrprodukt] *n* producto natural *m*
naturrein [na'tuːrraɪn] *adj* natural, puramente natural
Naturreligion [na'tuːrreligjoːn] *f REL* religión natural *f*
Naturschutz [na'tuːrʃuts] *m* protección de la naturaleza *f*
Naturschutzgebiet [na'tuːrʃutsgəbiːt] *n* reserva natural *f,* reserva ecológica *f*
Naturwissenschaft [na'tuːrvɪsənʃaft] *f* ciencias naturales *f/pl*
Naturzustand [na'tuːrtsuːʃtant] *m* estado natural *m*
Nautik ['nautɪk] *f* náutica *f*
Navigation [naviga'tsjoːn] *f* navegación *f*
Nazi ['naːtsi] *m POL* nazi *m*
Nazidiktatur ['naːtsidɪktatuːr] *f POL* dictadura nazi *f*
Neandertaler [ne'andərtaːlər] *m* hombre Neandertal *m*
Nebel ['neːbəl] *m* niebla *f*
nebelhaft ['neːbəlhaft] *adj* nebuloso
Nebelhorn ['neːbəlhɔrn] *n* sirena de niebla *f*
nebelig ['neːbəlɪç] *adj* nebuloso
neben ['neːbən] *prep* al lado de, junto a, contiguo a; *~ anderen Dingen* entre otras cosas
nebenan [neːbən'an] *adv* al lado, al costado
Nebenausgang ['neːbənausgaŋ] *m* salida lateral *f*
nebenbei [neːbən'baɪ] *adv 1.* al mismo tiempo; *2. (beiläufig)* de pasada; *3. (außerdem)* además, aparte
Nebenberuf ['neːbənbəruːf] *m ECO* profesión secundaria *f*
nebenberuflich ['neːbənbəruːflɪç] *adj* a título de ocupación secundaria
Nebenbeschäftigung ['neːbənbəʃɛftɪguŋ] *f* actividad secundaria *f,* ocupación accesoria *f*
Nebenbuhler(in) ['neːbənbuːlər(ɪn)] *m/f* rival *m/f*
nebeneinander ['neːbənaɪnandər] *adv* uno(s) al lado de otro(s), juntos
Nebeneinkünfte ['neːbənaɪnkynftə] *pl* ingresos extraordinarios *m/pl,* ingresos adicionales *m/pl*
Nebenfach ['neːbənfax] *n* asignatura secundaria *f*

Nebenfigur ['ne:bənfigu:r] *f* *LIT* personaje secundario *m*
Nebenfluss ['ne:bənflus] *m* afluente *m*
Nebengeräusch ['ne:bəngərɔyʃ] *n* ruido ambiental *m*
nebenher [ne:bən'he:r] *adv* al lado de, accesoriamente
Nebenhöhle ['ne:bənhø:lə] *f* *ANAT* seno nasal lateral *m*
Nebenjob ['ne:bəndʒɔp] *m* trabajillo adicional *m*
Nebenklage ['ne:bənkla:gə] *f* *JUR* demanda accesoria *f*
Nebenkosten ['ne:bənkɔstən] *pl* gastos adicionales *m/pl,* gastos accesorios *m/pl*
Nebenraum ['ne:bənraum] *m* apartadizo *m,* pieza contigua *f*
Nebenrolle ['ne:bənrɔlə] *f* papel secundario *m*
Nebensache ['ne:bənzaxə] *f* cuestión secundaria *f,* cosa de poca importancia *f*
nebensächlich ['ne:bənzɛçlıç] *adj* secundario, de poca importancia
Nebensatz ['ne:bənzats] *m* *GRAMM* oración subordinada *f*
Nebenstraße ['ne:bənʃtra:sə] *f* *1.* calle lateral *f;* *2.* *(Landstraße)* carretera secundaria *f,* camino vecinal *m*
Nebenwirkung ['ne:bənvırkuŋ] *f* efecto secundario *m*
nebst [ne:pst] *prep* con, junto con
necken ['nɛkən] *v* embromar
neckisch ['nɛkıʃ] *adj* *1.* gracioso, bromista; *2.* *(Kleidungsstück)* bonito, mono
nee [ne:] *interj* no
Neffe ['nɛfə] *m* sobrino *m*
Negation [nega'tsjo:n] *f* negación *f*
negativ ['ne:gati:f] *adj* negativo
Negativ ['ne:gati:f] *n* *FOTO* negativo *m*
Negativität [negativi'tɛ:t] *f* negativismo *m*
Neger(in) ['ne:gər(ın)] *m/f* negro/negra *m/f*
negieren [ne'gi:rən] *v* negar
nehmen ['ne:mən] *v irr* tomar, coger; *Jeden Tag nimmt er den Zug nach München.* Él toma el tren a Múnich todos los días. *etw auf sich ~* asumir algo, cargar con algo; *einen zur Brust ~* tomar unas copas
Neid [naıt] *m* envidia *f;* *vor ~ platzen* reventar de envidia
Neider ['naıdər] *m* envidioso *m*
neidisch ['naıdıʃ] *adj* envidioso
neidlos ['naıdlo:s] *adj* sin envidia
Neige ['naıgə] *f* *zur ~ gehen* acabarse
neigen ['naıgən] *v* *1.* inclinar, ladear, torcer; *2.* *(fig) ~ zu* tender a, tener inclinación a, propender a
Neigung ['naıguŋ] *f* *1.* inclinación *f,* ladeo *m;* *2.* *(fig)* propensión *f,* inclinación *f*
nein [naın] *adv* no; *Ich sage ~.* Digo que no.
Neinstimme ['naınʃtımə] *f* *POL* voto en contra *m*
Nektar ['nɛktar] *m* néctar *m*
Nektarine [nɛkta'ri:nə] *f* *BOT* nectarina *f*
Nelke ['nɛlkə] *f* *BOT* clavel *m*
nennen ['nɛnən] *v irr* *1.* *(be~)* nombrar, denominar; *2.* *(Namen geben)* llamar; *Wie ~ wir unseren Hund?* ¿Cómo llamamos a nuestro perro?
nennenswert ['nɛnənsve:rt] *adj* digno de mención, apreciable
Nenner ['nɛnər] *m* *MATH* denominador *m;* *gemeinsamer ~* común denominador *m;* *einen gemeinsamen ~ finden (fig)* hallar un denominador común
Nennwert ['nɛnve:rt] *m* *FIN* valor nominal *m*
Neonazi [neo'na:tsi] *m* neonazi *m*
Neonazismus [neona'tsısmus] *m* *POL* neonazismo *m*
neonazistisch [neona'tsıstıʃ] *adj* *POL* neonazi
Neonlicht ['ne:ɔnlıçt] *n* luz de neón *f*
Nepal ['ne:pal] *n* *GEO* Nepal *m*
Nepalese [nepa'le:zə] *m* nepalés *m*
Nepalesin [nepa'le:zın] *f* nepalesa *f*
nepalesisch [nepa'le:zıʃ] *adj* nepalés
Nepp [nep] *m* timo *m*
Nerv [nɛrf] *m* *ANAT* nervio *m;* *den ~ haben* tener los nervios; *jdm auf den ~ gehen* crisparle los nervios a alguien; *~en wie Drahtseile haben* tener nervios de acero; *die ~en verlieren* perder los nervios; *mit den ~en herunter sein* estar con los nervios destrozados
nerven ['nɛrfən] *v* *(fam)* sacar de quicio
Nervenanspannung ['nɛrfənanʃpanuŋ] *f* tensión nerviosa *f*
Nervenarzt ['nɛrfənartst] *m* neurólogo *m*
nervenaufreibend ['nɛrfənaufraıbənt] *adj* enervante
Nervenbelastung ['nɛrfənbəlastuŋ] *f* *(fig)* carga nerviosa *f*
Nervenbündel ['nɛrfənbyndəl] *n* *(fig)* manojo de nervios *m*
Nervengas ['nɛrfənga:s] *n* *CHEM* gas neurotóxico *m*
Nervenheilanstalt ['nɛrfənhaılanʃtalt] *f* clínica psiquiátrica *f*

Nervenkitzel ['nɛrfənkɪtsəl] *m* cosquilleo nervioso *m*
nervenkrank ['nɛrfənkraŋk] *adj* neurópata, neurótico
nervenleidend ['nɛrfənlaɪdənt] *adj* neurópata
Nervensache ['nɛrfənzaxə] *f* cosa de los nervios *f*
Nervenschwäche ['nɛrfənʃvɛçə] *f* neurastenia *f*
nervenstark ['nɛrfənʃtaːrk] *adj Er ist ~.* El tiene nervios de acero.
Nervensystem ['nɛrfənzysteːm] *n ANAT* sistema nervioso *m*
Nervenzusammenbruch ['nɛrfəntsuzamənbrux] *m MED* colapso nervioso *m; am Rande des ~s* al borde de un ataque de nervios
nervig ['nɛrfɪç] *adj (fam: ärgerlich)* enervante, irritante
nervlich ['nɛrflɪç] *adj (fig)* nervioso; *~ am Ende sein* estar hecho polvo
nervös [nɛr'vøːs] *adj* nervioso
Nervosität [nɛrvozi'tɛːt] *f* nerviosidad *f,* nerviosismo *m*
nervtötend ['nɛrftøːtənt] *adj (fig)* enervante
Nerz [nɛrts] *m ZOOL* visón *m*
Nessel ['nɛsəl] *f (Pfanze)* ortiga; *sich in die ~ setzen* meterse en un buen lío/en un berenjenal
Nest [nɛst] *n* nido *m; sich ins gemachte ~ setzen (fig)* hacer buena boda
nesteln ['nɛstəln] *v an etw ~* toquetear con los dedos
Nesthäkchen ['nɛsthɛːkçən] *n* benjamín *m*
nett [nɛt] *adj 1.* simpático, gentil, bonito; *adv 2.* simpáticamente, agradablemente
netto ['nɛto] *adv ECO* neto
Nettoeinkommen ['nɛtoaɪnkɔmən] *n* ingreso neto *m,* renta neta *f*
Nettoertrag ['nɛtoɛrtraːk] *m ECO* producto neto *m*
Nettogewicht ['nɛtogəvɪçt] *n* peso neto *m*
Nettogewinn ['nɛtogəvɪn] *m ECO* beneficio neto *m,* ganancia neta *f*
Nettopreis ['nɛtopraɪs] *m ECO* precio neto *m*
Nettoverdienst ['nɛtofɛrdiːnst] *m ECO* ingresos netos *m/pl*
Netz [nɛts] *n* red *f; jdm ins ~ gehen (fig)* caer en las redes de alguien
Netzanschluss ['nɛtsanʃlus] *m* conexión a la red *f*
netzartig ['nɛtsaːrtɪç] *adj* reticular
Netzgerät ['nɛtsgərɛːt] *n TECH* aparato de alimentación *m*
Netzhaut ['nɛtshaut] *f ANAT* retina *f*
Netzkarte ['nɛtskartə] *f* billete para toda la red *m*
Netzspannung ['nɛtsʃpanuŋ] *f* tensión de la red *f*
Netzstecker ['nɛtsʃtɛkər] *m TECH* enchufe *m*
Netzwerk ['nɛtsvɛrk] *n INFORM* red informática *f*
neu [nɔy] *adj* nuevo; *aufs Neue* de nuevo/otra vez; *auf ein Neues* otra vez/de nuevo; *von ~em* otra vez/de nuevo
Neuanfang ['nɔyanfaŋ] *m* nuevo comienzo *m*
Neuankömmling ['nɔyankœmlɪŋ] *m* recién llegado *m*
Neuanschaffung ['nɔyanʃafuŋ] *f* nueva adquisición *f*
neuartig ['nɔyaːrtɪç] *adj* nuevo, reciente
Neuartigkeit ['nɔyaːrtɪçkaɪt] *f* novedad *f*
Neuauflage ['nɔyauflaːgə] *f 1. (eines Buches)* nueva edición *f; 2. (fig: Wiederholung)* repetición *f*
Neubau ['nɔybau] *m* construcción nueva *f*
Neubauwohnung ['nɔybauvoːnuŋ] *f* piso en un edificio nuevo *m*
Neubeginn ['nɔybəgɪn] *m* nuevo comienzo *m*
Neubildung ['nɔybɪlduŋ] *f 1.* nueva configuración *f; 2. (einer Regierung)* nueva formación *f; 3. (Wortgut)* neologismo *m*
Neuentwicklung ['nɔyɛntvɪkluŋ] *f* desarrollo *m*
neuerdings ['nɔyərdɪŋs] *adv* nuevamente, de nuevo
Neueröffnung ['nɔyɛrœfnuŋ] *f* inauguración *f*
Neuerscheinung ['nɔyɛrʃaɪnuŋ] *f 1.* novedad literaria *f; 2. (Neuheit)* novedad *f*
Neuerung ['nɔyəruŋ] *f* innovación *f*
Neugeborene ['nɔygəboːrənə] *n* recién nacido *m*
Neugestaltung ['nɔygəʃtaltuŋ] *f* remodelación *f,* reorganización *f*
Neugier ['nɔygiːr] *f* curiosidad *f; krankhafte ~* curiosidad malsana *f*
neugierig ['nɔygiːrɪç] *adj* curioso
Neugotik ['nɔygoːtɪk] *f* neogótico *m*
Neuheit ['nɔyhaɪt] *f* novedad *f*
Neuigkeit ['nɔyɪçkaɪt] *f* novedad *f,* noticia nueva *f*

Neujahr ['nɔyjaːr] *n* Año Nuevo *m*
Neujahrstag ['nɔyjaːrstaːk] *m* día de Año Nuevo *f*
Neuland ['nɔylant] *n 1.* tierra virgen *f; 2. (fig)* nuevos horizontes *m/pl,* terrenos desconocidos *m/pl*
neulich ['nɔylɪç] *adv* últimamente, recientemente, otro día
Neuling ['nɔylɪŋ] *m* novicio *m,* novato *m*
Neumond ['nɔymoːnt] *m* luna nueva *f*
neun [nɔyn] *num* nueve
neunmalklug ['nɔynmaːlkluːk] *adj* sabidillo, sabelotodo
neunte(r,s) ['nɔyntə(r,s)] *adj* nono, noveno
neunzehn ['nɔyntseːn] *num* diecinueve
neunzehnte(r,s) ['nɔyntseːntə(r,s)] *adj* decimonono, decimonoveno
neunzig ['nɔyntsɪç] *num* noventa
Neunziger ['nɔyntsɪgər] *pl 1. in den ~n sein (Mensch)* haber pasado los noventa, andar en los noventa y pico; *2. die ~ (Jahrzehnt)* los (años) noventa
neunzigste(r,s) ['nɔyntsɪçstə(r,s)] *adj* nonagésimo
Neuordnung ['nɔyɔrdnuŋ] *f* reorganización *f*
Neupreis ['nɔypraɪs] *m* precio nuevo *m*
Neuralgie [nɔyral'giː] *f MED* neuralgia *f*
neuralgisch [nɔy'ralgɪʃ] *adj 1. MED* neurálgico; *2. (fig: problematisch)* problemático
Neuregelung ['nɔyreːgəluŋ] *f* reorganización *f*
neureich ['nɔyraɪç] *adj* nuevo rico
Neurologie [nɔyrolo'giː] *f MED* neurología *f*
neurologisch [nɔyro'loːgɪʃ] *adj MED* neurológico
Neurose [nɔy'roːzə] *f MED* neurosis *f*
Neurotiker(in) [nɔy'roːtɪkər(ɪn)] *m/f MED* neurótico/neurótica *m/f*
neurotisch [nɔy'roːtɪʃ] *adj MED* neurótico
Neuseeland ['nɔyzeːlant] *n GEO* Nueva Zelanda *f*
Neuseeländer(in) ['nɔyzeːlɛndər(ɪn)] *m/f* neozelandés/neozelandesa *m/f*
neutral [nɔy'traːl] *adj 1.* neutral, imparcial; *adv 2.* neutral, de modo imparcial
Neutralität [nɔytrali'tɛːt] *f* neutralidad *f*
Neutron ['nɔytrɔn] *n PHYS* neutrón *m*
Neutrum ['nɔytrum] *n GRAMM* género neutro *m*
Neuverschuldung ['nɔyfɛrʃulduŋ] *f* nuevo endeudamiento *m*
Neuwahlen ['nɔyvaːlən] *pl POL* reelecciones *f/pl*
neuwertig ['nɔyveːrtɪç] *adj* como nuevo
Neuzeit ['nɔytsaɪt] *f* Edad Moderna *f*
Nicaragua [nika'raːgua] *n GEO* Nicaragua *f*
Nicaraguaner(in) [nikaragu'aːnər(ɪn)] *m/f* nicaragüense *m/f*
nicaraguanisch [nikaragu'aːnɪʃ] *adj* nicaragüense
nicht [nɪçt] *adv* no; *Ich liebe dich ~.* No te quiero.
Nichtachtung ['nɪçtaxtuŋ] *f* falta de respeto *f,* irrespetuosidad *f*
Nichtanerkennung [nɪçt'anɛrkɛnuŋ] *f* no reconocimiento *m*
Nichtangriffspakt [nɪçt'angrɪfspakt] *m* pacto de no agresión *m*
Nichtbeachtung ['nɪçtbəaxtuŋ] *f* inobservancia *f,* incumplimiento *m; die ~ der Verordnung* la inobservancia del reglamento *f*
Nichtbefolgung ['nɪçtbəfɔlguŋ] *f* inobservancia *f*
Nichte ['nɪçtə] *f* sobrina *f*
Nichterfüllung ['nɪçtɛrfyluŋ] *f* incumplimiento *m*
Nichterscheinen ['nɪçtɛrʃaɪnən] *n* ausencia *f,* falta *f*
nichtig ['nɪçtɪç] *adj* nulo
Nichtigkeit ['nɪçtɪçkaɪt] *f* nulidad *f*
Nichtraucher(in) ['nɪçtrauxər(ɪn)] *m/f* no fumador(a) *m/f,* persona que no fuma *f*
Nichtraucherabteil ['nɪçtrauxəraptaɪl] *n* vagón para no fumadores *m*
Nichtraucherzone ['nɪçtrauxərtsoːnə] *f* zona para no fumadores *f*
nichts [nɪçts] *pron* nada; *mit ~ anfangen* partir de cero; *Nichts für ungut!* ¡No lo tome a mal! *Von ~ kommt ~.* De la nada, nada. *~ sagend* insignificante; *~ ahnend* ingenuo
Nichtschwimmer(in) ['nɪçtʃvɪmər(ɪn)] *m/f* no nadador(a) *m/f*
nichtsdestotrotz [nɪçtsdɛsto'trɔts] *adv* no obstante, sin embargo
nichtsdestoweniger [nɪçtsdɛsto'veːnɪgər] *adv* no obstante, sin embargo
nichtsesshaft [nɪçt'zɛshaft] *adj* nómada
Nichtsnutz ['nɪçtsnuts] *m* inútil *m*
nichtsnutzig ['nɪçtsnutsɪç] *adj* nulo, inútil
Nichtstun ['nɪçtstuːn] *n* holgazanería *f*
nichtswürdig ['nɪçtsvyːrdɪç] *adj* infame, vil, indigno
Nickel ['nɪkəl] *n CHEM* níquel *m*

nicken ['nɪkən] *v* asentir con la cabeza
Nickerchen ['nɪkərçən] *n (fam)* siestecita *f*
nie [niː] *adv 1.* nunca, jamás; *2. ~ und nimmer* nunca jamás, nunca por nunca; *~ mehr* nunca más en la vida; *besser spät als ~* mejor tarde que nunca
nieder ['niːdər] *adj 1.* bajo; *adv 2.* abajo; *Nieder mit der Diktatur!* ¡Abajo con la dictadura!
niederbrennen ['niːdərbrɛnən] *v irr* quemarse, consumirse
Niedergang ['niːdərgaŋ] *m (fig)* decadencia *f,* bajón *m*
niedergeschlagen ['niːdərgəʃlaːgən] *adj* abatido, deprimido
Niedergeschlagenheit ['niːdərgəʃlaːgənhaɪt] *f* abatimiento *m,* depresión *f*
niederknien ['niːdərkniːən] *v* arrodillarse, ponerse de rodillas
niederkommen ['niːdərkɔmən] *v irr (gebären)* dar a luz, parir
Niederkunft ['niːdərkunft] *f* alumbramiento *m,* parto *m*
Niederlage ['niːdərlaːgə] *f* derrota *f,* fracaso *m*
Niederlande ['niːdərlandə] *pl GEO* Países Bajos *m/pl*
Niederländer(in) ['niːdərlɛndər(ɪn)] *m/f* neerlandés/neerlandesa *m/f*
niederländisch ['niːdərlɛndɪʃ] *adj* neerlandés, holandés
niederlassen ['niːdərlasən] *v irr 1. (herunterlassen)* bajar, descender; *2. sich ~* establecerse, afincarse, asentarse
Niederlassung ['niːdərlasuŋ] *f* establecimiento *m*
niederlegen ['niːdərleːgən] *v 1. (Kranz)* depositar; *2. (fig: Amt)* dimitir, presentar la dimisión
Niederlegung ['niːdərleːguŋ] *f 1. (eines Kranzes)* colocación *f; 2. (eines Amtes) POL* resignación *f; 3. (der Arbeit) ECO* abandono *m; 4. (schriftliche Darlegung)* escrito *m,* documento *m*
Niederschlag ['niːdərʃlaːk] *m METEO* precipitaciones *f/pl*
niederschlagen ['niːdərʃlaːgən] *v irr 1. (Feind)* vencer, derrotar; *2. (Augen)* bajar los ojos, bajar la vista; *3. (fig: Zweifel)* poner término a las dudas
niederschlagsarm ['niːdərʃlaːksarm] *adj METEO* con bajas precipitaciones
Niederschlagsmenge ['niːdərʃlaːksmɛŋə] *f METEO* cantidad de precipitaciones *f*
niederschlagsreich ['niːdərʃlaːksraɪç] *adj METEO* rico en precipitaciones, con abundantes precipitaciones
niederschmettern ['niːdərʃmɛtərn] *v* deprimir
niederschmetternd ['niːdərʃmɛtərnt] *adj* deprimente
niederschreiben ['niːdərʃraɪbən] *v irr* poner por escrito, apuntar
Niederschrift ['niːdərʃrɪft] *f* escrito *m*
niederstrecken ['niːdərʃtrɛkən] *v jdn ~* dejar a uno tendido en el suelo
Niedertracht ['niːdərtraxt] *f* infamia *f,* bajeza *f*
niederträchtig ['niːdərtrɛçtɪç] *adj* infame, bajo
Niederträchtigkeit ['niːdərtrɛçtɪçkaɪt] *f* infamia *f,* bajeza *f*
Niederung ['niːdəruŋ] *f* tierra baja *f,* depresión del terreno *f*
niederwerfen ['niːdərvɛrfən] *v irr 1. (fig: besiegen)* vencer, derrotar; *2. (unterdrücken)* someter, aplastar
niedlich ['niːtlɪç] *adj* mono, bonito, lindo, gracioso, rico
niedrig ['niːdrɪç] *adj* bajo
Niedrigwasser ['niːdrɪçvasər] *n 1. (des Meeres)* marea baja *f,* bajamar *f; 2. (eines Flusses)* estiaje *m*
niemals ['niːmaːls] *adv* nunca, jamás; *Ich werde dir ~ verzeihen.* Jamás en la vida te voy a perdonar.
Niemand ['niːmant] *m ein ~* un don nadie
niemand ['niːmant] *pron* nadie; *Es ist noch ~ da.* Todavía no hay nadie.
Niemandsland ['niːmantslant] *n* tierra de nadie *f*
Niere ['niːrə] *f 1. ANAT* riñón *m; jdm an die ~n gehen (fam)* afligir mucho a alguien; *2. ~n pl GAST* riñones *m/pl*
Nierenentzündung ['niːrənɛnttsynduŋ] *f MED* nefritis *f*
Nierenkrankheit ['niːrənkraŋkhaɪt] *f MED* enfermedad renal *f,* nefropatía *f*
Nierenstein ['niːrənʃtaɪn] *m MED* cálculo renal *m*
nieseln ['niːzəln] *v* lloviznar
Nieselregen ['niːzəlreːgən] *m* llovizna *f*
niesen ['niːzən] *v* estornudar
Niete ['niːtə] *f 1. (in der Lotterie)* billete no premiado *m; 2. (Person)* inútil *m*
nieten ['niːtən] *v* remachar
Niger ['niːgər] *m GEO* Níger *m*
Nigeria [ni'geːrja] *n GEO* Nigeria *f*

nigerianisch [nige'rjaːnɪʃ] *adj* nigeriano
Nihilismus [nihi'lɪsmus] *m PHIL* nihilismo *m*
nihilistisch [nihi'lɪstɪʃ] *adj PHIL* nihilista
Nikolaus ['nɪkolaus] *m* Nicolás *m*
Nikotin [niko'tiːn] *n* nicotina *f*
nikotinarm [niko'tiːnarm] *adj* bajo en nicotina
nikotinhaltig [niko'tiːnhaltɪç] *adj* rico en nicotina, que contiene nicotina
Nil [niːl] *m GEO* Nilo *m*
Nilpferd ['niːlpfeːrt] *n ZOOL* hipopótamo *m*
Nimbus ['nɪmbus] *m 1.* nimbo *m; 2. (fig)* prestigio *m*
nimmer ['nɪmər] *adv 1.* ya no; *2. (nicht mehr)* no más
nippen ['nɪpən] *v* beber a sorbitos, beber a traguitos
nirgends ['nɪrgənts] *adv* en ningún lugar, en ninguna parte
nirgendwo ['nɪrgəntvoː] *adv* en ninguna parte, en ningún lugar
Nische ['niːʃə] *f* nicho *m*
nisten ['nɪstən] *v* anidar
Nistplatz ['nɪstplats] *m ZOOL* nidal *m*
Nitrat [nɪ'traːt] *n CHEM* nitrato *m*
Nitroglyzerin [nitroglytsə'riːn] *n CHEM* nitroglicerina *f*
Niveau [ni'voː] *n 1. (Höhe)* nivel *m; 2. (fig)* categoría *f,* nivel *m*
niveaulos [ni'voːloːs] *adj* sin nivel, sin categoría
niveauvoll [ni'voːfɔl] *adj* con nivel, de (alto) nivel
nivellieren [nivɛ'liːrən] *v* nivelar
Nivellierung [nivɛ'liːruŋ] *f* nivelación *f*
Nixe ['nɪksə] *f* ondina *f,* sirena *f*
nobel ['noːbəl] *adj* noble
Nobelhotel ['noːbəlhotɛl] *n* hotel lujoso *m*
Nobelpreis [no'bɛlpraɪs] *m* premio Nóbel *m*
Nobelpreisträger(in) [no'bɛlpraɪstrɛːgər(ɪn)] *m/f* premio Nobel *m/f*
noch [nɔx] *adv 1.* todavía, aún; *nur ~* solo; *~ nie* nunca; *~ heute* hoy mismo; *konj 2. weder ... ~ ...* ni ... ni ... *Du willst weder Kaffee ~ Tee.* No quieres ni café ni té.
nochmalig ['nɔxmaːlɪç] *adj* reiterado, repetido
nochmals ['nɔxmaːls] *adv* otra vez, de nuevo, una vez más
Noisette [noa'zɛt] *f GAST* crema de avellana *f*
Nomade [no'maːdə] *m* nómada *m*
Nomadenvolk [no'maːdənfɔlk] *n* pueblo nómada *m*
nomadisch [no'maːdɪʃ] *adj* nómada
Nomen ['noːmən] *n GRAMM* nombre *m*
Nominallohn [nomi'naːlloːn] *m ECO* sueldo nominal *m*
Nominativ ['nominatiːf] *m GRAMM* nominativo *m*
nominell [nomi'nɛl] *adj 1.* nominal; *adv 2.* nominalmente
nominieren [nomi'niːrən] *v* nominar
Nominierung [nomi'niːruŋ] *f* nominación *f*
Nonne ['nɔnə] *f REL* monja *f*
Nonsens ['nɔnzɛns] *m* tontería *f,* disparate *m*
Nordafrika [nɔrt'afrika] *n GEO* Africa del Norte *f*
nordafrikanisch ['nɔrtafrikaːnɪʃ] *adj* norteafricano
Nordamerika [nɔrta'meːrɪka] *n GEO* Norteamérica *f,* América del Norte *f*
nordamerikanisch ['nɔrtamerikaːnɪʃ] *adj* norteamericano
norddeutsch ['nɔrtdɔytʃ] *adj* de la Alemania del Norte
Norddeutschland ['nɔrtdɔytʃlant] *n GEO* Alemania del Norte *f*
Norden ['nɔrdən] *m* norte *m*
Nordeuropa ['nɔrtɔyropa] *n GEO* Europa del Norte *f*
nordeuropäisch ['nɔrtɔyropɛːɪʃ] *adj* europeo del Norte
nördlich ['nœrtlɪç] *adj 1.* del norte; *adv 2.* al norte
Nordlicht ['nɔrtlɪçt] *n 1.* aurora boreal *f; 2. (Norddeutscher)* persona (famosa) procedente del norte de Alemania
Nordpol ['nɔrtpoːl] *m GEO* Polo Norte *m*
Nordsee ['nɔrtzeː] *f* Mar del Norte *m*
Nörgelei [nœrgə'laɪ] *f* manía de criticar *f,* afán de censurar *m*
nörgeln ['nœrgəln] *v* criticarlo todo, encontrarle a todo un pero
Nörgler(in) ['nœrglər(ɪn)] *m* gruñón/gruñona *m/f*
Norm [nɔrm] *f* norma *f*
normal [nɔr'maːl] *adj* normal
Normalbenzin [nɔr'maːlbɛntsiːn] *n* gasolina normal *f*
Normalbürger(in) [nɔr'maːlbyrgər(ɪn)] *m/f* ciudadano/ciudadana normal *m/f*
normalerweise [nɔr'maːlərvaɪzə] *adv* normalmente

Normalfall [nɔr'maːlfal] *m* caso normal *m*
Normalgewicht [nɔr'maːlgəvɪçt] *n* peso normal *m*
normalisieren [nɔrmali'ziːrən] *v* normalizar, regularizar
Normalisierung [nɔrmali'ziːruŋ] *f* normalización *f*
Normalität [nɔrmali'tɛːt] *f* normalidad *f*
normativ [nɔrma'tiːf] *adj* normativo
normieren [nɔr'miːrən] *v* normalizar
Norwegen ['nɔrveːgən] *n* *GEO* Noruega *f*
Norweger(in) ['nɔrveːgər(ɪn)] *m/f* noruego/noruega *m/f*
norwegisch ['nɔrveːgɪʃ] *adj* noruego
Nostalgie [nɔstal'giː] *f* nostalgia *f*
nostalgisch [nɔs'talgɪʃ] *adj* nostálgico
Not [noːt] *f* *1. (Armut)* pobreza *f,* indigencia *f,* miseria *f; ~ leidend* necesitado, indigente; *2. (Mangel)* escasez *f,* penuria *f; aus der ~ eine Tugend machen* hacer de tripas corazón; *3. (Gefahr)* peligro *m,* emergencia *f; 4. (fig) seine liebe ~ mit jdm haben* compatir sus penas con alguien; *wo ~ am Mann ist* en caso de urgencia, en caso de apuro; *mit knapper ~* a duras penas/a trancas y a barrancas (fam)
Notar(in) [no'taːr(ɪn)] *m/f* *JUR* notario/notaria *m/f*
notariell [notar'jɛl] *adj* *1.* notarial; *adv 2.* notarialmente
Notarzt ['noːtartst] *m* médico de urgencia *m,* médico de emergencia *m*
Notaufnahme ['noːtaufnaːmə] *f* admisión de urgencia *f,* admisión de emergencia *f*
Notausgang ['noːtausgaŋ] *m* salida de emergencia *f*
Notbeleuchtung ['noːtbəlɔyçtuŋ] *f* alumbrado de emergencia *m*
Notbremse ['noːtbrɛmzə] *f* freno de alarma *m,* freno de emergencia *m* (LA)
Notdienst ['noːtdiːnst] *m* servicio de urgencia *m,* servicio de emergencia *m; Welche Apotheke hat ~?* ¿Qué farmacia está de turno?
notdürftig ['noːtdyrftɪç] *adj* *1.* provisional; *2. (knapp ausreichend)* escaso, mínimo
Note ['noːtə] *f* *1. (Schulnote)* nota *f,* calificación *f; 2. (Banknote)* billete de banco *m; 3. MUS* nota musical *f*
Notenbank ['noːtənbaŋk] *f* *ECO* banco emisor *m*
Notendurchschnitt ['noːtəndurçʃnɪt] *m* nota media *f*
Notenständer ['noːtənʃtɛndər] *m* *MUS* atril *m*
Notfall ['noːtfal] *m* caso de emergencia *m,* caso de urgencia *m*
notfalls ['noːtfals] *adv* en caso necesario, si es preciso
notgedrungen ['noːtgədruŋən] *adj* *1.* forzoso, necesario, obligatorio; *adv 2.* forzosamente
notieren [no'tiːrən] *v* *1.* anotar, apuntar; *2. FIN* cotizar
Notierung [no'tiːruŋ] *f* *1.* apunte *m,* anotación *f; 2. FIN* cotización *f,* cambio *m*
nötig ['nøːtɪç] *adj* *1.* necesario, preciso; *Du hast es gerade ~!* ¡No tienes derecho! *adv 2.* necesariamente, de todas maneras
nötigen ['nøːtɪgən] *v* *1. (dringend bitten)* apremiar; *2. (durch Drohung zwingen)* coaccionar; *3. (zwingen)* obligar
nötigenfalls ['nøːtɪgənfals] *adv* en caso necesario, de ser necesario
Nötigung ['nøːtɪguŋ] *f* coacción *f,* coerción *f,* apremio *m*
Notiz [no'tiːts] *f* *1. (Angabe)* apunte *m,* nota *f; ~ von jdm nehmen* hacer caso de alguien; *2. (Zeitungsnotiz)* noticia *f*
Notizbuch [no'tiːtsbuːx] *n* agenda *f,* libreta de apuntes *f*
Notlage ['noːtlaːgə] *f* apuro *m,* emergencia *f,* situación crítica *f,* situación precaria *f*
notlanden ['noːtlandən] *v* aterrizar forzosamente
Notlandung ['noːtlanduŋ] *f* aterrizaje forzoso *m,* aterrizaje de emergencia *m*
Notlösung ['noːtløːzuŋ] *f* solución de emergencia *f*
Notlüge ['noːtlyːgə] *f* mentira piadosa *f,* mentira inocente *f*
notorisch [no'toːrɪʃ] *adj* notorio
Notruf ['noːtruːf] *m* llamada de socorro *f,* llamada de emergencia *f*
Notsignal ['noːtsɪgnaːl] *n* señal de emergencia *f*
Notsitz ['noːtzɪts] *m* asiento de reserva *m*
Notstand ['noːtʃtant] *m* estado de emergencia *m*
Notstandsgebiet ['noːtʃtantsgəbiːt] *n* *1.* zona de crisis *f; 2. (Katastrophengebiet)* zona catastrófica *f*
Notunterkunft ['noːtuntərkunft] *f* alojamiento provisional *m*
Notwehr ['noːtveːr] *f* legítima defensa *f,* defensa propia *f; in ~* en defensa propia
notwendig ['noːtvɛndɪç] *adj* necesario, preciso; *ein ~es Übel sein* ser un mal inevitable

Notwendigkeit [noːt'vɛndɪçkaɪt] *f* necesidad *f*
Nougat ['nuːgat] *n* turrón *m*
Novelle [no'vɛlə] *f* *1.* novela corta *f;* *2. (Gesetzesnovelle) POL* ley complementaria *f*
November [no'vɛmbər] *m* noviembre *m*
Novize [no'viːtsə] *m* novicio *m*
Novizin [no'viːtsin] *f* novicia *f*
Novum ['noːvum] *n* innovación *f*
Nu [nuː] *m im ~* en un instante, en un abrir y cerrar de ojos
Nuance [ny' ɑːsə] *f* matiz *m*
nuancenreich [ny' ɑːsənraɪç] *adj* rico en matices
nüchtern ['nyçtərn] *adj* *1. (ohne Alkohol)* sobrio, abstemio; *2. (ohne Essen)* ayuno; *3. (sachlich)* objetivo
Nüchternheit ['nyçtərnhaɪt] *f* *1. (Unbetrunkenheit)* sobriedad *f;* *2. (Sachlichkeit)* objetividad *f;* *3. (Fadheit)* insipidez *f;* *4. (leerer Magen)* sobriedad *f*
nuckeln ['nukəln] *v* chupetear
Nudelholz ['nuːdəlhɔlts] *n* rodillo *m*
Nudeln ['nuːdəln] *pl GAST* pasta *f,* fideos *m/pl*
Nudist(in) [nu'dɪst(ɪn)] *m/f* nudista *m/f*
nudistisch [nu'dɪstɪʃ] *adj* nudista
nuklear [nukle'aːr] *adj PHYS* nuclear
Nuklearmacht [nukle'aːrmaxt] *f POL* poder nuclear *m*
null [nul] *num* cero *m; gleich ~ sein* ser casi nulo; *in ~ Komma nichts* en un dos por tres
Nulldiät ['nuldiɛːt] *f* dieta absoluta *f*
Nullpunkt ['nulpuŋkt] *m* punto cero *m*
Nullrunde ['nulrundə] *f ECO* ronda fracasada de negociaciones salariales *f*
Nulltarif ['nultariːf] *m* tarifa gratuita *f*
Nullwachstum ['nulvakstuːm] *n ECO* crecimiento cero *m*
numerisch [nu'merɪʃ] *adj* numérico
Nummer ['numər] *f* *1. (Zahl)* número *m;* *2. (Größe)* talla *f;* *3. (Exemplar)* ejemplar *m,* número *m;* *4. (fig) auf ~ sicher gehen* ir a lo seguro; *eine ~ zu groß für jdn sein* ser un número demasiado grande para alguien; *eine ~ abziehen* montar un número
nummerieren [numə'riːrən] *v* numerar, enumerar, contar
Nummerierung [numə'riːruŋ] *f* numeración *f*
Nummernkonto ['numərnkɔnto] *n FIN* cuenta cifrada *f*
nun [nuːn] *adv* *1. (jetzt)* ahora; *2. (zur Fortsetzung der Rede)* pues
nunmehr ['nuːn'meːr] *adv* *1. (jetzt)* ahora; *2. (von jetzt an)* desde ahora
Nuntius ['nuntsjus] *m REL* nuncio *m*
nur [nuːr] *adv* solamente, sólo, no más (LA)
nuscheln ['nuʃəln] *v* hablar entre dientes, mascullar
Nuss [nus] *f BOT* nuez *f; eine harte ~ zu knacken haben (fig)* tener un hueso duro de roer; *jdm eine ~ zu knacken geben* dar a alguien un hueso duro de roer
Nussbaum ['nusbaum] *m BOT* nogal *m*
Nussknacker ['nusknakər] *m* cascanueces *m*
Nusskuchen ['nuskuːxən] *m GAST* pastel de nueces *m*
Nussschale ['nusʃaːlə] *f* *1. BOT* cáscara de nuez *f;* *2. (fam: kleines Boot)* barquillo *m*
Nüster ['nystər] *f* ventana de la nariz *f*
Nut [nuːt] *f TECH* ranura *f*
Nutte ['nutə] *f (fam)* puta *f,* ramera *f*
Nutzanwendung ['nutsanvɛnduŋ] *f* *1. (praktische Anwendung)* aplicación práctica *f;* *2. (moralischer Wert)* moraleja *f*
nutzbar ['nutsbaːr] *adj* aprovechable, utilizable
Nutzbarkeit ['nutsbaːrkaɪt] *f* aprovechabilidad *f,* utilidad *f*
nütze ['nytsə] *adj* provecho *m,* uso *m*
Nutzen ['nutsən] *m* utilidad *f,* beneficio *m,* provecho *m; aus etw einen ~ ziehen* sacar partido de algo
nutzen ['nutsən] *v* utilizar, aprovechar, explotar
nützen ['nytsən] *v (siehe "nutzen")* servir, ser provechoso, beneficiar; *2. (nützlich sein)* ser provechoso
Nutzfahrzeug ['nutsfaːrtsɔyk] *n* *1. (Lastkraftwagen)* camión *m;* *2. (Omnibus)* autobús de servicio público *m*
Nutzgarten ['nutsgartən] *m* huerto *m*
Nutzholz ['nutshɔlts] *n* madera útil *f*
nützlich ['nytslɪç] *adj* útil, provechoso
Nützlichkeit ['nytslɪçkaɪt] *f* utilidad *f,* ventajas *f/pl*
nutzlos ['nutsloːs] *adj* inútil
Nutzlosigkeit ['nutsloːzɪçkaɪt] *f* inutilidad *f*
Nutznießer(in) ['nutsniːsər(ɪn)] *m/f* usufructuario/usufructuaria *m/f*
Nutzung ['nutsuŋ] *f* utilización *f,* aprovechamiento *m*
Nylon ['naɪlɔn] *n* nailón *m,* nylon *m*
Nymphe ['nymfə] *f* ninfa *f*
nymphoman [nymfo'maːn] *adj* ninfómano

O

o [oː] *interj* oh
Oase [o'aːzə] *f* oasis *m*
ob [ɔp] *konj 1.* si; *Ich weiß nicht, ~ er kommt.* No sé si viene. *2. als ~* como si; *Er benimmt sich so, als ~ er der König von England wäre.* Se porta como si fuera el rey de Inglaterra.
Obacht ['oːbaxt] *f auf etw ~ geben* tener cuidado de
Obdach ['ɔpdax] *n* refugio *m,* asilo *m,* albergue *m*
obdachlos ['ɔpdaxloːs] *adj* sin techo; *~ sein* vivir a la intemperie
Obdachlose(r) ['ɔpdaxloːzə(r)] *m/f* persona sin hogar *f,* vagabundo/vagabunda *m/f*
Obdachlosenasyl ['ɔpdaxloːzənazyːl] *n* asilo nocturno *m*
Obdachlosigkeit ['ɔpdaxloːzɪçkaɪt] *f* falta de domicilio *f,* vagancia *f,* vida vagabunda *f*
Obduktion [ɔpduk'tsjoːn] *f MED* autopsia *f*
obduzieren [ɔpdu'tsiːrən] *v MED* hacer la autopsia
O-Beine ['oːbaɪnə] *pl* piernas arqueadas *f/pl*
Obelisk [obe'lɪsk] *m* obelisco *m*
oben ['oːbən] *adv* arriba, en la parte superior; *~ genannt* arriba mencionado, antes citado
obenauf [oːbən'auf] *adv 1.* por encima, en la superficie; *2. (munter)* estar muy contento, estar de buen humor
obendrein [oːbən'draɪn] *adv* además, aparte de ello; *Er ist entlassen worden, und ~ hat ihn seine Frau verlassen.* Ha sido despedido y encima su mujer lo ha dejado.
obenhin [oːbən'hɪn] *adv* superficialmente, de pasada
Ober ['oːbər] *m* camarero *m,* mozo *m* (LA), mesero *m* (LA); *Herr ~!* ¡Camarero!
Oberarm ['oːbərarm] *m* brazo *m*
Oberarzt ['oːbərartst] *m* médico adjunto *m*
Oberbefehl ['oːbərbəfeːl] *m MIL* mando supremo *m*
Oberbefehlshaber ['oːbərbəfeːlshaːbər] *m MIL* comandante en jefe *m*
Oberbegriff ['oːbərbəgrɪf] *m* término general *m*
Oberbekleidung ['oːbərbəklaɪduŋ] *f* ropa exterior *f*
Oberbürgermeister(in) [oːbər'byrgərmaɪstər(ɪn)] *m/f* primer(a) alcalde(sa) *m/f*
Oberdeck ['oːbərdɛk] *n* cubierta superior *f*
obere(r,s) ['oːbərə(r,s)] *adj* alto/alta, superior, de arriba
Oberfläche ['oːbərflɛçə] *f* superficie *f*
Oberflächenbehandlung ['oːbərflɛçənbəhandluŋ] *f TECH* tratamiento superficial *m*
Oberflächenspannung ['oːbərflɛçənʃpanuŋ] *f PHYS* tensión superficial *f*
Oberflächenstruktur ['oːbərflɛçənʃtruktuːr] *f* estructura superficial *f*
oberflächlich ['oːbərflɛçlɪç] *adj 1.* superficial; *adv 2.* superficialmente, por encima
Oberflächlichkeit ['oːbərflɛçlɪçkaɪt] *f* superficialidad *f*
Obergeschoss ['oːbərgəʃɔs] *n* planta superior *f*
oberhalb ['oːbərhalp] *prep 1.* más arriba, por encima; *adv 2.* más arriba
Oberhand ['oːbərhant] *f die ~ gewinnen* imponerse; *die ~ haben* prevalecer, dominar la situación, predominar
Oberhaupt ['oːbərhaupt] *n* jefe *m*
Oberhaus ['oːbərhaus] *n POL* cámara alta *f*
Oberhoheit ['oːbərhoːhaɪt] *f* soberanía *f*
Oberin ['oːbərɪn] *f REL* superiora *f*
oberirdisch ['oːbərɪrdɪʃ] *adj* de superficie, a flor de tierra
Oberkante ['oːbərkantə] *f* borde, canto superior *m*
Oberkellner(in) ['oːbərkɛlnər(ɪn)] *m/f* jefe de comedor/jefa de comedor *m/f,* maître *m*
Oberkiefer ['oːbərkiːfər] *m ANAT* maxilar superior *m*
Oberkörper ['oːbərkœrpər] *m ANAT* tronco *m,* busto *m*
Oberleitung ['oːbərlaɪtuŋ] *f TECH* dirección general *f*
Oberlicht ['oːbərlɪçt] *n 1.* luz superior *f; 2. (über einer Tür)* claraboya *f,* lumbrera f.
Oberliga ['oːbərliːga] *f SPORT* primera división *f*
Oberlippe ['oːbərlɪpə] *f ANAT* labio superior *m*
Obermaterial ['oːbərmaterjaːl] *n* material superior *f*
Oberschenkel ['oːbərʃɛŋkəl] *m ANAT* muslo *m*

Oberschicht ['oːbərʃɪçt] *f* *(Gesellschaftsschicht)* clase superior *f*, clase alta *f*
Oberschule ['oːbərʃuːlə] *f* instituto de segunda enseñanza *m*, escuela secundaria *f* (LA)
Oberschwester ['oːbərʃvɛstər] *f* jefe de enfermeras *f*
Oberst ['oːbərst] *m MIL* coronel *m*
oberste(r,s) ['oːbərstə(r,s)] *adj* el/la/lo primero/primera, más alto/más alta, superior
Oberstleutnant [oːbərst'lɔytnant] *m MIL* teniente coronel *m*
Oberstübchen ['oːbərʃtyːpçən] *n nicht ganz richtig im ~ sein* estar mal de la cabeza, faltarle un tornillo
Oberstufe ['oːbərʃtuːfə] *f 1. (elfte bis dreizehnte Klasse)* los últimos tres años de enseñanza media en el sistema educativo alemán, grado superior *m; 2. (die Schüler der ~)* los alumnos de grado superior
Oberteil ['oːbərtaɪl] *n* parte superior (en el cuerpo) *f*
Oberwasser ['oːbərvasər] *n* ventaja *f*
obgleich [ɔp'glaɪç] *konj* si bien, aunque, bien que; *Obgleich ich kommen will, kann ich nicht.* Aunque quiera venir, no puedo.
Obhut ['ɔphuːt] *f* custodia *f*, protección *f*, tutela *f*
obige(r,s) ['oːbɪgə(r,s)] *adj* arriba mencionado/arriba mencionada, antes citado/antes citada
Objekt [ɔp'jɛkt] *n 1. GRAMM* complemento *m; 2. (Gegenstand)* objeto *m*
objektiv [ɔpjɛk'tiːf] *adj 1.* objetivo; *adv 2.* objetivamente
Objektiv [ɔpjɛk'tiːf] *n FOTO* objetivo *m*
Objektivität [ɔpjɛktivi'tɛːt] *f* objetividad *f*
Objektschutz [ɔp'jɛktʃuts] *m* protección de un objeto *f*
Objektträger [ɔp'jɛkttrɛːgər] *m* portaobjetos *m*
Oblate [o'blaːtə] *f 1. GAST* oblea *f; 2. REL* hostia *f*
obliegen [ɔp'liːgən] *v irr* dedicarse a, ser de la incumbencia de
Obligation [ɔbliga'tsjoːn] *f ECO* obligación *f*
obligatorisch [ɔbliga'toːrɪʃ] *adj* obligatorio
Obmann ['ɔbman] *m 1. (Vorsitzender)* presidente *m; 2. (Vertreter)* representante *m*
Oboe [o'boːə] *f MUS* oboe *m*
Obrigkeit ['oːbrɪçkaɪt] *f* autoridad (pública) *f*, gobierno *m*
Obrigkeitsstaat ['oːbrɪçkaɪtsʃtaːt] *m POL* estado autoritario *m*
obschon [ɔp'ʃoːn] *konj* a pesar de que, aunque
Observation [ɔpzɛrva'tsjoːn] *f* observación *f*
Observatorium [ɔpzɛrva'toːrjum] *n ASTRO* observatorio *m*
observieren [ɔpzɛr'viːrən] *v* observar
obskur [ɔps'kuːr] *adj* obscuro
Obskurität [ɔpskuri'tɛːt] *f* oscuridad *f*
Obst [oːpst] *n* fruta *f*
Obstanbau ['oːpstanbau] *m AGR* cultivo de árboles frutales *m*
Obstbaum ['oːpstbaum] *m BOT* árbol frutal *m*
Obsternte ['oːpstɛrntə] *f AGR* cosecha de frutas *f*
Obstessig ['oːpstɛsɪç] *m GAST* vinagre de sidra *m*
Obstkuchen ['oːpstkuːxən] *m GAST* pastel de frutas *m*
Obstsalat ['oːpstzalaːt] *m GAST* macedonia de frutas *f*, ensalada de frutas *f* (LA)
obszön [ɔps'tsøːn] *adj* obsceno
obwohl [ɔp'voːl] *konj* aunque, a pesar de que, si bien; *Obwohl er sie liebte, ließ er sie gehen.* Aunque la quería, la dejó ir.
Ochse ['ɔksə] *m ZOOL* buey *m; dastehen wie der Ochs vorm Berg* quedarse parado sin saberlo que hacer
Ochsenfleisch ['ɔksənflaɪʃ] *n* carne de buey *f*
ocker ['ɔkər] *adj* ocre
öde ['øːdə] *adj 1.* desierto; *2. (fig)* aburrido, monótono
Öde ['øːdə] *f 1. (Gegend)* desierto *m*, despoblado *m; 2. (Langweiligkeit)* aburrimiento *m*, monotonía *f*
Ödem [ø'deːm] *n MED* edema *f*
oder ['oːdər] *konj 1.* o, u (vor o, ho); *Frau ~ Mann* mujer u hombre; *Silber ~ Gold* plata u oro; *2. entweder ... oder ...* o ... o ... *Entweder machst du es, ~ du lässt es sein.* O lo tomas o lo dejas.
Oder-Neiße-Linie ['oːdər'naɪsəliːnjə] *f POL* línea del Oder y Neisse *f*
Ödipuskomplex ['øːdipuskɔmplɛks] *m PSYCH* complejo de Edipo *m*
Ofen ['oːfən] *m 1. (Backofen)* horno *m; 2. (Heizofen)* estufa *f; hinter dem ~ hocken (fig)* apoltronarse en casa; *ein Schuss in den ~* un fracaso *m*, un tiro por la culata *m; Der ~ ist aus.* No hay nada que hacer./Se acabó.

Ofenrohr ['oːfənroːr] *n* cañón de la estufa *m*
offen ['ɔfən] *adj 1. (geöffnet)* abierto; *~ lassen* dejar abierto; *~ stehen* estar abierto; *2. (fig: aufrichtig)* sincero, franco; *3. (fig: unentschieden)* pendiente; *~ lassen (fig)* dejar pendiente, dejar en el aire; *4. (fig: nicht besetzt)* libre, vacante; *5. ~ stehen (fig: Rechnung)* no estar pagado, estar pendiente el pago; *6. ~ stehen (fig: Möglichkeiten)* quedar abierta la posibilidad, haber una posibilidad
offen ['ɔfən] *adj irr 1. ~ bleiben* permanecer abierto; *(fig) ~ legen* exponer con toda claridad, dar a conocer públicamente; *2. (Ende) ~ bleiben* quedar pendiente
offenbar ['ɔfənbaːr] *adj 1.* manifiesto, patente, evidente; *adv 2.* por lo visto, evidentemente
Offenbarung [ɔfən'baːruŋ] *f 1. (Enthüllung)* revelación *f; 2. REL* revelación *f*
Offenbarungseid [ɔfən'baːruŋsaɪt] *m JUR* juramento declarativo *m*
Offenheit ['ɔfənhaɪt] *f* franqueza *f,* sinceridad *f*
offenherzig ['ɔfənhɛrtsɪç] *adj 1.* franco, abierto, sincero; *~ reden* hablar con el corazón en la mano; *adv 2.* francamente, sinceramente
offenkundig ['ɔfənkundɪç] *adj 1.* manifiesto, público; *adv 2.* públicamente
offensichtlich ['ɔfənzɪçtlɪç] *adj 1.* obvio, evidente; *adv 2.* evidentemente, por lo visto
Offensichtlichkeit ['ɔfənzɪçtlɪçkaɪt] *f* evidencia *f*
offensiv [ɔfən'ziːf] *adj 1.* ofensivo, agresivo; *adv 2.* ofensivamente, agresivamente
Offensive [ɔfən'ziːvə] *f* ofensiva *f,* agresión *f,* ataque *m*
öffentlich ['œfəntlɪç] *adj 1.* público; *adv 2.* públicamente, en público
Öffentlichkeit ['œfəntlɪçkaɪt] *f* opinión pública *f,* público *m*
Öffentlichkeitsarbeit ['œfəntlɪçkaɪtsarbaɪt] *f* relaciones públicas *f*
offerieren [ɔfə'riːrən] *v* ofrecer
Offerte [ɔ'fɛrtə] *f* oferta *f*
offiziell [ɔfi'tsjɛl] *adj 1.* oficial; *adv 2.* oficialmente
Offizielle(r) [ɔfɪ'tsjɛlə(r)] *m/f* oficial(a) *m/f*
Offizier [ɔfi'tsiːr] *m MIL* oficial *m*
Offiziersmesse [ɔfi'tsiːrsmɛsə] *f MIL* comedor de oficiales *m*
öffnen ['œfnən] *v 1.* abrir; *2. sich ~* abrirse, desplegarse, extenderse
Öffnung ['œfnuŋ] *f* apertura *f,* abertura *f*
Öffnungszeiten ['œfnuŋstsaɪtən] *pl* horas de apertura *f/pl*
oft [ɔft] *adv* a menudo, frecuentemente
öfter ['œftər] *adv* de vez en cuando, con frecuencia
öfters ['œftərs] *adv* frecuentemente, a menudo
oftmalig ['ɔftmaːlɪç] *adj* repetido
oftmals ['ɔftmaːls] *adv* repetidas veces, varias veces
ohne ['oːnə] *prep 1.* sin; *Es ist nicht ~.* Hay que tener cuidado./Es bastante peligroso. *~ weiteres* sin más ni más; *konj 2. ~ dass* sin que; *Er ging, ~ etw zu sagen.* Se fue sin decir nada. *Er kam, ~ dass ich ihn eingeladen hatte.* Vino sin que le hubiese envitado.
ohnedies [oːnə'diːs] *adv* sin esto, sin este requisito
ohnegleichen [oːnə'glaɪçən] *adv* sin par, sin igual
ohnehin ['oːnə'hɪn] *adv* de todos modos
Ohnmacht ['oːnmaxt] *f* impotencia *f*
ohnmächtig ['oːnmɛçtɪç] *adj 1. (bewusstlos)* desmayado, desvanecido; *~ werden* perder el sentido, desmayarse; *2. (fig: machtlos)* impotente
Ohr [oːr] *n 1. (äußerlich) ANAT* oreja *f; jdm in den ~en liegen (fig)* dar la tabarra a alguien (fam); *mit halbem ~ zuhören* escuchar a medias; *ein offenes ~ haben* acoger benévolamente; *jdn übers ~ hauen* tomar el pelo a alguien; *die ~en hängen lassen* agachar las orejas; *es faustdick hinter den ~en haben* ser muy vivo, tener mucha malicia, ser de armas; *noch nicht trocken hinter den ~en sein* estar todavía verde (fam); *sich etw hinter die ~en schreiben* no olvidarse de algo; *jdm das Fell über die ~ ziehen* sacar a alguien las entrañas; *jdm die ~en lang ziehen* estirar las orejas de alguien; *sich aufs ~ hauen* echarse una cabezadita; *viel um die ~en haben* tener mucho que hacer; *Auf diesem ~ ist er taub!* ¡No quiere saber nada de eso! *2. (Gehör)* oído *m; Ich bin ganz ~!* ¡Soy todo oídos! *~en wie ein Luchs haben* tener muy buen oído; *die ~en steif halten* aguzar los oídos; *jdm zu ~en kommen* llegar a los oídos de alguien; *nichts für fremde ~en sein* no ser nada para oídos ajenos
Ohrenarzt ['oːrənartst] *m* otólogo *m*
ohrenbetäubend ['oːrənbətɔybənt] *adj* ensordecedor
Ohrensausen ['oːrənzauzən] *n* zumbido de oídos *m*

Ohrenschmalz ['oːrənʃmalts] *n* cera *f*
Ohrenschmaus ['oːrənʃmaus] *m* regalo para los oídos *m*
Ohrenschmerzen ['oːrənʃmɛrtsən] *pl* dolor de oídos *m*
Ohrenschützer ['oːrənʃytsər] *m* orejera *f*
Ohrfeige ['oːrfaɪgə] *f* bofetada *f*, sopapo *m*, cachete *m*, cachetada *f* (LA)
ohrfeigen ['oːrfaɪgən] *v* abofetear, dar una bofetada
Ohrläppchen ['oːrlɛpçən] *n* *ANAT* lóbulo de la oreja *m*
Ohrmuschel ['oːrmuʃəl] *f* *ANAT* pabellón de la oreja *m*
Ohrring ['oːrrɪŋ] *m* pendiente *m*, arete *m*
okkult [ɔ'kult] *adj* oculto
Okkultismus [ɔkul'tɪsmus] *m* ocultismo *m*
Okkultist(in) [ɔkul'tɪst(ɪn)] *m/f* ocultista *m/f*
Okkupation [ɔkupa'tsjoːn] *f* *MIL* ocupación *f*
okkupieren [ɔku'piːrən] *v* *MIL* ocupar
Ökoladen ['øːkolaːdən] *m* *(fam)* tienda ecológica *f*
Ökologe [øko'loːgə] *m* ecologista *m*
Ökologie [økolo'giː] *f* ecología *f*
Ökologin [øko'loːgɪn] *f* ecologista *f*
ökologisch [øko'loːgɪʃ] *adj* ecológico
Ökonomie [økono'miː] *f* economía *f*
ökonomisch [øko'noːmɪʃ] *adj* económico
Ökosystem ['øːkozysteːm] *n* *BIO* sistema ecológico *f*
Oktave [ɔk'taːvə] *f* *MUS* octava *f*
Oktober [ɔk'toːbər] *m* octubre *m*
Ökumene [øku'meːnə] *f* *(Bewegung)* *REL* ecumenismo *m*
ökumenisch [øku'meːnɪʃ] *adj* *REL* ecuménico
Öl [øːl] *n* *1. (Speiseöl)* aceite *m; 2. (Erdöl)* petróleo *m; 3. (Heizöl)* aceite combustible *m;* *~ ins Feuer gießen (fig)* echar leña al fuego
Ölbaum ['øːlbaum] *m* *BOT* olivo *m*
Ölbild ['øːlbɪlt] *n* *ART* óleo *m*
Ölbohrung ['øːlboːruŋ] *f* *TECH* pozo de petróleo *m*
Öldruck ['øːldruk] *m* *TECH* oleografía *f*
Oldtimer ['əʊldtaɪmər] *m* *(Auto)* coche antiguo *m*
Oleander [ole'andər] *m* *BOT* adelfa *f*
ölen ['øːlən] *v* aceitar, echar aceite (LA)
Ölfarbe ['øːlfarbə] *f* pintura al óleo *f*
Ölfleck ['øːlflɛk] *m* mancha de aceite *f*
Ölförderung ['øːlfœrdəruŋ] *f* extracción de petróleo *f*
Ölgemälde ['øːlgəmɛːldə] *n* *ART* cuadro al óleo *m*
Ölheizung ['øːlhaɪtsuŋ] *f* calefacción de fueloil *f*
ölig ['øːlɪç] *adj* aceitoso, oleoso
Oligarchie [oligar'çiː] *f* *POL* oligarquía *f*
Olive [o'liːvə] *f* *BOT* aceituna *f*, oliva *f*
Olivenöl [o'liːvənøːl] *n* *GAST* aceite de oliva *m*
olivgrün [o'liːfgryːn] *adj* verde olivo *m*
Ölkanne ['øːlkanə] *f* aceitera *f*
Ölkrise ['øːlkriːzə] *f* *ECO* crisis petrolera *f*
Öllampe ['øːllampə] *f* *1. (Lampe mit Ölbrennstoff)* lámpara de aceite *f*, candil *m; 2. (Ölstandanzeige)* marcador del aceite *m*
Ölleitung ['øːllaɪtuŋ] *f* *TECH* conducción de aceite *f*, oleoducto *m*
Ölmalerei ['øːlmaːlərai] *f* *ART* pintura al óleo *f*
Ölmessstab ['øːlmɛsʃtaːp] *m* *TECH* varilla indicadora del nivel de aceite *f*
Ölpest ['øːlpɛst] *f* marea negra *f*
Ölpreis ['øːlpraɪs] *m* precio del aceite *m*
Ölraffinerie ['øːlrafinəriː] *f* *ECO* refinería de petróleo *f*
Ölsardine ['øːlzardiːnə] *f* *GAST* sardina en aceite *f*
Ölschicht ['øːlʃɪçt] *f* capa de aceite *f*
Öltank ['øːltaŋk] *m* tanque de aceite *m*
Öltanker ['øːltaŋkər] *m* petrolero *m*
Ölteppich ['øːltɛpɪç] *m* capa de petróleo *f*
Ölung ['øːluŋ] *f* *(Letzte ~)* *REL* extremaunción *f*, Santos óleos *m/pl*
Olymp ['olymp] *m* Olimpo *m; auf dem hohen ~ sitzen* estar subido en el Olimpo
Olympiade [olym'pjaːdə] *f* *SPORT* olimpiada *f*
Olympiamannschaft [o'lympjamanʃaft] *f* equipo olímpico *m*
Olympiasieg [o'lympjaziːk] *m* *SPORT* victoria olímpica *f*
Olympiasieger(in) [o'lympjaziːgər(ɪn)] *m/f* *SPORT* vencedor olímpico/vencedora olímpica *m/f*
olympisch [o'lympɪʃ] *adj* olímpico; *Olympische Spiele* juegos olímpicos *m/pl*, olimpiadas *f/pl*
Ölzweig ['øːltsvaɪk] *m* ramo de olivo *m*
Oma ['oːma] *f* abuela *f*
Omelett [ɔm'lɛt] *n* *GAST* tortilla *f*
Omen ['oːmən] *n* presagio *m*, agüero *m; böses ~* mal agüero *m*
ominös [omi'nøːs] *adj* ominoso
Omnibus ['ɔmnibus] *m* autobús *m*

Omnibuslinie ['ɔmnibusliːnjə] *f* línea de autobús *f*
onanieren [ona'niːrən] *v* masturbarse
Onkel ['ɔŋkəl] *m* tío *m; über den großen ~ gehen* andar con los pies torcidos hacia adentro
online ['ɔnlaɪn] *adj INFORM* directo por la red, on-line
Online-Dienst ['ɔnlaɪndiːnst] *m INFORM* servicio on-line *m,* servicio de línea directa *m*
Opa ['oːpa] *m* abuelo *m*
Opal [o'paːl] *m MIN* ópalo *m*
Oper ['oːpər] *f 1. (Gebäude)* ópera *f; 2. (Werk)* ópera *f*
Operation [opera'tsjoːn] *f 1.* operación *f,* acción *f,* ejecución *f; 2. MED* intervención quirúrgica *f,* operación quirúrgica *f*
Operationssaal [opera'tsjoːnszaːl] *m* quirófano *m,* sala de operaciones *f*
Operationstisch [opera'tsjoːnstɪʃ] *m MED* mesa de operaciones *f*
operativ [opera'tiːf] *adj 1. MED* quirúrgico; *2. MIL* operativo
Operator [opə'raːtɔr] *m INFORM* operador *m*
Operette [ope'rɛtə] *f* opereta *f*
operieren [ope'riːrən] *v* operar, intervenir quirúrgicamente
Opernglas ['oːpərnglaːs] *n* gemelos de teatro *m/pl*
Opernhaus ['oːpərnhaus] *n* teatro (de la ópera) *m,* teatro lírico *m*
Opernsänger(in) ['oːpərnzɛŋər(ɪn)] *m/f* cantante de ópera *m/f*
Opfer ['ɔpfər] *n 1. (Verzicht)* sacrificio *m,* renuncia *f; 2. (Person)* víctima *f*
Opferbereitschaft ['ɔpfərbəraɪtʃaft] *f* espíritu de sacrificio *m*
Opfergabe ['ɔpfərgaːbə] *f* ofrenda *f*
Opferlamm ['ɔpfərlam] *n 1.* víctima inocente *f; 2. REL* cordero del sacrificio *m*
opfern ['ɔpfərn] *v 1. (verzichten)* sacrificar, renunciar; *2. (spenden)* ofrendar, donar; *3. sich ~ für* sacrificarse por, dar la vida por
Opferstock ['ɔpfərʃtɔk] *m REL* cepillo de donativos *m*
Opiat [o'pjaːt] *n MED* remedio opiáceo *m*
Opium ['oːpjum] *n* opio *m*
Opossum [o'pɔsum] *n ZOOL* opósum *m*
opponieren [ɔpo'niːrən] *v* oponerse
Opportunismus [ɔpɔrtu'nɪsmus] *m* oportunismo *m*
Opportunist(in) [ɔpɔrtu'nɪst(ɪŋ)] *m/f* oportunista *m/f*
opportunistisch [ɔpɔrtu'nɪstɪʃ] *adj* oportunista
Opposition [ɔpozi'tsjoːn] *f* oposición *f*
oppositionell [ɔpozitsjo'nɛl] *adj POL* de la oposición
Oppositionsführer [ɔpozi'tsjoːnsfyːrər] *m POL* jefe de la oposición *m,* líder de la oposición *m*
Oppositionspartei [ɔpozi'tsjoːnspartaɪ] *f* partido de la oposición *m*
Optik ['ɔptɪk] *f* óptica *f*
Optiker(in) ['ɔptɪkər(ɪn)] *m/f* óptico/óptica *m/f*
optimal [ɔpti'maːl] *adj 1.* óptimo; *adv 2.* óptimamente
optimieren [ɔpti'miːrən] *v* optim(iz)ar
Optimierung [ɔpti'miːruŋ] *f* optim(iz)ación *f*
Optimismus [ɔpti'mɪsmus] *m* optimismo *m*
Optimist(in) [ɔpti'mɪst(ɪn)] *m/f* optimista *m/f*
optimistisch [ɔpti'mɪstɪʃ] *adj 1.* optimista; *adv 2.* con optimismo, muy optimista
Optimum ['ɔptimum] *n* grado óptimo *m*
Option [ɔp'tsjoːn] *f* opción *f*
optisch ['ɔptɪʃ] *adj 1.* óptico; *adv 2.* ópticamente
Opus ['oːpus] *n MUS* opus *m*
Orakel [o'raːkəl] *n HIST* oráculo *m*
oral [o'raːl] *adj 1.* oral; *adv 2.* oralmente, por medio oral
orange [o'rɑ̃ːŋʒ] *adj* naranja
Orange [o'rɑ̃ːŋʒə] *f BOT* naranja *f*
Orangeat [orɑ̃'ʒaːt] *n GAST* naranja confitada *f*
Orangensaft [o'rɑ̃ʒənzaft] *m GAST* zumo de naranja *m,* jugo de naranja *m* (LA)
Orangenschale [o'rɑ̃ʒənʃaːlə] *f* cáscara de naranja *f*
Orang-Utan ['oːraŋ'uːtan] *m ZOOL* orangután *m*
Oratorium [ora'toːrjum] *n MUS* oratorio *m*
Orbit ['ɔrbɪt] *m ASTR* órbita *f*
Orchester [ɔr'kɛstər] *n* orquesta *f*
Orchidee [ɔrçi'deː] *f BOT* orquídea *f*
Orden ['ɔrdən] *m 1. (Auszeichnung)* condecoración *f,* cruz *f; 2. REL* orden *f*
Ordensbruder ['ɔrdənsbruːdər] *m REL* fraile *m,* hermano *m,* religioso *m*
Ordensregel ['ɔrdənsreːgəl] *f REL* regla monástica *f*
Ordensschwester ['ɔrdənsʃvɛstər] *f REL* religiosa *f,* hermana *f,* monja *f*

ordentlich ['ɔrdəntlıç] *adj 1. (ordnungsliebend)* amante del orden, ordenado; *2. (aufgeräumt)* ordenado, arreglado; *3. (sorgfältig)* esmerado, sistemático; *adv 4.* ordenadamente, con esmero

Ordinalzahl [ɔrdi'naːltsaːl] *f MATH* número ordinal *m*

ordinär [ɔrdi'nɛːr] *adj 1.* ordinario, vulgar; *adv 2.* ordinariamente, vulgarmente

ordnen ['ɔrdnən] *v* ordenar, arreglar, clasificar

Ordner ['ɔrdnər] *m 1. (Hefter)* archivador *m,* clasificador *m; 2. (Person)* mantenedor del orden *m,* ordenador *m*

Ordnung ['ɔrdnuŋ] *f* orden *m; In ~!* ¡Conforme! *zur ~ rufen* llamar al orden

Ordnungsamt ['ɔrdnuŋsamt] *n* oficina del orden público *f*

ordnungsgemäß ['ɔrdnuŋsgəmɛːs] *adj 1.* debido, en orden, en debida forma; *adv 2.* debidamente, en debida forma, como es debido

Ordnungshüter ['ɔrdnuŋshyːtər] *m* guardián del orden *m*

Ordnungssinn ['ɔrdnuŋszın] *m* sentido del orden *m*

Ordnungsstrafe ['ɔrdnuŋsʃtraːfə] *f JUR* corrección disciplinaria *f,* pena reglamentaria *f*

ordnungswidrig ['ɔrdnuŋsviːdrıç] *adj 1.* irregular, ilegal; *adv 2.* irregularmente, ilegalmente

Ordnungszahl ['ɔrdnuŋstsaːl] *f* número ordinal *m*

Ordonnanz [ɔrdo'nants] *f MIL* ordenanza *f*

Oregano [o'reːgano] *m GAST* orégano *m*

Organ [ɔr'gaːn] *n* órgano *m*

Organbank [ɔr'gaːnbaŋk] *f MED* banco de órganos *m*

Organisation [ɔrganiza'tsjoːn] *f* organización *f*

Organisationstalent [ɔrganiza'tsjoːnstalɛnt] *n 1.* talento organizador *m; 2. (Mensch)* talento organizador *m*

Organisator(in) [ɔrgani'zaːtɔr/ɔrganiza'toːrın] *m/f* organizador(a) *m/f*

organisatorisch [ɔrganiza'toːrıʃ] *adj* de la organización

organisch [ɔr'gaːnıʃ] *adj* orgánico

organisieren [ɔrgani'ziːrən] *v* organizar, preparar, disponer

organisiert [ɔrgani'ziːrt] *adj* organizado

Organismus [ɔrga'nısmus] *m* organismo *m*

Organist(in) [ɔrga'nıst(ın)] *m/f MUS* organista *m/f*

Organspender(in) [ɔr'gaːnʃpɛndər(ın)] *m/f* donante de órganos *m/f*

Orgasmus [ɔr'gasmus] *m* orgasmo *m*

Orgel ['ɔrgəl] *f MUS* órgano *m*

Orgie ['ɔrgjə] *f* orgía *f*

Orient ['oːrjɛnt] *m GEO* Oriente *m*

Orientale [orjɛn'taːlə] *m* natural de Oriente Próximo *m*

Orientalin [orjɛn'taːlın] *f* natural de Oriente Próximo *f*

orientalisch [ɔrjɛn'taːlıʃ] *adj* oriental

orientieren [ɔrjɛn'tiːrən] *v* orientar, dirigir, guiar

Orientierung [ɔrjɛn'tiːruŋ] *f* orientación *f*

Orientierungssinn [ɔrjɛn'tiːruŋszın] *m* sentido de orientación *m*

Orientteppich [ɔr'jɛnttɛpıç] *m* alfombra oriental *f*

original [origi'naːl] *adj* original

Original [origi'naːl] *n* original *m*

Originalaufnahme [origi'naːlaufnaːmə] *f 1. (Fotografie)* fotografía original *f; 2. (Film, Ton)* grabación original *f*

originalgetreu [origi'naːlgətrɔy] *adj* conforme al original

Originalität [originali'tɛːt] *f 1. (Echtheit)* originalidad *f; 2. (Besonderheit)* singularidad *f,* particularidad *f*

Originalton [origi'naːltoːn] *m CINE* tono original *m*

originell [origi'nɛl] *adj* original

Orkan [ɔr'kaːn] *m METEO* huracán *m*

Orkanstärke [ɔr'kaːnʃtɛrkə] *f METEO* fuerza del huracán *f*

Ornament [ɔrna'mɛnt] *n* ornamento *m,* adorno *m*

ornamental [ɔrnamɛn'taːl] *adj ART* ornamental

Ornithologe [ɔrnito'loːgə] *m ZOOL* ornitólogo *m*

Ort [ɔrt] *m 1. (Stelle)* lugar *m,* sitio *m; 2. (Ortschaft)* localidad *f*

orten ['ɔrtən] *v* localizar, determinar la posición

orthodox [ɔrto'dɔks] *adj* ortodoxo

Orthodoxie [ɔrtodɔ'ksiː] *f REL* ortodoxia *f*

Orthografie [ɔrtogra'fiː] *f GRAMM* ortografía *f*

orthografisch [ɔrto'graːfıʃ] *adj* ortográfico

Orthopäde [ɔrto'pɛːdə] *m MED* ortopédico *m,* ortopedista *m*

Orthopädie [ɔrtopɛ'diː] *f MED* ortopedia *f*
orthopädisch [ɔrto'pɛːdɪʃ] *adj MED* ortopédico
örtlich ['øːrtlɪç] *adj 1.* local; *adv 2.* en la localidad, local
Örtlichkeiten ['øːrtlɪçkaɪtən] *pl* localidades *f/pl*
Ortsangabe ['ɔrtsangaːbə] *f* indicación del lugar *f*
ortsansässig ['ɔrtsanzɛsɪç] *adj* local, del lugar, de la localidad
Ortsausfahrt ['ɔrtsausfaːrt] *f* salida de la población *f*
Ortsbestimmung ['ɔrtsbəʃtɪmuŋ] *f (fig)* determinación de la situación geográfica *f*
Ortschaft ['ɔrtʃaft] *f* localidad *f*, poblado *m*
ortsfremd ['ɔrtsfrɛmt] *adj* forastero
Ortsgespräch ['ɔrtsgəʃprɛːç] *n TEL* llamada local *f*, llamada urbana *f*
Ortskern ['ɔrtskɛrn] *m* centro *m*
Ortsnetz ['ɔrtsnɛts] *n TEL* red local (urbana) *f*
Ortsteil ['ɔrtstaɪl] *m* barrio *m*, distrito *m*
Ortsumgehung ['ɔrtsumgeːuŋ] *f* desviación *f*
Ortsverkehr ['ɔrtsfɛrkeːr] *m 1.* tráfico urbano *m; 2. TEL* llamadas urbanas *f/pl*
Ortszeit ['ɔrtstsaɪt] *f* hora local *f*
Ortung ['ɔrtuŋ] *f* localización *f*
Öse ['øːzə] *f* corcheta *f*
Osmium ['ɔsmium] *n CHEM* osmio *m*
Osmose [ɔs'moːzə] *f BIO* ósmosis *f*
Ossi ['ɔsi] *m (fam)* habitante de la antigua Alemania Democrática *m*
Ost [ɔst] *m* este *m*
Ostafrika [ɔst'afrika] *n GEO* Africa oriental *f*
ostafrikanisch ['ɔstafrikaːnɪʃ] *adj* de Africa oriental
ostasiatisch ['ɔstazjaːtɪʃ] *adj* de Asia oriental
Ostasien [ɔst'aːzjən] *n GEO* Asia oriental *f*
Ostblock ['ɔstblɔk] *m POL* bloque oriental *m*
Osten ['ɔstən] *m 1.* este *m; 2. Naher ~ GEO* Oriente Próximo *m; Mittlerer ~* Oriente Medio *m; Ferner ~* Extremo Oriente *m,* Lejano Oriente *m; 3. (Ostblock) POL* Países del Este *m/pl*
Osterei ['oːstəraɪ] *n* huevo de Pascua *m*
Osterhase ['oːstərhaːzə] *m* conejo de Pascua *m*
Osterinsel ['oːstərɪnzəl] *f die ~ GEO* la Isla de Pascua
Ostermontag [oːstər'moːntaːk] *m* Lunes de Pascua *m*
Ostern ['oːstərn] *n* Pascua (de Resurrección) *f*
Österreich ['øːstərraɪç] *n GEO* Austria *f*
Österreicher(in) ['øːstərraɪçər(ɪn)] *m/f* austríaco/austríaca *m/f*
österreichisch ['øːstərraɪçɪʃ] *adj* austríaco
Ostersonntag [oːstər'zɔntaːk] *m* Domingo de Pascua *m,* Domingo de Resurrección *m*
Osteuropa ['ɔstɔyroːpa] *n GEO* Europa Oriental *f*, Europa del Este *f*
osteuropäisch ['ɔstɔyropɛːɪʃ] *adj* de la Europa oriental
östlich ['œstlɪç] *adj* oriental, del este
Ostpolitik ['ɔstpolitiːk] *f POL* política de los estados de la Europa oriental *f*
Östrogen [œstro'geːn] *n BIO* estrógeno *m*
Ostsee ['ɔstzeː] *f GEO* Mar Báltico *m*
O-Ton ['oːtoːn] *m (Originalton)* tono original *m*
Otter[1] ['ɔtər] *f ZOOL* víbora *f*
Otter[2] ['ɔtər] *m ZOOL* nutria *f*
Ottomotor ['ɔtomoːtɔr] *m TECH* motor Otto *m*
out [aut] *adj (fam: nicht mehr aktuell)* pasado de moda
outen ['autən] *v* manifestarse públicamente
Outfit ['autfɪt] *n* apariencia *f*, imagen *f*, look *m*
Output ['autput] *m INFORM* educto *m*
Ouvertüre [uvɛr'tyːrə] *f MUS* overtura *f*
oval [o'vaːl] *adj* oval, ovalado
Ovation [ova'tsjoːn] *f* ovación *f*
Overall ['oːvərɔːl] *m* mono *m,* overall *m* (LA)
Overheadprojektor ['oːvərhɛdprojɛktɔr] *m* retroproyector *m*
Oxid [ɔk'syːt] *n CHEM* óxido *m*
Oxidation [ɔksyda'tsjoːn] *f CHEM* oxidación *f*
Ozean ['oːtseaːn] *m* océano *m*
Ozeanien [otse'aːnjən] *n GEO* oceanía *f*
Ozelot ['oːtselɔt] *m ZOOL* ocelote *m*
Ozon [o'tsoːn] *n CHEM* ozono *m*
Ozongehalt [o'tsoːngəhalt] *m CHEM* nivel de ozono *m*
ozonhaltig [o'tsoːnhaltɪç] *adj CHEM* rico en ozono
Ozonloch [o'tsoːnlɔx] *n* agujero del ozono *m*
Ozonschicht [o'tsoːnʃɪçt] *f* capa de ozono *f*

P

paar [paːr] *adj* par; *ein ~ Mal* un par de veces, algunas veces; *die paar Groschen, die er verdient hat* las pocas migajas que él ha ganado
Paar [paːr] *n 1. (~ Schuhe)* par *m; 2. (Ehepaar)* pareja *f*
paaren ['paːrən] *v* emparejar, parear, aparear
Paarlauf ['paːrlauf] *m SPORT* patinaje por parejas *m*
Paarung ['paːruŋ] *f* apareamiento *m*
paarweise ['paːrvaɪzə] *adv* de dos en dos, por parejas
Pacht [paxt] *f 1. (Überlassung) in ~ geben* dar en arrendamiento; *2. (Entgelt)* arrendamiento *m*
pachten ['paxtən] *v* arrendar, tomar en arrendamiento
Pächter(in) ['pɛçtər(ɪn)] *m/f* arrendatario/arrendataria *m/f*
Pachtvertrag ['paxtfɛrtraːk] *m ECO* contrato de arrendamiento *m*
Pack [pak] *n (fam)* gentuza *f,* chusma *f*
Päckchen ['pɛkçən] *n* paquetito *m*
Packeis ['pakaɪs] *n* banquisa *f,* icefield *m*
packen ['pakən] *v 1. (ein~)* empaquetar, embalar; *2. (greifen)* agarrar, asir, coger (nicht in Argentinien)
Packesel ['pakeːzəl] *m* burro de carga *m*
Packpapier ['pakpapiːr] *n* papel de empaquetar *m,* papel de estraza *m*
Packung ['pakuŋ] *f 1. (Verpackung)* envoltorio *m; 2. (warme ~)* fomento *m;* embalaje *m; 3. (Paket)* paquete *m; 4. MED* envoltura *f*
Pädagoge [pɛda'goːgə] *m* pedagogo *m*
Pädagogik [pɛda'goːgɪk] *f* pedagogía *f*
Pädagogin [pɛda'goːgɪn] *f* pedagoga *f*
pädagogisch [pɛda'goːgɪʃ] *adj* pedagógico
Paddel ['padəl] *n* canalete *m,* remo de piragua *m*
Paddelboot ['padəlboːt] *n* canoa *f,* piragua *f*
paddeln ['padəln] *v* bogar en canoa
paff [paf] *interj* ¡pum!/¡paf!/¡zas!
Page ['paːʒə] *m* paje *m*
Pagenschnitt ['paːʒənʃnɪt] *m* pelo corto a lo colón *m*
Pailletten [paɪ'jɛtən] *pl* lentejuelas *f/pl*
Pak [pak] *f (Panzerabwehrkanone) MIL* cañón antiataque *m*
Paket [pa'keːt] *n* paquete *m,* bulto *m,* fardo *m*
Paketzustellung [pa'keːttsuːʃtɛluŋ] *f* entrega de paquetes *f*
Pakistan ['paːkɪstaːn] *n GEO* Pakistán *m*
Pakistani [pakɪs'taːni] *m/f* pakistaní *m/f*
pakistanisch [pakɪs'taːnɪʃ] *adj* pakistaní
Pakt [pakt] *m* pacto *m*
paktieren [pak'tiːrən] *v* pactar
Palast [pa'last] *m* palacio *m*
Palästina [palɛs'tiːna] *n GEO* Palestina *f*
Palästinenser(in) [palɛstɪ'nɛnzər(ɪn)] *m/f* palestino/palestina *m/f*
Palette [pa'lɛtə] *f 1. (Auswahl)* gama *f; 2. ART* paleta *f; 3. TECH* paleta *f,* plataforma de carga *f*
Palme ['palmə] *f BOT* palma *f,* palmera *f; auf der ~ sein (fig)* subirse por las paredes; *wieder von der ~ herunterkommen* bajarse de la parra, tranquilizarse
Palmkätzchen ['palmkɛtsçən] *n BOT* amento *m,* flor de sauce *f*
Palmsonntag ['palmzɔntaːk] *m REL* Domingo de Ramos *m*
Pampelmuse ['pampəlmuːzə] *f BOT* pomelo *m*
Panade [pa'naːdə] *f GAST* harina de empanar *f*
Panama ['panama] *n GEO* Panamá *m*
panamaisch [pana'maiʃ] *adj* panameño
Panflöte ['paːnfløːtə] *f MUS* flauta de Pan *f*
panieren [pa'niːrən] *v GAST* empanar
Paniermehl [pa'niːrmeːl] *n GAST* pan rallado *m*
Panik ['paːnɪk] *f* pánico *m*
panikartig ['paːnɪkartɪç] *adv* volando; *Er verließ ~ den Raum.* Salió volando./Salió con pies para qué os quiero.
Panikmache ['paːnɪkmaxə] *f* alarmismo *m*
panisch ['paːnɪʃ] *adj 1.* de pánico; *2. (Person)* pánico
Panne ['panə] *f 1. (Schaden)* avería *f; 2. (Missgeschick)* contratiempo *m*
Pannendienst ['panəndiːnst] *m* servicio de averías *m*
pannenfrei ['panənfraɪ] *adj* libre de averías

Pannenhilfe ['panənhɪlfə] *f* auxilio en carretera *m*
Panorama [pano'raːma] *n* panorama *m*, vista *f*
panschen ['panʃən] *v 1. (verfälschen)* adulterar, aguar; *2. (spielen)* chapotear
Panther ['pantər] *m ZOOL* pantera *f*
Pantine [pan'tiːnə] *f* chancleta *f*, chanclo *m*
Pantoffel [pan'tɔfəl] *m* zapatilla *f*, pantufla *f*; *unter dem ~ stehen* ser dominado por su mujer; *den ~ schwingen* llevar la batuta
Pantoffelheld [pan'tɔfəlhɛlt] *m (fam)* calzonazos *m*, sacolargo *m* (LA)
Pantomime [panto'miːmə] *f* pantomima *f*
pantomimisch [panto'miːmɪʃ] *adj THEAT* pantomímico
Panzer ['pantsər] *m 1. (Schutzpanzer)* armadura *f*, coraza *f*; *2. MIL* carro de combate *m*, tanque *m* (LA); *3. ZOOL* caparazón *m*
Panzerabwehr ['pantsərapveːr] *f MIL* defensa antitanques *f*
Panzerfaust ['pantsərfaust] *f MIL* lanzagranadas ligero *m*
Panzerglas ['pantsərglaːs] *n* cristal antibala *m*
Panzerschrank ['pantsərʃraŋk] *m* caja fuerte *f*
Panzerung ['pantsəruŋ] *f 1. MIL* blindaje *m*; *2. ZOOL* coraza *f*
Panzerwagen ['pantsərvaːgən] *m MIL* tanque *m*
Papa ['papa] *m* papá *m*, papi *m*
Papagei [papa'gaɪ] *m* papagayo *m*, loro *m*
Papier [pa'piːr] *n 1.* papel *m*; *nur auf dem ~ stehen (fig)* figurar sólo en el papel; *etw zu ~ bringen* escribir algo; *2. ~e pl (Dokument)* papeles de identidad *m/pl*, documentos de identidad *m/pl*; *Ihre ~e bitte!* ¡La documentación, por favor! *3. (Wertpapier) FIN* títulos-valores *m/pl*
Papierindustrie [pa'piːrɪndustriː] *f ECO* industria papelera *f*
Papierkorb [pa'piːrkɔrp] *m* papelera *f*, cesto de papeles *m*
Papierkrieg [pa'piːrkriːk] *m* papeleo burocrático *m*
Papierschnitzel [pa'piːrʃnɪtsəl] *m 1.* recortes *m/pl*; *2. (Konfetti)* confeti *m*
Papierserviette [pa'piːrzɛrvjɛtə] *f* servilleta de papel *f*
Papierwaren [pa'piːrvaːrən] *pl* artículos de papelería *m*
Pappbecher ['papbɛçər] *m* vaso de cartón *m*
Pappdeckel ['papdɛkəl] *m* tapa de cartón *f*
Pappe ['papə] *f* cartón *m*
Pappel ['papəl] *f BOT* álamo *m*, chopo *m*
pappen ['papən] *v* pegar con engrudo
Pappenheimer ['papənhaɪmər] *pl seine ~ kennen (fam)* conocer el paño
Pappenstiel ['papənʃtiːl] *m kein ~ sein* no ser moco de pavo (fam); *keinen ~ wert sein* no valer ni un duro; *für einen ~* por cuatros pelas
pappig ['papɪç] *adj 1. (klebrig)* pegajoso; *2. (breiig)* pastoso
Pappkarton ['papkartɔŋ] *m* caja de cartón *f*
Pappnase ['papnaːzə] *f* nariz de cartón *f*
Paprika ['paprɪka] *f 1. BOT* pimiento *m*; *m 2. (Gewürz)* pimentón *m*
Papst [paːpst] *m REL* Papa *m*, Sumo Pontífice *m*; *päpstlicher als der ~ sein* ser más Papa que el Papa
päpstlich ['pɛːpstlɪç] *adj REL* papal, pontificio; *~er als der Papst sein* ser más papista que el Papa
Papsttum ['paːpsttum] *n* papado *m*
Papyrus [pa'pyːrus] *m 1. BOT* papiro *m*; *2. (historische Schrift) HIST* papiro *m*
Parabel [pa'raːbəl] *f 1. MATH* parábola *f*; *2. LIT* parábola *f*
Parabolantenne [para'boːlantɛnə] *f TECH* antena parabólica *f*
Parade [pa'raːdə] *f* desfile militar *m*
Paradies [para'diːs] *n* paraíso *m*; *das ~ auf Erden* el paraíso terrenal *m*
paradiesisch [para'diːzɪʃ] *adj* paradisíaco
Paradiesvogel [para'diːsfoːgəl] *m ZOOL* ave del paraíso *f*
paradox [para'dɔks] *adj* paradójico
Paragraph [para'graːf] *m 1.* párrafo *m*; *2. JUR* artículo *m*
Paragraphenreiter [para'graːfənraɪtər] *m* burócrata *m*
Paraguay [para'guaɪ] *n GEO* Paraguay *m*
parallel [para'leːl] *adj* paralelo
Parallele [para'leːlə] *f* paralela *f*
Paralyse [para'lyːzə] *f MED* parálisis *f*
paralysieren [paraly'ziːrən] *v* paralizar
Parameter [pa'raːmeːtər] *m* parámetro *m*
paranoid [parano'iːt] *adj* paranoico
Paranuss ['paranus] *f BOT* nuez del Brasil *f*, castaña del marañón *f*
Parasit [para'ziːt] *m* parásito *m*
parasitär [parazi'tɛːr] *adj* parásito
parat [pa'raːt] *adj* listo, preparado
Parcours [par'kuːr] *m 1. (beim Pferdesport) SPORT* pista de recorrido *f*; *2. (beim Motorsport) SPORT* pista de recorrido *f*

Parenthese [parɛn'teːzə] *f* paréntesis *m*
Parfüm [par'fyːm] *n* perfume *m*, aroma *m*, fragancia *f*
Parfümerie [parfymə'riː] *f* perfumería *f*
Parfümflasche [par'fyːmflaʃə] *f* frasco de perfume *m*
parfümieren [parfy'miːrən] *v* perfumar
parieren [pa'riːrən] *v 1. (fam)* obedecer; *2. SPORT* parar, quitar, atajar
Parität [pari'tɛːt] *f* paridad *f*
Park [park] *m* parque *m*
Parkanlage ['parkanlaːgə] *f* parque *m*
Parkdeck ['parkdɛk] *n* planta de un aparcamiento *f*
parken ['parkən] *v* estacionar, aparcar, parquear (LA); *Darf ich hier ~?* ¿Puedo aparcar aquí? *Wo kann ich das Auto ~?* ¿Dónde puedo estacionar el coche?
Parker ['parkər] *m* aparcador *m*
Parkett [par'kɛt] *n 1. (Fußboden)* parqué *m*, parquet *m; 2. THEAT* platea *f*
Parkhaus ['parkhaus] *n* garaje de varios pisos *m*, parking *m*
Parklücke ['parklykə] *f* hueco de fila para aparcar *m*
Parkplatz ['parkplats] *m* aparcamiento *m*, aparcadero *m*, parking *m*, playa de estacionamiento *f* (LA)
Parkschein ['parkʃaɪn] *m* autorización de aparcar *f*
Parksünder(in) ['parkzyndər(ɪn)] *m/f* persona que aparca en zona prohibida *f*
Parkuhr ['parkuːr] *f* parquímetro *m*
Parkverbot ['parkfɛrboːt] *n* prohibición de estacionamiento *f; ~!* ¡Estacionamiento prohibido!
Parlament [parla'mɛnt] *n POL* parlamento *m*
Parlamentär [parlamɛn'tɛːr] *m* parlamentario *m*
Parlamentarier [parlamɛn'taːriər] *m POL* parlamentario *m*
parlamentarisch [parlamɛn'taːrɪʃ] *adj POL* parlamentario
Parlamentsausschuss [parla'mɛntsausʃus] *m POL* comisión parlamentaria *f*
Parlamentswahlen [parla'mɛntsvaːlən] *pl POL* elecciones generales *f/pl*, elecciones legislativas *f/pl*
Parmesankäse [parme'zaːnkɛːzə] *m GAST* queso parmesano *m*
Parodie [paro'diː] *f* parodia *f*
parodieren [paro'diːrən] *v* parodiar
parodistisch [paro'dɪstɪʃ] *adj* paródico
Parole [pa'roːlə] *f* consigna *f*, santo y seña *m*
Paroli [pa'roːli] *n jdm ~ bieten (Widerstand leisten)* presentar cara a alguien, oponerse a alguien
Partei [par'taɪ] *f POL* partido *m*
Parteiapparat [par'taɪaparaːt] *m POL* aparato de partido *m*
Parteibuch [par'taɪbuːx] *n POL* carnet de partido *m*
Parteichef(in) [par'taɪʃɛf(ɪn)] *m/f POL* jefe(a) de partido *m/f*
Parteienfinanzierung [par'taɪənfinantsiːruŋ] *f POL* financiación de los partidos *f*
Parteienverkehr [par'taɪənfɛrkeːr] *m* horario de atención al público *m*
Parteiführer(in) [par'taɪfyːrər(ɪn)] *m/f POL* líder de partido *m/f*
Parteigänger(in) [par'taɪgɛŋər(ɪn)] *m/f* partidario/partidaria *m/f*, correligionario/correligionaria *m/f*
parteiisch [par'taɪɪʃ] *adj* parcial
parteilich [par'taɪlɪç] *adj* del partido, parcial
Parteilichkeit [par'taɪlɪçkaɪt] *f* parcialidad *f*
parteilos [par'taɪloːs] *adj POL* independiente
Parteimitglied [par'taɪmɪtgliːt] *n POL* miembro del partido *m*, militante *m*
Parteinahme [par'taɪnaːmə] *f* partido *m*, parcialidad *f*
Parteiprogramm [par'taɪprɔgram] *n POL* programa de partido *f*
Parteispitze [par'taɪʃpɪtsə] *f POL* dirección del partido *f*
Parteitag [par'taɪtaːk] *m POL* asamblea general del partido *f*
parterre [par'tɛr] *adv* piso bajo *m*, planta baja *f*
Parterre [par'tɛr] *n 1. (Erdgeschoss)* planta baja *f; 2. THEAT* patio *m*, platea *f*
Partie [par'tiː] *f 1. (Schachspiel)* partida *f; 2. (Spiel)* partido *m; 3. (Teil)* parte *f; 4. (fig) eine gute ~ sein* ser un buen partido; *eine gute ~ machen* hacer un buen partido
partiell [par'tsjɛl] *adj* parcial
Partikel [par'tikəl] *n 1. PHYS* partícula *f; f 2. GRAMM* partícula *f*
Partikularismus [partikula'rɪsmus] *m POL* particularismo *m*
Partisan(in) [parti'zaːn(ɪn)] *m/f POL* partisano/partisana *m/f*, guerrillero/guerrillera *m/f*

Partizip [parti'tsiːp] *n GRAMM* participio *m*
partizipieren [partitsi'piːrən] *v* participar
Partner(in) ['partnər(ɪn)] *m/f 1. (Ehepartner(in))* cónyuge *m/f; 2. (Geschäftspartner(in))* socio/socia *m/f; 3. (Vertragspartner(in))* parte contratante *f*
Partnerschaft ['partnərʃaft] *f* compañía *f*
partout [par'tuː] *adv* a toda costa, absolutamente
Party ['paːrti] *f* fiesta *f; Darf ich Sie zu einer ~ einladen?* ¿Puedo invitarle a una fiesta?
Parzelle [par'tsɛlə] *f* parcela *f*
Pascha ['paʃa] *m (fig)* pachá *m*
Pass [pas] *m 1. (Ausweis)* pasaporte *m; 2. (Bergpass)* paso *m*
passabel [pa'saːbəl] *adj* pasable
Passage [pa'saːʒə] *f 1. (Durchgang)* paso *m,* pasaje *m; 2. (Überfahrt)* pasaje *m*
Passagier [pasa'ʒiːr] *m* pasajero *m,* viajero *m; blinder ~* polizón *m*
Passagierschiff [pasa'ʒiːrʃɪf] *n* buque de pasajeros *m*
Passant(in) [pa'sant(ɪn)] *m/f* transeúnte *m/f,* peatón *m*
Passatwind [pa'saːtvɪnt] *m METEO* alisio *m*
Passbild ['pasbɪlt] *n* foto de pasaporte *f*
passen ['pasən] *v 1. (Kleidung)* quedar bien, caer bien, sentar bien; *2. (angemessen sein)* ser apropiado, ser adecuado; *3. (recht sein)* venir bien, estar bien; *4. (fig: aufgeben müssen)* pasar, dejar de hacer
passend ['pasənt] *adj* conveniente, apropiado, sentador
Passform ['pasfɔrm] *f TECH* forma *f*
Passierball [pa'siːrbal] *m SPORT* pasada *f*
passierbar [pa'siːrbaːr] *adj* transitable
passieren [pa'siːrən] *v 1. (geschehen)* ocurrir, suceder, pasar; *2. (durchgehen)* pasar por, atravesar; *3. GAST* colar
Passierschein [pa'siːrʃaɪn] *m* salvoconducto *m,* pase *m*
Passion [pasj'oːn] *f 1.* pasión *f,* afecto *m; 2. REL* pasión *f*
passioniert [pasjo'niːrt] *adj* apasionado
Passionsspiel [pasj'oːnsʃpiːl] *n REL* Misterio de la Pasión *m*
passiv ['pasiːf] *adj* pasivo
Passiva [pa'siːva] *pl ECO* pasivo *m,* deudas a pagar *f/pl*
Passivität [pasivi'tɛːt] *f* pasividad *f*
Passkontrolle ['paskɔntrɔlə] *f* control de pasaportes *m*
Passstraße ['pasʃtraːsə] *f* paso de montaña *m,* puerto de montaña *m*
Passung ['pasuŋ] *f TECH* ajuste *m*
Passus ['pasus] *m* pasaje *m,* párrafo *m*
Paste ['pastə] *f* pasta *f*
Pastellfarbe [pa'stɛlfarbə] *f 1. (Farbton)* color pastel *m; 2. (Pastellstift)* lápiz de color pastel *m*
Pastellton [pas'tɛltoːn] *m* tono pastel *m*
Pastete [pa'steːtə] *f 1. GAST* empanada *f; 2. (Fleischpastete) GAST* paté *m*
pasteurisieren [pastøri'ziːrən] *v* pasteurizar
Pastor ['pastɔr] *m REL* pastor *m*
Pate ['paːtə] *m* padrino *m; bei etw ~ stehen* hacer de padrino de algo
Patenkind ['paːtənkɪnt] *n* ahijado *m*
Patenschaft ['paːtənʃaft] *f* padrinazgo *m*
patent [pa'tɛnt] *adj* excelente, de primera
Patent [pa'tɛnt] *n* patente *f*
Patentamt [pa'tɛntamt] *n* oficina de patentes *f,* Registro de la propiedad industrial (in Spanien) *m*
Patentanwalt [pa'tɛntanvalt] *m JUR* agente de patentes *m*
patentieren [patɛn'tiːrən] *v* patentar
Patentrezept [pa'tɛntretsɛpt] *n (fig)* solución ideal *f*
Pater ['paːtər] *m REL* padre *m*
pathetisch [pa'teːtɪʃ] *adj* patético
Pathologe [pato'loːgə] *m MED* patólogo *m*
Pathologie [patolo'giː] *f MED* patología *f*
Pathologin [pato'loːgɪn] *f MED* patóloga *f*
pathologisch [pato'loːgɪʃ] *adj 1. MED* patológico; *adv 2.* de manera patológica
Pathos ['paːtɔs] *n* patetismo *m*
Patient(in) [pats'jɛnt(ɪn)] *m/f* paciente *m/f*
Patin ['paːtɪn] *f* madrina *f*
Patina ['paːtina] *f* pátina *f*
Patriarch [patri'arç] *m* patriarca *m*
patriarchalisch [patriar'çaːlɪʃ] *adj* patriarcal
Patriarchat [patriar'çaːt] *n* patriarcado *m*
Patriot(in) [patri'oːt(ɪn)] *m/f* patriota *m/f*
patriotisch [patri'oːtɪʃ] *adj 1.* patriótico; *adv 2.* con patriotismo
Patriotismus [patrio'tɪsmus] *m* patriotismo *m*
Patron(in) [pa'troːn(ɪn)] *m/f* patrón/patrona *m/f*
Patronat [patro'naːt] *n* patronato *m*
Patrone [pa'troːnə] *f 1. (einer Waffe)* cartucho *m; 2. (Tintenpatrone)* cartucho de tinta *m,* repuesto *m*

Patronenhülse [pa'tro:nənhylzə] *f* vaina (del cartucho) *f*
Patronentasche [pa'tro:nəntaʃə] *f* *MIL* cartuchera *f*
Patrouille [pa'truljə] *f* *MIL* patrulla *f*
Patsche ['patʃə] *f* *1. (Notlage)* aprieto *m,* apuro *m; 2. (Händchen)* manita *f*
patschnass ['patʃ'nas] *adj* calado hasta los huesos, hecho una sopa
patt [pat] *adj* empatado
Patt [pat] *n 1. (beim Schach)* tablas *f/pl; ~ sein* quedar tablas; *2. (fig)* empate *m*
patzen ['patsən] *v* chapucear
Patzer ['patsər] *m* metedura de pata *f,* pequeño fallo *m*
patzig ['patsɪç] *adj 1.* insolente, impertinente; *adv 2.* insolentemente
Pauke ['paukə] *f* *MUS* bombo *m,* timbal *m; mit ~n und Trompeten* con bombo y platillo
pauken ['paukən] *v (fam)* empollar
Paukenschlag ['paukənʃla:k] *m* golpe de timbal *m*
Pauker ['paukər] *m (fam)* profe *m*
pausbäckig ['pausbɛkɪç] *adj* mofletudo
pauschal [pau'ʃa:l] *adj 1.* global, en conjunto; *adv 2.* en bloque, en conjunto
Pauschale [pau'ʃa:lə] *f* importe global *m,* tanto alzado *m,* precio global *m*
pauschalisieren [pauʃali'zi:rən] *v* fijar un importe total
Pauschalpreis [pau'ʃa:lpraɪs] *m* precio global *m*
Pauschalreise [pau'ʃa:lraɪzə] *f* viaje organizado *m*
Pauschbetrag ['pauʃbətra:k] *m (fam: Pauschalbetrag)* importe global *m*
Pause ['pauzə] *f* pausa *f*
pausen ['pauzən] *v* calcar
Pausenbrot ['pauzənbro:t] *n* merienda *f*
pausenlos ['pauzənlo:s] *adj* incesante, ininterrumpido
pausieren [pau'zi:rən] *v* hacer una pausa, descansar
Pavian ['pa:via:n] *m* *ZOOL* papión *m*
Pavillon ['pavɪlj ɔ] *m* pavillón *m*
Pazifik [pa'tsifɪk] *m* *GEO* Pacífico *m*
Pazifismus [patsi'fɪsmus] *m* pacifismo *m*
Pazifist(in) [patsɪ'fɪst(ɪn)] *m/f* *POL* pacifista *m/f*
pazifistisch [patsɪ'fɪstɪʃ] *adj 1. POL* pacifista; *adv 2.* pacíficamente
Pech [pɛç] *n 1.* pez *f,* brea *f; wie ~ und Schwefel* como el pegamento; *2. (fig: Missgeschick)* mala suerte *f*
pechschwarz ['pɛç'ʃvarts] *adj* negro azabache
Pechsträhne ['pɛçʃtrɛ:nə] *f* mala racha *f*
Pechvogel ['pɛçfo:gəl] *m* cenizo *m,* desgraciado *m*
Pedal [pe'da:l] *n* pedal *m*
Pedant(in) [pɛ'dant(ɪn)] *m/f* pedante *m/f,* vanidoso/vanidosa *m/f,* presumido/presumida *m/f*
Pedanterie [pedantə'ri:] *f* pedantería *f*
pedantisch [pɛ'dantɪʃ] *adj 1.* pedante, vanidoso, presumido; *adv 2.* pedantemente
Pediküre [pedi'ky:rə] *f* pedicura *f*
Pegel ['pe:gəl] *m* nivel *m*
peilen ['paɪlən] *v 1. (Richtung)* arrumbar, marcar; *2. die Lage ~ (fig)* sondear el terreno
Pein [paɪn] *f* pena *f,* tormento *m*
peinigen ['paɪnɪgən] *v* atormentar, hacer sufrir
peinlich ['paɪnlɪç] *adj 1. (unangenehm)* desagradable, embarazoso; *es ist mir ~* me sabe mal; *2. (übergenau)* escrupuloso, minucioso, meticuloso
Peinlichkeit ['paɪnlɪçkaɪt] *f 1. (Verlegenheit)* turbación *f,* situación embarazosa *f; 2. (Genauigkeit)* minuciosidad *f,* meticulosidad *f*
Peitsche ['paɪtʃə] *f* látigo *m*
peitschen ['paɪtʃən] *v 1. (schlagen)* azotar, flagelar; *2. (fig)* fustigar
Pekinese [peki'ne:zə] *m* *ZOOL* pequinés *m*
Pelikan ['pe:lika:n] *m* *ZOOL* pelícano *m*
Pelle ['pɛlə] *f* piel *f,* pellejo *m; jdm auf die ~ rücken* arremeter contra alguien
Pellkartoffel ['pɛlkartɔfəl] *f* *GAST* patatas cocidas sin pelar *f/pl,* papas cocidas sin pelar *f/pl*(LA)
Pelz [pɛlts] *m 1. (Fell)* piel *f; jdm auf den ~ rücken* acosar a alguien; *jdm einen auf den ~ brennen* pegar un tiro a alguien; *2. (~mantel)* abrigo de piel *m; 3. (Haut)* pellejo *m*
pelzig ['pɛltsɪç] *adj* peludo
Pelzkragen ['pɛltskra:gən] *m* cuello de pieles *m*
Pelzmantel ['pɛltsmantəl] *m* abrigo de pieles *m*
Pendant [p ɑ'd ɑ:] *n* compañero *m,* pareja *f*
Pendel ['pɛndəl] *n* péndulo *m*
pendeln ['pɛndəln] *v 1. (baumeln)* balancear, bambolear; *2. (fig)* vacilar, ir y venir
Pendelverkehr ['pɛndəlfɛrke:r] *m* tráfico de vaivén *m,* servicio de vaivén *m*
Pendler(in) ['pɛndlər(ɪn)] *m/f* trabajador(a) que se vale a diario del servicio de vaivén *m/f*

penetrant [pɛnə'trant] *adj 1.* penetrante; *adv 2.* de manera penetrante
peng [pɛŋ] *interj* ¡zas!
penibel [pe'niːbəl] *adj* minucioso, meticuloso, escrupuloso
Penicillin [penitsi'liːn] *n MED* penicilina *f*
Penis ['peːnɪs] *m ANAT* pene *m*
pennen ['pɛnən] *v (fam)* dormir, sobar
Penner ['pɛnər] *m 1. (fam: Obdachloser)* vagabundo *m; 2. (fam: unaufmerksamer Mensch)* atorrante *m*
Pension [pɛn'zjoːn] *f 1. (Ruhestand)* jubilación *f,* retiro *m; 2. (Rente)* pensión de vejez *f,* jubilación *f; 3. (Unterkunft)* pensión *f,* casa de huéspedes *f*
pensionieren [pɛnzjo'niːrən] *v* jubilar
Pensionsalter [pɛn'zjoːnsaltər] *n* edad de jubilación *f*
Pensionsgast [pɛn'zjoːnsgast] *m* huésped *m*
Pensum ['pɛnzum] *n* tarea *f,* trabajo *m*
Peperoni [pepe'roːni] *f GAST* pimiento picante *m,* guindilla verde *f*
per [pɛr] *prep 1.* por; *~ Bahn* por ferrocarril; *2. ~ pedes* a pie
perfekt [pɛr'fɛkt] *adj 1.* perfecto; *adv 2.* perfectamente
Perfekt ['pɛrfɛkt] *n GRAMM* perfecto *m*
Perfektion [pɛrfɛk'tsjoːn] *f* perfección *f*
Perfektionismus [pɛrfɛktsjo'nɪsmus] *m irr* perfeccionismo *m*
Perfektionist(in) [pɛrfɛktsjo'nɪst(ɪn)] *m/f* perfeccionista *m/f*
perfide [pɛr'fiːt] *adj* pérdido, traidor
perforieren [pɛrfo'riːrən] *v* perforar, cavar
Pergament [pɛrga'mɛnt] *n* pergamino *m*
Pergola ['pɛrgola] *f* pérgola *f*
Periode [per'joːdə] *f 1. (Zeitabschnitt)* época *f,* período *m; 2. (Menstruation)* menstruación *f,* regla *f,* período *m*
Periodensystem [pe'rjoːdənzysteːm] *n CHEM* sistema periódico de elementos *f*
periodisch [per'joːdɪʃ] *adj* periódico
peripher [peri'feːr] *adj* periférico
Peripherie [perife'riː] *f* periferia *f*
Periskop [perɪ'skoːp] *n* periscopio *m*
Perle ['pɛrlə] *f* perla *f*
perlen ['pɛrlən] *v 1. (Schweiß)* gotas de sudor *f/pl; 2. (Sekt)* burbujas *f/pl; 3. (Lachen)* lágrimas *f/pl; 4. (rollen)* perlas *f/pl*
Perlenkette ['pɛrlənkɛtə] *f* collar de perlas *m*
Perlenkollier ['pɛrlənkɔljeː] *n* collar de perlas *m*
Perlhuhn ['pɛrlhuːn] *n ZOOL* gallina de Guinea *f*
Perlmuschel ['pɛrlmuʃəl] *f* madreperla *f*
Perlmutt [pɛrl'mut] *n* nácar *m*
permanent [pɛrma'nɛnt] *adj* permanente, constante
Permanenz [pɛrma'nɛnts] *f* permanencia *f,* constancia *f*
perplex [pɛr'plɛks] *adj* perplejo, estupefacto
Perser ['pɛrzər] *m (Teppich)* alfombra persa *f*
Perser(in) ['pɛrzər(ɪn)] *m/f* persa *m/f*
Perserkatze ['pɛrzərkatsə] *f ZOOL* gato persa *m*
Perserteppich ['pɛrzərtɛpɪç] *m* alfombra persa *f*
Persianer [pɛr'zjaːnər] *m* astracán *m*
Persien ['pɛrziən] *n GEO* Persia *f*
Person [pɛr'zoːn] *f* persona *f; etw in ~ sein* ser algo en persona
Personal [pɛrzo'naːl] *n* personal *m*
Personalabbau [pɛrzo'naːlapbau] *m ECO* reducción de personal *f*
Personalabteilung [pɛrzo'naːlaptaɪluŋ] *f* sección de personal *f,* departamento de personal *m*
Personalakte [pɛrzo'naːlaktə] *f* acta personal *f*
Personalausweis [pɛrzo'naːlausvaɪs] *m* cédula personal de identidad *f, (in Spanien)* documento nacional de identidad (DNI) *m, (in Peru)* libreta electoral *f*
Personalchef(in) [pɛrzo'naːlʃɛf(ɪn)] *m/f ECO* jefe(a) de personal *m/f*
Personalcomputer [pɛrzo'naːlkompjuːtər] *m* ordenador personal *m,* computadora personal *f* (LA)
Personalien [pɛrzo'naːljən] *pl* datos personales *m/pl*
Personalmangel [pɛrzo'naːlmaŋəl] *m* escasez de personal *f*
Personalpronomen [pɛrzo'naːlpronoːmən] *n GRAMM* pronombre personal *m*
personell [pɛrzo'nɛl] *adj 1. (das Personal betreffend)* respecto al personal; *2. (eine Person betreffend)* personal
Personenbeschreibung [pɛr'zoːnənbəʃraɪbuŋ] *f* descripción de la persona *f*
Personenkraftwagen [pɛr'zoːnənkraftvaːgən] *m* coche *m,* automóvil *m,* turismo *m* (in Spanien), carro *m* (LA)
Personenkreis [pɛr'soːnənkraɪs] *m* círculo de personas *m*

Personenschaden [pɛr'zoːnənʃaːdən] *m* daño personal *m*
Personenwagen [pɛr'soːnənvaːgən] *m* automóvil *m*
Personenzug [pɛr'soːnəntsuːk] *m 1.* tren de pasajeros *m; 2. (im Gegensatz zum Schnellzug)* tren ómnibus *m*
personifizieren [pɛrzonifi'tsiːrən] *v* personificar
persönlich [pɛr'zøːnlɪç] *adj* personal; *Dies sind nur Sachen für meinen ~en Bedarf.* Esas son sólo cosas de uso personal. *etw ~ nehmen* tomarse algo a pecho
Persönlichkeit [pɛr'zøːnlɪçkaɪt] *f* personalidad *f*
Perspektive [pɛrspɛk'tiːvə] *f* perspectiva *f*
perspektivisch [pɛrspɛk'tiːvɪʃ] *adj 1.* perspectivo; *adv 2.* perspectivamente
Peru [pe'ruː] *n GEO* Perú *m*
Peruaner(in) [peru'aːnər(ɪn)] *m/f* peruano/peruana *m/f*
peruanisch [peru'aːnɪʃ] *adj* peruano
Perücke [pɛ'rykə] *f* peluca *f*
pervers [pɛr'vɛrs] *adj* perverso, malvado
Perversion [pɛrvɛr'zjoːn] *f* perversión *f*
pervertieren [pɛrvɛr'tiːrən] *v* pervertir
Pessimismus [pɛsi'mɪsmus] *m* pesimismo *m*
Pessimist(in) [pɛsɪ'mɪst(ɪn)] *m/f* pesimista *m/f*
pessimistisch [pɛsi'mɪstɪʃ] *adj* pesimista
Pest [pɛst] *f MED* peste *f; jdn hassen wie die ~* odiar a alguien a muerte
Pestizid [pɛsti'tsiːt] *n CHEM* pestizida *f*
Petersilie [petər'ziːljə] *f BOT* perejil *m*
Petition [peti'tsjoːn] *f* petición *f,* súplica *f*
Petrochemie ['pɛtrokɛmiː] *f CHEM* petroquímica *f*
Petroleum [pe'troːljum] *n* petróleo *m*
Petroleumlampe [pe'troːleumlampə] *f* lámpara de petróleo *f*
Petto ['peto] *n etw in ~ haben* tener preparado algo, tener algo en reserva
petzen ['pɛtsən] *v* delatar, denunciar
Pfad [pfaːt] *m* sendero *m,* senda *f; auf dem ~ der Tugend wandeln* seguir la senda de la virtud; *auf krummen ~en wandeln (fig)* seguir sendas tortuosas
Pfadfinder(in) ['pfaːtfɪndər(ɪn)] *m/f* explorador(a) *m/f,* boy-scout *m*
Pfahl [pfaːl] *m* palo *m,* estaca *f*
Pfand [pfant] *n* prenda *f,* depósito *m*
Pfandbrief ['pfantbriːf] *m FIN* cédula hipotecaria *f*
pfänden ['pfɛndən] *v* embargar, poner embargo sobre
Pfandflasche ['pfantflaʃə] *f* botella retornable *f*
Pfandhaus ['pfanthaus] *n* casa de empeño *f,* monte de piedad *m,* montepío *m* (LA)
Pfandleihe ['pfantlaɪə] *f (Leihhaus)* monte de piedad *m*
Pfanne ['pfanə] *f* sartén *f; jdn in die ~ hauen (fig)* derrotar a alguien
Pfannkuchen ['pfankuːxən] *m GAST* tortilla *f*
Pfarramt ['pfaramt] *n 1. (Amtswohnung)* parroquia *f; 2. REL* curato *m*
Pfarrei [pfa'raɪ] *f 1. (Pfarrbezirk) REL* parroquía *f,* feligresía *f; 2. (Pfarramt) REL* parroquia *f; 3. (Pfarrhaus) REL* casa parroquial *f*
Pfarrer ['pfarər] *m REL* parroco *m,* cura *m*
Pfau [pfau] *m ZOOL* pavo real *m*
Pfeffer ['pfɛfər] *m* pimienta *f; ~ im Hintern haben (fig)* tener pimienta en el trasero, tener culo de mal asiento
Pfefferminz ['pfɛfərmɪnts] *f BOT* menta *f,* hierbabuena *f*
Pfefferminztee ['pfɛfərmɪntsteː] *m GAST* té de menta *m*
Pfeffermühle ['pfɛfərmyːlə] *f* molinillo de pimienta *m*
pfeffern ['pfɛfərn] *v* sazonar con pimienta, echar pimienta
Pfeife ['pfaɪfə] *f 1. (Trillerpfeife)* pito *m,* silbato *m; nach jds ~ tanzen (fig)* bailar al son que toca alguien; *2. (Tabakpfeife)* pipa *f; jdn in der ~ rauchen (fig)* acabar con alguien fácilmente
pfeifen ['pfaɪfən] *v irr* silbar; *sich eins ~* hacerse el desinteresado; *jdm etw ~* no hacer caso de alguien; *auf etw ~* no hacer caso de algo
Pfeifenraucher(in) ['pfaɪfənrauxər(ɪn)] *m/f* fumador(a) de pipa *m/f*
Pfeifentabak ['pfaɪfəntabak] *m* tabaco de pipa *m*
Pfeifkonzert ['pfaɪfkɔntsɛrt] *n* pitadas *f/pl,* abucheo *m*
Pfeifton ['pfaɪftoːn] *m* silbido *m*
Pfeil [pfaɪl] *m* flecha *f*
Pfeiler ['pfaɪlər] *m* pilar *m*
pfeilschnell [pfaɪl'ʃnɛl] *adj* rápido como un rayo, con la rapidez de una flecha
Pfennig ['pfɛnɪç] *m* penique *m,* centavo *m* (LA); *keinen ~ wert sein* no valer un duro; *mit jedem ~ rechnen müssen* tener que mirar por cada duro que se gasta

Pferch [pfɛrç] *m* aprisco *m,* redil *m*
pferchen ['pfɛrçən] *v* apretujar
Pferd [pfeːrt] *n ZOOL* caballo *m; das ~ beim Schwanz aufzäumen (fig)* tomar el rábano por las hojas; *mit jdm ~e stehlen können* poder ir al fin del mundo con alguien; *sich aufs hohe ~ setzen* apostar muy alto; *das beste ~ im Stall sein* ser el mejor caballo de la cuadra; *die ~e scheu machen* asustar al ganado; *aufs richtige ~ setzen* hacer una buena apuesta; *Keine zehn ~e bringen mich dorthin.* No iría de ningún modo. *Ich denk, mich tritt ein ~!* ¡Creo que me va a dar un ataque!
Pferdekoppel ['pfeːrdəkɔpəl] *f* dehesa para caballos *f*
Pferderennbahn ['pfeːrdərɛnbaːn] *f* hipódromo *m*
Pferderennen ['pfeːrdərɛnən] *n* carrera de caballos *f*
Pferdeschwanz ['pfeːrdəʃvants] *m (fig: Haarfrisur)* cola de caballo *f,* coleta *f*
Pferdestärke ['pfeːrdəʃtɛrkə] *f TECH* caballo de vapor *m*
Pfiff [pfɪf] *m 1. (Pfeifen)* silbido *m,* pitada *f; 2. (fig: Schick)* último toque *m,* garbo *m*
Pfifferling ['pfɪfərlɪŋ] *m BOT* cantarela *f; keinen ~ wert sein* no valer ni un duro
pfiffig ['pfɪfɪç] *adj 1.* astuto; *adv 2.* astutamente, con astucia
Pfiffigkeit ['pfɪfɪçkaɪt] *f* vivacidad *f*
Pfingsten ['pfɪŋstən] *n REL* Pentecostés *m*
Pfingstmontag [pfɪŋst'moːntaːk] *m REL* lunes de Pentecostés *m*
Pfingstsonntag [pfɪŋst'zɔntaːk] *m REL* domingo de Pentencostés *m*
Pfirsich ['pfɪrzɪʃ] *m BOT* melocotón *m,* durazno *m*
Pfirsichbaum ['pfɪrzɪçbaum] *m BOT* melocotonero *m*
Pfirsichsaft ['pfɪrzɪçzaft] *m GAST* zumo de melocotón *m*
Pflanze ['pflantsə] *f* planta *f*
pflanzen ['pflantsən] *v* plantar
Pflanzenart ['pflantsənaːrt] *f* especie de planta *f*
Pflanzenfett ['pflantsənfɛt] *n* grasa vegetal *f*
Pflanzenfresser ['pflantsənfrɛsər] *m ZOOL* herbívoro *m*
Pflanzenkunde ['pflantsənkundə] *f* botánica *f*
Pflanzenöl ['pflantsənøːl] *n* aceite vegetal *m*
Pflanzenschutzmittel ['pflantsənʃutsmɪtəl] *n* producto antiparasitario *m,* plaguicida *m*
pflanzlich ['pflantslɪç] *adj* vegetal
Pflaster ['pflastər] *n 1. (Straßenpflaster)* empedrado *m,* adoquinado *m; ein teures ~ sein (fig)* ser una zona muy cara; *ein heißes ~ sein (fig)* ser una zona conflictiva; *2. (Wundpflaster)* emplasto *m,* tirita *f*
pflastern ['pflastərn] *v* pavimentar
Pflasterstein ['pflastərʃtaɪn] *m* adoquín *m*
Pflasterung ['pflastəruŋ] *f* pavimento *m,* adoquinado *m*
Pflaume ['pflaumə] *f BOT* ciruela *f*
Pflaumenkuchen ['pflaumənkuːxən] *m GAST* pastel de ciruelas *m*
Pflege ['pfleːgə] *f* cuidado *m,* asistencia *f*
pflegebedürftig ['pfleːgəbədyrftɪç] *adj* necesitado de cuidados, necesitado de asistencia
Pflegeeltern ['pfleːgəɛltərn] *pl* padres tutelares *m/pl,* padres putativos *m/pl*
Pflegefall ['pfleːgəfal] *m* caso asistencial *m*
Pflegeheim ['pfleːgəhaɪm] *n* asilo *m,* residencia *f*
Pflegekind ['pfleːgəkɪnt] *n* niño acogido *m,* hijo putativo *m*
pflegeleicht ['pfleːgəlaɪçt] *adj* de fácil lavado
pflegen ['pfleːgən] *v jdn ~* cuidar de alguien, atender a alguien, asistir a alguien
Pflegenotstand ['pfleːgənoːtʃtant] *m* escasez de personal sanitario *f*
Pflegepersonal ['pfleːgəpɛrzonaːl] *n* personal sanitario *m*
Pfleger(in) ['pfleːgər(ɪn)] *m/f* cuidador(a) *m/f,* auxiliar de enfermería *m/f,* asistente *m/f*
Pflegeversicherung ['pfleːgəfɛrzɪçəruŋ] *f* seguro de asistencia médica *m*
Pflicht [pflɪçt] *f* deber *m,* obligación *f*
pflichtbewusst ['pflɪçtbəvust] *adj 1.* cumplidor de su deber; *adv 2.* con consciencia de su deber, consciente de su deber
Pflichtbewusstsein ['pflɪçtbəvustzaɪn] *n* conciencia del deber *f*
Pflichterfüllung ['pflɪçtɛrfyluŋ] *f* cumplimiento del deber *m*
Pflichtfach ['pflɪçtfax] *n* asignatura obligatoria *f*
Pflichtgefühl ['pflɪçtgəfyːl] *n* sentido del deber *m*
pflichtgemäß ['pflɪçtgəmɛːs] *adj 1.* debido, obligatorio; *adv 2.* debidamente, según se debe

Pflichtteil ['pflıçttaıl] *m JUR* legítima *f*
Pflichtübung ['pflıçty:buŋ] *f* ejercicio obligatorio *m*
pflichtvergessen ['pflıçtfɛrgɛsən] *adj* incumplidor, informal
Pflichtverletzung ['pflıçtfɛrlɛtsuŋ] *f* incumplimiento del deber *m*
pflichtversichert ['pflıçtfɛrzıçərt] *adj* asegurado obligatorio
Pflichtversicherung ['pflıçtfɛrzıçeruŋ] *f* seguro obligatorio *m*
Pflichtverteidiger(in) ['pflıçtfɛrtaıdıgər(ın)] *m/f* defensor(a) de oficio *m/f*
Pflock [pflɔk] *m* estaca *f*, clavija *f*
pflücken ['pflykən] *v (Obst)* coger, recoger
Pflug [pflu:k] *m AGR* arado *m*
pflügen ['pfly:gən] *v AGR* arar
Pforte ['pfɔrtə] *f* puerta *f*
Pförtner(in) ['pfœrtnər(ın)] *m/f* portero/portera *m/f*, conserje *m*
Pfosten ['pfɔstən] *m* poste *m*
Pfote ['pfo:tə] *f* pata *f*; *sich die ~n verbrennen (fam)* quemarse los dedos; *jdm eins auf die ~n geben* dar a alguien un toque de atención
Pfropfen ['pfrɔpfən] *m 1. (Papier, Gewehr)* taco *m; 2. (Kork)* corcho *m; 3. (Bausch)* tampón *m; 4. (Blutpfropfen) MED* tapón *m*
pfropfen ['pfrɔpfən] *v 1. (hineindrücken)* taponar; *2. (Flasche)* tapar con un tapón
Pfuhl [pfu:l] *m 1.* charco *m*, pantano *m; 2. (fig)* cloaca *f*
pfui [pfui] *interj Pfui!* ¡Puf!/¡Qué asco!
Pfund [pfunt] *n 1. (Maßeinheit)* libra *f*; *2. (Währungseinheit)* Libra Esterlina *f*
pfundig ['pfundıç] *adj (fam: großartig)* estupendo, magnífico
Pfundnote ['pfuntno:tə] *f* billete de una libra *m*
Pfusch ['pfuʃ] *m* chapuza *f*
pfuschen ['pfuʃən] *v (fam)* hacer trampas, hacer chapuzas
Pfuscher ['pfuʃər] *m (fam)* tramposo *m*, chapucero *m*
Pfütze ['pfytsə] *f* charco *m*
phallisch ['falıʃ] *adj* fálico
Phänomen [fɛno'me:n] *n* fenómeno *m*
Phantom [fan'to:m] *n* fantasma *m*
Phantombild [fan'to:mbılt] *n* retrato-robot *m*, identiquit *m* (LA)
Pharao ['fa:rao] *m HIST* faraón *m*
Pharisäer [fari'zɛ:ər] *m* fariseo *m*
Pharmaindustrie ['farmaındustri:] *f* industria farmacéutica *f*
Pharmaka ['farmaka] *pl MED* fármaco *m*
Pharmakologe [farmako'lo:gə] *m* farmacólogo *m*
Pharmakologie [farmakolo'gi:] *f* farmacología *f*
Pharmakologin [farmako'lo:gın] *f* farmacóloga *f*
Pharmareferent(in) ['farmareferɛnt(ın)] *m/f* vistador médico/vistadora médica *m/f*
pharmazeutisch [farma'tsɔytıʃ] *adj* farmacéutico
Pharmazie [farma'tsi:] *f* farmacia *f*
Phase ['fa:zə] *f* fase *f*
Philanthrop(in) [filan'tro:p(ın)] *m/f* filántropo/filántropa *m/f*
Philharmonie [filharmo'ni:] *f MUS* orquesta filarmónica *f*
Philharmoniker [filhar'mo:nıkər] *pl MUS* músico de la orquesta filarmónica *m*
Philippinen [fili'pi:nən] *pl die ~ GEO* las (Islas) Filipinas
Philologe [filo'lo:gə] *m* filólogo *m*
Philologie [fılolo'gi:] *f* filología *f*
Philologin [fılo'lo:gın] *f* filológa *f*
Philosoph(in) [filo'zo:f(ın)] *m/f* filósofo/filósofa *m/f*
Philosophie [filozo'fi:] *f* filosofía *f*
philosophieren [filozo'fi:rən] *v* filosofar
philosophisch [filo'zo:fıʃ] *adj* filosófico
Phlegma ['flɛgma] *n* flema *f*
phlegmatisch [flɛg'ma:tıʃ] *adj* flemático
Phobie [fo'bi:] *f PSYCH* fobia *f*
Phonetik [fo'ne:tık] *f* fonética *f*
phonetisch [fo'ne:tıʃ] *adj* fonético
Phönix [fø'nıks] *m* fénix *m*
phönizisch [fø'ni:tsıʃ] *adj HIST* fenicio
Phosphat [fɔs'fa:t] *n CHEM* fosfato *m*
phosphatfrei [fɔs'fa:tfraı] *adj* sin fosfato
phosphathaltig [fɔs'fa:thaltıç] *adj CHEM* rico en fosfato
Phosphor ['fɔsfo:r] *m CHEM* fósforo *m*
Photosynthese [fo:to:zyn'te:zə] *f BIO* fotosíntesis *f*
Photozelle ['fo:to:tsɛlə] *f TECH* célula fotoeléctrica *f*
Phrase ['fra:zə] *f LING* giro *m*; *leere ~n dreschen* hablar por hablar
phrasenhaft ['fra:sənhaft] *adj* enfático
pH-Wert [pe'have:rt] *m CHEM* valor pH *m*, grado de pH en una sustancia *m*
Physik [fy'zı:k] *f* física *f*
physikalisch [fy:zi'ka:lıʃ] *adj* físico
Physiker(in) ['fy:zıkər(ın)] *m/f* físico/física *m/f*

Physiologie [fyːzjolo'giː] *f* fisiología *f*
physiologisch [fyːzjo'loːgɪʃ] *adj* fisiológico
Physiotherapeut(in) ['fyːzjoterapɔyt(ɪn)] *m/f MED* fisioterapeuta *m/f*
physiotherapeutisch ['fyːzjoterapɔytɪʃ] *adj MED* fisioterapeutico
Physis ['fyːzɪs] *f MED* cuerpo *m*
physisch ['fyːzɪʃ] *adj* físico
Pi [piː] *n 1. MATH* pi *f; 2. ~ mal Daumen* a ojo de buen cubero
Pianist(in) [pia'nɪst(ɪn)] *m/f MUS* pianista *m/f*
Piano ['piaːno] *n MUS* piano *m*
picheln ['pɪçəln] *v (fam)* beber (mucho)
Pickel ['pɪkəl] *m 1. (Werkzeug)* pico *m; 2. (Pustel)* grano *m,* pústula *f*
pickelig ['pɪkəlɪç] *adj* lleno de espinillas
picken ['pɪkən] *v* picar
Picknick ['pɪknɪk] *n* merienda campestre *f,* picnic *m*
piekfein ['piːkfaɪn] *adj (fam)* acicalado, peripuesto, emperifollado
Piep [piːp] *m keinen ~ mehr sagen* no decir ya ni pío; *einen ~ haben* tener un tornillo flojo
piepe ['piːpə] *adj (fam) Das ist mir ~.* Me da lo mismo.
piepen ['piːpən] *v zum Piepen sein* ser para morirse de risa; *Bei dem piept's wohl!* ¡Está mal de la cabeza!
Pieps [piːps] *m* pío *m*
piepsen ['piːpsən] *v 1.* piar; *2. (Funkgerät)* pitar; *3. (Vogel)* piar
Pier [piːr] *m NAUT* muelle *m,* malecón *m*
Pietät [pie'tɛːt] *f* piedad *f*
pietätlos [pie'tɛːtloːs] *adj* despiadado
pietätvoll [pie'tɛːtfɔl] *adj* piadoso
Pigment [pɪg'mɛnt] *n* pigmento *m*
Pik [piːk] *m (fam: heimlicher Groll)* pique *m; einen ~ auf jdn haben* tener manía a alguien
pikant [pi'kant] *adj 1.* picante; *2. (Witz)* verde
Pike ['piːkə] *f* pica *f*
pikiert [pi'kiːrt] *adj* picado
Pikkolo ['pɪkolo] *m 1. (Kellnerlehrling)* ayudante de camarero *m; 2. (kleine Sektflasche) GAST* benjamín *m,* botella pequeña de cava *f*
piksen ['piːksən] *v (fam)* picar
Pilger(in) ['pɪlgər(ɪn)] *m/f* peregrino/peregrina *m/f*
Pilgerfahrt ['pɪlgərfaːrt] *f* peregrinación *f*
pilgern ['pɪlgərn] *v 1.* peregrinar; *2. durch die Stadt ~* peregrinar
Pille ['pɪlə] *f* píldora *f; eine bittere ~ für jdn sein* ser un trago amargo para alguien; *die bittere ~ schlucken* tragar quina; *jdm eine bittere ~ zu schlucken geben* hacer pasar un mal trago a alguien
Pilot(in) [pi'loːt(ɪn)] *m/f* piloto *m/f*
Pilotenschein [pi'loːtənʃaɪn] *m* autorización de pilotar *f*
Pilotfilm [pi'loːtfɪlm] *m* episodio piloto *m*
Pilotprojekt [pi'loːtprojɛkt] *n* proyecto piloto *m*
Pilotversuch [pi'loːtfɛrzuːx] *m* intento piloto *m*
Pils [pɪls] *n* cerveza de tipo pils *f*
Pilz [pɪlts] *m BOT* hongo *m*
Pilzerkrankung ['pɪltsɛrkraŋkuŋ] *f MED* micosis *f*
Pilzgericht ['pɪltsgərɪçt] *n GAST* plato de setas *m*
Pilzvergiftung ['pɪltsfɛrgɪftuŋ] *f MED* intoxicación por hongos venenosos *f*
pingelig ['pɪŋəlɪç] *adj (fam)* pedante, meticuloso
Pingeligkeit ['pɪŋəlɪçkaɪt] *f* pedantería *f*
Pinguin ['pɪŋguiːn] *m ZOOL* pingüino *m*
Pinie ['piːnjə] *f BOT* pino *m*
Pinienkern ['piːnjənkɛrn] *m BOT* piñón *m*
pink [pɪŋk] *adj* de color rosa fucsia
Pink [pɪŋk] *n* rosa fucsia *f*
pinkeln ['pɪŋkəln] *v (fam)* mear
Pinsel ['pɪnzəl] *m* pincel *m*
pinseln ['pɪnzəln] *v 1.* pintar; *2. (sorgfältig schreiben)* escribir
Pinselstrich ['pɪnzəlʃtrɪç] *m ART* pincelada *f*
Pinzette [pɪn'tsɛtə] *f* pinzas *f/pl*
Pionier [pio'niːr] *m* pionero *m*
Pioniergeist [pio'niːrgaɪst] *m (fig)* espíritu pionero *m*
Pipeline ['paɪplaɪn] *f* oleducto *m,* gaseoducto *m*
Pipette [pi'pɛtə] *f* pipeta *f*
Pipifax ['pipifaks] *m (fam)* bagatela *f,* disparate *m*
Pirat [pi'raːt] *m* pirata *m,* bucanero *m*
Pirouette [piru'ɛtə] *f SPORT* pirueta *f*
Pissoir [pɪso'aːr] *n* urinario *m,* meadero *m*
Pistazie [pɪs'taːtsjə] *f BOT* pistacho *m*
Piste ['pɪstə] *f* pista *f*
Pistole [pɪs'toːlə] *f* pistola *f; jdm die ~ auf die Brust setzen (fig)* poner a alguien la pistola en el pecho
Pistolenlauf [pɪs'toːlənlauf] *m* cañón de la pistola *m*

Pistolenschuss [pɪs'to:lənʃus] *m* pistoletazo *m,* tiro de pistola *m*
Pistolentasche [pɪ'sto:ləntaʃə] *f* pistolera *f*
Pizza ['pɪtsa] *f GAST* pizza *f*
Pizzeria [pɪtse'ri:a] *f GAST* pizzería *f*
Placebo [pla'tse:bo] *n MED* placebo *m*
Plackerei [plakɛ'raɪ] *f* trabajo pesado *m*
plädieren [plɛ'di:rən] *v ~ für* abogar por, defender
Plädoyer [plɛdoa'je:] *n* informe en un juicio *m*
Plage ['pla:gə] *f* molestia *f,* fastidio *m*
plagen ['pla:gən] *v sich ~* afanarse, ajetrearse
Plagiat [plag'ja:t] *n* plagio *m*
Plakat [pla'ka:t] *n* cartel *m*
plakatieren [plaka'ti:rən] *v 1.* fijar carteles; *2. (fig)* fijar
plakativ [plaka'ti:f] *adj* llamativo
Plakatwand [pla'ka:tvant] *f* valla publicitaria *f*
Plakette [pla'kɛtə] *f 1.* placa *f; 2. (Abzeichen)* placa conmemorativa *f; 3. (Gedenkmünze)* medalla *f*
Plan¹ [pla:n] *m 1.* plan *m; 2. (Stadtplan)* plano *m*
Plan² [pla:n] *m (Kampfplatz) jdn auf den ~ rufen* hacer aparecer a uno
plan [pla:n] *adj* llano, plano
Plane ['pla:nə] *f (Zeltplane)* toldo *m*
planen ['pla:nən] *v* planear, proyectar
Planet [pla'ne:t] *m* planeta *m*
planetarisch [plane'ta:rɪʃ] *adj* planetario
Planetarium [plane'ta:rjum] *n* planetario *m*
Planetensystem [pla'ne:tənzyste:m] *n ASTR* sistema planetario *f*
planieren [pla'ni:rən] *v* aplanar, nivelar, explanar
Planierraupe [pla'ni:rraupə] *f* aplanadora *f,* bulldózer *m*
plänkeln ['plɛŋkəln] *v* pelearse
Plankton ['plaŋkton] *n* plancton *m*
planlos ['pla:nlo:s] *adj 1.* sin plan, caótico; *adv 2.* al azar, sin plan, caóticamente
Planlosigkeit ['pla:nlo:zɪçkaɪt] *f* falta de método *f*
planmäßig ['pla:nmɛ:sɪç] *adj 1.* metódico, sistemático; *adv 2.* como estaba planificado, metódicamente, sistemáticamente
Planmäßigkeit ['pla:nmɛ:sɪçkaɪt] *f 1. (Methodik)* método *m; 2. (Pünktlichkeit)* puntualidad *f; 3. (Regelmäßigkeit)* regularidad *f*
Planspiel ['pla:nʃpi:l] *n* simulación *f*
Plantage [plan'ta:ʒə] *f* plantación *f*
Plantschbecken ['planʃbɛkən] *n* piscina para niños *f*
plantschen ['planʃən] *v* chapotear
Planung ['pla:nuŋ] *f* planificación *f*
Planungsbüro ['pla:nuŋsbyro:] *n* oficina de planificación *f*
Planungsstadium ['pla:nuŋsʃta:djum] *n* fase de planificación *f*
Planwirtschaft ['pla:nvɪrtʃaft] *f ECO* economía dirigida *f,* economía planificada *f*
plapperhaft ['plapərhaft] *adj* hablador, parlachín
Plappermaul ['plapərmaul] *n* cotorra *f*
plappern ['plapərn] *v* parlotear, charlar
plärren ['plɛrən] *v 1.* lloriquear; *2. (unschön schreien)* berrear, chillar; *3. (singen)* canturrear
Plasma ['plasma] *n BIO* plasma *m*
Plastik ['plastɪk] *n 1.* plástico *m; f 2. ART* plástica *f,* artes plásticas *f/pl*
Plastikfolie ['plastɪkfo:ljə] *f* hoja plástica *f*
Plastiktüte ['plastɪkty:tə] *f* bolsa de plástico *f*
plastisch ['plastɪʃ] *adj 1.* plástico; *2. (fig)* gráfico
Plastizität [plastitsi'tɛ:t] *f 1. (Formbarkeit)* moldeabilidad *f; 2. (Bildhaftigkeit)* plasticidad *f*
Platane [pla'ta:nə] *f BOT* plátano *m*
Plateau [pla'to:] *n* meseta *f,* altiplanicie *f,* altiplano *m*
Platin ['pla:ti:n] *n CHEM* platino *m*
platschen ['platʃən] *v* chapotear
plätschern ['plɛtʃərn] *v* murmurar
platt [plat] *adj 1.* llano, plano; *2. (fig)* banal, trivial, insustancial
Plattdeutsch ['platdɔytʃ] *n LING* bajo alemán *m*
Platte ['platə] *f 1. (Holzplatte)* tablero *m,* plancha *f; 2. (Fliese)* baldosa *f; 3. (Schallplatte)* disco *m; eine andere ~ auflegen (fig)* cambiar el disco; *4. (Tortenplatte)* bandeja *f*
Plattenspieler ['platənʃpi:lər] *m* tocadiscos *m*
Plattform ['platfɔrm] *f* plataforma *f*
Plattfuß ['platfu:s] *m 1. (fam: Reifenpanne)* reventón *m,* pinchazo *m; 2. MED* pie plano *m*
Plattitüde [plati'ty:də] *f* trivialidad *f,* lugar común *m*
plattnasig ['platna:ziç] *adj* chato

Platz [plats] *m 1. (Stelle)* lugar *m,* sitio *m; Nehmen Sie bitte ~!* ¡Siéntese, por favor! *einen ~ an der Sonne haben* tener fortuna en la vida; *fehl am ~ sein* estar fuera de lugar/ser inoportuno; *~ behalten* guardar asiento; *jdn auf die Plätze verweisen (fig)* poner a alguien en su sitio; *2. (Spielfeld)* campo *m,* pista *f,* cancha *f* (LA); *3. (Marktplatz)* plaza *f; 4. (freier Raum)* espacio *m,* lugar *m; ~ sparend* que no ocupa mucho espacio, que ayuda a economizar espacio

Platzangst ['platsaŋst] *f* agorafobia *f*

Platzanweiser ['platsanvaɪzər] *m* acomodador

Platzbedarf ['platsbədarf] *m* necesidad de espacio *f*

Plätzchen ['plɛtsçən] *n 1. (kleiner Platz)* plazuela *f; 2. (Gebäck)* galleta *f*

platzen ['platsən] *v* reventar

platzieren [pla'tsiːrən] *v* colocar

platziert [pla'tsiːrt] *adj* colocado, ubicado

Platzierung [pla'tsiːruŋ] *f* colocación *f*

Platzkarte ['platskartə] *f* reserva de asiento *f*

Platzmangel ['platsmaŋəl] *m* falta de espacio *f*

Platzregen ['platsreːgən] *m* aguacero *m,* chaparrón *m*

Platzverhältnisse ['platsfɛrhɛltnɪsə] *pl SPORT* estado del campo de juego *m*

Platzverweis ['platsfɛrvaɪs] *m SPORT* exclusión *f*

Platzwart ['platsvart] *m SPORT* guardián de campo de juego *m*

Platzwunde ['platsvundə] *f MED* fisura *f,* brecha *f,* raja *f*

Plauderei [plaudə'raɪ] *f* conversación *f,* plática *f,* charla *f*

plaudern ['plaudərn] *v* conversar, charlar, platicar

Plaudertasche ['plaudərtaʃə] *f* habladora *f,* chismosa *f*

plausibel [plau'ziːbəl] *adj* plausible

Plausibilität [plauzibili'tɛːt] *f* plausibilidad *f*

Playback ['pleːbɛk] *n 1. (Begleitmusik) MUS* play-back *m; 2. (Stimme) MUS* voz en play-back *f*

Plazenta [pla'tsɛnta] *f ANAT* placenta *f*

plebejisch [ple'beːjɪʃ] *adj 1. HIST* plebeyo *m; 2. (fig)* de clase baja

Plebiszit [plebɪs'tsiːt] *n POL* plebiscito *m*

pleite ['plaɪtə] *adj* en quiebra; *~ sein* quedarse sin camisa/estar sin un duro

Pleite ['plaɪtə] *f* quiebra *f,* bancarrota *f; ~ gehen* ir a la quiebra

Pleitegeier ['plaɪtəgaɪər] *m der ~ schwebt über etw* algo está amenazado de quiebra; *Ihm sitzt der ~ im Nacken.* Está al borde de la quiebra.

Plenarsaal [ple'naːrzaːl] *m* sala de plenos *f*

Plenum ['pleːnum] *n* pleno *m*

Pleuelstange ['plɔyəlʃtaŋə] *f TECH* biela *f*

Plexiglas ['plɛksiglaːs] *n* plexiglaas *m*

Plisseerock [pli'seːrɔk] *m* falda plisada *f*

Plombe ['plɔmbə] *f 1.* precinto *m; 2. (Zahnplombe)* empaste *m*

plombieren [plɔm'biːrən] *v 1.* precintar; *2. (Zahn)* empastar

Plotter ['plɔtər] *m INFORM* graficador *m*

Plötze ['plœtsə] *f ZOOL* pez teleósteo *m*

plötzlich ['plœtslɪç] *adj 1.* súbito, repentino, imprevisto; *adv 2.* súbitamente, de repente, de pronto, de golpe; *Der Winter kam ~.* El invierno llegó de golpe./El invierno llegó pronto.

Plötzlichkeit ['plœtslɪçkaɪt] *f* brusquedad *f*

plump [plump] *adj 1. (unförmig)* deforme; *2. (ungeschickt)* torpe; *adv 3. (ungeschickt)* torpemente

Plumpheit ['plumphaɪt] *f* tosquedad *f*

plumpsen ['plumpsən] *v* caer pesadamente

Plunder ['plundər] *m* trastos *m/pl,* cachivaches *m/pl*

Plünderer ['plyndərər] *m* saqueador *m*

Plundergebäck ['plundərgəbɛk] *n GAST* bollo relleno *m*

plündern ['plyndərn] *v* pillar, saquear

Plünderung ['plyndəruŋ] *f* pillaje *m,* saqueo *m*

Plural ['pluːraːl] *m GRAMM* plural *m*

Pluralismus [pluːra'lɪsmus] *m POL* pluralismo *m*

pluralistisch [pluːra'lɪstɪʃ] *adj* pluralista

Pluralität [plurali'tɛːt] *f* pluralidad *f*

plus [plus] *adv 1. (Grad)* sobre cero; *2. MATH* más

Plus [plus] *n 1. (Überschuss)* excedente *m,* superávit *m; 2. (fig)* ventaja *f*

Plüsch [plyːʃ] *m* felpa *f,* peluche *m*

Plüschtier ['plyːʃtiːr] *n* animal de peluche *m*

Pluspol ['pluspoːl] *m TECH* polo positivo *m*

Pluspunkt ['pluspuŋkt] *m* punto a favor *m*

Plusquamperfekt ['pluskvampɛrfɛkt] *n GRAMM* pluscuamperfecto

Pluszeichen ['plustsaɪçən] *n MATH* signo de adición *m*
Plutokratie [plutokra'tiː] *f POL* plutocracia *f*
Plutonium [plu'toːnjum] *n CHEM* plutonio *m*
Pneumatik [pnɔy'maːtɪk] *f TECH* neumática *f*
pneumatisch [pnɔy'maːtɪʃ] *adj TECH* neumático
Po [poː] *m (fam) ANAT* popo *m,* trasero *m*
Pöbel ['pøːbəl] *m* plebe *f,* populacho *m*
pöbelhaft ['pøːbəlhaft] *adj* vulgar, grosero
pöbeln ['pøːbəln] *v (fam)* chinchar, fastidiar
pochen ['pɔxən] *v 1. (klopfen)* golpear; *2. auf etw ~* insistir en algo
Pocken ['pɔkən] *pl MED* viruela *f*
Pockenimpfung ['pɔkənɪmpfuŋ] *f MED* vacunación antivariólica *f*
pockennarbig ['pɔkənnarbɪç] *adj* picado de viruela
Podest [po'dɛst] *n* estrado *m,* tarima *f*
Podium ['poːdjum] *n* estrado *m,* podio *m*
Podiumsdiskussion ['poːdjumdɪskusjoːn] *f* coloquio *m*
Poesie [poe'ziː] *f* poesía *f*
Poesiealbum [poe'ziːalbum] *n* álbum de poesías *m*
Poet(in) [po'eːt(ɪn)] *m/f* poeta/poetisa *m/f*
poetisch [po'eːtɪʃ] *adj 1.* poético; *adv 2.* poéticamente
Pogrom [po'groːm] *n* pogromo *m*
Pointe [po' ɛtə] *f* efecto sorpresa *m*
pointiert [po ɛ'tiːrt] *adj* agudo, con agudeza
Pokal [po'kaːl] *m* copa *f*
Pokalsieger(in) [po'kaːlziːgər(ɪn)] *m/f SPORT* ganador(a) de la copa *m/f*
Pokalspiel [po'kaːlʃpiːl] *n SPORT* partido de copa *m*
Pökelfleisch ['pøːkəlflaɪʃ] *n GAST* carne salada *f,* salazón *m*
pökeln ['pøːkəln] *v* salar, adobar, acecinar
Poker ['poːkər] *m (Kartenspiel)* póquer *m; 2. (fig: riskantes Verhandeln)* juego peligroso *m*
pokern ['poːkərn] *v* jugar al póquer
Pol [poːl] *m* polo *m; der ruhende ~ sein* ser la tranquilidad en persona
Polareis [po'laːraɪs] *n* hielo polar *m*
polarisieren [polari'ziːrən] *v* polarizar
Polarität [polari'tɛːt] *f* polaridad *f*
Polarkreis [po'laːrkraɪs] *m GEO* círculo polar *m*
Polaroidfoto [pola'rɔɪtfoto] *n FOTO* foto polaroid *f*
Polarstern [po'laːrʃtɛrn] *m ASTR* estrella polar *f*
Pole ['poːlə] *m* polaco *m*
Polemik [po'leːmɪk] *f* polémica *f*
polemisch [po'leːmɪʃ] *adj* polémico
polemisieren [polemi'ziːrən] *v* polemizar
Polen ['poːlən] *n GEO* Polonia *f*
Police [po'liːsə] *f* póliza *f*
Polier [po'liːr] *m* pulir
polieren [po'liːrən] *v* pulir, bruñir
Polin ['poːlɪn] *f* polaca *f*
Polioimpfung ['poːljoɪmpfuŋ] *f MED* vacuna contra la polio *f*
Politesse [poli'tɛsə] *f* mujer policía *f*
Politik [poli'tiːk] *f* política *f*
Politiker(in) [po'liːtikər(ɪn)] *m/f* político/política *m/f*
Politikverdrossenheit [poli'tiːkfɛrdrɔsənhaɪt] *f* desencanto político *m*
Politikverständnis [poli'tiːkfɛrʃtɛntnɪs] *n* entendimiento de la política *m*
politisch [po'liːtɪʃ] *adj* político
politisieren [politi'ziːrən] *v* hablar de política, llevar un asunto a la política
Politologie [politolo'giː] *f* politología *f*
politologisch [polito'loːgɪʃ] *adj* politólogo
Politur [poli'tuːr] *f* pulimento *m,* bruñido *m*
Polizei [poli'tsaɪ] *f* policía *f; Verständigen Sie bitte sofort die ~.* Por favor, avise inmediatamente a la policía. *dümmer sein, als die Polizei erlaubt* ser más tonto que un asno
Polizeiapparat [poli'tsaɪaparaːt] *m* aparato policial *m*
Polizeibeamter [poli'tsaɪbəamtər] *m* funcionario de policía *m,* agente de policía *m*
Polizeibeamtin [poli'tsaɪbəamtɪn] *f* funcionaria de policía *f,* agente de policía *f*
Polizeichef(in) [poli'tsaɪʃɛf(ɪn)] *m/f* jefe de policía/jefa de policía *m/f*
Polizeigewahrsam [poli'tsaɪgəvaːrzaːm] *m* detención policial *f*
Polizeihund [poli'tsaɪhunt] *m* perro policía *m*
Polizeikommissar(in) [poli'tsaɪkɔmɪsaːr(ɪn)] *m/f* comisario/comisaria de policía *m/f*
polizeilich [poli'tsaɪlɪç] *adj 1.* policial, policíaco; *adv 2.* por orden de la policía
Polizeipräsident(in) [poli'tsaɪprɛzidɛnt(ɪn)] *m/f* presidente de la Policía *m/f*
Polizeipräsidium [poli'tsaɪprɛziːdjum] *n* jefatura superior de policía *f*

Polizeirevier [poli'tsaɪreviːr] *n* comisaría *f*, distrito policial *m*
Polizeischutz [poli'tsaɪʃuts] *m* protección policial *f*
Polizeisirene [poli'tsaɪzɪreːnə] *f* sirena *f*
Polizeistaat [poli'tsaɪʃtaːt] *m* estado policial *m*
Polizeistreife [poli'tsaɪʃtraɪfə] *f* patrulla de policía *f*
Polizeistunde [poli'tsaɪʃtundə] *f* hora de cierre *f*
Polizist(in) [poli'tsɪst(ɪn)] *m/f* policía *m/f*, guardia *m/f*
Polka ['pɔlka] *f* polca *f*
Pollen ['pɔlən] *m* polen *m*
Pollenflug ['pɔːlənfluːk] *m* polen en el aire *m*
polnisch ['pɔlnɪʃ] *adj* polaco
Polohemd ['poːlohɛmt] *n* polo *m*
Polonäse [polo'nɛːzə] *f MUS* polonesa *f*
Polster ['pɔlstər] *n* acolchado *m*
Polstergarnitur ['pɔlstərgarnituːr] *f* tresillo *m*
Polstermöbel ['pɔlstərmøːbəl] *pl* muebles tapizados *m/pl*
polstern ['pɔlstərn] *v* acolchar, tapizar
Polstersessel ['pɔlstərzɛsəl] *m* sillón tapizado *m*
Polsterung ['pɔlstəruŋ] *f* acolchado *m*
Polterabend ['pɔltəraːbənt] *m* fiesta de víspera de bodas *f*, vigilia de bodas *f*
Poltergeist ['pɔltərgaɪst] *m* trasgo *m*, duende *m*
poltern ['pɔltərn] *v 1.* alborotar, hacer ruido; *2. (schimpfen)* gritar, vociferar; *3. (sich fortbewegen)* irse con ruido
Polyester [poly'ɛstər] *m 1. CHEM* poliéster *m; 2. (Textilstoff)* poliéster *m*
Polygamie [poliga'miː] *f* poligamia *f*
Polygamist(in) [poliga'mɪst(ɪn)] *m/f* polígamo/polígama *m/f*
polyglott [poly'glɔt] *adj* políglota
Polynesien [poly'neːzjən] *n GEO* Polinesia *f*
polynesisch [poly'neːzɪʃ] *adj* polinesio
Polyp [po'lyːp] *m 1. MED* pólipo *m; 2. ZOOL* pólipo *m; 3. (fam: Polizist)* polizonte *m*
Pomade [po'maːdə] *f* pomada *f*
pomadig [po'maːdɪç] *adj 1. (mit Pomade eingerieben)* untado con pomada; *2. (fam: träge)* flemático
Pommes frites [pɔm'frɪts] *pl GAST* patatas fritas *f/pl*, papas fritas *f/pl* (LA)
Pomp [pɔmp] *m* pompa *f*
pomphaft ['pɔmphaft] *adj* pomposo
pompös [pɔm'pøːs] *adj* pomposo
Poncho ['pɔntʃo] *m* poncho *m*
Pony ['pɔni] *m 1. (Frisur)* flequillo *m; n 2. ZOOL* poney *m*
Popgruppe ['pɔpgrupə] *f MUS* grupo de música pop *m*
Popmusik ['pɔpmuziːk] *f MUS* música pop *f*
Popo [po'poː] *m (fam)* culito *m*
poppig ['pɔpɪç] *adj* pop
Popszene ['pɔpstseːnə] *f* escena pop *f*
populär [popu'lɛːr] *adj* popular
Popularität [popularɪ'tɛːt] *f* popularidad *f*
populärwissenschaftlich [popu'lɛːrvɪsənʃaftlɪç] *adj* de divulgación, pseudocientífico
Populist(in) [popu'lɪst(ɪn)] *m/f POL* populista *m/f*
populistisch [popu'lɪstɪʃ] *adj POL* populista
Pore ['poːrə] *f ANAT* poro *m*
Pornografie [pɔrnogra'fiː] *f* pornografía *f*
pornografisch [pɔrno'graːfɪʃ] *adj* pornográfico
porös [po'røːs] *adj* poroso
Portal [pɔr'taːl] *n* portal *m*
Portemonnaie [pɔrtmɔ'neː] *n* monedero *m*, portamonedas *m; tief ins ~ greifen müssen* tener que rascarse el bolsillo
Portier [pɔr'tjeː] *m* portero *m*, conserje *m*
Portion [pɔr'tsjoːn] *f 1.* porción *f; 2. (Essen)* ración *f*
Porto ['pɔrto] *n* franqueo *m*, porte *m*
portofrei ['pɔrtofraɪ] *adj 1.* franco de porte, exento de porte, libre de franqueo; *adv 2.* con exención de porte
Portrait [pɔr'trɛː] *n* retrato *m*
portraitieren [pɔrtrɛː'tiːrən] *v* retratar
Portugal ['pɔrtugal] *n GEO* Portugal *m*
Portugiese [pɔrtu'giːzə] *m* portugués *m*
Portugiesin [pɔrtu'giːzɪn] *f* portuguesa *f*
portugiesisch [pɔrtu'giːzɪʃ] *adj* portugués
Portwein ['pɔrtvaɪn] *m* vino de Oporto *m*, Porto *m*
Porzellan [pɔrtsə'laːn] *n* porcelana *f*
Posaune [pɔ'zaunə] *f MUS* trombón *m*
Posaunist(in) [pozau'nɪst(ɪn)] *m/f MUS* trombón *m/f*
Pose ['poːzə] *f* pose *f*
posieren [po'ziːrən] *v* posar
Position [pozi'tsjoːn] *f* posición *f*
positiv ['pozitiːf] *adj* positivo

Positiv ['poziti:f] *n FOTO* positivo *m*
Positur [pozi'tu:r] *f* posición *f*, postura *f*
Posse ['pɔsə] *f* farsa *f*, engaño *m*
Possenreißer ['pɔsənraɪsər] *m* bufón *m*
Possessivpronomen [pɔsɛsi:fprono:mən] *n GRAMM* pronombre posesivo *m*
possierlich [pɔ'si:rlɪç] *adj* gracioso, mono
Post [pɔst] *f* correo *m*
postalisch [pɔs'ta:lɪʃ] *adj* postal
Postamt ['pɔstamt] *n* oficina de correos *f*
Postanweisung ['pɔstanvaɪzuŋ] *f* giro postal *m*
Postbank ['pɔstbaŋk] *f* banco postal *m*
Postbeamter ['pɔstbəamtər] *m* funcionario de correos *m*
Postbeamtin ['pɔstbəamtɪn] *f* funcionaria de correos *f*
Postbote ['pɔstbo:tə] *m* cartero *m*
Postdienst ['pɔstdi:nst] *m* servicio postal *m*
Posten ['pɔstən] *m 1. (Anstellung)* puesto *m*, empleo *m; (fig) auf dem ~ sein* estar bien de salud; *2. (Wachtposten)* centinela *m; auf verlorenem ~ sein* luchar por una causa perdida; *3. (Warenmenge)* lote *m; 4. (Einzelziffer)* par-tida *f*, asiento *m*, importe *m*
Postfach ['pɔstfax] *n* apartado de correos *m*, casilla postal *f* (LA)
posthum [pɔs'tu:m] *adj* póstumo
postieren [pɔs'ti:rən] *v* apostarse
Postkarte ['pɔstkartə] *f* postal *f*, tarjeta postal *f*
postlagernd ['pɔstlagərnt] *adj 1.* de lista de correos, de casilla postal; *adv 2.* en lista de correos, en la casilla postal, en el apartado de correos
Postleitzahl ['pɔstlaɪttsa:l] *f* código postal *m*
Postminister(in) ['pɔstmɪnɪstər(ɪn)] *m/f* ministro/ministra de correos *m/f*
Postschalter ['pɔstʃaltər] *m* ventanilla de correos *f*
Postscheck ['pɔstʃɛk] *m* cheque postal *m*
Postskriptum [pɔst'skrɪptum] *n* postdata *f*
Postsparbuch ['pɔstʃpa:rbux] *n* libreta de ahorro postal *f*
Poststempel ['pɔstʃtɛmpəl] *m* matasellos *m*, sello de correo *f* (LA)
postwendend ['pɔstvɛndənt] *adv* a vuelta de correo
potent [po'tɛnt] *adj* potente
Potenz [po'tɛnts] *f* potencia *f*
Potenzial [potɛn'tsja:l] *n* potencial *m*
potenziell [potɛn'tsjɛl] *adj* potencial
potenzieren [potɛn'tsi:rən] *v MATH* elevar a una potencia
Potenzschwäche [po'tɛntsʃvɛçə] *f* debilidad de la potencia *f*
Pottwal ['pɔtva:l] *m ZOOL* cachalote *m*
PR-Abteilung [pe:'ɛraptaɪluŋ] *f* departamento de relaciones públicas *m*
Pracht [praxt] *f* magnificencia *f*, pompa *f*, suntuosidad *f; eine wahre ~ sein* ser un verdadero lujo
prächtig ['prɛçtɪç] *adj* magnífico, suntuoso, soberbio
Prachtstraße ['praxtʃtra:sə] *f* calle lujosa *f*
prachtvoll ['praxtfɔl] *adj* ostentoso, lujoso
prädestiniert [prɛdəsti'ni:rt] *adj* predestinado
Prädikat [prɛdi'ka:t] *n 1. (Bewertung)* nota *f*, calificación *f; 2. GRAMM* predicado *m*
prädikativ [prɛdika'ti:f] *adj GRAMM* predicativo
Präferenz [prɛfe'rɛnts] *f* preferencia *f*, predilección *f*
prägen ['prɛ:gən] *v 1. (Münzen)* acuñar; *2. (fig)* marcar, grabar; *sich jdm ins Gedächtnis ~* grabarse a alguien en la memoria
pragmatisch [prak'ma:tɪʃ] *adj 1.* pragmático; *adv 2.* con pragmatismo
Pragmatismus [pragma'tɪsmus] *m* pragmatismo *m*
prägnant [prɛg'nant] *adj* conciso
Prägung ['prɛ:guŋ] *f 1. (von Münzen)* acuñación *f; 2. (fig)* grabación *f*
prähistorisch [prɛ:hɪs'to:rɪʃ] *adj* prehistórico
prahlen ['pra:lən] *v* vanagloriarse, jactarse, alardear
Prahlerei [pra:lə'raɪ] *f 1.* presunción *f*, jactancia *f; 2. (Äußerung)* farol *m*
Prahm [pra:m] *m* lancha *f*, gabarra *f*
praktikabel [praktɪ'ka:bəl] *adj* practicable
Praktikant(in) [praktɪ'kant(ɪn)] *m/f* practicante *m/f*
Praktiker ['praktɪkər] *m* persona práctica *f*
Praktikum ['praktɪkum] *n* prácticas *f/pl*
praktisch ['praktɪʃ] *adj* práctico
praktizieren [prakti'tsi:rən] *v* practicar, ejercer, *(Amt)* desempeñar
Prälat [prɛ'la:t] *m REL* prelado *m*
Praline [pra'li:nə] *f GAST* bombón de chocolate *m*
prall [pral] *adj 1.* lleno, repleto; *2. (Sonne)* henchido; *3. (gespannt)* tieso, tenso, tirante

prallen ['pralən] *v 1. ~ gegen* chocar; *2. ~ gegen (Sonne)* pegar, atizar
Prämie ['prɛːmjə] *f* premio *m*
prämieren [prɛ'miːrən] *v* premiar, otorgar un premio
Prämisse [prɛ'mɪsə] *f* premisa *f*
prangen ['praŋən] *v 1. (an auffallender Stelle stehen)* llamar la atención, saltar a la vista; *2. (sich zeigen)* lucirse
Pranger ['praŋər] *m* picota *f; (fig) an den ~ stellen* poner a alguien en la picota
Pranke ['praŋkə] *f ZOOL* zarpa *f,* garra *f*
Präparat [prɛpa'raːt] *n* preparado *m*
präparieren [prɛpa'riːrən] *v* preparar
Präposition [prɛpozi'tsjoːn] *f GRAMM* preposición *f*
Prärie [prɛ'riː] *f* pradera *f*
Präsens ['prɛzɛns] *n GRAMM* presente *m*
präsent [prɛ'zɛnt] *adj* presente
Präsentation [prɛzəntats'joːn] *f* presentación *f,* exposición *f*
präsentieren [prɛzən'tiːrən] *v* presentar, exponer, mostrar
Präsentierteller [prɛzeːn'tiːrtelər] *m auf dem ~ sitzen* estar expuesto a la vista de todos; *jdm etw auf dem ~ servieren* poner algo en bandeja a alguien
Präsenz [prɛ'zɛns] *f (Anwesenheit)* presencia *f*
Präservativ [prɛzərva'tiːf] *n* preservativo *m,* condón *m*
Präsident(in) [prɛzɪ'dɛnt(ɪn)] *m/f* presidente *m/f*
Präsidentschaft [prɛzi'dɛntʃaft] *f POL* presidencia *f*
Präsidentschaftskandidat(in) [prɛzi'dɛntʃaftskandidaːt(ɪn)] *m/f POL* candidato/candidata a la presidencia *m/f*
Präsidialgewalt [prɛzi'djalgəvalt] *f POL* mando presidencial *m*
präsidieren [prɛzi'diːrən] *v* presidir
Präsidium [prɛ'ziːdjum] *n 1. (Vorsitz)* presidencia *f; 2. (Gebäude)* edificio de la presidencia *m*
prasseln ['prasəln] *v 1.* estallar; *2. (fig) (Fragen)* llover; *3. (Feuer)* chisporrotear, crepitar
prassen ['prasən] *v* vivir desordenadmente, vivir a lo loco
Prävention [prɛvɛn'tsjoːn] *f* prevención *f*
Praxis ['praksis] *f 1. (tatsächliche Anwendung)* puesta en práctica *f; 2. (Erfahrung)* práctica *f,* experiencia *f; 3. (Arztpraxis)* consultorio *m; 4. (Anwaltspraxis)* bufete *m*
praxisbezogen ['praksɪsbətsoːgən] *adj* con orientación práctica
Praxisbezug ['praksɪsbətsuːk] *m* orientación práctica *f*
praxisnah ['praksɪsnaː] *adj* ligado a la práctica
Präzedenzfall [prɛtsə'dɛntsfal] *m* precedente *m*
präzise [prɛ'tsiːzə] *adj 1.* preciso, exacto; *~ wie eine Schweizer Uhr* exacto como un reloj suizo; *adv 2.* precisamente, exactamente
präzisieren [prɛtsi'ziːrən] *v* precisar
Präzision [prɛtsiz'joːn] *f* precisión *f,* exactitud *f*
predigen ['preːdɪgən] *v 1. (fig)* sermonear, dar un sermón; *2. REL* predicar
Prediger ['preːdɪgər] *m REL* predicador *m*
Predigt ['preːdɪçt] *f 1. (fig)* sermón *m; 2. REL* prédica *f,* sermón *m,* plática *f*
Preis [praɪs] *m 1. (Wertangabe)* precio *m; um keinen ~* de ningún modo, de ninguna manera, bajo ningún concepto; *um jeden ~* a todo precio; *seinen ~ wert sein* valer lo que cuesta; *2. (Auszeichnung)* premio *m; 3. LIT* elogio *m,* alabanza; *4. (Belohnung)* recompensa *f*
Preisabsprache ['praɪsapʃpraːxə] *f ECO* acuerdo sobre los precios *m,* convenio de precios *m*
Preisanstieg ['praɪsanʃtiːk] *m* subida de precios *f*
Preisausschreiben ['praɪsausʃraɪbən] *n* concurso *m,* certamen *m*
Preiselbeere ['praɪzəlbeːrə] *f BOT* arándano encarnado *m*
preisen ['praɪzən] *v irr* alabar, elogiar
Preisentwicklung ['praɪsɛntvɪkluŋ] *f ECO* evolución de los precios *f*
Preiserhöhung ['praɪsɛrhøːuŋ] *f* aumento de precios *m,* subida de precios *f*
Preisfrage ['praɪsfraːgə] *f (fig)* problema muy discutido *m*
Preisgabe ['praɪsgaːbə] *f 1.* renuncia *f,* abandono *m; 2. (eines Geheimnisses)* revelación *f*
preisgeben ['praɪsgeːbən] *v irr 1. (aufgeben)* abandonar, ceder, dejar, entregar; *2. (enthüllen)* revelar, descubrir; *3. (aussetzen)* exponer a
preisgekrönt ['praɪsgəkrøːnt] *adj* premiado
Preisgericht ['praɪsgərɪçt] *n* jurado *m*
preisgünstig ['praɪsgynstɪç] *adj* barato, económico
Preislage ['praɪslaːgə] *f ECO* precio *m*

Preisliste ['praɪslɪstə] *f* lista de precios *f*
Preisrichter(in) ['praɪsrɪçtər(ɪn)] *m/f* miembro del jurado *m*
Preisrückgang ['praɪsrykgaŋ] *m* disminución de los precios *f*, descenso de los precios *m*
Preisschild ['praɪsʃɪlt] *n* etiqueta del precio *f*
Preisträger ['praɪstrɛːgər] *m* premiado *m*, galardonado *m*
preiswert ['praɪsveːrt] *adj* barato, económico
prekär [pre'kɛːr] *adj 1.* precario; *2. (peinlich)* desagradable, embarazoso
prellen ['prɛlən] *v 1. jdn ~* estafar a uno; *2. die Zeche ~* irse sin pagar; *3. sich etw ~* contusionarse algo; *4. (etw ~ abprallen lassen)* hacer botar algo
Prellung ['prɛluŋ] *f MED* contusión *f*
Premiere [prəm'jɛːrə] *f THEAT* estreno *m*
Premierminister(in) [prəm'jeːministər(ɪn)] *m/f POL* Primer Ministro/Primera Ministra *m/f*, Premier *m* (LA)
Presse ['prɛsə] *f 1. (Zeitungswesen)* prensa *f*, periodismo *m; 2. TECH* prensa *f*, prensa tipográfica *f*
Presseagentur ['prɛsəagɛntuːr] *f* agencia de prensa *f*
Presseamt ['prɛsəamt] *n* oficina de informaciones de la prensa *f*, gabinete de prensa *f*
Pressechef(in) ['prɛsəʃɛf(ɪn)] *m/f* jefe(a) de prensa *m/f*
Presseerklärung ['prɛsəɛrklɛːruŋ] *f 1. (mündlich)* declaración de prensa *f; 2. (schriftlich)* comunicado de prensa *m*
Pressefreiheit ['prɛsəfraɪhaɪt] *f* libertad de prensa *f*
Pressekonferenz ['prɛsəkɔnfərɛnts] *f* conferencia de prensa *f*
Pressemeldung ['prɛsəmɛlduŋ] *f* noticia de prensa *f*
pressen ['prɛsən] *v* prensar; *Wein ~* prensar la uva
Pressesprecher ['prɛsəʃprɛçər] *m* portavoz *m*, vocero *m* (LA)
Pressevertreter ['prɛsəfɛrtreːtər] *m* representante de la prensa *m*
Pressezentrum ['prɛsətsɛntrum] *n* centro de prensa *m*
Pressluft ['prɛsluft] *f* aire comprimido *m*
Presslufthammer ['prɛslufthamər] *m TECH* martillo neumático *m*
Presssack ['prɛszak] *m GAST* embutido de cabeza de cerdo o de ternera *m*
Pressspan ['prɛsʃpaːn] *m* prespán *m*
Prestige [prɛs'tiːʒ] *n* prestigio *m*
Prestigeverlust [prɛs'tiːʒfɛrlust] *m* pérdida de prestigio *f*
Preuße ['prɔysə] *m* prusiano *m*
Preußen ['prɔysən] *n* Prusia *f*
Preußin ['prɔysɪn] *f* prusiana *f*
prickeln ['prɪkəln] *v 1.* picar; *2. (fig: Glieder)* hormiguear
prickelnd ['prɪkəlnt] *adj* picante, excitante
Priester(in) ['priːstər(ɪn)] *m/f REL* sacerdote/sacerdotisa *m/f*, cura *m*, clérigo *m*
priesterlich ['priːstərlɪç] *adj REL* sacerdotal, clerical
Priesterweihe ['priːstərvaɪə] *f REL* ordenación sacerdotal *f*
prima ['priːma] *adj 1.* de primera calidad; *adv 2.* muy bien, excelente
Primaballerina ['priːmabalɛriːna] *f THEAT* primera bailarina *f*
primär [pri'mɛːr] *adj* primario, elemental
Primat [pri'maːt] *m 1. (Menschenaffe)* primate *m; n 2. (Vorrang)* primacía *f*
primitiv [primi'tiːf] *adj 1.* primitivo; *adv 2.* de manera primitiva
Primitive(r) [primi'tiːvə(r)] *m/f* hombre primitivo/mujer primitiva *m/f*
Primitivität [primitivi'tɛːt] *f* primitivismo *m*
Primus ['priːmus] *m* primero *m*
Primzahl ['priːmtsaːl] *f MATH* número primo *m*
Printmedien ['prɪntmeːdjən] *pl* medios escritos *m/pl*
Prinz(essin) [prɪnts/prɪn'tsɛsɪn] *m/f* príncipe/princesa *m/f*
Prinzip [prɪn'tsiːp] *n* principio *m; Das verstößt gegen meine ~ien.* Eso va en contra mis principios.
prinzipiell [prɪntsi'pjɛl] *adj 1.* de principio; *adv 2.* por principio
Prior ['priːɔr] *m REL* prior *m*, superior de un convento *m*
Priorität [priːɔri'tɛːt] *f* prioridad *f*, caracter urgente *m*, primacía *f*
Prise ['priːzə] *f* presa *f*, buque apresado *m; eine ~ Salz* una pizca de sal
Prisma ['prɪsmaː] *n* prisma *m*
Pritsche ['prɪtʃə] *f 1. (Feldbett)* cama de campaña *f; 2. (Liegestatt)* catre *m*
Pritschenwagen ['prɪtʃənvaːgən] *m* camión plataforma *f*
privat [pri'vaːt] *adj 1.* privado; *adv 2.* en privado; *~versichert* con seguro privado

Privatadresse [pri'vaːtadrɛsə] *f* dirección privada (particular) *f*
Privatangelegenheit [pri'vaːtangəleːgənhaɪt] *f* asunto personal *m*
Privatdetektiv [pri'vaːtdetɛktiːf] *m* detective privado *m*
Privateigentum [pri'vaːtaɪgəntum] *n* propiedad privada *f*
Privatfernsehen [pri'vaːtfɛrnseːhən] *n* televisión privada *f*
Privatgespräch [pri'vaːtgəsprɛːç] *n 1.* conversación privada *f; 2. (am Telefon)* llamada privada *f*
Privatinitiative [pri'vaːtɪnɪtsjatiːvə] *f* iniciativa privada *f*
privatisieren [privati'ziːrən] *v ECO* privatizar
Privatisierung [privati'ziːruŋ] *f ECO* privatización *f*
Privatleben [pri'vaːtleːbən] *n* vida privada *f*
Privatpatient [pri'vaːtpatsjɛnt] *m* paciente particular *m*
Privatperson [pri'vaːtpɛrzoːn] *f* particular *m*
Privatschule [pri'vaːtʃuːlə] *f* escuela privada *f*
Privatsphäre [pri'vaːtsfɛːrə] *f* esfera privada *f*
Privatunterricht [pri'vaːtuntərɪçt] *m* clase privada *f*
Privatwirtschaft [pri'vaːtvɪrtʃaft] *f ECO* economía privada *f*
privatwirtschaftlich [pri'vaːtvɪrtʃaftlɪç] *adj ECO* de la economía privada
Privileg [privi'leːk] *n* privilegio *m*
privilegieren [privile'giːrən] *v* privilegiar, conceder un privilegio
privilegiert [privilə'giːrt] *adj* privilegiado
Pro¹ [proː] *n das ~ und Kontra* el pro y el contra
Pro² [proː] *m (Golftrainer) SPORT* entrenador de golf *m*
pro [proː] *prep* por; *~ Kopf* por cabeza
Probe ['proːbə] *f 1. (Versuch)* ensayo *m,* prueba *f; jdn auf die ~ stellen* poner a prueba a alguien; *2. (Muster)* muestra *f*
Probeaufnahme ['proːbəaufnaːmə] *f* toma de prueba *f*
Probeexemplar ['proːbəɛksəmplaːr] *n* ejemplar de muestra *m*
Probefahrt ['proːbəfaːrt] *f* viaje de prueba *m,* recorrido de prueba *m*
proben ['proːbən] *v* ensayar, probar
probeweise ['proːbəvaɪzə] *adv* a modo de ensayo, a prueba
Probezeit ['proːbətsaɪt] *f* período de prueba *m,* período de ensayo *m*
probieren [pro'biːrən] *v 1. (versuchen)* tratar, probar, ensayar; *2. (kosten)* probar, catar, degustar
Problem [pro'bleːm] *n* problema *m; ein großes ~* un problema muy gordo; *Das ist sein ~.* Allá él.
Problematik [proble'maːtɪk] *f* problemática *f*
problematisch [proble'maːtɪʃ] *adj* problemático, dudoso, incierto
problematisieren [problemati'ziːrən] *v* problematizar
Problemfilm [pro'bleːmfɪlm] *m CINE* película que trata una problemática concreta *f*
Problemhaut [pro'bleːmhaut] *f* piel con problemas *f*
problemlos [pro'bleːmloːs] *adj* sin problemas
Produkt [pro'dukt] *n* producto *m*
Produktion [produk'tsjoːn] *f* producción *f*
Produktionsgüter [produk'tsjoːnsgyːtər] *pl ECO* bienes de producción *m/pl*
Produktionskosten [produk'tsjoːnskɔstən] *pl* costes de producción *m/pl*
produktiv [produk'tiːf] *adj 1.* productivo; *adv 2.* productivamente
Produktivität [produktivi'tɛːt] *f ECO* productividad *f*
Produzent(in) [produ'tsɛnt(ɪn)] *m/f* productor(a) *m/f*
produzieren [produ'tsiːrən] *v* producir, crear
profan [pro'faːn] *adj* profano
profanieren [profa'niːrən] *v* profanar
professionell [profɛsjo'nɛːl] *adj 1.* profesional; *adv 2.* profesionalmente
Professor(in) [pro'fɛsoːr/profɛ'sorɪn] *m* profesor universitario/profesora universitaria *m/f,* catedrático/catedrática *m/f*
Professur [profɛ'suːr] *f* cátedra *f*
Profi ['proːfi] *m* profesional *m,* experto *m*
Profil [pro'fiːl] *n 1. (Seitenansicht)* perfil *m; 2. TECH* perfil *m; 3. (fig)* personalidad destacada *f*
profilieren [profi'liːrən] *v sich ~* destacarse, sobresalir
Profilierung [profi'liːruŋ] *f 1. (Umriss)* contura *f; 2. (einer Person)* perfil *m*
Profit [pro'fiːt] *m* ganancia *f,* beneficio *m*
profitabel [profi'taːbəl] *adj* lucrativo

profitieren [profi'ti:rən] *v* ganar, beneficiarse de
Profitjäger [pro'fi:tjɛgər] *m* aprovechado *m,* oportunista *m*
Profitstreben [pro'fi:tʃtre:bən] *n ECO* busca del lucro *f*
Proformarechnung [pro'fɔrmarɛçnuŋ] *f ECO* factura proforma *f*
Prognose [prog'no:zə] *f* pronóstico *m,* prognosis *f,* predicción *f*
prognostisch [pro'gnɔstɪʃ] *adj* prognóstico
prognostizieren [prognɔsti'tsi:rən] *v* prognosticar
Programm [pro'gram] *n* programa *m*
Programmänderung [pro'gramɛndəruŋ] *f* cambio de programa *m*
programmatisch [progra'ma:tɪʃ] *adj* programático
programmgemäß [pro'gramgəmɛ:s] *adv* *1.* de acuerdo al programa; *2.* según el programa, conforme al programa
programmgesteuert [pro'gramgəʃtɔyərt] *adj INFORM* programa controlado *m*
programmierbar [progra'mi:rba:r] *adj* programable
programmieren [progra'mi:rən] *v* programar
Programmierer [progra'mi:rər] *m INFORM* programador *m*
Programmierung [progra'mi:ruŋ] *f* programación *f*
Programmzeitschrift [pro'gramtsaɪtʃrɪft] *f* revista con programas de radio y televisión *f*
progressiv [progrɛ'si:f] *adj* progresivo
Projekt [pro'jɛkt] *n* proyecto *m,* plan *m*
Projektil [projɛk'ti:l] *n MIL* proyectil *m*
Projektion [projɛk'tsjo:n] *f* proyección *f*
Projektleiter(in) [pro'jɛktlaɪtər(ɪn)] *m/f* director(a) de proyecto *m/f*
Projektor [pro'jɛktor] *m* proyector *m*
projizieren [proji'tsi:rən] *v* proyectar
proklamieren [prokla'mi:rən] *v* proclamar
Prokura [pro'ku:ra] *f JUR* poder general *m,* procura *f*
Prokurist(in) [proku'rɪst(ɪn)] *m/f ECO* apoderado general/apoderada general *m/f,* procurador(a) *m/f*
Prolet [pro'le:t] *m (fam)* plebeyo *m,* hombre vulgar *m*
Proletarier(in) [prole'ta:rjər(ɪn)] *m/f* proletario/proletaria *m/f*
proletarisch [prole'ta:rɪʃ] *adj* proletario
Prolog [pro'lo:k] *m* prólogo *m*
Promenade [promə'na:də] *f* paseo *m*
promenieren [promə'ni:rən] *v* pasearse
Promille [pro'mɪlə] *n* tanto por mil *m*
Promillegrenze [pro'mɪləgrɛntsə] *f* grado máximo de alcoholemia *m*
prominent [promi'nɛnt] *adj* prominente; *~ sein* estar en el candelero
Prominenz [promi'nɛnts] *f* personalidades *f/pl,* celebridades *f/pl*
Promotion [promo'tsjo:n] *f 1. (Doktorwürde)* doctorado *m; 2. (Verkaufsförderung)* venta promocional *f*
promovieren [promo'vi:rən] *v* doctorarse, conferir el grado de doctor
prompt [prɔmt] *adj* pronto, inmediato, rápido
Pronomen [pro'no:mən] *n GRAMM* pronombre *m*
Propaganda [propa'ganda] *f* propaganda *f*
propagandistisch [propagan'dɪstɪʃ] *adj POL* propagandista
propagieren [propa'gi:rən] *v* propagar, difundir
Propan [pro'pa:n] *n CHEM* propano *m*
Propeller [pro'pɛlər] *m* hélice *f,* propulsor *m*
Prophet [pro'fe:t] *m REL* profeta *m*
prophetisch [pro'fe:tɪʃ] *adj* profético
prophezeien [profe'tsaɪən] *v* profetizar
Prophezeiung [profe'tsaɪuŋ] *f* profecía *f,* augurio *m,* vaticinio *m*
prophylaktisch [profy'laktɪʃ] *adj MED* profiláctico
Proportion [propɔr'tsjo:n] *f* proporción *f*
proportional [propɔrtsjo'na:l] *adj* proporcional
proportioniert [propɔrtsjo'ni:rt] *adj* proporcionado
Prosa ['pro:za] *f LIT* prosa *f*
prosaisch [pro'za:ɪʃ] *adj 1.* prosaico; *adv 2.* prosaicamente
Proseminar ['pro:zemina:r] *n (Einführungsseminar)* seminario de primer ciclo *m*
Prospekt [pro'spɛkt] *m* prospecto *m,* folleto *m*
Prosperität [prosperi'tɛ:t] *f* prosperidad *f*
prost [pro:st] *interj* salud
Prostata ['prɔstata] *f ANAT* próstata *f*
prostituieren [prostitu'i:rən] *v sich ~* prostituirse
Prostituierte [prostitu'i:rtə] *f* prostituta *f*
Prostitution [prostitu'tsjo:n] *f* prostitución *f*

Protagonist(in) [protago'nɪst(ɪn)] *m/f* protagonista *m/f*
Protegé [prote'ʒeː] *m* protegido *m*
Protein [prote'iːn] *n BIO* proteína *f*
Protektion [protɛk'tsjoːn] *f 1.* protección *f; 2. (Begünstigung)* enchufe *m*
Protektionismus [protɛktsjoː'nɪsmus] *m ECO* proteccionismo *m*
Protest [pro'tɛst] *m* protesta *f*
Protestant(in) [protɛs'tant(ɪn)] *m/f REL* protestante *m/f*
protestantisch [protɛs'tantɪʃ] *adj REL* protestante
protestieren [protɛs'tiːrən] *v* protestar, reclamar, manifestar disconformidad
Protestkundgebung [pro'tɛstkuntgeːbuŋ] *f* manifestación de protesta *f*
Protestmarsch [pro'tɛstmarʃ] *m* marcha de protesta *f*
Protestwähler(in) [pro'tɛstvɛːlər(ɪn)] *m/f POL* elector descontento/electora descontenta *m/f*
Protestwelle [pro'tɛstvɛlə] *f* ola de protesta *f*
Prothese [pro'teːzə] *f MED* prótesis *f*
Protokoll [proto'kɔl] *n 1.* protocolo *m; 2. JUR* acta *f/el,* expediente *m*
Protokollchef(in) [proto'kɔlʃɛf(ɪn)] *m/f* jefe/jefa de protocolo *m/f*
Protokollführer(in) [proto'kɔlfyːrər(ɪn)] *m/f 1.* redactor(a) del acta de sesión *m/f; 2. JUR* secretario/secretaria de juzgado *m/f*
protokollieren [protokɔ'liːrən] *v 1.* protocolar, protocolizar; *2. JUR* levantar acta, hacer constar en acta
Prototyp ['prototyːp] *m* prototipo *m*
Protz [prɔts] *m 1.* ricachón *m; 2. (Protzerei)* fanfarrón *m*
protzig ['prɔtsɪç] *adj* fanfarrón, presumido, ostentoso
Proviant [prov'jant] *m* provisiones *f/pl,* víveres *m/pl*
Provinz [pro'vɪnts] *f* provincia *f*
provinziell [provɪn'tsjɛl] *adj* provincial
Provinzstadt [pro'vɪntsʃtat] *f* ciudad de provincias *f*
Provision [provi'zjoːn] *f* comisión *f*
provisorisch [provi'zoːrɪʃ] *adj* provisional, interino
Provisorium [provi'zoːrjum] *n 1. (Zwischenlösung)* solución provisional *f; 2. (vorübergehender Zahnersatz) MED* aplicación dental provisional *f*
provokant [provo'kant] *adj* provocante
Provokateur(in) [provoka'tøːr(ɪn)] *m/f* provocador(a) *m/f*
Provokation [provoka'tsjoːn] *f* provocación *f*
provokativ [provoka'tiːf] *adj* provocativo
provozieren [provo'tsiːrən] *v* provocar, incitar
provozierend [provo'tsiːrənt] *adj 1.* provocador; *adv 2.* provocativamente
Prozedur [protse'duːr] *f* procedimiento *m,* proceso *m*
Prozent [pro'tsɛnt] *n* tanto por ciento *m*
Prozentsatz [pro'tsɛntzats] *m* tanto por ciento *m,* porcentaje *m*
prozentual [protsɛntu'aːl] *adj 1.* porcentual, proporcional; *adv 2.* porcentualmente, proporcionalmente
Prozess [pro'tsɛs] *m 1. (Vorgang)* proceso *m,* procedimiento *m; jdm den ~ machen* procesar a alguien; *kurzen ~ mit jdm machen* acabar pronto con alguien; *2. JUR* proceso *m*
Prozessakte [pro'tsɛsaktə] *f JUR* acta procesal *f*
Prozessbevollmächtigte(r) [pro'tsɛsbəfɔlmɛçtɪçtə(r)] *m/f JUR* mandatario/mandataria *m/f,* apoderado procesal/apoderada procesal *m/f,* procurador judicial/procuradora judicial *m/f*
Prozessgegner(in) [pro'tsɛsgeːgnər(ɪn)] *m/f JUR* parte contraria *f*
prozessieren [protsɛ'siːrən] *v JUR* litigar, pleitear
Prozession [protsɛ'sjoːn] *f* procesión *f*
Prozesskosten [pro'tsɛskɔstən] *pl JUR* costas procesales *f/pl*
Prozessor [pro'tsɛsor] *m INFORM* procesador *m*
Prozessweg [pro'tsɛsveːk] *m auf dem ~* por la vía contenciosa (judicial)
prüde ['pryːdə] *adj* mojigato, púdico
Prüderie [pryːdə'riː] *f* mojigatería *f*
prüfen ['pryːfən] *v* examinar, calificar
Prüfer(in) ['pryːfər(ɪn)] *m/f* examinador(a) *m/f*
Prüfgerät ['pryːfgərɛːt] *n* aparato comprobador *m*
Prüfling ['pryːflɪŋ] *m* examinando *m,* candidato *m*
Prüfstand ['pryːfʃtant] *m (fig)* eficacia *f*
Prüfstein ['pryːfʃtaɪn] *m* piedra de toque *f*
Prüfung ['pryːfuŋ] *f* examen *m,* prueba *f,* test *m*
Prüfungsangst ['pryːfuŋsaŋst] *f* miedo a los exámenes *m*

Prüfungsfach ['pry:fuŋsfax] *n* asignatura de examen *f*
Prüfungsunterlagen ['pry:fuŋsuntərla:gən] *pl* documentos necesarios para un examen *m/pl*
Prüfungszeugnis ['pry:fuŋstsɔyknɪs] *n* diploma *f*
Prügel ['pry:gəl] *m 1.* palo *m,* bastón *m; pl 2.* paliza *f,* tunda *f*
Prügelknabe ['pry:gəlkna:bə] *m* cabeza de turco *f,* chivo expiatorio *m*
prügeln ['pry:gəln] *v 1. jdn ~* pegar a alguien, golpear a alguien; *Man hat ihn zu Tode geprügelt.* Le han roto el alma. *2. sich mit jdm ~* golpearse con alguien, pegarse con alguien
Prügelstrafe ['pry:gəlʃtra:fə] *f* castigo corporal *m*
Prunk [pruŋk] *m* pompa *f*
Prunksucht ['pruŋkzuxt] *f* ostentación *f*
prunksüchtig ['pruŋkzyçtɪç] *adj* ostentoso, pomposo
prunkvoll ['pruŋkfɔl] *adj 1.* pomposo; *adv 2.* pomposamente
Psalm [psalm] *m REL* salmo *m*
Pseudonym [psɔydo'ny:m] *n* (p)seudónimo *m*
Psyche ['psy:çə] *f* alma *f/el,* psique *f*
Psychiater(in) [psyçi'a:tər(ɪn)] *m/f* (p)siquiatra *m/f*
Psychiatrie [psyçja'tri:] *f MED* (p)siquiatría *f*
psychiatrisch [psy'çja:trɪʃ] *adj MED* (p)siquiátrico
psychisch ['psy:çɪʃ] *adj 1.* (p)síquico; *adv 2.* (p)síquicamente
Psychoanalyse [psyçoana'ly:zə] *f* (p)sicoanálisis *m*
Psychoanalytiker(in) [psyçoana'ly:tɪkər(ɪn)] *m/f MED* (p)sicoanalista *m/f*
psychoanalytisch [psyçoana'ly:tɪʃ] *adj MED* (p)sicoanalítico
Psychologe [psyço'lo:gə] *m* (p)sicólogo *m*
Psychologie [psyçolo'gi:] *f* (p)sicología *f*
Psychologin [psyco'lo:gɪn] *f* (p)sicóloga *f*
psychologisch [psyço'lo:gɪʃ] *adj 1.* (p)sicológico; *adv 2.* (p)sicológicamente
Psychopath(in) [psyço'pa:t(ɪn)] *m/f* (p)sicópata *m/f*
Psychose [psy'ço:zə] *f* (p)sicosis *f*
psychosomatisch [psyçozo'ma:tɪʃ] *adj* (p)sicosomático
Psychoterror ['psy:çotɛrɔr] *m* terror (p)sicológico *m*
Psychotherapeut(in) [psyçotera'pɔyt(ɪn)] *m/f* (p)sicoterapeuta *m/f*
Psychothriller ['psy:ço rɪlər] *m CINE* película de terror (p)sicológica *f*
pubertär [pubɛr'tɛ:r] *adj* de la pubertad, púber
Pubertät [pubɛr'tɛ:t] *f* pubertad *f*
publik [pu'bli:k] *adj* público
Publikation [publika'tsjo:n] *f* publicación *f*
Publikum ['publɪkum] *n* público *m,* auditorio *m*
Publikumsliebling ['publɪkumsli:plɪŋ] *m* favorito del público *m*
publikumswirksam ['publɪkumsvɪrkza:m] *adj* que causa gran efecto en el público
publizieren [publi'tsi:rən] *v* publicar
Publizist(in) [publi'tsɪst(ɪn)] *m/f* periodista *m/f*
publizistisch [publi'tsɪstɪʃ] *adj* periodístico
Pudding ['pudɪŋ] *m GAST* budín *m,* pudín *m; ~ in den Armen und Beinen haben* tener los brazos y las piernas de blandie blue
Pudel ['pu:dəl] *m ZOOL* perro de aguas *m; wie ein begossener ~ dastehen* estar como un tonto en vísperas, estar como un niño con zapatos nuevos
pudelnass [pu:dəl'nas] *adj* calado hasta los huesos
pudelwohl [pu:dəl'vo:l] *adj sich ~ fühlen* estar como pez en el agua
Puder ['pu:dər] *m* polvos *m/pl*
Puderdose ['pu:dərdo:zə] *f 1.* polvera *f; 2. (für die Handtasche)* polvera *f*
pudern ['pu:dərn] *v* empolvar
Puderzucker ['pu:dərtsukər] *m GAST* azúcar en polvo *m*
Puerto Rico ['puɛrto 'riko] *n GEO* Puerto Rico *m*
Puertoricaner(in) [puɛrtori'ka:nər(ɪn)] *m/f* puertoriqueño/puertoriqueña *m/f*
puffen ['pufən] *v 1.* empujar; *2. (Rauch)* echar humo; *3. (stoßen)* empujar; *4. (in die Seite)* apartar
Pulk [pulk] *m (Anhäufung)* apelotanamiento *m,* concentración *f*
Pulle ['pulə] *f 1.* botella *f; 2. volle ~ (fam)* a todo gas
Pullover [pu'lo:vər] *m* jersey *m,* suéter *m,* chompa *f* (en Perú)
Puls [puls] *m* pulso *m; jdm auf den ~ fühlen* indagar sobre alguien

Pulsader ['pulsaːdər] *f ANAT* arteria radial *f*
pulsieren [pul'ziːrən] *v* pulsar, latir
Pulsschlag ['pulsʃlaːg] *m* pulsación *f*, pulso *m; Der ~ ist erhöht.* El pulso está acelerado.
Pult [pult] *n* atril *m,* pupitre *m*
Pulver ['pulvər] *n* polvo *m; sein ~ verschossen haben* haberse quedado sin fuerzas
Pulverdampf ['pulvərdampf] *m* humo de la pólvora *m*
Pulverfass ['pulvərfas] *n (fig)* polvorín *m*
pulverig ['pulvərɪç] *adj* polvoriento
pulverisieren [pulvəri'ziːrən] *v* pulverizar
Pulverschnee ['pulvərʃneː] *m* nieve en polvo *f*
Puma ['puːma] *m ZOOL* puma *m*
pummelig ['puməlɪç] *adj* rechoncho, rollizo
Pump [pump] *m* dinero prestado *m*
Pumpe ['pumpə] *f* bomba *f*
pumpen ['pumpən] *v 1.* bombear; *2. (fig: leihen) sich von jdm etw ~* pedir prestado algo a alguien; *3. (fig: verleihen) jdm etw ~* prestar algo a alguien
Pumps [pœmps] *pl* zapatos de tacón *m/pl*
Punkt [puŋkt] *m* punto *m; den wunden ~ treffen* poner el dedo en la llaga, tocar el punto sensible; *einen ~ machen* terminar; *der springende ~ sein* ser el quid de la cuestión; *etw auf den ~ bringen* precisar algo
punkten ['puŋktən] *v 1.* puntuar; *2. (mit Punkten mustern)* llenar de puntos
punktgleich ['puŋktglaɪç] *adj* empatado
Punktion [puŋkts'joːn] *f MED* punción *f*
pünktlich ['pyŋktlɪç] *adj* puntual; *Pünktlich um zwölf gehen wir zum Mittagessen.* A las doce en punto vamos a almorzar. *~ wie die Maurer* puntual como un reloj
Pünktlichkeit ['pyŋktlɪçkaɪt] *f* puntualidad *f*
Punktspiel ['puŋktʃpiːl] *n SPORT* partido de campeonato (por puntos) *m*
punktuell [puŋktu'ɛl] *adv* puntual
Punktverlust ['puŋktfɛrlust] *m SPORT* pérdida de puntos *f*
Punsch [punʃ] *m GAST* ponche *m*
Pupille [pu'pɪlə] *f ANAT* pupila *f*
Puppe ['pupə] *f 1. (Spielzeug)* muñeca *f*, marioneta *f; die ~n tanzen lassen (fig)* celebrar con desenfreno; *bis in die ~n* hasta las mil; *2. ZOOL* crisálida *f*
Puppenspieler(in) ['pupənʃpiːlər(ɪn)] *m/f* titiritero/titiritera *m/f,* marionetista *m/f*
Puppentheater ['pupənteaːtər] *n 1. (Puppenspiel)* teatro de guiñol *m; 2. (Theater für Puppenspiele)* teatro de títeres *m*
pur [puːr] *adj* puro; *Wir wollen den Wein ~ genießen.* Queremos el vino tal y como está.
Püree [py'reː] *n GAST* puré *m*
pürieren [py'riːrən] *v GAST* hacer puré, pasar por el pasapuré
puristisch [pu'rɪstɪʃ] *adj* purista
puritanisch [puri'taːnɪʃ] *adj* puritano
purpurrot ['purpurroːt] *adj* rojo púrpura *m*
Purzelbaum ['purtsəlbaum] *m* voltereta *f*, volantín *m*
purzeln ['purtsəln] *v* dar volteretas, darse volantines
pusselig ['pusəlɪç] *adj* mono
Puste ['puːstə] *f* aliento *m; Da geht mir die ~ aus.* Ya no puedo más. *aus der ~ kommen* quedar sin aliento
pusten ['puːstən] *v 1.* soplar; *2. (atmen)* jadear
Pute ['puːtə] *f ZOOL* pava *f*
Putsch [putʃ] *m POL* golpe de estado *m*
putschen ['putʃən] *v POL* dar un golpe de Estado
Putschist [put'ʃist] *m POL* golpista *m*
Putschversuch ['putʃfɛrzuːx] *m POL* intento de golpe de Estado *m*
Putz [puts] *m 1. (Zierputz)* adorno *m,* ornamento *m; 2. (Mörtel)* revoque *m,* enlucido *m; auf den ~ hauen (fig)* celebrar muy alegremente
putzen ['putsən] *v* limpiar, fregar
Putzfrau ['putsfrau] *f* mujer de la limpieza *f*
Putzlappen ['putslapən] *m* bayeta *f*
Putzlumpen ['putslumpən] *m* trapos de limpieza *m/pl*
Putzmittel ['putsmɪtəl] *n* detergente *m,* producto de limpieza *m*
Putzzeug ['putstsɔyk] *n* utensilios para limpiar *m/pl*
Pygmäe [py'gmɛːə] *m* pigmeo *m*
Pygmäin [pyg'mɛːɪn] *f* pigmea *f*
Pyjama [py'dʒaːma] *m* pijama *m*
Pyramide [pyra'miːdə] *f* pirámide *f*
pyramidenförmig [pyra'miːdənfœrmɪç] *adj* piramidal
pyrotechnisch [pyro'tɛçnɪʃ] *adj* pirotécnico
Pyrrhussieg ['pyrusziːk] *m* víctoria pírrica *f*
Python ['pyːtɔn] *f ZOOL* pitón *m*

Q

Quacksalber ['kvakzalbər] *m (fam)* charlatán *m,* curandero *m*
Quader ['kvaːdər] *m 1. MATH* paralelepípedo rectangular *m; 2. (Quaderstein)* sillar *m*
Quaderstein ['kvaːdərʃtaɪn] *m* sillar *m,* piedra labrada *f*
Quadrat [kva'draːt] *n* cuadrado *m; im ~ springen* ponerse frenético
quadratisch [kva'draːtɪʃ] *adj* cuadrado
Quadratkilometer [kva'draːtkiːlomeːtər] *m* kilómetro cuadrado *m*
Quadratmeter [kva'draːtmeːtər] *m* metro cuadrado *m*
Quadratwurzel [kva'draːtvurtsəl] *f MATH* raíz cuadrada *f*
Quadratzahl [kva'draːttsaːl] *f MATH* número cuadrado *m*
Quadratzentimeter [kva'draːttsɛntimeːtər] *m* centímetro cuadrado *m*
quaken ['kvaːkən] *v 1. (Frosch)* croar; *2. (Ente)* graznar
Quaken ['kvaːkən] *n 1.* croar *m*; *2. (eines Menschen)* hablar en excesivo *m*
quäken ['kvɛːkən] *v 1.* lloriquear, gimotear; *2. (Radio)* chillar
Qual [kvaːl] *f* pena *f,* tormento *m,* martirio *m,* tortura *f; die Qual der Wahl haben* no saber lo que hacer, no poder decidirse
quälen ['kvɛːlən] *v* atormentar, martirizar, torturar
Quälerei [kvɛlə'raɪ] *f 1.* tortura *f,* tormento *m,* martirio *m; 2. (fig: mühsame Arbeit)* trabajo moroso *m,* trabajo pesado *m*
quälerisch ['kvɛːlərɪʃ] *adj* doloroso, penoso, insoportable
Quälgeist ['kvɛːlgaɪst] *m* hombre importuno *m,* pesado *m,* pelma *m*
Qualifikation [kvalifika'tsjoːn] *f 1.* calificación *f; 2. (SPORT)* clasificación *f*
qualifizieren [kvalifi'tsiːrən] *v sich ~ für* calificarse para
qualifiziert [kvalifi'tsiːrt] *adj 1.* cualificado; *2. SPORT* clasificado
Qualität [kvali'tɛːt] *f* calidad *f*
qualitativ [kvalita'tiːf] *adj* cualitativo, de calidad
Qualitätsarbeit [kvali'tɛːtsarbaɪt] *f* trabajo de (alta) calidad *m*
Qualitätsbezeichnung [kvali'tɛːtsbətsaɪçnuŋ] *f* signo de calidad *m*
Qualitätswein [kvali'tɛːtsvaɪn] *m* vino de primera calidad *m,* vino de primera categoría *m*
Qualle ['kvalə] *f ZOOL* medusa *f*
Qualm [kvalm] *m* humo espeso *m,* humareda *f*
qualmen ['kvalmən] *v (fam)* fumar como una chimenea
qualmig ['kvalmɪç] *adj* lleno de humo
qualvoll ['kvaːlfɔl] *adj* penoso, torturador, atormentador
Quäntchen ['kvɛntçən] *n ein ~* un poquitito, un pellizco
Quantentheorie ['kvantənteoriː] *f PHYS* teoría cuántica *f*
Quantität [kvanti'tɛːt] *f* cantidad *f*
quantitativ [kvantita'tiːf] *adj 1.* cuantitativo; *adv 2.* en cuanto a la cantidad
Quantum ['kvantum] *n* cantidad *f*
Quarantäne [karan'tɛːnə] *f* cuarentena *f*
Quark [kvark] *m GAST* requesón *m,* queso fresco *m*
Quarkspeise ['kvarkʃpaɪzə] *f GAST* postre de requesón *m*
Quarktasche ['kvarktaʃə] *f irr GAST* postre relleno de requesón *m*
Quartal [kvar'taːl] *n* trimestre *m*
Quartalsende [kvar'taːlsɛndə] *n* fin del trimestre *m*
Quartett [kvar'tɛt] *n 1. (Kartenspiel)* cuarteto *m; 2. MUS* cuarteto *m*
Quartier [kvar'tiːr] *n* alojamiento *m,* albergue *m,* barrio *m,* cuartel *m*
Quarz [kvarts] *m MIN* cuarzo *m*
Quarzglas ['kvartsglaːs] *n* vidrio de cuarzo *m*
quarzhaltig ['kvartshaltɪç] *adj* rico en cuarzo
Quarzuhr ['kvartsuːr] *f* reloj de cuarzo *m*
Quasar [kva'zar] *m ASTRO* cuasar *m*
quasi ['kvaːzi] *adv* por así decirlo, en cierto sentido
quasseln ['kvasəln] *v (fam)* parlotear, hablar por hablar
Quasselstrippe ['kavasəiʃtrɪpə] *f (fam: Person)* persona que no para de hablar *f,* cotorra *f*
Quaste ['kvastə] *f* borla *f*
Quatsch [kvatʃ] *m (fam)* tonterías *f/pl,* bobadas *f/pl*

quatschen ['kvatʃən] *v (fam)* hablar bobadas, hablar por hablar
Quecksilber ['kvɛkzɪlbər] *n CHEM* mercurio *m*
quecksilberhaltig ['kvɛkzɪlbərhaltɪç] *adj* mercurial
Quecksilbersäule ['kvɛkzɪlbərzɔylə] *f* columna de mercurio *f*
Quelle ['kvɛlə] *f 1.* fuente *f,* manantial *m; an der ~ sitzen (fig)* beber en la fuente; *2. (fig)* fuente de información *f*
quellen ['kvɛlən] *v irr 1. (hervor~)* brotar, manar; *2. (anschwellen)* hincharse
Quellenangabe ['kvɛlənanga:bə] *f* indicación de las fuentes *f*
Quellenforschung ['kvɛlənfɔrʃuŋ] *f* investigación de las fuentes *f*
Quellenmaterial ['kvɛlənmaterja:l] *n* documentos *m/pl,* documentación *f*
Quellensteuer ['kvɛlənʃtɔyər] *f FIN* impuesto en origen *m*
Quellenstudium ['kvɛlənʃtu:djum] *n* estudio de las fuentes *m*
Quellwasser ['kvɛlvasər] *n* agua de manantial *f/el*
Quengelei [kvɛŋə'laɪ] *f (fam)* quejas *f/pl,* lloriqueos *m/pl*
quengelig ['kvɛŋəlɪç] *adj* llorón, refunfuñón
quengeln ['kvɛŋəln] *v (fam)* lloriquear
quer ['kve:r] *adj 1. ~ legen* oponer; *2. sich ~ legen* oponerse
quer [kve:r] *adv* transversalmente, al través; *~ durch* a través; *~ gestreift* de rayas horizontales; *~ schießen (fam)* contrariar los planes
Querdenker(in) ['kve:rdɛŋkər(ɪn)] *m/f* inconformista *m/f*
Quere ['kve:rə] *f jdm in die ~ kommen* contrariar los proyectos de alguien
querfeldein [kve:rfɛltaɪn] *adv* a campo traviesa
Querflöte ['kve:rflø:tə] *f MUS* flauta travesera *f*
Querformat ['kve:rfɔrma:t] *n* formato oblongo *m*
Querkopf ['kve:rkɔpf] *m (fam)* testarudo *m,* terco *m*
Querlatte ['kve:rlatə] *f (des Tores) SPORT* larguero *m*
Querpass ['kve:rpas] *m SPORT* pase transversal *m*
Querschläger ['kve:rʃlɛ:gər] *m* impacto de través *m,* tiro de rebote *m*
Querschnitt ['kve:rʃnɪt] *m* corte transversal *m*
querschnittsgelähmt ['kve:rʃnɪtsgəlɛ:mt] *adj MED* parapléjico, paralítico de cintura para abajo
Querschnittslähmung ['kve:rʃnɪtslɛ:muŋ] *f MED* paraplejia por corte medular *f*
Querstraße ['kve:rʃtra:sə] *f* travesía *f,* calle transversal *f*
Querstrich ['kve:rʃtrɪç] *m 1.* línea transversal *f,* raya transversal *f; 2. (Gedankenstrich)* guión *m,* raya *f; 3. einen ~ durch etw machen* cambiar radicalmente una situación
quertreiben ['kve:rtraɪbən] *v irr (fig)* intrigar
Quertreiber ['kve:rtraɪbər] *m* intrigante *m*
Querulant(in) [kveru'lant(ɪn)] *m/f* pleitista *m/f,* litigante *m/f*
querulieren [kveru'li:rən] *v* pleitear
Querverbindung ['kve:rfɛrbɪnduŋ] *f* conexión transversal *f*
Querverweis ['kve:rfɛrvaɪs] *m* remisión *f*
quetschen ['kvɛtʃən] *v* aplastar, estrujar, machacar
Quetschung ['kvɛtʃuŋ] *f MED* contusión *f*
Quetschwunde ['kvɛtʃvundə] *f MED* magulladura *f,* contusión *f*
Queue [kø:] *m (Menschenschlange)* cola *f*
Quiche [kɪʃ] *f GAST* quiche *m*
quicklebendig ['kvɪklebɛndɪç] *adj (fam)* vivito y coleando
quieken ['kvi:kən] *v* chillar
quieksen ['kvi:ksən] *v (siehe „quieken“)* chillar
quietschen ['kvi:tʃən] *v* chillar
Quinte [kvɪnt] *f MUS* quinta *f*
Quintessenz ['kvɪntɛsɛnts] *f* quintaesencia *f*
Quintett [kvɪn'tɛt] *n MUS* quinteto *m*
Quirl [kvɪrl] *m (Gerät)* batidor *m*
quirlen ['kvɪrlən] *v* batir
quirlig ['kvɪrlɪç] *adj* muy movido, muy activo
quitt [kvɪt] *adj ~ sein* estar iguales, estar a la par, estar a mano (LA)
Quitte ['kvɪtə] *f BOT* membrillo *m*
quittieren [kvɪ'ti:rən] *v etw ~* dar recibo de algo, extender un recibo por algo
Quittung ['kvɪtuŋ] *f* recibo *m,* comprobante de pago *m*
Quote ['kvo:tə] *f* cuota *f*
Quotenregelung ['kvo:tənre:gəluŋ] *f POL* normativa de cuota *f*
Quotient [kvotsi'ɛnt] *m MATH* cociente *m*

R

Rabatt [ra'bat] *m ECO* rebaja *f*, descuento *m*
Rabatz [ra'bats] *m* bulla *f*, jaleo *m*
Rabauke [ra'baukə] *m* gamberro *m*
Rabbiner [ra'biːnər] *m* rabino *m*
Rabe ['raːbə] *m ZOOL* cuervo *m*
Rabeneltern ['raːbənɛltərn] *pl (fam)* padres desnaturalizados *m/pl*
rabiat [rabi'aːt] *adj* rabioso, furioso
Rache ['raxə] *f* venganza *f*, desagravio *m; an jdm ~ nehmen* vengarse de alguien; *die ~ des kleinen Mannes* la venganza del hombre de la calle *f; ~ ist süß.* La venganza es dulce.
Racheakt ['raxəakt] *m* acto de venganza *m*
Rachen ['raxən] *m ANAT* faringe *f; jdm den ~ stopfen (fam)* tapar la boca a alguien; *den ~ nicht voll kriegen* nunca cansarse; *jdm etw in den ~ werfen* echar algo a las fauces de alguien; *etw in den falschen ~ bekommen* interpretar algo mal, tomar algo a mal
rächen ['rɛçən] *v* vengar, desagraviar
Rächer ['rɛçər] *m* vengador *m*
Rachitis [ra'xiːtɪs] *f MED* raquitis *f*, raquitismo *m*
Rachsucht ['raxzuxt] *f* deseo de venganza *m*
rachsüchtig ['raxzyçtɪç] *adj* sediento de venganza
rackern ['rakərn] *v (fam: arbeiten)* trabajar
Raclette [ra'klɛt] *n GAST* plato típico suizo de queso *m*
Rad [raːt] *n 1.* rueda *f; das fünfte ~ am Wagen sein (fig)* estar de más; *ein ~ ab haben (fig)* estar loco; *unter die Räder kommen* sufrir el suplicio de la rueda; *2. (Fahrrad)* bicicleta *f; ~ fahren* ir en bicicleta, andar en bicicleta
Radar [ra'daːr] *m* radar *m*
Radarkontrolle [ra'daːrkɔntrɔlə] *f* control por radar *m*
Radau [ra'dau] *m* alboroto *m*, escándalo *m*
Radbremse ['raːtbrɛmzə] *f* freno sobre ruedas *m*
radebrechen ['raːdəbrɛçən] *v* chapurrear
radeln ['raːdəln] *v* montar en bicicleta
rädern ['rɛːdərn] *v sich wie gerädert fühlen* estar molido, estar rendido de cansancio
Räderwerk ['rɛːdərvɛrk] *n* engranaje *m*
Radfahrer(in) ['raːtfaːrər(ɪn)] *m/f* ciclista *m/f*
Radiator [ra'djaːtɔr] *m* radiador *m*
radieren [ra'diːrən] *v* borrar, tachar, suprimir
Radiermesser [ra'diːrmɛsər] *n* cuchillo raspador *m*
Radierung [ra'diːruŋ] *f ART* aguafuerte *f*
Radieschen [ra'diːsçən] *n BOT* rabanito *m*
radikal [radi'kaːl] *adj* radical
Radikal [radi'kaːl] *n CHEM* radical *m*
Radikalisierung [radikali'ziːruŋ] *f POL* radicalización *f*
Radio ['raːdjo] *n* radio *f*
radioaktiv [raːdjoak'tiːf] *adj PHYS* radioactivo
Radioaktivität [raːdjoaktivi'tɛːt] *f PHYS* radioactividad *f*
Radiologe [radjo'loːgə] *m MED* radiólogo *m*
Radiologin [radjo'loːgɪn] *f MED* radióloga *f*
Radiosender ['raːdjozɛndər] *m* emisora de radio *f*
Radium ['raːdjum] *n CHEM* radio *m*
Radius ['raːdjus] *m MATH* radio *m*
Radkappe ['raːtkapə] *f (eines Autos)* tapacubos *m*
Radkasten ['raːtkastən] *m* hueco para la rueda de repuesto *m*
Radkranz ['raːtkrants] *m* llanta de la rueda *f*
Radler ['raːdlər] *m 1.* ciclista *m; n 2. (Getränk)* cerveza con limonada *f*
Radnabe ['ratnaːbə] *f TECH* cubo de rueda *m*
Radrennbahn ['raːtrɛnbaːn] *f SPORT* velódromo *m*
Radrennen ['raːtrɛnən] *n* carrera ciclista *f*
Radsport ['raːtʃpɔrt] *m SPORT* ciclismo *m*
Radweg ['raːtveːk] *m* carril para bicicletas *m*
raffen ['rafən] *v 1.* arrebatar; *2. (in Falten legen)* plisar; *3. (langes Kleid)* alzar
raffgierig ['rafgiːrɪç] *adj* codicioso
Raffinerie [rafinə'riː] *f* refinería *f*
Raffinesse [rafi'nɛsə] *f 1. (Schlauheit)* astucia *f; 2. mit allen ~n* provisto de toda clase de refinamientos
raffinieren [rafi'niːrən] *v* refinar
raffiniert [rafi'niːrt] *adj 1. (verfeinert)* refinado; *2. (schlau)* astuto, perspicaz; *3. (außergewöhnlich)* sofisticado, refinado

Rage ['ra:ʒə] *f in ~ sein* estar furioso, estar exasperado
ragen ['ra:gən] *v* elevarse, alzarse
Rahm [ra:m] *m GAST* nata *f*, crema *f*; *den ~ abschöpfen (fig)* llevarse la mejor parte
rahmen ['ra:mən] *v* encuadrar
Rahmen ['ra:mən] *m 1. (Fensterrahmen)* marco *m*; *2. (Bilderrahmen)* marco *m*, recuadro *m*; *3. (fig)* marco *m*, telón de fondo *m*; *aus dem ~ fallen* salir(se) de lo corriente; *nicht in den ~ passen* desentonar en el ambiente; *im ~ bleiben* mantener el margen
Rahmenbedingungen ['ra:mənbədɪŋuŋən] *pl* condiciones previas *f/pl*
Rahmenprogramm ['ra:mənprogram] *n (einer Veranstaltung)* programa general *f*
Rahmentarif ['ra:məntari:f] *m ECO* tarifa básica *f*
Rahmenvertrag ['ra:mənfɛrtra:k] *m* acuerdo base *m*, contrato base *m*
Rakete [ra'ke:tə] *f* cohete *m*
Raketenabwehr [ra'ke:tənapve:r] *f MIL* antimisil *m*
Raketenstützpunkt [ra'ke:tənʃtytspuŋkt] *m MIL* base de lanzamiento de misiles *f*
rammen ['ramən] *v* embestir, chocar, clavar
Rampe ['rampə] *f 1. (Laderampe)* rampa de carga *f*; *2. (Bühnenrampe) THEAT* proscenio *m*
Rampenlicht ['rampənlɪçt] *n THEAT* candilejas *f/pl*; *im ~ stehen* ser el centro de atención del interés público
ramponieren [rampo'ni:rən] *v* deteriorar, estropear, romper
Ramsch [ramʃ] *m* cachivaches *m/pl*, trastos *m/pl*
Rand [rant] *m* borde *m*, margen *m*; *außer ~ und Band* fuera de sí, fuera de sus casillas; *mit etw zu ~e kommen* acabar con algo; *am ~e erwähnen* anotar entre paréntesis
randalieren [randa'li:rən] *v* alborotar, hacer escándalo
Randalierer(in) [randa'li:rər(ɪn)] *m/f* alborotador(a) *m/f*, pendenciero/pendenciera *m/f*
Randbemerkung ['rantbəmɛrkuŋ] *f* acotación *f*
Randerscheinung ['rantɛrʃaɪnuŋ] *f* fenómeno secundario *m*
Randgebiet ['rantgəbi:t] *n* alrededores *m/pl*, afueras *f/pl*, zona periférica *f*
randvoll ['rantfɔl] *adj* lleno hasta el borde
Rang [raŋ] *m 1. (Stand)* clase *f*, rango *m*, abolengo *m*; *jdm den ~ ablaufen* desbancar a alguien; *2. (Qualität)* calidad *f*, categoría *f*; *3. THEAT* piso *m*
Rangabzeichen ['raŋaptsaɪçən] *m* distintivo *m*
Rangälteste(r) ['raŋɛltəstə(r)] *m/f* persona con mayor antigüedad *f*
Range ['raŋə] *f 1.* pilluelo *m*, diablillo *m*, travieso *m*; *2. (Mädchen)* pilluela *f*, diablilla *f*, traviesa *f*
rangeln ['raŋeln] *v* pelearse por
Rangfolge ['raŋfɔlgə] *f* jerarquía *f*
Rangierbahnhof [raŋ'ʒi:rba:nho:f] *m* estación de maniobras *f*
rangieren [raŋ'ʒi:rən] *v* maniobrar
Rangliste ['raŋlɪstə] *f* escalafón *m*, escala *f*
Rangordnung ['raŋɔrdnuŋ] *f* jerarquía *f*, orden de colocación *m*, orden de precedencia *m*
Ranke ['raŋkə] *f BOT* zarcillo *m*
ranken ['raŋkən] *v* trepar
Ranzen ['rantsən] *m* mochila *f*, maletín *m*; *sich den ~ voll schlagen (fam)* llenarse la panza, ponerse las botas de comer; *jdm den ~ voll hauen* dar una paliza a alguien
ranzig ['rantsɪç] *adj* rancio
rapid [ra'pi:t] *adj* rápido, veloz
Rapport [ra'pɔrt] *m 1. MIL* parte *m*; *2. PSYCH* informe *m*
Raps [raps] *m BOT* colza *f*
rar [ra:r] *adj* raro, extraño, escaso; *sich ~ machen* dejarse ver muy raramente
Rarität [rari'tɛ:t] *f* rareza *f*
rasant [ra'zant] *adj* veloz, rasante
rasch [raʃ] *adj* rápido, veloz
rascheln ['raʃəln] *v* crujir
Rasen ['ra:zən] *m BOT* césped *m*; *jdn unter den ~ bringen (fig)* llevar a alguien a la tumba
rasen ['ra:zən] *v (mit dem Auto)* ir a toda velocidad
rasend ['ra:zənt] *adj 1. (sehr schnell)* vertiginoso, velocísimo; *2. (sehr stark)* fuertísimo; *3. (wütend)* furioso, rabioso, enfurecido; *adv 4. (sehr stark)* muy fuerte; *5. (wütend)* furiosamente, con furia
Rasenmäher ['ra:zənmɛ:ər] *m* cortacésped *m*, cortadora de césped *f* (LA)
Raser(in) ['ra:zər(ɪn)] *m/f (Autofahrer(in))* loco/loca de la carretera *m/f*
Raserei [razə'raɪ] *f 1. (Wut)* rabia *f*, furor *m*; *2. (mit dem Auto)* rapidez en la carretera *f*
Rasierapparat [ra'zi:rapara:t] *m* máquina de afeitar *f*, rasurador *m*, afeitadora *f*

rasieren [ra'ziːrən] *v* rasurar, afeitar
Rasierklinge [ra'ziːrklɪŋə] *f* hoja de afeitar *f*
Rasiermesser [ra'ziːrmɛsər] *n* navaja de afeitar *f*
Rasierpinsel [ra'ziːrpɪnzəl] *m* brocha de afeitar *f*
Rasierwasser [ra'ziːrvasər] *n* loción para después del afeitado *f*
Räson [rɛ'z ɔː] *f zur ~ kommen* entrar en razón; *jdn zur ~ bringen* hacer entrar en razón a alguien
Raspel ['raspəl] *f* lima gruesa *f,* escofina *f*
raspeln ['raspəln] *v* raspar, rallar
Rasse ['rasə] *f* raza *f*
rasseln ['rasəln] *v 1.* hacer ruido; *2. durchs Examen ~ (fam)* suspender
Rassendiskriminierung ['rasəndɪskriminiːruŋ] *f* discriminación racial *f,* discriminación de razas *f*
Rassenhass ['rasənhas] *m* odio de razas *m*
Rassenproblem ['rasənprobleːm] *n* problema racial *f*
Rassentrennung ['rasəntrɛnuŋ] *f* segregación racial *f*
rassig ['rasɪç] *adj* pasional
Rassismus [ra'sɪsmus] *m* racismo *m*
Rassist(in) [ra'sɪst(ɪn)] *m/f* racista *m/f*
rassistisch [ra'sɪstɪʃ] *adj* racista
Rast [rast] *f* descanso *m,* pausa *f; ohne ~ und Ruh* sin tregua, sin descanso
rasten ['rastən] *v* descansar, hacer una pausa
Raster ['rastər] *n 1. (Schema)* sistema *m,* trama *f; 2. (im Druckwesen)* reticulador *m,* cuadrícula *f*
Rasthaus ['rasthaus] *n* albergue de carretera *m*
rastlos ['rastloːs] *adj 1. (pausenlos)* incesante; *2. (ruhelos)* infatigable, incansable; *adv 3. (pausenlos)* incesantemente
Rastlosigkeit ['rastloːzɪçkaɪt] *f* desasosiego *m*
Rastplatz ['rastplats] *m* lugar de descanso *m*
Raststätte ['rastʃtɛtə] *f (an Autobahnen) GAST* área de servicio *f*
Rasur [ra'zuːr] *f* afeitado *m*
Rat [raːt] *m 1. (~schlag)* consejo *m; mit sich zu ~e gehen* deliberar sobre algo entre sí, entrar en cuenta consigo, consultar con la almohada *(fam); jdn zu ~e ziehen* pedir el consejo de alguien; *jdm mit ~ und Tat zur Seite stehen* ayudar a alguien con sus consejos y su apoyo; *2. (Titel)* consejero *m,* consejal *m; 3. (Kollegium)* consejo *m,* colegio *m*
Rate ['raːtə] *f ECO* cuota *f,* pago parcial *m,* plazo *m*
raten ['raːtən] *v irr 1. (er~)* adivinar, acertar; *2. (empfehlen)* recomendar; *3. (Rat geben)* aconsejar, dar consejos
ratenweise ['raːtənvaɪzə] *adj ECO* a plazos
Ratenzahlung ['raːtəntsaːluŋ] *f ECO* pago a plazos *m*
Ratgeber(in) ['raːtgeːbər(ɪn)] *m/f* consejero/consejera *m/f*
Rathaus ['raːthaus] *n* ayuntamiento *m,* municipalidad *f* (LA)
Ratifikation [ratifika'tsjoːn] *f POL* ratificación *f*
ratifizieren [ratifi'tsiːrən] *v POL* ratificar
Ration [ra'tsjoːn] *f* ración *f,* porción *f; die eiserne ~* la ración de reserva *f*
rational [ratsjo'naːl] *adj* racional
rationalisieren [ratsjonali'ziːrən] *v* racionalizar
Rationalisierung [ratsjonali'ziːruŋ] *f* racionalización *f*
rationell [ratsjo'nɛl] *adj* racional
rationieren [ratsjo'niːrən] *v* racionar
Rationierung [ratsjo'niːruŋ] *f (von Lebensmitteln)* racionamiento *m*
ratlos ['raːtloːs] *adj* perplejo, desconcertado, confuso
Ratlosigkeit ['raːtloːzɪçkaɪt] *f* desconcierto *m,* desorientación *f*
ratsam ['raːtzːam] *adj* aconsejable, recomendable
Ratschlag ['raːtʃlaːk] *m* consejo *m*
Rätsel ['rɛːtsəl] *n* adivinanza *f,* acertijo *m; jdm ein ~ sein* ser un misterio para alguien; *jdm ein ~ aufgeben* encerrar un misterio para alguien, constituir un; problema para alguien; *in ~n sprechen* hablar en jeroglífico; *vor einem ~ stehen* enfrentarse a un misterio
rätselhaft ['rɛːtsəlhaft] *adj* enigmático, misterioso; *Das ist ~.* Esto es un enigma.
rätseln ['rɛːtsəln] *v* especular, adivinar
Rattanmöbel ['ratanmøːbəl] *pl* muebles de rotang *m/pl*
Ratte ['ratə] *f ZOOL* rata *f*
Rattengift ['ratəngɪft] *n* raticida *m*
rattern ['ratərn] *v* traquetear
rau [rau] *adj 1. (nicht glatt)* áspero, rasposo, rugoso; *2. (grob)* tosco, rudo, burdo; *3. (~er Hals)* ronco; *4. (fig: barsch)* rudo, áspero, seco; *adv 5.* con rudeza, ásperamente

Raub [raup] *m 1. (Diebstahl)* robo *m,* hurto *m; 2. (Entführung)* rapto *m,* secuestro *m*
Raubbau ['raupbau] *m* explotación abusiva *f,* explotación exagerada *f*
rauben ['raubən] *v 1. (stehlen)* robar, hurtar; *2. (entführen)* raptar, secuestrar
Räuber ['rɔybər] *m* ladrón *m,* ratero *m,* chorizo *m*
Raubgier ['raupgiːr] *f* rapacidad *f*
Raubkatze ['raupkatsə] *f ZOOL* felino *m,* félido *m*
Raubkopie ['raupkopiː] *f INFORM* copia pirata *f*
Raubmord ['raupmɔrt] *m* asesinato con robo *m,* robo con homicidio *m*
Raubtier ['rauptiːr] *n ZOOL* animal de rapiña *m*
Raubüberfall ['raupyːbərfal] *m* atraco *m,* asalto *m*
Raubzug ['rauptsuːk] *m 1.* invasión *f; 2. (eines Tieres)* incursión de caza *f*
Rauch [raux] *m* humo *m; in ~ und Flammen aufgehen* arder en llamas; *sich in ~ auflösen* esfumarse
Rauchabzug ['rauxaptsuːk] *m* salida de humo *f*
rauchen ['rauxən] *v* fumar, humear; *Ich habe mir abgewöhnt zu ~.* He dejado de fumar. *Rauchen verboten!* ¡Se prohibe fumar!
Raucher(in) ['rauxər(ɪn)] *m/f* fumador(a) *m/f*
Raucherabteil ['rauxəraptaɪl] *n* sección de fumadores *f,* compartimento de fumadores *m*
Raucherhusten ['rauxərhuːstən] *m* tos de fumador *f*
räuchern ['rɔyçərn] *v* ahumar
rauchfrei ['rauxfraɪ] *adj* sin humo
rauchig ['rauxɪç] *adj* humoso
Rauchmelder ['rauxmɛldər] *m* detector de humos *m*
Rauchverbot ['rauxfɛrboːt] *n* prohibición de fumar *f*
räudig ['rɔydiç] *adj* sarnoso, roñoso
Raufaser ['raufaːzər] *f* fibra gruesa *f*
Raufbold ['raufbɔlt] *m* camorrista *m,* pendenciero *m,* matón *m*
raufen ['raufən] *v* reñir, pelearse
Rauferei [raufə'raɪ] *f* riña *f,* pelea *f*
Raum [raum] *m 1. (Zimmer)* cuarto *m,* habitación *f,* pieza *f; 2. (Platz)* lugar *m,* sitio *m; 3. (Gebiet)* zona *f,* área *f,* región *f; 4. (fig) etw in den ~ stellen* someter algo a discusión; *im ~ stehen* estar pendiente, estar por solucionar; *etw im ~ stehen lassen* dejar algo sin solucionar
Raumausstatter(in) ['raumausʃtatər(ɪn)] *m/f* interiorista *m/f*
räumen ['rɔymən] *v 1. (verlassen)* abandonar, dejar; *2. (evakuieren)* evacuar, desocupar; *3. (entfernen)* retirar, quitar
Raumfähre ['raumfɛːrə] *f* lanzadera espacial *f,* transbordador espacial *m*
Raumfahrt ['raumfaːrt] *f* astronáutica *f,* cosmonáutica *f*
Raumflug ['raumfluːk] *m* vuelo espacial *m*
raumgreifend ['raumgraɪfənt] *adj* que ocupa espacio
Rauminhalt ['raumɪnhalt] *m MATH* volumen *m*
Raumkapsel ['raumkapsəl] *f* cápsula espacial *f*
räumlich ['rɔymlɪç] *adj 1.* espacial, del espacio; *adv 2.* espacialmente, en el espacio
Räumlichkeiten ['rɔymlɪçkaɪtən] *pl* habitaciones *f/pl,* cuartos *m/pl,* piezas *f/pl,* dependencias *f/pl*
Raumschiff ['raumʃɪf] *n* nave espacial *f*
Raumsonde ['raumzɔndə] *f* sonda espacial *f*
Raumstation ['raumʃtatsjoːn] *f ASTR* estación espacial *f*
Raumteiler ['raumtaɪlər] *m* mueble divisorio *m*
Räumung ['rɔymuŋ] *f 1. (Verlassen)* abandono *m; 2. (Evakuierung)* evacuación *f,* desocupación *f,* desalojo *m; 3. (Entfernung)* retiro *m*
Räumungsklage ['rɔymuŋsklaːgə] *f JUR* demanda de desahucio *f*
Räumungsverkauf ['rɔymuŋsfɛrkauf] *m* liquidación total *f*
raunen ['raunən] *v* murmurar
Raupe ['raupə] *f 1. TECH* oruga *f; 2. ZOOL* oruga *f*
Rauputz ['rauputs] *m* enyesado grueso *f*
Raureif ['rauraɪf] *m* escarcha *f*
raus [raus] *adv (siehe „heraus", „hinaus")*
Rausch [rauʃ] *m 1. (Alkoholrausch)* borrachera *f,* ebriedad *f,* embriaguez *f; seinen ~ ausschlafen* dormir la mona; *2. (Begeisterungsrausch)* entusiasmo *m,* emoción *f,* fervor *m*
rauscharm ['rauʃarm] *adj TECH* de pocas interferencias, de poco ruido
rauschen ['rauʃən] *v 1. (Blätter)* susurrar; *2. (Bach)* murmurar

Rauschgift ['rauʃgɪft] *n* estupefaciente *m,* droga *f*
Rauschgifthandel ['rauʃgɪfthandəl] *m* tráfico de estupefacientes *m,* tráfico de drogas *m*
Rauschgifthändler ['rauʃgɪfthɛndlər] *m* narcotraficante *m*
Rauschgiftsucht ['rauʃgɪftzuxt] *f* toxicomanía *f*
rauschgiftsüchtig ['rauʃgɪftzyçtɪç] *adj* toxicómano, drogadicto
rausfliegen ['rausfli:gən] *v irr (fam)* ser expulsado de
räuspern ['rɔyspərn] *v sich* ~ carraspear
Rausschmeißer ['rausʃmaɪsər] *m 1.* gorila *m,* matón *m; 2. (fam: letzter Tanz)* último baile *m*
Rausschmiss ['rausʃmɪs] *m 1.* echar a alguien a la calle; *2. (fam: Entlassung)* despido *m*
Raute ['rautə] *f MATH* rombo *m*
rautenförmig ['rautənfœrmɪç] *adj* rómbico, rombal
Razzia ['ratsja] *f* batida *f,* redada *f,* razia *f*
Reagenzglas [rea'gɛntsgla:s] *n* probeta *f,* tubo de ensayo *m*
reagieren [rea'gi:rən] *v* reaccionar
Reaktion [reak'tsjo:n] *f* reacción *f*
reaktionär [reaktsjo'nɛ:r] *adj POL* reaccionario, ultraconservador
reaktionsschnell [reak'tsjo:nsʃnɛl] *adj* de reacción rápida
Reaktionsvermögen [reak'tsjo:nsfɛrmø:gən] *n* capacidad de reacción *f*
Reaktionszeit [reak'tsjo:nstsaɪt] *f* tiempo de reacción *m*
reaktivieren [reakti'vi:rən] *v* reactivar
Reaktor [re'aktɔr] *m* reactor *m*
Reaktorunfall [re'aktɔrunfal] *m TECH* accidente en un reactor nuclear *m*
real [re'a:l] *adj 1.* real; *adv 2.* realmente, efectivamente
realisierbar [reali'zi:rba:r] *adj* realizable, ejecutable
Realisierbarkeit [reali'zi:rba:rkaɪt] *f* posibilidad de realizar *f*
realisieren [reali'zi:rən] *v* realizar, ejecutar
Realisierung [reali'zi:ruŋ] *f* realización *f,* ejecución *f*
Realismus [rea'lɪsmus] *m* realismo *m*
Realist(in) [rea'lɪst(ɪn)] *m/f* realista *m/f*
realistisch [rea'lɪstɪʃ] *adj 1.* realista; *adv 2.* realistamente, con realismo
Realität [reali'tɛ:t] *f* realidad *f; Er muss die Dinge so sehen, wie sie in der ~ sind.* Él tiene que abrir los ojos a la realidad.
realitätsfremd [reali'tɛ:tsfrɛmt] *adj* ajeno a la realidad
Realpolitik [re'a:lpoliti:k] *f POL* política realista *f*
Realschule [re'a:lʃu:lə] *f* instituto de enseñanza media
Reanimation [reanima'tsjo:n] *f MED* reanimación *f*
Rebe ['re:bə] *f BOT* vid *f*
Rebell(in) [re'bɛl(ɪn)] *m/f* rebelde *m/f,* sublevado *m,* insurrecto/insurrecta *m/f*
rebellieren [rebɛ'li:rən] *v* rebelarse, sublevarse
Rebellion [rebɛ'ljo:n] *f* rebelión *f,* sublevación *f,* insurrección *f*
Rebhuhn ['re:phu:n] *n ZOOL* perdiz *f*
Rebstock ['re:pʃtɔk] *m BOT* cepa *f*
Rechen ['rɛçən] *m* rastrillo *m*
Rechenaufgabe ['rɛçənaufga:bə] *f* problema de aritmética *f*
Rechenfehler ['rɛçənfe:lər] *m* error de cálculo *m*
Rechenmaschine ['rɛçənmaʃi:nə] *f* calculadora *f*
Rechenschaft ['rɛçənʃaft] *f* justificación *f,* cuenta *f,* explicación *f; ~ über etw ablegen* dar cuentas de algo; *~ verlangen* pedir cuentas; *jdn zur ~ ziehen* pedir cuentas a alguien
Rechenzentrum ['rɛçəntsɛntrum] *n* centro de cálculo *m,* centro de computación *m*
Recherche [re'ʃɛrʃə] *f* averiguación *f,* investigación *f*
recherchieren [reʃɛr'ʃi:rən] *v* averiguar, investigar
rechnen ['rɛçnən] *v* calcular, computar; *Damit musste man rechnen.* Con esto se tenía que contar.
Rechner ['rɛçnər] *m 1.* calculadora *f; 2. (Computer)* computadora *f*
rechnerisch ['rɛçnərɪʃ] *adj* aritmético, calculatorio
Rechnung ['rɛçnuŋ] *f 1. ECO* cuenta *f,* factura *f,* nota *f; Die ~ bitte!* ¡La cuenta, por favor! *die ~ ohne den Wirt machen (fig)* no contar con el huésped; *mit jdm eine ~ begleichen* arreglar las cuentas con alguien; *etw auf seine ~ nehmen* asumir la responsabilidad de algo; *einer Sache ~ tragen* tener en cuenta algo; *2. MATH* cálculo *m,* operación aritmética *f*

Rechnungsprüfer(in) ['rɛçnuŋspry:fər-(ɪn)] *m/f* *ECO* revisor(a) de cuentas *m/f,* auditor(a) *m/f*

Rechnungswesen ['rɛçnuŋsve:zən] *n* *FIN* contabilidad *f*

recht [rɛçt] *adj* justo, recto; *Ist es ~ so?* ¿Le parece bien así? *alles, was ~ ist* hay que ser justo, justicia ante todo; *jdm etw ~ machen* contentar a alguien; *Das kommt mir gerade ~!* ¡Lo que me faltaba! *Das geschieht ihm ~!* ¡Se lo tiene merecido!

Recht [rɛçt] *n 1.* derecho *m; Es ist sein gutes ~.* Está en su derecho. *~ sprechen* administrar la justicia; *seine ~e fordern* reclamar sus derechos; *zu ~* con razón; *2. (Erlaubnis)* autorización *f; 3. ~ haben* tener razón; *~ bekommen* tener razón; *~ behalten* tener razón; *jdm ~ geben* darle la razón a alguien

rechte(r,s) ['rɛçtə(r,s)] *adj* derecho

Rechteck ['rɛçtɛk] *n* rectángulo *m*

rechteckig ['rɛçtɛkɪç] *adj* rectangular

rechtfertigen ['rɛçtfɛrtɪgən] *v* justificar

Rechtfertigung ['rɛçtfɛrtɪguŋ] *f* justificación *f*

rechtgläubig ['rɛçtglɔybɪç] *adj* ortodoxo

rechthaberisch ['rɛçtha:bərɪʃ] *adj* ergotista; *~ sein* querer siempre tener razón

rechtlich ['rɛçtlɪç] *adj 1. JUR* jurídico, legal; *adv 2. JUR* jurídicamente, por vía jurídica, legalmente

rechtlos ['rɛçtlo:s] *adj 1.* sin derechos, privado de derechos; *2. (gesetzlos)* ilegal

Rechtlosigkeit ['rɛçtlo:zɪçkaɪt] *f* ausencia de derechos *f*

rechtmäßig ['rɛçtmɛ:sɪç] *adj* legítimo, legal

rechts [rɛçts] *adv* a la derecha, por la derecha; *weder ~ noch links schauen* no mirar ni a derecha ni a izquierda

Rechtsanspruch ['rɛçtsanʃprux] *m* título legal *m*

Rechtsanwalt ['rɛçtsanvalt] *m* *JUR* abogado *m*

Rechtsberater ['rɛçtsbəra:tər] *m* consejero legal *m*

Rechtsbruch ['rɛçtsbrux] *m* violación de la ley *f,* infracción de la ley *f*

rechtschaffen ['rɛçtʃafən] *adj 1.* honrado, honesto, íntegro, justo; *adv 2.* como es debido, honestamente

Rechtschreibreform ['rɛçtʃraɪbrefɔrm] *f* reforma ortográfica *f*

Rechtschreibung ['rɛçtʃraɪbuŋ] *f* ortografía *f*

Rechtschutzversicherung ['rɛçtʃuts-fɛrzɪçəruŋ] *f* seguro de protección jurídica *m*

Rechtsextremismus ['rɛçtsɛkstremɪs-mus] *m* extremismo de ultraderecha *m*

Rechtsextremist(in) ['rɛçtsɛkstremɪs-t(ɪn)] *m/f* *POL* ultraderechista *m/f,* reaccionario *m,* ultra *m/f*

Rechtsfähigkeit ['rɛçtsfɛ:ɪçkaɪt] *f* *JUR* capacidad jurídica *f*

Rechtsfall ['rɛçtsfal] *m* *JUR* caso (jurídico) *m*

rechtsgültig ['rɛçtsgyltɪç] *adj* *JUR* válido jurídicamente

Rechtshänder(in) ['rɛçtshɛndər(ɪn)] *m/f* persona que escribe con la diestra *f,* diestro *m*

rechtskräftig ['rɛçtskrɛ:ftɪç] *adj* *JUR* válido, legal

Rechtslage ['rɛçtsla:gə] *f* *JUR* situación legal *f*

rechtslastig ['rɛçtslastiç] *adj* con demasiado peso en el lado derecho

Rechtsmittel ['rɛçtsmɪtəl] *n* *JUR* recurso *m*

Rechtspartei ['rɛçtspartaɪ] *f* *POL* partido derechista o conservador *m*

Rechtsprechung ['rɛçtʃprɛçuŋ] *f* *JUR* jurisprudencia *f*

Rechtsradikalismus ['rɛçtsradikalɪs-mus] *m* *POL* radicalismo de extrema derecha *m*

Rechtsschutz ['rɛçtsʃuts] *m* protección jurídica *f*

Rechtsspruch ['rɛçtsʃprux] *m 1.* sentencia judicial *f; 2. (in Zivilsachen)* fallo jurídico civil *m*

Rechtsstaat ['rɛçtsʃta:t] *m* Estado constitucional *m,* Estado de derecho *m*

Rechtsstreit ['rɛçtsʃtraɪt] *m* *JUR* litigio *m,* pleito *m*

Rechtsverfahren ['rɛçtsfɛrfa:rən] *n* procedimiento legal *m,* pleito *m*

Rechtsverkehr ['rɛçtsfɛrke:r] *m* circulación por la derecha *f*

Rechtsweg ['rɛçtsve:k] *m* *JUR* vía judicial *f*

Rechtswesen ['rɛçtsve:zən] *n* *JUR* jurisprudencia *f*

rechtswidrig ['rɛçtsvi:drɪç] *adj* *JUR* ilegal

rechtwinklig ['rɛçtvɪŋklɪç] *adj* rectangular

rechtzeitig ['rɛçttsaɪtɪç] *adj 1.* oportuno; *adv 2.* a tiempo, oportunamente

recken ['rɛkən] *v sich ~* estirarse

recyceln [ri'zaɪkəln] *v* reciclar
Recycling [ri'saɪklɪŋ] *n* reciclaje *m,* reciclado *m,* recuperación del material usado *f*
Redakteur(in) [redak'tøːr(ɪn)] *m/f* redactor(a) *m/f*
Redaktion [redak'tsjoːn] *f* redacción *f*
Redaktionsschluss [redak'tsjoːnsʃlus] *m* cierre de la edición *m*
Rede ['reːdə] *f* discurso *m,* alocución *f,* mensaje *m; jdm ~ und Antwort stehen* rendir cuentas a alguien; *jdm in die ~ fallen* interrumpir a alguien; *jdn zur ~ stellen* pedir explicaciones a alguien; *Die ~ ist von ...* Se trata de ... *Davon kann keine ~ sein!* ¡No puede tratarse de eso!
redegewandt ['reːdəgəvant] *adj* elocuente
Redegewandtheit ['reːdəgəvanthaɪt] *f* elocuencia *f,* facilidad de palabra *f*
Redekunst ['reːdəkunst] *f* retórica *f*
reden ['reːdən] *v* hablar, pronunciar un discurso; *mit sich ~ lassen* ser tratable; *von sich ~ machen* llamar mucho la atención, dar lugar a
Redensart ['reːdənsart] *f* locución *f,* modo de hablar *m*
Redewendung ['reːdəvɛnduŋ] *f* giro *m,* locución *f,* expresión idiomática *f*
redigieren [redi'giːrən] *v* redactar
redlich ['reːtlɪç] *adj 1. (anständig)* honrado, honesto, recto, de buena fe; *2. (viel)* mucho; *adv 3. (sehr)* mucho
Redner(in) ['reːdnər(ɪn)] *m/f* orador(a) *m/f*
Rednerbühne ['reːdnərbyːnə] *f* tribuna *f*
rednerisch ['reːdnərɪʃ] *adj* oratorio, retórico
Rednerpult ['reːdnərpult] *n* púlpito de oradores *m*
redselig ['reːtzeːlɪç] *adj 1.* hablador, locuaz; *adv 2.* locuazmente
Reduktion [reduk'tsjoːn] *f* reducción *f*
reduzieren [redu'tsiːrən] *v* reducir, acortar, disminuir
Reeder ['reːdər] *m* armador *m*
Reederei [reːdə'raɪ] *f* compañía naviera *f*
reell [re'ɛl] *adj 1.* real; *adv 2.* realmente
Referat [refe'raːt] *n* informe *m,* exposición *f,* ponencia *f*
Referendar(in) [referɛn'daːr(ɪn)] *m/f JUR* pasante de abogado *m,* licenciado en derecho/licenciada en derecho *m/f*
Referendariat [referɛnda'rjaːt] *n* período de prácticas para licenciados de derecho *m*
Referendum [refe'rɛndum] *n POL* referéndum *m*
Referent(in) [refe'rɛnt(ɪn)] *m/f 1. (im Parlament)* ponente *m/f; 2. (Sachbearbeiter(in))* jefe de negociado/jefa de negociado *m/f; 3. (Vortragende(r))* relator(a) *m/f,* informante *m/f*
Referenz [refe'rɛnts] *f* referencia *f*
referieren [refe'riːrən] *v* referir
reflektieren [reflɛk'tiːrən] *v 1. (zurückstrahlen)* reflejar, reflectar; *2. (nachdenken)* reflexionar, meditar, cavilar
Reflex [re'flɛks] *m* reflejo *m,* reflexión *f*
Reflexbewegung [re'flɛksbəveːguŋ] *f* movimiento reflejo *m*
Reflexion [reflɛ'ksjoːn] *f 1. (von Licht)* reflexión *f; 2. (fig: Überlegung)* reflexión *f,* meditación *f*
reflexiv [reflɛ'ksiːf] *adj GRAMM* reflexivo
Reform [re'fɔrm] *f* reforma *f*
Reformation [refɔrma'tsjoːn] *f REL* reforma *f*
reformbedürftig [re'fɔrmbədyrftɪç] *adj* necesitado de reforma
Reformhaus [re'fɔrmhaus] *n* tienda de productos biológicos/dietéticos *f*
reformieren [refɔr'miːrən] *v* reformar
Refrain [rə'frɛ̃ː] *m MUS* estribillo *m*
Regal [re'gaːl] *n* estante *m,* estantería *f,* anaquel *m*
rege ['reːgə] *adj* activo, animado
Regel ['reːgəl] *f 1.* regla *f; nach allen ~n der Kunst* como es debido; *2. (Menstruation)* regla *f,* menstruación *f,* período *m*
regellos ['reːgəlloːs] *adj 1.* sin regla, sin norma; *2. (ungeregelt)* irregular
regelmäßig ['reːgəlmɛːsɪç] *adj 1.* regular; *adv 2.* regularmente, con regularidad
Regelmäßigkeit ['reːgəlmɛːsɪçkaɪt] *f* regularidad *f*
regeln ['reːgəln] *v* regular
regelrecht ['reːgəlrɛçt] *adj (fam)* casi; *Das war ein ~es Kunststück.* Por poco es una obra de arte.
Regelstudienzeit ['reːgəlʃtuːdjəntsaɪt] *f* tiempo establecido de duración de una carrera universitaria *m*
Regelung ['reːgəluŋ] *f* regularización *f,* regulación *f,* reglamentación *f*
regelwidrig ['reːgəlviːdrɪç] *adj* irregular, contrario a la regla, contra la norma
regen ['reːgən] *v sich ~* moverse, realizar un movimiento
Regen ['reːgən] *m* lluvia *f; jdn im ~ stehen lassen (fig)* dejar a alguien en la estacada; *vom ~ in die Traufe kommen* ir de mal en peor

regenarm ['reːgənarm] *adj* de pocas precipitaciones
Regenbogen ['reːgənboːgən] *m METEO* arco iris *m*
Regenbogenhaut ['reːgənboːgənhaut] *f ANAT* iris *m*
Regendach ['reːgəndax] *n* techado *m*, alero *m*
regenerieren [regene'riːrən] *v* regenerar
Regenmantel ['reːgənmantəl] *m* impermeable *m*
regenreich ['reːgənraɪç] *adj* lluvioso
Regenrinne ['reːgənrɪnə] *f* gotera *f*
Regenschauer ['reːgənʃauər] *m METEO* chubasco *m*
Regenschirm ['reːgənʃɪrm] *m* paraguas *m*
Regentschaft [re'gɛntʃaft] *f POL* regencia *f*
Regenwald ['reːgənvalt] *m* pluviselva *f*, selva tropical *f*
Regenwasser ['reːgənvasər] *n* agua de lluvia *f*
Regenwolke ['reːgənvɔlkə] *f METEO* nube (cargada) de lluvia *f*
Regenwurm ['reːgənvurm] *m ZOOL* lombriz de tierra *f*
Regenzeit ['reːgəntsaɪt] *f* estación de las lluvias *f*, tiempo de lluvias *m*
Regie [re'ʒiː] *f CINE* dirección *f*
regierbar [re'giːrbaːr] *adj POL* gobernable
regieren [re'giːrən] *v 1. (Kanzler) POL* gobernar; *2. (König) POL* reinar
Regierung [re'giːruŋ] *f POL* gobierno *m*, administración *f*
Regierungsantritt [re'giːruŋsantrɪt] *m* acceso al poder *m*
Regierungsbildung [re'giːruŋsbɪlduŋ] *f POL* formación de gobierno *f*
Regierungserklärung [re'giːruŋsɛrklɛːruŋ] *f POL* declaración gubernamental *f*
Regierungsgewalt [re'giːruŋsgəvalt] *f POL* poder gubernamental *m*
Regierungskrise [re'giːruŋskriːzə] *f POL* crisis gubernamental *f*
Regierungspartei [re'giːruŋspartaɪ] *f POL* partido gubernamental *m*
Regierungssitz [re'giːruŋszɪts] *m POL* sede del gobierno *f*
Regime [re'ʒiːm] *n POL* régimen *m*
Regimekritiker(in) [re'ʒiːmkriːtikər(ɪn)] *m/f POL* disidente *m/f*
Regiment [regi'mɛnt] *n MIL* regimiento *m*; *das ~ führen* llevar la batuda, ejercer el mando
Region [re'gjoːn] *f* región *f*, zona *f*
regional [regjo'naːl] *adj* regional
Regionalismus [regjona'lɪsmus] *m* regionalismo *m*
Regisseur(in) [reʒi'søːr(ɪn)] *m/f CINE* director(a) de cine *m/f*
Register [re'gɪstər] *n* registro *m*, asiento *m*
Registratur [regɪstra'tuːr] *f 1. (Abteilung)* registro *m*, archivo *m*; *2. (Aktenschrank)* fichero *m*, clasificador *m*
registrieren [regɪs'triːrən] *v* registrar, asentar, anotar
Registrierkasse [regɪs'triːrkasə] *f* caja registradora *f*
Reglement [reglə'mɑ̃ː] *n* reglamento *m*
reglementieren [reglemɛn'tiːrən] *v* reglamentar
Regler ['reːglər] *m TECH* regulador *m*
reglos ['reːgloːs] *adj* inmóvil, sin movimiento
regnen ['reːgnən] *v* llover; *Es regnet in Strömen.* Llueve a cántaros. *Es hat aufgehört zu ~.* Ha dejado de llover.
regnerisch ['reːgnərɪʃ] *adj* lluvioso
Regress [re'grɛs] *m JUR* recurso *m*
regsam ['reːkzaːm] *adj* activo, diligente, hacendoso
regulär [regu'lɛːr] *adj* regular, ajustar
regulierbar [regu'liːrbaːr] *adj* regulable
regulieren [regu'liːrən] *v* regular, ajustar
Regulierung [regu'liːruŋ] *f* regulación *f*
Regung ['reːguŋ] *f 1. (Bewegung)* movimiento *m*; *2. (Gefühlsregung)* sentimiento *m*
regungslos ['reːguŋsloːs] *adj* inmóvil, inerte
Reh [reː] *n ZOOL* corzo *m*
Rehabilitation [rehabilita'tsjoːn] *f* rehabilitación *f*
Rehabilitationszentrum [rehabilita'tsjoːnstsɛntrum] *n MED* centro de rehabilitación *m*
rehabilitieren [rehabili'tiːrən] *v* rehabilitar
Rehbock ['reːbɔk] *m ZOOL* corzo *m*
Rehkalb ['reːkalp] *n ZOOL* corcino *m*
Reibe ['raɪbə] *f* rallador *m*
reiben ['raɪbən] *v irr 1.* frotar, sobar, restregar; *2. (zerkleinern)* rallar
Reibereien [raɪbə'raɪən] *pl (fam)* peleas *f/pl*
Reibung ['raɪbuŋ] *f* frotación *f*, fricción *f*
reibungslos ['raɪbuŋsloːs] *adj (fig)* sin dificultades, sin obstáculos
reich [raɪç] *adj* rico
Reich [raɪç] *n* imperio *m*

reichen ['raɪçən] *v* 1. *(geben)* dar, pasar, alcanzar; 2. *(aus~)* alcanzar, ser suficiente, bastar; *Ich weiß nicht, ob das Geld reicht.* No sé si me alcanza el dinero. *Mir reicht es!* ¡Ya no lo soporto más!/¡Ya estoy harto! 3. *(sich erstrecken)* extenderse
reichhaltig ['raɪçhaltɪç] *adj* amplio, abundante
reichlich ['raɪçlɪç] *adj* abundante, copioso
Reichskanzler ['raɪçskantslər] *m HIST* Canciller del Reich *m*
Reichstag ['raɪçstaːk] *m* 1. *HIST* parlamento *m;* 2. *(historisches Gebäude)* palacio que alberga el Parlamento de la RFA
Reichtum ['raɪçtuːm] *m* riqueza *f*
Reichweite ['raɪçvaɪtə] *f* alcance *m*
reif *adj* maduro; *für etw ~ sein* merecerse algo
Reife ['raɪfə] *f* 1. *(von Obst)* sazón *f;* 2. *(fig)* madurez *f*
Reifen ['raɪfən] *m* neumático *m,* rueda *f,* llanta *f* (LA)
reifen ['raɪfən] *v* madurar, sazonar
Reifendruck ['raɪfəndruk] *m* presión de inflado *f*
Reifenwechsel ['raɪfənvɛksəl] *m* cambio de rueda(s) *m*
Reifeprüfung ['raɪfəpryːfuŋ] *f* examen de bachillerato *m*
Reifezeit ['raɪfətsaɪt] *f* tiempo de madurez *m*
Reifezeugnis ['raɪfətsɔyknɪs] *n* certificado de bachillerato *m*
reiflich ['raɪflɪç] *adj* 1. maduro; *adv* 2. con madurez, maduramente
Reihe ['raɪə] *f* 1. *(von Dingen)* hilera *f; etw auf die ~ bringen* poner algo en orden; *jdn aus der ~ bringen* confundir a alguien; *außer der ~* fuera de turno; *der ~ nach* por turnos, por orden, por partes; *an die ~ kommen* tocar el turno; 2. *(von Menschen)* fila *f,* cola *f; in Reih und Glied* en fila; *aus der ~ tanzen* salirse de lo común, salirse de lo corriente; 3. *(Serie)* serie *f*
Reihenfolge ['raɪənfɔlgə] *f* serie *f,* sucesión *f,* orden de sucesión *m*
Reihenhaus ['raɪənhaus] *n* chalet adosado *m*
Reim [raɪm] *m LIT* rima *f; sich keinen ~ auf etw machen* no poder entender algo
reimen ['raɪmən] *v LIT* rimar
rein[1] [raɪn] *adj* 1. *(sauber)* limpio, pulcro, aseado; *mit jdm ins Reine kommen* ponerse en claro con alguien, arreglarse con alguien; *etw ins Reine schreiben* escribir algo a límpio; 2. *(unverfälscht)* puro, genuino, verdadero; 3. *(echt)* legítimo, auténtico; 4. *(klar)* claro
rein[2] *(siehe „herein“, „hinein“)*
Reinerlös ['raɪnɛrløːs] *m* beneficio neto *m*
Reinertrag ['raɪnɛrtraːk] *m ECO* producto líquido *m*
Reinfall ['raɪnfal] *m* fracaso *m,* desilusión *f*
Reingewicht ['raɪngəvɪçt] *n* peso neto *m*
Reingewinn ['raɪngɛvɪn] *m ECO* beneficio neto *m,* ganancia neta *f*
reinhauen ['raɪnhauən] *v irr jdm eine ~* (fam) soltar una a alguien
Reinheit ['raɪnhaɪt] *f* 1. pureza *f;* 2. *(Sauberkeit)* limpieza *f*
reinigen ['raɪnɪgən] *v* limpiar, purificar
Reiniger ['raɪnɪgər] *m* producto de limpieza *m*
Reinigung ['raɪnɪguŋ] *f* 1. *(Reinigen)* limpieza *f,* purificación *f;* 2. *(Geschäft)* tintorería *f*
Reinigungsmittel ['raɪnɪguŋsmɪtəl] *n* detergente *m,* producto de limpieza *m*
reinlich ['raɪnlɪç] *adj* limpio, aseado
Reinlichkeit ['raɪnlɪçkaɪt] *f* limpieza *f*
reinrassig ['raɪnrasɪç] *adj* de pura raza, de pura sangre, de casta
Reis [raɪs] *m BOT* arroz *m*
Reisanbau ['raɪsanbau] *m AGR* cultivo de arroz *m*
Reise ['raɪzə] *f* viaje *m; seine letzte ~ antreten (fig)* hacer su último viaje
Reiseandenken ['raɪzəandɛŋkən] *n* recuerdo de viaje *m*
Reiseapotheke ['raɪzəapoteːkə] *f* botiquín de viaje *m*
Reisebegleiter ['raɪzəbəglaɪtər] *m* compañero de viaje *m*
Reisebüro ['raɪzəbyroː] *n* agencia de viajes *f*
Reisebus ['raɪzəbus] *m* autocar *m*
Reiseführer ['raɪzəfyːrər] *m (Buch)* guía *f*
Reiseführer(in) ['raɪzəfyːrər(ɪn)] *m/f (Person)* guía *m/f*
Reisegesellschaft ['raɪzəgəzɛlʃaft] *f* viaje colectivo *m,* grupo de viaje *m,* grupo de turistas *m*
Reisekosten ['raɪzəkɔstən] *pl* gastos de viaje *m/pl*
reisen ['raɪzən] *v ~ nach* viajar a, hacer un viaje a; *weit gereist sein* ser un conocedor de varios países
Reisende(r) ['raɪzəndə(r)] *m/f* viajero/viajera *m/f*

Reisepass ['raɪzəpas] *m* pasaporte *m*
Reiseroute ['raɪzəru:tə] *f* itinerario *m*
Reisescheck ['raɪzəʃɛk] *m* cheque de viaje *m,* cheque de viajero *m*
Reisetasche ['raɪzətaʃə] *f* bolsa de viaje *f*
Reisig ['raɪzɪç] *m* leña menuda *f*
reißen ['raɪsən] *v irr 1. (zer~)* romper, rasgar, desgarrar; *2. (ziehen)* tirar de, jalar (LA)
reißerisch ['raɪsərɪʃ] *adj* sensacionalista
Reißfeder ['raɪsfe:dər] *f ART* pluma de dibujo *f,* tiralíneas *f*
reißfest ['raɪsfɛst] *adj* resistente
Reißleine ['raɪslaɪnə] *f* cuerda de desgarro *f*
Reißnagel ['raɪsna:gəl] *m* chinche *f*
Reißverschluss ['raɪsfɛrʃlus] *m* cremallera *f,* cierre *m* (LA)
Reiswein ['raɪsvaɪn] *m GAST* vino de arroz *m*
Reitbahn ['raɪtba:n] *f* picadero *m*
reiten ['raɪtən] *v irr* cabalgar, montar a caballo
Reiter(in) ['raɪtər(ɪn)] *m/f* jinete *m*
Reithose ['raɪtho:zə] *f* pantalón de montar *m*
Reitpeitsche ['raɪtpaɪtʃə] *f* fusta *f*
Reitpferd ['raɪtpfe:rt] *n* caballo de silla *m*
Reitstiefel ['raɪtʃti:fəl] *m* botas de montar *f/pl*
Reiz [raɪts] *m 1. (~ung)* irritación *f; 2. (Anreiz)* estímulo *m,* aliciente *m,* incentivo *m; 3. (Anmut)* gracia *f,* atractivo *m,* encanto *m*
reizbar ['raɪtsba:r] *adj* exitable, irritable, sensible
reizen ['raɪtsən] *v 1. (irritieren)* irritar; *2. (anregen)* estimular, incentivar; *3. (herausfordern)* retar, desafiar
reizend ['raɪtsənt] *adj* encantador, atractivo, bonito
Reizgas ['raɪtsga:s] *n* gas irritante *m*
Reizhusten ['raɪtshu:stən] *m* tos irritante *m*
reizlos ['raɪtslo:s] *adj* sin atractivo, sin gracia
Reizmittel ['raɪtsmɪtəl] *n* estimulante *m,* excitante *m*
Reizung ['raɪtsuŋ] *f 1.* irritación *f; 2. (Anregung)* excitación *f*
reizvoll ['raɪtsfɔl] *adj* lleno de atractivos, encantador, seductor
rekapitulieren [rekapitu'li:rən] *v* recapitular
rekeln ['re:kəln] *v 1. sich ~* repanchingarse; *2. sich ~ (herumliegen)* tumbarse
Reklamation [reklama'tsjo:n] *f* reclamación *f*
Reklame [re'kla:mə] *f* publicidad *f,* réclame *m* (LA)
reklamieren [rekla'mi:rən] *v* reclamar, demandar, exigir
rekonstruieren [rekɔnstru'i:rən] *v* reconstruir
Rekonstruktion [rekɔnstruk'tsjo:n] *f* reconstrucción *f*
rekonvaleszent [rekɔnvalɛs'tsɛnt] *adj MED* convaleciente
Rekonvaleszenz [rekɔnvalɛs'tsɛnts] *f* convalecencia *f*
Rekord [re'kɔrt] *m* récord *m,* marca *f*
Rekordzeit [re'kɔrttsaɪt] *f* tiempo récord *m,* marca *f*
Rekrut [re'kru:t] *m MIL* recluta *m*
rekrutieren [rekru'ti:rən] *v 1. MIL* recrutar, alistar, enrolar; *2. (fig) ~ aus* proceder de
Rektor(in) ['rɛktɔr/rɛk'to:rɪn] *m/f* rector(a) *m/f*
Relation [rela'tsjo:n] *f* relación *f*
relativ [rela'ti:f] *adj* relativo
relativieren [relati'vi:rən] *v* relativizar
Relativität [relativi'tɛ:t] *f* relatividad *f*
Relativpronomen [rela'ti:fprono:mən] *n GRAMM* pronombre relativo *m*
relevant [rele'vant] *adj* relevante
Relief [rɛ'ljɛf] *n ART* relieve *m*
Religion [reli'gjo:n] *f* religión *f*
Religionsfreiheit [reli'gjo:nsfraɪhaɪt] *f* libertad de culto *f,* libertad de religión *f*
Religionslehrer(in) [reli'gjo:nsle:rər(ɪn)] *m/f* profesor(a) de religión *m/f*
religiös [reli'gjø:s] *adj* religioso
Religiosität [religjozi'tɛ:t] *f* religiosidad *f*
Relikt [re'lɪkt] *n* relicto *m*
Reling ['re:lɪŋ] *f* borda *f*
Reliquie [re'li:kviə] *f* reliquia *f*
Reminiszenz [reminɪs'tsɛnts] *f* reminiscencia *f*
Remis [rə'mi:] *n* tablas *f/pl,* empate *m*
Remoulade [remu'la:də] *f GAST* salsa tártara *f*
rempeln ['rɛmpəln] *v* empujar
Renaissance [rənɛ's ɑ:s] *f HIST* Renacimiento *m*
Rendezvous [r ɑde'vu:] *n* cita *f*
Rendite [rɛn'di:tə] *f ECO* rédito *m,* rentabilidad *f*
Rennbahn ['rɛnba:n] *f 1. (Pferderennbahn)* hipódromo *m; 2. (Autorennbahn)* autódromo *m; 3. (Radrennbahn)* velódromo *m*

Rennen ['rɛnən] *n* carrera *f; das ~ machen* salir ganador, ganar la carrera
rennen ['rɛnən] *v irr* correr, trotar
Rennfahrer(in) ['rɛnfaːrər(ɪn)] *m/f* corredor(a) *m/f,* piloto de carrera *m*
Rennpferd ['rɛnpfɛrt] *n SPORT* caballo de carrera *m*
Rennrad ['rɛnraːt] *n* bicicleta de carrera *f*
Rennwagen ['rɛnvaːgən] *m* coche de carrera *m,* auto de carrera *m*
Renommee [renɔ'meː] *n* renombre *m,* fama *f,* reputación *f*
renovieren [renɔ'viːrən] *v* renovar, restaurar
Renovierung [renɔ'viːruŋ] *f* renovación *f,* restauración *f*
rentabel [rɛn'taːbəl] *adj* rentable
Rentabilität [rɛntabili'tɛːt] *f ECO* rentabilidad *f,* productividad *f*
Rente ['rɛntə] *f* pensión de vejez *f,* jubilación *f*
Rentenalter ['rɛntənaltər] *n* edad de jubilación *f*
Rentenreform ['rɛntənrefɔrm] *f* reforma de las pensiones *f*
Rentenversicherung ['rɛntənfɛrzɪçəruŋ] *f* seguro de pensiones *m*
Rentier ['reːntiːr] *n ZOOL* reno *m*
rentieren [rɛn'tiːrən] *v sich ~* ser rentable, valer la pena (fam); *Ich weiß nicht, ob es sich rentiert.* No sé si vale la pena.
Rentner(in) ['rɛntnər(ɪn)] *m/f* pensionista *m/f*
reorganisieren [reɔrgani'ziːrən] *v* reorganizar
reparabel [repa'raːbəl] *adj* reparable
Reparatur [repara'tuːr] *f* reparación *f,* compostura *f*
reparaturanfällig [repara'tuːranfɛlɪç] *adj* propenso a reparar
reparieren [repa'riːrən] *v* reparar, arreglar
repatriieren [repatri'iːrən] *v* repatriar
Reportage [repɔr'taːʒə] *f* reportaje *m*
Reporter(in) [re'pɔrtər(ɪn)] *m/f* reportero/reportera *m/f*
Repräsentant(in) [reprɛzɛn'tant(ɪn)] *m/f* representante *m/f*
repräsentativ [reprɛzɛnta'tiːf] *adj* representativo
repräsentieren [reprɛzɛn'tiːrən] *v* representar
Repressalie [repre'saːliə] *f* represalia *f*
Reproduktion [reproduk'tsjoːn] *f* reproducción *f*
reproduzieren [reprodu'tsiːrən] *v* reproducir
Reptil [rɛp'tiːl] *n ZOOL* reptil *m*
Republik [repu'bliːk] *f* república *f*
Republikaner(in) [republi'kaːnər(ɪn)] *m/f* *1. (Anhänger(in) der Republik) POL* republicano/republicana *m/f; 2. (Parteimitglied) POL* miembro del Partido ultraderechista alemán *m/f*
requirieren [rekvi'riːrən] *v 1. (besorgen)* proporcionar, conseguir; *2. (beschlagnahmen)* requisar, incautar
Requisiten [rekvi'ziːtən] *pl* requisitos *m/pl,* accesorios *m/pl*
Reservat [rezɛr'vaːt] *n* reserva *f*
Reserve [re'zɛrvə] *f 1. (Rücklage)* reserva *f; stille ~n* reservas ocultas *f/pl; 2. (Zurückhaltung)* cautela *f,* discreción *f; jdn aus der ~ locken* sacar de la reserva a alguien
Reservereifen [re'zɛrvəraɪfən] *m (eines Autos)* ruedas de repuesto *f/pl,* llantas de repuesto *f/pl* (LA)
reservieren [rezɛr'viːrən] *v* reservar
reserviert [rezɛr'viːrt] *adj* reservado
Reservierung [rezɛr'viːruŋ] *f* reserva *f*
Residenz [rezi'dɛnts] *f 1.* residencia *f; 2. (~stadt)* ciudad residencial *f*
Resignation [rezɪgna'tsjoːn] *f* resignación *f*
resignieren [rezɪg'niːrən] *v* resignarse, conformarse
resistent [rezɪs'tɛnt] *adj* resistente
resolut [rezo'luːt] *adj* resoluto, enérgico, decidido
Resolution [rezolu'tsjoːn] *f POL* resolución *f*
Resozialisierung [rezotsjali'ziːruŋ] *f* resocialización *f,* reinserción social *f*
Respekt [rɛ'spɛkt] *m* respeto *m,* deferencia *f,* veneración *f*
respektabel [rɛspɛk'taːbəl] *adj* respetable
respektieren [rɛspɛk'tiːrən] *v* respetar, venerar
respektlos [rɛs'pɛktloːs] *adj* irrespetuoso, sin respeto
respektvoll [rɛs'pɛktfɔl] *adj* respetuoso
Ressentiment [rɛsɑ̃ti'mɑ̃] *n* resentimiento *m*
Ressort [rɛ'soːr] *n 1.* sección *f,* dependencia *f,* departamento negociado *m; 2. (Verantwortlichkeit)* responsabilidad *f*
Rest [rɛst] *m* resto *m; der ~ der Welt* el resto del mundo *m; sich den ~ holen (fig)* cogerse el resto

Restaurant [rɛsto'rɑ̃ː] *n* restaurante *m*
restaurieren [rɛstau'riːrən] *v* restaurar
Restbestand ['rɛstbəʃtant] *m* remanente *m*
Restbetrag ['rɛstbətraːk] *m* saldo *m*, importe restante *m*, remanente *m*
restlich ['rɛstlɪç] *adj* restante
restlos ['rɛstloːs] *adj* entero, completo, total
Restposten ['rɛstpɔstən] *m ECO* remanente *m*
restriktiv [restrɪk'tiːf] *adj* restrictivo
Resturlaub ['rɛstuːrlaup] *m ECO* vacaciones restantes *f/pl*
Resultat [rezul'taːt] *n* resultado *m*, efecto *m*
resultieren [rezul'tiːrən] *v* resultar
Resümee [rezy'meː] *n* resumen *m*
resümieren [rezy'miːrən] *v* resumir
Retortenbaby [re'tɔrtənbeːbi] *n MED* bebé probeta *m*
Retrospektive [retrospɛk'tiːvə] *f* retrospectiva *f*
retten ['rɛtən] *v* salvar, poner a salvo; *noch zu ~ sein* estar chiflado, estar loco de remate; *sich vor jdm kaum ~ können* no poderse librar de alguien
Retter(in) ['rɛtər(ɪn)] *m/f* salvador(a) *m/f*
Rettung ['rɛtuŋ] *f* salvación *f*, salvamento *m*, auxilio *m*
Rettungsaktion ['rɛtuŋsaktsjoːn] *f* acción de salvamento *f*
Rettungsanker ['rɛtuŋsaŋkər] *m (fig)* tabla de salvación *f*
rettungslos ['rɛtuŋsloːs] *adj* sin remedio
Rettungsmannschaft ['rɛtuŋsmanʃaft] *f* equipo de salvamento *m*
Rettungsring ['rɛtuŋsrɪŋ] *m* salvavidas *m*, guindola *f*
Rettungswagen ['rɛtuŋsvaːgən] *m* ambulancia *f*
retuschieren [retu'ʃiːrən] *v 1. FOTO* retocar; *2. (fig: beschönigen)* retocar
Reue ['rɔyə] *f* arrepentimiento *m*
reuen ['rɔyən] *v* lamentar; *Es reut mich, dass ...* siento que ...
reuevoll ['rɔyəfɔl] *adj* arrepentido, pesaroso
reumütig ['rɔymyːtɪç] *adj 1.* arrepentido; *adv 2.* con arrepentimiento, muy arrepentido
Revanche [re'vɑːʃ] *f* desquite *m*, revancha *f*, venganza *f*
revanchieren [revɑ'ʃiːrən] *v 1. sich ~ für (sich rächen)* desquitarse de, vengarse de; *2. sich ~ (erwidern)* corresponder a, devolver

Revers [re'vɛːr] *n 1. (Aufschlag)* solapa *f*; *2. (einer Münze)* reverso *m*; *3. (Erklärung)* declaración *f*
revidieren [revi'diːrən] *v 1. (prüfen)* inspeccionar; *2. (ändern)* revisar
Revier [re'viːr] *n 1. (Gebiet)* territorio *m*, zona *f*; *2. (Polizeirevier)* distrito de policía *m*, comisaría *f*
Revirement [revir'mɑː] *n* permutación *f*, traslado *m*
Revision [revi'zjoːn] *f* revisión *f*, chequeo *m*, control *m*
Revolte [re'vɔltə] *f* revuelta *f*
revoltieren [revɔl'tiːrən] *v* rebelarse, amotinarse
Revolution [revɔlu'tsjoːn] *f* revolución *f*, movimiento revolucionario *m*
revolutionär [revɔlutsjo'nɛːr] *adj* revolucionario
Revolutionär [revɔlutsjo'nɛːr] *m POL* revolucionario *m*
Revolver [re'vɔlvər] *m* revólver *m*
Revue [re'vy] *f 1.* revisión *f*; *2. THEAT* revista *f*; *3. etw ~ passieren lassen* pasar revista a algo
Rezensent(in) [retsɛn'zɛnt(ɪn)] *m/f* crítico/crítica *m/f*
rezensieren [retsɛn'ziːrən] *v* reseñar, hacer una reseña
Rezept [re'tsɛpt] *n 1. GAST* receta *f*; *2. MED* receta *f*, prescripción médica *f*
rezeptfrei [re'tsɛptfraɪ] *adj MED* en venta libre
Rezeption [retsɛp'tsjoːn] *f 1. (im Hotel)* recepción *f*; *2. (eines Rechts)* acogida *f*
rezeptpflichtig [re'tsɛptpflɪçtɪç] *adj* de prescripción obligatoria
Rezession [retsɛ'sjoːn] *f ECO* recesión *f*
rezitieren [retsi'tiːrən] *v* recitar
Rhabarber [ra'barbər] *m BOT* ruibarbo *m*
Rhein [raɪn] *m GEO* Rin *m*
Rhesusaffe ['reːzusafə] *m ZOOL* macaco *m*
Rhesusfaktor ['reːzusfaktɔr] *m MED* factor Rhesus *m*, factor Rh *m*
rhetorisch [re'toːrɪʃ] *adj* retórico
Rheuma ['rɔyma] *n MED* reuma *m*
rheumatisch [rɔy'maːtɪʃ] *adj* reumático
Rhinozeros [ri'noːtsərɔs] *n ZOOL* rinoceronte *m*
rhythmisch ['rytmɪʃ] *adj* rítmico
Rhythmus ['rytmus] *m* ritmo *m*
richten ['rɪçtən] *v 1. (in Ordnung bringen)* ordenar, arreglar; *2. (her~)* disponer, preparar; *3. (urteilen)* juzgar; *4. (wenden an)* dirigirse a

Richter(in) ['rıçtər(ın)] *m/f* *JUR* juez *m/f*
richtig ['rıçtıç] *adj* *1.* correcto, preciso, exacto, justo; *nicht ganz ~ sein* no ser normal del todo, no estar muy bien de la cabeza; *adv* *2.* correctamente; *~ stellen* rectificar, corregir
Richtlinie ['rıçtli:njə] *f* pauta *f,* norma *f*
Richtpreis ['rıçtpraıs] *m* precio de orientación *m,* precio indicativo *m*
Richtschnur ['rıçtʃnu:r] *f* pauta *f,* norma *f,* directriz *f*
Richtung ['rıçtuŋ] *f* *1.* dirección *f;* *2.* *(fig)* orientación *f*
Richtungsänderung ['rıçtuŋsɛndəruŋ] *f* cambio de dirección *m*
richtungsweisend ['rıçtuŋsvaızənd] *adj* *1.* regulador; *2.* *(fig)* determinante, normativo, directivo
Richtwert ['rıçtve:rt] *m* valor indicativo *m*
riechen ['ri:çən] *v irr* *1.* *an etw ~* oler algo; *jdn nicht ~ können* no poder ver a alguien; *2.* *~ nach* oler a, despedir un olor a
Riecher ['ri:çər] *m* *den richtigen ~ haben* *(fig)* tener buen olfato
Ried ['ri:t] *n* cañaveral *m*
Riege ['ri:gə] *f* sección *f*
Riegel ['ri:gəl] *m* cerrojo *m;* *etw einen ~ vorschieben (fig)* poner fin a algo
Riemen ['ri:mən] *m* correa *f;* *sich am ~ reißen* hacer un esfuerzo; *sich in die ~ legen* *(fig)* esforzarse; *den ~ enger schnallen* apretarse el cinturón
Riese ['ri:zə] *m* gigante *m,* coloso *m*
rieseln ['ri:zəln] *v* *1.* *(Wasser)* correr, fluir; *2.* *(Sand)* pasar
Riesenerfolg [ri:zənɛr'fɔlk] *m* éxito grandioso *m*
riesengroß ['ri:zəngro:s] *adj* gigantesco, enorme, colosal
Riesenrad ['ri:zənra:t] *n* rueda gigante *f*
Riesenslalom ['ri:zənsla:lɔm] *m* *SPORT* slalom gigante *m*
riesig ['ri:zıç] *adj* gigantesco
Riff [rıf] *n* arrecife *m*
rigid [ri'gi:t] *adj* rígido *m*
rigoros [rigo'ro:s] *adj* *1.* riguroso, severo; *adv* *2.* rigurosamente, severamente
Rigorosität [rigorozi'tɛ:t] *f* rigorismo *m*
Rille ['rılə] *f* ranura *f,* estría *f*
Rind ['rint] *n* *ZOOL* vacuno *m,* res vacuna *f*
Rinde ['rındə] *f* *1.* *(Kruste)* corteza *f;* *2.* *BOT* corteza *f*
Rinderwahnsinn ['rındərva:nzın] *m* enfermedad de las vacas locas *f,* encefalopatía espongiforme bovina *f*
Rindfleisch ['rıntflaıʃ] *n* *GAST* carne de vaca *f,* carne de res *f*
Rindsleder ['rıntsle:dər] *n* cuero de vaca *m*
Rindvieh ['rıntfi:] *n* *1.* ganado vacuno *m;* *2.* *(fam: Dummkopf)* pedazo de bruto *m,* animal
Ring [rıŋ] *m* *1.* *(Schmuck)* anillo *m,* sortija *f;* *2.* *(Kreis)* círculo *m;* *3.* *(Straßenring)* carretera de circunvalación *f,* circunvalación *f*
Ringelblume ['rıŋəlblu:mə] *f* *BOT* caléndula *f*
ringeln ['rıŋəln] *v* *1.* ensortijarse; *2.* *(Pflanze)* arrollarse, enrollarse; *3.* *sich ~ (Schlange)* culebrear
ringen ['rıŋən] *v irr* *SPORT* luchar
Ringfinger ['rıŋfıŋər] *m* anular *m*
ringförmig ['rıŋfœrmıç] *adj* anular
Ringkampf ['rıŋkampf] *m* *SPORT* lucha *f*
Ringrichter ['rıŋrıçtər] *m* *SPORT* árbitro del ring *m*
ringsherum ['rıŋshɛrum] *adv* entorno, alrededor, en derredor
Rinne ['rınə] *f* *1.* *(Rille)* surco *m;* *2.* *(Bewässerung)* reguera *f*
rinnen ['rınən] *v irr* correr, fluir
Rinnsal ['rınza:l] *n* arroyuelo *m*
Rinnstein ['rınʃtaın] *m* arroyo *m,* acequia *f*
Rippe ['rıpə] *f* *1.* *ANAT* costilla *f;* *sich etw nicht aus den ~n schneiden können (fig)* no poder sacarse algo de las costillas; *2.* *GAST* chuleta *f*
Rippenstoß ['rıpənʃto:s] *m* codazo *m,* empujón *m*
Risiko ['ri:ziko] *n* riesgo *m*
Risikobereitschaft ['ri:zikobəraıtʃaft] *f* disposición a correr un riesgo *f*
Risikogruppe ['ri:zikogrupə] *f* grupo con elevado riesgo de infección *m*
riskant [rıs'kant] *adj* peligroso, arriesgado, aventurado
riskieren [rıs'ki:rən] *v* arriesgar, exponer, exponerse
Riss [rıs] *m* rotura *f,* grieta *f*
rissig ['rısıç] *adj* agrietado, rajado
Ritt [rıt] *m* paseo a caballo *m,* cabalgata *f*
Ritter ['rıtər] *m* caballero *m*
Ritterburg ['rıtərburk] *f* castillo feudal *m*
ritterlich ['rıtərlıç] *adj* *1.* caballeresco; *adv* *2.* con caballerosidad
Ritual [ritu'a:l] *n* ritual *m*
rituell [ritu'ɛl] *adj* ritual
Ritze ['rıtsə] *f* hendidura *f,* rendija *f*
ritzen ['rıtsən] *v* *1.* *etw ~* grabar, tallar; *2.* *sich ~* arañarse

Rivale [ri'vaːlə] *m* rival *m*
Rivalin [ri'vaːlɪn] *f* rival *f*
rivalisieren [rivali'ziːrən] *v* rivalizar
Rivalität [rivali'tɛːt] *f* rivalidad *f*
Robbe ['rɔbə] *f* *ZOOL* foca *f*
robben ['rɔbən] *v* arrastrarse
Robe ['roːbə] *f* *1. (Abendrobe)* vestido de noche *m,* vestido de gala *m; 2. (Amtsrobe)* toga *f*
Roboter ['rɔbɔtər] *m* robot *m,* autómata *m*
robust [ro'bust] *adj* robusto
röcheln ['rœçəln] *v* respirar broncamente
Rock [rɔk] *m* falda *f,* pollera *f* (LA)
rocken ['rɔkən] *v 1. (fam: tanzen) MUS* bailar rock; *2. (Rockmusik spielen)* tocar música rock
Rocker(in) ['rɔkər(ɪn)] *m/f* rockero/rockera *m/f*
Rockschoß ['rɔkʃoːs] *m* faldón *m,* regazo *m*
Rockzipfel [rɔkts'ipfəl] *m jdm am ~ hängen* estar colgado de las faldas de alguien
rodeln ['roːdəln] *v SPORT* lugear
roden ['roːdən] *v 1. (Land)* roturar, arar por primera vez; *2. (Baum)* talar
Roggen ['rɔgən] *m BOT* centeno *m*
roh [roː] *adj 1. (nicht gekocht)* crudo; *2. (nicht bearbeitet)* bruto; *3. (fig)* inculto
Rohbau ['roːbau] *m* obra bruta *f*
Rohdiamant ['roːdiamant] *m 1. MIN* diamante en bruto *m; 2. (fig: Talent)* diamante en bruto *m*
Rohentwurf ['roːɛntvurf] *m* borrador *m,* esbozo *m,* bosquejo *m*
Rohheit ['roːhaɪt] *f 1.* estado crudo *m; 2. (Gefühllosigkeit)* falta de delicadeza *f; 3. (rohe Handlung)* brutalidad *f*
Rohkost [roːkɔst] *f* verdura cruda *f*
Rohling ['roːlɪŋ] *m 1.* bruto *m,* grosero *m; 2. TECH* pieza bruta *f*
Rohmaterial ['roːmaterjaːl] *n* materia prima *f*
Rohöl ['roːøːl] *n MIN* aceite crudo *m*
Rohr [roːr] *n 1. (Leitung)* tubería *f,* cañería *f; 2. BOT* caña *f*
Rohrbruch ['roːrbrux] *m* rotura de la cañería *f,* rotura de la tubería *f*
Röhre ['røːrə] *f 1. (Rohr)* tubería *f,* cañería *f; in die ~ gucken* quedarse con las ganas, quedarse a dos velas; *2. (Backröhre)* horno *m*
Rohrleitung ['roːrlaɪtuŋ] *f* tubería *f,* cañería *f,* canalización *f*
Rohrmöbel ['roːrmøːbəl] *pl* muebles de junco *m/pl*
Rohrzange ['roːrtsaŋə] *f TECH* alicates para tubos *m/pl*
Rohrzucker ['roːrtsukər] *m* azúcar de caña *m*
Rohseide ['roːzaɪdə] *f* seda cruda *f*
Rohstoff ['roːʃtɔf] *m* materias primas *f/pl*
Rohstoffmangel ['roːʃtɔfmaŋəl] *m* carencia de materias primas *f*
Rohzustand ['roːtsuːʃtant] *m* en bruto
Rokoko ['rɔkɔko] *n* época rococó *f*
Rollbahn ['rɔlbaːn] *f 1.* pista *f; 2. (Startbahn/Landebahn)* pista de rodaje *f*
Rolle ['rɔlə] *f 1.* rollo *m; von der ~ sein* estar fuera de juego, no poder competir; *2. THEAT* papel *m,* rol *m; aus der ~ fallen* dar el cante (fam); *sich in jds ~ hineinversetzen* ponerse en el lugar de alguien
rollen ['rɔlən] *v* rodar, hacer girar; *ins Rollen kommen* marchar, ponerse en movimiento; *etw ins Rollen bringen* poner algo en marcha
rollenspezifisch ['rɔlənʃpetsiːfɪʃ] *adj* específico de cada género
Roller ['rɔlər] *m 1. (Motorroller)* scooter *m; 2. (Kinderroller)* patinete *m*
Rollkragen ['rɔlkraːgən] *m* cuello cisne *m,* cuello alto *m*
Rollladen ['rɔllaːdən] *m* persiana *f*
Rollschuh ['rɔlʃuː] *m SPORT* patín *m*
Rollschuhlaufen ['rɔlʃuːlaufən] *n SPORT* patinaje *m*
Rollsplit ['rɔlʃplɪt] *m* gravilla *f*
Rollstuhl ['rɔlʃtuːl] *m* sillón de ruedas *m,* silla de ruedas *f* (LA)
Rollstuhlfahrer(in) ['rɔlʃtuːlfaːrər(ɪn)] *m/f* inválido/inválida *m/f,* paralítico/paralítica *m/f*
Rolltreppe ['rɔltrɛpə] *f* escalera mecánica *f*
Roman [ro'maːn] *m* novela *f*
romanisch [ro'maːnɪʃ] *adj ART* románico
Romanist(in) [roma'nɪst(ɪn)] *m/f* romanista *m/f*
Romanschriftsteller(in) [ro'maːnʃrɪftʃtɛlər(ɪn)] *m/f LIT* escritor(a) de novelas *m/f*
Romantik [ro'mantɪk] *f* romanticismo *m*
Romantiker(in) [ro'mantɪkər(ɪn)] *m/f* romántico/romántica *m/f*
romantisch [ro'mantɪʃ] *adj 1.* romántico; *adv 2.* románticamente
Romanze [ro'mantsə] *f* romance *m*
Römer(in) ['røːmər(ɪn)] *m/f HIST* romano/romana *m/f*
römisch ['røːmɪʃ] *adj* romano
römisch-katholisch [røːmɪʃka'toːlɪʃ] *adj REL* católico, apostólico y romano

röntgen ['rœntgən] *v MED* radiografiar
Röntgenbild ['rœntgənbɪlt] *n MED* radiografía *f*
Röntgenstrahlen ['rœntgənʃtraːlən] *pl MED* rayos X *m/pl*
rosa ['roːza] *adj* rosado, rosa, de color rosa
Rosa ['roːza] *n* rosa *f*
Rose ['roːzə] *f BOT* rosa *f; nicht auf ~n gebettet sein (fig)* no nadar en la abundancia
Rosé [ro'zeː] *m GAST* vino rosado *m*
Rosenkohl ['roːzənkoːl] *m BOT* col de Bruselas *f*
Rosenkranz ['roːzənkrants] *m REL* rosario *m*
Rosenmontag [roːzən'moːntaːk] *m* lunes de carnaval *m*
Rosenöl ['roːzənøːl] *n* aceite de rosas *m*
Rosenstock ['roːzənʃtɔk] *m BOT* rosal *m*
Rosette [ro'zɛtə] *f* roseta *f*
rosig ['roːzɪç] *adj* rosado, rosa
Rosine [ro'ziːnə] *f* pasa *f; ~n im Kopf haben (fig)* tener pajaritos en la cabeza; *sich die größten ~n herauspicken* llevarse la mejor parte
Rosmarin ['roːsmariːn] *m BOT* romero *m*
Ross [rɔs] *n* caballo *m; von seinem hohen ~ herunterkommen (fig)* bajarse del pedestal
Rost¹ [rɔst] *m (Bratrost)* parrilla *f*
Rost² [rɔst] *m CHEM* herrumbre *f,* óxido *m*
Rostbraten ['rɔstbraːtən] *m GAST* asado a la parrilla *m*
rosten ['rɔstən] *v* oxidarse; *nicht ~d* inoxidable
rösten ['rœstən] *v* tostar, asar a la parilla
Rostfleck ['rɔstflɛk] *m* mancha de herrumbre *f*
rostfrei ['rɔstfraɪ] *adj* inoxidable
Rösti ['røːsti] *pl* plato típico suizo de patatas cocidas, ralladas y salteadas
rostig ['rɔstɪç] *adj* oxidado
Rostschutz ['rɔstʃuts] *m* protección antioxidante *f*
Rostschutzmittel ['rɔstʃutsmɪtəl] *n* antioxidante *m,* agente anticorrosivo *m*
rot [roːt] *adj* rojo, colorado; *der ~e Faden (fig)* el hilo principal *m*
Rot [roːt] *n 1.* rojo *m; 2. bei ~* en rojo
Rotation [rota'tsjoːn] *f TECH* rotación *f*
rotbackig ['roːtbakɪç] *adj* de mejillas coloradas
Röte ['røːtə] *f* color rojo *m,* rojez *f*
Röteln ['røːtəln] *f MED* rubéola *f*
röten ['røːtən] *v 1. etw ~* teñir de rojo; *2. sich ~* arrebolarse
rothaarig ['roːthaːrɪç] *adj* pelirrojo
rotieren [ro'tiːrən] *v 1. (fam)* afanarse, trabajar exageradamente; *2. TECH* girar
Rotkehlchen ['roːtkeːlçən] *n ZOOL* petirrojo *m*
Rotkohl ['roːtkoːl] *m BOT* lombarda *f*
rötlich ['røːtlɪç] *adj* rojizo
Rotlicht ['roːtlɪçt] *n* luz roja *f*
Rotor ['roːtɔr] *m TECH* rotor *m*
rotsehen ['roːtzeːən] *v irr (fam: wütend sein)* perder el control
Rotte ['rɔtə] *f 1.* grupo *m; 2. (von Wölfen)* manada *f; 3. MIL* brigada *f*
Rötung ['røːtuŋ] *f* enrojecimiento *m,* rubicundez *f*
Rotwein ['roːtvaɪn] *m* vino tinto *m*
Route ['ruːtə] *f* ruta *f,* itinerario *m*
Routine [ru'tiːnə] *f* rutina *f,* monotonía *f*
routiniert [ruti'niːrt] *adj* experimentado, versado, ducho
Rübe ['ryːbə] *f 1. BOT* remolacha *f; 2. (weiß) BOT* nabo *m; eins auf die ~ bekommen (fam)* recibir una en la mollera
Rubel ['ruːbəl] *m* rublo *m; Der ~ rollt.* Se mueve mucho dinero.
Rubin [ru'biːn] *m* rubí *m*
Rubrik [ru'briːk] *f* rúbrica *f,* firma *f*
ruchbar ['ruːxbaːr] *adj ~ werden* hacerse público
ruchlos ['ruːxloːs] *adj* bajo, vil
Ruck [ruk] *m sich einen ~ geben* hacer un esfuerzo; *in einem ~* de golpe
Rückansicht ['rykanzɪçt] *f* vista de atrás *f*
Rückantwort ['rykantvɔrt] *f 1.* respuesta *f; 2. (frankierte Postkarte)* respuesta franqueada *f*
ruckartig ['rukaːrtɪç] *adj 1.* brusco; *adv 2.* bruscamente, de golpe
Rückbesinnung ['rykbəzɪnuŋ] *f* regreso *m,* retorno *m*
rückbezüglich ['rykbətsyːklɪç] *adj GRAMM* reflexivo
Rückbildung ['rykbɪlduŋ] *f 1. MED* regresión *f; 2. LING* involución *f*
Rückblende ['rykblɛndə] *f 1.* retrospectiva *f; 2. (im Kino)* flash-back *m*
Rückblick ['rykblɪk] *m* mirada retrospectiva *f*
rückblickend ['rykblɪkənt] *adj* retrospectivo
rückdatieren ['rykdatiːrən] *v* antedatar, antefechar
rücken ['rykən] *v* mover, empujar, correr, *(Platz machen)* hacer sitio

Rücken ['rykən] *m* *ANAT* espalda *f*; *mit dem ~ zur Wand stehen* estar entre la espalda y la pared; *sich den ~ frei halten* declinar la responsabilidad; *jdm den ~ stärken* cubrirle a alguien las espaldas, respaldar a alguien; *jdm den ~ kehren* volver la espalda a alguien; *hinter jds ~* a espaldas de alguien

Rückenlehne ['rykənle:nə] *f* respaldo *m*, respaldar *m*

Rückenmark ['rykənma:rk] *n* *ANAT* médula espinal *f*

Rückenschmerzen ['rykənʃmɛrtsən] *pl* *MED* dolores de espalda *m/pl*

Rückenschwimmen ['rykənʃvɪmən] *n* natación de espalda *f*

Rückenwirbel ['rykənvɪrbəl] *m* *ANAT* vértebra dorsal *f*

Rückeroberung ['rykɛro:bəruŋ] *f* reconquista *f*

rückerstatten ['rykɛrʃtatən] *v* restituir, devolver

Rückerstattung ['rykɛrʃtatuŋ] *f* devolución *f*

Rückfahrkarte ['rykfa:rkartə] *f* billete de ida y vuelta *m*, boleto de ida y vuelta *m* (LA)

Rückfahrt ['rykfa:rt] *f* viaje de vuelta *m*, viaje de regreso *m*

Rückfall ['rykfal] *m* *MED* recaída *f*

rückfällig ['rykfɛlɪç] *adj* *1. JUR* reincidente; *2. MED* recidivante

Rückflug ['rykflu:k] *m* vuelo de regreso *m*

Rückfrage ['rykfra:gə] *f* demanda de información aclarativa *f*

Rückgabe ['rykga:bə] *f* devolución *f*, restitución *f*, vuelta *f*

Rückgang ['rykgaŋ] *m* disminución *f*, retroceso *m*, descenso *m*, baja *f*

rückgängig ['rykgɛŋɪç] *adj* *~ machen* anular, rescindir

rückgewinnen ['rykgəvɪnən] *v irr* recuperar

Rückgewinnung ['rykgəvɪnuŋ] *f* recuperación *f*

Rückgrat ['rykgra:t] *n* *ANAT* columna vertebral *f*, espina dorsal *f*; *~ haben (fig)* tener agallas (fam)

Rückgriff ['rykgrɪf] *m* *JUR* recurso *m*

Rückhalt ['rykhalt] *m* respaldo *m*, apoyo *m*, sostén *m*

rückhaltlos ['rykhaltlo:s] *adj* in reserva, franco, incondicional

Rückhand ['rykhant] *f* revés *m*

Rückkauf ['rykkauf] *m* readquisición *f*

Rückkehr ['rykke:r] *f* regreso *m*, vuelta *f*

Rückkehrer(in) ['rykke:rər(ɪn)] *m/f* persona que regresa *f*

Rücklage ['rykla:gə] *f* *1.* reserva *f*; *2. (Ersparnisse)* ahorros *m/pl*

rückläufig ['ryklɔyfɪç] *adj* retrógrado, regresivo

Rückleuchte ['ryklɔyçtə] *f* luz trasera *f*

Rücklicht ['ryklɪçt] *n* luz trasera *f*

rücklings ['ryklɪŋs] *adv* *1. (rückwärts)* marcha atrás; *2. (von hinten)* desde atrás; *3. (mit dem Rücken)* de espaldas

Rückmarsch ['rykmarʃ] *m* *1. MIL* retirada *f*; *2. (fig)* retroceso *m*

Rücknahme ['rykna:mə] *f* recogida *f*, retirada *f*

Rucksack ['rukzak] *m* mochila *f*

Rückschlag ['rykʃla:k] *m* contragolpe *m*

Rückschluss ['rykʃlus] *m* conclusión *f*

Rückschritt ['rykʃrɪt] *m* paso atrás *m*

Rückseite ['rykzaɪtə] *f* parte posterior *f*, parte trasera *f*, parte de atrás *f*

Rücksicht ['rykzɪçt] *f* consideración *f*, deferencia *f*; *ohne ~ auf Verluste* sin consideración de pérdidas, sin tener en cuenta las pérdidas; *auf jdn ~ nehmen* tener consideración con alguien

Rücksichtnahme ['rykzɪçtna:mə] *f* consideración *f*, deferencia *f*, respeto *m*

rücksichtslos ['rykzɪçtslo:s] *adj* *1.* inconsiderado, desconsiderado; *adv* *2.* inconsideradamente, sin consideración

Rücksichtslosigkeit ['rykzɪçtslo:zɪçkaɪt] *f* *1.* desconsideración *f*; *2. (Härte)* dureza *f*

rücksichtsvoll ['rykzɪçtsfɔl] *adj* *1.* considerado, atento; *adv* *2.* con consideración, consideradamente

Rücksitz ['rykzɪts] *m* *(im Auto)* asiento trasero *m*

Rückspiegel ['rykʃpi:gəl] *m* *(am Auto)* retrovisor *m*, espejo retrovisor *m*

Rücksprache ['rykʃpra:xə] *f* consulta *f*; *mit jdm ~ halten* ponerse al habla con alguien/consultarse con alguien

Rückstand ['rykʃtant] *m* *1. (Rest)* remanente *m*, resto *m*; *2. (Abfallprodukt)* residuo *m*, restos *m/pl*

rückständig ['rykʃtɛndiç] *adj* *1. (Zahlung)* atrasado, pendiente; *2. (fig: überholt)* anticuado, pasado de moda

Rückstrahler ['rykʃtra:lər] *m* reflector *m*

Rücktransport ['ryktranspɔrt] *m* transporte de vuelta *m*

Rücktritt ['ryktrɪt] *m 1. (Amtsniederlegung)* dimisión *f,* renuncia *f; 2. (beim Fahrrad)* contrapedal *m*
Rückvergütung ['rykfɛrgytuŋ] *f* reembolso *m,* devolución *f,* reintegro *m,* restitución *f*
Rückwand ['rykvant] *f 1. (eines Hauses)* pared del fondo *f; 2. (eines Schrankes)* parte posterior *f*
rückwärts ['rykvɛrts] *adv* para atrás, hacia atrás
Rückwärtsgang ['rykvɛrtsgaŋ] *m (beim Auto)* marcha atrás *f*
ruckweise ['rukvaɪzə] *adj 1.* entrecortado; *adv 2.* a trompicones, a golpes
rückwirkend ['rykvɪrkənt] *adj* retroactivo
Rückzahlung ['ryktsaːluŋ] *f* reembolso *m,* reintegro *m*
Rückzieher ['ryktsiːər] *m* efecto retrógrado *m*
Rückzug ['ryktsuːk] *m* retirada *f,* repliegue *m*
Rüde ['ryːdə] *m ZOOL* macho (de perro) *m*
Rudel ['ruːdəl] *n* manada *f*
Ruder ['ruːdər] *n 1. (Riemen)* remo *m; 2. (Steuerruder)* timón *m; ans ~ kommen (fig)* llegar a gobernar, subir al poder; *am ~ sein* estar gobernando
Ruderboot ['ruːdərboːt] *n* bote de remos *m*
Ruderer ['ruːdərər] *m 1.* remero *m; 2. SPORT* remero *m*
rudern ['ruːdərn] *v* remar
rudimentär [rudimɛn'tɛːr] *adj* rudimentario
Ruf [ruːf] *m 1.* grito *m,* llamada *f; 2. (Ansehen)* fama *f,* reputación *f; 3. (Aufforderung)* exhortación *f*
rufen ['ruːfən] *v irr jdn ~* llamar a alguien; *wie ge~ kommen* venir como anillo al dedo
Rufname ['ruːfnaːmə] *m* nombre de pila *m*
Rufnummer ['ruːfnumər] *f* número de teléfono *m*
rufschädigend ['ruːfʃɛːdɪgənt] *adj* que causa descrédito
Rufweite ['ruːfvaɪtə] *f* alcance de la voz *m*
Rüge ['ryːgə] *f* reprimenda *f,* reprensión *f*
rügen ['ryːgən] *v* reprender a alguien, reñir a alguien
Ruhe ['ruːə] *f 1. (Stille)* calma *f,* tranquilidad *f,* quietud *f; die ~ vor dem Sturm* la calma que precede a la tempestad *f; die ~ selbst sein* ser la tranquilidad personificada; *die ~ weghaben* no perder la calma; *jdn aus der ~ bringen* hacer perder la calma a alguien; *~ geben* estar callado, estar tranquilo; *seine ~ haben wollen* querer estar solo; *in aller ~* con toda calma, con toda tranquilidad; *2. (Ausruhen)* descanso *m,* reposo *m; 3. (Bewegungslosigkeit)* inmovilidad *f,* inercia *f,* inacción *f; 4. (Frieden)* paz *f; Lass mich in ~!* ¡Déjame en paz! *5. jdn zur letzten ~ geleiten* acompañar a alguien en su entierro; *6. sich zur ~ setzen* jubilarse
ruhebedürftig ['ruːəbədyrftɪç] *adj* necesitado de descanso
Ruhelage ['ruːəlaːgə] *f* posición de reposo *f*
ruhelos ['ruːəloːs] *adj* inquieto, intranquilo, desasosegado
ruhen ['ruːən] *v 1. (aus~)* descansar, reposar; *2. (stillstehen)* no moverse, estar inmóvil; *3. (lasten)* recaer sobre, pesar sobre; *v irr 4. (fig) ~ lassen* dejar en suspenso, abandonar
Ruhepause ['ruːəpauzə] *f* decanso *m,* pausa *f,* momento de descanso *m*
Ruhestand ['ruːəʃtant] *m* jubilación *f,* retiro *m*
Ruhestätte ['ruːəʃtɛtə] *f* sitio de reposo *m,* lugar de descanso *m*
Ruhestörung ['ruːəʃtøːruŋ] *f* perturbación del orden público *f*
Ruhetag ['ruːətaːk] *m* día de descanso *m*
ruhig ['ruːɪç] *adj 1. (still)* calmo, tranquilo, quieto; *2. (bewegungslos)* inmóvil, inerte; *3. (friedvoll)* apacible, pacífico
Ruhm [ruːm] *m* gloria *f*
rühmen ['ryːmən] *v* elogiar, alabar, glorificar
ruhmlos ['ruːmloːs] *adj* sin gloria, vergonzoso
ruhmreich ['ruːmraɪç] *adj* glorioso
Ruhr [ruːr] *f MED* disentería *f*
rühren ['ryːrən] *v 1. (bewegen)* mover; *sich kaum ~ können* no poderse ni mover; *2. (um~)* remover, agitar; *3. (fig)* conmover, llegar al alma, enternecer
rührend ['ryːrənt] *adj 1.* conmovedor, que llega al alma, enternecedor; *Das ist ~ von dir.* Es muy amable de tu parte. *adv 2.* muy conmovedor
rührig ['ryːrɪç] *adj* activo, dinámico
rührselig ['ryːrzeːlɪç] *adj* sentimental
Rührseligkeit ['ryːrzeːlɪçkaɪt] *f* sentimentalidad *f*
Rührung ['ryːruŋ] *f* emoción *f,* enternecimiento *m*
Ruin [ru'iːn] *m* ruina *f,* perdición *f,* decadencia *f*

ruinieren [rui'niːrən] *v* arruinar, echar a perder
Rum [rum] *m GAST* ron *m*
Rumäne [ru'mɛːnə] *m* rumano *m*
Rumänien [ru'mɛːnjən] *n GEO* Rumanía *f*
rumänisch [ru'mɛːnɪʃ] *adj* rumano
Rummel ['ruməl] *m 1. (Lärm)* jaleo *m,* follón *m; 2. (Jahrmarkt)* feria *f*
rumoren [ru'moːrən] *v* hacer ruido
rumpeln ['rumpəln] *v* meter ruido, hacer barullo
Rumpf [rumpf] *m 1. (Schiffs~)* casco *m; 2. (Flugzeug~)* fuselaje *m; 3. ANAT* tronco *m*
rümpfen ['rympfən] *v die Nase ~ über etw* arrugar la nariz, mirar algo con desprecio
rund [runt] *adj 1.* redondo; *2. (circa)* aproximado
Runde ['rundə] *f 1. (Wettkampf)* asalto *m,* round *m; 2. (Gesellschaft)* tertulia *f; 3. (fig) die ~ machen* rondar, circular; *eine ~ schmeißen* sacar una ronda; *über die ~n bringen* acabar bien; *über die ~n kommen* arreglarse
runden ['rundən] *v* redondear
Rundfahrt ['runtfaːrt] *f* vuelta en coche *f,* paseo en coche *m,* circuito *m*
Rundfunk ['runtfuŋk] *m 1. (Übertragung)* radiodifusión *f,* retransmisión radiofónica *f,* radio *f; 2. (Anstalt)* sociedad radiofónica *f,* estación de radiodifusión *f*
Rundfunkgebühr ['runtfuŋkgəbyːr] *f* tasa de radiodifusión *f*
Rundfunkgerät ['runtfuŋkgerɛːt] *n* radioreceptor *m,* radio *f*
Rundfunksender ['runtfuŋkzɛndər] *m* emisora de radio *f*
Rundgang ['runtgaŋ] *m* vuelta *f,* ronda *f,* circuito *m*
rundgehen ['runtgehən] *v irr Da geht es rund!* ¡Están a tope!
Rundgesang ['runtgəzaŋ] *m 1.* ronda *f; 2. (Kanon) MUS* canon *m*
rundheraus ['runthɛraus] *adv* sin rodeos, francamente, lisa y llanamente
rundherum ['runthɛrum] *adv* alrededor, en torno
Rundkurs ['runtkurs] *m* circuito *m*
rundlich ['runtlɪç] *adj* redondeado
Rundschau ['runtʃau] *f 1.* panorama *f,* vista panorámica *f; 2. (TV)* programa de noticias *f*
Rundschreiben ['runtʃraɪbən] *n* circular *f*
Rundung ['runduŋ] *f* redondez *f*
rundweg ['runtveːk] *adv* rotundamente, terminantemente
runter ['runtər] *adv (siehe „herunter", „hinunter")*
Runzel ['runtsəl] *f* arruga *f*
runzelig ['runtsɛlɪç] *adj* arrugado
runzeln ['runtsəln] *v* arrugar
rüpelhaft ['ryːpəlhaft] *adj* mal educado, grosero
rupfen ['rupfən] *v 1. (Gras, Unkraut)* arrancar; *2. (Geflügel)* desplumar; *3. jdn ~ (fig)* robar
ruppig ['rupɪç] *adj* grosero, rudo, mal educado
Rüsche ['ryːʃə] *f* frunce *m,* volante *m*
Ruß [ruːs] *m* hollín *m*
Russe ['rusə] *m* ruso *m*
Rüssel ['rysəl] *m ZOOL* trompa *f*
rußig ['ruːsɪç] *adj* lleno de hollín, ennegrecido de humo
Russin ['rusɪn] *f* rusa *f*
russisch ['rusɪʃ] *adj* ruso
Russisch ['rusɪʃ] *n* ruso *m*
Russland ['ruslant] *n GEO* Rusia *f*
Russlanddeutsche(r) ['ruslantdɔytʃə(r)] *m/f* ruso/rusa de procedencia alemana *m/f*
rüsten ['rystən] *v 1.* armar, hacer preparativos de guerra; *2. (etw ~)* preparar
rüstig ['rystɪç] *adj* vigoroso, fuerte
rustikal [rusti'kaːl] *adj* rústico, agreste
Rüstung ['rystuŋ] *f 1. (Ritterrüstung)* armadura *f; 2. (Bewaffnung) MIL* armamento *m*
Rüstungsauftrag ['rystuŋsauftraːk] *m* encargo de armamento *m*
Rüstungsbeschränkung ['rystuŋsbəʃrɛŋkuŋ] *f POL* limitación de armamentos *f*
Rüstungsgegner ['rystuŋsgeːgnər] *m* oposicionista al armamento *m*
Rüstungsindustrie ['rystuŋsɪndustriː] *f MIL* industria de armamentos *f,* industria armamentista *f*
Rüstungskontrolle ['rystuŋskɔntrɔlə] *f POL* control de armamentos *m*
Rüstzeug ['rysttsɔyk] *n* armas *f/pl*
Rute ['ruːtə] *f 1. (Zweig)* vara *f,* varilla *f; 2. (Angelrute)* caña de pescar *f*
Rutschbahn ['rutʃbaːn] *f* deslizadero *m,* tobogán *m*
Rutsche ['rutʃə] *f 1.* deslizadero *m; 2. (am Spielplatz)* tobogán *m*
rutschen ['rutʃən] *v* deslizarse, resbalarse
rutschfest ['rutʃfɛst] *adj* antideslizante
Rutschgefahr ['rutʃgəfaːr] *f* peligro de deslizamiento *m*
rutschig ['rutʃɪç] *adj* resbaladizo
rütteln ['rytəln] *v* sacudir, agitar

S

Saal [zaːl] *m* sala *f*
Saat [zaːt] *f* siembra *f,* sementera *f*
Saatgut ['zaːtguːt] *n AGR* semillas *f/pl,* simientes *f/pl*
Sabbat ['zabat] *m* sabath *m,* sábado judío *m*
sabbern ['zabərn] *v* babear, babosear
Säbel ['zɛːbəl] *m* sable *m*
säbeln ['zɛːbəln] *v* sablear, matar a sablazos
Säbelrasseln ['zɛːbəlrasəln] *n (fig) POL* amenaza de guerra *f*
Sabotage [zabo'taːʒə] *f* sabotaje *m*
Saboteur(in) [zabo'tøːr(ɪn)] *m/f* saboteador(a) *m/f*
sabotieren [zabo'tiːrən] *v* sabotear
Saccharin [zaxa'riːn] *n CHEM* sacarina *f*
Sachanlagen ['zaxanlaːgən] *pl ECO* inversión real *f*
Sachbereich ['zaxbəraɪç] *m* especialidad *f*
Sachbeschädigung ['zaxbəʃɛːdɪguŋ] *f* daños materiales *m/pl*
Sachbuch ['zaxbuːx] *n* libro especializado *m*
sachdienlich ['zaxdiːnlɪç] *adj* pertinente
Sache ['zaxə] *f 1. (Gegenstand)* cosa *f,* objeto *m; 2. (Angelegenheit)* asunto *m; zur ~ kommen* ir al grano; *nicht jedermanns ~ sein* no ser algo que guste a todo el mundo; *sich seiner ~ sicher sein* estar seguro de lo suyo; *bei der ~ sein* prestar atención; *nichts zur ~ tun* no hacer al caso; *3. JUR* causa *f*
Sachgebiet ['zaxgəbiːt] *n* materia *f,* campo *m,* ámbito *m*
sachgemäß ['zaxgəmɛːs] *adj* apropiado, adecuado
Sachkenntnis ['zaxkɛntnɪs] *f* conocimiento especializado *m,* pericia *f*
sachkundig ['zaxkundɪç] *adj* experto *m,* perito *m*
Sachlage ['zaxlaːgə] *f* estado de la cuestión *m*
Sachleistung ['zaxlaɪstuŋ] *f* prestación en especie *f*
sachlich ['zaxlɪç] *adj 1.* objetivo; *adv 2.* objetivamente
sächlich ['zɛçlɪç] *adj GRAMM* neutro
Sachlichkeit ['zaxlɪçkaɪt] *f* objetividad *f,* realismo *m*
Sachschaden ['zaxʃaːdən] *m* daño material *m*
Sachsen ['zaksən] *n GEO* Sajonia *f*
Sachsen-Anhalt [zaksən'anhalt] *n GEO* Sajonia-Anhalt *f*
sächsisch ['zɛksɪʃ] *adj* sajón
sacht [zaxt] *adj 1.* imperceptible; *2. (behutsam)* suave; *3. Sachte, ~e!* ¡Despacio, despacio! *adv 4. sich jdm ~ nähern* acercarse a alguien sigilosamente
Sachverhalt ['zaxfɛrhalt] *m* hechos *m/pl,* estado de cosas *m*
Sachverstand ['zaxfɛrʃtant] *m* conocimiento de causa *m,* erudición *f*
Sack [zak] *m* saco *m; jdn in den ~ stecken (fig)* meter a uno en el bolsillo; *etw im ~ haben* tener algo en la mano, tener algo en el bote; *mit ~ und Pack* con todos los trastos, con toda la familia
Sackgasse ['zakgasə] *f* callejón sin salida *m*
Sadismus [za'dɪsmus] *m* sadismo *m*
Sadist(in) [za'dɪst(ɪn)] *m/f* sadista *m/f*
sadistisch [za'dɪstɪʃ] *adj* sádico
säen ['zɛːən] *v* sembrar
Safari [za'faːri] *f* safari *m*
Safe [seɪf] *m* caja fuerte *f*
Safran ['zafraːn] *m BOT* azafrán *m*
Saft [zaft] *m 1. (Obstsaft)* zumo *m,* jugo *m* (LA); *2. (Bratensaft)* jugo del asado *m; 3. ohne ~ und Kraft (fig)* sin energía
saftig ['zaftɪç] *adj 1.* jugoso; *2. (fig)* picante; *3. (Witz)* verde
Sage ['zaːgə] *f* leyenda *f*
Säge ['zɛːgə] *f TECH* sierra *f*
Sägemehl ['zɛːgəmeːl] *n* (a)serrín *m*
sagen ['zaːgən] *v* decir, manifestar, expresar; *Er hat nicht das Geringste zu ~.* Él no tiene ni voz ni voto. *sage und schreibe* la friolera de; *sich nichts mehr zu ~ haben* no tener nada más que decirse; *sich etw nicht zweimal ~ lassen* no hacer falta que le repitan algo; *etw zu ~ haben* tener algo que decir; *sich von jdm nichts ~ lassen* no dejarse decir nada por alguien, no aceptar *Das ist nicht gesagt.* Eso no está tan claro. *Das ist zu viel gesagt.* Eso ya es mucho decir.
sägen ['zɛːgən] *v* (a)serrar
Sagengestalt ['zaːgəngəʃtalt] *f* personaje de leyenda *m*
sagenhaft ['zaːgənhaft] *adj 1.* fantástico, digno de ser contado; *2. (legendär)* legendario

Sägespäne ['zɛːgəʃpɛːnə] *pl* virutas *f/pl*
Sägewerk ['zɛːgəvɛrk] *n* aserradero *m*
Sahne ['zaːnə] *f* *GAST* crema *f,* nata *f*
Sahnetorte ['zaːnətɔrtə] *f* *GAST* tarta de nata *f*
sahnig ['zaːnɪç] *adj* cremoso
Saison [zɛ'zɔŋ] *f* temporada *f*
saisonabhängig [zɛ'z ɔaphɛŋɪç] *adj* estacional, de temporada
Saisonarbeit [zɛ'z ɔarbaɪt] *f* trabajo de temporada *m,* trabajo estacional *m*
saisonbedingt [zɛ'z ɔbədɪŋkt] *adj* estacional, de temporada
saisonbereinigt [zɛ'z ɔbəraɪnɪçt] *adj* dependiente de la temporada
Saisongeschäft [zɛ'z ɔgəʃɛft] *n* actividad comercial de temporada *f*
Saite ['zaɪtə] *f* cuerda *f*
Sakko ['zako] *m* americana *f*
Sakrament [zakra'mɛnt] *n* *REL* sacramento *m*
Sakristei [zakrɪ'staɪ] *f* *REL* sacristía *f*
säkular [zɛːku'laːr] *adj (weltlich)* secular
Salär [za'lɛːr] *n* salario *m,* sueldo *m*
Salat [za'laːt] *m* ensalada *f; Da haben wir den ~!* ¡Pues si que estamos frescos!/¡Menuda la tenemos!
Salatöl [za'laːtøːl] *n* *GAST* aceite de mesa *m*
Salatschüssel [za'laːtʃysəl] *f* ensaladera *f*
Salatteller [za'laːttɛlər] *m* *GAST* plato de ensalada *m*
Salbe ['zalbə] *f* pomada *f*
Salbei ['zalbaɪ] *m* *BOT* salvia *f*
salben ['zalbən] *v 1.* untar; *2. jdn ~ (weihen)* ungir, consagrar
saldieren [zal'diːrən] *v* saldar (una cuenta)
Saldo ['zaldo] *m* *ECO* saldo *m,* diferencia *f,* remanente *m*
Salmonellen [zalmo'nɛlən] *pl* *BIO* salmonela *f*
salomonisch [zalo'moːnɪʃ] *adj* salomónico
Salon [za'l ɔː] *m* salón *m,* sala *f*
salonfähig [za'l ɔːfɛːɪç] *adj* presentable, de salón
salopp [za'lɔp] *adj 1.* desenvuelto, despreocupado; *adv 2.* a la ligera
Salpeter [zal'peːtər] *m* *CHEM* salitre *m*
Salpetersäure [zal'peːtərzɔyrə] *f* *CHEM* ácido nítrico *m*
Salto ['zalto] *m* salto *m*
Salut [za'luːt] *m* *MIL* salva de ordenanza *f*
salutieren [zalu'tiːrən] *v* *MIL* saludar militarmente
Salve ['zalvə] *f 1.* salva *f; 2. (Ehrensalve)* salva de honor *f; 3. (von Applaus)* vivas *f/pl*
Salz [zalts] *n* sal *f; jdm nicht das ~ in der Suppe gönnen (fig)* no permitir a alguien hacer nada, no dejar a alguien ni salir a la puerta de la calle; *~ auf jds Wunden streuen* poner a alguien el dedo en la llaga
Salzbergwerk ['zaltsbɛrkvɛrk] *n* *MIN* mina de sal *f*
salzen ['zaltsən] *v irr* salar
salzhaltig ['zaltshaltɪç] *adj* salado
Salzhering ['zaltsheːrɪŋ] *m* arenque en salmuera *m*
salzig ['zaltsɪç] *adj* salado
Salzkartoffeln ['zaltskartɔfəln] *pl* *GAST* patatas hervidas/patatas cocidas *f/pl,* papas cocidas *f/pl* (LA)
Salzlösung ['zaltsløːzuŋ] *f* solución salina *f*
Salzsäure ['zaltszɔyrə] *f* *CHEM* ácido clorhídrico *m*
Salzstange ['zaltsʃtaŋə] *f* *GAST* palito salado *m*
Salzstreuer ['zaltsʃtrɔyər] *m* salero *m*
Salzwasser ['zaltsvasər] *n* agua salada *f/el,* agua de mar *f/el*
Sambia ['zambia] *n* *GEO* Zambia *f*
Samen ['zaːmən] *m 1. (Saat)* simiente *f; 2. BIO* semen *m,* esperma *m*
Samenbank ['zaːmənbaŋk] *f* banco de esperma *m*
Samenkorn ['zaːmənkɔrn] *n* *BOT* semilla *f,* grano *m*
Samenzelle ['zaːməntsɛlə] *f* *BIO* célula espermática *f*
Sammelband ['zaməlbant] *m* volumen de colección *m,* tomo *m*
Sammelbecken ['zaməlbɛkən] *n 1.* embalse *m,* pantano *m; 2. (fig)* contenedor *m*
Sammelbegriff ['zaməlbəgrɪf] *m* concepto genérico *m,* definición general *f,* género *m*
Sammelbestellung ['zaməlbəʃtɛluŋ] *f* pedido colectivo *m*
Sammelbüchse ['zaməlbyksə] *f* hucha *f,* alcancía *f*
sammeln ['zaməln] *v 1.* recoger, juntar; *2. (Geld)* recolectar; *3. (Briefmarken)* coleccionar; *4. (fig) sich ~* reunirse, juntarse
Sammelnummer ['zaməlnumər] *f* número colectivo *m*
Sammelplatz ['zaməlplats] *m 1.* punto de concentración *m; 2. (Lager)* plaza de armas *f*
Sammeltransport ['zaməltranspɔrt] *m* transporte colectivo *m*

Sammler(in) ['zamlər(ɪn)] *m/f* coleccionista *m/f*
Sammlung ['zamluŋ] *f* 1. colección *f;* 2. *(fig: Konzentration)* concentración *f,* agrupación *f*
Samstag ['zamstaːk] *m* sábado *m*
samstags ['zamstaːks] *adv* los sábados
samt [zamt] *prep* 1. junto (con); *adv* 2. *~ und sonders* todos sin excepción
Samt [zamt] *m* terciopelo *m*
Samthandschuh ['zamthantʃuː] *m* guante de terciopelo *m; jdn mit ~en anfassen* tratar a alguien con guante blanco
Samtkleid ['zamtklaɪt] *n* vestido de terciopelo *m*
sämtlich ['zɛmtlɪç] *adj* todo, entero, completo
samtweich ['zamtvaɪç] *adj* aterciopelado
Sanatorium [zana'toːrjum] *n* sanatorio *m*
Sand [zant] *m* arena *f; wie ~ am Meer* como arena en la playa; *auf ~ gebaut haben* haber edificado sobre arena; *etw in den ~ setzen* no lograr algo; *im ~e verlaufen* perderse/olvidarse
Sandale [zan'daːlə] *f* sandalia *f*
Sandbank ['zantbaŋk] *f* banco de arena *m*
Sandboden ['zantboːdən] *m* terreno arenoso *m*
sandfarben ['zantfarbən] *adj* (de color) beige
sandig ['zandɪç] *adj* arenoso
Sandkasten ['zantkastən] *m* cajón de arena *m*
Sandkorn ['zantkɔrn] *n* grano de arena *m*
Sandpapier ['zantpapiːr] *n* papel de lija *m*
Sandsack ['zantzak] *m* saco de arena *m*
Sandstein ['zantʃtaɪn] *m MIN* piedra arenisca *f*
Sandstrand ['zantʃtrant] *m* playa de arena *f*
Sandsturm ['zantʃturm] *m* tormenta de arena *f*
Sanduhr ['zantuːr] *f* reloj de arena *m/f*
Sandwich ['zɛntvɪtʃ] *n GAST* bocadillo *m,* sandwich *m,* emparedado *m*
sanft [zanft] *adj* suave
Sänfte ['zɛnftə] *f HIST* palanquín *m*
Sanftmut ['zanftmuːt] *f* dulzura *f*
sanftmütig ['zanftmyːtɪç] *adj* dulce; *Er ist ein ~er Mensch.* Él es un alma de Dios.
Sänger(in) ['zɛŋər(ɪn)] *m/f* cantante *m/f*
sanieren [za'niːrən] *v* sanear, arreglar
Sanierung [za'niːruŋ] *f* saneamiento *m*
Sanierungsmaßnahmen [za'niːruŋsmaːsnaːmən] *pl* medidas de saneamiento *f/pl*
sanitär [zani'tɛːr] *adj* sanitario
Sanitäranlage [zani'tɛːranlaːgə] *f* instalación sanitaria *f*
Sanitäter(in) [zani'tɛːtər(ɪn)] *m/f* sanitario/sanitaria *m/f,* enfermero/enfermera *m/f*
Sanitätsdienst [zani'tɛːtsdiːnst] *m MED* servicio sanitario *m*
Sanka ['zaŋka] *m (fam)* ambulancia militar *f*
Sankt [zaŋkt] *adj* San
Sanktion [zaŋk'tsjoːn] *f* sanción *f*
sanktionieren [zaŋktsjo'niːrən] *v* sancionar
Sansibar ['zanzibaːr] *n GEO* Zanzíbar *m*
Sanskrit ['zanskrɪt] *n LING* sánscrito *m*
Saphir ['zaːfir] *m MIN* zafiro *m*
Sardelle [zar'dɛlə] *f ZOOL* anchoa *f*
Sardine [zar'diːnə] *f ZOOL* sardina *f; wie ~n in der Büchse* como sardinas en lata
Sardinien [zar'diːnjən] *n GEO* Cerdeña *f*
Sarg [zark] *m* ataúd *m,* féretro *m,* cajón de muerto *m* (LA)
Sarkasmus [zar'kasmus] *m* sarcasmo *m*
sarkastisch [zar'kastɪʃ] *adj* sarcástico
Sarkophag [zarko'faːk] *m* sarcófago *m*
Satan ['zaːtan] *m* Satán *m,* Satanás *m*
satanisch [za'taːnɪʃ] *adj* satánico
Satellit [zatə'liːt] *m* satélite *m*
Satellitenbahn [zatɛ'liːtənbaːn] *f* órbita del satélite *f*
Satellitenfernsehen [zatɛ'liːtənfɛrnzeːən] *n* televisión por satélite *f*
Satellitenstaat [zatə'liːtənʃtaːt] *m POL* Estado satélite *m*
Satin [za't ɛː] *m* satén *m,* raso *m*
Satire [za'tiːrə] *f LIT* sátira *f*
satirisch [za'tiːrɪʃ] *adj* satírico
satt [zat] *adj* satisfecho, lleno, harto; *Ich bin ~.* Estoy satisfecho. *etw ~ haben* estar harto de algo
Sattel ['zatəl] *m* silla de montar *f; jdn aus dem ~ heben (fig)* desbancar a alguien, quitarle el puesto a alguien; *fest im ~ sitzen* tener su posición bien asegurada
sattelfest ['zatəlfɛst] *adj (fig)* versado
Sattelgurt ['zatəlgurt] *m* cincha *f*
satteln ['zatəln] *v* ensillar
Sattelschlepper ['zatəlʃlɛpər] *m* tractor para semirremolque *m*
sättigen ['zɛtɪgən] *v* 1. saciar, hartar, satisfacer; 2. *CHEM* saturar
Sättigung ['zɛtɪguŋ] *f* 1. saciedad *f;* 2. *CHEM* saturación *f;* 3. *ECO* saturación *f*
sattsam ['zatzaːm] *adv* suficientemente, bastante, harto

Saturn [za'turn] *m* *ASTR* Saturno *m*
Satz [zats] *m* *1. GRAMM* oración *f*; *2. (Druck)* composición *f*; *3. (Menge)* contingente *m*, lote *m*; *4. SPORT* set *m*
Satzanalyse ['zatsanalyːzə] *f* análisis sintáctico *m*
Satzball ['zatsbal] *m* *SPORT* punto final *m*
Satzbau ['zatsbau] *m* *GRAMM* construcción de una oración *f*, sintaxis *f*
Satzteil ['zatstaɪl] *m* *GRAMM* parte de la oración *f*
Satzung ['zatsuŋ] *f* estatuto *m*, reglamento *m*
satzungsgemäß ['zatsuŋsgəmɛːs] *adv* de acuerdo con el estatuto
Satzzeichen ['zatstsaɪçən] *n* signo de puntuación *m*
Sau [zau] *f* *1. ZOOL* cerda *f*, marrana *f*, puerca *f*, chancha *f* (LA); *2. (fam)* cerdo *m*, guarro *m*, puerco *m*, cochino *m*; *die ~ rauslassen* dejarse llevar; *jdn zur ~ machen* poner a parir a alguien; *unter aller ~ sein* ser de lo peorcito
sauber ['zaubər] *adj* *1.* limpio; *~ machen* limpiar, asear; *2. (Person)* aseado, pulcro
Sauberkeit ['zaubərkaɪt] *f* limpieza *f*, aseo *m*
säubern ['zɔybərn] *v* *1.* limpiar; *2. POL* purgar, depurar
Säuberung ['zɔybəruŋ] *f* *1. POL* depuración *f*, limpieza *f*, aseo *m*; *2. (Saubermachen)* limpieza *f*; *3. (körperlich)* aseo personal *m*
Saudi-Arabien [zaudia'raːbjən] *n* *GEO* Arabia Saudita *f*
saudiarabisch [zaudia'raːbɪʃ] *adj* de Arabia Saudita
sauer ['zauər] *adj* *1.* ácido; *jdm Saures geben (fig)* pegar una paliza a alguien; *2. (fig: Person)* enojoso, enfadado
Sauerampfer ['zauərampfər] *m* *BOT* acedera *f*
Sauerei [zauə'raɪ] *f* *(fam)* marranada *f*, cochinada *f*
Sauerkirsche ['zauərkɪrʃə] *f* *BOT* guinda agria *f*
Sauerkraut ['zauərkraut] *n* *GAST* col fermentada *f*
säuerlich ['zɔyərlɪç] *adj* *1. GAST* ácido; *2. (fig: verärgert)* avinagrado
Sauerstoff ['zauərʃtɔf] *m* *CHEM* oxígeno *m*
Sauerstoffmaske ['zauərʃtɔfmaskə] *f* máscara de oxígeno *f*
Sauerstoffzelt ['zauərʃtɔftsɛlt] *n* *MED* burbuja de oxígeno *f*
saufen ['zaufən] *v irr* *1. (Tier)* beber, tomar agua; *2. (fam)* emborracharse, embriagarse
Säufer(in) ['zɔyfər(ɪn)] *m/f* borracho/borracha *m/f*
saugen ['zaugən] *v irr* *1.* chupar, succionar; *2. (Staub ~)* aspirar
säugen ['zɔygən] *v* amamantar, dar de mamar
Säugetier ['zɔygətiːr] *n* *ZOOL* mamífero *m*
saugfähig ['zaugfɛːɪç] *adj* absorbente
Saugfähigkeit ['zaugfɛːɪçkaɪt] *f* absorbercia *f*
Säugling ['zɔyklɪŋ] *m* lactante *m*, niño de pecho *m*
Säule ['zɔylə] *f* columna *f*
Säulenhalle ['zɔylənhalə] *f* columnata *f*, arcada *f*, peristilo *m*
Saum [zaum] *m* dobladillo *m*, bastilla *f*
säumig ['zɔymɪç] *adj* lento, tardío
saumselig ['zaumzeːlɪç] *adj* lento, tardío, rezagado
Sauna ['zauna] *f* sauna *f*
Säure ['zɔyrə] *f* *1. (Geschmack)* acidez *f*; *2. CHEM* ácido *m*
säurehaltig ['zɔyrəhaltɪç] *adj* *CHEM* ácido
Saurier ['zauriər] *m* *ZOOL* saurio *m*
Saus [zaus] *m* *in ~ und Braus* disipadamente, como reyes
säuseln ['zɔyzəln] *v* *1. (Blätter)* susurrar; *2. (Wind)* silbar, soplar; *3. (fig: sagen)* murmurar, susurrar
sausen ['zauzən] *v* *1. (Mensch)* hacer ruido; *2. (Wind)* silbar; *3. (Ohren)* pitar
Savanne [za'vanə] *f* *GEO* sabana *f*
Saxophon [zakso'foːn] *n* *MUS* saxófono *m*, saxo(fón) *m*
S-Bahn ['ɛsbaːn] *f* tren metropolitano *m*
Schabe ['ʃaːbə] *f* *(Insekt)* cucaracha *f*
schaben ['ʃaːbən] *v* *1.* raspar, raer; *2. (zerschneiden)* cortar
Schaber ['ʃaːbər] *m* rascador *m*, rasqueta *f*
Schabernack ['ʃaːbərnak] *m* travesura *f*; *jdm einen ~ spielen* jugar una mala pasada a alguien
schäbig ['ʃɛːbɪç] *adj* *1. (armselig)* miserable, desgraciado; *2. (abgetragen)* raído, gastado, muy usado, andrajoso; *3. (fig: mies)* malo, malvado, desgraciado (LA)
Schablone [ʃa'bloːnə] *f* *TECH* patrón *m*, modelo *m*
Schach [ʃax] *n* ajedrez *m*
Schachbrett ['ʃaxbrɛt] *n* tablero de ajedrez *m*

Schachcomputer ['ʃaxkompju:tər] *m* ajedrez informatizado *m*
schachern ['ʃaxərn] *v* regatear, chalanear
Schachfigur ['ʃaxfigu:r] *f* *1.* pieza de ajedrez *f;* *2.* *(fig)* persona fundamental *f*
schachmatt [ʃax'mat] *adj* *1.* jaque mate; *2.* *(fam: erschöpft)* hecho polvo, molido; *jdn ~ setzen* poner a alguien en jaque mate
Schacht [ʃaxt] *m* galería *f,* túnel *m*
Schachtel ['ʃaxtəl] *f* caja *f*
Schachzug ['ʃaxtsu:k] *m* jugada *f;* *1.* *(im Schachspiel)* movimiento de una pieza de ajedrez *m;* *2.* *(fig: Vorgehensweise)* estratagema *f,* astucia *f*
schade ['ʃa:də] *adj* lastimoso, lamentable; *Es ist ~, dass ...* Es una lástima que ... *Schade!* ¡Qué lástima!/¡Qué pena! *sich für nichts zu ~ sein* estar dispuesto a todo
Schädel ['ʃɛ:dəl] *m* cráneo *m;* *sich den ~ einrennen* darse de cabeza contra la pared; *Ihm brummt der ~.* Le duele la cabeza./Tiene la cabeza como un bombo. (fam)
Schädelbasisbruch ['ʃɛ:dəlba:zisbrux] *m* *MED* fractura de la base del cráneo *f*
Schädelbruch ['ʃɛ:dəlbrux] *m* *MED* rotura de craneo *f*
Schädeldecke ['ʃɛ:dəldɛkə] *f* *ANAT* bóveda craneal *f,* cubierta del cráneo *f*
schaden ['ʃa:dən] *v* dañar, perjudicar, hacer daño
Schaden ['ʃa:dən] *m* daño *m,* perjuicio *m;* *zu ~ kommen* sufrir daños
Schadenersatz ['ʃa:dənɛrzats] *m* *1.* compesación *f,* resarcimiento *m;* *2.* *(festgesetzte Geldsumme)* indemnización por daños y perjuicios *f*
Schadenfreude ['ʃa:dənfrɔydə] *f* alegría del mal ajeno *f*
schadenfroh ['ʃa:dənfro:] *adj* malicioso, malo; *~ sein* alegrarse del mal ajeno
Schadensbegrenzung ['ʃa:dənsbəgrɛntsuŋ] *f* restricción de los daños *f*
schadhaft ['ʃa:thaft] *adj* defectuoso, deteriorado
schädigen ['ʃɛ:dɪgən] *v* dañar, perjudicar
Schädigung ['ʃɛ:dɪguŋ] *f* daño *m,* perjuicio *m,* quebranto *m*
schädlich ['ʃɛ:tlɪç] *adj* nocivo, dañino, perjudicial
Schädlichkeit ['ʃɛ:tlɪçkaɪt] *f* nocividad *f*
Schädling ['ʃɛ:tlɪŋ] *m* animal dañino *m,* plaga *f,* parásito *m*
schadlos ['ʃa:tlo:s] *adj* *sich an etw ~ halten* resarciarse de algo con alguien
Schadstoff ['ʃa:tʃtɔf] *m* sustancia nociva *f,* sustancia tóxica *f*
schadstoffarm ['ʃa:tʃtɔfarm] *adj* bajo en sustancias nocivas
Schadstoffbelastung ['ʃa:tʃtɔfbəlastuŋ] *f* contaminación *f*
Schaf [ʃa:f] *n* *ZOOL* oveja *f;* *das schwarze ~ sein (fig)* ser la oveja negra
Schäfchen ['ʃɛ:fçən] *n* pequeña oveja *f;* *seine ~ ins Trockene bringen* hacer su negocio, haco su agasto
Schäfer ['ʃɛ:fər] *m* pastor *m*
Schäferhund ['ʃɛ:fərhunt] *m* *ZOOL* perro pastor *m,* pastor alemán *m*
Schäferstündchen ['ʃɛ:fərʃtyntçən] *n* hora del amor *f,* hora de la ternura *f,* cita amorosa *f*
schaffen[1] ['ʃafən] *v irr (schöpfen)* crear, engendrar, hacer; *für etw wie ge~ sein* parecer estar hecho para algo
schaffen[2] ['ʃafən] *v* *1.* *(fertig bringen)* lograr, conseguir; *2.* *(arbeiten)* trabajar; *sich an etw zu ~ machen* ponerse a hacer algo; *Damit hat er nichts zu ~.* No tiene nada que ver en ello./No tiene ninguna relación con ello.
Schaffensdrang ['ʃafənsdraŋ] *m* afán creador *m*
Schaffenskraft ['ʃafənskraft] *f* fuerza creadora *f*
Schaffner(in) ['ʃafnər(ɪn)] *m/f* revisor(a) *m/f,* controlador(a) de boletos *m/f* (LA)
Schaffung ['ʃafuŋ] *f* creación *f,* establecimiento *m,* fundación *f*
Schafherde ['ʃa:fhe:rdə] *f* rebaño de ovejas *m*
Schafhirt ['ʃa:fhɪrt] *m* pastor de ovejas *m*
Schafkopf ['ʃa:fkɔpf] *m* *(Kartenspiel)* juego de cartas *m*
Schafskäse ['ʃa:fskɛ:zə] *m* *GAST* queso de oveja *m*
Schaft [ʃaft] *m* *1.* *(Messer, Schwert)* vaina *f,* mango *m;* *2.* *(eines Gewehrs)* caja del fusil *f;* *3.* *(einer Blume)* tallo *m;* *4.* *(eines Stiefels)* caña de la bota *f*
Schafwolle ['ʃa:fvɔlə] *f* lana de oveja *f*
Schakal [ʃa'ka:l] *m* *ZOOL* chacal *m*
schäkern ['ʃɛ:kərn] *v* *1.* bromear; *2.* *(flirten)* ligar
schal [ʃa:l] *adj* desabrido, insípido
Schal [ʃa:l] *m* chal *m,* bufanda *f*
Schale ['ʃa:lə] *f* *1.* *(Schüssel)* fuente *f,* tazón *m;* *2.* *(Umhüllung)* piel *f,* cáscara *f* (LA); *sich in ~ werfen* ponerse de gala; *3.* *(Eierschale)* cáscara *f*

schälen ['ʃɛːlən] *v* pelar, descascarar
Schalk [ʃalk] *m* pícaro *m*
schalkhaft ['ʃalkhaft] *adj* gracioso
Schall [ʃal] *m* sonido *m; ~ und Rauch sein* ser como el humo
Schalldämmung ['ʃaldɛmuŋ] *f* insonorización *f*
Schalldämpfer ['ʃaldɛmpfər] *m TECH* amortiguador de sonidos *m*
schalldicht ['ʃaldɪçt] *adj* insonoro, insonorizado
schallen ['ʃalən] *v irr* resonar, retumbar
Schallgeschwindigkeit ['ʃalgəʃvɪndɪçkaɪt] *f* velocidad del sonido *f*
Schallmauer ['ʃalmauər] *f* barrera del sonido *f*
Schallplatte ['ʃalplatə] *f* disco *m*
Schallplattenspieler ['ʃalplatənʃpiːlər] *m* tocadiscos *m*
Schallwelle ['ʃalvɛlə] *f* onda sonora *f*
Schaltbild ['ʃaltbɪlt] *n TECH* diagrama de circuito *m,* cuadro de conexiones *m*
schalten ['ʃaltən] *v 1. (ein-, ausschalten)* maniobrar, accionar; *2. (Auto)* cambiar de marcha, cambiar de velocidad; *3. (fig: begreifen)* caer en la cuenta, darse cuenta
Schalter ['ʃaltər] *m 1. (Vorrichtung)* interruptor *m; 2. (Bankschalter)* ventanilla *f*
Schalterhalle ['ʃaltərhalə] *f* sala de ventanillas *f*
Schalthebel ['ʃaltheːbəl] *m (beim Auto)* palanca de cambio de marchas *f,* palanca de cambios de velocidades *f*
Schaltjahr ['ʃaltjaːr] *n* año bisiesto *m*
Schaltkreis ['ʃaltkraɪs] *m TECH* circuito eléctrico *m*
Schaltplan ['ʃaltplaːn] *m TECH* diagrama de circuito *f*
Schaltzentrale ['ʃalttsɛntraːlə] *f 1.* central de control *f; 2. (fig)* centro de control *m*
Scham [ʃaːm] *f (~haftigkeit)* vergüenza *f,* pudor *m; vor ~ im Erdboden versinken* caérsele a uno la cara de vergüenza
Schamane [ʃa'maːnə] *m REL* chamán *m*
Schambereich ['ʃaːmbəraɪç] *m* zona púbica *f*
schämen ['ʃɛːmən] *v sich ~* avergonzarse, tener vergüenza
Schamgefühl ['ʃaːmgəfyːl] *n* vergüenza *f,* sentimiento de vergüenza *m*
Schamhaar ['ʃaːmhaːr] *n* vello púbico *m*
schamhaft ['ʃaːmhaft] *adj 1.* púdico, pudoroso, vergonzoso; *adv 2.* púdicamente, pudorosamente, con vergüenza
Schamhaftigkeit ['ʃaːmhaftɪçkaɪt] *f 1. (schamhaftes Wesen)* honestidad *f,* castidad *f; 2. (schamhafte Art)* recato *m*
schamlos ['ʃaːmloːs] *adj 1.* impúdico, desvergonzado, sinvergüenza, descarado; *adv 2.* desvergonzadamente, sin vergüenza; *sich ~ benehmen (fam)* portarse como un sinvergüenza
Schamlosigkeit ['ʃaːmloːzɪçkaɪt] *f* falta de vergüenza *f*
schamrot ['ʃaːmroːt] *adj* colorado
Schande ['ʃandə] *f 1.* vergüenza *f; Armut ist keine ~.* Pobreza no es vileza. *2. (Entehrung)* deshonra *f*
schänden ['ʃɛndən] *v 1.* deshonrar; *2. (entweihen)* profanar; *3. (vergewaltigen)* violar; *4. (ein Kind ~)* abusar
Schandfleck ['ʃantflɛk] *m* mancilla *f,* deshonra *f,* mancha *f*
schändlich ['ʃɛndlɪç] *adj* vergonzoso, deshonroso, infame, vil
Schandtat ['ʃanttaːt] *f* vileza *f,* infamia *f; zu jeder ~ bereit sein* estar dispuesto a todo
Schändung ['ʃɛnduŋ] *f 1. (Entweihung)* profanación *f; 2. (Vergewaltigung)* violación *f,* estupro *m*
Schankbetrieb ['ʃaŋkbətriːp] *m GAST* venta de bebidas *f*
Schanze ['ʃantsə] *f SPORT* trampolín *m*
Schar [ʃaːr] *f 1. eine ~ von* un grupo grande de *m; 2. (Vogelschar)* bandada *f; 3. (Herde)* rebaño *m*
scharenweise ['ʃaːrənvaɪzə] *adv* en grupos, en masa
scharf [ʃarf] *adj 1. (Messer)* afilado, cortante; *2. (Gewürz)* picante
Scharfblick ['ʃarfblɪk] *m (fig)* clarividencia *f,* mirada penetrante *f*
Schärfe ['ʃɛrfə] *f* picante *m*
schärfen ['ʃɛrfən] *v* afilar, amolar, aguzar
scharfkantig ['ʃarfkantɪç] *adj* cortante, da aristas vivas
Scharfschütze ['ʃarfʃytsə] *m* tirador de precisión *m,* francotirador *m*
scharfsichtig ['ʃarfzɪçtɪç] *adj 1.* que ve bien, de vista aguda; *2. (fig)* perspicaz
Scharfsichtigkeit ['ʃarfzɪçtɪçkaɪt] *f* perspicacia *f*
Scharfsinn ['ʃarfzɪn] *m* perspicacia *f*
scharfsinnig ['ʃarfzɪnɪç] *adj* sutil, perspicaz
Scharlach ['ʃarlax] *m MED* escarlatina *f*
scharlachrot ['ʃarlaxroːt] *adj* rojo escarlata

Scharlatan ['ʃarlata:n] *m* charlatán *m*
Scharmützel [ʃar'mytsəl] *n* refriega *f*
Scharnier [ʃar'ni:r] *n TECH* bisagra *f*, charnela *f*
Schärpe ['ʃɛrpə] *f* banda *f*, faja *f*
scharren ['ʃarən] *v 1.* raspar, rascar; *2. (Hund)* escarbar
Scharte ['ʃartə] *f 1.* mella *f*; *2. (Spalt)* rendija *f*; *3. (Riss)* grieta *f*
Schaschlik ['ʃaʃlɪk] *m GAST* brocheta *f*
Schatten ['ʃatən] *m* sombra *f*; *nicht über seinen ~ springen können (fig)* mantenerse en sus trece; *nur noch der ~ seiner selbst sein* ser apenas una sombra de lo que fue; *einen ~ auf etw werfen* ensombrecer algo; *in jds ~ stehen* ser ignorado por alguien; *sich vor seinem eigenen ~ fürchten* tener miedo de su propia sombra
Schattenseite ['ʃatənzaɪtə] *f (fig)* reverso de la medalla *m*; *auf der ~ des Lebens stehen* no ser afortunado
Schattierung [ʃa'ti:ruŋ] *f* sombreado *m*, matiz *m*
schattig ['ʃatɪç] *adj* sombreado, sombrío
Schatulle [ʃa'tulə] *f* cofrecillo *m*
Schatz [ʃats] *m 1. (Kostbarkeit)* tesoro *m*; *2. (Kosewort)* tesoro *m*, (mi) vida *f*, (mi) amor *m*, cielo *m*
Schatzamt ['ʃatsamt] *n* tesorería *f*
Schatzbrief ['ʃatsbri:f] *m ECO* bono del tesoro *m*
schätzen ['ʃɛtsən] *v 1. (ungefähr berechnen)* calcular, estimar, tasar; *2. (annehmen)* suponer; *3. (hoch achten)* apreciar, estimar, respetar
Schatzkammer ['ʃatskamər] *f* cámara del tesoro *f*, tesorería *f*
Schatzmeister ['ʃatsmaɪstər] *m* tesorero *m*
Schätzung ['ʃɛtsuŋ] *f 1. (ungefähre Berechnung)* cálculo *m*, estimación *f*; *2. (Annahme)* suposición *f*; *3. (Hochachtung)* aprecio *m*, estima *f*, respeto *m*
schätzungsweise ['ʃɛtsuŋsvaɪzə] *adv* aproximadamente
Schätzwert ['ʃɛtsve:rt] *m* valor estimado *m*
Schau [ʃau] *f* aspecto *m*, vista *f*; *jdm die ~ stehlen* fastidiar a alguien la función; *eine ~ abziehen* montar un número (fam); *etw zur ~ stellen* exhibir algo
Schaubühne ['ʃauby:nə] *f* teatro *m*
schauderhaft ['ʃaudərhaft] *adj* horrible, espantoso
schaudern ['ʃaudərn] *v* estremecerse
schauen ['ʃauən] *v* mirar, contemplar
Schauer ['ʃauər] *m 1. (Regen)* chubasco *m*; *2. (Frösteln)* escalofrío *m*; *3. (Schreck)* susto *m*, estremecimiento *m*
Schauergeschichte ['ʃauərgəʃɪçtə] *f* cuento horripilante *m*, historias de horror *f/pl*
schauerlich ['ʃauərlɪç] *adj* terrible, horrible, espantoso
Schaufel ['ʃaufəl] *f* pala *f*
Schaufelbagger ['ʃaufəlbagər] *m* excavadora *f*
schaufeln ['ʃaufəln] *v* dar paletadas, trabajar con la pala
Schaufenster ['ʃaufɛnstər] *n* escaparate *m*, vidriera *f* (LA)
Schaufensterbummel ['ʃaufɛnstərbuməl] *m* paseo para mirar escaparates *m*
Schaufensterpuppe ['ʃaufɛnstərpupə] *f* maniquí *m*
Schaukampf ['ʃaukampf] *m SPORT* combate de exhibición *m*
Schaukel ['ʃaukəl] *f* columpio *m*
schaukeln ['ʃaukəln] *v* columpiar, columpiarse
Schaukelpferd ['ʃaukəlpfe:rt] *n* caballo de columpio *m*
Schaukelstuhl ['ʃaukəlʃtu:l] *m* mecedora *f*
Schaulustige(r) ['ʃaulustɪgə(r)] *m/f* curioso/curiosa *m/f*, indiscreto/indiscreta *m/f*
Schaum [ʃaum] *m* espuma *f*
Schaumbad ['ʃaumba:t] *n* baño de espuma *m*
schäumen ['ʃɔymən] *v* espumar, hacer espuma
schäumend ['ʃɔymənt] *adj* espumoso
Schaumgummi ['ʃaumgumi] *m* goma espuma *f*
schaumig ['ʃaumɪç] *adj* espumoso
Schaumschläger ['ʃaumʃlɛ:gər] *m (fig)* charlatán *m*, cuentista *m*
Schaumstoff ['ʃaumʃtɔf] *m* gomaespuma *f*
Schaumwein ['ʃaumvaɪn] *m* vino espumoso *m*
Schauplatz ['ʃauplats] *m* escenario *m*
schaurig ['ʃaurɪç] *adj* horrible, espantoso
Schauspiel ['ʃauʃpi:l] *n* espectáculo *m*
Schauspieler(in) ['ʃauʃpi:lər(ɪn)] *m/f* actor/actriz *m/f*
schauspielerisch ['ʃauʃpi:lərɪʃ] *adj 1.* de actor, de actriz; *adv 2.* histrionicamente, dramaticamente
Schauspielhaus ['ʃauʃpi:lhaus] *n* teatro *m*
Schausteller(in) ['ʃauʃtɛlər(ɪn)] *m/f* expositor(a) *m/f*

Scheck [ʃɛk] *m* cheque *m*
Scheckbuch ['ʃɛkbuːx] *n* talonario de cheques *m*, chequera *f* (LA)
Scheckheft ['ʃɛkhɛft] *n FIN* talonario de cheques *m*
scheckig ['ʃɛkɪç] *adj* manchado
Scheckkarte ['ʃɛkkartə] *f* tarjeta cheque *f*
scheel [ʃeːl] *adj 1.* bizco; *2. (fig: misstrauisch)* receloso; *3. (neidisch)* envidioso
scheibchenweise ['ʃaɪpçənvaɪzə] *adv* en rebanadas, en tajadas
Scheibe ['ʃaɪbə] *f 1.* disco *m; 2. (Wurstscheibe)* rodaja *f*, rebanada *f; sich von jdm eine ~ abschneiden können (fig)* poder tomar ejemplo de *alguien; 3. (Fensterscheibe)* cristal *m*, vidrio *m*
Scheibenbremse ['ʃaɪbənbrɛmzə] *f TECH* freno de discos *m*
Scheibenwischer ['ʃaɪbənvɪʃər] *m (eines Autos)* limpiaparabrisas *m*
Scheich [ʃaɪç] *m* jeque *m*
Scheichtum ['ʃaɪçtuːm] *n* territorio dominado por un jeque *m*
Scheide ['ʃaɪdə] *f 1. (Messerscheide)* vaina *f; 2. ANAT* vagina *f*
scheiden ['ʃaɪdən] *v irr 1.* separar, dividir; *2. (Ehe)* divorciar
Scheideweg ['ʃaɪdəveːk] *m 1.* encrucijada *f*, bifurcación *f; 2. (fig)* alternativa *f*
Scheidung ['ʃaɪduŋ] *f* divorcio *m*
Scheidungsklage ['ʃaɪduŋsklaːgə] *f* demanda de divorcio *f*
Schein [ʃaɪn] *m 1. (Licht)* luz *f*, brillo *m*, resplandor *m; 2. (Banknote)* billete *m*, papel moneda *m; 3. (Bescheinigung)* certificado *m; 4. (fig: Anschein)* aspecto *m*, apariencia *f; den ~ wahren* salvar las apariencias; *Der ~ trügt.* Las apariencias engañan. *zum ~* en apariencia
Scheinargument ['ʃaɪnargumɛnt] *n* argumento no justificado *m*
scheinbar ['ʃaɪnbaːr] *adj 1.* aparente; *adv 2.* aparentemente, según parece
Scheinehe ['ʃaɪneːə] *f* matrimonio ficticio *m*, matrimonio aparente *m*
scheinen ['ʃaɪnən] *v irr 1. (leuchten)* brillar, resplandecer; *2. (fig: Anschein haben)* parecer; *Es scheint bald zu regnen.* Parece que va a llover.
Scheinfirma ['ʃaɪnfɪrma] *f ECO* empresa fantasma *f*
scheinheilig ['ʃaɪnhaɪlɪç] *adj* beato, santurrón, mojigato
Scheinheiligkeit ['ʃaɪnhaɪlɪçkaɪt] *f* mojigatería *f*, santurronería *f*
Scheintod ['ʃaɪntoːt] *m* muerte aparente *f*
scheintot ['ʃaɪntoːt] *adj* muerto al parecer
Scheinwerfer ['ʃaɪnvɛrfər] *m 1. (eines Autos)* faro *m; 2. CINE* reflector *m*, foco *m*
Scheiße ['ʃaɪsə] *f (fam)* mierda *f*
Scheitel ['ʃaɪtəl] *m 1. MATH* vértice *m; 2. (im Haar)* raya *f; vom ~ bis zur Sohle* de la cabeza a los pies; *3. (des Gebirges)* cumbre *f*, cima *f*
Scheitelpunkt ['ʃaɪtəlpuŋkt] *m* punto culminante *m*, vértice *m*
Scheiterhaufen ['ʃaɪtərhaufən] *m* hoguera *f*
scheitern ['ʃaɪtərn] *v* fracasar
Schelle ['ʃɛlə] *f 1. (Glocke)* cascabel *m; 2. (Ohrfeige)* bofetada *f; 3. (Handschelle)* esposa *f; 4. TECH* collar *m*
Schellfisch ['ʃɛlfɪʃ] *m ZOOL* bacalao *m*
Schelm [ʃɛlm] *m* pícaro *m*
Schelmenstreich ['ʃɛlmənʃtraɪç] *m* picardía *f*, travesura *f*
schelmisch ['ʃɛlmɪʃ] *adj* pícaro, picaresco
Schelte ['ʃɛltə] *f* regaño *m*, reprimenda *f*
schelten ['ʃɛltən] *v irr* reprender, reñir, regañar
Schema ['ʃeːma] *n* esquema *m; nach ~ F* de forma rutinaria
schematisch [ʃe'maːtɪʃ] *adj* esquemático
schematisieren [ʃeːmati'ziːrən] *v* esquematizar
Schemel ['ʃeːməl] *m* taburete *m*
schemenhaft ['ʃeːmənhaft] *adj* espectral, fantasmal
Schenkel ['ʃɛŋkəl] *m 1. (Oberschenkel) ANAT* muslo *m; 2. (Unterschenkel) ANAT* pierna *f*
schenken ['ʃɛŋkən] *v* regalar, obsequiar, donar; *halb geschenkt sein* ser medio regalado; *sich nichts ~* no dispensarse de nada/no pasarse nada por alto
Schenkung ['ʃɛŋkuŋ] *f JUR* donación *f*
Scherbe ['ʃɛrbə] *f* fragmento *m*, pedazo *m*
Scherbenhaufen ['ʃɛrbənhaufən] *m* añicos *m/pl*
Schere ['ʃeːrə] *f* tijera *f*, tijeras *f/pl*
scheren¹ ['ʃeːrən] *v irr (schneiden)* cortar
scheren² ['ʃeːrən] *v 1.* importar; *sich nicht um etw ~* importar(le) un comino a alguien; *2. (gehen)* irse; *scher dich endlich ins Bett* vete ya a la cama; *scher dich zum Teufel* ¡vete al diablo!
Schererei [ʃeːrə'raɪ] *f* molestia *f*, fastidio *m*

Scherkopf ['ʃeːrkɔpf] *m* hoja de afeitar *f*
Scherz [ʃɛrts] *m* broma *f*, chanceo *m*
scherzen ['ʃɛrtsən] *v* bromear, chancear
Scherzfrage ['ʃɛrtsfraːgə] *f* adivinanza *f*
scherzhaft ['ʃɛrtshaft] *adj 1.* de broma, bromista; *adv 2.* en broma
scheu [ʃɔy] *adj* esquivo, arisco, chúcaro (LA), huraño
Scheu [ʃɔy] *f* esquivez *f*, timidez *f*
scheuchen ['ʃɔyçən] *v* espantar
scheuen ['ʃɔyən] *v 1. (Pferd)* espantarse, desbocarse; *2. (meiden)* rehuir, evitar
Scheuerlappen ['ʃɔyərlapən] *m* fregador *m*, estropajo *m*
Scheuermittel ['ʃɔyərmɪtəl] *n* producto de limpieza *m*
scheuern ['ʃɔyərn] *v* fregar; *jdm eine ~ (fam)* soltar una a alguien
Scheuklappen ['ʃɔyklapən] *pl* anteojera *f*
Scheune ['ʃɔynə] *f* granero *m*
Scheusal ['ʃɔyzaːl] *n* monstruo *m*
scheußlich ['ʃɔyslɪç] *adj 1.* horrible, terrible, monstruoso; *adv 2.* sumamente terrible, horrible
Scheußlichkeit ['ʃɔyslɪçkaɪt] *f 1.* atrocidad *f*; *2. (scheußliche Sache)* asquerosidad *f*
Schicht [ʃɪçt] *f 1.* capa *f*; *2. (Klasse)* clase *f*; *3. (Arbeitsschicht)* turno *m*
Schichtarbeit ['ʃɪçtarbaɪt] *f* trabajo por turnos *m*
Schichtwechsel ['ʃɪçtvɛksəl] *m* cambio del turno *m*, relevo *m*
schick [ʃɪk] *adj 1.* elegante, chic; *adv 2.* elegantemente, muy chic
Schick [ʃɪk] *m* elegante, chic
schicken ['ʃɪkən] *v* enviar, mandar; *Können Sie mir die Sachen ins Hotel ~?* ¿Me puede mandar las cosas al hotel?
Schickeria [ʃɪkə'riːa] *f die ~* guaperío *m*
schicklich ['ʃɪklɪç] *adj* conveniente, apropiado
Schicksal ['ʃɪkzaːl] *n* destino *m*, suerte *f*; *jdn seinem ~ überlassen* dejar de preocuparse por alguien; *~ spielen* provocar una situación
schicksalhaft ['ʃɪkzaːlhaft] *adj* fatal
Schicksalsschlag ['ʃɪkzaːlsʃlaːk] *m* golpe del destino *m*
Schiebedach ['ʃiːbədax] *n (eines Autos)* techo corredizo *m*
Schiebefenster ['ʃiːbəfɛnstər] *n* ventana corrediza *f*
schieben ['ʃiːbən] *v irr* empujar, mover empujando
Schieber ['ʃiːbər] *m 1.* corredera *f*, pasador *m*, cerrojo *m*; *2. (Betrüger)* timador *m*
Schiebetür ['ʃiːbətyːr] *f* puerta corrediza *f*
Schiebung ['ʃiːbuŋ] *f* empuje *m*
Schiedsrichter(in) ['ʃiːtsrɪçtər(ɪn)] *m/f SPORT* árbitro *m/f*
Schiedsspruch ['ʃiːtsʃprux] *m JUR* fallo arbitral *m*
schief [ʃiːf] *adj 1.* oblicuo, inclinado; *jdn ~ ansehen* mirar a alguien por encima del hombro, mirar a alguien de reojo, mirar a alguien mal; *2. ~ gehen (fig)* salir mal, malograrse; *3. sich ~ lachen* desternillarse de risa, morirse de risa
schief laufen ['ʃiːflaufən] *v irr* salir mal, fracasar
Schiefer ['ʃiːfər] *m 1. MIN* pizarra *f*, esquisto *m*; *2. (Splitter)* astilla *f*, esquirla *f*
schieflachen ['ʃiːflaxən] *v sich ~* desternillarse de risa, morirse de risa
schielen ['ʃiːlən] *v* bizcar, ser bizco
Schienbein ['ʃiːnbaɪn] *n ANAT* canilla *f*, tibia *f*
Schiene ['ʃiːnə] *f 1. (Bahnschiene)* carril *m*, rail *m*, riel *m*; *2. MED* tablilla *f*, férula *f*
Schienennetz ['ʃiːnənnɛts] *n* red ferroviaria *f*
Schienenverkehr ['ʃiːnənfɛrkeːr] *m* tráfico ferroviario *m*
schier [ʃiːr] *adj* puro
Schießbude ['ʃiːsbuːdə] *f* barraca de tiro al blanco *f*
schießen ['ʃiːsən] *v irr 1. (Waffe)* disparar, hacer fuego; *2. (Ball)* tirar; *3. zum Schießen sein (fam)* para mondarse de la risa
Schießerei [ʃiːsə'raɪ] *f* tiroteo *m*
Schiff [ʃɪf] *n* barco *m*, buque *m*, nave *f*; *mit etw klar ~ machen* aclarar algo
schiffbar ['ʃɪfbaːr] *adj* navegable
Schiffbau ['ʃɪfbau] *m* construcción naval *f*
Schiffbruch ['ʃɪfbrux] *m* naufragio *m*; *~ mit etw erleiden* fracasar con algo
schiffbrüchig ['ʃɪfbryçɪç] *adj* náufrago
Schiffbrüchige(r) ['ʃɪfbryçɪgə(r)] *m/f* náufrago/náufraga *m/f*
Schifffahrt ['ʃɪffaːrt] *f* navegación *f*
Schiffsbesatzung ['ʃɪfsbəzatsuŋ] *f NAUT* tripulación *f*
Schiffswerft ['ʃɪfsvɛrft] *f* astillero *m*
Schiit(in) [ʃi'iːt(ɪn)] *m/f REL* chiíta *m/f*
schiitisch [ʃi'iːtɪʃ] *adj REL* chiíta
Schikane [ʃi'kaːnə] *f* traba *f*, obstáculo *m*, chicana *f*; *Das ist reine ~.* Son sólo ganas de joder. *mit allen ~n* por todo lo alto

schikanieren [ʃika'niːrən] *v* poner trabas, obstaculizar, chicanear
Schild [ʃɪlt] *n 1. (Schutzschild)* escudo *m; etw im ~e führen* tramar algo; *2. (Türschild)* letrero *m,* placa *f; 3. (Straßenschild)* letrero de la calle *m*
Schilddrüse ['ʃɪltdryːzə] *f ANAT* tiroides *f*
schildern ['ʃɪldərn] *v* describir, reseñar, explicar
Schilderung ['ʃɪldəruŋ] *f* descripción *f,* reseña *f,* explicación *f*
Schildkröte ['ʃɪltkrøːtə] *f ZOOL* tortuga *f*
Schilf [ʃɪlf] *n* caña *f,* cañizo *m*
schillern ['ʃɪlərn] *v* tornasolar
Schimmel ['ʃɪməl] *m 1. BOT* moho *m; 2. (Pferd) ZOOL* caballo blanco *m*
schimmelig ['ʃɪməlɪç] *adj* enmohecido, mohoso
schimmeln ['ʃɪməln] *v* enmohecer
Schimmer ['ʃɪmər] *m* luz tenue *f,* brillo débil *m,* vislumbre *f; keinen ~ von etw haben* no tener ni idea de algo
schimmern ['ʃɪmərn] *v* lucir (tenuamente)
Schimpanse [ʃɪm'panzə] *m ZOOL* chimpancé *m*
Schimpf [ʃɪmpf] *m* injuria *f,* afrenta *f; mit ~ und Schande* con cajas destempladas
schimpfen ['ʃɪmpfən] *v* insultar, injuriar; *über jdn ~* echar pestes contra alguien
schimpflich ['ʃɪmpflɪç] *adj 1. (schmachvoll)* vergonzoso, deshonroso, oprobioso; *2. (beleidigend)* insultante
Schimpfname ['ʃɪmpfnaːmə] *m* mote *m*
Schimpfwort ['ʃɪmpfvɔrt] *n 1.* insulto *m,* injuria *f,* improperio *m; 2. (Fluchwort)* blasfemia *f*
Schindel ['ʃɪndəl] *f* ripia *f*
schinden ['ʃɪndən] *v irr 1.* maltratar, vejar; *2. (herausholen)* ganar tiempo; *3. sich ~* afanarse
Schinderei [ʃɪndə'raɪ] *f (Plage)* trabajo durísimo *m; Das ist eine ~.* Es un trabajo de negros.
Schindluder ['ʃɪntluːdər] *n mit jdm ~ treiben* abusar de alguien
Schinken ['ʃɪŋkən] *m GAST* jamón *m*
Schippe ['ʃɪpə] *f* pala *f; jdn auf die ~ nehmen (fig)* tomar el pelo a alguien
schippen ['ʃɪpən] *v* recoger con la pala
Schirm [ʃɪrm] *m 1. (Regenschirm)* paraguas *m; 2. (Sonnenschirm)* sombrilla *f*
Schirmherr(in) ['ʃɪrmhɛr(ɪn)] *m/f* protector(a) *m/f,* patrón/patrona *m/f,* patrocinador(a) *m/f*
Schirmmütze ['ʃɪrmmytsə] *f* gorra de visera *f*
Schirmständer ['ʃɪrmʃtɛndər] *m* paragüero *m*
schizophren [ʃitso'freːn] *adj 1. MED* esquizofrénico; *2. (fig: widersinnig)* absurdo
Schizophrenie [ʃitsofre'niː] *f MED* esquizofrenia *f*
Schlacht [ʃlaxt] *f* batalla *f; Wir haben eine ~ verloren, aber nicht den Krieg.* Hemos perdido una batalla, pero no la guerra.
Schlachtbank ['ʃlaxtbaŋk] *f jdn zur ~ führen* llevar a uno al matadero
schlachten ['ʃlaxtən] *v* matar, degollar
Schlachtenbummler ['ʃlaxtənbumlər] *m* forastero aficionado *m*
Schlachtfeld ['ʃlaxtfɛlt] *n* campo de batalla *m*
Schlachthof ['ʃlaxthoːf] *m* matadero *m*
Schlachtung ['ʃlaxtuŋ] *f* matanza *f,* degollación *f*
Schlacke ['ʃlakə] *f 1. (von Metall)* escoria *f; 2. (Asche)* cenizas *f/pl; 3. MED* impureza *f*
Schlaf [ʃlaːf] *m* sueño *m; jdm den ~ rauben* quitar el sueño a alguien; *den ~ des Gerechten schlafen* dormir como un tronco; *etw im ~ können* saber hacer algo con los ojos cerrados, saber al dedillo; *jdn um den ~ bringen* nodejar a alguien domir; *jdn in den ~ singen* cantar la nana, arrullar a alguien
Schlafanzug ['ʃlaːfantsuːk] *m* pijama *m*
Schläfchen ['ʃlɛːfçən] *n* sueñecito *m*
Schläfe ['ʃlɛːfə] *f ANAT* sien *f*
schlafen ['ʃlaːfən] *v irr* dormir; *wie ein Stein ~* dormir como un tronco
schlaff [ʃlaf] *adj* flojo, suelto, flácido
Schlafgelegenheit ['ʃlaːfgəleːgənhaɪt] *f* lugar para dormir *m*
Schlaflied ['ʃlaːfliːt] *n* canción de cuna *f,* nana *f,* arrorró *m*
schlaflos ['ʃlaːfloːs] *adj* insomne; *eine ~e Nacht verbringen* pasar la noche en vela
Schlaflosigkeit ['ʃlaːfloːzɪçkaɪt] *f* insomnio *m*
Schlafmittel ['ʃlaːfmɪtəl] *n* somnífero *m*
Schlafmütze ['ʃlaːfmytsə] *f (fig)* dormilón *m; eine ~ sein* ser un pasmarote, ser un soso
schläfrig ['ʃlɛːfrɪç] *adj* soño liento
Schläfrigkeit ['ʃlɛːfrɪçkaɪt] *f* somnolencia *f,* amodorramiento *m*
Schlafrock ['ʃlaːfrɔk] *m* camisón *m,* negligé *f*
Schlafsack ['ʃlaːfzak] *m* saco de dormir *m*

Schlafstörung ['ʃla:fʃtø:ruŋ] *f MED* insomnio *m*
Schlaftablette ['ʃla:ftablɛtə] *f* pastilla para dormir *f*
schlaftrunken ['ʃla:ftruŋkən] *adj 1.* soñoliento, adormitado; *adv 2.* medio dormido
Schlafwagen ['ʃla:fva:gən] *m* coche-cama *m,* coche dormitorio *m (LA),* coche litera *m*
schlafwandeln ['ʃla:fvandəln] *v* sonambulismo *m*
Schlafzimmer ['ʃla:ftsɪmər] *n* dormitorio *m,* alcoba *f*
Schlag [ʃla:k] *m 1. (Hieb)* golpe *m; 2. (Pochen)* latido *m; 3. (elektrischer ~)* descarga eléctrica *f; 4. (fig: schwerer ~)* golpe tremendo *m,* golpe muy duro *m; einen vernichtenden ~ gegen jdn führen* derrotar a alguien; *jdm einen ~ versetzen* suponer un duro golpe para alguien; *~ auf ~* uno tras otro, sin cesar, sin interrupción; *keinen ~ tun* no dar ni golpe; *auf einen ~* de golpe; *wie vom ~ getroffen* petrificado
Schlagabtausch ['ʃla:kaptauʃ] *m 1.* intercambio de golpes *m; 2. (Wortwechsel)* disputa *f*
Schlagader ['ʃla:ka:dər] *f ANAT* arteria *f*
Schlaganfall ['ʃla:kanfal] *m MED* ataque de apoplejía *m*
schlagartig ['ʃla:kartɪç] *adj 1.* brusco, repentino; *adv 2.* bruscamente, de golpe
Schlagbohrer ['ʃla:kbo:rər] *m* taladradora eléctrica con percutor *f*
schlagen ['ʃla:gən] *v irr 1. (hauen)* golpear, pegar; *2. (Uhr)* dar la hora; *3. (fig: siegen)* vencer, derrotar; *4. (Herz)* palpitar, latir
Schlager ['ʃla:gər] *m 1. (Erfolgsartikel)* artículo de gran éxito *m; 2. MUS* canción de moda *f*
Schläger ['ʃlɛ:gər] *m 1. (~typ)* matón *m; 2. SPORT (Hockey)* stick *m; (Golf)* stick *m; (Tennis)* raqueta *f; (Kricket, Baseball)* bate *m; (Tischtennis)* paleta *f*
Schlägerei [ʃlɛ:gə'raɪ] *f* pelea *f,* riña *f*
Schlagersänger(in) ['ʃla:gərzɛŋər(ɪn)] *m/f* cantante de canciones de moda *m/f*
schlagfertig ['ʃla:kfɛrtɪç] *adj* de réplica inmediata y aguda, que tiene buenas salidas
Schlagfertigkeit ['ʃla:kfɛrtɪçkaɪt] *f* capacidad de réplica *f*
Schlaginstrument ['ʃla:kɪnstrumɛnt] *n MUS* instrumento de percusión *m*
schlagkräftig ['ʃla:kkrɛftɪç] *adj (fig)* contundente
Schlagloch ['ʃla:klɔx] *n* bache *m*
Schlagrahm ['ʃla:kra:m] *m* nata líquida para montar *f*
Schlagsahne ['ʃla:kza:nə] *f GAST* nata montada *f*
Schlagseite ['ʃla:kzaɪtə] *f 1. NAUT* escora *f; ~ haben* tener una mona; *2. ~ haben (fig)* pillar una borrachera, pegarse una bomba (LA)
Schlagwort ['ʃla:kvɔrt] *n* frase hecha *f*
Schlagzeile ['ʃla:ktsaɪlə] *f* titular *m,* título *m; ~n machen* ser noticia/salir en los titulares
Schlagzeug ['ʃla:ktsɔyk] *n MUS* batería *f*
Schlagzeuger ['ʃla:ktsɔygər] *m MUS* batería *m,* baterista *m*
schlaksig ['ʃlakzɪç] *adj* larguirucho
Schlamassel [ʃla'masəl] *m (fam)* mala pata *f,* lío *m; im ~ sitzen* tener mala pata, tener mala suerte
Schlamm [ʃlam] *m* lodo *m,* fango *m,* barro *m*
schlammig ['ʃlamɪç] *adj* lodoso, fangoso
Schlammpackung ['ʃlampakuŋ] *f MED* envoltura de fango *f*
Schlampe ['ʃlampə] *f 1. (liederliche Frau)* puerca *f; 2. (unordentliche Frau)* mujer desaseada *f*
Schlamperei [ʃlampə'raɪ] *f* desorden *m,* descuido *m,* dejadez *f*
schlampig ['ʃlampɪç] *adj* desordenado, descuidado
Schlange ['ʃlaŋə] *f 1. ZOOL* culebra *f,* serpiente *f; 2. (Menschenschlange)* cola *f,* fila *f; ~ stehen* hacer la cola
schlängeln ['ʃlɛŋəln] *v sich ~* serpentear
Schlangengift ['ʃlaŋəngɪft] *n* veneno de serpiente *m*
schlank [ʃlaŋk] *adj* delgado, esbelto
Schlankheit ['ʃlaŋkhaɪt] *f* delgadez *f*
Schlankheitskur ['ʃlaŋkhaɪtsku:r] *f* cura de adelgazamiento *f*
schlapp [ʃlap] *adj 1.* flojo, laxo; *adv 2.* flojamente
Schlappe ['ʃlapə] *f (fam)* revés *m,* contrariedad *f*
Schlappen ['ʃla:pən] *pl (fam)* zapatilla *f*
Schlappheit ['ʃlaphaɪt] *f* flojedad *f*
schlappmachen ['ʃlapmaxən] *v (fam)* desmayarse, flaquear
schlau [ʃlau] *adj* listo, astuto, pillo; *zu ~ sein* pasarse de listo; *aus jdm nicht ~ werden* no llegar a comprender a alguien; *sich ~ machen* enterarse de

Schlauch [ʃlaux] *m* manguera *f*, manguerilla *f*; *auf dem ~ stehen* ser corto de entendederas
Schlauchboot ['ʃlauxboːt] *n* bote neumático *m*
Schläue ['ʃlɔyə] *f* astucia *f*, cuquería *f*, viveza *f*
Schlaufe ['ʃlaufə] *f* lazo *m*
Schlauheit ['ʃlauhaɪt] *f* astucia *f*, ingenio *m*
Schlawiner [ʃla'viːnər] *m (fam)* pillo *m*
schlecht [ʃlɛçt] *adj 1.* malo; *adv 2.* mal; *Mir wird ~.* Me siento mal. *Er staunte nicht ~.* Se admiró mucho. *Ich kann ~ nein sagen.* Se me lo hace difícil decir no. *~ gehen* ir mal; *jdn ~ machen* hablar mal de alguien/ hacer quedar mal a alguien
schlechthin ['ʃlɛçthɪn] *adv 1. (geradezu)* simplemente, sin más; *2. (überhaupt)* absolutamente; *3. Er ist der ... ~.* Él es el ... por antonomasia.
schlechtweg ['ʃlɛçtveːk] *adv* sencillamente
schlecken ['ʃlɛkən] *v (lecken)* lamer
Schleckerei [ʃlɛkə'raɪ] *f* golosina *f*
Schleckermaul ['ʃlɛkərmaul] *n* goloso *m*
schleichen ['ʃlaɪçən] *v* ir despacio y silenciosamente
schleichend ['ʃlaɪçənt] *adj* furtivo
Schleichhandel ['ʃlaɪçhandəl] *m* comercio clandestino *m*
Schleichweg ['ʃlaɪçveːk] *m* camino secreto *m*
Schleichwerbung ['ʃlaɪçvɛrbuŋ] *f* publicidad encubierta *f*
Schleier ['ʃlaɪər] *m* velo *m*; *den ~ lüften (fig)* quitar el velo
schleierhaft ['ʃlaɪərhaft] *adj* misterioso, enigmático
Schleife ['ʃlaɪfə] *f* lazo *m*
schleifen[1] ['ʃlaɪfən] *v irr 1. (schärfen)* afilar, amolar; *2. TECH* rectificar
schleifen[2] ['ʃlaɪfən] *v (schleppen)* arrastrar
Schleifspur ['ʃlaɪfʃpuːr] *f* huella de lija *f*
Schleim [ʃlaɪm] *m* mucosidad *f*
Schleimhaut ['ʃlaɪmhaut] *f ANAT* membrana *f*, mucosa *f*
schleimig ['ʃlaɪmɪç] *adj 1.* mucoso; *2. (fig)* rastrero, adulador, sobón (LA)
schleimlösend ['ʃlaɪmløːzənt] *adj* expectorante
schlemmen ['ʃlɛmən] *v* comer opíparamente, banquetear, banquetearse
Schlemmermahl ['ʃlɛmərmaːl] *n* comida opípara *f*
schlendern ['ʃlɛndərn] *v* pasear lentamente
Schlendrian ['ʃlɛndriaːn] *m* rutina *f*
Schlenker ['ʃlɛŋkər] *m 1. (Ausweichen)* curva *f*; *2. (Umweg)* rodeo *m*
schlenkern ['ʃlɛŋkərn] *v* balancear
Schleppe ['ʃlɛpə] *f 1. (eines Kleides)* cola *f*; *2. (beim Jagd)* rastro artificial *m*
schleppen ['ʃlɛpən] *v 1. (schwer tragen)* llevar a rastras; *2. (ab~)* remolcar
schleppend ['ʃlɛpənt] *adj 1.* lento; *adv 2.* lentamente, a rastras
Schlepper ['ʃlɛpər] *m 1. (Wasserfahrzeug)* remolcador *m*; *2. (in der Landwirtschaft)* tractor *m*; *3. (Pannendienst)* grua *f*; *4. (Helfer bei illegaler Einwanderung)* persona que a cambio de dinero ayuda a traspasar la frontera de un país
Schlepplift ['ʃlɛplɪft] *m* telesquí *m*
Schleppnetz ['ʃlɛpnɛts] *n* red de arrastre *f*
Schlepptau ['ʃlɛptau] *n* cable de remolque *m*; *jdn ins ~ nehmen* llevar a alguien a rastras
Schleuder ['ʃlɔydər] *f 1.* catapulta *f*; *2. (Wäscheschleuder)* centrifugadora *f*
Schleudergefahr ['ʃlɔydərgəfaːr] *f* peligro de deslizamiento *m*; *2. (Verkehrsschild)* firme deslizante *m*
schleudern ['ʃlɔydərn] *v 1. (Wäsche)* centrifugar; *2. (mit dem Auto)* resbalar, patinar, derrapar; *3. (werfen)* lanzar, arrojar
schleunigst ['ʃlɔynɪgst] *adv* prontamente, cuanto antes, lo antes posible
Schleuse ['ʃlɔyzə] *f 1.* esclusa *f*; *2. (zur Wasserregulierung)* presa *f*
schleusen ['ʃlɔyzən] *v 1. NAUT* hacer pasar una esclusa; *2. (Wasser)* conducir; *3. (fig)* hacer pasar; *4. (heimlich)* hacer pasar en secreto
Schliche ['ʃlɪçə] *pl jdm auf die ~ kommen* descubrir los manejos de alguien
schlicht [ʃlɪçt] *adj 1.* simple, sencillo; *adv 2.* simplemente
schlichten ['ʃlɪçtən] *v 1. (Holz)* alisar, allanar; *2. (Streit)* arreglar, zanjar
Schlichtheit ['ʃlɪçthaɪt] *f* sencillez *f*, llaneza *f*
Schlichtung ['ʃlɪçtuŋ] *f 1. (eines Streits)* conciliación *f*; *2. (von Holz)* alisamiento *m*
Schlieren ['ʃliːrən] *pl* estrías *f/pl*, cuerdas *f/pl*
schließen ['ʃliːsən] *v irr 1. (zumachen)* cerrar; *2. (Vertrag)* concluir, concertar, cerrar; *3. (beenden)* terminar, acabar, concluir; *4. (folgern)* deducir, concluir

Schließfach ['ʃliːsfax] *n* apartado de correos *m,* casilla de correos *f* (LA)
schließlich ['ʃliːslɪç] *adv* finalmente, por último, para finalizar, por fin
Schließung ['ʃliːsuŋ] *f* cierre *m*
Schliff [ʃlɪf] *m 1.* filo *m,* pulimento *m; 2. (das Schleifen)* lijamiento *m; 3. (fig)* urbanidad *f,* buenos modales *m/pl*
schlimm [ʃlɪm] *adj* malo; *Das ist nicht schlimm.* No ha sido nada.
schlimmstenfalls ['ʃlɪmstənfals] *adv* en el peor de los casos
Schlinge ['ʃlɪŋə] *f* lazo *m; jdm die ~ um den Hals legen (fig)* poner a alguien la soga al cuello
Schlingel ['ʃlɪŋəl] *m* tunante *m,* pillo *m,* bribón *m*
schlingen ['ʃlɪŋən] *v irr 1. (Essen)* tragar, zampar; *2. (binden)* atar, anudar; *3. (flechten)* enlazar, enredar, entrelazar; *4. sich um etw ~* trepar por
schlingern ['ʃlɪŋərn] *v NAUT* dar bandazos
Schlips [ʃlɪps] *m* corbata *f; jdm auf den ~ treten (fig)* ofender a alguien; *sich auf den ~ getreten fühlen* sentirse ofendido
Schlitten ['ʃlɪtən] *m* trineo *m; mit jdm ~ fahren (fig)* explotar a alguien
schlittern ['ʃlɪtərn] *v 1. (zum Vergnügen)* patinar; *2. (ausrutschen)* resbalar; *3. (eines Fahrzeugs)* resbalar, deslizarse, patinar
Schlittschuh ['ʃlɪtʃuː] *m* patín de cuchillas *m;*
Schlittschuhlaufen ['ʃlɪtʃuːlaufən] *n* patinaje sobre hielo *m*
Schlitz ['ʃlɪts] *m 1.* abertura estrecha *f,* rendija *f; 2. (Hosenschlitz)* bragueta *f*
Schlitzohr ['ʃlɪtsoːr] *n (fam)* vivo *m,* zorro *m*
schlitzohrig ['ʃlɪtsoːrɪç] *adj (fam: schlau)* zorro, astuto
Schloss [ʃlɔs] *n 1. (Verschluss)* cerradura *f,* cerrojo *m; hinter ~ und Riegel* a la sombra, en chirona; *2. (Gebäude)* castillo *m,* palacio *m*
Schlosser ['ʃlɔsər] *m* cerrajero *m*
Schlosserei [ʃlɔsə'raɪ] *f* cerrajería *f*
Schlot [ʃloːt] *m* chimenea *f*
schlotterig ['ʃlɔtərɪç] *adj 1. (zitternd)* tembloroso; *2. (Kleider)* holgado
schlottern ['ʃlɔtərn] *v 1. (zittern)* temblar, tiritar, estremecerse; *2. (zu große Kleidung)* quedar demasiado suelto, quedar demasiado ancho
Schlucht [ʃluxt] *f* garganta *f,* quebrada *f,* desfiladero *m,* paso *m*
schluchzen ['ʃluxtsən] *v* sollozar
Schluchzer ['ʃluxtsər] *m* sollozo *m*
Schluck [ʃluk] *m* trago *m*
Schluckauf ['ʃlukauf] *m* hipo *m*
schlucken ['ʃlukən] *v* tragar
Schlucker ['ʃlukər] *m ein armer ~ (fam)* un pobre hombre *m,* un desgraciado *m*
Schluckimpfung ['ʃlukɪmpfuŋ] *f MED* vacuna por vía oral *f*
schludern ['ʃluːdərn] *v (fam)* hacer una chapuza
schlummern ['ʃlumərn] *v* dormitar
Schlund ['ʃlunt] *m 1. ANAT* garganta *f; 2. (fig: Abgrund)* abismo *m*
schlüpfen ['ʃlypfən] *v 1. (anziehen)* ponerse la ropa, vestirse; *2. ZOOL* salir del huevo, eclosionar
Schlüpfer ['ʃlypfər] *m* braga *f,* calzón *m* (LA)
schlüpfrig ['ʃlypfrɪç] *adj 1.* resbaladizo; *2. (fig: obszön)* obsceno, verde
Schlupfwinkel ['ʃlupfvɪŋkəl] *m* escondrijo *m,* guarida *f*
schlurfen ['ʃlurfən] *v* sober con ruido
schlürfen ['ʃlyrfən] *v* sorber, beber a sorbos
Schluss [ʃlus] *m* fin *m,* final *m,* término *m,* conclusión *f; aus etwas Schlüsse ziehen* sacar en consecuencia de alguna cosa
Schlussbemerkung ['ʃlusbəmɛrkuŋ] *f* observación final *f*
Schlüssel ['ʃlysəl] *m* llave *f*
Schlüsselbein ['ʃlysəlbaɪn] *n ANAT* clavícula *f*
Schlüsselbund ['ʃlysəlbunt] *m* llavero *m*
Schlüsseldienst ['ʃlysəldiːnst] *m 1. (Schlüsselfertigung)* servicio de elaboración de llaves *m; 2. (Notdienst)* servicio que abre puertas en caso de olvido o pérdida de la llave
Schlüsselloch ['ʃlysəllɔx] *n* ojo de la cerradura *m*
Schlüsselposition ['ʃlysəlpozitsjoːn] *f* posición clave *f*
schlussfolgern ['ʃlusfɔlgərn] *v ~ aus* concluir de, sacar conclusiones de
Schlussfolgerung ['ʃlusfɔlgəruŋ] *f* conclusión *f*
Schlussformel ['ʃlusfɔrməl] *f (eines Briefs)* fórmula de despedida *f*
schlüssig ['ʃlysɪç] *adj* concluyente
Schlusslicht ['ʃluslɪçt] *n 1. (eines Autos)* luz posterior *f,* luz trasera *f; 2. (fig)* último en la clasificación *m*

Schlussstrich ['ʃlusʃtrɪç] *m* finalización *f; einen ~ ziehen* hacer borrón y cuenta nueva
Schlussverkauf ['ʃlusfɛrkauf] *m ECO* venta de liquidación *f*
Schmach [ʃmaːx] *f 1.* vergüenza *f,* deshonra *f; 2. (Demütigung)* humillación *f*
schmachten ['ʃmaxtən] *v 1. (leiden)* sufrir; *2. ~ nach etw* ansiar algo
schmächtig ['ʃmɛçtɪç] *adj* flaco
schmachvoll ['ʃmaːxfɔl] *adj* deshonroso
schmackhaft ['ʃmakhaft] *adj 1.* sabroso, apetitoso; *adv 2.* apetecible, deseable; *jdm etw ~ machen* saber presentar algo a alguien
schmähen ['ʃmɛːən] *v* injuriar, ofender
schmählich ['ʃmɛːlɪç] *adj 1. (schändlich)* vergonzoso, denigrante; *2. (jämmerlich)* lamentable, deplorable
schmal [ʃmaːl] *adj* estrecho, angosto
schmälern ['ʃmɛːlərn] *v* reducir, disminuir
Schmälerung ['ʃmɛːləruŋ] *f 1.* estrechamiento *m; 2. (Herabsetzen)* reducción *f,* disminución *f*
Schmalz [ʃmalts] *n GAST* manteca *f*
schmalzig ['ʃmaltsɪç] *adj 1.* grasiento, seboso, mantecoso; *2. (fig)* sentimental, empalagoso
schmarotzen ['ʃmarɔtsən] *v (fam)* gorrear, vivir a costa ajena
Schmarotzer [ʃma'rɔtsər] *m (fam)* gorrón *m,* zángano *m*
Schmarren ['ʃmarən] *m 1. GAST* tortilla desmenuzada *f; 2. (fam: Unsinn)* bagatela *f,* chorrada *f*
schmatzen ['ʃmatsən] *v* comer ruidosamente, hacer ruido al comer
schmecken ['ʃmɛkən] *v 1. ~ nach* saber a, tener gusto a; *2. gut ~* tener buen sabor, saber bien
Schmeichelei [ʃmaɪçə'laɪ] *f* halago *m,* zalamería *f,* lisonja *f*
schmeichelhaft ['ʃmaɪçəlhaft] *adj* lisonjero, zalamero
schmeicheln ['ʃmaɪçəln] *v* alagar, lisonjear
schmeichlerisch ['ʃmaɪçlərɪʃ] *adj* lisonjero, zalamero
schmeißen ['ʃmaɪsən] *v irr 1. (eine Runde ~)* pagar una ronda; *2. (mit etw fertig werden)* lograr; *3. eine Vorstellung ~* organizar
Schmelz [ʃmɛlts] *m 1.* esmalte *m; 2. (Glasur)* pintura de brillo *f; 3. (einer Stimme)* cadencia *f,* timbre *m; 4. (einer Farbe)* armonía *f*
schmelzen ['ʃmɛltsən] *v irr 1.* fundirse, derretirse; *2. (fig)* ablandarse, derretirse
Schmelzpunkt ['ʃmɛltspuŋkt] *m* punto de fusión *m*
Schmelztiegel ['ʃmɛltstiːgəl] *m (fig)* crisol *m*
Schmelzwasser ['ʃmɛltsvasər] *n* agua de deshielo *f*
Schmerbauch ['ʃmeːrbaux] *m* barrigón *m*
Schmerz [ʃmɛrts] *m* dolor *m; ~en erleiden* suffrir dolores; *jdm ~en bereiten* causar dolor a alguien; *Geben Sie mir bitte etw gegen die ~en.* Por favor, déme algo contra el dolor.
schmerzempfindlich ['ʃmɛrtsɛmpfɪntlɪç] *adj* sensible al dolor
schmerzen ['ʃmɛrtsən] *v* doler
Schmerzensgeld ['ʃmɛrtsənsgɛlt] *n* indemnización por daño personal *f*
Schmerzensschrei ['ʃmɛrtsənsʃraɪ] *m* grito de dolor *m*
schmerzerfüllt ['ʃmɛrtsɛrfylt] *adj* doloroso
schmerzfrei ['ʃmɛrtsfraɪ] *adj* sin dolor
schmerzhaft ['ʃmɛrtshaft] *adj* doloroso
schmerzlich ['ʃmɛrtslɪç] *adj 1.* doloroso; *adv 2.* dolorosamente, con dolor
schmerzlindernd ['ʃmɛrtslɪndərnt] *adj* calmante, analgésico, sedativo
schmerzlos ['ʃmɛrtsloːs] *adj* sin dolor
Schmerzmittel ['ʃmɛrtsmɪtəl] *n* analgésico *m*
schmerzstillend ['ʃmɛrtsʃtɪlənt] *adj MED* analgésico
Schmerztablette ['ʃmɛrtstablɛtə] *f MED* analgésico *m*
Schmetterling ['ʃmɛtərlɪŋ] *m ZOOL* mariposa *f*
schmettern ['ʃmɛtərn] *v 1.* arrojar, lanzar; *2. (etw laut spielen)* tocar; *3. (singen)* cantar con brío
Schmied [ʃmiːt] *m* herrero *m*
Schmiede ['ʃmiːdə] *f* herrería *f*
schmiedeeisern ['ʃmiːdəaɪzərn] *adj* de hierro forjado
schmieden ['ʃmiːdən] *v* forjar
schmiegsam ['ʃmiːkzaːm] *adj* flexible, plegable
Schmiegsamkeit ['ʃmiːkzaːmkaɪt] *f* docilidad *f,* ductibilidad *f*
Schmiere[1] ['ʃmiːrə] *f 1. TECH* grasa *f,* lubricante *m; 2. (schlechtes Theater) THEAT* teatro de pacotilla *m*
Schmiere[2] ['ʃmiːrə] *f bei etw ~ stehen* hacer de espía, hacer estar de vigía

schmieren ['ʃmiːrən] *v* *1. (bestreichen)* untar; *2. (einfetten)* engrasar, lubricar; *3. (fam: bestechen)* sobornar; *4. (kritzeln)* garabatear, emborronar; *5. jdm eine ~ (fam)* soltar a alguien una

Schmiergeld ['ʃmiːrgɛlt] *n* dinero del soborno *m,* unto *m*

schmierig ['ʃmiːrɪç] *adj 1. (fettig)* grasoso, grasiento; *2. (fig)* adulador, sobón (LA)

Schmierigkeit ['ʃmiːrɪçkaɪt] *f 1.* suciedad *f; 2. (fig: kriecherischer Charakter)* carácter adulador *m*

Schmiermittel ['ʃmiːrmɪtəl] *n* lubri(fi)cante *m*

Schmieröl ['ʃmiːrøːl] *n* aceite lubri(fi)cante *m*

Schminke ['ʃmɪŋkə] *f* maquillaje *m,* afeite *m*

schminken ['ʃmɪŋkən] *v* pintar la cara, maquillar

Schminktisch ['ʃmɪŋktɪʃ] *m* tocador *m*

schmirgeln ['ʃmɪrgəln] *v* esmerilar

Schmiss [ʃmɪs] *m 1.* tajo *m,* costurón *m; 2. (Narbe)* cicatriz *f; 3. (fig)* brío *m*

Schmöker ['ʃmøːkər] *m* novelón *m,* libraco *m*

schmökern ['ʃmøːkərn] *v* leer mucho, leer detenidamente

schmollen ['ʃmɔlən] *v* mostrar enojo/enfado, refunfuñar

schmoren ['ʃmoːrən] *v* cocerse a fuego lento

Schmuck [ʃmuk] *m* joyas *f/pl,* alhajas *f/pl,* adorno *m*

schmücken ['ʃmykən] *v* adornar

Schmuggel ['ʃmugəl] *m* contrabando *m*

schmuggeln ['ʃmugəln] *v* hacer contrabando, contrabandear

Schmuggelware ['ʃmugəlwaːrə] *pl* mercancía de contrabando *f*

Schmuggler(in) ['ʃmuglər(ɪn)] *m/f* contrabandista *m/f*

schmunzeln ['ʃmuntsəln] *v* sonreír satisfecho, sonreírse satisfecho

schmusen ['ʃmuːzən] *v* acariciarse, besuquearse

Schmutz [ʃmuts] *m 1.* suciedad *f,* inmundicia *f; adj 2. ~ abweisend* repelente de la suciedad

Schmutzfink ['ʃmutsfɪŋk] *m (fam)* puerco *m,* marrano *m,* cochino *m*

Schmutzfleck ['ʃmutsflɛk] *m* mancha *f*

schmutzig ['ʃmutsɪç] *adj* sucio, inmundo, cochino, asqueroso

Schmutzigkeit ['ʃmutsɪçkaɪt] *f* suciedad *f*

Schmutzschicht ['ʃmutsʃɪçt] *f* capa de mugre *f*

Schmutzwäsche ['ʃmutsvɛʃə] *pl* ropa para lavar *f*

Schnabel ['ʃnaːbəl] *m* pico *m; den ~ halten (fam)* cerrar el pico; *reden, wie einem der ~ gewachsen ist* hablar sin tener pelos en la lengua; *sich den ~ verbrennen (fig)* hacer una plancha

Schnake ['ʃnaːkə] *f ZOOL* mosquito *m*

Schnalle ['ʃnalə] *f* hebilla *f,* broche *m*

schnallen ['ʃnalən] *v 1.* atar, ceñir; *2. (mit Riemen)* prender; *3. (enger ~/weiter ~)* apretar, aflojar; *4. (begreifen)* comprender

schnalzen ['ʃnaltsən] *v* relamerse de gusto

schnappen ['ʃnapən] *v 1. (zu~)* cerrarse de golpe; *2. (erwischen)* atrapar, coger (nicht in Argentinien!); *3. (beißen)* dar un mordisco

Schnappschuss ['ʃnapʃus] *m* foto instantánea *f*

Schnaps [ʃnaps] *m* aguardiente *m*

Schnapsflasche ['ʃnapsflaʃə] *f* botella de aguardiente *f*

Schnapsglas ['ʃnapsglaːs] *n* vaso de aguardiente *m,* chupito *m*

Schnapsidee ['ʃnapsideː] *f (fam)* idea descabellada *f*

schnarchen ['ʃnarçən] *v* roncar

schnattern ['ʃnatərn] *v 1. (Ente, Gans)* graznar; *3. (fig)* hablar por los codos

schnauben ['ʃnaubən] *v irr 1.* resoplar; *2.* jadear; *3. sich die Nase ~* sonarse la nariz

schnaufen ['ʃnaufən] *v* resollar, jadear

Schnauzbart ['ʃnautsbaːrt] *m* bigote *m*

schnauzbärtig ['ʃnautsbɛːrtɪç] *adj* con bigote

Schnauze ['ʃnautsə] *f* hocico *m; die ~ voll haben (fig)* estar hasta las narices; *die ~ halten* cerrar el pico; *eine große ~ haben* ser un bocazas, tener la lengua muy larga

schnäuzen ['ʃnɔytsən] *v sich ~* sonarse la nariz

Schnauzer ['ʃnautsər] *m 1. (Bart)* mostacho *m,* bigote *m; 2. ZOOL* grifón *m*

Schnecke ['ʃnɛkə] *f ZOOL* caracol *m*

Schneckenhaus ['ʃnɛkənhaus] *n ZOOL* concha de caracol *f*

Schneckentempo ['ʃnɛkəntɛmpo] *n (fam)* paso de tortuga *m; sich im ~ vorwärts bewegen* ir a paso de tortuga

Schnee [ʃneː] *m* nieve *f; ~ von gestern sein* ser agua pasada

Schneeball ['ʃneːbal] *m* bola de nieve *f*
Schneeballschlacht ['ʃneːbalʃlaxt] *f* batalla con bolas de nieve *f*
Schneeballsystem ['ʃneːbalzysteːm] *n* *ECO* sistema de venta en pirámide *f*
schneebedeckt ['ʃneːbədɛkt] *adj* *METEO* cubierto de nieve
Schneebesen ['ʃneːbeːzən] *m* batidor *m*
schneeblind ['ʃneːblɪnt] *adj* cegado por la nieve
Schneedecke ['ʃneːdɛkə] *f* capa de nieve *f*
Schneeflocke ['ʃneːflɔkə] *f* copo de nieve *m*
Schneegestöber ['ʃneːgəstøːbər] *n* ventisca *f*
Schneegrenze ['ʃneːgrɛntsə] *f* límite de las nieves perpetuas *m*
Schneekette ['ʃneːkɛtə] *f* cadena antideslizante *f*
Schneemann ['ʃneːman] *m* hombre de nieve *m*, muñeco de nieve *m*
Schneeregen ['ʃneːreːgən] *m* *METEO* aguanieve *f*
Schneetreiben ['ʃneːtraɪbən] *n* *METEO* ventisca *f*
Schneeverwehungen ['ʃneːfɛrveːuŋən] *pl* *METEO* acumulaciones de nieve *f/pl*, remolinos de nieve *f/pl*
schneeweiß ['ʃneːvaɪs] *adj* blanco como la nieve
Schneid [ʃnaɪt] *m* agallas *f/pl*, coraje *m*
Schneidbrenner ['ʃnaɪtbrɛnər] *m* *TECH* soplete cortante *m*
Schneide ['ʃnaɪdə] *f* cuchilla *f*
schneiden ['ʃnaɪdən] *v irr 1.* cortar; *2. (fig: Kurve)* acortar; *3. (fig) jdn ~* hacer el vacío a alguien, cortar a alguien
Schneider(in) ['ʃnaɪdər(ɪn)] *m/f* sastre/sastra *m/f*; *aus dem ~ sein* tener los treinta años cumplidos
Schneiderei [ʃnaɪde'raɪ] *f 1.* costura *f*, confección *f*; *2. (für Damen)* confección para señoras *f*; *3. (Werkstatt)* taller de costura *m*
Schneidezahn ['ʃnaɪdətsaːn] *m* *ANAT* diente incisivo *m*
schneidig ['ʃnaɪdɪç] *adj 1. (fesch)* gallardo; *2. (mutig)* valeroso
schneien ['ʃnaɪən] *v* nevar
schnell [ʃnɛl] *adj* rápido, veloz
Schnellhefter ['ʃnɛlhɛftər] *m* carpeta *f*
Schnelligkeit ['ʃnɛlɪçkaɪt] *f* rapidez *f*, velocidad *f*
Schnellimbiss ['ʃnɛlɪmbɪs] *m* snack-bar *m*, tentempié *m*
Schnellkochtopf ['ʃnɛlkɔxtɔpf] *m* olla a presión *f*, olla exprés *f*
schnelllebig ['ʃnɛlleːbɪç] *adj* efímero
Schnellreinigung ['ʃnɛlraɪnɪguŋ] *f* servicio rápido de tintorería *m*
schnellstens ['ʃnɛlstəns] *adv* lo más rápido
Schnellstraße ['ʃnɛlʃtraːsə] *f* vía rápida *f*, carretera de circulación rápida *f*
Schnellverfahren ['ʃnɛlfɛrfaːrən] *n 1.* *JUR* juicio sumario *m*; *2. (fig: rasche Abwicklung)* método rápido *m*
Schnellzug ['ʃnɛltsuːk] *m* expreso *m*
schnippen ['ʃnɪpən] *v mit den Fingern ~* castañetear con los dedos
schnippisch ['ʃnɪpɪʃ] *adj* impertinente
Schnipsel ['ʃnɪpsəl] *m/n* recorte *m*
Schnitt [ʃnɪt] *m* corte *m*
schnittig ['ʃnɪtɪç] *adj 1.* de línea elegante, de elegantes formas; *adv 2.* con elegancia de líneas, con elegantes formas
Schnittlauch ['ʃnɪtlaux] *m* *BOT* cebolleta *f*, cebollino *m*
Schnittmenge ['ʃnɪtmɛŋə] *f* *MATH* intersección de los conjuntos *f*
Schnittstelle ['ʃnɪtʃtɛlə] *f* *INFORM* interface *f*
Schnittwunde ['ʃnɪtvundə] *f* *MED* cortadura *f*, corte *m*, herida *f*
Schnitzel ['ʃnɪtsəl] *n 1. (Papierschnitzel)* pedacito *m*; *2. GAST* filete empanado *m*, escalope *m*
schnitzen ['ʃnɪtsən] *v* tallar, esculpir en madera
Schnitzer ['ʃnɪtsər] *m 1. (Bildhauer)* escultor *m*; *2. einen ~ machen* tener un desliz
schnöde ['ʃnøːdə] *adj 1. (verachtenswert)* desdeñable; *2. (gemein)* mezquino
Schnorchel ['ʃnɔrçəl] *m* esnórquel *m*
Schnörkel ['ʃnœrkəl] *m* voluta *f*
schnörkellos ['ʃnœrkəlloːs] *adj* sin adornos
schnüffeln ['ʃnyfəln] *v 1. (schnuppern)* oliscar, olfatear, olisquear; *2. (fig)* husmear
Schnüffler(in) ['ʃnyflər(ɪn)] *m/f* husmeador(a) *m/f*
Schnuller ['ʃnulər] *m* chupete *m*, chupón *m* (LA)
Schnulze ['ʃnultsə] *f 1. (Lied)* canción sentimental *f*; *2. (Film)* película sentimental *f*
Schnulzensänger(in) ['ʃnultsənzɛŋər(ɪn)] *m/f* cantante de canciones sentimentales *m/f*
Schnupfen ['ʃnupfən] *m* resfriado *m*

Schnupftabak ['ʃnupftabak] *m* rapé *m*
Schnupftuch ['ʃnupftuːx] *n* pañuelo *m*
schnuppe ['ʃnupə] *adj Das ist mir ~.* Me importa un rábano.
schnuppern ['ʃnupərn] *v* olisquear, oliscar, olfatear
Schnur [ʃnuːr] *f* cordón *m,* cuerda *f*
Schnürchen ['ʃnyːrçən] *n wie am ~ gehen* marchar a pedir de boca (fam), ir como la seda (fam)
Schnürchen ['ʃnyːrçən] *n wie am ~ klappen* funcionar a pedir de boca
schnüren ['ʃnyːrən] *v* atar, liar
Schnurrbart ['ʃnurbart] *m* bigote *m,* mostacho *m*
schnurren ['ʃnurən] *v* hacer ruido bronco
Schnürsenkel ['ʃnyːrzɛŋkəl] *m* cordón para zapatos *m*
schnurstracks ['ʃnuːrʃtraks] *adv* derecho, directamente
Schober ['ʃoːbər] *m 1.* pajar *m; 2. (überdachter Platz)* tejado cubierto *m*
Schock [ʃɔk] *m* choque *m,* shock *m*
schocken ['ʃɔkən] *v* chocar, escandalizar, provocar
schockieren [ʃɔk'iːrən] *v* chocar
Schöffe ['ʃœfə] *m JUR* escabino *m*
Schöffengericht ['ʃœfəngərɪçt] *n JUR* tribunal de escabinos *m*
Schokolade [ʃoko'laːdə] *f 1. Tafel ~* tableta de chocolate *f; 2. heiße ~* chocolate caliente *m*
Schokoladenpudding [ʃoko'laːdənpudɪŋ] *m GAST* budín de chocolate *m*
Schokoladentorte [ʃoko'laːdəntɔrtə] *f GAST* tarta de chocolate *f*
Schokoriegel ['ʃokoriːgəl] *m* chocolatina *f*
Scholle ['ʃɔlə] *f 1. (Erdscholle)* terrón *m; 2. (Eisscholle)* témpano *m; 3. ZOOL* platija *f,* acedía *f*
schön [ʃøːn] *adj 1.* bello, hermoso, delicado; *adv 2.* bien, muy bien; *Danke ~!* ¡Muchas gracias!
schon [ʃoːn] *adv* ya; *heute ~* hoy mismo; *Ich komme ~!* ¡Ya vengo! *~ der Gedanke* sólo el pensar
schonen ['ʃoːnən] *v 1. jdn ~* tener consideración con alguien; *2. etw ~* conservar bien algo, cuidar de algo; *3. sich ~* cuidarse
Schönfärberei ['ʃøːnfɛrbəraɪ] *f (fig)* idealización *f*
Schonfrist ['ʃoːnfrɪst] *f* plazo de gracia *m*
Schongang ['ʃoːngaŋ] *m (Waschgang)* lavado de ropa delicada *m*
schöngeistig ['ʃøːngaɪstɪç] *adj* intelectual, erudito
Schönheit ['ʃøːnhaɪt] *f* belleza *f,* hermosura *f*
Schönheitschirurgie ['ʃøːnhaɪtsçirurgiː] *f* cirugía estética *f*
Schönheitsfehler ['ʃøːnhaɪtsfeːlər] *m* imperfección *f*
Schönheitsideal ['ʃøːnhaɪtsideaːl] *n* ideal de belleza *m*
Schönheitskönigin ['ʃøːnhaɪtskøːnɪgɪn] *f* reina de belleza *f*
Schönheitsoperation ['ʃøːnhaɪtsoperatsjoːn] *f MED* operación estética *f*
Schonkost ['ʃoːnkɔst] *f* comida de régimen *f*
schönreden ['ʃøːnreːdən] *v (fig)* halagar, linsonjear
schöntun ['ʃøːntuːn] *v irr jdm ~* hacer la pelota a alguien
Schonung ['ʃoːnuŋ] *f (im Wald)* coto de bosque recién plantado *m*
schonungslos ['ʃoːnuŋsloːs] *adj 1.* desconsiderado, sin consideración; *adv 2.* desconsideradamente, sin miramientos, sin consideración
Schopf [ʃɔpf] *m 1. (Haarbüschel)* cabellera *f,* moño *m; 2. (eines Vogels)* penacho *m,* copete *m*
schöpfen¹ ['ʃœpfən] *v 1. (aus etwas ~)* nutrirse de, sacar de, tomar de; *2. (Brühe)* servir; *3. (für sich entnehmen)* tomar para uno mismo, servirse a sí mismo; *4. (schaffen)* lograr
schöpfen² ['ʃœpfən] *v 1. (Flüssigkeit)* sacar; 2. (Mut) cobrar; *2. (Mut)* cobrar; *3. Atem ~* respirar
schöpfen³ ['ʃœpfən] *v irr* crear
Schöpfer(in) ['ʃœpfər(ɪn)] *m/f* creador(a) *m/f*
schöpferisch ['ʃœpfərɪʃ] *adj* creativo
Schöpflöffel ['ʃœpflœfəl] *m* cazo *m,* cucharón *m*
Schöpfung ['ʃœpfuŋ] *f* creación *f*
Schorf [ʃɔrf] *m* costra *f,* postilla *f*
Schorle ['ʃɔrlə] *f* vino blanco con agua mineral *m*
Schornstein ['ʃɔrnʃtaɪn] *m* chimenea *f*
Schornsteinfeger ['ʃɔrnʃtaɪnfeːgər] *m* deshollinador *m,* limpiachimeneas *m*
Schoß [ʃoːs] *m* regazo *m,* seno *m; in den ~ fallen (fig)* caer del cielo/llover del cielo
Schoßhündchen ['ʃoːshyntçən] *n* perro faldero *m*

Schote ['ʃoːtə] *f BOT* vaina *f; 2. (derber Scherz)* broma grosera *f*
Schotte ['ʃɔtə] *m* escocés *m*
Schottenrock ['ʃɔtənrɔk] *m* falda escocesa *f*
Schottin ['ʃɔtɪn] *f* escocesa *f*
schottisch ['ʃɔtɪʃ] *adj* escocés
Schottland ['ʃɔtlant] *n GEO* Escocia *f*
schraffieren [ʃra'fiːrən] *v* sombrear
schräg [ʃrɛːk] *adj 1.* oblicuo; *adv 2.* oblicuamente, al sesgo
Schräge ['ʃrɛːgə] *f* oblicuidad *f*
Schrägstrich ['ʃrɛːkʃtrɪç] *m* barra *f*
Schramme ['ʃramə] *f* arañazo *m,* rasguño *m*
Schrank [ʃraŋk] *m* armario *m*
Schrankbett ['ʃraŋkbɛt] *n* cama plegable *f*
Schranke ['ʃraŋkə] *f* barrera *f,* barra *f; jdn in seine ~n verweisen* poner a alguien a raya; *Dem sind ~n gesetzt.* Le han puesto a raya.
Schrankkoffer ['ʃraŋkkɔfər] *m* maleta armario *f*
Schranktür ['ʃraŋktyːr] *f* puerta del armario *f*
Schraube ['ʃraubə] *f 1.* tornillo *m; die ~ überdrehen* pasarse de rosca; *eine ~ ohne Ende* el cuento de nunca acabar; *Bei dir ist doch eine ~ locker!* ¡Tienes un tornillo flojo! *2. (Schiffsschraube)* hélice *f*
schrauben ['ʃraubən] *v* entornillar, atornillar
Schraubenmutter ['ʃraubənmutər] *f* tuerca *f*
Schraubenschlüssel ['ʃraubənʃlysəl] *m* llave para tuercas *f*
Schraubenzieher ['ʃraubəntsiːər] *m TECH* destornillador *m*
Schraubstock ['ʃraubənʃtɔk] *m TECH* torno *m,* tornillo de banco *m*
Schrebergarten ['ʃreːbərgartən] *m* huerto familiar *m*
Schreck [ʃrɛk] *m* susto *m; einen ~en einjagen* pegar un susto; *Ach du ~!* ¡Ay, concho! (fam)/¡Ay, joder! (fam)
Schreckbild ['ʃrɛkbɪlt] *n 1.* fantasma *f,* espectro *m; 2. (Alptraum)* pesadilla *f*
schreckensbleich ['ʃrɛkənsblaɪç] *adj* pálido del susto, lívido de espanto
Schreckensnachricht ['ʃrɛkənsnaːxrɪçt] *f* noticia alarmante *f*
schreckhaft ['ʃrɛkhaft] *adj* asustadizo, espantadizo, miedoso, temeroso
schrecklich ['ʃrɛklɪç] *adj* terrible, espantoso, horrible, horroroso
Schrecklichkeit ['ʃrɛklɪçkaɪt] *f* horror *m,* espanto *m*
Schrei [ʃraɪ] *m* grito *m; der letzte ~* el último grito *m*
schreiben ['ʃraɪbən] *v irr* escribir; *ein paar Zeilen ~* escribir unas cuantas líneas; *etw in den Wind ~ (fig)* perder las esperanzas de algo
Schreiben ['ʃraɪbən] *n* escrito *m*
Schreiber ['ʃraɪbər] *m 1.* autor *m,* escritor *m; 2. (Angestellter)* empleado de escritorio *m; 3. TECH* rotulador *m*
schreibfaul ['ʃraɪpfaul] *adj* perezoso para escribir
Schreibfeder ['ʃraɪpfeːdər] *f 1.* pluma *f,* estilográfica *f; m 2. (Gänsefeder)* pluma de ganso *f*
Schreibfehler ['ʃraɪpfeːlər] *m* falta de ortografía *f*
Schreibkraft ['ʃraɪpkraft] *f* mecanógrafo *m*
Schreibmaschine ['ʃraɪpmaʃiːnə] *f* máquina de escribir *f*
Schreibtisch ['ʃraɪptɪʃ] *m* mesa de despacho *f,* escritorio *m*
Schreibwaren ['ʃraɪpvaːrən] *pl* artículos de escritorio *m/pl*
Schreibweise ['ʃraɪpvaɪzə] *f* estilo *m*
schreien ['ʃraɪən] *v irr* gritar, chillar
Schreihals ['ʃraɪhals] *m* gritón *m,* chillón *m*
Schreiner ['ʃraɪnər] *m* carpintero *m*
schreinern ['ʃraɪnərn] *v* hacer trabajos de carpintería
Schreinerwerkstatt ['ʃraɪnərvɛrkʃtat] *f* carpintería *f*
schreiten ['ʃraɪtən] *v irr 1.* dar pasos, marchar con solemnidad, caminar; *2. zur Tat ~* proceder a, pasar a hacer algo; *3. (stolzieren)* andar muy ufano, pavonearse
Schrieb [ʃriːp] *m (fam)* carta *f,* escrito *m*
Schrift [ʃrɪft] *f* escritura *f*
Schriftart ['ʃrɪftart] *f* tipo de imprenta *m*
Schriftbild ['ʃrɪftbɪlt] *n 1. (einer Handschrift)* grafía *f; 2. TECH* tipo de imprenta *m*
Schriftführer(in) ['ʃrɪftfyːrər(ɪn)] *m/f* secretario/secretaria *m/f*
schriftlich ['ʃrɪftlɪç] *adj 1.* escrito; *adv 2.* por escrito
Schriftsetzer(in) ['ʃrɪftzɛtsər(ɪn)] *m/f* tipógrafo/tipógrafa *m/f,* cajista *m/f*
Schriftsprache ['ʃrɪftʃpraːxə] *f* lenguaje literario *m*
Schriftsteller(in) ['ʃrɪftʃtɛlər(ɪn)] *m/f* escritor(a) *m/f*

schriftstellerisch ['ʃrɪftʃtɛlərɪʃ] *adj* literario

Schriftstück ['ʃrɪftʃtyk] *n* escritura *f,* escrito *m*

Schriftverkehr ['ʃrɪftfɛrkeːr] *m* correspondencia *f*

Schriftwechsel ['ʃrɪftvɛksəl] *m* correspondencia *f*

schrill [ʃrɪl] *adj* agudo, penetrante

Schritt [ʃrɪt] *m 1. (Gangart)* paso *m; mit jdm ~ halten* poder con alguien, dar abasto a alguien; *einen ~ zu weit gehen* pasarse de la raya; *~ für ~* paso a paso, poco a poco; *den ersten ~ tun* dar el primer paso; *2. (fig)* gestión *f,* paso *m*

Schrittgeschwindigkeit ['ʃrɪtgəʃvɪndɪçkaɪt] *f* velocidad de paso *f*

Schritttempo ['ʃrɪttɛmpo] *n* paso de marcha, velocidad de marcha

schrittweise ['ʃrɪtvaɪzə] *adv* poco a poco, paso a paso

schroff [ʃrɔf] *adj 1. (Felsen)* escarpado, abrupto, escabroso; *2. (fig: kurz angebunden)* brusco, cortante; *adv 3. (fig)* bruscamente, de manera cortante

Schrot [ʃroːt] *m/n 1. (Getreide)* grano molido *m; 2. (Munition)* perdigones *m/pl*

schroten ['ʃroːtən] *v* moler, machacar

Schrotflinte ['ʃroːtflɪntə] *f* escopeta de perdigones *f*

Schrott [ʃrɔt] *m* chatarra *f*

schrottreif ['ʃrɔtraɪf] *adj* bueno para echar a la chatarra

schrubben ['ʃrubən] *v* fregar

Schrubber ['ʃrubər] *m* cepillo con palo *m,* escobillón *m*

schrumpfen ['ʃrumpfən] *v 1. (eingehen)* encogerse; *2. (fig: vermindern)* reducirse, disminuir

Schubfach ['ʃuːpfax] *n* cajón *m,* gaveta *f*

Schubkarre ['ʃuːpkarə] *f* carretilla *f*

Schublade ['ʃuːplaːdə] *f* cajón *m,* gaveta *f*

Schubs [ʃups] *m* empujón *m*

schubsen ['ʃupsən] *v* empujar

schüchtern ['ʃyçtərn] *adj* tímido

Schüchternheit ['ʃyçtərnhaɪt] *f* timidez *f*

Schuft [ʃuft] *m* canalla *m,* bribón *m*

schuften ['ʃuftən] *v* trabajar como una mula, matarse trabajando

Schuh [ʃuː] *m* zapato *m; sich die ~e nach etw ablaufen* desollarse los pies buscando algo; *Umgekehrt wird ein ~ draus!* ¡Al revés!/ ¡Al contrario! *Da zieht es einem ja die ~e aus! (fig)* ¡Es algo insoportable!

Schuhband ['ʃuːbant] *n* cordón de zapato *m,* pasador *m* (LA)

Schuhcreme ['ʃuːkreːm] *f* crema para el calzado *f,* betún *m*

Schuhgeschäft ['ʃuːgəʃɛːft] *n* zapatería *f*

Schuhgröße ['ʃuːgrøːsə] *f* tamaño de calzado *m,* número de calzado *m*

Schuhkarton ['ʃuːkartɔŋ] *m* caja de zapatos *f*

Schuhlöffel ['ʃuːlœfəl] *m* calzador *m*

Schuhmacher ['ʃuːmaxər] *m* zapatero *m*

Schuhnummer ['ʃuːnumər] *f (Größe)* número de calzado *m*

Schuhsohle ['ʃuːzoːlə] *f* suela de zapato *f*

Schuhwerk ['ʃuːvɛrk] *n* calzado *m*

Schulabgänger(in) ['ʃuːlapgɛŋər(ɪn)] *m/f* alumno/alumna de último curso *m/f*

Schulabschluss ['ʃuːlapʃlus] *m* graduado escolar *m*

Schulanfang ['ʃuːlanfaŋ] *m* comienzo del curso escolar *m*

Schulanfänger(in) ['ʃuːlanfɛŋər(ɪn)] *m/f* principiante/principianta *m/f*

Schulaufgaben ['ʃuːlaufgaːbən] *pl* deberes *m/pl,* tareas escolares *f/pl*

Schulbank ['ʃuːlbank] *f* banco de escuela *m; die ~ drücken (fam)* ir al colegio

Schulbildung ['ʃuːlbɪlduŋ] *f* formación escolar *f,* instrucción *f*

Schulbuch ['ʃuːlbuːx] *n* libro de texto *m*

Schulbus ['ʃuːlbus] *m* autobús escolar *m*

schuld [ʃult] *adj ~ sein* ser culpable

Schuld [ʃult] *f 1. (Geldschuld) ECO* deuda *f,* débito *m,* obligación *f; tief in jds ~ stehen* quedar deudor de alguien, deber mucho a alguien; *2. JUR* culpa *f,* culpabilidad *f; ~ haben* tener la culpa; *3. ~en pl ECO* deudas *f/pl,* débito *m*

schuldbewusst ['ʃultbəvust] *adj* consciente de su culpabilidad

schulden ['ʃuldən] *v jdm etw ~* deber algo a alguien, adeudar algo a alguien

schuldenfrei ['ʃuldənfraɪ] *adj* libre de deudas, exento de deudas

Schuldfrage ['ʃultfraːgə] *f JUR* cuestión de culpabilidad *f*

Schuldgefühl ['ʃultgəfyːl] *n* sentimiento de culpabilidad *m*

schuldhaft ['ʃulthaft] *adj JUR* culpable

schuldig ['ʃuldɪç] *adj 1. (Geld) ECO* debido; *2. JUR* culpable; *jdn für ~ erklären* declarar culpable a alguien; *3. jdm etw ~ sein* deber algo a alguien

schuldlos ['ʃultloːs] *adj* inocente, sin culpa

Schuldner(in) ['ʃultnər(ɪn)] *m/f ECO* deudor(a) *m/f*
Schuldschein ['ʃultʃaɪn] *m ECO* pagaré *m,* título de deuda *m*
Schuldspruch ['ʃultʃprux] *m JUR* sentencia *f,* fallo *m*
Schule ['ʃuːlə] *f* escuela *f,* colegio *m,* instituto *m; die ~ schwänzen* hacer novillos, estar de pire (fam); *aus der ~ plaudern* irse de la lengua; *~ machen* hacer escuela
Schüler(in) ['ʃyːlər(ɪn)] *m/f* escolar *m/f,* alumno/alumna *m/f,* colegial *m/f*
Schüleraustausch ['ʃyːləraustauʃ] *m* intercambio de alumnos *m*
Schülerausweis ['ʃyːlərausvaɪs] *m* carnet escolar *m*
Schülerzeitung ['ʃyːlərtsaɪtuŋ] *f* periódico escolar *m*
Schulfach ['ʃuːlfaç] *n* asignatura *f*
Schulferien ['ʃuːlfeːrjən] *pl* vacaciones escolares *f/pl*
schulfrei ['ʃuːlfraɪ] *adj* sin clases, de asueto, libre
Schulfreund(in) ['ʃuːlfrɔynt/'ʃuːlfrɔyndɪn] *m/f* compañero de clase/compañera de clase *m/f*
Schulgebäude ['ʃuːlgəbɔydə] *n* edificio escolar *m*
Schulheft ['ʃuːlhɛft] *n* cuaderno escolar *m*
Schulhof ['ʃuːlhoːf] *m* patio de recreo *m*
schulisch ['ʃuːlɪʃ] *adj* escolar
Schuljahr ['ʃuːljaːr] *n* año escolar *m*
Schulkamerad(in) ['ʃuːlkaməraːt/'ʃuːlkamaraːdɪn] *m/f* compañero/compañera de clase *m/f*
Schulklasse ['ʃuːlklasə] *f* clase *f,* curso *m*
schulpflichtig ['ʃuːlpflɪçtɪç] *adj* sujeto a la enseñanza obligatoria
Schulranzen ['ʃuːlrantsən] *m* cartera *f,* mochila *f*
schulreif ['ʃuːlraɪf] *adj* en edad escolar
Schulschluss ['ʃuːlʃlus] *m* salida de clase *f*
Schulstunde ['ʃuːlʃtundə] *f* hora de clase *f*
Schultasche ['ʃuːltaʃə] *f* cartera *f*
Schulter ['ʃultər] *f ANAT* hombro *m; etw auf die leichte ~ nehmen (fig)* tomar algo a la ligera; *etw auf seine ~n nehmen* cargar con algo, cargar algo sobre sus espaldas
Schulung ['ʃuːluŋ] *f* formación *f,* instrucción *f,* entrenamiento *m*
Schulwesen ['ʃuːlveːzən] *n* enseñanza *f*
Schulzeit ['ʃuːltsaɪt] *f* años escolares *m/pl*
Schulzeugnis ['ʃuːltsɔyknɪs] *n* hoja de calificaciones *f,* libreta de notas *f* (LA), certificado de examen final *m,* boletín *m*
schummeln ['ʃuməln] *v* hacer trampas
Schund [ʃunt] *m* baratija *f*
Schundroman ['ʃuntromaːn] *m* novelón *m*
schunkeln ['ʃuŋkəln] *v* balancearse rítmicamente cogidos del brazo
Schuppe ['ʃupə] *f 1. (Haarschuppe)* caspa *f; Es fiel ihm wie ~n von den Augen.* Se le cayó la venda de los ojos. *(fam)* Vió de repente todo claro. *2. (Fischschuppe) ZOOL* escama *f*
Schuppen ['ʃupən] *m (Gebäude)* cobertizo *m*
Schüreisen ['ʃyːraɪzən] *n* gancho de chimenea *m,* atizador *m*
schüren ['ʃyːrən] *v 1. (das Feuer ~)* atizar, avivar; *2. (fig: einen Streit ~)* atizar
schürfen ['ʃyrfən] *v 1. MIN* abrir galerías, excavar, minar; *2. (fig)* investigar, estudiar las fuentes; *3. (etw ~) MIN* raer; *4. sich ~* herirse levemente, arañarse
Schürfwunde ['ʃyrfvundə] *f* arañazo *m,* herida superficial *f*
Schurke ['ʃurkə] *m* canalla *m,* desgraciado *m* (LA)
Schurwolle ['ʃuːrvɔlə] *f* lana virgen *f*
Schürze ['ʃyrtsə] *f* delantal *m,* mandil *m,* faldar *m*
Schuss [ʃus] *m* tiro *m,* disparo *m; Der ~ ging nach hinten los.* El tiro salió por la culata. *weitab vom ~* fuera de peligro; *ein ~ in den Ofen sein* ser un fracaso; *ein ~ ins Schwarze* un pleno acierto *m; etw in ~ bringen* arreglar una cosa, componer una cosa; *einen ~ haben* tener vena de loco
schussbereit ['ʃusbəraɪt] *adj* listo para disparar
Schüssel ['ʃysəl] *f* fuente *f,* plato hondo *m,* tazón *m*
schusselig ['ʃusəlɪç] *adj* atolondrado, distraído, despistado
Schusslinie ['ʃusliːnjə] *f (fig)* frente de ataque *m,* blanco de los ataques *m,* línea de ataque *f*
Schussverletzung ['ʃusfɛrlɛtsuŋ] *f MED* herida de bala *f*
Schusswaffe ['ʃusvafə] *f* arma de fuego *f*
Schusswechsel ['ʃusvɛksəl] *m* tirotero *m*
Schuster ['ʃuːstər] *m* zapatero *m; ~ bleib bei deinen Leisten.* Zapatero a tus zapatos. *auf ~s Rappen* a pata (fam)

Schutt [ʃut] *m* escombros *m/pl,* cascote *m,* desecho *m*
schütteln [ˈʃytəln] *v* sacudir, agitar
schütten [ˈʃytən] *v* echar al suelo, verter, derramar
Schutz [ʃuts] *m* protección *f,* amparo *m; jdn in ~ nehmen* defender a alguien
schutzbedürftig [ˈʃutsbədyrftɪç] *adj* necesitado de protección
Schutzblech [ˈʃutsblɛç] *n* guardabarros *m,* guardafangos *m* (LA)
Schutzbrille [ˈʃutsbrɪlə] *f* gafas protectoras *f/pl*
Schütze [ˈʃytsə] *m 1.* tirador *m,* flechero *m,* saetero *m; m 2. (Tierkreiszeichen) ASTR* Sagitario *m*
schützen [ˈʃytsən] *v* proteger, amparar
Schutzengel [ˈʃutsɛŋəl] *m* ángel custodio *m,* ángel de la guarda *m*
Schutzhaft [ˈʃutshaft] *f JUR* prisión preventiva *f,* arresto precautorio *m*
Schutzhelm [ˈʃutshɛlm] *m* casco protector *m*
Schutzimpfung [ˈʃutsɪmpfuŋ] *f MED* vacunación preventiva *f*
Schutzkleidung [ˈʃutsklaɪduŋ] *f* ropa de protección *f*
Schützling [ˈʃytslɪŋ] *m* protegido *m*
schutzlos [ˈʃutsloːs] *adj* desamparado, indefenso
Schutzmacht [ˈʃutsmaxt] *f POL* potencia protectora *f*
Schutzmaßnahme [ˈʃutsmaːsnaːmə] *f* medida preventiva *f*
Schutzpatron [ˈʃutspatroːn] *m REL* santo *m,* patrono *m*
Schutzschicht [ˈʃutsʃɪçt] *f* capa protectora *f*
Schwabe [ˈʃvaːbə] *m* suabio *m*
Schwaben [ˈʃvaːbən] *n GEO* Suabia *f*
schwäbisch [ˈʃvɛːbɪʃ] *adj* suabio
schwach [ʃvax] *adj 1.* débil, endeble, debilitado; *2. (Licht)* tenue
Schwäche [ˈʃvɛçə] *f* debilidad *f,* flaqueza *f; momentane ~* momento de debilidad *m*
Schwächeanfall [ˈʃvɛçəanfal] *m MED* desvanecimiento *m,* desfallecimiento *m*
Schwachheit [ˈʃvaxhaɪt] *f* debilidad *f*
Schwachkopf [ˈʃvaxkɔpf] *m* mentecato *m,* imbecil *m*
schwachköpfig [ˈʃvaxkœpfɪç] *adj* imbecil
schwächlich [ˈʃvɛçlɪç] *adj* débil, debilitado, decaído, desfallecido
Schwächling [ˈʃvɛçlɪŋ] *m* hombre débil *m,* carnero *m*
Schwachsinn [ˈʃvaxzɪn] *m* debilidad mental *f,* imbecilidad *f*
schwachsinnig [ˈʃvaxzɪnɪç] *adj 1. MED* deficiente mental; *2. (fig)* idiota, imbécil
Schwachstelle [ˈʃvaxʃtɛlə] *f* parte débil *f*
Schwaden [ˈʃvaːdən] *pl* mofeta *f*
Schwager [ˈʃvaːgər] *m* cuñado *m,* hermano político *m*
Schwägerin [ˈʃvɛgərɪn] *f* cuñada *f,* hermana política *f*
Schwalbe [ˈʃvalbə] *f ZOOL* golondrina *f*
Schwall [ʃval] *m* crecida de aguas *f*
Schwamm [ʃvam] *m* esponja *f; ~ drüber!* ¡No hablamos más de ello!/¡Lo pasado, pasado!
schwammig [ˈʃvamɪç] *adj 1. (schwammartig)* esponjoso; *2. (vom Schwamm befallen)* hongoso, fungoso; *3. (aufgedunsen)* abultado; *4. (vage)* vago, poco claro
Schwan [ʃvaːn] *m ZOOL* cisne *m; Mein lieber ~!* ¡Por Dios!
schwanger [ˈʃvaŋər] *adj* embarazada, encinta, preñada, en estado
Schwangere [ˈʃvaŋərə] *f* mujer embarazada *f,* gestante *f*
schwängern [ˈʃvɛŋərn] *v (fam) jdn ~* embarazar a, dejar preñada, hacerle un hijo a alguien
Schwangerschaft [ˈʃvaŋərʃaft] *f* embarazo *m,* gestación *f,* gravidez *f*
Schwangerschaftsabbruch [ˈʃvaŋərʃaftsapbrux] *m MED* aborto *m,* interrupción del embarazo *f*
Schwangerschaftstest [ˈʃvangərʃaftstɛst] *m* prueba de embarazo *f,* test de embarazo *m*
schwanken [ˈʃvaŋkən] *v 1. (taumeln)* tambalear, tambalearse; *2. (abweichen)* oscilar, variar; *3. (fig: zaudern)* vacilar, titubear
Schwankung [ˈʃvaŋkuŋ] *f (Abweichung)* oscilación *f,* variación *f*
Schwanz [ʃvants] *m* cola *f,* rabo *m; kein ~ (fam)* ni un alma; *jdn auf den ~ treten* ofender a alguien; *den ~ einziehen* meter el rabo entre las piernas
schwänzeln [ˈʃvɛntsəln] *v 1.* mover la cola; *2. (fig: tänzelnd gehen)* bailar; *3. um jdn herum~* adular, hacer la pelota
schwänzen [ˈʃvɛntsən] *v (fam)* hacer pellas, hacer novillos
schwappen [ˈʃvapən] *v* derramarse, vertirse

schwären ['ʃvɛːrən] *v MED* úlcerarse, supurar
Schwarm [ʃvarm] *m 1. (Menschenschwarm)* muchedumbre *f,* gentío *m,* multitud *f; 2. (fig)* pasión *f,* ideal *m,* sueño *m; Sie ist sein alter Schwarm.* Es su amor de años. *3. (Vogelschwarm) ZOOL* bandada *f; 4. (Bienenschwarm)* enjambre *m; 5. (Fischschwarm)* banco *m*
schwärmen ['ʃvɛrmən] *v (fig)* soñar, fantasear
Schwärmer(in) ['ʃvɛrmər(ɪn)] *m/f 1. (Begeisterte(r))* entusiasta *m/f; 2. (Träumer(in))* soñador(a) *m/f*
schwärmerisch ['ʃvɛrmərɪʃ] *adj* entusiástico
Schwarte ['ʃvartə] *f 1. (Haut)* corteza *f; 2. (Buch)* mamotreto *m; 3. (Speckschwarte)* corteza de cerdo *f,* geta *f*
schwarz [ʃvarts] *adj* negro; *~ auf weiß* por escrito; *sich ~ ärgern* encolerizarse; *ins Schwarze treffen* dar en el blanco; *Du kannst warten, bis du ~ wirst!* ¡Puedes esperar hasta que te salga barba!/¡Ya puedes esperar sentado! *~ sehen (fig)* ver todo negro
Schwarzafrika ['ʃvartsafrika] *n* Africa Negra *f*
schwarzafrikanisch ['ʃvartsafrikaːnɪʃ] *adj* negroafricano, afronegroide
Schwarzarbeit ['ʃvartsarbaɪt] *f* trabajo clandestino *m,* trabajo no declarado *m*
Schwarzbrot ['ʃvartsbroːt] *n* pan moreno *m,* pan negro *m*
Schwarze(r) ['ʃvartsə(r)] *m/f* negro/ negra *m/f*
Schwarzfahrer ['ʃvartsfaːrər] *m* viajero sin billete *m,* pasajero sin boleto *m* (LA)
Schwarzmarkt ['ʃvartsmarkt] *m* mercado negro *m; etw auf den ~ bringen* vender algo en el mercado negro
Schwarzwald ['ʃvartsvalt] *m GEO* Selva Negra *f*
Schwarzweißfilm [ʃvarts'vaɪsfɪlm] *m CINE* película en blanco y negro *f*
schwatzen ['ʃvatsən] *v* hablar demasiado, cotorrear; *ständig ~* tener carrete, hablar hasta por los codos
schwatzhaft ['ʃvatshaft] *adj* parlanchín, cotorra
schweben ['ʃveːbən] *v 1.* flotar; *2. (fig)* estar en suspenso, pender ante/pender de/ pender sobre
Schwebeteilchen ['ʃveːbətaɪlçən] *n* partícula en suspensión *f*
Schwede ['ʃveːdə] *f* sueco *m*
Schweden ['ʃveːdən] *n GEO* Suecia *f*
Schwedin ['ʃveːdɪn] *f* sueca *f*
schwedisch ['ʃveːdɪʃ] *adj* sueco
Schwefel ['ʃveːfəl] *m CHEM* azufre *m*
Schwefeldioxid ['ʃveːfəldiɔksyːt] *n CHEM* dióxido de sulfuro *m*
schwefelhaltig ['ʃveːfəlhaltɪç] *adj CHEM* sulfuroso, sulfúrico, azufroso
Schwefelsäure ['ʃveːfəlsɔyrə] *f CHEM* ácido sulfúrico *m*
Schweif [ʃvaɪf] *m* cola *f*
Schweigeminute ['ʃvaɪgəminuːtə] *f* minuto de silencio *m*
schweigen ['ʃvaɪgən] *v irr* callar, guardar silencio; *ganz zu ~ von* (y) que decir de; *~ wie ein Grab* como un muerto
Schweigen ['ʃvaɪgən] *n* silencio *m; jdn zum ~ bringen* hacer callar a alguien, tapar la boca a alguien (fam); *sich in ~ hüllen* quedarse callado, guardar silencio
Schweigepflicht ['ʃvaɪgəpflɪçt] *f* discreción profesional *f,* deber de discreción *m*
schweigsam ['ʃvaɪkzaːm] *adj* silencioso, callado, taciturno, mudo
Schweigsamkeit ['ʃvaɪkzaːmkaɪt] *f* mutismo *m,* silencio *m*
Schwein [ʃvaɪn] *n 1. ZOOL* cerdo *m,* puerco *m,* cochino *m,* chancho *m* (LA); *kein ~* ni un alma; *2. (~efleisch)* carne de cerdo *f; 3. (fig: Glück)* suerte *f*
Schweinebraten ['ʃvaɪnəbraːtən] *m GAST* asado de cerdo *m*
Schweinefleisch ['ʃvaɪnəflaɪʃ] *n* carne de cerdo *f*
Schweinehund ['ʃvaɪnəhunt] *m 1. (fam)* puerco *m,* canalla *m; 2. seinen inneren ~ überwinden* dominar los bajos instintos
Schweinepest ['ʃvaɪnəpɛst] *f* peste porcina *f*
Schweinerei [ʃvaɪnə'raɪ] *f* porquería *f,* marranada *f*
Schweinestall ['ʃvaɪnəʃtal] *m* pocilga *f,* porqueriza *f*
Schweiß [ʃvaɪs] *m* sudor *m; im ~e meines Angesichts* con el sudor de mi frente
Schweißband ['ʃvaɪsbant] *n* badana *f*
schweißen ['ʃvaɪsən] *v TECH* soldar
Schweißer ['ʃvaɪsər] *m TECH* soldador *m*
Schweißfleck ['ʃvaɪsflɛk] *m* mancha de sudor *f*
Schweißtropfen ['ʃvaɪstrɔpfən] *m* gotas de sudor *f/pl*
Schweiz [ʃvaɪts] *f GEO* Suiza *f*

Schweizer(in) ['ʃvaɪtsər(ɪn)] *m/f* suizo/suiza *m/f*
Schweizerdeutsch ['ʃvaɪtsərdɔytʃ] *n* suizo-alemán *m*
schweizerisch ['ʃvaɪtsərɪʃ] *adj* suizo
schwelgen ['ʃvɛlgən] *v* ~ *in* saborear, abandonarse al placer de, deleitarse
Schwelle ['ʃvɛlə] *f* *1. (Eisenbahnschwelle)* traviesa *f; 2. (Übergang)* umbral *m*
schwellen ['ʃvɛlən] *v irr* hinchar, inflar
Schwellenland ['ʃvɛlənlant] *n ECO* país umbral *m,* nación emergente *f*
Schwellung ['ʃvɛluŋ] *f MED* hinchazón *f*
Schwemme ['ʃvɛmə] *f 1. (Teich)* abrevadero *m; 2. (fam: Kneipe)* despacho de cerveza *m; 3. (Überangebot)* oferta excesiva *f*
schwenkbar ['ʃvɛŋkba:r] *adj* panorámico
schwenken ['ʃvɛŋkən] *v* mover, menear
schwer [ʃve:r] *adj 1.* pesado, plomizo, ponderoso; *2. (schwierig)* difícil, complicado, dificultoso; *Er tut sich ~.* Le cuesta mucho./ Le resulta difícil. *~ von Begriff* duro de mollera, corto; *etw ~ machen* poner dificultades; *~ verdaulich* indigesto, difícil de digerir; *3. (mühsam)* penoso, arduo; *4. (ernst)* serio, grave; *~ wiegend* grave, de gravedad; *5. ein ~er Junge (fam)* un pájaro de cuenta *m; ~ erziehbar* inadaptado, difícil de educar; *adv 6. (schwierig)* difícilmente; *sich ~ tun* ponerselo difícil; *7. (mühsam)* arduamente; *~ beschädigt* grávemente dañado; *~ krank* gravemente enfermo; *~ behindert* minusválido; *8. (ernst)* seriamente, gravemente
schwer fallen ['ʃve:rfalən] *v irr jdm ~* resultar difícil, ser penoso, costar
Schwerarbeit ['ʃve:rarbaɪt] *f* trabajo duro *m,* trabajo rudo *m,* trabajo penoso *m*
Schwerbehinderte(r) ['ʃve:rbəhɪndərtə(r)] *m/f* minusválido/minusválida *m/f*
Schwere ['ʃve:rə] *f (fig)* pesadez *f*
schwerelos ['ʃve:rəlo:s] *adj* ingrávido
Schwerelosigkeit ['ʃve:rəlo:zɪçkaɪt] *f* ingravidez *f*
schwerfällig ['ʃve:rfɛlɪç] *adj* torpe, tardo
Schwerfälligkeit ['ʃve:rfɛlɪçkaɪt] *f* torpeza *f,* lentitud *f*
schwerhörig ['ʃve:rhø:rɪç] *adj MED* sordo
Schwerhörigkeit ['ʃve:rhø:rɪçkaɪt] *f* sordera *f,* dureza de oído *f*
Schwerkraft ['ʃve:rkraft] *f PHYS* fuerza de gravedad *f,* gravitación *f*
Schwermetall ['ʃve:rmetal] *n* metal pesado *m*
Schwermut ['ʃve:rmu:t] *f* melancolía *f*
schwermütig ['ʃve:rmy:tɪç] *adj* melancólico
Schwerpunkt ['ʃve:rpuŋkt] *m* centro de gravedad *m*
Schwert ['ʃve:rt] *n* espada *f*
Schwerverbrecher ['ʃve:rfɛrbrɛçər] *m* criminal peligroso *m*
Schwerverletzte(r) ['ʃve:rfɛrlɛtstə(r)] *m/f* herido grave/herida grave *m/f,* herido de gravedad/herida de gravedad *m/f*
Schwester ['ʃvɛstər] *f 1.* hermana *f; 2. (Krankenschwester)* enfermera *f*
Schwiegereltern ['ʃvi:gərɛltərn] *pl* suegros *m/pl,* padres políticos *m/pl*
Schwiegermutter ['ʃvi:gərmutər] *f* suegra *f,* madre política *m*
Schwiegersohn ['ʃvi:gərzo:n] *m* yerno *m,* hijo político *m*
Schwiegertochter ['ʃvi:gərtɔxtər] *f* nuera *f,* hija política *f*
Schwiegervater ['ʃvi:gərfa:tər] *m* suegro *m,* padre político *m*
Schwiele ['ʃvi:lə] *f MED* callo *m*
schwierig ['ʃvi:rɪç] *adj* difícil, penoso, dificultoso
Schwierigkeit ['ʃvi:rɪçkaɪt] *f* dificultad *f,* complejidad *f,* problema *m*
Schwierigkeitsgrad ['ʃvi:rɪçkaɪtsgra:t] *m* grado de dificultad *m*
Schwimmbad ['ʃvɪmba:t] *n* piscina *f*
Schwimmbecken ['ʃvɪmbɛkən] *n* piscina *f*
schwimmen ['ʃvɪmən] *v irr* nadar
Schwimmen ['ʃvɪmən] *n SPORT* natación *f*
Schwimmer ['ʃvɪmər] *m 1.* nadador *m; 2. TECH* flotador *m,* nivel *m*
Schwimmhalle ['ʃvɪmhalə] *f* piscina cubierta *f*
Schwimmweste ['ʃvɪmvɛstə] *f* chaleco salvavidas *m*
Schwindel ['ʃvɪndəl] *m 1. (Lüge)* fraude *m,* embuste *m,* estafa *f; ~ erregend* vertiginoso; *2. MED* mareo *m,* vértigo *m,* vahído *m*
schwindelfrei ['ʃvɪndəlfraɪ] *adj* libre de vértigo
Schwindelgefühl ['ʃvɪndəlgəfy:l] *n* mareo *m*
schwindeln ['ʃvɪndəln] *v 1.* tener mareos; *2. (fig)* mentir, estafar
schwinden ['ʃvɪndən] *v irr 1.* decrecer, disminuir; *2. (schrumpfen)* consumirse; *3. (ganz vergehen)* desvanecerse
Schwindler(in) ['ʃvɪndlər(ɪn)] *m/f* tramposo/tramposa *m/f*

schwindlig ['ʃvɪndlɪç] *adj* mareado
schwingen ['ʃvɪŋən] *v irr 1.* agitar, sacudir; *2. (vibrieren)* vibrar
Schwingtür ['ʃvɪŋty:r] *f* puerta de vaivén *f*
Schwingung ['ʃvɪŋuŋ] *f* vibración *f*, oscilación *f*
Schwips ['ʃvɪps] *m (fam)* chispa *f*
schwirren ['ʃvɪrən] *v 1.* volar; *2. (Mücken)* zumbar
schwitzen ['ʃvɪtsən] *v* sudar, transpirar; *ins ~ kommen* sudar la gota gorda
schwören ['ʃvø:rən] *v irr* jurar; *bei Gott ~* jurar por Dios
schwul [ʃvu:l] *adj (fam)* homosexual, invertido
schwül [ʃvy:l] *adj* sofocante, bochornoso; *Es ist ~.* El tiempo es sofocante.
schwülstig ['ʃvylstɪç] *adj* pomposo, afectado
Schwund [ʃvunt] *m 1.* desaparición *f*; *2. (Schrumpfen)* atrofia *f*
Schwung [ʃvuŋ] *m 1.* oscilación *f*; *2. (fig: Tatkraft)* impulso *m*, energía *f*; *etw in ~ bringen* dar impulso a algo, poner en marcha algo; *in ~ kommen* prosperar, hacer progresos; *in ~ sein* prosperar, estar en marcha
schwunghaft ['ʃvuŋhaft] *adj* vivo
schwungvoll ['ʃvuŋfɔl] *adj 1.* lleno de vitalidad, dinámico, activo; *adv 2.* muy dinámico
Schwur [ʃvu:r] *m* juramento *m*
Schwurgericht ['ʃvu:rgərɪçt] *n JUR* jurado *m*
Schwyzerdütsch ['ʃvi:tsərdy:tʃ] *n LING* suizo-alemán *m*
Sciencefictionfilm [saɪəns'fɪkʃənfɪlm] *m CINE* película de ciencia ficción *f*
Sciencefictionroman [saɪəns'fɪkʃənroma:n] *m LIT* novela de ciencia ficción *f*
sechs [zɛks] *num* seis
sechseckig ['zɛksɛkɪç] *adj* hexagonal
Sechser ['zɛksər] *m 1. (Zahl)* seis *m*; *2. (Lottogewinn)* acierto de seis *m*
sechste(r,s) ['zɛkstə(r,s)] *adj* sexto
sechzehn ['zɛçtse:n] *num* dieciséis
sechzehnte(r,s) ['zɛçtse:ntə(r,s)] *adj* decimosexto
sechzig ['zɛçtsɪç] *num* sesenta
Sechziger ['zɛçtsɪgər] *pl 1. in den ~n sein (Mensch)* estar en los sesenta, andar por los sesenta y pico; *2. die ~ (Jahrzehnt)* los (años) sesenta
sechzigste(r,s) ['zɛçtsɪçstə(r,s)] *adj* sexagésimo
See [ze:] *m 1. (Binnengewässer)* lago *m*; *f 2. (poetisch)* mar *m*; *f 3. (poetisch)* mar *f*; *in ~ stechen* hacerse a la mar; *zur ~ fahren* ser marino
Seebad ['ze:ba:t] *n* balneario a orillas del mar *m*
Seebeben ['ze:be:bən] *n GEO* maremoto *m*
Seefahrt ['ze:fa:rt] *f 1.* navegación *f*; *2. (Seereise)* viaje marítimo *m*, viaje por mar *m*
seefest ['ze:fɛst] *adj 1.* en buen estado para la navegación; *2. (Mensch)* marinero
Seefracht ['ze:fraçt] *f* flete marítimo *m*
Seegang ['ze:gaŋ] *m NAUT* mareta *f*
seekrank ['ze:kraŋk] *adj* mareado
Seelachs ['ze:laks] *m ZOOL* abadejo *m*, carbonero *m*
Seele ['ze:lə] *f* alma *f/el*; *ein Herz und eine ~ sein* ser uña y carne; *sich die ~ aus dem Leib reden* desgañitarse, hablar a grito pelado; *jdm auf der ~ brennen* quemar a alguien el paladar (fig); *jdm aus der ~ sprechen* decir exactamente lo que alguien pensaba; *eine ~ von einem Menschen sein* ser un alma de Dios; *aus tiefster ~* de todo corazón, desde el fondo del alma; *mit ganzer ~* de todo corazón
Seelenruhe ['ze:lənru:ə] *f* tranquilidad interior *f*; *eine ~ haben* tener una paciencia de santo
seelenruhig ['ze:lənru:ɪç] *adj 1.* calmado; *adv 2.* calmadamente, con calma
seelisch ['ze:lɪʃ] *adj* (p)síquico, anímico
Seelsorge ['ze:lzɔrgə] *f 1. (Pflicht) REL* deberes de un párroco *m/pl*; *2. REL* cura de almas *f*, cura espiritual *f*
Seelsorger ['ze:lzɔrgər] *m REL* padre espiritual *m*, cura *m*, párroco *m*, pastor *m*
Seeluft ['ze:luft] *f* aire de mar *m*
Seemann ['ze:man] *m* marino *m*, marinero *m*
seemännisch ['ze:mɛnɪʃ] *adj* marinero
Seemeile ['ze:maɪlə] *f NAUT* milla marítima *f*
Seenot ['ze:no:t] *f* emergencia marítima *f*, peligro de zozobra *m*
Seepferdchen ['ze:pfɛrtçən] *n ZOOL* caballo marino *m*, hipocampo *m*, caballito de mar *m*
Seeräuber ['ze:rɔybər] *m* pirata *m/f*
Seereise ['ze:raɪzə] *f* viaje marítimo *m*
Seestern ['ze:ʃtɛrn] *m ZOOL* estrellamar *f*, estrella de mar *f*
seetüchtig ['ze:tyçtɪç] *adj* en buen estado para la navegación
Seezunge ['ze:tsuŋə] *f GAST* lenguado *m*

Segel ['ze:gəl] *n* vela *f; mit vollen ~n* a toda vela
Segelboot ['ze:gəlbo:t] *n* velero *m*
Segelflug ['ze:gəlflu:k] *m* vuelo sin motor *m*
Segelflugzeug ['ze:gəlflu:ktsɔyk] *n* planeador *m*
segeln ['ze:gəln] *v* navegar a vela
Segelschiff ['ze:gəlʃɪf] *n NAUT* barco de vela *m,* velero *m*
Segeltuch ['ze:gəltux] *n* lona *f*
Segen ['ze:gən] *m 1. (Glück)* suerte *f; 2. REL* bendición *f; jds ~ haben* tener la bendición de alguien; *seinen ~ zu etw geben* dar su bendición a algo
Segler ['ze:glər] *m 1.* aficionado náutico *m,* balandrista *m; 2. (Segelboot)* velero *m; 3. (Segelflugzeug)* planeador *m; 4. (Vogel) ZOOL* vencejo *m*
Segment [zɛk'mɛnt] *n* segmento *m*
segnen ['ze:gnən] *v* bendecir, dar la bendición
sehbehindert ['ze:bəhɪndərt] *adj* que ve mal
sehen ['ze:ən] *v irr 1.* ver; *Wir werden es ~.* Ya veremos. *etw nicht mehr ~ können* ya no poder ver algo; *2. (bemerken)* observar, notar; *3. (unterscheiden)* distinguir; *4. (wahrnehmen)* percibir, darse cuenta; *5. (~ lassen)* mostrar, dejar ver, dar a ver; *Er kann sich ruhig ~ lassen.* No tiene por qué esconderse.
Sehen ['ze:ən] *n jdn vom ~ kennen* conocer a alguien de vista
sehenswert ['ze:ənsve:rt] *adj* digno de verse
Sehenswürdigkeit ['ze:ənsvyrdɪçkaɪt] *f* cosa digna de verse *f,* curiosidades turísticas *f/pl*
Seher(in) ['ze:ər(ɪn)] *m/f* vidente *m/f*
Sehhilfe ['ze:hɪlfə] *f* ayuda óptica *f*
Sehkraft ['ze:kraft] *f* facultad visual *f*
Sehne ['ze:nə] *f ANAT* tendón *m*
sehnen ['ze:nən] *v sich ~ nach* anhelar, añorar, ansiar
Sehnerv ['ze:nɛrf] *m ANAT* nervio óptico visual *m*
sehnig ['ze:nɪç] *adj 1. (Mensch)* musculoso; *2. (Fleisch) GAST* tendinoso
sehnlich ['ze:nlɪç] *adj 1.* vehemente; *2. (glühend)* ardiente
Sehnsucht ['ze:nzuxt] *f* anhelo *m,* añoranza *f*
sehnsüchtig ['ze:nzyçtɪç] *adj* ansioso, anhelante
sehnsuchtsvoll ['ze:nzuçtsfɔl] *adj* anheloso, ansioso
sehr [ze:r] *adv* muy, mucho, bien
Sehschwäche ['ze:ʃvɛçə] *f* deficiencia visual *f*
seicht [zaɪçt] *adj 1. (nicht tief)* de bajo fondo, de poca profundidad; *2. (fig: Unterhaltung)* trivial, superficial
Seide ['zaɪdə] *f* seda *f*
Seidenbluse ['zaɪdənblu:zə] *f* blusa de seda *f*
seidig ['zaɪdɪç] *adj* sedoso
Seife ['zaɪfə] *f* jabón *m*
Seifenblase ['zaɪfənbla:zə] *f* pompa de jabón *f*
Seifenhalter ['zaɪfənhaltər] *m* jabonera *f*
Seifenoper ['zaɪfəno:pər] *f* serial *m*
Seil [zaɪl] *n* cuerda *f,* soga *f; wie ein Tanz auf dem ~* como jugar con fuego
Seilbahn ['zaɪlba:n] *f* funicular *m,* teleférico *m*
Seilspringen ['zaɪlʃprɪŋən] *n* saltar a la comba
sein [zaɪn] *v irr 1. (Eigenschaft)* ser; *Ich bin Spanierin.* Soy española. *Ich bin zwanzig Jahre alt.* Tengo veinte años. *wie dem auch sei* sea como fuere; *es sei denn, dass ...* a no ser que ... *Mir ist, als ob ...* me siento como si ... *Mir ist nicht danach.* No me apetece. *Sei doch nicht so!* ¡No seas así! *ein Nichts ~* ser un don nadie; *2. (Zustand)* estar; *Ich bin krank.* Estoy enfermo. *Ich bin seit einer Woche in Madrid.* Desde hace una semana estoy en Madrid. *Ich bin heute angekommen.* He llegado hoy.
Sein [zaɪn] *n* ser *m,* existencia *f*
sein(e) [zaɪn/'zaɪnə] *pron* su, suyo; *Ist das ~ Heft?* ¿Es éste su cuaderno? *Das Heft ist seines.* El cuaderno es suyo.
seinerseits ['zaɪnərzaɪts] *pron* por su parte
seinesgleichen [zaɪnəs'glaɪçən] *pron* sus semejantes, de su condición
seinetwegen [zaɪnət've:gən] *adv* por su causa, por él
Seismograf [zaɪsmo'gra:f] *m* sismógrafo *m*
seit [zaɪt] *prep 1.* desde, a partir de, desde hace; *~ zwei Jahren.* Desde hace dos años. *konj 2.* desde que; *Seit er krank ist, raucht er nicht mehr.* Desde que está enfermo, ya no a fuma a más.
seitdem [zaɪt'de:m] *adv 1.* desde entonces, desde aquel tiempo; *konj 2.* desde que; *Seitdem ich arbeite, schlafe ich weniger.* Desde que trabajo, duermo menos.

Seite ['zaɪtə] *f* *1. (Vorderseite)* envés *m,* lado anterior *m; etw auf der ~ haben* tener algo ahorrado; *jdm nicht von der ~ weichen* no separarse de alguien, no apartarse de alguien; *auf jds ~ stehen* estar de parte de alguien; *sich von seiner besten ~ zeigen* presentar su lado bueno, mostrar sus mejores cualidades; *jdm zur ~ stehen* apoyar a alguien, estar de parte de alguien; *f 2. (Rückseite)* revés *m,* lado posterior *m; f 3. (Buchseite)* página *f; 4. (fig: Aspekt)* aspecto *m*

Seitenansicht ['zaɪtənanzɪçt] *f* vista lateral *f*

Seitenaus ['zaɪtənaus] *n ins ~ SPORT* juego en los laterales *m*

Seitenflügel ['zaɪtənfly:gəl] *m ARCH* ala lateral *f/el*

Seitenhieb ['zaɪtənhi:p] *m (fig)* indirecta *f*

seitenlang ['zaɪtənlaŋ] *adj* de muchas páginas

seitens ['zaɪtəns] *prep* de parte de

Seitenscheitel ['zaɪtənʃaɪtəl] *m Mit ~ bitte!* ¡Con raya al costado, por favor!

Seitensprung ['zaɪtənʃpruŋ] *m (fig)* escapada matrimonial *f,* infidelidad matrimonial *f*

Seitenstechen ['zaɪtənʃtɛçən] *n* punzadas en el costado *f/pl*

Seitenstreifen ['zaɪtənʃtraɪfən] *m* cuneta *f*

seitenverkehrt ['zaɪtənfɛrke:rt] *adj 1.* de lados invertidos; *adv 2.* inversamente

Seitenwechsel ['zaɪtənvɛksəl] *m SPORT* cambio de campo *m*

Seitenwind ['zaɪtənvɪnd] *m* viento de costado *m*

seitlich ['zaɪtlɪç] *adj* lateral, de lado

Sekretär [zekre'tɛ:r] *m (Schreibtisch)* secreter *m*

Sekretär(in) [zekre'tɛ:r(ɪn)] *m/f (Person)* secretario/secretaria *m/f*

Sekretariat [zekreta'rja:t] *n* secretaría *f,* secretariado *m*

Sekt [zɛkt] *m 1.* vino espumoso *m; 2. (spanischer ~)* cava *m; 3. (aus der Champagne)* champán/champaña *m*

Sekte ['zɛktə] *f REL* secta *f*

Sektflasche ['zɛktflaʃə] *f* botella de cava *f*

Sektkorken ['zɛktkɔrkən] *m* corcho de botella de cava *m*

Sektor ['zɛktɔr] *m* sector *m*

sekundär [zekun'dɛ:r] *adj* secundario

Sekunde [ze'kundə] *f* segundo *m*

sekundenlang [ze'kundənlaŋ] *adj 1. (eine Sekunde lang)* en un minuto; *2. (mehrere Sekunden lang)* durante algunos momentos

sekundenschnell [ze'kundənʃnɛl] *adv* instantáneo, con gran velocidad

Sekundenzeiger [ze'kundəntsaɪgər] *m* segundero *m*

selbst [zɛlpst] *pron* mismo

Selbstachtung ['zɛlpstaxtuŋ] *f* aprecio de sí mismo *m,* respeto de sí mismo *m*

Selbstauslöser ['zɛlpstauslø:zər] *m FOTO* disparador automático *m*

Selbstbedienung ['zɛlpstbədi:nuŋ] *f* autoservicio *m*

Selbstbefriedigung ['zɛlpstbəfri:dɪguŋ] *f* masturbación *f,* onanismo *m*

Selbstbeherrschung ['zɛlpstbəhɛrʃuŋ] *f* dominio de sí mismo *m,* autocontrol *m*

Selbstbeteiligung ['zɛlpstbətaɪlɪguŋ] *f* cuota de retención propia *f*

Selbstbetrug ['zɛlpstbətru:k] *m* autoengaño *m,* ilusión *f*

selbstbewusst ['zɛlpstbəvust] *adj* seguro de sí mismo, consciente de sí mismo

Selbstbewusstsein ['zɛlpstbəvustzaɪn] *n* seguridad de sí mismo *f,* consciencia de sí mismo *f*

Selbsterfahrung ['zɛlpstɛrfa:ruŋ] *f* autoanálisis *m,* autognosis *f*

Selbsterhaltungstrieb ['zɛlpstɛrhaltuŋstri:p] *m* instinto de conservación *m*

Selbsterkenntnis ['zɛlpstɛrkɛntnɪs] *f* conocimiento de sí mismo *m*

selbstgefällig ['zɛlpstgəfɛlɪç] *adj* vanidoso, ufano, engreído, presumido

selbstgenügsam ['zɛlpstgəny:kza:m] *adj* contento, sastisfecho de sí mismo

selbstgerecht ['zɛlpstgərɛçt] *adj* vanidoso, ególotra, engreído

Selbstgespräch ['zɛlpstgəʃprɛ:ç] *n* monólogo *m,* soliloquio *m*

selbstherrlich ['zɛlpsthɛrlɪç] *adj* autoritario, arbitrario

Selbsthilfe ['zɛlpsthɪlfə] *f* autoayuda *f*

Selbstjustiz ['zɛlpstjusti:ts] *f* autojusticia *f; ~ üben* tomarse la justicia por su mano

Selbstkostenpreis ['zɛlpstkɔstənpraɪs] *m ECO* precio de coste *m*

Selbstkritik ['zɛlpstkriti:k] *f* autocrítica *f*

Selbstlaut ['zɛlpstlaut] *m LING* vocal *f*

selbstlos ['zɛlpstlo:s] *adj 1.* desinteresado, altruista; *adv 2.* desinteresadamente

Selbstmitleid ['zɛlpstmɪtlaɪt] *n* autocompasión *f*

Selbstmord ['zɛlpstmɔrt] *m* suicidio *m*

Selbstmörder(in) ['zɛlpstmœrdər(ɪn)] *m/f* suicida *m/f*

selbstmörderisch ['zɛlpstmœrdərɪʃ] *adj* suicida
Selbstmordversuch ['zɛlpstmɔrtfɛrzuːx] *m* intento de suicidio *m*
Selbstporträt ['zɛlpstpɔrtrɛː] *n ART* autoretrato *m*
selbstredend ['zɛlpstreːdənt] *adj (fam)* evidente, obvio
selbstsicher ['zɛlpstzɪçər] *adj* seguro de sí mismo
Selbstsicherheit ['zɛlpstzɪçərhaɪt] *f* seguridad de sí mismo *f*
selbstständig ['zɛlpstʃtɛndɪç] *adj 1.* independiente; *Er macht sich ~.* Empieza a trabajar por su cuenta. *adv 2.* independientemente
Selbstständige(r) ['zɛlpʃtɛndɪgə(r)] *f/m ECO* trabajador no asalariado/trabajadora no asalariada *m/f*
Selbstständigkeit ['zɛlpstʃtɛndɪçkaɪt] *f* independencia *f*
Selbstsucht ['zɛlpstzuxt] *f* egoísmo *m*
selbstsüchtig ['zɛlpstzyçtɪç] *adj* egoísta
selbsttätig ['zɛlpsttɛːtɪç] *adj 1.* automático; *2. (eigenständig)* autónomo
Selbsttäuschung ['zɛlpsttɔyʃuŋ] *f* autoengaño *m*
Selbstüberschätzung ['zɛlpstyːbərʃɛttsuŋ] *f* presunción *f,* aprecio excesivo de las propias facultades *m*
selbstverständlich ['zɛlpstfɛrʃtɛntlɪç] *adj 1.* evidente, lógico, obvio; *Das ist doch ~.* Eso cae por su propio peso. *adv 2.* por supuesto, desde luego, lógicamente, ¿Cómo no? (LA)
Selbstverständlichkeit ['zɛlpsfɛrʃtɛntlɪçkaɪt] *f* evidencia *f*
Selbstverteidigung ['zɛlpstfɛrtaɪdɪguŋ] *f* autodefensa personal *f*
Selbstvertrauen ['zɛlpstfɛrtrauən] *n* confianza en sí mismo *f*
Selbstverwaltung ['zɛlpstfɛrvaltuŋ] *f POL* autonomía administrativa *f*
Selbstverwirklichung ['zɛlpstfɛrvɪrklɪçuŋ] *f* realización personal *f*
selbstzufrieden ['zɛlpsttsufriːdən] *adj* contento consigo mismo
Selbstzweck ['zɛlpsttsvɛk] *m* finalidad en sí *f,* finalidad absoluta *f*
selektiv [zelɛk'tiːf] *adj* selectivo
selig ['zeːlɪç] *adj 1.* feliz, dichoso, gozoso; *2. REL* bienaventurado; *~ sprechen* beatificar
Seligkeit ['zeːlɪçkaɪt] *f 1.* felicidad *f,* dicha *f,* gozo *m; 2. REL* bienaventuranza *f*
Sellerie ['zɛləriː] *m BOT* apio *m*
selten ['zɛltən] *adj 1.* raro, escaso, extraordinario; *adv 2.* raramente, raras veces
Seltenheit ['zɛltənhaɪt] *f* rareza *f*
Selterswasser ['zɛltərsvasər] *n* agua de Seltz *f*
seltsam ['zɛltzaːm] *adj* singular, raro, curioso, extraño
Semester [ze'mɛstər] *n* semestre *m*
Semesterferien [ze'mɛstərfeːrjən] *pl* vacaciones semestrales *f/pl*
Semifinale ['zeːmifinaːlə] *n SPORT* semifinal *f*
Seminar [zemi'naːr] *n* seminario *m*
Seminararbeit [zemi'naːrarbaɪt] *f* trabajo escrito *m*
Semmel ['zɛməl] *f* panecillo *m,* pan francés *m* (Peru)
Semmelbrösel ['zɛməlbrøːzəl] *pl GAST* pan rallado *m*
Semmelknödel ['zɛməlknøːdəl] *m* albondiga de pan *f*
Senat [ze'naːt] *m POL* senado *m*
Senator [ze'naːtɔr] *m POL* senador *m*
Senatssitzung [ze'naːtszɪtsuŋ] *f POL* sesión senatorial *f*
Sendebereich ['zɛndəbəraɪç] *m (Rundfunk)* alcance de emisión *m*
Sendegebiet ['zɛndəgəbiːt] *n* campo de emisión *m*
senden ['zɛndən] *v irr 1. (Brief)* enviar, remitir, mandar; *2. (Rundfunk)* emitir, transmitir
Sender ['zɛndər] *m (Rundfunk)* emisora *f*
Sendereihe ['zɛndəraɪə] *f (Rundfunk)* serial *m,* serie *f*
Sendeschluss ['zɛndəʃlus] *m* fin de emisión *m*
Sendezeit ['zɛndətsaɪt] *f* tiempo de emisión *m*
Sendezentrum ['zɛndətsɛntrum] *n* centro de emisión *m*
Sendung ['zɛnduŋ] *f 1. (Versandsendung)* envío *m,* remesa *f,* despacho *m; 2. (Rundfunksendung)* emisión *f; auf ~ sein* estar en el aire
Senegal ['zeːnegal] *m GEO* Senegal *m*
senegalesisch [zenega'leːzɪʃ] *adj* senegalés
Senf [zɛnf] *m* mostaza *f; seinen ~ dazugeben (fig)* meter (su) baza
sengen ['zɛŋən] *v 1.* quemar; *2. (etw ~)* quemar, incendiar
senil [ze'niːl] *adj* senil
Senilität [zenili'tɛːt] *f* senilidad *f*

Senior(in) ['ze:njɔr/zen'jo:rɪn] *m/f* *1.* anciano/anciana *m/f,* viejo/vieja *m/f;* *2.* *(Vorsitzende(r))* presidente *m/f*
Senioren ['zenjɔ:rən] *pl* personas mayores *f/pl,* mayores *m/pl*
Seniorentreff [zen'jo:rəntrɛf] *m* encuentro de ancianos *m*
senken ['zɛŋkən] *v* *1.* bajar, descender; *2.* *(Kopf)* inclinar, agachar
Senkfuß ['zɛŋkfu:s] *m* *MED* pie plano *m*
Senkgrube ['zɛŋkgru:bə] *f* pozo negro (ciego) *m*
senkrecht ['zɛŋkrɛçt] *adj* vertical
Senkrechtstarter ['zɛŋkrɛçtʃtartər] *m* *1.* *(Flugzeug)* avión de despegue y aterrizaje vertical *m;* *2.* *(fig)* joven prometedor(a) *m/f*
Senkung ['zɛŋkuŋ] *f* inclinación *f*
Sensation [zɛnza'tsjo:n] *f* sensación *f*
sensationell [zɛnzatsjo'nɛl] *adj* sensacional
Sensationsmeldung [zenza'tsjo:nmɛlduŋ] *f* noticia sensacionalista *f*
Sensationspresse [zɛnza'tsjo:nsprɛsə] *f* prensa sensacionalista *f,* prensa amarilla *f*
sensibel [zɛn'zi:bəl] *adj* sensible
Sensibilität [zɛnzibili'tɛ:t] *f* sensibilidad *f*
Sensor ['zɛnzor] *m* *TECH* sensor *m,* órgano sensorio *m*
sentimental [zɛntimɛn'ta:l] *adj* sentimental
Sentimentalität [zɛntimɛntali'tɛ:t] *f* sentimentalismo *m*
separat [zepa'ra:t] *adj* *1.* separado, apartado; *adv* *2.* por separado, aparte
Separatismus [zepara'tɪsmus] *m* *POL* separatismo *m*
Séparée [ze:pa're:] *n* *1.* *(Nische)* reservado *m;* *2.* *(Zimmer)* reservado *m*
September [zɛp'tɛmbər] *m* septiembre *m*
Sequenz [ze'kvɛnts] *f* secuencia *f*
Serbe ['zɛrbə] *m* serbio *m*
Serbien ['zɛrbjən] *n* *GEO* Serbia *f*
serbisch ['zɛrbɪʃ] *adj* serbio
Serbokroatisch [zɛrbokro'a:tɪʃ] *n* *LING* serbo-croata *m*
Serenade [zere'na:də] *f* *MUS* serenata *f*
Serie ['ze:rjə] *f* serie *f*
seriell [ze:'rjɛl] *adj* *INFORM* serial
serienmäßig ['ze:rjənmɛ:sɪç] *adj* *1.* de serie; *adv* *2.* en serie
Serienproduktion ['ze:rjənprɔduktsjo:n] *f* producción en serie *f*
serienreif ['ze:rjənraɪf] *adj* listo para la fabricación en serie
seriös [ze:'rjø:s] *adj* *1.* serio, formal; *adv* *2.* con seriedad, seriamente
Serpentine [zɛrpən'ti:nə] *f* serpentina *f*
Serum ['ze:rum] *n* *BIO* suero *m*
Server ['zœrvər] *m* *INFORM* servidor *m*
Service [zɛr'vi:s] *n* *1.* *(Geschirr)* juego de mesa *m;* ['zœrvɪs] *m* *2.* *(Kundendienst)* asistencia técnica *f*
servieren [zɛr'vi:rən] *v* servir, atender
Servierwagen [zɛr'vi:rva:gən] *m* carrito de servir *m*
Serviette [zɛr'vjɛtə] *f* servilleta *f*
Servolenkung ['zɛrvoleŋkuŋ] *f* *(beim Auto)* servodirección *f,* dirección asistida *f,* cremallera asistida *f,* timón hidráulico *m*
Sesam ['ze:zam] *m* *BOT* sésamo *m,* ajonjolí *m*
Sesambrot ['ze:zambro:t] *n* *GAST* pan de sésamo *m*
Sessel ['zɛsəl] *m* sillón *m*
Sessellehne ['zɛsəlle:nə] *f* *1.* *(Rückenlehne)* respaldo *m;* *2.* *(Armlehne)* brazo *m*
Sessellift ['zɛsəllɪft] *m* telesilla *f*
sesshaft ['zɛshaft] *adj* sedentario
Sesshaftigkeit ['zɛshaftɪçkaɪt] *f* vida sedentaria *f,* sedentarismo *m*
setzen ['zɛtsən] *v* *1.* *sich ~ auf* sentarse en; *2.* *(Text)* componer; *3.* *Gleich setzt es was!* ¡Aquí va a haber palos!/¡Aquí va a haber más que palabras!
Setzer ['zɛtsər] *m* linotipista *m*
Setzerei [zɛtsə'raɪ] *f* taller de composición *m*
Seuche ['zɔyçə] *f* *MED* epidemia *f*
Seuchengefahr ['zɔyçəngəfa:r] *f* peligro de epidemia *m,* amenaza de epidemia *f*
seufzen ['zɔyftsən] *v* suspirar
Seufzer ['zɔyftsər] *m* suspiro *m*
Sex [zɛks] *m* sexo *m*
sexistisch [zɛ'ksɪstɪʃ] *adj* sexista
Sexualdelikt [zɛksu'a:ldelɪkt] *n* *JUR* delito sexual *m*
Sexualerziehung [zɛksu'alɛrtsi:uŋ] *f* educación sexual *f*
Sexualität [zeksuali'tɛ:t] *f* sexualidad *f*
Sexualleben [zɛksu'a:lle:bən] *n* vida sexual *f*
Sexualverbrechen [zɛksu'a:lfɛrbrɛçən] *n* delito sexual *m*
sexuell [zɛksu'ɛl] *adj* sexual
sexy ['zɛksi] *adj* *(fam)* sexy
sezieren [ze'tsi:rən] *v* *MED* hacer la autopsia
Shampoo [ʃam'pu:] *n* champú *m*

Shorts [ʃɔːrts] *pl* pantalones cortos *m/pl,* shorts *m/pl*
Show [ʃəʊ] *f* espectáculo *m,* show *m*
Showgeschäft ['ʃəʊgəʃɛːft] *n* show-business *m*
Sibirien [zi'biːrjən] *n GEO* Siberia *f*
sibirisch [zi'biːrɪʃ] *adj* siberiano
sich [zɪç] *pron 1.* se; *2.(+ prep)* sí; *Er erzählte von ~.* Habló de sí mismo.
Sichel ['zɪçəl] *f 1.* hoz *f; 2. (Mondsichel)* media luna *f*
sicher ['zɪçər] *adj 1. (zweifellos)* indudable, seguro, innegable; *2. (gefahrlos)* seguro; *adv 3. (zweifellos)* indudablemente, sin duda; *4. (gefahrlos)* seguro, sin peligro
sichergehen ['zɪçərgeːən] *v* ir sobre seguro, andar sobre seguro
Sicherheit ['zɪçərhaɪt] *f 1. (Gewissheit)* certidumbre *f,* certeza *f; 2. (Schutz)* seguridad *f; in ~ bringen* poner a salvo; *sich in ~ wiegen* creerse seguro; *3. (Gewähr) ECO* garantía *f,* seguridad *f,* fianza *f*
Sicherheitsglas ['zɪçərhaɪtsglaːs] *n* vidrio de seguridad *m*
Sicherheitsgründe ['zɪçərhaɪtsgryndə] *pl* razones de seguridad *f/pl*
Sicherheitsgurt ['zɪçərhaɪtsgurt] *m (beim Auto)* cinturón de seguridad *m*
sicherheitshalber ['zɪçərhaɪtshalbər] *adv* para mayor seguridad, por si acaso
Sicherheitskopie ['zɪçərhaɪtskopiː] *f INFORM* copia de seguridad *f*
Sicherheitsmaßnahmen ['zɪçərhaɪtsmaːsnaːmən] *pl* medidas de seguridad *f/pl*
Sicherheitsnadel ['zɪçərhaɪtsnaːdəl] *f* imperdible *m,* prendedor *m*
Sicherheitspolitik ['zɪçərhaɪtspolitiːk] *f* política de seguridad *f*
Sicherheitsrisiko ['zɪçərhaɪtsriːziko] *n* riesgo de seguridad *m*
Sicherheitsschloss ['zɪçərhaɪtsʃlɔs] *n* cerradura de seguridad *f*
sicherlich ['zɪçərlɪç] *adv* seguramente
sichern ['zɪçərn] *v* asegurar
sicherstellen ['zɪçərʃtɛlən] *v 1. (sichern)* asegurar, poner en seguridad; *2. (beschlagnahmen)* confiscar, embargar
Sicherung ['zɪçəruŋ] *f 1. (Sichern)* aseguramiento *m,* seguro *m; f 2. (Riegel)* pasador *m,* cerrojo *m; f 3. (Schmelzsicherung) TECH* fusible *m; Die ~ ist durchgebrannt.* El fusible se ha fundido. *Bei ihm ist die ~ durchgebrannt.(fig)* Se le han cruzado los cables. *4. (Vorrichtung) TECH* dispositivo de seguridad *m*
Sicherungskasten ['zɪçəruŋskastən] *m* caja de fusibles *f*
Sicht [zɪçt] *f* vista *f,* punto de vista *m; auf lange ~* a largo plazo
sichtbar ['zɪçtbaːr] *adj* visible
Sichtbarkeit ['zɪçtbaːrkaɪt] *f* visibilidad *f*
sichten ['zɪçten] *v 1. (erblicken)* distinguir, divisar, descubrir; *2. (prüfen)* examinar
sichtlich ['zɪçtlɪç] *adj* cada día más patente, a ojos vistas
Sichtung ['zɪçtuŋ] *f 1. (Erblicken)* distinción *f; 2. (Überprüfung)* examen *m,* repaso *m*
Sichtverhältnisse ['zɪçtfɛrhɛltnɪsə] *pl* visibilidad *f*
Sichtweite ['zɪçtvaɪtə] *f* alcance de la vista *m*
sickern ['zɪkərn] *v* rezumar, filtrarse
sie [ziː] *pron 1.* ella; *2. (feminin Plural)* ellas; *3. (maskulin Plural)* ellos
Sie [ziː] *pron 1. (Höflichkeitsform Singular)* usted; *2. (Plural)* ustedes
Sieb ['ziːp] *n* criba *f,* tamiz *m,* pasador *m,* colador *m*
Sieben ['ziːbən] *f* siete *m*
sieben¹ ['ziːbən] *num* siete
sieben² ['ziːbən] *v* cribar, tamizar, pasar
Siebenschläfer ['ziːbənʃlɛːfər] *m 1. (Tag)* 27 de Junio; *2. ZOOL* lirón *m*
siebte(r,s) ['ziːptə(r,s)] *adj* sé(p)timo
siebzehn ['ziːptseːn] *num* diecisiete
siebzehnte(r,s) ['ziːptseːntə(r,s)] *adj* decimosé(p)timo
siebzig ['ziːptsɪç] *num* setenta
Siebziger ['ziːptsɪgər] *pl 1. in den ~n sein (Mensch)* estar en los setenta, andar por los sesenta y pico años; *2. die ~ (Jahrzehnt)* los (años) setenta
siebzigste(r,s) ['ziːptsɪçstə(r,s)] *adj* septuagésimo
siechen ['ziːçən] *v* consumirse, extenuarse
siedeln ['ziːdəln] *v* colonizar, poblar
sieden ['ziːdən] *v* hervir
Siedepunkt ['ziːdəpuŋkt] *m* punto de ebullición *m*
Siedler(in) ['ziːdlər(ɪn)] *m/f* colono *m*
Siedlung ['ziːdluŋ] *f* colonización *f,* asentamiento *m*
Siedlungsgebiet ['ziːdluŋsgəbiːt] *n* zona de colonización *f*
Sieg [ziːk] *m* victoria *f,* triunfo *m*
Siegel ['ziːgəl] *n* sello *m*
siegen ['ziːgən] *v* vencer, triunfar
Sieger(in) ['ziːgər(ɪn)] *m/f* vencedor(a) *m/f,* triunfador(a) *m/f*

Siegerehrung ['ziːgəreːruŋ] *f* ceremonia de entrega del premio *f*
Siegesfeier ['ziːgəsfaɪər] *f* fiesta triunfal *f*, celebración de la victoria *f*
siegessicher ['ziːgəszɪçər] *adj 1.* seguro de la victoria, seguro del triunfo; *adv 2.* con la seguridad de la victoria
Siegestreffer ['ziːgəstrɛfər] *m SPORT* tanto del triunfo *m*
sieglos ['ziːkloːs] *adj* perdedor
Siegprämie ['ziːkprɛːmjə] *f* premio de la victoria *m*
siegreich ['ziːkraɪç] *adj* victorioso, triunfante
siezen ['ziːtsən] *v* tratar de usted
Signal [zɪg'naːl] *n* señal *f*
signalisieren [zɪgnali'ziːrən] *v* señalizar, señalar
Signallampe [zɪg'naːllampə] *f* lámpara de señales *f*
signieren [zɪg'niːrən] *v* firmar, rubricar
Silbe ['zɪlbə] *f* sílaba *f*
Silbenrätsel ['zɪlbənrɛːtsəl] *n* charada *f*
Silbentrennung ['zɪlbəntrɛnuŋ] *f* división en sílabas *f*
Silber ['zɪlbər] *n* plata *f*
Silberbergwerk ['zɪlbərbɛrkvɛrk] *n MIN* mina de plata *f*
Silberblick ['zɪlbərblɪk] *m* estrabismo *m*
Silberfischchen ['zɪlbərfɪʃçən] *n ZOOL* pececillo de plata *m*, lepisma *f*
Silberhochzeit ['zɪlbərhɔçtsaɪt] *f* bodas de plata *f/pl*
Silbermedaille ['zɪlbərmedaljə] *f SPORT* medalla de plata *f*
silbern ['zɪlbərn] *adj* de plata
silbrig ['zɪlbrɪç] *adj* plateado
Silhouette [zilu'ɛtə] *f* silueta *f*
Silikon [zili'koːn] *n CHEM* silicona *f*
Silizium [zi'liːtsjum] *n CHEM* silicio *m*
Silvester [zɪl'vɛstər] *n* víspera de Año Nuevo *f*, Noche Vieja *f*
simpel ['zɪmpəl] *adj* simple, sencillo
simplifizieren [zɪmplifi'tsiːrən] *v* simplificar
Sims [zɪms] *n* moldura *f*
Simulant(in) [zimu'lant(ɪn)] *m/f* simulador(a) *m/f*
Simulation [zimula'tsjoːn] *f* simulación *f*
simulieren [zimu'liːrən] *v* simular
simultan [zimul'taːn] *adj* simultáneo
Simultandolmetscher(in) [zimul'taːndɔlmɛtʃər(ɪn)] *m/f* intérprete simultáneo/intérprete simultánea *m/f*
Sinfonie [zɪnfo'niː] *f MUS* sinfonía *f*
Sinfonieorchester [zɪnfɔ'niːɔrkɛstər] *n MUS* orquesta sinfónica *f*
Singapur ['zɪŋgapuːr] *n GEO* Singapur *m*
singen ['zɪŋən] *v irr* cantar
Singen ['zɪŋən] *n* canto *m*
Single ['sɪŋgl] *f 1. (Tonträger)* disco sencillo *m; 2. (allein lebende Person)* soltero/soltera sin pareja *m/f*
Singledasein ['sɪŋgldaːzaɪn] *n* vida de soltero/soltera *f*
Singlehaushalt ['zɪŋglhaushalt] *m* hogar de soltero/soltera *m*
Singular ['zɪŋgulaːr] *m GRAMM* singular *m*
singulär [zɪŋgu'lɛːr] *adj* singular
Singvogel ['zɪŋfoːgəl] *m ZOOL* pájaro cantor *m*
sinken ['zɪŋkən] *v irr 1.* caer, descender; *2. (Preise)* bajar, caer; *3. (Schiff)* hundirse, irse a pique; *4. (fig)* decaer
Sinn [zɪn] *m 1. (Empfinden)* sentido *m; der sechste ~* el sexto sentido; *seine fünf ~e nicht beisammen haben* no estar en sus cabales; *nicht mehr Herr seiner ~e sein* no ser más dueño de sí mismo; *jdm nicht aus dem ~ gehen* no poder írsele de la cabeza de alguien; *jdm in den ~ kommen* ocurrírsele a alguien, venírsele a alguien a la mente; *nicht im ~ des Erfinders sein* no ser la intención del que lo inventó; *wie von ~en* como un loco, fuera de sí; *Danach steht mir nicht der ~.* Eso no me apetece. *2. (Empfänglichkeit)* sensibilidad *f; 3. (Bedeutung)* significado *m*, significación *f*, sentido *m; der ~ des Lebens* el sentido de la vida *m*
Sinnbild ['zɪnbɪlt] *n* símbolo *m*
sinnbildlich ['zɪnbɪltlɪç] *adj 1.* simbólico; *adv 2.* simbólicamente
sinnentleert ['zɪnɛntleːrt] *adj* sin sentido, carente de sentido
Sinnesänderung ['zɪnəsɛndəruŋ] *f* cambio de opinión *m*
Sinnesart ['zɪnəsart] *f* mentalidad *f*
Sinnesorgan ['zɪnəsɔrgaːn] *n* órgano sensorial *m*, sentidos *m/pl*
Sinnestäuschung ['zɪnəstɔyʃuŋ] *f* alucinación *f*, ilusión de los sentidos *f*
sinngemäß ['zɪngəmɛːs] *adj 1.* conforme al sentido; *adv 2.* en cuanto al sentido
sinnieren [zi'niːrən] *v* cavilar, rumiar
sinnig ['zɪnɪç] *adj* sensato, bien pensado
sinnigerweise [zɪnɪgər'vaɪzə] *adv* sensatamente
sinnlich ['zɪnlɪç] *adj* sensual

Sinnlichkeit ['zɪnlɪçkaɪt] *f* sensualidad *f*
sinnlos ['zɪnloːs] *adj* inútil, sin sentido, absurdo
Sinnlosigkeit ['zɪnloːzɪçkaɪt] *f* falta de sentido *f*, absurdo *m*
sinnreich ['zɪnraɪç] *adj* ingenioso
sinnverwandt ['zɪnfɛrvant] *adj* sinónimo
sinnvoll ['zɪnfɔl] *adj* que tiene sentido, razonable
sinnwidrig ['zɪnviːdrɪç] *adj* absurdo
Sinologie [sinolo'giː] *f* sinología *f*
Sintflut ['zɪntfluːt] *f* *REL* diluvio *m*
sintflutartig ['zɪntfluːtaːrtɪç] *adj* *METEO* como un diluvio
Sinus ['ziːnus] *m* *MATH* seno *m*
Siphon ['zifɔŋ] *m* sifón *m*
Sippe ['zɪpə] *f* estirpe *f*, clan *m*
Sippschaft ['zɪpʃaft] *f* *1. (Verwandschaft)* clan *m*; *2. (Bande)* ralea *f*, chusma *f*, gentuza *f*
Sirene [zi'reːnə] *f* sirena *f*
Sirup ['ziːrup] *m* jarabe *m*
Sisal ['ziːzal] *m* *BOT* sisal *m*
Sitte ['zɪtə] *f* *1. (Brauch)* costumbre *f*, tradición *f*; *2. (Sittlichkeit)* moral *f*
Sittenverfall ['zɪtənfɛrfal] *m* corrupción moral *f*, decadencia de las costumbres *f*
sittenwidrig ['zɪtənviːdrɪç] *adj* inmoral; *~ sein* ir contra las buenas costumbres
Sittich ['zɪtɪç] *m* *ZOOL* moral, ético
sittlich ['zɪtlɪç] *adj* moral, ético, decente
Sittlichkeit ['zɪtlɪçkaɪt] *f* moral *f*
sittsam ['zɪtzaːm] *adj* honesto, decente, recatado
Situation [zɪtua'tsjoːn] *f* situación *f*
situationsbedingt [zɪtua'tsjoːnsbədɪŋkt] *adj* condicionado por la situación
Situationskomik [zitua'tsjoːnskoːmɪk] *f* comicidad de una situación *f*
situiert [zitu'iːrt] *adj* situado; *gut ~ sein* tener una posición acomodada
Sitz [zɪts] *m* *1. (Platz)* lugar *m*, sitio *m*; *2. (Wohnsitz)* domicilio *m*, residencia *f*; *3. (Firmensitz) ECO* domicilio social *m*
Sitzblockade ['zɪtsblɔkaːdə] *f* sentada *f*
sitzen ['zɪtsən] *v irr 1.* estar sentado; *einen ~ haben* tener una mona (fam); *2. (Schule) ~ bleiben* repetir curso, repetir año (LA); *3. jdn ~ lassen (fig: im Stich lassen)* dejar plantado a alguien
Sitzfleisch ['zɪtsflaɪʃ] *n* *~ haben* tener paciencia
Sitzgelegenheit ['zɪtsgəleːgənhaɪt] *f* asiento *m*
Sitzgruppe ['zɪtsgrupə] *f* tresillo *m*
Sitzordnung ['zɪtsɔrdnuŋ] *f* distribución de los asientos *f*
Sitzplatz ['zɪtsplats] *m* asiento *m*
Sitzstreik ['zɪtsʃtraɪk] *m* huelga de brazos caídos *f*
Sitzung ['zɪtsuŋ] *f* sesión *f*, reunión *f*, asamblea *f*
Sizilianer(in) [zitsi'ljaːnər(ɪn)] *m/f* siciliano/siciliana *m/f*
sizilianisch [zitsi'ljaːnɪʃ] *adj* siciliano
Sizilien [zi'tsiːljən] *n* *GEO* Sicilia *f*
Skala ['skaːla] *f* escala *f*
skalpieren [skal'piːrən] *v* arrancar el cuero cabelludo
Skandal [skan'daːl] *m* escándalo *m*; *ein großer ~* un escándalo padre *m*; *~ machen* dar un espectáculo, hacer escándalo
skandalös [skanda'løːs] *adj* escandaloso
Skandinavien [skandi'naːvjən] *n* *GEO* Escandinavia *f*, Países Escandinavos *m/pl*
Skat [skaːt] *m* skat *m*
Skelett [ske'lɛt] *n* *ANAT* esqueleto *m*
Skepsis ['skɛpsɪs] *f* escepticismo *m*
Skeptiker(in) ['skɛptɪkər(ɪn)] *m/f* escéptico/escéptica *m/f*
skeptisch ['skɛptɪʃ] *adj* escéptico
Ski [ʃiː] *m* esquí *m*; *~ fahren* esquiar
Skianzug ['ʃiːantsuːk] *m* traje de esquiar *m*
Skifahrer(in) ['ʃiːfaːrər(ɪn)] *m/f* esquiador(a) *m/f*
Skigebiet ['ʃiːgəbiːt] *n* zona de esquí *f*
Skilaufen ['ʃiːlaufən] *n* *SPORT* esquí de fondo *m*
Skilehrer(in) ['ʃiːleːrər(ɪn)] *m/f* *SPORT* profesor(a) de esquí *m/f*
Skilift ['ʃiːlɪft] *m* telesquí *m*
Skipass ['ʃiːpas] *m* autorización para esquiar *m*
Skirennen ['ʃiːrɛnən] *n* carrera de esquí *f*
Skischuh ['ʃiːʃuː] *m* bota de esquiar *f*
Skizze ['skitsə] *f* bosquejo *m*, croquis *m*, boceto *m*
skizzieren [skɪ'tsiːrən] *v* *1.* esbozar, bosquejar; *2. (Plan)* esbozar
Sklave ['sklaːvə] *m* esclavo *m*
Sklaverei [sklaːvə'raɪ] *f* esclavitud *f*
sklavisch ['sklaːvɪʃ] *adj* esclavo
Skonto ['skɔnto] *n/m* *ECO* descuento *m*
Skorbut [skɔr'buːt] *m* *MED* escorbuto *m*
Skorpion [skɔr'pjoːn] *m* escorpión *m*
Skrupel ['skruːpəl] *m* escrúpulo *m*
skrupellos ['skruːpəlloːs] *adj 1.* sin escrúpulos, cruel; *adv 2.* sin escrúpulos, desaprensivamente

Skrupellosigkeit ['skruːpəlloːzɪçkaɪt] *f* falta de escrúpulos *f,* desaprensión *f*
Skulptur [skulp'tuːr] *f ART* escultura *f*
skurril [sku'riːl] *adj* grotesco, bufón, burlesco
Slalom ['slaːlɔm] *m SPORT* eslalom *m*
Slawe ['slaːvə] *m* eslavo *m*
Slawin ['slaːvɪn] *f* eslava *f*
slawisch ['slaːvɪʃ] *adj* eslavo
Slip [slɪp] *m 1. (Herrenslip)* calzonzillo *m; 2. (Damenslip)* braga *f*
Slowakei [slova'kaɪ] *f die ~ GEO* Eslovaquia *f*
slowakisch [slo'vaːkɪʃ] *adj* eslovaco
Slowenien [slo'veːnjən] *n GEO* Eslovenia *f*
slowenisch [slo'veːnɪʃ] *adj* esloveno
Smaragd [sma'rakt] *m MIN* esmeralda *f*
smaragdgrün [sma'raktgryːn] *adj* verde esmeralda *m*
Smog [smɔk] *m* nube de humo y gases *f,* smog *m*
Smoking ['smoːkɪŋ] *m* esmoquin *m,* smoking *m*
snobistisch [sno'bɪstɪʃ] *adj* (e)snob *m*
Snowboard ['snəʊbɔːd] *m SPORT* snowboard *m*
snowboarden ['snəʊbɔːdən] *v* snowboard *m*
so [zoː] *pron 1.* tal; *konj 2.* así que, de modo que, de manera que; *adv 3.* así, de este modo, de esta manera; *Mir ist es ~, als ob ...* Me siento como si ... *Na ~ was!* ¡Pero que increíble!/¡Parece mentira! *nicht ~ ganz* no del todo; *~ genannt* llamado; *4. ~ viel* tanto, demasiado; *Sie haben ~ viel getrunken, dass sie am nächsten Tag Kopfschmerzen hatten.* Bebieron tanto que, al día siguiente, tuvieron dolores de cabeza. *5. ~ weit* en cuanto; *6. ~ weit für* preparado para, dispuesto para
sobald [zo'balt] *konj* tan pronto como, en cuanto
Socke ['zɔkə] *f* calcetín *m; sich auf die ~n machen (fam)* ahuecar el ala; *von den ~n sein* estar alucinado, quedarse pasmado; *Mir qualmen schon die ~n!* ¡Tengo ya los pies reventados!
Sockel ['zɔkəl] *m* zócalo *m*
Soda ['zoːda] *n GAST* soda *f*
Sodawasser ['zoːdavasər] *n* soda *f*
Sodbrennen ['zoːtbrɛnən] *n MED* acidez estomacal *f,* pirosis *f*
soeben [zo'eːbən] *adv* ahora mismo, en este instante; *Er hat ~ den Brief abgeschickt.* Él acaba de enviar la carta.
Sofa ['zoːfa] *n* sofá *m*
sofern [zo'fɛrn] *konj* en tanto que, siempre que, si es que
sofort [zo'fɔrt] *adv* enseguida, inmediatamente, al instante
Sofortbildkamera [zo'fɔrtbɪltkaməra] *f* cámara de fotos al instante *f*
Soforthilfe [zo'fɔrthɪlfə] *f* ayuda inmediata *f*
sofortig [zo'fɔrtɪç] *adj* inmediato, instantáneo
Sofortmaßnahme [zo'fɔrtmaːsnaːmə] *f* medida inmediata *f,* medida de emergencia *f*
Software ['zɔftvɛər] *f INFORM* soporte lógico *m,* software *m*
Sog [zoːk] *m* succión *f*
sogar [zo'gaːr] *adv* incluso, y aun
sogleich [zo'glaɪç] *adv (siehe "sofort")*
Sohle ['zoːlə] *f 1. (Schuhsohle)* suela *f; auf leisen ~n* de puntillas, sigilosamente; *eine kesse ~ aufs Parkett legen (fam)* echarse un baile; *sich an jds ~n heften* pegarse a los talones de alguien; *2. (Fußsohle) ANAT* planta del pie *f; 3. MIN* solera *f*
Sohn [zoːn] *m* hijo *m; wie der Vater so der ~* de tal padre, tal hijo; *der verlorene ~* el hijo pródigo
Soja ['zoːja] *f BOT* soja *f*
Sojamehl ['zoːjameːl] *n GAST* harina de soja *f*
Sojasoße ['zoːjazoːsə] *f GAST* salsa de soja *f*
solange [zo'laŋə] *konj* mientras, en tanto que
Solarauto [zo'laːrauto] *n* automovil solar *m*
Solarenergie [zo'laːrenɛrgiː] *f TECH* energía solar *f*
Solarium [zo'laːrjum] *n* solario *m*
Solarzelle [zo'laːrtsɛlə] *f TECH* célula solar *f*
solche(r,s) ['zɔlçə(r,s)] *pron 1.* tal, semejante; *adj 2.* tal, semejante
Sold [zɔlt] *m MIL* paga *f,* solfada *f*
Soldat(in) [zɔl'daːt(ɪn)] *m/f* soldado *m*
Soldatenfriedhof [zɔl'daːtənfriːthoːf] *m* cementerio de guerra *m,* cementerio militar *m*
soldatisch [zɔl'daːtɪʃ] *adj MIL* de soldado, militarista
Söldner ['zœldnər] *m* mercenario *m*
solidarisch [zoli'daːrɪʃ] *adj* solidario; *sich mit jdm ~ erklären* hacer causa común con alguien
solidarisieren [zolidari'ziːrən] *v sich ~* solidarizarse

Solidarität [zolidari'tɛːt] *f* solidaridad *f*
Solidaritätszuschlag [zolidari'tɛːtstsuːʃlaːk] *m POL* impuesto de solidaridad a la ex RDA *m*
solide [zo'liːdə] *adj* sólido, duradero
Solidität [zolidi'tɛːt] *f 1. (Charakter)* seriedad *f,* formalidad *f,* respetabilidad *f; 2. (Bauweise)* buena construcción *f; 3. (Fundiertheit)* solidez *f*
Solist(in) [zo'lɪst(ɪn)] *m/f MUS* solista *m/f*
Soll [zɔl] *n ECO* debe *m,* débito *m,* pasivo *m*
sollen ['zɔlən] *v irr (Pflicht)* deber; *Du sollst deinen Nächsten lieben wie dich selbst.* Debes amar a tu prójimo como a ti mismo. *Du solltest nicht rauchen.* No deberías fumar. *Er soll krank sein.* Dicen que está enfermo. *Soll ich?* ¿Puedo? *Was soll das?* ¿Qué significa eso? *Was soll das kosten?* ¿Cuánto va a costar esto?
Sollstärke ['zɔlʃtɛrkə] *f* efectivo previsto *m*
Solo ['zoːlo] *n* solo *m; 2. (Alleingang) SPORT* solo *m*
Solostimme ['zoːloʃtɪmə] *f MUS* solista *m*
Somalia [zo'maːlja] *n GEO* Somalia *f*
somit [zo'mɪt] *konj* así pues, por consiguiente
Sommer ['zɔmər] *m* verano *m; Eine Schwalbe macht noch keinen ~.* Una golondrina no hace verano.
Sommerfahrplan ['zɔmərfaːrplaːn] *m* horario de verano *m*
Sommerferien ['zɔmərfeːrjən] *pl* vacaciones de verano *f/pl*
Sommerkleidung ['zɔmərklaɪduŋ] *f* ropa de verano *f*
sommerlich ['zɔmərlɪç] *adj* veraniego, de verano
Sommerloch ['zɔmərlɔx] *n (fam)* época veraniega de pocas noticias *f*
Sommerpause ['zɔmərpauzə] *f 1.* descanso veraniego *m; 2. POL* período de clausura *m*
Sommerschlussverkauf ['zɔmərʃlusfɛrkauf] *m* rebajas de verano *f/pl,* liquidación total de verano *f*
Sommersprosse ['zɔmərʃprɔsə] *f* peca *f*
Sommerzeit ['zɔmərtsaɪt] *f* hora de verano *f*
Sonate [zo'naːtə] *f MUS* sonata *f*
Sonde ['zɔndə] *f TECH* sonda *f*
Sonderangebot ['zɔndərangəboːt] *n* oferta especial *f,* oferta extraordinaria *f*
Sonderausgabe ['zɔndərausgaːbə] *f* edición especial *f*
sonderbar ['zɔndərbaːr] *adj 1.* extraordinario, singular; *adv 2.* singularmente, de manera particular
Sonderbeauftragte(r) ['zɔndərbəauftraːktə(r)] *m/f* representante especial *m/f,* representante extraordinario *m/f*
Sonderfahrt ['zɔndərfaːrt] *f* viaje extraordinario *m*
Sonderfall ['zɔndərfal] *m* caso especial *m,* caso extraordinario *m*
Sondergenehmigung ['zɔndərgəneːmɪguŋ] *f* autorización especial *f*
Sonderheft ['zɔndərhɛft] *n* número extraordinario *m*
sonderlich ['zɔndərlɪç] *adj 1. (sonderbar)* raro, extraño; *2. (besonders)* especial
Sonderling ['zɔndərlɪŋ] *m* estrafalario *m*
Sondermüll ['zɔndərmyl] *m* desechos tóxicos *m/pl*
sondern ['zɔndərn] *konj* sino; *Der Zug fährt nicht heute, ~ morgen.* El tren no parte hoy, sino mañana.
Sonderrecht ['zɔndərrɛçt] *n* privilegio *m,* derecho exclusivo *m*
Sondersendung ['zɔndərzɛnduŋ] *f* emisión especial *f*
Sonderwünsche ['zɔndərvynʃə] *pl* deseos especiales *m/pl*
Sonderzeichen ['zɔndərtsaɪçən] *n INFORM* carácter especial *m*
sondieren [zɔn'diːrən] *v* sondar, sondear
Sondierung [zɔn'diːruŋ] *f* sondeo *m*
Sonnabend ['zɔnaːbənt] *m* sábado *m*
sonnabends ['zɔnaːbənts] *adv* los sábados
Sonne ['zɔnə] *f* sol *m*
sonnen ['zɔnən] *v sich ~* tomar el sol, asolearse (LA)
Sonnenaufgang ['zɔnənaufgaŋ] *m* salida del sol *f*
Sonnenbad ['zɔnənbaːt] *n* baño de sol *m*
Sonnenblume ['zɔnənbluːmə] *f BOT* girasol *m*
Sonnenbrand ['zɔnənbrant] *m* quemadura del sol *f*
Sonnenbräune ['zɔnənbrɔynə] *f* moreno *m*
Sonnenbrille ['zɔnənbrɪlə] *f* gafas de sol *f/pl,* lentes de sol *m/pl* (LA)
Sonnencreme ['zɔnənkreːmə] *f* crema bronceadora *f*
Sonnenenergie ['zɔnənenɛrgiː] *f TECH* energía solar *f*
Sonnenfinsternis ['zɔnənfɪnstərnɪs] *f* eclipse solar *m*

sonnenklar ['zɔnənklaːr] *adj (fig)* evidente, obvio; *Das ist ~.* Eso es claro como el agua.
Sonnenkollektor ['zɔnənkɔlɛktɔr] *m TECH* panel solar *m,* colector solar *m*
Sonnenlicht ['zɔnənlɪçt] *n* luz del sol *f*
Sonnenöl ['zɔnənøːl] *n* aceite bronceador *m*
Sonnenschein ['zɔnənʃaɪn] *m* rayo de sol *m*
Sonnenschirm ['zɔnənʃɪrm] *m* sombrilla *f*
Sonnenstich ['zɔnənʃtɪç] *m MED* insolación *f*
Sonnenstrahl ['zɔnənʃtraːl] *m* rayo de sol *m*
Sonnensystem ['zɔnənzysteːm] *n ASTR* sistema solar *f*
Sonnenuhr ['zɔnənuːr] *f* reloj de sol *m*
Sonnenuntergang ['zɔnənuntərgaŋ] *m* puesta del sol *f,* ocaso *m*
sonnig ['zɔnɪç] *adj 1.* soleado; *2. (fig)* risueño, radiante
Sonntag ['zɔntaːk] *m* domingo *m*
sonntäglich ['zɔntɛːklɪç] *adj* dominical
sonntags ['zɔntaːks] *adv* los domingos
Sonntagskind ['zɔntaːkskɪnt] *n* niño nacido en domingo *m*
Sonntagsruhe ['zɔntaːksruːə] *f* descanso dominical *m*
sonst [zɔnst] *adv* (de lo) contrario, si no, de otro modo, sinó (LA)
sonstig ['zɔnstɪç] *adj* otro
sooft [zo'ɔft] *konj* siempre que, cada vez que
Sopran [zo'praːn] *m MUS* soprano *m*
Sopranistin [zopra'nɪstɪn] *f MUS* soprano *f*
Sorbett [zɔr'beː] *n GAST* sorbete *m*
Sorge ['zɔrgə] *f 1. (Kummer)* pena *f,* preocupación *f; seine ~n vertreiben* ahogar las penas; *2. (Pflege)* solicitud *f,* cuidado *m*
sorgen ['zɔrgən] *v 1. sich ~ um jdn* preocuparse por alguien; *2. ~ für jdn* atender a alguien, cuidar a alguien, cuidar de alguien; *3. ~ für etw* procurar algo, proporcionar algo; *Dafür ist gesorgt.* Eso ya está arreglado.
sorgenfrei ['zɔrgənfraɪ] *adj* sin preocupaciones
Sorgenkind ['zɔrgənkɪnt] *n (fig)* preocupación *f,* pesar *m*
sorgenvoll ['zɔrgənfɔl] *adj 1.* lleno de preocupaciones; *adv 2.* muy preocupado
Sorgerecht ['zɔrgərɛçt] *n JUR* custodia de los hijos *f,* derecho de guarda *m*
Sorgfalt ['zɔrkfalt] *f* cuidado *m*
sorgfältig ['zɔrkfɛltɪç] *adj 1.* cuidadoso; *adv 2.* cuidadosamente, con cuidado
sorglos ['zɔrkloːs] *adj* despreocupado, descuidado, negligente
sorgsam ['zɔrkzaːm] *adj 1.* cuidadoso; *adv 2.* cuidadosamente, con cuidado
Sorte ['zɔrtə] *f* clase *f,* especie *f,* género *m,* tipo *m*
Sorten ['zɔrtən] *pl FIN* monedas extranjeras *f/pl*
Sortenkurs ['zɔrtənkurs] *m FIN* cambio de monedas extranjeras *m,* cotización de monedas extranjeras *f*
sortieren [zɔr'tiːrən] *v* separar, escoger
Sortiment [zɔrti'mɛnt] *n* surtido *m*
sosehr [zo'zeːr] *konj* por más que, por mucho que
Soße ['zoːsə] *f GAST* salsa *f*
Soufflé [zu'fleː] *n GAST* soufflé *m*
Souffleur [su'fløːr] *m THEAT* apuntador *m*
Souffleuse [su'fløːsə] *f THEAT* apuntadora *f*
soufflieren [su'fliːrən] *v* apuntar
Souvenir [zuvə'niːr] *n* recuerdo *m*
Souvenirladen [zuvə'niːrlaːdən] *m* tienda de recuerdos *f*
souverän [suvə'rɛːn] *adj* soberano
Souveränität [suːvərɛːni'tɛːt] *f POL* soberanía *f*
soweit [zo'vaɪt] *konj 1.* en cuanto; *adv 2.* preparado para, dispuesto a
sowie [zo'viː] *konj* así como
sowieso [zovi'zoː] *adv* en todo caso, de todas maneras, de todos modos
sowjetisch [sɔ'vjɛtɪʃ] *adj HIST* soviético
Sowjetunion [zɔ'vjɛtunjoːn] *f HIST* Unión Soviética *f*
sowohl [zo'voːl] *konj ~ als auch* tanto ... como, no sólo ... sino también; *Es ist warm, ~ in Sevilla, als auch in Barcelona.* Hace calor tanto en Sevilla como en Barcelona
sozial [zo'tsjaːl] *adj* social
Sozialabgaben [zo'tsjaːlapgaːbən] *pl* cargas sociales *f/pl*
Sozialamt [zo'tsjaːlamt] *n* oficina de asistencia social *f*
Sozialdemokratie [zo'tsjaːldemokratiː] *f POL* socialdemocracia *f*
Sozialfall [zo'tsjaːlfal] *m* receptor de asistencia social *m*
Sozialgericht [zo'tsjaːlgərɪçt] *n JUR* tribunal de la seguridad social *m*
Sozialhilfe [zo'tsjaːlhɪlfə] *f* asistencia social *f*

Sozialisation [zotsjaliza'tsjoːn] *f* socialización *f*
Sozialismus [zo'tsjalɪsmus] *m POL* socialismo *m*
Sozialist(in) [zotsja'lɪst(ɪn)] *m/f POL* socialista *m/f*
sozialkritisch [zo'tsjaːlkritɪʃ] *adj* de crítica social
Sozialpädagoge [zo'tsjaːlpɛdagoːgə] *m* pedagogo social *m*
Sozialpädagogin [zo'tsjaːlpɛdagoːgɪn] *f* pedagoga social *f*
Sozialpolitik [zo'tsjaːlpolitiːk] *f POL* política social *f*
Sozialprodukt [zo'tsjaːlprɔdukt] *n ECO* producto nacional *m*
Sozialstaat [zo'tsjaːlʃtaːt] *m POL* Estado social *m*
Sozialversicherung [zo'tsjaːlfɛrzɪçəruŋ] *f* seguro social *m,* seguridad social *f*
Sozialwohnung [zo'tsjaːlvoːnuŋ] *f* vivienda social *f*
Soziologe [zotsjo'loːgə] *m* sociólogo *m*
Soziologie [zotsjolo'giː] *f* sociología *f*
soziologisch [zotsjo'loːgɪʃ] *adj* sociológico
Sozius ['zotsjus] *m ECO* socio *m,* asociado *m*
sozusagen ['zoːtsuzaːgən] *adv* por decirlo así, por así decir
Spachtel ['ʃpaxtəl] *m 1. (Werkzeug)* espátula *f; 2. (Füllstoff)* masilla *f*
spachteln ['ʃpaxtəln] *v 1.* alisar, tapar; *2. (fam: essen)* tragar, devorar
Spagat [ʃpa'gaːt] *m* spagat *m*
Spaghetti [ʃpa'gɛti] *pl* espaguetis *m*
spähen ['ʃpɛːən] *v 1.* otear; *2. MIL* espiar, vigilar
Späher ['ʃpɛːər] *m 1.* espía *f; 2. (Posten) MIL* vigía *f*
Spalier [ʃpa'liːr] *n 1. (Wein)* parral *m,* emparrado *m; 2. (fig: Ehrengasse)* calle honorífica *m*
Spalt [ʃpalt] *m* hendidura *f,* hendedura *f*
Spalte ['ʃpaltə] *m 1. (Gletscherspalte)* grieta *f; 2. (Zeitungsspalte)* columna *f*
spalten ['ʃpaltən] *v irr 1. (auseinander brechen)* partir en dos, romper en dos, quebrar; *2. (fig: teilen)* dividir, desunir, separar; *3. PHYS* desintegrar, fisionar
Spaltung ['ʃpaltuŋ] *f 1. (Auseinanderbrechen)* rompimiento *m,* quebrantamiento *m; 2. (fig: Teilung)* división *f; 3. PHYS* fisión *m,* desintegración *f*

Span [ʃpaːn] *m* astilla *f*
Spanferkel ['ʃpaːnfɛrkəl] *n ZOOL* lechón *m,* cochinillo *m*
Spange ['ʃpaŋə] *f 1. (Haarspange)* pasador *m; 2. (Schließe)* hebilla *f*
Spanien ['ʃpaːnjən] *n GEO* España *f*
Spanier(in) ['ʃpaːnjər(ɪn)] *m/f* español(a) *m/f*
spanisch ['ʃpaːnɪʃ] *adj* español; *Das kommt mir ~ vor.* Me suena a ruso./No entiendo nada.
Spann ['ʃpan] *m ANAT* empeine *m*
Spanne ['ʃpanə] *f 1. (Zeitraum)* lapso *m,* período *m,* tiempo *m; 2. (Unterschied)* diferencia *f; 3. (Preisspanne) ECO* margen *m*
spannen ['ʃpanən] *v* tender, tirar
spannend ['ʃpanənt] *adj* emocionante, de suspense
Spannkraft ['ʃpankraft] *f 1. PHYS* energía potencial *f; 2. (fig)* energía *f*
Spannung ['ʃpanuŋ] *f 1. (fig)* expectación *f; 2. TECH* tensión *f; Wie hoch ist die elektrische ~ hier?* ¿Qué voltaje hay aquí?
Spannungsfeld ['ʃpanuŋsfɛlt] *n 1. TECH* campo de tensión *m; 2. (fig)* tensión *f*
Spannungsgebiet ['ʃpanuŋsgəbiːt] *n POL* zona de conflicto *f,* zona de crisis *f,* polvorín *m*
Spannweite ['ʃpanvaɪtə] *f* envergadura *f,* abertura *f*
Sparbuch ['ʃpaːrbuːx] *n* libreta de ahorro *f*
Sparbüchse ['ʃpaːrbyksə] *f* hucha *f,* alcancía *f*
Spareinlage ['ʃpaːraɪnlaːgə] *f ECO* depósitos de ahorro *m/pl*
sparen ['ʃpaːrən] *v* ahorrar, economizar
Sparer(in) ['ʃpaːrər(ɪn)] *m/f* ahorrador(a) *m/f*
Spargel ['ʃpargəl] *m BOT* espárrago *m*
Sparkasse ['ʃpaːrkasə] *f* caja de ahorros *f*
spärlich ['ʃpɛrlɪç] *adj* escaso, exiguo, pobre
Sparmaßnahme ['ʃparmaːsnaːmə] *f* medidas económicas *f/pl,* medidas de austeridad *f/pl*
Sparren ['ʃparən] *m* cabrio *m*
sparsam ['ʃparzaːm] *adj* ahorrativo, económico
Sparsamkeit ['ʃparzaːmkaɪt] *f* economía *f,* austeridad *f*
spartanisch [ʃpar'taːnɪʃ] *adj 1.* espartano; *adv 2.* a modo espartano
Sparte ['ʃpartə] *f 1.* sector *m,* rama *f; 2. (in der Zeitung)* sección *f*

Spaß [ʃpaːs] *m 1. (Witz)* chiste *m; ~ verstehen* tener correa; *2. (Vergnügen)* diversión *f; ein teurer ~ sein* ser un vicio muy caro; *sich einen ~ daraus machen* divertirse/pasárselo bien; *seinen ~ mit jdm treiben* burlarse de alguien; *Da hört aber der ~ auf!* ¡Eso ya no tiene gracia!
spaßen ['ʃpaːsən] *v* bromear, chancear; *Damit ist nicht zu ~!* ¡Con eso no se juega!
spaßeshalber ['ʃpaːsəshalbər] *adv* en broma
spaßig ['ʃpaːsɪç] *adj* divertido, chistoso
Spaßvogel ['ʃpaːsfoːgəl] *m* bromista *m*, chancero *m*
spastisch ['ʃpastɪʃ] *adj MED* espástico
spät [ʃpɛːt] *adj 1.* tardío; *adv 2.* tarde
spätabends [ʃpɛːt'aːbənts] *adv* a última hora de la tarde, a la caida de la noche
Spätdienst ['ʃpɛːtdiːnst] *m* servicio noturno *m*
Spaten ['ʃpaːtən] *m* pala *f*, laya *f* (LA)
später ['ʃpɛːtər] *adv* más tarde, más adelante
spätestens ['ʃpɛːtəstəns] *adv* a más tardar
Spätfolge ['ʃpɛːtfɔlgə] *f* efecto tardío *m*
Spätlese ['ʃpɛːtleːzə] *f GAST* cosecha tardía *f*
Spätschicht ['ʃpɛːtʃɪçt] *f* turno de la tarde *m*
Spätvorstellung ['ʃpɛːtfoːrʃtɛluŋ] *f THEAT* sesión de noche
Spatz [ʃpats] *m ZOOL* gorrión *m; essen wie ein ~* comer como un pajarito
Spätzle ['ʃpɛtslə] *pl GAST* pasta de huevo típica de Suabia
spazieren [ʃpa'tsiːrən] *v* pasear, dar un paseo; *~ gehen* ir a pasear, salir a pasear
spazieren fahren [ʃpa'tsiːrənfaːrən] *v irr* dar una vuelta en coche
Spazierfahrt [ʃpa'tsiːrfaːrt] *f* paseo en coche *m*, paseo en un vehículo *m*
Spaziergang [ʃpa'tsiːrgaŋ] *m* paseo *m*, vuelta *f; einen ~ machen* dar un paseo
Spaziergänger(in) [ʃpa'tsiːrgɛŋər(ɪn)] *m/f* paseante *m/f*
Spazierweg [ʃpa'tsiːrveːk] *m* paseo *m*
Specht [ʃpɛçt] *m ZOOL* pájaro carpintero *m*
Speck [ʃpɛk] *m GAST* tocino *m; sich fühlen wie die Made im ~* estar a sus anchas
speckig ['ʃpɛkɪç] *adj 1. (Papier)* pringoso; *2. (dick)* gordo
Spediteur [ʃpedi'tøːr] *m* agente de transportes *m*, transportista *m*, comisionista *m*
Spedition [ʃpedi'tsjoːn] *f 1. ECO* expedición *f*, despacho *m*, remesa *f; 2. (Firma)* agencia de transportes *f*
Speer [ʃpeːr] *m* lanza *f*
Speerwerfen ['ʃpeːrvɛrfən] *n SPORT* lanzamiento de jabalina *m*
Speerwerfer(in) ['ʃpeːrvɛrfər(ɪn)] *m/f SPORT* lanzador(a) de jabalina *m/f*
Speiche ['ʃpaɪçə] *f (Radspeiche)* rayo *m*
Speichel ['ʃpaɪçəl] *m* saliva *f*
Speicher ['ʃpaɪçər] *m 1. (Lager)* depósito *m*, almacén *m; 2. (Dachboden)* desván *m; 3. INFORM* memoria *f*
Speicherkapazität ['ʃpaɪçərkapatsitɛːt] *f INFORM* capacidad de memoria *f*
speichern ['ʃpaɪçərn] *v 1. (einlagern)* almacenar, depositar; *2. INFORM* memorizar
Speicherplatz ['ʃpaɪçərplats] *m INFORM* matriz de la memoria *f*
Speicherung ['ʃpaɪçəruŋ] *f 1.* almacenamiento *m; 2. INFORM* memorizar
speien ['ʃpaɪən] *v irr 1. (spucken)* escupir, esputar, espectorar; *2. (erbrechen)* vomitar, arrojar
Speise ['ʃpaɪzə] *f* alimento *m*, comida *f*
Speiseeis ['ʃpaɪzəaɪs] *n GAST* helado *m*
Speisekammer ['ʃpaɪzəkamər] *f* despensa *f*
Speisekarte ['ʃpaɪzəkartə] *f* lista de platos *f*, menú *m*
speisen ['ʃpaɪzən] *v 1. (essen)* comer; *2. (zuführen)* alimentar con
Speisenfolge ['ʃpaɪzənfɔlgə] *f* menú *m*
Speiseöl ['ʃpaɪzəøːl] *n* aceite comestible *m*
Speiseplan ['ʃpaɪzəplaːn] *m 1. (wöchentlich)* menú semanal *m; 2. (monatlich)* menú mensual *m*
Speiseröhre ['ʃpaɪzərøːrə] *f ANAT* esófago *m*
Speisesaal ['ʃpaɪzəzaːl] *m* comedor *m*
Speisewagen ['ʃpaɪzəvaːgən] *m* coche restaurante *m*, vagón restaurante *m*
Speisezettel ['ʃpaɪzətsɛtəl] *m* lista de platos *f*
Speisezimmer ['ʃpaɪzətsɪmər] *n* comedor *m*
Spektakel [ʃpɛk'taːkəl] *n 1. (Lärm)* ruido *m*, estrépito *m; 2. (Aufregung)* alboroto *m*
spektakulär [ʃpɛktaku'lɛːr] *adj* espectacular
Spektrum ['ʃpɛktrum] *n (fig)* espectro *m*, gama *f*
Spekulant(in) [ʃpɛku'lant(ɪn)] *m/f FIN* especulador(a) *m/f*

Spekulation [ʃpɛkula'tsjo:n] *f* especulación *f*
Spekulationsgeschäft [ʃpɛkula'tsjo:nsgəʃɛ:ft] *n* *FIN* operación especulativa *f*
spekulativ [ʃpɛkula'ti:f] *adj* especulativo
spekulieren [ʃpɛku'li:rən] *v* *FIN* especular
spendabel [ʃpɛn'da:bəl] *adj* liberal, generoso
Spende ['ʃpɛndə] *f* donativo *m*, dádiva *f*
spenden ['ʃpɛndən] *v* donar, dar
Spendenaktion ['ʃpɛndənaktsjo:n] *f* acción de donativos *f*
Spendenkonto ['ʃpɛndənkɔnto] *n* cuenta para donativos *f*
Spender(in) ['ʃpɛndər(ɪn)] *m/f* donador(a) *m/f*, dador(a) *m/f*
spendieren [ʃpɛn'di:rən] *v* regalar, ofrecer
Sperber ['ʃpɛrbər] *m* *ZOOL* gavilán *m*
Sperling ['ʃpɛrlɪŋ] *m* *ZOOL* gorrión *m*, pardal *m*
Sperma ['ʃpɛrma] *n* *BIO* esperma *m*
Sperrbezirk ['ʃpɛrbətsɪrk] *m* zona prohibida *f*
Sperre ['ʃpɛrə] *f* *1. (Vorrichtung)* barrera *f*, cierre *m*; *2. (Verbot)* prohibición *f*; *3. (Embargo)* *POL* embargo *m*
sperren ['ʃpɛrən] *v* *1. (abriegeln)* acordonar; *2. (verbieten)* prohibir, vedar, impedir; *3. (Konto)* *ECO* congelar, bloquear
Sperrgebiet ['ʃpɛrgəbi:t] *n* zona prohibida *f*
Sperrgut ['ʃpɛrgu:t] *n* mercancías de gran bulto *f/pl*, mercancías voluminosas *f/pl*
Sperrholz ['ʃpɛrhɔlts] *n* madera terciada *f*
sperrig ['ʃpɛrɪç] *adj* voluminoso, de mucho bulto
Sperrmüll ['ʃpɛrmyl] *m* residuos de mucho bulto *m/pl*, artículos del hogar en desuso *m/pl*
Sperrsitz ['ʃpɛrzɪts] *m* *1. (im Kino)* butaca de platea *f*; *2. (im Zirkus)* butaca en las primeras filas *f*
Sperrstunde ['ʃpɛrʃtundə] *f* hora de cierre *f*
Sperrzone ['ʃpɛrtso:nə] *f* zona prohibida *f*
Spesen ['ʃpe:zən] *pl* costes *m/pl*, comisión *f*, gastos *m/pl*
spesenfrei ['ʃpe:zənfraɪ] *adj* libre de gastos
spezial [ʃpe'tsja:l] *adj* especial, particular
Spezialgebiet [ʃpe'tsja:lgəbi:t] *n* *(fig)* especialidad *f*
spezialisieren [ʃpetsjali'zi:rən] *v* *sich ~* especializarse
Spezialisierung [ʃpetsjali'zi:ruŋ] *f* especialización *f*
Spezialist(in) [ʃpetsja'lɪst(ɪn)] *m/f* especialista *m/f*
Spezialität [ʃpetsjali'tɛ:t] *f* especialidad *f*
speziell [ʃpe'tsjɛl] *adj* *1.* especial, particular; *adv* *2.* especialmente, en especial
Spezies ['ʃpe:tsjɛs] *f* *BIO* especie *f*
spezifisch [ʃpe'tsi:fɪʃ] *adj* específico
spezifizieren [ʃpetsifi'tsi:rən] *v* especificar
Spezifizierung [ʃpetsifi'tsi:ruŋ] *f* especificación *f*
Sphäre ['sfɛ:rə] *f* *1. ASTR* esfera *f*; *2. (fig)* ámbito *m*, entorno *m*, círculo *m*
spicken ['ʃpɪkən] *v* *1. (abschreiben)* copiar, plagiar; *2. GAST* mechar
Spickzettel ['ʃpɪktsɛtəl] *m* chuleta *f*
Spiegel ['ʃpi:gəl] *m* espejo *m*; *jdm den ~ vorhalten (fig)* enseñarle a uno su verdadero yo, poner a alguien en frente de su propia realidad
Spiegelbild ['ʃpi:gəlbɪlt] *n* imagen invertida *f*, imagen reflejada *f*
spiegelbildlich ['ʃpi:gəlbɪltlɪç] *adj* de imagen invertida
spiegelblank ['ʃpi:gəlblaŋk] *adj* terso, limpio como un espejo
Spiegelei ['ʃpi:gəlaɪ] *n* *GAST* huevo frito *m*
spiegeln ['ʃpi:gəln] *v* *sich ~* reflejarse
Spiegelreflexkamera ['ʃpi:gəlrɛflɛkskamərа] *f* *FOTO* cámara reflex *f*
Spiegelschrank ['ʃpi:gəlʃraŋk] *m* *1.* armario con espejo *m*; *2. (im Bad)* tocador *m*
Spiegelung ['ʃpi:gəluŋ] *f* reflejo *m*, reflexión *f*
spiegelverkehrt ['ʃpi:gəlfɛrke:rt] *adj* invertido lateralmente
Spiel [ʃpi:l] *n* *1.* juego *m*; *ein ~ mit dem Feuer sein* ser un juego arriesgado, ser como jugar con fuego; *mit jdm leichtes ~ haben* tener un juego fácil con alguien; *das ~ zu weit treiben* ir demasiado lejos; *etw auf's ~ setzen* poner algo en juego, jugarse algo; *auf dem ~ stehen* estar en juego; *jdn aus dem ~ lassen* dejar a alguien fuera de juego; *jdn ins ~ bringen* meter a alguien en el juego; *mit im ~ sein* estar implicado en el juego; *2. MUS* ejecución *f*, interpretación *f*; *3. SPORT* partido *m*, partida *f*, encuentro *m*; *Wie steht das ~?* ¿Cómo está ahora? *4. THEAT* representación *f*

Spielart ['ʃpiːlart] *f* variante *f*
Spielautomat ['ʃpiːlautomaːt] *m* máquina tragaperras *f*
Spielbeginn ['ʃpiːlbəgɪn] *m 1. SPORT* comienzo del juego *f; 2. (beim Fußball, beim American Football)* apertura de juego *f; 3. (beim Basketball)* apertura de juego *f*
spielen ['ʃpiːlən] *v 1.* jugar a; *2. (Instrument)* tocar; *3. SPORT* jugar, practicar un deporte; *4. THEAT* representar; *5. (Symphonie)* interpretar
Spieler ['ʃpiːlər] *m 1. (Glücksspieler)* jugador *m,* golfo *m; 2. SPORT* deportista *m,* jugador *m*
Spielerei [ʃpiːlə'raɪ] *f* jugueteo *m*
spielerisch ['ʃpiːlərɪʃ] *adv (fig: problemlos)* como jugando; *Ich habe die spanische Sprache ~ erlernt.* Aprendí el español como jugando.
Spielfeld ['ʃpiːlfɛlt] *n SPORT* campo *m,* cancha *f* (LA)
Spielfigur ['ʃpiːlfiguːr] *f* figura de juego *f*
Spielfilm ['ʃpiːlfɪlm] *m CINE* película de largo metraje *f,* largometraje *m*
Spielhälfte ['ʃpiːlhɛlftə] *f SPORT* medio tiempo *m*
Spielkamerad ['ʃpiːlkaməraːt] *m* compañero de juegos *m*
Spielkasino ['ʃpiːlkaziːno] *n* casino de juego *m*
Spielmarke ['ʃpiːlmarkə] *f* ficha de juego *f*
Spielminute ['ʃpiːlminuːtə] *f SPORT* minuto de juego *m*
Spielplatz ['ʃpiːlplats] *m* parque de juegos *m*
Spielraum ['ʃpiːlraum] *m 1. (fig)* margen *m,* libertad de movimiento *f; 2. TECH* juego *m*
Spielregeln ['ʃpiːlreːgəln] *pl* reglas de juego *f/pl*
Spielsachen ['ʃpiːlzaxən] *pl* juguetes *m/pl*
Spielschuld ['ʃpiːlʃult] *f* deuda de juego *f*
Spielsucht ['ʃpiːlsuxt] *f* ludopatía *f,* adicción al juego *f*
Spieltisch ['ʃpiːltɪʃ] *m* mesa de juego *f*
Spielverderber(in) ['ʃpiːlfɛrdɛrbər(ɪn)] *m/f* aguafiestas *m/f*
Spielwaren ['ʃpiːlvaːrən] *pl* juguetes *m/pl*
Spielwarengeschäft ['ʃpiːlvaːrəngəʃɛːft] *n* juguetería *f*
Spielzeit ['ʃpiːltsaɪt] *f 1.* tiempo de juego *m; 2. (eines Theaterstücks)* temporada artística *f; 3. (Dauer eines Spiels) SPORT* duración del partido *f*
Spielzeug ['ʃpiːltsɔyk] *n* juguete *m*
Spielzimmer ['ʃpiːltsɪmər] *n (für Kinder)* cuarto de juegos *m*
Spieß [ʃpiːs] *m 1. (Speer)* lanza *f; den ~ umdrehen* dar la vuelta a la tortilla; *2. (Bratspieß)* asador *m*
Spießer ['ʃpiːsər] *m (fam)* burgués *m*
Spießgeselle ['ʃpiːsgəzɛlə] *m 1.* compañero *m; 2. (Komplize)* cómplice *m,* compinche *m*
spießig ['ʃpiːsɪç] *adj* aburguesado
Spießigkeit ['ʃpiːsɪçkaɪt] *f* propio de la burguesía
Spießrutenlaufen ['ʃpiːsruːtənlaufən] *n* paso por entre dos filas de curiosos *m*
Spikes [ʃpaɪks] *pl 1. (eines Autos)* neumáticos claveteados *m/pl; 2. SPORT* zapatillas de clavos *f/pl*
Spinat [ʃpi'naːt] *m BOT* espinaca *f*
Spinne ['ʃpɪnə] *f ZOOL* araña *f*
spinnen ['ʃpɪnən] *v irr 1.* hilar; *2. (fig)* estar chiflado, estar loco
Spinnennetz ['ʃpɪnənnɛts] *n* telaraña *f*
Spinnrad ['ʃpɪnraːt] *n* torno de hilar *m*
Spion(in) [ʃpi'oːn(ɪn)] *m/f* espía *m/f*
Spionage [ʃpio'naːʒə] *f* espionaje *m*
Spionageabwehr [ʃpio'naːʒəapveːr] *f* contraespionaje *m*
spionieren [ʃpio'niːrən] *v* espiar
Spirale [ʃpi'raːlə] *f* espiral *f*
spiralförmig [ʃpi'raːlfœrmɪç] *adj* en forma de espiral
spiritistisch [ʃpiri'tɪstɪʃ] *adj* espiritista
spirituell [ʃpiritu'ɛl] *adj* espiritual
Spirituosen [ʃpiritu'oːzən] *pl* bebidas espirituosas *f/pl,* bebidas alcohólicas *f/pl*
Spiritus ['ʃpiːritus] *m CHEM* alcohol *m*
Spirituskocher ['ʃpiːrituskɔxər] *m* cocinilla de alcohol *f*
spitz [ʃpɪts] *adj 1.* puntiagudo, afilado, agudo; *2. (fig)* mordaz, picante
Spitzbube ['ʃpɪtsbuːbə] *m 1. (Gauner)* pillo *m,* truhán *m; 2. (Schelm)* pícaro *m,* pillo *m*
Spitze ['ʃpɪtsə] *f 1.* punta *f; etw an die ~ treiben* llevar algo hasta el extremo; *2. (Bergspitze)* cima *f,* cumbre *f,* pico *m; 3. (Stoff)* encaje *m; 4. (fig)* cumbre *f,* cabeza *f; an der ~ liegen* estar a la cabeza
Spitzel ['ʃpɪtsəl] *m* agente de la policía secreta *m,* espía *m/f*
spitzen ['ʃpɪtsən] *v* aguzar, afilar, sacar punta a
Spitzengeschwindigkeit ['ʃpɪtsəngəʃvɪndɪçkaɪt] *f* velocidad máxima *f*

Spitzenkandidat(in) ['ʃpɪtsənkandidaːt(ɪn)] *m/f* *POL* candidato principal/candidata principal *m/f*
Spitzenklasse ['ʃpɪtsənklasə] *f* *ein ... der ~* primera categoría *f*
Spitzenleistung ['ʃpɪtsənlaɪstuŋ] *f* récord *m,* rendimiento máximo *m*
Spitzenlohn ['ʃpɪtsənloːn] *m* salario máximo *m*
Spitzenpolitiker ['ʃpɪtsənpoliːtikər] *m* *POL* político de primera categoría *m*
Spitzenposition ['ʃpɪtsənpozitsjoːn] *f* posición excelente *f*
Spitzensport ['ʃpɪtsənʃpɔrt] *m* *SPORT* deporte de primera categoría *m*
Spitzer ['ʃpɪtsər] *m* sacapuntas *m,* afilalápices *m*
spitzfindig ['ʃpɪtsfɪndɪç] *adj* sutil
Spitzhacke ['ʃpɪtshakə] *f* pico *m*
Spitzmaus ['ʃpɪtsmaus] *f* *ZOOL* musaraña *f*
Spitzname ['ʃpɪtsnaːmə] *m* apodo *m,* mote *m,* alias *m,* sobrenombre *m*
Spitzwegerich ['ʃpɪtsveːgərɪç] *m* *BOT* llantén menor *m*
Splitter ['ʃplɪtər] *m 1. (Holzsplitter)* astilla *f; 2. (Glassplitter)* esquirla *f*
Splitterbombe ['ʃplɪtərbɔmbə] *f* *MIL* metralla *f*
splittern ['ʃplɪtərn] *v* romperse en pedazos, estrellarse
splitternackt ['ʃplɪtərnakt] *adj* completamente desnudo, en cueros
Splitterpartei ['ʃplɪtərpartaɪ] *f* *POL* pequeño partido *m*
sponsern ['ʃpɔnzərn] *v* patrocinar
Sponsor ['ʃpɔnzoːr] *m* patrocinador *m*
spontan [ʃpɔn'taːn] *adj 1.* espontáneo; *adv 2.* espontáneamente
Spontaneität [ʃpɔntanei'tɛːt] *f* espontaneidad *f*
sporadisch [ʃpo'raːdɪʃ] *adj 1.* esporádico; *adv 2.* esporádicamente, de tiempo en tiempo, de vez en cuando
Sporn [ʃpɔrn] *m 1.* espuela *f; 2. NAUT* tajamar *m,* espolón *m*
Sport [ʃpɔrt] *m* deporte *m; Welchen ~ treiben Sie?* ¿Qué deporte practica usted?
Sportart ['ʃpɔrtaːrt] *f* *SPORT* disciplina deportiva *f*
Sportartikel ['ʃpɔrtartɪkəl] *m* artículos de deporte *m/pl*
Sportgeist ['ʃpɔrtgaɪst] *m* espíritu deportivo *m*
Sportgerät ['ʃpɔrtgərɛːt] *n* aparato de gimnasia *m*
Sportgeschäft ['ʃpɔrtgəʃɛft] *n* tienda de deporte *f*
Sporthalle ['ʃpɔrthalə] *f* pabellón de deportes *m*
Sportler(in) ['ʃpɔrtlər(ɪn)] *m/f* deportista *m/f*
sportlich ['ʃpɔrtlɪç] *adj* deportivo
Sportplatz ['ʃpɔrtplats] *m* campo de deportes *m*
Sportreporter ['ʃpɔrtrepɔrtər] *m* reportero deportivo *m*
Sportsgeist ['ʃpɔrtsgaɪst] *m* espíritu deportivo *m*
Sportveranstaltung ['ʃpɔrtfɛranʃtaltuŋ] *v* concurso deportivo *m,* competición *f*
Sportverein ['ʃpɔrtfɛraɪn] *m* asociación deportiva *f,* sociedad deportiva *f*
Sportverletzung ['ʃpɔrtfɛrlɛtsuŋ] *f* lesión *f*
Sportzeug ['ʃpɔrttsɔyk] *n* artículos de deporte *m/pl*
Spott [ʃpɔt] *m* burla *f,* mofa *f,* guasa *f*
spottbillig ['ʃpɔt'bɪlɪç] *adj* baratísimo, regalado, tirado
spotten ['ʃpɔtən] *v ~ über* burlarse de, reírse de
spöttisch ['ʃpœtɪʃ] *adj* burlón
Spottpreis ['ʃpɔtpraɪs] *m* precio irrisorio *m*
Sprachbarriere ['ʃpraːxbarjɛːrə] *f* barrera lingüística *f*
Sprachbegabung ['ʃpraːxbəgaːbuŋ] *f* talento para aprender idiomas *m*
Sprache ['ʃpraːxə] *f 1.* idioma *m,* lengua *f; die ~ auf etw bringen* hacer recaer la conversación sobre algo; *mit der ~ herausrücken* atreverse a hablar, explicarse; *zur ~ kommen* entrar en discusión; *die gleiche ~ sprechen* hablar el mismo idioma; *eine deutliche ~ sprechen* hablar claro, hablar en cristiano; *Raus mit der ~!* ¡Habla!/¡Explícate! *Da verschlug es ihm die ~.* Se quedó sin habla. *2. (Fachsprache)* lenguaje especializado *m,* lenguaje técnico *m*
Sprachenschule ['ʃpraːxənʃuːlə] *f* escuela de idiomas *f*
Sprachfehler ['ʃpraːxfeːlər] *m 1. LING* defecto del habla *m,* lapsus linguae *m; 2. GRAMM* solecismo *m,* falta gramatical *f*
Sprachführer ['ʃpraːxfyːrər] *m* manual de conversación *m*
Sprachgebrauch ['ʃpraːxgəbraux] *m* uso del idioma *m*

Sprachgefühl ['ʃpraːxgəfyːl] *n* intuición lingüística *f,* sentimiento para el idioma *m*
sprachgewandt ['ʃpraːxgəvant] *adj* elocuente
Sprachkenntnisse ['ʃpraːxkɛntnɪsə] *pl* conocimientos lingüísticos *m/pl,* grado de dominio de idiomas *m*
Sprachkurs ['ʃpraːxkurs] *m* curso de idioma *m*
sprachlos ['ʃpraːxloːs] *adj (fig)* atónito
Sprachlosigkeit ['ʃpraːxloːzɪçkaɪt] *f* mutismo *m,* silencio *m*
Sprachunterricht ['ʃpraːxuntərrɪçt] *m* enseñanza de idiomas *f*
Sprachwissenschaft ['ʃpraːxvɪsənʃaft] *f* lingüística *f*
Spray ['ʃpreɪ] *n* spray *m*
Spraydose ['ʃpreɪdoːzə] *f* pulverizador *m,* aerosol *m*
sprayen ['ʃpreɪən] *v* echar (e)spray
Sprechanlage ['ʃprɛçanlaːgə] *f* interfono *m*
Sprechblase ['ʃprɛçblaːzə] *f* bocadillo *m*
sprechen ['ʃprɛçən] *v irr* hablar, expresar, darse a entender, decir; *Sprechen Sie bitte etw langsamer!* ¡Hable un poco más despacio, por favor! *Sprechen Sie Spanisch?* ¿Habla usted español? *für sich selbst ~* hablar por sí solo; *auf jdn nicht gut zu ~ sein* no quererse hablar con alguien; *Wir ~ uns noch!* ¡Ya hablaremos!
Sprecher ['ʃprɛçər] *m 1. (Ansager)* locutor *m; 2. (Wortführer)* portavoz *m,* vocero *m*
Sprechstunde ['ʃprɛçʃtundə] *f* hora de consulta *f*
Sprechstundenhilfe ['ʃprɛçʃtundənhɪlfə] *f* auxiliar de médico *m/f*
Sprechzimmer ['ʃprɛçtsɪmər] *n* sala de consulta *f,* consultorio *m*
spreizen ['ʃpraɪtsən] *v 1.* abrir; *2. sich ~* oponerse, resistirse; *3. sich ~ (sich sträuben)* expandirse
Sprengel ['ʃprɛŋəl] *m 1. REL* diocésis *f; 2. (eines Pfarrers)* parroquia *f*
sprengen ['ʃprɛŋən] *v* explosionar, volar, hacer saltar, hacer estallar
Sprengkörper ['ʃprɛŋkœrpər] *m* explosivo *m,* petardo *m*
Sprengladung ['ʃprɛŋlaːduŋ] *f* carga explosiva *f*
Sprengstoff ['ʃprɛŋʃtɔf] *m* explosivo *m*
Sprengung ['ʃprɛŋuŋ] *f* explosión *f,* voladura *f*
Spreu [ʃprɔy] *f* granzas *f/pl*
Sprichwort ['ʃprɪçvɔrt] *n* refrán *m,* proverbio *m*
sprichwörtlich ['ʃprɪçvœrtlɪç] *adj* proverbial
sprießen ['ʃpriːsən] *v irr* brotar
Springbrunnen ['ʃprɪŋbrunən] *m* surtidor *m,* fuente *f*
springen ['ʃprɪŋən] *v irr 1. (hüpfen)* saltar, brincar; *2. (fig: bersten)* reventar, estallar
Springer ['ʃprɪŋər] *m SPORT 1. (beim Turmspringen)* saltador de palanca *m; 2. (beim Hochsprung)* saltador de altura *m; 3. (beim Weitsprung)* saltador de longitud *m; 4. (Schachfigur)* caballo *m*
Springseil ['ʃprɪŋzaɪl] *n* cuerda para saltar *f*
Sprint [ʃprɪnt] *m* sprint *m*
sprinten ['ʃprɪntən] *v* correr a toda velocidad, esprintar
Spritze ['ʃprɪtsə] *f 1.* jeringa *f; 2. MED* inyección *f,* jeringuilla *f*
spritzen ['ʃprɪtsən] *v 1.* regar, salpicar; *2. MED* inyectar
Spritzer ['ʃprɪtsər] *m 1. (Fixer)* drogadicto *m; 2. (Wasserstrahl)* surtidor *m; 3. (kleine gespritzte Menge)* salpicadura *f*
spritzig ['ʃprɪtsɪç] *adj 1. (Wein)* fresco; *2. (Auto)* de aceleración rápida, rápido; *3. (Schauspiel)* animado, con chispa; *4. (ideenreich) SPORT* chispeante, vivaz
Spritzigkeit ['ʃprɪtsɪçkaɪt] *f 1. (von Wein)* frescura *f; 2. (eines Autos)* rapidez *f; 3. (eines Schauspiels)* animación *f; 4. (Ideenreichtum)* vivacidad *f*
spröde ['ʃprøːdə] *adj 1. (Material)* quebradizo; *2. (fig: abweisend)* esquivo, reservado
Spross [ʃprɔs] *m 1.* brote *m,* germen *m; 2. (Nachkomme)* retoño *m,* vástago *m*
Sprosse ['ʃprɔsə] *f* travesaño *m*
Sprössling ['ʃprœslɪŋ] *m (fig)* vástago *m,* retoño *m*
Sprotte ['ʃprɔtə] *f ZOOL* anchoa *f*
Spruch [ʃprux] *m 1. (Wahlspruch)* lema *m,* divisa *f; 2. JUR* sentencia *f,* fallo *m; 3. große Sprüche klopfen* hacer alardes, decir fanfarronadas
spruchreif ['ʃpruxraɪf] *adj* listo para sentencia
Sprudel ['ʃpruːdəl] *m 1. (Mineralwasser)* agua mineral *f; 2. (Limonade)* limonada *f*
sprudeln ['ʃpruːdəln] *v* brotar a borbotones, surtir
sprühen ['ʃpryːən] *v 1.* chispear, echar chispas; *2. (fig)* centellear
Sprühregen ['ʃpryːreːgən] *m* llovizna *f*

Sprung [ʃprʊŋ] *m 1. (springen)* salto *m; ein ~ ins kalte Wasser sein* ser como un jarrón de agua fría; *auf dem ~ sein* estar a un punto de, estar listo para; *nur auf einen ~* un rato solamente *m; keine großen Sprünge machen können* no poder gastar mucho dinero, no poder cometer excesos; *jdm auf die Sprünge helfen* ayudar a alguien; *2. (fig: Riss)* grieta *f; einen ~ in der Schüssel haben* tener un tornillo flojo

sprungbereit ['ʃprʊŋbəraɪt] *adj 1. SPORT* listo para saltar; *2. (fig)* a la expectativa

Sprungbrett ['ʃprʊŋbrɛt] *n SPORT* trampolín *m*

Sprungfeder ['ʃprʊŋfeːdər] *f* resorte *m,* muelle *m*

Sprunggelenk ['ʃprʊŋgəlɛŋk] *n ANAT* articulación tibiotarsiana *f*

sprunghaft ['ʃprʊŋhaft] *adj* inconstante, voluble, veleidoso, caprichoso

Sprungkraft ['ʃprʊŋkraft] *f* elasticidad *f*

Sprungschanze ['ʃprʊŋʃantsə] *f SPORT* trampolín de saltos *m*

Sprungtuch ['ʃprʊŋtuːx] *n* tela salvavidas *f,* paño de salvamento *m*

Spucke ['ʃpukə] *f* saliva *f,* esputo *m,* escupitajo *m,* gargajo *m; Da bleibt einem ja die ~ weg!* ¡De quitarle a uno el habla!/¡De quitarle a uno la respiración!

spucken ['ʃpukən] *v* escupir, expectorar, esputar

Spuk [ʃpuːk] *m* fantasma *m,* espectro *m*

spuken ['ʃpuːkən] *v (poltern)* trasegar; *Es spukt im Hause.* Andan duendes en la casa.

Spülbecken ['ʃpyːlbɛkən] *n* fregadero *m,* pileta *f*

Spule ['ʃpuːlə] *f 1.* carrete *m; 2. TECH* bobina *f*

Spüle ['ʃpyːlə] *f* fregadero *m*

spulen ['ʃpuːlən] *v* bovinar, devanar

spülen ['ʃpyːlən] *v* lavar, fregar

Spülmaschine ['ʃpyːlmaʃiːnə] *f* lavavajillas *m,* lavaplatos *m*

Spülmittel ['ʃpyːlmɪtəl] *n* detergente *m*

Spülung ['ʃpyːlʊŋ] *f 1. (Toilettenspülung)* enjuague *m; 2. MED* lavado *m*

Spur [ʃpuːr] *f 1. (Abdruck)* huella *f; eine heiße ~* una buena pista; *jdm auf die ~ kommen* descubrir las intenciones de alguien; *jdm auf der ~ bleiben* seguir la pista a alguien; *in jds ~en treten* seguir el ejemplo de alguien; *nicht die ~* no en absoluto; *2. (Fahrspur)* carril *m; 3. (fig: kleine Menge)* rastro *m; Er hat keine ~ Humor.* No tiene un ápice de comicidad.

spürbar ['ʃpyːrbaːr] *adj* sensible, perceptible, palpable, visible

spüren ['ʃpyːrən] *v* sentir, percibir, palpar

Spürhund ['ʃpyːrhunt] *m* perro rastreador *m*

spurlos ['ʃpuːrloːs] *adj 1.* sin huellas, sin rastro; *adv 2.* sin dejar huellas, sin dejar rastro; *Es ist ~ verschwunden.* Se ha hecho humo.

Spurrille ['ʃpuːrrɪlə] *f* surco en la vía *m*

Spürsinn ['ʃpyːrzɪn] *m* buen olfato *m*

spurten ['ʃpurtən] *v SPORT* esprintar

spurtstark ['ʃpurtʃtark] *adj SPORT* fuerte en el esfuerzo final

sputen ['ʃpuːtən] *v sich ~* darse prisa

Staat [ʃtaːt] *m* Estado *m; mit etw keinen ~ machen können* no poder impresionar con algo, no poder imponer con algo

staatenlos ['ʃtaːtənloːs] *adj* apátrida

staatlich ['ʃtaːtlɪç] *adj 1.* estatal, gubernamental, público, oficial; *adv 2.* oficialmente

Staatsakt ['ʃtaːtsakt] *m POL* ceremonia oficial *f*

Staatsangehörige(r) ['ʃtaːtsaŋgəhøːrɪgə(r)] *m/f* ciudadano de un país/ciudadana de un país *m/f*

Staatsangehörigkeit ['ʃtaːtsangəhørɪçkaɪt] *f* nacionalidad *f*

Staatsanwalt ['ʃtaːtsanvalt] *m JUR* fiscal *m*

Staatsapparat ['ʃtaːtsaparaːt] *m* aparato estatal *m*

Staatsbeamte(r) ['ʃtaːtsbəamtə(r)] *m/f* funcionario público/funcionaria pública *m/f*

Staatsbesuch ['ʃtaːtsbəzuːx] *m* visita oficial *f*

Staatsbetrieb ['ʃtaːtsbətriːp] *m ECO* empresa pública *f*

Staatsbürger(in) ['ʃtaːtsbyrgər(ɪn)] *m/f* ciudadano/ciudadana *m/f*

Staatsbürgerschaft ['ʃtaːtsbyrgərʃaft] *f* ciudadanía *f*

Staatsdienst ['ʃtaːtsdiːnst] *m* servicio público *m*

staatseigen ['ʃtaːtsaɪgən] *adj* perteneciente al Estado

Staatseigentum ['ʃtaːtsaɪgəntum] *n* bienes nacionales *m/pl,* patrimonio nacional *m*

Staatsexamen ['ʃtaːtsɛksaːmən] *n* examen de estado *m*

staatsfeindlich ['ʃtaːtsfaɪntlɪç] *adj* enemigo del Estado, antiestatal

Staatsform ['ʃtaːtsfɔrm] *f POL* forma de gobierno *f*

Staatsgeheimnis ['ʃta:tsgəhaɪmnɪs] *n* secreto de Estado *m*
Staatsgewalt ['ʃta:tsgəvalt] *f* poder del Estado *m*
Staatsgrenze ['ʃta:tsgrɛntsə] *f POL* frontera nacional *f*
Staatsgründung ['ʃta:tsgryndʊŋ] *f POL* fundación del Estado *f*
Staatshaushalt ['ʃta:tshaushalt] *m* presupuesto del Estado *m*
Staatskasse ['ʃta:tskasə] *f* fisco *m*, erario *m*
Staatskunst ['ʃta:tskunst] *f POL* política *f*, diplomacia *f*
Staatsmann ['ʃta:tsman] *m* estadista *m*
staatsmännisch ['ʃta:tsmɛnɪʃ] *adj POL* político
Staatsoberhaupt ['ʃta:tso:bərhaupt] *n* jefe de Estado *m*
Staatsorgan ['ʃta:tsɔrga:n] *n POL* órgano estatal *m*
Staatspräsident(in) ['ʃta:tsprɛzidɛnt(ɪn)] *m/f POL* presidente de la República/del Estado *m/f*
Staatsschulden ['ʃta:tsʃuldən] *pl FIN* deuda pública *f*
Staatsstreich ['ʃta:tsʃtraɪç] *m* golpe de Estado *m*
Stab [ʃta:p] *m 1. (Stock)* bastón *m; über jdn den ~ brechen* condenar la conducta de alguien; *2. (fig: Führungsstab)* Estado Mayor *m*
Stabhochsprung ['ʃta:pho:xʃprʊŋ] *m SPORT* salto de pértiga *m*
stabil [ʃta'bi:l] *adj 1. (robust)* robusto, macizo, recio; *2. (konstant)* estable, constante
stabilisieren [ʃtabili'zi:rən] *v* estabilizar
Stabilisierung [ʃtabili'zi:rʊŋ] *f* estabilización *f*
Stabilität [ʃtabili'tɛ:t] *f* estabilidad *f*
Stabsoffizier ['ʃta:psɔfitsi:r] *m MIL* oficial superior *m*
Stachel ['ʃtaxəl] *m 1. BOT* espina *f*; *2. ZOOL* aguijón *m*, púa *f*
Stachelbeere ['ʃtaxəlbe:rə] *f BOT* grosella espinosa *f*
Stacheldraht ['ʃtaxəldra:t] *m* alambre de púas *m*
stachelig ['ʃtaxəlɪç] *adj 1. (kratzig)* áspero, erizado; *2. (dornig)* espinoso
Stachelschwein ['ʃtaxəlʃvaɪn] *n ZOOL* puerco espín *m*
Stadion ['ʃta:djɔn] *n* estadio *m*
Stadionsprecher ['ʃta:djɔnʃprɛçər] *m SPORT* locutor en un polideportivo *m*
Stadium ['ʃta:djum] *n* estado *m*, estadio *m*
Stadt [ʃtat] *f* ciudad *f*
stadtauswärts [ʃtat'ausvɛrts] *adv* fuera de la ciudad
Stadtautobahn ['ʃtatautoba:n] *f* autopista urbana *f*
Stadtbummel ['ʃtatbuməl] *m* callejeo *m*
städtebaulich ['ʃtɛ:təbaulɪç] *adj* urbanístico
Stadterneuerung ['ʃtatɛrnɔyərʊŋ] *f* restauración urbana *f*
Stadtgebiet ['ʃtatgəbi:t] *n* perímetro de la ciudad *m*
städtisch ['ʃtɛtɪʃ] *adj* urbano, ciudadano
Stadtmauer ['ʃtatmauər] *f* muralla de la ciudad *f*
Stadtmitte ['ʃtatmɪtə] *f 1.* centro urbano *m; 2. (einer Großstadt)* centro de la ciudad *m*
Stadtplan ['ʃtatpla:n] *m* plano de la ciudad *m*
Stadtplanung ['ʃtatpla:nʊŋ] *f* planificación urbana *f*, ordenación urbana *f*
Stadtrand ['ʃtatrant] *m* afueras *f/pl*, periferia *f*
Stadtrat ['ʃtatra:t] *m POL* Ayuntamiento *m*, concejo municipal *m*
Stadtteil ['ʃtattaɪl] *m* barrio *m*
Stadtverwaltung ['ʃtatfɛrvaltʊŋ] *f* administración municipal *f*, Ayuntamiento *m*, Municipalidad *f* (LA)
Stadtviertel ['ʃtatfɪrtəl] *n* barrio *m*
Stadtwerke ['ʃtatvɛrkə] *pl* compañía municipal de agua
Staffel ['ʃtafəl] *f 1. MIL* escuadrilla *f*; *2. (Mannschaft) SPORT* relevo *m*; *3. (Rennen) SPORT* carrera de relevo *f*; *4. (Stufe)* escalón *m*; *5. (einer Leiter)* peldaño *m*
Staffelei [ʃtafə'laɪ] *f* caballete *m*
Staffellauf ['ʃtafəllauf] *m SPORT* carrera de relevos *f*
Staffelung ['ʃtafəlʊŋ] *f* escalonamiento *m*
Stagnation [ʃtagna'tsjo:n] *f ECO* estancamiento *m*, paralización *f*
stagnieren [ʃtag'ni:rən] *v ECO* estancar
Stahl [ʃta:l] *m* acero *m*
Stahlbeton ['ʃta:lbet ɔ] *m* hormigón armado *m*
Stahlblech ['ʃta:lblɛç] *n* chapa de acero *f*
stählen ['ʃtɛ:lən] *v* fortalecer
stählern ['ʃtɛ:lərn] *adj* de acero
Stahlhelm ['ʃta:lhɛlm] *m MIL* casco de acero *m*
Stahlindustrie ['ʃta:lɪndustri:] *f* industria del acero *f*

Stahlrohr ['ʃtaːlroːr] *n* tubo de acero *m*
Stahlträger ['ʃtaːltrɛːgər] *m* viga metálica *f*
Stall [ʃtal] *m* establo *m*
Stamm [ʃtam] *m 1. (Baumstamm)* tronco *m; 2. (Volksstamm)* tribu *f*
Stammbaum ['ʃtambaum] *m 1.* árbol genealógico *m; 2. (Tier)* pedigrí *m*
Stammbesetzung ['ʃtambəzɛtsuŋ] *f THEAT* plantilla de actores permanente *f*
stammeln ['ʃtaməln] *v* balbucear, tartamudear
stammen ['ʃtamən] *v ~ von/ ~ aus* descender de, proceder de, provenir de; *Von welchem Künstler stammt dieses Bild?* ¿De qué artista es este cuadro?
stammesgeschichtlich ['ʃtaməsgəʃɪçtlɪç] *adj BIO* filogénico
Stammgast ['ʃtamgast] *m* cliente habitual *m,* parroquiano *m*
Stammhalter ['ʃtamhaltər] *m* primogénito *m*
stämmig ['ʃtɛmɪç] *adj* robusto, fornido
Stammkapital ['ʃtamkapitaːl] *n ECO* capital social *m*
Stammkneipe ['ʃtamknaɪpə] *f* bar habitual *m*
Stammkunde ['ʃtamkundə] *m* cliente habitual *m,* cliente fijo *m*
Stammlokal ['ʃtamlokaːl] *n* bar habitual *m*
Stammplatz ['ʃtamplats] *m* sitio de costumbre *m*
Stammtisch ['ʃtamtɪʃ] *m 1.* mesa reservada para la clientela habitual *f; 2. (Gruppe)* tertulia *f,* peña *f*
Stammtischpolitiker ['ʃtamtɪʃpoliːtikər] *m* político de café *m*
Stammwähler ['ʃtamvɛːlər] *m POL* votante fijo *m*
stampfen ['ʃtampfən] *v 1.* pisotear, patalear; *2. (Maschinenteil)* apisonar; *3. (Schiff: sich auf und nieder bewegen)* cabecear
Stand [ʃtant] *m 1. (Stehen)* posición de pie *f; 2. (Messestand)* puesto *m,* stand *m; 3. (Situation)* situación *f,* estado *m; bei jdm einen guten ~ haben* tener buenas relaciones con alguien; *4. (Rang)* rango *m,* condición *f*
Standard ['ʃtandart] *m* norma *f,* patrón *m,* standard *m*
Standardausrüstung ['ʃtandartausrystuŋ] *f* equipo estándar *m*
Standardbrief ['ʃtandartbriːf] *m* carta modelo *f*
Standardmodell ['ʃtandartmodɛl] *n* modelo standard *m*
Standardtanz ['ʃtandarttants] *m* baile estándar *m*
Standbild ['ʃtantbɪlt] *n* estatua *f*
Ständchen ['ʃtɛntçən] *n* serenata *f*
Ständer ['ʃtɛndər] *m* soporte *m*
Standesamt ['ʃtandəsamt] *n* registro civil *m*
Standesbeamte(r) ['ʃtandəsbəamtə(r)] *m/f* oficial(a) del registro civil *m/f,* empleado del registro civil, empleada del registro civil *m/f*
standesbewusst ['ʃtandəsbəvust] *adj* orgulloso de su casta
standesgemäß ['ʃtandəsgəmɛːs] *adj* en conformidad con su posición social, en conformidad con su rango
Standesunterschied ['ʃtandəsuntərʃiːt] *m* diferencia de clase *f*
standfest ['ʃtantfɛst] *adj 1. (fig: standhaft)* firme; *2.* estable
standhaft ['ʃtanthaft] *adj 1.* constante, firme; *adv 2.* con firmeza
Standhaftigkeit ['ʃtanthaftɪçkaɪt] *f* constancia *f,* firmeza *f*
standhalten ['ʃtanthaltən] *v irr* resistir, mantenerse firme
ständig ['ʃtɛndɪç] *adj 1. (fest)* fijo, permanente; *2. (ununterbrochen)* constante, ininterrumpido
Standlicht ['ʃtantlɪçt] *n (beim Auto)* luz de estacionamiento *f*
Standort ['ʃtantɔrt] *m* emplazamiento *m,* ubicación *f* (LA)
Standpunkt ['ʃtantpuŋkt] *m (fig)* punto de vista *m*
Standspur ['ʃtantʃpuːr] *f* carril de aparcamiento *m,* carril para parar en emergencia *m*
Standuhr ['ʃtantuːr] *f* reloj vertical *m*
Stange ['ʃtaŋə] *f* palo *m,* vara *f; jdn bei ~ halten* tomar el partido de alguien; *bei der ~ bleiben (fig)* no tirar la toalla; *von der ~* de confección *f; eine ~ Geld* un dineral *m,* un ojo de la cara *m*
Stängel ['ʃtɛŋəl] *m BOT* tallo *m; fast vom ~ fallen (fam)* caerse casi de la silla
stänkern ['ʃtɛŋkərn] *v (grob Unfrieden stiften)* intrigar, conspirar
stanzen ['ʃtantsən] *v* estampar
Stapel ['ʃtaːpəl] *m* montón *m,* pila *f; vom ~ laufen* lanzar al agua/botar un barco; *etw vom ~ lassen* presentar algo
Stapellauf ['ʃtaːpəllauf] *m* botadura *f,* lanzamiento *m*
stapeln ['ʃtaːpəln] *v* amontonar, apilar

stapfen ['ʃtapfən] *v* caminar a paso cargado
Staplerfahrer ['ʃtaːplərfaːrər] *m* conductor de camión de almacenaje *m*
Star[1] [ʃtaːr] *m* *MED* catarata *f*
Star[2] [ʃtaːr] *m* *ZOOL* estornino *m*
Star[3] [ʃtaːr] *m* *(Filmstar)* estrella de cine *f*
stark [ʃtark] *adj* fuerte, vigoroso; *das ~e Geschlecht* el sexo fuerte *m*; *Das ist dann doch ein bisschen stark!* ¡Eso es un poco fuerte!
Stärke ['ʃtɛrkə] *f* *1.* fuerza *f*, vigor *m*; *2. (Wäschestärke)* almidón *m*; *3. GAST* almidón *m*, fécula *f*
stärken ['ʃtɛrkən] *v* *1.* fortalecer, fortificar; *2. (Wäsche)* almidonar
Starkstrom ['ʃtarkʃtroːm] *m* *TECH* corriente de alta intensidad *f*, corriente fuerte *f*
Stärkung ['ʃtɛrkuŋ] *f* *1. (Festigung)* fortalecimiento *m*; *2. (Erfrischung)* refrigerio *m*
Stärkungsmittel ['ʃtɛrkuŋsmɪtəl] *n* tónico *m*
starr [ʃtar] *adj* *1.* rígido, tieso; *adv* *2.* rígidamente; *adj* *3. (fig)* fijo; *adv* *4. (fig)* fijamente
Starre ['ʃtarə] *f* rigidez *f*, inmovilidad *f*
starren ['ʃtarən] *v* mirar fijamente
starrköpfig ['ʃtarkœpfɪç] *adj* obstinado
Starrsinn ['ʃtarzɪn] *m* obstinación *f*, terquedad *f*, testarudez *f*
starrsinnig ['ʃtarzɪnɪç] *adj* terco, testarudo, cabezota
Start [ʃtart] *m* *1. (Flugzeug)* despegue *m*; *2. (fig)* inicio *m*, comienzo *m*; *3. SPORT* partida *f*
Startbahn ['ʃtartbaːn] *f* *(Flugzeug)* pista de despegue *f*
startbereit ['ʃtartbəraɪt] *adj* listo para despegar
starten ['ʃtartən] *v* *1. (abreisen)* partir (de viaje); *2. (Auto)* arrancar; *3. (aktivieren)* activar, poner en marcha
Starter ['ʃtartər] *m* *1. (Teilnehmer) SPORT* participante *m*; *2. (Startschiedsrichter) SPORT* juez de salida *m*
Starthilfe ['ʃtarthɪlfə] *f* *1. (für ein Unternehmen)* ayuda inicial *f*; *2. (in der Raumfahrt) TECH* ayuda de empalme *f*; *3. (für ein Kraftfahrzeug)* estárter *m*
Stasi ['ʃtaːzi] *f* *(Staatssicherheitsdienst) HIST* Servicio Secreto de Seguridad del Estado de la RFA *m*
Station [ʃta'tsjoːn] *f* *1. (Haltestelle)* parada *f*; *~ machen* hacer una parada; *2. (Abteilung)* sección *f*, departamento *m*
stationär [ʃtatsjo'nɛːr] *adj* *MED* estacionario
Stationierung [ʃtatsjo'niːruŋ] *f* *MIL* estacionamiento *m*
Stationstaste [ʃta'tsjoːnstastə] *f* *TECH* tecla de un aparato radiofónico *f*
statisch ['ʃtaːtɪʃ] *adj* *1. (unbeweglich)* estático; *2. (im Bauwesen)* firme
Statist [ʃta'tɪst] *m* *CINE* extra *m*, comparsa *m*
Statistik [ʃta'tɪstɪk] *f* estadística *f*
Statistiker(in) ['ʃta'tɪstɪkər(ɪn)] *m/f* estadístico/estadística *m/f*
statistisch [ʃta'tɪstɪʃ] *adj* estadístico
Stativ [ʃta'tiːf] *n* trípode *m*
statt [ʃtat] *prep* en vez de, en lugar de
Statt [ʃtat] *f* lugar *m*
Stätte ['ʃtɛtə] *f* lugar *m*, sitio *m*
stattfinden ['ʃtatfɪndən] *v* tener lugar, llevarse a cabo en, celebrarse; *Wann findet die Hochzeit von Rosita statt?* ¿Cuándo se celebra la boda de Rosita?
Statthalter ['ʃtathaltər] *m* *HIST* gobernador *m*
stattlich ['ʃtatlɪç] *adj* *1. (ansehnlich)* magnífico, espléndido, vistoso; *2. (zahlreich)* numeroso
Statue ['ʃtaːtuə] *f* estatua *f*
statuieren [ʃtatu'iːrən] *v* *ein Exempel an jdm ~* dar un ejemplo
Statur [ʃta'tuːr] *f* estatura *f*, talla *f*
Status ['ʃtaːtus] *m* estado *m*, status *m*
Statussymbol ['ʃtaːtuszymboːl] *n* símbolo de posición social *m*
Statut [ʃta'tuːt] *n* estatuto *m*
Stau [ʃtau] *m* atasco *m*, congestión de tráfico *m*
Staub [ʃtaup] *m* polvo *m*; *~ aufwirbeln (fig)* levantar polvo; *sich aus dem ~ machen* poner los pies en polvorosa
staubbedeckt ['ʃtaupbədɛkt] *adj* cubierto de polvo
stauben ['ʃtaubən] *v* *1.* soltar polvo, levantar polvo; *2. (aufwirbeln)* levantar remolinos
stäuben ['ʃtɔybən] *v* *1.* desprender polvo; *2. (sprühen)* pulverizar
staubig ['ʃtaubɪç] *adj* polvoriento, polvoroso
Staubsauger ['ʃtaupzaugər] *m* aspiradora *f*, aspirador *m*
Staubtuch ['ʃtauptuːx] *n* paño del polvo *m*
Staubwolke ['ʃtaupvɔlkə] *f* nube de polvo *f*

stauchen [ˈʃtauxən] *v 1.* recalcar; *2. (heftig stoßen)* echar una bronca
Staudamm [ˈʃtaudam] *m* presa *f*
Staude [ˈʃtaudə] *f 1. BOT* planta perenne *f; 2. (Busch)* arbusto *m; 3. (Bananenstaude, Tabakstaude)* cogollo *m*
staunen [ˈʃtaunən] *v* asombrarse, admirarse, maravillarse
Staunen [ˈʃtaunən] *n* asombro *m,* admiración *f*
Stausee [ˈʃtauzeː] *m* embalse *m*
Stauung [ˈʃtauuŋ] *f 1. (Verkehrsstauung)* atasco *m; 2. (Stockung)* acumulación *f; 3. (von Wasser)* estancamiento *m; 4. MED* hemostasis *f,* hemostasia *f*
Steak [ʃteːk] *n GAST* bistec *m,* bife *m* (LA)
stechen [ˈʃtɛçən] *v irr* pinchar, punzar; *in die Augen ~* entrar por los ojos
Stechuhr [ˈʃtɛçuːr] *f* reloj de control *m*
Steckbrief [ˈʃtɛkbriːf] *m* carta requisitoria *f,* requisitoria *f*
Steckdose [ˈʃtɛkdoːzə] *f* enchufe *m,* tomacorriente *m*
stecken [ˈʃtɛkən] *v 1. (hinein~)* introducir, meter; *jdm etw ~* reprochar a alguien algo/llamar la atención a alguien sobre algo; *2. (an~)* prender, sujetar (con alfileres); *3. ~ bleiben* atascarse, quedarse detenido
Stecker [ˈʃtɛkər] *m* enchufe *m*
Stecknadel [ˈʃtɛknaːdəl] *f* alfiler *m; eine ~ im Heuhaufen suchen* buscar una aguja en un pajar
Stegreif [ˈʃteːkraɪf] *m (fig)* improvisación *f; aus dem ~* improvisando
stehen [ˈʃteːən] *v irr 1. ~ lassen* dejar en su sitio, dejar puesto, no tocar; *2. (fig) ~ lassen* olvidar; *3. (aufrecht ~)* estar de pie, estar derecho; *~ bleiben* quedarse parado, detenerse; *nicht auf halbem Weg stehen bleiben* no parar en medio camino
Stehimbiss [ˈʃteːɪmbɪs] *m* chiringuito *m*
Stehlampe [ˈʃteːlampə] *f* lámpara de pie *f*
stehlen [ˈʃteːlən] *v irr* robar, hurtar
Stehplatz [ˈʃteːplats] *m* plaza sin asiento *f*
Stehvermögen [ˈʃteːfɛrmøːgən] *n* resistencia *f,* firmeza *f*
steif [ʃtaɪf] *adj 1.* rígido, tieso; *2. (fig)* formal, ceremonioso, tieso
Steifheit [ˈʃtaɪfhaɪt] *f 1. (Starre)* rigidez *f,* tiesura *f; 2. (fig: einer Person)* envaramiento *m*
Steigbügel [ˈʃtaɪkbyːgəl] *m* estribo *m*
steigen [ˈʃtaɪgən] *v* ascender, alzarse, subir
steigend [ˈʃtaɪgənt] *adj* ascendente, alcista
steigern [ˈʃtaɪgərn] *v 1. sich ~* mejorarse, superarse; *2. (erhöhen)* alzar, elevar, aumentar; *3. GRAMM* formar el comparativo y/o el superlativo; *4. (ersteigern)* hacer una oferta, pujar
Steigerung [ˈʃtaɪgəruŋ] *f 1. (Erhöhung)* alza *f/el,* elevación *f,* aumento *m; 2. GRAMM* comparación *f*
Steigung [ˈʃtaɪguŋ] *f* elevación *f,* subida *f*
steil [ʃtaɪl] *adj 1.* escarpado, empinado; *adv 2.* de forma empinada, de forma escarpada
Steilhang [ˈʃtaɪlhaŋ] *m* declive *m,* escarpado *m,* precipio *m*
Steilküste [ˈʃtaɪlkystə] *f* acantilado *m*
Stein [ʃtaɪn] *m* piedra *f; der ~ des Anstoßes* la piedra del escándalo *f; den ~ ins Rollen bringen* poner algo en marcha; *bei jdm einen ~ im Brett haben* ser muy estimado por alguien; *keinen ~ auf dem anderen lassen* no dejar piedra sobre piedra; *den ersten ~ auf jdn werfen* tirar la primera piedra a alguien (fig); *jdm ~e in den Weg legen* poner trabas a alguien; *Da fällt mir ein ~ vom Herzen!* ¡Se me ha quitado un gran peso de encima!
steinalt [ˈʃtaɪnˈalt] *adj* viejísimo, antiquísimo
Steinbock [ˈʃtaɪnbɔk] *m ZOOL* capricornio *m*
Steinboden [ˈʃtaɪnboːdən] *m* terreno pedregoso *m*
Steinbruch [ˈʃtaɪnbrux] *m* cantera *f*
steinern [ˈʃtaɪnərn] *adj* de piedra
Steingut [ˈʃtaɪnguːt] *n* loza *f,* gres *m*
Steinhaufen [ˈʃtaɪnhaufən] *m* montón de piedras *m*
steinig [ˈʃtaɪnɪç] *adj* pedregoso
Steinkohle [ˈʃtaɪnkoːlə] *f MIN* carbón de piedra *m,* hulla *f*
Steinmetz [ˈʃtaɪnmɛts] *m* picapedrero *m,* tallista de piedra *m*
Steinobst [ˈʃtaɪnɔpst] *n BOT* fruta de hueso *f*
Steinpilz [ˈʃtaɪnpɪlts] *m BOT* boleto comestible *m*
steinreich [ʃtaɪnˈraɪç] *adj* riquísimo, platudo (LA), inmensamente rico
Steinschlag [ˈʃtaɪnʃlaːk] *m 1.* desprendimiento de piedras *m; 2. (Schotter)* cascajo *m*
Steinzeit [ˈʃtaɪntsaɪt] *f HIST* Edad de Piedra *f*
steinzeitlich [ˈʃtaɪntsaɪtlɪç] *adj HIST* de la edad de la piedra
Steißbein [ˈʃtaɪsbaɪn] *n ANAT* coxis *m,* cóccix *m*

Stele ['steːlə] *f ART* estela *f,* columna *f*
Stelldichein ['ʃtɛldɪçaɪn] *n* cita *f*
Stelle ['ʃtɛlə] *f 1. (Ort)* lugar *m,* sitio *m; auf der ~ treten* no adelantar; *2. (Anstellung)* puesto *m,* empleo *m; 3. (Dienststelle)* servicio *m,* centro oficial *m,* oficina *f,* despacho *m*
stellen ['ʃtɛlən] *v* poner, colocar; *sich gut mit jdm ~* ponerse a bien con alguien; *auf sich gestellt sein* depender de sí mismo; *anheim ~* dejar algo al buen criterio de alguien
Stellenangebot ['ʃtɛlənangəboːt] *n* oferta de colocación *f,* oferta de empleo *f*
Stellengesuch ['ʃtɛləngəzuːx] *n* demanda de colocación *f,* demanda de empleo *f*
Stellenmarkt ['ʃtɛlənmarkt] *m ECO* mercado de trabajo *m*
stellenweise ['stɛlənvaɪzə] *adv* en algunos puntos, en algunas partes
Stellenwert ['ʃtɛlənvɛrt] *m* importancia *f,* rango *m,* valor *m*
Stellplatz ['ʃtɛlplats] *m (Parkplatz)* aparcamiento *m*
Stellung ['ʃtɛluŋ] *f 1. (Haltung)* postura *f,* actitud *f; zu etw ~ nehmen* tomar cartas en el asunto; *die ~ halten* mantener el sitio, mantener la posición; *2. (Anstellung)* colocación *f,* empleo *m*
Stellungnahme ['ʃtɛluŋnaːmə] *f* opinión *f,* parecer *m*
stellvertretend ['ʃtɛlfɛrtreːtənt] *adj* suplente
Stellvertreter(in) ['ʃtɛlfɛrtreːtər(ɪn)] *m/f* suplente *m/f,* sustituto/sustituta *m/f*
Stellvertretung ['ʃtɛlfɛrtreːtuŋ] *f* substitución *f,* reemplazo *m*
Stelzbein ['ʃtɛltsbaɪn] *n* pierna de palo *f*
stelzen ['ʃtɛltsən] *v* zanquear, dar grandes zancadas
stemmen ['ʃtɛmən] *v 1. (heben)* levantar; *2. (fest drücken)* empujar con fuerza; *3. (stützen)* apoyar con fuerza; *4. (anheben)* levantar; *5. (meißeln)* agujerear; *6. sich gegen etw ~* apostarse contra; *7. (beim Schilaufen) SPORT* apoyar con las piernas
Stempel ['ʃtɛmpəl] *m* sello *m; einer Sache seinen ~ aufdrücken* imprimir su carácter a algo; *den ~ von jdm tragen* llevar el sello de alguien
Stempelgeld ['ʃtɛmpəlgɛlt] *n* dinero pagado por desempleo *m*
Stempelkissen ['ʃtɛmpəlkɪsən] *n* tampón para sellos *m,* cojín de tinta *m*
stempeln ['ʃtɛmpəln] *v* sellar; *~ gehen* ir a cobrar el paro
Stenografie [ʃtenograˈfiː] *f (Kurzschrift)* taquigrafía *f*
stenografieren [ʃtenograˈfiːrən] *v* estenografiar, taquigrafiar
Stenotypistin [ʃtenotyˈpɪstɪn] *f* taquimecanógrafa *f*
Steppdecke ['ʃtɛpdɛkə] *f* colcha guateada *f,* edredón *m*
Steppe ['ʃtɛpə] *f GEO* estepa *f*
Steppjacke ['ʃtɛpjakə] *f* anorak *f*
Stepptanz ['ʃtɛptants] *m* baile de claqué *m*
Sterbebett ['ʃtɛrbəbɛt] *n* lecho de muerte *m*
Sterbefall ['ʃtɛrbəfal] *m* caso de fallecimiento *m,* defunción *f*
Sterbegeld ['ʃtɛrbəgɛlt] *n* subsidio de sepelio *m*
Sterbehilfe ['ʃtɛrbəhɪlfə] *f* eutanasia *f*
sterben ['ʃtɛrbən] *v irr* morir, fallecer, expirar; *verrecken* estirar la pata; *wie die Fliegen ~* caer como moscas; *für jdn gestorben sein* haber muerto para alguien
Sterbeurkunde ['ʃtɛrbəuːrkundə] *f* partida de defunción *f*
sterblich ['ʃtɛrblɪç] *adj* mortal, perecedero
Sterblichkeit ['ʃtɛrplɪçkaɪt] *f* mortalidad *f*
stereo ['stereo] *adj TECH* estéreo
Stereoanlage ['ʃtereoanlaːgə] *f* equipo estéreo *m*
stereotyp [ʃtereoˈtyːp] *adj 1.* estereotipado; *adv 2.* de forma estereotipada
steril [ʃteˈriːl] *adj* estéril
Sterilisation [ʃterilizaˈtsjoːn] *f MED* esterilización *f*
sterilisieren [ʃteriliˈziːrən] *v* esterilizar
Sterilität [ʃteriliˈtɛːt] *f* esterilidad *f*
Stern [ʃtɛrn] *m* estrella *f,* astro *m; ~e sehen (fig)* ver las estrellas; *für jdn die ~e vom Himmel holen* hacer lo imposible por alguien; *nach den ~en greifen* querer la luna/querer lo imposible; *in den ~en geschrieben stehen* ser todavía muy incierto; *unter einem denkbar guten ~* al parecer con buena estrella
Sternbild ['ʃtɛrnbɪlt] *n* constelación *f*
sternenklar ['ʃtɛrnənklaːr] *adj* estrellado
sternförmig ['ʃtɛrnfœrmɪç] *adj* estrellado
Sternschnuppe ['ʃtɛrnʃnupə] *f* estrella fugaz *f,* estrella astronómico *f*
Sternstunde ['ʃtɛrnʃtundə] *f* momento estelar *m*
stetig ['ʃteːtɪç] *adj 1.* continuo, permanente; *2. (gleichmäßig)* constante
Stetigkeit ['ʃteːtɪçkaɪt] *f* constancia *f,* continuidad *f*

stets [ʃteːts] *adv* siempre, continuamente, constantemente
Steuer ['ʃtɔyər] *f* *1.* impuesto *m,* contribución *f,* tributo *m,* gravamen *m; n 2.* timón *m,* volante *m*
Steueraufkommen ['ʃtɔyəraufkɔmən] *n* recaudación fiscal *f,* total de impuestos *m,* ingresos tributarios *m/pl*
steuerbar ['ʃtɔyərbaːr] *adj 1. (lenkbar)* dirigible, gobernable; *2. (steuerpflichtig)* imponible
steuerbegünstigt ['ʃtɔyərbəgynstɪçt] *adj* deducible
Steuerberater ['ʃtɔyərbəraːtər] *m* asesor fiscal *m,* perito en leyes fiscales *m*
Steuerbescheid [ʃtɔyərbəʃaɪt] *m* liquidación de impuestos *f*
steuerbord ['ʃtɔyərbɔrt] *adv* a estribor
Steuererhöhung ['ʃtɔyərɛrhøːuŋ] *f* aumento de los impuestos *m*
Steuererklärung ['ʃtɔyərɛrklɛːruŋ] *f* declaración de impuestos *f*
Steuerermäßigung ['ʃtɔyərɛrmɛːsiguŋ] *f* reducción de impuestos *f*
steuerfrei ['ʃtɔyərfraɪ] *adj* libre de impuestos, exento de impuestos
Steuerhinterziehung ['ʃtɔyərhɪntərtsiːuŋ] *f* fraude fiscal *m,* defraudación de impuestos *f*
Steuerklasse ['ʃtɔyərklasə] *f ECO* categoría fiscal *f*
steuerlich ['ʃtɔyərlɪç] *adj 1.* fiscal, tributario, relativo a los impuestos; *adv 2.* en materia fiscal, en materia tributaria, en relación a los impuestos
Steuermann ['ʃtɔyərman] *m* timonel *m*
steuern ['ʃtɔyərn] *v 1. (Schiff) NAUT* gobernar, timonear, dirigir; *~ nach* navegar rumbo a; *2. (regulieren)* maniobrar, regular, ajustar; *3. (Auto)* conducir, guiar; *4. (Flug)* pilotar; *5. INFORM* guiar, regular, controlar
Steuernummer ['ʃtɔyərnumər] *f* número de registro tributario *m,* número fiscal *m*
Steuerparadies ['ʃtɔyərparadiːs] *n ECO* paraíso fiscal *m*
steuerpflichtig ['ʃtɔyərpflɪçtɪç] *adj ECO* tributario, contribuyente
Steuerung ['ʃtɔyəruŋ] *f* navegación *f,* pilotaje *m,* conducción *f,* control *m*
Steuerzahler(in) ['ʃtɔyərtsaːlər(ɪn)] *m/f* contribuyente *m/f*
Steward(ess) ['stuːart/'stuːardes] *m/f* auxiliar de vuelo *m/f,* asistente de vuelo *m/f,* azafata *f,* aeromoza *f* (LA)
Stich [ʃtɪç] *m 1. (Wespenstich)* picadura *f; 2. (Nähstich)* puntada *f; 3. (Messerstich)* cuchillada *f; 4. ART* grabado *m; 5. einen ~ haben* tener un tornillo suelto
Stichelei [ʃtɪçə'laɪ] *f* pulla *f,* pullazo *m*
sticheln ['ʃtɪçəln] *v (fig)* echar indirectas, hincar
Stichflamme ['ʃtɪçflamə] *f* llama *f*
stichhaltig ['ʃtɪçhaltɪç] *adj* sólido, fundado, plausible
Stichprobe ['ʃtɪçproːbə] *f* muestra sacada al azar *f*
Stichtag ['ʃtɪçtaːk] *m* día fijado *m,* día de referencia *m,* fecha clave *f*
Stichwahl ['ʃtɪçvaːl] *f POL* votación de desempate *f,* segunda vuelta *f* (LA)
Stichwort ['ʃtɪçvɔrt] *n* voz guía *f*
Stichwunde ['ʃtɪçvundə] *f* cuchillada *f,* navajazo *m,* puñalada *f*
Sticker ['ʃtɪkər] *m* bordado *m*
stickig ['ʃtɪkɪç] *adj* sofocante, asfixiante
Stickstoff ['ʃtɪkʃtɔf] *m CHEM* nitrógeno *m*
Stiefel ['ʃtiːfəl] *m* bota *f; jdm die ~ lecken (fig)* lamer el culo de alguien; *Das sind zwei paar ~.* Eso son dos cosas muy diferentes.
Stiefeltern ['ʃtiːfɛltərn] *pl* padrastros *m/pl*
Stiefmutter ['ʃtiːfmutər] *f* madrastra *f*
stiefmütterlich ['ʃtiːfmytərlɪç] *adj (fig: nachlässig)* poco cariñoso
Stiefvater ['ʃtiːffaːtər] *m* padrastro *m*
Stiel [ʃtiːl] *m* mango *m,* manivela *f*
Stier [ʃtiːr] *m ZOOL* toro *m; den ~ bei den Hörnern packen* coger al toro por los cuernos
stieren ['ʃtiːrən] *v* mirar fijamente
Stierkampf ['ʃtiːrkampf] *m* corrida de toros *f,* lidia *f,* fiesta taurina *f,* tauromaquia *f*
Stift[1] [ʃtɪft] *m 1. (Nagel ohne Kopf)* punta *f; 2. (Bleistift)* lápiz *m*
Stift[2] [ʃtɪft] *n* convento *m*
stiften ['ʃtɪftən] *v 1. (schenken)* donar; *2. (gründen)* fundar, establecer; *3. (fig: verursachen)* causar, ocasionar
Stifter ['ʃtɪftər] *m 1. (Gründer)* donador *m,* fundador *m; 2. (Täter)* autor *m,* causante *m*
Stiftung ['ʃtɪftuŋ] *f 1. (Schenkung)* donación *f; 2. (Gründung)* fundación *f*
Stil [ʃtiːl] *m* estilo *m*
Stilblüte ['ʃtiːlblyːtə] *f* error estilístico *m*
Stilbruch ['ʃtiːlbrux] *m* cambio de estilo *m*
stilgerecht ['stiːlgərɛçt] *adj* conforme al estilo
stilisieren [ʃtili'ziːrən] *v* estilizar
Stilist [ʃti'lɪst] *m* estilista *m*
stilistisch [ʃti'lɪstɪʃ] *adj* estilístico

still [ʃtɪl] *adj 1. (geräuschlos)* silencioso; *2. (friedlich)* pacífico, apacible; *3. (ruhig)* tranquilo, quieto; *adv 4. (geräuschlos)* silenciosamente, en silencio; *5. (friedlich)* apaciblemente, en paz; *6. (ruhig)* tranquilamente
Stille ['ʃtɪlə] *f 1. (Geräuschlosigkeit)* silencio *m; 2. (Frieden)* paz *f; 3. (Ruhe)* tranquilidad *f,* quietud *f*
Stilllegung ['ʃtɪlleːguŋ] *f* cierre *m*
stillen ['ʃtɪlən] *v 1. (Kind)* lactar (a un bebé), amamantar, dar el pecho; *2. (Bedürfnis)* satisfacer, saciar
stillhalten ['ʃtɪlhaltən] *v irr* quedarse quieto
Stillleben ['ʃtɪlleːbən] *n ART* naturaleza muerta *f*
stilllegen ['ʃtɪlleːgən] *v 1.* parar, cesar; *2. ECO* paralizar, parar
stillos ['ʃtiːlloːs] *adj* sin estilo
Stillschweigen ['ʃtɪlʃvaɪgən] *n* silencio *m*
stillschweigend ['ʃtɪlʃvaɪgənt] *adj* callado, mudo
Stillstand ['ʃtɪlʃtant] *m* parada *f,* paro *m,* paralización *f*
stillstehen ['ʃtɪlʃteːən] *v irr 1. MIL* estar en posición firme; *2. (Person)* estar parado; *3. (Maschine)* estar paralizado
Stilmittel ['ʃtiːlmɪtəl] *n* elemento estilístico *m*
Stilrichtung ['ʃtiːlrɪçtuŋ] *f ART* corriente estilística *f*
stilvoll ['ʃtiːlfɔl] *adj 1.* artístico, de buen gusto; *adv 2.* artísticamente, con buen gusto
Stimmabgabe ['ʃtɪmapgaːbə] *f POL* votación *f*
Stimmband ['ʃtɪmbant] *n ANAT* cuerda vocal *f*
stimmberechtigt ['ʃtɪmbərɛçtɪçt] *adj* con derecho a voto
Stimmbruch ['ʃtɪmbrux] *m* cambio de voz *m,* muda *f*
Stimme ['ʃtɪmə] *f 1.* voz *f; 2. (Wahlstimme) POL* voto *m,* sufragio *m*
stimmen ['ʃtɪmən] *v 1. (wahr sein)* ser cierto, estar bien; *Mit der Rechnung scheint etw nicht zu ~.* En la cuenta parece que algo no está bien. *2. (Instrument)* afinar, templar
Stimmenanteil ['ʃtɪmənantaɪl] *m POL* proporción de votos *f*
Stimmenmehrheit ['ʃtɪmənmeːrhaɪt] *f* mayoría de votos *f*
Stimmenthaltung ['ʃtɪmɛnthaltuŋ] *f* abstención *f*
Stimmlage ['ʃtɪmlaːgə] *f* registro *m*
stimmlich ['ʃtɪmlɪç] *adj* de la voz
Stimmrecht ['ʃtɪmrɛçt] *n ECO* derecho de voto *m*
Stimmung ['ʃtɪmuŋ] *f* estado de ánimo *m*
Stimmzettel ['ʃtɪmtsɛtəl] *m* papeleta de votación *f,* cédula de sufragio *f*
stinken ['ʃtɪŋkən] *v irr* apestar, oler mal, despedir mal olor, heder
Stipendiat(in) [ʃtɪpɛn'djaːt(ɪn)] *m/f* becario/becaria *m/f*
Stipendium [ʃtɪ'pɛndjum] *n* beca *f*
stippen ['ʃtɪpən] *v* mojar, untar, rebañar
Stippvisite ['ʃtɪpviziːtə] *f* visita corta *f*
Stirn [ʃtɪrn] *f ANAT* frente *f; jdm die ~ bieten* enfrentarse con alguien; *sich an die ~ fassen* llevarse las manos a la cabeza; *jdm auf der ~ geschrieben stehen* llevar escrito en la frente
Stirnband ['ʃtɪrnbant] *n* cinta para poner en la frente *f*
Stirnhöhle ['ʃtɪrnhøːlə] *f ANAT* seno frontal *m*
stöbern ['ʃtøːbərn] *v 1. (herumsuchen)* revolver; *2. (sauber machen)* limpiar; *3. Es stöbert.* Está cayendo aguanieve.
stochern ['ʃtɔxərn] *v* atizar el fuego
Stock [ʃtɔk] *m 1. (Stab)* bastón *m; am ~ gehen* estar a dos velas; *über ~ und Stein* a golpe tentido *m; 2. (Etage)* piso *m,* planta *f*
stockbetrunken [ʃtɔkbə'truŋkən] *adj* borracho como una cuba
stockblind [ʃtɔk'blɪnt] *adj* absolutamente ciego
stockdunkel [ʃtɔk'duŋkəl] *adj* oscuro como la boca del lobo
Stöckelschuh ['ʃtœkəlʃuː] *m* zapato de tacón alto *m*
stocken ['ʃtɔkən] *v 1. (zum Stillstand kommen)* detenerse, pararse; *2. (Blut)* acumularse; *3. (Milch)* cuajarse; *4. (Herz)* paralizarse; *5. (Geschäfte)* ir a menos; *6. (Stockflecke bekommen)* enmohecerse
stockend ['ʃtɔkənt] *adj* entrecortado
Stockwerk ['ʃtɔkvɛrk] *n* piso *m,* planta *f*
Stoff [ʃtɔf] *m 1. (Textil)* tela *f,* tejido *m; 2. (Materie)* materia *f,* sustancia *f,* substancia *f; 3. (fam: Rauschgift)* costo *m,* chocolate *m*
Stoffballen ['ʃtɔfbalən] *m* bala de tela *f*
stofflich ['ʃtɔflɪç] *adj* torpe, paleto
Stofftier ['ʃtɔftiːr] *n* animal de peluche *m*
Stoffwechsel ['ʃtɔfvɛksəl] *m BIO* metabolismo *m*
stöhnen ['ʃtøːnən] *v* gemir
stoisch ['ʃtoːɪʃ] *adj* estoico

Stollen ['ʃtɔlən] *m 1. MIN* galería; *2. GAST* pastel navideño *m*
stolpern ['ʃtɔlpərn] *v* tropezar, topar
stolz [ʃtɔlts] *adj 1.* orgulloso; *adv 2.* con orgullo, orgullosamente
Stolz [ʃtɔlts] *m* orgullo *m; den ~ beugen* bajar los humos; *keinen ~ besitzen* no tener amor propio
stolzieren [ʃtɔl'tsiːrən] *v* pavonearse
stopfen ['ʃtɔpfən] *v 1. (füllen)* llenar, rellenar; *2. (flicken)* repasar, zurcir
Stoppelbart ['ʃtɔpəlbaːrt] *m* barba de tres días *f*
stoppelig ['ʃtɔpəlɪç] *adj* mal afeitado
stoppen ['ʃtɔpən] *v 1. (anhalten)* parar, detener(se); *2. (messen)* cronometrar
Stoppschild ['ʃtɔpʃɪlt] *n* señal de stop *f*
Stoppuhr ['ʃtɔpuːr] *f* cronómetro *m*
Stöpsel ['ʃtœpzəl] *m* tapón *m*
Stör [ʃtøːr] *m ZOOL* esturión *m*
störanfällig ['ʃtøːranfɛlɪç] *adj TECH* delicado, que se estropea con facilidad
Storch [ʃtɔrç] *m ZOOL* cigüeña *f*
Store [ʃtoːr] *m (Gardine)* cortina *f,* visillo *m*
stören ['ʃtøːrən] *v* molestar, fastidiar, importunar, perturbar
störend ['ʃtøːrənt] *adj* molesto, fastidioso
Störenfried ['ʃtørənfriːt] *m* perturbador *m*
Störfaktor ['ʃtøːrfaktɔr] *m* factor de interferencias *m*
Störfall ['ʃtøːrfal] *m TECH* incidente *m*
stornieren [ʃtɔr'niːrən] *v (Auftrag)* anular, cancelar
Stornierung [ʃtɔr'niːruŋ] *f* anulación *f*
Storno ['ʃtɔrno] *m* anulación *f*
störrisch ['ʃtœrɪʃ] *adj* obstinado, terco, testarudo
Störung ['ʃtøːruŋ] *f* molestia *f,* perturbación *f*
Stoß [ʃtoːs] *m* empujón *m,* empellón *m*
Stoßdämpfer ['ʃtoːsdɛmpfər] *m TECH* amortiguador *m*
stoßempfindlich ['ʃtoːsɛmpfɪntlɪç] *adj* frágil
stoßen ['ʃtoːsən] *v irr* empujar, dar empujones
stoßfest ['ʃtoːsfɛst] *adj* resistente a choques, antichoque
Stoßgebet ['ʃtoːsgəbeːt] *n REL* jaculatoria *f*
Stoßstange ['ʃtoːsʃtaŋə] *f (beim Auto)* parachoques *m*
Stoßverkehr ['ʃtoːsfɛrkeːr] *m* horas punta *f/pl,* horas de tráfico intenso *f/pl*
Stoßzahn ['ʃtoːstsaːn] *m ZOOL* colmillo *m*
stottern ['ʃtɔtərn] *v* tartamudear
Strafanstalt ['ʃtraːfanʃtalt] *f JUR* penitenciaría *f,* penal *m*
Strafanzeige ['ʃtraːfantsaɪgə] *f JUR* denuncia *f*
Strafarbeit ['ʃtraːfarbaɪt] *f* castigo *m*
strafbar ['ʃtraːfbaːr] *adj JUR* punible, sancionable, penable
Strafbefehl ['ʃtraːfbəfeːl] *m JUR* orden penal *m*
Strafe ['ʃtraːfə] *f 1.* castigo *m,* punición *f; 2. JUR* pena *f,* condena *f*
strafen ['ʃtraːfən] *v* castigar, sancionar, penar
straff [ʃtraf] *adj 1. (gespannt)* tenso, tirante; *2. (streng)* riguroso, severo; *3. (kurz)* conciso, breve
straffällig ['ʃtraːffɛlɪç] *adj ~ werden* incurrir en un delito
straffen ['ʃtrafən] *v 1.* estirar, tensar; *2. (fig: einen Text kürzen)* condensar, acortar
straffrei ['ʃtraːffraɪ] *adj JUR* impune
Straffreiheit ['ʃtraːffraɪhaɪt] *f JUR* impunidad *f*
Strafgefangene(r) ['ʃtraːfgəfaŋənə(r)] *m/f* preso/presa *m/f,* recluso/reclusa *m/f,* presidiario *m*
Strafgesetz ['ʃtraːfgəzɛts] *n* ley penal *f*
Strafgesetzbuch ['ʃtraːfgəzɛtsbuːx] *n JUR* código penal *m*
Straflager ['ʃtraːflaːgər] *n* campo de trabajos forzados *m*
sträflich ['ʃtrɛːflɪç] *adj (fig)* reprensible
Sträfling ['ʃtrɛːflɪŋ] *m* preso *m*
straflos ['straːfloːs] *adj* impune
Strafmaß ['ʃtraːfmaːs] *n JUR* pena *f*
strafmildernd ['ʃtraːfmɪldərnt] *adj JUR* atenuación de una pena *f*
Strafpredigt ['ʃtraːfpredɪçt] *f* sermón *m*
Strafprozess ['ʃtraːfprotsɛs] *m JUR* proceso penal *m*
Strafraum ['ʃtraːfraum] *m SPORT* área de penalty *f/el*
Strafrecht ['ʃtraːfrɛçt] *n JUR* derecho penal *m*
strafrechtlich ['ʃtraːfrɛçtlɪç] *adj JUR* jurídico-penal, penal
Strafstoss ['ʃtraːfʃtoːs] *m SPORT* penalty *m,* penal *m* (LA)
Straftat ['ʃtraːftaːt] *f JUR* delito *m,* hecho punible *m,* acto penal *m*
Straftäter(in) ['ʃtraːftɛːtər(ɪn)] *m/f JUR* delicuente *m/f*

Strafverfahren ['ʃtra:ffɛrfa:rən] *n JUR* procedimiento penal *m*
Strafvollzug ['ʃtra:ffɔltsu:k] *m 1. (System) JUR* régimen penitenciario *m; 2. (Bestrafung) JUR* ejecución de pena *f*
Strafzettel ['ʃtra:ftsɛtəl] *m 1.* multa *f; 2. (für Falschparken)* multa de aparcamiento *f*
Strahl [ʃtra:l] *m 1. (Sonnenstrahl)* rayo de sol *m; 2. (Wasserstrahl)* chorro *m*
strahlen ['ʃtra:lən] *v* radiar, emitir rayos
Strahlenbehandlung ['ʃtra:lənbəhandluŋ] *f MED* radioterapia *f*
Strahlenbelastung ['ʃtra:lənbəlastuŋ] *f* exposición a radiaciones *f*
strahlenverseucht ['ʃtra:lənfɛrzɔyçt] *adj* contaminado por radiación atómica
Strahler ['ʃtra:lər] *m* reflector *m*
Strahlung ['ʃtra:luŋ] *f PHYS* radiación *f*
Strähne ['ʃtrɛ:nə] *f 1.* mechón *m,* greña *f; 2. (Kette von Ereignissen)* cadena de circunstancias *f*
strähnig ['ʃtrɛ:nɪç] *adj* desgreñado
stramm [ʃtram] *adj 1. (fest sitzend)* estirado; *2. (kräftig)* robusto, fuerte; *3. (Haltung)* firme; *adv 4. ~ arbeiten (fam)* trabajar de firme
strampeln ['ʃtrampəln] *v* patalear
Strand [ʃtrant] *m* playa *f*
stranden ['ʃtrandən] *v* encallar, varar
Strandkorb ['ʃtrantkɔrp] *m* sillón de mimbre de playa *f*
Strang [ʃtraŋ] *m* cuerda *f,* soga *f; am gleichen ~ ziehen* tirar de la misma cuerda; *über die Stränge schlagen* pasar de castaño oscuro, pasarse de la rosca; *wenn alle Stränge reißen* cuando se rompa la cuerda (fig), en último recurso
strangulieren [ʃtraŋgu'li:rən] *v* estrangular
Strapaze [ʃtra'pa:tsə] *f* fatiga *f,* cansancio *m,* agotamiento *m*
strapazierbar [ʃtrapa'tsi:rba:r] *adj* suceptible de gastar
strapazieren [ʃtrapa'tsi:rən] *v 1.* fatigar, cansar mucho, agotarse; *2. (Sache)* usar continuamente, gastar
strapazierfähig [ʃtrapa'tsi:rfɛ:ɪç] *adj* resistente al uso continuo
strapaziös [ʃtrapa'tsjø:s] *adj* agotador
Straße ['ʃtra:sə] *f* calle *f; Ist das die ~ nach Barcelona?* ¿Es ésta la carretera a Barcelona? *jdn auf die ~ werfen* (fam) poner a alguien de patitas en la calle; *auf der ~ liegen* estar en la calle; *auf die ~ gehen* salir a la calle
Straßenarbeiten ['ʃtra:sənarbaɪtən] *pl* obras de carretera *f/pl*
Straßenbahn ['ʃtra:sənba:n] *f* tranvía *m*
Straßenbau ['ʃtra:sənbau] *m* construcción de carreteras *f*
Straßenbeleuchtung ['ʃtra:sənbəlɔyçtuŋ] *f* alumbrado público *m*
Straßenbild ['ʃtra:sənbɪlt] *n* imagen callejera *f*
Straßencafé ['ʃtra:sənkafe:] *n* cafetería al aire libre *f*
Straßengraben ['ʃtra:səngra:bən] *m* cuneta *f*
Straßenhändler ['ʃtra:sənhɛndlər] *m* vendedor ambulante *m*
Straßenlärm ['ʃtra:sənlɛrm] *m* ruido callejero *m*
Straßennetz ['ʃtra:sənnɛts] *n* red de carreteras *f*
Straßenverhältnisse ['ʃtra:sənfɛrhɛltnɪsə] *pl* condiciones de las carreteras *f/pl*
Straßenverkehr ['ʃtra:sənfɛrke:r] *m* tráfico *m,* circulación de automóviles *f*
Straßenverkehrsordnung ['ʃtra:sənfɛrke:rsɔrdnuŋ] *f* código de la circulación *m*
Strategie [ʃtrate'gi:] *f* estrategia *f*
strategisch [ʃtra'te:gɪʃ] *adj* estratégico
sträuben ['ʃtrɔybən] *v 1. (Haare) sich ~* erizarse, ponerse de punta; *2. (fig) sich ~* resistirse, negarse, oponerse
Strauch [ʃtraux] *m* arbusto *m,* mata *f*
Strauß[1] [ʃtraus] *m BOT* ramo *m*
Strauß[2] [ʃtraus] *m ZOOL* avestruz *f*
Strebe ['ʃtre:bə] *f* puntal *m*
Streber(in) ['ʃtre:bər(ɪn)] *m/f* empollón/empollona *m/f*
strebsam ['ʃtre:pzam] *adj* aplicado
Strecke ['ʃtrɛkə] *f* trayecto *m,* distancia *f; jdn zur ~ bringen* capturar a alguien/cepillarse a alguien
strecken ['ʃtrɛkən] *v* estirar, extender
Streich ['ʃtraɪç] *m 1. (Schlag)* golpe *m; auf einen ~* de golpe; *2. (Schabernack)* travesura *f; jdm einen Streich spielen* jugar una mala
streicheln ['ʃtraɪçəln] *v* acariciar
streichen ['ʃtraɪçən] *v irr 1. (berühren)* tocar, palpar; *2. (auf~)* untar; *3. (an~)* pintar; *4. (durch~)* tachar; *5. (annullieren)* anular
Streichholz ['ʃtraɪçhɔlts] *n* cerilla *f,* fósforo *m*
Streichholzschachtel ['ʃtraɪçhɔltsʃaxtəl] *f* caja de cerillas *f*
Streichkäse ['ʃtraɪçkɛ:zə] *m GAST* queso para untar *m*

Streichmusik ['ʃtraɪçmuziːk] *f* música para cuerda *f*
Streife ['ʃtraɪfə] *f (Polizei)* patrulla *f*
Streifen ['ʃtraɪfən] *m 1. (Band)* cinta *f,* banda *f; 2. (Linie)* línea *f*
Streifenwagen ['ʃtraɪfənvaːgən] *m* coche patrulla *m,* patrullero *m* (LA)
Streiflicht ['ʃtraɪflɪçt] *n (fig) ein ~ auf etw werfen* explicar algo brevemente
Streifzug ['ʃtraɪftsuːk] *m* correría *f*
Streik [ʃtraɪk] *m* huelga *f*
Streikbrecher ['ʃtraɪkbrɛçər] *m* esquirol *m*
streiken ['ʃtraɪkən] *v* declararse en huelga, ir a la huelga, estar en huelga
Streikposten ['ʃtraɪkpɔstən] *m* piquete *m*
Streit [ʃtraɪt] *m* pelea *f,* riña *f,* querella *f,* disputa *f*
streitbar ['ʃtraɪtbaːr] *adj* disputable
streiten ['ʃtraɪtən] *v irr* disputar, pelear, reñir; *sich mit jdm ~* pelearse con alguien
Streitfrage ['ʃtraɪtfraːgə] *f* objeto de controversia *m,* punto litigioso *m,* cuestión discutible *f*
Streitgespräch ['ʃtraɪtgəʃprɛːç] *n* disputa *f,* discusión *f*
Streitkräfte ['ʃtraɪtkrɛftə] *pl MIL* fuerzas armadas *f/pl*
streitlustig ['ʃtraɪtlustɪç] *adj* agresivo, guerrero, belicoso
streitsüchtig ['ʃtraɪtzyçtɪç] *adj* disputador, pendenciero
Streitwert ['ʃtraɪtvɛrt] *m JUR* cuantía del litigio *f*
streng [ʃtrɛŋ] *adj 1.* severo, riguroso, estricto; *adv 2. ~ genommen* en rigor
Strenge ['ʃtrɛŋə] *f 1.* severidad *f; 2. (der Form)* austeridad *f; 3. (des Wetters)* rigor *m; 4. (des Geschmacks)* acritud *f*
strenggläubig ['ʃtrɛŋglɔybɪç] *adj* creyente, ortodoxo
strengstens ['ʃtrɛŋstəns] *adv* rigurosamente
Stress [ʃtrɛs] *m* stress *m,* estrés *m*
Streu [ʃtrɔy] *f* paja *f*
streuen ['ʃtrɔyən] *v 1.* esparcir, echar, diseminar; *2. PHYS* dispersar
Streuung ['ʃtrɔyuŋ] *f 1.* diseminación *f,* esparcimiento *m; 2. PHYS* dispersión *f*
Strich [ʃtrɪç] *m 1.* trazo *m,* raya *f,* línea *f; einen ~ unter etw ziehen* terminar con algo/poner fin a algo; *jdm gegen den ~ gehen* venir a alguien a contrapelo; *nach ~ und Faden* a conciencia; *2. (Pinselstrich)* pincelada *f; 3. (Prostitution)* prostitución callejera *f*
Strichcode ['ʃtrɪçkoːd] *m INFORM* código de barras *m*
Strichpunkt ['ʃtrɪçpuŋkt] *m* punto y coma *m*
Strick [ʃtrɪk] *m* cuerda *f,* soga *f; wenn alle ~e reißen* cuando se rompa la cuerda (fig), en el peor de los casos
stricken ['ʃtrɪkən] *v* hacer labores de punto, tricotar, tejer (LA)
Strickjacke ['ʃtrɪkjakə] *f* chaqueta de punto *f*
Strickleiter ['ʃtrɪklaɪtər] *f* escala de cuerda *f*
Strickmuster ['ʃtrɪkmustər] *n* patrón de punto *m*
Stricknadel ['ʃtrɪknaːdəl] *f* aguja de hacer punto *f*
Strickwaren ['ʃtrɪkvaːrən] *f/pl* artículos de punto *m/pl*
Strickzeug ['ʃtrɪktsɔyɪ] *n* labor de punto *m*
Striemen ['ʃtriːmən] *m* verdugón *m*
strikt [ʃtrɪkt] *adj* estricto
Strippe ['ʃtrɪpə] *f 1. (Schnur)* cuerda *f,* cordón *m; 2. (Telefon)* cable *m; jnd an der ~ haben* tener a alguien al teléfono
strittig ['ʃtrɪtɪç] *adj* disputable, discutible, controvertido
Stroh [ʃtroː] *n* paja *f; ~ im Kopf haben (fig)* tener la cabeza llena de paja
Strohdach ['ʃtroːdax] *n* tejado de paja *m*
Strohhalm ['ʃtroːhalm] *m* pajita *f,* pajita para beber *f; sich an einen ~ klammern (fig)* agarrarse a un clavo ardiendo
Strohhut ['ʃtroːhuːt] *m* sombrero de paja *m*
Strohmann ['ʃtroːman] *m (fig)* testaferro *m,* hombre de paja *m*
Strohwitwe ['ʃtroːvɪtvə] *f* mujer cuyo marido se encuentra temporalmente fuera de casa; *~ sein* estar temporalmente sin marido
Strom [ʃtroːm] *m 1. (Fluss)* río *m; 2. elektrischer ~* corriente eléctrica *f; 3. (Strömung)* corriente *f; mit dem ~ schwimmen* nadar con la corriente (fig)
Stromausfall ['ʃtroːmausfal] *m* apagón *m*
strömen ['ʃtrøːmən] *v* correr, fluir, chorrear
Stromkabel ['ʃtroːmkaːbəl] *n TECH* línea eléctrica *f*
Stromkreis ['ʃtroːmkraɪs] *m* circuito eléctrico *m*
stromlinienförmig ['ʃtroːmliːnjənfœrmɪç] *adj* aerodinámico
Stromrechnung ['ʃtroːmrɛçnuŋ] *f TECH* cuenta de electricidad *f*
Strömung ['ʃtrøːmuŋ] *f* corriente *f*

Stromverbrauch ['ʃtroːmfɛrbraux] *m* consumo de electricidad *m*
Stromzähler ['stroːmtsɛːlər] *m* contador de corriente *m*
Strontium ['ʃtrɔntsjum] *n CHEM* estroncio *m*
Strophe ['ʃtroːfə] *f* estrofa *f*
strotzen ['ʃtrɔtsən] *v ~ von* rebosar de
Strudel ['ʃtruːdəl] *m 1.* remolino *m; 2. GAST* hojaldre relleno de manzana y crema de vainilla *m*
Struktur [ʃtruk'tuːr] *f* estructura *f*
strukturell [ʃtruktu'rɛl] *adj 1.* estructural; *adv 2.* estructuralmente
strukturieren [ʃtruktu'riːrən] *v* estructurar
Strukturkrise [ʃtruk'tuːrkrɪzə] *f* crisis estructural *f*
strukturschwach [ʃtruk'tuːrʃvax] *adj ECO* poco desarrollado
Strumpf [ʃtrumpf] *m* media *f*
Strumpfband ['ʃtrumpfbant] *n* liga *f*
Strumpfhose ['ʃtrumpfhoːzə] *f* leotardos *m/pl,* panty *f*
struppig ['ʃtrupɪç] *adj* hisurto, erizado
Struwwelpeter ['ʃtruvəlpeːtər] *m* muchacho desgreñado *m*
Stube ['ʃtuːbə] *f* habitación *f,* cuarto *m*
Stubenarrest ['ʃtuːbɔnarɛst] *m* arresto domiciliario *m*
Stück [ʃtyk] *n 1. (Teil)* pieza *f,* trozo *m,* pedazo *m; Können Sie mich ein ~ mitnehmen?* ¿Puede llevarme un trecho? *große ~e auf jdn halten* tener en mucho aprecio a alguien; *2. (Teilstück)* parte *f; 3. THEAT* pieza *f*
Stuckdecke ['ʃtukdɛkə] *f* techo estucado *m*
Stückgut ['ʃtykguːt] *n ECO* mercancías por piezas *f/pl,* mercancía en fardos *f*
Stückkosten ['ʃtykkɔstən] *pl ECO* coste por unidad *m*
Stücklohn ['ʃtykloːn] *m* salario a destajo *m,* salario por unidad de obra *m*
stückweise ['ʃtykvaɪzə] *adv* por piezas, a trozos
Stückzahl ['ʃtyktsaːl] *f* número de piezas *m,* número de bultos *m*
Student(in) [ʃtu'dɛnt(ɪn)] *m/f* estudiante universitario/estudiante universitaria *m/f*
Studentenaustausch [ʃtu'dɛntənaustauʃ] *m* intercambio de estudiantes *m*
Studentenausweis [ʃtu'dɛntənausvaɪs] *m* carné de estudiante *m*
Studentenverbindung [ʃtu'dɛntənfɛrbɪnduŋ] *f* asociación de estudiantes *f*
Studentenwohnheim [ʃtu'dɛntənvoːnhaɪm] *n* residencia de estudiantes *f*
studentisch [ʃtu'dɛntɪʃ] *adj* estudiantil
Studie ['ʃtuːdjə] *f* estudio *m,* análisis *m*
Studienplatz ['ʃtuːdjənplats] *m* plaza disponible de estudio *f,* vacante de estudio *f*
Studienrat ['ʃtuːdjənraːt] *m* catedrático de Instituto *m*
studieren [ʃtu'diːrən] *v* estudiar una carrera universitaria, estudiar en la universidad
Studio ['ʃtuːdjo] *n* estudios *m,* taller *m*
Studium ['ʃtuːdjum] *n* estudios *m/pl,* carrera universitaria *f*
Stufe ['ʃtuːfə] *f 1. (Treppenstufe)* peldaño *m,* grada *f; 2. (Phase)* fase *f,* período *m,* etapa *f*
Stufenheck ['ʃtuːfənhɛk] *n* parte trasera escalonada *f*
stufenlos ['ʃtuːfənloːs] *adj* sin fases, sin etapas
stufenweise ['ʃtuːfənvaɪzə] *adv* gradualmente, por etapas, progresivamente
Stuhl [ʃtuːl] *m* silla *f; fast vom ~ fallen (fig)* caerse casi de la silla; *jdm nicht vom ~ reißen* no impresionar a alguien; *zwischen zwei Stühlen sitzen (fig)* nadar entre dos aguas
Stuhlbein ['ʃtuːlbaɪn] *n* pata de la silla *f*
Stuhlgang ['ʃtuːlgaŋ] *m* defecación *f,* deposición *f*
stülpen ['ʃtylpən] *v 1. etw über etw ~* tapar algo con algo; *2. nach außen ~* volver algo al revés
stumm [ʃtum] *adj* mudo
Stummel ['ʃtuməl] *m 1.* pedazo *m; 2. (einer Zigarette)* colilla *f*
Stummfilm ['ʃtumfɪlm] *m CINE* cine mudo *m,* película muda *f*
Stümper ['ʃtympər] *m (fam: Versager)* fracasado *m*
stümperhaft ['ʃtympərhaft] *adj 1.* chapucero, defectuoso, mal hecho; *adv 2.* defectuosamente, muy mal hecho
stumpf [ʃtumpf] *adj 1. (nicht scharf)* desafilado, romo, chato; *2. (fig: glanzlos)* torpe, estúpido; *3. (fig: teilnahmslos)* apático, indiferente
Stumpf [ʃtumpf] *m 1. (eines Baumes)* tronco *m; 2. (einer Extremität)* muñón *m*
stumpfsinnig ['ʃtumpfzɪnɪç] *adj 1. (Person)* apático, indiferente; *2. (Arbeit)* monótono, aburrido
Stunde ['ʃtundə] *f 1.* hora *f; die ~ der Wahrheit* la hora de la verdad *f; Seine letzte ~ hat geschlagen.* Ha llegado su hora. *2. (Schulstunde)* lección *f,* clase *f*

stunden ['ʃtundən] *v* *ECO* aplazar un pago, conceder una moratoria
Stundenkilometer ['ʃtundənkiːlomeːtər] *m* kilómetro por hora *m*
stundenlang ['ʃtundənlaŋ] *adj* *1.* durante horas, interminable; *adv* *2.* horas y horas
Stundenlohn ['ʃtundənloːn] *m* salario por horas *m*
Stundenplan ['ʃtundənplan] *m* horario de clases *m*
Stundentakt ['ʃtundəntakt] *m* *im ~* cada hora
Stundenzeiger ['ʃtundəntsaɪgər] *m* horario *m*
stündlich ['ʃtyntlɪç] *adj* *1.* de cada hora, horario; *adv* *2.* a cada hora
Stundung ['ʃtunduŋ] *f* *ECO* prolongación *f*, moratoria *f*
stupid [ʃtu'piːt] *adj* *1.* *(Person)* estúpido; *2.* *(Arbeit)* monótono
stur [ʃtuːr] *adj* testarudo, terco, porfiado
Sturheit ['ʃtuːrhaɪt] *f* tozudez *f*, terquedad *f*
Sturm [ʃturm] *m* tempestad *f*, tormenta *f*
Sturm und Drang [ʃturmunt'draŋ] *m* *LIT* Tempestad e Ímpetu (período literario alemán a finales del siglo XVIII)
stürmen ['ʃtyrmən] *v* *1.* asaltar, tomar por asalto; *2.* *(Wind)* soplar con ímpetu; *3.* *(Stürmer spielen)* *SPORT* atacar
Stürmer(in) ['ʃtyrmər(ɪn)] *m/f* *SPORT* delantero/delantera *m/f*
Sturmflut ['ʃturmfluːt] *f* marea viva *f*
stürmisch ['ʃtyrmɪʃ] *adj* *1.* *(Wetter)* tempestuoso, tormentoso; *2.* *(fig)* impetuoso, fogoso, apasionado
Sturmwarnung ['ʃturmvarnuŋ] *f* *METEO* aviso de tempestad *m*
Sturz [ʃturts] *m* caída *f*
stürzen ['ʃtyrtsən] *v* caer, caerse
Sturzhelm ['ʃturtshɛlm] *m* casco protector *m*
Stute ['ʃtuːtə] *f* *ZOOL* yegua *f*
Stütze ['ʃtytsə] *f* *1.* apoyo *m*, soporte *m*; *2.* *(fig: Unterstützung)* sostén *m*, apoyo *m*
stutzen ['ʃtutsən] *v* *1.* *(erstaunt sein)* sorprenderse; *2.* *(kürzen)* cortar
stützen ['ʃtytsən] *v* *1.* *(halten)* apoyar, sostener, apuntalar; *2.* *(fig: unter~)* respaldar, apoyar
stutzig ['ʃtutsɪç] *adj* *1.* sorprendido, desconcertado, perplejo; *adv* *2.* perplejo, desconcertante
Stützpunkt ['ʃtytspuŋkt] *m* punto de apoyo *m*
stylen ['staɪlən] *v* *(fam)* arreglarse el pelo
Subjekt [zup'jɛkt] *n* sujeto *m*
subjektiv [zupjɛk'tiːf] *adj* subjetivo
Subkultur ['zupkultuːr] *f* subcultura *f*
substantiell [zupstan'tsjɛl] *adj* substancial
Substantiv ['zupstantiːf] *n* *GRAMM* sustantivo *m*
Substanz [zup'stants] *f* sustancia *f*
Substrat [zup'straːt] *n* *1.* sustrato *m*; *2.* *TECH* sustrato *m*
subtil [sup'tiːl] *adj* sutil
Subtraktion [zuptrak'tsjoːn] *f* *MATH* sustracción *f*, resta *f*
Subvention [zupvɛn'tsjoːn] *f* *ECO* subvención *f*
subventionieren [zupvɛntsjo'niːrən] *v* subvencionar
Suchaktion ['zuːxaktsjoːn] *f* operación de búsqueda *f*
Suche ['zuːxə] *f* búsqueda *f*, pesquisa *f*, indagación *f*
suchen ['zuːxən] *v* buscar, indagar; *die Stecknadel im Heuhaufen ~* buscar una aguja en un pajar; *Das hat hier nichts zu ~.* No hay nada que hacer aquí.
Sucht [zuxt] *f* *MED* adicción *f*
süchtig [zyçtɪç] *adj* *MED* adicto *m*, toxicómano *m*
suchtkrank ['zuxtkraŋk] *adj* adicto
Suchtrupp ['zuːxtrup] *m* equipo de búsqueda *m*
Südafrika [zyːt'afrɪka] *n* *GEO* Sudáfrica *f*, República de Sudáfrica *f*
Südamerika [zyːta'meːrɪka] *n* *GEO* Sudamérica *f*, América del Sur *f*
südamerikanisch ['zyːtamerikaːnɪʃ] *adj* suramericano, sudamericano, latino
Sudan [zu'daːn] *m* *GEO* Sudán *m*
süddeutsch ['zyːtdɔytʃ] *adj* de Alemania del Sur
Süddeutschland ['zyːtdɔytʃlant] *n* *GEO* Alemania del Sur *f*
Süden ['zyːdən] *m* sur *m*
Südeuropa ['zyːtɔyroːpa] *n* *GEO* Europa del Sur *f*
Südfrucht ['zyːtfruxt] *f* fruta tropical *f*
südländisch ['zyːtlɛndɪʃ] *adj* mediterráneo
südlich ['zyːdlɪç] *adj* *1.* del sur, meridional; *adv* *2.* al sur
Südost [zyːt'ɔst] *m* sudeste *m*, sureste *m*
Südpol ['zyːtpoːl] *m* *GEO* Polo Sur *m*, Antártico *m*

Südsee ['zy:tze:] *f GEO* Pacífico meridional *m*
Südseeinsel ['zy:tze:ɪnzəl] *f* isla del Pacífico meridional *f*
Südseite ['zy:tzaɪtə] *f* lado del sur *m*
Südtirol ['zy:ttiro:l] *n GEO* Tirol meridional *f*
Südwest [zy:t'vɛst] *m* sudoeste *m,* suroeste *m*
süffig ['zyfɪç] *adj* suave y ligero
süffisant [zyfi'zant] *adj* suficiente
Sühne ['zy:nə] *f* expiación *f*
Sulfat [zul'fa:t] *n CHEM* sulfato *m*
Sülze ['zyltsə] *f* carne en gelatina *f*
sumerisch [zu'me:rɪʃ] *adj HIST* sumerio
Summe ['zumə] *f* suma *f,* total *m,* cantidad *f,* importe *m*
summen ['zumən] *v* zumbar
Summer ['zumər] *m* zumbrador *m,* vibrador *m*
summieren [zu'mi:rən] *v* sumar, adicionar, acumularse
Sumpf [zumpf] *m* pantano *m*
Sumpfgebiet ['zumpfgəbi:t] *n* región pantanosa *f*
Sünde ['zyndə] *f* pecado *m*
Sündenbock ['zyndənbɔk] *m* chivo expiatorio *m,* cabeza de turco *f; der ~ sein* cargar con los platos rotos
Sünder ['zyndər] *m* pecador *m*
sündhaft ['zynthaft] *adj 1.* pecaminoso; *adv 2. ~ teuer* carísimo
sündig ['zyndɪç] *adj* pecador
sündigen ['zyndɪgən] *v* pecar, cometer un pecado
super ['zu:pər] *adj* fantástico, estupendo, de puta madre
Super ['zu:pər] *n (Benzin)* gasolina súper *f*
Superlativ [zupərla'ti:f] *m GRAMM* superlativo *m*
Supermarkt ['zu:pɛrmarkt] *m* supermercado *m*
Suppe ['zupə] *f GAST* sopa *f; jdm die ~ versalzen (fig)* aguar la fiesta a alguien; *sich eine schöne ~ einbrocken* meterse en un buen lío; *Du musst die ~ auslöffeln, die du dir eingebrockt hast.* Tienes que pagar los platos rotos.
Suppenlöffel ['zupənlœfəl] *m* cuchara sopera *f*
Surfbrett ['zø:rfbrɛt] *n SPORT* tabla de surf *f*
surfen ['sœ:rfən] *v 1. SPORT* practicar el surf; *2. ~ im Internet* surfear en la Internet
Surrealismus [zyrea'lɪsmus] *m ART* surrealismo *m*
surrealistisch [zyrea'lɪstɪʃ] *adj* surrealista
surren ['zurən] *v* zumbar
suspendieren [zuspɛn'di:rən] *v* suspender
süß [zy:s] *adj 1. (Geschmack)* dulce; *2. (niedlich)* precioso, bonito, lindo, bello
Süßigkeiten ['zy:sɪçkaɪtən] *f/pl* golosinas *f/pl,* dulces *m/pl*
süßsauer [zys'zauər] *adj* agridulce
Süßspeise ['zy:sʃpaɪzə] *f GAST* dulce *m*
Süßstoff ['zy:sʃtɔf] *m* edulcorante *m,* dulcificante *m*
Süßwasser ['zy:svasər] *n* agua dulce *f/el,* agua de río *f/el*
Symbol [zym'bo:l] *n* símbolo *m*
symbolisch [zym'bo:lɪʃ] *adj* simbólico
symbolisieren [zymboli'zi:rən] *v* simbolizar
Symmetrie [zyme'tri:] *f MATH* simetría *f*
symmetrisch [zy'me:trɪʃ] *adj* simétrico
Sympathie [zympa'ti:] *f* simpatía *f,* agrado *m,* inclinación *f*
Sympathisant(in) [zympati'zant(ɪn)] *m/f* simpatizante *m/f*
sympathisch [zym'pa:tɪʃ] *adj* simpático, amable, gentíl
sympathisieren [zympati'zi:rən] *v ~ mit* simpatizar con
Symptom [zymp'to:m] *n* síntoma *m*
symptomatisch [zympto'ma:tɪʃ] *adj* sintomático
Synagoge [zyna'go:gə] *f REL* sinagoga *f*
synchron [zyn'kro:n] *adj* sincrónico
synchronisieren [zynkroni'zi:rən] *v CINE* sincronizar, doblar
Syndikat [zyndi'ka:t] *n* sindicato *m*
Syndrom [zyn'dro:m] *n MED* síndrome *m*
synonym [zyno'ny:m] *adj* sinónimo
Synonym [zyno'ny:m] *n LING* sinónimo *m*
synthetisch [zyn'te:tɪʃ] *adj* sintético
Syrer(in) ['zy:rər(ɪn)] *m/f* sirio/siria *m/f*
Syrien ['zy:rjən] *n GEO* Siria *f*
System [zys'te:m] *n* sistema *m*
systematisch [zyste'ma:tɪʃ] *adj 1.* sistemático; *adv 2.* sistemáticamente
Szenario [stse'na:rjo] *n* escenario *m*
Szene ['stse:nə] *f 1. CINE* secuencia *f; 2. (Streit)* escena *f,* escándalo *m*
Szenenapplaus ['stse:nənaplaus] *m* aplauso en escena *m*
Szenerie [stse:nə'ri:] *f* escenario *m,* decoración *f*

T

Tabak ['tabak] *m* tabaco *m*
Tabakdose ['tabakdo:zə] *m 1.* tabaquera *f; 2. (für Schnupftabak)* tabaquera para rapé *f*
Tabakpflanze ['tabakpflantsə] *f BOT* planta de tabaco *f*
Tabakwaren ['tabakva:rən] *pl* tabacos *m/pl*
tabellarisch [tabɛ'la:rɪʃ] *adj* sinóptico
Tabelle [ta'bɛlə] *f* tabla *f,* cuadro sinóptico *m*
Tabellenführer [ta'bɛlənfy:rər] *m* líder de la clasificación *m*
Tabellenspitze [ta'bɛlənʃpɪtsə] *f SPORT* cabeza de la clasificación *f*
Tabernakel [tabɛr'na:kəl] *m REL* tabernáculo *m*
Tablett [ta'blɛt] *n* bandeja *f*
Tablette [ta'blɛtə] *f MED* tableta *f,* pastilla *f*
tablettenabhängig [ta'blɛtənaphɛŋɪç] *adj* adicto a los fármacos
Tablettenmissbrauch [ta'blɛtənmɪsbraux] *m* abuso de fármacos *m*
tabu [ta'bu:] *adj ~ sein* ser un tabú
Tabu [ta'bu:] *n* tabú *m*
tabuisieren [tabui'zi:rən] *v* tabuizar
Tabulator [tabu'la:tɔr] *m* tabulador *m*
Tachometer [taxo'me:tər] *m (beim Auto)* velocímetro *m,* tacómetro *m*
Tadel ['ta:dəl] *m* crítica *f,* desaprobación *f,* reproche *m,* tacha *f*
tadellos ['ta:dəllo:s] *adj* impecable, irreprochable, perfecto, intachable
tadeln ['ta:dəln] *v* criticar, desaprobar, reprochar, tachar
Tadschikistan [ta'dʒi:kɪstan] *n GEO* Tayikistán *m*
Tafel ['ta:fəl] *f 1. (Schultafel)* pizarra *f; 2. (Schalttafel)* tablero de distribución *m; 3. (gedeckter Tisch)* mesa puesta *f,* mesa de banquete *m; 4. (Schokoladentafel)* tableta *f,* tablilla de chocolate *f*
Tafelgeschirr ['ta:fəlgəʃɪr] *n* servicio de mesa *f,* vajilla *f*
tafeln ['ta:fəln] *v* comer bien
täfeln ['tɛ:fəln] *v* enmaderar, revestir con madera
Tafelobst ['ta:fəlo:pst] *n GAST* frutas de mesa *f/pl*
Täfelung ['tɛ:fəluŋ] *f* revestimiento de madera *m*
Tafelwasser ['ta:fəlvasər] *n GAST* agua de mesa *f*
Tafelwein ['ta:fəlvaɪn] *m GAST* vino de mesa *m*
Taft [taft] *m* tafetán *m*
Tag [ta:k] *m* día *m; Morgen ist auch noch ein ~.* Mañana será otro día. *Guten ~! (am Vormittag)* ¡Buenos días! *Guten ~! (am Nachmittag)* ¡Buenas tardes! *etw an den ~ legen* hacer algo patente, hacer algo evidente; *an den ~ kommen* salir a la luz del día; *unter ~e* subterráneo; *in den ~ hineinleben* vivir día a día; *~ und Nacht* día y noche; *den lieben langen ~* todo el santo día
tagaus [ta:k'aus] *adv ~, tagein* día tras día, todos los días
Tagebuch ['ta:gəbu:x] *n* diario *m; ein ~ führen* llevar un diario
Tagegeld ['ta:gəgɛlt] *n 1. (Reisekosten)* dietas *f/pl; 2. (Krankenversicherung)* gastos de hospital a cargo de la Seguridad Social *m/pl*
tagelang ['ta:gəlaŋ] *adj 1.* durante días; *adv 2.* días y días, días enteros
Tagelöhner(in) ['ta:gəlø:nər(ɪn)] *m/f* jornalero/jornalera *m/f*
tagen ['ta:gən] *v* celebrar una reunión, conferenciar
Tagesablauf ['ta:gəsaplauf] *m* transcurso del día *m*
Tagesanbruch ['ta:gəsanbrux] *m* madrugada *f,* amanecer *m*
Tagesausflug ['ta:gəsausflu:k] *m* excursión *f*
Tagesbefehl ['ta:gəsbəfe:l] *m MIL* orden del día *f*
Tageseinnahme ['ta:gəsaɪnna:mə] *f* ingresos del día *m/pl,* caja del día *f,* recaudación diaria *f*
Tagesgespräch ['ta:gəsgəʃprɛ:ç] *n* novedad del día *f*
Tageskarte ['ta:gəskartə] *f 1. (Ticket)* billete de ida y vuelta válido para un día *m; 2. (Speiseplan)* menú del día *m*
Tageskurs ['ta:gəskurs] *m 1. (von Devisen) FIN* cambio del día *m; 2. (von Effekten) FIN* curso diario de títulos de crédito *m*
Tageslicht ['ta:gəslɪçt] *n* luz del día *f; das ~ scheuen* evitar la luz del día; *ans ~ kommen* salir a la luz

Tagesordnung ['taːgəsɔrdnuŋ] *f* orden del día *m*, asuntos a tratar en el día *m/pl*; *zur ~ übergehen* pasar al orden del día
Tagespresse ['taːgəsprɛsə] *f* prensa diaria *f*
Tageszeit ['taːgəstsaɪt] *f* hora del día *f*
Tageszeitung ['taːgəstsaɪtuŋ] *f* diario *m*, periódico *m*
tageweise ['taːgəvaɪzə] *adv* por día, al día
täglich ['tɛːklɪç] *adj 1.* diario, cotidiano, de cada día, diurno; *adv 2.* diariamente, todos los días, a diario
tags [taːks] *adv 1. ~ darauf* al día siguiente; *2. ~ zuvor* el día anterior
tagsüber ['taːksyːbər] *adv* de día, durante el día
Tagtraum ['taːktraum] *m* sueño diurno *m*
Tagung ['taːguŋ] *f* reunión *f*, sesión *f*, conferencia *f*, congreso *m*
Taifun [taɪ'fuːn] *m METEO* tifón *m*
Taille ['taljə] *f* talle *m*, cintura *f*
tailliert [taɪ'jiːrt] *adj* entallado
Takt [takt] *m 1. (Feingefühl)* tacto *m*, delicadeza *f*; *2. MUS* compás *m*; *den ~ angeben* llevar la batuta/llevar la voz cantante; *aus dem ~ kommen* quedar desconcertado; *jdn aus dem ~ bringen* desconcertar a alguien
taktieren [tak'tiːrən] *v* emplear una táctica
Taktik ['taktɪk] *f* táctica *f*
Taktiker(in) ['taktɪkər(ɪn)] *m/f* táctico/táctica *m/f*
taktisch ['taktɪʃ] *adj* táctico
taktlos ['taktloːs] *adj* rudo, sin tacto
Taktlosigkeit ['taktloːzɪçkaɪt] *f* falta de tacto *f*, falta de delicadeza *f*
taktvoll ['taktfɔl] *adj* delicado, con tacto
Tal [taːl] *n* valle *m*
Talar [ta'laːr] *m REL* sotana *f*
Talent [ta'lɛnt] *n* talento *m*
talentiert [talɛn'tiːrt] *adj* talentoso
Talfahrt ['taːlfaːrt] *f 1.* bajada *f*, descenso *m*; *2. (fig)* caída *f*
Talg [talk] *m* sebo *m*
Talisman ['taːlɪsman] *m* talismán *m*
Talsohle ['taːlzoːlə] *f 1.* fondo del valle *m*; *2. (fig)* depresión *f*, período bajísimo *m*
talwärts ['taːlvɛrts] *adv* al valle, hacia el valle
Tamburin ['tamburiːn] *n MUS* pandereta *f*
Tampon ['tampɔ] *m* tampón *m*
Tandem ['tandɛm] *n* tándem *m*
Tang [taŋ] *m BOT* alga marina *f/el*
Tangente [taŋ'gɛntə] *f 1. MATH* tangente *f*; *2. (Umgehungsstraße)* desviación *f*
tangieren [taŋ'giːrən] *v (fig)* afectar
Tank [taŋk] *m* cisterna *f*, depósito *m*, tanque *m*
tanken ['taŋkən] *v* echar gasolina
Tanker ['taŋkər] *m* petrolero *m*, buque cisterna *m*
Tanksäule ['taŋkzɔylə] *f* surtidor de gasolina *m*
Tankstelle ['taŋkʃtɛlə] *f* gasolinera *f*; *Wo ist die nächste ~?* ¿Dónde está la gasolinera más cercana?
Tankwart ['taŋkvart] *m* gasolinero *m*
Tanne ['tanə] *f BOT* abeto *m*
Tannenbaum ['tanənbaum] *m (Weihnachtsbaum)* árbol de Navidad *m*
Tannennadel ['tanənnaːdəl] *f* aguja de abeto *f*
Tannenzapfen ['tanəntsapfən] *m BOT* piña de abeto *f*
Tansania [tanza'niːa] *n GEO* Tanzanía *f*
Tante ['tantə] *f* tía *f*; *die ~ da (fam)* esta tía acá
Tantieme [tan'tjeːmə] *f 1.* participación en los beneficios *f*; *2. (für einen Autor)* derechos de autor *m/pl*; *3. (Aufsichtsratstantieme) ECO* consejo de administración que administra la participación en los beneficios *m*
Tanz [tants] *m* baile *m*, danza *f*
tänzeln ['tɛntsəln] *v 1.* andar con paso ligero; *2. (Pferd)* dar escarceos
tanzen ['tantsən] *v* bailar; *~ gehen* ir a bailar; *Wollen wir ~?* ¿Bailamos?
Tänzer(in) ['tɛntsər(ɪn)] *m/f* bailarín(a) *m/f*, bailador(a) *m/f*
Tanzfläche ['tantsflɛçə] *f* pista de baile *f*, dancing *m*
Tanzkapelle ['tantskapɛlə] *f* orquesta de baile *f*
Tanzkurs ['tantskurs] *m* curso de baile *m*, clases de baile *f/pl*
Tanzlokal ['tantslokaːl] *n* salón de baile *m*
Tanzmusik ['tantsmuziːk] *f* música para bailar *f*
Tanzsaal ['tantszaːl] *m* sala de baile *f*
Tanzschule ['tantsʃuːlə] *f* escuela de baile *f*
Tanzstunde ['tantsʃtundə] *f* lección de baile *f*
Tapete [ta'peːtə] *f 1.* papel de empapelar *m*; *die ~n wechseln (fig)* renovarse, cambiar de aspecto, mudarse; *2. (Stoff)* tapiz *m*
tapezieren [tapə'tsiːrən] *v* empapelar
tapfer ['tapfər] *adj* valiente, valeroso, gallardo

Tapferkeit ['tapfərkaɪt] *f* valentía *f,* gallardía *f*
Tapir ['ta:pi:r] *m ZOOL* tapir *m,* danta *f*
tappen ['tapən] *v 1. (gehen)* andar (a tientas); *2. in eine Pfütze ~* pisar un charco; *3. (tasten) nach etw ~* buscar algo a ciegas
täppisch ['tɛpɪʃ] *adj* torpe
tapsen ['tapsən] *v 1.* caminar silenciosamente; *2. (Kind)* patalear
Tarantel [ta'rantəl] *f ZOOL* tarántula *f; wie von der ~ gestochen* como atarantado
Tarif [ta'ri:f] *m* tarifa *f*
Tarifgruppe [ta'ri:fgrupə] *f ECO* categoría de tarifas *f*
Tariflohn [ta'ri:flo:n] *m* salario según tarifa *m,* salario según convenio colectivo *m*
Tarifpartner [ta'ri:fpartnər] *pl* partes contratantes de un convenio colectivo *f/pl*
Tarifpolitik [ta'ri:fpoliti:k] *f* política de tarifas *f*
Tarifrunde [ta'ri:frundə] *f ECO* negociaciones colectivas *f/pl*
Tarifverhandlung [ta'ri:ffɛrhandluŋ] *f* negociaciones del convenio colectivo *f/pl*
Tarifvertrag [ta'ri:ffɛrtra:k] *m* convenio colectivo *m*
Tarnanzug ['tarnantsu:k] *m* traje de camuflaje *m*
tarnen ['tarnən] *v 1.* enmascarar, encubrir, camuflar, disimular; *2. (fig: verschleiern)* ocultar, tapar, cubrir
Tarnung ['tarnuŋ] *f* enmascaramiento *m,* camuflaje *m*
Tartanbahn ['ta:rtanba:n] *f SPORT* pista de resina sintética *f*
Tasche ['taʃə] *f 1. (Handtasche)* bolso *m,* cartera *f* (LA); *2. (Aktentasche)* cartera *f; 3. (Kleidung)* bolsillo *m; jdn in die ~ stecken (fig)* meterse a alguien en el bolsillo; *jdm auf der ~ liegen* vivir a expensas de alguien; *tief in die ~ greifen müssen* tener que desembolsar un dineral; *etw aus eigener ~ bezahlen* pagar algo de su propio bolsillo; *jdm Geld aus der ~ ziehen* sacarle a uno el dinero; *etw in die eigene ~ stecken* meterse algo en su propio bolsillo
Taschenbuch ['taʃənbu:x] *n* libro de bolsillo *m*
Taschendieb ['taʃəndi:p] *m* carterista *m,* ratero *m*
Taschengeld ['taʃəngɛlt] *n* dinero para gastos menudos *m,* paga *f*
Taschenlampe ['taʃənlampə] *f* linterna de bolsillo *f*
Taschenmesser ['taʃənmɛsər] *n* navaja *f*
Taschenrechner ['taʃənrɛçnər] *m* calculadora de bolsillo *f*
Taschenschirm ['taʃənʃɪrm] *m* paraguas de bolsillo *m*
Taschentuch ['taʃəntu:x] *n* pañuelo *m*
Taschenuhr ['taʃənu:r] *f* reloj de bolsillo *m*
Tasse ['tasə] *f* taza *f; nicht alle ~n im Schrank haben (fam)* no tener dos dedos de frente
Tastatur [tasta'tu:r] *f* teclado *m*
Taste ['tastə] *f* tecla *f*
tasten ['tastən] *v nach etw ~* tocar algo, tentar algo, palpar algo
Tastendruck ['tastəndruk] *m* pulsación de la tecla *f*
Tastentelefon ['tastəntelefo:n] *n* teléfono de teclas *m*
Tastenzwang ['tastəntsvaŋ] *m INFORM* fuerza de la tecla *f*
Tastsinn ['tastzɪn] *m* sentido del tacto *m*
Tat [ta:t] *f 1. (Handlung)* hecho *m,* acción *f; Zwischen Worten und ~en besteht ein großer Unterschied.* Del dicho al hecho hay mucho trecho. *2. (Straftat)* crimen *m,* delito *m,* falta *f,* infracción *f*
Tatbestand ['ta:tbəʃtant] *m* estado de las cosas *m,* hechos *m/pl*
Tatendrang ['ta:təndraŋ] *m* espíritu emprendedor *m,* dinamismo *m*
tatenlos ['ta:tənlo:s] *adv* sin hacer nada, con los brazos cruzados
Täter(in) ['tɛ:tər(ɪn)] *m/f* autor(a) *m/f,* ejecutor(a) de un delito *m/f*
Tathergang ['ta:the:rgaŋ] *m JUR* acontecimiento de un hecho *m*
tätig ['tɛ:tɪç] *adj* activo
tätigen ['tɛ:tɪgən] *v* realizar, efectuar
Tätigkeit ['tɛ:tɪçkaɪt] *f* actividad *f,* acción *f,* ocupación *f*
Tätigkeitswort ['tɛ:tɪçkaɪtsvɔrt] *n GRAMM* verbo *m*
Tatkraft ['ta:tkraft] *f* energía *f*
tatkräftig ['ta:tkrɛftɪç] *adj* enérgico, activo
Tätlichkeit ['tɛ:tlɪçkaɪt] *f* acto de violencia *m*
Tatmotiv ['ta:tmoti:f] *n JUR* móvil del crimen *m*
Tatort ['ta:tɔrt] *m* lugar de los hechos *m,* lugar del crimen *m,* lugar del delito *m*
tätowieren [tɛ:to'vi:rən] *v* tatuar
Tätowierung [tɛ:to'vi:ruŋ] *f* tatuaje *m*

Tatsache ['taːtzaxə] *f* hecho *m; jdn vor vollendete ~n stellen* poner a uno ante un hecho consumado; *vollendete ~ schaffen* lograr hechos consumados
tatsächlich ['taːtzɛçlıç] *adj 1.* real, verdadero, auténtico, verídico; *adv 2.* realmente, de hecho
tätscheln ['tɛtʃəln] *v* dar palmaditas
tatverdächtig ['taːtfɛrdɛçtıç] *adj JUR* sospechoso
Tatze ['tatsə] *f ZOOL* zarpa *f*, garra *f*
Tatzeit ['taːttsaıt] *f JUR* hora del crimen *f*
Tatzeuge ['taːttsɔygə] *m JUR* testigo presencial *m*
Tatzeugin ['taːttsɔygın] *f* testigo presencial *f*
Tau¹ [tau] *m* rocío *m*
Tau² [tau] *n* cuerda *f*, cable *m*, cabo *m*
taub [taup] *adj* sordo
Taube ['taubə] *f ZOOL* paloma *f*
Taubheit ['tauphaıt] *f MED* sordera *f*
taubstumm ['taupʃtum] *adj* sordomudo
Taubstummensprache ['taupʃtumənʃpraːxə] *f* lenguaje de sordomudo *m*
Tauchboot ['tauxboːt] *n* submarino sumergible *m*
tauchen ['tauxən] *v* sumergir, zambullir
Taucher(in) ['tauxər(ın)] *m/f* buceador(a) *m/f*, buzo *m*
Taucheranzug ['tauxərantsuːk] *m* traje de buzo *m*, escafandra *f*
Taucherbrille ['tauxərbrılə] *f* gafas de buzo *f/pl*
Tauchsieder ['tauxziːdər] *m* calentador de inmersión *m*
tauen ['tauən] *v* deshelarse
Taufbecken ['taufbɛkən] *n REL* pila bautismal *f*
Taufe ['taufə] *f 1.* bautismo *m; etw aus der ~ heben* crear algo, fundar algo; *2. REL* bautizo *m*
taufen ['taufən] *v REL* bautizar
Täufling ['tɔyflıŋ] *m 1. REL* niño bautizado/niña bautizada *m/f; 2. (Erwachsene(r)) REL* persona adulta dispuesta a recibir el bautismo *f*
Taufname ['taufnaːmə] *m* nombre de pila *m*
Taufpate ['taufpaːtə] *m REL* padrino *m*
Taufpatin ['taufpaːtın] *f REL* padrina *f*
Taufschein ['taufʃaın] *m REL* partida de bautismo *f*
taugen ['taugən] *v* valer, servir, ser útil; *nichts ~* no ser ni chicha ni limonada; *zu nichts ~* ser un cero a la izquierda
Taugenichts ['taugənıçts] *m* inútil *m*
tauglich ['tauklıç] *adj* útil, bueno para, apropiado
Tauglichkeit ['tauklıçkaıt] *f* utilidad *f*, aptitud *f*, idoneidad *f*
Taumel ['tauməl] *m 1.* vértigo *m*, tambaleo *m; 2. (Verzückung)* éxtasis *f*
taumeln ['tauməln] *v* tambalearse, dar traspiés
Tausch [tauʃ] *m* cambio *m*, trueque *m*, intercambio *m*
tauschen ['tauʃən] *v* cambiar, intercambiar, trocar; *Können wir bitte die Plätze ~?* ¿Podemos cambiar de asiento, por favor?
täuschen ['tɔyʃən] *v 1. jdn ~* engañar a alguien, embaucar a alguien; *2. sich ~* engañarse, equivocarse
Tauschhandel ['tauʃhandəl] *m* comercio de trueque *m*
Täuschung ['tɔyʃuŋ] *f* engaño *m*, ilusión *f*, equivocación *f*
tausend ['tauzənt] *num* mil
Tausender ['tauzəndər] *m (Banknote)* billete de mil *m*
tausendfach ['tauzəntfax] *adv* de mil modos o maneras diferentes
Tausendfüßler ['tauzəntfyːslər] *m ZOOL* miriápodo *m*
tausendste(r,s) ['tauzəntstə(r,s)] *adj* milésimo; *zum tausendsten Male* por enésima vez
Tauwasser ['tauvasər] *n* agua de rocío *f*
Tauwetter ['tauvɛtər] *n* deshielo *m*
Tauziehen ['tautsiːən] *n 1.* prueba de la cuerda *f; 2. (fig)* tira y afloja *m*
Taxameter [taksa'meːtər] *n* taxímetro *m*
Taxi ['taksi] *n* taxi *m; Wo bekomme ich ein ~?* ¿Dónde puedo conseguir un taxi?
taxieren [ta'ksiːrən] *v 1.* tasar, evaluar; *2. (Wert)* valorar, valuar
Taxifahrer(in) ['taksifaːrər(ın)] *m/f* conductor(a) de taxis *m/f*
Taxistand ['taksiʃtant] *m* parada de taxis *f*
Teakholz ['tiːkhɔlts] *n* madera de teca *f*
Team [tiːm] *n* equipo *m*
Teamarbeit ['tiːmarbaıt] *f* trabajo en equipo *m*
Teamfähigkeit ['tiːmfɛːıçkaıt] *f* capacidad de equipo *f*
Teamgeist ['tiːmgaıst] *m* espíritu de equipo *m*
Technik ['tɛçnık] *f* técnica *f*
Techniker(in) ['tɛçnıkər(ın)] *m/f* técnico/técnica *m/f*

technisch ['tɛçnɪʃ] *adj 1.* técnico; *adv 2.* técnicamente, por medio de la técnica
Technisierung [tɛçni'ziːruŋ] *f* automatización *f,* mecanización *f*
Technokrat [tɛçno'kraːt] *m* tecnócrata *f*
Technologie [tɛçnolo'giː] *f* tecnología *f*
technologisch [tɛçno'loːgɪʃ] *adj 1.* tecnológico; *adv 2.* tecnológicamente, por medio de la tecnología
Techtelmechtel [tɛçtəl'mɛçtəl] *n (fam)* tener una aventura con alguien
Tee [teː] *m* té *m*
Teebeutel ['teːbɔytəl] *m* bolsita de té *f*
Teekanne ['teːkanə] *f* tetera *f*
Teekessel ['teːkɛsəl] *m* tetera *f*
Teeküche ['teːkyçə] *f* cocina pequeña *f*
Teelicht ['teːlɪçt] *n* lamparilla *f*
Teelöffel ['teːlœfəl] *m* cucharilla de té *f,* cucharita de té *f* (LA)
Teer [teːr] *m* brea líquida *f,* alquitrán *m*
teeren ['teːrən] *v* embrear
Teeservice ['teːzɛrviːs] *n* juego de té *m*
Teflon ['tɛfloːn] *n* teflón *m*
Teich [taɪç] *m* estanque *m*
Teig [taɪk] *m GAST* masa *f,* pasta *f*
Teigwaren ['taɪkvaːrən] *pl* pastas *f/pl*
Teil [taɪl] *m* parte *f,* pieza *f; sich seinen ~ denken* pensarse su parte, pensarse lo suyo; *für meinen ~* por mí, por mi parte; *seinen ~ kriegen* recibir su parte (fig), recibir su merecido; *seinen ~ weghaben* perder su parte
teilbar ['taɪlbaːr] *adj* divisible
Teilbetrag ['taɪlbətraːk] *m* suma parcial *f,* importe parcial *m*
Teilchen ['taɪlçən] *n* partícula *f*
teilen ['taɪlən] *v 1. (trennen)* dividir, separar; *2. (fig: etw mit jdm gemeinsam haben)* compartir algo con alguien, tener algo en común con alguien
Teilerfolg ['taɪlɛrfɔlk] *m* éxito parcial *m*
teilhaben ['taɪlhaːbən] *v* participar, tener parte en
Teilhaber(in) ['taɪlhaːbər(ɪn)] *m/f ECO* socio/socia *m/f,* copropietario/copropietaria *m/f,* asociado/asociada *m/f*
Teilkaskoversicherung ['taɪlkaskɔfɛrzɪçəruŋ] *f* seguro contra riesgos parciales *m,* seguro de riesgo parcial *m*
Teilnahme ['taɪlnaːmə] *f* participación *f*
teilnahmslos ['taɪlnaːmsloːs] *adj 1.* desinteresado, indiferente; *adv 2.* indiferentemente, sin interés
Teilnahmslosigkeit ['taɪlnaːmsloːzɪçkaɪt] *f* falta de interés *f*
teilnehmen ['taɪlneːmən] *v* participar, tomar parte en
Teilnehmer(in) ['taɪlneːmər(ɪn)] *m/f* participante *m/f*
teils [taɪls] *adv* en parte
Teilstrecke ['taɪlʃtrɛkə] *f* etapa *f*
Teilung ['taɪluŋ] *f* división *f,* partición *f*
teilweise ['taɪlvaɪzə] *adv* parcialmente, en parte
Teilzahlung ['taɪltsaːluŋ] *f* pago parcial *m,* pago a plazos *m*
Teilzeitbeschäftigung ['taɪltsaɪtbəʃɛftɪguŋ] *f* trabajo a tiempo parcial *m*
Teint [t ɛ] *m* color del rostro *m*
Telefaxgerät ['telefaksgərɛːt] *n* telefax *m,* fax *m*
Telefon [tele'foːn] *n* teléfono *m*
Telefonanschluss [tele'foːnanʃlus] *m* conexión a la red telefónica *f*
Telefonat [telefo'naːt] *n* llamada telefónica *f*
Telefonbuch [tele'foːnbuːx] *n* guía telefónica *f*
Telefongespräch [tele'foːngəʃprɛːç] *n* conversación telefónica *f*
Telefonhörer [tele'foːnhøːrər] *m* auricular *m,* aufífono *m*
telefonieren [telefo'niːrən] *v* hablar por teléfono, llamar por teléfono; *Kann ich bitte ~ ?* ¿Puedo utilizar el teléfono por favor?
telefonisch [tele'foːnɪʃ] *adj 1.* telefónico; *adv 2.* telefónicamente, por teléfono
Telefonkarte [tele'foːnkartə] *f* tarjeta telefónica *f*
Telefonnummer [tele'foːnnumər] *f* número de teléfono *m*
Telefonseelsorge [tele'foːnzeːlsɔrgə] *f* teléfono de la esperanza *m*
Telefonzelle [tele'foːntsɛlə] *f* cabina telefónica *f*
Telefonzentrale [tele'foːntsɛntraːlə] *f* central telefónica *f*
telegrafieren [telegra'fiːrən] *v* telegrafiar
Telegramm [tele'gram] *n* telegrama *m*
Teleobjektiv ['teleɔpjɛktiːf] *n FOTO* teleobjetivo *m*
telepathisch [tele'paːtɪʃ] *adj* telepático
Teleskop [teles'koːp] *n* telescopio *m*
Telex ['telɛks] *n* télex *m*
Teller ['tɛlər] *m* plato; *1. (flach)* plato llano *m,* plato tendido *m* (LA); *2. (tief)* plato sopero *m,* plato hondo *m; 3. (Dessertteller)* platillo de postre *m,* plato de postre *m*
Tempel ['tɛmpəl] *m* templo *m*

Temperament [tempera'mɛnt] *n* temperamento *m*
temperamentvoll [tempera'mɛntfɔl] *adj* temperamental, vehemente
Temperatur [tempera'tuːr] *f* temperatura *f*
temperaturabhängig [tɛmpəra'tuːraphɛŋɪç] *adj* que depende de la temperatura
Temperatursturz [tempera'tuːrʃturts] *m* caída de la temperatura *f*
temperieren [tɛmpə'riːrən] *v* templar, temperar
Tempo ['tɛmpo] *n* ritmo *m; ~ machen* darse prisa
Tempolimit ['tɛmpoːlɪmɪt] *n* limitación de la velocidad *f*
temporär [tɛmpo'rɛːr] *adj* temporal
Tendenz [tɛn'dɛnts] *f* tendencia *f*
tendenziell [tɛndɛn'tsjɛl] *adj* según la tendencia
tendenziös [tɛndɛn'tsjøːs] *adj* tendencioso
tendieren [tɛn'diːrən] *v* tender, inclinarse
Tennis ['tɛnɪs] *n SPORT* tenis *m*
Tennisball ['tɛnɪsbal] *m SPORT* pelota de tenis *f*
Tennisplatz ['tɛnɪsplats] *m SPORT* pista de tenis *f*, cancha de tenis *f* (LA)
Tennisschläger ['tɛnɪsʃlɛːgər] *m SPORT* raqueta *f*
Tennisschuh ['tɛnɪsʃuː] *m* zapatilla de tenis *f*
Tennisspieler(in) ['tɛnɪsʃpiːlər(ɪn)] *m/f SPORT* tenista *m/f*
Tenor [te'noːr] *m MUS* tenor *m*
Teppich ['tɛpɪç] *m* alfombra *f; etw unter den ~ kehren* encubrir algo; *auf dem ~ bleiben* pisar tierra
Teppichboden ['tɛpɪçboːdən] *m* moqueta *f*, alfombrado *m* (LA)
Teppichklopfer ['tɛpɪçklɔpfər] *m* sacudidor de alfombras *m*
Termin [tɛr'miːn] *m 1. (Datum)* fecha *f*, data *f; 2. (Frist)* plazo *m; 3. (Verabredung)* cita *f; 4. (Verhandlung) JUR* vista *f*
Terminal ['tœrminəl] *m 1. (im Flughafen)* terminal *f; 2. INFORM* terminal *m*
Termindruck [tɛr'miːndruk] *m* agobio de tiempo *m*
termingerecht [tɛr'miːngərɛçt] *adj 1.* conforme a la fecha fijada; *adv 2.* a tiempo, según la fecha fijada
Terminkalender [tɛr'miːnkalɛndər] *m* agenda *f*, calendario *m*
terminlich [tɛr'miːnlɪç] *adj* relativo al plazo
Terminologie [tɛrmɪnolo'giː] *f* terminología *f*
Terpentin [tɛrpɛn'tiːn] *n* trementina *f*
Terrakotta [tɛra'kɔta] *f* terracota *f*
Terrasse [tɛ'rasə] *f* terraza *f*
Terrier ['tɛrjər] *m ZOOL* perro terrier *m*
Terrine [tɛ'rinə] *f* sopera *f*
territorial [tɛrito'rjaːl] *adj* territorial
Territorium [tɛri'toːrjum] *n* territorio *m*
Terror ['tɛrɔr] *m* terror *m*
Terrorakt ['tɛrɔrakt] *m POL* acto terrorista *m*
terrorisieren [tɛrɔri'ziːrən] *v* aterrorizar
Terrorismus [tɛrɔ'rɪsmus] *m* terrorismo *m*
Terrorist(in) [tɛrɔ'rɪst(ɪn)] *m/f* terrorista *m/f*
terroristisch [tɛrɔ'rɪstɪʃ] *adj POL* terrorista
Tesafilm ['teːzafɪlm] *m* cinta adhesiva *f*
Test [tɛst] *m* test *m*, prueba *f*
Testament [tɛsta'mɛnt] *n* testamento *m; sein ~ machen können* poder preparar su testamento
testamentarisch [tɛstamɛn'taːrɪʃ] *adj 1.* testamentario; *adv 2.* por testamento, según testamento
Testamentseröffnung [tɛsta'mɛntsɛrøfnuŋ] *f JUR* apertura del testamento *f*
Testamentsvollstrecker [tɛsta'mɛntsfɔlʃtrɛkər] *m JUR* albacea *m*, ejecutor testamentario *m*
testen ['tɛstən] *v* probar, someter a un test
Testpilot ['tɛstpɪloːt] *m* piloto de pruebas *m*
Testreihe ['tɛstraɪə] *f* serie de tests *f*
Teststrecke ['tɛstʃtrɛkə] *f 1.* trecho de prueba *m; 2. (Bahn)* línea de prueba *f*
Tetanus ['teːtanus] *m MED* tétanos *m*
Tetanusimpfung ['teːtanusɪmpfuŋ] *f MED* vacuna antitetánica *f*
teuer ['tɔyər] *adj* caro, costoso; *Das wird dir ~ zu stehen kommen!* ¡Esto te va a salir muy caro!/¡Eso lo vas a pagar muy caro! *Das Leben wird immer teurer.* La vida se vuelve cada vez más cara.
Teuerung ['tɔyəruŋ] *f* inflación *f*, carestía *f*
Teuerungsrate ['tɔyəruŋsraːtə] *f* tasa de carestía *f*, índice de encarecimiento *m*
Teufel ['tɔyfəl] *m* diablo *m*, demonio *m; Wenn man vom ~ spricht, so kommt er.* Hablando del rey de Roma y él que se asoma. *Scher dich zum ~!* ¡Vete al diablo!/¡Vete a freír espárragos! *den ~ an die Wand malen* jugar con fuego; *den ~ im Leib haben* ser aforero; *sich den ~ um etw scheren* no ocuparse en absoluto de algo; *in ~s Küche*

kommen meterse en un lío; *auf ~ komm raus* con todas las fuerzas; *jdn zum ~ schicken* mandar a alguien al diablo; *Da ist der ~ los.* Allí hay bronca. *Ihn reitet der ~.* Le ha picado una mosca. *Pfui ~!* ¡Qué asco!
Teufelskerl ['tɔyfəlskɛrl] *m* tío valiente *m*
Teufelskreis ['tɔyfəlskraɪs] *m (fig)* círculo vicioso *m*
teuflisch ['tɔyflɪʃ] *adj* diabólico, infernal, satánico
Text [tɛkst] *m* texto *m*
texten ['tɛkstən] *v 1. (Werbetext)* redactar; *2. (Schlagertext)* componer
Texter(in) ['tɛkstər(ɪn)] *m/f 1. (Werbetexter(in))* redactor(a) de textos publicitarios *m/f; 2. MUS* autor(a) de la letra *m/f*
textil [tɛks'tiːl] *adj* textil
Textilien [tɛks'tiːljən] *pl* tejidos *m/pl,* productos textiles *m/pl*
Textilindustrie [tɛks'tiːlɪndustriː] *f* industria textil *f*
Textstelle ['tɛkstʃtɛlə] *f* pasaje en un texto *m*
Textverarbeitung ['tɛkstfɛrarbaɪtuŋ] *f INFORM* elaboración de textos *f*
Thailand ['taɪlant] *n GEO* Tailandia *f*
Thailänder(in) ['taɪlɛndər(ɪn)] *m/f* tailandés/tailandesa *m/f*
Theater [te'aːtər] *n 1. (Schauspielhaus)* teatro *m; 2. (fig: Aufregung)* espectáculo *m,* aspavientos *m/pl; ~ spielen* hacer teatro
Theaterbesuch [te'aːtərbəzuːx] *m* asistencia a una representación teatral *f*
Theaterbesucher(in) [te'aːtərbəzuçər(ɪn)] *m/f* espectador(a) *m/f*
Theaterkasse [te'aːtərkasə] *f* taquilla *f,* despacho de localidades *m,* lugar de venta de localidades *m*
Theaterprobe [te'aːtərproːbə] *f THEAT* ensayo de teatro *m*
Theaterstück [te'aːtərʃtyk] *n* pieza teatral *f,* pieza de teatro *f*
theatralisch [tea'traːlɪʃ] *adj 1. (fig)* teatral; *adv 2. (fig)* teatralmente, con teatro, con aspavientos
Theke ['teːkə] *f* mostrador *m,* barra *f*
Thema ['teːma] *n* tema *m*
Thematik [te'maːtɪk] *f* temática *f*
thematisch [te'maːtɪʃ] *adj* temático
Themenwechsel ['teːmənvɛksəl] *m* cambio de tema *m*
Theologe [teo'loːgə] *m* teólogo *m*
Theologie [teolo'giː] *f* teología *f*
Theologin [teo'loːgɪn] *f* teóloga *f*
theologisch [teo'loːgɪʃ] *adj REL* teológico
Theoretiker(in) [teo'reːtɪkər(ɪn)] *m/f* teórico/teórica *m/f*
theoretisch [teo'reːtɪʃ] *adj 1.* teórico; *adv 2.* teóricamente, en teoría
Theorie [teo'riː] *f* teoría *f*
Therapeut(in) [tera'pɔyt(ɪn)] *m/f* terapeuta *m/f*
therapeutisch [tera'pɔytɪʃ] *adj MED* terapéutico
Therapie [tera'piː] *f* terapia *f*
Thermalbad [tɛr'maːlbaːt] *n 1.* baño termal *m; 2. (Kurort)* station termal *f*
Thermalquelle [tɛr'maːlkvɛlə] *f MED* fuente termal *f,* aguas termales *f/pl*
Thermometer [tɛrmo'meːtər] *n* termómetro *m*
Thermoskanne ['tɛrmɔskanə] *f* termo *m*
Thermostat ['tɛrmostaːt] *m* termostato *m*
These ['teːzə] *f* tesis *f,* disertación *f*
Thrombose [trɔm'boːzə] *f MED* trombosis *f*
Thron [troːn] *m* trono *m; von seinem ~ herabsteigen* bajar del pedestal; *jdn vom ~ stoßen* destronar a alguien; *Sein ~ wackelt gewaltig.* Peligra su posición.
Thronfolger ['troːnfɔlgər] *m* sucesor al trono *m*
Thunfisch ['tuːnfɪʃ] *m ZOOL* atún *m*
Thymian ['tyːmjaːn] *m BOT* tomillo *m*
Tibet ['tiːbɛt] *n GEO* Tíbet *m*
tibetanisch [tibe'taːnɪʃ] *adj* tibetano
Tick [tɪk] *m* tic nervioso *m*
ticken ['tɪkən] *v (Uhr)* hacer tictac; *nicht mehr ganz richtig ~* no estar bien de la cabeza
tief [tiːf] *adj 1. (Abgrund)* profundo, abismal; *~er Schnee* nieve alta *f; ~ schürfend* exhaustivo, profundo; *2. (Temperatur)* bajo; *adv 3. (stark)* profundamente, hondamente; *4. ~ greifend* intenso, profundo; *5. ~ gehend* profundo, penetrante; *6. (gründlich) ~ gehend* hondo
Tief [tiːf] *n* depresión atmosférica *f*
Tiefbau ['tiːfbau] *m* obras públicas *f/pl,* obras de caminos, canales y puertos *f/pl,* ingeniería de caminos *f*
Tiefdruckgebiet ['tiːfdrukgəbiːt] *n* zona de baja presión *f,* zona de depresión barométrica *f*
Tiefe ['tiːfə] *f* profundidad *f,* fondo *m,* hondura *f,* abismo *m*
Tiefebene ['tiːfeːbənə] *f* llanura *f*
Tiefenschärfe ['tiːfənʃɛrfə] *f* profundidad de campo *f*

Tiefflug ['ti:fflu:k] *m* vuelo rasante *m,* vuelo de baja altura *m,* vuelo bajo *m* (LA)
Tiefgang ['ti:fgaŋ] *m 1. NAUT* calado *m; 2. (fig)* fondo *m,* profundidad *f*
Tiefgarage ['ti:fgara:ʒə] *f* garaje subterráneo *m,* aparcamiento subterráneo *m*
Tiefkühlfach ['ti:fky:lfax] *n* congelador *m,* compartimiento de congelación *m*
Tiefkühlkost ['ti:fky:lkɔst] *f* alimentos congelados *m/pl,* comida congelada *f*
Tiefkühltruhe ['ti:fky:ltru:ə] *f* cámara congeladora *f*
Tiefpunkt ['ti:fpuŋkt] *m* punto más bajo *m*
Tiefschlaf ['ti:fʃla:f] *m* sueño profundo *m*
Tiefschlag ['ti:fʃla:k] *m SPORT* golpe bajo *m*
Tiefschnee ['ti:fʃne:] *m METEO* nieve densa *f*
tiefsinnig ['ti:fzɪnɪç] *adj* profundo, hondo
tiefstapeln ['ti:fʃta:pəln] *v* infravalorar
Tiegel ['ti:gəl] *m 1. (Schmelztiegel)* crisol *m; 2. (Pfanne)* cacerola *f; 3. (~druckpresse)* minerva *f*
Tier [ti:r] *n* animal *m; ein hohes ~ sein* ser un pez gordo
Tierarzt ['ti:rartst] *m* veterinario *m*
tierärztlich ['ti:rɛ:rtstlɪç] *adj* veterinario
Tierfreund ['ti:rfrɔynt] *m* amigo de los animales *m*
Tiergarten ['ti:rgartən] *m* parque zoológico *m*
Tierheilkunde ['ti:rhaɪlkundə] *f* veterinaria *f*
Tierheim ['ti:rhaɪm] *n 1.* asilo para animales *m; 2. (für Hunde)* residencia canina *f*
tierisch ['ti:rɪʃ] *adj 1.* animal; *2. (unmenschlich)* inhumano; *adv 3. ~ viel Arbeit* una gran cantidad de trabajo; *4. etw ~ ernst nehmen* tomar algo terriblemente en serio
Tierkreiszeichen ['ti:rkraɪstsaɪçən] *n* signo del zodíaco *m*
Tierpfleger(in) ['ti:rpfle:gər(ɪn)] *m/f* cuidador(a) de animales *m/f*
Tierquälerei [ti:rkvɛ:lə'raɪ] *f* maltrato a los animales *m,* crueldad con los animales *f*
Tierreich ['ti:rraɪç] *n* reino animal *m*
Tierschutzverein ['ti:rʃutsfɛraɪn] *m* sociedad protectora de animales *f*
Tierversuch ['ti:rfɛrzu:x] *m* experimento con animales *m*
Tiger ['ti:gər] *m ZOOL* tigre *m*
Tigerhai ['ti:gərhaɪ] *m ZOOL* tiburón tigre *m*
tilgen ['tɪlgən] *v ECO* amortizar, reembolsar
Tilgung ['tɪlguŋ] *f ECO* amortización *f,* reembolso *m*
timen ['taɪmən] *v 1. (fam: die Zeit stoppen)* parar el tiempo; *2. (fam: zeitlich abstimmen)* fijar la hora de
Tinte ['tɪntə] *f* tinta *f; in der ~ sitzen (fig)* estar en apuros
Tintenfisch ['tɪntənfɪʃ] *m ZOOL* calamar *m*
Tipp [tɪp] *m 1. (fam: Rat)* consejo *m; 2. (bei einer Wette)* apuesta *f*
tippen ['tɪpən] *v 1. (berühren)* tocar algo ligeramente, palpar con la punta de los dedos; *2. (Maschine schreiben)* escribir a máquina; *3. (vermuten)* suponer, conjeturar; *4. (wetten)* apostar
Tippfehler ['tɪpfe:lər] *m* error mecanográfico *m*
Tisch [tɪʃ] *m* mesa *f; am runden ~* en la mesa de negociaciones; *jdn über den ~ ziehen (fig)* perjudicar a alguien; *unter den ~ fallen* pasar inadvertido; *jdn unter den ~ trinken* ganar bebiendo a alguien; *bei ~* durante la comida, durante el almuerzo, en la mesa
Tischdecke ['tɪʃde:kə] *f* mantel *m,* carpeta *f*
Tischgesellschaft ['tɪʃgəzɛlʃaft] *f* comensales *m/pl*
Tischkante ['tɪʃkantə] *f* borde de la mesa *m*
Tischler ['tɪʃlər] *m* carpintero *m*
Tischplatte ['tɪʃplatə] *f* tablero de la mesa *m*
Tischtennis ['tɪʃtɛnɪs] *n SPORT* tenis de mesa *m,* ping-pong *m*
Titan [ti'ta:n] *m 1.* titán *m; n 2. CHEM* titanio *m*
Titel ['ti:təl] *m 1. (Überschrift)* título *m,* cabecera *f; 2. (akademischer ~, Standesbezeichnung)* título *m*
Titelanwärter(in) ['ti:təlanvɛ:rtər(ɪn)] *m/f* aspirante al título *m/f*
Titelbild ['ti:təlbɪlt] *n* portada *f*
Titelrolle ['ti:təlrɔlə] *f CINE* papel principal *m*
Titelseite ['ti:təlzaɪtə] *f* portada *f*
Titelträger ['ti:təltrɛ:gər] *m SPORT* persona que ha recibido un título *f*
Titelverteidiger ['ti:təlfɛrtaɪdɪgər] *m SPORT* defensor del título *m*
titulieren [titu'li:rən] *v 1.* llamar, calificar; *2. (Buch)* titular
Toast [to:st] *m 1. (Brot)* tostada *f; 2. (Trinkspruch)* brindis *m; einen ~ auf jdn ausbringen* hacer un brindis a la salud de alguien

Toastbrot ['to:stbro:t] *n* pan para tostar *m*
toasten ['to:stən] *v GAST* tostar
Toaster ['to:stər] *m* tostador *m,* tostadora *f*
toben ['to:bən] *v 1. (tollen)* retozar, alborotar; *2. (stürmen)* desencadenarse; *3. (wütend sein)* rabiar, estar furioso
Tobsuchtsanfall ['to:pzuxtsanfal] *m* acceso de rabia *m,* acceso furioso *m*
Tochter ['tɔxtər] *f* hija *f*
Tochtergesellschaft ['tɔxtərgəzɛlʃaft] *f ECO* sucursal *f,* filial *f*
Tod [to:t] *m* muerte *f,* defunción *f,* fallecimiento *m; tausend ~e sterben* estar absolutamente angustiado; *jdn auf den ~ nicht leiden können* odiar a alguien a muerte; *mit dem ~e ringen* luchar con la muerte, agonizar; *in den ~ gehen* dar su vida; *zu ~e kommen* morir
todernst ['to:tɛrnst] *adj 1.* muy serio; *adv 2.* muy en serio
Todesangst ['to:dəsaŋst] *f* angustia mortal *f*
Todesanzeige ['to:dəsantsaɪgə] *f* anuncio de defunción *m,* aviso de defunción *m* (LA)
Todesart ['to:dəsa:rt] *f* modo de morir *m*
Todesfall ['to:dəsfal] *m* caso de muerte *m,* muerte *f,* defunción *f,* fallecimiento *m*
Todesfolge ['to:dəsfɔlgə] *f JUR* resultado letal *m*
Todesjahr ['to:dəsja:r] *n* año de defunción *m*
Todeskampf ['to:dəskampf] *m* agonía *f,* lucha contra la muerte *f*
Todesstoß [to:dəs'ʃto:s] *m jdm den ~ versetzen* rematar a alguien/dar la puntilla a alguien
Todesstrafe ['to:dəsʃtra:fə] *f JUR* pena de muerte *f,* pena capital *f*
Todesursache ['to:dəsu:rsaxə] *f* causa de la muerte *f*
Todesurteil ['to:dəsurtaɪl] *n* sentencia de muerte *f*
Todfeind(in) ['to:tfaɪnt(ɪn)] *m/f* enemigo/enemiga *m/f*
todkrank ['to:tkraŋk] *adj* moribundo, enfermo de muerte
tödlich ['tø:tlɪç] *adj 1.* mortal; *adv 2.* mortalmente, de muerte; *Er hat ihn ~ verletzt.* Le hirió de muerte.
todmüde ['to:t'my:də] *adj* muerto de cansancio, cansadísimo
todschick ['to:tʃɪk] *adj* elegantísimo
todsicher ['to:tzɪçər] *adj* segurísimo, absolutamente seguro, infalible
Todsünde ['to:tzyndə] *f REL* pecado mortal *m*
Tofu ['to:fu:] *m GAST* queso de soja *m*
Togo ['to:go] *n GEO* Togo *m*
Tohuwabohu [to:huva'bo:hu] *n (fam)* caos *m,* desorden *m*
toi, toi, toi [toitoi'toi] *interj* ¡Suerte!/ ¡Toda la suerte del mundo!
Toilette [toa'lɛtə] *f* retrete *m,* lavabo *m,* servicios *m/pl,* baño *m* (LA)
Toilettenartikel [toa'lɛtənartɪkəl] *pl* artículos de tocador *m/pl*
Toilettenpapier [toa'lɛtənpapi:ər] *n* papel higiénico *m*
Toilettenspiegel [toa'lɛtənʃpi:gəl] *m* espejo de tocador *m*
tolerant [tɔlə'rant] *adj* tolerante
Toleranz [tɔlə'rants] *f* tolerancia *f*
Toleranzbereich [tɔlə'rantsbəraɪç] *m* ámbito de tolerancia *m*
tolerieren [tɔlə'ri:rən] *v* tolerar
toll [tɔl] *adj 1. (verrückt)* loco; *2. (fam: super)* formidable, estupendo, fabuloso; *adv 3. (verrückt)* locamente; *4. (fam: super)* formidablemente, genialmente
tollen ['tɔlən] *v* alborotar, hacer bulla
Tollhaus ['tɔlhaus] *n (fig)* casa de locos *f*
Tollheit ['tɔlhaɪt] *f 1.* locura *f; 2. (Tat)* insensatez *f*
tollkühn ['tɔlky:n] *adj 1.* temerario; *adv 2.* con temeridad
Tollkühnheit ['tɔlky:nhaɪt] *f* temeridad *f,* arrojo *m*
Tollpatsch ['tɔlpatʃ] *m* persona torpe *f*
tollpatschig ['tɔlpatʃɪç] *adj* torpe
Tollwut ['tɔlvu:t] *f MED* rabia *f,* hidrofobia *f*
Tollwutgefahr ['tɔlvu:tgəfa:r] *f* peligro de rabia *m*
Tölpel ['tœlpəl] *m* zopenco *m,* patán *m*
Tomate [to'ma:tə] *f BOT* tomate *m; (fam) eine treulose ~ sein* ser un infiel; *~n auf den Augen haben (fam)* estar ciego, no ver
Tomatenketchup [to'ma:tənkɛtʃʊp] *n GAST* salsa catsup *m,* ketchup *m* (LA)
Tomatenmark [to'ma:tənmark] *n GAST* puré de tomate concentrado *m*
Tomatensoße [to'ma:tənzo:sə] *f GAST* salsa de tomate *f*
Tombola ['tɔmbola] *f* tómbola *f*
Tomografie [tomogra'fi:] *f MED* tomografía *f*
Ton[1] [to:n] *m 1. (Laut)* sonido *m; jdn in den höchsten Tönen loben* poner a alguien por las nubes, hacer grandes elogios a alguien;

große Töne spucken darse el tono, darse importancia; *2. (Umgangston)* tono *m; einen anderen ~ anschlagen* emplear otro tono; *sich im ~ vergreifen* equivocarse de tono; *3. MUS* tono *m,* nota *f; den ~ angeben* llevar la batuta, llevar la voz cantante; *den ~ angeben (fig)* dar el tono

Ton² [toːn] *m (Lehm)* arcilla *f*

tonangebend ['toːnangeːbənt] *adj* que da el tono

Tonart ['toːnart] *f 1. MUS* tonalidad *f; 2. (fig)* forma de hablar *f; 3. eine andere ~ anschlagen* utilizar otro tono

Tonband ['toːnbant] *n TECH* cinta magnetofónica *f*

Tonbandgerät ['tɔnbantgərɛːt] *n TECH* magnetófono *m,* magnetofón *m*

tönen ['tøːnən] *v 1. (klingen)* sonar; *2. (färben)* teñir; *3. (fig: prahlen)* fanfarronear, alardear

Tonfall ['toːnfal] *m* cadencia *f,* entonación *f,* acentuación *f,* deje *m*

Tonfilm ['toːnfɪlm] *m* película sonora *f*

Tonhöhe ['toːnhøːə] *f MUS* altura del tono *f*

Tonikum ['toːnɪkum] *n MED* tónico *m*

Tonlage ['toːnlaːgə] *f MUS* registro *m*

Tonleiter ['toːnlaɪtər] *f MUS* escala *f*

tonlos ['toːnloːs] *adj* átono

Tonne ['tɔnə] *f 1. (Maßeinheit)* tonelada *f; 2. (Gefäß)* barril *m*

Tonqualität ['toːnkvalitɛːt] *f* calidad del sonido musical *f*

Tonstörung ['toːnʃtøːruŋ] *f TECH* interferencia *f*

Tontaubenschießen ['tɔntaubənʃiːsən] *n SPORT* tiro al plato *m*

Tönung ['tøːnuŋ] *f* colorido *m*

Topf [tɔpf] *m 1. (irdener)* pote *m,* tarro *m; 2. (Kochtopf)* olla *f; alles in einen ~ werfen* medir todo por el mismo rasero, meter todo en la misma olla; *wie ~ und Deckel zusammenpassen* armonizar a la perfección

Töpfer(in) ['tœpfər(ɪn)] *m/f* alfarero/alfarera *m/f*

Töpferhandwerk ['tœpfərhantvɛrk] *n* alfarería *f*

töpfern ['tœpfərn] *v* hacer vasijas de barro

Topflappen ['tɔpflapən] *m* agarrador *m*

Topfpflanze ['tɔpfpflantsə] *f* planta de maceta *f*

Tor¹[toːr] *n 1. (Tür)* portal *m,* puerta *f; 2. (Treffer)* gol *m; 3. SPORT* portería *f,* arco *m* (LA)

Tor² [toːr] *m (Dummkopf)* necio *m,* mentecato *m*

Toreinfahrt ['toːraɪnfaːrt] *f* puerta cochera *f*

Torf [tɔrf] *m* turba *f*

Torheit ['toːrhaɪt] *f* tontería *f,* necedad *f,* estupidez *f*

Torhüter ['toːrhyːtər] *m* portero *m*

töricht ['tøːrɪçt] *adj* tonto, necio, estúpido

torkeln ['tɔrkəln] *v* tambalearse

Tornister [tɔr'nɪstər] *m* cartera *f,* mochila *f*

torpedieren [tɔrpe'diːrən] *v (fig)* estorbar, obstaculizar

Torpfosten ['toːrpfɔstən] *m 1.* poste *m; 2. SPORT* poste de la portería *m*

Torschlusspanik ['toːrʃluspaːnɪk] *f* pánico del último minuto *m,* pánico de cierre *m; ~ bei Frauen* miedo a quedarse soltero-na; *in ~ kommen* tener miedo de no encontrar marido

Torschütze ['toːrʃytsə] *m SPORT* goleador *m,* marcador *m*

Torso ['tɔrzo] *m ART* torso *m*

Torte ['tɔrtə] *f GAST* torta *f*

Tortenboden ['tɔrtənboːdən] *m GAST* base de masa para las tartas *f*

Tortur [tɔr'tuːr] *f* tortura *f,* suplicio *m,* tormento *m,* martirio *m*

Torwart ['toːrvart] *m SPORT* portero *m,* arquero *m* (LA)

tosen ['toːzən] *v* bramar, rugir

tot [toːt] *adj* muerto, difunto, fallecido, finado; *mehr ~ als lebendig sein* estar más muerto que vivo

total [to'taːl] *adj 1.* total, completo; *adv 2.* totalmente, completamente, por completo

Totale [to'taːlə] *f CINE* toma general *f*

totalitär [totali'tɛːr] *adj 1.* totalitario; *adv 2.* totalitariamente, de forma totalitarista

Totalitarismus [totalita'rɪsmus] *m POL* totalitarismo *m*

totalitaristisch [totalita'rɪstɪʃ] *adj POL* totalitarista

Totalschaden [to'taːlʃaːdən] *m* daño total *m,* siniestro total *m*

totarbeiten ['toːtarbaɪtən] *v sich ~* matarse a trabajar

Tote ['toːtə] *m/f* muerto/muerta *m/f,* difunto/difunta *m/f,* fallecido/fallecida *m/f*

töten ['tøːtən] *v* matar, dar muerte a

Totenbett ['toːtənbɛt] *n* lecho mortuorio *m,* lecho de muerte *m*

totenblass [toːtən'blas] *adj* palido como la muerte, lívido, blanco como la cera

Totengräber ['to:tәngrɛ:bәr] *m* sepulturero *m,* enterrador *m*
Totenhemd ['to:tәnhɛmt] *n* mortaja *f*
Totenkopf ['to:tәnkɔpf] *m* calavera *f*
Totenmesse ['to:tәnmɛsә] *f REL* misa de réquiem *f,* misa de difuntos *f*
Totenschädel ['to:tәnʃɛ:dәl] *m* calavera *f*
Totenschein ['to:tәnʃaɪn] *m* certificado de defunción *m,* partida de defunción *f*
Totensonntag ['to:tәnzɔnta:k] *m REL* día de difuntos *m*
Totenstarre ['to:tәnʃtarә] *f* rigidez cadavérica *f*
totenstill ['to:tәn'ʃtɪl] *adj (fig)* silencioso como una tumba
Totenstille ['to:tәn'ʃtɪlә] *f* silencio mortal *m*
Totenwache ['to:tәnvaxә] *f* velatorio *m*
Totgeburt ['to:tgәburt] *f* niño nacido muerto *m*
totlachen ['to:tlaxәn] *v sich ~* partirse de risa
Totschlag ['to:tʃla:k] *m JUR* homicidio *m*
totschlagen ['to:tʃla:gәn] *v irr* matar a palos
tottrampeln ['to:ttrampәln] *v* matar a pisotones
Toupet [tu'pe:] *n* bisoñé *m*
toupieren [tu'pi:rәn] *v* cardar
Tour [tu:r] *f 1.* vuelta *f; jdn auf ~en bringen* animar a alguien; *eine krumme ~* una mentira *f,* un engaño *m; in einer ~* sin interrupción, continuamente; *2. (fig)* truco *m,* maña *f*
Tourenwagen ['tu:rәnva:gn] *m (Auto)* coche de turismo *m*
Tourenzahl ['tu:rәntsa:l] *f* número de revoluciones *m*
Tourismus [tu'rɪsmus] *m* turismo *m*
Tourist(in) [tu'rɪst(ɪn)] *m/f* turista *m/f*
Touristenattraktion [tu'rɪstәnatraktsjo:n] *f* atracción turística *f*
Touristenklasse [tu'rɪstәnklasә] *f* clase turista *f*
touristisch [tu'rɪstɪʃ] *adj* turístico
Tournee [tur'ne:] *f* gira *f*
toxisch ['tɔksɪʃ] *adj MED* tóxico
Trab [tra:p] *m* trote *m; jdn auf ~ bringen (fam)* hacer sudar a alguien; *auf ~ sein* estar al trote; *jdn in ~ halten* no dejar descansar a alguien
Trabant [tra'bant] *m* satélite *m*
Trabantenstadt [tra'bantәnʃtat] *f* ciudad satélite *f*
traben ['tra:bәn] *v* trotar, ir al trote
Trabrennen ['tra:prɛnәn] *n SPORT* carrera al trote *f*
Tracht [traxt] *f* vestimenta *f,* indumentaria *f*
trachten ['traxtәn] *v 1. nach etw ~* aspirar a algo, pretender algo; *2. ~ etw zu tun* tratar de hacer algo
Trachtenumzug ['traxtәnumtsu:k] *m* desfile folclórico *m*
trächtig ['trɛçtɪç] *adj ZOOL* preñada
tradieren [tra'di:rәn] *v* transmitir
Tradition [tradi'tsjo:n] *f* tradición *f*
traditionell [traditsjo:'nɛl] *adj 1.* tradicional; *adv 2.* tradicionalmente, por tradición
traditionsbewusst [tradi'tsjo:nsbәvust] *adj* tradicionalista
Trafo ['tra:fo] *m (fam) TECH* transformador *m*
Tragbahre ['tra:kba:rә] *f* camilla *f*
tragbar ['tra:kba:r] *adj 1. (Apparat)* portátil, portable; *2. (Mode)* de moda; *3. (fig)* aceptable, razonable
Trage ['tra:gә] *f* andas *f/pl*
träge ['trɛ:gә] *adj 1.* perezoso; *2. PHYS* inerte
tragen ['tra:gәn] *v irr 1.* llevar, cargar (LA); *2. (fig: ertragen)* soportar, aguantar, resistir
Träger ['trɛ:gәr] *m 1. (Person)* portador *m; 2. (Stütze)* soporte *m; 3. (an Kleidung)* tirante *m*
trägerlos ['trɛ:gәrlo:s] *adj* sin tirantes
Tragetasche ['tra:gәtaʃә] *f* bolsa de la compra *f*
tragfähig ['tra:kfɛ:ɪç] *adj 1.* sólido, firme; *2. (fig: Vereinbarung)* firme
Tragfläche ['tra:kflɛçә] *f* superficie de apoyo *f*
Trägheit ['trɛ:khaɪt] *f 1.* pereza *f,* holgazanería *f; 2. PHYS* inercia *f*
Tragik ['tra:gɪk] *f* tragedia *f,* hecho trágico *m*
tragisch ['tra:gɪʃ] *adj* trágico
Traglast ['tra:klast] *f* carga *f*
Tragödie [tra'gø:djә] *f* tragedia *f*
Tragriemen ['tra:kri:mәn] *m* correa portadora *f*
Tragweite ['tra:kvaɪtә] *f* alcance *m*
Trainee [trɛ:ɪ'ni:] *m/f ECO* especialización profesional en una empresa *f*
Trainer(in) ['trɛ:nәr(ɪn)] *m/f* entrenador(a) *m/f*
trainieren [trɛ:'ni:rәn] *v* entrenar(se)
Training ['trɛ:nɪŋ] *n* entrenamiento *m*
Trainingsanzug ['trɛ:nɪŋsantsu:k] *m* traje de entrenamiento *m,* chandal *m*

Trainingshose ['trɛːnɪŋshoːzə] *f* pantalón de(l) chándal *m*
traktieren [trak'tiːrən] *v* tratar
Traktor ['traktɔr] *m AGR* tractor *m*
trällern ['trɛlərn] *v* tararear
trampeln ['trampəln] *v* patear, zapatear
Trampelpfad ['trampəlpfaːt] *m* sendero trillado *m*
trampen ['trɛmpən] *v* hacer autostop, hacer dedo, tirar dedo (LA)
Tramper(in) ['trɛmpər(ɪn)] *m/f* autostopista *m/f*, persona que hace dedo *f* (LA)
Tran [traːn] *m* aceite de ballena *m*, aceite de pescado *m*, aceite de hígado de bacalao *m*; *im ~ sein* estar medio dormido, estar en la higuera, estar borracho
Trance [trɑ̃s] *f* trance *m*
tranchieren [trɑ̃n'ʃiːrən] *v* trinchar
Träne ['trɛːnə] *f* lágrima *f*; *die ~n trocknen* enjugarse las lágrimas
tränen ['trɛːnən] *v* lagrimear
Tränendrüse ['trɛːnəndryːzə] *f ANAT* glándula lagrimal *f*
Tränengas ['trɛːnəngaːs] *n* gas lacrimógeno *m*
Trank [traŋk] *m 1.* bebida *f*; *2. (Heiltrank)* pócima *f*
Tränke ['trɛŋkə] *f* abrevadero *m*, pileta *f*
tränken ['trɛŋkən] *v 1. (Tiere)* dar de beber a; *2. (imprägnieren)* impregnar
Transaktion [tranzakt'sjoːn] *f* transacción *f*
transatlantisch [transat'lantɪʃ] *adj* trasatlántico
Transfer [trans'feːr] *m 1.* transferencia *f*; *2. (Reise)* traslado *m*
transferieren [transfe'riːrən] *v* transferir
Transformator [transfɔr'maːtɔr] *m TECH* transformador *m*
Transfusion [transfu'zjoːn] *f MED* transfusión *f*
Transistor [tran'zɪstɔr] *m TECH* transistor *m*, radio *m*
Transistorradio [tran'zɪstoːrraːdjo] *n* radio transistor *m*
Transit ['tranzɪt] *m* tránsito *m*
transitiv ['transitiːf] *adj* transitivo
Transitverkehr ['tranzɪtfɛrkeːr] *m* tráfico de tránsito *m*
transparent [transpa'rɛnt] *adj* transparente
Transparent [transpa'rɛnt] *n* pancarta *f*
Transparenz [transpa'rɛnts] *f* transparencia *f*
Transpiration [transpira'tsjoːn] *f* transpiración *f*
Transplantation [transplanta'tsjoːn] *f MED* trasplante *m*, injerto *m*
transplantieren [transplan'tiːrən] *v MED* trasplantar, injertar
Transport [trans'pɔrt] *m* transporte *m*
transportabel [transpɔr'taːbəl] *adj* transportable
Transportbehälter [trans'pɔrtbəhɛltər] *m* contenedor de transporte *m*
Transporter [trans'pɔrtər] *m 1. (Lastwagen)* camión *m*; *2. (Schiff)* barco de carga *m*; *3. (Flugzeug)* avión de carga *m*
transportfähig [trans'pɔrtfɛːɪç] *adj* transportable
transportieren [transpor'tiːrən] *v* transportar
Transportkosten [trans'portkɔstən] *pl* costes de transporte *m/pl*, gastos de transporte *m/pl*
Transportmittel [trans'portmɪtəl] *n* medios de transporte *m/pl*
Transportunternehmen [trans'portuntərneːmən] *n* empresa de transportes *f*, compañía de transportes *f*
Trapez [tra'peːts] *n* trapecio *m*
trappeln ['trapəln] *v* trotar corto
Trasse ['trasə] *f* trazado *m*
Tratsch [traːtʃ] *m (fam)* chismorreo *m*, chismes *m/pl*
tratschen ['traːtʃən] *v (fam)* chismorrear, cotillear
Traualtar ['traualtaːr] *m* altar nupcial *m*
Traube ['traubə] *f BOT* uva *f*
Traubenzucker ['traubəntsukər] *m* glucosa *f*
trauen ['trauən] *v 1. (verheiraten)* casar, desposar; *2. (ver~)* confiar en, fiarse de; *3. sich ~ zu* atreverse a, osar
Trauer ['trauər] *f 1.* tristeza *f*, aflicción *f*; *2. (um Tote)* luto *m*
Trauerbotschaft ['tauərboːtʃaft] *f* noticia funesta *f*, mala nueva *f*
Trauerfall ['trauərfal] *m* caso de defunción *m*, defunción *f*
Trauerkleidung ['trauərklaɪduŋ] *f* ropa de luto *f*
Trauermarsch ['trauərmarʃ] *m* marcha fúnebre *f*
trauern ['trauərn] *v* afligirse, sufrir, llorar la muerte de
Trauerspiel ['trauərʃpiːl] *n THEAT* tragedia *f*

Trauerweide ['trauərvaɪdə] *v* *BOT* sauce llorón *m*
Traufe [traufə] *f* canalón *m*
träufeln ['trɔyfəln] *v* *1.* verter gota a gota; *2.* *(etw ~)* verter
traulich ['traulɪç] *adj* íntimo
Traum [traum] *m* sueño *m;* *Träume zerstören* truncar las ilusiones; *nicht im ~* ni soñarlo; *Aus der ~!* ¡Todo mi gozo en un pozo!/¡Adiós, sueño dorado!
Trauma ['trauma] *n* *MED* trauma *m*
traumatisch [trau'maːtɪʃ] *adj* traumático
Traumberuf ['traumbəruːf] *m* trabajo ideal *m*
Traumdeutung ['traumdɔytuŋ] *f* interpretación de los sueños *f*
träumen ['trɔymən] *v* *~ von* soñar con; *Ich habe von ihm geträumt.* He soñado con él. *sich etw nicht ~ lassen* no poder imaginarse algo nunca
Träumer(in) ['trɔymər(ɪn)] *m/f* soñador(a) *m/f*
Träumerei [trɔymə'raɪ] *f* sueños *m/pl,* fantasías *f/pl*
Traumfabrik ['traumfabriːk] *f* fábrica de sueños *f*
Traumfrau ['traumfrau] *f* mujer ideal *f*
traumhaft ['traumhaft] *adj* *1.* *(fig)* de sueños, de ensueño, maravilloso; *adv* *2.* *(fig)* increíblemente, maravillosamente
Traummann ['traumman] *m* príncipe azul *m*
Traumpaar ['traumpaːr] *n* pareja ideal *f*
Traumtänzer(in) ['traumtɛntsər(ɪn)] *m/f* *(fig)* soñador(a) *m/f,* iluso/ilusa *m/f*
traurig ['traurɪç] *adj* triste, afligido
Traurigkeit ['traurɪçkaɪt] *f* tristeza *f*
Trauring ['traurɪŋ] *m* anillo de boda *m,* aro de matrimonio *m* (LA)
Trauschein ['trauʃaɪn] *m* acta de matrimonio *f/el,* partida de matrimonio *f*
Trauung ['trauuŋ] *f* *1.* *(kirchlich)* matrimonio religioso *m;* *2.* *(standesamtlich)* matrimonio civil *m*
Trauzeuge ['trautsɔygə] *m* testigo de matrimonio *m*
Treffen ['trɛfən] *n* encuentro *m*
treffen ['trɛfən] *v* *1.* alcanzar, llegar; *2.* *(begegnen)* encontrarse, coincidir; *3.* *(fig: berühren)* tocar
treffend ['trɛfənt] *adj* acertado, exacto, preciso, justo
Treffer ['trɛfər] *m* *1.* golpe certero *m;* *2.* *(fig)* gran éxito *m*
Treffpunkt ['trɛfpuŋkt] *m* punto de reunión *m,* lugar de la cita *m*
treffsicher ['trɛfzɪçər] *adj* *1.* certero; *2.* *(fig)* preciso
Treffsicherheit ['trɛfzɪçərhaɪt] *f* certeza *f,* precisión *f*
Treibeis ['traɪpaɪs] *n* témpano *m*
Treiben ['traɪbən] *n* movimiento *m,* impulso *m*
treiben ['traɪbən] *v* *1.* *(antreiben)* impulsar, accionar; *2.* *(fig: ausüben)* ejercitar, practicar, hacer, dedicarse a; *Sport ~* hacer deporte, practicar deporte; *3.* *etw zu weit ~* llevar algo al extremo
Treibgas ['traɪpgaːs] *n* gas propulsor *m*
Treibgut ['traɪpguːt] *n* mercancía que flota en el agua *f*
Treibhaus ['traɪphaus] *n* invernáculo *m,* invernadero *m*
Treibhauseffekt ['traɪphausefɛkt] *m* efecto de invernadero *m*
Treibjagd ['traɪpjaːkt] *f* caza *f,* cetrería *f*
Treibnetzfischerei ['traɪpnɛtsfɪʃəraɪ] *f* pesca de arrastre *f*
Treibsand ['traɪpzant] *m* arena movediza *f*
Treibstoff ['traɪpʃtɔf] *m* combustible *m,* carburante *m*
Trend [trɛnt] *m* tendencia *f*
trennbar ['trɛnbaːr] *adj* separable
trennen ['trɛnən] *v* separar, desunir
Trennung ['trɛnuŋ] *f* separación *f*
Trennwand ['trɛnvant] *f* pared divisoria *f,* tabique *f*
Treppe ['trɛpə] *f* escalera *f;* *die ~ hinauffallen* ascender (en la carrera)
Treppenabsatz ['trɛpənabzats] *m* descansillo *m,* rellano *m*
Treppengeländer ['trɛpəngəlɛndər] *n* barandilla *f,* pasamanos *m*
Treppenhaus ['trɛpənhaus] *n* escalera en un edificio *f*
Treppenstufe ['trɛpənʃtuːfə] *f* peldaño *m,* escalón *m*
Treppenwitz ['trɛpənvits] *m* *1.* chiste de mala muerte *m;* *2.* *(fig)* majadería *f*
Tresen ['treːzən] *m* *GAST* barra *f*
Tresor [tre'zoːr] *m* caja de caudales *f,* caja fuerte *f,* cámara acorazada *f*
Tresorraum [tre'zoːrraum] *m* cámara acorazada *f*
Tretboot ['treːtboːt] *n* bote de pedales *m*
treten ['treːtən] *v* *irr* *1.* *(gehen)* ir, caminar, andar, pisar; *in die Fußstapfen von jdm ~* seguir las huellas de alguien; *2.* *(Fußtritt*

geben) patear, dar un puntapié; *3. (fig) kürzer ~* apretarse el cinturón
Tretmine ['treːtmiːnə] *f MIL* mina *f*
treu [trɔy] *adj 1.* fiel, leal; *adv 2.* fielmente, con lealtad
Treue ['trɔyə] *f* fidelidad *f,* lealtad *f*
Treuerabatt ['trɔyərabat] *m ECO* rebaja de fidelidad *f*
Treuhänder ['trɔyhɛndər] *m JUR* fiduciario/fiduciaria *m/f*
Treuhandgesellschaft ['trɔyhantgəzɛlʃaft] *f ECO* sociedad fiduciaria *f*
treuherzig ['trɔyhɛrtsɪç] *adj 1.* sincero, franco; *adv 2.* sinceramente, francamente
treulos ['trɔyloːs] *adj 1.* infiel, desleal; *adv 2.* infielmente, sin fidelidad
Triathlon ['triːatlɔn] *n SPORT* triatlón *m*
Tribunal [tribu'naːl] *n JUR* tribunal *f*
Tribüne [tri'byːnə] *f* tribuna *f*
Tribut [tri'buːt] *m* tributo *m*
Trichinen [trɪ'çiːnən] *pl MED* triquina *f*
Trichter ['trɪçtər] *m* embudo *m; auf den richtigen ~ kommen* dar con la solución; *jdn auf den richtigen ~ bringen* ayudar a alguien a encontrar la solución
Trick [trɪk] *m* truco *m,* artimaña *f; ~ siebzehn (fam)* el truco del almendruco
Trickfilm ['trɪkfɪlm] *m CINE* dibujos animados *m/pl*
trickreich ['trɪkraɪç] *adj* que sabe muchos trucos
Trickskilaufen ['trɪkʃiːlaufən] *n SPORT* esquí artístico *m*
Trieb [triːp] *m 1.* instinto *m,* pulsion *f; 2. BOT* brote *m,* retoño *m*
triebhaft ['triːphaft] *adj* instintivo
Triebkraft ['triːpkraft] *f* fuerza motriz *f*
Triebtäter ['triːptɛtər] *m* delincuente sexual *m*
Triebwagen ['triːpvaːgən] *m* automotor *m*
Triebwerk ['triːpvɛrk] *n* mecanismo de accionamiento *m,* propulsor *m*
triefen ['triːfən] *v* chorrear
triftig ['trɪftɪç] *adj* sólido, plausible, concluyente
Trigonometrie ['triːgonome'triː] *f MATH* trigonometría *f*
Trikot [trɪ'koː] *n* malla *f,* tricot *m,* maillot *m*
Trikotage [trɪko'taʒ] *f* género de punto *m*
trillern ['trɪlərn] *v* trinar
Trillerpfeife ['trɪlərpfaɪfə] *f* pito *m*
Trilogie [trilo'giː] *f LIT* trilogía *f*
Trimm-dich-Pfad ['trɪmdɪçpfaːt] *m SPORT* circuito de entrenamiento *m*
trimmen ['trɪmən] *v 1. sich ~ (Sport treiben)* entrenarse; *2. (fam: herrichten)* arreglar; *3. NAUT* equilibrar
trinkbar ['trɪŋkbaːr] *adj 1.* potable; *2.* bebedero, bedizo
Trinkbarkeit ['trɪŋkbaːrkaɪt] *f* potabilidad *f*
trinken ['trɪŋkən] *v irr* tomar, beber; *einen ~* tomar una copa
Trinker ['trɪŋkər] *m* bebedor *m,* tomador *m* (LA)
trinkfest ['trɪŋkfɛst] *adj* que tiene aguante para la bebida
Trinkgelage ['trɪŋkgəlaːgə] *n* bacanal *f*
Trinkgeld ['trɪŋkgɛlt] *n* propina *f*
Trinkhalm ['trɪŋkhalm] *m* pajita *f*
Trinkspruch ['trɪŋkʃprux] *m* brindis *m; Auf dein Wohl!* ¡A tu salud!
Trinkwasser ['trɪŋkvasər] *n* agua potable *f*
Trinkwasserknappheit ['trɪŋkvasərknaphaɪt] *f* escasez de agua potable *f*
Trio ['trio] *n* trío *m*
trippeln ['trɪpəln] *v* caminar a pasitos cortos
Tripper ['trɪpər] *m MED* gonorrea *f*
trist [trɪst] *adj* triste
Tritt [trɪt] *m 1.* paso *m; 2. (Fußtritt)* puntapié *m,* patada *f*
Trittbrett ['trɪtbrɛt] *n* estribo *m*
trittfest ['trɪtfɛst] *adj 1. (Leiter)* resistente; *2. (Teppich)* resistente
Trittleiter ['trɪtlaɪtər] *f* escalerilla *f*
Triumph [tri'umpf] *m* triunfo *m*
triumphal [trium'faːl] *adj* triunfal
Triumphbogen ['triumpfboːgən] *m ARCH* arco del triunfo *m*
triumphieren [trium'fiːrən] *v* triunfar, vencer
trivial [tri'vjaːl] *adj* trivial
Trivialität [trivjali'tɛːt] *f* trivialidad *f*
Trivialliteratur [tri'vjallitəratuːr] *f* literatura trivial *f,* literatura banal *f,* literatura frívola *f*
trocken ['trɔkən] *adj 1. (nicht nass)* seco; *(fig) auf dem Trockenen sitzen* estar sin blanca; *2. (dürr)* árido, estéril; *3. (herb)* áspero, seco; *ein ~er Wein* un vino seco *m*
Trockendock ['trɔkəndɔk] *n NAUT* dique seco *m*
Trockenfutter ['trɔkənfutər] *n* forraje seco *m*
Trockenhaube ['trɔkənhaubə] *f* secador *m*
Trockenheit ['trɔkənhaɪt] *f 1.* sequedad *f; 2. (anhaltende)* sequía *f*

trockenlegen ['trɔkənleːgən] *v* *1. (Land)* desaguar, avenar, drenar; *2. (Säugling)* cambiar los pañales

Trockenlegung ['trɔkənleːguŋ] *f* desecación *f*

Trockenperiode ['trɔkənperjoːdə] *f* *METEO* período de sequía *m*

trocknen ['trɔknən] *v* secar

Trödel ['trøːdəl] *m* trastos viejos *m/pl*, cachivaches *m/pl*

Trödelmarkt ['trøːdəlmarkt] *m* mercadillo *m*, rastro *m* (Madrid), mercado de pulgas *m* (LA)

trödeln ['trøːdəln] *v* hacer algo lentamente, perder el tiempo inútilmente

Trödler(in) ['trøːdlər(ɪn)] *m/f* ropavejero/ropavejera *m/f*, baratillero/baratillera *m/f*

Trog [troːk] *m* artesa *f*, amasadero *m*

Trommel ['trɔməl] *f* *MUS* tambor *m*

Trommelfell ['trɔməlfɛl] *n* *ANAT* tímpano *m*

Trommelfeuer ['trɔməlfɔyər] *n* *(fig) MIL* fuego de tambor *m*

trommeln ['trɔməln] *v* tocar el tambor, redoblar

Trommelwirbel ['trɔməlvɪrbəl] *m* *MUS* redoble *m*

Trompete [trɔm'peːtə] *f* *MUS* trompeta *f*

trompeten [trɔm'peːtən] *v* tocar la trompeta

Trompetenbaum [trɔm'peːtənbaum] *m* *BOT* catalpa *f*

Trompeter(in) [trɔm'peːtər(ɪn)] *m/f* *MUS* trompetista *m/f*, trompeta *m*

Tropen ['troːpən] *pl* *GEO* trópicos *m/pl*, países tropicales *m/pl*

Tropenhelm ['troːpənhɛlm] *m* casco colonial *m*

Tropeninstitut ['troːpənɪnstɪtuːt] *n* instituto para enfermedades tropicales *m*

Tropenkrankheit ['troːpənkraŋkhaɪt] *f* *MED* enfermedad tropical *f*

tropentauglich ['troːpəntauklɪç] *adj* apto para vivir en los países tropicales

Tropf [trɔpf] *m* *1. (Dummkopf)* tonto *m*, bobo *m*; *2. MED* suero *m*

tröpfeln ['trœpfəln] *v* gotear

Tropfen ['trɔpfən] *m* gota *f*; *ein ~ auf dem heißen Stein sein (fig)* ser (como) gota en el mar; *Es fallen dicke Tropfen.* Caen unos goterones.

tropfen ['trɔpfən] *v* gotear, rezumar

Tropfstein ['trɔpfʃtaɪn] *m* *1. (an der Decke)* estalactita *f*; *2. (am Boden)* estalagmita *f*

Tropfsteinhöhle ['trɔpfʃtaɪnhøːlə] *f* cueva de estalactitas *f*

Trophäe [tro'fɛːə] *f* trofeo *m*

tropisch ['troːpɪʃ] *adj* tropical

Trosse ['trɔsə] *f* *1.* cable *m*; *2. NAUT* amarra *f*

Trost [troːst] *m* consuelo *m*, consolación *f*, confortación *f*; *nicht ganz bei ~ sein* no estar en sus cabales

trösten ['trøːstən] *v* consolar, confortar

tröstlich ['trøːstlɪç] *adj* consolador, confortador

trostlos ['troːstloːs] *adj* desconsolado, inconsolable

Trostlosigkeit ['troːstloːzɪçkaɪt] *f* desconsuelo *m*

Trostpflaster ['troːstpflastər] *n* regalito de consuelo *m*

Trostpreis ['troːstpraɪs] *m* premio de consolación *m*, premio consuelo *m* (LA)

trostreich ['troːstraɪç] *adj* confortante, consolador

Trott [trɔt] *m* *(fig)* rutina *f*

Trottel ['trɔtəl] *m* *(fam)* imbécil *m*, idiota *m*

trotten ['trɔtən] *v* trotar

Trottoir [trɔ'toaːr] *n* acera *f*

Trotz [trɔts] *m* obstinación *f*, terquedad *f*, testarudez *f*, porfía *f*

trotz [trɔts] *prep* a pesar de, pese a

trotzdem ['trɔtsdeːm] *konj* *1.* a pesar de que, aunque; *adv* *2.* a pesar de ello, no obstante, sin embargo

trotzen ['trɔtsən] *v* *1. (widerstehen)* resistirse a, oponerse; *2. (schmollen)* estar de morros, poner el hocico

trotzig ['trɔtsɪç] *adj* terco, obstinado, porfiado, testarudo

Trotzkopf ['trɔtskɔpf] *m* terco *m*, testarudo *m*

trotzköpfig ['trɔtskœpfɪç] *adj* terco, obstinado, cabezota

Trotzphase ['trɔtsfaːzə] *f* período de obstinación *m*

Trotzreaktion ['trɔtsreaktsjoːn] *f* terquedad por obstinación *f*

trüb [tryːp] *adj* *1. (Flüssigkeit)* turbio; *2. (Glas)* deslustrado, deslucido, mate; *3. (Licht)* opaco; *4. (regnerisch)* nublado; *5. (fig: Stimmung)* triste, melancólico

Trubel ['truːbəl] *m* bulla *f*, trajín *m*

trüben ['tryːbən] *v* *1. (Flüssigkeit)* enturbiar; *2. (fig: Stimmung)* turbar, empañar

Trübsal ['tryːpzaːl] *f* aflicción *f*, tribulación *f*; *~ blasen* estar triste

trübselig ['try:pze:lɪç] *adj* triste, afligido, melancólico
Trübsinn ['try:pzɪn] *m* tristeza *f*, melancolía *f*
trübsinnig ['try:pzɪnɪç] *adj* triste, melancólico
Trübung ['try:buŋ] *f* *1. (des Wassers)* enturbiamiento *m; 2. (fig: des Bewusstseins)* ofuscación *f*
trudeln ['tru:dəln] *v 1. (Ball)* rodar despacio; *2. (Flugzeug)* entrar en barrena
Trüffel ['tryfəl] *m BOT* trufa *f*
Trug [tru:k] *m 1.* embuste *m,* engaño *m; 2. (der Sinne)* ilusión *f*
Trugbild ['tru:kbɪlt] *n* visión *f*, espejismo *m,* alucinación *f*
trügen ['try:gən] *v irr* engañar, ser engañoso
trügerisch ['try:gərɪʃ] *adj* engañoso
Trugschluss ['tru:kʃlus] *m* conclusión errónea *f*, conclusión falsa *f*
Truhe ['tru:ə] *f* arca *f/el*
Trümmer ['trymər] *pl* escombros *m/pl,* ruinas *f/pl; in ~n liegen* estar en ruinas
Trumpf [trumpf] *m 1.* triunfo *m; 2. (fig)* ventaja *f; ~ sein* ser un triunfo, ser un éxito; *einen ~ ausspielen* echar un triunfo; *die Trümpfe aus der Hand geben* sacar todos los triunfos (fig)
Trunk [truŋk] *m* bebida *f*
Trunkenbold ['truŋkənbɔlt] *m* borracho *m*
Trunkenheit ['truŋkənhaɪt] *f* embriaguez *f; Er wurde wegen ~ von der Polizei angehalten.* A causa de la borrachera le paró la poliocía.
Trunksucht ['truŋkzuxt] *f MED* alcoholismo *m*
trunksüchtig ['truŋkzyçtɪç] *adj* alcohólico
Trupp [trup] *m 1. (Arbeitstrupp)* cuadrilla *f; 2. MIL* tropa *f*
Truppe ['trupə] *f 1. MIL* tropa *f; von der schnellen ~ sein* ser de los rápidos; *2. THEAT* compañía *f*, elenco *m*
Truppenabbau ['trupənapbau] *m* reducción de las tropas *f*
Truppenabzug ['trupənaptsu:k] *m MIL* retirada de las tropas *f*
Truppenbewegung ['trupənbəve:guŋ] *f MIL* movimiento de tropas *m*
Trust [trast] *m ECO* consorcio *m,* cartel *m,* trust *m*
Truthahn ['tru:tha:n] *m ZOOL* pavo *m*
Tschad [tʃat] *m GEO* Chad *m*
Tscheche ['tʃɛçə] *m* checo *m*
Tschechin ['tʃɛçɪn] *f* checa *f*
Tschechoslowake [tʃɛçɔslo'vakə] *m* checoslovaco *m*
Tschechoslowakei [tʃɛçoslova'kaɪ] *f HIST* Checoslovaquia *f*
Tschechoslowakin [tʃɛçɔslo'vakɪn] *f* checoslovaca *f*
tschüss [tʃy:s] *interj* ¡Adiós!/¡Hasta luego!/¡Chao! (LA)
T-Shirt ['ti:ʃœt] *n* camiseta *f*
Tuba ['tu:ba] *f MUS* tuba *f*
Tube ['tu:bə] *f* tubo *m; auf die ~ drücken* apretar el acelerador
Tuberkulose [tubɛrku'lo:zə] *f MED* tuberculosis *f*
Tuch [tu:x] *n 1. (Lappen)* trapo *m,* estropajo *m; Er wirkt wie ein rotes ~ auf ihn.* No le puede ver ni en pintura. *2. (Stoff)* tela *f*, paño *m; 3. (Halstuch)* pañuelo *m*
Tuchfabrik ['tu:xfabri:k] *f* fábrica de pañuelos *f*
Tuchfühlung ['tu:xfy:luŋ] *f* contacto estrecho *m; auf ~ bleiben* quedar en contacto
tüchtig ['tyçtɪç] *adj 1.* eficiente, trabajador; *adv 2. (fam: sehr)* mucho, bastante
Tüchtigkeit ['tyçtɪçkaɪt] *f* eficiencia *f*, habilidad *f*, aptitud *f*
Tücke ['tykə] *f* malicia *f*
tückisch ['tykɪʃ] *adj* malicioso, malintencionado
Tuff [tuf] *m MIN* toba *f*
tüfteln ['tyftəln] *v 1. an etw ~* trabajar en algo difícil; *2. (basteln)* bricolar
Tüftler(in) ['tyftlər(ɪn)] *m/f (fam)* manitas *m*
Tugend ['tu:gənt] *f* virtud *f*
tugendhaft ['tu:gənthaft] *adj* virtuoso
Tugendhaftigkeit ['tu:gənthaftɪçkaɪt] *f* virtuosidad *f*
Tüll [tyl] *m* tul *m*
Tulpe ['tulpə] *f BOT* tulipán *m*
tummeln ['tuməln] *v 1. sich ~* moverse; *2. sich ~ (Kinder)* andar jugando; *3. sich ~ (sich beeilen)* darse prisa
Tummelplatz ['tuməlplats] *m* lugar de recreo *m*
Tümmler ['tymlər] *m ZOOL 1. (Delfin)* delfín *m; 2. (Taube)* paloma doméstica *f*
Tumor ['tu:mor] *m MED* tumor *m*
Tümpel ['tympəl] *m* charco *m*
Tumult [tu'mult] *m* tumulto *m*
Tun [tu:n] *n* modo de obrar *m*
tun [tu:n] *v irr* hacer, obrar; *Er hat mit dem Mord zu ~.* Él tiene que ver con el asesinato.

Es mit jdm zu tun bekommen vérselas con alguien; *mit jdn nichts mehr zu tun haben wollen* no querer saber nada más de alguien; *Tu, was du nicht lassen kannst!* ¡Haz lo que quisieras!
tünchen ['tynçən] *v* blanquear, enlucir
Tunichtgut ['tu:nɪçtgu:t] *m* tunante *m*, bribón *m*, truhán *m*
Tunke ['tuŋkə] *f GAST* salsa *f*
tunken ['tuŋkən] *v* untar
tunlichst ['tu:nlɪçst] *adv* a ser posible, cuanto antes, a la mayor brevedad
Tunnel ['tunəl] *m* túnel *m*
Tüpfel ['typfəl] *m* punto *m*, lunar *m*
Tüpfelchen ['typfəlçən] *n das ~ auf dem i sein* ser el punto sobre la i
Tupfen ['tupfən] *m* mancha *f*, punto *m*, lunar *m*
tupfen ['tupfən] *v* tocar ligeramente, rozar
Tür [ty:r] *f* puerta *f*; *offene ~en einrennen* aceptar la propuesta de alguien con los brazos abiertos; *jdm eine ~ öffnen (fig)* abrir una puerta a alguien; *jdm die ~ vor der Nase zuschlagen* darle a alguien con la puerta en la nariz; *jdn vor die ~ setzen (fam)* poner a alguien en la calle, darle puerta a alguien
Turban ['turba:n] *m* turbán *m*
Turbine [tur'bi:nə] *f* turbina *f*
Turbo ['turbo] *m (fam) TECH* turbo *m*
turbulent [turbu'lɛnt] *adj* turbulento
Türflügel ['ty:rfly:gəl] *m* hoja de la puerta *f*
Türglocke ['ty:rglɔkə] *f* campanilla de la puerta *f*, timbre *m* (LA)
Türgriff ['ty:rgrɪf] *m* picaporte *m*
Türke ['tyrkə] *m* turco *m*
Türkei [tyr'kaɪ] *f GEO* Turquía *f*
Türkin ['tyrkɪn] *f* turca *f*
türkis [tyr'ki:s] *adj* turquesa
Türkis [tyr'ki:s] *m* turquesa *f*
türkisch ['tyrkɪʃ] *adj* turco
Türklinke ['ty:rklɪŋkə] *f* picaporte *m*, pasador *m*, manija *f* (LA)
Turm [turm] *m 1.* torre *f*; *2. (Kirchturm)* campanario *m*, torre de la iglesia *f*
türmen ['tyrmən] *v 1. (schichten)* apilar, amontonar; *2. (fam: ausreißen)* largarse
Turnen ['turnən] *n SPORT* gimnasia *f*
turnen ['turnən] *v SPORT* hacer gimnasia
Turner ['turnər] *m SPORT* gimnasta *m/f*
Turngerät ['turngərɛ:t] *n SPORT* aparato gimnástico *m*
Turnhalle ['turnhalə] *f SPORT* gimnasio *m*, sala de gimnasia *f*
Turnier [tur'ni:r] *n SPORT* torneo *m*
Turnschuh ['turnʃu:] *m SPORT* zapatilla de deporte *f*
Turnus ['turnus] *m* turno *m*
Turnverein ['turnfɛraɪn] *m SPORT* club de gimnasia *m*
Türöffner ['ty:rœfnər] *m* portero automático *m*, abrepuertas *m*
Türschloss ['ty:rʃlɔs] *n* cerradura *f*, cerrojo *m*
Türschlüssel ['ty:rʃlysəl] *m* llave de la puerta *f*
Türschwelle ['ty:rʃvɛlə] *f* umbral *m*
Türsteher ['ty:rʃte:ər] *m* portero *m*
turteln ['turtəln] *v* estar como dos tórtolos
Tusch [tuʃ] *m MUS* tocata *f*
Tusche ['tuʃə] *f* tinta china *f*
tuscheln ['tuʃəln] *v* cuchichear, secretear
Tüte ['ty:tə] *f 1.* bolsa *f*; *2. (Eistüte)* cucurucho *m*, barquillo *m* (LA); *3. (Tragtüte)* bolsa de compras *f*
tuten ['tu:tən] *v* tocar la bocina
TÜV [tyf] *m (Überprüfung)* estación de inspección técnica de vehículos *f*
Twen [tvɛn] *m* joven *m*
Typ [ty:p] *m* tipo *m*
Type ['ty:pə] *f 1. (Druckbuchstabe)* letra de molde *f*, tipo de imprenta *m*; *2. (fam)* tío *m*, tipo *m*
Typenrad ['ty:pənra:t] *n* margarita *f*
Typenraddrucker ['typənra:tdrukər] *m INFORM* impresora de margarita *f*
Typhus ['ty:fus] *m MED* tifus *m*
typisch ['ty:pɪʃ] *adj* típico
Typologie [typolo'gi:] *f* tipología *f*
Tyrann [ty'ran] *m* tirano *m*
Tyrannei [tyra'naɪ] *f* tiranía *f*
tyrannisch [ty'ranɪʃ] *adj* tiránico
tyrannisieren [tyrani'zi:rən] *v* tiranizar

U

U-Bahn ['uːbaːn] *f* metropolitano *m,* metro *m*

übel ['yːbəl] *adj 1.* malo; *adv 2.* mal; *~ gelaunt* malhumorado, de mal humor; *~ nehmen* tomar a mal; *~ riechend* maloliente, apestoso; *jdm ~* querer mal a alguien; *3. ~ gesinnt* malintencionado

Übel ['yːbəl] *n* mal *m; das kleinere ~* el mal menor; *ein notwendiges ~ sein* ser un mal necesario; *zu allem ~* para colmo, para rematarlo

Übelkeit ['yːbəlkaɪt] *f* náuseas *f/pl*

Übeltäter(in) ['yːbəltɛːtər(ɪn)] *m/f* malhechor(a) *m/f,* maleante *m/f,* delincuente *m/f*

üben ['yːbən] *v* practicar, ejercitar, ejercer

über ['yːbər] *prep 1. (örtlich)* sobre, encima, vía; *~ Buenos Aires* vía Buenos Aires; *~ Hamburg fahren* viajar (pasando) por Hamburgo; *~ jdm stehen* ser superior a alguien, estar por encima de alguien; *~ der Arbeit einschlafen* ser muy lento trabajando; *2. (zeitlich)* durante, más allá de, más de, en; *~ zwei Stunden* más de dos horas; *~ Ostern* en Pascua, durante los días de Pascua; *3. (fig: wegen)* acerca de, a propósito de, sobre, por, de; *sich ~ etw freuen* alegrarse por algo; *4. (fig: von)* sobre, acerca de, de; *Wir reden ~ Weltpolitik.* Hablamos sobre la política mundial. *5. ~ und ~* totalmente, completamente; *6. etw ~ sich bringen* decidirse a hacer algo; *7. ~ jdn etw bekommen* recibir algo por mediación de alguien; *8. Das geht mir ~ alles.* Lo prefiero a todo lo demás. *9. etw ~ haben* hartarse; *Ich habe das langsam ~!* ¡Estoy comenzando a hartarme!

überall ['yːbəral] *adv* en todas partes, por todas partes

Überangebot ['yːbərangəboːt] *n* oferta excesiva *f,* exceso de oferta *m*

überanstrengen [yːbər'anʃtrɛŋən] *v sich ~* esforzarse excesivamente

Überanstrengung [yːbər'anʃtrɛŋuŋ] *f* esfuerzo excesivo *m*

überarbeiten [yːbər'arbaɪtən] *v 1. etw ~* retocar algo, perfeccionar algo, repasar algo; *2. sich ~* trabajar demasiado, matarse a trabajar

Überarbeitung [yːbər'arbaɪtuŋ] *f 1. (nochmalige Bearbeitung)* perfeccionamiento *m,* revisión *f; 2. (Überanstrengung)* exceso de trabajo *m,* agotamiento *m*

überaus ['yːbəraus] *adv* sumamente

überbacken [yːbər'bakən] *adj GAST* gratinar

überbeanspruchen ['yːbərbəanʃpruxən] *v* someter a un esfuerzo excesivo, sobrecargar

Überbeanspruchung ['yːbərbəanʃpruxuŋ] *f* sobrecarga *f*

Überbelastung ['yːbərbəlastuŋ] *f* sobrecarga *f*

Überbeschäftigung ['yːbərbəʃɛftɪguŋ] *f* exceso de empleo *m,* pluriempleo *m*

überbetonen ['yːbərbətoːnən] *v* dar demasiada importancia, insistir demasiado

überbewerten ['yːbərbəvertən] *v* sobrevalorar, supervalorar

Überbewertung ['yːbərbəvɛrtuŋ] *f* sobrevaluación *f,* supervaloración *f*

überbezahlt ['yːbərbətsaːlt] *adj ECO* remunerado excesivamente

überbieten [yːbər'biːtən] *v irr 1. (Preis)* sobrepujar; *2. (Leistung)* superar

Überbleibsel ['yːbərblaɪpsəl] *n* resto *m,* residuo *m*

Überblick ['yːbərblɪk] *m 1. (Aussicht)* vista panorámica *f; 2. (Zusammenfassung)* resumen *m,* sinopsis *f,* síntesis *f; 3. (fig)* panorama *m,* idea general *f*

überblicken [yːbər'blɪkən] *v 1.* abarcar con la vista; *2. (fig: Lage)* darse cuenta de la situación, estimar la situación

überbringen [yːbər'brɪŋən] *v 1. (aushändigen)* entregar, dar; *2. (ausrichten)* transmitir, dar; *Ich werde ihr deine Glückwünsche ~.* Le saludaré de tu parte.

Überbringer(in) [yːbər'brɪŋər(ɪn)] *m/f* portador(a) *m/f*

überbrücken [yːbər'brykən] *v (fig)* superar momentáneamente, solucionar transitoriamente

Überbrückung [yːbər'brykuŋ] *f (fig)* solución transitoria *f*

überdachen [yːbər'daxən] *v* tejar, techar, construir un tejado

Überdachung [yːbər'daxuŋ] *f 1. ARCH* alero de un tejado *m; 2. (Dach)* techo *m; 3. (über Balkonen)* sobradillo *m,* cornisa *f*

überdauern [yːbər'dauərn] *v* perdurar, sobrevivir

überdecken [yːbər'dɛkən] *v 1.* cubrir; *2. (fig)* ocultar

überdehnen [yːbər'deːnən] *v* extender en exceso

überdenken [yːbər'dɛŋkən] *v irr* reflexionar, recapacitar

überdeutlich ['yːbərdɔytlɪç] *adj* extremadamente claro

überdies [yːbər'diːs] *adv* además, aparte de eso

überdimensional [yːbərdimenzjoː'naːl] *adj* sobredimensional, hiperdimensional

Überdosis ['yːbərdoːzɪs] *f* sobredosis *f*

Überdruck ['yːbərdruk] *m TECH* sobrepresión *f*

Überdruss ['yːbərdrus] *m* fastidio *m*, aburrimiento *m*

überdrüssig ['yːbərdrysɪç] *adj* harto de, cansado de

überdurchschnittlich ['yːbərdurçʃnɪtlɪç] *adj* superior al promedio, por encima del promedio

Übereifer ['yːbəraɪfər] *m* exceso de celo *m*, exceso de empeño *m*

übereifrig ['yːbəraɪfrɪç] *adj* muy celoso, muy cumplidor

übereignen [yːbər'aɪknən] *v* *1.* transferir; *2. (Geschäft)* traspasar

Übereignung [yːbər'aɪknuŋ] *f JUR* cesión *f*

übereilen [ybər'aɪlən] *v* precipitar

übereinander ['yːbəraɪnandər] *adv* uno sobre otro, superpuestos; *~ legen* superponer, poner uno sobre otro

übereinkommen [yːbər'aɪnkɔmən] *v* ponerse de acuerdo sobre, llegar a un acuerdo sobre

Übereinkommen [yːbər'aɪnkɔmən] *n* acuerdo *m*, convenio *m*, arreglo *m*

Übereinkunft [yːbər'aɪnkunft] *f* acuerdo *m*, convenio *m*, arreglo *m*

übereinstimmen [yːbər'aɪnʃtɪmən] *v 1. (einig sein)* estar de acuerdo con, coincidir; *2. (gleich sein)* ser igual, ser análogo

übereinstimmend [yːbər'aɪnʃtɪmənt] *adj 1.* igual, concordante, análogo; *adv 2. ~ mit* de acuerdo con, conforme con

Übereinstimmung [yːbər'aɪnʃtɪmuŋ] *f 1. (Einigkeit)* concordancia *f*, coincidencia *f*; *2. (Gleichheit)* igualdad *f*, analogía *f*

überempfindlich ['yːbərɛmpfɪndlɪç] *adj* hipersensible, demasiado susceptible

Überempfindlichkeit ['yːbərɛmpfɪntlɪçkaɪt] *f* hipersensibilidad *f*

überfahren [yːbər'faːrən] *v irr* atropellar, arrollar

Überfahrt ['yːbərfaːrt] *f* travesía *f*

Überfall ['yːbərfal] *m* asalto *m*, atraco *m*, ataque sorpresivo *m*; *Hände hoch! Dies ist ein ~!* ¡Manos arriba! ¡Esto es un atraco!

überfallen [yːbər'falən] *v irr* asaltar, atacar sorpresivamente

überfällig ['yːbərfɛlɪç] *adj 1. (zu spät)* atrasado, retrasado; *2. (abgelaufen)* vencido, caducado

überfliegen [yːbər'fliːgən] *v irr 1.* sobrevolar; *2. (fig)* repasar, leer por encima

überfließen ['yːbərfliːsən] *v* sobrevolar

überflügeln [yːbər'flyːgəln] *v (fig)* superar, aventajar

Überfluss ['yːbərflus] *m* abundancia *f*, excedente *m*; *im ~ leben* vivir como un rey; *zu allem ~* para colmo de la desgracia

überflüssig ['yːbərflysɪç] *adj* superfluo

überfluten [yːbər'fluːtən] *v* inundar, anegar

Überflutung [yːbər'flutuŋ] *f* inundación *f*

überfordern [yːbər'fɔrdərn] *v* hacer trabajar excesivamente a, exigir demasiado de alguien

überfordert [yːbər'fɔrdərt] *adj* que no puede con algo

Überforderung [yːbər'fɔrderuŋ] *f* exigencia excesiva *f*

überführen [yːbər'fyːrən] *v 1. (transportieren)* trasladar, transportar; *2. (Schuld nachweisen)* probar la culpabilidad de alguien

Überführung [yːbər'fyːruŋ] *f 1. (Transport)* transporte *m*; *2. (Schuldnachweis)* prueba de la culpabilidad *f*

Überfülle ['yːbərfylə] *f* abundancia *f*

überfüllt [yːbər'fylt] *adj* repleto, demasiado lleno, relleno

Überfüllung [yːbər'fyluŋ] *f* repleción *f*

Überfunktion ['yːbərfuŋktsjoːn] *f* hiperfunción *f*

Übergabe ['yːbərgaːbə] *f* transferencia *f*, entrega *f*

Übergang ['yːbərgaŋ] *m 1.* paso *m*, cruce *m*; *2. (fig)* transición *f*

Übergangslösung ['yːbərgaŋsløːzuŋ] *f* solución transitoria *f*, solución provisional *f*

Übergangszeit ['yːbərgaŋstsaɪt] *f* período de transición *m*

übergeben [yːbər'geːbən] *v irr 1. etw ~* entregar, dar; *2. sich ~* vomitar, arrojar

übergehen ['yːbərgeːən] *v irr 1. (ausbreiten)* extender; *2. (auf Thema, System)* pasar a otro tema, cambiar; *3. auf jdn ~ (vererbt werden)* recaer en; *4. in etw ~ (verwandeln)* transformar en; *5. zu jdm ~* traspasar; *6. (auslassen)* omitir; *7. (nicht beachten)* descuidar

übergeordnet ['y:bərgəɔrdnət] *adj* superior
Übergewicht ['y:bərgəvɪçt] *n* *1.* sobrepeso *m;* *2. (fig)* superioridad *f*
übergewichtig ['y:bərgəvɪçtɪç] *adj* de peso excesivo
übergießen ['y:bərgi:sən] *v irr 1.* verter, derramar; [y:bər'gi:sən]*2. (unter Wasser setzen)* inundar
überglücklich ['y:bərglyklɪç] *adj* felicísimo, contentísimo
übergreifen ['y:bərgraɪfən] *v irr 1.* traslapar, extenderse; *2. auf etw ~* propagarse en, pasar a, trascender a, invadir; *3. auf etw ~ (Rechte)* usurpar
Übergriff ['y:bərgrɪf] *m* extralimitación *f,* abuso *m*
Übergröße ['y:bərgrø:sə] *f 1. ~ haben* ser excesivamente grande; *2. (Kleidung)* talla especial *f*
überhand [y:bər'hant] *adv ~ nehmen* aumentar demasiado, ir en aumento
überhängen ['y:bərhɛŋən] *v irr 1.* sobresalir; *2. (über die Schulter hängen)* colgar
überhasten [y:bər'hastən] *v* precipitar
überhäufen [y:bər'hɔyfən] *v* colmar, atiborrar
überhaupt [y:bər'haupt] *adv 1. ~ nicht* de ninguna manera, de ningún modo; *2. (im Allgemeinen)* en general, generalmente; *3. (eigentlich)* en realidad, realmente
überheblich [y:bər'he:plɪç] *adj 1.* arrogante, soberbio, altanero; *adv 2.* con arrogancia, arrogantemente
Überheblichkeit [y:bər'he:plɪçkaɪt] *f* arrogancia *f,* soberbia *f,* altivez *f*
überhitzt [y:bər'hɪtst] *adj* recalentado
überhöht [y:bər'hø:t] *adj 1.* excesivo; *2. (Preise)* prohibitivo
überholen [y:bər'ho:lən] *v 1. (vorbeifahren)* adelantar, pasar; *~ verboten!* ¡Prohibido adelantar! *2. (überprüfen)* revisar, repasar, controlar, examinar
überholt [y:bər'ho:lt] *adj* anticuado, obsoleto
Überholverbot [y:bər'ho:lfɛrbo:t] *n* prohibición de adelantar *f*
überhören [y:bər'hø:rən] *v 1. (nicht hören)* no oír; *2. (hören, aber nicht beachten)* hacerse el sordo
überirdisch ['y:bərɪrdɪʃ] *adj 1.* divino, celestial; *2. (unwirklich)* irreal
Überkapazität ['y:bərkapatsitɛ:t] *f ECO* exceso de capacidad *m*
überkippen ['y:bərkɪpən] *v* perder el equilibrio
Überkleidung ['y:bərklaɪduŋ] *n* prenda de abrigo *f*
überkochen ['y:bərkɔxən] *v* rebosar al hervir
überkommen [y:bər'kɔmən] *v irr 1. (Gefühl) jdn ~* invadir; *2. (Schlaf) jdn ~* vencer; *adj 3.* tradicional
überladen [y:bər'la:dən] *v irr* sobrecargar
Überlagerung [y:bər'la:gəruŋ] *f* superposición *f*
Überlänge ['y:bərlɛŋə] *f* exceso de longitud *m*
überlappen [y:bər'lapən] *v* solapar
überlassen [y:bər'lasən] *v irr 1.* dejar; *2. (verkaufen)* vender a; *3. (anvertrauen)* confiar a
Überlassung [y:bər'lasuŋ] *f* entrega *f*
Überlastung [y:bər'lastuŋ] *f* sobrecarga *f; (fig)* exceso de tareas *m*
überlaufen ['y:bərlaufən] *v 1. (Gefäß)* rebosar, desbordarse; *2. (fig: zum Gegner)* pasarse al lado del enemigo, desertar; [y:bər'laufən] *adj 3. (überfüllt)* repleto, pleno, lleno
Überläufer(in) ['y:bərlɔyfər(ɪn)] *m/f* desertor(a) *m/f,* traidor(a) *m/f*
überleben [y:bər'le:bən] *v* sobrevivir
Überlebende(r) [y:bər'le:bəndə(r)] *m/f* sobreviviente *m/f,* superviviente *m*
überlegen [y:bər'le:gən] *v 1. sich etw ~* reflexionar sobre algo, pensar sobre algo, considerar algo; *Das wäre zu ~.* Habría que pensarlo. *Ohne zu ~* sin reflexionar; *sich etwas zweimal ~* pensarlo bien; *adj 2. jdm ~ sein* ser superior a alguien
Überlegenheit [y:bər'le:gənhaɪt] *f* superioridad *f,* supremacía *f*
Überlegung [y:bər'le:guŋ] *f* reflexión *f,* consideración *f*
überlesen [y:bər'le:zən] *v irr 1. (übersehen) etw ~* no ver, no darse cuenta de; *2. (flüchtig durchlesen)* leer por encima
überliefern [y:bər'li:fərn] *v 1. (der Nachwelt)* legar a la posteridad, transmitir; *Das wurde von Generation zu Generation überliefert.* Ha sido transmitido de generación en generación. *2. (erzählen)* contar, narrar; *3.* entregar, depositar en manos de
Überlieferung [y:bər'li:fəruŋ] *f* tradición *f,* crónica *f; Das ist durch mündliche ~ bekannt.* Esto se conoce por la tradición.
überlisten [y:bər'lɪstən] *v* ser más astuto que alguien, vencer en astucia

Überlistung [yːbər'lɪstuŋ] *f* astucia *f*
Übermacht ['yːbərmaxt] *f* fuerza superior *f*, poder superior *m*
übermächtig ['yːbərmɛçtɪç] *adj* superpoderoso, demasiado fuerte
Übermaß ['yːbərmaːs] *n* exceso *m*
übermäßig ['yːbərmɛːsɪç] *adj 1.* excesivo, exagerado; *adv 2.* demasiado, excesivamente, con exageración
Übermensch ['yːbərmɛnʃ] *m* superhombre *m*
übermenschlich ['yːbərmɛnʃlɪç] *adj* sobrehumano
übermitteln [yːbər'mɪtəln] *v* transmitir, enviar
Übermittlung [yːbər'mɪtluŋ] *f* transmisión *f*, envío *m*
übermorgen ['yːbərmɔrgən] *adv* pasado mañana
übermüdet [yːbər'myːdət] *adj* cansadísimo, muerto de cansancio, agotado
Übermüdung [yːbər'myːduŋ] *f* cansancio excesivo *m*, agotamiento *m*
Übermut ['yːbərmuːt] *m 1. (Mutwille)* travesura *f*; *2. (Anmaßung)* arrogancia *f*, petulancia *f*
übermütig [yːbər'myːtɪç] *adj 1. (mutwillig)* travieso; *2. (anmaßend)* arrogante, petulante; *3. (arrogant)* con arrogancia, con petulancia; *4. (mutwillig)* traviesamente
übernächste(r,s) ['yːbərnɛːçstə(r,s)] *adj* próximo, subsiguiente; *in der ~n Woche* dentro de dos semanas; *~n Montag* el lunes de la semana que viene
übernachten [yːbər'naxtən] *v* trasnochar, pernoctar, pasar la noche, dormir en
übernächtigt [yːbər'nɛçtɪçt] *adj* trasnochado
Übernachtung [yːbər'naxtuŋ] *f* pernoctación *f*
Übernahme ['yːbərnaːmə] *f 1. (Entgegennehmen)* recepción *f*, aceptación *f*; *2. (Amtsübernahme)* toma de posesión de un cargo *f*, entrada en funciones *f*
übernatürlich ['yːbərnatyːrlɪç] *adj* sobrenatural
übernehmen [yːbər'neːmən] *v irr 1. (entgegennehmen)* recibir, aceptar; *2. (Amt)* tomar posesión de un cargo, entrar en funciones; *3. sich ~* excederse
überordnen ['yːbərɔrdnən] *v 1.* colocar sobre, antes de, anteponer a; *2. jmd ist jdm übergeordnet* alguien está por encima de otro, alguien es superior a otro
überparteilich ['yːbərpartaɪlɪç] *adj* suprapartidista, por encima de los partidos
Überproduktion ['yːbərprɔduktsjoːn] *f* sobreproducción *f*, superproducción *f*, exceso de producción *m*
überprüfbar [yːbər'pryːfbaːr] *v* comprobable
überprüfen [yːbər'pryːfən] *v* revisar, examinar, controlar, repasar
Überprüfung [yːbər'pryːfuŋ] *f* revisión *f*, examinación *f*, control *m*
überquellen ['yːbərkvɛlən] *v irr 1.* rebosar; *2. (fig)* rebosar, estar lleno; *die Tribüne quoll von Zuschauern über* la tribuna estaba llena de espectadores
überqueren [yːbər'kveːrən] *v* cruzar, atravesar
überragen [yːbər'raːgən] *v 1.* ser más alto que, sobresalir, resaltar, distinguirse; *2. (fig)* sobresalir, resaltar, destacar
überragend [yːbər'raːgənt] *adj (ausgezeichnet)* sobresaliente, excelente
überraschen [yːbər'raʃən] *v* sorprender, coger de sorpresa, tomar de sorpresa
überraschend [yːbər'raʃənt] *adj 1.* sorprendente, sorpresivo (LA); *adv 2.* de sorpresa, sorpresivamente, de improvisto
überrascht [yːbər'raʃt] *adj* sorprendido; *sehr ~ sein* caerse de espaldas
Überraschung [yːbər'raʃuŋ] *f* sorpresa *f*; *Wir haben ihm mit dem Fest eine ~ bereitet.* Le dimos una fiesta sorpresa.
überreagieren ['yːbərreagiːrən] *v* reaccionar desmesuradamente
Überreaktion ['yːbərreaktsjoːn] *f* reacción desmesurada *f*
überreden [yːbər'reːdən] *v* persuadir, convencer
Überredung [yːbər'reːduŋ] *f* persuasión *f*
Überredungskunst [yːbər'reːduŋskunst] *f* arte de persuadir *m*, arte de la persuasión *m*
überreichen [yːbər'raɪçən] *v* hacer entrega de, entregar, dar
Überreichung [yːbər'raɪçuŋ] *f* entrega *f*
überreizt [yːbər'raɪtst] *adj* sobreexcitado
überrennen [yːbər'rɛnən] *v irr 1.* atropellar corriendo, arrollar, derribar; *2. (fig: mit Vorschlägen)* coger por sorpresa, dejar fuera de combate
Überrest ['yːbərrɛst] *m* resto *m*
Überrock ['yːbərrɔk] *m* abrigo *m*, gabán *m*, sobretodo *m*
überrumpeln [yːbər'rumpəln] *v* sorprender, coger desprevenido, sobresaltar

Überrumpelung [yːbər'rumpəluŋ] *f* sorpresa *f*, sobresalto *m*
überrunden [yːbər'rundən] *v SPORT* sacar una vuelta de ventaja, adelantar a
übersättigt [yːbər'zɛtɪçt] *adj 1. CHEM* sobresaturado; *2. (Person)* harto
Übersättigung [yːbər'zɛtɪguŋ] *f 1. (Person)* hartazgo *m; 2. CHEM* sobresaturación *f*
übersäuern [yːbər'zɔyərn] *v MED* causar hiperacidez
Überschallgeschwindigkeit ['yːbərʃalgəʃvɪndɪçkaɪt] *f* velocidad supersónica *f*
überschatten [yːbər'ʃatən] *v (fig)* eclipsar, ensombrecer, empañar
überschätzen [yːbər'ʃɛtsən] *v* sobreestimar, atribuir un valor exagerado
überschaubar [yːbər'ʃaubaːr] *adj* al alcance de la vista, visible
Überschaubarkeit [yːbər'ʃaubaːrkaɪt] *f* propiedad de ser abarcable con la vista o con el entendimiento
überschauen [yːbər'ʃauən] *v (fig)* ver más allá, darse cuenta de
überschäumen ['yːbərʃɔymən] *v* rebosar
überschäumend ['yːbərʃɔymənt] *adj (fig)* rebosante
Überschlag ['yːbərʃlaːk] *m ECO* estimación *f*, evaluación aproximativa *f*
überschlagen [yːbər'ʃlaːgən] *v irr 1. (Kosten)* calcular, hacer un cálculo aproximado; *2. (Auto)* volcar, dar vueltas de campana; *3. (Buchseite)* saltarse páginas
überschlägig ['yːbərʃlɛgiç] *adj ECO* aproximativo; *~e Berechnung* cálculo aproximativo *m*
überschnappen ['yːbərʃnapən] *v (fam)* chiflarse, volverse loco
überschneiden [yːbər'ʃnaɪdən] *v irr 1. sich ~ (kreuzen)* cruzarse; *2. sich ~ (zusammentreffen)* coincidir
Überschneidung [yːbər'ʃnaɪduŋ] *f 1. (Kreuzung)* cruce *m*, intersección *f*; *2. (Zusammentreffen)* coincidencia *f*
überschreiben [yːbər'ʃraɪbən] *v irr 1. (betiteln)* titular; *2. INFORM* recubrir; *3. JUR* transferir
Überschreibung [yːbər'ʃraɪbuŋ] *f JUR* transferencia *f*
überschreiten [yːbər'ʃraɪtən] *v 1. (überqueren)* cruzar, atravesar; *2. (fig: übertreten)* violar, infringir, transgredir
Überschreitung [yːbər'ʃraɪtuŋ] *f 1. (Überquerung)* cruce *m; 2. (fig: Übertretung)* violación *f*, infracción *f*, transgresión *f*
Überschrift ['yːbərʃrɪft] *f* título *m*, encabezamiento *m*, titular *m*
Überschuldung [yːbər'ʃulduŋ] *f ECO* endeudamiento excesivo *m*
Überschuss ['yːbərʃus] *m* excedente *m*, sobrante *m*, superávit *m*
überschüssig ['yːbərʃysɪç] *adj* excedente, sobrante
Überschussproduktion ['yːbərʃusprɔduktsjoːn] *f ECO* producción excedentaria *f*
überschütten [yːbər'ʃytən] *v 1.* cubrir, llenar; *2. jdn mit etw ~ (fig)* colmar a uno de algo (reproches, favores), acribillar a uno a (preguntas)
Überschwang ['yːbərʃvaŋ] *m* exhuberancia *f*
überschwänglich ['yːbərʃvɛŋlɪç] *adj 1.* exaltado, excesivo, exagerado; *adv 2.* exaltadamente
überschwappen ['yːbərʃvapən] *v* desbordarse, derramarse, rebosar
überschwemmen [yːbər'ʃvɛmən] *v* inundar
Überschwemmung [yːbər'ʃvɛmuŋ] *f* inundación *f*
Übersee ['yːbərzeː] *f* ultramar *m*
übersehbar [yːbər'zeːbaːr] *adj* que está al alcance de la vista, apreciable
übersehen [yːbər'zeːən] *v irr 1. (überschauen)* abarcar con la vista, dominar con la mirada; *2. (nicht sehen)* no ver, dejar pasar; *3. (absichtlich)* pasar por alto; *etw absichtlich ~* hacerse la vista gorda (fam)
übersenden [yːbər'zɛndən] *v irr* enviar, mandar, remitir
Übersendung [yːbər'zɛnduŋ] *f* envío *m*, remesa *f*
übersetzen ['yːbərzɛtsən] *v 1. (Gewässer)* pasar a la otra orilla, cruzar; *2.* [yːbər'zɛtsən] *(Sprache)* traducir; *Können Sie mir das ins Spanische ~?* ¿Podría traducírmelo al español? *aus dem Stegreif ~* traducir improvisando
Übersetzer(in) [yːbər'zɛtsər(ɪn)] *m/f* traductor(a) *m/f*
Übersetzung [yːbər'zɛtsuŋ] *f 1. (Sprache)* traducción *f*; *2. TECH* transmisión *f*
Übersetzungsbüro [yːbər'zɛtsuŋsbyroː] *n* oficina de traducción *f*
Übersicht ['yːbərzɪçt] *f 1. (Zusammenfassung)* resumen *m*, extracto *m*, síntesis *f*; *2. (fig)* impresión general *f*, orientación *f*
übersichtlich ['yːbərzɪçtlɪç] *adj* claro, preciso

Übersichtlichkeit ['yːbərzɪçtlɪçkaɪt] *f* propiedad de ser claramente comprensible, carácter sinóptico

übersiedeln ['yːbərziːdəln] *v* transmigrar, emigrar a, trasladarse de un país a otro

Übersiedelung [yːbər'ziːdəluŋ] *f* transmigración *f*, emigración *f*, traslado de un país a otro *m*

übersinnlich ['yːbərzɪnlɪç] *adj* suprasensible, transcendental, sobrenatural

Übersinnliches ['yːbərzɪnlɪçəs] *n* sobrenatural *m*, metafísico *m*, trascendental *m*

überspannt [yːbər'ʃpant] *adj 1. (Situation)* exagerado; *2. (fig: Person)* exaltado

überspielen [yːbər'ʃpiːlən] *v 1. (Musik)* regrabar, doblar; *2. (fig)* disimular

überspitzt [yːbər'ʃpɪtst] *adj 1. (übertrieben)* exagerado, extremado; *2. (Argument)* exagerado, cogido por los pelos

überspringen [yːbər'ʃprɪŋən] *v irr 1.* saltar; *2. (fig)* saltarse

überstehen [yːbər'ʃteːən] *v irr (fig)* vencer, resistir, aguantar

übersteigen [yːbər'ʃtaɪgən] *v irr 1.* pasar por encima de, superar, salvar; *2. (größer sein als)* ser superior a, superar, exceder en

übersteuern [yːbər'ʃtɔyərn] *v TECH* sobrecargar, sobremodular

überstimmen [yːbər'ʃtɪmən] *v* vencer por mayoría de votos

überstrapazieren ['yːbərʃtrapatsiːrən] *v* fatigar excesivamente, sobrecargar

überstreifen ['yːbərʃtraɪfən] *v etw ~* pasar algo por alto

überströmen [yːbər'ʃtrøːmən] *v 1.* inundar; *2. (überlaufen)* desbordarse, derramarse, rebosar

Überstunde ['yːbərʃtundə] *f* hora extraordinaria *f*, hora adicional de trabajo *f*

überstürzen [yːbər'ʃtyrtsən] *v* precipitar, apresurar

übertariflich ['yːbərtariːflɪç] *adj* pagado por encima de la cantidad estipulada

Überteuerung [yːbər'tɔyəruŋ] *f* encarecimiento excesivo *m*, carestía *f*

Übertrag ['yːbərtraːk] *m ECO* traslado a cuenta nueva *m*

übertragbar [yːbər'traːkbaːr] *adj 1. (Papiere) ECO* transferible, negociable; *2. (ansteckend) MED* transmisible, contagioso

übertragen [yːbər'traːgən] *v irr 1. (Auftrag)* encomendar, encargar; *2. (Rundfunk)* transmitir; *3. (Papiere) ECO* transferir; *4. (anstecken) MED* transmitir, contagiar

Übertragung [yːbər'traːguŋ] *f 1. (Auftrag)* encargo *m*; *2. (im Rundfunk)* transmisión *f*; *3. ECO* transferencia *f*; *4. MED* transmisión *f*, contagio *m*

übertreffen [yːbər'trɛfən] *v irr* exceder, superar

übertreiben [yːbər'traɪbən] *v* exagerar, extremar

Übertreibung [yːbər'traɪbuŋ] *f* exageración *f*

übertreten [yːbər'treːtən] *v* contravenir, infringir, transgredir, violar

Übertretung [yːbər'treːtuŋ] *f* contravención *f*, infracción *f*, transgresión *f*, violación *f*

übertrieben [yːbər'triːbən] *adj 1.* exagerado; *adv 2.* exageradamente, con exageración

übertrumpfen [yːbər'trumpfən] *v (fig)* vencer, sobrepujar a alguien

übervölkert [yːbər'fœlkərt] *adj* superpoblado

Übervölkerung [yːbər'fœlkəruŋ] *f* exceso de población *m*

übervorteilen [yːbər'foːrtaɪlən] *v* explotar a alguien, engañar a alguien

überwachen [yːbər'vaxən] *v* vigilar, inspeccionar, controlar, supervisar

Überwachung [yːbər'vaxuŋ] *f* vigilancia *f*, inspección *f*, control *m*, supervisión *f*

überwältigen [yːbər'vɛltɪgən] *v* vencer, derrotar, doblegar

überwältigend [yːbər'vɛltɪgənt] *adj* avasallador, arrollador

überwechseln ['yːbərvɛksəln] *v 1. (örtlich, beruflich)* cambiar (de lugar, de trabajo); *2. (geistig, politisch)* cambiar de ideas políticas, de religión

überweisen [yːbər'vaɪzən] *v irr 1. (Patient)* mandar a un especialista, ordenar el ingreso en un hospital; *2. ECO* girar, transferir

Überweisung [yːbər'vaɪzuŋ] *f 1. (eines Patienten)* orden para ir a un especialista *f*, orden de ingreso en un hospital *f*; *2. ECO* giro *m*, transferencia *f*

überwerfen ['yːbərvɛrfən] *v irr 1.* echar encima, poner encima; [yːbər'vɛrfən] *2. sich mit jdm ~* romper con alguien

überwiegen [yːbər'viːgən] *v irr* preponderar, predominar, primar sobre

überwiegend ['yːbərviːgənt] *adj 1.* preponderante, predominante; *adv 2.* mayormente, en su mayoría, en su mayor parte

überwindbar [yːbər'vɪntbaːr] *adj* superable

überwinden [yːbər'vɪndən] *v irr 1.* vencer, salvar, allanar; *2. sich ~* dominarse, vencerse a sí mismo, sobreponerse
Überwindung [yːbər'vɪnduŋ] *f* vencimiento *m,* fuerza de voluntad *f; große ~ kosten* costar un gran esfuerzo
überwintern [yːbər'vɪntərn] *v* invernar
überwuchern [yːbər'vuçərn] *v* invadir, cubrir completamente
Überwurf ['yːbərvurf] *m (Umhang)* cubrecama *f*
Überzahl ['yːbərtsaːl] *f* superioridad numérica *f*
überzählig ['yːbərtsɛːlɪç] *adj* excedente, sobrante, superfluo
überzeugen [yːbər'tsɔygən] *v* convencer, persuadir
überzeugend [yːbər'tsɔygənt] *adj 1.* convincente; *adv 2.* convincentemente, de manera convincente
Überzeugung [yːbər'tsɔyguŋ] *f* convicción *f*
Überzeugungskraft [yːbər'tsɔyguŋskraft] *f* fuerza de convicción *f,* fuerza persuasiva *f*
überziehen ['yːbərtsiːən] *v 1. (anziehen)* ponerse; *jdm ein paar ~ (fam)* atizar un par de bofetadas a alguien; *2. (verkleiden)* revestir, recubrir; *3. (Konto) ECO* dejar en descubierto, rebasar
überzüchtet [yːbər'tsyçtət] *adj* sobrealimentado, sobrenutrido
Überzug ['yːbərtsuːk] *m 1.* revestimiento *m,* forro *m; 2. (Kissenüberzug)* funda *f; 3. (Beschichtung)* baño *m,* capa *f*
üblich ['yːplɪç] *adj* usual, acostumbrado
üblicherweise [yːplɪçər'vaɪzə] *adv* usualmente, de modo acostumbrado
U-Boot ['uːboːt] *n* submarino *m*
übrig ['yːbrɪç] *adj 1.* sobrante, de sobra; *für jdn etw ~ haben* tener interés en alguien; *im ~en* por lo demás; *v 2. ~ bleiben* sobrar, quedar de sobra; *3. ~ lassen* dejar de sobra
übrigens ['yːbrɪgəns] *adv* por lo demás
Übung ['yːbuŋ] *f* ejercicio *m,* práctica *f,* entrenamiento *m*
Übungsaufgabe ['yːbuŋsaufgaːbə] *f* ejercicio *m,* tarea *f*
Übungsplatz ['yːbuŋsplats] *m* campo de entrenamiento *m*
Ufer ['uːfər] *n* orilla *f*
uferlos ['uːfərloːs] *adj* ilimitado, sin límites; *ins Uferlose gehen* irse de los límites
Ufo ['uːfo] *n* ovni *m*
Uhr [uːr] *f* reloj *m; Seine ~ ist abgelaufen. (fig)* Le ha llegado la hora./A cada cerdo le llega su San Fermín.
Uhrmacher ['uːrmaxər] *m* relojero *m*
Uhrwerk ['uːrvɛrk] *n* mecanismo del reloj *m*
Uhrzeiger ['uːrtsaɪgər] *m* manecilla del reloj *f,* aguja del reloj *f*
Uhrzeit ['uːrtsaɪt] *f* hora *f*
Uhu ['uːhuː] *m ZOOL* búho *m*
Ukraine [u'kraɪnə] *f GEO* Ucrania *f*
Ulk [ulk] *m* broma *f*
ulken ['ulkən] *v (fam)* bromear
ulkig ['ulkɪç] *adj 1.* cómico, chistoso, gracioso; *adv 2.* con comicidad
Ulme ['ulmə] *f BOT* olmo *m*
ultimativ [ultima'tiːf] *adj* amenazador
Ultimatum [ulti'maːtum] *n* ultimátum *m*
Ultrakurzwelle [ultra'kurtsvɛlə] *f 1. PHYS* onda ultracorta *f; 2. (in Frequenzen)* onda corta *f*
Ultraschall ['ultraʃal] *m* ultrasonido *m*
Ultraschalluntersuchung ['ultraːʃaluntərzuːxuŋ] *f MED* ecografía *f*
ultraviolett ['ultraviolɛt] *adj* ultravioleta
um [um] *prep 1. (örtlich)* alrededor de, en torno a; *~ das Haus* alrededor de la casa; *~ sich greifen* propagarse, extenderse; *2. (zeitlich)* a, a las, sobre, a eso de; *~ neun Uhr* a eso de las nueve; *3. ~ 10 DM teurer* 10 marcos más caro; *4. Es steht schlecht ~ ihn.* Le va mal./Sigue mal. *Es geht ~ Geld.* Se trata de dinero. *~ und ~* de todas partes, por todos lados, totalmente; *konj 5.* para, con el fin de; *Ich bin gekommen, ~ dich zu sehen.* He venido para verte. *~ ... willen* por el amor de ...; *adv 6. (ungefähr)* aproximadamente, alrededor de
umändern ['umɛndərn] *v* modificar, alterar, variar, transformar
umarbeiten ['umarbaɪtən] *v (ändern)* modificar, cambiar; *2. (fam: aktiv sein)* no parar de
umarmen [um'armən] *v* abrazar, dar un abrazo
Umarmung [um'armuŋ] *f* abrazo *m*
Umbau ['umbau] *m* reconstrucción *f*
umbauen ['umbauən] *v* reconstruir, reformar
umbenennen ['umbənɛnən] *v irr* renombrar, cambiar de nombre, nombrar de nuevo
umbiegen ['umbiːgən] *v 1.* doblar, torcer; *2. (zurückgehen)* volver, regresar
umbilden [um'bɪldən] *v* transformar, reorganizar, reestructurar

umbinden ['umbɪndən] *v irr 1. sich etw ~* ponerse, atarse; [um'bɪndən] *2.* unirse, atarse
umblättern ['umblɛtərn] *v* hojear, volver la hoja
umbringen ['umbrɪŋən] *v irr* matar, quitar la vida, asesinar
Umbruch ['umbrux] *m (fig)* cambio radical *m,* transformación brusca *f*
umbuchen ['umbu:xən] *v 1. (Konto)* pasar de una cuenta a otra; *2. (Reservierung)* modificar
Umbuchung ['umbu:xuŋ] *f 1. (vom Konto)* traslado a otra cuenta *m; 2. (Reservierung)* modificación de la reserva *f*
umdenken ['umdɛŋkən] *v irr* cambiar de opinión, cambiar la manera de pensar
umdisponieren ['umdɪsponi:rən] *v* disponer de otro modo
umdrängen [um'drɛŋən] *v* apiñarse alrededor de, rodear a
umdrehen ['umdre:ən] *v* volver, dar la vuelta
Umdrehung [um'dre:uŋ] *f* vuelta *f*
Umdrehungszahl ['umdre:uŋstsa:l] *f TECH* número de revoluciones *m*
umeinander [umaɪ'nandər] *adv sich ~ kümmern* ocuparse el uno del otro; *2. (umher)* uno en torno del otro
umfahren ['umfa:rən] *v irr jdn ~* atropellar a alguien; [um'fa:rən] *1. (einen Umweg fahren)* dar un rodeo con un vehículo; *2. (Stadt)* rodear, dar una vuelta; *3. AUT* circunnavegar
umfallen ['umfalən] *v irr* desplomarse, caerse
Umfang ['umfaŋ] *m 1. (Flächeninhalt)* volumen *m; 2. (fig: Ausmaß)* dimensión *f,* extensión *f*
umfangreich ['umfaŋraɪç] *adj* voluminoso, extenso, amplio
umfassen [um'fasən] *v (enthalten)* contener, comprender, implicar
umfassend [um'fasənt] *adj* amplio, extenso
Umfassung [um'fasuŋ] *f (Einzäunung)* cercado *m,* cerca *f,* vallado *m*
Umfeld ['umfɛlt] *n* medio social *m,* entorno *m*
umfliegen [um'fli:gən] *v irr* volar alrededor de, dar la vuelta a, rodear volando
umfließen [um'fli:sən] *v irr* correr, fluir alrededor de
umformen ['umfɔrmən] *v 1.* transformar, modificar, reorganizar; *2. TECH* transformar, convertir
Umfrage ['umfra:gə] *f* encuesta *f,* sondeo de opinión *m*
umfüllen ['umfylən] *v* tra(n)svasar, verter en otro recipiente
Umgang ['umgaŋ] *m* ronda *f,* vuelta *f; schlechten ~ haben* tener malas compañías
umgänglich ['umgɛŋlɪç] *adj* tratable, afable, de trato agradable
Umgangsformen ['umgaŋsfɔrmən] *pl* modales *m/pl*
Umgangssprache ['umgaŋsʃpra:xə] *f* lenguaje coloquial *m,* lenguaje familiar *m*
umgangssprachlich ['umgaŋsʃpra:xlɪç] *adj* coloquial, familiar
Umgangston ['umgaŋsto:n] *m* trato *m*
umgarnen [um'garnən] *v* enredar, seducir
umgeben [um'ge:bən] *v irr* rodear, circundar, cercar
Umgebung [um'ge:buŋ] *f 1. (einer Stadt)* inmediaciones *f/pl,* alrededores *m/pl,* cercanías *f/pl; 2. (eines Menschen)* ambiente *m,* entorno *m,* medio social *m; in seiner ~* en su propia salsa
umgehen ['umge:ən] *v irr 1. (im Umlauf sein)* circular, correr; *2. (behandeln)* tratar, manejar, usar; *3. (vermeiden)* evitar, eludir
umgehend ['umge:ənt] *adj* inmediato
Umgehungsstraße [um'ge:uŋsʃtra:sə] *f* carretera de circunvalación *f,* desviación *f*
umgekehrt ['umgəke:rt] *adj 1.* invertido, opuesto, contrario; *adv 2.* al revés, por el contrario; *Es verhält sich genau ~.* Es todo lo contrario.
umgestalten ['umgəʃtaltən] *v* transformar, cambiar
Umgestaltung ['umgəʃtaltuŋ] *f* transformación *f,* cambio *m*
umgießen ['umgi:sən] *v irr 1. (vergießen)* derramar, verter; *2. (umfüllen)* tra(n)svasar
umgraben ['umgra:bən] *v irr* remover la tierra
umgreifen ['umgraɪfən] *v irr (umfassen)* abarcar, comprender
umgrenzen [um'grɛntsən] *v 1.* delimitar, señalar los límites; *2. (fig)* concretar, definir
umgruppieren ['umgrupi:rən] *v* reagrupar
Umhang ['umhaŋ] *m* capa *f,* capote *m*
umhängen ['umhɛŋən] *v irr sich etw ~* ponerse algo, colgarse algo
umhauen ['umhauən] *v irr 1.* pegar; *2. (Baum)* derribar a hachazos, cortar, desmochar
umhegen [um'he:gən] *v* cuidar amorosamente de

umher [um'heːr] *adv* por todas partes, de acá para allá, alrededor de, a diestra y siniestra
umherblicken [um'heːrblɪkən] *v* mirar alrededor
umhergehen [um'heːrgeːən] *v irr* andar de un lado a otro, vagar, callejear
umherirren [um'heːrɪrən] *v* errar, vagar sin rumbo
umherreisen [um'heːrraɪzən] *v* viajar de un lugar a otro, viajar por todos lados
umherschlendern [um'heːrʃlɛndərn] *v* callejear
umherstreifen [um'heːrʃtraɪfən] *v* vagar, vagabundear
umhören ['umhøːrən] *v sich ~* enterarse, informarse, oír
umhüllen [um'hylən] *v etw mit etw ~* envolver, tapar, cubrir
Umhüllung [um'hyluŋ] *f* envoltura *f*, revestimiento *m*
umkämpft [um'kɛmpft] *adj* reñido, peleado, luchado
Umkehr ['umkeːr] *f* vuelta *f*, regreso *m*
umkehrbar ['umkeːrbaːr] *adj* reversible
umkehren ['umkeːrən] *v* volver, regresar
umkippen ['umkɪpən] *v 1.* volcar, tumbar; *2. (Gewässer)* perecer, morir, extingirse la vida; *3. (fig: ohnmächtig werden)* desmayarse; *4. (fig: Meinung ändern)* cambiar de parecer, cambiar de opinión
umklammern [um'klamɛrn] *v* abrazar, agarrar, estrechar entre los brazos
Umklammerung [um'klamәruŋ] *f 1.* abrazo *m; 2. (fig)* dependencia *f*
umklappen ['umklapən] *v* doblar, plegar, volver la hoja
Umkleidekabine ['umklaɪdәkabiːnә] *f* vestuario *m*
umkleiden ['umklaɪdən] *v 1. sich ~* cambiarse de ropa; *2. etw ~ TECH* revestir
umknicken ['umknɪkən] *v 1. (Papier)* plegar, doblar; *2. (Fuß)* torcerse el pie
umkommen ['umkɔmən] *v irr* morir, perecer, sucumbir
Umkreis ['umkraɪs] *m* círculo *m*, circunscrito *m; in einem ~ von* en un radio de
umkreisen [um'kraɪzən] *v* circular, girar alrededor de
umkrempeln ['umkrɛmpәln] *v 1. (Ärmel)* arremangar; *2. (fig: ändern)* cambiar radicalmente
umladen ['umlaːdən] *v irr* transbordar
Umlage ['umlaːgә] *f* contribución *f*
umlagern [um'laːgәrn] *v 1.* sitiar, cercar, rodear; *2. (anderswo lagern)* trasladar a otro almacén o depósito
Umlauf ['umlauf] *m* circulatión *f; in ~* en circulación; *etw in ~ bringen* poner en circulación; *in ~ kommen* entrar en circulación
Umlaufbahn ['umlaufbaːn] *f ASTR* órbita *f*
Umlaut ['umlaut] *m GRAMM* modificación de la vocal radical *f*, vocal modificada *f*, metáfora vocálica *f*
umlegen ['umleːgən] *v 1. (verlegen)* colocar de otro modo, cambiar de sitio; *2. (zur Seite legen)* ladear; *3. (verteilen)* repartir, distribuir; *4. (fam: töten)* matar, liquidar, despachar; *5. sich etw ~* ponerse algo, echarse algo; *6. (Verband)* aplicar; *7. (niederstrecken)* derribar, echar al suelo; *8. (Hebel)* cambiar de posición; *9. (Kragen)* doblar
umleiten ['umlaɪtən] *v 1. (Verkehr)* desviar el tráfico; *2. (fig)* hacer cambiar de opinión
Umleitung ['umlaɪtuŋ] *f* desviación *f*, desvío *m*
umlernen ['umlɛrnən] *v 1. (sich umschulen)* aprender de nuevo, cambiar de método de aprendizaje; *2. (umdenken)* reorientar sus ideas
umliegend ['umliːgәnt] *adj* adyacente, limítrofe, próximo
ummelden ['ummɛldən] *v ein Auto ~* informar a las autoridades del cambio de propietario de un vehículo
Umorganisierung ['umɔrganiziːruŋ] *f* reorganización *f*
umpacken ['umpakən] *v* empaquetar de otra manera, reembalar
umpflanzen ['umpflantsən] *v 1.* transplantar; *2. etw mit Bäumen ~* plantar de árboles
umpolen ['umpoːlən] *v TECH* invertir la polaridad de
umprogrammieren ['umprogramiːrən] *v INFORM* reprogramar, programar de nuevo
Umrahmung [um'raːmuŋ] *f* marco *m*
umrechnen ['umrɛçnən] *v 1. (Brüche) MATH* convertir; *2. (umwechseln)* convertir, cambiar, calcular en otra unidad
Umrechnung ['umrɛçnuŋ] *f* conversión *f*
Umrechnungskurs ['umrɛçnuŋskurs] *m* tipo de cambio *m*, tipo de conversión *m*
Umrechnungstabelle ['umrɛçnuŋstabɛlә] *f* tabla de conversión *f*
umreißen ['umraɪsən] *v irr 1. (niederreißen)* derribar, demoler, echar abajo; [um'raɪsən] *2. (fig: kurz schildern)* esbozar, contar a grandes rasgos

umringen [um'rɪŋən] *v irr* rodear, agruparse alrededor de
Umriss ['umrɪs] *m* contorno *m,* silveta *f,* esbozo *m*
umrühren ['umryːrən] *v* remover, revolver, agitar
umrüsten ['umrystən] *v 1. MIL* rearmar, reorganizar el armamento; *2. TECH* reorganizar el equipamiento, modernizar las instalaciones
ums *(= um das)(siehe "um")*
umsägen ['umzɛːgən] *v* derribar utilizando una sierra
umsatteln ['umzatəln] *v (fig)* cambiar de profesión
Umsatz ['umzats] *m ECO* facturación *f,* volumen de negocios *m; ~ machen* facturar
Umsatzbeteiligung ['umzatsbətaɪlɪguŋ] *f 1. (Provision) ECO* participación en los beneficios *f,* provisión *f; 2. (Beitrag zum Umsatz)* contribución a la ganancia *f*
Umsatzsteuer ['umzatsʃtɔyər] *f ECO* impuesto sobre las ventas *m*
umschalten ['umʃaltən] *v 1. (fig)* desconectarse; *2. TECH* conmutar
Umschau ['umʃau] *f* vista *f,* panorama *f*
umschauen ['umʃauən] *v 1. (sich ~)* mirar alrededor, mirar entorno suyo; *2. sich nach einer Wohnung ~* buscar casa; *3. (zurückblicken)* mirar atrás
umschichten ['umʃɪçtən] *v* apilar de nuevo, reagrupar
Umschichtung ['umʃɪçtuŋ] *f* reagrupación *f*
umschiffen [um'ʃɪfən] *v 1.* circunnavegar, navegar alrededor de; *2. (Fracht)* facturar
Umschlag ['umʃlaːk] *m 1. (Schutzhülle)* envoltura *f; 2. (Briefumschlag)* sobre *m; 3. (Umladung)* transbordo *m; 4. (fig: Wechsel)* cambio repentino *m; 5. MED* compresa *f*
umschlagen ['umʃlaːgən] *v irr 1. (umblättern)* volver la página; *2. (umladen)* transbordar; *3. (fig: wechseln)* cambiar repentinamente
Umschlagplatz ['umʃlaːkplats] *m* lugar de transbordo *m*
umschließen [um'ʃliːsən] *v irr 1.* rodear; *2. (mit den Armen)* abrazar; *3. (fig)* rodear
umschlingen [um'ʃlɪŋən] *v irr 1.* entrelazar, envolver; *2. etw ~ (Pflanze)* enroscarse en algo, trepar sobre algo
umschmeicheln [um'ʃmaɪçəln] *v* colmar a uno de halagos, adular
umschmeißen ['umʃmaɪsən] *v irr* derribar, tumbar
umschreiben ['umʃraɪbən] *v irr 1. (ändern)* escribir de nuevo; *2. JUR* transferir [um'ʃraɪbən] *3. (anders ausdrücken)* expresarse con sinónimos, expresarse en otros términos;
Umschuldung ['umʃulduŋ] *f ECO* reconversión de una deuda *f*
umschulen ['umʃuːlən] *v* reeducar, readaptarse profesionalmente
Umschulung ['umʃuːluŋ] *f* reeducación *f,* readaptación profesional *f*
umschütten ['umʃytən] *v 1. (in ein anderes Gefäß)* tra(n)svasar, verter en otro recipiente; *2. (umstoßen)* derramar
umschwärmen [um'ʃvɛrmən] *v* revolotear alrededor de
Umschweife ['umʃvaɪfə] *pl ohne ~* sin preámbulos, sin rodeos
umschwenken ['umʃvɛnkən] *v 1.* menear, mover; *2. (fig)* cambiar de opinión
Umschwung ['umʃvuŋ] *m (fig)* cambio brusco *m*
umsegeln [um'zeːgəln] *v* circunnavegar, navegar alrededor de
umsehen ['umzeːən] *v irr sich ~* mirar alrededor
umsetzbar ['umzɛtsbaːr] *adj ECO* de fácil venta
Umsetzbarkeit ['umzɛtsbaːrkaɪt] *f ECO* facilidad para ser vendido *f*
umsetzen ['umzɛtsən] *v 1. sich ~* cambiarse de sitio; *2. (verwandeln)* transformar, convertir; *3. (verkaufen)* vender, comercializar, colocar
Umsicht ['umzɪçt] *f 1.* circunspección *f; 2. (Achtung)* precaución *f*
umsichtig ['umzɪçtɪç] *adj 1.* circunspecto; *adv 2.* con mesura, con prudencia
umsiedeln ['umziːdəln] *v* reasentar
umsonst [um'zɔnst] *adv 1. (unentgeltlich)* gratis, gratuitamente; *2. (vergeblich)* en vano, para nada, por gusto
umsorgen [um'zɔrgən] *v jdn ~* cuidar de alguien
umspannen [um'ʃpanən] *v 1.* medir a palmos; *2. (Zeitraum)* abarcar; *3. (Strom) TECH* transformar
umspielen [um'ʃpiːlən] *v 1. (Gegenspieler) SPORT* regatear; *2. Ein Lächeln umspielte ihr Gesicht.* Una sonrisa se asomó a su rostro.
Umstand ['umʃtant] *m 1.* circunstancia *f,* hecho *m,* acontecimiento *m; 2. in anderen Umständen (fam)* en otras circunstancias

Umstände ['umʃtɛndə] *pl 1.* circunstancias *f/pl; keine ~ machen* no ocasionar molestia; *unter keinen ~n* de ninguna manera/bajo ningún concepto; *2. andere ~* embarazo *m*
umständlich ['umʃtɛndlɪç] *adj* complicado, molesto, incómodo
Umständlichkeit ['umʃtɛndlɪçkaɪt] *f* incomodidad *f,* molestia *f*
Umstandskleid ['umʃtantsklaɪt] *n* vestido de maternidad *m*
Umstandswort ['umʃtantsvɔrt] *n* adverbio *m*
umsteigen ['umʃtaɪgən] *v irr* cambiar de bus, cambiar de tren, cambiar de metro, hacer transbordo; *Müssen wir ~?* ¿Tenemos que hacer transbordo?
umstellen ['umʃtɛlən] *v 1. (Möbel)* cambiar de lugar, disponer de otro modo; *2. (umorganisieren)* reorganizar; *3. (anpassen)* readaptarse
Umstellung ['umʃtɛluŋ] *f 1. (Umorganisierung)* reorganización *f; 2. (Anpassung)* readaptación *f*
umstimmen ['umʃtɪmən] *v (fig) jdn ~* hacer cambiar de opinión a alguien
umstoßen ['umʃtɔsən] *v irr 1.* volcar, tumbar, derribar; *2. (für ungültig erklären)* anular, declarar nulo, invalidar, cancelar; *3. (fig: den Plan)* echar a perder
umstritten [um'ʃtrɪtən] *adj* discutido, controvertido
Umstrukturierung ['umʃtrukturiːruŋ] *f* reestructuración *f*
umstülpen ['umʃtylpən] *v 1. (Eimer)* volcar; *2. (Tasche)* volver del revés
Umsturz ['umʃturts] *m* cambio de régimen *m,* derrocamiento *m,* subversión *f,* revolución *f*
Umtausch ['umtauʃ] *m* cambio *m,* trueque *m,* canje *m*
umtauschen ['umtauʃən] *v* cambiar, canjear
umtopfen ['umtɔpfən] *v (Pflanze)* cambiar de tiesto
Umtrunk ['umtruŋk] *m* ronda de tragos *f*
umverteilen ['umfɛrtaɪlən] *v ECO* redistribuir
umwälzen ['umvɛltsən] *v 1.* revolver; *2. (ändern)* revolucionar
Umwälzung ['umvɛltsuŋ] *f* revolución *f,* movimiento subversivo *m,* transtorno profundo *m*
umwandeln ['umvandəln] *v* transformar, cambiar
Umwandlung ['umvandluŋ] *f* transformación *f,* cambio *m*
umwechseln ['umvɛksəln] *v* cambiar dinero
Umweg ['umveːk] *m* rodeo *m,* vuelta *f*
umwehen ['umveːən] *v 1.* derribar, hacer caer de un soplo; *2.* estar envuelto; *eine Staubwolke umwehte sie* estaba envuelta en una nube de polvo
Umwelt ['umvɛlt] *f* medio ambiente *m,* ambiente *m,* medio *m,* entorno *m*
umweltfeindlich ['umvɛltfaɪndlɪç] *adj* contaminante, agresivo al medio ambiente
umweltfreundlich ['umvɛltfrɔyndlɪç] *adj* no contaminante, protector del medio ambiente
Umweltkriminalität ['umvɛltkrɪminalitɛːt] *f* delicuencia medioambiental *f*
Umweltpolitik ['umvɛltpolitiːk] *f POL* política medioambiental *f*
Umweltschäden ['umvɛltʃɛːdən] *pl* daños causados al medio ambiente *m/pl*
Umweltschutz ['umvɛltʃuts] *m* protección del medio ambiente *f*
Umwelttechnik ['umvɛlttɛçnɪk] *f* técnica medio ambiental *f*
Umweltverschmutzung ['umvɛltfɛrʃmutsuŋ] *f* contaminación ambiental *f*
Umweltverträglichkeit ['umvɛltfɛrtrɛːklɪçkaɪt] *f* compatibilidad ambiental *f*
umwerben [um'vɛrbən] *v irr* cortejar, galantear, rondar
umwerfen ['umvɛrfən] *v irr 1.* volcar, derribar, hacer caer; *2. (zunichte machen)* derribar, echar por tierra; *3. sich etw ~* echarse algo (de ropa) encima
umwickeln [um'vɪkəln] *v* envolver, recubrir de
umzäunen [um'tsɔynən] *v* cercar, vallar, estacar
Umzäunung [um'tsɔynuŋ] *f* cerca *f,* vallado *m,* estacada *f*
umziehen ['umtsiːən] *v irr 1. (umkleiden)* cambiarse de ropa, mudarse de ropa; *2. (Wohnung wechseln)* mudarse de casa, trasladarse a otra casa
umzingeln [um'tsɪŋəln] *v* rodear, cercar
Umzug ['umtsuːk] *m 1. (Wohnungswechsel)* traslado *m,* mudanza *f; 2. (Festzug)* desfile *m*
unabänderlich [unap'ɛnderlɪç] *adj* invariable, inalterable
unabdingbar ['unapdɪŋbaːr] *adj* indispensable, necesario

unabdinglich [unap'dɪŋlɪç] *adj* indispensable, necesario

unabhängig ['unaphɛŋɪç] *adj* independiente

Unabhängigkeit ['unaphɛŋɪçkaɪt] *f* independencia *f*

unabkömmlich ['unapkœmlɪç] *adj* insustituible, irremplazable

Unabkömmlichkeit ['unapkœmlɪçkaɪt] *f* indispensabilidad *f*

unablässig ['unaplɛsɪç] *adj 1.* incesante, continuo, constante; *adv 2.* sin parar, sin cesar, incesantemente

unabsehbar [unap'ze:ba:r] *adj* imprevisible

unabsichtlich ['unapzɪçtlɪç] *adj 1.* impremeditado, sin intención; *adv 2.* de casualidad, sin intención

unabwendbar [unap'vɛntba:r] *adj* inevitable

unachtsam ['unaxtza:m] *adj 1.* desatento, distraído; *adv 2.* sin atención

Unachtsamkeit ['unaxtza:mkaɪt] *f* falta de atención *f*, distracción *f*

unähnlich ['unɛ:nlɪç] *adj* poco parecido, diferente

unanfechtbar [unan'fɛçtba:r] *adj* inapelable

Unanfechtbarkeit ['unanfɛçtba:rkaɪt] *f* inapelabilidad *f*

unangebracht ['unangəbraxt] *adj* inoportuno, fuera de lugar

unangemeldet ['unangəmɛldət] *adj 1.* imprevisto; *adv 2.* sin previo aviso

unangemessen ['unangəmɛsən] *adj* inadecuado, inapropiado

unangenehm ['unangəne:m] *adj 1.* desagradable, molesto; *die ~e Aufgabe haben, jdm etw mitzuteilen* tener el ingrato deber de informar a alguien de algo; *adv 2.* desagradablemente, con desagrado

unangepasst ['unangəpast] *adj* inadecuado

unannehmbar ['unanne:mba:r] *adj* inaceptable, inadmisible

Unannehmlichkeit ['unanne:mlɪçkaɪt] *f* contrariedad *f*, molestia *f*, inconveniente *m*, disgusto *m*

unansehnlich ['unanze:nlɪç] *adj* poco vistoso

Unansehnlichkeit ['unanze:nlɪçkaɪt] *f* insignificancia *f*

unanständig ['unanʃtɛndɪç] *adj 1.* indecente; *adv 2.* indecentemente, con indecencia

unantastbar ['unantastba:r] *adj* intangible

Unantastbarkeit ['unantastba:rkaɪt] *f 1.* inviolabilidad *f*, intangibilidad *f*; *2. (eines Rechts)* inviolabilidad *f*

unappetitlich ['unapeti:tlɪç] *adj* poco apetitoso

Unart ['una:rt] *f* mala costumbre *f*, malas maneras *f/pl*

unartig ['una:rtɪç] *adj* malo, travieso

unästhetisch ['unɛste:tɪʃ] *adj* poco estético, antiestético

unaufdringlich ['unaufdrɪŋlɪç] *adj 1.* discreto; *adv 2.* discretamente

Unaufdringlichkeit ['unaufdrɪŋlɪçkaɪt] *f* discreción *f*, reserva *f*

unauffällig ['unauffɛlɪç] *adj 1.* poco llamativo, desapercibido, inadvertido; *adv 2.* sin llamar la atención

Unauffälligkeit ['unauffɛlɪçkaɪt] *f* discreción *f*, calidad de ser poco llamativo *f*

unauffindbar ['unauffɪntba:r] *adj* ilocalizable

unaufgefordert ['unaufgəfɔrdərt] *adj 1.* espontáneo; *adv 2.* espontáneamente, sin ser requerido

unaufgeklärt ['unaufgeklɛ:rt] *adj 1. (Mensch)* indocumentado, desinformado; *2. (Verbrechen)* no aclarado, no esclarido

unaufhaltsam ['unaufhaltzam] *adj* incontenible, irrefrenable, imparable

unaufhörlich ['unaufhø:rlɪç] *adj 1.* incesante, continuo; *adv 2.* sin cesar, continuamente

unaufmerksam ['unaufmɛrkzam] *adj 1.* desatento, distraído; *adv 2.* sin atención

Unaufmerksamkeit ['unaufmɛrkzamkaɪt] *f* desatención *f*, distracción *f*

unaufrichtig ['unaufrɪçtɪç] *adj* insincero, falso

Unaufrichtigkeit ['unaufrɪçtɪçkaɪt] *f* insinceridad *f*, falsedad *f*

unaufschiebbar [unauf'ʃi:pba:r] *adj* inaplazable, impostergable, improrrogable

unausbleiblich ['unausblaɪplɪç] *adj* inevitable, seguro, cierto

unausführbar ['unausfy:rba:r] *adj* impracticable, irrealizable, inviable

unausgebildet ['unausgəbɪldət] *adj* carente de preparación necesaria

unausgefüllt ['unausgəfylt] *adj (fig)* en blanco, sin rellenar

unausgeglichen ['unausgəglɪçən] *adj* desequilibrado

Unausgeglichenheit ['unausgəglɪçənhaɪt] *f* desequilibrio *m*
unauslöschlich ['unauslœʃlɪç] *adj* imborrable, insacible
unaussprechlich ['unausʃprɛçlɪç] *adj* *1.* impronunciable; *2.* *(unsagbar)* indecible, inexpresable
unausstehlich ['unausʃteːlɪç] *adj* insoportable, pesado
unausweichlich [unaus'vaɪçlɪç] *adj* inevitable, falta
unbändig ['unbɛndɪç] *adj* indomable, indómito
unbarmherzig ['unbarmhɛrtsɪç] *adj* despiadado, cruel, malo, impío
Unbarmherzigkeit ['unbarmhɛrtsɪçkaɪt] *f* crueldad *f*, impiedad *f*
unbeabsichtigt ['unbəapzɪçtɪçt] *adj* *1.* involuntario, impremeditado, impensado; *adv* *2.* involuntariamente, sin intención
unbeachtet ['unbəaxtət] *adj* inadvertido, inobservado
unbeantwortet ['unbəantvɔrtət] *adj* sin respuesta
unbedacht ['unbədaxt] *adj* irreflexivo, impulsivo
unbedarft ['unbədarft] *adj* ingenuo
unbedenklich ['unbədɛŋklɪç] *adj* *1.* inofensivo, inocuo; *adv* *2.* sin inconveniente, sin reparo
unbedeutend ['unbədɔytənt] *adj* insignificante; *eine ~e Person sein* ser el último mono
unbedingt ['unbədɪŋt] *adj* *1.* incondicional, absoluto; *adv* *2.* incondicionalmente, sin reserva
unbeeindruckt ['unbəaɪndrukt] *adj* impasible, impertérrito
unbefahrbar ['unbəfaːrbaːr] *adj* intramitable, impracticable
unbefangen ['unbəfaŋən] *adj* natural, espontáneo
Unbefangenheit ['unbəfaŋənhaɪt] *f* naturalidad *f*, espontaneidad *f*
unbefriedigend ['unbəfriːdɪgənt] *adj* insuficiente, no satisfactorio
unbefristet ['unbəfrɪstət] *adj* ilimitado, sin plazo señalado
unbefugt ['unbəfuːkt] *adj* desautorizado, no autorizado
Unbefugte(r) ['unbəfuːktə(r)] *m/f* persona no autorizada *f*
unbegabt ['unbəgaːpt] *adj* sin talento, torpe
unbegreiflich ['unbəgraɪflɪç] *adj* inconcebible, inexplicable; *Das ist mir ~.* No me lo explico.
unbegrenzt ['unbəgrɛntst] *adj* ilimitado, infinito, sin límites
unbegründet ['unbəgryndət] *adj* infundado, injustificado, inmotivado; *~e Zweifel* dudas injustificadas
Unbehagen ['unbəhaːgən] *n* malestar *m*, desazón *f*
unbehaglich ['unbəhaːklɪç] *adj* desagradable, molesto
unbehelligt ['unbəhɛlɪçt] *adj* sin ser molestado
unbeherrscht ['unbəhɛrʃt] *adj* incontrolado
Unbeherrschtheit ['unbəhɛrʃthaɪt] *f* falta de dominio de sí mismo *f*
unbeholfen ['unbəhɔlfən] *adj* *1.* torpe, poco hábil; *adv* *2.* torpemente, de modo poco hábil
unbeirrbar [unbə'ɪrbaːr] *adj* imperturbable, firme
unbekannt ['unbəkant] *adj* desconocido, extraño
unbekleidet ['unbəklaɪdət] *adj* desnudo, sin vestir
unbekümmert ['unbəkymərt] *adj* despreocupado
unbelastet ['unbəlastət] *adj* sin gravamen, sin cargo
unbelehrbar ['unbəleːrbaːr] *adj* incorregible, terco
unbeliebt ['unbəliːpt] *adj* mal visto, antipático, impopular
Unbeliebtheit ['unbəliːpthaɪt] *f* impopularidad *f*
unbemerkt ['unbəmɛrkt] *adj* inadvertido, desapercibido
unbequem ['unbəkveːm] *adj* incómodo, molesto
Unbequemlichkeit ['unbəkveːmlɪçkaɪt] *f* incomodidad *f*
unberechenbar ['unbərɛçənbaːr] *adj* incalculable, inapreciable
Unbescheidenheit ['unbəʃaɪdenhaɪt] *f* inmodestia *f*, vanidad *f*
unbescholten ['unbəʃɔltən] *adj* íntegro, probo, irreprochable
unbeschränkt ['unbəʃrɛŋkt] *adj* *1.* ilimitado, sin límites; *adv* *2.* sin restricción
unbeschreiblich ['unbəʃraɪplɪç] *adj* indescriptible; *eine ~e Tat* una fechoría sin nombre *f*

unbeschwert ['unbəʃvɛrt] *adj 1.* libre de toda preocupación, despreocupado; *adv 2.* sin remordimientos, sin preocupaciones

Unbeschwertheit ['unbəʃveːrthaɪt] *f* despreocupación *f*

unbesetzt ['unbəzɛtst] *adj* desocupado, libre

unbesiegbar [unbə'ziːkbaːr] *adj* invencible

Unbesiegbarkeit [unbə'ziːkbaːrkaɪt] *f* invencibilidad *f*

unbesonnen ['unbəzɔnən] *adj 1.* irreflexivo, imprudente; *adv 2.* imprudentemente

unbesorgt ['unbəzɔrgt] *adj 1.* despreocupado, tranquilo; *adv 2.* con tranquilidad

unbeständig ['unbəʃtɛndɪç] *adj 1. (veränderlich)* variable; *2. (wankelmütig)* inconstante, veleidoso, voluble

unbestätigt ['unbəʃtɛːtɪçt] *adj* no confirmado

unbestechlich ['unbəʃtɛçlɪç] *adj* incorruptible, insobornable

Unbestechlichkeit ['unbəʃtɛçlɪçkaɪt] *f* integridad *f,* probidad *f,* incorruptibilidad *f*

unbestimmbar ['unbəʃtɪmbaːr] *adj* indeterminable, vago

unbestimmt ['unbəʃtɪmt] *adj* indeterminado

unbestreitbar ['unbəʃtraɪtbaːr] *adj* incontestable, indiscutible

unbeteiligt ['unbətaɪlɪçt] *adj; 1. ~ an* ajeno a, no participante de; *2. (desinteressiert)* indiferente

unbetont ['unbətoːnt] *adj* no acentuado, átono

unbeugsam ['unbɔykzaːm] *adj* inflexible, rígido

unbewacht ['unbəvaçt] *adj* no vigilado

unbewaffnet ['unbəvafnət] *adj* desarmado

unbeweglich ['unbəveːklɪç] *adj* inmóvil, inerte

unbewohnt ['unbəvoːnt] *adj* inhabitado, deshabitado

unbewusst ['unbəvust] *adj 1.* inconsciente; *adv 2.* sin darse cuenta, sin querer

unbezahlbar [unbə'tsaːlbaːr] *adj 1. (nicht zu bezahlen)* que no tiene precio; *2. (fig: unentbehrlich)* impagable

unbezähmbar [unbə'tsɛːmbaːr] *adj* indomable

unbezweifelbar [unbə'tsvaɪfəlbaːr] *adj* indudable

unblutig ['unbluːtɪç] *adj 1.* que no sangra, incruento; *adv 2.* incruento

unbotmäßig ['unboːtmɛːsɪç] *adj 1.* insubordinado; *2. (rebellisch)* rebelde

unbrauchbar ['unbrauxbaːr] *adj* inservible, inútil

unbürokratisch ['unbyrɔkratɪʃ] *adj* no burocrático

unchristlich ['unkrɪstlɪç] *adj REL* poco cristiano, impío

und [unt] *konj 1.* y; *Frankreich ~ Spanien* Francia y España; *2. (vor nicht diphthongiertem i/hi)* e; *Argentinien ~ Italien* Argentina e Italia

Undank ['undaŋk] *m* ingratitud *f,* desagradecimiento *m*

undankbar ['undaŋkbaːr] *adj* desagradecido, ingrato

undemokratisch ['undemokraːtɪʃ] *adj POL* no democrático

undenkbar [un'dɛŋkbaːr] *adj* impensable

undenklich ['undɛŋklɪç] *adj seit ~en Zeiten* desde tiempos inmemoriales

undeutlich ['undɔytlɪç] *adj 1.* vago, confuso, poco preciso; *adv 2.* de manera vaga, sin precisar

Undeutlichkeit ['undɔytlɪçkaɪt] *f* poca claridad *f,* confusión *f*

undicht ['undɪçt] *adj* permeable

Unding ['undɪŋ] *n* absurdo *m*

undiszipliniert ['undɪstsipliniːrt] *adj 1.* indisciplinado; *adv 2.* sin disciplina

unduldsam ['undultzaːm] *adj* intolerante, intrasigente

undurchdringlich ['undurçdrɪŋlɪç] *adj* impenetrable, inaccesible

undurchführbar ['undurçfyːrbaːr] *adj* irrealizable, inviable

Undurchführbarkeit [undurç'fyːrbaːrkaɪt] *f* irrealizabilidad *f,* inviabilidad *f*

undurchlässig ['undurçlɛsɪç] *adj* impermeable

undurchsichtig ['undurçzɪçtɪç] *adj 1.* opaco; *2. (fig)* confuso, impreciso

uneben ['uneːbən] *adj* desigual, irregular

Unebenheit ['uneːbənhaɪt] *f* desigualdad *f,* aspereza *f*

unecht ['unɛçt] *adj* falso

unehelich ['uneːəlɪç] *adj* ilegítimo, natural; *~es Kind* un hijo ilegítimo *m*

unehrlich ['uneːrlɪç] *adj* insincero, falso

Unehrlichkeit ['uneːrlɪçkaɪt] *f* insinceridad *f,* falsedad *f*

uneigennützig ['unaɪgənnytsɪç] *adj 1.* abnegado, desinteresado; *adv 2.* con abnegación

Uneigennützigkeit ['unaɪgənnytsɪçkaɪt] *f* desinterés *m,* altruismo *m,* generosidad *f*
uneingeschränkt ['unaɪngəʃrɛŋkt] *adj* absoluto, ilimitado
uneinig ['unaɪnɪç] *adj* desunido, desavenido
Uneinigkeit ['unaɪnɪçkaɪt] *f* desunión *f,* desavenencia *f*
uneinnehmbar ['unaɪnne:mba:r] *adj* inexpugnable
uneinsichtig ['unaɪnzɪçtɪç] *f* obstinado
unempfindlich ['unɛmpfɪndlɪç] *adj* insensible, indiferente
unendlich [un'ɛntlɪç] *adj* infinito, inmenso
Unendlichkeit [un'ɛntliçkaɪt] *f 1. MATH* infinito *m,* carácter infinito *m; 2.* infinidad *f,* inmensidad *f*
unentbehrlich ['unɛntbe:rlɪç] *adj* indispensable
unentgeltlich ['unɛntgɛltlɪç] *adj 1.* gratuito; *adv 2.* gratis, gratuitamente
unentschieden ['unɛntʃi:dən] *adj 1.* indeciso, dudoso, inseguro; *2. SPORT* empatado
unentschlossen ['unɛntʃlɔsən] *adj* irresoluto, indeciso
Unentschlossenheit ['unɛntʃlɔsənhaɪt] *f* irresolución *f,* indecisión *f*
unentwegt ['unɛntve:kt] *adj 1.* firme, imperturbable; *adv 2.* sin parar, continuamente
unerbittlich ['unɛrbɪtlɪç] *adj 1.* implacable, duro; *adv 2.* sin compasión
Unerbittlichkeit ['unɛrbɪtlɪçkaɪt] *f* inflexibilidad *f,* implacabilidad *f,* inexorabilidad *f*
unerfahren ['unɛrfa:rən] *adj* inexperto, sin experiencia
Unerfahrenheit ['unɛrfa:rənhaɪt] *f* inexperiencia *f*
unerforschlich ['unɛrfɔrʃlɪç] *adj* impenetrable, insondable
unerfreulich ['unɛrfrɔylɪç] *adj* desagradable, poco agradable
unerfüllbar ['unɛrfylba:r] *adj* irrealizable
unergiebig ['unɛrgi:bɪç] *adj* improductivo
unergründlich ['unɛrgryntlɪç] *adj* insondable, sin fondo
unerheblich ['unɛrhe:plɪç] *adj* insignificante, de poca importancia
unerhört ['unɛrhø:rt] *adv 1.* descaradamente, desvergonzadamente; *adj 2. (fig)* escandaloso, inaudito
unerklärlich ['unɛrklɛrlɪç] *adj* inexplicable, incomprensible
unerlässlich ['unɛrlɛslɪç] *adj* indispensable, imprescindible
unerlaubt ['unɛrlaupt] *adj* prohibido, vedado
unermesslich ['unɛrmɛslɪç] *adj 1.* inmenso, enorme; *adv 2.* muy, inmensamente; *Die Statue ist ~ groß.* La estatua es inmensamente grande.
unermüdlich ['unɛrmy:tlɪç] *adj* infatigable, incansable
Unermüdlichkeit ['unɛrmy:tlɪçkaɪt] *f* infatigabilidad *f*
unerreichbar ['unɛrraɪçba:r] *adj* inalcanzable
unersättlich ['unɛrszɛtlɪç] *adj* insaciable
unerschrocken ['unɛrʃrɔkən] *adj 1.* intrépido, arrojado; *adv 2.* con audacia, con arrojo
Unerschrockenheit ['unɛrʃrɔkənhaɪt] *f* serenidad *f*
unerschütterlich ['unɛrʃytərlɪç] *adj 1. (Person)* impávido, impasible, imperturbable; *2. (Beziehung)* inalterable; *adv 3.* con serenidad, impasiblemente
unerschwinglich ['unɛrʃvɪŋlɪç] *adj 1.* exorbitante, excesivo; *~ sein* estar por las nubes; *adv 2.* muy caro
unerträglich ['unɛrtrɛ:klɪç] *adj* insoportable, inaguantable
unerwähnt ['unɛrvɛ:nt] *adj* no mencionado
unerwartet ['unɛrvartət] *adj 1.* inesperado, impensado, imprevisto; *adv 2.* sin previo aviso
unerwünscht ['unɛrvynʃt] *adj* indeseable
unfähig ['unfɛ:ɪç] *adj* incapaz, inepto
Unfähigkeit ['unfɛ:ɪçkaɪt] *f* incapacidad *f,* ineptitud *f*
unfair ['unfɛ:r] *adj 1.* desleal, poco correcto; *adv 2.* de manera desleal; *~ spielen* jugar sucio
Unfall ['unfal] *m* accidente *m; Auf dem Weg hierher habe ich einen ~ gehabt.* En el camino hacia aquí he tenido un accidente.
unfallfrei ['unfalfraɪ] *adj* libre de accidentes
Unfallursache ['unfalu:rzaxə] *f* causa del accidente *f*
Unfallversicherung ['unfalfɛrzɪçəruŋ] *f* seguro de accidentes *m,* seguro contra accidentes *m*
unfassbar [un'fasba:r] *adj* inconcebible
unfehlbar ['unfe:lba:r] *adj 1.* infalible; *2. (Instinkt)* seguro, certero; *adv 3. (ganz sicher)* seguro, con toda certeza

Unfehlbarkeit ['unfeːlbaːrkaɪt] *f* infabilidad *f*
unfein ['unfaɪn] *adj* grosero, poco delicado
unfolgsam ['unfɔlkzaːm] *adj* desobediente, terco
Unfolgsamkeit ['unfɔlkzaːmkaɪt] *f* desobediencia *f*
unförmig ['unfœrmɪç] *adj 1. (Gestalt)* amorfo; *2. (Beine)* deforme, desproporcionado
unfreiwillig ['unfraɪvɪlɪç] *adj 1.* involuntario; *adv 2.* involuntariamente, en contra de su voluntad
unfreundlich ['unfrɔyndlɪç] *adj 1.* descortés, desatento, poco amable; *adv 2.* descortésmente, sin amabilidad
unfruchtbar ['unfruxtbaːr] *adj MED* estéril, infecundo
Unfruchtbarkeit ['unfruxtbaːrkaɪt] *f* esterilidad *f*, infecundidad *f*
Unfug ['unfuːk] *m* travesura *f*
Ungar(in) ['uŋgaːr(ɪn)] *m/f* húngaro/húngara *m/f*
ungarisch ['uŋgarɪʃ] *adj* húngaro
Ungarn ['uŋgarn] *n GEO* Hungría *f*
ungeachtet ['ungəaxtət] *prep* no obstante, a pesar de
ungeahnt ['ungəaːnt] *adj* inesperado, jámas sospechado
ungebildet ['ungəbɪldət] *adj* inculto, iletrado
ungeboren ['ungəboːrən] *adj MED* aún no nacido, sin nacer
ungebräuchlich ['ungəbrɔyçlɪç] *adj* fuera de uso, inusual
ungebunden ['ungəbundən] *adj 1. (partnerlos)* libre, sin pareja; *2. (Buch)* no encuadernado; *3. (Wähler) POL* libre, independiente; *4. (Blumen)* desatado, suelto; *5. (Suppe)* claro
ungedeckt ['ungədɛkt] *adj* sin provisión, sin fondos, sin cobertura, al descubierto
Ungeduld ['ungədult] *f* impaciencia *f*
ungeduldig ['ungəduldɪç] *adj 1.* impaciente; *adv 2.* impacientemente
ungeeignet ['ungəaɪgnət] *adj* inapropiado, inadecuado
ungefähr ['ungəfɛːr] *adj 1.* aproximado; *nicht von ungefähr* por una buena razón; *ungefähr um acht Uhr* más o menos a las ocho
ungefährlich ['ungəfɛːrlɪç] *adj* no peligroso, nada peligroso
ungehalten ['ungəhaltən] *adj* disgustado, enfadado
ungeheuer ['ungəhɔyər] *adj 1.* enorme, inmenso; *adv 2. (fam)* desmesuradamente, terriblemente
Ungeheuer ['ungəhɔyər] *n* monstruo *m*
ungeheuerlich [ungə'hɔyərlɪç] *adj 1.* monstruoso; *2. (empörend)* indignante, escandaloso
Ungeheuerlichkeit [ungə'hɔyərlɪçkaɪt] *f 1. (Tat)* atrocidad *f*, monstruosidad *f*; *2. (eines Gedankens)* monstruosidad *f*
ungehorsam ['ungəhoːrzaːm] *adj* desobediente
ungeklärt ['ungəklɛːrt] *adj 1. (unklar)* no aclarado, no esclarecido; *2. (nicht gereinigt)* no clarificado
ungekündigt ['ungəkyndɪgt] *adj in ~er Stellung* en puesto de trabajo permanente
ungekürzt ['ungəkyrtst] *adj 1.* no abreviado, íntegro, completo; *2. CINE* en versión original
ungelegen ['ungəleːgən] *adj* inoportuno, importuno, molesto
ungelenk ['ungəlɛŋk] *adj* poco manejable, torpe
ungelernt ['ungəlɛrnt] *adj* no calificado
ungemein ['ungəmaɪn] *adj 1.* poco común, extraordinario; *adv 2.* muy, extremadamente
ungemütlich ['ungəmyːtlɪç] *adj* incómodo, desagradable
ungenau ['ungənau] *adj 1.* inexacto, erróneo, falso; *adv 2.* con inexactitud
Ungenauigkeit ['ungənauɪçkaɪt] *f* inexactitud *f*
ungeniert ['unʒeniːrt] *adj 1.* desenvuelto; *adv 2.* sin inhibiciones
ungenießbar ['ungəniːsbaːr] *adj 1. (nicht essbar)* incomible; *2. (unerträglich)* insoportable, pesado
ungenügend ['ungənygənt] *adj* insuficiente
ungepflegt ['ungəpfleːkt] *adj* descuidado, desaseado
ungerade ['ungəraːdə] *adj MATH* impar
ungerecht ['ungərɛçt] *adj* injusto
ungerechtfertigt ['ungərɛçtfɛrtɪçt] *adj* injustificable
Ungerechtigkeit ['ungərɛçtɪçkaɪt] *f* injusticia *f*, iniquidad *f*
ungern ['ungɛrn] *adv* de mala gana
ungesättigt ['ungəzɛtɪçt] *adj CHEM* insaturado
ungeschehen ['ungəʃeːən] *adj Das kann man nicht ~ machen.* No se puede volver atrás./No se puede borrar lo ocurrido.

Ungeschicklichkeit ['ungəʃɪklɪçkaɪt] *f* torpeza *f,* falta de habilidad *f*
ungeschickt ['ungəʃɪkt] *adj 1.* torpe, poco hábil; *adv 2.* con torpeza, sin habilidad
ungeschlacht ['ungəʃlaxt] *adj* tosco, grosero
ungeschliffen ['ungəʃlɪfən] *adj 1.* sin afilar, no afilado; *2. (Edelstein)* sin tallar; *3. (fig)* descortés, maleducado, tosco
ungeschminkt ['ungəʃmiŋkt] *adj 1.* sin maquillar; *2. (fig)* sincero, sin disimulo
ungeschoren ['ungəʃorən] *adj jdn ~ davonkommen lassen* no tocarle a alguien ni un pelo (fam)
ungeschützt ['ungəʃytst] *adj* desprotegido
ungesetzlich ['ungəzɛtslɪç] *adj* ilegal
ungesittet ['ungezɪtət] *adj* inculto, descortés
ungestört ['ungəʃtøːrt] *adj 1.* tranquilo, imperturbable; *adv 2.* tranquilamente, en paz
ungestüm ['ungəʃtyːm] *adj 1.* impetuoso, fogoso; *adv 2.* con ímpetu
ungesund ['ungəzunt] *adj 1. (nicht gesund)* no saludable; *2. (schädlich)* dañino, malsano
ungeteilt ['ungətaɪlt] *adj* entero, indiviso
Ungetüm ['ungətyːm] *n* monstruo *m*
ungeübt ['ungəyːpt] *adj* falto de práctica
ungewaschen ['ungəvaʃən] *adj* no lavado, sin lavar
ungewiss ['ungəvɪs] *adj* incierto, inseguro
Ungewissheit ['ungəvɪshaɪt] *f* incertidumbre *f*
ungewöhnlich ['ungəvøːnlɪç] *adj 1.* poco común, extraordinario; *adv 2.* fuera de lo común, extraordinariamente
ungewohnt ['ungəvoːnt] *adj* desacostumbrado, extraño, no usual
ungewollt ['ungəvɔlt] *adj* sin quererlo, no deseado
Ungeziefer ['ungətsiːfər] *n ZOOL* bichos *m/pl*
ungezogen ['ungətsoːgən] *adj 1.* mal educado, consentido; *adv 2.* de mala manera, sin buenos modales, sin educación
ungezwungen ['ungətsvuŋən] *adj (fig)* espontáneo
ungiftig ['ungɪftɪç] *adj* no tóxico, no venenoso
Unglaube ['unglaubə] *m 1.* incredulidad *f,* escepticismo *m; 2. REL* falta de fe *f*
unglaublich ['unglauplɪç] *adj* increíble, inverosímil; *Das ist ~!* ¡Qué barbaridad!
unglaubwürdig ['unglaupvyrdɪç] *adj* inverosímil, no digno de crédito
Unglaubwürdigkeit ['unglaupvyrdɪçkaɪt] *f* inverosimilitud *f*
ungleich ['unglaɪç] *adj* desigual
Ungleichheit ['unglaɪçhaɪt] *f* desigualdad *f*
ungleichmäßig ['unglaɪçmɛːsɪç] *adj* irregular, no uniforme
Ungleichung ['unglaɪçuŋ] *f MATH* desigualdad *f*
Unglück ['unglyk] *n 1. (Missgeschick)* desgracia *f,* desdicha *f; jdn ins ~ stürzen* llevar a la ruina a alguien; *ins ~ rennen* meterse en líos; *zu allem ~* para colmo de la desgracia; *2. (Pech)* mala suerte *f; 3. (Unfall)* accidente *m*
unglücklich ['unglyklɪç] *adj 1. (nicht glücklich)* desgraciado, infeliz; *2. (kein Glück habend)* desafortunado
unglücklicherweise ['unglyklɪçərvaɪzə] *adv* desgraciadamente, por desgracia, desafortunadamente
Unglücksbringer *m* gafe *m*
unglückselig ['unglykzeːlɪç] *adj* desgraciado, infeliz
Ungnade ['ungnaːdə] *f* desgracia *f,* pérdida del favor *f; bei jdm in ~ fallen* caer en desgracia de alguien
ungültig ['ungyltɪç] *adj* no válido, nulo, caduco, inválido
Ungültigkeit ['ungyltɪçkaɪt] *f* invalidez *f,* nulidad *f,* caducidad *f*
Ungunst ['ungunst] *f zu jds ~en* en perjuicio de alguien
ungünstig ['ungynstɪç] *adj 1.* desfavorable; *adv 2.* poco prometedor, no muy favorable
unhaltbar ['unhaltbaːr] *adj 1. (Argument)* insostenible; *2. SPORT* imparable
unhandlich ['unhantlɪç] *adj* inmanejable, de difícil manejo
Unheil ['unhaɪl] *n* mal *m,* desgracia *f,* desastre *m*
unheilbar ['unhaɪlbaːr] *adj 1.* incurable; *adv 2.* demasiado, incurablemente; *Er ist ~ krank.* Está muy enfermo.
unheilvoll ['unhaɪlfɔl] *adj* funesto, fatal, siniestro, contraproducente
unheimlich ['unhaɪmlɪç] *adj 1.* inquietante; *adv 2. (sehr)* muy, bastante
unhöflich ['unhøːflɪç] *adj 1.* descortés, desatento, poco amable; *adv 2.* descortésmente, sin amabilidad
Unhöflichkeit ['unhøːflɪçkaɪt] *f* descortesía *f,* desatención *f*
unhygienisch ['unhygjeːnɪʃ] *adj* antihigiénico

Uniform ['unifɔrm] *f* uniforme *m*
uninteressant ['unɪntərɛsant] *adj* carente de interés
Union [un'joːn] *f* unión *f; Europäische ~* Unión Europea *f*
universal [univɛr'zaːl] *adj* universal
universitär [univɛrzi'tɛːr] *adj* universitario
Universität [univɛrzi'tɛːt] *f* universidad *f*
Universitätsklinik [univɛrzi'tɛːtsklɪnɪk] *f* clínica de la universidad *f*
Universum [uni'vɛrzum] *n* universo *m*
unkenntlich ['unkɛntlɪç] *adj* irreconocible, desfigurado
Unkenntlichkeit ['unkɛntlɪçkaɪt] *f* desfiguración *f*
Unkenntnis ['unkɛntnɪs] *f* desconocimiento *m*
Unkenrufe ['uŋkənruːfə] *m/pl (fig)* malos presagios *m/pl*
unklar ['unklaːr] *adj 1.* poco claro, confuso; *adv 2.* confusamente, de manera poco clara
Unklarheit ['unklaːrhaɪt] *f* falta de claridad *f,* confusión *f*
unklug ['unkluːk] *adj* poco inteligente, imprudente, indiscreto
unkompliziert ['unklɔmplitsiːrt] *adj* poco complicado
Unkompliziertheit ['unkɔmplitsiːrthaɪt] *f* sencillez *f,* ausencia de complicación *f*
unkontrollierbar ['unkɔntrɔliːrbaːr] *adj* incontrolable
unkonzentriert ['unkɔntsɛntriːrt] *adj* desconcentrado
Unkosten ['unkɔstən] *pl* gastos *m/pl; sich in ~ stürzen* meterse en gastos
Unkraut ['unkraut] *n* mala hierba *f; ~ vergeht nicht.* Hierba mala nunca muere.
Unkrautvertilgung ['unkrautfɛrtɪlguŋ] *f* herbicida *m*
unkritisch ['unkriːtɪʃ] *adj* poco crítico
unkündbar [un'kyntbaːr] *adj* irrevocable, irrescindible
unlängst ['unlɛŋst] *adv* recientemente, hace poco, recién
unlauter ['unlautər] *adj* sucio, ilícito; *~er Wettbewerb* competencia desleal *f*
unleserlich ['unleːzərlɪç] *adj* ilegible
unlogisch ['unloːgɪʃ] *adj* ilógico
unlösbar ['unløːsbaːr] *adj* insoluble
unmäßig ['unmɛːsɪç] *adj 1.* inmoderado; *adv 2.* desmesuradamente
Unmäßigkeit ['unmɛːsɪçkaɪt] *f* inmoderación *f,* exceso *m*
Unmensch ['unmɛnʃ] *m* monstruo *m; kein ~ sein* no ser un monstruo, no ser un bárbaro, no ser insensible
unmenschlich ['unmɛnʃlɪç] *adj* inhumano
Unmenschlichkeit ['unmɛnʃlɪçkaɪt] *f* inhumanidad *f,* barbarie *f,* atrocidad *f*
unmerklich ['unmɛrklɪç] *adj 1.* imperceptible; *adv 2.* imperceptiblemente, sin dejarse notar
unmissverständlich ['unmɪsfɛrʃtɛndlɪç] *adj 1.* inequívoco, claro; *adv 2.* sin lugar a dudas
unmittelbar ['unmɪtəlbaːr] *adj* inmediato
unmöbliert ['unmøbliːrt] *adj* sin amueblar
unmodern ['unmɔdɛrn] *adj* anticuado
unmöglich [un'møːklɪç] *adj* imposible; *jdn ~ machen* desacreditar a alguien
unmoralisch ['unmoraːlɪʃ] *adj* inmoral
unmündig ['unmyndɪç] *adj* menor de edad
Unmündigkeit ['unmyndɪçkaɪt] *f JUR* minoría de edad *f*
unmusikalisch ['unmuzikaːlɪʃ] *adj* poco musical
Unmut ['unmuːt] *m* enojo *m,* mal humor *m,* disgusto *m*
unnachahmlich ['unnaːxaːmlɪç] *adj* inimitable, único
unnachgiebig ['unnaxgiːbɪç] *adj (fig)* inflexible, rígido
unnachsichtig ['unnaxzɪçtɪç] *adj 1.* riguroso, severo; *adv 2.* rigurosamente, con toda severidad
unnahbar [un'naːbaːr] *adj* inaccesible
unnatürlich ['unnatyːrlɪç] *adj* poco natural, desnaturalizado
unnötig ['unnøːtɪç] *adj* innecesario
unnütz ['unnyts] *adj* inútil
unordentlich ['unɔrdəntlɪç] *adj* desordenado
Unordnung ['unɔrdnuŋ] *f* desorden *m,* desarreglo *m,* confusion *f*
unorthodox ['unɔrtodɔks] *adj* heterodoxo
unparteiisch ['unpartaɪɪʃ] *adj 1.* imparcial; *adv 2.* con imparcialidad, imparcialmente
Unparteiische(r) ['unpartaɪɪʃə(r)] *m/f 1.* persona imparcial *f; 2. SPORT* árbito/árbita *m/f*
unpassend ['unpasənt] *adj* impropio, inoportuno
unpassierbar [unpa'siːrbaːr] *adj* intransitable
unpässlich ['unpɛslɪç] *adj* indispuesto

Unpässlichkeit ['unpɛslɪçkaɪt] *f* indisposición *f*
unpersönlich ['unpɛrzøːnlɪç] *adj* impersonal, que no es personal
unpopulär ['unpopulɛːr] *adj* impopular
unpraktisch ['unpraktɪʃ] *adj 1. (Person)* poco hábil; *2. (Sache)* poco práctico
unpünktlich ['unpyŋktlɪç] *adj 1.* poco puntual, impuntual; *adv 2.* tarde, *(Zug)* con retraso
Unpünktlichkeit ['unpyŋktlɪçkaɪt] *f* impuntualidad *f*
Unrat ['unraːt] *m* inmundicias *f/pl,* basuras *f/pl*
unrealistisch ['unrealɪstɪʃ] *adj* poco realista
unrecht ['unrɛçt] *adj* injusto, *zur ~en Zeit kommen* llegar en un momento inoportuno
Unrecht ['unrɛçt] *n* injusticia *f; jdn ins ~ setzen* descalificar a alguien, desacreditar a alguien; *jdm ~ geben* llevar la contraria a alguien
unrechtmäßig ['unrɛçtmɛːsɪç] *adj* ilegal, ilegítimo
unredlich ['unreːtlɪç] *adj* deshonesto, desleal
unreell ['unreɛl] *adj 1.* informal; *2. (unredlich)* deshonesto, desleal; *3. (unzuverlässig)* de poca confianza
unregelmäßig ['unreːgəlmɛːsɪç] *adj* irregular
unregierbar ['unregiːrbaːr] *adj POL* ingobernable
unreif ['unraɪf] *adj 1. (Person)* inmaduro; *2. (Obst)* verde, no maduro
Unreife ['unraɪfə] *f* inmadurez *f*
Unreinheit ['unraɪnhaɪt] *f* impureza *f*
unrentabel ['unrɛntaːbəl] *adj ECO* poco rentable
unrettbar [un'rɛtbaːr] *adv 1. ~ verloren* perdido sin esperanza, irremediablemente perdido; *2. ~ verloren (Mensch)* incurable, deshauciado, insalvable
unrichtig ['unrɪçtɪç] *adj* falso, incorrecto
unromantisch ['unromantɪʃ] *adj* poco romántico
Unruhe ['unruːə] *f 1. POL* inestabilidad *f; 2. (Störung)* molestia *f; 3. (Besorgnis)* preocupación *f*
unruhig ['unruːɪç] *adj 1. (ruhelos)* intranquilo, inquieto; *2. (besorgt)* preocupado
unrühmlich ['unryːmlɪç] *adj* deshonroso
uns [uns] *pron* nos, a nosotros; *unter ~* entre nosotros
unsachgemäß ['unzaxgəmɛːs] *adj* inadecuado
unsachlich ['unzaxlɪç] *adj 1.* que no concuerda con los hechos, subjetivo; *~ sein* irse por las ramas; *adv 2.* subjetivamente
unsanft ['unzanft] *adj* áspero, rudo
unschädlich ['unʃɛːtlɪç] *adj* inofensivo; *jdn ~ machen* hacer inofensivo a alguien, quitar las mañas a alguien (fam)
unscharf ['unʃarf] *adj FOTO* borroso, mal enfocado
unscheinbar ['unʃaɪnbaːr] *adj* poco vistoso
unschlüssig ['unʃlysɪç] *adj 1.* vacilante, irresoluto; *adv 2.* sin resolución, de manera vacilante
Unschuld ['unʃult] *f 1. (Schuldlosigkeit)* inocencia *f; seine Hände in ~ waschen* lavarse las manos; *2. (Keuschheit)* castidad *f,* pureza *f*
unschuldig ['unʃuldɪç] *adj* inocente, casto, puro
unselbstständig ['unzɛlpʃtɛndɪç] *adj* dependiente de
Unselbstständigkeit ['unzɛlpʃtɛndɪçkaɪt] *f* falta de independencia *f*
unselig ['unzeːlɪç] *adj* infeliz, desafortunado
unsere(r,s) ['unzərə(r,s)] *pron* nuestro, de nosotros
unseriös ['unzeːrjøːs] *adj* poco serio
unsicher ['unzɪçər] *adj 1.* inseguro; *einen Ort ~ machen* infestar un lugar; *2. (zweifelhaft)* dudoso
Unsicherheit ['unzɪçərhaɪt] *f 1.* inseguridad *f; 2. (Zweifelhaftigkeit)* duda *f*
unsichtbar ['unzɪçtbaːr] *adj* invisible; *sich ~ machen* hacerse (el) invisible
Unsinn ['unzɪn] *m* absurdo *m,* disparate *m,* desatino *m*
unsinnig ['unzɪnɪç] *adj* absurdo, desatinado
Unsitte ['unzɪtə] *f* mala costumbre *f*
unsittlich ['unzɪtlɪç] *adj* inmoral, deshonesto, amoral
unsolide ['unzoliːdə] *adj 1. (Person)* poco serio, informal; *2. (Sache)* poco sólido
unsterblich ['unʃtɛrplɪç] *adj 1.* inmortal, eterno; *adv 2.* eternamente
Unsterblichkeit ['unʃtɛrplɪçkaɪt] *f* inmortalidad *f*
unstet ['unʃteːt] *adj* inestable, inconstante
Unstimmigkeit ['unʃtɪmɪçkaɪt] *f* desacuerdo *m,* disconformidad *f,* desavenencia *f,* discrepancia *f*

unstreitig ['unʃtraɪtɪç] *adj* indiscutible, indisputable
Unsumme ['unzumə] *f* suma enorme *f*, cantidad enorme *f*
unsympathisch ['unzympaːtɪʃ] *adj* antipático; *jdm ~ sein* caer gordo a alguien
untalentiert ['untalɛntiːrt] *adj* carente de talento
Untat ['untaːt] *f* crimen atroz *m*
untätig ['untɛːtɪç] *adj 1.* inactivo, pasivo; *adv 2.* sin hacer nada; *~ zuschauen* mirar con los brazos cruzados
Untätigkeit ['untɛːtɪçkaɪt] *f* inactividad *f*, inacción *f*
untauglich ['untauklɪç] *adj 1.* inservible, inútil; *2. MIL* inepto
unten ['untən] *adv* abajo, en la parte inferior, debajo
unter ['untər] *prep 1. (örtlich)* debajo de, abajo de; *~ dem Tisch* debajo de la mesa; *~ uns* entre nosotros, en confianza; *Das bleibt ~ uns.* Esto queda entre nosotros. *~ der Telefonnummer ...* en el número de teléfono ... *~ einem Thema stehen* figurar bajo un tema; *~ großer Anstrengung* con mucho esfuerzo; *2. (zwischen)* entre; *Er befindet sich ~ Frauen.* Se encuentra entre mujeres. *3. (weniger als)* menos de, por debajo de; *~ dem Durchschnitt* por debajo del promedio
Unterarm ['untərarm] *m ANAT* antebrazo *m*
Unterbegriff ['untərbəgrɪf] *m* vocablo derivado *m*
unterbelichtet ['untərbəlɪçtət] *adj 1. FOTO* subexpuesto; *2. (fig: dumm)* de pocas luces, un poco tonto
Unterbeschäftigung ['untərbəʃɛftɪguŋ] *f ECO* subempleo *m*
unterbesetzt ['untərbəzɛtst] *adj* con insuficiencia de personal, con menos personal del necesario
unterbewerten ['untərbəvɛrtən] *v* infravalorar, subvalorar
unterbewusst ['untərbəvust] *adj* subconsciente
Unterbewusstsein ['untərbəvustzaɪn] *n* subconsciente *m*
unterbinden [untər'bɪndən] *v irr (fig)* impedir, prohibir
unterbrechen [untər'brɛçən] *v irr* interrumpir, cortar, parar
Unterbrechung [untər'brɛçuŋ] *f* interrupción *f*
unterbreiten [untər'braɪtən] *v* extender por debajo, poner debajo
unterbringen ['untərbrɪŋən] *v irr* colocar, acomodar
Unterbringung ['untərbrɪŋuŋ] *f* alojamiento *m*
unterdessen [untər'dɛsən] *adv* entretanto, mientras tanto
Unterdruck ['untərdruk] *m TECH* depresión *f*, baja presión *f*
unterdrücken [untər'drykən] *v 1. (etw ~)* suprimir, eliminar; *2. jdn ~* reprimir a alguien, someter a alguien, oprimir a alguien
Unterdrücker [untər'drykər] *m POL* opresor *m*, represor *m*
Unterdrückung [untər'drykuŋ] *f 1. (Aufhebung)* supresión *f*, eliminación *f*; *f 2. (Zurückhaltung)* contención *f*, opresión *f*
unterdurchschnittlich ['untərdurçʃnɪtlɪç] *adj* por debajo de la media
untere(r,s) ['untərə(r,s)] *adj* inferior, de abajo, bajo
untereinander ['untəraɪnandər] *adv* entre sí
unterentwickelt ['untərɛntvɪkəlt] *adj* subdesarrollado
Unterentwicklung ['untərɛntvɪkluŋ] *f POL* subdesarrollo *m*
unterernährt ['untərɛrnɛːrt] *adj* desnutrido, subalimentado
Unterernährung ['untərɛrnɛːruŋ] *f* desnutrición *f*, subalimentación *f*
Unterfangen [untər'faŋən] *n* empresa audaz *f*
unterfordern [untər'fɔrdərn] *v jdn ~* exigir demasiado poco de alguien
Unterführung [untər'fyːruŋ] *f* paso subterráneo *m*
Unterfunktion ['untərfunktsjoːn] *f* hipofunción *f*
Untergang ['untərgaŋ] *m 1. (Zusammenbruch)* derrumbamiento *m*, caída *f*; *2. (Sinken)* hundimiento *m*; *3. (Niedergang)* decadencia *f*, ruina *f*; *4. (der Sonne, des Mondes)* puesta *f*, ocaso *m*
Untergebene(r) [untər'geːbənə(r)] *m/f* subordinado/subordinada *m/f*
untergehen ['untərgeːən] *v irr 1. (zusammenbrechen)* derrumbarse, caerse; *2. (im Wasser versinken)* sumergirse, hundirse; *3. (niedergehen)* decaer, arruinarse; *4. (Sonne, Mond)* ponerse; *5. (Schiff)* hundirse, irse a pique
untergeordnet ['untərgəɔrdnət] *adj* subordinado, inferior
Untergeschoss ['untərgəʃɔs] *n* piso bajo *m*, bajos *m/pl*

Untergewicht ['untərgəvɪçt] *n* falta de peso *f*, peso insuficiente *m*
untergewichtig ['untərgəvɪçtɪç] *adj* que tiene un peso insuficiente
untergliedern [untər'gli:dərn] *v* subdividir
untergraben [untər'gra:bən] *v irr 1. (unterminieren)* socavar, cavar por debajo; *2. (aushöhlen)* socavar, destruir, corromper
Untergrenze ['untərgrɛntsə] *f* límite inferior *m*
Untergrund ['untərgrunt] *m* subsuelo *m*; *Der Widerstand operiert vom ~ aus.* La oposición opera desde la clandestinidad.
Untergrundbahn ['untərgruntba:n] *f* metropolitano *m*, metro *m*
Untergrundbewegung ['untərgruntbəve:guŋ] *f* movimiento clandestino *m*
Untergrundkämpfer ['untərgruntkɛmpfər] *m POL* activista clandestino *f*
unterhalb ['untərhalp] *prep* por debajo de, debajo de
Unterhalt ['untərhalt] *m* sustento *m*, mantenimiento *m*, manutención *f*, alimento *m*
unterhalten [untər'haltən] *v irr 1. (versorgen)* mantener, sostener económicamente; *2. sich ~ (vergnügen)* divertirse, entretenerse; *3. sich ~ (plaudern)* platicar, conversar, charlar
unterhaltend [untər'haltənt] *adj* entretenido, divertido
unterhaltsam [untər'haltzam] *adj* divertido, ameno
Unterhaltsamkeit [untər'haltza:mkaɪt] *f* diversión *f*, amenidad *f*
Unterhaltspflicht ['untərhaltspflɪçt] *f JUR* deber de pagar la manutención, obligación alimenticia *f*
Unterhaltszahlung ['untərhaltstsa:luŋ] *f* pago de alimentos *m*
Unterhaltung [untər'haltuŋ] *f 1. (Versorgung)* mantenimiento *m*, sostenimiento *m*, manutención *f*; *2. (Vergnügen)* diversión *f*, distracción *f*; *3. (plaudern)* plática *f*, conversación *f*, charla *f*
Unterhaltungsindustrie [untər'haltuŋsɪndustri:] *f* industria recreativa *f*
Unterhaltungsmusik [untər'haltuŋsmuzi:k] *f* música ligera *f*
Unterhändler(in) ['untərhɛndlər(ɪn)] *m/f* negociador *m*, mediador *m*
Unterhaus ['untərhaus] *n POL* Cámara Baja *f*, Cámara de los Comunes *f*
Unterhemd ['untərhɛmt] *n* camiseta *f*
unterhöhlen [untər'hø:lən] *v (fig)* socavar, minar
Unterholz ['untərhɔlts] *n* monte bajo *m*, maleza *f*
Unterhose ['untərho:zə] *f 1. (Männerunterhose)* calzoncillo *m*; *2. (Frauenunterhose)* braga *f*, calzón *m* (LA)
unterirdisch ['untərɪrdɪʃ] *adj* subterráneo
unterjochen [untər'jɔxən] *v* someter, sojuzgar, esclavizar
Unterkiefer ['untərki:fər] *m ANAT* maxilar inferior *m*
unterkommen ['untərkɔmən] *v irr 1. (Unterkunft finden)* hallar alojamiento, alojarse en; *2. (Stellung finden)* colocarse, encontrar trabajo (LA)
unterkriegen ['untərkri:gən] *v jdn ~* vencer a alguien; *Lass dich nicht ~!* ¡No da el brazo a torcer!
Unterkunft ['untərkunft] *f* alojamiento *m*, hospedaje *m*
Unterlage ['untərla:gə] *f 1.* base *f*; *2. (Dokument)* documento *m*
Unterlass ['untərlas] *m ohne ~* sin interrupción, sin cesar
unterlassen [untər'lasən] *v irr* omitir, eliminar, quitar
unterlegen[1] ['untərle:gən] *v 1.* revestir, reforzar; *2. (fig)* atribuir otro sentido a; *3. (mit einer Unterlage versehen)* colocar por debajo, poner por debajo, extender por debajo
unterlegen[2] [untər'le:gən] *adj jdm ~ sein* ser inferior a
Unterleib ['untərlaɪp] *m ANAT* abdomen inferior *m*
unterliegen [untər'li:gən] *v irr 1. (besiegt werden)* ser vencido por, ser derrotado por; *2. (betroffen sein)* estar sujeto a, estar afectado por
Unterlippe ['untərlɪpə] *f ANAT* labio inferior *m*
untermalen [untər'ma:lən] *v (fig)* dar colorido a, matizar
untermauern [untər'mauərn] *v (fig)* corroborar, respaldar
untermengen ['untərmɛŋən] *v* entremezclar
Untermiete ['untərmi:tə] *f* subarriendo *m*
Untermieter ['untərmi:tər] *m* subinquilino *m*
untermischen ['untərmɪʃən] *v* entremezclar
unternehmen [untər'ne:mən] *v irr* emprender, iniciar
Unternehmen [untər'ne:mən] *n 1. (Firma)* empresa *f*; *2. (Vorhaben)* proyecto *m*, plan *m*

Unternehmensführung [untər'ne:mənsfy:ruŋ] *f* *1. ECO* gestión de una empresa *f;* *2. (leitende Personen) ECO* directiva de una empresa *f*
Unternehmer(in) [untər'ne:mər(ɪn)] *m/f* empresario/empresaria *m/f*
unternehmerisch [untər'ne:mərɪʃ] *adj* empresarial
Unternehmungsgeist [untər'ne:muŋsgaɪst] *m* espíritu empresarial *m*
unternehmungslustig [untər'ne:muŋslustɪç] *adj* emprendedor
Unteroffizier ['untərɔfitsi:r] *m MIL* suboficial *m,* cabo *m*
unterordnen ['untərɔrdnən] *v* subordinar
Unterordnung ['untərɔrdnuŋ] *f* subordinación *f*
Unterredung [untər're:duŋ] *f* conferencia *f,* conversación *f*
Unterricht ['untərrɪçt] *m* instrucción *f,* enseñanza *f,* clase *f*
unterrichten [untər'rɪçtən] *v 1. (lehren)* instruir, enseñar; *2. (informieren)* informar
Unterrichtsfach ['untərrɪçtsfax] *n* asignatura *f,* disciplina *f*
Unterrichtsstunde ['untərrɪçtsʃtundə] *f* lección *f,* clase *f*
Unterrock ['untərrɔk] *m 1.* enaguas *f/pl; 2. (Kostüm)* falda de combinación *f*
untersagen [untər'za:gən] *v* prohibir, vedar
Untersatz ['untərzats] *m 1.* zócalo *m,* pedestal *m; 2. (für Gläser)* posavasos *m; 3. (Gestell)* apoyo *m,* soporte *m; 4. fahrbarer ~ (fam)* coche *m; 5. (Logik)* segunda proposición del silogismo menor *f*
unterschätzen [untər'ʃɛtsən] *v* subestimar
unterscheiden [untər'ʃaɪdən] *v irr* distinguir, diferenciar, discernir
Unterscheidung [untər'ʃaɪduŋ] *f* distinción *f,* diferenciación *f*
Unterscheidungsmerkmal [untər'ʃaɪduŋsmɛrkma:l] *n* señal distintiva *f*
Unterschenkel ['untərʃɛŋkəl] *m ANAT* pierna de rodilla para abajo *f*
Unterschicht ['untərʃɪçt] *f* capa inferior *f,* clase social baja *f*
Unterschied ['untərʃi:t] *m* distinción *f,* diferencia *f; ein ~ wie Tag und Nacht* una diferencia como de la noche a la mañana *f*
unterschiedlich ['untərʃi:tlɪç] *adj 1.* distinto, diferente; *adv 2.* de modo distinto, diferenciadamente
unterschiedslos ['untərʃi:tslo:s] *adj* indiferenciado
unterschlagen [untər'ʃla:gən] *v irr 1. (Geld)* malversar; *2. (Informationen)* suprimir
Unterschlagung [untər'ʃla:guŋ] *f* desfalco *m,* malversación de fondos *f*
Unterschlupf ['untərʃlupf] *m* abrigo *m,* cobijo *m*
unterschreiben [untər'ʃraɪbən] *v irr* firmar, rubricar
Unterschrift ['untərʃrɪft] *f* firma *f*
Unterschriftenaktion ['untərʃrɪftənaktsjo:n] *f* recogida de firmas *f*
unterschriftsberechtigt ['untərʃrɪftsbərɛçtɪçt] *adj* autorizado para firmar
unterschwellig ['untərʃvɛlɪç] *adj* subliminal
Unterseite ['untərzaɪtə] *f* lado inferior *m*
Untersetzer ['untərzɛtsər] *m 1.* posavasos *m,* portavasos *m; 2. (für Biergläser)* platillo *m*
untersetzt [untər'zɛtst] *adj* bajo y corpulento, rechoncho
unterste(r,s) ['untərstə(r,s)] *adj* inferior, el más bajo; *das Unterste zu oberst kehren* entreversarlo todo, trasformarlo todo, poner todo patas arriba (fam)
unterstehen [untər'ʃte:ən] *v irr 1. jdm ~ (fig)* depender de alguien; *2. sich ~ etw zu tun* atreverse a, tener la osadía de hacer algo
unterstellen ['untərʃtɛlən] *v 1. sich ~* ponerse debajo de, ponerse al abrigo de, refugiarse; [untər'ʃtɛlən] *2. (voraussetzen)* suponer, presumir; *3. jdm etw ~ (unterordnen)* poner algo bajo los órdenes de alguien; *4. jdm etw ~ (unterschieben)* imputar, atribuir
Unterstellung [untər'ʃtɛluŋ] *f* suposición *f,* imputación infundada *f*
unterstreichen [untər'ʃtraɪçən] *v irr* subrayar
Unterstufe ['untərʃtu:fə] *f (in der Schule)* clases elementales *f/pl,* nivel elemental *m*
unterstützen [untər'ʃtytsən] *v* apoyar, sostener
Unterstützung [untər'ʃtytsuŋ] *f* apoyo *m,* respaldo *m,* ayuda *f*
untersuchen [untər'zu:xən] *v 1.* examinar, revisar; *2. MED* reconocer, examinar; *Wir müssen den Urin ~.* Es necesario hacer un análisis de orina.
Untersuchung [untər'zu:xuŋ] *f 1.* examen *m,* revisión *f; 2. MED* reconocimiento médico *m,* examen médico *m*
Untersuchungsausschuss [untər'zu:xuŋsausʃus] *m POL* comisión investigadora *f*

Untersuchungsergebnis [untər'zu:xuŋsɛrge:pnɪs] *n* resultado de la investigación *m*

Untersuchungsgefangene(r) [untər'zu:xuŋsgəfaŋənə(r)] *m/f* detenido/ detenida en prisión preventiva *m/f*

Untersuchungshaft [untər'zu:xuŋshaft] *f JUR* prisión preventiva *f,* prisión provisional *f*

Untersuchungsrichter(in) [untər'zu:xuŋsrɪçtər(ɪn)] *m/f JUR* juez de instrucción *m/f*

untertags [untər'ta:ks] *adv* durante el día, de día

Untertan ['untərta:n] *m* súbdito *m,* siervo *m*

Untertasse ['untərtasə] *f* platillo *m,* platito *m* (LA)

untertauchen ['untərtauxən] *v 1. (eintauchen)* sumergirse; *2. (fig: verschwinden)* desaparecer, esconderse

Unterteil ['untərtaɪl] *n* parte inferior *f*

unterteilen [untər'taɪlən] *v* subdividir, desglosar

Unterteilung [untər'taɪluŋ] *f* subdivisión *f,* desglose *m*

Untertitel ['untərtɪtəl] *m* subtítulo *m*

Unterton ['untərto:n] *m* tono bajo *m*

untertreiben [untər'traɪbən] *v irr* minimizar, quitar importancia, pecar de modesto

Untertreibung [untər'traɪbuŋ] *f* discreción *f,* moderación *f*

untervermieten ['untərfɛrmi:tən] *v* subarrendar

Untervermietung ['untərfɛrmi:tuŋ] *f* subalquiler *m*

unterversorgt ['untərfɛrzɔrgt] *adj* insuficientemente provisto

Unterversorgung ['untərfɛrzɔrguŋ] *f* provisión insuficiente *f*

unterwandern [untər'vandərn] *v* infiltrarse en

Unterwäsche ['untərvɛʃə] *f* ropa interior *f*

Unterwasseraufnahme [untər'vasəraufna:mə] *f 1. FOTO* fotografía submarina *f; 2. (einzelne Aufnahme)* fotografía submarina *f*

unterwegs [untər've:ks] *adv* en el camino, en camino, durante el viaje

unterweisen [untər'vaɪzən] *v irr* instruir, aleccionar

Unterwelt ['untərvɛlt] *f* mundo bajo *m,* mundo del hampa *m*

unterwerfen [untər'vɛrfən] *v irr* someter, subyugar, dominar

Unterwerfung [untər'vɛrfuŋ] *f 1. (Untertanmachen) POL* sumisión *f,* avasallamiento *m; 2. (Unterordnung)* sumisión *f*

unterwürfig ['untərvyrfɪç] *adj* servil, sumiso

Unterwürfigkeit ['untərvyrfɪçkaɪt] *f* sumisión *f,* subordinación *f,* servilismo *m*

unterzeichnen [untər'tsaɪçnən] *v* firmar, rubricar

Unterzeichnete(r) [untər'tsaɪçnətə(r)] *m/f JUR* firmante *m/f,* signatario/signataria *m/f*

unterziehen [untər'tsi:ən] *v irr 1. sich einer Sache ~* someterse a, exponerse a; *2. jdn einer Sache ~* someter a alguien a; ['untərtsi:ən] *3. (Kleidungsstück)* ponerse debajo

Untiefe ['unti:fə] *f 1. (seichte Stelle)* zona poco profunda *f; 2. (große Tiefe)* bajo fondo *m,* abísmo *m*

Untier ['unti:r] *n* monstruo *m*

untilgbar [un'tɪlkba:r] *adj 1. FIN* no amortizable; *2. (fig)* indeleble, indestructible

untragbar ['untra:kba:r] *adj* intolerable, insoportable

untrennbar [un'trɛnba:r] *adj* inseparable

untreu ['untrɔy] *adj* infiel

Untreue ['untrɔyə] *f* infidelidad *f*

untröstlich ['untrø:stlɪç] *adj 1.* desconsolado, inconsolable; *adv 2.* desconsoladamente, sin consuelo

untrüglich [un'try:klɪç] *adj 1. (Merkmal)* infalible; *2. (Instinkt)* seguro, certero

Untugend ['untu:gənt] *f* vicio *m,* mala costumbre *f*

untypisch ['unty:pɪʃ] *adj* atípico

unüberlegt ['uny:bərle:kt] *adj* irreflexivo, inconsiderado

unüberschaubar [uny:bər'ʃauba:r] *adj* inmenso, inabarcable con la vista

unübersehbar [uny:bər'ze:ba:r] *adj 1. (nicht übersehbar)* que no puede dejar desapercibido; *2. (unschätzbar)* incalculable; *3. (auffällig)* llamativo

unübersichtlich ['uny:bərzɪçtlɪç] *adj 1. (ohne Sicht)* de visibilidad reducida; *2. (verworren)* confuso, complejo

Unübersichtlichkeit ['uny:bərzɪçtlɪçkaɪt] *f* falta de claridad/de complejidad *f*

unübertrefflich [uny:bər'trɛflɪç] *adj* insuperable, excelente, magnífico

unüberwindbar [uny:bər'vɪntba:r] *adj* invencible, inexpugnable

unüblich ['uny:plɪç] *adj* inusual, desacostumbrado

unumgänglich ['unumgɛŋlıç] *adj* ineludible, inevitable, indispensable
unumschränkt [unum'ʃrɛŋkt] *adj* absoluto, ilimitado
unumstößlich [unum'ʃtøːslıç] *adj* irrefutable, indiscutible
unumstritten [unum'ʃtrıtən] *v* indiscutido
unumwunden ['unumvundən] *adj 1.* franco; *adv 2.* con toda franqueza
ununterbrochen ['ununtərbrɔxən] *adj* ininterrumpido, continuo, incesante
unveränderlich [unfɛr'ɛndərlıç] *adj* invariable, inalterable
unverändert ['unfɛrɛndərt] *adj* inalterado
unverantwortlich [unfɛr'antvɔrtlıç] *adj* irresponsable
unverbesserlich [unfɛr'bɛsərlıç] *adj* incorregible
unverbindlich ['unfɛrbıntlıç] *adj 1.* no obligatorio; *2.(Preise)* sujeto a variación; *adv 3.* sin compromiso
unverblümt [unfɛr'blyːmt] *adj* sin rodeos, con absoluta franqueza
unverbraucht ['unfɛrbrauxt] *adj* no gastado, no utilizado
unverdaulich ['unfɛrdaulıç] *adj* indigestible
unverdient ['unfɛrdiːnt] *adj* inmerecido
unverdünnt ['unfɛrdynt] *adj* sin diluir, puro
unvereinbar [unfɛr'aınbaːr] *adj* inconciliable, incompatible
Unvereinbarkeit [unfɛr'aınbaːrkaıt] *f* incompatibilidad *f*
unverfälscht ['unfɛrfɛlʃt] *adj 1.* no falsificado, verdadero; *2. (Bericht)* original; *3. (Lebensmittel)* no adulterado, puro, natural
unverfroren ['unfɛrfroːrən] *adj (fig)* fresco, desvergonzado
Unverfrorenheit ['unfɛrfroːrənhaıt] *f* insolencia *f,* descaro *m,* desvergüenza *f*
unvergänglich ['unfɛrgɛŋlıç] *adj* imperecedero, eterno, inmortal
unvergesslich [unfɛr'gɛslıç] *adj* inolvidable
unverheiratet ['unfɛrhaıraːtət] *adj* soltero
unverhofft ['unfɛrhɔft] *adj 1.* inesperado, impensado; *ganz ~* de la noche a la mañana; *adv 2.* inesperadamente, cuando menos se esperaba, de improviso
unverkäuflich ['unfɛrkɔyflıç] *adj* invendible
unverkennbar [unfɛr'kɛnbaːr] *adj* inconfundible, inequívoco
unvermeidlich ['unfɛrmaıdlıç] *adj* inevitable, ineludible
unvermindert ['unfɛrmındərt] *adj* no disminuído, sin merma, íntegro
unvermittelt ['unfɛrmıtəlt] *adj* directo
Unvermögen ['unfɛrmøːgən] *n* incapacidad *f,* imposibilidad *f*
unvermutet ['unfɛrmuːtət] *adj* inesperado, imprevisto
Unvernunft ['unfɛrnunft] *f* insensatez *f*
unvernünftig ['unfɛrnynftıç] *adj* insensato, imprudente
unverschämt ['unfɛrʃɛːmt] *adj 1.* desvergonzado, descarado, desfachatado, insolente, impertinente; *adv 2.* desvergonzadamente, con descaro; *Sie lassen uns zwei Stunden warten. Das ist ganz schön ~!* Nos tienen esperando dos horas. ¡No hay derecho! *~es Glück haben* tener una suerte loca
Unverschämtheit ['unfɛrʃɛːmthaıt] *f* desvergüenza *f,* descaro *m,* insolencia *f*
unversehens ['unfɛrzeːəns] *adv* de improviso, de repente
unversehrt ['unfɛrzeːrt] *adj* ileso, sano y salvo
unversöhnlich ['unfɛrzøːnlıç] *adj* irreconciliable, intransigente
unverständlich ['unfɛrʃtɛntlıç] *adj* incomprensible, inexplicable, inconcebible
unversucht ['unvɛrsuçt] *adj nichts ~ lassen* hacer todo el posible
Unverträglichkeit ['unfɛrtrɛːklıçkaıt] *f* intolerancia *f*
unverwandt ['unfɛrvant] *adj* fijo, inmóvil
unverwechselbar [unfɛr'vɛksəlbaːr] *adj* inconfundible
unverwüstlich ['unfɛrvyːstlıç] *adj* indestructible, superresistente
unverzeihlich ['unfɛrtsaılıç] *adj* imperdonable
unverzichtbar [unfɛr'tsıçtbaːr] *adj* irrenunciable
unverzüglich ['unfɛrtsyːklıç] *adj 1.* inmediato; *adv 2.* inmediatamente, sin demora, en el acto
unvollkommen ['unfɔlkɔmən] *adj 1.* imperfecto, defectuoso; *adv 2.* defectuosamente
Unvollkommenheit ['unfɔlkɔmənhaıt] *f* imperfección *f*
unvollständig ['unfɔlʃtɛndıç] *adj* incompleto
Unvollständigkeit ['unfɔlʃtɛndıçkaıt] *f* imperfección *f,* estado incompleto *m*

unvorbereitet ['unfo:rbəraɪtət] *adj 1.* improvisado, no preparado; *adv 2.* improvisadamente, sin estar preparado
unvoreingenommen ['unfo:raɪngənɔmən] *adj* objetivo, imparcial
Unvoreingenommenheit ['unfo:raɪngənɔmənhaɪt] *f* imparcialidad *f*
unvorhergesehen ['unfo:rhe:rgəze:ən] *adj* imprevisto, impensado
unvorsichtig ['unfo:rzɪçtɪç] *adj* imprudente, insensato
Unvorsichtigkeit ['unfo:rzɪçtɪçkaɪt] *f* imprudencia *f,* descuido *m*
unvorstellbar ['unfo:rʃtɛlba:r] *adj* inimaginable
unvorteilhaft ['unfo:rtaɪlhaft] *adj* desventajoso, desfavorable
unwahr ['unva:r] *adj* falso
Unwahrheit ['unva:rhaɪt] *f* falsedad *f,* mentira *f*
unwahrscheinlich ['unva:rʃaɪnlɪç] *adj 1.* improbable, inverosímil; *Es ist unwahrscheinlich, dass er die Prüfung bestanden hat.* No es probable que haya aprobado el examen. *adv 2.* poco probable
unwegsam ['unve:kza:m] *adj* intrasitable, infranqueable, impracticable
unweigerlich ['unvaɪgərlɪç] *adj 1.* inevitable, seguro; *adv 2.* en todo caso, seguramente, sin falta
Unwesen ['unve:zən] *n sein ~ treiben* hacer de las suyas (fam)
unwesentlich ['unve:zəntlɪç] *adj* irrelevante, accesorio, secundario
Unwetter ['unvɛtər] *n* temporal *m*
unwichtig ['unvɪçtɪç] *adj* sin importancia, insignificante
unwiderruflich ['unvi:dərruflɪç] *adj* irrevocable, definitivo, firme
unwiderstehlich ['unvi:dərʃte:lɪç] *adj* irresistible
unwillig ['unvɪlɪç] *adj 1.* indignado, enojado; *adv 2.* de mala gana
unwillkürlich ['unvɪlky:rlɪç] *adj 1.* involuntario, instintivo, automático; *adv 2.* sin querer, involuntariamente, instintivamente
unwirklich ['unvɪrklɪç] *adj* irreal, ficticio, imaginario
unwirksam ['unvɪrkza:m] *adj* ineficaz, inefectivo, inoperante
unwirsch ['unvɪrʃ] *adj* de mal humor, malhumorado, áspero
unwirtlich ['unvɪrtlɪç] *adj 1. (einsam)* solitario, inhóspito; *2. (ungastlich)* inhospitalario
Unwirtlichkeit ['unvɪrtlɪçkaɪt] *f 1. (Einsamkeit)* soledad *f; 2. (Ungastlichkeit)* inhospitalidad *f*
unwirtschaftlich ['unvɪrtʃaftlɪç] *adj ECO* poco económico
Unwirtschaftlichkeit ['unvɪrtʃaftlɪçkaɪt] *f ECO* falta de rentabilidad *f*
unwissend ['unvɪsənt] *adj* ignorante, desconocedor; *sehr ~ sein* no entender ni una jota
Unwissenheit ['unvɪsənhaɪt] *f* ignorancia *f,* desconocimiento *m*
unwohl ['unvo:l] *adv* indispuesto, mal
Unwohlsein ['unvo:lzaɪn] *n* malestar *m,* indisposición *f*
Unwucht ['unvuxt] *f TECH* masa centrifuga excéntrica *f*
unwürdig ['unvyrdɪç] *adj* indigno
unzählig ['untsɛ:lɪç] *adj* incontable, innumerable
Unze ['untsə] *f* onza *f*
Unzeit ['untsaɪt] *f zur ~* inoportunamente, a destiempo
unzeitgemäß ['untsaɪtgəmɛ:s] *adj 1.* inoportuno, extemporáneo; *2. METEO* intempestivo
unzeitig ['untsaɪtɪç] *adj 1.* intempestivo, inoportuno; *2. (vorzeitig)* prematuro
unzerbrechlich [untsɛr'brɛçlɪç] *adj* irrompible, inquebrantable
unzertrennlich [untsɛr'trɛnlɪç] *adj* inseparable
Unzucht ['untsuxt] *f* impudicia *f,* lujuria *f,* lascivia *f,* fornicación *f*
unzüchtig ['untsyçtɪç] *adj* deshonesto, impúdico, obsceno
unzufrieden ['untsufri:dən] *adj* descontento, insatisfecho
Unzufriedenheit ['untsufri:dənhaɪt] *f* descontento *m*
unzugänglich ['untsugɛŋlɪç] *adj 1.* inaccesible; *2. (fig: verschlossen)* reservado, hermético
unzulänglich ['untsulɛŋlɪç] *adj* insuficiente
Unzulänglichkeit ['untsulɛŋlɪçkaɪt] *f* insuficiencia *f*
unzulässig ['untsulɛsɪç] *adj* inadmisible, improcedente
unzumutbar ['untsumu:tba:r] *adj* inexigible, inaceptable
unzurechnungsfähig ['untsurɛçnuŋsfɛ:ɪç] *adj 1.* no responsable de sus actos; *2. JUR* inimputable

Unzurechnungsfähigkeit ['untsurɛçnuŋsfɛːɪçkaɪt] *f* *1.* enajenación mental *f*; *2. JUR* inimputabilidad *f*
unzureichend ['untsuraɪçənt] *adj* insuficiente
unzutreffend ['untsutrɛfənt] *adj* *1.* inexacto; *2. (unwahr)* falso
unzuverlässig ['untsufɛrlɛsɪç] *adj* *1.* poco seguro, inseguro; *2. (Person)* poco formal, que no merece confianza
Unzuverlässigkeit ['untsufɛrlɛsɪçkaɪt] *f* *1.* inseguridad *f*; *2. (Person)* falta de formalidad *f*, falta de puntualidad *f*
unzweckmäßig ['untsvɛkmɛːsɪç] *adj* inadecuado, poco indicado
Unzweckmäßigkeit ['untsvɛkmɛːsɪçkaɪt] *f* inutilidad *f*
üppig ['ypɪç] *adj* *1.* exuberante, excesivo, exagerado; *adv* *2.* con exuberancia
Urabstimmung ['uːrapʃtɪmuŋ] *f* *ECO* referéndum *m*
Urahnen ['uraːnən] *pl* antepasados *m/pl*
uralt ['uːralt] *adj* viejísimo, antiquísimo
Uran [u'raːn] *m* *CHEM* uranio *m*
Uranerz [u'raːnɛrts] *n* *CHEM* mena de uranio *f*
Uraufführung ['uːrauffyːruŋ] *f* *THEAT* estreno *m*, avant premiere *f* (LA)
urbar ['uːrbaːr] *adj* *1. ~ machen (Land)* hacer cultivable; *2. ~ machen (Wald)* desmochar, talar
Urbild ['uːrbɪlt] *n* original *m*
Urchristentum ['uːrkrɪstəntuːm] *n* *REL* cristianismo primitivo *m*
Ureinwohner(in) ['uːraɪnvoːnər(ɪn)] *m/f* aborigen *m/f*, habitante autóctono *m*
Urenkel ['uːrɛŋkəl] *m* bisnieto *m*
Urenkelin ['uːrɛŋkəlɪn] *f* biznieta *f*
Urgroßeltern ['uːrgroːsɛltərn] *pl* bisabuelos *m/pl*
Urheber ['uːrheːbər] *m* autor *m*
Urheberrecht ['uːrheːbərɛçt] *n* *JUR* derecho de autor *m*
urig ['uːrɪç] *adj* original, extravagante
Urin [u'riːn] *m* orina *f*; *(fam) im ~ spüren* tener el presentimiento
Urknall ['uːrknal] *m* *ASTR* big bang *m*
urkomisch [uːrkomɪʃ] *adj* muy cómico, muy gracioso
Urkunde ['uːrkundə] *f* título *m*, carta *f*, acta *f*, documento *m*
urkundlich ['uːrkuntlɪç] *adj* *1.* documental, documentado; *adv* *2.* a base de documentos
Urlaub ['uːrlaup] *m* vacaciones *f/pl*
Urlauber(in) ['uːrlaubər(ɪn)] *m/f* vacacionista *m/f*
Urlaubsort ['uːrlaupsɔrt] *m* sitio de vacaciones *m*, centro vacacional *m*
Urlaubsvertretung ['uːrlaupsfɛrtreːtuŋ] *f* sustitución durante el período vacacional *f*
Urlaubszeit ['uːrlaupstsaɪt] *f* tiempo de vacaciones *m*
Urmensch ['uːrmɛnʃ] *m* hombre primitivo *m*
Urne ['urnə] *f* urna *f*
Urologe [uro'loːgə] *m* *MED* urólogo *m*
Urologin [uro'loːgɪn] *f* *MED* uróloga *f*
urplötzlich [uːr'plœtslɪç] *adv* *1.* repentinamente, de repente, de pronto; *adj* *2.* repentino, súbito
Ursache ['uːrzaxə] *f* causa *f*, razón *f*, origen *m*, motivo *m*
ursächlich ['ursɛçlɪç] *adj* causal
Ursprung ['uːrʃpruŋ] *m* origen *m*, procedencia *f*
ursprünglich ['urʃpryŋlɪç] *adj* originario, original, procedente
Ursprünglichkeit ['uːrʃpryŋlɪçkaɪt] *f* originalidad *f*, carácter genuino *m*
Ursprungsland ['uːrʃpruŋslant] *n* país de origen *m*
Urteil ['urtaɪl] *n* *1.* juicio *m*; *2. JUR* sentencia *f*, fallo *m*
urteilen ['urtaɪlən] *v* *1.* juzgar; *2. JUR* sentenciar, fallar
Urteilsspruch ['urtaɪlsʃprux] *m* *JUR* sentencia *f*, fallo *m*
Urteilsverkündung ['urtaɪlsfɛrkyndun] *f* *JUR* pronunciamiento de la sentencia *m*
Urteilsvermögen ['urtaɪlsfɛrmøːgən] *n* discernimiento *m*, juicio *m*
urtümlich ['uːrtyːmlɪç] *adj* primitivo, virgen
Uruguay ['urug'uaɪ] *n* *GEO* Uruguay *m*
Uruguayer ['urugu'aɪər] *m* uruguayo *m*
uruguayisch ['urugu'aɪʃ] *adj* uruguayo
Urwald ['uːrvalt] *m* *GEO* selva virgen *f*
urwüchsig ['uːrvyːkzɪç] *adj* primitivo, natural, salvaje
Urzeit ['uːrtsaɪt] *f* tiempo primitivo *m*
Usbekistan [us'beːkɪstaːn] *n* *GEO* Uzbequistán *m*
Utensilien [utɛn'ziːljən] *pl* utensilios *m/pl*, enseres *m/pl*, útiles *m/pl*
Utopie [uto'piː] *f* utopía *f*
utopisch [u'toːpɪʃ] *adj* utópico
UV-Strahlung [uː'vauʃtraːluŋ] *f* *PHYS* radiación ultravioleta *f*

V

Vagabund [vaga'bunt] *m* vagabundo *m*
vagabundieren [vagabun'di:rən] *v* vagabundear
vage ['va:gə] *adj* vago
Vagina [va'gi:na] *f* *ANAT* vagina *f*
vakant [va'kant] *adj* vacante
Vakuum ['va:kuum] *n* vacío *m*
vakuumverpackt ['va:kuumfɛrpakt] *adj* envasado al vacío
Valuta [va'lu:ta] *f* *ECO* plazo valedero de pago en divisa *m*, valor de divisa en fecha fijada *m*, divisa *f*
Vamp [vɛmp] *m* vampiresa *f*
Vampir [vam'pi:r] *m* vampiro *m*
Vandalismus [vanda'lɪsmus] *m* vandalismo *m*
Vanille [va'nɪlə] *f* *BOT* vainilla *f*
variabel [vari'a:bəl] *adj* variable
Variabilität [variabili'tɛ:t] *f* variabilidad *f*
Variable [vari'a:blə] *f* *MATH* variable
Variante [vari'antə] *f* variante *f*
Variation [varia'tsjo:n] *f* variación *f*; *2. MUS* variación *f*
Varieté [varie'te:] *n* *THEAT* teatro de variedades *m*, music-hall *m*
variieren [vari'i:rən] *v* variar
Vase ['va:zə] *f* jarrón *m*, florero *m*
Vater ['fa:tər] *m* padre *m*; *~ Staat* Padre Estado *m*; *der himmlische ~* el Padre Eterno *m*; *zu seinen Vätern heimgehen* irse con sus antepasados
Vaterfigur ['fa:tərfigu:r] *f* figura paterna *f*
Vaterland ['fa:tərlant] *n* madre patria *f*, país natal *m*
Vaterlandsliebe ['fa:tərlantsli:bə] *f* amor patrio *m*, patriotismo *m*
väterlich ['fɛ:tərlɪç] *adj* paternal, paterno
väterlicherseits ['fɛ:tərlɪçərzaɪts] *adv* de lado paterno, por parte de padre
Vaterschaft ['fa:tərʃaft] *f* paternidad *f*
Vaterunser [fa:tər'unzər] *n* *REL* Padre Nuestro *m*
Vati ['fa:ti:] *m* *(fam)* papi *m*
Vatikan [vatɪ'ka:n] *m* Vaticano *m*
Vatikanstadt [vatɪ'ka:nʃtat] *f* Ciudad del Vaticano *f*
Vegetarier(in) [vege'ta:ri:ər(ɪn)] *m/f* vegetariano/vegetariana *m/f*
vegetarisch [vege'ta:rɪʃ] *adj* vegetariano
Vegetation [vegeta'tsjo:n] *f* vegetación *f*
vegetativ [vegeta'ti:f] *adj* *ANAT* vegetativo
vegetieren [vege'ti:rən] *v* vegetar
vehement [vehə'mɛnt] *adj 1.* vehemente; *adv 2.* con vehemencia; *etw ~ verteidigen* defender algo a capa y espada
Vehemenz [vehə'mɛnts] *f* vehemencia *f*
Veilchen ['faɪlçən] *n* *BOT* violeta *f*
Vektor ['vɛktɔr] *m* *MATH* vector *m*
Velours [ve'lu:r] *n* terciopelo *m*
Vene ['ve:nə] *f* *ANAT* vena *f*
Venenentzündung ['ve:nənɛntsyndʊŋ] *f* *MED* inflamación de las venas *f*, flebitis *f*, várice *f*
Venezolaner(in) [venetso'la:nər(ɪn)] *m/f* venezolano/venezolana *m/f*
venezolanisch [venetso'la:nɪʃ] *adj* venezolano
Venezuela [venetsu'e:la] *n* *GEO* Venezuela *f*
Ventil [vɛn'ti:l] *n 1. TECH* válvula *f*; *2. (fig)* válvula de escape *f*
Ventilator [vɛnti'la:tɔr] *m* ventilador *m*
verabreden [fɛr'apre:dən] *v 1.* convenir, concertar; *2. sich ~* citarse con alguien
Verabredung [fɛr'apre:dʊŋ] *f 1. (Abmachung)* convenio *m*, concertación *f*; *2. (Treffen)* cita *f*, entrevista *f*, encuentro *m*
verabreichen [fɛr'apraɪçən] *v* dar, suministrar, administrar
verabscheuen [fɛr'apʃɔyən] *v* detestar, aborrecer, odiar
verabschieden [fɛr'apʃi:dən] *v 1.* despedir, decir adiós; *2. (Gesetz)* aprobar, admitir; *3. sich ~* despedirse
Verabschiedung [fɛr'apʃi:dʊŋ] *f 1.* despedida *f*; *2. (Gesetz)* aprobación *f*
verachten [fɛr'axtən] *v* despreciar, menospreciar; *nicht zu ~ sein* no ser menospreciable, no ser moco de pavo (fam)
verächtlich [fɛr'ɛçtlɪç] *adj 1.* despreciable, digno de desprecio; *adv 2.* con desprecio
Verächtlichkeit [fɛr'ɛçtlɪçkaɪt] *f* envilecimiento *m*, abyección *f*, vileza *f*
Verachtung [fɛr'axtʊŋ] *f* desprecio *m*, menosprecio *m*; *jdn mit ~ strafen* castigar a alguien no haciéndole aprecio
verallgemeinern [fɛralgə'maɪnərn] *v* generalizar

Verallgemeinerung [fɛralgə'maɪnəruŋ] *f* generalización *f*
veraltet [fɛr'altət] *adj* envejecido, anticuado
Veranda [ve'randa] *f* veranda *f*
veränderlich [fɛr'ɛndərlɪç] *adj* variable, alterable
Veränderlichkeit [fɛr'ɛndərlɪçkaɪt] *f* variabilidad *f,* alterabilidad *f,* versatilidad *f*
verändern [fɛr'ɛndərn] *v* variar, alterar, cambiar
Veränderung [fɛr'ɛndəruŋ] *f* variación *f,* alteración *f,* cambio *m*
verängstigen [fɛr'ɛŋstɪgən] *v* intimidar
veranlagt [fɛr'anlaːkt] *adj 1. (erblich ~)* hereditario; *2. (steuerlich ~)* tasado
Veranlagung [fɛr'anlaːguŋ] *f* predisposición *f,* propensión *f*
veranlassen [fɛr'anlasən] *v* causar, originar, ocasionar, dar lugar a
Veranlassung [fɛr'anlasuŋ] *f* causa *f,* origen *m*
veranschaulichen [fɛr'anʃaulɪçən] *v* ilustrar, explicar por medio de ejemplos
Veranschaulichung [fɛr'anʃaulɪçuŋ] *f* demostración *f*
veranschlagen [fɛr'anʃlaːgən] *v* evaluar, estimar, tasar
veranstalten [fɛr'anʃtaltən] *v* organizar, celebrar, dar
Veranstalter(in) [fɛr'anʃtaltər(ɪn)] *m/f* organizador(a) *m/f*
Veranstaltung [fɛr'anʃtaltuŋ] *f* organización *f,* acto *m*
verantworten [fɛr'antvɔrtən] *v* responder, ser responsable de
verantwortlich [fɛr'antvɔrtlɪç] *adj* responsable
Verantwortlichkeit [fɛr'antvɔrtlɪçkaɪt] *f* responsabilidad *f*
Verantwortung [fɛr'antvɔrtuŋ] *f* responsabilidad *f; jdn für etw zur ~ ziehen* hacer responsable de algo a alguien
verantwortungsbewusst [fɛr'antvɔrtuŋsbəvust] *adj* responsable
verantwortungslos [fɛr'antvɔrtuŋsloːs] *adj* irresponsable
verantwortungsvoll [fɛr'antvɔrtuŋsfɔl] *adj 1.* de gran responsabilidad; *adv 2.* con gran responsabilidad
veräppeln [fɛr'ɛpəln] *v jdn ~* tomarle el pelo a alguien
verarbeiten [fɛr'arbaɪtən] *v 1. (bearbeiten) etw ~* trabajar algo, modificar algo mejorándolo; *2. (fig)* asimilar; *3. (Daten) INFORM* elaborar
Verarbeitung [fɛr'arbaɪtuŋ] *f 1. (Bearbeitung)* trabajo *m,* modificación *f; 2. (von Daten) INFORM* elaboración *f*
verärgern [fɛr'ɛrgərn] *v* disgustar, enfadar
Verärgerung [fɛr'ɛrgəruŋ] *f* enfado *m,* enojo *m*
Verarmung [fɛr'armuŋ] *f* empobrecimiento *m,* pauperización *f,* depauperación *f*
verarzten [fɛr'artstən] *v* tratar, curar, atender clínicamente
Verarztung [fɛr'artstuŋ] *f MED* administración de los primeros auxilios *f*
verätzen [fɛr'ɛtsən] *v MED* cauterizar
Verätzung [fɛr'ɛtsuŋ] *f MED* cauterización con una sustancia cáustica *f*
verausgaben [fɛr'ausgaːbən] *v 1. sich finanziell ~* gastar todo su dinero; *2. sich körperlich ~* agotar todas sus fuerzas
Veräußerung [fɛr'ɔysəruŋ] *f 1. (von Rechten)* alienación *f; v 2. (Verkauf)* venta *f*
Verb [vɛrp] *n GRAMM* verbo *m*
verbal [vɛr'baːl] *adj* verbal, oral
verballhornen [fɛr'balhɔrnən] *v* hacerlo peor queriendo enmendar, acabar de estropearlo
Verband [fɛr'bant] *m 1. (Vereinigung)* asociación *f,* gremio *m,* unión *f; 2. MED* vendaje *m,* apósito *m*
Verbandmaterial [fɛr'bantmatərjal] *n* material de botiquín *m*
Verband(s)kasten [fɛr'bantkastən] *m* botiquín de emergencia *m*
verbannen [fɛr'banən] *v* desterrar, exiliar, expatriar, deportar
Verbannung [fɛr'banuŋ] *f* destierro *m,* exilio *m,* deportación *f*
verbarrikadieren [fɛrbarɪka'diːrən] *v* levantar barricadas
verbauen [fɛr'bauən] *v 1.* obstruir el paso; *2. (fig)* impedir
verbeamten [fɛrbə'amtən] *v jdn ~* nombrar funcionario a alguien
Verbeamtung [fɛrbə'amtuŋ] *f* nombramiento como funcionario *m*
verbeißen [fɛr'baɪsən] *v irr 1. sich in etw ~* obstinarse en algo; *2. sich etw ~* callarse algo, reservarse algo
verbergen [fɛr'bɛrgən] *v irr* ocultar, esconder
verbessern [fɛr'bɛsərn] *v 1.* mejorar, perfeccionar; *2. (korrigieren)* corregir, rectificar, enmendar

Verbesserung [fɛr'bɛsəruŋ] *f* *1.* mejora *f,* perfeccionamiento *m;* *2.* *(Korrektur)* corrección *f,* rectificación *f*
Verbesserungsvorschlag [fɛr'bɛsəruŋsfoːrʃlaːk] *m* propuesta de mejora *f*
verbeugen [fɛr'bɔygən] *v* *sich ~* inclinarse, hacer una reverencia
Verbeugung [fɛr'bɔyguŋ] *f* inclinación *f,* reverencia *f*
verbeulen [fɛr'bɔylən] *v* magullar
verbiegen [fɛr'biːgən] *v irr* torcer, doblar, deformar
verbieten [fɛr'biːtən] *v irr* prohibir, vedar
verbilligen [fɛr'bɪlɪgən] *v* abaratar, reducir el precio
verbinden [fɛr'bɪndən] *v irr* *1.* *(zusammenfügen)* unir, reunir, juntar; *2.* *MED* vendar; *3.* *~ mit TEL* comunicar con, poner con; *Verbinden Sie mich bitte mit der Polizei!* ¡Haga el favor de ponerme con la policia!
verbindlich [fɛr'bɪntlɪç] *adj* *1.* *(verpflichtend)* obligatorio, vinculante; *2.* *(höflich)* amable, servicial, cortés
Verbindlichkeit [fɛr'bɪntlɪçkaɪt] *f* *1.* *(Verpflichtung)* obligación *f;* *2.* *(Höflichkeit)* amabilidad *f,* cortesía *f*
Verbindung [fɛr'bɪnduŋ] *f* *1.* *(Zusammenfügung)* unión *f,* reunión *f;* *2.* *(Zugverbindung)* empalme *m,* enlace *m,* conexión *f* (LA); *Existiert eine direkte ~ nach Lima?* ¿Hay un vuelo directo a Lima? *3.* *(Beziehung)* relación *f,* contacto *m;* *sich mit jdm in ~ setzen* ponerse en contacto con alguien; *4.* *CHEM* compuesto *m,* combinación *f,* compuesto químico *m;* *5.* *TEL* comunicación *f*
Verbindungsglied [fɛr'bɪnduŋsgliːt] *n* pieza de unión *f,* parte de enlace *f*
Verbindungskabel [fɛr'bɪnduŋskaːbəl] *n* cable de unión *m*
Verbindungsmann [fɛr'bɪnduŋsman] *m* enlace *m,* intermediador *m,* mediador *m*
Verbindungsstecker [fɛr'bɪnduŋsʃtɛkər] *m* clavija de unión *f*
Verbindungstür [fɛr'bɪnduŋstyːr] *f* puerta de comunicación *f*
verbissen [fɛr'bɪsən] *adj* *(fig)* encarnizado, reñido, porfiado, ensañado; *etw nicht ~ sehen* no tomar algo tan en serio
Verbissenheit [fɛr'bɪsənhaɪt] *f* saña *f,* obstinación *f*
verbittert [fɛr'bɪtərt] *adj* *(fig)* amargado, resentido, desengañado, desilusionado
Verbitterung [fɛr'bɪtəruŋ] *f* amargura *f,* desengaño *m,* desilusión *f*
verblassen [fɛr'blasən] *v* palidecer
Verbleib [fɛr'blaɪp] *m* paradero *m*
verbleiben [fɛr'blaɪbən] *v irr* *1.* *(bleiben)* quedarse, demorarse; *2.* *(vereinbaren)* quedar en algo, acordar
verblenden [fɛr'blɛndən] *v* *1.* *(verkleiden)* enmascarar, ocultar, disfrazar; *2.* *jdn ~* cegar a alguien
verblendet [fɛr'blɛndət] *adj* cegado, deslumbrado
Verblendung [fɛr'blɛnduŋ] *f* *(fig)* obcecación *f,* ofuscación *f,* fascinación *f*
verblichen [fɛr'blɪçən] *adj* difunto, fallecido
verblüffen [fɛr'blyfən] *v* desconcertar, aturdir, dejar estupefacto
verblüffend [fɛr'blyfənt] *adj* *1.* desconcertante, asombroso, que causa estupefacción; *adv* *2.* perplejamente
Verblüffung [fɛr'blyfuŋ] *f* estupefacción *f*
verblühen [fɛr'blyːən] *v* marchitarse
verbluten [fɛr'bluːtən] *v* *MED* desangrarse, perder mucha sangre
verbogen [fɛr'boːgən] *adj* torcido
verbohrt [fɛr'boːrt] *adj* *(fig)* obstinado, testarudo
verborgen [fɛr'bɔrgən] *adj* oculto, escondido
Verborgenheit [fɛr'bɔrgənhaɪt] *f* retiro *m,* abrigo *m,* refugio *m,* clandestinidad *f*
Verbot [fɛr'boːt] *n* prohibición *f,* veda *f*
verboten [fɛr'boːtən] *adj* prohibido, vedado; *Das sieht einfach ~ aus!* ¡Es verdaderamente impresentable!
Verbotsschild [fɛr'boːtsʃɪlt] *n* señal de prohibición *f*
Verbrauch [fɛr'braux] *m* consumo *m*
verbrauchen [fɛr'brauxən] *v* consumir
Verbraucher(in) [fɛr'brauxər(ɪn)] *m/f* consumidor(a) *m/f*
Verbraucherschutz [fɛr'brauxərʃuts] *m* protección al consumidor *f*
Verbrauchsgüter [fɛr'brauxsgyːtər] *pl* *ECO* bienes de consumo *m/pl*
Verbrechen [fɛr'brɛçən] *n* crimen *m,* acto criminal *m,* delito *m*
verbrechen [fɛr'brɛçən] *v irr* cometer un crimen, cometer un delito
Verbrecher(in) [fɛr'brɛçər(ɪn)] *m/f* criminal *m/f,* delincuente *m/f*
Verbrechertum [fɛr'brɛcərtuːm] *n* *1.* *(Verbrechen)* criminalidad *f,* delincuencia *f;* *2.* *(Gesamtheit der Verbrecher)* los criminales *m/pl*

verbreiten [fɛr'braɪtən] *v* *1. (ausdehnen, ausstreuen)* extender, diseminar, esparcir; *2. (Krankheit)* propagar, contagiar; *3. (Nachricht)* difundir, divulgar; *4. (Geruch)* despedir, expandir

verbreitern [fɛr'braɪtərn] *v* ensanchar, ampliar

Verbreiterung [fɛr'braɪtəruŋ] *f* ensanche *m*, ampliación *f*

Verbreitung [fɛr'braɪtuŋ] *f* divulgación *f*, propagación *f*, difusión *f*; *~ finden* llegar a extenderse

Verbreitungsgebiet [fɛr'braɪtuŋsgəbiːt] *n* zona de distribución *f*

verbrennen [fɛr'brɛnən] *v irr* quemar, incinerar

Verbrennung [fɛr'brɛnuŋ] *f* *1. (Müllverbrennung)* incineración *f*; *2. (Einäscherung)* cremación *f*, incineración *f*; *3. MED* quemadura *f*; *4. (beim Motor) TECH* combustión *f*

Verbrennungsmotor [fɛr'brɛnuŋsmoːtɔr] *m (beim Auto)* motor de combustión interna *m*

verbriefen [fɛr'briːfən] *v* garantizar por escrito, confirmar por escrito

verbringen [fɛr'brɪŋən] *v irr* pasar

verbrüdern [fɛr'bryːdərn] *v sich ~* hermanarse, unirse fraternalmente

Verbrüderung [fɛr'bryːdəruŋ] *f* hermanamiento *m*, confraternidad *f*

verbrühen [fɛr'bryːən] *v sich ~* escaldarse, quemarse

verbuchen [fɛr'buːxən] *v* contabilizar, sentar

Verbund [fɛr'bunt] *m* sistema combinado *m*

verbünden [fɛr'byndən] *v sich ~* unirse, aliarse

Verbundenheit [fɛr'bundənhaɪt] *f* solidaridad *f*, adhesión *f*, unión *f*

verbündet [fɛr'byndət] *adj* aliado

Verbündete(r) [fɛr'byndətə(r)] *m/f* aliado/aliada *m/f*

Verbundglas [fɛr'buntglaːs] *n* vidrio de seguridad *m*

verbürgen [fɛr'byrgən] *v sich ~* responder de/por, salir garante por

verbüßen [fɛr'byːsən] *v* cumplir, purgar, expiar

Verdacht [fɛr'daxt] *m* sospecha *f*; *über jeden ~ erhaben sein* estar libre de toda sospecha; *auf ~* por el supuesto; *~ schöpfen* concebir sospechas

verdächtig [fɛr'dɛçtɪç] *adj* sospechoso

Verdächtige(r) [fɛr'dɛçtɪgə(r)] *m/f* sospechoso/sospechosa *m/f*

verdächtigen [fɛr'dɛçtɪgən] *v* sospechar de, recelar

Verdächtigung [fɛr'dɛçtɪguŋ] *f* declaración de sospecha contra alguien *f*, manifestación de desconfianza *f*

Verdachtsmoment [fɛ'daxtsmomɛnt] *n* punto sospechoso *m*, indicio *m*

verdammen [fɛr'damən] *v* maldecir, condenar

Verdammnis [fɛr'damnɪs] *f REL* perdición *f*

verdammt [fɛr'damt] *adj 1. REL* condenado, maldito; *interj 2. (fam) Verdammt!* ¡Maldita sea!

verdampfen [fɛr'dampfən] *v* evaporar

verdanken [fɛr'daŋkən] *v jdm etw ~* deberle algo a alguien, tener que agradecer algo a alguien

verdauen [fɛr'dauən] *v* digerir

Verdauung [fɛr'dauuŋ] *f* digestión *f*

Verdauungsstörung [fɛr'dauŋsʃtøːruŋ] *f MED* trastorno digestivo *m*, indigestión *f*

Verdauungstrakt [fɛr'dauuŋstrakt] *m ANAT* tubo digestivo *m*

Verdeck [fɛr'dɛk] *n 1. (beim Auto)* capota *f*; *2. (eines Schiffes)* puente *m*, cubierta *f*

verdecken [fɛr'dɛkən] *v 1. (zudecken)* cubrir, tapar; *2. (verbergen)* encubrir, ocultar, esconder, guarecer

Verderben [fɛr'dɛrbən] *n* perdición *f*, corrupción *f*, depravación *f*

verderben [fɛr'dɛrbən] *v irr 1. (zerstören)* deteriorarse, estropearse, malograrse; *es sich mit jdm ~* desavenirse con alguien, enemistarse con alguien; *2. (schlecht werden)* pudrirse; *3. (fig: schlecht beeinflussen)* corromper, pervertir, depravar

verderblich [fɛr'dɛrplɪç] *adj 1. (Person)* corruptible; *2. (Sache: leicht verderbend)* perecedero; *Obst ist leicht ~.* La fruta se echa a perder fácilmente. *3. (schädlich)* nocivo, dañino, destructor

Verderblichkeit [fɛr'dɛrplɪçkaɪt] *f 1. (von Lebensmitteln)* pudrimiento *m*, caducidad *f*; *2. (von Sitten)* decadencia *f*

verdeutlichen [fɛr'dɔytlɪçən] *v* dilucidar, poner en claro, explicar, aclarar

Verdeutlichung [fɛr'dɔytlɪçuŋ] *f* aclaración *f*

verdichten [fɛr'dɪçtən] *v 1. TECH* condensar, densificar; *2. (fig)* concentrarse, acumularse

Verdichtung [fɛr'dɪçtuŋ] *f TECH* condensación *f*, compresión *f*
verdicken [fɛr'dɪkən] *v 1.* espesar; *2. (Blut)* coagularse; *3. (Milch)* cuajar
verdienen [fɛr'diːnən] *v 1. (Geld)* ganar; *2. (Lob)* merecer, ser digno; *es nicht anders ~* no merecer otra cosa
Verdienst [fɛr'diːnst] *m 1.* ganancia *f*, beneficio *m; n 2.* mérito *m*
Verdienstausfall [fɛr'diːnstausfal] *m* pérdida de ganancias *f*, pérdida de beneficios *f*
Verdienstmöglichkeit [fɛr'diːnstmøːklɪçkaɪt] *f* posibilidad de ganancia *f*
Verdienstorden [fɛr'diːnstɔrdən] *m* orden al Mérito *f*
Verdienstspanne [fɛr'diːnstʃpanə] *f ECO* margen de ganancia *m*
verdient [fɛr'diːnt] *adj 1. (Geld)* merecido; *2. (Lob, Strafe)* merecido
verdoppeln [fɛr'dɔpəln] *v* doblar, duplicar
Verdoppelung [fɛr'dɔpəluŋ] *f* duplicación *f*
verdorben [fɛr'dɔrbən] *adj 1. (ungenießbar)* podrido, estropeado; *2. (fig)* corrupto, pervertido, corrompido, depravado
Verdorbenheit [fɛr'dɔrbənhaɪt] *f (fig)* corrupción *f*
verdorren [fɛr'dɔrən] *v* secarse, marchitarse
verdrängen [fɛr'drɛŋən] *v 1.* empujar, expulsar, echar; *2. (fig)* reprimir, contener, refrenar
Verdrängung [fɛr'drɛŋuŋ] *f 1.* expulsión *f*; *2. (fig)* represión *f*
verdrehen [fɛr'dreːən] *v 1.* torcer, retorcer; *2. (fig)* tergiversar, falsear, falsificar
verdreifachen [fɛr'draɪfaxən] *v* triplicar
verdrießen [fɛr'driːsən] *v irr sich nicht ~ lassen* no dejarse desanimar
Verdrossenheit [fɛr'drɔsənhaɪt] *f* tedio *m*, aburrimiento *m*
Verdruss [fɛr'drus] *m* disgusto *m*, contrariedad *f*
verdunkeln [fɛr'duŋkəln] *v 1. (abdunkeln)* oscurecer, apagar todas las luces; *2. (fig: verschleiern)* encubrir, ocultar
Verdunkelung [fɛr'duŋkəluŋ] *f 1. (Abdunkeln)* oscurecimiento *m; 2. (fig: Verschleierung)* encubrimiento *m*
Verdunkelungsgefahr [fɛr'duŋkəluŋsgəfaːr] *f JUR* peligro de colusión *m*, entorpecimiento del sumario *m*
verdünnen [fɛr'dynən] *v* diluir, disolver, deshacer
verdünnt [fɛr'dynt] *adj* diluido
Verdünnung [fɛr'dynuŋ] *f* dilución *f*, disolución *f*
Verdünnungsmittel [fɛr'dynuŋsmɪtəl] *n* diluyente *m*, disolvente *m*
verdunsten [fɛr'dunstən] *v* evaporarse
Verdunstung [fɛr'dunstuŋ] *f PHYS* evaporación *f*, vaporización *f*
verdursten [fɛ'durstən] *v* morirse de sed, tener mucha sed
verdutzt [fɛr'dutst] *adj* desconcertado, perplejo, atónito
verebben [fɛr'ɛbən] *v (fig)* aflojar
veredeln [fɛr'eːdəln] *v* ennoblecer
Veredelung [fɛr'eːdəluŋ] *f* ennoblecimiento *m*, refinación *m*
verehren [fɛr'eːrən] *v* venerar, adorar, admirar con exageración
Verehrer [fɛr'eːrər] *m* admirador *m*, adorador *m*
Verehrung [fɛr'eːruŋ] *f* veneración *f*, admiración *f*, adoración *f*
vereidigen [fɛr'aɪdɪgən] *v jdn ~* tomar juramento a alguien, juramentar a alguien
vereidigt [fɛr'aɪdɪçt] *adj JUR* jurado
Vereidigung [fɛr'aɪdɪguŋ] *f* prestación de juramento *f*, toma de juramento *f*
Verein [fɛr'aɪn] *m* unión *f*, sociedad *f*, asociación *f*, club *m*
vereinbar [fɛr'aɪnbaːr] *adj* compatible, conciliable
vereinbaren [fɛr'aɪnbaːrən] *v 1.* convenir, concertar, acordar; *2.* conciliar
Vereinbarung [fɛr'aɪnbaːruŋ] *f* acuerdo *m*, convenio *m*, arreglo *m*
vereinen [fɛr'aɪnən] *v sich ~* unirse, juntarse
vereinfachen [fɛr'aɪnfaxən] *v* simplificar, facilitar
Vereinfachung [fɛr'aɪnfaxuŋ] *f* simplificación *f*
vereinheitlichen [fɛr'aɪnhaɪtlɪçən] *v* unificar, uniformar
Vereinheitlichung [fɛr'aɪnhaɪtlɪçuŋ] *f* unificación *f*
vereinigen [fɛr'aɪnɪgən] *v* unir, reunir
Vereinigte Staaten [fɛr'aɪnɪçtə 'ʃtaːtən] *pl GEO* Estados Unidos *m/pl*
Vereinigung [fɛr'aɪnɪguŋ] *f 1.* unión *f*, reunión *f*; *2. POL* unificación *f*, confederación *f*, alianza *f*, coalición *f*
vereinnahmen [fɛr'aɪnnaːmən] *v* cobrar

vereinsamen [fɛr'aɪnzamən] *v* quedar aislado, quedarse solo
Vereinsamung [fɛr'aɪnzamuŋ] *f* aislamiento *m*
vereint [fɛr'aɪnt] *adj* unido
Vereinte Nationen [fɛr'aɪntə nats'joːnən] *pl* Naciones Unidas *f/pl*
vereinzelt [fɛr'aɪntsəlt] *adj 1.* aislado, suelto; *adv 2.* aisladamente, por separado
vereisen [fɛr'aɪzən] *v 1. (Fluss) METEO* helarse, congelarse; *2. (Fläche) METEO* cubrirse de hielo; *3. MED* congelarse
vereiteln [fɛr'aɪtəln] *v* hacer fracasar, malograr, frustrar
vereitert [fɛr'aɪtərt] *adj MED* supurado, con pus
verelenden [fɛr'eːlɛndən] *v* verse reducido a la miseria, ir impobreciendo
Verelendung [fɛr'eːlɛnduŋ] *f* empobrecimiento *m*
verenden [fɛr'ɛndən] *v* morir, perecer
verengen [fɛr'ɛŋən] *v* estrechar, angostar
Verengung [fɛr'ɛŋuŋ] *f* estrechamiento *m,* constricción *f*
vererbbar [fɛr'ɛrpbaːr] *adj* transmitible por herencia; *2. BIO* hereditario
vererben [fɛr'ɛrbən] *v 1. (Güter)* legar, dejar en herencia; *2. BIO* transmitirse hereditariamente, transmitir
vererblich [fɛr'ɛrplɪç] *adj 1. (Güter)* heredado, legado; *2. BIO* hereditario
Vererbung [fɛr'ɛrbuŋ] *f 1. (von Gütern)* herencia *f; 2. BIO* transmisión hereditaria *f*
verewigen [fɛr'eːvɪgən] *v* perpetuar, eternizar, inmortalizar
Verewigung [fɛr'eːvɪguŋ] *f* perpetuación *f,* inmortalización *f*
verfahren [fɛr'faːrən] *v irr 1. (vorgehen)* proceder, obrar, actuar; *2. sich ~* extraviarse, perderse del camino
Verfahren [fɛr'faːrən] *n 1. (Vorgehen)* proceso *m,* procedimiento *m; 2. (Methode)* método *m; 3. JUR* proceso *m*
Verfahrensfehler [fɛr'faːrənsfeːlər] *m JUR* falta de procedimiento *f*
Verfahrenstechnik [fɛr'faːrənstɛçnɪk] *f ECO* ingeniería de operaciones y procesos *f*
Verfahrensweise [fɛr'faːrənsvaɪzə] *f* modo de procedimiento *m,* manera de proceder *f*
Verfall [fɛr'fal] *m 1. (eines Gebäudes)* desmoronamiento *m,* derrumbamiento *m; 2. (Fristablauf)* vencimiento *m,* caducidad *f; 3. (Untergang)* decadencia *f*
verfallen [fɛr'falən] *v irr 1. (Gebäude)* desmoronarse, derruirse, derrumbarse; *2. (ungültig werden)* vencer, caducar; *3. (hörig werden)* ser el esclavo de, pertenecer incondicionalmente a
Verfallsdatum [fɛr'falsdaːtum] *n* fecha de vencimiento *f,* fecha de caducidad *f*
Verfallstag [fɛr'falstaːk] *m* fecha de vencimiento *f*
verfälschen [fɛr'fɛlʃən] *v* falsificar
Verfälschung [fɛr'fɛlʃuŋ] *f* falsificación *f*
verfänglich [fɛr'fɛŋlɪç] *adj 1. (Frage)* capcioso; *2. (Lage)* embarazoso
verfärben [fɛr'fɛrbən] *v sich ~* desteñirse
Verfärbung [fɛr'fɛrbuŋ] *f* desteñimiento *m,* descoloramiento *m*
verfassen [fɛr'fasən] *v* componer, redactar, escribir
Verfasser(in) [fɛr'fasər(ɪn)] *m/f* autor(a) *m/f*
Verfassung [fɛr'fasuŋ] *f 1.* disposición *f,* estado de ánimo *m; Ich bin nicht in der ~, um auf diese Party zu gehen.* No estoy en condiciones para asistir a esa fiesta. *2. (Zustand)* estado *m,* condición *f; 3. (Grundgesetz) POL* constitución *f*
Verfassungsänderung [fɛr'fasuŋsɛndəruŋ] *f POL* enmienda constitucional *f*
Verfassungsbeschwerde [fɛr'fasuŋsbəʃveːrdə] *f JUR* queja por infracción de la constitución *f*
Verfassungsbruch [fɛr'fasuŋsbrux] *m JUR* violación de la constitución *f*
verfassungsfeindlich [fɛr'fasuŋsfaɪntlɪç] *adj POL* anticonstitucional, hostil a la constitución
Verfassungsgericht [fɛr'fasuŋsgərɪçt] *n* tribunal constitucional *m*
verfassungsmäßig [fɛr'fasuŋsmɛːsiç] *adj* constitucional
Verfassungsschutz [fɛr'fasuŋsʃuts] *m 1.* protección de la constitución *f; 2. (Amt)* Oficina Alemana de Protección de la Constitución
verfassungswidrig [fɛr'fasuŋsviːdrɪç] *adj* anticonstitucional, inconstitucional
verfaulen [fɛr'faulən] *v* pudrirse, descomponerse, echarse a perder
verfechten [fɛr'fɛçtən] *v irr* propugnar, abogar por, defender una idea
Verfechter(in) [fɛr'fɛçtər(ɪn)] *m/f* defensor(a) *m/f*
verfehlen [fɛr'feːlən] *v* desacertar, errar, fallar

Verfehlung [fɛr'feːluŋ] *f* falta *f,* infracción *f*
verfeindet [fɛr'faɪndət] *adj* enemistado
verfeinern [fɛr'faɪnərn] *v* refinar
verfestigen [fɛr'fɛstɪgən] *v sich ~* solidificarse
verfilmen [fɛr'fɪlmən] *v CINE* llevar a la pantalla, filmar
Verfilmung [fɛr'fɪlmuŋ] *f CINE* versión cinematográfica *f,* filmación *f*
verfilzen [fɛr'fɪltsən] *v 1. (fig)* enmarañar, complicar; *2. (Haare)* enredar, enmarañar; *3. (Wolle)* tupirse
verfinstern [fɛr'fɪnstɛrn] *v sich ~* oscurecerse
verflachen [fɛr'flaxən] *v 1. (flach machen)* allanar, hacer plano; *2. (flach werden)* volverse superficial, perder nivel; *3. (oberflächlich werden)* volverse superficial
Verflechtung [fɛr'flɛçtuŋ] *f* entrelazamiento *m,* entretejimiento *m*
verfliegen [fɛr'fliːgən] *v irr 1. (Zeit)* volar, pasar volando; *2. (Duft)* volatilizarse, evaporarse
verfließen [fɛr'fliːsən] *v irr* pasar, transcurrir
verflossen [fɛr'flɔsən] *adj* pasado
Verflossene(r) [fɛr'flɔsənə(r)] *m/f* ex *m/f,* ex novio/a *m/f,* ex marido *m,* ex mujer *f*
verfluchen [fɛr'fluːxən] *v* maldecir, renegar; *Ich verfluche den Tag, an dem ich dich kennen gelernt habe.* Maldito sea el día en que te conocí.
verflüchtigen [fɛr'flyçtigən] *v CHEM* evaporarse, volatilizarse
verflüssigen [fɛr'flysɪgən] *v* licuar, liquidar
Verflüssigung [fɛr'flysɪguŋ] *f* licuefacción *f,* licuación *f*
verfolgen [fɛr'fɔlgən] *v* perseguir, cazar
Verfolger [fɛr'fɔlgər] *m* perseguidor *m*
Verfolgte(r) [fɛr'fɔlktə(r)] *m/f* perseguido/perseguida *m/f*
Verfolgung [fɛr'fɔːlguŋ] *f* persecución *f,* caza *f*
verformen [fɛr'fɔrmən] *v* deformar; *sich ~* deformarse
verfrachten [fɛr'fraxtən] *v* fletar
verfroren [fɛr'froːrən] *adj irr 1.* friolero, sensible al frío; *2. (durchgefroren)* congelado
verfrüht [fɛr'fryːt] *adj* prematuro
verfügbar [fɛr'fyːkbaːr] *adj* disponible
Verfügbarkeit [fɛr'fyːkbaːrkaɪt] *f* disponibilidad *f*
verfügen [fɛr'fyːgən] *v 1. (anordnen)* ordenar, disponer, decretar; *2. (über)* disponer de, tener; *Über wie viel Zeit verfüge ich?* ¿De cuánto tiempo libre dispongo?
Verfügung [fɛr'fyːguŋ] *f JUR* disposición *f,* orden *m; sich zur ~ stellen* ponerse a disposición; *etw zur ~ haben* tener algo a disposición
verführen [fɛr'fyːrən] *v* seducir, tentar, inducir
Verführer(in) [fɛr'fyːrər(ɪn)] *m/f* seductor(a) *m/f*
verführerisch [fɛr'fyːrərɪʃ] *adj 1.* seductor; *adv 2.* seductoramente
Verführung [fɛr'fyːruŋ] *f* seducción *f,* tentación *f*
Vergabe [fɛr'gaːbə] *f* adjudicación *f,* concesión *f*
vergällen [fɛr'gɛlən] *v* amargar la vida, aguar una fiesta
vergangen [fɛr'gaŋən] *adj* pasado, pasada; *~es Jahr* el año pasado
Vergangenheit [fɛr'gaŋənhaɪt] *f 1.* pasado *m; hin ist hin* lo pasado pasado está; *2. GRAMM* preterito *m*
Vergangenheitsbewältigung [fɛr'gaŋənhaɪtsbəvɛltɪguŋ] *f* superación del pasado *f*
vergänglich [fɛr'gɛŋglɪç] *adj* pasajero, efímero, fugaz
Vergänglichkeit [fɛr'gɛŋlɪçkaɪt] *f* carácter efímero *m,* fugacidad *f*
Vergaser [fɛr'gaːzər] *m (beim Auto)* carburador *m*
vergeben [fɛr'geːbən] *v irr 1. (verzeihen)* perdonar, dispensar, excusar; *2. (Auftrag)* adjudicar
vergeblich [fɛr'geːblɪç] *adj 1.* vano, inútil; *adv 2.* en vano, inútilmente; *etw ~ tun* hacer algo en vano
Vergeblichkeit [fɛr'geːplɪçkaɪt] *f* infructuosidad *f*
Vergebung [fɛr'geːbuŋ] *f (Verzeihung)* perdón *m,* dispensa *f*
vergegenwärtigen [fɛrgeːgən'vɛrtɪgən] *v sich ~* imaginarse, figurarse, tener presente, acordarse
Vergehen [fɛr'geːən] *n JUR* delito *m,* infracción *f*
vergehen [fɛr'geːən] *v irr 1. (Zeit)* pasar, transcurrir; *2. (Schmerz)* disminuir, ceder; *3. sich ~ an* abusar de, extralimitarse con
vergelten [fɛr'gɛltən] *v irr* devolver, retribuir, corresponder; *Gott möge es Ihnen ~!*

¡Dios se lo pague! *Gleiches mit Gleichem ~* pagar con la misma moneda
Vergeltung [fɛr'gɛltuŋ] *f* devolución *f*, retribución *f*
Vergeltungsmaßnahme [fɛr'gɛltuŋsmasnaːmə] *f* medida de represalia *f*, represalia *f*
Vergessen [fɛr'gɛsən] *n* olvido *m*
vergessen [fɛr'gɛsən] *v irr* olvidar algo, no acordarse de; *Das vergesse ich dir nie!* ¡Esto me lo pagarás!/¡Nunca olvidaré lo que hiciste por mí!
Vergessenheit [fɛr'gɛsənhaɪt] *f* olvido *m*; *in ~ geraten* pasar al olvido
vergesslich [fɛr'gɛslɪç] *adj* olvidadizo; *Du bist ~, wenn es dir passt.* Tienes poca memoria cuando te conviene.
Vergesslichkeit [fɛr'gɛslɪçkaɪt] *f* falta de memoria *f*
vergeuden [fɛr'gɔydən] *v* derrochar, desperdiciar
Vergeudung [fɛr'gɔyduŋ] *f* derroche *m*, disipación *f*
vergewaltigen [fɛrgə'valtɪgən] *v* violar, abusar de
Vergewaltigung [fɛrgə'valtɪguŋ] *f* violación *f*, estupro *m*
vergewissern [fɛrgə'vɪsərn] *v sich ~* cerciorarse, asegurarse
vergießen [fɛr'giːsən] *v irr* verter, derramar
vergiften [fɛr'gɪftən] *v* envenenar, intoxicar
Vergiftung [fɛr'gɪftuŋ] *f MED* envenenamiento *m*, intoxicación *f*
Vergissmeinnicht [fɛr'gɪsmaɪnniçt] *n BOT* nomeolvides *m*
vergittern [fɛr'gɪtərn] *v* enrejar
verglasen [fɛr'glaːzən] *v* poner vidrioso, acristalar
Vergleich [fɛr'glaɪç] *m 1.* comparación *f*; *~e anstellen* establecer una comparación *2. JUR* arreglo *m*, acuerdo *m*, conciliación *f*
Vergleichbarkeit [fɛr'glaɪçbaːrkaɪt] *f* comparabilidad *f*
vergleichen [fɛr'glaɪçən] *v irr* comparar, igualar
vergleichsweise [fɛr'glaɪçsvaɪzə] *adv* comparativamente, a modo de comparación
verglühen [fɛr'glyːən] *v* extinguir, apargarse
Vergnügen [fɛr'gnyːgən] *n* diversión *f*, placer *m*, gusto *m*; *jdn um sein ~ bringen* aguarle la fiesta a alguien; *Viel ~!* ¡Que te diviertas! *ein teueres ~* un vicio muy caro *m*; *Das ist alles andere als ein Vergnügen.* Eso es todo menos diversión.
vergnügen [fɛr'gnyːgən] *v sich ~* divertirse, distraerse
vergnüglich [fɛr'gnyːklɪç] *adj* divertido, cómico
vergnügt [fɛr'gnyːkt] *adj* alegre, contento
Vergnügungsindustrie [fɛr'gnyːguŋsɪndustriː] *f* industria de recreación *f*
Vergnügungspark [fɛr'gnyːguŋspark] *m* parque de atracciones *m*, parque de diversiones *m* (LA)
Vergnügungssucht [fɛr'gnyːguŋszuçt] *f* afán de placer *m*, avidez de placeres *f*
vergolden [fɛr'gɔldən] *v* dorar
vergönnen [fɛr'gœnən] *v* permitir, conceder
vergöttern [fɛr'gœtərn] *v* deificar, endiosar, divinizar
vergraben [fɛr'graːbən] *v irr* enterrar, soterrar
vergrämen [fɛr'grɛːmən] *v (kränken)* apesadumbrar, acongojar
vergrätzen [fɛr'grɛtsən] *v* enfadar, enojar
vergraulen [fɛr'graulən] *v* disuadir a alguien de hacer algo
vergreifen [fɛr'graɪfən] *v irr 1. (am Instrument) sich ~ MUS* tocar mal; *2. (das Falsche mitnehmen) sich ~* tomar una cosa por otra, coger equivocadamente; *3. sich ~ (auf der Schreibmaschine)* teclear las teclas equivocadas; *4. (beim Turnen) sich ~* equivocarse; *5. (an fremdem Eigentum) sich ~* robar, atentar contra la propiedad; *6. (an einem Kind) sich ~* abusar sexualmente
vergriffen [fɛr'grɪfən] *adj* agotado
vergrößern [fɛr'grøːsərn] *v* agrandar, ampliar
Vergrößerung [fɛr'grøːsəruŋ] *f* agrandamiento *m*, ampliación *f*
Vergrößerungsglas [fɛr'grøːsəruŋsglaːs] *n* lente de aumento *m*, cristal de aumento *m*, lupa *f*
Vergünstigung [fɛr'gynstiguŋ] *f* ventaja *f*, privilegio *m*
vergüten [fɛr'gyːtən] *v* recompensar, remunerar, reembolsar, reintegrar
Vergütung [fɛr'gyːtuŋ] *f* recompensa *f*, remuneración *f*, reembolso *m*, reintegro *m*
verhaften [fɛr'haftən] *v* detener, arrestar
Verhaftete(r) [fɛr'haftətə(r)] *m/f* detenido/detenida *m/f*

Verhaftung [fɛr'haftuŋ] *f* detención *f,* arresto *m*
Verhalten [fɛr'haltən] *n* conducta *f,* comportamiento *m*
verhalten [fɛr'haltən] *v 1. sich ~* comportarse, conducirse, portarse; *adj 2.* contenido
Verhaltensforschung [fɛr'haltənsfɔrʃuŋ] *f PSYCH* behaviorismo *m,* etología *f*
verhaltensgestört [fɛr'haltənsgəʃtø:rt] *adj* que presenta trastornos de conducta
Verhaltensstörung [fɛr'haltənsʃtø:ruŋ] *f* trastorno de conducta *m*
Verhältnis [fɛr'hɛltnɪs] *n 1. (Proportion)* proporción *f,* relación *f; 2. (Beziehung)* relación *f; 3. (Umstand)* situación *f,* condición *f; über seine ~se leben* vivir por encima de sus posibilidades
verhältnismäßig [fɛr'hɛltnɪsmɛ:sɪç] *adv* proporcionalmente, relativamente
Verhältnismäßigkeit [fɛr'hɛltnɪsmɛ:sɪçkaɪt] *f* proporcionalidad *f,* relatividad *f,* carácter negativo *m*
Verhältniswahlrecht [fɛr'hɛltnɪsva:lrɛçt] *n POL* derecho de elección proporcional *m*
verhandeln [fɛr'handəln] *v* negociar
Verhandlung [fɛr'handluŋ] *f 1.* negociación *f; 2. JUR* vista *f,* juicio *m*
verhandlungsfähig [fɛr'handluŋsfɛ:ɪç] *adj JUR* capaz de negociar
Verhandlungspartner [fɛr'handluŋspartnər] *pl* partes negociadoras *f/pl*
verhängen [fɛr'hɛŋən] *v 1. (verhüllen)* cubrir, tapar; *2. (fig: Strafe)* imponer, infligir
Verhängnis [fɛr'hɛŋnɪs] *n* fatalidad *f*
verhängnisvoll [fɛr'hɛŋnɪsfɔl] *adj* fatal
verharmlosen [fɛr'harmlo:zən] *v* restar importancia, banalizar, trivializar, minimizar
Verharmlosung [fɛr'harmlo:zuŋ] *f* minimización *f*
verhärmt [fɛr'hɛrmt] *adj* afligido, apesadumbrado
verhärten [fɛr'hɛrtən] *v* endurecer
Verhärtung [fɛr'hɛrtuŋ] *f* endurecimiento *m*
verhaspeln [fɛr'haspəln] *v (fam) sich ~* atascarse
verhasst [fɛr'hast] *adj* odiado, odioso
verhätscheln [fɛr'hɛ:tʃəln] *v* mimar, consentir, engreír (LA)
verhauen [fɛr'hauən] *v irr 1.* pegar a alguien, dar una paliza a alguien; *2. (schlecht machen)* hacer mal; *3. sich ~ (fam: sich irren)* equivocarse
verheerend [fɛr'he:rənt] *adj* desolador, devastador
verhehlen [fɛr'he:lən] *v* encubrir, disimular, ocultar
verheilen [fɛr'haɪlən] *v* sanar, curarse
verheimlichen [fɛr'haɪmlɪçən] *v* ocultar, esconder, mantener en secreto, encubrir
Verheimlichung [fɛr'haɪmlɪçuŋ] *f* ocultación *f,* encubrimiento *m*
verheiratet [fɛr'haɪra:tət] *adj* casado
verheißen [fɛr'haɪsən] *v irr* prometer
Verheißung [fɛr'haɪsuŋ] *f* promesa *f*
verheißungsvoll [fɛr'haɪsuŋsfɔl] *adj* muy prometedor
verheizen [fɛr'haɪtsən] *v 1.* quemar; *2. jdn ~ (fam)* agotar a alguien
verhelfen [fɛr'hɛlfən] *v irr jdm zu etw ~* ayudar a alguien a conseguir algo
verherrlichen [fɛr'hɛrlɪçən] *v* glorificar, ensalzar, vendiosar
Verherrlichung [fɛr'hɛrlɪçuŋ] *f* glorificación *f,* ensalzamiento *m,* endiosamiento *m*
verhetzen [fɛr'hɛtsən] *v* instigar, incitar
verhexen [fɛr'hɛksən] *v* embrujar; *Das ist ja wie verhext.* Esto ya es cosa de brujas.
verhindern [fɛr'hɪndərn] *v* impedir, imposibilitar, obstruir
verhindert [fɛr'hɪndərt] *adj* impedido, imposibilitado
Verhinderung [fɛr'hɪndəruŋ] *f* impedimento *m,* obstrucción *f*
verhöhnen [fɛr'hø:nən] *v* burlarse de, mofarse de
Verhör [fɛr'hø:r] *n JUR* interrogatorio *m; jdn ins ~ nehmen* interrogar a alguien
verhören [fɛr'hø:rən] *v 1. sich ~* oír mal; *2. JUR* interrogar
verhüllen [fɛr'hylən] *v* cubrir, tapar, velar
Verhüllung [fɛr'hyluŋ] *f* encubrimiento *m,* disimulación *f*
verhungern [fɛr'huŋərn] *v* morirse de hambre, perecer de hambre
verhüten [fɛr'hy:tən] *v* prevenir, evitar, impedir, precaver
verhütten [fɛr'hytən] *v TECH* someter a un tratamiento metalúrgico
Verhüttung [fɛr'hytuŋ] *f TECH* tratamiento metalúrgico *m*
Verhütung [fɛr'hy:tuŋ] *f* prevención *f*
Verhütungsmittel [fɛr'hy:tuŋsmɪtəl] *n MED* anticonceptivo *m,* preservativo *m,* profilactico *m*
verirren [fɛr'ɪrən] *v sich ~* extraviarse, perderse, perder la brújula

Verirrung [fɛr'ɪruŋ] *f* *1.* extravío *m;* *2.* *(fig)* apartamiento del buen camino *m*
verjagen [fɛr'ja:gən] *v* ahuyentar, espantar, asustar
verjähren [fɛr'jɛ:rən] *v* *JUR* prescribir, caducar
Verjährung [fɛr'jɛ:ruŋ] *f* *JUR* prescripción *f*
Verjährungsfrist [fɛr'jɛ:ruŋsfrɪst] *f* *JUR* plazo de prescripción *m*
verjüngen [fɛr'jyŋən] *v* *1.* rejuvenecer; *2.* *sich ~* rejuvenecerse; *3.* *sich ~ (dünner werden)* estrecharse
Verjüngung [fɛr'jyŋuŋ] *f* rejuvenecimiento *m*
verkabeln [fɛr'ka:bəln] *v* cablear
Verkabelung [fɛr'ka:bəluŋ] *f* *TEL* instalación de red de cables *f*
verkalken [fɛr'kalkən] *v* *1.* *MED* ponerse escleroso, ponerse esclerótico; *2.* *TECH* calcificarse
verkalkulieren [fɛrkalku'li:rən] *v* *sich ~* *ECO* equivocarse en el cálculo; *2.* *(fig) sich ~* calcular mal, equivocarse
Verkalkung [fɛr'kalkuŋ] *f* *1.* *MED* esclerosis *f;* *2.* *TECH* calcificación *f*
verkannt [fɛr'kant] *adj* desconocido, ignorado
verkappt [fɛr'kapt] *adj* disfratado, enmascarado
verkatert [fɛr'ka:tərt] *adj* *(fam)* amodorrado por la resaca
Verkauf [fɛr'kauf] *m* venta *f,* colocación *f*
verkaufen [fɛr'kaufən] *v* vender
Verkäufer(in) [fɛr'kɔyfər(ɪn)] *m/f* vendedor(a) *m/f*
verkäuflich [fɛr'kɔyflɪç] *adj* vendible
Verkaufsfläche [fɛr'kaufsflɛçə] *f* *ECO* superficie de venta *f*
Verkaufsleiter(in) [fɛr'kaufslaɪtər(ɪn)] *m/f* jefe de ventas/jefa de ventas *m/f*
Verkaufsniederlassung [fɛr'kaufsni:dərlasuŋ] *f* establecimiento de ventas *m*
Verkaufspreis [fɛr'kaufspraɪs] *m* precio de venta *m*
Verkehr [fɛr'ke:r] *m* tráfico *m,* tránsito *m,* circulación *f;* *jdn aus dem ~ ziehen* quitar a alguien del medio (fam)
Verkehrsader [fɛr'ke:rsa:dər] *f* arteria de tráfico *f*
Verkehrsampel [fɛr'ke:rsampəl] *f* semáforo *m*
Verkehrsaufkommen [fɛr'ke:rsaufkɔmən] *n* volumen de tráfico *m*
verkehrsberuhigt [fɛr'ke:rsbəru:ɪçt] *adj* *~e Zone* zona despejada de tráfico *f*
Verkehrsbüro [fɛr'ke:rsbyro:] *n* oficina de turismo *f*
Verkehrsdelikt [fɛr'ke:rsdelɪkt] *n* delito de la circulación *m,* infracción de tránsito *f* (LA)
Verkehrsflugzeug [fɛr'ke:rsflu:ktsɔyk] *n* avión comercial *m*
verkehrsgünstig [fɛr'ke:rsgynstɪç] *adj* de fácil acceso por los medios de transporte
Verkehrsinsel [fɛr'ke:rsɪnzəl] *f* burladero *m,* descanso peatonal *m* (LA)
Verkehrskontrolle [fɛr'ke:rskɔntrɔlə] *f* control de tráfico *m*
Verkehrsministerium [fɛr'ke:rsministerjum] *n* *POL* Ministerio de Transportes *m*
Verkehrsmittel [fɛr'ke:rsmɪtəl] *pl* medios de transporte *m/pl*
Verkehrspolizei [fɛr'ke:rspolitsaɪ] *f* policía de tráfico *m,* policía de tránsito *m* (LA)
Verkehrsregel [fɛr'ke:rsre:gəl] *f* norma de circulación *f*
Verkehrssünder [fɛr'ke:rszyndər] *m* infractor de las normas de circulación *m*
Verkehrsteilnehmer(in) [fɛr'ke:rstaɪlne:mər(ɪn)] *m/f* usuario de la vía pública/usuaria de la vía pública *m/f*
Verkehrsunfall [fɛr'ke:rsunfal] *m* accidente de circulación *m,* accidente de tráfico *m,* accidente de tránsito *m* (LA)
Verkehrsverbindung [fɛr'ke:rsfɛrbɪnduŋ] *f* comunicación por medios de transporte *f*
Verkehrszeichen [fɛr'ke:rstsaɪçən] *n* señal de tráfico *f,* señal de tránsito *f* (LA)
verkehrt [fɛr'ke:rt] *adj* *1.* *~ herum* invertido, al revés; *2.* *(falsch)* equivocado, erróneo, falso; *alles verkehrt machen* hacer todo mal, hacer todo al revés
verkennen [fɛr'kɛnən] *v* *irr* desconocer, ignorar
Verkettung [fɛr'kɛtuŋ] *f* *1.* encadenamiento *m;* *2.* *(fig)* concatenación *f*
verklagen [fɛr'kla:gən] *v* *JUR* demandar a alguien, entablar demanda contra alguien
verklappen [fɛr'klapən] *v* descargar en el mar
verklären [fɛr'klɛ:rən] *v* idealizar
Verklärung [fɛr'klɛ:ruŋ] *f* glorificación *f*
verkleben [fɛr'kle:bən] *v* pegar, encolar, engomar
verkleiden [fɛr'klaɪdən] *v* *1.* *(maskieren)* disfrazarse; *2.* *(überziehen)* revestir, cubrir

Verkleidung [fɛr'klaɪduŋ] *f 1. (Maskierung)* disfraz *m; 2. (Überzug) TECH* revestimiento *m*
verkleinern [fɛr'klaɪnərn] *v* empequeñecer, achicar, reducir
Verkleinerung [fɛr'klaɪnəruŋ] *f* empequeñecimiento *m,* reducción *f*
verklemmt [fɛr'klɛmt] *adj 1.* atascado, atorado; *2. (fig)* reprimido, inhibido
verklumpen [fɛr'klumpən] *v* aglutinar(se)
verknacken [fɛr'knakən] *v jdn ~* condenar a alguien
verknacksen [fɛr'knakzən] *v sich etw ~ (Gelenk)* torcerse algo
verknallen [fɛr'knalən] *v (fam) sich in jdn ~* enamorarse locamente de alguien, chalarse por alguien
verknappen [fɛr'knapən] *v* volverse escaso, escasear
Verknappung [fɛr'knapuŋ] *f* escasez *f*
verknautschen [fɛr'knautʃən] *v* arrugar, estrujar
verkneifen [fɛr'knaɪfən] *v irr sich etw ~* reprimirse de algo, aguantarse de algo, comerse las ganas
verknittern [fɛr'knɪtərn] *v* arrugar, estrujar
verknoten [fɛr'knoːtən] *v* anudar
verknüpfen [fɛr'knypfən] *v 1. (verknoten)* ligar, atar; *2. (fig)* vincular, relacionar, asociar
Verknüpfung [fɛr'knypfuŋ] *f (fig)* vinculación *f,* asociación *f*
verkocht [fɛr'kɔxt] *adj* recocido
verkohlen [fɛr'koːlən] *v 1.* carbonizar, reducir a carbón; *2. (fig)* embromar, tomar el pelo a alguien
verkommen [fɛr'kɔmən] *v irr 1.* decaer, echarse a perder; *2. (Person)* degenerar, degradar
Verkommenheit [fɛr'kɔmənhaɪt] *f* degradación *f,* perversión *f,* envilecimiento *m*
verkorken [fɛr'kɔrkən] *v* cerrar o tapar con un corcho
verkorksen [fɛr'kɔrkzən] *v (fam)* estropear, echar a perder
verkörpern [fɛr'kœrpərn] *v* personificar, encarnar
Verkörperung [fɛr'kœrpəruŋ] *f* personificación *f,* encarnación *f*
verköstigen [fɛr'kœstɪgən] *v* alimentar, dar de comer y beber
Verköstigung [fɛr'kœstɪguŋ] *f* alimentar *m*
verkraften [fɛr'kraftən] *v* resistir, soportar, aguantar
verkrampfen [fɛr'krampfən] *v sich ~* crisparse, ponerse duro, contraerse
verkrampft [fɛr'krampft] *adj (fig)* envarado, forzado
Verkrampfung [fɛr'krampfuŋ] *f (fig)* envaramiento *m*
verkratzen [fɛr'kratsən] *v* rascar
verkriechen [fɛr'kriːçən] *v irr sich ~* esconderse arrastrándose, esconderse reptando
verkrümmt [fɛr'krymt] *adj* deforme, contrahecho
verkrüppelt [fɛr'krypəlt] *adj MED* mutilado, lisiado, deforme, tullido
verkrusten [fɛr'krustən] *v* encostrarse, cubrirse de costra
Verkrustung [fɛr'krustuŋ] *f 1.* encostramiento *m; 2. MED* encostramiento *m*
verkümmern [fɛr'kymərn] *v* desmedrar, estropear, deteriorar
verkünden [fɛr'kyndən] *v* anunciar, publicar, proclamar, comunicar
Verkündigung [fɛr'kyndɪguŋ] *f 1.* publicación *f,* anuncio *m,* comunicación *f; 2. REL* Anunciación *f*
verkuppeln [fɛr'kupəln] *v (fig)* alcahuetear
verkürzen [fɛr'kyrtsən] *v* acortar, abreviar
Verkürzung [fɛr'kyrtsuŋ] *f* acortamiento *m,* abreviación *f*
verladen [fɛr'laːdən] *v irr* cargar
Verladerampe [fɛr'laːdərampə] *f* rampa de carga *f*
Verladung [fɛr'laːduŋ] *f* carga *f*
Verlag [fɛr'laːk] *m* casa editora *f*
verlagern [fɛr'laːgərn] *v* cambiar de sitio, almacenar en otro lugar, desplazar
Verlagerung [fɛr'laːgəruŋ] *f* desplazamiento *m*
Verlagswesen [fɛr'laːksveːzən] *n* edición *f*
verlangen [fɛr'laŋən] *v* pedir, exigir
Verlangen [fɛr'laŋən] *n* deseo *m,* anhelo *m*
verlängern [fɛr'lɛŋərn] *v 1.* alargar, extender; *2. (zeitlich)* prolongar; *3. (verdünnen)* aguar, aumentar, bautizar
Verlängerung [fɛr'lɛŋəruŋ] *f 1.* alargamiento *m; 2. (zeitlich)* prolongación *f*
Verlängerungskabel [fɛr'lɛŋəruŋskaːbəl] *n* extensión *f*
verlangsamen [fɛr'laŋgzamən] *v* retardar, desacelerar

Verlangsamung [fɛr'laŋgzamuŋ] *f* retardación *f,* desaceleración *f*
Verlass [fɛr'las] *m* confianza en alguien *f,* fiabilidad *f; Auf ihn ist kein ~.* No es de fiar.
verlassen [fɛr'lasən] *v irr 1.* dejar, abandonar, ceder; *adj irr 2.* abandonado
verlässlich [fɛr'lɛslɪç] *adj* seguro, fiable, digno de confianza, formal
Verlässlichkeit [fɛr'lɛslɪçkaɪt] *f* seguridad *f,* fiabilidad *f,* formalidad *f*
Verlauf [fɛr'lauf] *m 1. (Ablauf)* curso *m,* transcurso *m; im ~* en el transcurso; *2. (Entwicklung)* desarrollo *m,* evolución *f; einen guten ~ nehmen* seguir buen curso
verlaufen [fɛr'laufən] *v irr 1. (ablaufen)* pasar, transcurrir; *2. (sich entwickeln)* desarrollarse, evolucionar; *3. sich ~* extraviarse, perderse
Verlaufsform [fɛr'laufsfɔrm] *f GRAMM* forma progresiva *f*
Verlautbarung [fɛr'lautbaːruŋ] *f* publicación *f,* notificación *f*
verlauten [fɛr'lautən] *v* correr la voz de que, saberse que
verleben [fɛr'leːbən] *v* pasar
verlebt [fɛr'leːpt] *adj (fig)* desgastado, decrépito
verlegen [fɛr'leːgən] *v 1. (Wohnsitz)* trasladar; *2. (Buch)* editar, publicar; *3. (Termin)* aplazar, postergar; *4. (verlieren)* extraviar, perder; *5. (Kabel) TECH* tender, colocar; *adj 6.* tímido, cohibido, vergonzoso, confundido; *um etw nie ~ sein* no estar nunca falto de algo; *7. (beschämt)* azorado
Verlegenheit [fɛr'leːgənhaɪt] *f 1.* timidez *f,* confusión *f; 2. (unangenehme Lage)* apuro *m;* dilema *m*
Verleger(in) [fɛr'leːgər(ɪn)] *m/f* editor(a) *m/f*
Verlegung [fɛr'leːguŋ] *f 1. (des Wohnsitzes)* traslado *m; 2. (eines Buches)* edición *f,* publicación *f; 3. (eines Termins)* aplazamiento *m,* postergación *f; 4. (eines Kabels) TECH* tendido *m,* colocación *f*
verleiden [fɛr'laɪdən] *v jdm etw ~* quitar a uno las ganas o gusto de algo
Verleih [fɛr'laɪ] *m* servicio de préstamo *m,* empresa de alquiler *f*
verleihen [fɛr'laɪən] *v irr 1. (borgen)* prestar; *2. (vermieten)* alquilar; *3. (Preis)* conceder, otorgar
Verleihung [fɛr'laɪuŋ] *f (Preisverleihung)* entrega *f,* otorgamiento *m; die Oscar~* la entrega del Oscar *f*
verleiten [fɛr'laɪtən] *v* inducir, instigar
verlernen [fɛr'lɛrnən] *v* desaprender, olvidar lo aprendido, perder la práctica
verlesen [fɛr'leːsən] *v irr 1. (vorlesen)* leer en voz alta; *2. (schlechte Stücke entfernen)* mondar y limpiar; *3. sich ~* equivocarse al leer
verletzbar [fɛr'lɛtsbaːr] *adj* vulnerable, susceptible
Verletzbarkeit [fɛr'lɛtsbaːrkaɪt] *f* vulnerabilidad *f,* susceptibilidad *f*
verletzen [fɛr'lɛtsən] *v 1. (verwunden)* herir, lesionar; *2. (fig: kränken)* ofender, humillar, herir; *3. (fig: übertreten)* infringir, faltar a, violar
verletzend [fɛr'lɛtsənt] *adj (fig)* hiriente, ofensivo
Verletzte(r) [fɛr'lɛtstə(r)] *m/f MED* herido/herida *m/f*
Verletzung [fɛr'lɛtsuŋ] *f 1. (Wunde)* herida *f,* lesión *f; 2. (fig: Kränkung)* ofensa *f; 3. (fig: Übertretung)* infracción *f,* falta *f,* violación *f*
Verletzungsgefahr [fɛr'lɛtsuŋsgəfaːr] *f MED* riesgo de herida *m*
verleugnen [fɛr'lɔygnən] *v* negar, rechazar, rebatir; *sich ~ lassen* mandar decir que uno no está en casa
verleumden [fɛr'lɔymdən] *v* calumniar, difamar
Verleumder(in) [fɛr'lɔymdər(ɪn)] *m/f* difamador(a) *m/f,* calumniador(a) *m/f*
Verleumdung [fɛr'lɔymduŋ] *f* calumnia *f,* difamación *f*
verlieben [fɛr'liːbən] *v sich ~* enamorarse
Verliebte(r) [fɛr'liːptə(r)] *m/f* enamorado/enamorada *m/f*
Verliebtheit [fɛr'liːpthaɪt] *f* carácter enamorado *m,* enamoramiento *m,* amor *m*
verlieren [fɛr'liːrən] *v irr* perder, extraviar; *Wir haben unsere Dokumente verloren.* Hemos perdido nuestros papeles. *die Orientierung ~* perder la brújula; *nichts zu ~ haben* no tener nada que perder
Verlierer(in) [fɛr'liːrər(ɪn)] *m/f* perdedor(a) *m/f*
Verlies [fɛr'liːs] *n* calabozo *m,* mazmorra *f*
verloben [fɛr'loːbən] *v sich ~* comprometerse
Verlobte(r) [fɛr'loːptə(r)] *m/f* prometido/prometida *m/f*
Verlobung [fɛr'loːbuŋ] *f* compromiso matrimonial *m*
verlocken [fɛr'lɔkən] *v* seducir, tentar

verlockend [fɛr'lɔkənt] *adj* seductor, tentador
Verlockung [fɛr'lɔkuŋ] *f* seducción *f*, tentación *f*
verlogen [fɛr'loːgən] *adj* *1. (Mensch)* mentiroso, embustero; *2. (Versprechung)* engañoso, falaz
Verlogenheit [fɛr'loːgənhaɪt] *f* carácter mentiroso *m*, mendacidad *f*
verloren [fɛr'loːrən] *adj* *1. (fig: vergeblich)* perdido, en vano; *~ gehen* perderse; *2. (einsam)* perdido, aislado
Verlorenheit [fɛr'loːrənhaɪt] *f* soledad *f*, desamparo *m*
verlosen [fɛr'loːzən] *v* sortear, rifar
Verlosung [fɛr'loːzuŋ] *f* sorteo *m*, rifa *f*
Verlust [fɛr'lust] *m* pérdida *f*
Verlustgeschäft [fɛr'lustgəʃɛft] *n* *ECO* negocio ruinoso *m*
Verlustliste [fɛr'lustlɪstə] *f* *MIL* lista de bajas *f*
vermachen [fɛr'maxən] *v* legar
Vermächtnis [fɛr'mɛçtnɪs] *n* legado *m*
vermählen [fɛr'mɛːlən] *v* *sich ~* casarse
Vermählung [fɛr'mɛːluŋ] *f* casamiento *m*, boda *f*
vermarkten [fɛr'marktən] *v* comercializar
Vermarktung [fɛr'marktuŋ] *f* comercialización *f*
vermehren [fɛr'meːrən] *v* *1.* aumentar, incrementar, acrecentar, engrosar; *2. (fortpflanzen)* propagarse, reproducirse, multiplicarse
vermehrt [fɛr'meːrt] *adj* aumentado
Vermehrung [fɛr'meːruŋ] *f* *1.* aumento *m*, incremento *m*; *2. (Fortpflanzung)* propagación *f*, reproducción *f*
vermeidbar [fɛr'maɪtbaːr] *adj* evitable, eludible
vermeiden [fɛr'maɪdən] *v irr* evitar, eludir
Vermeidung [fɛr'maɪduŋ] *f* evitación *f*
vermeintlich [fɛr'maɪntlɪç] *adj* supuesto, presunto
vermelden [fɛr'mɛldən] *v* informar de, anunciar
vermengen [fɛr'mɛŋən] *v* mezclar
Vermerk [fɛr'mɛrk] *m* nota *f*, anotación *f*, observación *f*, apunte *m*
vermerken [fɛr'mɛrkən] *v* anotar, observar, apuntar
vermessen [fɛr'mɛsən] *v irr* *1.* medir; *adj* *2.* audaz, osado, temerario
Vermessenheit [fɛr'mɛsənhaɪt] *f* audacia *f*, osadía *f*, temeridad *f*
vermieten [fɛr'miːtən] *v* dejar en alquiler, dejar en arriendo, alquilar
Vermieter(in) [fɛr'miːtər(ɪn)] *m/f* alquilador(a) *m/f*, dueño/dueña *m/f*
Vermietung [fɛr'miːtuŋ] *f* alquiler *m*, arriendo *m*
vermindern [fɛr'mɪndərn] *v* disminuir, reducir, aminorar
Verminderung [fɛr'mɪndəruŋ] *f* disminución *f*, reducción *f*
vermischen [fɛr'mɪʃən] *v* mezclar, combinar
Vermischung [fɛr'mɪʃuŋ] *f* mezcla *f*
vermissen [fɛr'mɪsən] *v* echar de menos, sentir la falta de, extrañar (LA)
Vermisste(r) [fɛr'mɪstə(r)] *m/f* desaparecido/desaparecido *m/f*
vermitteln [fɛr'mɪtəln] *v* procurar, proporcionar, facilitar
Vermittler(in) [fɛr'mɪtlər(ɪn)] *m/f* mediador(a) *m/f*, intermediario/intermediaria *m/f*
Vermittlung [fɛr'mɪtluŋ] *f* *1. (Vermitteln)* mediación *f*, intercesión *f*; *2. (Telefonvermittlung)* central telefónica *f*; *3. (Stellenvermittlung)* agencia de colocaciones *f*, bolsa de trabajo *f*
Vermittlungsgebühr [fɛr'mɪtluŋsgəbyːr] *f* comisión *f*
Vermittlungsstelle [fɛr'mɪtluŋsʃtɛlə] *f* centro de mediación *m*
vermodern [fɛr'moːdərn] *v* pudrirse, corromperse, descomponerse
vermögen [fɛr'møːgən] *v* poder, estar en condiciones de
Vermögen [fɛr'møːgən] *n* *1. (Können)* poder *m*, capacidad *f*, facultad *f*; *2. (Besitz)* fortuna *f*, bienes *m/pl*, patrimonio *m*
vermögend [fɛr'møːgənt] *adj* adinerado, pudiente, rico, platudo (LA)
Vermögensberater [fɛr'møːgənsbəraːtər] *m* consejero (asesor) patrimonial *m*
Vermögenssteuer [fɛr'møːgənsʃtɔyər] *f* impuestos sobre el patrimonio *m/pl*, contribución sobre la propiedad *f*, impuesto sobre los bienes muebles e inmuebles *m*
Vermögensverhältnisse [fɛr'møːgənsfɛrhɛltnɪsə] *n/pl* situación económica *f*, situación patrimonial *f*, situación financiera *f*
vermögenswirksam [fɛr'møːgənsvɪrkzaːm] *adj* *~e Leistungen* contribución del empresario a los planes de ahorro de sus empleados
vermummen [fɛr'mumən] *v* *sich ~* enmascararse, encapucharse

vermuten [fɛr'muːtən] *v* presumir, conjeturar, suponer
vermutlich [fɛr'muːtlɪç] *adj* presumible, presunto, supuesto, probable
Vermutung [fɛr'muːtuŋ] *f* presunción *f,* suposición *f,* supuesto *m*
vernachlässigen [fɛr'naːxlɛsɪgən] *v* descuidar, desatender
Vernachlässigung [fɛr'naxlɛsɪguŋ] *f* descuido *m,* negligencia *f*
vernarben [fɛr'narbən] *v MED* cicatrizarse
vernarrt [fɛr'nart] *adj* loco; *~ sein in* estar loco por
vernebeln [fɛr'neːbəln] *v (fig)* enturbiar
vernehmbar [fɛr'neːmbaːr] *adj* perceptible, audible
Vernehmen [fɛr'neːmən] *n dem ~ nach* según dicen, según se dice, al parecer
vernehmen [fɛr'neːmən] *v irr 1. (hören)* percibir, oír; *2. (verhören) JUR* interrogar, tomar declaración
vernehmlich [fɛr'neːmlɪç] *adj 1.* audible, perceptible; *adv 2. (laut)* en voz alta
Vernehmung [fɛr'neːmuŋ] *f JUR* interrogatorio *m,* toma de declaración *f*
vernehmungsfähig [fɛr'neːmuŋsfɛːɪç] *adj JUR* en estado de declarar, apto para prestar declaración
Vernehmungsprotokoll [fɛr'neːmuŋsprotokɔl] *n JUR* acta de interrogatorio *f/el*
verneigen [fɛr'naɪgən] *v sich ~* inclinarse, hacer una reverencia
Verneigung [fɛr'naɪguŋ] *f* inclinación *f,* reverencia *f*
verneinen [fɛr'naɪnən] *v 1. (Nein sagen)* negar, decir que no; *2. (ablehnen)* denegar, rechazar
Verneinung [fɛr'naɪnuŋ] *f 1. (Neinsagen)* negación *f,* negativa *f; 2. (Ablehnung)* denegación *f,* rechazo *m*
vernetzen [fɛr'nɛtsən] *v 1.* conectar; *2. INFORM* conectar a la red
Vernetzung [fɛr'nɛtsuŋ] *f 1.* conexión *f; 2. INFORM* conexión a la red *m*
vernichten [fɛr'nɪçtən] *v* destruir, aniquilar
vernichtend [fɛr'nɪçtənt] *adj* destructivo, destructor, aniquilador
Vernichtung [fɛr'nɪçtuŋ] *f* destrucción *f,* aniquilamiento *m*
verniedlichen [fɛr'niːdlɪçən] *v* minimizar, trivializar
vernieten [fɛr'niːtən] *v* remachar
Vernunft [fɛr'nunft] *f* razón *f,* cordura *f; ~ annehmen* entrar en razón; *zur ~ kommen* entrar en razón
vernünftig [fɛr'nynftɪç] *adj* razonable, cuerdo
vernünftigerweise [fɛr'nynftɪgərvaɪzə] *adv* razonablemente
veröden [fɛr'øːdən] *v 1. (Landschaft)* dejar desierto, devastar, desolar; *2. (Venen) MED* obliterar
veröffentlichen [fɛr'œfəntlɪçən] *v* publicar
Veröffentlichung [fɛr'œfəntlɪçuŋ] *f* publicación *f*
verordnen [fɛr'ɔrdnən] *v 1. (bestimmen)* mandar, ordenar; *2. MED* prescribir, recetar
Verordnung [fɛr'ɔrdnuŋ] *f 1. (Bestimmung)* mandato *m,* orden *m; 2. MED* prescripción *f,* receta *f*
verpachten [fɛr'paxtən] *v* arrendar, dar en arriendo
Verpächter(in) [fɛr'pɛçtər(ɪn)] *m/f* arrendador de áreas de cultivo/arrendadora de áreas de cultivo *m/f*
Verpachtung [fɛr'paxtuŋ] *f* arredamiento *m,* arriendo *m*
verpacken [fɛr'pakən] *v* embalar, envasar, empaquetar
Verpackung [fɛr'pakuŋ] *f* embalaje *m,* envase *m,* empaque *m*
verpassen [fɛr'pasən] *v 1. (versäumen)* perder, dejar pasar; *Ich habe den Zug verpasst.* Perdí el tren. *2. (fam: geben)* dar golpes, pegar a alguien, asestar un golpe a alguien; *jdm eine ~* dar a alguien un bofetón
verpatzen [fɛr'patsən] *v* estropear, echar a perder
verpesten [fɛr'pɛstən] *v (fig)* contaminar
Verpestung [fɛr'pɛstuŋ] *f (fig)* contaminación *f*
verpetzen [fɛr'pɛtsən] *v* delatar, soplar
verpfänden [fɛr'pfɛndən] *v* empeñar, pignorar
Verpfändung [fɛr'pfɛnduŋ] *f* empeño *m*
verpfeifen [fɛr'pfaɪfən] *v irr jdn ~ (fam)* delatar
verpflanzen [fɛr'pflantsən] *v 1.* trasplantar; *2. MED* injertar
verpflegen [fɛr'pfleːgən] *v* alimentar, dar de comer, abastecer
Verpflegung [fɛr'pfleːguŋ] *f* alimentación *f,* comida *f,* abastecimiento *m*
verpflichten [fɛr'pflɪçtən] *v* obligar, comprometer

verpflichtend [fɛr'pflɪçtənt] *adj* obligatorio
Verpflichtung [fɛr'pflɪçtuŋ] *f* obligación *f,* compromiso *m*
verpfuschen [fɛr'pfuʃən] *v (fam)* chapucear, hacer un trabajo a lo loco
verplappern [fɛr'plapərn] *v (fam) sich ~* irse de la lengua, hablar de más
verplempern [fɛr'plɛmpərn] *v (fam)* despilfarrar
verpönt [fɛr'pøːnt] *adj* mal visto
verprügeln [fɛr'pryːgəln] *v* dar una paliza, moler a palos, apalear
verpuffen [fɛr'pufən] *v 1.* hacer estallar; *2. (fig)* perderse, no dar resultado, ser nulo
verpulvern [fɛr'pulvərn] *v (fam)* gastar a lo loco, malgastar
Verputz [fɛr'puts] *m* enlucido *m,* revoque *m*
verputzen [fɛr'putsən] *v 1. (Mauer)* enlucir, revocar; *2. (fam: essen)* comer demasiado
verquicken [fɛr'kvɪkən] *v* unir, combinar
verquollen [fɛr'kvɔlən] *adj 1. (Augen)* hinchado; *2. (Holz)* hinchado por la humedad
verrammeln [fɛr'raməln] *v* atrancar
Verrat [fɛr'raːt] *m* traición *f*
verraten [fɛr'raːtən] *v irr* traicionar; *jdn ~* dar una puñalada en la espalda
Verräter(in) [fɛr'rɛːtər(ɪn)] *m/f* traidor(a) *m/f; ein ~ sein* ser un Judas
verräterisch [fɛr'rɛːtərɪʃ] *adj* traidor, traicionero
verrechnen [fɛr'rɛçnən] *v 1.* saldar, liquidar, abonar en cuenta; *2. sich ~* equivocarse en el cálculo
Verrechnungsscheck [fɛr'rɛçnuŋsʃɛk] *m* cheque cruzado *m,* cheque para abonar en cuenta *m,* cheque de compensación *m*
verreisen [fɛr'raɪzən] *v* irse de viaje, hacer un viaje
verrenken [fɛr'rɛŋkən] *v* dislocar, torcer
Verrenkung [fɛr'rɛŋkuŋ] *f* dislocación *f,* torcedura *f*
verrennen [fɛr'rɛnən] *v irr sich ~ (fig)* meterse en un callejón sin salida
verrichten [fɛr'rɪçtən] *v* realizar, ejecutar
verriegeln [fɛr'riːgəln] *v* cerrar con cerrojo, echar el cerrojo, bloquear
Verriegelung [fɛr'riːgəluŋ] *f* bloqueo *m*
verringern [fɛr'rɪŋərn] *v* disminuir, aminorar, reducir
Verringerung [fɛr'rɪŋəruŋ] *f* disminución *f,* reducción *f*
verrinnen [fɛr'rɪnən] *v irr* pasar, transcurrir
Verriss [fɛr'rɪs] *m THEAT* crítica despiadada *f*
verrosten [fɛr'rɔstən] *v CHEM* oxidarse, corroerse
verrotten [fɛr'rɔtən] *v* pudrirse, corromperse
verrucht [fɛr'ruːxt] *adj* infame, malvado, perverso
verrücken [fɛr'rykən] *v* cambiar de lugar, desplazar, remover
verrückt [fɛr'rykt] *adj 1.* loco, demente; *sich ~ benehmen* hacer el indio; *~ sein* faltarle a uno un tornillo/estar loco; *wie ~* como un loco (fam); *auf etw ~ sein* estar loco por algo/andar loco por algo; *~ spielen* volverse loco; *adv 2.* locamente, como loco
Verrücktheit [fɛr'rykthaɪt] *f* locura *f*
Verruf [fɛr'ruːf] *m* descrédito *m,* mala reputación *f,* mala fama *f; in ~ kommen* coger mala fama; *jdn in ~ bringen* poner mala fama a alguien
verrufen [fɛr'ruːfən] *adj* desacreditado, de mala reputación, de mala fama
verrühren [fɛr'ryːrən] *v* mezclar removiendo
verrußen [fɛr'ruːsən] *v* cubrirse de hollín
verrutschen [fɛr'rutʃən] *v* desprenderse, ladearse
Vers [fɛrs] *m* verso *m; sich auf etw keinen ~ machen können* no poder explicarse algo de ninguna manera; *~e schmieden* escribir versos, hacer poesía
versagen [fɛr'zaːgən] *v 1. (verweigern)* rehusar, denegar; *2. (scheitern)* fallar, no funcionar, fracasar; *3. (verzichten)* renunciar a, privarse de
Versagen [fɛr'zaːgən] *n 1. (Motor)* avería *f; 2.* fracaso *m; menschliches ~* fallo humano
Versager(in) [fɛr'zaːgər(ɪn)] *m/f (Person)* fracasado/fracasada *m/f*
versalzen [fɛr'zaltsən] *v 1. (Essen)* salar demasiado; *2. jdm etw ~* aguarle la fiesta a alguien
versammeln [fɛr'zaməln] *v* juntar, reunir
Versammlung [fɛr'zamluŋ] *f* junta *f,* asamblea *f,* reunión *f*
Versand [fɛr'zant] *m* envío *m,* despacho *m*
Versandhaus [fɛr'zanthaus] *n* empresa de ventas por correo/catálogo *f*
versäumen [fɛr'zɔymən] *v* faltar a, perder, desaprovechar; *Du hast nichts versäumt.* No has perdido nada.

Versäumnis [fɛr'zɔymnɪs] *n* *1. (Unterlassung)* omisión *f*; *2. (Verspätung)* tardanza *f*, demora *f*
verschaffen [fɛr'ʃafən] *v* procurar, proporcionar, facilitar
verschämt [fɛr'ʃɛːmt] *adj* recatado, pudoroso, vergonzoso
verschandeln [fɛr'ʃandəln] *v* estropear, maltratar, deteriorar
verschanzen [fɛr'ʃantsən] *v* *1. MIL* atrincherarse, parapetarse; *2. sich hinter etw ~* escudarse detrás de algo
verschärfen [fɛr'ʃɛrfən] *v* agravar, agudizar, intensificar
Verschärfung [fɛr'ʃɛrfuŋ] *f* agravación *f*, agudización *f*
verscharren [fɛr'ʃarən] *v* *(fam)* enterrar
verschätzen [fɛr'ʃɛtsən] *v* *sich ~* equivocarse en la estimación
verschenken [fɛr'ʃɛŋkən] *v* dar, regalar, obsequiar
verscheuchen [fɛr'ʃɔyçən] *v* ahuyentar, espantar
verschicken [fɛr'ʃɪkən] *v* enviar, mandar, expedir, remitir
verschieben [fɛr'ʃiːbən] *v irr* *1. (verrücken)* cambiar de lugar, cambiar de sitio; *2. (aufschieben)* aplazar, dejar para después, postergar
Verschiebung [fɛr'ʃiːbuŋ] *f* *1. (von Möbeln)* desplazamiento *m*; *2. (eines Termins)* aplazamiento *m*, postergación *f*
verschieden [fɛr'ʃiːdən] *adj* diferente, distinto, variado
verschiedenartig [fɛr'ʃiːdənartɪç] *adj* variado, heterogéneo, dispar
Verschiedenartigkeit [fɛr'ʃiːdənartɪçkaɪt] *f* variedad *f*, heterogeneidad *f*, disparidad *f*
Verschiedenheit [fɛr'ʃiːdənhaɪt] *f* diferencia *f*, diversidad *f*
verschiedentlich [fɛr'ʃiːdəntlɪç] *adj* *1.* diferente; *adv* *2.* repetidas veces, en diferentes ocasiones
verschiffen [fɛr'ʃɪfən] *v* embarcar
Verschiffung [fɛr'ʃɪfuŋ] *f* embarque *m*
verschimmeln [fɛr'ʃɪməln] *v* *BIO* enmohecerse
verschlafen [fɛr'ʃlaːfən] *v irr* *1.* quedarse dormido; *Sie hat ~.* A ella se le pegaron las sábanas. *2. (fam: versäumen)* perder, olvidar; *adj* *3.* medio dormido, soñoliento
Verschlag [fɛr'ʃlaːk] *m* barraca *f*, cobertizo *m*, choza *f*
verschlagen [fɛr'ʃlaːgən] *adj* astuto, taimado
Verschlagenheit [fɛr'ʃlaːgənhaɪt] *f* astucia *f*, maña *f*
verschlampen [fɛr'ʃlampən] *v* *(fam)* descuidar, dejarse ir
verschlechtern [fɛr'ʃlɛçtərn] *v* empeorar, desmejorar, agravar
Verschlechterung [fɛr'ʃlɛçtəruŋ] *f* empeoramiento *m*
verschleiern [fɛr'ʃlaɪərn] *v* velar, cubrir con un velo
Verschleiß [fɛr'ʃlaɪs] *m* desgaste *m*, deterioro *m*, fricción *f*
verschleißen [fɛr'ʃlaɪsən] *v* desgastar, usar en exceso
Verschleißerscheinung [fɛr'ʃlaɪsɛrʃaɪnuŋ] *f* signo de desgaste *m*
verschleppen [fɛr'ʃlɛpən] *v* *1.* arrastrar; *2. (entführen)* secuestrar, raptar; *3. (verbreiten)* propagar; *4. (in die Länge ziehen)* retardar
verschleudern [fɛr'ʃlɔydərn] *v* desperdiciar, despilfarrar
verschließbar [fɛr'ʃliːsbaːr] *adj* con cierre, con llave
verschließen [fɛr'ʃliːsən] *v irr* cerrar
verschlimmern [fɛr'ʃlɪmərn] *v* *1. etw ~* empeorar algo, agravar algo, desmejorar algo; *2. sich ~* empeorarse, agravarse
Verschlimmerung [fɛr'ʃlɪməruŋ] *f* empeoramiento *m*, agravamiento *m*
verschlossen [fɛr'ʃlɔsən] *adj* *(fig)* reservado, taciturno, poco comunicativo
Verschlossenheit [fɛr'ʃlɔsənhaɪt] *f* reserva *f*, introversión *f*
verschlucken [fɛr'ʃlukən] *v* *1. (etw ~)* tragar, ingerir, deglutir, pasar de largo; *2. sich ~* atragantarse, atorarse
Verschluss [fɛr'ʃlus] *m* cierre *m*
verschlüsseln [fɛr'ʃlysəln] *v* cifrar, codificar
Verschlusskappe [fɛr'ʃluskapə] *f* *1.* caperuza *f*, cubierta *f*; *2. (Schraubverschluss)* tapa de rosca *f*
verschmähen [fɛr'ʃmɛːən] *v* rechazar, no aceptar, rehusar
verschmelzen [fɛr'ʃmɛltsən] *v* fundir
Verschmelzung [fɛr'ʃmɛltsuŋ] *f* fundición *f*
verschmerzen [fɛr'ʃmɛrtsən] *v* consolarse de una pérdida
verschmitzt [fɛr'ʃmɪtst] *adv* *1.* pícaramente, con picardía; *adj* *2.* pícaro, socarrón

verschmutzen [fɛr'ʃmutsən] *v* ensuciar, contaminar
Verschmutzung [fɛr'ʃmutsuŋ] *f* contaminación *f,* ensuciamiento *m*
verschnaufen [fɛr'ʃnaufən] *v* tomar aliento, respirar un poco
Verschnaufpause [fɛr'ʃnaufpauzə] *f* pausa para tomar aliento *f*
verschneit [fɛr'ʃnaɪt] *adj* cubierto de nieve
verschnupft [fɛr'ʃnupft] *adj 1. ~ sein* estar resfriado; *2. ~ sein (fig: eingeschnappt sein)* estar de mal humor
verschollen [fɛr'ʃɔlən] *adj* desaparecido
verschonen [fɛr'ʃoːnən] *v* librar de, preservar de, salvar de
verschönern [fɛr'ʃøːnərn] *v* embellecer, hermosear
Verschönerung [fɛr'ʃøːnəruŋ] *f* embellecimiento *m,* hermoseamiento *m*
verschossen [fɛr'ʃɔsən] *adj 1. (Farbe)* descolorido, desteñido; *2. in jdn ~ sein (fam)* estar chalado por alguien
verschränken [fɛr'ʃrɛŋkən] *v* cruzar
verschreiben [fɛr'ʃraɪbən] *v irr 1. (verordnen)* prescribir, recetar; *2. sich ~* equivocarse al escribir; *3. (fig: widmen) sich ~* entregarse, consagrarse
verschreibungspflichtig [fɛr'ʃraɪbuŋspflɪçtɪç] *adj MED* de receta obligatoria, con receta médica
verschroben [fɛr'ʃroːbən] *adj* embrollado, confuso
verschrotten [fɛr'ʃrɔtən] *v* desguazar, echar al hierro viejo
Verschrottung [fɛr'ʃrɔtuŋ] *f* desguace *m*
verschüchtern [fɛr'ʃyçtərn] *v* intimidar
verschüchtert [fɛr'ʃyçtərt] *adj* tímido, intimidado
Verschulden [fɛr'ʃuldən] *n* culpa *f,* causa *f*
verschulden [fɛr'ʃuldən] *v 1. (verursachen)* causar, tener la culpa de, ser el causante; *2. ECO* endeudarse, contraer deudas
Verschuldung [fɛr'ʃulduŋ] *f ECO* deudas *f/pl,* endeudamiento *m*
verschütten [fɛr'ʃytən] *v* derramar, verter, echar (LA)
verschwägert [fɛr'ʃvɛːgərt] *adj mit jdm ~ sein* ser cuñado de alguien
verschweigen [fɛr'ʃvaɪgən] *v irr* callar, guardar silencio
verschwenden [fɛr'ʃvɛndən] *v* prodigar, derrochar, despilfarrar; *Geld ~* echar la casa por la ventana
Verschwender(in) [fɛr'ʃvɛndər(ɪn)] *m/f* pródigo/pródiga *m/f,* derrochador(a) *m/f*
Verschwendung [fɛr'ʃvɛnduŋ] *f* prodigalidad *f,* derroche *m,* despilfarro *m*
verschwiegen [fɛr'ʃviːgən] *adj* discreto, reservado
Verschwiegenheit [fɛr'ʃviːgənhaɪt] *f* discreción *f,* reserva *f*
verschwinden [fɛr'ʃvɪndən] *v irr* desaparecer, esfumarse
Verschwinden [fɛr'ʃvɪndən] *n* desaparición *f*
verschwommen [fɛr'ʃvɔmən] *adj* borroso, difuminado, nebuloso
verschworen [fɛr'ʃvoːrən] *adj* conjurado
verschwören [fɛr'ʃvøːrən] *v irr sich ~* conspirar, conjurar
Verschwörer(in) [fɛr'ʃvøːrər(ɪn)] *m/f* conspirador(a) *m/f*
Verschwörung [fɛr'ʃvøːruŋ] *f* conspiración *f,* conjuración *f*
versehen [fɛr'zeːən] *v irr 1. (erfüllen, ausüben) (Dienst)* ejercer, desempeñar; *2. (Amt)* cumplir; *3. etw mit etw ~* datar algo de algo, poner algo en algo; *einen Brief mit dem Datum ~* poner fecha a una carta; *4. jdn mit etw ~* proveer a uno de algo; *5. jdn ~ REL* administrar a alguien los sacramentos; *6. sich ~* equivocarse; *7. sich es ~* descuidarse
Versehen [fɛr'zeːən] *n* inadvertencia *f,* descuido *m*
versehentlich [fɛr'zeːəntlɪç] *adv* por descuido, por inadvertencia
Versehrte(r) [fɛr'zeːrtə(r)] *m/f* inválido/inválida *m/f*
versenden [fɛr'zɛndən] *v* enviar, remitir, expedir, despachar
Versendung [fɛr'zɛnduŋ] *f* envío *m,* expedición *f,* despacho *m*
versengen [fɛr'zɛŋən] *v* chamuscar
versenken [fɛr'zɛŋkən] *v 1. (Schiff)* hundir, echar a pique; *2. sich ~ in etw* enfrascarse en algo, sumergirse en
Versenkung [fɛr'zɛŋkuŋ] *f 1. (eines Schiffes)* hundimiento *m; 2. (fig: ~ in etw)* enfrascamiento *m; in der ~ verschwinden* desaparecer sin dejar rastro
versessen [fɛr'zɛsən] *adj* loco, encaprichado
versetzen [fɛr'zɛtsən] *v 1. (Beamter) ~ nach* trasladar, destinar a, destacar (LA); *2. (Schüler)* hacer pasar al curso siguiente; *3. (verpfänden)* empeñar, pignorar; *4. (fig) jdn ~* dar un plantón a alguien, dejar plantado; *Es*

wurden ihm vier Dolchstiche versetzt. Le dieron cuatro puñaladas.

Versetzung [fɛr'zɛtsuŋ] *f 1. (Beamtenversetzung)* traslado *m; 2. (Schülerversetzung)* paso al curso siguiente *m; 3. (Verpfändung)* empeño *m,* pignoración *f*

verseuchen [fɛr'zɔyçən] *v* infestar, contaminar

versichern [fɛr'zɪçərn] *v* asegurar

Versicherte(r) [fɛr'zɪçərtə(r)] *m/f* asegurado/asegurada *m/f*

Versicherung [fɛr'zɪçəruŋ] *f* seguro *m*

Versicherungsagent [fɛr'zɪçəruŋsagɛnt] *m* agente de seguros *m*

Versicherungsbetrug [fɛr'zɪçəruŋsbətruːk] *m* estafa de seguro *f*

Versicherungsfall [fɛr'zɪçəruŋsfal] *m* ocurrencia del riesgo *f,* contingencia asegurada *f,* situación de siniestro *f*

Versicherungskauffrau [fɛr'zɪçəruŋskauffrau] *f* agente de seguros *f*

Versicherungskaufmann [fɛr'zɪçəruŋskaufman] *m* agente de seguros *m*

Versicherungspolice [fɛr'zɪçəruŋspoliːsə] *f* póliza de seguros *f*

Versicherungsschutz [fɛr'zɪçəruŋsʃuts] *m* cobertura de seguro *f,* seguro *m,* protección de seguro *f*

versickern [fɛr'zɪkərn] *v* rezumarse, filtrarse

versiegeln [fɛr'ziːgəln] *v 1.* sellar; *2. (mit Siegellack)* lacrar

Versiegelung [fɛr'ziːgəluŋ] *f* selladura *f*

versiert [vɛr'ziːrt] *adj* versado

versilbern [fɛr'zɪlbərn] *v 1.* platear; *2. (fam: verkaufen)* vender

versinken [fɛr'zɪŋkən] *v irr 1. (unterm Wasserspiegel)* hundirse, sumergirse; *2. (Schiff)* naufragar, irse a pique, zozobrar, hundirse; *3. (fig)* abandonarse por completo a, enfrascarse en, sumergirse en; *in Gedanken ~* ensimismarse

versinnbildlichen [fɛr'zɪnbɪltlɪçən] *v* simbolizar

Version [vɛr'zjoːn] *f* versión *f*

versklaven [fɛr'sklaːvən] *v* esclavizar

Versmaß ['fɛrsmaːs] *n LIT* medida del verso *f,* metro *m*

versöhnen [fɛr'zøːnən] *v 1. (Gegner)* reconciliar(se), amistarse; *2. (sich ~ mit)* hacer las paces; *3. (besänftigen)* desenojar, sosegar

versöhnlich [fɛr'zøːnlɪç] *adj* conciliante, conciliador

Versöhnung [fɛr'zøːnuŋ] *f* reconciliación *f*

versorgen [fɛr'zɔrgən] *v 1. (unterhalten)* mantener, sustentar; *2. (beschaffen)* abastecer, proveer, aprovisionar; *3. (pflegen)* cuidar de, atender a, ocuparse de

Versorgung [fɛr'zɔrguŋ] *f 1. (Unterhalt)* sustento *m,* manutención *f; 2. (Beschaffung)* provisión *f,* abastecimiento *m,* aprovisionamiento *m; 3. (Pflege)* cuidados *m/pl*

verspannt [fɛr'ʃpant] *adj MED* tenso

Verspannung [fɛr'ʃpanuŋ] *f MED* arriostramiento *m*

verspäten [fɛr'ʃpɛːtən] *v sich ~* retrasarse, atrasarse, llegar tarde

Verspätung [fɛr'ʃpɛːtuŋ] *f* retraso *m; Hat die Maschine ~?* ¿Tiene retraso el avión?

versperren [fɛr'ʃpɛrən] *v 1.* obstruir, bloquear, cortar; *2. (Aussicht)* quitar, estorbar; *3. jdm den Weg ~* cerrar el paso a alguien

verspielen [fɛr'ʃpiːlən] *v bei jdm verspielt haben* haber terminado para alguien

verspielt [fɛr'ʃpiːlt] *adj* juguetón *m*

verspotten [fɛr'spɔtən] *v* burlarse, mofarse

Verspottung [fɛr'ʃpɔtuŋ] *f* burla *f,* mofa *f*

Versprechen [fɛr'ʃprɛçən] *n* promesa *f*

versprechen [fɛr'ʃprɛçən] *v 1. (sein Wort geben)* prometer, dar la palabra; *2. sich ~* equivocarse al hablar, cometer un lapsus linguae

Versprecher [fɛr'ʃprɛçər] *m* lapsus linguae *m*

Versprechung [fɛr'ʃprɛçuŋ] *f* promesa *f,* aseguramiento *m,* gran promesa *f*

verspüren [fɛr'ʃpyːrən] *v* notar, sentir, percibir

verstaatlichen [fɛr'ʃtaːtlɪçən] *v* nacionalizar

Verstaatlichung [fɛr'ʃtaːtlɪçuŋ] *f POL* nacionalización *f,* estatificación *f*

Verstand [fɛr'ʃtant] *m* inteligencia *f,* entendimiento *m,* intelecto *m; Das geht über meinen ~!* ¡No lo comprendo!/¡No me entra! *jdm den ~ rauben* hacer perder a alguien la razón; *Da bleibt einem doch der ~ stehen!* ¡Me parece algo incomprensible!

verständig [fɛr'ʃtɛndɪç] *adj* razonable

verständigen [fɛr'ʃtɛndɪgən] *v jdn ~* avisar a alguien, informar a alguien, hacer saber algo a alguien; *sich mit Händen und Füßen ~* hablar con manos y pies

Verständigung [fɛr'ʃtɛndɪguŋ] *f* aviso *m,* información *f*

verständlich [fɛrˈʃtɛntlɪç] *adj* comprensible, claro, fácil de comprender
verständlicherweise [fɛrˈʃtɛntlɪçərvaɪzə] *adv* comprensiblemente
Verständlichkeit [fɛrˈʃtɛndlɪçkaɪt] *f* comprensibilidad *f,* inteligibilidad *f*
Verständnis [fɛrˈʃtɛntnɪs] *n 1.* comprensión *f; 2. (Mitgefühl)* sentido *m*
verständnislos [fɛrˈʃtɛntnɪsloːs] *adj* incomprensivo
Verständnislosigkeit [fɛrˈʃtɛntnɪsloːzɪçkaɪt] *f* incompresión *f*
verständnisvoll [fɛrˈʃtɛntnɪsfɔl] *adj* comprensivo, lleno de comprensión
verstärken [fɛrˈʃtɛrkən] *v 1.* reforzar, fortalecer; *2. (fig)* aumentar, acrecentar, incrementar
Verstärker [fɛrˈʃtɛrkər] *m TECH* amplificador *m,* reforzador *m*
Verstärkung [fɛrˈʃtɛrkuŋ] *f* refuerzo *m,* incremento *m*
verstauben [fɛrˈʃtaubən] *v* cubrirse de polvo
verstauchen [fɛrˈʃtauxən] *v (Gelenk)* torcerse, dislocarse
Verstauchung [fɛrˈʃtauxuŋ] *f MED* torcedura *f,* dislocación *f*
verstauen [fɛrˈʃtauən] *v* colocar, arrumar, amontonar
Versteck [fɛrˈʃtɛk] *n* escondite *m,* escondrijo *m,* guarida *f; ~ spielen* ocultar las intenciones
verstecken [fɛrˈʃtɛkən] *v* esconder, ocultar; *sich neben jdm ~ müssen* no poder compararse con alguien; *sich vor jdm nicht zu ~ brauchen* poder compararse con alguien
Versteckspiel [fɛrˈʃtɛkʃpiːl] *n* juego del escondite *m,* escondidas *f/pl* (LA)
Verstehen [fɛrˈʃteːən] *n* comprensión *f*
verstehen [fɛrˈʃteːən] *v irr* entender, comprender; *Ich kann nicht ~, dass sie so grausam sein kann.* No me cabe en la cabeza, que ella pueda ser tan cruel. *jdm etw zu ~ geben* dar a entender algo a alguien; *Das versteht sich von selbst.* Eso se sobrentiende./Por supuesto. *Ich verstehe nichts.* No entiendo nada. *Was ~ Sie darunter?* ¿Qué entiende usted de eso?
versteifen [fɛrˈʃtaɪfən] *v 1. sich ~* ponerse tieso; *2. sich ~ auf* insistir en, obstinarse en
versteigern [fɛrˈʃtaɪgərn] *v* subastar, vender en subasta pública, rematar (LA)
Versteigerung [fɛrˈʃtaɪgəruŋ] *f* subasta *f,* remate *m* (LA)
versteinert [fɛrˈʃtaɪnərt] *adj 1.* petrificado; *2. (fig)* petrificado, atónito, helado
verstellbar [fɛrˈʃtɛlbaːr] *adj* graduable, ajustable, regulable
verstellen [fɛrˈʃtɛlən] *v 1.* cambiar de sitio, trasladar; *2. (regulieren)* regular, ajustar, graduar; *3. (fig) sich ~* disimular, simular, fingir
versteuern [fɛrˈʃtɔyərn] *v FIN 1. (Steuerzahler)* pagar impuestos por; *2. (Staat)* gravar con impuesto, poner un impuesto sobre
verstimmen [fɛrˈʃtɪmən] *v 1.* desafinar, destemplar; *2. sich ~* disgustarse, contrariarse
verstimmt [fɛrˈʃtɪmt] *adj 1. MUS* desafinado, destemplado; *2. (fig)* disgustado, malhumorado
Verstimmung [fɛrˈʃtɪmuŋ] *f 1. MUS* desafinación *f; 2. (einer Person)* mal humor *m*
verstockt [fɛrˈʃtɔkt] *adj* obstinado, tozudo, impenitente
verstohlen [fɛrˈʃtoːlən] *adj 1.* furtivo, clandestino, disimulado; *adv 2.* furtivamente, a hurtadillas, de soslayo
verstopfen [fɛrˈʃtɔpfən] *v* obstruir, tapar, taponar
Verstopfung [fɛrˈʃtɔpfuŋ] *f 1.* obstrucción *f,* obturación *f,* atoro *m; 2. MED* estreñimiento *m*
Verstorbene(r) [fɛrˈʃtɔrbənə(r)] *m/f* difunto/difunta *m/f,* finado/finada *m/f,* muerto/muerta *m/f*
verstören [fɛrˈʃtøːrən] *v* perturbar, conturbar
verstört [fɛrˈʃtøːrt] *adj* turbado, conturbado, aturdido
Verstoß [fɛrˈʃtoːs] *m* falta *f,* infracción *f,* violación *f*
verstoßen [fɛrˈʃtoːsən] *v 1. (verjagen)* expulsar, echar; *2. (zuwiderhandeln)* faltar a, contravenir a, infringir algo
verstreichen [fɛrˈʃtraɪçən] *v irr 1. (vergehen)* expirar, vencer; *2. (etw ~)* tapar, llenar con; *3. (Salbe)* untar; *4. (verbrauchen)* gastar, agotar
verstreuen [fɛrˈʃtrɔyən] *v* dispersar, diseminar, desparramar, esparcir
verstricken [fɛrˈʃtrɪkən] *v (fig) sich ~ in* enredarse en, meterse en
verstümmeln [fɛrˈʃtyməln] *v* mutilar, cercenar
Verstümmelung [fɛrˈʃtyməluŋ] *f* mutilación *f,* cercenación *f*
Versuch [fɛrˈzuːx] *m 1.* ensayo *m,* prueba *f,* intento *m; Beim nächsten ~ klappt es*

bestimmt. A la tercera va la vencida. *2. (Experiment)* experimento *m*

versuchen [fɛr'zuːxən] *v 1.* tratar de, probar, intentar, ensayar; *2. (kosten)* probar, saborear

Versuchskaninchen [fɛr'zuːxskaniːnçən] *n (fig)* conejillo de indias *m*

Versuchsmodell [fɛr'zuːxsmɔdəl] *n* modelo experimental *m*

Versuchsperson [fɛr'zuːxspɛrzoːn] *f* persona sujeta a experimentación *f*

versuchsweise [fɛr'zuːxsvaɪzə] *adv* a modo de prueba, experimentalmente

Versuchung [fɛr'zuːxuŋ] *f* tentación *f; einer ~ nicht widerstehen können* no poder resistir una tentación

versündigen [fɛr'zyndɪgəen] *v sich ~ an* pecar contra

versunken [fɛr'zuŋkən] *adj (fig)* absorto en, abstraído en, ensimismado

versüßen [fɛr'zyːsən] *v* endulzar

Vertäfelung [fɛr'tɛːfəluŋ] *f* paneles *m/pl,* artesonado *m*

vertagen [fɛr'taːgən] *v* aplazar, postergar

vertauschen [fɛr'tauʃən] *v* cambiar, sustituir

verteidigen [fɛr'taɪdɪgən] *v* defender, asumir la defensa

Verteidiger(in) [fɛr'taɪdɪgər(ɪn)] *m/f JUR* defensor(a) *m/f,* abogado defensor/abogada defensora *m/f*

Verteidigung [fɛr'taɪdɪguŋ] *f* defensa *f,* justificación *f*

Verteidigungsminister(in) [fɛr'taɪdiːguŋsmɪnɪstər(ɪn)] *m/f POL* ministro/ministra de defensa *m/f*

Verteidigungsministerium [fɛr'taɪdɪguŋsmɪnɪsteːrjum] *n POL* Ministerio de Defensa *m*

verteilen [fɛr'taɪlən] *v 1. (austeilen)* distribuir, repartir, dar; *2. (aufteilen)* repartir proporcionalmente

Verteiler [fɛr'taɪlər] *m 1. (beim Auto)* distribuidor *m; 2. (von Zeitschriften)* repartidor *m*

Verteilerkasten [fɛr'taɪlərkastən] *m TECH* caja de distribución *m*

Verteilung [fɛr'taɪluŋ] *f 1. (Austeilen)* distribución *f; 2. (Verteilen)* reparto *m,* repartición *f*

Verteilungsschlüssel [fɛr'taɪluŋsʃlysəl] *m* cuadro de distribución *m*

Verteuerung [fɛr'tɔyəruŋ] *f* encarecimiento *m*

verteufeln [fɛr'tɔyfəln] *v* demonizar, satanizar

vertiefen [fɛr'tiːfən] *v 1.* ahondar, profundizar; *2. (Wissen)* intensificar, profundizar

Vertiefung [fɛr'tiːfuŋ] *f 1. (im Boden)* excavación *f,* depresión *f; 2. (einer Freundschaft)* profundización *f*

vertikal [vɛrtɪ'kaːl] *adj* vertical

Vertikale [vɛrtɪ'kaːlə] *f* vertical *f*

vertilgen [fɛr'tɪlgən] *v 1. (vernichten)* exterminar, destruir, extinguir; *2. (fig: essen)* comerse todo

vertippen [fɛr'tɪpən] *v 1. sich ~ (auf der Schreibmaschine)* pulsar la tecla equivocada; *2. sich ~ (bei einer Wette)* fallar, errar

vertonen [fɛr'toːnən] *v* poner música a

Vertrag [fɛr'traːk] *m 1. ECO* contrato *m; 2. POL* tratado *m,* pacto *m,* convenio *m*

vertragen [fɛr'traːgən] *v irr 1. etw ~* tolerar, resistir; *2. sich ~* entenderse bien, congeniar, vivir en armonía

vertraglich [fɛr'traːklɪç] *adj* contractual

verträglich [fɛr'trɛːklɪç] *adj 1. (umgänglich)* tratable, sociable, asequible; *2. (bekömmlich)* digerible, digestible, tolerable

Verträglichkeit [fɛr'trɛːklɪçkaɪt] *f 1. (Umgänglichkeit)* trato afable *m,* sociabilidad *f; 2. (Bekömmlichkeit)* tolerancia *f*

Vertragsabschluss [fɛr'traːksapʃlus] *m ECO* conclusión del contrato *f,* celebración de un contrato *f*

Vertragsbruch [fɛr'traːksbrux] *m JUR* ruptura de contrato *f,* violación de contrato *f*

Vertragsgegenstand [fɛr'traːksgeːgənʃtant] *m ECO* objeto del contrato *m*

Vertragspartner [fɛr'traːkspartnər] *m ECO* contratante *m,* parte contratante *f*

Vertragsstrafe [fɛr'traːksʃtraːfə] *f JUR* pena convencional *f*

vertragswidrig [fɛr'traːksviːdrɪç] *adj JUR* contrario al contrato

vertrauen [fɛr'trauən] *v* confiar, tener confianza en; *jdm ~* fiarse de alguien

Vertrauen [fɛr'trauən] *n* confianza *f; ~ erweckend* que inspira confianza, confiable, fiable

vertrauensbildend [fɛr'trauənsbɪldənt] *adj* inspirador de confianza

Vertrauensbruch [fɛr'trauənsbrux] *m* violación de la confianza *f*

Vertrauensfrage [fɛr'trauənsfraːgə] *f POL* cuestión de confianza *f*

vertrauensselig [fɛr'trauənszeːlɪç] *adj* confiado

vertrauensvoll [fɛr'trauənsfɔl] *adj* confiado, lleno de confianza
vertraulich [fɛr'traulɪç] *adj* confidencial
Vertraulichkeit [fɛr'traulɪçkaɪt] *f* confidencia *f*, carácter confidencial *m*
verträumt [fɛr'trɔymt] *adj* soñador
vertraut [fɛr'traut] *adj* familiar, íntimo
Vertrautheit [fɛr'trauthaɪt] *f* familiaridad *f*, intimidad *f*
vertreiben [fɛr'traɪbən] *v* *1. (verjagen)* echar de, expulsar de; *2. (Zeit)* pasar el tiempo, distraerse; *3. (verkaufen) ECO* vender, distribuir
Vertreibung [fɛr'traɪbuŋ] *f* expulsión *f*, destierro *m*
vertretbar [fɛr'treːtbaːr] *adj* justificable
Vertretbarkeit [fɛr'treːtbaːrkaɪt] *f* defendibilidad *f*
vertreten [fɛr'treːtən] *v 1. (repräsentieren)* representar; *2. (ersetzen)* sustituir, reemplazar, suplir; *3. (verteidigen)* defender, sustentar, salvaguardar
Vertreter(in) [fɛr'treːtər(ɪn)] *m/f 1. (Stellvertreter(in))* sustituto *m/f*, suplente *m/f; 2. (Verfechter(in))* defensor(a) *m/f; 3. (Repräsentant(in))* representante *m/f*
Vertretung [fɛr'treːtuŋ] *f 1. (Repräsentanz)* representación *f; 2. (Stellvertretung)* sustitución *f*, suplencia *f; 3. (Vertreten)* sustentación *f*
Vertrieb [fɛr'triːp] *m ECO* venta *f*, distribución *f*
Vertriebsgesellschaft [fɛr'triːpsgəzɛlʃaft] *f ECO* compañía distribuidora *f*
vertrocknen [fɛr'trɔknən] *v* desecarse, marchitarse
vertrösten [fɛr'trøːstən] *v* dar esperanzas a alguien, consolar dando esperanzas
vertun [fɛr'tuːn] *v irr 1. (verschwenden)* malgastar, desperdiciar; *2. sich ~* equivocarse
vertuschen [fɛr'tuʃən] *v* disimular, ocultar, encubrir, tapar
verübeln [fɛr'yːbəln] *v* tomar a mal
verüben [fɛr'yːbən] *v 1.* cometer, hacer; *Perico hat Selbstmord verübt.* Perico se suicidó. *2. (Verbrechen)* perpetrar, cometer; *3. (Attentat)* atentar; *Die Terroristen haben ein Attentat auf den Minister verübt.* Los terroristas atentaron contra el ministro.
verunglimpfen [fɛr'unglɪmpfən] *v* denigrar, calumniar, desacreditar
verunglücken [fɛr'unglykən] *v* sufrir un accidente, ser víctima de un accidente
Verunglückte(r) [fɛr'unglyktə(r)] *m/f* víctima de un accidente *f*, accidentado/accidentada *m/f*
verunreinigen [fɛr'unraɪnɪgən] *v* manchar, ensuciar
Verunreinigung [fɛr'unraɪnɪguŋ] *f* suciedad *f*, impureza *f*, ensuciamiento *m*
verunsichern [fɛr'unzɪçərn] *v* confundir, desconcertar, hacer inseguro
Verunsicherung [fɛr'unzɪçəruŋ] *f* confusión *f*, desconcierto *m*, inseguridad *f*
verunstalten [fɛr'unʃtaltən] *v* desfigurar, deformar, afear
veruntreuen [fɛr'untrɔyən] *v* desfalcar, malversar, defraudar
Veruntreuung [fɛr'untrɔyuŋ] *f* desfalco *m*, malversación de fondos *f*, defraudación *f*
verursachen [fɛr'uːrzaxən] *v* causar, motivar, originar, ocasionar
Verursacher(in) [fɛr'uːrzaxər(ɪn)] *m/f* causante *m/f*, autor(a) *m/f*
verurteilen [fɛr'urtaɪlən] *v* condenar
Verurteilte(r) [fɛr'urtaɪltə(r)] *m/f JUR* reo convicto/rea convicta *m/f*, procesado/procesada *m/f*, condenado/condenada *m/f*
Verurteilung [fɛr'urtaɪluŋ] *f* condena *f*
vervielfältigen [fɛr'fiːlfɛltɪgən] *v* reproducir, copiar
Vervielfältigung [fɛr'fiːlfɛltɪguŋ] *f* reproducción *f*
vervollkommnen [fɛr'fɔlkɔmnən] *v* perfeccionar, mejorar
vervollständigen [fɛr'fɔlʃtɛndɪgən] *f* completar, complementar, rematar
Vervollständigung [fɛr'fɔlʃtɛndɪguŋ] *f* acción de completar *f*
verwahren [fɛr'vaːrən] *v* guardar, custodiar
verwahrlost [fɛr'vaːrloːst] *adj* abandonado, descuidado
Verwahrlosung [fɛr'vaːrloːzuŋ] *f* abandono *m*, desamparo *m*
Verwahrung [fɛr'vaːruŋ] *f* custodia *f*, depósito *m; etw in ~ nehmen* tomar algo en custodia/tomar algo en depósito
verwaist [fɛr'vaɪst] *adj* huérfano
verwalten [fɛr'valtən] *v* administrar
Verwalter(in) [fɛr'valtər(ɪn)] *m/f* administrador(a) *m/f*
Verwaltung [fɛr'valtuŋ] *f* administración *f*
Verwaltungsgericht [fɛr'valtuŋsgərɪçt] *n JUR* Tribunal Contencioso-Administrativo *m*

Verwaltungsrat [fɛr'valtuŋsraːt] *m ECO* consejo de administración *m,* consejo administrativo *m*
verwandeln [fɛr'vandəln] *v* cambiar, transformar, convertir, metamorfosear
Verwandlung [fɛr'vandluŋ] *f 1.* transformación *f,* cambio *m,* conversión *f; 2. (der Hostie) REL* consagración *f,* transubstanciación *f; 3. ZOOL* metamorfosis *f*
verwandt [fɛr'vant] *adj (mit)* pariente, emparentado
Verwandte(r) [fɛr'vantə(r)] *m/f* pariente *m/f,* familiar *m/f*
Verwandtschaft [fɛr'vantʃaft] *f 1. (Familie)* parentesco *m,* parentela *f; 2. (Ähnlichkeit)* analogía *f,* semejanza *f,* similitud *f*
verwandtschaftlich [fɛr'vantʃaftlɪç] *adj* relativo al parentesco
Verwandtschaftsgrad [fɛr'vantʃaftsgraːt] *m* grado de parentesco *m*
verwarnen [fɛr'varnən] *v* amonestar, advertir
Verwarnung [fɛr'varnuŋ] *f* amonestación *f,* admonición *f*
verwechseln [fɛr'vɛksəln] *v* confundir, tomar por
Verwechslung [fɛr'vɛksluŋ] *f* confusión *f,* equivocación *f*
verwegen [fɛr'veːgən] *adj* temerario, audaz, osado
Verwegenheit [fɛr'veːgənhaɪt] *f* temeridad *f,* osadía *f,* arrojo *m*
verwehen [fɛr'veːən] *v 1.* dispersar, disipar, llevarse (soplando); *2. (durch Schnee zugedeckt werden)* estar cubierto; *Die Wege sind im Schnee verweht.* Los caminos están cubiertos por la nieve.
verwehren [fɛr'veːrən] *v jdm etw ~* impedir a alguien de hacer algo, impedir que alguien haga algo
Verwehung [fɛr'veːuŋ] *f* remolino de nieve *m*
verweigern [fɛr'vaɪgərn] *v* rehusar, negar, denegar
Verweigerung [fɛr'vaɪgəruŋ] *f* negación *f,* denegación *f*
verweilen [fɛr'vaɪlən] *v* permanecer, quedarse
Verweis [fɛr'vaɪs] *m 1. (Rüge)* reprimenda *f,* reprensión *f; 2. (Hinweis)* referencia *f*
verweisen [fɛr'vaɪzən] *v 1. ~ auf/~ an* remitir a; *2. (des Landes ~)* expulsar, desterrar, deportar, expatriar; *3. jdn ~* censurar a alguien
verwelken [fɛr'vɛlkən] *v* marchitarse, ajarse
Verwendbarkeit [fɛr'vɛntbaːrkaɪt] *f* utilidad práctica *f,* aplicabilidad *f*
verwenden [fɛr'vɛndən] *v* emplear, usar, aplicar
Verwendung [fɛr'vɛnduŋ] *f* empleo *m,* uso *m,* utilización *f,* aplicación *f; für etw ~ finden* encontrar aplicación a algo
verwerfen [fɛr'vɛrfən] *v irr (fig)* rechazar, reprobar, condenar
verwerflich [fɛr'vɛrflɪç] *adj* reprochable, reprensible, condenable
verwertbar [fɛr'veːrtbaːr] *v* utilizable, aprovechable, explotable
Verwertbarkeit [fɛr'veːrtbaːrkaɪt] *f* utilidad *f,* aprovechabilidad *f,* explotabilidad *f*
verwerten [fɛr'veːrtən] *v 1. (benutzen)* utilizar, emplear, usar; *2. (wieder ~)* reciclar, recuperar; *3. (auswerten)* explotar, aprovechar
Verwertung [fɛr'veːrtuŋ] *f 1. (Benutzung)* utilización *f,* empleo *m; 2. (Wiederverwertung)* reciclaje *m; 3. (Auswertung)* aprovechamiento *m,* explotación *f*
verwesen [fɛr'veːzən] *v* pudrirse, descomponerse
Verwesung [fɛr'veːzuŋ] *f* putrefacción *f,* descomposición *f*
verwickeln [fɛr'vɪkəln] *v (fig)* complicar, dificultar
Verwicklung [fɛr'vɪkluŋ] *f (fig)* complicación *f,* embrollo *m,* lío *m*
verwildern [fɛr'vɪldərn] *v* volver al estado primitivo, volver al estado salvaje
verwirklichen [fɛr'vɪrklɪçən] *v* realizar, llevar a cabo, poner en práctica
Verwirklichung [fɛr'vɪrklɪçuŋ] *f* realización *f,* puesta en práctica *f*
verwirren [fɛr'vɪrən] *v* confundir, entreverar (LA)
verwirrt [fɛr'vɪrt] *adj* confuso
Verwirrung [fɛr'vɪruŋ] *f* confusión *f,* desorientación *f,* desconcierto *m*
verwischen [fɛr'vɪʃən] *v 1.* borrar; *2. sich ~* borrarse
verwittern [fɛr'vɪtərn] *v* descomponerse
Verwitterung [fɛr'vɪtəruŋ] *f* descomposición *f*
verwitwet [fɛr'vɪtvət] *adj* viudo
verwöhnen [fɛr'vøːnən] *v* mimar, engreír (LA)
verwöhnt [fɛr'vøːnt] *adj* animado, malcriado

Verwöhntheit [fɛr'vøːnthaɪt] *f* mimo *m,* indulgencia *f*
verworren [fɛr'vɔrən] *adj* enredado, confuso
Verworrenheit [fɛr'vɔrənhaɪt] *f* confusión *f,* perplejidad *f,* turbación *f*
verwundbar [fɛr'vuntbaːr] *adj* vulnerable
Verwundbarkeit [fɛr'vuntbaːrkaɪt] *f* vulnerabilidad *f*
verwunden [fɛr'vundən] *v* herir, lesionar
verwunderlich [fɛr'vundərlɪç] *adj* sorprendente, extraño, raro
verwundern [fɛr'vundərn] *v* sorprender, causar sorpresa
Verwunderung [fɛr'vundəruŋ] *f* sorpresa *f,* asombro *m*
Verwundung [fɛr'vunduŋ] *f* herida *f,* lesión *f*
verwünschen [fɛr'vynʃən] *v 1.* imprecar, maldecir; *2. (verzaubern)* hechizar
verwüsten [fɛr'vyːstən] *v* devastar, desolar, asolar
Verwüstung [fɛr'vyːstuŋ] *f* devastación *f,* desolación *f,* asolamiento *m*
verzagen [fɛr'tsaːgən] *v* desalentarse, desanimarse
verzagt [fɛr'tsaːkt] *adj* desalentado, acobardado, pusilánime
verzaubern [fɛr'tsaubərn] *v* encantar, embrujar, hechizar
Verzehr [fɛr'tseːr] *m* consumo *m*
verzehren [fɛr'tseːrən] *v 1. (essen)* comer; *2. (aufbrauchen)* consumir; *3. (fig) sich ~ nach* suspirar por, morirse de añoranza por
verzeichnen [fɛr'tsaɪçnən] *v* anotar, apuntar, registrar
Verzeichnis [fɛr'tsaɪçnɪs] *n* lista *f,* registro *m*
verzeihen [fɛr'tsaɪən] *v irr* perdonar, disculpar, dispensar
verzeihlich [fɛr'tsaɪlɪç] *adj* perdonable
Verzeihung [fɛr'tsaɪuŋ] *f 1.* perdón *m,* disculpa *f; Ich bitte Sie um ~.* Le pido perdón. *interj 2. ~!* ¡Perdón!/¡Dispense!
verzerren [fɛr'tsɛrən] *v 1.* desfigurar, deformar; *2. sich etw ~* tener un tirón; *3. sich ~* desfigurarse
Verzerrung [fɛr'tsɛruŋ] *f* desfiguración *f,* deformación *f*
verzetteln [fɛr'tsɛtəln] *v 1. (auf einzelne Zettel schreiben)* anotar, apuntar; *2. (Geld)* malgastar, desperdiciar; *3. (vergeuden)* extraviar, traspapelar
Verzicht [fɛr'tsɪçt] *m* renuncia *f*
verzichten [fɛr'tsɪçtən] *v* renunciar
verziehen [fɛr'tsiːən] *v irr 1. das Gesicht ~* hacer una mueca; *2. (Pflanzen: einige herausziehen)* escardar; *3. (verwöhnen)* mimar, acostumbrar mal; *4. sich ~ (Gesicht)* contorsionarse; *5. sich ~ (die Form verlieren)* deformarse; *6. sich ~ (sich entfernen)* separarse; *7. sich ~ (vorübergehen)* deformarse temporalmente; *8. sich ~ (Nebel)* disiparse; *9. (an einen anderen Ort ziehen)* mudarse, cambiar de residencia
verzieren [fɛr'tsiːrən] *v* adornar, decorar
Verzierung [fɛr'tsiːruŋ] *f* adorno *m,* decoración *f,* ornamento *m*
verzinsen [fɛr'tsɪnzən] *v ECO* pagar intereses
Verzinsung [fɛr'tsɪnzuŋ] *f ECO* interés *m,* intereses *m/pl*
verzögern [fɛr'tsøːgərn] *v* retardar, demorar, retrasar
Verzögerung [fɛr'tsøːgəruŋ] *f* retardo *m,* demora *f,* retraso *m,* tardanza *f*
verzollen [fɛr'tsɔlən] *v* aduanar, registrar en la aduana, declarar; *Haben Sie etw zu ~?* ¿Tiene usted algo que declarar?
Verzollung [fɛr'tsɔluŋ] *f* pago de derechos de aduana *m*
Verzückung [fɛr'tsykuŋ] *f* éxtasis *m,* arrobamiento *m,* efusión *f*
Verzug [fɛr'tsuːk] *m* retraso *m,* retardo *m,* demora *f,* tardanza *f; mit etw in ~ geraten* tener un retraso con algo; *mit etw in ~ sein* estar en retraso con algo; *Es ist Gefahr im ~.* El peligro es inminente.
verzweifeln [fɛr'tsvaɪfəln] *v* desesperar, desesperarse
verzweifelt [fɛr'tsvaɪfəlt] *adj* desesperado
Verzweiflung [fɛr'tsvaɪfluŋ] *f* desesperación *f*
verzweigen [fɛr'tsvaɪgən] *v 1.* ramificarse; *2. (Straße)* bifurcarse
Verzweigung [fɛr'tsvaɪguŋ] *f* ramificación *f*
verzwickt [fɛr'tsvɪkt] *adj* complicado, enredado, embrollado
Veteran [vete'raːn] *m MIL* veterano de guerra *m*
Veterinär(in) [veteri'nɛːr(ɪn)] *m/f MED* veterinario/veterinaria *m/f*
Veto ['veːto] *n POL* veto *m*
Vetter ['fɛtər] *m* primo *m*
Vetternwirtschaft ['fɛtərnvɪrtʃaft] *f* nepotismo *m*

Vibration [vibra'tsjo:n] *f* vibración *f*
vibrieren [vi'bri:rən] *v* vibrar
Videoaufzeichnung ['videoauftsaɪçnuŋ] *f* grabación de vídeo *f*
Videokamera ['videokamәra] *f* cámara de vídeo *f*
Videokassette ['videokasɛ:tə] *f* casete de vídeo *f,* cinta de vídeo *f*
Videokonferenz ['videokɔnfәrɛnts] *f* conferencia por vídeo *f*
Videorekorder ['videorekɔrdәr] *m* vídeo-casete *m,* grabadora *f,* vídeo *m*
Videospiel ['videoʃpi:l] *n* vídeojuego *m*
Videothek [video'te:k] *f* videoteca *f,* videoclub *m*
Vieh [fi:] *n* ganado *m*
Viehzucht ['fi:tsuxt] *f AGR* ganadería *f,* cría de ganado *f*
Viehzüchter [fi:tsyçtər] *m* ganadero *m*
viel [fi:l] *adv 1.* muy; *~ sagend* muy expresivo, muy significativo; *2. ~ versprechend* muy prometedor
viel(e) ['fi:l(ə)] *adj 1.* mucho; *adv 2.* muchísimo, mucho mayor; *pron 3.* muchos
vieldeutig [fi:ldɔytɪç] *adj* ambiguo, impreciso
Vieldeutigkeit ['fi:ldɔytɪçkaɪt] *f* ambigüedad *f,* riqueza de significación *f*
vielfach ['fi:lfax] *adj 1.* múltiple, de muchas clases; *2. (wiederholt)* repetido, reiterado; *3. (häufig)* frecuente; *adv 4.* reiteradamente, a menudo
Vielfalt ['fi:lfalt] *f* multiplicidad *f,* variedad *f,* diversidad *f*
vielfältig ['fi:lfɛltɪç] *adj* múltiple, variado, diverso
Vielfraß ['fi:lfra:s] *m* glotón *m,* comilón *m*
vielleicht [fi'laɪçt] *adv 1. (größere Wahrscheinlichkeit)* quizás, quizá, tal vez; *2.(geringere Wahrscheinlichkeit, Zufall)* acaso, por casualidad
vielmals ['fi:lma:ls] *adv* muchas veces
vielmehr ['fi:lme:r] *adv* más bien, antes bien
vielschichtig ['fi:lʃɪçtɪç] *adj* de muchas capas, complejo
vielseitig ['fi:lzaɪtɪç] *adj 1.* de muchas caras, polifacético; *adv 2.* diversamente
Vielseitigkeit ['fi:lzaɪtɪçkaɪt] *f* polifacetismo *m,* variedad *f,* multiplicidad *f*
vielstimmig ['fi:lʃtɪmɪç] *adj* polifónico, a varias voces
Vielzahl ['fi:ltsa:l] *f* multitud *f,* gran número *m*
vier [fi:r] *num* cuatro; *alle ~e von sich strecken* estirarse de manos y pies; *auf allen ~en* a cuatro patas, a gatas
vierbeinig ['fi:rbaɪnɪç] *adj* cuadrúpedo
Viereck ['fi:rɛk] *n 1.* cuadrilátero *m; 2. (Rechteck)* rectángulo *m,* cuadrado *m*
viereckig ['fi:rɛkɪç] *adj* cuadrangular
vierfach ['fi:rfax] *adj 1.* cuádruple; *adv 2.* cuatro veces
vierhändig ['fi:rhɛndɪç] *adj ~ spielen MUS* tocar a cuatro manos
Vierradantrieb ['fi:rradantri:p] *m* tracción sobre las cuatro ruedas *f*
vierschrötig ['fi:rʃrø:tiç] *adj* grosero, rechoncho
vierstellig ['fi:rʃtɛlɪç] *adj* de cuatro cifras
vierte(r,s) ['fɪrtə(r,s)] *adj* cuarto
Viertel ['fɪrtəl] *n 1. (Stadtteil)* barrio *m; 2. MATH* cuarto *m*
Viertelfinale ['fɪrtəlfina:lə] *n SPORT* cuartos de final
vierteljährlich ['fɪrtəljɛ:rlɪç] *adj 1.* trimestral; *adv 2.* cada tres meses
Viertelstunde ['fɪrtəlʃtundə] *f* cuarto de hora *m*
viertürig ['fi:rty:rɪç] *adj* de cuatro puertas
vierzehn ['fɪrtse:n] *num* catorce; *in ~ Tagen* en quince dias, en dos semanas
vierzehnte(r,s) ['fɪrtse:ntə(r,s)] *adj* decimocuarto
vierzig ['fɪrtsɪç] *num* cuarenta
Vierziger ['fɪrtsɪgər] *pl 1. in den ~n sein (Mensch)* estar en los cuarenta, andar por los cuarenta y pico años; *2. die ~ (Jahrzehnt)* los (años) cuarenta
vierzigste(r,s) ['fɪrtsɪçstə(r,s)] *adj* cuadragésimo
Vikar(in) [vi'ka:r(ɪn)] *m/f REL* vicario/ vicaria *m/f*
Villa ['vɪla] *f* villa *f*
violett [vio'lɛt] *adj* violeta, violáceo
Violett [vio'lɛt] *n* color violeta *m*
Violine [vio'li:nə] *f MUS* violín *m*
Viper ['vi:pər] *f ZOOL* víbora *f*
virtuell ['vɪrtu'ɛl] *adj INFORM ~e Realität f* realidad virtual *f*
virtuos [vɪrtu'o:s] *adj MUS* virtuoso
Virtuose [vɪrtu'o:zə] *f MUS* virtuosa *m/f*
Virus ['vi:rus] *m/n 1. MED* virus *m; m 2. INFORM* virus *m*
Visagist(in) [viza'ɡɪst(ɪn)] *m/f* visagista *m/f*
Visier [vi'zi:r] *n* visor *m; jdn ins ~ nehmen* ir pisando los talones a alguien

Vision [vi'zjoːn] *f* visión *f*
visionär [vizjo'nɛːr] *adj* visionario
Visite [vi'ziːtə] *f* visita *f*
Visitenkarte [vi'ziːtənkartə] *f* tarjeta de visita *f*
visuell [vizu'ɛl] *adj* visual
Visum ['viːzum] *n* visado *m*
vital [vi'taːl] *adj* vital
Vitalität [vitali'tɛːt] *f* vitalidad *f*
Vitamin [vita'miːn] *n* vitamina *f*
Vitaminmangel [vita'miːnmaŋəl] *m* carencia de vitaminas *f*, carencia vitamínica *f*
vitaminreich [vita'miːnraɪç] *adj* rico en vitaminas
Vizepräsident ['fiːtsəprɛzɪdɛnt] *m* vicepresidente *m*
Vogel ['foːgəl] *m ZOOL* pájaro *m; den ~ abschießen (fig)* cortar el bacalao; *einen ~ haben (fam)* estar chiflado; *jdm den ~ zeigen* darle a alguien un corte de mangas
Vogelbauer ['foːgəlbauər] *m* jaula *f*
Vogelfutter ['foːgəlfutər] *n* comida para pájaros *f*, alpiste *m*
Vogelgezwitscher ['foːgəlgətsvɪtʃər] *n* trinado *m*, canto de los pájaros *m*
Vogelkäfig ['foːgəlkɛːfɪç] *m* jaula para pájaros *f*
Vogelperspektive ['foːgəlpɛrspɛktiːvə] *f* vista de pájaro *f*
Vogelscheuche ['foːgəlʃɔyçə] *f* espantajo *m*, espantapájaros *m*
Vokabel [vo'kaːbəl] *f* vocablo *m*
Vokabular [vokaːbu'laːr] *n* vocabulario *m*
Vokal [vo'kaːl] *m* vocal *f*
Vokalmusik [vo'kaːlmuziːk] *f MUS* música vocal *f*
Volk [fɔlk] *n* pueblo *m; fahrendes ~* pueblo errante *m*, pueblo nómada *m*
Völkerkunde ['fœlkərkundə] *f* etnología *f*
Völkermord ['fœlkərmɔrt] *m* genocidio *m*
Völkerrecht ['fœlkərrɛçt] *n* derecho internacional *m*
Völkerverständigung ['fœlkərfɛrʃtɛndɪguŋ] *f* aproximación de los pueblos *f*
Völkerwanderung ['fœlkərvandəruŋ] *f HIST* migración de los pueblos *f*, invasión de los bárbaros *f*
Volksabstimmung ['fɔlksapʃtɪmuŋ] *f POL* plebiscito *m*, referéndum *m*
Volksbegehren ['fɔlksbəgeːrən] *n POL* iniciativa popular *f*, demanda de plebiscito *f*
Volkseinkommen ['fɔlksaɪnkɔmən] *n* renta nacional *f*
Volksentscheid ['fɔlksɛntʃaɪt] *m POL* decisión popular *f*
Volksfest ['fɔlksfɛst] *n* fiesta nacional *f*
Volkshochschule ['fɔlkshoːxʃuːlə] *f* universidad popular *f*
Volkskunde ['fɔlkskundə] *f* folklore *m*
Volkslied ['fɔlksliːt] *n* canción popular *f*
Volksrepublik ['fɔlksrɛpubliːk] *f* República Popular *f*
volkstümlich ['fɔlkstyːmlɪç] *adj* popular
Volkswirtschaft ['fɔlksvɪrtʃaft] *f* economía política *f*
volkswirtschaftlich ['fɔlksvɪrtʃaftlɪç] *adj* económico
Volkszählung ['fɔlkstsɛːluŋ] *f* censo de población *m*, censo demográfico *m*
voll [fɔl] *adj 1.* lleno; *jdn nicht für ~nehmen* no tomarle a uno en serio; *aus dem Vollen schöpfen* vivir en la abundancia; *Voll tanken, bitte!* ¡Llene el depósito, por favor! *adv 2.* enteramente, completamente; *sich ~ laufen lassen (fam)* emborracharse; *sich den Bauch ~ schlagen* hartarse de comer, ponerse las botas de comer
vollauf ['fɔlauf] *adv* en abundancia, copiosamente
vollautomatisch ['fɔlautomaːtɪʃ] *adj* completamente automático
vollautomatisiert ['fɔlautomatiziːrt] *adj* completamente automatizado
Vollbart ['fɔlbart] *m* barba corrida *f*
vollbärtig ['fɔlbɛːrtɪç] *adj* con barba cerrada
Vollblut ['fɔlbluːt] *n ZOOL* pura sangre *m*
Vollbremsung ['fɔlbrɛmsuŋ] *f* frenado en seco *m*
vollbringen [fɔl'brɪŋən] *v irr* terminar, acabar, concluir, llevar a cabo
vollenden [fɔl'ɛndən] *v* terminar, acabar, ultimar, concluir
vollends ['fɔlɛnts] *adv* finalmente, completamente, enteramente
Vollendung [fɔl'ɛnduŋ] *f* conclusión *f*, acabamiento *m*, terminación *f*, finalización *f*
vollführen [fɔl'fyːrən] *v 1.* ejecutar, llevar a cabo; *2. (Lärm)* hacer oír, provocar
Vollgas ['fɔlgaːs] *n mit ~* a todo gas
Vollidiot(in) ['fɔlidjoːt(ɪn)] *m/f (fam)* idiota consumado/consumada *m/f*
völlig ['fœlɪç] *adj 1.* entero, total; *adv 2.* enteramente, totalmente
volljährig ['fɔljɛːrɪç] *adj* mayor de edad
Volljährigkeit ['fɔljɛːrɪçkaɪt] *f* mayoría de edad *f*

Vollkaskoversicherung ['fɔlkaskɔfɛrzɪçəruŋ] *f* seguro contra todo riesgo *m*
vollkommen [fɔl'kɔmən] *adj 1.* perfecto; *adv 2.* totalmente, enteramente, completamente
Vollkommenheit [fɔl'kɔmənhaɪt] *f* perfección *f*
Vollkornbrot ['fɔlkɔrnbroːt] *n GAST* pan integral *m*
Vollmacht ['fɔlmaxt] *f* poder *m,* autorización *f,* plenos poderes *m/pl*
Vollmilch ['fɔlmɪlç] *f GAST* leche entera *f*
Vollmond ['fɔlmoːnt] *m* luna llena *f,* plenilunio *m*
vollmundig ['fɔlmundɪç] *adj 1. GAST* con cuerpo; *2. (prahlerisch)* pomposo
Vollnarkose ['fɔlnarkoːzə] *f MED* anestesia total *f*
Vollpension ['fɔlpɛnzjoːn] *f* pensión completa *f*
vollschlank ['fɔlʃlaŋk] *adj* aglo corpulento, llenito (fam)
vollständig ['fɔlʃtɛndɪç] *adj* completo, entero, total, íntegro
Vollständigkeit ['fɔlʃtɛndɪçkaɪt] *f* integridad *f,* totalidad *f*
vollstrecken [fɔl'ʃtrɛkən] *v JUR* ejecutar, llevar a efecto
Vollstrecker(in) [fɔl'ʃtrɛkər(ɪn)] *m/f JUR* ejecutor(a) *m/f*
Vollstreckung [fɔl'ʃtrɛkuŋ] *f JUR* ejecución *f*
Vollstreckungsbescheid [fɔl'ʃtrɛkuŋsbəʃaɪt] *m JUR* orden de ejecución *f*
Volltreffer ['fɔltrɛfər] *m* diana *f,* bingo *m*
volltrunken ['fɔltruŋkən] *adj* completamente borracho
Volltrunkenheit ['fɔltruŋkənhaɪt] *f* borrachera total *f*
Vollversammlung ['fɔlfɛrzamluŋ] *f* asamblea plenaria *f,* pleno *m*
Vollwaise ['fɔlvaɪzə] *f* huérfano de padre y madre *m*
Vollwaschmittel ['fɔlvaʃmɪtəl] *n* detergente apto tanto para lavado en caliente como en frío *m*
vollwertig ['fɔlveːrtɪç] *adj* de valor integral
Vollwertkost ['fɔlvɛrtkɔst] *f GAST* comida integral *f*
vollzählig ['fɔltsɛːlɪç] *adj 1.* completo; *adv 2.* al completo, completamente
vollziehen [fɔl'tsiːən] *v irr* ejecutar, realizar, efectuar
Volontariat [volɔnta'riaːt] *n* prácticas *f/pl,* voluntariado *m*
Volt [vɔlt] *n* voltio *m*
Volumen [vo'luːmən] *n* volumen *m*
voluminös [volumi'nøːs] *adj* voluminoso
vom *(= von dem) (siehe „von")*
von [fɔn] *prep 1. (örtlich)* de, por; *zwei Meter vom Haus entfernt* a dos metros de la casa; *2. (zeitlich)* de, desde, a partir de; *~ zwei bis drei Uhr nachmittags* de dos a tres de la tarde; *~ diesem Tag an* a partir de ese día; *~ jeher* de siempre, desde siempre; *3. (Herkunft)* de, por; *ein Geschenk ~ ihm* un regalo de él; *Er kam direkt ~ Rom hierher.* Él vino directamente de Roma. *4. (über)* sobre, de; *Wir redeten vom Wetter.* Hablamos sobre el tiempo. *5. ~ mir aus* por mí
vor [foːr] *prep 1. (örtlich)* ante, delante de; *~ dem Haus* delante de la casa; *2. (zeitlich)* antes de, hace; *~ den Mahlzeiten* antes de las comidas; *etw ~ sich haben* tener algo (por) delante; *3. (kausal)* de, por; *Er erblasste ~ Angst.* Palideció de miedo. *~ Freude* de alegría; *4. ~ allen Dingen* sobre todo, ante todo
vorab [foːr'ap] *adv* ante todo, primeramente
Vorabend ['foːraːbənt] *m* víspera *f*
Vorahnung ['foːraːnuŋ] *f* presentimiento *m,* premonición *f,* corazonada *f*
voran [fo'ran] *adv 1. (als erster)* en primer lugar, primeramente; *2. (vorwärts)* hacia adelante, adelante
vorangehen [fo'rangeːən] *v irr* ir delante, adelantar
vorankommen [fo'rankɔmən] *v irr* adelantar, avanzar
Vorankündigung ['foːrankyndɪguŋ] *f* presentación previa *f*
voranmelden ['foːranmɛldən] *v 1.* anunciar con anticipación; *2. sich ~* preinscribirse, hacer la preinscripción
voranstellen [fo'ranʃtɛlən] *v* anteponer una cosa a otra, anticipar
vorantreiben [fo'rantraɪbən] *v irr* activar, impulsar, llevar adelante
Voranzeige ['foːrantsaɪgə] *f 1.* aviso previo *m,* avance *m; 2. CINE* tráiler *m*
Vorarbeit ['foːrarbaɪt] *f* trabajo preliminar *m*
Vorarbeiter(in) ['foːrarbaɪtər(ɪn)] *m/f ECO* capataz *m/f*
voraus [fo'raus] *adv 1. (örtlich)* hacia adelante; *2. (zeitlich)* con anticipación, con antelación

vorausgehen [fo'rausgeːən] *v irr* ir delante, adelantarse
vorauslaufen [fo'rauslaufən] *v irr* adelantarse corriendo
Voraussage [fo'rauszaːgə] *f* pronóstico *m,* predicción *f*
voraussagen [fo'rauszaːgən] *v* predecir, pronosticar, augurar, vaticinar
vorausschauend [for'ausʃauənt] *adj* previsor
voraussehen [fo'rauszeːən] *v irr* prever, ver venir
voraussetzen [fo'rauszɛtsən] *v* presuponer; *vorausgesetzt, dass...* suponiendo que.../ en el supuesto que...
Voraussetzung [fo'rauszɛtsuŋ] *f 1.* suposición *f,* presuposición *f; 2. (Vorbedingung)* condición previa *f,* requisito previo *m*
Voraussicht [fo'rauszɪçt] *f* previsión *f; aller ~ nach* según todos los indicios
voraussichtlich [fo'rauszɪçtlɪç] *adj* probable, previsible
Vorauszahlung [fo'raustsaːluŋ] *f* pago adelantado *m,* pago por adelantado *m,* pago anticipado *m*
Vorbedacht ['foːrbədaxt] *m mit ~* con premeditación, deliberadamente
Vorbehalt ['foːrbəhalt] *m* reserva *f,* restricción *f,* salvedad *f*
vorbehalten ['foːrbəhaltən] *v irr* reservar, reservarse; *jdm ~ bleiben* estar reservado para alguien
vorbehaltlich ['foːrbəhaltlɪç] *prep* salvo, a reserva de, excepto
vorbehaltlos ['foːrbəhaltloːs] *adj* incondicional, sin reservas
vorbei [for'baɪ] *adv 1. (örtlich)* por delante, delante de, junto a, cerca de; *2. (zeitlich)* pasado, acabado; *Die guten Zeiten sind ~.* Los buenos tiempos han pasado. *Vorbei ist ~.* Lo pasado, pasado está.
vorbeibringen [for'baɪbrɪŋən] *v irr* traer, acercar
vorbeifahren [for'baɪfaːrən] *v irr* pasar en un vehículo por delante de
vorbeigehen [for'baɪgeːən] *v irr 1. (entlanggehen)* pasar por delante de; *Er ist einfach an mir vorbeigegangen, ohne mich zu grüßen.* Pasó de largo sin saludarme. *2. (vergehen)* pasar, transcurrir
vorbeikommen [for'baɪkɔmən] *v irr ~ an/~ bei* pasar por, pasar delante de
vorbeilassen [for'baɪlasən] *v irr* dejar pasar
vorbeischauen [for'baɪʃauən] *v bei jdm ~* pasar por casa de alguien
vorbelastet ['foːrbəlastət] *adj* que tiene antecedentes, con antecedentes
Vorbemerkung ['foːrbəmɛrkuŋ] *f* observación preliminar *f*
vorbereiten ['foːrbəraɪtən] *v* preparar, arreglar
Vorbereitung ['foːrbəraɪtuŋ] *f* preparación *f*
Vorbericht ['foːrbərɪçt] *m* informe previo *m,* reportaje previo *m*
Vorbesitzer ['foːrbəzɪtsər] *m* antiguo propietario *m*
Vorbesprechung ['foːrbəʃprɛçuŋ] *f* discusión previa *f*
vorbestellen ['foːrbəʃtɛlən] *v* encargar con anticipación, encargar con antelación
Vorbestellung ['foːrbəʃtɛluŋ] *f* encargo anticipado *m*
vorbestimmt ['foːrbəʃtɪmt] *adj* predeterminado
vorbestraft ['foːrbəʃtraːft] *adj JUR* con antecedentes penales, de antecedentes penales
Vorbestrafte(r) ['foːrbəʃtraːftə(r)] *m/f JUR* persona con antecedentes penales *f*
vorbeugen ['foːrbɔygən] *v 1.* prevenir, precaver; *2. sich ~* inclinarse hacia adelante
vorbeugend ['foːrbɔygent] *adj 1. MED* profiláctico; *2.* preventivo
Vorbeugung ['foːrbɔyguŋ] *f 1.* prevención *f; 2. MED* profilaxis *f*
Vorbild ['foːrbɪlt] *n* modelo *m,* ejemplo *m,* ideal *m*
vorbildlich ['foːrbɪltlɪç] *adj* ejemplar, modelo, ideal
Vorbote ['foːrboːtə] *m* señal *f,* indicio *m,* anuncio *m*
vorbringen ['foːrbrɪŋən] *v irr* manifestar, exponer, expresar, formular
Vordach ['foːrdax] *n* alero colgadizo *m*
vordatieren ['foːrdatiːrən] *v* antedatar, antefechar
Vordenker(in) ['foːrdɛŋkər(ɪn)] *m/f* pensador(a) de vanguardia *m/f*
Vorderachse ['fɔrdəraksə] *f (beim Auto)* eje delantero *m*
Vorderansicht ['fɔrdəranzɪçt] *f* vista frontal *f*
Vorderasien ['fɔrdər'aːzjən] *n GEO* Próximo Oriente *m*
Vorderausgang ['fɔrdərausgaŋ] *m* salida delantera *f*

Vorderbein ['fɔrdərbaɪn] *n* *ZOOL* pata delantera *f*
Vorderbremse ['fɔrdərbrɛmzə] *f* freno delantero *m*
vordere(r,s) ['fɔrdərə(r,s)] *adj* delantero, anterior
Vorderfront ['fɔrdərfrɔnt] *f* fachada *f*
Vordergrund ['fɔrdərgrunt] *m* primer plano *m,* primer término *m; etw in den ~ stellen* poner algo de relieve; *jdn in den ~ spielen* poner a alguien en primer plano
vordergründig ['fɔrdərgryndɪç] *adj* ostensible, manifiesto, visible, evidente
Vordermann ['fɔrdərman] *m 1.* el que precede a otro; *2. etw auf ~ bringen* meter a alguien en cintura
Vorderrad ['fɔrdərraːt] *n* rueda delantera *f*
Vorderradantrieb ['fɔrdərraːtantriːp] *m* tracción delantera *f*
Vorderreifen ['fɔrdərraɪfən] *m* neumático delantero *m*
Vorderseite ['fɔrdərzaɪtə] *f* lado anterior/lado delantero *m,* fachada anterior *f*
Vordersitz ['fɔrdərzɪts] *m* asiento delantero *m*
vorderste(r,s) ['fɔrdərstə(r,s)] *adj* delantero/delantera
Vorderteil ['fɔrdərtaɪl] *n* parte anterior *f,* parte delantera *f*
Vordertür ['fɔrdərtyːr] *f* puerta delantera *f*
vordrängen ['foːrdrɛŋən] *v sich ~* abrirse paso
Vordringen ['foːrdrɪŋən] *n 1.* avance *m,* progreso *m; 2. MIL* avance *m,* penetración *f*
vordringen ['foːrdrɪŋən] *v irr* avanzar, ganar terreno
vordringlich ['foːrdrɪŋlɪç] *adj* urgente, de alta prioridad, de suma urgencia
Vordruck ['foːrdruk] *m 1. (amtlicher ~)* impreso *m; 2. (zum Ausfüllen)* formulario *m*
vorehelich ['foːreːəlɪç] *adj* prematrimonial
voreilig ['foːraɪlɪç] *adj* apresurado, precipitado
Voreiligkeit ['foːraɪlɪçkaɪt] *f* precipitación *f*
voreingenommen ['foːraɪngənɔmən] *adj 1.* predispuesto, preinformado, con prejuicios; *adv 2.* con parcialidad, con prejuicios; *~ sein gegenüber* estar prevenido en favor de, estar prevenido en contra de
Voreingenommenheit ['foːraɪngənɔmənhaɪt] *f* prejuicio *m,* parcialidad *f*
vorenthalten ['foːrɛnthaltən] *v irr* retener sin derecho
vorerst ['foːreːrst] *adv* por lo pronto, de momento, por el momento
Vorfahr ['foːrfaːr] *m* antepasado/antepasada *m/f,* antecesor(a) *m/f*
Vorfahrt ['foːrfaːrt] *f* prioridad de paso *f,* preferencia *f; ~ beachten!* ¡Ceda el paso!
Vorfahrtstraße ['foːrfaːrtʃtraːsə] *f* calle de prioridad *f,* calle preferencial *f*
Vorfall ['foːrfal] *m* suceso *m,* incidente *m*
vorfallen ['foːrfalən] *v irr 1. (fallen)* caer hacia delante; *2. (geschehen)* ocurrir, suceder, acontecer
Vorfeld ['foːrfɛlt] *n im ~* en la etapa preliminar
vorfinanzieren ['foːrfɪnantsiːrən] *v ECO* prefinanciar
Vorfinanzierung ['foːrfɪnantsiːruŋ] *f* prefinanciación *f*
vorfinden ['foːrfɪndən] *v irr* encontrar al llegar
Vorfreude ['foːrfrɔydə] *f* alegría prematura *f,* alegría anticipada *f*
vorfühlen ['foːrfyːlən] *v (fam)* presentir
vorführen ['foːrfyːrən] *v 1. (präsentieren)* presentar, exhibir; *2. (Angeklagten)* llevar ante el juez, comparecer; *3. (Film)* proyectar, pasar
Vorführung ['foːrfyːruŋ] *f 1. (Präsentation)* presentación *f,* exhibición *f; 2. (eines Angeklagten)* comparecencia *f; 3. (eines Films)* proyección *f*
Vorgabe ['foːrgaːbə] *f 1. SPORT* ventaja *f; 2. (Richtlinie)* norma *f,* línea directriz *f*
Vorgang ['foːrgaŋ] *m 1. (Geschehen)* suceso *m,* acontecimiento *m; 2. (Akte)* expediente *m,* acta *f/el*
Vorgänger(in) ['foːrgɛŋər(ɪn)] *m/f* antecesor(a) *m/f,* predecesor(a) *m/f*
Vorgarten ['foːrgartən] *m* jardín delantero *m*
vorgaukeln ['foːrgaukəln] *v jdm etw ~* hacer creer algo a uno con apariencias
vorgeben ['foːrgeːbən] *v irr (fig)* fingir, aparentar
Vorgebirge ['foːrgəbɪrgə] *n GEOL* promontorio *m*
vorgeblich ['foːrgeːplɪç] *adj* presunto, supuesto
vorgefasst ['foːrgəfast] *adj* preconcebido
Vorgefühl ['foːrgəfyːl] *n* presentimiento *m*
vorgehen ['foːrgeːən] *v irr 1. (handeln)* actuar, obrar, proceder; *2. (vorausgehen)*

adelantarse, ir por delante; *3. (wichtiger sein)* tener preferencia, venir primero, ser importante; *4. (Uhr)* adelantarse, ir adelantado
Vorgehensweise ['foːrgeːənsvaɪzə] *f 1.* actuación *f,* procedimiento *m; 2. (Verhalten)* comportamiento *m; 3. (Methoden)* método *m*
Vorgeschichte ['foːrgəʃɪçtə] *f 1. (vorherige Begebenheiten)* antecedente *m; 2. (Prähistorie) HIST* prehistoria *f*
vorgeschichtlich ['foːrgəʃɪçtlɪç] *adj* prehistórico
Vorgesetzte(r) ['foːrgəzɛtstə(r)] *m/f* superior(a) *m/f,* jefe/jefa *m/f*
vorgestern ['foːrgɛstərn] *adv* anteayer
vorgreifen ['foːrgraifən] *v irr jmd ~* anticiparse a alguien, adelantarse a alguien; *einer Sache ~* anticiparse a algo, adelantarse a algo
Vorgriff ['foːrgrɪf] *m* anticipación *f*
Vorhaben ['foːrhaːbən] *n* intención *f,* propósito *m,* plan *m,* proyecto *m*
vorhaben ['foːrhaːbən] *v irr* pensar hacer, planear, tener planeado; *Haben Sie für heute Abend schon etwas vor?* ¿Tiene ya un compromiso para esta noche?
Vorhalle ['foːrhalə] *f* vestíbulo *m,* hall *m*
vorhalten ['foːrhaltən] *v irr* reprochar; *Ich habe ihm sein schlechtes Benehmen vorgehalten.* Le he echado en cara su pésima conducta.
Vorhaltung ['foːrhaltuŋ] *f* reproche *m*
Vorhand ['foːrhant] *f SPORT* golpe de derecha *m*
vorhanden [for'handən] *adj* existente, presente, disponible
Vorhandensein [for'handənzaɪn] *n* existencia *f,* disponibilidad *f*
Vorhang ['foːrhaŋ] *m* cortina *f; der eiserne ~* la cortina de hierro *f,* el telón de acero *m*
Vorhängeschloss ['foːrhɛŋəʃlɔs] *n* candado *m*
vorher ['foːrheːr] *adv* antes, previamente
vorhergehen [foːr'heːrgeːən] *v irr* preceder
vorhergehend [foːr'heːrgeːənt] *adj* precedente, anterior
vorherig [foːr'heːrɪç] *adj* anterior, precedente, previo
Vorherrschaft ['foːrhɛrʃaft] *f* predominio *m,* supremacía *f,* preponderancia *f*
vorherrschen ['foːrhɛrʃən] *v* predominar, preponderar
Vorhersage [foːr'heːrzaːgə] *f* predicción *f,* pronóstico *m*
vorhersagen [foːr'heːrzaːgən] *v* predecir, pronosticar, vaticinar
vorhersehen [foːr'heːrzeːən] *v irr* prever
vorhin [foːr'hɪn] *adv* hace un momento, hace un rato, ahorita (LA)
Vorhut ['foːrhuːt] *f MIL* vanguardia *f,* avanzadilla *f*
vorig ['foːrɪç] *adj 1. (vergangen)* pasado, último; *2. (vorhergegangen)* anterior, precedente
Vorjahr ['foːrjaːr] *n* año anterior *m,* año pasado *m*
Vorkämpfer(in) ['foːrkɛmpfər(ɪn)] *m/f* pionero/pionera *m/f,* adalid *m*
Vorkaufsrecht ['foːrkaufsrɛçt] *n JUR* derecho de preferencia *m*
Vorkehrung ['foːrkeːruŋ] *f* precaución *f,* medida preventiva *f; ~en treffen* tomar precauciones
Vorkenntnisse ['foːrkɛntnɪsə] *pl* conocimientos previos *m/pl,* nociones preliminares *f/pl*
vorkommen ['foːrkɔmən] *v irr 1. (erscheinen)* aparecer, parecer; *Das Wort kommt häufig im Spanischen vor.* Es una palabra corriente en español. *Das kommt mir Spanisch vor.* Eso me suena a chino. *2. (geschehen)* ocurrir, suceder, pasar; *3. (vorhanden sein)* existir, estar disponible, haber
Vorkommen ['foːrkɔmən] *n (Vorhandensein)* existencia *f,* presencia *f*
Vorkommnis ['foːrkɔmnɪs] *n* suceso *m,* acontecimiento *m,* acaecimiento *m,* episodio *m*
Vorkriegszeit ['foːrkriːkstsaɪt] *f* época de preguerra *f,* anteguerra *f*
vorladen ['foːrlaːdən] *v irr JUR* citar
Vorladung ['foːrlaːduŋ] *f JUR* citación *f*
Vorlage ['foːrlaːgə] *f 1. (Vorlegen)* presentación *f; 2. (Muster)* modelo *m,* muestra *f; 3. (Entwurf)* diseño *m,* bosquejo *m,* croquis *m; 4. (eines Gesetzes)* proyecto de Ley *m*
vorlassen ['foːrlasən] *v irr 1.* dejar pasar, hacer pasar adelante; *2. (zu sich kommen lassen)* dar audiencia a alguien
Vorläufer(in) ['foːrlɔyfər(ɪn)] *m/f* precursor(a) *m/f*
vorläufig ['foːrlɔyfɪç] *adj* provisional, temporal
Vorläufigkeit ['foːrlɔyfɪçkaɪt] *f* carácter provisional *m*
vorlaut ['foːrlaut] *adj* petulante, resabido
Vorleben ['foːrleːbən] *n* pasado *m,* vida anterior *f*
vorlegen ['foːrleːgən] *v* poner delante, mostrar, exhibir, presentar

vorlesen ['foːrleːzən] *v irr etw jdm ~* leer algo a alguien
Vorlesung ['foːrleːzuŋ] *f* lectura *f,* lección *f,* clase *f*
vorletzte(r,s) ['foːrlɛtstə(r,s)] *adj* penúltimo
vorlieb ['foːrliːp] *adv ~ nehmen mit* contentarse con, darse por satisfecho con
Vorliebe ['foːrliːbə] *f* predilección *f,* preferencia *f*
vorliegen ['foːrliːgən] *v irr* estar situado delante, estar presente, estar en cuestion
vorliegend ['foːrliːgənt] *adj* presente, en cuestión
vormachen ['foːrmaxən] *v (fig)* engañar a alguien, hacer creer algo a alguien
Vormachtstellung ['foːrmaxtʃtɛluŋ] *f* preponderancia *f,* supremacía *f,* hegemonía *f*
vormals ['foːrmaːls] *adv* antes, antiguamente
vormerken ['foːrmɛrkən] *v* anotar, apuntar, tomar nota
Vormerkung ['foːrmɛrkuŋ] *f* nota *f*
Vormittag ['foːrmɪtaːk] *m* mañana *f; am ~* por la mañana
vormittags ['foːrmɪtaːks] *adv* por la mañana
Vormund ['foːrmunt] *m* tutor *m*
Vormundschaft ['foːrmuntʃaft] *f* tutela *f,* tutoría *f*
vorn(e) [fɔrn/fɔrnə] *adv* delante, adelante, por delante, al frente; *von ~ bis hinten* de cabo a rabo; *von ~ (von neuem)* de nuevo
Vorname ['foːrnaːmə] *m* nombre *m*
vornehm ['foːrneːm] *adj* distinguido, elegante, bien educado
vornehmen ['foːrneːmən] *v irr 1. (tun)* hacer, efectuar, practicar; *2. sich etw ~* proponerse algo, procurar algo; *3. sich jdn ~* reprender a alguien, sermonear a alguien
Vornehmheit ['foːrneːmhaɪt] *f* distinción *f,* elegancia *f,* porte aristocrático *m*
vorneigen ['foːrnaɪgən] *v sich ~* inclinarse hacia adelante
Vorort ['foːrɔrt] *m* suburbio *m,* arrabal *m,* barrio periférico *m*
Vorposten ['foːrpɔstən] *m* puesto avanzado *m*
vorprogrammiert ['foːrprogramiːrt] *adj (fig)* preprogramado
Vorrang ['foːrraŋ] *m* primacía *f,* preferencia *f,* precedencia *f*
vorrangig ['foːrraŋɪç] *adj 1.* prioritario; *adv 2.* con prioridad
Vorrangstellung ['foːrraŋʃtɛluŋ] *f* posición prioritaria *f,* lugar prioritario *m*
Vorrat ['foːrraːt] *m* provisión *f,* reserva *f,* existencias *f/pl*
vorrätig ['foːrrɛːtɪç] *adj 1. ECO* en almacén; *2. (verfügbar)* disponible
Vorratskammer ['foːrraːtskamər] *f* despensa *f*
Vorraum ['foːrraum] *m* vestíbulo *m,* entrada *f,* antesala *f*
Vorrecht ['foːrrɛçt] *n* privilegio *m*
Vorrede ['foːrreːdə] *f 1. (Vorwort)* prefacio *m,* prólogo *m; 2. (einleitende Rede)* discurso preliminar *m*
Vorreiter(in) ['foːrraɪtər(ɪn)] *m/f* pionero/pionera *m/f,* iniciador(a) *m/f*
Vorrichtung ['foːrrɪçtuŋ] *f* dispositivo *m,* aparato *m,* mecanismo *m*
vorrücken ['foːrrykən] *v* adelantar, avanzar
Vorruhestand ['foːrruːəʃtant] *m* prejubilación *f,* jubilación anticipada *f*
vorsagen ['foːrzaːgən] *v jdm etw ~* predecir algo a alguien
Vorsaison ['foːrzɛzɔŋ] *f* temporada baja *f*
Vorsatz ['foːrzats] *m* premeditación *f*
vorsätzlich ['foːrzɛtslɪç] *adj* premeditado
Vorsätzlichkeit ['foːrzɛtslɪçkaɪt] *f* premeditación *f,* carácter deliberado *m*
Vorschau ['foːrʃau] *f* previsión *f*
vorschieben ['foːrʃiːbən] *v irr 1.* empujar hacia delante; *2. (Termin)* adelantar; *3. (vorschützen)* alegar, pretextar; *4. jdn ~* echar las culpas a otra persona
Vorschlag ['foːrʃlaːk] *m* propuesta *f,* proposición *f*
vorschlagen ['foːrʃlaːgən] *v irr* proponer
vorschreiben ['foːrʃraɪbən] *v irr (fig)* prescribir, ordenar
Vorschrift ['foːrʃrɪft] *f* prescripción *f,* precepto *m*
vorschriftsmäßig ['foːrʃrɪftsmɛːsɪç] *adj 1.* reglamentario, de reglamento; *adv 2.* según lo prescrito, conforme a lo prescrito, en regla
vorschriftswidrig ['foːrʃrɪftsviːdrɪç] *adj* contrario a las ordenanzas, antireglamentario
Vorschub ['foːrʃuːp] *m einer Sache ~ leisten* favorecer algo, apoyar algo
Vorschule ['foːrʃuːlə] *f* escuela preparatoria *f*
Vorschuss ['foːrʃus] *m* anticipo *m,* adelanto *m*

vorschützen ['foːrʃytsən] *v* aparentar, fingir, simular
vorsehen ['foːrzeːən] *v irr 1.* prever; *2. sich ~* precaverse, guardarse
Vorsehung ['foːrzeːuŋ] *f REL* Divina Providencia *f*
vorsetzen ['foːrzɛtsən] *v 1.* anteponer, colocar delante de; *2. jdm etw ~ (anbieten)* ofrecer, servir, dar; *3. sich ~* sentarse a la cabeza
Vorsicht ['foːrzɪçt] *f* precaución *f,* cautela *f,* cuidado *m; ~!* ¡Cuidado!
vorsichtig ['foːrzɪçtɪç] *adj 1.* prudente, precavido, cauto, cuidadoso; *~ gehen* ir pisando huevos (fam); *adv 2.* con cuidado, cautelosamente
Vorsichtigkeit ['foːrzɪçtɪçkaɪt] *f* conducta cuidadosa *f,* carácter cauteloso *m*
vorsichtshalber ['foːrzɪçtshalbər] *adv* por precaución, por si acaso
Vorsichtsmaßnahme ['foːrzɪçtsmasnaːmə] *f* medida de precaución *f*
Vorsilbe ['foːrzɪlbə] *f GRAMM* prefijo *m*
Vorsitz ['foːrzɪts] *m* presidencia *f*
Vorsitzende(r) ['foːrzɪtsəndə(r)] *m/f* presidente *m/f*
Vorsorge ['foːrzɔrgə] *f* previsión *f,* prevención *f,* precaución *f*
vorsorgen ['foːrzɔrgən] *v* tomar precauciones, tomar las medidas necesarias
Vorsorgeuntersuchung ['foːrzɔrgəuntərzuːxuŋ] *f MED* chequeo preventivo *m*
vorsorglich ['foːrzɔrklɪç] *adj 1.* previsor; *adv 2.* por precaución
Vorspann ['foːrʃpan] *m 1. (Zugtiere)* relevo *m; 2. (Einleitung)* introducción *f; 3. (eines Films)* avance *m*
Vorspeise ['foːrʃpaɪzə] *f GAST* entrada *f,* entremeses *m/pl*
vorspiegeln ['foːrʃpiːgəln] *v* aparentar, fingir, simular
Vorspiegelung ['foːrʃpiːgəluŋ] *f* simulación *f,* fingimiento *m; unter ~ falscher Tatsachen* bajo falsas apariencias
vorsprechen ['foːrʃprɛçən] *v irr 1.* decir algo para que otro lo repita; *2. THEAT* apuntar; *3. jdm etw ~* recitar, declamar
Vorsprung ['foːrʃpruŋ] *m 1. (Felsvorsprung)* roca saliente *f,* saledizo *m; 2. (Hausvorsprung)* resalto *m,* vuelo *m,* saledizo *m,* saliente *m; 3. (fig)* ventaja *f*
Vorstadt ['foːrʃtat] *f* suburbio *m,* arrabal *m,* barrio periférico *m*
Vorstand ['foːrʃtant] *m ECO* junta directiva *f,* consejo de dirección *m*
Vorstandsmitglied ['foːrʃtantsmɪtgliːt] *n ECO* miembro de la junta directiva *m*
Vorstandsvorsitzende(r) ['foːrʃtantsfoːrzɪtsəndə(r)] *m/f ECO* presidente de la junta directiva *m/f*
vorstehen ['foːrʃteːən] *v irr 1. (vorspringen)* resaltar, sobresalir; *2. (leiten)* presidir, dirigir
vorstellbar ['foːrʃtɛlbaːr] *adj* imaginable, concesible; *Das ist kaum ~.* Eso es inimaginable.
vorstellen ['foːrʃtɛlən] *v 1. sich ~* presentarse; *2. (fig) sich etw ~* imaginarse algo, figurarse algo, fantasear algo
Vorstellung ['foːrʃtɛluŋ] *f 1. (Bekanntmachen)* presentación *f; 2. (Gedanke)* idea *f,* pensamiento *m,* imaginación *f; 3. THEAT* representación *f,* función *f; Wie lange dauert die ~?* ¿Cuánto dura la función?
Vorstellungstermin ['foːrʃtɛluŋstɛrmiːn] *m* cita de entrevista personal *f*
Vorstoß ['foːrʃtoːs] *m (fig)* intento *m,* iniciativa *f*
vorstoßen ['foːrʃtoːsən] *v* empujar hacia delante, avanzar
Vorstrafe ['foːrʃtraːfə] *f JUR* antecedente penal *m*
vorstrecken ['foːrʃtrɛkən] *v 1.* tender hacia delante, extender hacia delante; *2. (Geld leihen)* dar un anticipo
Vortag ['foːrtaːk] *m* día anterior *m,* víspera *f*
vortäuschen ['foːrtɔyʃən] *v* fingir, aparentar, simular; *Stefan täuscht Wissen vor.* Esteban se las da de sabio.
Vortäuschung ['foːrtɔyʃuŋ] *f* simulación *f,* fingimiento *m*
Vorteil ['fɔrtaɪl] *m* ventaja *f; seinen ~ wahren* cuidar de sus intereses
vorteilhaft ['fɔrtaɪlhaft] *adj* ventajoso, provechoso
Vortrag ['foːrtraːk] *m* conferencia *f,* exposición *f,* coloquio *m,* discurso *m*
vortragen ['foːrtraːgən] *v irr (fig)* exponer, presentar un informe
vortrefflich [foːr'trɛflɪç] *adj* excelente, exquisito, perfecto, magnífico
vortreten ['foːrtreːtən] *v irr* adelantarse, preceder
Vortritt ['foːrtrɪt] *m* precedencia *f; jdm den ~ lassen* ceder el paso a alguien, dar la preferencia a alguien
vorüber [fo'ryːbər] *adv 1. (örtlich)* delante; *2. (zeitlich)* pasado

vorübergehen [fo'ryːbərgeːən] *v irr* pasar delante

vorübergehend [fo'ryːbərgeːənt] *adj 1.* pasajero, provisional; *adv 2.* de paso, temporalmente

vorüberziehen [fo'ryːbərtsiːən] *v irr* pasar delante de

Vorurteil ['foːrurtaɪl] *n* prejuicio *m; ohne ~e* sin prejuicios

vorurteilslos ['foːrurtaɪlsloːs] *adj* carente de prejuicios

Vorverkauf ['foːrfɛrkauf] *m* venta anticipada *f; Gibt es einen Kartenvorverkauf?* ¿Hay venta anticipada de localidades?

Vorverkaufsstelle ['foːrfɛrkaufsʃtɛlə] *f* oficina de venta anticipada *f*

vorverlegen ['foːrfɛrleːgən] *v* anticipar, adelantar

vorverurteilen ['foːrfɛrurtaɪlən] *v* condenar precipitadamente, juzgar anticipadamente

Vorwahl ['foːrvaːl] *f TEL* prefijo *m,* código territorial *m; Wie ist die ~nummer von Madrid?* ¿Cuál es el prefijo de Madrid?

Vorwand ['foːrvant] *m* pretexto *m,* excusa *f,* subterfugio *m*

vorwarnen ['foːrvarnən] *v* advertir, prevenir

Vorwarnung ['foːrvarnuŋ] *f* alarma preventiva *f*

vorwärts ['foːrvɛrts] *adv irr ~ bringen* llevar adelante, adelantar; *~ gehen* avanzar, progresar; *~ kommen* progresar, hacer progresos, adelantar, avanzar

Vorwärtsgang ['fɔrvɛrtsgaŋ] *m (beim Auto)* marcha adelante *f*

vorwaschen ['foːrvaʃən] *v irr* prelavar

Vorwäsche ['foːrvɛʃə] *f* prelavado *m*

Vorwegnahme [foːr'vɛknaːmə] *f* anticipación *f,* antelación *f*

vorwegnehmen [for'vɛkneːmən] *v irr* anticipar

vorweisen ['foːrvaɪzən] *v irr* enseñar, exhibir, presentar

vorwerfen ['foːrvɛrfən] *v irr (fig) jdm etw ~* reprochar algo a alguien, recriminar algo a alguien, echar a alguien algo en cara

vorwiegend ['foːrviːgənt] *adj* predominante, preponderante

vorwitzig ['foːrvɪtsɪç] *adj* indiscreto, curioso, impertinente

Vorwitzigkeit ['foːrvɪtsɪçkaɪt] *f* indiscreción *f,* curiosidad *f*

Vorwoche ['foːrvɔxə] *f* semana anterior *f*

Vorwort ['foːrvɔrt] *n* prólogo *m,* prefacio *m*

Vorwurf ['foːrvurf] *m* reproche *m,* recriminación *f; jdm einen ~ machen* hacer un reproche a alguien; *Das soll kein ~ sein.* No es ningún reproche.

vorwurfsvoll ['foːrvurfsfɔl] *adj 1.* lleno de reproches; *adv 2.* con mirada de reproche, con reproche

Vorzeichen ['foːrtsaɪxən] *n 1. (fig)* presagio *m,* augurio *m; 2. MATH* signo *m; mit umgekehrtem ~* con signo opuesto

vorzeigbar ['foːrtsaɪkbaːr] *adj* presentable, mostrable

vorzeigen ['foːrtsaɪgən] *v* mostrar, enseñar, dejar ver

Vorzeit ['foːrtsaɪt] *f* tiempo pasado *m,* antigüedad *f*

vorzeitig ['foːrtsaɪtɪç] *adj* anticipado, prematuro

vorziehen ['foːrtsiːən] *v irr 1.* tirar hacia adelante; *2. (fig)* preferir, dar la preferencia a; *Er zieht den spanischen Wein dem italienischen vor.* Èl prefiere il vino español a lo italiano.

Vorzimmer ['foːrtsɪmər] *n* antesala *f,* antedespacho *m,* recibidor *m*

Vorzug ['foːrtsuːk] *m 1. (Vorteil)* ventaja *f; 2. (Vorrang)* preferencia *f,* prioridad *f; jdm den ~ geben* dar la preferencia a alguien; *3. (gute Eigenschaft)* virtud *f*

vorzüglich [foːr'tsyːklɪç] *adj 1.* superior, excelente, exquisito; *adv 2.* de preferencia, sobre todo, especialmente

Vorzugsaktie ['foːrtsuːksaktsjə] *f FIN* acción preferente od. de prioridad *f*

vorzugsweise ['foːrtsuːksvaɪzə] *adv* de preferencia, preferentemente, por excelencia

votieren [vo'tiːrən] *v* votar

Votivbild [vo'tiːfbɪlt] *n REL* exvoto *m*

Votum ['voːtum] *n POL* voto *m,* sufragio *m*

Voyeur(in) [voa'jøːr(ɪn)] *m/f* voyeur *m/f,* mirón/mirona *m/f*

vulgär [vul'gɛːr] *adj 1.* vulgar, ordinario; *adv 2.* vulgarmente

Vulgarität [vulgari'tɛːt] *f* vulgaridad *f*

Vulkan [vul'kaːn] *m GEO* volcán *m; wie ein Tanz auf dem ~* como jugar con fuego

Vulkanausbruch [vul'kaːnausbrux] *m* erupción volcánica *f*

vulkanisch [vul'kaːnɪʃ] *adj GEO* volcánico

vulkanisieren [vulkanisiːrən] *v (Gummi) TECH* vulcanizar

W

Waage ['vaːgə] *f* balanza *f; sich gegenseitig die ~ halten* equilibrarse, igualarse

waagerecht ['vaːgərɛçt] *adj* horizontal

Waagschale ['vaːkʃaːlə] *f 1.* platillo de la balanza *m; jedes Wort auf die ~ legen* medir cada palabra; *2. (fig)* balanza *f; etw in die ~ werfen* inclinar el fiel de la balanza

Wabe ['vaːbə] *f* panal *m*

wach [vax] *adj* despierto; *~ halten* mantener despierto; *~ halten (fig)* conservar vivo, recordar vivamente

Wachablösung ['vaxaplø:zuŋ] *f 1. MIL* relevo de la guardia *m; 2. (fig)* cambio de gobierno *m*

Wache ['vaxə] *f* guardia *m,* centinela *m; ~ stehen* estar de guardia

wachen ['vaxən] *v* velar, cuidar, vigilar; *(wach sein)* estar despierto

Wachestehen ['vaxəʃteːən] *n MIL* estar de guardia, acción de hacer guardia *f*

Wachhabende(r) ['vaxhaːbəndə(r)] *m/f MIL* cabo de guardia *m/f*

m, vigilante *m*

Wacholderbeere [va'xɔldərbeːrə] *f BOT* enebrina *f*

Wachposten ['vaxpɔstən] *m* puesto de guardia *m*

wachrufen ['vaxruːfən] *v irr 1. (Erinnerungen)* evocar, despertar; *2. (Interesse)* despertar

wachrütteln ['vaxrytəln] *v 1.* despertar sacudiendo; *2. (Gewissen)* despertar la conciencia

Wachs [vaks] *n* cera *f*

wachsam ['vaxzaːm] *adj* vigilante, alerta, atento

Wachsamkeit ['vaxzaːmkaɪt] *f* vigilancia *f,* atención *f*

wachsen[1] ['vaksən] *v irr 1.* crecer; *2. (zunehmen)* aumentar, acrecentarse, incrementarse

wachsen[2] ['vaksən] *v (polieren)* encerar

wachsend ['vaksənt] *adj* creciente

wächsern ['vɛksərn] *adj* de cera, pálido como la cera

Wachstuch ['vakstuːx] *n* hule *m,* tela encerada *f*

Wachstum ['vakstuːm] *n* crecimiento *m*

wachstumsfördernd ['vakstuːmsfœrdərnt] *adj BIO* favorable al crecimiento

wachstumshemmend ['vakstuːmshɛmənt] *adj BIO* inhibidor del crecimiento

Wachstumsrate ['vakstuːmsraːtə] *f ECO* tasa de crecimiento *f,* índice de crecimiento *m*

Wachtel ['vaxtəl] *f ZOOL* codorniz *f*

Wächter(in) ['vɛçtər(ɪn)] *m/f 1. (Schutzmann)* guarda *m,* vigilante *m/f,* guardián(a) *m/f; 2. (Museumswächter(in))* celador(a) *m/f,* guardián(a) *m/f,* vigilante *m/f; 3. (Turmwächter(in))* vigía *m/f*

Wachtmeister ['vaxtmaɪstər] *m* sargento primero *m,* brigada *m*

Wachtturm ['vaxturm] *m* torre de vigilancia *f,* atalaya *f,* torre del vigía *f*

Wackelkontakt ['vakəlkɔntakt] *m TECH* contacto flojo *m,* contacto intermitente *m*

wackeln ['vakəln] *v* tambalearse

Wade ['vaːdə] *f ANAT* pantorrilla *f*

Wadenkrampf ['vaːdənkrampf] *m MED* calambre en la pantorrilla *m*

Wadenwickel ['vaːdənvɪkəl] *m MED* compresas frías para pantorrillas *f/pl*

Waffe ['vafə] *f* arma *f/el; die ~n strecken* tirar las armas; *jdn zu den ~n rufen* llamar a alguien a las armas

Waffel ['vafəl] *f GAST* barquillo *m,* waffle *m* (LA); *einen an der ~ haben* tener un tornillo suelto

Waffenbesitz ['vafənbəzɪts] *m* tenencia de armas *f*

Waffengewalt ['vafəngəvalt] *f* fuerza de las armas *f*

Waffenhändler(in) ['vafənhɛndlər(ɪn)] *m/f* comerciante de armas *m/f,* traficante de armas *m/f*

Waffenschein ['vafənʃaɪn] *m* licencia de armas *f*

Waffenstillstand ['vafənʃtɪlʃtant] *m* armisticio *m,* tregua *f*

Wagemut ['vaːgəmuːt] *m* audacia *f,* osadía *f,* temeridad *f*

wagemutig ['vaːgəmuːtɪç] *adj* temerario, audaz, osado, arrojado

wagen ['vaːgən] *v 1. (sich getrauen)* atreverse, osar; *2. (riskieren)* arriesgar, aventurar

Wagen ['vaːgən] *m 1. (Auto)* coche *m,* auto *m,* carro *m* (LA); *2. (Kinderwagen)* cochecito de niño *m; 3. (Leiterwagen)* carreta *f; 4. sich nicht vor jds ~ spannen lassen* no defender los intereses de alguien

Wagenheber ['vaːgənheːbər] *m* *TECH* gato *m,* cric *m,* gata *f* (LA)

Waggon [va'gɔŋ] *m* vagón *m*

waghalsig ['vaːkhalzɪç] *adj* *1.* temerario, aventurado, arriesgado; *adv* *2.* con temeridad, con audacia

Waghalsigkeit ['vaːkhalzɪçkaɪt] *f* audacia *f,* osadía *f,* temeridad *f*

Wagnis ['vaːknɪs] *n* empresa arriesgada *f,* riesgo *m*

Wahl [vaːl] *f* *1. (Auswahl)* selección *f;* *erste ~* primera calidad *f;* *2. POL* elección *f,* comicios *m/pl*

wählbar ['vɛːlbaːr] *adj* *POL* elegible

Wählbarkeit ['vɛːlbaːrkaɪt] *f* *POL* elegibilidad *f*

wahlberechtigt ['vaːlbərɛçtɪçt] *adj* con derecho a votar, con derecho a voto

Wahlbeteiligung ['vaːlbətaɪlɪguŋ] *f* *POL* participación electoral *f,* asistencia a las urnas *f*

wählen ['vɛːlən] *v* *1. (aus~)* seleccionar, escoger; *2. Nummer ~* marcar el número; *3. POL* elegir, votar por

Wähler(in) ['vɛːlər(ɪn)] *m/f* *POL* elector(a) *m/f*

Wahlergebnis ['vaːlɛrgəpnɪs] *n* *POL* resultado de las elecciones *m*

wählerisch ['vɛːlərɪʃ] *adj* exigente, difícil de contentar

Wählerschaft ['vɛːlərʃaft] *f* *POL* electorado *m*

Wählerstimme ['vɛːlərʃtɪmə] *f* *POL* voto *m*

Wählerverzeichnis ['vɛːlərfɛrtsaɪçnɪs] *n* *POL* listado de votantes *m*

Wahlfach ['vaːlfax] *n* asignatura optativa *f*

Wahlgang ['vaːlgaŋ] *m* *POL* votación *f,* escrutinio *m,* turno *m*

Wahlgeheimnis ['vaːlgəhaɪmnɪs] *n* *POL* secreto de voto *m*

Wahlheimat ['vaːlhaɪmat] *f* patria adoptiva *f,* país de residencia *m*

Wahlhelfer(in) ['vaːlhɛlfər(ɪn)] *m/f* *POL* ayudante electoral *m*

Wahlkampf ['vaːlkampf] *m* *POL* lucha electoral *f,* pugna electoral *f,* campaña electoral *f*

Wahlkreis ['vaːlkraɪs] *m* *POL* distrito electoral *m*

Wahllokal ['vaːllokaːl] *n* *POL* colegio electoral *m*

wahllos ['vaːlloːs] *adj* *1.* desordenado, sin escoger; *adv* *2.* al azar

Wahlplakat ['vaːlplakaːt] *n* *POL* cartel de propaganda electoral *m*

Wahlrecht ['vaːlrɛçt] *n* *POL* derecho de sufragio *m,* derecho electoral *m*

Wahlspruch ['vaːlʃprux] *m* lema *m,* divisa *f*

Wahlurne ['vaːlurnə] *f* *POL* urna electoral *f*

wahlweise ['vaːlvaɪzə] *adv* a elección, facultativamente

Wahnsinn ['vaːnzɪn] *m* locura *f,* demencia *f,* enajenación *f*

wahnsinnig ['vaːnzɪnɪç] *adj* *1.* loco, demente, enajenado; *2. (fam: furchtbar)* terrible, de locura; *3. (fam: sehr)* muy; *Du machst mich ~.* Me vuelves loco.

Wahnsinnige(r) ['vaːnzɪnɪgə(r)] *m/f* loco/loca *m/f,* demente *m/f*

Wahnvorstellung ['vaːnfoːrʃtɛluŋ] *f* idea fija *f,* manía *f*

wahr [vaːr] *adj* verdadero; *sein ~es Gesicht zeigen* quitarse la careta; *Das darf doch nicht ~ sein!* ¡Eso no puede ser verdad!

wahren ['vaːrən] *v* *1. (schützen)* guardar, velar por, cuidar de; *2. (be~)* conservar, mantener

währen ['vɛːrən] *v* perdurar, continuar, prolongar

während ['vɛːrənt] *prep* *1.* durante, en el transcurso de; *~ des Semesters* durante el semestre; *konj* *2.* mientras, mientras que; *Während ich arbeite, trinke ich gerne Kaffee.* Mientras trabajo, me gusta mucho tomar café.

wahrhaben ['vaːrhaːbən] *v* *etw nicht ~ wollen* no querer reconocer, no querer aceptar algo

wahrhaftig [vaːr'haftɪç] *adj* *1.* verdadero, de verdad; *adv* *2.* en verdad, de verdad, de veras

Wahrheit ['vaːrhaɪt] *f* verdad *f;* *unverblümt die ~ sagen* no tener pelos en la lengua; *die Stunde der ~* la hora de la verdad; *in ~* en verdad; *die nackte ~* la cruda realidad

Wahrheitsfindung ['vaːrhaɪtsfɪnduŋ] *f* *JUR* esclarecimiento de la verdad *m*

wahrheitsgetreu ['vaːrhaɪtsgətrɔy] *adj* conforme a la verdad, verídico

wahrheitsliebend ['vaːrhaɪtsliːbənt] *adj* veraz, amigo de la verdad

wahrnehmbar ['vaːrneːmbaːr] *adj* perceptible, visible

Wahrnehmbarkeit ['vaːrneːmbaːrkaɪt] *f* perceptibilidad *f,* visibilidad *f*

wahrnehmen ['vaːrneːmən] *v irr* *1. (bemerken)* notar, observar, percibir; *2. (nutzen)* aprovechar

Wahrnehmung ['vaːrneːmuŋ] *f* percepción *f*, observación *f*

wahrsagen ['vaːrzaːgən] *v* decir la buenaventura, adivinar el futuro (LA)

Wahrsager(in) ['vaːrzaːgər(ɪn)] *m/f* adivino/adivina *m/f*

wahrscheinlich [vaːr'ʃaɪnlɪç] *adj 1.* probable; *adv 2.* probablemente

Wahrscheinlichkeit [vaːr'ʃaɪnlɪçkaɪt] *f* probabilidad *f*

Wahrscheinlichkeitsgrad [vaːr'ʃaɪnlɪçkaɪtsgraːt] *m* grado de probabilidad *m*

Wahrscheinlichkeitsrechnung [vaːr'ʃaɪnlɪçkaɪtsrɛçnuŋ] *f MATH* cálculo de probabilidades *m*

Wahrung ['vaːruŋ] *f 1. (Schutz)* protección *f*, defensa *f*; *2. (Bewahrung)* preservación *f*, conservación *f*

Währung ['vɛːruŋ] *f* moneda *f*, valor monetario *m*, divisa *f*

Währungsabkommen ['vɛːruŋsapkɔmən] *f ECO* acuerdo monetario *m*

Währungseinheit ['vɛːruŋsaɪnhaɪt] *f ECO* unidad monetaria *f*

Währungspolitik ['vɛːruŋspolitiːk] *f POL* política monetaria *f*

Währungsreform ['vɛːruŋsrefɔrm] *f POL* reforma monetaria *f*

Währungssystem ['vɛːruŋszysteːm] *n ECO* sistema monetario *m*

Währungsunion ['vɛːruŋsunjoːn] *f POL* unión monetaria *f*

Wahrzeichen ['vaːrtsaɪçən] *n* marca característica *f*, monumento característico *m*, símbolo *m*

Waise ['vaɪzə] *f* huérfano *m/f*

Waisenhaus ['vaɪzənhaus] *n* orfanato *m*, orfelinato *m*, asilo de huérfanos *m*

Waisenknabe ['vaɪzənknabə] *m gegen jdn der reinste ~ sein* ser un pobrecito comparado con alguien

Waisenrente ['vaɪzənrɛnte] *f* pensión de orfandad *f*

Wal [vaːl] *m ZOOL* ballena *f*

Wald [valt] *m* bosque *m*, monte *m*; *den ~ vor lauter Bäumen nicht sehen* estar en la aldea y no ver las casas

Waldarbeiter(in) ['valtarbaɪtər(ɪn)] *m/f* trabajador(a) forestal *m/f*

Waldbrand ['valtbrant] *m* incendio forestal *m*

Waldlichtung ['valtlɪçtuŋ] *f* claro del bosque *m*

Waldmeister ['valtmaɪstər] *m BOT* aspérula olorosa *f*

Waldrand ['valtrant] *m* linde del bosque *f*

Waldsterben ['valtʃtɛrbən] *n* muerte lenta de bosques *f*

Waldung ['valduŋ] *f* bosques *m/pl*, selvas *f/pl*

Waldweg ['valtveːk] *m* camino forestal *m*, senda forestal *f*

Waldwirtschaft ['valtvɪrtʃaft] *f 1. (Forstwirtschaft)* economía forestal *f*; *2. (Gastwirtschaft)* restaurante en el bosque *m*

Waliser(in) [va'liːzər(ɪn)] *m/f* galés/galesa *m/f*

Walkman ['wɔːkmən] *m* walkman *m*

Wall [val] *m 1.* muralla *f*; *2. (Pfahlwerk)* valla *f*, vallado *m*, cerca *f*

Wallach ['valax] *m ZOOL* caballo capón *m*, caballo castrado *m*

wallen ['valən] *v (sieden)* bullir, hervir

Wallfahrer(in) ['valfaːrər(ɪn)] *m/f REL* peregrino/peregrina *m/f*

Wallfahrt ['valfaːrt] *f REL* peregrinación *f*, romería *f*

Wallfahrtskirche ['valfaːrtskɪrçə] *f REL* iglesia de peregrinación *f*

Walnuss ['vaːlnus] *f BOT* nuez *f*

Walross ['vaːlrɔs] *n ZOOL* morsa *f*

Walze ['valtsə] *f 1. (Dampfwalze) TECH* cilindro apisonador *m*, apisonadora *f*; *2. (Blechwalze) TECH* cilindro *m*, rodillo *m*

wälzen ['vɛltsən] *v 1. (rollen)* hacer rodar, arrollar; *2. (nachschlagen)* consultar; *3. (nachdenken)* dar vueltas; *4. sich ~* revolcarse

walzen *v (rollen)* girar

Walzer ['valtsər] *m MUS* vals *m*

Wälzer [vɛːltsər] *m (fam)* libro voluminoso *m*, (fam) tocho *m*

Walzstraße ['valtsʃtraːsə] *f TECH* tren de laminación *m*

Walzwerk ['valtsvɛrk] *n TECH* laminador *m*, taller de laminación *m*

Wand [vant] *f* pared *f*; *jdn vor die ~ stellen* llevar a alguien al paredón; *in seinen vier eigenen Wänden* entre sus cuatro paredes; *jdn an die ~ drücken* eliminar a alguien; *gegen die ~ reden* hablar con la pared; *jdn an die ~ spielen* poner fuera de juego a alguien; *die eigenen vier Wände* su propia casa las cuatro paredes propias. *Wände haben keine Ohren.* Las paredes no oyen.

Wandale [van'daːlə] *m 1. HIST* vándalo *m; 2. (fig: Randalierer)* gamberro *m,* vándalo *m*
Wandel ['vandəl] *m* cambio *m*
wandelbar ['vandəlbaːr] *adj* variable, sujeto a cambios
Wandelbarkeit ['vandəlbaːrkaɪt] *f* carácter variable *m,* variabilidad *f*
wandeln ['vandəln] *v 1. (ändern)* cambiar, mudar; *2. (gehen)* andar, caminar
Wanderausstellung ['vandərausʃtɛluŋ] *f* exposición itinerante *f*
Wanderbühne ['vandərbyːnə] *f THEAT* teatro ambulante *m*
Wanderkarte ['vandərkartə] *f* mapa de senderismo *f*
wandern ['vandərn] *v* caminar, hacer excursiones
Wandertag ['vandərtaːk] *m* día de senderismo *f*
Wanderung ['vandəruŋ] *f* excursión a pie *f,* caminata *f*
Wanderweg ['vandərveːk] *m* sendero *m*
Wandgemälde ['vantgəmɛːldə] *n ART* pintura mural *f*
Wandkalender ['vantkalɛndər] *m* calendario de pared *m*
Wandlung ['vandluŋ] *f 1.* cambio *m,* transformación *f,* metamorfosis *f; 2. JUR* redhibición *f; 3. REL* transubstanciación *f*
wandlungsfähig ['vandluŋsfɛːɪç] *adj* fácilmente transformable
Wandlungsfähigkeit ['vandluŋsfɛːɪçkaɪt] *f* facilidad para transformarse *f,* capacidad de transformación *f*
Wandschrank ['vantʃraŋk] *m* armario empotrado *m*
Wandtafel ['vanttaːfəl] *f* pizarra *f*
Wandteppich ['vanttɛpɪç] *m* tapiz *m*
Wange ['vaŋə] *f ANAT* mejilla *f*
Wankelmut ['vaŋkəlmuːt] *m* veleidad *f,* inconstancia *f,* indecisión *f*
wankelmütig ['vaŋkəlmyːtɪç] *adj* voluble, inconstante
wanken ['vaŋkən] *v 1. (taumeln)* vacilar, tambalearse, oscilar, menearse; *2. (fig)* flaquear, desmoralizar, desanimar; *jdn ins Wanken bringen* hacer perder el equilibrio a alguien (fig)
wann [van] *adv* cuándo; *Wann?* ¿Cuándo? *Bis ~?* ¿Hasta cuándo?
Wanne ['vanə] *f* tina *f,* cuba *f*
Wanze ['vantsə] *f ZOOL* chinche *m*
Wappen ['vapən] *n* armas *f/pl*
wappnen ['vapnən] *v sich ~* armarse de
Ware ['vaːrə] *f* mercancía *f,* mercadería *f* (LA)
Warenangebot ['vaːrənangəboːt] *n* oferta de mercancía *f*
Warenannahme ['vaːrənannaːmə] *f 1. (Empfang) ECO* recepción de mercancía *f; 2. (Betriebsabteilung)* departamento de recepción de mercancía *m*
Warenaustausch ['vaːrənaustauʃ] *m ECO* cambio de mercancía *m*
Warenbestand ['vaːrənbəʃtant] *m ECO* existencias *f/pl,* mercancía disponible *f*
Warenhaus ['vaːrənhaus] *n* grandes almacenes *m/pl,* emporio *m* (LA)
Warenlager ['vaːrənlaːgər] *n* depósito de mercancías *m,* almacén *m*
Warenprobe ['varənproːbə] *f* mercancía de muestra *f,* artículo de muestra *m*
Warensendung ['vaːrənzɛnduŋ] *f* envío de mercancías *m*
Warenzeichen ['vaːrəntsaɪxən] *n* marca de fábrica *f*
warm [varm] *adj* caliente; *~ halten* conservar caliente; *mit jdm ~ werden* tomar confianza con alguien
warm laufen ['varmlaufən] *v irr* (re)calentarse
Wärme ['vɛrmə] *f* calor *m*
Wärmedämmung ['vɛrmədɛmuŋ] *f* aislamiento térmico *m*
wärmen ['vɛrmən] *v* calentar
Wärmeregler ['vɛrməreːglər] *m TECH* regulador de calor *m,* termoregulador *m*
Wärmetechnik ['vɛrmətɛçnɪk] *f TECH* termotecnia *f*
wärmetechnisch ['vɛrmətɛçnɪʃ] *adj TECH* termotécnico
Wärmeverlust ['vɛrməfɛrlust] *m* pérdida de calor *f*
Wärmflasche ['vɛrmflaʃə] *f* calentador *m,* bolsa de agua caliente *f*
Warmfront ['varmfrɔnt] *f METEO* frente cálido *m*
warmherzig ['varmhɛrtsɪç] *adj 1.* caluroso, efusivo; *adv 2.* calurosamente, efusivamente
Warmherzigkeit ['varmhɛrtsɪçkaɪt] *f* misericordia *f*
Warmwasser [varm'vasər] *n* agua caliente *f*
Warnblinkanlage ['varnblɪŋkanlaːgə] *f (beim Auto)* sistema de alarma intermitente *m*
Warndreieck ['varndraɪɛk] *n (beim Auto)* triángulo de emergencia *m*

warnen ['varnən] *v* advertir, prevenir, avisar
Warnsignal ['varnzɪknaːl] *n* señal de aviso *f*
Warnstreik ['varnʃtraɪk] *m* huelga de advertencia *f,* huelga de aviso *f*
Warnung ['varnuŋ] *f* advertencia *f,* aviso *m*
Warte ['vartə] *f von meiner ~ aus* desde mi punto de vista
Warteliste ['vartəlɪstə] *f* lista de espera *f*
warten ['vartən] *v 1. ~ auf* esperar a, aguardar; *2. (in Stand halten)* mantener, conservar en buen estado, cuidar
Wärter(in) ['vɛrtər(ɪn)] *m/f* guarda *m,* guardián(a) *m/f,* vigilante *m/f,* portero/portera *m/f*
Wartesaal ['vartəzaːl] *m* sala de espera *f*
Wartezeit ['vartətsaɪt] *f 1. (im Wartezimmer)* tiempo de espera *m; 2. (bei der Sozialversicherung)* tiempo de espera *m*
Wartezimmer ['vartətsɪmər] *n* sala de espera *f*
Wartung ['vartuŋ] *f TECH* entretenimiento *m,* mantenimiento *m*
warum [va'rum] *adv* ¿por qué?, ¿por qué motivo?, ¿por qué razón?, ¿para qué? *Ich weiß nicht ~.* No sé por qué.
Warum [va'rum] *n das ~* el porqué
Warze ['vartsə] *f MED* verruga *f*
Warzenschwein ['vartsənʃvaɪn] *n ZOOL* jabalí verrugoso *m,* facochero *m*
was [vas] *pron 1. (interr)* qué; *Was ist los?* ¿Qué pasa? *2. (rel)* que, lo que; *Alles, ~ du willst.* Todo lo que quieras.
waschaktiv ['vaʃaktiːf] *adj* detergente
Waschanlage ['vaʃanlaːgə] *f (fürs Auto)* tren de lavado *m,* estación lavacoches *f*
waschbar ['vaʃbaːr] *adj* lavable
Waschbär ['vaʃbɛːr] *m ZOOL* oso lavador *m,* mapache *m*
Waschbecken ['vaʃbɛkən] *n* lavabo *m*
Waschbeton ['vaʃbət ɔː] *m* hormigón de piedras *m*
Waschbeutel ['vaʃbɔytəl] *m* bolsa de la ropa sucia *f*
Wäsche ['vɛʃə] *f 1. (Waschen)* colada *f; 2. (Gewaschenes)* ropa lavada *f; dumm aus der ~ schauen* quedarse con las ganas; *3. (Unterwäsche)* ropa interior *f*
waschecht ['vaʃɛçt] *adj 1.* lavable, resistente al lavado; *2. (fig)* de pura cepa, castizo
Wäscheklammer ['vɛʃəklamər] *f* pinza para la ropa *f,* gancho para colgar *m* (LA)
Wäschekorb ['vɛʃəkɔrp] *m* cesto de la ropa sucia *m*
Wäscheleine ['vɛʃəlaɪnə] *f* cuerda de tender la ropa *f*
waschen ['vaʃən] *v irr 1.* lavar, asear; *2. sich ~* lavarse, asearse; *sich ge~ haben (fam)* no poder olvidarse
Wäscherei [vɛʃə'raɪ] *f* lavandería *f*
Wäschetrockner ['vɛʃətrɔknər] *m 1. (Elektrogerät)* secadora *f; 2. (Gestell)* tendedero *m*
Waschgang ['vaʃgaŋ] *m* programa de lavado *m*
Waschküche ['vaʃkyçə] *f* lavadero *m*
Waschlappen ['vaʃlapən] *m 1.* guante de tocador *m,* estropajo *m; 2. (fig)* hombre/mujer de poca energía *m/f*
Waschmaschine ['vaʃmaʃiːnə] *f* máquina lavadora *f*
waschmaschinenfest ['vaʃmaʃiːnənfɛst] *adj* lavable a máquina
Waschmittel ['vaʃmɪtəl] *n* detergente *m*
Waschpulver ['vaʃpulfər] *n* detergente *m*
Waschzeug ['vaʃtsɔyk] *n* utensilios de lavado *m/pl*
Wasser ['vasər] *n* agua *f/el; sich selbst das ~ abgraben* cavarse su propia tumba; *ins ~ fallen* aguarse/fracasar; *nahe am ~ gebaut haben (fig)* derramar lágrimas por todo; *jdm das ~ nicht reichen können* no llegar a alguien ni a la suela del zapato
wasserabweisend ['vasərapvaɪzənt] *adj* repelente al agua, hidrófugo
Wasserball ['vasərbal] *m 1. SPORT* waterpolo *m; 2. (Ball) SPORT* pelota de waterpolo *f,* balón inflable *m*
Wasserdampf ['vasərdampf] *m* vapor de agua *m*
wasserdicht ['vasərdɪçt] *adj* impermeable
Wasserfall ['vasərfal] *m 1. (groß)* catarata *f; 2. (klein)* cascada *f,* paso de agua *m*
Wasserfarbe ['vasərfarbə] *f* aguada *f,* acuarelas *f/pl*
wasserfest ['vasərfɛst] *adj* sumergible, a prueba de agua
Wasserflasche ['vasərflaʃə] *f* botella de agua *f*
wassergekühlt ['vasərgəkyːlt] *adj TECH* refrigerado por agua
Wasserhahn ['vasərhaːn] *m* grifo de agua *m,* canilla *f* (LA), caño *m* (LA)
Wasserkraft ['vasərkraft] *f TECH* energía, fuerza hidráulica *f*

Wasserleiche ['vasərlaɪçə] *f* cadáver de un ahogado *m*
Wasserleitung ['vasərlaɪtuŋ] *f* conducción de agua *f*, cañería de agua *f*
Wassermangel ['vasərmaŋəl] *m* escasez de agua *f*, sequía *f*
Wassermann ['vasərman] *m (Tierkreiszeichen) ASTR* Acuario *m*
Wassermelone ['vasərmelo:nə] *f BOT* sandía *f*
Wasseroberfläche ['vasəro:bərflɛçə] *f* superficie del agua *f*
Wasserski ['vasərʃi:] *m SPORT* esquí acuático *m*
Wasserspiegel ['vasərʃpi:gəl] *m 1. (Wasserstand)* nivel del agua *m; 2. (Oberfläche)* superficie del agua *m*
Wasserstoff ['vasərʃtɔf] *m CHEM* hidrógeno *m*
Wassertropfen ['vasərtrɔpfən] *m* gota de agua *f*
Wasserverbrauch ['vasərfɛrbraux] *m* consumo de agua *m*
Wasserverdrängung ['vasərfɛrdrɛŋuŋ] *f* desplazamiento marítimo *m*
Wasserverschmutzung ['vasərfɛrʃmutsuŋ] *f* contaminación del agua *f*
Wasserwaage ['vasərva:gə] *f* nivel de agua *m*
Wasserwerk ['vasərvɛrk] *n* central abastecedora de agua *f*, servicio de aguas corrientes *m*
wässrig ['vɛsrɪç] *adj* acuoso, aguado, insípido
waten ['va:tən] *v* caminar, abrirse paso por
watscheln ['va:tʃəln] *v* andar como un pato
Watt[1] [vat] *n 1. (~enmeer)* marisma *f; 2. (Fluss)* estuario *m*
Watt[2] [vat] *n PHYS* vatio *m*
Watte ['vatə] *f 1. MED* algodón hidrófilo *m; 2.* algodón *m*, guata *f*
Wattebausch ['vatəbauʃ] *m* tapón de algodón *m*
Wattestäbchen ['vatəʃtɛ:pçən] *n* bastoncillo de algodón *m*
wattiert [va'ti:rt] *adj 1. (Jacke)* forrado con guata, acolchado; *2. (Decke)* acolchado; *3. (Umschlag)* reforzado
weben ['ve:bən] *v* tejer
Web-Seite ['webzaɪtə] *f INFORM* página Web *f*
Wechsel ['vɛksəl] *m 1. (Änderung)* cambio *m*, muda *f; 2. (Geldwechsel) ECO* cambio *m; 3. (Zahlungsmittel) ECO* letra de cambio *f*, efecto de comercio *m*
Wechselbad ['vɛksəlbat] *n ein ~ der Gefühle* vacilación del estado de ánimo *f*
Wechselgeld ['vɛksəlgɛlt] *n 1. (herausgegebenes)* vuelta *f; 2. (Kleingeld)* cambio *m*
wechselhaft ['vɛksəlhaft] *adj* cambiante, variable
Wechseljahre ['vɛksəlja:rə] *f MED* menopausia *f*, climaterio *m*
Wechselkurs ['vɛksəlkurs] *m FIN* tipo de cambio *m; Wie ist der ~?* ¿A cuánto está el cambio?
wechseln ['vɛksəln] *v* cambiar, mudar, variar; *häufig den Partner ~* cambiar de pareja a menudo
wechselseitig ['vɛksəlzaɪtɪç] *adj* mutuo, recíproco
Wechselstrom ['vɛksəlʃtro:m] *m TECH* corriente alterna *f*, corriente alternada *f* (LA)
Wechselstube ['vɛksəlʃtu:bə] *f* oficina de cambio *f*, casa de cambio *f*
Wechselwirkung ['vɛksəlvɪrkuŋ] *f* acción recíproca *f*, interacción *f*
Wechte ['vɛçtə] *f* colgajo *m*, cornisa *f*
wecken ['vɛkən] *v 1. (auf~)* despertar; *2. (hervorrufen)* evocar, recordar
Wecker ['vɛkər] *m* despertador *m; jdm auf den ~ fallen* poner a alguien de mal humor
wedeln ['ve:dəln] *v mit dem Schwanz ~* menear la coda, mover el rabo, colear
weder ['ve:dər] *konj ~ ... noch* ni ... ni
Weg [ve:k] *m 1.* camino *m; aus dem ~ gehen* quitarse de en medio; *den ~ des geringsten Widerstandes gehen* elegir el camino más fácil; *eigene ~e gehen* seguir su propio camino; *jdm den ~ ebnen* dar facilidades a alguien (fig); *jdn aus dem ~ räumen* quitarse a alguien de en medio (fam); *jdn auf den rechten ~ führen* conducir a alguien por el buen camino; *jdm etw mit auf den ~ geben* dar algo a alguien por el camino; *etw in die ~e leiten* poner algo en marcha; *sich auf den ~ machen* ponerse en camino, ponerse en marcha; *2. (Strecke)* trayecto *m*, recorrido *m*, itinerario *m*, viaje *m; 3. (fig: Art und Weise)* modo *m*, manera *f*
weg [vɛk] *adv* ausente, fuera, perdido, extraviado; *hin und ~ sein* estar entusiasmado; *über etw ~ sein* estar lejos de algo/haber superado algo; *in einem ~* sin cesar
Wegbereiter ['ve:kbəraɪtər] *m* precursor *m*, pionero *m*

wegbleiben ['vɛkblaɪbən] *v irr* no acudir, no venir
wegbringen ['vɛkbrɪŋən] *v irr 1. (fortbringen)* llevar, conducir, trasladar; *2. (entfernen)* alejar, apartar, quitar
wegdiskutieren ['vɛkdɪskutiːrən] *v (fam)* negar; *es lässt sich nicht ~* su existencia no se puede negar por mucho que se discuta
wegen ['veːgən] *prep* por causa de, a causa de; *Wegen des schlechten Wetters konnten wir nicht fliegen.* A causa del mal tiempo no pudimos volar.
wegfahren ['vɛkfaːrən] *v irr* marcharse, irse
wegfallen ['vɛkfalən] *v irr 1.* cesar, acabar, quitar; *2. (ungültig werden)* caducar, vencer
Weggang ['vɛkgaŋ] *m* marcha *f*, partida *f*
weggeben ['vɛkgeːbən] *v irr* regalar, deshacerse de
weggehen ['vɛkgeːən] *v irr* irse, marcharse
weghaben ['vɛkhaːbən] *v irr 1. (erledigt haben)* terminar algo, quitarse algo de encima; *2. (beherrschen)* dominar; *3. (verstehen)* haber comprendido; *4. etw ~ wollen* querer librarse de algo
weghören ['vɛkhøːrən] *v* no escuchar
wegkommen ['vɛkkɔmən] *v irr 1.* marcharse, irse; *2. (verloren gehen)* perderse, extraviarse; *3. schlecht ~* salir mal librado de algo; *4. über etw ~* superar algo
Wegkreuzung ['veːkkrɔytsuŋ] *f* cruce *m*
weglassen ['vɛklasən] *v irr 1. (auslassen)* omitir, eliminar, suprimir; *2. (gehen lassen)* dejar salir, dejar ir
weglaufen ['vɛklaufən] *v irr* irse corriendo
weglegen ['vɛkleːgən] *v* apartar, poner a un lado
wegnehmen ['vɛkneːmən] *v irr* quitar, retirar
wegräumen ['vɛkrɔymən] *v* recoger, guardar, quitar del camino
wegrennen ['vɛkrɛnən] *v irr* salir corriendo
wegschicken ['vɛkʃɪkən] *v 1. (fortschicken)* despedir, despachar; *2. (aufgeben)* enviar, expedir
wegschütten ['vɛkʃytən] *v* echar, derramar
wegtreten ['vɛktreːtən] *v irr 1. MIL* retirarse, romper filas; *2. weggetreten sein (fig)* estar despedido, estar ausente
wegtun ['vɛktuːn] *v irr* tirar, echar
Wegweiser ['veːkvaɪzər] *m 1. (Person)* guía *m; 2. (Buch)* guía *f; 3. (Tafel)* indicador de caminos *m*, señal turística *f*
wegwerfen ['vɛkvɛrfən] *v irr* tirar, echar
Wegzehrung ['veːktseːruŋ] *f* provisiones para el viaje *f/pl*
wegziehen ['vɛktsiːən] *v irr 1. (Vorhang)* descorrer; *2. (an einen anderen Ort ziehen)* mudarse, cambiarse de casa, ir a vivir a otra parte
weh [veː] *adj 1.* malo, dolorido, doloroso; *adv 2.* mal; *Wo tut es Ihnen ~?* ¿Dónde le duele? *Es tut mir ~, dass er weg ist.* Me duele en el alma que se haya ido. *interj 3.* ay, ay de, pobre de; *Wehe den Besiegten!* ¡Ay de los vencidos! *Wehe mir!* ¡Ay de mí!
Weh [veː] *n mit viel ~ und Ach* a duras penas, a trancas y barrancas (fam)
wehe ['veːə] *interj* ¡ay!
Wehen ['veːən] *pl MED* dolores de parto *m/pl*, contracciones uterinas *f/pl*
wehen ['veːən] *v 1.* soplar; *2. (flattern)* flotear, ondear, flamear
wehleidig ['veːlaɪdɪç] *adj* quejumbroso
Wehleidigkeit ['veːlaɪdɪçkaɪt] *f* quejumbre *f*
Wehmut ['veːmuːt] *f* melancolía *f*, nostalgia *f*
wehmütig ['veːmyːtɪç] *adj 1.* melancólico, nostálgico; *adv 2.* con melancolía, con nostalgia, melancólicamente
Wehr[1] [veːr] *f sich zur ~ setzen* defenderse, resistirse
Wehr[2] [veːr] *n (Staudamm)* presa *f*, embalse *m*
Wehrdienst ['veːrdiːnst] *m MIL* servicio militar *m*
Wehrdienstverweigerer ['veːrdiːnstfɛrvaɪgərər] *m MIL* objetor de conciencia *m*
wehren ['veːrən] *v sich ~* defenderse
wehrfähig ['veːrfɛːɪç] *adj* apto para el servicio militar
wehrlos ['veːrloːs] *adj* indefenso, sin defensa
Wehrlosigkeit ['veːrloːzɪçkaɪt] *f* indefensión *f*, imposibilidad de defenderse *f*
Wehrpflicht ['veːrpflɪçt] *f MIL* servicio militar obligatorio *m*
wehrpflichtig ['veːrpflɪçtɪç] *adj MIL* sujeto al servicio militar obligatorio
Weib [vaɪp] *n* mujer *f*, hembra *f*
Weibchen ['vaɪpçən] *n ZOOL* hembra *f*
weibisch ['vaɪbɪʃ] *adj* afeminado, mujeril

weiblich ['vaɪplɪç] *adj* femenino
Weiblichkeit ['vaɪplɪçkaɪt] *f* femineidad *f*, naturaleza femenina *f*
weich [vaɪç] *adj* *1.* blando; *2. (fig)* sensible, tierno
Weiche[1] ['vaɪçə] *f* flanco *m*
Weiche[2] ['vaɪçə] *f* *TECH* aguja *f*; *die ~n für etw stellen (fig)* sentar las bases de algo
weichen ['vaɪçən] *v irr* remojar, poner en remojo
Weichheit ['vaɪçhaɪt] *f* blandura *f*, suavidad *f*, delicadeza *f*
weichherzig ['vaɪçhɛrtsɪç] *adj* blando de corazón
Weichkäse ['vaɪçkɛːzə] *m* *GAST* queso blando *m*
weichlich ['vaɪçlɪç] *adj* *1.* muy blando, flojo; *2. (fig)* muy delicado, poco enérgico, débil
Weichspüler ['vaɪçʃpyːlər] *m* suavizante *m*
Weide ['vaɪdə] *f* *1. (Baum) BOT* sauce *m*; *2. (Wiese) BOT* pasto *m*, pastizal *m*
weiden ['vaɪdən] *v* *1. (Tiere)* pacer, pastar; *2. sich an etw ~* regocijarse de algo, deleitarse en/con algo
Weidewirtschaft ['vaɪdəvɪrtʃaft] *f* *AGR* pastoreo *m*, pasticultura *f*
weigern ['vaɪgərn] *v sich ~* negarse a
Weigerung ['vaɪgəruŋ] *f* negativa *f*
weihen ['vaɪən] *v* *REL* consagrar, bendecir
Weiher ['vaɪər] *m* estanque *m*
Weihnachten ['vaɪnaxtən] *n* Navidad *f*; *Frohe ~!* ¡Feliz Navidad!
weihnachtlich ['vaɪnaxtlɪç] *adj* navideño
Weihnachtsabend ['vaɪnaxtsaːbənt] *m* Nochebuena *f*, Noche Buena *f*
Weihnachtsbaum ['vaɪnaxtsbaum] *m* árbol de Navidad *m*
Weihnachtsfeier ['vaɪnaxtsfaɪər] *f* celebración de la Navidad *f*
Weihnachtsgeschenk ['vaɪnaxtsgəʃɛŋk] *n* regalo de Navidad *m*
Weihnachtslied ['vaɪnaxtsliːt] *n* canción navideña *f*, villancico *m*
Weihnachtsmann ['vaɪnaxtsman] *m* Papá Noel *m*
Weihnachtstag ['vaɪnaxtstaːk] *m* Día de Navidad *m*
Weihrauch ['vaɪraux] *m* *REL* incienso *m*
Weihwasser ['vaɪvasər] *n* *REL* agua bendita *f/el*
weil [vaɪl] *konj* porque, como, ya que, puesto que; *Beatriz kann nicht kommen, ~ sie krank ist.* Beatriz no puede venir, porque *está* está enferma.
Weilchen ['vaɪlçən] *n ein ~* un ratito, un momentito
Weile ['vaɪlə] *f* lapso *m*, rato *m*, momento *m*
Weiler ['vaɪlər] *m* aldea *f*
Wein [vaɪn] *m* *1.* vino *m*; *jdm reinen ~ einschenken* decirle la verdad a alguien; *2. BOT* vid *f*
Weinanbau ['vaɪnanbau] *m* viticultura *f*
Weinberg ['vaɪnbɛrk] *m* viña *f*, viñedo *m*
weinen ['vaɪnən] *v* llorar
weinerlich ['vaɪnərlɪç] *adj* lloroso, lacrimoso
Weinessig ['vaɪnɛsɪç] *m* *GAST* vinagre de vino *m*
Weinflasche ['vaɪnflaʃə] *f* botella de vino *f*
Weingut ['vaɪnguːt] *n* viñedo *m*, viña *f*
Weinhandlung ['vaɪnhandluŋ] *f* bodega *f*, almacén de vinos *m*, vinoteca *f*
Weinkeller ['vaɪnkɛlər] *m* *1. (Keller für Weinflaschen)* bodega *f*; *2. (Weinlokal)* taberna de vinos *f*
Weinkenner(in) ['vaɪnkɛnər(ɪn)] *m/f* conocedor(a) de vinos *m/f*
Weinrebe ['vaɪnreːbə] *f* *BOT* vid *f*
Weintraube ['vaɪntraubə] *f* *BOT* uva *f*, racimo de uvas *m*
weise ['vaɪzə] *adj* *1.* sabio; *adv* *2.* sabiamente, con sabiduría
Weise ['vaɪzə] *f* *1. (Art und ~)* manera *f*, modo *m*, forma *f*; *in keiner ~* de ninguna manera/de ningún modo; *2. (Lied)* melodía *f*
Weise(r) ['vaɪzə(r)] *m/f* sabio/sabia *m/f*
weisen ['vaɪzən] *v irr* *1.* mostrar, indicar, señalar; *2. jdm etw ~* enseñar; *3. etw von sich ~* rechazar, no querer saber nada de; *4. jdn von der Schule ~* expulsar a alguien del colegio
Weisheit ['vaɪshaɪt] *f* sabiduría *f*, saber *m*; *der ~ letzter Schluss* la solución ideal *f*; *mit seiner ~ am Ende sein* ya no saber qué decir o qué hacer
Weisheitszahn ['vaɪshaɪtstsaːn] *m* *ANAT* muela del juicio *f*
weismachen ['vaɪsmaxən] *v jdm etw ~* hacer creer algo a alguien
weiß [vaɪs] *adj* blanco
Weiß [vaɪs] *n* blanco *m*
Weissagung ['vaɪszaːguŋ] *f* presagio *m*, augurio *m*, profecía *f*
Weißbier ['vaɪsbiːr] *n* cerveza de trigo *f*

Weißbrot ['vaɪsbroːt] *n* *GAST* pan blanco *m*
weißen ['vaɪsən] *v* blanquear, encalar
Weißglut ['vaɪsgluːt] *f* *jdn zur ~ bringen* sacar a alguien de quicio
Weißkohl ['vaɪskoːl] *m* *BOT* repollo *m*
weißlich ['vaɪslɪç] *adj* blanquecino
Weißrusse ['vaɪsrusə] *m* bieloruso *m*
Weißrussin ['vaɪsrusɪn] *f* bielorusa *f*
Weißrussland ['vaɪsruslant] *n* *GEO* Bielorusia *f*
Weißwaren ['vaɪsvaːrən] *pl* artículos de lencería *m/pl*
Weißwein ['vaɪsvaɪn] *m* vino blanco *m*
Weißwurst ['vaɪsvurst] *f* salchicha blanca típica de Baviera *f*
Weisung ['vaɪzuŋ] *f* instrucción *f*, orden *m*
weit [vaɪt] *adj 1. (breit)* ancho, extenso, amplio; *2. (lang)* largo; *3. (fern)* lejano, alejado, distante; *das Weite suchen* tomar las de Villadiego; *adv 4. ~ blickend* inteligente, perspicaz, listo; *~ entfernt* lejos, alejado, lejano; *~ gereist* que ha viajado mucho, que viene de muy lejos; *~ und breit* en toda su extensión, a lo largo y a lo ancho; *zu ~ gehen* ir demasiado lejos; *bei ~em nicht* ni comparación; *~ reichend* extenso, de gran alcance; *~ verbreitet* por doquier, muy extendido, muy generalizado
weitab ['vaɪtap] *adv ~ von* muy lejos, apartado de
weitaus ['vaɪtaus] *adv* con mucho
Weitblick ['vaɪtblɪk] *m* amplitud de miras *f*, visión de futuro *f*
Weite ['vaɪtə] *f 1. (Breite)* ancho *m*, anchura *f*; *2. (Länge)* largo *m*; *3. (Entfernung)* distancia *f*
weiten ['vaɪtən] *v 1.* ensanchar, dilatar; *2. sich ~* ensancharse, dilatarse; *3. sich ~ (fig: Herz)* hincharse, agrandarse
weiter ['vaɪtər] *adj 1. (Komparativ von weit)* más lejano; *2. (zusätzlich)* adicional, suplementario; *adv 3. ~ weg* más lejos; *4. (außerdem)* además; *adj 5. (Komparativ: breit)* más extenso
weiter ['vaɪtər] *adv irr ~ bestehen* seguir existiendo, subsistir
weiterarbeiten ['vaɪtərarbaɪtən] *v* seguir trabajando
weiterbilden ['vaɪtərbɪldən] *v sich ~* hacer cursos de perfeccionamiento, especializarse, seguir formándose
Weiterbildung ['vaɪtərbɪlduŋ] *f* perfeccionamiento *m*, ampliación de estudios *f*
weiterentwickeln ['vaɪtərɛntvɪkəln] *v* perfeccionar
Weiterentwicklung ['vaɪtərɛntvɪkluŋ] *f* perfeccionamiento *m*
weiterführen ['vaɪtərfyːrən] *v* continuar, seguir
weitergeben ['vaɪtərgeːbən] *v irr ~ an* pasar a, hacer circular
weitergehen ['vaɪtərgeːən] *v irr* avanzar, seguir su camino
weiterhin ['vaɪtərhɪn] *adv 1. (immer noch)* todavía; *2. (künftig)* de aquí en adelante; *3. (außerdem)* además
weiterkommen ['vaɪtərkɔmən] *v* adelantar, avanzar
weiterleiten ['vaɪtərlaɪtən] *v* transmitir
weitermachen ['vaɪtərmaxən] *v* seguir, continuar
Weiterreise ['vaɪtərraɪzə] *f* continuación del viaje *f*
weitersagen ['vaɪtərzaːgən] *v* divulgar, contar a otros
weiterschlafen ['vaɪtərʃlaːfən] *v irr* continuar durmiendo
weitgehend ['vaɪtgeːənt] *adj 1.* extenso, vasto; *adv 2.* en gran parte
weitherzig ['vaɪthɛrtsɪç] *adj* generoso, liberal
weitläufig ['vaɪtlɔyfɪç] *adj 1.* amplio, extenso, vasto; *2. (fig: ausführlich)* detallado; *3. (fig: entfernt)* lejano; *4. (fig: ausführlich)* detalladamente, con todo detalle; *5. (fig: entfernt)* muy lejano
Weitläufigkeit ['vaɪtlɔyfɪçkaɪt] *f 1.* amplitud *f*, extensión *f*; *2. (Ausführlichkeit)* prolijidad *f*, lujo de detalles *m*; *3. (fig: der Verwandtschaft)* lejanía *f*
weitschweifig ['vaɪtʃvaɪfɪç] *adj* prolijo, ampuloso
weitsichtig ['vaɪtzɪçtɪç] *adj 1. MED* hipermétrope; *2. (fig)* previsor
Weitsichtigkeit ['vaɪtzɪçtɪçkaɪt] *f* hipermetropía *f*
Weitsprung ['vaɪtʃpruŋ] *m* *SPORT* salto de longitud *m*
Weizen ['vaɪtsən] *m* *BOT* trigo *m*
Weizenbier ['vaɪtsənbiːr] *n* *GAST* cerveza de trigo *f*
Weizenkleie ['vaɪtsənklaɪə] *f* *GAST* harina de trigo *f*
Weizenmehl ['vaɪtsənmeːl] *n* *GAST* harina de trigo *f*
welch [vɛlç] *pron (ausrufend)* qué; *Welch ein Vergnügen!* ¡Qué placer!

welche(r,s) ['vɛlçə(r,s)] *pron* *1. (rel)* el cual, la cual, lo cual; *2. (interr)* qué, cuál; *Welches Buch gefällt dir besser?* ¿Cuál de los libros te gusta más?

welk [vɛlk] *adj* *1. (verblüht)* marchito, ajado; *2. (schlaff)* flácido

welken ['vɛlkən] *v* *1. (verblühen)* marchitarse, ajarse; *2. (erschlaffen)* ponerse flácido

Wellblech ['vɛlblɛç] *n* hierro ondulado *m*, calamina *f*, chapa ondulada *f*

Welle ['vɛlə] *f* ola *f*, onda *f*

wellenförmig ['vɛlənfœrmɪç] *adj* ondulado

Wellengang ['vɛləngaŋ] *m* embate de las olas *m*, oleaje *m*

Wellenlänge ['vɛlənlɛŋə] *f* *1. PHYS* longitud de onda *f*; *2. (fig)* intereses comunes *m/pl*; *die gleiche ~ haben* tener la misma onda

Wellensittich ['vɛlənzɪtɪç] *m* *ZOOL* periquito *m*

wellig ['vɛlɪç] *adj* ondulado

Wellpappe ['vɛlpapə] *f* cartón ondulado *m*

Welpe ['vɛlpə] *m* *ZOOL* cachorro *m*

Wels [vɛls] *m* *ZOOL* bagre *m*

Welt [vɛlt] *f* mundo *m*; *die ganze ~* el mundo entero; *vor aller ~*, delante de todos; *nicht die ~ kosten* no costar un ojo de la cara; *nicht die ~ sein* no ser para tanto; *etw in die ~ setzen* hacer correr por el mundo; *mit sich und der ~ zufrieden sein* estar plenamente satisfecho; *Für sie brach die ~ zusammen.* Se le cayó el mundo encima. *Was in aller ~?* ¡Que diablo...! *um nichts in der ~* por nada del mundo; *Die ~ ist klein.* El mundo es un pañuelo.

Weltall ['vɛltal] *n* universo *m*

Weltanschauung ['vɛltanʃauuŋ] *f* concepción del mundo *f*, cosmovisión *f*

Weltbank ['vɛltbaŋk] *f* *ECO* Banco Mundial *m*

weltbekannt ['vɛltbəkant] *adj* conocido mundialmente

weltberühmt ['vɛltbəry:mt] *adj* conocido en el el mundo entero

weltbewegend ['vɛltbəve:gənt] *adj* revolucionario

Weltbild ['vɛltbɪlt] *n* visión del mundo *f*, cosmovisión *f*

Weltbürger(in) ['vɛltbyrgər(ɪn)] *m/f* cosmopolita *m/f*, ciudadano/ciudadana del mundo *m/f*

Weltenbummler ['vɛltənbumlər] *m* trotamundos *m*

Welterfolg ['vɛltɛrfɔlk] *m* éxito mundial *m*

welterschütternd ['vɛltɛrʃytɛrnt] *adj* de repercusión mundial, que hace época

weltfremd ['vɛltfrɛmt] *adj* de poco mundo, ajeno al mundo, desconocedor del mundo

Weltgeschichte ['vɛltgəʃɪçtə] *f* *1.* historia mundial *f*, historia universal *f*; *2. (fam: Welt)* mundo *m*; *in der ~ herumreisen* viajar por todo el mundo

weltgeschichtlich ['vɛltgəʃɪçtlɪç] *adj* mundial, universal

Welthandel ['vɛlthandəl] *m* *ECO* comercio mundial *m*, comercio internacional *m*

Weltkarte ['vɛltkartə] *f* mapamundi *m*, mapa del mundo *f*

weltklug ['vɛltklu:k] *adj* que tiene experiencia del mundo, diplomático, de mundo

Weltkrieg ['vɛltkri:k] *m* *HIST* guerra mundial *f*

weltlich ['vɛltlɪç] *adj* *1.* del mundo, mundano, terrenal; *2. (nicht kirchlich)* profano

Weltliteratur ['vɛltlɪteratu:r] *f* *LIT* literatura universal *f*

Weltmacht ['vɛltmaxt] *f* potencia mundial *f*

weltmännisch ['vɛltmɛnɪʃ] *adj* de hombre de mundo, distinguido

Weltmarkt ['vɛltmarkt] *m* *ECO* mercado mundial *m*

Weltmeister(in) ['vɛltmaɪstər(ɪn)] *m/f* *SPORT* campeón/campeona mundial *m/f*, campeón/campeona del mundo *m/f*

Weltmeisterschaft ['vɛltmaɪstərʃaft] *f* *SPORT* campeonato mundial *m*

weltoffen ['vɛltɔfən] *adj* abierto, liberal

Weltoffenheit ['vɛltɔfənhaɪt] *f* apertura al mundo *f*, mentalidad abierta *f*

Weltöffentlichkeit ['vɛltœfəntlɪçkaɪt] *f* opinión mundial *f*

Weltpresse ['vɛltprɛsə] *f* prensa internacional *f*

Weltraum ['vɛltraum] *m* espacio interplanetario *m*

Weltraumforschung ['vɛltraumfɔrʃuŋ] *f* exploración espacial *f*, exploración del espacio *f*

Weltreich ['vɛltraɪç] *n* imperio universal *m*

Weltreise ['vɛltraɪzə] *f* vuelta al mundo *f*, viaje alrededor del mundo *m*

Weltrekord ['vɛltrekɔrt] *m* *SPORT* marca mundial *f*, récord mundial *m*

Weltreligion ['vɛltreligjoːn] *f REL* religión universal *f*
Weltsprache ['vɛltʃpraːxə] *f* lengua universal *f*
Weltstadt ['vɛltʃtat] *f* metrópoli *f*
Weltuntergang ['vɛltuntərgaŋ] *m* fin del mundo *m*
weltweit ['vɛltvaɪt] *adj 1.* universal; *adv 2.* universalmente
Weltwirtschaft ['vɛltvɪrtʃaft] *f ECO* economía mundial *f*
wem [veːm] *pron 1. (interr)* a quién; *Von ~?* ¿De quién? *2. (rel)* a quien
wen [veːn] *pron 1. (interr)* a quién; *Wen frage ich?* ¿A quién le pregunto? *2. (rel)* a quien
Wende ['vɛndə] *f* vuelta *f*
Wendekreis ['vɛndəkraɪs] *m 1. GEO* trópico *m; 2. (eines Autos) TECH* círculo de viraje *m*
Wendeltreppe ['vɛndəltrɛpə] *f* escalera de caracol *f*
wenden ['vɛndən] *v irr* volver; *sich an jdn ~ wenden* dirigarse a alguien
Wendepunkt ['vɛndəpuŋkt] *m 1. (fig)* momento crítico *m,* comienzo de una nueva época *m; 2. ASTR* punto del solsticio *m; 3. MATH* punto de inflexión *m*
wendig ['vɛndɪç] *adj 1.* manejable, fácil de manejar; *2. (flink)* ágil, ligero, flexible
Wendigkeit ['vɛndɪçkaɪt] *f 1.* manejabilidad *f; 2. (Flinkheit)* agilidad *f*
Wendung ['vɛnduŋ] *f 1.* vuelta *f,* viraje *m; 2. (Veränderung)* cambio *m; 3. (Redewendung)* locución *f,* giro *m,* expresión hecha *f*
wenig ['veːnɪç] *adj* poco, limitado
wenige ['veːnɪgə] *adj 1.* pocos, pocas; *pron 2.* pocos, pocas
weniger ['veːnɪgər] *adv* menos
Wenigkeit ['veːnɪçkait] *f meine ~* mi modesta persona, un modesto servidor
wenigstens ['veːnɪçstəns] *adv* por lo menos, al menos
wenn [vɛn] *konj 1. (konditional)* si, en caso de que; *Wenn ich nicht kommen kann, rufe ich dich an.* Si no puedo venir, te llamo. *2. (zeitlich)* cuando
wer [veːr] *pron 1. (interr)* quién; *2. (rel)* quien
Werbeagentur ['vɛrbəagəntuːr] *f* agencia de publicidad *f*
Werbefernsehen ['vɛrbəfɛrnzeːən] *n* publicidad televisiva *f*
Werbegeschenk ['vɛrbəgəʃɛŋk] *n* regalo publicitario *m*
Werbekampagne ['vɛrbəkampanjə] *f* campaña publicitaria *f*
werben ['vɛrbən] *v* hacer publicidad; *um jdn ~* hacer la corte a alguien
Werbeprospekt ['vɛrbəprospɛkt] *m* prospecto publicitario *m*
Werbespot ['vɛrbəspɔt] *m* anuncio publicitario *m,* spot *m*
werbewirksam ['vɛrbəvɪrkzaːm] *adj* de efecto publicitario, de efecto promocional
Werbung ['vɛrbuŋ] *f* publicidad *f*
Werdegang ['vɛːrdəgaŋ] *m* desarrollo *m,* evolución *f*
werden ['vɛːrdən] *v irr 1.* llegar a ser; *Er wird Arzt wie sein Vater.* Llegará a ser médico como su padre. *2. (Passiv)* ser, quedar; *Er ist sehr vom Leben enttäuscht worden.* Él ha sido muy golpeado por la vida. *Die Schlacht wurde gewonnen.* La batalla fue ganada. *3. (Futur)* ir a, llegar a; *Es wird gleich regnen.* Va a llover de un momento a otro. *Wir ~ nach Paris fahren.* Viajaremos a París.
werfen ['vɛrfən] *v irr* tirar, echar; *mit Geld um sich ~* tirar el dinero por la ventana
Werfer(in) ['vɛrfər(ɪn)] *m/f* lanzador(a) *m/f*
Werft [vɛrft] *f* astilleros *m/pl*
Werftarbeiter ['vɛrftarbaɪtər] *m* operario de astilleros *m*
Werk [vɛrk] *n 1. (Fabrik)* fábrica *f,* factoría *f; 2. (Kunstwerk)* obra de arte *f*
Werkbank ['vɛrkbaŋk] *f* banco de trabajo *m,* potro *m*
werken ['vɛrkən] *v* trabajar, afanarse
Werksangehörige(r) ['vɛrksangəhøːrɪgə(r)] *m/f* empleado/empleada de una empresa *m/f*
Werkstatt ['vɛrkʃtat] *f* taller *m; Wo ist die nächste Autowerkstatt?* ¿Dónde se encuentra el taller de coches más cercano?
Werkstoff ['vɛrkʃtɔf] *m* material *m*
Werkstück ['vɛrkʃtyk] *n* pieza de trabajo *f*
Werktag ['vɛrktaːk] *m* día de trabajo *m,* día laborable *m*
werktags ['vɛrktaːks] *adv* los días laborables, en días laborables
Werkzeug ['vɛrktsɔyk] *n* herramienta *f*
Werkzeugkasten ['vɛrktsɔykkastən] *m* caja de herramientas *f*
Werkzeugmaschine ['vɛrktsɔykmaʃiːnə] *f* máquina-herramienta *f*
Wermut ['veːrmuːt] *m 1.* ajenjo *m,* asintío *m; 2.* vermut *m*

Wermutstropfen ['veːrmuːtstrɔpfən] *m (fig)* carácter amargo *m*
wert [veːrt] *adj 1.* estimado, apreciado; *2. (würdig)* digno, merecedor; *3. (lieb)* caro
Wert [veːrt] *m* valor *m*
Wertarbeit ['veːrtarbaɪt] *f* trabajo de calidad *m*
wertbeständig ['veːrtbəʃtɛndɪç] *adj* de valor estable
werten ['veːrtən] *v* estimar, evaluar, valorar
wertfrei ['veːrtfraɪ] *adj* objetivo, sin valoración
Wertgegenstand ['veːrtgeːgənʃtant] *m* objeto de valor *m*
wertlos ['veːrtloːs] *adj* sin valor; *~ sein* no tener ningún valor
Wertlosigkeit ['veːrtloːzɪçkaɪt] *f* falta de valor, carencia de valor *f,* futilidad *f*
Wertminderung ['veːrtmɪndəruŋ] *f* desvalorización *f,* depreciación *f*
Wertpaket ['veːrtpakeːt] *n* paquete con valor declarado *m*
Wertpapier ['vɛrtpapiːr] *n FIN* valor *m,* efecto negociable *m,* título *m*
Wertpapiere ['veːrtpapiːrə] *pl FIN* valores bursátiles *m/pl,* títulos de crédito *m/pl,* fondos públicos *m/pl*
Wertschätzung ['veːrtʃɛtsuŋ] *f* aprecio *m,* estima *f,* estimación *f*
Wertsteigerung ['veːrtʃtaɪgəruŋ] *f* aumento de valor *m,* alza *f,* plusvalía *f*
Wertstoff ['veːrtʃtɔf] *m* material reciclable *m*
Wertung ['veːrtuŋ] *f* valoración *f,* evaluación *f*
wertvoll ['veːrtfɔl] *adj* valioso, precioso
Wertvorstellung ['veːrtfoːrʃtɛluŋ] *f* valores *m/pl,* idea de valor *f*
Wesen ['veːzən] *n 1. (Charakter)* carácter *m,* naturaleza *f; 2. (Lebewesen)* ser *m,* criatura *f; 3. (Inhalt)* substancia *f,* esencia *f; 4. viel ~ um etw machen* hacer mucho ruido a propósito de algo
Wesensart ['veːzənsaːrt] *f* carácter *m,* naturaleza *f,* modo de ser *m*
wesensfremd ['veːzənsfrɛmt] *adj* ajeno al propio ser
wesentlich ['veːzəntlɪç] *adj* esencial, sustancial
weshalb [vɛs'halp] *adv 1.* ¿Por qué?, ¿Por qué razón?, ¿Por qué motivo? *konj 2.* por lo que, por lo cual
Wespe ['vɛspə] *f ZOOL* avispa *f*
Wespennest ['vɛspənnɛst] *n 1. ZOOL* avispero *m; 2. (fig) in ein ~ stecken* meterse en un avispero
Wespentaille ['vɛspəntaɪljə] *f* talle de avispa *f,* cintura de avispa *f*
wessen ['vɛsən] *pron 1. (rel)* cuyo; *2. (interr)* de quién; *Wessen Haus ist das?* ¿De quién es esta casa?
Wessi ['vɛsiː] *m (fam)* ciudadano de la antigua República Federal de Alemania *m*
Weste ['vɛstə] *f* chaleco *m; eine weiße ~ haben (fig)* tener buena reputación
Westen ['vɛstən] *m* oeste *m*
Westeuropa ['vɛstɔyroːpa] *n GEO* Europa Occidental *f*
westeuropäisch ['vɛstɔyropɛːɪʃ] *adj* europeo occidental, de Europa Occidental
westlich ['vɛstlɪç] *adj 1.* occidental; *adv 2.* al oeste
Westmächte ['vɛstmɛxtə] *pl POL* potencias occidentales *f/pl*
westwärts ['vɛstvɛrts] *adj* en dirección al oeste, hacia el oeste
Westwind ['vɛstvɪnt] *m METEO* viento del oeste *m*
Wettbewerb ['vɛtbəvɛrp] *m* concurso *m,* competición *f*
wettbewerbsfähig ['vɛtbəvɛrpsfɛːɪç] *adj* capaz de competir, competitivo
Wettbewerbsverzerrung ['vɛtbəvɛrpsfɛrtsɛruŋ] *f ECO* distorsión de las condiciones normales de comercio *f*
Wettbüro ['vɛtbyroː] *n* registro de apuestas *m*
Wette ['vɛtə] *f* apuesta *f*
wetteifern ['vɛtaɪfərn] *v* rivalizar, emular
wetten ['vɛtən] *v* apostar
Wetter ['vɛtər] *n* tiempo *m; schlechtes ~/gutes ~* mal tiempo/buen tiempo; *Wie wird das ~?* ¿Qué tiempo hará?
Wetterbericht ['vɛtərbərɪçt] *m* boletín meteorológico *m,* parte meteorológico *m; Was meldet der ~?* ¿Qué anuncia el parte meteorológico?
Wetterbesserung ['vɛtərbɛsəruŋ] *f METEO* mejora del tiempo *f*
wetterbeständig ['vɛtərbəʃtɛndɪç] *adj* resistente a la intemperie
Wetterdienst ['vɛtərdiːnst] *m* servicio meteorológico *m*
wetterfest ['vɛtərfɛst] *adj* resistente a intemperie
wetterfühlig ['vɛtərfyːlɪç] *adj* sensible a las influencias atmosféricas, barosensible

Wetterkarte ['vɛtərkartə] *f* mapa metereológico *m*
Wetterumschwung ['vɛtərumʃvuŋ] *m* *METEO* cambio atmosférico brusco *m*
Wettervorhersage ['vɛtərfoːrheːrzaːgə] *f* pronóstico del tiempo *m*
Wetterwarte ['vɛtərvartə] *f* observatorio meteorólogico *m*
Wettkampf ['vɛtkampf] *m* *SPORT* competición *f*
Wettkämpfer(in) ['vɛtkɛmpfər(ɪn)] *m/f* *SPORT* competidor(a) *m/f,* atleta *m/f*
Wettlauf ['vɛtlauf] *m* carrera *f; 2. (fig)* carrera *f; ein ~ mit der Zeit* una carrera contra el tiempo; *ein ~ mit dem Tod* una carrera contra la muerte
wettmachen ['vɛtmaxən] *v* reparar, compensar
Wettrüsten ['vɛtrystən] *n* *POL* carrera armamentista *f*
Wettstreit ['vɛtʃtraɪt] *m* lucha *f,* concurso *m*
wetzen ['vɛtsən] *v 1.* afilar; *2. (reiben)* raspar; *3. (fam: eilen)* correr, acelerar, salir pitando
wichtig ['vɪçtɪç] *adj 1.* importante, de importancia; *das Wichtigste ist, dass ...* lo más importante es que ...; *adv 2.* con importancia
Wichtigkeit ['vɪçtɪçkaɪt] *f* importancia *f,* trascendencia *f*
Wichtigtuer(in) ['vɪçtɪçtuər(ɪn)] *m/f* presumido/presumida *m/f,* presuntuoso/presuntuosa *m/f,* creído/creída *m/f*
Wickel ['vɪkəl] *m 1.* pañal *m; 2. feuchter ~* compresa húmeda *f; 3. jdn beim ~ kriegen* agarrar a alguien por el pescuezo
Wickelauflage ['vɪkəlauflaːgə] *f* paño sobre la que se ponen los pañales al niño *m,* vestidor *m*
Wickelkommode ['vɪkəlkɔmoːdə] *f* cómoda sobre la que se ponen los pañales al niño *f*
wickeln ['vɪkəln] *v 1.* arrollar, enrollar; *2. (Baby)* envolver en pañales, cambiar los pañales
Widder ['vɪdər] *m 1. ZOOL* carnero *m; 2. (Tierkreiszeichen) ASTR* Aries *m*
wider ['viːdər] *prep* contra
widerfahren [viːdər'faːrən] *v irr* pasar, ocurrir, suceder
Widerhall ['viːdərhal] *m* eco resonancia *m,* reverberación *f*
widerhallen ['viːdərhalən] *v* resonar, retumbar, repercutir
widerlegen [viːdər'leːgən] *v* refutar, rebatir
Widerlegung [viːdər'leːguŋ] *f* refutación *f*
widerlich ['viːdərlɪç] *adj 1.* repugnante, repulsivo, asqueroso; *adv 2.* con repugnancia, repulsivamente
widernatürlich ['viːdərnatyrlɪç] *adj* contranatura, antinatural
widerrechtlich ['viːdərrɛçtlɪç] *adj 1.* contrario a la ley, ilegal, ilegítimo, ilícito; *adv 2.* ilegalmente, ilícitamente
Widerrede ['viːdərreːdə] *f* réplica *f*
Widerruf ['viːdərruːf] *m* revocación *f,* retractación *f*
widerrufen [viːdər'ruːfən] *v irr 1. (zurücknehmen)* revocar, retractarse, desdecirse; *2. (dementieren)* desmentir, impugnar, rebatir
Widersacher(in) ['viːdərzaxər(ɪn)] *m/f* adversario/adversaria *m/f,* antagonista *m/f*
widersetzen [viːdər'zɛtsən] *v sich ~* oponerse a, resistir a, resistirse contra
widerspenstig ['viːdərʃpɛnstɪç] *adj* porfiado, reacio, obstinado, terco
widerspiegeln ['viːdərʃpiːgəln] *v* reflejar, reflectar
widersprechen [viːdər'ʃprɛçən] *v irr* contradecir, llevar la contraria
Widerspruch ['viːdərʃprux] *m* contradicción *f; keinen ~ dulden* no hay pero que valga
widersprüchlich ['viːdərʃpryçlɪç] *adj 1.* contradictorio; *adv 2.* contradictoriamente
Widersprüchlichkeit ['viːdərʃpryçlɪçkaɪt] *f* contradicción *f,* antimonia *f*
widerspruchslos ['viːdərʃpruxsloːs] *adv* sin réplica, sin objeción
Widerstand ['viːdərʃtant] *m* resistencia *f,* oposición *f; jdm ~ leisten* oponer resistencia a alguien
Widerstandsbewegung ['viːdərʃtantsbəveːguŋ] *f POL* movimiento de resistencia *m*
widerstandsfähig ['viːdərʃtantsfɛːɪç] *adj* resistente
Widerstandsfähigkeit ['viːdərʃtantsfɛːɪçkaɪt] *f* resistencia *f*
Widerstandskämpfer(in) ['viːdərʃtantskɛmpfər(ɪn)] *m/f POL* activista en la resistencia *m/f*
Widerstandskraft ['viːdərʃtantskraft] *f* fuerza de resistencia *f,* capacidad de resistencia *f*
widerstandslos ['viːdərʃtantsloːs] *adv* sin resistencia, sin oponer resistencia

widerstehen [viːdər'ʃteːən] *v irr* resistir, oponerse
widerstreben [viːdər'ʃtreːbən] *v 1. jdm ~* resistir, oponerse; *2. Das widerstrebt mir.* Eso me repugna.
Widerstreit ['viːdərʃtraɪt] *m* conflicto *m,* antagonismo *m*
widerwärtig ['viːdərvɛrtɪç] *adj* enojoso, fastidioso
Widerwärtigkeit ['viːdərvɛrtɪçkaɪt] *f 1.* contrariedad *f,* adversidad *f,* infortunio *m; 2. (Scheußlichkeit)* carácter repugnante *m*
Widerwille ['viːdərvɪlə] *m* repugnancia *f,* aversión *f*
widerwillig ['viːdərvɪlɪç] *adj 1.* repugnante; *adv 2.* con repugnancia, a disgusto; *Er verrichtet seine Arbeit nur ~.* Él hace su trabajo aregañadientes.
Widerwilligkeit ['viːdərvɪlɪçkaɪt] *f* aversión *f,* repugnancia *f*
widmen ['vɪtmən] *v 1.* dedicar, ofrecer; *2. sich einer Sache ~* dedicarse a algo, consagrarse a algo
Widmung ['vɪtmuŋ] *f* dedicatoria *f*
widrig ['viːdrɪç] *adj* adverso, contrario
Widrigkeit ['viːdrɪçkaɪt] *f* adversidad *f,* contrariedad *f*
wie [viː] *adv 1. (interr)* cómo, de qué manera; *Wie geht es Ihnen?* ¿Cómo está usted? *Wie bitte?* ¿Cómo? *2. ~ viel* cuánto; *Wie viel kosten die Äpfel?* ¿Cuánto cuestan las manzanas? *3. ~ viele (Menge)* cuánto, cuántas; *Wie viele Personen kommen?* ¿Cuántas personas vienen? *konj 4. (Vergleich)* como; *Er denkt ~ du.* Él piensa como tú.
wieder [viːdər] *adv* nuevamente, de nuevo, otra vez; *~ aufarbeiten* reciclar, reprocesar; *~ beleben* reactivar, relanzar, reavivar, reanimar; *~ erkennen* reconocer; *Er ist nicht mehr wieder zu erkennen.* Está desconocido. *~ finden* volver a encontrar, hallar, reencontrar; *~ gutmachen* reparar, compensar; *~ sehen* volver a ver, ver de nuevo; *~ verwenden* reutilizar; *~ verwerten* recuperar
Wiederaufbau [viːdər'aufbau] *m* reconstrucción *f,* reedificación *f*
Wiederaufbereitung [viːdər'aufbəraɪtuŋ] *f* reciclado *m,* reprocesamiento *m*
Wiederaufbereitungsanlage [viːdər'-aufbəraɪtuŋsanlaːgə] *f* planta de reprocesamiento *f*
Wiederaufnahme [viːdər'aufnaːmə] *f 1. (einer Tätigkeit)* reanudación *f,* continuación *f; 2. (als Mitglied)* readmisión *f*
Wiederbeginn ['viːdərbəgɪn] *m* reanudación *f,* nuevo comienzo *m*
wiederbekommen ['viːdərbəkɔmən] *v irr* recuperar, recibir de nuevo
Wiederbelebung ['viːdərbəleːbuŋ] *f 1.* reactivación *f,* relanzamiento *m; 2. MED* reanimación *f*
Wiedereingliederung [viːdər'aɪngliːdəruŋ] *f* reintegración *f,* reincorporación *f; soziale ~* reinserción *f social*
wiedererlangen ['viːdərɛrlaŋən] *v* recobrar, recuperar
Wiedereröffnung ['viːdərɛrœfnuŋ] *f* reapertura *f*
wiedererstatten ['viːdərɛrʃtatən] *v* restituir, reintegrar
Wiedererstattung ['viːdərɛrʃtatuŋ] *f* restitución *f,* reintegro *m,* reembolso *m*
Wiedergabe ['viːdərgaːbə] *f 1. (Rückgabe)* devolución *f,* restitución *f; 2. (Darstellung)* interpretación *f,* ejecución *f*
wiedergeben ['viːdərgeːbən] *v irr 1. (zurückgeben)* devolver, restituir; *2. (darstellen)* interpretar, ejecutar
Wiedergutmachung [viːdər'guːtmaxuŋ] *f* reparación *f,* compensación *f*
wiederherstellen [viːdər'herʃtɛlən] *v* restablecer, reponer
Wiederherstellung [viːdər'herʃtɛluŋ] *f* restablecimiento *m,* reconstrucción *f*
wiederholbar [viːdər'hoːlbaːr] *adj* repetible
wiederholen [viːdər'hoːlən] *v* repetir, reiterar
wiederholt [viːdər'hoːlt] *adj 1.* repetido, reiterado; *adv 2.* repetidas veces
Wiederholung [viːdər'hoːluŋ] *f* repetición *f,* reiteración *f*
Wiederholungstäter(in) [viːdərhoːluŋstɛtər(ɪn)] *m/f* delicuente reincidente *m*
Wiederhören ['viːdərhøːrən] *n 1. Auf ~!* ¡Adiós!/¡Hasta luego!/¡Hasta pronto! *2.* acción de volver a oír *f*
wiederkäuen ['viːdərkɔyən] *v 1.* rumiar; *2. (fig)* cavilar
wiederkehren ['viːdərkeːrən] *v 1. (zurückkommen)* volver, regresar; *2. (sich wiederholen)* repetirse
wiederkommen ['viːdərkɔmən] *v irr* volver, regresar
Wiederschauen ['viːdərʃauən] *n Auf ~!* ¡Adiós!/¡Hasta la vista!
Wiedersehen ['viːdərzeːən] *n* reencuentro *m; Auf ~!* ¡Hasta la vista!

wiederum ['vi:dərum] *adv 1. (nochmals)* de nuevo, otra vez; *2. (andererseits)* por otro lado, en cambio; *3. ich ~ (meinerseits)* yo, por mi parte, yo, sin embargo
Wiedervereinigung ['vi:dərfɛraɪnɪguŋ] *f POL* reunificación *f; die deutsche ~* la reunificación alemana *f*
Wiederverwendung ['vi:dərfɛrvɛnduŋ] *f* reutilización *f*
Wiederverwertung ['vi:dərfɛrv:ertuŋ] *f* recuperación *f,* reciclado *m,* reciclaje *m*
Wiege ['vi:gə] *f* cuna *f; von der ~ bis zur Bahre* desde la cuna hasta la sepultura; *Das ist ihm schon in die ~ gelegt worden.* Se lo pusieron en la cuna.
wiegen1 ['vi:gən] *v irr (Gewicht)* pesar
wiegen2 ['vi:gən] *v (schaukeln)* mecer, balancear
Wiegenlied ['vi:gənli:t] *n* nana *f,* canción de cuna *f*
wiehern ['vi:ərn] *v 1.* relinchar; *2. (lachen)* reír a carcajadas
Wien [vi:n] *n GEO* Viena *f*
Wiese ['vi:zə] *f* prado *m,* pradera *f*
Wiesel ['vi:zəl] *n ZOOL* comadreja *f*
wieselflink [vi:zəl'flɪŋk] *adj* ágil, rápido como un rayo
wieso [vi'zo:] *adv* cómo, por qué; *Wieso nicht?* ¿Cómo que no?
Wikinger ['vɪkɪŋər] *m HIST* vikingo *m*
wild [vɪlt] *adj 1.* salvaje, indómito; *halb so ~ sein* no ser para tanto; *~ werden* enfurecerse, ponerse furioso; *2. (Tiere)* silvestre; *3. (fig: wütend)* furioso, rabioso
Wild [vɪlt] *n ZOOL* caza *f*
Wildbach ['vɪltbax] *m* torrente *m*
Wilde(r) ['vɪldə(r)] *m/f 1.* salvaje *m/f; 2. (fig)* salvaje *m/f,* bárbaro/bárbara *m/f; sich wie ein ~ benehmen* comportarse como un salvaje
Wildente ['vɪltɛntə] *f ZOOL* ánade, pato silvestre *m*
Wilderer ['vɪldərər] *m* cazador furtivo *m*
wildern ['vɪldərn] *v* cazar en coto vedado, hacer caza furtiva
wildfremd [vɪlt'frɛmt] *adj* absolutamente desconocido
Wildheit ['vɪlthaɪt] *f* ferocidad *f,* salvajismo *m,* brutalidad *f*
Wildleder ['vɪltle:dər] *n* ante *m,* piel de gamuza *f*
Wildnis ['vɪltnɪs] *f* desierto *m,* región despoblada *f*
Wildschwein ['vɪltʃvaɪn] *n ZOOL* jabalí *m*
Wildwasser ['vɪltvasər] *n* torrente *m,* aguas bruas *f/pl*
Wille ['vɪlə] *m* voluntad *f; mit eisernem ~n* con una voluntad inquebrantable
willenlos ['vɪlənlo:s] *adj 1.* sin voluntad, involuntario, apático, abúlico; *adv 2.* con apatía, involuntariamente
Willenskraft ['vɪlənskraft] *f* fuerza de voluntad *f*
willensschwach ['vɪlənsʃvax] *adj* débil, abúlico
willensstark ['vɪlənsʃtark] *adj* voluntarioso
Willensstärke ['vɪlənsʃtɛrkə] *f* fuerza de voluntad *f*
willentlich ['vɪləntlɪç] *adj* intencionadamente, con intención
willig ['vɪlɪç] *adj* dispuesto, obediente
willkommen [vɪl'kɔmən] *adj* bienvenido; *jdn ~ heißen* dar la bienvenida a alguien
Willkommensgruß [vɪl'kɔmənsgru:s] *m* saludo de bienvenida *m*
Willkür ['vɪlky:r] *f* arbitrariedad *f*
willkürlich ['vɪlky:rlɪç] *adj 1.* arbitrario; *adv 2.* con arbitrariedad
wimmeln ['vɪməln] *v* hormiguear, estar lleno de, hervir de
wimmern ['vɪmərn] *v* gemir, quejarse, lloriquear
Wimpel ['vɪmpəl] *m* pendón *m,* banderilla *f*
Wimper ['vɪmpər] *f* pestaña *f; ohne mit der ~ zu zucken* sin pestañear
Wimperntusche ['vɪmpərntuʃə] *f* rimel *m,* máscara *f*
Wind [vɪnt] *m* viento *m; Der ~ hat sich gelegt.* El viento ha amainado. *~ von etw bekommen (fig)* enterarse confidencialmente de algo; *in den ~ reden* hablar a la pared; *etw in den ~ schlagen* despreciar algo/no hacer caso de algo; *jdm den ~ aus den Segeln nehmen* cortar las alas a alguien; *etw in den ~ schreiben* dar algo por perdido; *~ machen* exagerar; *mit dem ~ segeln* seguir la corriente; *Er weiß, woher der ~ weht.* Ya sabe por dónde vienen los tiros.
Windbeutel ['vɪntbɔytəl] *m 1. GAST* buñuelo de viento *m; 2. (fig)* cabeza de chorlito *f,* calavera *f*
Windböe ['vɪntbø:ə] *f* ráfaga de viento *f*
Winde ['vɪndə] *f 1.* torno *m,* cabestrante *m; 2. BOT* enredadera *f,* campanilla *f*
Windel ['vɪndəl] *f* pañal *m*
windelweich [vɪndəl'vaɪç] *adj jdn ~ schlagen* moler a uno a palos

winden ['vɪndən] *v irr 1. Es windet.* Hay viento. *2. (mit einer Winde befördern)* elevar con poleas, izar con un torno; *3. (wegnehmen)* quitar de las manos, arrebatar de las manos; *4. (wickeln)* poner los pañales; *5. sich ~ (Sache)* enroscarse, retorcerse; *6. (Mensch: vor Schmerzen)* retorcerse de dolor; *7. (Wurm)* serpentear, avanzar serpenteando; *8. (Bach)* serpentear, culebrear

Windenergie ['vɪntenɛrgiː] *f* energía eólica *f*

windgeschützt ['vɪntgəʃytst] *adj* resguardado del viento, al abrigo del viento

Windhund ['vɪnthunt] *m ZOOL* galgo *m*

windig ['vɪndɪç] *adj* ventoso

Windjacke ['vɪntjakə] *f* cazadora *f*

Windkanal ['vɪntkanaːl] *m TECH* túnel aerodinámico *m*

Windmühle ['vɪntmyːlə] *f* molino de viento *m*

Windpocken ['vɪntpɔkən] *pl MED* varicela *f*

Windrichtung ['vɪntrɪçtuŋ] *f METEO* dirección del viento *f*

Windschatten ['vɪntʃatən] *m* lado no accesible al viento

windschnittig ['vɪntʃnɪtɪç] *adj* aerodinámico

Windschutzscheibe ['vɪntʃutsʃaɪbə] *f* parabrisas *m*

Windstärke ['vɪntʃtɛrkə] *f* fuerza del viento *f*

Windstille ['vɪntʃtɪlə] *f* calma *f*

Windstoß ['vɪntʃtoːs] *m* ráfaga de viento *f*

Windsurfen ['vɪntsœrfən] *n SPORT* windsurf *m*

Windung ['vɪnduŋ] *f 1. (Abweichung von der Geraden)* giro *m,* vuelta *f; 2. (einer Schraube)* vuelta *f; 3. (einer Spule)* giro *m; 4. (Umdrehung)* giro *m*

Wink [vɪŋk] *m 1.* seña *f,* señal *f; 2. (fig)* indicación *f,* advertencia *f*

Winkel ['vɪŋkəl] *m 1. (fig: Plätzchen)* rinconcito *m; 2. MATH* ángulo *m*

Winkeladvokat(in) ['vɪŋkəlatvokaːt(ɪn)] *m/f (fam)* picapleitos *m/f*

winkelig ['vɪŋkəlɪç] *adj* angular, anguloso

winken ['vɪŋkən] *v* hacer señas con la mano

Winter ['vɪntər] *m* invierno *m*

Wintereinbruch ['vɪntəraɪnbrux] *m* llegada del invierno *f*

Wintergarten ['vɪntərgartən] *m* jardín de invierno *m,* invernadero *m*

winterlich ['vɪntərlɪç] *adj* invernal, de invierno

Winterreifen ['vɪntərraɪfən] *m (eines Autos)* neumático de invierno *m*

Winterschlaf ['vɪntərʃlaːf] *m ZOOL* hibernación *f*

Winterschlussverkauf ['vɪntərʃlusfɛrkauf] *m* rebajas del invierno *f/pl*

Wintersport ['vɪntərʃpɔrt] *m* deporte de invierno *m*

wintertauglich ['vɪntərtauklɪç] *adj* resistente a las inclemencias del invierno

Winzer(in) ['vɪntsər(ɪn)] *m/f* viñador *m,* viticultor(a) *m/f*

winzig ['vɪntsɪç] *adj* diminuto, minúsculo, chiquitito (fam)

Winzigkeit ['vɪntsɪçkaɪt] *f* pequeñez *f*

Wipfel ['vɪpfəl] *m* cima *f,* cumbre *f*

Wippe ['vɪpə] *f* balancín *m*

wippen ['vɪpən] *v* balancear

wir [viːr] *pron* nosotros; *Also, gehen wir?* ¿Bueno, vamos?

Wirbel ['vɪrbəl] *m 1. ANAT* vértebra *f; 2. (Luftwirbel)* remolino *m*

wirbeln ['vɪrbəln] *v* formar remolinos

Wirbelsäule ['vɪrbəlzɔylə] *f ANAT* columna vertebral *f*

Wirbelwind ['vɪrbəlvɪnt] *m 1. METEO* torbellino *m,* manga de viento *f,* vórtice *m; 2. (fig: Mensch)* torbellino *m*

wirken ['vɪrkən] *v 1. (tätig sein)* obrar, hacer; *2. (wirksam sein)* ser eficaz, producir efecto; *3. (Eindruck erwecken)* causar impresión

wirklich ['vɪrklɪç] *adj* real, verdadero, autentico

Wirklichkeit ['vɪrklɪçkaɪt] *f* realidad *f*

wirklichkeitsfern ['vɪrklɪçkaɪtsfɛrn] *adj* ajeno a la realidad, poco realista

wirklichkeitsgetreu ['vɪrklɪçkaɪtsgətrɔy] *adj* fiel a la realidad, realista

wirklichkeitsnah ['vɪrklɪçkaɪtsnaː] *adj* realista

wirksam ['vɪrkzaːm] *adj 1.* efectivo; *adv 2.* efectivamente

Wirksamkeit ['vɪrkzaːmkaɪt] *f* eficacia *f,* eficiencia *f*

Wirkstoff ['vɪrkʃtɔf] *m MED* agente activo *m*

Wirkung ['vɪrkuŋ] *f* efecto *m,* acción *f*

wirkungslos ['vɪrkuŋsloːs] *adj 1.* ineficaz, sin efecto; *adv 2.* ineficazmente

Wirkungslosigkeit ['vɪrkuŋsloːzɪçkaɪt] *f* ineficacia *f,* inoperancia *f*

wirkungsvoll ['vɪrkuŋsfɔl] *adj 1.* eficaz; *adv 2.* muy eficaz, con eficacia
wirr [vɪr] *adj* confuso, enredado, embrollado
Wirren ['vɪrən] *pl POL* disturbios *m/pl,* convulsiones políticas *f/pl*
Wirrwarr ['vɪrvar] *m 1.* desorden *m,* confusión *m,* caos *m; 2. (von Fäden)* lío *m,* enmarañamiento *m; 3. (von Stimmen)* confusión *f,* barullo *m*
Wirsing ['vɪrzɪŋ] *m BOT* col rizada *f*
Wirt(in) [vɪrt/'vɪrtɪn] *m/f* dueño/dueña *m/f,* tabernero/tabernera *m/f,* hospedero/hospedera *m/f*
Wirtschaft ['vɪrtʃaft] *f 1. (Gasthaus)* restaurante *m,* taberna *f; 2. ECO* economía *f*
wirtschaften ['vɪrtʃaftən] *v 1. (den Haushalt führen)* administrar, llevar la casa; *2. (sparsam sein)* economizar, ser ahorrativo; *3. (gut ~)* llevar bien la casa, los negocios, administrar bien la casa, los negocios; *4. (sich zu schaffen machen)* ocuparse en la casa, en el trabajo
Wirtschafterin ['vɪrtʃaftərɪn] *f* ama de casa *f,* ama de llaves *f*
wirtschaftlich ['vɪrtʃaftlɪç] *adj* económico
Wirtschaftlichkeit ['vɪrtʃaftlɪçkaɪt] *f* rentabilidad *f,* economía *f,* eficiencia económica *f*
Wirtschaftsaufschwung ['vɪrtʃaftsaufʃvuŋ] *m ECO* auge económico *m*
Wirtschaftsgemeinschaft ['vɪrtʃaftsgəmaɪnʃaft] *f* comunidad económica *f*
Wirtschaftshilfe ['vɪrtʃaftshɪlfə] *f POL* ayuda comercial *f*
Wirtschaftskriminalität ['vɪrtʃaftskriminalitɛːt] *f JUR* delincuencia económica *f,* criminalidad económica *f*
Wirtschaftskrise ['vɪrtʃaftskriːzə] *f ECO* crisis económica *f*
Wirtschaftsminister(in) ['vɪrtʃaftsminɪstər(ɪn)] *m/f POL* ministro/ministra de economía *m/f*
Wirtschaftsministerium ['vɪrtʃaftsminɪsteːrjum] *n POL* Ministerio de Trabajo *m*
Wirtschaftspolitik ['vɪrtʃaftspolitiːk] *f POL* política económica *f*
Wirtschaftsprüfer(in) ['vɪrtʃaftspryːfər(ɪn)] *m/f* revisor(a) de cuentas *m/f,* auditor *m,* contador público/contadora pública *m/f* (LA)
Wirtschaftssanktionen ['vɪrtʃaftszaŋktsjoːnən] *pl POL* sanciones económicas *f/pl*
Wirtschaftswachstum ['vɪrtʃaftsvakstuːm] *n* crecimiento económico *m*
Wirtschaftswunder ['vɪrtʃaftsvundər] *n ECO* milagro económico *m*
Wirtshaus ['vɪrtshaus] *n* restaurante *m,* taberna *f,* cervecería *f,* fonda *f*
Wisch [vɪʃ] *m (fam)* estropajo *m*
wischen ['vɪʃən] *v* fregar
wischfest ['vɪʃfɛst] *adj* a prueba de frote
wispern ['vɪspərn] *v* cuchichear, secretear
wissbegierig ['vɪsbəgiːrɪç] *adj* ávido de saber, ávido de aprender
Wissen ['vɪsən] *n* saber *m,* conocimientos *m/pl*
wissen ['vɪsən] *v irr* saber, conocer; *von jdm nichts ~ wollen* no querer saber nada de alguien; *es ~ wollen* querer saberlo
Wissenschaft ['vɪsənʃaft] *f* ciencia *f*
Wissenschaftler(in) ['vɪsənʃaftlər(ɪn)] *m/f* científico/científica *m/f*
wissenschaftlich ['vɪsənʃaftlɪç] *adj* científico
Wissensdrang ['vɪsənsdraŋ] *m* afán de instruirse *m,* curiosidad por saber *f*
Wissensgebiet ['vɪsənsgəbiːt] *n* campo del saber *m,* disciplina *f*
wissenswert ['vɪsənsveːrt] *adj* digno de saberse, interesante
wissentlich ['vɪsəntlɪç] *adj 1.* premeditado, deliberado; *adv 2.* con conocimiento de causa, deliberadamente
wittern ['vɪtərn] *v* husmear, olfatear, oler (fig)
Witterung ['vɪtəruŋ] *f 1. (Wetter)* tiempo *m; 2. (Wittern)* husmeo *m*
witterungsbedingt ['vɪtəruŋsbədɪŋkt] *adj* dependiente del tiempo, condicionado por el tiempo
Witwe ['vɪtvə] *f* viuda *f*
Witwer ['vɪtvər] *m* viudo *m*
Witz [vɪts] *m 1. (Geschichte)* chiste *m,* cuento gracioso *m; 2. (Scherz)* broma *f; ~e reißen* contar chistes; *Mach keine ~e!* ¡No hagas bromas!
Witzbold ['vɪtsbɔlt] *m* gracioso *m,* chistoso *m,* bromista *m*
Witzfigur ['vɪtsfiguːr] *f* fantoche *m*
witzig ['vɪtsɪç] *adj 1.* chistoso, gracioso; *adv 2.* con gracia
witzlos ['vɪtsloːs] *adj 1. (ohne Witz)* sin gracia; *2. (zwecklos)* inútil, tonto
wo [voː] *adv 1. (interr)* dónde; *2. (rel)* donde; *Das ist das Land, ~ immer die Sonne scheint.* Este es el país donde siempre brilla el sol.

woanders [vo'andərs] *adv* en otro sitio, de otra parte

wobei [vo'baɪ] *adv 1. (interrogativ)* ¿qué?, ¿cuándo?, ¿cómo? *Wobei hast du sie ertappt?* ¿Qué estaba haciendo?, ¿Cuándo la pillaste? *Wobei ist das passiert?* ¿Cómo ha pasado eso? *2. (relativ)* a lo cual, lo que; *~ mir ist jetzt gerade klar ...* lo que me está claro ...

Woche ['vɔxə] *f* semana *f*

Wochenblatt ['vɔxənblat] *n* semanario *m*

Wochenende ['vɔxənɛndə] *n* fin de semana *m*

Wochenkarte ['vɔxənkartə] *f 1. (Fahrausweis)* billete de abono semanal *m; 2. (Speiseplan)* menú de la semana *m*

wochenlang ['vɔxənlaŋ] *adj 1.* de semanas de duración; *adv 2.* durante semanas, semanas enteras

Wochenlohn ['vɔxənlo:n] *m* salario semanal *m*

Wochenmarkt ['vɔxənmarkt] *m* mercado semanal *m*

Wochentag ['vɔxənta:k] *m* día de semana *m*

wochentags ['vɔxənta:ks] *adv* días de semana, en días laborales

wöchentlich ['vœçəntlɪç] *adj 1.* semanal, de cada semana; *adv 2.* semanalmente, cada semana

wodurch [vo'durç] *adv 1. (interr)* por medio de qué, cómo; *2. (rel)* por lo cual, por lo que

wofür [vo'fy:r] *adv 1. (interr)* para qué; *2. (rel)* para lo cual, por lo cual; *~ (Amtsstil)* a cuyo efecto

Woge ['vo:gə] *f (Welle)* ola *f,* onda *f*

wogegen [vo'ge:gən] *adv 1. (rel)* contra lo cual, a cambio; *2. (interr)* contra qué

wogen ['vo:gən] *v 1.* ondear, fluctuar; *2. (Ähren)* ondear; *3. (Busen)* oscilar; *4. (Kampf)* fluctuar

woher [vo'he:r] *adv 1. (interr)* de dónde, de qué parte; *Woher kommst du?* ¿De dónde eres?; *2. (rel)* de ello, de donde

wohin [vo'hɪn] *adv 1. (interr)* a dónde, hacia dónde, para dónde; *2. (rel)* adonde

wohl [vo:l] *adv 1. (gut)* bien; *~ tun* hacer bien; *~ wollen* querer bien; *2. (etwa)* algo, muy, unos, por los; *Es sind ~ an die fünf Gäste erschienen.* Han llegado unos cinco invitados. *3. (wahrscheinlich)* probablemente, tal vez; *Er wird ~ schon angekommen sein.* Probablemente ya ha llegado. *4. (sicher)* seguramente, ciertamente

Wohl [vo:l] *n* bien *m*

wohlauf [vo:l'auf] *adv ~ sein* estar bien de salud, sentirse bien

Wohlbefinden ['vo:lbəfɪndən] *n* bienestar *m,* buen estado de salud *m*

Wohlbehagen ['vo:lbəha:gən] *n* comodidad *f,* confort *m*

Wohlergehen ['vo:lɛrge:ən] *n* bienestar *m,* prosperidad *f*

wohlerzogen ['vo:lɛrtso:gən] *adj* bien educado

Wohlfahrt ['vo:lfa:rt] *f* prosperidad *f,* bienestar *m,* beneficencia social *f,* asistencia social *f*

Wohlfahrtsstaat ['vo:lfa:rtsʃta:t] *m* Estado social *m,* Estado de bienestar *m*

Wohlfahrtsverband ['vo:lfa:rtsfer'bant] *m* asociación benéfica *f*

Wohlgefallen ['vo:lgəfalən] *n* placer *m,* agrado *m,* complacencia *f*

wohlgeformt ['vo:lgəfɔrmt] *adj* bien formado

wohlgemerkt ['vo:lgəmɛrkt] *adv* bien entendido

wohlgenährt ['vo:lgənɛ:rt] *adj* bien alimentado

Wohlgeruch ['vo:lgərux] *m* olor agradable *m,* aroma *m,* fragancia *f,* perfume *m*

wohlgesinnt ['vo:lgəzɪnt] *adj* bien intencionado

wohlhabend ['vo:lha:bənt] *adj* acomodado, pudiente

wohlig ['vo:lɪç] *adj* agradable, cómodo

Wohlleben ['vo:lle:bən] *n* vida holgada *f,* vida de lujo *f*

wohlriechend ['vo:lri:çənt] *adj* que huele bien, fragante, aromático

wohlschmeckend ['vo:lʃmɛkənt] *adj* sabroso, rico (LA)

Wohlstand ['vo:lʃtant] *m* bienestar *m,* prosperidad económica *f,* opulencia *f*

Wohlstandsbürger(in) ['vo:lʃtantsbyrgər(ɪn)] *m/f* persona para la cual el bienestar es lo más importante en la vida *f*

Wohlstandsgesellschaft ['vo:lʃtantsgəzɛlʃaft] *f* sociedad opulenta *f,* sociedad de bienestar *f,* sociedad de consumo *f*

Wohltat ['vo:lta:t] *f* beneficio *m,* buena acción *f,* obra de caridad *f*

Wohltäter(in) ['vo:ltɛ:tər(ɪn)] *m/f* bienhechor(a) *m/f,* benefactor(a) *m/f*

wohltätig ['vo:ltɛ:tɪç] *adj* caritativo, benéfico

Wohltätigkeit ['vo:ltɛ:tɪçkaɪt] *f* caridad *f*

wohlverdient ['vo:lfɛrdi:nt] *adj* bien merecido
wohlweislich ['vo:lvaɪslɪç] *adv* por un buen motivo
Wohlwollen ['vo:lvɔlən] *n* benevolencia *f*, deseo bueno *m*
Wohnblock ['vo:nblɔk] *m* bloque de viviendas *m*
wohnen ['vo:nən] *v* habitar, vivir en
Wohnfläche ['vo:nflɛçə] *f* superficie habitable *f*
Wohngebäude ['vo:ngəbɔydə] *n* edificio de viviendas *m*
Wohngebiet ['vo:ngəbi:t] *n* zona de viviendas *f*, barrio de viviendas *m*
Wohngeld ['vo:ngɛlt] *n* subsidio de vivienda *m*
Wohngemeinschaft ['vo:ngəmaɪnʃaft] *f* piso compartido *m*, comuna *f*, comunidad de inquilinos *f*
wohnhaft ['vo:nhaft] *adv ~ in* domiciliado en, residente en
Wohnhaus ['vo:nhaus] *n 1.* casa *f*; *2. (Etagenhaus)* casa con diferentes pisos *f*
Wohnheim ['vo:nhaɪm] *n* residencia *f*
Wohnküche ['vo:nkyçə] *f* cocina-salón *f*
wohnlich ['vo:nlɪç] *adj 1.* cómodo, confortable, acogedor; *adv 2.* acogedoramente
Wohnmobil ['vo:nmobi:l] *n* vehículo-vivienda *m*, autocaravana *f*
Wohnort ['vo:nɔrt] *m* lugar de residencia *m*, domicilio *m*
Wohnraum ['vo:nraum] *m 1. (Wohnzimmer)* sala de estar *f*; *2. (bewohnter Raum)* superficie habitable *f*
Wohnsitz ['vo:nzɪts] *m* residencia *f*, domicilio legal *m*
Wohnung ['vo:nuŋ] *f* vivienda *f*, casa *f*, piso *m*, apartamento *m*
Wohnungsmarkt ['vo:nuŋsmarkt] *m* mercado de la vivienda *m*
Wohnungsnot ['vo:nuŋsno:t] *f* escasez de viviendas *f*
Wohnungssuche ['vo:nuŋszu:xə] *f* búsqueda de vivienda *f*
Wohnviertel ['vo:nfɪrtəl] *n* barrio residencial *m*
Wohnwagen ['vo:nva:gən] *m* caravana *f*, roulotte *f*
Wohnzimmer ['vo:ntsɪmər] *n* salón *m*, sala de estar *f*, cuarto de estar *m*, living *m*
wölben ['vœlbən] *v sich ~* arquearse
Wölbung ['vœlbuŋ] *f* bóveda *f*, arco de bóveda *m*
Wolf [vɔlf] *m 1. ZOOL* lobo *m*; *unter die Wölfe kommen* pasar por la piedra; *ein ~ im Schafspelz* un lobo disfrazado *m*; *2. jdn durch den ~ drehen* acosar a alguien
Wolke ['vɔlkə] *f* nube *f*; *aus allen ~n fallen (fig)* caerse de la nube; *über allen ~n schweben* vivir en las nubes; *auf ~ sieben schweben* estar en el séptimo cielo
Wolkenbruch ['vɔlkənbrux] *m METEO* chaparrón *m*
Wolkenkratzer ['vɔlkənkratsər] *m* rascacielos *m*
wolkenlos ['vɔlkənlo:s] *adj* despejado, sin nubes
wolkig ['vɔlkɪç] *adj* nuboso, nublado, cubierto de nubes
Wolldecke ['vɔldɛkə] *f* manta de lana *f*
Wolle ['vɔlə] *f* lana *f*; *sich in die ~ kriegen* pelearse
wollen ['vɔlən] *v irr 1. (wünschen)* querer, desear; *Ich will nicht.* No me da la gana. *Wie du willst.* Como quieras. *Wollen Sie ihn heiraten? Ja, ich will.* ¿Quiere casarse con él? Sí, quiero. *Ich will für dich nur das Beste.* Sólo deseo lo mejor para ti. *2. (verlangen)* exigir, pedir; *Koste, was es wolle.* Cueste lo que cueste. *Ich will den Chef sprechen.* Quiero hablar con el jefe. *3. (vorgeben)* desear, pretender; *Sie will es gehört haben.* Ella pretendía haberlo oído.
Wollschal ['vɔlʃa:l] *m* bufanda de lana *f*
Wollust ['vɔlust] *f 1.* placer voluptuoso *m*, voluptuosidad *f*; *2. (Sinnlichkeit)* sensualidad *f*
womit [vo'mɪt] *adv 1. (interr)* con qué; *2. (rel)* según lo cual, con lo que, con que
womöglich [vo'mø:klɪç] *adv* si es posible, a ser posible
wonach [vo'na:x] *adv 1. (interr)* según qué, a qué; *2. (rel)* según lo que, lo que
Wonne ['vɔnə] *f* placer *m*, delicia *f*
woran [vo'ran] *adv 1. (interr)* en qué, a qué; *2. (rel)* en que, a que
worauf [vo'rauf] *adv 1. (interr)* sobre qué, a qué; *2. (rel)* a lo que, sobre lo que
woraufhin [vorauf'hɪn] *adv (interrogativ)* ¿por qué razón? *Woraufhin hat er das getan?* ¿Por qué razón lo hizo?
woraus [vo'raus] *adv 1. (interr)* de qué, de dónde; *2. (rel)* de lo cual, de donde
worin [vo'rɪn] *adv 1. (interr)* en qué, dónde; *2. (rel)* en que, donde
Workaholic [wɪ:rkə'hɔlɪk] *m* adicto al trabajo *m*

World Wide Web [wœːld waɪd web] *n* *INFORM* servicio Web *m*

Wort [vɔrt] *n* palabra *f,* término *m,* vocablo *m; das ~ haben* tener la palabra; *das letzte ~ haben* tener la última palabra; *im wahrsten Sinne des ~es* es en el sentido propio de la palabra; *das ~ ergreifen* tomar la palabra; *jdm das ~ erteilen* dar la palabra a alguien; *jdm das ~ entziehen* quitar la palabra a alguien; *jdm das ~ verbieten* prohibir a alguien la palabra; *für jdn ein gutes ~ einlegen* decir algo en favor de alguien; *jdm das ~ aus dem Munde nehmen* quitar a alguien la palabra de la boca; *jdm das ~ im Munde umdrehen* dar la vuelta a las palabras de alguien; *kein ~ über etw verlieren* dejar de hablar de algo; *jdm ins ~ fallen* interrumpir a alguien; *sich zu ~ melden* pedir la palabra; *um das ~ bitten* pedir la palabra

Wortart ['vɔrtaːrt] *f* *GRAMM* clase de palabras *f*

Wortbedeutung ['vɔrtbədɔytuŋ] *f* significado de una palabra *m*

Wortbildung ['vɔrtbɪlduŋ] *f* *LING* formación de palabras *f*

wortbrüchig ['vɔrtbryçɪç] *adj* *~ werden* faltar a su palabra

Wörterbuch ['vœrtərbuːx] *n* diccionario *m,* léxico *m*

Wortführer(in) ['vɔrtfyːrər(ɪn)] *m/f* *1.* portavoz *m/f,* vocero *m; 2. (im Gespräch)* interlocutor(a) *m/f*

wortgetreu ['vɔrtgətrɔy] *adj* literal, textual

wortgewandt ['vɔrtgəvant] *adj* locuaz, elocuente

Wortgewandtheit ['vɔrtgəvanthaɪt] *f* elocuencia *f,* facilidad de palabra *f*

wortkarg ['vɔrtkark] *adj* lacónico, parco en palabras

Wortlaut ['vɔrtlaut] *m* texto *m,* tenor *m; dem genauen ~ nach* según los términos

wörtlich ['vœrtlɪç] *adj* *1.* literal, textual; *adv 2.* literalmente, textualmente, al pie de la letra, palabra por palabra

wortlos ['vɔrtloːs] *adj* *1.* mudo, silencioso; *adv 2.* en silencio, sin decir una palabra

Wortmeldung ['vɔrtmɛlduŋ] *f* petición de palabra *f; Es liegt keine ~ vor.* Nadie pide la palabra.

wortreich ['vɔrtraɪç] *adj* ampuloso, verboso, elocuente

Wortschatz ['vɔrtʃats] *m* léxico *m,* vocabulario *m*

Wortspiel ['vɔrtʃpiːl] *n* juego de palabras *m,* allabur *m*

Wortwechsel ['vɔrtvɛksəl] *m* discusión acalorada *f,* disputa *f,* altercado *m*

worüber [vo'ryːbər] *adv* *1. (interr)* de qué, sobre qué; *2. (rel)* sobre el que, sobre lo cual

worum [vo'rum] *adv* *1. (interr)* de qué, sobre qué; *2. (rel)* de que, de lo que

worunter [vo'runtər] *adv* *1. (interr)* debajo de qué, entre qué; *2. (rel)* entre los que, bajo lo cual

wovon [vo'fɔn] *adv* *1. (interr)* de qué, de dónde; *2. (rel)* de lo que, de donde

wovor [vo'foːr] *adv* *1. (interr)* delante de qué, ante qué; *2. (rel)* ante el que, delante del cual

wozu [vo'tsuː] *adv* *1. (interr)* para qué, por qué; *2. (rel)* para que, a lo cual

Wrack [vrak] *n* *1.* barco naufragado *m; 2. (fig: Person)* piltrafa *f*

Wucher ['vuːxər] *m* usura *f; ~ treiben* usurear, usurar

wuchern ['vuːxərn] *v* multiplicarse rápidamente

Wucherpreis ['vuːxərpraɪs] *m* precio abusivo *m*

Wuchs [vuːks] *m* *1. (Wachsen)* crecimiento *m; 2. (Körperbau)* talla *f,* estatura *f*

Wucht [vuxt] *f* ímpetu *m,* pujanza *f,* empuje *m*

wuchtig ['vuxtɪç] *adj* pesado, enérgico

Wühlarbeit ['vyːlarbaɪt] *f* *(fig)* actividad subversiva *f*

wühlen ['vyːlən] *v* *1. (graben)* excavar, desenterrar; *2. (suchen)* hurgar, revolver

wulstig ['vulstɪç] *adj* hinchado, abultado

wund [vunt] *adj* *1.* herido, lastimado, lesionado; *2. (fig)* débil, delicado, debilitado; *3. sich die Füße nach etw ~ laufen* hacerse heridas en los pies persiguiendo algo

Wunde ['vundə] *f* herida *f,* llaga *f*

Wunder ['vundər] *n* milagro *m,* maravilla *f,* prodigio *m; Er blieb wie durch ein ~ am Leben.* Se salvó de milagro. *sein blaues ~ erleben* quedar pasmado

wunderbar ['vundərbaːr] *adj* *1.* milagroso, maravilloso, prodigioso; *adv 2.* maravillosamente, a las mil maravillas

Wunderheiler(in) ['vundərhaɪlər(ɪn)] *m/f* curandero *m*

Wunderkerze ['vundərkɛrtsə] *f* bengala *f*

Wunderkind ['vundərkɪnt] *n* niño prodigio *m,* niño portento *m*

wunderlich ['vundərlɪç] *adj 1.* singular, raro, extravagante, extraño; *adv 2.* singularmente, de manera extravagante

Wunderlichkeit ['vundərlɪçkaɪt] *f* extravagancia *f,* rareza *f*

Wundermittel ['vundərmɪtəl] *n* remedio milagroso *m*

wundern ['vundərn] *v sich ~* sorprenderse, quedar sorprendido, maravillarse

wundervoll ['vundərfɔl] *adj 1.* maravilloso, magnífico, admirable; *adv 2.* maravillosamente, de maravillas

Wundsalbe ['vuntzalbə] *f MED* pomada para heridas *f*

Wundstarrkrampf ['vuntʃtarkrampf] *m MED* tétanos *m*

Wunsch [vunʃ] *m 1.* deseo *m,* anhelo *m; 2. (Glückwunsch)* felicitación *f,* enhorabuena *f,* buenos deseos *m/pl,* parabién *m*

Wunschbild ['vunʃbɪlt] *n* ideal *m*

Wunschdenken ['vunʃdɛŋkən] *n* ilusiones *f/pl,* espejismos *m/pl*

wünschen ['vynʃən] *v* desear, anhelar; *Was ~ Sie?* ¿Qué desea usted?

wünschenswert ['vynʃənsveːrt] *adj* deseable

Wunschgegner(in) ['vunʃgeːgnər(ɪn)] *m/f SPORT* contrincante ideal *m/f,* adversario/adversaria ideal *m/f*

wunschgemäß ['vunʃgəmɛːs] *adj* conforme a los deseos de alguien

Wunschkandidat(in) ['vunʃkandidaːt-(ɪn)] *m/f* canditato/canditata ideal *m/f*

Wunschtraum ['vunʃtraum] *m* ideal *m,* ilusión *f,* sueño dorado *m*

Wunschzettel ['vunʃtsɛtəl] *m* lista de los regalos *f*

Würde ['vyrdə] *f 1.* dignidad *f; 2. (Titel)* título *m*

würdelos ['vyrdəloːs] *adj* indigno

Würdelosigkeit ['vyrdəloːzɪçkaɪt] *f* indignidad *f*

Würdenträger(in) ['vyrdəntrɛːgər(ɪn)] *m/f* dignatario/dignataria *m/f*

würdevoll ['vyrdəfɔl] *adj* digno, solemne

würdig ['vyrdɪç] *adj* digno, merecedor de

würdigen ['vyrdɪgən] *v* apreciar, valorar

Würdigung ['vyrdɪguŋ] *f 1. (Achtung)* reconocimiento *m; 2. (Bewertung)* apreciación *f*

Wurf [vurf] *m 1.* tiro *m; 2. ZOOL* cría *f*

Würfel ['vyrfəl] *m 1.* dado *m; Die ~ sind gefallen.* Las cartas están echadas. *2. MATH* cubo *m*

würfeln ['vyrfəln] *v* jugar a los dados, echar el dado

Würfelzucker ['vyrfəltsukər] *m GAST* terrón de azúcar *m*

Wurfsendung ['vurfzɛnduŋ] *f* impresos distribuídos masivamente *m/f*

Würgegriff ['vyrgəgrɪf] *m* garrote *m*

würgen ['vyrgən] *v* ahogar, sofocar, estrangular

Würger ['vyrgər] *m 1.* estrangulador *m; 2. ZOOL* alcaudón *m*

Wurm [vurm] *m ZOOL* gusano *m*

Wurst [vurst] *f GAST* embutido *m; Das ist mir ~. (fam)* Me importa un rábano.

Wurstbrot ['vurstbroːt] *n GAST* bocadillo de embutido *m,* pan con embutido *m*

Würstchen ['vyrstçən] *n 1. GAST* salchicha pequeña *f; 2. (fam: unbedeutender Mensch)* don nadie *m,* pobre hombre *m*

Würstchenbude ['vyrstçənbuːdə] *f* puesto de salchichas *m*

wursteln ['vurstəln] *v* trabajar con poco cuidado, chapucear

Würze ['vyrtsə] *f* condimento *m,* especia *f,* aliño *m,* aderezo *m*

Wurzel ['vurtsəl] *f* raíz *f*

Wurzelbehandlung ['vurtsəlbəhandluŋ] *f MED* tratamiento de la raíz *m*

wurzeln ['vurtsəln] *v* arraigar, echar raíces, radicar

würzen ['vyrtsən] *v* condimentar, sazonar, aliñar, aderezar

würzig ['vyrtsɪç] *adj* bien condimentado, sabroso

Wust [vuːst] *m 1.* mezcla confusa *f,* mezcolanza *f; 2. (Haufen)* montón *m; 3. (Kram)* trastos *m/pl*

wüst [vyːst] *adj 1. (öde)* desierto, despoblado, desolado; *2. (ausschweifend)* licencioso, inmoral, libertino, indecente; *3. (widerwärtig)* antipático, rudo

Wüste ['vyːstə] *f* desierto *m*

Wüstling ['vyːstlɪŋ] *m* libertino *m*

Wut [vuːt] *f* furia *f,* rabia *f,* ira *f,* furor *m*

Wutausbruch ['vuːtausbrux] *m* acceso de cólera *m,* acceso de rabia *m,* ataque de cólera *m*

wüten ['vyːtən] *v* rabiar, estar rabioso, enfurecerse

wütend ['vyːtənt] *adj 1.* furioso, enfurecido, rabioso, encolerizado; *Es macht mich ~, wenn ich daran denke.* ¡Qué rabia me da, cuando me acuerdo de ello! *adv 2.* furiosamente, con furia, rabiosamente

X/Y/Z

x-Achse ['ɪksaksə] *f* *MATH* eje de las abscisas *m*
X-Beine ['ɪksbaɪnə] *pl* piernas en forma de X *f/pl*
x-beliebig ['ɪksbəliːbɪç] *adj* cualquier
Xenophobie [ksenofo'biː] *f* xenofobia *f*
x-fach ['ɪksfax] *adj* *1.* múltiple; *adv* *2.* repetidas veces, continuamente
x-förmig ['ɪksfœrmɪç] *adj* en forma de equis
x-mal [ɪks'maːl] *adv* infinidad de veces, mil veces; *Ich habe es dir ~ gesagt.* Te lo dije por enésima vez.
X-Strahlen ['ɪksʃtraːlən] *pl* *PHYS* rayos X *m/pl*
Xylophon [ksylo'foːn] *n* *MUS* xilófono *m*
y-Achse ['ypsilɔnaksə] *f* *MATH* eje de las ordenadas *m*
Yacht [jaxt] *f* yate *m*
Yak [jak] *n* *ZOOL* yac *m*
Yoga ['joːga] *m/n* yoga *m*
Ypsilon ['ypsilɔn] *n* ípsilon *f,* i griega *f*
Yuppie ['jupiː] *m* profesional joven de éxito *m,* yuppie *m*
Zacke ['tsakə] *f* punta *f;* púa *f;* *sich keinen ~n aus der Krone brechen* no perdonarse nada
zackig ['tsakɪç] *adj* *1. (gezackt)* dentado; *2. (Stern)* de muchas puntas, estrellado; *3. (fig: schneidig)* cortante
Zackigkeit ['tsakɪçkaɪt] *f* *1. (gezackt)* hecho de tener púas/dientes *m;* *2. (bei einem Stern)* hecho de tener muchas puntas *m*
zaghaft ['tsaːkhaft] *adj* *1.* vacilante, titubeante; *adv* *2.* temblando
Zaghaftigkeit ['tsaːkhaftɪçkaɪt] *f* vacilación *f,* irresolución *f*
zäh [tsɛː] *adj* *1. (ausdauernd)* resistente, duro; *2. (Fleisch)* duro, correoso
zähflüssig ['tsɛːflysɪç] *adj* viscoso, pegajoso
Zähflüssigkeit ['tsɛːflysɪçkaɪt] *f* viscosidad *f*
Zähigkeit ['tsɛːɪçkaɪt] *f* tenacidad *f,* resistencia *f,* dureza *f*
Zahl [tsaːl] *f* número *m;* *rote ~en schreiben* estar en números rojos; *schwarze ~en schreiben* tener ganancias
zahlbar ['tsaːlbaːr] *adj* pagadero
zählbar ['tsɛːlbaːr] *adj* contable
zahlen ['tsaːlən] *v* pagar, abonar; *Ich möchte ~!* ¡Quisiera pagar! *Ich zahle alles zusammen.* Pago todo junto.
zählen ['tsɛːlən] *v* contar
Zahlenangabe ['tsaːlənangaːbə] *f* cifras estadísticas *f/pl*
Zahlenkombination ['tsaːlənkɔmbinatsjoːn] *f* combinación numérica *f*
Zähler ['tsɛːlər] *m* *1. MATH* numerador *m;* *2. TECH* contador *m*
zahllos ['tsaːlloːs] *adj* innumerable
zahlreich ['tsaːlraɪç] *adj* *1.* numeroso, cuantioso; *adv* *2.* en gran número, en abundancia
Zahlung ['tsaːluŋ] *f* pago *m*
Zahlungsaufforderung ['tsaːluŋsaufʃɔrdəruŋ] *f* requerimiento de pago *m*
Zahlungsbilanz ['tsaːluŋsbɪlants] *f* *ECO* balance de pago *m*
zahlungsfähig ['tsaːluŋsfɛːɪç] *adj* *ECO* solvente
Zahlungsfrist ['tsaluŋsfrɪst] *f* *ECO* plazo de pago *m*
Zahlungsmittel ['tsaːluŋsmɪtəl] *n* medio de pago *m*
zahlungsunfähig ['tsaːluŋsunfɛːɪç] *adj* *ECO* insolvente
Zahlungsunfähigkeit ['tsaːluŋsunfɛːɪçkaɪt] *f* *ECO* imposibilidad de pago *f,* insolvencia *f*
Zahlwort ['tsaːlvɔrt] *n* adjetivo numeral *m*
zahm [tsaːm] *adj* doméstico, manso
zähmbar ['tsɛːmbaːr] *adj* domesticable, domable
zähmen ['tsɛːmən] *v* domesticar, amansar, domar, amaestrar
Zahmheit ['tsaːmhaɪt] *f* mansedumbre *f*
Zähmung ['tsɛːmuŋ] *f* doma *f,* domesticación *f*
Zahn [tsaːn] *m* *1. ANAT* diente *m;* *Wir müssen Ihnen einen ~ ziehen.* Tenemos que extraerle un diente. *jdm auf den ~ fühlen* dar un tiento a alguien, sondear a alguien; *jdm den ~ ziehen (fig)* quitar la ilusión a alguien; *einen ~ zulegen* apretar el acelerador; *die Zähne zusammenbeißen* morderse la lengua; *sich an jdm die Zähne ausbeißen* no acabar con alguien, no arreglárselas con alguien, *bewaffnet bis an die Zähne* armado hasta los dientes; *2. (Backenzahn) ANAT* muela *f*

Zahnarzt ['tsa:nartst] *m* dentista *m,* odontólogo *m; Ich muss zum ~ gehen.* Tengo que ir al dentista.
Zahnbehandlung ['tsa:nbəhandluŋ] *f MED* tratamiento odontológico *m*
Zahnbelag ['tsa:nbəla:k] *m MED* sarro *m*
Zahnbürste ['tsa:nbyrstə] *f* cepillo de dientes *m*
zahnen ['tsa:nən] *v* echar dientes, estar con la dentición
Zahnersatz ['tsa:nɛrzats] *m* dentadura postiza *f*
Zahnfäule ['tsa:nfɔylə] *f MED* caries dental *f*
Zahnfleisch ['tsa:nflaɪʃ] *n ANAT* encías *f/pl*
zahnlos ['tsa:nlo:s] *adj* desdentado, sin dientes, sin dentadura
Zahnlücke ['tsa:nlykə] *f* mella *f*
Zahnmedizin ['tsa:nmeditsi:n] *f MED* odontología *f*
Zahnpasta ['tsa:npasta] *f* pasta dentífrica *f,* dentrífico *m*
Zahnpflege ['tsa:npfle:gə] *f* cuidado de los dientes *m,* higiene dental/bucal *f*
Zahnschmerzen ['tsa:nʃmɛrtsən] *pl* dolores de muelas *m/pl*
Zahnstein ['tsa:nʃtaɪn] *m* sarro dentario *m*
Zahnstocher ['tsa:nʃtɔxər] *m* mondadientes *m/pl*
Zahnwurzel ['tsa:nvurtsəl] *f ANAT* raíz del diente *f*
Zange ['tsaŋə] *f* tenazas *f/pl,* alicates *m/pl; jdn in die ~ nehmen (fig)* poner a alguien en un aprieto
Zank [tsaŋk] *m* disputa *f,* altercado *m,* riña *f*
Zankapfel ['tsaŋkapfəl] *m* manzana de la discordia *f*
zanken ['tsaŋkən] *v* disputar, reñir con
zänkisch ['tsɛ:ŋkɪʃ] *adj 1.* pendenciero, camorrista; *2. (tadelsüchtig)* inclinado a criticar, criticón
Zapfen ['tsapfən] *n 1. BOT* piña *f; 2. (Eiszapfen)* carámbano *m; 3. (Verbindungsstück)* pirote *m; 4. ANAT* muñón *m; 5. (Fasszapfen)* espita *f,* canilla *f*
Zapfhahn ['tsapfha:n] *m* grifo *m*
Zapfsäule ['tsapfzɔylə] *f* surtidor de gasolina *m*
zappelig ['tsapəlɪç] *adj* inquieto
zappeln ['tsapəln] *v* agitarse, tratar de soltarse de algo; *jdn ~ lassen* hacer esperar a alguien
Zar(in) [tsa:r(ɪn)] *m/f HIST* zar/zarina *m/f*
zart [tsart] *adj 1.* tierno, delicado, dulce; *adv 2.* tiernamente, delicadamente, con ternura
zartbesaitet ['tsa:rtbəzaɪtət] *adj (fig: empfindsam)* sensitivo, sensible, suceptible
zartbitter ['tsa:rtbɪtər] *adj* amargo; *~e Schokolade* chocolate sin leche extrafino
Zartgefühl ['tsa:rtgəfy:l] *n* delicadeza *f,* tacto *m*
Zartheit ['tsa:rthaɪt] *f 1.* ternura *f,* delicadeza *f; 2. (Zerbrechlichkeit)* sensibilidad *f*
zärtlich ['tsɛrtlɪç] *adj 1.* tierno, afectuoso, cariñoso, dulce; *adv 2.* con ternura, cariñosamente, con dulzura
Zärtlichkeit ['tsɛrtlɪçkaɪt] *f* ternura *f,* dulzura *f,* cariño *m*
Zauber ['tsaubər] *m 1. (Magie)* hechizo *m,* embrujo *m,* encantamiento *m; ein fauler ~* un truco malo *m,* un embuste *m,* un engaño *m; 2. (fig)* atractivo *m,* encanto *m*
Zauberei [tsaubə'raɪ] *f* magia *f*
Zauberer ['tsaubərər] *m* mago *m,* hechicero *m*
Zauberformel ['tsaubərfɔrməl] *f* fórmula mágica *f*
zauberhaft ['tsaubərhaft] *adj 1. (fig)* encantador, hechicero; *adv 2.* maravillosamente
Zauberkraft ['tsaubərkraft] *f* poderes mágicos *m/pl*
zaubern ['tsaubərn] *v* hacer brujerías, practicar la magia
Zauberspruch ['tsaubərʃprux] *m* fórmula mágica *f,* conjuro *m*
Zauderer ['tsaudərər] *m* hombre de carácter irresoluto *m*
zaudern ['tsaudərn] *v* vacilar, titubear
Zaum [tsaum] *m etw im ~ halten* contener, reprimir; *sich im ~ halten* contenerse, echarse el freno (fam)
zäumen ['tsɔymən] *v* poner la brida/rienda a, embridar
Zaumzeug ['tsaumtsɔyk] *n* arreos *m/pl*
Zaun [tsaun] *m* valla *f,* cercado *m,* cerca *f,* vallado *m; einen Streit vom ~ brechen* comenzar una discusión por nada
Zaungast ['tsaungast] *m* espectador de gorra *m,* polizón *m*
Zaunpfahl ['tsaunpfa:l] *m ein Wink mit dem ~* una indirecta *f*
Zebra ['tse:bra] *n ZOOL* cebra *f*
Zebrastreifen ['tse:braʃtraɪfən] *m* paso de peatones *m,* paso de cebra *m*

Zeche ['tsɛçə] *f* *1. (Rechnung)* cuenta *f*; *die ~ bezahlen müssen* tener que pagar el pato; *die ~ prellen* marcharse sin pagar; *2. (Bergwerk)* mina de carbón *f*

Zecke [tsɛkə] *f* *ZOOL* garrapata *f*

Zeder ['tseːdər] *f* *BOT* cedro *m*

Zehe ['tseːə] *f* dedo del pie *m*

zehn [tseːn] *num* diez

Zehnkampf ['tseːnkampf] *m* *SPORT* decatlón *m*

zehnte(r,s) ['tseːnte(r,s)] *adj* décimo

Zehntel ['tseːntəl] *n* *MATH* décima parte *f*

zehren ['tseːrən] *v* *1. von etw ~* alimentarse, vivir de; *2. an etw ~* roer algo

Zeichen ['tsaɪçən] *n* *1.* signo *m*, señal *f*; *ein ~ setzen* dar una señal; *die ~ der Zeit* los aspectos del tiempo *m/pl*; *2. INFORM* carácter *m*

Zeichensprache ['tsaɪçənʃpraːxə] *f* lenguaje mímico *m*, lenguaje cifrado *m*

Zeichentrickfilm ['tsaɪçəntrɪkfɪlm] *m* *CINE* dibujos animados *m/pl*

zeichnen ['tsaɪçnən] *v* *1.* dibujar, trazar; *2. (markieren)* marcar; *3. (unterschreiben)* firmar, rubricar; *4. (fig)* condenar, marcar; *eine gezeichnete Frau* una mujer marcada *f*

Zeichnung ['tsaɪçnuŋ] *f* dibujo *m*, croquis *m*, esquema *m*

Zeigefinger ['tsaɪgəfɪŋər] *m* *ANAT* dedo índice *m*

zeigen ['tsaɪgən] *v* mostrar, enseñar, indicar

Zeiger ['tsaɪgər] *m* *(einer Uhr)* manecilla *f*

Zeile ['tsaɪlə] *f* línea *f*, renglón *m*; *zwischen den ~n lesen (fig)* leer entre líneas

Zeilenabstand ['tsaɪlənapʃtant] *m* interlínea *f*

Zeit [tsaɪt] *f* *1.* tiempo *m*; *die ~ totschlagen* matar el tiempo; *Wir haben ~ im Überfluss.* Tenemos tiempo de sobra. *irgendwo die längste ~ gewesen sein* ir siendo la hora de mudarse de alguna parte; *sich mit etw die ~ vertreiben* pasar el tiempo haciendo algo; *jdm ~ lassen* dar tiempo a alguien; *sich für etw ~ nehmen* tomarse el tiempo para algo; *Das hat ~.* Eso puede esperar. *Es ist allerhöchste ~.* Ya es hora. *Ach du liebe ~!* ¡Jesus!/¡Ay coño! (fam); *2. (Epoche)* época *f*, edad *f*; *mit der ~ gehen* ir al compás del tiempo; *3. (Uhrzeit)* hora *f*

Zeitabschnitt ['tsaɪtapʃnɪt] *m* período de tiempo *m*, época *f*

Zeitalter ['tsaɪtaltər] *n* edad *f*, época *f*, era *f*, siglo *m*; *das goldene ~* el Siglo de Oro *m*

Zeitarbeit ['tsaɪtarbaɪt] *f* trabajo por tiempo determinado *m*, trabajo temporal *m*, trabajo interino *m*

Zeitaufnahme ['tsaɪtaufnaːmə] *f* *FOTO* exposición *f*

Zeitaufwand ['tsaɪtaufvant] *m* tiempo empleado *m*

Zeitbombe ['tsaɪtbɔmbə] *f* bomba de relojería *f*

Zeitdruck ['tsaɪtdruk] *m* *unter ~* bajo presión por falta de tiempo

Zeitersparnis ['tsaɪtɛrʃpaːrnɪs] *f* ahorro de tiempo *m*, economía de tiempo *f*

Zeitgefühl ['tsaɪtgəfyːl] *n* noción del tiempo *f*

Zeitgeist ['tsaɪtgaɪst] *m* espíritu de la época *m*

zeitgemäß ['tsaɪtgəmɛːs] *adj* conforme a la época, actual, de actualidad

Zeitgenosse ['tsaɪtgənɔsə] *m* contemporáneo *m*, coetáneo *m*

zeitgenössisch ['tsaɪtgənœsɪʃ] *adj* contemporáneo, coetáneo

Zeitgeschichte ['tsaɪtgəʃɪçtə] *f* *HIST* Historia Contemporánea *f*

zeitig ['tsaɪtɪç] *adj* temprano, oportuno

zeitlich ['tsaɪtlɪç] *adj* temporal, pasajero, transitorio; *das Zeitliche segnen* abandonar esta vida

zeitlos ['tsaɪtloːs] *adj* *1. (ewig)* eterno, inmortal; *2. (klassisch)* clásico, independiente de la moda

Zeitlupe ['tsaɪtluːpə] *f* *CINE* ralenti *m*, cámara lenta *f*

Zeitmesser ['tsaɪtmɛsər] *m* cronómetro *m*

zeitnah ['tsaɪtnaː] *adj* de actualidad

Zeitpunkt ['tsaɪtpuŋkt] *m* fecha *f*, momento *m*

zeitraubend ['tsaɪtraubənt] *adj* de mucho tiempo de duración

Zeitraum ['tsaɪtraum] *m* espacio de tiempo *m*, lapso de tiempo *m*

Zeitschrift ['tsaɪtʃrɪft] *f* revista *f*

Zeitung ['tsaɪtuŋ] *f* periódico *m*, diario *m*

Zeitungsanzeige ['tsaɪtuŋsantsaɪgə] *f* anuncio en el periódico *m*

Zeitungsartikel ['tsaɪtuŋsartɪkəl] *m* artículo de periódico *m*

Zeitungsente ['tsaɪtuŋsɛntə] *f* *(fig)* bulo *m*, mentira *f*

Zeitungsinserat ['tsaɪtuŋsɪnzəraːt] *n* anuncio en el periódico *m*

Zeitungspapier ['taɪtuŋspapiːr] *n* papel de periódico *m*

Zeitverlust ['tsaɪtfɛrlust] *m* pérdida de tiempo *f*
Zeitverschwendung ['tsaɪtfɛrʃvɛnduŋ] *f* desperdicio de tiempo *m,* pérdida de tiempo *f*
Zeitvertrag ['tsaɪtfɛrtraːk] *m* contrato temporal *m*
zeitweilig ['tsaɪtvaɪlɪç] *adj* temporal
zeitweise ['tsaɪtvaɪsə] *adv (ab und zu)* a veces, de vez en cuando
Zeitwort ['tsaɪtvɔrt] *n GRAMM* verso *m*
Zeitzeuge ['tsaɪttsɔygə] *m* testigo de la época *m,* contemporáneo *m*
Zeitzeugin ['tsaɪttsɔygɪn] *f* testigo de la época *f,* contemporánea *f*
Zelle ['tsɛlə] *f 1. (Gefängniszelle)* celda *f; 2. BIO* célula *f*
Zellenbildung ['tsɛlənbɪlduŋ] *f BIO* formación de la célula *f*
Zellkern ['tsɛlkɛrn] *m BIO* núcleo celular/de la célula *m*
Zellophan [tsɛlo'faːn] *n* celofán *m*
Zellstoff ['tsɛlʃtɔf] *m* celulosa *f,* pulpa *f*
Zellulitis [tsɛlu'liːtɪs] *f MED* celulitis *f*
Zelluloid [tsɛlu'lɔyt] *n* celuloide *m*
Zelt [tsɛlt] *n 1. (Campingzelt)* tienda *f,* carpa *f; seine ~e abbrechen* levantar el campo; *die ~e irgendwo aufschlagen* montar la tienda en algún sitio (fig); *2. (Bierzelt)* carpa de cerveza *f; 3. (Zirkuszelt)* carpa del circo *f*
zelten ['tsɛltən] *v* hacer camping, acampar
Zeltplatz ['tsɛltplats] *m* terreno de camping *m*
Zement [tse'mɛnt] *m* cemento *m*
zementieren [tsemɛn'tiːrən] *v* edificar, cementar, construir
Zenit [tse'niːt] *m* cénit *m*
zensieren [tsɛn'ziːrən] *v 1. POL* censurar; *2. (in der Schule)* calificar, poner notas
Zensor ['tsɛnzɔr] *m* censor *m*
Zensur [tsɛn'zuːr] *f 1. (in der Schule)* calificación *f,* nota *f; 2. POL* censura *f*
Zensus ['tsɛnzus] *m* censo *m*
Zentiliter ['tsɛntiliːtər] *m* centilitro *m*
Zentimeter ['tsɛntimeːtər] *m* centímetro *m*
Zentner ['tsɛntnər] *m* medio quintal *m*
Zentnerlast ['tsɛntnərlast] *f (fig)* peso abrumador *m*
zentnerweise ['tsɛntnərvaɪzə] *adv* en cantidades industriales
zentral [tsɛn'traːl] *adj* central, céntrico
Zentralafrika [tsɛn'traːlafrika] *n GEO* Africa Central *f*
Zentralbank [tsɛn'traːlbaŋk] *f ECO* banco central *m*
Zentrale [tsɛn'traːlə] *f* central *f,* oficina central *f*
Zentralheizung [tsɛn'traːlhaɪtsuŋ] *f* calefacción central *f*
Zentralismus [tsɛntra'lɪsmus] *m POL* centralismo *m*
Zentralverband [tsɛn'traːlfɛrbant] *m* federación central *f*
Zentralverriegelung [tsɛn'traːlfɛrriːgəluŋ] *f (beim Auto)* cierre centralizado *m*
zentrieren [tsɛn'triːrən] *v* centrar
Zentrifugalkraft [tsɛntrifu'gaːlkraft] *f PHYS* fuerza centrífuga *f*
Zentrifuge [tsɛntri'fuːgə] *f* centrifugadora *f*
Zentrum ['tsɛntrum] *n* centro *m*
Zepter ['tsɛptər] *n* cetro *m*
zerbeißen [tsɛr'baɪsən] *v irr* romper con los dientes, partir a mordiscos
zerbrechen [tsɛr'brɛçən] *v irr 1.* romper, quebrar; *2. (fig)* hacer pedazos, destrozar
zerbrechlich [tsɛr'brɛçlɪç] *adj* quebradizo, rompible
Zerbrechlichkeit [tsɛr'brɛçlɪçkaɪt] *f 1. (von Geschirr)* fragilidad *f; 2. (eines Menschen)* carácter quebradizo *m,* fragilidad *f*
zerbröckeln ['tsɛrbrœkəln] *v* desmenuzar, desmigajar
zerdrücken [tsɛr'drykən] *v* aplastar, machacar, moler
Zeremonie [tseremo'niː] *f* ceremonia *f*
zeremoniell [tserəmon'jel] *adj* ceremonial
zerfahren [tsɛr'faːrən] *adj (fig: unkonzentriert)* muy distraído, muy confuso
Zerfahrenheit [tsɛr'faːrənhaɪt] *f* distracción *f,* confusión *f,* dispersión *f*
Zerfall [tsɛr'fal] *m* ruina *f,* decadencia *f*
zerfallen [tsɛr'falən] *v irr* arruinarse, quedarse en ruinas, desmoronarse
zerfetzen [tsɛr'fɛtsən] *v 1.* desgarrar, hacer trizas, jirones; *2. (fig: kritisieren)* criticar sin piedad
zerfleischen [tsɛr'flaɪʃən] *v 1. (zerfetzen)* devorar; *2. sich ~ (fig)* desgarrarse
zerfließen [tsɛr'fliːsən] *v irr* deshacerse, fundirse
zerfressen [tsɛr'frɛsən] *v irr 1.* roer, carcomer; *2. CHEM* corroer
zergehen [tsɛr'geːən] *v irr* deshacerse, derretirse, fundirse; *im Munde ~ lassen* dejar disolver en la boca

zergliedern [tsɛr'gli:dərn] *v* *1.* desmembrar, descomponer; *2.* *(fig)* analizar parte por parte
zerhacken [tsɛr'hakən] *v* *(fig)* hacer pedazos, despedazar
zerkauen [tsɛr'kauən] *v* masticar, triturar
zerkleinern [tsɛr'klaɪnərn] *v* desmenuzar, moler, triturar
Zerkleinerung [tsɛr'klaɪnəruŋ] *f* trituración *f*
zerklüftet [tsɛr'klyftət] *adj* *(Gelände)* accidentado, escabroso
zerknirscht [tsɛr'knɪrʃt] *adj* contrito, compungido
zerknittern [tsɛr'knɪtərn] *v* arrugar, ajar
zerknittert [tsɛr'knɪtərt] *adj* arrugado
zerknüllen [tsɛr'knylən] *v* arrugar
zerlegbar [tsɛr'le:kba:r] *adj* descomponible, desmontable, plegable
zerlegen [tsɛr'le:gən] *v* descomponer, desarmar, desmontar
Zerlegung [tsɛr'le:guŋ] *f* *1.* fraccionamiento *m,* división *f; 2.* *(von Wild)* descuartizamiento *m*
zerlumpt [tsɛr'lumpt] *adj* andrajoso, harapiento
zermalmen [tsɛr'malmən] *v* *1.* aplastar, machacar; *2.* *(kräftig zerkauen)* triturar con los dientes
zermürben [tsɛr'myrbən] *v* cansar, fatigar en exceso, agotar
zermürbend [tsɛr'myrbənt] *adj* cansado, fatigoso, agotador; *ein ~er Krieg* una guerra de desgaste *f*
zernagen [tsɛr'na:gən] *v* roer
zerquetschen [tsɛr'kvɛtʃən] *v* *1.* exprimir, extrujar; *2.* *(Kartoffel)* aplastar, chafar
Zerrbild ['tsɛrbɪlt] *n* *1.* caricatura *f; 2.* *(fig)* esperpento *m*
zerreiben [tsɛr'raɪbən] *v irr* triturar, moler
zerreißen [tsɛr'raɪsən] *v irr* romper, despedazar, desgarrar
Zerreißprobe [tsɛr'raɪspro:bə] *f* *(fig)* prueba de nervios *f*
zerren ['tsɛrən] *v* tirar violentamente, arrastrar
zerrinnen [tsɛr'rɪnən] *v irr* deshacerse, derretirse, fundirse
zerrissen [tsɛr'rɪsən] *adj* hecho pedazos, despedazado
Zerrissenheit [tsɛr'rɪsənhaɪt] *f* descontento *m,* discordia *f*
Zerrung ['tsɛruŋ] *f MED* distensión *f,* distorsión *f,* tirón *m*
zerrüttet [tsɛr'rytət] *adj* desordenado, perturbado
zersägen [tsɛr'zɛ:gən] *v* aserrar, separar con la sierra, cortar con la sierra
zerschellen [tsɛr'ʃɛlən] *v* estrellar
zerschlagen [tsɛr'ʃla:gən] *v* *1.* romper a golpes; *2.* *(erschöpft sein)* estar hecho pedazos, estar molido; *~ sein* estar hecho un trapo; *3.* *(Pläne) sich ~* desbaratarse, fracasar, no llegar a realizarse
Zerschlagung [tsɛr'ʃla:guŋ] *f* destrucción *f,* destrozo *m,* rotura *f*
zerschmettern [tsɛr'ʃmɛtərn] *v* estrellar contra, romper, destrozar
zerschmettert [tsɛr'ʃmɛtərt] *adj* *(fig)* aniquilado
zerschneiden [tsɛr'ʃnaɪdən] *v irr* cortar en pedazos, despedazar
zersetzen [tsɛr'zɛtsən] *v* *1.* disolver, disgregar; *2. CHEM* descomponer
Zersetzung [tsɛr'zɛtsuŋ] *f* *1.* disgregración *f,* disolución *f; 2. CHEM* descomposición *f*
zersplittern [tsɛr'ʃplɪtərn] *v* *(fig)* disgregar, dividir, descomponer
Zersplitterung [tsɛr'ʃplɪtəruŋ] *f* disgregación *f,* disolución *f,* descomposición *f*
zerspringen [tsɛr'ʃprɪŋən] *v* romperse, quebrarse, rajarse
Zerstäuber [tsɛr'ʃtɔybər] *m* vaporizador *m,* atomizador *m,* pulverizador *m*
zerstören [tsɛr'ʃtø:rən] *v* destruir, devastar, aniquilar
Zerstörung [tsɛr'ʃtø:ruŋ] *f* destrucción *f,* devastación *f*
zerstreuen [tsɛr'ʃtrɔyən] *v* *1.* dispersar, esparcir; *2.* *(fig)* distraer, divertir a alguien
zerstreut [tsɛr'ʃtrɔyt] *adj* *1.* disperso, diseminado, esparcido; *2.* *(fig)* distraído
Zerstreutheit [tsɛr'ʃtrɔythaɪt] *f* distracción *f,* falta de atención *f,* falta de concentración *f*
Zerstreuung [tsɛr'ʃtrɔyuŋ] *f* *1.* dispersión *f,* diseminación *f; 2.* *(fig)* distracción *f*
zerstückeln [tsɛr'ʃtykəln] *v* cortar en pedazos, despedazar, descuartizar
Zertifikat [tsɛrtifi'ka:t] *n* certificado *m*
zertrampeln [tsɛr'trampəln] *v* pisotear, zapatear
zertrümmern [tsɛr'trymərn] *v* *1.* destruir, destrozar; *2.* *(Atom) PHYS* reducir a ruinas, demoler
zetern ['tse:tərn] *v* clamar al cielo, poner el grito en el cielo

Zettel ['tsɛtəl] *m* pedazo de papel *m,* papelito *m,* hoja de un bloc *f*
Zeug [tsɔyk] *n* cosas *f/pl,* objetos *m/pl; jdm am ~ flicken* enmendar la plana a alguien (fam); *sich ins ~ legen* ponerse manos a la obra
Zeuge ['tsɔygə] *m* testigo *m; Können Sie ~ meines Unfalls sein?* ¿Puede servirme como testigo de mi accidente?
zeugen ['tsɔygən] *v 1. (aussagen)* declarar, deponer; *2. (Kind)* procrear, engendrar
Zeugenaussage ['tsɔygənauszaːgə] *f JUR* declaración del testigo *f*
Zeugenbefragung ['tsɔygənbəfraːguŋ] *f* interrogatorio de los testigos *m*
Zeugin ['tsɔygɪn] *f* testigo *f*
Zeugnis ['tsɔyknɪs] *n 1. (Schulzeugnis)* certificado *m; 3. ~ ablegen von* dar testimonio de, dar fe de; *2. (Bescheinigung)* certificado *m,* atestado *m*
Zeugung ['tsɔyguŋ] *f* generación *f,* procreación *f,* engendramiento *m*
zeugungsfähig ['tsɔyguŋsfɛːɪç] *adj BIO* apto para la procreación
zeugungsunfähig ['tsɔyguŋsunfɛːɪç] *adj BIO* no apto para la procreación
Zichorie [tsɪ'çoːriə] *f BOT* achicoria *f*
Zickzack ['tsɪktsak] *m* eses *f/pl,* zigzag *m*
Ziege ['tsiːgə] *f ZOOL* cabra *f*
Ziegel ['tsiːgəl] *m 1. (Backstein)* ladrillo *m; 2. (Dachziegel)* teja *f*
Ziegelstein ['tsiːgəlʃtaɪn] *m* ladrillo *m*
Ziegenbart ['tsiːgənbart] *m 1. (eines Menschen)* barba en punta *f; 2. (Pilz) BOT* clavaria *f,* romaria *f*
Ziegenkäse ['tsiːgənkɛːzə] *m GAST* queso de cabra *m*
Ziegenmilch ['tsiːgənmɪlç] *f GAST* leche de cabra *f*
ziehen ['tsiːən] *v irr 1.* tirar, arrastrar; *2. heraus ~* sacar; *3. Pflanzen ~* cultivar; *4. nach sich ~* arrastrar; *5. um~* mudarse
Ziehung ['tsiːuŋ] *f* sorteo *m,* rifa *f*
Ziel [tsiːl] *n 1. (örtlich)* lugar de destino *m,* meta *f; über das ~ hinausschießen* pasarse de la raya (fam); *2. (fig: Absicht)* propósito *m,* intención *f; 3. MIL* objetivo *m; 4. SPORT* meta *f*
zielbewusst ['tsiːlbəvust] *adj 1.* consciente de su propósito, consecuente; *adv 2.* con resolución, consecuentemente
zielen ['tsiːlən] *v* apuntar a
Zielfernrohr ['tsiːlfɛrnroːr] *n* anteojo *m,* telescopio *m*
Zielgruppe ['tsiːlgrupə] *f* grupo de destino *m,* grupo receptor *m*
Ziellinie ['tsiːliːnjə] *f* línea de meta *f*
ziellos ['tsiːlloːs] *adj* vago, indeciso, sin meta; *Er ging ~ durch die Stadt.* Se fue sin meta através la ciudad.
Zielscheibe ['tsiːlʃaɪbə] *f* blanco *m*
Zielsetzung ['tsiːlzɛtsuŋ] *f* fijación de una meta, de un objetivo *f*
zielsicher ['tsiːlzɪçər] *adj 1. (Schütze)* seguro de acertar, certero; *2. (das Ziel kennend)* seguro de alcanzar su objetivo
zielstrebig ['tsiːlʃtreːbɪç] *adj 1.* perseverante; *adv 2.* con perseverancia
Zielstrebigkeit ['tsiːlʃtreːbɪçkaɪt] *f* perseverancia para lograr lo propuesto *f,* determinación *f,* firme resolución *f*
Zielvorrichtung ['tsiːlfoːrrɪçtuŋ] *f* dispositivo de puntería *m,* aparato de puntería *m*
ziemlich ['tsiːmlɪç] *adj 1.* bastante grande, considerable; *adv 2.* bastante, considerablemente, más o menos
Zier [tsiːr] *f* adorno *m,* ornamento *m,* decoración *f*
Zierde ['tsiːrdə] *f* adorno *m,* ornamento *m,* decoración *f*
zieren ['tsiːrən] *v sich ~* hacer remilgos, hacer melindres
Zierfisch ['tsiːrfɪʃ] *m* pez decorativo *m*
zierlich ['tsiːrlɪç] *adj* grácil, delicado, gracioso
Zierlichkeit ['tsiːrlɪçkaɪt] *f* gracilidad *f,* gracia *f,* delicadeza *f*
Zierpflanze ['tsiːrpflantsə] *f* planta de adorno *f*
Ziffer ['tsɪfər] *f* cifra *f,* guarismo *m*
Zifferblatt ['tsɪfərblat] *n* esfera *f*
Zigarette [tsiga'rɛtə] *f* cigarrillo *m*
Zigarettenasche [tsiga'rɛtənaʃə] *f* ceniza de cigarrillo *f*
Zigarettenpackung [tsiga'rɛtənpakuŋ] *f (Schachtel)* cajetilla *f,* paquete *m*
Zigarettenpause [tsiga'rɛtənpauzə] *f* pausa para fumarse un cigarrillo *f*
Zigarettenschachtel [tsiga'rɛtənʃaxtəl] *f* cajetilla de cigarrillos *f,* paquete de cigarrillos *m*
Zigarre [tsi'garə] *f* cigarro *m,* puro *m*
Zigarrenkiste [tsi'garənkɪstə] *f* caja de habanos *f,* cigarrera *f*
Zigarrenstummel [tsi'garənʃtuməl] *m* colilla *f*
Zigeuner(in) [tsi'gɔynər(ɪn)] *m/f* gitano/gitana *m/f,* cíngaro/cíngara *m/f*

Zimmer ['tsɪmər] *n* habitación *f,* cuarto *m,* pieza *f; Wie viel kostet ein ~ mit Dusche und Vollpension pro Tag?* ¿Cuánto cuesta una habitación con ducha y pensión completa por día?

Zimmerantenne ['tsɪmərantɛnə] *f* antena interior *f*

Zimmerbrand ['tsɪmərbrant] *m* fuego en una habitación *m*

Zimmerdecke ['tsɪmərdɛkə] *f* techo *m*

Zimmermädchen ['tsɪmərmɛːtçən] *n* camarera *f*

Zimmermann ['tsɪmərman] *m* obrero de construcción *m,* albañil *m*

zimmern ['tsɪmərn] *v* construir

Zimmernummer ['tsɪmərnumər] *f* número de habitación *m*

zimperlich ['tsɪmpərlɪç] *adj 1.* mimoso, afectado, melindroso; *adv 2.* con melindres, con remilgos

Zimperlichkeit ['tsɪmpərlɪçkaɪt] *f* afectación *f,* remilgos *m/pl,* melindres *m/pl*

Zimt [tsɪmt] *m* canela *f*

Zink [tsɪŋk] *m CHEM* cinc *m,* zinc *m*

Zinke ['tsɪŋkə] *f 1. (Gabelzinke)* púa *f; 2. (Kammzinke)* púa *f*

Zinn [tsɪn] *m CHEM* estaño *m*

Zinne ['tsɪnə] *f (einer Burg)* almena *f*

Zinnkrug ['tsɪnkruːk] *m* vaso de estaño *m*

zinnoberrot [tsɪ'noːbərroːt] *adj* bermellón, bermejo

Zinnsoldat ['tsɪnzɔldaːt] *m* soldado de estaño *m*

Zinsbesteuerung ['tsɪnsbəʃtɔyəruŋ] *f POL* impuesto por intereses *m*

Zinsen ['tsɪnzən] *pl ECO* intereses *m/pl,* rédito *m,* renta *f*

Zinserhöhung ['tsɪnsɛrhøːuŋ] *f FIN* aumento de los intereses *m*

Zinseszins ['tsɪnzəstsɪns] *m FIN* interés compuesto *m,* intereses acumulados *m/pl*

Zinsfuß ['tsɪnsfuːs] *m FIN* tipo de interés *m*

zinslos ['tsɪnsloːs] *adj ECO* sin intereses, exento de interés

Zinssatz ['tsɪnszats] *m ECO* tipo de interés *m*

Zinssenkung ['tsɪnszɛŋkuŋ] *f ECO* reducción del tipo de interés *f*

Zipfel ['tsɪpfəl] *m* cabo *m,* punta *f,* extremo *m*

Zipfelmütze ['tsɪpfəlmytse] *f* gorro con borla *m*

Zirkel ['tsɪrkəl] *m* círculo *m*

Zirkulation [tsɪrkula'tsjoːn] *f* circulación *f*

zirkulieren [tsɪrku'liːrən] *v* circular

Zirkus ['tsɪrkus] *m* circo *m*

Zirkusdirektor(in) ['tsɪrkusdirɛktɔr/'tsɪrkusdirɛk'toːrɪn] *m/f* director(a) de circo *m/f*

zirpen ['tsɪrpən] *v (Grillen)* cantar

Zirrhose [tsɪ'roːzə] *f MED* cirrosis *f*

zischeln ['tsɪʃəln] *v* cuchichear

zischen ['tsɪʃən] *v 1.* sisear, abuchear, pitar; *2. (Schlange)* silbar

Zischlaut ['tsɪʃlaut] *m LING* sónido sibilante *m*

Zisterne [tsɪs'tɛrnə] *f* cisterna *f*

Zitat [tsi'taːt] *n* cita *f,* mención *f*

Zither ['tsɪtər] *f MUS* cítara *f*

zitieren [tsi'tiːrən] *v* citar, mencionar

Zitrone [tsi'troːnə] *f* limón *m; jdn auspuetschen wie eine ~* exprimir a alguien como a un limón (fig)

Zitronenfalter [tsi'troːnənfaltər] *m ZOOL* limonero *m*

Zitronensaft [tsi'troːnənzaft] *m* zumo de limón *m*

Zitronenschale [tsi'troːnənʃaːlə] *f* cáscara de limón *f*

Zitrusfrucht ['tsitrusfruxt] *f* cítrico *m*

zitterig ['tsɪtərɪç] *adj* tembloroso, temblón

zittern ['tsɪtərn] *v* temblar, tiritar; *um jdn ~* temblar por alguien; *~ wie Espenlaub* temblar como una hoja

Zitze ['tsɪtsə] *f ZOOL* teta *f,* mama *f*

zivil [tsi'viːl] *adj* civil

Zivil [tsi'viːl] *n ~ tragen* vestir de paisano, de civil

Zivilberuf [tsi'viːlbəruːf] *m* profesión civil *f*

Zivilbevölkerung [tsi'viːlbəfœlkəruŋ] *f* población civil *f*

Zivilcourage [tsi'viːlkuraːʒə] *f* coraje civil *m,* valor cívico *m*

Zivildienst [tsi'viːldiːnst] *m* servicio civil *m,* prestación social sustitutoria *f*

Zivilisation [tsiviliza'tsjoːn] *f* civilización *f*

zivilisatorisch [tsiviliza'toːrɪʃ] *adj* civilizador

zivilisieren [tsivili'ziːrən] *v* civilizar

zivilisiert [tsivili'ziːrt] *adj* civilizado

Zivilist(in) [tsivi'lɪst(ɪn)] *m/f* civil *m/f,* paisano/paisana *m/f*

zivilistisch [tsivi'lɪstɪʃ] *adj* civil, paisano

Zivilkleidung [tsi'viːlbəklaɪduŋ] *f* traje de paisano *m,* traje civil *m*

Zivilrecht [tsi'viːlrɛçt] *n JUR* derecho civil *m*
Zobel ['tsoːbəl] *m 1. ZOOL* marta cibelina *f; 2. (Pelz)* piel de marta cibelina *f*
Zofe ['tsoːfə] *f* criada *f,* doncella *f*
zögerlich ['tsøːgərlɪç] *adj* titubeante, vacilante
zögern ['tsøːgərn] *v* titubear, vacilar
Zögern ['tsøːgərn] *n* titubeo *m,* vacilación *f*
zögernd ['tsøːgərnt] *adj 1.* titubeante, vacilante; *adv 2.* con vacilación
Zögling ['tsøːkliŋ] *m* pupilo *m,* alumno *m,* discípulo *m*
Zoll[1] [tsɔl] *m 1. (Behörde)* aduana *f; 2. (Gebühr)* derechos de aduana *m/pl*
Zoll[2] [tsɔl] *m (Maßeinheit)* pulgada *f*
Zollamt ['tsɔlamt] *n* oficina de aduana *f,* aduana *f*
Zollbeamte(r) ['tsɔlbəamtə(r)] *m/f* funcionario de aduanas/funcionaria de aduanas *m/f,* aduanero/aduanera *m/f*
Zollerklärung ['tsɔlɛrklɛːruŋ] *f* declaración de aduana *f*
zollfrei ['tsɔlfraɪ] *adj* exento de derechos aduaneros, en franquicia aduanera
Zollkontrolle ['tsɔlkontrɔlə] *f* control aduanero *m,* inspección aduanera *f*
zollpflichtig ['tsɔlpflɪçtɪç] *adj* sujeto a aduana
Zolltarif ['tsɔltariːf] *m* tarifa aduanera *f,* arancel *m*
Zombie ['tsɔmbiː] *m* zombi *m*
Zone ['tsoːnə] *f* zona *f*
Zoo [tsoː] *m* zoo *m,* zoológico *m*
zoologisch [tsoo'loːgɪʃ] *adj* zoológico
zoomen ['zuːmən] *v FOTO* enfocar utilizando el zum
Zopf [tsɔpf] *m* trenza *f*
Zorn [tsɔrn] *m* cólera *f,* ira *f*
zornig ['tsɔrnɪç] *adj 1.* encolerizado, colérico, airado; *adv 2.* con ira, con cólera
Zote ['tsoːtə] *f* indecencia *f,* obscenidad *f*
Zottel ['tsɔtəl] *f* mechón de pelo *m*
zottig ['tsɔtɪç] *adj* velloso, cabelludo, peludo
zu [tsuː] *prep 1. (Zielsetzung)* a, para; *zum Geburtstag* para el cumpleaños; *Ich gehe zu dir.* Me voy a tu casa. *der Dom ~ Köln* la catedral de Colonia; *~ Tisch* en la comida; *~m Monatsende kündigen* rescindir (el contrato) para finales del mes; *~r Beruhigung* para calmar; *~m Glück* por suerte; *~r Belohnung* como recompensa; *~ etw werden* convertirse en algo; *~m Vorsitzenden wählen* elegir como presidente; *2. (zeitlich)* a, en, por; *~ Weihnachten* en Navidades/por Navidades; *~ Beginn* al principio/comienzo; *adj 3. (verschlossen)* cerrado; *Mach die Tür ~!* ¡Cierra la puerta! *adv 4.* demasiado; *~ teuer* demasiado caro; *~ viel* muchísimo, uno de más, demasiado
Zubehör ['tsuːbəhøːr] *n* accesorios *m/pl*
zubeißen ['tsuːbaɪsən] *v irr* clavar los dientes, hincar los dientes, morder
zubereiten ['tsuːbəraɪtən] *v* preparar
Zubereitung ['tsuːbəraɪtuŋ] *f* preparación *f,* aderezo *m*
zubilligen ['tsuːbɪlɪgən] *v* conceder, autorizar
zubinden ['tsuːbɪndən] *v irr* ligar, atar
zublinzeln ['tsuːblɪntsəln] *v jdm ~* guiñar el ojo a, hacer señas a
zubringen ['tsuːbrɪŋən] *v irr (verbringen)* pasar el tiempo
Zubringerstraße ['tsuːbrɪŋərʃtraːsə] *f* vía de acceso *f*
Zucchini [tsu'kiːni] *pl BOT* calabacín *m*
Zucht [tsuxt] *f 1. (Tierzucht)* cría *f; 2. (Pflanzenzucht)* cultivo *m; 3. (Disziplin)* disciplina *f*
züchten ['tsyçtən] *v 1. (Tiere)* criar; *2. (Pflanzen)* cultivar
Zuchthaus ['tsuxthaus] *n* presidio *m,* penitenciaría *f*
Zuchthengst ['tsuxthɛŋst] *m* caballo semental *m*
zuchtlos ['tsuxtloːs] *adj* indisciplinado
Züchtung ['tsyçtuŋ] *f 1. (Züchten)* cría *f; 2. (Zuchtart)* cultivo *m*
zucken ['tsukən] *v* hacer un movimiento brusco, convulsionar
zücken ['tsykən] *v 1. (fassen, nehmen)* tomar; *2. (hervorziehen)* levantar, alzar; *3. (Schwert)* desenvainar
Zucker ['tsukər] *m* azúcar *m/f*
Zuckererbse ['tsukərɛrpsə] *f GAST* guisante *m*
Zuckerguss ['tsukərgus] *m GAST* baño de azúcar *m*
zuckerkrank ['tsukərkraŋk] *adj* diabético
Zuckerkrankheit ['tsuːkərkraŋkhaɪt] *f MED* diabetes *f*
zuckern ['tsukərn] *v* azucarar
Zuckerrohr ['tsukərroːr] *n BOT* caña de azúcar *f*
Zuckung ['tsukuŋ] *f 1.* movimiento brusco, involuntario *m; 2. (krampfhafte)* contracción convulsiva *f*

Zudecke ['tsu:dɛkə] *f* manta *f,* frazada *f*
zudecken ['tsu:dɛkən] *v* cubrir, tapar
zudem ['tsude:m] *adv* además, a parte de eso, fuera de eso
zudrehen ['tsu:dre:ən] *v* cerrar
zudringlich ['tsu:drɪŋlɪç] *adj 1.* importuno, impertinente, entrometido; *adv 2.* importunamente, impertinentemente
Zudringlichkeit ['tsu:drɪŋlɪçkaɪt] *f* impertinencia *f,* inoportunidad *f*
zudrücken ['tsu:drykən] *v* cerrar apretando, apretar
zueinander [tsuaɪ'nandər] *adv* uno(s) con otro(s), uno(s) a otro(s)
zuerkennen ['tsu:ɛrkɛnən] *v irr jdm etw ~* atribuir algo a alguien, otorgar algo a alguien, reconocer algo a alguien
zuerst [tsu'erst] *adv* primero, primeramente, en primer lugar
Zufahrt ['tsu:fa:rt] *f* acceso *m,* entrada *f*
Zufahrtsstraße ['tsu:fa:rtsʃtra:sə] *f* carretera de acceso *f,* vía de acceso *f*
Zufall ['tsu:fal] *m* casualidad *f,* azar *m*
zufällig ['tsu:fɛlɪç] *adj 1.* casual, accidental, fortuito; *adv 2.* por casualidad, casualmente, fortuitamente
Zufälligkeit ['tsu:fɛlɪçkaɪt] *f* casualidad *f*
zufassen ['tsu:fasən] *v 1.* coger, agarrar; *2. (helfen)* ayudar
Zuflucht ['tsu:fluxt] *f* refugio *m*
Zufluchtsort ['tsu:fluxtsɔrt] *m* refugio *m,* lugar de acogida *m*
Zufluss ['tsu:flus] *m* afluencia *f*
zuflüstern ['tsu:flystərn] *v jdm etw ~* decir algo a alguien al oído, susurrar
zufolge [tsu'fɔlgə] *prep 1. etw ~ (gemäß)* según, en conformidad con; *2. etw ~ (auf Grund)* debido a que, como consecuencia de
zufrieden [tsu'fri:dən] *adj* contento, satisfecho; *sich ~ geben mit* contentarse con, darse por satisfecho con; *~ stellen* satisfacer, contentar; *jdn ~ lassen* dejar a alguien en paz
Zufriedenheit [tsu'fri:dənhaɪt] *f* contento *m,* satisfacción *f*
zufrieren ['tsu:fri:rən] *v irr* helarse
zufügen ['tsu:fy:gən] *v* añadir, agregar
Zufuhr ['tsu:fu:r] *f* abastecimiento *m,* suministro *m,* aprovisionamiento *m*
Zug [tsu:k] *m 1. (Eisenbahn)* tren *m; im falschen ~ sitzen* estar equivocado; *Dieser ~ ist abgefahren.* Ese tren ha salido ya. *2. (Umzug)* desfile *m; 3. (Luftzug)* corriente *f; 4. (Wesenszug)* rasgo característico *m; 5. zum ~ kommen* tocar el turno; *etw in vollen Zügen genießen* disfrutar algo plenamente; *in den letzten Zügen liegen* estar en las últimas (fam)
Zugabe ['tsu:ga:bə] *f 1.* añadidura *f,* aditamento *m,* suplemento *m; 2. (Konzertzugabe)* adición al programa *f,* bis *m*
Zugabteil ['tsu:kaptaɪl] *n* compartimento *m*
Zugang ['tsu:gaŋ] *m 1. (Eingang)* entrada *f; 2. (Zutritt)* acceso *m,* admisión *f; 3. (Warenzugang) ECO* llegada de mercancías *f,* entrada de mercancías *f*
zugänglich ['tsu:gɛŋlɪç] *adj 1. (erreichbar)* alcanzable, accesible; *2. (verfügbar)* disponible; *3. (fig)* tratable, afable
Zugänglichkeit ['tsu:gɛŋlɪçkaɪt] *f* accesibilidad *f,* afabilidad *f*
zugeben ['tsu:ge:bən] *v irr (einräumen)* conceder, admitir
zugegen [tsu'ge:gən] *v ~ sein bei* estar presente en, asistir a
zugehen ['tsu:ge:ən] *v irr 1. (fam: rasch gehen)* darse prisa, apresurarse; *2. (weitergehen)* seguir adelante; *3. (sich schließen lassen)* encerrarse; *4. auf etw ~* dirirgirse a, abordar a, acercarse a; *5. (sich einem Zeitpunkt nähern)* acercarse a; *6. (geschehen, ablaufen)* suceder, ocurrir; *7. jdm ~ (Brief)* enviar una carta a alguien
zugehörig ['tsu:gəhø:rɪç] *adj* que pertenece a, perteneciente a
Zugehörigkeit ['tsu:gəhø:rɪçkaɪt] *f* pertenencia *f,* propiedad *f*
zugeknöpft ['tsu:gəknœpft] *adj (fig)* reservado
Zügel ['tsy:gəl] *m* rienda *f; die ~ fest in der Hand haben* llevar las riendas bien sujetas (fig); *die ~ straffer ziehen* apretar las clavijas (fig)/meter en cintura (fig)
zügellos ['tsy:gəllo:s] *adj (fig)* desenfrenado
Zügellosigkeit ['tsy:gəllo:zɪçkaɪt] *f* desenfreno *m*
zügeln ['tsy:gəln] *v (fig)* refrenar, contener, reprimir, poner freno
Zugeständnis ['tsu:gəʃtɛntnɪs] *n* concesión *f*
zugestehen ['tsugəʃte:ən] *v irr* conceder
zugetan ['tsu:gəta:n] *adj einer Sache ~ sein* ser partidario de algo
Zugführer ['tsu:kfy:rər] *m* jefe de tren *m*
zugig ['tsu:gɪç] *adj* expuesto a las corrientes de aire
zügig ['tsy:gɪç] *adj 1.* rápido; *adv 2.* rápidamente, de prisa

Zügigkeit ['tsy:gɪçkaɪt] *f* rapidez *f*
zugkräftig ['tsu:kkrɛftɪç] *adj 1. (Plakat)* llamativo; *2. (Titel)* imaginativo; *3. (Theaterstück)* taquillero
zugleich [tsu'glaɪç] *adv* al mismo tiempo, a la vez, simultáneamente
Zugluft ['tsu:kluft] *f* corriente de aire *f*
zugreifen ['tsu:graɪfən] *v 1.* asir, coger, agarrar; *2. (bei Tisch) Greif zu!* ¡sírvete! *3. (helfen)* ayudar; *4. (stramm arbeiten)* poner manos a la obra
Zugriff ['tsu:grɪf] *m INFORM* acceso *m*
zugrunde [tsu'grundə] *adv 1. ~ gehen* perecer, sucumbir; *2. ~ legen* basar, tomar por base; *3. ~ liegen* basarse en; *4. ~ richten* arruinar, destruir
Zugunglück ['tsu:kunglyk] *n* accidente ferroviario *m*
zugunsten [tsu'gunstən] *prep ~ von* en favor de, a favor de, en beneficio de
zugute [tsu'gu:tə] *adv 1. jdm etw ~ halten* tener en cuenta algo; *2. sich etw auf etw ~ halten* envanecerse de, vanagloriarse de, jactarse de; *3. einer Sache ~ kommen* redundar en beneficio de algo, favorecer algo
Zugverbindung ['tsu:kfɛrbinduŋ] *f* comunicación ferroviaria *f*, enlace *m*
Zugvogel ['tsu:kfo:gəl] *m ZOOL* ave de paso *f*, ave migratoria *f*
zuhalten ['tsu:haltən] *v irr* mantener cerrado, tener cerrado
Zuhälter ['tsu:hɛltər] *m* proxeneta *m*, rufián *m*, chulo de las putas *m* (fam)
zuhause [tsu'hauzə] *adv* en casa
Zuhause [tsu'hauzə] *n* hogar *m*, morada *f*
zuhören ['tsu:hø:rən] *v* oír con atención, escuchar con atención
Zuhörer(in) ['tsu:hø:rər(ɪn)] *m/f* oyente *m/f*
zujubeln ['tsu:ju:bəln] *v jdm ~* aclamar, vitorear, ovacionar
zukleben ['tsu:kle:bən] *v* pegar
zuknöpfen ['tsu:knœpfən] *v* abotonar, abrochar
Zukunft ['tsu:kunft] *f* futuro *m; die ~ vor sich haben* tener el futuro delante de sí
zukünftig ['tsu:kynftɪç] *adj 1.* futuro; *adv 2.* en el futuro, de ahora en adelante
zulächeln ['tsu:lɛçəln] *v* aplaudir con una sonrisa
Zulage ['tsu:la:gə] *f* suplemento *m*, plus *m*, extra *m*, prima *f*
zulänglich ['tsu:lɛŋlɪç] *adj* suficiente, bastante
zulassen ['tsu:lasən] *v irr 1. (geschlossen lassen)* dejar cerrado; *2. (gestatten)* permitir, consentir, autorizar; *3. (Auto)* autorizar la circulación
zulässig ['tsu:lɛsɪç] *adj* admisible, permitido, lícito, autorizado
Zulässigkeit ['tsu:lɛsɪçkaɪt] *f* admisibilidad *f*
Zulassung ['tsu:lasuŋ] *f 1. (Erlaubnis)* autorización *f*, permiso *m; 2. (eines Autos)* permiso de circulación *m*
Zulassungsstelle ['tsu:lasuŋsʃtɛlə] *f* oficina de admisión *f*, oficina de matriculación *f*
Zulauf ['tsu:lauf] *m* afluencia *f*, concurrencia *f*
zulegen ['tsu:le:gən] *v 1. sich etw ~* proveerse de, adquirir, comprar; *2. (fam: an Gewicht zunehmen)* engordar, echar unos kilos encima; *3. (fam: Anstrengungen verstärken)* darse prisa, acelerar
zuleiten ['tsu:laɪtən] *v* proveer
Zuleitung ['tsu:laɪtuŋ] *f* conducción *f*, distribucion *f*
zuletzt [tsu'lɛtst] *adv* en último lugar, finalmente
zuliebe [tsu'li:bə] *adv* por amor a, por amor de; *Dir ~.* Por amor a ti.
Zulieferbetrieb ['tsu:li:fərbətri:p] *m ECO* proveedor *m*, empresa proveedora *f*
Zulieferung ['tsu:li:fəruŋ] *f* abastecimiento *m*, suministro *m*
zum *(= zu dem) (siehe „zu")*
zumachen ['tsu:maxən] *v* cerrar
zumal [tsu'ma:l] *adv 1.* sobre todo, especialmente; *konj 2.* sobre todo, especialmente porque
zumeist [tsu'maɪst] *adv* las más de las veces, en la mayoría de los casos
zumindest [tsu'mindəst] *adv* por lo menos, al menos, como minimo
zumutbar ['tsu:mu:tba:r] *adj* que se puede exigir, razonable
Zumutbarkeit ['tsu:mu:tba:rkaɪt] *f* carácter razonable *m*
zumute [tsu'mu:tə] *adv mir ist nicht wohl ~* no me siento muy bien; *mir war zum Weinen ~* tenía ganas de llorar
zumuten ['tsu:mu:tən] *v* exigir demasiado
Zumutung ['tsu:mu:tuŋ] *f* exigencia desconsiderada *f*, exigencia exagerada *f; Welch eine ~!* ¡Qué gracia!
zunächst [tsu'nɛ:çst] *adv* ante todo, primero, en primer lugar

Zunahme ['tsu:na:mə] *f* aumento *m,* incremento *m,* crecimiento *m*
zünden ['tsyndən] *v* prender, encenderse, inflamarse
Zündholz ['tsynthɔlts] *n* cerilla *f,* fósforo *m*
Zündkerze ['tsyntkɛrtsə] *f (beim Auto)* bujía *f*
Zündschlüssel ['tsyndʃlysəl] *m (eines Autos)* llave de contacto *f*
Zündung ['tsyndʊŋ] *f (beim Auto)* encendido *m*
zunehmen ['tsu:ne:mən] *v irr 1.* aumentar, acrecentarse, ir en aumento; *2. (an Gewicht)* engordar, aumentar de peso
Zuneigung ['tsu:naɪgʊŋ] *f* inclinación *f,* afecto *m,* simpatía *f*
Zunge ['tsʊŋə] *f ANAT* lengua *f; Es liegt mir auf der ~.* Lo tengo en la punta de la lengua. *die ~ im Zaum halten* refrenar la lengua; *jdm die ~ lösen* destrabar la lengua a alguien; *sich auf die ~ beißen (fig)* morderse la lengua
züngeln ['tsyŋəln] *v 1. (Schlange)* silbar; *2. (Flamme)* llamear
Zungenbrecher ['tsʊŋənbrɛçər] *m* trabalenguas *m*
zungenfertig ['tsʊŋənfɛrtɪç] *adj* locuaz, hablador
zunichte [tsu'nɪçtə] *adv ~ machen* aniquilar, destruir, devastar, asolar
zunutze [tsu'nutsə] *adv sich ~ machen* aprovecharse, sacar provecho
zuordnen ['tsu:ɔrdnən] *v* agregar ordenadamente, coordinar
Zuordnung ['tsu:ɔrdnʊŋ] *f* coordinación *f*
zupacken ['tsu:pakən] *v* coger, agarrar
zuparken ['tsu:parkən] *v* obstaculizar por aparcar indebidamente
zupfen ['tsupfən] *v 1.* tirar de/con; *2. (etw ~)* estirar; *3. (Unkraut)* escardar
Zupfinstrument ['tsupfɪnstrumɛnt] *n MUS* instrumento punteado *m*
zur *(= zu der) (siehe „zu")*
zurechnungsfähig ['tsu:rɛçnʊŋsfɛ:ɪç] *adj JUR* imputable, en pleno uso de sus facultades mentales
Zurechnungsfähigkeit ['tsu:rɛçnʊŋsfɛ:ɪçkaɪt] *f JUR* imputabilidad *f,* responsabilidad *f*
zurechtbiegen [tsu'rɛçtbi:gən] *v irr 1.* enderezar; *2. (Sache)* arreglar, restablecer
zurechtfinden [tsu'rɛçtfɪndən] *v irr sich ~* orientarse
zurechtkommen [tsu'rɛçtkɔmən] *v irr 1. mit etw ~ (fertig werden)* aclararse con algo, lograr hacer; *2. (rechtzeitig kommen)* llegar a tiempo
zurechtlegen [tsu'rɛçtle:gən] *v 1. jdm etw ~* preparar, dejar preparado para alguien; *2. sich etw ~ (sich ausdenken)* pensar algo
zurechtmachen [tsu'rɛçtmaxən] *v* preparar, arreglar, disponer
zurechtweisen [tsu'rɛçtvaɪzən] *v irr jdn ~* reprender a alguien, sermonear a alguien
Zurechtweisung [tsu'rɛçtvaɪzʊŋ] *f* reprimenda *f,* corrección *f*
zureden ['tsu:re:dən] *v 1. jdm ~* persuadir; *2. (ermutigen)* alentar, animar
zureiten ['tsu:raɪtən] *v irr 1. (ein Pferd)* domar; *2. (auf etw)* cabalgar hacia
zurichten ['tsu:rɪçtən] *v jdn ~* preparar, disponer
zürnen ['tsyrnən] *v* estar enojado con alguien, tener rabia a alguien
zurück [tsu'ryk] *adv* atrás, hacia atrás; *Ich bin zum Abendessen wieder ~.* Estoy de regreso para la cena.
Zurück [tsu'ryk] *n* vuelta atrás *f; es gibt für sie kein ~ mehr* no hay para ella ninguna posibilidad de volver atrás
zurückbehalten [tsu'rykbəhaltən] *v irr* reservar, guardar, retener
zurückbezahlen [tsu'rykbətsa:lən] *v* reembolsar, reintegrar
zurückbilden [tsu'rykbɪldən] *v sich ~* retroceder en su desarrollo, evolucionar regresivamente
zurückbleiben [tsu'rykblaɪbən] *v irr 1.* quedarse atrás, rezagarse, quedarse atrasado; *2. (dableiben)* quedarse en casa; *3. (Schmerz)* no manifestarse
zurückblicken [tsu'rykblɪkən] *v* mirar atrás; *2. (fig)* mirar atrás, evocar el pasado
zurückbringen [tsu'rykbrɪŋən] *v irr* devolver, restituir; *Ist jemand da, wenn ich die Sachen zurückbringe?* ¿Habrá alguien aquí cuando devuelva las cosas?
zurückdenken [tsu'rykdɛŋkən] *v irr* recordar el pasado
zurückdrängen [tsu'rykdrɛŋən] *v* hacer retroceder, contener
zurückerhalten [tsu'rykɛrhaltən] *v irr* recobrar, recuperar
zurückerobern [tsu'rykɛro:bərn] *v* reconquistar
zurückerstatten [tsu'rykɛrʃtatən] *v* devolver, restituir, reembolsar
zurückfahren [tsu'rykfa:rən] *v irr* volver, regresar

zurückfliegen [tsu'rykfli:gən] *v irr* volar de vuelta
zurückfordern [tsu'rykfɔrdərn] *v etw ~* reclamar algo, pedir la restitución de algo
zurückführen [tsu'rykfy:rən] *v 1.* llevar, acompañar; *2. (fig) ~ auf* deberse a, radicar en
zurückgeben [tsu'rykge:bən] *v irr* devolver, restituir
zurückgeblieben [tsu'rykgəbli:bən] *adj* rezagado, retrasado
zurückgehen [tsu'rykge:ən] *v irr 1.* volver al punto de partida; *2. (sinken)* bajar, descender; *3. (fig) ~ auf* basarse en, fundarse en, tener sus orígenes en
zurückgewinnen [tsu'rykgəvɪnən] *v irr 1.* recobrar, recuperar, volver a ganar; *2. (Gebiet) MIL* reconquistar
zurückgezogen [tsu'rykgətso:gən] *adj 1.* retirado, retraído, solitario; *adv 2.* retiradamente, reservadamente, solitariamente
Zurückgezogenheit [tsu'rykgətso:gənhaɪt] *f* retraimiento *m,* vida retirada *f*
zurückgreifen [tsu'rykgraɪfən] *v irr ~ auf* recurrir a
zurückhalten [tsu'rykhaltən] *v irr 1. (etw)* retener, detener; *2. sich ~* contenerse, moderarse
zurückhaltend [tsu'rykhaltənt] *adj 1.* reservado, retraído; *adv 2.* con moderación
Zurückhaltung [tsu'rykhaltuŋ] *f 1. MED* retención *f; 2.* reserva *f,* actitud reservada *f,* recato *m,* discreción *f*
zurückholen [tsu'rykho:lən] *v* ir a buscar de vuelta
zurückkommen [tsu'rykkɔmən] *v irr* regresar, volver; *Um auf die Sache zurückzukommen...* Volviendo al tema ...
zurücklassen [tsu'ryklasən] *v irr* dejar, dejar tras de sí
zurücklegen [tsu'rykle:gən] *v 1.* volver a poner en su sitio; *2. (sparen)* ahorrar; *3. (reservieren)* reservar
zurückliegen [tsu'rykli:gən] *v irr* datar de
zurücknehmen [tsu'rykne:mən] *v irr 1.* recoger, volver a tomar; *2. (widerrufen)* revocar
zurückrufen [tsu'rykru:fən] *v irr 1.* devolver la llamada; *2. ins Gedächtnis ~* evocar; *3. jdn ins Leben ~* revivir, resucitar, hacer volver a la vida
zurückschalten [tsu'rykʃaltən] *v 1. (beim Auto)* reducir la velocidad; *2. (verringern)* reducir
zurückschauen [tsu'rykʃauən] *v* mirar atrás; *2. (fig)* evocar el pasado
zurückschlagen [tsu'rykʃla:gən] *v irr 1.* devolver un golpe; *2. (fig)* vengarse
zurückschrecken [tsu'rykʃrɛkən] *v irr 1.* espantar, asustar, intimidar; *2. jdn ~* disuadir a alguien
zurücksetzen [tsu'rykzɛtsən] *v 1. (mit dem Auto)* ir marcha atrás; *2. (zurückstellen)* atrasar; *3. (fig: benachteiligen)* descuidar a alguien
Zurücksetzung [tsu'rykzɛtsuŋ] *f (Preise)* reducción *f,* rebaja *f*
zurückstecken [tsu'rykʃtɛkən] *v (fig)* moderarse, bajar velas
zurückstellen [tsu'rykʃtɛlən] *v 1.* dejar para más tarde, atrasar; *2. (Heizung)* rebajar; *3. (Interessen)* poner en segundo lugar; *4. jdn vom Wehrdienst ~ MIL* conceder una prórroga del servicio militar; *5. (Waren)* apartar, reservar
Zurückstellung [tsu'rykʃtɛluŋ] *f* reposición *f,* atraso *m,* reducción *f*
zurücktreten [tsu'ryktre:tən] *v irr 1.* retroceder, dar un paso atrás; *2. (Rücktritt erklären)* dimitir, renunciar; *3. (fig: Vertrag)* rescindir
zurückverfolgen [tsu'rykfɛrfɔlgən] *v (fig)* remontarse a los orígenes de algo
zurückweichen [tsu'rykvaɪçən] *v irr* retroceder, retirarse
zurückweisen [tsu'rykvaɪzən] *v irr* rechazar
Zurückweisung [tsu'rykvaɪzuŋ] *f* rechazo *m,* refutación *f*
zurückzahlen [tsu'ryktsa:lən] *v* reembolsar, saldar, pagar
Zurückzahlung [tsu'ryktsa:luŋ] *f* reembolso *m,* pago *m*
zurückziehen [tsu'ryktsi:ən] *v irr 1.* retirar; *2. sich ~* retirarse, replegarse
Zuruf ['tsu:ru:f] *m* grito *m*
zurufen ['tsu:ru:fən] *v irr jdm ~* gritar a alguien
zurzeit [tsu:r'tsaɪt] *adv* de momento
Zusage ['tsu:za:gə] *f* promesa *f,* palabra *f,* contestación afirmativa *f*
zusagen ['tsu:za:gən] *v 1.* prometer, dar la palabra; *2. (fig: gefallen)* agradar, gustar, ser del agrado de
zusammen [tsu'zamən] *adv 1. (gemeinsam)* juntos, conjuntamente; *2. (insgesamt)* total, en conjunto; *Das macht ~ 40 Mark.* Al todo son 40 marcos.

Zusammenarbeit [tsu'zamənarbaɪt] *f* colaboración *f,* cooperación *f*
zusammenarbeiten [tsu'zamənarbaɪtən] *v* trabajar juntos, colaborar
Zusammenbau [tsu'zamənbau] *m* montaje *m,* ensamblaje *m*
zusammenbauen [tsu'zamənbauən] *v* montar, armar
zusammenbeißen [tsu'zamənbaɪsən] *v irr die Zähne ~* apretar los dientes; *(fig)* soportar
zusammenbinden [tsu'zamənbɪndən] *v irr* atar, unir
zusammenbleiben [tsu'zamənblaɪbən] *v irr* permanecer unidos/juntos, quedar unidos/juntas
zusammenbrechen [tsu'zamənbrɛçən] *v irr* derrumbarse, venirse abajo; *(Person)* desplomarse, desmayarse; *Seine letzte Hoffnung ist wie ein Kartenhaus zusammengebrochen.* Su última ilusión se desmoronó como un castillo de naipes.
zusammenbringen [tsu'zamənbrɪŋən] *v irr* reunir
Zusammenbruch [tsu'zamənbrux] *m 1.* derrumbamiento *m,* desplome *m; 2. MED* colapso *m*
zusammendrücken [tsu'zaməndrykən] *v* apretar, oprimir
zusammenfahren [tsu'zamənfaːrən] *v irr 1. (vor Schreck)* asustarse, sobresaltarse; *2. (fam: jdn überfahren)* atropellar
zusammenfallen [tsu'zamənfalən] *v irr 1.* derrumbarse, venirse abajo, hundirse; *2. (fig: zeitlich)* coincidir
zusammenfassen [tsu'zamənfasən] *v 1. (fig: sammeln)* reunir, aunar, agrupar; *2. (Gesetze)* recopilar; *3. (organisatorisch)* coordinar; *4. (kurz ~)* hacer un resumen de, resumir, sintetizar
zusammenfassend [tsu'zamənfasənt] *adj 1.* resumido, conciso; *adv 2.* sumariamente, en resumen
Zusammenfassung [tsu'zamənfasuŋ] *f 1.* unión *f,* agrupación *f,* union *f,* concentración *f; 2. (kurze ~)* resumen *m,* síntesis *f,* compendio *m,* sumario *m*
zusammenfügen [tsu'zamənfyːgən] *v* unir, reunir, juntar
zusammengehören [tsu'zaməngəhøːrən] *v* pertenecer al mismo grupo, formar un conjunto
Zusammengehörigkeit [tsu'zaməngəhøːrɪçkaɪt] *f* unión *f,* unidad *f*
zusammengesetzt [tsu'zaməngəzɛtst] *adj* compuesto
Zusammenhalt [tsu'zamənhalt] *m* consistencia *f*
zusammenhalten [tsu'zamənhaltən] *v irr* mantener juntos, mantener unidos
Zusammenhang [tsu'zamənhaŋ] *m (fig)* asociación *f,* relación *f; Zusammenhänge herstellen* atar cabos
zusammenhängen [tsu'zamənhɛŋən] *v irr (fig)* estar relacionado
zusammenhängend [tsu'zamənhɛŋənt] *adj* coherente
zusammenhangslos [tsu'zamənhaŋsloːs] *adj* incoherente, sin relación, sin coherencia
zusammenkehren [tsu'zamənkeːrən] *v* barrer
zusammenklappbar [tsu'zamənklapbaːr] *adj* plegable
zusammenkleben [tsu'zamənkleːbən] *v* pegar, unir
Zusammenkunft [tsu'zamənkunft] *f* reunión *f,* asamblea *f*
zusammenlaufen [tsu'zamənlaufən] *v irr 1. (zusammenfließen)* confluir; *2. (Straßen)* confluir, converger, unirse; *3. MATH* converger; *4. (Milch)* cuajarse
zusammenlegen [tsu'zamənleːgən] *v 1. (vereinigen)* unir, reunir; *2. (falten)* plegar, doblar
zusammennehmen [tsu'zamənneːmən] *v irr sich ~* hacer un esfuerzo, controlarse, dominarse
zusammenpacken [tsu'zamənpakən] *v 1.* hacer las maletas, hacer el equipaje; *2. (zusammen verpacken)* empaquetar juntos
zusammenpassen [tsu'zamənpasən] *v* congeniar, cuadrar, encajar con; *gut ~* hacer juego
Zusammenprall [tsu'zamənpral] *m* colisión *f,* choque *m*
zusammenprallen [tsu'zamənpralən] *v* colisionar, chocar
zusammenreißen [tsu'zamənraɪsən] *v irr sich ~* hacer grandes esfuerzos
zusammenschlagen [tsu'zamənʃlaːgən] *v irr 1. über jdm ~* coger de improviso, sorprender; *2. jdn ~* golpear muy fuerte; *3. die Hände überm Kopf ~ (fam)* llevarse las manos a la cabeza; *4. etw ~ (aneinander schlagen)* unir a golpes, cerrar de golpe; *5. (zusammenlegen)* plegar; *6. etw ~ (zerstören, beschädigen)* destruir

zusammenschließen [tsu'zamənʃliːsən] *v irr* *sich ~* unirse, agruparse, asociarse
Zusammenschluss [tsu'zamənʃlus] *m* *1.* reunión *f,* unión *f,* asociación *f;* *2. (von Firmen)* fusión *f*
Zusammensein [tsu'zamənzaɪn] *n* hecho de estar juntos *m*
zusammensetzen [tsu'zamənzɛtsən] *v* *1. sich ~ aus* componerse de, estar integrado por, constar de; *2. sich ~ (fig: sich besprechen)* reunirse para discutir alguna cuestión
Zusammensetzung [tsu'zamənzɛtsuŋ] *f* composición *f*
zusammensitzen [tsu'zamənzɪtsən] *v irr* estar sentados juntos
zusammenstellen [tsu'zamənʃtɛlən] *v (fig)* componer
Zusammenstoß [tsu'zamənʃtoːs] *m* colisión *f,* choque *m*
zusammenstoßen [tsu'zamənʃtoːsən] *v irr* colisionar, chocar, entrar en colisión
zusammentragen [tsu'zaməntraːgən] *v irr* *1.* reunir, colectar; *2. (fig)* recopilar, compilar
Zusammentreffen [tsu'zaməntrɛfən] *n* encuentro *m,* entrevista *f*
zusammentreffen [tsu'zaməntrɛfən] *v irr* encontrarse con alguien, entrevistarse con alguien
zusammenzählen [tsu'zaməntsɛːlən] *v* sumar, totalizar
zusammenziehen [tsu'zaməntsiːən] *v irr* *1.* contraer; *2. (zusammenzählen)* sumar, totalizar, adicionar
Zusatz ['tsuːzats] *m* adición *f,* aditamento *m,* añadidura *f,* agregado *m*
zusätzlich ['tsuːzɛtslɪç] *adj* *1.* adicional, complementario, suplementario; *adv* *2.* además, por añadidura
Zusatzversicherung ['tsuːzatsfɛrzɪçəruŋ] *f* seguro complementario *m*
zuschauen ['tsuːʃauən] *v* estar mirando, presenciar, ser espectador
Zuschauer(in) ['tsuːʃauər(ɪn)] *m/f* espectador(a) *m/f*
zuschicken ['tsuːʃɪkən] *v* enviar, mandar, remitir
Zuschlag ['tsuːʃlaːk] *m* suplemento *m,* recargo *m*
zuschlagen ['tsuːʃlaːgən] *v irr* *1. (eine Tür)* cerrar de golpe; *2. (mit der Faust)* dar un golpe, golpear; *3. (fam: eine Gelegenheit ergreifen)* dar el golpe, aprovechar una oportunidad
zuschlagspflichtig ['tsuːʃlaːkspflɪçtɪç] *adj* sujeto a suplemento
zuschließen ['tsuːʃliːsən] *v irr* cerrar con llave, cerrar
zuschnappen ['tsuːʃnapən] *v* *1. (zubeißen)* tratar de morder; *2. (schließen)* cerrarse de golpe
zuschneiden ['tsuːʃnaɪdən] *v irr* cortar
Zuschrift ['tsuːʃrɪft] *f* carta *f,* comunicación *f*
zuschulden [tsu'ʃuldən] *adv* *sich etw ~ kommen lassen* cometer una falta
Zuschuss ['tsuːʃus] *m* subvención *f,* subsidio *m,* ayuda financiera *f*
zusehen ['tsuːzeːən] *v irr* estar mirando, ser espectador, mirar con atención
zusehends ['tsuːzeːənts] *adv* visiblemente, a la vista
zusetzen ['tsuːzɛtsən] *v* *1. (auf den Herd setzen)* poner a calentar; *2. Geld ~* perder; *3. (hinzufügen)* añadir, agregar; *4. jdm ~ (drängen)* acosar a alguien; *5. jdm ~ (Feind)* perseguir con amenazas; *6. jdm ~ (Hitze)* calentar
zusichern ['tsuːzɪçərn] *v* asegurar, garantizar
Zusicherung ['tsuːzɪçəruŋ] *f* seguridad *f,* garantía *f*
zusperren [tsu'ʃpɛrən] *v (Tür)* echar el cerrojo, cerrar
zuspielen ['tsuːʃpiːlən] *v* *1. jdm den Ball ~ SPORT* pasarle la pelota a alguien; *2. jdm etw ~* procurar algo a alguien, facilitar algo a alguien
zuspitzen ['tsuːʃpɪtsən] *v* *1. (Bleistift)* sacar punta, tajar (LA); *2. (fig) sich ~* hacerse crítico, agravarse
Zuspitzung ['tsuːʃpɪtsuŋ] *f* agravación de un conflicto *f*
Zuspruch ['tsuːʃprux] *m* *1. (Trost)* consuelo *m;* *2. (Erfolg)* éxito *m,* afluencia *f*
Zustand ['tsuːʃtant] *m* estado *m,* situación *f;* *Zustände kriegen* volverse loco
zustande [tsuː'ʃtandə] *adv* *~ kommen* realizarse, llevarse a cabo, tener lugar
Zustandekommen ['tsuːʃtandəkɔmən] *n* realización *f,* puesta en práctica *f*
zuständig ['tsuːʃtɛndɪç] *adj* competente, que está a cargo, encargado
Zuständigkeit ['tsuːʃtɛndɪçkaɪt] *f* competencia *f,* incumbencia *f*
zustatten [tsu'ʃtatən] *adv* *jdm ~ kommen* venir a propósito
zustechen ['tsuːʃtɛçən] *v irr* pinchar

zusteigen ['tsuːʃtaɪgən] *v irr* 1. subir; 2. *Ist noch jemand zugestiegen?* ¡Billetes, por favor!
zustellen ['tsuːʃtɛlən] *v* 1. cubrir, tapar; 2. *(liefern)* entregar, hacer entrega
Zustellung ['tsuːʃtɛluŋ] *f* entrega *f,* envío *m,* reparto *m*
zusteuern ['tsuːʃtɔyərn] *v auf etw ~* dirigirse hacia algo, ir en busca de algo
zustimmen ['tsuːʃtɪmən] *v* estar de acuerdo con alguien, aprobar
Zustimmung ['tsuːʃtɪmuŋ] *f* aprobación *f,* consentimiento *m,* conformidad *f; Wir hoffen, dass es ihre ~ findet.* Esperamos que sea de su conformidad. *Schweigen wird als ~ gedeutet.* Quien calla otorga.
zustoßen ['tsuːʃtoːsən] *v irr (fig: geschehen)* suceder, pasar, ocurrir
Zustrom ['tsuːʃtroːm] *m* afluencia *f*
zutage [tsu'taːgə] *adv* 1. *~ fördern* sacar a la luz; 2. *~ fördern (fig)* divulgar, hacer público; 3. *~ liegen* ser evidente; 4. *~ treten* salir a la luz, manifestarse
Zutaten ['tsuːtaːtən] *pl* ingredientes *m/pl*
Zuteilung ['tsuːtaɪluŋ] *f* distribución *f,* reparto *m*
zutragen ['tsuːtraːgən] *v irr* 1. *sich ~* suceder, pasar, ocurrir; 2. *(weitererzählen)* ir con el cuento a alguien, delatar
zutrauen ['tsuːtrauən] *v jdm etw ~* creer a alguien capaz de hacer algo
Zutrauen ['tsuːtrauən] *n ~ zu* confianza en
zutraulich ['tsuːtraulɪç] *adj* lleno de confianza
zutreffen ['tsuːtrɛfən] *v irr* ser justo, ser exacto, ser verdad
Zutritt ['tsuːtrɪt] *m* acceso *m,* entrada *f,* admisión *f*
zuungunsten [tsu'ungunstən] *adv ~ von* en perjuicio de
zuunterst [tsu'untɛrst] *adv* debajo de todos, en el último lugar
zuverlässig ['tsuːfɛrlɛsɪç] *adj* seguro, formal, de confianza
Zuverlässigkeit ['tsuːfɛrlɛsɪçkaɪt] *f* seguridad *f,* formalidad *f,* fiabilidad *f*
Zuversicht ['tsuːfɛrzɪçt] *f* absoluta confianza *f*
zuversichtlich ['tsuːfɛrzɪçtlɪç] *adj* 1. confiado; *adv* 2. con toda confianza
zuvor [tsu'foːr] *adv* antes, previamente
zuvorkommen [tsu'foːrkɔmən] *v irr jdm ~* adelantarse a alguien, anticiparse a alguien
zuvorkommend [tsu'foːrkɔmənt] *adj* 1. complaciente, cortés, atento, solícito; *adv* 2. solícitamente, con mucha atención
Zuwachs ['tsuːvaks] *m* 1. *(fam: Baby)* aumento de la familia *m,* retoño *m;* 2. *ECO* aumento *m,* incremento *m*
Zuwachsrate ['tsuːvaksraːtə] *f ECO* tasa de incremento *f*
Zuwanderung ['tsuːvandəruŋ] *f* inmigración *f*
zuwege [tsu'veːgə] *adv* 1. *gut ~ sein* sentirse bien; 2. *~ bringen* conseguir, llevar a cabo
zuweilen [tsuː'vaɪlən] *adv* a veces, de vez en cuando
zuweisen ['tsuːvaɪzən] *v irr* asignar, señalar
Zuweisung ['tsuːvaɪzuŋ] *f* asignación *f*
zuwenden ['tsuːvɛndən] *v irr* volver hacia, dirigir a
Zuwendung ['tsuːvɛnduŋ] *f* 1. *(Geld)* donativo *f,* donación *f;* 2. *(Gefühl)* afición *f*
zuwerfen ['tsuːvɛrfən] *v irr* 1. *die Tür ~* cerrar de un portazo; 2. *jdm etw ~* echar algo a alguno
zuwider [tsu'viːdər] *adv* 1. repugnante, desagradable; *prep* 2. opuesto a, en contra de; *Er handelte der Anordnung ~.* Actuó en contra de la prohibición.
zuwiderhandeln [tsu'viːdərhandəln] *v* 1. *einer Sache ~* faltar a; 2. *(einer Vorschift)* contravenir, infringir
zuwinken ['tsuːvɪŋkən] *v irr jdm ~* hacer señas a alguien
zuziehen ['tsuːtsiːən] *v irr* 1. *(hierher ziehen)* cambiarse de casa, mudarse; 2. *etw ~* agarrarse, acarrearse; 3. *(Knoten)* anudar; 4. *jdn ~* hacer venir a, mandar por alguien; 5. *sich etw ~* contraer, atrapar
zuzüglich ['tsutsyːklɪç] *prep* más, con añadidura de
zuzwinkern ['tsuːtsvɪŋkərn] *v jdm ~* guiñar el ojo a
Zwang [tsvaŋ] *m* violencia *f,* fuerza *f,* presión *f,* obligación *f; unter ~* bajo coacción
zwängen ['tsvɛŋən] *v* comprimir, meter a presión
zwanghaft ['tsvaŋhaft] *adj* forzoso, obligatorio
zwanglos ['tsvaŋloːs] *adj* 1. voluntario, natural; *adv* 2. voluntariamente, sin compromiso
Zwangsabgabe ['tsvaŋsapgaːbə] *f* entrega forzosa *f*

Zwangsarbeit ['tsvaŋsarbaɪt] *f 1. (im Zuchthaus)* trabajos forzados *m/pl; 2. (von Kriegsgefangenen)* trabajos forzados *m/pl*
Zwangsjacke ['tsvaŋsjakə] *f* camisa de fuerza *f*
zwangsläufig ['tsvaŋslɔyfɪç] *adj 1.* inevitable, forzoso, obligatorio; *adv 2.* inevitablemente, forzosamente
Zwangsläufigkeit ['tsvaŋslɔyfɪçkaɪt] *f* curso inevitable de las cosas *m*
Zwangsmaßnahme ['tsvaŋsmaːsnaːmə] *f* medida coercitiva *f,* medida rigurosa *f*
Zwangsvollstreckung ['tsvaŋsfɔlʃtrɛkuŋ] *f JUR* ejecución forzosa *f*
zwanzig ['tsvantsɪç] *num* veinte
Zwanziger ['tsvantsɪgər] *m 1. (Geldschein)* billete de veinte; *pl 2. in den ~n sein (Mensch)* estar en los veinte, andar por los veinte y pico; *3. die ~ (Jahrzehnt)* los (años) veinte
zwanzigste(r,s) ['tsvantsɪçstə(r,s)] *adj* vigésimo
zwar [tsvaːr] *konj* en verdad, a decir verdad, pues, o sea; *Der Wein ist ~ billig, aber gut.* Aunque el vino sea barato, es bueno. *und ~* a saber, es decir
Zweck [tsvɛk] *m* fin *m,* propósito *m,* finalidad *f; Das hat keinen ~.* Eso no conduce a nada. *einen ~ verfolgen* perseguir un fin; *Der ~ heiligt die Mittel.* El fin justifica los medios.
zweckdienlich ['tsvɛkdiːnlɪç] *adj 1.* conveniente, adecuado; *2. (einschlägig)* útil
Zweckdienlichkeit ['tsvɛkdiːnlɪçkaɪt] *f 1. (Nützlichkeit)* utilidad *f; 2. (Angemessenheit)* conveniencia *f*
zweckentfremden ['tsvɛkɛntfrɛmdən] *v* utilizar para otros fines
zweckentfremdet ['tsvɛkənfrɛmdət] *adj* usado para fines extraños
zweckgebunden ['tsvɛkgəbundən] *adj* reservado para un fin especial
zwecklos ['tsvɛkloːs] *adj 1.* inútil; *adv 2.* sin objeto, sin razón de ser
Zwecklosigkeit ['tsvɛkloːzɪçkaɪt] *f* inutilidad *f,* ineficacia *f*
zweckmäßig ['tsvɛkmɛːsɪç] *adj* conveniente, adecuado
Zweckmäßigkeit ['tsvɛkmɛːsɪçkaɪt] *f* utilidad *f,* conveniencia *f*
Zweckoptimismus ['tsvɛkɔptɪmɪsmus] *m* optimismo calculado *m*
zwecks [tsvɛks] *prep* con el fin de, con el objeto de, con la finalidad de
zwei [tsvaɪ] *num* dos
zweideutig ['tsvaɪdɔytɪç] *adj* ambiguo, de doble sentido
Zweideutigkeit ['tsvaɪdɔytɪçkaɪt] *f 1. (Mehrdeutigkeit)* ambigüedad *f,* doble sentido *m; 2. (Anzüglichkeit)* indirecta *f,* alusión mordaz *f*
Zweierbeziehung ['tsvaɪərbətsiːuŋ] *f* relación de pareja *f*
Zweierreihe ['tsvaɪərraɪə] *f* fila de dos *f*
zweifach ['tsvaɪfax] *adj* doble, duplicado
Zweifel ['tsvaɪfəl] *m* duda *f; die eigenen ~ beseitigen* sacarse el clavo; *bei jdm ~ erwecken* tener dudas de alguien; *ohne jeden ~* sin duda alguna
zweifelhaft ['tsvaɪfəlhaft] *adj* dudoso, incierto, discutible
zweifellos ['tsvaɪfəlloːs] *adj* indudable; *Er ist ~ ein Betrüger.* No cabe duda de que él es un estafador.
zweifeln ['tsvaɪfəln] *v* dudar, desconfiar
Zweifelsfall ['tsvaɪfəlsfal] *m* caso de duda *m,* caso dudoso *m*
Zweig [tsvaɪk] *m 1. (fig)* ramo *m,* especialidad *f; 2. BOT* rama *f,* gajo *m*
Zweigniederlassung ['tsvaɪkniːdərlasuŋ] *f* sucursal *f*
Zweigstelle ['tsvaɪkʃtɛlə] *f* sucursal *f,* agencia *f,* filial *f*
Zweikampf ['tsvaɪkampf] *m SPORT* duelo *m,* desafío *m*
zweimal ['tsvaɪmaːl] *adv* dos veces
zweimalig ['tsvaɪmaːlɪç] *adj* repetido dos veces, doble
Zweireiher ['tsvaɪraɪər] *m* traje cruzado *m*
zweireihig ['tsvaɪraɪɪç] *adj 1.* en dos filas; *2. (Jackett)* cruzado
Zweisamkeit ['tsvaɪzaːmkaɪt] *f* vida en pareja *f*
zweiseitig ['tsvaɪzaɪtɪç] *adj 1.* de dos caras, bilateral; *adv 2.* por las dos caras, por los dos lados
zweisprachig ['tsvaɪʃpraːxɪç] *adj* bilingüe, compuesto en dos idiomas
Zweisprachigkeit ['tsvaɪʃpraːxɪçkaɪt] *f* bilingüismo *m*
zweispurig ['tsvaɪʃpuːrɪç] *adj* de doble vía, de doble carril
zweistellig ['tsvaɪʃtɛlɪç] *adj* de dos cifras
zweistufig ['tsvaɪʃtuːfɪç] *adj* de dos fases, de dos velocidades
zweite(r,s) ['tsvaɪtə(r,s)] *adj* segundo
zweiteilig ['tsvaɪtaɪlɪç] *adj 1. (Anzug)* de dos piezas; *2. (Serie)* de dos partes; *3. (zweibändig)* en dos volúmenes

zweitens ['tsvaɪtəns] *adv* en segundo lugar
zweitklassig ['tsvaɪtklasɪç] *adj* de segunda clase, de segunda categoría, de clase inferior
Zweitklassigkeit ['tsvaɪtklasɪçkaɪt] *f* calidad de segunda categoría *f*
zweitrangig ['tsvaɪtraŋɪç] *adj* secundario, de segunda categoría
Zweitstimme ['tsvaɪtʃtɪmə] *f* *POL* segundo voto *m*
Zweitwagen ['tsvaɪtva:gən] *m* segundo coche *m*
Zweitwohnung ['tsvaɪtvo:nuŋ] *f* segunda vivienda *f*
Zwerchfell ['tsvɛrçfɛl] *n* *ANAT* diafragma *m*
Zwerg [tsvɛrk] *m* enano *m,* duende *m*
Zwergwuchs ['tsvɛrkvu:ks] *m* *MED* enanismo *m*
Zwetschge ['tsvɛtʃgə] *f* *BOT* ciruela *f*
zwicken ['tsvɪkən] *v* pellizcar
Zwickmühle ['tsvɪkmy:lə] *f* *(fig)* dilema *m,* apuro *m,* lío *m;* *in eine ~ geraten* estar acorralado
Zwieback ['tsvɪ:bak] *m* bizcocho *m,* tostada *f*
Zwiebel ['tsvi:bəl] *f* *1.* cebolla *f;* *2.* *(Knolle) BOT* bulbo *m*
Zwiebeldach ['tsvi:bəldax] *m* *ARCH* cúpula bulbosa *f*
Zwiegespräch ['tsvi:gəʃprɛ:ç] *n* diálogo *m,* coloquio *m,* conversación *f*
Zwielicht ['tsvi:lɪçt] *n* luz crepuscular *f,* media luz *f*
Zwiespalt ['tsvi:ʃpalt] *m* discrepancia *f,* disonancia *f*
zwiespältig ['tsvi:ʃpɛltɪç] *adj* desunido, discrepante, disonante
Zwiesprache ['tsvi:ʃpra:xə] *f* conversación profunda *f,* conversación confidencial *f*
Zwietracht ['tsvi:traxt] *f* discordia *f*
Zwilling ['tsvɪlɪŋ] *m* gemelo *m,* mellizo *m;* *eineiige ~e* univitelinos *m/pl*
Zwillingsbruder ['tsvɪliŋsbru:dər] *m* hermano gemelo *m*
Zwillingsschwester ['tsvɪlɪŋsʃvɛstər] *f* hermana gemela *f*
Zwinge ['tsviŋə] *f* *(Werkzeug)* gato *m*
zwingen ['tsvɪŋən] *v irr* obligar, forzar; *Nichts zwingt Sie dazu.* Nada le obliga a hacerlo.
zwingend ['tsvɪŋənt] *adj* obligatorio, forzoso, coercitivo
Zwinger ['tsvɪŋər] *m* *(Hundekäfig)* perrera *f*
zwinkern ['tsvɪŋkərn] *v* pestañear, parpadear
Zwirn [tsvɪrn] *m* hilo torcido *m*
zwischen ['tsvɪʃən] *prep* entre, en medio de; *~ zwei Stühlen sitzen (fig)* querer estar bien con Dios y con el diablo
Zwischenbilanz ['tsvɪʃənbɪlants] *f* balance provisional *m*
zwischendurch [tsvɪʃən'durç] *adv* *1.* *(zeitlich)* de vez en cuando, a ratos; *2.* *(örtlich)* de parte a parte
Zwischenergebnis ['tsvɪʃənɛrge:pnɪs] *n* resultado provisional *m*
Zwischenfall ['tsvɪʃənfal] *m* incidente *m*
Zwischenhandel ['tsvɪʃənhandəl] *m* comercio intermediario *m*
Zwischenhändler(in) ['tsvɪʃənhɛndlər(ɪn)] *m/f* intermediario/intermediaria *m/f*
Zwischenlandung ['tsvɪʃənlanduŋ] *f* escala *f*
Zwischenmahlzeit ['tsvɪʃənma:ltsaɪt] *f* merienda *f*
Zwischenzeit ['tsvɪʃəntsaɪt] *f* intervalo *m,* tiempo intermedio *m*
Zwischenzeugnis ['tsvɪʃəntsɔyknɪs] *n* *1.* *(in der Schule)* calificaciones parciales *m/f;* *2.* *(im Personalwesen)* informe laboral intermedio *m*
Zwist [tsvɪst] *m* discordia *f,* desavenencia *f*
zwitschern ['tsvɪtʃərn] *v* gorjear, trinar
Zwitter ['tsvɪtər] *m* *BIO* hemafrodita *m*
zwölf [tsvœlf] *num* doce
zwölfte(r,s) ['tsvœlftə(r,s)] *adj* duodécimo
zwölfte(r,s) ['tsvœlftə(r,s)] *adj* duodécimo/duodécima
zyklisch ['tsyklɪʃ] *adj* cíclico *m*
Zyklon [tsy'klo:n] *m* *METEO* ciclón *m*
Zyklus ['tsy:klus] *m* ciclo *m*
Zylinder [tsy'lɪndər] *m* *1.* *(Hut)* sombrero de copa *m;* *2.* *TECH* cilindro *m*
Zylinderkopf [tsy'lɪndərkɔpf] *m* *TECH* culata *f*
Zyniker(in) ['tsy:nɪkər(ɪn)] *m/f* cínico/cínica *m/f*
zynisch ['tsy:nɪʃ] *adj* *1.* cínico; *adv* *2.* cínicamente
Zynismus [tsy'nɪsmus] *m* cinismo *m*
Zypern ['tsy:pərn] *n* *GEO* Chipre *f*
Zypresse [tsy'prɛsə] *f* *BOT* ciprés *m*
Zypriot(in) [tsypri'o:t(ɪn)] *m/f* chipriota *m/f*
Zyste ['tsystə] *f* *MED* quiste *m*

Spanische Grammatik

Das Adjektiv

Das Adjektiv richtet sich in Zahl und Geschlecht nach dem Substantiv, zu dem es gehört. *(He comprado un coche barato.* Ich habe ein billiges Auto gekauft.)
Die weibliche Form der meisten Adjektive wird mit der Endung *-a* gebildet *(antiguo/antigua).* Bei Adjektiven auf *-e, -a, -ior, -tal, -z* sind die maskuline und die feminine Form gleich. *(El vestido es muy elegante.* Das Kleid ist sehr elegant. *La falda es muy elegante.* Der Rock ist sehr elegant.)

Die Pluralbildung des Adjektivs

Der Plural des Adjektivs wird durch Anhängen der Endung *-s* an die männliche oder weibliche Form gebildet.

Die Stellung des Adjektivs

Adjektive stehen im allgemeinen nach dem Substantiv, manche Adjektive können jedoch auch vorgestellt werden. Dabei ändert sich aber der Aussagewert des Adjektivs.

Die Steigerung des Adjektivs

Grundform	Komparativ	Superlativ
bonito/a	*más bonito/a*	*el/la más bonito/a*

Nur einige Adjektive besitzen eigene Steigerungsformen:

Grundform	Komparativ	Superlativ
mucho	*más*	
poco	*menos*	
bueno	*mejor*	*el/la mejor*
malo	*peor*	*el/la peor*
grande	*mayor*	*el/la mayor*
	más grande	*el/la más grande*
pequeño	*menor*	*el/la menor*
	más pequeño	*el/la más pequeño/a*

Das Adverb

Man leitet ein Adverb von einem Adjektiv ab, indem man die weibliche Form die Endung *-mente* anhängt *(seria – seriamente* ernst; *bonita – bonitamente* hübsch).

Der Artikel

Der bestimmte Artikel

Der bestimmte Artikel lautet im Singular maskulin *el,* feminin *la,* im Plural maskulin *los* und feminin *las.*
Feminine Substantive, die mit betontem *a* und *ha* beginnen, haben im Singular den Artikel *el,* im Plural *las (el agua* das Wasser; *el hacha* die Axt; *el hambre* der Hunger).

Der unbestimmte Artikel

Der unbestimmte Artikel lautet männlich *un,* weiblich *una.* Im Plural heißt er männlich *unos,* weiblich *unas.*

	maskulin	feminin
Singular	*un libro*	*una casa*
Plural	*unos libros*	*unas casas*

Der Plural des unbestimmten Artikels steht besonders bei Substantiven, die nur im Plural gebraucht werden. *(La ciudad tiene unos alrededores feos.* Die Stadt hat eine hässliche Umgebung.) Weibliche Substantive, die mit betontem *a-* oder *ha-* beginnen, bilden im Singular den Artikel *un,* im Plural *unas.*

Das Possessivpronomen

Das unbetonte Possessivpronomen

Das unbetonte Possessivpronomen richtet sich im Numerus nach dem Substantiv, zu dem es gehört.

Singular	Plural
mi libro	*mis libros*
tu libro	*tus libros*
su libro	*sus libros*
nuestro libro	*nuestros libros*
nuestra casa	*nuestras casas*
vuestro libro	*vuestros libros*
vuestra casa	*vuestras casas*
su libro	*sus libros*

Mit Ausnahme von *vuestro/a* und *nuestro/a* hat das unbetonte Possesivpronomen die gleiche Form im Maskulin und Feminin.

Das betonte Possessivpronomen

mío	mein	*el mío*	der meine/meinige
tuyo	dein		
suyo	sein		
nuestro	unser		
vuestro	euer		
suyo	ihr		
suyo	Ihr		

Die betonten Possessivpronomen haben im Maskulin und im Feminin verschiedene Endungen: *mío/mía* usw. *Ser* in Verbindung mit dem betonten Possessivpronomen ist gleichbedeutend mit 'gehören'. *(Este libro es tuyo.* Dieses Buch gehört dir.)
Das betonte Possessivpronomen steht in Verbindung mit dem unbestimmten Artikel immer nach dem Substantiv.

Der Satzbau

Die Wortstellung

Die Wortstellung ist im Spanischen relativ frei. Es gibt keine festen Regeln wie im Deutschen. Allerdings werden selbstständige Personalpronomen vor dem Verb weggelassen, da das Subjekt durch die Verbform angegeben wird.

Das Substantiv

Das Geschlecht des Substantivs

Das Spanische hat zwei grammatikalische Geschlechter: männlich und weiblich *(el libro, la casa).*

Männlich sind Substantive auf:

-o:	*el libro*
-or:	*el tenedor*
-ón:	*el bastón*
-án:	*el alquitrán*
-aje:	*el garaje*

Weiblich sind Substantive auf:

-a:	*la casa*
-ción:	*la acción*
-dad:	*la fraternidad*
-tad:	*la libertad*
-tud:	*la juventud*
-umbre:	*la muchedumbre*
-ie:	*la serie*
-triz:	*la actriz*

Enden Länder- oder Städtenamen auf *-a,* so sind sie feminin – die übrigen meist maskulin. Ausnahme: Bezeichnet der Städtename die Gesamtzahl der Bewohner, so wird er maskulinisch verwendet. *(Todo Zaragoza está en la Feria del Pilar.)*

Die Pluralbildung

Substantive, die auf Vokal enden, bilden den Plural auf *-s (el libro, los libros).* Ausnahmen sind Substantive, die auf betontem *-í* enden.

Substantive, die auf einen Konsonant enden, bilden den Plural auf *-es,* wobei *-z* zu *-ces* wird *(el árbol, los árboles; la nuez, las nueces).*

Substantive, die auf der vorletzten oder drittletzten Silbe betont werden und auf *-s* enden, werden im Plural nicht verändert *(la crisis, las crisis).*

Bei Substantiven, die im Singular und Plural auf der gleichen Silbe betont werden, kann der Akzent entweder wegfallen oder erforderlich werden, damit die richtige Aussprache erhalten bleibt *(la solución, las soluciones; el examen, los exámenes).*

Die Deklination des Substantivs

Der Genitiv wird mit *de,* der Dativ mit *a* gebildet.

maskulin:	Singular	Plural
Genitiv	*del coche*	*de los coches*
Dativ	*al coche*	*a los coches*

feminin:	Singular	Plural
Genitiv	*de la casa*	*de las casas*
Dativ	*a la casa*	*a las casas*

Ausnahmen:

Bei Personenbezeichnungen (einschließlich Tieren, zu denen ein persönliches Verhältnis besteht) und Personifizierungen wird der Akkusativ mit *a* gebraucht. *Saludo al señor Agudo.* (Ich begrüße Herrn Agudo.) *Tengo que dejar al perro en casa.* (Ich muss den Hund zu Hause lassen.)

Die Uhrzeiten

Die Uhrzeit wird im Spanischen immer mit dem Verb *ser* im Plural gebraucht (außer: *Es la una.* Es ist 1 Uhr.):

Son las cuatro.	Es ist 16.00 Uhr.
Son las cuatro y cinco.	Es ist 16.05 Uhr.

Bis zur vollen halben Stunde werden die Minuten mit *y* an die Stundenzahl angehängt. *(Son las cuatro y cuarto.* Es ist 16.15 Uhr.) Ab der vollen halben Stunde werden Minuten mit *menos* angehängt. *(Son las cinco menos cuarto.* Es ist 16.45 Uhr.) Eine halbe Stunde wird mit *una media hora* bezeichnet. *(Son las seis y media.* Es ist 18.30 Uhr.)

Das Verb

Die Hilfsverben *haber* (haben), *ser* und *estar* (sein)

Indikativ

Präsens	Imperfekt
he	*había*
has	*habías*
ha (unpersönlich *hay)*	*había*
hemos	*habíamos*
habéis	*habíais*
han	*habían*

Futur	Konditional
habré	*habría*
habrás	*habrías*
habrá	*habría*
habremos	*habríamos*
habréis	*habríais*
habrán	*habrían*

Perfekt	Plusquamperfekt
he habido	*había habido*
has habido	*habías habido*
ha habido	*había habido*
hemos habido	*habíamos habido*
habéis habido	*habíais habido*
han habido	*habían habido*

Konjunktiv (subjuntivo)

Präsens	Imperfekt
haya	*hubiera/hubiese*
Partizip Perfekt	*habido*
Imperativ Präsens	*hayamos* (haben wir!)
	habed (habt!)

Historische Vergangenheit (indefinido)
hube, hubiste, hubo, hubimos, hubisteis, hubeiren

Der Gebrauch von *ser* und *estar*

Im Spanischen gibt es zwei Verben für das deutsche Hilfsverb sein: *ser* und *estar.* *Estar* wird zur Angabe des Ortes, des Zustandes (+ Adjektiv) z.B. einer Person, der Stellung oder Lage verwendet. *Ser* hingegen dient dazu, Dinge oder Personen zu identifizieren oder zu definieren. Weiterhin werden mit *ser* +Adjektiv Qualitäten bzw. Eigenschaften angegeben, die als wesentliches Erkennungsmerkmal gelten.

Indikativ
Präsens

soy	*estoy*
eres	*estás*
es	*está*
somos	*estamos*
sois	*estáis*
son	*están*

Imperfekt

era	*estaba*
eras	*estabas*
era	*estaba*
éramos	*estábamos*
erais	*estabais*
eran	*estaban*

Historische Vergangenheit (indefinido)

fui	*estuve*
fuiste	*estuviste*
fue	*estuvo*
fuimos	*estuvimos*
fuisteis	*estuvieron*
fueron	*estuvisteis*

Futur

seré	*estaré*
serás	*estarás*
será	*estará*
seremos	*estaremos*
seréis	*estaréis*
serán	*estarán*

Konditional

sería	*estaría*
serías	*estarías*
sería	*estaría*
seríamos	*estaríamos*
seríais	*estaríais*
serían	*estarían*

Partizip Perfekt	*sido*	*estado*
Imperativ Präsens	*sé* (sei!)	*está* (sei!)
	seamos (seien wir!)	*estemos* (seien wir!)
	sed (seid!)	*estad* (seid!)
Konjunktiv (subjuntivo)		
Präsens		
sea	*esté*	
Imperfekt		
fuera/fuese	*estuviera/estuviese*	

Die Vollverben

Die regelmäßige Konjugation

Im Spanischen werden drei Konjugationen unterschieden: Verben auf *-ar,* Verben auf *-er* und Verben auf *-ir.*

Verben auf *-ar*

Indikativ

Präsens	Imperfekt
amo	*amaba*
amas	*amabas*
ama	*amaba*
amamos	*amábamos*
amáis	*amabais*
aman	*amaban*

Futur	Konditional
amaré	*amaría*
amarás	*amarías*
amará	*amaría*
amaremos	*amaríamos*
amaréis	*amaríais*
amarán	*amarían*

Konjunktiv (subjuntivo)

Präsens	Imperfekt
ame	*amara/amase*
Partizip Perfekt	*amado*
Imperativ Präsens	*ama (liebe!)*
	amemos (lieben wir!)
	amad (liebt!)

Historische Vergangenheit (indefinido)
amé, amaste, amó, amamos, amasteis, amaron

Verben auf *-er*

Indikativ

Präsens	Imperfekt
bebo	*bebía*
bebes	*bebías*
bebe	*bebía*
bebemos	*bebíamos*
bebéis	*bebíais*
beben	*bebían*
Futur	Konditional
beberé	*bebería*
beberás	*beberías*
beberá	*bebería*
beberemos	*beberíamos*
beberéis	*beberíais*
beberán	*beberían*

Historische Vergangenheit (indefinido)

bebí *bebiste* *bebió* *bebimos* *bebisteis* *bebieron*

Konjunktiv (subjuntivo)

Präsens	Imperfekt
beba	*bebiera/bebiese*
Partizip Perfekt	*bebido*
Imperativ Präsens	*bebe* (trinke!) *bebamos* (trinken wir!) *bebed* (trinkt!)

Verben auf *-ir*

Indikativ

Präsens	Imperfekt
vivo	*vivía*
vives	*vivías*
vive	*vivía*
vivimos	*vivíamos*
vivís	*vivíais*
viven	*vivían*
Futur	Konditional
viviré	*viviría*
vivirás	*viviríais*
vivirá	*viviría*
viviremos	*viviríamos*
viviréis	*viviríais*
vivirán	*vivirían*

Konjunktiv (subjuntivo)	
Präsens	Imperfekt
viva	*viviera/viviese*
Partizip Perfekt	*vivido*
Imperativ Präsens	*vive* (lebe!)
	viva (er, sie, es lebe!)
	vivamos (leben wir!)
	vivid (lebt!)

Historische Vergangenheit (indefinido)
viví, viviste, vivió, vivimos, vivisteis, vivieren

Die Verwendung des Subjuntivo

Im Hauptsatz steht der Subjuntivo in fast allen Formen des Imperativs. Weiterhin steht er zum Ausdruck eines Wunsches. Im Nebensatz steht der Subjuntivo nach Vergeben und Ausdrücken der Empfehlung, der Empfindung, des Wunsches, des Befehls, des Erlaubens, der Absicht, der Verpflichtung und des Erstaunens.

Das Zahlwort

Die Kardinalzahlen

0	*cero*	26	*veintiséis*
1	*uno*	27	*veintisiete*
2	*dos*	28	*veitiocho*
3	*tres*	29	*veintinueve*
4	*cuatro*	30	*treinta*
5	*cinco*	40	*cuarenta*
6	*seis*	50	*cincuenta*
7	*siete*	60	*sesenta*
8	*ocho*	70	*setenta*
9	*nueve*	80	*ochenta*
10	*diez*	90	*noventa*
11	*once*	100	*cien/ciento*
12	*doce*	110	*ciento diez*
13	*trece*	200	*doscientos/as*
14	*catorce*	201	*doscientos y uno*
15	*quince*	210	*dosciento y diez*
16	*dieciséis*	289	*doscientos ochenta y nueve*
17	*diecisiete*		
18	*dieciocho*	1 001	*mil y uno*
19	*diecinueve*	1 238	*mil doscientos treinta y ocho*
20	*veinte*		
21	*veintiuno*	1 000 000	*un millón*
22	*veintidós*	2 240 792	*dos millones doscientos cuarenta mil setecientos noventa y dos*
23	*veintitrés*		
24	*veinticuatro*		
25	*veintiséis*	1 000 000 000	*mil millones*

Die Ordnungzahlen

1.	primero	20.	vigésimo
2.	segundo	21.	vigésimo primero, vigésimo primo
3.	tercero	30.	trigésimo
4.	cuarto	40.	cuadragésimo
5.	quinto	50.	quincuagésimo
6.	sexto	60.	sexagésimo
7.	sé(p)timo	70.	septuagésimo
8.	octavo	80.	octogésimo
9.	noveno, nono	90.	nonagésimo
10.	décimo	100.	centésimo
11.	undécimo	200.	ducentésimo
12.	duodécimo	1 000.	milésimo
13.	decimotercero, decimotercio		
14.	decimocuarto		
15.	decimoquinto		
16.	decimosexto		
17.	decimoséptimo		
18.	decimoctavo		
19.	decimonoveno, decimonono		

Unregelmäßige Verben im Spanischen

In der Auflistung werden folgende Abkürzungen verwendet:
Presente = *P;* Futuro = *F;* Subjuntivo Presente = *SPr;* Subjuntivo Imperfecto = *SImp;* Gerundio = *G;* Indefinido = *Indef;* Participio Perfecto = *PP;* Imperativo = *Imper*

andar ando, anda, andamos, andan *P;* andaré *F;* ande, andemos *SPr;* andara/andase *SImp;* andando *G;* anduve, anduvo, anduvimos, anduvieron *Indef;* andado *PP;* anda, andemos, andad *Imper*

caber quepo, cabe, cabemos, caben *P;* cabré *F;* quepa, quepamos *SPr;* cupiera/cupiese *SImp;* cabiendo *G;* cupe, cupo, cupimos, cupieron *Indef;* cabido *PP;* cabe, quepamos, cabed *Imper*

caer caigo, cae, caemos, caen *P;* caeré *F;* caiga, caigamos *SPr;* caera/caese *SImp;* cayendo *G;* caí, cayó, caíamos, cayeron, *Indef;* caído *PP;* cae, cayamos, caed *Imper*

conducir conduzco, conduce, conducimos, conducen *P;* conduciré *F;* conduzca, conduzcamos *SPr;* condujera/condujese *SImp;* conduciendo *G;* conduje, condujo, condujimos, condujeron *Indef;* conducido *PP;* conduce, conduzcamos, conducid *Imper*

conocer conozco, conoce, conocemos, conocen *P;* conoceré *F;* conozca, conozcamos *SPr;* conociera/conociese *SImp;* conociendo *G;* conocí, conoció, conocimos, conocieron *Indef;* conocido *PP;* conoce, conozcamos, conoced *Imper*

construir construyo, construye, construimos, construyen *P;* construiré *F;* construya, construyamos *SPr;* construyera/construyese *SImp;* construyendo *G;* construí, construyó, construimos, construieron *Indef;* construido *PP;* construye, construyamos, construid *Imper*

dar doy, da, damos, dan *P;* daré *F;* dé, demos *SPr;* diera/diese *SImp;* dando *G;* di, dio, dimos, dieron *Indef;* dado *PP;* da, demos, dad *Imper*

decir digo, dice, decimos, dicen *P;* diré *F;* diga, digamos *SPr;* dijera/dijese *SImp;* diciendo *G;* dije, dijo, dijimos, dijeron *Indef;* dicho *PP;* di, digamos, decid *Imper*

dormir duermo, duerme, dormimos, duermen *P;* dormiré *F;* duerma, durmamos *SPr;* durmiera/durmiese *SImp;* dormiendo *G;* dormí, durmió, durmimos, durmieron *Indef;* dormido *PP;* duerme, durmamos, dormid *Imper*

estar estoy, está, estamos, están *P;* estaré *F;* esté, estemos *SPr;* estuviera/estuviese *SImp;* estando *G;* estuve, estuvo, estuvimos, estuvieron *Indef;* estado *PP;* está, estemos, estad *Imper*

haber he, ha, hemos, han *P;* habré *F;* haya, hayamos *SPr;* hubiera/hubiese *SImp;* habiendo *G;* hube, hubo, hubimos, hubieron *Indef;* habido *PP;* haya, hayamos, habed *Imper*

hacer hago, hace, hacemos, hacen *P;* haré *F;* haga, hagamos *SPr;* hiciera/hiciese *SImp;* haciendo *G;* hice, hizo, hicimos, hicieron *Indef;* hecho *PP;* haz, hagamos, haced *Imper*

ir voy, va, vamos, van *P;* iré *F;* vaya, vayamos *SPr;* fuera/fuese *SImp;* yendo *G;* fui, fue, fuimos, fueron *Indef;* ido *PP;* ve, vayamos, id *Imper*

medir mido, mide, medimos, miden *P;* mediré *F;* mida, midamos *SPr;* midiera/midiese *SImp;* midiendo *G;* medí, midió, medimos, midieron *Indef;* medido *PP;* mide, midamos, medid *Imper*

mover muevo, mueve, movemos, mueven *P;* moveré *F;* mueva, movamos *SPr;* moviera/moviese *SImp;* moviendo *G;* moví, movimos, movieron *Indef;* movido *PP;* mueve, movemos, moved *Imper*

nacer nazco, nace, nacemos, nacen *P;* naceré *F;* nazca, nazcamos *SPr;* naciera/naciese *SImp;* naciendo *G;* nací, nació, nacimos, nacieron *Indef;* nacido *PP;* nace, nazcamos, naced *Imper*

ofrecer ofrezco, ofrece, ofrecemos, ofrecen *P;* ofreceré *F;* ofrezca, ofrezcamos *SPr;* ofreciera/ofreciese *SImp;* ofreciendo *G;* ofrecí, ofreció, ofrecimos, ofrecieron *Indef;* ofrecido *PP;* ofrece, ofrezcamos, ofreced *Imper*

oír oigo, oye, oímos, oyen *P;* oiré *F;* oiga, oigamos *SPr;* oyera/oyese *SImp;* oyendo *G;* oí, oyó, oímos, oyeron *Indef;* oído *PP;* oye, oigamos, oíd *Imper*

oler huelo, huele, olemos, huelen *P;* oleré *F;* huela, olamos *SPr;* oliera/oliese *SImp;* oliendo *G;* olí, olió, olimos, olieron *Indef;* olido *PP;* huele, olamos, oled *Imper*

pedir pido, pide, pedimos, piden *P;* pediré *F;* pida, pidamos *SPr;* pidiera/pidiese *SImp;* pidiendo *G;* pedí, pidió, pedimos, pidieron *Indef;* pedido *PP;* pide, pidamos, pedid *Imper*

pensar pienso, piensa, pensamos, piensan *P;* pensaré *F;* piense, pensemos *SPr;* pensara/pensase *SImp;* pensando *G;* pensé, pensó, pensamos, pensaron *Indef;* pensado *PP;* piensa, pensemos, pensad *Imper*

perder pierdo, pierde, perdemos, pierden *P;* perderé *F;* pierda, perdamos *SPr;* perdiera/perdiese *SImp;* perdiendo *G;* perdí, perdió, perdimos, perdieron *Indef;* perdido *PP;* pierde, perdamos, perded *Imper*

poder puedo, puede, podemos, pueden *P;* podré *F;* pueda, podamos *SPr;* pudiera/pudiese *SImp;* pudiendo *G;* pude, pudo, pudimos, pudieron *Indef;* podido *PP;* puede, podamos, poded *Imper*

poner pongo, pone, ponemos, ponen *P;* pondré *F;* ponga, pongamos *SPr;* pusiera/pusiese *SImp;* poniendo *G;* puse, puso, pusimos, pusieron *Indef;* puesto *PP;* pon, pongamos, poned *Imper*

probar pruebo, prueba, probamos, prueban *P;* probaré *F;* pruebe, probemos *SPr;* probara/probase *SImp;* probando *G;* probé, probó, probamos, probaron *Indef;* probado *PP;* prueba, probemos, probad *Imper*

querer quiero, quiere, queremos, quieren *P;* querré *F;* quiera, queramos *SPr;* quisiera/quisiese *SImp;* queriendo *G;* quise, quiso, quisimos, quisieron *Indef;* querido *PP;* quiere, queramos, quered *Imper*

referir refiero, refiere, referimos, refieren *P;* referiré *F;* refiera, referamos *SPr;* refeiera/referiese *SImp;* refiriendo *G;* referí, referió, referimos, referieron *Indef;* referido *PP;* refiere, referamos, referid *Imper*

reir rio, rie, reimos, rien *P;* reiré *F;* ria, riamos *SPr;* riera/riese *SImp;* riendo *G;* reí, rio, reimos, rieron *Indef;* reido *PP;* rie, riamos, reíd *Imper*

repetir repito, repite, repetimos, repiten *P;* repetiré *F;* repita, repitamos *SPr;* repetiera/repetiese *SImp;* repetiendo *G;* repetí, repitió, repetimos, repetieron *Indef;* repetido *PP;* repite, repitamos, repetid *Imper*

saber sé, sabe, sabemos, saben *P;* sabré *F;* sepa, sepamos *SPr;* supiera/supiese *SImp;* sabiendo *G;* supe, supo, supimas, supieron *Indef;* sabido *PP;* sabe, sepamos, sabed *Imper*

salir salgo, sale, salimos, salen *P;* saldré *F;* salga, salgamos *SPr;* saliera/saliese *SImp;* saliendo *G;* supe, supo, supimos, salieron *Indef;* salido *PP;* sal, salgamos, salid *Imper*

sentir siento, siente, sentimos, sienten *P;* sentiré *F;* sienta, sintamos *SPr;* sintiera/sintiese *SImp;* sintiendo *G;* sentí, sintió, sentimos, sintieron *Indef;* sentido *PP;* siente, sintamos, sentid *Imper*

ser soy, eres, es, somos, sois, son *P;* seré *F;* sea, seamos *SPr;* fuera/fuese *SImp;* siendo *G;* fui, fue, fuimos, fueron *Indef;* sido *PP;* sé, seamos, sed *Imper*

servir sirvo, servimos, sirven *P;* serviré *F;* sirva, sirvamos *SPr;* sirviera/sirviese *SImp;* sirviendo *G;* serví, servió, servimos, sirvieron *Indef;* servido *PP;* sirve, sirvamos, servid *Imper*

tener tengo, tiene, tenemos, tienen *P;* tendré *F;* tenga, tengamos *SPr;* tuviera/tuviese *SImp;* teniendo *G;* tuve, tuvo, tuvimos, tuvieron *Indef;* tenido *PP;* ten, tengamos, tened *Imper*

traer traigo, trae, traemos, traen *P;* traeré *F;* traiga, traigamos *SPr;* trajera/trajese *SImp;* trayendo *G;* traje, trajo, trajimos, trajeron *Indef;* traído *PP;* trae, traigamos, traed *Imper*

valer valgo, vale, valemos, valen *P;* valdré *F;* valga, valgamos *SPr;* valiera/valiese *SImp;* valiendo *G;* valí, valió, valimos, valieron *Indef;* valido *PP;* vale, valgamos, valed *Imper*

venir vengo, viene, venimos, vienen *P;* vendré *F;* venga, vengamos *SPr;* viniera/viniese *SImp;* viniendo *G;* vine, vino, vinimos, vinieron *Indef;* venido *PP;* ven, vengamos, venid *Imper*

ver veo, ve, vemos, ven *P;* veré *F;* vea, veamos *SPr;* viera/viese *SImp;* viendo *G;* vi, vio, vimos, vieron *Indef;* visto *PP;* ve, veamos, ved *Imper*

vestir visto, viste, vestimos, visten *P;* vestiré *F;* vista, vistamos *SPr;* vistiera/vistiese *SImp;* vistiendo *G;* vestí, vistió, vestimos, vistieron *Indef;* vestido *PP;* viste, vistamos, vestid *Imper*

volver vuelvo, volvemos, vuelven *P;* volveré *F;* vuelva, volvamos *SPr;* volviera/volviese *SImp;* volviendo *G;* volví, volvió, volvimos, volvieron *Indef;* vuelto *PP;* vuelve, volvamos, volved *Imper*

Gramática alemana

Adjetivo

El uso del adjetivo

Cuando se utiliza el adjetivo como atributo, es decir para describir detalladamente al sustantivo, éste deberá concordar en género, número y caso con el sustantivo en cuestión.

Al ser empleado como predicativo o como adverbio, no sufre ninguna alteración. *(Die neuen Fahrräder* (neutro, plural, nominativo) *waren wegen ihres niedrigen Preises* (masculino, singular, genitivo) *schnell verkauft. Diese Fahrräder sind neu und preiswert.)*

La declinación del adjetivo

Se distinguen dos tipos de declinaciones del adjetivo. Un adjetivo se declina fuertemente, cuando aparece solo y precede a un sustantivo, cuando sigue a un artículo indeterminado o a un pronombre *(kleiner Mann, ein kleiner Mann, ihr kleiner Mann).*

singular	nominativo	genitivo	dativo	acusativo
		trotz	*mit*	*gegen*
masculino	*neuer Hut*	*neuen Hutes*	*neuem Hut(e)*	*neuen Hut*
femenino	*neue Frau*	*neuer Frau*	*neuer Frau*	*neue Frau*
neutro	*neues Auto*	*neuen Autos*	*neuem Auto*	*neues Auto*
plural	*neue*	*neuer*	*neuen*	*neue*
masculino	*Hüte*	*Hüte*	*Hüten*	*Hüte*
femenino	*Frauen*	*Frauen*	*Frauen*	*Frauen*
neutro	*Autos*	*Autos*	*Autos*	*Autos*

Un adjetivo se declina débilmente, cuando se encuentra después de un artículo determinado o después de un pronombre declinado *(der kleine Mann; dieser kleine Mann; welcher große Junge?).*

singular	nominativo	genitivo	dativo	acusativo
masculino	*neue Hut*	*neuen Hutes*	*neuen Hut(e)*	*neuen Hut*
femenino	*neue Frau*	*neuen Frau*	*neuen Frau*	*neue Frau*
neutro	*neue Auto*	*neuen Autos*	*neuen Auto*	*neue Auto*
plural	*neuen*	*neuen*	*neuen*	*neuen*
masculino	*Hüte*	*Hüte*	*Hüten*	*Hüte*

Grados de comparación

La comparación se forma añadiendo al positivo una *-er.* La inflexión de la vocal tónica *(Umlaut)* seguida de la terminación *-er* también se utiliza para construir la comparación.

El superlativo se forma adheriendo la terminación *-est* o *-st* al positivo. En caso de que el superlativo no se encuentre calificando a un sustantivo, se utiliza *am (weit, lang, alt; weiter, länger, älter; weiteste(r,s), längste(r,s), älteste(r,s). Er lief am weitesten.).*

Adverbio

Los adverbios que derivan de un adjetivo permanecen en su forma original. *(Das hast du gut gemacht!)* La comparación de los adverbios equivale a la de los adjetivos, es decir no hay terminaciones.

Aparte de los adverbios que derivan de adjetivos, encontramos los siguientes adverbios que permiten la comparación *(oft – öfter – am öftesten/häufigsten; bald – eher; wohler/besser – am wohlsten/besten; sehr – mehr – am meisten/meist, meistens).*

Los adverbios pronominales

Representan a un sustantivo, a un adjetivo sustantivado, etc; pero también una frase completa *(Ich hatte kein Glück damit (mit dem neuen Auto). Sie müssen am Wochenende arbeiten. Daran (an der Tatsache, daß ich arbeiten muß) ist jetzt nicht mehr zu rütteln.).*

La construcción de un adverbio pronominal se forma de adverbios *(hier, wo, da, etc.)* y preposiciones *(an, bei, auf, mit, durch, für, etc.).* A los adverbios que comienzan en vocal o diérecis se les interpone una *r (damit, hierzu, wobei ... worüber, woraus, woran ...).*

Artículo

El artículo determinado

número	caso	masculino	femenino	neutro
singular	nominativo	*der*	*die*	*das*
	genitivo	*des*	*der*	*des*
	dativo	*dem*	*der*	*dem*
	acusativo	*den*	*die*	*das*
plural	nominativo	*die*	*die*	*die*
	genitivo	*der*	*der*	*der*
	dativo	*den*	*den*	*den*
	acusativo	*die*	*die*	*die*

El artículo indeterminado

número	caso	masculino	femenino	neutro
singular	nominativo	*ein*	*eine*	*eines*
	genitivo	*eines*	*einer*	*eines*
	dativo	*einem*	*einer*	*einem*
	acusativo	*einen*	*eine*	*ein*

Pronombres

El pronombre personal

número	caso	1. persona	2. persona	3. persona
singular	nominativo	*ich*	*du*	*er, sie, es*
	genitivo	*meiner*	*deiner*	*seiner, ihrer, seiner*
	dativo	*mir*	*dir*	*ihm, ihr, ihm*
	acusativo	*mich*	*dich*	*ihn, sie, es*

plural	nominativo	*wir*	*ihr*	*sie*
	genitivo	*unser*	*euer*	*ihrer*
	dativo	*uns*	*euch*	*ihnen*
	acusativo	*uns*	*euch*	*sie*

El pronombre posesivo

posesión	singular			plural
posesor	masculino	femenino	neutro	m.f.n.
1. pers. sing.	*mein*	*meine*	*mein*	*meine*
2. pers. sing.	*dein*	*deine*	*dein*	*deine*
3. pers. sing.	*sein*	*seine*	*sein*	*seine*
	ihr	*ihre*	*ihr*	*ihre*
	sein	*seine*	*sein*	*seine*
1. pers. pl.	*unser*	*uns(e)re*	*unser*	*uns(e)re*
2. pers. pl.	*euer*	*eu(e)re*	*euer*	*eu(e)re*
3. pers. pl.	*ihr*	*ihre*	*ihr*	*ihre*

La declinación del pronombre posesivo

caso	masculino	femenino	neutro
nominativo singular	*mein Vater*	*meine Mutter*	*mein Haus*
genitivo	*meines Vaters*	*meiner Mutter*	*meines Hauses*
dativo	*meinem Vater*	*meiner Mutter*	*meinem Haus*
acusativo	*meinen Vater*	*meine Mutter*	*mein Haus*
nominativo plural	*meine Söhne*	*meine Töchter*	*meine Häuser*
genitivo	*meiner Söhne*	*meiner Töchter*	*meiner Häuser*
dativo	*meinen Söhnen*	*meinen Töchtern*	*meinen Häusern*
acusativo	*meine Söhne*	*meine Töchter*	*meine Häuser*

El pronombre posesivo se rige en género, número y caso por el sustantivo. *(Das ist mein Buch. Er war der Chef seiner Firma.)*

El pronombre relativo

Los pronombres relativos *der, die, das, welcher, welche, welches* introducen la frase relativa y concuerdan con ésta en género y número, más no en el caso. El caso se rige por la función de la frase relativa, no por la palabra a la que se refiere. *(Die Theaterbesucher, denen die Inszenierung nicht gefiel, verließen protestierend den Saal.)*

Sustantivo

El género

Existen tres géneros de sustantivos. Normalmente coincide el género gramatical con el natural *(der Mann, die Frau, das Haus).*

Las desinencias regulares del sustantivo en alemán

masculino	femenino		neutro
-ant	*-ade*	*-ine*	*-at*
-ar	*-anz*	*-ion*	*-chen*
-är	*-atte*	*-ive*	*-ium*
-ent	*-ei*	*-keit*	*-lein*

-eur	*-elle*	*-schaft*	*-menz*
-ist	*-enz*	*-tät*	*-nis*
-ius	*-ette*	*-ung*	*-sel*
-ling	*-eurin*	*-ur*	*-tiv*
-mus	*-euse*		
-nom	*-heit*		
-rich	*-ie*		
-tiv	*-ik*		
-tor	*-in*		

El caso del sustantivo

Existen tres clases de declinaciones en el sustantivo: fuerte, débil y mixta.
La declinación fuerte se presenta en masculino, femenino y neutro.

singular	masculino	femenino	neutro
nominativo	*der Raum*	*die Wand*	*das Auto*
genitivo	*des Raumes*	*der Wand*	*des Autos*
dativo	*dem Raum(e)*	*der Wand*	*des Autos*
acusativo	*den Raum*	*die Wand*	*das Auto*

plural	masculino	femenino	neutro
nominativo	*die Räume*	*die Wände*	*die Autos*
genitivo	*der Räume*	*der Wände*	*der Autos*
dativo	*den Räumen*	*den Wänden*	*den Autos*
acusativo	*die Räume*	*die Wände*	*die Autos*

La declinación débil se presenta solamente en sustantivos masculinos.

singular	masculino	femenino
nominativo	*der Held*	*die Katze*
genitivo	*des Helden*	*der Katze*
dativo	*dem Helden*	*der Katze*
acusativo	*den Helden*	*die Katze*

plural	masculino	femenino
nominativo	*die Helden*	*die Katzen*
genitivo	*der Helden*	*der Katzen*
dativo	*den Helden*	*den Katzen*
acusativo	*die Helden*	*die Katzen*

La declinación mixta se presenta solamente en sustantivos masculinos y neutros.

singular	masculino	neutro
nominativo	*der Schmerz*	*das Ohr*
genitivo	*des Schmerzes*	*des Ohr(s)*
dativo	*dem Schmerz*	*dem Ohr*
acusativo	*den Schmerz*	*das Ohr*

plural	masculino	neutro
nominativo	*die Schmerzen*	*die Ohren*
genitivo	*der Schmerzen*	*der Ohren*
dativo	*den Schmerzen*	*den Ohren*
acusativo	*die Schmerzen*	*die Ohren*

El uso del caso

El genitivo determina pertenencia, origen, calidad y posesión. *(Die Studenten der Münchener Universität streiken. Die Früchte südlicher Zonen sind aromatisch. Die Qualität der Aufnahme ist unbestritten. Das ist das Haus des Direktors.)* El objeto dativo indica la persona o la cosa a la que le sucede algo, vive un proceso o un acontecimiento. *(Sie gibt/schenkt dem Mann ...)*
El objeto directo u objeto acusativo se utiliza, cuando alguien o algo es afectado directamente por una acción o un acontecimiento. El objeto acusativo es la meta de una acción. *(Sie sieht ihn.)*

Verbos

La conjugación de los verbos enteros

Los verbos enteros forman 3 grupos según su tipo de conjugación: Los verbos irregulares, los verbos regulares, los verbos mixtos.
Análogamente a esta clasificación, existe una conjugación irregular, regular y mixta respectivamente. El tipo de conjugación es determinado por el verbo en su forma natural (infinitivo, imperfecto, participio II).

infinitivo	imperfecto	participio perfecto
singen	*sang*	*gesungen*
lachen	*lachte*	*gelacht*
bringen	*brachte*	*gebracht*

La conjugación regular

Modelo de conjugación: Voz activa

tiempo	número	indicativo	subjuntivo I	subjuntivo II
presente	singular	*ich stelle*	*ich stelle*	
		du stellst	*du stellest*	
		er/sie/es stellt	*er/sie/es stelle*	
	plural	*wir stellen*	*wir stellen*	
		ihr stellt	*ihr stellet*	
		sie stellen	*sie stellen*	
pretérito	singular	*ich stellte*		*ich stellte*
		du stelltest		*du stelltest*
		er/sie/es stellte		*stellte*
	plural	*wir stellten*		*wir stellten*
		ihr stelltet		*ihr stelltet*
		sie stellten		*sie stellten*
futuro I	singular	*ich werde stellen*	*ich werde stellen*	*ich würde stellen*

perfecto	*ich habe gestellt, du hast gestellt...*
	ich bin gefahren, du bist gefahren...
subjuntivo I del pasado	*ich habe gestellt, du habest gestellt...*
	ich sei gefahren, du seist gefahren...
pluscuamperfecto	*ich hatte gestellt, du hattest gestellt...*
	ich war gefahren, du warst gefahren...

infinitivo presente	*stellen/fahren*
infinitivo perfecto	*gestellt haben/gefahren sein*
participio presento	*stellend/fahrend*
participio perfecto	*gestellt/gefahren*
imperativo singular	*stelle/fahre!*
imperativo plural	*stellt/fahrt!*

La conjugación irregular

tiempo	número	indicativo	subjuntivo
presente	singular	*ich nehme*	*ich nehme*
		du nimmst	*du nehmest*
		er/sie/es nimmt	*er/sie/es nehme*
	plural	*wir nehmen*	*wir nehmen*
		ihr nehmt	*ihr nehmet*
		sie nehmen	*sie nehmen*
pretérito	singular	*ich nahm*	*ich nähme*
		du nahmst	*du nähmest*
		er/sie/es nahm	*er/sie/es nähme*
	plural	*wir nahmen*	*wir nähmen*
		ihr nahmt	*ihr nähm(e)t*
		sie nahmen	*sie nähmen*

infinito presente	*nehmen*
participio presente	*nehmend*
participio perfecto	*genommen*
imperativo singular	*nimm!*
imperativo plural	*nehmt!*

Los verbos auxiliares

A este grupo pertenecen: *sein* y *haben*. Con su ayuda se pueden construir los tiempos compuestos de los verbos enteros.

Los verbos auxiliares *sein* y *haben*

tiempo	*ich bin*	*ich habe*
presente	*du bist*	*du hast*
	er, sie, es ist	*er, sie, es hat*
	wir sind	*wir haben*
	ihr seid	*ihr habt*
	sie sind	*sie haben*
imperfecto	*ich war*	*ich hatte*
	du warst	*du hattest*
	er, sie, es war	*er, sie, es hatte*
	wir waren	*wir hatten*
	ihr wart	*ihr hattet*
	sie waren	*sie hatten*
perfecto	*ich bin gewesen*	*ich habe gehabt*
pluscuamperfecto	*ich war gewesen*	*ich hatte gehabt*

futuro I	*ich werde sein*	*ich werde haben*
	du wirst sein	*du wirst haben*
	er, sie, es wird sein	*er, sie, es wird haben*
	wir werden sein	*wir werden haben*
	ihr werdet sein	*ihr werdet haben*
	sie werden sein	*sie werden haben*
futuro II	*ich werde gewesen sein*	*ich werde gehabt haben*
infinitivo	*sein*	*haben*
participio perfecto	*gewesen sein*	*gehabt haben*
imperativo		
singular	*sei!*	*habe!*
plural	*seid!*	*habt!*

Hora

Los minutos se escriben ya sea separados por un punto o más pequeños arriba *9.30 Uhr.* Se utilizan sólamente números cardinales. Al preguntar la hora se dice: *Wie viel Uhr ist es? Wie spät ist es?* Se contesta: *Es ist.../Wir haben...*

12.00 Uhr zwölf Uhr (mittags)
12.15 Uhr zwölf Uhr fünfzehn/Viertel nach zwölf
12.30 Uhr zwölf Uhr dreißig/halb eins
12.45 Uhr zwölf Uhr fünfundvierzig/Viertel vor eins
13.00 Uhr dreizehn Uhr/ein Uhr mittags
15.00 Uhr fünfzehn Uhr/drei Uhr nachmittags
23.00 Uhr dreiundzwanzig Uhr/elf Uhr nachts
24.00 Uhr vierundzwanzig Uhr/Mitternacht

Numerales

En todos los casos se declina únicamente el número cardinal *eins.* Los números cardinales *zwei* y *drei* se declinan en el plural del genitivo, cuando aparecen solos y antes de la palabra a la que se refieren.
Los números cardinales de zwei a *zwölf* tienen en el dativo la terminación -en, siempre y cuando no se encuentren acompañando a una palabra. Los números cardinales *Milliarde, Billiarde,* etc. se declinan irregularmente. (Der Junge hatte nur eine Murmel. Er wurde auf Grund dreier Aussagen verurteilt. Diesen Sport treibt man zu sechsen/zu sechst. Die Mannschaft hatte Tausende von Fans. Millionen saßen vor dem Bildschirm.)

Los números ordinales se forman agregando a los números del 2 al 19 (exceptuando a los números ordinales *erste* y *dritte)* la terminación -te. A los siguientes 20 números, se les agrega la terminación -ste. Los números ordinales se declinan al igual que los adjetivos *(der zweite, alle neunten, jeder fünfzigste).*

Números

números cardinales		números ordinales	
0	null	1.	erste
1	eins	2.	zweite
2	zwei	3.	dritte
3	drei	4.	vierte
4	vier	5.	fünfte
5	fünf	6.	sechste
6	sechs	7.	sieb(en)te
7	sieben	8.	achte
8	acht	9.	neunte
9	neun	10.	zehnte
10	zehn	11.	elfte
11	elf	12.	zwölfte
12	zwölf	13.	dreizehnte
13	dreizehn	14.	vierzehnte
14	vierzehn	15.	fünfzehnte
15	fünfzehn	16.	sechzehnte
16	sechzehn	17.	siebzehnte
17	siebzehn	18.	achtzehnte
18	achtzehn	19.	neunzehnte
19	neunzehn	20.	zwanzigste
20	zwanzig	21.	einundzwanzigste
21	einundzwanzig	22.	zweiundzwanzigste
22	zweiundzwanzig	23.	dreiundzwanzigste
23	dreiundzwanzig	24.	vierundzwanzigste
30	dreißig	25.	fünfundzwanzigste
40	vierzig	26.	sechsundzwanzigste
50	fünfzig	27.	siebenundzwanzigste
60	sechzig	28.	achtundzwanzigste
70	siebzig	29.	neunundzwanzigste
80	achtzig	30.	dreißigste
90	neunzig	40.	vierzigste
100	(ein)hundert	50.	fünfzigste
101	hundert(und)eins	60.	sechzigste
230	zweihundert(und)dreißig	70.	siebzigste
1 000	(ein)tausend	80.	achtzigste
10 000	zehntausend	90.	neunzigste
100 000	(ein)hunderttausend	100.	(ein)hundertste
1 000 000	eine Million	1 000.	(ein)tausendste

El 0 se enuncia siempre *null.*
Números y numerales menores a un millón se escriben juntos.

Los verbos irregulares del alemán

infinitivo	imperfecto	participio perfecto	presente
backen	backte	gebacken	ich backe, du bäckst
befehlen	befahl	befohlen	ich befehle, du befiehlst
beginnen	begann	begonnen	ich beginne, du beginnst
beißen	biss	gebissen	ich beiße, du beißt
bergen	barg	geborgen	ich berge, du birgst
bersten	barst	geborsten	ich berste, du birst
biegen	bog	gebogen	ich biege, du biegst
bieten	bot	geboten	ich biete, du bietest
binden	band	gebunden	ich binde, du bindest
bitten	bat	gebeten	ich bitte, du bittest
blasen	blies	geblasen	ich blase, du bläst
bleiben	blieb	geblieben	ich bleibe, du bleibst
braten	briet	gebraten	ich brate, du brätst
brechen	brach	gebrochen	ich breche, du brichst
brennen	brannte	gebrannt	ich brenne, du brennst
bringen	brachte	gebracht	ich bringe, du bringst
denken	dachte	gedacht	ich denke, du denkst
dreschen	drosch	gedroschen	ich dresche, du drischst
dringen	drang	gedrungen	ich dringe, du dringst
dürfen	durfte	gedurft	ich darf, du darfst
empfangen	empfing	empfangen	ich empfange, du empfängst
empfehlen	empfahl	empfohlen	ich empfehle, du empfiehlst
empfinden	empfand	empfunden	ich empfinde, du empfindest
erlöschen	erlosch	erloschen	er erlischt
essen	aß	gegessen	ich esse, du isst
fahren	fuhr	gefahren	ich fahre, du fährst
fallen	fiel	gefallen	ich falle, du fällst
fangen	fing	gefangen	ich fange, du fängst
fechten	focht	gefochten	ich fechte, du fich(t)st
finden	fand	gefunden	ich finde,du findest
flechten	flocht	geflochten	ich flechte, du flich(t)st
fliegen	flog	geflogen	ich fliege, du fliegst
fliehen	floh	geflohen	ich fliehe, du fliehst
fließen	floss	geflossen	ich fließe, du fließt
fressen	fraß	gefressen	ich fresse, du frisst
frieren	fror	gefroren	ich friere, du frierst
gären	gor	gegoren	es gärt
gebären	gebar	geboren	ich gebäre, du gebärst/gebierst
geben	gab	gegeben	ich gebe, du gibst
gedeihen	gedieh	gediehen	ich gedeihe, du gedeihst
gehen	ging	gegangen	ich gehe, du gehst
gelingen	gelang	gelungen	es gelingt
gelten	galt	gegolten	ich gelte, du giltst
genießen	genoss	genossen	ich genieße, du genießt
geschehen	es geschah	geschehen	es geschieht
gewinnen	gewann	gewonnen	ich gewinne, du gewinnst
gießen	goss	gegossen	ich gieße, du gießt
gleichen	glich	geglichen	ich gleiche, du gleichst

gleiten	glitt	geglitten	ich gleite, du gleitest
graben	grub	gegraben	ich grabe, du gräbst
greifen	griff	gegriffen	ich greife, du greifst
haben	hatte	gehabt	ich habe, du hast
halten	hielt	gehalten	ich halte, du hältst
hängen	hing	gehangen	ich hänge, du hängst
hauen	hieb/haute	gehauen	ich haue, du haust
heben	hob	gehoben	ich hebe, du hebst
heißen	hieß	geheißen	ich heiße, du heißt
helfen	half	geholfen	ich helfe, du hilfst
kennen	kannte	gekannt	ich kenne, du kennst
klingen	klang	geklungen	ich klinge, du klingst
kneifen	kniff	gekniffen	ich kneife, du kneifst
kommen	kam	gekommen	ich komme, du kommst
können	konnte	gekonnt	ich kann, du kannst
kriechen	kroch	gekrochen	ich krieche, du kriechst
laden	lud	geladen	ich lade, du lädst
lassen	ließ	gelassen	ich lasse, du lässt
laufen	lief	gelaufen	ich laufe, du läufst
leiden	litt	gelitten	ich leide, du leidest
leihen	lieh	geliehen	ich leihe, du leihst
lesen	las	gelesen	ich lese, du liest
liegen	lag	gelegen	ich liege, du liegst
lügen	log	gelogen	ich lüge, du lügst
mahlen	mahlte	gemahlt	ich mahle, du mahlst
meiden	mied	gemieden	ich meide, du meidest
melken	molk	gemolken/gemelkt	ich melke, du melkst
messen	maß	gemessen	ich messe, du mißt
misslingen	es misslang	misslungen	es misslingt
mögen	mochte	gemocht	ich mag, du magst
müssen	musste	gemusst	ich muss, du musst
nehmen	nahm	genommen	ich nehme, du nimmst
nennen	nannte	genannt	ich nenne, du nennst
pfeifen	pfiff	gepfiffen	ich pfeife, du pfeifst
preisen	pries	gepriesen	ich preise, du preist
quellen	quoll	gequollen	ich quelle, du quillst
raten	riet	geraten	ich rate, du rätst
reiben	rieb	gerieben	ich reibe, du reibst
reißen	riss	gerissen	ich reiße, du reißt
reiten	ritt	geritten	ich reite, du reitest
rennen	rannte	gerannt	ich renne, du rennst
riechen	roch	gerochen	ich rieche, du riechst
ringen	rang	gerungen	ich ringe, du ringst
rinnen	rann	geronnen	es rinnt
rufen	rief	gerufen	ich rufe, du rufst
salzen	salzte	gesalzen	ich salze, du salzt
saufen	soff	gesoffen	ich saufe, du säufst
saugen	sog	gesogen	ich sauge, du saugst
schaffen (schöpfen)	schuf	geschaffen	ich schaffe, du schaffst
scheiden	schied	geschieden	ich scheide, du scheidest
scheinen	schien	geschienen	ich scheine, du scheinst
schelten	schalt	gescholten	ich schelte, du schiltst

schieben	schob	geschoben	ich schiebe, du schiebst
schießen	schoss	geschossen	ich schieße, du schießt
schlafen	schlief	geschlafen	ich schlafe, du schläfst
schlagen	schlug	geschlagen	ich schlage, du schlägst
schleichen	schlich	geschlichen	ich schleiche, du schleichst
schleifen (schärfen)	schliff	geschliffen	ich schleife, du schleifst
schließen	schloss	geschlossen	ich schließe, du schließt
schmeißen	schmiss	geschmissen	ich schmeiße, du schmeißt
schmelzen (intransitiv)	schmolz	geschmolzen	ich schmelze, du schmilzt
schneiden	schnitt	geschnitten	ich schneide, du schneidest
schreiben	schrieb	geschrieben	ich schreibe, du schreibst
schreien	schrie	geschrien	ich schreie, du schreist
schweigen	schwieg	geschwiegen	ich schweige, du schweigst
schwellen	schwoll	geschwollen	ich schwelle, du schwillst
schwimmen	schwamm	geschwommen	ich schwimme, du schwimmst
schwinden	schwand	geschwunden	ich schwinde, du schwindest
schwören	schwur	geschworen	ich schwöre, du schwörst
sehen	sah	gesehen	ich sehe, du siehst
sein	war	gewesen	ich bin, du bist
senden	sandte	gesandt	ich sende, du sendest
sieden	sott/siedete	gesotten/ gesiedet	ich siede, du siedest
singen	sang	gesungen	ich singe, du singst
sinken	sank	gesunken	ich sinke, du sinkst
sinnen	sann	gesonnen	ich sinne, du sinnst
sitzen	saß	gesessen	ich sitze, du sitzt
spalten	spaltete	gespalten	ich spalte, du spaltest
speien	spie	gespien	ich speie, du speist
spinnen	spann	gesponnen	ich spinne, du spinnst
sprechen	sprach	gesprochen	ich spreche, du sprichst
springen	sprang	gesprungen	ich springe, du springst
stechen	stach	gestochen	ich steche, du stichst
stecken (intransitiv)	stak	gesteckt	ich stecke, du steckst
stehen	stand	gestanden	ich stehe, du stehst
stehlen	stahl	gestohlen	ich stehle, du stiehlst
steigen	stieg	gestiegen	ich steige, du steigst
sterben	starb	gestorben	ich sterbe, du stirbst
stinken	stank	gestunken	ich stinke, du stinkst
stoßen	stieß	gestoßen	ich stoße, du stößt
streichen	strich	gestrichen	ich streiche, du streichst
streiten	stritt	gestritten	ich streite, du streitest
tragen	trug	getragen	ich trage, du trägst
treffen	traf	getroffen	ich treffe, du triffst
treiben	trieb	getrieben	ich treibe, du treibst
treten	trat	getreten	ich trete, du trittst
trinken	trank	getrunken	ich trinke, du trinkst
trügen	trog	getrogen	ich trüge, du trügst
tun	tat	getan	ich tu(e), du tust
verderben	verdarb	verdorben	ich verderbe, du verdirbst
verdrießen	verdross	verdrossen	ich verdrieße, du verdrießt

vergessen	vergaß	vergessen	ich vergesse, du vergisst
verlieren	verlor	verloren	ich verliere, du verlierst
verzeihen	verzieh	verziehen	ich verzeihe, du verzeihst
wachsen	wuchs	gewachsen	ich wachse, du wächst
wägen	wog	gewogen	ich wäge, du wägst
waschen	wusch	gewaschen	ich wasche, du wäschst
weichen (nachgeben)	wich	gewichen	ich weiche, du weichst
weisen	wies	gewiesen	ich weise, du weist
wenden	wandte/ wendete	gewandt/ gewendet	ich wende, du wendest
werben	warb	geworben	ich werbe, du wirbst
werden	wurde/ward	geworden	ich werde, du wirst
werfen	warf	geworfen	ich werfe, du wirfst
wiegen	wog	gewogen	ich wiege, du wiegst
winden	wand	gewunden	ich winde, du windest
wissen	wusste	gewusst	ich weiß, du weißt
wollen	wollte	gewollt	ich will, du willst
ziehen	zog	gezogen	ich ziehe, du ziehst
zwingen	zwang	gezwungen	ich zwinge, du zwingst

Wichtige Abkürzungen

a.C.	*antes de Cristo*	vor Christus (v.Chr.)
a.c.	*año corriente*	laufendes Jahr
a./c.	*a cargo*	zu Lasten
Adm(on).	*Administración*	Verwaltung
AELC	*Asociación Europea de Libre Comercio*	Europäische Freihandelsvereinigung
afmo	*afectismo*	mit freundlichen Grüßen
art	*artículo*	Artikel
atte.	*atentamente*	hochachtungsvoll
B.A.	*Buenos Aires*	Buenos Aires
BARNA	*Barcelona*	Barcelona
B.O.	*Boletin Oficial*	Gesetzblatt
BUP	*Bachillerato Unificado Polivalente*	Abitur
C.	*Calle*	Straße Str.
c.a.	*corriente alterna*	Wechselstrom
c/c	*cuenta corriente*	laufendes Konto
CC.	*Código Civil*	Bürgerliches Gesetzbuch (BGB)
C.E.E.	*Comunidad Económica Europea*	Europäische Wirtschaftsgemeinschaft (EWG)
cía	*Compañía*	Gesellschaft (Ges.)
cm	*centímetros*	Zentimeter (cm)
COI	*Comité Olímpico Internacional*	Internationales Olympisches Komitee (IOC)
CP	*Código postal*	Postleitzahl
crt.	*Cuenta*	Konto (Kto.)
Ctra.	*Carretera*	Überlandstraße
CV	*Caballo de Vapor*	Pferdestärke (PS)
D.	*Don*	Anrede vor männlichen Vornamen
Da.	*Doña*	Anrede vor weiblichen Vornamen
d.C.	*después de Cristo*	nach Christus (n.Chr.)
dl	*decilitros*	Deziliter
dm	*decímetros*	Dezimeter
Dn.	*Don*	Anrede vor männlichen Vornamen
DNI	*Documento Nacional de Identidad*	Personalausweis
Dr.	*Doctor*	Doktor (Dr.)
Dra.	*Doctor*	(Frau) Doktor (Dr.)
drcha	*derecha*	rechts
E.E.U.U.	*Estados Unidos*	Vereinigte Staaten von Amerika (USA)
entlo.	*entrsuelo*	Zwischengeschoss
ETA	*Euskadi Ta Askatasuna*	baskische Untergrundorganisation (ETA)
Exca.	*Excelencia*	Exzellenz
f/c	*ferrocarril*	Eisenbahn
FFAA	*Fuerzas Armadas*	Streitkräfte
FFCC	*Ferrocarril*	Eisenbahngesellschaft
FMI	*Fondo Monetario Internacional*	Internationaler Währungsfond
FP	*formación profesional*	Berufsausbildung
gr	*gramos*	Gramm (g)
Hnos.	*Hermanos*	Gebrüder
IEM	*Instituto de Enseñanza Media*	Gymnasium
Ing.	*Ingeniero*	Ingenieur Ing.
IPC	*Indice de precios al consumo*	Index der Verbraucherpreise
IVA	*Impuesto sobre el Valor Añadido*	Mehrwertsteuer MwSt.

IVE	*Inerrupción voluntaria del embarazo*	freiwillige Schwangerschafts-unterbrechung
izq.	*izquierdo*	links
J.J.O.O.	*Juegos Olímpicos*	Olympische Spiele
kg	*kilogramo*	Kilogramm (kg)
km	*kilómetro*	Kilometer (km)
Ltda.	*(Sociedad) limitada*	Gesellschaft mit beschränkter Haftung (GmbH)
m	*metro*	Meter (m)
Ma.	*Mará*	Maria
núm.	*Número*	Nummer (Nr.)
OCDE	*Organización de Cooperación y Desarollo*	Organisation für Zusammenar-beit und Entwicklung (OECD)
ONU.	*Organización de las Naciones Unidas*	Organisation der Vereinten Nationen (UNO)
OPEP	*Organización de Países Exportadores de Petròleo*	Organisation Erdöl exportieren der Länder (OPEC)
OTAN	*Organización del Tratado del Atlántico Norte*	Nordatlantikpakt-Organisation (NATO)
OVNI	*Objeto Volante No Identificado*	unbekanntes Flugobjekt (UFO)
P	*Padre*	Anrede für Priester
p.	*página*	Seite (S.)
PCE	*Partido communista de España*	Kommunistische Partei Spaniens
P.D.	*postdata*	Postskriptum (P.S.)
p.ej.	*por ejemplo*	zum Beispiel z.B.
PIB	*Producto interior bruto*	Bruttoinlandsprodukt
PNB	*Producto nacional bruto*	Bruttosozialprodukt
PP	*Partido Popular*	Konservative Volkspartei
p.p.	*por poder*	im Auftrag (i.A.)
PSOE	*Partido Socialista Obrero Español*	Sozialistische Arbeiterpartei
PSS	*Prestación social sustitutoria*	Wehrersatzdienst
Pza.	*Plaza*	Platz
pta	*peseta*	Pesete
P.V.P.	*Precio de Venta al Público*	Verkaufspreis
ref.	*Referencia*	Betreff
RFA	*República Federal de Alemania*	Bundesrepublik Deutschland
r.p.m.	*revoluciones por minuto*	Umdrehungen pro Minute
RTVE	*Radio televisión española*	Spanische Rundfunk- und Fernsehanstalt
s.	*siglo*	Jahrhundert (Jh.)
S. en C.	*Sociedad en comandita*	Kommanditgesellschaft (KG)
SP	*Servicio público*	Öffentlicher Dienst
Sr.	*Señor*	Herr (Hr.)
Sra.	*Señora*	Frau (Fr.)
Sras.	*Señoras*	Frauen
Sres.	*Señores*	Herren
Srta.	*Señorita*	Fräulein (Frl.)
s.t.	*según tamaño*	nach Größe
Sta.	*Santa*	Heilige...
Sto.	*Santo*	Heiliger...
UCE	*Unión de consumidores de España*	Spanischer Verbraucherverband
UCI	*Unidad de cuidados intensivos*	Intensivstation
V.B.	*Visto Bueno*	gesehen und genehmigt
Vd.	*Usted*	Sie (Singular)
Vds.	*Ustedes*	Sie (Plural)
V.E.	*Vuestra Excelencia*	Eure Exzellenz
v.g.	*verbi gracia*	zum Beispiel (z.B.)
V.O.	*versión original*	Originalfassung

Abreviaturas importantes

Abb.	*Abbildung*	figura
Abk.	*Abkürzung*	abreviatura
Abs.	*Absender*	remitente
Abschn.	*Abschnitt*	páraffo
Abt.	*Abteilung*	sección
Adr.	*Adresse*	dirección
AG	*Aktiengesellschaft*	sociedad anónima S.A.
allg.	*allgemein*	general(mente)
Anl.	*Anlage*	anejo
Anm.	*Anmerkung*	observación;
Aufl.	*Auflage*	edición
a.d.	*an der/an dem (Fluss)*	del
AZUBI	*Auszubildender*	aprendiz
Betr.	*Betreff*	referencia
bezgl.	*bezüglich*	referente a
Bj.	*Baujahr*	año de construcción
BLZ	*Bankleitzahl*	número de la cuenta bancaria
BRD	*Bundesrepublik Deutschland*	República Federal de Alemania
b.w.	*bitte wenden*	véase al dorso
bzw.	*beziehungsweise*	respectivamente
ca.	*circa*	aproximadamente
CDU	*Christlich-Demokratische Union*	Unión Cristiano Demócrata
CSU	*Christlich-Soziale Union*	Unión Social Cristiana
dgl.	*dergleichen*	tal
d.h.	*das heißt*	es decir
DIN	*Deutsche Industrienorm*	norma industrial alemana
Dipl.-Ing.	*Diplomingenieur*	ingeniero diplomado
Dipl.-Kfm.	*Diplomkaufmann*	comerciante diplomado
DM	*Deutsche Mark*	marco alemán
Dr.	*Doktor*	doctor/doctora Dr.
Dr. med.	*Doktor medicinae*	doctor en medicina
dt.	*deutsche(r,s)*	alemán, alemana
EDV	*Elektronische Datenverarbeitung*	proceso electrónico de datos
EU	*Europäische Union*	Unión Europea UE
einschl.	*einschließlich*	inclusive
engl.	*englisch*	inglés
ev.	*evangelisch*	protestante
e.V.	*eingetragener Verein*	asociación registrada
evtl.	*eventuell*	eventualmente
Fa.	*Firma*	casa
FDP	*Freie Demokratische Partei*	Partido Liberal-Demócrata
ff.	*folgende Seiten*	páginas siguientes
fr.	*frei*	franco
Fr.	*Frau*	Señora Sra.
Frl.	*Fräulein*	Señorita Srta.
geb.	*geboren*	nacido
Gebr.	*Gebrüder*	hermanos
ggf.	*gegebenenfalls*	dado el caso
Ges.	*Gesellschaft*	sociedad
gesch.	*geschieden*	divorciado

GmbH	*Gesellschaft mit beschränkter Haftung*	sociedad de responsabilidad limitada
Hbf.	*Hauptbahnhof*	estación central
hlg.	*heilig*	santo
HP	*Halbpension*	media pensión
Hr.	*Herr*	Señor Sr.
i.A.	*im Auftrag*	por orden
inkl.	*inklusive*	inclusivamente
i.R.	*im Ruhestand*	jubilado
i.V.	*in Vertretung*	por autorización
Jh.	*Jahrhundert*	siglo
kath.	*katholisch*	católico
Kfz	*Kraftfahrzeug*	automóvil
KG	*Kommanditgesellschaft*	Sociedad en Comandita
Kripo	*Kriminalpolizei*	policía de investigación criminal
Kto.	*Konto*	cuenta
Lkw	*Lastkraftwagen*	camión
MEZ	*Mitteleuropäische Zeit*	hora de la Europa Central
MwSt.	*Mehrwertsteuer*	impuesto sobre el valor añadido IVA
n.Chr.	*nach Christus*	después de Cristo d.C.
Nr.	*Nummer*	número núm.
n.V.	*nach Vereinbarung*	previo acuerdo
P.	*Pater*	padre
PDS	*Partei des demokratischen Sozialismus*	Partido democrático socialista
Pf	*Pfennig*	pfennig
Pkw	*Personenkraftwagen*	automóvil
PLZ	*Postleitzahl*	código postal
PS	*Pferdestärke*	caballo de vapor CV
s.	*siehe*	véase
S.	*Seite*	página
s.o.	*siehe oben*	véase más arriba
SSV	*Sommerschlussverkauf*	rebajas de verano
SPD	*Sozialdemokratische Partei Deutschlands*	Partido Socialdemócrata de Alemania
Std.	*Stunde*	hora
Str.	*Straße*	Calle C.
s.u.	*siehe unten*	véase más abajo
TÜV	*Technischer Überwachungsverein*	Estación de Inspección Técnica
u.	*und*	y
u.a.	*unter anderem*	entre otras cosas
usw.	*und so weiter*	etcétera
u.U.	*unter Umständen*	según las circunstancias
u.v.a.m.	*und viele(s) andere mehr*	y un largo etcétera
v.Chr.	*vor Christus*	antes de Cristo a.C.
verh.	*verheiratet*	casado
vgl.	*vergleiche*	compárese
Wdh.	*Wiederholung*	repetición
WSV	*Winterschlussverkauf*	rebajas de enero
z.B.	*zum Beispiel*	por ejemplo p.ej.
z.H.	*zu Händen*	a la atención de
z.T.	*zum Teil*	en parte
z. Zt.	*zur Zeit*	actualmente